STEINBACH/ROBERT (Hrsg.)
DER NAHE UND MITTLERE OSTEN

DER NAHE UND MITTLERE OSTEN

POLITIK · GESELLSCHAFT
WIRTSCHAFT
GESCHICHTE · KULTUR

Herausgegeben von
UDO STEINBACH
und
RÜDIGER ROBERT
unter redaktioneller Mitarbeit von
MARIANNE SCHMIDT-DUMONT

1

GRUNDLAGEN, STRUKTUREN UND PROBLEMFELDER

LESKE + BUDRICH · OPLADEN 1988

CIP-Titelaufnahme der Deutschen Bibliothek

Der Nahe und Mittlere Osten: Politik, Gesellschaft, Wirtschaft, Geschichte, Kultur / Udo Steinbach; Rüdiger Robert (Hrsg.). — Opladen: Leske u. Budrich.

NE: Steinbach, Udo [Hrsg.]

1. Grundlagen, Strukturen und Problemfelder. — 1988

ISBN: 3-8100-0704-8

Satz und Umbruch: Leske + Budrich
Druck und Verarbeitung: Druckhaus Beltz, Hemsbach
Printed in Germany

Vorwort

Das hiermit vorgelegte Handbuch soll in umfassender Weise über den modernen Nahen und Mittleren Osten informieren. Geographisch umfaßt es den Raum der Mitgliedsländer der Arabischen Liga, d.h. die Region zwischen Mauretanien und Marokko im Westen und Oman im Osten (unter Einschluß von Teilen des Horns von Afrika), Israel sowie den ,,Nördlichen Gürtel" zwischen der Türkei und Pakistan. Zeitlich konzentriert es sich auf die Entwicklung nach dem Zweiten Weltkrieg und auf die Gegenwart. Den historischen Grundlagen wird insoweit Aufmerksamkeit gewidmet, als dies zum Verständnis der Gegenwart notwendig ist.

Es versteht sich, daß angesichts der Instabilität und Veränderlichkeit des Nahen und Mittleren Ostens Teile des Handbuchs Gefahr laufen, an Aktualität einzubüßen. Aktualität ist aber nicht das primäre Ziel des Buchs. Herausgeber und Autoren haben sich vielmehr bemüht, möglichst zahlreiche grundlegende Informationen und Analysen zu liefern; die strukturellen Aspekte, bestimmenden Wirkungsfaktoren und Entwicklungsmuster wurden deshalb in den Vordergrund der Darstellung gerückt. Den Herausgebern hat dabei vorgeschwebt, mit dem Handbuch ein Hilfsmittel zu schaffen, das im Blick auf die nächsten zehn bis fünfzehn Jahre zum Verständnis der Region im weitesten Sinne beitragen soll.

Trotz des Anspruchs, den modernen Nahen und Mittleren Osten möglichst umfassend zu präsentieren, war jedoch eine Themenauswahl unvermeidlich. Es war nicht leicht, im Einzelfall zu gewichten, was zum Gesamtverständnis notwendig war und was nicht. Auch so mußten Lücken bleiben, sollte das Handbuch nicht jede Proportion sprengen — dies gilt z.B. für das Kapitel ,,Kultur", das nicht nur in seiner Anlage selektiv ist, sondern es auch dem einen oder anderen Autor empfehlenswert erscheinen ließ, sich eines essayistischen Stils zu bedienen, um die Gesamtentwicklung zusammenfassend darstellen zu können (so etwa im Beitrag ,,Literatur"). Im übrigen soll es der detaillierte Sachindex ermöglichen, auch verstreute Aussagen zu erfassen und zu einem breiteren Bild zusammenzusetzen. Vermissen wird der eine oder andere weitläufigere Ausführungen zum Thema ,,Islam"; doch sei dazu auf den von W. Ende und U. Steinbach herausgegebenen Band über den ,,Islam in der Gegenwart" (München, 1984) verwiesen. Die zwangsläufig bleibenden historischen Lücken füllt der von U. Haarmann herausgegebene Band ,,Geschichte der arabischen Welt" (München, 1987).

Nach reiflichen Überlegungen empfahl sich eine zweibändige Veröffentlichung des als Einheit konzipierten Handbuchs. Teilband Eins ist systematisch gegliedert. Er enthält Längs- und Querschnittsartikel zu ausgewählten Themenfeldern. Besonderer Wert wurde dabei darauf gelegt, eine umfassende Einführung in einzelne Sachthemen zu geben, und zwar in länderübergreifender Form. Die Vorgehensweise der einzelnen Autoren ist dabei unterschiedlich. Bewußt wurde seitens der Herausgeber darauf verzichtet, die unterschiedlichen Ansätze zu ,,nivellieren". Teilband Zwei enthält Länderartikel und erlaubt es, sich damit in der oftmals verwirrenden Staatenwelt des Nahen und Mittleren Ostens zurechtzufinden. Obwohl die Beiträge nach einem einheitlichen Schema gegliedert sind, unterscheiden sie sich doch in ihrer Länge und in den Akzentsetzungen, die die einzelnen Autoren vorgenommen haben.

Das Handbuch richtet sich an eine breite Zielgruppe. Es soll für jeden von Nutzen sein, der sich in Wirtschaft und Politik, in den Medien oder ganz allgemein als „interessierter Laie" einen Einstieg in einzelne Aspekte des modernen Nahen und Mittleren Ostens suchen oder Spezialkenntnisse durch einführende Lektüre in andere Gebiete abrunden möchte. Aber auch für den Studenten, der sich auf begrenztem Raum einen Überblick über die ganze Region verschaffen möchte, sollte der Band ein Hilfsmittel sein. Im Hinblick auf die Zielgruppen (sowie angesichts der Knappheit des für den einzelnen Beitrag zur Verfügung stehenden Raumes) sollte die Darstellung allgemeinverständlich gehalten werden. Das bedeutet, daß auf theoretische Fundierung des Materials ebenso verzichtet wurde wie auf einen Anmerkungsapparat.

Die jedem Beitrag beigefügten Literaturhinweise sollen sowohl die wichtigsten Quellen bezeichnen, aus denen die Autoren schöpfen, als auch den Stand der Forschung zu dem jeweiligen Thema umreißen. Aus Gründen sprachlicher Zugänglichkeit für den hier angesprochenen Leserkreis wurde deutschsprachigen Veröffentlichungen im allgemeinen der Vorrang gegeben. Es wurde davon Abstand genommen, Einzeluntersuchungen zu allzu speziellen Teilaspekten aufzunehmen.

Jenseits des angestrebten Informationsgehaltes soll das Handbuch dokumentieren, daß in der Bundesrepublik Deutschland eine gegenwartsbezogene Orientforschung von beachtlicher Leistungsfähigkeit herangewachsen ist. Im Unterschied zu den klassischen Orientstudien gibt es kaum eine Tradition gegenwartsorientierter Forschung in Deutschland. Zwar lassen sich Ansätze dazu hier und da seit Beginn dieses Jahrhunderts feststellen, doch sind sie nie in dem Maße systematisch ausgebaut worden, wie dies etwa im angelsächsischen Raum, namentlich in den USA nach dem Zweiten Weltkrieg, der Fall gewesen ist. Ernsthafte Bemühungen, dieses Defizit zu überwinden, sind erst seit Beginn der 70er Jahre zu verzeichnen. Neben die klassischen Fächer Orientalistik, Islamwissenschaft, Arabistik sind Disziplinen wie die Geographie, die Politikwissenschaft, die Soziologie, die Rechtswissenschaften und die Wirtschaftswissenschaften getreten; eine Rolle spielt nach wie vor auch die Ethnologie. In dem Maße, in dem die Bundesrepublik eine eigene Politik gegenüber dem Nahen und Mittleren Osten — sei es bilateral, sei es im Rahmen der Europäischen Gemeinschaft — zu formulieren begonnen hat und damit eine vertiefte Kenntnis der politischen, gesellschaftlichen, wirtschaftlichen und kulturellen Verhältnisse der Region erforderlich wurde, erfuhren gegenwartsbezogene Studien von unterschiedlicher Seite eine Förderung. Die Zahl wissenschaftlicher Einrichtungen, die sich in Forschung und Lehre mit dem modernen Nahen und Mittleren Osten befassen, nahm zu. Der in den vergangenen anderthalb Jahrzehnten erreichte Forschungs- und Wissensstand soll hier in sachlicher Form präsentiert werden.

Zu den Konzessionen, die von Herausgebern und Autoren zu machen waren, gehört die Transkription von Eigennamen und Sachbegriffen. Nicht nur soll ein breiterer Leserkreis (jenseits der Fachorientalisten) angesprochen werden, dem die Finessen der Transkription wenig besagen und der sich namentlich durch die Medien an gängige Formen der Eigennamen gewöhnt hat; auch lassen sich lokale Ausprägungen von Namen und Begriffen kaum in das Schema einer orthodoxen orientalistischen Transkription pressen. Andererseits waren sich die Herausgeber bewußt, daß eine willkürliche Praxis in diesem Bereich dem orientalistisch geschulten Fachmann zu Recht als ein Indiz von Dilettantismus erscheinen mußte. Der Kompromiß sieht im allgemeinen so aus, daß geographische Namen in Anlehnung an den großen Brockhaus (in Einzelfällen auch an Fischers Weltgeschichte, Band 14 und 15 [Der Islam I und II])geschrieben werden. Sachbegriffe werden zumindest einmal, in der Regel dort, wo sie zum erstenmal in einem Kapitel auftauchen, in korrekter Transkription (in Klammer) aufgeführt; das gleiche gilt für Eigennamen von Personen, es sei denn, sie entziehen sich von ihrem Lautstand her von vornherein einer korrekten Transkription. Im allgemeinen wurde die Transkription zugrunde gelegt, die auch in der vom Deutschen Orient-Institut, Hamburg, herausgegebenen Zeitschrift ORIENT angewandt wird (siehe Bd. II, 479f.).

Auf Koranverse wird in folgender Weise Bezug genommen: Auf die Angabe der Nummer der Sure folgt ein Doppelpunkt und darauf die Nummer des Verses bzw. der Verse, also z.B. Sure 2, Vers 100, in der Form 2:100.

Es ist den Herausgebern ein Bedürfnis, allen zu danken, die am Zustandekommen des Bandes Anteil gehabt haben. Der Dank gilt zunächst den Autoren — nicht zuletzt auch dafür, daß sie bereit waren, ihre Beiträge in das Gesamtkonzept einzuordnen, auch wenn das den einen oder anderen in seiner Darstellung behindert haben mag. Die Herausgeber haben dem Verlag Leske und Budrich GmbH für die Aufnahme des nicht nur inhaltlich voluminösen Werkes in das Verlagsprogramm und namentlich Frau Beate Glaubitz für das große Verständnis zu danken, das sie bei dem Satz der so verschiedenartigen Beiträge und den damit zusammenhängenden Schwierigkeiten gezeigt hat. Dankbar sind die Herausgeber auch den Mitarbeiterinnen am Deutschen Orient-Institut — so Frau Gerda Max, die darüber wachte, daß im Ein- und Ausgang von Manuskripten, Fahnen und Umbruch die Ordnung und Übersicht nicht verloren gingen, sowie Frau Editha Pütz und Frau Wiltrud Lochocki, die die vielfältige Korrespondenz und alles, was damit zusammenhing, sorgfältig erledigt haben.

Mit besonderer Dankbarkeit aber fühlen sich die Herausgeber Frau Dr. Marianne Schmidt-Dumont verpflichtet, ohne deren engagierten Einsatz der Band kaum hätte entstehen können. Von der Redaktion der Manuskripte über das Gegenlesen der Satzfahnen und die Durchsicht der Umbruchkorrektur bis zur Erstellung der Indices hat sie an allen jenen Phasen der Entstehung des Werkes maßgeblich teilgenommen, ohne deren gründliche Wahrnehmung auch die besten Ideen von Herausgebern und Autoren kaum ihren Ausdruck in Form eines Buchs finden. Doch möchten die Herausgeber nachdrücklich unterstreichen, daß sie für alle verbliebenen Unzulänglichkeiten des Handbuchs selbst die Verantwortung tragen.

Hamburg/Münster, im September 1987

Udo Steinbach
Rüdiger Robert

Inhalt

Band I: Grundlagen, Strukturen und Problemfelder

Vorwort ... 5

Erster Teil: Grundlagen ... 13

I. Natürliche und historisch-sozio-ökonomische Grundlagen der Raumstruktur (*Reinhard Stewig*) ... 15
II. Sprachen und Völker (*Erhard Franz*) ... 29
III. Die Religionen des Nahen und Mittleren Ostens (*Peter Antes*) ... 49
IV. Religiöse und periphere Minderheiten (*Erhard Franz*) ... 67

Zweiter Teil: Geschichte des Nahen und Mittleren Ostens ... 79

I. Das arabisch-islamische Weltreich und seine Nachfolgestaaten (*Heribert Busse*) ... 81
II. Der Nahe und Mittlere Osten unter kolonialer Herrschaft (*Peter Heine*) ... 97
III. Die Herausbildung der modernen Staatenwelt (*Peter Heine*) ... 115
IV. Ideengeschichte im Zeichen von Kolonialismus, Unabhängigkeitsbewegung und Modernisierung (*Udo Steinbach*) ... 135

Dritter Teil: Politische Systeme und ihre Elemente ... 185

I. Legitimitäts- und Stabilitätsprobleme politischer Systeme (*Rüdiger Robert*) ... 187
II. Regierungen, Parlamente, Parteien und Wahlen (*Reinhard Wiemer*) ... 195
III. Öffentliche Verwaltung (*Hans Kruse*) ... 211
IV. Gesetzgebung und Rechtsprechung (*Omaia Elwan*) ... 221
V. Massenorganisationen (*Hanspeter Mattes*) ... 255
VI. Massenmedien und Massenkommunikation (*Wolfgang Slim Freund*) ... 263
VII. Militär und Rüstung (*Eckehart Ehrenberg*) ... 271
VIII. Eliten und Elitenwandel (*Bassam Tibi*) ... 287
IX. Befreiungs- und Widerstandsorganisationen (*Helga Baumgarten*) ... 295

Vierter Teil: Wirtschaftliche Struktur und wirtschaftliche Entwicklung ... 303

I. Der Nahe und Mittlere Osten als Wirtschaftsraum und Entwicklungsregion (*Aziz Alkazaz*) ... 305
II. Öl — Grundlage der wirtschaftlichen Entwicklung (*Ramon Knauerhase*) ... 329
III. Landwirtschaft und Ernährung (*Harald Mehner*) ... 351
IV. Industrie- und Industrialisierung (*El-Shagi El-Shagi*) ... 377
V. Geld- und Kreditwesen (*Aziz Alkazaz*) ... 405
VI. Außenwirtschaftsbeziehungen (*Aziz Alkazaz*) ... 433
VII. Islamische Ökonomik (*Volker Nienhaus*) ... 467

Fünfter Teil: Soziale Struktur und soziale Entwicklung ... 477

I. Landflucht und Urbanisierung (*Reinhard Stewig*) ... 479
II. Zwischenstaatliche Arbeitskräftewanderung (*Rüdiger Robert*) ... 489

III. Politische und gesellschaftliche Stellung von Minderheiten (*Thomas Scheffler*) 501
IV. Familie, Klan und Stammeswesen (*Erhard Franz*) 511
V. Frauenfrage und Islam (*Munir D. Ahmed*) 521
VI. Erziehung und Wissenschaft (*Munir D. Ahmed*) 533
VII. Soziale Sicherung (*Munir D. Ahmed*) 545
VIII. Die Wiederbelebung der islamischen Rechts- und Gesellschaftsordnung (*Duran Khalid*) 555

Sechster Teil: Kultur und kulturelle Entwicklung 567

I. Literatur (*Johann Christoph Bürgel*) 569
II. Architektur (*Mohamed Scharabi*) 595
III. Musik (*Habib H. Touma*) 607
IV. Malerei (*Peter Heine*) 617
V. Kultur und kulturelle Entwicklung in Israel (*Reinhard Wiemer*) 625

Siebter Teil: Krisenfelder im Nahen und Mittleren Osten 637

I. Israelisch-arabischer Konflikt (*Udo Steinbach*) 639
II. Libanon-Konflikt (*Theodor Hanf*) 663
III. Arabisch-Persischer Golf (*Peter Hünseler*) 681
IV. Afghanistan-Konflikt (*Michael Pohly*) 695
V. Horn von Afrika (*Udo Steinbach*) 707
VI. Westsahara-Konflikt (*Ursel Clausen*) 721
VII. Tschad-Konflikt (*Reinhold Meyer*) 731
VIII. Griechisch-türkischer Konflikt (*Wichard Woyke*) 739

Achter Teil: Der Nahe und Mittlere Osten in der Internationalen Politik 747

I. Die Nah- und Mittelostpolitik der USA (*Christian Hacke*) 749
II. Die Nah- und Mittelostpolitik der UdSSR (*Wolfgang Berner*) 771
III. Die Nah- und Mittelostpolitik der Europäischen Gemeinschaft (*Rüdiger Robert*) .. 789
IV. Afrika und der Nahe und Mittlere Osten (*Hartmut Neitzel*) 805
V. Asien und der Nahe und Mittlere Osten (*Udo Steinbach/Aziz Alkazaz*) 813

Band 2: Länderanalysen

Neunter Teil: Die Staatenwelt des Nahen und Mittleren Ostens 7

I. Ägypten (*Gudrun Krämer*) 9
II. Afghanistan (*Jan-Heeren Grevemeyer*) 41
III. Algerien (*Claus Leggewie*) 55
IV. Bahrain (*Jörg Zimmermann*) 73
V. Djibouti (*Jörg Janzen*) 83
VI. Irak (*Thomas Koszinowski*) 93
VII. Iran (*Eckart Ehlers*) 115
VIII. Israel (*Michael Wolffsohn/Andreas Bönte*) 145
IX. Arabische Republik Jemen (*Harry Hansen*) 175
X. Demokratische Volksrepublik Jemen (*Harry Hansen*) 187
XI. Jordanien (*Thomas Koszinowski*) 197
XII. Katar (*Frank Bauer/Werner Stern*) 215
XIII. Kuwait (*Hanns-Uve Schwedler*) 223
XIV. Libanon (*Michael Kuderna*) 235
XV. Libyen (*Hanspeter Mattes*) 251
XVI. Marokko (*Werner Ruf*) 269
XVII. Mauretanien (*Ursel Clausen*) 285
XVIII. Oman (*Fred Scholz/Wolfgang Zimmermann*) 293
XIX. Pakistan (*Wolfgang-Peter Zingel*) 305
XX. Saudi-Arabien (*Ramon Knauerhase*) 329
XXI. Somalia (*Jörg Janzen*) 357
XXII. Sudan (*Rainer Tetzlaff*) 371
XXIII. Syrien (*Thomas Koszinowski*) 385
XXIV. Tunesien (*Konrad Schliephake*) 405
XXV. Türkei (*Muhlis Ileri*) 421
XXVI. Vereinigte Arabische Emirate (*Hanns W. Maull*) 451
XXVII. Regionale Gruppierungen und Organisationen (*Reinhard Schulze*) 469

Anhang 477

Erläuterungen zur Umschrift und zur Aussprache 479
Personenregister 481
Geographisches Register 493
Sachregister 511
Die Autoren 543

Erster Teil: Grundlagen

I. Natürliche und historisch-sozio-ökonomische Grundlagen der Raumstruktur

Reinhard Stewig

1. Zur Abgrenzung des Nahen und Mittleren Ostens

In dem vorliegenden Handbuch werden zur Kennzeichnung des behandelten Raumes die Begriffe Naher und Mittlerer Osten (in Kombination) verwendet, denen im Englischen die Bezeichnungen *Near and Middle East*, im Französischen *Proche et Moyen Orient* entsprechen. Diesen, in ihrem Umfang unklaren Begriffen sind einige andere, ebenfalls vage Begriffe wie Ferner Osten (*Far East, Extrême Orient*), Morgenland, Levante, Orient, Fruchtbarer Halbmond (*Fertile Crescent*) und Arabische Welt an die Seite zu stellen, deren Übereinstimmung mit oder Abweichung von den hier verwendeten Begriffen des Nahen und Mittleren Ostens zu klären ist.

Der Begriff Ferner Osten scheidet aus der weiteren Betrachtung aus, bezeichnet er doch den hier nicht behandelten östlichsten Teil des (fernen) Asiens. Schon eher kommen die Begriffe Orient und Morgenland als Synonyma für den Nahen und Mittleren Osten (in Kombination) in Frage, ist doch mit ihnen ein Raum gemeint, in dem — von Europa aus gesehen — die Sonne aufgeht, der also überwiegend östlich von Europa liegt. Im allgemeinen meint man mit „Orient" und „Morgenland" die Randländer des (östlichen) Mittelmeeres, bei unscharfer Abgrenzung nach Osten, Westen und Süden. Orient und Morgenland sind also räumlich zum großen Teil mit dem Nahen und Mittleren Osten, wie er im folgenden behandelt wird, identisch.

Der Begriff Levante dagegen bezeichnet — nach traditioneller Lesart — nur einen kleinen Teilraum des Nahen und Mittleren Ostens, nämlich das unmittelbare Küstengestade des östlichen Mittelmeeres. Der Begriff stammt aus jener Zeit, als — im Mittelalter — die oberitalienischen Städterepubliken Venedig, Genua und andere den Levantehandel organisierten.

Die „Arabische Welt" ist weniger ausgedehnt als der Nahe und Mittlere Osten. Arabisch spricht man und arabische Schriftzeichen verwendet man zwar im größeren Teil des Nahen und Mittleren Ostens, aber insbesondere die Gebirgsräume an der nördlichen Peripherie (Türkei, Iran, Afghanistan, Pakistan) sind zwar auch durch die Religion des Islams geprägt, und zum Teil werden auch arabische Schriftzeichen benutzt, aber sie sind nicht Teil des arabischen Kulturraumes.

Der Begriff „Fruchtbarer Halbmond" bezeichnet einen speziellen Teilraum des Nahen und Mittleren Ostens, der größer ist als die Levante, nämlich jenes sichelförmige Gebiet zwischen dem östlichen Mittelmeer und dem Arabisch-Persischen Golf, zwischen den südtürkischen bzw. südpersischen Gebirgsketten und den großen Wüstengebieten der Arabischen Halbinsel, das sich durch etwas höhere Niederschläge innerhalb des sonst ariden Nahen und Mittleren Ostens auszeichnet.

In Handbüchern des Nahen und Mittleren Ostens werden übereinstimmende, aber auch unterschiedliche Gebiete so bezeichnet (H. Boesch; W.B. Fischer; St.H. Longrigg; P. Beaumont, G.H. Blake, J.M. Wagstaff). Mal werden die nördlichen Gebirgsländer Türkei und Iran (FAO-Jahrbuch, 1957), mal werden die südlichen Randländer Sudan und Somalia ausgeschlossen (UN-

Veröffentlichung, 1957), mal wird nur der Fruchtbare Halbmond herausgegriffen (G. Weulersse, 1946) und das jeweils dargestellte Gebiet als Naher oder Mittlerer Osten bezeichnet (H. Boesch, 1959). Bisweilen werden sogar Teile des Balkans, weil ehemals zum Osmanischen Reich gehörig, dem Nahen Osten zugeschlagen.

Die Bezeichnung Naher Osten rührt letztlich von der benachbarten Lage unterschiedlich großer Teilräume Nordafrikas und Südwestasiens zu Europa her. Der ebenso vage Begriff Mittlerer Osten geht auf die Verwendung der Bezeichnung *Middle East* für die wechselnden Kampfräume, Aufmarschgebiete und Nachschubregionen in Nordafrika und Südwestasien während des Zweiten Weltkriegs zurück.

Angesichts der Undeutlichkeit des umgangssprachlichen Begriffsfeldes verhilft zu einer klaren Abgrenzung des Nahen und Mittleren Ostens im vorliegenden Handbuch nur eine Aufzählung der ihm zugerechneten Staaten. Dieser Nahe und Mittlere Osten besteht — als mehr oder weniger einheitlicher Raum — aus zwei Flügeln, einem nordafrikanischen und einem südwestasiatischen (= vorderasiatischen); zum westlichen Flügel gehören: Mauretanien, Marokko, Algerien, Tunesien, Libyen, Ägypten, der Sudan, Djibouti und Somalia; zum östlichen Flügel gehören: Türkei, Iran, Afghanistan, Pakistan, Libanon, Syrien, der Irak, Israel, Jordanien, Kuwait, Bahrain, Katar, Saudi-Arabien, Vereinigte Arabische Emirate, Oman, Nord- und Südjemen.

2. Zur Charakterisierung des Nahen und Mittleren Ostens

Der mit einer Auflistung von Staaten abgegrenzte riesige Raum, der vom Atlantischen Ozean bis zum Hochgebirge Zentralasiens reicht, ist in seiner natürlichen Ausstattung durch eine Reihe von Gegensätzlichkeiten — in sich selbst wie im Unterschied zu Europa — gekennzeichnet: Zu ihnen zählen heiße, aber auch (im Winter) sehr kalte Wüsten der Alten Welt (Sahara, Arabische und Persische Wüsten, Wüste Thar); in diesem ariden Raum liegen die drei großen Stromoasen der Alten Welt (Nil, Euphrat/Tigris, Indus); die Bevölkerung ist äußerst ungleichmäßig verteilt — sie konzentriert sich auf die meist gebirgigen Küstenstreifen und die Oasen und spart die weitausgedehnten Wüsten und Wüstensteppen als Anökumene von der Besiedlung so gut wie aus.

Es mag vermessen erscheinen, diesem nach der natürlichen Ausstattung und der ungleichen Bevölkerungsverteilung so heterogenen Großraum die Einheitlichkeit eines Kulturerdteiles zu unterstellen. Nicht in einem einzigen, aber doch in einer Kombination von vier Merkmalen, die zum größten Teil und in mehr oder weniger abgewandelter Form auf alle genannten Staaten zutreffen, kann diese Einheitlichkeit jedoch gefunden werden.

Der Nahe und Mittlere Osten ist subtropischer Trockenraum. Die Aridität, d. h. das Überwiegen der Verdunstung über den Niederschlag kennzeichnet diesen Raum im Klimatischen — und als Folge davon auch in seiner potentiellen natürlichen Vegetation — grundlegend und mit deutlichem Unterschied zu Europa. Die Kernräume der Aridität stellen die erwähnten vier großen Wüsten dar mit einer bis zu zwölf Monaten im Jahr andauernden Trockenheit. An diesen westöstlich gestreckten Kernraum schließen sich nach Norden und Süden zu Übergangsräume mit zeitlich begrenzter Aridität an, die in Teilen des Jahres in Humidität übergeht; an einigen wenigen Ausnahmestellen (am Schwarzen Meer und am Kaspischen Meer) gibt es sogar ganzjährige Humidität. Die Niederschläge, die begrenzte Humidität außerhalb des vollariden Kernraumes mit sich bringen, werden auf der Nordseite durch die Südverlagerung der zyklonenreichen Westwindzone der mittleren Breiten in den Wintermonaten, auf der Südseite durch die Nordverlagerung der Zenitalregenzone in den Sommermonaten (mit der Wanderung des Standes der Sonne) bewirkt.

Die innerpersische Wüste liegt deutlich höher als die Sahara und die Arabische Wüste. Über Iran (und damit den Nahen und Mittleren Osten) hinaus erstreckt sich der Wüstengürtel der Alten Welt nach Zentral- und Innerasien hinein (Turan, Wüste Gobi). Der Trockengürtel des Nahen und Mittleren Ostens endet aber mit dem subtropischen ariden Bereich an der östlichen Grenze Südwestasiens. Die persischen Wüstengebiete mit ihrer größeren Höhenlage weisen — verglichen mit der Sahara und der Arabischen Wüste — niedrigere Wintertemperaturen auf und stellen somit eine Übergangszone zu den winterkalten, außertropischen Wüsten Inner- und Zentralasiens dar.

Der Nahe und Mittlere Osten ist Innovationsraum der Kultur- und Wirtschaftsentfaltung der Menschheit; mit anderen Worten, viele Staaten des Nahen und Mittleren Ostens sind Länder alter Kultur.

Wenn man sich mit H. Bobek (1959) und im Sinne der historischen Schule der Nationalökonomie die Entwicklung der Menschheit als eine Abfolge von Stufen vom Wildbeutertum über die Stufe der spezialisierten Sammler und Jäger, das Sippenbauerntum, die Stufe der herrschaftlich organisierten Agrargesellschaft mit dem älteren Städtewesen und dem Rentenkapitalismus bis hin zur Industriegesellschaft mit dem jüngeren Städtewesen vorstellt, dann haben sich wesentliche Schritte dieser Entwicklung — in der Vergangenheit — erstmals im Raume des Nahen und Mittleren Ostens vollzogen und von dort aus in andere Räume — zunächst der Alten Welt — als Innovation, als Neuerung, ausgebreitet.

Ein wichtiger Schritt der Menschheitsentwicklung, der Übergang von der schweifenden, nicht-seßhaften, nomadischen Lebensweise zur Seßhaftigkeit, verbunden mit planmäßigem Anbau und Vorratshaltung und der Haltung von Nutztieren, wurde — begünstigt durch das warme Klima und das Wasserangebot der Oasen — im Nahen und Mittleren Osten wohl zuerst im Gebiet der drei großen Stromoasen (Nil, Euphrat/Tigris, Indus) getan. In Anpassung an schwieriger werdende ökologische Gegebenheiten in der Postpluvialzeit bildete sich — wahrscheinlich im Zusammenhang mit postpluvialer Ariditätszunahme, zumindest in Teilräumen des Nahen und Mittleren Ostens — der Nomadismus als eigene, weit verbreitete Lebensform in Bereichen außerhalb der Landwirtschaft der Seßhaften aus. Eine weitere Innovation bei der Entwicklung der Menschheit im Nahen und Mittleren Osten war neben der herrschaftlich-rentenkapitalistischen Organisationsform der Agrargesellschaft, das ältere Städtewesen, war die Entstehung der Stadt überhaupt als Lebens- und Wirtschaftsform (Mohenjo Daro im Indus-Tiefland, Jericho am Toten Meer, Çatal Hüyük in Inneranatolien).

Der Nomade, Symbolfigur der Wanderweidewirtschaft, der Fellache, Symbolfigur der rentenkapitalistischen Landwirtschaft der Seßhaften, und der Städter, Symbolfigur des traditionellen, präindustriellen Städtewesens, sind die innovativen Beiträge der Vergangenheit des Nahen und Mittleren Ostens zur Menschheitsentwicklung.

Der Nahe und Mittlere Osten ist Hauptverbreitungsgebiet des Islams. Von den drei großen Weltreligionen, die im Nahen und Mittleren Osten gestiftet worden sind, ist der Islam, nach Juden- und Christentum, die jüngste, erst zwischen 610 und 632 in Mekka und Medina, also im westlichen Teil Saudi-Arabiens, entstandene.

Der Islam verbreitete sich rasch von Mekka und Medina, das durch den Auszug Muḥammads aus Mekka ein zweites Zentrum der Religion wurde, zunächst über die Arabische Halbinsel. Um 640 waren in Nordafrika außer Ägypten die Cyrenaika, in Südwestasien Mesopotamien und Teile des persischen Hochlandes islamisiert worden. Ab 707 waren ganz Nordafrika und vom 8. bis 10. Jahrhundert sogar Teile der Iberischen Halbinsel islamisch. Bis zum Ende des 7. Jahrhunderts hatte sich der Islam im Osten bis an den Indus ausgedehnt. Durch die zunächst noch starke Position des Byzantinischen Reiches wurde die Ausbreitung des Islams in Anatolien aufgehalten; erst 1453, nach dem Fall Konstantinopels, und 1462, nach dem Untergang des griechischen Kaiserreiches Trapezunt an der südöstlichen Schwarzmeerküste, prägte der Islam auch den Kernraum des Osmanischen Reiches vollständig, das diese Religion über den Balkan bis an die Tore Wiens (1. Türkenbelagerung: 1529; 2. Türkenbelagerung: 1683) verbreitete.

Über den Nahen und Mittleren Osten hinaus ist der Islam nach Schwarzafrika, südlich der Sahara, nach Zentralasien in den Bereich der heutigen Sowjetunion und nach Südostasien vorgedrungen; der Nahe und Mittlere Osten ist aber das Hauptverbreitungsgebiet des Islams geblieben.

Diese Religion ist im Nahen und Mittleren Osten in zwei Konfessionen präsent, der schiitischen, die hauptsächlich in Iran und im Irak, mit kleineren Gruppen auch in Saudi-Arabien, Bahrain, Afghanistan, im Libanon und im Jemen vertreten ist, und der sunnitischen, die im übrigen Nahen und Mittleren Osten dominiert.

Der Islam greift — normsetzend — tief in das ökonomische und soziale Leben im Nahen und Mittleren Osten ein. Die Pflicht zum fünfmaligen täglichen Gebet beeinflußt den Arbeitsablauf. Die ungünstige soziale und rechtliche Stellung der Frau im öffentlichen Leben hängt mit der Religion zusammen. Die religiöse Pflicht, einen Monat im Jahr zu fasten, mahnt zum sorgsamen Umgang mit den Ressourcen. Das Verbot des Verzehrs von Schweinefleisch und Alkohol beeinflußt die Nutztierhaltung und den Nutzpflanzenanbau. Das Verbot, (Wucher-)Zinsen zu erheben, hat nicht-islamischen Gruppen im Nahen und Mittleren Osten ihre Tätigkeit im Bankgeschäft erleichtert. Die Pflicht, Almosen zu geben, dient einem — begrenzten — sozialen Ausgleich. Die Norm der absoluten Privatheit der Familie strukturiert die Wohnverhältnisse der islamischen Gesellschaft.

Die Dominanz der einen Religion des Islams trägt wesentlich zur Einheitlichkeit des Nahen und Mittleren Ostens im Gesellschaftlichen, trotz aller individuellen Züge der einzelnen Staaten, bei.

Der Nahe und Mittlere Osten ist Rezeptionsraum des weltweiten Industrialisierungsprozesses. Gegen Ende des 18. Jahrhunderts begann sich — zuerst auf den Britischen Inseln — eine neue Stufe gesellschaftlicher Entwicklung der Menschheit herauszubilden, die der Industriegesellschaft, zu der, im Sinne von H. Bobek, das neuere Städtewesen als ein wichtiges Merkmal gehört. Die Industriegesellschaft breitete sich zunächst — im Laufe des 19. Jahrhunderts — in Kontinentaleuropa aus. Im 20. Jahrhundert wurden auch außereuropäische Länder, zuerst die USA, nach dem Zweiten Weltkrieg auch Japan, zu vollentwickelten Industriegesellschaften. Die Herausbildung der Industriegesellschaft (= der Industrialisierungsprozeß) schreitet heute auch in den übrigen Teilen der Welt, so auch im Nahen und Mittleren Osten, voran: Die Ausbreitung der Industriegesellschaft als Innovation — von den höchstentwickelten Industriegesellschaften ausgehend — ist noch nicht abgeschlossen; heute werden die Entwicklungsländer der Dritten Welt in Afrika, Asien und Lateinamerika von diesem Vorgang erfaßt. Auch der Nahe und Mittlere Osten ist ein Raum der Entwicklungsländer; die ehemalige Führungsrolle bei der Ausbildung neuer Stufen der gesellschaftlichen Entwicklung ist diesem Raum verlorengegangen.

Die dargelegte Konzeption vom Industrialisierungsprozeß macht deutlich, worin der Entwicklungsrückstand des Nahen und Mittleren Ostens gegenüber den Industrieländern besteht: Es ist ein Rückstand in der Ausbildung der Industriegesellschaft. Der Nahe und Mittlere Osten rezipiert die materiellen und immateriellen Neuerungen, die ihn aus den Industriegesellschaften erreichen; mit der Übernahme derartiger Innovationen entfernt er sich von den ursprünglichen, präindustriellen gesellschaftlichen Strukturen in Richtung auf die Strukturen der Industriegesellschaft hin.

Zur grundlegenden Charakterisierung des heutigen Nahen und Mittleren Ostens im Gesellschaftlichen lassen sich also typische Strukturen gegenüberstellen: die der präindustriellen und die der industriellen Gesellschaft.

Typische Merkmale der präindustriellen Gesellschaft sind:

— gesamtgesellschaftlich: der Grad der Arbeitsteilung und Spezialisierung ist (noch) gering; ein umfassendes Ausbildungswesen ist erst im Aufbau begriffen; die vertikale (soziale) Mobilität ist wenig ausgeprägt, während die horizontale (räumliche) Mobilität bereits eingesetzt hat; die Institution der Freizeit ist für die Masse der Bevölkerung noch unbekannt;

— demographisch: Geburten- und Sterberate liegen — bei hohem ,,Bevölkerungsumsatz" — noch dicht beeinander bzw. die Sterberate hat — unter dem Einfluß der Innovationen aus den Industrieländern — eine bedeutende Absenkung erfahren, so daß die Bevölkerung stark zunimmt;
— ökonomisch: der primäre Sektor (Landwirtschaft) ist (noch) der dominante Wirtschaftszweig, während der sekundäre Sektor (Industrie) und der tertiäre Sektor (Dienstleistungen) relativ geringe Zuwachsraten an Beschäftigten und entsprechend niedrige Anteile am Bruttosozialprodukt aufweisen;
— sozialstrukturell: der Masse der Bevölkerung, die der Unterschicht zuzurechnen ist, steht eine kleine Oberschicht gegenüber, während sich eine Mittelschicht erst herauszubilden beginnt;
— raumstrukturell: der größte Teil der Bevölkerung lebt im ländlichen Raum; Städte sind zahlenmäßig und dem Umfang nach wenig vorhanden; mit der einsetzenden horizontalen Mobilität (Landflucht/Stadtwanderung) bahnen sich grundlegende Wandlungen (Verstädterung) an.

Demgegenüber sind typische Merkmale der vollentwickelten Industriegesellschaft:

— gesamtgesellschaftlich: es besteht eine hochgradige Arbeitsteilung und Spezialisierung und ein umfassendes Ausbildungswesen; ausgeprägte vertikale und horizontale Mobilität ist vorhanden; die Institutionalisierung der Freizeit ist erfolgt;
— demographisch: Geburten- und Sterberate haben sich auf ein niedriges Niveau eingependelt, so daß die Bevölkerung kaum noch zunimmt;
— ökonomisch: der primäre Sektor weist abnehmende, der sekundäre und tertiäre Sektor weisen zunehmende Beschäftigungszahlen und entsprechende Anteile am Bruttosozialprodukt auf;
— sozialstrukturell: eine breite, in sich differenzierte Mittelschicht hat sich herausgebildet, die in der Gesellschaft dominiert; ihr stehen eine kleine Ober- und Unterschicht gegenüber;
— raumstrukturell: nur noch ein geringer Anteil der Bevölkerung lebt im ländlichen Raum; die Verstädterung hat weit um sich gegriffen; große Städte und Ballungsräume bestimmen die Siedlungsstruktur.

Die dargelegte Konzeption der Herausbildung der Industriegesellschaft als Grundmuster moderner gesellschaftlicher Entwicklung liefert den theoretischen Rahmen zur Kennzeichnung der einzelnen Staaten des Nahen und Mittleren Ostens: Sie unterscheiden sich je nachdem, ob sie (noch) der präindustriellen Gesellschaft nahestehen bzw. wie weit sie sich von ihr in Richtung auf eine entwickelte Industriegesellschaft entfernt haben. Große Unterschiede bestehen im Entwicklungsstand unter den Staaten des Nahen und Mittleren Ostens.

Die dargelegte Konzeption als theoretischer Rahmen zur Kennzeichnung des Entwicklungsstandes von Gesellschaften ist deshalb empfehlenswert, weil sie nicht nur allgemein den Entwicklungsaspekt berücksichtigt, sondern auch den Spielraum offen läßt für die Feststellung von sowohl Übereinstimmungen als auch Abweichungen/Individualitäten der Staaten auf gesellschaftlicher Ebene.

3. Die naturräumliche Ausstattung: Gebirge, Steppe, Wüste, Oase

Im vorliegenden Handbuch über den Nahen und Mittleren Osten stehen die gesellschaftlichen Verhältnisse — im weitesten Sinne — im Mittelpunkt der Darstellung. Um so wichtiger ist es, wenigstens in kurzer Form die von der europäischen sehr unterschiedliche Naturausstattung des Nahen und Mittleren Ostens, die auch für die gesellschaftlichen Verhältnisse grundlegende Rahmenbedingungen setzt, zu skizzieren.

Es kann nicht darum gehen, die Fülle der Fakten auszubreiten; deshalb werden abstrakte Landschaften, idealtypische Räume des Nahen und Mittleren Ostens konstruiert und umgangssprachlich benannt: Gebirge, Steppe, Wüste und Oase.

Der Nahe und Mittlere Osten läßt sich grob in einen Gebirgsraum, der große Teile der Türkei, Irans, Afghanistans, das westliche Nordafrika, die Levante, Oman und den Jemen umfaßt, und in einen Flachlandraum gliedern, zu dem die großen Ebenen Nordafrikas bis an das Horn von Afrika (Somalia), die Ebenen Arabiens und des Fruchtbaren Halbmondes, zum Teil die des inneren Anatolien, des persisch-afghanischen Hochlandes und das Indus-Tiefland zählen.

Die nördlichen, west-ostgestreckten *Gebirge* des Nahen und Mittleren Ostens gehören genetisch zu jenem gewaltigen, west-östlich verlaufenden Falten- und Kettengebirge, das sich von Europa (Pyrenäen) bis nach Zentralasien (Himalaya) hinzieht. Die nord-südlich sich erstreckenden Gebirge des Nahen und Mittleren Ostens, also die der Levante und zu beiden Seiten des Roten Meeres, gehören zu einem gewaltigen, nord-südlichen Grabenbruch, den das Rote Meer mit Ausläufern über den Golf von Aqaba bis zum Toten Meer darstellt. Das Gebirge von Oman ist genetisch Teil des großen, west-östlichen Faltengebirgssystems, von ihm aber durch einen geosynklinalen Trog, der im Bereich des Arabisch-Persischen Golfs wassererfüllt ist, räumlich getrennt.

Das wesentliche orographische Element jeden Gebirges ist seine Vertikalerstreckung. Mit dieser Tatsache sind eine Reihe anderer Sachverhalte verknüpft, die die natürliche Ausstattung eines Gebirgsraumes bestimmen. Da ist zunächst die temperaturmäßige Höhenabstufung zu nennen. Mit zunehmender Höhe — dies ist nicht nur in den Gebirgen des Nahen und Mittleren Ostens so — nimmt die Temperatur einer Luftmasse ab, und zwar um 0,5 bis 1,0° C pro 100 m, je nachdem, ob es sich um eine feuchte (0,5° C) oder eine trockene Luftmasse (1,0°) handelt. Hinzu kommt die Temperaturdifferenzierung durch unterschiedliche Sonneneinstrahlung. Insgesamt sind die nördlichen Gebirge im Nahen und Mittleren Osten — in Abhängigkeit von der Breitenlage — einer geringeren Sonneneinstrahlung als die südlicheren, äquatornäheren ausgesetzt. Die räumliche Verteilung der Wärmemenge wird in den Gebirgen des Nahen und Mittleren Ostens noch von dem Phänomen der Exposition bestimmt: Ist die Gebirgsflanke oder der Gebirgshang der Sonneneinstrahlung zugekehrt — dies trifft nicht nur auf die west-östlichen Gebirgszüge, sondern bei den nord-südlichen auch auf die nach Süden exponierten Teile zu —, dann erfolgt eine deutlich höhere Erwärmung als auf der nach Norden exponierten Seite. Es gibt also in den Gebirgen des Nahen und Mittleren Ostens nicht nur eine Höhenabstufung der Temperatur, sondern auch eine deutlich ausgeprägte, unterschiedliche Erwärmung je nach Exposition.

Neben der Temperatur ist das weitere wichtige Klimaelement der Niederschlag. Im allgemeinen liegen die Niederschläge in den Gebirgen des Nahen und Mittleren Ostens höher als in den umgebenden Flachlandräumen. So sind günstigere Voraussetzungen für den Anbau und das Leben der Menschen — wenn auch nicht in allen Höhenlagen — vorhanden; die Gebirge werden daher in der Bewertung durch den Menschen, der in den übrigen Gebieten des Nahen und Mittleren Ostens mit der Aridität fertig werden muß, als Gunsträume eingestuft. In Verbindung mit ihrer erschwerten Zugänglichkeit können die Gebirge als Rückzugsgebiete für bedrängte Bevölkerungsteile dienen.

Die höheren Niederschläge in den Gebirgen gehen auf den Steigerungsregeneffekt sich abregnender Zyklonen zurück; die mit zunehmender Höhe niedrigeren Temperaturen und die geringere Sonneneinstrahlung der nicht nach Süden exponierten Hänge vermindern die Verdunstung und tragen zu einer herabgesetzten Aridität, wenn nicht gar zur Humidität, im Gebirge bei.

Das Zusammenspiel der genannten orographischen und klimatischen Elemente sollte sich in den Gebirgen des Nahen und Mittleren Ostens in einer räumlich differenzierten Waldvegetation niederschlagen. Auf die variierenden Zusammensetzungen der Pflanzengesellschaften im Gebirge kann nicht eingegangen werden. Theoretisch lassen sich ein temperatur- d.h. höhenmäßig abgestufter Feuchtwald (kälteempfindlich, mäßig winterfest, winterhart) in den humideren Gebirgen bzw. Gebirgsteilen und ein ebenfalls temperatur- d.h. höhenmäßig abgestufter Trockenwald (kälteempfindlich, mäßig kälteempfindlich, winterhart) in den ariden Gebirgen bzw. Gebirgsteilen erwarten.

Allerdings handelt es sich dabei in den meisten Gebirgen des Nahen und Mittleren Ostens um die potentielle natürliche Vegetation, die tatsächlich — und dies ist ein bedeutender Unterschied zu den Waldgebirgen Europas — kaum noch — es sei denn, es handelt sich um schwer zugängliche, entlegene Gebirge — vorhanden ist. Gerade durch das im Nahen und Mittleren Osten eben auch in den Gebirgen besonders lange, rücksichtslose Einwirken des Menschen auf die Waldvegetation ist eine Entwaldung erschreckenden Ausmaßes eingetreten.

Als Folge des jahrtausendelangen, ungehinderten Holzeinschlages und Viehverbisses ist es durch die Entwaldung zur Entblößung des Bodens, zur umfangreichen Bodenabtragung und zur ausgedehnten Verkarstung der hauptsächlich aus Kalkgestein bestehenden Gebirge des Nahen und Mittleren Ostens gekommen.

Unter *Steppe* versteht man einen Raum, der durch seine schüttere Vegetationsdecke geprägt ist, was Waldlosigkeit, aber nicht Baumlosigkeit bedeutet.

Steppen treten im Nahen und Mittleren Osten vor allem im Bereich der Flachländer auf, in Nordafrika, auf der Arabischen Halbinsel, im Fruchtbaren Halbmond, aber auch — hochgelegen — in Inneranatolien und Innerpersien.

Geologisch-geomorphologisch können die Steppen aus riesigen, flachlagernden Schichten (Tafeln) bestehen, die über lange geologische Zeiträume ungestört sind; es kann sich aber auch um gewaltige Schwemmfächer oder Schwemmfächerzonen, an den Außenseiten der Gebirge, handeln. Durch die in den Gebirgen des Nahen und Mittleren Ostens — besonders in tieferen Lagen weit vorangeschrittene Entwaldung — treten Steppen auch mit den Gebirgen verzahnt auf.

Die Steppen sind geprägt durch geringe Niederschläge, die sich in der schütteren Vegetationsdecke ausdrücken. Um einen Wert anzugeben, lassen sich die Steppenräume mit einer Niederschlagsmenge zwischen 400 und 200 mm pro Jahr abgrenzen. In diesem Bereich liegt die agronomische Trockengrenze, d.h. die Grenze des landwirtschaftlichen Anbaus auf der Basis des natürlichen Regenfalls (ohne künstliche Bewässerung). Bei solchen Räumen gehört es zu ihrem Wesen, daß nicht nur die Niederschlagsmenge von Jahr zu Jahr starken Schwankungen ausgesetzt ist, sondern daß auch die beregneten Räume von Jahr zu Jahr eine ausgeprägte Lageinkonstanz aufzuweisen haben.

Nach der Höhe der Niederschläge läßt sich ein Bereich mit 400 - 300 mm und einer mit 300 - 200 mm Niederschlag im Jahr unterscheiden. Vom Mittelmeer nimmt die Niederschlagsmenge nach Süden zu in den Steppen Nordafrikas ab. Im Fruchtbaren Halbmond gliedert sich die Steppe in zwei sichelförmige Streifen, von denen der mit den höheren Niederschlägen näher am Gebirgsrand liegt. In Inneranatolien und in Innerpersien begleitet die Steppenzone mit den höheren Niederschlägen den inneren Gebirgsrand.

Die ausgeprägte Sommertrockenheit der Steppen in den größten Teilen des Nahen und Mittleren Ostens bewirkt eine Trockenstarre des Pflanzenwuchses, sei es der natürlichen Vegetation oder sei es der Nutzpflanzen (Getreide). Dies gilt für die tiefgelegenen Steppen des Nahen und Mittleren Ostens, die überwiegen. In den hochgelegenen Steppen, in Inneranatolien und Innerpersien, kommt zu der Trockenstarre als Folge der größeren Höhenlage noch eine Kältestarre hinzu, so daß die für den Pflanzenwuchs günstigen Bedingungen auf nur kurze Zeit des Jahres zusammengedrängt werden (Frühjahr).

Die unterschiedlich großen Niederschlagsmengen in den Steppen (400 - 300 - 200 mm pro Jahr) schlagen sich theoretisch in einer unterschiedlich schütteren Vegetationsdecke nieder: einer Langgrasvegetation in den höher beregneten, einer Kurzgrasvegetation in den weniger beregneten Gebieten. Dabei handelt es sich um die potentielle natürliche Vegetation, die in den Steppen des Nahen und Mittleren Ostens so gut wie nicht mehr vorhanden ist. Auch die Steppen waren dem jahrtausendelangen, rücksichtslosen Einwirken des Menschen im Nahen und Mittleren Osten ausgesetzt. Die trockeneren Teile der Steppen, die Wüstensteppen, im Übergang zur Wüste, wurden von den Wanderweidewirtschaft treibenden Nomaden in Nutzung genommen, die feuchteren Teile der Steppen von den Getreidebauern (Fellachen) im Rahmen der Landwirtschaft der Seßhaften okkupiert. Beide Interessengruppen versuchten, je nach Naturgunst und Machtposition, ihre Einflußräume auszudehnen. So ist von der ursprünglich zu erwartenden Grassteppenvegetation, wenn sie für den Getreideanbau umgebrochen wurde, sowieso nichts mehr vorhanden, aber auch in den von den Nomaden beweideten Steppenräumen ist die potentielle natürliche Grassteppenvegetation in eine Krautsteppenvegetation umgewandelt.

Die *Wüste* hat ihre vom Menschen bewertende, ja abwertende Bezeichnung vor allem auf Grund ihrer Vegetationslosigkeit erhalten, die sie zu einem (land-)wirtschaftlich kaum nutzbaren Raum, zur Anökumene, macht.

Mit einem fließenden Übergang zur Wüstensteppe sind die Wüsten nicht völlig ohne Niederschläge, sie schwanken zwischen 0 und 200 mm im Jahr. Charakteristisch ist, daß die sehr geringen Niederschläge in der Wüste äußerst unregelmäßig fallen; sie können über Jahre ausbleiben, aber es kann auch ein plötzlicher Starkregenfall einsetzen, der zu — begrenzten— Überschwemmungen in der Wüste führt. Trotz des hohen Maßes an Aridität sinkt die relative Luftfeuchtigkeit in der Wüste meist nicht unter 30 %. Angesichts des ausgeprägten Tagesganges der Temperatur, d. h. einer hohen Temperaturamplitude zwischen Tag und Nacht, kann es bei dieser relativen Luftfeuchtigkeit durch die niedrigen Nachttemperaturen zur Entstehung von Tau kommen, der neben dem Temperaturwechsel, der die mechanische Verwitterung des Gesteins begünstigt, zur chemischen Verwitterung führt und eventuell auch vereinzelten Pflanzen zur Verfügung steht. In den hochgelegenen Wüsten Innerpersiens — Inneranatolien weist keine Wüsten auf — kommt zu dem ausgeprägten Tagesgang der Temperatur noch ein deutlicher Jahresgang der Temperatur hinzu.

Die Wüsten des Nahen und Mittleren Ostens ziehen sich als (fast) zusammenhängende, breite Zone von West nach Ost (Sahara, Arabische Wüste, Persische Wüste, Wüste Thar) und stellen — wie bereits bei der kurzen Charakterisierung des Nahen und Mittleren Ostens erwähnt — den Kernraum der Aridität dar, an den sich nach Norden und Süden Räume eingeschränkter Aridität (Steppen) anschließen.

Die Wüsten des Nahen und Mittleren Ostens gehören zum Flachlandgebiet dieses Raumes. Geologisch-geomorphologisch besteht ihr Untergrund entweder aus horizontalen Schichten (Tafeln), die in langen geologischen Zeiträumen keine Störung erfahren haben, oder stellt ausgedehnte Schichtstufenlandschaften (Sahara, Arabische Wüste) mit flach geneigt lagernden Schichten dar. Das Relief der Wüsten, das sich großräumlich überwiegend als Ebenheit präsentiert, kann kleinräumlich eine markante Strukturierung aufweisen.

Umgangsprachlich wird mit dem Begriff Wüste meist die Vorstellung der Sandwüste („erg") verbunden, also von einem Gebiet, das nach der Korngröße des Bodenmaterials (2 - 0,06 mm) dem Sand entspricht, wobei dieses Material meist zu Dünen, Dünenketten oder Einzeldünen/Barchanen zusammengeweht ist und ein Relief bildet, das durch Windeinwirkung beeinflußt und verändert wird, ja wandern kann.

Dieser Typ der Sandwüste stellt aber nur einen Wüstentyp in den Wüsten des Nahen und Mittleren Ostens dar. Zu unterscheiden sind noch die Kieswüste („serir") und die Fels-/Steinwüste („hamada"). Von der Größe des Materials, (6 - 20 mm Grobserir, 2 - 6 mm Feinserir bzw. faust- und kopfgroße Gesteinsbrocken), das die Landoberfläche bildet, wird auch das Mikrorelief bestimmt.

Die unregelmäßigen und geringen Niederschläge in der Wüste reichen für einen flächendeckenden Pflanzenwuchs nicht aus. Die wenigen Niederschläge lassen es aber zu einem gelegentlichen „Erblühen" der Wüste kommen. Der zeitlichen und räumlichen Niederschlagsverteilung und -menge entsprechend gibt es in der Wüste eine episodische und sporadische Vegetation: Pflanzen, aber auch Sträucher nutzen den Tau, schützen sich durch besondere Maßnahmen (Hartlaub, kleine Blätter, Schutzschicht) gegen die hohe Verdunstung (am Tage) und bemühen sich, durch ihr Wurzelwerk Grundwasserschichten oder in Dünen gespeicherte Wasservorräte zu erreichen.

Daß durch den Nahen und Mittleren Osten eine Zone extremer Aridität von West nach Ost verläuft, hängt letztlich mit der globalen Gliederung der Atmosphäre in breitenkreisparallele Zirkulationszonen zusammen; der Nahe und Mittlere Osten liegt in der Passatzone der Windgürtel der Erde.

Die *Oase* ist geprägt durch ihre — im Verhältnis zu ihrer meist wüsten- oder steppenhaften Umgebung — üppige Vegetation; dabei handelt es sich überwiegend um Kulturpflanzen, die auf der Grundlage von Bewässerungswasser gedeihen. Die klimatischen Gegebenheiten in den Oasen selbst sind durch die gleiche Aridität bestimmt wie die in ihrer Umgebung.

Die hydrographischen Verhältnisse sind also die Existenzgrundlage der Oasen. Das Bewässerungswasser kann entweder aus Flüssen und Strömen oder aus Quellen und dem Grundwasser stammen. Nach diesen Herkunftsmöglichkeiten lassen sich bei den Oasen nach ihrer Verbreitung und Entstehung lineare Stromoasen — dazu gehören Nil, Euphrat/Tigris und Indus, aber auch zahlreiche kleine Flüsse, besonders in den Gebirgen — und punktuell auftretende Quell- oder Grundwasseroasen unterscheiden.

Von den drei großen Stromoasen der Alten Welt und des Nahen und Mittleren Ostens weist die Nilstromoase andere hydrographische Verhältnisse auf als Euphrat/Tigris und Indus. Dies ist durch die unterschiedlichen Herkunftsgebiete des Flußwassers bedingt. Der Nil erhält sein Wasser aus zwei Zuflüssen, dem (westlichen) Weißen und dem (östlichen) Blauen Nil, die beide südlich der ariden Tropen, in den Gebirgen Ostafrikas, entspringen. Der Abfluß der beiden Ströme vollzieht sich in unterschiedlicher Weise. Der Weiße Nil verläuft durch Seen- und Sumpfgebiete (Viktoria-See, Albert-See, Bahr al-Ghazal), wodurch der Abfluß verzögert wird — ein natürlicher Staubeckeneffekt. Diese Wirkung fehlt beim Blauen Nil, dessen Abfluß sich auf die relativ kurze Zeit der Sommerregen zusammendrängt. Im vereinigten Nilstrom steht das ganze Jahr über — wenn auch mit großen Schwankungen zwischen Hoch- und Niedrigwasserstand — eine bedeutende Abflußmenge, die zur Bewässerung genutzt werden kann, zur Verfügung.

Euphrat/Tigris und Indus dagegen fließen von Norden nach Süden. Ihren Hauptabfluß weisen sie im Frühjahr auf, wenn der in den Wintermonaten in den nördlichen Gebirgen des Nahen und Mittleren Ostens gefallene Schnee schmilzt. Ihre Abflußregime zeichnen sich durch extreme Unausgeglichenheit zwischen einem Höchstabfluß im Frühjahr und einem äußerst geringen Abfluß in den Sommermonaten aus. Kunstbauten können weniger das Flußwasser stauen und einen ausgeglichenen Abfluß herbeiführen als die zerstörende Wirkung des torrentenartigen Abflusses mildern.

Quell- und Grundwasseroasen gibt es im Nahen und Mittleren Osten vor allem an den Gebirgsrändern, wo die Schwemmfächer als Wasserspeicher dienen, aber auch am Rande von Schichtstufen und Dünengebieten. In Iran hat man mit den *Qanaten*, in Nordafrika mit den *Foggaras* seit langem kunstvolle Einrichtungen geschaffen, um an das gespeicherte Wasser heranzukommen und es zur Bewässerung abzuleiten. Diese Einrichtungen bestehen aus systematisch angelegten Schächten, die unterirdisch miteinander in einem Stollen verbunden werden, der das in ihn eingesickerte Wasser ins Freie führt.

Mit dem Fluß-, Quell- und Grundwasser steht in dem so ariden Raum des Nahen und Mittleren Ostens eine unabdingbare Voraussetzung des Pflanzenwuchses zur Verfügung, die durch künstliche Bewässerung für den Anbau genutzt wird. Die Oasen sind daher Konzentrationsräume der landwirtschaftlichen Produktion, speziell des Bewässerungsanbaus, aber auch städtischer oder stadtähnlicher Siedlung, weil eine Zusammenballung von Menschen in ariden Gebieten das Vorhandensein von Trinkwasser voraussetzt.

Die (meist) reichliche Verfügbarkeit von Wasser in den Oasen bringt aber nicht nur günstige Umstände für Landwirtschaft und Siedlung mit sich. Durch die hohe Verdunstung als Folge des ariden Klimas mit hohen Temperaturen kann es zur Versalzung der Böden, zum Ausfällen des meist reichlich im Wasser in gelöster Form vorhandenen Salzes kommen, das bei kapillarem Aufstieg an der Oberfläche kristallisiert und Krusten bildet. Diese Vorgänge stellen eine Gefahr für die landwirtschaftliche Nutzung in den Oasen dar, sind doch gerade die Kulturpflanzen recht salzempfindlich; die größte Empfindlichkeit zeigt der Baumwollstrauch, etwas geringere Weizen, während die Dattelpalme die höchste Salzverträglichkeit besitzt.

4. Historisch-sozio-ökonomische Grundlagen der Raumstruktur: Die traditionellen Lebensformen: Nomadismus, Landwirtschaft der Seßhaften, Städtewesen

Bei der kurzen Charakterisierung des Nahen und Mittleren Ostens als Innovationsraum der gesellschaftlichen Entwicklung der Menschheit wurde bereits erwähnt, daß sich drei traditionelle, präindustrielle Lebensformen erstmals in diesem Raum herausgebildet haben, die bis in die heutige Zeit die Grundstrukturen der wirtschaftlichen und sozialen Verhältnisse bilden, die heute den Einflüssen aus den Industrieländern ausgesetzt sind und die auf dem Wege der Herausbildung der Industriegesellschaft auch im Nahen und Mittleren Osten verändert, ,,modernisiert" werden: der Nomadismus, die Landwirtschaft der Seßhaften und das traditionelle Städtewesen.

Unter *Nomadismus* versteht man eine Wanderweidewirtschaft, bei der nicht nur die Herden auf Wanderung gehen, sondern auch die sie begleitende Bevölkerung, die also über keine festen Behausungen verfügt, sondern in transportablen Zelten lebt.

Die Wanderungen erfolgen nicht ziellos, sondern stellen systematisch die Verbindung von Winter- und Sommerweidegebieten her, in Ausnutzung und Anpassung an jene ökologische Nische, die dem Nomadismus im ariden Nahen und Mittleren Osten bleibt. Nach der Art der Wanderungen kann man den Gebirgsnomadismus, bei dem Sommerweiden im Gebirge und Winterweiden im Gebirgsvorland miteinander verknüpft werden, und den Flachlandnomadismus unterscheiden, bei dem Sommer- und Winterweidegebiete im Flachland liegen und je nach jahreszeitlicher Verteilung der Niederschläge — und damit der Weidemöglichkeiten — in den Steppen und Wüstensteppen aufgesucht werden.

Die Viehhaltung steht ökonomisch im Mittelpunkt des Nomadismus; dabei handelt es sich beim Gebirgsnomadismus überwiegend um Schafe und Ziegen, beim Flachlandnomadismus auch um Dromedare (einhöckerige Kamele). Aber die Viehhaltung allein reicht dem Nomadismus als ökonomische Basis nicht aus; diese hochspezialisierte Lebensform war und ist auf den Austausch mit anderen traditionellen sozio-ökonomischen Gruppen angewiesen. Zusätzliche Einkünfte wurden erzielt durch handwerkliche Tätigkeit wie Teppichknüpfen der Frauen und Dienstleistungen beim Transport von Gütern. Solange noch durch den Nahen und Mittleren Osten transkontinentale Handelswege verliefen — insbesondere durch die Sahara und den Fruchtbaren Halbmond — lag die Durchführung von Ferntransporten bei den Nomaden. Seit der Eröffnung des Suezkanals (1869) und der Einführung von Lastkraftwagen haben die Nomaden diese supplementäre Einnahmequelle verloren, so daß sich ihre Lebensform — andere Ursachen kommen hinzu — auf dem Rückzug befindet.

Im sozialen Bereich gehört zum Nomadismus eine spezifische Sozialstruktur, die im Gegensatz zu der traditionellen Lebensform in der Landwirtschaft der Seßhaften und in den Städten stammesorientiert ist. Die Weidegebiete gehören dem Stamm und nicht den einzelnen Stammesmitgliedern; sie werden notfalls mit der Waffe in der Hand gemeinschaftlich verteidigt.

Als hochmobile, selbständige Gruppen am Rande der Ökumene, die sich staatlicher Aufsicht entziehen, werden die Nomaden im Rahmen der modernen Staatenbildung im Nahen und Mittleren Osten als unsicheres Element angesehen.

Die Staaten bemühen sich um die *Sedentarisation* (Seßhaftmachung) der Nomaden, was zum Zerfall der alten Lebensform wesentlich beiträgt: Das Überwechseln zu der — in der Sichtweise der Nomaden — ungeliebten bäuerlichen Beschäftigung kollidiert mit ihren traditionellen Normvorstellungen. Mit der *Sedentarisation* ist meist eine *Detribalisation*, d.h. ein Zerfall der Stammesstruktur, verbunden: Auch die seßhaft gewordenen Nomaden neigen, wie die übrige ländliche Bevölkerung im modernen Nahen und Mittleren Osten, zur Abwanderung in die Städte.

Die Seßhaftwerdung der Nomaden bringt zwar eine Verbesserung ihrer Krankenfürsorge und ihrer Ausbildungssituation mit sich, geht aber auch mit einer bedeutenden Einschränkung ihrer Viehwirtschaft einher. Da die Viehwirtschaft im Nahen und Mittleren Osten überwiegend von Nomaden betrieben wird, ist die Versorgung der wachsenden Bevölkerung mit Fleisch aus dem eigenen Land heraus bedroht. Aus volkswirschaftlichen Gründen — um die Ernährung nicht zu einseitig auf pflanzliche Kost abzustellen — sollten die Staaten des Nahen und Mittleren Ostens an der Erhaltung der viehwirtschaftlichen Produktion — in moderner Form — interessiert sein.

In dem — was die naturräumliche Ausstattung betrifft — so kärglich bedachten Raum des Nahen und Mittleren Ostens stellt auch die *Landwirtschaft der Seßhaften* als traditionelle Lebensform zunächst eine Anpassung an die Naturverhältnisse dar, allerdings — verglichen mit dem Nomadismus — mit einem größeren Spielraum. Diese Lebensform präsentiert sich in Verknüpfung mit den wirtschaftlich nutzbaren Ökosystemräumen des Nahen und Mittleren Ostens in den Oasen als Bewässerungslandwirtschaft, in den Steppen als Trockenlandwirtschaft (beruhend auf natürlichem Regenfall) und in den humideren Teilen der Gebirge als Feuchtlandwirtschaft.

Eine andere, grundsätzliche Unterscheidung von Landwirtschaftsformen wäre: die Subsistenzlandwirtschaft, die binnen- und die exportmarktorientierte Landwirtschaft. Bei der Landwirtschaft der Seßhaften als traditionelle Lebensform, um die es hier geht, dominierte die Subsistenzlandwirtschaft, die in neuerer Zeit in zunehmendem Maße von der binnenmarktorientierten Landwirtschaft abgelöst wird.

Nachdem in der kurzen Charakterisierung des Nahen und Mittleren Ostens der Fellache als typische Erscheinung der Landwirtschaft der Seßhaften bezeichnet worden ist, stellt sich die Frage, ob es denn im Nahen und Mittleren Osten keine Bauern gibt, bzw. wie weit Fellache und Bauer gleichgesetzt werden können. Zur Landwirtschaft der Seßhaften, insbesondere als traditionelle Lebensform, gehört eine spezifische Organisationsweise, die als Rentenkapitalismus bezeichnet werden kann. Darunter versteht man die Aufteilung der landwirtschaftlichen Produktionsfaktoren Grund und Boden, Wasser (Bewässerungswasser), Saatgut, tierische und menschliche Arbeiskraft auf verschiedene Eigentümer und eine Aufteilung der Ernteerträge entsprechend den Bedeutungsanteilen der Produktionsfaktoren auf ihre Besitzer. Der Grund und Boden — oft mehrere Dörfer — gehört meist einem Großgrundbesitzer, der auch das Wasser und das Saatgut, eventuell sogar die tierische oder maschinelle Arbeitskraft, stellt und auf den ein Anteil bis zu 4/5 der Ernte entfällt, während der Fellache (Teilpächter, sharecropper) oft nur seine — und vielleicht die tierische — Arbeitskraft einbringt und mit entsprechend geringen Ernteerträgen („Renten", shares) abgespeist wird.

Besonders in den Oasen, wo das Bewässerungswasser durch kunstvolle Bauten bereitgestellt wird, die der Großgrundbesitzer unterhält, ist die Abhängigkeit von dem meist in der nächsten Stadt lebenden, *absentee landlord* groß, während in der Trockenlandwirtschaft, die auf natürlichem Regenfall basiert, diese Abhängigkeit gelockert sein kann oder nicht besteht.

Der Fellache im Nahen und Mittleren Osten als unmittelbar im primären, landwirtschaftlichen Sektor Tätiger unterscheidet sich also wesentlich von dem Bauern unserer Breiten, zu dem die Einheit von Betriebs- und Grundeigentum in der Regel gehört. Nur unter Berücksichtigung der rentenkapitalistischen Organisationsform kann man im Nahen und Mittleren Osten von einem Oasenbauerntum, einem Steppenbauerntum und einem Gebirgsbauerntum sprechen und mit dem Begriff Bauer die unmittelbar in der Landwirtschaft tätige Bevölkerung meinen.

Die osmanisch-feudalistische Agrarverfassung, die sich — nominell — mit dem Osmanischen Reich über große Teile des Nahen und Mittleren Ostens ausdehnte, war ursprünglich im Sinne eines Lehnswesens organisiert — und darauf geht wohl der höhere Anteil von Bauern im europäischen Sinne in Anatolien zurück —, degenerierte aber im Laufe der Zeit zu einer der rentenkapitalistischen ähnlichen Agrarverfassung.

Die in der Landwirtschaft der Seßhaften beschäftigte Bevölkerung wohnt — bis auf Ausnahmen — im ganzen Nahen und Mittleren Osten in Dörfern, nicht in Einzelhöfen; die schweifenden Nomaden und ihre ehemals auch politische Dominanz sowie die allgemein unsicheren Verhältnisse — hinzu kommt das oft auf wenige Stellen beschränkte Wasserangebot — machten eine geschlossene Siedlungsform im ländlichen Raum notwendig.

Die naturräumliche Ausstattung erlaubt in den Oasen eine große Variationsbreite von Nutzpflanzen, darunter auch exportmarktorientierte Pflanzen wie den Baumwollstrauch, der in Teilen des Nahen und Mittleren Ostens gegen Ende der präindustriellen Zeit Verbreitung fand. In den Steppen dagegen ist die Palette der Nutzpflanzen klein, meist ist nur Getreidebau möglich. Im Gebirge — allerdings in Abhängigkeit von der Höhenstufung — erweitert sich wieder der landwirtschaftliche Produktionsspielraum, jedoch setzen die orographischen Gegebenheiten Grenzen. In den Rückzugsgebieten völkischer und religiöser Gruppen (Berber in Nordafrika, Kurden in Südwestasien, Christen und islamische Sekten im Libanon-Gebirge) bewahrte das Gebirgsbauerntum außer seinen kulturellen Eigenständigkeiten spezifische soziale, stammes- und sippenorientierte Organisationsformen.

Mit der heute deutlich anwachsenden Bevölkerung — gerade im ländlichen Raum des Nahen und Mittleren Ostens — kommt es bei rentenkapitalistischer Agrarverfassung und im Rahmen der herrschenden Realerbteilungssitte zu einer Verminderung der Betriebsgrößen, zu wirtschaftlichen Schwierigkeiten und zur Abwanderung vom Lande, obwohl andererseits die wachsende Bevölkerung in den Staaten des Nahen und Mittleren Ostens einen Anreiz zu gesteigerter landwirtschaftlicher Produktion und zur Entwicklung eines landwirtschaftlichen Binnenmarktes darstellt: Die allmähliche Herausbildung industriegesellschaftlicher Strukturen setzt tendenziell auch im ländlichen Raum des Nahen und Mittleren Ostens ein.

Wenn der ländliche Raum im Nahen und Mittleren Osten — und nicht nur dort — traditionell Standort des primären Wirtschaftssektors ist, dann ist die *Stadt* im Nahen und Mittleren Osten — und nicht nur dort — traditionell Standort des tertiären und (handwerklich-)sekundären Sektors; diese Differenzierung hat sich erstmalig im Raum des Nahen und Mittleren Ostens bei der gesellschaftlichen Entfaltung der Menschheit herausgebildet.

Der tertiäre Sektor ist seit alters her in der Stadt durch die geistliche und weltliche Herrschaft vertreten. Die frühen Städte im Alten Orient waren Tempelstädte, in denen Priester die theokratisch begründete Herrschaft ausübten. Seit dem 7. Jahrhundert, seit der Entstehung und Ausbreitung des Islams, stellt eine große Stadtmoschee (Freitagsmoschee), oft mit zahlreichen Zubehörbauten für Koranschulen, Armenküchen und andere Einrichtungen, den einen Mittelpunkt der traditionellen Stadt im Nahen und Mittleren Osten dar. Der zweite Mittelpunkt ist der Sitz der weltlichen Herrschaft, in den Anfängen meist eine Burg, die neben der Hauptmoschee, oder — aus strategischen Gründen — auch peripher, am Rande der Stadt, unter Einbezug der Stadtmauer, angelegt sein konnte.

Zu diesen beiden Erscheinungsformen des tertiären Sektors in der traditionellen, präindustriellen Stadt im Nahen und Mittleren Osten, gesellt sich — auch standortmäßig — eine weitere, die durch den Bazar und die Karawansereien in seiner Umgebung vertreten ist, in denen die Händler, Handwerker und Kaufleute ihre Arbeitsstätten, nicht aber ihre Wohnstätten, haben. Der Bazar, meist benachbart zur Hauptmoschee orientiert, gliedert sich — bei funktionaler und standortmäßiger Verknüpfung von Händlern und Handwerkern — zentralperipher: Höchstrangige Händler, solche die Devotionalien, aber auch Gold und Silber vertreiben, haben ihren Standort dicht bei der Hauptmoschee, in der Wertschätzung geringere Händler, die z.B. Textilien verkaufen, etwas weiter entfernt, und die mit Geräusch- oder Geruchsbelästigung verbundene handwerkliche Tätigkeit (Kesselschmiede und Gerber) ist an der Peripherie des Bazars zu finden.

Die Fernhandelskaufleute (Großhändler) saßen in den Karawansereien, die als burgähnliche

Gebäude die Handelskarawanen, die Tiere und Händler aufnahmen und die vom eventuell spezialisierten städtischen Handwerk überschüssig produzierten Waren sammelten und mit anderen, in die Stadt hineingebrachten Waren tauschten.

Insofern der Bazar von Wohnstätten frei war, wies die traditionelle Stadt im Nahen und Mittleren Osten ein Merkmal auf, das sich in der Stadt der Industriegesellschaft erst im Laufe der modernen Entwicklung mit der *City* herausgebildet hat.

Die Masse der Stadtbevölkerung setzte sich im präindustriellen Nahen und Mittleren Osten aus heterogenen Gruppen zusammen. Diese Heterogenität bestand weniger in der sozialen Schichtung — der größte Teil der Stadtbevölkerung muß der Unterschicht zugerechnet werden, der nur eine kleine Oberschicht gegenüberstand —, als vielmehr in der religiösen Zugehörigkeit und der völkisch-räumlichen Herkunft. Die Gruppen schlossen sich in eigenen Quartieren gegeneinander ab, die zuweilen durch Stadtmauern innerhalb der Stadt getrennt waren. Jedes Quartier hatte seine eigene (Quartiers-)Moschee, Synagoge oder Kirche, zu der meist ein eigener kleiner (Quartiers-)Bazar gehörte. Innerhalb der Quartiere — auch die muslimische Stadtbevölkerung hatte mehrere Quartiere nach stammesmäßig-räumlicher Herkunft — gab es eine standortmäßige Differenzierung nach sozialem Rang: Die höherrangige Bevölkerung wohnte im Mittelpunkt ihres Quartiers. Aus den gekennzeichneten Strukturen ergibt sich eine zweistufige, innerstädtisch-zentralörtliche Hierarchie von Einrichtungen des tertiären Sektors in der traditionellen Stadt des Nahen und Mittleren Ostens.

Die Stadt war Fußgängerstadt, der Lastentransport wurde mit Tragtieren abgewickelt; die Straßen waren schmal, gewunden, wechselten oft in ihrer (geringen) Breite. Typisches Merkmal dieser Stadt war — und ist es zum guten Teil noch — der Sackgassengrundriß: Es gab zahlreiche blind-endende, kurze Straßen, meist in das Innere der Baublöcke hinein. Die Anlage von Sackgassen kam der heterogenen Zusammensetzung der Stadtbevölkerung und ihrem Streben, sich gegeneinander abzuschließen, entgegen.

Im Zuge der einsetzenden, allmählichen Herausbildung der Industriegesellschaft im Nahen und Mittleren Osten bahnen sich tiefgreifende Strukturwandlungen auch in der traditionellen, präindustriellen Stadt an. Sie sind wirtschaftlicher und sozialer Art: Die Stadt wird — wenn auch zunächst in begrenztem Umfang und selektiv — Standort des industriell-sekundären Sektors, und mit der beginnenden räumlichen Umverteilung der Bevölkerung vom ländlichen in den städtischen Raum (Landflucht und Verstädterung) ergeben sich neue sozialräumliche Binnenstrukturen in den Städten.

Die moderne wirtschaftliche Entwicklung und der soziale Wandel im Nahen und Mittleren Osten, die nicht nur die Städte, sondern — wie in den vorangegangenen Ausführungen angedeutet — auch die anderen traditionellen Lebensformen erfassen, werden im vierten und fünften Teil des vorliegenden Handbuchs ausführlich dargestellt.

Atlanten:

Atlas of the Arab World and the Middle East; London 1960.
dtv-Perthes Weltatlas, Bd. 1, Naher Osten; Darmstadt 1973.
Oxford Regional Economic Atlas: The Middle East and North Afrika; Oxford 1960.
TAVO (Tübinger Atlas des Vorderen Orients); Wiesbaden — seit 1977 im Erscheinen.

Literatur:

Beaumont, P. u. Blake, G.H. u. Wagstaff, J.M. 1976: The Middle East: A Geographical Study, London.
Bobek, H. 1959: Die Hauptstufen der Gesellschafts- und Wirtschaftsentfaltung in geographischer Sicht, in: Die Erde, Jg. 90, Berlin, 259-298.

Boesch, H. 1959: Der Mittlere Osten, Bern.
Cressey, G.B. 1960: Crossroads-Land and Life in Southwest Asia, Chicago.
Christiansen-Weniger, F. 1970: Ackerbauformen im Mittelmeerraum und Nahen Osten, dargestellt am Beispiel der Türkei, Frankfurt a.M.
de Planhol, X. 1975: Kulturgeographische Grundlagen der islamischen Geschichte, Zürich, München.
Fischer, S.N. 1959: The Middle East. A History, London.
Fischer, W.B. 1978: The Middle East. A Physical, Social and Regional Geography, 7. Aufl., London.
Longrigg, St. H. 1963: The Middle East. A Social Geography, London.
Louis, H. 1939: Das natürliche Pflanzenkleid Anatoliens geographisch gesehen, (Geographische Abhandlungen, Dritte Reihe, Heft 12), Stuttgart.
Mensching, H. u. Wirth, E. u. Schamp, H. 1973: Nordafrika und Vorderasien, (Fischer-Länderkunde), Frankfurt a.M.
Schmieder, O. 1969: Die Alte Welt (2 Bde): Teil I: Der Orient. Die Wüsten und Steppen der Nordhemisphäre mit ihren Randgebieten, Wiesbaden; Teil II: Anatolien und die Mittelmeerländer Europas, Kiel.
Stewig, R. 1977: Der Orient als Geosystem, (Schriften des Deutschen Orient-Instituts), Opladen.
Weulersse, J. 1946: Paysans de Syrie et du Proche-Orient, (2. Aufl. 1956), Paris.

II. Sprachen und Völker

Erhard Franz

1. Sprachfamilien, Sprachen und Sprachreste

Der Raum zwischen Mauretanien im Westen und Pakistan im Osten ist seit prähistorischer Zeit eine vielfältige und vielschichtige Kontakt- und Mischzone zwischen Rassen, Sprachen, Kulturen und Religionen. Ihre Verbreitung ist nicht deckungsgleich, sondern gegenseitig überlappend. Es ist daher angebracht, in dem größeren Zusammenhang von Sprachen und Völkern auch Bevölkerungsgruppen zu behandeln, die im weitesten Sinne als ,,sprachliche" bzw. ,,völkische Minderheiten" gelten.

Sprachen aus drei großen Sprachfamilien — aus der semitischen, der indoeuropäischen und der türkischen — dominieren im Nahen und Mittleren Osten. Daneben gibt es in Nordafrika größere Bevölkerungsgruppen mit afroasiatischen Sprachen. Splitter weiterer Sprachfamilien und Sprachreste lassen in der Region ein buntes Mosaik an Sprachenklaven entstehen.

1.1 Die semitische Sprachfamilie

Im 3. und 2. Jahrtausend v. Chr. drangen semitische Völker — wahrscheinlich aus der Arabischen Halbinsel — nach Mesopotamien, Syrien und Palästina vor. Eine andere Welle brachte um 700 v. Chr. Semiten aus Südarabien zum gegenüberliegenden afrikanischen Festland. Durch die im 7. Jahrhundert n. Chr. einsetzende arabisch-islamische Eroberung wurde Arabisch bedeutendste Sprache des Raumes.

Arabisch, eigentlich Nordarabisch, wurde 1982 von etwa 170 Mio. Menschen als Muttersprache gesprochen, darunter allein von 140 Mio. Menschen in Nordafrika, dem Fruchtbaren Halbmond und der Arabischen Halbinsel sowie in Randzonen und Sprachenklaven in der Türkei, in Iran und in Nordafghanistan. Zusammen mit dem Südarabisch gehört Arabisch zur Südwestgruppe der semitischen Sprachfamilie. Als ,,klassisches" Arabisch ist es die Sprache des Korans, der Sammlung der vom Propheten Muḥammad zwischen 610 und 632 in arabischer Sprache mekkanischer Prägung verkündeten Offenbarungen.

Im Mittelalter war Arabisch als Religionssprache zwischen Spanien und dem Oxus (Amudarj'a) verbreitet. Mit der Annahme des Islams übernahmen auch die Völker, die der sprachlichen Arabisierung widerstanden, die arabische Schrift. Diese seit 500 n. Chr. nachweisbare Schrift geht über Zwischenstufen auf die aramäische Konsonantenschrift zurück. Sie ist heute von Nordafrika bis zum indischen Subkontinent in Gebrauch, wobei ihre ursprünglichen 28 Schriftzeichen für die Wiedergabe nicht-semitischer Sprachen erweitert und modifiziert worden sind.

Das gegenwärtig gesprochene Arabisch zerfällt in fünf Hauptdialektgruppen. Die einzelnen Dialekte stellen jeweils voll ausgeprägte Umgangssprachen dar, deren Unterschiede etwa mit denen zwischen den romanischen Sprachen vergleichbar sind. Als eine Gruppe, die der ursprünglichen Wurzel am nächsten steht, werden die Dialekte der Arabischen Halbinsel angesehen. Davon abgesetzt sind die Gruppen der irakischen, syrisch-palästinensischen und der ägyptischen Dialekte, zu deren Ausprägung auch die vorher verbreiteten Volkssprachen des Ost- und Westaramäischen sowie des Neuägyptischen (Koptischen) beigetragen haben mögen. Die Gruppe der maghrebinischen Dialekte weist starke Beeinflussungen durch die Berbersprachen auf. In dieser Gruppe nimmt das von einer christlichen Bevölkerung gesprochene und mit lateinischen Lettern geschriebene Maltesische als südeuropäisch-arabische Mischsprache eine Sonderstellung ein.

Südarabisch, heute eine Minderheiten- bzw. Restsprache in Oman und Südjemen, bildet einen eigenen Zweig der arabischen Sprachen. Es gliedert sich in die Dialekte Mehri, Shauri (Shikh) und Soqotri. In Äthiopien basiert die offizielle Staatssprache, Amhara, auf einer südarabischen Sprachwurzel, zeigt jedoch wesentliche Beeinflussungen durch das zu den afroasiatischen Sprachen zählende ostafrikanische Kuschitisch. Das südarabische Ge'ez, das in Äthiopien bis zum 13. Jahrhundert n. Chr. verbreitet war, ist heute noch Kirchensprache der äthiopischen Christen.

Hebräisch, das zur Nordwestgruppe der semitischen Sprachfamilie gehört, ist für Sprachforscher durch den Versuch interessant, eine bereits untergegangene Volkssprache als Umgangssprache neu zu beleben. Aus dem Bibelhebräischen hatte sich zwischen 50 v. Chr. und 200 n. Chr. das Mischnahebräisch als Volkssprache entwickelt, das als Literatursprache in religiösen Dichtungen weiterlebte, auch als es keine gesprochene Sprache mehr war. Im 19. Jahrhundert wurde aus dem Bibel- und dem Mischnahebräisch eine neue Umgangssprache, Iwrit, geschaffen, die nach der Gründung des Staates Israel 1948 zur Staatssprache erhoben wurde. In Israel sprechen 83 % der jüdischen Bevölkerung Iwrit als Haupt- bzw. Muttersprache und 9 % als Zweitsprache; bei ca. 57.000 Juden in anderen Ländern des Nahen und Mittleren Ostens ist Hebräisch als Religionssprache zumindest bei den Männern verbreitet. Die hebräische Schrift hat ihre Wurzeln ebenfalls in der aramäischen Schrift.

Aramäisch ist als Reichs- und weit verbreitete Umgangsprache aus dem Nahen und Mittleren Osten verschwunden. Der östliche Dialekt, das Ostaramäische, lebte in den ersten fünf Jahrhunderten n. Chr. als Altsyrisch (Kirchenaramäisch) fort. Durch politisch und dogmatisch bedingte Kirchentrennungen entwickelten sich nach dem 5. Jahrhundert im persischen Sassaniden-Reich eine ostsyrische, im südöstlichen Gebiet des Byzantinischen Reiches eine westsyrische Kirchensprache fast unabhängig voneinander. Auch die aus der aramäischen Konsonantenschrift hervorgegangene syrische Schrift unterlag unterschiedlichen Weiterentwicklungen. Als Kirchensprachen sind West- und Ostsyrisch bei ungefähr 0,8 Mio. Christen im Nahen und Mittleren Osten erhalten geblieben. Neuwestsyrische bzw. neuostsyrische Dialekte leben noch heute in einigen von Christen bewohnten Dörfern in der Türkei um Midyat, in Syrien um Ma'lūla und um Hassake, im Irak um Mosul sowie im Bergland östlich davon und in Iran um Urmia fort. Als sog. ,,Haussprache" hielt sich Syrisch bei einem Teil der Mitglieder einiger christlicher Konfessionsgruppen im Nahen und Mittleren Osten.

1.2 Afrikanische Sprachen

Gewisse lexikalische und morphologische Gemeinsamkeiten veranlaßten die Sprachforscher früher, eine Reihe von afrikanischen Sprachen als ,,hamitische Sprachfamilie" zusammenzufassen, ein Begriff, der heute nicht mehr aufrechterhalten wird.

Ca. 2,8 Mio. Menschen im Südwesten der Republik Sudan sprechen eine innersudanische (tschado-sudanische) Sprache, etwa 1,87 Mio. Menschen in Nubien und in Darfur Nubisch — mit den beiden Untergruppen Nil- und Darfurnubisch — und über 5,6 Mio. Menschen im Südsudan eine nilotische Sprache.

Die *afroasiatischen Sprachen* (früher semitohamitische Sprachen) bilden eine eigene Gruppe. In ihr sind Sprachen zusammengefaßt, die zum größten Teil aus afrikanischen Komponenten bestehen, bei denen jedoch eine deutliche Verwandtschaftsbeziehung zu den semitischen Sprachen erkennbar ist. Zu dieser Gruppe gehören die Semitensprachen Äthiopiens und Eritreas, das Amhara, Tigranya und Tigre, die kuschitischen Sprachen mit dem unter den Beja im Nordosten des Sudan verbreiteten Bedauye sowie das Ägyptische und die Berbersprachen.

Ägyptisch ist in der Form des Altägyptischen als Schriftsprache bereits aus dem 3. Jahrtausend v. Chr. durch Hieroglyphen belegt. Es entwickelte sich im 14. Jahrhundert v. Chr. über das Mittelägyptische zum Neuägyptischen, das durch das Wirken christlicher Mönche zum Koptischen umgeformt wurde. Die koptische Lautschrift verwendet die gängigen Zeichen des griechischen Alphabets, im Griechischen unbekannte Laute drückt sie durch sieben Zeichen der neuägyptischen (demotischen) Kursivschrift aus. Als Liturgiesprache der koptischen Kirche setzte sich der unterägyptische bohairische Dialekt durch. Er blieb als Kirchensprache erhalten, auch nachdem die Umgangssprache Ägyptens bis zum 13. Jahrhundert Arabisch geworden war. Neuägyptisch (Koptisch) gilt heute nicht mehr als lebende Sprache, auch wenn koptische Intellektuelle eine Wiederbelebung anstreben.

Berbersprachen werden heute von ca. 11,7 Mio. Menschen zwischen Marokko und Libyen als Muttersprache gesprochen; zusammen mit Gebieten in Mali, Niger und Obervolta, in denen Tuareg verbreitet sind, dürfte es insgesamt um 12 Mio. Menschen mit einer Berbersprache geben. Ein größeres zusammenhängendes Verbreitungsgebiet befindet sich im marokkanischen mittleren und hohen Atlas zwischen Agadir und Taza. Über den Antiatlas setzt sich die Verbreitung nach Algerien hinein in das Gebiet zwischen Tabelbala und Ain-Sefra fort. Weitere berberische Sprachgebiete sind das Rif in Marokko sowie in Algerien die Kabylei, das Massiv des Aurès bei Batna sowie die Oasengebiete Mzab um Ghardaia, Gourara um Timimoun und Oued Rhir um Touggourt. Kleinere Sprachinseln zwischen den aufgezählten Gebieten setzten sich über das südliche Tunesien — z.B. die Insel Dscherba — über Libyen im Jebel Nefusa und den Oasen Ghadames, Sokna und Aujila bis nach Siwa in Ägypten hin fort. Im Südwesten von Libyen und Südosten von Algerien, im Ahaggar und Ajjar, gekennzeichnet durch das Oasendreieck Ain Salah-Ghadames-Murzuq, beginnt das Gebiet der Tuareg, die eine eigene Berbersprache sprechen. Die untereinander stark variierenden Dialekte des Berberischen werden heute z.T. mit arabischen Lettern, z.T. in französischer Tradition mit lateinischen Lettern wiedergegeben. Bei den Tuareg hat sich eine eigene Schrift, das Tifinagh, gehalten, das auf die im Altertum vom 2. Jahrtausend v. Chr. an in Nordafrika und Südspanien verbreitete vokallose libysche (numidische) Schrift zurückgeführt wird.

1.3 Die indoeuropäische Sprachfamilie

Durch die weiträumige Verbreitung zwischen Indien und Europa haben sich die einzelnen indoeuropäischen/indogermanischen Sprachen auseinanderentwickelt. Sie werden nach dem Zahlwort für 100, das im Lateinischen *centum* und im Awestischen *sat* lautet, in „Kentum-" und „Satemsprachen" eingeteilt.

Der *iranische Sprachzweig* ist der älteste im Nahen und Mittleren Osten bis heute vertretene Zweig der Satemsprachen. Seine Träger sind seit der Mitte des 2. Jahrtausend v. Chr. bekannt. Gegenwärtig dürfte es insgesamt 68,5 Mio. Menschen geben, die eine iranische Sprache als Muttersprache sprechen; ca. 4,7 Mio. davon leben in der Sowjetunion.

Unter den vier nach ihrer geographischen Anordnung in historischer Zeit eingeteilten Gruppen des iranischen Sprachzweiges ist die Südwestgruppe zahlenmäßig am stärksten vertreten. Ihre

Wurzeln lassen sich auf die ältesten überlieferten Formen des Iranischen im 6. Jahrhundert v. Chr. zurückführen, auf die altiranische Amtssprache des persischen Achämeniden-Reiches einerseits und auf die Awesta, das Sammelwerk mit den Lehren des Religionsstifters Zarathustra, andererseits. Über das Mittelpersische kam es zur Ausbildung der heutigen neupersischen Sprachen. Zu ihnen gehört das in Iran, Afghanistan und der Sowjetunion von ca. 29 Mio. Menschen benutzte westliche Farsi und östliche Dari. Das Dari führt sich auf die Hofsprache der persischen Samaniden im mittelalterlichen Buchara des 9./10. Jahrhundert zurück. Heute ist es die Sprache von ca. 8,4 Mio. Tadschiken in Afghanistan und der Sowjetunion. Einen Dialekt des Dari bildete das Hazaraji, die Sprache der im äußeren Erscheinungsbild ausgesprochen mongolisch wirkenden ca. 0,9 Mio. Hazarah im zentralen afghanischen Gebirgsland. Ebenfalls zur Südwestgruppe gezählt wird das Luri mit seinem Unterdialekt, dem Bachtiyari, der etwa 3,7 Mio. Luren und Bachtiyaren im Südwesten Irans.

Das von ca. 13 Mio. Kurden im Nahen und Mittleren Osten und von ca. 0,1 Mio. Menschen in der Sowjetunion gesprochene Kurdische gehört zur Nordwestgruppe der iranischen Sprachen. Seine Hauptverbreitung konzentriert sich auf die Länder Iran, den Irak und die Türkei. Von den drei Hauptdialektgruppen des Kurdischen wird das Zazayi und Gurani von Sprachforschern auf eine ältere iranische Wurzel zurückgeführt als das Kirmanji. Zur gleichen Gruppe wie das Kurdische gehört auch das Belutschi der ca. 3,3 Mio. Belutschen, die hauptsächlich in Pakistan und in Iran leben.

In der Nordostgruppe des iranischen Sprachzweiges ist die am weitesten verbreitete Sprache das Paschtu, das, in zwei Hauptdialekte gegliedert, die Sprache von ca. 19 Mio. Paschtunen in Afghanistan und Pakistan ist. Unter dem Oberbegriff Pamirsprachen zusammengefaßte weitere Sprachen dieser Gruppe haben sich als Restsprachen bei ca. 30.000 Personen in afghanischen und sowjetischen Pamirgebieten erhalten.

Die Südostgruppe des Sprachzweiges ist durch zwei Restsprachen, Parachi und Omuri, vertreten. Beide Sprachen werden nur noch von einem verschwindend kleinen Personenkreis in den afghanischen Provinzen Kapisa und Logar sowie in Pakistan in Swat beherrscht.

Der *indoarische Zweig* der Satemsprachen wurde von Völkern nach Nordwestindien und dem Pandschab gebracht, die gegen Ende des 2. Jahrtausend v. Chr. vom Norden über die Pässe des Hindukusch eingedrungen waren. Bereits zu diesem Zeitpunkt dürfte ihre Sprache in Dialekte aufgespalten gewesen sein.

Aus einem westlichen Dialekt entwickelte sich das Sanskrit, eine im 4./5. Jahrhundert v. Chr. in Regeln gefaßte Literatur- und Kunstsprache. Über Mittelindisch und weitere Zwischenstufen kam es zur Ausbildung der heutigen neuindischen Sprachen. Von ihnen sind Pandschabi und verwandte Dialekte bei über 55 Mio. Pakistanern verbreitet, weiterhin Sindhi bei über 10 Mio. sowie Kaschmiri. Durch Einwanderungen aus dem Süden gibt es, besonders in Karatschi, eine größere Anzahl von Personen, die Gujarati sprechen; Umsiedler aus Bangladesch brachten in neuerer Zeit das zu den östlichen neuindischen Sprachen gehörende Bihari nach Pakistan. Zu einer überregionalen Verkehrssprache entwickelte sich Urdu, eine mit persischen und arabischen Elementen durchsetzte Kultursprache der Muslime des indischen Subkontinents. Diese Muttersprache von etwa 6 - 7 Mio. Pakistanern wurde 1973 verfassungsmäßig als Nationalsprache des Landes verankert. Für die Wiedergabe des Urdu wird ein modifiziertes persisch-arabisches Alphabet benutzt.

Die *Dard-Sprachen*, von ca. 570.000 Personen im Hindukusch und im Karakorum gesprochen, werden einer älteren, urtümlicheren Gruppe des Indoarischen zugerechnet. Zu ihnen gehört u.a. das vorwiegend in Dardistan am oberen Indus gesprochene Shina, weiterhin das Kalash in Chitral, das in Chitral, Dir, Swat und Malakand vorkommende Kowar, Torwali und Gawri sowie das in Afghanistan in Gebirgstälern zwischen dem Panjirtal und dem Kunarfluß gesprochene Pashai. In einigen Quellen wird auch das oben erwähnte Kaschmiri als Dard-Sprache bezeichnet. Sprachwissenschaftlich nicht eindeutig geklärt ist die Zugehörigkeit der fünf Idiome der Kafirsprachen, des Nuristani, zu den Dard-Sprachen. Wegen mancher Eigentümlichkeiten sehen einige Sprachforscher diese vorwiegend in Afghanistan an der Südabdachung des Hindukusch verbreiteten, von ca. 96.000 Nuristani gesprochenen Dialekte als eigenständige dritte Gruppe des indoarischen Sprachzweiges an.

Armenisch bildet einen eigenen Zweig der Satemsprachen. Die Träger der Sprache sind wahrscheinlich im 6. Jahrhundert v. Chr. in das Gebiet um den Van-See eingewandert. Als Schriftsprache mit einem eigenen Alphabet ist Armenisch seit dem frühen 5. Jahrhundert durch eine Bibelübersetzung bekannt. Das Alphabet umfaßt seit dem 12. Jahrhundert 38 Buchstaben (ursprünglich 30), wobei jedem Laut konsequent ein Buchstabe zugeordnet ist. Die Sprache der Bibelübersetzung, Altarmenisch, bildet noch heute die Grundlage der Liturgie in den armenischen Kirchen. Als Mittelarmenisch (12. - 16. Jahrhundert) wurde die Sprache des mittelalterlichen kilikischen armenischen Königreiches bekannt. Ab 1850 entstand auf dem Dialekt von Tiflis/Georgien basierend eine neuostarmenische Literatursprache; im Westen wurde der Dialekt von Istanbul Grundlage einer neuwestarmenischen Literatursprache. Im Nahen und Mittleren Osten gibt es etwa 0,7 Mio. Menschen mit armenischer Haus- bzw. Kirchensprache.

Das *Griechische* gehört zu den Kentumsprachen der indoeuropäischen Sprachfamilie. Es wurde bereits Ende des 2./Anfang des 1. Jahrtausend v. Chr. durch die frühgriechischen Ostwanderungen an den Küsten Kleinasiens heimisch. Nach 330 v. Chr. setzte durch Alexander d. Gr. und seine Diadochen eine sprachliche und kulturelle Hellenisierung größerer Gebiete des Nahen und Mittleren Ostens, vornehmlich der mittelmeerischen Küstenregionen, ein. Im Oströmischen, später Byzantinischen Reich (395 - 1453) war Mittelgriechisch Staats- und Reichskirchensprache. Zwischen dem 12. und dem 13. Jahrhundert wurde in den im Süden an die Araber verlorengegangenen Reichsgebieten das Griechische durch Arabisch als Umgangssprache ersetzt; in Kleinasien setzte nach der Eroberung Konstantinopels durch die Osmanen 1453 ein verstärkter sprachlicher Türkisierungsprozeß ein. Das im 15. Jahrhundert entstandene Neugriechische wird heute von ca. 10.000 Personen in der Türkei, konzentriert auf die Städte Istanbul und Izmir sowie von ca. 0,48 Mio. Menschen auf Zypern als Muttersprache gesprochen. In den griechisch-orthodoxen Patriarchaten von Antiochia, Jerusalem und Alexandria ist Griechisch als Kirchensprache nur bei einem verschwindend kleinen Teil der Gläubigen erhalten geblieben.

1.4 Die türkische Sprachfamilie

Die *Turksprachen* (früher turk-tatarische Sprachen) bilden die jüngste im Nahen und Mittleren Osten vertretene Sprachfamilie. Historisch belegbar sind die Träger einer alttürkischen Sprache, die Kök-Türken, erst im 5./6. Jahrhundert n. Chr. zwischen den pontischen Steppen und der heutigen Mongolei. Schriftzeugnisse der alttürkischen Sprache gibt es als Inschriften aus der Zeit zwischen dem 7. und dem 11. Jahrhundert. Heute leben von etwa 105 Mio. Menschen auf der Welt mit einer Turksprache ca. 51 Mio. im Nahen und Mittleren Osten, ca. 44 Mio. in der Sowjetunion, ca. 7 Mio. in der VR China und ca. 3 Mio. verstreut in den Balkanländern.

Im Nahen und Mittleren Osten überwiegen die eng miteinander verwandten Dialekte der Südwestgruppe der Turksprachen. Sie breiteten sich hier seit dem 11. Jahrhundert aus, als die zentralasiatischen Seldschuken ihren Eroberungszug über Iran nach Vorderasien begannen. Die Sprache der Seldschuken wurde zu einer mit arabischen Lettern wiedergegebenen Schriftsprache. Als im 13. und 14. Jahrhundert in Gefolgschaft der Mongolenherrscher weitere Turkvölker aus Turkestan in den Vorderen Orient gelangten, verstärkte sich der Türkisierungsprozeß bei der gräzisierten einheimischen Bevölkerung Anatoliens sowie bei der wohl überwiegend persischsprachigen Vorbevölkerung Azerbaidschans und Teilen des Kaukasus. Unter den im Nahen und Mittleren Osten verbreiteten Turksprachen nimmt das Neuosmanische/Türkeitürkische als Staatssprache der Republik Türkei eine herausragende Stellung ein. Es wird seit 1928 mit lateinischen Buchstaben unter Verwendung von Zusatzzeichen geschrieben. Für das in Iranisch- und Russisch-Azerbaidschan von über 12 Mio. Menschen gesprochene Azeri wird im sowjetischen Teil seit den 20er Jahren dieses Jahrhunderts das kyrillische Alphabet verwendet. Turkmani, bei etwa drei Mio. Türkmenen in Russisch-, Iranisch- und Afghanisch-Turkestan in mehreren Dialekten verbreitet, ist eine in der Sowjetunion mit kyrillischen Lettern geschriebene Staatssprache und neuerdings in Afghanistan eine anerkannte Nationalsprache.

In Nordafghanistan ist mit ca. 1,2 Mio. Uzbeken das zur Südostgruppe der Turksprachen gehörende Uzbekisch vertreten. Es ist hier anerkannte Nationalsprache; in der Sowjetunion, wo etwa 13 Mio. Uzbeken leben, ist es in der Uzbekischen SSR eine Staatssprache. Zur gleichen Gruppe gehört auch das von wenigen in neuerer Zeit aus Chinesisch-Turkestan nach Afghanistan abgewanderten Personen gesprochene Neuuigurische.

Dem aralo-kaspischen Zweig der Nordwestgruppe der Turksprachen zugerechnet wird das in Afghanistan unter wenigen Tausend Abwanderern aus der Sowjetunion verbreitete Kasachische und Qarakalpachische. Zwischenstufen zwischen der Nordwest- und der Nordostgruppe bilden das Kirgisische, in Afghanistan von einer abgesprengten Gruppe von Kirgisen benutzt, sowie das auf wenige Dörfer in Khalajistan/Iran beschränkte Khalaji.

1.5 Marginal verbreitete Sprachfamilien und Sprachen

Kaukasische Sprachen finden sich als Sprachenklaven im Gebiet des ehemaligen Osmanischen Reiches sowie in Iran. Unter ihnen bilden die zur Nordwestgruppe der kaukasischen Sprachfamilie gehörenden Sprachen der Tscherkessen, das Abchasisch und das Adyge, die zahlenmäßig größte Gruppe im Nahen und Mittleren Osten. Nach einem gescheiterten Aufstand im Kaukasus waren Ende des vorigen Jahrhunderts Flüchtlinge aus Rußland in nomadischbäuerlichen Grenzräumen des Osmanischen Reiches angesiedelt worden. In Palästina, im nördlichen und westlichen Syrien, im nördlichen Irak sowie in mehreren Teilen Anatoliens entstanden Tscherkessensiedlungen, deren heute ca. 235.000 Bewohner ihre kaukasische Sprache als Haussprache pflegen. In der Sowjetunion leben ca. weitere 0,6 Mio. Tscherkessen.

Zur Südgruppe der kaukasischen Familie gehörende Sprachen, die Khartwelsprachen, sind früher in weiten Teilen Nordostanatoliens und an der pontischen Schwarzmeerküste verbreitet gewesen. Einen Zweig unter ihnen bilden die noch von etwa 80.000 Personen an der türkischen Schwarzmeerküste zwischen Rize und Hopa gesprochenen lasischen/tschanischen Dialekte. Ihre Verbreitung setzt sich auf der russischen Seite der Küstenregion fort. Zu einem anderen Zweig der Khartwelsprachen gehört das Georgische (Grusinische), die Sprache von ca. vier Mio. Georgiern in der Sowjetunion. Durch Bevölkerungsumsiedlungen im 17. Jahrhundert wurde ein östlicher georgischer Dialekt in 14 Dörfern südwestlich von Teheran verbreitet. Ein westlicher Dialekt hat sich um Artvin in der Nordosttürkei erhalten. Weitere aus dem Kaukasus abgewanderte Personengruppen mit einer georgischen Sprache sind in mehreren westanatolischen Provinzen anzutreffen. Insgesamt sprechen um 100.000 Personen im Nahen und Mittleren Osten Georgisch.

Die *drawidische Sprachfamilie* weist mit dem Brahui einen von ihrem Hauptverbreitungsgebiet in Zentral- und Südindien abgesprengten Sprachsplitter im Mittleren Osten auf. Von ca. 0,74 Mio. Menschen gesprochen, ist Brahui im gleichen Gebiet wie das iranische Belutschi verbreitet.

In der von Pakistan verwalteten Gilgit Agency hat sich in den Gebieten Hunza, Nagir und Yasin bei ca. 60.000 Personen (1960) eine isolierte vorindische (vorarische) Sprache, das Burushaski, erhalten. Am oberen Indus wird in einigen Tälern der Baltistan genannten Hochgebirgslandschaft der Agency Balti gesprochen, das gleiche archaische Tibetisch wie im angrenzenden Ladakh. Den einzigen sprachlichen Niederschlag des Mongolensturmes stellt das in Afghanistan nur noch von einigen Personen in Dörfern östlich von Herat beherrschte Mogholi dar, das zu einem altertümlichen Zweig der mongolischen Sprachfamilie gehört.

2. Araber, Türken und Iraner

Der Nahe und Mittlere Osten stellt ein Konglomerat aus Völkern und Nationen dar, die oft in sog. ,,Vielvölkerstaaten" zusammenleben, deren Staatsauffassung die Fortsetzung eines traditionellen Reichsgedankens beinhaltet. Hierbei wird der Staat als supranationale zentrale Macht aufgefaßt, unter deren Schutz Bevölkerungs- und Religionsgruppen mit manchmal unterschiedlichem Status stehen. Die Übernahme europäischen nationalstaatlichen Denkens seit dem Ende des vorigen Jahrhunderts löste Prozesse aus, die bis heute zur politischen Instabilität in der Region beitragen.

Volk und *Nation*, zwei an europäischen Verhältnissen begrifflich orientierte Bezeichnungen, weisen im deutschen Sprachgebrauch gewisse Inhaltsunterschiede auf. Der Begriff ,,Volk", das griechische Wort *Ethnos*, bezeichnet eine Gesamtheit von Menschen, die sich durch gemeinsame Abstammungsannahme, Geschichte, Kultur und meist auch Sprache verbunden fühlt. Innerhalb dieser Gemeinschaft muß ein Selbstverständnis als Volk, ein ,,Volksbewußtsein" vorhanden sein. Von einer ,,Volkswerdung" (Ethnogenese) spricht man, wenn durch die Verschmelzung von regionalen Bevölkerungsgruppen bzw. von Stämmen eine Einheit entsteht, in der sich eine übergeordnete Gemeinsprache entwickelt und sich gemeinsame verbindliche Kulturzüge und Traditionen herausbilden.

Im deutschen Sprachgebrauch werden im Zusammenhang mit dem Begriff ,,Volk" mehr sprachliche und kulturelle Aspekte in den Vordergrund gestellt, während der Begriff ,,Nation" staatlich-politische Aspekte einer Gruppe von Menschen betont. Analog dazu kann ein Volksbewußtsein, das sich in politische Aktionen umsetzt, als ,,Nationalismus" bezeichnet werden. Zwei weitere Begriffe, ,,Ethnie" und ,,ethnische Einheit/Gruppe" werden in der Literatur häufig synonym mit ,,Volk" verwendet, wobei ,,Ethnie" allerdings auch für das als kollektiv handelnde Mitglied eines ,,Ethnos" stehen kann. Bei den mit diesen beiden Begriffen belegten kulturellen Einheiten handelt es sich oft um zahlenmäßig kleinere Gruppen, u.a. auch Stammesverbände und soziale Randgruppen, bei denen keine bzw. kaum erkennbare staatlich-politische Aspekte vorhanden sind.

Die zur Definition und Abgrenzung des Volksbegriffes herangezogenen Kriterien wie Abstammung, Sprache, Verbreitungsgeschlossenheit, kulturelle Tradition sowie auch, im Nahen und Mittleren Osten häufig ein signifikantes Kriterium, Religionszugehörigkeit, können meist nur als Grobraster angesehen werden. Bei wechselnder Kriterienkombination ergeben sich mannigfaltige Definitions- und Zuordnungsprobleme. Für das einzelne Individuum bestehen in der Praxis nicht selten komplizierte Identifikationsmuster und -probleme.

2.1 Die Araber

Als ,,Araber" galten ursprünglich die Angehörigen der nomadischen Stämme der arabischen Wüste, die Beduinen. Ihre Nachfahren sowie die Bewohner der Arabischen Halbinsel werden als Araber im engeren Sinne angesehen. Sie erfuhren im 7. Jahrhundert n. Chr. eine Vereinheitlichung durch den Islam. Mit dem Islam verbreiteten sich die arabische Sprache und arabische Kulturzüge über die Halbinsel hinaus. Auf Grund eines gemeinsamen historischen Erbes und gemeinsamer Kulturzüge können alle Personen als Araber im weiteren Sinne bezeichnet werden, die eine Variante des Arabischen als Muttersprache sprechen, sich als ,,Araber" bezeichnen und von anderen als solche anerkannt werden.

Unter den Trägern der arabischen Expansion war an die Stelle des Eigenständigkeitsdranges der Stämme das islamische Sendungsbewußtsein getreten. Selbst- und Sendungsbewußtsein der Araber verhinderten nach ihrer Ausbreitung eine Angleichung an zahlenmäßig oft weit überlegene Bevölkerungsgruppen bzw. ihr Aufgehen in diese. Vielmehr haben sich große Bevölkerungsteile den Arabern sprachlich und weitgehend auch kulturell angeglichen. Nicht-arabische Stämme, bedeutende Familien, suchten des höheren sozialen Prestiges wegen eine Angliederung an die arabischen Genealogien, die im Mittelalter von arabischen Philologen entwickelt worden waren und in denen jeder Stamm einen festen Platz innerhalb einer patriarchalischen Hierarchie einnahm.

In vielen Staaten der Arabischen Halbinsel und Nordafrikas treten Araber als staatstragendes Volk auf, einige Länder haben das Wort ,,arabisch" in ihre offizielle Bezeichnung aufgenommen. Ende des 19./Anfang des 20. Jahrhunderts entstand in der Arabischen Bewegung der Versuch, die Araber zu gemeinsamen politischem Handeln und kultureller Zusammenarbeit zu gewinnen. Im Ersten Weltkrieg setzte sich diese Bewegung erfolgreich gegen das Osmanische Reich durch, und 1945 führte sie zur Gründung der Arabischen Liga. Die Diskrepanz zwischen nationalstaatlichen und gesamtarabischen Interessen ist in der ,,Arabischen Welt" nicht zu übersehen, so daß die Bezeichnung ,,Arabische Nation" lediglich ideologischen Aussagewert besitzt. Erhebliche kulturelle Unterschiede in dem geschlossenen Verbreitungsraum der arabischen Sprache lassen die Frage offen, ob die Araber insgesamt als ein ,,Volk" verstanden werden können.

Die Verbreitung der Araber ist im Norden und Osten des Fruchtbaren Halbmondes mit der von Türken und Iranern verzahnt.

In der *Türkei* verblieben durch die Grenzziehung mit den nach dem Ersten Weltkrieg vom Osmanischen Reich abgetrennten Gebieten Irak und Syrien arabische Bevölkerungsgruppen als Enklaven. Sie machen in den Provinzen Siirt, Mardin, Urfa und Hatay ca. 20 % der Bevölkerung aus. Kleinere Gruppen sind in den Provinzen Bitlis und Muş im Südosten sowie Adana und Içel im Südwesten des Landes anzutreffen.

Im alten *Iran* gelangten durch die arabisch-islamische Eroberung arabische Stämme bis nach Baktrien, dem Gebiet Nordirans und Nordafghanistans, wo noch heute die Bewohner einer Reihe von Dörfern als Araber gelten. Reste eines stark persifizierten Arabisch haben sich in Khurasan östlich von Meschhed in Iran sowie bei Balkh, Shiberghan und Aqtsha in Nordafghanistan erhalten.

In die iranische Provinz Khuzistan, dem östlichen Teil des Schwemmlandes am unteren Tigris, waren im 13. Jahrhundert arabische Stämme aus Syrien eingewandert. Weitere Wellen aus Mesopotamien folgten zwischem dem 17. und dem 19. Jahrhundert. Ende des 19./Anfang des 20. Jahrhunderts stellte der Stamm der schiitischen Muhasain unter Khazal Khan (gest. 1936) eine lokale politische Macht dar, deren Einfluß 1924/25 durch das militärische Vorgehen von Reza Shah (Reżā Shāh) zurückgedämmt wurde. In den 40er und 50er Jahren entstand in Khuzistan eine arabisch-nationale Bewegung, die von anderen arabischen Staaten, speziell dem Irak, unterstützt wurde. 1979/80 forderte die arabische Bevölkerung des Gebietes kulturelle und regionale Autonomie von Iran. Es kam zu Kämpfen sowie zu einer Serie von Anschlägen auf Erdöleinrichtungen in der Provinz.

Mit der Ausbreitung des Islams waren an der südlichen Golfküste arabische Seefahrerkolonien auf iranischem Gebiet entstanden. Noch heute ist Bandar Langeh eine Hauptsiedlung vorwiegend sunnitischer arabischer Seefahrer und der Nachkommen arabisierter schwarzafrikanischer Sklaven.

Der *Libanon* bildet innerhalb der Verbreitung des Arabertums im Fruchtbaren Halbmond einen Sonderfall. Seine Bevölkerung spricht zwar überwiegend Arabisch als Muttersprache, die starke religiöse Zersplitterung hat jedoch kein gemeinsames „arabisches" Staatsbewußtsein aufkommen lassen. Ein Großteil der nach Europa hin orientierten Christen betrachtet sich eher als Vorposten des christlichen Abendlandes im Orient als einen Teil der arabisch-islamischen Welt.

Palästina (Land der Philister), die Landschaft zwischen Mittelmeer und Grabenbruch des Jordan-Tales, war zu Beginn des 20. Jahrhunderts von einer gemischten jüdischen, christlichen und muslimischen Bevölkerung bewohnt; Arabisch war die Hauptverkehrs- und -umgangssprache für etwa 94 % der Bewohner. Nachdem Großbritannien den Juden in der Balfour Declaration 1917 die Errichtung einer „nationalen Heimstätte" in Palästina zugestanden hatte, wuchs bis 1947 der jüdische Anteil an der Bevölkerung auf 32,8% an. Die übrige Bevölkerung bestand zu 87 % aus Muslimen, 11,7 % aus Christen verschiedener Bekenntnisse und zu 1,3 % aus Angehörigen sonstiger Religionsgemeinschaften. Eine UN-Resolution bestätigte im gleichen Jahr die nichtjüdischen Bewohner Palästinas als eigenständige „ethnische" und „nationale" Gruppe.

Nach der Gründung des Staates Israel 1948 flohen bis zu 850.000 nicht-jüdische Palästinenser aus den israelischen Gebieten bzw. wurden daraus vertrieben. Als Israel 1967 den seit 1950 von Jordanien beanspruchten Teil Palästinas, die sog. Westbank (Ostjerusalem, Ostjudäa und Samaria), den Gaza-Streifen sowie die syrischen Gebiete um Qunaitra und die Golan-Höhen besetzte, folgte eine weitere Welle alter und neuer Palästinaflüchtlinge, die vorwiegend in Jordanien, Ägypten, Syrien und dem Libanon Aufnahme fanden. Von dort zog eine erhebliche Anzahl in die arabischen Erdölländer am Golf, wo heute (1987) fast 0,5 Mio. Palästinenser leben.

Gemeinsames Schicksal — Vertreibung, Lagerleben und auch der Status als unterprivilegierte Minderheit in Israel und den besetzten Gebieten haben zur Herausbildung eines besonderen „palästinensischen" Nationalbewußtsein geführt, dessen Grundlage das Zugehörigkeitsgefühl zum Arabertum ist und das seinen politischen Niederschlag im Palestine National Council (PNC — 1964 unter dem Patronat der Arabischen Liga eingerichtet) sowie dessen Exekutivorgan, der Palestine Liberation Organization (PLO) findet.

In *Ägypten* verbreitete sich mit Islam und arabischer Sprache bei den Nilbauern, den Fellachen, vom 9. Jahrhundert ab auch die arabisch-orientalische Kultur; in einigen anbautechnischen Bereichen blieb dagegen bei ihnen altägyptisches Kulturerbe erhalten.

Im *Maghreb* bildeten die Araber nach der Eroberung im 7. Jahrhundert eine dünne, auf die Städte beschränkte Herrscherschicht, die angeblich etwa 150.000 Krieger umfaßte. Eine zweite Araberwelle folgte im 11. Jahrhundert mit dem Einfall von zwei Beduinenstämmen aus dem syrischen Raum, die bis Tunesien vordrangen. Unter den beiden Stämmen dürfte der eigentliche arabische Kern relativ gering gewesen sein, möglicherweise nicht über 200.000 Personen. Eine aus ihnen im 13. Jahrhundert hervorgegangene Stammesgruppe breitete sich im 14./15. Jahrhundert weiter nach Westen aus und überprägte bis zum 18./19. Jahrhundert die dortige berberische Bevölkerung. Die Länder Algerien, Marokko und Libyen weisen neben arabischer und berberischer Bevölkerung jeweils einen hohen Prozentsatz arabisierter Berber bzw. eine arabisch-berberische Mischbevölkerung auf; Marokko 20 % gegenüber 60 % einer abstammungsmäßig als „echte" Araber geltenden Bevölkerung, Algerien 60 % gegenüber einer rein arabischen Bevölkerung von unter 10 % und Libyen zwischen 41 % und 42 % gegenüber 34 %. Trotz des geringen „kernarabischen" Stocks ist Nordafrika so weitgehend arabisiert worden, daß heute keine Zweifel an der Zugehörigkeit zur arabischen Welt bestehen.

In der *Westsahara* waren im 14. Jahrhundert durch die Westausbreitung der Araber Stammesföderationen entstanden, über deren meist berberischen Stämmen eine arabische Krieger- und Führerschicht dominierte. Als Verkehrssprache setzte sich der Dialekt des führenden Hassaniya-Stammes durch. Die Mischstämme und die arabisierten Berberstämme, die sich z. T. arabische Genealogien zulegten, werden allgemein im Maghreb als Mauren bezeichnet. Ihre Eigenbezeichnung orientiert sich jeweils an den traditionellen Fraktions- bzw. Stammesnamen oder ist ganz allgemein *al-biḍān/al-baiḍān* (Weiße), im Gegensatz zu *sūdān* (Schwarze). Freigelassene Sklaven, Haratin, und Sklaven, Abid ('abīd), eine braune Mischbevölkerung, bilden eine soziale Unterschicht, die sich auch sprachlich von der maurischen Bevölkerung unterscheidet. In Mauretanien wurden die Mauren, die knapp die Hälfte der Bevölkerung ausmachen, zum staatstragenden Volk; in der ehemaligen ,,Spanisch-Sahara", der Demokratischen Arabischen Republik Sahara der Polisario, ist dieser Prozeß noch im Gange.

In den *Sudan* drangen Islam und Arabertum erst nach dem Zusammenbruch des christlichen Dongola-Reiches am Nil 1336 ein. Die nach Nubien, dem Gebiet zwischen Assuan und Khartoum, aus Oberägypten eingedrungenen Araberstämme sind heute vorwiegend westlich des Nils bis in die Provinz Bahr al-Ghazal hinein anzutreffen. Durch Zwischenheiraten mit anderen Bevölkerungsgruppen weisen die Angehörigen einiger dieser Stämme im Sudan einen starken schwarzafrikanischen Einschlag im äußeren Erscheinungsbild auf. Die Hauptverbreitung arabischer Stämme in der geographischen Region Sudan liegt heute in Gebieten südlich der Sahara, wohin Araber in kleineren Stammesverbänden aus Oberägypten, Kordofan und, zu einem geringen Teil, auch Mitte des 19. Jahrhunderts aus der Cyrenaika und dem Fezzan gelangten.

In *Südarabien* sind Bevölkerungsgruppen, die sich durch ihre südarabische Sprache von den übrigen Arabern abheben, die Harasis im Jiddat al-Harasis im mittleren Sultanat Oman, die Batahira an der Küste der Provinz Dhofar an der Khuria-Muria-Bucht, die Schahara südwestlich davon an der Küste um Salala, die Mahra im Hinderland und an der Küste beiderseits der Grenze zwischen Oman und Südjemen sowie die Bewohner der zu Südjemen gehörenden Insel Soqotra.

2.2 Die Türken

Seit dem 11. Jahrhundert haben die ,,Türken", eine Bezeichnung, die erstmals 552 unter den aralo-kaspischen Oghuzenstämmen auftaucht, wesentlich zur politischen Ausprägung des Nahen und Mittleren Ostens beigetragen. Die turkstämmigen osmanischen Sultane erhoben mit der Übernahme des Kalifentitels 1460 den Anspruch auf geistliche und weltliche Oberherrschaft über alle sunnitischen Muslime. In dieser Eigenschaft pflegten sie weitreichende Kontakte mit den muslimischen Völkern des Russischen Reiches. In spätosmanischer Zeit entwickelte sich als Gegengewicht zur panchristlichen und panslawischen Agitation Rußlands die Idee einer politischen Zusammenarbeit aller Turkvölker, der ,,Pantürkismus". Darüber hinausgehende Vorstellungen wurden im ,,Turanismus" entwickelt, der auf der Annahme einer historisch nicht nachweisbaren gemeinsamen Wurzel und Urkultur aller türkischen und ural-altaiischen Völker basiert. Die einzelnen Turkvölker und -stämme stellen keine Einheit als Volk oder Nation dar.

Die *Türkei* erreichten nach dem Zusammenbruch des Osmanischen Reiches und der Proklamierung zur Republik 1923 Flüchtlinge und Abwanderer aus den ehemaligen Gebieten des Reiches sowie aus angrenzenden Gebieten Rußlands. Im Verlauf des mit Griechenland 1923 vereinbarten Bevölkerungsaustausches gelangten etwa 400.000 Umsiedler in die Türkei (die auf Kreta ansässig gewordenen Türken waren bereits zwischen 1912 und 1922 abgewandert). Lediglich in Westthrazien verblieb eine geschlossen siedelnde größere türkische Minderheit im griechischen Staatsgebiet, die heute bis zu 500.000 Personen umfaßt. Weitere Aus- und Umsiedler kamen zwischen 1950 und 1952 aus Bulgarien und Jugoslawien. Allein aus Bulgarien erreichten zwischen 1935 und 1951 255.000 Emigranten bzw. Aussiedler die Türkei, darunter auch Pomaken, muslimische Bulgaren, die als Nachfahren der turkstämmigen Kumanen und Kiptschaken des westlichen Schwarzmeergebietes gelten. Aus den nördlichen Schwarzmeergebieten — u. a. aus der Krim — kamen Tataren, aus den kaukasischen und transkaukasischen Gebieten weitere türkische Bevölkerungsteile. 1952 wurden einige hundert Kasachen aus Sinkiang/VR China angesiedelt.

Die Tendenz, turkstämmigen Aussiedlern und Flüchtlingen aus anderen Ländern in der Türkei eine Heimstätte zu geben, hält bis heute an. 1982 wurden an die 4.000 Afghanistanflüchtlinge „ethnischer türkischer Abstammung" (Uzbeken, Türkmenen und Kirgisen) aufgenommen.

Auf *Zypern* waren nach der Eroberung durch die Osmanen 1570/71 an die 20.000 Festlandstürken angesiedelt worden. 1878, als die Insel unter britische Verwaltung geriet, wurde die Anzahl der türkischen Muslime auf ca. 25 % der Inselbevölkerung geschätzt. Ein Teil von ihnen emigrierte zum Festland, weitere folgten 1923, als die Insel formell an Großbritannien abgetreten wurde. Das Zypernabkommen von Zürich und London, mit Großbritannien, Griechenland und der Türkei als Garantiemächten, führte 1960 zur Unabhängigkeit der Insel. Ab 1963 schwelten Kämpfe zwischen den griechischen und den türkischen Zyprioten. Ein Putsch unter der griechischen Bevölkerung mit der Tendenz einer Angliederung der Insel an Griechenland führte im Juli 1974 zur Invasion türkischer Truppen. Im November 1983 proklamierte sich der Nordteil der Insel zur Turkish Republic of Northern Cyprus. Insgesamt leben ca. 140.000 Türken auf Zypern, darunter etwa 20.000 Ein- bzw. Rückwanderer vom Festland.

Im *Irak* und in *Syrien* machen die nach der Auflösung des Osmanischen Reiches verbliebenen türkischen Bevölkerungsgruppen heute ca. 2 % bzw. 0,75 % der jeweiligen Gesamtbevölkerung aus. Neben osmanischen Beamtenfamilien handelt es sich bei ihnen um Gruppen, die sich von im Mittelalter eingewanderten Oghuzenstämmen ableiten lassen. Im offiziellen Sprachgebrauch der beiden Länder werden sie als Türkmenen bezeichnet. Im Irak ist eine türkische Bevölkerung um Kirkuk und in den Gebieten zwischen kurdischem und arabischem Siedlungsland bis Mosul verbreitet. In Syrien sind türkische Bevölkerungsenklaven nördlich von Aleppo (z. B. um Afrin) anzutreffen, isolierte Gruppen auch in Damaskus (aus Hatay zugewandert) sowie bis 1967 in Dörfern bei Qunaitra.

In *Iran* sprechen etwa 24 % der Landesbevölkerung eine türkische Muttersprache. Bei der unter Aufgabe von Stammesstrukturen in die Städte abgewanderten schiitischen Bevölkerung mit türkischer Sprache besteht die Tendenz, sich unabhängig vom Herkunftsgebiet als „Azeri" (Azerbaidschaner) zu bezeichnen. Azerbaidschaner im eigentlichen Sinne sind die turksprachigen Bewohner Azerbaidschans, das in geographischer Sicht das Hochland um den Urmia-See im Westen, die Beckenlandschaft um Tabriz im Osten sowie das Kura-Becken im Norden umfaßt. Im Frieden von Turkmentschai trat Iran 1828 Nordazerbaidschan an Rußland ab. Hier entstand 1918 eine nationale Republik, die 1936 als Unionsstaat der UdSSR angegliedert wurde. Der iranische Teil Azerbaidschans erklärte sich 1945 unter dem Schutz sowjetischer Truppen zur autonomen Republik, wurde jedoch nach dem Abzug der Sowjets 1946 von Iran zurückerobert.

Die *Shah-sewen* führen sich als Stammesverband auf die Fußtruppen zurück, die der Safawide Shāh ʿAbbās I. (1587 - 1629) nach dem Vorbild der Janitscharen im Osmanischen Reich Anfang des 17. Jahrhunderts aus Teilen der Kızılbaş formiert hatte (die Kızılbaş — „Rotmützen" — waren ein Jahrhundert zuvor vom Gründer der Safawiden-Dynastie, Shāh Ismāʿīl, aus sieben schiitischen Turkstämmen als Truppenverband aufgestellt worden). Hauptverbreitungsgebiet der Shah-sewen wurden Nordazerbaidschan und Nordgilan. Umsiedlungen Anfang des 18. Jahrhunderts brachten Teile von ihnen in den Khamse-Distrikt der iranischen Zentralprovinz. Durch die Gebietsabtretungen 1828 gerieten traditionelle Winterweidegebiete der Shah-sewen in der Moghansteppe unter russische Kontrolle. Als Rußland 1884 die Grenze für Nomaden schloß, verblieb eine Abteilung des Stammes auf russischem Territorium. In Iran leben gegenwärtig ca. 200.000 Shah-sewen, die nach Fertigstellung des Dasht-i Moghan-Bewässerungsprojektes 1952/53 in größerem Umfang zur Seßhaftigkeit übergingen.

Die *Afscharen*, ein oghuzischer Kızılbaş-Stamm, gelangten 1731 zu politischer Bedeutung in Iran, als der aus Ostmazanderan stammende Nadir-quli Khan (Nādir Shāh) Regent des letzten Safawidenschahs, (Shāh ʿAbbās III., 1731 - 36), wurde. 1736 trat Nadir als Schah die Nachfolge von 'Abbās III. an. Mit seinen Eroberungen im Osten, die ihn bis in das Indusgebiet führten, gelangten turkstämmige Kızılbaş-Gruppen, darunter auch Afscharen, als Garnisonen in das heutige Afghanistan. Größere Gruppen von insgesamt ca. 300.000 Afscharen im heutigen Iran sind in Westazerbaidschan westlich des Urmia-Sees und am Kızıl Uzun anzutreffen, in der Zentralprovinz in Khalajistan, in der Provinz Kerman sowie in Khurasan nördlich von Meschhed bis zur sowjetischen Grenze.

Die *Qajaren*, ein ebenfalls unter den Kızılbaş erwähnter Stamm, waren Ende des 16. Jahrhunderts von Shāh 'Abbās I. auf Azerbaidschan, Gorgan und Merw (heute Russisch-Turkestan) verteilt worden. Aus Merw gelangte eine Gruppe Ende des 18. Jahrhunderts nach Afghanistan, wo ihre als Mauri (Merwer) bezeichneten Nachfahren zwei Dörfer am Hari Rud westlich von Herat bewohnen (1970 auf etwas über 4.000 Einwohner geschätzt). Aus der Hauptgruppe des Stammes in Gorgan stieg Aghā Muḥammad Khān Qājār zur bedeutendsten Persönlichkeit des späten 18. Jahrhunderts in Iran auf. 1796 erhob er sich zum Schah von Persien und gründete damit die Qajaren-Dynastie, die bis 1925 herrschte. Die jahrhundertelangen Aktivitäten der Qajaren in der Landespolitik führten zur Assimilation der herrschenden Familien und Gruppen an die iranische Umgebung, nur noch kleine Gruppen haben ihre Identität als eigenständige Turkgruppe bewahrt.

In der Innenpolitik der Qajaren-Dynastie spielte das türkische Element im Lande eine bedeutende Rolle. Die Afscharen z.B. stellten im 19. Jahrhundert einen Teil der Qajaren-Armee. Zu führenden Persönlichkeiten der Khalaj, Qashqai und den Qara Gözlü, von denen letztere wichtige Staatsämter inne hatten, unterhielt die Dynastie Heiratsbeziehungen.

Die *Khalaj* bewohnten Anfang des 20. Jahrhunderts 47 Dörfer in dem Khalajistan genannten Gebiet der heutigen iranischen Zentralprovinz. Im 12. Jahrhundert werden mit den Seldschuken nach Westen gelangte Khalaj in Kerman und Fars erwähnt; andere dürften mit den Mongolen im 13. Jahrhundert nach Iran gekommen sein und sich in Khalajistan niedergelassen haben. Sie werden hier z.T. als Unterstamm den Afscharen in Azerbaidschan zugeordnet. Die in Fars lebenden Khalaj waren an der Entstehung der Stammesföderation der Qashqai beteiligt, ihre Reste gingen im frühen 19. Jahrhundert in den Verband der Qashqai auf.

Die *Qashqai*, von denen noch heute Teile zwischen den traditionellen Stammesgebieten um Schiraz im Winter und im südlichen Zagros-Gebirge um Abadeh im Sommer nomadisieren, haben eine etwa 660.000 Personen umfassende Stammespopulation. Die Bezeichnung „Qashqai" ist nicht vor dem 18. Jahrhundert belegt. Vermutlich entstand die Föderation, als ein Führer der Khalaj während der afghanischen Invasion von Isfahan (1722 - 29) nach Süden abgewanderte und nomadische türkische Stammessplitter und -gruppen sowie auch Gruppen lurischen, kurdischen und iranischen Ursprungs um sich scharte.

Unter ihren Stammesführern blieben die Qashqai bis 1920 in ihren inneren Angelegenheiten autonom. Stammesrevolten gegen die Zentralregierung brachen noch 1946 sowie 1962/63 aus.

Die *Qara Gözlü* werden als Stammesverband erst im 16. Jahrhundert erwähnt. Eine Herkunft aus einer Stammesgruppe unter den Kızılbaş wird vermutet. Zu Beginn des 19. Jahrhunderts vorwiegend in der Hamadan-Ebene seßhaft geworden, bewohnen sie dort heute größere Dörfer.

Türkmenen, die sich durch ihre Zugehörigkeit zum sunnitischen Islam von der mehrheitlich schiitischen türkischen Bevölkerung Irans unterscheiden, sind in Nordostiran sowie in Nordwest- und Nordostafghanistan anzutreffen. In Iran stellen sie um 1,7 % der Gesamtbevölkerung, in Afghanistan um 3 %. In der Turkmenischen und Uzbekischen Sowjetrepublik setzt sich ihr Verbreitungsgebiet fort. Die Türkmenen zerfallen in mehrere große Stämme, von denen auf iranischem Gebiet vom Unterlauf des Gorgan bis zur Grenze der Sowjetunion ca. 450.000 Yomud sowie ca. 150.000 Göklen zwischen den Flüssen Gorgan und Atrek leben. Den Hauptanteil der ca. 400.000 in Afghanistan lebenden Türkmenen stellen rund 370.000 Ersari um Marutshaq, um Qaisar und Daulatabad in der Provinz Faryab sowie in den nördlichen Teilen der Provinzen Jauzjan, Balkh, Samangan und Qunduz. In der Provinz Herat haben sich ca. 8.000 Teke niedergelassen und ca.

7.000 Saryk sind um Marutshaq am Morghab-Fluß in Badghis anzutreffen. Kleinere Gruppen der Stämme Eski, Hatab, Mukriye, Salor und Tschaudar sind im Begriff, von den Ersari absorbiert zu werden.

Die Bezeichnung ,,Türkmenen" (zum Türkentum gehörend), seit dem 11. Jahrhundert bekannt, hatte sich bis zum 13. Jahrhundert unter den in der aralo-kaspischen Steppen verbliebenen Turkstämmen durchgesetzt. Im 17. und 18. Jahrhundert erfolgten umfangreiche Süd- und Südostwanderungen von Türkmenen aus den ostkaspischen Steppen, in deren Verlauf sie bis in heute afghanische und iranische Gebiete hinein gelangten. Weitere Türkmenengruppen erreichten im 18./19. Jahrhundert Nordafghanistan. Die inneren Wirren in Rußland nach der Oktoberrevolution 1917 führten zu einer Abwanderung bzw. Flucht von Türkmenen in grenznahe Gebiete Irans und Afghanistans, die bis 1935 anhielt. Die gegenwärtig in Afghanistan lebenden Türkmenen sind zu rund 70 % Flüchtlinge aus der Sowjetunion bzw. deren Nachkommen.

Uzbeken leben in Nordafghanistan zwischen den Provinzen Faryab und Takhar sowie bis nach Badakhshan hinein. Mit fast 9 % an der Gesamtbevölkerung bilden sie die größte Turkgruppe im Lande. Die Mehrheit der Uzbeken, zwischen 55 % und 70 %, führt sich auf Flüchtlinge zurück, die zwischen 1917 und 1936 aus Russisch-Turkestan ins Land gelangten. Ihr Name leitet sich von ,,Uzbeg Khan" (1313 - 41) ab, dem zum Islam bekehrten Führer der ,,Weißen (Goldenen) Horde" des niedergehenden Mongolenreiches. Im 15. Jahrhundert drangen die Uzbeken aus dem Gebiet nördlich des Syr-darj'a nach Süden vor. In den alten Zentren Khiwa (Khwarezm), Buchara sowie in Qokand im Ferghana-Tal entstanden uzbekische Feudalstaaten, die im 16. Jahrhundert auch südwestlich und südlich des Amu-darj'a (Oxus), z.B. in Balkh, Fuß faßten.

Einige tausend *Kasachen* und *Qarakalpachen* erreichten zusammen mit den Uzbeken zwischen 1917 und 1936 Afghanistan.

Die *Kızılbaş* in Afghanistan, mit dem turkstämmigen iranischen Nadir Shah ins Land gelangt (vgl. Afscharen in Iran), stellten nach dessen Tode 1747 wiederholt die Leibgarde der paschtunischen Zaddozai-Dynastie. Ihre Nachfahren werden heute auf ca. 30.000 Personen geschätzt. Ein Teil von ihnen, z.B. die Bewohner des ,,Afschar" genannten Vorortes von Kabul, haben ihre Turksprache zu Gunsten des persischen Dari aufgegeben.

Kirgisen, mit den Kasachen durch eine gemeinsame politische Vergangenheit verbunden, begannen Anfang des 19. Jahrhunderts, verstärkt nach 1917, von Rußland und China aus die Hochebenen des großen und des kleinen afghanischen Pamirs als Lebensraum zu okkupieren. 1978 flohen 1.200 dieser 1971 auf insgesamt nicht mehr als 3.000 Personen geschätzten Turkgruppe Afghanistans vor den Sowjets nach Gilgit in Pakistan. 1982 gewährte die Türkei letzteren Asyl und baute in der Provinz Van ein Dorf für sie.

2.3 Die Iraner

Ab 1500 v. Chr. drangen indoeuropäische Stämme, die sich selbst als *Arya* (Noble) bezeichneten, in Wellen aus Zentralasien nach Süden und Westen vor. Im 1. Jahrtausend v. Chr. beherrschten die zu den Arya zählenden Stämme der ,,Iranier" die aralo-kaspischen und ostpontischen Steppen sowie das Hochplateau südlich des Hindukusch bis zum Zagrosgebirge im Westen. Für den größten Teil dieses Gebietes setzte sich im Altertum die Bezeichnung ,,Eran" (Land der Arier) durch.

Die *Perser* im Westen wurden nach ihrem Sieg über die Meder 550 v. Chr. zur geschichtsbildenden Macht des alten Eran. Das erste persische Großreich unter den Achämeniden (550 - 330 v. Chr.) reichte in seiner Blüte von Taschkent bis Ägypten, vom Indus bis nach Thrazien. Ein zweites persisches Großreich entstand 224 n. Chr. unter den Sassaniden. 636 wurde das Heer des letzten Sassanidenherrschers Yazdigird III. bei Qadisiya am unteren Euphrat von den Arabern vernichtend geschlagen und sein Reich zwischen 637 und 651 erobert. Im 9./10. Jahrhundert bildete sich im Osten des alten Reiches, im Gebiet zwischen den heutigen Städten Buchara und Meschhed, unter den Samaniden (873 - 999) ein iranisch-islamisches Kulturzentrum heraus, in dem persisches Schrifttum gepflegt wurde und eine persische Nationalliteratur entstand. Nachdem das Samaniden-Reich dem Ansturm von Turkvölkern unterlegen war, verdrängten die seldschukischen, mongolischen und schließlich im 15. Jahrhundert die uzbekischen Eroberungen das iranische Element fast vollständig aus Transoxanien.

Im Westen Erans gelang den Safawiden (1501 - 1722) unter dem Zeichen der Zwölferschia eine Einigung alter Reichsgebiete. Ihr Reich erstreckte sich im Osten bis weit in das heutige Afghanistan hinein. Auch unter den späteren turkstämmigen Herrschern Persiens lebte der alte Reichsgedanke fort, behielt das Persertum die Oberhand. 1925 kam mit Reza Shah wieder eine ,,persische" Dynastie an die Macht. Unter den Pahlawiden (bis 1979) wurde mit der Umbenennung des Staates in ,,Iran" (1935) und der 2.500 Jahresfeier der Dynastie (1971) an altiranische Traditionen angeknüpft. Das neue Iran beschränkt sich allerdings auf den Westteil des alten Eran.

In Iran macht die persischsprachige Bevölkerung (Farsiwan) etwa die Hälfte der Einwohner aus; weitere 21 % sprechen andere iranische Sprachen. Außerhalb des Landes bilden Iraner seit Generationen einen größeren Bevölkerungsanteil im Irak (bis zu 1 Mio. nach einigen Quellen), in Oman (3 %), Bahrain (9 %) und in Katar (18 %). In Afghanistan lebt entlang der iranischen Grenze sowie in den Provinzen Kandahar und Ghazni eine als Farsiwan bezeichnete Bevölkerung, die etwa 3,7 % der Landesbevölkerung ausmacht.

Als *Tadschiken* werden in Afghanistan und angrenzenden Teilen der Sowjetunion seit dem 11. Jahrhundert Bevölkerungsgruppen bezeichnet, die weder paschtunisch noch türkisch sind. Diese heterogene Bevölkerungsgruppe — gelegentlich auch in Ebene- und Bergtadschiken eingeteilt — stellt in Afghanistan ca. 25 % der Gesamtbevölkerung.

Die *Paschtunen* treten seit der Mitte des 18. Jahrhunderts als staatstragendes Volk auf. In Afghanistan, wo sie etwa 47 % der Gesamtbevölkerung stellen, bilden sie eine geschlossene Verbreitung von der Provinz Herat im Westen über Farah, Nimroz, Hilmend und Kandahar, Qalat, Ghazni, Wardak, Logar, Pakhtia, Kabul und Nangahar im Osten sowie an der Südabdachung des Hindukusch in den Provinzen Kapisa, Laghman und Konar. Im Norden und Nordwesten des Landes sind besonders in Badghis, aber auch in Baghlan und Qunduz größere Bevölkerungsgruppen vertreten.

Etwa zwei Drittel aller Paschtunen leben in Pakistan. Sie machen hier ca. 14,7 % der Gesamtbevölkerung aus. Durch 1,5 Mio. paschtunischer Flüchtlinge aus Afghanistan seit 1980 hat sich ihr Anteil um 1,7 % gegenüber 1961 erhöht. Verbreitet sind sie zwischen der afghanischen Grenze im Westen und dem Indus bis zur Linie Quetta-Pischin-Dera Ismail Khan im Süden und den Distrikten Dir und Swat im Norden. Mit den demographischen Zentren Peshawar und Mardan stellen sie ca. 90 % der Bevölkerung in diesem Areal. In dem im Norden östlich des Indus gelegenen speziellen Verwaltungsgebiet Hazara machen Paschtunen 70 % der Bevölkerung aus. Eine größere Anzahl ist in den städtischen Ballungsräumen des Landes zu finden.

Die Paschtunen sind in über 60 Stämme unterteilt, die durch ein übergeordnetes genealogisches System miteinander verbunden sind. Gemeinsames Kulturgut aller Paschtunen ist ein in Teilen schriftlich niedergelegter Ehrenkodex, das *Paschtunwali*. In ihm sind u.a. Regelungen sowie Beilegungsbedingungen bei Blutrache festgelegt, und Gastfreundschaftsverpflichtungen, Schutz- und Asylgewährungen sind in ihm enthalten. Durch eine auf dem sozialen Prestige beruhende Wertnormung sensibilisiert der Ehrenkodex den einzelnen Paschtunen für vermeintliche oder echte Zurücksetzungen hinter andere. Hierdurch ergibt sich eine Fülle von Konfliktsituationen.

Nachrichten aus dem 11./12. Jahrhundert n. Chr. weisen auf die Sulaiman-Berge in der heutigen North West Frontier Province Pakistans als Heimat der Paschtunen hin. Die Bezeichnungen ,,Paschtunen" und ,,Afghanen" werden in paschtunischen Dichtungen des 17. Jahrhunderts synonym verwendet. Im 18. Jahrhundert gelang dem Paschtunen Aḥmad Shāh (1747 - 72) eine dauerhafte Staatsgründung. Als Heerführer von Nadir Shah im Besitz des Kriegsschatzes hatte er nach

Nadirs Tod dessen Nachfolge in den östlichen Eroberungen angetreten. Im 19. Jahrhundert geriet ein Teil der Paschtunen unter direkte Kontrolle Britisch-Indiens. 1901 wurde die Hauptmasse dieser Paschtunen in der North West Frontier Province zusammengefaßt. Entlang der 1893 mit Afghanistan vereinbarten und nach dem britischen Unterhändler genannten Durand-Linie entstand mit den Tribal Areas und den von Special Agencies verwalteten Gebieten eine Pufferzone zu Afghanistan, in der die Stämme ihre innere Autonomie auch nach der Gründung des Staates Pakistan 1947 beibehielten.

Den *Kurden* gelang keine dauerhafte Staatsgründung. In der Türkei, wo die Kurden zahlenmäßig am stärksten verteten sind, machen sie zwischen 11 % und 12 % der Gesamtbevölkerung aus. Sie bilden hier die Bevölkerungsmehrheit in den Ostprovinzen Ağrı, Bingöl, Bitlis, Van, Diyarbakır, Siirt, Hakkarı und Mardin. Einen hohen kurdischen Bevölkerungsanteil weisen auch die Provinzen Muş, Adıyaman und Urfa auf; in den im Norden und Westen angrenzenden Provinzen nimmt er zunehmend ab. Durch Umsiedlungen entstanden größere kurdische Enklaven in mehreren zentralanatolischen Provinzen. Im Irak setzt sich das kurdische Verbreitungsgebiet nach Süden fort. Es umfaßt hier die nordöstlichen Provinzen Dohuk, Arbil und Sulaimaniye, die seit 1974 das „Autonome Gebiet" bilden. Daneben haben auch die Gebiete um Mosul, Kirkuk und Khanaqin größere kurdische Bevölkerungsgruppen. Auf die Gesamtbevölkerung bezogen stellen die Kurden einen Anteil von 20 - 25 %. Geschlossene kurdische Siedlungsgebiete befinden sich weiterhin im nördlichen Syrien in der Provinz Hassake entlang der türkischen Grenze, in den Distrikten Jerabulus und Ain al-Arab im Norden der Provinz Aleppo sowie im Kurd Dağ (Jebel al-Akrad) und im Jebel Azaz und Jebel Simaan im Nordwesten der Provinz. Größere Gruppen sind in den Städten Damaskus und Aleppo anzutreffen. Der kurdische Bevölkerungsanteil in Syrien liegt um 7 - 8 %. Im Libanon, vorwiegend in der Altstadt von Beirut, leben bis zu 100.000 Kurden, die zwischen 1917 und 1920 aus der Türkei zugewandert sind. Nach Osten erstreckt sich die kurdische Verbreitung auf die iranischen Provinzen Westazerbaidschan, Kurdistan, Kermanshah (heute: Bakhtaran) und die nördlichen Teile von Ilam und Luristan. Durch Umsiedlungen entstanden auch in Iran kurdische Enklaven in anderen Landesteilen, u.a. nordöstlich von Meschhed in Nordkhurasan, in Fars, Kerman sowie in Sistan-Belutschistan. Die Kurden machen in Iran etwa 10 - 11 % der Gesamtbevölkerung aus.

In den kaukasischen Sowjetrepubliken befinden sich um Erivan, Nachitschevan und in Tiflis kurdische Kolonien, die durch Einwanderungen im 19. und im 20. Jahrhundert entstanden sind. Umsiedlungen 1937/38 brachten von hier aus kurdische Gruppen in die Gebiete um Tschimkent und Alma Ata in Kasachstan sowie nach Kirgisistan. Teile der von persischen Herrschern seit dem 16. Jahrhundert in Nordkhurasan angesiedelte Kurden wanderten im 20. Jahrhundert nach Russisch-Turkmenistan ab.

Eine von mehreren Theorien zur Entstehung des kurdischen Volkes besagt, daß iranische Nomadenverbände in den letzten Jahrhunderten vor unserer Zeitrechnung aus dem Becken von Azerbaidschan nach Westen und Südwesten in die Berge vordrangen und dort eine Vorbevölkerung sprachlich iranisierten. Die belegbare Geschichte der Kurden beginnt erst mit der arabisch-islamischen Eroberung ihres Gebietes im 7. Jahrhundert. In der Folgezeit bildeten sich mehrere kurdische Fürstentümer, *Hukumate*, heraus, jedoch kein gesamtkurdischer Staat. Dagegen gelang zwei Kurden eine Reichsgründung außerhalb „Kurdistans". Der Kurde Saladin (Ṣalāḥ ad-Dīn al-Aiyūbī) aus Takrit am Tigris herrschte von 1171 bis zu seinem Tode 1193 als Sultan über Ägypten und Syrien. Die sich auf ihn zurückführende Dynastie der Aiyubiden hielt sich bis 1250 in Ägypten. 1750 gründete der Kurde Karīm Khān Zand (gest. 1779), einer der Generäle Nadir Shahs, als Verweser des persischen Thrones in Schiraz ein Reich, das seine Nachfolger bis 1794 behaupteten.

Im 19. Jahrhundert und verstärkt im 20. Jahrhundert kam es wiederholt zu Aufständen im Zeichen eines kurdischen Nationalismus. Als erster Versuch einer „kurdischen" Staatsgründung in der Neuzeit wird häufig die Aktion von Scheich Ubaidullah ('Ubaid Allāh), dem Oberhaupt einer

Tabelle 1: Geschätzte Verbreitung von Sprachen in den Ländern des Nahen und Mittleren Ostens

		Semitische Sprachen			Afrikanische Sprachen						Iranische		
		Afroasiatische Sprachen											
	Einw. 1982 in Mio. ca. davon sprechen:	arabisch	hebrä.	aramä.	berberi.	koptisch	kusch.	nilotisch	nubisch	inner-sudani.	persisch	lurisch	kurdisch
Mauretanien	1,70	1,430								0,27			
Marokko	21,90	16,310	0,007		5,470								
Sahara	0,14	0,140											
Algerien	19,60	13,700	0,001		5,800								
Tunesien	6,70	6,550	0,003		0,130								
Libyen	3,18	2,820			0,300					x			
Ägypten	44,70	44,100	x		x	x	x		x				
Sudan	18,70	7,470					0,940	5,610	1,870	2,800			
Jordanien (Ost)	2,40	2,270											
Libanon	3,20	2,830	0,002	0,040									0,100
Syrien	9,68	8,480	0,004	0,100									0,750
Irak	14,00	10,000	x	0,350							0,200		3,110
Saudi-Arabien	9,50	8,500											
Jemen, Nord	7,30	7,150											
Jemen, Süd	1,90	1,740											
Oman	0,93	0.820									0,028		
Bahrain	0,37	0,270									0,032		
Katar	0,26	0,100									0,047		
Kuwait	1,56	1,290									0,030		
VAE	1,14	0,230											
Israel + B.G.*	5,70	2,010	3,014										
Türkei	46,30	0,750	x	0,02									5,200
Zypern	0,64	x											
Iran	37,40	1,720	0,040	0,030							18,060	3,69	3,840
Afghanistan	13,50	0,005									5,500		
Pakistan	89,20	0,008	x								0,800		
Naher und Mittlerer Osten	361,60	140,693	3,071	0,540	11,700	x	0,940	5,610	1,870	3,070	24,697	3,690	13,000
Welt		170,000			12,000						28,537	13,450	

* Besetzte Gebiete

Gaza	0,500
Golan	0,010
Westbank	0,800
(Ostjerusalem	0,115)

	Indoeuropäische Sprachen							Turksprachen		Kaukasische Sprachen				
	Sprachen			Indoarische Sprachen										
	pascht.	belutsch.	pamiri.	dardisch	neuind.	armeni.	griech.	westtür.	sonst. Turkspr.	georg.	tscherk.	lasisch	brahui.	sonst. Sprach.*
Mauretanien														
Marokko														0,113
Sahara														
Algerien														0,099
Tunesien														0,017
Libyen														0,060
Ägypten						0,015	x							0,585
Sudan														0,010
Jordanien (Ost)						0,003	x				0,025			0,102
Libanon						0,220								0,008
Syrien						0,220		0,070			0,500			0,006
Irak						0,020		0,280			0,010			0,030
Saudi-Arab.					0,400									0,600
Jemen, Nord														0,150
Jemen, Süd														0,160
Oman		0,037			0,028									0,017
Bahrain					0,030									
Katar					0,075									
Kuwait		0,015			0,156	0,015								0,740
VAE					0,300									
Israel + B.G.*						0,004	0,015							0,657
Türkei						0,079	0,010	39,650		0,090	0,150	0,080		0,271
Zypern						0,019	0,480	0,140						0,001
Iran	x	0,840				0,130		8,910	0,020	0,015			x	0,105
Afghanistan	6,090	0,100	0,030	0,110	0,020			0,410	1,200				0,010	0,025
Pakistan	12,710	2,200	x	0,560	71,950			x	x				0,730	0,242
Naher und Mittlerer Osten	18,800	3,192	0,030	0,670	72,959	0,725	49,460	1,220	0,105	0,235	0,080	0,740	3,998	
Welt	19,000					5,500		60,670		4,065	0,835			

x = unter 0,001 bzw. unzureichende Schätzungsgrundlagen
* = Einschließlich der Muttersprachen von Ausländern mit langjährigem Aufenthalt im Lande und in der Tabelle nicht aufgeführter bzw. zahlenmäßig nicht erfaßter Sprachen.

sufischen Bruderschaft in Nehri/Ostanatolien, angesehen. Er besetzte 1880 mit Billigung des Sultans in Istanbul iranische Gebiete westlich und südlich des Urmia-Sees, wurde jedoch binnen kurzer Zeit von iranischen Truppen auf osmanisches Gebiet zurückgedrängt. Während des Ersten Weltkriegs wurden die Kurden von den Entente-Mächten umworben und Eigenstaatlichkeitsbestrebungen unter ihnen gefördert. Staatsgründungsversuche erfolgten u.a. 1920 - 22 unter dem Stammesführer Simko Agha (Ismā'īl Khān) in West- und Ostazerbaidschan in Iran und unter Scheich Maḥmūd im Irak. Der von der britischen Besatzungsmacht 1918 als Gouverneur von Sulaimaniye eingesetzte Scheich Maḥmūd al-Barzinjī erklärte sich zum ,,König von Kurdistan". Bis 1924 rückten mehrere britische Strafexpeditionen gegen ihn vor, wurde er gefangen genommen und danach wieder als Gouverneur eingesetzt. Auch im türkischen Ostanatolien brachen zwischen 1925 und 1937 widerholt Kurdenaufstände aus, die z.T. von der im französischen Mandatsgebiet Libanon etablierten kurdischen Exildachorganisation Khoibun (Unabhängigkeit) unterstützt wurden.

Im Zweiten Weltkrieg erhielt die kurdische Nationalbewegung in Iran durch die Anwesenheit sowjetischer Truppen in einem Streifen entlang der iranischen Westgrenze Auftrieb. Im Januar 1946 rief Qāżī Muḥammad in Mahabad eine unabhängige kurdische Republik aus. Sie brach im Dezember zusammen, nachdem die sowjetischen Truppen im Mai begonnen hatten, sich aus Iran zurückzuziehen. Qāżī Muḥammad wurde im März 1947 in Mahabad gehängt.

Von 1961 bis zum Zeitpunkt der irakisch-iranischen Verständigung von Algier im März 1975 schwelte im Irak ein kurdischer Befreiungskrieg, an dessen Spitze der 1979 verstorbene Muṣṭafā Barzānī stand. Im iranischen Kurdengebiet flammten 1979 während der Revolution Unruhen auf, die bis heute anhalten.

Belutschen und *Brahui* leben im gleichen Verbreitungsgebiet in stammespolitischer Symbiose. In Pakistan, wo sie 2,5 % bzw. 0,85 % der Gesamtbevölkerung stellen, liegt ihr Hauptverbreitungsgebiet zwischen der Linie Quetta-Loralai-Dera Ismail Khan und dem Arabischen Meer, zwischen der iranischen und afghanischen Grenze und dem Indus. Innerhalb dieses Gebietes weisen die Bezirke Qalat und Chagai mit 30 - 40 % den höchsten Anteil an Brahui auf. Weitere Belutschen und Brahui sind in Pakistan östlich des Indus in der Provinz Sind anzutreffen sowie etwa 50.000 in den angrenzenden Gebieten Indiens. In Iran werden die ländlichen Gebiete der Provinz Sistan-Belutschistan überwiegend von Belutschen bevölkert, größere Abteilungen leben auch in den benachbarten Gebieten der Provinzen Khurasan, Kerman und Bandar Abbas. Ihr Anteil an der Gesamtbevölkerung beträgt in Iran um 2,3 %. Entlang der pakistanischen Grenze setzt sich die Verbreitung der Belutschen und Brahui am unteren Hilmend in Afghanistan fort, wo sie etwa 0,74 % der Gesamtbevölkerung ausmachen. Im nördlichen Teil der Provinz Herat, in der nordöstlichen Provinz Takhar sowie im sowjetischen Turkmenistan sind abgesprengte Gruppen von Belutschen zu finden, die sich teilweise lediglich noch durch die Bezeichnung als Belutschen von ihren persisch- und turksprachigen Nachbarn abheben. Durch traditionelle Verbindungen zu den arabischen Golfscheichtümern ist auch unter den dortigen Fremdarbeitern eine größere Zahl von Belutschen vertreten.

Kennzeichnend für die Belutschen und Brahui ist die Gliederung in eine Vielzahl von *Toman* genannte Stämme. Unter ihnen besteht eine auffallende Bereitschaft, fremde Stämme und Stammesgruppen anzugliedern bzw. sich dort, wo es politisch opportun ist, als Untergruppe anderer Stämme auszugeben. So gibt es z.B. eine Reihe von Belutschenstämmen, die brahuischen Ursprungs sind und umgekehrt Brahuistämme belutschischen Ursprungs. In der Nachbarschaft von Paschtunen haben sich Belutschenverbände diesen genealogisch als Untergruppen angegliedert.

Es wird vermutet, daß die Vorfahren der Belutschen im 12./13. Jahrhundert n. Chr. aus dem Norden, möglicherweise von der Küste des Kaspischen Meeres, nach Süden abgedrängt wurden. Die Herkunft der Brahui liegt im historischen Dunkel. Im 15. Jahrhundert entwickelte sich aus einer Föderation von Brahuistämmen, der sich nach und nach eine Vielzahl von Belutschenstämmen anschloß, um Qalat in der heutigen pakistanischen Provinz Belutschistan ein Khanat. 1854 mußte es die britische Schutzherrschaft anerkennen. 1948/49 wurde der autonome Status dieses Khanats im neugegründeten Staat Pakistan aufgehoben. In Iran widersetzten sich die Belutschen noch bis 1925 staatlichen Kontroll- und Befriedungsmaßnahmen.

Literatur:

Briggs, L.C. 1960: Tribes of the Sahara, Cambridge/Mass.
Franz, E. 1978: Minderheiten im Vorderen Orient: Auswahlbibliographie, Hamburg.
ders. 1982: Minderheiten im Vorderen Orient: Nachträge zur Auswahlbibliographie: Teil I - IV, Hamburg.
Knapp, W. 1959: North West Africa: A Political and Economic Survey, Oxford.
Rodinson, M. 1979: Les arabes, Paris.

III. Die Religionen des Nahen und Mittleren Ostens

Peter Antes

1. Vorbemerkung

Alle großen monotheistischen Religionen, nämlich das Judentum, das Christentum und der Islam sind im vorderorientalischen Raum entstanden. Sie tragen zu dessen Vielfalt ebenso bei wie die große Zahl von Richtungen innerhalb dieser Religionen. Hinzu kommen religiöse Gruppen wie die Bahais, die Mandäer und die Zoroastrier. Sie alle sollen in Kurzform vorgestellt werden, da sie für das Verständnis auch der politischen und kulturellen Zuordnungen im Nahen und Mittleren Osten relevant sind.

Die Tatsache, daß das primäre Interesse dieses Handbuchs der Gegenwart gilt, ist der Grund dafür, daß eine andere große monotheistische Religion, die ebenfalls in diesem Raum entstanden ist, nicht vorgestellt wird. Es ist der Manichäismus, der im 4. Jahrhundert entstanden ist, sich als Weltreligion bis nach Zentralasien und China hin ausgebreitet hat, dann aber nach dem 11. Jahrhundert recht rasch wieder untergegangen ist, so daß er Mitte der 80er Jahre dieses Jahrhunderts nur noch geistesgeschichtlich interessant ist, obwohl mancher Gedankengang innerhalb der islamischen Theologie sowie bei christlichen Theologen bis heute manichäisches Gedankengut offenbart.

Die Vielfalt der Richtungen innerhalb der Religion des Nahen und Mittleren Ostens ist für den europäischen Betrachter am deutlichsten beim Christentum erkennbar und greifbar, weshalb mit der Darstellung dieser Religion begonnen werden soll. Dann wird der Islam folgen, danach werden die Religion der Bahais, der Mandäer und der Zoroastrier sowie das Judentum vorgestellt. Die eigenartige Reihenfolge erklärt sich auch daraus, daß das Christentum und der Islam die zahlenmäßig bedeutsamsten Religionen sind. Die Religion der Bahais könnte im übrigen ebenso gut als Sondergruppe innerhalb des Islams abgehandelt werden. Daß das Judentum zum Schluß vorgestellt wird, findet seine Rechtfertigung nicht zuletzt in der Tatsache, daß die Vielfalt dieser Religion ihren Ursprung nicht im Nahen und Mittleren Osten hat, sondern erst durch Einwanderung von Juden aus aller Welt nach Israel dorthin gebracht worden ist.

2. Die christlichen Kirchen im Nahen und Mittleren Osten

Wer eine Bischofsstadt des Nahen und Mittleren Ostens besucht, wird dort nicht nur *einen* Bischof, wie in europäischen Bischofsstädten üblich, antreffen, sondern meist mehrere, oft sogar sechs oder mehr. Diese Tatsache allein ist für die islamische Umwelt der Beweis für die innere Zerrissenheit des Christentums, die durch interne Kämpfe und Meinungsverschiedenheiten zwischen den Gruppen (Kirchen) oft noch unterstrichen wird.

Die meisten Kirchen, die in der Gegenwart im Nahen und Mittleren Osten anzutreffen sind, führen ihre Entstehung auf die theologischen Auseinandersetzungen des 4. und 5. Jahrhunderts n. Chr. zurück. Damals ging es auf den Konzilien von Nicäa (325), Konstantinopel (381), Ephesus

(431) und Chalkedon (451) um eine Präzisierung dessen, was Jesus Christus seinen Gläubigen bedeutet, d.h. um eine genaue Bestimmung seines Wesens, wobei unterschiedliche Positionen, vornehmlich die der Katechetenschule von Antiochia (Syrien) und Alexandria (Ägypten) miteinander konkurrierten. Etwas vereinfacht gesagt, verfocht die alexandrinische Schule eine möglichst enge Verbindung von Gottheit und Menschheit in Jesus Christus, während die antiochenische Schule dazu neigte, das göttliche Wesen (den logos) im Menschen Jesus als wie in einem Tempel wohnend zu denken.

Durch Mehrheitsentscheidungen in Fragen der Lehre (Dogmen) legten die erwähnten Konzilien fest, daß nur die Lehre christlich ist, die Jesus Christus zugleich als wahren Gott und wahren Menschen bekennt und dabei weder an seiner Gottheit noch an seiner Menschheit Abstriche macht. Unter die erste Gruppe fällt Nestorius, der die Gottheit Jesu nicht vollständig akzeptiert hatte, als er lehrte, man dürfe Maria nicht Mutter Gottes (theologisch präzise: *theotokos* = Gottesgebärerin), sondern nur Mutter Christi (theologisch präzise: *christotokos* = Christusgebärerin) nennen. Gegen ihn entschied das Konzil von Ephesus, indem es Maria *theotokos* nannte. Zur zweiten Gruppe gehörten die Monophysiten, für die die menschliche Natur in der göttlichen aufging, so daß praktisch nur die göttliche Natur wirksam ist. Im Konzil von Chalkedon wurde diese Lehre als „Irrlehre" (Häresie) verworfen, da galt, „daß ein und derselbe Christus, der Sohn, der Herr, der Eingeborene, in zwei Naturen unvermischt und unverwandelt (gegen den Monophysitismus), ungeteilt und ungetrennt (gegen den Nestorianismus) anzuerkennen ist, wobei der Unterschied der Naturen infolge der Einigung niemals aufgehoben wurde, sondern die Eigentümlichkeit einer jeden der beiden Naturen erhalten blieb."

Ein Blick in die Kirchen- und Dogmengeschichte des frühen Christentums macht bezüglich dieser Lehrentscheidungen zweierlei deutlich: Zur Begründung bediente man sich in hohem Maße philosophischer Unterscheidungen und Begriffe, die im griechischen Sprachraum geläufig, im semitischen (d.h. aramäisch-syrischen) Sprachraum aber nicht in demselben Maße heimisch waren; die Mehrheitsentscheidungen sind bei ihrem Zustandekommen nicht von politischer Einflußnahme frei gewesen und entsprechen so in ihrer Tendenz dem Ziel einer einheitlichen Reichstheologie, für die sich der (ost-)römische Kaiser engagierte. Damit wird die einheitliche Reichstheologie ebenso sehr zu einer dogmatisch-theologischen wie zu einer politischen Frage. Den „rechten Glauben" (Orthodoxia) bekennen war demnach gleichbedeutend mit einem Votum für den Kaiser, weshalb man diese Orthodoxen kurzweg als die Kaiserlichen (Melkiten) bezeichnete.

Die sog. orientalischen Kirchen sind folglich im nicht-griechischen Sprachraum anzutreffen und gehören zu jenen Gruppierungen, die eine gewisse Unabhängigkeit von der oströmischen (byzantinischen) Vorherrschaft gesucht haben.

2.1 Der Nestorianismus

2.1.1 Die nestorianische Kirche

Die Nestorianer, neuerdings auch Assyrer genannt, sind heute im Irak, aber auch in Iran und in Syrien sowie im Libanon und in den USA als eine zahlenmäßig kleine Minorität anzutreffen, die in diesem Jahrhundert vornehmlich im Irak und in Iran schweren Verfolgungen ausgesetzt gewesen ist. Die Mehrzahl der Gläubigen lebt gegenwärtig möglichst unauffällig und ist zufrieden, wenn sie von den anderen Kirchen und insbesondere von den Muslimen in Ruhe gelassen wird. Die Kleriker sind durchweg einfache Leute, die nicht am Standard der europäischen Universitätstheologie gemessen werden dürfen.

Dieses eher traurige Erscheinungsbild gibt kaum etwas von der einstigen Größe und dem missionarischen Elan dieser Religionsgemeinschaft wieder, die über Jahrhunderte hinweg einen entscheidenden Einfluß auf die Religionsgeschichte Asiens ausgeübt hat.

Die Anfänge dieser Religionsgemeinschaft sind nur undeutlich faßbar. Es scheint, daß nach dem Konzil von Ephesus im Zuge kirchenrechtlicher und dogmatischer Einigungsbemühungen einige Bischöfe abgesetzt worden sind, die sich mit ihrem Klerus der ostsyrischen Kirche in Persien angeschlossen haben. 486 formierten sie sich dann offiziell auf einer Synode in Seleukia-Ktesiphon als eigenständige Kirche, die zur Abgrenzung von der kaisertreuen Reichskirche den Nestorianismus als ihre Lehre annahm und sich dadurch von den westlichen Theologien sowohl der Orthodoxie als auch des Monophysitismus unterschied.

Diese Abgrenzung hatte wohl auch zur Folge, daß die nestorianische Kirche an der weiteren theologischen Entwicklung des westlichen Christentums nicht mehr teilgenommen hat, obwohl die wissensmäßige Schulung im griechischen Erbe eigentlich eine solche Kontaktpflege nahegelegt hätte. Statt dessen richtete sich die Blickrichtung weitgehend nach Osten. Mit missionarischem Eifer trugen nestorianische Priester und Laien-Missionare ihre Lehren nach Indien und Zentralasien. In verschiedenen Wellen gelangte so christlich-nestorianisches Gedankengut nach Zentralasien und nach China. Zu Anfang des 14. Jahrhunderts zählte die nestorianische Kirche zehn Metropolitansitze in Zentralasien und konnte sich dort auf eine einheimischen Klerus stützen. Bis in die Gegenwart hinein sind die nestorianischen Missionserfolge in Indien spürbar, wo die sog. Thomaschristen mit ihrem syro-malabarischen Ritus höchst wahrscheinlich aus dieser Mission hervorgegangen, allerdings später zum Monophysitismus übergetreten sind.

Auch ins vorislamische Arabien und Syrien waren die Nestorianer vorgedrungen, wo sie in der 1. Hälfte des 7. Jahrhunderts unter islamische Herrschaft geraten und offenbar viele von ihnen recht bald zum Islam übergetreten sind. Zunächst war die islamische Zentralverwaltung in Syrien zur Zeit der Omaiyaden (651 - 750) in Religionsfragen tolerant und konnte wohl auch auf die Mitarbeit christlicher Beamter nicht verzichten. Doch bald begannen sich muslimische Machthaber in die kirchlichen Angelegenheiten der Nestorianer einzumischen und Druck auf die Gläubigen auszuüben.

Nicht unerwähnt soll die Übersetzungsarbeit der Nestorianer bleiben, durch die die Muslime maßgebliche Teile des griechisch-antiken Erbes kennengelernt haben. In vielen Fällen ist somit das griechische Gedankengut auf dem Umweg über das Syrische ins Arabische übersetzt worden, in einigen Fällen waren es sogar nestorianische Christen, die selbst die arabischen Übersetzungen anfertigten. So sind die Nestorianer zu einem wichtigen islamischen Kulturträger geworden und haben dadurch am Entstehen der islamischen Wissenschaft im frühen Mittelalter wesentlichen Anteil.

Ihre Theologie schöpfte vor allem aus den Schriften des Nestorius, des Diodor von Tarsus (gest. vor 394) und des Theodor von Mopsuestia (gest. 428), die so in syrischer Übersetzung erhalten geblieben und überliefert worden sind. Das reiche nestorianische Schrifttum der späteren Zeit entwickelte diese Gedankengänge weiter und war vor allem in Fragen des Kirchenrechts und der Liturgie besonders innovativ. In der Christologie vermied man den Begriff *theotokos* bzw. seine syrischen Entsprechungen. Bezüglich der menschlichen Seele wurde immer wieder betont, daß sie nicht zeitlich vor dem menschlichen Körper existiert, von Gott unmittelbar erschaffen ist und 40 Tage nach der Empfängnis mit dem Körper vereinigt wird. Eine Erbsünde des Menschen wurde strikt abgelehnt. Zudem wurde gelehrt, daß die menschliche Seele nach dem Tode des Menschen bis zur Auferstehung in einen ,,Seelenschlaf" verfällt. Viele Aspekte dieser Lehren finden sich bekanntlich auch im Islam, weshalb Forscher wie Tor Andrae vermuten, daß das nestorianische Christentum von Anfang an einen prägenden Einfluß auf den Islam gehabt hat.

Die vorsichtigen Stellungnahmen der nestorianischen Theologen zur Christologie wirken merkwürdig, wenn man bedenkt, daß es nach Selbstaussage der Nestorianer gerade christologische Unterschiede waren, die zur Entstehung und Entfaltung der nestorianischen Kirche geführt haben. Es darf deshalb die machtpolitische Komponente nicht unterschätzt werden, die es gelegen erscheinen ließ, im Reich der Sassaniden (bis 643 in Persien) eine von der byzantinischen Vorherrschaft unabhängige Kirche zu gründen, der allerdings auch unter den Sassaniden nach anfänglicher Förderung bald Verfolgungen nicht erspart blieben.

Die psychologische Komponente der Zusammengehörigkeit und die gemeinsame Geschichte von Verfolgungen und Märtyrern hat diese streng hierarchisch gegliederte Kirche unter der Leitung eines *Katholikos* (Patriarchen) bis heute überleben und immer wieder der Anfechtung widerstehen lassen, sich mit einer der Großkirchen zusammenzuschließen.

Die eigentliche politische Katastrophe kam mit dem Ersten Weltkrieg, als die Nestorianer in den Russen ihre Befreier vom Druck der islamischen Umwelt sahen und, in dieser Hoffnung durch die politische Entwicklung bitter enttäuscht, als Vaterlandsverräter dastanden. Vielerorts mußten sie fliehen, weil sie von ihren türkischen und kurdischen Nachbarn bekämpft wurden. In dieser ausweglosen Situation bauten sie auf die Hilfe der Mandatsmächte (England und Frankreich) und versuchten, sich im nördlichen Irak niederzulassen. Die erhoffte Hilfe blieb jedoch aus, statt dessen zeichneten sich neue Konflikte, diesmal mit den muslimischen Irakern ab, die bis heute im Irak andauern und immer wieder einmal aufbrechen. Andere Nestorianer wanderten damals nach Nordsyrien, Zypern oder in die USA aus. Ähnlich war das Schicksal des Patriarchen, der nach den Zusammenstößen von 1933 den Irak verlassen mußte und nach längerere Odyssee schließlich nach Chicago kam, wo er bis 1975 residierte. Im Irak wird er durch einen Metropoliten vertreten, neben dem noch ein Bischof amtiert.

Die Angaben über die Zahl der Nestorianer in der Gegenwart beruhen auf groben Schätzungen, die von Statistik zu Statistik deutlich variieren. Man wird wohl davon auszugehen haben, daß es Anfang der 80er Jahre noch zwischen 100.000 und 125.000 Nestorianer gab. Der Klerus — mit Ausnahme der Bischöfe — ist gewöhnlich verheiratet, die Verpflichtung zum Zölibat besteht für die Mönche.

2.1.2 Die chaldäische Kirche

Der geschichtliche Abriß der nestorianischen Kirche wäre zu unvollständig, bliebe unerwähnt, daß Mitte des 16. Jahrhunderts ein Teil der Nestorianer zum Katholizismus unter Beibehaltung ihres Ritus übergetreten ist. Die Union mit Rom geriet bald wieder in Vergessenheit, war aber in der Folgezeit Anlaß und Ausgangspunkt, um neue Unionsbestrebungen positiv zu bewerten, so daß es nach vielen Wirren schließlich 1834 gelang, Johannes Hormez als chaldäischen Patriarchen von Babylon zu inthronisieren.

Heute umfaßt das chaldäische Patriarchat den ganzen Nahen und Mittleren Osten. Es bestehen folgende Diözesen: im Irak die Patriarchatsdiözese Bagdad-Mosul, dazu Kirkuk, Amadiya, Aqra, Basra und Zaku; in Iran Sena-Teheran und Urmia-Salmas; in Syrien Aleppo-Jazira und im Libanon Beirut.

Die Zahl der Gläubigen ist mindestens viermal so groß wie die der Nestorianer; der Klerus ist theologisch gut geschult, da er entweder im chaldäischen Seminar des hl. Petrus oder im interrituellen Seminar der Dominikaner (beide in Mosul) oder an einer europäischen Hochschule (vor allem in Rom) die Ausbildung absolviert hat.

Für die nicht-christliche Umwelt im Nahen und Mittleren Osten ist die Stellung dieser unierten chaldäischen Kirche mit der der nestorianischen Kirche kaum vergleichbar. Durch die Union mit Rom nämlich wird die chaldäische Kirche als Teil der römisch-katholischen Kirche begriffen, die international vom Papst bzw. dem Vatikan vertreten wird und durch die Institution der Nuntien bzw. Pro- oder Internuntien auf politischer Ebene vertragliche Zu- und Absicherungen erreichen kann, zu denen eine doch eher autochthone Einrichtung wie die nestorianische Kirche kaum kommen kann. Ähnliches gilt im übrigen für alle anderen unierten Kirchen im Vergleich zu ihrem jeweils nicht unierten Pendant.

2.2 Der Monophysitismus

Die Entscheidungen der ersten Konzilien hatten neben dem Nestorianismus auch den Monophysitismus abgelehnt. Während aber der Nestorianismus lediglich im Sassaniden-Reich zur Gründung einer eigenen Kirche geführt hat, war die Gefolgschaft der Monophysiten in weiten Teilen des südlichen Mittelmeerraumes sehr stark gewesen und bewirkte in den folgenden Jahrhunderten bis zur islamischen Eroberung eine Konsolidierung dieser Glaubensrichtung und die Ausbildung eigenständiger Kirchen. Infolge dogmatischer und wohl auch politischer Streitigkeiten ist es allerdings nicht zu einer einzigen monophysitischen Kirche gekommen. Vielmehr sind nationale Kirchen in Ägypten (Kopten) und unter koptischem Einfluß in Abessinien (Äthiopien) sowie im armenischen Sprachraum entstanden. Lediglich im syrisch-libanesischen Raum ist es nicht gelungen, eine nationale Kirche aufzubauen, so daß die monophysitisch-syrische Kirche stets neben anderen christlichen Konfessionen existiert hat.

2.2.1 Die koptische Kirche

Die Anfänge der koptischen Kirche sind ebenso wenig faßbar wie die der nestorianischen Kirche. Sicher ist, daß der Einfall der Perser in Ägypten (619) und die islamische Eroberung von 639 - 41 für das seit einem Jahrhundert dort heillos zerstrittene Christentum insofern eine grundlegende Wende darstellte, als nun die von Byzanz unterstützten Orthodoxen ihrer politischen Schutzmacht beraubt waren. Die ägyptischen Monophysiten waren dadurch keiner weiteren Verfolgung durch die Kaiserlichen (Orthodoxen, Melkiten) mehr ausgesetzt und begrüßten dementsprechend die neuen islamischen Herrscher als Befreier. Sie glaubten, unter ihnen frei leben und eine neue, glorreiche Existenz aufbauen zu können.

Nach einer ersten Phase toleranter Religionspolitik von Seiten des Islams aber wuchs der Druck auf die koptische Kirche. Die durch den Islam vorgesehene Steuer für geduldete Andersgläubige nahm allmählich bedrückende Höhen an, so daß immer mehr koptische Christen zum Islam übertraten, weil ihnen ihr christlicher Glaube nicht so „teuer" war, daß sie dafür beträchtliche Einkommenseinbußen in Kauf nehmen wollten.

Die Ansiedlung arabischer Stämme in Ägypten förderte zusätzlich die Arabisierung des Landes, so daß die ägyptische Landessprache (das Koptische) immer mehr verdrängt und durch das Arabisch der Muslime ersetzt wurde.

Das Verhältnis zwischen Muslimen und koptischen Christen ist bis heute in Ägypten nicht spannungsfrei. Als ein Grund dafür wird mit Bezug auf das Mittelalter gerne die Kreuzzugsproblematik genannt, hinsichtlich der Neuzeit wird als weitere Dimension das Auftreten europäischer Truppen und Mandatsträger im Land angeführt, was suggerieren oder beweisen soll, daß sich die Kopten von außen Unterstützung erhofft haben, da man das christliche Abendland grundsätzlich gerne als natürlichen Verbündeten der Christen im Kampf gegen eine alles dominierende islamische Vorherrschaft ansieht.

Ihre spirituelle Kraft gewannen und gewinnen die Kopten aus der Liturgie und dem Mönchtum. Berühmt sind bis heute die Klöster des Natrun-Tales (zwischen Kairo und Alexandria in der Wüste gelegen). Ihre Anziehungskraft ist ungebrochen groß. Vor allem in Zeiten äußerer Bedrängnis durch den Islam sowie angesichts unsicherer Zukunfts- und Aufstiegsmöglichkeiten für Kopten in der ägyptischen Gesellschaft strömen viele Menschen in die Klöster. Auffallend groß ist die Zahl der Hochschulabsolventen und die der Geschäftsleute, die sich nach einer erfolgreichen, aktiven Phase dann für immer dem kontemplativen Leben im Kloster hingeben.

Für die konkrete Politik des Landes ist die Stimme der Kopten, vor allem ihres geistlichen Führers, des Patriarchen, nicht ohne politische Relevanz. Bekannt sind kritische Äußerungen im Zusammenhang mit den großen Auseinandersetzungen zwischen Kopten und fanatischen Muslimgruppen 1981, die den damaligen Präsident Sadat (Anwar as-Sādāt) veranlaßt hatten, den koptischen Patriarchen Shenuda III. ins Kloster Amba Bschôi im Natrun-Tal zu verbannen, von wo er erst Anfang 1985 wieder nach Kairo ins Patriarchat zurückkehren durfte.

Die Zahl der Kopten in Ägypten (und infolge von Auswanderung auch anderswo) läßt sich nur sehr grob schätzen. Koptische Schätzungen nennen häufig 6 - 9 Mio., während regierungsamtliche Schätzungen in Ägypten gerne von ca. 2 Mio. ausgehen. Die Wahrheit wird sein, daß die Zahl bei etwa 5 Mio. liegt. In jedem Falle ist sicher, daß der Einfluß der Kopten auf das ägyptische Geistesleben heute auf Grund ihrer durchschnittlich besseren Schulbildung größer ist, als es der prozentuale Anteil an der Bevölkerung vermuten läßt.

2.2.2 Die unierte koptische Kirche

Schon während der Kreuzfahrerzeit und beim Unionskonzil in Ferrara-Florenz (1438/39) war das Bemühen der römisch-katholischen Kirche erkennbar, auch mit der koptischen Kirche in Ägypten zu einer Union zu kommen. 1895 gelang es schließlich, ein uniert-koptisches Patriarchat mit drei weiteren Bistümern einzurichten, doch kam es auch dann noch zu Schwierigkeiten, so daß genau genommen, das unierte Patriarchat erst seit 1947 kontinuierlich besteht und eine eigenständige Kirche unter der Führung des Patriarchen im Einvernehmen mit Rom darstellt.

Die Zahl der unierten Kopten wird Mitte der 80er Jahre mit ca. 125.000 angegeben. Wie im Falle der chaldäischen Kirche wird auch den unierten Kopten ein koptischer Ritus (heute in arabischer Sprache) und dem Klerus die Weihe Verheirateter zugestanden. Wie bei der chaldäischen Kirche dürfen die Bischöfe nicht verheiratet sein, und für die Mönche gilt die Pflicht des Zölibates.

Zu gewissen Spannungen zwischen den unierten und den nicht-unierten Kopten ist es seit dem II. Vatikanischen Konzil (1962 - 65) mehrfach in Fragen des Dialogs mit dem Islam gekommen. Die Konzils-„Erklärung über das Verhältnis der katholischen Kirche zu den nicht-christlichen Religionen“ von 1965 ermutigt die Katholiken zum Dialog mit dem Islam, und Papst Paul VI. (gest. 1978) hat eigens eine Sonderabteilung für den Dialog mit dem Islam bei der Gründung des „Sekretariates für die Nicht-Christen“ eingerichtet. Die nicht-unierten Kopten, die auf Grund ihrer historischen Erfahrungen mit der muslimischen Mehrheit in Ägypten jedem Dialog skeptisch bis ablehnend gegenüberstehen, fürchten, daß der von Rom aus geführte Dialog letztlich zu ihren Lasten gehen wird.

Neben diesen speziellen Spannungen, die durchaus auch zu unterschiedlichen Stellungnahmen mit politischer Relevanz führen können, bestehen zwischen den unierten und den nicht-unierten Kopten Probleme, die sich aus der Existenz einer unierten Kirche selbst ergeben und in das weite Feld der christlichen Mission gehören. *De facto* konnte es nämlich zu einer unierten koptischen Kirche nur dadurch kommen, daß Kopten bereit waren, ihre Kirche zu verlassen und sich der römisch-katholischen Kirche anzuschließen, so daß die Existenz der unierten Kirche durch einen Mitgliederschwund bei der koptischen Kirche erkauft wurde. Ein weiterer Mitgliederschwund ist zudem durch Konversionen zum Protestantismus sowie zu verschiedenen modernen christlichen Sekten zu verzeichnen. Der konkrete Hintergrund dafür ist sicher auch in der islamischen Praxis zu suchen, den Abfall vom Islam streng zu ahnden, weshalb viele christliche Missionare aus Europa und Nordamerika vornehmlich unter den Kopten und Orthodoxen missionieren und die Muslime nur in den seltensten Fällen ansprechen. So kommt es, daß die protestantische Kirche in Ägypten ebenso sehr aus ehemals koptischen Christen besteht wie die unierte koptische Kirche.

2.2.3 Die äthiopische Kirche

Die wechselvolle Geschichte der monophysitischen Kirche in Äthiopien ist noch verworrener als die der bisher vorgestellten Kirchen. Sicher ist, daß der Monophysitismus im 5. und 6. Jahrhundert in Äthiopien Fuß fassen konnte und als Kirchensprache Ge'ez benutzte, wobei in der Folgezeit eine direkte Abhängigkeit vom koptischen Patriarchat bestanden hat, die erst in den 50er Jahren des 20. Jahrhunderts vollständig aufgegeben wurde, so daß die äthiopische Kirche seither als eigenständige (autokephale) Kirche betrachtet werden kann. Ihre Verankerung als Staatskirche in der Verfassung von 1955 hat ihr im Kaiserreich große Privilegien eingeräumt, die durch die Revolution von 1974 beseitigt wurden. Zudem wurde seither die freie Religionsausübung beträchtlich eingeschränkt.

Auch hinsichtlich der äthiopischen Kirche hat es jahrhundertelang Unionsbemühungen gegeben, die letztlich zu einem eigenen Ritus innerhalb der katholischen Kirche, nicht aber zur Einrichtung eines unierten Patriarchats geführt haben. Und wie bei den Kopten haben auch verschiedene protestantische Konfessionen und Sekten unter den äthiopischen Christen Missionierungsversuche unternommen.

Mit ca. 9 Mio. Gläubigen ist die äthiopische Kirche sicher heute die größte unter den orientalischen Kirchen. Die große Förderung dieser Kirche durch Kaiser Haile Selassie machte es zudem möglich, die Bildung des Klerus zu heben und den kirchlichen Sozialdienst einschließlich der medizinischen Betreuung der Bevölkerung auszubauen.

2.2.4 Die armenische Kirche

Die Geschichte dieser Kirche reicht vermutlich bis ins 1. Jahrhundert zurück, ist aber in ihren Anfangsphasen kaum noch rekonstruierbar. Sicher ist, daß es schon während der ersten großen Konzilien ein blühendes Christentum im armenischen Bereich gegeben hat, das auf Grund politischer Optionen und vielleicht auch wegen theologischer Mißverständnisse das Konzil von Chalkedon abgelehnt und den Monophysitismus als seine theologische Richtung angenommen hat.

Vielfache interne Streitereien haben schließlich dazu geführt — und die politisch bedingte Zerstreuung der Armenier im gesamten Nahen und Mittleren Osten hat es begünstigt —, daß es heute zwei armenische Katholikoi gibt: den Katholikos von Edschmiatzin (im sowjetischen Armenien) und den Katholikos von Sis, der heute seine Residenz in Antelias im Libanon hat. Daneben gibt es den unierten armenischen Patriarchen, dessen Jurisdiktion mehrere Diözesen im Nahen und Mittleren Osten sowie je eine für die USA/Kanada und für Lateinamerika unterstehen. Den rund 175.000 unierten Armeniern stehen etwa 4,6 Mio. nicht unierter Gläubigen gegenüber. Im sowjetischen Armenien selbst ist die unierte Kirche nicht zugelassen, so daß alle Armenier, die sich dort niederlassen wollen, automatisch der armenischen Kirche eingegliedert werden.

2.2.5 Die westsyrische (monophysitische/jakobitische) Kirche

Anders als die anderen monophysitischen Kirchen ist die westsyrische Kirche keine Nationalkirche, d.h. es gibt noch christliche Syrer anderer Konfession von Anfang an. Die Entstehungsgeschichte der westsyrischen Kirche verweist abermals ins 5./6. Jahrhundert. Maßgeblich hatte daran Jakob Baradaios (gest. 578) Anteil, der in rastlosem Einsatz und trotz vielfacher Verfolgung die versprengten und verängstigten Monophysiten des syrischen Raumes aufzurichten und zu organisieren vermochte, so daß seit dem 8. Jahrhundert nach ihm diese Kirche die jakobitische genannt wird.

Wie die nestorianische hat auch die jakobitische Kirche eine große Missionstätigkeit in Zentralasien und Indien entfaltet und zahlreiche bedeutende Theologen im Mittelalter hervorgebracht, die ein umfangreiches Schrifttum hinterlassen haben. Doch läßt die heutige jakobitische Kirche mit ihren vielleicht noch 220.000 Gläubigen (die syro-malabarische Kirche Indiens ist dabei nicht mitgezählt) im Nahen und Mittleren Osten nur noch wenig vom Glanz dieser einst blühenden Kirche erkennen. Am bekanntesten sind heute unter den Jakobiten in westlichen Kreisen die Christen im türkischen Staatsgebiet, wozu vor allem die von Mardin und dem Tur Abdin gehören, da immer wieder Berichte über ihre Bedrohung durch fanatisierte Muslimgruppen durch die Presse gehen.

Wechselvoll war auch die Geschichte der uniert-syrischen (=syrianischen) Kirche, die 1830 vom Sultan als eigene ,,Nation" (millet) anerkannt und zivilrechtlich vom jakobitischen Patriarchat getrennt wurde. Ihre rund 100.000 Gläubigen bilden heute eine fest geschlossene Gemeinschaft unter ihrem Patriarchen in Beirut, obwohl eine nicht unbeträchtliche Zahl davon in Europa und Amerika lebt.

2.3 Die orthodoxe Kirche

Für die Lehre des Konzils von Chalkedon trat im Nahen und Mittleren Osten die orthodoxe Kirche ein, die aus eigenständigen Regionalkirchen unter der Führung jeweils eines Patriarchen besteht. Zu den bedeutendsten Patriarchaten gehören die von Konstantinopel, Antiochia, Jerusalem und Alexandria, die bis in die Gegenwart einen großen Einfluß haben, obwohl sie zahlenmäßig nicht mehr Gläubige haben als die anderen orientalischen Kirchen.

Theologisch und in der Liturgie setzt die orthodoxe Kirche die byzantinische Tradition fort, weshalb man sie oft als melkitisch (kaiserlich) bezeichnet.

Parallel dazu besteht ein uniert-melkitisches Patriarchat mit mehreren Diözesen und einem wissenschaftlich recht gut ausgebildeten Klerus. Ins Bewußtsein der europäischen Katholiken trat die uniert-melkitische Theologie vor allem während des II. Vatikanischen Konzils (1962 - 65), als Patriarch Maximos IV. Saigh durch zahlreiche Interventionen in der Konzilsaula zu einer der führenden Persönlichkeiten des progressiven Flügels unter den Konzilsvätern wurde.

Politisch unterscheiden sich die unierten Melkiten von vielen anderen Christen des Nahen und Mittleren Ostens durch ihre betont islam- und palästinenserfreundliche Haltung. Für die, die sich aktiv politisch engagieren wollen, bleibt praktisch im Nahen und Mittleren Osten (mit Ausnahme des Libanon) nur die Mitarbeit in den für dortige Verhältnisse ,,linken Parteien", die für die Gleichberechtigung aller Bürger des Staates eintreten, da eine Unterstützung der sog. ,,rechten Parteien" einer Stärkung der Bemühungen gleichkommt, die die Wiedereinführung der *sharī'a*, des islamischen Religionsgesetzes, fordern und auf einen islamischen Staat hinarbeiten, in dem die Führungspositionen in Staat und Gesellschaft allein den Muslimen reserviert sind. Daher kommt es, daß in den sog. ,,linken Parteien" des Nahen und Mittleren Ostens und in den nicht-islamischen Palästinenserorganisationen immer wieder Christen (nicht nur unierte Melkiten) in der Führungsmannschaft anzutreffen sind. Das vielleicht bekannteste Beispiel hierfür ist Michel Aflaq ('Aflaq), der Gründer der Baath-Partei (al-Ba'th) (Syrien, Irak), der Christ ist. Eine Geschichte dieses politisch links-orientierten Christentums des Nahen und Mittleren Ostens steht noch aus, ist aber ein dringendes Desiderat.

2.4 Die maronitische Kirche

Die Maroniten, eine christliche Völkerschaft syrischen Ursprungs, sind heute vor allem im Libanon, aber auch in Syrien, Palästina, auf Zypern sowie durch Auswanderung in manch anderer Weltgegend (z.B. Amerika, Frankreich) anzutreffen. Sie betrachten sich selbst als die Kernbevölkerung des Libanon. In religiöser Hinsicht unterscheiden sie sich von allen bislang betrachteten Kirchen dadurch, daß es seit mehreren Jahrhunderten nur die mit Rom unierte Kirche unter der Leitung eines Patriarchen gibt.

Die Maroniten, die ihren Namen von einem Mönch, dem hl. Maro(n) (gest. vor 423) herleiten, behaupten, daß sie die Rechtgläubigkeit nie verlassen haben. Historisch bleibt vieles über die Entstehungsgeschichte im Dunkeln. Es scheint, daß die Ausbildung einer eigenen Kirche in der 1. Hälfte des 8. Jahrhunderts erfolgt ist und daß dabei der Monotheletismus (die Lehre, daß Jesus nur *einen* Willen, nämlich den göttlichen, gehabt hat), also eine stark abgeschwächte Form des Monophysitismus, eine wichtige Rolle gespielt hat. Der förmliche Anschluß an die römisch-katholische Kirche wurde 1181 vom damaligen Patriarchen vollzogen und hat sich — trotz zeitweiliger Probleme und innerer Spannungen — bis heute durchhalten lassen.

Der enge Kontakt mit Rom hat im Bereich der Liturgie zu mancher Latinisierung geführt, obwohl bis zum II. Vatikanischen Konzil Syrisch als Liturgiesprache beibehalten und seither durch Arabisch ersetzt worden ist. Theologisch ist der Klerus, insbesondere der höhere Klerus, hervorragend geschult, da die Ausbildung heute vor allem durch die Jesuitenuniversität St. Joseph in Beirut und das Maronitische Kolleg in Rom auf hohem Niveau gehalten wird.

Politisch haben sich die Maroniten stets an Europa orientiert. Sie unterhielten gute Beziehungen zu den Kreuzfahrern und sind in der neuesten Geschichte als Stütze Frankreichs im Nahen und Mittleren Osten bekannt. Die Auseinandersetzungen mit der islamischen Umwelt verliefen alles andere als spannungsfrei. Die blutigsten Ereignisse waren in der neueren und neuesten Geschichte des Libanon zweifellos der Bürgerkrieg zwischen Maroniten und Drusen 1860/61 und der Bürgerkrieg seit den 70er Jahren des 20. Jahrhunderts. In all diesen Auseinandersetzungen ist deutlich geworden, daß die Maroniten kompromißlos kämpfen, um ihre Autonomie und Vormachtstellung im Libanon zu behaupten und daß sie sich selbst dabei stellvertretend für alle Christen im Kampf um die Wahrung der christlichen Freiheit sehen.

2.5 Die lateinische Kirche

Neben den mit Rom unierten orientalischen Kirchen gibt es in den meisten Ländern des Nahen und Mittleren Ostens die Lateiner, also die Richtung der römisch-katholischen Kirche, die in unseren Breiten allein als katholisch bekannt ist. Man nennt sie ,,lateinisch", weil sie bis zum II. Vatikanischen Konzil die Messe in lateinischer Sprache gefeiert hat, heute hingegen die jeweilige Landessprache benutzt. Da im Nahen und Mittleren Osten vorwiegend Ausländer Lateiner sind, findet dort der Gottesdienst gewöhnlich auf Französisch, nur in Ausnahmefällen auf Arabisch oder in anderen Nationalsprachen statt. Auch die großen Ordensgemeinschaften (Franziskaner, Dominikaner, Kapuziner, Jesuiten etc.) sind — von einzelnen Ausnahmen abgesehen — dem lateinischen Ritus zuzuordnen.

Bedenkt man, daß es zu alledem noch protestantische Gemeinden und verschiedene christliche Sekten im Nahen und Mittleren Osten gibt, so kann man durchaus den Eindruck der Muslime teilen, daß das Christentum dort aus vielfältigen Gruppierungen besteht, die historisch durch theologische Differenzen, aber ebenso sehr auch durch politische Optionen entstanden sind. Dabei haben im Laufe der Zeit traditionelle Verhaltensweisen und Zugehörigkeitsgefühle Vorrang gegenüber den wahren dogmatischen Lehrunterschieden gewonnen.

Hinzu kommt, daß die geschichtliche Erfahrung offenbar viel Mißtrauen gegenüber den anderen christlichen Kirchen hat aufkommen lassen, so daß die Einheit der Christen — wie sie in der ökumenischen Bewegung angestrebt wird — dort bei weitem noch nicht allen Christen ein Anliegen ist.

Völlig uneins sind sich die Kirchen hinsichtlich ihrer Haltung gegenüber dem Islam. Während früher der Dissenz in den politischen Forderungen und Stellungnahmen allein bestand, betrifft er heute auch die theologischen Grundpositionen selbst, da einige zum Dialog bereit sind, andere dagegen — wie klassischerweise fast allgemein üblich — jedes Gespräch mit dem Islam prinzipiell ablehnen oder zumindest dem Dialog mit dem Islam sehr skeptisch und zurückhaltend gegenüberstehen.

3. Der Islam, Sekten und Sondergruppen

Die innere Zerrissenheit des Christentums ist bereits ein Thema des Korans (vgl. 21 : 92f; 23 : 54f), so daß man erwarten müßte, daß der Islam — wie immer wieder Muslime behaupten — demgegenüber als eine in sich geschlossene Gemeinde auftritt. Die historische Wirklichkeit sieht jedoch anders aus. Interne Streitereien blieben nicht aus, so daß eine fiktive Prophetenüberlieferung Muḥammad vorhersagen läßt, seine eigene Gemeinde werde sich in 170 Sekten spalten. Viele davon sind im Laufe der Geschichte wieder untergegangen, weshalb man mit Blick auf die Gegenwart nur relativ wenige besprechen muß, zu denen in der Neuzeit noch die Ahmadiya hinzukam. Sicher ist, daß vor allem politische Optionen die Ursache für die Uneinigkeit waren, theologische Fragen spielten erst in zweiter Linie — vielleicht sogar nur als Rechtfertigung *post festum* — eine Rolle. Dieses war — wie oben gezeigt — auch beim Christentum nicht anders.

Der Hinweis auf verschiedene Richtungen innerhalb des Islams kann leicht den unzutreffenden Eindruck entstehen lassen, als seien alle diese Gruppierungen untereinander gleichgewichtig oder zahlenmäßig ähnlich bedeutsam wie die Sunniten, die mit ca. 90 % die überwältigende Mehrheit aller Muslime ausmachen und — obwohl in vier unterschiedliche Rechtsschulen (Hanbaliten, Hanafiten, Malikiten, Schafiiten) unterteilt — eine einheitliche Glaubensrichtung darstellen, bei der es — was den Glauben angeht — keine nennenswerten Unterschiede gibt. Selbst die Sondergruppen, die im folgenden vorgestellt und als von den Sunniten abweichend beschrieben werden, stimmen in den Grundaussagen ihres islamischen Bekenntnisses weit mehr mit den Sunniten überein, als etwa die Christen des Nahen und Mittleren Ostens in zentralen theologischen Fragen (insbesondere der Christologie) sich einig sind.

Alle Muslime glauben, daß im heiligen Buch des Korans Gottes Offenbarung wortwörtlich niedergelegt ist, so wie sie auf Grund göttlicher Eingebung vom Propheten Muḥammad in arabischer Sprache zwischen 610 - 632 n. Chr. in Mekka und Medina vorgetragen worden ist. Zu den wichtigsten Aussagen des Korans gehört das Bekenntnis, daß es nur einen einzigen, allmächtigen Gott gibt, der die Welt erschaffen hat und die Menschen für ihr Tun am Ende der Zeiten richten wird. Dieser Gott — so sagt der Koran — hat den Menschen immer wieder durch Propheten (u.a. Abraham, Moses, Jesus) kundgetan, was gut ist und was er von ihnen als Handlungsweise fordert. In diesem Sinne enthält auch der Koran Grundsätze für das ethische Handeln des einzelnen wie der Gemeinschaft (Familie, Staat). Weil die früheren Offenbarungen durch die lange Überlieferungszeit immer wieder entstellt worden sind, hat Gott nach islamischer Überzeugung immer neue Propheten geschickt, die an die ursprüngliche Botschaft erinnern sollten. Zuletzt kam Muḥammad, für dessen Offenbarung sich dank der schriftlichen Fixierung der Verkündigung schon kurz nach Muḥammads Tod solche Überlieferungsfehler nicht mehr einstellen können. Folglich ist mit Muḥammad die Reihe der Propheten an ihr Ende gekommen, die Offenbarung ist in Reinformat im Koran *fest*-gehalten.

Die Muslime sehen sich daher als die wahren Gefolgsleute aller Propheten. Sie halten sich deshalb auch für die authentischen Jünger Jesu, den sie als Propheten, von der Jungfrau Maria geboren, anerkennen, dessen Gottheit, wie sie von den christlichen Großkirchen gelehrt wird, sie aber für eine von der ursprünglichen Verkündigung Jesu abweichende hellenistische Fehlinterpretation halten.

Der Glaube, daß im Koran die Offenbarung end*gültig* und unverfälscht vorliegt, schließt jede prophetische Inspiration im Sinne einer neuen Offenbarung nach Muḥammad aus. Alle derartigen Ansprüche späterer Verkünder von Glaubenslehren werden deshalb als unecht zurückgewiesen. Auch der charismatische Führer, der Muḥammad, dem Propheten und Staatsmann (ab 622), in der Leitung der Gemeinschaft der Gläubigen (umma) nachfolgt, ist eigentlich nicht mehr erforderlich, da der Koran selbst die inspirative Leitungsfunktion vollständig übernimmt. Dennoch war die bekannteste politische Streitfrage des Islams, die zu einer dauerhaften Spaltung geführt hat, die nach dem Nachfolger (khalīfa, eingedeutscht: Kalif) des Propheten als Leiter der islamischen Gemeinde bzw. des islamischen Reiches. Spätestens als der 4. Kalif Ali (ʻAlī ibn Abī Ṭālib) 651 abgesetzt und durch Muʻāwiya das erbliche Kalifat der Omaiyaden eingeführt wurde, widersetzte sich eine Gruppe von Ali-Anhängern (Partei Alis, arab. shīʻat ʻAlī, kurz: die Schia) diesem Ansinnen und trat für ein erbliches Kalifat innerhalb der Familie Alis ein, d.h. zunächst für Alis Sohn Hasan (al-Ḥasan ibn ʻAlī) und nach dessen Tod (669) für den 2. Sohn Alis Husain (al-Ḥusain ibn ʻAlī). Diese Schiiten versuchten, unter der Leitung Husains gegen die Omaiyaden auch militärisch vorzugehen, als 680 Husain, wohl in einen Hinterhalt des Omaiyadenkalifen Yazid (Yazīd ibn Muʻāwiya) geraten, bei Kerbela (heute Irak) den Tod fand. Nach Husains Tod gaben sie immer noch nicht auf, sondern forderten, daß Zain al-ʻĀbidīn (gest. 712) Kalif würde. Die weitere Geschichte brachte dann auch noch Spaltungen innerhalb der Schia mit sich.

Gleich nach dem Tode des Zain al-ʻĀbidīn nämlich waren die Meinungen über die Nachfolge geteilt, weil sowohl Zaid (Zaid ibn ʻAlī, gest. 740) als auch Muḥammad al-Bāqir (gest. 731) die Führung beanspruchten und beide unter den Schiiten Unterstützung fanden. Die Zaiditen gingen von nun an eigene Wege und sind noch heute im Jemen anzutreffen. Die Gruppe um Muḥammad al-Bāqir war sich nach dessen Tod einig, daß Jaʻfar aṣ-Ṣādiq (gest. 765) sein Nachfolger war, doch kam es bereits nach dessen Tod zu einer neuen, bis heute folgenschweren Spaltung: die einen waren für Ismāʻīls Linie, obwohl Ismāʻīl selbst noch vor Jaʻfar gestorben war, man nennt sie daher Ismailiten; die anderen unterstützten Mūsā al-Kāẓim (gest. 799) und seine Linie, die mit seinem 5. Nachfolger die Reihe von insgesamt Zwölf abschließt, man nennt diese Richtung der Schiiten daher die Zwölferschia, die seit dem 16. Jahrhundert in Iran den Ton angibt und noch heute auf das Kommen des 873/4 entrückten 12. Führers der Schiiten, des Imam Muḥammad al-Mahdī wartet, weshalb man die Zwölferschiiten auch Imamiten nennt.

Der Titel Imam (imām) zeichnet alle zwölf Führer der Schiiten aus, von denen nur der erste, Ali, je wirklich Kalif gewesen ist. Alle restlichen elf hätten eigentlich auch Kalif sein müssen, sind es aber historisch nicht gewesen, weil andere dieses Amt innehatten und die Macht gehabt haben, es gegen die Anschläge und Angriffe der Schiiten zu verteidigen. Diese Tatsache machte theologische Erklärungen notwendig, so daß die Lehre vom Imam ein zentraler Punkt bei den Schiiten im Unterschied zu der Mehrheit der Muslime (Sunniten) ist. Zu den wesentlichsten Aussagen dieser Lehre vom Imam gehören dessen einmalige Eigenschaften (Sündenlosigkeit, Irrtumslosigkeit) sowie die geschichtstheologische Vision, daß das, was eigentlich sein sollte und Gottes Willen entspricht, nämlich daß der Imam Kalif ist, nicht einzutreten braucht, weil Gott offensichtlich oft den bösen Kräften einen großen Handlungsspielraum läßt und dadurch sogar viel Leid (Passion, Martyrium) über seine Getreuen kommen läßt. Daraus folgt eine stärkere Betonung der menschlichen Handlungsfreiheit und dementsprechend eine geringere Akzentuierung der göttlichen Allmacht, als dies in der sunnitischen Theologie weitgehend der Fall ist.

Schließlich ist noch auf eine andere Gewichtung innerhalb des Islams im allgemeinen hinzuweisen, die mit der Art der Frömmigkeit zusammenhängt. Da der Koran den Menschen als Anleitung zum rechten Verhalten (vgl. Koran 2 : 2) gegeben ist, begnügen sich die islamischen Handbücher häufig mit formalen Verhaltensvorschriften, die durch die rechte Absicht (nīya) wirklich im Sinne Gottes erfüllt werden. Andere Muslime dagegen glauben, daß dieses äußere Tun mit einer „Innenseite" (bāṭin) versehen ist, die durch Hingabe an Gott, Gottesliebe und ein inniges Verhältnis zu Gott gekennzeichnet ist. Die diesbezüglichen Aussagen gehen bisweilen über den Rahmen der traditionellen islamischen Theologie hinaus und betreffen die Reflexion mystischer Glaubenserfahrung, wie sie in den Lehrbüchern der islamischen Mystiker (Sufis) zu finden ist und in der theoretischen Aussage oft Spekulationen enthält, deren Rechtgläubigkeit den islamischen Theologen und Gesetzesgelehrten vielfach suspekt ist.

Die Mystik (Sufismus) des Islams ist für die Religionsgeschichte des Islams insofern wichtig, als sie manch eine Gruppe theologisch inspiriert und beeinflußt hat, obwohl sie nie zu einer einheitlichen Bewegung mit einer zentralen Organisation geworden ist. Politisch organisiert war dagegen die Zwölferschia, deren Auseinandersetzung mit den Sunniten die innerislamische Diskussion maßgeblich beeinflußt hat und beeinflußt. Daneben gab es weitere Gruppen mit bedeutsamer Vergangenheit, die teilweise bis in die Gegenwart überlebt haben.

3.1 Ismailiten, Drusen, Alawiten und Ibaditen

Die Spaltung innerhalb der Schia nach dem Tode Ja'far aṣ-Ṣādiqs währt bis auf den heutigen Tag, so daß es neben den Zwölferschiiten nach wie vor Ismailiten gibt, die heute unter der Führung Āghā Khāns vornehmlich in Indien, Pakistan, Iran, Syrien und Ostafrika anzutreffen sind. Die Ismailiten, seit 1096 ihrerseits wieder in die Hauptlinien der Musta'līs und Nizārīs gespalten, sind praktisch nur noch als Nizārīs relevant und werden vor allem von einigen Intellektuellen mit Zustimmung des Āghā Khān in Syrien wie auch anderswo aus ihrer traditionellen Rückständigkeit herausgeführt und auf eine größere Öffnung gegenüber den Erfordernissen der Moderne vorbereitet. Unterstützt von Āghā Khān wurden z.B. gewisse Sozial- und Bildungsprogramme in Syrien gegen den Widerstand der konservativen Scheichs durchgesetzt, doch bleibt nach wie vor viel zu tun, um Initiative, Schöpfergeist und Eigenverantwortlichkeit etwa unter den syrischen Anhängern zu fördern und zu stärken, um die Jugend für das ismailitische Erbe zu gewinnen und Perspektiven für die Zukunft zu eröffnen.

Dieses Bemühen um mehr Eigeninitiative soll nach den Vorstellungen Āghā Khāns jedoch nicht zu einer sektiererischen Aktivität führen, die andere Gruppen verdammt, sondern im Sinne der ,,Liga für islamische Einheit" als Dienst am ganzen Islam begriffen werden. Rassenunterschiede, Diskriminierungen wegen anderer Hautfarbe oder Besitzstandsschranken werden unter allen Umständen mißbilligt und statt dessen die Ideale der Brüderlichkeit und Einheit des Islams beschworen, wobei diese Einheit nicht als Gleichmacherei, sondern als gemeinsames Bemühen unter Wahrung des Sondercharakters einer jeden Sekte verstanden wird.

Eine Sondergruppe der Ismailiten sind die Drusen, die heute im Libanon, in Syrien, Jordanien und Israel sowie durch Auswanderung in der Diaspora (z.B. Amerika) anzutreffen sind. Trotz ihrer Arkandisziplin ist bekannt, daß sie vor allem die Gottmenschlichkeit des fatimidischen Imam-Kalifen al-Ḥākim (reg. 996 - 1021) vertreten und an neun Manifestationen vor ihm glauben. Esoterische Vorstellungen spielen demnach eine große Rolle.

Moderne Erklärungsversuche bedienen sich vor allem der mystischen Allegorese, um die ursprünglichen Glaubenssätze verständlich zu machen. Modern ist auch die Opposition vieler Drusen gegen die traditionelle Arkandisziplin innerhalb ihrer Religion selbst, denn bislang besteht eine Zweiteilung in ,,Wissende" und ,,Unwissende", die zur Ausformung einer elitären Führungsschicht geführt hat, der eine unwissende Masse gegenübersteht. Liberale Kritiker unter den Drusen halten diese Zweiteilung, die einer Religion *in* der Religion gleichkommt, nicht mehr für zeitgemäß und sprechen sich deshalb für eine Öffnung im Sinne der Teilnahme aller an allem aus.

Insgesamt gilt, daß die Drusen in ihrer Theoriebildung recht weit vorangeschritten sind und durchaus zu einer modernen Auslegung gefunden haben. Dazu gehört auch ihr grundsätzliches Bekenntnis zum Islam als Ganzem, wobei sie sich wie die Nizārī-Ismailiten für die Wahrung der Eigenständigkeit ihrer Gruppe innerhalb des Islams nachdrücklich einsetzen.

Politisch hat vor allem die positive Einstellung der Drusen zum Militärdienst in Israel Probleme für die Drusen in den arabischen Ländern mit sich gebracht, weil die Umwelt darin ein Zeichen mangelnder Solidarität im Kampf für Palästina und die arabisch-islamische Sache sah und sieht.

Die Alawiten oder Nusairier sind eine extreme Sekte, die aus der Zwölferschia hervorgegangen ist und heute ihre Anhänger hauptsächlich im sog. Ansarier-Gebirge zwischen Orontes und Mittelmeerküste in Westsyrien, im Küstengebiet von Antakya und Iskenderun, über Adana, Tarsus bis Mersin in der Türkei, in und um Hama sowie Aleppo hat. Ihre politische Relevanz wird gegenwärtig u.a. dadurch deutlich, daß sie praktisch die gesamte Führung der syrischen Baath-Partei mit Präsident Asad (Ḥāfiẓ al-Asad) an der Spitze stellt und so in Syrien immer wieder ins Kreuzfeuer der gegenerischen Fundamentalisten des sunnitischen Islams (insbesondere der Muslimbrüder) gerät. Deutlich unterscheiden sich davon die Aleviten in der Türkei, deren Stärke manchen Schätzungen zufolge bis zu 20 % der türkischen Bevölkerung ausmachen soll. Die als Geheimlehre weitergegebenen Grundüberzeugungen der Alawiten sind zumindest teilweise bekannt geworden und werden vor allem von den Gegnern in einer Mischung von Dichtung und Wahrheit in zahlreichen Systematisierungen verbreitet. Sicher scheint zu sein, daß eine sehr spezielle Kosmologie hierbei ebenso eine Rolle spielt wie Vorstellungen von Reinkarnation. In vielem erinnert die Lehre, daß das große Licht verschiedene Emanationen hat und daß in jedem Menschen ein Fünkchen davon enthalten ist und wieder seinem Ursprung zugeführt werden kann, an Vorstellungen, wie sie etwa im Lied von der Perle in den Thomas-Akten des frühen Christentums geäußert werden oder bei den Mandäern zu finden sind.

Politische Explosivkraft hat diese Befreiungssehnsucht des wahren Kerns im Menschen deshalb, weil sie sich nicht mit einer jenseitigen Erwartung begnügt, sondern — nicht zuletzt im Bunde mit *imām-mahdī*-Erwartungen — auf eine konkrete Besserung irdischer Zustände ausgerichtet ist und an deren Verwirklichung aktiv mitzuarbeiten empfiehlt.

Schließlich soll hier noch die nicht-schiitische Gruppe der Ibaditen erwähnt werden, deren geistige Wurzeln ebenfalls bis in die früheste Zeit des Islams zurückreichen und die in einer westlichen Variante in Nordafrika (z.B. ist ganz Südalgerien weitgehend ibaditisch) und in einer östlichen im Sultanat Oman (75 % der Gesamtbevölkerung) sowie in Schwarzafrika anzutreffen ist. Stammesdenken und Gruppenzugehörigkeit spielen beim Bemühen um politischen Einfluß eine große Rolle und bewirken, daß bis heute die ibaditische Gefolgschaft für das Sultanat von Oman ein ernstzunehmender Faktor ist. Hinzu kommt, daß nicht nur seit Erlangung der vollen Souveränität Omans zu Beginn des Jahres 1967 die umfassende Geltung des islamischen Rechts der ibaditischen Richtung wiederhergestellt ist und so die ibaditische Richtung als religiös dominierend und politisch-sozial integrierend gilt, sondern daß die Regierung und die Opposition sich um die konkrete Unterstützung der Ibaditen im politischen Alltag bemühen, um als Förderer der Religion zu erscheinen. Gelingt dies der Regierung, so kann sie sich als Bewahrerin der islamischen Herrschaft verstehen und im Amt sicher fühlen. Kommen dagegen die Ibaditen zu dem Schluß, daß es sich beim Sultan und seinen Leuten um „Scheinheilige“ handelt, so gilt das ibaditische Prinzip der Absetzbarkeit eines „sündigen“ Imams, was eine prinzipielle Gefahr für die Regierung bedeutet.

3.2 Ahl-i ḥaqq

Eine spezielle Gruppe, die sich von der Zwölferschia abgesetzt und zu einer eigenen Religionsgemeinschaft entwickelt hat, sind die Ahl-i ḥaqq (Wahrheitsleute), die im westpersischen Luristan und Azerbaidschan bis in den Kaukasus hinein mit Kolonien in Mesopotamien verstreut leben.

Ihre Geheimlehre ist nur fragmentarisch bekannt. Es scheint sicher zu sein, daß sie die Auffassung vertreten, daß die Gottheit in sieben Manifestationen (u.a. als Ali) in menschlichem Gewande erschienen ist und die Menschen den rechten Weg gelehrt hat. Neben diesen Inkarnationsvorstellungen spielen Reinkarnationsvorstellungen eine große Rolle, so daß der Mensch nicht das göttliche Gericht unmittelbar zu fürchten braucht, sondern darauf hoffen kann, im Laufe weiterer Leben genügend Gutes zu wirken, um der göttlichen Gnade dereinst sicher teilhaftig zu sein.

Es versteht sich von selbst, daß die traditionelle Theologie der Sunniten und der Zwölferschiiten in solchen Glaubensvorstellungen nur noch Irrlehren (Häresien) sehen konnte und dieser Gruppe besonders ablehnend gegenübersteht. Erst auf diesem Hintergrund wird auch klar, weshalb viele Häresiographen des Islams die christliche Inkarnationslehre in einem Zuge mit den Emanationsvorstellungen der Ahl-i ḥaqq oder der Alawiten und Drusen nennen.

3.3 Die Yeziden

Die Yeziden, eine kurdische Religionsgemeinschaft, siedeln in kleinen, aber festgeschlossenen Gruppen auf dem Sinjar-Gebirge im Westen von Mosul bis Aleppo, nördlich über Armenien bis Transkaukasien, in der Osttürkei und nördlich von Mosul im Shaikhan-Gebiet, wo ihr kultisches Zentrum mit dem Grabmal ihres Nationalheiligen, Shaikh 'Adī, liegt.

Ihre Lehre ist eine Geheimlehre, bei der offenbar Manifestationen des Göttlichen eine Rolle spielen. Von ihren Gegnern werden sie oft als „Teufelsanbeter" bezeichnet und für Sittenstrolche gehalten. In Wahrheit geht es ihnen um das Gute und Sittsame, das die Macht des Bösen trotz scheinbarer Siegesanzeichen endgültig überwinden wird. Die Wiedergeburt des Menschen wird als Reinigungsprozeß diesen letztlich zum Paradies führen. Der Engel Pfau (malak ṭā'ūs) soll als Symbol des Sieges gelten. Alles deutet darauf hin, daß Lehre und Brauchtum der Yeziden Elemente aus sehr verschiedenen Überlieferungen: iranischen Mythenvorstellungen und islamischen wie christlichen Glaubenssätzen miteinander vermengen.

Der Name der Religionsgemeinschaft soll auf den Omaiyaden-Kalifen Yazid, den Hauptgegner Husains, des 3. Imams der Schiiten hinweisen. Yazid, so wird gesagt, soll bei den Yeziden (Yaziden) eine positive Gestalt sein. Diese Deutung ist jedoch umstritten, zumal unter den Heiligen der Yeziden Männer wie der 922 hingerichtete Mystiker al-Ḥallāj sind, die keine Beziehung zu den Omaiyaden hatten.

Die heutige Glaubensgemeinschaft der Yeziden setzt sich aus Laien und Geistlichen, die nicht selten asketisch-zölibatär leben, zusammen. Die Laien werden — Novizen vergleichbar — geistlich von den Geistlichen geleitet und geführt.

Die recht unislamischen Glaubensvorstellungen haben immer wieder dazu geführt, daß die Yeziden von den Muslimen als Heiden betrachtet und gemäß dem islamischen Religionsgesetz (sharī'a) als Heiden blutig verfolgt worden sind. Die deutsche Öffentlichkeit hat davon im Zusammenhang mit Asylanträgen erfahren, die von einer realen Bedrohung der Yeziden in der Türkei durch die muslimischen Mitbewohner sprechen, wogegen die staatliche Polizei keinen ausreichenden Schutz bieten kann.

3.4 Die Ahmadiya

Eine recht rezente Gruppe innerhalb des Islams ist die missionarisch tätige Ahmadiya, die auf den Inder Mīrzā Ghulām Aḥmad zurückgeht, der sich 1891 zum Mahdi (*mahdī*) und Messias erklärt hat. Die Bewegung ist heute in zwei unterschiedliche Richtungen aufgeteilt, deren eine (die von Lahore) Ghulām Aḥmad für einen Reformator innerhalb des Islams hält und ansonsten weitgehend die Lehren des sunnitischen Islams beibehält, während die zahlenmäßig größere Gruppe (die von Qadiyan) den Gründer der Bewegung als Propheten ansieht, der seinerseits der Offenbarung des Propheten Muḥammad ergeben ist.

Damit ist nach Vorstellung der offiziellen islamischen Theologie der innerislamische Boden verlassen, weil Muḥammad die Reihe der Propheten endgültig abschließt (khātim al-anbiyā') und es folglich keinen weiteren Propheten geben kann, selbst wenn er Muḥammad ergeben sein sollte. Dementsprechend nennt die pakistanische Verfassung die Ahmadiya unter den nicht-islamischen Minderheiten im Lande. Auch die Liga der Islamischen Welt (Rābiṭat al-'ālam al-islāmī) in Mekka teilt diese Einordnung der Ahmadiya, so daß es in vielen Ländern der islamischen Welt (insbesondere in Pakistan) mehrfach zu haßerfüllten Ausschreitungen gegen die Anhänger der Ahmadiya und ihre Einrichtungen gekommen ist und noch immer kommt.

Trotz dieser Anfeindungen begreifen sich die Anhänger der Ahmadiya als echte Muslime, weshalb sie hier — anders als die Bahais — als islamische Sondergruppe vorgestellt werden. Sie sind in Europa die islamische Gruppe, die die meisten Konversionen zu verzeichnen hat. Durch die starke Affinität zur mystischen Tradition innerhalb des Islams entspricht die Ahmadiya offenbar den religiösen Bedürfnissen vieler Konvertiten mehr als ein ausschließlich am Religionsgesetz (sharī'a) ausgerichteter Islam.

4. Die Bahais

Die Geschichte der Bahai-Religion beginnt im Jahre 1844, als der Bāb (dt. das Tor, 1819 - 50) sich zum Boten Gottes und Vorläufer eines noch bedeutenderen Gottesboten erklärte. Bāb lebte in Persien, wurde dieser Aussagen wegen gefangengenommen und 1850 hingerichtet. Bahā' Allāh (dt. Herrlichkeit Gottes, 1817 - 92) gehörte zu den Anhängern des Bāb, hat den Bāb aber nie persönlich kennengelernt. Bahā' Allāh lehrte, daß er der vom Bāb vorhergesagte Gottesbote ist. Auch er wurde verfolgt, schließlich aus seiner Heimat verbannt und ist als Verbannter im Heiligen Land in Akko gestorben.

Die Grundaussage der Bahai-Religion besteht darin, alle Religionsstifter als Boten Gottes zu begreifen, die den Menschen ihrer Zeit die göttliche Führung in dem jeweils notwendigen Maße übermitteln. Dementsprechend bilden die Religionen eine einzige Kette fortschreitender Offenbarung, die immer wieder neue Glieder bekommt. Alle Religionen enthalten demnach den gleichen Wahrheitskern, denn sie entspringen alle derselben göttlichen Quelle. Sie unterscheiden sich nur in ihren orts- und zeitbedingten Geboten. Folgerichtig lehrt Bahā' Allāh, daß die Reihe der Propheten von Adam über Abraham, Krishna, Moses, Zarathustra, Buddha, Jesus, Muḥammad und den Bāb bis zu ihm selbst reicht. Aus diesem alle historischen Religionen integrierenden Ansatz folgt die religiöse Toleranz der Bahai-Religion und ihr Ziel, sich um eine dauerhafte, friedliche Zusammenarbeit aller Völker der Erde zu bemühen.

Theologisch stellt dieser Offenbarungsanspruch des Bahā' Allāh für den Islam eine große Herausforderung dar, weil Muḥammad nach islamischer Überzeugung die Reihe der Propheten abschließt. Die Muslime lehnen daher die Bahai-Religion grundsätzlich ab, ihre Anhänger werden in der islamischen Welt häufig verfolgt, ihre religiöse Propaganda und Mission wird direkt bekämpft.

Im Unterschied zur Ahmadiya, die sich weitgehend als innerhalb des Islams angesiedelt begreift, ist sich die weltweit verbreitete Bahai-Religion ihrer Eigenständigkeit als neue Religion bewußt. Es entspricht deshalb ihrem Selbstverständnis, sie — wie hier geschehen — als eigenständige Religion vorzustellen und sie nicht unter den Sekten und Sondergruppen des Islams zu behandeln.

5. Die Mandäer

Im Irak und vereinzelt in Iran sind noch mandäische Gemeinden anzutreffen, deren Ursprünge in die Entstehungsgeschichte des Christentums zurückreichen. Es handelt sich bei ihnen um eine gnostische Täufergemeinde, die ihren Ursprung mit Johannes dem Täufer in Verbindung bringt. Sie glaubt sich im Besitz eines speziellen Wissens (manda), das den Menschen aus der Macht des Bösen zu befreien vermag. Voraussetzung für den Empfang dieses Wissens ist die Taufe, die folglich eine zentrale Rolle spielt. Die Lehre geht von einem ontologischen Dualismus aus, dem zufolge ein radikaler Gegensatz zwischen der höheren Welt des Lichtes und des Lebens einerseits und der irdischen Welt der Finsternis andererseits besteht, die ihre Existenz der Schöpfung durch einen Demiurgen verdankt. Als Botschafter des Himmels werden die Propheten gesehen, vor allem Hibil (Abel), Johannes der Täufer und insbesondere Manda de Hayye, die die Menschen an die himmlische Herkunft ihrer Seele erinnern und so auf ihre eigentliche Bestimmung vorbereiten. Der Kampf zwischen Gut und Böse ist demnach für den einzelnen Menschen siegreich zu bestehen, weil er insgesamt trotz scheinbarer Chancen für das Böse ohnehin zugunsten des Guten ausgeht.

Der Gläubige, der dies weiß, versucht, während seines irdischen Lebens in der Welt der Finsternis bereits die neue Ordnung zu praktizieren, indem er den Dekalog einhält, jede rituelle Unreinheit vermeidet, den Sonntag heiligt, Almosen gibt und ein bescheidenes Leben führt. Zu den besonderen Riten gehören die Taufe und das hl. Mahl.

In der wissenschaftlichen Literatur gaben die zahlreichen Elemente der Lehre und Riten Anlaß zu verschiedenen Vermutungen hinsichtlich ihrer Herkunft. Es ist sicher, daß jüdisches, christliches, persisches, manichäisches und islamisches Gedankengut hier eingeflossen ist. Angesichts einer übermächtigen islamischen Umwelt haben es die Mandäer recht bald verstanden, sich mit den im Koran erwähnten *ṣābiʿūn* (Koran 2 : 59; 5 : 73) zu identifizieren, und sie konnten dadurch den Schutzstatus der „Schriftbesitzer" beanspruchen. Das hat ihnen zwar Verfolgungen nicht erspart, eine totale Ausrottung konnte jedoch vermieden werden.

6. Zoroastrier

Nur noch eine kleine Zahl von Zoroastriern lebte zu Beginn der islamischen Revolution in Iran (1979) in den Städten Yazd und Teheran, von denen viele infolge des neuen Islameifers blutig verfolgt wurden. Die weitaus größte Zahl dieser Religionsanhänger lebt heute — unter der Bezeichnung Parsen bekannt — in Indien.

Die Lehre der Zoroastrier greift den persischen Dualismus als Ausdruck eines kosmischen Kampfes zwischen Ahriman, dem Bösen, und Ormazd, dem Guten, auf und betont, daß beide Zwillingssöhne von Ahura Mazda sind, so daß man — wie im 20. Jahrhundert unter den iranischen Zoroastriern und den indischen Parsen häufig geschehen — mit Fug und Recht sagen kann, daß es sich bei dieser Religion letztlich um einen Monotheismus handelt, der sich zur Erklärung gewisser Geschichtsepochen eines dualistischen Deutungsmusters bedient.

7. Das Judentum

Zu den Religionen des Nahen und Mittleren Ostens gehört nicht zuletzt das Judentum. In fast allen Ländern der Region sind Juden ansässig. Ihre Gemeinden besaßen unter den muslimischen Herrschern einen Sonderstatus, weil sie wie die Gemeinden der Christen unter die „Schriftbesitzer" fielen und so freie Religionsausübung zugesichert bekamen. Obwohl dadurch nicht alle Spannungen und Probleme mit der islamischen Umwelt beseitigt waren, gilt, daß sich die Juden historisch unter dem Islam eines besseren Schutzes erfreuten als ihre Glaubensbrüder unter christlicher Vorherrschaft.

In der neuesten Zeit hat sich die Situation zunächst — wie bei den Christen auch — dadurch verändert, daß man im Zuge europäischer Vorstellungen von der Gleichheit aller Bürger im Staat die islamische Sonderstatusregelung für ,,Schriftbesitzer" als rückständig und diskriminierend empfindet. Für die Juden in arabischen Ländern kommt noch das Problem hinzu, das sich ihnen durch die Gründung des Staates Israel stellt, nämlich daß sie in die politische Auseinandersetzung hineingezogen werden und Stellung beziehen müssen. Gewöhnlich tun sie dies, indem sie den Zionismus zu einer politischen Ideologie erklären, von der sie sich deutlich distanzieren. Das hat natürlich Konsequenzen für die Vorstellung vom ,,Land", das Gott den Vätern gegeben hat.

In der Praxis beschränken sich die Juden in den Ländern des Nahen und Mittleren Ostens (mit Ausnahme von Israel) auf eine Lebensführung im Sinne der Zehn Gebote und der talmudischen Vorschriften und halten sich aus der praktischen Politik heraus. Ihr Lebensstil ist in vielem mit dem der Muslime zu vergleichen, da beide in den Vorschriften ihrer Religion Weisungen für alle Lebenslagen finden und folglich ihr Leben umfassend von der Religion geprägt ist. Abweichungen von diesem sephardischen Judentum, das aus dem spanischen Renaissance-Judentum hervorgegangen ist, gibt es nur im Jemen und in Äthiopien. Sowohl die jemenitischen Juden als auch die Falascha in Äthiopien folgen nicht der talmudischen Auslegung und behaupten, daß ihre Auswanderung aus Israel jeweils lange vor der Entstehung des Talmud stattgefunden habe. Häufig wird sie in beiden Fällen mit König Salomo und der Königin von Saba in Verbindung gebracht, wofür historisch keine wissenschaftlich relevanten Belege vorliegen.

Was den Staat Israel selbst betrifft, so finden sich dort durch die Einwanderung von Juden aus aller Welt sämtliche Glaubens- und Auslegungsrichtungen, die im 20. Jahrhundert innerhalb des Judentums anzutreffen sind. Darunter sind auch Richtungen wie die Qaraiten und Samaritaner, deren Ursprung im Nahen Osten zu suchen ist, die aber gegenwärtig außerhalb des Staates Israel keine Rolle mehr spielen. Hinzu kommen Gruppen, die durch mystisches Gedankengut (Kabbala) stark geprägt sind. Schließlich sind noch die Gruppen mit politischer Ausrichtung zu erwähnen, unter denen die Ultraorthodoxen von Mea Schearim insofern eine sehr spezielle Position einnehmen, als sie den Staat Israel generell ablehnen, weil sie glauben, erst der Messias dürfe bei seinem Kommen die Zerstreuung des Volkes beenden und die Juden in einem Staat für sie sammeln.

Die große Frage, an der sich im Judentum (im übrigen nicht nur in Israel!) derzeit die Geister scheiden, betrifft das Spannungsverhältnis zwischen dem mosaischen Gesetz und den Erfordernissen bzw. Sachzwängen der modernen Welt. Das orthodoxe Judentum tritt kompromißlos für die Einhaltung der Tradition nach dem Vorbild der Väter ein, während das sog. Reformjudentum bestimmten modernen Forderungen, die als berechtigt angesehen werden, Rechnung zu tragen bemüht ist. Besonders deutlich tritt dieser Unterschied bei der Frage der Gleichberechtigung von Mann und Frau in der Religion zutage. So sieht es das Reformjudentum durchaus als normal an, daß nicht nur die Mündigkeit/Volljährigkeit des Jungen mit ca. 13 Jahren in Form der Bar-Mizwa-Feier öffentlich begangen wird, sondern daß auch für die Mädchen eine entsprechende Bat-Mizwa-Feier abgehalten wird. Das Reformjudentum bejaht auch, daß Frauen Rabbiner werden können. Das orthodoxe Judentum dagegen lehnt Bat-Mizwa-Feiern und das Rabbinat für Frauen als Verstoß gegen die jüdische Tradition radikal ab. Es sieht in solchen Neuerungen Zeichen von innerem Verfall und einer bedenklichen Anpassung des Judentums an den Zeitgeist. Ähnliches gilt für die Ehescheidung und andere konkrete Fragen des täglichen Lebens und hat daher unmittelbar politische Konsequenzen für die Gesetzgebung und das Recht.

Literatur:

Boyce, M. 1979: Zoroastrians. Their Religious Beliefs and Practices, London.

Ende, W. u. Steinbach, U. 1984: Der Islam in der Gegenwart, München.

Leipoldt, J. (u.a.) 1961: Religionsgeschichte des Orients in der Zeit der Weltreligionen, (Handbuch der Orientalistik 1. Abt. 8. Bd. 2. Abschn.), Leiden, Köln.

Müller, K.E. 1967: Kulturhistorische Studien zur Genese pseudo-islamischer Sektengebilde in Vorderasien, Wiesbaden.

Nagel, T. 1983: Der Koran, Einführung, Texte, Erläuterungen, München.

Religious Life & Communities, compiled from material originally published in the Encyclopaedia Judaica, Jerusalem 1974.

Rudolph, K. 1970: Die Religion der Mandäer, in: Gese, H. u. Höfner, M. u. Rudolph, K.: Die Religionen Altsyriens, Altarabiens und der Mandäer, (Reihe: Die Religionen der Menschheit Bd. 10, 2), Stuttgart, Berlin, Köln, Mainz.

Schmucker, W. 1984: Sekten und Sondergruppen, in: Ende, W. u. Steinbach, U. (Hrsg.): Der Islam in der Gegenwart, München, 505-526.

Spuler, B.: Die orthodoxen Kirchen, in: Internationale Kirchliche Zeitschrift (seit 1939 fortlaufende aktuelle Berichte).

Wießner, G. 1984: „... in das tötende Licht einer fremden Welt gewandert“. Geschichte und Religion der Yezidi, in: Schneider, R. (Hrsg.): Die kurdischen Yezidi. Ein Volk auf dem Weg in den Untergang, (pogrom-Taschenbücher, 1011), Göttingen, 31-46.

IV. Religiöse und periphere Minderheiten

Erhard Franz

1. Religiöse Minderheiten

1.1 Jüdische Minderheiten

Außerhalb des Staates Israel und der von Israel besetzten Gebiete gibt es in mehreren Ländern des Nahen und Mittleren Ostens eine jüdische Kommunität, deren Ursprünge sich bis ins frühe Mittelalter, zum Teil sogar bis ins Altertum verfolgen lassen.

In *Nordafrika* nahm die Zahl der einst blühenden jüdischen Gemeinden seit 1948 ständig ab. Allein aus Marokko wanderten zwischen 1948 und 1962 jährlich 20.000 Personen nach Israel aus. 1965 gab es noch 70.000 Juden im Lande, deren Zahl bis 1984 durch weitere Auswanderungen nach Israel, aber auch nach Frankreich und den USA, auf 15.000 Personen schrumpfte. Ihre Umgangssprache ist, auch in Berbergebieten, Arabisch. Die letzten Juden Libyens verließen 1967 das Land. In Ägypten gehörten die meisten Juden, die zwischen 1948 und 1952 nach Israel abwanderten, der Sekte der Karäer (Karaiten) an. Die heutige jüdische Gemeinde besteht aus weniger als 1.000 Personen.

In *Äthiopien* lebten noch bis 1983/84 im Gebiet um den Tana-See ca. 20.000 Falascha (Amharisch: Vertriebene), die sich selbst Bieta Israel (Haus Israel) nennen. Sie gelten als Nachfahren jüdischer Einwanderer aus Südwestarabien, die im 1. Jahrtausend v. Chr. nach Afrika gelangt sind und als Kultsprache Ge'ez bewahrten. Kleinere Gruppen begannen ab 1973 nach Israel abzuwandern. Nachdem um 1984 eine Massenflucht in den Südsudan stattgefunden hatte, wurden ca. 7.800 von ihnen aus den dortigen Lagern zwischen November 1984 und Januar 1985 über Europa nach Israel ausgeflogen. Im März 1985 folgten die restlichen 900 Falascha aus sudanesischen Lagern. In Äthiopien sollen ca. 7.000 Falascha geblieben sein.

Aus den *arabischen Ländern* ist die überwiegende Mehrheit der jüdischen Bevölkerung emigriert. 40.000 bis 50.000 Juden gelangten nach 1948 aus Nord- und Südjemen nach Israel — bis auf einige Familien in Nordjemen war dies die gesamte jüdische Population des Jemen.

In der *Türkei* sind noch etwa 20.000 Personen mosaischen Glaubens anzutreffen, wenige Tausend davon in Istanbul. Die Mehrzahl ihrer Vorfahren waren 1492 während der Inquisition aus Spanien vertrieben und vom Osmanischen Reich aufgenommen worden. Als jüdisch-spanisches Erbe bewahrten sie ihre Ladino genannte Sprache, die heute allerdings nur noch als Haussprache unter der älteren Generation verbreitet ist. Assimilation an die türkische Gesellschaft und jährliche Emigration von 500 - 600 Personen nach Israel, Europa sowie Nordamerika dezimieren konstant die jüdische Gemeinde im Lande, die 1927 noch 81.000 Personen umfaßte.

Auch in *Iran* nahm die jüdische Gemeinde durch Abwanderungen seit 1948 beständig ab. Nach der Gründung des Staates Israel emigrierten 45.000 - 50.000 iranische Juden dorthin, darunter eine beträchtliche Anzahl aus den Städten Urmia, Saqqez und Mahabad im Kurdengebiet, deren Umgangssprache im Laufe der Zeit Kurdisch geworden war. 1979/80 verließen 20.000 - 30.000 Juden in einer Fluchtwelle das Land. Die verbliebenen etwa 50.000 Juden bilden größere Gemeinden in Teheran, Schiraz, Hamadan und Isfahan. In der neuen iranischen Verfassung von 1979 werden sie offiziell als religiöse Minderheit anerkannt.

Tabelle 1: Religionsgruppen und ihre Verteilung (Schätzung 1982)

	Parsen	Drusen	Yeziden	Bahai	Mandäer	Juden	Christen insges.	Christliche Konfessionsgruppen: Nestorianer	Monophysiten: Jakobiten	Kopten
Mauretanien							6.000			
Marokko						15.000	115.000			
Algerien						2.000	77.000			
Tunesien						5.000	7.000			
Libyen							3.000			1.000
Ägypten				x		x	5.000.000			4.690.000
Sudan						3.000	930.000		x	40.000
Israel Bes. Geb.		61.000				3.631.000	117.500		2.000	1.000
Jordanien							215.500		2.000	
Libanon		336.000				2.000	1.499.000	8.000	18.000	x
Syrien		213.000	18.000	x		4.500	961.000	45.000	135.000	
Irak			30.000	1.500	20.000	2.500	560.000	25.000	33.000	x
Arab. Golfstaat.							95.000	x	x	x
Türkei			20.000			20.000	137.000		30.000	
Zypern							499.000			
Iran	30.000			70.000	x	50.000	194.000	20.000		
Afghanistan						x				
Pakistan	24.000			24.000		x	1.000.000			
Nordafrika/Naher u. Mittlerer Osten	54.000	610.000	68.000	95.500	20.000	3.735.000	11.416.000	98.000	220.000	4.732.000
Welt	80.000 – 100.000		100.000	-2 Mio.				125.000	360.000	6-12 Mio.

x Anzahl unter 1.000 bzw. unbekannt

* ohne Aufgliederung nach Bekenntnissen

**inkl. Jordanien

t. h.	Unierte Chaldäer	Syrianer	Kath. Kopten	Kath. Armenier	Melkiten	Maroniten	Orient-christen*	Lateiner	Protestanten	Anteil an der Bevölk. in %
								6.000		0,3
								111.000	4.000	0,5
			3.000					72.000	2.000	0,4
								7.000		0,1
								1.000	1.000	0,1
0	x	x	125.000	3.000	8.000	5.000		6.000	145.000	11,2
0	x							550.000	338.000	5,0
)0		x		1.000**	40.000	6.000		76.000**	6.000	2,9
)0	x	x			x				4.000	9,0
0	6.000	25.000		35.000	200.000	660.000		15.000	27.000	47,0
0	10.000	30.000		50.000	90.000	30.000		10.000	21.000	10,0
0	425.000	43.000		5.000	1.000			3.000	2.000	4,0
x	x	x			x		15.000	25.000	40.000	0,7
)0	7.000			4.000	x			7.000	1.000	0,3
)0				x		5.000		2.000	1.000	78,0
x	25.000			4.000				3.000	7.000	0,5
								480.000	520.000	1,1
)0	473.000	98.000	128.000	102.000	339.000	706.000	15.000	1.374.000	1.119.000	3.2
).	525.000			175.000	450.000	2 Mio.				

1.2 *Christliche Konfessionsgruppen*

In der Region zwischen Mauretanien und Pakistan leben schätzungsweise zwischen 9 und 13 Mio. Christen. Sie stellen 2,5 % bzw. 3,6 % der Gesamtbevölkerung dar. Etwa 98 % davon sind ,,einheimische" Christen, der Rest wird durch indische, europäische und amerikanische Ausländer repräsentiert.

Die Christen der Region gehören verschiedenen Kirchen an. Neben dogmatischen Unterschieden bestehen Unterschiede bzw. Gemeinsamkeiten im Ritus, den in einer Kirche gepflegten liturgischen Bräuchen. Letztere waren zwischen dem 8. und 10. Jahrhundert in voneinander abweichender Form fester Bestandteil der Kirchen in den einzelnen Patriarchaten — außerhalb der ehemaligen römischen Reichsgebiete ,,Katholikate" genannt — geworden.

1.2.1 *Kirchen mit alexandrinischem Ritus*

Die *Koptisch-Orthodoxe Kirche,* die zwischen 6 und 12 Mio. Anhänger in der ganzen Welt umfaßt, ist vorwiegend in Ägypten verbreitet. Hier dürfte die Anzahl ihrer Gläubigen um 4,7 Mio. betragen, organisiert in 32 Diözesen (Bistümern). Zwei Diözesen mit den Zentren Khartoum und Omdurman für höchstens 40.000 koptische Christen befinden sich im Sudan, eine weitere in Jerusalem. Kleinere Gemeinden sind in Libyen — in Tripolis und in Benghazi — anzutreffen. Außerhalb des Nahen und Mittleren Ostens leben möglicherweise mehr als 85.000 Kirchenanhänger in Nordamerika, ca. 50.000 in Australien und etwa 15.000 in Westeuropa, überwiegend in Frankreich. Seit 1971 ist Seine Heiligkeit Papst Shenuda III. Oberhaupt der Kirche.

Das *Katholisch-Koptische Patriarchat von Alexandria* beschränkt sich auf Ägypten, wo in sieben Diözesen um 125.000 Anhänger leben. Eine Gemeinde von 3.000 Kirchenanhängern wird für Algerien erwähnt. Oberhaupt ist seit 1958 Patriarch Kardinal Stephanos I. Sidarous in Kairo.

1.2.2 *Kirchen mit antiochenischem (westsyrischem) Ritus*

In der *Syrisch-Orthodoxen Kirche von Antiochia und dem ganzen Osten,* im Abendland auch als ,,jakobitische Kirche" bekannt, sind insgesamt 360.000 Kirchenmitglieder auf der Welt zusammengefaßt. Im Nahen und Mittleren Osten leben bis zu 135.000 Anhänger in den syrischen Diözesen Aleppo, Darik, Homs und Hassake, um 33.000 im Irak in den Diözesen Bagdad und Mosul, ca. 30.000 in der Türkei in den Diözesen Mardin und Tur Abdin (Midyat) sowie in Istanbul, etwa 18.000 im Libanon in den Diözesen Beirut und Mont Liban (Sitz Beirut), ca. 2.000 in Israel und den von Israel besetzten Gebieten, ebensoviele in Jordanien und weitere als Fremdarbeiter in den arabischen Golfstaaten. Außerhalb des Nahen und Mittleren Ostens sind u.a. 30.000 bis 50.000 Mitglieder in Nord- und Südamerika anzutreffen, 15.000 in Westeuropa, 10.000 in Schweden, andere in Australien. Ihr Patriarch ist seit 1980 seine Heiligkeit (Mar) Ignatios Sakka I. Iwas in Damaskus. Die verwaltungsmäßig unabhängige Syrisch-Orthodoxe Malabar Kirche mit fast 2 Mio. Mitgliedern in Südindien erkennt das Primat des Patriarchen in geistlichen Dingen an.

Das *Katholisch-Syrische Patriarchat von Antiochia,* auch ,,syrianische Kirche" genannt, hat für über 40.000 Gläubige im Irak Diözesen in Bagdad und in Mosul, für ca. 30.000 in Syrien Diözesen in Aleppo, Damaskus, Homs und Nisisbis (Hassake), in Beirut für etwa 25.000 im Libanon sowie in Amman und in Jerusalem für einige Tausend in Jordanien, den von Israel besetzten Gebieten und Israel. Das Oberhaupt, der ,,Patriarch der Katholischen Syrer von Antiochia", seit 1968 Seine Seligkeit Ignatios Antonios II. Hayek, residiert im Sommer in Shafe und im Winter in Beirut im Libanon.

Im *Patriarchat der Maroniten* sind zwischen 1,2 und 2,5 Mio. maronitische Gläubige in der ganzen Welt vereint. Hauptverbreitungsgebiet ist der Libanon, wo an die 660.000 Kirchenmitglieder in neun Diözesen leben. In Syrien mit den Diözesen Aleppo und Latakia befinden sich ca. 30.000 Maroniten. Das Patriarchalvikariat in Jerusalem besteht für bis zu 6.000 Maroniten in Israel und in den von Israel besetzten Gebieten. In Ägypten und auf Zypern leben je ca. 5.000 Maroniten. Außerhalb des Nahen und Mittleren Ostens leben mehr als 300.000 Maroniten in Nord- und Südamerika, eine größere Anzahl auch in Australien, in Frankreich sowie in einigen Ländern Westafrikas. Im April 1986 wurde Monsignore Nasrallah Boutros Sfeir auf der Synode in Bkerke zum neuen Patriarchen der Maroniten gewählt. Er residiert im Sommer in Diman bei Bsharra (Nordlibanon) und im Winter in Bkerke (bei Jounié).

1.2.3 Kirchen mit ostsyrischem Ritus

Die *Apostolisch-Katholische Kirche des Ostens* — weitere Bezeichnungen sind „assyrische", „ostsyrische" bzw. „nestorianische Kirche" — zählt um 125.000 Mitglieder auf der Welt. Bis zu 45.000 davon leben in Syrien, wo mehrere „Kamps" am Khabur in der Provinz Hassake auf Ansiedlungen von 1933 zurückgehen. Im Irak bestehen die Diözesen Bagdad, Bawar-i Bala (Amadiya) und Harir für ca. 25.000 Kirchenanhänger (andere Quellen geben über 70.000 Anhänger an). Um 20.000 Ashuri (pers. Bezeichnung für Nestorianer) leben in Iran, wo die beiden Diözesen Teheran und Urmia bestehen und um 8.000 im Libanon, hauptsächlich in Beirut. Außerhalb des Nahen und Mittleren Ostens befinden sich 10.000 - 15.000 Kirchenanhänger in den USA; in mehreren Städten Australiens haben sich kleinere Gemeinden gebildet. Ein großer Teil der Gläubigen erkennt als Oberhirten den 1976 gewählten Katholikos, Seine Heiligkeit (Mar) Shimun XXIV. Khanaina Denkha an, der bis zur Revolution in Teheran residierte. Im Irak gibt es seit 1964 von der irakischen Regierung favorisierte Gegenpatriarchen.

Von der Kirche unabhängige Gemeinden gleicher dogmatischer Ausrichtung bestehen im kaukasischen Teil der Sowjetunion, wohin bereits 1835 und noch einmal 1917 nestorianische Christen aus dem Osmanischen Reich abgewandert waren. Auch die etwa 15.000 Mitglieder der ehemaligen südindischen Diözese Trichnur bilden seit 1964 eine eigene Kirche.

Das *Katholisch-Chaldäische Patriarchat von Babylon* umfaßt an die 525.000 Gläubige auf der Welt. Im Irak hat es bis zu 425.000 Mitglieder in acht Diözesen, in Iran um 25.000 in den Diözesen Ahwaz, Salmas und Teheran, in Syrien um 10.000 vorwiegend in Aleppo, im Libanon in Beirut ca. 6.000 und in der Türkei an die 7.000 Mitglieder. Außerhalb des Nahen und Mittleren Ostens leben ca. 25.000 chaldäische Christen in Nordamerika — die meisten davon in Detroit, andere in Australien sowie in Frankreich. Ihr Oberhaupt in Bagdad ist seit 1958 Seine Seligkeit Paul II. Shaikho (Būlus Shaghkū).

1.2.4 Kirchen mit armenischem Ritus

Die *Armenisch-Apostolische Kirche,* auch „gregorianische" oder „armenisch-orthodoxe Kirche" genannt, besteht aus den vier verwaltungsmäßig und kirchenrechtlich voneinander unabhängigen Katholikaten bzw. Patriarchaten von Etschmiatzin (bei Erivan in der Armenischen SSR), Konstantinopel (Istanbul), Jerusalem und Kilikien (seit 1930 in Antelias/Libanon). Auf Grund des historischen Alters räumen die Patriarchate von Jerusalem und Konstantinopel dem von Etschmiatzin ein gewisses Ehrenprimat in religiösen Dingen ein. Insgesamt dürften sich zwischen 4 und 4,5 Mio. Menschen auf der Welt zur Armenisch-Apostolischen Kirche bekennen. Die Zugehörigkeit der Gemeinden eines Landes zu einem der vier Patriarchate ist außer von historischen und geographischen Gegebenheiten auch von innen- und außenpolitischen Umständen abhängig. Besonders in der Diaspora außerhalb des Nahen und Mittleren Ostens führt dies zu einer Spaltung der Gläubigen, von denen ein Teil das Katholikat von Kilikien, ein anderer das von Etschmiatzin als jurisdiktionell zuständig anerkennt.

- Das Katholikat von Etschmiatzin, dessen Oberhaupt seit 1956 Seine Heiligkeit Vasgen I. ist, hat insgesamt um 4,6 Mio. Anhänger, davon über 4 Mio. in fünf Diözesen in der Sowjetunion, um 21.000 im Irak und ca. 12.000 in Ägypten.
- Der „Patriarch der Armenier in der Türkei", seit 1982 Seine Seligkeit Erzbischof Shnork Kalustian, mit Sitz in Istanbul ist geistliches Oberhaupt für ca. 70.000 gregorianische Armenier.
- Zum Patriarchat Jerusalem unter Erzbischof Eghishe Terterian gehören ca. 1.000 Gläubige in Israel und den besetzten Gebieten sowie ca. 2.000 Gläubige in Jordanien.
- Dem Katholikat von Kilikien, seit 1983 unter der Führung Seiner Heiligkeit Karekin II. Sarkissian, unterstehen auf der Welt bis zu 1 Mio. Gläubige. Im Nahen und Mittleren Osten gehören die Diözesen Aleppo und Damaskus mit 190.000 - 220.000 Mitgliedern in Syrien und die Diözese Beirut mit ca. 180.000 Personen zu diesem Katholikat, seit 1956 weiterhin die Diözesen Isfahan, Tabriz und Teheran mit etwa 135.000 Anhängern sowie eine im gleichen Jahr eingerichtete Diözese für ca. 15.000 gregorianische Christen in Kuwait. Auch die ca. 18.000 Gläubige umfassende Gemeinde in Griechenland wurde 1956 angegliedert; die gleichstarke Gemeinde auf Zypern ist traditionell an das Katholikat gebunden.

Das *Patriarchat der Katholischen Armenier von Kilikien* besteht für ca. 175.000 Mitglieder auf der Welt, von denen in Syrien in den Diözesen Aleppo, Damaskus und Qamishli bis zu 50.000 Gläubige leben, in Beirut ca. 35.000, in Istanbul etwa 4.000, in Bagdad um 5.000, ebensoviele in Teheran sowie ca. 3.000 in Kairo. Weitere 1.000 Mitglieder sind in Israel, den von Israel besetzten Gebieten und Jordanien anzutreffen. Außerhalb des Nahen und Mittleren Ostens befinden sich ca. 20.000 Gläubige in Frankreich und etwa 10.000 auf dem Balkan, vorwiegend in Rumänien. Größere Gemeinden bestehen außerdem in Nord- und Südamerika und auf dem indischen Subkontinent. Seit 1982 ist Seine Seligkeit Hovhannes Patros XVIII. Kasparian in Beirut Oberhaupt der Kirche.

Die armenischen Christen bilden über ihre Zugehörigkeit zu unterschiedlichen christlichen Konfessionsgruppen hinaus ein Volk, das seine historischen, kulturellen und sprachlichen Überlieferungen bewahrt hat. Zu Beginn des 4. Jahrhunderts von Gregor dem „Erleuchter" christianisiert, ermöglichte ihnen die Existenz einer Nationalkirche, ihre Identität als Volk auch in der Diaspora außerhalb der kaukasischen Gebiete zu bewahren. Im Kaukasus entstand 1918 ein nationaler armenischer Staat, die heutige Sozialistische Armenische Sowjetrepublik. Von den 1982 auf 3,169 geschätzten Einwohnern sind 88 % Armenier. Die während des Ersten Weltkriegs und danach aus ihrer anatolischen Heimat vertriebenen Armenier zeigten in den arabischen Ländern eine besondere Neigung zur Segregation (Ghettobildung), verbunden mit mangelnder Bereitschaft zur Integration in die neuen Gastgesellschaften. Ihre besonderen Lebensumstände ließen ein übersteigertes Nationalbewußtsein unter ihnen entstehen, das ab 1975 zur Gründung mehrerer Organisationen führte, die durch Anschläge und Attentate armenische Gebiets- und Wiedergutmachungsansprüche an die Türkei erzwingen wollen.

1.2.5 Kirchen mit byzantinischem Ritus

Die *Orthodoxen Kirchen des Ostens* bilden eine Gemeinschaft von autokephalen (jurisdiktionell selbständigen, ein eigenes Oberhaupt besitzenden) und autonomen (verwaltungsmäßig selbständigen, jurisdiktionell dem Oberhaupt einer anderen orthodoxen Kirche unterstehenden) Teilkirchen mit gemeinsamem Glaubensbekenntnis, Ritus und Kirchenrecht. Die im ehemaligen Osmanischen Reich verbreiteten Kirchen dieser Konfessionsgemeinschaft tragen die Bezeichnung „griechisch orthodoxe Kirchen" (eigentlich: oströmisch/byzantinisch orthodox — rum ortodoks). Zu ihnen gehören:

- das Ökumenische Patriarchat von Konstantinopel mit ca. 10 Mio. Gläubigen in der Welt. Davon leben weniger als 15.000 in der Türkei, vorwiegend in Istanbul. Ständige Abwanderungen aber auch Assimilierungserscheinungen haben zu einer Minimierung der Gemeinde in der Türkei geführt, der nach dem griechisch-türkischen Bevölkerungsaustausch von 1923 noch ca. 100.000 Mitglieder angehört hatten. Dem ,,Ökumenischen Patriarchen" in Istanbul, seit 1972 Seine Heiligkeit Dimitrios I. Papadopulos, gestehen Gemeinden in Nord- und Südamerika, in Afrika, Australien und Ozeanien sowie in mehreren westeuropäischen Ländern das Ehrenprimat als geistliches Oberhaupt zu;

- das Griechisch-Orthodoxe Patriarchat von Antiochia, das seit 1979 von Seiner Seligkeit Ignatios IV. Hazim in Damaskus geleitet wird. Es hat zwischen 0,8 und 1,5 Mio. Kirchenmitglieder, davon in Syrien und im Libanon mit je sechs Diözesen bis zu 330.000 bzw. 325.000 Gläubige, in der Türkei (Diözese Mersin) um 3.000 sowie im Irak (Diözese Bagdad) ca. 2.000. Der Bischof von Bagdad betreut auch die für die zahlreichen Mitglieder in den Golfstaaten bestehende Diözese Kuwait sowie die 1975 in al-Hasa in Saudi-Arabien eingerichtete Diözese. Außerhalb des Nahen und Mittleren Ostens befinden sich Gemeinden in Nord- und Südamerika, in Australien und in Afrika. Als Arbeitsmigranten gelangten einige tausend Kirchenmitglieder aus der Türkei nach Nord- und Westeuropa;
- das Griechisch-Orthodoxe Patriarchat von Jerusalem mit ca. 147.000 Gläubigen in Jordanien und ca. 45.000 Gläubigen in Israel und den besetzten Gebieten. Diözesen sind Petra (Sitz Amman), Aschkelon, Jerusalem, Nablus und Nazareth. In Ägypten gehört das autonome Erzbistum des Berges Sinai jurisdiktionell zum Patriarchat; Missionskirchen entstanden in Uganda, Kenia und Tansania. Oberhaupt ist seit 1981 Seine Seligkeit Theodoros in Ostjerusalem. Er gehört, wie der gesamte höhere Klerus, der ,,Bruderschaft des Heiligen Sepulchre (Grabes)" an. Von ihr werden 60 % der christlichen Gedenkstätten im Heiligen Land verwaltet. In den von Israel besetzten Gebieten haben die arabisch-muttersprachigen Gemeinden z.T. eigene Gemeindeorganisationen aufgebaut, die finanziell von Jordanien unterstützt werden;
- das Griechisch-Orthodoxe Patriarchat von Alexandria mit ca. 6.000 Gläubigen. Die Nationalisierungswelle unter Nasser (Jamāl 'Abd an-Nāṣir) gegen Ende der 50er Jahre hat die meisten der damals ca. 60.000 Personen umfassenden Gemeinde zur Auswanderung veranlaßt. Im Sudan besteht die Diözese Nubien (Sitz Khartoum) für ca. 2.000 Anhänger. Missionarische Aktivitäten in Schwarzafrika brachten der Kirche neue Anhänger; in Südafrika wurde eine Metropolie (Erzbistum) mit 45 Geistlichen eingerichtet, zwischen 70.000 und 250.000 Personen gehören in Daressalam zu dieser Kirche, weitere Gemeinden entstanden in Zaire, Kamerun, Zimbabwe, Äthiopien, Uganda und in Kenia. Für Amerika wurde 1975 ein Exarchat geschaffen. Die Anzahl der Kirchenmitglieder auf der Welt ist nicht genau zu ermitteln, sie muß zwischen 80.000 und 300.000 Personen betragen. Oberhaupt mit Sitz in Alexandria ist Seine Seligkeit Nikolaus VI. Varelopoulos;
- das autokephale Erzbistum Zypern. Es ist die Mutterkirche für ca. 98,5 % der griechischsprachigen Inselbevölkerung, ca. 473.000 Personen. Oberhaupt wurde nach dem Tode von Makarios 1977 Erzbischof Chrysostomos. Mit seinem Amt ist seit der Eroberung der Insel durch die Osmanen 1571 die Funktion des ,,Ethnarchen", des Volksgruppensprechers für die griechische Inselbevölkerung, verbunden.

Zum *Patriarchat der Katholischen Melkiten von Antiochia, Alexandria und Jerusalem* gehören ca. 450.000 Kirchenmitglieder. Im Libanon sind etwa 200.000 Melkiten in den Diözesen Baalbek, Beirut, Tripoli, Tyros/Sidon und Zahlé organisiert, in Syrien ca. 90.000 in den Diözesen Aleppo, Bosra (Hauran), Damaskus, Homs und Latakia, in Israel und den besetzten Gebieten ca. 40.000 in den beiden Diözesen Galiläa (Sitz Haifa) und Jerusalem sowie ca. 8.000 in Ägypten in der Diözese Alexandria (Sitz Kairo). Eine Diözese existiert in Jordanien, und für jeweils mehrere hundert Kirchenanhänger bestehen Vikariate im Irak, in Kuwait, in der Türkei und im Sudan. Außerhalb des Nahen und Mittleren Ostens leben über 50.000 Mitglieder in Nord- und Südamerika, weitere in Frankreich und in Australien. Seit 1967 ist Seine Seligkeit Maximos V. Hakim, der in Ain Traz im Libanon seinen Hauptsitz hat, Kirchenoberhaupt.

1.2.6 Die Römisch-Katholische Kirche mit lateinischem Ritus

Die katholische Kirche verbreitete sich mit der Präsens europäischer Kolonialmächte in Nordafrika und auf dem indischen Subkontinent. Ihre Gemeinden setzen sich zu einem gewissen Teil aus missionarisch tätigen Ausländern mit ständigem Aufenthalt in den betreffenden Ländern, aus Mitgliedern der Ausländerkolonien sowie aus den Nachfahren europäischer Einwanderer zusammen. Letzteres ist besonders in Algerien und Marokko der Fall, wo es 111.000 respektive 72.000 Katholiken gibt. In Libyen ist die katholische Gemeinde von ca. 77.000 im Jahre 1976 auf ca. 1.000 Mitglieder zusammengeschrumpft. Größere Gemeinden mit insgesamt 15.000 Kirchenanhängern bestehen im Libanon und mit etwa 10.000 Anhängern in Syrien, wovon die Hälfte in Aleppo lebt. In Palästina (Israel und Jordanien) mit seinen christlichen Heiligtümern unterstehen die dortigen katholischen Christen dem Lateinischen Patriarchat von Jerusalem, das von Rom aus verwaltet wird. Hier bilden arabischsprachige Palästinenser die Mehrheit der Gemeinden; etwa 90 % der Priester gehen aus ihren Reihen hervor. Von den in den arabischen Golfstaaten anzutreffenden Katholiken, überwiegend Gastarbeiter vom indischen Subkontinent, leben 20.000 in Kuwait. Missionserfolge unter der nicht-islamischen Bevölkerung im Sudan ließen dort eine größere katholische Kommunität entstehen, die auf ca. 550.000 Personen geschätzt werden kann. Etwa 25.000 davon leben im Nordteil des Landes. Die ca. 480.000 Katholiken Pakistans sind im Erzbistum Karatschi und in fünf Sufraganbistümern organisiert.

1.2.7 Evangelische und Episkopale Kirchen ohne einheitlichen Ritus

Die hierunter zusammengefaßten Kirchen unterschiedlicher Bekenntnisse entstanden Mitte des 19./Anfang des 20. Jahrhunderts durch Missionen unter den einheimischen Christen sowie in Sudan und Pakistan unter der sog. ,,heidnischen“ Bevölkerung. In Südsudan sind ca. 338.000 Protestanten anzutreffen, die vorwiegend der Anglikanischen Kirche angehören. Die in Pakistan lebenden ca. 520.000 Anglikaner, Presbyterianer, Lutheraner und Methodisten schlossen sich 1970 zur Church of Pakistan zusammen. In den arabischen Golfstaaten gehören etwa 40.000 Ausländer verschiedenen protestantischen Kirchen an.

Die *Koptische Evangelische Kirche Ägyptens* (Synode des Nils) umfaßt für ca. 145.000 Kirchenmitglieder acht Presbyterien in Ägypten. An ihrer Spitze steht ein alle zwei Jahre neu gewählter ,,Moderator“. Die Kontinuität der Kirchenarbeit und -politik wird durch das Amt des Generalsekretärs gewährleistet, das seit vielen Jahren Samuel Habib innehat.

In der *Anglikanischen Kirche in Jerusalem und dem Mittleren Osten,* auch ,,arabische Episkopalkirche“ genannt, sind etwa 23.000 Anhänger vereint. Ihre Gemeinden haben in Syrien 7.000, in Israel und den besetzten Gebieten um 4.000, in Iran etwa 3.500, in Nordsudan 3.000, im Libanon 2.500 und in Ägypten etwa 1.500 Mitglieder. An der Spitze steht ein gewählter Präsident. Es ist seit 1976 Bischof Hassan Dehqani-Tafti aus Teheran, der 1980 nach Großbritannien ins Exil ging.

Die *Nationale Evangelische Synode Syriens und Libanons* ist mit ca. 13.000 Mitgliedern im Libanon und ca. 10.000 in Syrien eine weitere erwähnenswerte protestantische Kirche. Ihr Präsident ist seit 1984 Salim Sahiouny.

Zur *Union der Armenischen Evangelischen Kirche im Nahen Osten* haben sich 24 Gemeinden (organisierte Kirchenkreise) mit insgesamt knapp 10.000 Gläubigen zusammengeschlossen, deren Mehrzahl im Libanon und in Syrien lebt. Gemeinden mit bis zu 1.000 Mitgliedern in Ägypten, der Türkei, auf Zypern und in Iran gehören ebenfalls zu dieser Union. Moderator ist Pfarrer Hovhannes Karjian, der bereits seit 1979 seinem Vorgänger, dem unterdessen zum Ehrenpräsidenten auf Lebenszeit ernannten Pfarrer Hovhannes P. Aharonian, in der Führung der Amtsgeschäfte zur Seite steht.

Weitere *kleinere protestantische Kirchen,* darunter die Evangelisch-Lutheranische Kirche Jordaniens, die Nationale Evangelische Kirche in Beirut und die Evangelische (assyrisch-protestantische) Kirche Irans sowie verstreute protestantische Gemeinden haben zusammen nicht mehr als 26.000 Anhänger unter der Bevölkerung des Nahen und Mittleren Ostens.

1.3 Sonstige vorislamische Religionsgruppen

Für die *Parsen,* die Anhänger der Lehren des altiranischen Zarathustra, sind weitere Bezeichnungen Gabr (Ungläubige) — eine Bezeichnung, die früher in Iran für sie verbreitet gewesen ist — und Zoroastrier bzw. im heutigen Iran *zardushtī*. In Iran existieren kleinere Gemeinden in Teheran, Yazd, Kerman und Schiraz, in denen weniger als 30.000 Anhänger der Lehre leben. Sie wurden in der Verfassung von 1979 neben Juden und Christen als religiöse Minderheit anerkannt. Das Hauptzentrum der Parsen liegt außerhalb Irans in Bombay/Indien; weitere Gruppen leben in Surrat/Indien sowie in einigen Städten Pakistans. Ihre Gesamtzahl in Mittel- und Südasien wird mit 80.000 Personen (1973) angegeben.

Als *Hindus* und angegliederte Kasten werden in Pakistan um 1,4 % der Bevölkerung ausgewiesen. Auf die Bevölkerungszahl von 1982 bezogen wären dies ca. 1,3 Mio. Personen. Auch in Afghanistan haben sich Hindu als Bazarhändler in Kabul, Kandahar und Djalalabad niedergelassen.

Sogenannte *naturvölkische Glaubensvorstellungen* haben sich u.a. in Pakistan in Chitral bei etwa 3.000 heidnischen Kalash (Kalash-Kafiren) sowie in Südsudan gehalten, wo zwischen 3,5 und 5 Mio. Angehörige schwarzafrikanischer Volksgruppen ihre traditionellen Glaubensvorstellungen beibehalten haben. Die größte Gruppe unter ihnen bilden die Dinka, die zusammen mit den Nuer, den Shilluk u.a.m. als ,,nilotische Völker" bezeichnet werden. Aber auch unter den Völkern und Volksgruppen mit innersudanischen Sprachen und darfur-nubischen Dialekten sind Islam einerseits und Christentum andererseits nur langsam im Vordringen.

Die *Mandäer,* gelegentlich auch als ,,Sabäer" bezeichnet, leben vorwiegend in den Städten am unteren Euphrat und Tigris, wo sie als Silberschmiede und Bootsbauer bekannt geworden sind. Ihre Vorfahren sollen im 5. Jahrhundert n. Chr. aus dem Jordan-Tal abgewandert sein. Angaben über die Mitgliedszahl dieser Religionsgemeinschaft schwanken zwischen 6.000 und 20.000 Personen im Irak; in Iran dürften sich ihre Gemeinden durch die Kriegsereignisse seit 1979 aufgelöst haben.

1.4 Nachislamische Religionsgemeinschaften

Die *Drusen* sind eine Religionsgemeinschaft mit etwa 600.000 Anhängern (manche Berichte sprechen von über 1 Mio.), deren Muttersprache Arabisch ist. Das Hauptverbreitungsgebiet dieser Gemeinschaft erstreckt sich von den Schuf-Bergen im Libanon nach Süden über die Golan-Höhen, Galiläa in Nordisrael, wo es 15 drusische Dörfer gibt, bis zum Berg Karmel bei Haifa (zwei Dörfer). Im Osten umfaßt das Verbreitungsgebiet in Syrien die Hauran-Berge, auch ,,Jebel Druz" genannt, wohin im 18. Jahrhundert Drusen aus dem Libanon gelangt waren. In den Städten Beirut, Damaskus und Haifa lebt eine erhebliche Anzahl drusischer Zuwanderer; einzelne Familiengruppen sind auch in Jordanien anzutreffen. Der Anteil der Drusen an der Gesamtbevölkerung beträgt im Libanon etwa 10,5 %, in Syrien etwa 2,2 %, in Israel und den besetzten Gebieten um 1,1 %. In Sozialstruktur und Umgangshabitus gleichen die Drusen Nachbargruppen im gleichen Verbreitungsgebiet, vorwiegend sunnitischen Arabern.

Die *Yeziden* (Yezidi), Eigenbezeichnung Ezīdī bzw. auch Dawāsim, bilden eine Religionsgemeinschaft, der an die 100.000 Personen angehören. Ein Großteil, ca. 30.000, lebt im Irak im

Shaikhan-Bezirk nördlich von Mosul zwischen Tigris und gr. Zab. Bis zur Mitte der 70er Jahre waren auch die Dörfer in der Bergregion des Jebel Sinjar im Irak von Yeziden bevölkert. Nach 1975 wurden diese Yeziden in gemischte Modelldörfer in der Ebene umgesiedelt. In den zu Syrien gehörenden westlichen Ausläufern des Jebel Sinjar sind weitere Yeziden anzutreffen; zwischen 17.000 und 19.000 leben unter den Kurden im Jebel Simaan und dem Kurd Dağ (Jebel al-Akrad) nordwestlich von Aleppo. Ihr Verbreitungsgebiet setzt sich in die Türkei hinein fort, wo etwa 20.000 Yeziden auf die Provinzen Urfa, Mardin, Diyarbakır und Siirt verteilt sind. Einzelne Gruppen sind noch in der Provinz Hatay im Westen anzutreffen, größere Enklaven von insgesamt 35.000 - 40.000 Yeziden existieren bei Erivan und in Tiflis in der heutigen Sowjetunion. Die Vorfahren der letzteren sind im 19. Jahrhundert aus dem Osmanischen Reich hierher abgewandert. Ca. 3.000 - 4.000 Yeziden aus der Türkei leben in der Bundesrepublik Deutschland. Die Verbreitung im gleichen Gebiet wie die Kurden bringt es mit sich, daß die Sprache der Yeziden dem jeweiligen benachbarten Kurdischen entspricht; im Irak wird jedoch in einigen Yezidendörfern Arabisch als Muttersprache gesprochen.

Die *Bahai* sind Anhänger einer über die ganze Welt verbreiteten humanitären, aufklärerischen Religionsgemeinschaft. Nach Eigendarstellung soll die Gesamtzahl ihrer Mitglieder 2 Mio. Gläubige betragen. Hauptzentren befinden sich in Israel, wo am Berg Karmel die Gräber der Gründer des Bahaismus liegen sowie in Chicago in den USA. Obwohl die Religion in den meisten Ländern des Nahen und Mittleren Ostens verboten ist, hat sie Anhänger in Pakistan (nach dem Zensus von 1951 0,027 % der Bevölkerung), im Irak, in Syrien und in Ägypten. In Iran dürfte es noch um 70.000 Bahai geben, von denen außer in Teheran eine größere Anzahl in Schiraz lebt. Nachdem es bereits im Dezember 1978 zu Ausschreitungen der schiitischen Bevölkerung gegen Bahai-Wohnviertel gekommen war, setzte nach der Revolution eine regelrechte Verfolgung ein. Alle Bahai, denen es finanziell möglich war, verließen das Land.

2. Periphere Minderheiten

Im Raum zwischen Atlantik und Indus sind eine Reihe von Bevölkerungsgruppen anzutreffen, die auf Grund ihrer Tätigkeiten zu sozialen Randgruppen abgestempelt sind. Gemeinsam ist ihnen, daß sie keine oder kaum eigene Nahrungsmittel produzieren und von Dienstleistungen leben, die sozio-ökonomische Nischen ausfüllen. Zu diesen Dienstleistungen gehören u.a. das Anbieten von Waren weit entfernter Märkte, Herstellung und Verkauf von Handwerkserzeugnissen, die auf den lokalen Märkten nicht erhältlich sind sowie die Unterhaltung eines Publikums durch Schaustellungen aller Art, Musik und Tanz, Dienstleistungen, die in einer bestimmten Region von keiner seßhaften Bevölkerung erbracht werden. Gemeinsam ist derartigen sozialen Randgruppen weiterhin, daß ihnen oft magisch-religiöse Fähigkeiten zugeschrieben werden, die die Verachtung mit heimlicher Furcht vor ihnen vermischen. Eng verbunden mit ihrer Tätigkeit ist eine gewisse unstete Lebensweise, die sich darin äußern kann, daß sie ganzjährig innerhalb eines begrenzten Areals umherziehen, von einem festen Standquartier aus saisonal ein bestimmtes Gebiet aufsuchen oder aber traditionell an einen Nomadenverband und damit an dessen Wanderrouten gebunden sind. Über das Entstehen solcher Randgruppen — andere Bezeichnungen sind ,,Pariagruppen" oder ,,Peripatiker" — gibt es unterschiedliche Theorien. Für einige wird angenommen, daß sie aus einer Sammler- und Jägervorbevölkerung hervorgegangen sind, die von nomadischen oder bäuerlichen Bevölkerungen überlagert wurde. Andere mögen aus einer verarmten Hirten- oder Bauernschicht hervorgegangen sein, die durch fremde Eroberungen oder Naturkatastrophen ihre Erwerbsgrundlagen verloren, wieder andere aus einer seßhaften Handwerkerpopulation, die ein durch kriegerische Auseinandersetzungen verändertes Wirtschaftsgefüge zur Aufnahme neuer Lebensweisen zwang.

Die heute anzutreffenden Randgruppen bilden jeweils innerhalb bestimmter Territorien in sich endogame Klane bzw. Abstammungsgruppen, die kaum Interaktionen mit ähnlichen Abstammungsgruppen im gleichen oder benachbarten Gebiet aufweisen. Die für sie existierenden Bezeichnungen sind in der Regel Fremdbezeichnungen, wobei häufig auf Grund des gemeinsamen Merkmals der unsteten Lebensweise nicht identische Gruppen unter einer Sammelbezeichnung zusammengefaßt werden. Es kommt aber auch vor, daß eine Gruppe in verschiedenen Gebieten mit unterschiedlichen Namen belegt wird. Übergeordnete Bezeichnungen sind u.a. der zwischen Zentralasien und dem Balkan verbreitete Begriff *ghurbat,* dessen ursprüngliche arabisch-persische Bedeutung ,,Ausland, in der Fremde weilend" ist, das zwischen Tadschikistan und Westiran verwendete Wort *luri/luti* für umherziehende Künstler sowie auch ganz allgemein die Bezeichnung ,,Zigeuner".

Die eigentlichen *Zigeuner* (türk.: çingene) sind wahrscheinlich zwischen dem 5. und 11. Jahrhundert von Nordwestindien in mehreren Wellen über Iran nach Westen gelangt. Sprachlichen Kriterien zufolge werden sie in einen westlichen (Phen-) und südöstlichen (Ben-)Wanderzweig eingeteilt. Die in Nah- und Mittelost anzutreffenden Sippen gehören zum südöstlichen Zweig. Bezeichnungen für sie, in die allerdings auch andere Gruppen mit eingeschlossen sein können, sind u.a. Kurbat (Ghurbat) und Kowli in Iran, Nawar in Syrien und Palästina, Halebi in Ägypten und Libyen und Karaçi in Transkaukasien, Nordiran und der Türkei (hier für aus Syrien stammende Zigeuner). Neben fahrenden Gruppen, die gewisse Klanstrukturen und eine auf indische Wurzeln zurückzuführende Haussprache bewahrt haben, werden oft auch am Rande von Städten oder in bestimmten Vierteln größerer Städte ansässige Bevölkerungsteile auf Grund gewisser Tätigkeitsmerkmale als ,,Zigeuner" bezeichnet. Sie unterscheiden sich häufig weder sprachlich noch kulturell von ihrem sozialen Umfeld, und nur bei einem kleinen Teil von ihnen besteht ein Bewußtsein, zigeunerischer Herkunft zu sein.

Die *Dom* in Nordindien und Pakistan bilden eine Kaste, deren Mitglieder ihrer Lebensweise und Tätigkeiten wegen mit den europäischen Zigeunern verglichen werden. Weit verbreitet ist die Annahme, daß Dom und Zigeuner auf eine gemeinsame Wurzel zurückzuführen sind.

Als *Jat* bezeichnete Wandergruppen in Afghanistan, insgesamt nicht mehr als 9.500 Personen umfassend, gliedern sich in sechs voneinander unabhängige Klane. Ein Klan im Westen spricht ein persisches Idiom, die anderen im Osten sprechen Idiome indischen Ursprungs als Gruppensprachen. Die in Indien lebende große Bauernkaste der Jat sowie die in Pakistan als Jat bezeichneten bäuerlichen und nomadisch-viehzüchtenden Gruppen weisen keine Gemeinsamkeit mit den gleichnamigen afghanischen Wandergruppen auf.

Musalli und *Gujur/Gujrat* sind zwei weitere Gruppen in Afghanistan und Pakistan, deren Ursprünge im indischen Kastenwesen liegen. Die Musalli treten in den fruchtbareren östlichen Provinzen Afghanistans sowie in Pakistan als nicht-seßhafte Erntearbeiter auf. Die Gujur sind im Gebiet zwischen Kaschmir und afghanischem Hindukusch ursprünglich aus dem Süden stammende umherziehende Gelegenheitsarbeiter.

Als *Haddad* (arab.: Schmiede) wird eine unter den Stämmen Nordafrikas anzutreffende Bevölkerung bezeichnet, die außerhalb der Stammesgesellschaft steht. Andere Bezeichnungen sind Mualim, Garaza (in der Westsahara) und Enaden (bei den Tuareg). Sprachlich und im äußeren Erscheinungsbild kaum von ihrer Gastgesellschaft zu unterscheiden, sind es wiederum ihre Tätigkeiten, die ihnen soziale Mißachtung einbringen. Als Schmiede bearbeiten die Männer alle Arten von Metallen und stellten zumindest früher auch Eisen her. Ihre Frauen töpfern. Als Musikanten spielen sie die Tanztrommel und verfassen Preis- und Spottlieder. In wildreicheren Gebieten sind sie auch Jäger und Jagdführer. Sie fungieren weiterhin als Heilpraktiker für Menschen und Tiere, und sie stellen Amulette her. Es wird vermutet, daß die saharischen Schmiede aus autochthonen Steppenjägern hervorgegangen sind, die von Nomaden überlagert wurden. Mit großer Wahrscheinlichkeit sind jedoch auch andere Gruppen heterogenen Ursprungs in diese soziale Schicht eingegangen. In den Enaden bei den Tuareg z.B. sind möglicherweise jüdische Schmiedehandwerker aufgegangen, die Ende des 15. Jahrhunderts aus Tuat vertrieben worden waren.

Die *Sulaib* (Sleb, Sulubu) bilden arabischsprechende Gruppen unter den Beduinen der Arabischen Halbinsel. Ihre Verbreitung erstreckt sich vom südlichen Jordanien und Syrien bis weit in den Süden der Halbinsel. Sie haben zumindest früher von der Jagd, als Karawanenführer, Schmiede (Kesselflicker) sowie als Wahrsager und Heiler ihren Lebensunterhalt verdient. Auch für sie wird eine teilweise Herkunft von einer vornomadischen Jägergesellschaft vermutet.

Literatur:

Arberry, A. J. 1969: Religion in the Middle East: Three Religions in Concord and Conflict; 1. Judaism and Christianity, Cambridge.

Assfalg, J. u. Krüger, P. (Hrsg.) 1975: Kleines Wörterbuch des christlichen Orients, Wiesbaden.

Hartmann, K. P. 1980: Untersuchungen zur Sozialgeographie christlicher Minderheiten im Vorderen Orient, Wiesbaden.

Horner, N. A. 1974: Rediscovering Christianity where it began: A Survey of Contemporary Churches in the Middle East and Ethiopia, Beirut.

Kawerau, P. 1972: Das Christentum des Ostens, Stuttgart.

Schneider, R. (Hrsg.) 1984: Die kurdischen Yesidi: Ein Volk auf dem Weg in den Untergang, Göttingen.

Spuler, B. 1964: Die morgenländischen Kirchen, Leiden.

Vossen, R. (Hrsg.) 1983: Zigeuner: Roma, Sinti, Gitanos, Gypsies zwischen Verfolgung und Romantisierung, Frankfurt a.M.

Zweiter Teil:
Geschichte des Nahen und Mittleren Ostens

I. Das arabisch-islamische Weltreich und seine Nachfolgestaaten

Heribert Busse

1. Das arabisch-islamische Weltreich (622 - 1258)

1.1 Die Grundlegung unter Muḥammad

Als Muḥammad um 570, wie die Überlieferung will, in Mekka geboren wurde, war die Arabische Halbinsel, vom Mittelmeer her gesehen, ein vergessener Winkel. Seit dem gescheiterten Feldzug des Aelius Gallus zur Zeit des Augustus war kein Versuch mehr unternommen worden, Arabien in die Politik Roms und des Byzantinischen Reiches einzubeziehen, es sei denn in Randgebieten, die von Palästina aus leicht zugänglich waren. Die blühende südarabische Kultur war im 6. Jahrhundert untergegangen. Im Koran wird darauf angespielt. Die arabische Kultur im Zentrum und im Norden war auf die nomadische Lebensweise gegründet; städtische Ansiedlungen lagen an der Handelsstraße, die von südarabischen Häfen parallel zur Westküste nach Syrien und Mesopotamien führte. Eine führende Rolle spielten die Quraisch (Quraish) in Mekka, zu denen auch Muḥammads Familie, die Haschimiten, gehörte. Sie hatten ein kompliziertes System von Stammeskonföderationen, das der Sicherung des Handels diente, aufgebaut. Mekka beherbergte ein wichtiges arabisches Heiligtum, die Kaaba (al-Ka'ba) mit dem Mondgott Hubal und anderen Gottheiten, die beim jährlichen Pilgerfest verehrt wurden und überregionale Bedeutung hatten.

Durch den Handel stand Arabien in Verbindung mit den religiösen und geistigen Strömungen der umliegenden Kulturländer. Entlang der Handelsstraße lagen Städte mit jüdischen Gemeinden, von denen Medina von entscheidender Bedeutung für den Islam werden sollte. Das Christentum drang vom Norden und vom Süden in Arabien ein. An der heutigen Grenze zwischen Saudi-Arabien und Nordjemen lag Nadschran mit einer christlichen Gemeinde, die wegen der vielfältigen Handelsbeziehungen der Stadt kosmopolitisch bunt war und sich aus den verschiedensten Denominationen und Ethnien zusammensetzte. Im Hedschas verstreut gab es christliche Einsiedler, vielleicht auch kleine Gruppen, die Keimzellen der Christianisierung Arabiens waren und in Bekenntnis und kirchlicher Zugehörigkeit die Vielfalt des Christentums der angrenzenden Kulturländer spiegelten. Unter den Arabern wuchs zur Zeit Muḥammads die Skepsis gegenüber dem Heidentum der Väter und die Bereitschaft, sich dem Judentum oder Christentum anzuschließen, doch wurde der letzte Schritt meist nicht vollzogen.

So war der Boden für einen geistigen und religiösen Umbruch bereitet, als Muḥammad etwa im Jahr 612 mit seiner Predigt von dem einen Gott, vom Gericht und der persönlichen Verantwortung des Menschen vor Allah an die Öffentlichkeit trat. In Mekka sah er sich mit seiner nur langsam wachsenden Anhängerschaft einer starken Opposition des auf den Väterglauben pochenden Patriziats gegenüber. Der Versuch, dem Druck durch Übersiedelung eines Teils der Gemeinde nach Äthiopien auszuweichen, mißlang. Wirksame Unterstützung fand der Prophet in der etwa 300 km nördlich von Mekka gelegenen Nachbarstadt Yathrib, wo dem Monotheismus durch das dort stark vertretene Judentum vorgearbeitet war und der Islam eine Gruppe von Anhängern gefunden hatte. Angeblich hatte die Ratsversammlung von Mekka Muḥammads Ermordung beschlossen; der Prophet entzog sich der Gefahr durch die Übersiedelung (Hidschra, al-hijra) nach Yathrib/Medina („Stadt"), das er zu seiner neuen Wirkungsstätte machte.

Die Hidschra wurde später von den Muslimen selbst als der entscheidende Wendepunkt in der Geschichte des Islams verstanden und als Beginn der islamischen Zeitrechnung festgesetzt: Das Jahr 1 der Hidschra beginnt am 16. 7. 622 A.D. Im Gegensatz zu Mekka, das ,,in einem Tal, in dem kein Getreide wächst" (14 : 37) lag (und liegt), war Medina eine Oasenstadt von Bauern und Handwerkern mit drei jüdischen Gemeinden, die in der Art von Stämmen organisiert waren. Muḥammad war von den Bewohnern Yathribs als Schiedsrichter in innerstädtischen Auseinandersetzungen berufen worden. Als erstes schuf er eine Gemeindeverfassung, die mit dem Islam nur indirekt zu tun hatte und den Frieden sichern sollte. Mit dem Anwachsen des Islams und der Ausschaltung der Juden, die teils vertrieben, teils in einer für die Muslime wenig rühmlichen Strafaktion vernichtet wurden, trat Muḥammads Rolle als Schiedsrichter in den Hintergrund. Die islamische Gemeinde (umma) mit dem Propheten (nabīy) bzw. ,,Gesandten Gottes" (rasūl Allāh) an der Spitze, der im Auftrag Gottes und als Sprachrohr Allahs regierte, wurde zum Kern eines Staates, der bei Muḥammads Tod, zehn Jahre nach der Hidschra, die ganze Arabische Halbinsel umfaßte. Im Gegensatz zum Christentum, das außerhalb des Staates entstand und in den Staat hineinwuchs, sich zeitweise auch mit diesem indentifizierte, steht am Anfang des islamischen Staates eine religiöse Gemeinde, die zugleich staatliche Funktionen ausübte und Institutionen ausbildete, die vom Islam bestimmt wurden oder in seinem Strahlungsfeld standen.

Ein wesentliches Element des frühen Islams ist die kriegerische Betätigung im Interesse der Religion, der ,,heilige Krieg" (jihād); er wurde zu einer religiösen Institution, da Muḥammads Vorbild als Beweis dafür diente, daß Gott ihn gewollt und befohlen hatte. Von Medina aus nahm Muḥammad den Kampf gegen seine Heimatstadt Mekka auf, die ihn so schmählich vertrieben hatte. Auch mußten die Teilnehmer an der Hidschra, die ganz mittellos in Medina angekommen waren, versorgt werden. Als religiöses Ziel wurde die Befreiung der Kaaba in Mekka vom Götzendienst und der ungestörte Besuch des von Abraham errichteten Heiligtums verkündet. Der Krieg begann mit Überfällen auf mekkanische Karawanen. Bei Badr errangen die Muslime im März 624 einen glänzenden Sieg; ein Jahr später unterlagen sie bei Uḥud, ohne daß die Mekkaner den Sieg ausnutzten; im April 627 wehrten die Muslime eine Belagerung Medinas durch die Mekkaner ab; im März 628 schloß Muḥammad mit den Mekkanern bei al-Ḥudaibiya einen zehnjährigen Waffenstillstand; im Mai/Juni des gleichen Jahres eroberte er die nördlich von Medina gelegene Oasenstadt Khaibar; im Januar 630 zog er als Sieger in Mekka ein, zeigte den Besiegten Milde und gewann sie dadurch für seine Sache; die Kaaba machte er zu einem islamischen Heiligtum. Wenig später wurde Taif (südöstlich von Mekka) unterworfen; Ende des gleichen Jahres führte Muḥammad persönlich ein Heer nach Tabūk und nahm dort die Unterwerfung mehrerer byzantinischer Statthalter, von Ayla bis hinauf ins Ostjordanland, entgegen. Damit war den künftigen Eroberern der Weg gewiesen. Die meisten Stämme der Arabischen Halbinsel schickten 630/31 Abordnungen nach Medina und erklärten ihren Anschluß an den Islam.

Als Muḥammad am 8. 6. 632 im Alter von 62 Jahren an einer fiebrigen Erkrankung starb, war er Herr über Arabien und hatte einen Staat gegründet, der bereits wesentliche Elemente dessen, was das islamische Weltreich später in sich barg, umfaßte. Rudimente des Steuerwesens waren in der Weise vorhanden, daß Muslime zur Almosensteuer (zakāt) verpflichtet waren, während die Nichtsmuslime, Juden, Christen und Zoroastrier, Kultfreiheit genossen, Grundsteuer (kharāj) als eine Art Pacht für den ihnen überlassenen Boden und eine Kopfsteuer (jizya) zahlten. Das Kriegswesen war in großen Zügen geregelt, die Kriegsbeute wurde nach bestimmten Vorschriften verteilt. Die Rolle von Synagoge oder Kirche übernahm die Moschee, wo man sich zum Gottesdienst und zur Regelung der öffentlichen Angelegenheiten versammelte. Die Muslime schuldeten nach einem Ausspruch des Propheten Gehorsam ,,Gott und dem Gesandten und denen unter euch, die zu befehlen haben"(4 : 59). Das öffentliche und private Leben unterlag umfassenden gesetzlichen Vorschriften. Theologischer Leitfaden, Darstellung der Heilsgeschichte von der Erschaffung der Welt bis zum Gericht und grundlegendes Gesetzbuch war der Koran.

1.2 Das „apostolische" Zeitalter: Die vier „rechtgeleiteten Kalifen" (632 - 661)

Die drei Jahrzehnte nach Muḥammads Tod sind einerseits durch großartige Eroberungen, andererseits durch innere Zwistigkeiten bestimmt. Die Zeit kann „apostolisch" genannt werden, weil die vier ersten Nachfolger Muḥammads zum innersten Kreis der Prophetengefährten (ṣaḥāba) gehörten, vergleichbar den Jüngern und Aposteln Jesu, und daher in besonderer Weise zur Führung berufen waren. Muḥammad hinterließ keinen Sohn und hatte, wie die Mehrheit der Muslime annimmt, keinen Nachfolger ernannt. Das Prophetenamt an sich war nicht erblich; Muḥammad hatte sich selbst, in einer Reihe mit Abraham, Mose und Jesus stehend, als das „Siegel", der letzte Prophet vor dem Gericht, bezeichnet. Nur als religiöser und politischer Führer (imām) der Gemeinde, nicht als Empfänger göttlicher Offenbarung, konnte er einen Nachfolger haben. Wenn die vier ersten Kalifen („Nachfolger" oder „Stellvertreter") *rāshidūn* („rechtgeleitet") genannt werden, so ist dies eine Bezeichnung, die ihnen später beigelegt worden ist, als man die Frühzeit idealisierte und die Kalifen nicht mehr den Maßstäben, die von den Frommen angelegt wurden, entsprachen.

Noch war Muḥammad nicht begraben, als in der Frage der Nachfolge eine Spaltung drohte. Dann einigte man sich auf Abū Bakr (reg. 632 - 34), Schwiegervater des Propheten und einer von dessen ersten Anhängern. Seine kurze Regierung stand zunächst im Zeichen der Niederwerfung der Aufstände, die überall auf der Arabischen Halbinsel ausbrachen und teilweise von Rivalen Muḥammads, die sich zu Propheten aufschwangen, geführt waren. Diese Kämpfe im Innern wandelten sich auf eine bisher nicht schlüssig beantwortete Weise in eine nach außen gerichtete Expansion, die die politische Landkarte der Welt völlig verändern sollte. Die Beduinenstämme Arabiens waren in Bewegung geraten; neben wirtschaftlichen Gründen — Verfall der Handelsstraße, vielleicht auch eine Dürreperiode, Verfall der südarabischen Kultur und eine daraus resultierende Binnenwanderung — war der Islam sicherlich ein höchst wichtiger Faktor, der das Arabertum wenigstens für eine kurze Weile einte. Sicherlich spielte auch die Beutelust eine wichtige Rolle. Die Voraussetzungen für ein Vordringen im Norden waren gegeben, da Byzanz und Persien ihre Kräfte in langen gegenseitigen Kämpfen erschöpft hatten. Treffend ist die Erzählung von dem Traum, den der persische Großkönig Khosrau I. Anuschirwan (Khusrau Anūshīrwān, reg. 531 - 79) gehabt haben soll, als Muḥammad geboren wurde: Es erschien ihm, wie der berühmte Historiker aṭ-Ṭabarī (gest. 923) erzählt, ein Engel, der zwei Flaschen so aneinanderschlug, daß sie zersplitterten. Im übrigen hat eine spätere Legende die Eroberungszüge und den Sieg über die Großmächte als von Muḥammad gewollt und vorausgesehen dargestellt. Der Prophet habe gegen Ende seines Lebens Schreiben an die zeitgenössischen Herrscher mit der Aufforderung geschickt, sich zu unterwerfen und den Islam anzunehmen.

Bei Abū Bakrs Tod im Sommer 634 standen die Araber im Irak auf persischem Reichsboden und hatten Palästina und Syrien teilweise besetzt. Abū Bakr hatte ʻUmar ibn al-Khaṭṭāb (reg. 634 - 44) zu seinem Nachfolger bestimmt. Er stammte aus einer angesehenen mekkanischen Familie und hatte durch seinen Übertritt zum Islam die Sache der Muslime in Mekka entscheidend gestärkt. In seiner Regierungszeit fanden die großen Eroberungen statt, die den Islam zu einer Weltmacht erhoben. Im Jahr 636 errangen die Araber den entscheidenden Sieg über die Byzantiner am Yarmuk (ein östlicher Zufluß des Jordans, südlich vom Golan), wodurch ihnen Syrien und Palästina ganz zufielen. Von Palästina aus drangen sie ab 640 unter ʻAmr ibn al-ʻĀṣ nach Ägypten vor. Während der Vormarsch entlang dem Nil nach Süden durch das nubische Königreich von Dongola zum Halten kam, stand der Weg nach Nordafrika offen: 643/44 wurde die Cyrenaika, 647 Tripolitanien erobert; Kairuan (südlich von Tunis), die heilige Stadt der Muslime in Nordafrika, wurde 670 gegründet. Doch damit sind wir über die Zeit der *rāshidūn* schon hinaus.

Während Byzanz durch den Verlust eines Teils seiner asiatischen und afrikanischen Provinzen zwar geschwächt, aber doch nicht besiegt war, ging das iranische Großreich der Sassaniden unter dem Ansturm der Araber schnell zugrunde: in der Schlacht bei Qadisiya am westlichen Euphratufer im Jahr 637 erlitten die Perser eine empfindliche Niederlage. Ein Jahr später fiel Seleukia-Ktesiphon (al-Madā'in), die Residenzstadt der Sassaniden im Irak. Der westliche und mittlere Teil des iranischen Hochlandes wurde nach der Schlacht bei Nihawand (südlich von Hamadan) 643 besetzt. Um 650 war Persien ganz unterworfen.

Bei der Regelung der inneren Angelegenheiten erwies ʻUmar sich als ein hervorragender Staatsmann. Er legte mit der Einrichtung des *dīwān* die Grundlagen einer geregelten Finanzverwaltung, setzte für die Muslime nach Anciennität und Verdienst Pensionen fest und gründete in den eroberten Gebieten eine Reihe von Militärlagern, die sich zu wichtigen Zentren entwickelten: in Ägypten al-Fusṭāṭ (wörtlich: „die Zelte"), im Irak Kufa (in der Nähe des heutigen Nadschaf) und Basra. Für den Führer der islamischen Gemeinde bürgerte sich der Titel „Fürst der Gläubigen" (amīr al-mu'minīn) ein. Das Rechtswesen erhielt erste Konturen durch die Einsetzung von Richtern (qāḍī); ferner führte ʻUmar die Zeitrechnung nach der Hidschra ein und stellte dadurch klar, daß das neue islamische Weltreich sich als Entfaltung dessen verstand, was Muḥammad in Medina begonnen hatte. Der Islam war nun als eine Religion deklariert, die im Zeichen des Sieges stand; Demütigung und Schmach, die Muḥammad in Mekka erlitten hatte, waren ausgewischt. Das Leiden als religiöse Kraftquelle hatte im Islam keinen Platz mehr.

ʻUmar fiel unter der Mörderhand eines rachsüchtigen Sklaven. Sein Nachfolger war ʻUthmān ibn ʻAffān, (reg. 644 - 567). Seine Nominierung war die Entscheidung eines aus sechs Personen bestehenden Kollegiums von Wahlmännern, das ʻUmar kurz vor seinem Tod eingesetzt hatte. Unter seiner Regierung wurden die Eroberungen im Osten abgerundet; die Unterwerfung Armeniens führte die Araber bis an den Kaukasus. In Ostiran wurde eine Linie erreicht, die Teile des heutigen Afghanistan und Belutschistan einschloß. Innenpolitisch war ʻUthmān weniger glücklich. Der Versuch, die herkömmliche Stammesgliederung durch eine straffe zentrale Organisation zu ersetzen, war zum Scheitern verurteilt und führte zu Unruhen. Man warf dem Kalifen außerdem Bevorzugung seiner Familie bei der Verteilung von Staatsämtern vor. Die auf seine Veranlassung vorgenommene Redaktion des Korans, Sammlung und Ordnung dessen, was Muḥammad hinterlassen hatte, war Teil der geplanten Zentralisierung und erregte den Unmut der „Koranleser" (qurrā'), die sich als die berufenen Hüter von Muḥammads Erbe betrachteten und ihre Privilegien gefährdet sahen. Unruhen flackerten zuerst im Irak auf und griffen auf Ägypten über. Die Aufrührer zogen nach Medina, ʻUthmāns Haus wurde regelrecht belagert. Schließlich drang eine Schar in das Haus ein und ermordete den Kalifen, während dieser, wie die Überlieferung will, im Koran las. Truppen aus Syrien, die den Kalifen im Auftrag seines Stammesgenossen Muʻāwiya retten wollten, kamen zu spät. ʻUthmāns Tod war ein Wendepunkt in der Geschichte des Islams; in der Mordtat und als ihre Folge trat ein Dissens zutage, der nie mehr beigelegt werden konnte.

Die Nachfolge trat Ali (ʻAlī ibn Abī Ṭālib, reg. 656 - 61) an, ein Vetter des Propheten und Gemahl der Fāṭima, Muḥammads Tochter, die ihn als einziges seiner Kinder überlebte. Ali war als Muslim ein Mann der ersten Stunde. Er hatte sich erst spät zur Anerkennung Abū Bakrs durchgerungen und stand weder mit ʻUmar, noch mit ʻUthmān auf bestem Fuß. Seine Wahl wurde von Muʻāwiya, dem Statthalter von Syrien, angefochten, weil sie durch eine Minorität erfolgt sei. In Medina hatte er eine Reihe von prominenten Gegnern, darunter A'ischa (ʻĀ'isha), Muḥammads favorisierte Gemahlin, ferner Ṭalḥa und Zubair. Um den Rivalitäten in Medina zu entgehen, verließ Ali den Hedschas und machte Kufa zu seiner Residenz. Seine Gegner brachten ein Heer gegen ihn zusammen, erlitten jedoch 656 in der „Kamelschlacht" (weil A'ischa in einer Kamelsänfte zugegen war) im südlichen Irak eine Niederlage. Ali wandte sich im folgenden Jahr gegen Muʻāwiya, der ihm das Kalifat streitig machte, weil er nicht streng genug gegen ʻUthmāns Mörder vorging. Auf dem Marsch nach Syrien traf Ali bei Siffin (am rechten Euphratufer, ca. 160 km Luftlinie südöstlich von Aleppo) auf Muʻāwiya und dessen Heer. Der Kampf wurde eingestellt, als eine Seite die Einsetzung eines Schiedsgerichts zur Beilegung des Streits forderte. Aus Protest gegen die Waffenruhe verließ ein Teil von Alis Anhängern den Kampfplatz; sie „zogen (aus dem

Heer) aus" (kharaja) und erhielten daher den Namen Kharidschiten. Daraus entstand neben Sunniten und Schiiten eine dritte islamische Konfession, die zeitweise eine große Anhängerschaft hatte und in den Randgebieten, z.B. in Nordafrika, wo sie an der Verbreitung des Islams wesentichen Anteil hatte, heute noch zu finden ist.

Da das in Siffin eingesetzte Schiedsgericht zu keinem Ergebnis kam, blieb das Kalifat zwischen Ali und Mu'āwiya gespalten. Ali siegte über die Kharidschiten 658; dann blieben ihm nur noch wenige Jahre. 661 wurde er in Kufa auf dem Weg zur Moschee von einem Kharidschiten ermordet.

Die Frage nach dem rechtmäßigen Führer (imām) spaltet die islamische Welt bis heute. Während die Sunniten das Kalifat als Wahlamt innerhalb des Stammes Quraisch betrachten, reservieren die Schiiten, die „Partei" (shī'a) Alis, das Imamat den leiblichen Nachkommen des Propheten durch Ali und Fāṭima. Von deren beiden Söhnen verzichtete Hasan (al-Ḥasan ibn 'Alī) auf den Thron, während Husain (al-Ḥusain ibn 'Alī) im Jahr 680, nach Mu'āwiyas Tod, mit einem kleinen Trupp auszog, um seine Ansprüche geltend zu machen. Bei Kerbela, ca. 80 km nordwestlich von Nadschaf, wurde er von den Soldaten, die Mu'āwiyas Nachfolger Yazid (Yazīd ibn Mu'āwiya) gegen ihn ausgesandt hatte, überwältigt und mitsamt seinen Gefährten niedergemetzelt. Die Schiiten in Persien gedenken dieses Ereignisses in ausgedehnten Trauerzeremonien jährlich am *'ashūrā'*-Tag. Nach Husains Tod traten aus seiner Nachkommenschaft immer wieder Prätendenten auf; viele von ihnen sind von den Omaiyaden und Abbasiden durch Mord aus dem Weg geräumt worden. Ihre Gräber im Irak (Nadschaf, Kerbela, al-Kazimain) und in Persien (Qum, Meschhed) sind zu wichtigen schiitischen Heiligtümern geworden. Aus dem Streit um die Führung im Islam, der am Anfang stand, hat sich die Schia zu einer Konfession entwickelt, die in der Theologie, weniger im Ritual, eigene Wege geht, in mehrere Zweige aufgespalten und im Laufe der Geschichte mit wechselndem Erfolg politisch tätig geworden ist.

1.3 Das Kalifat: Omaiyaden und Abbasiden

Nach Alis Ermordung war Mu'āwiya als Kalif fest etabliert. Er war seit 641 Statthalter von Syrien mit Sitz in Damaskus gewesen und behielt diesen auch als Kalif bei. Damit war Medina, das bereits Ali verlassen hatte, als politisches Zentrum des islamischen Weltreiches endgültig ausgeschaltet. Dort saßen nun die Frommen, die sich als Hüter des prophetischen Vermächtnisses verstanden und das Treiben der neuen Machthaber, die sich dem Islam erst spät angeschlossen hatten und als Opportunisten galten, mit scharfer Kritik verfolgten.

Mu'āwiya setzte die Eroberungspolitik seiner Vorgänger fort. Konstantinopel wurde zweimal vergeblich belagert, die Grenze gegen Anatolien kam erst im 11. Jahrhundert wieder in Bewegung. Dagegen begann um 670 die Eroberung des westlichen Teils von Nordafrika bis an die Atlantikküste, doch konnten die Araber sich gegen den Widerstand der Berber nur langsam durchsetzen. Innenpolitisch hatte Mu'āwiya bemerkenswerte Erfolge. Er kann als der eigentliche Gründer des islamischen Reiches gelten. Mit der Anerkennung seines Sohnes Yazid (reg. 680 - 83) als Thronfolger war das dynastische Prinzip durchgesetzt und die Herrschaft der Omaiyaden gesichert. Jedoch brach im Hedschas gleich nach Yazids Herrschaftsantritt ein Aufstand aus. Yazid schickte ein Heer, das Mekka belagerte, wobei die Kaaba in Flammen aufging. Yazids Sohn Mu'āwiya (Mu'āwiya ibn Yazīd) starb wenige Monate nach der Thronbesteigung; die Regierung ging an die Marwaniden, einen anderen Zweig der Omaiyaden, über, die bis zum Ende der Dynastie 750 die Kalifen stellten.

Der unter Yazid ausgebrochene Bürgerkrieg, der die Errichtung eines Gegenkalifats in Mekka zur Folge hatte und auf andere Teile des Reiches übergriff, konnte erst von Marwāns Sohn 'Abd al-Malik (reg. 685 - 705) nach mehr als sechsjährigem Kampf beendet werden. 'Abd al-Malik führte eine Reihe von Reformen durch; das Arabische wurde zur Kanzleisprache erhoben, das

Münzwesen islamisiert, das Postwesen verbessert. Mit der Errichtung des Felsendoms auf dem Tempelplatz in Jerusalem wurde die Geschichte der islamischen Architektur glanzvoll eröffnet.

Nachdem die innere Einheit wiederhergestellt war, erhielten die Eroberungen neuen Antrieb. Unter al-Walīd (reg. 705 - 15) gelangen bedeutende Gebietsvermehrungen im Westen und im Osten. Nach der endgültigen Befriedung Nordafrikas überquerten die Araber, von Berbern unterstützt, im Jahr 711 die Meerenge von Gibraltar und bereiteten dem Westgotenreich in Spanien ein rasches Ende. Mit Ausnahme eines schmalen Küstenstreifens im Norden wurde die ganze Iberische Halbinsel besetzt; die Araber drangen über die Pyrenäen in Südfrankreich ein und besetzten Teile von Aquitanien, was durch den Niedergang der Merowinger begünstigt wurde. Der Vorstoß nach Norden scheiterte 732 in der berühmten Schlacht von Tours und Poitiers, wo Karl Martell die Araber besiegte. Später wurden sie über die Pyrenäen zurückgedrängt. In Spanien setzte sogleich nach der Besetzung durch die Araber vom Norden her die *Reconquista* ein, die nach langen und wechselvollen Kämpfen 1492 mit der Vertreibung der Nasriden von Granada endete.

Dauernder Erfolg war den Arabern im Osten beschieden, wo sie zur gleichen Zeit, da Ṭāriq ibn Ziyād nach Spanien übersetzte, den Vorstoß nach Indien und Zentralasien begannen. Am Indus wurde das Emirat Multan, die Keimzelle der islamischen Herrschaft in Indien, gegründet. Unter Qutaiba ibn Muslim wurden die dem Nordosten Persiens benachbarten Teile Turkestans erobert; damit war eine Ausgangsbasis für die Islamisierung der Türken geschaffen. Im Gegensatz zu Spanien fehlte im Osten eine Macht, die den Arabern auf Dauer wirksamen Widerstand hätte leisten können. Der Norden Indiens war nach dem Untergang des Gupta-Reiches in zahlreiche Kleinstaaten zerfallen; in Turkestan griffen die Araber zu einem Zeitpunkt ein, da China, das seine Herrschaft über dieses Gebiet ausgedehnt hatte, sich in einem Zustand der Schwäche befand.

Die Omaiyaden waren Araber und regierten ein arabisches Reich. Die Zugehörigkeit zum Islam war mit der Zugehörigkeit zum Arabertum identisch. Ein Nichtaraber, der zum Islam übertrat, mußte sich einem arabischen Stamm anschließen und gehörte damit zu den Klienten (mawālī). Die Muslime herrschten als Kriegerkaste über eine Bevölkerung, die in der Ausübung ihrer überkommenen Religion frei war, sofern sie sich zu einer ,,Buchreligion", Judentum, Christentum oder Zoroastrismus, bekannte. Sie genoß den Schutz der Muslime, zahlte neben der Grundsteuer (kharāj) für das beackerte Land eine Kopfsteuer (jizya) und war, da nicht im Besitz der vollen Bürgerrechte, vom Wehrdienst ausgeschlossen. Ziel der militärischen Unternehmungen war nicht so sehr die Ausbreitung des Islams als Religion, als vielmehr die Errichtung der arabisch-islamischen Herrschaft. Dabei blieb die hergebrachte Stammesgliederung der Araber weitgehend erhalten, obwohl der Islam an die Stelle des Stammes und der Blutsverwandtschaft die Zugehörigkeit zur Gemeinschaft der Gläubigen gesetzt hatte. Das Verharren im überkommenen Denken hatte zur Folge, daß die alte Rivalität zwischen Nord- und Südarabern nicht überbrückt wurde; sie beherrschte das politische Leben und führte schließlich den Sturz der Omaiyaden herbei.

Der Widerstand gegen die Omaiyaden formierte sich zuerst in Nordostpersien, wo Propaganda für die Abbasiden, Nachkommen des Abbas (ʿAbbās), eines Onkels des Propheten Muḥammad, betrieben wurde. Die Abbasiden gewannen die Unterstützung der Schiiten, denen sie die Förderung eines alidischen Prätendenten, eines Nachkommens Alis aus der Ehe mit Fāṭima, vorgaukelten. Eine andere, noch größere Gruppe von Unzufriedenen waren die *mawālī*; sie waren zwar Muslime, fühlten sich aber den geborenen Arabern gegenüber benachteiligt und drängten auf Teilhabe an der Herrschaft. Während ihre Erwartungen von den Abbasiden voll erfüllt wurden und sich das arabische Reich relativ rasch in ein islamisches Weltreich kosmopolitischen Zuschnitts wandelte, mußten die Schiiten enttäuscht werden. Sie fanden sich teils mit dieser Wendung ab und nahmen in der Politik eine quietistische Haltung ein, teils setzten sie ihren Widerstand fort und strebten zur Macht.

Zur abbasidischen Propaganda gehörte auch die Verleumdung der Omaiyaden. Der Titel von

Kalifen wurde ihnen abgesprochen, ihre Herrschaft als ,,Königtum" (mulk) bezeichnet, wobei ihnen unterstellt wurde, sie hätten ein autokratisches Regiment geführt und die islamische Staatsverfassung mißachtet. Demgegenüber beriefen die Abbasiden sich auf das Erbe der *rāshidūn*, der ,,rechtgeleiteten Kalifen", und brachten den Anbruch eines neuen Zeitalters auch durch die Annahme von Thronnamen, die chiliastischen Charakter hatten, zum Ausdruck: al-Manṣūr, ,,der Siegreiche" (754 - 75), al-Mahdī, ,,der Rechtgeleitete" (775 - 85), al-Hādī ilā l-Ḥaqq, ,,der zu Gott hinführt" (785 - 86) und Hārūn ar-Rashīd, ,,Harun, der Rechtgeleitete" (786 - 809) usw. Später trugen sie Namen, die sie in eine besondere Beziehung zu Gott setzen oder als Instrument des göttlichen Willens ausweisen sollten. Das Kalifat galt in der Theorie als Wahlamt, *de facto* ernannten die Abbasiden aber Kronprinzen und ließen diese durch Akklamation bestätigen. Die Kalifen hatten nach Auffassung der Theoretiker eine zweifache Aufgabe, nämlich Schutz der Religion und Leitung der Angelegenheiten der Welt, und sie setzten alles daran, dieser doppelten Funktion gerecht zu werden.

Die Abbasiden verlegten den Sitz der Regierung nach dem Irak, weil dort ihre Anhängerschaft saß. Ausdruck des neuen Machtverständnisses war die Gründung der Stadt Bagdad im Jahr 762 in Form einer kreisrunden Anlage, in deren Mittelpunkt die Moschee und der Kalifenpalast lagen. Die vier Tore wiesen nach den vier Himmelsrichtungen. Dies symbolisiert universale Herrschaft. Da Bagdad am Schnittpunkt wichtiger Fernstraßen lag, entwickelte es sich schnell zu einer blühenden Stadt und hat seine Bedeutung bis heute behalten, wenn auch von der aus luftgetrockneten Lehmziegeln erbauten Rundstadt mit dem programmatischen Namen ,,Madīnat as-salām" (Friedensstadt) nichts mehr zu finden ist.

Die Glanzzeit der Abbasiden währte kaum hundert Jahre. Nach Hārūn ar-Rashīds Tod brachen Kämpfe um die Nachfolge aus, die erst nach Amīns Tod (reg. 809 - 13) beigelegt wurden. Unter al-Ma'mūn (reg. 813 - 33) nahmen die arabischen Wissenschaften durch die Gründung einer Akademie, in der auch die Werke der Griechen ins Arabische übersetzt wurden, einen bedeutenden Aufschwung. Aber schon al-Mu'taṣim (833 - 42) war wegen innerer Schwierigkeiten gezwungen, die Residenz nach dem neugegründeten, monumental angelegten Samarra zu verlegen. Jedoch kehrten die Kalifen schon 861 nach Bagdad zurück; Samarra wurde dem Verfall anheimgegeben.

Da Spanien, wohin sich der letzte Omaiyade nach dem von den Abbasiden veranstalteten Massaker begeben hatte, außerhalb des Abbasiden-Reiches blieb, umfaßte dieses schon von Anfang an nicht mehr die gesamte islamische Ökumene. Schon früh entstanden in Nordafrika die *de facto* selbständigen Staaten der Idrisiden (788 - 985) und Aghlabiden (800 - 909); letztere eroberten ab 827 Sizilien. In Ägypten und Syrien etablierten sich die Tuluniden (868 - 905). Im Osten setzte im 9. Jahrhundert eine ähnliche Entwicklung ein: Zu nennen wären neben anderen, weniger bedeutenden die Tahiriden (820 - 72), Saffariden (867 - 903) und Samaniden (874 - 999), letztere in Ostpersien, Transoxanien und einem Teil des heutigen Afghanistan. Die meisten von diesen Herrschern erkannten den Kalifen in Bagdad wenigstens nominell an; sie erhielten ein Bestallungsdiplom des Kalifen, erwähnten dessen Namen in der Kanzelpredigt (khuṭba) während des Freitagsgottesdienstes und setzten ihn auf die Münzen. Anders verhielt es sich mit den Fatimiden, die Anfang des 10. Jahrhunderts einen Staat in Nordafrika mit dem Zentrum in Mahdia (an der Ostküste Tunesiens) gründeten, 969 Ägypten eroberten und von dort aus nach Syrien und auf die Arabische Halbinsel übergriffen. Sie waren Schiiten und erkannten die Abbasidenkalifen nicht an. In Kairo, das sie neben dem alten al-Fusṭaṭ neu gegründet hatten, errichteten sie die Hochschule (madrasa) der al-Azhar-Moschee als ideologisches Zentrum und sandten Werber zur Verbreitung der Schia in die ganze islamische Welt. Weniger radikal als die Fatimiden waren die iranischen Buyiden. Sie eroberten in der ersten Hälfte des 10. Jahrhunderts den mittleren und westlichen Iran (Rey, Schiraz, Hamadan), drangen von dort nach dem Irak vor und eroberten Bagdad, wodurch sie die Herrschaft über das Kalifat erlangten. Sie waren Schiiten, ließen das Abbasidenkalifat aber bestehen, wenngleich sie es jedes politischen Einflusses beraubten, mißliebige Kalifen entfernten und willfährige an ihre Stelle setzten.

Die Buyiden waren die letzten iranischen Herrscher von einiger Bedeutung in Persien und den angrenzenden Gebieten. Die Zukunft gehörte den Türken. Wie die Germanen in Rom, sickerten sie als Söldner ein und wurden zu Staatsgründern. Den Anfang machten die Ghaznawiden in Transoxanien und Ostpersien. Maḥmūd von Ghazna (reg. 998 - 1030) unternahm eine Reihe von Raubzügen nach Indien und bereitete damit der Errichtung der islamischen Herrschaft in diesem Gebiet den Weg. Nach Westen hin bedrängten die Ghaznawiden, strenge Sunniten, die schiitischen Buyiden und trugen zu deren Niedergang nicht wenig bei.

Größere Bedeutung für den Islam hatte das türkische Großreich der Seldschuken. Sie kamen aus Zentralasien, waren schon in ihren Stammsitzen islamisiert worden und eroberten ab etwa 1030 in schnellem Siegeszug Transoxanien und ganz Persien; 1055 nahmen sie Bagdad ein, machten der Buyidenherrschaft ein Ende und drangen vorübergehend bis zum Mittelmeer vor. In der Schlacht bei Manzikert am Van-See besiegten sie 1071 die Byzantiner und besetzten den größten Teil Anatoliens; damit erreichten sie, was den Arabern seit den frühen Eroberungen verwehrt geblieben war. Der Sieg über Byzanz und die vorübergehende Besetzung Jerusalems war der unmittelbare Anlaß für die Kreuzzüge. Diese waren Teil und Fortsetzung der Gegenbewegung gegen die Araber in Europa, die in Spanien mit der *Reconquista* begonnen und im 11. Jahrhundert zur Rückeroberung Siziliens durch die Normannen geführt hatte. Am östlichen Mittelmeer entstand von Edessa (heute Urfa in der südlichen Türkei, am Oberlauf des Euphrat) bis hinunter nach Elat am Roten Meer eine Kette von Kreuzfahrerstaaten. Der Grafschaft Edessa wurde schon 1146 durch die Seldschuken ein Ende bereitet. Die Herrschaft der Kreuzfahrer in Palästina stürzte aber nicht durch die Seldschuken, sondern durch die Aiyubiden (1169 - 1250) von Ägypten, die unter dem berühmten Saladin (Ṣalāḥ ad-Dīn 1169 - 93) das morsch gewordene Regime der Fatimiden beseitigt hatten und deren Nachfolge auch in Palästina und Syrien antraten. So blieben die Kreuzfahrer aus islamischer Sicht eine Randerscheinung, ohne Bedeutung für die im Irak und in Iran gelegenen Machtzentren des Islams.

Das seldschukische Reich zerfiel schon bald in eine Reihe von Kleinstaaten. Sie wurden eine leichte Beute der Mongolen, eines Reitervolkes der Steppe, das durch seine Eroberung eine Macht von weltgeschichtlicher Bedeutung wurde. Sie beherrschten bei Dschingis-Khans Tod 1227 ein Gebiet, das vom Dnjestr bis zum Gelben Meer reichte; zwar scheiterte der Vorstoß nach Mitteleuropa 1241 in der Schlacht bei Liegnitz, doch war ihnen im Mittleren Osten ein großer Erfolg beschieden. Sie eroberten den iranischen Raum und Teile Nordindiens, 1258 den Irak und Bagdad. Der Kalif al-Mustaʿṣim (reg. 1242 - 58) wurde ermordet, das Kalifat, das mehr als sechs Jahrhunderte lang das Symbol des islamischen Staates sunnitischer Prägung gewesen war, kam zu einem Ende.

2. Islamische Reiche (1300 - 1798)

2.1 Periode des Übergangs: Vom Untergang der Abbasiden bis zum 16. Jahrhundert

Den Abbasiden von Bagdad war nach dem Untergang ein Nachleben in Ägypten beschieden, wohin der Mamlukensultan Baibars (reg. 1260 - 77) sie berief, um seiner usurpierten Herrschaft den Anstrich der Legitimität zu geben. Man hat diese Epoche die des „Scheinkalifats von Kairo" genannt, was insofern richtig ist, als die Kalifen außerhalb des Herrschaftsbereichs der Mamluken nicht mehr anerkannt wurden. In Bagdad waren sie auch längst entmachtet worden, zunächst durch die Buyiden, dann durch die Seldschuken, doch war der universale Anspruch noch dadurch gewahrt geblieben, daß ihre Namen, wenn auch nicht immer und überall, doch in großen Teilen der islamischen Welt im Kanzelgebet und auf den Münzen erwähnt und *pro forma* Bestallungsurkunden für die Provinzherrscher ausgestellt wurden. Als die Osmanen 1517 Ägypten eroberten, hörte das Abbasidenkalifat ganz auf. Die islamische Welt hatte sich längst damit abgefunden, ohne Kalifen zu leben. Wenn fortan ein Herrscher Kalif genannt wurde, war dies ein reiner Ehrentitel, der außerhalb des jeweiligen Herrschaftsbereichs keine formaljuristische Bedeutung hatte.

Die Mamluken waren, wie der Name sagt, als gekaufte Sklaven (mamlūk) türkischer oder tscherkessischer Herkunft nach Ägypten gekommen, waren dort islamisiert und arabisiert worden und besetzten wichtige Posten im Heer und in der Verwaltung; 1250 stürzten sie die Aiyubiden und stellten den Herrscher (Sultan). In der Zeit der Baḥrī-Mamluken (die ihren Sitz auf der Nilinsel Rauda bei Kairo hatten) war der Thron erblich; in der Zeit der Burjī-Mamluken (nach der Zitadelle von Kairo, *burj*, benannt, wo sie zuerst ihren Sitz hatten) wurde der Sultan gewählt (1382 - 1517). Als Nachfolger der Aiyubiden traten die Mamluken auch deren Erbe in Syrien und auf der Arabischen Halbinsel an. Von weitreichender Bedeutung war ihr Sieg über die Mongolen bei Ain Jalut (Goliathsquell, heute En-Harod, nordwestlich von Bethshean), wodurch die Mongolen, die hier im Bereich des Islams zum ersten Mal eine Niederlage erlitten, am Vorstoß zum Mittelmeer gehindert wurden. Unter dem eben schon genannten Baibars begann die Liquidierung der Reste der Kreuzfahrerstaaten. Das Fürstentum Antiochien fiel 1268, gegen Ende des 13. Jahrhunderts die Küstenstädte Akko, Tyrus, Sidon, Beirut und Tortosa. Im 14. Jahrhundert konnten die Mamluken weitere große Erfolge erringen: Timur konnten sie von ihren Gebieten fernhalten; 1336 eroberten sie Dongola, das den Arabern seit dem 7. Jahrhundert widerstanden hatte; der Weg nilaufwärts in den Sudan lag nun offen. Im Norden gelang ihnen 1375 die Einverleibung des Königreiches Klein-Armenien, das nach dem Untergang des armenischen Reiches als Folge des seldschukischen Sieges bei Manzikert 1071 gegründet worden war und in der Kreuzfahrerzeit eine wichtige Rolle als Verbündeter der abendländischen Mächte gespielt hatte.

Ägypten war schon in der Fatimidenzeit Durchgangsland für den Handel zwischen dem Orient und Europa geworden. Auch die Mamluken standen in enger Beziehung mit dem Westen und schlossen Handelsverträge mit verschiedenen europäischen Staaten ab, doch erlitt der Warenverkehr starke Einbußen, als in Ägypten staatliche Handelsmonopole eingerichtet wurden. Nach der Entdeckung des Seewegs um Afrika durch Vasco da Gama nahm der Handel andere Wege; Ägypten lag nun abseits und teilte das Schicksal des wirtschaftlichen Niedergangs mit Venedig. Auch die landwirtschaftliche Produktion erlitt starke Einbußen durch die Errichtung mamlukischer Latifundien. Das mamlukische Militärwesen war verglichen mit dem der Osmanen technisch rückständig, so daß es Selim I. (1512 - 20) ein leichtes war, die Gebiete am östlichen Mittelmeer unter seine Herrschaft zu bringen.

Der Mamlukenstaat sorgte am östlichen Mittelmeer für politische Stabilität, im Gegensatz zum Osten und Westen, wo die Zeit bis zum 16. Jahrhundert manchen Wechsel brachte. Nordafrika war außerhalb des Herrschaftsbereichs der Mamluken geblieben. Schon im 10. Jahrhundert, als die Fatimiden ihr Zentrum nach Ägypten verlegt hatten, hatte Nordafrika begonnen, eigene Wege zu gehen. Im 11. Jahrhundert entstand im Gefolge einer fundamentalistischen islamischen Bewegung das Reich der Almorawiden (1056 - 1147), das seinen Namen von einer Grenzfestung oder Klause (ribāṭ, daraus al-murābiṭūn) in Westafrika ableitete und in kurzem ein Gebiet umfaßte, das vom Mittelmeer bis zum Senegal, im Osten bis in die Cyrenaika reichte. Ab 1086 brachten die Almorawiden das ganze islamische Spanien unter ihre Herrschaft. Nach dem Untergang der spanischen Omaiyaden waren ab 1010 arabische Lokalherrscher (mulūk aṭ-ṭawā'if) an deren Stelle getreten; da sie dem Druck der *Reconquista* nicht standhalten konnten, hatten sie sich an die neue Großmacht in Afrika um Hilfe gewandt. Den Almorawiden war keine lange Dauer beschieden; das Berbertum neigte von jeher zum Partikularismus und zur Zersplitterung.

Sie wurden von den Almohaden, einer messianischen Bewegung, abgelöst. Der Name bedeutet wörtlich ,,Bekenner der Einheit Gottes" (al-muwaḥḥidūn). Sie traten die Nachfolge der Almorawiden in Afrika und Spanien an und waren zeitweise mit den Mamluken verbündet. Am Hof in Marrakesch blühten die Künste und Wissenschaften; Philosophen wie Ibn Ṭufail und Ibn Rushd (Averroes), der für die Scholastik in Europa von größter Bedeutung werden sollte, waren dort tätig. Aber auch das Reich der Almohaden war nicht von langer Dauer; schon 1212 waren sie gezwungen, sich aus Spanien zurückzuziehen. Ihre Nachfolge in Marokko traten die Mariniden (1195 - 1470) und Watasiden (1470 - 1550) an, in Tunesien und im östlichen Algerien die Hafsiden (1228 - 1534).

Nach den Almohaden konnte Nordafrika zu keiner politischen Einheit mehr finden. Daher hatten die Muslime in Spanien im Maghreb keinen Rückhalt mehr. Mit dem Fall der Nasriden von Granada 1492, im gleichen Jahr, da Kolumbus Amerika entdeckte, war die Herrschaft der Araber in Spanien zu Ende. Im Zusammenwirken von Muslimen und Juden hatte sich eine glänzende Kultur entwickelt. Seit dem 11. Jahrhundert strömten Gelehrte aus dem christlichen Europa in die im Zuge der *Reconquista* zurückeroberten Gebiete und eigneten sich die arabische Philosophie und Naturwissenschaften an. Neben dem ehemals arabischen Spanien war Sizilien der Raum, in dem sich der Austausch zwischen Orient und Europa vollzog und wichtige Werke der Antike durch das arabische Medium dem Abendland bekannt wurden. Dies trug wesentlich zum Heraufkommen von Humanismus und Renaissance bei und schuf die Grundlagen für die Entwicklung von Wissenschaft und Technik, worin Europa seine Lehrmeister bald übertraf.

2.2 Die Mongolen und ihre Nachfolger

Bunt wie im Westen gestalteten sich auch die Verhältnisse in der östlichen islamischen Welt, wenn auch mit anderen Ergebnissen. Nach Dschingis-Khans Tod 1227 wurde das Mongolenreich unter dessen vier Söhnen geteilt: Jotschi bzw. dessen Sohn Batu erhielt den westlichen Teil, Südrußland eingeschlossen; Tschagatai fiel Transoxanien und Chinesisch-Turkestan zu; Ögädai wurde Groß-Khan, während Tului die Mongolei erhielt. Tuluis Söhne Möngke und Kubilai wurden nach Ögädais Tod Groß-Khane mit Sitz zunächst in Karakorum, dann in Peking. Die Mongolen waren ursprünglich Schamanisten, doch hatte das nestorianische Christentum bei ihnen bereits Eingang gefunden, als sie zu ihren Eroberungen aufbrachen. Auf die Dauer konnte sich das Christentum nicht halten. In China schlossen die Mongolen sich dem Buddhismus an. Im westlichen Teil des Reiches setzte sich der Islam durch, was zur Folge hatte, daß die Mongolen zu einem Instrument der Verbreitung des Islams in Gebieten wurden, die von den frühen arabischen Eroberungen nicht erreicht worden waren.

Nach dem Sieg über die Russen und Kumanen 1223 war die Grundlage für das spätere Reich der Goldenen Horde (Altun Ordu) geschaffen. Es erstreckte sich vom Dnjestr bis zum Aralsee und hatte sein Zentrum in Alt- und Neu-Sarai im Mündungsgebiet der Wolga. Als die Vorherrschaft der Groß-Khane in der zweiten Hälfte des 13. Jahrhunderts beendet war, entwickelte sich das Reich der Goldenen Horde selbständig weiter und stand später in ständigen Auseinandersetzungen mit dem aufstrebenden Moskauer Staat. Im 15. Jahrhundert spalteten sich die Khanate Kasan, Astrachan, Sibirien und die Krim ab; Moskau wurde 1480 unabhängig. Von diesen Khanaten wurde das der Girai auf der Krim das bedeutendste; 1783 wurde es von den Russen erobert.

Von relativ kurzer Dauer, aber wegen seiner Lage im Zentrum des Islams von großer Bedeutung, war der Staat der Ilkhane, Nachkommen von Kubilais Bruder Hülägü (reg. 1256 - 65). Letzterer eroberte den Iran und Bagdad und bereitete dem Abbasidenkalifat ein Ende. Der Vorstoß nach Syrien scheiterte an den Mamluken. Die Herrschaft der Ilkhane erstreckte sich über den ganzen Iran, den Irak, den Kaukasus und Anatolien. Nach langem Schwanken zwischen Buddhismus, Christentum und Islam fiel unter Gazan Khan (reg. 1295 - 1304) die Entscheidung für den

Islam. Kulturell wurden die Ilkhane relativ schnell iranisiert. In den Hauptstädten Tabriz und Maragha entwickelte sich, besonders auf dem Gebiet der Naturwissenschaft und der Geschichtsschreibung, ein reiches wissenschaftliches Leben.

Die Mongolen waren als Herren eines viele Kulturen umfassenden Großreiches dazu prädestiniert, als Vermittler zu wirken. Unter den Ilkhanen in Persien öffnete sich den Muslimen der Blick über die Grenzen des Islams hinaus auf die Geschichte und Kultur fremder Völker und Gebiete. Mit der Hinwendung der Ilkhane und anderer mongolischer Teilreiche zum Islam wurden aber auch die Erwartungen des christlichen Abendlandes, in den Mongolen Verbündete gegen den Islam zu gewinnen, enttäuscht.

Das Reich der Ilkhane hatte eine letzte Blüte unter Abū Sa'īd (reg. 1317 - 36). Dann setzte als Folge innerer Schwierigkeiten ein schneller Verfall ein. Es entstand eine Reihe von Nachfolgestaaten, von denen die bedeutendsten der Staat der Muzaffariden (1314 - 93) in Südpersien und der Staat der Dschala'iriden (1336 - 1432) im Irak, Kurdistan und Azerbaidschan waren.

Einen Anlauf zur Neugründung des Mongolenreiches unternahm Timur (reg. 1370 - 1405). Er behauptete, von Dschingis-Khan abzustammen und unternahm von Transoxanien aus Feldzüge, die ihn bis nach Moskau und Astrachan auf der einen und Indien auf der anderen Seite führten. Sein Sieg über Bayezid I. bei Ankara 1402 versetzte den aufstrebenden Osmanen einen empfindlichen Schlag. Timurs Kriegszüge waren von entsetzlichen Massakern begleitet. Blühende Städte sanken in Trümmer, weite Landstriche verödeten. Vor allem die christliche Bevölkerung wurde dezimiert; wenn sich die kirchliche Organisation dank der vom Islam gewährten Toleranz über lange Zeit hatte halten können und dies naturgemäß nicht ohne Verluste abgegangen war, so wurde ihr jetzt der Todesstoß versetzt. Andererseits versuchte Timur überall, der Gelehrten und Künstler habhaft zu werden; sie wurden nach Samarkand, seiner Haupt- und Residenzstadt, geschickt, die zu einem kulturellen Zentrum von hohem Rang ausgebaut wurde. Noch heute zeugen prächtige und monumentale Gebäude, darunter Timurs Mausoleum, Moscheen und Medressen von dem Bauwillen dieses Herrschers und seinem Mäzenatentum für Kunst und Wissenschaften.

Vor seinem Tod teilte Timur das Reich unter seinen Söhnen. Mirānshāh (reg. 1404 - 9) erhielt das westliche Persien und den Irak, Shāh Rukh (reg. 1405 - 47) das östliche Persien (Khurasan) und Transoxanien. Mirānshāhs Gebiet wurde 1415 dem Erbe Shāh Rukhs zugeschlagen, so daß dieser über das ganze Gebiet seines Vaters herrschte. Nominell reichte seine Oberhoheit bis nach Indien und China. Nach Shāh Rukhs Tod gingen die westlichen Gebiete an die Turkmenenherrscher vom ,,Schwarzen Hammel" (Qara Qoyunlu) verloren. Ihr Sitz war seit Ende des 14. Jahrhunderts Tabriz; die ethnische und sprachliche Türkisierung Azerbaidschans begann in dieser Zeit. Der Qara Qoyunlu-Herrscher Jahānshāh (reg. 1438 - 67) eroberte den Irak, Südpersien und Oman. Bald mußten die Qara Qoyunlu den Aq Qoyunlu (Turkmenen vom Weißen Hammel), die im Gebiet von Diyarbakır saßen, Platz machen: Uzun Ḥasan (reg. 1453 - 78), der als potentieller Verbündeter gegen die Osmanen auch im zeitgenössischen Europa bekannt war, siegte 1467 über Jahānshāh und brach durch den Sieg über Abū Sa'īd (reg. 1459 - 69) die Herrschaft der Timuriden in West- und Südpersien.

Das Reich der Timuriden erlebte in Ostpersien eine kulturelle Blüte, vor allem unter Ḥusain Baiqara (reg. 1469 - 1506). Mit einer kurzen Unterbrechung verlief seine Regierung friedlich. An seinem Hof in Herat (im westlichen Afghanistan) entfaltete sich ein reiches literarisches und künstlerisches Leben; bedeutende Dichter, Literaten und Historiker waren dort versammelt, Kalligraphie und Buchmalerei erreichten in der ,,Herater Schule" einen hohen Stand. Der Herrscher selbst dichtete in türkischer und persischer Sprache und verfaßte eine kleine Schrift über das Idealbild des muslimischen Fürsten.

2.3 Die drei Großreiche: Mogulkaiser, Safawiden und Osmanen

Die Timuriden in Iran waren die letzten Vertreter von Steppenvölkern, die im islamischen Bereich als Staatsgründer auftraten. Die Einführung von Feuerwaffen brachte diese Einbrüche zu einem Abschluß. Im 16. Jahrhundert entstanden drei Großreiche, das Osmanische Reich am östlichen Mittelmeer und auf dem Balkan, das Safawidenreich im iranischen Raum, und das Reich der Mogulkaiser in Indien.

Gründer des Mogulreiches war der Timuride Babur, väterlicherseits ein Nachkomme Timurs, mütterlicherseits ein Nachkomme Dschingis-Khans. Von Ferghana brach er zu Feldzügen auf, die ihn 1504 zum Herrn von Kabul machten. Nach dem Sieg über den Lodi-Sultan von Delhi bei Panipat 1526 fiel ihm ganz Nordindien zu. Baburs Sohn Humayun (reg. 1530 - 56) war jedoch gezwungen, in Persien Zuflucht zu suchen; erst kurz vor seinem Tod konnte er nach Indien zurückkehren und seine Herrschaft in Delhi und Agra festigen. Der eigentliche Gründer des Mogulreiches wurde Humayuns Sohn Akbar (reg. 1556 - 1605). Er dehnte die Herrschaft im Nordwesten auf Kabul und Kandahar aus; im Süden erstreckte sich das Reich bis Ahmednagar. Ein besonderes Problem bildete die hinduistische Bevölkerung, da der Hinduismus bei der Entstehung des Islams noch außerhalb des Horizonts der Araber gestanden hatte. Da an eine Massenbekehrung nicht zu denken war, mußte ihnen der Status von „Schriftbesitzern", der gleiche wie Juden, Christen u.a., zugestanden werden. Akbar ging noch einen Schritt weiter und propagierte im *Dīn-i ilāhī* („Gottesglauben") eine monotheistische Religion zur Überbrückung der Gegensätze. Wenn diese Bemühungen auf die Dauer auch nicht von Erfolg gekrönt waren, so gelang es Akbar doch, die religiös, ethnisch und sprachlich bunte Bevölkerung Indiens zusammenzuführen und am Staatsleben zu beteiligen. Unter Shāh Jahān (reg. 1628 - 58) geriet das Reich durch Mißwirtschaft an den Rand des Zusammenbruchs. Akbars Urenkel Auranzeb (reg. 1658 - 1701) verfolgte wieder eine unduldsame Politik; Schulen und Tempel der Hindus wurden zerstört, Hindus von öffentlichen Ämtern ausgeschlossen und Nichtmuslime wieder der Kopfsteuer (jizya) unterworfen. Die Sikhs, eine Anfang des 16. Jahrhunderts entstandene Reformbewegung, die Islam und Hinduismus auf der Grundlage des Monotheismus einigen wollte, wurden bekämpft. Innere Wirren und Angriffe von außen führten zum Zerfall des Reiches. Im Konkurrenzkampf der Kolonialmächte um den Besitz Indiens siegte England. Ab 1803 waren die Mogulherrscher nur noch Titularkaiser und Pensionäre der East-India Company. Nach der *Mutiny* von 1857 wurde Indien direkt der englischen Krone unterstellt und von einem Vizekönig verwaltet.

Die Safawiden in Persien führen sich auf Ṣafī ad-Dīn zurück. Dieser hatte Anfang des 14. Jahrhunderts in Ardabil in Azerbaidschan einen Mystikerorden gegründet, der unter Türken und Turkmenen großen Anhang gewann, im 15. Jahrhundert von der Sunna zur Schia überwechselte und militante Züge annahm. Shāh Ismāʿīl (reg. 1501 - 24) vertrieb die Aq Qoyunlu aus Azerbaidschan, machte Tabriz zur Hauptstadt und eroberte innerhalb eines Jahrzehnts ganz Persien. Von entscheidender Bedeutung für Persien war die zwangsweise Bekehrung der Bevölkerung zum schiitischen Bekenntnis; die Schia ist noch heute Staatsreligion in Persien, wodurch sich dieses Land von allen anderen islamischen Ländern unterscheidet. Persien war vorher durchaus sunnitisch gewesen, trotzdem setzte sich die Schia relativ rasch durch und wird heute als die Nationalreligion Persiens empfunden. Die Safawidenzeit kann auch sonst als der Beginn des modernen persischen Nationalstaates verstanden werden.

Erbfeinde der Safawiden waren im Norden die Uzbeken (Schaibaniden). Sie belästigten das Grenzgebiet durch Raubzüge, konnten aber keine dauernden Gebietsgewinne erzielen. Gefährlicher waren die Osmanen im Nordwesten, da sie technisch überlegen waren und als strenge Sunniten in einem ideologischen Gegensatz zu den Safawiden standen. Über die Niederlage der Perser bei Tschaldyran 1514 ist schon gesprochen worden. Die Perser verlegten 1529 die Hauptstadt nach Qazwin, da Tabriz ständig durch die Osmanen bedroht war. Das Reich erlebte eine Blüte unter Shāh ʿAbbās I. (reg. 1587 - 1629). Er führte eine straffe Zentralverwaltung ein und modernisierte das Heer. Im Kampf mit den Osmanen gelang ihm die Rückeroberung des Irak, der 1535 an die Türken verloren gegangen war. Im Nordwesten schob er die Grenze bis zum Kaukasus vor. Die Hauptstadt verlegte er nach Isfahan und schmückte die Stadt durch prächtige Bauten. Mit den europäischen Mächten stand er in einem regen diplomatischen Verkehr, doch kam es nicht zu koordinierten Aktionen gegen die Osmanen, den gemeinsamen Feind. Christliche Missionare konnten im Land eine begrenzte Tätigkeit entfalten. Der internationale Handel blühte, wobei die Engländer nach Vertreibung der Portugiesen die Führung übernahmen.

Das Verhältnis der Safawiden zu den Mogulkaisern war durch den Streit um das östliche Afghanistan bestimmt. Kandahar wechselte wiederholt den Besitzer. Im 17. Jahrhundert verfiel die Macht der Safawiden. Der Irak ging 1638 endgültig an die Osmanen verloren. Anfang des 18. Jahrhunderts erklärte der Statthalter von Afghanistan seine Unabhängigkeit; sein Sohn Maḥmūd eroberte 1722 Isfahan und besetzte den größten Teil Persiens. Die Safawiden konnten sich in einigen Teilgebieten bis zum Ende des 18. Jahrhunderts als nominelle Herrscher halten. Nadir Shah (Nādir Shāh) einigte noch einmal das Reich, nahm 1736 den Titel „Schah" an, unternahm Raubzüge nach Indien und vertrieb die Osmanen aus Azerbaidschan. Doch fiel er 1747 einem Mordanschlag zum Opfer. Seine Nachfolger konnten sich noch in Khurasan behaupten. In Schiraz etablierten sich die Zand (1750 - 94); sie nannten sich *wakīl*, d.h. „Bevollmächtigter" (nämlich des nominell regierenden Safawidenschahs). Diese Zwischenperiode ging zu Ende, als der Qajare Aghā Muḥammad Khān den Thron bestieg und Teheran zur Hauptstadt machte. In der internationalen Politik spielte Persien fortan eine wichtige Rolle, wenn auch hauptsächlich als Zankapfel zwischen England und Rußland, die dort ihre Interessen geltend zu machen suchten.

Von größerer Bedeutung als die Safawiden und Mogulkaiser für die islamische Welt und Europa waren die Osmanen. Nach dem Sieg der Seldschuken bei Manzikert 1071 war in Anatolien der Staat der Rum-Seldschuken mit den Zentren Konya und Kayseri entstanden. Während des Mongolensturms war dieser in Kleinstaaten zerfallen, von denen der des Ertogrul und seines Sohnes Osman im Nordwesten Anatoliens zur Keimzelle des Osmanenreiches geworden ist. Die Osmanen waren Grenzkämpfer, bei denen der Derwischorden der Bektaschi großen Einfluß hatte. Nach dem Ende der Ilkhanherrschaft in der ersten Hälfte des 14. Jahrhunderts konnten die Osmanen sich frei entfalten. Sie eroberten Bursa, das sie zu ihrer Hauptstadt machten und überquerten 1354 die Dardanellen. Große Teile des Balkans fielen ihnen innerhalb kurzer Zeit zu: 1389 siegten sie über die Serben auf dem Amselfeld, 1393 wurde Bulgarien erobert und die Walachei tributpflichtig, 1396 wurden die Ungarn bei Nikopolis geschlagen. Dem Rückschlag durch Timur folgte in der ersten Hälfte des 15. Jahrhunderts ein glänzender Aufstieg, der 1453 in der Eroberung Konstantinopels durch Mehmed II. „Fātiḥ", den Eroberer (reg. 1444 - 46 u. 1451 - 81), gipfelte. Mehmeds Versuch, in Italien Fuß zu fassen, scheiterte, ebenso konnten die Johanniter auf Rhodos eine türkische Belagerung abwehren. Der Peloponnes fiel den Türken 1460/61 zu, Trapezunt wurde 1462 erobert und damit der Rest der byzantinischen Herrschaft in Anatolien beseitigt. Im Jahr 1475 wurden die Girai auf der Krim, ein Nachfolgestaat der Goldenen Horde, den Türken tributpflichtig.

Innerhalb von kaum anderthalb Jahrhunderten waren die Osmanen zu einer Großmacht aufgestiegen und zu einem wichtigen Faktor in der europäischen Politik geworden. Das 16. Jahrhundert führte sie unter Selim I. (reg. 1512 - 20) und Süleyman dem Prächtigen (reg. 1520 - 66) auf den Gipfel ihrer Macht. Selim siegte, wie schon gesagt, 1514 bei Tschaldyran über die Safawiden; 1516/17 wurden die Mamluken besiegt, die Osmanen traten deren Nachfolge in Syrien, Ägypten und auf der Arabischen Halbinsel an. Mit der Eroberung Ägyptens war die Voraussetzung für das Vordringen in Nordafrika geschaffen; nur Marokko, wo sich 1511 die heute noch regierenden Scherifen, Nachkommen von Muḥammads Enkel Hasan, etabliert hatten, blieb außerhalb des Machtbereichs der Osmanen. Die arabischen Länder wurden Provinzen des Osmanenreiches und hatten keine eigene Geschichte mehr. Mesopotamien geriet in eine Randlage, Bagdad war schon nach dem Ende der Abbasiden eine unbedeutende Provinzstadt geworden. In Istanbul sammelten sich die materiellen und kulturellen Schätze des Reiches. Süleyman der Prächtige ordnete die Staatsverwaltung und kodifizierte das Recht. Zu Staatsämtern wurden auch nicht-türkische Muslime zugelassen; so gelangten ehemalige Christen, die als Kinder aus den eroberten Gebieten nach Istanbul verschleppt worden waren, in hohe Ämter, nachdem sie islamisiert und türkisiert worden waren. Die Nichtmuslime des Reiches waren, sofern sie einer geschützten Religionsgemeinschaft angehörten, in eigenen Gruppen (millet ,,Religionsgemeinschaft") organisiert und durch ihr Oberhaupt als Sprecher an der Hohen Pforte vertreten. Die wichtigsten europäischen Mächte unterhielten ständige Gesandtschaften in Istanbul. Seit 1535 stand Frankreich in einem Bündnis mit dem Osmanischen Reich und hatte sich in den ,,Kapitulationen" für seine Vertreter in Diplomatie und Handel Privilegien gesichert; später wurden solche Privilegien auch anderen europäischen Mächten verliehen.

Aus der Rückschau erscheint vielen Muslimen heute das Osmanische Reich, mit dem Sultan an der Spitze, der in der Tradition des Kalifats die Religion beschützte und die Angelegenheiten des Diesseits regelte, wieder als die Verkörperung des idealen islamischen Staates sunnitischer Prägung. Durch den *jihād*, den Krieg gegen die Ungläubigen, war es groß geworden, und diesem altislamischen Ideal blieb es treu, solange es dazu in der Lage war. Jahrhunderte hindurch waren die Türken der Schrecken des christlichen Europa, das sich dennoch nur selten zur Abwehr einigen konnte. Türkische Streifscharen drangen bis nach Kärnten und Steiermark vor, Kinder und Erwachsene wurden in die Gefangenschaft geschleppt und als Sklaven verkauft.

Für Mitteleuropa wurde zur Rettung, daß zwei türkische Vorstöße vor Wien scheiterten, der erste 1529, der zweite, dank polnischer Hilfeleistung, 1683. Erfolge hatten die Türken im Mittelmeer: Rhodos fiel 1522, Zypern 1571/73. Der Sieg der christlichen Flotte bei Lepanto 1571 brachte noch keine endgültige Wende. Kreta wurde 1669 erobert; das Osmanische Reich hatte damit seine größte Ausdehnung erreicht. Das zweite Scheitern vor Wien leitete den Niedergang ein. Im Frieden von Karlowitz 1699 verloren die Osmanen Ungarn mit Siebenbürgen und den größten Teil von Slawonien und Kroatien an die Habsburger. Im Frieden von Passarowitz 1713 tritt der Kaiser zum letzten Mal als Vormacht Europas im Kampf gegen die Türken auf. In der Türkei kam es zu Unruhen, die Macht des Sultans wurde untergraben, das Ansehen des Reiches nach außen sank. In der ,,Tulpenzeit" blüht die Barockkultur in der türkischen Variante. Neuerungen aus Europa wie der Buchdruck finden nun auch in der Türkei Eingang; auf dem Umweg über das Heerwesen finden technische Errungenschaften aus Europa Aufnahme. Gegen Ende des 18. Jahrhunderts tritt Österreich im Kampf gegen die Osmanen zurück, Rußland übernimmt die Führung und sucht über den Balkan Zugang zum Mittelmeer. Die Landung Napoleons in Ägypten 1798 verfehlte zwar ihren unmittelbaren Zweck, leitete aber den Niedergang der osmanischen Herrschaft am östlichen Mittelmeer und in Nordafrika ein.

Literatur:

Arnold, W. 1924: The Caliphate, London.

Cahen, C. 1968: Der Islam I. Vom Ursprung bis zu den Anfängen des Osmanenreiches, (Fischer Weltgeschichte, 14), Frankfurt a.M.

Grunebaum, G. E. von 1970: Classical Islam. A History 600 - 1258, London.

ders. (Hrsg.) 1971: Der Islam II. Die islamischen Reiche nach dem Fall von Konstantinopel, (Fischer Weltgeschichte, 15), Frankfurt a.M.

Haarmann, U. (Hrsg.) 1987: Geschichte der arabischen Welt, München.

Hodgson, G. S. 1974: The Venture of Islam. Conscience and History in a World Civilisation, 3 Bde., Chicago, London.

Holt, P. M. (Hrsg.) u.a. 1970: The Cambridge History of Islam, 4 Bde., London, New York, Melbourne.

ders. 1966: Egypt and the Fertile Crescent 1516 - 1922. A Political History, London.
Nagel, T. 1981: Staat und Glaubensgemeinschaft im Islam. Geschichte der politischen Ordnungsvorstellungen der Muslime, 2 Bde., Zürich, München.
Spuler, B. (Hrsg.) 1959: Handbuch der Orientalistik. Erste Abteilung: Der Nahe und der Mittlere Osten, Bd. 6: Geschichte der islamischen Länder, Leiden.
Watt, W. M. 1953: Muhammad at Mecca, Oxford.
ders. 1956: Muhammad at Medina, Oxford.

II. Der Nahe und Mittlere Osten unter kolonialer Herrschaft

Peter Heine

1. Ideologische, wirtschaftliche und politische Voraussetzungen der kolonialen Expansion

1.1 Voraussetzungen auf europäischer Seite

Als am 1. 7. 1798 ein französisches Expeditionsheer unter dem Kommando von Napoleon Bonaparte in Alexandria an Land ging, war das nicht nur ein Wendepunkt in der Geschichte Ägyptens, sondern der gesamten islamischen Welt. Zugleich war es aber auch der Beginn der Zeit, in der für mehr als 150 Jahre europäische politische, wirtschaftliche und kulturelle Normen für den Nahen und Mittleren Osten bestimmend wurden. Die Motivationen, die zur napoleonischen Expedition führten und die Ziele, die das Unternehmen hatte, sind geradezu idealtypisch für die folgenden wirtschaftlichen, militärischen und politischen Aktionen europäischer Mächte nicht nur im Hinblick auf diese Region, sondern auch auf die Länder Schwarzafrikas oder Asiens.

Die ideologischen Voraussetzungen für die europäische Expansion in den Nahen und Mittleren Osten mögen in den beiden wichtigsten Kolonialmächten Frankreich und Großbritannien unterschiedlich gewesen sein. Sie gingen aber in beiden Ländern aus von einem Überlegenheitsgefühl der Europäer gegenüber den Völkern der zukünftigen Kolonialländer. Dies beruhte zunächst und eher vordergründig auf einem technologischen und verwaltungstechnischen Vorsprung, der sich z.B. auch auf militärischem Gebiet auswirken mußte. Dieser entstand aber aus einer Geisteshaltung, die durch die Aufklärung bestimmt war. Napoleons Aufruf an die Ägypter, in dem er ihnen die Ideale der Französischen Revolution Freiheit, Gleichheit und Brüderlichkeit verkündet, zeugt von diesem Überlegenheitsgefühl. Gerade der französische Kolonialismus betonte dann auch in der Folge die *mission civilisatrice* als eines der wichtigen Motive für die Expansion. Im Gegensatz zu diesen säkularisierten Begründungen spielte in Großbritannien auch das Ideal der Ausbreitung des Christentums, der Missionsgedanke, eine erhebliche Rolle für den kolonialen Aufbruch.

Auch und vor allem Muslime wurden als Heiden angesehen, die es zum wahren Glauben zu bekehren galt. Gleichgültig, ob nun die säkularisierten Werte der Französischen Revolution oder die Normen des Christentums vermittelt werden sollten, in beiden Fällen wurden nicht nur ideologische Systeme und Glaubensvorstellungen, sondern wurde eine ganze Kultur mit ihrer Geschichte, ihren Idealen und Errungenschaften, aber auch mit ihren Fehlern und Obsessionen einer anderen Welt aufgezwungen. All dem zugrunde lag die Vorstellung, daß die Engländer und Franzosen des 19. Jahrhunderts der vorläufige Endpunkt der Entwicklung der Menschheit seien, also ein zutiefst evolutionistisches Denken, das in der Folge seine theoretische Begründung durch Denker wie Morgan und Tylor erhielt.

Man wird kaum entscheiden können, ob diese ideologische Situation die Basis oder nur Camouflage für eine ökonomische Notwendigkeit der britischen oder französischen Volkswirtschaft war. Tatsache ist jedoch, daß die Motivationen schon der spanischen und portugiesischen Entdeckungsreisen des 15. Jahrhunderts stark wirtschaftlich bestimmt waren. Für die koloniale Expansion des 19. Jahrhunderts kann man vor allem drei Hauptaspekte in diesem ökonomischen Bereich unterscheiden. Da ist zunächst einmal der binnenwirtschaftliche Aspekt. Die in einer hektischen Industrialisierungsentwicklung befindlichen europäischen Volkswirtschaften benötigten billige Rohstoffe, die sie auch aus der Region des Nahen und Mittleren Ostens zu importieren hofften. Zugleich suchten sie unter außenwirtschaftlichen Gesichtspunkten neue Absatzmärkte für ihre Produkte in den kolonisierten Gebieten. Sie waren einerseits binnenwirtschaftlich von der konjunkturellen Entwicklung in Europa abhängig, da die Preise der von ihnen produzierten Rohstoffe von der ökonomischen Situation der fortgeschrittenen Volkswirtschaften bestimmt wurden. Andererseits führte das in der Regel nicht ausgeglichene Verhältnis von Importen und Exporten zu negativen Handelsbilanzen gegenüber den europäischen Ländern. Hinzu kam, daß der Import von industriellen Massenprodukten zu einer schweren Konkurrenz für einheimische Handwerker führte, die nicht in der Lage waren, den Kostenvorsprung der modernen Produktionsmethoden der Importe durch bessere Qualität u.ä. wettzumachen. So gingen manche Handwerke oder zumindest handwerkliche Traditionen verloren und damit auch Arbeitsplätze. Die Kolonialmächte versuchten nicht ohne Erfolg, die Volkswirtschaften der Kolonialländer von ihren eigenen ökonomischen Systemen vollständig abhängig zu machen oder sie wirtschaftlich zu integrieren. Ein weiteres ökonomisches Moment bestand darin, daß man die Kolonialländer als Auswanderungsländer ansah. Dies gilt vor allem für Frankreich, das zunächst in Algerien, aber auch in den anderen Ländern des Maghreb Siedlungsraum für seine Bevölkerung zu finden hoffte. Man glaubte, daß mit dieser Politik zugleich die Sicherheit der kolonialen Herrschaft gewährleistet werden könne.

Es gab jedoch auch allgemein politische Gründe für die koloniale Ausbreitung im nah- und mittelöstlichen Raum. Die Geschichte Europas ist im 19. Jahrhundert über weite Zeiträume durch einen britisch-französischen Antagonismus gekennzeichnet. Wie sehr dieser auch die Kolonialpolitik beeinflußte, zeigt schon die napoleonische Expedition nach Ägypten. Dabei hatte sicherlich auch ein strategisches Moment eine Rolle gespielt. Bonaparte hoffte, durch die Besetzung Ägyptens die britische Position in Indien gefährden zu können. In der Folgezeit kam es dann nicht nur im Nahen und Mittleren Osten, sondern auch in Schwarzafrika oder im Fernen Osten zu Auseinandersetzungen und Konflikten um politischen Einfluß und koloniale Vorherrschaft zwischen diesen beiden Kolonialmächten.

So ist es denn ein Bündel von Gründen und Motiven, die zur kolonialen Ausbreitung europäischer Mächte im Nahen und Mittleren Osten beitrugen. Nicht zu unterschätzen ist allerdings auch der Faktor der Gelegenheit, d.h. die Tatsache der wirtschaftlichen und politischen Schwäche der Staaten der Region, die die Kolonialmächte ausnutzten.

1.2 Voraussetzungen im Nahen und Mittleren Osten

Eine der Hauptursachen für die mangelnde Fähigkeit der nah- und mittelöstlichen Gesellschaften, sich gegen die politische, ökonomische und kulturelle Überfremdung und Unterwerfung durch die Kolonialmächte zur Wehr zu setzen, lag in einer Erstarrung der religiösen Grundlage dieser Gesellschaften, in dem starken Traditionalismus der religiösen und damit auch gesellschaftlichen Eliten. Diese Erstarrung entspricht durchaus der inneren Logik des religiösen Normensystems des Islams. Nach Auffassung aller Muslime war die Zeit, in der der Prophet Muḥammad seine Gemeinde in Medina leitete, die ideale Epoche der Gemeinschaft der Gläubigen. Auch die ersten Jahrzehnte nach dem Tod des Propheten, in denen noch Zeitgenossen Muḥammads auf die religiöse und politische Situation des sich ausbreitenden muslimischen Gemeinwesens Einfluß nehmen konnten, waren akzeptabel. Große islamische Rechtsgelehrte hatten dann auf der Basis und in der größeren zeitlichen Nähe zu den frommen Altvorderen ein juristisches und ethisches Normensystem geschaffen und Methoden entwickelt, mit denen es möglich war, eine vormoderne und vor-industrielle Gesellschaft zu koordinieren und auch zu erhalten. All diese Gelehrten bemühten sich um den *ijtihād* (independant legal reasoning) auf der Basis der vorhandenen Quellen und Traditionen. Mit ihren Aktivitäten vermehrten sie aber zugleich diese Traditionen. Die Ergebnisse ihrer Bemühungen erhielten einen gewissermaßen kanonischen Charakter. Die Weiterentwicklung dieses Rechts- und Normensystems kam mit dem Tode des bedeutendsten islamischen Theologen al-Ghazālī zu einem Stillstand. Das Tor des *ijtihād* wurde geschlossen. Die Gelehrten bemühten sich in der Folgezeit um eine Kommentierung und Zusammenfassung der vorhandenen rechtlichen und theologischen Literatur, ohne darauf bedacht zu sein, inwieweit die von ihnen behandelten Fragen gesellschaftlichen Realitäten oder den Bedürfnissen der Gläubigen entsprachen. Das wissenschaftliche Ideal war nicht, etwas Neues zu entdecken oder zu erfinden, sondern das Überkommene zu bewahren und unverfälscht weiter zu tradieren. Diese traditionalistische Haltung wirkte sich in allen Bereichen der Gesellschaft aus. Auch im wirtschaftlichen, technologischen, ja sogar im literarischen Bereich wurden die althergebrachten und — wie man meinte — bewährten Techniken, Methoden und Stilmittel angewandt.

Ein anderer Grund war die starke Kommunalisierung der nah- und mittelöstlichen Gesellschaft. Zwar ist die islamische Gesellschaft eine Gemeinschaft. Diese teilt sich allerdings in zahlreiche kleinere Gruppen auf. Dies wird am deutlichsten am Beispiel der traditionellen islamischen Stadt. Diese besteht aus zahlreichen einzelnen Vierteln, die voneinander durch verschließbare Tore getrennt sind. Die Bewohner der Viertel unterscheiden sich voneinander in mancherlei Hinsicht. Es gibt religiöse, wirtschaftliche, ja sogar sprachliche Unterschiede zwischen den Bewohnern einer einzigen Stadt, die in der Zugehörigkeit zu einzelnen Vierteln ihren Ausdruck finden. Dieses merkwürdige Nebeneinander verschiedener Bevölkerungsgruppen auf engem Raum setzt sich auch im größeren Bereich fort. Man kann ein Nebeneinander von Stadt und Land feststellen, das nicht nur in ökonomischen und zivilisatorischen, sondern auch kulturellen Unterschieden besteht. Zwischen den jeweiligen Bevölkerungsgruppen herrscht ein starkes Mißtrauen. Die einzelnen Gemeinschaften sind im übrigen stark nach innen gewandt und schenken der Außenwelt nur die unbedingt notwendige Beachtung. Dies läßt sich auch auf die islamische Welt in ihrem Verhältnis zu anderen Ländern übertragen. Die Muslime interessierte die Entwicklung in Europa auf keinem Gebiet, auch wenn es Handelskontakte gab. Die Muslime wußten aus den Berichten ihrer mittelalterlichen Reisenden, die immer weiter tradiert wurden, daß Europa ein unterentwickeltes, klimatisch ungünstiges und unzivilisiertes Gebiet war und fanden keinen Grund, sich damit zu befassen.

Die politische Situation des Nahen und Mittleren Osten war zu Beginn des 19. Jahrhunderts bestimmt von einer formalen Oberhoheit des Osmanischen Reiches über Algerien, Tunesien, Libyen, Ägypten, den Bereich des Fruchtbaren Halbmondes, also Palästina, Libanon, Syrien und den Irak, über die Arabische Halbinsel und natürlich das Gebiet der heutigen Türkischen Republik. Im Marokko herrschte, unabhängig von Konstantinopel, die Dynastie der Scherifen. Die Lage war im übrigen gekennzeichnet durch einen lange andauernden Antagonismus zwischen dem Osmanischen Reich und Iran. Hier standen sich zwei islamische Mächte gegenüber, deren Diskrepanzen nicht nur politischer, sondern auch religiöser Art waren. Der türkische Sultan war zugleich Kalif, d.h. Oberhaupt aller sunnitischen Muslime, während in Iran seit 1501 die schiitische Form des Islams Staatsreligion war. Afghanistan hatte sich erst seit der Mitte des 18. Jahrhunderts zu der staatlichen Entität entwickelt, wie sie uns auch heute bekannt ist.

Die innenpolitische Lage der größten Macht der Region, des Osmanischen Reiches, war gekennzeichnet durch eine wachsende Schwäche der Zentralregierung, die durch mehr oder weniger erfolgreiche Reformen versuchte, die zentrifugalen Kräfte, die das Reich auseinanderzureißen drohten, zu verringern. Dabei sind zwei Faktoren voneinander zu unterscheiden. Zum einen fand sich in vielen Teilen des Herrschaftsgebiets der Hohen Pforte der Versuch von Gouverneuren, sich von der Kontrolle der Zentrale zu lösen und eine unabhängige Politik zu betreiben, ja die Herrschaft über ihren Bereich der eigenen Familie dauerhaft zu sichern. Je weiter diese Länder von Konstantinopel entfernt waren, um so stärker war dieses Bemühen. Doch auch Gebiete, die den osmanischen Kernlanden nahe lagen, wie der Irak, sahen solche Versuche. Diese Bemühungen gingen von einzelnen Personen aus, zugleich gab es jedoch auch Bewegungen, die die osmanische Herrschaft in Frage stellten, wie z.B. die der Wahhabiten auf der Arabischen Halbinsel, denen es sogar gelang, die heilige Stadt Mekka zeitweise unter ihre Kontrolle zu bringen. Diese Vorgänge nahmen die europäischen Kolonialmächte nur mit geringem Interesse zur Kenntnis. Anders war es mit den Unabhängigkeitsbemühungen derjenigen Völkerschaften, die historisch oder religiös den Europäern näherstanden. Hier sind in erster Linie die Griechen zu nennen, deren Freiheitskrieg von den Regierungen, aber auch der Öffentlichkeit in Europa mit Anteilnahme und schließlich mit aktiver Beteiligung begleitet wurde. Der griechische Aufstand bot England und Frankreich, aber auch dem zaristischen Rußland eine Möglichkeit, direkten Einfluß auf die türkische Politik zu nehmen. Daneben fühlte sich vor allem Frankreich als Schutzmacht der christlich-orientalischen Gemeinden, besonders im Libanon und Syrien. Durch diplomatischen Druck bemühte es sich, die Lage dieser Minderheit zu bessern und damit zugleich in der Levante Fuß zu fassen.

Das Osmanische Reich war trotz aller Schwächen immer noch stark genug, um aus den politischen Gegensätzen der europäischen Mächte untereinander Kapital zu schlagen und so die Kontrolle über Syrien und den Libanon, den Irak und die Arabische Halbinsel durch die Zentrale zu behalten bzw. wiederzugewinnen. Wo dies nicht möglich war, z.B. in Nordafrika, begnügte die Hohe Pforte sich mit symbolischen Tributzahlungen und nahm die politischen Entwicklungen dort eher aus der Ferne zur Kenntnis.

Während sich Afghanistan auf Grund seiner schwierigen geographischen Verhältnisse gegen britischen Druck aus Indien und zaristischen Druck von Norden erfolgreich zur Wehr setzen konnte, wurde Iran tief in die Antagonismen zwischen Großbritannien und Rußland hineingezogen, was zu einer sich mehr und mehr verstärkenden Ohnmacht der Zentralmacht führte. Während das Osmanische Reich nach Mitteln, Wegen und Methoden der Reform suchte, um sich gegenüber dem europäischen Druck behaupten zu können, begannen diese Reformversuche in Iran erst gegen Ende des Jahrhunderts und gingen nicht von den herrschenden, sondern von den dem Hof distanziert bis feindlich gegenüberstehenden religiösen Eliten des schiitischen Islams aus.

2. Phasen der kolonialen Expansion

Den jeweiligen historischen, politischen, geographischen und strukturellen Gegebenheiten der Länder des Nahen und Mittleren Ostens entsprechend ging die europäische Expansion in unterschiedlichen Formen vonstatten. In einigen Fällen begann sie, wie z.B. im Fall Algeriens, mit einer militärischen Besetzung. In Iran dagegen kam es trotz einer weitgehenden wirtschaftlichen Abhängigkeit nicht zu einer Übernahme der politischen Macht durch eine der Kolonialmächte. Dennoch lassen sich Grundformen der Expansion erkennen. Dabei sind drei Phasen zu unterscheiden. Eine starke technologische und damit wirtschaftliche Abhängigkeit geht in eine Phase der finanziellen Abhängigkeit über, der dann schließlich die militärische, politische und administrative Kontrolle des Landes durch die Kolonialmacht folgt. Diese Phasenentwicklung soll hier am Beispiel Ägyptens dargestellt werden. Aber auch Tunesien eignet sich in dieser Hinsicht als Beispiel. In anderen Ländern, so z.B. in Iran oder in der Türkei haben weltpolitische Gegebenheiten wie der Erste Weltkrieg diese Entwicklung abgebrochen.

2.1 Das Beispiel Ägypten

2.1.1 Wirtschaftliche Penetration

Nach der kurzen Kontrolle Ägyptens durch die Franzosen setzte sich in Ägypten in einer blutigen Auseinandersetzung ein albanischer Offizier der osmanischen Armee, Muḥammad ʿAlī (1805 - 48) durch. Ziel seiner Politik war es, Ägypten von der Hohen Pforte unabhängig zu machen. Zugleich sollte das Land die führende Macht auf dem afrikanischen Kontinent werden. Beides war nur möglich, wenn es ihm gelang, die ägyptische Armee zu modernisieren und ihr eine europäischen Truppen vergleichbare Schlagkraft zu geben. Hier waren zunächst vor allem technische Probleme zu lösen. Es galt, die europäische Militärtechnologie zu importieren oder sie in eigenen Manufakturen zu kopieren. Um das Kapital für diese Investitionen zu erhalten, mußte die Wirtschaft Ägyptens umgestellt, bzw. reformiert werden. Dies geschah durch eine Veränderung der Besitzverhältnisse an Agrarland, das Muḥammad ʿAlī großenteils unter seine Kontrolle brachte. Um die Preise für die Agrarprodukte besser kontrollieren zu können, bildete er zudem für die verschiedenen Erzeugnisse Handelsmonopole. Des weiteren veranlaßte er den Anbau verschiedener neuer Pflanzen, deren Ernten ausschließlich für den Export nach Europa bestimmt waren. Während Indigo und Seide sich nicht durchsetzen konnten, weil die klimatischen Gegebenheiten oder die Weltmarktsituation zu ungünstig waren, gelang es mit dem Anbau von Baumwolle, ein vor allem in der britischen Textilindustrie stark gefragtes Produkt auf den Markt zu bringen. Der wachsende Kapitalbedarf führte zu einer stärkeren Ausbreitung der Anbauflächen für Baumwolle, was allerdings nur bis zu einem gewissen Grade zu Lasten anderer Produkte gehen konnte, wollte man die Versorgung des Landes mit Nahrungsmitteln nicht gefährden. Daher mußten die Gesamtanbauflächen erweitert werden. Dies konnte in einem Land mit den geographischen und klimatischen Verhältnissen wie Ägypten nur durch umfangreiche und kostspielige Bewässerungsanlagen geschehen, deren Bau die staatliche Nachfrage nach Investitionskapital noch erhöhte. Besonders in der Zeit, in der wegen des amerikanischen Bürgerkriegs die Weltbaumwollproduktion zurückging und die ägyptische Baumwolle einen starken Boom erlebte, wurden hier erhebliche Investitionen getätigt, die durch langfristige, aber auch kurzfristige Kredite von europäischen Geldgebern finanziert wurden.

Die Bedeutung des Exports für die ägyptische Volkswirtschaft machte auch auf anderen Gebieten Investitionen nötig. So mußte die Infrastruktur ausgebaut werden. Das Straßennetz wurde verbessert, vor allem aber wurden Eisenbahnstrecken gebaut, so daß Ägypten bis heute das beste Eisenbahnnetz der gesamten Region hat. Auch hierfür wurde europäische Technologie, aber auch europäisches Kapital benötigt. Der ägyptische Eisenbahnbau bot der britischen Industrie über lange Zeit einen sicheren Exportmarkt.

Gleichzeitig verwickelte sich Muḥammad ʿAlī in mehr oder weniger erfolgreiche militärische Aktionen. Er vertrieb die Wahhabiten aus Mekka, versuchte, seine Herrschaft um den Sudan zu erweitern, bemühte sich aber auch, die Kontrolle Syriens durch die Hohe Pforte zu brechen. Diese kriegerischen Unternehmungen finanzierte er u.a. durch den Erlös landwirtschaftlicher Produkte, wobei die Zinslasten mehr und mehr zunahmen.

2.1.2 Kapitulationen

Seit dem 16. Jahrhundert waren die Rechte und Pflichten europäischer Kaufleute und anderer Personen, die im Osmanischen Reich ansässig waren, durch Verträge geregelt. Dies galt auch für Ägypten. Unter Muḥammad ʿAlī und seinen Nachfolgern erlebten diese Kapitulationen einige Verbesserungen zugunsten der Europäer. Zahlreiche Staaten waren durch Konsularvertretungen in Ägypten präsent. Dazu gehörten: Belgien, Dänemark, Frankreich, Griechenland, Großbritannien, die Hanse-Städte, Holland, Neapel, Österreich-Ungarn, Portugal, Preußen, Rußland, Sardinien, Spanien, Schweden, die Toskana und die Vereinigten Staaten von Amerika. Staatsangehörige dieser Länder genossen eine Reihe von Privilegien. Bei Verbrechen oder Vergehen, ausgenommen Kapitalverbrechen, wurden sie von ihren Konsuln nach dem Strafrecht ihrer Heimatländer abgeurteilt. Ihre Häuser genossen Immunität und durften von ägyptischer Polizei nicht betreten oder durchsucht werden. Das führte dazu, daß z.B. in Alexandria ganze Straßenzüge von Europäern aufgekauft wurden, die hier Etablissements zweifelhaften Charakters einrichteten, in denen Schmuggel und Prostitution blühten, ohne daß die ägyptischen Autoritäten eingreifen konnten. In zivilrechtlichen Auseinandersetzungen zwischen Europäern und osmanischen Untertanen bestand das zuständige Gericht aus europäischen und ägyptischen bzw. osmanischen Richtern. Unter diesen günstigen Umständen vergrößerte sich die Anzahl der Europäer in Ägypten ständig. Waren es 1836 noch 14.500, so waren es 1871 ca. 80.000.

2.1.3 Veränderungen der gesellschaftlichen Struktur

Das Ägypten des 18. und frühen 19. Jahrhunderts hatte zwei Eliten gekannt, eine militärisch-politische Elite, die die politischen Tagesgeschäfte erledigte. Das, was sie zusammenhielt, war das gemeinsame Interesse an der Machterhaltung. Ihr gegenüber stand eine religiös-rechtliche Elite, die *'ulamā'* , Spezialisten des islamischen Rechts, die über den islamischen Charakter des Staates zu wachen hatten. Wirtschaftliche Eliten gab es nicht, da vor allem die politisch-militärischen Eliten die ägyptische Volkswirtschaft kontrollierten.

Die technischen Innovationen, zunächst einmal im militärischen Bereich, aber auch im Ingenieurwesen und in der Medizin, erforderten auch einheimische Fachleute, da eine Kontrolle dieser Technologien durch Ausländer nicht im Interesse Muḥammad 'Alīs und seiner Nachfolger sein konnte. Zudem hätten sie nicht in ausreichender Zahl zur Verfügung gestanden. Daher wurden in Ägypten Schulen eingerichtet, in denen unter starker Betonung der Anwendungsbezogenheit vor allem Fächer wie Geometrie, Ballistik, Geographie, Medizin u.a., aber auch Französisch gelehrt wurden. Daneben wurden Gruppen von Studenten ins Ausland, vor allem nach Frankreich geschickt, wo sie an den entsprechenden Bildungseinrichtungen vor allem für den militärischen Bereich ausgebildet wurden. Diese jungen Männer stammten in der Regel nicht aus Familien, die den traditionellen ägyptischen Eliten angehörten. Ihre Eltern waren Handwerker oder gehörten zu den unteren Schichten der *'ulamā'*. Ihre modernen Kenntnisse ermöglichten ihnen in einer Gesellschaft, die kaum soziale Mobilität kannte, den Aufstieg. Es entstand eine neue Elite, die der Ursprung einer kleinen bürgerlichen Mittelschicht werden sollte.

Von den Initiatoren unbeabsichtigt gelangten aber durch diese Ausbildungswege neben den technischen Kenntnissen auch politische, soziale und philosophische Vorstellungen aus Europa in den Nahen und Mittleren Osten, die geeignet waren, das Weltbild dieser neuen Eliten erheblich zu verändern. Der Nationenbegriff wurde aus Frankreich importiert und mit ihm auch Vorstellungen von einer Beteiligung der ganzen Bevölkerung an der politischen Entscheidungsfindung. Auch die Forderung nach einer Verbesserung der allgemeinen Bildungssituation in Ägypten hatte ihren Ursprung im französischen Vorbild. Neben das traditionelle wissenschaftliche Ideal des Bewahrens trat nun auch die europäische Vorstellung von der Erforschung und Entdeckung neuer Tatbestände in allen Bereichen der Wissenschaften.

2.1.4 Finanzielle Abhängigkeit und militärische Intervention

Mitte des 19. Jahrhunderts waren auf britischen Druck hin die verschiedenen Handelsmonopole abgeschafft worden. Europäische Händler hatten nun direkten Zugang zu den Produzenten. Zugleich etablierten sich in Ägypten verschiedene europäische Banken, deren ursprüngliche Aufgabe die Finanzierung des Agrarsektors der ägyptischen Volkswirtschaft war. Schon bald aber wandten sie sich dem einfacheren und lukrativeren Geschäft zu, der ägyptischen Regierung das von ihr benötigte Geld zu leihen. Wenn Zinsen und Amortisation nicht in den vertraglich festgesetzten Raten und zu den abgemachten Zeitpunkten eingingen, wandten sie sich an ihre jeweiligen Konsuln und versuchten, durch diplomatischen Druck die Begleichung der entstandenen Schulden zu erreichen. Während Muḥammad ʿAlī kurzfristige Kredite auf Grund der Monopole häufig ohne Schwierigkeiten zurückzahlen konnte, war einer seiner Nachfolger Saʿīd (1854 - 63) auf Grund der Aufhebung der Monopole auf das Steuereinkommen des Staates bei der Rückzahlung angewiesen, so daß es zu einer sehr viel umständlicheren und langsameren Abwicklung der Schuldendienste kommen mußte. Hinzu kam, daß auch seine privaten Ausgaben sehr hoch waren und daß der Tribut, den Ägypten an den Sultan in Konstantinopel zu zahlen hatte, durch die Hohe Pforte verpfändet war und daher hier kein Spielraum geschaffen werden konnte. U.a. auf Druck der privaten Kreditgeber erhielt Ägypten dann 1860 einen Großkredit von 28 Mio. Goldfranken, von dem 20,7 Mio. ausgezahlt wurden. Damit begann zugleich die Konkurrenz zwischen französischen und anglo-preußischen Banken um das Kreditgeschäft mit Ägypten.

Es gab zwei Gründe, die die verschiedenen Kreditinstitute dazu brachten, Ägypten große Summen zu leihen, bzw. entsprechende Zahlungen zu vermitteln. Natürlich gab es vor allem ein rein kommerzielles Interesse. Durch seine wirtschaftliche Lage, vor allem die Produktion von Baumwolle, später aber auch durch die Profite aus Kommunikationswegen, wie den Eisenbahnen oder dem Suezkanal, gab es ausreichende Sicherheiten. Die Gewinnspannen waren überdies außerordentlich hoch. Es hat kaum einen Kredit gegeben, bei dem die Kreditgeber nicht wenigstens 10 % Gewinn machen konnten. Das Kapitalbedürfnis Ägyptens war so groß, daß man sich immer wieder gezwungen sah, diese für die Zeit ungewöhnlich hohen Kreditkosten und die anderen mit ihnen verbundenen Belastungen anzunehmen.

Natürlich war den Kreditgebern bzw. den dahinter stehenden Regierungen klar, wie stark diese Belastungen sein würden. Man nahm die wachsende finanziellen Abhängigkeit Ägyptens aber in Kauf, ja man förderte sie aus politischen Gründen geradezu. Es gibt nur wenige Belege dafür, daß vor allem Frankreich an dieser Abhängigkeit interessiert war. In einem Bericht des französischen Generalkonsuls Beauval an das Pariser Außenministerium heißt es allerdings: „Wenn der Vizekönig (d.h. Ismāʿīl) eine weitere Anleihe wünscht, wäre es dann nicht besser, wenn er diese von Frankreich und nicht von einem anderen Land erhielte? Wenn man die Möglichkeit erhält, im Interesse unserer Kapitalisten bis zu einem gewissen Maße die Kontrolle über die Finanzen des Staates auszuüben, dann ist man auf dem besten Wege, auch die Kontrolle über den ganzen Staat zu erlangen.“ Hier wird deutlich, daß man mit den Anleihen durchaus politische Absichten zu verbinden wußte, wenn diese nicht im Vordergrund der Überlegungen in politischen Kreisen Europas standen. Der wirtschaftlichen Ausbeutung Ägyptens sollte die politische Kontrolle des Landes folgen. Wie sich zeigen sollte, gelang dies durchaus.

Nun wird man nicht allein die Großmachtvorstellungen der europäischen Mächte und deren kolonialistische Vorstellungen für die finanzielle Entwicklung Ägyptens in der Mitte des 19. Jahrhunderts verantwortlich machen können. Es gab ein generelles Strukturproblem in der ägyptischen Finanzverwaltung, wenn man diese Institution schon so bezeichnen kann. Der Khedive machte keinen Unterschied zwischen seinem privaten Einkommen bzw. Vermögen und dem Staatseinkommen aus Steuern, Zöllen, Gebühren usw. bzw. dem Staatsvermögen an Grundbesitz, Gebäuden, Verkehrswegen usw. Alle ägyptischen Vizekönige sahen den Staatsbesitz als ihren Privatbesitz an und plünderten das Land in einer Weise aus, daß die durch Steuern und Zwangsarbeit hart bedrängte Bevölkerung in vielen Teilen des Landes bittere Not litt. Die Khediven dagegen lebten im Luxus und vergeudeten staatliche Mittel, auch solche aus Staatsanleihen, die in Europa finanziert worden waren, für den Bau von Schlössern, den Kauf von Juwelen, die Durchführung von großen Festen bis hin zu den skandalösen Veranstaltungen aus Anlaß der Eröffnung des Suezkanals. Vor allem der Khedive Ismail (Ismāʿīl) tat sich in dieser Hinsicht hervor. Im übrigen war er ein großer Spekulant, der mit Hilfe europäischer Spießgesellen und unter Zuhilfenahme unseriöser Mittel nicht nur das Land, sondern auch europäische Investoren ausplünderte. Das so gewonnene Geld vergeudete er dann wieder, indem er es zur Bestechung von Würdenträgern der Hohen Pforte benutzte, um sich politische Unabhängigkeit oder wenigstens Bewegungsfreiheit von der Zentrale des Osmanischen Reiches zu verschaffen. Der Baumwollboom der 60er Jahre ließ die prekäre Situation der ägyptischen Staatsfinanzen für eine Weile in Vergessenheit geraten. Doch mit dessen Ende verschlimmerte sich die Lage rapide. Der ägyptische Vizekönig wollte aber weder auf seinen aufwendigen Lebensstil noch auf seine Großmachtträume verzichten. Vollends außer Kontrolle geriet die Lage durch den Bau und die Fertigstellung des Suezkanals, der nicht nur wirtschaftliche, sondern auch strategische Aspekte hatte. Während Frankreich hier schon länger seine Interessen deutlich gemacht hatte, geriet Großbritannien eher zufällig in dieses Spiel. Ismail versuchte, die beiden großen europäischen Mächte gegeneinander auszuspielen. Er schlug vor, daß britische Fachleute sich um die ägyptischen Staatsfinanzen kümmern bzw. Ratschläge für deren Sanierung ausarbeiten sollten. Die mit diesem Vorschlag verbundene Absicht des ägyptischen Vizekönigs war allerdings nicht die Verbesserung der finanziellen Lage des Landes, sondern eine Verbesserung seiner Kreditwürdigkeit auf den europäischen Kapitalmärkten. Mit diesem Vorschlag hatte er aber eine Tür aufgestoßen, durch die in der Folge mehr und mehr europäische Experten ins Land strömten und die ägyptische Verwaltung unter ihre Kontrolle nahmen. Schließlich waren es englische und französische Verwaltungs- und Finanzfachleute, die an entscheidenden Stellen die Wirtschafts- und Finanzpolitik des Landes bestimmten. Der Khedive versuchte, die ihm entglittene Macht wiederzugewinnen. Doch war er dazu schon zu schwach. Auf Druck der europäischen Mächte setzte Sultan Abdül Hamid den Khediven ab. Inzwischen war es auf dem Berliner Kongreß zu gewissen Übereinkünften zwischen Großbritannien und Frankreich bezüglich Ägyptens gekommen. Die übrigen europäischen Mächte erkannten Ägypten als gemeinsame Interessensphäre dieser beiden Länder an. Der eine Dekade zuvor eröffnete Suezkanal hatte sich inzwischen zu einem bedeutenden wirtschaftlichen und strategischen Faktor für England entwickelt, womit vor allem das gewachsene britische Interesse erklärt wäre. Gegen die starke Überfremdung des Landes war es inzwischen zu heftigen Reaktionen durch die ägyptische Bevölkerung gekommen. Ägyptische Offiziere mit starken nationalistischen Gefühlen hatten die Kontrolle über die Armee übernommen. Es kam zu Übergriffen gegenüber Europäern. Der britischen Regierung wurde deutlich, daß, wenn sie ihre Position in Ägypten halten wollte, der Einsatz von Militär nicht zu vermeiden war. Auslösendes Moment war der Bericht, daß die ägyptische Armee Küstenbatterien zu installieren im Begriff war. Am 11. 7. 1882 begann die britische Invasion, die eine 70jährige Kontrolle Ägyptens einleiten sollte. Frankreich griff in die militärischen Auseinandersetzungen nicht ein und verlor damit seinen Einfluß auf die weitere politische Entwicklung des Landes.

Abschließend kann festgestellt werden, daß der Prozeß der finanziellen und wirtschaftlichen Kolonisierung Ägyptens kaum merklich, aber unaufhaltsam zur bewaffneten Eroberung des Landes geführt hatte.

2.2 Sonderformen des Kolonialismus in der Levante

Die Länder der Levante, vor allem der Libanon und Palästina, waren aus verschiedenen Gründen immer besondere Interessensgebiete Europas gewesen. Frankreich sah sich als Schutzmacht der orientalischen Christen an und hatte in dieser Hinsicht Konkurrenz vom zaristischen Rußland, das sich für die orthodoxen Christen verantwortlich fühlte. Der besondere Charakter Palästinas als dem Herkunftsland des Christentums und Bezugspunkt der in der Diaspora verstreuten Judenheit, führte dazu, daß sich hier größere europäische Gruppen niederließen, die ebenfalls den Schutz von europäischen Mächten in Anspruch nahmen. In Deutschland existierten

Pläne, größere Gruppen von in der deutschen Landwirtschaft nicht zu beschäftigende Personen nach Palästina auswandern zu lassen, wo bebaubares Land ausreichend zur Verfügung zu stehen schien. Untersuchungen von Fauna und Flora des Landes wurden angestellt und die wirtschaftlichen Möglichkeiten geprüft. Die deutschen Gruppen, die vor allem in der zweiten Hälfte des 19. Jahrhunderts nach Palästina einwanderten, prägten in mancherlei Hinsicht die Entwicklung des Landes. So richteten sie Schulen ein, die auch für arabische Kinder gedacht waren und sich im Lauf der Zeit immer größerer Beliebtheit erfreuten. Diese ,,Entwicklungshilfe" wurde von der türkischen Seite nicht behindert. Es gab sogar Phasen der osmanischen Politik, in denen die Einwanderung von Europäern gefördert wurde. Bei einer weiteren Intensivierung des Zuzugs von Europäern mußte sich allerdings der Charakter des Landes ändern.

3. Koloniale Expansion und Verwaltung im Nahen und Mittleren Osten

3.1 Formen der Kolonialverwaltung

Vergleicht man die Administration der beiden großen Kolonialmächte im Nahen und Mittleren Osten, so stellt man einen grundsätzlichen Unterschied zwischen ihnen fest. Die französische Kolonialverwaltung bemühte sich um eine möglichst intensive Durchdringung ihrer Kolonien mit europäischen Verwaltungsfachleuten oder Militärs, die bis auf die lokale Ebene hinunter tätig waren. Die traditionellen politischen Eliten und Entscheidungsträger wurden in den Hintergrund gedrängt und dienten im Grunde nur noch zur Vermittlung der von der Kolonialverwaltung getroffenen Entscheidungen und zur Durchführung ihrer Anweisungen. Diese Form der Administration hatte den Vorteil, daß die Kontrolle des Landes sehr weitflächig gewährleistet war. Negativ wirkte sich diese Verwaltungsform deshalb aus, weil lokale Konflikte auch innerhalb der einheimischen Bevölkerung die Kolonialmacht direkt involvierten. Daraus resultierte die Notwendigkeit, ständig militärisch präsent zu sein, um bei Auseinandersetzungen sofort reagieren zu können.

Die britische Kolonialadministration war dagegen gekennzeichnet von der Bemühung, möglichst wenig in Erscheinung zu treten. Man ließ die vorhandenen politischen Strukturen bestehen, stützte sogar Herrscher und Häuptlinge in ihren Positionen. Diese wurden dann durch die britische Administration kontrolliert, wo es sich als notwendig erwies. Durch diese Form der Verwaltung, die als *indirect rule* bezeichnet wird, war die Kolonialmacht nicht mit allen auftauchenden Konflikten befaßt und mußte erst eingreifen, wenn eine Krise über die Lösungsmöglichkeiten der einheimischen Institutionen hinausging. Diese Form der Verwaltung war sicherlich weniger aufwendig als die französische und ließ die herrschenden Strukturen weitgehend unberührt, was natürlich eine gute Kenntnis der politischen, ökonomischen und sozialen Verhältnisse weniger leicht machte und infolgedessen eine mögliche Flexibilität in den Reaktionen auf die jeweiligen Veränderungen sehr erschwerte.

Trotz der unterschiedlichen politischen Ansätze waren die Effekte der Verwaltungspraxis vergleichbar. Die eigentlichen Entscheidungen und die Kontrolle ihrer Durchführung blieb in den französischen Kolonien in Nordafrika und in den britisch kontrollierten Ländern des Nil-Tals in den Händen von Vertretern dieser beiden europäischen Mächte, was nicht unbedingt heißen muß, daß es sich tatsächlich um französische oder britische Staatsangehörige handelte; denn die beiden Kolonialverwaltungen nahmen auch die Dienste anderer Europäer in Anspruch.

Die starke Kontrolle aller Verwaltungsvorgänge durch die Europäer führte dazu, daß einheimische Kräfte kaum Erfahrungen in den Entscheidungsprozessen auf den verschiedensten Ebenen gewinnen konnten. Das führte wiederum dazu, daß ihre Leistungen im Vergleich zu den europäischen Kräften deutlich zurückblieben, was wiederum die Spitzen der Kolonialverwaltungen veranlaßte, sich auch aus praktischen Gründen mehr und mehr auf Europäer zu verlassen. Daher war der Anteil an einheimischem Verwaltungspersonal auf allen Ebenen in Ägypten, also in einem Bereich, in dem der britische Ansatz des *indirect rule* galt, um 1920 auf 20 % aller Verwaltungsangestellten zurückgegangen. Ein Teil der ägyptischen oder nordafrikanischen Angehörigen der Kolonialverwaltung erhielt eine Ausbildung und wurde zu diesem Zweck auch in die jeweiligen Mutterländer entsandt. Allerding handelte es sich dabei vielfach um Personen, die sich einer europäischen Gedanken- und Vorstellungswelt schon in einem solchen Maße angenähert hatten, daß man geradezu von Assimilation sprechen muß. In diesen Fällen war es im Grunde gleichgültig, ob an bestimmten Entscheidungspositionen ein Europäer oder ein Ägypter saß; das gleiche gilt auch für die französischen Kolonien. Die Entscheidungen wurden immer im Sinne der Kolonialmächte getroffen. Auch durch diese assimilierten Kräfte konnte kein einheimisches Corps von Verwaltungspersonal entstehen. An den Folgen dieser Entwicklung haben viele Länder des Nahen und Mittleren Ostens bis heute zu tragen.

3.2 Formen europäischer Verwaltung in Staaten, die nicht unter kolonialer Herrschaft standen

Der Nahe und Mittlere Osten kannte auch in der Zeit der kolonialen Expansion Staaten, denen es gelang, gegen alle Pressionen europäischer Mächte noch ein erhebliches Maß an Unabhängigkeit zu bewahren. Hier ist an erster Stelle das Osmanische Reich zu nennen, das trotz erheblicher Einbußen im territorialen Bereich doch bis zum Ende des Ersten Weltkriegs ein großes Maß an Souveränität bewahren konnte. Auch Iran gelang es trotz des Verlustes von beträchtlichen Gebieten im Norden an das zaristische Rußland, sich eine gewisse politische Handlungsfreiheit zu bewahren. Schließlich ist vor allem das zentralasiatische Afghanistan zu nennen, das auf Grund seiner geographischen Besonderheiten in der Lage war, sich sowohl russischem als auch britischem Druck zu widersetzen.

Dennoch gerieten vor allem das Osmanische Reich und Iran in zahlreiche, insbesondere wirtschaftliche Abhängigkeiten von europäischen Kapitalgebern. Im Grunde lief hier das gleiche Schema der Einflußnahme von Europäern auf die innen- und außenpolitischen Entscheidungen der beiden Reiche ab, wie wir sie schon in Ägypten beobachten konnten. Das Osmanische Reich behielt indes seine Unabhängigkeit, weil sich die unterschiedlichen Interessen der europäischen Mächte in diesem Land gegenseitig neutralisierten. Vergleichbares ist auch für Iran zu sagen, wo sich Briten und Russen gegenseitig zu verdrängen suchten, wo sich aber auch auf Grund der besonderen religiösen Gegebenheiten — dem schiitischen Islam als Staatsreligion — früher als in den anderen islamischen Ländern der Region ein echter Nationalismus entwickeln konnte, der die Grundlage für Volkserhebungen war, in denen die Kolonialmächte sich nicht durchsetzen konnten. Dennoch entwickelten sich diese Länder nicht ohne direkten und massiven Eingriff europäischer Vorstellungen, Methoden und Technologien. Dieser beruhte nicht zuletzt auf der teilweise erzwungenen Übernahme von Verwaltungsfunktionen durch Europäer, auch wenn diese nicht Staatsangehörige einer der großen Nationen mit Interessen in der Region waren. Zu erwähnen sind hier vor allem belgische Verwaltungsfachleute, die in der Zeit zwischen 1898 und 1915 in verschiedenen wichtigen Verwaltungsbereichen in Iran bestimmende Funktionen innehatten. Dabei hatten natürlich europäische Kreditgeber ihre Hand im Spiel. Da Iran, oder besser der Hof des Schahs die Einkünfte z.B. aus dem Zoll an europäische Kreditgeberkonsortien verpfändet hatte, legten diese Geldgeber natürlich Wert auf eine reibungslose und erfolgreiche Zollverwaltung. Den belgischen Fachleuten gelang es tatsächlich, der iranischen Zollverwaltung einen so hohen Standard zu verschaffen, daß manche Beobachter meinen, daß das hohe Niveau dieser und anderer iranischer Verwaltungen nach dem Ersten Weltkrieg auf die prägende Arbeit dieser Männer zurückzuführen ist. Neben den Belgiern in der zivilen Verwaltung nicht nur des Zolls, sondern auch im übrigen Finanzwesen und in der allgemeinen Verwaltung, fanden sich Angehörige anderer Nationen im Polizeiwesen, wo zahlreiche Schweden tätig waren. Neben den genannten positiven Aspekten ist allerdings auch festzustellen, daß die häufig taktlose und wenig sensible Haltung europäischer Fachleute gegenüber den kulturellen und religiösen Besonderheiten Irans dazu führte, daß sich die vorhandene Abneigung gegen Fremde, Europäer zumal, vertiefte.

Dem Osmanischen Reich war es schon früh gelungen, seine Verwaltungskader mit modernen Verwaltungserfordernissen vertraut zu machen, so daß hier das Ausmaß europäischer Einflußnahme nicht so intensiv sein konnte wie in Iran. Allerdings gab es seit der ersten Hälfte des 19. Jahrhunderts zunächst preußische und später deutsche Militärmissionen, die sich die Ausbildung der Armee des Sultans angelegen sein ließen. Wenn diese Offiziere auch keinen direkten Einfluß auf die türkische Politik nehmen konnten, weil ihre Zahl einfach zu klein war, so wirkten sich ihre persönlichen Kontakte mit Offizieren der osmanischen Armee doch in vielerlei Hinsicht aus. Sei es, daß auf diese Art Kontakte zwischen deutschen und osmanischen Offizieren entstanden, die später auch zu engen Kontakten zwischen den politischen Führern des späten Osmanischen Reiches und dem Deutschen Kaiserreich führten, sei es, daß Vorstellungen eines deutschen Nationalismus durch diese Militärmissionen auch arabischen Militärs nahe gebracht wurden, die in der osmanischen Armee Dienst taten, weil sie aus dem Irak, Syrien oder Palästina stammten. Sie benutzten die Argumente deutscher Nationalisten später für die Entwicklung eines eigenen Arabischen Nationalismus und erschwerten so das Weiterbestehen eines osmanischen Vielvölkerstaates in modernem Gewand.

Zusammenfassend wird man feststellen können, daß die Verwaltung vieler Gebiete des Nahen und Mittleren Ostens durch europäische Experten im Sinne der Kolonialmächte erfolgte. Die Verwaltungs-, Wirtschafts- und Militärfachleute dienten den wirtschaftlichen und politischen Interessen der europäischen Kolonialmächte. Zugleich veränderten sie aber auch die Verwaltungsstrukturen der von ihnen kontrollierten Länder und nicht nur dieser. Ihre Form der Arbeit strahlte auch auf solche Staaten aus, die sich eine deutliche Unabhängigkeit von den Entscheidungen der Kolonialmächte bewahren konnten. Sie führten neue Strukturen politischer und wirtschaftlicher Entscheidungsprozesse ein, die den Gesellschaften des Nahen und Mittleren Ostens halfen, sich von vergleichbaren Verwaltungsabläufen und Terminologien her mit den Staaten der nachkolonialen Ära auseinanderzusetzen. Ihrer Hilfe ist es zu verdanken, daß eine orientalische Bürokratie zumindest in den ersten Ansätzen durch die Anwendung moderner Verwaltungsgrundsätze abgelöst wurde.

4. Endogene Reaktionen auf die koloniale Expansion im Nahen und Mittleren Osten

4.1 Elitenwandel

Als der von seinem und seiner Umwelt Selbstverständnis her hochgebildete al-Azhar-Scheich al-Jabartī zum ersten Mal die Einrichtungen und technischen Geräte der französischen Wissenschaftler betrachtete, die im Gefolge der napoleonischen Invasion in Ägypten naturwissenschaftliche und historisch-archäologische Untersuchungen anstellten, erlebte dieser Mann einen Kulturschock und meinte, daß diese Dinge so kompliziert seien, daß sie weit über seine und seiner Landsleute Verstand hinausgingen. Der politische Praktiker Muḥammad ʿAlī und schon vor ihm wichtige Entscheidungsträger des Osmanischen Reiches ließen es nicht bei diesem Schock bewenden, sondern bedienten sich der europäischen Spezialisten für die Verwaltung ihrer Herrschaftsbereiche. Damit war es aber nicht genug. Muḥammad ʿAlī z.B. sah, wie schon gesagt, ein, daß er sich nicht von diesen europäischen Experten abhängig machen durfte, und entsandte daher zum ersten Mal im Jahre 1826 eine Studienmission von begabten ägyptischen jungen Männern zu einem längeren Aufenthalt nach Frankreich. In ihrer überwiegenden Mehrzahl bestand diese Gruppe aus Personen, die nicht aus den traditionellen Eliten des Landes stammten, sondern auf Grund ihrer Begabung ausgesucht worden waren. Ihre Studienfächer in Frankreich waren vor allem die Naturwissenschaften und hier besonders die Geodäsie, Medizin und das Militärwesen, hier besonders die Ballistik. Begleitet wurde diese Gruppe von einem islamischen Gelehrten (Rifāʿa Rāfiʿ aṭ-Ṭahṭāwī), der als einziger die Möglichkeit hatte, sich intensiv mit dem kulturellen und politischen Leben in Frankreich, vor allem in Paris auseinanderzusetzen. Er beschrieb seine in Europa gesammelten Erfahrungen und machte damit weite Kreise der Intelligenzija Ägyptens mit den Verhältnissen in Europa bekannt. Der Bericht beschreibt Paris und Frankreich in einem sehr positiven Licht und trug daher zu einer Glorifizierung Europas und seiner technischen, sozialen und politischen Errungenschaften im Nahen und Mittleren Osten bei.

Die durch die verschiedenen Studienmissionen qualifizierten Personen wurden im Lande als Multiplikatoren an Schulen und Weiterbildungsstätten eingesetzt und gaben die in Europa gewonnenen Fähigkeiten und Kenntnisse an ihre Schüler und Studenten weiter. Auch hier war nicht mehr Abstammung von ausschlaggebender Bedeutung für den beruflichen Erfolg, sondern die Begabung, neue Kenntnisse und wissenschaftliche Gegebenheiten aufzunehmen und auf eine vorhandene Situation anzuwenden. Auf diese Weise entstand eine neue Klasse von Personen, die nicht durch ihre Abstammung definiert war, sondern durch ihre besonderen Kenntnisse und Fähigkeiten. Zum ersten Male wurde so die mangelnde soziale Mobilität der nah- und mittelöstlichen Gesellschaft verändert. Man muß sich allerdings der Tatsache bewußt bleiben, daß diese Gruppe der „neuen Eliten" lange Zeit wie ein Zusatz zu der bestehenden sozialen Ordnung existierte und ein von ihr unabhängiges Leben führte. Die traditionellen politischen und sozialen Kräfte blieben weiter bestehen und wurden durch die neuen Eliten zunächst nicht abgelöst. Im Grunde ignorierten die traditionellen — vor allem die religiösen — Eliten das Entstehen dieser neuen Gruppe, wie sie auch in ihrer Mehrheit die neu übermittelten Inhalte nicht zur Kenntnis nahmen. Sie wurden als für das eigentliche Ziel des Menschen, seine Rettung vor dem Feuer der Hölle, irrelevant ignoriert.

4.2 Die Reaktion traditioneller Eliten

Wenn auch eine Mehrheit der traditionellen religiösen Eliten die sozialen, politischen und kulturellen Veränderungen im Nahen und Mittleren Osten kaum zur Kenntnis nahm, so gab es doch eine aktive Gruppe von muslimischen Gelehrten, die aus der Tatsache, daß die islamische Welt sich dem Westen oder Europa als unterlegen erwies, Schlußfolgerungen zu ziehen imstande war. Durch ihre Aktionen und Veröffentlichungen am bekanntesten geworden sind Jamāl ad-Dīn al-Afghānī, Muḥammad ʿAbduh und — vor allem von Bedeutung für Nordafrika — Ibn Bādīs. Diese traditionell ausgebildeten muslimischen Gelehrten gingen von der Voraussetzung aus, daß der Islam die echte und endgültige Offenbarung Gottes an die Menschheit sei. Daraus schlossen sie, daß die islamische Gesellschaft und Kultur auch allen anderen Gesellschaften und Kulturen der Welt überlegen sein müsse. Sie mußten aber konstatieren, daß christliche Staaten wie Frankreich oder England in der Lage waren, die islamische Welt, oder doch Teile von ihr, unter ihre Kontrolle zu bringen. Aus diesem historischen und nicht zu leugnenden Faktum schlossen sie, daß der Kolonialismus eine Strafe Gottes für die Muslime sei, weil diese im Verlauf von einigen Jahrhunderten den Islam mehr und mehr verfälscht hätten und sich von den eigentlichen Quellen der Religion, vor allem dem Koran, entfernt hätten. Ihnen ging es vor allem darum, ihre Religion von allem Ballast scholastischer Traditionen zu befreien und damit zu den kreativen und expansiven Kräften des Islams der Frühzeit zurückzukommen. Die Erkenntnisse und Entdeckungen der modernen Welt ignorierten sie dabei keineswegs. Sie interpretierten vielmehr den Koran in einer Weise, daß sie diese modernen Phänomene in ihrem heiligen Buch schon vorfanden und es damit als für die moderne Zeit relevant erkannten.

War, nach ihrer Vorstellung, der reale Islam erst einmal von all den Neuerungen und Verfälschungen befreit, die sie kritisierten, so würde ihre Kultur zur alten Stärke zurückkehren. Zugleich lehnten sie aber auch die Kontrolle der Länder des Islams durch Fremde, also die Kolonialmächte, aus religiösen Gründen ab. Eine Ursache für den politischen Niedergang der islamischen Welt sahen sie in der Tatsache, daß die einzelnen Teile der kulturellen und religiösen Einheit sich in ihrer politischen Form gespalten hatten, daß es sogar Kriege eines islamischen Staates gegen den anderen gegeben hatte. Sie forderten eine Einigung der gesamten islamischen Welt in einer eher undefinierten staatlichen Form. An der Spitze dieses Einheitsstaates oder Staatenbundes sollte der osmanische Kalif stehen. Diesen panislamischen Vorstellungen war allerdings kein Erfolg beschieden, und mit der Auflösung des Kalifats als einem der Ergebnisse des Ersten Weltkriegs wurden diese Hoffnungen geringer und geringer. Ganz verschwanden sie jedoch nie und sind heute in anderer Form reaktiviert.

Daneben entwickelten die panislamischen Aktivisten aber auch zahlreiche gegen die Kolonialmächte gerichtete Unternehmungen und agitierten gegen die fortwährende Besetzung islamischer Staaten durch christliche Mächte. Ständig durchreisten sie die islamischen Länder von Indien bis nach Marokko, machten ihre Positionen bekannt und riefen zum Widerstand gegen die Kolonialherren auf. Sie übten damit eine beträchtliche Wirkung aus, und der Panislamismus wurde eines der Schreckgespenster der Kolonialverwaltungen. Während die britische Politik außer administrativen Maßnahmen keine Form der Reaktion fand, versuchte die französische Kolonialverwaltung durch eine Betonung der vorhandenen islamischen Sonderformen je nach ihrer regionalen oder lokalen Besonderheit diesen panislamischen Vorstellungen entgegenzuwirken. Dies gelang ihr vor allem durch die Ausnutzung der durch islamische Bruderschaften bestimmten Formen des Islams. Auf Dauer jedoch blieb die Vorstellung einer gemeinsamen Kommunität der islamischen Völker stärker als der Versuch der Regionalisierung des Islams.

Neben den islamischen Modernisten fanden sich aber auch andere traditionelle Eliten, die sich gegen die koloniale Expansion zur Wehr zu setzen versuchten. Dies gilt vor allem für die Staaten Nordafrikas, die durch eine wenig zentralistische Struktur des politischen Systems gekennzeichnet waren. Die Autorität der Herrscher von Tunis, Algier oder Fez reichte durchaus nicht bis in die entfernten Teile ihrer Länder. Hier gab es lokale Autoritäten, die durch Diplomatie und Bestechung und nur in den seltensten Fällen durch Gewalt zu loyalem Verhalten gegenüber der Zentralmacht veranlaßt werden konnten. Die Kolonialisierung brachte eine Stärkung dieser Zentralmacht mit sich, die auf Kosten der lokalen Eliten gehen mußte. Daher begannen diese, sich gegen die neuen Herren zur Wehr zu setzen. Auf Grund der technologischen und taktischen Unterlegenheit ihrer Kräfte waren diese Versuche von vornherein zum Scheitern verurteilt, wenngleich die Kolonialtruppen zum Teil erhebliche Mühe hatten, diese Bewegungen unter ihre Kontrolle zu bringen. Tribale Erhebungen wie die des Raissuli in Marokko bereiteten dabei schon erhebliche Schwierigkeiten. Noch größere Schwierigkeiten für die Kolonialmächte ergaben sich, wenn der Widerstand gegen sie mit einer islamischen Ideologie in Zusammenhang stand. Nun ist vor allem der Volksislam geprägt von Heilserwartungsvorstellungen, die sich in der Figur des Mahdi (al-mahdī) manifestieren. Von den traditionellen Eliten wurde die Überlegenheit der europäischen Mächte manchmal als ein Zeichen für das herannahende Ende der Welt und das Jüngste Gericht gedeutet, dem nach weit verbreiteter islamischer Auffassung die Herrschaft des Mahdi vorausgehen soll, der ein Reich der Gerechtigkeit und des Friedens errichten werde. Diese Vorstellungen des Mahdismus boten einer traditionellen Gesellschaft die Möglichkeit, die technologische Unterlegenheit der islamischen Welt gegenüber den Kolonialmächten in einem traditionellen

Schema zu erklären. So entstanden aus der Reaktion auf den europäischen Expansionismus eine Reihe von chiliastisch-nativistischen Staatswesen an der Peripherie der jeweiligen Staaten, so das Reich des Mahdi (Muḥammad Aḥmad) im Sudan oder der Staat des ʿAbd al-Qādir im Süden Algeriens, denen es gelang, sich einige Zeit von der Dominierung der Kolonialmächte frei zu halten. Ihr zeitweiliger Erfolg gegen die Truppen der Kolonialmächte hatte vor allem strukturelle Ursachen. Zu Beginn ihrer Bewegungen wurden die Aufstände wegen ihrer peripheren Lage nicht ernst genommen. Gegenaktionen von militärischen Kräften der Kolonialmacht waren auf Grund der langen Nachschub- und Verbindungswege nicht sehr erfolgreich. Die anfänglichen Erfolge gegenüber den als überlegen angesehenen Europäern führten zu einer sich ständig steigernden Popularität und Attraktivität der Bewegungen. Daher schlossen sich ihnen immer neue Gruppen aus den unterschiedlichsten Motivationen an. Dies veranlaßte die Kolonialmacht, sich mit größerer Intensität diesen Bewegungen gegenüberzustellen. Im Endeffekt behielt sie dann immer die Oberhand und konnte diese Bewegungen zum Stillstand bringen. Man mag solche traditionellen Reaktionen auf die europäische Expansion in der islamischen Welt als marginal ansehen. Ihre militärische und politisch-historische Bedeutung war auch relativ gering. Für den anti-kolonialen Befreiungskampf der zweiten Hälfte des 20. Jahrhunderts sind diese Erhebungen allerdings von einer nicht zu unterschätzenden Bedeutung. Die Freiheitskämpfer dieser Zeit sahen in ihren Vorgängern Vorbilder in ihrem Kampf.

Zugleich boten diese Bewegungen auch eine Form der Legitimation für die zum Teil mit großer Härte geführten Befreiungskämpfe. Gegenüber der traditionell eingestellten Bevölkerung ließ sich mit Hinweis auf die früheren, vom Islam und der Fremdenfeindlichkeit getragenen Bewegungen Unterstützung für den erneuten Kampf finden. Die frühen von traditionellen Eliten getragenen Widerstandsbewegungen gegen die Kolonialmächte verbanden und verbinden noch heute die aus den anti-kolonialen Befreiungsbewegungen entstandenen modernen Staaten des Nahen und Mittleren Ostens in einer Weise mit ihrer jüngeren Vergangenheit, die in ihrer das Selbstbewußtsein dieser Länder stärkenden Bedeutung kaum zu überschätzen sind.

4.3 Die Reaktion neuer Eliten

Die neu entstandenen Eliten in den Staatsapparaten und der Wirtschaft, vor allem aber beim Militär zeigten unterschiedliche Reaktionen gegenüber den Kolonialmächten. Natürlich waren sie von der europäischen Zivilisation sehr viel intensiver geprägt als andere Teile ihrer Gesellschaften. Dadurch entstand eine gewisse kulturelle Differenzierung, die sich nicht auf die Aspekte der materiellen Kultur und gewisse Veränderungen der sozialen Normen reduzierte. Die neuen Eliten übernahmen aus Europa auch ganze Ideologiesysteme und Denkweisen, die ihrer Welt bis dahin fremd geblieben waren. Hier ist noch einmal eine Idee wie die der Nation zu nennen. Die islamische Welt dagegen kannte nur den Begriff der *umma*, der Gemeinschaft der Gläubigen, die idealerweise keine ethnischen oder politischen Grenzen kennen durfte. Die tatsächliche Zersplitterung der Welt des Nahen und Mittleren Ostens wurde als Abweichung von den Forderungen des Islams und als großes Unglück angesehen. Die neuen Eliten übernahmen die europäische Vorstellung von der Nation als einer geschichtlichen, kulturellen und zugleich politischen Einheit und wandten sie auf ihre konkrete politische Situation, d.h. auf die Situation eines Koloniallandes an. Nicht anders verfuhren sie mit zeitgenössischen sozialistischen Vorstellungen.

Durch das europäische Begriffssystem bot sich den neuen Eliten die Möglichkeit, eine eigene nationale Identität zu entdecken oder u.U. auch nur zu konstruieren. Für die Länder der altorientalischen Hochkulturen boten auch die Forschungs- und Entdeckungsergebnisse der von Europäern betriebenen Archäologie und der verschiedenen orientalischen Philologien die Möglichkeit, aus den großartigen kulturellen Leistungen der Vergangenheit Selbstbewußtsein für ihre Situation zu schöpfen. Die im Grunde tragische Situation, daß für die eigene nationale Identitätsfindung fremde Begriffe und die wissenschaftlichen Leistungen von Ausländern notwendig waren, wurde zunächst nicht erkannt.

Statt einer theoretischen Auseinandersetzung mit ihrer tatsächlichen Situation tiefgreifender Abhängigkeit von Europa begannen die neuen Eliten sich nur mit dem Offensichtlichen zu befassen, mit der politischen Abhängigkeit. Das Vorbild der verschiedenen europäischen Nationalismen vor Augen, forderten sie für ihre Länder die volle politische Unabhängigkeit. Spektakuläre Aktivitäten dieses Typs sind z.B. die Versuche Ägyptens, sich von der britischen Kontrolle zu lösen. Der Ruf: ,,Ägypten den Ägyptern", der das Schlagwort der Bewegung des Aḥmad ʿUrābī zu Beginn der 80er Jahre des 19. Jahrhunderts war, macht das nationale Moment in den Vorstellungen der Träger dieser Aktivitäten deutlich. All diese nationalistischen Bewegungen blieben in ihren Anfängen stecken oder konnten sich gegen die Kräfte der Kolonialmächte nicht durchsetzen. Dies gelang erst in der zweiten Hälfte unseres Jahrhunderts einer jüngeren Generation.

Die Ursachen für den mangelnden Erfolg der frühen nationalen Bewegungen im Nahen und Mittleren Osten liegen nicht ausschließlich in der militärischen und technologischen Überlegenheit der Kolonialmächte. Genau so bedeutend ist auch deren politisch-methodischer und ideologischer Vorsprung. Schon vom Begrifflichen her fehlte den jungen Nationalismen das Instrumentarium, das es mit dem der europäischen Mächte aufnehmen konnte. So entstand der Begriff *waṭan* für Nation im Arabischen nur unter einigen Schwierigkeiten, und bis zu seiner allgemeinen Akzeptierung verging noch eine erhebliche Zeit, wenn man nicht gar die Meinung vertreten will, daß er bis heute nicht in allen arabischen Ländern gebraucht wird, wofür es einige Indizien gibt.

Der entscheidende Grund für die Niederlagen der neuen Eliten in ihrem Kampf um politische Unabhängigkeit aber liegt wohl in der Tatsache, daß die große Masse der Bevölkerung der Länder des Nahen und Mittleren Ostens mit Begriffen wie Vaterland oder Nation nichts verbinden konnte, was sie zum Handeln bewegte. Unzufriedenheit über wirtschaftliche Belastungen, ja blanke Not konnten sich in kurzfristigen und lokal oder regional begrenzten Ausbrüchen des Volkszorns Luft machen. Es war der Fehler der neuen Eliten, hinter diesen Aufständen mehr zu vermuten und durch sie ermutigt größere militärische Unternehmen gegen die Kolonialmächte in Gang zu setzen. Dies alles zeigt die große gesellschaftliche und geistige Distanz der neuen Eliten von der Bevölkerung.

Nur in zwei Staaten, die allerdings keine Kolonialländer im politischen Sinne waren, in Iran und Afghanistan gelang es, Vorstellungen einer nationalen Einheit weiten Bevölkerungskreisen zu vermitteln und auf einer breiten Basis gegen die Kolonialmächte vorzugehen. In Iran war die Staatsreligion des schiitischen Islams, wie schon ausgeführt, der Träger dieser nationalen Idee, auf deren Grundlage sich das Land gegen einen verstärkten wirtschaftlichen Einfluß europäischer Wirtschaftskreise zur Wehr setzte. In Afghanistan war es die geographische Lage des Binnenlandes, das unter den Expansionsdruck der Briten von Indien aus und des zaristischen Rußlands geraten war, die in der Bevölkerung trotz aller ethnischen und sozialen Gegensätze das Gefühl einer nationalen Einheit entstehen ließ. Es trug mit dazu bei, daß die Okkupationsversuche der Kolonialmächte hier im 19. Jahrhundert scheiterten. Es ist aber auch wichtig festzuhalten, daß die Träger des Widerstandes in beiden Fällen traditionelle Eliten waren: in Iran die schiitische Geistlichkeit und in Afghanistan die Führer der verschiedenen, vor allem der paschtunischen Stämme. Neue Eliten existierten in Afghanistan nicht, in Iran waren sie zahlenmäßig nur marginal. Der enge Kontakt der traditionellen Eliten mit der Bevölkerung war sicher eine der Ursachen für den Erfolg des Widerstandes.

5. Der Nahe und Mittlere Osten im Ersten Weltkrieg

Den Mittelmächten, dem Deutschen Kaiserreich und der Österreichisch-Ungarischen Doppelmonarchie, gelang es kurz nach dem Ausbruch des Ersten Weltkriegs in Europa, das Osmanische Reich zum Eintritt in den Krieg auf ihrer Seite zu bewegen. Man kann die Motivationen der osmanischen Führung, in der die nationalistischen Jungtürken die Kontrolle ausübten, am leichtesten auf die Formel bringen: Der Feind meines Feindes ist mein Freund. Mit Rußland hatte das Osmanische Reich zahlreiche kriegerische Auseinandersetzungen ausgetragen, Frankreich hatte mit Algerien und Tunesien, Italien mit Libyen und Großbritannien mit Ägypten große Teile des Osmanischen Reiches okkupiert, ein Zustand, den die Hohe Pforte nie anerkannt hatte. Daneben spielte sicherlich auch die Tatsache eine Rolle, daß die führenden Köpfe der Jungtürken, so z.B. der Kriegsminister Enver Pascha, gute persönliche Kontakte zum Deutschen Kaiserreich hatten. Allerdings sind all dies nur Vermutungen; denn der tatsächliche Ablauf des osmanischen Kriegseintritts und die Form der möglichen deutschen Einflußnahme sind auf Grund des Mangels von verläßlichen Quellen unbekannt.

Vor allem die deutsche Seite versprach sich von dem osmanischen Kriegseintritt und dem damit verbundenen Aufruf des Kalifen in Istanbul zum *jihād*, dem Glaubenskrieg der Muslime, erhebliche militärische Vorteile, weil man annahm, daß sich daraufhin die Muslime in den französischen und britischen Kolonien, aber auch im zaristischen Rußland erheben und dadurch alliierte Truppen binden würden, die damit nicht auf dem europäischen Kriegsschauplatz zur Verfügung stünden. Im großen und ganzen wird man feststellen können, daß der Aufruf kaum militärische Wirkungen hatte. Durch eine geschickte Gegenpropaganda der Alliierten wurde ihm die Spitze genommen, und die zahlreichen, zum Teil gar nicht ungeschickten Versuche der deutschen Seite, aus dem Bündnis mit der Vormacht des Islams Kapital zu schlagen, verliefen im Sand.

Eine der Ursachen dafür war der für die osmanische Seite wenig erfolgreiche Kriegsverlauf in den arabischen Teilen des Reiches. Hier war es im Bereich des Suezkanals zu einem militärischen Desaster der osmanischen Truppen gekommen, die in der Folge von britischen Einheiten ständig weiter zurückgedrängt wurden, während französische Truppen vom Libanon und Nordsyrien aus im Verlauf des Kriegs ihre Positionen verstärken konnten. Darüber hinaus gelang es britischen Truppen, ohne nennenswerten Widerstand Mesopotamien zu besetzen. Unter anderem lagen die alliierten militärischen Erfolge an der geschickten Ausnutzung vorhandener türkisch-arabischer Animositäten, die sich auf Grund einer durch den Krieg bedingten harten, ja grausamen Politik gegenüber der arabischen Bevölkerung durch die osmanische Militärverwaltung zu starkem Haß entwickelten.

Aus dem Gegensatz zwischen Türken und Arabern im Osmanischen Reich und unter dem Einfluß europäischer nationalistischer Vorstellungen, aber auch auf Grund eines lange vorhandenen Überlegenheitsgefühls der Araber gegenüber allen anderen islamischen Völkern, hatten sich Vorformen eines Arabischen Nationalismus moderner Prägung entwickelt, die gegen die türkische Dominanz gerichtet waren und die sich die britische Seite zu Nutze machen konnte. Es gelang britischen Agenten mit dem Versprechen der Gründung eines arabischen Reiches, den Scherifen Ḥusain von Mekka, eine auf Grund seiner Abstammung vom Propheten Muḥammad hochverehrte Persönlichkeit, zum Aufstand gegen die osmanische Verwaltung zu bewegen. Dies trug nicht unerheblich zu einer Schwächung der militärischen Kräfte des Osmanischen Reiches bei. Zu dem Territorium des neuen arabischen Reiches sollte nach arabischer Auffassung auch Palästina gehören, das allerdings zur gleichen Zeit jüdischen Nationalisten als Heimstatt der Juden zugesagt worden war. All diese Überlegungen waren Teile der Vorstellung einer Neuordnung des gesamten Nahen und Mittleren Ostens nach der Zerschlagung des Osmanischen Reiches.

Bei dieser Neuordnung wollten die Franzosen ihre traditionellen Interessen in der Region gewahrt sehen, also vor allem den syro-libanesischen Raum unter ihrer Kontrolle behalten. Für die britische Seite waren geostrategische Überlegungen hinsichtlich der Besitzungen in Indien vorrangig, was u.a. dazu führte, daß Mesopotamien als britische Einflußsphäre deklariert wurde; das gleiche galt auch für den palästino-jordanischen Bereich. Kleinere europäische Mächte wie Italien oder Griechenland sollten die Kontrolle über Teile der eigentlichen Türkei erhalten. Iran, das im Verlauf des Kriegs mehr und mehr in einem Zustand völliger Anarchie verfiel, blieb ebenso wie Afghanistan unter britischem Einfluß. Im übrigen blieben die vor dem Krieg vorhandenen Interessen- und Einflußsphären erhalten.

Der erste große europäische Krieg der Moderne veränderte nicht nur Europa. Durch die Zerschlagung des Osmanischen Reiches wurde auch der Nahe und Mittlere Osten neu geordnet. Die dadurch veränderte Region blieb in dieser Form bis weit nach dem Zweiten Weltkrieg erhalten. Zugleich wurde mit der nach dem Krieg erfolgten Verweigerung der Schaffung eines arabischen Einheitsstaates und der Vorbereitung zur Errichtung eines zionistischen Staates die Saat zu einem Konflikt gelegt, der in seiner vollen wirtschaftlichen und politischen Brisanz erst in den 70er Jahren unseres Jahrhunderts deutlich werden sollte. Der Eintritt des Osmanischen Reiches auf der Seite der Mittelmächte in den Ersten Weltkrieg erweist sich damit als ein welthistorisch bedeutsamer Vorgang. Es gehört zur Eurozentrik unserer historischen und politischen Betrachtungsweise, daß wir dies über lange Jahre nicht zur Kenntnis haben nehmen wollen.

Literatur:

Abun-Nasr, J. 1971: A History of the Maghrib, Cambridge.

Ageron, C.-R. 1968: Les Algériens Musulmanes et la France. 1871 - 1919, 2 Bde., Paris.

Avery, P. 1965: Modern Iran, London.

Azan, P. 1925: L'Emir Abd el-Kader. 1808 - 1883. Du fanatisme Musulman au patriotisme Français, Paris.

Berque, J. u.a. (Hrsg.) 1976: Abd el-Krim et la république du Rif, Paris.

Brown, J. 1974: The Tunisia of Ahmad Bey. 1837 - 1855, Princeton.

Destrée, A. 1976: Les fonctionnaires Belges au service de la Perse 1898 - 1915, (Acta Iranica 13), Teheran, Liege.

Grunebaum, G.E. v. (Hrsg.) 1971: Der Islam II. Die islamischen Reiche nach dem Fall von Konstantinopel, (Fischer Weltgeschichte, 15), Frankfurt a.M.

Holt, P.M. 1966: Egypt and the Fertile Crescent 1516 - 1922. A Political History, New York.

Hourani, A. 1962: Arabic Thought in the Liberal Age. 1798 - 1939, Oxford.

Julien, C.-A. 1978: Le Maroc face aux Imperialismes 1415 - 1956, Paris.

Lambton, A. 1970: Persia: The Breakdown of Society, in: Holt, P. u.a. (Hrsg.): The Cambridge History of Islam, Vol. I, Cambridge, 430-467.

Marlowe, J. 1974: Spoiling the Egyptians, London.

Peters, R. 1979: Islam and Colonialism. The Doctrine of Jihad in Modern History, (Religion and Society, 20), Den Hag, Paris, New York.

Schoelch, A. 1974: Ägypten den Ägyptern, München.

ders. 1987: Der arabische Osten im neunzehnten Jahrhundert, 1800 - 1914, in: Haarmann, U. (Hrsg.): Geschichte der arabischen Welt, München, 365-431.

Tibi, B. 1971: Nationalismus in der Dritten Welt am arabischen Beispiel, Frankfurt a.M.

III. Die Herausbildung der modernen Staatenwelt

Peter Heine

1. Die historischen Voraussetzungen

Als eines der Ergebnisse des Ersten Weltkriegs kann man die Entstehung einzelner Nationalstaaten im Nahen und Mittleren Osten ansehen. Ursache dafür war die Auflösung des Osmanischen Reiches, dem die Mehrzahl der neu entstandenen und im Entstehen begriffenen Staaten angehört hatten. Diese Folge des Kriegs ist allerdings nur der Schlußpunkt einer Entwicklung, die im Grunde schon 1683 mit der erfolglosen zweiten Belagerung von Wien durch die osmanischen Heere begonnen hatte. Von diesem Zeitpunkt an befand sich das Osmanische Reich ständig auf dem Rückzug. Bis 1699 gingen weite Gebiete des Reiches auf dem Balkan, besonders Bulgarien und Serbien an die Europäer, vor allem Österreich-Ungarn und Venedig verloren. Im Frieden von Karlowitz mußte der Sultan zum ersten Mal offiziell einen Vertrag mit den Mächten des christlichen Europa schließen und sie damit als gleichberechtigt anerkennen. Neben den Mächten der „Heiligen Allianz" war den Osmanen noch ein weiterer Gegner entstanden, das zaristische Rußland. Das gesamte 18. Jahrhundert hindurch war das Reich in kriegerische Auseinandersetzungen vor allem mit Österreich und Rußland verwickelt. So gab es 1710 und 1711 zwei Kriege mit Rußland, 1714 - 18 eine Auseinandersetzung mit Österreich und Venedig und schließlich die drei Kriege mit Österreich und Rußland von 1736 - 39, 1768 - 74 und 1787 - 92. Diese Kriege wurden in den berühmten Verträgen von Belgrad (1739), Kütschük Kainardsche (1774) und Jassy (1792) beendet. In allen Fällen mußte das Osmanische Reich Land abtreten und wurde schließlich auf die Donau-Linie zurückgedrängt. 1783 hatte das Zarenreich schon die Krim annektiert und sich damit Zugang zum Schwarzen Meer verschafft. In seinem Drang zum Mittelmeer war Rußland auf diese Weise ganz erheblich vorangekommen. In all diesen Auseinandersetzungen wurde nicht nur mit militärischen Mitteln gekämpft. Auf dem Balkan und später auch in der Levante machten sich die europäischen Mächte die Tatsache zu Nutze, daß zu den Untertanen des Sultans nicht nur Muslime, sondern auch Christen der unterschiedlichsten Konfessionen gehörten.

1.1 Das millet-System

Von jeher hatten die islamischen Heere, die seit der Zeit des Propheten weite Teile der bekannten Welt erobert hatten, auf eine Konversion der Bevölkerung in den unterworfenen Gebieten keinen besonderen Wert gelegt. Manchmal war eher das Gegenteil der Fall. Juden und Christen behielten ihren Glauben und hatten dafür die Kopfsteuer (jizya) zu zahlen. In der gesellschaftlichen Struktur des Nahen und Mittleren Ostens, die ohnehin kaum soziale Mobilität kannte, entwickelten sich die religiösen Minderheiten sehr bald zu „geschlossenen Gesellschaften" mit eigenen Traditionen, gesetzlichen Regelungen und Normen bis hin zu der Bewahrung einer eigenen Sprache (der osmanische Begriff für diesen Status ist *millet*). Die Kontakte zu anderen Teilen der Gesellschaft innerhalb des islamischen Staates waren auf das notwendige Minimum beschränkt.

Die Mehrzahl der Kontakte mit den offiziellen Stellen z.B. im Osmanischen Reich wurden von den geistlichen Führern der Gemeinschaften, vor allem von den Bischöfen oder Rabbinern wahrgenommen. Kam es trotz der Abgeschlossenheit der religiösen Gemeinschaften doch zu Konflikten mit Angehörigen der muslimischen Mehrheit, waren die Juden oder Christen allerdings häufig im Nachteil, da z.B. ihr Zeugnis in einer gerichtlichen Auseinandersetzung weniger gewichtig war als das eines Muslims. Alles in allem hatten Juden wie Christen im Osmanischen Reich, aber auch in anderen islamischen Staaten immer das Gefühl, Untertanen zweiter Klasse zu sein. Daher fielen die Worte russischer und österreichischer Agenten, die unter den Christen des Balkans und anderswo Unzufriedenheit und Unruhe schürten, auf fruchtbaren Boden. Da die religiösen Gemeinschaften häufig auf eine bestimmte Volksgruppe begrenzt waren, lag es nahe, daß der im 18. und frühen 19. Jahrhundert sich entwickelnde Nationenbegriff von diesen Minderheiten aufgenommen wurde. Da zu einer Nation aber auch die Möglichkeit der Selbstbestimmung und der Souveränität über ein bestimmtes Territorium gehört, begannen eine Reihe von Unabhängigkeitsbewegungen, die die Freiheit einer bestimmten Region von der osmanischen Oberhoheit forderten, aktiv zu werden. Die europäischen Mächte unterstützten diese Bewegungen, da sie in ihnen Möglichkeiten der Schwächung des Osmanischen Reiches sahen. Daneben spielte sicherlich auch die Tatsache eine Rolle, daß europäische Ideologien wie der Panslawismus in der Befreiung dieser Völker von der osmanischen Herrschaft eine wichtige Aufgabe sahen oder geistige Strömungen wie die Romantik z.B. für die Befreiung Griechenlands eintraten. Vor diesem Hintergrund kam es 1804 - 06 und 1815 - 17 zu zwei serbischen Aufständen und 1821 - 30 zur griechischen Revolution.

Insgesamt löste sich der *millet*-Begriff so sehr von seiner religiösen Bedeutung ab, daß er schließlich als Nationalbegriff in die politische Diskussion des ausgehenden 19. Jahrhunderts einging und auch im Zusammenhang mit Autonomieforderungen der Völkerschaften des Osmanischen Reiches benutzt wurde und schließlich mit der Bedeutung „Nation“ in der modernen türkischen Sprache erhalten blieb.

In den Fällen, in denen Religionsgemeinschaften nicht in der Lage waren, sich als Nationen zu konstituieren, blieb dieser Anspruch doch ständig bestehen und führte zu schweren Krisen innerhalb des Osmanischen Reiches. Es sei hier nur an die Armenier erinnert, deren Forderung nach einem eigenen Staat erst mit der Gründung der Armenischen Sowjet-Republik nach dem Ersten Weltkrieg in Erfüllung ging. Die Übereinstimmung von religiösem Bekenntnis und nationaler Identität blieb auch in der Folgezeit für die politische Entwicklung des Nahen und Mittleren Ostens von Bedeutung.

1.2 Der Regionalismus im Osmanischen Reich

Während in den europäischen Teilen des Osmanischen Reiches die Basis für Autonomie- und Unabhängigkeitsbewegungen die sich von der Staatsreligion unterscheidenden Konfessionen des Christentums waren, trat dieses Problem in den asiatischen und afrikanischen Teilen des Reiches zunächst nur in schwächerer Form auf. Die Mehrzahl der Untertanen des Sultans waren hier Sunniten, die schlimmstenfalls einer anderen Rechtsschule angehörten als die hanafitischen Osmanen. Allerdings handelte es sich hier um Regionen, die sich im Verlauf der islamischen Geschichte immer wieder einer mehr oder weniger großen Unabhängigkeit von den zentralen Hauptstädten erfreut hatten. Schon in der Zeit der Omaiyaden in Damaskus war diese Unabhängigkeit einzelner Regionen mit der räumlichen Entfernung von der Hauptstadt gewachsen. Diese Tendenz war im Osmanischen Reich um so eher zu finden, als ein Teil dieser Gebiete sich durchaus einer historischen und kulturellen Eigenständigkeit bewußt war und daher die Separierungsbemühungen von Khediven, Beys oder Deys durchaus mittrug. Neben außerhalb des Osmanischen Reiches liegenden Staaten wie dem Königreich Marokko oder Iran, waren es vor allem die nordafrikanischen Gebiete Algerien und Tunesien, die nur noch eine formelle Oberhoheit der Hohen Pforte anerkannten. Für Algerien galt das ca. seit 1659, für Tunesien seit 1690. Auch in Tripolitanien hatte sich eine Dynastie, die Qaramānlī selbständig machen können (1711 - 1835). Danach war das Land allerdings wieder unter eine stärkere osmanische Kontrolle geraten. Nach der napoleonischen Besetzung hatten sich die ägyptischen Vizekönige immer mehr politischen Bewegungsspielraum gegenüber ihrem Sultan in Konstantinopel verschafft, und auf der Arabischen Halbinsel hatten die Osmanen mit den religiös begründeten Unabhängigkeitsbestrebungen der Wahhabiten ihre Not. So standen neben den europäischen und kleinasiatischen Besitzungen nur der syro-palästinensische Raum und das Gebiet des heutigen Irak unter der direkten Kontrolle Konstantinopels.

Das bedeutete, daß ein beträchtlicher Teil der Einwohner des Osmanischen Reiches zwar in der Religion, nicht aber nach der nationalen Identität mit der führenden türkisch-osmanischen Schicht übereinstimmte. Auch die arabischen Regionen blieben nicht frei von nationalistischen Vorstellungen. Sie wurden u.a. dadurch hervorgerufen, daß als Reaktion auf den europäischen Nationalismus auch türkische Formen von Nationalismus bis hin zu einem Pantürkismus entstanden. Dieser vermochte die Ansprüche der Araber nicht in seine Vorstellungen zu integrieren.

Vorkämpfer des Arabischen Nationalismus waren vor allem Araber, die im europäischen Exil lebten. Darüber hinaus entstanden innerhalb des Osmanischen Reiches Gruppen, die sich für eine größere Autonomie arabischer Teile des Osmanischen Reiches einsetzten. Viele von ihnen wie die Gruppe al-Fatāt und die nur aus arabischen Offizieren in der osmanischen Armee bestehende Vereinigung al-ʿAhd arbeiteten vorwiegend im Geheimen. Zwischen den einzelnen Gruppen gab es manche Eifersüchteleien, und von gemeinsamen ideologischen Positionen oder gar koordinierten Aktionen kann kaum die Rede sein. Zwar gab es zum Zeitpunkt des Ausbruchs des Ersten Weltkriegs viel Unzufriedenheit mit der türkischen Verwaltung in den arabischen Provinzen. Sie wurde vor allem von arabischen Offizieren in der osmanischen Armee und von westlich orientierten Gebildeten zum Ausdruck gebracht. Diese nationale Grundstimmung stellte zu diesem Zeitpunkt allerdings keine Gefahr für den Bestand des Osmanischen Reiches dar.

2. Der Erste Weltkrieg und die Auflösung des Osmanischen Reiches

2.1 Die Folgen für den Fruchtbaren Halbmond und für die Arabische Halbinsel

Als das Osmanische Reich am 29. 10. 1914 auf der Seite der Mittelmächte in den Ersten Weltkrieg eintrat, ging es der britischen Regierung zunächst einmal darum, ihre Verbindungen nach Indien zu sichern. Von strategischer Bedeutung war in diesem Zusammenhang Ägypten mit dem Suezkanal. Daher wurde am 18. 12. 1914 Ägypten zu einem britischen Protektorat erklärt. Nicht weniger wichtig war allerdings auch die Situation am Arabisch-Persischen Golf. Daher erkannte Großbritannien den Scheich von Kuwait am 3. 11. 1914 als unabhängigen Herrscher unter britischem Schutz an. Ein Expeditionskorps aus Indien besetzte die Gegend um den Schatt al-Arab und Basra. Weitere konkrete Ziele verfolgte die britische Seite zunächst nicht.

Frankreich dagegen sah eine Gelegenheit, sich einen alten Traum zu erfüllen: die Kontrolle Syriens. Man hatte in Paris Gründe anzunehmen, daß die Briten diesem Wunsch aufgeschlossen gegenüberstehen würden. Eine Klärung der jeweiligen Ansprüche wurde dringend, als die dritte große Macht auf der Seite der Alliierten, das zaristische Rußland, Ansprüche auf Istanbul, die Dardanellen und den Bosporus erhob. Auf die Erklärung des *jihād* durch den Sultan hatte Großbritannien mit einer Stärkung des Scherifen Ḥusain von Mekka, einer bedeutenden religiösen Figur in der islamischen Welt, reagiert. Scherif Ḥusain, ein ehrgeiziger und ambitionierter Mann, hatte für seine Unterstützung der Gegner des Sultans die Forderung nach einem unabhängigen arabischen Reich aufgestellt und war auf den britischen Vorschlag, daß das Kalifat wieder in rein arabische Hände übergehen sollte, nur zu gerne eingegangen. In einem Briefwechsel mit dem britischen Hochkommissar für Ägypten Sir Henry McMahon hatte er das Territorium des neuen arabischen Reiches genau beschrieben. Es umfaßte auch die Gebiete Syriens, auf die Frankreich seine Interessen angemeldet hatte. Daher reagierte McMahon auf Ḥusains Forderungen ausweichend und dilatorisch, beschrieb dann aber auf ein Nachfassen des Scherifen etwas ungenau, was später zu heftigen Kontroversen Anlaß gegeben hat, das Territorium, aus dem nach britischer Ansicht Ḥusains Staat zusammengesetzt werden sollte. Im Licht der nachfolgenden Auseinandersetzungen um die Palästinafrage erwies sich die mangelnde Genauigkeit hinsichtlich der ,,Gebiete westlich der Distrikte von Damaskus, Homs, Hama und Aleppo" als verhängnisvoll. Insgesamt wurde aus dem Vorgang deutlich, daß die Briten den Aspirationen des Scherifen nicht begeistert gegenüber standen. Sicher half die Korrespondenz aber, die britischen Interessen zu definieren. Daraus wurde klar, daß Großbritannien die Ansprüche Frankreichs auf Syrien nur bezüglich der Nordküste mittrug. Die Frage der Zugehörigkeit Palästinas wurde zunächst offen gelassen, und das besondere Interesse an Mesopotamien wurde deutlich gemacht. Nicht ohne Bedeutung ist auch die Tatsache, daß die Briten für sich das Recht, zukünftige arabische Regierungen zu beraten und zu unterstützen, monopolisierten.

Die endgültige Absteckung der Interessensgebiete Frankreichs und Großbritanniens vollzog sich dann in Verhandlungen zwischen dem französischen Diplomaten Charles François Georges Picot und dem Briten Sir Mark Syces. Das sogenannte Syces-Picot-Abkommen beinhaltete folgende Einzelheiten: zwei Gebiete wurden als Zonen bestimmt, in denen ,,Frankreich bzw. Großbritannien das Recht hätten, eine direkte oder indirekte Verwaltung oder Kontrolle einzuführen, wie sie wollten." Das französische ,,blaue" Gebiet umfaßte die syrische Nordküste von einem Punkt südlich von Sidon landeinwärts bis zu einer Linie, die allerdings Damaskus, Homs, Hama und Aleppo ausschloß. Die britische ,,rote" Region umfaßte das untere Mesopotamien und eine Enklave in Palästina mit Haifa und Akko. Der Rest Palästinas, westlich des Jordan und südlich bis Gaza wurde das ,,braune" Gebiet. Hier sollte eine internationale Verwaltung eingerichtet werden, ,,deren Form nach Konsultationen mit Rußland, den anderen Alliierten und den Repräsentanten des Scherifen von Mekka festgelegt werden solle." Das Restgebiet des Fruchtbaren Halbmondes wurde in zwei Teile aufgeteilt. Es erstreckte sich einmal östlich der Linie Damaskus-Hama-Homs-Aleppo und umfaßte auch den Nordirak. Südlich dieses Gebietes lag der andere Teil. Bezüglich dieser beiden Gebiete kamen die beiden Seiten überein, daß sie hier einen unabhängigen arabischen Staat oder Staatenbund anerkennen und schützen würden.

Die Offenhaltung des Schicksals eines größeren Teils von Palästina machte dann am 2. 11. 1917 die sogenannte Balfour Declaration möglich, in der die britische Regierung erklärte, sie sehe mit Wohlwollen die Errichtung einer nationalen Heimstatt für das jüdische Volk von Palästina. Eine der Ursachen für diese Erklärung war, daß die britische Regierung hoffte, auf diese Art die Unterstützung der russischen und amerikanischen Juden zu gewinnen. Eine Rolle mag auch die Überlegung gespielt haben, durch die Einrichtung der Heimstatt des jüdischen Volkes eine gewisse Form britischer Kontrolle in der ,,braunen Zone" zu erreichen und sich eine Pufferzone zwischen dem französisch kontrollierten Syrien und dem britisch dominierten Ägypten zu sichern.

Die Frage, wie weit Scherif Ḥusain von dem Inhalt des Syces-Picot-Abkommen unterrichtet war und ob er ihm auf die eine oder andere Weise zugestimmt hat, läßt sich kaum beantworten. Offiziell erklärte er, nicht informiert worden zu sein. Fest steht allerdings, daß die britische Seite das Abkommen als nicht endgültig darstellte und dies auch noch durch die sogenannte Erklärung der Sieben untermauerte. In diesem Schreiben an arabische Nationalisten, die gegen Scherif Ḥusain opponierten, wurde das arabische Territorium in verschiedene Kategorien eingeteilt. Dazu gehörten Territorien, die vor dem Ausbruch des Kriegs frei und unabhängig waren; Gebiete, die durch arabische Aktionen von türkischer Herrschaft befreit worden waren und schließlich Gebiete, die durch alliierte Aktionen befreit worden waren. Auch in den letztgenannten Gebieten, ließ die britische Seite wissen, sei es das Ziel ihrer Politik, eine Regierung einzurichten, die auf dem Prinzip der Zustimmung der Regierten beruhe.

Bezüglich der türkischen Teile des Osmanischen Reiches hatte es ebenfalls Verhandlungen gegeben. Danach sollten Izmir und sein Hinterland für fünf Jahre der Verwaltung Griechenlands unterstellt werden, ganz Thrazien und die noch verbliebenen Ägäischen Inseln an Griechenland fallen, Italien die Inseln der Dodekanes und Rhodos erhalten. Ein armenischer selbständiger Staat sollte errichtet werden. Die Meerengen sollten internationalisiert und entmilitarisiert werden. Nur ein Rest-Anatolien und Istanbul sollten türkisch bleiben. Starker wirtschaftlicher und politischer Einfluß sollte durch die Wiedereinrichtung der Kapitulationen für die Alliierten gesichert werden.

2.2 Die Folgen in den übrigen Gebieten des Nahen und Mittleren Ostens

Die Gebiete des Nahen und Mittleren Ostens, in denen Frankreich schon seit längerem die Kontrolle ausübte, also vor allem in Nordafrika, waren während des Ersten Weltkriegs außerhalb jeder Diskussion zwischen den Alliierten. Andere Regionen, z.B. das heutige Mauretanien, wurden erst später endgültig unter französische Kontrolle gebracht. Das Gebiet von Tripolitanien, das 1911 von Italien okkupiert worden war, sah während des Kriegs und in der Folgezeit heftige Auseinandersetzungen zwischen italienischen Truppen und Anhängern der Bruderschaft der Senussi. Tripolitanien wurde aber als italienisches Interessengebiet von den Alliierten anerkannt. Ägypten blieb britisches Protektorat. Iran und Afghanistan blieben britische Interessensphären.

Der Erste Weltkrieg hatte nicht nur eine erhebliche Veränderung der Staatenstruktur des Nahen und Mittleren Ostens zur Folge; dabei spielten hinsichtlich der Basis dieser Staaten völlig neue Momente eine Rolle. So trat z.B. das Moment der nationalen Identität an die Stelle der bisherigen religiösen Zugehörigkeit. Vielmehr hatte es auch in einem der großen europäischen Länder eine revolutionäre Veränderung gegeben, die sich auf den Nahen und Mittleren Osten auf die Dauer erheblich auswirken sollte. Zunächst waren von diesem Vorgang allerdings die von Muslimen bewohnten Teile Zentralasiens besonders betroffen. Hier hatten sich viele traditionsreiche Städte und Regionen, die im Verlauf des 19. Jahrhunderts ihre Unabhängigkeit an das Zarenreich verloren hatten, wieder selbständig gemacht, indem sie die nachrevolutionären Wirren der jungen Sowjetunion für sich nutzten. Die sowjetische Führung hatte sich in verschiedenen Deklarationen an die Völker des Ostens gewandt und ihnen Freiheit und Selbstbestimmung versprochen. Die tatsächliche Politik war in der Folge jedoch von der Bemühung gekennzeichnet, die zentralasiatischen Gebiete wieder unter die Kontrolle der Zentrale in Moskau zu bringen. Die Folge waren lang andauernde Aufstände, in denen die Rote Armee nur mit viel Mühe und unter erheblichem zeitlichen Aufwand in der Lage war, die Oberhand zu gewinnen. Die sowjetische Führung zeigte sich mit dem Erhalt ihrer Besitzungen und deren Festigung zunächst salviert. Sie verzichtete auf alle Ansprüche gegenüber der Türkei und zog sich aus den von russischen Truppen besetzten Teilen Irans zurück.

3. Der Kampf um die arabische Unabhängigkeit

3.1 Die arabische Position gegenüber den Interessen Frankreichs und Großbritanniens

Die Araber reagierten auf die kolonialen Ansprüche der Franzosen und Briten damit, daß sie für Syrien Wahlen organisierten. Diese führten zur Konstituierung des Syrischen Generalkongresses, der dann in verschiedenen Resolutionen die Unabhängigkeit Syriens mitsamt Palästina forderte. Emir Faiṣal, ein Sohn des Scherifen Ḥusain, sollte König dieses souveränen Staates sein. Ferner wurde die Unabhängigkeit des Irak gefordert. Das Sykes-Picot-Abkommen und die Balfour Declaration lehnte der Kongreß ab. Er wandte sich gegen jede Form von Mandatssystem, erklärte sich aber mit ausländischer Hilfe einverstanden, solange diese sich nicht gegen die Unabhängigkeit Syriens auswirke. Diese Hilfe wurde vor allem von den USA erwartet. Auch Hilfe aus Großbritannien wurde akzeptiert. Das Mißtrauen gegenüber Frankreich war so groß, daß man jede Hilfe von dieser Seite ablehnte.

Am 8. 3. 1920 erklärte der Syrische Generalkongreß die Unabhängigkeit des Landes und proklamierte Emir Faiṣal zum König. Zugleich erklärte ein Irakischer Kongreß in Damaskus die Unabhängigkeit des Irak, und man beschloß eine enge wirtschaftliche und politische Kooperation zwischen diesen beiden staatlichen Gebilden. Dies ist insofern bedeutsam, als die arabische Seite der geographischen Aufteilung der östlichen arabischen Welt zustimmte.

Ein „Supreme Council" der Alliierten, der sich zu Verhandlungen mit der türkischen Seite im April 1920 in San Remo traf, vergab indes ohne Beachtung der arabischen Forderungen Mandate an Großbritannien und Frankreich. Dabei wurde Syrien dreigeteilt in Palästina, Libanon und das Rest-Syrien. Die beiden letzteren Gebiete wurden gemeinsam französischem Mandat unterstellt. Palästina und der Irak wurden getrennte britische Mandatsgebiete.

In der Folge übernahmen französische Einheiten die Kontrolle im gesamten französischen Mandatsgebiet, wobei sie allerdings auf Widerstand von regulären und irregulären arabischen Einheiten stießen. Diese waren auf Grund ihrer schlechteren Ausbildung und Ausrüstung aber nicht in der Lage, die Besetzung des Landes in irgendeiner Weise zu gefährden. Am 28. 7. 1920 wurde König Faiṣal aus Damaskus durch französische Truppen vertrieben und nach Italien ins Exil geschickt. Für die arabischen Nationalisten wurde das Jahr 1920 das „Jahr der Katastrophe". Während es der französischen Administration in Syrien gelang, nach einiger Zeit ein gewisses Maß an Ruhe und Ordnung wiederherzustellen, kam es im Irak zu lange andauernden Aufständen, die nach und nach den Charakter eines nationalen Befreiungskampfes mit starken religiösen Untertönen bekamen. Die Kosten für die Kontrolle des Mandatsgebietes wurden für die Briten so erheblich, daß sie nach einem Ausweg suchten und ihn in dem im Exil befindlichen Faiṣal fanden, dem sie den Thron eines Königreiches Irak anboten. Damit war allerdings nicht die völlige Unabhängigkeit des Landes verbunden. Diese sollte erst nach dem Ablauf einer Periode von 20 Jahren erfolgen. Obwohl Faiṣal deswegen von irakischen Nationalisten heftig angegriffen wurde, akzeptierte er die britischen Vorschläge, nur um sich sofort anschließend auf Verhandlungen über die Verkürzung dieser Periode zu verlegen. Diese Politik hatte Erfolg. 1932 wurde Irak in den Völkerbund aufgenommen und war damit der erste formal unabhängige Staat der arabischen Welt aus der Nachfolge des Osmanischen Reiches. Diese Unabhängigkeit war allerdings durch zahlreiche Abkommen mit der ehemaligen Mandatsmacht modifiziert, die auch immer wieder in die innenpolitische Entwicklung des Landes eingriff.

Ein anderer Sohn des Scherifen Ḥusain, der Emir Abdallah ('Abd Allāh ibn Ḥusain) hatte sich im November 1920 mit ihm ergebenen Einheiten und Stammeskriegern in der Gegend von Maan im Transjordanland eingefunden. Dieses Gebiet war ein Teil des britischen Mandats. Es kam zu Verhandlungen zwischen ihm und der britischen Seite, in denen es der Emir unternahm, einen möglichst großen Teil des Mandatsgebietes unter seine Kontrolle zu bringen. Im Grunde stimmten die Briten einem *fait accompli* zu. So entstand — zunächst noch unter britischem Mandat — das Emirat von Transjordanien, aus dem sich später das Haschimitische Königreich von Jordanien entwickelte.

In beiden Fällen, denen des Irak und Transjordaniens, bleibt festzuhalten, daß es auch und vor allem die militärische und finanzielle Belastung war, die Großbritannien veranlaßte, seine den Arabern während des Kriegs gemachten Zusagen einzuhalten. Dies konnte es um so eher, als die geostrategischen Positionen des Empire durch entsprechende Verträge und Abkommen abgesichert werden konnten.

Scherif Ḥusain selbst war König des Hedschas geworden; ihm gelang es allerdings nie, die Arabische Halbinsel endgültig unter seine Kontrolle zu bringen. Er entwickelte eine immer stärkere Aversion gegen Großbritannien, was dazu führte, daß diese und andere europäische Mächte ihm ihre Unterstützung entzogen. Dieser aber hätte er dringend bedurft; denn inzwischen hatte sich ein alter Widersacher der Haschimiten, die Wahhabiten unter Führung der Familie Saud (Āl Saʿūd), eingestellt. Diesen radikalen Muslimen gelang es 1925, die Haschimiten von der Arabischen Halbinsel zu vertreiben und das Königreich Saudi-Arabien zu gründen. Während dieses neue Königreich von Anfang an über einige politische Bewegungsmöglichkeit verfügte, schlossen die Briten mit den verschiedenen Emiraten der Arabischen Halbinsel Verträge, die ihnen die Kontrolle der außenpolitischen und militärischen Entwicklung dieser territorialen Gebiete sicherten.

3.2 Die Sonderstellung Ägyptens

Mit dem Ausbruch des Ersten Weltkriegs hatte sich Großbritannien zur Mandatsmacht Ägyptens erklärt. Das bedeutete keine sachliche Veränderung der Situation im Lande, jedoch die endgültige Trennung vom Osmanischen Reich. Die Lasten des Kriegs trafen vor allem die Landbevölkerung und führten gegen Ende des Kriegs und unmittelbar danach zu Aufständen. Nicht weniger bedeutsam war für Ägypten die Tatsache, daß den ostarabischen Gebieten von den Briten die Unabhängigkeit zugesagt worden war. Es lag nahe, daß ägyptische Nationalisten die gleichen Forderungen erhoben und zugleich argumentierten, daß das Land über eine viel längere Tradition in bezug auf seine politische Bewegungsfreiheit verfüge als die anderen Länder des ehemaligen Osmanischen Reiches. Es war vor allem die Wafd-Partei unter ihrem Führer Saʿd Zaghlūl, die es vermochte, das Verlangen nach der Unabhängigkeit Ägyptens zu einem auch die breite Bevölkerung erregenden Thema zu machen. Trotz aller administrativen und militärischen Bemühungen war es dem britischen Hochkommissar Allenby nicht möglich, das Land zu beruhigen. Daher setzte er gegen heftigen Widerstand im Außenministerium in London durch, daß er am 28. 2. 1921 die Unabhängigkeit Ägyptens erklären konnte. Wie in anderen Fällen auch behielten sich die Briten allerdings bestimmte Rechte vor. Sache der britischen Regierung blieben die Sicherheit der Verbindungswege des britischen Empire in Ägypten, womit vor allem der Suezkanal gemeint war; die Verteidigung Ägyptens gegen alle direkten oder indirekten fremden Aggressionen; der Schutz ausländischer Interessen in Ägypten und der Schutz der Minderheiten, und schließlich behielt sich Großbritannien die Kontrolle des Sudan weiter vor. Eine Aufhebung dieser britischen Vorrechte in Ägypten erreichte erst Nasser (Jamāl ʿAbd an-Nāṣir) nach dem Ende der Monarchie in Ägypten 1952.

4. Die Zwischenkriegszeit

4.1 Der Irak

Das Verhältnis des Irak zur Schutzmacht Großbritannien war gekennzeichnet von den ständigen Bemühungen der nationalistischen Kräfte, die Unabhängigkeit zu erweitern und sich in jeder Hinsicht Bewegungsspielraum zu verschaffen. Dagegen stand eine Gruppe von Politikern, die voll auf die britische Karte setzte. Die Geschichte des Königreiches Irak ist eine ständige Auseinandersetzung zwischen diesen beiden Positionen. Eine Besonderheit wurden die zahlreichen Politiker und Militärs, die sich mit nicht verfassungsmäßigen Mitteln in Machtpositionen zu bringen trachteten. In keinem anderen der unabhängigen arabischen Länder begannen Militärs so früh, sich in die Tagespolitik einzumischen und sie durch Drohungen mit militärischem Eingreifen zu ihnen genehme Richtungen zu lenken, bzw. mißliebige Regierungen durch verschiedene Putsche aus dem Sattel zu heben. Militärische und anti-britische Kreise zeigten in der Zwischenkriegszeit auch ein besonderes Interesse für das faschistische und nationalsozialistische Gedankengut in Italien und Deutschland. Hier fanden manche irakischen Nationalisten hinsichtlich der Bedeutung des Nationenbegriffs bekannte und verwandte Vorstellungen. Die Gegnerschaft Deutschlands zu Frankreich und Großbritannien tat ein übriges, um bei ihnen Sympathie zu erzeugen. Nicht ohne Bedeutung war in diesem Zusammenhang, daß der deutsche Botschafter in Bagdad, Grobba, mit großem Geschick diese Grundtendenz ausnutzte und so den Irak während des Zweiten Weltkriegs in eine Auseinandersetzung mit den Briten auf Seiten der Achsenmächte verwickeln konnte. Als besonderes Moment in dieser Phase der irakischen Politik bleibt allerdings das Eingreifen politisierter Offiziere in die Politik hervorzuheben; ein Vorgang, der sich nach dem Krieg in anderen arabischen Staaten wiederholen sollte.

4.2 Syrien und Libanon

Die französische Mandatspolitik gegenüber den beiden Levanteregionen richtete sich an der Kolonialpolitik gegenüber den arabischen Staaten des Maghreb aus, d.h. man bemühte sich um eine strikte Kontrolle aller Bereiche des öffentlichen Lebens und versuchte auf vielfältige Weise, Einfluß auch auf den kulturellen Bereich zu nehmen. Daneben bemühte sich die französische Mandatsverwaltung um eine Regionalisierung Syriens, indem sie für die von Drusen und Alawiten bewohnten Gebiete eine besondere Form der Administration einrichtete. Die Reaktion der syrischen Bevölkerung auf dieses Vorgehen war ein Aufstand 1925/26, in dessen Verlauf die französische Luftwaffe Damaskus zwei Mal bombardierte.

Unter dem Druck dieser Ereignisse gestattete Frankreich 1928 die Bildung einer verfassunggebenden Versammlung. Die Tatsache, daß Großbritannien den Irak in die formelle Unabhängigkeit entlassen hatte, zwang Frankreich dazu, in Verhandlungen mit den syrischen Nationalisten einzutreten. Diese gingen allerdings nur sehr schleppend voran. Erst als in Frankreich die Volksfrontregierung des Léon Blum an die Macht kam, konnte ein Vertrag formuliert werden. Zu einer Ratifizierung kam es aber nicht, da die Regierung Blum zuvor gestürzt wurde. Die französische Administration in Syrien verhinderte dann einen weiteren Fortgang der Verhandlungen. Besondere Erbitterung unter den syrischen Nationalisten rief die Abtretung des syrischen Gebiets Iskenderun, des ehemaligen Sandschaks Alexandrette, an die türkische Republik hervor. Dieser Vorgang hat die Gründung der die Nachkriegszeit bestimmenden Partei Syriens, der Baath-Partei (al-Ba‘th), mitbestimmt.

Im Libanon, der schon seit geraumer Zeit unter starkem französischen Einfluß gestanden hatte, verlief die politische Entwicklung etwas ruhiger. Durch die Einbeziehung der Bekaa-Ebene und der Küstenstädte Tyros und Sidon wurde der „Groß-Libanon" geschaffen, der vor allem in der zweiten Hälfte der 20er Jahre eine starke wirtschaftliche Prosperität erlebte. 1926 wurde die Republik Libanon ausgerufen. Verhandlungen über das Ende des Mandats blieben bis zum Ausbruch des Zweiten Weltkriegs aber ohne Erfolg.

4.3 Palästina

Die Balfour Declaration hatte zu einer verstärkten Einwanderung europäischer Juden nach Palästina geführt. Unter Anwendung der Prinzipien der „Eroberung der Arbeit" und der „Eroberung des Bodens" begannen die in der Jewish Agency organisierten Zionisten, das noch weitgehend „feudalistisch" strukturierte Land nach ihren Bedürfnissen umzugestalten. Sie setzten eine systematische Politik des Bodenaufkaufs in Gang, gründeten landwirtschaftliche Kollektive, trieben die Industrialisierung voran, bauten eine eigene Administration auf und bemühten sich erfolgreich um eine Wiederbelebung des Hebräischen als Umgangssprache. Ziel war die Errichtung eines eigenständigen jüdischen Staates in Palästina. Gegen die sich abzeichnenden Veränderungen des Landes setzten sich die Araber zur Wehr. Ihre sozio-politische Situation war indes durch allgemeine Rückständigkeit gekennzeichnet. Weder in wirtschaftlicher, in sozialer noch in politischer Hinsicht vermochten sie sich deshalb gegenüber der wachsenden jüdischen Gemeinschaft zu behaupten. Die rivalisierenden Klans und Parteien, insbesondere die der Ḥusainīs und Nashāshībīs, waren oftmals mehr mit internen Auseinandersetzungen beschäftigt als mit der Verteidigung arabischer Rechte gegenüber dem Anspruch der Zionisten auf Palästina.

Die Verfolgungen der jüdischen Gemeinde in Deutschland nach der Machtübernahme durch die Nationalsozialisten 1933 ließen die Zahl der Einwanderer nach Palästina stark ansteigen. Das führte zu heftigen Auseinandersetzungen mit der arabischen Bevölkerung. 1937 sah sich Großbritannien gezwungen, eine Untersuchungskommission unter der Leitung von Lord Peel nach Palästina zu entsenden. Die Kommission erarbeitete einen Vorschlag zur Lösung des Konflikts zwischen Juden und Arabern. Er sah die Teilung Palästinas in einen jüdischen und in einen arabischen Staat vor. Direkte Besprechungen zwischen Großbritannien, der Jewish Agency und Arabern in London blieben indes ohne Ergebnis. Daraufhin verfaßte die britische Regierung das Weißbuch von 1939, auch MacDonald Memorandum genannt. In dem Weißbuch wurden angesichts des heraufziehenden Zweiten Weltkriegs Einwanderung und Bodenkäufe der Juden strikt begrenzt. Beiden Gemeinschaften wurden Selbstregierung und Unabhängigkeit in einem jüdisch-arabischen Staatswesen zugesagt. Dieses Staatswesen sollte innerhalb von zehn Jahren verwirklicht werden.

4.4 Die Entstehung der modernen Türkei

Die Auflösung des Osmanischen Reiches in verschiedene Einzelstaaten und Mandatsgebiete machte auch vor dem kleinasiatischen Teil des Reiches nicht halt. Im Frieden von Sèvres (10. 8. 1920) wurde praktisch die bedingungslose Kapitulation des Reiches ratifiziert. Die Bedingungen dieses Vertrages riefen allerdings unter den Türken einen Sturm der Entrüstung hervor, den sich einer der wenigen erfolgreichen osmanischen Generäle, Mustafa Kemal, zu Nutze machte. Er koordinierte den vor allem in Anatolien entstandenen Widerstand der Bevölkerung und der noch nicht demobilisierten Truppen. Inzwischen waren griechische Truppen bei Izmir gelandet und unter großen Verlusten für die Zivilbevölkerung ins Landesinnere vorgedrungen. Dort hatte Mustafa Kemal allerdings mittlerweile eine schlagkräftige und von der Idee der türkischen Unabhängigkeit begeisterte Befreiungsarmee aufgebaut, der es 1921 gelang, den griechischen Vormarsch zu stoppen und die griechischen Truppen im Verlauf des folgenden Jahres in die Flucht zu schlagen und aus Kleinasien zu vertreiben.

Mustafa Kemal hatte neben dem Aufbau einer Armee auch für das Entstehen einer politischen Infrastruktur gesorgt, die unabhängig von dem unter alliiertem Einfluß stehenden Sultan in Istanbul stand. In Ankara konstituierte sich die Große Türkische Nationalversammlung. Eine Regierung wurde gebildet, deren Führung Mustafa Kemal selbst übernahm: Es entstand ein System von einer Stabilität, wie es die Region seit langem nicht mehr erlebt hatte. Die Alliierten mußten erkennen, daß sie nur unter einem unverhältnismäßigen Aufwand in der Lage gewesen wären, den neuen Staat wieder auszuschalten und den Vertrag von Sèvres durchzusetzten. Man verhandelte erneut, und im Vertrag von Lausanne 1923 verzichtete die türkische Seite auf nichttürkisches Territorium und sicherte dafür die von Türken bewohnten Teile des ehemaligen Osmanischen Reiches der Türkischen Republik, die am 29. 10. 1923 ausgerufen wurde. Mustafa Kemal wurde der erste Präsident dieser Republik und blieb es bis zu seinem Tode 1938. In der Folgezeit bemühte sich Mustafa Kemal, der 1934 den Beinamen Atatürk erhielt, das Gebiet seiner Republik zu arrondieren, was ihm im Fall des Sandschaks Alexandrette auch gelang. Entsprechende Ansprüche auf das ehemalige Wilayet Mosul, das nun zum Irak gehörte, konnte er allerdings nicht durchsetzen.

4.5 Iran und Afghanistan

Der Zerfall jeder Form von staatlicher Autorität in Iran zu Ende des Ersten Weltkriegs hatte dazu geführt, daß die bis dahin herrschende Qajaren-Dynastie durch einen Autokraten, Reza Khan (Reżā Shāh) abgelöst wurde, der 1925 den sogenannten Pfauenthron bestieg. Es gelang ihm, die zentrifugalen Kräfte und Tendenzen — vor allem Partikularismus und Tribalismus — mit den unterschiedlichsten Mitteln auszuschalten und die zentrale Autorität, aber auch die territoriale Integrität Irans zu bewahren.

In Afghanistan war es 1919 zu erneuten kriegerischen Auseinandersetzungen mit Großbritannien gekommen, die vor allem durch die nationalistischen Überzeugungen des jungen König Amanollah (Amān Allāh) dazu führten, daß dieser Krieg zum nationalen Befreiungskampf der Afghanen wurde. Obwohl den Afghanen in diesen Auseinandersetzungen kein militärischer Erfolg beschieden war, gelang es ihnen doch, den britischen Einfluß auf die afghanische Innen- und Außenpolitik erheblich zu reduzieren. Zugleich wurden die afghanischen Grenzen endgültig festgelegt und das Königreich damit in seiner territorialen Form festgelegt bzw. bestätigt.

4.6 Nordafrika

Während des Ersten Weltkriegs hatte es Versuche der Mittelmächte gegeben, durch verschiedene Formen der Subversion die französische Position in Marokko, Algerien und Tunesien zu schwächen. Diese Bemühungen hatten allerdings nur geringen Erfolg gehabt. Die Franzosen hatten auf die den Islam betonende Propaganda der Mittelmächte flexibel reagiert. Nach dem Krieg nahmen sie die Zügel wieder fest in die Hand.

Anders die Lage in Libyen. Die italienische Besetzung der Cyrenaika und Tripolitaniens war erst 1911 erfolgt und der Widerstand im Landesinneren noch sehr stark. Die Krieger der Senussi-Organisation konnten sich in vielen Fällen gegen die italienischen Einheiten durchsetzen. Aus dem Ersten Weltkrieg ging Italien zwar auf der Siegerseite hervor, es befand sich aber in erheblichen wirtschaftlichen Schwierigkeiten. Von daher war es nicht in der Lage, sich den Autonomiebestrebungen in der Cyrenaika zu widersetzen. 1920 wurde der Emir Saiyid Idrīs als Oberhaupt dieser Region und der großen Oasen des Hinterlandes anerkannt. In Tripolitanien saßen die Italiener dagegen durch das Geschick des Gouverneurs Volpi fest im Sattel. Nach der Machtübernahme der Faschisten in Italien 1922 begann ein starkes militärisches Engagement. In einem langen und heftigen Krieg gelang es Italien schließlich, ganz Libyen unter seine Kontrolle zu bringen. In der zweiten Hälfte der 20er Jahre begann Italien mit einer umfangreichen Kolonisierung des Landes, wobei vor allem der Agrarsektor gefördert wurde. Im Januar 1939 wurden die vier Provinzen Tripolis, Misurata, Benghazi und Derna zu Bestandteilen des italienischen Mutterlandes erklärt. Sie wurden die entscheidenden Teile des späteren unabhängigen Libyen.

5. Reform und Modernisierung

Während in den Gebieten, die unter britischer und französischer Kontrolle standen, die sozialen und wirtschaftlichen Veränderungen und Entwicklungen nur sehr langsam voranginge, bemühten sich die Führer der unabhängigeren Staaten Türkei, Iran und Afghanistan, den sozialen und technologischen Standard ihrer Länder durch eine Reihe von zum Teil einschneidenden Reformen auf ein europäisches Niveau zu bringen.

Dabei lassen sich bei Atatürk, Reza Shah und Amanollah eine Reihe von Parallelen entdecken. Für alle drei spielte die Veränderung der Kleidung, nicht nur die Abschaffung des Schleiers bei den Frauen, eine besondere Rolle. Kleidung hatte zuvor in diesen Ländern nicht nur die übliche Funktion des Schutzes vor der Witterung u.dgl. mehr gehabt, sondern war auch ein ethnisches und soziales Unterscheidungsmerkmal ersten Ranges gewesen. Den Reformern ging es darum, die Bevölkerung ihrer Staaten, in denen der Stammes- und Familiengedanke eine größere Bedeutung hatte als nationale Vorstellungen durch die Vereinheitlichung der Kleidung näher an den Staat heranzuführen.

Ebenso wichtig war für die Reformer das Verhältnis von Staat und Religion. Sowohl in der Türkei als auch in Iran und Afghanistan war der Islam trotz seiner unterschiedlichen Ausprägungen von erheblichem Einfluß auf das öffentliche und politische Leben. Atatürk, Reza Shah und Amanollah bemühten sich, seinen Einfluß zurückzudrängen, wobei sie unterschiedlich erfolgreich waren. Amanollah wurde letztendlich seine Auseinandersetzung mit den religiösen Würdenträgern seines Landes zum Verhängnis, während sich Reza Shah durchsetzen konnte und Atatürk schließlich durch sein Konzept der Säkularisierung, das er in die Ideologie des Kemalismus eingebunden hatte, erfolgreich war. Äußeres Zeichen dieses Erfolges war die 1924 erfolgte Abschaffung des Kalifats.

6. Staatenbildung und Zweiter Weltkrieg

6.1 Irak, Syrien, Libanon

Während für die weiter östlich gelegenen Länder des Nahen und Mittleren Ostens wie Afghanistan, Iran oder die Türkei der Ausbruch und Verlauf des Zweiten Weltkriegs kaum Veränderungen hinsichtlich des territorialen Bestandes mit sich brachten, und es nur in Iran zu zeitweiligen Autonomie- bzw. Unabhängigkeitsbestrebungen (Kurdische Republik von Mahabad und Autonome Republik von Azerbaidschan) kam, ergaben sich in der ostarabischen Welt stärkere politische Verwerfungen.

In Syrien und dem Libanon hatte sich die französische Administration auf die Seite der Vichy-Regierung gestellt. Dies bot zunächst der deutschen Seite einen gewissen Bewegungsspielraum in der Levante, führte aber zugleich zu dem 1941 erfolgreichen Versuch von britischen und französischen Truppen unter General Georges Catroux, die beiden Länder unter die Kontrolle der Alliierten zu bringen. Als politischer Schachzug gegen die Regierung in Vichy war dann die Erklärung der Unabhängigkeit Syriens und des Libanon zu verstehen. Vor allem die Syrer nahmen diese Unabhängigkeitserklärung ernst. Es kam zu Unruhen und gewalttätigen Auseinandersetzungen mit den französischen Truppen. Erst im April 1946 konnte sich Frankreich entschließen, seine Truppen aus Syrien abzuziehen, obwohl das Land schon im April 1945 den neu gegründeten Vereinten Nationen beigetreten war. Es ist in diesem Zusammenhang von Bedeutung, daß die Unabhängigkeitserklärung für den Libanon getrennt von der für Syrien erfolgte. Wenn auch diese Erklärung durch die Franzosen genau so wenig ernst gemeint war, wie die für Syrien, so war sie doch indikativ für eine ganz eigenständige politische Entwicklung des Libanon für die nächsten 35 Jahre. Die historisch durchaus nicht unbegründete Vorstellung von einem „Großsyrien", das den Libanon einschließen würde, blieb dagegen der Traum einiger syrischer Nationalisten.

Im Unterschied zu Syrien war der Libanon ein Gebiet mit einer vergleichsweise großen christlichen Bevölkerung. Neben der sunnitischen gab es eine schiitische Minderheit. Schließlich komplizierten auch noch die Drusen das Bild eines durch viele Religionen und ethnische Bindungen zersplitterten Landes. Die Vertreter der verschiedenen Gruppen einigten sich allerdings 1943 in einem Nationalpakt über die Zukunft des Landes. Dieser Pakt wurde niemals schriftlich fixiert. Nach einem Ämterproporz, der dem jeweiligen Bevölkerungsanteil entsprach, sollten die politischen Funktionen im Lande verteilt werden. Danach war der Staatspräsident immer ein maronitischer Christ, der Ministerpräsident immer ein sunnitischer Muslim und der Parlamentspräsident ein Schiit. Auch im Libanon kam es zu Auseinandersetzungen mit den französischen Truppen, als das Parlament 1943 Bishāra al-Khūrī zum Staatspräsidenten wählte. Die Franzosen verhafteten ihn mitsamt dem neu gebildeten Kabinett. Nur auf Grund einer allgemeinen Unruhe, von Demonstrationen und Tätlichkeiten, die sich die Alliierten aus militärischen und politischen Gründen nicht leisten konnten, ließen Franzosen die libanesischen Politiker wieder frei. Erst Ende des Jahres 1946 räumten die letzten französischen Truppen den Libanon.

Zusammenfassend wird man für diese beiden Länder sagen können, daß der Zweite Weltkrieg sowohl was den Zeitpunkt der Unabhängigkeit als auch was die territoriale Form angeht nicht ohne Bedeutung gewesen ist.

Das Königreich Irak, das im Vergleich zu Syrien und dem Libanon eine ungleich unabhängigere Position gegenüber Großbritannien sowohl in staats- und völkerrechtlicher als auch in politischer Hinsicht hatte, unterhielt relativ gute Beziehungen zum faschistischen Deutschland. Als es kurz nach dem Ausbruch des Zweiten Weltkriegs zu einem Staatsstreich im Irak kam, konnte eine deutschfreundliche Gruppe um den Politiker Rashīd 'Alī al-Kailānī britenfreundliche Politiker wie Nūrī as-Sa'īd und andere aus dem Land vertreiben. Da der Irak aber vor allem in strategischer Hinsicht für Großbritannien von großer Bedeutung war, wurde das Land wieder durch britische Truppen, die aus Transjordanien kamen, besetzt. Zwar unternahmen Flugzeuge der deutschen Luftwaffe, die in Syrien stationiert waren, einen Versuch, dem Irak zu helfen, hatten damit aber keinen Erfolg. Die anti-britischen Politiker mußten das Land verlassen und begaben sich nach Berlin ins Exil, wo sie z.T. beim Aufbau von muslimischen Einheiten für die deutsche Wehrmacht tätig waren. Der Vorgang brachte im Irak die probritischen Kräfte wieder in eine feste Position, aus der sie 1958 nur auf blutige Weise entfernt werden konnten.

6.2 *Palästina*

In Palästina hatte die britische Mandatsmacht unter dem Eindruck der deutschen Nordafrika-Invasion unter Rommel Vorsorge getroffen, die vorhandenen zionistischen Selbstverteidigungsorganisationen mit Waffen versorgt und ein gewisses Maß an militärischer Ausbildung durchgeführt. Diese Einheiten verfügten auch über Kampferfahrungen, weil sie in den Kämpfen der Alliierten gegen die Kräfte der Vichy-Regierung in Syrien eingesetzt worden waren.

Im Verlauf des Zweiten Weltkriegs rekrutierten die Engländer insgesamt etwa 27.000 palästinensische Juden. 1944 gestatteten sie den Aufbau einer jüdischen Brigade mit ca. 5.200 Kämpfern. Dennoch verschlechterte sich das Verhältnis zwischen Großbritannien und der jüdischen Gemeinschaft in Palästina. Maßgeblich dafür war das Festhalten der britischen Mandatsmacht an der im Weißbuch von 1939 formulierten — für die Juden — restriktiven Palästinapolitik. Aus der Sicht der Zionisten war diese Position angesichts jüdischer Massenvernichtungen in Europa unannehmbar. Auf einer außerordentlichen Konferenz vom 6. - 11. 5. 1942 im New Yorker Biltmore-Hotel formulierten die Zionisten als Gegenposition das Ziel, ,,Palästina als ein Jüdisches Commonwealth, integriert in die Struktur einer neuen demokratischen Welt" zu errichten. Solange die für das Judentum vom faschistischen Deutschland ausgehende Gefahr nicht beseitigt war, orientierten sich die Zionisten in ihrem Verhalten gegenüber Großbritannien gleichwohl an der von Ben Gurion ausgegebenen Parole: ,,Wir werden in diesem Krieg mit Großbritannien kämpfen, als wenn es das Weißbuch nicht gäbe, und wir werden das Weißbuch bekämpfen, als ob es keinen Krieg gäbe." Unmittelbar nach dem Ende des Zweiten Weltkriegs verwandelte sich der jüdisch-arabische Konflikt um Palästina zusehends in eine gewalttätige anglo-zionistische Auseinandersetzung.

6.3 Ägypten und Nordafrika

Während weite Teile der arabischen Welt nur peripher mit den Kampfhandlungen des Kriegs in Berührung kamen, wurden die westlichen Teile Ägyptens noch von den Panzerspitzen des deutschen Afrikacorps erreicht. Die anfänglichen Erfolge der Deutschen hatten unter den nationalistischen ägyptischen Offizieren die Hoffnung auf eine Vertreibung der Briten aus dem Land geweckt. Sie suchten deshalb Kontakte mit der deutschen Seite. Die deutschen Niederlagen machten die Hoffnungen dieser Nationalisten, von denen sich ein Teil später unter den ,,Freien Offizieren" befand, zunichte.

Libyen, das unter den Kämpfen zwischen den Alliierten und den Truppen der Achsenmächte besonders zu leiden hatte, kam nach dem alliierten Erfolg unter britische Kontrolle, wobei es wegen der genauen Abgrenzung des von Großbritannien zu verwaltenden Gebietes zu Spannungen mit Frankreich kam, das seine Interessen z.B. im Gebiet des heutigen Tschad gefährdet sah. Auch in Fezzan hatte Frankreich Interessen. Nach dem Kriegsende entstand eine lange Diskussion um die Zukunft des Landes, wobei sogar die Rückgabe an Italien in Erwägung gezogen wurde.

Die übrigen Teile Nordafrikas, die zeitweise von deutschen Truppen besetzt waren, blieben nach der Wiedereinnahme durch alliierte Truppen weiter unter französischer Kontrolle. In einigen Fällen verstärkte sich diese Kontrolle sogar noch. Größere Reaktionen algerischer, tunesischer oder marokkanischer Nationalisten auf den Kriegsverlauf hatte es nicht gegeben. Es bleibt festzuhalten, daß sich mit Ausnahme Libyens keine Veränderungen offenkundiger Art in dieser Region ergeben haben. Sicherlich war aber durch den verlustreichen Krieg die Stärke vor allem der Kolonialmacht Frankreich reduziert worden, was sich dann in den 50er Jahren auswirken sollte.

7. Nachkriegszeit und Entkolonisierung

Weltpolitisch war die Zeit nach dem Zweiten Weltkrieg gekennzeichnet durch die Entstehung des Ost-West-Gegensatzes, der sich vor allem in den 50er Jahren zum „Kalten Krieg“ verschärfte. Es konnte nicht ausbleiben, daß die Staaten des Nahen und Mittleren Ostens in diese Konfrontation einbezogen wurden. Dabei wurden sie, solange Frankreich und Großbritannien in diesen Gebieten noch politischen Einfluß geltend machen konnten, dem westlichen Lager zugerechnet. Gelang es ihnen, sich diesem Einfluß zu entziehen, wurden sie im Westen sogleich dem östlichen Lager zugerechnet, wenngleich viele von ihnen einen Anschluß an keinen der Blöcke wollten und in einer neutralistischen Position ihr Heil suchten. Die östliche Vormacht, die Sowjetunion, versuchte ihrerseits, aus der Abhängigkeit vieler Staaten und Gebiete des Nahen und Mittleren Ostens Vorteile zu ziehen, indem sie die Unabhängigkeitsbemühungen in dieser Region propagandistisch, aber auch materiell unterstützte. Es gibt vier Themenkreise, die die Politik und Staatenbildung im Nahen und Mittleren Osten nach dem Zweiten Weltkrieg bestimmen: der Konflikt um Palästina, die nationalen Befreiungskriege in Nordafrika, die Abtrennung Pakistans aus dem Imperium der Briten in Südasien und die Reduzierung des europäischen Einflusses in der Region.

7.1 Der Palästina-Konflikt

Die sich verstärkende Einwanderung von Juden aus Europa nach Palästina hatte die britische Mandatschaft vor immer größere Probleme gestellt. Die Auseinandersetzungen zwischen Juden und Arabern hatten an Härte zugenommen. Die britische Verwaltung sah sich zusehends in den Konflikt involviert. Attentaten von jüdischen Terrororganisationen fielen schließlich auch Vermittler der Vereinten Nationen zum Opfer. Auf Grund der für Großbritannien nicht mehr kontrollierbaren Situation rief die Mandatsmacht die Vereinten Nationen an, die am 29. 11. 1947 gegen den erbitterten Widerstand der Araber eine Teilung des Landes in einen jüdischen und in einen arabischen Staat vorschlugen. Jerusalem sollte als *Corpus separatum* unter einen internationalen Sonderstatus gestellt werden. Eine Wirtschaftsunion sollte die ökonomische Lebensfähigkeit des jüdischen und des arabischen Staates sowie Jerusalems sicherstellen. Unmittelbar nach dem Bekanntwerden des Teilungsplanes verstärkten sich die Auseinandersetzungen zwischen Juden und Arabern in Palästina. Sie führten zu einem regelrechten Bürgerkrieg, wobei die jüdischen Aktionen nicht nur das Ziel der Kontrolle bestimmter Gebiete hatten, sondern auch auf eine Flucht oder Vertreibung der arabischen Bewohner hinwirkten. Am 14. 5. 1948 erklärte Großbritannien das Mandat für beendet. Daraufhin riefen die Juden den Staat Israel aus. Am nächsten Tag griffen die Truppen der arabischen Staaten den neuen Staat an. In dem nun folgenden ersten arabisch-israelischen Krieg, der mit Unterbrechungen bis Mitte 1949 andauerte, gelang es Israel, die Oberhand zu behalten und ein Gebiet unter seine Kontrolle zu bringen, das erheblich größer war als das, das im Teilungsplan der UNO als jüdisches Siedlungsgebiet ausgewiesen war. Ein weiteres Ergebnis der Kämpfe war, daß eine erste Welle von Palästinensern als Flüchtlinge in die arabischen Nachbarländer des neuen Staates Israel kam und dort — nicht integriert — zu einem wesentlichen politischen Faktor wurde.

Ein weiteres Resultat des ersten Nahostkriegs war das Entstehen eines neuen arabischen Staates, des haschimitischen Königreiches Jordanien. Der Herrscher von Transjordanien, Abdallah, hatte sich im Oktober 1948 zum Souverän von Arabisch-Palästina ausrufen lassen und die nach dem UNO-Teilungsplan den Arabern vorbehaltenen Teile Palästinas, die Israel nicht unter seine Kontrolle bringen konnte, annektiert. Im Dezember hatte er mit Billigung des transjordanischen Parlaments diesem neuen Gebilde den Namen Jordanien gegeben. Das Königreich, zu dessen Bewohnern auch zahlreiche Palästinenser gehörten, sei es als Flüchtlinge, sei es als ursprüngliche Bewohner, wurde allerdings nicht zu dem palästinensischen Staat, den palästinensische Nationalisten gefordert hatten und bis heute fordern.

7.2 Die Entkolonisierung in Nordafrika

Das Ende des Zweiten Weltkriegs sah *Libyen* dreigeteilt. Tripolitanien und die Cyrenaika standen unter britischer, der Fezzan unter französischer Kontrolle. Die internationale Diskussion um die Zukunft dieser Gebiete dauerte etliche Jahre. Die Auseinandersetzungen wurden vor allem in der Generalversammlung der Vereinten Nationen geführt, wo sich auch der Ost-West-Gegensatz in dieser Hinsicht auszuwirken begann. Da sich keine mehrheitliche Lösung in Richtung auf ein Mandat oder ähnliches durchsetzen konnte, votierte die Generalversammlung für die Unabhängigkeit Libyens, das aus der Cyrenaika, Tripolitanien und dem Fezzan bestehen sollte. Zunächst wurde für die Formulierung einer Verfassung und die Etablierung einer unabhängigen Regierung ein UN-Kommissar entsandt, der die politischen Gruppen der verschiedenen Landesteile an einen Tisch brachte und die Voraussetzungen dafür schaffte, daß am 24. 12. 1951 die Unabhängigkeit Libyens erklärt werden konnte. Die Staatsform war die einer Monarchie. Zum König wurde das Oberhaupt der Senussi-Bruderschaft Saiyid Idrīs ausgerufen. Damit war das Land der erste unabhängige Staat Nordafrikas. Das Königreich war allerdings fest im westlichen Lager verankert, u.a. durch eine amerikanische Luftwaffenbasis. Es war dies der erste US-Stützpunkt auf afrikanischem Boden. Die Einrichtung war kennzeichnend für das sich verstärkende Interesse der USA an der Region des Nahen und Mittleren Ostens.

Nach der französischen Niederlage zu Beginn des Zweiten Weltkriegs und der Besetzung *Tunesiens* durch deutsche und italienische Truppen hatte der Bey von Tunis Muncef Bey (Muḥammad al-Munṣif) die Kontrolle im Lande übernommen, soweit das bei der gleichzeitigen Militärverwaltung durch die Vertreter der Achsenmächte möglich war. Er hatte sich dabei jeder Form der Kollaboration enthalten und sich erfolgreich gegen die Deportation von tunesischen Juden gewandt. Dennoch wurde er nach der Einnahme des Landes durch alliierte Truppen von den Franzosen ins Exil geschickt; eine Maßnahme, die der französische Nordafrikahistoriker C.-A. Julien als eine der Episoden der ,,Politik der verpaßten Möglichkeiten“ bezeichnet hat. In der Folge entwickelte die wichtigste politische Kraft im Lande, die Neo-Destour-Partei des späteren Präsidenten Habib Bourguiba eine verstärkte nationalistische Agitation, die gekoppelt war mit Demonstrationen gegen die sich verschlechternde soziale Lage der arabischen Bevölkerung durch die Gewerkschaften. Es kam zu Attentaten und Gefechten, an denen nicht nur arabische Nationalisten sowie französische Sicherheits- und Ordnungskräfte beteiligt waren. Vielmehr entstanden Geheimorganisationen von französischen Siedlern, die sich mit Terroranschlägen gegen den wachsenden tunesischen Nationalismus zur Wehr zu setzen versuchten. Schließlich konzedierte Frankreich Tunesien die interne Autonomie, die sich aber nur als eine vorübergehende Lösung erweisen sollte. In Reaktion auf die sich verschärfenden Spannungen in Algerien und Marokko wurde Tunesien nach kurzen Verhandlungen am 20. 3. 1956 unabhängig. Allerdings hatte sich Frankreich das Recht vorbehalten, Truppen im Land stationiert zu lassen und die Marine-Basis von Bizerta zu benutzen. Vor allem Bizerta war in den nächsten Jahren eine ständige Ursache für Spannungen zwischen Frankreich und Tunesien. Sie führten im Juli 1961 zu militärischen Auseinandersetzungen und später zur Räumung des Stützpunktes. Nach Erringung der Unabhängigkeit war Tunesien noch für kurze Zeit Monarchie. Im April 1956 wurde diese abgeschafft und Tunesien zur Republik erklärt.

Auch in *Algerien* hatte es während des Kriegs eine Fortsetzung nationalistischer Agitation gegeben. Die Politik und die Versprechungen von de Gaulles ,,freiem Frankreich“ für eine Ausweitung der Rechte der arabischen Algerier kamen zu spät und waren weder ausreichend noch präzise genug, um die Nationalisten zufriedenzustellen, die jede Form der Assimilation an die Franzosen ablehnten. Wie in Tunesien wurde auch in Algerien die Situation durch eine sich rapide verschlechternde wirtschaftliche Lage verschärft. Es kam zu heftigen Ausschreitungen schon am 8. 5. 1945 und in der Folgezeit, bei denen Tausende von arabischen Algeriern das Leben verloren. Dennoch dauerte es noch neun Jahre, ehe sich die algerischen Nationalisten so organisiert hatten, daß sie den bewaffneten Kampf gegen die französische Kolonialherrschaft aufnehmen konnten. Träger dieses Befreiungskriegs war die Nationale Befreiungsfront (Front de Libération Nationale, FLN). An diesem Kampf nahm der überwiegende Teil der arabischen Bevölkerung teil. Die französischen Truppen mußten auch hier, wie in Vietnam, in einem ,,revolutionären Volkskrieg" kämpfen. Unter außerordentlich hohen Verlusten bei der eigenen Bevölkerung gelang es der FLN schließlich, sich gegenüber der französischen Armee durchzusetzen. Die Entwicklung in Algerien hatte inzwischen im französischen Mutterland Charles de Gaulle an die Macht gebracht. Er besaß die nötige Autorität, um die Unabhängigkeit Algeriens durchsetzen zu können. Die Verhandlungen zur Beendigung des algerischen Befreiungskriegs und über die algerische Unabhängigkeit wurden 1961/62 in Evian am Genfer See geführt. Am 1. 7. 1962 wurde Algerien unabhängig. Diese Unabhängigkeit war nicht nur durch hohe Verluste an Menschenleben erkauft worden. Die erbitterten Auseinandersetzungen hatten auch die Position der Algerienfranzosen unhaltbar werden lassen. In ihrer Mehrheit flüchteten sie nach Frankreich. Wichtige Bereiche des öffentlichen Lebens in Algerien waren deshalb ohne Fachleute. Die FLN war anfänglich nicht in der Lage, diese freien Stellen adäquat zu besetzen. Erst nach und nach konnten die politischen Kräfte des Landes beweisen, daß sie nicht nur fähig gewesen waren, die Unabhängigkeit des Landes zu erkämpfen, sondern die gewonnene Macht auch sinnvoll einzusetzen.

Seit 1912 war das Königreich *Marokko* Protektorat. Dennoch hatte im Januar 1943 Sultan Sidi Mohamed, der spätere König Mohamed V (Muḥammad) den amerikanischen Präsidenten Roosevelt in Anfa empfangen und mit ihm über die Möglichkeit einer amerikanischen Wirtschaftshilfe verhandelt. In der Folge und nicht ohne Aufforderung des Sultans wurde die Istiqlāl- (Unabhängigkeits-) Partei gegründet. Ihr politisches Ziel war die Unabhängigkeit Marokkos, und zwar sowohl die Unabhängigkeit des unter französischer als auch unter spanischer Kontrolle stehenden Gebietes. Französische Versuche, diesen Forderungen durch organisatorische Veränderungen wie eine Union mit Frankreich die Grundlage zu entziehen, blieben erfolglos. 1950 verlangte der Sultan das Ende des Protektorats. In den folgenden Jahren kam es zu Demonstrationen und bewaffneten Auseinandersetzungen mit französischen Sicherheitskräften. Sie fanden ihren Höhepunkt 1953 in der Exilierung des Sultans zuerst nach Korsika, dann nach Madagaskar. In der Folge kam es zu weiteren Auseinandersetzungen, in die auch eine geheime Befreiungsarmee eingriff. Hinzu kamen ein Boykott französischer Waren und eine Anzahl von Aktionen öffentlichen Ungehorsams. Die Niederlage von Dien Bien Phu, und die Ereignisse in Tunesien und Algerien veranlaßten die französische Administration, den Sultan aus dem Exil zurückzurufen und Marokko offiziell am 2. 3. 1956 in die Unabhängigkeit zu entlassen. Auch Spanien gab daraufhin seine Kolonialzone an der Rif-Küste in Nordmarokko zurück.

Damit war allerdings nach marokkanischer Auffassung die territoriale Integrität des Landes noch nicht vollständig wiederhergestellt. Mit der spanischen Westsahara blieb ein Teil Marokkos weiter unter fremder Kontrolle. Der Nachfolger Mohameds V., Hassan II. (Ḥasan), erreichte es durch den grünen Marsch von 1975, auch diesen Teil des Landes wieder unter marokkanische Kontrolle zu bringen. Allerdings wird der Anspruch auf diese Region von der Polisario, einer Befreiungsfront für die westliche Sahara, in Frage gestellt. Nach längeren Kämpfen konnte Hassan II. aber 1985 den Bewohnern des ,,Südens", wie es in den marokkanischen Medien heißt, in absehbarer Zeit den vollen Anschluß an das Königreich in Aussicht stellen.

7.3 Die Unabhängigkeit Pakistans

Zu den Staaten, die infolge des Entkolonialisierungsprozesses entstanden, gehörte auch ein Staat, der auf dem indischen Subkontinent ausgerufen wurde, Pakistan. In Britisch-Indien hatten sich schon in der Mitte des 19. Jahrhunderts unter der Führung von Sir Syed Ahmed Khan (Aḥmad Khān) Muslime organisiert, die eine Loslösung von Indien forderten. Am deutlichsten wurde dies von Muḥammad Iqbāl formuliert. Während und nach dem Zweiten Weltkrieg wurde dies unter der Führung von Mohammed Ali Jinnah (Muḥammad ʻAlī Jināḥ) die eindeutige Politik der muslimischen Inder. Als die britische Kolonialmacht den indischen Subkontinent in die Unabhängigkeit entließ, entstanden zwei Staaten, die Indische Union und die Republik Pakistan, die wiederum zunächst aus zwei Teilstaaten, Ost- und Westpakistan, bestand. Wie in vielen Staaten der Dritten Welt übernahmen auch in Pakistan 1958 Militärs die Macht im Staate. Seitdem wird das Land — mit zivilistischen Zwischenspielen — von verschiedenen Militärregierungen beherrscht.

Die Geschichte Pakistans ist gekennzeichnet durch ständige Spannungen mit Indien, die in zwei Kriegen, 1948 und 1965, mündeten. In beiden Fällen ging es um Kaschmir, einen Teil Indiens mit einer muslimischen Bevölkerungsmehrheit.

Die strukturellen Unterschiede zwischen den beiden Landesteilen Ost- und Westpakistan führten 1971 zu einer Trennung und dem Entstehen eines weiteren muslimischen Staates Bangladesch.

7.4 Die Staaten der Arabischen Halbinsel

Auf Grund ihrer geographischen Lagen waren die Staaten der Arabischen Halbinsel an der Mehrzahl der nah- und mittelöstlichen Konflikte nicht direkt beteiligt. Die staatliche Neuordnung dieses Gebiets nach dem Zusammenbruch des Osmanischen Reiches erfolgte für einen Teil der Halbinsel durch die Ausrufung von Ibn Saud (ʻAbd al-ʻAzīz ibn ʻAbd ar-Raḥmān Āl Saʻūd) zum König des Hedschas am 8. 1. 1926. Ein Staatenbund mit dem Nadschd existierte bis 1932. Am 23. 9. dieses Jahres wurden die beiden Teilstaaten zum Königreich von Saudi-Arabien vereinigt. Das Land, das über bedeutende Öl- und Gasquellen verfügt, konnte sich nach dem Zweiten Weltkrieg zu einer führenden Regionalmacht auf Grund seiner wirtschaftlichen Stärke entwickeln. Die inneren Widersprüche zwischen einer rapiden technologischen Entwicklung und traditionell-konservativen Strukturen fanden allerdings immer wieder gewaltsam ihren Ausdruck, z.B. bei der Ermordung des König Faisal II. (Faiṣal ibn ʻAbd al-ʻAzīz) im März 1975 oder der Besetzung der Großen Moschee in Mekka zu Beginn des Jahres 1400 der Hidschra.

Der Staat von Kuwait hatte um die Wende zum 20. Jahrhundert staatsähnlichen Charakter angenommen. Seine Grenzen wurden unter britischer Kontrolle 1922 gegenüber Saudi-Arabien und 1923 gegenüber dem Irak festgelegt. 1961 wurde der Staat unabhängig. Wie gegenüber Kuwait hatte Großbritannien auch gegenüber dem Inselstaat Bahrain, Katar, den verschiedenen Teilstaaten der Vereinigten Arabischen Emirate, Oman und Südjemen gehandelt. All diese Staaten waren z.T. schon vor dem Ersten Weltkrieg unter der Kontrolle der Briten. Mit dem Rückzug der Briten aus den Gebieten östlich von Suez 1968 - 71 erreichten diese Gebiete die Unabhängigkeit. Während sich in diesen Staaten die Ablösung der kolonialen Herrschaft in der Regel unblutig entwickelte, kam es in dem seit der Mitte des 19. Jahrhunderts unter britischem Einfluß stehenden und seit 1959 föderativen noch von der Kolonialmacht kontrollierten Gebiet um Aden zu einem Befreiungskampf, der 1967 mit der Unabhängigkeit endete. Der Nordjemen dagegen hatte sich von all zu intensivem Kolonialeinfluß freihalten können. 1919 war das alte Imamat in ein Königreich umgewandelt worden. In einem langen Brügerkrieg 1962 - 70 gelang es schließlich den republikanischen Gruppen, sich durchzusetzen.

Auf Grund seiner geo-strategischen Lage und seiner energiewirtschaftlichen Bedeutung wird die Arabische Halbinsel auch weiterhin ein neuralgischer Punkt in der politischen Entwicklung sein.

7.5 Die Reduzierung des europäischen Einflusses

Nach dem Zweiten Weltkrieg erhielt der Arabische Nationalismus in seinen vielfältigen Formen vor allem durch die Gründung und erfolgreiche Erweiterung des Staates Israel Auftrieb. Dabei spielte nicht zuletzt die Tatsache eine Rolle, daß die europäischen Mächte, aber auch die USA und die Sowjetunion an der Gründung des jüdischen Staates mitgewirkt hatten. Die arabischen Nationalisten vermuteten in diesem Zusammenhang eine Verschwörung der am Nahen und Mittleren Osten interessierten Mächte gegen die arabische Nation. Nicht weniger wichtig war indes die Niederlage der arabischen Armeen gegen die israelischen Einheiten 1948. Vor allem die jüngeren Offiziere in den arabischen Ländern machten ihre jeweils herrschenden Systeme und Politiker für den schlechten Zustand der arabischen Armeen verantwortlich. Sie warfen ihnen Korruption und Zusammenarbeit mit den Feinden der arabischen Nation, vor allem Großbritannien und Israel, vor. Ein anderer Aspekt war, daß in einer Reihe von arabischen Staaten die ehemaligen Kolonialmächte noch über besondere Rechte verfügten, sei es, daß es sich um Formen der Exterritorialität handelte, wie z.B. im Fall der Kanalzone in Ägypten, oder daß Militärstützpunkte unterhalten wurden, z.B. in Tunesien durch Frankreich oder im Irak durch Großbritannien. Auch die Tatsache, daß etliche Gebiete in der Golfregion oder auf der Arabischen Halbinsel trotz ihrer formalen Unabhängigkeit unter der Kontrolle europäischer Mächte standen, verletzte das Nationalgefühl vieler Araber.

Vor allem nationalistisch gesinnte Offiziere waren es, die konkrete Schritte zur Erlangung der vollen Souveränität ihrer Staaten unternahmen. Sie bildeten geheime Organisationen mit dem Zweck, die herrschenden Regime zu stürzen. Vorbild für derartige Aktivitäten waren die Freien Offiziere Ägyptens. Sie beendeten unter der Leitung von Nasser im Juli 1952 die Monarchie des Königs Fārūq. In der Folge gelang es ihnen, die absolute Souveränität ihres Landes zu erreichen und sich auch außenpolitisch von fremder Bevormundung zu lösen. Vergleichbares geschah 1958 im Irak. Die Konsequenz war eine schrittweise weitere Reduzierung des europäischen Einflusses im Nahen und Mittleren Osten. Die Entsendung französischer und britischer Truppen in die Suezkanalzone 1956 hat diese Entwicklung eher beschleunigt als gebremst. Nach und nach sahen sich die ehemaligen Kolonialmächte gezwungen, noch verbliebene Machtpositionen in der Region zu räumen. 1971 zog sich Großbritannien aus allen Stützpunkten östlich von Aden zurück. Erleichtert wurde London diese Entscheidung durch die erheblichen Kosten der Stationierung von Truppen in Übersee, aber auch dadurch, daß mit der Unabhängigkeit Indiens die strategische Bedeutung dieser Gebiete für Großbritannien nachgelassen hatte.

8. Separatismus und Tribalismus

Gegen die Bemühungen der arabischen Welt, Irans und Afghanistans, ihre volle Souveränität zu erlangen und zu bewahren, entstand allerdings schon bald in einigen Ländern auch eine Bewegung, die die territoriale Integrität dieser Staaten in Frage stellte. Ethnische Minderheiten wie die Kurden forderten und fordern auf Kosten des Irak, Irans, der Türkei und Syriens die Schaffung eines eigenen Staates. Die Armenier verlangten und verlangen die Wiederherstellung ihrer nationalen Rechte in der Türkei. Im Sudan sind Konflikte zwischen den im Norden und den im Süden des Landes lebenden Bevölkerungsgruppen unübersehbar. In den nordafrikanischen Staaten sind Spannungen zwischen der arabischen und der berberischen Bevölkerung nicht auszuschließen.

Alle diese Bewegungen sind indes zumeist solange keine Gefahr für die territoriale Integrität der betroffenen Staaten, wie eine ungünstige soziale und ökonomische Situation nicht als destabilisierendes Moment hinzutritt und die jeweiligen Zentralregierungen den ethnischen Minderheiten ein gewisses Maß an Eigenständigkeit und politischer Handlungsfreiheit lassen. Geschieht dies nicht, ist mit Separatismusbewegungen und Zerfallserscheinungen zu rechnen. Die Gefahr für die territoriale Integrität eines Staates dürfte sich auch dann potenzieren, wenn sich auswärtige Mächte von der Einmischung in die inneren Angelegenheiten eines Staates Vorteile erhoffen. Der Libanon ist ein hervorragendes Beispiel für diese These. Insgesamt wird man jedoch feststellen können, daß die Staaten des Nahen und Mittleren Ostens von tribalistischen Tendenzen und Separatismusforderungen bislang nicht in dem Maß betroffen waren wie in der Vergangenheit z.B. Nigeria.

Literatur:

Abun-Nasr, J. 1971: A History of the Maghrib, Cambridge.

Antonius, G. 1938: The Arab Awakening, London.

Bourges, H. u. Wautier, C. 1976: Les 50 Afriques I, Paris.

Brown, C. 1984: International Politics and the Middle East. Old Rules — Dangerous Game, Princeton.

Flores, A. 1980: Kommunistische Partei und arabische Nationalbewegung in Palästina, Münster.

Grunebaum, G. v. 1971: Der Islam II, Die islamischen Reiche nach dem Fall von Konstantinopel, (Fischer Weltgeschichte, 15), Frankfurt/M..

Holt, P. 1966: Egypt and the Fertile Crescent 1516 - 1922. A Political History, London.

ders. u.a. (Hrsg.) 1970: The Cambridge History of Islam, 1 A u. 1 B, Cambridge.

Khadduri, M. 1960: Independent Iraq. A Study in Iraqi Politics from 1932 to 1958, London.

Lewis, B. 1961: The Emergence of Modern Turkey, London.

Mejcher, H. 1987: Der arabische Osten im zwanzigsten Jahrhundert, 1914 - 1985, in: Haarmann, U. (Hrsg.): Geschichte der arabischen Welt, München, 432-501.

Önder, Z. 1980: Saudi-Arabien. Zwischen Ideologie und westlicher Ökonomie, Stuttgart.

Paczensky, G. v. 1978: Faustrecht am Jordan? Zur Entwicklung des arabisch-israelischen Konflikts, Stuttgart.

Vatikiotis, P. 1978: Nasser and his Generation, London.

Wright, J. 1981: Libya. A Modern History, London.

IV. Ideengeschichte im Zeichen von Kolonialismus, Unabhängigkeitsbewegung und Modernisierung

Udo Steinbach

1. Die Ausgangslage: Herausforderung durch den Westen

Der Nahe und Mittlere Osten weist bis weit in die Neuzeit ein hohes Maß an kultureller Eigenständigkeit und Geschlossenheit auf. Der Islam, der sich seit dem 7. Jahrhundert mit regional unterschiedlicher Schnelligkeit und Intensität durchsetzte, hat im Laufe der Jahrhunderte eigene geistige Systeme und kulturelle Ausdrucksformen sowie spezifische Strukturen der politischen und gesellschaftlichen Organisation der Gemeinde der Gläubigen hervorgebracht. Dabei soll nicht die Vielfalt in der Einheit verkannt werden, die sich aus dem Fortwirken lokaler und regionaler Traditionen sowie eigentümlichen Prozessen der Verschmelzung des Islams mit ihnen ergeben hat. Durch die islamische Geschichte hindurch ist es darüber hinaus zur Entstehung einer Kette von Großreichen gekommen, die der islamischen Religion ihre politische Manifestation gegeben haben. Zugleich haben diese die ,,islamische Welt" von der nicht-islamischen abgegrenzt.

Die letzte Reichsgründung unter islamischem Vorzeichen war die der Osmanen. Die Existenz des Osmanischen Reiches, das weite Teile des islamischen Nahen und Mittleren Ostens umfaßte, hatte eine weitreichende historische und kulturgeschichtliche Bedeutung: Es hat die Region politisch und kulturell in einer Zeit zusammengehalten, in der sich im benachbarten Europa eine grundlegende politische Neuordnung und ein kultureller Aufbruch vollzogen, welche beide nahezu die ganze Welt grundlegend umgestalten sollten. Der Zusammenstoß zwischen diesen Kräften und der ,,islamischen Welt" seit dem Ende des 17. Jahrhunderts war um so härter, als er sich auf der politischen und kulturellen Ebene gleichzeitig vollzog. (Dies gilt nicht nur für das Osmanische Reich, sondern auch für Iran und Indien.) Die politische Ausbreitung des ,,westlichen" Einflusses stellte zugleich die religiösen und geistig-kulturellen Grundlagen der politischen Ordnungen in der Region in Frage. Und die Suche nach einer politischen Renaissance war untrennbar mit derjenigen nach der Tragfähigkeit der überlieferten geistigen Grundlagen und nach den Möglichkeiten ihrer Verschmelzung mit den neuen politischen, geistigen und zivilisatorischen Inhalten, die einen Teil der Dynamik und des Erfolges des Westens auszumachen schienen, verbunden. Da im Falle der islamischen Welt aber sowohl die politische als auch die geistige Ordnung in erheblichem Maße von der Religion geprägt waren, war zugleich auch die Frage nach der Gültigkeit der religiösen Lehre gestellt.

Der Beginn der Auseinandersetzung zwischen der islamischen Welt und dem Westen sowie der politischen und geistigen Umgestaltung des Nahen und Mittleren Ostens wird mit der ,,Expedition" Napoleons nach Ägypten und seinem Sieg über die Mamluken, die sich ihm entgegenstellten, im Jahre 1798 angesetzt. Napoleon ging es vornehmlich darum, die Seewege Englands namentlich nach Indien zu treffen, um dessen Blockade wirksamer zu machen. Die ,,Expedition" offenbarte nicht nur die politische Dynamik Europas, seine expandierenden Interessen und seine Fähigkeit, Macht in Regionen außerhalb seiner Grenzen zu projizieren, sondern zugleich auch den Zustand innerer und äußerer Schwäche, in dem sich das Osmanische Reich befand.

Der politische und militärische Niedergang des Osmanischen Reiches deutete sich bereits seit längerem an. Seit dem Fehlschlag der zweiten Belagerung Wiens (1683) hatte das Reich nach einer Kette von Niederlagen bereits erhebliche territoriale Einbußen hinnehmen müssen. Doch waren diese auf die Ränder begrenzt geblieben und hatten weder die Substanz des Reiches bedroht noch den Muslim als Angehörigen einer durch den Islam bestimmten politischen, gesellschaftlichen und geistigen Ordnung unmittelbar getroffen. Seit 1798 aber war insofern eine qualitativ andere Lage eingetreten, als die europäischen Mächte innerhalb des Reichsgebiets Einfluß auszuüben begannen, sich zum Teil dort politisch etablierten und sich schließlich unter einer Vielzahl von Vorwänden — von wirtschaftlichen bis zu religiösen — einzumischen begannen. Diese Entwicklung gipfelte in der direkten Übernahme der Verwaltung durch die Kolonialmächte in Teilen des Reiches, der Ablösung von Gebieten (etwa mit Unterstützung Rußlands in Südosteuropa), der Einverleibung ins eigene Territorium (wiederum durch Rußland nördlich des Schwarzen Meeres und des Kaukasus sowie in Zentralasien) und der Kolonisierung (z.B. von seiten Frankreichs in Algerien).

In diesen Entwicklungen lag für den Muslim eine Herausforderung: Er war nunmehr mit der Überlegenheit einer Welt unmittelbar konfrontiert, die nach seiner innersten Überzeugung unterlegen sein mußte — einfach auf Grund der Tatsache, daß sie nicht auf jener vollkommenen Ordnung, die durch den Islam begründet wurde, beruhte. In der islamischen Ordnung wirkte Gott selbst über das von ihm gegebene islamische Gesetz (sharī'a); der Islam war die endgültige und vollkommene Religion. Zwar hatte es seit Jahrhunderten keine Fortschritte mehr bei ihrer Ausbreitung gegeben, wie es eigentlich in der Logik der Dinge gelegen hätte, doch war es ein Schock, die islamische Welt nunmehr in einem Zustand offenkundiger Unterlegenheit und Rückständigkeit gegenüber dem Westen zu sehen.

Weite Teile der neueren Geschichte der islamischen Welt, namentlich im Nahen und Mittleren Osten (und auf dem indischen Subkontinent) müssen als Reaktion der Muslime auf diesen Zustand verstanden werden: Es geht darum, einen untragbaren Zustand zu beenden und einen Status zu erreichen, der der islamischen Auffassung vom Gang der Geschichte entspricht. Dazu gehören die politische und geistig-kulturelle Unabhängigkeit, wirtschaftliche Entwicklung sowie ein Zustand innerer Prosperität, der sich auch in der Wohlfahrt des einzelnen manifestiert. Dies freilich ist nicht mehr eine Angelegenheit ausschließlich der Muslime selbst; da die Herausforderung von außen kommt, sind Aktion und Reaktion stets nach außen orientiert. Die Meßlatte, nach der der Zustand der islamischen Welt als akzeptabel oder inakzeptabel eingeschätzt wird, sind der Zustand der nicht-islamischen Umwelt und die Qualität der Beziehungen mit ihr. Und die Triebkräfte, durch die der Wiederaufstieg erreicht werden soll, müssen von außen hereingebracht werden — die Hauptfrage ist damit freilich, ob und wie diese an die gegebenen religiösen und kulturellen sowie politischen und gesellschaftlichen Rahmenbedingungen angepaßt werden können. Gibt es eine Synthese mit der Tradition und wie sieht sie aus? Oder muß die alte Ordnung radikal und umfassend der „westlichen" weichen, wenn überhaupt eine Chance bestehen soll, den Rückstand jemals aufzuholen und die „Unterentwicklung" (ein Zustand, der den Muslimen von außen zugemessen wurde) zu beenden?

Es war nicht das erste Mal, daß die islamische Welt mit äußeren Einflüssen konfrontiert wurde und sich diesen öffnete. Nahezu ein Jahrtausend zuvor war es der Einfluß der Antike, namentlich der griechischen Kultur gewesen, der der islamischen Kultur und Zivilisation neue Impulse und Dimensionen verliehen hatte. Systematisch waren griechische Wissenschaften und Philosophie übersetzt und rezipiert worden; mit der Gründung des „Hauses der Weisheit" (dār al-ḥikma) durch den Kalifen al-Ma'mūn (813 - 33) hatte diese Entwicklung ihren Höhepunkt erreicht. Aber damals war der Islam politisch stark gewesen, und mit der Machtübernahme durch die Abbasiden (750) hatte das Reich durch den Übergang der Macht von arabischen an nicht-arabische Elemente nicht nur politisch neue Dimensionen angenommen (was in der Verlegung der Hauptstadt von Damaskus nach Bagdad angezeigt wurde), sondern es hatten auch andere Kulturen gegenüber der arabisch-islamischen in den Vordergrund zu treten begonnen. Die Öffnung zur ,,westlichen" Kultur war keineswegs von außen aufgezwungen, sondern war ein Ergebnis einer ausschließlich inneren Dynamik in der Entfaltung des Islams. Das Ergebnis war eine Synthese, die dann als ,,islamische Kultur" Bestand haben sollte. Auch hatte es — vornehmlich religiöse — Erneuerungsbewegungen gegeben. Doch waren diese gegen Verfallserscheinungen innerhalb der islamischen Welt (und des Islams) angetreten und hatten Reformen aus den eigenen Grundlagen und Traditionen angestrebt.

Ende des 18. Jahrhunderts war die Ausgangssituation völlig anders. Die islamische Welt war von außen gezwungen, sich zu öffnen und anzupassen, wollte sie eine Chance der Behauptung haben. Eine Lösung würde nicht aus ihrem eigenen politischen und geistigen Fundus möglich sein, sondern weitgehend außerhalb desselben liegen. Der Weg war von vornherein länger und unsicherer, das Ergebnis fraglich. Reformation, Wandlung, Reaktion und Revolution konnten von Anfang an nur heißen: Verwestlichung — die Frage war nur, bis zu welchem Grad. Da der Westen aber die Welt in ihrer politischen und wirtschaftlichen Realität, d.h. ihrer ,,Modernität", bestimmte, war den islamischen Eliten die Aufgabe gestellt, ihre Staaten und Gesellschaften zu modernisieren. ,,Modernisierung" und ,,Verwestlichung" wurden nahezu synonym. Die Geistesgeschichte des Nahen und Mittleren Ostens in den letzten zwei Jahrhunderten ist weitestgehend eine Geschichte der Auseinandersetzung der islamischen Eliten mit dem Westen.

Der Prozeß der Modernisierung hat zwei Komponenten, eine politisch-materielle und eine geistig-ideelle. Erstere besteht in einem komplexen Bündel von Maßnahmen, durch das seit dem 19. Jahrhundert alle Bereiche von Politik, Gesellschaft und Wirtschaft nach europäischen Mustern umgeformt worden sind und das die Reform der Verwaltung, die Einführung westlicher Erziehungssysteme, die Gründung dem Westen entlehnter Formen politischer Systeme sowie die Schaffung einer auf weitreichender Industrialisierung beruhenden Volkswirtschaft beinhaltete. Darüber wird an anderer Stelle des Handbuchs gesprochen. Der vorliegende Beitrag beschränkt sich darauf, die geistige Bewegung nachzuzeichnen, in die der Nahe und Mittlere Osten durch den Zusammenprall mit dem Westen geraten ist, und die wichtigsten geistigen, ideologischen und religiösen Strömungen (und deren herausragende Repräsentanten) vorzustellen, die die Orientierung bestimmt (und bisweilen auch die politischen Entwicklungen mitbestimmt) haben.

Angesichts der Natur des Islams als einer Religion, die zugleich den politischen und gesellschaftlichen Raum erheblich mitbestimmt, und angesichts der starken politischen Komponente in der Herausforderung durch den Westen enthalten auch die Antworten eine starke politische Komponente. Im Kontext dieses Beitrags muß ,,Ideengeschichte" deshalb zugleich auch als Entwicklung des politischen Denkens aufgefaßt werden. Der rote Faden, der sich durch die ,,geistige Bewegung" hindurchzieht, ist die Bestimmung der Beziehung zwischen Religion und Politik. Säkularisierung ist der Stein des Anstoßes, der unweigerlich auf dem Weg der Erneuerung liegt. Im rein politischen Raum lassen sich die Antworten in der Gegenwart auf zwei Extreme hin orientieren: die Türkei und den revolutionären Iran. In ersterer sind durch die Reformen Kemal Atatürks die Religion auf der einen und Politik und Gesellschaft auf der anderen Seite radikal getrennt worden; im revolutionären Iran erscheinen sie als ebenso radikal wieder verschmolzen.

2. Die islamische Reaktion

2.1 Der frühe Fundamentalismus

Die Konfrontation mit dem Westen war — neben ihrer politischen Dimension, auf die hier nicht eingegangen werden kann — in erster Linie eine Herausforderung an den Islam als das bestimmende Element der Selbstidentifikation des einzelnen, der Legitimation von Herrschaft und der Interaktion gesellschaftlicher Gruppen. Deshalb hat die Diskussion um den Islam, namentlich um die Frage, ob und in welchem Umfang die Normen und Werte des Westens angenommen oder zurückgewiesen werden sollen, im Mittelpunkt der Auseinandersetzungen in der Epoche bis zum Ausbruch des Ersten Weltkriegs gestanden. Ihr Vorbote wurde der Fundamentalismus, eine Bewegung, deren Entstehung noch nicht völlig erklärt worden ist.

Der Begriff, der seit der islamischen Revolution in Iran (1979) weithin Gebrauch gefunden hat, ist der christlichen theologischen Diskussion entlehnt. Zur Bezeichnung einer bestimmten religiös-politischen Bewegung im Islam kann er nur insofern benutzt werden, als sein Hauptelement in der Schriftfrömmigkeit und der Zurückweisung der Kritik der Heiligen Schrift besteht. Im Falle der islamischen „Fundamentalisten“ bedeutet dies den unmittelbaren Bezug auf den Koran und die Prophetenüberlieferung (Sunna; arab.: sunna) unter Zurückweisung der „orthodoxen“ islamischen Theologie. Hinzu kommen das Bemühen um Authentizität des Islams, der Widerstand gegen von außen kommende Einflüsse, die Vorstellung von der Gleichheit aller Muslime und das Eintreten für die Einheit (und Einheitlichkeit) des Islams unter Zurückweisung der Vielfalt der islamischen Welt. Daraus wird eine Reihe von Lehrmeinungen abgeleitet, die den (sunnitischen) Fundamentalisten gemeinsam sind. Hierzu zählen vor allem, daß entgegen der seit Jahrhunderten herrschenden Lehre entsprechend qualifizierte Gelehrte nach wie vor den Koran und den Hadith (ḥadīth) unabhängig auslegen dürfen (ijtihād) und nicht verpflichtet sind, sich an die Ansichten allein *einer* Rechtsschule zu halten. *Ijtihād* bedeutet für den Fundamentalisten, Gottes Gebote so zuverlässig wie möglich zu ermitteln, so wie sie durch ihn seinem Propheten Muḥammad offenbart worden sind. Neben der Betonung der Zulässigkeit des *ijtihād* war die Gegnerschaft gegenüber der Heiligenverehrung, einer im Islam (insbesondere im Volksislam und in der Schia) weit verbreiteten Praxis, ein zweiter Kernpunkt fundamentalistischer Lehre. Die Fundamentalisten verurteilen die damit im Zusammenhang stehenden Riten und Feste als im Widerspruch zur Sunna befindlich und betrachten diese Art von Heiligenverehrung als unvereinbar mit dem strikten Monotheismus, welcher nach ihrer Auffassung einschließt, daß Gott das einzig zulässige Ziel der Verehrung und Anbetung sei.

Die fundamentalistischen Lehren waren im 18. Jahrhundert nicht neu und ursprünglich. Vielmehr wurden die meisten Positionen bereits von den bekannten Theologen Ibn Taimīya (gest. 1328) und Ibn Qaiyim al-Jauzīya (gest. 1350) herausgearbeitet. Im 18. Jahrhundert aber wurde der Fundamentalismus zu einer Abwehrideologie in einer Epoche, da sich die Gefährdung der islamischen Welt durch äußere Mächte abzuzeichnen begann. Während die Arabische Halbinsel, wo Muḥammad ibn ʻAbd al-Wahhāb (1703/4 - 92) eine religiös-politische Erneuerungsbewegung ins Leben rufen sollte, vorerst noch nur unwesentlich von diesen Veränderungen betroffen war, und wohl vornehmlich die sich an ihren Rändern wieder festigende osmanische Herrschaft Neuerungen (bidaʻ; Sing. bidʻa) ins Land brachte, waren auf dem indischen Subkontinent die Briten seit der Mitte des 18. Jahrhunderts daran gegangen, ihre Herrschaft systematisch zu festigen. Zum Zeitpunkt der Napoleonischen Expedition war die englische Vorherrschaft über Indien kaum noch zu erschüttern.

Mitte des 18. Jahrhunderts entstand auf der Arabischen Halbinsel eine fundamentalistische Bewegung, die nicht nur die politischen Verhältnisse grundlegend neu ordnete, sondern auch noch heute (1987) im ganzen Nahen und Mittleren Osten eine große politische Rolle spielt: die Wahhabiten. Ihr Gründer (und Eponymus), Muḥammad ibn ʿAbd al-Wahhāb läßt sich nach Studien in Mekka, Medina und Basra 1739 wieder im Nadschd nieder, wo er mit der Verkündigung einer fundamentalistischen Lehre beginnt. 1745 nach Dir'iya übergesiedelt, tritt er mit dem dortigen lokalen Emir Muhammad I. (Muḥammad ibn Saʿūd) durch ein gegenseitiges Gelübde in ein förmliches Bündnis ein. Ibn ʿAbd al-Wahhāb verspricht, den Emir nicht zu verlassen, der letztere wiederum gelobt, daß er in Übereinstimmung mit den strengen Regeln des islamischen Rechts nach „wahhabitischer" Auslegung regieren werde. Der Verlauf der anschließenden Kriege auf der Arabischen Halbinsel, bei denen es im wesentlichen um die Bekämpfung „heidnischer" Bräuche geht, ist so erfolgreich, daß Muḥammad ibn Saʿūd beim Tode Ibn ʿAbd al-Wahhābs über den größten Teil der Arabischen Halbinsel herrscht. 1803 (und nochmals 1806) wird Mekka und 1805 Medina erobert.

Der Kern der wahhabitischen Lehre ist die Erklärung der Einheit Gottes (tauḥīd). Alle Spielarten volkstümlicher religiöser Verhaltensweisen, die sie als unvereinbar mit ihrer Auffassung, daß Gott das einzig zulässige Ziel der Anbetung und Verehrung sei, sehen sie als Zeichen des Polytheismus (shirk) an. Im Hinblick auf die Rechtsprechung bestehen die Wahhabiten darauf, daß man dem Koran und der Sunna folgen müsse; qualifizierte Rechtsgelehrte sind zu ihrer Auslegung und Weiterentwicklung (ijtihād) befugt, wozu sie aus den Lehren der verschiedenen Rechtsschulen (madhāhib) jene Regeln wählen können, die am besten mit den beiden genannten Quellen übereinstimmen. Neben diesen zentralen Lehren befleißigen sich die Wahhabiten besonders strenger Formen religiösen Lebens. Schließlich ist es für jedermann Pflicht, am gemeinschaftlichen Freitagsgebet (ṣalāt) teilzunehmen. Wer *ṣalāt* nicht ausübt und keine Almosensteuer (zakāt) entrichtet, wird schon allein dadurch als Ungläubiger betrachtet und kann dafür getötet werden.

Noch deutlicher als auf der Arabischen Halbinsel wurde die Gefährdung des Islams in Indien spürbar. Zersetzungserscheinungen im Inneren, Bedrohung von außen durch die hinduistische Umwelt, die Einfälle benachbarter muslimischer Herrscher und der wachsende Einfluß Englands hatten den indischen Islam in einen Zustand der Schwäche gebracht. Shāh Walī Allāh ad-Dihlawī (1703 - 62) war sich dieses Zustands bewußt. Er hatte bei seinem Studium in Medina dem gleichen Kreis angehört wie Ibn ʿAbd al-Wahhāb, und auch sein Streben ging in Richtung auf Wiederherstellung eines gereinigten Islams, wenn auch seine Forderungen — nicht zuletzt wegen der unterschiedlichen politischen Ausgangslage — weniger radikal waren. Aber auch im Vordergrund seiner Gedanken stand die Überzeugung, daß die Rettung nur durch das Befolgen der Sunna kommen kann, der maßgeblichen Richtschnur für das Verhalten des Menschen. Und auch er forderte den Gebrauch des *ijtihād* und verdammte die synkretistischen Praktiken, die namentlich aus dem hinduistischen Umfeld in den Islam in Indien eingedrungen waren.

Shāh Walī Allāh's Mäßigung entsprang seinem Wunsch, alle Muslime zu einen; er wollte die Muslime eher in Harmonie zueinander bringen als sie voneinander trennen. Er selbst war politisch nicht aktiv, seine Ideen sollten jedoch ein halbes Jahrhundert nach seinem Tod, zu Beginn des 19. Jahrhunderts, zur ideologischen Plattform einer aktionistischen religiös-politischen Bewegung, der Ṭarīqa-i muḥammadī werden. Sie wurde angeführt von Saiyid Aḥmad Barelwī (1786 - 1831), unterstützt von zwei Gelehrten, Shāh Ismāʿīl und Shāh ʿAbd al-ʿAzīz, ersterer ein Enkel, letzterer der Ehemann einer Enkelin von Shāh Walī Allāh. Die Bewegung war eine Reaktion auf die Schwäche des indischen Islams zu jener Zeit, die durch das weitere Vordringen Englands noch offenkundiger geworden war. Zwar stützten sich die Führer der Bewegung auf Shāh Walī Allāh's Gedankengut, doch gaben sie ihm eine militantere Ausrichtung. Jetzt predigten sie nicht nur die Rückkehr zur Reinheit des Islams, indem sie Erscheinungen wie die Heiligenverehrung, den Gräberkult und Gebräuche hinduistischen Ursprungs verwarfen, sondern erklärten darüber hinaus, daß der *jihād*, der Heilige Krieg, unter den gegebenen Umständen zur Pflicht geworden sei. Ihr Streben war auf die Schaffung eines neuen, rein islamischen Staates gerichtet, als dessen Ort sie die Sikh-Region im Nordwesten Indiens ausgewählt hatten. Zwar wurde die Bewegung bereits 1831 militärisch besiegt, doch gelang es den Briten erst 1883, sie gänzlich zu unterdrücken.

Der dritte bedeutende Fundamentalist (und Aktivist), der schließlich eine religiöse und religiös-politische Bewegung gründen sollte, war es-Senussi (Muḥammad ibn 'Alī as-Sanūsī, 1787 - 1859). Geboren in der westalgerischen Stadt Mostaganem, sollte auch für ihn ein Studienaufenthalt in Mekka (ab 1825) zu einem prägenden Erlebnis für seine geistige Entwicklung werden. In seiner theologischen Lehre folgt er im großen und ganzen den bereits vorgestellten Fundamentalisten, d.h. auch für ihn waren die Läuterung des Islams und die Reinigung des religiösen Gesetzes ein Hauptanliegen. Gleichzeitig aber — und dies unterscheidet ihn von jenen — war er bestrebt, die fundamentalistischen Positionen mit der islamischen Mystik zu versöhnen, der er bereits in Nordafrika begegnet war.

1840 nach Nordafrika zurückgekehrt, widmete sich es-Senussi dem Aufbau eines Ordens (ṭarīqa). In der Cyrenaika und ihrem saharischen Hinterland wurden Ordenszentren (zāwiya) angelegt, wo religiöse Bildung vermittelt wurde und Streitfälle nach islamischem Recht geschlichtet werden konnten. So gelang es den Mitgliedern des Ordens, den *ikhwān* (wörtl.: Brüder), die diese *zāwiya* bewohnten, die Senussi-Ausprägung eines gereinigten Islams unter den Beduinen zu verbreiten. Als es-Senussi 1859 starb, war der Einfluß des Ordens weit verbreitet. Im Laufe der folgenden Jahrzehnte nahm er allmählich Züge eines Staatswesens an, das von den osmanischen Türken (die den Küstenstreifen Libyens beherrschten) mehr oder weniger anerkannt wurde.

2.2 *Die islamisch-westliche „Synthese“*

Die fundamentalistische Variante der islamischen Antwort auf die Herausforderung durch den Westen ist als Ganzes gesehen eher eine Randerscheinung gewesen. Zwar hat sie sich an zwei Punkten auch politisch durchsetzen können, doch waren eben die Arabische Halbinsel und Libyen abgeschiedene und vom Rest der nahöstlichen Welt isolierte Teile, von denen kaum Impulse auf die geistige Entwicklung der Region ausgingen. Und in Indien vermochte der Fundamentalismus keine breite Anhängerschaft zu mobilisieren. Angesichts der Ausbreitung des Kolonialismus in den Kernregionen der islamischen Welt mußten andere Antworten gefunden werden, um es mit diesem aufzunehmen. Auf der politischen Ebene wurden — namentlich im Osmanischen Reich und in Ägypten (in Ansätzen auch in Iran) — Reformen durchgeführt, die die militärische, politische und wirtschaftliche Kraft steigern sollten. Dies hieß nichts anderes, als daß Elemente der westlichen Ordnung übernommen wurden. Die in dieser Hinsicht unternommenen Schritte weisen durchaus eine gewisse Kohärenz auf, auch wenn naturgemäß Staat und Gesellschaft weiterhin auf traditionellen Grundlagen fortbestanden. Ausgehend von der Modernisierung der Armee wurden schrittweise die Verwaltung, das Erziehungssystem, das Rechtssystem bis hin zum politischen System als Ganzem, das auf die Grundlage von europäischen Vorbildern entlehnten Verfassungen gestellt wurde, erfaßt. Im Falle des Osmanischen Reiches fallen diese Reformen im wesentlichen in den Zeitraum zwischen 1826 (Reform des Heerwesens) und 1876 (Einführung einer Verfassung). Ihren Kern bildet die „*Tanzimat*-Epoche“ (nach Türkisch: tanẓīmat-i khairīye, „wohlwollende Reformen“), 1839 - 76, durch die dem angeschlagenen Reich eine neue innere Stärke mittels der Injektion europäischer Elemente gegeben werden sollte. Ähnliche Entwicklungen setzten im Ägypten Muḥammad 'Alīs (1805 - 48) und in Tunesien unter Khair ad-Dīn Pāshā ein.

Auch auf der Ebene der geistigen Bewältigung der Krise mußte eine Verschmelzung und Synthese gesucht werden. Daß sich nunmehr die Waagschale zugunsten des Westens geneigt hatte, hatte nach Ansicht einer Anzahl muslimischer Denker seinen Grund darin, daß die Muslime vom wahren und echten Islam abgefallen waren. Wenn im Verlaufe der islamischen Geschichte stets im strengen Befolgen der Sunna die Quelle individuellen und gesellschaftlichen Gedeihens und politischer Stärke gesehen wurde, nun aber diese verloren gegangen zu sein schienen, so mußten die Muslime dazu gebracht werden, erneut nach der Sunna zu leben. Nur war eben jetzt die Vorstellung von der Sunna, oder vom wahren und rechten Islam, offen für Auslegungen. Naturgemäß wandten sich die Denker — ähnlich den Fundamentalisten — den Quellen zu, um festzustellen, was echter und wirklicher Islam sei; und wie jene maßen auch sie dem *ijtihād* einen hohen Stellenwert bei. Nur gab es jetzt bei der Auslegung zahlreiche Unterschiede. Denn während das Bezugssystem der Fundamentalisten ausschließlich islamisch war, hatten sich die neuen Denker mit westlichem Gedankengut vertraut gemacht und waren in unterschiedlichem Maße von ihm beeinflußt worden. Statt eines bloßen Mittels, die Authentizität des Islams zu erhöhen, wurde der *ijtihād* bei ihnen zu einer Methode zweckbestimmter Auslegung, zu einem Mittel, den Islam den neuen Verhältnissen anzupassen. Für sie war die Reform der Religion der Hebel des gesellschaftlichen und politischen Wandels. Das bedeutete einerseits — wie bei den Fundamentalisten — die Läuterung der Religion von allen Elementen des Volksglaubens, doch zugleich eben auch die Suche nach allgemeinen Grundsätzen und deren Auslegung im Sinne des öffentlichen Interesses (maṣlaḥa). Bei diesem Vorgang wurden viele westliche Wertvorstellungen des 19. Jahrhunderts stillschweigend oder explizit aufgenommen und sozusagen islamisiert. So wurde eine Form des Islams geschaffen, die für die europäisierten Eliten annehmbar war. Sie brauchten ihrer Religion wegen nicht länger verlegen zu sein; im Gegenteil, sie konnten stolz auf sie sein, da sie die meisten der neuen Werte bejahte, die sie zu schätzen gelernt hatten. Inhaltlich vollzog sich diese Auseinandersetzung mit dem Westen nach zwei Mustern: Zum einen in der Verteidigung — man anerkannte die Schwäche, behauptete aber gleichzeitig, daß die in Frage stehenden Schwachpunkte, Institutionen oder Vorschriften durch Fehlauslegung und Verdrehung des wahren und idealen Islams entstanden seien. Zum anderen in selbstbewußter Argumentation — man verteidigte den Islam so wie er war, doch wurde die Notwendigkeit einer Reinigung nicht geleugnet.

Der prominenteste Vertreter der ,,apologetischen" Schule wurde Sir Syed Ahmed Khan (Aḥmad Khān, 1817 - 98). Im Mittelpunkt seines Denkens und Wirkens stand das Bemühen, den Islam in einer Weise zu reformieren und zu präsentieren, die für einen aufgeklärten Muslim, der — wie er — ganz unter dem Eindruck der englischen Zivilisation und Kultur stand, akzeptabel sein würde. Geboren in Delhi in eine Familie, die enge Beziehungen zum noch bestehenden Mogulhof hatte, trat er mit 20 Jahren in den Dienst der East India Company und sollte sich im Laufe seines Lebens derartige Verdienste um das Empire erwerben, daß er schließlich in den Adelsstand erhoben wurde. Die Erhebung von 1857 (die ,,Mutiny"), an der zahlreiche Muslime beteiligt waren, bedeutete für ihn einen Schock und wurde entscheidend für seine weitere Entwicklung. In ihrem Verlauf hatte er auf seiten der Briten gestanden, und als sie unterdrückt worden war, wurde ihm um so klarer, daß die Zukunft der Inder eng mit der Anwesenheit der Briten verknüpft war. Deshalb widmete er während des folgenden Jahrzehnts den Großteil seiner Aktivitäten der Verbesserung der Beziehungen zwischen den indischen Muslimen und den Briten.

Die geistigen Aktivitäten Aḥmad Khāns dienten bewußt zwei Zielen. Er wollte eine Form des Islams schaffen, die für junge Muslime mit europäischer Bildung annehmbar war; zum anderen wollte er den Islam gegen Angriffe europäischer Denker, namentlich von Orientalisten, verteidigen. In seiner Argumentation nehmen die Begriffe ,,Natur" (engl. ,,nature", was ihm seitens seiner Gegner die polemische Bezeichnung ,,naycharī" einbrachte) und ,,Vernunft" einen zentralen Platz ein: Anders als bei der traditionellen islamischen Theologie, die keinerlei Naturgesetz anerkannte, sondern lediglich Gewohnheiten Gottes, von denen er abweichen kann, vertrat Aḥmad Khān die Ansicht, daß die Naturgesetze fest und unwandelbar seien. Zwischen den Gesetzen und dem Koran könne es keinen Widerspruch geben, da Gottes Wort (Koran) unbedingt mit seinen Taten (der Natur) übereinstimme. In Anlehnung an frühere rationalistische Bestrebungen im Islam versuchte er nachzuweisen, daß Abschnitte im Koran, die man traditionell als Bezugnahme auf übernatürliche Erscheinungen ansah, ebenso in einer ganz natürlichen Weise ausgelegt werden könnten. In Anwendung des *ijtihād* behandelte er eine Anzahl von Gegenständen, die Ziel europäischer Angriffe waren, z.B. die Stellung der Frau, Sklavenhaltung, Körperstrafen und Zinsverbot. Seine Auslegung des Heiligen Kriegs (jihād) war darauf gerichtet, ein Zusammenleben von Briten und indischen Muslimen zu ermöglichen. Er kam zu dem Ergebnis, daß dieser nur dann Pflicht sei, wenn Muslime in ihrer Eigenschaft als Gläubige unterdrückt und davon abgehalten würden, ihren religiösen Pflichten nachzukommen. Unter fremder, nicht-muslimischer Herrschaft zu leben, war seiner Ansicht nach kein hinreichender Grund für den *jihād,* weil es sich bei diesem um eine religiöse Einrichtung handele, die nicht für bloße politische Ziele angerufen werden könne.

Die Auswirkungen dieser Anschauungen reichten weit: Implizit bedeuteten sie die Feststellung, daß Politik und Religion in zwei verschiedene Bereiche gehören — eine Feststellung, die dem strenggläubigen Muslim fremd war, die aber im 20. Jahrhundert an Bedeutung zunehmen sollte.

Zur Verbreitung seiner Ideen und Ideale gründete er eine Universität für die indischen Muslime, an der sie sich mit der europäischen Wissenschaft und Kultur bekannt machen konnten. 1878 wurde das Mohammedan Anglo-Oriental College in Aligarh eröffnet. Es wurde nach dem Vorbild von Oxford und Cambridge organisiert und hatte Englisch als Unterrichtssprache.

Aḥmad Khān kommt das Verdienst zu, die Diskussion über den Platz des Islams in einer Gesellschaft angeregt zu haben, die infolge der Einflußnahme durch den Kolonialismus einen raschen Wandlungsprozeß durchlief. Seine britenfreundliche Haltung freilich mußte auf den Widerspruch jener stoßen, die nationalistische Gedanken, namentlich unter islamischem und panislamischem Vorzeichen, zu entwickeln begannen. Der herausragende Vertreter dieser Richtung, ein Verteidiger des Islams und weniger ein Apologet, war Jamāl ad-Dīn al-Afghānī (1838/39 - 97). Zwar bestehen gewisse Ähnlichkeiten in ihrer beider Auffassung vom Islam, ihre Haltung aber gegenüber Europa und dem europäischen Kolonialismus ist völlig entgegengesetzt. Während ersterer nach einer Versöhnung zwischen den indischen Muslimen und den Briten strebte, widmete al-Afghānī fast sein ganzes Leben dem Kampf gegen die europäische koloniale Expansion in der islamischen Welt.

Sein Leben ist an vielen Stellen noch in Dunkel gehüllt. Hauptgründe dafür sind einmal bewußte Verschleierungen — so hat er sich selbst durch den Beinamen ,,al-Afghānī" als Afghane ausgegeben, während er, wie die Forschung eindeutig ermittelt hat, in Asadabad in der Nähe der persischen Stadt Hamadan geboren wurde. (Der Wunsch, seine schiitische Erziehung und Ausbildung zu verbergen, mag ihn dazu bewogen haben.) Zum anderen ist sein Leben von derartiger Unrast gekennzeichnet, daß es nicht immer leicht ist, seinen Spuren zu folgen. Indien, der Hedschas, der Irak (möglicherweise bereits Konstantinopel) sind die Stationen der ersten Lebensjahrzehnte; Afghanistan, Indien und (wieder) Konstantinopel folgen dann. Nach seiner Ausweisung von dort hält er sich seit 1871 für acht Jahre in Kairo auf, wo er zusammen mit seinen Schülern — zu den bekanntesten von ihnen gehört Muḥammad ʻAbduh — eine wichtige Rolle in der ägyptischen Politik spielt. Von dort 1879 wieder ausgewiesen, begibt er sich zunächst für drei Jahre nach Indien, von wo er 1882 nach Europa reist; in Paris gibt er zusammen mit ʻAbduh die Zeitschrift al-ʻUrwa al-wuthqā (Das festeste Band, vgl. Koran 2:256 und 31:22) heraus. Iran (1889 - 92), London und wieder Konstantinopel sind schließlich die letzten Stationen dieses bewegten Lebens.

Al-Afghānīs Aussagen in seinen (nicht sehr zahlreichen) Schriften und in den Äußerungen seiner Biographen und Bekannten sind reich an Widersprüchen. Auf jeden Fall ist er weniger ein systematischer Denker als ein politischer Aktivist gewesen. So lassen sich viele seiner Widersprüche am ehesten daraus erklären, daß er als politischer Taktiker bestimmte Ziele erreichen wollte und daher seine Worte und Schriften seinen politischen Zielen unterwarf.

Ausgangspunkt des Wirkens und Lehrens al-Afghānīs war die Schwäche der islamischen Welt. Er wünschte die islamische Welt wieder so stark, daß sie der andauernden europäischen

Expansion würde Widerstand leisten können. Andererseits begriff er, daß die Quellen der Stärke in Europa gesucht werden müßten. Nach seiner Überzeugung gründete sich die Kraft Europas auf Aktivität, Unternehmungsgeist und Rationalismus, die zur Entwicklung der europäischen Wissenschaft und Technik geführt hätten. So hatte Europa für ihn zwei Gesichter: Einerseits stand es für die koloniale Eroberung, andererseits für wissenschaftlichen und technischen Fortschritt, militärische und politische Stärke, freiheitliche politische Einrichtungen und moderne Erziehung. Freilich sollte Europa nicht blind nachgeahmt werden; die Vereinbarkeit mit dem Islam sei zu beachten. Gleichwohl gab es in der europäischen Zivilisation nichts, was für den Muslim nicht akzeptabel gewesen wäre. Die Tugenden und Werte, die die Grundlage europäischer Stärke bilden, sind seiner Ansicht nach ebenso im Islam zu finden. Der Islam, wie er sich al-Afghānī darstellte, war verderbt und von Aberglaube und scholastischer Kasuistik überwuchert. Durch *ijtihād* und Quellenstudium könnten die wirklichen Grundlagen des Islams wieder freigelegt und dieser von Auswüchsen gereinigt werden. Für al-Afghānī ist der Islam eine seinem Wesen nach vernunftbetonte Religion, d.h. eine Religion, die mit der menschlichen Vernunft übereinstimmt und zu deren Gebrauch anregt. Dies gelte insbesondere auch für die europäische Wissenschaft und Technik. Hatte nicht Europa im Mittelalter viel von islamischer Wissenschaft und Philosophie entliehen? Wenn die Muslime jetzt Technik und Wissenschaft vom Westen übernähmen, dann eigneten sie sich nur wieder an, was ihr rechtmäßiges Eigentum war.

In diesen Auffassungen ist al-Afghānī Aḥmad Khān durchaus nahe. Was ihn von diesem fundamental unterschied, war die Entschlossenheit, dem europäischen Kolonialismus entgegenzutreten. So schrieb er gegen ihn eine seiner bekanntesten Schriften: „Die Wahrheit über die Naychārī-Sekte" (oder mit anderem Titel: „Die Widerlegung der Materialisten"). Gegen die von jenem propagierte Annäherung an England strebte al-Afghānī nach der islamischen Einheit. Diese verstand er zwar auch politisch, doch sollte die Einheit der islamischen Gemeinde (umma) zugleich eine Einheit der Herzen und der Geistesverfassungen sein. In seinen zahllosen Reisen zu den politischen Zentren der islamischen Welt und seinen Aktivitäten, die vielfach die Form der Konspiration gegen Regime, die er für seinen Kampf glaubte abschreiben zu können, annahm, wollte er die verschiedenen Führer und politischen Regime in der islamischen Welt zu einer Zusammenarbeit bringen, um den Angriffen der europäischen Mächte zu widerstehen. Diese panislamische Haltung begrenzte jedoch seine Möglichkeiten, Reformen zu verkündigen. Denn um die Unterstützung einer möglichst großen Gruppe zu gewinnen, mußte er seine Erklärungen zur Neuauslegung des Islams verwässern, damit sie orthodox erschienen. Gleichwohl hat al-Afghānī immer wieder Anlaß zu der Spekulation gegeben, er sei Atheist, Freimaurer etc. Von seinen veröffentlichten Schriften läßt sich dies insbesondere aus seiner „Antwort auf Renan" herauslesen. Dennoch ist der Panislamismus niemals eine Massenbewegung geworden. Wie andere Reformer seiner Zeit zog auch al-Afghānī es vor, mit Vermittlung von Regierungen und Eliten zu handeln, um seine Ziele zu erreichen.

Die Ansätze zu religiös-theologischer Erneuerung, die in dem Werk al-Afghānīs enthalten sind, sind von seinem Freund und Schüler Muḥammad ʿAbduh (1849 - 1905) weiterentwickelt worden. Anders als jener blieb ʿAbduh seinem Heimatland Ägypten eng verbunden. Nach der Rückkehr aus dem Pariser Exil, wohin er auf Grund seiner Unterstützung für die nationalistisch inspirierte Erhebung Aḥmad ʿUrābīs (1882) verbannt worden war und wo er eng mit al-Afghānī zusammenarbeitete (s.o.), konzentrierte er sich in verschiedenen Positionen (zuletzt als Mufti (muftī), d.h. als höchster religiöser Richter in Ägypten) auf zwei Ziele: die Reform des Bildungswesens — besonders der al-Azhar-Universität, die nach seiner Auffassung das geistige Zentrum der Reform werden sollte — und die Reform der Schariatsgerichte.

ʿAbduhs praktische und geistige Aktivitäten beherrschte der Wunsch, ein allgemeines religiöses Erwachen im Islam zu erreichen, da dies seiner Meinung nach der einzige Weg war, um die islamische Welt auch in anderen Bereichen zu stärken. Leben nach den wahren Vorschriften des Islams ist für ihn der Schlüssel für das Wohlergehen der Menschen, als einzelnen und in der Gesellschaft. Denn die Verhaltensweise, die der Islam lehre, sei nicht nur gottgefällig, sondern auch der beste Weg, um gesellschaftliche Stabilität und den Fortschritt der Gemeinschaft zu sichern. Wie seinem Lehrer ging es ihm darum zu zeigen, daß der wahre Islam die Grundlage der neuen, aus Europa kommenden Gesetze und Einrichtungen enthalte, und daß tatsächlich die Werte der bürgerlichen Gesellschaft im Europa des 19. Jahrhunderts auch die Werte des Islams seien. So machte er sich daran, aus dem Islam eine Rechtfertigung für die Europäisierung herzuleiten.

Aber was war der wahre und richtig verstandene Islam? Die Beantwortung dieser Kernfrage führte ʿAbduh zu einem Eklektizismus, in dem er zahlreiche Strömungen der Geistes- und der religiösen Geschichte der islamischen Welt mit den Ideen europäischer Denker seiner Zeit wie Darwin, Spencer, Comte, Guizot und Renan vermischte. Einige der grundsätzlichen Fragen, so etwa das Verhältnis von Vernunft und Religion oder Wissenschaft und Religion waren bereits von Aḥmad Khān erörtert worden, und tatsächlich unterscheiden sich ʿAbduhs Ideen dazu nicht grundsätzlich von denen des letzteren. Auf dem Gebiet der Methodologie des religiösen Gesetzes schloß er sich weitgehend den Fundamentalisten an, was insbesondere die Verwerfung des *taqlīd* (blinde Nachahmung) und die Notwendigkeit, den *ijtihād* auszuüben, beinhaltete. Ein neues Element in seinem Denken war, daß er von der herkömmlichen Unterscheidung zwischen den Teilen der *sharīʿa,* die sich mit den religiösen Pflichten (ʿibādāt) und denen, die sich mit den Beziehungen der Menschen untereinander (muʿāmalāt) befassen, wichtige Folgerungen ableitete. Er behauptete, im ersten Bereich seien die Vorschriften klar und eindeutig in Koran und Hadith niedergelegt und daher unveränderbar. Bezüglich des anderen Bereichs meinte er, daß Koran und Hadith nur allgemeine Grundsätze enthielten, die den konkreten Umständen entsprechend so ausgelegt werden könnten, daß sie gesellschaftlich und sittlich förderlich (maṣlaḥa) seien. Dies genau solle der Wirkungsbereich der Vernunft sein. Mit dieser Relativierung der Relevanz bestimmter Aussagen des Korans stellte ʿAbduh die Weichen auch für die Bemühungen zeitgenössischer Reformer von heute, den Islam an die Erfordernisse der Moderne anzupassen.

Die Breitenwirkung der Tätigkeit der reformistischen Theologen sollte allerdings nicht überschätzt werden — weder konnten sie unter den traditionellen städtischen und ländlichen Schichten nennenswerte Bewegung hervorrufen, noch fanden sie bei der Mehrheit der *ʿulamāʾ*, die konservativ waren, Gehör. Wo die Massen durch reformistische und/oder anti-ausländische Elemente in Bewegung gebracht wurden, handelte es sich um militant-messianische oder sufisch (mystisch) geführte Bewegungen, wie diejenigen ʿAbd al-Qādirs (1807 - 83) in Algerien gegen Frankreich, der Schamilen im Kaukasus gegen Rußland, der libyschen Senussi gegen Italien und der Mahdisten im Sudan gegen England. Gegenüber den emotionsträchtigen Anliegen dieser Bewegungen vertraten die Reformer eine Art der Religion, die wenig emotionale Ausstrahlung auf die Massen hatte, die weiterhin auf ihre Ordensführer oder die mehr traditionalistische Geistlichkeit blickten. Diese ideologische Spaltung zwischen der verwestlichten Schicht der Reichen, der teilweise verwestlichten, teilweise traditionalistischen Mittelschicht und den Massen, die eher dazu neigen, sich apokalyptischen religiösen Bewegungen als westlich beeinflußten reformistischen Praktiken anzuschließen, hat sich bis in die Gegenwart fortgesetzt.

Schon um die Jahrhundertwende begann sich mit der Bewegung der Salafīya (abgeleitet von salafa, „vergangen sein", „vorangehen", bzw. von al-aslāf, die „Vorgänger", die „Ahnen") ein wachsender Traditionalismus und Konservativismus bemerkbar zu machen. Die Wiederherstellung des reinen Glaubens (eben der „Altvorderen") sollte als das leitende Prinzip in religiösen wie in weltlichen Belangen gelten, für den Staat ebenso wie für die ganze islamische Gemeinschaft. Basierend auf den Lehren von Muḥammad ibn ʿAbd al-Wahhāb und Muḥammad ʿAbduh zogen die Vertreter der Salafīya gegen die alteingewurzelten, abergläubischen Mißbräuche zu Felde, als deren Bewahrer und Nutznießer sie namentlich die religiösen Bruderschaften brandmarkten. Scheich Muḥammad ibn al-ʿArabī al-ʿAlawī (1884 - 1964), Lehrer an der al-Qarawīyīn in Fez, brachte die Doktrin der Salafīya mit ihren vielseitigen philosophischen, moralischen und soziologischen Aspekten in ein einheitliches System. Die Salafīya hat auf die nationale Bewegung im Maghreb wie in Ägypten und Syrien erheblichen Einfluß ausgeübt. Stellvertretend sei hier nur der algerische Theologe 'Abd al-Ḥamīd ibn Bādīs (1889 - 1940) genannt. Er gehörte zu den Gründern des Mouvement des Oulémas Réformistes und hatte als Führer der Association des Oulémas maßgeblichen Anteil an der Entwicklung eines algerischen Nationalgefühls.

2.3 Vom islamischen Liberalismus zum Konservativismus

Der Zusammenbruch des Osmanischen Reiches 1918 bedeutete auch für die Diskussion um die Zukunft des Islams einen tiefen Einschnitt. Es hatte — wenn auch mehr Schein als Wirklichkeit — die Vision vom Gottesstaat verkörpert, die dem Islam zutiefst innewohnt. In der zweiten Hälfte des 19. Jahrhunderts war die Vorstellung vom islamischen Reich noch einmal aufgelebt, als der Sultan den Versuch machte, dem von innen und außen bedrohten Imperium einen geistig-politischen Gehalt einzuhauchen. Insbesondere Abdül Hamid II. (reg. 1876 - 1909) hatte eine panislamische Politik betrieben. In diesem Zusammenhang hatte er seine Funktion als Kalif, d.h. als Oberhaupt aller Muslime unterstrichen. 1876 hatte diese Politik ihren Niederschlag in der Verfassung des Osmanischen Reiches gefunden, wo es in Artikel 4 hieß: ,,Der Sultan ist als Kalif Hüter der islamischen Religion und Souverän und Herrscher aller osmanischen Untertanen."

Im Zusammenhang mit der Gründung des türkischen Nationalstaates auf den Trümmern des Osmanischen Reiches schaffte Mustafa Kemal (Atatürk) 1924 das Kalifat ab. Hatte bis dahin die islamische Gemeinde (umma) wenigstens in der Fiktion noch als Ganzheit bestanden, so war man jetzt gezwungen, die islamische Welt völlig neu zu organisieren. Dabei griffen die Eliten nunmehr auf das Konzept des Nationalstaates, das man von Europa übernahm, zurück. Die Schaffung des türkischen Nationalstaates durch Atatürk war nur die erste einer Reihe ähnlicher Maßnahmen, bei denen die Kolonialmächte im Nahen und Mittleren Osten auf vielfältige Weise eine meist fragwürdige Hilfestellung leisteten. Durch die Gründung einer Anzahl von Nationalstaaten und die Einführung des Nationalismus als einer ideologischen und politischen Triebkraft wurde nicht nur die ganze Region tiefgreifend zersplittert, sondern auch der Versuch gemacht, Religion und Staat zu trennen, d.h. dem Laizismus, wie er sich im Laufe von Jahrhunderten in Europa herausgebildet hatte, Geltung zu verschaffen.

Die Diskussion um die Kalifatsfrage setzte sich freilich noch fort (und lebt auch in der Gegenwart gelegentlich wieder auf). 1925, als die Erörterung dieser Frage ihren Höhepunkt erreichte, wurde in Ägypten ein Buch veröffentlicht, das zu scharfen Auseinandersetzungen führte. Der Verfasser, 'Alī 'Abd ar-Rāziq (1888 - 1966) war Richter an einem Schariatsgerichtshof. Er hatte nicht nur an der al-Azhar-Universität, sondern auch ein Jahr in Oxford studiert. Der Titel des Buches lautete ,,Der Islam und Grundlagen der Staatsmacht" (al-Islām wa-uṣūl al-ḥukm). Die Hauptthese lautete, weder der Koran noch der Hadith hätten das Kalifat als notwendige Einrichtung bezeichnet, die Aufgabe Muḥammads sei eine rein geistliche, seine politischen Handlungen seien lediglich für die Umstände seiner Zeit von Bedeutung und hätten nichts mit dem Wesen des Islams zu tun. Gott habe den Bereich der weltlichen Regierung und der geistigen Interessen gänzlich der menschlichen Vernunft überlassen.

Wenn auch diese Betrachtungsweise der Lage entsprach, wie sie tatsächlich in weiten Teilen der islamischen Welt bestand, so löste die Veröffentlichung des Buches doch einen Proteststurm aus. Für die meisten Geistlichen machte es durchaus einen Unterschied, *de facto* eine tatsächlich bestehende Lage zu akzeptieren oder diese Lage auf der Grundlage der islamischen Theorie für rechtens zu erklären und sie so *de jure* anzuerkennen. 'Alī 'Abd ar-Rāziq wurde von einem Tribunal namhafter Scheichs der al-Azhar-Universität verurteilt und für ungeeignet erklärt, irgendein öffentliches Amt zu bekleiden. Er wurde aus seinem Richteramt entlassen und lebte bis zu seinem Tode zurückgezogen.

Zu den Kritikern gehörte auch einer der namhaftesten zeitgenössichen Theologen, Rashīd Riḍā (1865 - 1935), der jahrelang einer der engsten Mitarbeiter von ʻAbduh gewesen war. Über die von ihm gegründete Zeitschrift al-Manār (Der Leuchtturm), die ein weithin beachtetes Forum religiöser und religionspolitischer Diskussionen war, übte er einen starken Einfluß aus. Riḍā ist der letzte der großen Vertreter der Salafīya und hat die Entwicklung der Bewegung in den ersten Jahrzehnten nach dem Ende des Osmanischen Reiches wesentlich mitbestimmt. An ʻAbduhs Ideen hatte ihn dessen Suche nach einem reinen Islam, der sich nur auf die ursprünglichen Quellen gründen sollte, am meisten angezogen. Dabei war er stark von den Fundamentalisten des 18. und 19. Jahrhunderts angezogen und unterhielt gute Beziehungen zu dem saudiarabischen Regime auf der Arabischen Halbinsel. In der Debatte um das Kalifat trat er nachdrücklich für dessen Wiedereinführung ein. Neben der Verteidigung der Muslime sollte dessen Hauptaufgabe darin bestehen, durch *ijtihād* die Gesetzgebung auszuüben. Nachdem das osmanische Kalifat, dem Riḍā ohnehin nur eine bedingte Legitimation einräumte, 1924 zu bestehen aufgehört hatte, sollten nach Ansicht von Riḍā Vertreter der Muslime zusammenkommen, um einen neuen Kalifen zu wählen.

Auch die Forderungen und Thesen Riḍās konnten nicht verdecken, daß die Vision der Wiederherstellung der Einheit der islamischen Gemeinde kaum zu verwirklichen sein würde. Die neuen politischen Kräfte, denen mit dem Ende des Osmanischen Reiches der Weg freigemacht worden war und die für die Unabhängigkeit kämpften, stützten sich auf den Nationalismus und die politischen Leitvorstellungen des europäischen Liberalismus. Andererseits begann die tiefe europäische Durchdringung heftige religiöse Reaktionen hervorzurufen. Im Gegensatz zu kleinen Gruppen aus den Ober- und Mittelschichten, die aus den Entwicklungen Nutzen gezogen hatten, hatte sich für die unteren Schichten die wirtschaftliche und soziale Lage zugespitzt. Die Einführung der Lohnarbeit, die Proletarisierung von Teilen der Bauernschaft, die Auflösung der Dorfgemeinschaft und der Großfamilie, die Landflucht in Verbindung mit einer Verwestlichung, die nahezu alle Teile der Gesellschaft durchdrang, bewirkten bei vielen Muslimen, daß sie sich entwurzelt, als Fremde in ihrer Heimat fühlten. Sie sehnten sich in die Geborgenheit einer Gemeinschaft zurück, in der das private und öffentliche Leben wieder auf den Vorschriften des Islams, die jedem von Jugend an vertraut waren, aber nun in ständigem Konflikt mit einer verwestlichten Lebensweise standen und als rückständig belächelt wurden, beruhen würde. So war ein Nährboden geschaffen, aus dem in den 30er und 40er Jahren fundamentalistische Bewegungen in verschiedenen Teilen der islamischen Welt erwuchsen. Am bekanntesten wurden die Gesellschaft der Muslimbrüder (Jamʻiyat al-ikhwān almuslimīn) in Ägypten und Syrien und die Jamāʻat-i islāmī unter den indischen Muslimen. In Iran machte die Gruppe der Fidā'iyān-i islām von sich reden, zu der ein damals noch unbekannter Mullah, Khomeini (Rūḥullāh Khumainī), bereits in den 40er Jahren in Beziehung trat. Diese Gruppen bauten auf die Gefühle der Unzufriedenheit mit den gesellschaftlichen und politischen Entwicklungen und des Grolls gegen den Westen und die verwestlichten Eliten, und sie behaupteten, ein konkretes und wirklichkeitsnahes Programm als Alternative zur bestehenden Lage anzubieten. Sie arbeiteten auf eine islamische Gesellschaft und ein islamisches Staatswesen hin, die geformt sein sollten nach dem Beispiel der islamischen Gemeinde zu Lebzeiten Muḥammads und seiner ersten Nachfolger, der „rechtgeleiteten Kalifen". So wandten sie sich der Vergangenheit zu, um eine Lösung für die gegenwärtigen Schwierigkeiten zu finden. Von den fundamentalistischen Bewegungen der 30er und 40er Jahre führt ein gerader Weg zu dem Wiederaufleben des Fundamentalismus in den 70er und 80er Jahren, das mit der Revolution in Iran, der Erfüllung eines fundamentalistischen Traums von der Errichtung eines islamischen Staates, einen ersten wesentlichen Erfolg errungen hat. Ähnlich wie in den früheren Jahrzehnten haben sich in der Gegenwart Spannungen zu den bestehenden Regierungen aufgetan und ist eine Konfrontation mit „dem Westen" als einer politisch, wirtschaftlich und zivilisatorisch dominanten Macht, namentlich mit den USA, entstanden. Jene sind nach Auffassung der Fundamentalisten gottlose Regime und heidnische Cliquen, da sie dem Islam den rechtmäßigen Platz in der Politik genommen haben; sie sind Feinde, gegen die der *jihād* — von ihnen als „permanente Revolution" erklärt — geführt werden muß (s.u.).

3. Intellektueller Aufbruch

3.1 Nationales Erwachen unter den Arabern

Der Islam als nicht nur religiöse Lehre sondern auch politisch-gesellschaftliche Ordnung war dem Zusammenstoß mit dem Westen besonders stark ausgesetzt, und seine Reform mußte schlechthin als die Voraussetzung für den Fortbestand einer islamischen Gemeinschaft erscheinen. Gleichzeitig aber setzte ein Modernisierungsprozeß ein und ergossen sich zahlreiche Elemente der europäischen Zivilisation und Kultur in breitem Strom in die islamische Welt. Von den Ansätzen zur Reform von Politik und Verwaltung war oben bereits andeutungsweise die Rede. Im Raum zwischen der politischen und der religiösen Ebene aber traten nun Intellektuelle auf, die das im Westen entwickelte Gedankengut aufgriffen und für die geistige Erneuerung ihrer Gesellschaft umzusetzen suchten.

Am Beginn dieser Kette steht ein Mann, der zwar noch aus einer religiösen Erziehung hervorging, aber der geistig-intellektuellen Entwicklung seiner Zeit einen Stempel aufdrückte, Rifāʿa Rāfiʿ aṭ-Ṭahṭāwī (1801 - 73). An der al-Azhar zum Imam ausgebildet, wurde er in dieser Funktion einer Gruppe von Studenten zugeteilt, die Muḥammad ʿAlī, der souveräne Statthalter von Ägypten, 1826 nach Paris schickte. Er nutzte seinen fünfjährigen Aufenthalt dort, um sich mit den geistigen Strömungen Frankreichs und Europas vertraut zu machen. So las er u.a. Montesquieu, Rousseau, Voltaire, Racine und Condillac. Daneben widmete er sich dem Übersetzen, um später europäische Werke seinen Landsleuten zugänglich zu machen. Sein Tagebuch „Takhlīṣ al-ibrīz ilā talkhīṣ Bārīz", das aṭ-Ṭahṭāwī während seines Pariser Aufenthalts führte, wurde auf Anordnung von Muḥammad ʿAlī in Ägypten in hoher Auflage gedruckt und zur Pflichtlektüre für Staatsbeamte bestimmt. Es spiegelt die Konfrontation des stagnierenden Orient mit dem voranschreitenden Okzident treu wider. Nach seiner Rückkehr widmete er sein Leben in unterschiedlichen Positionen — so etwa als Inspektor der neu geschaffenen Schulen für Offiziere und Beamte und eines Instituts für Übersetzungen — der Übersetzung europäischer Werke ins Arabische. Zwar war die Übersetzungsarbeit der Sprachenschule auf militärisch relevante Literatur konzentriert; doch wurden daneben auch Werke der französischen Literatur und Philosophie übertragen. Es ist das herausragende Verdienst aṭ-Ṭahṭāwīs, daß er durch seine Arbeit eine Rezeption europäisch-bürgerlicher Ideen durch arabische Intellektuelle ermöglichte, die das ganze folgende Jahrhundert im arabischen Raum prägt. Zugleich hat er Anstöße zu einer Erneuerung der arabischen Sprache gegeben, die die Voraussetzung für die Kommunikationsfähigkeit der Araber mit den neuen europäischen Ideen, für die das Arabische zunächst auch keine sprachlichen Äquivalente hatte, war.

Aṭ-Ṭahṭāwīs historische Leistung liegt vor allem im Bereich der Übersetzung. Daneben aber hat er eine Reihe von Schriften verfaßt, die zeigen, wie die neuen Ideen in einem von der islamischen Kultur und Religion bestimmten Kontext zu wirken begannen. Zwar bewegt sich seine Argumentation in vielen Bereichen in vorgezeichneten Bahnen und zeugt von einem unerschütterlichen Glauben an die Universalität des Islams, an die geistige Gemeinschaft aller Muslime und an die zeitlose Gültigkeit der koranischen Rechtsordnung. In seinem Verständnis des islamischen Gesetzes aber, der Rolle des Herrschers sowie des Stellenwerts der Nation werden die Spuren seiner Befassung mit den französischen Denkern des 18. Jahrhunderts sichtbar. Ausgangspunkt ist das Verständnis der *sharīʿa* im Licht des modernen europäischen rationalistischen Naturrechts. Als Kodex stehe sie über dem Herrscher, betont er im Anschluß an Montesquieus Gewaltenteilung; sie dürfe daher nicht der Willkür des Herrschers überlassen bleiben. Dieser übt die absolute Regierungsgewalt aus, nur Gott und seinem Gewissen verantwortlich, doch stets bedacht auf die von Sitte und frommem Brauch gezogenen Normen der Moral, auf das wirtschaftliche und geistige Wohl des Landes, dessen Schutz und Gedeihen ihm anvertraut sind, und auf das Urteil der öffentlichen Meinung. Für seine Beratung sieht aṭ-Ṭahṭāwī ein Kollegium von Gottesgelehrten vor, denen über die Theologie hinaus ein gewisses Maß an Wissen in den für die Staatsführung relevanten modernen Erkenntnissen eigen sein soll und das durch die Hinzuziehung von Fachleuten aus Laienkreisen seine Ergänzung findet. In aṭ-Ṭahṭāwīs mit europäisch-bürgerlichen Vorstellungen durchtränkter Interpretation der *sharīʻa* erscheint der Muslim nicht mehr als Untertan, sondern als Bürger. Um diesen ,,Bürger" zu formen, fordert er die Ausdehnung der Schulbildung auf alle Schichten der Bevölkerung, nicht beschränkt indessen auf einen Unterricht nach dem Grad der geistigen Aufnahmefähigkeit, sondern auf eine rationelle Unterweisung in allen Fragen, die der körperlichen und sittlichen Ertüchtigung und dem Verständnis für die Aufgaben des Staates die Wege bereiten.

Aṭ-Ṭahṭāwī, der nicht müde wird, die religiöse Einheit der Gemeinde (umma) zu betonen, ist zugleich der erste Araber, der eine spezifische Gemeinschaft aller Ägypter, gegründet auf ihrer Liebe zum Vaterland, d.h. eine Nation im säkularen Sinne, anerkennt. (Er übersetzte die Marseillaise ins Arabische und verwandte für ,,patrie" das arabische Wort ,,waṭan"; ,,l'amour de la patrie" übersetzt er mit ,,ḥubb al-waṭan".) Im Anschluß an die von ihm übersetzten ,,Considérations sur les causes de la grandeur des Romains et de leur décadence" von Montesquieu bestimmt er die Vaterlandsliebe als primäre Tugend für die Zivilisation. Wo sie fehle, sei die Zivilisation zum Untergang bestimmt. So kann aṭ-Ṭahṭāwī als der erste arabische Nationaldenker angesehen werden; Patriotismus, Gleichheit und Gerechtigkeit im liberal-demokratischen Verständnis sind die zentralen Themen in seinen Schriften. Die von ihm angeschlagenen Themen sollten in der Folgezeit zu Leitmotiven der ideengeschichtlichen und politischen Entwicklung im arabischen Raum werden.

Die weitere intellektuelle Entwicklung in der geistigen Auseinandersetzung mit Europa sollte zunächst in hohem Maße bei jener neuen Gruppe von Denkern liegen, die zum Teil aus den Erziehungseinrichtungen hervorgegangen waren, die entweder unmittelbar von Europäern (und Amerikanern) im Nahen Osten gegründet waren oder Elemente eines modernen Curriculums übernommen hatten. Die starke Durchdringung des Nahen Ostens durch auswärtige Mächte war begleitet von der Gründung von Bildungseinrichtungen christlicher Missionen: römisch-katholischen seitens der französischen Orden, die sich schon im 17. Jahrhundert im Libanon niedergelassen hatten, englischen und amerikanischen seitens verschiedener protestantischer Bekenntnisse seit dem Beginn des 19. Jahrhunderts. Ihre Schülerzahl wuchs, sie verzweigten sich und gipfelten schließlich in akademischen Instituten, die sich internationalen Ruf erwarben, wie in Beirut die Amerikanische Universität (gegründet 1866 als Syrian Protestant College) und die Jesuiten-Universität St. Joseph (gegründet 1875) sowie die Amerikanische Universität in Kairo (gegründet 1919). In der Folge kamen italienische, deutsche und russische Missionsschulen verschiedener Grade hinzu, und sie trugen wesentlich zur Entwicklung jener Schicht von Intellektuellen bei, aus der zahlreiche führende Persönlichkeiten des geistigen und öffentlichen Lebens hervorgingen. Andererseits konnten sie naturgemäß dem Vorwurf nicht entgehen, daß ihre verschiedenartigen und oft gegensätzlichen Konzeptionen und Methoden, insbesondere die Verwendung von europäischen Sprachen im Unterricht, den nationalistischen Bestrebungen zuwiderliefen.

Unter den politischen und geistigen Rahmenbedingungen, wie sie sich in den ersten Jahrzehnten des 19. Jahrhunderts herausgebildet hatten, entstanden die ersten Ansätze einer arabischen Nationalbewegung (deren erster Reflex bereits aṭ-Ṭahṭāwī gewesen war). Diese manifestierte sich zunächst als Wiederbesinnung auf die kulturellen Werte und geschichtliche Größe des Arabertums. Zentren der Bewegung wurden der syrisch-libanesische Raum und — namentlich in den letzten Jahrzehnten des 19. Jahrhunderts — Ägypten. Letzteres hatte mit der Machtübernahme Muḥammad ʻAlīs (1805) eine nahezu unabhängige Stellung erreicht (obwohl es formal bis 1914 weiterhin zum Osmanischen Reich gehörte); und in Syrien hatte sich während der neunjährigen (1831 - 40) Besetzung durch Ägypten — nicht zuletzt auch unterstützt von Frankreich — das

Gefühl einer kulturellen Eigenständigkeit im Sinne der Abhebung von der osmanischen Staatskultur gebildet. Zugleich wurde hier, gefördert durch die Einrichtungen protestantischer Missionare, die das Christentum in der nationalen Sprache zu verankern trachteten, dem Arabischen als dem Ausdruck einer eigenen arabischen Nationalkultur eine neue Bedeutung verschafft. Damit waren die Voraussetzungen für eine Renaissance der arabischen Kultur, eine Epoche, die rückschauend einfach als *nahḍa* (Renaissance) bezeichnet wurde, geschaffen. Zugleich war der Grundstein für den Arabischen Nationalismus, der spätestens vom Ende des Ersten Weltkriegs an in eine politische Bewegung umschlagen sollte, gelegt. Daß bei der Begründung der Bewegung arabische Christen einen großen Anteil gehabt haben, ist angesichts der Hintergründe nicht verwunderlich.

Als Vater der kulturellen Renaissance der Araber kann Nāṣīf al-Yāzijī (1800 - 71) angesehen werden. In einer griechisch-orthodoxen Familie im Libanon geboren, befaßte er sich bereits früh mit den weithin vergessenen Autoren der arabischen Blütezeit und dem Gedanken einer Regeneration der in Verfall geratenen Sprache. Er begann mit 16 Jahren ernsthafte arabische Sprachstudien. Seine eigenen poetischen Versuche zeichnen sich durch ihre klare Ausdrucksform und sprachliche Reinheit aus. Sein Ruf als Meister der arabischen Sprache lenkte die Aufmerksamkeit der Amerikanischen Presbyterianischen Mission auf ihn, die ihn mit der Abfassung einer Reihe von Lehr- und Lesebüchern für den Unterricht in Grammatik, Rhetorik und Literatur betraute.

Al-Yāzijīs Wirken ist mit der nunmehr einsetzenden Sprachreinigungsbewegung, der Popularisierung der arabischen Klassiker und der Erweckung des Bewußtseins für eine spezifische arabische Kultur aufs engste verbunden. Sein Wirken ist mit demjenigen von Buṭrus al-Bustānī (1819 - 83) verknüpft, dem die größte Bedeutung unter den arabischen nationalen Literaten zukommt. Er entstammt einer alten maronitischen Notabelnfamilie. Auch sein Wirken steht teilweise in engem Zusammenhang mit der Presbyterianischen Mission. Am Syrian Protestant College studierte er zunächst die klassischen und altsemitischen Sprachen sowie die arabischen Klassiker. Zum Protestantismus bekehrt, arbeitete er später gemeinsam mit zwei seiner Lehrer, den presbyterianischen Missionaren Dr. Eli Smith und Dr. Cornelius van Dyck, sowie al-Yāzijī an einer arabischen Übersetzung der hebräischen und griechischen Bibeltexte, der sogenannten Van-Dyck-Fassung.

In al-Bustānīs Wirken, das auf die Erneuerung der arabischen Sprache, die Neubelebung der autochthonen Kultur und die Wiedererweckung eines Bewußtseins von der Größe der arabischen Kultur und Geschichte gerichtet ist, lassen sich mehrere Kreise erkennen. Der erste gilt der arabischen Sprache, aus der er ein modernes sprachliches Werkzeug schaffen wollte. Vor allem sollte die Literatursprache den neuzeitlichen Anforderungen wissenschaftlichen Denkens angepaßt werden, um sodann Aufklärung und Bildung in die breiten Massen tragen zu können. Aus seinen zahlreichen philologischen Arbeiten ragt sein Wörterbuch ,,Muḥīṭ al-muḥīṭ" (Der Umfang des Ozeans) besonders hervor, in dem er eine neue Terminologie ausarbeitete. Der zweite Kreis umfaßt al-Bustānīs Bemühen, eine arabische Enzyklopädie zu verfassen. Diese, ,,Dā'irat al-ma'ārif" (Der Kreis des Wissens), wurde sein eigentliches Lebenswerk. Im Jahre 1875 begonnen, wurde sie nach dem sechsten Band durch seinen Tod unterbrochen. Sie wurde durch seine Nachfahren, namentlich seinen Sohn Salīm (1848 - 84), fortgesetzt. Mit dem elften Band kam die Arbeit daran um 1900 zum Stillstand. Ende 1954 begann ein anderes Mitglied der Familie, der Arabist Fu'ād Efrem al-Bustānī, Rektor der jungen libanesischen Staatsuniversität, die Vorbereitungen zu einer erweiterten Neuausgabe.

Den dritten Wirkungskreis al-Bustānīs bilden seine Bemühungen, seine Gedanken einer breiten arabischen Öffentlichkeit zugänglich zu machen. Diesem Zweck dienten die beiden von ihm gegründeten Zeitschriften, Nafīr Sūriyā (Die Trompete Syriens), ein populäres Blatt, in dem al-Bustānī auch seine politischen Ideen verkündete, und al-Jinān (Die Gärten), eine politisch-literarische Zeitschrift. Über die von ihm geleitete ,,Nationale Schule" (al-Madrasa al-waṭanīya), die erste säkularisierte Schule, an der auch al-Yāzijī mitwirkte, bemühte er sich, dem patriotischen Geist über den engen Kreis der intellektuellen Elite hinaus den Weg zu bereiten. Im Jahr

1847 schließlich gründeten al-Bustānī und al-Yāzijī mit Unterstützung der amerikanischen Missionare die erste literarische Vereinigung im arabischen Orient, Jam'īyat al-adab wal- 'ulūm (Gesellschaft der Literatur und Wissenschaft), der neben Europäern ausschließlich syrische Christen als Mitglieder angehörten. Sie wurde 1868 durch al-Jam'īya al- 'ilmīya as-sūrīya (Syrische wissenschaftliche Vereinigung) abgelöst, die außer arabischen Christen auch Muslime und Drusen westlicher Bildung umfaßte.

Das zentrale Anliegen von Buṭrus al-Bustānī ist die kulturelle Wiedererweckung seiner arabischen Landsleute gewesen. In diesem Sinne ist auch das Motto der Zeitschrift al-Jinān zu verstehen: ,,ḥubb al-waṭan min al-imān" (Die Vaterlandsliebe gehört zum Glauben). Gleichwohl lassen sich auch bei ihm bereits politische Töne vernehmen, indem seine Bemühungen nicht zuletzt auch darauf gerichtet waren, die insbesondere konfessionellen Spaltungen Syriens (zwischen einer sunnitischen Mehrheit und einer Anzahl nicht-sunnitischer und nicht-islamischer Minderheiten) zu überwinden. 1856 war vom Sultan ein Reformedikt (khaṭṭ-i hümāyūn) erlassen worden, das den Nicht-Muslimen im Osmanischen Reich gleiche bürgerliche und politische Rechte einräumte und den Weg zu ihrer Integration in die sozialen und politischen Strukturen des Staates ebnete. Ziel des Edikts war es, eine neue politische Gemeinschaft zu schaffen, die die Gesamtheit der Bevölkerung des Reiches umfassen würde, und eine neue Nationalität zu gründen, die auf gleichen osmanischen Bürgern, die das Osmanische Reich als ihr Vaterland betrachten würden, beruhen sollte. Damit verband sich die Hoffnung, die Loyalität der Nicht-Muslime von der lokalen Gemeinschaftszugehörigkeit bzw. der osmanischen Dynastie auf das Vaterland und den Staat zu übertragen. Dies war der Kern der politischen Identifikation, die als ,,Osmanismus" bekannt wurde.

Klarer als viele seiner Landsleute seiner Zeit erkannte al-Bustānī in dem Edikt die Chance zu sozialer Integration und zur Ausprägung eines patriotischen Gefühls in Syrien, einer Sache, der er einen guten Teil seiner Zeit und seiner Energie widmete. Er wünschte sich Syrien gestärkt und innerlich geeint, um den beiden größten Gefahren, die er voraussah, religiösem Fanatismus und europäischem Expansionismus, zu begegnen. Für seine Zwecke konnte er gewisse Errungenschaften Europas wie den Buchdruck und den Journalismus nutzen; er stellte sie in den Dienst der Mobilisierung der Gesellschaft, um diese in die Lage zu versetzen, den Herausforderungen zu begegnen. Al-Bustānīs Ansatz, die Zukunft Syriens als eines Vaterlandes zu verstehen, das von einer arabischen Nation bewohnt ist, war neu und in gewisser Weise revolutionär. Wenn er auch weit davon entfernt war, die Errichtung eines Nationalstaates zu fordern, so enthielt er doch Ideen, die in die Zukunft weisen sollten. Kulturell wies er den Weg zum Arabismus, politisch zum Osmanismus und unvermeidbar zum syrischen Nationalismus.

Al-Yāzijī und al-Bustānī sind die herausragendsten Vertreter der arabischen kulturellen Wiedererweckung im 19. Jahrhundert. Neben ihnen und in ihrem Gefolge lassen sich jedoch noch eine ganze Reihe von Namen nennen, die in die gleiche Richtung gewirkt haben. Dabei wurde der mit den 70er Jahren sich verbreitende Journalismus mehr und mehr zu einem Instrument zur Propagierung neuer Ideen. Zu den herausragenden Köpfen gehören Fāris ash-Shidyāq (1801 - 87), der sich als Kritiker der sozialen und politischen Zustände seiner Zeit sowie als Gründer der Zeitung al-Jawā'ib, einer der ersten wirklich bedeutenden arabischen Zeitungen, einen Namen machte, ebenso wie der Philologe und Literat Ibrahīm al-Yāzijī (1847 - 1905), ein Sohn Nāsīfs, den George Antonius, der ,,klassische" Historiker des Arabischen Nationalismus, die erste arabische nationale Stimme nennt, Adīb Isḥāq (1856 - 85), den man als den ersten Theoretiker des ,,arabischen Orient" ansehen kann und den seine Kritik an den Zuständen im Osmanischen Reich schließlich dazu zwang, nach Ägypten auszuweichen, bis hin zu den Verwandten und Nachkommen Buṭrus al-Bustānīs, die seine gelehrte und literarische Arbeit fortsetzten und ergänzten, so etwa sein Vetter Sulaimān (1856 - 1925) und sein Sohn Salīm.

3.2 Ägyptischer Nationalismus

Wenn die ersten — noch weitgehend unpolitischen — Wurzeln des arabischen Nationalgefühls im syrisch-libanesischen Raum zu suchen sind, so ist die Genese eines Arabischen Nationalismus als einer politischen Bewegung oder — insofern es sich um Ägypten handelt: eines Nationalismus auf arabischem Boden — eng mit Ägypten verbunden. Das Schicksal Adīb Isḥāqs, der seine Zeitung Miṣr zunächst in Alexandria gründete und später unter anderem Namen in Paris erscheinen ließ, symbolisiert diese räumliche Verlagerung des geistigen Lebens im letzten Drittel des 19. Jahrhunderts. Mit dem Regierungsantritt Sultan Abdül Hamids II. (1876), der nach kurzem verfassungsmäßigen Zwischenspiel bald zu einem autokratischen und zentralistischen Herrschaftsstil überging, wurde es schwerer, liberale Gedanken zu äußern, die den Grundströmungen der offiziellen Politik des Osmanismus und der panislamischen Bestrebungen zuwiderliefen. Demgegenüber war Ägypten trotz des Fortbestehens der osmanischen Suzeränität von der Politik Konstantinopels weitgehend unabhängig. Das geistige Klima im Ägypten des ausgehenden 19. Jahrhunderts war deshalb sehr viel freier. Von seiner Rückkehr nach Ägypten bis — über seinen Tod hinaus — zum Ersten Weltkrieg hatte Muḥammad ʿAbduh auf die geistige Entwicklung Ägyptens einen bestimmenden Einfluß. Männer wie Farīd Wajdī (1878 - 1954, Hauptwerk: „al-Madanīya wal-islām", Islam und Zivilisation), Muṣṭafā ʿAbd ar-Rāziq (1882 - 1947) und vor allem Qāsim Amīn (1865 - 1908) folgten ʿAbduh in dem Versuch, das Verhältnis des Islams zu der durch Europa bestimmten Zivilisation und Kultur neu zu durchdenken. Amīns Buch über die Emanzipation der Frau („Taḥrīr al-mar'a") reflektiert das Bemühen, die Essenz der islamischen Religion zu bewahren, diese aber zugleich so zu öffnen, daß sie nicht mehr im Widerspruch zu den wesentlichen Elementen einer europäisch verstandenen Modernität steht. Wie sein erstes Buch stieß auch sein zweites 1901 veröffentlichtes („al-Mar'a al-jadīda") auf starken Widerspruch der Orthodoxie. Dieser richtete sich gegen die zumindest implizierte Aussage, daß die Religion nicht durch sich selbst einen Staat, eine Gesellschaft oder eine Zivilisation schaffe. Im Wachstum einer Zivilisation sei sie *ein* Faktor, nicht aber der alleinige. Ausgehend von ʿAbduh also und zugleich einen Schritt über diesen hinausgehend löste Amīn das Band zwischen Islam und Zivilisation auf und gelangte statt dessen zu einer *de facto* Trennung zwischen den Einflußsphären. Während er dem Islam allen Respekt zollte, forderte er für eine Zivilisation das Recht, ihre eigenen Normen zu entwickeln und in deren Licht zu handeln.

Neben Amīn hatten andere begonnen in dieselbe Richtung zu denken, d.h. die Grundlagen einer säkularen Gesellschaft zu legen, in der der Islam zwar ein hohes religiöses und moralisches Ansehen genießen, jedoch nicht mehr die Richtschnur von Gesetz und Politik sein würde. Bald nach der Jahrhundertwende wurden sie als Ḥizb al-imām (Partei des Imam, gemeint ist ʿAbduh) bekannt; aus ihr ging 1907 die Ḥizb al-umma (Partei des Volkes) hervor, deren Sprachrohr die Zeitschrift al-Jarīda wurde. Das Problem der Beziehung von Islam und Gesellschaft stellte sich nunmehr in veränderter Form. Die Gründer der Partei und der Kreis um die Zeitschrift empfanden sich als Ägypter; d.h. sie waren sich der Zugehörigkeit zu einer Gemeinschaft bewußt, die nicht einfach mehr als Teil der islamischen *umma* aufgefaßt werden konnte. Die Idee einer ägyptischen Nation war zu dieser Zeit bereits weithin verbreitet und akzeptiert; als solche war sie weit entfernt von der herkömmlichen islamischen Staatsauffassung — dies nicht nur weil auch Christen und Juden in ihr eingeschlossen waren, sondern weil die Grundlage der ägyptischen Gemeinschaft eine durchaus eigenständige war: Was die Ägypter verband, war nicht das religiöse Gesetz, sondern die Tatsache, daß sie in demselben Land lebten; sie waren Ägypter, bevor es den Islam und sein Gesetz gegeben hatte, und die islamische Periode war nur *eine* Epoche in der langen Geschichte seit der Zeit der Pharaonen. Somit fühlten sich muslimische Ägypter zwei Loyalitäten verbunden, von denen keine der anderen unter- oder übergeordnet werden konnte: Ägypten und dem Islam.

Der bedeutendste Denker dieses mit der Reformbewegung 'Abduhs verbundenen Nationalismus ist Aḥmad Luṭfī as-Saiyid (1872 - 1963) gewesen, der zugleich als Herausgeber die Zeitschrift al-Jarīda maßgeblich geprägt hat. Ähnlich wie Amīn bringt er zwar dem Islam als Grundlage des ethischen und moralischen Verhaltens des einzelnen wie der Gemeinschaft Respekt entgegen, doch ist dieses nicht allein vom Islam geprägt, und nicht notwendigerweise ist die islamische einer auf anderen Religionen beruhenden Gemeinschaft übergeordnet. Von europäischen Denkern wie Comte und Renan, Mill, Spencer und Durkheim beeinflußt, sieht er die menschliche Gesellschaft auf dem Weg des Fortschreitens zum idealen Staat, der auf der Herrschaft der Vernunft, der Ausdehnung individueller Freiheit sowie der Anerkennung der freien Willensentscheidung und des individuellen Interesses beruht. Zugleich war er — möglicherweise in Anlehnung an Gustave le Bon — davon überzeugt, daß jedes Volk einen nationalen Charakter, d.h. eine spezifische geistige Konstitution, nicht weniger ausgeprägt als ihre physische, besitzt. Sie wird durch die Geschichte hindurch erworben und kann nur langsam und innerhalb gewisser Grenzen verändert werden; aus ihr heraus entwickelt jedes Volk seine eigene Dynamik. Im Mittelpunkt seines an europäischen Mustern orientierten Denkens steht der Begriff der Freiheit, den er — ganz im Sinne des Liberalismus des 19. Jahrhunderts — wesentlich als Fehlen unnötiger Kontrolle seitens des Staates definiert. Davon ausgehend kritisiert er die Lage in Ägypten, die sich nach einer Epoche beachtlicher Liberalität, insbesondere unter dem Einfluß von Lord Cromer, unter seinen Nachfolgern seit 1907 verschärfte — eine Folge des Erwachens eines nationalen Selbstbewußtseins, das sich auch durch organisierte politische Parteien zu artikulieren suchte. Er klagt den Despotismus der herrschenden Schicht an, beklagt jedoch zugleich den Hang der Ägypter, sich jeder Art von Machthabern anzupassen und unterzuordnen. Despotismus zerstöre das Individuum und die Gemeinschaft; wirkliche Herrschaft müsse sich auf freie Übereinkunft gründen.

Ebenso stark war sein Glaube an die Nation als eine Gemeinschaft von solcher Legitimität und Stabilität, daß man sie als natürliche Gegebenheit mit denselben Rechten wie das Individuum betrachten müsse. Dies gelte auch und vor allem für das grundlegende Recht auf Freiheit. Wie für ägyptische Denker vor ihm war die Nation nicht primär durch Sprache oder Religion, sondern durch Territorium definiert. Bei dem Begriff der Nation denkt er deshalb nicht an eine islamische oder arabische, sondern an die ägyptische Nation, d.h. die Bewohner im Lande Ägypten. Wie auch aṭ-Ṭahṭāwī ist er sich der Kontinuität der ägyptischen Geschichte bewußt: Ägypten habe zwei Vergangenheiten, die pharaonische und die arabische, und er fordert, erstere zu studieren, nicht nur um Stolz daraus zu schöpfen, sondern auch um die Gesetze von Entwicklung und Fortschritt daran zu studieren. So stark ist sein Gefühl von der Existenz dieses Etwas, das Ägypten heißt, daß es gar keiner Betonung anderer Bande der Einheit, die sonst die Nation konstituieren, und die wir im Arabischen Nationalismus finden werden, bedarf. Er polemisiert gegen diejenigen, die sich zuvorderst als Osmanen, Araber, Türken oder Muslime verstehen. Islamischer Nationalismus ist für ihn kein Nationalismus; auch glaubt er nicht an die Idee des Panislamismus, die er für ein von den Briten geschaffenes Schreckgespenst hält, um damit in Europa Emotionen gegen die nationale Bewegung in Ägypten zu wecken. Die Ansicht, daß Ägypten Teil der arabischen Nation sei (woran zu seiner Zeit ohnehin nur wenige Ägypter glaubten), wies er ebenso zurück wie die Idee des osmanischen Nationalismus, die nach der jungtürkischen Revolution von 1908 auch in Ägypten an Boden gewann.

So dachte er also auch an die ägyptische Nation, wenn er auf dem natürlichen Recht der Menschen, sich selbst zu regieren, bestand. Die Herrschaft Englands kritisierte er nicht, weil sie fremd, sondern weil sie absolut war. Dabei anerkannte er die Errungenschaften, die die britische Herrschaft gebracht hatte. Aber materieller Fortschritt war nicht das eigentliche Problem, es galt vielmehr, die autokratische Herrschaft durch etwas anderes zu ersetzen. Angesichts der Stärke Englands war nicht auf baldige Unabhängigkeit zu hoffen, und er kritisierte Aḥmad 'Urābī (1839 - 1911), der mit seinem falsch kalkulierten Aufstand 1881 England nur provoziert hatte. Die einzig richtige Politik konnte lediglich sein, dieses beim Wort zu nehmen.

Wie ʿAbduh selbst, so hat der ganze ,,Kreis" um ihn (wie weit sich auch seine Mitglieder im Laufe ihres Lebens und Wirkens schließlich von ihm entfernt haben mögen) in der Verbesserung des Erziehungswesens das wichtigste Instrument gesehen, die Entwicklung und den Fortschritt der Gesellschaft herbeizuführen. So kritisiert auch Luṭfī as-Saiyid das herkömmliche, auf koranisch-religiöser Bildung beruhende System als zwar einer vergangenen Gesellschaft angemessen, aber als ineffizient in der modernen Welt. An seiner Stelle forderte er die Einführung eines Erziehungswesens, das auf den modernen Naturwissenschaften und den aus ihnen abgeleiteten Prinzipien beruhen würde.

Die Nation ist der Kernpunkt, um den Luṭfīs Denken kreist. Ihr Interesse ist der Prüfstein politischer Moralität und die Grundlage des Gesetzes. Demgegenüber liegt die *umma* jenseits des Horizonts seiner Betrachtung. Zwar verwirft er nicht die Theorie des islamischen Staates, er ignoriert sie aber einfach. Auf diese Weise bringt er zum Ausdruck, daß er ihr keine Relevanz für die Probleme der modernen Welt beimißt. Er wird damit zum unmittelbaren Vorläufer von ʿAlī ʿAbd ar-Rāziq, der schließlich die Schlußfolgerung zieht, daß es ein spezifisches politisches System im Islam bzw. spezifische Prinzipien eines islamischen Gesellschaftssystems nicht gebe.

ʿAbduh und sein Kreis waren bemüht, einen Kompromiß zwischen den Koordinaten der Moderne und der islamischen Ordnung, die sie als ein allgemeines Bezugssystem für den Muslim anerkannten, zu finden — auch wenn sie sich im Laufe der Zeit mehr ersterer annäherten. Mit dem Heraufziehen der englischen Herrschaft über Ägypten aber, d.h. mit der Präsenz einer europäischen Großmacht im Lande hatte sich das politische Klima zu ändern begonnen. Gegen 1879 sammelte sich eine Gruppe von Offizieren in der halb-geheimen Nationalen Partei (al-Ḥizb al-waṭanī), die unter der Führung von Aḥmad ʿUrābī zum Herz des nationalen Widerstandes wurde.

Damit war der Beginn eines politischen Journalismus verbunden. Neben Adīb Isḥāq, der schon genannt worden ist, wären James Sanūʿ, ein ägyptischer Jude, und vor allem ʿAbd Allāh an-Nadīm (1844 - 96) zu erwähnen, der zeitweilig der Sprecher der Gruppe um ʿUrābī war, zugleich auch als Redner auf die Massen eine Ausstrahlung ausübte. Die Art der Herausforderung an die geistige Elite Ägyptens hatte sich seit 1882 geändert: Während es in den 70er Jahren noch hauptsächlich darum gegangen war, den Konservativismus zu überwinden und die Massen aus ihrer Apathie zu wecken, galt es nunmehr, sich ausländischem Einfluß zu widersetzen. 23 Jahre hindurch (1884 - 1907) wurde Ägypten praktisch von dem British Agent und Generalkonsul (Sir Evelyn Baring, dem späteren Lord Cromer) regiert, was zwar eine Verbesserung der wirtschaftlichen Situation des Landes bedeutete, zugleich aber die Restauration der Macht des Khediven mit sich brachte. In dieser Situation wurde Muṣṭafā Kāmil (1874 - 1908) zum Führer eines neuen Typs von Nationalisten, der auf die Emanzipation der ägyptischen Nation und die Unabhängigkeit von auswärtiger Dominanz hinarbeitete. Er begründete damit eine Bewegung, die zu derjenigen ʿAbduhs und seines Kreises in Rivalität treten sollte; von nun an war die geistige Elite Ägyptens zwischen einer mehr traditionalistisch-intellektuellen und einer säkularistischen Strömung geteilt.

Im Unterschied zu vielen seiner Zeitgenossen hatte Muṣṭafā Kāmil nicht die religiös bestimmte Ausbildung an der al-Azhar genossen, sondern war durch das neue, vom Khediven Ismail (Ismāʿīl, reg. 1863 - 79) geschaffene Bildungswesen gegangen. Auch die Familien seiner Eltern gehörten zu der neuen Schicht von Gebildeten, die sich seit den Reformen Muḥammad ʿAlīs entwickelt hatte. Während eines Studienaufenthaltes an der Universität Toulouse und zweier späterer Aufenthalte in Frankreich wurde er mit dem französischen Nationalismus eng vertraut und knüpfte politische Verbindungen mit französischen Nationalisten an.

Als Führer jener Gruppe, aus der die Nationale Partei hervorgehen sollte, war Muṣṭafā Kāmil mehr ein politischer Aktivist als ein programmatischer Denker. Viele seiner Gedanken und Forderungen paßte er wechselnden Umständen an, was ihm bei seinen Kritikern den Ruf eines politischen Opportunisten eintrug. Im Mittelpunkt seiner Aktivitäten stand die Forderung nach Beendigung der britischen Herrschaft in Ägypten, womit er sich deutlich von dem gemäßigteren Kreis um Muḥammad ʿAbduh abhob. Tief durchdrungen von einem eigenen ägyptischen Nationalgefühl, sah er Ägypten doch zugleich als Teil größerer Kreise, des osmanischen, islamischen bzw. „östlichen" insgesamt, deren Unterstützung es sich zu versichern gelte. Über seine 1900 gegründete Zeitung al-Liwāʾ verbreitete er seine Ideen, für die er zeitweise auch die Unterstützung des Khediven ʿAbbās Ḥilmī (reg. 1892 - 1914) gewinnen konnte.

Der „Vorfall von Danishway", bei dem im Zusammenhang mit tätlichen Auseinandersetzungen zwischen britischen Offizieren und Fellachen ein Offizier getötet wurde und als Vergeltung mehrere Einheimische öffentlich gehängt oder ausgepeitscht worden waren, hatte ein Auflodern des ägyptischen Nationalismus zur Folge. 1907 kam es zu einer Reihe von Parteigründungen, von denen neben der Ḥizb al-umma der Freunde ʿAbduhs die Ḥizb al-waṭanī Muṣṭafā Kāmils die einzig bemerkenswerte Gruppierung war. Sein Tod (1908) machte seinem Aufstieg zu einem Führer der ägyptischen Nation ein frühes Ende.

In seinem Kampf um die Befreiung Ägyptens wandte sich Muṣṭafā Kāmil an auswärtige Mächte, allen voran Frankreich, in dem er nicht nur den stärksten Gegner Englands, sondern auch den Hort eines liberalen Bewußtseins sah. Eine zentrale Rolle bei der Mobilisierung der Massen zur Unterstützung des ägyptischen Freiheitsstrebens nahm der osmanische Sultan ein. In ihm sah er den natürlichen Mittelpunkt der islamischen Welt; die Loyalität zu ihm war die Quelle von Einheit und Stärke. Die Spaltung zwischen dem Khediven und dem Sultan, eine Machenschaft Englands, sei eine Ursache der Schwäche der islamischen Welt als ganzer und Ägyptens im besonderen. Der äußeren Einheit müsse aber die innere Einheit Ägyptens entsprechen; Ägypter und Tscherkessen, Muslime und Christen müßten in einer Nation zusammenstehen. Zwischen der Religion und dem nationalen Leben sollte kein Konflikt bestehen; im Gegenteil, wahre Religion lehre wahren Patriotismus.

4. Wandel der Reichsidee

4.1 Vom Osmanismus zum türkischen Nationalismus

Das Aufkommen eines nationalen Bewußtseins unter Teilen der Untertanen des Osmanischen Reiches war in der Epoche bis zum Ausbruch des Ersten Weltkriegs nicht zwangsläufig mit dem Kampf um nationale Selbständigkeit im Sinne politischer Unabhängigkeit verbunden (im Gegensatz zu den Unabhängigkeitsbewegungen unter den christlichen Untertanen vornehmlich auf dem Balkan). Vielmehr standen zwei Aspekte im Vordergrund: Für die einen war das nationale Erwachen die Voraussetzung der Mobilisierung aller Entwicklungspotentiale der islamischen Völker, um durch die Anpassung an die Gegebenheiten der europäisch bestimmten Welt die Rückständigkeit zu überwinden und aus der materiellen, politischen und geistigen Unterlegenheit herauszukommen. Für die anderen war er vor allem die Voraussetzung, einen erfolgreichen Befreiungskampf gegen die europäischen Mächte, vor allem England, zu führen. Etwas von al-Afghānī klingt hier an, dessen Gedanken Muṣṭafā Kāmil in der Vermittlung von ʿAbd Allāh an-Nadīm kennengelernt hatte.

Gleichwohl mußte die osmanische Staatsklasse auf die Herausforderung reagieren. Konfrontiert mit zahlreichen divergierenden und zentrifugalen Kräften im Inneren und einer immer aggressiveren Politik der europäischen Großmächte, die den territorialen Bestand des Reiches zu dezimieren und sich immer tiefer in die inneren Angelegenheiten des Reiches einzumischen trachteten, mußte ein Weg gesucht werden, den inneren Zusammenhalt des Reiches und die Widerstandsfähigkeit nach außen zu stärken. Letzterem Ziel galten insbesondere die zahlreichen Reformmaßnahmen in Militärwesen, Verwaltung, Erziehungs- und Rechtswesen, die seit 1839 mit dem Beginn der *Tanzimat*-Epoche in Gang gesetzt wurden. Ersterem Ziel suchten Bemühungen, das Reich auf eine neue Grundlage zu stellen und so die Identifikation der Untertanen mit ihm unabhängig von religiöser und ethnischer Zugehörigkeit zu stärken, zu entsprechen. Im Zuge der Reformmaßnahmen der *Tanzimat*-Epoche wurden die Mitglieder der nicht-muslimischen Gemeinschaften (millet) mit muslimischen Untertanen vor dem Gesetz gleichgestellt, und die diktatorische und oft tyrannische Macht der Patriarchen, Rabbiner und anderer *millet*-Führer durch neue *millet*-Verfassungen und gewählte Ratsversammlungen beschnitten. Damit waren die Grundlagen für eine Doktrin gelegt, die besagte, daß alle Osmanen ohne Unterschied der Religion gleiche Bürger des Reiches seien. Sie hat als „Osmanismus“ die politische und ideologische Auseinandersetzung innerhalb der Eliten des Osmanischen Reiches bestimmt. Ihre Vertreter waren überzeugt, daß das Reich nur wiedererstarken könne, wenn allen Untertanen vollständige Gleichheit garantiert werde, so daß sie gemeinsam für das Gemeinwohl zu arbeiten bereit wären. Einige — extremistische — Anhänger gingen so weit, ein föderatives Reich autonomer *millet*-Staaten als einziges Mittel, die verschiedenen Nationalitäten von Revolten abzuhalten, zu fordern.

Die Epoche, in der die Weichen für die Zukunft des Reiches gestellt werden sollten, sind die drei Jahrzehnte der Herrschaft von Sultan Abdül Hamid II. gewesen. Weder war seine eigene Politik, mit der er das Reich wiederzubeleben bzw. am Leben zu erhalten suchte, kohärent und widerspruchsfrei, noch wurden die neuen Elemente des Reichsverständnisses, die im Osmanismus zum Ausdruck gekommen waren, widerspruchslos akzeptiert. Der Ansatz einer Dezentralisierung des Reiches stieß zumindest bei den nicht-europäischen Untertanen, also vornehmlich den Arabern, auf positives Echo. So sah Buṭrus al-Bustānī darin die Chance des Abbaus der vielfältigen konfessionellen Spannungen, die mit dem Festhalten an der islamischen Reichsgrundlage verbunden gewesen waren, und des Entstehens einer arabisch-syrischen Nation, die aus arabischen Muslimen, Christen, Drusen und anderen Minderheiten basierend auf Territorium, Sprache und Kultur in friedlichem Zusammenleben bestehen würde. In der Existenz eines solchen „nationalen“ Gebildes sah er durchaus keinen Widerspruch zu fortdauernder Zugehörigkeit zum Osmanischen Reich. Dem standen zahlreiche und einflußreiche Verfechter der traditionellen Staatsidee gegenüber, zu deren bekanntesten der syrisch-arabische Muslim Abū l-Hudā as-Saiyādī (geb. 1850) zählte. In relativ jungen Jahren am Hofe in Konstantinopel zu Einfluß gekommen, ist er nicht müde geworden, eine absolutistische, zentralistische und auf der kalifischen Idee beruhende Herrschaftsausübung zu propagieren.

Der Sultan war keineswegs geradlinig in seiner Haltung gegenüber seinen Untertanen. Im Widerspruch zu einer Politik der Rückdrängung des konfessionellen Faktors mußte der Versuch stehen, durch die Verbreitung der Idee des „Panislamismus“ das Reich zu festigen. Dieser strebte die Einheit aller Muslime unter seiner Führung als Kalif an und sollte ihm die Unterstützung aller Muslime jener Länder einbringen, die unter europäischer Herrschaft lebten: in Indien und Ägypten unter britischer, in Nordafrika unter französischer und in Zentralasien unter russischer. Die Anhänger des Panislamismus glaubten, daß der Niedergang des Reiches darauf zurückzuführen sei, daß es mit der Übernahme westlicher Ideen und Institutionen, die mit dem Geist des Islams nicht zu vereinbaren waren, die ursprünglichen islamischen Grundlagen aufgegeben hatte. Sie waren der Ansicht, daß der Islam durchaus den Erfordernissen der Wissenschaft und des Fortschritts angepaßt werden könne. Deshalb seien nur die Technologie des Westens, nicht aber seine „unterlegenen“ kulturellen, religiösen und sozialen Vorstellungen zu übernehmen. Für die Förderung panislamischer Ziele bediente sich Abdül Hamid zeitweise der Person und der Propaganda Jamāl ad-Dīn al-Afghānīs.

Die dritte Ideologie, die Abdül Hamid für seine Zwecke nutzbar machte, war der „Pantürkismus“. Er strebte die Vereinigung aller Turkvölker an, und der Sultan ließ ihn unter den Türken des russischen Reiches verbreiten, um russischen Aktivitäten auf dem Balkan zu begegnen. In diesem Falle war es nicht der religiöse Faktor, sondern die Gemeinsamkeit der Sprache (innerhalb einer weiten Bandbreite von Dialekten) und die Erinnerung an die gemeinsame Abkunft, die ein Gemeinsamkeitsgefühl begründeten. Entstanden zunächst unter Angehörigen der Turkvölker, die vom zaristischen Rußland unterworfen worden waren (der in Simbirsk, dem heutigen Uljanowsk an der mittleren Wolga geborene Yusuf Akçura, 1876 - 1933, z.B. war einer der aktivsten Propagandisten dieser Bewegung), haben sich bis zum Beginn der Türkischen Republik nicht wenige türkische Intellektuelle, Künstler, Journalisten und Politiker an der Vorstellung eines Großreiches der Türken, das vom Balkan bis nach Zentralasien reichen würde, begeistert. Zu ihnen gehören Namen wie der des Literaten Ömer Seyfeddin (1884 - 1920), des Dichters Emin Yurdakul (1869 - 1944), der Literatin Halide Edip (1884 - 1964) und des Turkologen Mehmet Fuad Köprülü (1890 - 1966). Zum systematischen Theoretiker des Pantürkismus wurde Ziya Gökalp (1876 - 1924), den man zugleich als den Vater des türkischen Nationalismus kennt. In seinem 1911 veröffentlichten Gedicht „Turan" heißt es: „Für die Türken bedeutet ‚Vaterland' weder die Türkei noch Turkestan; Vaterland ist ein weites und ewiges Land: Turan." In seinem 1923 veröffentlichten Werk „Türkçülüğün esasları" (Die Grundlagen des Türkismus) geht er von einem Begriff von „Nation" aus, nach welchem es sich bei dieser um eine Gruppe von Individuen handelt, die eine gemeinsame Sprache, Religion, Moral und Ethik verbindet. Daraus leitet er drei Ebenen oder Kreise der Verbundenheit ab: der Türkei-Türken, der oghuzischen Türken (Turkmenen in Iran, Azerbaidschan und Zentralasien) und der turksprachigen Völker (Yakuten, Kirgisen, Uzbeken, Kiptschaken, Tataren), die mit den Türkei-Türken verwandt, aber nicht identisch sind. Während erstere ihre nationale Organisation gefunden hätten, stehe diese für den zweiten und dritten Kreis noch aus.

Pantürkische Bewegungen sind — unter wechselnden politischen Rahmenbedingungen (allerdings kaum mit Billigung der türkischen Regierungen) — bis in die Gegenwart hinein aktiv gewesen. So finden sich u.a. in den politischen und kulturpolitischen Anschauungen und Aktivitäten der 1980 verbotenen Nationalen Aktionspartei (Milliyetçi Hareket Partisi) deutliche Reflexe der pantürkistischen Ideologie.

Die *Tanzimat*-Reformen gaben — wenn auch eher indirekt — den Anstoß, liberale politische und gesellschaftliche Elemente einzuführen. Dieser kam zunächst von der aus den *Tanzimat* hervorgegangenen Schicht, besonders den Absolventen der neuen Schulen, die die Forderung erhoben, daß die Modernisierung des Staates von einer allgemeinen Gesellschaftsreform begleitet sein und die traditionell autokratische Position des Sultans und der mit ihm herrschenden Klasse durch ein neu zu schaffendes System ersetzt werden müsse. Dieses sollte den Untertanen die Teilnahme an der Herrschaft erlauben und die Macht der Regierenden durch ein repräsentatives Parlament und eine Verfassung einschränken. Die oppositionellen Elemente fanden sich unter dem Namen Die Jungen Osmanen (Yeni osmanlılar) in einer Gesellschaft von Gebildeten zusammen, die von Literaten wie dem Dichter Ziyā Paşa (1825 - 80) und dem Journalisten und Dichter Nāmıq Kemāl (1840 - 88) geführt wurde. Für Männer wie sie waren die *Tanzimat*-Reformer Konservative, ja Reaktionäre, die den Staat nur modernisierten, um ihre eigene Autorität erhalten zu können. Den *Tanzimat*-Reformern schien jedoch eine autokratische Herrschaft zur Durchführung von Modernisierungsmaßnahmen unabdingbar. Auch wenn sie willens waren, zu dezentralisieren und die Repräsentanten des Volkes anzuhören, glaubten sie doch, daß die Macht der Regierung autokratisch zu sein habe, wenn sie die in einer Gesellschaft wie der osmanischen angelegten konservativen Tendenzen überwinden wollte.

Bewegkraft der „Jungosmanen" war nicht das Bemühen, durch die Einführung konstitutioneller Elemente den europäischen Mächten entgegenzukommen und dadurch den Druck von außen zu mindern. Ihr Anliegen war es, die *Tanzimat*-Reformen, die ja durchaus an wesentliche Elemente der alten Ordnung rührten, in eine Neuordnung einzubetten, die einerseits den Erfordernissen der gegebenen Situation gerecht würde, andererseits aber mit dem Islam und seiner wesentlichen Manifestation in der Gesellschaft, der *sharī'a,* vereinbar wäre. Die intellektuelle Herausforderung lag in der Frage, wie das geforderte konstitutionelle Regime, das ja die Souveränität des Volkes implizierte, mit der Tradition des osmanischen politischen Systems, welches stets als islamisch, d.h. auf der *sharī'a* basierend, verstanden wurde, vereinbar war. Dem Bund der Jungosmanen war keine nachhaltige politische Wirkung beschieden, und er war eigentlich nur fünf Jahre — von 1865 - 70 — aktiv. Die meisten ihrer Veröffentlichungen wurden außerhalb des Reiches gedruckt, und viele Mitglieder mußten zeitweilig aus dem Lande fliehen. Nach 1870 freilich kehrten die meisten von ihnen wieder zurück und traten in den Dienst jener Regierung, die sie vorher so heftig kritisiert hatten.

Unter dem Eindruck der sich in den 70er Jahren verschärfenden Einmischung der europäischen Mächte sowie des Gefühls, daß diese kaum an tiefgreifenden konstitutionellen Reformen interessiert waren, verlagerte sich die Diskussion von der ideologischen Grundlage des Konstitutionalismus in Richtung auf die Darlegung der utopischen Grundlagen eines Gefühls von Patriotismus. Nach Nāmıq Kemāl, dem einflußreichsten Exponenten dieses Patriotismus, mußten nationale und religiöse Unterschiede unter den ethnischen Gruppen im Reich nicht Hindernisse für das Entstehen eines osmanischen Patriotismus sein. Vielmehr lag darin eine Chance zu vertieftem Zusammenhalt: Wenn eine ,,richtige" Politik verfolgt würde, d.h. wenn alle Völker Rechte und Freiheiten genössen, wenn ein Gefühl für den Wert des Vaterlandes durch eine allgemeine Erziehung vermittelt würde, und wenn gezeigt würde, daß alle, die separatistische Ziele verfolgten, der Ausbeutung durch europäische Mächte verfielen, dann würden alle ihre religiösen und nationalen Gefühle einem höheren Gefühl von Patriotismus unterordnen.

Trotz dieser Gedanken war die Ausprägung eines partikularen Nationalismus auch unter der muslimischen Bevölkerung des Reiches in den letzten Jahrzehnten vor dem Ende des Osmanischen Reiches kaum noch aufzuhalten. Dies um so weniger, als sich ein eigener türkischer Nationalismus herauszubilden begann und sich die Herrschaftsverhältnisse in Richtung auf eine Herrschaft von Türken über Nicht-Türken entwickelten. Die Epoche der Jungtürken stellt den Wendepunkt in dieser Entwicklung dar. Als eine in Europa entstandene Bezeichnung einer breit gefächerten Widerstandsbewegung gegen die autoritäre Herrschaft Abdül Hamids II., die ganz unterschiedliche politische und weltanschauliche Strömungen umfaßte, bezeichnete der Begriff im wesentlichen die Angehörigen der Gesellschaft für Fortschritt und Einheit, die ursprünglich von Studenten der militärischen Medizin-Akademie in Istanbul gegründet worden war (1889) und später überall im Reich Verwaltungsbeamte, Offiziere und Intellektuelle als Mitglieder gewann. Nach einem mißglückten Mordversuch am Sultan (1892) waren die Anhänger zum großen Teil gezwungen, sich ins Ausland, nach Genf, Paris, London oder Kairo, abzusetzen, wo sie in diverse Grüppchen zerfielen. In Genf bestand die Gesellschaft für Einheit und Fortschritt unter der Führung von Ahmed Rizā (1859 - 1930); in Paris entstand eine ähnliche Gruppe unter Mīzāni Murād Bey (1853 - 1912). Schließlich ist noch die Gruppe um Prinz Ṣabāḥ ad-Dīn, einen Sohn der Schwester des Sultans zu nennen. Ein im Februar 1902 nach Paris einberufener Kongreß, der die Exilgruppen einen sollte, scheiterte; Einigkeit bestand lediglich über die Notwendigkeit, die Diktatur Abdül Hamids zu beenden. Erst 1907 gelang ein Zusammenschluß — die neue Vereinigung nannte sich Komitee für Einheit und Forschritt (Ittihād ve teraqqi jem'iyyeti) —, und 1908 gelang es unter Mitwirkung des Armeehauptquartiers in Saloniki unter der Führung von Cemal Bey (1872 - 1922) und Enver Pascha (1881 - 1922) — unterstützt von dem Postbeamten Tal'at Bey (1874 - 1921) — den Sultan wieder zur Inkraftsetzung der 1878 suspendierten Verfassung zu zwingen.

Da die Revolution nicht nur vom ,,Komitee", sondern auch von verschiedenen nichtmuslimischen Nationalitätengruppen herbeigeführt worden war, folgte eine Welle der Verbrüderung unter allen Untertanen; es schien, als sei — im Sinne der Osmanisten — eine neue Ära der Gleichheit und Demokratie angebrochen, von der man sich eine Rettung des Reiches versprechen konnte.

Gerade freilich die hohen Erwartungen im Inneren und der anhaltende Druck von außen machten es in wachsendem Maße schwierig, die immer betonter türkische Politik der Regierung mit den nationalen Wünschen der religiösen und ethnischen Gruppen in Einklang zu bringen. Das ,,Komitee" reagierte auf diese Ereignisse mit der Errichtung einer uneingeschränkten Diktatur unter Enver Pascha. Auf der Grundlage des türkischen Nationalismus und Säkularismus wurde ein politisches Programm verfolgt, das in mancher Hinsicht zur Grundlage der späteren Türkischen Republik werden sollte.

Während die politische Herrschaft sehr bald wieder in der Diktatur endete, die man eigentlich hatte beseitigen wollen, hat sich das intellektuelle und kulturelle Leben weiter entfaltet. Der äußere geistige Einfluß war anhaltend stark; dabei blieb die hauptsächliche Quelle Frankreich. Es waren die französischen Soziologen des 19. Jahrhunderts, die das Denken türkischer Reformer und Revolutionäre beherrschten. Ihre Einflüsse lassen sich gerade auch bei den führenden Persönlichkeiten unter den Jungtürken feststellen.

4.2 Kemalismus

In der Antwort auf die alte Frage, wie das Reich gerettet werden könnte, standen sich die beiden Strömungen der ,,Islamisierer" und der ,,Verwestlicher" gegenüber. In der Diskussion über die Frage, wieviel Islam eine an den Westen angepaßte Gesellschaft enthalten müsse bzw. wieviel Modernität in eine islamische Gesellschaft hineingetragen werden könne, wurden die Stimmen derjenigen lauter, die die totale Übernahme der europäischen Kultur und Zivilisation forderten und für den Islam als gesellschaftliche und politische Kraft keinen Platz mehr sahen. Der Nationalismus, der von den Pragmatikern der Machtausübung praktiziert, und der Säkularismus, der von einer — wenn auch noch kleinen — Gruppe gefordert wurde, sollten zum Leitmotiv der Neuordnung der Türkei nach dem Ende des Osmanischen Reiches werden.

Der von Mustafa Kemal Paşa (seit 1928 Kemal Atatürk, 1881 - 1939) organisierte Befreiungskrieg gegen die Siegermächte, namentlich Griechenland, und das Diktat des Vertrages von Sèvres haben einem radikalen türkischen Nationalismus zum Durchbruch verholfen. Die Ergebnisse des Ersten Weltkriegs, insbesondere der Verrat der nicht-türkischen Gruppen, bei dem derjenige der muslimischen Araber am schmerzlichsten war, hatten die nationalen Gefühle bestärkt. Die endgültige Abtrennung der nicht-türkischen Provinzen zusammen mit der Flucht der meisten griechischen und armenischen Bewohner — letztere ist vor dem Hintergrund der an den Armeniern während des Kriegs verübten Deportationen und Massaker zu sehen — hatten zur Folge, daß die Türken in dem verbliebenen Gebiet die überwiegende Mehrheit der Bevölkerung bildeten. Der Stolz, zur türkischen Rasse mit ihrer ruhmreichen Geschichte zu gehören, nicht mehr die Zugehörigkeit zum Islam, sollte nunmehr die Identifikation des einzelnen mit seinem Staat zuvorderst bestimmen.

Bevor Atatürk dem türkischen Nationalismus seinen politischen Ausdruck geben konnte, war dieser von Ziya Gökalp theoretisch begründet und gerechtfertigt worden. Angesichts der Herausforderung durch die nicht-türkischen Gruppen im Reich forderte er die Entwicklung eines nationalen Bewußtseins unter den Türken im Osmanischen Reich. (Allerdings hatte seine Lehre auch ein unübersehbares pantürkisches Element, das ihn — wie oben angedeutet — zugleich zu einem der führenden Theoretiker des Pantürkismus machte.) Im Mittelpunkt seiner Interpretation von Nationalismus stand die Konfrontation von ,,Kultur" und ,,Zivilisation". Innerhalb des weiteren Begriffes der Zivilisation unterschieden sich einzelne Kulturen durch einen Katalog spezifischer Werte, Normen und Institutionen. So waren die Türken zwar Teil der islamischen Zivilisation gewesen, doch hatten sie darin Züge einer eigenen Kultur bewahrt. Mit dem Übergang aus dem Kreis der ,,östlichen" in den der ,,westlichen" Zivilisation würden sie als eigene Nation in Erscheinung treten. Bei diesem Übergang würden jene Elemente des Islams, die wirklich Teil der türkischen Kultur geworden waren, als spirituelle Kraft erhalten bleiben. Die Verwestlichung sollte so weit vorangetrieben werden, wie es gelingen würde, die moderne Zivilisation mit der eigenen Kultur und dem Glauben der Türken zu verschmelzen.

Mustafa Kemal erscheint in vieler Hinsicht als der Vollstrecker der Ideen Ziya Gökalps, obwohl er sich nicht direkt auf ihn bezieht, und dieser auch kein öffentliches Amt innegehabt hat. Die Diskussion, ob das Konzept der revolutionären Umgestaltung, das als ,,Kemalismus" das ,,ideologische" Fundament des modernen türkischen Nationalstaates geworden ist und — wenn auch mit weniger Erfolg — in anderen Teilen der islamischen Welt Nachahmer gefunden hat, eine Ideologie ist oder vielmehr einen Katalog von Maßnahmen darstellt, der aus der Situation und der Notwendigkeit heraus erwachsen ist, ist weitläufig geführt worden. Wenn es ,,ideologisch" verstanden werden kann, dann in dem Sinne, daß ihm ein umfassendes Verständnis von Gesellschaft und Geschichte zugrunde liegt, das von den Angelegenheiten der internationalen Beziehungen und Innenpolitik über das Erziehungswesen bis hin zur Rolle der Religion und zur Beziehung zwischen den Geschlechtern reicht. Am Anfang seiner Reformen aber stand niemals ein ideelles Konzept, sondern das Erfassen einer konkreten Problemstellung und die Entscheidung zu ihrer Bewältigung. ,,Kemalismus" hat sich schließlich in sechs Prinzipien ausgedrückt, die in das Programm der von Atatürk gegründeten Staatspartei, der Republikanischen Volkspartei, aufgenommen wurden. Es sind dies:

- Nationalismus: Konstituierung eines türkischen Nationalstaates. Dies beinhaltete gleichzeitig die Absage an osmanistische und pantürkische Aspirationen;
- Säkularismus: Trennung von Staat und Religion. Dies bedeutete den Austritt der Türkei aus dem islamischen Vielvölkerverbund und die Aufgabe der islamischen Reichsidee;
- Republikanismus: Gründung eines republikanischen Regimes. Damit war das Bestreben verbunden, der Wiedereinführung einer Sultanats- oder Kalifats-Herrschaft entgegenzuwirken;
- Populismus: Gleichheit der Bürger ohne Ansehen von Rasse, Sprache und Glauben. Zugleich war darin die Forderung artikuliert, den ,,Willen des Volkes" als konstitutives Element der ganzen türkischen Politik anzuerkennen;
- Etatismus: Bestimmende Rolle des Staates in der Wirtschaft;
- Reformismus: Dieses Prinzip steht als Abkürzung für den permanenten dynamischen Prozeß der Transformation von Staat und Gesellschaft.

Die Übertragung der Staatsgewalt auf das Parlament, die Große Türkische Nationalversammlung, mit der die Abschaffung des Sultanats als Form der weltlichen Herrschaftsgewalt verbunden war (November 1922), und die Abschaffung des Kalifats als der geistlich-religiösen Komponente (März 1924) waren der sichtbare Ausdruck des Beginns eines neuen Abschnitts in der Geschichte der Türkei. Zugleich wurde ein Prozeß der politischen, gesellschaftlichen und kulturellen Revolution eingeleitet, der das Gesicht der Türkei grundlegend veränderte. Seine zentralen Elemente sind: die Einführung der internationalen Jahreszählung (1926); die Einführung der europäischen Gesetzgebung (1926), des Frauenstimmrechts und der Einehe (1926); die Abschaffung des Islams als Staatsreligion; die Einführung des lateinischen Alphabets und die Beseitigung des Fes (1926 - 28); die Einführung metrischer Maße (1931); die Einführung von Familiennamen und des Sonntags als des wöchentlichen Feiertags sowie des passiven Wahlrechts der Frauen (1934).

Die Reformmaßnahmen lassen erkennen, daß Atatürk drei grundsätzliche Konsequenzen aus der Vergangenheit, d.h. dem Scheitern des Modernisierungsprozesses und dem Niedergang des Osmanischen Reiches gezogen hatte. Zum einen konnte Modernisierung nicht selektiv sein. Da die Überlegenheit der europäischen Zivilisation und Kultur nicht von der Hand zu weisen und Modernisierung mithin mit Verwestlichung gleichzusetzen war, galt es, Staat und Gesellschaft umfassend zu verwestlichen, wollte man aus Unterlegenheit und Abhängigkeit herauskommen. Atatürk war ein kompromißloser Parteigänger jenes Trends der Verwestlichung unter den Jungtürken, von denen ein Vertreter 1913 geschrieben hatte: ,,Es gibt keine zweite Zivilisation; Zivilisation bedeutet europäische Zivilisation, und sie muß eingeführt werden — mit ihren Rosen und ihren Dornen."

Zum zweiten setzte er der in den letzten Jahrzehnten geführten Diskussion um den Nationalismus dadurch ein Ende, daß er das Türkentum — freilich nicht im pantürkischen Sinne — zur Nationalität der auf dem Gebiet des türkischen Staates lebenden Menschen erklärte. ,,Ne mutlu Türküm diyene" (Wie erhaben ist es zu sagen: ich bin ein Türke), wurde das zentrale Bekenntnis. Noch wenige Jahre zuvor waren die ,,Türken" unter den Untertanen als in Unwissenheit versunkene Bauern und Hirten verachtet; erst gegen Ende des 19. Jahrhunderts hatten türkische Intellektuelle und Dichter begonnen, Stolz auf ihr Volkstum zu entwickeln — wie es andere Untertanen längst getan hatten. Von Anatolien, dem Herzland des Türkentums war schließlich der Widerstand gegen die Besatzungsmächte ausgegangen und ein siegreicher Befreiungskrieg geführt worden. Die Entdeckung der ,,türkischen Kultur" und die Reinigung der türkischen Sprache wurden dann auch zentraler Teil der Kulturpolitik des neuen türkischen Staates. Türke sein bedeutete zwar auch Muslim sein; und während des Befreiungskriegs hatte Atatürk durchaus den Islam zur Mobilisierung des Widerstands genutzt. Doch stand der Islam nicht mehr im Vordergrund der Identifikation. Mit dem Bekenntnis zum Türkentum war zugleich die Abkehr von jenem ,,Internationalismus" verbunden, der mit der islamischen Identifikation als der Grundlage einer ,,Bürgerschaft" im Osmanischen Reich gegeben war.

Die Hinwendung zu einem radikalen Nationalismus und umfassender Verwestlichung war drittens mit einer konsequenten Säkularisierung verbunden. Die Religion hatte nicht nur den Modernisierungsprozeß des Reiches blockiert; die islamische Reichsidee hatte darüber hinaus das Reich in immer neue militärische Auseinandersetzungen verwickelt. Nicht die Religion als solche sollte getroffen werden; sie sollte lediglich private Angelegenheit des einzelnen werden. Der Abschaffung des Kalifats entsprach die Abschaffung des Islams als Staatsreligion in der Verfassung von 1928.

Der ,,Kemalismus", obwohl weder eigentlich eine Ideologie noch eine detaillierte Handlungsanweisung für Revolutionäre, ist gleichwohl von einer inneren Kohärenz, die es erlaubt erscheinen läßt, die ,,kemalistische" Konzeption als den ersten Versuch eines ,,eigenen Entwicklungswegs" zu bezeichnen, der später zahlreichen Reformern und Revolutionären als Vorbild gedient hat. Zu ihnen gehören Reza Shah (Reżā Shāh), König Amanollah (Amān Allāh) von Afghanistan, Bourguiba (Ḥabīb Būrqība), Nasser (Jamāl 'Abd an-Nāṣir) und Gaddafi (Mu'ammar al-Qadhdhāfī). Nirgendwo sonst ist die Transformation so radikal erfolgt; nirgendwo sonst hat sie so lang anhaltende Wirkung gezeigt.

Im Zuge der politischen, sozialen und wirtschaftlichen Entwicklung der Türkei ist der ,,Kemalismus" Gegenstand immer neuer Interpretationen gewesen. Gesellschaftspolitische Konzepte wurden propagiert, die unter dem Rahmenbegriff des ,,Kemalismus" miteinander konkurrierten und ihn an die inneren und äußeren Bedingungen anzupassen suchten, denen sich das Land nach dem Zweiten Weltkrieg zu stellen hatte. Während sich weiterhin die wichtigsten politischen und gesellschaftlichen Kräfte den Grundzügen eines — wie immer interpretierten — ,,Kemalismus" verpflichtet fühlen, haben sich freilich in den vergangenen Jahrzehnten an den Rändern des politischen und weltanschaulichen Spektrums Strömungen herausgebildet, die ihn ganz in Frage stellen — der Marxismus und der Islamismus sind die ausgeprägtesten unter ihnen. Was immer ,,Kemalismus" heute bedeuten mag — seit 1980 ist auch der ,,Etatismus" als Orientierung der Wirtschaftspolitik weitgehend aufgegeben worden — Nationalismus und Säkularismus sind aber auch heute noch zwei unaufgebbare Elemente, über deren Geltung nicht nur der Gralshüter des Kemalismus, die Armee, wacht.

5. Geistige und politische Umgestaltung

5.1 Arabischer Nationalismus und Liberalismus zwischen den Kriegen

Mit dem Ende des Ersten Weltkriegs war für die gesamte Nahostregion eine neue Lage geschaffen. Der Nationalismus, der bis dahin vornehmlich ein Gegenstand intellektueller Diskussion gewesen war, wurde über Nacht zu einer Bewegung, die breite Massen mobilisieren konnte. Dies war im wesentlichen eine Folge des Wechselbades von Versprechungen und Einmischungen seitens der europäischen Mächte, namentlich Großbritanniens. Der Nationalismus wurde zwischen den Weltkriegen die treibende Kraft in der Unabhängigkeitsbewegung, die die ganze Region erfaßt hatte. Die Verwirklichung der nationalstaatlichen Idee aber, die mit dem Konzept des islamischen Einheitsstaates unvereinbar ist, bürdete den einzelnen Nationalstaaten ein grundlegendes Legitimationsdefizit auf, das bis heute nicht überwunden ist.

Der Nationalismus im Nahen und Mittleren Osten hat keine einheitliche Richtung gehabt. Insbesondere der Arabische Nationalismus hat sich in der doppelten Erscheinungsform des panarabischen Nationalismus, d.h. des Nationalismus der arabisch sprechenden Gemeinschaft insgesamt, und des individuellen Nationalismus der bestehenden arabischen Staaten manifestiert. In anderen Fällen von ,,Nationalismus" gehörte die primäre, ,,nationale" Loyalität nicht dem Staat, sondern der ethnischen oder religiösen Gruppe; dies insbesondere im Falle von Staaten, in deren Grenzen Mehrheiten und Minderheiten zusammengefaßt wurden. Charakteristisch aber für den Hauptstrom des Nationalismus wird, daß nunmehr die Unterschiede zwischen islamischem Modernismus und liberaler Reformbewegung deutlich hervortreten. Die alte Verbindung von beiden in ihrem gemeinsamen Kampf, die bis dahin ein Charakteristikum der geistigen Entwicklung gewesen war, ließ sich nicht mehr erhalten.

Wie Kemal Atatürk in der Türkei, so wurde Sa'd Zaghlūl (1863 - 1927) in Ägypten zu einem typischen Vertreter dieser Generation. Bis zum Ende des Ersten Weltkriegs folgte er noch weithin dem Vorbild 'Abduhs: Mittelpunkt seines Denkens war Ägypten als eine historische und politische Einheit. Ägypten sollte unabhängig sein; doch würde wirkliche Unabhängigkeit nur über Reformen möglich sein, von denen er das Recht und das Erziehungswesen als vordringlich ansah. Als Zaghlūl nach dem Krieg dann als Führer der Wafd-Partei und der ägyptischen Unabhängigkeitsbewegung eine herausragende politische Rolle zu spielen begann, wandte er sich stärker den praktischen Fragen des Regierens zu. Die Demokratie wurde die bevorzugte Form der Herrschaft; die Regierung sollte der Wohlfahrt des einzelnen wie der Gesellschaft insgesamt dienen, und dafür sollte sie die Unterstützung des Volkes erbitten. Der Geist des frühen Wafd war der einer ,,heiligen Union'', eines nationalen Bundes, vor dem Unterschiede in der Religion nicht zählten. In dem ersten Programm des Wafd wird seine Machtausübung vom Willen des ägyptischen Volkes abgeleitet und direkt oder indirekt über seine Vertreter zur Wirkung gebracht.

Zaghlūl war insgesamt weniger ein Denker als ein politischer Praktiker, dessen Handeln zuvorderst auf die Erreichung der Unabhängigkeit gerichtet gewesen ist. Wenn er auch besondere Popularität gewann, erstanden doch in anderen Teilen der arabischen Welt, vornehmlich im syrisch-irakischen Raum, zahlreiche nationale Führer, die ähnliche Ziele verfolgten. Die arabische nationale Bewegung drohte im Streben nach der Unabhängigkeit in eine Vielzahl einzelstaatlicher Ambitionen zu verfallen; die Vision von der einen und einenden arabischen Nationalität war in Gefahr, immer mehr in den Hintergrund zu treten.

Da erstand in den 30er Jahren eine neue Bewegung, die dem Arabischen Nationalismus eine breitere Dimension und einen tieferen Gehalt gab. Bereits in den letzten Jahrzehnten des Osmanischen Reiches hatte sich — wie bemerkt — ein Bewußtsein von einer arabischen Identität ausgeprägt. Dies verstärkte sich in dem Maße, in dem die jungtürkische Herrschaft unter dem Zwang der Umstände in eine Dominanz der Türken über Nicht-Türken entartete. Hier und da tauchte auch die Forderung nach der Wiederherstellung eines arabischen Kalifats auf, da nur die Araber als die eigentlichen Träger des Islams würdig seien, diese Würde zu tragen. ʿAbd ar-Raḥmān al-Kawākibī (1849 - 1903), der einer Familie kurdischen Ursprungs in Aleppo entstammte, hatte derartigen Tendenzen zum ersten Mal systematischen Ausdruck gegeben. Ausgehend von dem zentralen Thema der Zeit, dem Niedergang des Islams, sah er die tiefste Ursache dafür in der despotischen und ungerechten Herrschaft seiner Zeit, die Politik und Moral untergrabe. Er ging so weit, eine Verlagerung der Machtverhältnisse in der *umma* von den Türken auf die Araber zu fordern. Nur die Araber könnten den Islam vor dem Verfall erretten; dies vornehmlich auf Grund der zentralen Lage der Arabischen Halbinsel innerhalb der *umma* und der Bedeutung der arabischen Sprache im islamischen Denken. Ein arabischer Kalif aus dem Stamm der Quraisch (Quraish) sollte von Vertretern der *umma* gewählt werden. Seine religiöse Autorität sollte in der ganzen islamischen Welt anerkannt sein. In säkularisierter Variante tauchen ähnliche Überlegungen von der Überlegenheit der Araber über die Türken und der Einheit der Araber über die religiösen Schranken hinweg insbesondere bei einer Reihe christlicher Autoren (z.B. Négib Azouri, starb 1916, und Jirji Zaidān, 1861 - 1914) auf.

Mit der „arabischen Identität“ waren im Prinzip alle Araber, d.h. arabisch sprechenden Menschen angesprochen — wenn auch die Autoren im einzelnen sehr verschiedene Vorstellungen von der geographischen Ausbreitung des Arabertums und der Zugehörigkeit zu ihm hatten. Zugleich war aber darin eine Problemstellung von allergrößter Tragweite impliziert: das Verhältnis von Arabertum und Islam. Dieser war die wesentliche „Errungenschaft“ der Araber in der Geschichte, aber in gewisser Weise auch hatte der Islam sie „geschaffen“, hatte ihnen Einheit, Recht und Kultur gegeben. Für muslimische wie christliche Araber lag — wenn auch auf unterschiedliche Weise — ein Dilemma im Arabischen Nationalismus: Säkularismus als eine Grundlage des politischen Systems war unausweichlich; doch wie war vollständiger Säkularismus mit dem Gefühl der Zugehörigkeit zum Arabertum vereinbar? Das Dilemma wird bereits bei einem islamischen Denker wie Rashīd Riḍā deutlich: Mit Nachdruck lehnt er jeden Nationalismus, der aus der islamischen *umma* herausführt ab; andererseits tritt ein starkes arabisches Nationalgefühl in seinem Denken — und noch stärker in dem seines Freundes Shakīb Arslān (1869 - 1946) — hervor. Die Lösung des scheinbaren Widerspruchs liegt für ihn in der besonderen Beziehung von Arabertum und Islam. Die Araber hätten einen besonderen Platz in der *umma;* ja, eine Wiederbelebung der *umma* sei undenkbar ohne eine Wiederbelebung der Araber. Islamisches Denken sei nur in arabischer Sprache möglich; es sei deshalb die Pflicht eines jeden Muslims, arabisch zu lernen. Auch die politischen Interessen seien dieselben wie die der *umma* als Ganzer; denn ein unabhängiger arabischer Staat würde neues politisches und geistiges Leben in den Islam insgesamt bringen. Letzten Endes bleibe der Islam dem Arabismus übergeordnet, und die moralischen Gesetze des Islams bänden den Nationalstaat; die Nation sei kein Gesetz in sich selbst, vielmehr müsse sie nach einem Gesetz beurteilt werden, das von etwas anderem als nur ihrem eigenen Interesse abgeleitet sei.

Die systematischen und im Ansatz säkularistischen Denker der 30er Jahre suchten das Problem der Beziehung zwischen Arabismus und Islam auf andere Weise zu lösen. Sie sahen im Islam nicht mehr nur ein göttliches Gesetz, sondern auch eine Kultur. Anders als Riḍā und sein Kreis betrachteten sie den Arabischen Nationalismus nicht mehr als einen unverzichtbaren Schritt auf dem Weg zur Wiederbelebung des Islams, sondern als den Schöpfer der arabischen Nation, den Gehalt ihrer Kultur oder das Objekt ihres kollektiven Stolzes.

ʿAbd ar-Raḥmān al-Bazzāz (geb. 1913) ist typisch für diese Umkehr des Wertigkeitsverhältnisses von Islam und Arabischem Nationalismus. Für ihn ist der Islam eine nationale Religion: Der wirkliche Islam war arabischer Islam. Aus dem Kern des Arabertums heraus entwickelt, sind seine moralischen Ideale dieselben wie die moralischen Grundlagen des Arabertums. Ebenso ist das politische Ideal der *shūrā* (Beratung) identisch mit der natürlichen Demokratie der Beduinen.

Im wesentlichen macht die arabische Sprache Araber zu Arabern. Da aber die islamische Kultur der Ausdruck der arabischen Sprache ist, folgt, daß jeder, der arabisch spricht, sich die islamische Geschichte zu eigen machen kann.

Damit ist eine Brücke zu jenen Arabern geschlagen, die nicht Muslime sind. Zu den arabischen Christen, die diesen Ansatz weiterentwickelt haben, gehört unter anderem Qusṭanṭīn Zuraiq (geb. 1909), orthodoxer Christ aus Damaskus und lange Jahre Professor an der Amerikanischen Universität in Beirut. In einem 1939 erschienenen Buch fordert er ein neues Zusammengehörigkeitsgefühl aller Araber, dessen Grundlage nur der Nationalismus sein könne; sein konstituierendes Element könne nur der Islam sein. Zur Begründung unterscheidet Zuraiq zwischen dem ,,religiösen Geist" (ar-rūḥ ad-dīnīya) und ,,konfessioneller Solidarität" (al-'asabīya aṭ-ṭā'ifīya): Ersterer enthalte ein und denselben Kern an Wahrheit, der allen Menschen zugänglich sei. Die darin eingeschlossenen moralischen Prinzipien der Religion seien es, auf denen notwendigerweise eine stabile und gesunde Gesellschaft beruhe. Die Symbole, in denen diese Prinzipien zum Ausdruck gebracht werden, unterscheiden sich aber von einer Religion zur anderen; dieser Unterschied freilich sei eher von kultureller als intellektueller Bedeutung. In diesem Sinne bestehe eine essentielle Verbindung zwischen den Arabern und dem Islam. Muḥammad war der Schöpfer einer arabischen Kultur, und er einte die Araber. Die Forderung nach der Unterordnung unter das islamische Gesetz wird dagegen nicht erhoben. Zuraiqs Thesen werden von Edmond Rabbath, einem unierten Christen aus Aleppo, in seinem Buch ,,Unité syrienne et devenir arabe" weiter vertieft.

Die klarste, umfassendste und kompromißloseste Darlegung der Doktrin des Arabischen Nationalismus und die deutlichste Markierung der Trennlinie zwischen ihm und dem Islam kam indessen von dem Muslim Sāṭi' al-Ḥuṣrī (1879 - 1968). Syrischen Ursprungs und mit der religiösen Oberschicht Aleppos verwandt, war er in Konstantinopel aufgewachsen und türkisch erzogen worden. Von den Theoretikern des Arabischen Nationalismus war er derjenige, der am stärksten durch die deutsche Romantik, namentlich Fichte, beeinflußt war. Nationalismus sah er als das zentrale Element bei der Gründung von Staaten und der Erweckung patriotischer Gefühle an. Das ,,Vaterland" ist für den einzelnen der Raum, in dem er mit anderen Individuen gleicher Nationalität zusammenlebt; und der Anspruch des Staates auf seine Loyalität gründet sich darauf, daß er den Willen seiner Nation verkörpert. Was aber ist die Nation? Die Antwort ist einfach: Sie ist wesentlich die Sprache; und die arabische Nation besteht aus allen, die arabisch als ihre Muttersprache sprechen. Daneben ist die gemeinsame Geschichte wichtig, aber zweitrangig.

Die Religion kann zur Erweckung einer Einheit in den Gefühlen hilfreich sein. Andererseits aber können sich Religionen nur durch das Medium nationaler Gefühle ausbreiten. Jede Religion hat eine enge Beziehung mit einer spezifischen Sprache, in der die Heiligen Schriften verfaßt sind und verkündet werden. Nur durch das Medium dieser Sprache kann sie sich ausbreiten, und diese wird es nur insofern vermögen, als die Nation, die diese Sprache spricht, ein nationales Interesse daran hat. Die Existenz einer Nation geht derjenigen einer religiösen Gemeinde voraus; eine Nation ist also nicht notwendig mit einer Religion verbunden. Wenn auch die Entwicklung der arabischen Nation eng mit dem Islam verbunden ist, so sind die Araber doch nicht wesentlich eine islamische Nation. Arabisch sprechende Christen sind deshalb in genau derselben Weise Araber wie die Muslime, und sie können Araber sein, ohne irgendetwas von ihrer religiösen Tradition aufzugeben oder Muslim zu werden.

Al-Ḥuṣrī widerspricht gleichermaßen islamischen Nationalisten, die die Loyalität der Araber zu der ganzen islamischen *umma* fordern, als auch den Regionalisten, die glauben, es gebe einzelne spezifische Nationen innerhalb der arabisch sprechenden Welt. Mit Nachdruck weist er immer wieder darauf hin, daß auch Ägypten Teil der arabischen Welt sei. Es waren in den 30er Jahren vor allem die Ägypter selbst, die einen eigenen Nationalismus vertraten, sei es, daß sie ihn auf der pharaonischen Vergangenheit (Pharaonismus) abstützten, sei es, daß sie ihn in den geographischen Raum des Mittelmeeres einzuordnen suchten. Aber auch arabische Nationalisten seiner

Generation blickten eher nach Bagdad als nach Kairo und hatten die Neigung, die arabische Nation am Sinai enden zu sehen.

Die Früchte seines Denkens konnte al-Ḥuṣrī erst nach dem Zweiten Weltkrieg reifen sehen. Daß er Direktor des Instituts für Arabische Studien wurde, das zu der 1945 gegründeten Arabischen Liga gehörte, muß als Anerkennung seines Wirkens gesehen werden. Bis zum Ende des Kriegs und zum Aufkommen einer Welle des politischen Panarabismus aber behielten die regionalen Nationalismen eine starke Wirkung: In Syrien war es vor allem Anṭūn Sa'āda (1904 - 49), der mit seiner Parti Populaire Syrien für einen großsyrischen Nationalismus eintrat. Und ein partikularer libanesischer Nationalismus fand so wortgewaltige Advokaten wie Charles Corm, Michel Chiha (M. Shīḥā) und Said Akl (Sa'īd 'Aql, 1888 - 1916). Auch die Destour-Bewegung (dustūr) in Tunesien wird man an dieser Stelle zu nennen haben.

5.2 Praktizierter Nationalismus: Baath (al-Ba'th) und Nasserismus

Der panarabische Nationalismus ist nach dem Zweiten Weltkrieg eine Orientierung politischen Handelns geworden. Durch die Baath-Partei und den Nasserismus hat er nachhaltigen politischen Einfluß ausgeübt, wenn seine Verwirklichung auch bis heute nicht gelungen ist. Für Michel Aflaq ('Aflaq), einen orthodoxen Christen aus Damaskus (geb. 1910), war die Erfahrung, Araber zu sein, von nahezu mystischer Unmittelbarkeit. Sie hatte im wesentlichen die Einheit der arabischen Nation als Trägerin einer unsterblichen Botschaft (risāla khālida) zum Inhalt. Die Verbundenheit zwischen dem einzelnen und seiner Nation war die Grundlage seiner politischen Stärke; und für denjenigen, dessen Sprache arabisch ist und der in einem arabischen Land lebt, kann es nur eine Identifikation als Araber geben. Alle anderen ,,nationalen" Bindungen an kleinere Einheiten, ob geographisch oder religiös, sind abwegig.

In der ersten Phase der Baath-Bewegung (ba'th bedeutet ,,Wiedererweckung" oder ,,Renaissance") wurde das islamische Element des Arabischen Nationalismus durchaus unterstrichen. Der Islam war Träger der ,,nationalen Kultur" der Araber. Er vermittelte den Arabern jenes Erbe, das den zentralen Teil des Selbstbewußtseins des sich zum Arabertum bekennenden einzelnen ausmacht. Aflaq übt Kritik daran, daß es frühere Konzepte des Arabismus unterlassen haben, ihm einen Gehalt zu geben. Er geht einen Schritt weiter und fordert, daß der Arabische Nationalismus notwendig eine revolutionäre Kraft sein müsse: nicht nur weil die Situation der arabischen Welt so sei, daß sie eine revolutionäre Veränderung brauche; vielmehr sei die Revolution der einzige Weg, über den die Araber sich selbst erneuern und ihre geistige Erfüllung finden könnten. Entwicklung könne nur in der Konfrontation und im Zusammenstoß mit dem Gegenüber in Gang gesetzt werden. Der Islam habe hier eine prägende und verpflichtende Erfahrung vermittelt: Die Götzenanbeter unter den Quraisch (dem Stamm, aus dem Muḥammad hervorging) hätten im Zusammenhang mit der Offenbarung des Islams ebenso eine Rolle zu spielen wie die Gefolgsleute des Propheten — sie waren zur Verwirklichung des Islams notwendig.

Die gesellschaftliche — sozialistische — Umgestaltung der arabischen Region war für den Baath mit dem Arabischen Nationalismus untrennbar verbunden; und tatsächlich ist diese ja dort, wo die offiziell 1946 gegründete Baath-Partei die Macht übernahm (Syrien 1963; Irak 1968), verfolgt worden. Darin war der Baath dem Nasserismus verwandt, jener Variante des Arabischen Nationalismus, die mit dem Namen des ägyptischen Präsidenten Nasser (1918 - 70) verbunden ist. Nicht unähnlich dem Kemalismus ist darüber diskutiert worden, ob es sich dabei um eine Ideologie oder eine Variante pragmatischer, an konkreten Interessen orientierter Politik handele. Tatsächlich war der Arabische Nationalismus nicht eine Idee, die Nasser von Anfang an bewegt hätte; die panarabische Dimension trat erst mehr und mehr in sein Blickfeld, als er nach der Verstaatlichung der Suezkanal-Gesellschaft (1956) und dem glimpflichen Ausgang der anglofranzösischen Suez-Invasion die Bewunderung weiter Teile der arabischen Öffentlichkeit, die in ihm einen Vorkämpfer für die erstrebte Unabhängigkeit sah, erregte. In seiner „Philosophie der Revolution" (1962) läßt er erkennen, daß Arabischer Nationalismus für ihn durchaus auch eine ägyptisch-nationale Dimension hat. Als die beiden Faktoren, die ihn zu einer panarabischen Politik gebracht haben, nennt er dort Erwägungen hinsichtlich der strategischen Interessen Ägyptens und das Mitgefühl mit anderen der Macht der Briten und Franzosen ausgesetzten Völker. Die langen Epochen eigenstaatlicher Existenz sowie die Tatsache, daß Ägypten — wie oben angedeutet — praktisch bis in die Zeit des Zweiten Weltkriegs von der panarabischen Bewegung abseits gestanden und einen eigenen Nationalismus kultiviert hatte, verliehen aber Nassers panarabischen Aspirationen eine eigene Färbung. Dies zeigte sich in der 1958 eingegangenen Verschmelzung mit Syrien (zur Vereinigten Arabischen Republik), die ja nicht zuletzt auf Betreiben der Baath-Partei zustande gekommen war: Für diese bedeutete sie die Aufhebung einer künstlichen Ordnung durch eine „natürliche". Für Nassers Bewertung stand der Punkt, daß zwei Völker mit starken historischen und kulturellen Verbindungen vereint stärker sein würden als getrennt, im Vordergrund. In ähnlicher Weise hatte die Verbindung islamischer Staaten für ihn eher politischen als religiösen Stellenwert: Die Pilgerfahrt nach Mekka wurde weniger als eine Etappe auf dem Weg ins Paradies als eine periodisch stattfindende politische Konferenz gedeutet, auf der der Zusammenhalt zwischen islamischen Ländern demonstriert werden sollte.

5.3 Säkularismus und Sozialismus

Im Verlauf der Darstellung ist wiederholt auf Tendenzen hingewiesen worden, Politik und Religion zu trennen. Diese waren eine nahezu unvermeidbare Erscheinung bei dem Bemühen zahlreicher Muslime, ihre Gesellschaft zu modernisieren und eine geistige Grundlage für die Neuordnung der politischen Gemeinschaften außerhalb des zerfallenden Osmanischen Reiches zu suchen. Atatürk zog zwar in den frühen 20er Jahren die radikalsten Konsequenzen, aber in nahezu allen Staaten und Gesellschaften, die heute die Landkarte des Nahen und Mittleren Ostens ausmachen — zwischen Iran (Reza Shah und Mohammed Reza (Muḥammad Reżā Pahlawī)) über Ägypten (Nasser) und Tunesien (Bourguiba) bis Algerien (Sozialistisches Regime der Front de Libération Nationale) und Marokko (Hassan II. (Ḥasan)) — ist Modernisierung von einer mehr oder minder ausgeprägten Säkularisierung nicht zu trennen.

Auch der Einfluß der westlichen Naturwissenschaften verstärkte die Tendenz, den Islam als Grundlage der Gesellschaftsordnung in Frage zu stellen. Die Befassung mit ihnen begann, positive Kriterien über das, was wahr und unwiderlegbar war, zu etablieren. Mit der Vermittlung wissenschaftlichen Denkens verfestigte sich die Auffassung, daß Zivilisation einen Wert in sich darstelle; und sie zu schaffen und zu bewahren, konnte durchaus ein legitimer Zweck und eine moralische Norm des Handelns sein. Sich mit den Wissenschaften zu befassen war notwendig, denn sie waren die Grundlage der Zivilisation, und europäische Wissenschaften waren von allgemeinem Wert. Aus der Befassung mit ihnen konnte ein System sozialer Normen, die das Geheimnis der Stärke eines Gemeinwesens waren, abgeleitet werden. Die tragenden Pfeiler dieses Normensystems waren Gemeinschaftsgefühl und Patriotismus, die Liebe zur Heimat und zum Mitbürger, die alle anderen gesellschaftlichen Bindungen übersteigen sollten — auch die an die Religion. Bezeichnenderweise sind es Christen wie Jirjī Zaidān (1861 - 1914) und Fransis Marras (1836 - 73) gewesen, die derartige Zusammenhänge bereits früh zum Ausdruck gebracht haben. Shiblī Shumaiyil (1860 - 1917) ließ es sich angelegen sein, die Erkenntnisse und Theorien Charles Darwins publizistisch zu verbreiten. Als Christ, der danach strebte, die Gemeinschaft, in der er lebte, von religiöser Intoleranz zu befreien, und der Büchner und Spencer kannte, träumte er von einer Gesellschaft, in welcher das Individuum von aller Art von fesselnder Gruppenzugehörigkeit befreit sein würde. Er kam so schließlich zu einer Art von Sozialismus, der auf der Lehre aufbaute, daß nur die Arbeit die Quelle individuellen Einkommens sein sollte; Gerechtigkeit bei seinem Erwerb sollte durch den Staat gewährleistet werden. Er ging aber nicht so weit, die ausschließliche Verfügung des Staates über die Produktionsmittel oder die Abschaffung von privatem Eigentum zu fordern. Wenn er auch von einer schließlichen sozialistischen Weltrevolution sprach, so hob er doch einen friedlichen Wandel hervor und rief zur Zusammenarbeit zwischen den Nationen auf.

Faraḥ Anṭūn (1874 - 1922), auch ein Christ, beteiligte sich an den Diskussionen, die Shumaiyils Gedanken hervorgerufen hatten. Auch er ging vom Verhältnis von Religion und Wissenschaft aus und sah im Sozialismus die ,,Religion der Humanität", welche die herkömmlichen Religionen ersetzen sollte. In seinem vagen Verständnis von Sozialismus setzte er diesen mit Säkularismus im Gegensatz zu religiöser Intoleranz gleich.

Von ähnlichen Überlegungen ging auch Salāma Mūsā (1887 - 1958) aus: Im Sozialismus und in der Lehre von der Evolution fand er den Ausweg aus den bestehenden sozialen Bedingungen. Stark unter dem Eindruck der sozialistischen Bewegung in England stehend, verfaßte er 1913 ein Buch über den Sozialismus, in dem er dessen Grundprinzipien darlegte. Danach sei es das Ziel des Sozialismus, wirtschaftliche Freiheit für den einzelnen zu erzielen. Eigentum und Erbrechte sollten abgeschafft werden, so daß der einzelne, befreit von wirtschaftlichen Fesseln, sein Einkommen auf der Grundlage der Gleichheit verdienen könne. In einer sozialistischen Gesellschaft könne nur der Staat über Eigentum — d.h. Produktionsmittel — verfügen, und der einzelne erhalte sein Eigentum aus Arbeit. Darüber hinaus verschaffe der Sozialismus gleiche Chancen der Arbeit, doch gebe es — auf Grund unterschiedlicher Voraussetzungen und Fähigkeiten — durchaus unterschiedliche Einkommen. Der Staat aber müsse verbieten, daß Reichtum an die Nachkommen, die ihr Einkommen wiederum nur gemäß ihren Fähigkeiten erwerben dürften, vererbt würde.

Gegenüber dieser Mischung von utopischem und Marx'schem Sozialismus kommt der Sozialismus von Mūsās ägyptischem Landsmann Muṣṭafā Ḥasanain al-Manṣūrī aus der tiefen Besorgnis um Armut und Entrechtung. Er war vielleicht der erste muslimische Sozialist in der arabischen Welt, der die Anliegen der Armen zum Ausdruck brachte und behauptete, daß der Sozialismus dem Zustand der Armut ein Ende setzen würde.

Nach dem Ende des Ersten Weltkriegs begann der Sozialismus eine organisierte Bewegung zu werden. Unter den Türken war das Interesse am Sozialismus etwa um die Jahrhundertwende erwacht, und eine erste — allerdings ephemere — Osmanisch-Sozialistische Partei war 1910 mit nur dreimonatiger Lebensdauer in Erscheinung getreten. In der Türkei Atatürks bestand kaum Raum für die Entwicklung echter sozialistischer Parteien, und die offizielle Republikanische Volkspartei deckte jenes Ausmaß an Sozialismus ab, das man glaubte einräumen zu müssen. Mit der Liberalisierung des politischen Lebens nach dem Zweiten Weltkrieg sind zwar zahlreiche ,,sozialistische" Parteien entstanden, doch ist es nicht zur Entwicklung einer eigenständigen Variante eines ,,türkischen Sozialismus" gekommen.

Demgegenüber ist der ,,Arabische" (oder ,,Islamische") Sozialismus zu einer eigenen Spielart des Sozialismus geworden, auch wenn sein Inhalt recht verschwommen ist. Nach dem Zweiten Weltkrieg sind es insbesondere zwei Strömungen gewesen, die in Richtung auf eine sozialistische Umgestaltung der Region gewirkt haben: die Baath-Partei und der Nasserismus. Daneben sind etwa der algerische Sozialismus und der Sozialismus des libyschen Führers Gaddafi (geb. 1942) von untergeordneter Bedeutung.

Der ,,Arabische Sozialismus" in den genannten Erscheinungsformen unterscheidet sich wesentlich vom europäischen Sozialismus. Seine Prinzipien knüpfen ebenso an vor-nationale wie radikal-nationale Strömungen an; ganz wesentlich beinhalten sie auch eine Interpretation der ethischen und moralischen Lehren des Islams. Betont werden soziale Gerechtigkeit im herkömmlichen islamischen Sinne und wirtschaftliche und gesellschaftliche Reform. Die materialistische Philosophie und der historische Determinismus des marxistischen Sozialismus werden ebenso zurückgewiesen wie Klassenkampf oder die Diktatur des Proletariats. Dem wird vielmehr die Aufhebung aller gesellschaftlichen Unterschiede in der Harmonie der „demokratischen, kooperativen Gesellschaft" gegenübergestellt. Ohne einen ideologischen Überbau beschränkt sich der Arabische Sozialismus in der Praxis auf die Durchführung „sozialistischer" Maßnahmen wie Bodenreform durch Umverteilung (jedoch nicht Abschaffung) der Bodenbesitzverhältnisse, die Verstaatlichung von großen Vermögen und massiertem Besitz von Produktionsgütern sowie die Ausweitung der Rolle des Staates in der nationalen Volkswirtschaft, insbesondere die Einführung eines zentralen Planungssystems.

Namentlich von Nasser wurden Anstrengungen unternommen, durch religiöse Gutachten aus der al-Azhar die Vereinbarkeit von Arabischem Sozialismus und Islam rechtfertigen zu lassen. Der Losung „Islam — die Religion von Gerechtigkeit und Gleichheit" folgte „Muḥammad — der erste Sozialist". Die islamische Religion wurde zu einer Revolution umgedeutet, die zum erstenmal die Verwirklichung der sozialistischen Prinzipien von Gerechtigkeit und Gleichheit auf ihre Fahnen geschrieben hatte. Nach 1967 erstanden dann radikalere Gruppen — namentlich unter den Palästinensern und im Südjemen —, die den Arabischen Sozialismus mehr in die Nähe des Marxismus-Leninismus bzw. des Maoismus rückten.

Im Gegensatz zum Arabischen Sozialismus, der zeitweise erhebliche Ausstrahlung und Stoßkraft entfaltete, ist der Kommunismus eine ephemere Erscheinung geblieben. Die sozialen und wirtschaftlichen Rahmenbedingungen im Nahen und Mittleren Osten in Verbindung mit der Unvereinbarkeit und scharfen Frontstellung zwischen der islamischen Religion und dem materialistischen Kommunismus haben seiner Ausbreitung im Wege gestanden. In der Türkei und in Iran hat es Versuche gegeben, die kommunistische Doktrin an lokale Gegebenheiten anzupassen. Darüber hinaus kam es ansatzweise zu Allianzen mit nationalen Kräften, solange man sich im Kampf gegen auswärtige Mächte befand. Kaum war die Unabhängigkeit gesichert, wurde gegen die Kommunisten Front gemacht. In der Türkei lebte in den 60er und 70er Jahren die kommunistische Bewegung wieder auf, doch wurde ihr mit der Machtübernahme durch das Militär im September 1980 abermals ein harter Schlag versetzt. In Iran erfuhr die kommunistische Tudeh-Partei nach der islamischen Revolution zunächst einen Wiederaufstieg, doch wurde sie Ende 1982 durch die Verfolgung ihrer Führer erneut in den Untergrund gedrängt.

Im arabischen Raum war die kommunistische Bewegung ein Produkt des Ersten Weltkriegs. Kommunistische Parteien entstanden ebenfalls dort, wo sich zunächst Koalitionen mit den nationalen Kräften ergaben. Nach dem Zweiten Weltkrieg aber kam es zu einer anhaltenden und nicht selten blutigen Rivalität um die Macht. Nur selten hatten die kommunistischen Parteien dabei die Möglichkeit — und dann nur unter der Kuratel der großen „Staatsparteien" —, sich zu behaupten. Lediglich im Südjemen hat es eine kommunistische Partei in Form der Jemenitischen Sozialistischen Partei (Yemeni Socialist Party) verstanden, sich durchzusetzen.

5.4 Zionismus als jüdischer Nationalismus

Der Zionismus als jüdische nationale Ideologie und ideologische Grundlage des Staates Israel hat — in Form der Politik Israels in der Region — die politischen Entwicklungen im Nahen Osten in den letzten Jahrzehnten maßgeblich mitbestimmt. Anders freilich als im Falle der bisher behandelten geistigen und ideologischen Strömungen, die im Nahen Osten ihre Wurzeln haben, die durch die Begegnung mit Europa in Bewegung gesetzt worden sind und die in den nahöstlichen Staaten und Gesellschaften ihre Wirkkraft entfaltet haben, handelt es sich beim Zionismus um ein Konzept, das in Europa entstanden ist und erst mit der zionistischen Einwanderung in Palästina dort politisch Platz gegriffen hat. Die andauernde Konfrontation zwischen Israel als der politischen Manifestation des Zionismus auf der einen und dem arabisch-islamischen Umfeld auf der anderen Seite hat verhindert, daß der Zionismus eine Wirkung über die Grenzen Israels hinaus in der Region entfalten konnte. Die Anziehungskraft Israels sowie die mit der Staatsgründung Israels unwiderrufliche Konfrontation mit dem arabischen Umfeld haben bereits Ende der 40er/Anfang der 50er Jahre zur Auswanderung eines Großteils der in der arabischen Welt lebenden jüdischen Gemeinden nach Israel geführt.

Die Entstehung des Zionismus als Bewegung eines Teils des europäischen Judentums kann nur im Kontext der gesellschaftlichen Bedingungen des 19. Jahrhunderts und der Situation der jüdischen Bevölkerung in den europäischen Nationalstaaten skizziert werden. Der sich in der zweiten Hälfte des 19. Jahrhunderts deutlicher artikulierende jüdische Nationalgedanke verband das traditionelle jüdische Volksbewußtsein, die Ansätze der Aufklärung und die nationalistischen Bestrebungen Europas. Waren die Ansätze früher zionistischer Protagonisten wie Hirsch Kalischer (1795 - 1874) noch vorwiegend von religiösen Überzeugungen beeinflußt, so erweiterte Moses Hess (1812 - 75) das Votum für eine eigenständige Entwicklung um sozialistische und nationalistische Argumente. Die Lösung der Judenfrage wurde von Moses Hess nicht als individuell zu lösendes Problem betrachtet, sondern erhielt kollektive Bedeutung: ,,Was nicht der Bruder vom Bruder, nicht Mensch vom Menschen erlangen konnte, das Volk wird's vom Volke, die Nation von der Nation erringen."

Die *Haskalah* (jüdische Aufklärung) schuf das Fundament einer säkularen jüdischen Kultur. Perez Smolenskin (1842 - 85) propagierte die Wiederbelebung der hebräischen Sprache als Ausdruck nationalen Bewußtseins; der aus Litauen stammende Eliezer Perelmann (1858 - 1922) forderte 1878 unter dem Pseudonym Ben Jehuda die Wiederentdeckung der hebräischen Sprache, die ein wichtiges Element der jüdisch-nationalen Idee sei. 1881 traf er in Palästina ein und begann, ein modernes hebräisches Wörterbuch zusammenzustellen.

Leo Pinsker (1821 - 91) verlangte unter dem Titel ,,Autoemanzipation" 1882, das nationale Selbstbewußtsein als Kraft zu entdecken und zu propagieren. Vereinsgründungen mit dem Ziel, die jüdische Auswanderung nach Palästina zu fördern, entstanden unabhängig voneinander in mehreren russischen und polnischen Städten in den Jahren 1881/82. Neben heterogenen Gruppen gab es Vereinigungen, in denen sich vorwiegend orthodoxe Juden oder radikale Studenten organisierten. Die Zielsetzung einer Gruppe Choveve Zion (Zionsliebende) war primär philanthropisch und auf Sammlungen zugunsten schon bestehender Siedlungen in Palästina gerichtet. Eine aktive Gruppe, die sich aus Schülern und Studenten in Charkov unter dem Namen Bilu (Akronym von Hebräisch: ,,So kommet, ihr vom Hause Jakob, und laßt uns wandeln", Jesaja 2:5) bildete, beschloß auszuwandern. Die von ihnen nach sozialistischen Grundsätzen praktizierte Siedlungstätigkeit war ein Vorläufer der Kibbutzim.

Für Pinsker war es entscheidend, durch jüdische Kolonisation ein Machtzentrum zu bilden. Unter dem Einfluß von Isaak Rülf (1831 - 1902) entstand in Wien eine national-jüdische Gruppe, die gegen Assimilation, zur Hebung des jüdischen Selbstbewußtseins und zur Besiedlung Palästinas aufrief. Nathan Birnbaum (1864 - 1937), der zu den Gründern dieser ersten westeuropäischen Organisation der jüdisch-nationalen Sympathisanten gehörte, gab 1885 eine jüdisch-nationale Publikation unter dem Titel ,,Selbstemanzipation" heraus und schuf den Begriff ,,Zionismus". Die praktische Verwirklichung der zionistischen Ideen stieß freilich zunächst auf vielfältige Schwierigkeiten und Widerstände, und einige der ersten Siedlungen wären ohne die Unterstützung europäischer Philanthropen (vor allem Baron Edmond de Rothschild) zum Scheitern verurteilt gewesen.

Erst durch die Aktivitäten des wie Pinsker assimilierten, aber im Gegensatz zu ihm unter dem Einfluß des westeuropäischen Antisemitismus motivierten Theodor Herzl (1860 - 1904) erhielten die jüdisch-nationalen Bestrebungen nachhaltige Wirksamkeit. Herzl, der den Dreyfus-Prozeß als Korrespondent einer Wiener Zeitung erlebte, erkannte das Scheitern der Assimilation und entwickelte in ,,Der Judenstaat" ein Programm zur praktischen Durchführung der zionistischen Bestrebungen. Gemäß dem Zeitgeist des ausgehenden 19. Jahrhunderts erkannte er die ,,Judenfrage" als ein nur national zu lösendes Problem; seine Begründungen verzichteten auf traditionellreligiöse Bezüge. Eine Schlüsselrolle für die zionistische Bewegung wuchs ihm durch sein unermüdliches politisches und diplomatisches Vorgehen zu, mit dem er die schon existierenden Organisationen verschiedener Länder zu einer internationalen Bewegung verschmolz. 1897 verabschiedete der von Herzl einberufene erste Zionistenkongreß in Basel ein grundlegendes Programm dessen Ziel die ,,Schaffung einer öffentlich-rechtlichen Heimstätte" für das jüdische Volk in Palästina war.

Die Anzahl der zionistischen Gruppen stieg in dem Jahr zwischen dem ersten und dem zweiten Zionistenkongreß von 117 auf 913. Die Kulturzionisten um Achad Ha'am (Asher Ginzberg, 1857 - 1927), der sich während des ersten Kongresses ,,wie ein Trauernder auf einer Hochzeitsgesellschaft vorgekommen war", plädierten für die Errichtung eines jüdischen Kulturzentrums in Palästina und verwarfen einen jüdischen Nationalgedanken, der sich ausschließlich als Antwort auf den Antisemitismus verstand. Martin Buber (1878 - 1965) kritisierte als Vertreter des Kulturzionismus während des fünften Kongresses die autoritäre Führung durch Herzl und Nordau. Die Linkszionisten, die sich um Nachman Syrkin (1868 - 1924) versammelten, formulierten sozialistische Pläne zur Verwirklichung der nationalen Befreiung.

Nach Herzls Tod im Jahre 1904 wurde David Wolffsson (1856 - 1941) 1905 zu seinem Nachfolger gewählt. Er setzte die diplomatischen Bemühungen Herzls fort und organisierte die praktische Kolonisierung Palästinas. Die Vertreter der zionistischen Kolonisation Palästinas setzten sich 1907 in Den Haag durch. Chaim Weizmann (1874 - 1952) forderte einen ,,synthetischen Zionismus", der die konkurrierenden Auffassungen innerhalb der Bewegung verbinden sollte. Arthur Ruppin (1876 - 1943), Nationalökonom, wurde mit der Gründung eines ,,Palästina-Amtes" in Jaffa beauftragt, und Max Bodenheimer (1867 - 1940) leitete den Jüdischen Nationalfonds in London.

Mit dem Ausbruch des Ersten Weltkriegs wurden die Bemühungen um die Anerkennung des Zionismus und seiner auf die Besiedlung Palästinas gerichteten Bemühungen intensiviert. Seine Anerkennung als politisches Faktum durch die englische Regierung war ein politischer Erfolg, der in Herzls diplomatischen Bemühungen um englische Unterstützung seinen Ausgangspunkt hatte. Die französische Regierung versicherte ihre Sympathie für den Zionismus durch die Vermittlung eines englischen Unterhändlers. Ein entscheidendes Dokument, mit dem ein Zeichen für die spätere Entwicklung gesetzt wurde, war die Balfour Declaration vom 2. 11. 1917.

Mit der zweiten (1904 - 14) und dritten (1919 - 23) *'Aliyah* (Einwanderungswelle) differenzierte sich das Spektrum der im *Jischuw* (jüdische Bevölkerung) Palästinas organisierten politischen und gesellschaftlichen Gruppierungen. Auf Grund des starken Übergewichts von Einwanderern aus Osteuropa, die größtenteils in ihrer alten Heimat sozialistischen Gruppen angehörten, dominierten innerhalb des *Jischuw* die sozialistisch orientierten Gruppierungen, die sich schon bald zu Blöcken zusammenschlossen. In der Mehrheitsfraktion Mapai innerhalb des Arbeiterbündnisses wurde Ben Gurion (1886 - 1975) der herausragende Vertreter. Mit der Gründung der Histadrut (Akronym von Hebräisch: Allgemeiner Bund der hebräischen Arbeiter im Lande Israel) 1920 durch den Zusammenschluß einer Reihe progressiver zionistischer Organisationen in Palästina gelang die Disziplinierung der jüdischen Arbeiterschaft. Die Histadrut übernahm gleichzeitig die Verteidigungsorganisation Hagana.

Mit der wachsenden Zahl der Einwanderer und der Verwirklichung der Forderung nach ,,jüdischer Arbeit", die die Verdrängung der arabischen Arbeiter aus dem Wirtschaftssystem Palästinas beinhaltete, begannen sich zwangsläufig die Beziehungen zwischen Juden und Arabern zu verschlechtern. Innerhalb der zionistischen Bewegung fehlte es nicht an Stimmen, die zu einer Politik des Ausgleichs zwischen Juden und Arabern in Palästina mahnten: Nahum Goldmann (1894 - 1982) forderte die Leitung der Zionistischen Organisation auf, sich um annehmbare Beziehungen zu den Arabern zu bemühen, und der Kölner Zionist Georg Landauer (1895 - 1954) problematisierte die Rolle der zionistischen Einwanderer gegenüber der arabischen Bevölkerung. Im Rahmen des ersten Zionistenkongresses nach dem Ersten Weltkrieg (1921) rief Martin Buber dazu auf, den ,,Herrschaftsnationalismus" abzulehnen, den das jüdische Volk selbst erfahren habe. Seine Forderung lautete: ,,In einem gerechten Bund mit dem arabischen Volk wollen wir die gemeinsame Wohnstätte zu einem wirtschaftlich und kulturell blühenden Gemeinwesen machen, dessen Ausbau jedem seiner nationalen Glieder eine ungestörte autonome Entwicklung sichert." Als diese Erklärung von der politischen Kommission in einer inhaltlich anderen Form zur Verabschiedung vorgelegt wurde, stimmte Buber zwar zu, zog sich aber aus dem institutionalisierten Zionismus zurück.

Ebensowenig wie Buber und seine Gesinnungsfreunde konnte der von Arthur Ruppin (1867 - 1943) initiierte Brit Shalom (Friedensbund) etwas an der Verschärfung der Beziehungen zwischen Juden und Arabern ändern. Diese Vereinigung jüdischer Intellektueller hatte sich zum Ziel gesetzt, den *Jischuw* für das Arbeiterproblem zu sensibilisieren. Der Brit Shalom machte sowohl Araber wie Juden für den Ausbruch der Unruhen von 1929 verantwortlich.

Den zum friedlichen Zusammenleben mahnenden Stimmen stand die Gruppe derjenigen gegenüber, die für den Kampf mit der arabischen Bevölkerung plädierten. Wortführer dieser Gruppe war Vladimir Jabotinsky (1880 - 1940), der Thesen formulierte, die von den Arbeiterzionisten nicht geteilt wurden. Vorrangig war für ihn die Gründung einer jüdischen Armee, die aus der Sicht der zionistischen Führer als eine Provokation der arabischen Bevölkerung eingeschätzt wurde. Es kam zu tiefen Zerwürfnissen mit den zionistischen Politikern, denen Jabotinsky vorwarf, einen Minimalzionismus und eine Verzichts- und Kompromißpolitik zu betreiben. Für ihn gehörte Transjordanien zu einem unteilbaren Territorium, das in die jüdische Kolonisation einbezogen werden sollte. Während es für Chaim Weizmann nach Bestätigung des englischen Mandats durch den Völkerbund vorrangig um die Ausformung der zionistischen Politik eines jüdischen Nationalheims ging, forderte Jabotinsky einen jüdischen Staat.

Der arabische Aufstand von 1936 und die Eskalation der Verfolgung der Juden in Deutschland und Europa verliehen der Verwirklichung der Ziele des Zionismus, d.h. der Gründung eines eigenen Staates, neue Dringlichkeit. Der Kampf mit den Arabern verschärfte sich. Mit der Veröffentlichung des ,,Peel-Reports" (1937) wurde zum ersten Mal die Teilung Palästinas in einen jüdischen und einen arabischen Staat vorgeschlagen. Auf Grund der im ,,Weißbuch" von 1939 durch England festgesetzten Begrenzung der jüdischen Einwanderer auf 75.000 Personen in den nächsten fünf Jahren auf der einen und des Ansteigens der jüdischen Immigration nach Palästina auf der anderen Seite verschärfte sich die Auseinandersetzung mit England. Der Ausbruch des Zweiten Weltkriegs schuf für die Juden in Palästina eine neue Situation, die Ben Gurion politisch so löste, daß er verkündete, mit Großbritannien kämpfen zu wollen, ,,als wenn es das Weißbuch nicht gäbe, und wir werden das Weißbuch bekämpfen, als ob es keinen Krieg gäbe." D.h. die illegale Einwanderung wurde forciert und eine funktionierende jüdische Infrastruktur durch die Jewish Agency geschaffen. In der Biltmore-Konferenz von 1942 forderten die Delegierten die uneingeschränkte Einwanderung nach Palästina und die Übernahme der Verantwortung für ein jüdisches Gemeinwesen durch die Jewish Agency. Mit dem am 29. 11. 1947 von der UNO-Vollversammlung beschlossenen Teilungsplan Palästinas, der das britische Mandat beendete, waren die Weichen für die Verwirklichung der Ziele des politischen Zionismus, die in der Vision Theodor Herzls die Gestalt des ,,Judenstaates" angenommen hatten und die trotz der Spaltung der Bewegung in zahlreiche ideologische Abweichungen und politische Gruppierungen konsequent angestrebt wurden, gestellt. Am 14. 5. 1948 verkündete Ben Gurion die Gründung des Staates Israel.

Die Umsetzung der zionistischen Staatsidee wurde in den Jahren nach der Staatsgründung von Faktoren, auf die die zionistische Bewegung keine Antwort haben konnte (den Massenmord an Millionen europäischer Juden) beziehungsweise von Situationen, denen man laut Hannah Arendt (1906 - 75) ,,seit mindestens 20 Jahren bewußt aus dem Wege gegangen war" (dem jüdisch-arabischen Konflikt) diktiert.

Einerseits wurde Israel Zufluchtsort der überlebenden europäischen Juden, die der Ausrottung durch den Nationalsozialismus entgangen waren. Andererseits war, wie der langjährige Präsident der Zionistischen Weltorganisation, Nahum Goldmann (1894 - 1982) feststellte, die Vernichtung des europäischen Judentums gleichbedeutend mit der Vernichtung des natürlichen Reservoirs der jüdischen Einwanderung nach Palästina.

Das zionistische Selbstverständnis, einer Bewegung anzugehören, der sich die Mehrheit des jüdischen Volkes praktisch anschließt, hat sich nicht erfüllt. Trotz bedeutender Veränderungen jüdischer Lebensräume haben sich bislang nur 25 % der Juden für ein Leben in Israel entschieden. Die dominante Position des Zionismus für Juden in aller Welt ist vielfach ideologisch, aber auch ausschließlich verbal artikuliert.

Die Kontroverse innerhalb der zionistischen Bewegung hat sich in der vorstaatlichen Phase an der Zielsetzung einer ,,Nation" und wenn, welcher, entzündet. Buber vertrat die Auffassung, daß Zionismus etwas anderes als jüdischer Nationalismus ist. Für ihn war die jüdisch-arabische Annäherung und die binationale Staatsidee ein Ausgangspunkt, der die Bereitschaft zu konstitutionellen Kompromissen implizierte. Mit der Proklamation des jüdischen Nationalstaates war diese Richtung zionistischen Denkens in eine Randposition geraten. Einer der herausragenden Vertreter dieser Gruppierung, Robert Weltsch (1891 - 1982), stellte fest, daß die binationalen Illusionen ,,an der Wirklichkeit gescheitert sind"; die Wirklichkeit war aus seiner Perspektive geprägt von der Katastrophe der Hitlerepoche und dem Triumph des Nationalismus.

Ernst Simon (geb. 1899), ebenfalls Schüler Bubers, mahnte die Verwirklichung der friedlichen Koexistenz weiterhin aus einer Minderheitsposition in der israelischen Gesellschaft an. Teile der heutigen Friedensbewegung nehmen Bezug auf die Ideen Bubers.

Die Kontroverse innerhalb der national orientierten zionistischen Bewegung läßt sich grob skizzieren: ,,Nationaler Konsens" ist der Schlüsselbegriff für alle Problemstellungen, um jüdische Vormachtstellungen abzusichern.

Die aus dem Revisionismus hervorgegangenen Gruppierungen und Sympathisanten funktionalisieren die nationalistischen Ambitionen, indem sie eine zionistisch-revolutionäre Politik betreiben, in deren Folge die jüdische Besiedlung des Landes einschließlich der besetzten Gebiete propagiert wird und die beinhaltet, daß das Ziel der Einwanderung der ,,Zerstreuten" zu verwirklichen ist. Dieses militante zionistische Gedankengut ist nach Einschätzung Mordechai Bar-Ons (geb. 1928) ,,ein wichtiges Mittel, um die Bereitschaft der Nation für zukünftig zu erbringende Opfer zu mobilisieren."

Das traditionell durch die Ideologie der Arbeiterparteien geprägte Lager des Zionismus signalisiert Kompromißbereitschaft gegenüber den arabischen Nachbarstaaten und ist bestrebt, den jüdischen Charakter des Staates zu wahren, sofern dabei eine akzeptable Form für einen gesicherten Frieden mit den arabischen Nachbarstaaten gefunden werden kann. Diese gemäßigte Form zionistischer Zielsetzungen hat vor allem in den Jahren von 1977 bis 1982 (Libanonkrieg) erhebliche Einbußen an Popularität erfahren.

Obwohl das europäisch-aschkenasische Establishment in den politisch, wirtschaftlich und gesellschaftlich einflußreichen Funktionen dominierte, haben die Masseneinwanderungen orientalisch-sephardischer Juden das Erscheinungsbild und — längerfristig — die Formulierung zionistischer Auffassungen beeinflußt. Die gesellschaftliche Polarisierung zwischen dem ,,ersten" (aschkenasischen) und dem ,,zweiten" (orientalischen) Israel war das Ergebnis einer Integrationspolitik, die auf einer europäisch-nationalistischen Wertestruktur basierte. Die ethnische Komponente zionistischer Auseinandersetzungen fand ihren Ausdruck zunächst in neuen sozialen Bewegungen, in deren Folge es zu Parteigründungen unter ethnischen Gesichtspunkten kam. Das gesteigerte Selbstbewußtsein vormals diskriminierter gesellschaftlicher Gruppen verstärkte den ideologischen und praktischen Zionismus, der mit demonstrativer Stärke gegenüber den nicht-jüdischen nationalistischen Strömungen auftritt.

Zentrale Herausforderung für den Zionismus wird in Zukunft sein, ob er das Zusammenleben von Juden und Arabern ermöglicht, oder ob er zum bloßen Herrschaftsinstrument degeneriert.

5.5 Höhepunkt des Liberalismus

Der letztendliche Erfolg des Zionismus, der sich in der Gründung Israels manifestierte, hat nach dem Zweiten Weltkrieg auch im arabischen Denken seine Spuren hinterlassen. Die Epoche aber zwischen den Kriegen stand zunächst im Zeichen der unmittelbaren Auseinandersetzung mit Europa. Auch wenn weite Teile der Region sich bemühten, die europäische politische Herrschaft abzuschütteln, war die Mehrzahl der Intellektuellen doch bereit, dessen geistige Überlegenheit anzuerkennen. In der Kette von Denkern, zu denen u.a. 'Abbās Maḥmūd al-'Aqqād (1889 - 1964), Taufīq al-Ḥakīm (1898 - 1987), 'Abd al-Qādir al-Māzinī (1890 - 1949), Aḥmad Amīn (1878 - 1954), Ismā'īl Mazhar, 'Alī 'Abd ar-Rāziq (1888 - 1966) und Ḥusain Fauzī (geb. 1902) gehörten, ragen nach der Breite ihrer Bildung und der Klarheit ihres Gedankenguts Ṭāhā Ḥusain (1889 - 1973) und Muḥammad Ḥusain Haikal (1888 - 1956) heraus. Für ersteren hat Europa in der Auseinandersetzung zwischen Religion und Glauben auf der einen und Vernunft auf der anderen Seite ein Stadium erreicht, in dem beide zu einem vollen Ausgleich gekommen sind. Es markiert den Höhepunkt menschlicher Zivilisation, in der die Vernunft die Regeln des gesellschaftlichen Zusammenlebens bestimmt, die Wissenschaften die Natur kontrollieren und das Verfassungs- und Regierungssystem für die Geltung von Recht und den Ausgleich zwischen menschlichen Interessen Sorge tragen. Europa steht ihm für Humanismus, Bürgertum und Demokratie. Es gibt keine Alternative als den Weg Europas zu beschreiten und gleichwertiger Partner zu werden — nicht selektiv, sondern mit seinem Guten und Schlechten, seinen anziehenden wie abstoßenden Zügen. In seinen geschichtlichen Abhandlungen sucht er zu zeigen, daß Ägypten mehr ein Teil Europas und des mediterranen Raumes, d.h. des ,,Westens", als des Ostens gewesen ist.

Im vorbehaltlosen Bekenntnis zu Europa und zum europäischen Liberalismus steht Ṭāhā Ḥusain seinem Landsmann Muḥammad Ḥusain Haikal nahe. Sein essayistisches Werk — hier unterscheidet er sich von Ḥusain, der sich in einem mehr wissenschaftlichen Stil an eine eher schmale Elite wandte — umfaßt die gesamte thematische Spannweite der Ideenwelt eines ägyptischen Intellektuellen der Zwischenkriegszeit. Im Mittelpunkt seines politischen Credos steht der liberal-konstitutionelle Nationalstaat europäischer Prägung als die einzige Ägypten angemessene Form staatlicher Ordnung. Die Vorstellung, daß ein religiöses Gesetz für einen Teil der Staatsbürger bindender sein sollte als das vom Parlament erlassene Gesetz, lehnt er entschieden ab. Wie viele andere seiner Zeitgenossen bewundert er die Reform Kemal Atatürks in der Türkei, deren Essenz er in der Verwirklichung des säkularen und demokratischen Prinzips sieht. Damit habe er den Menschen — unbeschadet ihres Standes und Vermögens — ihre Würde wiedergegeben. Als Führer der Konstitutionellen Liberalen Partei — auch hier liegt ein Unterschied zu Ṭāhā Ḥusain, der sich, abgesehen von einer Amtszeit als ägyptischer Kultusminister, nicht politisch betätigte — hat er versucht, seine Ideen umzusetzen.

Ṭāhā Ḥusain und Muḥammad Ḥ. Haikal sahen ebenso wie andere ägyptische Intellektuelle ihrer Zeit in der Schaffung einer ägyptischen Nationalkultur das Produkt ihrer Bemühungen um eine Verschmelzung der geistigen und religiösen Grundlagen Ägyptens mit Europa. Dabei kam ihnen — insbesondere ihrem Schaffen in den 20er Jahren — der damals gängige Rückgriff auf die Zeit der Pharaonen (,,Pharaonismus") als nationales Erbe, welches das moderne Ägypten anzutreten habe, zustatten. Schon Luṭfī as-Saiyid hatte rühmend auf die Höhe der ägyptischen Zivilisation und das pharaonische Erbe als das konstituierende Element ägyptischer Geschichte hingewiesen. In den 20er Jahren begeisterten sich die Liberalen aller Schattierungen an der ,,Wiederkehr des Geistes" der Pharaonen. Es gelte, die Elemente des sozialen und kulturellen Lebens hervorzuheben, in denen sich die geistige Einheit der Nation über die Jahrtausende manifestierte. Zwar können die ,,Pharaonisten" und mit ihnen auch Muḥammad Ḥ. Haikal kaum konkrete Parallelen und Verbindungen aufzeigen; aber der Wissenschaft bleibt die vornehme nationale Aufgabe gestellt, sich auf die Erforschung der nationalen Vergangenheit zu konzentrieren. (Mutatis mutandis taucht dieser Standpunkt bei den ,,Phöniziern" des Libanon wieder auf, die sich nur der Sprache nach arabisiert haben, ethnisch jedoch als Nachfahren der Phönizier und geistig als den östlichsten Außenposten Europas betrachten.)

Ṭāhā Ḥusain und Muḥammad Ḥ. Haikal haben sich in den 30er Jahren verstärkt islamischen Themen zugewandt; insbesondere galt ihr Interesse dem Propheten Muḥammad und der frühislamischen Geschichte. Darin mag eine gewisse Enttäuschung über die Entwicklungen in Europa mitklingen; auch beginnt sich Ägypten nunmehr stärker der arabischen Welt anzunähern. (Der Pharaonismus verliert in den 30er Jahren an Bedeutung.) Einige Kulturhistoriker haben ihnen vorgeworfen, sie hätten durch ihr Eingehen auf islamische Vorstellungen und islamische Empfindungen der Massen ihre Ideale verraten und der geistigen Entwicklung der arabischen Welt allgemein und Ägypten im besonderen die liberale Alternative schließlich wieder verstellt; damit hätten sie der Ausprägung radikaler Ideologien sozialistischer, islamistischer oder sonstiger Art Vorschub geleistet. Wahrscheinlicher ist, daß sie durch die Öffnung zu ihrer muslimischen Umwelt — dies gilt für Haikal noch mehr als Ḥusain — ihren Ideen und Idealen Breitenwirkung verschaffen wollen. Haikals Darstellung des Lebens Muḥammads (ʿAlā hāmish as-sīra) sollte das herkömmliche Bild des Propheten und des frühen Islams herausfordern. Die Muslime wurden angeregt, Muḥammads Leben im Lichte des wahren Islams einer Prüfung zu unterziehen, nachdem es sowohl durch die Muslime selbst als auch durch die europäischen Orientalisten verfälscht worden sei. Die beste Ausgangsbasis, den wahren ,,Geist" zu entdecken, sei der Koran, denn er enthalte die islamische Lehre, wie sie wirklich gemeint sei. Zu einem richtigen Verständnis aber würde es notwendig sein, von westlichen wissenschaftlichen Methoden ausgiebig Gebrauch zu machen. Mit diesen würden die Fehler und Fehlinterpretationen der westlichen Geschichtsschreibung, die auf falschen und unzuverlässigen Quellen und Methoden beruhten, korrigiert. Auf diese Weise würden im frühen Islam jene Züge wiederentdeckt werden können, die mit den Grundzügen westlicher Kultur und Zivilisation in Einklang stünden. Damit aber würde schließlich die Machtstellung der *ʿulamā'*, d.h. der Gralshüter des Konservativismus, zum Einsturz gebracht werden können.

Es ist die Tragik der liberalen arabischen Denker, daß ihre Bemühungen schließlich vergeblich waren. Mit dem Herannahen der Revolution von 1952 fanden sie sich zunehmend von jenen Strömungen in der ägyptischen Gesellschaft isoliert, die sie kontrollieren zu können gehofft hatten. Die in den ,,islamisierenden" Werken vorgetragenen Argumente waren eher apologetischer Natur gewesen; dadurch hatten sie ihr eigentliches Anliegen, die Verteidigung europäischer Ideale und Denkweisen, verdunkelt. Gewiß, die Reaktion der muslimischen Öffentlichkeit auf die Hinwendung zum Islam und seinem Propheten war lebhaft positiv; was damit aber wirklich intendiert war, war nur wenigen eingeweihten Intellektuellen klar. So hat letztlich die Verherrlichung des frühen Islams Positionen untermauert, die bereits durch populistische islamische Bewegungen besetzt worden waren. Zumindest Muḥammad Ḥ. Haikal, dessen Werk starke populäre Züge hatte, trug somit zu jener Art des Wiederauflebens religiösen Selbstbewußtseins bei, die er zurückzudrängen gehofft hatte.

Auch außerhalb des arabischen Raumes sind die Spuren des Ringens um einen geistigen Standort in einer von Europa geprägten Welt nicht zu übersehen. Während sich die Türkei unter Atatürk (und seinen Epigonen) vorbehaltlos für Europa entschieden hatte, sind aus dem persischen und indischen Raum (soweit letzterer 1947 zu Pakistan wurde) zwei Namen zu nennen, die die Spannung zwischen der Lage ihrer Gemeinschaft auf der einen und Europa auf der anderen Seite reflektieren: Aḥmad Kasrawī und Muḥammad Iqbāl.

Ähnlich dem arabischen Raum sahen sich iranische Intellektuelle durchaus mit der Herausforderung konfrontiert, ihre fragmentierte Gesellschaft in einen integrierten Nationalstaat umzuwandeln. Doch war kaum einer bereit und in der Lage, die damit gestellten Probleme systematisch und umfassend anzugehen: Je nach Standort und Herkunft standen — meist isoliert voneinander — Klassenkonflikte, kommunitäre Friktionen und Spannungen zwischen Religionsgemeinschaften oder sprachlichen Gruppen im Vordergrund. Allein Aḥmad Kasrawī (1890 - 1946) suchte nach einem systematischen Ansatz, zu nationaler Einheit zu gelangen und tiefgreifende gesellschaftliche Reformen einzuleiten. Selbst einer Azeri sprechenden Familie aus der Gegend von Tabriz entstammend, hat er die zahlreichen Konvulsionen Irans in der Zeit vor und während des Zweiten Weltkriegs aus der Nähe miterlebt. Kasrawīs Hauptanliegen im Zeitraum zwischen 1930 und seiner Ermordnung 1946 galt dem Versuch, eine Ideologie zu formulieren und zu propagieren, die die Grundlage eines modernen iranischen Staatswesens sein würde. Sein Ausgangspunkt war die Feststellung, daß dem Menschen zutiefst ein Streben nach Fortschritt innewohne; dieses habe ihn schließlich aus einem Zustand der Natur in Formen des gemeinschaftlichen Zusammenlebens gebracht. Die Hauptursache für das Zurückbleiben Irans sieht er in der Zersplitterung in zahlreiche einander bekämpfende Gruppen, die er in vier Kategorien zusammenfaßt: religiöse Glaubensgruppen, sprachliche Gemeinschaften, tribale Loyalitäten und gesellschaftliche Klassen. Von diesen geht er mit der Schia besonders unerbittlich ins Gericht: Sie hat für ihn weder etwas mit ethischen Werten und Normen noch mit theologischen Dingen zu tun; vielmehr habe sie in einem schmutzigen Machtkampf um dynastische Macht ihre Wurzel. Sie behindere den historischen Fortschritt, weil sie nicht akzeptiere, daß der Mensch aus seinen eigenen Bemühungen heraus die Gesellschaft verbessern könne. Sie spalte das Land, da sie einen Anspruch auf Geltung über alle Menschen hege; ja, sie hege sogar eine gegen den Staat gerichtete Haltung.

Mithin gelte es, Disharmonie durch Harmonie, Zwietracht durch Einheit und Vielfalt durch Homogenität zu ersetzen. Erreicht werden könne dies durch soziale Reformen, die darauf gerichtet seien, die bestehenden Unterschiede zwischen den Gruppen abzubauen, sowie durch kulturpolitische Maßnahmen, durch welche Gruppenidentifikation durch nationale Loyalität abgelöst würde. Unter diesem Aspekt unterstützte Kasrawī die Reformen Reza Shahs, unter ihnen namentlich auch die Zurückdrängung der Mullahs aus dem öffentlichen Leben. Kasrawī war freilich — darin seinem türkischen Vorbild, Ziya Gökalp, den er sehr bewunderte, unähnlich — kein Propagandist eines iranischen Nationalismus im modernen Sinne; das Konzept einer Nation basierend auf einer gemeinsamen Kultur und Sprache wird man vergeblich bei ihm suchen. Doch ging sein Ziel unausgesprochen in diese Richtung: Eine in sich geeinte Nation mit einer Sprache, einer Kultur, einer Zentralgewalt, einer Ideologie und einem Ziel der Modernisierung im Sinne der Ausrichtung auf den Westen zu schaffen. Kasrawī war somit weniger der Theoretiker eines iranischen Nationalismus, als vielmehr der nationalen Integration in Iran. Wahrscheinlich hätte er dem Reformprogramm Mohammed Reza Shahs (1941 - 79), das dieser in den 60er Jahren zu initiieren begann, in vielen Punkten Beifall gespendet. In seiner Zeit aber war er ein Einzelgänger und von eben jenen Gruppen und Kräften isoliert, deren Existenz er als für die Modernisierung Irans abträglich hielt. Seine Ermordung durch die fundamentalistische Gruppe der Fidāʼiyān-i islām, der auch Khomeini nahestand, hat denn auch in Iran kaum nachhaltige Unruhe bewirkt.

Während sich Kasrawī vom Islam abgewandt hatte, wurde Muḥammad Iqbāl (1877 - 1938) zum Propagandisten eines islamischen Staates als des Rahmens einer auch geistigen Erneuerung des Islams. Zugleich suchte er, der in den Jahren 1905 - 08 an britischen und deutschen Universitäten studierte (1907 promovierte er an der Universität München mit einer Arbeit über „The Development of Metaphysics in Persia"), eine grundlegende Wiederherstellung islamischen Denkens und Handelns im Lichte der zeitgenössischen europäischen Philosopie Bergsons, Nietzsches und Fichtes. Ebensosehr Dichter wie philosophischer und politischer Denker, hat er seine Gedanken in zahlreichen Dichtungen in Persisch — wie in Urdu — ausgedrückt. Sein Werk „Reconstruction of Religious Thought in Islam" kann als seine systematischste Arbeit gelten.

Auch für Iqbāl ist der Ausgangspunkt die Frage, was mit der islamischen Geschichte falsch gelaufen ist. Seine Antwort ist, daß unter dem Druck von Umständen, die in der Geschichte des Islams selbst zu suchen sind, die islamische Zivilisation ihre innere Dynamik verloren hat. So steht die Schaffung des vollkommenen islamischen Menschen im Mittelpunkt seiner Bemühungen um Erneuerung. Im letzten geht es um die Umerziehung der Menschen und die Umgestaltung der Gesellschaft, Aufgaben, die nur von jemandem vollbracht werden können, der dazu auserwählt und darauf vorbereitet ist. Nach seiner Überzeugung ist der Islam imstande, diesen Übermenschen hervorzubringen. Die Zeit sei reif; die Zukunft gehöre dem Islam, der einzigen zukunftsweisenden Religion. Vor diesem Hintergrund ist die Schaffung eines islamischen Staates für Iqbāl eine Notwendigkeit. Er rückt von dem Gedanken einer einheitlichen indischen Nation ab, indem er das Schicksal des Muslime auf dem Balkan verfolgt, und mit Bestürzung reagiert er auf die Abschaffung des Kalifats durch Atatürk. Freilich brauche die islamische Welt damit nicht um ihr Fortbestehen zu fürchten, denn gleichwohl bleibe sie eine Einheit, auch wenn sie durch die Zerschlagung eines islamischen Staates geschwächt sei. Zum erstenmal in der Geschichte der Menschheit habe der Islam nunmehr die Botschaft verkündet, daß die Religion weder an Nationen oder Völker gebunden sei noch eine individuelle oder persönliche Angelegenheit darstelle. Freilich lasse der Islam nicht zu, sich mit den Ungläubigen in einer Gemeinschaft zu verbinden. Er forderte deshalb die Separierung der indischen Muslime: Auf der Jahresversammlung der All-India Muslim League von 1930 in Allahabad, die unter Iqbāls Präsidentschaft stattfand, schlug er die Gründung eines separaten Staates der Muslime im Nordwesten Indiens vor.

6. Politisches Denken in der Krise

Mit der Staatswerdung Israels und dem Ausbruch der ägyptischen Revolution, die einen revolutionären Flächenbrand in der ganzen arabischen Region auslöste, war eine neue politische Situation entstanden, die auf das Denken einen radikalisierenden Einfluß hatte. Hinsichtlich der Ausformung von Nationalismus und Sozialismus ist dies oben bereits nachgezeichnet worden.

Die Entstehung Israels hatte die Muslime insgesamt, namentlich aber die Araber, mit einer letztlich unakzeptablen Tatsache konfrontiert. Durch seine pure Existenz machte der neue Staat nicht nur die Wirkung des europäischen Kolonialismus und Imperialismus deutlich, sondern war er zugleich auch eine permanente Demonstration der anhaltenden Überlegenheit westlicher Zivilisation. Mithin ist es nicht erstaunlich, daß weite Teile der intellektuellen und ideologischen Entwicklung im Nahen Osten unmittelbar oder mittelbar mit der entstandenen Krise verbunden waren und als Reaktion auf sie zu verstehen sind.

Bereits 1948 veröffentlichte Qusṭanṭīn Zuraiq (geb. 1909) ein Büchlein mit dem Titel „Ma'nā an-nakba" (Die Bedeutung der Katastrophe). Nichts, so stellte er darin fest, sei für die arabische Welt in dieser Epoche bedeutungsvoller als die Gefahr zionistischer Expansion, die sie am Ende zerstören könne. Dies könne nur verhindert werden, wenn die Araber all ihre Kräfte zur Selbstverteidigung einsetzten, was jedoch zugleich die Transformation ihrer ganzen Persönlichkeit bedingen würde. Die eigentliche Ursache der Katastrophe sei, daß es eine arabische Nation im eigentlichen Sinne nicht gebe. Eine fortschrittliche und dynamische Mentalität könne niemals durch eine primitive und statische aufgehalten werden; dies könne nur geschehen, wenn ein grundlegender Wandel in der Existenz der Araber eintrete.

Damit sind Leitmotive angeschlagen, die in der Literatur der folgenden Jahrzehnte immer wieder aufgegriffen werden. So etwa von dem Palästinenser Mūsā al-'Alamī (geb. 1895): In seinem Buch über die „Lehre von Palästina" ('Ibrat Filasṭīn) faßte er die Fehler, die von den Arabern in der Behandlung der Palästinafrage gemacht worden sind, zusammen und weist auf den Mangel an Vorbereitung, Einheit, Konzeption etc. hin. Aber auch er sieht hinter diesen Fehlern Gründe allgemeinerer Natur: den Mangel an Einheit bzw. an Partizipation des Volkes.

Die Notwendigkeit der Umwandlung des Gesellschaftssystems tritt damit deutlich in den Vordergrund. 'Abd al-'Azīz ad-Dūrī (geb. 1917) interpretierte die ganze arabische Geschichte unter dem Aspekt immer wiederkehrender Volksbewegungen im Zeichen von Freiheit und Einheit. Auch die nationalistische Komponente in den stärker politikbezogenen Ideologien des Baath und des Nasserismus ist in wesentlichen Elementen im Lichte der Auseinandersetzung mit Israel und der Schwierigkeiten, mit der Existenz dieses Staates ,,fertig" zu werden, zu sehen. In der lebhaften Diskussion, die der Niederlage im Sechs-Tage-Krieg (Juni 1967) folgte, findet sich diese säkularistisch-liberale Komponente bei Intellektuellen wie Adūnīs ('Alī Aḥmad Sa'īd, geb. 1923), 'Abd Allāh 'Abd ad-Dayim (geb. 1924) und Munīr al-Ba'labakī wieder. Daneben läßt sich eine stärker revolutionär-sozialistische Antwort auf die *nakba* (Katastrophe) erkennen. Deren bedeutendste Vertreter sind Ṣādiq Jalāl al-'Azm (geb. 1936) und Nadīm Bitār. In seinem Buch ,,an-Naqd adh-dhātī ba'd al-ḥazīma" (Die Selbstkritik nach der Niederlage) liefert er eine scharf formulierte Kritik am Zustand der arabischen Gesellschaften. Die arabischen Revolutionen seien auf der politischen Ebene stehen geblieben und nicht zu den sozio-ökonomischen Strukturen durchgedrungen. Grundlegende gesellschaftliche Problemstellungen wie die Zukunft der Agrarstrukturen bzw. des privaten Landeigentums, der Säkularisierung und der Klassenbeziehungen seien nicht radikal angegangen worden; der Mangel an ideologischer Klarheit habe die arabischen Revolutionen überall auf halbem Wege enden lassen. Diese Kritik dehnt al-'Azm auch auf Nasser aus. Eine tiefgreifende Revolution und die Schaffung eines ,,neuen Menschen" sieht auch Nadīm Bitār als die Voraussetzung an, weitere ,,katastrophale" Niederlagen zu vermeiden. Im Gegensatz zu al-'Azm enthält er sich freilich der Kritik an den revolutionären arabischen Regimen.

Die *nakba* von 1948 gab auch der religiösen Kritik an der Gesellschaft neuen Aufwind. Die Niederlage erschien als ein Versagen des Liberalismus und als eine Folge der Modernisierung in Form der Öffnung zum Westen. Nur eine umfassende ,,Re-Islamisierung" des politischen, gesellschaftlichen und kulturellen Lebens würde den Wiederaufstieg der arabisch-islamischen Welt bringen können. Zwar lassen sich auch hier zahlreiche Unterschiede und Nuancierungen erkennen — etwa gemäßigte Äußerungen wie Ṣalāḥ al-Munajjid (geb. 1920), doch hat die religiöse Antwort auf die Krise wesentlich im Zeichen militanter ,,islamistischer" Kräfte gestanden. Der Islamismus aber ist nicht eine spezifisch arabische Bewegung, sondern er hat sich im ganzen Nahen und Mittleren Osten (und — wenn auch in weniger heftiger Ausprägung — darüberhinaus) artikuliert.

An drei Namen läßt sich der ,,Islamismus" (auch häufig als ,,Fundamentalismus" bezeichnet oder als ,,militanter Islam" umschrieben) als religiös-politische Bewegung festmachen: Ḥasan al-Bannā' (1906 - 49), Abū l-A'lā al-Maudūdī (1903 - 79) und Khomeini (geb. 1902). Es ist bezeichnend, daß die Anfänge ihrer Aktivitäten in die 20er Jahre fallen. So verschieden im einzelnen die Lage in Ägypten, Indien und Persien auch gewesen sein mag, insgesamt bedeutete sie doch eine schwere Herausforderung an strenggläubige Muslime: Mit dem Ende des Ersten Weltkriegs hatte sich der europäische — namentlich britische — Einfluß noch verstärkt. Die ökonomische Lage für breite Teile der Bevölkerung war zudem noch härter geworden. Entscheidend war indes, daß mit der Abschaffung des Kalifats durch Kemal Atatürk im März 1924 das Fundament der politischen Ordnung des Islams zerstört worden war. An ihre Stelle war der Nationalstaat, eine für den Muslim fremde politische Bezugsgröße, getreten. Die Muslime waren herausgefordert, nach einer für sie annehmbaren islamischen Ordnung zu suchen. Während die einen — wie gezeigt — versuchten, mit den komplexen neuen Gegebenheiten fertig zu werden, indem sie sie als Chance zur Modernisierung betrachteten, forderten andere die vorbehaltlose Rückkehr zur ,,islamischen Ordnung", zur Eliminierung nicht-islamischer (also westlicher) Elemente und zur Abgrenzung gegenüber dem Westen. Die 1928 von Ḥasan al-Bannā' gegründete Gruppe der Muslimbrüder (Jam'īyat al-ikhwān al-muslimīn) war die erste größere organisierte Bewegung, die die Errichtung einer Gesellschaft auf islamischer Grundlage anstrebte. Es ist kein Zufall, daß al-Bannā' aus dem Kreis des letzten bedeutenden Vertreters der Salafīya, Rashīd Riḍā, kam. Dieser hatte sich selbst in späteren Jahren fundamentalistischen Positionen (und den Wahhabiten in Saudi-Arabien) angenähert und in der Frage des Kalifats dezidiert Stellung bezogen. Der Kern der Lehre, die von al-Bannā' entwickelt und in zahlreichen Veröffentlichungen der Muslimbrüder verbreitet wurde, ist die Auffassung, daß der Islam eine ,,Ordnung" (niẓām) ohne ihresgleichen sei, da Gott selbst sie enthüllt habe; mithin müsse sie alle Aspekte des menschlichen Lebens organisieren. Al-Bannā's Originalität lag weniger in dieser Lehre selbst als darin, daß er sie — vereinfacht und zu einem radikalen Postulat gemacht — zur ideologischen Grundlage einer Volksbewegung zu machen verstand. Der wahre Gehalt des Islams könne nur durch Gottes Verkündigung selbst (den Koran) und die Worte des Propheten erschlossen werden; der Theologie (kalām) bringen die Muslimbrüder deshalb Mißtrauen entgegen. Ihr politisches Hauptanliegen liegt in der Befreiung der islamischen Welt vom Westen und seinem Einfluß. Dies bedeutet, nach außen den Befreiungskampf konsequent fortzuführen, und nach innen, die Gesellschaft zu ,,re-islamisieren". Wenn sie diese Bestrebungen auch auf alle Aspekte des Lebens und der Gesellschaft richten, so konzentrieren sie sich doch auf die Abschaffung aller Elemente westlichen Rechts und auf die Schaffung eines Rechtssystems, das sich auf die *sharī'a* gründet. Die angestrebte Wirtschafts- und Gesellschaftsordnung solle auf einem ,,islamischen Sozialismus" beruhen, der aus koranischen Vorschriften wie der Almosensteuer (zakāt) und dem Verbot von Wucherzinsen (ribā) entwickelt wird.

Der authentische islamische Staat, der in einer Reihe vorbereitender Schritte zu errichten ist, soll am Ende die Gesamtheit der Muslime umfassen und von einem Kalifen regiert werden. Ein gewisses demokratisches Element wird dabei in der Einrichtung eines beratenden Gremiums (shūrā) anerkannt, wenn auch Parteien nicht zugelassen sind. Ziel der Errichtung dieses idealen islamischen Staates wäre nach innen die Beobachtung des islamischen Gesetzes; nach außen würde er die islamische Propaganda und Mission unterstützen und einen Kampf (falls nötig auch mit Waffen) für die Gerechtigkeit und das gemeinsame Gut der Menschheit führen.

Die Muslimbrüder, die außerhalb Ägyptens insbesondere in Syrien starken Anhang hatten (unter Muṣṭafā as-Sibā'ī, 1915 - 64) konnten in Ägypten vor allem in den Jahren 1945 - 54 erheblichen politischen Einfluß ausüben. Dann wurden sie von Nasser blutig verfolgt und eingesperrt, bis sein Nachfolger Sadat (Anwār as-Sādāt) sie 1971 in der Hoffnung freiließ, auf diese Weise die Kommunisten in Schach halten zu können.

In den Jahren der Verfolgung haben sich viele von ihnen in ihrer Haltung gegenüber dem Staat radikalisiert. Zum Theoretiker dieses militanten Flügels wurde Saiyid Quṭb (geb. 1906), der 1954 verhaftet und 1966 hingerichtet wurde. Angeregt durch al-Maudūdī (s.u.), den er durch die Vermittlung von Abū l-Ḥasan 'Alī Nadwī kennengelernt hatte, kommt er in seinen beiden späteren Hauptwerken (,,Fī ẓill al-Qur'ān" und ,,Ma'ālim fī ṭ-ṭarīq") zu einer radikalen Kritik von Modernität, da sie die Negierung der Herrschaft Gottes bedeute. In zunehmendem Maße verliere der Islam seine Kraft über die Gesellschaft und werde durch die herrschenden Verhältnisse schließlich einfach überlebt. Damit aber ziehe ein neues Zeitalter der *jāhilīya,* d.h. eine Epoche der Unwissenheit herauf, jener vergleichbar, die der Ausbreitung des Islams auf der Arabischen Halbinsel vorausgegangen sei. Es sei also höchste Zeit für den Islam, nunmehr zur Offensive überzugehen. Dabei kämen die Gefahren in erster Linie aus den Reihen der Muslime selbst — nicht zuletzt jener ,,revolutionären" Regime, die in Ägypten und anderswo in der islamischen Welt die Macht ergriffen hätten. Folgerichtig begann er — zum erstenmal in der Geschichte des sunnitischen Islams —, eine Rechtfertigung einer Revolte gegen die Machthabenden im Staate zu entwickeln.

Nach Quṭb befinden sich die wahren Muslime im Kriegszustand gegen die ,,Abtrünnigen", die es durch den ,,Heiligen Krieg" (jihād) zu bekämpfen gelte. Die wahren Muslime, die ,,Vorhut" (ṭalī'a) wie Quṭb sie nennt, müssen sich von der Gesellschaft der ,,Ungläubigen" separieren und eine Art ,,Gegengesellschaft" bilden. Sie müsse darauf gerichtet sein, fremde Einflüsse abzuwehren, die alte Gesellschaft zu zerstören und ein Vorbild für die Gesellschaft der Zukunft zu bieten.

Zwar hat sich der Hauptstrom von den radikalen Positionen Quṭbs distanziert. Nach Ḥasan al-Ḥudaibī kommt es dem Menschen nicht zu, über die Wahrhaftigkeit des Glaubens eines anderen Muslims zu urteilen oder ihn zu einem Apostaten zu erklären. Doch haben die Gedanken Quṭbs bei einem Teil der Muslimbrüder die Haltung gegenüber der sie umgebenden Gesellschaft radikalisiert. Zahlreiche Gruppen sind entstanden, die bereits im Namen Radikalität erkennen lassen. Zu den bekanntesten gehört die Organisation at-Takfīr wal-hijra (frei: Einen zum Ungläubigen erklären und — aus der Gesellschaft — auswandern), deren Gründer und Chefideologe Shukrī Muṣṭafā (geb. 1942) 1978 hingerichtet wurde. War die Konsequenz der Erkenntnis des ungläubigen Charakters der Gesellschaft zunächst der Rückzug aus der Gesellschaft (arabisch: hijra, d.h. die Auswanderung nach dem Vorbild Muḥammads, der 622 von Mekka nach Medina zog), so begann die Gruppe 1977 mit Gewalttätigkeiten, die in der Ermordung des ehemaligen Religionsministers Muḥammad Ḥusain adh-Dhahabī gipfelten.

Zur Gewaltanwendung als Mittel der Umformung der „heidnischen" in eine islamische Gesellschaft bekannte sich schließlich die Gruppe al-Jihād, die im Oktober 1981 den ägyptischen Präsidenten Sadat ermordete. Die ideologische Grundlage für dieses Verbrechen lieferte Muḥammad 'Abd as-Salām Faraj mit seinem Buch „al-Farīḍa al-ghā'iba (Die vernachlässigte Pflicht). Der Autor beginnt mit der Feststellung, daß die Pflicht des Heiligen Kriegs allen Muslimen vom Anbeginn des Islams an auferlegt sei. Da aber nach Ansicht des Autors auch die Errichtung des „islamischen Staates" Pflicht sei, werde der Krieg zur Pflicht, sollte ein solches Staatswesen nicht auf anderem Wege herzustellen sein. Das Programm der Muslimbrüder und die Lehre Saiyid Quṭbs haben hier ihre radikalste Weiterentwicklung erfahren.

Wie schon angedeutet, hat der Inder (Pakistani) Abū l-A'lā al-Maudūdī die arabischen Muslimbrüder nachhaltig beeinflußt. Tatsächlich ist er derjenige, der das Problem des islamischen Staates in seinen zahlreichen Schriften in ein systematisches Gedankengebäude eingeordnet hat. Auch er wurde (1941) zum Gründer einer religiös-politischen Bewegung, der Jamā'at-i islāmī, die auch heute (1987) noch als politische Strömung fortbesteht. Den Kern seiner Lehre bilden seine Ausführungen über die islamische Revolution. Wenn der Islam — nach dem Selbstverständnis der Muslime — die vollkommene und endgültige Religion ist, dann kann er nicht neben anderen Systemen einher leben. Vielmehr ist es eine Verpflichtung der Muslime an der Menschheit, ihr äußerstes für den Sieg des Islams zu geben. Sie stellen eine Vorhut dar, deren Kampf der Erreichung eines Status der Überlegenheit gelten muß. Der Islam ist also eine revolutionäre Ideologie und der *jihād* der revolutionäre Kampf. In der wahren und revolutionären islamischen Gesellschaft würde es dann keine Klassen mehr geben können — sie würde, wie er es nennt, eine „Theo-Demokratie" sein. Ziel der islamischen Revolution würde die Herstellung einer vollkommenen gesellschaftlichen Ordnung sein, in der das Gute und Gerechte gesiegt haben und alle Arten der Ausbeutung, Ungerechtigkeit und Ordnungslosigkeit ausgemerzt sein würden. Obwohl sich an dieser Stelle die marxistische und die islamistische Utopie berühren — und tatsächlich ist die Radikalität von al-Maudūdīs Denken vom Marxismus beeinflußt —, ist er bis zum Fanatismus anti-marxistisch. Die Überlegenheit des Westens weist er als „Legende" zurück, vielmehr sieht er diesen eher auf dem Weg des Abstiegs. Auch lehnt er den Nationalismus, wie er von Atatürk am radikalsten in der islamischen Welt verwirklicht wurde, entschieden ab.

„Muslim" bezeichnet die durch den Islam gegründete Partei der Weltrevolution. Jeder, der an ihre Botschaft glaubt und sie annimmt, ist Mitglied der „Islamischen Gemeinschaft" (Jamā-'at-i islāmī) und der „Partei Gottes" (Ḥizb Allāh, Koran 5:56, 58:22). Dies ist denn auch der Name jener militanten Gruppen, die in Inspiration der Lehren von Khomeini in Teheran, aber auch in Beirut und anderen arabischen Städten durch militante Aktionen die bestehenden Ordnungen unter Druck zu setzen suchen, um auf ihren Trümmern eine Islamische Republik *à la* Iran zu errichten.

Während es sich bei al-Bannā' und al-Maudūdī um Laien handelt, ist Khomeini einer der führenden iranischen (schiitischen) Theologen der Gegenwart. 1944 veröffentlichte er seine ersten Kritiken des Pahlawi-Regimes: Er forderte die *'ulamā'* in einem offenen Brief auf, sich gegen die Unmoral im öffentlichen Leben zusammenzuschließen. In seinem in demselben Jahr veröffentlichten Buch ,,Kashf al-asrār" (Enthüllte Geheimnisse) greift er Reza Shah schonungslos an, den er für den Feind der Religion hält. Er entwickelt den Gedanken einer von den kompetenten Geistlichen (mujtahid) geführten islamischen Regierung. Nur ein Herrscher, der von frommen *mujtahids* gewählt werde, könne Iran regieren.

1962 nahm Khomeini den Kampf gegen das bestehende Regime in Iran auf. Nach religiösen Unruhen, in denen er eine führende Rolle spielte, wurde er 1964 ins Exil verbannt. Das hielt ihn nicht davon ab, von Nadschaf aus, wo er von 1965 bis 1978 residierte, seinen Kampf gegen den Schah, den Imperialismus und den Zionismus mit Erklärungen und Tonbandkassetten fortzusetzen. Seine Ablehnung jeglichen Kompromisses mit dem Regime bildete einen revolutionären Gegensatz zu vielen religiösen Oppositionellen, die lediglich konstitutionelle Reformen forderten. Zu dieser Zeit wurde sein auf der Grundlage studentischer Mitschriften entstandenes Buch ,,Die islamische Regierung" (Ḥukūmat-i islāmī) veröffentlicht, das drei grundlegende Ideen enthält:

— Eine radikale Verurteilung der Monarchie. Der Prophet, heißt es, habe die byzantinischen Eroberer und den Sassaniden-Schah aufgefordert, ihre unrechtmäßige Macht abzugeben. Unter Einsatz kriegerischer Mittel habe der Islam eine Herrschaft der Gerechtigkeit errichten können. Husain (al-Ḥusain ibn ʻAlī) sei als Märtyrer in der Schlacht gefallen, die den Islam vor der Degeneration zur Monarchie bewahren sollte. Der Islam kenne weder Monarchie noch dynastische Erbfolgen.
— Der Islam vermittle im Koran und in den Überlieferungen (sunna) alle Gesetze und Prinzipien, die der Mensch für sein Glück und seine Vervollkommnung brauche. Diese Gesetze seien gerecht; sie schützten die Unterdrückten und Hungrigen vor ungerechter Herrschaft. Die gesetzgeberische Gewalt stehe im Islam nur Gott zu. Deshalb solle es unter einer islamischen Regierung nur eine Versammlung geben, die das Gesetz des Islams anwende, nicht aber eine gesetzgebende Versammlung. Die Gesellschaft brauche den Propheten und die Imame, um die Gesetze anzuwenden und sie vor Deformationen zu schützen. Sie seien die einzigen, die das Gesetz umfassend beherrschten und die Tugend der Gerechtigkeit (ʻadālat) vollständig besäßen. Nach ihnen seien es die muslimischen Rechtsgelehrten (faqīh, pl. fuqahā'), die regieren sollten. Die Autorität müsse offiziell den Rechtsgelehrten zustehen.
— Schließlich stellt Khomeini fest: Der Islam sei in Gefahr, sei durch perverse Lehren — Materialismus, Christentum, Zionismus — korrumpiert worden, die in Iran durch die imperialistischen Mächte ermutigt worden seien. Die *ʻulamā'* müßten den Islam reinigen und die politischen und ökonomischen Aspekte der Botschaft des Korans in der Öffentlichkeit bekannt machen. Der Islam müsse verbreitet werden, vor allem unter den Universitätsabsolventen. Jenen, die Savak-Agenten und Hofgeistliche seien, müßten die Turbane heruntergerissen werden; nur diejenigen, die ,,Soldaten Gottes" seien, sollten ihr geistliches Kleid behalten und der islamischen Regierung dienen.

So sehr sich die Lehren der zitierten Fundamentalisten in Einzelheiten unterscheiden, so sind doch die Gemeinsamkeiten in den großen Linien zu erkennen. Unter denen, die der religiösen Wiedererweckung in Iran als Denker außerhalb der engeren fundamentalistischen Strömung wichtige Impulse verliehen haben, bleibt noch Schariati (ʻAlī Sharīʻatī) zu nennen (1933 - 77). Er begann seine Studien in Meschhed und ging 1960 nach Paris, wo er Religionsgeschichte und Soziologie studierte. Seinen Ruhm erwarb er sich als Redner an der Ḥusainīya Irshād, einer fortschrittlichen religiösen Institution, die 1969 gegründet wurde. Schariati sah sich als politisch-religiöser Theoretiker im Kontext der Befreiungsbewegungen der Dritten Welt. Er spürte deutlich die Probleme von Kolonialismus und Neokolonialismus und griff vor allem die kulturelle Kolonisierung an, die die Menschen von ihren Wurzeln entfremdet.

Schariati sah im islamischen Humanismus die einzige Ideologie, die Iran und alle unterdrückten Völker retten könne. Man solle nicht dem Islam in seiner degradierten Form, wie in den gegenwärtigen muslimischen Gesellschaften, sondern in der Form von Muḥammads idealer

Gesellschaft folgen. Ausgehend von einer Kritik der westlichen Demokratie, die in Wirklichkeit den Sieg der konservativen Mehrheit über die fortschrittliche Minderheit sichere, träumt er von einem islamischen Totalitarismus, der seiner Auffassung nach als einziger das Individuum als Ganzes respektiert, ohne es zum Sklaven außer eben dem Sklaven Gottes zu machen und ohne seine Autonomie auf die eines wirtschaftlichen Produzenten zu beschränken. Der Islam ist für ihn die einzige Grundlage für eine Ideologie des permanenten Fortschritts und der Revolution, die jedem Versuch, zur Tyrannei und zum Verfall politischer Beziehungen zurückzukehren, Einhalt gebietet.

Obwohl von Kernelementen der Schia (namentlich der Lehre vom Imamat bestimmt) lassen sich in seinem revolutionären Radikalismus Anklänge auch an die Lehre des libyschen Revolutionsführers Gaddafi erkennen, wie sie teilweise in seinem ,,Grünen Buch" niedergelegt ist. Nicht nur, daß auch er die westliche repräsentative Demokratie verwirft und die unmittelbare Teilnahme der Volksmassen (jamāhīr) u.a. in Form der Volkskomitees und -kongresse fordert; auch für ihn ist der einzelne zu einer Interpretation des Korans aufgerufen, durch die er die Prinzipien seiner revolutionären Rolle in der Gesellschaft gewinnt. Dabei lassen beide die *'ulamā'* als die berufenen Mittler zwischen der koranischen Offenbarung und dem Korpus des islamischen Gesetzes in den Hintergrund treten. Auch für Gaddafi hat ein im Islam gründendes Verständnis von Gerechtigkeit einen weltweiten Geltungsanspruch. Gerade freilich am libyschen Beispiel läßt sich die tiefe Kluft zwischen dem revolutionären Ideal auf der einen und der Umsetzung in die Wirklichkeit, d.h. der politischen Realität auf der anderen Seite erkennen, die für die gesamte hier dargestellte Strömung charakteristisch ist.

7. Politisches Denken in der Gegenwart

Die intellektuelle Diskussion in der arabischen Welt während der letzten zwei Jahrzehnte ist durch zwei Leitmotive charakterisiert: die ,,Krise der arabischen Intellektuellen" und die Wechselbeziehung bzw. das Spannungsverhältnis zwischen ,,Authentizität und Modernität" oder auch ,,Erbe" (turāth) und Gegenwart. Wie breit gefächert die Variationen des Leitmotivs auch sein mögen, und wie nuancenreich die Diskussion auch geführt wird, so deutlich wird doch zugleich, daß man sich im Grunde weiterhin auf den geistigen Pfaden bewegt, die bereits von den Denkern und Reformern des 19. Jahrhunderts gewiesen wurden.

Der Kreis derer freilich, die sich heute daran beteiligen, hat sich ausgeweitet: Historiker und Philosophen sowie Sozial- und Politikwissenschaftler — in den meisten Fällen im Westen ausgebildet und zum Teil an westlichen Universitäten (vornehmlich in Frankreich, England und USA) lehrend — spielen dabei eine bestimmende Rolle. Stärker als in den vergangenen anderthalb Jahrhunderten leisten dabei auch Intellektuelle aus dem Maghreb, vornehmlich Tunesien und Marokko, originelle Beiträge. Die Grundproblematik insgesamt freilich, die sich für die Intellektuellen des arabischen Kulturkreises stellt, hat darüber hinaus *mutatis mutandis* ihre Relevanz auch für den ganzen Nahen und Mittleren Osten: Im Iran der Pahlawi-Dynastie, die sich einer tiefgreifenden Verwestlichung verschrieben hatte, hatte das islamische mit dem national-persischen Erbe in einem Konkurrenzverhältnis gestanden. In der kemalistischen Türkei, die einen radikalen Schnitt zwischen Vergangenheit und Modernität gemacht hatte, ist seit den 60er Jahren ein Prozeß der Wiederentdeckung von Elementen der Kontinuität zu der osmanischen Vergangenheit und der Relevanz des islamischen Erbes unübersehbar.

Die Entwicklung der geistigen Situation hat sich in den letzten zwei Jahrzehnten deutlich auf die Polarisierung zweier grundsätzlicher Positionen zubewegt. Während die Vertreter der Authentizität die Lösung der Krise in der Rückkehr zu den islamischen Grundlagen und der radikalen

Ausschließung der Moderne sehen, tendieren die Modernisten dazu, den Islam als gesellschaftlichen Faktor und identitätsbildende Kraft zu unterschätzen. Während Muḥammad 'Abduhs Ansatz in einem fundamentalistisch-orthodoxen sozialen und politischen Denken, d.h. in der Salafīya mit ihrem größten Vertreter Rashīd Riḍā und schließlich bei den Muslimbrüdern endete, richtete die westlich-säkularistische Strömung allzu abstrakte Gedankengebäude auf, mit denen sich breitere Schichten nicht zu identifizieren vermochten. Mit Saiyid Quṭbs Spätwerk und Ṣādiq al-'Azms 1969 in Beirut veröffentlichter „Kritik des religiösen Denkens" sind die beiden Gegenpole markiert. Den zeitgenössischen Denkern geht es darum, einen möglichst umfassenden Kontext von Leben, Mensch und Gesellschaft zu schaffen, der letztlich nur in einem ganzheitlichen ideologischen System gefunden wird. Dabei bleibt die kritische Auseinandersetzung mit den konkreten Herausforderungen an den Muslim weithin auf der Strecke: Die grundlegenden Probleme der Industrialisierung, der Beziehung von Staat und Religion, des allgemeinen Erziehungssystems, wirtschaftlicher Gerechtigkeit oder politischer Partizipation sind noch keineswegs gelöst. Der Nationalismus schien zeitweise als der am ehesten geeignete Ansatz, einen mittleren Weg zu weisen, da er pragmatische Lösungen bestehender Probleme mit einem emotionalen Appell zur Überwindung von Polarisierung und zu gesellschaftlicher Geschlossenheit verband. Doch — von der Türkei abgesehen — ist der Nationalismus, der mit mehr oder minder tiefgreifenden sozialen und wirtschaftlichen Reformen verbunden war, in den letzten Jahren unter Druck geraten. Die islamische Revolution in Iran und die Gründung der Islamischen Republik, die einen islamisch-internationalistischen Ausblick angenommen hat, zeigen an, wo die stärksten und schlagkräftigsten geistigen Kräfte für die absehbare Zukunft liegen. In der gegebenen Situation ist es verführerisch, eine umfassende Lösung anzustreben, welche zugleich in sich konsistent und emotional erfüllend ist, alle Übel auf eine einzige Wurzel zurückführt und schließlich ein Allheilmittel vorschlägt. Der Islam entfaltet in diesem Zusammenhang unbestreitbar die größte Anziehungskraft.

In der Auseinandersetzung zwischen „Erbe" und „Modernität" scheinen in den 80er Jahren jene die Oberhand zu behalten, die einen völlig statischen Kultur- und Wertbegriff haben. Gleichwohl lassen sich auch Muslime ausmachen, die ein dynamischeres Kulturverständnis in den Mittelpunkt eines Denkens stellen, das darauf gerichtet ist, das Verhältnis von Erbe und Modernität wieder zu dynamisieren. Bemerkenswerterweise entstammt eine verhältnismäßig große Zahl von ihnen dem Maghreb (namentlich Tunesien und Marokko), was wohl nicht zuletzt eine Folge der relativen geistigen und politischen Liberalität und der engen Kulturbeziehungen mit Frankreich ist. Zu ihnen gehören Maḥjūb Ben Mīlād (geb. 1916), Hishām Ju'aiyit (Hichem Djait, geb. 1935) und 'Abd Allāh al-'Arwī (Abdallah Laroui, geb. 1933), aber auch der Ägypter Aḥmad Kamāl Abū l-Majd. Sie gehen davon aus (wobei ihr Denken im einzelnen unterschiedliche Wege geht), daß Kulturgemeinschaften ebenso wie Individuen nicht von Anfang an ein für allemal „sie selbst" sind, sondern daß sie ihr Wesen verwirklichen, indem sie die ihnen innewohnenden Möglichkeiten in der Auseinandersetzung mit neuen Situationen und Gedanken ständig weiter entfalten. Von daher ist für sie kulturelle Selbstbehauptung ein Weg nach vorn: Ergründung und Erprobung dessen, was das islamische Erbe unter veränderten historischen Bedingungen und in einem neuen Bildungshorizont bedeuten kann. Es geht ihnen nicht um die Bewahrung eines immer Gleichen, sondern um die Tragfähigkeit einer sich kontinuierlich fortentwickelnden Tradition.

Es ist jedoch schwer zu sehen, wie die „Krise der Intellektuellen", die immer wieder Gegenstand wortreicher (und bisweilen wehleidiger) Ausführungen ist, tatsächlich überwunden werden kann. Laroui hat dem Gegenstand mehrere Bücher gewidmet; und Abū l-Majd sucht einen dynamischen Humanismus zu entwickeln, der nicht nur aus dem Verständnis des „wahren" Islams abgeleitet ist, sondern zugleich Anleitung zu politischem und gesellschaftlichem Handeln gibt. Doch ergibt die tatsächliche Situation kaum Indizien dafür, daß sie sich an die Spitze der intellektuellen Bewegung im arabischen Raum setzen könnten. Unter den stärker in der Tradition 'Abduhs stehenden Denkern hat der Sudanese Maḥmūd Muḥammad Ṭāhā eine Neuinterpretation des Korans mit dem Ziel gefordert, durch einen theologisch reformierten Islam die Voraussetzung für die Anpassung von Islam und Moderne zu schaffen. Er wurde 1985 in den letzten Monaten des Regimes Numeiri (Ja'far an-Numairī), der im September 1983 die umfassende Wiedereinsetzung des islamischen Gesetzes verfügt hatte, hingerichtet. Ähnliche Ansätze finden sich auch bei jugoslawischen und anderen außerhalb des Nahen und Mittleren Ostens lebenden Muslimen, doch werden auch sie kaum zu bestimmenden Kräften werden.

Die Intellektuellen im Nahen und Mittleren Osten der Gegenwart befinden sich in einer Sackgasse. Sie suchen nicht nur nach Konzepten, die die Überwindung der Krise im Lichte der Wahrung der Tradition und der Erhaltung der Identität möglich machen. Sie versuchen zugleich, eine umfassende Weltanschauung zurückzugewinnen, die ein ganzheitliches Verständnis der Welt ermöglicht, wie dies ihren geistigen Vätern noch gelungen war. Im Unterschied zu jenen freilich wird der Weg dazu weniger in rein intellektueller Bemühung als vielmehr in Aktion und Tat gesehen. Dabei aber stößt der Intellektuelle von heute in den meisten Fällen auf den Widerstand der tatsächlichen politischen Gegebenheiten, die in Macht- und Herrschaftsverhältnissen liegen, die auf die Erhaltung des politischen *Status quo* ausgerichtet sind. Angesicht dieser Rahmenbedingungen ist schwer zu sehen, wie jene geistige Renaissance eingeleitet werden kann, die die Voraussetzung zur Bestehung des Wettbewerbs mit dem Westen sein könnte. Da die Krise der islamischen Welt in der Unterlegenheit in jenem Wettbewerb ihren Ausgangspunkt und Grund hat, lassen sich für die Zukunft weitere geistige Konvulsionen, die von politischem Aktivismus begleitet sein werden, vorhersagen.

Literatur:

Abdel-Malek, A. 1971: Ägypten: Militärgesellchaft, Frankfurt a.M.

ders. (Hrsg.) 1983: Contemporary Arab Political Thought, London.

Abou-Manneh, B. 1980: The Christians between Ottomanism and Syrian Nationalism: The Ideas of Butrus al-Bustani, in: International Journal of Middle East Studies, Bd. 11, Nr. 3, 287-304.

ders. 1979: Sultan Abdulhamid II and Shaikh Abulhuda Al-Sayyadi, in: Middle Eastern Studies, Bd. 15, Nr. 2, 131-153.

Abrahamian, E. 1973: Kasravi: The Integrative Nationalist of Iran, in: Middle Eastern Studies, Bd. 9, 271-295.

Abul Magd, A.K. 1985: An Attempt to Employ Islamic Culture in the Realization of Social and Political Change in Arab and Islamic Societies, in: Euro-Arab Dialogue. The Relations Between the two Cultures, London, 262-288.

Ahmed, J. M. 1960: The Intellectual Origins of Egyptian Nationalism, London.

Antonius, G. 1938: The Arab Awakening, London.

Arendt, H. 1958: Elemente und Ursprünge totaler Herrschaft, Frankfurt a.M.

Bein, A. 1974: Theodor Herzl, Wien.

Berkes, N. 1964: The Development of Secularism in Turkey, Montreal.

Buber, M. 1963: Der Jude und sein Judentum, Gesammelte Aufsätze und Reden, Köln.

Buhairi, M. 1981: Intellectual Life in the Arab East, 1890 - 1939, Beirut.

Calder, N. 1982: Accomodation and Revolution in Imami Shi'i Jurisprudence: Khumayni and the Classical Tradition, in: Middle Eastern Studies, Bd. 18, 3-20.

Carré, O. 1984: Mystique et Politique. Lecture révolutionnaire du Coran par Sayyid Qutb, Frère musulman radical, Paris.

Cottam, R. W. 1964: Nationalism in Iran, Pittsburgh.

Dawn, E. 1973: From Ottomanism to Arabism, Urbana.

Dessouki, A. H. 1973: Arab Intellectuals and Al-nakba: The Search for Fundamentalism, in: Middle Eastern Studies, Bd. 9, 187-196.

Khalid, D. 1985: Islam und politischer Extremismus: Einführung und Dokumentation, Hamburg.

Eban, A. 1975: Mein Land — Das moderne Israel, München, Zürich.

EI: The Encyclopaedia of Islam. New Edition, Leiden, London 1960ff.

Elon, A. 1972: Die Israelis — Gründer und Söhne, Wien, München, Zürich.

Ende, W. u. Steinbach, U. (Hrsg.) 1984: Der Islam in der Gegenwart, München.
ders. 1977: Arabische Nation und islamische Geschichte. Die Umayyaden im Urteil arabischer Autoren des 20. Jahrhunderts, (Beiruter Texte und Studien, 20), Beirut.
Gershoni, I. 1985: Egyptian Intellectual History and Egyptian Intellectuals in Interwar Period, in: Asian and African Studies, Bd. 19, Nr. 3, 333-364.
Gibb, H. A. R. 1947: Modern Trends in Islam, Chicago.
Grunebaum, G. E. von (Hrsg.) 1971: Der Islam, 2. Die islamischen Reiche nach dem Fall von Konstantinopel, (Fischer Weltgeschichte, 15), Frankfurt a.M.
Haim, S. (Hrsg.) 1964: Arab Nationalism: An Anthology, Berkeley.
Heil, H. 1969: Die neuen Propheten, Fürth-Erlangen.
Heyd, U. 1950: Foundations of Turkish Nationalism. The Life and Teachings of Ziya Gökalp, London.
Hourani, A. 1962: Arabic Thought in the Liberal Age, 1798 - 1939, Oxford.
ders. 1981: The Emergence of the Modern Middle East, Berkeley.
Ibrahim, I. A. 1973: Isma'il Maẓhar und Husayn Fawzi: Two Muslim ,,radical" Westernizers, in: Middle Eastern Studies, Bd. 9, 35-42.
ders. 1979: Salama Musa: An Essay on Cultural Alienation, in: Middle Eastern Studies, Bd. 15, 346-357.
Jansen, J. G. 1985: The Early Islamic Mouvement of the Kharidjites and Modern Moslem Extremism: Similarities and Differences, in: Orient, Bd. 26, Heft 1, 127-135.
Johannsen, B. 1967: Muḥammad Ḥusain Haikal. Europa und der Orient im Weltbild eines ägyptischen Liberalen, Beirut.
Karpat, K. (Hrsg.) 1982: Political and Social Thought in the Contemporary Middle East, New York.
Keddie, N. 1972: Sayyid Jamāl ad-Dīn ,,al-Afghānī": a Political Biography, Berkeley.
Kepel, G. 1984: Le Prophète et Pharaon. Les mouvements islamistes dans l'Egypte contemporaine, Paris.
Kerr, M. H. 1966: Islamic Reform: The Political and Legal Theories of Muhammad Abduh and Rashid Rida, Berkeley.
Khadduri, M. 1970: Political Trends in the Arab World, Baltimore.
Khoury, P. 1981: Tradition et Modernité: Matériaux pour servir à l'étude de la Pensée Arabe actuelle, Münster.
Kinross, L. 1964: Atatürk: The Rebirth of a Nation, London.
Koehler, W. (Hrsg.) 1977: Muhammad Iqbal und die drei Reiche des Geistes, (Schriftenreihe des Deutsch-Pakistanischen Forum e.V., 3), Hamburg.
Landau, J. 1981: Pan-Turkism in Turkey. A Study of Irredentism, London.
Laqueur, W. 1972: Der Weg zum Staat Israel, Wien.
Laroui, A. 1974: La crise des intellectuels arabes, Paris.
ders. 1967: L'idéologie arabe contemporaine, Paris.
Lerman, E. 1981: Mawdudi's Concept of Islam, in: Middle Eastern Studies, Bd. 17, 492-509.
Lewis, B. 1962: The Emergence of Modern Turkey, 2. Aufl., London.
Meier-Cronemeyer, H. 1980: Kleine Geschichte des Zionismus. Von den Anfängen bis zum Jahr 1948, Berlin.
Nagel, T. 1981: Staat und Glaubensgemeinschaft im Islam. Geschichte der politischen Ordnungsvorstellungen der Muslime, München.
Peters, R. 1979: Islam and colonialism, Den Haag.
ders. 1984: Erneuerungsbewegungen im Islam vom 18. bis zum 20. Jahrhundert und die Rolle des Islams in der neueren Geschichte: Antikolonialismus und Nationalismus, in: Ende, W. u. Steinbach, U. (Hrsg.): Der Islam in der Gegenwart, München, 91-131.
Reid, D. M. 1982: Arabic Thought in the Liberal Age — Twenty Years After, in: International Journal of Middle Eastern Studies, Bd. 14, Nr. 4, 541-557.
Reissner, J. 1984: Die militant-islamischen Gruppen, in: Ende, W. u. Steinbach, U. (Hrsg.): Der Islam in der Gegenwart, München, 478-486.
Richard, Y. 1980: Der verborgene Imam, Berlin.
Ronard, S. u. N. 1972: Lexikon der Arabischen Welt. Ein historisch-politisches Nachschlagewerk, Zürich, München.
Roussillon, A. 1985:: Les nouveaux fondamentalistes en colloque. ,,Authenticité" et ,,Modernité": les défis de l'identité dans le monde arabe, in: Maghreb-Mashrek, Nr. 107, 5-22.
Schoeps, H. J. (Hrsg.) 1973: Zionismus, München.

Sharabi, H. 1970: Intellectuals and the West: The Formative Years, 1875 - 1914, Baltimore.
Shepard, W. 1980: The Dilemma of a Liberal. Some Political Implications in the Writings of the Egyptian Scholar Ahmad Amin (1886 - 1954), in: Middle Eastern Studies, Bd. 16, 84-97.
Siwan, E. 1985: Radical Islam, Medieval Theology and Modern Politics, New Haven, London.
Smith, C. 1963: Der Islam in der Gegenwart, Frankfurt a.M., Hamburg.
Steppat, F. 1956: Nationalismus und Islam bei Mustafa Kamil, in: Die Welt des Islams, N. S., Bd. 4, 241-341.
Tibi, B. 1971: Nationalismus in der Dritten Welt am arabischen Beispiel, Frankfurt a.M.
Wieland, R. 1971: Religion und Offenbarung und Geschichte im Denken moderner Muslime, Wiesbaden.
dies. 1984: Islam und kulturelle Selbstbehauptung, in: Ende, W. u. Steinbach, U. (Hrsg.): Der Islam in der Gegenwart, München, 551-559.
Zolondek, L. 1966: Socio-Political Views of Salim al-Bustani (1848 - 1884), in: Middle Eastern Studies, Bd. 2, 144-156.

Dritter Teil:
Politische Systeme und ihre Elemente

I. Legitimitäts- und Stabilitätsprobleme politischer Systeme

Rüdiger Robert

1. Legitimitäts- und Stabilitätsvoraussetzungen

Politische Systeme sind, um langfristig überleben zu können, auf Legitimität angewiesen. Voraussetzung für ein entsprechendes Maß an Anerkennung und Unterstützung durch die Bevölkerung ist, daß die Systeme über eine ausreichende Problembewältigungskapazität nach innen und außen verfügen. Dazu gehören ein im wesentlichen gelungener Prozeß der Staats- und Nationenbildung, ein Mindestmaß an wirtschaftlicher und sozialer Homogenität, ein im großen und ganzen stabiles Wert- und Verhaltensgefüge sowie die Fähigkeit, politische Partizipation und eine möglichst breite Verteilung von Gütern und Dienstleistungen sicherzustellen. Diese Voraussetzungen sind in den Ländern des Nahen und Mittleren Ostens, die mit Ausnahme Israels Entwicklungsländer sind, nur unzureichend gegeben. Die Stabilität ihrer politischen Systeme ist daher in vielen Fällen gering.

2. Staats- und Nationenbildung

In ihrer Mehrzahl sind die Staaten des Nahen und Mittleren Ostens Schöpfungen des 20. Jahrhunderts. Nur die Türkei, Iran, Afghanistan, Ägypten und Marokko verfügen über eine weiter in die Geschichte zurückreichende politische Identität. Bis 1914 waren Syrien und der Irak lediglich geographische Begriffe. Die Idee eines haschimitischen Königreiches Jordanien war noch nicht einmal geboren, Israel kaum mehr als eine zionistische Utopie. Die Arabische Halbinsel bestand aus einer Ansammlung von Emiraten, Scheichtümern und Stammeskonföderationen. Vorherrschende Macht in der Region war, wenn auch nur als ,,kranker Mann am Bosporus", das Osmanische Reich. Faktisch war der Einfluß der europäischen Kolonialmächte dominierend.

Erst nach dem Ende des Ersten Weltkriegs begann sich die heutige Staatenwelt des Nahen und Mittleren Ostens herauszubilden. Großbritannien und Frankreich haben dabei eine wesentliche Rolle gespielt. Sie erzwangen die Aufspaltung der arabischen Welt in eine Vielzahl von Staaten, nahmen willkürliche Grenzziehungen vor und entschieden lange Zeit über das Ausmaß an Unabhängigkeit, das sie den einzelnen Staaten zu gewähren bereit waren. So unterschiedlich sich das Ende der Kolonialherrschaft in der islamisch-orientalischen Welt vollzogen hat, Legitimität und Stabilität der politischen Systeme sind davon bis in die Gegenwart negativ betroffen.

Das wird am Beispiel der Länder des Fruchtbaren Halbmonds (Irak, Syrien, Jordanien und Libanon) deutlich. Als künstlich geschaffene politische Einheiten verfügen sie weder über eine ihrer spezifischen Situation angepaßte Geschichte und Tradition noch über eine spezifisch auf ihr Territorium bezogene räumliche Organisation von Infrastruktur und Wirtschaft. Hinzu kommt eine beachtliche Vielfalt von Ethnien und Religionen. Die Folge sind stets von neuem aufbrechende inner- und zwischenstaatliche Konflikte. Im Fall des Libanon haben sie zu einer Gefährdung der staatlichen Existenz geführt. Eine Zentralgewalt, die in der Lage wäre, die innere Ordnung aufrechtzuerhalten und das Land gegen Interventionen von außen zu verteidigen, ist seit Beginn des Bürgerkriegs 1975 nicht mehr vorhanden.

Ohne Zweifel ist der Libanon ein Sonder- und Extremfall. Aber selbst dort, wo im Nahen und Mittleren Osten die Staatenbildung als akzeptiert gelten kann, ist die Legitimität der politischen Systeme durch ständige Konfrontation mit dem kolonialen Erbe und durch andauernde Einflußnahme von außen nicht gesichert. Zahlreiche Monarchien sind in den vergangenen Jahrzehnten als Marionettenregime des Westens attackiert und gestürzt worden. Mit Ausnahme Jordaniens haben lediglich religiös-tribal legitimierte traditionelle Monarchien wie Marokko und Saudi-Arabien ihre Existenz verteidigen können. Die innenpolitische Notwendigkeit, Distanz von auswärtigen Mächten zu halten, gilt in der Gegenwart vor allem für die Supermächte. Die Bedeutung des Antiamerikanismus in der Region hat die schiitisch-islamische Revolution in Iran gezeigt. Umgekehrt hatte in Afghanistan das Regime des Babrak Karmal wegen seiner Abhängigkeit von der Sowjetunion niemals eine Chance, von der Bevölkerung als legitim anerkannt zu werden.

Ungeklärte Gebietsansprüche sind ein weiteres Stabilitätsproblem für die Staaten des Nahen und Mittleren Ostens. Sie sind abgesehen von der kolonialen Vergangenheit, die sich auch hier widerspiegelt, ein Indiz für die Schwierigkeit, Staaten in einer Region zu bilden, der exakt definierte Grenzen vielfach fremd sind. Obwohl es in einer Reihe von Fällen gelungen ist, territoriale Konflikte friedlich beizulegen, ist ihre politische Sprengkraft nach wie vor groß. Der in unregelmäßigen Abständen aufflammende Streit zwischen Katar und Bahrain über den Besitz der Hawar-Inseln macht dies ebenso deutlich wie der latente Anspruch des Irak auf kuwaitisches Gebiet. Meinungsverschiedenheiten über den Grenzverlauf am Schatt al-Arab waren eine — wenn auch nicht die entscheidende — Ursache für den Ausbruch des iranisch-irakischen Kriegs im September 1980. Die marokkanische Monarchie hat ihre Zukunft eng mit der zumindest teilweisen Durchsetzung ihres Anspruchs auf das Gebiet der ehemals Spanischen Westsahara verknüpft. Der israelisch-arabische Konflikt ist ohne die territorialen Ambitionen des jüdischen Staates auf die Westbank nicht zu verstehen.

Direkt mit der Aufgabe der Staatenbildung im Nahen und Mittleren Osten ist das Problem der Nationenbildung verbunden. Es ist ebenfalls nicht abschließend gelöst. Am ehesten können noch die Türkei, Iran und Israel als Nationalstaaten bezeichnet werden. In der Türkei beruht die Einheit von Staat und Nation auf einer weltlichen Grundlage. Im Unterschied dazu sind in Iran Nationalstaatsgedanke und (schiitischer) Islam eng aufeinander bezogen. Auch Israel wäre als nationale Einheit ohne die Klammer der Religion nicht denkbar. Unerfüllt geblieben sind hingegen wie im Falle der Kurden alle Aspirationen der Araber auf nationale Einheit. Der Verwirklichung dieses Ziels hat sich der Arabische Nationalismus verschrieben. Lange Zeit vermochte er alle Kräfte zu neutralisieren, die sich auf den Islam als politische Ideologie berufen. Über Jahrzehnte war er für zahlreiche als konservativ geltende politische Systeme eine Bedrohung. An seine Stelle ist in den 70er und 80er Jahren der Prozeß der Re-Islamisierung getreten. Er läßt erkennen, daß weite Bevölkerungskreise ihre Identität immer noch weniger in den zumeist jungen (National-) Staaten als vielmehr in der Zugehörigkeit zur islamischen Glaubensgemeinschaft verbürgt sehen. Gegenüber der ganzheitlichen Auffassung von Sakral- und Profansphäre, die dem Islam zugrunde liegt, ist der westlichen Vorstellungen entlehnte Integrationsmechanismus Nation in die Defensive geraten.

3. Wirtschaftliche und soziale Heterogenität

Als Entwicklungsgesellschaften sind die nah- und mittelöstlichen Systeme durch wirtschaftliche und soziale Heterogenität gekennzeichnet. Die Ursachen sind teils exogener, teils endogener Natur. Sie zu beseitigen, ist erklärtes, bislang jedoch nicht erreichtes Ziel. Dazu gehört auch eine größere Unabhängigkeit vom Weltmarktgeschehen. Der rapide wirtschaftliche und soziale Wandel der letzten Jahrzehnte hat das Ausmaß an Dependenz aber eher größer als kleiner werden lassen. Selbst die ölreichen Staaten der Region sind als Rohstoffexportökonomien heute verstärkt auf eine Zusammenarbeit mit den Industrieländern angewiesen. Das trifft für den industriellen und den agrarischen Bereich ebenso zu wie für die Frage des Technologietransfers, ganz zu schweigen von dem sensiblen Gebiet der Rüstungskooperation. Die sich scheinbar selbst perpetuierende ökonomische Abhängigkeit der Länder des Nahen und Mittleren Ostens von den industriellen Metropolen steht in offenkundigem Widerspruch zu den wachsenden Selbständigkeitsbestrebungen in der Region. Für die politischen Systeme resultiert daraus ein erheblicher Handlungs- und Entscheidungsdruck, um überleben zu können.

Die Voraussetzungen für die wirtschaftliche und soziale Entwicklung der einzelnen Staaten des Nahen und Mittleren Ostens sind unterschiedlich. Das führt zu beachtlichen Disparitäten innerhalb der Region. Ausschlaggebend dafür sind demographische und Rohstoffreserven betreffende Faktoren sowie deren Kombination. Bevölkerungsarmen Staaten mit reichen Erdöl- und Erdgasvorkommen stehen die sog. Habenichtse — bevölkerungsarme Länder ohne eigene Rohstoffbasis — gegenüber. Von beiden Staatengruppen unterscheiden sich die Länder mit einer zahlenmäßig großen Bevölkerung. Sie verfügen über eine vergleichsweise diversifizierte Wirtschaft, einen relativ hohen Industrialisierungsgrad, teilweise auch über Bodenschätze, die eine starke Verschuldung im Ausland aber nicht haben verhindern können. Das aus natürlichen Gegebenheiten resultierende Entwicklungsgefälle verursacht besorgniserregende inter- und intraregionale Migrationsprozesse, vertieft bestehende wirtschaftliche, soziale und politische Spannungen, erschwert Bemühungen insbesondere um die Herstellung arabischer Einheit und gipfelt in unterschiedlicher externer Einflußnahme.

Gemeinsam ist den Staaten des Nahen und Mittleren Ostens ein starkes prozentuales Wachstum der Bevölkerung. Es weicht von den übrigen Entwicklungsregionen der Erde aber nicht wesentlich ab. Die Probleme sind deshalb durchaus vergleichbar. Hohe Geburten- und Fruchtbarkeitsziffern verursachen ein rasches Anwachsen der jugendlichen Jahrgänge. Sie sind ein deutlicher Hinweis darauf, daß der demographische Übergang, d.h. die Anpassung des generativen Verhaltens an veränderte Lebensumstände, (noch) nicht gelungen ist. In einzelnen arabischen Ländern mit hohem Arbeitskräftebedarf ist sie allerdings auch nicht erwünscht. Vielfach hält die Bereitstellung von Gütern und Dienstleistungen nicht Schritt mit dem Anstieg der Bevölkerung. Unerfüllte Status-, Berufs- und Konsumerwartungen sind die Konsequenz. Sie lassen ein soziales Unruhepotential entstehen, das sich mitunter gewaltsam entlädt. Preiserhöhungen für Grundnahrungsmittel haben in den vergangenen Jahren wiederholt zu bürgerkriegsähnlichen Revolten geführt (Ägypten 1977 und 1984, Sudan 1982, Tunesien und Marokko 1983/84).

In Verbindung mit dem ökonomischen Gefälle zwischen Stadt und Land ist das Bevölkerungswachstum eine wesentliche Ursache für den rasch fortschreitenden Urbanisierungsprozeß in den Staaten des Nahen und Mittleren Ostens. Dieser Prozeß bewirkt ein explosionsartiges Wachstum vor allem der Großstädte. Der notwendige Aufbau der Infrastruktur vermag damit zumeist nicht Schritt zu halten. Die Verstädterung führt überdies zu einer „Verdörflichung" der urbanen Zentren. Da die Auflösung traditioneller Sozialstrukturen, Verhaltensweisen und Normen nur langsam erfolgt, resultieren aus der Zuwanderung sozial-kulturelle Widersprüche. Sie stellen neben anderen Faktoren die Konsens stiftenden Integrationsmechanismen der politischen Systeme in

Frage. Über den Versuch, die städtische Bevölkerung zumindest materiell ruhigzustellen, wirken sie zugleich beschränkend auf die Ressourcen, die für die Entwicklung der ländlichen Regionen zur Verfügung stehen. Das wiederum beschleunigt den Prozeß der Urbanisierung und fördert die seit alters her in der Region bestehende Hauptstadt-Dominanz.

Einkommen und Vermögen sind in den Staaten des Nahen und Mittleren Ostens extrem ungleich verteilt. Überkommene Besitzverhältnisse, aber auch neue Schnittlinien entlang den Unterschieden Industriearbeiter — Landbevölkerung, Facharbeiter — ungelernter Arbeiter, agrarischer Großunternehmer — landwirtschaftlicher Pächter, Industriemanager — Arbeiter haben dazu beigetragen, daß der erwartete *trickle-down-effect* des wirtschaftlichen Wachstums der 70er Jahre begrenzt geblieben ist. Infolgedessen dauert in den nicht-ölreichen Staaten mit niedrigem Pro-Kopf-Einkommen die relative, aber auch absolute Armut an. Teilweise hat sie sogar noch zugenommen. Ebenfalls schwer, die Einkommens- und Vermögensdisparitäten zu überspielen oder gar abzubauen, haben es die an Bodenschätzen reichen Staaten der Region. Während Libyen seit der Revolution 1969 erfolgreich um eine gewisse Nivellierung auf sozialem Gebiet bemüht ist, hat der Ölboom in Iran die Kluft zwischen Arm und Reich in einer Weise vertieft, die den Sturz des Schah-Regimes mit herbeigeführt hat. Nicht ohne Risiken ist auch die von den superreichen Ölstaaten der Arabischen Halbinsel betriebene *enrichment policy.* Zwar gelingt es ihr, durch ständige Finanzierung eines vergleichsweise hohen Lebensstandards die ungleichen Verteilungsstrukturen zu überdecken, sie ist aber wegen der Kosten, die sie verursacht, auf umfangreiche Erlöse aus dem Export von Erdöl und Erdölprodukten angewiesen. Letzlich erschwert sie den Übergang in das sog. Nacherdölzeitalter.

Ungleichgewichte in der Produktionsstruktur — vor allem inter- und intrasektorale Produktivitätsdifferenzen — unterstreichen den Tatbestand struktureller Heterogenität in den Ländern des Nahen und Mittleren Ostens. Herausragende Kennzeichen sind das Neben- und Miteinander von einigen zumeist hochmodernen kapitalintensiven Industrien und zahlreichen nach überkommenen Methoden produzierenden handwerklichen und gewerblichen Kleinstbetrieben, ferner das Neben- und Miteinander von agrarkapitalistischen Großbetrieben und kleinbäuerlicher Subsistenzwirtschaft. Diese Disparitäten sind unmittelbare Folge der nur partiellen und selektiven Verbreitung des technischen Fortschritts in der Region. Die scharfen gesellschaftlichen Brüche, die sich daraus ergeben, gefährden Legitimität und Stabilität der politischen Systeme. Spektakuläre industrielle Großprojekte wie der Bau von Aluminium-, Kupfer- und Eisenschmelzen oder gar die Errichtung neuer Industriezentren wie Yanbu und Jubail in Saudi-Arabien sind auf Dauer allein nicht geeignet, diese Gefahr abzuwenden. An die Stelle einseitiger Wachstumsförderung und Expansion des modernen Sektors müssen homogenisierende Reformen der Produktionsstruktur treten. Diese Notwendigkeit wird in den Staaten des Nahen und Mittleren Ostens durchaus gesehen. Das Problem besteht jedoch in der Konzipierung und Durchsetzung einer entsprechenden Entwicklungsstrategie.

4. Rückbesinnung auf den Islam

Staats- und Nationenbildung, wirtschaftlicher und sozialer Wandel haben sich im Orient mit einer Geschwindigkeit vollzogen, mit der die Veränderung der Wert- und Glaubenshaltungen im allgemeinen und der politischen Ideen im besonderen nicht hat Schritt halten können. Die (westliche) Hoffnung, daß sich der Nahe und Mittlere Osten zumindest unaufhaltsam auf dem Marsch von der Tradition in die Moderne, von der sakral-universalen Verschmelzung zur säkularnationalen Trennung von Politik und Religion befindet, hat sich ebenfalls als trügerisch erwiesen. Stattdessen ist es zu einer tiefgreifenden Identitätskrise gekommen. Sie kann als Reaktion auf die fortdauernde Abhängigkeit von hegemonialen Strukturen des Weltmarktgeschehens sowie anhaltenden Entwicklungsdefiziten gesehen werden. Sie ist aber auch zu verstehen als Ergebnis religiös-kultureller Verunsicherung. Diese hat ihren Ursprung in der Aufweichung traditioneller Werte ohne gleichzeitige Schaffung neuer verbindlicher Normen. Sie wurzelt überdies in tiefem Unbehagen an der oftmals blinden Nachahmung einer technisch-wissenschaftlich überlegenen Welt, deren Moral aus traditionalistisch islamischer Sicht zumindest zweifelhaft erscheint.

Die Folge ist eine verstärkte Rückbesinnung auf den Islam; ein Vorgang, der häufig als Re-Islamisierung bezeichnet wird. Dabei geht es um das Bestreben vieler Muslime, „... das Aufholen des Entwicklungsvorsprungs wirksamer als bisher voranzutreiben, indem sie durch Abkehr vom früheren Assimilationskurs und durch Suche nach Rückhalt in islamischen Formen den Industrienationen die Anerkennung als gleichberechtigter Partner mit Eigenbeitrag zur künftigen gemeinsamen Entwicklung und pluralistischem Kulturschaffen abzuverlangen trachten“ (Khalid 1982, 34). Derartige Bemühungen sind nicht neu, zumal der Islam in den Staaten des Nahen und Mittleren Ostens niemals aufgehört hat, das Alltagsleben breiter Teile der Bevölkerung zu bestimmen und als Legitimationsgrundlage für politische Systeme zu dienen.

Der Prozeß der Re-Islamisierung ist breit angelegt. Er hat wenig scharfe Konturen und weist mannigfaltige Ausformungen auf. Besondere Beachtung verdient das Phänomen des Islamismus, in Europa meist als Fundamentalismus bezeichnet. Diese Bewegung hat zwei Flügel. Auf der „rechten“ Seite stehen Kräfte, die den Islam zur Erhaltung des *Status quo*, d.h. zur Stabilisierung und Legitimierung bestehender Herrschaftsverhältnisse zu nutzen suchen. Beispiele sind das wahhabitisch geprägte Regime der Familie Saud (Āl Sa'ūd) in Saudi-Arabien und mit Abstrichen das Militärregime des Generals Zia ul-Haq (Ḍiyā' al-Ḥaqq) in Pakistan. Die „linke“ Seite wird von Kräften gebildet, die alle als nicht-islamisch verurteilten Systeme stürzen und an ihre Stelle neue revolutionär-islamische Ordnungen setzen wollen. Soziale Basis dieser Strömung sind die von Deklassierung, Inflation und Korruption bedrohten unteren und mittleren urbanen Schichten. Durchgesetzt hat sich die „linke“ Spielart des Islamismus in Iran und Libyen. Wesentliche Impulse erfährt sie durch Khomeini (Rūḥullāh Khumainī) und Gaddafi (Mu'ammar al-Qadhdhāfī).

Ein besonderes Problem ist das Verhältnis von *Status quo* orientiertem und militant-revolutionärem Islam. Letzterer zielt keineswegs nur auf den Sturz mehr oder minder säkularistischer Regime, sondern auch auf die Veränderung gesellschaftlicher Verhältnisse in Staaten mit mißliebiger Islamauffassung. Zu diesen gehört nicht zuletzt Saudi-Arabien. Stoßrichtung der Kritik sind u.a. das Wohlleben der Dynastie Saud und die enge Zusammenarbeit mit dem Westen — vornehmlich den USA. Der Konflikt innerhalb der islamistischen Bewegung ist mit der Besetzung der Großen Moschee in Mekka im November 1979 durch Anhänger einer religiös-politischen Gruppe, die sich Ikhwān (Brüder) nannte, erstmals offen zu Tage getreten. Er hat sich auch bei dem angeblich von Iran gesteuerten Putschversuch in Bahrain im Dezember 1981 gezeigt. In Kontroversen zwischen Teheran und Riad über die Mißachtung des Verbots durch schiitisch-iranische Pilger, den Besuch der heiligen Stätten in Saudi-Arabien für propagandistische Zwecke zugunsten der Lehre Khomeinis zu nutzen, ist er ebenfalls zum Ausdruck gekommen.

Re-Islamisierung bedeutet in der Praxis zunächst einmal Rückbesinnung auf die eigene Kultur. Sichtbar ist das in relativ leicht erzielbaren sensationellen Ergebnissen, die sich aus der Wiederanknüpfung an die Tradition ergeben (Kleidungsvorschriften für Frauen, Zinsverbot, Almosen-Steuer, zivil- und strafrechtliche Vorschriften). Beantwortet ist damit noch nicht die Frage, ob der Re-Islamisierung tatsächlich der Durchbruch von einer rückwärts gewandten Variante der islamischen Erneuerung zu einer vorwärts orientierten Verschmelzung von islamischem Gesetz und westlicher Wissenschaftskultur gelingt. Mit anderen Worten: erschöpft sich islamisches Denken der Gegenwart in den Mechanismen einer Defensiv-Kultur oder erweist es sich konkret als Überbrückungshilfe im Entwicklungsprozeß?

Alternative islamische Ordnungsvorstellungen sind bislang nur in Bruchstücken erkennbar.

Wenn der Islam seinem Selbstverständnis gerecht werden will, ein religiöses Lehrgebäude und eine Richtschnur für praktisches Handeln in der Welt zu sein, bedarf es erst noch eines umfassenden intellektuellen Ansatzes. Es ist wenig wahrscheinlich, daß der Islamismus dazu in der Lage ist. Ein Kurs zwischen fundamentalistischer Rückbesinnung und imitativer Verwestlichung ist aber denkbar. Wird Re-Islamisierung als Entwicklungsstufe verstanden, könnte ein ideologischer Wandel in Inhalt und Ausrichtung des Entwicklungsprozesses die Folge sein. Die personellen Voraussetzungen dazu sind in dem Maß gegeben, in dem ausländische Berater und Fachkräfte durch einheimische Kader ersetzt werden. Diese wissen sich in ihrer Kritik an kultureller Überfremdung mit der Masse der Bevölkerung einig. Zugleich suchen sie jedoch — und das verwundert nicht, da sie ihre Ausbildung vielfach in westlichen Industrienationen erhalten haben — nach Möglichkeiten, unter Beibehaltung technisch-wissenschaftlicher Standards eine islamische Politik der Entwicklung in ihren Ländern in Gang zu setzen.

5. Aufgabenzuwachs politischer Systeme und Partizipation

Sozial und ideologisch gespaltene Gesellschaften sind in besonderem Maße auf effizient arbeitende politische Systeme angewiesen, um überleben und sich reorganisieren zu können. Das gilt für die Staaten des Nahen und Mittleren Ostens um so mehr, als sie Kompetenzen und Funktionen an sich gezogen haben, die in früheren Zeiten Angelegenheiten lokaler Gemeinschaften waren. An die Stelle einer lockeren Verbindung von klassisch orientalischem Staat und „mosaikförmiger" Gesellschaft mit weitgehender Selbstverwaltung ist seit den Reformen Muḥammad ʿAlīs (1805 - 48) in Ägypten eine allmähliche Verstaatlichung der Gesellschaft getreten.

Dieser Prozeß weist oberflächlich Parallelen zur Entwicklung in den Industrieländern auf. Er hat mächtige Institutionen wie Armee und Bürokratie entstehen lassen. Dennoch sind die politischen Systeme des Nahen und Mittleren Ostens schwach institutionalisiert. Das wird an dem begrenzten Wert geschriebener Verfassungen ersichtlich. Sie müssen als jederzeit disponibel im Interesse der Herrschenden angesehen werden. Der aus der Aufklärung stammende Gedanke der Volkssouveränität oder gar Volksherrschaft ist ihnen fremd. Geradezu die Kehrseite fehlender Institutionalisierung politischer Systeme ist die Personifizierung von Politik. Dabei gibt es allerdings von Land zu Land Unterschiede. In Marokko und Saudi-Arabien konstituiert sich die Staatsgewalt aus drei sozialen Kräften. Der Monarch kann nur so lange herrschen, wie er die Ansprüche des Militärs, der Geistlichkeit (ʿulamāʾ) und der tribalen Führer zu befriedigen vermag. In Syrien, dem Irak und Tunesien ist die Bedeutung charismatischer Führer größer. Sie wird aber durch die Existenz ziviler Einparteiensysteme, die von unten nach oben gewachsen sind, gemildert. Das ist bei Militärregimen wie Ägypten und Libyen, die erst nachträglich versuchen, sich durch den Aufbau einer Massenorganisation zusätzliche Legitimität zu verschaffen, nicht der Fall.

Auf Krisen hat Ägypten in der Vergangenheit stets damit reagiert, Institutionen umzubilden, aufzulösen oder neu zu schaffen, während sich das Führungspersonal weiterhin mit verhältnismäßig geringer Fluktuation aus dem engen Umfeld der Machtelite rekrutiert. Der Zusammenhalt dieses informellen, durch Kooptation sich ergänzenden Personenkreises ist mitentscheidend für die wenn auch nur begrenzte politische Stabilität des Landes.

Der schwachen Institutionalisierung der politischen Systeme des Nahen und Mittleren Ostens steht nicht entgegen, daß diese neben dem Aufgabenzuwachs auch einen beachtlichen Zuwachs an Instrumenten und Machtpotential erfahren haben. Öleinkünfte, internationale Kredite und Entwicklungshilfe haben die verfügbaren externen Ressourcen merklich vergrößert. Die politischen Systeme sind dadurch unabhängiger von kurzfristigen innenpolitischen Pressionen geworden. Im Inneren haben der Anstieg der Staatsquote am Sozialprodukt und der Zuwachs des Staatsanteils an den Gesamtinvestitionen zu einer weitgehenden Monopolisierung der finanziellen und wirtschaftlichen Hilfsquellen in öffentlicher Hand geführt. Der Einsatz moderner Technologien hat zeitliche und räumliche Dimensionen schrumpfen lassen und damit die Voraussetzungen zur physischen Kontrolle und geistigen Beeinflussung der Bevölkerung verbessert. Der Ausbau des Erziehungswesens, die Nutzung von Massenmedien, die Gewährung sozialer Dienstleistungen, aber auch die Modernisierung von Polizei, Verwaltung und Streitkräften kennzeichnen die erweiterten Handlungsmöglichkeiten des Staates im Inneren.

Machtzuwachs bedeutet indes nicht Omnipotenz. Im Gegenteil, die Ansprüche, die von der Bevölkerung an die politischen Systeme gestellt werden, sind vielfach schneller gewachsen als die Ressourcen, die zu ihrer Befriedigung zur Verfügung stehen. Ursache für das gestiegene Anspruchsniveau ist der Zerfall traditioneller sozialer Subsysteme. In dem Maße, in dem die Zentralgewalt die Verantwortung für die materielle Daseinsbefriedigung übernommen hat, wird sie an der Erfüllung dieser Aufgabe gemessen. Diese ist nicht zuletzt schwieriger geworden, weil die Bevölkerung rasch wächst und westliche Konsumerwartungen verbreitet sind. Neben der materiellen ist auch eine partizipatorische Komponente zu berücksichtigen. War es in der Vergangenheit für den einzelnen möglich, durch Mitsprache in den althergebrachten Solidargemeinschaften seine Interessen zu Gehör zu bringen, so muß er entsprechende Forderungen nunmehr gegenüber der Zentralgewalt vorbringen. Dazu bedarf es in Ergänzung der Verstaatlichung der Gesellschaft einer Vergesellschaftung des Staates.

Ohne Zweifel hat der Grad der Politisierung breiter Bevölkerungsschichten im Nahen und Mittleren Osten zugenommen. Er speist sich zum einen aus enttäuschten Hoffnungen und Erwartungen der in Elendslagern und Slums lebenden Teile der großstädtischen Bevölkerung. Zum anderen sind es die Angehörigen einer neuen zumeist akademisch gebildeten Elite, die Ansprüche auf politische Mitsprache stellen. Die Diskrepanz zwischen hoher beruflicher Position und geringem politischen Einfluß spielt dabei als Motiv ebenso oft eine Rolle wie unzureichende Aufstiegsmöglichkeiten in Wirtschaft und Gesellschaft.

Eine Antwort auf die Forderung nach Partizipation wäre die Etablierung von Verbänden, Parteien und Parlamenten. Dieser Weg ist von den Staaten des Nahen und Mittleren Ostens jedoch nur zögernd beschritten worden. Nirgends hat sich dadurch die Stabilität politischer Systeme nachhaltig erhöht. Dazu fehlt es am Grundkonsens zwischen den verschiedenen gesellschaftlichen Kräften über Inhalte und Methoden der Politik. Ein solcher Konsens ist in Ländern, in denen strukturelle Heterogenität zur Unvereinbarkeit politischer Positionen führt, nicht erzielbar. Die Notwendigkeit, sich dem Streben nach politischer Beteiligung zu öffnen, birgt deshalb für die politischen Systeme stets das Risiko, statt zum Abbau zur Verschärfung gesellschaftlicher Polarisierung beizutragen.

Viele Länder der Region sind seit Ende der 60er Jahre dazu übergegangen, dem wachsenden Partizipationsdruck durch eine begrenzte ,,Liberalisierung von oben" zu begegnen. Ägypten hat bemerkenswerte Ansätze zur Bildung eines Mehrparteiensystems gemacht. Kuwait und Bahrain haben mit der Arbeit gewählter Parlamente experimentiert. Der Irak hat 1980 erstmals seit dem Sturz der Monarchie eine Nationalversammlung gewählt, Jordanien 1984 die Tätigkeit seines Zwei-Kammer-Parlaments wiederbelebt. Änderungen in der Aufbau- und Ablauforganisation der politischen Systeme sind aber zumeist nicht in systematischer Absicht erfolgt. Sie sind eher tagespolitischen Erwägungen entsprungen. Angekündigte oder eingeleitete Reformen sind aus diesem Grund auch nicht in die Praxis umgesetzt oder gar rückgängig gemacht worden, wenn sich dies als opportun erwiesen hat. So ist die mehrfach angekündigte Bildung einer beratenden Versammlung in Saudi-Arabien bis heute (1987) nicht erfolgt, hat Kuwait sein Parlament von 1976 - 80 suspendiert, Jordanien den Versuch zur Gründung einer Einheitspartei 1976 aufgegeben und Ägypten in den letzten Regierungsjahren Sadats (Anwar as-Sādāt) zunächst gewährte innenpolitische Freiräume wieder beschnitten.

Als Alternative zur Liberalisierung könnte die Reorganisation politischer Systeme nach islamischen Prinzipien gelten. Dagegen spricht, daß einschlägige Organisationsmodelle fehlen. Eine

Ausnahme bildet allenfalls die iranische Verfassung. Gewichtiger noch ist der Einwand, daß sich die Gesellschaften des Nahen und Mittleren Ostens aus einer Vielzahl ethnischer und religiöser Gemeinschaften zusammensetzen. Jeder Versuch, sie dem Diktat einer bestimmten islamischen Strömung zu unterwerfen, käme einer Usurpation politischer Macht gleich. Die notwendige Vergesellschaftung des Staates wäre ausgeschlossen und die Anwendung physischer Gewalt gegen Andersdenkende vorprogrammiert. Die Entwicklung in Iran ist ein Beispiel dafür. Sie zeigt zugleich, daß die Stabilitäts- und Legitimitätsproblematik politischer Systeme im Nahen und Mittleren Osten ungelöst ist.

Literatur:

Borthwick, B. 1980: Comparative politics of the Middle East, Englewood Cliffs.

Büttner, F. u. Scholz, F. 1983: Islamisch-orientalische Welt: Kulturtradition und Unterentwicklung, in: Nohlen, D. u. Nuscheler, F. (Hrsg.): Handbuch der Dritten Welt Bd. 6, 2. überarb. u. erg. Ausgabe, 198-242.

Chubin, S. (u.a.) 1982: Security in the Gulf, (The Adelphi library, 7), Aldershot.

Ende, W. u. Steinbach, U. (Hrsg.) 1984: Der Islam in der Gegenwart, München.

Khalid, D. 1982: Reislamisierung und Entwicklungspolitik (Forschungsberichte des Bundesministeriums für wirtschaftliche Zusammenarbeit, 30), München, Köln, London.

Scheffler, T. u. Weiher, G. 1982: Legitimitäts- und Stabilitätsprobleme im modernen Vorderen und Mittleren Orient, in: Politische Bildung, Jg. 15, 35-48.

Tibi, B. 1981: Die Krise des modernen Islams. Eine vorindustrielle Kultur im wissenschaftlich-technischen Zeitalter, München.

Tibi, B. 1981: Die Verschiedenheit der politischen Systeme in der Arabischen Region, in: Kaiser, K. u. Steinbach, U. (Hrsg.): Deutsch-Arabische Beziehungen, München, Wien, 13-26.

II. Regierungen, Parlamente, Parteien und Wahlen

Reinhard Wiemer

1. Historischer Überblick

Parlamente, politische Parteien, Wahlen und konstitutionelle Regierungen bilden das Rückgrat des bürgerlich-demokratischen Staates. Obwohl sich politische Partizipations- und Kontrollmechanismen in fast allen menschlichen Gesellschaften finden, stellen die Prinzipien der Volkssouveränität, der Gewaltenteilung und der verantwortlichen Regierung Spezifika der europäischen sozio-ökonomischen, politischen und ideologischen Geschichte dar, die sich in der uns vertrauten Form und Funktion unter dem maßgeblichen Einfluß aufklärerischer Ideen und Staatsvorstellungen zwischen dem 17. und 19. Jahrhundert vor allem in England, Frankreich und den Vereinigten Staaten herausgebildet haben. Zwar sind dem islamischen Staat nicht *ipso iure* despotische Tendenzen inhärent, ebensowenig aber führt die Applikation der islamischen politischen Theorie, d.h. im wesentlichen der *sharī'a*, zu Verfassungsmodellen, die konzeptionell denjenigen der europäischen nationalstaatlichen Tradition entsprechen. Die teilweise oder vollständige Übernahme europäischer konstitutioneller Elemente in das Gefüge vorderorientalischer Staaten war vielmehr ein Ergebnis der europäischen Durchdringung des Nahen Ostens und des Gefühls der politischen Ohnmacht der staatstragenden autochthonen Eliten, die freiwillig oder unter dem Druck europäischer Mächte die ,,Modernisierung" und den inneren Zusammenhalt ihrer Staaten durch die oftmals eklektizistische Übernahme europäischer Ordnungsprinzipien gewährleisten zu können glaubten. Eine Verbindung zwischen modernen parlamentarischen Regierungsformen und dem islamischen Prinzip der *shūrā* ist eher eine *expost* Apologie akkulturierter Muslime als ein historisch-politisches Kontinuum islamischer Geschichte. Auch die Vorstellung eines Staatsvertrages, durch den das Individuum die ihm eigene politische Souveränität einem Herrscher überträgt und gegebenenfalls widerruft, fehlt in der islamischen Staatslehre.

Das erste parlamentsähnliche Gremium im Nahen Osten geht auf die Ägyptenexpedition Napoleons zurück, der einen Rat (dīwān), bestehend aus ernannten Notabeln, einsetzte. Muḥammad 'Alī experimentierte 1829 für einige Jahre mit einer ähnlichen Versammlung, ohne diese allerdings in ein konstitutionelles Konzept einzubinden und ohne ihr entscheidende Vollmachten zuzugestehen. In die Zeit der osmanischen *Tanzimat*-Reformen fällt der erste systematische Versuch, ein europäisches Verfassungsmodell — oder zumindestens Teile davon — zur Gesundung eines nahöstlichen Staates zu implementieren: Nach der Errichtung von Notabelnversammlungen auf Provinzebene wurde auf der Grundlage der Verfassung von 1876 ein mit nicht unerheblichen Kompetenzen ausgestattetes Parlament gewählt. Als dieses jedoch von seinen Vollmachten Gebrauch zu machen versuchte, löste es der autokratische Sultan Abdül Hamid II. kurzerhand auf. In der zweiten Hälfte des 19. Jahrhunderts stellten der Bey von Tunis ebenso wie die ägyptischen Khediven ihre Herrschaft formal auf eine konstitutionelle Grundlage. Die Parlamente in beiden Ländern waren jedoch wenig mehr als dem Hof assoziierte Beratungsorgane der staatstragenden Klassen und fern von jeder Vorstellung einer Volks-, bzw. Parlamentssouveränität. Auch die nach der Revolution von 1906 in Persien ausgearbeitete Verfassung vermochte nicht, die Herrschaftsstruktur nachhaltig zu verändern. Die Jungtürkische Revolution von 1908 hingegen hatte weitreichendere Folgen. Nicht nur fanden nun die ersten, vergleichsweise freien Wahlen im Osmanischen Reich statt, sondern die 1909 verabschiedete Verfassung sah auch als Novum die direkte Verantwortlichkeit der Minister, bzw. des Kabinetts gegenüber der Volksvertretung vor. Die Ämter des Ressortministers und des Premierministers (Großwesir) hatten sich schon während der osmanischen Reformperiode als zweckmäßige und die Omnipotenz des Sultans *de facto* einschränkende Aufgabenteilung herausgebildet. Diktatorische Tendenzen des jungtürkischen Regimes, sein zunehmender türkischer Nationalismus sowie die Auflösung des Osmanischen Reiches nach der militärischen Niederlage im Ersten Weltkrieg beendeten diese frühe Phase der Parlamentarisierung im Nahen und Mittleren Osten, die nichtsdestoweniger einen entscheidenden Einfluß auf die spätere Konstituierung der Türkischen Republik haben sollte.

Parteien im Sinne einer organisierten Vertretung politischer und wirtschaftlicher Interessen gab es am Vorabend des Ersten Weltkriegs im Nahen und Mittleren Osten nur wenige. Zum einen fehlten die in europäischen politischen Systemen vorgesehenen parteispezifischen Partizipationsmöglichkeiten. Selbst in den Ländern, in denen es Parlamente und Wahlen gab, spielten Parteien als Transmissionsriemen des Wählerwillens keine Rolle, da nur Einzelpersonen zur Wahl standen. Zum anderen bedurfte die noch weitgehend traditionale Gesellschafts- und Kommunikationsstruktur der politischen Parteien als Artikulationsmittel nicht. Lediglich in den Fällen, in denen Teile der Elite in Opposition zum Regime gerieten, schlossen sich die Dissidenten zu mehr oder weniger straff organisierten und ideologisch ausgerichteten Zirkeln mit dem Ziel der politischen Aktion zusammen. Prominente Beispiele sind die diversen arabisch-nationalistischen Gruppen sowie das jungtürkische Komitee für Einheit und Fortschritt, das sein Ziel der Zerschlagung der Hamidischen Despotie ja auch tatsächlich erreichte.

Nach der Aufteilung der Erbmasse des Osmanischen Reiches unter die westeuropäischen Siegermächte begann im gesamten Nahen und Mittleren Osten eine neue Phase politischer und konstitutioneller Organisierung. Dabei spielte sowohl die Tatsache eine Rolle, daß der transnationale islamische Staat als konzeptioneller politischer Bezugspunkt durch das Auseinanderbrechen des Osmanischen Reiches und den Sieg Atatürks viel von seiner Attraktivität verloren hatte, als auch die beschleunigte sozio-ökonomische und politische Transformation der Staaten des Nahen Ostens durch die — von wenigen Ausnahmen abgesehen — direkte Herrschaft europäischer Mächte. Der Kampf um nationale Unabhängigkeit und die daraus resultierende Konfrontation mit den Kolonialmächten erwiesen sich bei der Herausbildung politischer Institutionen als Faktoren von katalytischer Bedeutung. Es mußten, nach dem Auseinanderfallen der alten Ordnung, neue und effektive politische Organisationsformen gefunden werden — sei es im Rahmen der von der Kolonialmacht vorgegebenen oder angestrebten konstitutionellen Ordnung oder sei es als Alternative zu eben dieser. Der tiefgreifende ökonomische und soziale Wandel bildete im Verein mit dem zunehmenden Legitimitätsverlust der traditionalen Eliten den Nährboden für eine neue Generation von Nationalisten, die ihre Forderungen nach Selbstbestimmung und sozialer Gerechtigkeit durch an europäischen Vorbildern orientierte Parteiorganisationen und Partizipationsorgane durchzusetzen versuchten.

Das einer westlichen parlamentarischen Demokratie trotz seiner zeitweiligen Funktionsunfähigkeit ähnlichste politische System der Zwischenkriegszeit entwickelte sich in Ägypten. Nachdem Ägypten 1922 einseitig von den Briten unter Wahrung wichtiger Reservatrechte zur konstitutionellen Monarchie erklärt worden war, wurden eine Verfassung verabschiedet und Wahlen abgehalten. Die Differenzen und Rivalitäten innerhalb der herrschenden (und parlamentsfähigen) Klasse in Ägypten, das geschickte Ausspielen dieser Gegensätze durch den König mit dem Ziel, seinen autokratischen Ehrgeiz zu befriedigen, sowie häufige Meinungsverschiedenheiten zwischen Hof, Regierung und Parlament führten mitunter zur vollständigen Lähmung der Verfassungsorgane. Politisch handlungsfähig war das System immer nur dann, wenn es sich in einer eindeutig defensiven, seine Souveränität und Prärogativrechte gefährdenden Situation befand — so

1936 bei Abschluß des anglo-ägyptischen Vertrages oder gegenüber der ständig anwachsenden Zahl der sozial und politisch Deklassierten. Dieses Versagen bei der Bewältigung der akuten sozialen Probleme hat dazu beigetragen, liberale konstitutionelle Modelle in den Augen der ägyptischen Massen auf lange Zeit zu diskreditieren.

Noch weniger Fortschritte bei der Errichtung einer konstitutionellen Regierungsform wurden in den von England und Frankreich im Rahmen des Völkerbundmandats verwalteten arabischen Gebieten gemacht. Zwar sahen sowohl das Mandat für Palästina als auch das Mandat für Syrien und den Libanon die Schaffung politischer, demokratisch legitimierter Partizipationsorgane vor, die diese Länder und ihre Bevölkerungen auf eine spätere Unabhängigkeit hätten vorbereiten sollen — faktisch blieb jedoch die exekutive Gewalt in den Händen der Hochkommissare und ihrer Administrationen. Während in Syrien eine Verfassung verabschiedet und Parlamente gewählt wurden — um kurz danach vom französischen Hochkommissar wieder aufgelöst zu werden — blockierte in Palästina der arabisch-zionistische Gegensatz alle englischen Versuche, *self-governing institutions* ins Leben zu rufen. Nur der jüdischen Siedlergemeinschaft gelang es, in Palästina einen funktionsfähigen Staat im Staate mit eigenem Parlament (Va'ad Le'umi), Regierung (Jüdische Agentur) und Parteien aller ideologischen Schattierungen zu etablieren. Ein Ergebnis der sich verschärfenden Konfrontation zwischen den Mandatsmächten und der in ihren Hoffnungen auf Unabhängigkeit enttäuschten Bevölkerung des arabischen Ostens war hingegen die Bildung politischer Parteien, die nicht in erster Linie auf Klientelbeziehungen beruhten, sondern eindeutig ideologischen Charakter hatten. Erwähnt sei hier vor allem die arabisch-nationalistische Istiqlāl und die noch vorwiegend von ethnischen und religiösen Minderheiten dominierten kommunistischen Parteien.

Im Maghreb standen vor 1945 konstitutionelle Probleme sowie die damit verbundenen Fragen von Wahlen, Parlamenten, Parteien und Regierungen ebenfalls auf der politischen Tagesordnung. Ein Ziel der noch jungen marokkanischen Nationalbewegung war es, die französische und marokkanische Ständekammer in ihrem Land zu reformieren. Verstärkt schlossen sich nun in Marokko und den anderen unter französischer Herrschaft stehenden nordafrikanischen Ländern Intellektuelle der städtischen Ober- und Mittelschicht zu nationalistischen Gruppierungen und Parteien zusammen (Comité d'Action Marocaine in Marokko, Destour-Bewegung in Tunesien), die Keimzellen von Unabhängigkeits- und Befreiungsbewegungen sowie Parteien der postkolonialen Zeit waren.

In der Türkei begründete Atatürk ein politisches System, das sowohl parlamentarisch-demokratische als auch korporativ-autokratische Züge aufwies. Die 1923 ausgerufene Türkische Republik berief sich ausdrücklich auf das Prinzip der Volkssouveränität, was seinen konstitutionellen Ausdruck in einer gewählten Nationalversammlung fand. *De facto* wurden hingegen die legislativen und exekutiven Vollmachten vom Präsidenten der Republik, d.h. Atatürk selbst, absorbiert, der auch dem Parteienpluralismus enge Grenzen setzte. Sein Populismus und seine Staatstheorie basierten auf der Vorstellung einer harmonischen, nach Ständen und Berufsgruppen vertikal gegliederten Gesellschaft. Atatürks Republikanische Volkspartei wurde demgemäß zum Sammelbecken *aller* staatstragenden Kräfte und zur Einheitspartei der Türkischen Republik. Die Republikanische Fortschrittspartei und die von Atatürk ins Leben gerufene, domestizierte „Oppositions"-gruppe der Liberalen Partei wurden 1925, bzw. 1931 aufgelöst, nachdem sie außer Kontrolle zu geraten drohten.

In Persien orientierte sich der 1925 durch einen Staatsstreich an die Macht gekommene Reza Shah (Reżā' Shāh) am türkischen Beispiel: Durch eine von oben dekretierte und forcierte Modernisierung und Säkularisierung sollte Persien (ab 1935 Iran) zum modernen Nationalstaat westlicher Prägung umgestaltet werden. Eine Demokratisierung des politischen Lebens fand jedoch nicht statt, und der weiterhin existierende *majlis* beschränkte sich auf akklamatorische Beifallsbekundungen und blieb ohne wesentlichen Einfluß auf den autoritären Herrschaftsstil des Schahs.

2. Regierungen, Parlamente, Parteien und Wahlen in den Staaten des modernen Nahen und Mittleren Ostens

In der nach dem Zweiten Weltkrieg auch im Nahen und Mittleren Osten einsetzenden Dekolonisierungsphase, die erst Anfang der 70er Jahre auf der Arabischen Halbinsel ihren Abschluß fand, entstanden zahlreiche neue, unabhängige Staaten. Die Ausprägung der Herrschaftssysteme und ihrer Komponenten (Volksvertretungen, Parteien, Regierungen etc.) in diesen sich von direkter europäischer Einflußnahme emanzipierenden Ländern war ein vielschichtiger Prozeß politischen, sozialen und wirtschaftlichen Wandels, der von zahlreichen Faktoren bestimmt wurde. Dabei kamen dem Verlauf des Dekolonisierungsprozesses und der Rolle der Eliten maßgebliche Bedeutung zu.

Die Palette der politischen Systeme im Nahen und Mittleren Osten der 80er Jahre reicht von parlamentarischen Demokratien über revolutionäre Einparteienregime bis hin zu religiös oder traditional legitimierten Monarchien. Die einzelnen Elemente politischer Herrschaft und Konsenssuche, die in vielen Fällen der westlichen politischen Kultur entstammen, haben in den verschiedenen Staaten häufig sehr unterschiedliche Aufgaben, wobei die ursprüngliche historische und politische Semantik westlicher verfassungsrechtlicher Begriffe oft bis zur Unkenntlichkeit verzerrt wird. Es ist daher sinnvoll, die politischen Systeme dieser Region nach den Funktionen zu kategorisieren, die diese Elemente im Rahmen der Herrschaftsinstitutionalisierung *de facto* erfüllen. Dabei darf jedoch nicht übersehen werden, daß es sowohl aus der historischen Perspektive der Genese der nahöstlichen Staaten als auch bei der vergleichenden Analyse ihrer Struktur eine Grauzone gibt, die die hier gewählten Klassifikationskriterien nur ungenügend reflektieren.

2.1 Parlamentarische Systeme

Das Merkmal eines parlamentarischen Regierungssystems ist der Primat der gewählten Volksvertretung. Diese ist die konstitutionelle Verankerung des Prinzips der Volkssouveränität, wobei die exekutive Gewalt als eine von der Volksvertretung delegierte und widerrufbare verstanden wird.

Das einzige funktionierende parlamentarische System dieser Art im Nahen und Mittleren Osten ist 1987 das israelische, das trotz einiger, auf die Geschichte des Zionismus zurückgehender Eigentümlichkeiten, sich an europäischen Traditionen parlamentarischer Repräsentation orientiert. Ähnliches galt für die Türkische Republik bis zum Eingreifen der Generäle am 12. 9. 1980, wohingegen sich hinter der parlamentarischen Fassade der Libanesischen Republik auch vor ihrer Zerstörung durch den Bürgerkrieg ein Parlamentarismus und ein Staatsverständnis grundlegend anderer Natur verbargen.

2.1.1 Israel

In Israel ist eine aus freien, geheimen und kompetitiven Wahlen hervorgehende Volksvertretung mit einer ihr gegenüber verantwortlichen Regierung ein Teil des Erbes der zionistischen Frühzeit. Wegen des Fehlens jüdischer, bzw. zionistischer politischer Herrschaft in Europa und Palästina war die Zionistische Organisation schon seit dem Ersten Zionistischen Kongreß 1897 in Basel auf einen möglichst tragfähigen, demokratisch legitimierten Konsens aller zionistischen Gruppierungen angewiesen. Ein parlamentarische Spielregeln streng beachtender zionistischer Apparat sowie die Durchsetzung des Parteienprinzips prägten die internationalen zionistischen Körperschaften ebenso wie die lokale Selbstverwaltung des jüdischen Sektors in Palästina. Das politische System Israels ist daraus hervorgegangen.

Das israelische Parlament, die 120 Sitze umfassende Knesseth, wird nach reinem Verhältniswahlrecht gewählt, was bei einer Sperrklausel von 1 % zu einer starken Zersplitterung der Parteienlandschaft führt. Das Parlament wählt den Ministerpräsidenten und kann ihn und seine Regierung durch ein Mißtrauensvotum zum Rücktritt zwingen. Der Ministerpräsident bestimmt als Kabinettschef die Richtlinien der Politik, wohingegen der Staatspräsident vornehmlich repräsentative Aufgaben erfüllt. Die Vielzahl der an Regierungskoalitionen beteiligten kleinen Parteien und die damit verbundene Inflation der Ministerposten führt häufig zur Bildung eines sog. kleinen Kabinetts, welches über wichtige Fragen der Sicherheits-, Außen- und Wirtschaftspolitik zu beraten hat. Von entscheidender Bedeutung für den parlamentarischen Beratungsprozeß sind die Ausschüsse (insbesondere der Außen- und Sicherheitsausschuß), die im Gegensatz zum Einzelabgeordneten auch Zugang zu vertraulichem Material haben.

Eine herausragende Rolle in der israelischen Politik spielen die Parteien. Seit der Mandatszeit stellen sie die wichtigste politische Organisationsform der jüdischen Bevölkerung dar, wobei sie jedoch nicht nur als politisches Partizipationsinstrument fungieren, sondern — und dies gilt vor allem für die Arbeiterparteien und die religiösen Parteien — durch ihren staatsunabhängigen Wirtschafts- und Erziehungssektor (Kibbutzim, Banken, Schulen, Seminare) ihre Mitglieder über gemeinsame politische Interessen hinaus in fast allen Lebensbereichen in die Partei einbinden und sich so eine zuverlässige Klientel schaffen — die allerdings, im Gegensatz zu den 50er Jahren, Wahlen nicht mehr entscheidet. Seit Mitte der 70er Jahre zeichnet sich eine gewisse Konsolidierung des israelischen Parteienspektrums ab — mit einem konservativ-bürgerlichen Lager (Likud), einem religiösen (die Nationalreligiöse Partei sowie diverse aus ihr hervorgegangene Gruppierungen) und einem sozialdemokratisch-sozialistischen (Israelische Arbeiterpartei, Mapam). Die kleinen, eindeutiger ideologisch geprägten Parteien (KP, Agudat Israel) verfügen zwar über einen festen Wählerstamm, seiner Vergrößerung sind aber enge Grenzen gesetzt, da beide Gruppierungen aus dem ,,zionistischen Konsens" fallen. Gleiches gilt auch für die linksunabhängige jüdisch-arabische Fortschrittliche Liste.

2.1.2 Türkei

Die in der Tradition des Kemalismus stehende türkische Ober- und Mittelschicht war Fundament und Motor des Wandels der Türkei vom Einparteien- zum Mehrparteiensystem nach dem Tode Atatürks. Dieser Demokratisierungsprozeß stand in einem engen Zusammenhang mit der Einbindung der Türkei in das westliche Bündnissystem und wurde politisch wie wirtschaftlich von den Vereinigten Staaten unterstützt. Als Gralshüter kemalistischer Prinzipien und Garanten einer prowestlichen Orientierung des Landes verstehen sich die oberen Ränge der staatlichen Bürokratie und des Offizierscorps, die schon im 19. Jahrhundert die akkulturiertesten Elemente der osmanischen Gesellschaft waren. Nach 1945 hat sich die Armee bislang dreimal zum Eingreifen in die türkischen Innenpolitik genötigt gesehen. Während jedoch die Generäle nach ihrem *Coup* vom 27. 5. 1960 vergleichsweise schnell wieder in die Kasernen zurückkehrten und eine neue, die Funktionsfähigkeit des türkischen Parlamentarismus stärkende Verfassung hinterließen, ist ein Ende ihrer nunmehr (1987) indirekten Einflußnahme noch nicht absehbar.

Das Herz des türkischen politischen Systems vor 1980 war ein Zweikammer-Parlament, das aus der Nationalversammlung mit 450 gewählten Abgeordneten und dem Senat mit 165 teils gewählten und teils ernannten Senatoren bestand. Die exekutive Gewalt war der legislativen untergeordnet, und den politischen Parteien kam im Willensbildungs- und Partizipationsprozeß eine Schlüsselrolle zu. Geprägt wurde das Parteienspektrum nach dem Militärputsch von 1960 durch die alte Dichotomie von einer sich nun zunehmend sozialdemokratisch verstehenden Republikanischen Volkspartei und der Gerechtigkeitspartei, die ihr elektorales Potential in den gleichen, vom Kemalismus nur oberflächlich berührten Schichten der türkischen Landbevölkerung rekrutierte wie ihre geistige Vorgängerin, die Demokratische Partei.

Der Einfluß radikaler linker Parteien wie der marxistischen Türkischen Arbeiterpartei war wegen der Zersplitterung der Linken und einem zeitweisen Verbot ihrer politischen Betätigung nach dem Eingreifen des Militärs 1971 vergleichsweise gering. Die islamisch-fundamentalistische Nationale Heilspartei und die rassistisch-nationalistische Nationale Aktionspartei hingegen konnten sowohl ihr elektorales Potential als auch ihre politische Respektabilität ausbauen. Die Eskalation der blutigen Auseinandersetzungen zwischen rechts- und linksextremen Gruppen führte am 12. 9. 1980 zur Machtübernahme der Armee. Der Stabschef der türkischen Streitkräfte, General Evren, löste das Parlament und die politischen Parteien auf und übertrug die legislativen und exekutiven Befugnisse dem Nationalen Sicherheitsrat, der eine von ihm kontrollierte Regierung installierte.

Die türkische Verfassung, die in einer Volksabstimmung am 7. 11. 1982 angenommen wurde, enthält neben einer Bekräftigung kemalistischer Grundsätze einige ,,temporäre Artikel", die u.a. General Evren für einen Zeitraum von sieben Jahren das Amt des Präsidenten übertragen und die Einrichtung eines Präsidialen Rates mit beratender Funktion vorsehen. Am 24. 4. 1983 hob der Präsident durch ein Dekret das Verbot politischer Parteien auf. Dennoch bleiben (1987) zahlreiche ehemalige Parteiführer und Aktivisten entweder inhaftiert oder von jedweder politischen Betätigung ausgeschlossen, und der Nationale Sicherheitsrat behält sich ein Veto-Recht bei der Zulassung politischer Parteien vor. Das neue Parteiengesetz verpflichtet alle legalen politischen Parteien zur Einhaltung der Prinzipien des Laizismus und Antikommunismus. Für die Wahlen vom 6. 11. 1983 zur 400 Sitze umfassenden Nationalversammlung erhielten daher auch nur drei Parteien die Zulassung. Dabei konnte die prowestliche, wirtschaftsliberale Mutterlandspartei 212 Mandate erringen, die Volkspartei 117 und die Nationalistische Demokratiepartei 71. Alle 55 unabhängigen Kandidaten blieben erfolglos. Das Parteienspektrum wurde bei den Lokalwahlen vom 25. 3. 1984 erweitert und schloß nun auch die konservative Republikanische Partei, die Sozialdemokratische Partei Erdal Inönüs und die islamisch-fundamentalistische Wohlfahrtspartei ein. Es gelang Inönü, mit 23,3 % der Stimmen zweitstärkste politische Kraft nach der Mutterlandspartei zu werden.

2.1.3 Libanon

Das parlamentarische System der Libanesischen Republik und seine Elemente können nur noch in Form eines Nekrologs beschrieben werden. Es funktionierte in der ihm eigentümlichen Weise bis zum Ausbruch des Bürgerkriegs 1975 und existiert seitdem als juristische Fiktion, deren Vorhandensein selbst von denjenigen Gruppen zunehmend in Frage gestellt wird, die ein Interesse an seinem Bestand zu haben schienen.

Formal bewegt sich die Libanesische Republik in den Bahnen demokratischer parlamentarischer Repräsentation. Der mit umfassenden Vollmachten von der Abgeordnetenkammer gewählte — ihr jedoch nicht verantwortliche — Präsident übt die Exekutivmacht mittels der von ihm berufenen Regierung aus. Die legislativen Befugnisse liegen sowohl beim Präsidenten als auch beim Parlament, das jedoch nur in einigen wenigen Fällen davon Gebrauch gemacht hat. Von größerer Bedeutung als diese formale, an der belgischen Verfassung von 1831 orientierte Gewaltenteilung ist aber der im ungeschriebenen ,,Nationalpakt" von 1943 zementierte Religionsproporz in Regierung, Parlament und Verwaltung, der als das die libanesische Politik dominierende Prinzip für den Immobilismus des Systems und sein letztendliches Scheitern erhebliche Verantwortung trägt.

Im Verständnis der das libanesische System tragenden Kräfte figurieren der Staat und seine Verfassungsorgane nicht als Instrumente einer den Partikularinteressen übergeordneten und sie absorbierenden nationalen Politik, sondern lediglich als Mittel des Ausgleichs, bzw. der Vertretung *autonomer* Gruppeninteressen, die häufig in konfessionellem Gewand auftreten und auf einflußreiche Klanführer zentriert sind. Die programmatische oder ideologische *Couleur* der jeweiligen Partei spielt gegenüber ihrer konfessionellen oder Familienausrichtung eine untergeordnete

Rolle. Dies hat zu einer weitgehenden Lähmung der nach der Verfassung ohnehin nicht sehr ausgeprägten Gesetzgebungskompetenz des Parlaments geführt. Die in ihm vertretenen Abgeordneten betrachten sich vor allem als Vertreter der Partikular- und Klasseninteressen ihrer jeweiligen Führer (zu'amā'), deren gemeinsamer Nenner neben der Bewahrung des *Status quo* es vor allem war und ist, einen modernen, interventionistischen Staat im Libanon nicht aufkommen zu lassen. Die Regierungsposten werden streng nach dem konfessionellen Proporz vergeben, wobei die einzelnen Ressortinhaber ihr Regierungsamt wenn nicht als persönliche, so doch als Pfründe ihrer Gemeinschaft ansehen und verwalten. In Einklang mit dem atomistischen Gemeinschaftsbegriff fungieren daher die politischen Parteien der systemerhaltenden Kräfte nicht als institutionalisierte Träger eines politischen Willens, sondern bilden vielmehr einen staatlichen Mikrokosmos mit einem kommunalen Dienstleistungspaket, das von eigenen Schulen und Krankenhäusern bis hin zu schwerbewaffneten Berufsmilizen reicht. Die einflußreichste Partei dieses Typs ist die maronitische Katā'ib-Partei, deren Zusammenhalt und militärische Potenz allerdings durch den im Juni 1985 abgeschlossenen Rückzug Israels aus dem Libanon einen empfindlichen Schlag erlitten haben. Im Gegensatz zu den Parteien des *Status quo* fordern die Parteien der Veränderung eine grundlegende Reform des libanesischen politischen Systems. Auch in diesem Lager gibt es jedoch eine partielle Identität von Partei- und Konfessionsgrenzen: Die Sozialistische Fortschrittspartei Walid Jumblats (Walīd Junblāṭ), Sproß einer der wohlhabensten und mächtigsten Großgrundbesitzerfamilien des Libanon, hat fast ausschließlich drusische Mitglieder, während sich die panarabische Najjada-Partei, die einen Arabischen Sozialismus propagiert, überwiegend aus Sunniten rekrutiert.

Nur wenige libanesische Parteien transzendieren durch ihre unzweideutig ideologische Ausrichtung die ethnischen und Konfessionsgrenzen. Zu ihnen gehören der syrische und irakische Zweig der Baath-Partei (al-Ba'th), die Libanesische Kommunistische Partei sowie die großsyrisch-rechtsradikale Syrische Nationalistische Partei. Solange das libanesische politische System noch funktionierte, gelang es den Klanoberhäuptern jedoch in der Regel, diese Gruppierungen — sei es durch Parteienverbote oder sei es durch geschickten Einsatz ihrer politischen Klientel — zu marginalisieren und als parlamentarische Kraft auszuschalten. Die wenigen Parlamentsmitglieder, die ideologische Positionen vertraten, verdankten ihr Mandat eher ihrer Familienzugehörigkeit als ihrem Parteibuch.

Im Libanon des Jahres 1987 sind weder der Präsident noch die Regierung und das Parlament in der Lage, von ihren verfassungsmäßigen Vollmachten Gebrauch zu machen. Allgemeine Wahlen hat es seit April 1972 nicht mehr gegeben, und das politische Gewicht der libanesischen Parteien ist nunmehr ausschließlich eine Funktion ihrer militärischen, ökonomischen und demographischen Potenz. Die Wahl Beshir Gemayels (Bashīr al-Jumaiyil) zum Präsidenten im September 1982 durch ein vor den Mündungen israelischer Panzer tagendes Rumpfparlament war bezeichnend für den Zustand des Systems, dessen konstitutionelle Elemente auch durch Bildung einer Regierung unter Einschluß aller am Konflikt beteiligten Parteien nicht wiederbelebt werden können.

2.2 Monarchien

Jordanien, Saudi-Arabien, Kuwait, Bahrain, Katar, die Vereinigten Arabischen Emirate (VAE), Oman und Marokko sind Monarchien mit einem König oder Emir als Staatsoberhaupt und dem Träger entscheidender exekutiver und legislativer Befugnisse. Naturgemäß rekurrieren die Legitimationsmythen dieser Regime vornehmlich auf traditionale Element, wobei Abstammung und religiöse Funktionen der Herrscher ebenso eine Rolle spielen wie beduinische Stammestraditionen. Seit dem Ende der direkten europäischen Einflußnahme sahen sich viele Monarchen des Nahen und Mittleren Ostens dennoch dazu veranlaßt, zur Aufrechterhaltung und Verbreiterung ihrer Herrschaftsbasis Elemente westlicher konstitutioneller Systeme wie Verfassungen und Parlamente zu installieren. Lediglich zwei Herrscherhäuser, das saudische und das omanische, haben bislang (1987) darauf verzichtet, eine — wenn auch nur auf dem Papier existierende — Konstitutionalität zu proklamieren. Es gibt in beiden Ländern weder Parteien und Parlamente noch Wahlen noch eine nicht auf den Herrscher und seine Dynastie bezogene Verantwortlichkeit der Regierung. In Saudi-Arabien und in Oman bleibt die Möglichkeit der formalen politischen Partizipation und Einflußnahme auf die Familie des Herrschers und einflußreiche Stammesoberhäupter beschränkt, wobei jedoch bei der tagtäglichen Regierungsarbeit einer westlich ausgebildeten Technokratenelite ein zunehmendes, wenn auch noch schwer quantifizierbares Gewicht zukommt.

2.2.1 Die Golfstaaten

In Bahrain, Katar und den Vereinigten Arabischen Emiraten wurden hingegen Anfang der 70er Jahre Verfassungen verkündet, die Parlamente mit unterschiedlich weitreichenden Kompetenzen vorsahen. Während jedoch in Bahrain auf der Grundlage der Verfassung von 1973 im gleichen Jahr das bisher einzige Parlament des Landes gewählt wurde — um zwei Jahre danach von dem Emir aufgelöst zu werden, da die Volksvertreter sich weigerten, ein von der Regierung vorgelegtes Gesetz zum Schutz der inneren Sicherheit zu verabschieden — wird die korporativ verfaßte beratende Versammlung in Katar trotz vorgesehener Wahlen weiterhin vom Emir ernannt. In den VAE bestimmt das Staatsoberhaupt ebenfalls die Zusammensetzung einer lediglich konsultativen Notablenversammlung.

In allen drei Staaten werden die wichtigsten Regierungsämter weiterhin von Mitgliedern der herrschenden Familien oder engen Vertrauten des Herrscherhauses besetzt. Ähnlich wie in Saudi-Arabien existieren traditionale beduinische Konsultativgremien (wie die zweimal in der Woche stattfindende Audienz des Emirs in Katar), deren Stellenwert für die Legitimität des politischen Systems die eher kosmetische Bedeutung konstitutioneller Organe sicherlich übertrifft. Legale politische Parteien gibt es in Bahrain, Katar und den VAE nicht.

Einen Sonderfall unter den Golfstaaten stellt Kuwait dar. Zwar liegt auch hier die faktische politische Macht eindeutig bei der Herrscherfamilie Sabah (Āl Ṣabāḥ), dennoch kommt der Verfassung von 1962 und der Nationalversammlung mehr als nur eine Alibifunktion zu. Ihr obliegen wichtige legislative Funktionen, und sie kann unter bestimmten Umständen sogar einen Einspruch des Emirs zurückweisen. Ein Konflikt mit dem Herrscher führte 1976 zur Suspendierung der Nationalversammlung. Bei den Neuwahlen 1981 konnten unter dem Eindruck der iranischen Revolution islamische Fundamentalisten triumphieren, wohingegen im Februar 1985 arabische Nationalisten unter der Führung vom Aḥmad al-Khāṭib den Einfluß der von Khomeini (Rūhullāh Khumainī) inspirierten Muslime zurückdrängten. Politische Parteien bleiben in Kuwait verboten, gleichwohl konkurrieren die Kandidaten mit unterschiedlichen politischen Programmen und Ideologien im Wahlkampf um die Stimmen der ca. 45.000 wahlberechtigten Kuwaitis. Diese relative Liberalität ist zum einen eine Folge der im Vergleich zu anderen Golfstaaten recht fortgeschrittenen sozio-ökonomischen Differenzierung Kuwaits, die politische Partizipationskanäle zur Herrschaftskonsolidierung sinnvoll erscheinen läßt, zum anderen auch ein Merkmal des persönlichen Stils und der stammesdemokratischen Tradition der Dynastie, die im Umgang mit europäischen Einflüssen eine ausgleichende und weniger islamisch-dogmatische Haltung an den Tag gelegt hat als beispielsweise das Königshaus Saudi-Arabiens.

2.2.2 Jordanien und Marokko

Für König Hussein (Ḥusain) von Jordanien und König Hassan (Ḥasan) von Marokko stellt sich das Problem der konstitutionellen Verankerung ihrer Legitimität in ungleich schärferer Form als den Monarchen der noch vergleichsweise homogenen und traditionalen Fürstentümer des

Arabisch-Persischen Golfs. In Jordanien und Marokko bilden eine alteingesessene und politisch ambitionierte städtische Mittelschicht sowie sich verschärfende Klassengegensätze ein latentes Gefahrenpotential, das beide Monarchen durch wechselnde Allianzen mit Gruppen außerhalb der königlichen Domäne sowie durch konstitutionelle Konzessionen zu neutralisieren hoffen.

In Jordanien unternahm Hussein unmittelbar nach seiner Krönung 1953 den Versuch, das als Folge der Ermordung seines Großvaters Abdallah (ʿAbd Allāh ibn Ḥusain) angeschlagene Haschimitenregime durch einen kontrollierten Demokratisierungsprozeß — der vor allem die Palästinenser mit seiner Herrschaft aussöhnen sollte — zu konsolidieren. Als die aus freien Wahlen hervorgegangene Regierung Sulaimān an-Nābulsī 1956 außer Kontrolle zu geraten und den Monarchen zu stürzen drohte, wurden der Regierungschef abgesetzt und politische Parteien verboten. Zwischen 1967 (nach der israelischen Besetzung der Westbank) und 1984 fanden keine Wahlen zum jordanischen Unterhaus statt (die Mitglieder des Senats werden vom König ernannt). Dieses Gremium hatte jedoch ohnehin keinen entscheidenden Einfluß auf die Regierungsgeschäfte, da durch ein passives Zensuswahlrecht, die Unterdrückung oppositioneller Gruppen und ein Veto-Recht des Senats die Präponderanz der theoretisch durch die beiden Kammern begrenzten königlichen Prärogativrechte garantiert ist. Im November 1974 nach der arabischen Gipfelkonferenz in Rabat, die die politische Vertretung der Westbank-Bewohner der PLO übertrug, wurde das Parlament aufgelöst und erst am 5. 1. 1984 wieder einberufen. In Nachwahlen am 18. 1. 1984 erhielten sechs Westbank-Palästinenser einen Parlamentssitz, und am 12. 3. 84 wurden nach 17 Jahren zum ersten Mal wieder allgemeine Wahlen abgehalten. Diese Ereignisse sind jedoch weniger ein Indiz für die wiedergewonnene Bedeutung der Volksvertretung als vielmehr die Manifestation des erneuten Anspruchs Husseins auf Mitsprache bei einer möglicherweise anstehenden politischen Regelung des Palästina-Konflikts.

Im Gegensatz zu Jordanien, wo ein auf konstitutionellen Kompromissen basierender Ausgleich zwischen dem nationalistischen Bürgertum und der haschimitischen Dynastie nicht zuletzt an der engen Anlehnung der Haschimiten an westliche Mächte scheiterte, konnte das marokkanische Königshaus seine Legitimität auf die Behauptung stützen, im Kampf gegen die französische Herrschaft in vorderster Linie gestanden zu haben. Das daraus hervorgegangene Bündnis zwischen dem Sultan und der überwiegend aus Intellektuellen des Mittelstandes bestehenden Istiqlāl-Partei erwies sich als konstitutiv für die ersten Jahre der marokkanischen Unabhängigkeit. Mohamed V (Muḥammad) und sein Sohn Hassan II versuchten, die Allianz von Hof und Nationalisten zu bewahren, wobei die Tatsache, daß sich die Istiqlāl 1959 in einen rechten und einen linken Flügel (Union Nationale des Forces Populaires, UNFP) spaltete, die Position des Königs gegenüber der Partei stärkte. In der Verfassung von 1962 wurde Marokko zur konstitutionellen Monarchie mit einem Zweikammer-Parlament proklamiert. Allerdings zeigte sich recht bald, daß Hassan von seinen Exekutivvollmachten und vor allem von seiner Kontrolle der Armee Gebrauch zu machen bereit war, ohne auf verfassungsrechtliche Feinheiten zu achten. Er löste nach Unruhen und Demonstrationen 1965 das Parlament auf und regierte bis zur Annahme einer neuen Verfassung — die die Stellung des Königs weiter stärkte — unter dem Ausnahmezustand. Die ersten Wahlen nach der Verfassung von 1970 brachten eine komfortable Mehrheit von Royalisten und „Unabhängigen" ins Parlament. Nach zwei gescheiterten Putschversuchen legte Hassan 1972 dem Volk abermals eine neue Verfassung zur Annahme vor. Der Boykott dieser Volksabstimmung durch die in einer Nationalen Front zusammengeschlossenen Istiqlāl-Fraktionen blieb ebenso erfolglos wie ein ähnliches Unterfangen 1970. Nach der Verfassung von 1972 werden die 240 Abgeordneten der Repräsentantenkammer zu zwei Dritteln in allgemeiner, direkter Wahl gewählt, während ein Drittel — ähnlich wie die marokkanische Ständekammer der Protektoratszeit — von Wahlmännern nach einem korporativen Schlüssel ernannt wird. Doch erst der Westsahara-Konflikt ermöglichte es Hassan in beinahe klassischer Weise, eine vermeintliche äußere Bedrohung in innenpolitische Unterstützung für sein Regime umzumünzen und alle politischen Parteien im Juni 1977 zur Teilnahme an den ersten Legislativwahlen nach der neuen Verfassung — die viele gesellschaftliche Gruppen ablehnten — zu veranlassen. Trotz einiger oppositioneller Abgeordneter gelangte eine absolute Mehrheit dem Hof gefügiger Volksvertreter ins Parlament. Die für den 2. 9. 1983 angesetzten Wahlen sind von dem Monarchen wegen eines noch durchzuführenden Referendums über die Zukunft der Westsahara vertagt worden.

Hassan hat sich als außerordentlich geschickt erwiesen, unter Wahrung des Anscheins einer konstitutionellen, parlamentarisch kontrollierten Monarchie seine autokratische Herrschaft durch einen weitverzweigten Patronage- und Repressionsapparat zu sichern. Die Aktivitäten auch dem Regime feindselig gesonnener Parteien werden geduldet, so lange sie nicht die Schaltstellen königlicher Macht — zu denen auch das Parlament gehört — zu untergraben drohen.

2.3 Säkularistische Präsidialregime

Die in der nachkolonialen Geschichte der Dritten Welt dominante Form politischer Herrschaft ist das autoritäre, häufig von Offizieren angeführte Präsidialregime. Auch im Nahen und Mittleren Osten haben Militärs in der Politik eine Schlüsselrolle gespielt und in einer bis in die 70er Jahre andauernden Kette von Putschen die Macht in Syrien, Ägypten, dem Irak, im Nordjemen, im Sudan, in Libyen und Pakistan übernommen. In Tunesien, Algerien sowie im Südjemen gingen die neuen Regierungen aus Unabhängigkeitsbewegungen hervor, wobei in Algerien und im Südjemen militärische Kader als das im Befreiungskampf ausschlaggebende Element die zivilen Kräfte weitgehend ausschalten konnten.

Gemeinsam ist all diesen, aus der Konfrontation mit traditionalen oder kolonialen Eliten entstandenen politischen Systemen, eine dem westlich-demokratischen Staats- und Parteienverständnis diametral entgegengesetzte Auffassung von der Aufgabe politischer Vertretungsorgane. Die zumeist kleinbürgerlichen und säkularistisch ausgerichteten neuen Machthaber hegten ein tiefes Mißtrauen gegenüber pluralistisch-parlamentarischen Verfassungsmodellen — die abzulösen sie oft angetreten waren. Gleichwohl standen sie in der Anfangsphase ihrer Herrschaft vor der Notwendigkeit, ihre formale Legitimationsbasis festigen und erweitern zu müssen. Zu diesem Zweck dekretierten sie in der Regel Einheitsparteien. Diese wurden entweder zu Massenparteien oder behielten in den Fällen, in denen sie schon während des Kampfes um die Unabhängigkeit eine Vorreiterrolle gespielt hatten, ihren Avantgardecharakter — auch gegenüber dem Staat — bei. Allerdings zeigte sich, daß das Legitimierungspotential aufgeblähter und einflußloser Massenparteien begrenzt ist und Krisen des politischen Systems selten übersteht. Weder in Ägypten noch im Sudan überlebten die staatlichen sozialistischen Einheitsparteien ihre Gründer. Zentralisierte und straff organisierte Kaderparteien hingegen können wesentlich zur Stabilisierung des Regimes beitragen, wie die Baath-Partei in Syrien und im Irak unter Beweis gestellt hat.

2.3.1 Ägypten, Sudan, Arabische Republik Jemen, Tunesien

Ägypten zwischen 1954 und 1970 war das erfolgreichste, auch andere Regime zur Nachahmung animierende Beispiel einer Konsensbildung von oben — nicht zuletzt wegen der charismatischen Persönlichkeit Nassers (Jamāl ʻAbd an-Nāṣir), der als Personifizierung des revolutionären Arabischen Nationalismus seine Person von den politischen und militärischen Krisen des Regimes weitgehend zu dissoziieren verstand. Die von dem Revolutionären Kommandorat unter seiner Führung 1957 gegründete Einheitspartei Nationale Union wurde nach dem Ausscheiden Syriens aus der Vereinigten Arabischen Republik 1961 aufgelöst und durch die Arabische Sozialistische Union (ASU) als Einheitspartei und Vertretung aller „patriotischen Kräfte“ ersetzt. Diese auf dem eklektizistischen Fundament eines nicht-marxistischen Arabischen Sozialismus basierende Partei mit korporativer Gliederung bildete gemäß der Verfassung vom März 1964 die eigentliche Vertretung des Volkes vor dem ebenfalls vorgesehenen Parlament. Die weitreichenden exekutiven und legislativen Vollmachten des Präsidenten blieben unangetastet.

Nach der Niederlage im Junikrieg 1967 versuchten linke Kräfte innerhalb der ASU, die Partei zu ideologisieren und zum Instrument ihrer sozialrevolutionären Ziele zu machen. Dies wurde jedoch von Nassers Nachfolger Sadat (Anwar as-Sādāt) in der „Korrektiv-Revolution" vom Mai 1971 verhindert, der sich fortan schrittweise von den Prinzipien des Nasserismus entfernte und sowohl in der Wirtschafts- als auch in der Innenpolitik westlichen Vorbildern zu folgen und sich westlichen Geldgebern anzunähern suchte. Seine präsidiale Machtfülle blieb dennoch erhalten. Zunächst wurden in der inzwischen funktionslos gewordenen ASU sog. Diskussionstribünen als Ausdruck unterschiedlicher, wenngleich regimetreuer politischer Strömungen zugelassen, die sich 1976 an den ersten halbwegs kompetitiven Parlamentswahlen seit der Machtübernahme durch die Freien Offiziere 1952 beteiligten. Ein Jahr danach formierten sich die „Diskussionstribünen" zu politischen Parteien.

Seit der Amtsübernahme durch Mubarak (Ḥusnī Mubārak) entwickelt sich das politische System Ägyptens zu einer kontrollierten parlamentarischen Demokratie, in der zwar der Präsident weiterhin entscheidende exekutive und legislative Vollmachten besitzt und die Regierungsbürokratie durch Eingriffe in den Wahlkampf den politischen Parteien unmißverständlich die Grenzen ihrer Handlungsfreiheit markiert. Dennoch gibt es eine begrenzte politische Organisationsfreiheit für alle nicht-militanten Kräfte. Bei den Wahlen im Mai 1984 zur Volksversammlung, die 448 gewählte und zehn vom Präsidenten ernannte Mitglieder umfaßt, errang die regierende National-Demokratische Partei 390 Sitze und die oppositionelle Neo-Wafd 58. Die drei anderen Oppositionsparteien vermochten die Sperrklausel von 8 % nicht zu überspringen.

Im Sudan ging drei Jahre nach seinem unblutigen *Coup* 1969 Präsident Numeiri (Ja'far an-Numairī) daran, eine Einheitspartei nach dem Vorbild der ASU zu gründen. Die Sudanesische Sozialistische Union (SSU), der angeblich die überwiegende Mehrheit der Sudanesen angehört haben soll, absorbierte als Massenorganisation gleichsam die Volkssouveränität und hatte die Geschicke des Landes durch einen Nationalkongreß, ein Zentralkomitee und ein Politbüro zu leiten. Faktischen Einfluß auf die Regierungsgeschäfte übte indessen nur das Politbüro aus, in dem der Präsident dominierte und dem die Ressortminister und das Kabinett untergeordnet waren. Das Parlament, das zum letzten Mal im Dezember 1981 gewählt wurde, war gegenüber der in der Hand des Präsidenten konzentrierten Exekutivgewalt ohne Einfluß und bestand zudem nur aus von der SSU vorgeschlagenen Mitgliedern. Ob das Militärregime, das Numeiri am 7. 4. 1985 absetzte, das politische System wesentlich zu verändern gewillt und in der Lage ist, bleibt abzuwarten.

Die in den ersten Jahren ihres Bestehens ebenfalls vom Nasserismus beeinflußte, politisch und militärisch instabile Arabische Republik Jemen verzichtete zunächst sowohl auf eine Volksvertretung als auch auf eine staatliche Einheitspartei. Die exekutive und legislative Gewalt lag wie in den ersten Jahren der ägyptischen Republik in den Händen eines Revolutionären Kommandorates, der die Richtlinien der Politik bestimmte und das Staatsoberhaupt ernannte. Im Februar 1978 wurde eine Konstituierende Volksversammlung zur Vorbereitung „freier Wahlen" ins Leben gerufen, die nach der Ermordung des Präsidenten al-Ghashmī am 24. 6. 1978 einen neuen Präsidenten und einen provisorischen Präsidentschaftsrat als Nachfolger des aufgelösten Revolutionären Kommandorates wählte. Ein 52-Mitglieder-Komitee der Nationalen Beratung wurde im Mai 1980 gegründet, um die Einberufung eines allgemeinen Volkskongresses aus 700 gewählten und 300 ernannten Vertretern vorzubereiten. Dieser Volkskongreß trat auch im August 1982 zusammen und sollte alle zwei Jahre tagen sowie alle vier Jahre neu gewählt werden. Die Konstituierende Volksversammlung, die inzwischen 159 Mitglieder umfaßte, setzte jedoch ihre Arbeit fort und bestätigte am 22. 5. 1983 Präsident 'Alī 'Abd Allāh Ṣāliḥ für eine zweite fünfjährige Amtszeit.

Die bourguibistische Spielart des Sozialismus und bestimmte Züge des tunesischen politischen Systems weisen ebenfalls partielle Übereinstimmungen mit Struktur und Genese ägyptischer Verfassungsorgane der 60er Jahre auf. Bourguiba (Ḥabīb Būrqība) gehört, obwohl er seine Karriere nicht in der Kaserne begann, zu jener Schicht von nationalistischen Kleinbürgern, die in der ersten nach-kolonialen Phase vieler peripherer Staaten in die von der alten Elite geräumten Positionen aufrückten und ihr Interesse sowie das der von ihnen angeführten anti-kolonialen Bewegungen — nach der Liquidierung potentieller und tatsächlicher Widersacher — mit dem nationalen identifizierten. Entsprechend wurde auch in Tunesien die auf seinen Kurs gebrachte und von Gegnern gesäuberte Neo-Destour (ab 1964 Parti Socialiste Destourien, PSD) als eine, alle Klassen- und sonstigen Gegensätze überwindende, die Nation quasi erst konstituierende Einheitspartei gebildet. Der Präsident ist Vorsitzender der Partei und Staatsoberhaupt in Personalunion, wobei ihm letzteres Amt umfangreiche und auch von der Nationalversammlung kaum zu kontrollierende Vollmachten, so beispielsweise als Oberbefehlshaber der Streitkräfte, einräumt. Obwohl nach der ursprünglichen Verfassung von 1959 die Amtszeit des Präsidenten auf insgesamt 15 Jahre beschränkt war, wurde Bourguiba 1974 vom Parlament zum Präsidenten auf Lebenszeit ernannt. Die Nationalversammlung mit 112 Mitgliedern wird jeweils direkt für fünf Jahre nach einfachem Mehrheitswahlrecht gewählt und hat nominell zumindest legislative Befugnisse. Faktisch liegt die Aufstellung der Kandidaten in der Hand der PSD. In den fünf Legislaturperioden seit der Unabhängigkeit ist es noch keinem nicht mit der PSD assoziierten Kandidaten gelungen, einen Sitz in der Volksvertretung zu erlangen. Zu den Wahlen, die am 1. 11. 1981 stattfanden, waren zwar drei Oppositionsparteien zugelassen, unter ihnen die Kommunistische Partei Tunesiens. Keiner gelang jedoch der Sprung ins Parlament und auch keine erreichte die zur Registrierung als legale politische Partei notwendigen 5 % der Stimmen.

Die PSD ist als ein die Bevölkerung an den politischen Prozeß bindendes Vehikel — ähnlich wie Nassers ASU — von größerer Bedeutung als das Parlament. Sie durchdringt das politische Leben des Landes durch die effektive Kontrolle der ihr angegliederten Organisationen und Interessenverbände. Ihr Aufbau ist streng zentralistisch. Dabei ist es Bourguiba gelungen, fast alle wichtigen Entscheidungsbefugnisse in seiner Hand zu konzentrieren.

2.3.2 Algerien, Syrien, Irak, Demokratische Volksrepublik Jemen, Afghanistan

In Algerien ist mit der Verfassung von 1976 die Bedeutung der Einheitspartei Front de Libération Nationale (FLN) als politische Avantgarde und Instrument der Vermittlung gesellschaftlicher Interessen wieder gestiegen. Damit wird zumindestens nominell an die Rolle angeknüpft, welche die Partei während des Kampfes gegen die französische Herrschaft beanspruchte, und die nach dem Staatsstreich Boumediennes 1965 und seiner Politik der Konzentration der Macht in staatlichen, parteiunabhängigen Organen zeitweise beendet schien. Eine Nationalversammlung wurde im Zuge dieser „Rekonstitutionalisierung“ am 24. 2. 1977 nach mehr als einem Jahrzehnt gleichfalls wieder gewählt. Von einer Verbreiterung der Herrschaftsbasis zu sprechen, ist in Anbetracht der ungleichen Kompetenzverteilung zwischen dem Parlament einerseits und dem Präsidenten, seiner Regierung und dem Obersten Sicherheitsrat andererseits nicht möglich. Immerhin signalisieren die verfassungsrechtlichen Modifikationen das langsam wieder zunehmende Gewicht der Partei gegenüber den Militärs und den Technokraten im Staatsapparat sowie den Willen Boumediennes, die Partei zur lebensfähigen nationalen politischen Organisation umzugestalten mit dem Ziel, der Bevölkerung die Partizipation am politischen Leben des Staates im Rahmen der vom Regime vorgegebenen Grenzen zu ermöglichen. Ob dieses Ziel auch erreicht worden ist, bleibt zweifelhaft, da trotz dieser Reformen der demokratische Zentralismus der FLN die politische Mitwirkung der Massen auf akklamatorische Handlungen beschränkt. Auch die Wahlen zum Parlament bieten keine Dissensmöglichkeit, da sämtliche Kandidaten auf FLN-Listen kandidieren und das Parlament nur einen sehr beschränkten legislativen Spielraum hat. Der zwar nominell dem Prinzip der kollektiven Führung verpflichtete, faktisch jedoch in seiner Machtausübung wenig beschränkte Präsident (seit 1979 Chadli Benjeddid) kann auf vielfältige Weise gesetzgeberisch unter Ausschaltung des Parlaments handeln. Insgesamt ist in der Parteien- und Repräsentationsstruktur eine Konvergenz zwischen dem einst revolutionären Algerien und anderen Präsidialregimen zu erkennen.

Die panarabische sozialistische Baath-Partei, die in Syrien 1963 und im Irak 1968 an die Macht gekommen ist, steht in der Tradition eines ursprünglich ausgeprägt säkularistischen, vor allem ethnische und religiöse Minderheiten ansprechenden revolutionären Arabischen Nationalismus. Sie wurde 1943 von Michel Aflaq (ʿAflaq) und Ṣalāḥ ad-Dīn al-Baiṭār gegründet und begann in den frühen 50er Jahren, Parteizellen und Organisationen in fast allen arabischen Ländern aufzubauen. Als entscheidend für den Erfolg der Baath-Partei in Syrien und dem Irak hat sich die Tatsache erwiesen, daß sie ihre Anhänger aus der gleichen Schicht der mittelständischen, städtischen Intelligenz und Angehörigen von Minderheitsgruppen rekrutierte, die auch in den Streitkräften beider Länder als dem häufig einzigen Medium sozialen Aufstiegs in den 50er und 60er Jahren ihren Einfluß ausbauen konnten. Nach den Putschen baathistischer Offiziere in Syrien und dem Irak wurde die Baath-Partei in beiden Ländern als ideologische Kaderpartei mit weitreichenden Kontroll- und Entscheidungsbefugnissen ausgestattet. Es entstand ein zu staatlichen Organen (Volksvertretung, Kabinett) paralleler Parteiapparat, dem — im Gegensatz zu den ebenfalls arabisch-nationalistischen und sozialistischen Massenparteien in Ägypten und im Sudan — die Führungsrolle im Staat zukommt. Diese Duplizität der Herrschaftsstrukturen, bei eindeutiger Unterordnung der staatlich-militärischen unter die der Partei, hat ungeachtet des ideologischen Schismas zwischen dem syrischen und dem irakischen Flügel der Baath-Partei beide politischen Systeme nach der Putschfreudigkeit der Militärs der 60er Jahre stabilisiert und die Baath-Partei, trotz der formalen Beteiligung anderer ,,progressiver“ Kräfte, als Staatspartei etabliert.

An der Spitze der Syrischen Arabischen Republik steht nach der Verfassung von 1973 der Staatspräsident, der gleichzeitig Generalsekretär der Baath-Partei ist. Als Inhaber des höchsten Partei- und Staatsamtes ist er auch Vorsitzender der Nationalen Progressiven Front, die die fünf legalen, allerdings der Baath faktisch gleichgeschalteten Parteien umfaßt — die Baath-Partei, die (nasseristische) Sozialistische Union, die (ebenfalls nasseristische) Arabische Sozialistische Union, die Arabische Sozialistische Partei sowie die Syrische Kommunistische Partei. Der Volksrat mit legislativen Kompetenzen wird alle vier Jahre nach einfachem Mehrheitswahlrecht gewählt. Er schlägt den Kandidaten für das Amt des Staatspräsidenten vor, dessen Nominierung jedoch bei der Baath-Partei liegt und der sich per Akklamation vom Volk ,,bestätigen“ läßt (die letzte dieser Huldigungswahlen fand am 12. 2. 1985 statt). In den Wahlen zum Volksrat vom 9./10. 11. 1981 erhielt die Nationale Progressive Front alle 195 Sitze, 60 % davon gingen an die Baath-Partei. Obwohl die Kommunisten in diesem Volksrat nicht mehr vertreten waren, wurden zwei Kommunisten vom syrischen Präsidenten Asad (Ḥāfiẓ al-Asad) in das Kabinett vom 3. 12. 1982 aufgenommen. Im Januar 1985 tagte der für die Geschicke des Landes entscheidendere Parteikongreß, der die bisherige Führung der Partei wiederum in die regionale (d.h. syrische) Führung und das Zentralkomitee wählte.

Das irakische Baath-Regime weist viele strukturelle Gemeinsamkeiten mit dem syrischen auf. Die Partei ist in zwei Sektionen, eine zivile und eine militärische, unterteilt. Der zivile Zweig organisiert und überwacht durch seine Zellen, Sektionen und Kommandoeinheiten alle Bereiche des nicht-militärischen Lebens des Landes auf lokaler, regionaler und Provinzebene. Dem militärischen Zweig, durch den die Partei zumindest bis zum Beginn des iranisch-irakischen Kriegs die Armee kontrollierte, obliegt die Aufgabe, die Parteilinie im Offizierscorps durchzusetzen und gegen das Regime gerichtete Konspirationen im Keim zu ersticken. Eine Nationale Front aus der Baath-Partei, der Irakischen Kommunistischen Partei, kurdischen Parteien und anderen ,,nationalen Kräften“ wurde ebenfalls 1973 gebildet, 1979 jedoch wieder aufgelöst.

Der irakische Präsident Saddam Hussein (Ṣaddām Ḥusain) ist Staatsoberhaupt, Generalsekretär der Baath-Partei und Vorsitzender des Revolutionären Kommandorates (RKR) — des exekutiven Armes der Baath — in Personalunion (1987). Die Regierung und der RKR besitzen legislative und exekutive Vollmachten, wobei der RKR, dessen Zusammensetzung von der regionalen (irakischen) Führung bestimmt wird, letztendlich die Richtlinien der Außen- und Innenpolitik bestimmt.

Die provisorische Verfassung von 1970 sieht auch ein Parlament vor, das zum ersten Mal am 20. 6. 1980 gewählt worden ist. Von den 250 Abgeordneten sind 175 Mitglieder der Baath-Partei. Alle Kandidaten mußten sich vor der Wahl zu den Prinzipien der Revolution von 1968 bekennen, die die Baath-Partei an die Macht gebracht hatte. Die Vollmachten der Nationalversammlung beschränken sich im wesentlichen auf das Vorlegen von Gesetzesentwürfen, die jedoch noch der Billigung des RKR bedürfen. Ein Kurdischer Legislativer Rat wurde am 19. 9. 1980 mit beschränkten legislativen Befugnissen für die kurdische Region gewählt, vermochte allerdings nicht, sich die Unterstützung der kurdischen Bevölkerung zu sichern, die in ihm ein Instrument Bagdads zur Kanalisierung kurdischer Autonomie- und Unabhängigkeitsbestrebungen sah.

Gelang es der Baath-Partei in Syrien und im Irak, die Kommunisten in Nationale Fronten einzubinden und politisch zu domestizieren, so mußte sich die Baath in der Demokratischen Volksrepublik Jemen (Südjemen) selbst einer Einheitspartei, der Yemeni Socialist Party (YSP) unterordnen. Die YSP wurde im Oktober 1978 gegründet und löste die 1975 ins Leben gerufene United Political Organization National Front (UPONF) ab, die ihrerseits eine Koalition von drei politischen Parteien — der National Liberation Front (bis dahin stärkste Partei des Landes), der (baathistischen) Popular Vanguard Party und der (kommunistischen) Popular Democratic Front — darstellte. Die YSP steht in der Tradition einer revolutionären Befreiungsbewegung und versteht sich als Avantgarde-Partei, die sämtliche Bereiche des öffentlichen Lebens und insbesondere die Armee durchdringt und auf den jeweiligen Kurs der Partei zu bringen versucht. Sie verfügt dabei über eine vom Militärapparat unabhängige Miliz, die sich 1978 in dem Machtkampf zwischen dem Präsidenten Sālim Rubaiya' 'Alī und dem Generalsekretär der National Liberation Front, Abdul Fattah Ismail ('Abd al-Fattāḥ Ismā'īl), als ausschlaggebend erwiesen hat.

Die den Prinzipien des demokratischen Zentralismus und der kollektiven Führung verpflichtete YSP kontrolliert über ihr Politbüro den Präsidenten und die ihm unterstellte Regierung. Der Präsident und der die eigentliche exekutive Macht ausübende elfköpfige Präsidialrat wird aus der Mitte des 111 Mitglieder umfassenden Parlaments, des Obersten Volksrates, gewählt. Wahlen zum Obersten Volksrat fanden zuletzt vom 16. - 18. 12. 1978 statt und brachten 71 YSP-Abgeordnete und 40 ,,Unabhängige" in die Volksversammlung.

In Afghanistan wird seit 1979 die kommunistisch ausgerichtete Demokratische Volkspartei (DVPA) mit massiver sowjetischer Unterstützung an der Macht gehalten. Sie ist nach dem Putsch vom 27. 4. 1978 die einzige legale politische Partei des Landes und besetzt den Revolutionären Kommandorat sowie die ihm faktisch untergeordnete Regierung. Ein Parlament existiert nicht, und die nach der sowjetischen Invasion verabschiedete provisorische Verfassung, die im April 1980 von der DVPA und dem Revolutionären Kommandorat ratifiziert wurde und die eine Nationalversammlung vorsieht, blieb bislang ein papierenes Konstrukt.

Um die Basis des Regimes und der Partei zu stärken, wurde am 15. 6. 1981 die Nationale Vaterländische Front ins Leben gerufen. Diese Allianz von Massenorganisationen und regimetreuen Stammesverbänden unter der Führung der DVPA sollte einen gewählten Nationalen Kongreß bilden, was jedoch an Differenzen zwischen dem Parcham- und dem Khalq-Flügel der DVPA scheiterte.

2.4 Islamische Republiken

Seit der zweiten Hälfte der 70er Jahre nimmt die Bedeutung des Islams als Quelle politischer Legitimität zu. Dieses mit dem Schlagwort von einer ,,Re-Islamisierung" nur unzureichend beschriebene Phänomen findet seinen Ausdruck u.a. in der Übernahme einzelner Teile des islamischen Rechts in bislang eher säkularistischen Staaten, vor allem jedoch in sog. islamischen Staaten wie Libyen, Iran und Pakistan, die eine von religiösen Grundsätzen abgeleitete und bestimmte politische Herrschaft auszuüben vorgeben. Bei der Etablierung derartiger politischer Systeme hat sich gezeigt, daß die bloße Bezugnahme auf den Islam und das islamische Recht nicht ausreicht, die einzelnen Elemente politischer Herrschaft und Konsensbildung sowie ihren Funktionszusammenhang zu definieren. Entscheidender als religiöse Dogmen waren bei der „Islamisierung" Libyens, Irans und Pakistans die historischen Bedingungen, unter denen sie stattfand. Entsprechend unterschiedlich sind auch die politischem Systeme, die daraus hervorgegangen sind. Während in Libyen politische Parteien und Parlamente fehlen und Volkskomitees sowie Volkskongresse als die basisdemokratische Umsetzung einer von Oberst Gaddafi (Mu'ammar al-Qadhdhāfī) formulierten islamischen politischen Theorie gelten, bewegen sich die Verfassungs- und Partizipationsorgane Irans und Pakistans formal in einem westlichen konstitutionellen Rahmen.

2.4.1 Iran

Die iranische Geistlichkeit stand schon vor der Revolution von 1979 in einer gewissen republikanischen Tradition. Sie war am „Tabak-Protest" von 1891 und der Verfassungsbewegung von 1905 - 11 beteiligt gewesen, und ihr Gegensatz zum Schah-Regime drückte sich auch im Gebrauch einer republikanisch-demokratischen Terminologie aus. Nach der Annahme der Verfassung der „Islamischen Republik" wurde als Parlament der 270 Mitglieder umfassende *majlis* konstituiert, in dem zunächst auch einige Parteien vertreten waren, die in vorsichtiger Opposition zum militanten Islam khomeinistischer Prägung standen.

In den Jahren nach 1981 gelang es jedoch der Islamischen Republikanischen Partei (IRP), dem parlamentarischen Arm Ayatullah Khomeinis, alle auch nur ansatzweise kritischen Gruppen aus dem iranischen Parlament zu verdrängen und politisch mundtot zu machen. Bei den Parlamentswahlen am 15. 4. und 17. 5. 1984 errang die IRP einen überwältigenden Sieg und etablierte sich als Einheitspartei der Islamischen Republik. Sie versteht sich indessen nicht als bloße Akklamationskulisse für die politischen Akteure, sondern als treibende Kraft der Revolution und hat sich vor allem in der Frage der Fortführung des Kriegs mit dem Irak als radikalisierender Faktor erwiesen. Ausschlaggebend für das politische Monopol der IRP ist nicht ihr Rückhalt in der Bevölkerung, sondern vielmehr die Unterstützung der politischen Führung und vor allem der *wilāyat-i faqīh*, die den Repressionsapparat des Regimes (Revolutionsgarden) zur Ausschaltung politischer Gegner einsetzen.

2.4.2 Pakistan

Im Juli 1977 übernahm in Pakistan das Militär die Macht mit der Begründung, Ruhe und Ordnung im Land wiederherstellen zu müssen, nachdem von Präsident Bhutto (Dhū l-Fiqār 'Alī Bhuttō) manipulierte Wahlen eine Protestbewegung ausgelöst hatten, die außer Kontrolle zu geraten drohte. Die islamische Militärregierung unter der Führung von Präsident Zia ul-Haq (Ḍiyā' al-Ḥaqq) löste das Parlament auf, setzte die Verfassung außer Kraft und verbot politische Parteien mit Ausnahme der das Regime unterstützenden militant-islamischen Jamā'at-i islāmī. Eine Rückkehr zur parlamentarischen Demokratie wurde gleichwohl versprochen. Die provisorische Verfassung vom 24. 3. 1981 sah u.a. vor, daß nur diejenigen politischen Parteien an Wahlen teilnehmen dürfen, die sich bis zum 30. 9. 1979 bei der zu diesem Zweck geschaffenen Wahlkommission registriert hatten. Die beiden einflußreichsten Oppositionsgruppen, die Pakistan People's Party (des hingerichteten Bhutto) und die Pakistan National Alliance verweigerten die Registrierung und boykottierten zusammen mit neun anderen Oppositionsparteien (zusammengeschlossen im Movement for the Restoration of Democracy) die Wahlen zu einer „islamischen" Nationalversammlung am 25. 2. 1985. Obwohl die Beteiligung an diesen Wahlen unter 50 % lag, legte Zia ul-Haq das Ergebnis als eine Zustimmung zu seiner Politik der forcierten Islamisierung aus.

Fast gleichzeitig mit den Wahlen wurde die Verfassung von 1973 modifiziert und zur Grundlage einer Präsidialdiktatur, zugeschnitten auf die Person und die Ambitionen Zia ul-Haqs, umgestaltet. Dem Präsidenten werden praktisch alle exekutiven Vollmachten einschließlich der Ernennung der Provinzgouverneure und des Generalstabschefs übertragen. Das Parlament, das das Recht hat, Gesetze zurückzuweisen oder der Regierung das Mißtrauen auszusprechen (was bei seiner Zusammensetzung nicht sehr wahrscheinlich ist), kann vom Präsidenten nach Belieben aufgelöst oder durch ein Referendum umgangen werden. Mehr noch als in Iran ist der offizielle pakistanische Euphemismus vom ,,Beginn einer neuen islamischen Ära" ein religiös verbrämtes Eingeständnis des Scheiterns der bisherigen Politik und nicht der gelungene Versuch, Elementen westlicher politischer Systeme eine islamische Dimension zu verleihen.

Literatur:

Day, A.J. u. Degenhardt, H.W. 1984: Political Parties of the World, Harlow.

Herman, V. u. Mendel, F. 1976: Parliaments of the World. A Reference Compedium, Berlin, New York.

Long, D.E. u. Reich, B. (Hrsg.) 1980: The Government and Politics of the Middle East and North Africa, Boulder, Col.

Nohlen, D. 1978: Wahlsysteme der Welt. Daten und Analysen, München.

Nuscheler, F. u. Ziemer, K. 1978: Politische Organisation und Repräsentation in Afrika, in: Sternberger, D. u. Vogel, B. u. Nohlen, D. u. Landfried, K. (Hrsg.): Die Wahl der Parlamente und anderer Staatsorgane, Bd. II, Berlin, New York.

Rustow, D.A. 1971: Middle Eastern Political Systems, Englewood Cliffs.

Steinbach, U. u. Hofmeier, R. u. Schönborn, M. (Hrsg.) 1981: Politisches Lexikon Nahost, 2. Aufl., München.

III. Öffentliche Verwaltung

Hans Kruse

1. Vorbemerkung

Die öffentliche Verwaltung in den Ländern des Nahen und Mittleren Ostens ist in ihrer derzeitigen Gestalt weder spezifisch islamisch noch spezifisch arabisch. Als Exekutive der ab Mitte des 19. Jahrhunderts entstandenen nahöstlichen Territorialstaaten ist sie wie diese selbst in erster Linie Produkt eines Angleichungsprozesses an westliche Vorbilder und nicht etwa Ergebnis einer autonomen Weiterentwicklung traditioneller Strukturen. Die Motive dieses Angleichungsprozesses sind in der einschlägigen Literatur hinlänglich erörtert worden, ebenso die handelnden Personen. Zur Bewahrung der eigenen Herrschaft und zur Erhaltung des territorialen Besitzes betrieben Herrscher wie Sultan Mahmud II. in Istanbul und Muḥammad 'Alī von Ägypten als erste mit politischen Mitteln den Aufbau von Institutionen, wie sie nach ihrer Meinung im Westen zur Entfaltung militärischer, wirtschaftlicher und politischer Stärke — und damit zur Überlegenheit über die Welt des Islams — geführt hatten. Die „Rettung des Islams" vor dem Ansturm des Abendlandes wurde im 19. Jahrhundert erklärtermaßen letztes Ziel der Modernisierung nach westlichen Mustern, dessen verschiedene Formulierungen zur ideologischen Rechtfertigung der Einführung von Innovationen ausländischer Provenienz dienten. Wieweit derartige Argumente seinerzeit bei den betroffenen Bevölkerungen verfangen haben, ist aus dem uns heute noch zur Verfügung stehenden Schriftgut der Epoche so gut wie nicht zu entnehmen. Jedenfalls kann eine besondere Geneigtheit der Bürger nah- und mittelöstlicher Staaten gegenüber den auf diese Weise legitimierten Staatsveranstaltungen, zumindest im Verwaltungsbereich, kaum festgestellt werden. Die öffentliche Verwaltung, so wie sie sich in den 80er Jahren des 20. Jahrhunderts darbietet, ist als importiertes System anonymer staatlicher Machtausübung den davon Betroffenen wie den darin Beschäftigten im Grunde nach wie vor fremd. Es ist also nicht die Verwaltung als solche, an der sich Islamisches oder Arabisches aufsuchen und aufzeigen ließe, sondern die sozio-kulturelle Umwelt, in der sie funktionieren muß, und das Verhalten derjenigen, die Verwaltungsfunktionen in dieser Umwelt wahrzunehmen haben. Wenn man von der Ebene der örtlichen Verwaltung, d.h. der Verwaltung in ländlichen Bezirken, Dörfern und Stammesregionen absieht, bleibt hinsichtlich der gesetzlichen Grundlagen, Dienstordnungen, Organigramme usw. an den nah- und mittelöstlichen Staatsverwaltungen relativ wenig, was nicht auch in westlichen Verwaltungssystemen zu finden wäre. Behörden, die der staatlichen Intervention zum Zwecke der Durchsetzung religionsbedingter Reglementierungen gewisser Lebenstatbestände dienen, fallen dabei naturgemäß insofern aus dem Rahmen, als es vergleichbare Reglementierungen in den meisten westlichen Ländern nicht gibt. Die Definition der Staatsaufgaben, für die sie eingesetzt werden, liegt jedoch nicht im Bereich der Administration und muß deshalb hier als Datum hingenommen werden.

2. Ursprünge der Verwaltung

Die Fundamente für den Aufbau einer öffentlichen Verwaltung im Nahen und Mittleren Osten wurden zu Beginn des 19. Jahrhunderts mit der Einführung stehender Heere nach europäischem Vorbild zunächst in Ägypten und sodann im übrigen Osmanischen Reich gelegt. Soldaten waren, zumindest der Idee nach, die ersten besoldeten Staatsbediensteten in der Region, denen gegenüber sich der in der Entstehung begriffene Territorialstaat, wenn auch nur zögernd und unvollkommen, als Arbeitgeber bzw. Dienstherr gerierte. Die in der ersten Hälfte des 19. Jahrhunderts ständig wachsende Zahl von Armeeangehörigen erforderte immer umfassendere staatliche Einrichtungen zur Unterbringung, Versorgung, Bewaffnung und Finanzierung des neuen Machtinstruments der Herrscher. Allein die logistischen Anforderungen einer Streitmacht von ca. 150.000 Vollzeitsoldaten, wie sie Ägypten bereits um 1840 besaß, riefen einen Bedarf an moderner und möglichst rationeller Verwaltung hervor, der bis dahin im Nahen und Mittleren Osten unbekannt war. Auch die Einführung der allgemeinen Wehrpflicht und die Aufstellung einer Armeereserve aus entlassenen Wehrpflichtigen, die es der Türkei ermöglichten, im Krimkrieg (1854 - 56) bereits eine halbe Million Mann ins Feld zu schicken, machten neuartige Verwaltungseinrichtungen erforderlich. Zur Feststellung des Wehrpflichtalters junger Männer in den ländlichen Gebieten mußten Geburtsregister angelegt werden, deren Führung zunächst den als Beschneidern tätigen Dorfbadern überlassen wurde; um die ständige Aufrufbarkeit der Reservisten zu gewährleisten, waren ferner die Kontrolle über ihren jeweiligen Aufenthalt und die Einrichtung von Kommunikationswegen erforderlich. Diese kurzen Andeutungen mögen ausreichen, um zu unterstreichen, daß nicht etwa die Sorge der Herrscher um das Gemeinwohl, die Förderung von Handel und Gewerbe oder wirtschaftliche und soziale Entwicklungsvorgänge an der Wiege nah- und mittelöstlicher Verwaltungssysteme gestanden haben. Verwaltungsgeschichte und Militärgeschichte sind nach allem im 19. Jahrhundert kaum voneinander zu trennen. Als Napoleon Bonapartes Einfall in Ägypten im Juli 1798 das Osmanische Reich und darüberhinaus die Welt des Islams erschütterte, war das überkommene Heerwesen in der Gesamtregion auf dem Tiefpunkt angelangt. In Ägypten waren die vorwiegend tscherkessischen Mamluken seit dem 13. Jahrhundert zum Landesvermögen gehörige Sklaven, die sich selbst und ihr Gefolge aus dem Abgabenaufkommen ihnen zugeteilter Dörfer zu unterhalten hatten. Letzteres machte sie von zentraler Versorgung, und damit auch von zentraler Befehlsgewalt, so gut wie unabhängig. Gegen Ende des 18. Jahrhunderts stritten sich die Mamlukenführer um die Herrschaft über Ägypten. Für das einrückende französische Expeditionskorps waren sie keine ernstzunehmenden Gegner. Die Streitkräfte des Osmanischen Reiches bestanden zur gleichen Zeit aus dem Korps der Janitscharen und den Reitertruppen der Sipahis, die für militärische Zwecke kaum mehr zu verwenden waren. Die Janitscharen, deren Zahl offiziell mit 135.000 angegeben wurde, waren durchweg als Kleingewerbetreibende tätig und empfingen ihren Sold lediglich noch als stipendienartige Zuwendung der Hohen Pforte. Um die 10.000 Sipahis waren Inhaber von Militärlehen, vor allem in Anatolien, Syrien und dem Irak, und lebten mit ihrem Gefolge nach Art von Großgrundbesitzern von den Erträgen der ihnen überlassenen Zehntlande des Sultans. Wie in anderen Feudalsystemen auch wurden die Lehnsmannen um so autonomer, je schwächer sich die Zentralgewalt artikulierte. Sowohl im Hinblick auf die Mamluken als auch auf die Janitscharen und Sipahis mit ihrer faktischen Selbstverwaltung und Justizfreiheit erscheint die im zeitgenössischen Europa gängige Formel vom Osmanischen Reich als einer ,,Konföderation von Anarchien" keineswegs als unberechtigt. Derart unkontrollierbar gewordene örtliche Gewalten bildeten kein Machtinstrument in der Hand der Herrscher, weder zur Durchsetzung politischer Ziele im Inneren, noch zur Verteidigung der Gebietshoheit nach außen. Sie standen zudem der aus dem Westen stammenden Idee des Territorialstaats entgegen, die ein ungebrochenes Gewaltmonopol über alle Teile des Herrschaftsgebiets voraussetzt. Muḥammad ʿAlī, osmanischer

Pascha von Ägypten nach Abzug des napoleonischen Heeres, brach den mamlukischen Widerstand am 1. 3. 1811 durch kaltblütigen Mord in Kairo und blutrünstige Verfolgung auf dem Lande. Sultan Mahmud II. ließ am 11. 6. 1826 3.000 Janitscharen in ihren Unterkünften in Istanbul umbringen und schickte weitere 15.000 in die Verbannung; zwischen 1826 und 1837 zog er die Militärlehen der Sipahis ein und machte damit die Landabgaben wieder für die Staatsfinanzen verfügbar. Örtliche Vasallendynastien wurden bekämpft und, soweit möglich, entmachtet. Der Weg für die Einführung stehender Heere mit Hilfe französischer und preußischer Berater wurde dadurch frei. Innerhalb der neuen Militärorganisation nahmen erstmalig für den Nahen und Mittleren Osten personelle und strukturelle Elemente Gestalt an, wie sie in ähnlicher Weise auch für den Ausbau des zivilen Teiles der Staatsgewalt, der Organisation der Behörden und Ämter, erforderlich waren: hierarchische Befehls- bzw. Weisungsstrukturen, ein ebenso gegliedertes Korps lohnabhängiger Bediensteter, festgelegte Kompetenzen und Verantwortlichkeiten, zentrale Bereitstellung von Baulichkeiten und Arbeitsmitteln.

3. Verwaltungsreformen

Historisch betrachtet fanden die genannten Veränderungen in jener Epoche der osmanischen Reichsgeschichte statt, die durch die Stichworte *niẓām-i jadīd* (neue Heeresordnung) und *Tanzimat* (Verwaltungsreformen) gekennzeichnet wird. Diese Epoche hatte zwei Gesichter: Einmal ging es der Pforte um Territorialisierung der Herrschaft durch Modernisierung der inneren Verhältnisse, zum anderen aber, und dies in erster Linie, um die Selbstdarstellung als gleichwertiges Staatswesen im Kreise der übrigen Mitglieder des europäischen Konzerts, dessen Regeln spätestens seit 1856 die Integrität des osmanischen Gebiets garantierten. Das galt insbesondere für solche Minderheiten, die zur Gleichstellung der konfessionellen Minderheiten im Reichsgebiet, vor allem der christlichen, mit der nach islamischem Recht privilegierten muslimischen Mehrheit in bezug auf Zugang zu Verwaltungspositionen, Beteiligung an Verwaltungsentscheidungen und Gehör vor Gerichten führen sollten. Der außenpolitische Effekt dieser Reformen wurde für die Dauer von gut drei Jahrzehnten insoweit erzielt, als auch den europäischen Mächten, insbesondere Großbritannien, aus eigenem Interesse an der Erhaltung des Osmanischen Reiches gelegen war. Im Inneren veränderten sie nicht viel. Die Einwohner des Reiches, gesetzlich zu osmanischen Staatsbürgern gleichen Rechts erklärt, verblieben nach wie vor in ihren geschlossenen Konfessionsgemeinschaften (milletler) und regelten ihre Angelegenheiten weitgehend autonom. Außerhalb der großen urbanen Zentren war der Bedarf an Verwaltung sehr gering, da weder persönliche Sicherheit noch Fürsorgeleistungen vom fernen Staat (daula) erwartet wurden. Die für den modernen Territorialstaat charakteristische Penetration des Staatsgebiets bis hin zur Peripherie durch Ämter und Behörden als legitimierte Agenturen zentraler Autorität, neben Garnisonen und Militärposten als den Repräsentanten physischer Gewalt, blieb aus. In den Dörfern herrschten weiterhin überkommene Formen der Selbstverwaltung und der Streitschlichtung durch Älteste oder Ältestenräte. Anstelle staatlicher Funktionäre griffen allenfalls Steuerpächter mit ihren bewaffneten Hilfskräften in das dörfliche Leben ein. Das änderte sich zwar schrittweise nach der gesetzlichen Neuordnung des Bodenrechts im Osmanischen Reich von 1858, aber die dadurch bewirkte Annäherung der Zentralgewalt an das flache Land außerhalb der großen urbanen Siedlungen blieb auf Abgabeneintreibung und Grundstücksregistrierung im Interesse der Staatsfinanzen beschränkt. Auf dem Höhepunkt des französischen Einflusses führte die Hohe Pforte in der Zeit von 1864 bis 1877 eine in ihrer Anlage auf die Gesetzgebung Napoleons III. zurückgehende Verwaltungsorganisation ein (Gesetz betr. die Provinzen 1864, Gesetz betr. die örtliche Verwaltung 1871, Verwaltungsanweisung betr. die Dörfer 1876, betr. die Distrikte 1877), die den durchgehenden Autoritätsfluß vom Herrscher an der Spitze bis hinunter zur Distriktsebene sicherstellen sollte. Diese neue Ordnung hat die geographische und kompetenzmäßige Gliederung der Verwaltung in der Türkei und den arabischen Nachfolgestaaten des Osmanischen Reiches nachhaltig geprägt. Die für die Legitimierung des territorialen Staates gegenüber der Bevölkerung erforderliche Präsenz und Effizienz der staatlichen Administration draußen im Lande wurde dadurch allerdings nicht erreicht. Die Reformen des 19. Jahrhunderts im Heerwesen, in der Verwaltung und im Abgabensystem brachten in ihrer historischen Konsequenz für den Nahen Osten den Übergang vom Feudalsystem orientalischer Prägung zur patrimonialen Herrschaft, verkörpert zunächst in der Person des Sultans in Istanbul. In Ägypten und später auch in anderen Nachfolgestaaten des Osmanischen Reiches konnten dann neue Führungsfiguren diese Position einnehmen. Weder Abdül Hamids Despotismus noch das Regime der Jungtürken haben bis zum Ende des Ersten Weltkriegs Wesentliches an dieser Art von Staatsverständnis ändern können. Es scheint, daß auch britische und französische Einflüsse in den Jahrzehnten danach im großen und ganzen auf Formen und Fertigkeiten beschränkt geblieben sind.

4. Organisation der Verwaltung

In allen Ländern des Nahen und Mittleren Osten stehen im letzten Drittel des 20. Jahrhunderts an der Spitze des Verwaltungsapparates Fachministerien nach westlichem Muster. Ihre Organisation entspricht im allgemeinen den international anerkannten Standards. Minister sind nicht mehr nur Ratgeber und Gehilfen des Herrschers, sondern Vorsteher von Behörden mit hierarchischer Struktur und oft erheblichem Personalbestand. Ihre Entscheidungsbefugnis in Angelegenheiten ihres Ressorts ist nach dem Wortlaut der jeweiligen Organisationsgesetze nicht geringer als die ihrer Amtskollegen in den Industrieländern. Die den einzelnen Ressorts nachgeordneten zentralen Institutionen sind zumeist ebenfalls europäischen Vorbildern nachgestaltet, es sei denn, daß der Islam als Staatsreligion etwa Behörden für die Verwaltung von rituellen Abgaben (wajībāt), die Aufsicht über fromme Stiftungen (auqāf) oder die Kodifizierung islamischen Rechts (taqnīn) erforderlich macht, die oft in ihrem Stil und ihrer inneren Struktur noch traditionellen Mustern folgen. Manche Ministerien sind durch ständige Delegierte auf der Provinz- oder gegebenenfalls auch Distriktsebene vertreten. In der örtlichen Verwaltung besteht im Prinzip das im Osmanischen Reich eingeführte System der Hierarchisierung von Verwaltungszentren vom Distriktshauptort (nāḥiya) über die Hauptorte des Regierungsbezirks (qaḍāʾ) und der Provinz (liwāʾ, muḥāfaẓa) bis hin zur Hauptstadt des Staates fort. Das noch in manchen Ländern der Region zu besichtigende, nach dem Krimkrieg eingeführte Telegraphennetz einfachster Bauart, das über Tausende von Kilometern hinweg nach der gleichen Ordnung Kommunikationsstränge zwischen der Zentrale und den Verwaltungszentren und Garnisonen schuf und so etwas wie das Nervensystem der bürokratischen und militärischen Organisation darstellte, hat inzwischen moderneren Nachrichtenmitteln Platz gemacht. Die Kanalisierung des inneradministrativen Informationsflusses ist damit weit weniger zwingend geworden. Zwischen Verwaltungsapparat und Bevölkerung läuft die Kommunikation — zumindest außerhalb der urbanen Zentren — im allgemeinen weiterhin über vermittelnde Personen oder Strukturen traditioneller Statur. Die in der Gesetzgebung mehrerer nah- und mittelöstlicher Staaten über die örtliche Verwaltung vorgesehene Beteiligung der Einwohner territorialer Verwaltungseinheiten an administrativen Entscheidungen durch die Bildung von Provinz-, Bezirks- oder Distriktsräten hat bisher keine nennenswerten Resultate gezeitigt. Dagegen ist der Einfluß örtlicher Militärführer und der Delegierten von Fachministerien auf das Verwaltungsgeschehen an der Peripherie oft wesentlich stärker. Örtliche Parteigruppierungen, Entwicklungsgenossenschaften und dergleichen als Medien der Artikulation ländlicher Interessen gegenüber der im wesentlichen urban orientierten Staatsbürokratie können hier schon wegen des andersartigen Bezuges nicht behandelt werden. Dieser Versuch einer sehr summarischen Beschreibung der öffentlichen Verwaltung in den Staaten des Nahen und Mittleren Ostens mag in keinem Einzelfall exakt zutreffen; Libyen und Saudi-Arabien weichen sicherlich von dem hier skizzierten Modell recht weit ab. Nicht berücksichtigt wurden in dieser Skizze diejenigen Staatseinrichtungen jüngeren Ursprungs, die der Daseinsvorsorge, insbesondere der wirtschaftlichen Entwicklung, zu dienen bestimmt sind. Behörden, die sich mit der Finanzierung öffentlicher Arbeit wie z.B. der Erstellung von Bewässerungsarbeiten in Ägypten zu befassen haben, gab es bereits in den 80er Jahren des 19. Jahrhunderts. Das technische Wissen wurde zumeist von ausländischen Beratern beigesteuert, während ausländische Investoren vielfach die Durchführung größerer Projekte pauschal übernahmen. Der größte Teil der investiven Staatsausgaben ging in den militärischen Bereich, wobei Armeeangehörige Ausführung und Abrechnung in eigener Regie erledigten. Ende des 20. Jahrhunderts bestehen in den meisten Ländern Ministerien für öffentliche Arbeiten, die insbesondere für die Hoch- und Tiefbauvorhaben des Staates verantwortlich zeichnen. Seit den 50er Jahren sind nahezu überall zentrale Planungsbehörden sowie Planungsabteilungen in den verschiedenen Fachministerien gebildet worden, die die Entwicklungspolitik ihrer Länder formulieren und in Programme für die Praxis umsetzen sollen. Eine vergleichende Übersicht dieser Verwaltungseinrichtungen in der Region hinsichtlich Zuständigkeiten, Arbeitsweise und Qualifikationen müßte von einem Planungsfachmann in einer besonderen Studie unternommen werden. Hier kann lediglich auf ihr Vorhandensein als Teil der öffentlichen Verwaltung im Nahen und Mittleren Osten hingewiesen werden.

5. Legitimationsprobleme

Nach allem muß sich dem Betrachter der administrativen Situation in den Ländern des Nahen und Mittleren Ostens die Frage aufdrängen, warum die öffentliche Verwaltung, die in ihrer Konstruktion fortgeschritteneren Nationen kaum nachsteht, in ihrer jeweiligen Erscheingungsform den Staatsführungen und der Bevölkerung, aber auch internationalen Experten als ineffizient und reformbedürftig erscheint. Nah- und mittelöstliche Regierungen rufen ausländische und internationale Berater ins Land, Fachgremien der Vereinten Nationen und ausländische Forschungsstätten veröffentlichen seit ca. 30 Jahren Analysen und Berichte über den Zustand der Verwaltungsapparate in der Region. Die Bevölkerung artikuliert, soweit es ihr möglich und erlaubt ist, ihre Unzufriedenheit durch passiven Widerstand, durch Interventionen von Verbänden und Genossenschaften oder, wie etwa im Nordjemen 1970, durch gemeinsame Aufrufe von Intellektuellen und Armeeoffizieren zur „Verwaltungsrevolution". Internationale Experten haben eine Art Verwaltungspathologie entwickelt, die „Krankheiten" (amrāḍ idārīya) wie die folgenden erfaßt: Nichtübereinstimmung der Verwaltungsorganisation mit den verfolgten Zielen, Kompetenzüberschneidungen, Nichtrespektierung der bürokratischen Hierarchie, verschwommene Vorstellungen von Verantwortlichkeiten, Mangel an Kontrolle und Führung, Entscheidungsunfähigkeit der mittleren Ebene, Nichtbeachtung des Dienstrechts, Fehlen interner Kooperation sowie eines ernsthaften Verhältnisses zur Verwaltungsarbeit bei den Bediensteten, kein Interesse bei den Behördenleitern an den Arbeitsergebnissen ihrer Untergebenen, willkürliche Personaleinstellungen, widersprüchliche Anordnungen usw. Zweifellos gehören auch Korruption, Konspiration, Personalaufblähung (z.B. durch pauschale Einstellungszusagen an Hochschulabsolventen), Unterbezahlung und mangelnde apparative Ausstattung in diesem Zusammenhang; Phänomene, die allerdings zu oft politische Aspekte haben, um in die Äußerungen der zu politischer Abstinenz verpflichteten Berichterstatter einzugehen.

Es fragt sich, ob es sich hier wirklich um ,,Verwaltungskrankheiten" handelt oder aber um Symptome tieferliegender Entwicklungsmängel. Wie gesagt entstand das nahöstliche Verwaltungssystem in seiner Form durch Angleichung an westliche Vorbilder. In seinem Wesen war es ein Produkt des Übergangs vom Feudalregime zu territorialisierter — d.h. im gegebenen soziokulturellen Kontext: patrimonialer — Herrschaft. Es fehlt in der politischen Geschichte des Nahen und Mittleren Ostens die Epoche des aufgeklärten Absolutismus, ohne die das moderne Staatsverständnis auch im Abendland nicht vorstellbar wäre. Die Idee vom Staat als Garanten des Gemeinwohls, mit dem Herrscher als seinem ersten Diener und den aus dem Zerfall der Feudalordnung hervorgegangenen Nachkommen des Geburtsadels als dessen besonderen Gefolgsleuten in Armee und Verwaltung, ist im Bereich der islamischen Zivilisation niemals heimisch gewesen. Weder waren Mahmud II. oder Muḥammad ʿAlī Repliken Friedrichs des Großen, noch hat ihnen das zerfallende Feudalsystem orientalischer Prägung Angehörige einer etablierten Aristokratie mit festen Wertvorstellungen für die neuen Dienstposten in Armee und Bürokratie zur Verfügung gestellt. Militär und Verwaltung dienten der Territorialisierung der von der Zentrale ausgehenden Gewalt und der Nutzbarmachung des Territoriums für die Zwecke der Staatsfinanzen, beides im Namen eines fernen, entrückten Herrschers. Die Legitimation dieses Staatsapparates hängt dabei von der Legitimierung der herrschenden Persönlichkeit, Dynastie oder Gruppierung ab. Diese in den Augen der Bevölkerung durch Leistungen zu erlangen, deren Erbringung von den Menschen als Wohltat oder Fortschritt empfunden würde, ist im System patrimonialer Herrschaft nicht vorgesehen. Man darf dabei nicht vergessen, daß Herrschaftslegitimierung im Nahen und Mittleren Osten in den Wertkategorien der Region zu erfolgen hat. Die verschiedenen Mythen und Ideologien, die dazu in den vergangenen 200 Jahren herangezogen worden sind, können hier nicht behandelt werden. Zur Zeit dominiert ein islamischer Neo-Konservatismus, der früheren ideologischen Kunstgebilden (Pan-Bewegungen, Anknüpfung an vorislamische Größe, Fortschrittsverherrlichung usw.) zumindest seine eindeutige Verwurzelung in der autochthonen Wertetradition voraushat. Die Gewährleistung der Rahmenbedingungen für ein im islamischen Sinne ,,gutes" Leben kann dabei durchaus an der Peripherie als Verwaltungsleistung mit legitimierendem Effekt erscheinen. Ansonsten kann von einer wirklichen politischen Legitimation bestehender Regime im Nahen und Mittleren Osten, und damit der in ihrem Namen handelnden Bürokratien, kaum die Rede sein. Dieses Legitimitätsdefizit wirkt sich innerhalb der hierarchischen Pyramide des öffentlichen Dienstes ebenso hemmend aus wie in den Beziehungen zwischen Bevölkerung und Administration. Wer sich nicht auf einen Vollmachtgeber berufen kann, vor dem alle Respekt haben, und auch selbst nicht durch überragende Tüchtigkeit die anderen von sich überzeugt, kann weder intern noch im Handeln nach außen etwas bewirken. Das gilt für den einzelnen Funktionär ebenso wie für die Verwaltung insgesamt. In manchen nah- und mittelöstlichen Ländern wird heute die Legitimation der Staatsspitze durch die Rückendeckung seitens der Armee als eigenständigem Machtkomplex ersetzt. Im Nordjemen z.B. ergab sich diese Situation im Juni 1974; sie besteht noch 20 Jahre danach. Für die Staatsverwaltung sollte damals eine neue Ära beginnen, in einem neuen Geist, mit beinahe preußischen Tugenden, neuen Männern usw. Die Regisseure des Unternehmens haben das Land vielleicht vor einem weiteren Bürgerkrieg bewahrt; in der Verwaltung haben sie außer personellen Revirements und der spektakulären ,,Aushebung" einer unpopulären Zentralbehörde nichts bewirkt. Panzerwagen entfalten ihren Symbolwert auf den Straßen, nicht auf den Korridoren von Ministerien. Die Fortschreibung des Modells führt allenfalls zur Übernahme von Verwaltungspositionen durch Armeeoffiziere, die ihre Erfahrungen aus dem Management einer Großorganisation einbringen können, aber zumeist in der innerbürokratischen Kommunikation und den Beziehungen zur Bevölkerung versagen. Die Akzeptanz des zivilen Exekutivapparates in seiner sozialen Umwelt wird durch derartige Vorgänge mit Sicherheit nicht verbessert.

6. Personal- und Sachprobleme

Es mag sein, daß das Legitimationsproblem in der sozio-kulturellen Tradition des Nahen und Mittleren Ostens begründet liegt, die abstrakte Gebilde wie etwa Körperschaften als Träger von Rechten, Pflichten, Eigenschaften usw. nicht kennt. Dem Staat als einem derartigen Gebilde Qualitäten zuzuschreiben und entsprechende Gefühle entgegenzubringen, widerspricht zweifellos überkommenen Verhaltensmustern. Der Territorialstaat als solcher ist darüberhinaus für alle Denkschulen von regionaler Bedeutung, seien sie islamisch, arabisch oder marxistisch, *a priori* ein Stein des Anstoßes, etwas, das es eigentlich nicht geben sollte, weil es die natürliche Einheit der Muslime, der Araber oder der Arbeiterklasse stört. Dem Staat fehlt im Nahen und Mittleren Osten die Aura, mit der ihn im Westen die Geschichte und die Ideen der Zeit seit dem Ende des Mittelalters ausgestattet haben. Autorität und Prestige lassen sich von ihm mit Wirksamkeit für das gegebene sozio-kulturelle Umfeld der nah- und mittelöstlichen Verwaltungen nicht herleiten. Die Berufsrolle des ,,Staatsdieners", wie sie westlichen Betrachtern vorschwebt, konnte unter diesen Umständen weder bei den Beschäftigten des öffentlichen Dienstes, noch in den Vorstellungen der Bevölkerung Gestalt annehmen. Während unter den Armeeoffizieren durchaus Beispiele von Korpsgeist zu verzeichnen sind, ist den Angehörigen der Bürokratie eine aus der Gruppenzugehörigkeit resultierende Solidarität oder auch nur Kameraderie durchweg fremd. Das gleiche gilt für den von ausländischen Beobachtern oft vermißten Professionalismus nah- und mittelöstlicher Administratoren. Ehrliche Überzeugung von der eigenen Sachkompetenz, gepaart mit der Bereitschaft, verantwortlich zu entscheiden, sind vor allem erforderlich, um an der Peripherie Vertrauen in die Verwaltung und damit zu der von ihr repräsentierten Autorität herzustellen. Derartige Eigenschaften können nicht in Seminaren und Kursen erlernt, sondern allenfalls in der Ausbildung und im Vorbereitungsdienst innerhalb der Verwaltung vermittelt und erworben werden. Versuche in dieser Richtung sind nach britisch-indischem Vorbild im Irak unternommen worden; aus anderen Ländern der Region ist Vergleichbares nicht bekannt. Die Idee, daß talentierte Nachwuchskräfte der Bürokratie nach ihrer Ausbildung auf der Distriktsebene eingesetzt werden sollten, um mit den dort gemachten Erfahrungen und erworbenen Fertigkeiten ihren Weg, möglicherweise bis in die Verwaltungsspitze, zu durchlaufen, ist der Tradition und der urbanen Mentalität nah- und mittelöstlicher Staatsbediensteter fremd. Ein Hochschulabsolvent, der eine Anstellung im öffentlichen Dienst erlangt, will in der Stadt, möglichst in der Hauptstadt, leben; umgekehrt erwarten Verwandtschaft, Nachbarschaft und die Gesellschaft allgemein, daß er dort lebt, wenn er nicht als Versager angesehen werden soll. ,,Er kam aus unserem Dorf und wollte hoch hinaus, jetzt sitzt er zehn Meilen von hier auf dem Land", sagen die Leute etwa über einen der Ihren, der Medizin studiert hat und danach für den staatlichen Gesundheitsdienst in ländlichen Gebieten tätig wurde. Verwaltungskräfte mit ähnlichem Werdegang würden kaum besser beurteilt. Im Nordjemen klagte 1975 der Minister für örtliche Verwaltung darüber, daß er für 35 Chefposten auf der Bezirksebene (qaḍā') nicht einen von rund 500 Hochschulabsolventen in den Ministerien hatte anwerben können. Ähnlich äußerte sich der Gesundheitsminister, der vergeblich versucht hatte, aus mehr als 50, von der World Health Organization am Ort ausgebildeten Krankenpflegern einige wenige für den Einsatz in ländlichen Ambulanzen zu gewinnen. Die numerische und qualifikatorische Kopflastigkeit der in den urbanen Zentren konzentrierten Staatsverwaltungen im Nahen und Mittleren Osten ist keineswegs nur ein organisatorisches Problem, wie manche Experten meinen. Es hat tiefe Wurzeln in Geschichte und Kultur der Region. Dagegen fallen die Mängel, die sich aus dem Stand bürotechnischer und verwandter Kenntnisse und Fertigkeiten herleiten, letzten Endes nicht so sehr ins Gewicht. Ausbildungslehrgänge für Schreibkräfte, Buchhalter, Registratoren, EDV-Leute usw. werden von zahlreichen nationalen, regionalen und internationalen Einrichtungen organisiert, um in diesem Bereich Abhilfe zu schaffen. Allerdings zeigt sich auch hierbei das Gefälle vom Zentrum zur Peripherie in recht eindrucksvoller Weise. *Manpower Training* findet in der Hauptstadt oder einem administrativen Oberzentrum statt, selten auf dem flachen Lande. Das gleiche gilt für die Ausstattung von Behörden mit Arbeitsmitteln. Der Umfang und die Art des Gerätebestandes entsprechen vertikal der hierarchischen Ordnung des Systems, horizontal der generellen Schwerpunktbildung um Behörden mit besonderem Modernitätsanspruch wie Planungsämtern, Finanzministerien und Zentralbanken. Die Verteilung von Ausbildung und Ausstattung in der öffentlichen Verwaltung des Nahen und Mittleren Ostens ist zum Teil Ergebnis der historischen Entwicklung, zum Teil aber auch die Folge bewußter Anwendung einer Modernisierungstheorie, die auf die Ausstrahlung von modellhaften Einrichtungen (modernisation nuclei) auf das Gesamtsystem vertraut. Die Zukunft wird zeigen, ob diese Theorie nicht eher zur Entstehung dualer Strukturen als zur ausgewogenen Verbreitung von Entwicklungsimpulsen beiträgt.

7. Technische Hilfe und Verwaltungsentwicklung

Die im vorstehenden aufgezeigten strukturellen und funktionalen Probleme nah- und mittelöstlicher Staatsverwaltungen lassen sich nur in sehr geringem Maße durch Rat und Hilfe von außen beheben. Organigramme können kopiert, Statuten übersetzt und Fertigkeiten vermittelt werden. Damit ist eigentlich die internationale, regionale und bilaterale Verwaltungshilfe, wie sie seit den Tagen des amerikanischen Punkt-4-Programms konzipiert worden ist, am Ende. Eine in ihrem Wesen über die patrimoniale Phase politischer Entwicklung nicht hinausgekommene Bürokratie ist ebensowenig durch importierte Techniken und Expertenberatung voranzutreiben, wie dies im Falle der in ihrer monarchischen Tradition steckengebliebenen Exekutive des Deutschen Reiches in der Weimarer Zeit möglich gewesen wäre. Außerdem wird das anzustrebende Ziel einer geförderten Weiterentwicklung von verschiedenen internationalen und ausländischen Ratgebern sehr unterschiedlich verstanden, was sich zumeist erst in der Praxis und in der gemeinsamen Konfrontation mit den Ratsuchenden am Ort herausstellt. Auch hat der globale Entwicklungsimperativ der vergangenen 30 Jahre nicht zu der erwarteten Unterordnung der öffentlichen Verwaltungen in nicht-industrialisierten Ländern unter technische Zwänge und damit zum Abbau überkommener Irrationalitäten und Imponderabilien geführt. Den ideologiefreien, zweckrational arbeitenden bürokratischen Apparat, auf den die meisten internationalen Hilfsprogramme zugeschnitten sind, gibt es nirgendwo. Es sollte deshalb nicht wundernehmen, daß in der weiter oben angeführten Auflistung der ,,Verwaltungskrankheiten" im Nahen und Mittleren Osten die Nichtübereinstimmung von Strukturen der Verwaltungsorganisation mit den verfolgten Zielen an erster Stelle steht. Eine fortschreitende Versachlichung des Verwaltungsgeschehens ist im Nahen und Mittleren Osten in der zweiten Hälfte der 80er Jahre nicht zu erkennen. Die religiös-politischen Ideen, die im vergangenen Jahrzehnt immer stärker in Umlauf gekommen sind, zielen nicht auf eine Legitimation des Staates und seiner Bürokratie durch rationale Effiziens. Die Vorstellungen der verschiedenen Strömungen des islamischen Neo-Konservatismus über die Legitimität staatlicher Machtausübung gehen nicht in diese Richtung. Die bestehenden Verwaltungen weisen durchweg die Merkmale des *soft state* im Sinne Gunnar Myrdals auf, der zu diesem Zustand politischer Systeme ausführt: ,,Die Stärkung der Sozialdisziplin in einem unterentwickelten Lande und die Überwindung der durch den schwachen Staat bedingten Hindernisse und Hemmnisse, die der Entwicklung entgegenstehen, müssen in dem betreffenden Lande selbst zustande gebracht werden. Für eine ausländische Unterstützung gibt es in dieser Frage wenig Spielraum. Fachkundige Ratschläge zu verschiedenen Problemen der legislativen und administrativen Reformen können nur gelegentlich eine Rolle spielen."

Literatur:

Abboushi, W.F. 1971: Political Systems of the Middle East in the 20th Century, New York.
Berger, M. 1957: Bureaucracy and Society in Modern Egypt, Princeton.
Birken, A. 1976: Die Provinzen des Osmanischen Reiches, Wiesbaden.
El-Azzazi, M. 1978: Die Entwicklung der Arabischen Republik Jemen. Sozio-politische Grundlagen der Administration, Tübingen.
Heidborn, A. 1908/9: Manuel de droit public et administratif de l'empire ottoman, Wien, Leipzig.
Henle, H. 1972: Der neue Nahe Osten, Frankfurt.
Hudson, M.C. 1977: Arab Politics. The Search for Legitimacy, New Haven.
Lerner, D. 1958: The Passing of Traditional Society. Modernizing in the Middle East, Glencoe, Ill.
Myrdal, G. (1970): Politisches Manifest über die Armut in der Welt, Frankfurt a.M.
Röhrborn, K. 1973: Untersuchungen zur osmanischen Verwaltungsgeschichte, Berlin.
Young, G. 1905: Corps de droit ottoman, Bd. I, Oxford.

IV. Gesetzgebung und Rechtsprechung

Omaia Elwan

1. Einleitung: Die Islamisierung als neuer Einflußfaktor auf die Rechtsordnung in den Staaten des Nahen und Mittleren Ostens

Die Rechtsordnung der vom Islam eroberten Staaten wird weitgehend von ihm und seinem Gesetz bestimmt. Dort ist die wichtigste Rechtsquelle der Koran. Dessen Text wird als von Gott geoffenbart angesehen und als solcher für unabänderlich gehalten. Neben dieser fundamentalen Rechtsquelle werden unter dem Oberbegriff *sharī'a* drei weitere Rechtsquellen zusammengefaßt: die Sprüche, Taten und konkludenten Billigungen des Propheten Muḥammad (sunna, Lebenspraxis), Lehrmeinungen, die von den Gelehrten der islamischen Gemeinde einheitlich vertreten werden (consensus doctorum), und schließlich Analogieschlüsse aus Lösungen, die aus den bereits genannten drei Quellen gewonnen wurden.

Der Islam verpflichtet seine Bekenner, dessen Gesetz, die *sharī'a*, zu befolgen. Diese umfaßt alle Lebensbereiche und unterwirft sie ihren Regelungen.

Im Laufe der geschichtlichen Entwicklung ergaben sich aus der Unterschiedlichkeit von religiösem und von der Obrigkeit gesetztem Recht drei wesentliche Schwierigkeiten:

- Eine direkte Umsetzung der *sharī'a* in kodifizierte Gesetze scheiterte daran, daß die dafür geeigneten Stellen zahlenmäßig gering und mehrdeutig sind. Auch werden keine Folgen festgelegt. Deshalb blieben die die *sharī'a* konkretisierenden, von den religiösen Rechtsgelehrten erarbeiteten Entscheidungen für die Beziehungen der Menschen untereinander, in ihrem Geschäftsverkehr, für die Organisation und die Verwaltung des Staates und seiner Behörden für den Bürger kaum durchschaubar. Eine zunehmende Rechtsunsicherheit war die Folge.
- Die Interessen der Staatsgewalt und der islamischen Gemeinde fielen oft auseinander oder erwiesen sich als unvereinbar. Das führte zu Konflikten des Rechtsunterworfenen in seiner Rolle als Gläubiger und Untertan bzw. Staatsangehöriger.
- Die für die Rechtsprechung allein zuständigen religiösen Schariatsgerichte konnten deshalb den Anforderungen an eine Urteilsfindung, die die Interessenlage der Parteien ausgewogen berücksichtigt und die im ganzen Rechtsgebiet nach einheitlichen Grundsätzen bei gleichen Sachverhalten zu vergleichbaren Ergebnissen kommt, immer weniger entsprechen.

Damit war aber das Ziel einer rationalen Staatsführung gefährdet. Die Staatsgewalt versuchte daher, die Rechtsbereiche, in denen der Konflikt zwischen religiösem und dem von ihr geschaffenen Recht die Durchsetzung ihrer Autorität spürbar behinderte, der *sharī'a* und den Schariatsgerichten zu entziehen. Diese Entwicklung dauerte bis zur Mitte dieses Jahrhunderts an. Einen Höhepunkt dieser Entwicklung stellte die Erneuerungsbewegung *Tanzimat* (1839) im Osmanischen Reich im letzten Jahrhundert dar, Ergebnis einer Reform, in deren Rahmen große Rechtsgebiete kodifiziert und für deren Durchsetzung weltlich organisierte Gerichte geschaffen wurden. Ähnliche Entwicklungen lassen sich für Ägypten, das eine gewisse Selbständigkeit gegenüber dem Osmanischen Reich besaß, und seit Anfang dieses Jahrhunderts auch für Iran verzeichnen.

Insbesondere seit dem Ende des Zweiten Weltkriegs und der Entlassung der Kolonien und Protektorate in die Unabhängigkeit setzte eine Gegenbewegung ein. Ursache war die Unzufriedenheit der Menschen mit ihren Lebensbedingungen und die Erwartung, daß mit einer Rückkehr zu den Grundlagen des religiösen Rechts mehr Gleichheit und Gerechtigkeit in den wirtschaftlichen und sozialen Existenzbedingungen verbunden wären. Ausgangspunkt der Kritik war die bis dahin vollzogene Verdrängung der *sharī'a* und der *qāḍī*-Gerichte durch Kodifikationen europäischer, in erster Linie französischer Provenienz. Dabei fordert ein zahlenmäßig zunehmender Teil der Kritiker eine vollständige Wiedereinführung der *sharī'a,* wie sie zu Lebzeiten des Propheten und seiner vier ersten Nachfolger, nämlich der rechtgeleiteten Kalifen, gehandhabt worden war. Eine Minderheit spricht sich zwar auch für die umfassende Geltung der *sharī'a* aus. Zuvor solle jedoch die inzwischen veraltete islamische Jurisprudenz an die heutigen Bedürfnisse angepaßt werden, insbesondere durch die Wiederzulassung der schon seit mehr als einem Jahrtausend untersagten selbständigen Rechtsfindung (ijtihād). Entlehnungen aus fremden Rechtsordnungen, soweit sie sich mit dem Geist des islamischen Rechts vereinbaren lassen, sollen weiterhin zulässig sein.

Diese Entwicklung soll im folgenden nachgezeichnet und darauf aufbauend ein Ausblick auf mögliche Tendenzen versucht werden.

2. Gesetzgebung und Rechtsprechung in islamischen Staaten

2.1 Die Entwicklung des islamischen Rechts vom 7. bis zur Mitte des 19. Jahrhunderts

Während der ersten Jahrhunderte nach dem Tode des Propheten (632) bemühten sich die Gesetzesgelehrten, den Koran im Sinne einer vollständigen, alle Lebensbereiche umfassenden Rechtssetzung zu ergänzen. Dabei wurden Rechtsbräuche und Gewohnheitsrechte aus den eroberten Gebieten übernommen und im Geiste des Islams assimiliert.

Die Religionsgelehrten gruppierten sich alsbald in Rechtsschulen. Bis zum 10. Jahrhundert konnten sich allerdings nur wenige behaupten. Diese gliederten sich in zwei Lager: auf der einen Seite die vier sunnitischen Schulen (die Malikiten, die Hanafiten, die Schafiiten und die Hanbaliten), auf der anderen Seite die schiitischen Rechtsschulen. Unter ihnen ist die Zwölferschule, genannt nach den von ihr anerkannten zwölf Imamen, die bedeutendste. Ihre Lehre gilt vor allem in Iran, teilweise in Pakistan, Südirak und Libanon.

2.1.1 Die Entwicklung von islamischem Recht und Rechtsprechung in Gebieten sunnitischer Dominanz

Als Hauptquellen der *sharī'a* gelten nach den sunnitischen Rechtsschulen: der *Koran* und die *Sunna* (sunna), der *consensus doctorum* (ijma') und der *Analogieschluß* (qiyās).

Der Koran und die Sunna sind textmäßig, allerdings letztere erst später (Mitte des 8. Jahrhunderts), festgehalten. Beide Rechtsquellen sind kraft der Autorität ihrer Urheber, nämlich Gottes bzw. des Propheten, heilig. Sie gehen den beiden anderen Quellen, dem *consensus* der Gelehrten und dem Analogieschluß, vor, die Ausfluß menschlichen Verstandes sind. Die Sätze des Korans mit rechtlichem Gehalt sind zahlenmäßig gering. Ihr Wortlaut ist zum Teil allgemein bzw. zweideutig und legt oft keine Rechtsfolgen fest. Die Traditionen, d.h. die zunächst mündlich und erst später schriftlich festgehaltenen Überlieferungen der Sunna, sind teilweise ebenfalls mehrdeutig und widersprüchlich, was Zweifel an ihrer Echtheit hervorgerufen hat. Diese Lücke kann weitgehend durch den Analogieschluß geschlossen werden. Unter den sunnitischen Schulen ist jedoch das Ausmaß des Rückgriffs auf dieses, vom menschlichen Verstand bestimmte Mittel strittig.

Zu den von den sunnitischen Schulen anerkannten vier Rechtsquellen der *sharīʿa* kommen weitere subsidiäre Quellen, die nur von einem Teil der Schulen anerkannt worden sind, hinzu. Von diesen sind aber nur der *istiḥsān* und *istiṣlāḥ* erwähnenswert.

Istiḥsān (wörtlich: für besser befunden) ist im konkreten Einzelfall das Abweichen von einer aus einem Text oder durch einen Analogieschluß abgeleiteten, jedoch für diesen Fall lebensfremden Entscheidung zugunsten einer anderen, ausgewogeneren und angemesseneren Entscheidung. Diese Abweichung von der formal gebotenen Interpretation im „Billigkeitswege" darf jedoch nur unter bestimmten Voraussetzungen erfolgen.

Istiṣlāḥ (wörtlich: dem Interesse der Allgemeinheit besser entsprechend) liegt vor, wenn auf Grund einer Lebensnotwendigkeit oder im Interesse der Allgemeinheit eine neue Norm geschaffen wird, deren Gegenstand von den bisherigen Texten nicht geregelt war und deren Regelung nicht gegen bestehende Gebote oder Verbote verstößt.

Beide Verfahren räumen dem islamischen Rechtsgelehrten einen gewissen Spielraum für die Rechtsfindung (ijtihād) ein, der sich an den Erfordernissen der Praxis ausrichtet. Der *istiḥsān* und die *istiṣlāḥ* sind auf Grund ihrer Natur wesentliche Mittel der Rechtsfortbildung. Der Gebrauch dieser Mittel wurde allerdings ab dem 10. Jahrhundert untersagt, als sich in den sunnitischen Schulen eine Übereinstimmung ergab, das „Tor der selbständigen Rechtsfindung" (ijtihād) zu schließen. Die Gelehrten durften von diesem Zeitpunkt an nur noch die in ihrer Schule bis dahin erarbeiteten Entscheidungen ermitteln und interpretieren (taqlīd, wörtlich: Nachahmung). Seitdem ist in dem Gebiet sunnitischer Dominanz das islamische Recht in einen Erstarrungszustand geraten, mit dem Ergebnis, daß es sich im Laufe der Jahrhunderte immer mehr von der Lebenswirklichkeit entfernte. Ausnahmen bildeten hervorragende Gelehrte wie Ibn Taimīya (gest. 1326) und sein Schüler Ibn Qaiyim al-Jauzīya (gest. 1350), die der Untersagung der selbständigen Rechtsfindung nicht gefolgt sind.

Das Auseinanderklaffen der *sharīʿa* und der Rechtswirklichkeit wurde allerdings nach sunnitischer Auffassung durch die vom Koran der Staatsführung zugebilligte Befugnis, Rechtvorschriften zur Gewährleistung der Staatsaufgaben zu erlassen (siyāsa), in ihren Auswirkungen gemildert. Danach sind die staatlichen Vorschriften vom Standpunkt des islamischen Rechts zwar keine Gesetze, da deren Erlaß allein Gott zusteht. Sie gelten aber als der *sharīʿa* zugehörig, soweit sie mit dieser vereinbar sind. Diese Zugehörigkeit wird durch die Bezeichnung der erwähnten Staatsbefugnis als schariatsmäßige *siyāsa* (siyāsa sharʿīya) hervorgehoben, die von den religiösen Gelehrten der *siyāsa* schlechthin gegenübergestellt wurde.

Die Befugnis der Staatsführung, Rechtsvorschriften zu erlassen, beruht auf dem schon oben erwähnten Grundsatz, dem Interesse der Allgemeinheit besser zu entsprechen (istiṣlāḥ). Von dieser Befugnis wurde vor allem zur Wahrnehmung der Staatsaufgaben auf dem Gebiet der Außen- und Innenpolitik Gebrauch gemacht. Danach durften rechtliche Regelungen, soweit diese in den Bereich der Politik fallen, sogar von einer überlieferten Sunna abweichen. In Ausübung dieser Befugnis hat die Staatsführung seit der Abbasiden-Zeit (749/50 - 1258) bis zum Ende des Osmanischen Reiches Rechtsvorschriften vor allem auf dem Gebiet der öffentlichen Verwaltung und des Staatsrechts (qānūn) erlassen.

Die nach sunnitischer Auffassung der Staatsführung ebenfalls obliegende Rechtsprechung wurde an die *quḍāt* (Sing. qāḍī) genannten Richter delegiert. Diese sind zwar insoweit unabhängig, als sie allein an das islamische Recht gebunden sind, aber ihre Zuständigkeit in sachlicher, örtlicher und zeitlicher Hinsicht wird im Rahmen der Delegation von der Staatsführung festgelegt. Dadurch konnte die Staatsführung einerseits den *quḍāt* die Befolgung bestimmter Rechtsschulen vorschreiben, andererseits ihnen bestimmte Rechtsbereiche entziehen, um sie anderen von ihr geschaffenen Gerichten zuzuweisen, die an eine strenge Beachtung der *sharīʿa* nicht gehalten sind.

Ein Beispiel ist die wahrscheinlich auf die Regierungszeit der Omaiyaden-Dynastie (661 - 750) zurückgehende Beschwerdegerichtsbarkeit (maẓālim), in deren Rahmen der Kalif selbst oder zehn hochrangige Beamte in Anwesenheit von *quḍāt* und Rechtsgelehrten urteilen. Die Beschwerdegerichtsbarkeit befaßt sich vor allem mit Streitigkeiten gegen die Verwaltung oder zwischen Parteien, die ihrer Stellung nach ungleich sind. Sie ist an die schwerfälligen Verfahrens- und Beweisregeln der *sharī'a* nicht gebunden und soll auf Grund der der Obrigkeit zustehenden Zwangsmittel den Betroffenen schnell und frei von Förmlichkeiten zu ihrem Recht verhelfen.

Ein anderes Beispiel ist die Strafjustiz. Die Verfahrens- und Beweisregeln des islamischen Rechts bieten nämlich dem Täter derart viele Möglichkeiten, sich der Strafe zu entziehen, daß eine Gefährdung der öffentlichen Ordnung und sogar der Existenz der Obrigkeit nicht ausgeschlossen ist. Die islamrechtlichen Straftaten lassen sich in drei Gruppen einteilen:

— die koranischen und zum Teil von der Sunna bestimmten Straftaten (sog. ḥudūd-Delikte), nämlich unerlaubter Geschlechtsverkehr (zinā'), dessen falsche Bezichtigung (qadhf), Diebstahl, Straßenraum (ḥirāba) und Weintrinken, für die eine genaue Strafe (Todesstrafe durch Steinigung, Kreuzigung und Schwert, Peitschen, Amputation von Hand oder/und Fuß) festgelegt ist;
— die Tötungs- und schweren Körperverletzungsdelikte (qiṣāṣ-Delikte), die bei Vorsatz mit Wiedervergeltung (Talionsprinzip, qiṣāṣ) oder mit Entrichtung eines Blutpreises (diya) bzw. einer Entschädigung (arsh) sanktioniert werden;
— die übrigen verwerflichen Handlungen als Residualkategorie (ta'zīr, d. h. Verhütungsdelikte), die gegen die Gebote bzw. Verbote Gottes verstoßen und nicht durch Buße (kaffāra) abgegolten werden können. Art und Höhe der Strafe, die nicht genau festgelegt sind, fallen in das Ermessen des *qāḍīs*.

Die Starrheit der koranischen Strafen und die schwerfälligen Beweisregeln sowie das eigene Ermessen des *qāḍīs* zur Feststellung der Art und Höhe der Strafe bei der zahlenmäßig großen und nicht genau festgelegten Residualkategorie der Verhütungsdelikte veranlaßten die staatliche Obrigkeit schon bald nach Beginn der Abbasiden-Zeit, selbst die Strafjustiz auszuüben. Dies wurde nicht als Verstoß gegen das islamische Recht gewertet, da einige Schulen die Kompetenz zur Verhängung der koranischen Strafen sowohl den Richtern als auch anderen Vertretern der Obrigkeit zugesprochen haben. Bereits ab Mitte des 8. Jahrhunderts war es üblich geworden, die Polizeibefehlsgewalt nicht mehr an die *quḍāt* zu delegieren, sondern an eine eigene Organisation, die der Staatsgewalt unterstellt war.

So wurde der materielle Inhalt des islamischen Strafrechts schon früh durch förmliche Gesetze der Obrigkeit (qānūn), von denen dann das Osmanische Reich zunehmend Gebrauch machte, modifiziert. Diese Rechtsakte, die auch Verwaltungs- und Finanzfragen betrafen, wurden als Ergänzung der *sharī'a* ausgegeben. Zur Absicherung gegen mögliche Einwände wurde vorher vom *Sheikh-ül-Islām,* einem vom osmanischen Staat ernannten, dem Großwesir gleichrangigen bedeutenden Schriftgelehrten, ein Gutachten (fetwā) darüber angefordert, ob die zu erlassenden Rechtsvorschriften mit der *sharī'a* übereinstimmten. Erst wenn dies bescheinigt war, wurde das Gesetz in Kraft gesetzt. Die von der Obrigkeit mit diesem Verfahren verkündeten Gesetze fußten in der Regel auf einheimischen Rechtsgrundsätzen und befaßten sich mit Bereichen, für die die *sharī'a* entweder keine oder eine ergänzungsbedürftige Regelung vorsah. Die Übereinstimmung dieser Gesetze mit der *sharī'a* war also — wenigstens der Form nach — weitgehend gewahrt.

Zusammenfassend ergibt sich bis Mitte des 19. Jahrhunderts folgende Entwicklung:

— Die staatliche Gewalt erließ in wachsendem Umfang Rechtsvorschriften, stellte diese aber stets als Ergänzung oder Durchführung der weiter allgemein gültigen *sharī'a* hin.
— Der Interessenausgleich zwischen staatlicher und religiöser Autorität erfolgte dadurch, daß ein oberstes religiöses Amt eingerichtet wurde (Sheikh-ül-Islām), das die Vereinbarkeit der staatlicherseits erlassenen Rechtsvorschriften mit der *sharī'a* zu bescheinigen hatte.

— Der staatlichen Führung (Kalif, Sultan) gelang es, neben der Schariatsgerichtsbarkeit (qāḍī) eine nur ihr zustehende Gerichtsbarkeit aufzubauen. Ausgangspunkt war die der Obrigkeit zugesprochene Zuständigkeit, die Schariatsgesetze durchzuführen.

Die Folge war eine zunehmende Doppelspurigkeit in der Rechtsordnung zwischen staatlich gesetztem Recht und der dazugehörigen Gerichtsbarkeit einerseits und der traditionellen *sharīʿa* mit ihrer eigenen Verwaltung und Gerichtsbarkeit andererseits.

2.1.2 Die Entwicklung von islamischem Recht und Rechtsprechung in Gebieten schiitischer Dominanz

Für den schiitischen Bereich soll diese Entwicklung am Beispiel Irans veranschaulicht werden, weil nur dort das Staatsgebiet überwiegend von Bürgern schiitischer Glaubensrichtung bewohnt wird. Dort herrscht der seit der Safawiden-Dynastie (1501 - 1724) proklamierte Islam in seiner schiitischen Zwölfer-Ausprägung vor, zu dem sich die überwiegende Mehrheit der Schiiten bekennt. Kennzeichnend für diese Glaubensrichtung sind im wesentlichen die Lehren von den Rechtsquellen und von dem Imamat (imāma), d. h. der rechtmäßigen Leitung der Gesamtgemeinde.

Die schiitische Zwölferschule erkennt — wie die sunnitische Lehre — den Koran und die Sunna als primäre Rechtsquellen an. Die Sunna wird aber anders als bei den Sunniten definiert. Der schiitischen Schule zufolge umfaßt die Sunna die Aussagen, Handlungen und das konkludente Einverständnis nicht nur des Propheten, sondern auch der Imame. Die Äußerungen der Imame, die rechtliche Entscheidungen enthalten, sind folglich weder eine bloße Berichterstattung über die Sunna noch eine mittels juristischer Methode betriebene Rechtsfindung (ijtihād), sondern selbst Sunna.

Die Zwölferschia lehrt, daß der zwölfte Imam im Jahre 874 im Alter von sechs Jahren in die Verborgenheit entrückt wurde. Bis zum Jahre 941 trat er über Sendboten mit der Gemeinde in Kontakt. Seitdem herrscht die „große Verborgenheit", aber nach schiitischer Lehre lebt der Imam noch auf Erden. Mit Beginn der großen Verborgenheit (941) hörte die Kommunikationsmöglichkeit des immer noch auf Erden weilenden Imams mit seiner Gemeinde auf, die ihr bis dahin eine sichere Gewähr für das Verständnis der Normen Gottes bot (vgl. dazu unten). Diese Trennung führte zur einschneidenden Wende in der Entwicklung des schiitischen Rechts, die durch das Sammeln von Traditionen, die über die Lebenspraxis des Propheten und der ihm nachfolgenden Imame berichten, die Ausgliederung der Rechtsgrundlagenlehre (uṣūl al-fiqh) aus der islamischen Rechtswissenschaft und durch die Anerkennung zweier subsidiärer Rechtsquellen, nämlich des Konsenses und der Vernunft, gekennzeichnet war. Der Begriff des Konsenses (ijmāʿ) als dritte Rechtsquelle weicht in der schiitischen Zwölferschule ebenfalls von dem der Sunniten ab. Um von einem normativen Konsens sprechen zu können, ist nicht nur die bloße Übereinstimmung der Gelehrten einer bestimmten Epoche erforderlich (herrschende Auffassung der Sunniten), sondern auch ein in irgendeiner Weise hergestellter Bezug zum „unfehlbaren Imam". Die schiitische Zwölferschule lehnt zudem den von den Sunniten anerkannten Analogieschluß (qiyās) als Rechtsquelle ab. Sie stellt hingegen den geoffenbarten Quellen, nämlich dem Koran und der Sunna, die Vernunft (ʿaql) an die Seite. Unklarheit herrscht allerdings über die ihr beizumessende Rolle.

Die Institution des Imamat ist im Unterschied zur sunnitischen Lehre Gegenstand eines Dogmas, das zu den Grundelementen des Glaubensbekenntnisses der Zwölferschia gehört. Jeder Angehörige der Zwölferschia ist verpflichtet, die festgelegte Reihenfolge der rechtmäßigen Imame und deren absolute Autorität in Auslegung und Lehre des Islams anzuerkennen. Auf diese Weise besitzt die islamische Gemeinde zu allen Zeiten eine unfehlbare und von Gott inspirierte Führung, die nach dem Tode des Propheten dem jeweiligen rechtmäßigen Imam zusteht. Im Unterschied zum Propheten bringen die Imame keine Offenbarung. Durch die göttliche Inspiration sollen sie aber imstande sein, den äußeren und verborgenen Sinn der Korantexte zu erfassen und den Gläubigen mitzuteilen.

Der Anspruch auf die rechtmäßige Nachfolge des Propheten stand dessen Vetter Ali ('Alī ibn Abī Ṭālib) und nach ihm seinen Abkömmlingen zu, die von Gott designiert werden. Die Zwölferschia erkennt — im Gegensatz zu anderen Ausprägungen der Schia — zwölf Imame als recht- und blutsmäßige Nachfolger des Propheten an. Der zwölfte und letzte, in die Verborgenheit entrückte Imam bleibe aber noch auf Erden; er bleibe bis zu dem Tag verborgen, an dem er die Gläubigen von tyrannischer und unrechtmäßiger Herrschaft befreien und ein Reich der Gerechtigkeit auf Erden errichten wird.

Diese Lehre gilt bis heute fort. Sie stellt die zur selbständigen Rechtsfindung befähigten Gelehrten (mujtahidūn) dem politischen Herrscher gegenüber. Nicht ihm steht die rechtmäßige Leitung der Gemeinde zu, sondern allein dem verborgenen Imam. Während der ,,kleinen Verborgenheit" des zwölften Imams (874 - 941) haben die vier genannten Kontaktpersonen die Aufgaben der weltlichen und religiösen Leitung der Gläubigengemeinde wahrgenommen. Seit der darauffolgenden ,,großen Verborgenheit" bis heute obliegt den Gelehrten diese Aufgabe. Sie sind — anders als in der sunnitischen Richtung des Islams nach ,,Schließung des Tores der *ijtihād*" — zur selbständigen Rechtsfindung qualifiziert. Die Übernahme von Ämtern der Staatsgewalt durch Gelehrte wird durch eine Reihe von überlieferten Traditionen des Propheten, des sechsten Imams sowie des verborgenen letzten Imams als zulässig angesehen. Trotz dieser Überlieferungen zählt die Übernahme politischer Funktionen durch qualifizierte Gelehrte zu den unter ihnen noch strittigen Fragen. Von einem Teil der Gelehrten wird die Auffassung vertreten, daß muslimische Machthaber, die nicht zugleich die religiöse Autorität besitzen, seit jeher abzulehnen seien. Dem steht die Tatsache gegenüber, daß zahlreiche religiöse Gelehrte in staatlichen Ämtern eng mit den Safawiden-Herrschern zusammengearbeitet haben.

Die der Zwölferschia zugeschriebene These der Unrechtmäßigkeit des weltlichen Herrschers dürfte aus der Zeit der Qajaren-Dynastie (1796 - 1924) stammen. Die These wurde zwar auch bis zur Proklamierung der ,,kleinen Verborgenheit" (874) von den Imamen vertreten, bezog sich aber auf die nach Auffassung der Schia widerrechtliche Usurpation der Herrschaft durch die Omaiyaden- und Abbasiden-Dynastien. Sie erhielt erst wieder Auftrieb in der Qajaren-Zeit mit dem Aufstieg jener Gelehrten (uṣūlī), die Anhänger einer selbständigen Rechtsfindung waren. An der Wende vom 18. zum 19. Jahrhundert siegten sie über ihre Gegner (akhbāriyūn), die als Rechtsquellen ausschließlich den Koran und die Sunna anerkannten. Die *uṣūlī* entwickelten die Doktrin, daß alle Gläubigen, ungeachtet ihres Ranges und Status, verpflichtet seien, einem zur selbständigen Rechtsfindung befähigten lebenden Gelehrten (mujtahid) zu folgen. Damit war es den Gelehrten gelungen, nicht allein die religiöse Autorität in Stellvertretung des Imams zu beanspruchen, sondern auch die Legitimation zur Herrschaft vor dem Schah, der als Vertreter der weltlichen Gewalt angesehen wurde. Dieser habe also ihren Ratschlag einzuholen und zu befolgen.

Im Unterschied zur Bekleidung politischer Ämter ist unbestritten, daß allein die Gelehrten zur Ausübung der Gerichtsbarkeit und der Ämter für religiöse Angelegenheiten berufen sind.

Insgesamt ergibt sich bis Mitte des 19. Jahrhunderts folgende Entwicklung:

— Die staatliche Führung erließ in wachsendem Umfang Rechtsvorschriften, die in Gebieten sunnitischer Dominanz als Ergänzung der *sharī'a* bezeichnet wurden. In Gebieten schiitischer Dominanz waren unter den schiitischen Gelehrten die Legitimität der staatlichen Führung und somit ihre Akte umstritten. Die religiöse Autorität vermied es jedoch im wesentlichen, die Gläubigen zum Boykott der staatlichen Führung aufzufordern.
— Ein Interessenausgleich zwischen staatlicher und schiitischer religiöser Autorität fand trotz gelegentlicher Mitarbeit religiöser Gelehrter in staatlichen Ämtern nicht statt. Im großen und ganzen wurde jedoch die staatliche Gewalt von der religiösen Autorität toleriert.
— Die von der staatlichen Gewalt zur Durchsetzung ihrer Normen eingesetzte Verwaltung und

Gerichtsbarkeit wurde durch die religiöse schiitische Autorität ebenfalls als illegitim eingestuft, aber mehr oder weniger toleriert.

— Im Unterschied zu den sunnitisch dominierten Gebieten gelang es der staatlichen Gewalt in den schiitischen Gebieten nicht, die Kompetenz für die Gestaltung der Rechtsordnung von der religiösen Autorität zu erlangen. Zu schweren Konflikten kam es jedoch während dieser Zeit kaum.

2.2 *Die Verdrängung der sharīʿa und der Schariatsgerichtsbarkeit durch westlich beeinflußte Rechtssysteme von der Mitte des 19. bis zur Mitte des 20. Jahrhunderts*

Entscheidende Eingriffe in die bis dahin von der *sharīʿa* beherrschte Ordnung brachten die etwa ab Mitte des 19. Jahrhunderts eingeführten umfangreichen, von Europa rezipierten Gesetze. Ihre nicht-religiöse, d. h. weltliche Ausrichtung führte zu einer von der *sharīʿa* getrennten Rechtsordnung und brachte starke Veränderungen der jeweiligen Gesellschaftsordnung mit sich. Diese Entwicklung dauerte im großen und ganzen bis zur Mitte unseres Jahrhunderts. Zwar ergab sich bei diesem Vorgehen eine ähnliche Entwicklung in den sunnitisch bzw. schiitisch dominierten Gebieten. Wegen der großen Unterschiede in der religiösen und rechtlichen Grundauffassung soll aber auch hier die entsprechende Entwicklung gesondert behandelt werden.

2.2.1 *Der Einfluß westlicher Rechtssysteme auf die Anwendung der sharīʿa in den Gebieten sunnitischer Dominanz*

Gebietsmäßig soll der Einfluß westlicher, weltlich ausgerichteter Rechtssysteme auf das Osmanische Reich bzw. auf die nach seiner Aufteilung entstandenen Staaten Nordafrikas und des Nahen Ostens beschränkt werden. Die allgemeinen Aussagen werden an den Beispielen Ägyptens, Saudi-Arabiens und des Sudan verifiziert.

Die im Osmanischen Reich im Rahmen der *Tanzimat*-Reform durchgeführte Gesetzgebung wurde durch den Erlaß des Dekrets ,,*khaṭṭ-i sherīf* von Gülhane“ 1839 angekündigt. In ihm wurde die Gleichbehandlung der osmanischen nicht-muslimischen und der muslimischen Untertanen proklamiert, die 1856 im Dekret ,,*khaṭṭ-i hümāyūn*“ bestätigt wurde. Die Reformgesetzgebung wurde nicht nur aus internen Bedürfnissen, sondern auch auf Betreiben der europäischen Großmächte veranlaßt.

Ab Mitte der zweiten Hälfte des 19. Jahrhunderts wurden dann ganze Rechtsbereiche in Anlehnung an europäische, vor allem französische Vorbilder kodifiziert. Beispiele sind für das Osmanische Reich das Handelsgesetzbuch von 1850; das ebenfalls nach französischem Vorbild, allerdings unter Beibehaltung eigener Schariatsvorschriften erstellte Strafgesetzbuch von 1858; die Handelsprozeßordnung von 1861 sowie die Zivilprozeßordnung und die Strafprozeßordnung von 1879. Daneben wurden 1840 nach französischem Vorbild eine Handelsgerichtsbarkeit und 1871 ordentliche Gerichte (meḥākem-i niẓāmīye) geschaffen. Die Organisation letzterer wurde abschließend durch das Gesetz vom 17. 6. 1879 geregelt. Die ordentlichen Gerichte waren für Zivil- und Strafsachen, die bestehengebliebenen Schariatsgerichte nur noch für Familien-, Erb- und fromme Stiftungssachen sowie Fragen der Talion und des Blutgeldes zuständig. Bei der osmanischen Kodifizierung des Schuldrechts wurde dagegen das islamische Recht hanafitischer Ausprägung befolgt. Die sogenannte *mejelle-i aḥkām-i ʿadlīye* ist ein erstmalig in der Geschichte eines islamischen Staates erstelltes Gesetzbuch, in dem die Normen des islamischen Obligationenrechts in Paragraphenform, wie dies für moderne Kodifikationen charakteristisch ist, kompiliert sind. Die *mejelle* enthält außerdem Verfahrens-, Beweis- und Schiedsvorschriften. Sie ist in zwei einleitende Kapitel und 16 Abschnitte eingeteilt und besteht aus 1.851 Artikeln, die von 1869 bis 1877 verkündet wurden. Die Arbeiten zu ihrer Ergänzung wurden allerdings mit der Auflösung des damit betrauten Ausschusses 1888 abgebrochen. Die 1921/22 begonnene Revision, die weiterhin auf islamischem Recht, jedoch unter Verwendung der Auffassungen auch anderer als der hanafitischen Rechtsschule beruhen sollte, wurde ebenfalls nicht zu Ende geführt. Die Arbeiten eines 1923 gebildeten Ausschusses zur Erstellung eines osmanischen Zivilgesetzbuches, dem allerdings nicht nur islamisches Recht, sondern auch moderne westeuropäische Kodifikationen zugrunde gelegt werden sollten, wurden nicht abgeschlossen. Die türkische Regierung beschloß vielmehr, 1926 die schweizerischen Zivil- und Obligationengesetzbücher zu rezipieren, die insoweit die *mejelle* ablösten.

Die bisher eingeführten Reformen hatten eine Doppelgleisigkeit sowohl des materiellen Rechts als auch der Gerichtsbarkeit zur Folge. Auf der einen Seite galten staatliche (weltliche) Gesetze größtenteils europäischen Ursprungs mit ordentlichen weltlichen Gerichten, auf der anderen Seite die *sharī'a* mit den diese vertretenden Gerichten.

Die *mejelle* galt nach der Auflösung des Osmanischen Reiches in einer Vielzahl arabischer Staaten fort. Eine Ausnahme bildete Ägypten, das deren Geltung von vornherein abgelehnt hatte. Nach und nach wurde aber in allen Staaten die *mejelle* durch mehr oder weniger an europäische Vorbilder angelehnte Zivilgesetzbücher ersetzt.

2.2.1.1 Die Entwicklung der Rechtsordnung in Ägypten

Ägypten galt jahrhundertelang als Teil des Osmanischen Reiches, genoß jedoch seit dem 19. Jahrhundert eine zunehmende Autonomie, die der Herrscherdynastie Muḥammad 'Alīs zuerkannt wurde. Dennoch lassen sich parallele Entwicklungen zum Osmanischen Reich auch in Ägypten feststellen. Modernisierungsbestrebungen der Herrscher Ägyptens im Zuge des Ausbaus der ihnen zuerkannten Autonomie sowie die Einflußnahme der europäischen Großmächte lösten im Laufe des 19. Jahrhunderts eine Welle von Reformen im Bereich des Rechtswesens und der Justiz aus. Zunächst wurde der Geltungsbereich der *sharī'a* durch Gesetze und Verordnungen eingeengt, die auf einheimischen Rechtsgrundsätzen beruhten. Ein Teil der im Rahmen der *Tanzimat* vom Osmanischen Reich erlassenen Reformgesetze (z. B. das HGB und das Strafgesetzbuch) wurde in Ägypten übernommen. Darauf folgte die Ära der Kodifikationen nach europäischem Vorbild. Desgleichen wurden den Schariatsgerichten zunächst „Sondergerichte", dann weltliche Gerichte ebenfalls nach westlichem Muster gegenübergestellt.

Die Reform begann 1875/76 mit der Einführung der Zivil-, Handels- und Strafgesetzbücher, der Einrichtung von weltlichen „Gemischten Gerichten" sowie dem Erlaß einer Zivil- und Strafprozeßordnung. Die gemischten, d. h. mit ägyptischen und europäischen Richtern gemeinsam besetzten Gerichte lösten die bisher vorhandenen Konsulargerichte ab, die auf ägyptischem Boden die Gerichtsbarkeit in Angelegenheiten ihrer Staatsangehörigen beanspruchten. 1883 wurden für die Ägypter ordentliche (weltliche) Gerichte geschaffen sowie entsprechend den eben erwähnten Gesetzbüchern fünf Kodifikationen erstellt. Die neu geschaffenen Gerichte waren für Rechtsangelegenheiten der ägyptischen Staatsbürger mit Ausnahme der Fragen des Personalstatuts, das das Familien- und Erbrecht und das Recht der frommen Stiftungen umfaßt, zuständig. Fragen des Personalstatuts fielen in die Zuständigkeit der Schariatsgerichte.

Ähnlich wie im Osmanischen Reich versicherte sich die Staatsgewalt auch in diesem Falle der Unterstützung der religiösen Autorität. Vor der Verkündung der Kodifikation für die neu geschaffenen einheimischen Gerichte wurden die Entwürfe der höchsten und altehrwürdigen islamischen Lehrstätte, der theologischen Universität al-Azhar, zur Stellungnahme vorgelegt. Eine Gelehrtenkommission, die aus Vertretern der vier sunnitischen Rechtsschulen gebildet worden war, kam zu dem Ergebnis, daß die vorgelegten Kodifikationsentwürfe entweder durch die in einer der vier Rechtsschulen vertretenen Auffassung belegt werden könnten oder zumindest nicht gegen deren grundlegende Normen verstießen bzw. durch die bereits erwähnte islamrechtliche Methode der Rechtsfindung des *istiṣlāḥ* gerechtfertigt seien. Dagegen erklärte der (Ober-)Mufti Ägyptens, die neben dem Scheich von al-Azhar ranghöchste religiöse Autorität und als solche zuständig für die Erstellung von Rechtsgutachten (fetwā) über Schariatsfragen, die Kodifikationsentwürfe als mit der *sharīʿa* nicht vereinbar. Die ägyptische Regierung setzte sich allerdings über dieses Veto hinweg und erließ die Kodifikationen.

Für das künftige Zivilgesetzbuch kamen zwei Entwürfe in die engere Wahl. Einen Entwurf erstellte Muḥammad Qadrī Pāshā (Mitglied der Kodifikationskommission und von 1879 bis 1882 ägyptischer Justizminister). Er ergänzte den vom italienischen Richter am gemischten Gericht von Alexandria, Moriondo, in starker Anlehnung an den *Code civil* erstellten Entwurf um einige Regelungen der *sharīʿa,* wie z.B. das Vorkaufsrecht, die Dienstbarkeiten, die 15jährige Verjährungs- und Ersitzungsfrist, die Mängelhaftung beim Kauf, die Übervorteilung und die Forderungsabtretung. Der zweite Entwurf kam von Scheich Maḫlūf al-Minyāwī, ein Gelehrter von al-Azhar und Anhänger der malikitischen Schule, im Auftrag der ägyptischen Führung. Die Vorlage sollte nur die Vorschriften des französischen *Code civil* übernehmen, die mit der *sharīʿa* malikitischer Ausprägung vereinbar waren, mithin der *sharīʿa* eine vorherrschende Rolle einräumen.

Damit waren die beiden damals gegensätzlichen Rechtsordnungen, die islamische *sharīʿa* und der französische *Code civil,* durch einen Entwurf vertreten. Die Entscheidung fiel zugunsten des sich an den *Code civil* anlehnenden Entwurfes. Er wurde als ägyptisches Zivilgesetzbuch 1883 verkündet.

Das Gesetzbuch hatte eine Reihe von Unzulänglichkeiten aufzuweisen. Es war in Französisch verfaßt und wurde erst später ins Arabische übersetzt. Dabei ergaben sich Abweichungen zwischen der als offiziell geltenden arabischen Version und dem französischen Original. Es war zudem unvollständig, da es das Familien- und Erbrecht nicht regelte. Der *Code civil,* seine Basis, war bereits veraltet und trug vielen Fragen nicht ausreichend Rechnung, wie z.B. dem Rechtsmißbrauch, der juristischen Person, dem Versicherungsvertrag, der Schuldübernahme, dem einseitigen und dem abstrakten Rechtsgeschäft sowie den Knebelungsverträgen. Die Formulierung zahlreicher Vorschriften war teilweise auch in der französischen Vorlage mehrdeutig. Einige Vorschriften waren ferner widersprüchlich, wie z.B. die Unzulässigkeit der Einrede der Aufrechnung bei der Gesamtschuld (Art. 113, anders aber Art. 201), die Gefahrtragung durch den Käufer von vertretbaren Sachen (Art. 241, anders aber Art. 297). Schließlich wiesen einige Bestimmungen Fehler auf, wie z.B. das Unterlassen der Voraussetzung des guten Glaubens bei der fünfjährigen Ersitzung oder die Definition der Bedingung als ein zukünftiges oder ein unsichtbares Ereignis (Art. 103).

Der Erlaß der Kodifikationen europäischer Herkunft veranlaßte Muḥammad Qadrī Pāshā auch, zwei inoffizielle Sammlungen zu erstellen, die eine Regelung des vom Zivilgesetzbuch ausgeklammerten Familien- und Erbrechts und des Rechts der frommen Stiftungen in aus europäischen Rechten entlehnter Paragraphenform enthielten. Nach seinem Tod 1886 fand man in seinem Nachlaß u.a. eine Handschrift mit dem Titel „Die Anwendung der im *Code civil* vorhandenen Regelungen, die mit der hanafitischen Schule im Einklang sind“. Diese Sammlungen erhielten zwar keine offizielle Rechtskraft, wurden aber von den Gerichten zum Ausfüllen von Gesetzeslücken herangezogen.

Trotz mancher Mängel haben sowohl die einheimischen als auch die gemischten Gesetzbücher und Gerichte im Laufe von mehreren Jahrzehnten zur Entstehung eines in der französischen Tradition ausgebildeten Juristenstandes und zu einer umfangreichen Rechtsprechung beigetragen. Damit war der Boden für die Erarbeitung von selbständigen neuen Kodifikationen vorbereitet, die nach der Abschaffung der gemischten Gerichte und der Übertragung derer Zuständigkeit an die schon vorhandenen rein ägyptischen Gerichte im Jahr 1948 erlassen werden sollten.

Die intensiven Vorbereitungen dazu begannen in den 30er und 40er Jahren dieses Jahrhunderts. In die Überlegungen wurde auch die Kodifizierung des Familien-, Erb- und Stiftungsrechts einbezogen. Dieses Recht war eine Domäne der unkodifizierten *sharīʿa* geblieben, trotz der fragmentarischen Reformgesetze von 1920 und 1929 über einige Ehe- und Scheidungsfragen. Es gelang, die gesetzliche Erbfolge (1943), die letztwillige Verfügung (1946) und teilweise die frommen Stiftungen (1946) in einzelnen Gesetzen zu regeln. Diese beruhten zwar auf islamischem Recht, waren aber nicht ausschließlich an der in Ägypten bis heute allgemein geltenden Auffassung der hanafitischen Rechtsschule ausgerichtet, damit bei erforderlichen Reformen auch auf Lösungen anderer Rechtsschulen zurückgegriffen werden konnte. Die mit der Kodifikation des gesamten Familienrechts zusammenhängenden erheblichen Schwierigkeiten verhinderten lange Zeit die Vorlage eines neuen Entwurfes. Dabei machten die Abschaffung der herkömmlichen Schariatsgerichte 1955 und die Zuweisung ihrer Zuständigkeit an die weltlichen Gerichte eine Kodifikation noch dringender, weil die weltlichen Richter für ihre neuen Aufgaben klare Vorschriften benötigten. Ursache war die politische Instabilität, z.B. die nur kurzlebige, aus Ägypten und Syrien zusammengesetzte Vereinigte Arabische Republik, die Niederlage im Junikrieg 1967 und vor allem die starke, von extremistischen islamischen Strömungen gesteuerte Opposition innerhalb und außerhalb der Volksversammlung als gesetzgebender Körperschaft. Erst dem Präsidenten Sadat (Anwar as-Sādāt) gelang 1979 ein Gesetzesbeschluß, der einzelne dringende Fragen des Ehe- und Scheidungsrechts in Richtung auf eine Verbesserung der Stellung der Ehefrau regelte.

Mehr Erfolg hatten die Kodifikationsbemühungen des Zivilgesetzbuches sowie der Zivil- und Strafprozeßordnung. Wegen der oben erwähnten Schwierigkeiten sah man davon ab, das geplante Zivilgesetzbuch um das fehlende Familien- und Erbrecht zu ergänzen, sondern beschränkte sich auf die Regelungen der unstrittigen Fragen der Nachlaßverwaltung. Der entsprechende Entwurf beruhte deshalb weitgehend auf dem Zivilgesetzbuch von 1883, der dazugehörenden Rechtsprechung sowie einigen Entlehnungen aus dem islamischen Recht und den damals modernen Kodifikationen Italiens, der Schweiz und Deutschlands. Letztere waren für die Abfassung der Vorschriften und die Übernahme einiger neuer Institutionen maßgeblich, wie z.B. die Stiftungen, die Schuldübernahme und die Insolvenz.

Dieser Entwurf des ägyptischen ZGB wurde vor allem im Senat, der zweiten Kammer des Parlaments, gründlich erörtert. Mittelpunkt der Diskussion war der in ihm enthaltene Anteil der *sharīʿa.* Richter, Anwälte und Sachverständige des islamischen Rechts wurden um Beiträge gebeten. In der weiteren Diskussion kristallisierten sich drei Richtungen heraus. Die eine, vertreten durch den Richter und ehemaligen Führer der Muslimbrüder, Ḥasan al-Huḍaibī, lehnte den Entwurf ab. Die Gesetzgebung müsse in allen Bereichen auf dem Koran und der Sunna beruhen. Selbst entlehnte Regelungen aus fremden Rechtsordnungen müßten mit den beiden genannten Quellen der *sharīʿa* im Einklang stehen. Da der Entwurf diese Voraussetzung nicht erfülle, lehnte er ab, sich weiter an dessen Diskussion zu beteiligen. Diese Haltung widerspiegelt eindeutig die Auffassung der Muslimbrüder, wie sie mehrfach von deren Gründer, Ḥasan al-Bannā', sowie von einigen ihrer prominenten Vertreter, wie z.B. den Richtern ʿAbd al-Qādir ʿAuda und Saiyid Quṭb, geäußert wurde. Ähnlich war die Haltung des Richters am Kassationshof, Ṣādiq Fahmī. Wenn schon der Erlaß einer neuen Kodifikation anstelle des bisherigen ausreichenden Zivilgesetzbuchs beabsichtigt sei, solle diese auf der *sharīʿa* beruhen. Zur Berücksichtigung seiner Auffassung legte er ein Muster für die angestrebte Kodifikation vor, das von ihm und einigen Gelehrten der al-Azhar über das Gebiet der Verträge angefertigt worden war. Entgegengesetzter Meinung war die Gruppe von Ḥamīd Zakī, Professor an der damaligen Fu'ād-Universität. Der Entwurf sei hinsichtlich der Bestimmungen über die Verträge zu europäisch ausgerichtet. Deshalb solle die Erwähnung weggelassen werden, daß die *sharīʿa* zu den Quellen zähle, die der Ausfüllung von Gesetzeslücken dienen sollen (Art. 2 des Entwurfes). Eine Mittlerstellung nahm der Verfasser des Entwurfes, Professor as-Sanhūrī, ein. Die *sharīʿa* sei eine der Hauptquellen des Entwurfs. Die von dort übernommenen Rechtsnormen beträfen solche Regeln, die sich für eine Anwendung in der Praxis eigneten. As-Sanhūrī wies nach, daß der von Ṣādiq vorgelegte Entwurf eine Entstellung der *sharīʿa*-Normen sei und eher den Rechtsvorstellungen europäischer Kodifikationen entspreche. Er schlug deshalb vor, Art. 2 des Entwurfes, der die maßgeblichen Quellen zur Ausfüllung von Gesetzeslücken aufzählt, zu ändern. Die *sharī'a* nebst Rechtsprechung solle nicht nur als subsidiäre Stütze zur Lückenausfüllung anerkannter Rechtsquellen herangezogen werden, sondern solle zu letzteren zählen. Dieser Änderungsvorschlag wurde angenommen. Danach bestimmt Art. 2 des geltenden ZGB, daß die allgemeinen Grundsätze der *sharī'a* zu den die Gesetzeslücken ausfüllenden Hauptquellen nach dem Gewohnheits-, aber vor dem Naturrecht und der Billigkeit gehört. Der Verweis auf die Grundsätze der *sharī'a* läßt dem Richter einen großen Spielraum, da er im konkreten Fall nicht daran gebunden ist, auf die von der islamischen Jurisprudenz bzw. einer ihrer Schulen festgehaltenen spezifischen Lösungen zurückzugreifen. Insgesamt behielt das Zivilgesetzbuch von 1949 die auf der *sharī'a* beruhenden Vorschriften seines Vorgängers bei und übernahm zusätzlich einige islamrechtliche Regeln.

Das nach der *sharī'a* geltende Verbot des *ribā* wurde vom neuen ägyptischen Zivilgesetzbuch ähnlich wie von seinem Vorgänger nicht übernommen. Das *ribā*-Verbot beruht auf dem Koran und der Sunna. Wörtlich bedeutet *ribā* Zuwachs, Zunahme oder Vermehrung. Islamrechtlich versteht man darunter jede ungerechtfertigte Kapitalvermehrung, für die keine Gegenleistung besteht. Darunter fällt vor allem das Verbot einer vom Geldverleiher geforderten Zinszahlung. Das ägyptische Zivilgesetzbuch folgte dem Zinsverbot der *sharī'a* nicht, legte allerdings für zu vereinbarende Zinsen eine Höchstgrenze fest. Verzugszinsen sind ebenso zulässig, deren Sätze wurden im Gesetz unterschiedlich für Zivil- und Handelssachen bestimmt.

Das ägyptische Zivilgesetzbuch wurde von anderen arabischen Staaten weitgehend rezipiert, nämlich von Syrien (1949), Irak (1951), Libyen (1953), Somalia (1973), Algerien (1975), Jordanien (1976) und zuletzt Kuwait (1980). Der Anteil der *sharī'a* ist allerdings im irakischen und vor allem im jordanischen Zivilgesetzbuch wesentlich größer, da dort der Einfluß der *mejelle,* einer Kodifikation des Schariatsrechts, stärker war.

Die neue ägyptische Zivilprozeßordnung konnte im Juni 1949 verkündet werden. Sie enthielt einige neue Regelungen, vor allem hinsichtlich der Klagezulässigkeit, der Rolle des Richters im Verfahren, des Zahlungsbefehls zur Einziehung schriftlich festgehaltener Geldschulden und des Einlegens von Rechtsmitteln gegen Zwischenurteile. Die Zivilprozeßordnung wurde mehrmals geändert (zuletzt durch das Gesetz Nr. 100 von 1962), abgelöst 1968 (Gesetz 13/1968), wiederum mehrfach geändert (zuletzt 1980). So wurde die bisherige Regelung über das Beweisverfahren fallengelassen und selbständig materiell und verfahrensmäßig geregelt (Beweisgesetz 25/1968). Auch die bisherigen Verfahrensvorschriften über Fragen des Personalstatuts waren in der neuen Zivilprozeßordnung nicht enthalten. Ihre Neufassung soll erst nach dem Erlaß der oben erwähnten Kodifikation des Familienrechts verkündet werden. Die Zivilprozeßordnung von 1968 enthält einige Neuerungen, die dem Interesse der Allgemeinheit Rechnung tragen, die Anrufung der Gerichte erleichtern und die Entscheidung der Streitigkeiten beschleunigen sollen. Sie sieht z.B. Versöhnungsräte bei den Amtsgerichten, eine Erweiterung der Möglichkeit von Beizugsfällen für die Staatsanwaltschaft in Zivilsachen sowie die Einlegung der Revision durch den Generalanwalt im gesetzlichen Interesse vor. Die Rolle der Richter wurde verstärkt und das Verfahren vereinfacht.

2.2.1.2 Die Entwicklung der Rechtsordnung in Saudi-Arabien

Die Entwicklung des Gesetzeswesens in Saudi-Arabien ist etwas anders verlaufen als in anderen arabischen Staaten. Bis in die 20er Jahre dieses Jahrhunderts blieb dieses Land der Tradition der *sharī'a* und der Schariatsgerichte verhaftet. So gab es:

— keine Verfassung im eigentlichen Sinn;
— formal keine Gesetze, weil dieser Begriff für das Schariatsrecht vorbehalten ist.

Zwar hatte Ibn Saud (ʿAbd al-ʿAzīz ibn ʿAbd ar-Raḥmān) bereits 1927 gefordert, daß eine Kommission von anerkannten religiösen Gelehrten auf der Basis der Kommentare der vier klassischen sunnitischen Rechtsschulen eine Kodifizierung und Klassifizierung des islamischen Rechts vornehmen solle. Dies geschah aber wegen des Widerstands der Religionsgelehrten nicht. Anstelle von Gesetzen wurde jedoch eine Reihe von Verordnungen erlassen, die noch heute im Königreich Saudi-Arabien gültig sind.

In der Verordnung über die Regelung des Schariatsgerichtswesens von 1927 war zunächst die Verbindlichkeit der Lehre einer bestimmten Rechtsschule nicht vorgeschrieben. Die in Anwendung dieser Verordnung 1928 geschaffene Instanz für Gerichtsaufsicht faßte aber einige Monate später einen Beschluß, nach dem alle Gerichte gemäß der hanbalitischen Rechtsschule zu urteilen haben. Eine Abweichung sei nur zulässig, wenn die von dieser Schule vertretene Auffassung für den konkreten Fall eine Härte darstelle und im Widerspruch zum allgemeinen Interesse stehe. Das Gericht habe dann in den anderen Rechtsschulen nach einer diesem Interesse Rechnung tragenden Lösung zu forschen und sie auf den Fall anzuwenden. Bemerkenswert ist, daß die Suche nach der geeigneten Lösung nicht auf die vier anerkannten sunnitischen Rechtsschulen beschränkt ist, sondern auch andere einbezieht. Eine königliche Order von 1930 bekräftigte diese Regelung.

Die vorgeschriebene Verbindlichkeit einer bestimmten Rechtsschule, hier der hanbalitischen, hat einerseits den Vorteil, die Aufgabe des Richters bei der Urteilsfindung zu erleichtern. Die Erhebung der hanbalitischen zur offiziellen Rechtsschule des Staates führte jedoch andererseits über die Zurückdrängung der anderen Rechtsschulen zur Aufgabe des Prinzips der selbständigen Rechtsfindung und lief damit der Auffassung des Schöpfers der wahhabitischen Bewegung und Mitbegründers des saudischen Königreiches, Muḥammad ibn ʿAbd al-Wahhāb, zuwider. Der nach dem Tod des Gründers der Bewegung erfolgte Verzicht auf die selbständige Rechtsfindung ließ schließlich auch dem saudischen Staat keinen anderen Weg, als Verordnungen nicht islamrechtlichen Ursprungs zu erlassen, um dem Bedarf nach zeitgerechten Regelungen nachkommen zu können. Diese Verordnungen schmälerten den als absolut beanspruchten Geltungsbereich des islamischen Rechts. Sie stehen zwar nicht im Widerspruch zu den Vorschriften des islamischen Rechts, unterscheiden sich von diesem aber bereits dadurch, daß sie einer anders gearteten Rechtskultur entstammen. Wie weiter unten ausgeführt wird, wurden für die Durchsetzung dieses weltlichen Rechts besondere, gerichtsähnliche Stellen geschaffen, die nicht mehr, wie die *qāḍī*-Gerichtsbarkeit, strikt an das islamische Recht gebunden sind. Die von offiziellen Stellen vertretene bzw. oft in der Literatur anzutreffende Auffassung, daß in Saudi-Arabien das islamische Recht allgemein gültig sei, ist daher zu relativieren.

Ein Beispiel für eine solche Verordnung ist die über „das Handelsgericht" von 1931. Darin ist eine Kodifizierung der materiell- und verfahrensrechtlichen Handelsnormen enthalten. Diese sind vier osmanischen Gesetzen entnommen: dem Handelsgesetzbuch, dessen Anhang, dem Handelsverfahrensgesetz und dem Gerichtsgebührengesetz. Hinzu kommen einige Erläuterungen aus der *mejelle,* der bereits erwähnten osmanischen Kodifikation des islamischen Vermögens- und Prozeßrechts. Erwähnenswert ist die Übernahme des Verjährungsprinzips und der Revision der Urteile in Handelssachen als Rechtsmittel.

Ein weiteres Beispiel stellt die Verordnung über Wertpapiere dar. Schließlich sei noch die Verordnung über die Handelsgesellschaften von 1965 erwähnt, die die den zunehmenden Bedürfnissen nicht mehr gewachsene Regelung in der entsprechenden Verordnung von 1931 ersetzt. Die neue Regelung lehnt sich stark an die Gesetze einiger arabischer Staaten an, die wiederum auf das französische Recht zurückgehen. Bei der saudiarabischen Verordnung ist allerdings übersehen worden, daß deren Bestimmungen über Schuldverschreibungen gegen das islamische Recht verstoßen, weil darin für Obligationen eine Zinsnahme erlaubt wird. Die Regierung ließ jedoch eine gegensätzliche Auffassung verbreiten.

Die Verordnung über das Gerichtswesen wurde bei der Gründung des saudischen Königreiches 1932 veröffentlicht. Sie fußte auf dem bereits erwähnten königlichen Dekret von 1927, in dem die *qāḍī*-Gerichte, d.h. die religiösen Gerichte, und ihre Zuständigkeit geregelt wurden. Dabei wird unterschieden zwischen den Schariatsgerichten, die etwa den Rang von Landgerichten haben, und den Gerichten, etwa im Rang von Amtsgerichten, die kleinere Angelegenheiten vor Ort schnell entscheiden sollen. Letztere unterteilen sich in solche, die ausschließlich von Nomaden — ausgenommen in Grundstückssachen — angerufen werden dürfen, und in solche, die der übrigen Bevölkerung offenstehen. Den Schariatsgerichten sind alle Aufgaben zugeordnet, die nicht in die Kompetenz der unteren Gerichte fallen, vor allem für Straftaten, für die der Koran Gliedamputationen oder Todesstrafe vorschreibt, sowie Angelegenheiten des Familien- und Grundstücksverkehrsrechts. Die örtlichen Gerichte befassen sich insbesondere mit vermögensrechtlichen Angelegenheiten von relativ geringem Streitwert und Vergehen, die nicht in die Zuständigkeit der Schariatsgerichte fallen. Weiter wurde ein Amt für Gerichtsaufsicht geschaffen. Die Schariatsgerichtsbarkeit wurde häufig reformiert, so in den Jahren 1936, 1938 und 1952.

Neben den Schariatsgerichten, die eine umfassende Zuständigkeit beanspruchen, gibt es Stellen, die wegen ihrer Funktion als gerichtsähnlich bezeichnet werden können. So wurde z.B. 1953 eine dem Ministerrat zugehörende Beschwerdesektion geschaffen, die die in der Abbasiden-Zeit neben dem *qāḍī*-Gericht bestehende *maẓālim*-Gerichtsbarkeit zum Vorbild hat. Anstelle dieser Sektion wurde 1955 das Amt für Beschwerden (Dīwān al-maẓālim) als eine selbständige Institution eingerichtet; Zuständigkeit, Arbeitsverfahren und die bei Untersuchungen zustehenden Befugnisse sind bis ins einzelne geregelt. Das Personal dieses Amtes bestand aus Experten des Schariatsrechts bzw. des staatlich gesetzten Rechts, Untersuchungsbeamten sowie Fachleuten des Finanzwesens und der Technik.

Das Amt für Beschwerden hat ursprünglich keine gerichtliche, sondern nur eine Untersuchungsfunktion. Es sollte alle gegen Staatsbeamte, selbst gegen Richter und Minister gerichtete Beschwerden prüfen und die Untersuchungsergebnisse mit Vorschlägen zur Abhilfe der Beschwerden dem zuständigen Minister bzw. Vorgesetzten weiterleiten. Außer den Beschwerden gegen Staatsbeamte ist das Amt auch für Rechtsverweigerungsfälle zuständig. In diesen Fällen beschränkt sich das Amt auf eine Untersuchung und Vorschläge zur Abhilfe.

Spätere Verordnungen und Ministerratsbeschlüsse haben dem Amt gerichtliche Zuständigkeiten für bestimmte Fragen zugewiesen, z.B. auf Grund der Verordnung über das ausländische Investitionskapital und für die Untersuchung sowie die Aburteilung von Bestechungs- und Fälschungsfällen nach den entsprechenden Verordnungen über Bestechungs- und Fälschungsdelikte, für Streitigkeiten aus Verträgen mit der Verwaltung sowie für die Anfechtung von Verwaltungsakten über die Beteiligung an öffentlichen Ausschreibungen; für die Vergehen gegen den Boykott Israels und für Anträge auf Vollstreckung ausländischer Urteile. Trotz gleicher Bezeichnung war das Amt für Beschwerden sowohl in seiner Hauptaufgabe als auch in der ihm zusammenhanglos zugewiesenen Gerichtszuständigkeit weit von der Beschwerdegerichtsbarkeit (maẓālim) entfernt, die in der Abbasiden-Zeit wegen dessen Unzulänglichkeit neben dem *qāḍī*-Gericht geschaffen und mit umfassenden Zuständigkeiten und einschneidenden Befugnissen ausgestattet war.

2.2.1.3 Die Entwicklung der Rechtsordnung im Sudan

Der Sudan in seinen heutigen Grenzen ist ein relativ junges Staatsgebilde, das erst ab 1916 unter einer einzigen Regierung auftrat. Zwischen 1821/85 unterstand der Sudan der ägyptisch-türkischen Herrschaft, die regionale Gerichtsräte in den Provinzen und einen Berufungsrat in Khartoum schuf. Den Provinzräten und dem Berufungsrat wurde ein Mufti beigeordnet. Diese Räte wandten eine Mischung von Bestimmungen an, die aus der *sharī'a,* einigen rezipierten Gesetzen sowie lokalen Bräuchen bestand. Das islamische Recht wurde kurz nach der Eroberung des Sudan durch Ägypten im Jahre 1821 in der hanafitischen anstelle der bisherigen malikitischen Ausprägung angewandt, wobei man in Strafsachen beim Versagen der *sharī'a* auf Grund der schwerfälligen Beweisregeln nach ägyptischen gesetzlichen Vorschriften urteilte, die teilweise auf osmanischen, vom französischen Recht beeinflußten Strafbestimmungen beruhten. Während der Mahdi-Herrschaft (1885 - 98) galt anstelle dieses Gemisches von Rechtsbestimmungen islamisches Recht, das direkt vom Koran und von der Sunna — gestützt auf die göttliche Inspiration des Mahdi und ohne Befolgung einer bestimmten Rechtsschule — abgeleitet wurde. Der Mahdi, als Führer und Gründer der damals zur Macht gelangten islamischen Bewegung, bzw. seine Nachfolger verkündeten Erlasse, in denen mit selbständiger Rechtsfindung von den traditionellen Regeln des islamischen Rechts abgewichen wurde. Die Figur des Mahdi (mahdī) mit umfassender Kompetenz ist dem Glaubensgut des Islams nicht unbekannt.

Nach der ägyptisch-britischen Wiedereroberung des Sudan im Jahre 1898 zog das Kondominium vor, ein elastisches Rechtssystem einzuführen, das den Gerichten weitgehende Ermessensbefugnisse zuerkannte. Letztere sollte den Rückgriff auf sudanesisches Recht unter dessen Anpassung an die sudanesische Realität ermöglichen. Im Verfahrensgesetz von 1900 (Art. 4) und dem dieses ablösenden Gesetz von 1929 (Art. 9) wurde unter Übernahme des von den Engländern in Indien eingeführten Prinzips bestimmt, daß beim Fehlen einer gesetzlichen Regelung nach den Erfordernissen der Gerechtigkeit, Billigkeit und des gesunden Empfindens zu urteilen sei. In Fragen des Familien- und Erbrechts waren das islamische Recht bzw. das Gewohnheitsrecht und die lokalen Bräuche anzuwenden, soweit sie mit der Gerechtigkeit, Billigkeit und dem gesunden Empfinden in Einklang stehen (Art. 3). Vor dem Verfahrensgesetz von 1900 wurden ein Strafgesetzbuch und eine Strafprozeßordnung verkündet, die die in Indien von den Engländern geschaffenen Gesetze als Vorbild hatten. Zur Konkretisierung des Prinzips der Gerechtigkeit, Billigkeit und des gesunden Empfindens bei der Ausfüllung von Gesetzeslücken griffen die Gerichte nach anfänglicher Unsicherheit in erster Linie auf ägyptisches Recht, während der Zeit von 1905/10 und in den darauffolgenden 15 Jahren abwägend auf ägyptisches und englisches Recht zurück. Ab 1925 bis zur Erlangung der Unabhängigkeit 1956 wurde dann fast nur noch englisches Recht angewandt, das die Gerichte als Ausdruck der Regeln der Gerechtigkeit, Billigkeit und des gesunden Empfindens ansahen.

2.2.2 *Der Einfluß westlicher Rechtssysteme auf die Anwendung der sharī'a in Gebieten schiitischer Dominanz*

Anders als in den Gebieten sunnitischer Dominanz hing die Frage nach dem Einfluß westlicher Rechtssysteme hier davon ab, ob die Rechtssetzungsbefugnis weiterhin dem weltlichen Herrscher abgesprochen war. Der Streit um die politische Führungskompetenz der Gelehrten als Amtswalter des verborgenen Imams lebte im Zusammenhang mit der persischen Verfassung von 1906 und der Schaffung des dortigen Parlaments wieder auf. Einige Gelehrte sprachen sich zur Bekämpfung des tyrannischen Schah-Regimes für einen religiös kontrollierten Konstitutionalismus und die Schaffung eines demokratisch gewählten Parlaments aus, während andere solche Institutionen als unislamisch verurteilten. Im Rahmen dieser Diskussion mußten die Befürworter des religiös kontrollierten Konstitutionalismus die Notwendigkeit einer geschriebenen Verfassung sowie eines gewählten Parlaments und dessen Gesetzsgebungszuständigkeit vom Standpunkt des islamischen Rechts aus rechtfertigen.

Zur Gesetzgebungskompetenz des Parlaments betonten sie, daß bei Fragen, für die sich in der *sharī'a* keine Texte finden, die Normsetzung während der ,,großen Verborgenheit" des Imams Aufgabe seiner Beauftragten sei. Es seien dies die als hochinstanzlich anerkannten Gelehrten (sogenannte marja') und auch andere Gelehrte, die sich zur selbständigen Rechtsfindung (ijtihād) qualifiziert haben. Unter den damaligen gegebenen Umständen sei es jedoch erforderlich, ein Gesetz durch das Parlament beschließen zu lassen. Die Legitimität eines solches Gesetzes sei dann nicht anzuzweifeln, wenn es einerseits keine von den *sharī'a*-Texten erfaßten Fragen regele und andererseits die Vertreter der ermächtigten religiösen Autoritäten zugestimmt hätten. Das in der Verfassung von 1906 vorgeschriebene Gelehrtenkontrollgremium, das für die Prüfung der Gesetze auf ihre Vereinbarkeit mit der *sharīʿa* zuständig sei, biete Gewähr für deren Legitimität.

Mit dieser Konzession an den Konstitutionalismus wollten einige Gelehrte der Willkür des Schahs begegnen. Das in der Verfassung vorgesehene Gelehrtenkontrollgremium überlebte aber nur zwei Legislaturperioden (1906 - 11). Ebenso mußten es die religiösen Gelehrten hinnehmen, daß die von ihnen allein beanspruchte Kompetenz der Justizausübung durch Art. 27 des Verfassungsergänzungsgesetzes von 1907 beschnitten und weltlichen Richtern die Justiz in weltlichen Fragen (sogenannte ʿurf-Sachen) zuerkannt wurde. Die Schariatsgerichte blieben im wesentlichen nur noch für das Familien- und Erbrecht und das Recht der frommen Stiftungen (waqf) zuständig.

Damit war der Weg für eine allgemeine gesetzliche Reform des Rechts- und Gerichtswesens frei. Im Jahre 1911 wurden ein Justizorganisationsgesetz sowie eine Zivil- und Strafprozeßordnung erlassen. Mit dem Justizorganisationsgesetz wurden die Schariatsgerichte in die allgemeine staatliche Gerichtsorganisation eingegliedert. Für die Ernennung von Schariatsrichtern wurde die Zustimmung des Justizministeriums erforderlich. Zuständig waren die Schariatsgerichte nur noch für Fragen, die ihnen von den weltlichen Gerichten zugewiesen wurden. Die Urteile der Schariatsgerichte konnten ausschließlich von den weltlichen Gerichten vollstreckt werden.

Einen großen Schritt hin auf eine Modernisierung von Gesetzgebung und Gerichtswesen brachte die Ära der Pahlawi-Dynastie. Ihr Gründer, Reza Khan (Reżā Šāh 1925 - 41), war von der Entwicklung in der benachbarten Türkei beeindruckt. Dort war nach Abschaffung des Kalifats 1924 und der Proklamation der Republik 1923 und dem einige Jahre später eingeführten Laizismus eine umfassende Rechtsreform durchgeführt worden. Der Schah setzte eine Reihe von Kodifikationen (Strafgesetzbuch 1926, Handelsgesetzbuch 1932, Zivilgesetzbuch 1928/31, Zivilprozeßordnung 1939) in Kraft, die sich stark an französische Vorbilder anlehnten.

Das Strafgesetzbuch sah zwar vor, daß die islamrechtlichen Vergehen entsprechend den von der *sharīʿa* vorgeschriebenen Strafen geahndet werden sollten. Diese Bestimmung hatte aber kaum praktische Bedeutung, weil alle Delikte und deren Strafart nach modernen Grundsätzen in dem neuen Strafgesetzbuch geregelt waren. Sogar die Bezugnahme auf die Beweisvorschriften der *sharīʿa* bei den Delikten der Sodomie, des verschärften Ehebruches, der Blutschande und der Notzucht wurden durch ein Gesetz vom 26. 4. 1931 aufgehoben und die vorgesehene Todesstrafe durch eine mildere Bestrafung ersetzt. Ebenso wurden einige Bestimmungen in der Strafprozeßordnung von 1912 (Art. 416-429) sowie das Gesetz vom 21. Amurdād 1306 (1927) über die strafrechtliche Zuständigkeit der geistlichen Gerichte aufgehoben, die den religiösen Gerichten noch weitgehende Kompetenz in Strafsachen zuerkannten. Damit muß die Referenz an die *sharīʿa* mehr als eine Respektbezeugung denn als anwendbares Recht gewertet werden.

Neben der völligen Ausschaltung der Schariatsgerichte im Bereich des materiellen Straf- und Strafprozeßrechts wurde ihre Zuständigkeit auch in anderen Bereichen mehr und mehr eingeengt. Durch ein Gesetz wurden sie 1931 als Sondergerichte eingestuft, deren gesamter Wirkungsbereich ausschließlich von staatlichen Gesetzen bestimmt wird. Sie dürfen sich nur mit den ihnen von weltlichen Gerichten zugewiesenen Fragen befassen, und ihre Urteile werden durch letztere vollstreckt. Dem vom islamischen Recht bevorzugten Zeugenbeweis wurde in Zivil- und Handelssachen nicht mehr dieselbe Bedeutung beigemessen. Dagegen erhielt der von der *sharīʿa* geringer bewertete Urkundenbeweis eine vorrangige Rolle (Gesetz vom 16. 7. 1929). Die Zuständigkeitsbeschneidung der Schariatsgerichte wurde auch unter der Herrschaft des letzten Schahs fortgesetzt. Dieser schuf die sogenannten „Gerechtigkeitshäuser" in ländlichen Gebieten und Schiedsräte in kleinen Städten, um ein volksnahes Gerichtswesen zu gewährleisten und die Lücke auszufüllen, die durch die Ausweitung der Zuständigkeit der europäisch ausgerichteten weltlichen Gerichtsbarkeit auf Kosten der Schariatsgerichte entstanden war. Die neu geschaffenen gerichtlichen Instanzen wurden von Laien besetzt und wandten einfache Verfahren an.

Das 1928/31 erlassene Zivilgesetzbuch regelte — im Unterschied zu den entsprechenden Gesetzen im Osmanischen Reich und in Ägypten — neben dem Schuld- und Sachenrecht auch das Erb- und Eherecht. Letzteres wurde durch das Gesetz vom 8. 6. 1937 ergänzt. Das iranische Zivilgesetzbuch lehnte sich zwar stark an das französische, belgische und schweizerische Recht an, seine familien- und erbrechtlichen Vorschriften fußten aber auf dem islamischen Recht der schiitischen Zwölfer-Richtung. Es sollte aber nur für die sich mehrheitlich zu dieser Religionsrichtung bekennende Bevölkerung gelten. Die in Iran lebenden Anhänger anderer offiziell anerkannter Religionsbekenntnisse, zu denen der sunnitische Islam gehört, unterlagen weiterhin den für sie geltenden Regeln und Gewohnheiten.

Das neue Eherecht im iranischen Zivilgesetzbuch brachte einige Reformen, z.B. hinsichtlich des Mindestalters der Brautleute (für die Frau 15 Jahre und für den Mann 18 Jahre: Art. 1.041), einer Erklärungspflicht des Mannes über eine von ihm geschlossene Ehe im Falle einer Zweitehe (§ 6 des Ehegesetzes vom 5. 8. 1931), der Zulässigkeit der Ausbedingung von Klauseln im Vertrag durch die Braut (Art. 1.119 iran. Zivilgesetzbuch und § 4 des Gesetzes vom 5. 8. 1931), der Pflicht zur Registrierung der Eheschließung, einer Erweiterung der der Frau gesetzlich zuerkannten Scheidungsgründe (Weigerung der Unterhaltsleistung, Nichterfüllung anderer Eheverpflichtungen, die Ehe zerrüttende Mißhandlung, ansteckende bzw. schwer heilbare Krankheiten des Mannes: Art. 1.129 - 1.130 ZGB). Einige Teile des Eherechts wurden durch das Gesetz vom 15. 8. 1931 den Schariatsgerichten entzogen und den weltlichen Gerichten zugewiesen, um die Erzwingung der von der *sharī'a* abweichenden gesetzlichen Regelungen in einigen nach islamischem Recht zulässigen Fällen zu gewährleisten. Dazu gehörten die Verhängung von Strafsanktionen im Falle der Mißachtung des vorgeschriebenen Mindestalters der Brautleute und bei unterlassener Erklärung des Bräutigams über eine bereits bestehende Ehe sowie die Prüfung der Frage, ob die Frau zur Ausübung der ihr vom Ehemann unwiderruflich erteilten Vollmacht berechtigt war, beim Vorliegen bestimmter Gründe ebenfalls die Verstoßungsformel auszusprechen. Weitere wichtige Änderungen brachte die vom letzten Schah, Mohammed Reza (Muḥammad Reżā Pahlawī), proklamierte „Weiße Revolution" und das in ihrem Rahmen verkündete Gesetz zum Schutze der Familie von 1967. Es schrieb eine gerichtliche Mitwirkung bei der Ehescheidung vor. Danach kam eine Ehescheidung nur zustande, wenn das Gericht die Unmöglichkeit einer gegenseitigen Verständigung bescheinigt hatte, was nur beim Nachweis der vom Gesetz bestimmten Gründe möglich war. Zu diesen Gründen gehörte die Heirat einer zweiten Ehefrau ohne Zustimmung der ersten, die einseitige Aufgabe der Lebensgemeinschaft, ein die Ehre und das Ansehen der Familie schädigendes Vergehen und die Verurteilung zu einer mindestens fünfjährigen Gefängnisstrafe.

Vom Standpunkt der Lehre der Zwölferschia ist der Erlaß von gesetzlichen Normen durch die politische Obrigkeit bzw. ein weltliches Organ, wie z.B. ein demokratisch gewähltes Parlament, nicht rechtmäßig. Die in den sunnitischen Rechtsschulen anerkannte *siyāsa*-Befugnis des politischen Herrschers, die zum Erlaß von Reformgesetzen unter bestimmten Voraussetzungen ermächtigt, ist dem Wesen der schiitischen Zwölferschule fremd und systemwidrig.

Zusammenfassend läßt sich sagen, daß bis zur Mitte des 20. Jahrhunderts sowohl in den sunnitisch als auch in den schiitisch dominierten Gebieten die nicht-kodifizierte *sharī'a* und die religiösen Gerichte teilweise durch Gesetze und Gerichtsinstanzen abgelöst wurden, die sich überwiegend an europäischen Vorbildern orientierten, was zu einer zunehmenden Verweltlichung der jeweiligen Gesellschaftsordnung führte. Im schiitisch dominierten Iran gelang es der Staatsgewalt sogar, die religiöse Autorität auf diesem Gebiet aus ihrer dominierenden Stellung zu verdrängen.

2.3 Die Auswirkungen der seit den 50er Jahren einsetzenden Islamisierung auf Gesetzgebung und Rechtsprechung in den arabischen Staaten

Die seit den 60er Jahren stark gestiegene politische Macht der arabischen Staaten — im wesentlichen auf der Grundlage der riesigen Einnahmen aus dem Erdölgeschäft — hat in der islamischen Welt zu einem Wiedererstarken der Religion als gesellschaftliche Kraft geführt. Die Islamistenbewegungen und die religiösen Gelehrten und Autoritäten fordern immer deutlicher, daß die Regierungen dieser Staaten der seit Mitte des 19. Jahrhunderts zurückgedrängten *sharī'a* wieder ihre traditionelle, d.h. alle Lebensbereiche umfassende Stellung zurückgeben. Diese Strömung wird als Islamisierung bezeichnet — was insoweit nicht schlüssig ist, als es nicht darum geht, nicht-islamische Bevölkerung dem Islam zuzuführen, sondern nur darum, nicht-islamische Einflüsse zurückzudrängen.

2.3.1 Die Auswirkungen der Islamisierung in Ländern sunnitischer Dominanz

2.3.1.1 Die Auswirkungen der Islamisierung in Ägypten

In Ägypten ist die Islamisierungsbewegung seit den 70er Jahren zu einer politisch nicht mehr zu unterdrückenden Kraft geworden. Ihre Forderungen werden auch von al-Azhar vertreten, der ältesten islamischen Lehrstätte und von der sunnitischen Glaubensrichtung allgemein anerkannten Autorität, allerdings wegen ihres staatlichen Status nicht in derselben Schärfe.

Ein erster wesentlicher Erfolg dieser Bewegung war die Verankerung der umfassenden Gültigkeit der *sharī'a* in der Staatsverfassung.

In der ursprünglichen Version der Verfassung von 1971 waren die Grundsätze der islamischen *sharī'a* nur als ,,eine" Hauptquelle der Gesetzgebung bezeichnet worden. Diese Vorschrift wurde im Mai 1980 dahingehend geändert, daß nunmehr die Grundsätze der islamischen *sharī'a* als ,,die" Hauptquelle (al-maṣdar ar-ra'īsī) der Gesetzgebung bezeichnet werden. Bereits während der Geltung der früheren Fassung war die materielle Bedeutung dieser Vorschrift umstritten. Sollte dem Gesetzgeber lediglich eine eventuelle Orientierung ermöglicht werden, und in welchem Umfang durften Gesetzgebung und Rechtsprechung aus anderen Quellen als der islamischen *sharī'a* Gesetze und Urteile ableiten? Da die *sharī'a* nur einer unter den möglichen Grundsätzen sein sollte: waren dann die anderen Rechtsquellen als untergeordnet anzusehen und/oder mußten diese mit dem islamischen Recht in Einklang stehen? Die Änderung von 1980 stärkte das Lager derjenigen, die den Prinzipien der islamischen *sharī'a* absoluten Vorrang vor anderen Rechtsquellen gaben oder so ihre ausschließliche Gültigkeit forderten. Die Tatsache allerdings, daß von zahlreichen Vertretern dieser Richtung eine noch eindeutigere Formulierung gefordert wurde — etwa ,,das islamische Recht ist die *einzige* Quelle der positiven Gesetzgebung" oder ,,das islamische Recht ist die Quelle *jeder* Gesetzgebung" — zeigt, daß auch nach der Verfassungsänderung von 1980 unterschiedliche Interpretationen des Verfassungsartikels möglich bleiben.

Für das Rechtsleben Ägyptens von ebenso großer Bedeutung wie die Frage des Ranges der Grundsätze der islamischen *sharī'a* als Quelle der Gesetzgebung ist die Gültigkeit von Rechtsvorschriften, die etwa vor der Verfassungsänderung von 1980 oder gar vor Erlaß der Verfassung selbst ergangen sind. Zur Beantwortung dieser beiden Fragen hat das ägyptische Verfassungsgericht in zwei Urteilen aufschlußreiche Hinweise und dem Gesetzgeber wichtige Vorgaben für die weitere Gesetzgebungsarbeit gegeben.

Anlaß war der — soweit dem Verfasser bekannt — bisher (1987) zweimalige Versuch, die Regeln der *sharī'a* in konkreten Rechtsentscheidungen durchzusetzen, und zwar bei der Frage der Zulässigkeit von Verzugszinsen und der Frage des Unterhalts einer geschiedenen Frau im Rahmen eines Personensorgeprozesses.

Anlaß der ersten gerichtlichen Auseinandersetzung war Art. 226 ägypt. ZGB, welcher dem Gläubiger einer Geldforderung einen Anspruch auf Verzugszinsen von 4 % — bei Handelssachen 5 % — zuspricht. Die beklagte al-Azhar-Universität, die weltberühmte islamische Lehrstätte, war der Auffassung, daß diese Vorschrift gegen die ägyptische Verfassung verstoße und somit nichtig sei. Art. 226 ZGB, der dem deutschen § 288 BGB entspricht, enthalte nämlich das Recht des

Gläubigers auf Zinszahlungen durch einen in Verzug befindlichen Schuldner. Zinszahlungen würden aber durch den Koran verboten, auf dem die *sharī'a* beruhe, die zu den Hauptquellen der Gesetzgebung gehöre. Stehe aber Art. 226 ZGB im Widerspruch zu einem zwingenden Grundsatz des islamischen Rechts, verstoße die Vorschrift auch gegen die ägyptische Verfassung. Darüber hinaus seien auch alle anderen Gesetze und Rechtsvorschriften, die gegen die Grundsätze der islamischen *sharī'a* verstoßen, unabhängig davon, wann diese Gesetze erlassen worden seien, *eo ipso* verfassungswidrig und nichtig.

Das ägyptische Oberste Verfassungsgericht wies jedoch am 4. 5. 1985 (al-Jarīda ar-rasmīya Nr. 20 vom 16. 5. 1985) die Verfassungsklage im Ergebnis ab. Dabei ging das Gericht auf das materielle Problem der Vereinbarkeit von Art. 226 ZGB mit dem islamischen Recht überhaupt nicht ein. Die Frage nämlich, ob jede Form des Zinses auch in jedem Falle als der vom Koran verbotene *ribā* anzusehen sei, ist noch nicht abschließend beantwortet.

Bei der Frage der Zinsnahme bei Darlehen und anderen Geschäften, die insbesondere im Zusammenhang mit der Praxis der zahlreichen in den letzten Jahren gegründeten Islamischen Banken diskutiert wird, geht inzwischen wohl die überwiegende Auffassung dahin, daß nicht etwa nur der Wucherzins, sondern jede Form der Zinsnahme gegen das islamische *ribā*-Verbot verstößt. Bei Verzugszinsen, also Zinszahlungen, die wegen verspäteter Leistung durch den Schuldner zu zahlen sind, ist dies aber nicht so eindeutig. Zumindest, soweit in diesen Zinszahlungen ein Element des Schadensersatzes enthalten ist, kann man durchaus problematisieren, ob Verzugszinsen ohne weiteres den normalen, vom Koran verbotenen *ribā*-Tatbeständen unterfallen. Das Verfassungsgericht ließ ausdrücklich dahingestellt, ob Art. 226 ZGB mit den Grundsätzen der islamischen *sharī'a* vereinbar ist oder nicht, da entgegen der Auffassung der Klägerin aus der Nichtübereinstimmung eines Gesetzes mit den Prinzipien der islamischen *sharī'a* nicht in jedem Fall automatisch die Verfassungswidrigkeit und Nichtigkeit der Norm folge. Es sei vielmehr zu fragen, ob das betreffende Gesetz vor oder nach der Verfassungsänderung im Jahre 1980 erlassen wurde. Gesetze, die nach der Verfassungsänderung von 1980 erlassen wurden, dürfen auf keinen Fall gegen die Grundsätze der islamischen *sharī'a* verstoßen, da diese nunmehr die Hauptquelle der Gesetzgebung darstelle. Dies gelte auch für solche Rechtsvorschriften, die zwar ursprünglich vor der Verfassungsänderung erlassen, aber danach geändert wurden.

Dagegen sind solche Vorschriften, die — wie etwa auch Art. 226 des ägyptischen ZGB — bereits vor der Verfassungsänderung in Kraft waren und seither unverändert geblieben sind, nicht ohne weiteres mit der Änderung von Art. 2 der Verfassung nichtig geworden. Dazu verweist das Gericht auf den Bericht des allgemeinen Ausschusses der Volksversammlung vom 15. 9. 1981, wo es u.a. heißt: ,,Die Umgestaltung des gegenwärtig in Ägypten geltenden, teilweise mehr als 100 Jahre bestehenden Rechtssystems in eine umfassende islamische Rechtsordnung erfordert Geduld und wesentliche Exaktheit. Man muß hierbei die früher nicht existenten oder noch nicht bekannten wirtschaftlichen und gesellschaftlichen Änderungen berücksichtigen und alle Neuerungen sowie überhaupt alles in Erwägung ziehen, was für die Existenz in der internationalen Gemeinschaft an Kontakten, Beziehungen und Kooperation notwendig ist. All dies erfordert Ausdauer und Anstrengung, und von daher ist ein angemessener Zeitraum notwendig, um die Gesetzgebung in Übereinstimmung mit Koran, Sunna und der Urteilsfindung der Rechtsgelehrten zu bringen.“

Allerdings bedeute dies nicht, daß der Gesetzgeber diesen Zustand auf Dauer einfach so belassen könne. Bei den vor der Verfassungsänderung von 1980 erlassenen Gesetzen bestehe ,,in politischer Hinsicht eine Verantwortung des Gesetzgebers, daranzugehen, die Texte dieser Gesetze von allen Verstößen gegen die erwähnten Grundlagen (der islamischen sharī'a) zu reinigen und sie mit den bestehenden Gesetzen in Einklang zu bringen.“ An dieser Formulierung ist bemerkenswert, daß das Verfassungsgericht laut Art. 2 der Verfassung auch keine eindeutige rechtliche Verpflichtung des Gesetzgebers zur graduellen ,,Islamisierung“ der Gesetzgebung herleitet. Es spricht noch nicht einmal von einem entsprechenden Verfassungsauftrag des Gesetzgebers, sondern mehrdeutig von einer „Verantwortlichkeit in politischer Hinsicht“ (min an-nāḥiya as-siyāsīya). Daraus läßt sich schließen, daß das Gericht dem Gesetzgeber einen möglichst weiten methodischen und zeitlichen Spielraum einräumen wollte.

In der zweiten gerichtlichen Auseinandersetzung zur Durchsetzung der *sharī'a* machte der Ehemann in einer von der Ehefrau unter Berufung auf das Gesetz Nr. 44 von 1979 zur Änderung einiger gesetzlicher Vorschriften über bestimmte Fragen des Personalstatuts (Gesetz Nr. 25/1920 und 25/1929) erhobenen Klage auf Unterhalt die Einrede der Verfassungswidrigkeit dieses Gesetzes geltend. Das Gericht gab dieser Einrede statt und legte den Fall dem Obersten Ägyptischen Verfassungsgericht vor.

Dieses kam in seiner Entscheidung vom 4. 5. 1985 (al-Jarīda ar-rasmīya Nr. 20 vom 16. 5. 1985) zu dem Ergebnis, daß das Verfahren beim Erlaß dieses Gesetzes nicht den verfassungsmäßigen Normen entsprach. Das Gesetz wurde nämlich nicht von dem in der ägyptischen Verfassung mit der Gesetzgebung betrauten Parlament verabschiedet. Es war drei Tage vor der ersten Sitzung der neu gewählten Volksversammlung als Präsidialbeschluß ergangen und von letzterer nachträglich gebilligt worden. Dies ist aber nur zulässig, wenn in Abwesenheit des Parlaments Ereignisse eintreten, die schnelle, keinen Aufschub duldende Maßnahmen erfordern. Diese Voraussetzungen (Art. 147 der Verfassung) hätten im Falle des Gesetzes 44/1979 nicht vorgelegen.

Auch in den Erläuterungen zu dem Gesetz sei nur erwähnt, daß mit dem Gesetz materiellen und moralischen gesellschaftlichen Veränderungen und den zu Tage getretenen Unzulänglichkeiten der Gesetze 25/1920 und 25/1929 Rechnung getragen werden solle. Diese Absicht sei legitim, es sei aber Aufgabe des von der Verfassung berufenen Normgebers, also des Parlaments, die für notwendig angesehenen Gesetzesänderungen durchzuführen. Keinesfalls aber sei ein Ausnahmezustand in dem Sinn gegeben gewesen, daß eine zeitlich nicht aufschiebbare Entscheidung habe gefällt werden müssen. Das Gesetz sei daher nicht in verfassungskonformer Weise erlassen und unwirksam.

Auch in diesem Fall stützte das Verfassungsgericht sein Urteil nicht auf inhaltliche, sondern auf formelle, verfassungsrechtliche Gründe. Es vermied also wiederum eine Auseinandersetzung um die inhaltliche Vereinbarkeit dieser Regelungen mit den Prinzipien der islamischen *sharī'a,* indem es diesen Punkt nicht als entscheidungserheblich ansah.

Sofort nach Erlaß des Urteils entfachte sich die Diskussion darüber, ob man dieselben Regelungen, nunmehr allerdings auf ordnungsgemäßem parlamentarischem Wege, einfach wieder in Kraft setzen oder mit Rücksicht auf die starke Kritik seitens vieler islamischer Autoritäten einen anderen Weg beschreiten solle.

Die ägyptische Regierung wollte einer Ausweitung und auch Radikalisierung eines Teils der Bewegung der Befürworter einer raschen und umfassenden Islamisierung zuvorkommen. Sie handelte rasch und ließ die alten Regelungen des aufgehobenen Gesetzes Nr. 44 modifiziert, aber in den zentralen Aussagen weitgehend unverändert, in ordnungsgemäßer parlamentarischer Lesung und Abstimmung als Gesetz Nr. 100/1985 passieren.

Diese beiden Beispiele zeigen, daß der Erfolg der Islamisten in Ägypten zwar im Hinblick auf die geltenden Gesetze begrenzt bleibt, weitere — dringende — Reformen im Hinblick auf eine zeitgemäße Anpassung der Rechtsvorschriften aber kaum mehr durchgeführt werden konnten.

2.3.1.2 Die Auswirkungen der Islamisierung in Saudi-Arabien

Im Gegensatz zu Ägypten führte Saudi-Arabien auch nach dem Erstarken der Islamisierung Gesetzesreformen durch.

Eine wichtige Reorganisation des Gerichtswesens von Saudi-Arabien erfolgte 1975 mit dem „Gerichtsverfassungsgesetz“. Es griff viele der bereits vorher erlassenen Regelungen auf, brachte jedoch in wesentlichen Bereichen wichtige Neuerungen. Die betreffende Verordnung besteht aus sieben Teilen.

Der erste Teil enthält eine wesentliche Neuerung gegenüber dem bisherigen System, nämlich die ausdrücklich statuierte richterliche Unabhängigkeit, insbesondere gegenüber der Exekutive. Die Aufsicht über die Richter wird dabei einem judikativen Organ, nämlich dem Obersten Justizrat, zugewiesen.

Zunächst scheint die Feststellung der richterlichen Unabhängigkeit nur die Bestätigung eines Prinzips zu sein, das seit alters her die Stellung des Richters im Islam auszeichnet, nämlich, daß er weitgehend unabhängig agiert und sich in seiner Rechtsfindung lediglich von den Prinzipien des islamischen Rechts leiten lassen muß, ohne daß von dritter Stelle eine Einflußmöglichkeit auf seine Rechtsfindung besteht. Diese unabhängige Stellung des Richters konnte nur beschnitten werden, wenn er bei seiner Rechtsfindung die Prinzipien des islamischen Rechts verließ. Einschränkend ist jedoch zu berücksichtigen, daß in der Frühzeit des Islams alle Gewalt, auch die rechtsprechende, in der Hand des Kalifen als des Führers der islamischen Gemeinde lag. Dieser hatte den Prinzipien des Islams in der Gemeinde Geltung zu verschaffen. Von dieser primären Kompetenz des Kalifen ausgehend, konnten die Richter ihre rechtsprechende Gewalt lediglich als dessen Delegierte ausüben. Aus dem Delegationsverhältnis folgten Rechte des Kalifen gegenüber den Richtern, z.B. diese zu beaufsichtigen, in begründeten Fällen disziplinarisch zu belangen und ihnen bei der Rechtsfindung die Anwendung der Methoden einer bestimmten Rechtsschule vorzuschreiben. In der Praxis ergaben sich daraus zusätzliche Einflußmöglichkeiten, die die theoretisch unabhängige Position der Richter weiter beschränkten.

Im zweiten Teil wird die Gerichtsorganisation neu geregelt. Danach untergliedert sich das Gerichtswesen in Saudi-Arabien nunmehr in vier Instanzen: den Obersten Justizrat (neu geschaffen), das Revisionsgericht, die allgemeinen Gerichte und schließlich die örtlichen Gerichte. Eingehender als in früheren Verordnungen ist auch die übrige Gerichtsorganisation geregelt, wie etwa die Zuständigkeit des Revisionsgerichts, die Besetzung der Spruchkammern, die Beschlußfähigkeit der einzelnen Senate, der Abstimmungsmodus und die Rechtskraft der Urteile. Wesentlich ist auch die Aufnahme des Grundsatzes, daß Gerichtsverfahren öffentlich sind. Die Öffentlichkeit darf nur ausgeschlossen werden, wenn es mit Rücksicht auf die Moral, zum Schutze der Familie oder zur Aufrechterhaltung der öffentlichen Ordnung notwendig ist. Das Urteil ist aber in jedem Fall öffentlich zu verkünden, seine tragenden Urteilsgründe sind mitzuteilen.

Der dritte Teil betrifft im wesentlichen den Status und die Laufbahnbestimmungen der Richter; im vierten Teil wird die Organisation des Justizministeriums behandelt, im fünften das Notariatswesen; im sechsten finden sich Vorschriften über die Gerichtsbediensteten, im siebten Teil die allgemeinen Verwaltungsvorschriften für die Gerichte.

Insgesamt ergibt sich auch für die Rechtsordnung Saudi-Arabiens ein zwiespältiges Bild. Viele der neuen Regelungen können zwar auf Prinzipien des islamischen Rechts zurückgeführt werden; das gilt z.B. für die Öffentlichkeit der Gerichtsverhandlungen, denn Muḥammad hat stets in den Moscheen in aller Öffentlichkeit Recht gesprochen. Es ist aber nicht zu verkennen, daß diese Regelungen ihre Vorbilder weitgehend in den modernen ausländischen Rechtsordnungen haben, die allerdings in einer mit dem Islam zu vereinbarenden Weise rezipiert wurden.

So sind auch die Schariatsgerichte, die eine umfassende Zuständigkeit beanspruchen, bestehen geblieben. Neben ihnen sind aber Instanzen entstanden, die wegen ihrer Funktionen als gerichtsähnlich bezeichnet werden können. Dadurch wird die umfassend beanspruchte Jurisdiktion der Schariatsgerichte erheblich geschmälert.

Eine Verlangsamung des Erlasses von staatlich gesetztem Recht brachte die Besetzung der Großen Moschee von Mekka 1979 durch eine militante Gruppe von Islamisten. Ihr Ziel war es, die als „korrupt" bezeichnete Herrschaft des Königs durch eine abzulösen, wie sie im 7. Jahrhundert bestanden hatte. Sie verdammten die politische Macht, die im Namen des Fortschritts und als Folge des unerwarteten Reichtums aus dem Öl vom orthodoxen Islam abwich, um zwischen säkularen und religiösen Elementen auszugleichen. Außerdem verurteilten sie die Zusammenarbeit der religiösen Gelehrten ('ulamā') mit dem Staat, weil dieser die *'ulamā'* durch Geld korrumpiere. Trotz der Niederschlagung des Umsturzversuches sah sich das Königshaus gezwungen, sein Bekenntnis zur *sharīʿa* zu demonstrieren. Es beschränkte die Berufstätigkeit für Frauen, veranlaßte die Ausländer, die Traditionen des Landes und die Werte des Islams besser zu respektieren und ließ die Video-Läden schließen, da diese Filme verkauften bzw. vermieteten, die gegen islamische Werte verstießen. Um sich der Unterstützung der religiösen Gelehrten auch weiterhin zu versichern, erhöhte die Regierung deren Gehälter und gewährte mehr Geld für den Bau von Moscheen und zur Verbreitung des Islams im In- und Ausland. Auf der anderen Seite kündigte die Regierung den Erlaß eines geschriebenen Grundgesetzes und die Schaffung einer konsultativen Versammlung an, um auch die säkularen Elemente, zu denen die Beamten mit moderner Ausbildung zählen, an sich zu binden. Allerdings hat die Regierung diese Versprechungen bisher nicht eingelöst, anscheinend, weil eine solche politische Beteiligung die absolute Macht des Königshauses zu stark beschränken könnte. Damit steigt aber auch wieder die Gefahr von Umsturzversuchen durch den wirtschaftlich erstarkenden, politisch aber einflußlosen Mittelstand.

Immerhin wurde die erwartete Reform des Beschwerdeamtes 1982 durch den Erlaß einer entsprechenden Verordnung durchgeführt. Es hat nunmehr die Funktion einer unabhängigen allgemeinen Verwaltungsgerichtsbarkeit. Seine ursprüngliche Aufgabe, nämlich die bei ihm eingelegten Beschwerden in erster Linie durch Untersuchung zu prüfen, soll von einer dafür zu schaffenden Behörde wahrgenommen werden. Die bisher mit solchen Aufgaben befaßten Beamten werden von dieser Behörde übernommen. Das Amt für Beschwerden ist nunmehr in seiner Hauptfunktion als Verwaltungsgericht für Streitigkeiten zuständig, in denen die Verwaltung Partei ist, nämlich für Klagen in Beamtenangelegenheiten, Disziplinarfragen, zur Anfechtung von Verwaltungsakten, zur Entschädigung wegen fehlerhafter Verwaltungsakte sowie aus Verträgen mit der Verwaltung. Die gerichtliche Zuständigkeit des Amtes für letztere ist auch bei privatrechtlichen Verträgen der Verwaltung gegeben. Die bisherige Zuständigkeit des Beschwerdeamtes für Bestechungs- und Fälschungsdelikte stehen ihm noch vorübergehend zu. Ebenso wurde dem Amt die Zuständigkeit für die Vollstreckung von ausländischen Urteilen, Verstöße gegen den Boykott Israels und Klagen aus der Verordnung über die Investition ausländischen Kapitals zugewiesen.

Erfahrungsgemäß beträgt die Dauer der Klagen bis zu ihrer Entscheidung vor dem Amt für Beschwerden und dem Ausschuß zur Streitbeilegung in Handelssachen bis zu drei Jahren. Mit einer vergleichbaren Zeitspanne ist ebenso zu rechnen, falls die auch für Handelssachen zuständigen Schariatsgerichte, denen allerdings die Vertrautheit mit den komplizierten technischen Komponenten von Handelsfragen fehlt, angerufen werden sollten. Diese Dauer wird von den am Handelsverkehr beteiligten Ausländern für unerträglich lange gehalten. Bis vor kurzem war das Schiedsgerichtswesen nicht gesetzlich geregelt. Die in Vereinbarungen vorgesehenen Schiedsklauseln galten als bloße Absichtserklärungen ohne jegliche rechtliche Bindung für die Parteien. Jede von ihnen konnte die vereinbarte Schiedsklausel ignorieren und die Gerichte anrufen. Erst am 25. 4. 1983 wurde eine Verordnung über die Schiedsgerichtsbarkeit erlassen. Die dazu erforderlichen Durchführungsvorschriften wurden vom Ministerrat beschlossen und sind am 28. 5. 1985 in Kraft getreten. Inwieweit diese neue gesetzliche Regelung für die als zu lange empfundene Dauer zur Streitbeilegung im Handelsverkehr mit dem Ausland Abhilfe schaffen wird, muß abgewartet werden, da immer noch Unklarheiten in der gesetzlichen Regelung hinsichtlich bestimmter Fragen, vor allem des Umfangs der Überprüfbarkeit der Schiedssprüche durch die Gerichte, bestehen. Erwähnenswert ist, daß die Schiedsklauseln in der Regel nur in Verträgen unter privaten Personen zulässig sind. Nach den Durchführungsverordnungen kann als Schiedsrichter nur ein saudischer Bürger, ein ausländischer Muslim oder ein Staatsbeamter mit Genehmigung seiner Behörde bestimmt werden. Außerdem darf gemäß Art. 20 der Schiedsverordnung von 1983 der Schiedsspruch den Grundsätzen der *sharīʿa* nicht widerlaufen. Diese Einschränkung ist in Art. 39 der Durchführungsvorschriften präzisiert, nach dem die Schiedsrichter zwar an die gerichtlichen Verfahrensregeln nicht gebunden sind, ihre Entscheidungen aber gemäß den Bestimmungen der islamischen *sharīʿa* und den geltenden Verordnungen zu ergehen haben.

2.3.1.3 Die Auswirkungen der Islamisierung im Sudan

Nach der Unabhängigkeit 1956 setzten die Gerichte ihre traditionelle Anwendung des englischen Rechts fort. Ebenso beriefen sich die sudanesischen Gerichte zur Auslegung sudanesischer Gesetze zunehmend, wenn auch zum Teil differenzierend, auf englische Präzedenzentscheidungen. Ferner beriefen sich die Gerichte auf Entscheidungen anderer Staaten englischer Rechtstradition, wie z.B. Pakistan, Australien, Kanada und die USA, andererseits berücksichtigten sie zunehmend das Gewohnheitsrecht und die lokalen Bräuche.

Auf dem Gebiet des Zivilrechts bestanden aus der Zeit vor der Unabhängigkeit einige Gesetze, die überwiegend das Bodenrecht regelten. Ebenso wurden vereinzelte Handelsgesetze, wie z.B. über das Gesellschaft-, Genossenschafts- und Handelsmarkenrecht erlassen. Diese waren jedoch nicht vollständig, so daß zur Ausfüllung von Gesetzeslücken nach dem Prinzip der Gerechtigkeit, Billigkeit und des gesunden Empfindens auf englisches Recht bzw. andere fremde Rechte zurückgegriffen werden mußte.

Die meisten Zivilsachen, vor allem die von geringerer Bedeutung, wurden von den weit verbreiteten lokalen Gerichten wahrgenommen, die mit Notabeln und Häuptlingen besetzt waren. Diese Gerichte waren nicht an bestimmte Gesetze gebunden, sondern wandten Gewohnheitsrecht und lokale Bräuche an. Rechtsanwälte waren nicht zugelassen. Sie sollten der breiten Bevölkerung Recht sprechen, der die von den Briten, den damals tatsächlichen Herrschern, geschaffenen modernen Gerichte fremd geblieben waren.

Nach der Revolution vom Oktober 1964 wurde eine provisorische Verfassung erlassen. In der ihr vorangestellten Nationalcharta wurde festgelegt, daß die geltenden Gesetze durch eine Revision den sudanesischen Traditionen angepaßt werden sollten.

Der Entwurf einer neuen Verfassung aus dem Jahr 1968 enthielt Bestimmungen, nach denen die *sharī'a* die Hauptquelle der staatlichen Gesetze sein solle und jedes der *sharī'a* widrige, später erlassene Gesetz nichtig sei. Dem Staat obliege es, vorhandene, gegen die *sharī'a* verstoßende Gesetze nach Bedarf zu ändern. Ferner haben die Richter zur Ausfüllung von Gesetzeslücken auf die Prinzipien der *sharī'a* und deren allgemeine Lehren zurückzugreifen. Diese Bestimmungen wurden allerdings in die Verfassung vom 8. 5. 1975 nicht aufgenommen, die von dem durch die Revolution vom Mai 1969 an die Macht gelangten Numeiri-Regime (Ja'far an-Numairī) proklamiert wurde. Mit Rücksicht auf die konfessionelle Situation (60 % Muslime überwiegend im Norden, 40 % Christen und Animisten im Süden) wurde in der Verfassung bestimmt, daß der Islam als Religion der Mehrheit zum Leitbild der Gesellschaft werden solle und die Verwirklichung der von ihm vertretenen Werte dem Staat obliege. Eine ähnliche Bestimmung, jedoch in abgeschwächter Form, wurde für das Christentum vorgesehen (Art. 16).

Zur Bedeutung der *sharī'a* bestimmte die Verfassung, daß die *sharī'a* und das Gewohnheitsrecht die Hauptquellen der Gesetzgebung sein sollen. Außerdem wurde bestimmt, daß die Fragen des Personalstatuts von Nicht-Muslimen dem eigenen Recht der entsprechenden Gemeinschaften zu unterliegen haben.

Zur Durchführung der Gesetzesreform wurde 1970 ein Ausschuß gebildet, der überwiegend aus ägyptischen Rechtsgelehrten bestand. Das Ergebnis der Arbeit war ein dem ägyptischen bürgerlichen Gesetzbuch von 1949 nachgebildetes Zivilgesetzbuch, das 1971 in Kraft trat. Das sudanesische Zivilgesetzbuch war umfangreicher als sein ägyptisches Vorbild. Es weicht von letzterem in einigen Punkten ab, vor allem hinsichtlich der Vorrangigkeit der *sharī'a* gegenüber dem Gewohnheitsrecht bei der Ausfüllung der Gesetzeslücken. Ein Beweisgesetz in Zivilsachen, ein Gerichtsverfassungsgesetz und eine Zivilprozeßordnung, die weitgehend ägyptische Gesetze zum Vorbild hatten, wurden 1972 verabschiedet.

Die Verkündung dieser Gesetze bedeutete eine Abkehr von der bisher vom englischen *Common law* beeinflußten Rechtsordnung und eine Hinwendung zur Rechtstradition ägyptisch-französischer Prägung. Diese war jedoch von kurzer Dauer, denn die oben genannten neuen Gesetze mußten wegen des Widerstands der Richter, die nur mit dem englischen Recht vertraut waren, durch das Gesetz über die Organisation der Gesetze von 1973 außer Kraft gesetzt werden. Zur Regelung des Gerichts- und Gerichtsbarkeitswesens wurden im gleichen Jahr drei Gesetze über die Gerichtsverfassung, den Obersten Rat der Judikative und den Generalstaatsanwalt erlassen. Das Justizministerium wurde abgeschafft. Die Unabhängigkeit der Judikative gegenüber der Exekutive wurde dadurch gesichert, daß die Judikative und die Angelegenheiten der Richter dem Präsidenten des obersten Gerichts unterstellt wurden, der auch dem Obersten Rat der Judikative vorstand und der Regierung nicht als Mitglied angehörte. Der Generalstaatsanwalt war hingegen Mitglied der Regierung, dem eine Behörde mit einer Zuständigkeit für Gutachtertätigkeit, Vorbereitung von Gesetzesentwürfen, Vertretung von Klagen der öffentlichen Gewalt und das Einleiten von Strafverfahren unterstand.

Im Jahre 1974 wurden ein Zivilverfahrensgesetz sowie drei weitere einzelne Gesetze über den Vertrag, den Kauf und die Vertretung verabschiedet. Die drei letztgenannten Gesetze folgten wieder weitgehend englischen Rechtsvorstellungen. Das Zivilverfahrensgesetz bestand hingegen aus einer Mischung von Vorschriften einerseits aus dem dem ägyptischen Recht nachgebildeten Vorgänger, andererseits aus dem auf englischen Rechtsvorstellungen beruhenden Zivilgerichtsgesetz. Dadurch blieb die Tür für einen Rückgriff auf ägyptische Lehre und Rechtsprechung offen.

Die Vorrangstellung der *sharī'a* zur Ausfüllung von Gesetzeslücken wurde trotz Aufhebung des ZGB nur teilweise angetastet. Mit Rücksicht auf Art. 9 der Verfassung, wonach die *sharī'a* neben dem Gewohnheitsrecht als Hauptquelle der Gesetzgebung bestimmt war, wurde in Art. 6 (2) des Zivilverfahrensgesetzes von 1974 die englische Formel der Gerechtigkeit und des gesunden Empfindens übernommen, dieser jedoch die sudanesischen gerichtlichen Präzedenzentscheidungen und die Prinzipien der *sharī'a* als maßgebliche Quellen zur Ausfüllung von Gesetzeslücken vorangestellt.

Erst 1977 rückte die Bestimmung des Art. 9 der Verfassung wieder in den Vordergrund der Diskussion. Präsident Numeiri rief nämlich einen Ausschuß zur Revision der Gesetze des Sudan ins Leben, um deren Inhalt mit den Regeln der *sharī'a* und deren Grundsätzen in Übereinstimmung zu bringen. Der Ausschuß fertigte Gesetzesentwürfe an über das Alkoholverbot, die Auslegung der Gesetze nach den Grundsätzen der *sharī'a,* die illegale Bereicherung (etwa durch Bestechung, Machenschaften, Spekulation usw.), das Zinsverbot beim Konsumdarlehen und das Zivilverfahren. Die Entwürfe wurden der Volksversammlung vorgelegt, jedoch von dieser nicht verabschiedet.

Im September 1983 erließ Präsident Numeiri die der sudanesischen Volksversammlung vorgelegten, aber von dieser bis dahin nicht verabschiedeten Gesetzesentwürfe als provisorische Präsidialbeschlüsse. Grundlage war die Ermächtigung in der Verfassung, beim Vorliegen von eiligen und unaufschiebbaren Umständen Gesetze in Form von provisorischen Beschlüssen zu erlassen.

Die Beschlüsse lassen sich in fünf Gruppen einteilen. Die erste Gruppe umfaßt Gesetze, die die Tätigkeit der Gerichte regeln: das Zivilverfahrensgesetz, das Beweisgesetz, das Strafverfahrensgesetz, das Gerichtsentscheidungsgesetz (Grundregeln) sowie das Gesetz über den Obersten Rat der Judikative. Die zweite Gesetzesgruppe befaßt sich mit der Gerichtsorganisation und dem Personal der Rechtspflege. Zu dieser Gruppe gehören: die Judikativgesetze von 1983/84, das Rechtsanwaltsgesetz und das Generalanwaltsgesetz. Die dritte Gruppe behandelt Steuer- und Finanzfragen; zu ihr gehören: das Almosensteuergesetz von 1984 und das Zollgesetz von 1983. Die vierte Gruppe umfaßt Gesetze, die materiellrechtliche Fragen regeln: das Straßenverkehrsgesetz, das Strafgesetzbuch und das Ziviltransaktionengesetz (ZGB) von 1984. Als fünftes ist schließlich auf das Gesetz zum „Gebot des Guten und Verbot des Bösen" von 1983 hinzuweisen, das eine Art religiösen Verhaltenskodex darstellt. Unter das Verbot des Bösen fallen z.B. Ungehorsam gegen die guten Sitten oder Gesetze, Mißachtung der öffentlichen Ruhe in jeder Weise, schlechte, die öffentliche Gesundheit bzw. die Gesellschaft schädigende Bräuche und Gewohnheiten. Zum Gebot des Guten gehören das Gebot zur Arbeit und Warenproduktion, das Gebot von Treu und

Glauben beim Kauf und Verkauf und der Gehorsam im allgemeinen. Zur Durchführung dieses Gesetzes sollen sowohl einzelne Personen als auch Vereine ermächtigt werden. Die mit dieser Aufgabe betrauten Personen genießen gleiche Immunitäten wie die Richter, solange sie nicht gegen die *sharī'a* oder das Gesetz verstoßen.

Alle seit August 1983 erlassenen Gesetze beziehen sich in irgendeiner Weise auf islamisches Recht und verwirklichen damit die von Präsident Numeiri proklamierte Revolution, in deren Rahmen das Rechtssystem vollständig an der *sharī'a* ausgerichtet werden soll.

So bestimmt das Zivilverfahrensgesetz von 1983, daß zur Ausfüllung von Gesetzeslücken auf die *sharī'a,* die sudanesischen gerichtlichen Präzedenzentscheidungen und auf die Grundsätze von Gerechtigkeit und gesundem Rechtsempfinden zurückzugreifen ist. Ferner ermächtigt es das oberste Gericht, Urteile, die gegen die *sharī'a* verstoßen, aufzuheben. Auch in dem Gerichtsentscheidungsgesetz wird bestimmt, daß der Richter bei Gesetzeslücken die Regeln der *sharī'a,* wie sie im Koran und in der Sunna niedergelegt sind, anzuwenden hat. Eine ähnliche Bestimmung ist im Ziviltransaktionengesetz von 1984 enthalten (Art. 3).

Das neue Ziviltransaktionengesetz von 1984 ist eine Mischung aus Bestimmungen der *mejelle* und irakischem, ägyptischem und jordanischem Recht. Es besteht aus 819 Artikeln und regelt u.a. die Verträge im allgemeinen, die unerlaubte Handlung, die ungerechtfertigte Bereicherung, den Kauf, die Schenkung, die Gesellschaft, das Darlehen, die Miete, den Auftrag, die Bürgschaft, die Wette, das Eigentum und die frommen Stiftungen. Im siebten Teil ist die *sharika* geregelt, unter die sowohl die bürgerlichen als auch die anderen Arten von Gesellschaften (mit juristischer Persönlichkeit) fallen. Mit dem Ziviltransaktionengesetz ist das Gesellschaftsgesetz von 1925 nicht ausdrücklich außer Kraft gesetzt worden. Daraus ergeben sich unterschiedliche Regelungen, z.B. über das Fortbestehen von Gesellschaften im Falle des Todes eines der Gesellschafter und die beschränkte Haftung der Gesellschafter.

Nach Art. 253 (c) und Art. 254 des Ziviltransaktionengesetzes hört die Gesellschaft infolge von Tod, Geisteskrankheit, Konkurs oder Geschäftsunfähigkeit eines der Gesellschafter zu bestehen auf, es sei denn, die Erben der verstorbenen Partei sind mit dem Fortbestehen der Gesellschaft einverstanden. Nach dem Gesellschaftsgesetz von 1925 bleibt die Gesellschaft trotz Tod eines der Gesellschafter bestehen. Fraglich ist, ob bei der Gründung von Gesellschaften nach dem neuen Gesetz eine Klausel ausbedungen werden kann, daß die Gesellschaft ungeachtet des Todes eines der Partner fortbestehen und damit die Erben zum Fortbestehen der Gesellschaft verpflichtet werden sollen, und ob eine solche Klausel nach dem neuen Gesetz zulässig ist. Ferner bleibt das Schicksal der nach dem Gesellschaftsgesetz von 1925 gegründeten Gesellschaften im Falle des Todes eines Gesellschafters fraglich.

Das Gesellschaftsgesetz von 1925 bestimmt, daß unter Gesellschaft (company) eine solche zu verstehen ist, die nach diesem Gesetz gegründet und registriert worden ist und bei der die Haftung der Mitglieder auf den gegebenenfalls nicht eingezahlten Betrag ihrer Anteile beschränkt ist. Dagegen hat nach dem Ziviltransaktionengesetz die Gesellschaft ihre Schulden aus ihrem Guthaben zu begleichen. Ein verbleibender Fehlbetrag ist von den Gesellschaftern aus ihrem eigenen Vermögen abzudecken. Das Ziviltransaktionengesetz sieht nicht ausdrücklich die Zulässigkeit einer Vereinbarung vor, nach der das persönliche Vermögen bestimmter Gesellschafter von der Pflicht zur Erfüllung der Gesellschaftsschulden freigestellt ist. Ferner ist nicht klar, ob die Gesellschaft mit einem Dritten vereinbaren kann, daß im Falle von Nichterfüllung seitens der Gesellschaft das persönliche Vermögen der Gesellschafter für die Haftung der Gesellschaftsschulden nicht herangezogen werden kann.

Von Interesse sind die Bestimmungen des Ziviltransaktionengesetzes betreffend die aleatorischen Verträge, zu denen die *sharī'a* wegen des ihnen anhaftenden Spekulationsfaktors negativ eingestellt ist. Zu diesen Verträgen gehören solche betreffend Wette und Spiel, aber auch die Leibrente sowie die Versicherung. Die zwei letztgenannten Verträge sind nach dem Ziviltransaktionengesetz zulässig, wobei bis zum Erlaß eines speziellen Versicherungsgesetzes die bisher geltenden entsprechenden Bestimmungen in Kraft bleiben. Verträge betreffend Wette und Spiel sind hingegen nichtig, und der Verlierer hat Anspruch auf Rückerstattung der von ihm geleisteten Summen. Eine Ausnahme von diesem Verbot ist das Versprechen eines Entgeltes an den Sieger in einem Wettbewerb für Schwimmen, Rennen oder Sport im allgemeinen.

Beachtung hat zudem die Regelung des in der *sharī'a* niedergelegten, auch die Zinsnahme umfassenden *ribā*-Verbots im Ziviltransaktionen- und Zivilprozeßgesetz gefunden. Zur Umgehung dieses Verbots wurden im islamischen Recht einige Rechtskniffe entwickelt. Zu diesen zählt der Doppelkauf, bei dem der Darlehensgeber eine Sache dem Schuldner für einen niedrigeren Preis abkauft und gleich an ihn zu einem später zu zahlenden höheren Preis verkauft. Zur Vermeidung einer Verletzung des Zinsverbots griffen in der modernen Zeit die Finanzkreise auf das Instrument der Risikoverteilung (auch Gewinn- und Verlustbeteiligung genannt) des Partners, der Geld anbietet, und des Unternehmers, der Kapital investiert, zurück. Von diesem System haben die Islamischen Banken im Sudan Gebrauch gemacht. Im Gegensatz zu den anderen Banken erheben sie keinen Zins, sondern eine Reihe von Gebühren für geleistete Dienste, die nach ihren Vorstellungen mit der *sharī'a* insoweit vereinbar sind, als der Betrag dieser Gebühren in keiner Weise mit dem finanziellen Wert des geleisteten Dienstes verknüpft ist.

Die Frage der Zinsnahme wurde im Zivilprozeßgesetz von 1983 geregelt. Dort ist ein Zinsverbot (Art. 110) statuiert. Gemäß dieser Bestimmung darf das Gericht niemanden zur Zahlung von Zinsen für ein geschuldetes Kapital verurteilen. In den Bestimmungen des Zivilprozeßgesetzes betreffend die Realisierung von Sicherheiten durch die Gläubiger sind die früheren Hinweise auf die Berechnung von Zinsen zu den vor dem Gericht geltend gemachten Schulden ausgelassen (Art. 127 Abs. 1, 128 Abs. 1 und 131 Abs. 1). Somit werden die Gerichte keine Urteile auf Zahlung von vereinbarten Zinsen fällen.

Außer den erwähnten Vorschriften bestimmt Art. 281 des Ziviltransaktionengesetzes ausdrücklich, daß Darlehensvereinbarungen, die die Zahlung von Beträgen, die über das erhaltene Kapital hinausgehen, enthalten, zwar gültig, die erwähnte Zahlungsbedingung aber nichtig ist. Ob auch die von den Islamischen Banken anstelle von Zinsen bisher erhobenen Gebühren für Dienste vom Verbot erfaßt werden, kann dem Wortlaut dieser Bestimmung nicht eindeutig entnommen werden.

Ab März 1984 wurde die Neugründung von Banken bzw. die Öffnung neuer Filialen schon bestehender Banken, die mit Zinsnahme arbeiten, verboten. Die Bank of Sudan verordnete als Zentralbank in Ausübung der ihr gegenüber den im Sudan ansässigen Banken zustehenden Weisungsbefugnisse im Februar 1984, daß die Zahlung von Zinsen für geschäftliche Devisenkonten einzustellen sei. Verstöße gegen das Zinsverbot wurden strafrechtlich geahndet, obgleich Verletzungen des *ribā*-Verbots im Strafgesetzbuch nicht ausdrücklich als Vergehen vorgesehen sind.

Das sudanesische Strafgesetzbuch von 1983 regelt, dem islamischen Recht folgend, einerseits die Delikte, die mit den im Koran bzw. in der Sunna festgelegten Strafen (ḥudūd) bzw. mit der Vergeltung nach dem Talionsprinzip oder der Entrichtung eines Blutpreises geahndet werden, andererseits die übrigen Vergehen (sogenannte ta'zīr-Delikte). Zu den von Koran bzw. Sunna sanktionierten Delikten zählen der unerlaubte Geschlechtsverkehr, die falsche Anschuldigung einer solchen Tat, der Diebstahl, der Raub, der Alkoholgenuß, die Apostasie und die bewaffnete Auflehnung gegen die Staatsgewalt. Die Bestimmungen des Strafgesetzbuches enthalten neben einer Definition dieser Delikte und den zu einer Strafausschließung führenden beachtlichen Zweifelsgründen die zulässigen Beweismittel. In Befolgung einer islamrechtlichen Meinung wird bei einem unerlaubten Geschlechtsverkehr der ledige männliche Täter zusätzlich zu der Peitschenstrafe mit einer einjährigen Gefängnisstrafe sowie mit Verbannung aus seinem Aufenthaltsort belangt. Der unerlaubte Geschlechtsverkehr eines nicht-muslimischen Täters wird in Anwendung der malikitischen und hanafitischen Rechtsschule mit der nach seiner Religion bestimmten Strafe belegt. Der Begriff des koranischen Diebstahls wird weit gefaßt, Heimlichkeit bzw. die Entnahme aus einem Behälter bilden keine Voraussetzungen. Ebenso wurde in Befolgung der malikitischen und der schon ausgestorbenen zahiritischen Schule der Tatbestand des im Koran mit Strafe belegten Raubes (ḥirāba) erweitert.

Bei den Tötungsdelikten, die nach dem Talionsprinzip bzw. mit einem Blutpreis sanktioniert sind, sind nach dem sudanesischen Strafgesetzbuch das Geschlecht, die Religion, das Alter und die soziale Stellung des Opfers ohne Bedeutung. Die vorsätzliche Tötung wird mit der Todesstrafe geahndet, es sei denn, daß die Erben des Opfers mit dem Blutpreis einverstanden sind. Eine Ausnahme bildet der Meuchelmord, der stets die Todesstrafe zur Folge hat. Ein nach unerwarteter und heftiger Provokation begangener Totschlag sowie eine in Überschreitung der Notwehr bzw. in einem zufälligen Streit begangene Tötung werden je nach Ermessen des Gerichts entweder mit der Todesstrafe oder dem Blutpreis geahndet. Die fahrlässige Tötung wird mit dem Blutpreis bestraft, den infolge des heutzutage häufigen Fehlens der Sippe, die nach islamischem Recht dafür haften sollte, der Täter schuldet. Ist der Täter eines Tötungsdelikts nicht zu ermitteln, schulden in Anwendung des islamischen Instituts der Haftungsbeteiligung die Bewohner des Viertels den Blutpreis. Die Zulässigkeit eines Verzeihens bzw. des Verzichtes des Opfers oder dessen Erben bei Tötungs- bzw. Körperverletzungsdelikten auf die Strafbarkeit nach dem Talionsprinzip bzw. durch Entrichtung eines Blutpreises ist im sudanesischen Strafgesetzbuch, der *sharī'a* folgend, vorgesehen. Die Vergehen, die weder zu den mit einer im Koran bzw. in der Sunna festgelegten Strafe noch zu den nach dem Talionsprinzip geahndeten Delikten zählen, sind erweitert. Zu ihnen gehören z.B. der Versuch eines unerlaubten Geschlechtsverkehrs, andere, die Voraussetzung des koranischen Diebstahls nicht erfüllende Entwendungsdelikte, die Veruntreuung, die falsche Aussage und die Bestechung. Als Strafe für die zur Residualkategorie gehörenden Verhütungsdelikte (ta'zīr) sind das Auspeitschen, die Geldstrafe und das Gefängnis vorgesehen, die vor allem bei Vermögensdelikten kumulativ zu verhängen sind. Bei anderen Delikten wird als Alternative die Gefängnisstrafe oder die Kombination von Auspeitschen und Geldstrafe bestimmt. In allen Delikten gegen Sittlichkeit, Moral, Vermögen, Leben, Körper und Religion ist das Auspeitschen als Regelstrafe vorgesehen.

Die Durchsetzung der auf der *sharī'a* beruhenden Gesetze stieß im Sudan auf Kritik und Widerstand, was Numeiri im Mai 1984 zur Schaffung von Ausnahmegerichten und einer Ausnahmeanwaltschaft veranlaßte. Der verhängte Ausnahmezustand wurde erst Ende September 1984 aufgehoben. Nach dem Sturz des Regimes von Numeiri im April 1985 ist es unsicher, ob an den islamischen Gesetzen von 1983/84 festgehalten wird. Nach den Aussagen des von der im April 1986 gewählten Volksversammlung ernannten Premierministers, Ṣādiq al-Mahdī, gehöre zum Regierungsprogramm die Ablösung dieser Gesetze durch andere, die den heutigen Verhältnissen besser angepaßt seien.

2.3.2 Die Auswirkungen der Islamisierung in Iran als einem schiitisch dominierten Staat

In Iran erfolgte 1979 als Reaktion auf die Modernisierungseingriffe in die gesamte Gesellschaftsordnung und die damit verbundene Verdrängung der *sharī'a* ein revolutionärer Umsturz. Die Ausrufung der Islamischen Republik brachte die Verkündung einer neuen Verfassung. Sie enthält eine von Khomeini (Āyatullāh Rūḥullāh Khumainī) entwickelte, teilweise einzigartige schiitische Version der sogenannten Statthalterschaft des oder der islamischen Gelehrten (wilāyat-i faqīh). Das die Statthalterschaft legitimierende Imamatsdogma und die mit ihr zusammenhängende Vorrangigkeit der *sharī'a* ergeben sich aus Art. 2 der Verfassung, der bestimmt, daß die in Iran geltende Ordnung auf folgenden Grundsätzen beruht: der alleinigen Herrschaft sowie dem Willen Gottes, der Bedeutung von dessen Offenbarung für das Formulieren der Gesetze, dessen Gerechtigkeit in Schöpfung und *sharī'a* sowie dem Fortbestand des Imamatsdogmas. Ferner sei die Fortführung der selbständigen Rechtsfindung auf Grund des Korans und der Sunna der Unfehlbaren (des Propheten sowie der zwölf Imame) durch die dazu befähigten Gelehrten und die Verwendung der Wissenschaft, der Technik und des Fortschritts menschlicher Erfahrung zu gewährleisten.

Alle erlassenen Gesetze und Verordnungen sollen mit den islamischen Grundsätzen übereinstimmen (Art. 4). So ist es der Nationalversammlung (Volksvertretung) untersagt, Gesetze zu erlassen, die den Grundsätzen und den Vorschriften der offiziellen Religion des Landes, nämlich des

Islams in der Version der Zwölferschia, und der Verfassung widersprechen (Art. 72). Die Einhaltung dieser Vorschriften wird von dem sogenannten Wächterrat überwacht, an den die Beratungsversammlung die von ihr verabschiedeten Gesetze und Beschlüsse zur Überprüfung auf ihre Vereinbarkeit weiterzuleiten hat (Art. 94, 96). Der Wächterrat besteht aus zwölf Mitgliedern, von denen die Hälfte religiöse Gelehrte sein sollen. Allein auf die Mehrheit der Stimmen letzterer kommt es bei der Überprüfung der Gesetze auf ihre Vereinbarkeit mit der *sharīʿa* an. Die Statthalterschaft, die in der Führung der Gemeinde und der Verantwortung für die Staatsangelegenheiten besteht, wird einem gerechten, mit den Zeiterfordernissen vertrauten, kompetenten und tapferen religiösen Rechtsgelehrten übertragen, der von der Mehrheit der Bevölkerung als islamischer Führer anerkannt wurde. Fehlt es an einer Persönlichkeit, die diese Voraussetzungen erfüllt, so wird dieses Amt von einem Führungsrat wahrgenommen, der aus drei bis fünf islamischen Autoritäten besteht.

Welche Auswirkungen diese Bestimmungen, insbesondere die vorgeschriebene Vereinbarkeit der Gesetze aus der Schah-Zeit mit den islamischen Grundsätzen, nach sich ziehen, ist zur Zeit noch unklar.

So muß z.B. die Fortgeltung des iranischen Gesetzes zum Schutze der Familie von 1975 als höchst zweifelhaft angesehen werden, obgleich eine besondere Vorschrift zur Aufhebung bisher fehlt. Denn dieses Gesetz enthält Vorschriften über Scheidungsgründe, Scheidungsfolgen und Verfahren, die mehrfach gegen islamische Grundsätze und somit gegen Art. 4 der Verfassung von 1979 verstoßen. Die Zweifel an der Fortgeltung des Gesetzes werden durch eine Rede Khomeinis und zwei nach der Revolution erlassene Gesetze erhärtet. Am 23. 8. 1982 wandte sich Khomeini an Richter und Juristen und forderte, daß alle Gesetze, die gegen die *sharīʿa* verstoßen, „auf den Müll geworfen werden müssen" und an deren Stelle islamische Gesetze anzuwenden seien. Diese Anweisung von Khomeini wird in Iran als eine Aufhebung der der *sharīʿa* widersprechenden Gesetze bewertet. Gegen die Annahme der Fortgeltung des Gesetzes zum Schutze der Familie sprechen außerdem zwei nach der Revolution erlassene Gesetze. Schon 1979 wurde ein Gesetz über die zivilen Sondergerichte erlassen. Diese Gerichte sind außer für familien- und erbrechtliche auch für andere zivilrechtliche Fragen zuständig. Bei letzteren ist die Zuständigkeit allerdings erst gegeben, wenn die Parteien mit der Anrufung dieser Gerichte einverstanden sind. In der offiziell verbindlichen Erläuterung wurde ausdrücklich bestimmt, daß als Scheidungsgründe nur diejenigen in Frage kommen, die im Zivilgesetzbuch und in der *sharīʿa* enthalten sind. Daraus läßt sich schließen, daß die im Gesetz zum Schutze der Familie aus dem Jahre 1975 erweiterten, vor allem die Rechtsstellung der Frau begünstigenden Scheidungsgründe nicht mehr gelten, denn sie weichen von der *sharīʿa* ab. Gemäß Art. 8 haben die zivilen Sondergerichte islamisches Verfahrensrecht anzuwenden. Schließlich hat das Gesetz zur Novellierung des iranischen Zivilgesetzbuchs die im letzteren vorgesehene schariatsgemäße Verstoßungsbefugnis des Ehemannes nicht geändert, sondern nur andere Vorschriften wegen Verstoßes gegen die *sharīʿa* modifiziert bzw. aufgehoben. So wurden z.B. die seit 1935 in Art. 1.130 des iran. ZGB der Frau zuerkannten Gründe für eine gerichtliche Auflösung der Ehe durch eine allgemeine Vorschrift ersetzt, nämlich den Nachweis, daß die Aufrechterhaltung der Ehe für die Frau eine Härte und die Gefahr von Versündigung bedeuten würde.

Der Wächterrat erklärte am 31. 7. 1984 die in Art. 17 des Gesetzes zum Schutze der Familie und in Art. 1 des Eheschließungsgesetzes vom 15. 8. 1931 (in der Fassung des Gesetzes vom 8. 6. 1937) vorgesehenen Strafen für unvereinbar mit den Grundsätzen der *sharīʿa*. Diese Strafsanktionen waren für das Fehlen einer gerichtlichen Erlaubnis zu einer mit einer weiteren Frau geschlossenen Ehe sowie für die unterlassene Eheschließung und deren Registrierung bzw. der Verstoßung vor einem zugelassenen Notar zugesehen. Ebenso bejahte der Wächterrat am 16. 2. 1983 auf Anfrage des Obersten Rates der Judikative, der gemäß der Verfassung als das höchste Amt der Rechtsprechungsgewalt gilt, die Unvereinbarkeit des Art. 732 der Zivilprozeßordnung mit der *sharīʿa*. Diese Bestimmung betrifft die Einrede der Verjährung, nach deren Ablauf ein gerichtliches Geltendmachen des Anspruchs unzulässig ist.

Die bisherigen Erfahrungen zeigen allerdings, daß in Iran ordentlich verabschiedete Gesetze der unkodifizierten *sharī'a* vorgezogen werden, vorausgesetzt, daß sie mit letzterer in Einklang stehen. So wurde nach der oben erwähnten Rede von Khomeini auf die Nationalversammlung Druck ausgeübt, die vom Obersten Rat der Judikative vorgelegten, mit der *sharī'a* in Einklang stehenden Gesetzesentwürfe zu verabschieden. Dazu gehören das Handelsgesetzbuch, die Registrierung von Urkunden und Immobilien, die nach den koranischen Strafen (ḥudūd), dem Talionsprinzip (qiṣāṣ) und der Entrichtung eines Blutgeldes (diya) zu sanktionierenden Delikte, die der Kategorie des *ta'zīr* zuzurechnenden Vergehen, die Straf- sowie die Zivilprozeßordnung. Damit sollte die Lücke gefüllt werden, die durch die von Khomeini angeordnete Nichtanwendung der Überreste der säkularen Gesetze aus der Schah-Zeit entstanden war. Soweit ersichtlich, wurden die Gesetze über die mit koranischen Strafen bzw. der Vergeltung nach dem Talionsprinzip geahndeten Delikte sowie über die zur Residualkategorie gehörenden *ta'zīr*-Delikte erlassen, und zwar 1982 und 1983. Die *ḥudūd*- und *qaṣāṣ*-Gesetze vom 9. 9. 1982 enthalten auch Regelungen der für das jeweilige Vergehen zulässigen Beweismittel. Das Geschlecht sowie die Zugehörigkeit des Opfers bzw. Täters zu einer anderen Religion als dem Islam ist für die zu verhängende Strafe relevant. Im genannten Gesetz sind folgende Handlungen als *ḥudūd*-Delikte strafbar: der unerlaubte Geschlechtsverkehr, der Alkoholgenuß, die Homosexualität, die lesbische Liebe, die Kuppelei, die falsche Anschuldigung eines unerlaubten Geschlechtsverkehrs, die ,,Feindschaft gegen Gott sowie das Verderben auf Erden" (muḥāraba). Letzteres bedeutet nach dem Gesetz die Verbreitung von Furcht, die Freiheitsberaubung und die Gefährdung der Sicherheit von Menschen mit Waffengewalt. Wesentlich ist, daß zu den Taten des ,,Verderbens auf Erden" auch die Auflehnung gegen die islamische Regierung zählt. Das Gesetz soll zunächst für eine Probezeit von fünf Jahren gelten.

Das Gesetz betreffend die strafbaren *ta'zīrāt*-Delikte vom 2. 11. 1983 besteht aus 159 Artikeln. Dabei sind folgende Handlungen entsprechend der islamischen Bezeichnung als *ta'zīrāt* strafbar: Taten betreffend die innere Staatssicherheit, Münzen, Fälschung, Gefängnisflucht, Schädigung von Staatseigentum, Beamtenvergehen, Verleumdung, Abtreibung, Notwehrüberschreitung, Vergehen gegen Unbescholtenheit und öffentliche Moral, Geheimnisverrat, Hehlerei, Drohung und Erpressung, Unterschlagung, Brandstiftung und Sachbeschädigung. Das *ta'zīrāt*-Gesetz wurde von dem islamischen Konsultativrat (Volksvertretung) ebenso mit einer Geltung für eine fünfjährige Probezeit verabschiedet und vom Wächterrat nach einer Prüfung der Vereinbarkeit mit der *sharī'a* und der Verfassung gebilligt. Die Durchführung des *ta'zīrāt*-Gesetzes scheint wegen einer nicht ausreichenden Anzahl von mit der *sharī'a* vertrauten Richtern auf Schwierigkeiten gestoßen zu sein, wie dies aus einer von Khomeini am 17. 10. 1985 auf eine an ihn gerichtete Anfrage des Rechtsausschusses des Konsultativrates erteilten Auskunft hervorgeht. Danach seien die Richter wegen ihrer in Fragen der *sharī'a* mangelnden Qualifikation zur Festlegung einer *ta'zīr*-Strafe nicht ohne Zustimmung eines zu selbständiger Rechtsfindung befähigten Gelehrten befugt. Daher solle zur Wahrnehmung dieser Aufgabe ein Dreierausschuß, bestehend aus dem Vorsitzenden des Rechtsausschusses und zwei zur selbständigen Rechtsfindung qualifizierten Gelehrten, aus der Mitte des Wächterrates gebildet werden. Dies dürfe aber nur als vorläufige Maßnahme wegen der vorhandenen Notsituation bis zur Ernennung voll qualifizierter, mit der *sharī'a* vertrauter Richter gelten.

Einem Gesetz zur Schaffung von Zivilgerichten wurde am 24. 11. 1985 vom Konsultativrat nach Berücksichtigung der dazu vom Wächterrat mitgeteilten Beanstandungen zugestimmt. Es sieht die Schaffung von sogenannten Zivilgerichten I und II vor. Das Zivilgericht I besteht aus einem Präsidenten oder einem alternierenden Mitglied und einem Gutachter, während das Zivilgericht II letzteren bei Bedarf anfordern kann. Aufgabe des Gutachters ist die Prüfung der Akte des Falles sowie eine schriftliche Abgabe seiner Bemerkungen dazu, bevor das Gericht seine Entscheidung ergehen läßt. Das Zivilgericht II hat Zuständigkeit für alle Zivilklagen und nicht streitbaren Sachen, insoweit das Gesetz betreffend das Zivilgericht I oder das geistliche Gericht nicht anders bestimmt.

2.4 *Die Stellung des Islams und der sharīʿa in den geltenden Verfassungen der wichtigsten nah- und mittelöstlichen Staaten*

Der Islam kann verfassungsrechtlich in der Bezeichnung des Staates, der verfassungsmäßig festgelegten Rolle der Religion, dem Verhältnis der *sharīʿa* zur Gesetzgebung, in den Vereidigungsformeln und in den Voraussetzungen für die Bekleidung bestimmter wichtiger Ämter in Erscheinung treten.

Von den 22 Mitgliedern der Arabischen Liga haben 19 Staaten eine geschriebene Verfassung, die in Anlehnung an europäische Vorbilder in Paragraphenform verkündet ist. Von diesen sind einige nach einem Umsturz durch Erklärungen ergänzt bzw. geändert worden (z.B. Libyen, Mauretanien und Nordjemen). Iran hat Ende 1979 nach der Proklamation der Islamischen Republik eine den rechtlichen Grundlagen des neu geschaffenen islamischen Staates entsprechende Verfassung erlassen. Nur Saudi-Arabien und Oman besitzen bisher keine geschriebene Verfassung.

Die Führung Saudi-Arabiens ist der Auffassung, daß die Anwendung der *sharīʿa* als maßgebliches Recht mit dem Koran als höchstrangiger Quelle eine Verfassung überflüssig mache. Dem Koran bzw. der *sharīʿa* könnten nämlich bereits alle Rechtsgrundsätze entnommen werden, die normalerweise in einer modernen Verfassung enthalten sind. Diese Argumentation ist nicht neu. Sie wurde schon im 19. Jahrhundert gegen die Einführung einer Verfassung für das Osmanische Reich nach europäischem Vorbild verwendet, ohne Erfolg, denn die umstrittene Verfassung wurde 1876 verkündet.

Was die Staatsbezeichnung angeht, so ist Mauretanien der einzige arabische Staat, zu dessen offizieller Bezeichnung ,,islamisch" gehört (Islamische Republik Mauretanien). Marokko (Präambel) sowie Bahrain (Art. 1) und Nordjemen bezeichnen sich nur in ihren Verfassungen als islamische Staaten. Keiner der arabischen Staaten nennt sich in seiner Verfassung ,,islamische Gemeinschaft" (umma), d.h. die islamische Gemeinschaft aller Muslime, bzw. einen Teil davon, wie dies mehrere islamische Bewegungen und Denker fordern. Hingegen findet man in den Verfassungen neutralere und unbestimmtere Ausdrücke, wie z.B. islamische Völker, islamische Welt u.ä.

Allerdings ist bis heute offen geblieben, ob die Erhebung des Islams zur Staatsreligion in den arabischen Verfassungen eine bloße Respektsbezeugung darstellt, oder ob dieser Religion dadurch ein bestimmender Einfluß vor allem auf die Gesetzgebung zukommen soll. Mauretanien führt zwar das Wort ,,islamisch" in seiner offiziellen Staatsbezeichnung, bezeichnet aber den Islam als Religion des Volkes, was anscheinend auf Einflüsse laizistischer Traditionen Frankreichs als ehemaliger Kolonialmacht zurückzuführen ist. Im Unterschied zu den frankophonen arabischen Staaten bekennen sich die ehemaligen frankophonen schwarzafrikanischen Staaten mit ausschließlich bzw. mehrheitlich islamischer Bevölkerung in ihren Verfassungen ausdrücklich zu dieser Tradition. In der sudanesischen Verfassung wird wegen der beachtlichen Anzahl christlicher und animistischer Bewohner der Islam als Religion der Mehrheit und das Christentum als Religion einer großen Anzahl der Bürger bezeichnet. Die Verfassungen von Syrien und Libanon haben wegen der beachtlichen Anzahl von Christen von einer Festlegung der Stellung des Islams abgesehen.

In allen arabischen Verfassungen, also auch denjenigen, die den Islam zur Staatsreligion erklären, wird vorbehaltlich der Beachtung des *ordre public* und der guten Sitten die Freiheit der Religionsausübung für andere Bekenntnisse sowie ein Diskriminierungsverbot wegen der Religionszugehörigkeit statuiert.

Hinsichtlich der Frage des Säkularismus und des Prinzips der Trennung von Staat und Religion findet sich in den betreffenden Verfassungen kein Hinweis. Diese Frage wurde zwar im islamisch-politischen Denken erörtert. Nach allgemeiner Auffassung ist dieses Prinzip jedoch nicht mit dem Islam vereinbar und brauchte deshalb auch nicht verfassungsmäßig verankert zu werden.

Der Islam wird in den Verfassungen von zwölf arabischen Staaten als Staatsreligion bezeichnet. Das gilt sogar für den Südjemen, dessen Verfassung sich ausdrücklich zum wissenschaftlichen Sozialismus bekennt (Art. 46).

Zur Bedeutung der *sharī'a* für die Rechtsordnung enthalten neun Verfassungen arabischer Staaten (Ägypten, Bahrain, Kuwait, Nordjemen, Katar, Somalia, Sudan, Syrien und die Vereinigten Arabischem Emirate) eine Bestimmung, daß die *sharī'a* bzw. die islamische Jurisprudenz Quelle der Gesetzgebung ist. Aus dem Fehlen einer entsprechenden Bestimmung in den übrigen arabischen Verfassungen kann aber nicht zwingend gefolgert werden, daß in den betreffenden Ländern keine Beziehung zwischen *sharī'a* und Gesetzgebung bestehen soll. Denn dies würde bedeuten, daß der Gesetzgeber eine tief verwurzelte, auf der *sharī'a* beruhende Tradition außer acht gelassen hätte. Zumindest die Urheber der Verfassungen Jordaniens, Marokkos und Algeriens haben eine Beziehung zwischen *sharī'a* und Gesetzgebung eindeutig bejaht.

Die in einigen arabischen Verfassungen enthaltenen Bestimmungen über die Beziehung zwischen *sharī'a* und Gesetzgebung weisen unterschiedliche Fassungen auf und bedingen somit auch verschiedene Rechtsfolgen. Einige dieser Verfassungen sprechen von der *sharī'a* schlechthin, andere nur von deren Grundsätzen. In der syrischen Verfassung ist von der islamischen Jurisprudenz (fiqh) die Rede. Dieser Begriff ist weitergehend als der der *sharī'a,* denn er umfaßt auch die von den islamischen Gelehrten in den verschiedenen Rechtsschulen entwickelten Lösungen. Am weitgehendsten ist die einschlägige Bestimmung in der Verfassung von Nordjemen, nach der die *sharī'a* die Quelle aller Gesetze sei.

Beachtung verdient die Einstellung des Regimes in Libyen zur *sharī'a* und zum Islam nach dem Sturz der Monarchie im Jahre 1969. In der Verfassungserklärung des Revolutionsrates vom 11. 12. 1969 wurde bestimmt, daß der Islam Staatsreligion sei. In der Verfassungsproklamation zur Herstellung der Volksherrschaft wurde der ,,Heilige Koran" zur *sharī'a* (Gesetz) der libyschen Gesellschaft erklärt. Das Abstellen allein auf den Koran bedeutet jedoch, daß von den übrigen Quellen der *sharī'a,* vor allem der Sunna, abgesehen wird. Im Jahre 1972 faßte der Revolutionsrat einen Beschluß, nach dem die Republik die geistigen Werte der *sharī'a* bekräftige und diese zur Hauptquelle der Gesetzgebung erkläre. Die Bildung von Ausschüssen zur Revision der geltenden Gesetze im Hinblick auf ihre Anpassung an die wesentlichen Grundsätze der *sharī'a* wurde angeordnet. Bisher ist es aber beim Versuch des Erlasses einzelner Gesetze über die koranischen Strafen und die Almosensteuer geblieben. Aber auch die Durchsetzung dieser Gesetze ist inzwischen, soweit ersichtlich, in Vergessenheit geraten.

Die bereits erwähnte Bestimmung der syrischen Verfassung aus dem Jahre 1950, die auch in der Verfassung von 1973 enthalten ist, war und ist die einzige, die eine Vorschrift über die islamische Jurisprudenz (fiqh) als Quelle der Gesetzgebung vorsieht, und zwar als Kompromiß in einem Streit um die verfassungsmäßige Festschreibung des Islams als Staatsreligion. Die Befürworter führten als Begründung an, daß eine solche Erklärung die praktisch gegebene Rolle der *sharī'a* als Quelle der Gesetzgebung des Landes bekräftige. Ihre Gegner meinten, daß ,,Staatsreligion" ein zu vager Ausdruck sei, um präzise Aussagen über die aus dem Islam zu übernehmenden Grundsätze für den Staat und die Bürger ableiten zu können. Die streitenden Parteien einigten sich als Ausweg auf die Bestimmung in der Verfassung, daß die islamische Jurisprudenz die Quelle der Gesetzgebung und das Bekenntnis zum Islam die Voraussetzung für die Bekleidung des Amtes des Staatsoberhauptes sei.

Auch die jordanische Verfassung von 1952, die der damaligen syrischen Verfassung in mehreren Stellen folgt, begnügt sich mit der allgemeineren Bestimmung über die Erhebung des Islams zur Staatsreligion. Diese Beispiele lassen den Schluß zu, daß eine verfassungsmäßige Erhebung des Islams zur Staatsreligion dessen dominierenden Einfluß auf die jeweilige Rechtsordnung bereits genügend verdeutliche und eine besondere Bestimmung über das Verhältnis der *sharī'a* zur Gesetzgebung entbehrlich mache.

Das Gegenteil gilt für den Südjemen und vielleicht den Irak, da sich die Verfassungen dieser Länder mehr oder weniger zum ,,wissenschaftlichen Sozialismus" bekennen, dessen Grundsätze mit der *sharī'a* nicht vereinbar sind.

Als Schwurformel schreibt die überwiegende Zahl der Verfassungen arabischer Staaten bei der

Vereidigung des Staatsoberhauptes vor, auf ,,Allāh", den Allmächtigen zu schwören, die Verfassung zu respektieren; Syrien: zusätzlich ,,das volksdemokratische republikanische Regime zu erhalten"; der Republik aufrichtig zu dienen (Mauretanien), oder sich sowohl an den Koran als auch an die Sunna zu halten und sich loyal zu seiner Religion und zum Vaterland zu verhalten (Nordjemen). Nach der Verfassung von Katar haben die Minister bei ihrer Vereidigung Loyalität gegenüber dem Staat und dem Emir und die Einhaltung der *sharī'a* zu schwören.

Bezüglich der Frage des Bekenntnisses zum Islam als Voraussetzung für die Bewerbung um wichtige Ämter schreibt ein Teil der arabischen Verfassungen vor, daß das Staatsoberhaupt Muslim sein muß (Jordanien, Mauretanien, Kuwait, Syrien). Die übrigen Verfassungen enthalten keine entsprechende Bestimmung, da in diesen Staaten das Bekenntnis zur islamischen Religion, sieht man vom Libanon ab, als selbstverständlich vorausgesetzt wird. Im Nordjemen reicht nach der Verfassung das Erfordernis der islamischen Religion des Staatsoberhauptes nicht aus, sondern es wird zusätzlich seine Vertrautheit mit den Fragen der *sharī'a* gefordert. Zur Berufung in ein Richteramt schreibt die Verfassung dieses Landes die Kenntnisse der *sharī'a*-Bestimmungen vor. Die Verfassungen Jordaniens und Kuwaits verlangen zusätzlich zum Bekenntnis des Staatsoberhauptes zum Islam sogar, daß er von muslimischen Eltern abstamme.

Die dargelegten Bezüge auf den Islam und die *sharī'a* in den arabischen Staaten können den Eindruck erwecken, als ob jeweils die gesamte Verfassung nach den Grundsätzen der *sharī'a* ausgerichtet sei. Dies ist jedoch bisher nicht der Fall. Es handelt sich vielmehr um Nachahmungen von Verfassungen westeuropäischer Staaten. Ihre Konzeption ist von der islamischen Staatslehre weit entfernt, die gekennzeichnet ist durch die Gott zugewiesene Souveränität, die Alleinverbindlichkeit der *sharī'a,* die Vereinigung der Staatsgewalten in den Händen des islamischen Staatsführers und die gegenseitige Konsultation zwischen letzterem und den qualifizierten angesehenen Persönlichkeiten. Am nächsten den islamischen Staatsvorstellungen kommt noch die Verfassung von Nordjemen. Die Mehrzahl der arabischen Verfassungen spiegelt aber im Endergebnis die Vormacht des Staates über die religiösen Gelehrten wider, deren Einfluß, obgleich zurückgedrängt, noch präsent ist.

Anzeichen für eine Wende haben sich schon durch die zunehmenden Auseinandersetzungen von teilweise militant ausgerichteten Islamisten mit dem Staat und dessen Institutionen, einschließlich denen des offiziellen Islams, bemerkbar gemacht.

Zur Beschleunigung dieser Wende haben der Sturz der Monarchie, die Ausrufung der Islamischen Republik in Iran und die Verkündung der neuen Verfassung 1979 beigetragen, in der nach Auffassung der Regierung die Grundsätze der islamischen Staatsvorstellung — allerdings in schiitischer Prägung — verankert sind.

Danach liegt die Souveränität primär bei Gott und nicht beim Volk, sie wird aber als von Gott delegiert durch die weltliche Autorität ausgeübt. Diese ist in der Institution des islamischen Staatsführers verkörpert. Er ernennt bzw. entläßt z.B. die dem Wächterrat zugehörenden religiösen Gelehrten, die Mitglieder des Obersten Rates der Judikative, den gewählten Staatspräsidenten, die Befehlshaber der drei Waffengattungen der Armee und begnadigt bzw. ändert Entscheidungen über Verurteilungen von Personen im Rahmen der islamischen Grundsätze.

Zusammenfassend läßt sich sagen, daß in keiner der betrachteten Verfassungen die *sharī'a* zu einem absolut und umfassend gültigen gesellschafts- und rechtspolitischen System erhoben wird. Eine Beurteilung, inwieweit eine dieser Verfassungen den Grundsätzen der *sharī'a* entspricht, läßt sich nicht durchführen, da die *sharī'a* keine eindeutigen Hinweise für die materielle Ausgestaltung einer Verfassung bietet. Am ehesten scheint noch die gültige iranische Verfassung der islamischen Rechtstradition zu entsprechen, wie sie von den klassischen Werken über die Staatslehre vertreten wird. Allerdings ist in dieser Verfassung unter anderem auch das Imamatsdogma verankert, ein Element, das für sunnitisch dominierte Gebiete nicht annehmbar ist.

3. Ausblick: Mögliche Entwicklungen von Gesetzgebung und Rechtsprechung in islamischen Staaten

Für die Beantwortung der Frage nach der zukünftigen Entwicklung der Rechtsordnung in den genannten islamischen Staaten spielt — wie jüngste Ereignisse gezeigt haben — die Entwicklung in Iran eine orientierende Rolle. Danach sind dort Islam und *sharīʿa* als Ordnungsmacht des täglichen Lebens nicht mehr wegzudenken. Eine vollständige Übernahme westlicher Kodifikationen und das Bekenntnis zum Laizismus würde, wie dies das Beispiel Türkei nach der Ausrufung der Republik gelehrt hat, unter den zur Zeit herrschenden Umständen dazu führen, daß das rezipierte gesetzte Recht zumindest in manchen Bereichen, wie z.B. im Familien- und Erbrecht, nicht befolgt würde. Vielmehr sind den arabischen Staaten für eine Rezeption westlicher, vom Säkularismus geprägter Rechtssysteme heute enge Grenzen gesetzt. In jedem Falle ist für deren Einführung die Kooperationsbereitschaft der religiösen Gelehrten erforderlich. Aber auch diese achten zunehmend darauf, nicht in offensichtlichen Widerspruch zur *sharīʿa* zu geraten, um sich nicht dem Vorwurf der Korruption auszusetzen. Ein solcher Vorwurf kann sehr leicht erhoben werden, nachdem es der staatlichen Führung gelungen ist, die religiösen Autoritäten in von ihr abhängigen Institutionen zusammenzuschließen und so ihre Unabhängigkeit weitgehend einzuschränken. Diese Möglichkeit ergibt sich vor allem in Gebieten sunnitischer Dominanz, wo die religiösen Gelehrten im Unterschied zu den schiitischen religiösen Autoritäten nicht genügend Distanz zur politischen Autorität halten konnten.

Neben dem vom Staat praktizierten Islam steht der vom Volk mehr religiös aufgefaßte Islam, der sich durch Gruppierungen artikuliert, die vom Staat meist nicht anerkannt sind und von denen die islamistischen Bewegungen den größten Teil ausmachen. Die Identitätskrise, die die islamischen Völker nach dem Versagen neuer Ideologien wie Arabischer Nationalismus bzw. Sozialismus erleben, bestärkte auch die Gruppierungen eines mehr völkischen Islams in ihrer Forderung nach einer vollständigen Rückkehr zur *sharīʿa*. Beide sehen darin das Allheilmittel für die Probleme der von gewaltigen Wandlungen heimgesuchten Gesellschaftsordnung dieser Staaten. Dies gilt sowohl für die armen als auch die reichen islamischen Länder. Es ist allerdings fraglich, ob die *sharīʿa*, konkretisiert in der seit dem 10. Jahrhundert erstarrten Jurisprudenz, in der Lage ist, die Folgen einer vollständigen Abkehr von den rezipierten weltlichen Rechten zu bewältigen.

Als sicher kann jedoch angenommen werden, daß auf den Erlaß von Rechtsvorschriften in Paragraphenform nach europäischem Vorbild nicht verzichtet werden kann, denn diese Form hat sich bewährt. Ferner ist nicht zu erwarten, daß die vom Westen rezipierten Rechte in einem Zug aufgehoben werden. Voraussetzung dafür wäre nämlich eine Ersatzmöglichkeit aus der *sharīʿa*. Eine solche ist zur Zeit nicht in Sicht und setzt eine lange Vorbereitungszeit sowie die „Wiedereröffnung des Tores der Rechtsfindung" voraus, um Lösungen zu entwickeln, die den heutigen Lebensbedingungen angepaßt sind. Dazu ist bis heute kein Ansatz erkennbar. Die Islamisten verlangen zwar mit Vehemenz die Errichtung eines islamischen Staates, wie er zur Zeit des Propheten und seiner vier rechtgeleiteten Nachfolger bestanden hat und in dem die *sharīʿa* die dominierende Rechts- und Gesellschaftsordnung war. Dabei verkennen sie aber, daß die von ihnen als „golden" ausgegebene, etwa 30 Jahre dauernde Regierungszeit der vier Nachfolger des Propheten keineswegs ideal war. Die Regierungszeit des ersten Kalifen, Abū Bakr (27 Monate) und des vierten Kalifen, Ali (vier Jahre und sieben Monate) war von bewaffneten, blutigen Auseinandersetzungen mit ihren Gegnern beherrscht. Die Amtszeit des dritten Kalifen, ʿUthmān (zwölf Jahre) endete mit dessen Ermordung durch die Kritiker seines Regierungsstils. So war die Amtszeit von drei der ersten vier Nachfolger des Propheten trotz der alleinigen Gültigkeit der *sharīʿa* von politischen Unruhen und Instabilitäten gekennzeichnet. Die alleinige Berufung auf die erfolgreiche Amtszeit des zweiten Kalifen, ʿUmar, als nachahmenswert, ist kaum überzeugend, denn eine solch charismatische Persönlichkeit wie er als Staatsführer findet sich in der Geschichte selten. Was den Islamisten bis heute fehlt, ist eine eigene ausformulierte Konzeption für eine Rechtsordnung, die den Verhältnissen unserer Zeit angepaßt ist. Die Forderung nach der Gerechtigkeit als Hauptziel der Politik im Islam, der Gottesfürchtigkeit des Staatsführers und der Geltung der *sharī'a* reichen dafür nicht aus. Es sind vielmehr genau festgelegte Grundregeln für das Regierungssystem erforderlich, die u.a. die rechtlichen Grundlagen und die Grenzen der Zuständigkeit für die Ausübung der Macht vorschreiben. Nicht zuletzt sind die Islamisten auch Antworten auf solche Fragen schuldig geblieben, die es in der von ihnen als „golden" bezeichneten Zeit nicht gegeben hat, wie z.B. die auf der Überbevölkerung beruhenden komplizierten Wohnprobleme, die Auslandsverschuldung, die wirtschaftliche Führung staatlicher Betriebe nach rationellen Grundsätzen. Auch würde ein streng aufgefaßter Begriff des Zinsverbotes (ribā) zu einer Verunsicherung der Finanzmärkte und zu Umgehungsgeschäften führen, wie dies schon jetzt von den heutigen Islamischen Banken betrieben wird. Dieses Beispiel zeigt die Folgen einer Übernahme der bis zum 10. Jahrhundert entwickelten Lösungen auf moderne Geschäftsverkehrsarten, die früher unbekannt waren. Dies ist vielleicht auch der unausgesprochene Grund, weshalb die ägyptische Volksversammlung nach den bereits erwähnten Entscheidungen des Obersten Verfassungsgerichts die Frage der vollständigen Anwendung der *sharī'a* an einen Fachausschuß mit dem Auftrag verwies, die geltenden Gesetze auf ihre Vereinbarkeit mit der *sharī'a* zu überprüfen und gegebenenfalls die Aufhebung etwaiger Verstöße zu empfehlen.

Die von den Staaten der Arabischen Halbinsel in den letzten Jahren erlassenen Gesetze westlicher Herkunft regeln, sieht man von Kuwait ab, nur einzelne Fragen. Dagegen beruhen die von diesen Ländern sowie von Mauretanien und dem Sudan in den letzten Jahren verkündeten umfassenden Gesetzbücher stärker auf dem islamischen Recht. Dazu gehören auch das 1979/83 erlassene Gesetzbuch der Ziviltransaktionen von Nordjemen, die oben vorgestellten sudanesischen Gesetze von 1983/84, das Strafgesetzbuch von 1983/84 in Mauretanien und schließlich das im März 1986 in Kraft getretene Gesetz über die Ziviltransaktionen der Vereinigten Arabischen Emirate. Die erwähnten Kodifikationen des Zivilrechts stellen — im Vergleich zu den bis 1975 erlassenen — eine neue Generation arabischer Zivilgesetzbücher dar. Der Weg zu dieser neuen, stärker auf dem islamischen Recht basierenden Generation von Zivilgesetzbüchern wurde durch das jordanische Zivilgesetzbuch von 1976 geebnet. Es knüpft an das irakische Zivilgesetzbuch an, das stark von der im Osmanischen Reich erlassenen *mejelle* beeinflußt war. Es enthält aber einen noch größeren Anteil an islamrechtlichen Regelungen als dieses. So enthalten die neuen Gesetzbücher über die Ziviltransaktionen z.B. keine Bestimmungen über Verzugszinsen. Ein Zinsverbot in Darlehensverträgen ist ausdrücklich erwähnt.

Inwieweit sich die neue Generation arabischer Zivilgesetzbücher islamrechtlicher Prägung unter den heute bestehenden Lebensbedingungen und -bedürfnissen bewährt, ist noch offen. Gegen eine optimistische Prognose spricht, daß die genannten Gesetzbücher kaum Erneuerungen gegenüber den islamrechtlichen Regelungen aus der *mejelle* aufweisen. Diese stellten zwar in der Zeit ihres Erlasses (1869/76) einen beachtlichen Fortschritt dar, tragen aber nach etwa einem Jahrhundert Gültigkeit den gegenwärtigen Bedingungen des Rechtsverkehrs kaum noch Rechnung. Dieses offensichtliche Veralten ist noch größer bei den auf islamischem Recht basierenden Strafgesetzbüchern und Zivil- sowie Strafprozeßordnungen. Vielleicht war das der nicht genannte Grund, weshalb die dem islamischen Recht entsprechenden Strafgesetze in Iran nur versuchsweise erlassen wurden und ihre Gültigkeitsdauer daher zunächst auf fünf Jahre begrenzt wurde.

Die Erarbeitung und Durchsetzung einer auf der *sharī'a* basierenden Rechtsordnung in den islamischen Staaten dürfte von zwei Faktoren abhängen: Es müßten sowohl die traditionellen religiösen Gelehrten als auch die verantwortliche Elite säkularer, westlich orientierter Rechtswissenschaftler ihre bisherigen, miteinander unvereinbaren Positionen aufgeben. Einerseits ist unhaltbar, daß die religiösen Rechtsgelehrten zur rechtlichen Bewältigung aktueller Fragen, vor allem auf sozialem und wirtschaftlichem Gebiet, auf Lösungen zurückgreifen, die im wesentlichen bis zum 10. Jahrhundert entwickelt wurden, und die sie zu Unrecht als Teil eines unabhänderlichen göttlichen Gesetzes, der *sharīʿa,* ausgeben. Andererseits ist die westlich ausgebildete, politisch verantwortliche Elite zum Umdenken aufgefordert. Sie sollte bei Rechtsreformen behutsam vorgehen und die Rechtstradition sowie die kulturellen Werte des Islams in ihrem Land respektieren. Auf dieser Grundlage sollten beide Seiten im Geiste einer konstruktiven Zusammenarbeit aufeinander zugehen und gemeinsam die rechtlichen Lösungen erarbeiten, die unsere Zeit erfordert. Ob dafür allerdings die Zeit schon reif ist, wird die nahe Zukunft lehren.

Literatur:

Akhavi, S. 1980: Religion and Politics in Contemporary Iran: Clergy-State Relations in the Pahlavi Period, Albany.

Amin, S.H. 1985: Middle East Legal Systems, Glasgow.

Anderson, N. 1976: Law Reform in the Muslim World, London.

Bashiriyeh, H. 1984: The State and Revolution in Iran, 1962-1982, London.

Böckstiegel, K.-H. (Hrsg.) 1981: Vertragspraxis und Streiterledigung im Wirtschaftsverkehr mit arabischen Staaten, Köln, Berlin, Bonn, München (darin namentlich die Beiträge von: Klingmüller, E.; Krüger, H.; Dilger, K.).

Coulson, N.J. 1964: A History of Islamic Law, Edinburgh.

Dilger, K. 1974: Rechtsfortbildung durch „Siyâsa" dargestellt am Beispiel des „Talâq" in Iran, in: Islamkundliche Abhandlungen, Hans Joachim Kissling zum 60. Geburtstag gewidmet von seinen Schülern, München, 49-62.

ders. 1984: Tendenzen der Rechtsentwicklung, in: Ende, W. u. Steinbach, U. (Hrsg.): Der Islam in der Gegenwart, München, 170-197.

Elwan, O. 1983: Das Rechtswesen in Saudi-Arabien, in: Koszinowski, Th. (Hrsg.): Saudi-Arabien: Ölmacht und Entwicklungsland, Hamburg, 177-217.

ders. 1986: Die kollisionsrechtlichen Bestimmungen im Gesetz über den zivilrechtlichen Geschäftsverkehr der Demokratischen Republik Sudan, in: IPRax, 1/86, 56-57.

Enayat, H. 1983: Iran: Khumayni's Concept of the ‚Guardianship of the Jurisconsult', in: Piscatori, J.P. (Hrsg.): Islam in the Political Process, Cambridge, 160-180.

Ende, W. u. Steinbach, U. (Hrsg.) 1984: Der Islam in der Gegenwart, München.

Esposito, J.L. 1984: Islam and Politics, Syracuse.

Gordon, C.N. 1985: The Islamic Legal Revolution: The Case of Sudan, in: The International Lawyer, Vol. 19, No. 3, 793-815.

Greenfield, J. 1934: Die geistlichen Schariegerichte in Persien und die moderne Gesetzgebung, in: Zeitschrift für Vergleichende Rechtswissenschaft, 48. Bd., 157-167.

Hosni, N. 1985: Zu den Grundlagen des islamischen Strafrechts, in: Zeitschrift für Strafwissenschaft, 97/3, 609-625.

Klingmüller, E. 1984: Betrachtungen zur Reislamisierung im Recht, in: Baumgärtel, G., Becker, H.-J., Klingmüller, E. u. Wacke, A. (Hrsg.): Festschrift für Heinz Hübner zum 70. Geburtstag am 7. November 1984, Berlin, New York, 85-99.

ders. 1986: Die Versicherung aus der Sicht des islamischen Rechts, in: Henn, R. u. Schickinger, W.F. (Hrsg.): Staat, Wirtschaft, Assekuranz und Wissenschaft, Festschrift für Robert Schwebler, Karlsruhe, 309-317.

Krüger, H. 1985: Privatrecht, in: Grothusen, K.-D. (Hrsg.): Südosteuropa-Handbuch, Band IV, Türkei, Göttingen, 218-236.

Löschner, H. 1971: Die dogmatischen Grundlagen des šiʾitischen Rechts, Köln, Berlin, Bonn, München.

Sachedina, A.A. 1981: Islamic Messianism, The Idea of Mahdi in Twelver Shi'ism, Albany.

Savory, R.M. 1981: The Problem of Sovereignty in an Ithna Ashari („Twelver") Shi'i State, in: Curtis, M. (Hrsg.): Religion and Politics in the Middle East, Boulder, 129-138.

Schacht, J. 1932: Šarīʿa und Qānūn im modernen Ägypten, in: Islam 20, 209-236.

ders.: Mahkeme, in: Enzyklopädie des Islam, Suppl.-Band, Leiden, Leipzig, 157ff.

Tellenbach, S. 1985: Untersuchungen zur Verfassung der Islamischen Republik Iran vom 15. November 1979, Berlin.

al-Yassini, A. 1985: Religion and State in the Kingdom of Saudi Arabia, Boulder, London.

Ziadeh, F.J. 1968: Lawyers, the Rule of Law and Liberalism in Modern Egypt, Stanford.

V. Massenorganisationen

Hanspeter Mattes

1. Einleitung

Massenorganisationen sind in Nordafrika und Nahost eine relativ junge Erscheinung. Ihr Entstehen ist eng verknüpft mit dem Prozeß der nationalen Selbstbefreiung, ihr Wirken heute integriert in die Modernisierungs- und Entwicklungsbemühungen der jeweiligen Gesellschaft. Ihre Stellung im politischen System schwankt: Sie können sowohl konstitutives Element sein (z.B. in Algerien, Libyen), d.h. sie sind in den Prozeß der politischen Willensbildung laut Verfassung institutionell einbezogen, als auch nur semigouvernementale Organisationen ohne politisches Mandat sein, betraut mit sozialpolitischen Aufgaben (Verbesserung der Sicherheit in Industriebetrieben, Hygieneerziehung usw.), jeglicher politischen Mobilisierungsfunktion entkleidet. Die Aussage des Politbüromitglieds der Front de Libération Nationale Algeriens, Chérif Messaâdia (Sharīf Imsa'adīya), daß die ,,organisations de masse et les unions professionelles sont le pilier fondamental du Parti et son prolongement naturel" (El Moudjahid, 16. 5. 1983), gilt daher nur für die wenigsten Staaten.

Unter Massenorganisationen sind insbesondere die Gewerkschaften, die Frauen- und Studentenorganisationen, im weiteren Sinne auch die institutionalisierte Jugendbewegung zu verstehen. Parteiliche Massenorganisationen bleiben hier unberücksichtigt. In der Regel sind die einzelnen Massenorganisationen an ihren Namen wie *Union Nationale des...* (al-Ittiḥād al-waṭanī...) oder *Union Générale...* (al-Ittiḥād al- 'āmm...) zu erkennen.

Das Spektrum der Massenorganisationen ist allerdings von Land zu Land verschieden. So gilt z.B. in Algerien neben der Union Générale des Travailleurs Algériens (UGTA) der Bauern-, Frauen- und Jugendverband, aber auch die Organisation der ehemaligen Mujāhidūn als Massenorganisation. Die Bauernvereinigung dagegen, 1977 aus der Gewerkschaft UGTA ausgegliedert, gilt erst seit diesem Zeitpunkt als Massenorganisation. Diesen *organisations de masse* steht z.B. in der Zeitung El Moudjahid regelmäßig eine Seite zur Berichterstattung zur Verfügung.

Die einzelnen Massenorganisationen haben darüberhinaus eine von Land zu Land differierende historische Entwicklung durchlaufen und unterschiedlichen machtpolitischen Einfluß ausgeübt, so daß eine generalisierende Betrachtung weitgehend ausgeschlossen ist. Verwandte Bedingungen lassen sich nur für die Maghreb-Staaten (ohne Libyen) und einige der arabischen Kernländer (Ägypten, Syrien, Libanon, Irak) aufzeigen.

Weder als Massenorganisationen im eigentlichen Sinn noch als Gewerkschaften gelten die Berufsvereinigungen (Union der Rechtsanwälte, Ärzte, Lehrer, Ingenieure, Schriftsteller usw.), die über großen politischen Einfluß verfügen, der in keinem adäquaten Verhältnis zu ihrer limitierten Mitgliederstärke steht.

2. Studentenorganisationen

Die Studenten und die von ihnen begründeten Organisationen haben seit Ende des 19. Jahrhunderts eine wichtige Rolle in der politischen Entwicklung gespielt, eine Rolle, die seit den ersten Studienmissionen ägyptischer Studenten nach Europa zur Zeit Muḥammad 'Alīs bis hin zu den Postulaten Nassers (Jamāl 'Abd an-Nāṣir) oder Gaddafis (Mu'ammar al-Qadhdhāfī) („Mit den Studenten in die Zukunft"; „Studenten sind die Kraft der Veränderung") staatlicherseits gefördert wurde, wenngleich die Studenten sich nicht immer für die Regierungspolitik instrumentalisieren ließen, sondern als „*intellectual workers*" durchaus auch eigene politische Vorstellungen entwickelten und zu ihrer Durchsetzung auf Konfrontationskurs gingen. Solch kritischer Opposition wurde jedoch stets mit Repression begegnet (z.B. in Tunesien 1961; Ägypten 1967, 1973; Marokko 1972; Libyen 1976), so daß sie eine temporäre Erscheinung blieb. Leggewie spricht in diesem Zusammenhang vom Phänomen der nicht nur für die Studentenorganisation relevanten „Domestizierung der Massenorganisationen", sobald diese überschüssiges Mobilisierungspotential produzieren. Auf Dauer dominierte die Partei- oder Regierungslinie, gelten die nationalen Studentenorganisationen als Sprungbrett für Karrieren im Herrschaftsapparat.

Institutionell zeigt sich die Priorität und die Einsicht in die Notwendigkeit qualifizierter Kader im raschen Ausbau des Schul- und Hochschulwesens, wo sich allein zwischen 1970 und 1983 die Zahl der Studenten (an arabischen Universitäten) von etwa 300.000 auf rund eine Million erhöht hat, so daß umso mehr die Feststellung von P. J. Vatikiotis aus dem Jahr 1952 zutrifft, die Studenten bilden eine „*identifiable community*". Bei Hazen/Mughisuddin schließlich sind sie neben den Militärs, der westlich gebildeten Elite, der Bürokratie, den Gewerkschaften u.a. eine der untersuchten *subcultures in the Arab World*.

Die Gründung der ersten arabischen Studentenorganisationen erfolgte für den Maghreb in den 20er Jahren mit der Association des Etudiants Musulmans Nord Africains (AEMNA; 1927 in Paris gegründet), deren Ziel neben der Koordinierung der politischen Aktivitäten in Frankreich die Bildung einer politischen Union der Maghreb-Staaten für den Zeitraum nach erfolgter Dekolonisation war. Der politischen Entwicklung entsprechend wurden im Zuge der differierenden Unabhängigkeitsbestrebungen nationale Studentenorganisationen gegründet: 1953 in Tunesien mit Unterstützung der Neo-Destour-Partei die Union Générale des Etudiants Tunisiens, 1954 in Algerien in Kooperation mit der Front de Libération Nationale die Union Générale des Etudiants Musulmans Algériens und 1956 in Marokko mit Unterstützung der Istiqlāl-Partei die Union Nationale des Etudiants Marocains. Eine — in Anlehnung an die Ziele der AEMNA — 1964 gegründete Fédération des Etudiants Maghrébins blieb ohne Erfolg. Das Beispiel des Maghreb zeigt exemplarisch die enge Verbindung zwischen Unabhängigkeitsbewegung und Studentenbewegung, die sich auch im Maschrek konstatieren läßt.

Nach der Dekolonisation wandelte sich ihr Charakter, wurden die Studentenorganisationen zur „avantgarde of revolutionism, reformism, socialism, nationalism, and Arabism in North Africa and the Middle East" (Hazen/Mughisuddin). Daneben existierten — wenngleich nicht genau quantifizierbar — stets Studentengruppen, die die politische Kooperation mit den nationalrevolutionären Parteien (Baath-Partei (al-Ba'th), Syrisch-Nationale Volkspartei, Arabische Sozialistische Union usw.) ablehnten, weil ihre politischen Vorstellungen islamisch geprägt waren und sie sich deswegen mit der Muslimbruderschaft identifizierten. Diese Strömung einer religiös motivierten Studentenbewegung ist seit der Revitalisierung des Islams im Wachsen begriffen. Hierin zeigt sich eine gewisse Tendenz zur Radikalisierung der politischen Orientierung, jene „general orientation of Arab students from moderation to extremism", die nach Hazen/Mughisuddin ihre Ursache in den ungelösten sozio-ökonomischen Schwierigkeiten (Ägypten, Sudan, Marokko), der Frustration mit den bestehenden innen- und außenpolitischen Problemen hat.

Was die Jugendorganisationen anbelangt, so kommt ihnen angesichts des hohen Anteils von Jugendlichen an der Gesamtbevölkerung (durchschnittlich 50 %) vor allem in Staaten mit Einheitsparteien die Funktion zu, die Jugend mit der herrschenden Ideologie zu indoktrinieren (so z.B. die 1963 gegründete Jeunesse du Front de Libération Nationale in Algerien). Jugendorganisationen erlebten dieser Funktion wegen im Ägypten Nassers, aber auch in Syrien, Libanon und Jordanien Mitte der 50er Jahre einen großen Aufschwung und waren zusammen mit den Studentenorganisationen maßgeblich an politischen Demonstrationen (Suezkrise, Junikrieg, zugunsten der algerischen Revolution, der syrisch-ägyptischen Union 1958 usw.) beteiligt. Weil damit aber nur der kleine, politisch aktive Teil der Jugendlichen erfaßt wurde, gab es stets Bestrebungen, die in verschiedenen Staaten bestehenden muslimischen *Boyscout*-Gruppen mit den parteilichen Jugendorganisationen in einer Nationalen Jugendorganisation (zuletzt in Algerien 1975 mit Gründung der Union Nationale de la Jeunesse Algérienne) zu vereinigen.

3. Frauenorganisationen

Die Frauenorganisationen sind in der Regel bedeutend jüngeren Datums, da ihre Gründung in vielen Ländern erst in den 50er Jahren unter starkem Engagement der damaligen politischen Führer (Nasser, Bourguiba, Ben Bella) erfolgte oder unterstützt wurde, die mit ihrer Gründung innenpolitische Ziele verfolgten. Zwei Beispiele sollen dies verdeutlichen: die Union Nationale des Femmes Tunisiennes (UNFT) wurde durch Bourguiba (Ḥabīb Būrqība) persönlich 1956 ins Leben gerufen ,,to pursue the task of female emancipation“ (Moore). Aufgabe der UNFT war es daher primär, die Frauen zu ermutigen, von dem ihnen zugestandenen Wahlrecht Gebrauch zu machen (zum ersten Mal im Frühjahr 1957 bei den Stadtratswahlen) und ihnen ihre neuen Rechte zu erläutern. Auch Ben Bella unterstützte 1962 die Bildung der Union Nationale des Femmes Algériennes, die 1962 unter Führung der Front de Libération Nationale vollzogen wurde. Das Zugeständnis der vollen politischen Bürgerrechte, d.h. insbesondere des Wahlrechts für Frauen, diente — wie auch schon der provisorischen Regierung Atassis (Hāshim al-Atasī 17. 8. - 23. 12. 1949) in Syrien 1949 (das neue Wahlgesetz gab dort am 15./16. 11. 1949 Frauen zum ersten Mal die Wahlmöglichkeit), der Senussiführung in Libyen 1963 oder Nasser 1953 (beim Referendum vom 23. 6. 1953 zur neuen Verfassung) — der Verbreiterung ihrer innenpolitischen Basis. Nach der Stabilisierung der neuen politischen Systeme wurden die Frauenunionen aber meistens auf den sozialen Bereich (Kindergartenbetreuung, Hygieneerziehung, Erwachsenenbildung für Frauen usw.) beschränkt, so daß die Aussage im Area Handbook für Tunesien (1979), die Frauenunion spiele eine bei weitem geringere Rolle als die Studentenunion (UGET) oder die Gewerkschaft (UGTT) — generelle Aussagekraft hat. Dies spiegelt sich auch im Faktischen wider. In Tunesien waren z.B. 1960 trotz offizieller Unterstützung nur 40.000 Frauen und 5.000 Mädchen (Destour-Mädchenverband) in 85 Sektionen organisiert, in Algerien selbst 1974 nur 93.500 Frauen. Politischer Einfluß der Frauenorganisationen, in Ägypten und Sudan Ende der 60er/Anfang der 70er Jahre durch die Unterordnung unter die Einheitspartei Arabische bzw. Sudanesische Sozialistische Union zurückgegangen, oder weil sie wie in Algerien — so die Kritiker — nichts anderes taten, als Regierungserklärungen weiterzuverbreiten, manifestierte sich auch in den Legislativorganen nie in Form eines hohen Prozentsatzes weiblicher Abgeordneter. Nur wenige Frauen haben Ämter in Parteien oder Regierungen ausgeübt, wie z.B. Radhia Haddad (Rāḍiya al-Haddād), die Gründerin und Vorsitzende der UNFT. D.h. nicht, daß Frauen keinen Einfluß auf die Politik ausübten (Gegenbeispiele sind Jihān as-Sādāt oder Wassila Bourguiba), doch geschah dies selten durch die Massenorganisationen. Dies ist sicher durch die arabisch-islamische Tradition mitbedingt, die Frauen einen Platz im häuslichen, nicht im öffentlichen Bereich zuweist; dieser Hintergrund ist angesprochen, wenn z.B. Chérif Mesaâdia meint: Die Aufgabe der Frauenunion ist diffizil und komplex auf Grund der sozialen Bedingungen. Die Frauenorganisationen haben bis heute große Probleme, Bewerberinnen für die Kandidatenlisten zu finden (in Algerien bewarben sich z.B. 1975 nur 625 Frauen um die über 7.000 Sitze in den staatlichen Versammlungen), obwohl die politische Führung zumindest verbal den Frauen eine wichtige Rolle beim ,,sozialistischen Aufbau und der nationalen Entwicklung" zuschreibt, Parolen gebraucht werden wie ,,la femme militante est dans un sens plus large éducatrice" (El Moudjahid, 23. 5. 1983).

Die Arbeit der Frauenorganisationen ist sicherlich auch in Zukunft strukturbedingt mit Schwierigkeiten belastet, die eine effektive Arbeit behindern. Dies resultiert aus den starken sozialen Unterschieden der Mitglieder, die in einer kleineren Anzahl aus dem urbanen Milieu, in der Mehrzahl aber aus ländlichen Gebieten stammen; hinzu können wie in Libyen in den 60er Jahren regionale Rivalitäten kommen. Die Problematik des Milieuunterschieds zeigt sich exemplarisch auf dem publizistischen Sektor. Die Frauenorganisationen geben — wie die Studentenorganisationen (z.B. aṭ-Ṭālib (Der Student); al-Jāmi'a (Die Universität); aṭ-Ṭalī'a (Die Avantgarde) usw.) Zeitungen/Zeitschriften mit Titeln wie al-Mar'a (Die Frau, Libyen), al-Bait (Das Haus) oder al-Jazā'irīya (Die Algerierin) heraus, die wie z.B. al-Jazā'irīya ihre Zielgruppe verfehlen: für Landfrauen gemacht, werden sie doch überwiegend von den städtischen Frauen gelesen. Um hier Meinungsverschiedenheiten abzubauen, haben mehrere Frauenorganisationen neben den traditionell ausgeübten sozialen Diensten begonnen, in Form von Entwicklungsprojekten Stadt- und Landfrauen miteinander in Kontakt zu bringen.

4. Die Gewerkschaften

Die Gewerkschaften (niqābāt) zählen zu den ältesten Massenorganisationen in Nordafrika und Nahost und knüpfen durch die von ihnen vertretenen Ziele trotz veränderter sozio-ökonomischer und politischer Strukturen an jene Handwerkszünfte oder zunftmäßig organisierten Verbände an, die bis weit ins 19. Jahrhundert hinein, teilweise auch noch Anfang des 20. Jahrhunderts (wie z.B. im Libanon) die handwerklichen Gewerbezweige strukturierten. Üblich war bis dahin die Gruppierung von Betrieben gleicher Branchen in bestimmten Marktquartieren, wobei die Handwerksmeister eigene Zünfte bildeten, die besonders in den Beziehungen zwischen Handwerkerschaft und Verwaltung eine Rolle spielten. Die Ablösung dieses Systems ,,marktgebundener Allianzgruppen" (Kruse) vollzog sich von Land zu Land unterschiedlich, teils durch Verbot (wie 1890 in Ägypten), durch den Entzug ihrer wirtschaftlichen Existenzfähigkeit (mangelnde Konkurrenzfähigkeit gegenüber Importwaren) oder als wesentlichstem Faktor die Gründung der *niqābāt*. Wichtig ist jedoch der Hinweis, daß die Entstehung der *niqābāt* im Orient nicht das Resultat einer bestimmten sozio-ökonomischen Situation war, sondern ihre Gründung von politischen, ideologischen, kulturellen und externen (Hilfe z.B. der Roten Gewerkschafts-Internationale im Libanon) Faktoren abhängig war. Manche Autoren, darauf weist Kruse (1983) hin, kommen im Zusammenhang mit der Gewerkschaftsbewegung auch auf das gesellschaftliche Harmonieideal des Islams (Solidarität, Schlichtung von Konflikten, Kooperation) zu sprechen, das die Bildung von *niqābāt* begünstigte. Im Sinne einer solchen Auffassung existieren auch zahlreiche Publikationen, die den Schutz der Rechte der Arbeiter aus dem Koran ableiten.

Was die Entstehungsgeschichte der Gewerkschaften im Detail anbelangt, so lassen sich zwei Gründungsperioden erkennen. Die erste Periode liegt zwischen dem Beginn dieses Jahrhunderts und dem Zweiten Weltkrieg und ist vor allem durch das Ausbreiten syndikalistischen Denkens gekennzeichnet, das sich anfänglich im Eintritt in die Gewerkschaften niederschlug, die die Muttergewerkschaften der Metropolen (Frankreich, Großbritannien, Italien) in den Kolonien etablierten. Erst in den 20er und 30er Jahren kam es dann zur Gründung neuer autochthoner Gewerkschaften (1920 in Tunesien: Hafenarbeitergewerkschaft; 1936 in Marokko; 1935 in Libyen; Bahrain z.B. 1938 erste Streiks mit Forderung nach Legalisierung gewerkschaftlicher Organisationen). Eine Ausnahme war Ägypten, wo bereits 1908 die Arbeiter der Tabakindustrie das erste ägyptische Syndikat gründeten, und Algerien, das mit über die älteste Gewerkschaftsbewegung verfügt (erste Arbeiterdemonstration 1904 in Algier; vgl. El Moudjahid, 2. 5. 1983). Diese Gewerkschaften bestanden in der Regel kaum über den Zweiten Weltkrieg hinaus, obwohl es eine enge Verflechtung und Solidarität zwischen Syndikalismus und nationaler Bewegung gab, so z.B. im ägyptischen Syndicat des Métiers Manuels, das Arbeiter *und* patriotische Intellektuelle vereinte. Ursache dafür war die koloniale Repression (zahlreiche Gesetze verhinderten z.B. die Öffentlichkeitsarbeit, Zahlung von Mitgliedsbeiträgen, Versammlungen), die die anti-kolonial orientierte Gewerkschaftsbewegung als politischen Gegner erkannte und bekämpfte.

Die zweite Phase setzte in den 50er Jahren ein, als in den meisten arabischen Staaten die heute bestehenden Gewerkschaften (neu-) gegründet wurden und eine wichtige Funktion im Dekolonisationsprozeß einnahmen. D.h. die arabischen Gewerkschaften waren zwar auch Selbsthilfeorganisationen zur Wahrung der Interessen der Mitglieder, waren aber vor allem zum Zeitpunkt ihrer Gründung durch politische Umstände determiniert, wo sie die Massenbasis für den Unabhängigkeitskampf bildeten. Besonders charakteristisch dafür ist die Union Générale des Travailleurs Tunisiens (UGTT), die 1946 von Ferhat Hached (Farḥāt Hashād) gegründet, ein gleichberechtigter und organisatorisch unabhängiger nationaler Machtfaktor neben der nationalen bis 1954 verbotenen Neo-Destour-Partei war.

Anders als in der weit über hundertjährigen Geschichte der Gewerkschaften in den Industriestaaten waren und sind die Gewerkschaften in den arabischen Staaten Instrumente der nationalen Politik, heute insbesondere der Massenmobilisierung und Organe zur Steigerung der Produktionskraft usw. D.h. die von den arabischen Staaten in ihrer politischen Konzeption den Gewerkschaften zugedachte Rolle ist nicht diejenige einer Auseinandersetzung mit den Arbeitgebern wie in den privatwirtschaftlich und kapitalistisch strukturierten Staaten, das Aushandeln von Lohntarifen und Arbeitszeiten, sondern ihre Partner sind — statt Einzelunternehmer und Arbeitgeberverband — die entsprechende Regierung und/oder Regierungspartei. Eine Folge dieser Aufgabenstellung ist in der Regel ein Streikverbot (Ausnahmen z.B. Tunesien, Marokko). Die enge Verbindung von Regierung und Gewerkschaften, oft in der Einbindung von führenden Gewerkschaftsmitgliedern in hohe Regierungsfunktionen sichtbar, führt zwangsläufig zur kritischen Frage, ob die Gewerkschaften in den arabischen Staaten eigentlich richtige Gewerkschaften sind. Diese Frage verliert an Relevanz, wenn die europäische Definition nicht als Maßstab übernommen wird, sondern akzeptiert wird, daß in den arabischen Staaten (häufig parallel zum politischen System) gewerkschaftlicher Pluralismus aus historischen Gründen (Spaltungstendenz, Schwächung des Kampfes gegen Unterentwicklung usw.) abgelehnt wird und Einheitsgewerkschaften in enger Kooperation mit den Einheitsparteien (Arabische Sozialistische Union in Ägypten bis in die Ära Sadat (Anwar as-Sādāt); in Libyen 1969 - 75 ; Sudanesische Sozialistische Union im Sudan; Front de Libération Nationale in Algerien; Baath-Partei in Syrien und Irak usw.) die in ihren Statuten definierten Aufgaben wahrnehmen. Hinzu kommt, daß selbst dann, wenn keine direkte Anbindung der Gewerkschaften an die Partei besteht, die Regierung für die Ausgestaltung der Gewerkschaften (in der Regel durch die Arbeitsgesetzgebung) sehr detaillierte Rahmenbedingungen festlegt (Finanzgebaren, Stellung der Mitglieder, interne Organisation, Registrierungspflicht, Vorschrift behördlicher Inspektionen usw.), daß *de facto* auch hier von einer rigiden staatlichen Kontrolle (Auflösungsmöglichkeit) gesprochen werden kann. Zur Beurteilung der Effizienz der arabischen Gewerkschaften ist der politische und sozio-ökonomische Kontext deshalb genau zu analysieren.

Hinsichtlich der Organisationsstruktur des Wirtschaftssektors zeigt sich ein deutliches Übergewicht an Staatsunternehmen, so daß allein dieser Faktor erkennen läßt, daß die Forderung nach höheren Löhnen, besseren Arbeitsbedingungen, Arbeitsschutzmaßnahmen, Urlaubsregelungen usw. nicht gegen, sondern nur in Abstimmung mit der Leitung der Staatsunternehmen durchgesetzt werden kann, d.h. ein Streik wegen der ungleichen Machtverhältnisse kaum Chancen auf Durchsetzung der Forderungen hätte. Wenn überhaupt aus politischen Gründen die Gewerkschaften für einen Streik plädieren, dann in Form des Generalstreiks, d.h. durch Mobilisierung weiter Bevölkerungsschichten. Diese Strategie, Kräfte außerhalb der Gewerkschaftsmitglieder zu mobilisieren, ist aber nur dann erfolgreich, wenn sie gesellschaftlich relevante Forderungen durchsetzen will (z.B. Lebensmittelsubventionen, Rücknahme von Brotpreiserhöhungen wie z.B. in Tunesien und Marokko 1984). Eine solche Situation ist allerdings die Ausnahme und die Rückwirkung auf Verbesserungen in den Produktionsunternehmen selbst minimal.

Von entscheidender Bedeutung für die Arbeit der Gewerkschaften ist der Grad ihrer Integration bzw. Autonomie gegenüber der Regierung. Je integrierter die Gewerkschaften in das politische System sind (Verflechtung von Partei und Gewerkschaften), je mehr sie ein Teil der ineffizienten Bürokratie werden, desto geringer wird ihre Attraktivität als massenmobilisierendes Element bzw. als Vertretungsorgan von Arbeitnehmerinteressen. Auf der anderen Seite steigt mit zunehmenden Autonomiebestrebungen die politische Repression, besonders wenn die Gewerkschaften regierungskonträre Optionen in der Wirtschafts- und Gesellschaftspolitik entwickeln.

Die Mitgliederzahlen der arabischen Einzelgewerkschaften (in der Regel ist nur die Bildung einer Gewerkschaft pro Berufszweig erlaubt, typisch z.B. Gesetz 232/1960 für Ägypten), bzw. des gewerkschaftlichen Dachverbandes, den jeweiligen *Unions Nationales*, sind nur schwer zu ermitteln und schwanken je nach Quelle für denselben Zeitraum erheblich (vgl. Tabelle). Generell läßt sich sagen, daß der Organisationsgrad der Arbeiter besonders in der privaten Wirtschaft gering und im Industriesektor größer als im Agrarsektor ist.

Die unterschiedlichen Interessen der (teilweise extrem zahlreichen) Einzelgewerkschaften werden dabei auf periodisch stattfindenden Gewerkschaftskongressen, auf denen zugleich auch die nationale Politik diskutiert wird, in einem einheitlichen Programm zusammengeführt. Ein Beweis für innergewerkschaftliche Demokratie ist dies jedoch nicht; diese ist angesichts der engen Verbindung zur Einheitspartei ein kompliziertes System von ,,lenken und gelenkt werden“. Ein in dieser Hinsicht ergiebiges Studienobjekt sind die Kongresse der Union Générale des Travailleurs Algériens (1. Kongreß 1963, weitere Kongresse 1965, Mai 1969, April 1974, März 1978, April 1982), die als ,,un prestigieux itinéraire syndical“ gefeiert werden. Die politische Rhetorik, die auf solchen Kongressen verkündet wird (,,Die Arbeiter bilden die materielle Basis des Sozialismus“; ,,Die Arbeiter erlangen durch ihre Teilnahme an der Entwicklungsschlacht in den Werkstätten, auf den Baustellen, in der Industrie, eine unersetzbare soziale Erfahrung“) widerspricht in der Regel den tatsächlichen Problemen, denen die Gewerkschaften gegenüberstehen und steht im Kontrast zu den engen politischen Mitbestimmungsmöglichkeiten. Dies trifft auch auf das betriebliche Mitbestimmungsrecht zu. So gibt es zwar in Syrien besonders seit der Amtszeit Präsident Asads (Ḥāfiẓ al-Asad) mehr Mitspracherecht der Arbeiter im Management der Betriebe oder wird in Algerien die *autogestion* postuliert, aber selbst in Algerien war 1980 nur ein marginaler Sektor tatsächlich selbstverwaltet, während über 320 Unternehmen, davon allein die Société Nationale pour la Recherche, la Production, le Transport, la Transformation et la Commercialisation des Hydrocarbures (SONATRACH) mit über 100.000 Beschäftigten, nur über eine Arbeiter*mit*verwaltung verfügten. Auch in Libyen, wo seit 1978 die Produzentenrevolution entsprechend den Richtlinien des Grünen Buches durchgeführt wird, sind die Produzentenräte weit davon entfernt, autonome Entscheidungen zu fällen. Jedoch auch in Ländern, wo die Vorschrift bestand/besteht, daß 50 % der Mitglieder im Parlament Arbeiter und Bauern sein müssen (z.B. in Ägypten und in Libyen z.Zt. der Arabischen Sozialistischen Union) oder die *niqābāt* automatisch in der Allgemeinen Volkskonferenz vertreten sind (wie in Libyen seit 1976), ist durch die Staatskontrolle der Agitationsrahmen eingeengt und eine Unterordnung unter die Wirtschafts- und Gesellschaftspolitik festzustellen. In vielen Fällen (z.B. Syrien u. Libyen) konzentriert sich daher der Schwerpunkt gewerkschaftlicher Tätigkeit auf Maßnahmen zur Steigerung der Produktionskraft (ziyādat al-qudra al-intājīya), Trainingskurse und andere Fortbildungsmaßnahmen, zum Teil in eigens dafür begründeten nationalen (z.B. das Ma'had al-'ālī li-tathqīf al-muntijīn/Höheres Institut zur Fortbildung der Produzenten in Tripolis) oder internationalen Instituten (z.B. das 1985 neugegründete Erdölinstitut für Arbeiterstudien der Arabischen Erdölgewerkschaft). Relativ umfangreich ist das Schrifttum, das von den *niqābāt* herausgegeben wird und neben einschlägigen Publikationen mit Bildungsintention auch verschiedene Periodika umfaßt. Zu nennen wären hier eine der traditionsreichsten älteren Zeitschriften: Tunisie Ouvrière oder gegenwärtig erscheinend al-Muntijūn (Die Produzenten, Libyen; seit 1978) und Révolution et Travail (Algerien).

Tabelle: Arabische Gewerkschaften im Überblick

	Gründungsphasen	Mitglieder* in 1.000	Streikrecht	wichtige Teilgewerkschaft
Mauretanien	1957 UTM	25 (1976)		Bergbau
Marokko	1936/55	265 (1973)	ja**	
Algerien	1919/56 UGTA	1.000 (1980)	nein	Baugewerbe
Tunesien	1936/46 UGTT	450 (1977)	ja	Hafenarbeiter, Post, Lehrer
Libyen	1935/52/78		nein	Erdöl
Ägypten	1908/57	400 (1976)	nein	
Sudan	1946/63	450 (1975)	nein	Eisenbahn
Jordanien	1920/54		ja**	
Syrien	1925/38	259 (1976)		Industriearbeiter
Irak	1964	860 (1975)		
Saudi-Arabien	Gewerkschaften verboten			
Libanon	1937	50 (1975)		
VAE	Gewerkschaften verboten			
Kuwait	1964/67	17 (1980)		Erdöl
Nordjemen	1963	14 (1976)		
Südjemen	1953	45 (1972)		Hafenarbeiter, Erdöl

* Die Zahlenangaben für Mitglieder schwanken je nach Quelle teilweise extrem.
** Ausübung erschwert

Quelle: Zusammenstellung nach Mielke und der in der Bibliographie genannten Literatur.

Zahlreiche Einzelgewerkschaften haben sich länderübergreifend in arabischen Dachorganisationen zusammengeschlossen (z.B. der Arabischen Union für die Arbeiter des Erdöl-, Bergbau- und chemischen Sektors oder der Arab Federation of Food-Workers), die sich wiederum im Internationalen Bund Arabischer Gewerkschaften zusammengeschlossen haben. Mit den Gewerkschaften in Europa gibt es länderspezifisch unterschiedlich intensive Kontakte, wobei Tunesien und Libanon die historisch längste Kooperation aufweisen können.

Die Kontakte zwischen den arabischen Gewerkschaften beschränken sich indes nicht auf organisationsspezifische Fragen, sondern haben stets auch einen politischen Impetus. So gehört es zum Standardrepertoire jeder bilateralen Gewerkschaftsveranstaltung, die arabische Einheit zu betonen oder für die Befreiung Jerusalems einzutreten. Um nur ein konkretes Beispiel zu nennen: die algerische El Moudjahid brachte am 28. 4. 1983 anläßlich eines Treffens der Union Générale des Travailleurs Algériens mit der Union des Travailleurs Mauritaniens (UTM) einen Artikel mit der Überschrift „Les deux organisations se declarent fermement convaincues de l'unité de destin des peuples du Maghreb Arabe". Auch dies zeigt einmal mehr, daß die arabischen *niqābāt* weniger Organisationen sind, die spezifische Arbeiterinteressen vertreten, sondern heute überwiegend halbstaatliche Organe sind, die von den bestehenden Regierungen für politische Ziele, allen voran die Herrschaftsstabilisierung, instrumentalisiert werden.

Literatur:

el-Borat, A. u. Isma'il, M. 1984: Histoire du Mouvement Syndical en Egypte, in: Bulletin CEDEJ (Centre d'Etudes et de Documentation Economique, Juridique et Sociale), Kairo, 65-74.
Gaafar, M.A.Q. 1984: La Protection des Droits des Ouvriers en Islam, in: Bulletin CEDEJ, Kairo, 51-63.
Hazen u. Mughisuddin 1975: Middle Eastern Subcultures, Toronto, London.
Henker, F. 1974: Gewerkschaften in arabischen Staaten, in: Zeitschrift für Kulturaustausch, Nr. 2, 1974, 29-35.
Kruse, H. 1983: Gewerkschaften in Nahost, in: Mielke 1983, 161-164.
Martin, Y. 1968: Les Debuts du Syndicalisme en Libye, in: Annuaire de l'Afrique du Nord 1967, Paris, 279-294.
Mielke, S. (Hrsg.) 1983: Internationales Gewerkschaftshandbuch, Opladen.
Moore, C.H. 1965: Tunisia since Independence: The Dynamics of one-Party Government, Los Angeles.
ders. u. Hochschild, A.R. 1968: Student Unions in North African Politics, in: Daedalus, 97, Nr. 1, 21-50.
Sullivan, E.L. 1981: Women and Work in Egypt, in: Cairo Papers in Social Science, Kairo, 4, 1-44.
Vatikiotis, P.J. 1969: The modern History of Egypt, New York.

VI. Massenmedien und Massenkommunikation

Wolfgang Slim Freund

1. Einführung

Die Medienwelt des Nahen und Mittleren Ostens kann im wesentlichen als ein Instrument der Präkonditionierung verstanden werden. Die Präkonditionierungsziele können dabei von Land zu Land große Unterschiede aufweisen. Das Fernziel ist jedoch überall dasselbe: Massenmedien in den Dienst eines gesellschaftspolitischen Projekts, in den Dienst von ,,Entwicklung" und ,,Fortschritt" zu stellen, was immer man darunter verstehen mag. Dabei artikulieren sich die Medien im einen Land rigide, zensurhaft, staatsdirigistisch (Beispiele: Algerien, Libyen, Syrien, der Irak), im anderen schaffen relative Freiheiten der Berichterstattung und Thesenverkündung eine gewisse Pluralität der Meinungsäußerung (Beispiele: Marokko, Tunesien, Ägypten, Libanon). In einer dritten Länderkategorie (Beispiele: Saudi-Arabien, Kuwait, Vereinigte Arabische Emirate) herrscht eine Mischung aus *free business*, Systemtreue und religiöser Indoktrinierung vor. Schließlich gibt es Länder wie Iran und Afghanistan, in denen eine große Heilslehre (hier Islam, dort Kommunismus) zur allesleitenden Richtschnur wird.

Allen Varianten im nordafrikanisch-nahöstlichen Medienspektrum ist die Aura der Fremdbestimmung gemeinsam. Nirgends werden ,,nur" die Informierung und die Unterhaltung des Lesers, Hörers oder Zuschauers angestrebt. Stets geht es auch um Bewußtseinsveränderung. Die Medien des Nahen und Mittleren Ostens vermitteln eine Moral — die richtige. Deshalb kann von ,,Massenkommunikation" im westlichen Sinne des Begriffs nur bedingt gesprochen werden. Weder kommunizieren ,,die Massen" mit Hilfe der Medien untereinander, noch wenden sich ,,die Massen" über die Medien an ihre jeweiligen Machteliten. Nur diese haben Zugang zu den Medien und bedienen sich ihrer, um ,,den Massen" orts- und ideologiespezifische Botschaften zu verkünden. Zudem sind die Medien von Mauretanien bis Afghanistan von absolutem Ernst geprägt. Die gedruckte, gesprochene oder gefilmte Satire fehlt nahezu völlig (abgesehen von Ägypten). Staatsoberhäupter (egal ob Könige oder Präsidenten), Minister, ja staatliche Würdenträger gelten als sakrosankt.

Diese sehr globalen Charakterisierungen betreffen die Presse, den Rundfunk, das Fernsehen, aber auch das Theater, den Film, die Literatur, die Malerei, ja alle Formen der informierenden oder künstlerischen Darstellung zwischen Atlantik-Küste und dem Arabisch-Persischen Golf.

Angesichts des niederen sozio-ökonomischen Entwicklungsstandes, der die Mehrzahl der nordafrikanisch-nahöstlichen Länder kennzeichnet, kann man natürlich die Frage stellen, ob das Publikum an seine jeweiligen Medien überhaupt qualitative Erwartungen richtet. Die Internationalität der modernen Medienwelt hat aber auch in dieser Region längst Platz gegriffen. So wird Le Monde wenige Stunden nach Erscheinen im ganzen frankophonen Nordafrika (Tunesien, Algerien, Marokko) in Tausenden von Exemplaren verkauft. Tunesiens Fernsehzuschauer schalten abends regelmäßig auf RAI Uno, d.h. das Erste Programm Italiens, um. Arabische Radiohörer in Kairo, Alexandria, Damaskus oder Beirut empfangen mit Vorliebe Radio Monte Carlo, eine von Zypern ausgestrahlte unterhaltsame 24-Stunden-Mischung aus Musik, Werbung, Reportage, *feature* und Nachrichten. Und die Marokkaner beneiden jene Landsleute, die im Nordwesten des Königreiches wohnen und Zugang zum Spanischen Fernsehen haben. Mit anderen Worten, wenn die Menschen in der Region die Wahl haben, greifen sie nach Programmen, die ihrem Bedürfnis nach belehrender Unterhaltung mehr entsprechen als das ,,Präkonditionierte" aus den heimischen Redaktionen und Studios.

Die — zumeist — schlechte Qualität der offiziellen Medien — formal wie inhaltlich — ist im übrigen ein Politikum, d.h. sie ist gewollt und dient u.a. dem politischen Zweck, ,,kritisches Bewußtsein" nicht gerade zentralgesteuert zu vermitteln. Erneut steht man vor ,,Präkonditionierung" und Fremdbestimmung. Die Geographie spielt bei der Ausformung dieser Medienwelt eine erhebliche Rolle und führt von Land zu Land zu beachtlichen Unterschieden. In Tunesien, Algerien und Marokko wirkt sich die fortdauernde französische Sprach- und Kulturpräsenz im Bereich von Presse, Rundfunk und Fernsehen aus. Ägypten übt allein durch die hohen Auflagenzahlen weltweit bekannt gewordener Medienerzeugnisse ein Formungsmonopol auf die arabischsprachige Presse der Region aus. So hat al-Ahrām eine durchschnittliche Auflage von 650.000 Exemplaren. Die Freitagsausgabe erzielt eine Auflage von 750.000. Al-Akhbār kommt auf 700.000 Exemplare, deren Samstagsausgabe Akhbār al-yaum gar auf 1.200.000. Vergleichbare Presseauflagen gibt es nirgendwo sonst in der arabischen Welt. Die ägyptische Mediendominanz setzt sich fort im Bereich von Film und Fernsehen. Der ägyptische Arabischdialekt hat sich denn auch längst über die arabische Welt verbreitet und weist seinen Benutzer als eifrigen Konsumenten ägyptischer Medien aus. Unabhängig davon entsteht in Saudi-Arabien, Kuwait, Bahrain, Katar, den Vereinigten Arabischen Emiraten sowie Oman eine technisch gut gemachte Presse — in erster Linie auf Arabisch. Daneben erstaunt die Vielzahl englischsprachiger Zeitungen, die zwar nicht inhaltlich, wohl aber im Hinblick auf Präsentation, Umbruchtechnik, ästhetische Aufmachung, Annoncenvielfalt klar erkennbar amerikanische Vorbilder haben. Die englischsprachigen Tageszeitungen von Kuwait publizieren zudem regelmäßig Beilagen in Urdu und Hindi, bestimmt für die umfänglichen Gastarbeiterkolonien aus Pakistan und Indien. Äußerst farbig und lebendig, jedoch in bezug auf die Region weitgehend atypisch ist die Medienwelt Israels. Immerhin können die beiden hebräischsprachigen Massenblätter Ma'ariv (ca. 300.000 Exemplare) und Yedioth Acharonot (ca. 450.000 Exemplare) von der Auflage her zumindest annähernd einem Vergleich mit den genannten ägyptischen Titeln standhalten. Das gilt ansonsten nur noch für die beiden türkischen Massenblätter Tan und Hürriyet mit Auflagen von 715.000 bzw. 705.000 Exemplaren.

Eine zusammenfassende Darstellung von Presse, Rundfunk und Fernsehen folgt nachstehend. Ortsspezifisches ist dabei weitgehend eingeebnet, die Gefahr der *terrible simplification* bewußt in Kauf genommen.

2. Die Presse

Die Geschichte des Pressewesens ist in allen Ländern des Nahen und Mittleren Ostens eng mit der Entwicklung von Kolonisierung und Entkolonisierung verknüpft. Zeitungen im westlichen Sinne hatte es zuvor dort nicht gegeben. Fast überall entstanden die ersten Zeitungen aus dem administrativen Bedürfnis neu installierter Mächte im Laufe des 19. Jahrhunderts, der einheimischen Bevölkerung ,,Beherrschungswissen" zufließen zu lassen, d.h. dieselbe über Maßnahmen zu informieren, die zur Aufrechterhaltung der öffentlichen Ordnung einerseits, zur Durchsetzung kolonialpolitischen Handelns andererseits erforderlich waren. Dieser ,,Amtsblattcharakter" ist bis auf den heutigen Tag in allen arabischen Ländern spürbar geblieben. Jede verfügbare Zeitung aus dem Raum pflegt ausführlich ,,Hofberichterstattung". Spalten-, ja seitenlange Berichte über das tägliche Empfangspensum von Königen, Präsidenten, Premiers und Ministern, über die

Einweihung von Schulen, Postämtern und Hühnerfarmen sowie über die paradiesischen Zustände, die im Jahre 2001 erreicht sein werden, bilden den harten Kern eines jeden Blattes.

In einigen Ländern haben Zeitungen — unter Ausnutzung einer kolonialen relativen ,,Pressefreiheit" britischen oder französischen Zuschnitts — aktiv am nationalen Befreiungskampf (z.B. Libanon, Ägypten, Algerien, Tunesien) teilgenommen. Entsprechende Handlungsspielräume wurden jedoch nach errungener Unabhängigkeit von den neuen nationalen Landesherren fast immer beschnitten. Erst in jüngster Zeit (vornehmlich seit dem Oktoberkrieg von 1973) ist in wenigen arabischen Ländern (Kuwait, Ägypten, Tunesien, Marokko) ein neues, dem Ethos von Wahrheitsfindung und gemäßigt-kritischer Meinungsäußerung verhaftetes journalistisches Selbstverständnis entstanden. So praktizieren die großen ägyptischen Tageszeitungen und Wochenschriften Mitte der 80er Jahre einen ,,freiheitlichen" Pressestil, der in dieser Form noch vor wenigen Jahren, etwa unter der Präsidentschaft von Sadat (Anwar as-Sādāt), undenkbar gewesen wäre. Dem ist einschränkend hinzuzufügen, daß die ägyptische Pressegesetzgebung bei weitem nicht jene ,,Wasserdichte" aufweist, die nötig wäre, um die derzeitigen meinungsfreiheitlichen Errungenschaften für die Zukunft abzusichern. Vergleichbare Gesetzeslücken finden sich in allen anderen arabischen Ländern, die die Liberalisierung ihrer nationalen Presse gegenwärtig fördern.

Eine besondere, positiv zu wertende Bedeutung kommt der arabischen Presse bei der Sprachentwicklung zu. Die meisten arabischen Länder sind faktisch dreisprachig. Zunächst einmal existiert das mit dem Koran-Text in die Vollkommenheit — vokabular, grammatisch, semantisch — erhobene Hocharabisch. Es wird nur von islamisch geschulten Kulturminderheiten voll beherrscht und ist als Kommunikationsinstrument des 20. Jahrhunderts ungeeignet. Sodann besitzen alle arabischen Länder ihre jeweiligen, gesprochenen Landesdialekte. Sie weichen so stark voneinander ab, daß sie zur intra-arabischen Verständigung ebenfalls nicht herangezogen werden können. Schließlich leben als *linguae francae* Französisch in Nordafrika und Englisch im Nahen Osten fort. Wissenschaft, Handel und internationale Beziehungen pflegen die Araber weitgehend auf Englisch und/oder Französisch. Bestimmte arabische Länder — z.B. Saudi-Arabien — ,,anglifizieren" sich wegen ihrer zahlreichen englisch sprechenden, zudem häufig im Dienstleistungsbereich tätigen Minderheiten (Pakistanis, Inder, Philippinos) geradezu von unten.

Die arabische Presse hingegen verwendet ein vom Golf bis an den Atlantik gleichartiges modernisiertes Schriftarabisch, das man als syro-libano-ägyptische Schöpfung ansehen kann mit dem Ziel, den Aufbau einer arabischen Presse und den Vertrieb von Zeitungen über enge nationale Grenzen hinweg zu ermöglichen. Wenn es heute ein modernisiertes Schriftarabisch gibt, das sich den Kommunikationsbedingungen des wissenschaftlich-technischen Zeitalters in zunehmendem Maße stellen kann, so ist dies zweifelsohne der arabischsprachigen Presse zu verdanken.

Eine mit ihrer Entstehung ebenso wie mit sozio-ökonomischen und kulturellen Parametern eng verknüpfte Schwäche hat die arabische Presse aber bislang nicht überwinden können. Sie ist ein Instrument der urbanen Kommunikation geblieben. Arabische Fellachen und ,,proletarisierte" Slumbewohner, die das Gros der arabischen Bevölkerung bilden, lesen kaum Zeitungen, weil sie entweder (noch) nicht bzw. ungenügend lesen können oder weil die regelmäßigen Kosten für eine Tageszeitung eine unerträgliche finanzielle Belastung bedeuten würden. Eine rural orientierte Regionalpresse gibt es praktisch nirgendwo in der arabischen Welt. Dort, wo sie im Entstehen begriffen ist (z.B. Tunesien), kämpft sie mit den größten (materiellen) Schwierigkeiten.

In den Maghreb-Ländern Tunesien, Algerien und Marokko sind (1987) die französischsprachigen Presseerzeugnisse immer noch vielfältiger als die arabischsprachigen. Die Arabisierung des Pressewesens ist aber in vollem Gang. Dennoch kann niemand sagen, ob die Maghrebiner um die Jahrtausendwende lieber auf Arabisch als auf Französisch zu lesen wünschen.

In den Golfstaaten entsteht eine technisch gut gemachte anglophone Presse (Kuwait: Arab Times, Kuwait Times; Bahrain: Gulf Daily News, Gulf Mirror; Vereinigte Arabische Emirate: Khaleej Times, Gulf News, Emirates News; Oman: Oman Daily Observer; Saudi-Arabien: The Saudi Gazette, Arab News). Die Auflagenzahlen wirken bescheiden. Sie schwanken zwischen

10.000 und knapp 50.000. Gemessen an den niedrigen Bevölkerungszahlen sind sie jedoch beachtlich.

Die arabischsprachige Presse greift auch auf Europa über. Die Massenblätter al-Ahrām (Ägypten) und ash-Sharq al-Ausaṭ (Saudi-Arabien) werden über Satellit im Vorderen Orient und in Europa (London) simultan gedruckt.

Die libanesische Presse, arabischsprachig, aber auch mit zwei frankophonen (L'Orient-Le Jour, Le Réveil) und einem anglophonen (Daily Star) Titel vertreten, bedarf besonderer Erwähnung. Sie wird des öfteren, vor allem in der westlichen Welt, als modellhaft für praktizierte Pressefreiheit hingestellt. Diese Beurteilung ist einerseits richtig, weil es im Libanon eine ganze Palette von Tages- und Wochenzeitungen gibt, die den unterschiedlichsten Meinungsrichtungen verbunden sind. Sie ist andererseits falsch, weil alle diese Blätter — mit bescheidenen Auflagen zwischen 3.000 (an-Nidā') und 55.000 (an-Nahār) Exemplaren — einem spezifischen Financier verpflichtet sind und dessen politisch-ideologisches Sprachrohr bilden. Innerhalb eines bestimmten Organs findet man deshalb kaum Meinungspluralismus. Eine Ausnahme macht allenfalls das konservativ-liberale Wochenmagazin al-Ḥawādith, das mit 160.000 Exemplaren in Beirut und London gleichzeitig erscheint und sich durch die relativ hohe Auflagenzahl wirtschaftlich selbst tragen mag.

Resümierend ist festzuhalten, daß die nah- und mittelöstliche Presselandschaft denselben Zwängen und Widersprüchen ausgesetzt ist wie die ihr zugehörigen Gesellschaften. Politische und finanzielle Beinflußbarkeit von außen, Vertriebsschwierigkeiten in die Tiefe des sozialen Feldes hinein und über die jeweiligen Landesgrenzen hinweg, Kommunikationsprobleme gegenüber der „Masse", ungesicherte rechtliche Statusfragen sowie das Fehlen echter berufsspezifischer Traditionen (mit Ausnahme Ägyptens) sind wesentliche Kennzeichen des Pressewesens zwischen Marokko und Afghanistan.

3. Der Rundfunk

Dem Rundfunk wird für die Einsetzung und Fortentwicklung einer bestimmten staatlichen Ordnung besondere Bedeutung zugemessen. Das gilt vor allem auch für die Länder der Dritten Welt.

Nasser (Jamāl 'Abd an-Nāṣir) hat als erster arabischer Staatsmann die Möglichkeiten des Rundfunks erkannt. In der zweiten Hälfte der 50er Jahre wurde Ṣaut al-'Arab, der Propaganda-Sender von Radio Kairo, aufgebaut. Die ägyptischen Rundfunkstationen gehören Mitte der 80er Jahre, insbesondere im Kurzwellenbereich, zu den stärksten Sendern der Region. Ṣaut al-'Arab wurde aber auch zum Modell für viele andere Sender des Nahen und Mittleren Ostens. Das propagandistische „Durchsetzungselement" wurde allerorten unüberhörbar. Die sorgfältige Programmausfächerung nach den unterschiedlichen Genres, welche die Darstellungspalette einer europäischen Rundfunkanstalt kennzeichnet, wurde klaren Schwerpunkten geopfert. Politische Indoktrinierung, Religiöses, traditionelle Musik und Chansons (Umm Kalthūm), einige entwicklungstechnische Aufklärungsarbeit („Landfunk") sowie das Abspielen westlicher Schlager bilden den Kern der meisten Programme. Typische Funkformen wie das *life*-Interview, Kurzkommentare zu nationalen oder internationalen Ereignissen sowie das Funk-*feature* fehlen beinahe völlig. Über Land fahrende Übertragungswagen, auf der Suche nach interessanten oder aktuellen Dingen, kennt die arabische Rundfunkszene kaum. Allein die in den meisten Ländern geltenden Sicherheitsverordnungen, den Journalisten beim Recherchieren in der Regel drastisch behindernd, machen dies unmöglich. Allerdings muß auch gesehen werden, daß die staatlichen Rundfunkanstalten der Länder des Nahen und Mittleren Ostens bei weitem nicht über Etats verfügen, wie sie in Westeuropa üblich sind. Rundfunk- und Fernsehgebühren können zumeist nicht erhoben werden. Das heißt, die Rundfunkstationen leben mit einem fixen Jahresetat, der ihnen vom zuständigen Ministerium zugewiesen wird und nicht so bemessen ist, daß damit die vielfältigen Aufgaben einer modernen und dynamischen Rundfunkanstalt, vor allem hinsichtlich der Eigenproduktion von Sendungen, adäquat finanziert werden können.

Der Provinzialismus der meisten Rundfunkprogramme ist großenteils materiell verursacht. Schlechte Honorarleistungen gegenüber den freien Mitarbeitern, überaltetes, häufig defektes Aufnahme-, Wiedergabe- und Studiomaterial, nicht funktionsgerechte Besetzung von Redaktionen und Studios (oftmals mit ,,Gelegenheitsjournalisten"), sinekurenhaftes Verhalten der Hauptverantwortlichen (Programmdirektoren, Abteilungsleiter) sind wesentliche Merkmale dieses Zustands.

Die besten Programme sind in der Regel jene, die als ,,international" geführt und auf Mittelwelle und UKW in den früheren ,,Kolonialsprachen" ausgestrahlt werden (Französisch sowie etwas Italienisch und Spanisch in Nordafrika, Englisch und Französisch im Nahen Osten). Zielgruppen sind dabei in erster Linie die im Lande lebenden ,,internationalen" Minderheiten, also Restbestände eines früheren Kolonialbürgertums sowie ausländische Diplomaten und Experten aller Schattierungen. Hohes Programmniveau erreichte auch Kol Kahir, ein ägyptischer Propagandasender, der Ende der 70er Jahre im Zuge der ägyptisch-israelischen Annäherung stillgelegt wurde. Der Sender (Sprachen: Hebräisch, Französisch, Englisch) erfreute sich nicht nur bei den Ägyptern, sondern auch bei den Israelis im Negew großer Beliebtheit. Der Propagandateil war scharf kalkuliert, d.h. quantitativ nicht aufdringlich. Das übrige Programm bestand aus klassischer Musik, den letzten *Hits* aus Europa und den USA sowie gut gemachten kulturellen Wortsendungen zusammen mit einem lebendig gesprochenen Nachrichtendienst.

Groß sind nach wie vor die Erwartungen, die dem Rundfunk als Vermittler von ,,Entwicklungswissen" in ländliche Bereiche hinein entgegengebracht werden. Diese Erwartungen betreffen vor allem die Vermittlung von anbautechnischem und familienplanerischem *know how*. Dabei geht man davon aus, daß die anzusprechende Bevölkerung in der Zwischenzeit so weit mit Transistorempfängern ausgerüstet sei, daß entsprechende Sendungen auf Resonanz stoßen. Auch für den Nahen und Mittleren Osten besteht dieser Glaube. Alle nationalen Rundfunkprogramme enthalten ein darauf abgestelltes Angebot. Vor überzogenen Erwartungen muß jedoch gewarnt werden. Die Hörpräferenzen von Fellachen und städtischen Unterschichten liegen weitaus mehr beim arabischen Chanson als bei sprachlich meist ungeschickten, weil langatmig aufgezogenen Vorträgen über Saatgutbehandlung, Bewässerung oder Empfängnisverhütung.

Zur Durchdringung der arabischen Welt mit der gesprochenen Version des vereinfachten, modernisierten Hocharabisch leisten die Rundfunkstationen indes einen wichtigen Beitrag. Hier zeigt sich eine bedeutsame Erziehungsfunktion, wahrgenommen durch das Radio, die jedoch — gemessen an westlichen Kriterien gegenüber der sozio-kulturellen Rolle des Rundfunks — im Rahmen dessen stattfindet, was einführend mit ,,Präkonditionierung" und ,,Fremdbestimmung" etikettiert wurde. Die Programmstruktur des Rundfunks in den Ländern des Maghreb und des Maschrek ist ein Hinweis darauf, daß die offizielle Medienpolitik von den Wünschen der ,,Massen" hinsichtlich Kommunikation wenig berührt wird.

4. Das Fernsehen

Jüngstes und mit Sicherheit attraktivstes ,,Medienkind" ist das Fernsehen. Es kommt jenem Zug arabisch-orientalischer Gegenwartskultur, sich akustisch und bildhaft profilieren zu wollen, in besonderem Maße entgegen. Alle arabischen und sonstigen vorderorientalischen Länder haben zwischenzeitlich Farbfernsehen eingeführt. Teilweise ist das PAL-, teilweise das SECAM-System eingeführt worden. In Saudi-Arabien kohabitieren beide Systeme. Das Erste Programm (arabischsprachig) funktioniert nach dem PAL-System, das Zweite Programm (englischsprachig) nach dem französischen SECAM-Verfahren. Die in Saudi-Arabien erhältlichen Fernsehgeräte sind grundsätzlich *multistandard*, d.h. mit beiden Systemen ausgerüstet.

Da das Instrument Fernsehen dem Wunsch der potentiellen Zuschauer nach audio-visueller Kulturvermittlung entgegenzukommen scheint, stellt sich die Frage, ob und gegebenenfalls wie diesem Wunsch durch die Redaktionen entsprochen wird. Es zeigt sich auch in diesem Bereich — vergleichbar den Beobachtungen beim Rundfunk — , daß die Verantwortlichen fast immer einer lähmenden Routine verhaftet bleiben. Die Fernsehprogramme, quer durch die Region, sind von einer sprichwörtlichen Monotonie. Die Nachrichtensendungen werden nahezu überall dazu genutzt, überlange „Palastberichte" zu erstatten. Nicht minder breiten Raum nehmen nationale Einweihungen von Landwirtschaftsschulen und Kinderdörfern ein. Hinzu kommen (ägyptische) Familienserien am Fließband, deren Handlungen grundsätzlich an den Vorstellungen aufsteigenden Kleinbürgertums festgemacht sind innerhalb eines auf „orientalisch" getrimmten, streng anti-septischen Dekors, das entfernt an amerikanische Erfolgsserien erinnert. Daneben stehen varietéartige Chansondarbietungen, in der Mehrzahl ebenfalls ägyptischer Herkunft. In sozialistisch inspirierten Ländern (z.B. Libyen und dem Irak) werden regelmäßig Reden von amtierenden Staatschefs übertragen. Fußballspiele, nationale wie internationale durch Übernahme via Satellit, gehören gleichfalls zu den Fernsehattraktionen. Filme sind fast immer ägyptischer Herkunft oder entstammen, sofern sie der *crime and western* Szene zugerechnet werden können, westlicher Provenienz.

Nationale Eigenproduktionen (Fernsehfilme, Reportagen, Filmberichte aus dem Ausland, Fernsehfeatures) sind selten bzw. von schlechter, amateurhafter Qualität. Eine Ausnahme bildet das türkische Fernsehen, das über hervorragende Eigenproduktionen verfügt. Der internationale Teil der Nachrichtensendungen wird mittels Ausschnitten von Programmen der großen europäischen oder US-amerikanischen Fernsehanstalten bestritten, die nahezu *life* über Satellit in den jeweiligen Funkhäusern eintreffen.

Arabisch ist die vorherrschende Sprache im Fernsehen von Casablanca bis Bagdad. Das hängt mit der Geburtsstunde der meisten arabischen Fernsehanstalten zusammen. Sie kam in den 60er Jahren, als der politischen die kulturelle Entkolonisierung folgen sollte. So wurde das Fernsehen neben Presse und Rundfunk zur dritten und wichtigsten Säule der Arabisierung. Sendungen in Englisch und Französisch beschränkten sich zunächst auf Nachrichten zu später Stunde und auf die Vorführung von Spielfilmen. In der Zwischenzeit sind in vielen arabischen Ländern Zweite Programme ins Leben gerufen worden. Sie arbeiten häufig in der früheren „Kolonialsprache". Direkte Zusammenarbeit mit den Fernsehanstalten der ehemaligen Kolonialmächte sind dabei keine Seltenheit.

Ebenso wie beim Rundfunk wird auch beim Fernsehen angenommen, daß es als Instrument geeignet sei, „rückständige" Bevölkerungsteile besonders wirkungsvoll mit dem wissenschaftlich-technischen Gedankengut des ausgehenden 20. Jahrhunderts vertraut zu machen. Demgegenüber kommen Studien über den Zusammenhang von Massenmedien (Fernsehen) und sozialem Wandel eher zu folgenden Schlüssen: Wichtige sozio-kulturelle Grundeinstellungen ruraler und/oder „proletarisierter" Bevölkerungen werden — zumindest kurzfristig — durch das Fernsehen kaum berührt. Die regelmäßige Projektion luxushafter Lebensformen in Lehm- und Blechhütten hinein weckt jedoch sehr rasch Wünsche nach dem Besitz von Gegenständen, die als Voraussetzungen für derartige Lebensformen empfunden werden. Fernsehen bringt somit bei den nah- und mittelöstlichen Unterschichten materielle Unzufriedenheit hervor, ohne daß zu derselben eine sozio-kulturelle Neuorientierung parallel liefe. Das Argument, Fernsehen sei ein wichtiges Instrument des sozio-kulturellen Wandels, ist deshalb nur mit größter Zurückhaltung zu gebrauchen. Zu viele Imponderabilien kennzeichnen die Realität.

Das Fernsehen ist zudem in viel deutlicherer Weise als der Rundfunk ein urbanes Phänomen geblieben. Zumindest ist seine Verbreitung abhängig vom Elektrifizierungsgrad in die Tiefe des jeweiligen Landes hinein. Zwar betreiben — wie das tunesische Beispiel zeigt — einzelne Bewohner ländlicher Gegenden ihren Fernsehempfänger mit ausrangierten Autobatterien. Das sind aber Einzelfälle, die keine Verallgemeinerungen auf einen gesellschaftlichen *impact* hin gestatten.

Erwähnenswert ist nicht zuletzt, daß städtische Fernsehzuschauer mehr und mehr auf Videofilme ausweichen, um der Langeweile nationaler Fernsehprogramme zu entfliehen. Ein großer innerarabischer Videomarkt ist im Entstehen begriffen bzw. bereits entstanden. Video-Clubs schießen wie Pilze aus dem Boden. Sie unterliegen kaum einer Zensur. Raubkassetten, die als Massenware häufig in Kairo oder in zypriotischen und griechischen ,,Studios" vervielfältigt werden, bilden das Hauptangebot.

5. Zusammenfassung

Die nah- und mittelöstliche Medienlandschaft kann nur in Ansätzen mit jenen Medien und Formen der Massenkommunikation verglichen werden, wie sie westeuropäische und nordamerikanische Länder kennzeichnen. Der Hauptgrund für die Nichtvergleichbarkeit ist darin zu finden, daß die Massenmedien die ,,Massen" in Wirklichkeit gar nicht erreichen. Ihr Einfluß bleibt vielmehr auf urbanisierte Minderheiten beschränkt. Zwei Entwicklungen, sofern diese bis zum Ende des Jahrtausends ungestört verlaufen, können deutliche Veränderungen bewirken: einmal die fortschreitende Urbanisierung der nah- und mittelöstlichen Länder, sodann gesamtgesellschaftliche ,,Demokratisierungsprozesse", wofür es in einigen Ländern der Region (z.B. Marokko, Tunesien, Ägypten, einzelne Golfstaaten) zumindest Anzeichen gibt. Massenmedien und Massenkommunikation sind Politika. Nur im Spiegel politischer Gesamtverhältnisse wird deren jeweilige Rolle transparent.

Literatur:

Aoussa, M. L. 1984: Le développement de la presse écrite tunisienne: quels blocages?, in: Revue Tunisienne de Communication, H. 5, 109-115.

Balle, F. 1973: Institutions et publics des moyens d'information, Paris.

Boyd, D. A. 1982: Broadcasting in the Arab World, Philadelphia.

Freund, W. S. 1983: Ägyptens nicht-arabische Presse: ein Überblick, in: Orient, 24. Jg., H. 1, 64-81.

Houidi, F. u. Najar, R. 1982: Presse, radio et télévision en Tunisie, Tunis.

Institut de Presse et des Sciences de l'Information (Hrsg.) 1984: Les effets de la Télévision dans un milieu rural tunisien, Tunis.

Mowlana, H. 1974: Mass Communication, Elite and National Systems in the Middle East. The Contribution of the Mass Media to the Development of Consciousness in a Changing World, Leipzig.

Rugh, W. A. 1975: The Arab Press, News Media and Political Process in the Arab World, Syracuse.

Silbermann, A. u. Luthe, H.O. 1969: Massenkommunikation, in: König, R. (Hrsg.): Handbuch der empirischen Sozialforschung 2. Bd., Stuttgart, 675-734.

Souriau, Christiane 1984: Méthodes de recherche en histoire de l'information: le cas de la presse écrite du Maghreb, in: Revue Tunisienne de Communication, H. 5, 51-72.

VII. Militär und Rüstung

Eckehart Ehrenberg

1. Die Militarisierung der Region im Jahrzehnt der Ölpreissteigerungen

Die Länder des Nahen und Mittleren Ostens sind in den letzten beiden Jahrzehnten zu einem Sinnbild der Militarisierung der Dritten Welt geworden. Gleich ob man die Dominanz militärischer Organisationen in politischen Systemen, hohe Militärausgaben, die Anhäufung von Waffenarsenalen oder gar Kriege ins Auge faßt, wird man zwischen Afghanistan und Marokko besonders zahlreiche Beispiele mit einer intensiven Ausprägung der genannten Phänomene finden. Zugleich ist eine besonders enge Verflechtung von lokalen und regionalen Rüstungsprozessen mit den Interessen auswärtiger Mächte unverkennbar.

,,Militarisierung" darf nicht ohne weiteres mit ,,Militarismus" gleichgesetzt werden. Militarismus ist in erster Linie eine Geisteshaltung, bedeutet Dominanz militärischen Denkens und damit nicht zuletzt die Bevorzugung, wenn nicht Verherrlichung militärischer Mittel zur innen- und außenpolitischen Problembewältigung. Militarisierung bedeutet dagegen zunächst Zunahme militärischer Mittel (wie Militärpersonal und Waffen). Militarismus strebt stets nach Militarisierung und findet in dieser seinen äußeren Ausdruck. Militarismus kann am Anfang von Militarisierung stehen oder auch ihr Ergebnis sein. Umgekehrt kann sich Militarisierung unter großem Problemdruck auch in nicht militaristisch eingestellten Gesellschaften ergeben.

Im Nahen und Mittleren Osten ist die Militarisierung hervorstechend, weniger der Militarismus. Tendenzen im Irak, in Israel, Libyen und anderen Ländern zeigen jedoch, daß sich auch hier Militarismus zumindest als Ergebnis anhaltender Militarisierung einstellt.

Verlauf und Ausmaß der Militarisierung in Nah- und Mittelost sollen zunächst anhand ausgewählter Indikatoren näher beschrieben werden. Wir verwenden hierzu die Militärausgaben (absolut und relativ im Verhältnis zum Bruttosozialprodukt), die militärischen Personalstärken (absolut und relativ im Verhältnis zur Bevölkerungszahl) sowie Wert und Quellen von Rüstungsimporten für den Zeitraum 1972 - 82. Wir werden danach durch kurze Ausführungen zu ausländischen Militärberatern und Stützpunkten, zum Aufbau einheimischer Rüstungsindustrien und schließlich zur politischen Rolle des Militärs versuchen, das Bild zu vervollständigen.

Die Darstellung und Interpretation der genannten Indikatoren stützt sich durchweg auf Berechnungen, für die Daten zugrunde gelegt wurden, die die amerikanische Abrüstungsbehörde (United States Arms Control and Disarmament Agency, U.S. ACDA) in ihren jährlichen Berichten ,,World Military Expenditures and Arms Transfers" veröffentlicht. Neben dieser Quelle stehen als regelmäßig erscheinende Berichte noch die ,,Military Balance" des Londoner Internationalen Instituts für Strategische Studien (International Institute for Strategic Studies, IISS) und das Jahrbuch ,,World Armaments and Disarmament" des Stockholmer Internationalen Instituts für Friedensforschung (Stockholm International Peace Research Institute, SIPRI) zur Verfügung. Die amerikanische Quelle wurde hier ausgewählt, weil sie Angaben zu allen interessierenden Indikatoren in vergleichbarer Form macht. Demgegenüber finden sich z.B. in der ,,Military Balance" keine Datenreihen zu Rüstungsimporten, während das SIPRI-Jahrbuch keine Angaben über Personalstärken enthält und die Bewertung von Rüstungsimporten auf sog. schwere Waffen beschränkt. Die ,,Military Balance" eignet sich auch nicht für die Bildung von Zeitreihen, da Angaben, die sich als unrichtig erweisen (u.a. weil sie vorläufigen Charakter hatten), in späteren Ausgaben nicht korrigiert werden.

Grundsätzlich sei angemerkt, daß die Angaben unterschiedlicher Quellen gelegentlich nicht unerheblich voneinander abweichen, was teilweise auf definitorische Probleme, teilweise auf Unzulänglichkeiten in der Datenbeschaffung zurückzuführen ist. Dies muß man bei der Interpretation militärstatistischen Materials stets im Auge behalten.

2. Die Entwicklung der Militärausgaben

Militärausgaben stellen den umfassendsten Indikator für militärische Aktivität dar, wohingegen für eine differenziertere Betrachtung zusätzliche Angaben erforderlich sind. Inflationäre Einflüsse pflegen Zeitreihen zu verzerren, so daß im folgenden nur preisbereinigte Daten (feste Preise von 1981) verwendet werden. Zugleich können unterschiedliche Budgetierungsgewohnheiten und Bewertungsprobleme nationaler Währungen Vergleiche zwischen einzelnen Ländern verfälschen. Unter Verwendung der von der U.S. ACDA vorgenommenen Bewertungen ergibt sich in der Gesamtregion des Nahen und Mittleren Ostens (ohne das kleine Djibouti) folgendes Bild: 1982 betrugen die Militärausgaben in der Region insgesamt 72 Mrd. US-$, das 3,7fache der Summe, die (vor der ersten Ölpreiserhöhung) im Jahr 1972 ausgegeben wurde. Im Durchschnitt der Jahre 1980 - 82 gab der Nahe und Mittlere Osten für militärische Zwecke fast Dreiviertel des Betrages aus, den die europäischen NATO-Staaten aufwendeten. Im Durchschnitt der Jahre 1972 - 74 war es nur etwas mehr als ein Drittel gewesen. Auch beim Vergleich dieser Dreijahresdurchschnitte ergibt sich noch ein Wachstum der Militärausgaben in Nah- und Mittelost um 130 %, d.h. auf das 2,3fache, während die entsprechenden Durchschnittswerte der europäischen NATO-Staaten ebenfalls, jedoch nur um 20 % zunahmen (s. Tab. 1).

Innerhalb der Region hat sich Saudi-Arabien im Durchschnitt der Jahre 1980 - 82 mit weitem Abstand zum Land mit den größten militärischen Aufwendungen (rd. 21 Mrd. US-$) entwickelt (Bundesrepublik Deutschland zum Vergleich: 23 Mrd. US-$). Mit großem Abstand folgt der Irak, der infolge des Kriegs mit Iran seine Militärausgaben kräftig gesteigert hat, jedoch mit jährlich rund 11 Mrd. US-$ nur etwas mehr als die Hälfte der saudiarabischen Militärausgaben aufweist. Auf dem dritten Platz folgt Iran (7,1 Mrd. US-$), danach erst Israel (5,3 Mrd. US-$) und Libyen (3,0 Mrd. US-$). Das europäische NATO-Mitglied Türkei belegt mit geringem Abstand Platz 6, daran schließen sich in ähnlicher Größenordnung (2,5 Mrd. US-$) Syrien und Ägypten an, die beide etwa die Hälfte von dem aufwenden, was Israel ausgibt.

Insgesamt fanden sich im Durchschnitt der Jahre 1980 - 82 im Nahen und Mittleren Osten zwei Länder mit Militärausgaben über 10 Mrd. US-$ und 14 Länder (von 25 betrachteten) mit solchen über 1 Mrd. US-$. Im Durchschnitt der Jahre 1972 - 74 gab kein Land (auch nicht der damals führende Iran) mehr als 10 Mrd. US-$ für das Militär aus, und nur sieben Länder brachten es auf mehr als 1 Mrd. US-$. Alle diese Angaben sind, wie erwähnt, bereits preisbereinigt, d.h. um inflationäre Einflüsse korrigiert!

Subregional bestreiten die Golfstaaten zusammen mit den klassischen Konfrontationsstaaten um Israel über 80 % aller Militärausgaben, wobei sich das Schwergewicht noch deutlicher zum Golf verschoben hat. Interessanterweise haben sich die Militärausgaben der Konfrontationsstaaten zwischen 1972 - 74 und 1980 - 82 nur um rund 10 % erhöht, was auf den erheblichen Rückgang der ägyptischen Aufwendungen um über ein Drittel zurückzuführen ist. Demgegenüber haben sich die Militärausgaben am Golf mehr als verdreifacht. Dort werden in der amerikanischen

Tabelle 1: Entwicklung der absoluten Militärausgaben

	1972	1973	1974	1972-1974 Durchschnitt			1980	1981	1982	1980-1982 Durchschnitt			Relative Veränderung Sp.10/Sp.4	
	Mio.US-$ (1)	Mio.US-$ (2)	Mio.US-$ (3)	Mio.US-$ (4)	Rg. (5)	% (6)	Mio.US-$ (7)	Mio.US-$ (8)	Mio.US-$ (9)	Mio.US-$ (10)	Rg. (11)	% (12)	% (13)	Rg. (14)
1 Afghanistan	42	46	42	43	22	,15	194	178	155	176	22	,26	305.38	8
2 Pakistan	1.191	1.262	1.138	1.197	7	4,13	1.412	1.761	1.918	1.697	10	2,52	41.77	20
3 Iran*	4.361	5.882	11.700	7.314	1	25,21	7.127	7.145	7.140	7.137	3	10,58	-2.42	24
4 Irak	1.428	2.746	4.168	2.781	4	9,58	9.466	11.864	11.026	10.785	2	15,99	287.87	11
5 Kuwait	427	467	1043	646	10	2,23	1.422	1.254	1.545	1.407	13	2,09	117.91	17
6 Saudi-Arabien	1.550	2.199	4.549	2.766	5	9,53	18.411	20.679	23.349	20.813	1	30,85	652.46	3
7 Bahrain*	30	30	41	34	23	,12	172	214	264	217	21	,32	543.56	4
8 Katar*	49	110	101	87	16	,30	660	650	650	653	16	,97	653.85	2
9 VAE	21	25	36	27	24	,09	1.885	2.043	2.055	1.994	9	2,96	7.196,34	1
10 Oman	150	224	579	318	13	1,09	1.289	1.512	1.589	1.463	12	2,17	360.65	7
Golfstaaten	8.016	11.683	22.217	13.972		48,16	40.432	45.361	47.618	44.470		65,93	218.28	
11 Südjemen*	77	64	63	68	19	,23	131	130	130	130	24	,19	91,67	18
12 Nordjemen	68	70	94	77	18	,27	340	443	575	453	17	,67	485.34	5
13 Somalia	45	44	52	47	21	,16	112	133	151	132	23	,20	180.85	15
14 Türkei	1.686	1.689	1.709	1.695	6	5,84	2.368	2.814	3.183	2.788	6	4,13	65.54	19
15 Syrien	776	1.025	1.092	964	8	3,32	2.393	2.437	2.385	2.405	8	3,57	149,40	16
16 Libanon*	66	71	102	80	17	,27	240	245	272	252	20	,37	216,74	14
17 Israel	2.872	5.786	5.140	4.599	2	15,85	5.930	4.374	5.507	5.270	4	7,81	14,59	23
18 Jordanien	680	643	600	641	11	2,21	852	874	928	885	15	1,31	38,01	21
19 Ägypten*	2.423	4.180	4.600	3.734	3	12,87	2.492	2.490	2.259	2.414	7	3,58	-35,37	25
Konfrontationsstaaten	6.817	11.705	11.534	10.019		34,53	11.907	10.420	11.351	11.226		16,64	12.05	
20 Sudan	279	249	198	242	15	,83	316	289	321	309	18	,46	27,55	22
21 Libyen	558	684	1229	824	9	2,84	3.006	3.000	3.000	3.002	5	4,45	264,47	12
22 Tunesien	65	64	72	67	20	,23	306	228	267	267	19	,40	298,51	9
23 Algerien*	400	399	550	450	12	1,55	1.160	1.784	1.700	1.548	11	2,29	244.26	13
24 Marokko	270	301	337	303	14	1,04	1.101	1.080	1.408	1.196	14	1,77	295.26	10
25 Mauretanien	9	12	13	11	25	,04	72	56	55	61	25	,09	438.24	6
Summe Region	19.523	28.272	39.248	29.014		100,00	62.857	67.677	71.832	67.455		100,00	132.49	
Zum Verlgeich: NATO (Europa)	79.500	81.000	84.100	81.533			95.900	97.300	99.900	97.700			19.83	

alle Angaben in konstanten (inflationsbereinigten) Preisen von 1981

Durchschnitt = im Durchschnitt der angegebenen Jahre, Rg. = Rang, Sp. = Spalte
* = in der Quelle teilweise nicht vorhandene Angaben durch eigene Annahmen ergänzt

Quelle: World Military Expenditures and Arms Transfers 1972-1982 (Washington, D. C.: U.S. ACDA).

Quelle nur die iranischen Aufwendungen als stagnierend ausgewiesen, während alle anderen Staaten kräftige Zuwachsraten verzeichnen. Dies hat dazu geführt, daß die Militärausgaben der Konfrontations- und der Golfstaaten sich stark auseinanderentwickelt haben. Hatten diese Ausgaben 1972 - 74 noch ähnliche Höhe, waren 1980 - 82 diejenigen der Golfstaaten viermal so groß.

Entsprechend weisen nicht nur Saudi-Arabien, sondern auch andere Golfstaaten hohe Steigerungsraten in ihren Militärausgaben auf. In der Rangfolge der Steigerungsraten der Durchschnittswerte von 1980 - 82 gegenüber 1972 - 74 belegen vier (von acht) Golfstaaten die ersten Plätze in der gesamten Region: Vereinigte Arabische Emirate (VAE), Katar, Saudi-Arabien und Bahrain. Exorbitant ist die Steigerungsrate der VAE mit 7.200 %, d.h. um das 73fache! Wenn auch das Ausgangsniveau (27 Mio. US-$, vorletzter Platz) relativ gering war, so ist dies doch bemerkenswert. Das vom Saharakrieg tangierte Mauretanien mit dem noch geringeren Ausgangsniveau von 3 Mio. US-$ (letzter Platz) erhöhte demgegenüber seine Militärausgaben um ,,nur" 440 %. Neben Iran (-2 %), liegt bei den Golfstaaten nur Kuwait mit 120 % unter dem Durchschnitt der Gesamtregion (180 %). Unter den zehn Staaten mit den höchsten Steigerungsraten der Region finden sich neben Golfstaaten im übrigen Nordjemen und Afghanistan sowie die nordafrikanischen Staaten Mauretanien und Tunesien. Nordjemen, um das sich Ost und West bemühen, hat sich dadurch von Platz 18 auf Platz 5, Mauretanien von Platz 25 auf Platz 6, Afghanistan von Platz 22 auf Platz 8 und Tunesien von Platz 20 auf Platz 9 vorgeschoben. Besonders die für Tunesien ausgewiesene Steigerung mag Überraschung auslösen.

Insgesamt haben von den 25 untersuchten Staaten 17 ihre Militärausgaben mehr als verdoppelt und 14 mehr als verdreifacht. Sechs Staaten (vier Golfstaaten, Nordjemen und Mauretanien) steigerten ihre Militärausgaben um mehr als das Fünffache.

Wenn man nun nicht nur Wachstum und Einsatz der militärischen Machtmittel (soweit sie in Militärausgaben zum Ausdruck kommen) ins Auge faßt, sondern auch die damit verbundene Beanspruchung materieller Ressourcen, kann das Verhältnis der Militärausgaben zum gesamten Bruttosozialprodukt als Indikator dienen. Durch das Wachstum der Sozialprodukte, vor allem durch die Ölpreiserhöhungen, ist, insbesondere bei den ölreichen Staaten zu erwarten, daß kein entsprechendes Anwachsen der Belastung stattgefunden hat. Tatsächlich ist z.B. bei Saudi-Arabien sogar eine Abnahme der Belastung festzustellen. Trotzdem ist die Belastung auch Saudi-Arabiens mit Militärausgaben (10 % des BSP) immerhin noch mehr als doppelt so hoch wie die durchschnittliche Belastung der europäischen NATO-Staaten (4 %). Insgesamt sind im Durchschnitt der Jahre 1980 - 82 nur vier Staaten der Region ebenso oder weniger mit Militärausgaben belastet wie die europäischen NATO-Länder. 15 Länder der Region sind dagegen mehr als doppelt so stark belastet.

An der Spitze der Belastung mit Militärausgaben stand 1972 - 74 Jordanien (35 % des Bruttosozialprodukts), gefolgt von Oman (31 %), Ägypten (29 %), Israel (27 %) und Irak (21 %). Der Irak, der auch schon damals hochbelastet war, hat sich 1980 - 82 infolge des Golfkriegs an die Spitze geschoben und übertrifft die seinerzeit kriegführenden Konfrontationsstaaten nun mit einem Anteil von 39 % am Bruttosozialprodukt bei weitem . Es folgt 1980 - 82 der kriegsgeschüttelte Libanon (29 %), dann Oman (27 %), Israel (25 %) und Jordanien (22 %). Allein Ägypten ist aus dem Kreis der fünf höchstbelasteten Länder ausgeschieden und hat seine Belastung auf 9 % gegenüber seinerzeit 29 % reduziert.

Für weniger ölreiche Länder ist mit den Militärausgaben vielfach auch die Belastung gewachsen. Dies gilt neben dem bereits genannten Libanon insbesondere für Mauretanien, Nordjemen, Marokko, Tunesien und Algerien, deren Belastung sich mehr als verdoppelt hat. Wegen der extremen Steigerung der Militärausgaben hat sich auch in den Vereinigten Arabischen Emiraten trotz der Steigerung der Öleinnahmen die Belastung drastisch erhöht (um 1.100 %!). Dennoch ist wegen des viel höheren Bruttosozialprodukts und insbesondere auch Pro-Kopf-Einkommens eine solche Belastungssteigerung für die Emirate leicht und (die geringere) für Mauretanien kaum zu verkraften.

Insgesamt waren nur neun der 25 betrachteten Staaten des Nahen und Mittleren Ostens 1980 - 82 weniger mit Militärausgaben belastet als 1972 - 74. An der Spitze der Entlastung steht Ägypten mit 68 %, gefolgt von Jordanien mit 36 % und Sudan mit 24 %. Die übrigen Entlastungen bleiben unter 20 %. So hat die Region insgesamt nicht nur ihre Militärausgaben gewaltig erhöht, sondern ist mit diesen am Ende des betrachteten Zeitraums auch erheblich stärker belastet.

3. Militärische Personalstärken

Ein etwas anderes Bild ergibt sich bei Betrachtung der militärisch gebundenen humanen Ressourcen. Diese kommen in Form von Besoldung teilweise auch in den Militärausgaben zum Ausdruck, werden jedoch von den Kosten der Rüstungsbeschaffung überlagert. Der hier nun betrachtete Indikator „Truppenstärken" erfaßt im Prinzip nur den im unmittelbaren militärischen Dienst stehenden Teil dieser Ressourcen. Wegen — mit Ausnahme Israels — bisher nur kleiner einheimischer Rüstungsindustrien kommen die Truppenstärken der Gesamtzahl der für militärische Zwecke tätigen Menschen in den meisten Ländern des Nahen und Mittleren Ostens jedoch näher als z.B. in den europäischen Industriestaaten.

1982 standen in der Gesamtregion des Nahen und Mittleren Ostens rund 3,7 Mio. Menschen unter Waffen, über ein Drittel mehr als in den NATO-Staaten Europas (2,8 Mio.). Die Türkei zählt mit ihren rund 600.000 Soldaten bei diesem Vergleich sowohl zum Nahen und Mittleren Osten als auch zu NATO-Europa. Gegenüber dem Durchschnitt der Jahre 1972 - 74 haben die militärischen Personalstärken im Durchschnitt der Jahre 1980 - 82 um 37 % zugenommen, während sie in NATO-Europa um 15 % gesunken sind (s. Tab. 2).

Das Land mit den meisten Soldaten war Anfang der 80er Jahre wie auch ein Jahrzehnt zuvor die Türkei, gefolgt von Pakistan und Ägypten. Auf den Plätzen vier bis acht befanden sich 1972 - 74 Iran, Israel, Syrien, der Irak und Algerien. 1980 - 82 wurden diese Plätze von den gleichen Ländern besetzt mit der Ausnahme Algeriens, das trotz 34%iger Verstärkung seiner Truppen von Marokko auf den neunten Platz verdrängt wurde.

Von den insgesamt 25 betrachteten Ländern verfügten neun im Durchschnitt der Jahre 1980 - 82 über mehr als 100.000 und 15 über mehr als 50.000 Soldaten. Im Vergleichzeitraum in der ersten Hälfte der 70er Jahre waren es erst sieben bzw. elf.

Ähnlich wie bei den Militärausgaben hat auch bei den militärischen Personalstärken das Gewicht der Golfstaaten innerhalb der Gesamtregion zu- und das der Konfrontationsstaaten abgenommen. Die Abnahme fällt im Gegensatz zur Situation bei den Militärausgaben allerdings nur geringfügig aus. Die absoluten Zahlen der Truppenstärken haben sowohl am Golf als auch bei den Konfrontationsstaaten zugenommen. Auffallend ist, daß die Golfstaaten 1980 - 82 66 % der Militärausgaben der Region bestritten, aber nur 26 % der Truppen unterhielten. Da Besoldungsunterschiede nicht die Ursache einer so großen Differenz sein können, spiegelt sich in diesen Zahlen die überdurchschnittliche Bedeutung der Rüstung für das Militärpotential der Golfstaaten. Auffallend ist die Diskrepanz zwischen den Anteilen an Militärausgaben und Truppenstärken der Gesamtregion besonders für Saudi-Arabien. Dieses Land bestritt 1980 - 82 31 % der Militärausgaben der Region, wohingegen es nur über 1,5 % der Truppen verfügte.

Interessanterweise sind der benutzten amerikanischen Quelle zufolge am Golf — und mit Ausnahme Jordaniens nur dort — in einzelnen Ländern sinkende Truppenstärken zu verzeichnen gewesen, so in Kuwait (-14 %), Saudi-Arabien (-29 %) und Bahrain (-40 %). Allerdings steht auch ein Golfstaat (Irak) an der Spitze der relativen Zunahme der Truppenstärken seit 1972 - 74 (280 %). Hinsichtlich der relativen Steigerungen folgen auf den Plätzen zwei bis fünf Afghanistan, die Vereinigten Arabischen Emirate, Mauretanien und Libyen. Das sind mit der Ausnahme der VAE alles Länder, die 1980 - 82 im Gegensatz zu 1972 - 74 in Kriege verwickelt waren.

Tabelle 2: Entwicklung der absoluten Truppenstärken 1972 - 1982

	1972	1973	1974	1972-1973 Durchschnitt			1980	1981	1982	1980-1982 Durchschnitt			Relative Veränderung Sp. 10/Sp. 4	
	Tsd.	Tsd.	Tsd.	Tsd.	Rg.	%	Tsd.	Tsd.	Tsd.	Tsd.	Rg.	%	%	Rg.
1 Afghanistan	22	25	25	24	15	,93	110	89	43	81	10	2,28	236,11	2
2 Pakistan	350	466	500	439	2	17,01	467	467	478	471	2	13,31	7,29	18
3 Iran	265	285	310	287	4	11,12	305	440	440	395	5	11,17	37,79	14
4 Irak	105	105	110	107	7	4,14	350	400	450	400	4	11,31	275,00	1
5 Kuwait	14	14	15	14	19	,56	12	12	13	12	22	,35	-13,95	23
6 Saudi-Arabien	75	75	80	77	9	2,97	54	54	55	54	14	1,54	-29,13	24
7 Bahrain	3	3	4	3	23	,13	2	2	2	2	25	,06	-40,00	25
8 Katar	2	3	3	3	25	,10	6	6	6	6	24	,17	125,00	7
9 VAE	10	11	19	13	20	,52	44	44	44	44	16	1,24	230,00	3
10 Oman	4	8	10	7	22	,28	15	15	15	15	21	,42	104,55	8
Golfstaaten	478	504	551	511		19,82	788	973	1.025	929		26,26	81,74	82
11 Südjemen	13	12	14	13	21	,50	23	23	25	24	19	,67	82,05	12
12 Nordjemen	20	31	35	29	13	1,11	36	30	22	29	18	,83	2,33	21
13 Somalia	25	25	30	27	14	1,03	54	54	54	54	15	1,53	102,50	9
14 Türkei	610	545	535	563	1	21,85	517	583	638	579	1	16,38	2,84	20
15 Syrien	115	115	130	120	6	4,65	250	270	290	270	6	7,64	125,00	6
16 Libanon	20	20	25	22	17	,84	23	22	23	23	20	,64	4,62	19
17 Israel	130	130	160	140	5	5,43	180	180	180	180	7	5,09	28,57	16
18 Jordanien	70	70	70	70	10	2,71	65	65	65	65	12	1,84	-7,14	22
19 Ägypten	390	390	410	397	3	15,38	447	447	447	447	3	12,64	12,69	17
Konfrontationsstaaten	725	725	795	748		29,02	965	984	1005	985		27,84	31,58	32
20 Sudan	35	35	35	35	12	1,36	65	65	65	65	12	1,84	85,71	10
21 Libyen	20	20	25	22	17	,84	53	55	55	54	14	1,54	150,77	5
22 Tunesien	20	20	20	20	18	,78	29	29	32	30	17	,85	50,00	13
23 Algerien	80	80	80	80	8	3,10	101	101	120	107	9	3,04	34,17	15
24 Marokko	65	65	65	65	11	2,52	117	120	125	121	8	3,41	85,64	11
25 Mauretanien	3	3	3	3	24	,12	8	8	8	8	23	,23	166,67	4
Summe Region	2.466	2.556	2.713	2.578		100,00	3.333	3.581	3.695	3.536		100,00	37,16	
Zum Vergleich: NATO (Europa)	3.291	3.241	3.236	3.256			2.690	2.761	2.832	2.761			-15,20	

Durchschnitt = im Durchschnitt der angegebenen Jahre, Rg. = Rang, Sp. = Spalte

Quelle: World Military Expenditures and Arms Transfers 1972-1982 (Washington, D. C.: U.S. ACDA).

Von den 25 Ländern haben neun ihre Truppenstärken mehr als verdoppelt. Zu diesen zählen neben den soeben erwähnten noch Syrien, Katar, Oman und Somalia (in dieser Reihenfolge). Drei Staaten, der Irak, Afghanistan und die VAE haben ihre Truppenstärken sogar verdreifacht.

Als Indikator der Belastung der Bevölkerung mit Militärdienst gilt der Anteil der militärischen Personalstärke an der Gesamtbevölkerung (relative Truppenstärke). Diese war 1972 - 74 wie auch 1980 - 82 in Israel mit Abstand am größten und ist in der dazwischen liegenden Zeit sogar noch gewachsen (47 % gegenüber 42 %). Auf den nächsten Plätzen folgten Anfang der 80er Jahre die VAE (40 %), Katar (30 %), Syrien (30 %) und der Irak (29 %). Diese Länder waren auch bereits 1970 - 72 am stärksten belastet mit der Ausnahme des Irak, der seinerzeit Platz zwölf belegte. Stattdessen hatte Jordanien, dessen Belastung 1980 - 82 auf 21 % gesunken war, damals mit 29 % den dritten Platz inne.

Bei insgesamt 15 der 25 Staaten hat seit der ersten Hälfte der 70er Jahre die personelle Belastung zugenommen. An der Spitze steht der Irak, dessen diesbezügliche Belastung sich fast verdreifacht hat. Mehr als verdoppelt hat sich die Belastung noch in Mauretanien, während die Belastungssteigerung der übrigen Länder unter 100 % liegt. In NATO-Europa hat sich die personelle Belastung dagegen verringert (von 10 % auf 8,4 %). Im Durchschnitt der Jahre 1980 - 82 waren 13 Staaten des Nahen und Mittleren Ostens stärker belastet als NATO-Europa, während es 1970 - 72 elf waren.

4. Volumen und Herkunft der Rüstungsimporte

Die Diskrepanz zwischen der Entwicklung der Militärausgaben einerseits und den militärischen Personalstärken andererseits gibt bereits einen Hinweis auf die überragende Bedeutung der Rüstungskomponente für die militärischen Potentiale des Nahen und Mittleren Ostens. Da einheimische Rüstungsindustrie vorerst nur in geringem Umfang vorhanden ist, wird die militärische Dynamik in dieser Region notwendigerweise weitgehend durch Rüstungsimporte bestimmt. Zugleich können die — teilweise wechselnden — Quellen solcher Importe Aufschlüsse über militärische Abhängigkeiten bzw. Interessen und Einflüsse der Industrieländer in Nah- und Mittelost geben (s. Tab. 3).

Die gesamte Region importierte im Durchschnitt der Jahre 1972 - 74 Rüstungsmaterial im Wert von 7,0 Mrd. US-$ jährlich. 1980 - 82 beliefen sich diese Importe — preisbereinigt — auf 17,4 Mrd. US-$, d.h. rund das Zweieinhalbfache. Dabei ist zu bemerken, daß gemäß der diesen Zahlen zugrunde liegenden Definition der U.S. ACDA Baumaßnahmen für militärische Infrastrukturen (Kasernen, Straßen, Flugplätze) in den ,,Rüstungs"importen nicht enthalten sind, soweit sie von den USA ausgeführt wurden (im großen Stil z.B. in Saudi-Arabien).

Nach 1982 deutet sich wiederum eine sinkende Tendenz der Rüstungsimporte in Nah- und Mittelost an, worauf die aktuelleren Daten des schwedischen Friedensforschungsinstituts, SIPRI, hinweisen, die nur für schwere Waffen gelten. Rückläufige Öleinnahmen dürften dabei eine größere Rolle spielen, als der insgesamt kaum zu verzeichnende politische Verzicht auf militärische Mittel. Durch die gewaltigen Steigerungen seit Anfang der 70er Jahre bleiben die Rüstungsimporte der Region auch weiterhin auf sehr hohem Niveau.

An erster Stelle der Rüstungsimporteure stand im Durchschnitt der Jahre 1972 - 74 Syrien, gefolgt von Iran, Ägypten, Israel und dem Irak. Es schlossen sich dann Libyen, Saudi-Arabien und — erst auf Platz acht — die Türkei an. Anfang der 80er Jahre importierte der Irak das meiste Rüstungsmaterial, gefolgt von Saudi-Arabien und Libyen. Die Konfrontationsstaaten Syrien, Ägypten und Israel belegten erst die Plätze vier bis sechs. Ihnen folgten Algerien und schließlich Iran, während die Türkei trotz um 66 % höherer Rüstungsimporte auf Platz zwölf fiel. Auch die Rüstungsimporte spiegeln das größere Gewicht wider, das die Golfstaaten in der zweiten Hälfte

Tabelle 3: Entwicklung der Rüstungsimporte

	1972	1973	1974	1972-1974 Durchschnitt			1980	1981	1982	1980-1982 Durchschnitt			Relative Veränderung Sp. 10/Sp.4	
	Mio.US-$	Mio.US-$	Mio.US-$	Mio.US-$	Rg.	%	Mio.US-$	Mio.US-$	Mio.US-$	Mio.US-$	Rg.	%	%	Rg.
1 Afghanisten	38	147	20	68	12	,97	10	190	150	117	18	,67	70,73	15
2 Pakistan	213	239	169	207	9	2,95	415	300	415	377	11	2,16	81,96	14
3 Iran	1.021	966	1.693	1.227	2	17,50	437	800	1.226	821	8	4,71	-33,07	22
4 Irak	272	1150	1.058	827	5	11,79	1.749	3.700	4.056	3.168	1	18,19	283,27	11
5 Kuwait	9	0	0	3	22	,04	43	120	122	95	20	,55	3.066,67	2
6 Saudi-Arabien	194	147	575	305	7	4,36	1.967	2.700	2.452	2.373	2	13,62	677,18	6
7 Bahrain	0	0	0	0	23	0	43	30	30	4	24	,15	...	...
8 Katar	0	0	0	0	23	,00	98	130	235	154	14	,89	...	...
9 VAE	19	18	84	40	15	,58	185	220	37	147	15	,85	265,29	12
10 Oman	9	18	16	14	20	,20	109	50	94	84	22	,48	488,37	9
Golfstaaten	1.524	2.299	3.426	2.416		34,47	4.631	7.750	8.226	6.869		39,43	184,27	
11 Südjemen	38	73	67	59	13	,85	262	120	47	143	17	,82	141,01	13
12 Nordjemen	19	9	16	15	19	,21	601	800	226	542	10	3,11	3.597,73	1
13 Somalia	38	73	152	88	10	1,25	207	50	66	108	19	,62	22,81	19
14 Türkei	291	92	253	212	8	3,02	317	340	396	351	12	2,01	65,57	16
15 Syrien	544	2.393	1.396	1.444	1	20,60	2.951	1.900	2.169	2.340	4	13,43	62,01	17
16 Libanon	38	36	16	30	17	,43	43	50	37	43	23	,25	44,44	18
17 Israel	583	423	1.608	871	4	12,43	901	1.100	943	981	6	5,63	12,62	20
18 Jordanien	58	73	118	83	11	1,18	284	1.100	778	721	9	4,14	768,27	5
19 Ägypten	1.069	1.565	398	1.011	3	14,42	601	575	1.980	1.052	5	6,04	4,09	21
Konfrontationsstaaten	2.292	4.490	3.536	3.439		49,06	4.780	4.725	5.907	5.137		29,49	49,37	
20 Sudan	38	18	50	35	16	,50	109	160	160	143	17	,82	304,72	10
21 Libyen	311	331	558	400	6	5,71	2.405	2.400	2.263	2.356	3	13,52	489,00	8
22 Tunesien	19	9	16	15	19	,21	153	60	56	90	21	,51	511,36	7
23 Algerien	19	73	33	42	14	,59	573	1.000	1.037	870	7	4,99	1.988,00	4
24 Marokko	0	9	33	14	21	,20	382	320	245	316	13	1,81	2.154,76	3
25 Mauretanien	0	0	0	0	23	,00	0	5	9	5	25	,03	...	...
Summe Region	4.840	7.862	8.329	7.010		100,00	14.845	18.220	19.203	17.423		100,00	148,53	
Zum Vergleich: NATO (Europa)	2.790	1.942	2.014	2.249			3.049	3.170	3.291	3.170			40,97	

alle Angaben in konstanten (inflationsbereinigten) Preisen von 1981

Durchschnitt = im Durchschnitt der angegebenen Jahre, Rg. = Rang, Sp. = Spalte

Quelle: World Military Expenditures and Arms Transfers 1972-1982 (Washington, D. C.: U.S. ACDA).

der 70er Jahre erlangt haben. Obwohl Iran, dessen Rüstungsimporte 1972 - 74 noch rund 18 % derjenigen der Gesamtregion ausmachten (1980 - 82: 4,7 %), zurückfiel, stieg der Anteil der Golfstaaten von rund 34 % auf rund 39 %, während derjenige der Konfrontationsstaaten von 49 % auf rund 29 % zurückging.

Die relative Veränderung des Rüstungsimportvolumens konnte für einige Staaten (Bahrain, Katar, Mauretanien) nicht berechnet werden, da ihre Importe in den Jahren 1972 - 74 noch mit Null bewertet waren. Unter den übrigen wiesen Nordjemen und Kuwait die mit Abstand größten Steigerungsraten auf, gefolgt von Marokko, Algerien, Jordanien und Saudi-Arabien. Insgesamt haben von den 22 Ländern, für die Steigerungsraten berechnet wurden, neun ihre Rüstungsimporte mehr als verfünffacht und 13 mehr als verdoppelt.

Betrachtet man die Quellen der Rüstungsimporte, so waren in den Jahren 1973 - 77 die USA führend, während 1978 - 82 die Sowjetunion — mit erheblich größerem Abstand — an erster Stelle der Rüstungslieferanten der Region stand. Zu beachten ist, daß den Vergleichen hier jeweils eine Fünfjahresperiode zugrunde liegt im Gegensatz zu den sonst zur Durchschnittsbildung verwendeten Dreijahreszeiträumen. Interessant ist, daß 1973 - 77 die Supermächte zusammen rund 72 % der Rüstungsexporte nach Nah- und Mittelost bestritten, während es 1978 - 82 nur noch rund 54 % waren. Andere westliche, aber auch östliche Lieferanten haben seit der ersten Hälfte der 70er Jahre ihre Anteile deutlich erhöht. Besonders fällt auf, daß Frankreich seinen Anteil von 6,8 % auf über 12 % gesteigert hat. Auch Großbritanniens Rüstungsexporte verzeichneten einen nicht unerheblichen Zuwachs, während der Anteil der Bundesrepublik etwas zurückgegangen ist.

Die größten Anteile an den Rüstungsimporten hatten die USA 1973 - 77 in Bahrain (100 %), Israel (96 %), Iran (77 %), Jordanien (74 %) und — in erheblich geringerem Maße — im NATO-Land Türkei (44 %). Die Sowjetunion dominierte bei den Rüstungsimporten Afghanistans (95 %), Südjemens (94 %), Somalias (87 %), Syriens (86 %) sowie des Irak, Ägyptens, Libyens und Algeriens (jeweils über 66 %). Diese Aufzählung zeigt, daß erheblich mehr Staaten, nämlich acht, zu mehr als Zweidritteln von sowjetischen Rüstungslieferungen abhängig waren als von amerikanischen (vier).

1978 - 82 waren nur noch vier Länder zu mehr als Zweidritteln von sowjetischen Waffenlieferungen abhängig: Südjemen (97 %), Afghanistan (96 %), Algerien (84 %) und Syrien (84 %). Alle diese Länder waren auch in der Periode 1970 - 74 unter denen mit den größten Anteilen sowjetischer Lieferungen an ihren Rüstungsimporten. In den übrigen vier für 1973 - 77 bereits erwähnten Ländern sank der Anteil sowjetischer Rüstungslieferungen auf 52 % für Libyen, 48 % für den Irak und — besonders hervorstechend — 0,71 % für Ägypten und 0 % für Somalia. Von den USA war 1978 - 82 nur noch Israel zu mehr als Zweidritteln abhängig. Dieses Land, das in diesem Zeitraum praktisch ausschließlich von den USA mit Rüstungsmaterial beliefert wurde, verfügt allerdings als eines der wenigen Länder der Region über eine eigene nicht unbedeutende Rüstungsindustrie. Weniger als Zweidrittel, aber mehr als ein Drittel ihrer Rüstungsimporte erhielten 1978 - 82 die Türkei, Libanon, Iran, Saudi-Arabien, Ägypten, Kuwait und schließlich Jordanien von den USA. In Ägypten haben die USA in gewissem Umfang die sowjetische Rolle übernommen, nicht jedoch in Somalia. Aber auch in Ägypten ist der amerikanische Anteil nur etwas mehr als halb so groß wie der sowjetische Anteil in den Jahren 1973 - 77.

5. Militärische Präsenz außerregionaler Mächte: Militärberater und Stützpunkte

Das Bild von Militär und Rüstung im Nahen und Mittleren Osten wäre unvollständig ohne einen Hinweis auf die starke militärische Präsenz auswärtiger Mächte, bzw. den auf die Region zielgerichteten Aufbau militärischer Einwirkungsmöglichkeiten (force projection). Solche Einwirkungsmöglichkeiten werden durch Flottenaktivitäten im Indischen Ozean und im Mittelmeer sowie neuerdings wiederum verstärkt durch Landstützpunkte in der Region selbst oder in ihrer Nähe realisiert. Daneben muß die mit Rüstungsimporten und dem Aufbau einheimischer Rüstungsindustrien verbundene Anwesenheit Tausender von Militärberatern aus östlichen und westlichen Industrieländern gesehen werden.

Das rasante Wachstum der Rüstungsimporte während der 70er Jahre war auf seiten des größten westliche Lieferanten, der USA, politisch durch die Nixon-Doktrin abgestützt. Abgesehen von Mitgliedern verbliebener Bündnissysteme — wie dem NATO-Land Türkei — sollten Länder am Rande des sowjetischen Einflußbereichs nicht durch amerikanische Soldaten, sondern — gestärkt durch Rüstungsimporte — von eigenen Streitkräften verteidigt werden. Als klassischer Anwendungsfall der Nixon-Doktrin entwickelte sich Iran bis zum Sturz des Schahs. Währenddessen verminderten auch Frankreich und vor allem Großbritannien (Rückzug ,,East of Suez") ihre unmittelbare Präsenz. Die sowjetischen Militärberater verließen — nicht freiwillig — Ägypten und später Somalia, während sie ihre Stellung in Syrien, Libyen und Südjemen hielten. Die massiven sowjetischen militärischen Engagements in Äthiopien und schließlich Afghanistan führten dann in Verbindung mit dem Fall des Schah-Regimes in Iran zur Ablösung der Nixon-Doktrin durch die Carter-Doktrin und in deren Gefolge auch zu verstärkter westlicher Militärpräsenz in der Region.

Frankreich, Großbritannien und vor allem die USA haben seitdem ihre auf die Region gerichteten militärischen Einflußmöglichkeiten vergrößert. Alle drei Länder haben neue militärische Eingreifverbände geschaffen und ihre Flottenaktivitäten verstärkt. Die USA haben mit der Aufstellung ihrer Schnellen Eingreiftruppe (Rapid Deployment Force) und der Schaffung eines neuen *Central Command* in Verbindung mit der Sicherung von Zugangsmöglichkeiten ein Milliardenprogramm in Gang gesetzt. Wichtige außerregionale amerikanische Stützpunkte, die in den letzten Jahren für militärische Eingriffe in der Region erweitert wurden, sind Diego Garcia im Indischen Ozean, Mombasa in Kenia und Lajes auf den portugiesischen Azoren. In der Region selbst werden amerikanische Stützpunkte in Bahrain, Oman (Masira, Seeb, Thumrait), Somalia (Berbera und Mogadischu) und vor allem Ägypten (Ra's Banas) teilweise massiv ausgebaut. Daneben sind auch in anderen Staaten der Region, wie Sudan und Marokko, amerikanische militärische Aktivitäten zu verzeichnen. In Saudi-Arabien organisiert das U.S. Army Corps of Engineers gigantische Bauprogramme für militärische Infrastrukturen.

Das Verhalten der Staaten der Region gegenüber derartigen militärischen Aktivitäten westlicher Mächte ist unterschiedlich und teilweise zwiespältig: Anti-westlich und vor allem antiamerikanisch eingestellte Länder wie Libyen oder Iran bekämpfen sie aufs schärfste, während die anderen in der Öffentlichkeit Zurückhaltung pflegen, sich jedoch im übrigen sogar an gemeinsamen Übungen beteiligen, wie z.B. dem inzwischen regelmäßig stattfindenden Manöver ,,Bright Star".

6. Einheimische Rüstungsindustrien

Rüstungsindustrien in der Dritten Welt haben im vergangenen Jahrzehnt eine zunehmende Bedeutung erlangt und dazu geführt, daß inzwischen neben den Industrieländern Länder der Dritten Welt sich nicht nur teilweise selbst mit Waffen versorgen, sondern auch als Rüstungsexporteure in Erscheinung treten. Dies gilt sogar für die Produktion sogenannter schwerer Waffen wie Flugzeuge, Lenkwaffen, Schiffe und Panzer. Erhöht hat sich zunächst weltweit die Zahl der Produzenten solcher Waffen (von 32 im Jahr 1972 auf 44 im Jahr 1982) als auch — in den letzten Jahren — das Produktionsvolumen. Die bedeutendsten Rüstungsexporteure der Dritten Welt sind

Brasilien, Israel und Südkorea. Bei den hier zu betrachtenden Ländern sind neben Israel auch noch Ägypten, Libyen, Pakistan, Syrien und die Türkei unter den statistisch erfaßten Rüstungsexporteuren zu finden. Eine große Zahl weiterer Länder der Region hat in einzelnen früheren Jahren schon einmal Rüstungsmaterial exportiert, wie zum Beispiel Iran.

Rüstungsexporte weisen allerdings noch nicht notwendig auf eine einheimische Rüstungsindustrie hin, da ein Teil des in so großen Stückzahlen importierten Materials wieder (re-)exportiert wird, weil es entweder veraltet ist und/oder das betreffende Land (z.B. Libyen) nur Durchgangsstation für Waffentransporte ist, die für andere Länder bestimmt sind (z.B. Iran). Andererseits treten Länder mit eigener Rüstungsproduktion nicht immer auch in den Statistiken als Exporteure auf (wie z.B. der Sudan), so daß es notwendig ist, der Existenz von Rüstungsproduktionen in den Ländern selbst nachzugehen.

Rüstungsindustrien in Entwicklungsländern können einerseits danach klassifiziert werden, wie groß der Eigenanteil des betreffenden Landes an den hergestellten Rüstungswaren bereits ist, andererseits auch danach, welche Art von militärischem Material produziert wird. Beides zusammengenommen erlaubt eine gewisse Einschätzung der Entwicklungsstufen von Rüstungsproduktion. So wird man im allgemeinen ebenso einen Unterschied darin sehen, ob ein Gewehr oder ein Flugzeug in Lizenz produziert wird, als auch — und erst recht — darin, ob ein Panzer im Lande selbst konstruiert und mit den wesentlichen Komponenten versehen wurde oder ob Entwurf und Komponenten importiert wurden (wie z.B. beim argentinischen Kampfpanzer Tam in gewissem Gegensatz zum israelischen Merkava). Daneben ist für die Beurteilung der Rüstungsfertigung eines Landes auch das Produktionsvolumen von Bedeutung.

Der Eigenanteil kann als Wertanteil am fertigen Produkt angegeben werden, wie es in Ländern geschieht, die auf sichtbare Fortschritte in der Importsubstitution besonderen Wert legen (z.B. Indien). Man kann aber auch Entwicklungsstufen von einheimischen Fertigungen etwa wie folgt beschreiben:

- Ausführung von Reparaturen, Wartungs- und Überholungsarbeiten;
- Zusammenbau importierter Baugruppen oder Einzelkomponenten;
- Produktion einfacher Komponenten;
- Lizenzfertigung vollständiger Waffensysteme;
- Fertigung vollständiger Waffensysteme nach eigenem Entwurf.

Häufig liegen Zwischenstadien vor (z.B. eigener Entwurf, aber weitgehend importierte Komponenten), so daß die Bewertung noch differenzierter vorgenommen werden muß. Eine exakte Klassifizierung ist schwierig, so daß die bislang genannten Beurteilungskriterien für die folgende Darstellung nur als grobe Leitlinie dienen sollen.

Hinsichtlich der Herstellung schwerer Waffen stellt sich die Entwicklung von Herstellungskapazitäten in der Region (ohne das NATO-Land Türkei) wie folgt dar:

- 1965 produzierte kein Land Kampfflugzeuge, Lenkwaffen, größere Kampfschiffe oder Panzer. Ältere ägyptische Bemühungen waren eingestellt worden, bzw. erfolglos geblieben.
- 1970 war in einem Land (Israel) die Produktion von schweren Waffen (Lenkwaffen) zu verzeichnen.
- 1975 beschränkte sich die Produktion schwerer Waffen immer noch auf Israel, jedoch war dort die Fertigung vom Kampfflugzeugen hinzugekommen.
- 1980 war neben Israel auch Ägypten zum Hersteller schwerer Waffen geworden. Die Produktpalette umfaßte in Israel Flugzeuge, Lenkwaffen und Panzer, in Ägypten Lenkwaffen und Flugzeuge (Hubschrauber).
- 1985 sind drei Länder Hersteller von schweren Waffen: Iran hat die Produktion von Lenkwaffen aufgenommen, Ägypten und Israel stellen Lenkwaffen und Flugzeuge her (Ägypten nun auch Starrflügler), und Israel produziert als einziges Land der Region weiterhin auch Panzer.

Von Pakistan, das früher während einiger Jahre auch Lenkwaffen hergestellt hat, wird angenommen, daß diese Fertigung eingestellt wurde. Das oben zunächst nicht einbezogene NATO-Land Türkei verfügt seit langem über Lizenzfertigungen in allen vier Kategorien schwerer Waffen.

Demnach haben in der Region seit 1965 insgesamt fünf Länder, nämlich Ägypten, Iran, Israel, Pakistan und die Türkei zumindest eine Zeitlang schwere Waffen hergestellt.

Israel verfügt zweifellos über die umfangreichste und eigenständigste Rüstungsindustrie in der Region. 60.000 Menschen leben direkt und weitere 250.000 indirekt, d.h. durch Zulieferungen und Dienstleistungen, von der israelischen Rüstungsproduktion. Die Rüstungsexporte machen 20 % der gesamten israelischen Exporterlöse aus.

Besondere Anstrengungen zur Steigerung der Waffenproduktion haben in den letzten Jahren Iran und Ägypten unternommen. Seit der Revolution und vor allem seit dem Beginn des iranisch-irakischen Kriegs sah sich Iran erheblichen Beschaffungsproblemen gegenüber. Schwer zu beschaffen waren vor allem auch Ersatzteile für die immer noch zahlreichen Großwaffen amerikanischen Ursprungs. Nach offizieller Quelle war im Herbst 1984 das Ziel der Selbstversorgung im Bereich der Material- und Ersatzteilbeschaffung beinahe erreicht. Iran, so hieß es, könne nun u.a. die Ersatzteile für die amerikanischen Kampfflugzeuge F-4 (Phantom), F-5 (Freedom Fighter) und sogar die hochmodernen F-14 (Tomcat) selbst herstellen. Insgesamt sei die Produktion der Verteidigungsindustrie seit der Revolution verzehnfacht worden. Auch gelang es den Iranern offensichtlich, eigene Konstruktionen auch schwerer Waffen zu realisieren wie die einer Boden-Boden-Rakete, mit der die irakische Hauptstadt Bagdad beschossen wurde.

Ägypten hat sich seit der von Sadat (Anwar as-Sādāt) vollzogenen Loslösung von der Sowjetunion westlicher Hilfe zum weiteren Ausbau seiner Rüstungsindustrie verschrieben. Der Frieden von Camp David mit Israel brachte zunächst das Scheitern einer multilateral arabisch finanzierten Rüstungsindustrie in Ägypten (Arab Organization for Industrialization, AOI) mit sich, erhöhte jedoch die Lieferbereitschaft westlicher Regierungen, insbesondere der amerikanischen. Selbst die noch vorhandenen sowjetischen Jagdbomber vom Typ MIG-21M sollen nun mit westlichen Lenkwaffen und Feuerleitsystemen ausgerüstet werden. Bereits seit 1979 werden von der ägyptischen Rüstungsindustrie Panzerabwehr-Flugkörper des britischen Typs Swingfire ausgeliefert. Die Produktion des amerikanischen Panzerabwehr-Flugkörpers Tow ist geplant. Die verbesserte ägyptische Version eines sowjetischen Flugabwehr-Flugkörpers mit westlichen Leiteinrichtungen wurde als serienreif gemeldet. Verschiedene westliche Firmen verhalfen auch der ägyptischen Version eines Mehrfachraketenwerfers sowjetischer Konstruktion zur inzwischen aufgenommenen Serienfertigung in Ägypten.

Auf dem Marinesektor bauen ägyptische Werften zwar vorerst keine Großkampfschiffe, aber doch moderne Küsten-Patrouillenboote. Besonders ehrgeizige Projekte betreffen Landfahrzeuge. Ein neuer Mannschaftstransportwagen wird von einem ägyptischen Unternehmen in Zusammenarbeit mit den deutschen Firmen Daimler-Benz und Thyssen-Henschel entwickelt. Ein amerikanisches Unternehmen erhielt den Auftrag, eine völlig neue Panzerfabrik in Ägypten zu bauen, die zunächst Reparaturarbeiten an ägyptischen Panzern amerikanischen Ursprungs ausführen und später einen ägyptischen Kampfpanzer herstellen soll.

Was den Eigenanteil in der Rüstungsproduktion betrifft, dürften Israel und — im Rahmen seiner weitaus bescheideneren Produktpalette — auch Iran eine gewisse Eigenständigkeit erreicht haben. Ägypten, Pakistan und die Türkei befinden sich — bei einzelnen Waffenkategorien in unterschiedlichem Grade — im Stadium der Lizenzproduktion, wobei Ägypten und die Türkei weiter fortgeschritten sein dürften als Pakistan.

Unter den übrigen Produktionen von Rüstungsmaterial sind vor allem die Gewehr- und Munitionsherstellung von Bedeutung. Insbesondere Iran (ehem. Kaiserliche Arsenale) und Pakistan verfügen über eine lange Tradition in der Herstellung von Infanteriewaffen und Munition. Die übrigen genannten Hersteller schwerer Waffen sind ebenfalls alle auch in der Kleinwaffenproduktion engagiert. Weitere Produktionsstätten für Infanteriewaffen und Munition finden sich mindestens in Algerien, dem Irak, Marokko, Saudi-Arabien sowie im Sudan. Bei den Fabrikationen in Algerien, Saudi-Arabien und im Sudan ist *know how* aus der Bundesrepublik Deutschland maßgeblich beteiligt. Im Falle Pakistans und Israels ist sie auch Großabnehmer von dort hergestellter Munition.

7. Die politische Rolle des Militärs

In den meisten Staaten des Nahen und Mittleren Ostens verfügt das Militär über politischen Einfluß, der über denjenigen in den ebenfalls hochgerüsteten westlichen Demokratien weit hinausgeht. Die auffälligste Manifestation einer solchen besonderen Rolle ist das Militärregime. Eine äußerlich weniger sichtbare Form militärischen Einflusses findet sich am ausgeprägtesten in der Türkei, die nach Jahren unmittelbarer Militärherrschaft wieder über eine zivile Regierung verfügt, wo das Militär sich jedoch die politische Kontrolle vorbehält und erklärtermaßen bereitsteht, jederzeit einzugreifen.

Die meisten Staaten der Region haben im übrigen vor nicht allzu langer Zeit Eingriffe des Militärs in ihr politisches System erlebt, soweit sie nicht überhaupt auch Mitte der 80er Jahre noch über Militärregierungen verfügen. Einige Regierungssysteme stellen ihrem Ursprung nach Militärherrschaften dar, die sich jedoch über die Jahre hinweg legalisiert und ,,zivilisiert" haben wie das ägyptische, bei denen aber strukturelle Elemente noch auf den militärischen Ursprung hinweisen. Wir wollen durch eine kurze Betrachtung der Situation in den einzelnen Ländern die im allgemeinen starke, jedoch unterschiedliche Ausprägung der politischen Rolle des Militärs in der Region beleuchten.

Afghanistan hat im Jahrzehnt vor der sowjetischen Besetzung Ende 1980 zwei Militärputsche erlebt. Der erste, 1973, beendete die Monarchie, der zweite, 1978, brachte eine kommunistische Koalition an die Macht. Beide Male war das putschende Militär vom linksoppositionellen Typ, und in beiden Fällen folgten den erfolgreichen Putschen keine Militärregierungen. Nach dem sowjetischen Einmarsch Ende 1979 wurde das afghanische Militär weitgehend entwaffnet und wegen seiner ablehnenden Haltung gegenüber den Invasoren entmachtet.

Pakistan wird seit 1977 von einem Militärregime beherrscht, und dies nunmehr während des größten Teils der Zeit nach der Unabhängigkeit. Das Militär spielt in Politik, Wirtschaft und Gesellschaft des Landes eine beherrschende Rolle im augenfälligen Gegensatz zur Indischen Union, dem anderen Nachfolgerstaat des bis 1947 unter britischer Kolonialherrschaft geeinten Subkontinents. Das gegenwärtige Militärregime hat Wahlen und eine zivile Regierung in Aussicht gestellt, wenn, wie es heißt, die Zeit reif ist. Jedoch will sich die Armee nach türkischem Muster auch im Hintergrund die beherrschende Rolle vorbehalten.

In *Iran* haben schon bald nach der Revolution wegen innerer Unruhen und später durch den Krieg mit dem Irak militärische Kräfte eine maßgebende Rolle übernommen, obwohl die iranische Staatsideologie im Prinzip eine solche Rollenzuweisung nicht stützt. Allerdings besteht ein tiefgreifender Gegensatz zwischen den regulären Streitkräften, denen trotz umfangreicherer Säuberungen und Neutralisierungsbemühungen weiterhin ein gewisser Verdacht des Royalismus anhängt, und den entschieden einflußreicheren Pasdaran (Revolutionswächtern/pāsdārān). Der Einfluß der Pasdaran auf die Politik ist unverkennbar, zumal auch der gegenwärtige iranische Parlamentspräsident Rafsandjani (Rāfsānjānī) maßgeblich am Aufbau der Pasdaran beteiligt war. Im Krieg gegen den Irak obliegt den Pasdaran die Mobilisierung der Kriegsfreiwilligen, im Innern sind sie im gewaltsamen Kampf gegen weiterhin nach Autonomie strebende kurdische Bevölkerungsgruppen engagiert. Vor allem aber erfüllen die Pasdaran Überwachungsaufgaben aller Art, geheimdienstliche und polizeiliche, und ihnen obliegt auch die Verwaltung der u.a. mit weit über 100.000 politischen Gefangenen angefüllten Gefängnisse.

Auch im *Irak* hat der Krieg die Rolle der Armee gestärkt, wenn auch die Regierungsgewalt bei Zivilisten der Baath-Partei (al-Ba'th) liegt. Politische Einflußnahme hat bei der irakischen Armee Tradition, so daß die Baath-Partei sorgsam darauf achtet, die politischen Interessen innerhalb der Streitkräfte in ihrem Sinne zu lenken. Militärs waren es, die 1958 die Monarchie beseitigten und die irakische Republik begründeten. Der Sturz der ersten Militärregierung, 1963, durch die Baath-Partei erfolgte nicht ohne Hilfe militärischer Kreise, ebensowenig die erneute Machtübernahme der Baath-Partei 1968. Noch bis 1979, dem Jahr der Amtsübernahme durch den heutigen Präsidenten, Saddam Hussein (Ṣaddām Ḥusain), bekleidete ein Militär das höchste Staatsamt. Schließlich trägt die Organisation der Baath-Partei selbst militärische Züge.

In den *Golfscheichtümern*, in *Saudi-Arabien* und in gewissem Grade auch in *Jordanien* sind noch tribalistische Elemente der Einheit von feudalistisch-politischer Führung und Militär erkennbar. Dies gilt besonders für Elitetruppen wie die saudiarabische Nationalgarde. Außerhalb solcher Formationen bilden sich — nicht zuletzt unter westlichem Einfluß und nach den Erfordernissen der massenhaft beschafften modernen Bewaffnung — eigenständigere Organisationen aus, die in Zukunft auch für eine mehr linksorientierte Einflußnahme in Frage kommen, wie sie in anderen arabischen Staaten erfolgt ist.

Nord- und *Südjemen* sind im Gegensatz zu den übrigen Staaten der Arabischen Halbinsel Republiken. Die nordjemenitische Republik geht auf den Militärputsch des Jahres 1962 zurück. Heftiger royalistischer Widerstand führte zum siebenjährigen Bürgerkrieg (bis 1969), in dem sich die Republik mit ägyptischer Unterstützung behaupten konnte. Als Folge eines erneuten Militärputsches im Jahr 1974 steht das Land bis heute unter der politischen Kontrolle des Militärs. Südjemens politisches System wurzelt in der Eroberung des ehemals britisch kontrollierten Gebiets durch die Milizen der National Liberation Front (NLF). Militärischer und politischer Apparat bilden eine Einheit nach dem Muster osteuropäischer Volksrepubliken, so daß die Bedeutung des militärischen Elements unverkennbar ist, ohne daß von einem Militärregime im engeren Sinn gesprochen werden kann.

Die seit den 60er Jahren virulente, zeitweise in einem echten Militärregime manifeste politische Kontrolle der *Türkei* durch das Militär wurde schon erwähnt. *Syrien* verfügt über eine andere Art von „zivilisiertem" Militärregime: Der *Coup* von 1970, mit dem der heutige Präsident, General Asad (Ḥāfiẓ al-Asad), an die Macht kam, resultierte nicht aus dem Gegensatz zwischen den politischen Parteien und dem Militär, wie in Pakistan und in der Türkei, sondern bedeutete den Sieg des militärischen Flügels einer Partei, der syrischen Baath-Partei, über ihren zivilen Flügel.

Libanon, eines der von Kriegsereignissen am schlimmsten heimgesuchten Länder der Region, hat bisher keine Militärregierung besessen. Seine reguläre Armee ist seit Beginn des Bürgerkriegs faktisch nur noch eine unter vielen bewaffneten Organisationen, die gewaltsam um die Vorherrschaft im Lande kämpfen.

Israel ist eine demokratisch verfaßte Republik nach westlichem Muster, die stets unter ziviler Kontrolle stand und dennoch von militärischen Erfordernissen durch und durch beherrscht wird.

Ägypten verdankt dagegen seinen Status als Republik dem Militärputsch der linksoppositionellen Freien Offiziere von 1952. Das Militärregime wurde später durch Wahlen, eine Verfassung und stärkere zivile Beteiligung an der Regierung legalisiert und „zivilisiert", jedoch ist der dominierende militärische Einfluß geblieben. Nassers (Jamāl 'Abd an-Nāṣir) Nachfolger Sadat war Militär ebenso wie der heutige Präsident Mubarak (Ḥusnī Mubārak). Einflußreiche Ministerposten und Positionen in Wirtschaft und Verwaltung sind weiterhin in großer Zahl mit Militärs besetzt.

Auch *Libyen* wurde durch einen Militärputsch — 1969 — in eine Republik umgewandelt. Seitdem wird das Land *de facto* von einem Militärregime beherrscht. Dem Kabinett („Generalvolkskomitee") gehören Zivilisten an, jedoch wird es vom „Generalsekretariat" kontrolliert, das ausschließlich aus den fünf Offizieren besteht, die zusammen mit Oberst Gaddafi (Mu'ammar al-Qadhdhāfī) den Putsch von 1969 durchführten.

Tunesien gehört zu den wenigen Ländern der Region, die bislang keinem Militärputsch ausgesetzt waren und in denen der Einfluß des Militärs auf die Politik gering ist. *Algeriens* Regierung ist dagegen ein durch allgemeine Wahlen legalisiertes und ,,zivilisiertes" Militärregime mit einem Oberst als Regierungschef. Auch die zur Staatspartei aufgestiegene Front de Libération Nationale (FLN) steht in ihrer Tradition als Befreiungsarmee, die die Staatsgründung erkämpfte, unter dominierendem militärischen Einfluß.

Marokko ist als einziger nordafrikanischer Staat der Region bislang Monarchie geblieben. Mehrfach hat es Staatsstreich- und Attentatsversuche seitens des Militärs gegeben, das politisch nicht inaktiv ist, jedoch ohne Erfolg. Der Saharakrieg hat die Stellung des Militärs gestärkt, ohne die Kontrolle des Königs in Frage zu stellen. Marokkos Gegner in diesem Krieg, *Mauretanien,* wird dagegen seit dem Staatsstreich des Jahres 1978 von Militärs regiert. An der Spitze der Islamischen Republik Mauretanien steht der Präsident des Militärausschuß für nationales Heil.

Von den drei nordostafrikanischen Ländern der Region, *Sudan, Djibouti* und *Somalia* haben der Sudan und Somalia Regierungen, die durch militärische Staatsstreiche an die Macht gekommen sind, während Djibouti seit seiner Unabhängigkeit, 1977, über eine zivile Regierung verfügt. Somalias Präsident, Muhammad Ziyad Barre, stürzte bei seinem *Coup* 1969 eine verfassungsgemäße zivile Regierung und ist seitdem auch selbst schon Ziel eines Militärputsches gewesen. Ebenfalls 1969 kam im Sudan das Militärregime Numeiris (Ja'far an-Numairī) an die Macht, ,,zivilisierte" sich seitdem ähnlich dem syrischen und wurde, nachdem es zahlreiche Putschversuche überstanden hatte, schließlich im Frühjahr 1985 gestürzt und durch ein neues Militärregime ersetzt.

Insgesamt werden von 26 Ländern neun von Militärs regiert oder aber von Regimes, die auf Militärputsche zurückgehen. Vier weitere Länder haben zivile Regierungen, die unter starkem militärischen Einfluß stehen. Von den übrigen 13 Ländern befinden sich zwei im Zustand des Bürgerkriegs und zwei — Marokko und Israel — sind stark von militärischen Anforderungen eines äußeren Spannungszustands geprägt. In sechs — feudalistischen — Staaten ist die traditionelle Einheit von Militär und Herrscherhaus weiterhin spürbar. Nur in drei Ländern — Djibouti, Kuwait und Tunesien — kann der militärische Einfluß gegenwärtig als relativ gering angesehen werden.

Literatur:

International Institute for Strategic Studies (Hrsg.): The Military Balance, (jährlich), London.
dass.: Strategic Survey, (jährlich), London.
The Middle East and North Africa, (jährlich), London.
Stockholm International Peace Research Institute (Hrsg.): World Armaments and Disarmament. SPRI Yearbook, (jährlich), London, Philadelphia.
United States Arms Control and Disarmament Agency (Hrsg.): World Military Expenditures and Arms Transfers, (jährlich), Washington.

VIII. Eliten und Elitenwandel

Bassam Tibi

1. Vorbemerkung

Begriffe müssen mit Inhalt gefüllt und spezifiziert werden, ehe man mit ihnen zu operieren beginnt. Auch haben Begriffe je sozio-kulturelle Aspekte, die bei der jeweiligen Bestimmung mitzuberücksichtigen sind. Der in europäischen Sprachen gebräuchliche Elitebegriff stammt aus dem Lateinischen. Die Stammform des Wortes *eligere* bedeutet auslesen und in diesem Sinne bedeutet ,,Elite" schlicht ,,Auslese". Über diese philologische Klärung hinaus wird man zur Kenntnis nehmen müssen, daß die Etablierung des Elitebegriffes geistesgeschichtlich auf die Elitetheorien von Mosca und Pareto zurückgeht und daß die in vergangenen Jahrzehnten in der westlichen Sozialwissenschaft geführte Elitedebatte auf das engste mit der Diskussion über demokratische Herrschaft verknüpft ist. Hieraus geht hervor, daß der Elitebegriff eine westliche Kategorie ist, die allerdings einen Zugang ins Neuarabische gefunden hat. *An-nukhba as-siyāsīya* als sprachliches Äqivalent für ,,politische Elite" ist inzwischen ein etablierter arabischer Begriff.

2. Der Elitebegriff und seine Aufnahme in die gegenwartsbezogene Orientforschung

Vergegenwärtigt man die Spannung der Bindung der Forschung an eine regionspezifische Spezialisierung bzw. an eine Disziplin, dann kann man nicht umhin zu erkennen, daß gegenwartsbezogene Orientforschung zwar ein Untersuchungsgegenstand, aber doch keine Disziplin für sich ist. Gerade die Loslösung der Regionalstudien von einer Disziplinorientierung fördert gleichermaßen die rein deskriptive, kaum konzeptualisierende und auch die teilweise sträflich unspezifische Handhabung der Begriffe. So findet man in einigen — sogar akademischen — Untersuchungen über den Orient den Begriff Elite ungeklärt parallel zu den Kategorien Klasse und Schicht ohne die hierzugehörige Erkenntnis, daß alle drei Begriffe analytisch sind, d.h. je eine exklusive Methode einschließen und somit nicht parallel verwendbar sind. Es ist gerade deshalb erforderlich, den Begriff vor und im Zusammenhang mit seiner Anwendung auf den Nahen und Mittleren Osten zu schärfen, ehe er empirisch in diesem Artikel gefüllt wird.

Die philologische Deutung des Elitebegriffes ist wertfrei und zugleich aussagearm. Eine Auslese kann es in allen Bereichen einer Gesellschaft oder Gemeinschaft geben. Der Hinweis darauf erklärt wenig. Gaetano Mosca (1858 - 1941) hat noch den Begriff der Elite synonym zu dem der politischen Klasse verwendet und die Unterscheidung zwischen politisch herrschender und politisch beherrschter Klasse eingeführt. Die herrschende Klasse ist nach Mosca eine Minderheit, die die jeweilige politische Elite konstituiert. Vilfredo Pareto (1848 - 1923) führt einige Details in den Elitebegriff ein, die sehr stark an Ibn Khaldūns Geschichtsphilosophie erinnern, die Pareto ganz sicher nicht kannte. Politische Eliten verfügen nach ihm zwar über die politische Macht, können sie aber auf die Dauer nicht halten, da sie im Verlaufe ihrer Machtausübung dekadent werden. Die zwangsläufig eintretende Dekadenz ebnet den Weg für die Ablösung einer politischen Elite durch eine andere. „Die Zirkulation der Eliten" ist daher die zentrale Aussage der Elitetheorie Paretos. Die Ähnlichkeit zur zyklischen Bestimmung der Zivilisation (al-ʿumrān) infolge der Schwächung des Zusammengehörigkeitsgefühls, *ʿaṣabīya*, (i.e. Dekadenz) bei Ibn Khaldūn fällt auf, obwohl der Verlauf der Elitenzirkulation bei Pareto keine Parallele zu der Ibn Khaldūnischen Spannung zwischen dem urbanen Zentrum und der nomadischen Peripherie aufweist, da diese Zirkulation stets im Zentrum der Macht, d.h. in der Metropole erfolgt.

Der wissenschaftliche Fortschritt in der Sozialwissenschaft hat in den vergangenen Jahrzehnten eine Präzisierung des Elitebegriffes und eine deutlichere Abgrenzung gleichermaßen zum Schicht- und Klassenbegriff mit sich gebracht. Zunächst hat der Begriff im Hinblick auf seine Anwendung auf Industriegesellschaften, d.h. auf funktional differenzierte Sozialsysteme, eine rein deskriptive wertneutrale Prägung im Sinne von Funktionselite erhalten. In dieser Bedeutung hat jeder Funktionsbereich der Gesellschaft seine Funktionseliten. Manager sind z.B. die Funktionselite der Industrie, Professoren sind die Funktionselite der Wissenschaft, Journalisten sind die Funktionselite des Massenmediensystems usw. In der politischen Soziologie wurde der Elitebegriff vor allem durch den Beitrag von C. W. Mills, über diese funktionale Begriffsfüllung hinaus, substantiiert. Mit dem Rückgriff auf den militärisch-industriellen Komplex wurde der Elitebegriff zu dem der Machtelite politisch erweitert. In den USA wird die Regierung zwar als eine politische Funktionselite gedeutet, wenngleich die Wirkung des militärisch-industriellen Komplexes *qua* Machtelite auf ihre Entscheidung nicht mehr übersehen wird.

Alle Gesellschaften des Nahen und Mittleren Ostens sind nicht industrialisiert, obwohl die entwickelteren unter ihnen einen industriellen Sektor vorweisen. Auf solche noch nicht funktional differenzierten Sozialsysteme läßt sich der gerade referierte Elitebegriff nicht anwenden. Diese Erkenntnis fand auch bei der sozialwissenschaftlichen Forschung Berücksichtigung. Nicht-industrielle außerokzidentale Gesellschaften wurden nun allmählich, besonders seit den 60er Jahren und vor allem in den USA, zum Gegenstand einer selbständigen Forschung erhoben. In den amerikanischen *Development Studies* und auch in unserer Entwicklungsländer-Forschung wurde der Begriff der „Modernisierungselite" im Zusammenhang mit der Analyse der Träger der Veränderungsprozesse, die in jenen Gesellschaften stattfinden, entwickelt. So wurden die westlich ausgebildete Intelligenz und das moderne Militär als solche Eliten charakterisiert. Eine weitere Spezifizierung des Begriffes hat jedoch verdeutlicht, daß moderne Eliten nicht immer modernisieren und daß es darüber hinaus noch traditionelle soziale Kräfte gibt (wie z.B. die islamischen ʿulamāʾ), die ebenfalls Eliten in den Prozessen des politischen und sozialen Wandels darstellen.

In der bisherigen Forschungspraxis hat sich die Anwendung des wertneutralen Elitebegriffes gegenüber der Handhabung des marxistischen Klassenbegriffes bewährt, da er, wie der Elitenforscher T.B. Bottomore hervorhebt, „von der ideologischen Last, mit der der klassentheoretische Ansatz befrachtet wird, frei ist und somit eine gründliche Analyse der Gruppen der wichtigsten Individuen in einer Gesellschaft zuläßt". Über diese Ideologiefreiheit hinaus ist der Elitebegriff adäquater für die Analyse nicht-industrieller Gesellschaften, in denen Prozesse der sozialen Differenzierung noch nicht deutlich abgrenzbare Klassen wie in Industriegesellschaften haben hervorbringen können. In der westlichen Sozialwissenschaft ist der Klassenbegriff zudem selbst in bezug auf moderne Gesellschaften fragwürdig geworden, da die soziale Differenzierung in diesen Industriegesellschaften inzwischen selbst die Klassen betrifft, so daß man z.B. nicht mehr von einer homogenen Arbeiterklasse sprechen kann, da diese in Schichten sozial differenziert ist. Für die Gesellschaften des Nahen und Mittleren Ostens scheint daher der Elitebegriff im Zusammenhang mit einem den jeweiligen Verhältnissen angepaßten Stratifikationsmodell — ein brauchbareres Rüstzeug zu sein als der marxistische oder ein ihm entlehnter Klassenbegriff.

Im Hinblick auf das analytische Rüstzeug und die Aussagefähigkeit kann der Elitebegriff in zweifacher Hinsicht nutzbar gemacht werden: Nach George Lenczowski, der sieben nahöstliche

Elitestudien in einem Sammelband herausgegeben hat, kann der elitetheoretische Ansatz gleichermaßen bei der Gesellschaftsanalyse und bei der des politischen Systems behilflich sein. So kann man die wichtigsten Gruppen in der Gesellschaft und die Struktur der politischen Macht erfassen. John Waterbury, der eine vorbildliche Modellanalyse über ein zentrales nahöstliches Land (Ägypten) unter Bezugnahme auf die dependenztheoretische Forschung angefertigt hat, lenkt unsere Aufmerksamkeit auf eine noch wichtigere Dimension des elitetheoretischen Bezugsrahmens, indem er *elite will* als ein *constraint* der politischen und sozio-ökonomischen Dependenzstruktur anführt. Nach Waterbury ist die Dependenz eines Entwicklungslandes als ein *effect* einer internen politischen Konfiguration zu deuten. Damit hängen entsprechende Präferenzen der jeweiligen politischen Eliten zusammen. Die Analyse dieses Komplexes kann uns Auskunft darüber vermitteln, „wie politische Eliten die Probleme der Einkommensverteilung, des sektoralen Investments und der nationalen Sparpolitik behandeln". Mit anderen Worten: eine Untersuchung der politischen und sozialen Elitestruktur in den nah- und mittelöstlichen Gesellschaften kann uns darüber informieren, welche Konfiguration die internen Strukturen haben und in welches externe *linkage* sie eingebettet sind.

3. Politische und soziale Eliten

Einer der Vorteile des Elitebegriffes besteht darin, daß er von der Klassendichotomie, die von den Forschern oft in die Realität projiziert wird, frei ist und somit helfen kann, die vorhandene Komplexität zu erkennen. Die Auswechslung der marxistischen Klassenanalyse mit einer elitetheoretischen Modernismus-Traditionalismus-Dichotomie würde sich jedoch kaum als Fortschritt erweisen. Der angesprochenen Komplexität wird man erst dann gerecht, wenn der Begriff mit den politischen und sozialen Strukturen analytisch verbunden wird. So können wir kein allgemeines Modell für alle nah- und mittelöstlichen Länder aufstellen, ohne dabei zu erkennen, daß sich diese auf weit unterschiedlichen Stufen der Entwicklung befinden. So kann eine elitetheoretische Bestimmung der politischen und sozialen Strukturen Saudi-Arabiens kaum Gültigkeit für ein weit fortgeschritteneres Land wie Ägypten beanspruchen. Des weiteren kann eine Verortung der modernen Eliten in dem urbanen Zentrum in Abgrenzung zur ruralen Peripherie dazu führen zu übersehen, daß nicht alle Eliten des modernen Sektors modernisierend sind. Mit anderen Worten: es ist falsch, moderne Eliten als Modernisierungseliten zu bestimmen, wie dies z.B. in der amerikanischen Sozialwissenschaft bisher verbreitet war. Erst das politische Wiedererstarken des Islams hat führende Sozialwissenschaftler dazu veranlaßt, alte Konzepte zu revidieren, nachdem sie erkannt haben, daß gerade die modern ausgebildeten Eliten die sozialen Träger dieses Phänomens sind. Das Studium dieses Phänomens führt zu der Schlußfolgerung, daß die Gesellschaften des Nahen und Mittleren Ostens mehr von einer strukturellen Heterogenität als von einem Dualismus in allen Lebensbereichen geprägt sind. Dennoch kann man zu rein analytischen Zwecken die klassifikatorische Teilung der politischen und sozialen Eliten in moderne und traditionelle vornehmen, ohne dabei allerdings die angesprochene Heterogenität zu übersehen und die rein klassifikatorische Bedeutung dieses Verfahrens aus dem Auge zu verlieren.

Die folgende klassifikatorische und deskriptive Aufstellung traditioneller und moderner Eliten übersieht zunächst den Tatbestand, daß die Elitenbildung in der Region des Nahen und Mittleren Ostens seit der europäisch-kolonialen Penetration, d.h. seit dem Ende des 18. Jahrhunderts nicht mehr ein rein autochthoner Vorgang ist. Es trifft zu, daß das Kolonialsystem sowohl mit den alten, d.h. vorkolonialen Eliten zusammengearbeitet und somit ihre weitere Entwicklung beeinflußt als auch die Entstehung moderner Eliten weitgehend geprägt hat. Diese Fragestellung wird in dem abschließenden Teil dieses Artikels behandelt, in dem die Problematik des Elitenwandels im Mittelpunkt stehen wird.

Nicht nur im Islam, sondern auch in jeder vorindustriellen Gesellschaft fehlt die Trennung zwischen den Sphären des Sakralen und des Politischen. Damit läßt sich erklären, daß das religiöse Element bei der Elitenbildung in der nah- und mittelöstlichen Region dominiert.

Traditionelle Eliten:

— *Die 'ulamā* (Schriftgelehrten): *'ulamā'* ist die Pluralform von *'ālim*, welches im Arabischen Wissenschaftler bzw. Wissender bedeutet. Der religiöse Gelehrte ist der wissende Mensch *par excellence*, weshalb die religiöse Prägung des Wissens dominiert. Der Islam kennt in seiner Theologie keinen Klerus und räumt ihm keinen Raum ein, zumal die Moschee nach diesem Religionssystem nicht als Kirche, d.h. nicht als eine Institution begriffen wird. Eine Moschee ist lediglich ein Gotteshaus, in dem die Gläubigen sich versammeln (daher das Wort jāmi', d.h. der Versammlungsort), um das Gebet zu verrichten. Die Männer, die sich in den Angelegenheiten der Religion besser als andere auskennen, sind *rijāl ad-dīn* (gelehrte Männer der Religion) und keine klerikalen Personen. Aber im Verlaufe der westlichen Etablierung des islamischen Religionssystems haben sich die islamischen Schriftgelehrten zu einer religio-politischen Elite entwickelt, die nicht religiös, aber doch sozio-politisch in einem religionssoziologischen Sinne als Klerus bezeichnet werden kann. Die politischen Eliten unterstehen nach dem islamischen Dogma der Pflicht, ihre Handlungen in Einklang mit dem islamischen Sakralrecht, d.h. mit der *sharī'a* zu bringen. Dies können nur die Schriftgelehrten überprüfen, da sie das Monopol der Auslegung und Kommentierung der *sharī'a* haben. Die politische Funktion wurde noch durch eine ökonomische Basis untermauert, nachdem sich die islamischen Moscheen im Hochislam doch zu einer Institution entwickelt haben, in der vor allem das damalige Bildungswesen verankert war. Die Domänen der *'ulamā'* bilden die Sektoren des Rechts (sharī'a) und der Bildung. Die frommen Stiftungen (die waqf-Institution) waren die ökonomische Stütze der sozio-politischen Macht der *'ulamā'*, die allerdings in der islamischen Geschichte niemals autonom gegenüber der weltlichen Macht des Kalifen haben werden können. Auf die veränderte Position der *'ulamā'* im Gefolge des Elitenwandels wird noch einzugehen sein.

— *Dynastien:* Heute existieren im Nahen und Mittleren Osten nur noch drei herrschende Dynastien, aus denen sich in den betreffenden Ländern die herrschenden politischen Eliten rekrutieren: Die Alawis in Marokko, die Haschimiten in Jordanien und die Saudis in Saudi-Arabien, sieht man von den Minidynastien der Golfstaaten Kuwait, Vereinigte Arabische Emirate, Katar, Bahrain und Oman ab. Die Verschränkung des Politischen mit dem Sakralen war in der nah- und mittelöstlichen Geschichte stets ein Merkmal der aus den jeweiligen Dynastien hervorgehenden politischen Eliten. Heute legitimieren sich lediglich Marokko und Saudi-Arabien als islamische Monarchien; die anderen sind entweder tribal (Golf-Scheichtümer) oder schwer definierbar (Jordanien).

— *Die Scheichs* (tribale Führer): In den stark urbanisierten bzw. detribalisierten nah- und mittelöstlichen Gesellschaften wie z.B. Ägypten existiert diese Form traditioneller politischer Eliten meist nicht mehr, wohingegen sie in schwach entwickelten Ländern wie etwa Saudi-Arabien oder in solchen mit einer noch stark tribalen Peripherie, z.B. Marokko, noch vorhanden sind. Die herrschenden politischen Eliten können ohne die Pazifizierung bzw. die Allianz dieses Segments der traditionellen Eliten ihre Herrschaft nicht stabil halten.

— *Der Dorfvorsteher bzw. der traditionelle Bürgermeister:* In den institutionell denomadisierten Gesellschaften des Nahen und Mittleren Ostens sind der nicht mehr tribal bestimmte Dorfvorsteher (der 'umda in Oberägypten) bzw. der traditionelle Bürgermeister (mukhtār, wortwörtlich der Ausgewählte) ein wichtiger Bestandteil der traditionellen Eliten, da sie von der betreffenden lokalen Bevölkerung als schlichtende und oberste lokale Autorität anerkannt werden.

In einigen Dörfern kann das Amt des *'umda/mukhtār* mit dem des Scheichs im religiösen und nicht im tribalen Sinne identisch sein. Denn Scheich (shaikh) im Arabischen kann auch religiöse Autorität bedeuten.

Moderne Eliten:

Es wurde schon angemerkt, daß der Prozeß der Entstehung moderner Eliten im Nahen und Mittleren Osten weitgehend mit dem der kolonialen Durchdringung dieser Region durch die europäischen Mächte übereinstimmt. Ägypten seit 1798, d.h. seit der Napoleon-Expedition, liefert das beste Beispiel für die Illustrierung dieser Aussage. Neben dem türkischen Kernland seit der *Tanzimat*-Periode war Ägypten das zweite Forum der Begegnung und Konfrontation mit Europa in der ganzen Region. Die Übernahme moderner, zunächst auf den militärischen Bereich beschränkter Technologie, die Entsendung von Studenten nach Europa und der praktizierte Wille, von Europa zu übernehmen, haben schon vor der kolonial-militärischen Eroberung das Gesicht der Zentren dieser Region weitgehend verändert. Die moderne Intelligenz und die modern ausgebildeten Offiziere sind die wichtigsten Teile der modernen Eliten.

— *Das Militär*: Sowohl in Ägypten unter Muḥammad 'Alī (1805 - 48) als auch im türkischen Kernland des Osmanischen Reiches während der ersten Hälfte des 19. Jahrhunderts war die Modernisierung vorwiegend eine solche des militärischen Sektors. Die Modernisierung der anderen gesellschaftlichen Bereiche war lediglich eine Auswirkung dieser Militärpolitik. In dem türkischen Kernland des Osmanischen Reiches wurde das Modernisierungswerk der *Tanzimat* zwar durch die traditionelle politische Elite des Sultanats/Kalifats getragen, aber es konnte nur im entschiedenen Kampf gegen die wichtigsten Segmente der traditionellen Elite: das traditionelle Militär (die Janitscharen) und die *'ulamā'* durchgesetzt werden. Ähnliches läßt sich über das Reformwerk Muḥammad 'Alīs in Ägypten sagen, der sich nur im Kampf gegen die traditionellen Militärs (die Mamluken) und in Opposition zu den *'ulamā'* hat etablieren können. Das Moderne bedeutete aber längst noch nicht die Abschaffung des Alten, d.h. der Tradition. Der neue Wein floß immer in alten Schläuchen. Die Moderne wurde mit einer Verpackung aus der Tradition eingeführt.
In den meisten nah- und mittelöstlichen Ländern bildet das Militär keine Funktionselite, d.h. eine solche, die alleine auf das Militärische spezialisiert ist. Das Militär ist in diesen Ländern zugleich eine politische Elite, die auch über die politische Macht verfügt bzw. ohne die nicht regiert werden kann.

— *Die europäisch gebildete Intelligenz:* Parallel zu den Anfängen der Übernahme westlicher Organisation und Technologie im Rahmen der Modernisierung der Streitkräfte im Nahen und Mittleren Osten, vornehmlich in Ägypten und im türkischen Kernland des Osmanischen Reiches, wurden die ersten Studenten nach Europa entsandt. Das war der Beginn der Herausbildung einer europäisch gebildeten, säkular orientierten Intelligenz, die allmählich den Platz einzunehmen begann, den einst die *'ulamā' qua* traditionelle Intelligenz innehatten. Zwar waren und sind die Artikulationsformen dieser modernen Intelligenz nicht immer offen säkular. Aber selbst dort, wo die islamischen Schläuche massiv herangezogen werden, fließt neuer Wein. Fast komisch mutet heute an, wenn vormals marxistische tunesische Intellektuelle, die des Arabischen nur mangelhaft mächtig sind, auf die Koransprache rekurrieren (z.B. den koranischen Begriff *al-mustaḍ 'afūn*/die Schwachen im Sinne der Unterdrückten), um marxistische Inhalte (z.B. Proletariat) zu artikulieren. Gerade am Beispiel der modern gebildeten und in europäischen Begriffen denkenden nah- und mittelöstlichen Intelligenz kann man demonstrieren, wie das Alte und das Neue ineinander verzahnt sind, so daß idealtypische Begriffe wie Traditionalismus/Modernismus diese diffusen, aus einem Akkulturationsprozeß hervorgehenden Inhalte kaum mehr fassen können.

In den meisten nah- und mittelöstlichen Ländern ebenso wie in vielen anderen nicht-westlichen Gesellschaften rekrutieren sich die führenden politischen Eliten zu einem erheblichen Teil aus der westlich gebildeten modernen Intelligenz. In den klassisch gewordenen Abhandlungen über diesen Gegenstand von Edward Shils bzw. von Harry Benda wird argumentiert, daß die herrschende Intelligenz politische Elite in vielen Entwicklungsländern mit dieser identisch sei. In Industriegesellschaften haben die Intellektuellen auch eine wichtige Bedeutung, ohne deshalb das politische System zu tragen, das alleine von Funktionseliten gesteuert wird.

— *Wirtschaftseliten:* Der Herausbildung und Entfaltung der Industriegesellschaft in Europa ging ein Prozeß der Trennung von Staat und Gesellschaft, d.h. der Bildung einer *civil society*, also einer bürgerlichen Gesellschaft, voraus, die gegenüber dem Staat autonom ist. Wirtschaftseliten in modernen Gesellschaften gehen immer aus diesem gesellschaftlichen Funktionsbereich hervor. Die Unternehmer als *Entrepreneur* sind wichtige Eliten in den Industriegesellschaften. Solche Eliten hat es im Nahen und Mittleren Osten im Ansatz in Ägypten (die sozialen Kräfte um die Miṣr-Bank) gegeben, aber heute dominieren sie nirgendwo in der Region, da die wirtschaftlichen Eliten meistens mit den politischen Eliten identisch sind (Elsenhans: bürokratische Staatsklasse). Wenn solche Eliten nicht mit den politisch Herrschenden gleichzusetzen sind, dann sind sie nur in einem beschränkten Maße wirtschaftliche Eliten, jedenfalls nicht im Sinne von *Entrepreneur.* Denn die meisten zu diesen wirtschaftlichen Eliten gehörigen Individuen sind ,,Prozente-Unternehmer", d.h. solche, die im Export-Import-Handel parasitär tätig sind, also lediglich vermittelnd, niemals aber produzierend gesellschaftlich agieren. Die fehlende Trennung zwischen Staat und Gesellschaft und somit das Ausbleiben des Gesellschaftlich-Autonomen in der nah- und mittelöstlichen Geschichte ist sicherlich einer der Hauptgründe für das Nichtvorhandensein einer wirtschaftlichen Elite im Sinne von *Entrepreneur.* Die modernen Wirtschaftseliten der Region sind in der Regel unbedeutende Träger von Import-Export-Agenturen.

— *Gewerkschaftler als politische Elite*: In der historischen und gesellschaftlichen Bestimmung der Institution ,,Gewerkschaft" in der Fachliteratur herrscht die Übereinstimmung, daß sie ein Produkt der modernen Industriegesellschaft ist. In denjenigen fortgeschrittenen Ländern des Nahen und Mittleren Ostens, in denen es zu einer entwickelten Gewerkschaftstradition kommen konnte (Ägypten, Tunesien, Marokko), handelt es sich dabei um eine institutionelle Diffusion aus dem Westen. Auch in diesem Bereich hinterläßt die überwältigende Dominanz des orientalischen Staates in allen gesellschaftlichen Bereichen ihre Spuren. Denn der Staat läßt auch hier die Gewerkschaft als eine autonome Institution eines gesellschaftlichen Funktionsbereiches (Arbeit) nicht zu. Gewerkschaften sind in der Regel ein verlängerter Arm des Staates. Dort, wo Gewerkschaften sich dieses Makels entledigen konnten, waren solche Versuche stets von kurzer Dauer, da der Staat dann eingegriffen und die gewerkschaftliche Führung personell ausgetauscht hat (z.B. in Tunesien 1978). Gewerkschaftler bilden im Nahen und Mittleren Osten dennoch eine moderne politische Elite, da sie in agrarischen Gesellschaften wirken, in denen die Einführung des Prinzips der gewerkschaftlichen Organisation der Arbeit eine modernisierende Wirkung hat.

4. Elitenwandel

Jede Gesellschaft unterliegt dem Wandel und verändert sich laufend, auch wenn sie nicht westlich ist. Die Idee von der statischen bzw. von der asiatisch-zirkulären Gesellschaft ist ein europäisches Vorurteil über Nicht-Europäer. Doch dominiert in diesen nicht-europäischen Gesellschaften seit ihrer Eroberung durch den europäischen Kolonialismus ein Typ von sozialem Wandel, der nur in begrenztem Maße eine soziale Dynamik zuläßt. Der Wandel ist exogen induziert, da diese Gesellschaften, als Peripherie des internationalen Systems, in eine vom industriellen Zentrum dieses Systems beherrschte Ordnung integriert sind. Dieser Schwerpunkt hat auch seine zentrale Bedeutung für den Wandel entsprechender Eliten. In der Dependenztheorie werden die politischen Eliten der weltgesellschaftlichen Peripherie, zu der auch der Nahe und Mittlere Osten gehört, als „Brückenkopfeliten" gedeutet, die in das System struktureller Abhängigkeit integriert sind. In neueren Beiträgen von führenden Sozialwissenschaftlern, die auch über den Nahen und Mittleren Osten gearbeitet haben, wird diese schematische Einordnung der Eliten zurückgewiesen. John Waterburys Begriff *the elite will*, der am ägyptischen Material gewonnen worden ist, wurde schon zitiert. Ergänzend können wir die Bestimmung des Algerien-Experten Hartmut Elsenhans zitieren, wonach die politischen Eliten („bürokratische Staatsklasse") nicht nur ein Produkt der Unterentwicklung sind, sondern diese auch selbst produzieren.

So unterschiedlich diese Schulen auch sein mögen, sie stimmen alle darin überein, daß externe Faktoren den sozialen Wandel einschließlich den der Eliten erheblich beeinflussen. Die traditionellen Eliten, von denen einige in diesem Artikel kurz beschrieben wurden, haben heute eine völlig veränderte Funktion. Dynastien, *'ulamā'* und traditionelle politische Führungen werden selbst von dem Modernisierungsprozeß betroffen; ihr Sozialgefüge hat sich demnach erheblich verändert. Moderne Eliten sind in diese traditionellen Strukturen eingedrungen, aber auch diese haben wiederum die neu entstandenen sozialen und politischen Eliten weitgehend geprägt. Mit anderen Worten: das Alte ist ein Bestandteil des Neuen, und das Neue ist nicht völlig modern. Traditionelle Bindungen, wie z.B. Klientelbeziehungen, dominieren auch in modernen Strukturen, wie dies exemplarisch in einer früheren Studie von Waterbury über Marokko nachhaltig gezeigt wurde. In den Strukturen moderner politischer und sozialer Eliten (Militär, Intelligenz, Gewerkschaftler) dominieren die traditionellen Klientel zuvorderst. Die Rolle der Oujda-Klientel in Algerien und der Takrit-Klientel im Irak können hier als Beispiele angeführt werden.

Die Verzahnung des Alten mit dem Neuen im Elitebereich läßt sich auch daran beobachten, daß moderne Bildung in die traditionellen Bildungsinstitutionen der *'ulamā'* eingedrungen ist und entsprechende Veränderungen in dieser traditionellen Elite hervorgerufen hat. Viele ägyptische al-Azhar-Professoren verfügen heute über ein *Doctorat* von der Sorbonne, ja selbst der ermordete Vize-Mufti des Libanon, Ṣubḥī aṣ-Ṣāliḥ, war ein Absolvent dieser französischen Universität. Wenn letzterer durch eine moderne Interpretation der islamischen Quellen entscheidet, daß der Islam die Polygamie verbietet, dann ist dieser Sachverhalt in den angedeuteten Kontext einzuordnen. Man kann diese Erscheinung in umgekehrter Form auch bei der modern gebildeten Intelligenz beobachten, die die traditionelle Intelligenz (die 'ulamā') scheinbar abgelöst hat. So projizieren viele moderne Intellektuelle in nah- und mittelöstlichen Gesellschaften traditonell-sakrale Inhalte in die moderne rationale Bildung hinein.

Der Wandel der Eliten in nah- und mittelöstlichen Gesellschaften wird aus den erläuterten Gründen entscheidend von der Heterogenität der gesellschaftlichen Strukturen geprägt. Die Grenzen zwischen den traditionellen und den modernen Eliten sind fließend. Dies gilt auch für die je dominierenden politischen und sozialen Inhalte der Moderne und der Tradition. Besonders wichtig sind die Rekrutierungsmechanismen der neuen Eliten für das Verständnis dieses Wandels, zumal hier die alte Struktur der Klientelbeziehungen immer noch nicht von den funktionalen und leistungsorientierten Organisationsmerkmalen der Moderne abgelöst worden ist. Elitenwandel im Nahen und Mittleren Osten ist ein heterogener Prozeß, der gleichermaßen externe und interne Bestimmungsfaktoren hat, deren Gewichtung nicht allgemein und nur im Einzelfall möglich ist. Die Heterogenität der Eliten und deren Rekrutierung korreliert mit der der Gesellschaften, in denen die entsprechenden Eliten wirken und ihre Aktionen stattfinden.

Literatur:

Benda, H. 1967: Non-Western Intelligentsias as Political Elites, in: Kautsky, J. H. (Hrsg.): Political Change in Underdeveloped Countries, 7. Aufl., New York.
Bottomore, T. B. 1966: Elite und Gesellschaft, München.
Elsenhans, H. 1981: Abhängiger Kapitalismus oder bürokratische Entwicklungsgesellschaft, Frankfurt a.M.
Keddie, N. (Hrsg.) 1972: Scholars, Saints and Sufis, Los Angeles.
Lenczowski, G. (Hrsg.) 1975: Political Elites in the Middle East, Washington.
Röhrich, W. 1983: Eliten, in: Mickel, W. W. (Hrsg.): Handlexikon zur Politikwissenschaft, München, 89ff.
Shils, E. 1967: The Intellectuals in the Political Development of the New States, in: Kautsky, J. H. (Hrsg.): Political Change in Underdeveloped Contries, 7. Aufl., New York.
Tibi, B. 1973: Militär und Sozialismus in der Dritten Welt. Allgemeine Theorien und Regionalstudien über arabische Länder, Frankfurt a.M.
ders. 1981: Krise des modernen Islam, München.
ders. 1983: Modern Education, Students and Social Change in Underdeveloped Societies — with special reference to the Islamic Middle East, in: Wahba, M. (Hrsg.): Youth, Intellectuals and Social Change. Proceedings of the Third EASRG-Conference, Kairo, 65-77.
ders. 1979: Trade Unions as an Organizational Form of Political Opposition in Afro-Arab States — The Case of Tunisia, in: Orient, Jg. 20, H. 4, 75-91.
Waterbury, J. 1983: The Egypt of Nasser and Sadat. The Political Economy of Two Regimes, Princeton.
ders. 1970: The Commander of the Faithful. The Moroccan Political Elite — A Study in Segmented Politics, New York.

IX. Befreiungs- und Widerstandsorganisationen

Helga Baumgarten

1. Einleitung

Befreiungs- und Widerstandsbewegungen traten historisch zuerst als nationale Befreiungsbewegungen im Kontext des Dekolonisationsprozesses auf, der in den 50er Jahren in allen bisherigen Kolonialgebieten einsetzte. Ziel des Befreiungskampfes war die Emanzipation von kolonialer Herrschaft und die Erringung staatlicher Unabhängigkeit. Die klassischen Beispiele bildeten China, Kuba und zuletzt Vietnam; das Vorbild in der Region war Algerien mit dem 1962 erfolgreich beendeten Unabhängigkeitskrieg gegen Frankreich unter der Führung der Front de Libération Nationale (FLN). Als nationale Befreiungsbewegungen in diesem Sinne verstehen sich bis heute die Palästinensische Befreiungsorganisation (Palestine Liberation Organization, PLO) und die Polisario (Frente Popular para la Liberación de Saguía el Hamra y Río de Oro).

Mit der Konsolidierung der in der Folge der Dekolonisation entstandenen unabhängigen Staaten und deren weitgehendem Festhalten an der kolonialen Grenzziehung ergab sich eine Veränderung des Charakters der neu entstehenden oder bis dahin noch nicht erfolgreichen Widerstandsbewegungen, die wohl präziser als ethnische oder ethnisch-religiöse Bewegungen zu fassen sind. Ihr Ziel ist nicht vorrangig die Errichtung eines neuen unabhängigen Staates, sondern vielmehr die Durchsetzung eines von Fall zu Fall unterschiedlichen Maßes an innerer Autonomie (politisch, sprachlich, kulturell, religiös) sowie die Umformung des bestehenden zentralistischen territorialen Nationalstaates unter der Hegemonie einer nationalen oder religiösen Mehrheit oder Minderheit in einen föderativen Staat oder Staatenbund. Beispiele bilden heute sowohl die kurdischen Nationalbewegungen in Iran und im Irak als auch, wenngleich in einem völlig anderen Kontext, die Widerstandbewegungen in Afghanistan (sowie in gewissem Umfang im Südlibanon).

Einen anderen Typus stellen Befreiungsbewegungen gegen eine erneute Besatzung unabhängiger Staaten durch auswärtige Regional- und Großmächte dar, wie Afghanistan (seit der sowjetischen Invasion 1979) und der Libanon (seit der israelischen Invasion von 1982). In diesen beiden Fällen vermengen sich allerdings Elemente des klassischen nationalen Befreiungskampfes mit Aspekten der neueren ethnischen Bewegungen, so im Libanon die schiitische Organisation Amal (im Süden des Landes) oder in Afghanistan z.B. die diversen Bewegungen und Organisationen der Hazarahs (in Zentralafghanistan).

Die People's Front for the Liberation of Oman (PFLO) fällt in gewissem Sinne aus diesem Schema heraus, da sie sich gegen ein bestehendes einheimisches Regime richtet, dem sie allerdings — und damit wird sie doch zur klassischen nationalen Befreiungsbewegung — seine völlige Abhängigkeit von regionalen Mächten (Saudi-Arabien, Jordanien und bis 1979 Iran) sowie der Weltmacht USA und der ehemaligen die Region kontrollierenden Kolonialmacht Großbritannien vorwirft.

Im folgenden sollen die eben genannten Bewegungen, in ihren jeweiligen historischen und sozio-politischen Kontext gestellt, kurz analysiert werden.

2. „Klassische" nationale Befreiungsbewegungen

2.1 *Die Palästinensische Befreiungsorganisation*

Die PLO wurde 1964 vom ersten Palästinensischen Nationalrat in Jerusalem unter der Führung Aḥmad Shuqairīs gegründet. Der Beschluß dazu war auf der vom damaligen ägyptischen Staatspräsidenten Nasser (Jamāl 'Abd an-Nāṣir) einberufenen ersten arabischen Gipfelkonferenz von Kairo im Januar 1964 gefaßt worden. Aḥmad Shuqairī legte dem Nationalrat eine von ihm selbst ausgearbeitete Nationalcharta vor, die nach ihrer Verabschiedung im Juni 1964 in einer 1968 modifizierten Form bis heute *de iure* gültig ist. Bis 1967 wurde die PLO direkt von Nasser kontrolliert, für den sie ein in erster Linie gegen Jordanien gerichtetes Instrument seiner regionalen Machtpolitik bildete.

Die vernichtende Niederlage der arabischen Staaten gegenüber Israel im Junikrieg 1967 bildete den ersten entscheidenden Wendepunkt in der Geschichte der PLO: Als Folge der Schwächung der Führungsposition Nassers und des durch ihn geprägten Arabischen Nationalismus im Nahen Osten mußte Aḥmad Shuqairī von seinem Amt als Vorsitzender des Exekutivkomitees der PLO zurücktreten. Ihm folgte als Interimspräsident Yaḥyā Ḥammūda, der schließlich im Frühjahr 1969 von Arafat (Yāsir 'Arafāt) abgelöst wurde, mit dessen Amtsantritt die PLO in die Kontrolle des palästinensischen Widerstandes unter der Führung Fatahs (al-Fatḥ) gebracht wurde.

Die Fatah hatte durch die Aufnahme des bewaffneten Kampfes gegen Israel im Anschluß an die arabische Niederlage 1967 eine Massenbasis bei den Palästinensern für sich sowie den gesamten palästinensischen Widerstand gewonnen und sich damit von einer anfänglichen Eliteorganisation (seit 1959) in eine genuine nationale Befreiungsbewegung mit sehr breiter sozialer Basis transformiert.

Höhepunkt der damit eingeleiteten Entwicklung der PLO hin zur freien und unabhängigen nationalen Organisation der Palästinenser war ihre Anerkennung als alleinige rechtmäßige Vertretung des palästinensischen Volkes auf der arabischen Gipfelkonferenz von Rabat 1974. Seit dem November 1974 hat die PLO permanenten Beobachterstatus bei den Vereinten Nationen und ist inzwischen von über 100 Staaten offiziell anerkannt.

In der PLO sind *de iure* alle Organisationen des palästinensischen Widerstandes vertreten: Fatah, Popular Front for the Liberation of Palestine (PFLP), Democratic Front for the Liberation of Palestine (DFLP), PFLP-Generalkommando, as-Sā'iqa, Arab Liberation Front, Palestine Liberation Front, Popular Struggle Front. *De facto* ist die PLO jedoch seit dem offenen Ausbruch ihres militärischen und politischen Konfliktes mit Syrien (1983) sowie der Einberufung des 17. Nationalrates nach Amman im November 1984 identisch geworden mit der Fatah, wobei aus Gründen der Legitimation eine Seitentür für die Rückkehr von PFLP und DFLP zur aktiven Mitarbeit im Rahmen der PLO aufgehalten wird (für sie wurden Sitze im 1984 neu gewählten Exekutivkomitee freigehalten).

Höchstes politisches Entscheidungsorgan der PLO ist der Palästinensische Nationalrat, eine Art palästinensisches Exilparlament, in dem neben den Widerstandsorganisationen bzw. neben der Fatah sämtliche palästinensischen Gewerkschaften und Massenorganisationen, die verschiedenen Diasporagemeinden in der arabischen Welt und den USA, die Bevölkerung der von Israel 1967 besetzten Gebiete sowie eine große Zahl unabhängiger palästinensischer Persönlichkeiten vertreten sind. Das Exekutivkomitee der PLO, seit 1969 unter dem Vorsitz Arafats, der gleichzeitig Chef der Fatah ist, führt die Geschäfte der PLO zwischen den Sitzungsperioden des Nationalrates und bildet quasi die „Regierung" der Palästinenser. Laut Nationalcharta der PLO ist ihr Ziel die nationale Befreiung Palästinas, die Zerstörung des zionistischen Staates Israel und die Gründung eines demokratischen palästinensischen Staates auf dem historischen Territorium Palästinas (in den Grenzen des britischen Mandatsgebietes von 1947), der Juden, Christen und Muslimen das Recht der freien Religionsausübung garantiert und in dem alle drei religiösen Gemeinschaften friedlich zusammenleben sollen. 1974 bzw. 1977 (12. und 13. Nationalrat) wurde ein Interimsprogramm zur Errichtung eines palästinensischen Staates in der Westbank und im Gaza-Streifen, die seit 1967 von Israel besetzt sind, verabschiedet, das inzwischen für die Fatah und die PLO unter Arafat an die Stelle des demokratischen Staates in ganz Palästina getreten ist und damit dieses erstere Ziel ersetzt hat.

Als Folge des israelischen Kriegs gegen die PLO und den Libanon 1982 wurde die militärische und politisch-institutionelle Infrastruktur der PLO im Libanon (dort seit 1972 präsent) weitgehend zerstört. Auf politischer Ebene resultierte dies in einen Prozeß der Annäherung der PLO an Jordanien unter maßgeblicher Führung Fatahs sowie der gesamten historischen Fatahspitze (darunter Abū Jihād, Abū 'Iyād sowie v.a. Khālid al-Ḥasan). Widerstand dagegen leisten die prosyrischen bzw. von Syrien dominierten und abhängigen Fatah-Rebellen (genauer die Fatah-Militärs) unter Abū Mūsā sowie Aḥmad Jibrīls PFLP-Generalkommando und Samir Ghaushas Volkskampffront. Eine Zwischenposition nehmen die PFLP unter Dr. George Habash (Jūrj Ḥabash) und die DFLP unter N. Hawatmeh (Nā'if Ḥawātima) ein, die zwar Arafats Politik der Kooperation mit Jordanien kritisieren, gleichzeitig aber auch versuchen, nicht in eine völlige Abhängigkeit von Syrien zu geraten.

Im Kontext des arabischen Friedensplanes von Fez (1982), initiiert im wesentlichen vom seit 1973 zur regionalen Großmacht aufgestiegenen Saudi-Arabien, versucht Arafat in Koordination und Zusammenarbeit mit Jordanien, den Rückzug Israels aus den 1967 besetzten Gebieten durchzusetzen; dies ausdrücklich mit Mitteln der Politik. Ziel ist die Bildung einer staatlichen Konföderation von palästinensischer Westbank und Gaza-Streifen mit Jordanien. Angesichts der israelischen Politik sowie der anhaltenden amerikanischen Unterstützung für diese scheint dem arabisch-palästinensischen Vorstoß vom Februar 1985 in Richtung einer friedlichen Lösung der Palästinafrage ein Erfolg von vornherein verwehrt. Was sich dagegen abzeichnet, ist möglicherweise eine Partizipation von Fatah/PLO an der Macht in Jordanien (dort sind über 60 % der Bevölkerung Palästinenser); dies erscheint gerade auch wegen der im Grunde erfolgten Trennung der Fatah von den „radikalen" Organisationen der PLO realistischer als je zuvor. Gleichzeitig ist eine Fortsetzung der israelischen *de facto* Annexionspolitik gegenüber den besetzten Gebieten zu konstatieren. Über die Entwicklung des Widerstandes der Bevölkerung der besetzten Gebiete gegen die fortgesetzte Besatzung durch Israel ist eine realistische Voraussage unmöglich.

2.2 Polisario

Die Frente Polisario wurde im Mai 1973 gegründet und nahm sofort den bewaffneten Kampf gegen die seit 1884 andauernde spanische Kolonialherrschaft auf. Spanien mußte sich 1976 aus der Westsahara zurückziehen, wo im Februar desselben Jahres von der Polisario die Demokratische Arabische Republik Sahara (DARS) ausgerufen wurde.

Schon 1975 hatten jedoch sowohl Marokko als auch Mauretanien Ansprüche auf das an Bodenschätzen (größte Phosphatvorkommen der Welt, Uran etc.) reiche Wüstenland angemeldet. Mit dem „Grünen Marsch" vom November 1975 leitete Marokko seine Besetzung bzw. Annexion von Teilen der Westsahara ein. Während es der Frente Polisario im August 1979 gelang, einen Friedensvertrag mit Mauretanien zu schließen und dessen Rückzug aus der DARS zu erreichen, setzte sich Marokko im sogenannten „nützlichen Dreieck" (dort sind die reichsten Bodenschätze des Landes konzentriert) al-Aijoun-Smara-Bu-Craa fest, das durch einen massiven Verteidigungswall bis heute (1987) geschützt bzw. verteidigt wird und etwa ein Drittel des Territoriums der Westsahara ausmacht. Die restlichen zwei Drittel des Landes befinden sich in der Hand der Polisario, die nur von Algerien unterstützt wird, während Marokko massive Hilfe von den USA, Frankreich und Saudi-Arabien erhält.

1982 wurde die Demokratische Arabische Republik Sahara als 51. Mitglied der Organisation der Afrikanischen Einheit (Organisation of African Unity, OAU) aufgenommen und damit die Polisario als rechtmäßige Regierung anerkannt, was bis heute von Marokko angefochten wird.

Oberstes Organ der Polisario ist der Allgemeine Volkskongreß, der das Exekutivkomitee der Polisario sowie den Staatspräsidenten der DARS wählt. Dieser ernennt den Ministerrat. An der Basis wurden Volkskongresse gebildet, die Abgeordnete in den Allgemeinen Volkskongreß wie in den Saharischen Nationalrat delegieren (50 %, die anderen 50 % werden vom Politbüro ernannt, das wiederum vom Allgemeinen Volkskongreß gewählt wird). Militärischer Arm der Polisario ist die Saharische Befreiungsarmee (Armée de Libération Populaire Sahraouie, ALPS).

Eines der Hauptprobleme des bisher erfolglos um die Durchsetzung seiner international anerkannten (durch den Internationalen Gerichtshof in Den Haag im Oktober 1975 sowie in zahlreichen UN-Resolutionen) Gebietsansprüche gegenüber Marokko kämpfenden Staates ist die hohe Zahl von Flüchtlingen in Algerien: 170.000 bei einer Gesamtbevölkerung von etwa 700.000, die in Zeltstädten in der Nähe der Grenze hausen müssen.

2.3 People's Front for the Liberation of Oman

1965 nahm die PFLO (bis Mai 1974 People's Front for the Liberation of Oman and the Arabian Gulf, PFLOAG) ihren Kampf von Dhofar, der Südprovinz Omans, aus auf mit dem Ziel der Befreiung aller Golfstaaten von der Despotie der dortigen Herrscher.

Unterstützt wurde die PFLO sowohl von Palästinensern wie von der Regierung der Demokratischen Volksrepublik Jemen. In Oman stützte sie sich vor allem auf die Bergbewohner Dhofars, die traditionell die Herrschaft des omanischen Sultans ablehnten. Sultan Qaboos (Qābūs ibn Sa'īd Āl Sa'īd) konnte sich jedoch dank der finanziellen Hilfe durch Saudi-Arabien sowie des massiven militärischen Einsatzes von jordanischen, britischen (vor allem Söldner) und iranischen Truppen (seit 1973) gegen die anfänglichen Erfolge der PFLO behaupten und diese im Herbst 1975 entscheidend schlagen. Da die südjemenitische Unterstützung für die PFLO infolge wirtschaftlichen Drucks durch Saudi-Arabien schon zuvor ausgesetzt worden war, wurde eine Fortsetzung des Befreiungskampfes unmöglich. Seitdem hält Sultan Qaboos die Südprovinz ruhig, indem er sich die Loyalität der dortigen einheimischen Bevölkerung durch hohe finanzielle Zuwendungen erkauft.

Die Befreiungsbewegung ist damit im Prinzip seit 1975 besiegt. Allerdings ist sie wohl noch aktiv in der Volksrepublik Jemen unter den dort lebenden Flüchtlingen aus Oman. Laut Angaben von 'Abd al-'Azīz al-Qāḍī, des Vorsitzenden des Exekutivkomitees der PFLO, operiert die Organisation auch wieder im Untergrund in Oman. Ihr Ziel ist dabei vorrangig die Beendigung der amerikanischen Hegemonie in Oman, wo z.B. die Insel Masira einen wichtigen Militärstützpunkt (Marine und Luftwaffe) für die in der Region präsenten amerikanischen Truppen sowie für mögliche Einsätze der amerikanischen Schnellen Eingreiftruppe bildet.

3. Ethnische bzw. ethnisch-religiöse Bewegungen

3.1 Kurden

Nach der Auflösung des Osmanischen Reiches wurde nicht, wie noch im Vertrag von Sèvres 1920 vorgesehen, ein kurdischer Staat gegründet; vielmehr wurden die kurdischen Gebiete unter die unabhängig gewordenen bzw. neugeschaffenen Staaten Türkei, Irak und Syrien (Vertrag von Lausanne 1923, der von der kemalistischen Republik Türkei ausgehandelt wurde) aufgeteilt. Dies bildet den historischen Hintergrund für die bis jetzt ungelöste Kurdenfrage.

Kurden leben heute in vier verschiedenen Staaten: der Türkei, dem Irak, Syrien und Iran. Lediglich im Irak wird ihnen eine beschränkte und eher formale Autonomie zugestanden, während sie in den übrigen Staaten, vor allem aber in der Türkei und in Iran, brutal unterdrückt werden.

In der Türkei begannen die Kurden in den 60er Jahren den bewaffneten Widerstand gegen die türkische Regierung. Führend waren zunächst die Demokratische Partei Kurdistans/Türkei (DPK) und die linke Organisation der Kurdischen Revolutionären Jugend. In den 70er Jahren war vor allem die neugegründete Arbeiterpartei Kurdistans aktiv, deren Ziel die Errichtung eines unabhängigen, sozialistischen kurdischen Staates war. Inzwischen hat die türkische Regierung (besonders seit dem Militärputsch 1980) mit ihrer rücksichtslosen Verfolgungs- und Unterdrückungspolitik den kurdischen Widerstand weitgehend niedergeschlagen bzw. vernichtet.

In Iran gelang im Januar 1946 mit der Ausrufung der autonomen kurdischen Republik in Mahabad der erste und bisher einzige Versuch der Etablierung eines kurdischen Staates unter der Führung Qāżī Muḥammads und seiner Demokratischen Partei Kurdistans/Iran (gegründet 1945). Diese erste kurdische Republik, zu deren Staatspräsident Qāżī Muḥammad gewählt worden war, wurde jedoch 1947 nach dem sowjetischen Abzug aus Iran von der Teheraner Zentralregierung militärisch geschlagen. Jede weitere politische Aktivität der Kurden in Iran war nach dieser vernichtenden Niederlage verhindert worden bis zur iranischen Revolution 1978.

Erst in diesem Zusammenhang forderte die DPK/Iran Autonomie für die Kurden, wurde jedoch vom neuen Regime in Teheran abgewiesen. Seit der zweiten Hälfte 1979 kam es deshalb zu einem allgemeinen Aufstand in den kurdischen Gebieten, gegen den die iranische Armee mit einer militärischen Offensive im April 1980 sowie einer ökonomischen Blockade vorging.

Bis heute finden in Kurdistan/Iran, im Schatten des iranisch-irakischen Kriegs und weithin unbeachtet von der internationalen Öffentlichkeit, Kämpfe zwischen den kurdischen Widerstandskämpfern (Peschmergas, etwa 20 - 30.000 Mann) und Kontingenten der iranischen Armee (etwa ein Drittel der Armee ist durch die Kämpfe dort gebunden) statt.

Die politischen Organisationen sind die DPK/Iran, die im Nationalen Widerstandsrat Irans vertreten ist, sowie die deren Politik kritisierende linke und sich marxistisch-leninistisch verstehende Komala (ursprünglich 1943 als nationalistische Organisation gegründet). Zwischen beiden Organisationen kommt es immer wieder zu bewaffneten Auseinandersetzungen.

Eine über beiden Parteien stehende Symbolfigur ist Scheich Ezzedin Hosseini (Izz ad-Dīn Ḥusainī), der die nationale wie religiöse (sunnitische) Identität gegenüber der iranischen Domination verkörpert und nach innen und außen repräsentiert.

Ziel des kurdischen Widerstandes in Iran ist die Erringung eines Autonomiestatus für die dort lebenden Kurden sowie die Anerkennung ihrer Nationalität, ihrer Sprache und ihrer Kultur im Rahmen eines säkularen demokratischen Iran. In den Worten Hosseinis: ,,Eine Demokratie mit Anarchie und Unordnung ist besser als eine Despotie."

Im Irak wurde 1946 die Kurdische Demokratische Partei (KDP) unter der Führung Muṣṭafā Barzānīs gegründet. Sie begann im September 1961 den bewaffneten Widerstand, der mit Unterbrechungen zunächst bis zum März 1970 andauerte. 1970 wurden zwischen den Kurden und der irakischen Regierung Vereinbarungen über eine Autonomie des irakischen Kurdistan getroffen, auf deren Grundlage bis 1974 eine Situation des ,,weder Krieg noch Frieden" herrschte. Das im März 1974 verabschiedete Gesetz über kurdische Autonomie blieb weit hinter den kurdischen Erwartungen zurück. Erneute schwere Kämpfe waren die Folge. Erst durch die Algier-Vereinbarungen zwischen dem Schah von Iran und dem damaligen Vizepremier und starken Mann des Irak Saddam Hussein (Ṣaddām Ḥusain) gelang es dem Irak, den Widerstand der Kurden zu brechen: Muṣṭafā Barzānī und seine Anhänger mußten über die Grenze nach Iran flüchten.

Seit 1975, vor allem als Folge ihrer vernichtenden Niederlage, war die kurdische Bewegung im Irak extrem zersplittert. 1975 wurde die KDP durch zwei Söhne Muṣṭafā Barzānīs, Idrīs und Mas'ūd, neu gegründet. Im selben Jahr entstand die Patriotische Union Kurdistans (PUK) unter der Führung des ehemaligen KDP-Verantwortlichen Ṭalabānī. Sie bildete die wichtigste Gruppierung innerhalb der 1980 in Damaskus gegründeten Demokratischen, Patriotischen und Nationalen Front der irakischen Opposition. Demgegenüber schloß sich die KDP zusammen mit der KP/Irak und der Sozialistischen Partei Kurdistans zur Demokratischen Patriotischen Front zusammen. Seit 1978 fanden bewaffnete Auseinandersetzungen zwischen den verfeindeten Organisationen KDP und PUK statt.

Zu erwähnen ist in diesem Zusammenhang, daß das Teheraner Regime die KDP unter den Barzānī-Söhnen gegen die kurdische Opposition in Iran unterstützte sowie auch Teile des irakischen Kurdistan besetzt hielt, eine Konstellation, die die PUK, die seit 1976 versuchte, gegen das Regime in Bagdad zu kämpfen, in eine prekäre Lage zwischen Hammer und Amboß hineinmanövriert hat.

3.2 Afghanistan

Spezifisches Charakteristikum des Widerstandes in Afghanistan ist seine extreme Zersplitterung sowie die Tatsache, daß die zahllosen Widerstandsgruppen eigentlich zwei Kriege führen: einen nationalen Befreiungskampf gegen die sowjetische Besatzung (seit dem Einmarsch im Dezember 1979) sowie einen Krieg gegeneinander bzw. gegen die Kabuler Zentralregierung. Schon vor der sowjetischen Invasion hatte sich ein zwar unkoordinierter, aber doch in etwa gleichzeitig und fast überall im Lande aufflammender Widerstand der Dörfer gegen die Zentralregierung in Kabul entwickelt. In einem landesweiten Bauernaufstand wehrten sich die Adressaten der Landreform der Regierung Taraki (Nūr Muḥammad Tarakī) 1978/79 gegen die gewaltsame und blutige Durchsetzung dieser staatlich-zentralistischen Reformpolitik. Dem lag die uralte Tradition des Widerstandes von relativ autonomen dörflichen und ethnischen Gemeinschaften gegen staatliche Eingriffe von oben in ihren Lebenszusammenhang zugrunde.

Der sowjetische Einmarsch bildete zunächst ein Moment der Vereinheitlichung des Widerstandes, der sich unter dem Motto des „heiligen Kriegs" der afghanischen Muslime (die Kämpfer sind die mujāhidūn) gegen die „ungläubigen" Eindringlinge richtete. Aber auch diese religiös-politische Komponente des nationalen Befreiungskampfes konnte auf Dauer die Fragmentierung der Afghanen in verschiedene Ethnien sowie in einzelne regionale und dörfliche Gemeinschaften — und dementsprechend die Zersplitterung der *mujāhidūn* — nicht aufheben. So ist bis heute (1987) die Herstellung einer „nationalen Einheit" in einer notwendigerweise sehr spezifischen Ausformung, die sie unter den in Afghanistan herrschenden Bedingungen annehmen muß, *conditio sine qua non* für einen möglichen Erfolg gegen die sowjetische Besatzung.

Derzeit sind fast 90 % des Territoriums von Afghanistan sogenannte befreite, nicht besetzte Gebiete, in denen eine vom Staat und damit von der Sowjet-Armee unabhängige Infrastruktur aufgebaut wird. Die Zentralregion Hazarajat mit der dort lebenden Ethnie der schiitischen Hazarah, einer traditionell benachteiligten Bevölkerungsgruppe, bildet neben Pakistan mit das wichtigste Rückzugsgebiet für die Guerillas. Bis Mitte der 80er Jahre gelang es der sowjetischen Armee nicht, in diese Gebiete einzudringen.

Die Situation in Afghanistan beschreibt am eindruckvollsten einer der Guerillaführer im Lande in einem Interview vom Dezember 1982: „Die Zersplitterung (des Widerstandes) ist kein afghanisches Problem, sondern ein Problem für die Ausländer. Die Ausländer haben Sorge, weil wir zersplittert sind. So etwas kennen sie nicht. Bei uns sind die naturräumlichen Verhältnisse anders als im Ausland — Afghanistan ist ein gebirgiges Land, es gibt keine Straßen, die den einen Stamm mit dem anderen verbinden. Das begünstigt ein individuelles Leben. Jeder Stamm hat entsprechend seine eigenen Sitten, seine eigene Sprache und Kultur. Zugleich gibt es mehrere Nationalitäten. Wir sind nie eine Nation gewesen — gezwungenermaßen wurden wir von der Königsfamilie oder vom Ausland zu einer Nation gemacht. Aber immer haben wir getrennt voneinander gelebt. Ja, zwischen den einzelnen Stämmen und Nationalitäten bestanden sogar Feindschaften. Es sind diese Bedingungen des Landes, die verhinderten, daß sich ein politisch-gesellschaftliches Bewußtsein entwickelte... Wir sind rückständig und zurückgeblieben. Keiner kann verlangen, daß wir uns in vier Jahren plötzlich einigen. Wir müssen uns jetzt ganz neu politisieren und ein politisch-gesellschaftliches Bewußtsein entwickeln. Jetzt werden wir zu einer Nation, die wir vorher nicht waren. Durch die russische Invasion haben wir jetzt eine gemeinsame Arbeit. Wir haben einen gemeinsamen Feind und wir kämpfen gemeinsam. Bisher hatten wir niemals eine gemeinsame Arbeit, und da wir keine gemeinsame Arbeit hatten — wie sollten wir uns kennenlernen? Die gemeinsame Arbeit ist der Freiheitskampf; dabei lernen wir einander kennen und bilden gemeinsam eine Nation... Unter normalen Bedingungen hätten wir vielleicht hundert Jahre gebraucht, aber jetzt vielleicht zehn oder 20 Jahre." (Grevemeyer 1983, 23 - 24).

3.3 Libanon

Im Libanon bildet die Befreiungsbewegung im Süden des Landes die erste und bisher (1987) einzig erfolgreiche der hier genannten Widerstandsbewegungen. Auf ihren Druck hin hat sich die israelische Besatzungsarmee drei Jahre nach ihrem Einmarsch im Sommer 1982 schrittweise aus dem Libanon zurückgezogen.

Die im wesentlichen von der schiitischen Organisation Amal getragene Widerstandsbewegung gegen die israelische Besatzung des Südlibanon, der überwiegend von Schiiten bewohnt wird, beeinflußte zweifellos die israelische Regierung bei ihrem Entschluß, ihre Armee aus diesem kaum „regierbaren" Land abzuziehen. Allerdings spielten innen- und außenpolitische Faktoren einen möglicherweise größeren Einfluß beim eigentlichen Entscheidungsprozeß in Tel Aviv — übrigens durchaus vergleichbar den Entwicklungen, die zur Unabhängigkeit Algeriens oder zum amerikanischen Rückzug aus Vietnam führten.

Gerade dieser Vergleich führt zu der Frage, ob es nun die relative Stärke oder Schwäche — sowohl quantitativ als auch qualitativ — einer Widerstands- und Befreiungsorganisation ist, die diese zum Erfolg führt oder in der Niederlage untergehen läßt, oder ob es angesichts der Machtkonstellation im internationalen System nicht überwiegend Faktoren sind, die außerhalb des Einflußbereichs der einzelnen Widerstandsbewegungen liegen, die letztlich über die Zukunft einer Region, eines Staates oder eines Regimes entscheiden. Zweifellos weisen alle hier genannten Befreiungsbewegungen sehr wesentliche strukturelle Schwächen auf, vor allem infolge ihrer Fragmentierung bzw. inneren Zerstrittenheit. Allerdings legt ein Vergleich von historisch erfolgreichen mit derzeit noch kämpfenden Befreiungsbewegungen eher die Vermutung nahe, daß Einflüsse aus dem Bereich der internationalen Politik zumindest schwerer wiegen als Momente der strukturellen Stärke oder Schwäche einer Widerstandsbewegung.

Literatur:

Barbier, M. 1982: Le conflit de Sahara occidental, Paris.

Bruinessen, M. M. van 1978: Agha, Sheikh and State. On the social and political organization of Kurdistan, Utrecht.

Chaliand, G. (Hrsg.) 1984: Kurdistan und die Kurden, Bd. 1, Göttingen.

Cobban, H. 1984: The Palestinian Liberation Organization. People, Power and Politics, Cambridge.

Gresh, A. 1983: OLP. Histoire et stratégies vers l'Etat palestinien, Paris.

Grevemeyer, J.-H. 1983: Afghanistan, Widerstand im Wandel, in: blätter des iz3w Nr. 108, 13-24.

Koszinowski, T. 1976: Der Konflikt um Dhofar und die Aussichten auf seine Beilegung, in: Orient, 2, 66-87.

Norton, A. R. 1983: Harakat Amal. The Movement of Hope, in: Political Anthropology III, New Brunswick, 105-131.

Smith, P.A. 1984: Palestine and the Palestinians 1976 - 1983, London.

Vierter Teil: Wirtschaftliche Struktur und wirtschaftliche Entwicklung

I. Der Nahe und Mittlere Osten als Wirtschaftsraum und Entwicklungsregion

Aziz Alkazaz

1. Die natürlichen Ressourcen und das zu erschließende Potential

1.1 Die natürlichen Ressourcen der arabischen Länder

Mit 13,77 Mio. km² ist die geographische Ausdehnung der arabischen Region (nach China, Indien und der UdSSR) die viertgrößte in der Welt. Allerdings besteht sie zu Zweidritteln aus Wüsten. Das macht den Aufbau einer regionalen verkehrsmäßigen Infrastruktur (Straßen- und Eisenbahnnetze) sehr kostspielig. Hinzu kommen zwei grundlegende Engpässe: (a) Wasserknappheit und (b) begrenzte anbaufähige Fläche. Es gibt auf der einen Seite Länder mit genügendem Süßwasser wie Ägypten, Irak, Sudan und Syrien, und es gibt auf der anderen Seite Länder wie die der Arabischen Halbinsel, die über keine Flüsse oder Süßwasserseen verfügen und daher auf Meerwasserdestillation und Erschließung von Grundwasservorkommen angewiesen sind. Der gesamtarabische Wasserverbrauch beträgt gegenwärtig (1987) rund 173 Mrd. m³ pro Jahr. Wirtschafts- und Bevölkerungswachstum werden den Verbrauch weiter erhöhen und die Probleme der Wasserknappheit verschärfen. Die anbaufähige Fläche macht mit 197,1 Mio. ha nur 14 % der gesamten geographischen Fläche aus, und von dieser anbaufähigen Fläche sind nur 55,7 Mio. ha oder 28 % tatsächlich angebaut. Darüber hinaus liegen die angebauten Flächen zu einem größeren Teil in trockenen Zonen, was ihre Ausdehnung erschwert. Sie werden zu 25 % im Bewässerungsfeldbau und 75 % im Regenfeldbau bewirtschaftet.

Das ist der geographische Hintergrund des niedrigen Grads der Selbstversorgung mit Nahrungsmitteln. Die Kluft zwischen Inlandsproduktion und Verbrauch wird sich in den kommenden Jahren weiter vergrößern, wenn nicht die Agrarpolitik reformiert und größere Investitionen in den Agrarbereich gelenkt werden.

Auf der anderen Seite gibt es in bestimmten Ländern große Möglichkeiten für eine horizontale und vertikale Steigerung der Agrarproduktion. In Ägypten, Irak, Marokko, Sudan und Syrien, in denen sich die arabischen Wasserressourcen zu 90 % konzentrieren, könnten die im Bewässerungsfeldbau befindlichen Flächen mehr als verdoppelt werden. Damit könnte die bewässerte Fläche von 14 auf 28 Mio. ha verdoppelt werden. Auch die Gebiete des Regenfeldbaus könnten von 40 auf 80 Mio. ha verdoppelt werden, wobei das größte Potential im Sudan und in Somalia zu erschließen wäre. In vertikaler Hinsicht könnte die sehr niedrige landwirtschaftliche Intensität in den meisten arabischen Ländern erhöht werden. Der Verbrauch von Bewässerungswasser könnte durch Rationalisierungsmaßnahmen von 12.000 auf 7.500 m³/ha gesenkt werden. Die im Vergleich zum Welt-Durchschnitt niedrigen Hektarerträge könnten durch Einsatz moderner Technologie und bessere Ausbildung und Beratungsdienste wesentlich erhöht werden.

Hinsichtlich der anderen Bodenschätze ist festzustellen, daß die arabische Region geologisch noch nicht hinreichend untersucht worden ist. Das gilt selbst für die beiden wichtigsten Rohstoffe Erdöl und Erdgas. Daher erscheint die Region gegenwärtig als nicht sehr rohstoffreich. Erdöl und Erdgas bilden die große Ausnahme. Mit 407 Mrd. *barrel* besitzt die arabische Region rund 56 % der Welt-Ölreserven. Hinzu kommen umfangreiche vermutete Reserven. Nach Studien der OAPEC könnten in den bereits produzierenden arabischen Ländern zusätzlich 209 Mrd. *barrel*

Erdöl entdeckt werden. Dafür müßten allerdings 24 Mio. Fuß oder 3.000 Suchbohrungen niedergebracht werden, was Kapitalinvestitionen von ungefähr 63 Mrd. US-$ erfordern würde. Im Zeitraum 1979 - 85 konnten die Erdölreserven auf Grund verstärkter Explorationstätigkeit von 322 auf 407 Mrd. *barrel* erhöht werden, obwohl die Ölförderung weiterging. An der Spitze dieser Entwicklung standen der Irak, Saudi-Arabien und die VAE. Der Irak konnte seine nachgewiesenen abbaufähigen Reserven von 32 auf 65 Mrd. *barrel* verdoppeln. Die saudischen Reserven stiegen von 141 auf 172 Mrd. *barrel* und diejenigen der VAE von 19 auf 33 Mrd. *barrels* an. Demgegenüber gingen die Ölreserven in Ägypten, Bahrain, Libyen und Katar zurück. Für einige kapitalarme, ölimportierende Länder gab es Zeichen der Hoffnung. In Jordanien, Tunesien, Nordjemen, Syrien und Sudan wurden neue Ölvorkommen entdeckt.

Neben Erdöl besitzt die arabische Region umfangreiche Erdgasreserven. Allerdings ist hier ihre internationale Position schwächer. Die gesamten arabischen Gasreserven werden auf rund 15.000 Mrd. m³ geschätzt, davon 55 % *non-associated gas* (d.h. in eigenen Lagerstätten vorhandenes Erdgas) und 45 % *associated gas* (Erdölgas). Damit beträgt ihr Anteil an den Welt-Gasreserven rund 15 %, verglichen mit 56 % beim Erdöl (Stand: Ende 1985). Diese arabischen Gasreserven befinden sich zu 80 % in Algerien, Katar, den VAE und Saudi-Arabien. Vom *non-associated gas* sind 75 % der Lagerstätten in Algerien und Katar. Der Irak und Kuwait besitzen große Mengen von assoziiertem Gas.

Diese Öl- und Gasreserven, die einige wenige arabische Länder zu international bedeutenden Energielieferanten machten, dürfen nicht darüber hinwegtäuschen, daß die arabische Region komplizierte Energieversorgungsprobleme hat und mit allen politischen, technologischen und ökonomischen Herausforderungen des Übergangs zum Nach-Öl-Zeitalter konfrontiert ist. Von den 21 arabischen Ländern sind neun Länder überhaupt keine Ölproduzenten, nämlich Djibouti, Jordanien, Libanon, Marokko, Mauretanien, Somalia, der Sudan, Nord- und Südjemen. Von den 12 Ölexportländern (Ägypten, Algerien, Bahrain, der Irak, Kuwait, Libyen, Oman, Katar, Saudi-Arabien, Syrien, Tunesien und die VAE werden bis Ende dieses Jahrhunderts voraussichtlich fünf zu Netto-Ölimporteuren werden, namentlich Ägypten, Algerien, Bahrain, Syrien und Tunesien. Und von den übrigen sieben Ländern werden nur fünf (Saudi-Arabien, der Irak, Kuwait, Libyen und die VAE) in der Lage sein, signifikante Mengen für den Weltmarkt zu exportieren, wobei vom gesamten Ölexport aller 12 Länder 58 % auf Saudi-Arabien und 20 % auf den Irak entfallen werden.

Die Abhängigkeit der arabischen Region vom Erdöl und Naturgas ist nicht nur hinsichtlich ihrer sozialökonomischen Entwicklung, sondern auch hinsichtlich der Deckung ihres eigenen Energiebedarfs (mit 93 %) außerordentlich hoch, denn die Erschließung anderer Primärenergiequellen (Wasserkraft, Kohle, Sonnen-, Kern- und Windenergie) ist noch nicht weit fortgeschritten.

Hinsichtlich dieser anderen Energiequellen ist zunächst festzustellen, daß die arabische Region über keine nennenswerten Kohlereserven verfügt. Die nachgewiesenen arabischen Kohlereserven werden auf 104 Mio. t geschätzt (Stand: 1984). Sie verteilen sich wie folgt (in Mio. t): 36 in Marokko (Jarada-Gebiet), 36 in Ägypten (Sinai/Maghara) und 30 in Algerien (Abadla). Allerdings wurden in letzter Zeit bedeutende Kohlevorkommen nahe der saudiarabischen Hauptstadt Riad (Mujam'a-Gebiet) entdeckt. Weitere entdeckte, aber noch nicht evaluierte Kohlevorkommen befinden sich in Tunesien, Libyen, Libanon, Palästina, Oman, Nord- und Südjemen. Produziert wird bisher nur im Gebiet Jarada in Marokko, wobei die durchschnittliche jährliche Produktion 800.000 t nicht übersteigt (verglichen mit 812 Mio. t in China, 750 Mio. t in den USA und 560 Mio. t in der UdSSR).

Auch an Wasserkraft gebundene Energie-Ressourcen ist die arabische Region nicht besonders reich. Allerdings bestehen zwischen den einzelnen Ländern große Unterschiede. Generell können die arabischen Länder in drei Gruppen unterteilt werden: (a) Ägypten, der Irak, Libanon, Syrien und der Sudan verfügen über reichliche Ressourcen und Möglichkeiten. (b) In Algerien, Marokko und Tunesien ist der Beitrag der Wasserkraft zur Deckung des Elektrizitätsbedarfs begrenzt. (c)

In allen anderen Ländern spielt die Wasserkraft keine Rolle. Sie wird also nur in den ersten beiden Ländergruppen genutzt, wobei bisher Wasserkraftwerke mit Kapazitäten von insgesamt 5.132 Megawatt gebaut wurden. Ihr Beitrag zur Stromerzeugung beträgt im Sudan 80 %, in Ägypten 40 %, in Marokko 30 %, im Irak 11 %, in Algerien 6 % und in Tunesien 3 %. Trotzdem besteht ein erhebliches, noch nicht genutztes Potential.

Noch ärmer ist die arabische Region an Möglichkeiten zur Nutzung der Windenergie und der geothermischen Energie. Die Nutzung der Windenergie befindet sich noch im Experimentierstadium. Bisher wurden nur einige wenige kleine Anlagen zum Betreiben von Wasserpumpen gebaut und zwar in Jordanien, Tunesien und Syrien. Bei der geothermischen Energie bestehen gewisse (begrenzte) Möglichkeiten in Djibouti, Nordjemen, Algerien, Syrien und Jordanien. Konkrete Pläne zur Nutzung dieses Potentials für Stromerzeugung bestehen allerdings bisher nur in Djibouti.

Demgegenüber ist die arabische Region sehr reich an Sonnenenergie. Sie ist im Vergleich zu anderen Weltregionen (z.B. Westeuropa) durch eine sehr hohe Intensität der Sonneneinstrahlung gekennzeichnet. In den meisten arabischen Ländern beträgt die durchschnittliche Sonnenscheindauer 3.000 Stunden im Jahr, verglichen mit 1.500 in der Bundesrepublik Deutschland. In der langfristigen Betrachtung könnte also die arabische Region nicht nur sich selbst, sondern auch benachbarte Regionen wie Europa mit umgewandelter Sonnenenergie versorgen. Die Sonnenenergie hat entscheidende Vorteile: Sie ist unerschöpflich, umweltfreundlich und steht kostenlos zur Verfügung. Sie kann direkt und indirekt genutzt werden. Die zu ihrer Nutzung erforderliche Technologie ist relativ einfach. In der arabischen Region ist die Kühlung ebenso wichtig wie in gemäßigten Breiten die Raumheizung. Die Tatsache, daß der Kältebedarf zur Klimatisierung von Gebäuden zeitlich mit dem größten Angebot an Sonnenstrahlung zusammenfällt, ist ein großer Vorteil bei der Anwendung der Sonnenenergie. Außerdem eignet sich die arabische Region auf Grund des relativ geringen Anteils an diffuser Strahlung besonders gut für den Einsatz von konzentrierten Hochtemperaturkollektoren.

Zu den bisher genannten Naturressourcen kommt eine Reihe von Rohstoffen hinzu, deren abbaufähige Reserven noch nicht hinreichend untersucht worden sind. Hier ist in erster Linie auf die umfangreichen Phosphatevorkommen (in Mio. t) in Marokko 13.200, Jordanien 2.000, Ägypten 1.900, Tunesien 800, Syrien 650, Irak 450, Saudi-Arabien 350 und Algerien 200 hinzuweisen. Marokko und Jordanien gehören zu den größten Phosphateproduzenten in der Welt. In der ersten Hälfte der 80er Jahre hatten diese arabischen Länder mit einer Jahresproduktion von 30 Mio. t einen durchschnittlichen Anteil von 25 % an der Welt-Produktion. In zweiter Linie ist auf die Eisenerzvorkommen hinzuweisen, die auf rund 17 Mrd. t geschätzt werden (Stand: 1986), davon (in Mrd. t) 6 in Mauretanien, 4 in Algerien, 3,5 in Libyen, 1,5 in Marokko, 1,4 in Saudi-Arabien und 0,7 in Ägypten. Die bisherige arabische Eisenerzproduktion übersteigt allerdings (mit rund 15 Mio. t) nicht 2 % der Welt-Produktion. Die Kupfervorkommen, die auf rund 250 Mio. t geschätzt werden, konzentrieren sich in Marokko, Jordanien, Mauretanien, Saudi-Arabien und Oman. Weitere bedeutende Rohstoffvorkommen sind Mangan (hauptsächlich in Marokko, Jordanien, Somalia, Algerien und Sudan), Schwefel (Irak, Marokko, Ägypten und Saudi-Arabien), Zink (Marokko, Ägypten und Tunesien), Uran (in zehn arabischen Ländern) und Edelmetalle (Algerien, Saudi-Arabien, Marokko). Der arabische Anteil an den Welt-Reserven wird bei Gold auf 1 % und bei Silber auf 4 % geschätzt. Erwähnenswert sind ferner Antimon, Kobalt, Wolfram, Quecksilber und Salz. Das Tote Meer (Jordanien) und das Rote Meer enthalten wertvolle Rohstoffe, die wirtschaftlich ausgebeutet werden können und zwar durch Gemeinschaftsunternehmen. So enthält z.B. das Tote Meer mindestens 2 Mrd. t Pottasche und 40 Mrd. t Salz. Die 1956 gegründete Arab Potash Co. arbeitet am Toten Meer (Produktion 1985: 932.000 t), und für die Ausbeutung der Rohstoffe des Roten Meers schufen Saudi-Arabien und der Sudan gemeinsame Institutionen.

Angesichts dieser Rohstoffvorkommen spielt der Bergbausektor in der Entwicklung der arabischen Volkswirtschaften eine große Rolle. Sein Beitrag zum gesamtarabischen Bruttoinlandsprodukt (durchschnittlich 40 % in der ersten Hälfte der 80er Jahre) ist außerordentlich hoch. Prospektion, Erschließung und Entwicklung der Lagerstätten sowie die Verarbeitung eines zunehmenden Teils der produzierten Rohstoffe im Inland sind Herausforderungen, die den Einsatz moderner Technologie und Management-Fähigkeiten erfordern.

Nicht zuletzt ist bei der Beschreibung der Ausstattung der arabischen Region mit Naturressourcen auf die Möglichkeiten bestimmter Länder (Ägypten, Jordanien, Libanon, Marokko, Tunesien, Syrien, der Irak, Jemen) für die Entwicklung einer devisenbringenden Tourismus-Industrie und für die Nutzung des Transithandels hinzuweisen. Diese Länder haben eine verkehrsstrategisch wichtige Position und können den Touristen angesichts ihrer klimatischen Bedingungen, ihrer Kultur und Geschichte attraktive Angebote machen.

1.2 Das Humankapital der arabischen Länder

Die Bedeutung des Vorhandenseins von Rohstoffen für die sozio-ökonomische Entwicklung eines Landes oder einer Region darf nicht überschätzt werden, denn es gibt rohstoffreiche Länder, die unterentwickelt und arm geblieben sind, und es gibt rohstoffarme Länder (wie z.B. Japan), die sich hochentwickeln konnten. Das deutet die zentrale Bedeutung des *human capital* an. Der Mensch ist nicht nur Ziel des Entwicklungsprozesses (Hebung des Lebensstandards), sondern auch und vor allem sein Träger und Gestalter (Technologie). Wenn er mehr produziert als konsumiert, ist er Motor des Fortschritts; wenn er mehr konsumiert als produziert, ist er auf dem Weg in die Verarmung.

Die volkswirtschaftlich und entwicklungspolitisch relevanten Aspekte der Bevölkerungsentwicklung im arabischen Raum lassen sich wie folgt zusammenfassen:

— Überdurchschnittliches Bevölkerungswachstum und steigende Lebenserwartung: Die gesamtarabische Bevölkerung hat sich im Zeitraum 1930 - 79 von 53 auf 162 Mio. mehr als verdreifacht, wobei die durchschnittliche jährliche Wachstumsrate 2,2 % betrug. 1985 betrug die Bevölkerung rund 194 Mio. Die Wachstumsrate im Zeitraum 1980 - 85 belief sich auf 3,24 %, verglichen mit 1,7 % Welt-Durchschnitt, 0,6 % für die entwickelten Industrieländer und 2 % für die Entwicklungsländer. Unter Zugrundelegung einer ermäßigten Wachstumsrate von 2,54 % wird für das Jahr 2000 mit einer gesamtarabischen Bevölkerung von 290 Mio. gerechnet. Dieses starke Bevölkerungswachstum bedeutet für die Politiker in den Ländergruppen des mittleren und niedrigen Einkommens (wie z.B. Ägypten, Marokko, Sudan, Nordjemen) eine entwicklungspolitische Herausforderung ersten Ranges, denn sie müßten ein reales Wirtschaftswachstum von mindestens 3 % verwirklichen, um eine Verschlechterung des erreichten Lebensstandards zu vermeiden (verglichen mit 1 % für die Industrieländer).

  Ferner sind die Folgen der angestiegenen Lebenserwartung zu berücksichtigen. Die durchschnittliche Lebenserwartung der gesamtarabischen Bevölkerung, die 1935 bei etwa 40 Jahren lag, erhöhte sich auf Grund verbesserter Gesundheitsfürsorge auf 56 Jahre (Stand: 1970) und weiter auf 59 Jahre (Stand: 1985). Sie liegt allerdings noch immer weit unter der Lebenserwartung in den Industrieländern (73 Jahre). Die Erhöhung der Lebenserwartung verlängert einerseits das Erwerbsleben und steigert andererseits die *dependency ratio,* d.h. die Zahl der Rentner und der in der Ausbildung befindlichen Personen, die von der Arbeitsbevölkerung mit ernährt werden müssen.

— Ungünstige regionale Verteilung: Mehr als die Hälfte der gesamtarabischen Bevölkerung (115 von 194 Mio.) konzentriert sich in vier kapitalarmen Ländern, nämlich (in Mio.) Ägypten 47, Marokko 24, Algerien 22 und im Sudan 22. Demgegenüber sind die sechs kapitalreichen Länder des Golf-Rates (Gulf Cooperation Council: Kuwait, Saudi-Arabien, Bahrain, Katar, die VAE und Oman) mit insgesamt 16 Mio. Einwohnern und Libyen (4 Mio.) dünnbesiedelt. Eine mittlere Position haben der Irak (16 Mio.) und Syrien (11 Mio.). Außerdem befinden sich die Siedlungsgebiete vorwiegend an den Küsten des Mittelmeers, des Roten Meers und an den Ufern einiger Flüsse wie Nil, Euphrat, Tigris und Orontes. Zwischen ihnen liegen riesige Wüstengebiete. Das und die riesige geographische Ausdehnung der Region machen den Aufbau der erforderlichen verkehrlichen Infrastruktur kostspielig.

— Besondere Probleme der regionalen Arbeitskräftemigration: Die ungleichgewichtige Verteilung von Bevölkerung und Kapital hat in den 70er Jahren u.a. zu einer verstärkten Migration qualifizierter und angelernter Arbeitskräfte von den bevölkerungsreichen Ländern (Ägypten, Sudan, Nordjemen, Jordanien) in die Ölexportländer (Golfstaaten, Irak, Libyen) geführt. Heute (1987) arbeiten rund 6 Mio. Araber außerhalb ihrer Heimatländer, davon 4 Mio. in den genannten Ölexportländern. Diese Migrationsbewegung hätte einen wertvollen Beitrag zur Überwindung der Unterentwicklung der ganzen Region leisten können, wenn sie im Rahmen eines durchdachten umfassenden Integrationsmodells organisiert worden wäre. Unter den herrschenden politischen Rahmenbedingungen war und ist sie jedoch für beide Seiten mit besonderen politischen, ökonomischen und sozialen Problemen verbunden. Das Fehlen einer klaren Integrationspolitik für die arabischen Gastarbeiter in der Golfregion und in Libyen verunsichert die Gastarbeiter und erschwert die Arbeitskräfteplanung in den Entsendeländern. Seit 1982 hat zudem eine Rückwanderungsbewegung eingesetzt, die für die Heimatländer der Gastarbeiter eine zusätzliche Belastung darstellt. Bis 1990 wird sich die Zahl der Gastarbeiter voraussichtlich um 25 % reduzieren.
  Einen besonderen Problembereich bilden die 1,2 Mio. Araber, die außerhalb der arabischen Region (vorwiegend in Europa und USA) leben und arbeiten. Der *brain drain,* der sich in Zukunft wahrscheinlich fortsetzen wird, macht den arabischen Volkswirtschaften viel zu schaffen.
  Darüber hinaus sind die Probleme der nicht-arabischen Gastarbeiter in der Golfregion (aus Indien, Pakistan, Südostasien usw.) zu berücksichtigen.
  Bei der inneren Migration ist in erster Linie an Landflucht und Urbanisierung zu denken, die mit vielfältigen wirtschaftlichen und sozialen Problemen verbunden sind. Dazu gehören der Rückgang der Agrarproduktion und die Überlastung der städtischen Infrastruktur sowie die Zunahme der Arbeitslosigkeit und der Hilfsarbeiter in den Städten, das Problem der Aufrechterhaltung von Ordnung und Sicherheit, etc.

— Großes brachliegendes Arbeitskräftepotential: Die arabische Arbeitsbevölkerung (Einwohner zwischen 15 und 64 Jahre alt) wird für 1985 auf rund 103 Mio. oder 51,5 % der Gesamtbevölkerung geschätzt (verglichen mit 67 % in den Industrieländern). Dieser Prozentsatz könnte sich bis Ende dieses Jahrhunderts auf höchstens 56 % verbessern, so daß sich der Anteil der Arbeitskräfte an der Gesamtbevölkerung von 28,2 % auf 29,4 % minimal erhöht. Diese wenigen Kennziffern zeigen, daß es in den arabischen Ländern noch ein großes brachliegendes Arbeitskräftepotential gibt, dessen Erschließung und Entwicklung Aufgabe der staatlichen Entwicklungspolitik ist. Das gilt insbesondere für die Frauen, die bisher größtenteils noch nicht in den volkswirtschaftlichen Produktionsprozeß einbezogen wurden. Das Potential konzentriert sich in den bevölkerungsreichen Ländern (Ägypten, Marokko, Algerien, Sudan, Nordjemen), die durch offene und versteckte Arbeitslosigkeit gekennzeichnet sind. Aber auch in dünnbesiedelten Ländern wie z.B. Saudi-Arabien und Libyen gibt es hohe versteckte Arbeitslosigkeit.

— Niedriges Ausbildungsniveau der Arbeitskräfte: Die Erschließung und Entwicklung des Arbeitskräftepotentials erfordert immense Investitionen im Bildungs- und Ausbildungswesen. Denn das Ausbildungsniveau der arabischen Arbeitskräfte entspricht weder in quantitativer noch in qualitativer Hinsicht den Anforderungen des technologischen Zeitalters. Die gegenwärtigen Arbeitskräfte bestehen zu 44 % aus ungelernten Arbeitnehmern. Der Anteil der Facharbeiter und der angelernten Fachkräfte ist mit 18 % bzw. 19 % noch zu niedrig. Die restlichen 19 % sind fachlich ausgebildete Freiberufe. Hinzu kommt die Bekämpfung des Analphabetentums, das trotz der in den letzten 15 Jahren erzielten Fortschritte in den Ländern der Region noch verbreitet ist. Die Analphabetenquote liegt zwischen 20 % im Irak und Bahrain und 93 % in Somalia. Dazwischen liegen Jordanien und Libanon mit 30 %, Südjemen mit 72 % und Nordjemen mit 91 %. Darüber hinaus ist der überdurchschnittlich hohe Anteil der Kinder unter 14 Jahren an der Gesamtbevölkerung zu berücksichtigen. Er beträgt 45 % im Vergleich zu einem Welt-Durchschnitt von 34 % und von 22 % für die Industrieländer und 38 % für die Entwicklungsländer. Der Vergleich deutet an, welche finanziellen und sonstigen Belastungen mit der Ernährung und Erziehung eines so großen Teils der Bevölkerung verbunden sind. Auf der anderen Seite stehen die hohe Lern- und Entwicklungsfähigkeit der arabischen Wirtschaftssubjekte, ihr reiches kulturelles Erbe und ihre gegenwärtige Entwicklungsorientierung sowie die großen Chancen, die die moderne Technologie und der Technologietransfer bieten.

2. Internationale Arbeitsteilung und autozentrierte Entwicklung

Die in den Ländern der Nah- und Mittelostregion angewandten Wirtschaftssysteme und Entwicklungsstrategien sind sehr unterschiedlich. Sie reichen von vollkommener Sozialisierung in Anlehnung an das sowjetische Modell (Südjemen) über die verschiedenen Varianten des Arabischen und Islamischen Sozialismus (Algerien, Ägypten, Irak, Syrien, Pakistan) bis hin zu extrem offenen Marktwirtschaftssystemen (Golfstaaten). In allen Ländern spielt der staatliche Sektor eine große Rolle, sei es bedingt durch die ideologische Orientierung der herrschenden Elite oder auf Grund des staatlichen Charakters der Rohstoffexporterlöse. Der staatliche Sektor bildete sich erst in den letzen vier Jahrzehnten durch Agrarreformen, Nationalisierung bestimmter Bereiche wie Banken, Ölindustrie, Bergbau und Außenhandel sowie durch Steigerungen staatlicher Investitionen heraus. Demgegenüber ist der private Sektor (insbesondere Handel und Handwerk) tiefer verwurzelt in der Tradition dieser Länder.

Hinsichtlich der Wirtschaftsordnungen ist generell eine „Konvergenz" und Stabilisierung festzustellen. Die ideologisch und leidenschaftlich geführte Debatte über die Gegensätze zwischen „fortschrittlichen sozialistischen" Systemen und „abhängigen kapitalistischen" Systemen ist beendet. Mitte der 80er Jahre ist die Bedeutung des öffentlichen Sektors für den Entwicklungsprozeß allgemein anerkannt, wobei sein Stellenwert und Gewicht in den einzelnen Ländern unterschiedlich ist. Auch über die Notwendigkeit einer spezifischen Rolle des privaten Sektors besteht kein Zweifel mehr. Neben diesen beiden Sektoren entwickelte sich ein „gemischtwirtschaftlicher Sektor" in fast allen Ländern der Region, an dem sowohl der Staat als auch private Unternehmer beteiligt sind.

Diese Konvergenz der Systeme, die durch Veränderungen der politischen Rahmenbedingungen und durch wirtschaftliche Sachzwänge entstanden war, wirkte sich auf das Denken der wirtschaftspolitischen Entscheidungsträger aus. Sie alle erkennen an, daß ihre Länder Bestandteil einer interdependenten Welt sind. Sie akzeptieren zugleich die Notwendigkeit der internationalen Arbeitsteilung. Sie haben eingesehen, daß sich rein ideologisch bedingte Konzepte nicht durchsetzen lassen und daß die bestehenden Realitäten berücksichtigt werden müssen. Gleichwohl wollen sie die große außenwirtschaftliche Abhängigkeit ihrer Länder abbauen und durch eine wie auch immer definierte Strategie „autozentrierter Entwicklung" die binnenwirtschaftliche und regionale Basis erweitern. Eine solche Strategie soll die Volkswirtschaften dieser Länder und ihre Außenbeziehungen weniger krisenanfällig machen.

3. Gesellschaftliche Rahmenbedingungen des Entwicklungsprozesses

Die gesellschaftlichen Rahmenbedingungen für einen Prozeß forcierter Entwicklung haben sich in den vergangenen beiden Jahrzehnten verbessert. So ist die horizontale und vertikale soziale Mobilität in allen Ländern des Nahen und Mittleren Ostens gestiegen. Auch haben sich Entwicklungsorientierung und -bewußtsein der Masse der Bevölkerung verstärkt. Die Zahl der öffentlichen und privaten Unternehmen und ihre Reagibilität auf die angebotenen Anreizsysteme für Leistungen und Verdienstmöglichkeiten haben sich erhöht.

Auf der anderen Seite ist die Etablierung leistungsgerechter Entlohnungssysteme noch nicht weit fortgeschritten. Die krassen Einkommens- und Vermögensdisparitäten konnten angesichts des Fehlens wirksamer Steuer- und Umverteilungssysteme bislang nicht korrigiert werden. In vielen Ländern vergrößerten sich sogar die Einkommensunterschiede. Luxuskonsum und westliche Verbrauchsgewohnheiten sind in den oberen Gesellschaftsschichten weit verbreitet. Die Korruption wurde nicht in allen Ländern und nicht mit der erforderlichen Entschlossenheit und Wirksamkeit bekämpft. Die hohe Inflation traf vor allem die unteren Schichten und die Bezieher kontraktbestimmter Einkommen. Die leichten Verdienstmöglichkeiten während der Ölboomjahre haben den Egoismus auf Kosten des öffentlichen Interesses verstärkt. All diese und andere Faktoren gefährden die gesellschaftliche Kohäsion und den sozialen Frieden.

4. Die intraregionale wirtschaftliche Zusammenarbeit und Versuche der Integration

Seit Gründung der Liga der Arabischen Staaten 1945 gibt es einen regionalen Integrationsprozeß, bei dem sowohl Erfolge als auch Rückschläge zu verzeichnen sind. Die für die Wirtschaftsintegration relevanten Ansätze und Instrumentarien lassen sich wie folgt zusammenfassen:

- Befreiung des intraregionalen Warenaustausches von tarifären und nicht-tarifären Handelshemmnissen durch multilaterale und bilaterale Abkommen: Dazu gehören das ,,Abkommen über Erleichterung des Warenaustausches und Regelung des Transithandels" vom 7. 9. 1953, das ,,Abkommen über Erleichterung und Entwicklung des Warenaustausches" vom 27. 2. 1981 und die Gründung des Arabischen Gemeinsamen Marktes im August 1964, dem acht arabische Staaten (Ägypten, Irak, Jordanien, Kuwait, Syrien, Libyen, Mauretanien und die VAE) beitraten. Diese Abkommen zielten nicht nur auf einen stufenweisen Abbau der Zölle und nicht-tarifären Hemmnisse ab, sondern auch auf Verwirklichung der Freiheit der intraregionalen Bewegungen der Produktionsfaktoren (Kapital, Arbeitskräfte, unternehmerische Tätigkeit u.a.). Sie sollten durch Errichtung einer Zollunion ergänzt werden. Diese ist aber bisher nicht zustande gekommen.
- Förderung des Kapitalverkehrs durch Aufbau regionaler Finanzinstitute und durch Schaffung eines regionalen Kapitalmarktes: Hier sind in erster Linie zwei wichtige Institutionen zu erwähnen, nämlich der 1968 gegründete Arab Fund for Economic and Social Development, an dessen Kapital von 800 Mio. Kuwaiti Dinar (ca. 2,7 Mrd. US-$) alle arabische Staaten beteiligt sind. Diese regionale Bank leistete bis Ende 1985 einen Beitrag von 2,4 Mrd. US-$ zur Finanzierung von 167 Entwicklungsprojekten in 17 arabischen Ländern. Die zweite Institution ist der 1976 gegründete Arab Monetary Fund, der ähnliche Funktionen ausübt wie der Internationale Währungsfonds. Er gewährt den arabischen Defizitländern günstige Zahlungsbilanzkredite, fördert den interarabischen Handel und den Aufbau nationaler und regionaler Kapital-

märkte. Bis Ende 1985 unterstützte er zehn arabische Defizitländer mit 53 Krediten im Gesamtbetrag von rund 300 Mio. Arabischer Dinar (eine Rechnungseinheit, die dem Wert des Sonderziehungsrechts des IWF entspricht). Darüber hinaus ist die Tätigkeit der vier nationalen Entwicklungshilfe-Institutionen (Abu Dhabi Fund, Iraqi Fund, Kuwaiti Fund und Saudi Fund) und der zwei multilateralen Entwicklungshilfe-Institutionen (OPEC Fund und Islamic Development Bank) zu erwähnen, die bis Ende 1985 an 19 arabische Länder 556 Kredite im Gesamtbetrag von 8,9 Mrd. US-$ gewährten. Davon entfielen 2,2 Mrd. auf Bergbau und Industrie und 1,8 Mrd. auf landwirtschaftliche Projekte.

— Koordinierung nationaler mehrjähriger Entwicklungspläne: Die diesbezüglichen Aufgaben werden auf periodischen Konferenzen der Planungsminister behandelt.

— Gründung und Ausbau regionaler Gemeinschaftsunternehmen: Bis Ende 1985 wurden insgesamt 830 solcher Unternehmen mit einem Gesamtkapital von rund 36 Mrd. US-$ gegründet, davon 391 rein arabische Unternehmen (Kapital: 22 Mrd. US-$) und 439 Unternehmen mit ausländischer Beteiligung (Kapital: 14 Mrd. US-$). Von dem Gesamtkapital entfielen 11 Mrd. auf die verarbeitende Industie und 2 Mrd. auf den Bergbau sowie 3 Mrd. auf die Landwirtschaft. Die restlichen 20 Mrd. verteilten sich auf Dienstleistungsbereiche (Finanzierungswesen, Transport, Tourismus) und den Bausektor. Es wurden also hier neue größere Produktionskapazitäten geschaffen. Das Instrument „Gemeinschaftsunternehmen" hat mehrere Vorteile: 1. erfordert es von den beteiligten Staaten keinen Souveränitätsverzicht; 2. ermöglicht es eine ausgewogene Berücksichtigung der Interessen aller Beteiligten; 3. ermöglicht es die Beteiligung auch kapitalarmer Länder; 4. kann mit seiner Hilfe das Risiko gestreut werden; 5. können die Produktionskosten durch *economies of scale* und Erweiterung der Märkte gesenkt werden; und nicht zuletzt kann die Konkurrenzfähigkeit der betreffenden Unternehmen auf den in- und ausländischen Märkten durch verbesserte Verhandlungsposition und verbesserten Technologietransfer gesteigert werden. Auf der anderen Seite dürfen die spezifischen Probleme der Gemeinschaftsunternehmen nicht übersehen werden. Dazu gehören z.B. die komplizierte Personalpolitik und die schwierige Gestaltung der Beziehungen zu den inländischen Konkurrenzunternehmen der beteiligten Länder.

— Gründung und Entwicklung von Freizonen: In den letzten Jahren verstärkte sich die Tendenz zur Gründung und Entwicklung von Freizonen, in denen arabische und ausländische Investoren einen größeren Spielraum haben und von manchen Auflagen und Abgaben sowie von bürokratischen Einflüssen der betreffenden Regierung befreit sind. Solche Freizonen entstanden in Ägypten, Jordanien, Syrien, den VAE, Dubai sowie in der Türkei. Darüber hinaus plant die Liga der Arabischen Staaten den Aufbau einer panarabisch ausgerichteten Freizone für Gemeinschaftsunternehmen. Sie soll ein Selbstverwaltungssystem erhalten, d.h. vom Einfluß eines einzelnen Staates vollkommen unabhängig sein. Für Investitionsstreitigkeiten sollen regionale Schiedsgerichte zuständig sein. Die geplante Freizone soll zunächst der Durchführung gemeinschaftlicher Agrarprojekte dienen. Bisher sind 170 derartige Projekte geplant, von denen 18 bereits in Angriff genommen wurden. Zu der bereits bestehenden Arab Authority for Agricultural Investment and Development (Hauptsitz in Khartoum/Sudan; Kapital: 250 Mio. Kuwaiti Dinar), die mehrere Projekte im Sudan durchgeführt hat, ist die Arab Agricultural Investment Corporation mit einem Anfangskapital von 1 Mrd. US-$ hinzugekommen.

Auch wenn die Bemühungen um wirtschaftliche Zusammenarbeit und Integration nicht immer erfolgreich sind, zeigen sie doch eine gewisse Dynamik und Richtung. Eine Blockierung dieser Bemühungen würde die wirtschaftliche und soziale Krise in der Nah- und Mittelostregion weiter verschärfen und negative Rückwirkungen auf Westeuropa und andere Industrieländer haben. In diesem Zusammenhang ist die Frage des EG-Beitrages zur Lösung der politischen Konflikte des Nahen Ostens (israelisch-arabischer Konflikt, iranisch-irakischer Krieg) und die Frage des Zugangs zu den EG-Märkten von besonderer Bedeutung.

5. Die Rahmenbedingungen für private in- und ausländische Investitionen und für den regionalen Kapitalverkehr

In diesem Bereich sind in fast allen arabischen Ländern grundlegende Änderungen und Tendenzen in Richtung auf eine Liberalisierung der Investitions- und Außenwirtschaftspolitik zu verzeichnen. Privatinitiative und privater Wirtschaftssektor werden heute aktiv unterstützt. Arabische und ausländische Direktinvestitionen werden systematisch durch verbesserten rechtlichen Schutz und durch Einführung breitgefächerter Anreizsysteme gefördert. Es wurden neue Institutionen für Exportgarantien sowohl auf nationaler als auch auf regionaler Ebene geschaffen. Als Beispiel sei die 1975 gegründete Arab Investment Guarantee Corporation (Kapital: 115 Mio. US-$, Sitz: Kuwait, Mitglieder: alle arabischen Länder) erwähnt, die kommerzielle und nicht-kommerzielle Exportrisiken abdeckt. Einige Länder haben spezielle Exportbanken gegründet, die nicht nur bei Exportfinanzierungen, sondern auch bei der Erschließung von Auslandsmärkten behilflich sind. Ferner wurde und wird versucht, den Einfluß politischer Konflikte und bilateraler Spannungen auf Investitionen und Geschäftstätigkeit u.a. durch den Aufbau der erwähnten Freizonen, zu minimieren. Nicht zuletzt wurden westliche transnationale Konzerne am Kapital neu errichteter Exportbetriebe sowie an ihrem Management und am Marketing ihrer Produkte beteiligt, um eine tragfähige Interessenverflechtung entstehen zu lassen.

Als Ergebnis dieser Bemühungen ist ein deutlicher Anstieg intraregionaler und westlicher Direktinvestitionen festzustellen. So haben sich z.B. die deutschen Direktinvestitionen in acht arabischen Ländern (Ägypten, Algerien, Irak, Libyen, Marokko, Saudi-Arabien, Tunesien und den VAE) im Zeitraum von 1978 - 84 von 837 auf 2.625 Mio. DM verdreifacht. Die amerikanischen Investitionen im Nahen und Mittleren Osten erhöhten sich auf 3,5 Mrd. US-$, die japanischen Investitionen auf rund 3 Mrd. US-$ (Stand: Ende 1984). Trotzdem ist die arabische Region noch weit davon entfernt, ein Schwerpunkt ausländischer Direktinvestitionen zu sein. Die westlichen Investitionen konzentrieren sich nach wie vor auf den OECD-Bereich, Lateinamerika und den pazifischen Raum. Der arabische Anteil an den Auslandsinvestitionen der wichtigsten westlichen Industrieländer (USA, Vereinigtes Königreich, Japan, Bundesrepublik Deutschland, Frankreich, Italien) übersteigt nicht 3 %. Allerdings ist zu berücksichtigen, daß die transnationalen Konzerne gegenwärtig indirekte Formen der Investition (wie z.B. joint ventures) bevorzugen, um die politischen und kommerziellen Risiken zu minimieren. Ferner ist festzustellen, daß der weitaus größte Teil der ausländischen Direktinvestitionen im arabischen Raum in den Bereichen Bergbau, Ölförderung, Handel und Finanzierungswesen (Banken) liegt, d.h. das verarbeitende Gewerbe ist minimal vertreten. Diese Investitionen sind auf die arabischen inländischen Märkte ausgerichtet und dienen primär Absatzinteressen der investierenden Unternehmen. Daher ist es nicht verwunderlich, daß sie keine wesentlichen Beiträge zur Steigerung der arabischen Exporte und zur Verbesserung der Zahlungsbilanzsituation der betreffenden Länder leisten konnten.

Das kann am Beispiel Ägyptens verdeutlicht werden. Ägypten hat seine Investitionspolitik durch die *open door policy* seit 1974 weitgehend liberalisiert. Im Rahmen des Gesetzes Nr. 43 von 1974 und anderer Gesetze und Bestimmungen wurden den in- und ausländischen Investoren vielfältige Anreize und Privilegien gegeben, die u.a. Steuerbefreiungen für eine Periode von bis zu zehn Jahren, Zollermäßigungen und Erleichterungen hinsichtlich Import der benötigten Vorleistungen, Wechselkurs, Gestaltung der Löhne und Gehälter sowie Rechte der Arbeitnehmer beinhalteten. Im Rahmen dieser Liberalisierungspolitik wurden bis Juni 1985 1.342 Projekte mit Investitionen von insgesamt 11,6 Mrd. Ägyptischen Pfund (E£) gebilligt, davon 6,9 Mrd. E£ in Devisen. Das Kapital dieser Projekte (5,8 Mrd. E£) gehört zu 70 % Inländern und 30 % Ausländern. Sie sind zu etwa 60 % fertiggestellt. Im Zeitraum 1981 - 85 betrug der jährliche Import für diese Projekte durchschnittlich 460 Mio. E£, verglichen mit einem jährlichen Export von nur 14 Mio.

E£. Hinzu kommen ins Ausland transferierte Gewinne und Gehälter. Sie beliefen sich im Zeitraum von 1976 bis 1985 auf ca. 378 Mio. E£. Der Netto-Effekt für die Zahlungsbilanz war also negativ. Die sektorale Verteilung der Projekte zeigt, daß von den Investitionskosten (11,6 Mrd. E£) 48 % auf die Industrie und nur 6 % auf die Landwirtschaft entfielen. Die anderen 46 % wurden in Bereiche des Finanzierungswesens (Banken), der Dienstleistungen und der Bauwirtschaft investiert. Dabei ist zu beachten, daß die Industrieprojekte nur in den Bereichen Chemie, Nahrungsmittel, Baustoffe, Textil und Bekleidung angesiedelt sind. Diese ungleichgewichtige Entwicklung, die sich auch bei den 307 Projekten innerhalb von Freihandelszonen nachweisen läßt, ist Gegenstand heftiger innerägyptischer Kritik, und zwar sowohl im Regierungslager als auch bei der Opposition.

Trotzdem darf die Hoffnung auf eine Verbesserung der Investitionsverhältnisse und besonders auf einen vermehrten Kapitaltransfer von den ölreichen in die ölarmen Länder der Region nicht aufgegeben werden. Ägypten, um bei demselben Beispiel zu bleiben, integriert sich allmählich wieder in die arabische Familie, nachdem es durch Abschluß der Vereinbarungen von Camp-David mit Israel isoliert worden war. Zudem gibt es neuerdings Anzeichen für eine kräftige Erhöhung der Investitionen der arabischen Golfstaaten (insbesondere Kuwaits und Saudi-Arabiens) in Ägypten.

6. Die Technologiepolitik und die Schaffung einer technologischen Basis

Die Länder des Nahen und Mittleren Ostens brauchen den Einsatz moderner Technologie zur Überwindung ihrer Unterentwicklung in allen Wirtschaftsbereichen. Sie importieren diese Technologie vorwiegend aus westlichen Industrieländern. Zur Problematik des Technologietransfers sei auf den Artikel über die Außenwirtschaftsbeziehungen verwiesen. Hier geht es um die Voraussetzungen und Bestrebungen zur Schaffung einer inländischen technologischen Basis und zur Steigerung der eigenen Fähigkeit zur Absorption und Anpassung importierter Technologien sowie um die bisherigen Ergebnisse.

In dieser Hinsicht stehen die Länder der Region auf unterschiedlichen Entwicklungsstufen: Da ist das relativ hochentwickelte Israel. Da gibt es Länder wie Ägypten, Syrien, den Irak, Iran und die Türkei, in denen das verarbeitende Gewerbe seit langem etabliert ist. Auf der anderen Seite gibt es Länder wie die Golfstaaten und Libyen, die sich erst vor wenigen Jahren von der Monokultur des Bergbaus (Ölförderung) in Richtung des Aufbaus einer verarbeitenden Industrie zu bewegen begannen. Generell ist die Nah- und Mittelostregion selbst im Vergleich mit solchen Regionen der Dritten Welt wie Südostasien und Zentralamerika noch technologisch unterentwickelt.

Die Länder des Nahen und Mittleren Ostens konsumieren vorwiegend Produkte ausländischer Technologien. Im Industriebereich verwenden sie importierte Produktionstechnologien, wobei sie in manchen Fällen auch bei Wartung, Reparatur und sogar Management auf ausländische Firmen angewiesen sind. Die importierten Technologien können im Inland (bis auf wenige Ausnahmen) nicht reproduziert werden, denn die Investitionsgüterindustrie befindet sich noch im Anfangsstadium ihrer Entwicklung.

Daher konzentrierte sich die Technologiepolitik in der Vergangenheit auf (a) den Erwerb (Import) der benötigten Technologien, (b) den rationellen Umgang mit diesen Technologien, (c) die Entwicklung entsprechender Managementfähigkeiten, (d) die soziale und wirtschaftliche Einpassung dieser Technologien in die bestehenden gesellschaftlichen Systeme, (e) den Aufbau staatlicher Systeme zur Kontrolle der zu importierenden Technologien, (f) den ansatzweisen Aufbau einer eigenen Investitionsgüterindustrie sowie (g) Investitionen zur entsprechenden beruflichen Qualifizierung von Personal.

Die Verwirklichung dieser Politik wurde durch externe und interne Faktoren behindert: (a) die angewandte Strategie der transnationalen Unternehmen. Sie sind als Technologieexporteure grundsätzlich daran interessiert, den Bedarf (d.h. die Abhängigkeit) des Importeurs möglichst lange aufrechtzuerhalten und zu erneuern. Für sie ist die Technologie zu einem zentralen Instrument der Steigerung ihrer Konkurrenzfähigkeit und Gewinne geworden. (b) Der schnelle technologische Wandel und die Überschwemmung der Region mit verschiedenen Technologien aus West, Ost und Schwellenländern erschwert die Absorption der importierten Technologien. (c) Die unterentwickelte inländische verarbeitende Industrie war nicht in der Lage, ausreichende Ausbildungsmöglichkeiten anzubieten. Auch ausländische mittelständische Lieferfirmen sträubten sich vielfach gegen die Übernahme von Ausbildungsverpflichtungen. (d) Politisch motivierte Einschränkungen von Forschung und Lehre waren ein weiteres Hindernis. (e) Nicht zuletzt sei auf die politischen Konflikte zwischen den Staaten der Region hingewiesen, die den technisch-wissenschaftlichen Fortschritt in bestimmten Bereichen behinderten. Herausragendes Beispiel dafür ist die Zerstörung der irakischen Atomanlagen durch die israelische Luftwaffe im Juni 1981.

Dennoch konnten einige wesentliche Fortschritte erzielt werden. Das gilt insbesondere für den Aufbau der technisch-wissenschaftlichen Infrastruktur. Die arabischen Staaten investierten in den letzten 20 Jahren verstärkt in den Bau von Schulen, Ausbildungszentren, Universitäten und Forschungseinrichtungen. Immerhin gab es 1983 im arabischen Raum 71 Universitäten und mehr als 1.000 Forschungsinstitute mit rund 50.000 Professoren und Dozenten. Es gab mehr als 2 Mio. Hochschulabsolventen, und es kommen jährlich 120.000 (mit steigender Tendenz) hinzu. Es wurden zahlreiche technische Universitäten und Institute sowie Ausbildungszentren und Berufsschulen neu gegründet. Die Ausgaben für Erziehung, Bildung und Ausbildung wurden sowohl absolut als auch relativ erhöht. Besonders markante Fortschritte wurden in den kapitalreichen Ölexportländern gemacht. So wurden z.B. im Irak, in dem das technische Ausbildungswesen vor 1970 sehr schwach entwickelt war, vier neue Universitäten, 19 technische Institute und 157 technische und berufliche Ausbildungszentren (mit insgesamt 180.000 Studenten im Jahr 1983) neu gegründet und ausgebaut. Saudi-Arabien, das bis Ende der 60er Jahre nur über einige wenige Schulen verfügte, besitzt heute u.a. sieben Universitäten, acht ,,Industrial Institutes“ und sechs Ausbildungszentren. Algerien, dessen technologische Entwicklung während der Kolonialzeit bis 1962 vernachlässigt worden war, konnte bis 1986 die Schülerzahl mehr als verdreifachen. Darüber hinaus wurden 14 Universitäten und 40 technische Institute gegründet und ausgebaut (1985: 130.000 Studenten).

Nicht zuletzt konnten die ,,fortgeschrittenen“ Länder der Region (Ägypten, Algerien, der Irak, Iran und die Türkei) ihre Fähigkeit zur Überprüfung und Gestaltung von Technologieverträgen mit ausländischen transnationalen Unternehmen verbessern; und in der Ölboomperiode konnten sie dank ihrer etwas angestiegenen Verhandlungsmacht auch relativ günstige Bedingungen für den Technologietransfer durchsetzen.

Auf der anderen Seite dürfen diese Leistungen und Errungenschaften nicht über die Schwächen, Lücken und Rückschläge der bestehenden Systeme hinwegtäuschen:

Nach wie vor entspricht das Niveau der Bildung und Ausbildung in vielen Bereichen nicht dem internationalen Standard. Die Zusammensetzung der Lehrinhalte entspricht trotz zahlreicher Korrekturen noch nicht den Erfordernissen der angestrebten Industrialisierung. Forschung und Laborarbeiten werden nicht ausreichend gefördert. Die Verbindungen zwischen den Universitäten und der Praxis sind äußerst schwach entwickelt. Der Ausbau der technischen und beruflichen Ausbildungssysteme läuft viel zu langsam, d.h. er wird nicht mit der erforderlichen Entschlossenheit und Wirksamkeit vorangetrieben. In den meisten Ländern der Region wurden keine nationalen Systeme zur Kontrolle des Technologietransfers und seiner gesellschaftlichen Auswirkungen errichtet. Öffentliche und private Auftraggeber stützten sich allzu häufig auf die Lieferung schlüsselfertiger Anlagen und Betriebe (turn-key projects) durch ausländische Gesellschaften, eine Vertragsform, die wenig Möglichkeiten für einen echten Technologietransfer (know how) beinhaltet.

Im Falle Irans kamen die religiös-revolutionären Umwälzungen (1979) hinzu, die zur Vertreibung zahlreicher Fach- und Führungskräfte führten. Die sogeannte „Re-Islamisierung" als gesellschaftliche Strömung birgt hinsichtlich der Entwicklung von Wissenschaft und Forschung sowohl neue Chancen als auch neue Gefahren in sich. Sie kann bei richtiger Interpretation des wahren Geistes der islamischen Religion und bei Dominanz aufgeschlossener Entscheidungsträger die kulturelle Identität und die Hinwendung zur wissenschaftlichen Forschung stärken. Sie kann aber auch unter der Vorherrschaft engstirniger orthodoxer Elemente die Entfaltung von Wissenschaft und Forschung behindern und das *al-fikr as-salafī*, d.h. das Denken in vorgefertigten Schablonen stärken, und das in einer Zeit, die durch die Herausforderungen der weltweiten technologischen Revolution (High Technologies) gekennzeichnet ist.

Schließlich ist darauf hinzuweisen, daß gegenwärtig zahlreiche qualifizierte Fachkräfte aus den Nah- und Mittelostländern in den westlichen Industrieländern arbeiten und daß es diesen Entsendeländern bisher nicht gelungen ist, die für die Rückkehr dieser Fachkräfte hinreichenden Voraussetzungen zu schaffen. Die diesbezüglich positive Entwicklung, die sich in den 70er Jahren abzeichnete, wurde durch den Ölpreisverfall in der ersten Hälfte der 80er Jahre unterbrochen.

7. Ergebnisse und Zukunftsperspektiven des Entwicklungsprozesses

Die 21 arabischen Länder des Nahen und Mittleren Ostens, auf die sich unsere Betrachtung konzentriert, lassen sich in vier Gruppen kategorisieren:

— Gruppe 1 umfaßt Algerien und den Irak, die neben Öl und Gas über eine relativ breite Bevölkerungs- und Wirtschaftsbasis sowie über fruchtbare Böden, Süßwasser und inländische Fachkräfte verfügen.

— Gruppe 2 umfaßt Saudi-Arabien, Kuwait, die VAE, Katar und Libyen. Ihr Abhängigkeitsgrad vom Ölsektor ist höher, und ihre Wirtschaftsbasis außerhalb des Ölsektors ist im Vergleich zur ersten Gruppe noch sehr schmal. Sie sind ferner auf die Beschäftigung ausländischer Arbeitskräfte angewiesen.

— Gruppe 3 umfaßt Ägypten, Marokko, Syrien, Libanon, Jordanien, Tunesien, Oman und Bahrain, in denen der Ölsektor nicht die überragende Rolle spielt und die Wirtschaft trotz Kapitalknappheit relativ diversifiziert und leistungsfähig ist. Sie verfügen über genügend inländische Arbeitskräfte.

— Gruppe 4 umfaßt die *Least Developed Countries* Sudan, Mauretanien, Somalia, Djibouti, Nord- und Südjemen.

Entwicklungsergebnisse und Zukunftsperspektiven dieser Ländergruppen lassen sich an folgenden Indikatoren und Maßstäben aufzeigen:

7.1 Das Wirtschaftswachstum

Hinsichtlich des Wirtschaftswachstums unterscheiden sich die 70er Jahre grundlegend von den 80er Jahren. Das Jahrzehnt 1970 - 80 war durch hohe Wachstumsraten gekennzeichnet, und zwar auf Grund der Steigerungen der Öleinnahmen und der staatlichen Konsum- und Investitionsausgaben sowie des intraregionalen Kapitaltransfers. Das gesamtarabische Bruttoinlandsprodukt (BIP) zu laufenden Preisen hat sich von 41 Mrd. US-$ im Jahr 1970 auf 406 Mrd. US-$/1980 fast verzehnfacht. Dabei waren allein in der zweiten Hälfte der 70er Jahre rund 332 Mrd. US-$ investiert worden. Das war im Vergleich zu den Größenordnungen der 50er und 60er Jahre ein gewaltiger Sprung. Allerdings muß dieses Ergebnis durch eine Reihe kritischer Anmerkungen relativiert werden: Erstens, das nominale BIP enthält die Ölexporterlöse, und die mengen- und wertmäßige Erhöhung des Ölexports reflektiert nicht eine Steigerung der Produktivität der inländischen industriellen Basis. Zweitens, das nominale BIP enthält die Auswirkungen der Inflation, die in den 70er Jahren besonders stark war. Inflationsbereinigt ergibt sich ein reales Wachstum von durchschnittlich 8 % pro Jahr. Das reale BIP pro Kopf der Bevölkerung wuchs um nur 5,2 % pro Jahr. Drittens, das Wachstum war von Land zu Land sehr unterschiedlich. Am höchsten war es in den Ländern der Gruppe 2. In der Gruppe 1 war das reale Wachstum doppelt so hoch wie in der Gruppe 3 und viermal so hoch wie in der Gruppe 4. Das führte zu einer wesentlichen Verschiebung der relativen Gewichte der einzelnen Länder und Ländergruppen. Der Anteil der Gruppe 2 am gesamtarabischen BIP erhöhte sich von 25 auf 55 %, während die Anteile der dritten und vierten Gruppe von 43 auf 20 % bzw. von 10 auf 4 % zurückgingen. Das relative regionale Gewicht Ägyptens ging zurück, während Saudi-Arabien, der Irak und Algerien die höheren Positionen einnahmen.

Abgesehen von diesen Verschiebungen kann das im Jahrzehnt 1970 - 80 verwirklichte reale Wachstum der arabischen Länder als zufriedenstellend beurteilt werden. Es konnte aber in den 80er Jahren nicht fortgesetzt werden, und zwar auf Grund der Wandlungen des Welt-Ölmarktes und der Veränderung der politischen Rahmenbedingungen. In den Jahren 1980 - 83 sank das reale BIP um durchschnittlich 3,2 % pro Jahr, wobei der OPEC-Rohölpreis von 31 auf 28 US-$/*barrel* zurückging. 1986 gab es einen dramatischen Ölpreisverfall auf 15 US-$/*barrel* mit entsprechenden Auswirkungen auf die Entwicklung des arabischen Sozialproduktes. Die wirtschaftliche Entwicklung der ganzen Region erreichte einen Tiefstand. 1987 konnte der Ölpreis auf einem Niveau von 18 US-$ stabilisiert werden. Mit einer neuen Aufschwungsphase kann für die 90er Jahre gerechnet werden.

7.2 Entwicklung der Wirtschaftssektoren

Untersucht wird die Entwicklung der Wirtschaftssektoren hinsichtlich ihres Managements, ihrer Produktivität und ihres Beitrages zum BIP sowie hinsichtlich der Schaffung einer tragfähigen *input-output*-Verflechtung.

7.2.1 Bergbau, extraktive Industrien

Seit der Jahrhundertwende lagen Kontrolle, Ausbeutung und Verwertung der arabischen Bodenschätze (insbesondere des Erdöls und des Naturgases) fast vollständig in den Händen westlicher transnationaler Konzerne, und zwar im Rahmen des traditionellen Konzessionssystems, das aus der Kolonialzeit stammte. In diesem System waren die Regierungen zu bloßen Abgabenempfängern degradiert und besaßen keine wirksamen Mechanismen und Instrumente zur Steuerung der wirtschaftlichen Entwicklung.

Nach langem Kampf gelang es den arabischen Staaten in den 70er Jahren, die Kontrolle über die nationalen Bodenschätze durch eine Reihe von Verstaatlichungen, Teilverstaatlichungen und Kapitalbeteiligungen zu erlangen. Dieser Prozeß begann im Dezember 1971 als Libyen den 50-%igen Anteil der British Petroleum Co. (BP) am Sarir-Ölfeld verstaatlichte. Es folgten Nationalisierungen im Irak und in Algerien. Der Irak nationalisierte den Erdölsektor 1972/73 vollständig. Die Golfstaaten unterzeichneten mit den Konzessionsgesellschaften *participation agreements* und übernahmen damit Kapitalanteile bis zu 100 %. So erwarb Kuwait 1975 das gesamte Kapital der Kuwait Oil Co. (an der die BP und die amerikanische Gulf Oil Corporation mit je 50 % beteiligt waren) und unterzeichnete mit den beiden Konzessionsgesellschaften sogenannte *buy-back agreements*. Die saudiarabische Regierung übernahm zunächst 1972 einen 25%igen Kapitalanteil an der Arabian American Oil Co. (ARAMCO), steigerte ihn am 1. 1. 1974 auf 60 % und war danach bestrebt, die ARAMCO vollständig zu übernehmen. Allerdings waren die Verhandlungen schwieriger und dauerten bis 1980, als es hieß „the aquisition was completed". Die neuen Verträge, die nicht veröffentlicht wurden, garantierten der ARAMCO weiterhin eine entscheidende Rolle bei der Entwicklung des Ölsektors und einen Zugang zu großen Ölmengen. Die ARAMCO wurde zunehmend saudisiert. Zugleich dehnte sie ihre Tätigkeit auf andere Bereiche wie z.B. die Elektrifizierung der Ostprovinz aus. Ähnliche Regelungen wurden in den anderen Golfstaaten (Katar, Bahrain, den VAE und Oman) getroffen.

Die grundlegende Änderung der Besitzverhältnisse, zusammen mit den Ölpreissteigerungen und der zunehmenden Arabisierung der Belegschaft, bildete einen Wendepunkt in der arabischen Wirtschaftsgeschichte. Die Araber konnten sich in den verschiedenen Bereichen der Ölindustrie und der Ölpolitik professionalisieren, nachdem ihnen diese Möglichkeit durch das traditionelle Konzessionssystem jahrzehntelang versperrt war. Dieser grundlegende Strukturwandel wirkte sich in den Bereichen Prospektion, Technologie, Ausbildung, Verarbeitung eines zunehmenden Teils des Rohstoffes im Inland und Diversifizierung der Wirtschaftsbeziehungen zum Ausland positiv aus.

So konnten z.B. die nachgewiesenen abbaufähigen arabischen Erdölreserven im Zeitraum 1979 - 85 auf Grund der verstärkten Prospektionstätigkeit von 332 auf 407 Mrd. *barrel* erhöht werden, wobei der Irak, Saudi-Arabien und die VAE in dieser Entwicklung an der Spitze standen. Die Entdeckung neuer Ölvorkommen in Jordanien, Tunesien, Nordjemen, Syrien und Sudan gab diesen kapitalarmen Ländern neue Hoffnungen. Ägypten entwickelte sich zu einem Ölexportland, wenn auch in bescheidenem Ausmaß. Die Investitionen in den Bereichen Forschung, Entwicklung und Ausbildung wurden wesentlich erhöht, wobei auch Fragen der negativen Einflüsse auf die Umwelt behandelt wurden. Es wurden zunehmend moderne Techniken der *Enhanced Oil Recovery* (EOR) angewandt, um den Entölungsgrad zu erhöhen. Die Ölreserven eines Landes können nämlich nicht nur durch Entdeckung neuer Lagerstätten vergrößert werden, sondern auch durch Erhöhung des Entölungsgrades. Die arabischen Staaten hoffen, den Entölungsgrad von gegenwärtig 25 auf 35 % in naher Zukunft steigern zu können. Die ursprünglichen arabischen Ölreserven werden auf insgesamt 2.000 Mrd. *barrel* geschätzt. Bei einer Erhöhung des Entölungsgrades um 10 % könnten also zusätzliche 200 Mrd. *barrel* gewonnen werden. Das zeigt die Größenordnung des riesigen Potentials der arabischen Region im Vergleich zu den anderen Weltregionen.

Erhebliche Fortschritte wurden zudem in den Bereichen Erweiterung und Sicherung der Öltransportsysteme (Ölhäfen, Pipelines, Tankerflotte u.a.) erzielt. Das gilt insbesondere für den Irak und die anderen Golfstaaten. Angesichts des Konfliktes mit Iran (Golfkrieg) baute der Irak neue Ölleitungssysteme, die seine Ölfelder mit dem Mittelmeer via Türkei und mit dem Roten Meer via Saudi-Arabien verbinden. In Saudi-Arabien wurde ein Öl- und Gasleitungssystem (mit hoher Durchsatzkapazität) gebaut, das die Ölfelder am Arabisch-Persischen Golf mit Yanbu am Roten Meer verbindet. Ferner ist der Bau einer neuen Ölleitung geplant, die die arabischen Golfstaaten miteinander verbindet und an der omanischen Küste am Arabischen Meer (unter Umgehung der Meerenge von Hormuz) mündet. Allein die Fertigstellung der saudischen und irakischen Projekte (1986/87) bedeutet, daß bis zu 8 Mio. *barrel*/Tag (b/d) via Rotes Meer exportiert werden können, ohne die gefährdete Meerenge von Hormuz passieren zu müssen. Für die Zukunft besteht die Tendenz bei den arabischen Staaten, in der Golfregion und in Nordafrika gemeinsame Exporthäfen und ein regionales Leitungsnetz aufzubauen.

Ähnliche Fortschritte wurden im Erdgassektor erzielt. Allein in den sechs Jahren 1980 - 85 konnten die Gasreserven von 12.180 auf 15.000 Mrd. m³ gesteigert werden. In diesen Zahlen sind bestimmte neuentdeckte Gasfelder in Katar, Saudi-Arabien, den VAE und Syrien nicht enthalten. Die arabische Gasproduktion hat sich im Zeitraum 1970 - 84 von 90 auf 181 Mrd. m³ verdoppelt. Dabei konnte der Anteil des genutzten Gases von 13 auf 75 % wesentlich verbessert werden. Trotzdem mußten noch immer etwa 25 % des geförderten Gases abgefackelt werden, verglichen mit einem Welt-Durchschnitt von 18 %.

Zur Nutzung des assoziierten Naturgases wurden in den ölproduzierenden Ländern (insbesondere Saudi-Arabien, Irak, Kuwait, Katar und den VAE) umfangreiche *gas gathering systems* aufgebaut. Große Gasverflüssigungsanlagen wurden in Algerien, den VAE, Katar und Irak errichtet. Algerien entwickelte sich zu einem führenden Gasexporteur. Der Gasexport entwickelte sich auch in Katar, den VAE und Saudi-Arabien sowie im Irak zu einer bedeutenden und wachsenden Einkommensquelle. Ferner konnte der inländische Gasverbrauch absolut und relativ wesentlich erhöht werden. Der gesamtarabische Gasverbrauch erhöhte sich im Zeitraum 1970 - 83 von 8 auf 47 Mio. t Öläquivalent, wobei sein Anteil am Energieverbrauch von 24 auf 32 anstieg. Das Gas wird also zunehmend in den Verbrauchssektoren Elektrizitätserzeugung, Transport, Dienstleistungen und Haushalt sowie kohlenwasserstoff- und energieintensive Industrien eingesetzt. Darüber hinaus wurden Fortschritte beim Aufbau nationaler und regionaler Gasverteilungsnetze erzielt. Gegenwärtig versorgt der Irak die Türkei, Kuwait und Jordanien. Die GCC-Länder sollen mit einem Leitungsnetz miteinander verbunden werden, an das später Jordanien, Syrien und Libanon anzuschließen wären. Im Maghreb sollen Algerien und Libyen als Gaslieferanten die benachbarten Länder Marokko, Tunesien und Ägypten versorgen.

Das alles waren positive Entwicklungen. Auf der anderen Seite müssen die negativen Aspekte berücksichtigt werden. Öl und Gas bedeuteten zwar Deviseneinnahmen und ermöglichten außerordentlich hohe Konsum- und Investitionsausgaben und sogar die Gewährung von Entwicklungshilfe, sie wurden aber zum beherrschenden Sektor und brachten die Fehlentwicklungen und Gefahren einer „Rentenökonomie“ mit sich. In der Förder- und Preispolitik wurden schwerwiegende Fehler gemacht. (Saudi-Arabien, andere Golfstaaten, Libyen). Das gilt insbesondere für die übertriebene Ölförderung und die Akkumulierung großer Geldanlagen im Ausland sowie für die selbstverschuldete Schwächung der OPEC und OAPEC.

In den anderen Bereichen des Bergbaus sind die Fortschritte nicht so markant außer bei Phosphaten in Marokko (Jordanien und Irak), Eisenerz in Mauretanien und Quecksilber in Algerien, wo der arabische Anteil an der Weltproduktion einen nennenswerten Umfang erreichte. Die marokkanische Phosphateproduktion betrug 1984 rund 23 Mio. t, von denen 15 Mio. t im Wert von 4,6 Mrd. Dirham exportiert wurden. Ein zunehmender Teil der Roh-Phosphate wird im Inland zu Halbfabrikaten verarbeitet. So wurden im genannten Jahr 1,6 Mio. t Derivate (vorwiegend Phosphorsäure) im Wert von 4,4 Mrd. Dirham exportiert. Damit betrugen die marokkanischen Deviseneinnahmen aus der Verwertung von Phosphaten insgesamt 9 Mrd. Dirham oder 47 % der gesamten Exporterlöse des Landes. Hier ist zu beachten, daß Marokko mit 11 Mrd. t Zweidrittel der nachgewiesenen Phosphatereserven der Welt besitzt (plus vermutete Reserven von 57 Mrd. t), daß aber der marokkanische Anteil an der Weltproduktion bisher 17 % nicht übersteigt. Allerdings soll die Produktionskapazität des Landes im Zeitraum 1985 - 90 von 25 auf 35 Mio. Jahrestonnen erhöht werden. Marokko ist eines der rohstoffreichsten arabischen Länder. Es besitzt viele noch nicht erschlossene Rohstoffvorkommen. Bisher werden aber nur 21 verschiedene Rohstoffe (neben Phosphaten) in relativ bescheidenen Mengen produziert. Dazu gehören (Produktion des Jahres 1985 in 1.000 t): Steinkohle 775, Eisenerz 191, Blei 154, Kupfer 59, Mangan 44 und Zink 27 sowie Baryt 450. Dabei überstiegen die Erlöse des Exports dieser Rohstoffe bisher nicht die Marke von 1 Mrd. Dirham.

Im saudiarabischen Bergbau dominieren amerikanische und britische sowie mit einem gewissen Abstand europäische Gesellschaften. Mit ihrer Hilfe konnte die Petromin umfangreiche geologische Untersuchungen und Karten erstellen. Dabei konnten zahlreiche wirtschaftlich verwertbare Rohstoffvorkommen entdeckt werden, darunter Bauxit, Eisenerz, Kupfer, Gold, Silber, Blei, Zink und Uran sowie Phosphorit und Kohle. Allerdings befindet sich die wirtschaftliche Erschließung noch im Anfangsstadium. Ein Bergwerk in Mahd adh-Dhahab (400 km nordöstlich von Dschidda), das 1983 eröffnet wurde, produziert jährlich ca. 1,2 Mio. t Erze (darunter Gold) und zwar erst von 1988 an. Zur Erschließung der Eisenerzvorkommen in Wadi Sawawin (350 Mio. t) wurden 1984 Produktionsanlagen in der Nähe von Duba am Roten Meer in Betrieb genommen.

Sie sollen die Stahlwerke in Jubail versorgen. Abgesehen von diesen neueren Entwicklungen blieb die Produktion bisher im traditionellen Rahmen und beschränkte sich auf Kalkstein (für Zementherstellung), Gips, Marmor und Salz. Der Rohstoffexport (außerhalb des Öl- und Gasbereiches) kann erst in den 90er Jahren beginnen.

Im Irak wurden wesentliche Fortschritte erzielt sowohl hinsichtlich der Erstellung geologischer Studien und Karten durch inländische Fachkräfte als auch hinsichtlich der Erschließung bestimmter Rohstoffvorkommen. Das gilt insbesondere für die umfangreichen Schwefellagerstätten im Gebiet al-Mishraq (nahe Mosul) und für die Phosphate-Vorkommen im Akashat-Gebiet nahe der irakisch-syrischen Grenze. Die geförderten Mengen werden teils im Inland verarbeitet (Herstellung von Schwefelsäure und Phosphatdüngemitteln) und teils exportiert. Bezogen auf die Düngemittel konnte der Irak einen Selbstversorgungsgrad von 100 % erreichen und sich zu einem bedeutenden Exportland entwickeln.

Zusammenfassend ist festzustellen, daß Erschließung und Management der arabischen Bodenschätze in den letzten 15 Jahren wesentliche Fortschritte gemacht haben. Das gilt vor allem für Öl und Gas, die sich zum gesamtwirtschaftlich dominierenden Sektor entwickelt haben. Seine Bedeutung ist in den beiden ersten Ländergruppen überdeutlich. Sie ist auch in bestimmten Ländern der dritten Gruppe (Ägypten, Bahrain, Oman und Tunesien) relativ hoch. Darüber hinaus gab es in jüngster Zeit Ölentdeckungen in einigen Ländern der vierten Gruppe, namentlich Sudan, Nord- und Südjemen. Die Beseitigung des traditionellen Konzessionssystems und die Erlangung der nationalen Kontrolle über die Bodenschätze waren eine revolutionäre Entwicklung. Aber trotz dieser Entwicklungen und trotz der zunehmenden Professionalisierung der Araber und der Diversifizierung ihrer Wirtschaftsbeziehungen blieben die technologische Abhängigkeit und die politischen Bindungen an bestimmte Industriestaaten ausschlaggebend. Manche grundlegende ölpolitische Entscheidung konnte nicht autonom gefällt werden. Daher blieb der Beitrag des Ölsektors zum Bruttoinlandsprodukt erheblichen Schwankungen ausgesetzt, und zwar entsprechend den Schwankungen des „Weltmarktes". Außerhalb des Ölsektors haben im arabischen Raum nur Phosphate eine relativ große wirtschaftliche Bedeutung erlangt, wobei der arabische Anteil an der Weltproduktion bis zu 26 % betrug. Mit Abstand folgen Quecksilber 14 %, Baryt 10 %, Blei 5 %, Schwefel 4 % und Kobalt 3 %. Bei allen anderen Rohstoffen lag der arabische Anteil an der Weltproduktion unter 1 %. Die Erschließung der umfangreichen Rohstoffvorkommen ist also noch weitgehend unterentwickelt.

7.2.2 Verarbeitende Industrie

Vor dem Ölboom der 70er Jahre beschränkte sich die Zahl der semi-industrialisierten arabischen Länder auf Ägypten, Libanon, Marokko, Syrien und Tunesien. Ihre Volkswirtschaften waren vergleichsweise diversifiziert, und einige Industrien hatten sich hier seit längerer Zeit etabliert. Auf sie entfielen rund 40 % der gesamtarabischen Industrieproduktion. Die Verhältnisse verschoben sich aber in den 70er und 80er Jahren. Algerien und der Irak (Gruppe 1) sowie die Golfstaaten und Libyen (Gruppe 2) erzielten Industrialisierungsfortschritte durch den Aufbau kohlenwasserstoff- und energieintensiver Industrien, wobei sich ihre Anteile an der Wertschöpfung des gesamtarabischen Industriesektors wesentlich erhöhten. Trotzdem blieb der Beitrag des verarbeitenden Gewerbes zum Bruttoinlandsprodukt (BIP) der einzelnen Länder im Vergleich zu anderen Weltregionen sehr niedrig. Er schwankte zwischen 3 und 20 %.

Ferner ist festzustellen, daß im Zeitraum 1970 - 86 das Wachstum der verarbeitenden Industrie schwächer war als das Wachstum der anderen Wirtschaftsbereiche. Auch der bisher erreichte Grad der Diversifizierung der Industrieprodukte ist nicht zufriedenstellend. Die Hauptbereiche der arabischen Industrieproduktion sind Ölraffinerien, Petrochemie, Düngemittel, Nahrungsmittel, Bekleidung und Baustoffe, während die Kapitalgüterindustrie sehr schwach vertreten ist. Dazu einige Hinweise auf Fortschritte und Engpässe: Im Bereich der Ölraffinierung ist festzustellen,

Tabelle 1: Stellenwert der verarbeitenden Industrie in den arabischen Volkswirtschaften (Stand: 1983)

Ländergruppe	Wertschöpfung der verarbeitenden Industrie in Mio. US-$	in %	Beitrag der verarbeitenden Industrie zum BIP in %
Gruppe 1	8.412	25,3	9,2
Gruppe 2	12.361	37,0	6,1
Gruppe 3	11.518	34,6	13,3
Gruppe 4	1.037	3,1	8,1
zusammen	33.328	100,0	8,5

Quelle: Arab Fund for Economic and Social Development (Kuwait).

daß im Zeitraum 1970 - 85 insgesamt 30 Mrd. US-$ investiert wurden. Damit konnten die Zahl der Raffinerien auf 50 erhöht und ihre installierte Kapazität auf 5,3 Mio. b/d verdoppelt werden. Etwa die Hälfte des *output* (1984: 3,2 Mio. b/d) wurde exportiert, wobei Algerien, Kuwait, Saudi-Arabien, Bahrain und die VAE die größten Exporteure waren. Die Raffinerien wurden technisch modernisiert und an die Erfordernisse des Weltmarktes angepaßt. Auf der anderen Seite blieb der Anteil der arabischen Länder an der Welt-Raffineriekapazität (6,7 %) im Vergleich zu ihrem Anteil an der Welt-Rohölproduktion (20 %) viel zu niedrig.

Hinsichtlich der Petrochemie ist zunächst darauf hinzuweisen, daß bis Ende der 60er Jahre kaum eine petrochemische Industrie im arabischen Raum existiert hatte. Sie wurde erst in den 70er und 80er Jahren systematisch aufgebaut. Bis 1985 wurden insgesamt 72 petrochemische Werke mit einer Gesamtkapazität von 9,3 Mio. Jahrestonnen errichtet, wobei sich diese Produktionskapazität zu 60 % auf Grundstoffe, 21 % Derivate und 19 % Endprodukte verteilt. Am Kapital und Management dieser Betriebe sind westliche transnationale Konzerne maßgeblich beteiligt. Die Produktionskapazität konzentriert sich zu Zweidritteln in Saudi-Arabien. Das andere Drittel teilen sich Libyen, Kuwait, Katar, Algerien, die VAE und der Irak (Reihenfolge nach der Größenordnung). Angesichts der Verfügbarkeit von Finanzierungskapital und billigem Gas (als Rohstoff und Energieträger) sowie des Einsatzes modernster Technologie sind die errichteten Betriebe durchaus international konkurrenzfähig. Sie haben aber mit Problemen des Protektionismus und der strukturellen Anpassung in Westeuropa, Japan und USA zu kämpfen. Ursprünglich sollten in den arabischen Ländern und Iran mehr petrochemische Werke errichtet werden, aber die im Rahmen der Auseinandersetzungen zwischen der OPEC und den Industriestaaten erzwungenen Veränderungen des Welt-Ölmarktes und die weltweite Rezession sowie der Golfkrieg führten zur Streichung mancher Projekte. So blieb der arabische Anteil an der Welt-Produktionskapazität für die wichtigsten petrochemischen Grundstoffe auf maximal 7 % (Ausnahme Methanol 16 %) begrenzt. Für die Zukunft streben die arabischen Länder eine bessere vertikale und horizontale Integration ihrer petrochemischen Industrien und die Gründung von mehr Gemeinschaftsunternehmen an.

Auch bei der Herstellung von Düngemitteln, die für die Entwicklung der Landwirtschaft wichtig sind, wurden einige wesentliche Fortschritte erzielt. Bei Stickstoffdüngern wurden Produktionskapazitäten von 6,5 Mio. Jahrestonnen für Ammoniak und Harnstoff errichtet (5 % der Welt-Kapazität). Die Produktion erreichte im Jahr 1983 rund 2,34 Mio. t, von denen 1,11 Mio. t außerhalb der arabischen Region exportiert wurden. Die größten Produzenten waren Ägypten, Saudi-Arabien, Katar, Kuwait und Libyen. Bei Phosphatdüngemitteln ist zunächst darauf hinzuweisen, daß die arabische Region 80 % der Welt-Phosphatereserven besitzt, und daß die geförderten Mengen bisher nur zu 35 % im Inland verarbeitet, während 65 % in Rohform exportiert werden. Die Produktion von Roh-Phosphatoxyd erreichte 1983 rund 1,54 Mio. t, von denen 1 Mio. t exportiert wurden. Die größten Produzenten waren Marokko, Tunesien, Jordanien, Ägypten und der Irak. Demgegenüber blieb die arabische Region bei den zusammengesetzten Düngemitteln Netto-Importeur. Im Irak wurden in der zweiten Hälfte der 70er Jahre konkrete Projekte ausgearbeitet, die das Land zum größten Düngemittelproduzenten der ganzen Nah- und Mittelostregion gemacht hätten, wenn der Golfkrieg nicht dazwischen gekommen wäre. Nach Beendigung des Kriegs wäre mit der Wiederaufnahme dieser Projekte zu rechnen.

Die Entwicklung der Nahrungsmittelindustrie läßt viel zu wünschen übrig. Obwohl in diesem Sektor seit Jahrzehnten Erfahrungen gesammelt werden und genügend aufnahmefähige Absatzmärkte vorhanden sind, blieb er hinter der Entwicklung der Bevölkerung und der Nachfrage weit zurück. Der Kapazitätsauslastungsgrad der meisten Betriebe übersteigt nicht 50 %. Die Gründe reichen von Problemen bei der Versorgung mit Rohstoffen und Halbfabrikaten über technologische Schwierigkeiten bis zum Mangel an qualifizierten Fachkräften. Auf diesen Sektor entfielen im Jahr 1985 immerhin 19 % der Betriebe und 26 % des Produktionswertes des gesamten verarbeitenden Gewerbes. Dazu gehörten z.B. 154 Betriebe für die Herstellung von Milchprodukten (Jahreskapazität 2,4 Mio. t; Deckung des Eigenbedarfs zu 52 %), 41 Zuckerfabriken (Kapazität 2,5 Mio. t; Selbstversorgungsgrad 55 %) und Hunderte von Konservenfabriken (Kapazität 1 Mio. t). Bei einem jährlichen Fischfang von durchschnittlich 1,5 Mio. t wurden höchstens 20 % industriell verarbeitet, was nur 6 % der möglichen Fangmenge entsprach. Auch bei der Herstellung von Futtermitteln besteht noch eine große Lücke. Im gesamten arabischen Raum existieren rund 500 Futtermittelfabriken mit einer Jahreskapazität von 15 Mio. t Konzentraten. Die Produktion betrug 7,1 Mio. t und konnte nur 60 % des Bedarfs der Region decken.

Die traditionelle Textilindustrie konnte trotz ihrer Produktionssteigerungen mit dem schneller wachsenden Bedarf nicht Schritt halten, so daß der Selbstversorgungsgrad der Region bei Garnen und Textilien auf unter 50 % fiel.

Demgegenüber konnten die Eisen- und Stahlindustrie sowie die Baustoffindustrie bemerkenswerte Fortschritte erzielen. Bis 1985 wurden Stahlwerke (in Algerien, Ägypten, Irak, Saudi-Arabien, Tunesien und Katar) mit einer Jahreskapazität von 11,4 Mio. t gebaut bei einem Gesamtbedarf von 14,3 Mio. t. Bei einem Kapazitätsauslastungsgrad von 80 % könnten diese Stahlwerke den arabischen Bedarf an Stahlprodukten bis zu 65 % decken. Die Zementwerke wurden zahlen- und kapazitätsmäßig soweit erweitert, daß sich ihre Jahreskapazität innerhalb des kurzen Zeitraumes 1980 - 86 von 43 auf 110 Mio. t mehr als verdoppelte und ein Selbstversorgungsgrad von 75 % erreicht wurde.

Am weitesten unterentwickelt ist die Kapitalgüterindustrie. Industrien zur Produktion von Maschinen, maschinellen Anlagen, Generatoren, Turbinen, Bohranlagen, Krähnen, Spezialfahrzeugen usw. existieren noch nicht im arabischen Raum. Das liegt hauptsächlich am Mangel technologischer Erfahrungen und an der Enge der nationalen Märkte. Allerdings produzieren einige industriell fortgeschrittene arabische Länder (Ägypten, Algerien, der Irak, Marokko und Saudi-Arabien) bestimmte Komponenten für Traktoren, Lastkraftwagen, Busse, Personenkraftwagen, Öltanks, Eisenbahnwaggons, elektrische Transformatoren, Pumpen und Baumaschinen. Der Selbstversorgungsgrad bei Kapitalgütern überstieg bisher im allgemeinen nicht 10 %. Das ist erschreckend wenig, wenn man bedenkt, daß die arabischen Länder z.B. im Jahr 1980 Kapitalgüter im Wert von 29 Mrd. US-$ importierten. Außerdem überwiegt bei den errichteten Industriebetrieben die Montage importierter Komponenten.

Zusammenfassend ist festzustellen, daß mehrere Jahrzehnte nach Erlangung der Unabhängigkeit und 40 Jahre nach Ende des Zweiten Weltkriegs die Entwicklung und Leistungsfähigkeit des arabischen Industriesektors noch sehr bescheiden sind. Der Aufbau von Kapitalgüterindustrien und der Prozeß der Entwicklung eigener technologischer Fähigkeiten sind zu langsam, die Abhängigkeit von ausländischen Lieferanten ist zu hoch und erstreckt sich von der *feasibility*-Studie bis zum Management mancher Industrieprojektes. Der arabische Außenhandel mit Industrieerzeugnissen, der einen Exportanteil von nur 3 %, aber einen Importanteil von 70 % hat, weist jährlich ein Defizit auf, das sich in den letzten Jahren von 30 auf 80 Mrd. US-$ fast verdreifacht hat. Die arabische Industrie beschäftigt nur 20 % der Arbeitskräfte, verglichen mit 40 % in den Industrieländern. Die Bau- und Produktionskosten sind überdurchschnittlich hoch. Der Grad der Verflechtung zwischen Industrie und Landwirtschaft, ein wichtiger Indikator für die Überwindung von Unterentwicklung, ist noch viel zu niedrig. Hinzu kommen Dumping-Politik und Protektionismus der Industrieländer. Das Ergebnis sind langsames Wachstum und begrenzte Konkurrenzfähigkeit auf in- und ausländischen Märkten. Diese Grundprobleme sind den arabischen Wirtschaftspolitikern und regionalen Industrieorganisationen durchaus bewußt. Sie betonen neuerdings die Notwendigkeit der regionalen Kooperation zwecks Überwindung der Enge der nationalen Märkte, wobei der Aufbau von Freizonen und die Gründung von Gemeinschaftsunternehmen sowie die Verbesserung des Investitionsklimas und der Ausbildungssysteme im Vordergrund stehen.

7.2.3 Landwirtschaft

Hier sei zunächst auf die im Abschnitt 1.1 enthaltenen Angaben über die Ausstattung der arabischen Region mit Wasserressourcen und fruchtbaren Böden sowie über das zu erschließende Agrarpotential verwiesen. Die Entwicklung der Landwirtschaft wurde in der Zeit seit Ende des Zweiten Weltkriegs bis heute durch verschiedene Umstände und Faktoren behindert:

— In der Kolonialzeit behinderten die halbfeudalistischen Besitz- und Produktionsverhältnisse die Entfaltung der Produktivkräfte der ausgebeuteten Anteilsbauern und Landarbeiter.
— Nach Erlangung der Unabhängigkeit in den 50er und 60er Jahren waren es die langwierigen und komplizierten Versuche der Restrukturierung des Agrarsektors durch umfassende Agrarreformen, Aufbau des Genossenschaftswesens, Errichtung von Staatsfarmen und andere ordnungspolitische Experimente, die zeitweise zu Rückschlägen in der Agrarproduktion führten. Dabei herrschte ein deutlicher Mangel an Investitionskapital, denn die enteigneten Großgrundbesitzer investierten ihre Entschädigungsbeträge größtenteils in anderen Bereichen, und der Staat holte aus dem Agrarsektor mehr Steuern und Abgaben als er investierte.
— In den 70er Jahren konzentrierten sich die staatlichen Investitionspolitiken auf den Industriesektor. Die Entwicklung der Landwirtschaft erhielt nicht die höchste Priorität, wie es insbesonders in den Ländern mit größerem Agrarpotential (Ägypten, Algerien, Irak, Marokko, Tunesien, Sudan und Syrien) notwendig gewesen wäre. In manchen Fällen wurde die Entwicklung des Industriesektors mit Ersparnissen der Landwirtschaft finanziert. Die *terms of trade* verschoben sich zugunsten der städtischen Bevölkerung auf Kosten der ländlichen Gebiete. In einer Region wie dem Nahen und Mittleren Osten, wo mehr als die Hälfte der Gesamtbevölkerung in ländlichen Gebieten wohnt und die Agrarproduktion den inländischen Bedarf nicht decken kann, wäre eine umgekehrte Politik notwendig gewesen. Mindestens sollten die Ersparnisse des Agrarsektors in ihm selbst und in der Agroindustrie reinvestiert werden. Die Steuerbelastung dieses Sektors sollte nicht höher sein als die anderer Wirtschaftssektoren. Die Preispolitik sollte auf eine Verschiebung der *terms of trade* zugunsten des Agrarsektors hinarbeiten.
— In der ersten Hälfte der 80er Jahre wurde der Modernisierung der Landwirtschaft verstärkte Aufmerksamkeit gewidmet, und zwar durch Aufbau der erforderlichen Infrastruktur und den Einsatz moderner Technologie (neue Verfahren, verbessertes Saatgut, chemische Düngemittel, Schädlingsbekämpfungsmittel, landwirtschaftliche Maschinen usw.). Allein in dem kurzen Zeitraum 1980 - 84 wurden hier rund 59 Mrd. US-$ investiert, dreimal soviel wie in den ganzen 70er Jahren. Allerdings konzentrierten sich diese Investitionen zu 53 % in den kapitalreichen Ölexportländern, wo die Projekt- und Produktionskosten überdurchschnittlich hoch sind. Demgegenüber waren die Investitionen in den Ländern mit größerem Agrarpotential (Ägyp-

ten, Marokko, Tunesien, Sudan, Syrien), die an Kapitalmangel leiden, unzureichend. Die am wenigsten entwickelte Ländergruppe 4 hatte an der genannten Investitionssumme einen Anteil von nur 5 %, obwohl in ihr 30 % der gesamtarabischen ländlichen Bevölkerung leben. In diesem Zusammenhang ist anzuzweifeln, ob es möglich und sinnvoll sein wird, daß Libyen und Saudi-Arabien ihre großzügige Agrarsubventionspolitik unbegrenzt fortsetzen. Darüber hinaus sind die Fehler der angewandten Preispolitik zu beachten. So erhöhten sich z.B. die Preise der Vorleistungen viel stärker als die Absatzpreise für Agrarprodukte, was die Investitionsneigung der Bauern negativ beeinflußte.

Auf Grund all dieser Entwicklungen blieben die Zuwachsraten der Agrarproduktion bescheiden, während der Bedarf in den 70er und 80er Jahren enorm anstieg, und zwar auf Grund des Bevölkerungswachstums und der Steigerung der Einkommen und Ansprüche der Verbraucher. Das Ergebnis war eine bedrohlich wachsende Versorgungslücke und zunehmende Abhängigkeit vom Import. Im Zeitraum 1979 - 83 erhöhte sich der gesamtarabische Agrarimport von 16,5 auf 23,1 Mrd. US-$, während der Agrarexport bei 3,5 Mrd. stagnierte. Das jährliche Defizit hat sich also innerhalb von fünf Jahren von 13 auf fast 20 Mrd. US-$ erhöht. Das Verhältnis von Export zu Import, das 1970 bei 80 % lag, verschlechterte sich 1983 auf 15 %. Die angewandte Agrarpolitik konnte die Kluft zwischen Stadt und Land nicht wesentlich verringern. Die negativen Folgen der Landflucht konnten zwar auf Grund der Beschäftigungsmöglichkeiten in den Ölboomjahren in Grenzen gehalten werden, sie haben aber die ländlichen Gebiete geschwächt und die städtische Infrastruktur überbelastet.

Auf der anderen Seite dürfen die in vielen Bereichen erbrachten Leistungen und erzielten Fortschritte nicht ignoriert werden. Dazu gehören der Bau zahlreicher Staudämme und Bewässerungssysteme, Landerschließungen, Aufbau neuer Agrarkreditsysteme und des Ausbildungswesens, Verbesserung der Anbaumethoden, zunehmende Mechanisierung der Landwirtschaft usw. Diese Maßnahmen wirken langfristig. Außerdem haben die regionalen Institutionen (Arabische Liga, Entwicklungsbanken, Verbände, Gemeinschaftsunternehmen u.a.) ihre Aktivitäten im Agrarbereich verstärkt.

7.2.4 Aufbau der materiellen Infrastruktur

In diesem Bereich wurden in den Jahren 1970 - 85 die größten Fortschritte gemacht, wobei die gigantische Summe von 250 Mrd. US-$ investiert wurde, davon ein Drittel in den Bereichen Strom-, Wasser- und Gasversorgung und Zweidrittel in den Bereichen Transport, Verbindungswesen und Lagerung. Dazu einige Beispiele: Das Netz der asphaltierten Straßen im arabischen Raum wurde bis 1985 auf insgesamt 186.000 km erweitert, davon 80.000 in den Maghreb-Ländern, 32.000 in den Maschrek-Ländern, 53.000 in Saudi-Arabien und den anderen Golfstaaten, 21.000 in den arabischen Ländern Ostafrikas. Die einzelnen Länder wurden miteinander verbunden, wie z.B. die Küstenstraße Kuwait — Oman und die fertiggestellte Brücke zwischen Bahrain und Saudi-Arabien sowie die Verbindungen Jordanien — Irak und Libanon — Syrien zeigen. Das Eisenbahnnetz wurde modernisiert und auf 23.000 km erweitert, die Zahl der Eisenbahnwagen merklich erhöht. Es wurden zahlreiche neue Häfen und Flughäfen gebaut. Der Start des arabischen Nachrichtensatelliten (ARABSAT) im Februar 1985 symbolisiert die besonders markanten Fortschritte im Verbindungswesen. In jedem arabischen Land wurde mindestens eine Bodenstation für Nachrichtensatelliten gebaut. Die Netze und Systeme von Telefon, Telex, Rundfunk und Farbfernsehen wurden wesentlich erweitert. 1979 erreichte die Zahl der arabischen Rundfunksender 357 und die der Fernsehanstalten 199. Es gab 27 Mio. Radios und 10 Mio. Fernsehgeräte. Für die Versorgung der Bevölkerung und der Landwirtschaft mit Trink- und Bewässerungswasser wurden zahlreiche Staudämme und Meerwasserdestillieranlagen gebaut und Grundwasservorkommen erschlossen. Für die Stromversorgung wurden zahlreiche (verschiedenartige) Kraftwerke gebaut, deren Gesamtkapazität bis 1983 auf 45.000 Megawatt gesteigert wurde. Die Stromerzeugung hat sich innerhalb der zehn Jahre von 1973 - 83 vervierfacht. Ihre durchschnittliche jährliche Zuwachsrate betrug 15 %, verglichen mit 4,5 % weltweit.

Auf der anderen Seite dürfen die Probleme und negativen Aspekte dieser Entwicklung nicht ignoriert werden. Dazu gehören:

— die ungleiche ländermäßige Verteilung der oben angedeuteten Leistungen. Auf der einen Seite erhielten die GCC-Länder eine vollständige moderne Infrastruktur (mit Verschwendungselementen in einigen Fällen), die bis Ende der 60er Jahre gefehlt hatte. Andererseits blieb die Ländergruppe 4 weitgehend unterversorgt, was die Erschließung ihres großen landwirtschaftlichen Entwicklungspotentials behinderte. Auch die erzielten Fortschritte in der Ländergruppe 3 waren unzureichend;
— der schwache Technologietransfer und der niedrige Marktanteil inländischer Baufirmen. Der enorm große Baumarkt, der im Zusammenhang mit den oben angedeuteten Leistungen entstanden war, wurde von westlichen Firmen beherrscht. Das gilt selbst für Wartung und Management. Beim Straßenbau z.B., der eine einfache Technologie erfordert, überstieg der Beitrag arabischer Firmen im *Consulting*-Bereich nicht 15 %. Im Baubereich waren die Länder der Golfregion und Ostafrikas zu 100 %, die Maghreb-Länder zu 70 % und die Maschrek-Länder zu 50 % auf ausländische Baufirmen angewiesen;
— das Weiterbestehen größerer Versorgungslücken. Trotz der erzielten Fortschritte liegt z.B. der Pro-Kopf-Stromverbrauch in den meisten arabischen Ländern noch weit unter dem Weltdurchschnitt. Er betrug 1983 (in Kilowatt/Stunde) bei einem Weltdurchschnitt von 2.000, in Oman 880, Jordanien 760, Syrien 700, Ägypten 600, Tunesien 420, Algerien 360, Marokko 300 und in den *Least Developed Countries* Nord- und Südjemen, Mauretanien, Somalia und Sudan zwischen 38 und 260. Nur im Irak, in Libyen und den Golfstaaten lag er über dem Weltdurchschnitt. Um den gesamtarabischen Strombedarf, der im Zeitraum 1983 - 2000 schätzungsweise von 140 auf 396 Terawatt/Stunde (1 Terawatt = 10^9 Kilowatt) ansteigen wird, decken zu können, müßte die installierte Kapazität von 45.000 auf 135.000 MW erhöht werden. Die erforderliche Investitionssumme wird auf 107 Mrd. US-$ geschätzt. Sie muß erst erwirtschaftet werden, was angesichts der Probleme des arabischen Exports schwierig sein wird;
— die Abhängigkeit der Energieversorgung der arabischen Volkswirtschaften von Öl und Gas ist immer noch außerordentlich hoch, d.h. die Energiequellen konnten nicht wesentlich diversifiziert werden. Die großtechnische Erschließung der Sonnenenergie befindet sich noch im Experimentierstadium. Die Entwicklung regenerativer Energien ist noch nicht weit fortgeschritten. Die Kooperation mit den Industriestaaten in all diesen Bereichen und bei der friedlichen Nutzung der Kernenergie stößt auf wirtschafts- und sicherheitspolitische Probleme.

7.2.5 Dienstleistungen

Zunächst ist festzustellen, daß in allen Dienstleistungsbereichen in den letzten 15 Jahren beachtliche Wachstumsraten erzielt wurden. Das gilt insbesondere für die Bereiche Transport, Verbindungswesen, Binnen- und Außenhandel, Banken und öffentliche Dienstleistungen. So stiegen z.B. die Zahlen der eingesetzten Lastkraftwagen, Güterzüge, Handelsschiffe, Öltanker und Flugzeuge in beträchtlichem Ausmaß. Das Volumen des Binnen- und Außenhandels expandierte. Der Bankensektor wurde reorganisiert und spielte bei Mobilisierung und Management der binnenwirtschaftlichen Ersparnisse und Öleinnahmen eine wachsende Rolle. Es entstanden spezialisierte Kapitalmärkte in Kuwait (Kapitalexport) und Bahrain (off-shore-banking) sowie in Ägypten, Tunesien und Jordanien (Kapitalimport). Die staatlichen Ausgaben für Erziehung, Berufsbildung und öffentliche Gesundheit wurden kontinuierlich erhöht. Es wurden zahlreiche neue Schulen, Universitäten, Krankenhäuser usw. errichtet. In fast allen Ländern der Region wurde die Schulpflicht eingeführt. Die Zahl der Schüler und Studenten erreichte 1982 rund 30 Mio. oder 17 % der Gesamtbevölkerung.

Auch hier sind kritische Anmerkungen unerläßlich: Angesichts der Unterentwicklung der produktiven Sektoren (Industrie, Landwirtschaft) erscheint der Dienstleistungssektor sehr aufgebläht. Die Produktivität des Dienstleistungssektors ist im Vergleich zu den Schwellenländern noch zu niedrig. Quantität und Qualität der angebotenen Dienstleistungen sind im Vergleich zu den Möglichkeiten, die das reichlich verfügbare Finanzkapital bietet, zu niedrig. Die Aufblähung des staatlichen Verwaltungsapparates reflektiert nicht nur das Wachstum öffentlicher Dienstleistungen und staatlicher Unternehmen, sondern auch den Aufbau eines Repressionsapparates. Die Verschlechterung der *terms of trade*, die krisenanfällige Struktur der Ausfuhren (98 % Rohöl und andere Rohstoffe) und die Schwierigkeiten des Zugangs zu den Märkten der Industrieländer führten zu wachsenden Zahlungsbilanzdefiziten und Verschuldungsproblemen mit weitreichenden Folgen.

Für die Zukunft lassen sich folgende Tendenzen erkennen: Das Wachstum des Außenhandelsvolumens wird sich verlangsamen. Die arabischen Staaten werden der Entwicklung des Transportsektors und des Verbindungswesens weiterhin eine besondere Aufmerksamkeit widmen. Die Leistungen in den Bereichen Bildung, Ausbildung und öffentliche Gesundheit werden quantitativ und qualitativ verbessert werden. Der staatliche Verwaltungsapparat wird eine Zeitlang aufgebläht bleiben. Sein weiteres Wachstum wird aber durch Bekämpfung des Bürokratismus und durch zunehmende Privatisierung gebremst werden. Dabei wird seine Leistungsfähigkeit durch den Einsatz moderner Technik (Computer) verbessert werden.

7.2.6 Beschäftigung

Ein wichtiger Maßstab für Erfolg oder Mißerfolg einer angewandten Entwicklungsstrategie ist die Frage, wie weit es gelungen ist, das Ausbildungsniveau und den Anteil der Arbeitskräfte zu erhöhen sowie die offene und versteckte Arbeitslosigkeit zu reduzieren. Generell ist festzustellen, daß die arabischen Staaten, aber auch die Türkei, Iran und Afghanistan bislang keine systematische, erfolgreiche Beschäftigungspolitik betrieben haben. Der Anteil der Arbeitskräfte an der gesamtarabischen Bevölkerung blieb mit 27 % (1985) sehr niedrig im Vergleich zu 40 % in den Industrieländern. Dieser niedrige Prozentsatz hängt u.a. mit der Nicht-Einbeziehung eines großen Teils der Frauen in den volkswirtschaftlichen Produktionsprozeß zusammen. Die sogenannten ,,Re-Islamisierungstendenzen“ haben die Frauenarbeit eher erschwert. Die Probleme der offenen und versteckten Arbeitslosigkeit haben sich verschärft, insbesondere in den bevölkerungsreichen (aber kapitalarmen) Ländern Ägypten, Marokko, Tunesien, Sudan und Nordjemen (sowie in der Türkei und Iran). In den GCC-Ländern und Libyen zeigte sich ein merkwürdiger Widerspruch: Auf der einen Seite blieb ein nicht geringer Teil des inländischen Arbeitskräftepotential brachliegen bzw. im Verwaltungsbereich unterbeschäftigt. Auf der anderen Seite mußte eine große Anzahl ausländischer Arbeitskräfte eingeführt werden.

Auch die erzielten Fortschritte im Ausbildungsbereich waren unzureichend. Der Anteil der Facharbeiter an den gesamten arabischen Arbeitskräften konnte nur auf 17 % erhöht werden, verglichen mit 19 % für die angelernten und 44 % für die ungelernten Arbeitnehmer (Stand: 1983).

Hinzu kommen die Probleme der regionalen Arbeitskräftewanderung. Etwa 5 Mio. Araber und 3 Mio. nicht-arabische Asiaten (Pakistani, Inder u.a.) wanderten in die GCC-Länder, in den Irak und nach Libyen. Ihre Auswanderung, Ansiedlung und teilweise Rückwanderung bedeuteten für die Entsende- und Aufnahmeländer vielfältige soziale, ökonomische und politische Probleme. Ferner ist die Auswanderung einer relativ großen Zahl von Arabern in die westlichen Industrieländer (Westeuropa, USA, Südamerika, Australien) zu berücksichtigen. Allein in Frankreich lebten und arbeiteten (1985) rund 1,4 Mio. Bürger aus den Maghreb-Ländern (Algerien, Marokko, Tunesien). Die Auswanderung von Fachkräften, in deren Ausbildung zuvor investiert worden ist, bedeutet einen Verlust für die betreffende Volkswirtschaft.

Die Aussichten für eine Beseitigung der Arbeitslosigkeit sind mittelfristig nicht günstig, und zwar aus verschiedenen Gründen: Die Investitionen in Industrie, Landwirtschaft, Bausektor und Infrastruktur werden nicht im erforderlichen Ausmaß wachsen, die Dienstleistungsbereiche sind beschäftigungsmäßig übersättigt, zunehmende Technisierung und Automatisierung werden den Arbeitskräftebedarf in Grenzen halten, die Bemühungen um wirtschaftlichen Fortschritt werden sich in erster Linie auf eine Erhöhung des Auslastungsgrades bestehender Produktionskapazitäten konzentrieren und nicht auf die Schaffung neuer Betriebe und Institutionen.

Literatur:

Alkazaz, A. 1982: Der private Industriesektor im Irak. Staatliche Förderung, Organisation und bisherige Entwicklung, in: Orient, Jg. 23, 4, 570-599.

Amin, S. 1982: The Arab Economy Today, London.

Barlow, R. 1982: Economic Growth in the Middle East 1950-1972, in: International Journal for Middle East Studies, Nr. 14, 129-157.

Gantzel, K.J. u. Mejcher, H.(Hrsg.) 1984: Oil, the Middle East, North Africa and the Industrial States. Developmental and International Dimensions, Paderborn, München, Wien, Zürich.

Grothusen, K.D. (Hrsg.) 1985: Türkei, Göttingen.

Ibrahim, I. (Hrsg.) 1982: Arab Resources, the Transformation of a Society, London.

Naff, Th. (Hrsg.) 1981: The Middle East Challenge 1980-1985, Carbondale.

Sayigh, Y.A. 1982: The Arab Economy, Past Performance and Future Prospects, London.

Scholz, F. (Hrsg.) 1985: Wirtschaftsmacht im Krisenherd, die Golfstaaten, Braunschweig.

Wilson, R. 1977: Trade and Investment in the Middle East, London.

II. Öl — Grundlage der wirtschaftlichen Entwicklung

Ramon Knauerhase

1. Die Rolle des Nahen und Mittleren Ostens in der Weltölindustrie

Rohölablagerungen sind im Nahen und Mittleren Osten seit mehreren tausend Jahren bekannt und werden von den Menschen genutzt. Die Stadt Hit am Euphrat ist seit 5.000 Jahren eine Quelle für die Gewinnung von Bitumen. Nach Angaben von Herodot waren die Mauern von Babylon mit Bitumen bestrichen. Die erste Ölbohrung soll etwa 500 v. Chr. bei Shush im südlichen Iran niedergebracht worden sein. Zur Zeit der Römer war die Gegend um Jebel el-Zeit, nahe der Mündung des Golfs von Suez, als Mons Petroleus bekannt.

Heute beherbergt der Nahe und Mittlere Osten die größten nachgewiesenen Ölreserven der Welt. 1984 lagerten in den sieben größeren und fünf kleineren ölproduzierenden Ländern der Region Vorräte in Höhe von 404 Mrd. *barrel*, das waren 60 % der nachgewiesenen Weltölreserven. Im Vergleich zur übrigen Welt sind die Ölfelder des Nahen und Mittleren Ostens besonders groß und ergiebig. Bei mindestens 20 von ihnen wird erwartet, daß sie jeweils mehr als fünf Mrd. *barrel* abwerfen.

Die Produktionsraten schwanken mit den Marktbedingunen. 1980 produzierten die Länder des Nahen und Mittleren Ostens 7,8 Mrd. *barrel* Rohöl, wobei die tägliche Förderung bei 21,4 Mio. *barrel* lag. 1984 betrug der Gesamtausstoß lediglich 5,1 Mrd. *barrel*, die durchschnittliche tägliche Förderung 14 Mio. *barrel*. Ursachen waren das weltweite Absinken der Nachfrage nach Rohöl und die Erschließung neuer Quellen z.B. in der Nordsee.

Legt man die Produktionsraten von 1984 zugrunde, werden die Ölreserven des Nahen und Mittleren Ostens in 79 Jahren erschöpft sein, wobei die Reserven Kuwaits 153 Jahre ausreichen, diejenigen Saudi-Arabiens und des Irak 98 Jahre, diejenigen Ägyptens hingegen nur 12 Jahre.

Die Länder des Nahen und Mittleren Ostens sind Niedrigpreisproduzenten. Günstige wirtschaftliche Rahmenbedingungen wie hoher Druck auf den Ölfeldern, der große Investitionen an Pumpausrüstung einspart, sowie die Nähe zu Verladehäfen tragen zu niedrigen Produktionskosten pro *barrel* bei. Dies war auch der Hauptgrund für die rasch wachsende Bedeutung der Region als weltweiter Rohölversorger nach dem Zweiten Weltkrieg, die trotz der Rückschläge in den 80er Jahren weiter steigen wird, wenn anderweitige Weltölreserven ausgeschöpft sind.

Unter wirtschaftlichen Gesichtspunkten können die ölproduzierenden Länder des Nahen und Mittleren Ostens in drei Gruppen eingeteilt werden. Zur ersten Gruppe gehören Saudi-Arabien, Kuwait, die Vereinigten Arabischen Emirate (VAE) und Libyen. Sie haben niedrige Bevölkerungszahlen, große, Mitte der 80er Jahre jedoch abnehmende Kapitalreserven, ehrgeizige wirtschaftliche Entwicklungspläne und umfassende Ölreserven. Die zweite Gruppe — Iran, Algerien und Ägypten — weist hohe Bevölkerungszahlen auf, hat im Vergleich dazu jedoch nur relativ geringe Reserven an Rohölvorkommen. Der Irak bekleidet eine mittlere Position zwischen der ersten und zweiten Gruppe. Seine Bevölkerungszahl ist höher als die der Gruppe eins; er verfügt aber über beträchtliche Rohölreserven. Bis zum Beginn des iranisch-irakischen Kriegs (1980) hatte er auch bedeutende finanzielle Reserven, die durch den Golfkrieg jedoch weitgehend aufgezehrt worden

Tabelle 1: Nachgewiesene Ölreserven, Fördermengen und voraussichtliche Erschöpfung der Vorräte in den Ländern des Nahen und Mittleren Ostens

Land	Reserven 1984 Milliarden *barrel*	Förderung 1984 Milliarden *barrel*	Voraussichtliche Erschöpfung der Vorräte in Jahren
Saudi-Arabien	168,9	1,716[1]	98
Kuwait	66,8	0,438[1]	153
Iran	51,0	0,803	64
Irak	43,0	0,438	98
VAE	32,3	0,438	73
Libyen	21,3	0,402	53
Algerien	9,2	0,219	42
Ägypten	3,5	0,292	12
Katar	3,3	0,146	23
Oman	2,8	0,146	19
Syrien	1,5	0,073	21
Bahrain	0,2	0,015	13
Insgesamt	403,8	5,126	79
Gesamte Welt	669,2	19,700	34

1) Eine Hälfte der neutralen Zone eingeschlossen

Quellen: Reserven: Middle East Oil and Gas, Exxon Background Series, December 1984; Förderung: Oil and Gas Journal, 83 (10):165, 11. 3. 1985.

sind. Die dritte Gruppe besteht aus Bahrain, Oman, Katar und Syrien. Diese Länder sind gekennzeichnet durch geringe Erdölreserven, niedrige Bevölkerungszahlen (mit Ausnahme von Syrien) und ein Reserve/Produktion-Verhältnis von weniger als 25 Jahren.

2. Geschichte des Öls im Nahen und Mittleren Osten

Die Geschichte der Ölindustrie im Nahen und Mittleren Osten beginnt 1901 in Iran, als William Knox d'Arcy, ein britischer Unternehmer, eine exklusive, auf 60 Jahre sich erstreckende Konzession erhielt, um nach Naturgas, Petroleum, Asphalt und Ozokeriten zu suchen, diese zu fördern, wirtschaftlich nutzbar zu machen und zu verkaufen. Das Konzessionsgebiet umfaßte mit Ausnahme der fünf nördlichen Provinzen das gesamte Land mit rund 800.000 km². Nach siebenjährigen schwierigen Explorationsarbeiten wurde bei Masjid-i Sulaiman, nahe dem oberen Ende des Arabisch-Persischen Golfs, Öl gefunden. 1909 gründeten d'Arcy und seine Partner die Anglo-Persian Oil Company (APOC). 1912 konnte mit der Verschiffung von Rohöl und 1913 von veredelten Produkten aus der in Abadan errichteten Raffinerie begonnen werden.

Iran war nicht das einzige Land, das zu dieser Zeit Ölinteressen auf sich zog. 1912 wurde die Turkish Petroleum Company (TPC) gegründet, um im nördlichen Irak Explorationen vorzunehmen. Die Gesellschaft, die sich in britischem, französischem und niederländischem Eigentum befand, wurde nach dem Ersten Weltkrieg ein Instrument zur Behauptung exklusiver europäischer Ansprüche auf Ausbeutung der Ölressourcen der Region. Dies stand in Widerspruch zu amerikanischen Interessen. Befürchtungen, die eigenen Ölquellen könnten versiegen, veranlaßten die Standard Oil of New Jersey, sich um den Erwerb eines Anteils an der TPC zu bemühen. Mit Hilfe der US-Regierung waren fünf amerikanische Gesellschaften schließlich in der Lage, jeweils gleiche Anteile an der TPC und damit Zugang zu den Ölreserven des Nahen und Mittleren Ostens zu erlangen. Die Gesellschaft wurde in Iraq Petroleum Company (IPC) umbenannt. Um Konkurrenz zwischen den Partnern der IPC in der Region auszuschalten, unterzeichneten die Anteilseigner das sogenannte Red Line Agreement. In diesem verpflichteten sie sich, im Gebiet des früheren Osmanischen Reiches nicht unabhängig voneinander Ölquellen zu erschließen.

Im Juni 1927 wurde eine Bohrung in Baba Gurgur bei Kirkuk fündig. Nach Abschluß der Explorationsarbeiten stellte man fest, daß das Kirkuk-Feld 96 km lang und damit eines der größten der Welt war.

Während die Suche nach Öl im nördlichen Irak weiterging und die amerikanischen Ölgesellschaften sich Zugang zum Nahen und Mittleren Osten verschaffen konnten, versuchte Major Frank Holmes, eine Gruppe von britischen Investoren für Explorationsarbeiten in Bahrain und Kuwait zu interessieren; ein Gebiet, das die größeren Ölgesellschaften als potentielle Quelle für Rohöl abgeschrieben hatten. Holmes bemühte sich vergeblich, Shell, Anglo-Persian und Burmah Oil für seine Unternehmung zu interessieren. Er wurde abgewiesen und war so gezwungen, sich an amerikanische Ölgesellschaften zu wenden. Gulf Oil äußerte Interesse und unterzeichnete am 6. 11. 1927 ein Abkommen, in Bahrain nach Öl zu suchen. Gulf Oil war jedoch durch das Red Line Agreement in seinen Handlungsmöglichkeiten beschränkt. Als die Gesellschaft ihre IPC-Partner aufforderte, sich an dem Bahrain-Unternehmen zu beteiligen oder ihr die Erlaubnis zu einer alleinigen Vorgehensweise zu geben, wurde beides abgelehnt. Gulf Oil trennte sich daraufhin von seiner Beteiligung, und Standard Oil of California (heute Chevron) nahm die Suche auf. Als am 31. 5. 1932 Öl gefunden wurde, mußten die TPC-Anteilseigner erkennen, daß ihr Monopol auf Ölreserven im Nahen und Mittleren Osten gebrochen war.

Die Entdeckung von Öl in Bahrain bestätigte die Vermutung, daß es auch Ölvorkommen in Saudi-Arabien geben mußte. Zwei Gruppen, ein Konsortium der wichtigsten IPC-Gesellschaften und Standard Oil of California (SOCAL), konkurrierten um die Gewährung einer Konzession. SOCAL gewann den Wettkampf. Am 7. 7. 1933 unterzeichnete der saudische König Ibn Saud (ʻAbd al- ʻAzīz ibn ʻAbd ar-Raḥmān Āl Faiṣal Āl Saʻūd) ein entsprechendes Dekret mit der Nummer 1.135. Einige Monate später übertrug SOCAL die Konzession einer hundertprozentigen Tochtergesellschaft, der California Arabian Oil Company (CAOC). Sie wurde einige Jahre später in Arabian American Oil Company (ARAMCO) umbenannt. 1938 wurden kommerziell verwertbare Mengen von Öl gefunden. Die erste Verschiffung saudischen Öls erfolgte ein Jahr später.

Die Verträge, die zu dieser Zeit aufgesetzt wurden, bildeten ein in sich geschlossenes System. Wichtigste Merkmale waren:

— die Größe der Konzessionsgebiete. Oftmals umfaßten sie das gesamte Territorium eines Landes;
— die Gewährung der Konzessionen für einen sehr langen Zeitraum;
— Preisfestsetzungen für Steuerzwecke und für Veräußerungen an andere Gesellschaften waren eine Domäne der Konzessionäre;
— Förderhöhe und Exportmenge sowie das Tempo der Exploration und der Aufschließung von Ölfeldern waren vollständig in den Händen der Gesellschaften;
— Abgaben an die Regierungen waren festgesetzt und konnten für die Dauer der Vereinbarung nicht geändert werden;
— die Beilegung von Meinungsverschiedenheiten unterlag einer internationalen Schiedsgerichtsbarkeit.

Auf Grund dieser Regelungen gewannen die Konzessionäre die uneingeschränkte Kontrolle über die Ölreserven des Nahen und Mittleren Ostens. Ursächlich dafür war das Machtgefälle zwischen den Ölgesellschaften und ihren Verhandlungspartnern in der Region. Die jeweiligen Herrscher besaßen zudem kaum Sachverstand in Ölfragen und sahen die Zahlungen, die für die Gewährung von Konzessionen an sie zu richten waren, in jedem Fall als eine Erleichterung für die eigenen drückenden finanziellen Probleme an. Mögliche Zahlungen für Öl, das erst noch gefunden und verkauft werden mußte, waren von relativ geringer Bedeutung.

Die Vorherrschaft der Ölgesellschaften konnte jedoch nicht andauern. Allzusehr beschränkten die Vereinbarungen die Souveränität der betroffenen Länder; allzusehr verstießen sie gegen deren Interessen. Als das volle Ausmaß der im Boden vorhandenen Ölreserven wahrgenommen wurde, begann der Kampf um ihre Kontrolle. Der erste Versuch, sich aus dem Griff der Ölgesellschaften zu befreien, war die Verstaatlichung der Anglo-Iranian Oil Company durch die Regierung Mossadeq (Muḥammad Muṣaddiq). Diese scheiterte indes mit ihrem Vorhaben. Anfang der 60er Jahre war es dann die OPEC, die den Kampf fortsetzte. 1973 war die Macht der internationalen Ölgesellschaften wenn schon nicht gebrochen, so doch weitgehend eingeschränkt.

3. Länderprofile

3.1 Saudi-Arabien

Saudi-Arabien besitzt die größten Erdölreserven der Welt. 1984 machten die Vorräte in Höhe von 168,9 Mrd. *barrel* 25 % der nachgewiesenen Weltölreserven und 41 % der nachgewiesenen Reserven des Nahen und Mittleren Ostens aus. ARAMCO ist Mitte der 80er Jahre auf 15 Feldern in einer Tiefe zwischen 1.660 und 2.570 m aktiv tätig. Von diesen Feldern sind acht *on-shore-* und sieben *off-shore*-Felder. Das produzierte Öl liegt zwischen 27° und 39° API Schwere (=Maßeinheit entwickelt vom American Petroleum Institute; je höher der Grad, desto leichter und wertvoller ist im allgemeinen das Rohöl). Seit der Öffnung des Dammam-Feldes 1938 hat Saudi-Arabien 45,5 Mrd. *barrel* Öl produziert. Davon stammen 24,7 Mrd. aus dem Ghawar-Feld, dem größten auf dem Festland gelegenen Ölfeld der Welt. Die nächstproduktiven Felder sind Abqaiq (6,8 Mrd.) und Safania (6,4 Mrd.).

Der Hauptanteil des saudischen Öls wird über den Arabisch-Persischen Golf exportiert, und zwar mit Tankern, die in Ras Tanura und dem Seehafen Ju'aima beladen werden. Seit Fertigstellung einer Pipeline von den östlichen Provinzen zum Roten Meer werden auch beträchtliche Mengen Öl von Yanbu aus exportiert. Die transarabische Pipeline (Tapline) durch Saudi-Arabien, Jordanien und Syrien nach Sidon im Libanon hat ihre Bedeutung verloren. Sie war 1950 fertiggestellt worden, um Transportkosten nach Europa durch Vermeidung des langen Weges um die Arabische Halbinsel sparen zu können. Der Bau großer und supergroßer Öltanker, der Verfall der Frachtraten seit 1975 und der Bürgerkrieg im Libanon haben diesen Transportweg unprofitabel gemacht. Die Pipeline ist gegenwärtig (1987) geschlossen. Durchgeschleust wird lediglich eine kleine Menge, die der Deckung des jordanischen Bedarfs dient.

Seit der ersten Rohölverschiffung 1938 hat die saudische Regierung mehr als 510 Mrd. US-$ an Öleinnahmen erzielt. Von 1939 bis 1973 erhöhten sich diese Einnahmen von Jahr zu Jahr in überschaubarem Maße, in erster Linie wegen der wachsenden Produktion. Hinzu kamen einige geringfügige Preissteigerungen. Von 1973 bis 1974 erhöhten sich die Einkünfte um mehr als das Fünffache im Zuge der allgemeinen OPEC-Preiserhöhungen. 1981 erreichten die Einnahmen mit 101,8 Mrd. US-$ einen vorläufigen Höhepunkt. Seit diesem Jahr sind die Einkünfte rapide gefallen. Die ständige Überversorgung des Marktes mit Öl hat die Preise nachhaltig gedrückt. 1985 dürften sich die Öleinnahmen auf weniger als 30 Mrd. US-$ belaufen haben.

1972 begannen Verhandlungen zwischen den arabischen Golfmonarchien und den ölproduzierenden Gesellschaften. *De facto* waren dies Verhandlungen zwischen Saudi-Arabiens damaligen Ölminister Yamanī und der ARAMCO. Diese Verhandlungen endeten 1972 mit einem komplexen Abkommen, das den Förderländern gegen Entschädigung eine sofortige Beteiligung von 25 % an

Tabelle 2: Saudi-Arabien — Rohölproduktion und Einnahmen in ausgewählten Jahren

Jahr	Gesamtproduktion	Durchschnittliche Tagesproduktion	Gesamteinnahmen
	(Millionen *barrel*)		(Millionen US-$)
1938	0,5	—	—
1950	199,5	0,55	56,7
1960	481,4	1,32	333,7
1970	1.386,3	3,79	1.149,7
1973	2.772,6	7,59	4.340,1
1980	3.623,8	9,90	84.466,4
1981	3.586,0	9,82	101.813,0
1982	2.367,0	6,48	70.478,6
1983	1.656,9[1]	4,54	37.785,5[1]
1984	1.693,6[1]	4,64	—

1) Schätzungen des Autors

Quellen: 1938-1970: Knauerhase 1977; 1970-1983: Sama Annual Reports, verschiedene Ausgaben; 1984: Oil and Gas Journal, 83 (2): 117, 14. 1. 1985.

den Konzessionsgesellschaften einräumte, die stufenweise, frühestens jedoch bis Anfang 1982, auf eine Mehrheitsbeteiligung aufgestockt werden sollte. Das Abkommen war kurzlebig. Wegen der veränderten Bedingungen, die dem Ölpreisschock von 1973/74 folgten, war Saudi-Arabien in der Lage, den Erwerb von ARAMCO zu beschleunigen. In der Praxis funktionierte die Gesellschaft bereits vor der Übernahme, als sei diese erfolgt. Das heißt, die saudiarabische Regierung traf Preis-, Mengen- und Exportentscheidungen.

Saudi-Arabien ist einer der führenden Naturgasproduzenten der Region. Über Jahre hinweg wurde das Gas, das mit der Förderung des Öls verbunden ist, abgefackelt. Gegenwärtig sorgt eine mit Milliardenaufwand errichtete Industrie dafür, daß nahezu alles anfallende Gas auch seinen Weg in die Weiterverarbeitung findet. Die erwartete Steigerung der Nachfrage nach Gas und Gasprodukten hat darüber hinaus zur Erschließung solcher Gasreserven geführt, die nicht mit der Ölförderung verbunden sind.

Im Zusammenhang mit seinen Bemühungen um Industrialisierung hat Saudi-Arabien seine Raffineriekapazität ausgebaut und eine der fortschrittlichsten petrochemischen Industrien der Welt aufgebaut. Es ist zu einer der größten Raffineure der Region mit einer Kapazität von 1 Mio. *barrel*/pro Tag (b/d) geworden. Es wird erwartet, daß das Königreich Ende 1986 zwischen vier und fünf Prozent der Weltproduktion an Methanol, Karbamid, Polyethylenen hoher und niedriger Dichte und anderen aus Rohöl gewonnenen Produkten herstellen wird.

3.2 Kuwait

Die Wirtschaft des Kleinstaates Kuwait ist beinahe vollständig vom Öl abhängig. Öl- und Gasproduktion machen nahezu 49 % des Bruttoinlandprodukts aus. Aus dem Verkauf von Rohöl und Gas resultieren 88 % der Regierungseinnahmen und 82 % der Exportverdienste. Das produzierte Öl ist schwerer und enthält mehr Schwefel als das Saudi-Arabiens, aber es wird unter sehr günstigen Bedingungen gefördert. Das spiegelt sich in Produktionskosten von nur 15 Cent pro *barrel* wider. Die Förderkapazität beläuft sich Mitte der 80er Jahre auf 2,9 Mio. b/d mit einer maximalen Dauerkapazität von 2,5 Mio. b/d. Die Gesamtproduktion seit der ersten Verschiffung beträgt 22 Mrd. *barrel.*

1972 erreichte die Produktion mit 3,3 Mio. b/d einen Höhepunkt. Um die Ressourcen des Landes zu strecken, wurde im selben Jahr ein Produktionslimit von 2 Mio. b/d eingeführt. Das Limit wurde 1980 auf 1,5 und später nochmals auf 1,25 Mio. b/d heruntergesetzt. Als Folge der niedrigen Weltnachfrage nach Öl und der Produktionslimits lag die Produktion in den letzten Jahren durchschnittlich bei 1 Mio. b/d. Die Einnahmen aus der Erdölwirtschaft beliefen sich 1984 auf etwa 10,4 Mrd. US-$ und lagen damit geringfügig höher als im Vorjahr.

Das anfallende Gas wird in Kuwait den Ölquellen teilweise wieder zugeführt, um den Druck im Reservoir aufrechtzuerhalten. Etwa 40 % werden verbrannt. Der Rest wird von der einheimischen Industrie verbraucht. Die nachgewiesenen Naturgasreserven (eine Hälfte der Neutralen Zone inbegriffen) belaufen sich auf 90,6 Mrd. m^3. Höchstproduktion war 1979 mit 12,1 Mrd. m^3. Auf Grund der nachlassenden Ölproduktion sank die Naturgasproduktion auf 4,6 Mrd. m^3, was den Import von Naturgas erzwang, um das Rohstoffdefizit auszugleichen. Es wird erwartet, daß die Naturgasproduktion nach der Fertigstellung eines Gasgewinnungsprojekts expandiert. Verarbeitet werden soll dabei Gas des *off-shore*-Khafji-Ölfeldes.

Kuwait war erfolgreich darum bemüht, eine Gewinnsteigerung durch Raffinierung seiner Produkte zu erzielen. Selbst in den Jahren absinkenden Rohölverkaufs gelang es, den Export veredelter Produkte zu steigern. Die Raffinierungskapazität wird sich 1986 voraussichtlich auf 0,7 Mio. b/d belaufen. Kuwait wird damit seinem Ziel näherkommen, alles im Land geförderte Rohöl auch selbst zu raffinieren.

Kuwait baut außerdem eine große Tankerflotte auf. Es wird geschätzt, daß Mitte der 80er Jahre 45 % des Erdölexports, 60 % der raffinierten Produkte und 50 % der Flüssiggasprodukte auf eigenen Schiffen transportiert werden. Die Kuwait Oil Tanker Co. (KOTC) ist im Sommer 1979 nationalisiert worden. Ihr Kapital ist von 94,8 auf 732,3 Mio. US-$ angewachsen. Dahinter verbirgt sich die Absicht, die Flotte um zwölf Schiffe zu vergrößern; insbesondere sollen Spezialschiffe zum Transport veredelter Produkte beschafft werden.

Kuwait ist verglichen mit Saudi-Arabien ein kleiner Ölproduzent. Es hat deshalb keinen großen Einfluß auf die Ölpreisfestsetzung auf den internationalen Märkten. Innerhalb der OPEC hat es sich aber recht energisch für ein hohes Preisniveau eingesetzt. Im Lande selbst hat es eine Reorganisation der Ölwirtschaft vorgenommen, um diese effizienter zu gestalten. 1980 wurden die vier kuwaitischen Ölgesellschaften unter der Kuwait Petroleum Corporation (KPC) umgruppiert. Die vier Gesellschaften waren:

— die Kuwait Oil Company (KOC). Früher Eigentum der British Petroleum (BP) und von Gulf Oil, wurde sie 1974/75 vollständig nationalisiert. Sie ist nunmehr zuständig für die gesamte kuwaitische Öl- und Gasproduktion mit Ausnahme der Neutralen Zone;
— die Kuwait National Petroleum Company (KNPC). Obwohl 1960 von der Regierung ins Leben gerufen, ging sie erst 1975 voll in deren Eigentum über. Sie ist verantwortlich für die interne Verteilung von Ölprodukten sowie für das lokale und internationale Marketing;
— die Petrochemical Industry Company (PIC). Sie ist vollständig in Regierungsbesitz und leitet die petrochemische Produktion und verschiedene daraus resultierende Aktivitäten. Sie betreibt drei Ammoniakproduktionsanlagen, drei Karbamidfabriken, eine Ammonium Sulphat-Fabrik und eine Schwefelsäurefabrik. Zusätzlich produziert sie Salz, Chlor, Ätznatron, Salzsäure, unterschwefliges Natron, verdichteten Wasserstoff und destilliertes Wasser;
— die Kuwait Oil Tanker Company (KOTC). Sie wurde 1957 als privates Unternehmen gegründet. 1976 kaufte die Regierung einen 46%-Anteil. 1979 wurde die Gesellschaft nationalisiert. Ende 1981 belief sich die Schiffstonnage auf 2,5 Mio. dwt.

Die Zielvorstellungen der kuwaitischen Regierung für den Ölsektor sind im wesentlichen:

— Erhaltung der Ölressourcen durch weitere Exploration und langsame Ausschöpfung. Aus diesem Grunde wurde die Produktionsgrenze bei 1,25 Mio. b/d festgesetzt.

— Steigerung der Produktionskapazität aller KPC-Tochtergesellschaften. Dies verlangt steigende Raffinierungskapazität und Produktdiversifizierung.
— Erhöhung überseeischer Investitionen im Petroleumsektor. Der Erwerb entsprechender Beteiligungen hat rasche Fortschritte gemacht. So wurden Investitionen in den USA, der Bundesrepublik Deutschland, Großbritannien, Skandinavien, Italien, den Benelux-Staaten, Bahrain, Tunesien und Malaysia getätigt.

3.3 Iran

Mit dem Ausbruch des Ersten Weltkriegs gewann die persische Ölproduktion an Bedeutung. Die britische Regierung erwarb eine Mehrheitsbeteiligung an der APOC, um die Versorgung der Marine mit persischem Öl zu sichern. Produktion und Raffinierungskapazität wurden verdreifacht. 1938 änderte die APOC ihren Namen in Anglo-Iranian Oil Company (AIOC). Die Produktion belief sich auf 215.000 b/d. Um der wachsenden Nachfrage nach iranischem Erdöl während des Zweiten Weltkriegs entsprechen zu können, wurde die Förderungs- und Raffinierungskapazität mit Hilfe amerikanischer Pachtgelder verstärkt. Auch nach Beendigung des Kriegs stieg die Produktion weiter an. 1951 erreichte sie eine Höhe von 700.000 b/d. Das entsprach nahezu der Hälfte der gesamten mittelöstlichen Ölproduktion. Ende des Jahres ging die Förderung wegen eines langanhaltenden Disputs zwischen AIOC und der Regierung über eine Revision des Konzessionsvertrags zurück. Im März 1951 wies die Regierung Mossadeq einen Kompromißvorschlag als unzureichend zurück, und der *majlis* (Parlament) nationalisierte die anglo-iranischen Besitzverhältnisse. Die National Iranian Oil Company (NIOC) wurde ins Leben gerufen, um die entsprechenden Operationen zu übernehmen. NIOC geriet jedoch sofort in Schwierigkeiten, da die etablierten Ölgesellschaften sich weigerten, das enteignete Öl zu raffinieren oder zu vermarkten.

Mossadeq wurde im August 1953 seines Amtes enthoben. Um die iranische Ölproduktion wieder in Gang zu setzen, forderte die US-Regierung eine Gruppe amerikanischer Ölgesellschaften auf, unter britischer, niederländischer und französischer Beteiligung ein Konsortium zu bilden. Die neue Gesellschaft, die Iranian Oil Participants Ltd. (IOP), übernahm die Arbeit auf den Ölfeldern und teilte sich die Einnahmen mit NIOC. 1957 nahm NIOC Verhandlungen mit anderen Ölgesellschaften auf, um *off-shore*-Felder zu erforschen und zu erschließen, die nicht unter der Kontrolle des Konsortiums standen. Die Vereinbarungen sahen die Bildung sogenannter *joint ventures* oder das Tätigwerden dritter Gesellschaften als Kontraktnehmer für NIOC vor.

Im Juli 1973 schlossen das Konsortium, NIOC und die iranische Regierung ein neues Abkommen mit einer Laufzeit von 20 Jahren. Auf Grund dieser Vereinbarung wurde eine neue Gesellschaft, die Oil Service Company of Iran (OSCI), gegründet. Sie agierte als Unternehmen unter der Direktion und Kontrolle von NIOC. Den Gesellschaften des Konsortiums wurde das Recht eingeräumt, das gesamte geförderte Rohöl zu erwerben mit Ausnahme desjenigen Anteils, der für den heimischen Verbrauch benötigt wurde, und mit Ausnahme bestimmter festgelegter Mengen, die für den direkten Export durch NIOC vorgesehen waren.

Das Abkommen von 1973 unterschied sich von den Beteiligungsabkommen, die die Ölgesellschaften ungefähr zur selben Zeit mit den Regierungen anderer Golfstaaten schlossen. Es war ein An- und Verkaufsabkommen, das darauf zielte, dieselben finanziellen Ergebnisse zu zeitigen wie die Beteiligungsabkommen. Wegen der Änderungen auf den internationalen Ölmärkten war die iranische Regierung sehr bald mit dem Abkommen unzufrieden. 1975 initiierte sie Verhandlungen über eine Änderung. Diese erstreckten sich bis Anfang 1979, als die revolutionäre Regierung unter Khomeini (Āyatullāh Rūḥullāh Khumainī) alle bestehenden Abkommen mit dem Konsortium aufkündigte und NIOC die Gesamtverantwortung für die iranische Ölproduktion übernahm.

Iran fördert in den 80er Jahren Rohöl auf insgesamt 26 *on-shore-* und zehn *off-shore*-Feldern. Vor der Unterbrechung der Ölproduktion durch die Revolution exportierte Iran etwa 5,2 Mio. b/d, zumeist von *on-shore*-Feldern. Zwischen Dezember 1978 und März 1979 wurden die Rohölexporte wegen zahlreicher Streiks und Unruhen im Zusammenhang mit der Revolution unterbrochen. Danach setzte die iranische Regierung für den Rest des Jahres 1979 eine tägliche Höchstfördermenge von 4 Mio. *barrel* fest. Dieses Produktionsziel konnte nicht erreicht werden. Der *output* schwankt seit 1982 zwischen 2,2 und 2,4 Mio. b/d. Die Deviseneinnahmen aus exportiertem Rohöl beliefen sich 1978/79 auf 17,9 Mrd. US-$, stiegen 1979/80 auf 19,3 Mrd. US-$, fielen auf 11,7 Mrd. US-$ und 12,5 Mrd. US-$ 1980/81 und 1981/82. Auf Grund des allgemeinen Verfalls des Ölpreises sind sie in den folgenden Jahren erheblich gesunken.

3.4 Irak

Die systematische Suche nach Öl begann im Irak nach dem Ersten Weltkrieg, als die Turkish Petroleum Company (TPC) Explorationen im Norden des Landes veranlaßte. 1932 wurde von Partnern der in IPC umbenannten TPC eine neue Gesellschaft, die Mosul Petroleum Company (MPC) mit dem Ziel gegründet, westlich des Tigris und nördlich des 33. Breitengrades nach Öl zu suchen. Ölfunde in kommerziell verwertbaren Mengen wurden 1939 bei Ain Salah und 1953 bei Butmah gemacht. Um den südlichen Teil des Konzessionsgebiets zu erforschen, bildeten die IPC-Partner 1938 die Basrah Petroleum Company (BPC). Sie stieß 1949 bei Zubair und 1953 bei Rumaila auf Öllagerstätten.

Bis Ende der 50er Jahre waren die Beziehungen zwischen der Regierung und der IPC freundlich. Das änderte sich jedoch mit dem Sturz der Monarchie 1958. Nach mehrjährigen Verhandlungen über den Verzicht auf bislang nicht erforschte Ölfelder enteignete die Regierung 95,5 % des Konzessionsgebietes ohne Kompensation. Im Juli 1965 wurde eine Kompromißvereinbarung getroffen, die die Bildung eines Gemeinschaftsunternehmens von Ölgesellschaften und Regierung zur Exploration der umstrittenen Gebiete vorsah. Die Vereinbarung wurde jedoch nicht in die Praxis umgesetzt, da 1966 ein Staatsstreich zum Regierungswechsel führte und das neue Regime an dem Abkommen nicht interessiert war. Verhandlungen wurden abgebrochen. 1967 übertrug die Regierung die Rechte an den enteigneten Gebieten auf die staatseigene Iraq National Oil Company (INOC). In der Folgezeit wurde zwischen der INOC und der französischen Gesellschaft Entreprise de Recherches et d'Activités Pétrolières (ERAP) eine Vereinbarung über die Exploration einiger der umstrittenen Gebiete getroffen. Fünf Jahre später, im Juni 1972, wurden die der IPC verbliebenen Konzessionsgebiete mitsamt den Produktionsanlagen nationalisiert. Im Februar 1973 wurde eine Entschädigungsregelung getroffen. Zugleich wurden die MPC-Anteile an die Regierung abgetreten, weil die Konzessionäre das vertraglich festgelegte Produktionsniveau nicht einhalten konnten.

Im Oktober 1973 wurden die ersten Schritte zur Nationalisierung der übrigen Besitzungen unternommen. Alle Anteile der Mobil Oil und von Exxon sowie 60 % der Anteile der Shell an der BPC wurden als Vergeltung für die amerikanische und niederländische Unterstützung Israels im Oktoberkrieg verstaatlicht. Nach dem Krieg wurde die Beteiligung von Gulbenkian ebenfalls verstaatlicht, desgleichen am 8. 12. 1975 die verbliebene Beteiligung französischer und englischer Gesellschaften an der BPC.

Der Irak produziert hauptsächlich leichtes Rohöl von 14 Feldern. Er verfügt über die sechstgrößten nachgewiesenen Reserven der Welt. Das Potential an unentdecktem Öl ist das größte von allen Ländern des Nahen und Mittleren Ostens. Die Gesamtproduktion betrug bis zum 1. 7. 1984 16,8 Mrd. *barrel*, von denen die meisten in den nördlichen Feldern gefördert wurden. 1979, dem letzten Jahr vor Ausbruch des Kriegs mit Iran, belief sich die durchschnittliche tägliche Produktion auf 3,3 Mio. *barrel*. Die Ölexporte sind seit Beginn des Kriegs im September 1980 drastisch gefallen. Die Zerstörung und spätere Besetzung der Verlademöglichkeiten am Arabisch-Persischen Golf sowie die Sperrung der durch Syrien verlaufenden Pipeline haben dem Irak nur die

Möglichkeit des Ölexports durch eine Pipeline zum türkischen Mittelmeerhafen von Dörtyol offen gelassen. Infolgedessen ist auch die tägliche Rohölförderung seit 1981 im Durchschnitt auf 850.000 bis 950.000 *barrel* gefallen. Die Produktion hat sich um ca. 1 Mio. b/d erhöht, seit 1986 eine neue Pipeline durch Saudi-Arabien nach Yanbu am Roten Meer fertiggestellt wurde. Zwischenzeitlich hat Saudi-Arabien den Irak bei seinen Exportbemühungen mit der Lieferung von rund 200.000 b/d unterstützt. Es hat auf diese Weise geholfen, den Bedarf der Kunden zu decken, den der Irak nicht in der Lage war zu befriedigen.

Der Irak hat in der Vergangenheit mehr als 11 Mio. m^3 pro Tag an Naturgas produziert. Davon sind jedoch nur 1,6 Mio. m^3 wirtschaftlich genutzt worden. Der übrige Teil ist abgefackelt worden. Man hofft, die Nutzungsrate auf über 80 % erhöhen zu können, sobald verschiedene Gasgewinnungsprojekte fertiggestellt sind.

Insgesamt gesehen hat der Golfkrieg die Entwicklung der irakischen Ölwirtschaft verlangsamt. Pläne, neuentdeckte Felder in Majnun und Nahr Omar auszubeuten, mußten fallengelassen werden. Bei den Majnun-Feldern wird geschätzt, daß sie Reserven von 7 Mrd. *barrel* enthalten. Sie werden deshalb zu den größten, in neuerer Zeit entdeckten Feldern gezählt. Wenn die Majnun-Felder und die Felder in Nahr Omar erschlossen werden, dürfte sich die Förderkapazität des Irak um etwa 2 Mio. b/d erhöhen. Im Zusammenhang mit den Kriegshandlungen wurde Majnun von Iran besetzt und konnte bis 1986 nicht zurückerobert werden.

3.5 Die Vereinigten Arabischen Emirate

Die Vereinigten Arabischen Emirate (VAE) sind eine Vereinigung von sieben Scheichtümern, früher bekannt unter dem Namen Trucial Coast States. Von den sieben Scheichtümern sind drei Rohölproduzenten. Abu Dhabi und Dubai haben eine durchschnittliche tägliche Produktion von 0,78 bzw. 0,33 Mio. *barrel*. Scharjah, der kleinste der drei Produzenten, förderte 1983 0,04 Mio. b/d.

Ungefähr zwei Drittel der Produktion Abu Dhabis stammt von *on-shore*-Feldern, der Rest von sieben *off-shore*-Feldern. Die Gesamtförderung bis zum 1. 7. 1984 betrug 7,3 Mrd. *barrel*. Die Produktion Abu Dhabis überschritt 1972 die Grenze von 1 Mio. b/d. Ihren Höhepunkt erreichte sie 1977 mit etwa 1,7 Mio. b/d. Seitdem haben Produktionsbegrenzungen und verringerte Weltnachfrage die Förderung geringer werden lassen. 1983 belief sich die Gesamtproduktion täglich auf etwa 800.000 *barrel*.

Abu Dhabi vergab seine erste Ölkonzession 1939 an die Abu Dhabi Petroleum Company (ADPC), die der IPC-Gruppe gehörte. Die Konzession erstreckte sich auf 75 Jahre und umfaßte das gesamte Gebiet des Scheichtums, die Küstengewässer und die Inseln im Golf. Der Zweite Weltkrieg und Grenzstreitigkeiten mit Saudi-Arabien verzögerten eine zügige Exploration und Aufschließung der Felder. 1960 entdeckte die ADPC Rohölvorkommen in kommerziell verwertbaren Mengen. 1963 begann der Export.

1972 trat die Regierung in Verhandlungen über die künftige Gestaltung der Erdölwirtschaft ein. Gegenwärtig (1987) operieren sechs Gesellschaften in Abu Dhabi: Vier Gesellschaften befinden sich vollständig in ausländischem Besitz — ihr Anteil an der Gesamtförderung von Rohöl liegt unter 10 % —, zwei Gesellschaften sind Töchter der staatseigenen Abu Dhabi National Oil Company (ADNOC). ADNOC ist zuständig für die Erfüllung des Produktionssolls und für die Preispolitik, die durch den Executive Council von Abu Dhabi bestimmt wird. Sie ist zudem zuständig für Bohrungen nach Öl, für die Entwicklung ölverarbeitender Industrien und für Marketing-Fragen.

Dubai ist der zweitgrößte Ölproduzent der VAE. Die gesamte Produktion stammt von *off-shore*-Feldern. Entdeckt wurden die Rohölvorkommen 1966 von einem Konsortium amerikanischer und europäischer Firmen unter der Leitung von Conoco, Inc. Die Förderung ist seit Ende der 70er Jahre relativ stabil. Sie liegt bei etwa 350.000 b/d. 1975 wurden alle Ölfelder nationalisiert.

Scharjah hat seit 1974 kleinere Mengen Öl produziert. Die Höchstförderung betrug 38.000 b/d 1975. Sie ist seitdem auf ungefähr 10.000 b/d gefallen. In den übrigen vier Scheichtümern ist Öl in kommerziell verwertbaren Mengen bislang nicht gefunden worden.

3.6 Libyen

Libyen ist ein relativer Neuling in den Reihen der ölproduzierenden Länder. Die Explorationsarbeiten begannen 1953, auf Erdölvorkommen stieß man 1959, die erste Verschiffung von Öl erfolgte 1961. Die Entwicklung des Ölsektors des Landes verlief bemerkenswert rasch. Libysches Rohöl ist sehr leicht und hat einen niedrigen Schwefelgehalt. Es ist deshalb leichter verwertbar als jedes andere Öl im Nahen und Mittleren Osten. Seine hohe Qualität macht es besonders geeignet für Verbrennungsmotoren und trägt zu einer geringen Umweltbelastung bei. Aus diesen Gründen und wegen seiner geographischen Nähe ist Europa ein besonders aufnahmebereiter Markt für libysches Rohöl. 1981 gingen 60 % aller libyschen Ölexporte nach Europa.

Die Entwicklung des libyschen Ölsektors kann in zwei Phasen unterteilt werden: in die Phase vor dem 1. 9. 1969 und in die Phase nach dem 1. 9. 1969, dem Tag, an dem Oberst Gaddafi (Mu'ammar al-Qadhdhāfī) das korrupte Regime des König Idrīs stürzte.

Die Entwicklung der libyschen Ölressourcen erfolgte nach einem anderen Muster als die der übrigen Länder des Nahen und Mittleren Ostens. Das Land war in eine Vielzahl von Explorationsgebieten unterteilt. Anstatt einer Gesellschaft eine große Konzession zu geben, die den größten Teil des Landes umfaßte — wie es in Saudi-Arabien, dem Irak und anderen Golfländern der Fall gewesen war —, wurden zahlreiche Gesellschaften aufgefordert, sich um eine Konzession zu bewerben. Um das Explorationstempo zu beschleunigen, verlangten die Verträge die Rückgabe von je einem Viertel des Konzessionsgebietes an die Regierung nach Ablauf des fünften, siebten und zehnten Jahres, so daß dem Konzessionär schließlich nur ein Viertel seines urspünglichen Konzessionsgebietes verblieb. 1969 waren 33 Gesellschaften im Besitz einer Konzession.

Der Regierungswechsel 1969 wirkte sich nicht unmittelbar auf die Ölpolitik aus. Nach einer Zeit des Nachdenkens wurden Sozialismus, Nationalismus und Panarabismus die leitenden Prinzipien der libyschen Ölpolitik. Algerien wurde zum Vorbild. Die Revolutionsregierung legte schließlich vier Grundsätze für ihre Ölpolitik fest: rascher Anstieg der sogenannten *posted prices*, vorrangige Beschäftigung von Libyern in der Ölindustrie, Mitbestimmung bei der Festlegung von Produktionsmengen für Öl und Gas sowie Kontrolle über die Aktivitäten und schließlich Übernahme der Ölgesellschaften in staatlichen Besitz.

Im Bemühen, den internationalen Gesellschaften die Kontrolle über die Ölpreise zu entreißen, war Libyen führend unter den Produktionsländern des Nahen und Mittleren Ostens. Während der 60er Jahre hatten die Ölgesellschaften die *posted prices* konstant gehalten. Gemäß der Entscheidung, eine Erhöhung dieser Preise zu erreichen, eröffnete die Regierung im Januar 1970 Verhandlungen. Als diese scheiterten, verlangte sie Produktionskürzungen. Die erste Gesellschaft, der derartige Kürzungen auferlegt wurden, war im Mai 1970 die Occidental Petroleum Company. Entsprechende Anordnungen ergingen im Juni und Juli auch an andere Gesellschaften. Anfang September gab Occidental nach und willigte in eine Erhöhung der *posted prices* um 30 Cent pro *barrel* ein. Zusätzlich stimmte die Gesellschaft einer Anhebung des Steuersatzes von 50 auf 58 % zu.

Obwohl die anderen Mitglieder der OPEC mit der libyschen Politik übereinstimmten, versagten sie Oberst Gaddafi während der Verhandlungen ihre Unterstützung. Als Occidental nachgab, verlangten sie indes ähnliche Erhöhungen der *posted prices*. Verhandlungen zwischen der OPEC und den internationalen Ölgesellschaften führten schließlich zur Unterzeichnung des Teheraner

Abkommens vom 14. 2. 1971. Damit war das Zeitalter der Kontrolle der Rohölpreise durch die Ölgesellschaften beendet. Zugleich begann eine Phase 12jähriger Vorherrschaft der OPEC auf dem Weltölmarkt.

Die Nationalisierung der Ölgesellschaften in Libyen begann im Juli 1970. 1978 war die National Oil Company (NOC) an jeder Gesellschaft zumindest mit 51 % beteiligt. Auf das Ganze betrachtet, befand sich die Ölindustrie fast zu 70 % in staatlicher Hand, da die Regierung alle jene Gesellschaften, die sich gegen eine Regierungsbeteiligung stellten, auf der Stelle nationalisierte.

Die libyschen Ölfelder sind durch ein kompliziertes System von Pipelines erschlossen. 1978 transportierten 15 Pipelines Rohöl zu fünf Exporthäfen. Die Gesamtproduktion erreichte bis Juli 1982 14 Mrd. *barrel*. 1970 belief sich die Tagesproduktion auf 3,3 Mio. *barrel*. Zwischen 1973 und 1976 fiel sie auf weniger als 2 Mio. *barrel*. 1977 stieg sie auf knapp über 2 Mio. *barrel*. Seit 1981 bewegt sich die Tagesproduktion bei rund 1 Mio. *barrel*. Wegen des Produktionsrückgangs, aber auch wegen des Preisverfalls sind die Öleinnahmen von 23,2 Mrd. US-$ 1980 über 14 Mrd. US-$ 1982 auf etwa 8 Mrd. US-$ 1985 gefallen.

Die Raffinierungskapazität Libyens ist gering. Sie ist ausreichend, um die Inlandsnachfrage zu befriedigen und einige Exporte zu tätigen. Das meiste Petroleum wird jedoch als Rohöl ausgeführt. Erdgas wird zusammen mit Öl gefunden. Mit Ausnahme der Esso, die 1961 eine Produktionsstätte für flüssiges Naturgas für den Export nach Spanien und Italien errichtet hat, wurde vor 1971 beinahe alles Gas abgefackelt. Bedingt durch den Bau neuer Produktionsstätten zur Erzeugung von Flüssiggas ist der Anteil abgefackelten Gases seit 1973 auf 34 % gefallen.

3.7 Algerien

Algerien gehört seit 1956 zum Kreis der erdölexportierenden Länder. Seinerzeit wurde Öl in kommerziell verwertbaren Mengen bei Edjeleh und Hassi Masud gefunden. In den 80er Jahren produziert das Land hochwertiges schwefelfreies Öl zwischen 40⁰ und 50⁰ API Schwere, und zwar von insgesamt 41 *on-shore*-Feldern. Der größte Teil davon wird nach Nordamerika und Westeuropa exportiert. Das algerische Öl wird zumeist in sehr großen Tiefen gefunden und nicht alle Reserven sind leicht zugänglich. Die Gesamtproduktion seit Beginn der Förderung beträgt 7 Mrd. *barrel*.

Die durchschnittliche tägliche Produktion lag 1980 knapp über 1 Mio. *barrel*. Wegen des Überangebotes auf dem Weltmarkt fiel die Produktion 1984 auf 608.000 b/d. Die Öleinnahmen gingen von 11,7 Mrd. US-$ 1980 auf 8,5 Mrd. US-$ 1982 zurück. Die Explorationsarbeiten wurden trotz sinkender Nachfrage nach Erdöl verstärkt. Es ist allerdings unwahrscheinlich, daß noch bedeutende Funde gemacht werden.

Zum Zeitpunkt der Erringung der Unabhängigkeit — 3. 7. 1962 — befand sich der größte Teil des Ölsektors gestützt von der Regierung in Paris in privater französischer Hand. Die Massenauswanderung französischer Siedler brachte die neue algerische Regierung in Schwierigkeiten. Um einen Zusammenbruch der Ölwirtschaft zu vermeiden, schlossen Frankreich und Algerien ein zeitlich befristetes Abkommen, das die bestehenden französischen Beteiligungen schützte, zugleich aber die Notwendigkeit einer veränderten Vorgehensweise bei künftigen Operationen — darunter auch die Beteiligung anderer Nationen — unterstrich. 18 Monate nach Erringung der Unabhängigkeit gründete die algerische Regierung die Societé Nationale pour la Recherche, la Production, le Transport, la Transformation et la Commercialisation des Hydrocarbures (SONATRACH) mit dem Ziel, die Regierungsinteressen auf dem Ölsektor zu wahren und eine regierungseigene Pipeline zu bauen. Dies war der erste Schritt zur Brechung des französischen *de facto* Monopols beim Transport von Petroleum.

Im Juli 1965 — nach dem Staatsstreich von Houari Boumedienne — wurde das Verhältnis zwischen SONATRACH und den privaten Beteiligungen neu bestimmt. Ein Abkommen mit einer

Laufzeit von 15 Jahren, das alle vier Jahre revidiert werden konnte, bestätigte die 1958 und 1964 vergebenen Konzessionen. Zugleich rief es zum Verkauf von Naturgas zu Gestehungskosten an SONATRACH auf und fixierte die sogenannten *posted prices*.

In Übereinstimmung mit ihrer sozialistischen Grundorientierung und mit dem Kurs der OPEC nationalisierte die Regierung 1971 51 % aller Ölexplorations- und Förderanlagen sowie 100 % aller Naturgas-Konzessionen, Gas- und Ölpipelines sowie anderer Transporteinrichtungen. Von diesem Zeitpunkt an agierten die ausländischen Beteiligungen entweder als Juniorpartner oder auf Kontraktbasis mit SONATRACH. 1978 befand sich die meiste Rohöl- und Gasproduktion in den Händen von SONATRACH, die zur zehntgrößten Ölgesellschaft der Welt aufgestiegen war.

Im Gegensatz zu den algerischen Rohölreserven sind die Naturgasreserven groß. Sie machen etwa 15 % der Weltreserven aus. Es handelt sich um trockenes Gas, d.h. es wird ohne Öl gefunden und ist schwefelfrei. Von daher ist es leicht zu handhaben und gut verschiffbar. Entdeckt wurde Naturgas 1958. Die Förderung begann 1961. SONATRACH hat sich die jüngsten Entwicklungen der Gasverflüssigungstechnologie zunutze gemacht und ist zu einem wichtigen Exporteur verflüssigten Naturgases geworden. 1975 wurden entsprechende Lieferverträge mit einer Laufzeit von 20 Jahren unterzeichnet. Die erste Lieferung von Naturgas an die USA erfolgte 1982.

3.8 Ägypten

Die erste kommerzielle Bohrung wurde 1909 niedergebracht, aber die größeren internationalen Ölgesellschaften zeigten zunächst wegen der restriktiven Politik der ägyptischen Regierung nur wenig Interesse an den Ölressourcen des Landes. Nach 1937 wurden die Explorationsarbeiten beschleunigt. Neuerliche Beschränkungen für die ausländischen Ölgesellschaften führten 1948 zur Einschränkung und zum Verzicht auf Forschungsaktivitäten. In den 50er Jahren wurden die ausländischen Fördergesellschaften nationalisiert. Wegen des Scheiterns ägyptischer Gesellschaften bei der Suche nach Öl änderte die Regierung jedoch ihren Kurs. 1960 wurden ausländische Gesellschaften ermutigt, in den Ölsektor zu investieren. 1965 wurde El Morgan, Ägyptens größte Öllagerstätte, entdeckt. In der Folgezeit wurde der Ölsektor ein wichtiger Bestandteil der Wirtschaft des Landes.

Ägypten ist einer der kleinsten arabischen Ölproduzenten. Seine Produktion besteht hauptsächlich aus schweren bis sehr schweren Rohölen. Sie stammen von neun *off-shore-* und 16 *on-shore*-Feldern. Die Gesamtproduktion belief sich bis Juli 1984 auf 3,2 Mrd. *barrel*. 1982 und 1983 betrug die durchschnittliche tägliche Produktion etwa 650.000 *barrel*.

Die Einnahmen aus dem Export von Öl sind in den vergangenen Jahren wegen des Verfalls der Weltmarktpreise und wegen eines Anstiegs des Inlandsverbrauchs von 10 - 14 % pro Jahr gesunken. Die Öleinnahmen betrugen 1981/82 rund 3 Mrd. US-$, fielen 1982/83 auf 2,5 Mrd. US-$ und werden für 1983/84 auf 2 Mrd. US-$ geschätzt. Trotz des Einnahmerückgangs und trotz der Enttäuschung über die geringe Ergiebigkeit kürzlicher Funde im Golf von Suez sind die Explorationsarbeiten aktiv vorangetrieben worden. Von 1982 bis 1984 sind allein 30 Abkommen über Explorationsvorhaben unterzeichnet worden.

Mitte der 80er Jahre verfügt Ägypten über sechs Ölraffinerien mit einer Kapazität von insgesamt 300.000 b/d. Ein Erweiterungsprogramm befindet sich im Stadium der Umsetzung. Es zielt auf eine Selbstversorgung bei Raffinerieprodukten bis 1988 und auf die Schaffung einer begrenzten Exportkapazität.

Die Regierung hat die Verwendung von Naturgas in der Industrie und für die Stromerzeugung gesteigert, um größere Mengen Rohöl exportieren zu können. Um Explorationsvorhaben zu initiieren, hat die Nationalversammlung die Abkommen mit den internationalen Ölgesellschaften über Gasvorkommen verbessert. Diesen Gesellschaften wird erlaubt, Kosten für ihre Aktivitäten im Gegenzug für Gasfunde in Rechnung zu stellen, die die Reserven des Landes erhöhen. Frühere

Abkommen enthielten keine derartige Regelung, wenn die gefundenen Mengen nicht ausreichend für Verflüssigung und Export waren. Die Produktion von Gas belief sich in der Vergangenheit auf 7,6 Mio. m³ pro Tag und trug mit rund 12 % zur Deckung des ägyptischen Energiebedarfs bei. Man hofft, daß sich die Produktion auf 80 Mio. m³ pro Tag steigern läßt und dann etwa 30 % des gesamten Energiebedarfs decken wird. Der inländische Gasverbrauch wird stark subventioniert. Die Produktionskosten pro Einheit belaufen sich auf ca. 1,5 US-$. Der Abgabepreis an die Konsumenten liegt bei lediglich 0,20 US-$. Weitet sich der Gasverbrauch aus, müßten die Subventionen steigen. Das wiederum würde die Staatsverschuldung erhöhen, was negative Auswirkungen auf die Fiskalpolitik haben könnte.

3.9 Katar

Katar liegt auf einer etwa 10.000 km² großen Halbinsel, die vom arabischen Festland nördlich in den Arabisch-Persischen Golf hineinragt. 1935 wurde der Qatar General Petroleum Company eine Konzession auf 75 Jahre für das gesamte Festland gewährt. 1940 wurden Ölfunde gemacht. 1969 begann die Förderung. 1952 wurden die Explorationsrechte für die *off-shore*-Gebiete an die Shell-Ölgesellschaft vergeben. 1972 entdeckte die Gesellschaft bemerkenswerte Vorkommen an Erdgas.

Die Verstaatlichung der Gesellschaften begann 1972, als die Regierung von Katar einen Anteil von 25 % an der QPCO übernahm. 1974 wurde der Anteil auf 60 % erhöht. 1975 ging die Gesellschaft vollständig in das Eigentum der Regierung über. Ähnlich wurde mit Shell verfahren.

Katar produziert Öl mit einem beachtlichen Schweregrad von drei *off-shore*- und einem *on-shore*-Feld. Seit Beginn der Förderung 1969 bis Juli 1984 sind insgesamt 3,6 Mrd. *barrel* Öl gefördert worden. Die Produktion erreichte 1973 mit einer täglichen Förderung von 570.000 *barrel* ihren Höhepunkt, stieg 1979 noch einmal auf 500.000 *barrel* an, fiel 1983 auf unter 300.000 *barrel* und erhöhte sich 1984 auf fast 400.000 *barrel*.

3.10 Oman

Oman ist weder Mitglied der OPEC noch Mitglied der Organisation der arabischen Ölexportländer (OAPEC). Dennoch hat sich Oman in Übereinstimmung mit den von der OPEC vorgegebenen Preisen verhalten. Es produziert Rohöl aus 19 kleinen Bohrstellen an Land. Die Produktion begann 1967 und stieg rapide auf 335.000 b/d im Jahr 1970. Seitdem schwankt die Produktion beträchtlich. Sie fiel von 1971 bis 1974 auf weniger als 300.000 b/d, stieg 1976/77 auf etwa 350.000 b/d und sank 1979 auf weniger als 300.000 b/d. Die Produktion erhöhte sich 1981 wieder und erreichte mit 415.000 b/d 1984 einen vorläufigen Gipfel. Die Gesamtmenge des von 1967 bis Juli 1984 geförderten Erdöls beläuft sich auf 1,9 Mrd. *barrel*.

4. Ölpolitik

Am 14. 9. 1960 gaben Iran, der Irak, Kuwait, Saudi-Arabien und Venezuela die Gründung der Organisation der Erdöl exportierenden Länder (OPEC) bekannt. Später traten Katar (1961), Indonesien und Libyen (1962), die Vereinigten Arabischen Emirate (1967), Algerien (1969), Nigeria (1971), Ecuador (1973) und Gabun (1975) bei.

Ziel der OPEC ist es, die Erdölpolitiken der Mitgliedstaaten zu koordinieren und zu vereinheitlichen, um ihre Interessen ,,individuell und kollektiv" zu schützen. Zu diesem Zweck verlangten die Mitgliedstaaten von den Ölgesellschaften, ihre Preise stabil und von allen Schwankungen frei zu halten. Für den Fall von Preisänderungen auf Grund neuer Umstände sollten die Ölgesellschaften in Beratungen mit dem betroffenen Mitgliedsland oder den betroffenen Mitgliedsländern eintreten.

Zwischen 1960 und 1970 gelang es der OPEC, den wichtigsten Ölgesellschaften einige Zugeständnisse abzuringen. Saudi-Arabien handelte einige Änderungen seines Basisabkommens mit ARAMCO aus, die den durchschnittlichen Ertrag pro *barrel* Rohöl um etwa 20 % steigerten. Die Bemühungen der OPEC um eine Kontrolle der Ölpreisgestaltung durch die Gesellschaften wurden nach dem Sturz des libyschen Königs Idris intensiviert, als Oberst Gaddafi die in seinem Land operierenden Gesellschaften dahingehend informierte, daß die Ölpreise zu niedrig seien. Er forderte eine Erhöhung der *posted prices* von 1,80 US-$ auf 2,20 US-$ pro *barrel*. Die Gesellschaften weigerten sich. Nach einer Reihe von Verhandlungen konnte die OPEC aber eine Erhöhung des Preises für *Arabian Light* Öl um 21 % durchsetzen. Weitere Preiserhöhungen wurden für 1975 in Aussicht genommen.

Am 16. 10. 1973 erhöhten Abu Dhabi, Iran, der Irak, Kuwait, Katar und Saudi-Arabien den durchschnittlichen Preis pro *barrel* Rohöl von 2,77 US-$ auf 4,89 US-$. Zehn Wochen später kündigten sie abermals eine Preiserhöhung an, und zwar auf 11,55 US-$. Diese Preissteigerungen wurden von der OPEC offiziell übernommen. In ihnen kulminierten — begünstigt durch den vierten israelisch-arabischen Krieg — die mehr als 13jährigen Bemühungen der OPEC um eine Kontrolle der Ölpreisgestaltung durch die westlichen Ölgesellschaften.

Die Reaktion in der westlichen Welt war heftig, aber keineswegs einheitlich, bisweilen sogar hysterisch. So wurde argumentiert, daß der neu gewonnene Zuwachs an Reichtum der Araber und ihre Kontrolle über die Energieversorgung es ihnen erlauben würde, dem Rest der Welt ihren Willen aufzuzwingen. Die Aussagen reichten von der Behauptung, daß sich die Araber die Kontrolle über die wichtigsten Industrien zum Schaden der jeweiligen nationalen Unabhängigkeit erkaufen würden, bis hin zu der versteckten Drohung, die Ölfelder zu besetzen, falls weitere Preissteigerungen erfolgen oder die von der OAPEC beschlossenen Boykottmaßnahmen fortgesetzt werden sollten. Andere Analysen kamen zu dem Schluß, daß die OPEC die hohen Preise nicht werde aufrechterhalten können, zeige die Geschichte doch, daß die Überlebensdauer von Kartellen gering sei. Früher oder später würden die individuellen Interessen der einzelnen Mitgliedsländer zu Verletzungen der Preisabsprachen führen. In der Folge würden die künstlich hochgehaltenen Preise fallen und zu einem normalen, von den Kräften des Marktes bestimmten Niveau zurückfinden.

Die Befürchtungen über eine Ausdehnung des Ölembargos erwiesen sich als nicht gerechtfertigt. Sie beruhten auf einer ungenauen Analyse der wirtschaftlichen und politischen Meinungsverschiedenheiten innerhalb der OPEC sowie zwischen den ölproduzierenden Staaten des Nahen und Mittleren Ostens. Verwirrt durch die arabische Rhetorik im Hinblick auf die ,,Ölwaffe", verkannten die Analytiker, daß die ökonomischen Auswirkungen des partiellen Ölboykotts auf die industrialisierte Welt nahezu unbedeutend waren. Schlimmer noch, sie vergaßen, in ihre Überlegungen einzubeziehen, daß die Verhaltensweisen der Araber auf lange Sicht von den harten wirtschaftlichen Fakten bestimmt sein würden. Ungeachtet der politischen Ziele der arabischen Staaten können diese auf Dauer nicht auf eine Zusammenarbeit mit den westlichen Industrienationen verzichten. Um ihre Entwicklungspläne in die Praxis umsetzen zu können, benötigen sie Technologien, Ausrüstungen und *know how*, die lediglich die westliche Welt liefern kann. Hinzu kommt, daß sie, um Erdöl überhaupt verkaufen zu können, auf westliche Kapitalmärkte angewiesen sind, darüber hinaus aber auch westliche Kaufkraft benötigen, um Produkte ihrer neu entstehenden Industrien im Ausland absetzen zu können. Die ,,Ölwaffe" erweist sich von daher als ein zweischneidiges Schwert, das den ölproduzierenden Ländern unter Umständen gefährlicher werden kann als den ausgereiften Industrien des Westens.

Jene Analytiker, die ein baldiges Auseinanderbrechen der OPEC vorhergesagt hatten, irrten in ihrer Einschätzung der Fähigkeit Saudi-Arabiens, die Ölpolitik zu beeinflussen. Die OPEC ist im wesentlichen ein Kartell, das auf Saudi-Arabien zugeschnitten ist. Solange dieses Land gewillt war, die Macht zu nutzen, die mit seinen Ölreserven verbunden ist, und solange es in der Lage war, über die Höhe seiner Erdölförderung flexibel auf den Weltmarkt zu reagieren, konnte Saudi-Arabien das Überleben der OPEC gewährleisten.

Jede Antwort auf die Frage nach der saudischen Ölpolitik zwischen 1970 und 1980 muß spekulativ bleiben, weil die Ölentscheidungen Saudi-Arabiens weitgehend im geheimen gefällt werden. In der Theorie trifft der König alle Entscheidungen; in der Praxis aber bedient er sich der Hilfe mehrerer beratender Gremien. Die Ölpolitik wird im wesentlichen vom Higher Petroleum Council gemacht. Er setzt sich aus einer Reihe von Ministern und Experten zusammen, entwickelt Richtlinien für die Ölpolitik und entscheidet über deren Umsetzung, wozu es allerdings der Zustimmung durch den König bedarf. Das Ministerium für Öl liefert die wichtigsten Informationen für die Festlegung der jeweiligen Ölpolitik und ist für die Umsetzung der Beschlüsse des Higher Petroleum Council verantwortlich.

Die großen Reserven und Förderkapazitäten Saudi-Arabiens machen es zum führenden Ölproduzenten der nicht-kommunistischen Welt. 1981 z.B. betrug der Anteil Saudi-Arabiens an der Rohölförderung der nicht-kommunistischen Welt 23,14 %, der Anteil an der Förderung der OPEC 42,44 %. Bei Entscheidungen über die Förderleistungen hat Saudi-Arabien prinzipiell zwei Möglichkeiten: Es kann entweder die Produktion begrenzen und die geförderte Menge zu einem möglichst hohen Preis verkaufen oder die Produktion ausweiten und die geförderte Menge zu einem niedrigeren Preis verkaufen. Die erste Möglichkeit bedeutet, wie ein Unternehmen zu handeln, und zu versuchen, die Profite auf Dauer zu maximieren. Die zweite Möglichkeit bedeutet, auf Profitmaximierung zugunsten politischer Erwägungen zu verzichten. Unabhängig davon, welcher Weg gewählt wird, sind gewisse Restriktionen vorhanden. Die Untergrenze der saudischen Produktion wird bestimmt durch das Erfordernis, die Meerwasserentsalzungsanlagen in Gang zu halten und die Stromversorgung des Landes zu sichern, die Obergrenze der Produktion ist durch die vorhandene Förderkapazität gegeben.

Die maximale Förderleistung ist der Schlüssel zum Verständnis der Fähigkeit Saudi-Arabiens, innerhalb der OPEC die Rolle eines Preisführers zu übernehmen. Die Nachfrage nach Öl auf dem Weltmarkt und die Förderung von Öl durch Nichtmitglieder der OPEC sind entscheidende Kriterien für die Gesamtförderung der OPEC-Staaten. In der Theorie setzt Saudi-Arabien den Preis fest, zu dem alle Mitglieder soviel Öl produzieren, wie sie wollen. Saudi-Arabien liefert den zur Deckung der Weltnachfrage fehlenden Differenzbetrag. Um ihren Preisvorstellungen Geltung zu verschaffen, müssen die Saudis in der Lage sein, ihre eigene Förderleistung nach oben oder unten zu manipulieren, um das Ausscheren einzelner Mitglieder aus dem Kartell verhindern zu können. In Zeiten hoher Ölnachfrage müssen die Saudis jede Menge, die nachgefragt wird, zum festgesetzten Preis liefern können. Im Idealfall kann dies am ehesten dadurch geschehen, daß den Mitgliedern des Kartells eine Förderquote zugewiesen wird und Saudi-Arabien die Lücke bis zur vorgesehenen Gesamtproduktion der OPEC schließt. Ein wichtiger Gesichtspunkt bei dieser Politik ist Saudi-Arabiens Suche nach einer eigenen Nachfragekurve, d.h. es kann den Kartellpreis nur aufrechterhalten, wenn es soviel Öl im Zusammenwirken mit den übrigen Kartellmitgliedern produziert, wie der Markt auch tatsächlich zu dem festgelegten Preis abzunehmen bereit ist. Abweichungen von dieser Menge führen zu einem Druck auf den Kartellpreis, zu ungeregelten Marktverhältnissen und möglicherweise zum Zusammenbruch des Kartells.

Als Besitzer der größten Ölreserven der nicht-kommunistischen Welt muß Saudi-Arabien vermeiden, daß die Preise so hoch steigen, daß der Wunsch nach Streckung der Ölvorräte auf der einen und das Bemühen um die Entwicklung alternativer Energiequellen auf der anderen Seite künftige Öleinnahmen nicht bedrohen. Scheich Zākī Yamanī, bis 1986 saudischer Ölminister, hat bei zahlreichen Gelegenheiten betont, daß diese Überlegungen ein wichtiger Eckstein saudischer Ölpolitik sind.

Zusammenfassend kann gesagt werden, daß Saudi-Arabiens Bedarf an Öleinnahmen bestimmt wird durch die geplante wirtschaftliche und soziale Entwicklung des Landes sowie durch die Wahrnehmung seiner internationalen Rolle. Beschränkende Faktoren der saudischen Ölpolitik sind technische Unter- und Obergrenzen in der Förderleistung, der Einkommensbedarf der übrigen Kartellmitglieder, die Weltnachfrage nach und die Weltversorgung mit Öl, die spezifische Nachfrage nach saudischem Öl und die Notwendigkeit, auch künftig Öl auf den internationalen Märkten verkaufen zu können.

Die Ereignisse auf dem Weltölmarkt zwischen 1970 und 1981 waren durch drei signifikante Preissteigerungen gekennzeichnet. Der erste Preisschock war der in Teheran und Tripolis am 14. 2. 1971 bzw. 2. 4. 1971 ausgehandelte Preisanstieg um 21 %. Damit war das Ende der Niedrigpreisära für Öl (bis 1983) eingeleitet. Der zweite Preisschock wurde von der OAPEC am 16. 10. 1973 ausgelöst. Ihm folgten weitere Preiserhöhungen zum 1. 1. 1974. Der dritte Preisschock begann im April 1979 und endete im März 1980. Weitere Preisanhebungen wurden im September 1980 und im November 1981 vorgenommen. 1985 schlug der Preistrend in das Gegenteil um. Die Überversorgung mit Rohöl führte nun zu einer Reduzierung des Ölpreises um 5 US-$ pro *barrel*, als Saudi-Arabien seine Produktion von 2,2 Mio. b/d auf etwa 4,5 Mio. b/d anhob.

Die Jahre zwischen den Abkommen von Teheran und Tripolis und dem Herbst 1973 waren eine Zeit des Lernens. Die Saudis waren zu Hauptakteuren auf dem Weltenergiemarkt geworden, benötigten jedoch noch Erfahrung, um ihrer neuen Rolle gerecht zu werden. In Riad selbst war deutlich geworden, daß die Finanzierung des ersten Fünf-Jahres-Planes höhere Einnahmen erforderlich machte. Die Erfüllung des Planes befand sich jedoch noch in einem frühen Stadium, und während der ersten beiden Planungsjahre überstiegen die Einnahmen die Ausgaben bei weitem. Eine 26prozentige Steigerung der durchschnittlichen täglichen Ölförderung war zudem vom Markt aufgenommen worden, ohne sich negativ auf die Preise auszuwirken. Infolgedessen bestand kaum Bedarf für eine aktive saudische Ölpreispolitik. Das Hauptinteresse konzentrierte sich deshalb auf eine Beibehaltung des realen Austauschverhältnisses für Öl. Abrupte Preissteigerungen, die den Markt hätten destabilisieren können, sollten vermieden werden.

In den ersten Monaten des Jahres 1973 stieg die Weltnachfrage nach Rohöl. Das hatte eine Aufwärtsbewegung bei den Spotpreisen zur Folge. In einigen Teilen der USA kam es zu Treibstoffknappheit. Das Wort von einer Energiekrise machte die Runde. Im Gefolge des vierten israelisch-arabischen Kriegs hob Saudi-Arabien den Preis für *Arabian Light* Öl von 3 auf 5,12 US-$ an und verhängte ein selektives Ölembargo gegen die Vereinigten Staaten und gegen die Niederlande. Zwei Monate später — auf einem regulären Treffen der Mitgliedsländer — verkündete die OPEC einen abermaligen Preisanstieg auf 6,53 US-$, der am 1. 1. 1974 in Kraft trat.

Der Preisanstieg vom Oktober 1973 war eine Folge günstiger Umstände. Es sollte ein Preisniveau erreicht werden, das die Saudis als vernünftig und fair ansahen. In offiziellen saudischen Stellungnahmen hieß es dazu, daß diese Steigerungen notwendig waren, weil die internationalen Ölpreise, die vor den Ölpreisentscheidungen der OPEC 1973 und 1974 galten, weit unterhalb eines echten Marktpreises gelegen, einen extrem verschwenderischen Umgang mit Energie gefördert und zu einer unerwünschten Abhängigkeit von sich rasch erschöpfenden Ölreserven geführt hätten. Diese Trends seien schädlich gewesen für eine langfristig gesicherte Energieversorgung der Völkergemeinschaft, aber auch für die ölexportierenden Entwicklungsländer selbst. Ein weiteres Motiv für die Ölpreiserhöhung Saudi-Arabiens war die Enttäuschung über die amerikanische Nahostpolitik. Im April und Juli hatten die Saudis betont, daß sie ihre Förderung nicht erhöhen würden, um den Druck auf die Spotpreise zu mildern, wenn die USA ihnen nicht mehr Unterstützung im israelisch-arabischen Konflikt geben würden. Die Warnung blieb unbeachtet. Daraufhin erhöhte Saudi-Arabien seinen Ölpreis und verhängte das bereits angesprochene selektive Embargo. Es gibt aber Hinweise darauf, daß die im Dezember von der OPEC ausgesprochene weitere Ölpreissteigerung nicht Bestandteil der saudischen Ölstrategie war, sondern auf iranisches Drängen zustande gekommen ist.

Die Produktion in den Jahren 1974 und 1975 war instabil. Der Preisanstieg setzte sich jedoch fort. Das Embargo hatte kaum Auswirkungen. Die Spotpreise sanken unter ihren Höhepunkt vom November 1973. Es kam zu einem weitgehenden Marktgleichgewicht. Der Verkaufspreis für Arabian Light Öl stabilisierte sich bei 10,46 US-$ pro *barrel* und verharrte bis Oktober 1975 auf diesem Niveau. Saudi-Arabien förderte im Tagesdurchschnitt 8,5 Mio. *barrel*. Infolge verstärkter Vorratsbildung 1974 und der Rezession des Jahres 1975 reduzierte sich die Nachfrage nach Öl 1975. Die Folge waren in einigen Fällen Preisabschläge bis zu 20 %. Die saudische Ölförderung ging auf 7,1 Mio. b/d zurück. Gegen Ende 1975 ließ die Rezession nach und ermöglichte es der OPEC, ihre Preise um 10 % auf 11,51 US-$ pro *barrel* anzuheben. 1976 steigerte Saudi-Arabien seine Produktion auf 8,6 Mio. b/d.

Ende 1976 kam es erstmals seit 1973 zu Meinungsverschiedenheiten innerhalb der OPEC. Das führte am 1. 1. 1977 zu einer gesplitteten Preisanhebung. Saudi-Arabien, gefolgt von den Vereinigten Arabischen Emiraten, erhöhte seine Preise um 5 %. Die übrigen Mitglieder der OPEC nahmen eine Preisanhebung von 10 % vor. Um seine Preisvorstellung durchzusetzen, erhöhte Saudi-Arabien seine Förderung im ersten Quartal 1977 auf 9,3 Mio. b/d und im zweiten Quartal auf 9,8 Mio. b/d. Da das saudische Öl auf dem Markt vergleichsweise günstig angeboten wurde, ermäßigte sich die Nachfrage nach Öl bei den übrigen Förderländern der OPEC. Im Juli konnte sich die Organisation wieder auf ein einheitliches Preisniveau verständigen. Saudi-Arabien erhöhte seine Preise um 5 % auf 12,70 US-$ pro *barrel* und verringerte seine Förderung für den Rest des Jahres um täglich 400.000 *barrel*. Der Preis für *Arabian Light* Öl blieb mit 12,70 US-$ pro *barrel* für 1977 und 1978 konstant. Die Spotpreise gaben nach und deuteten an, daß der Weltölmarkt zu einem Gleichgewicht zurückgefunden hatte. Ein wichtiger Grund für den Preisrückgang war die geringe Nachfrage nach OPEC-Öl infolge einer Abschwächung der Vorratshaltung. Damit war der Weg für die Ereignisse der Jahre 1979/80 vorgezeichnet.

Zwischen 1974 und 1978 handelten die Saudis deutlich als ,,Wohlstandsmaximierer". Dies kann aus der Relation zwischen tatsächlicher Produktion und technisch möglicher Förderung abgeleitet werden. In den genannten Jahren bewegte sich die Produktion weit unterhalb der Förderkapazität. Von daher hätte Saudi-Arabien seinen Marktanteil ohne Schwierigkeiten durch eine Erhöhung des *outputs* steigern können. Daß die Saudis dies nicht taten, weist darauf hin, daß sie willens waren, ihr Öl zu den preislich bestmöglichen Bedingungen zu verkaufen. Sie verhielten sich dabei, wie es ein Preisführer innerhalb eines Kartells tun sollte. Gleichzeitig behaupteten sie, maßvoll zu handeln, um nachteilige Effekte auf die Weltwirtschaft zu vermeiden. Wenn dies tatsächlich der Fall gewesen wäre, dann hätten sie bei ihrer 5prozentigen Preiserhöhung vom Januar 1977 bleiben müssen und sich nicht wenige Monate später der 10prozentigen Preiserhöhung der ,,Falken" anschließen dürfen. Durch eine Produktionssteigerung auf etwa 10 Mio. b/d hätten sie die Durchsetzung ihrer Preisvorstellungen vermutlich erzwingen können.

Im September 1978 wurde deutlich, daß sich Iran auf eine politische Krisensituation zubewegte. Politische Agitation unter den Ölarbeitern ließ Zweifel an der Fähigkeit Irans aufkommen, seinen Lieferverpflichtungen nachzukommen. Die Furcht vor einer Kürzung der Fördermenge und vor Preissteigerungen führte zu einer verstärkten Nachfrage auf den Spotmärkten mit dem Ziel einer Aufstockung der Vorräte. Um die Folgen eines möglichen Ausfalls iranischen Öls zu kompensieren, steigerte Saudi-Arabien seine Produktion im vierten Quartal 1978 auf durchschnittlich 10 Mio. b/d. Die Spotpreise zogen jedoch weiterhin an. Vor diesem Hintergrund traten die Vertreter der OPEC im Dezember zusammen und beschlossen eine Reihe mäßiger Preissteigerungen in vierteljährlichem Abstand. Sie sollten sich bis Oktober 1979 auf insgesamt 14,5 % belaufen.

Für einen Augenblick sah es so aus, als würde die Strategie sich bewähren. Die Spotpreise stiegen im Februar 1979 steil an, ermäßigten sich jedoch im März und April. Der Verkaufspreis für iranisches und irakisches Rohöl von 35° API Schwere pendelte sich in etwa auf dem Niveau des offiziellen Preises für saudisches Rohöl ein. Im März trat die erste der geplanten vierteljährlichen Preisanhebungen in Kraft und ließ den Eckpreis für ein *barrel* Rohöl von 13,34 auf 15,68 US-$ ansteigen. In der Zwischenzeit nahm Iran seine unterbrochene Produktion wieder auf und förderte im März 2,2 Mio. b/d. Saudi-Arabien reduzierte daraufhin seinen *output* um rund 1 Mio. b/d in der Erwartung, daß Iran wieder zu einer Fördermenge wie vor der Revolution zurückkehren werde. Dies war aber nicht der Fall. Von April bis Juni schnellten daher die Spotpreise von 21,40 auf 35,40 US-$ empor. Die OPEC beschleunigte nunmehr den vorgesehenen Preisanstieg, setzte den Preis für *Arabian Light* Öl im zweiten Quartal auf 14,55 US-$ fest und beschloß eine zusätzliche Preisanhebung für Juni auf 18,00 US-$. Gleichzeitig kehrte Saudi-Arabien zu einer Förderleistung von 9,8 Mio. b/d zurück und hielt dieses Produktionsniveau bis Oktober 1980 bei. Trotz vermehrter Förderung durch das Königreich stiegen die Spotpreise rasch an. Im November und Dezember 1979 erreichten sie mit 41,00 US-$ einen Höchststand. Die einheitliche Preisstruktur der OPEC brach zusammen. Während Saudi-Arabien Öl weiterhin zu 18 US-$ pro *barrel* verkaufte, verlangten die anderen ölproduzierenden Länder weitaus höhere Preise. Beispielsweise verkauften Iran und der Irak Öl, das dem Saudi-Arabiens gleichwertig war, im dritten Quartal für 22,10 bzw. 19,96 US-$ und im vierten Quartal 1979 zu 24,92 bzw. 23,29 US-$. Im Dezember konnte sich die OPEC auf einer Ministertagung in Caracas nicht über eine einheitliche Preisstruktur verständigen. Saudi-Arabien erhöhte schließlich seinen Rohölpreis rückwirkend zum 1. 11. 1979 auf 24 US-$. Dies brachte den Verkaufspreis des Königreiches für die beiden letzten Monate des Jahres in Einklang mit dem Verkaufspreis der anderen OPEC-Mitglieder.

Die anhaltend hohe saudische Produktion und die im Januar 1980 in den USA einsetzende Rezession führten zu einer Entspannung der Marktlage. Die Preise an den Spotmärkten ermäßigten sich im Januar und Februar und pendelten sich bei etwa 36 US-$ ein. Sie lagen damit immer noch erheblich über dem offiziellen saudischen Preis. Unter Berücksichtigung der Marktlage hielt die OPEC an ihrem über den saudischen Vorstellungen liegenden effektiven Richtpreis fest. Um die entstandene Lücke zu schließen, nahm Saudi-Arabien rückwirkend zum 1. 1. 1980 eine Preisanhebung auf 26,00 US-$ vor. Im Mai folgte rückwirkend zum April eine weitere Preiserhöhung um 2,00 US-$. Angesichts einer weiterhin prekären Marktlage, die sich in einem hohen Preisniveau an den Spotmärkten niederschlug, erhöhte die OPEC im Juni ihren effektiven Richtpreis von 32,00 auf 37,00 US-$, während Saudi-Arabien seinen Preis bei 28 US-$ konstant hielt.

Über Saudi-Arabiens Rolle und Motive im Zusammenhang mit diesen Ereignissen ist viel geschrieben worden. Die beste Erklärung scheint die zu sein, daß die saudischen Politiker die Kontrolle über den Ölmarkt verloren, als sie im zweiten Quartal 1979 die Produktion reduzierten, die erwartete Wiederaufnahme der iranischen Produktion aber nicht in vollem Umfang eintrat. Die Kürzung der Förderung um 1 Mio. *barrel* verschlimmerte die Lage am Markt erheblich, so daß Saudi-Arabien die Richtpreise nicht länger bestimmen konnte. Wie erwähnt, beruht die Fähigkeit der Saudis, die Ölpreise der OPEC zu kontrollieren, auf dem Vorhandensein von Überschußkapazitäten. Die maximale Förderkapazität fiel indes von 11,5 Mio. b/d im Dezember 1976 auf etwas unter 10 Mio. b/d im Juni 1980. Die Rückkehr zu einer täglichen Förderung von 9,5 Mio. *barrel* nahm daher Saudi-Arabien nahezu jeden Handlungsspielraum. Außerstande, Mengen und Preise zu kontrollieren, paßte es seinen Ölpreis dem der anderen OPEC-Länder an, ergab es doch keinen Sinn, bei einem niedrigen Preis zu verharren, wenn sich dadurch die Situation auf dem Ölmarkt nicht steuern ließ.

Für einen Moment sah es so aus, als lasse sich die Ordnung auf dem Ölmarkt wiederherstellen. Saudi-Arabiens anhaltend hohe Förderung sowie Rezessionserscheinungen milderten den Druck auf die Spotpreise, die im Juni zu fallen begannen und im August das Niveau der OPEC-Richtpreise erreichten. Im September 1980 marschierten jedoch irakische Truppen in Iran ein. Die Weltenergieversorgung erschien bedroht. Die Spotpreise für Öl zogen erneut an und erreichten bald das Rekordniveau der beiden letzten Monate des Jahres 1979. Saudi-Arabien erhöhte seinen Ölpreis noch im selben Monat auf 30 US-$, hob den Preis später noch einmal um 2 US-$ an und näherte sich auf diese Weise dem allgemeinen Preisniveau der OPEC. Um weitere Preissteigerungen zu verhindern, erhöhte es unter Ausschöpfung seiner gesamten Kapazitäten die tägliche Förderung von Rohöl auf 10,3 Mio. *barrel*. Trotz einer leichten Ermäßigung der Spotpreise im Januar 1981 hob die OPEC ihren Richtpreis auf 37 US-$ an, während die Saudis an ihrem Preis von 32 US-$ festhielten. Von Januar bis September hielten die Saudis zudem an ihrem Produktionsniveau fest. Die Spotpreise gaben daraufhin nach und erreichten im Juni einen Stand von annähernd 32 US-$, womit sich die Rückkehr zu einer weniger angespannten Situation auf dem Weltölmarkt andeutete.

Es besteht wenig Zweifel daran, daß die Saudis als *swing producer* einigen Einfluß zurückgewannen, obwohl sie sich mit ihrer Produktion an der Obergrenze ihrer Kapazitäten bewegten. Sie scheiterten mit dem Versuch, zu einer einheitlichen Preisstruktur für Öl zurückzukehren, das hohe Produktionsniveau trug aber zu fallenden Spotpreisen bei. Letztlich verloren die Saudis während der dritten Ölpreiskrise die Kontrolle über den Ölmarkt, weil es ihnen an der erforderlichen Förderkapazität fehlte, um innerhalb des OPEC-Kartells ihren Willen durchzusetzen. Sie waren in der Lage, die Kontrolle teilweise zurückzugewinnen, weil auch Mexiko und Großbritannien ihre Produktion anhoben, nämlich von einer zusammengefaßt täglichen Produktion von 2,291 Mio. *barrel* 1978 auf 4,965 Mio. *barrel* im Juni 1981.

Die stark fallenden Spotpreise im ersten Halbjahr 1981 enthüllten die Existenz einer Überproduktion. Die Vertreter der OPEC trafen sich im Juni desselben Jahres in Genf und beschlossen, die Ölpreise einzufrieren. Saudi-Arabien weigerte sich allerdings, seine Produktion zurückzufahren, um zu einer Angleichung seines Rohölpreises an den der übrigen Mitglieder der OPEC zu gelangen. Zwei Monate später trafen sich die Vertreter der OPEC erneut, um einen einheitlichen Ölpreis festzulegen. Es gelang ihnen nicht, ein entsprechendes Übereinkommen zu schließen, da sich Saudi-Arabien weigerte, seinen Ölpreis über 34 US-$ hinaus zu steigern, die anderen OPEC-Mitglieder aber 35 und mehr US-$ verlangten. Scheich Yamanī erklärte, daß der Preis für saudisches Öl 1982 bei 32 US-$ bleiben werde. Um der sich abzeichnenden Überproduktion entgegenzuwirken, kündigte er eine Rücknahme der Ölförderung seines Landes auf 9 Mio. b/d ab 1. 9. 1981 an. Dies führte zu einem leichten Anstieg der Spotpreise. Im November bewegten sie sich in etwa auf der Höhe der OPEC-Preise. Saudi-Arabien setzte seinen Preis auf 34 US-$ herauf. Es sah so aus, als habe sich der Markt stabilisiert.

Dies war eine Illusion, und es ist wenig wahrscheinlich, daß irgend jemand wirklich daran geglaubt hat. Ende 1981 war die Nachfrage nach Öl fallend, nicht zuletzt wegen der bereits im Juli einsetzenden Rezession. Es kam zu einer Aufstockung der Vorräte. Infolge von Sparmaßnahmen war in den USA zudem der Erdölverbrauch pro Dollar des Bruttosozialprodukts von 1973 bis 1981 um über 17 % gefallen. Ähnliche Einsparungen waren in den anderen wichtigen Industrieländern erzielt worden.

Infolgedessen fielen die Spotpreise unter die Kontraktpreise und bewegten sich zwischen 30 und 33 US-$ pro *barrel* für den Rest des Jahres. Eine Phase der Überversorgung des Marktes mit Rohöl war erreicht. In einem Versuch, die Kontraktpreise bei 34 US-$ zu halten, reduzierte Saudi-Arabien seine Erdölförderung von 9,0 Mio. b/d im Dezember 1981 auf 5,1 Mio. *barrel* im Dezember 1982. Die OPEC befand sich in keinem guten Zustand. Während Saudi-Arabien versuchte, die offiziellen Richtpreise zu stützen, boten die anderen Kartellmitglieder Abschläge vom Vertragspreis an. Auf diese Weise wollten sie so viel Öl wie möglich verkaufen, um Einnahmeverluste auszugleichen. Ende 1982 wurde deutlich, daß das offizielle Preisniveau für Rohöl nicht gehalten werden konnte. Die wirtschaftlichen Rahmenbedingungen hatten sich weltweit verschlechtert. Die Rezession war zur schlimmsten seit der Depression der 30er Jahre geworden. Sie endete in den USA im November 1982, hielt aber im Rest der industrialisierten Welt weiter an. Die Spotpreise fielen im März 1983 auf 28,50 US-$. Die saudische Ölproduktion ging im selben Monat auf 3,4 Mio. b/d zurück. Die Existenz der OPEC war bedroht.

Es gab nur einen Weg zu überleben. Die Mitglieder mußten ihre Streitigkeiten untereinander beenden; aufhören, nach Möglichkeit individuelle Vorteile auf Kosten der anderen zu erzielen, und sich auf eine gemeinsame Ölpolitik verständigen, um einen rapiden Preisverfall zu verhindern. In einer Reihe von Konferenzen im Februar 1983 verständigten sie sich über ein Abkommen. Der Richtpreis für Öl wurde auf 29 US-$ ermäßigt, die Gesamtproduktion auf 17,5 Mio. b/d festgelegt. Jedes Mitgliedsland erhielt eine Förderquote zugeteilt. Saudi-Arabien nahm seine Rolle als Ausgleichsproduzent wieder auf.

Tabelle 3: Förderquoten der Mitgliedsländer der OPEC nach dem Stand vom 1. 3. 1983 (Angaben in Mio. b/d)

Algerien	0,725
Ecuador	0,200
Gabun	0,150
Iran	2,400
Irak	1,200
Indonesien	1,300
Kuwait	1,050
Libyen	1,100
Nigeria	1,300
Katar	0,300
Saudi-Arabien	(5,000)
VAE	1,100
Venezuela	1,675
Insgesamt	17,500

Quelle: Oil and Gas Journal vom 21. 3. 1983, 64.

Der Erfolg des Abkommens war von einer Reihe von Faktoren abhängig: von Saudi-Arabiens Bereitschaft, für die vorhersehbare Zunkunft auf einem extrem niedrigen Niveau zu produzieren; von dem Willen der anderen Kartellmitglieder, ihre Förderquoten nicht zu überschreiten; von dem Verhalten der wichtigsten Nicht-OPEC-Produzenten Mexiko, Großbritannien und der Sowjetunion und von einer weltweiten wirtschaftlichen Erholung.

Im Oktober 1983 schien es so, als habe sich der Weltölmarkt stabilisiert. Gemessen an den Produktionsziffern vom Juni hatten die OPEC-Mitglieder sich offenbar weitgehend an ihre Förderquoten gehalten. Die Ölpreise erwiesen sich als stabil. Seit April trugen die Spotpreise eher dazu bei, die Richtpreise zu stützen als sie zu drücken, wie es zwischen Februar 1982 und März 1983 der Fall gewesen war. Auf einer Konferenz der OPEC im Juli wurde trotz einiger Unstimmigkeiten beschlossen, an einer Begrenzung der Gesamtförderung und an der Festlegung von Förderquoten für die einzelnen Mitgliedsländer festzuhalten.

Großbritannien, Mexiko und die Sowjetunion handelten konform zu den OPEC-Beschlüssen. Das galt besonders für Großbritannien. Die British National Oil Company (BNOC) führte ein spezielles Preissystem ein, um Nigeria deutlich zu machen, daß sie nicht bestrebt war, Kunden von Nigeria abzuwerben. Das war insoweit wichtig, als dieses Entwicklungsland eines der ersten Mitglieder der OPEC gewesen war, das sich nicht an die vorgegebenen Richtpreise gehalten hatte. Im übrigen hielten Mexiko und die Sowjetunion seit Anfang 1983 ihr Produktionsniveau konstant und verzichteten auf Preissenkungen, die das gesamte Preisniveau hätten gefährden können.

Die erhoffte Erholung der Weltwirtschaft war zunächst schwach. Dennoch trug sie zu relativ stabilen Verhältnissen auf dem Ölmarkt bei. Im August 1983 überschritt die Förderleistung der OPEC die Marke von 18 Mio. b/d. Die gesteigerte Produktion war im wesentlichen auf Saudi-Arabien zurückzuführen, das rund 500.000 b/d über die festgelegte Quote hinaus produzierte. Innerhalb der OPEC gab es wenig Widerstand gegen das Verhalten der saudischen Führung, zumal diese argumentieren konnte, daß es ihr Recht sei, Nutzen aus der sich festigenden Marktsituation zu ziehen, da Saudi-Arabien in der Vergangenheit beträchtliche Opfer gebracht hatte, um den Ölpreis bei 29 US-$ pro *barrel* zu stabilisieren. Widerspruch kam primär von Iran. Es beschuldigte Saudi-Arabien, die Produktionssteigerung komme vor allem dem Irak zugute. Presseberichte deuteten an, daß Saudi-Arabien die zusätzlich geförderte Menge an Rohöl zu einem Preis von 34 US-$ an Frankreich verkaufte, um den wachsenden irakischen Schuldenberg für Waffenkäufe in Frankreich zu reduzieren.

Die Überversorgung der Weltmärkte mit Rohöl war ein bald wieder auftretendes Problem. Während Saudi-Arabien zum Zweck der Preispflege erneut seine Fördermenge reduzierte, hielten die anderen OPEC-Mitglieder ihre Förderquoten nicht ein und boten mehr Öl auf den Weltmärkten zum Verkauf an als vereinbart. Im Juli 1985 produzierte Saudi-Arabien nur noch 2,2 Mio. b/d. Um die geplante wirtschaftliche Entwicklung fortsetzen zu können, war die Regierung gezwungen, auf ihre finanziellen Reserven zurückzugreifen. Diese fielen von rund 150 Mrd. US-$ auf 50 - 60 Mrd. US-$ Anfang 1986.

Diese Situation konnte nicht ewig andauern. Saudi-Arabien muß etwa 4,5 Mio. b/d fördern, um genügend Erdgas für den Eigenbedarf zu erhalten. Wiederholte Versuche, die OPEC-Partner von der Notwendigkeit zu überzeugen, auf ihre Überproduktion zu verzichten, schlugen fehl. Das Königreich ließ daraufhin im September 1985 den OPEC-Preis fallen und schloß Verträge mit Exxon und einigen anderen Gesellschaften, die den Preis an dem Gewinn ausrichteten, den die Käufer erzielen können, wenn sie das Rohöl raffiniert haben. Dies (netback-Abkommen) war eine bedeutende Abweichung von der in der Vergangenheit geübten Praxis und öffnete den Weg für eine marktgerechte Ölpreisfestsetzung.

Im Herbst 1985 versuchte Saudi-Arabien, wieder ein einheitliches Verhalten unter den OPEC-Mitgliedern herzustellen. Darüber hinaus versuchte die Regierung, Großbritannien und andere Nicht-OPEC-Staaten zu informellen Absprachen über Förderquoten zu bewegen, um auf diese Weise einen Verfall des Ölpreises zu verhindern. Die Bemühungen schlugen fehl. Als Antwort erhöhte Saudi-Arabien seine Fördermenge im Januar 1986 auf 4,5 Mio. b/d. Der Preis für Rohöl mit einer Schwere von 34° API fiel im Februar an den Spotmärkten auf etwa 15 US-$. Endziel dieser Aktion, die Mitte 1986 den Rohölpreis auf unter 10 US-$ fallen ließ, war die Festlegung einer neuen Preisstruktur. Offenbar hoffte Saudi-Arabien, daß die sinkenden Einnahmen aus dem Export von Rohöl sowohl OPEC- als auch Nicht-OPEC-Produzenten in der ein oder anderen Form zu einem Markt-Teilungs-Abkommen zwingen würden.

Literatur:

Gälli, A. 1979: Die sozio-ökonomische Entwicklung der OPEC-Staaten, (IFO-Studien zur Entwicklungsforschung), München.

Elwell-Sutton, L.P. 1975: Persian Oil. A Study in Power Politics, Westport, CT.

Knauerhase, R. 1975: The Saudi Arabian Economy, New York.

Mosley, L. 1973: Power Play, Oil in the Middle East, New York.

Penrose, E.T. 1968: The Large International Firm in Developing Countries: The International Petroleum Industry, London.

Peterson, J.E. 1983: The Politics of Middle Eastern Oil, Washington D.C.

Rustow, D.A. 1982: Oil and Turmoil, America Faces OPEC and the Middle East, New York, London.

Sayigh, Y.L. A. 1983: Arab Oil Policies in the 1970s, Baltimore, MD.

Seymour, T. 1981: OPEC: Instrument of Change, New York.

Stocking, G.W. 1970: Middle East Oil.

Tetreault, M.A. 1981: The Organization of Arab Petroleum Exporting Countries, Westport, CT.

Tugendhat, C. 1968: Oil, the Biggest Business, New York.

III. Landwirtschaft und Ernährung

Harald Mehner

1. Einführung

Die 26 Länder des Nahen und Mittleren Ostens gehören zu den beiden Kontinenten Afrika und Asien. In der West-Ost-Richtung weisen sie eine Ausdehnung von 8.500 km, in der Nord-Süd-Richtung von 5.000 km auf. Die Größe des Gebietes deutet bereits auf die große Variationsbreite der verschiedenen Faktoren für die Landnutzung hin.

Große Unterschiede zeigen sich in den Territorien dieser Staaten. Das kleinste Land, Bahrain, umfaßt nur 678 km^2, das größte, der Sudan, 2.505.800 km^2. Acht Länder umfassen ein Staatsgebiet von mehr als 500.000 km^2, neun sind kleiner als 100.000 km^2 , von denen vier die Landwirtschaft jeweils nur auf wenigen 1.000 ha betreiben.

Ähnliche Differenzen ergeben sich in den Bevölkerungszahlen. Die vier bevölkerungsreichsten Staaten Pakistan (95 Mio.), die Türkei (48,6 Mio.), Ägypten (45,1 Mio.) und Iran (42,0 Mio.) hatten 1983 erheblich mehr Einwohner als die restlichen 22 Länder zusammen. Diesen großen Unterschieden im Staatsgebiet und in der Bevölkerungszahl entsprechen ähnliche Abweichungen bei den ökonomischen Daten wie dem Pro-Kopf-Einkommen, der Größe der landwirtschaftlichen Nutzfläche und ihres bewässerten Anteils, den Tierzahlen und sonstigen Produktionsgrößen und -faktoren.

Der Nahe und Mittlere Osten gehört, wie bereits erwähnt, zu zwei Kontinenten und entzieht sich damit einem kontinentalen Vergleich, wie er zwischen den drei Entwicklungskontinenten Afrika, Asien und Lateinamerika üblich ist. Da also diese kontinentale Gegenüberstellung nicht möglich ist, werden im Laufe dieses Berichts die agrarischen Daten der Region zur Weltwirtschaft in Beziehung gesetzt. Besser als in einer isolierten Darstellung der Länder der Region wird so ihre Bedeutung als Produzent und Konsument für die Weltagrarwirtschaft und -ernährung aufgezeigt.

Der Nahe und Mittlere Osten nimmt mit 178,3 Mio. km^2 13,3 % der festen Oberfläche unseres Planeten ein. Mit 395 Mio. Einwohnern stellte er im Jahre 1983 jedoch nur 8,5 % der Weltbevölkerung und zählt damit zu den dünner besiedelten Gebieten der Erde. Die Gründe dafür dürften in dem durch Klima, Topographie und Bodenqualität begrenzten Agrarpotential der Region liegen, was durch einen hohen Anteil an landwirtschaftlich nicht nutzbarem Areal durch Wüsten, Halbwüsten und Hochgebirgen zum Ausdruck kommt. Obwohl in den letzten drei Jahrzehnten die landwirtschaftlich genutzte Fläche (ohne Weidegebiete und daher im folgenden ,,Ackerland" genannt), mit unterschiedlichen Anteilen für die einzelnen Länder, um 80 % auf 125 Mio. ha ausgeweitet werden konnte, unterschreitet sie mit ihrem Anteil von 8,5 % an den Ackerflächen der Welt erheblich ihre oben genannte Beteiligung an der Erdoberfläche von 13,3 %. Im Vergleich mit den drei Entwicklungskontinenten hat der Nahe und Mittlere Osten einen größeren Anteil an der Ackerfläche als Afrika (6,2 %) und Lateinamerika (7,9 %), jedoch einen geringeren als Asien (17,1 %).

An der landwirtschaftlich genutzten Fläche von 125 Mio. ha sind die 26 Länder der Region in sehr unterschiedlicher Weise beteiligt. Allein vier Staaten, nämlich die Türkei (27,5 Mio. ha),

Pakistan (20,3 Mio. ha), Iran (13,7 Mio. ha) und der Sudan (12,5 Mio. ha) verfügen über fast 60 % des gesamten Ackerlandes der Region, während sich 22 Staaten die restlichen 40 % teilen müssen.

Wenn auch der Agrarsektor, wie später ausgeführt werden wird, den geringsten Anteil am wirtschaftlichen Wachstum der Region gehabt hat, so haben doch die Funde an Bodenschätzen, vorwiegend Erdöl, und die gute Verkehrslage der Region als Transitgebiet dazu beigetragen, daß der Nahe und Mittlere Osten gegenwärtig gesamtwirtschaftlich und auf Grund seiner Bevölkerungszunahme zu den Wachstumsgebieten der Erde gehört. Während sich die Erdbevölkerung in den vergangenen zehn Jahren jährlich um 2 % vermehrte und auf 4.669 Mio. Menschen anstieg, lag der Bevölkerungszuwachs im Nahen und Mittleren Osten im gleichen Zeitraum mit jährlich 3,7 % erheblich über dem obigen Weltdurchschnitt. Die Einwohnerzahl der Region stieg von 266 Mio. Menschen im Jahre 1970 auf 395 Mio. im Jahre 1983.

Die Basis für die statistischen Unterlagen dieses Berichts, wie die obigen Bevölkerungs- und Produktionszahlen, aber auch alle später genannten Agrardaten, sind in nationalen und internationalen Erhebungen und Zählungen enthalten. Die Qualität dieser Statistiken reicht von mehr oder minder zuverlässigen Zählungen — so wird in Iran, aber auch in anderen Ländern, im Abstand von zehn Jahren ein Agrar-Zensus durchgeführt — bis zu teilweise groben Schätzungen. Die darin enthaltenen Fehler erscheinen nicht nur in den nationalen Statistiken, sondern verfälschen durch Übernahme auch internationale Tabellen und Register. So werden in den internationalen Statistiken die Größen der 26 Staaten der Region einheitlich aufgeführt, obwohl diese in einer Reihe von nationalen Berichten auf Grund von Grenzstreitigkeiten oder fehlenden Kartierungen in den Wüstengebieten durchaus Abweichungen aufzeigen. Weit größere Differenzen zeigen nationale und internationale Statistiken in der Höhe der Einwohnerzahlen in Ländern wie Afghanistan, den beiden Jemen, Mauretanien, Oman, dem Sudan und selbst dem Erdölland Saudi-Arabien, in denen bisher keine umfassenden Volkszählungen, sondern nur Teilerhebungen oder stichprobenartig gewonnene Daten die Basis für diese Statistiken geliefert haben.

Für fast alle Länder der Region, besonders aber für die mittleren und großen Flächenstaaten, war und ist es daher schwierig, genaue Zahlen über die einzelnen argrarischen und sozioökonomischen Entwicklungen zu erhalten. Daher können die im Anhang aufgeführten Tabellen eine Fehlerquote von bis zu ± 10 % aufweisen. Nachfolgende Aussagen über die agrarwirtschaftlichen Trends der Region bleiben davon unberührt und behalten ihre Gültigkeit ebenso wie die Angaben über die erheblichen Unterschiede zwischen den Agrarsektoren der einzelnen Länder.

Die Mehrzahl der statistischen Angaben sind Durchschnittswerte, die sich auf die gesamte Bevölkerung, das gesamte Staatsgebiet oder die gesamte landwirtschaftliche Nutzfläche beziehen. Regionale Unterschiede können darin ebensowenig wie solche zwischen den verschiedenen Bevölkerungsgruppen oder Einkommensschichten berücksichtigt werden. So beträgt z.B. die durchschnittliche jährliche Regenmenge Irans 240 mm im Jahr. Tatsächlich erhalten jedoch nur 34 % des Landes diese Niederschläge oder mehr. Damit ist auf 66 % der Fläche Ackerbau nur mit künstlicher Bewässerung möglich. Ähnlich geringe Aussagekraft haben auch Durchschnittswerte für ökonomische Daten wie z.B. das Pro-Kopf-Einkommen oder die Ernährungslage der Bevölkerung. Eine iranische Untersuchung vom Anfang der 70er Jahre, die bis heute (1987) stellvertretend für viele Teile der Region ihre Gültigkeit behalten hat, macht die Problematik von Durchschnittswerten deutlich. Über zehn Jahre hinweg wurden Höhe und Verteilung des Einkommens von 6.000 städtischen und ländlichen Familien erfaßt. Dabei betrug das jährliche durchschnittliche Einkommen eines ländlichen Haushalts nur 57 % eines städtischen. Noch gravierender waren die Unterschiede in der Einkommensverteilung. Zwei Drittel der städtischen Haushalte lagen noch unter dem Existenzminimum oder erreichten es gerade, während dies im ländlichen Raum sogar bei 3/4 der Haushalte der Fall war.

Der Nahe und Mittlere Osten gehört zu den politisch unruhigsten Gebieten der Erde. Heftige, oft kriegerische Auseinandersetzungen zwischen und innerhalb von Staaten haben die wirtschaftlichen und agrarwirtschaftlichen Planungen und Entwicklungen in den vergangenen drei Jahrzehnten in erheblichem Maße gestört oder gar völlig verhindert. Bevölkerungsveränderungen durch Flüchtlingsströme und Kriegsverluste sind eingetreten und haben zwangsläufig zu Rückgängen, u.a. in der Produktion, im Volkseinkommen, im Außenhandel und in der Erwerbsstatistik geführt. Nationale Statistiken konnten daher nicht fortgeführt werden (Afghanistan und Libanon) oder sind aus politischen Gründen (Irak) nicht veröffentlicht worden. Ihr Fehlen hat zu Fortschreibungen und Schätzungen in den internationalen Statistiken geführt, deren Angaben deshalb weitgehend nicht mehr der Realität in den betreffenden Ländern entsprechen und somit eine Verzerrung der Gesamtstatistik der Region verursachen.

Auf Kosten mancher Einzelheit und lokalen oder nationalen Besonderheit muß sich die zusammenfassende Darstellung und Analyse der Agrarwirtschaft der 26 Länder des Nahen und Mittleren Ostens weitgehend auf die vorherrschenden sozio-ökonomischen Trends und auf das Wachstum von Produktion und Produktionsfaktoren beschränken. Soweit es der Umfang dieses Berichts erlaubt, soll auch auf Ausnahmen, wie Ergebnisse und Umfang des hohen Standes der Agrartechnologie in Israel und die kostspieligen Agrarinvestitionen in den Erdölländern (künstliche Bewässerung einschließlich der Hydropon-Kultur, *Agro business* und modernste Massentierhaltung), eingegangen werden.

Die Agrarwirtschaft im Nahen und Mittleren Osten weist trotz der Größe des Raumes und großer Unterschiede bei vielen Produktionsfaktoren auch wesentliche Gemeinsamkeiten auf, die in Vergangenheit und Gegenwart Einfluß auf die Entwicklung des Agrarsektors genommen haben und diesen Einfluß auch in der nächsten Zukunft nicht verlieren werden.

Bei den nachfolgenden fünf Übereinstimmungen sind negative Akzente vorherrschend und damit auch ursächlich für das Zurückbleiben des Agrarsektors im Vergleich zu den übrigen Wirtschaftsfaktoren:

— Für die pflanzliche und tierische Produktion in allen Ländern des Nahen und Mittleren Ostens ist Wasser sowohl im Regenfeldbau als auch bei künstlicher Bewässerung der wichtigste, oft der limitierende Produktionsfaktor.
— In 25 Ländern der Region (Israel ausgenommen) sind Gesellschaft und Wirtschaft islamischen Vorschriften unterworfen, deren produktive und strukturelle Auswirkungen hauptsächlich im Erb-, Finanz- und Bodenrecht den Modernisierungsbemühungen im Agrarbereich wenig förderlich, häufig sogar hinderlich sind.
— Die Agrarstruktur im Nahen und Mittleren Osten wird von kleinbäuerlichen Eigentums- und Pachtbetrieben auf Familienbasis bestimmt, in denen Lohnarbeiter, wenn überhaupt, nur saisonal beschäftigt werden. Diese Agrarstruktur, meist zusammen mit rückständiger Agrartechnologie und niedrigem Produktionsniveau, ist ursächlich für den hohen Grad an ländlicher Unterbeschäftigung in der Region.
— Durch die nicht ausgewogene Wirtschafts- und Entwicklungspolitik erhielt die ländliche Bevölkerung und vornehmlich ihr traditioneller Sektor weit geringere personelle und finanzielle Förderung im Vergleich mit der übrigen Bevölkerung. So konnte sich der Unterschied im Einkommen zwischen städtischer und ländlicher Bevölkerung nicht verringern, sondern vergrösserte sich sogar deutlich in der ganzen Region.
— Soziale und ökonomische Organisationen und Institutionen sind im ländlichen Raum immer noch weit weniger entwickelt als in den übrigen Wirtschaftssektoren der Mehrzahl der 26 Länder der Region. Der Bildungsstand der Landbevölkerung, das Unvermögen der zuständigen staatlichen Stellen und die Ausdehnung ländlicher Siedlungsräume waren Ursachen einer organisatorischen und institutionellen Unterentwicklung.

2. Grundlagen der Agrarwirtschaft

2.1 Klima und natürliche Ressourcen

Das Klima und die natürlichen Ressourcen einer Region bestimmen wesentlich die Art und Weise der Agrarproduktion. Zu den klimatischen Faktoren gehören Strömung, Temperatur und Feuchtigkeitsgehalt der Luft, Niederschlag und Sonnenscheindauer. Unter Ressourcen versteht man die Qualität der Böden, ihre Topographie und ihre Höhenlage.

Die Staaten im Nahen und Mittleren Osten gehören, von einigen Küstenregionen und Hochgebirgen an den Rändern der Region abgesehen, zur ariden und semi-ariden Klimazone. Diese Zone ist durch hohe Lufttemperaturen und Verdunstungsraten, starke Sonneneinstrahlung, geringe Niederschläge mit einseitiger Verteilung und, als deren Folge, durch lange Trockenperioden gekennzeichnet. Große Teile der Region sind Gebirge, Wüsten oder Halbwüsten, die nur dünn besiedelt sind. Ihre Infrastruktur ist vor allem in den ländlichen Gebieten nur wenig ausgebaut und erschwert die wirtschaftliche und damit auch die landwirtschaftliche Entwicklung.

Die Großwetterlagen der Region werden im wesentlichen von drei Klimazonen beeinflußt. Der mediterrane Raum ist mit seinen winterfeuchten Luftmassen im Westen der Region bestimmend für die dortigen Niederschläge, die mit ihren Ausläufern bis zum iranischen Hochland und zum Norden Mauretaniens reichen können. Im Osten der Region sind der Sommermonsun im Norden Pakistans mit seinen Ausläufern bis Afghanistan und der Wintermonsun am Rande der Arabischen Halbinsel und an der Küste Somalias für die dortigen Niederschläge verantwortlich, wenn auch in geringerem Umfang als im Mittelmeerraum. Im inneren Teil Vorderasiens übt das dortige Kontinentalklima mit langen Trockenperioden und relativ hohen Schwankungen in der Tages- und Jahrestemperatur seinen Einfluß ebenso aus wie das sahelisch-arabische Wüstenklima im nördlichen Afrika und auf der Arabischen Halbinsel. Je nach der Stärke der einzelnen Klimazonen und in Abhängigkeit von örtlichen Einflüssen wie den vielfältigen Reliefs der einzelnen Landschaften, ihrer Entfernung von den nächsten Küsten und der Höhenlage, haben sich zahlreiche unterschiedliche Klein-Klimazonen in jedem einzelnen Land entwickeln können. Diese Klimazonen und die Bodenqualität bewirken die Vielfalt der Agrarlandschaften in den mittleren und größeren Flächenstaaten der Region.

Von Ägypten abgesehen, sind in allen Ländern mehrere Anbautechniken möglich. Sie umfassen Zonen mit Regenfeldbau, wie er im gemäßigten Klima die Regel ist, Agrarlandschaften mit zusätzlicher künstlicher Bewässerung zu den vorhandenen Niederschlägen und Trockengebiete, in denen künstliche Bewässerung Voraussetzung für jegliche Pflanzenproduktion ist. Entsprechende Vielfalt zeigen auch die Anbaufrüchte aller 26 Länder. Sie reichen von Leguminosen und Getreidesorten des gemäßigten Klimas über subtropische und tropische Kulturen vom Reis über das Zuckerrohr bis hin zu exotischen Obst- und Getreidesorten. Im Gegensatz zu den Produktionsbedingungen europäischer Agrarwirtschaft können hohe Gebirgslagen der dortigen Breiten für die Pflanzenproduktion durchaus geeignet sein. So gedeihen in Regionen im Norden Irans, Afghanistans und Pakistans Reiskulturen noch in einer Höhe von 2.000 m und Getreide- und Obstkulturen sogar noch in 3.000 m Höhe.

Ein hoher Anteil der landwirtschaftlich nutzbaren Flächen im Nahen und Mittleren Osten zeichnet sich durch eine flachgründige Ackerkrume und einen geringen Gehalt an organischer Substanz aus. Stärker als im gemäßigten Klima sind salzhaltige Böden anzutreffen, die teilweise durch permanente Bewässerung (Südiran, Irak und Ägypten), die schon jahrhunderte-, in einigen Fällen sogar jahrtausendelang durchgeführt wurde, oder aber durch klimatische und erdgeschichtliche Entwicklung entstanden sind. Besonders fruchtbare Böden beschränken sich auf einige Küstenebenen am Kaspischen Meer, am Schwarzen Meer und am Mittelmeer sowie auf Beckenlandschaften an den Rändern der großen Ströme, deren bekannteste das Nil-Delta in Ägypten, das Indus-Becken in Pakistan und das Zweistromland im Irak sind.

Für den Ackerbau geeignete Böden liegen über die genannten Standorte hinaus in unterschiedlicher Ausdehnung und Qualität über alle Flächenstaaten der Region verteilt. Dazu gehören Alluvial- und Sedimentböden, die als Folge starker Wasserführung bei kurzen, aber intensiven Regenfällen entstanden sind und Böden, die sich durch die Verwitterung von Lava- und anderen Gesteinen durch die Einflüsse des Trockenklimas gebildet haben. Besonders erwähnenswert sind großflächige Gebiete mit angewehtem, fruchtbarem Löß. Zu diesen besonders fruchtbaren Ackerlandschaften gehören der Norden Syriens und des Irak — auch als Fruchtbarer Halbmond bekannt — die Gorgan-Ebene in Iran und große Teile der nordafghanischen Ebene, aber auch kleinere Anbaugebiete auf der Arabischen Halbinsel einschließlich Israels. Ähnliche Bodenqualität und Produktionsbedingungen zeigen auch die Großoasen Isfahan, Schiraz und Kerman in Südiran sowie die traditionellen arabischen und nordafrikanischen Wüstenoasen wie Kharj in Saudi-Arabien, Fayum in Ägypten und Ain Salah in Algerien. Angesichts der heutigen technologischen Möglichkeiten können auch früher nicht kultivierbare Sandböden, die große Teile der Region umfassen, landwirtschaftlich genutzt werden. Hierzu sind jedoch hohe Investitionen, vor allem für Bewässerungsanlagen, notwendig.

Wichtigste Grundlage für jede landwirtschaftliche Produktion ist Wasser für Tiere und Pflanzen. In den ariden und semi-ariden Klimazonen im Nahen und Mittleren Osten befindet sich dieser Faktor im Minimum. Abgesehen von wenigen fossilen Wasserspeichern in zum Teil beträchtlichen Tiefen, vor allem in Libyen und Saudi-Arabien, sind Niederschläge der wichtigste Lieferant für das von der dortigen Landwirtschaft benötigte Wasser. Ihre Menge ist von Land zu Land, aber auch innerhalb der Länder, sehr verschieden. Für große Teile der Region, darunter ganz Ägypten, liegen sie noch unter 200 bis 250 mm Regen pro Jahr, so daß dort der Ackerbau nur noch mit künstlicher Bewässerung möglich ist.

Hohe jährliche Niederschläge von 1.000 mm und mehr treten nur in wenigen Küstengebieten am Schwarzen Meer und am Kaspischen Meer auf, in denen Feld- und Dauerkulturen mit gesicherten Erträgen in permanenter Fruchtfolge, wie im gemäßigten Klima, angebaut werden. Die Niederschläge in den Hochgebirgsregionen Vorderasiens und auch in Nordafrika und im Nordjemen ermöglichen einen flächenmäßig bescheidenen Feldanbau, fast ausschließlich in Terrassenwirtschaft, und die extensive Nutzung dieser Areale als Viehweiden im Sommer.

Weit wichtiger als ihre Bedeutung für die lokale Agrarproduktion ist die Funktion der Niederschläge in den Gebirgen und Bergketten der Region als Wasserspeicher für die dort entspringenden oberirdischen Flüsse und unterirdischen Aquafere. Gleichzeitig sind sie auch der wichtigste Wasserlieferant für zahlreiche Staudämme an den Flüssen der Region, die, meist in mehrfacher Funktion, Bewässerungsgebiete versorgen, Elektrizität erzeugen und dem Hochwasserschutz dienen. Dazu gehören als größte Investitionen der Keban-Staudamm in der Türkei, der Asad-Staudamm in Syrien, der Dokkan- und der Derbendi Khan-Damm im Irak, der Sefid Rud-, der Karun- und der Dez-Damm in Iran, der Hilmend-Damm in Afghanistan und der Tarbela-Damm in Pakistan. Selbst in den niederschlagsärmeren Ländern Jordanien, Israel, Saudi-Arabien und Libyen sind Bergzüge und Mittelgebirge mit Höhen von 1.000 bis 2.000 m und jährlichen Regenmengen von 200 bis 600 mm wichtige Wasserreservoirs für die künstlichen Bewässerungssysteme.

Angesichts anhaltend tiefer Temperaturen in großen Teilen der Region, vornehmlich in ihren Mittel- und Hochgebirgen, fällt ein erheblicher Anteil der Niederschläge als Schnee. Besonders in den vorderasiatischen Ländern von der Türkei bis Pakistan und in den Gebirgen des Maghreb, aber auch in Syrien, Libanon, Jordanien und Israel sichert der allmähliche Abfluß durch Schneeschmelze eine langfristige, gleichmäßige Wasserzufuhr für die Bevölkerung und ihre Agrarwirtschaft.

Niederschläge zwischen 250 und 400 mm ermöglichen den Regenfeldbau in großen Teilen der Region. Dazu gehören Randzonen mehrerer Küstenebenen ebenso wie die Hochebenen Anatoliens und Zentralirans, die fruchtbare syrisch-irakische Jazira im Norden beider Länder und weite Gebiete im Maghreb. Fast zwei Drittel der gesamten jährlichen Anbaufläche des Nahen und Mittleren Ostens (ca. 60 Mio. ha) werden im Regenfeldbau (davon zwischen 70 und 80 % mit Getreide) und 34 Mio. ha durch künstliche Bewässerung in unterschiedlicher Intensität genutzt.

In wechselnden Übergängen folgen den Zonen des Regenfeldbaus weite Areale mit Niederschlägen von 50 bis 200 mm, deren Nutzung nur durch mehr oder minder extensive Weidehaltung möglich ist. Die für den Nahen und Mittleren Osten in den Statistiken mit 380 Mio. ha angegebene Weidefläche in der ganzen Region, d.h. 11 % der Weidefläche der Erde, bietet ausgedehnte Möglichkeiten der nomadischen Tierhaltung und -nutzung. Sie sind jedoch in ihrem Futterpotential weit geringer als die Weidezonen gemäßigter Klimaten zu bewerten. Während auf europäischen Weiden ein Hektar für 30 - 40 Schafe ausreichendes Futter liefert, werden im Nahen und Mittleren Osten ein halber bis ein Hektar dortiger Weideflächen zur Haltung eines Tieres benötigt.

2.2 Die historische Entwicklung der Region und ihr Einfluß auf den Agrarsektor

Im Nahen und Mittleren Osten befinden sich die ältesten Ackerbauzentren der Welt. Sicherlich nicht zufällig gehört die Region auch zu den bedeutendsten Gen-Zentren der Erde, in dem die Wildformen einer Reihe heutiger Kulturpflanzen, darunter mehrerer Getreide- und Obstsorten, beheimatet sind.

Stätten ältester Ackerbaukultur verteilen sich über die gesamte Region. Sie reichen von der Harappa-Kultur in Pakistan über die Reiche der Elamiter, Sumerer und Babylonier im heutigen Südiran und Irak bis hin zur altägyptischen Hochkultur im Niltal. Die nachfolgenden Weltreiche der Mazedonier, Perser und Römer umfaßten noch größere Teile des heutigen Nahen und Mittleren Ostens, in denen bereits planmäßige Agrarwirtschaft betrieben wurde. Aber erst der gewaltige Sturm der arabischen Eroberer, ausgehend von Mekka und Medina im heutigen Saudi-Arabien, brachte innerhalb weniger Jahrzehnte die wichtigsten Teile des Nahen und Mittleren Ostens unter den Herrschaftseinfluß einer Religion, des Islams. Obwohl der Religions- und Staatsgründer städtischer Herkunft war und in seinem Umland, neben bescheidener Oasenwirtschaft, die nomadische Lebensweise vorherrschte, wurde bereits von den ersten islamischen Herrschern die Bedeutung des Agrarsektors als wesentliche Stütze ihrer Staats- und Militärmacht erkannt. In diesem System war für die muslimische Bevölkerung der Nutzen der Landbewirtschaftung eng mit der Pflicht zum Kriegsdienst verbunden, während die „ungläubige" Bevölkerung in den eroberten Gebieten den Boden zur Nutzung erhielt, für die sie einen Teil des landwirtschaftlichen Ertrages (1/3 bis 1/5) zur Finanzierung der Staatseinnahmen abführen mußte.

Abgesehen von den Randstaaten, wie z.B. Somalia und Mauretanien, haben in den vergangenen 1.200 Jahren eine Reihe islamischer Dynastien, darunter die Seldschuken in Persien und der Türkei, die Ghaznawiden in Afghanistan, die Safawiden in Iran und die Osmanen in der Türkei, jeweils große Teile der Region beherrscht, wobei die osmanische Regierungszeit sogar noch bis ins 20. Jahrhundert hineinreichte. Daher haben sich auch im Bodenrecht weitgehend islamische Wertvorstellungen durchgesetzt.

Nach islamischer Gesetzgebung kann der Boden nicht als Eigentum erworben werden, es werden vielmehr nur Nutzungsrechte für ihn vergeben. Die Abgaben dafür waren, wie bereits erwähnt wurde, ein wesentlicher Teil des Staatseinkommens. Allerdings entwickelte sich kein einheitliches islamisches Bodenrecht. Es gab große regionale Unterschiede, die sich bis zur Gegenwart ausgewirkt haben. So erhielten sich in den von arischen Völkern besiedelten Ländern Iran, Afghanistan und Pakistan als Erbe aus vorislamischer Zeit bäuerliche Strukturen und entsprechende rechtliche Normen weit stärker als in den arabisch-islamischen Ländern, in denen aus nomadischen Völkern hervorgegangene Eliten eine feudale Gesellschafts- und Wirtschaftsordnung durchsetzten.

Erstmals in der islamischen Welt wurde in dem türkischen Bodengesetz von 1858 das Bodeneigentum in fünf Kategorien eingeteilt. Diese Ordnung wurde auch von den arabischen Ländern der Region weitgehend übernommen, zumal die türkische Kodifizierung auf islamische Traditionen zurückgegriffen hatte.

— *mulk*-Land ist absolutes Privateigentum (abgesehen vom Libanon hat es in der Region keinen großen Anteil an der Gesamtfläche erreicht);
— *miri*-Land befindet sich im Eigentum des Staates, der die Nutzung an Berechtigte, und zwar an Einzelpersonen oder Stammes- und Familiengruppen vergibt. Im Laufe der Zeit sind große Teile des *miri*-Landes zu Privateigentum geworden, das auch vererbt werden kann;
— *waqf*-Land befindet sich im Eigentum von Stiftungen;
— *matruka*-Land dient der Erfüllung öffentlicher, d.h. staatlicher oder kommunaler Aufgaben;
— *mawat*-Land umfaßt Öd- und Unland.

Der periodische Aufstieg und Niedergang der einzelnen größeren und kleineren islamischen Staaten, die auf dem Höhepunkt ihrer Macht von einer stärkeren Zentralgewalt regiert und von einer blühenden Landwirtschaft gestützt waren, ließ auch den Agrarsektor nicht unberührt. Aus Reiseberichten des frühen und späten Mittelalters und durch Schilderungen aus den letzten Jahrzehnten des Osmanischen Reiches wird dies sehr deutlich. In den ländlichen Regionen entwickelten sich Feudalsysteme mit lokalen Grundherren und Stammesführern, die immer höhere Anteile an den Erträgen der von ihnen abhängigen Landbewirtschafter forderten. Die Verelendung der ländlichen Bevölkerung und der Rückgang der landwirtschaftlichen Produktion waren die unmittelbaren Folgen.

Wie bereits erwähnt wurde, war schon in der Frühzeit des Islams ein Stiftungssystem eingerichtet worden, das für die Landwirtschaft aller islamischen Länder, wenn auch mit unterschiedlicher Intensität, zu einer wichtigen Institution wurde. Im nordafrikanischen Raum *ḥubus*, im übrigen islamischen und arabischen Raum *waqf* genannt, sollte diese Einrichtung einmal den Stiftungen selbst — religiösen wie auch privaten — ein gesichertes und dauerhaftes Einkommen aus Grund und Boden für den oft wohltätigen Stiftungszweck sichern, andererseits aber auch den zugehörigen Landbewirtschaftern einen angemessenen Teil der Erträge überlassen. In den Ländern, in denen Agrarreformen durchgeführt wurden, ist inzwischen weitgehend auch der Grundbesitz der Stiftungen gegen Entschädigung enteignet worden.

Von der Türkei, Iran und Afghanistan abgesehen — selbst diese Länder waren durch Kapitulationsverträge oder durch die Errichtung von Einflußzonen von den damaligen europäischen Großmächten abhängig — wurde die gesamte Region jahrhundertelang von wechselnden Kolonial- und Protektoratsmächten beherrscht. Seine größte Ausdehnung erreichte das Osmanische Reich zwischen dem 16. und 18. Jahrhundert, indem es zunächst alle heutigen arabischen Länder bis zum Nord- und Südjemen und anschließend auch die nordafrikanischen Länder bis Marokko in Besitz nahm bzw. unter seinen politischen Einfluß brachte. Von der Mitte des 19. Jahrhunderts an traten in den nordafrikanischen Ländern die europäischen Mächte Italien, Frankreich und Großbritannien an die Stelle des Osmanischen Reiches, das nach seiner Niederlage im Ersten Weltkrieg auch seine arabischen Besitzungen verlor. Nach mehr oder minder langer Besatzungszeit wurden Länder wie z.B. Saudi-Arabien, Nordjemen und der Irak selbständig oder blieben zunächst Treuhandgebiete der Siegermächte.

Wie alle Kolonial- und Protektoratsmächte haben auch das Osmanische Reich und später die europäischen Mächte in den von ihnen abhängigen Gebieten wesentlichen Einfluß auf die wirtschaftliche Entwicklung und damit auf den seinerzeit wichtigsten Sektor, die Landwirtschaft, genommen. Die Vorschriften des bereits erwähnten türkischen Bodenrechtsgesetzes von 1858 haben sich bis in die Gegenwart hinein rechtlich ausgewirkt. So wurden von israelischen Behörden in den vergangenen Jahren Paragraphen dieses Gesetzes angewandt, um Eigentumsfragen an Grund und Boden in den von Israel besetzten Gebieten zu klären.

In den von europäischen Mächten besetzten oder verwalteten Ländern nahm die Agrarwirtschaft eine dualistische Entwicklung. Angehörige dieser Mächte, teilweise auch Gesellschaften, erwarben Grund und Boden und gründeten mittlere und größere landwirtschaftliche Betriebe. In einigen Ländern wie Ägypten und dem Irak erwarben sie langjährige Konzessionen für den Betrieb von Großfarmen und Plantagen und führten moderne Agrartechnologie und Produktionsmethoden ein. Die bäuerlichen Kleinbetriebe des traditionellen Sektors wurden von dieser Entwicklung jedoch kaum berührt und lebten weiterhin in Subsistenzwirtschaft.

Die ersten zwei Jahrzehnte nach dem Zweiten Weltkrieg brachten auch für die restlichen Länder der Region die Unabhängigkeit. Im Agrarbereich sahen sich alle Länder wachsenden Schwierigkeiten gegenüber. Die traditionelle und wenig produktive Agrarstruktur, der niedrige Ausbildungsstand der Landbevölkerung mit hohen Analphabetenraten und die unterentwickelte Infrastruktur waren ebenso große Hindernisse für eine kurzfristige Steigerung der Agrarproduktion und damit auch für die Erhöhung des Lebensstandards in den ländlichen Gebieten, wie der jährliche Geburtenüberschuß im ländlichen Raum von 4 - 5 % pro Jahr.

3. Die gesamtwirtschaftliche Bedeutung des Agrarsektors

Vor 50 Jahren waren die heutigen Staaten des Nahen und Mittleren Ostens reine Agrargesellschaften, die, abgesehen von Ägypten, weitgehend in Subsistenzwirtschaft lebten. So erklärt sich auch der hohe Anteil des Agrarsektors (90 - 95 %) am damaligen bescheidenen Bruttosozialprodukt. Industrie war noch nicht vorhanden, Dienstleistungsbetriebe existierten erst in geringem Maße, und die gewerbliche Wirtschaft beschränkte sich auf die wenigen Städte der Region. Nach dem Zweiten Weltkrieg verringerte sich jedoch der agrarische Anteil am Bruttosozialprodukt. Die höhere Produktivität der übrigen Wirtschaftssektoren, der Rückgang der Landbevölkerung und die bereits oben erwähnten historischen Belastungen trugen erheblich dazu bei. In den einzelnen Ländern verlief diese Entwicklung sehr unterschiedlich, da ungewöhnliche Steigerungen des Bruttosozialproduktes durch die Nutzung von Bodenschätzen zu abrupten Änderungen in der Sektorenverteilung führten.

Hohe Anteile des Agrarsektors am Bruttosozialprodukt in Entwicklungsländern werden in der Regel durch hohe Anteile der Agrarbevölkerung an der Gesamtbevölkerung (75 - 80 %) und niedrige jährliche Pro-Kopf-Einkommen (unter 400 US-$) verursacht. Diese Situation trifft für Somalia und Afghanistan zu, die 1982 mit 58 % bzw. 50 % die höchsten Anteile des Agrarsektors am Bruttosozialprodukt in der Region aufwiesen. Da die gleichen ökonomischen Daten auch die Landwirtschaft Nordjemens und Mauretaniens bestimmen, erscheint der für diese beiden Länder in den internationalen Statistiken genannte Agraranteil von 28 % am Bruttosozialprodukt als zu niedrig. Nordjemen und Mauretanien dürften allerdings nicht die Werte erreichen, die angesichts von Sondereinflüssen (Überweisung ausländischer Arbeitnehmer im Nordjemen und Bergbau in Mauretanien) für Somalia und Afghanistan gelten.

Der Sudan (38 %) und Pakistan (30 %) wiesen unter den großen Flächenstaaten der Region die höchsten Anteile des Agrarsektors am Bruttosozialprodukt auf. Trotz eines geringen jährlichen Pro-Kopf-Einkommens von 380 US-$ in Pakistan und 440 US-$ im Sudan dürfte die große Zahl von landwirtschaftlichen Betrieben in beiden Ländern und deren beachtliches Agrarpotential (Sudan: große Landflächen; Pakistan: hoher Bewässerungsanteil) ursächlich für die große Bedeutung des Agrarsektors in beiden Volkswirtschaften sein. Diese Wertung wird noch dadurch bekräftigt, daß Pakistan im Jahre 1982 an zweiter Stelle und der Sudan an vierter Stelle unter den Agrarexportländern der Region genannt wurden. In drei weiteren Staaten trug der Agrarsektor im Jahre 1982 jeweils ca. 1/5 zum Bruttosozialprodukt bei. Die Türkei (23 %), Ägypten (21 %)

und Syrien (19 %) verfügen sicherlich, Israel ausgenommen, über das höchste Produktionsniveau der Region. Trotz wesentlicher Entwicklung in anderen Sektoren, darunter der Industrie und dem Dienstleistungsgewerbe (Tourismus), hat der Agrarsektor in den drei Ländern noch eine beachtliche gesamtwirtschaftliche Bedeutung behalten. Dieses Produktionsniveau kommt auch dadurch zum Ausdruck, daß die Türkei als überragender Exporteur von Agrarprodukten der Region an erster und Ägypten an dritter Stelle der Exportstatistik stehen (vgl. Tab. 5).

Das überproportionale Wachstum von nicht-landwirtschaftlichen Sektoren und begrenzte landwirtschaftliche Ressourcen dürften dazu beigetragen haben, daß der agrarische Anteil am Bruttosozialprodukt im Jahre 1982 in Tunesien auf 16 % und in Marokko auf 14 % sowie im Libanon im Jahre 1975 (letzte statistische Veröffentlichungen) auf 10 % gesunken ist. Als Länder mit besonders hohem Anteil an unfruchtbarem Wüstenland betrugen 1982 die Quoten im Südjemen 13 % und in Jordanien 8 %. Wie bereits erwähnt, hat der hohe Beitrag des Erdölsektors zum Bruttosozialprodukt besonders nach den Preiserhöhungen von 1973 und 1979 auch in den Flächenstaaten Algerien, Iran und Irak die Anteile am Bruttosozialprodukt so einseitig zugunsten des Erdölsektors gesteigert, daß der agrarische Beitrag in den drei Staaten im Jahre 1982 auf 6 - 8 %, in Oman auf 3 %, in Libyen auf 2 % und in Saudi-Arabien sogar auf ein Minimum von 1 % gesunken ist.

Wie bereits angemerkt wurde, haben die Erdölländer im Nahen und Mittleren Osten, in Abhängigkeit von Beginn und Höhe ihrer Erdölförderung, besonders gute Voraussetzungen für ein hohes Wirtschaftswachstum gehabt. Aber auch alle übrigen Länder der Region — im Gegensatz zu einer Reihe schwarzafrikanischer Staaten — hatten in den vergangenen 30 Jahren jährliche Zuwachsraten in unterschiedlicher Höhe zu verzeichnen. Auf der Basis von zwei Dekaden (1960 - 70 und 1970 - 80) gemittelt, hatten in der ersten Dekade der Sudan mit 0,7 % das niedrigste und Pakistan mit 6,7 % das höchste jährliche Wirtschaftswachstum aufzuweisen. In der zweiten Dekade reichten die Wachstumsraten von 2 % für Mauretanien bis zu 9,3 % für Jordanien. Auf Grund ihres Erdöleinkommens hatten Libyen, Oman, Saudi-Arabien und Iran noch höhere jährliche Wachstumsraten in den beiden Dekaden, die jedoch bei der obigen Wertung unberücksichtigt blieben. Im Durchschnitt aller Länder war der jährliche Wirtschaftszuwachs in der zweiten Dekade höher als in der ersten. Die bedeutendste Ausnahme bildete Israel, wo die jährliche Wachstumsrate von 8,1 % in der ersten auf 3,1 % in der zweiten Dekade zurückgegangen ist.

Grundsätzlich blieben die jährlichen Wachstumsraten des Agrarsektors um 20 - 80 % unter denen der Gesamtwirtschaft. Ausnahmen waren Marokko in der ersten Dekade, wo die jährliche Steigerung im Agrarsektor mit 4,4 % die Gesamtwirtschaft um 0,4 % übertraf und Mauretanien in der zweiten Dekade mit 2 % zu 3,4 %. Relativ hohes Wachstum im Agrarsektor im Vergleich mit den übrigen Sektoren wiesen in der ersten Dekade Pakistan, Ägypten und Iran, in der zweiten Dekade die Türkei, Tunesien und Algerien auf.

Wachstumsschwächen im Agrarbereich und steigende Bevölkerungszahlen (vgl. Tab. 4) haben auch in den letzten beiden Dekaden bereits bestehende Einkommensunterschiede zwischen städtischer und ländlicher Bevölkerung mit großen Nachteilen für die Gesamtwirtschaft noch weiter verschärft.

Wie in fast allen Entwicklungsländern, so bildeten auch im Nahen und Mittleren Osten Agrarprodukte als Rohstoffe die Basis der ersten Industriebetriebe. Mit der Verarbeitung von Getreide, Zuckerrohr und Zuckerrüben, Faser- und Ölpflanzen zu Nahrungsmitteln, Viehfutter und Textilien begann eine bescheidene Industrialisierung, der später auch die Verarbeitung tierischer Produkte in Molkereien, Schlachthöfen und Lederfabriken folgte. 1978 hatte, nach einer Statistik im Weltentwicklungsbericht der Weltbank von 1981, die Agrarwirtschaft als Lieferant von Rohstoffen im Sudan noch einen Anteil von 78 % an der gesamten Industrieproduktion des Landes. Mit anteiligen 68 % und 64 % folgten Pakistan und Syrien. Ungefähr die Hälfte der gesamten Industrieproduktion entfiel im Irak (54 %), Algerien und Ägypten (je 49 %) und Marokko (48 %) auf die Verarbeitung von Agrarprodukten. Die starke Diversifizierung der Industrie in der

Türkei und in Iran war für den Rückgang dieses Industriezweiges auf 30 % bzw. auf 27 % verantwortlich. Die Vergleichszahl in der Bundesrepublik Deutschland lautete im Jahre 1978 15 %.

3.1 Agrarsektor und Beschäftigung

Wie in allen Entwicklungsländern, so hat sich auch im Nahen und Mittleren Osten der Anteil der Landbevölkerung an der Gesamtbevölkerung in den letzten 50 Jahren ständig vermindert. Die Entwicklung neuer Technologien und das Entstehen neuer Wirtschaftssektoren haben ebenso dazu beigetragen, wie die limitierten Produktionsfaktoren Boden, Wasser und Kapital. Der Faktor Arbeit hat kontinuierlich, wenn auch unterschiedlich in den einzelnen Zeiträumen und Ländern, an Bedeutung verloren. In den 30er Jahren bestimmten Agrargesellschaften mit einem Agrarbevölkerungsanteil von bis zu 80 % und mehr das Bild der Region. Bis Anfang der 50er Jahre waren noch weite Teile des Nahen und Mittleren Ostens mit einer Landbevölkerung von 65 - 75 % überwiegend agrarwirtschaftlich ausgerichtet. In den vergangenen drei Jahrzehnten beschleunigte sich jedoch, trotz des ländlichen Geburtenüberschusses von 2 - 3 %, der anfänglich nur allmähliche Rückgang der Landbevölkerung durch Abwanderung in die Städte zusehends, so daß Anfang der 80er Jahre bereits mehr Menschen in der Stadt als in ländlichen Gemeinden lebten (Rückgang bis 1983 auf 47 %). Bei dieser Entwicklung wird jedoch häufig übersehen, daß nicht nur die Stadt-, sondern auch die Landbevölkerung einen Zuwachs zu verzeichnen hatte. So nahm die städtische Bevölkerung der Region zwischen 1973 und 1983 um 125 Mio. und die ländliche um immerhin 23 Mio. Menschen zu. Die steigende Nachfrage nach Arbeitsplätzen hat daher auch an die ländliche Beschäftigungspolitik besondere Anforderungen gestellt und zur weitverbreiteten Unterbeschäftigung auf dem Lande beigetragen.

In Abhängigkeit von dem niedrigen Pro-Kopf-Einkommen leben in Mauretanien (81 %), Oman (80 %), Somalia (78 %), Afghanistan (77 %) und im Sudan (76 %) mehr als 3/4 der Bevölkerung im ländlichen Raum. Stadt- und Landbevölkerung haben zu etwa gleichen Teilen Pakistan (52 %), die Türkei (50 %), Marokko (49 %) und Algerien (46 %). Den niedrigsten Anteil an ländlicher Bevölkerung besitzen Israel (7 %), Libanon (8 %) und Libyen (12 %). Schnelle Veränderungen im Anteil ihrer ländlichen Bevölkerung erlebten auch Iran (35 %) sowie Tunesien und der Irak (jeweils 38 %), in denen noch vor zwei Jahrzehnten mehr als die Hälfte der Einwohner zur Landbevölkerung zählten. In der Türkei hat sich die Landbevölkerung von 1973 bis 1983 nur um 300.000 Menschen (1,5 %) erhöht. Ursachen hierfür waren erschöpfte Landreserven und der Zwang zur Intensivierung des bäuerlichen Einzelbetriebes und damit zur erhöhten Arbeitsproduktivität. In Ländern mit größerem Agrarpotential war dagegen noch beträchtliches Wachstum der Landbevölkerung zu verzeichnen, so in Pakistan mit 10,4 Mio. (+27 %), im Sudan mit 3,5 Mio. (+30 %), in Marokko mit 2,5 Mio. (+29 %) und in Syrien mit 1,5 Mio. (+46 %) Menschen. Die vergleichsweise geringe Zunahme der ländlichen Bevölkerung in Nordjemen von 1 Mio. Menschen (20 %) ist in der hohen Zahl ehemaliger ländlicher Arbeitskräfte begründet, die ihrer Arbeit in Nachbarländern, insbesondere in Saudi-Arabien, nachgehen. Im hohen Zuwachs von Somalia mit 76 % sind zahlreiche Flüchtlinge aus Äthiopien enthalten.

Analog zum Rückgang der Agrarbevölkerung im Nahen und Mittleren Osten hat sich auch der Anteil der Erwerbstätigen in der Landwirtschaft an der Gesamtbeschäftigtenzahl kontinuierlich, wenn auch mit nationalen Unterschieden, vermindert. Dabei ist in acht der zehn bevölkerungsreichsten Länder ein höherer Prozentsatz an Erwerbstätigen im Agrarsektor beschäftigt als der Anteil an der Landbevölkerung beträgt. Besonders gravierend ist der Unterschied in Ägypten, wo 50 % aller Beschäftigten im Agrarsektor tätig sind und nur noch 28 % seiner Einwohner auf dem Lande leben. In umgekehrter Relation beträgt der Anteil der Landbevölkerung in Algerien und Syrien noch 46 %, deren Anteil aber an der Zahl der Erwerbstätigen nur noch 25 % bzw. 33 % (vgl. Tab. 4).

3.2 Die Bedeutung der Agrarwirtschaft für den Außenhandel

Zu Beginn des 20. Jahrhunderts war die Agrarwirtschaft im Nahen und Mittleren Osten, mit Ausnahme Ägyptens, weitgehend eine Subsistenzwirtschaft. Die traditionelle Landwirtschaft war durchaus in der Lage, die städtische Bevölkerung, die damals nur zu 10 - 15 % an der Gesamtbevölkerung beteiligt war, ausreichend mit Nahrungsmitteln zu versorgen. Wesentliche Nahrungsmittelimporte der damaligen Zeit waren Zucker, Reis und Tee, während sich der Agrarexport auf Rohbaumwolle sowie einige traditionelle Exportprodukte wie Trockenfrüchte, Nüsse und Kaffee (Jemen) beschränkte. Wichtigstes Agrarexportprodukt war Rohbaumwolle, von der Ägypten bereits um die Jahrhundertwende jährlich 200.000 - 250.000 t ausführte.

Im Laufe der folgenden Jahrzehnte wurden die Länder der Region zunächst durch die Initiative ihrer Kolonial- und Protektoriatsmächte in einen vorwiegend bilateralen Warenaustausch einbezogen. Später waren alle Länder mit unterschiedlicher Intensität auch am Welthandel beteiligt. Die globale Verknappung an Nahrungsmitteln durch die beiden Weltkriege und den Koreakrieg führten zu erheblichen Preissteigerungen bei fast allen Agrarprodukten und damit zu deutlichen Produktionsanreizen. So stiegen nach dem Zweiten Weltkrieg die Länder Irak, Iran, Syrien, Türkei, Marokko und Tunesien zu bedeutenden Getreideexporteuren auf. Gleichzeitig überstieg die Obst- und Gemüseproduktion an bevorzugten Standorten wie im Nil- und Jordan-Tal sowie im Libanon, die Olivenproduktion im Mittelmeerraum und der Weinbau im Maghreb den nationalen Bedarf und machte dadurch steigende Exporte sowohl im interregionalen als auch im internationalen Handel möglich und erforderlich.

Dem Beispiel Ägyptens folgend, hatten Pakistan und der Sudan vor, die Türkei, Syrien und Iran nach dem Ersten Weltkrieg die Produktion von Baumwolle soweit ausgedehnt, daß nicht nur die wachsende einheimische Textilindustrie damit versorgt, sondern auch beachtliche Mengen für den Export zur Verfügung gestellt werden konnten. Mit der Zunahme der Tierbestände in allen Ländern der Region überstieg der Anfall von Häuten, Fellen und Därmen den einheimischen Bedarf und trug durch den erhöhten Export wesentlich zum Devisenaufkommen aus der tierischen Produktion in der Region bei.

Wenn sich auch der Wert der Agrarexporte des Nahen und Mittleren Ostens kontinuierlich erhöht hat — er stieg von 1977 bis 1983 um 2.526 Mio. US-$ (+146 %) auf 8.007 Mio. US-$ (im einzelnen vgl. Tab. 5b) —, so ist die Region dennoch nur mit 3,7 % am globalen Agrarexport beteiligt. Hierbei treten allerdings große nationale Unterschiede auf. So exportierten die Türkei, Pakistan und Israel im Jahre 1983 mit 4.442 Mio. US-$ (55 %) allein mehr als die Hälfte der Gesamtausfuhr des Nahen und Mittleren Ostens. Die jährlichen Steigerungen von 26,8 % für die Türkei und 24,8 % für Pakistan zeigen das wachsende agrarische Exportpotential beider Länder. Insgesamt waren die zehn wichtigsten Exportländer mit 6.909 Mio. US-$ (86 %) am Agrarexport der Region beteiligt, wobei Somalia (+73 %) und Jordanien (+31 %) besonders hohe jährliche Exportzuwächse verzeichnen konnten. Acht Länder (Libanon, Tunesien, Iran, Vereinigte Arabische Emirate, Saudi-Arabien, Kuwait, Irak und Algerien) waren bei einem jährlichen Exportvolumen von 75 - 200 Mio. US-$, darunter die Vereinigten Arabischen Emirate und Kuwait fast ausschließlich durch Re-Exporte, mit 991 Mio. US-$ (12,3 %) am regionalen Agrarexport beteiligt. Erhebliche Exportrückgänge in dieser Gruppe wiesen in den vergangenen fünf Jahren Algerien und der Irak auf. Die restlichen acht Länder hatten 1983 einen Anteil von 1,5 % am Agrarexport der Region. Wichtigstes Exportgut der Region war Obst und Gemüse (25 %), gefolgt von Baumwolle (12 %). Getreideexporteure der Region sind nur noch die Türkei und Pakistan.

Eine ständig wachsende Zahl von Verbrauchern mit steigendem Lebensstandard sowie die Vernachlässigung des Agrarsektors insbesondere in den Erdölländern, brachte ab Anfang der 70er

Jahre eine überproportionale Steigerung der Nahrungsmittelimporte für die Region. Allein von 1977 bis 1982 haben sich die Einfuhren an Agrarprodukten fast verdoppelt und einen Wert von 25.778 Mio. US-$ erreicht. Damit stieg der Anteil der Region an den globalen Agrareinfuhren von 7,8 % auf 11 %.

Die in Tabelle 5a aufgeführten zehn wichtigsten Importländer hatten einen Anteil von 78 % an der Gesamteinfuhr der Region. Die größten jährlichen Steigerungen hatten Saudi-Arabien (55 %) und der Irak (29 %). Nach der Höhe der Agrarimporte pro Kopf der Bevölkerung berechnet, liegen Kuwait (636 US-$) und Saudi-Arabien (522 US-$) an der Spitze, während frühere Agrarexportländer wie der Irak (144 US-$) und Iran (64 US-$) in eine Importabhängigkeit geraten sind, für deren Beseitigung beide Länder der Förderung der Agrarwirtschaft wieder erhöhte Priorität gegeben haben. Eine positive Agraraußenhandelsbilanz weisen nur noch die Türkei (2.381 Mio. US-$), der Sudan (179 Mio. US-$), Afghanistan (104 Mio. US-$), Somalia (46 Mio. US-$) und Pakistan (8 Mio. US-$) auf.

Mit anteiligen 34,7 % haben Getreide- und Mehllieferungen den größten Anteil am Agrarimport in der Region, gefolgt von Obst und Gemüse, vorwiegend im interregionalen Außenhandel mit 10,1 %.

4. Die Agrarverfassung

Die Agrarstruktur, vor allem die Wirtschaftsgröße der landwirtschaftlichen Betriebe, hat einen wesentlichen Einfluß auf die Agrarproduktion. Sie war bei der seßhaften Bevölkerung des Nahen und Mittleren Ostens zu Beginn des 20. Jahrhunderts von Kleinbetrieben mit Subsistenzwirtschaft geprägt. Die Tierhaltung war damals weitgehend den nomadischen Stämmen vorbehalten, bei denen damals wie heute ein Tierbestand von 50 Schafen und einigen zusätzlichen Weidetieren ausreichte, um die Existenz einer Familie sicherzustellen. Sie benötigten ebenso wie die Bauern jener Zeit nur einen geringen Teil ihrer Produktion, um lebensnotwendige Güter wie Getreide, Tee, Zucker und Salz einzutauschen.

Wie bereits im historischen Teil ausgeführt, war die Bodenverfassung des Nahen und Mittleren Ostens von der Trennung zwischen Eigentum am Boden und seiner Bewirtschaftung gekennzeichnet. Die Bodeneigentümer, vorwiegend Angehörige der politischen und wirtschaftlichen Eliten, ließen ihre Ländereien von Anteilsbauern und Pächtern gegen Natural- oder Geldpacht, gelegentlich auch von Landarbeitern bewirtschaften. Abhängig von der Lieferung der Produktionsfaktoren (Boden, Wasser, Arbeit, Saatgut und Zugtiere) und den einzelnen Kulturen mußten sich die Bewirtschafter mit der Hälfte der Ernte und weniger zufriedengeben, während der überwiegende Anteil den Bodeneigentümern zufloß. Diese Erträge wurden, soweit nicht konsumiert, vorwiegend in nicht-landwirtschaftliche Sektoren investiert. Die ungerechte und unsoziale Agrarstruktur, aus der die Benachteiligung der Landbewirtschafter resultierte, führte in vielen Ländern der Region zu sozialer Instabilität und politischer Unruhe. Agrar- und Bodenreformen gehörten daher zu den ersten Maßnahmen der Regierungen, die nach der Unabhängigkeit ihres Landes oder durch Staatsstreiche an die Macht gekommen waren.

Bereits im Jahre 1952 begann Ägypten als erstes Land der Region mit einer Agrarreform, von der 20 % der landwirtschaftlichen Nutzfläche betroffen war, deren Eigentümer damals nur 0,1 % aller Grundeigentümer dieses Landes ausmachten. Der Irak, wo 9 % der Grundeigentümer mit jeweils mehr als 200 ha landwirtschaftlicher Nutzfläche über 65 % der Agrarfläche des Landes verfügten, und Syrien folgten 1958 und übernahmen Erfahrungen und Bestimmungen des ägyptischen Reformgesetzes. Im Jahre 1962 wurde in Iran im Rahmen der ,,Weißen Revolution" mit einer Reform begonnen, von der im Laufe von zehn Jahren ca. 70 % der gesamten landwirtschaftlichen Nutzfläche erfaßt und an ehemalige Anteilsbauern, Pächter und Landarbeiter verteilt wurden. In Nordafrika hatten nach ihrer Unabhängigkeit Tunesien 1958 und Algerien 1962 das Bodeneigentum der ehemaligen ausländischen, vorwiegend französischen, Siedler enteignet. Ca. 50 % der gesamten landwirtschaftlichen Nutzfläche in beiden Ländern wurde an arabische Siedler verteilt. Ansätze für Agrar- und Bodenreformen gab es auch in der Türkei, in Marokko und in Pakistan. Sie kamen jedoch nicht über eine begrenzte regionale Bodenverteilung, die Förderung von Genossenschaften und ähnliche Maßnahmen hinaus.

Mangel an Finanzen und Personal, organisatorische Schwächen und fehlende Katasterunterlagen waren wesentliche Gründe für Verzögerungen und Fehlschläge bei der Durchführung von Boden- und Agrarreformen. Die Verteilung konnte nur in einem langfristigen Prozeß und in mehreren Stufen abgewickelt werden.

Agrarreformen waren über die Bodenreform hinaus auch mit der Einführung neuer Wirtschaftssysteme verbunden, die in den sozialistisch orientierten Ländern kollektive Bodenbewirtschaftung und in den kapitalistisch orientierten Ländern landwirtschaftliches Unternehmertum förderten. Sozialistische Experimente unternahmen Tunesien im Jahre 1969, Syrien in den 60er Jahren und der Irak von 1975 - 82. Politische Gründe, der Individualismus der Bauern und Produktionsrückgänge waren wesentliche Ursachen für die Reprivatisierung der Landwirtschaft in Tunesien und Syrien. Im Irak wurden 1982 fast 70 % der landwirtschaftlichen Nutzfläche von genossenschaftlichen und sozialistischen Kollektivbetrieben oder Staatsgütern bewirtschaftet, ab 1984 sollte jedoch auch hier der private agrarwirtschaftliche Sektor wieder höhere Priorität und stärkere staatliche Förderung erhalten. In Algerien umfaßt der sozialisierte Sektor ein Drittel der landwirtschaftlichen Nutzfläche und produziert überwiegend für den Export.

Typisch für die nah- und mittelöstliche Landwirtschaft ist demnach gegenwärtig der private landwirtschaftliche Betrieb mit einer Durchschnittsgröße zwischen 5 und 16 ha Betriebsfläche. Dabei haben die Länder mit dem höchsten Anteil an Bewässerungsflächen (Pakistan und Iran je 5,5 ha, Marokko 5,4 ha) die kleinste durchschnittliche Betriebsgröße. Länder mit einem hohen Anteil an Regenfeldbauzonen und damit mit einem Bracheanteil von einem Drittel und mehr, liegen mit der Türkei und Algerien (8,5 ha), Irak (11 ha) und Syrien (15 ha) erheblich über dem Durchschnitt. Über die kleinste Betriebsgröße von durchschnittlich 0,7 ha landwirtschaftlicher Nutzfläche verfügen die ägyptischen Kleinbauern.

Seit der Einführung der ersten Traktoren vor mehr als 50 Jahren in der Landwirtschaft des Nahen und Mittleren Ostens hat sich neben der traditionellen Landwirtschaft ein zweiter moderner Sektor entwickelt, der in den einzelnen Ländern ein unterschiedliches Ausmaß und unterschiedliche Bedeutung erlangt hat. So bewirtschafteten im Jahre 1978 in Iran ca. 35.000 landwirtschaftliche Unternehmer (2 % aller Betriebe) ca. 1,3 Mio. ha (11 %) der landwirtschaftlichen Nutzfläche mit moderner Technologie. Ähnliche Entwicklungen gab es in unterschiedlicher Ausprägung in allen übrigen Ländern der Region, vor allem aber in der Türkei, in Jordanien, in Saudi-Arabien und im Sudan.

Angesichts steigender Nahrungsmittelimporte in allen Ländern der Region, die die Produktionsleistungen des traditionellen Sektors weit überforderten, begann man in einigen Ländern, private und staatliche Großbetriebe sowohl für die pflanzliche als auch für die tierische Produktion zu errichten. Diese *Agro business*- oder *Agro industry*-Betriebe entstanden vor allem im Zusammenhang mit der Neukultivierung von bewässerbaren Flächen. So wurden Anfang der 70er Jahre in Iran fünf private Agrarbetriebe mit insgesamt 68.000 ha Nutzfläche sowie drei staatliche Kombinate mit mehr als 100.000 ha in Betrieb genommen. Diesem Beispiel folgten Mitte der 70er Jahre zunächst der Irak mit Staatsbetrieben, Ende der 70er Jahre Saudi-Arabien und, bislang nur auf Planungsebene, in den letzten Jahren der Sudan.

5. Die Agrarproduktion

In den 50er und 60er Jahren erfuhr die pflanzliche Produktion im Nahen und Mittleren Osten vorwiegend durch die Erweiterung der Anbauflächen eine größere Steigerung als die tierische Produktion. In einzelnen Ländern wurden bei einigen Kulturen zudem höhere Flächenerträge erzielt. In diesen 20 Jahren vergrößerte z.B. Iran seine Anbaufläche um 80 %, der Sudan um 70 %, Syrien und die Türkei um je 60 %, Pakistan um 45 %, der Irak um 27 % und Ägypten mittels eines aufwendigen Meliorationsprogramms um 16 %.

In den Regenfeldbaugebieten machte die verstärkte Traktorisierung der Pflugarbeiten die Urbarmachung bisher nur in extensiver Weise genutzter Steppen und Hochflächen möglich. Dabei wurde die durch diese Anbaumethode bedingte Unsicherheit der Erträge infolge von Trockenjahren in Kauf genommen. Die bewässerte Feldfläche wurde durch den Bau von Staudämmen, die Anlage von Flach- und Tiefbrunnen sowie durch den Einsatz der erforderlichen Pumpen erweitert, wenn auch in geringerem Umfang als im Regenfeldbau. Schließlich wurden auch die Flächen der Dauerkulturen (Wein-, Zitrus-, Dattel- und Olivenplantagen) vergrößert. Bedingt durch die obige Entwicklung, weist der pflanzliche Bereich in allen Ländern der Region, im Gegensatz zu den westlichen Ländern (z.B. Bundesrepublik Deutschland 1980: 69 %), auch gegenwärtig noch einen höheren Anteil (55 - 65 %) an der Agrarproduktion als die tierische Produktion auf.

Seit Anfang der 70er Jahre wird auch im Nahen und Mittleren Osten die tierische Produktion stärker als früher gefördert. So erfuhr sie in diesem Zeitraum ein erheblich schnelleres Wachstum als die globale durchschnittliche Tier- und die regionale Pflanzenproduktion. Syrien und Iran erzielten hier überdurchschnittliche Wachstumsraten, während Jordanien, Nordjemen und Saudi-Arabien unter dem regionalen Durchschnitt blieben. In der pflanzlichen Produktion wiesen Syrien, der Irak und Jordanien die höchsten Steigerungen, Algerien, Marokko, Nordjemen und Saudi-Arabien dagegen Produktionsrückgänge auf.

Die regionale Agrarproduktion hat in den vergangenen zwei Jahrzehnten ihre Leistungen im Vergleich mit anderen Entwicklungskontinenten der Welt verbessert. Sie liegt jedoch, wie in den nachfolgenden beiden Abschnitten über pflanzliche und tierische Produktion ausgeführt wird, noch erheblich unter den Produktionsleistungen westlicher Länder. Dabei hat Israel die höchsten Erträge pro Flächeneinheit und Tier aufzuweisen, an zweiter Stelle folgt, vor allem in der Pflanzenproduktion, Ägypten. In den letzten zehn Jahren haben sowohl in der tierischen als auch in der pflanzlichen Produktion Syrien und der Irak, in der pflanzlichen Produktion vor allem Iran erhebliche Fortschritte gemacht. Ein besonders niedriges Ertragsniveau pro Flächeneinheit und Nutztier weisen hingegen der Sudan, Pakistan und Algerien auf.

5.1 Die pflanzliche Produktion

Die wichtigste Getreideart des Nahen und Mittleren Ostens ist Weizen mit 33,5 Mio. ha Anbaufläche (60 %). Während er an günstigen Standorten und zu einem erheblichen Teil im Bewässerungsfeldbau kultiviert wird, ist Gerste (11,3 Mio. ha) die typische Getreideart des Trockenfeldbaus. Hierbei sind die wichtigsten Produzenten die drei Maghreb-Länder (4,5 Mio. ha), die Türkei (2,8 Mio. ha) und Iran (1,4 Mio. ha). Zwei im gemäßigten Klima unbekannte Getreidearten (Sorghum mit 4,9 Mio. ha und Hirse mit 2,1 Mio. ha) haben ihre wichtigsten Anbaugebiete im Sudan (3,5 Mio. ha bzw. 1,1 Mio. ha) und in Pakistan (0,4 Mio. ha bzw. 0,5 Mio. ha). Der regionale Maisanbau erfolgte mit 3,5 Mio. ha zu 90 % in Pakistan, Ägypten, Afghanistan, der Türkei und Marokko. Eine Verdopplung der Anbaufläche auf mittlerweile 3,23 Mio. ha fand in der regionalen Reisproduktion statt (nähere Angaben hierzu und zu den folgenden Ausführungen vgl. Tab. 2).

Während der Anteil der Region an der globalen Getreideanbaufläche mit 8,2 % ihrem Anteil an der landwirtschaftlichen Nutzfläche von 8,5 % fast entspricht, ist sie nur mit 6 % an der Welt-Getreideproduktion beteiligt. Der durchschnittliche Ertrag der Region liegt mit 1,5 t/ha um 35 % unter dem globalen Durchschnitt. Die höchsten Flächenerträge werden in Ägypten (4,5 t/ha ausschließlich im bewässerten Anbau), in Israel (3,0 t/ha) und in der Türkei (1,9 t/ha fast ausschließlich im Trockenfeldbau) erreicht. Die niedrigsten Durchschnittserträge werden in den drei Maghreb-Ländern, Somalia, Sudan und Nordjemen (0,4 bis 0,8 t/ha) erzielt.

An dem oben genannten durchschnittlichen regionalen Flächenertrag von 1,5 t/ha sind die einzelnen Getreidearten unterschiedlich beteiligt. Während der Ertrag bei Weizen und Gerste jeweils um 38 % unter dem globalen Durchschnitt liegt, ist er bei Mais um 3 % höher. An der Spitze mit 34 % Mehrproduktion (4,2 t/ha) befindet sich der Reisanbau mit Höchsterträgen in Ägypten (5,8 t/ha) sowie in Iran und der Türkei (je 4,5 t/ha).

Mit dem Anbau von 3,9 Mio. ha Leguminosen hat die Region einen Anteil von 6 % an der Weltproduktion. Die größten Produzenten auf diesem Gebiet sind Pakistan (39 %), die Türkei (24 %) und Marokko (11 %). Als Leguminosen werden Kichererbsen (1,431 Mio. ha), Linsen, insbesondere Winterlinsen, (0,73 Mio. ha), Ackerbohnen (0,49 Mio. ha) und Erbsen (0,41 Mio. ha) angebaut.

Da Baumwolle fast ausschließlich in Bewässerungswirtschaft und an bevorzugten Standorten kultiviert wird, lag der Durchschnittsertrag der Region von 2,1 t/ha um 57 % über dem globalen Durchschnitt. Über dem regionalen Mittel liegen Israel (4,1 t/ha), Syrien (3,3 t/ha) und Ägypten (2,6 t/ha).

Die Zuckerversorgung der Region erfolgt sowohl über den Anbau von Zuckerrohr auf 1,12 Mio. ha als auch über die Zuckerrübenproduktion von 0,57 Mio. ha. Das größte Anbaugebiet von Zuckerrohr mit 0,57 Mio. ha liegt in Pakistan, gefolgt von Ägypten mit 0,11 Mio. ha. Über die größten Anbauflächen von Zuckerrüben verfügen die Türkei (0,37 Mio. ha) und Iran (0,1 Mio. ha). Der regionale Flächenertrag bei Zuckerrüben liegt mit 32 t/ha leicht über dem globalen Durchschnitt von 31 t/ha, wobei Syrien mit 55 t/ha und Marokko mit 39 t/ha Spitzenleistungen erbringen. Beim Zuckerrohr liegt der regionale Durchschnittsertrag infolge des niedrigen Flächenertrages in Pakistan (43,6 t/ha) um 20 % unter dem globalen Durchschnitt. Spitzenerträge werden hier von Iran mit 104 t/ha und Ägypten mit 83,2 t/ha erzielt.

Eine beachtliche Entwicklung hat in den vergangenen zwei Jahrzehnten der Anbau von Gemüse, Melonen eingeschlossen, in der Region genommen. An der Gemüseernte von 1983 (42,4 Mio. t) waren als wichtigste Gemüsearten Wassermelonen und Tomaten (je 10,1 Mio. t), Zwiebeln (3,4 Mio. t) und Süßmelonen (2 Mio. t) beteiligt. Im gleichen Zeitraum konnten auch die Anbauflächen für Obst und Südfrüchte kontinuierlich erweitert werden. Die regionale Produktion von 28,1 Mio. t im Jahre 1983 war besonders von Zitrusfrüchten (8 Mio. t), Weintrauben (7,7 Mio. t) und Datteln (2,7 Mio. t) bestimmt. Wichtigste Gemüseproduzenten waren die Türkei, Ägypten und Syrien mit einem Anteil von 58 % an der regionalen Produktion; wichtigste Obstproduzenten waren die Türkei, Ägypten und Iran mit anteiligen 48 %. Der größte Teil der Traubenernte wurde zu Rosinen (0,46 Mio. t), ein geringerer Teil in Israel und im Maghreb zu Trinkwein (0,59 Mio. t) verarbeitet. Angesichts von Absatzschwierigkeiten im Export in die EG-Staaten ist der Anbau von Trauben und Zitrusfrüchten im Maghreb und Israel rückläufig.

Von den sonstigen Dauerkulturen sind noch die Ernten von Oliven (jährliche Schwankungen von 1,5 bis 3 Mio. t) und Baumnüssen (0,85 Mio. t), davon Mandeln (45 %), Haselnüsse (24 %), Walnüsse, Pistazien und Eßkastanien zu erwähnen. Die Türkei ist der wichtigste Produzent für Baumnüsse (70 %) und Oliven (45 %), für letztere gefolgt von Tunesien (20 %).

Im globalen Maßstab hat die Region ein Monopol für die Erzeugung von Datteln (97 %) und Pistazien (80 %) und überdurchschnittliche Anteile bei Haselnüssen, Wassermelonen und Rosinen (40 - 50 %) sowie bei Mandeln, Oliven und Süßmelonen (25 - 30 %). Erwähnenswert sind noch die Teeproduktionen in der Türkei (68.000 t) und Iran (22.000 t) sowie die Tabakernten in fast allen Ländern der Region (0,41 Mio. t), wobei die Türkei mit 53 % das wichtigste Anbauland ist.

5.2 Die tierische Produktion

Die Tierproduktion im Nahen und Mittleren Osten kann auf eine sehr lange Tradition zurückblicken, in deren Verlauf nomadische, später auch halbnomadische Völker und Stämme Nutztierrassen züchteten, die sich optimal an die schwierigen Lebensumstände der Region angepaßt haben. Die zunehmende Ausweitung des Ackerbaus auf ehemaliges Brach- und Weideland führte jedoch dazu, daß die nomadische Tierhaltung immer stärker auf gebirgige Regionen, Halbwüsten und Trockengebiete, also auf weniger fruchtbare Regionen abgedrängt wurde. So ist es auch zu erklären, daß hier nur geringe Produktionssteigerungen zu verzeichnen sind und Länder mit hohem nomadischen Bevölkerungsanteil (Somalia und Mauretanien) zu den ärmsten Ländern der Region zählen. Ein ähnlich geringer Produktionszuwachs ist auch bei der bäuerlichen Tierhaltung zu beobachten. Um diesem Problem wirksam begegnen zu können, werden seit einiger Zeit Einkreuzungen von Leistungsträgern aus dem gemäßigten Klima vorgenommen. Durch diese Vorgehensweise wurden vor allem in der Milch- und Wollproduktion der Türkei bislang beachtliche Ergebnisse erzielt.

Zur Verdeutlichung der erheblichen Unterschiede zur pflanzlichen Produktion in der Region wurden die Tierbestände für Milch- und Fleischproduktion (Rinder, Büffel, Schafe und Ziegen) in Tabelle 3 in Großvieheinheiten zusammengefaßt und nach ihrer Bestandsgröße aufgelistet. Ähnlich wurde für Zug- und Tragtiere (Pferde, Maultiere, Esel und Kamele) verfahren. Die Produktionsleistungen für Milch und Fleisch pro Einwohner geben darüber hinaus Auskunft über die Versorgung mit tierischen Produkten in den einzelnen Ländern.

Mit 83,8 Mio. Rindern hat die Region einen Anteil von 6,8 % am globalen Bestand. Die größten Rinderhalter sind der Sudan (19,5 Mio.), die Türkei (17,1 Mio.) und Pakistan (16,1 Mio.). Die 15,8 Mio. Büffel (11,5 % des globalen Bestandes) sind im wesentlichen auf Pakistan (12,5 Mio.) und Ägypten (2,8 Mio.) sowie auf die Türkei, Iran und den Irak verteilt.

Von den kleinen Wiederkäuern werden 224 Mio. Schafe (20 % des globalen Bestandes) und 128 Mio. Ziegen (81 % des globalen Bestandes) in der Region gehalten. Während die Ziegen in Pakistan (27,7 Mio.) und in der Türkei (18,2 Mio.) im wesentlichen in die Ackerwirtschaft integriert sind, werden sie in Somalia (16,8 Mio.), Iran (13,8 Mio.), im Sudan (12,9 Mio.), in den drei Maghreb-Ländern (10,1 Mio.) und im Nordjemen (7,5 Mio.) vorwiegend noch in nomadischer oder halbnomadischer Wirtschaftsform gehalten. Ähnliche Verhältnisse bestimmen auch die Schafhaltung in der Türkei (49,6 Mio.), in Pakistan (23,5 Mio.), in dem stärker nomadisch orientierten Iran (34,5 Mio.), den drei Maghreb-Staaten (33,9 Mio.), in Afghanistan (20 Mio.) und im Sudan (19,5 Mio.).

An dem Milchaufkommen des Nahen und Mittleren Ostens von 30,7 Mio. t sind Milchkühe zu 50 %, Büffelkühe zu 28 % sowie Mutterschafe und -ziegen zu 22 % beteiligt. Dabei übertrafen die Milchleistungen der Büffelkühe und der Mutterschafe in der Region die globalen Durchschnittsleistungen um mehr als das Doppelte. Büffel werden als ausgezeichnete Futterverwerter von Feuchtpflanzen vorwiegend in Bewässerungsgebieten gehalten und liefern eine besonders fettreiche Milch. Stärker als in anderen Kontinenten, wo das Schaf fast ausschließlich zur Wollproduktion dient, liefert es im Nahen und Mittleren Osten der nomadischen Tradition folgend sowohl Wolle als auch Milch.

Weit ungünstiger schneidet im globalen Vergleich die Kuh- und Ziegenmilchproduktion der Region ab, die pro Tier nur ein Drittel bzw. die Hälfte der globalen Leistung erbringt. Der geringe jährliche Durchschnitt von 661 l/Milchkuh (zum Vergleich Israel 6.955 l und die Bundesrepublik Deutschland 4.869 l) wird von den Milchkühen im Nordjemen (200 l), Somalia und Marokko (je 350 l), Sudan (500 l) und sogar der Türkei (587 l) noch nicht einmal erreicht.

Angesichts unzureichender Transportmöglichkeiten und extremer Klimabedingungen in den Produktionsgebieten des Nahen und Mittleren Ostens kommt der Konservierung von Milch durch ihre Verarbeitung zu Käse und Butter eine große Bedeutung zu. An der Käseproduktion von 0,79 Mio. t (13 % der Weltproduktion) sind Ägypten (0,24 Mio. t), die Türkei (0,14 Mio. t) und Iran (0,11 Mio. t) zu fast zwei Dritteln beteiligt. Für die Butterproduktion von 0,59 Mio. t (7,5 % der Weltproduktion) ist Pakistan mit 0,20 Mio. t der wichtigste Lieferant, gefolgt von der Türkei mit 0,14 Mio. t und Iran mit 0,08 Mio. t.

An der regionalen Fleischproduktion von 5,31 Mio. t sind nur Schaf- und Ziegenfleisch (2,24 Mio. t), Rind- und Büffelfleisch (1,87 Mio. t) und Geflügelfleisch (1,49 Mio. t) beteiligt. Der in anderen Ländern sehr hohe Anteil an Schweinefleisch fällt hier völlig weg, da sein Genuß in Israel und den islamischen Ländern vor allem aus religiösen Gründen unterbleibt. Die wichtigsten Produzenten für Schaf- und Ziegenfleisch sind die Türkei (21 %), Pakistan (18 %) und Iran (12 %). Bei Rind- und Büffelfleisch sind es Pakistan (25 %) sowie die Türkei, der Sudan und Iran (11 - 13 %). Die obigen und die folgenden Prozentzahlen beziehen sich auf das jeweilige regionale Aufkommen.

Die Produktion von Geflügelfleisch und Eiern wurde in der Mehrzahl der Länder der Region, vor allem in den Erdölstaaten, ab Mitte der 60er Jahre, verstärkt aber ab Mitte der 70er Jahre durch den Aufbau von staatlichen und privaten Kombinaten mit Massentierhaltung gefördert. Die größten Produzenten für Geflügelfleisch waren die Türkei (18 %), Iran (15 %) und Israel (12 %). Allein im vergangenen Jahrzehnt konnte die regionale Eierproduktion mit 1,312 Mio. t um 74 % gesteigert und damit ihr Anteil an der globalen Produktion von 3,3 % auf 4,6 % erhöht werden. Die bedeutendsten Eierproduzenten der Region sind die Türkei (19 %), Iran (15 %), Pakistan (12 %), Ägypten (9 %) und Syrien (8 %).

Die fortschreitende Motorisierung und Mechanisierung der Landwirtschaft im Nahen und Mittleren Osten hat dazu beigetragen, daß die Zahl der Zug- und Tragtiere ständig zurückgegangen ist. So befinden sich nur noch 4,2 % bzw. 9 % des globalen Pferde- und Maultierbestandes in der Region, andererseits jedoch immerhin noch 31 % des globalen Eselbestandes. Die großen Wüsten der Region sind der Grund dafür, daß mit 11,6 Mio. Tieren 70 % des Weltbestandes an Kamelen im Nahen und Mittleren Osten gehalten werden, davon allein 5,6 Mio. in Somalia und 2,5 Mio. im Sudan.

An der Welthonigproduktion war der Nahe und Mittlere Osten im Jahre 1983 mit 60.004 t (6,6 % der Weltproduktion) beteiligt. Wichtigster Honigproduzent ist die Türkei (31.350 t), gefolgt von Ägypten (7.500 t) und Iran (6.100 t).

Bei der Wollproduktion sind die Leistungen der Schafe im Nahen und Mittleren Osten geringer als im globalen Durchschnitt. So ist ihr Anteil an der Weltproduktion im vergangenen Jahrzehnt zwar von 8,7 % auf 9,6 % gestiegen, er liegt aber damit immer noch um 14 % unter der anteiligen Tierzahl. Wichtigste Wollproduzenten waren 1983 die Türkei (23 %), Pakistan (15 %), Syrien (9 %) und Algerien (8 %).

Die Produktion von Seidenkokons hat in der Region nur geringe Verbreitung. Bei einer Weltproduktion von 67.000 t kommt der iranischen Produktion von 297 t und der türkischen von 71 t sowie der noch geringeren in Afghanistan, Ägypten und dem Libanon nur lokale Bedeutung zu.

6. Die Ernährung

In der Mehrzahl der Länder des Nahen und Mittleren Ostens steht ein, zumindest nach der Statistik, tägliches Kalorienangebot pro Kopf der Bevölkerung zur Verfügung, das eine ausreichende Ernährung sichert. Unter dem täglichen Kalorienerfordernis, das von Land zu Land je nach der Bevölkerung unterschiedlich groß ist, bleiben insbesondere Afghanistan sowie die beiden Jemen und Mauretanien. Aber auch in den Ländern selbst existiert innerhalb der einzelnen

Bevölkerungsgruppen ein deutliches Gefälle. So ist der Verbrauch von Nahrungsmitteln in den Städten bezüglich ihres Kaloriengehalts und ihrer biologischen Wertigkeit vergleichbar mit westlichen Ländern. Große Teile der Landbevölkerung leiden dagegen unter einer sehr einseitigen und unausgewogenen Ernährung, die, unterschiedlich ausgeprägt in den einzelnen Jahreszeiten, zu Mangelerscheinungen führen kann. So sind hier Getreideprodukte mit einem Anteil von 60 % bis 70 % die wichtigsten Kalorienlieferanten, im Gegensatz zu westlichen Ländern mit anteiligen 35 % bis 40 %. Fleisch trägt nur mit wenigen Prozenten zur Deckung des Kalorienbedarfs bei. In westlichen Ländern hingegen beträgt sein Anteil immerhin 20 % bis 25 %. Alle Länder der Region verfügen über ein Potential zur Erzeugung und zum Fang von Fischen. In Afghanistan geschieht dies ausschließlich aus Binnengewässern, in allen übrigen Staaten aus Binnengewässern und Meeresgebieten. Abgesehen von Israel mit einem Pro-Kopf-Konsum von 20 kg/Jahr haben die anderen Länder diese Quelle für tierisches Protein bislang nur in geringem Umfang genutzt. So wird die tägliche Versorgung mit Proteinen, die in westlichen Ländern 100 g, davon 56 g tierisches und 44 g pflanzliches Eiweiß, beträgt, nur in Israel und Kuwait erreicht. In den übrigen Ländern der Region wird der Eiweißbedarf nur zu 60 % bis 80 % und davon überwiegend durch pflanzliches Eiweiß gedeckt. Die höchsten Verzehrwerte an tierischem Eiweiß erreichen Somalia und Mauretanien mit ihrem hohen Anteil an nomadischer Bevölkerung.

Ein weiterer Grund für den geringen Verzehr tierischer Produkte sind die hohen Preise. Während der Konsum pflanzlicher Produkte besonders in den bevölkerungsreichen Staaten durch staatliche Subventionen gefördert wird, unterliegen die tierischen Produkte der Preisbildung nach Angebot und Nachfrage. Es kommt hinzu, daß Mängel im Transport- und Verteilungssystem und Probleme bei der Konservierung tierischer Nahrungsmittel gerade für diesen Bereich zusätzliche Erschwernisse bilden. Außerdem muß die Tatsache berücksichtigt werden, daß auf Grund religiöser Vorschriften und Tabus im Nahen und Mittleren Osten auf den Genuß von einigen tierischen Nahrungsmitteln grundsätzlich verzichtet wird.

Während in der Region noch vor 40 Jahren auf Grund eines allgemein niedrigen Ernährungsniveaus die Säuglingssterblichkeit 25 % und Sterblichkeitsquote für die ein- bis vierjährigen Kinder 3,5 % betrug, sind diese Werte im Jahr 1981 nach einer Untersuchung der Weltbank im Durchschnitt auf weniger als die Hälfte gesunken. Besonders hohe Raten für die Säuglingssterblichkeit hatten Afghanistan (20,5 %), Somalia (18,4 %) und die beiden Jemen (15 %).

Die Ernährungslage der Region muß insgesamt als befriedigend angesehen werden. Dabei sind zwischen einzelnen Bevölkerungsschichten, insbesondere hinsichtlich der biologischen Wertigkeit der Nahrung und ihrer Versorgung mit Vitaminen und Mineralstoffen, erhebliche Unterschiede vorhanden. Die Länder der Region bemühen sich, verbunden mit der ständigen Verbesserung der ärztlichen Versorgung und dem Ausbau des Verteilungs- und Versorgungssystems für Nahrungsmittel, um eine Angleichung der Nahrungsmittelversorgung an den westlichen Standard. Gelungen ist dies bislang nur in Kuwait und Israel und teilweise auch in Syrien und der Türkei.

Anhang

Tabellen

Tabelle 1: Landwirtschaftliche Flächen 1983

Land	Ackerland u. Dauerkulturen (A + D) (in 1.000 ha)	Anteil von A + D am Staatsgebiet (in %)	Bewässerte Anbaufläche (in 1.000 ha)	Anteil der bew. Anbaufl. an A + D in %	Dauerkulturen (in 1.000 ha)	Weideflächen (in 1.000 ha)	Hektar LN pro Einwohner
Welt	1.472.502	11,30	213.361	1,5	100.769	3.162.370	0,3200
Naher und Mittlerer Osten	124.679	6,30	28.754	23,1	8.280	393.550	0,3200
Türkei	27.281	35,00	2.080	7,6	2.892	9.400	0,5600
Pakistan	20.295	25,50	11.400*	56,2	335	5.000	0,2200
Iran	13.700	8,30	4.202	30,7	600	44.000	0,3300
Sudan	12.448	5,00	1.575	12,7	58	56.000	0,6200
Afghanistan	8.054	12,40	2.460	30,5	144	30.000	0,4700
Marokko	7.930	11,20	540	6,8	485	12.500	0,3500
Algerien	7.513	3,20	341	4,5	638	36.315	0,3600
Syrien	5.801	31,30	567	9,8	513	8.312	0,5800
Irak	5.450	12,50	1.187	21,8	200	4.000	0,3800
Tunesien	4.997	30,50	163	3,3	1.510	3.142	0,7300
Nordjemen	2.790	14,30	245	8,8	50	7.000	0,4500
Ägypten	2.468	2,50	2.468**	100,0	163	—	0,0550
Libyen	2.092	1,20	304	14,6	327	13.200	0,6300
Saudi-Arabien	1.134	0,50	595	52,5	74	85.000	0,1100
Somalia	1.116	1,80	160	14,3	16	28.850	0,2100
Israel	420	20,20	203	48,3	95	818	0,1000
Jordanien	413	4,20	38	9,2	38	100	0,1200
Libanon (1975)	298	28,70	86	28,9	88	10	0,1100
Mauretanien	208	0,20	9	4,3	3	39.250	0,1200
Südjemen	207	0,60	70	33,8	20	9.065	0,1000
Oman	41	0,20	38	92,7	23	1.000	0,0420
Verein. Arab. Emirate	14	0,20	14	100,0	7	200	0,0140
Bahrain	4	5,90	4	100,0	1	4	0,0120
Katar	3	0,30	3	100,0	—	50	0,0110
Kuwait	1	0,10	1	100,0	—	134	0,0006
Djibouti	1	0,04	1	100,0	—	200	0,0030
zum Vergleich: Bundesrepublik Deutschland	7.462	30,50	316	4,2	218	4.675	0,1200

* davon 3,3 Mio. ha mit zwei Ernten im Jahr
** davon 1,89 Mio. ha mit zwei, teilweise mit drei Ernten im Jahr

Quelle: FAO Production Yearbook 1983, Bd. 37, Rom 1984.

Tabelle 2: Pflanzliche Produktion 1983

Land	Getreide	davon Reis	Hülsen-früchte	Baum-wolle	Ölfrüchte	Zucker	Gemüse	Obst	Datteln
	in 1.000 ha					in 1.000 t			
Welt	718.260	141.285	64.541	32.841	77.795*	97.173	372.721	295.976	2.776
Naher u. Mittlerer Osten	59.200	3.230	3.887	4.251	8.824	5.353	42.379	28.064	2.704
Türkei	12.848	72	916	608	2.071	1.740	13.556	8.067	4
Pakistan	11.408	2.020	1.366	2.270	2.100	1.225	2.224	2.455	218
Iran	7.821	312	212	210	204	540	3.900	2.687	302
Sudan	4.799	4	78	392	1.489	403	869	802	116
Afghanistan	4.382	320	25	67	83	6	990	838	—
Marokko	4.710	2	570	14	326	470	1.417	1.487	66
Algerien	2.251	—	125	—	120	13	1.126	1.107	210
Syrien	2.859	—	201	160	548	87	3.675	984	—
Irak	2.092	70	54	17	36	15	2.520	1.310	400
Tunesien	1.634	—	132	—	265	4	1.163	487	77
Nordjemen	734	—	69	5	3	—	285	183	84
Ägypten	1.949	423	168	425	743	812	7.557	2.705	440
Libyen	280	—	9	—	118	—	609	183	96
Saudi-Arabien	465	—	4	—	1	—	1.047	561	440
Somalia	322	3	25	12	7	30	29	244	9
Israel	141	—	7	58	219	—	911	2.025	7
Jordanien	172	—	15	—	30	—	530	118	—
Libanon (1975)	24	—	10	—	22	6	418	762	1
Mauretanien	112	4	58	—	6	—	8	13	11
Südjemen	74	—	—	12	10	—	115	83	44
Oman	—	—	—	—	—	—	170	128	75
Verein. Arab. Emirate	—	—	—	—	—	—	130	68	57
Bahrain	—	—	—	—	—	—	24	46	43
Katar	—	—	—	—	—	—	16	—	—
Kuwait	—	—	—	—	—	—	31	1	1
Djibouti	—	—	—	—	—	—	10	—	—
zum Vergleich: Bundesrepublik Deutschland	5.044	—	13	—	580	2.720	1.998	4.386	—

* Baumwollsaat 48 %, Oliven 22 %, Erdnüsse 13 %, Sonnenblumen 9 %, sonstige Ölfrüchte 8 %

Quelle: FAO Production Yearbook 1983, Bd. 37, Rom 1984.

Tabelle 3: Tierische Produktion 1983

Land	Großvieheinheiten* für Milch- und Fleischproduktion		Milchproduktion		Fleischproduktion		Groß-vieheinh.* Zug- und Tragtiere	Eierproduktion
	in 1.000	je Einw.	in 1.000 t	kg./ Einw.	in 1.000 t	kg/ Einw.	in 1.000	in 1.000 t
Welt	1.028.736**	0,22	500.948	107	136.421**	29,2	87.878	28.734
Naher und Mittlerer Osten	88.594	0,22	30.681	78	5.312	13,4	19.426	1.312
Pakistan	22.213	0,23	11.191	118	939	9,9	2.225	153
Türkei	15.977	0,33	5.926	122	976	20,0	1.303	250
Sudan	14.456	0,72	1.658	83	412	20,6	2.540	40
Iran	8.929	0,21	2.798	67	734	17,6	1.087	200
Somalia	4.325	0,82	552	104	152	28,7	5.114	3
Afghanistan	4.055	0,24	853	50	171	9,9	1.027	14
Marokko	3.376	0,16	851	38	288	12,6	1.422	80
Irak	3.153	0,21	1.403	97	168	8,3	673	22
Ägypten	2.832	0,06	1.980	44	464	10,3	789	122
Algerien	2.073	0,10	860	41	175	8,3	651	21
Mauretanien	1.493	0,84	216	121	47	26,4	743	3
Syrien	1.391	0,14	1.189	118	167	16,6	172	105
Nordjemen	1.280	0,21	209	34	22	3,5	395	11
Tunesien	788	0,12	262	38	94	13,8	336	42
Saudi-Arabien	715	0,07	437	43	77	7,7	195	60
Libyen	575	0,17	110	33	68	20,3	156	21
Südjemen	231	0,11	45	22	6	3,0	158	2
Israel	231	0,06	854	208	200	48,8	17	101
Jordanien	130	0,04	50	14	45	12,4	28	11
Oman	120	0,12	37	38	10	10,2	14	1
Djibouti	83	0,24	12	35	8	23,5	50	—
Libanon (1975)	68	0,02	153	54	39	13,9	8	32
Verein. Arab. Em.	54	0,05	26	22	11	9,3	63	4
Kuwait	30	0,02	33	21	35	22,2	5	10
Katar	11	0,04	17	64	1	3,7	6	—
Bahrain	5	0,01	6	18	3	8,8	—	4
zum Vergleich: Bundesrepublik Deutschland	12.898**	0,21	26.949	434	4.999**	81,4	258	775

* 1 Großvieheinheit (GVE) = 500 kg Lebendgewicht

** einschließlich Bestand an Schweinen und Produktion an Schweinefleisch

GVE-Schlüssel:

Schafe:	50 % = 0,10	Rinder:	25 % = 1,00	Pferde:	0,70
	50 % = 0,05		75 % = 0,50	Esel:	0,40
Ziegen:	50 % = 0,08			Kamele:	0,90
	50 % = 0,04			Maultiere:	0,80

Quelle: FAO Production Yearbook 1983, Bd. 37, Rom 1984.

Tabelle 4: Demographische Struktur des Nahen und Mittleren Ostens

Land	Bevölkerung insgesamt 1983 in 1.000	Steigerung 1970-1980 in %	Ländliche Bevölkerung 1983 in 1.000	Steigerung 1970-1980 in %	Anteil der im Agrarsektor Beschäftigten an der Gesamtbeschäftigtenzahl in % 1960	1980
Welt	4.669.685	26	2.075.884	9	56	45
Naher und Mittlerer Osten	395.209	48	182.842	23	69	53
Pakistan	94.656	44	49.094	27	61	57
Türkei	48.692	38	24.403	2	79	54
Ägypten	45.111	38	12.753	39	58	50
Iran	41.808	47	14.798	16	54	39
Marokko	22.383	48	11.058	29	62	52
Algerien	21.027	53	9.667	17	67	25
Sudan	20.020	42	15.033	30	86	76
Afghanistan	17.194	39	13.158	31	85	79
Irak	14.479	55	5.555	27	53	42
Syrien	10.084	61	4.680	46	54	33
Saudi-Arabien	10.055	75	5.861	55	71	61
Tunesien	6.831	33	2.587	10	56	35
Nordjemen	6.223	29	4.576	20	83	75
Somalia	5.301	90	4.157	76	88	82
Israel	4.100	38	253	- 12	14	7
Jordanien	3.617	57	854	10	44	20
Libyen	3.348	69	412	- 35	53	19
Libanon	2.811	14	222	- 54	38	11
Südjemen	2.010	34	1.140	31	70	49
Mauretanien	1.781	43	1.444	33	91	69
Kuwait	1.573	111	26	50	2	1
Verein. Arab. Emirate	1.180	420	129	148	4	7
Oman	978	50	782	42	80	45
Djibouti	340	113	102	92	45	41
Bahrain	340	55	68	55	7	3
Katar	267	141	40	21	2	3
zum Vergleich: Bundesrepublik Deutschland	61.400	1	2.041	- 55	14	4

Quellen: FAO Production Yearbook 1983, Bd. 37, Rom 1984;
Weltentwicklungsberichte 1981 und 1984 der Weltbank. Washington;
Länderberichte des Statistischen Bundesamtes Wiesbaden; Bahrain 1984, Djibouti 1983, Katar 1984, Kuwait 1983, Oman 1984, Vereinigte Arabische Emirate 1983.

Tabelle 5 : Der Außenhandel mit Agrarprodukten

Tabelle 5a: Die zehn größten Einfuhrländer der Region sowie zwei Gruppen von je acht Ländern mit Agrarimporten im Werte von 300 bis 800 (Ländergruppe I)* bzw. von 50 bis 300 Mio. US-$ (Ländergruppe II)*

Land	Einfuhr von Agrarprodukten in Mio. US-$		Anteil der Agrarimporte an den Gesamtimporten in %		Die fünf wichtigsten Einfuhrwaren** in Mio. US-$
	1977	1982	1977	1982	
Welt	165.984	234.065			
Naher und Mittlerer Osten	12.940	25.778			
Saudi-Arabien	1.501	5.215	10,2	12,8	1.788 GM; 1.023 FV; 737 OG; 397 ME; 283 TW
Ägypten	1.550	3.188	32,2	35,1	1.570 GM; 318 ÖF; 253 FV; 187 ZH; 168 ME
Algerien	1.270	2.509	17,8	23,3	951 GM; 463 ME; 277 ZH; 198 OG; 196 GN
Iran	1.862	2.473	12,7	21,0	708 G; 538 FV; 390 ZH; 337 ME; 211 ÖF
Irak	775	1.917	17,3	26,0	710 GM; 433 FV; 179 ME; 212 ZH; 129 ÖF
Libyen	724	1.233	37,7	15,0	348 FV; 266 GM; 125 OG; 95 ÖF; 85 ME
Kuwait	580	999	12,0	12,1	232 FV; 199 OG; 143 GM; 95 GN; 88 ME
Israel	668	929	13,8	11,4	336 GM;141 ÖS; 112 FV; 80 ZH; 63 GN
Verein. Arab. Emirate	467	805	10,4	8,5	161 OG; 134 FV; 113 GM; 73 ME; 68 GN
Pakistan	397	838	16,2	15,0	378 ÖF; 121 OG; 120 GN; 77 GM; 37 ME
Summe	9.794	20.106			
Ländergr. I*	2.402	4.289			
Ländergr. II*	744	1.383			
zum Vergleich: Bundesrepublik Deutschland	18.045	21.343	17,8	13,7	4.947 OG; 4.183 AR; 2.579 FV; 2.438 GN; 1.575 ME

Tabelle 5b: Die zehn größten Ausfuhrländer der Region sowie zwei Gruppen von je acht Ländern mit Agrarexporten im Werte von 75 bis 200 (Ländergruppe III)* bzw. von 0 bis 50 Mio. US-$ (Ländergruppe IV)*

Land	Ausfuhr an Agrarprodukten in Mio. US-$ 1977	1982	Anteil der Agrarexporte an den Gesamtexporten in % 1977	1982	Die fünf wichtigsten Ausfuhrwaren** in Mio. US-$
Welt	15.149	212.146			
Naher und Mittlerer Osten	5.481	8.007			
Türkei	1.153	2.695	65,8	57,7	949 OG; 506 FV; 333 BW; 191 GM; 91 ZH
Israel	567	901	18,4	17,0	507 OG; 130 BW; 101 AR; 44 FV; 10 GM
Pakistan	378	846	32,8	33,9	406 GM; 294 BW; 41 AR; 36 OG; 28 FV
Ägypten	873	678	48,2	21,7	428 BW; 153 OG; 28 FV; 19 ZH; 13 AR
Sudan	601	444	91,0	63,5	132 BW; 76 ÖS; 75 GM; 64 FV; 42 AR
Marokko	340	385	26,1	18,6	315 OG; 28 AR; 13 GM; 8 GN; 5 FV
Syrien	302	292	28,4	14,4	129 BW; 90 GM; 38 OG; 18 TW; 4 HF
Afghanistan	202	246	58,0	48,0	120 OG; 25 AR; 18 HF; 9 BW
Somalia	60	218	95,4	91,8	191 FV; 17 OG; 7 HF; 3 AR
Jordanien	87	204	35,6	27,6	92 OG; 30 GN; 18 GM; 18 FV; 14 TW
Summe	4.513	6.909			
Ländergruppe III*	840	991			
Ländergruppe IV*	128	107			
zum Vergleich: Bundesrepublik Deutschland	6.199	10.063	5,3	5,7	2.218 ME; 1.600 FV; 796 GM; 703 ÖF; 590 OG

* *Ländergruppen:*

Ländergruppe I: Marokko (797), Jordanien (668), Libanon (601), Syrien (597), Nordjemen (544), Tunesien (425), Oman (343), Türkei (314)

Ländergruppe II: Sudan (265), Südjemen (264), Bahrain (207), Katar (177), Somalia (172), Afghanistan (142), Mauretanien (95), Djibouti (61)

Ländergruppe III: Libanon (190), Tunesien (174), Iran (160), Vereinigte Arabische Emirate (124), Saudi-Arabien (94), Kuwait (94), Irak (79), Algerien (76)

Ländergruppe IV: Mauretanien (44), Bahrain (24), Somalia (24), Südjemen (12), Nordjemen (3), Libyen (0), Djibouti (0)

** *Warenschlüssel:*

AR: Agrarische Rohstoffe; BW: Baumwolle; FV: Fleisch und lebendes Vieh; GM: Getreide und dessen Erzeugnisse; GN: Genußmittel (Kaffee, Tee etc.); HF: Häute und Felle; ME: Milch und Eier und deren Produkte; OG: Obst und Gemüse; ÖF: Pflanzliche Öle und tierische Fette; ÖS: Ölsaaten; TW: Tabak und Tabakwaren; ZH: Zucker und Honig.

Quellen: FAO Trade Yearbook 1980, Bd. 34, Rom 1981;
FAO Trade Yearbook 1983, Bd. 37, Rom 1984;
Länderberichte des Statistischen Bundesamtes Wiesbaden: Afghanistan 1979, Irak 1974, Iran 1974.

Literatur:

Bergmann, T. u. Mai, D. 1984: Mechanisation and Agricultural Development. 2. Country Report: Pakistan, (Sozialökonomische Schriften zur ruralen Entwicklung, Bd. 50), Göttingen.

Clawson, M. u. Landsberg, H.H. u. Alexander, L.T. 1971: The Agricultural Potential of the Middle East. American Elsevier Publishing Company, New York.

FAO 1984: Production Yearbook 1983, Bd. 37, Rom.

FAO 1984: Trade Yearbook 1983, Bd. 37, Rom.

FAO 1984: Welternährungsbericht 1984, Rom.

Mehner, H. 1982: Landwirtschaftliche Bodenordnung, Islamische Welt, in: Götz, V. (u.a.) (Hrsg.): Handwörterbuch des Agrarrechts. II., Berlin.

ders. 1983: Die Mechanisierung der Landwirtschaft in Irak, Iran und Syrien, in: Berichte über Landwirtschaft Bd. 61 (4), Hamburg, Berlin, 633-659.

May, J. M. 1961: The Ecology of Malnutrition in the Far and Near East, New York.

Richards, A. 1982: Egypt's Agricultural Development 1800-1980. Technical and Social Change, Boulder, Colorado.

Statistisches Bundesamt Wiesbaden: Statistik des Auslands. Länderberichte für die 26 Staaten des Nahen und Mittleren Ostens 1975-1983.

Weltbank 1984: World Development Report 1984.

IV. Industrie und Industrialisierung

El-Shagi El-Shagi

1. Die Entwicklung des industriellen Sektors in Ländern des Nahen und Mittleren Ostens

Zwar waren Ansätze der industriellen Produktion, die wir im vorliegenden Beitrag im engen Sinne als verarbeitende Industrie verstehen, in einigen Ländern des Nahen und Mittleren Ostens, wie vor allem in Ägypten und der Türkei, schon in den ersten Dekaden des 19. Jahrhunderts festzustellen, breiter angelegte Industrialisierungsversuche haben jedoch in dieser Region erst nach dem Zweiten Weltkrieg bzw. in den letzten Jahrzehnten stattgefunden. So konnten 1960, wie Übersicht 1 zeigt, nur zwei Länder, nämlich Israel und Ägypten, einen Anteil des industriellen Sektors am Bruttoinlandsprodukt von 20 % und mehr aufweisen. Dabei ist darauf hinzuweisen, daß die Übersicht auf Grund des Fehlens statistischer Informationen nicht alle Länder der Region erfaßt und für manche erfaßten Länder keine Angaben für 1960 oder überhaupt für die 60er Jahre enthält. Allerdings gehören die meisten der betroffenen Länder, so z.B. Djibouti und Afghanistan zu den rückständigsten Ländern der Region, und die Industrie kann dort zu der erwähnten Zeit kaum eine nennenswerte Entfaltung gehabt haben.

Betrachtet man die weitere Entwicklung, ist festzustellen, daß in der Mehrzahl der Fälle das Gewicht der Industrie zugenommen hat. Interessant in diesem Zusammenhang ist, daß auch in den Ländern, in welchen der relative Anteil der Industrie am Bruttoinlandsprodukt zurückgegangen ist, die Industrieproduktion gewachsen ist — und zum Teil sogar mit beachtlichen Wachstumsraten. Dies gilt in auffälliger Weise für Länder wie den Irak und Libyen. In diesen Ländern ist die relative Schrumpfung des Industriebeitrages zum Inlandsprodukt weniger der Ausdruck einer Vernachlässigung der Industrie als vielmehr die Folge einer durch die Erdölpreisexplosion der 70er Jahre bedingten überproportionalen Steigerung des Gewichts des Ölsektors wie auch einer durch die Öleinnahmen finanzierten, starken Expansion anderer Bereiche, wie vor allem die von Bau und Dienstleistungen. Nicht zu übersehen sind allerdings die ausgeprägten Abweichungen der Wachstumsraten der Industrieproduktion der verschiedenen Länder sowie die Verschiebung der Rangordnung der betrachteten Länder hinsichtlich des Gewichts der Industrie in der jeweiligen Volkswirtschaft. Während z.B. die Türkei, Syrien und Pakistan wie auch Jordanien und Tunesien stark aufgeholt haben, hat sich die Position Ägyptens sichtlich verschlechtert. Dabei sei in diesem Zusammenhang auf die Ungenauigkeit und Widersprüchlichkeit der verfügbaren Statistiken hingewiesen. So zeigt z.B. der „Weltentwicklungsbericht 1984" (Weltbank, 1984), im Gegensatz zu der in der Übersicht zitierten ägyptischen Quelle, eine Zunahme des Bruttoinlandsproduktbeitrages der verarbeitenden Industrie in Ägypten schon im Jahre 1982 auf 27 %. Die extreme Abweichung der Angaben in diesem Fall ist vermutlich darauf zurückzuführen, daß im „Weltentwicklungsbericht" der Beitrag des Erdölsektors zu dem Beitrag der verarbeitenden Industrie gerechnet wurde.

Die Übersichten 2 und 3 sollen eine Vorstellung über die Struktur der Industrie in den betrachteten Ländern vermitteln. Sie zeigen, soweit Daten überhaupt verfügbar sind, daß die aufgebauten Industrien sich noch weitgehend in der Nähe der Primärproduktion befinden. Dies spie-

Übersicht 1: Anteile der verarbeitenden Industrie am BIP in Ländern des Nahen und Mittleren Ostens und das Wachstum der industriellen Produktion

	Anteil am BIP in v.H.		Durchschnittl. jährliche reale Wachstumsrate der Industrieproduktion	
	1960	1985	1960-1970	1970-1984
Ägypten	20	14,6 (1984/85)[2]	4,8	5,0 (1970/71-82/83)[5]
Afghanistan	—	7,4 (1975/76)[3]	—	2,8 (1970-80)
Algerien	8	11	7,8	14,2
Bahrain	—	18 (1977)[4]	—	—
Irak	10	6 (1979)	5,9	14,4 (1970-78)
Iran	11	12 (1977)	12,0	—
Israel	23	26 (1981)	—	—
Jordanien	8	12	—	11,9
Kuwait	4 (1966)[1]	8	—	9,5 (1970-81)
Libanon	13	—	5,5	—
Libyen	9	5	12,4 (1965-73)	14,7 (1970-81)
Marokko	16	17	4,2	5,3
Mauretanien	3	8 (1984)	9,2	5,2
Nordjemen	—	7	—	13,6
Oman	1	2 (1978)[4]	—	—
Pakistan	12	20	9,4	6,2
Saudi-Arabien	8 (1963)[1]	8	10,6 (1965-73)	7,5
Somalia	3	6	4	—
Sudan	5	9	—	8,5
Südjemen	—	14 (1981)	—	—
Syrien	18	26 (1981)	—	8,2 (1970-80)
Tunesien	8	14	7,8 (1961-70)	11,0
Türkei	13	25	10,9	4,6
Verein. Arab. Emirate	3 (1972)[1]	10	—	5,3 (1973-83)

1) Entnommen aus: Ochel, 1978, 42.
2) Entnommen aus: Ägyptische Nationalbank, 1985.
3) Entnommen aus: Tabibi, 1981, 76.
4) Entnommen aus: Ghantus, 1982, 90f.
5) Errechnet aus den Angaben in den Berichten der ägyptischen Nationalbank über Beitrag der verarbeitenden Industrie zum Bruttoinlandsprodukt und den dort enthaltenen Zahlen über Preisentwicklungen.

Quellen: Soweit in Fußnoten nichts anderes vermerkt wird, sind die Zahlen zusammengestellt aus den Weltentwicklungsberichten der Weltbank, Bd. 1979 bis 1987.

gelt sich im meistens relativ großen Gewicht der Bereiche Nahrungsmittel, Textil und Bekleidung oder Steine, Erde, Glas und Keramik wider. Auffallend ist ebenso, daß die chemische Industrie in erster Linie in Ölländern wie Kuwait und Saudi-Arabien, wo sie auf Ölverarbeitung basiert, ein relativ großes Gewicht hat; aber auch in den anderen Ländern baut sie weitgehend auf der Verarbeitung von einheimischen Rohstoffen auf — so z.B. von Phosphat in Jordanien. Bereiche mit höheren technologischen Anforderungen, wie Metallverarbeitung, Maschinenbau, Fahrzeugbau und Elektrotechnik sind vor allem in den industriell relativ fortgeschrittenen Ländern wie Israel und Türkei, oder (allerdings weniger diversifiziert) in den reichen Ölländern, in denen eine kapitalintensive Produktion von ausländischen Arbeitskräften getragen wird, mehr ausgeprägt als in anderen. Dabei ist zu beachten, daß die in den Übersichten 2 bzw. 3 angeführten Zahlen die tatsächliche Struktur der Industrie in den betreffenden Ländern nur grob wiedergeben. So kann ein Land wie Nordjemen, das zu den industriell am wenigsten entwickelten Ländern der Region gehört, einen Wert von knapp 12 % der Industriebeschäftigten in dem Bereich Metallverarbeitung, Maschinenbau, Fahrzeugbau und Elektrotechnik (und damit einen Wert, der über dem für Syrien liegt und nicht viel kleiner ist als der für Ägypten) wahrscheinlich nur deshalb aufweisen, weil in diesem Bereich auch einfache Metallerzeugnisse erfaßt werden.

2. Industrialisierung, Wirtschaftsordnung und die Rolle des Staates

Wenn von Afghanistan nach dem sowjetischen Einmarsch, wo ohnehin zuverlässige Informationen über die Entwicklung fehlen, abgesehen wird, ist festzustellen, daß in keinem Land des Nahen und Mittleren Ostens der Industrialisierungsprozeß einer zentralen Wirtschaftsverwaltung nach Vorbild der Ostblockländer gefolgt ist oder derzeit folgt. Andererseits ist auch festzustellen, daß mit Ausnahme von wenigen Fällen, wie vor allem dem Libanon, die Industrialisierung in den betrachteten Ländern nicht in dem Maße den Marktkräften und privaten Initiativen überlassen wird, wie man es aus den westlichen Industriestaaten kennt. Die Rolle des Staates im Industrialisierungsprozeß ist in diesen Ländern mehr oder weniger stärker ausgeprägt als in den westlichen Industriestaaten. Dabei zeigen sich diesbezüglich nicht nur starke Abweichungen zwischen den einzelnen Ländern, sondern auch Wandlungen innerhalb des Entwicklungsverlaufes verschiedener Länder.

Während Mitte der 80er Jahre neben Afghanistan Südjemen das Land ist, in dem die staatliche Kontrolle der Wirtschaft am weitesten ausgeprägt sein dürfte, war es Nassers (Jamāl 'Abd an-Nāṣir) Ägypten, das anfänglich unter dem Schlagwort ,,Arabischer Sozialismus" für die Ausbreitung des Modells einer staatlich getragenen Industrialisierung sorgte. Dort erfolgte bereits in den 50er Jahren eine starke Expansion der staatlichen Aktivitäten im direkt produktiven Bereich, gekoppelt mit einer zunehmenden Kontrolle der privatwirtschaftlichen Aktivitäten. Bereits 1956 sind ausländische Unternehmen verstaatlicht worden. Die eigentliche Wende zum Arabischen Sozialismus war jedoch erst Anfang der 60er Jahre vollzogen, nachdem 1961 im Rahmen einer umfangreichen Verstaatlichungswelle neben den Banken die industrielle Produktion weitgehend verstaatlicht wurde und der Außenhandel voll unter staatliche Kontrolle kam. Die Investitions- und Produktionsgütererzeugung wurde dem öffentlichen Sektor vorbehalten. Private industrielle Investitionen konnten im wesentlichen nur im Konsumgüterbereich getätigt werden. Sie waren nicht nur einem strengen Lizenzzwang unterworfen, sondern wurden auch durch vielfältige Eingriffe, wie z.B. durch Preisfestsetzungen, Festsetzung von Mindestlöhnen und extrem restriktive Entlassungsregelungen reglementiert.

Die staatliche Kontrolle des Wirtschaftsprozesses kam nicht zuletzt zum Ausdruck durch eine detaillierte Entwicklungsplanung, die für den öffentlichen Sektor einen imperativen Charakter hatte, und für den privaten Sektor Richtziele festsetzte, deren Realisierung nicht nur durch direkte und indirekte Lenkungsmaßnahmen verfolgt wurde, sondern auch z.T. durch direkte Produktionskontrolle. Für die Lenkung der privaten Aktivitäten auf diese Ziele standen neben dem Lizenzzwang und der Festsetzung von Preisen vielfältige weitere Instrumente zur Verfügung, wie z.B. Einfuhrbeschränkungen, Kontrolle der Devisenzuteilung und der Zuteilung verschiedener *inputs* oder auch die selektive Handhabung steuerlicher Vergünstigungen, der Lieferung subventionierter *inputs* und der Gewährung vergünstigter Kredite. Direkte Produktionskontrolle wurde vor allem in der Landwirtschaft praktiziert. Bezüglich der Investitionstätigkeit hatte der öffentliche Sektor (und damit der in der Entwicklungsplanung direkt erfaßte Sektor) ohnehin ein eindeutiges Übergewicht. Der Anteil des Staates sowohl an den Gesamtinvestitionen der ägyptischen Volkswirtschaft als auch an den Industrieinvestitionen lag bis in die ersten 70er Jahre bei 95 %.

Übersicht 2: Anteile verschiedener Produktionsbereiche an der Gesamtwertschöpfung der verarbeitenden Industrie in einigen Ländern des Nahen und Mittleren Ostens, in v.H., für 1980, soweit bei den einzelnen Ländern keine andere Jahresangabe vermerkt wird.

	Nahrungs- und Genußmittel	Textil, Leder, u. Bekleidung	Holz, Holzverarbeitung u. Möbelproduktion	Papier und Druckerzeugnisse	Chemie (einschl. Erdölverarbeitung)	Steine, Erde, Glas und Keramik	Eisen, Stahl u. NE-Metalle	Metallverarbeitung, Maschinenbau, Fahrzeugbau, Transportmittel u. Elektrotechnik	Sonstige
Ägypten (1983)[1]	20,0	26,0	—	—	9,0	—	—	13,0	32,0
Afghanistan[2]	34,2	40,1	1,9	4,5	13,2	2,8	—	3,3	—
Iran	14,7	19,0	1,3	2,7	28,6	12,1	5,1	16,5	0,1
Israel (1979)	12,0	10,9	3,6	5,3	16,8	4,5	3,6	42,1	1,1
Jordanien	22,0	6,5	4,2	3,6	20,9	23,3	3,8	7,3	8,4
Kuwait	5,4	5,0	4,4	2,4	61,2	11,1	0,4	9,6	0,4
Marokko (1983)[1]	32	23	—	—	9	—	—	6	30
Pakistan (1983)[1]	28,0	23,0	—	—	21,0	—	—	10,0	18,0
Syrien	25,9	43,7	8,0	1,0	4,4	5,1	11		0,9
Tunesien	15,6	18,6	2,7	4,3	21,7	18,5	5,2	12,8	0,6
Türkei	19,2	16,3	1,6	3,5	19,4	7,5	11,4	20,8	0,3
Verein. Arab. Emir. (1978)	8,0	1,7	6,6	4,2	14,5	30,2	0,2	34,3	0,4

Quellen: Zusammengesetzt aus: U. N., 1983; Weltbank, 1986; sowie verschiedenen Länderberichten des Statistischen Bundesamtes in Wiesbaden.

1) Bei den Zahlen in dieser Zeile liegt eine gewisse Abweichung in der Abgrenzung der verschiedenen Kategorien vor. So umfaßt die erste Kategorie Nahrungsmittel und Landwirtschaft. Erdölverarbeitung wird nicht unter Chemieerzeugnisse erfaßt. Die Metallerzeugnisse werden nicht mit Maschinenbau, Fahrzeugbau und Elektrotechnik erfaßt. Und unter „Sonstige" fallen alle Kategorien, für die in der Zeile keine Angaben gemacht worden sind.

2) Zahlen über Wertschöpfungsanteile waren für dieses Land nicht verfügbar. Die hier angegebenen Anteile beziehen sich auf den erzeugten Bruttoproduktionswert.

Übersicht 3: Anteile verschiedener Produktionsbereiche an den Gesamtbeschäftigten der verarbeitenden Industrie in einigen Ländern des Nahen und Mittleren Ostens, in v.H., für 1980, soweit bei den einzelnen Ländern keine andere Jahresangabe vermerkt wird.

	Nahrungs- und Genußmittel	Textil, Leder u. Bekleidung	Holz, Holzverarbeitung u. Möbelproduktion	Papier und Druckerzeugnisse	Chemie (einschl. Erdölverarb.)	Steine u. Erde, Glas, Keramik	Eisen, Stahl u.NE-Metalle	Metallverarbeitung, Maschinenbau, Fahrzeugbau, Transportmittel u. Elektrotechnik	Sonstige
Ägypten (1978)	17,9	37,6	1,0	5,0	9,6	5,7	8,5	14,4	0,2
Afghanistan	14,7	55,1	3,2	5,8	13,0	4,7	—	3,6	—
Algerien (1978)	18,7	17,8	5,2	4,4	8,0	9,8	11,6	22,0	2,5
Bahrain (1977)	4,4	—	2,8	1,5	31,1	4,4	—	29,0	26,8
Irak	23,7	22,7	1,1	5,5	13,3	19,5	1,9	12,3	—
Iran	16,3	24,2	2,6	2,9	12,3	16,2	4,5	21,0	0,1
Israel	14,3	18,3	5,5	6,2	10,6	4,0	2,2	36,6	2,2
Jordanien	15,6	9,4	5,7	5,1	14,9	14,4	1,7	11,8	21,3
Kuwait (1978)	15,3	17,0	9,2	6,9	19,0	12,5	1,8	17,6	0,8
Nordjemen (1975)	50,8	25,5	1,9	1,0	—	7,6	—	11,8	1,5
Pakistan (1978)	17,6	47,0	0,8	4,9	4,5	1,6	1,1	18,6	3,8
Saudi-Arabien	16,6	5,7	4,1	2,5	25,5	13,7	—	29,1	2,9
Somalia (1979)	41,6	26,5	4,4	9,1	2,8	4,4	—	2,7	8,5
Syrien	25,6	33,4	10,1	2,2	6,5	11,0	0,9	8,6	1,7
Tunesien	16,5	31,7	4,5	4,2	10,0	14,8	3,6	13,9	0,8
Türkei	23,2	23,1	2,2	3,5	9,5	7,5	9,6	20,9	0,5
Verein. Arab. Emir. (1981)	14,4	3,4	9,8	11,8	10,8	23,3	—	24,7	1,9

Quellen: Zusammengefaßt aus: U.N., 1983; I.L.O., 1981 bis 1985; sowie verschiedenen Länderberichten des Statistischen Bundesamtes in Wiesbaden.

Eine ähnliche Entwicklung der Wirtschaftsordnung wie in Ägypten, d.h. zu einem ,,Mischsystem" mit einem Übergewicht des öffentlichen Sektors und einer weitgehenden Kontrolle und Lenkung des privaten im Rahmen zentraler Entwicklungspläne, ist in den 60er und 70er Jahren in einer Reihe arabischer Länder erfolgt. So vor allem in Syrien, dem Irak und Algerien, gefolgt von anderen wie Libyen und dem Sudan. Im Irak wurden 1964 alle großen Industrie- und Handelsunternehmen wie auch die Banken verstaatlicht. Ebenso erfolgten in Syrien in den 60er Jahren umfangreiche Verstaatlichungen und staatliche Beteiligungen an führenden Industrieunternehmen verschiedener Branchen, wie Textilien und Holzverarbeitung. Der staatliche Sektor erreichte sowohl in Syrien als auch im Irak Anteile an der volkswirtschaftlichen Gesamtinvestition von über 90 %. Die Bedeutung der staatlichen Investitionen im Industriesektor dieser Länder spiegelt sich nicht zuletzt darin wider, daß im Irak in den 70er Jahren rund die Hälfte des Industrie*outputs* in öffentlichen Betrieben erzeugt wurde (Gottheil, 1981) und in Syrien der entsprechende Anteil 1977 knapp unter 60 % gelegen hat (Weltbank, 1983).

Interessant ist, daß in mehreren der genannten Länder nach der verstärkten Orientierung auf eine staatliche Kontrolle des Wirtschaftsprozesses eine mehr oder weniger ausgeprägte Lockerung bzw. Zuwendung zur Marktwirtschaft erfolgt ist. Eine gewisse Vorreiterrolle hat hier wieder Ägypten mit der von Sadat (Anwar as-Sādāt) Anfang der 70er Jahre eingeleiteten Liberalisierungspolitik gespielt (vgl. El-Shagi, 1978; ders. 1981/82 und ders. 1984). Im Rahmen dieser Politik wurden u.a. nicht nur die Beschränkungen für private Investitionsaktivitäten weitgehend aufgehoben und manche Interventionen und Restriktionen abgebaut oder limitiert, sondern sogar die privaten Aktivitäten in verschiedener Weise gefördert, wie z.B. durch steuerliche Vergünstigungen und Verbesserung der Kreditversorgung. Demzufolge ist dort der Anteil der privaten Investitionen an den Gesamtinvestitionen wieder angestiegen und erreichte in den ersten 80er Jahren Größen von über 25 %. In den anderen Ländern mag zwar die Veränderung in der Wirtschaftsordnung weniger auffällig sein als im Falle Ägyptens, eindeutige Liberalisierungstendenzen und verstärkte Bemühungen zur Belebung der privaten Initiativen sind jedoch in Ländern wie dem Sudan, Syrien und Algerien zumindest seit den letzten 70er Jahren nicht zu übersehen. So zeigen z.B. neuere Zahlen für Algerien einen Rückgang des Anteils der Investitionen öffentlicher Unternehmen an den gesamten Bruttoanlageinvestitionen gegen Ende der 70er Jahre bzw. zu Anfang der 80er Jahre auf unter 70 % (vgl. Short, 1983).

In verschiedenen weiteren Ländern der Region wird zwar mehr auf den privaten Sektor als Träger der industriellen Entwicklung gesetzt, trotzdem werden auch hier zum Teil umfangreiche staatliche Investitionen im direkt produktiven Bereich getätigt, ebenso wie vielfältige Interventionen betrieben werden. So wurden z.B. in Tunesien, wo der Staat seine Investitionen ausdrücklich als Ergänzung zu privaten Investitionen versteht, seit 1977 zwischen 56 und 58 % der Gesamtinvestitionen vom Staat getätigt (IWF, 1984), und in der Periode 1978 - 81 lag dort der Anteil staatseigener Unternehmen an der Wertschöpfung der verarbeitenden Industrie nur knapp unter 60 % — verglichen mit rund 62 % in Ägypten 1979 (Weltbank, 1983).

Es gibt aber auch eine Reihe von Ländern in der Region, in denen das Gewicht des Staates im industriellen Sektor bzw. überhaupt im direkt produktiven Bereich wesentlich kleiner ist als in den bisher behandelten Fällen. Dazu gehören u.a. Pakistan, die Türkei und nicht zuletzt Jordanien. In Pakistan wurde zwar schon Mitte der 50er Jahre mit der Entwicklungsplanung durch den Staat begonnen, und es erfolgte dort bis Ende der 50er Jahre in der Tat ein auffälliger Ausbau der staatlichen Beherrschung bzw. Kontrolle der Wirtschaft; die Wende zu mehr Marktwirtschaft und Förderung der privaten Wirtschaftsaktivitäten wurde jedoch bereits in den 60er Jahren eingeleitet und nach gewissen Schwankungen (Rückkehr zu mehr Dirigismus in der Zeit von 1970 bis 1977) verstärkt fortgesetzt. Nachdem z.B. der Anteil der privaten Investitionen an den Gesamtinvestitionen von 67 % 1954/55 auf 34 % 1959/60 zurückgegangen war, ist dieser wieder auf 44 % in der ersten Hälfte der 60er Jahre angestiegen (vgl. Islam, 1981). Der Anteil staatseigener Unternehmen an den Bruttoanlageinvestitionen lag 1978 - 81 bei ,,lediglich" 45 % (Short, 1983). Dabei ist zu beachten, daß nach den pakistanischen Entwicklungsplänen der Staatsanteil bezogen auf Industrieinvestitionen wesentlich niedriger ist als der auf die gesamte Volkswirtschaft bezogene Anteil. Dementsprechend lag 1975 der Anteil der staatseigenen Unternehmen an der industriellen Wertschöpfung unter 10 %. In der Türkei war dieser Anteil 1980 mit über 30 % eindeutig höher als in Pakistan (Weltbank, 1983). Die für Jordanien verfügbaren Informationen zeigen eine größere Zurückhaltung des Staates. So wird der Anteil des Staates an den gesamten Investitionen im Industriesektor, einschließlich der nicht direkt produktiven staatlichen Investitionen, von offiziellen Quellen für die Periode 1964 - 70 mit knapp über ein Viertel angegeben. Der Anteil der staatlichen Investitionen an den Gesamtinvestitionen belief sich in der Periode 1976 - 80 auf 41 %, und in dem Entwicklungsplan 1981 - 85 wurde ein höherer Anteil des Staates, nämlich einer von über 53 % vorgesehen. Dabei ist nicht zu vergessen, daß hier auch — ähnlich wie in Pakistan — die nicht spezifiziert ausgewiesenen Anteile an den industriellen Investitionen niedriger sein dürften als die genannten, auf die Gesamtinvestitionen bezogenen Anteile. Darüber hinaus ist festzustellen, daß der Staat in Jordanien bemüht ist, seine direkt produktiven Investitionen soweit wie möglich auf Beteiligungen zu beschränken (vgl. u.a. Nyrop, 1979).

Eine besondere Variante weisen die konservativen Ölstaaten der Arabischen Halbinsel auf. Während z.B. dort Restriktionen für die privaten Aktivitäten kaum praktiziert werden, führt der Staat in zunehmendem Maße umfangreiche Investitionen im direkt produktiven Bereich durch. So werden auch dort die Großindustrien, wie Raffinerien, Unternehmen der Petrochemie und sonstigen Unternehmen der chemischen Industrie wie auch der Eisen- und Stahlindustrie vom Staat getragen. Ferner sei darauf hingewiesen, daß das weitgehende Fehlen von Restriktionen für den privaten Sektor zwar als Ausdruck einer stärkeren marktwirtschaftlichen Orientierung im Vergleich zu den anderen Ländern der Region angesehen werden kann, jedoch nicht bedeutet, daß dieser Sektor der Marktsteuerung überlassen wird. Denn die Förderung der privaten Industrieinvestitionen in diesen Ländern wird nicht auf die üblichen staatlichen Aufgaben im Rahmen marktwirtschaftlicher Systeme, wie den Abbau von Marktzugangshemmnissen oder die Verbesserung der materiellen, institutionellen und personellen Infrastruktur beschränkt; sie stellt auch nicht nur auf ,,indirekte" Förderungsmaßnahmen, wie steuerliche Vergünstigungen und in manchen Fällen auch die Anwendung von Schutzzöllen, ab; vielmehr wird von Instrumenten wie Investitions- und Produktionssubventionierung einschließlich der Versorgung mit vergünstigten Krediten ausgiebig Gebrauch gemacht. Erwähnenswert sind außerdem die versuchten Ansätze zur ,,Islamisierung" der Wirtschaft in den betreffenden Ländern, die besonders in Saudi-Arabien, aber auch in Nichterdölländern wie Pakistan, ein nicht zu unterschätzendes Gewicht haben (vgl. u.a. Nienhaus, 1982). Vor allem sei hier auf die ordnungspolitische Bedeutung des Zinsverbotsprinzips und der zur Wahrnehmung dieses Verbots beschrittenen Wege hingewiesen. Die als Alternative zum Zins oft geforderte und mancherorts bereits versuchte Beteiligung der Banken an den Ergebnissen von Investitionen bei Kreditvergabe würde, wenn sie konsequent verfolgt wird, auf eine Lenkung der Wirtschaft durch die Banken hinauslaufen.

Die Tatsache, daß eine Wirtschaftslenkung durch den Staat ebenso wie staatliche Produktionsaktivitäten und Investitionen im direkt produktiven Bereich im großen Umfang sowohl in ,,sozialistisch" orientierten Ländern als auch in konservativen Monarchien vorzufinden sind, erklärt sich in erster Linie durch die Vielfalt der in den einzelnen Ländern gesehenen Rechtfertigungen und gegebenen Anlässe für eine solche Ausweitung der Staatsfunktionen. In diesem Zusammenhang ist folgendes festzustellen:

— Wie erwähnt wurde, basiert in verschiedenen Fällen die staatliche Kontrolle von Unternehmen im direkt produktiven Bereich zumindest zum Teil auf Verstaatlichung bzw. Nationalisierung von Unternehmen. In einigen Ländern, wie z.B. in Algerien, sind ausländische Unternehmen im Zuge der Unabhängigkeit vom Staat übernommen worden. Vielfach erfolgte die Nationalisierung ausländischer Unternehmen jedoch auch lange nach Erlangung der formellen Unab-

hängigkeit. Dabei beschränkte sich die Nationalisierung in manchen Ländern, wie vor allem in Iran und in den konservativen arabischen Ölländern, im wesentlichen auf solche Unternehmen, die Erdöl gefördert bzw. sonstige Bodenschätze abgebaut haben und in der Tat die Rente aus der Förderung bzw. dem Abbau der betreffenden natürlichen Ressourcen für sich beansprucht und ins Ausland transferiert haben. Demgegenüber ist die Nationalisierung bzw. Verstaatlichung ausländischer Unternehmen in anderen Ländern, wie etwa Ägypten, nicht auf diejenigen Unternehmen beschränkt worden, die überhöhte Gewinne durch die Abschöpfung einer natürlichen Rente erzielt haben (wie die Suezkanal-Gesellschaft), sondern sie erstreckte sich auch auf ausländische Banken, Handelsunternehmen und Produktionsbetriebe, weil man in ihnen Instrumente der ausländischen ,,Beherrschung" gesehen hat.
Die Erfassung einheimischer Unternehmen bei der Verstaatlichung, wie sie neben Ägypten u.a. in Syrien und dem Irak erfolgte, war nicht nur durch die Bestrebungen bestimmt, die Ausübung politischer Macht durch die betreffenden Unternehmen zu verhindern; sie basierte zum gewissen Grad auch auf der ideologischen Position, daß die Vermögenskonzentration in Händen von Großunternehmern ,,Ausbeutung" ermöglicht und sozial ,,ungerecht" ist.

— Ebenso unterschiedlich sind die Hintergründe staatlicher Investitionen im direkt produktiven Bereich. In den reichen konservativen Ölstaaten hat der Staat die Verfügungsrechte über die Ölressourcen und damit über die Öleinnahmen, die den größten Teil des Volkseinkommens dieser Länder stellen. Da die erzielten Einnahmen wesentlich über den (von den Politikträgern als angemessen erachteten) Bedarf der betreffenden Länder an Infrastrukturinvestitionen sowie sonstigen *overhead*- und Sozialleistungen hinausgehen, versucht der Staat, diese Einnahmen der Masse der Bevölkerung bzw. der Gesellschaft als ganzes auch durch Subventionen und Investitionen im direkt produktiven Bereich zukommen zu lassen.
Vielfach werden aber auch die staatlichen direkt produktiven Investitionen damit begründet, daß die privaten Investoren die für ,,gewünschte" große Industrieinvestitionen erforderlichen Mittel nicht aufbringen können, daß privat insgesamt zu wenig gespart wird oder gar daß die unternehmerischen Fähigkeiten und der industrielle Unternehmungsgeist nicht ausreichend entwickelt seien und sich die privaten Wirtschaftsteilnehmer nicht zuletzt deshalb bei Industrieinvestitionen zurückhalten.
Neben solchen Argumenten werden die staatlichen Investitionen, vor allem in den ,,sozialistisch" orientierten Ländern, damit begründet, daß die Abweichung zwischen privat- und gesamtwirtschaftlicher Erfolgsbeurteilung in derartigen Entwicklungsländern ausgeprägt hoch sei bzw. daß gesamtgesellschaftlich gewünschte Produktionsrichtungen nicht durch private Investitionsaktivitäten gedeckt würden. Hinzu kommt in manchen Fällen (wie etwa in Ägypten unter Nasser oder noch immer in Libyen und Südjemen) eine ideologisch bedingte Skepsis gegen die Dominierung der industriellen Produktion, zumindest der Schwerindustrie, durch private Unternehmer. Dabei werden hier, analog zu der Rechtfertigung von Verstaatlichungen, wieder die Argumente von Ausbeutung, Machtkonzentration und Machtmißbrauch bemüht.

— Auch die staatlichen Interventionen und Lenkung werden verschieden begründet. Während z.B. in konservativen Ölländern die Interventionen im wesentlichen mit der Intensivierung der privaten Aktivitäten oder der Schaffung der Voraussetzungen für junge Industrien, die Wettbewerbsreife in übersehbarer Zeit zu erlangen, begründet werden, gehen die Begründungen in anderen Ländern weit darüber hinaus. So wird etwa bezweifelt, daß die sich marktmäßig ergebenden Preise die Versorgung der Masse der Bevölkerung und speziell der Industriearbeiter mit den für eine annehmbare Befriedigung der ,,Grundbedürfnisse" benötigten Gütern gewährleisten, daß die durch Marktsteuerung zustandekommenden Investitionen die potentiell möglichen Beschäftigungs- und Wachstumswirkungen erbringen, oder daß ohne Interventionen der gewünschte Grad an Selbstversorgung und die für die Finanzierung benötigter Importe erforderlichen Devisen erzielt werden können. Die für Interventionen vorgebrachten Begründungen gehen sogar in den Ländern mit extrem dirigistischen Systemen bis hin zu einer grundsätzlichen Infragestellung der Koordinationsleistung der Marktwirtschaft.

3. Industrialisierungsziel und Industrialisierungsstrategien

3.1 Das Industrialisierungsziel in den betrachteten Ländern

Die Bemühungen des Staates, die Industrialisierung gezielt zu fördern, sind in den betrachteten Ländern in der Regel so alt wie die dortigen Industrialisierungsanfänge. So hatte in Ägypten schon Muḥammad 'Ali im ersten Viertel des vorigen Jahrhunderts den industriellen Rückstand des Landes gegenüber den damaligen Industrienationen durch die Gründung von Staatsbetrieben aufzuheben versucht. Die Periode, in der aber das Industrialisierungsziel in den meisten betroffenen Ländern sein größtes Gewicht erlangte, dürfte wohl die letzte Dekade sein. Dies spiegelt sich nicht zuletzt in den anvisierten hohen Wachstumsraten des Industriebeitrages zum Bruttoinlandsprodukt wie auch in den meistens überproportional hohen Anteilen der Industrieinvestitionen an den Gesamtinvestitionen wider. Die in Übersicht 4 wiedergegebenen Zielgrößen aus den Entwicklungsplänen verschiedener arabischer Länder belegen die mehr oder weniger ehrgeizigen Industrialisierungsbestrebungen dieser Länder. Dabei sind nicht nur die hohen erstrebten jährlichen Wachstumsraten der verarbeitenden Industrie (bzw. dieser einschließlich Bergbau), die von fast 11 % im bescheidensten Fall (Ägypten) bis zu beinah 33 % im extremsten Fall (Irak) gingen, auffällig; es fällt auch auf, daß mit Ausnahme Ägyptens, wo die erstrebte Wachstumsrate der verarbeitenden Industrie einschließlich Bergbau in etwa so hoch war wie die erstrebte Wachstumsrate der gesamten Volkswirtschaft, in allen anderen Ländern ein schnelleres Wachstum von verarbeitender Industrie und Bergbau erstrebt wurde. Im Irak und in Jordanien war die betreffende Wachstumsrate fast doppelt so hoch oder sogar mehr als doppelt so hoch wie die der Gesamtwirtschaft. Nicht zu übersehen ist ebenso, daß in allen Fällen, in denen für die betrachteten Planperioden Informationen vorlagen, der Anteil der geplanten Industrieinvestitionen an den Gesamtinvestitionen den Anteil der Industrie am Bruttoinlandsprodukt (vgl. Übersicht 1) überstieg.

Betrachtet man die reale Entwicklung, ist festzustellen, daß die tatsächlich erzielten Wachstumsraten meistens wesentlich hinter den Planzielen zurückgeblieben sind. In Jordanien lagen die erzielten Wachstumsraten lediglich bei der Hälfte der Plangrößen (vgl. Al-Fank, 1982, 13). In Ägypten konnte zwar das geplante Wachstum der Volkswirtschaft nach offiziellen Angaben zu über 80 % realisiert werden, eine ähnlich große (relative) Abweichung vom Planziel wie in Jordanien ergab sich jedoch in bezug auf das Wachstum des industriellen Sektors (vgl. u.a. El-Shagi, 1984, 194f. und die dort angegebenen Quellen). Ein Vergleich der Plangrößen der verschiedenen Länder mit den in Übersicht 1 angeführten Zahlen über das industrielle Wachstum in der Periode von 1970 bis Ende der 70er bzw. Anfang der 80er Jahre zeigt, daß die Planziele anscheinend am weitesten in Libyen und Nordjemen erfüllt bzw. übererfüllt worden sind. Insgesamt verdeutlicht jedoch dieser Vergleich das Problem der Abweichung zwischen Plan und Planrealisierung.

In Anbetracht der oft feststellbaren großen Abweichungen zwischen den Planzielen und dem tatsächlich erzielten Wachstum des industriellen Sektors und auf Grund vielfältiger Probleme, die die Industrialisierung in verschiedenen Ländern beeinträchtigen und auf die zum Teil im Abschnitt 4 ausführlicher eingegangen wird, haben mehrere Länder ihre Wachstums- und Industralisierungsziele für die 80er Jahre zurückgenommen. Jordanien z.B. reduzierte die Planziffern für das Wachstum von Industrie und Bergbau in seinem Entwicklungsplan für 1981 - 85 auf durchschnittlich 17,8 % (vgl. Al-Fank, 1982, 22). Und Saudi-Arabien hat die Zielgrößen für das Wachs-

Übersicht 4: Das geplante Wachstum des Bruttoinlandprodukts und des Bruttoinlandproduktbeitrages der verarbeitenden Industrie und ihr Anteil an den gesamten geplanten Investitionen in sieben arabischen Ländern in Planperioden zwischen 1976 und 1982

Land	Planperiode	geplante jährl. durchschn. Wachstumsrate des BIP[1]	gepl. jährl. Wachstumsrate des Industriebeitrages[2]	Anteil der verarb. Industrie einschl. Bergbau an den gesamten gepl. Investitionen in v.H.
Ägypten	1978-82	11,2	10,8	23,7
Irak	1976-80	16,8	32,9	40,0
Jordanien	1976-80	11,9	26,2	30,0
Libyen	1976-80	10,7	15,2	—
Nordjemen	1976/7-80/1	8,2	11,7	22,0
Saudi-Arabien	1975-80	10,2	14,7	—
Syrien	1976-80	12,0	15,4	40,8

1) Für Ägypten beziehen sich die angegebenen Wachstumsraten auf den Bruttoproduktionswert und nicht das BIP.
2) Für Irak und Saudi-Arabien gelten die in der Spalte angegebenen Raten für die verarbeitende Industrie, sonst für die verarbeitende Industrie einschließlich Bergbau.

Quellen: Zusammengestellt aus: Ghantus, 1982; Ägyptische Zentralbank, 1978; Statistisches Bundesamt, 1977, und The Kindom of Saudi Arabia, Ministry of Planning, 1975.

tum des ölunabhängigen Teils seines Bruttoinlandsprodukts in seinem Plan für die Periode 1980 - 85 von jährlich 15,1 auf 6,2 % herabgesetzt. Manche Autoren, wie z.B. Hablützel (1981, 13) sehen die Bestrebung, den Zustrom ausländischer Arbeitskräfte zu drosseln, als den Hauptgrund für diese Entwicklung an. Neben diesem Faktor bestehen allerdings weitere wichtige Faktoren, die die Industrialisierungsintensität und überhaupt die Investitionstätigkeit in den Ölländern hemmen, wie vor allem der Rückgang der Öleinnahmen. Im Irak und in Iran bedingt noch der Krieg eine starke Limitierung der Zielgrößen der Industrialisierung. In anderen Ländern, wie Algerien, wird die sich Anfang der 80er Jahre abzeichnende Drosselung der Industrieinvestitionen u.a. mit der zunehmenden ,,Abhängigkeit'' von ausländischen Technologien und Finanzhilfen und mit der Notwendigkeit einer verstärkten Ausrichtung der Bemühungen auf die Sanierung bestehender Anlagen gerechtfertigt (vgl. u.a. Bowen-Jones, 1981, 19).

In manchen Ländern werden die Industrialisierungsziele jedoch nicht oder kaum zurückgenommen. Z.B. wurde in Ägypten das geplante Wachstum des Beitrages der verarbeitenden Industrie einschließlich Bergbau zum Bruttoinlandsprodukt für die Planperiode 1981/82 - 86/87 auf 9,8 % festgesetzt — und damit nur um rund einen Prozentpunkt kleiner als die Periode 1978 - 82 (Ägyptische Zentralbank, 1982, 47). Für dieselbe Periode wurde allerdings das geplante Wachstum des Bruttoinlandsprodukts mit lediglich 7,9 % beziffert. Dies mag u.a. damit zu erklären sein, daß dort eine Korrektur der erfolgten Verschiebung der Produktionsstruktur zuungunsten der Industrie erstrebt wird. Allgemein ist ferner hervorzuheben, daß selbst in den Fällen, in denen die Zielgrößen der Industrialisierung wesentlich reduziert worden sind, das Industrialisierungsziel nach wie vor eine Hauptkomponente der Entwicklungsbestrebungen geblieben ist.

Stellt man die Frage nach der Begründung des Gewichts des Industrialisierungsziels in Ländern des Nahen und Mittleren Ostens, ist eine Vielfalt von Begründungen festzustellen. Einmal wird die Industrialisierung in fast allen diesen Ländern als ,,Entwicklung'' schlechthin angesehen. Zum anderen werden besonders durch die Industrialisierung positive Wirkungen auf die Entwicklung der Produktivkräfte und die Produktionsleistung der betreffenden Volkswirtschaften erwartet. U.a. wird davon ausgegangen, daß die Industrialisierung eine entwicklungskonforme Veränderung der Verhaltensweisen der Bevölkerung fördert, indem sie nicht zuletzt zu Disziplin und Pünktlichkeit zwingt. Ebenso wird davon ausgegangen, daß industrielle Investitionen größere Induzierungswirkungen und positive externe Effekte ergeben. In diesem Zusammenhang wird auf die *foreward* und *backward linkages* im Sinne von Hirschman hingewiesen, die dadurch entstehen, daß industrielle Investitionen durch ihr Angebot weitere Investitionen in nachgelagerten Sektoren anregen bzw. durch ihre Nachfrage weitere Investitionen in vorgelagerten Sektoren induzieren. Ferner werden als positive nichtmarktmäßige externe Effekte vor allem die Lerneffekte durch die Industrialisierung gesehen, die sich z.B. in dem Anlernen von Arbeitskräften und der Entfaltung von Managementfähigkeiten widerspiegeln.

In den stärker sozialistisch orientierten Ländern, wie Ägypten unter Nasser, Libyen, dem Irak oder Algerien, wurde der Aufbau eigener Industrien als ein Weg zur Reduzierung der ,,Abhängigkeit" vom Ausland betrachtet. Daß heute in einem Land wie Algerien wieder mit dem Hinweis auf Reduzierung der ,,Abhängigkeit" eine Drosselung des Industrialisierungstempos begründet wird, zeigt — ungeachtet der Fragwürdigkeit derartiger ideologischer Argumente —, inwieweit die Industrialisierung solcher Länder eine Intensivierung ihrer weltwirtschaftlichen Verflechtung in der einen oder anderen Weise bedingt.

Besonders in den überbevölkerten Ländern wie Pakistan, aber auch Ägypten, wo in der Landwirtschaft überschüssige Arbeitskräfte im großen Umfang gegeben sind, werden die Beschäftigungsbeiträge der Industrialisierung betont. Hingegen wird in den reichen Ölländern, die unter Mangel an Arbeitskräften leiden und auf Arbeitskräfteimporte angewiesen sind, die Industrialisierung nicht zuletzt mit dem Ziel der Diversifizierung der Wirtschaft und Verringerung der Abhängigkeit von den Öleinnahmen bzw. der effizienten Verwendung dieser Einnahmen verfolgt. Hat die Schrumpfung der Einnahmenüberschüsse der Ölländer in den letzten Jahren auf eine Drosselung ihrer Industrialisierungsbemühungen hingewirkt, dürften die zunehmenden Risiken von Geldanlagen auf den internationalen Geldmärkten, die zu einem nicht zu unterschätzenden Grad auf die Überschuldungskrisen zurückzuführen sind, auf eine Verstärkung der Industrialisierungsbestrebungen in den Ölländern hinwirken. Auch die Angst vor künftigen Preis- und Absatzeinbußen beim Ölexport begünstigt diese Bestrebungen.

3.2 Die verfolgten Industrialisierungsstrategien

Bereits die Entscheidung über die Rolle des Staates im Industrialisierungsprozeß ist eine zentrale strategische Frage der Industrialisierung in Ländern der Dritten Welt. Auch die Unterschiede in der Betonung und Begründung des Industrialisierungsziels bestimmen im gewissen Maße die Gestaltung der Industrialisierungsstrategie.

Über diese diskutierten Fragen hinaus gilt es im folgenden, der Frage nachzugehen, inwieweit solche in der entwicklungstheoretischen und -politischen Diskussion betonten industriestrategischen Ansätze eine Grundlage der Industrialisierungsstrategien in den untersuchten Ländern bilden. Dabei wird die Auseinandersetzung auf einige in der Literatur strittige bzw. als besonders gewichtig angesehene Aspekte beschränkt, nämlich die Komplementarität von Investitionen bzw. Induzierungseffekte als Kriterium der Wahl bzw. Förderung industrieller Investitionen, die Betonung von Importsubstitution bzw. Exportförderung im Industrialisierungsprozeß, die Rolle der Landwirtschaft in der jeweiligen Industrialisierungsstrategie sowie die Frage der Technologieimporte und externer Entwicklungsfinanzierung. Schließlich wird die Intensivierung der regionalen Integration und Zusammenarbeit als ein Ansatz der Industrialisierungsförderung in der Region kurz diskutiert.

3.2.1 Komplementarität und Induzierungseffekte

Eine der häufig gestellten Fragen im Zusammenhang von industriestrategischen Entscheidungen ist die nach einer ,,gleichgewichtigen" oder ,,ungleichgewichtigen" Orientierung. Die Forderung nach einer ,,gleichgewichtigen" Industrialisierungsstrategie stellt im wesentlichen auf die Komplementarität von Industrien bzw. Investitionen ab. Sie betont die Notwendigkeit der simultanen Durchführung interdependenter Investitionen, die sich gegenseitig die Rentabilität erhöhen, und zwar nicht zuletzt durch die gegenseitige Schaffung von Nachfrage. Demgegenüber heben die Befürworter einer ,,ungleichgewichtigen" Entwicklung die Vorteilhaftigkeit solcher vom ,,Gleichgewicht" wegführenden Investitionen hervor, da sie die Entwicklung fördern, indem sie in vor- und nachgelagerten Sektoren weitere Investitionen induzieren.

Betrachtet man die Entwicklungspläne und manifestierten entwicklungspolitischen Richtlinien in den betreffenden Ländern, fällt auf, daß das Kriterium der Komplementarität (ob nun ausgedrückt als ,,gleichgewichtige" Entwicklung oder nicht) in den meisten Fällen betont wird, wobei sogar oft nicht nur die Beachtung der Komplementarität zwischen den Industrieinvestitionen, sondern auch zwischen den Sektoren gefordert wird. Interessant ist auch, daß in verschiedenen Fällen, vor allem in Ländern mit relativ großem Binnenmarkt und differenzierterer Produktionsstruktur wie Pakistan, Iran und Ägypten, aber auch Algerien, Irak und Syrien, gleichzeitig sowohl das Kriterium der Komplementarität als auch das der Induzierung betont wird. Und dies ist in der Tat kein Widerspruch, denn auch komplementäre Investitionsprogramme können weitere Investitionen induzieren.

Fragt man danach, inwieweit in den einzelnen Ländern tatsächlich komplementäre Investitionsprogramme durchgeführt worden sind bzw. realisierte Investitionen die erhofften Induzierungswirkungen ergeben haben, müßte die Antwort wesentlich differenzierter ausfallen. So können zwar in Ländern, in denen der Staat umfangreiche Investitionen im direkt produktiven Bereich tätigt, im Rahmen der jeweiligen Investitionsprogramme manche Investitionen mit ausgeprägten komplementären Beziehungen festgestellt werden (wie z.B. Investitionen in Textil- und Bekleidungsindustrie oder Kraftfahrzeug- und Reifenindustrie in Ägypten), es ist aber kaum ein Land zu finden, in dem alle oder auch nur die Mehrzahl der Investitionen eines Entwicklungsplans so streng aufeinander abgestimmt sind. Faßt man allerdings das Kriterium der Komplementarität soweit auf, daß die Verwendung von Teilen des in einer Industrie geschaffenen Faktoreinkommens für den Kauf von Produkten anderer Industrien als Ausdruck der Komplementarität angesehen wird, so dürfte es schwierig sein zu sagen, wo eine solche Komplementarität nicht gewährleistet ist.

Empirisches Material über die Induzierungswirkungen von Investitionen liegt für die betrachteten Länder nicht vor. Bestenfalls kann vermutet werden, daß in den Ländern mit größeren Binnenmärkten, einer längeren Industrietradition und relativ günstigen Rahmenbedingungen bzw. Voraussetzungen für die Tätigung industrieller Investitionen, zu denen nicht zuletzt die Verfügbarkeit über qualifizierte Arbeitskräfte und geeignete Manager gehören, größere Induzierungswirkungen eher erwartet werden können als in anderen. Zu diesen Ländern könnten trotz mancher investitionsbeeinträchtigender Faktoren die Türkei, Pakistan, Iran, aber auch Ägypten und nicht zuletzt Israel, wegen seines technologischen Vorsprungs, gerechnet werden. Als ein grober Indikator für Induzierungseffekte kann z.B. in Ägypten nach Ghantus (1982) die Verschiebung der Produktionsstruktur in der Industrie zugunsten der Erzeugung von Zwischenprodukten angesehen werden. Er weist darauf hin, daß der Anteil dieser Produkte an der gesamten Industrieproduktion von 15,9 % 1960/61 auf 25,5 % 1974 gestiegen ist, während der Anteil der Konsumgüterproduktion in derselben Zeit von 67,8 auf 54,4 % zurückgegangen ist (Ebenda, 117). Dabei muß allerdings relativierend beachtet werden, daß die Zunahme der Produktion von Zwischenprodukten nicht unbedingt der Ausdruck einer marktmäßigen Induzierung zu sein braucht — besonders nicht in einem Land wie Ägypten, in dem in der betrachteten Periode die Industrieinvestitionen überwiegend durch den Staat getätigt worden sind.

3.2.2 *Importsubstitution und Exportförderung*

Faßbarer als die Orientierung auf Komplementarität und Induzierungseffekte bzw. „gleichgewichtige" oder „ungleichgewichtige" Entwicklung scheinen in der praktischen Industrialisierungspolitik die Bemühungen um Importsubstitution und Exportförderung zu sein. Dabei handelt es sich hier auch nicht unbedingt um alternative grundsätzliche Orientierungen oder sich gar ausschließende Ansätze. Verschiedene Länder versuchen durch vielfältige Einfuhrrestriktionen sowie sonstige investitionsfördernde Maßnahmen importsubstituierende Investitionen zu induzieren und fördern gleichzeitig die Exportproduktion. Als gängige Instrumente werden zu diesem Zweck steuerliche Vergünstigungen, Subventionen, die Gewährung verbilligter Kredite und die Versorgung mit einheimischen Rohstoffen unter den Weltmarktpreisen eingesetzt. Zu den Ländern, in denen Mitte der 80er Jahre sowohl die Importsubstitution als auch die Exportförderung zu den wichtigen Komponenten der verfolgten Industrialisierungsstrategie gehören, können z.B. Pakistan, Iran, die Türkei und Ägypten gerechnet werden.

Immerhin lassen sich jedoch in vielen Fällen Tendenzen einer stärkeren Orientierung auf die eine oder andere Komponente feststellen. So überwiegt in den Ländern mit kleiner Bevölkerung und einem engen Binnenmarkt die Exportorientierung. Und diese Tendenz ist in der Regel in den weniger interventionistisch orientierten Ländern ausgeprägter. Dementsprechend weisen die konservativen arabischen Ölländer wie auch der Libanon, eine stärkere Exportorientierung auf. Ebenso ist in Jordanien, Tunesien und Israel trotz Förderung der Importsubstitution die ausgeprägte Exportorientierung nicht zu übersehen. Vor allem in den Ölländern basiert die Exportproduktion auf der Verarbeitung einheimischer Rohstoffe. In diesem Sinne wird auch von einer „Exportsubstitutionsstrategie" gesprochen, indem anstelle von Rohstoffexporten Produkte dieser Rohstoffe exportiert werden.

Länder mit einer relativ großen Bevölkerung bzw. größeren Binnenmärkten verfolgen eher eine Importsubstitutionsstrategie. So ist festzustellen, daß Pakistan, Ägypten und Iran in früheren Industrialisierungsphasen überwiegend auf Importsubstitution gesetzt haben. Abgesehen von der Größe des Binnenmarktes zeigt sich ebenso ein auffälliger Zusammenhang zwischen der Verfolgung einer Importsubstitutionsstrategie und der Grundorientierung der betreffenden Volkswirtschaften: Importsubstitutionsstrategien werden in interventionistisch, sozialistisch ausgerichteten Systemen stärker bevorzugt. In solchen Ländern wird Importsubstitution nicht nur betrieben, um jungen inländischen Industrien durch einen temporären Schutz bzw. eine zeitlich beschränkte Förderung die Chance zu gewähren, potentiell vorhandene komparative Vorteile zu entfalten und durch gesamtwirtschaftlich effiziente Produktion vorhandene Inlandsnachfrage zu befriedigen. Sie basiert dort auf weiteren komplexen Begründungen, die von klassischen Protektionismusargumenten, wie Sanierung der Zahlungsbilanz oder der Schaffung von Arbeitsplätzen, bis hin zum Abbau der „Abhängigkeit" vom Ausland reichen. Dies erklärt auch die extreme Ausrichtung auf Importsubstitution in Ägypten in der Zeit Nassers. Ebenso haben sich die sozialistisch orientierten Länder Algerien, Syrien und der Irak stark auf Importsubstitution ausgerichtet. Interessant ist, daß auch Libyen, das schon auf Grund der beschränkten Größe seiner Bevölkerung wenig geeignet scheint, importsubstituierende Industrialisierung zu betreiben, eine weitgehende Importsubstitution versucht.

Eine grobe Vorstellung über die unterschiedliche Orientierung der Industrialisierungsstrategien in verschiedenen Ländern dürften die in den Übersichten 5 und 6 angeführten Zahlen über Entwicklung der Industriegüterexporte und den Anteil dieser Exporte an der Industrieproduktion der betreffenden Länder vermitteln. So ist festzustellen, daß in den stärker exportorientierten Ländern wie Israel, Kuwait oder auch Tunesien die Industriegüterexporte nicht nur einen relativ großen Anteil an der Gesamtproduktion ausmachen, sondern auch eine beachtliche Steigerung zeigen. Demgegenüber weisen Länder wie Ägypten, Algerien, der Irak, Libyen und Syrien, die eine mehr auf Importsubstitution ausgerichtete Politik betrieben haben bzw. in denen zum Teil

Übersicht 5: Entwicklung der Industriegüterexporte verschiedener Länder des Nahen und Mittleren Ostens, in Mio. US-$

	1962	1981
Ägypten	69	276
Algerien	23	49
Irak	2	53 (1978)
Iran	44	597 (1978)
Israel	184	4.590
Jordanien	1	201 (1980)
Kuwait	11	2.453
Libanon	11	402 (1978)
Libyen	0	58
Marokko	28	655
Pakistan	97	1.439
Saudi-Arabien	3	721
Somalia	0	1
Sudan	0	4
Syrien	9	225
Tunesien	10	835
Türkei	4	1.748

Quellen: Zusammengestellt aus den Weltentwicklungsberichten der Weltbank, Bd. 1979 bis 1984.

Übersicht 6: Anteil der Industriegüterexporte an der Industrieproduktion verschiedener Länder des Nahen und Mittleren Ostens

Land	Jahr	Exportanteil an der Industrieproduktion in v.H.
Ägypten	1974	6,8
Irak	1979	5,1
Israel	1981	44,6
Kuwait	1978	32,6
Tunesien	1980	27,0
Türkei	1981	5,7

Quellen: Zusammengestellt aus: Weltbank, 1981-1984; UN, 1983; und Ghantus, 1982, 134.

die Exportförderung erst gegen Mitte der 70er Jahre eine größere Bedeutung erlangte, noch für 1981 (bzw. 1978 im Irak) relativ bescheidene Industriegüterexporte auf.

Ein weiterer Indikator für eine stärkere Ausrichtung auf Importsubstitution dürfte auch der relativ hohe Anteil der Konsumgüterindustrien an der gesamten Industriewertschöpfung in den betreffenden Ländern sein. Während z.B. in Ägypten und Syrien in den 60er Jahren der Anteil der Konsumgüterindustrie fast 70 bis 80 % erreicht hat, lag der betreffende Anteil in Kuwait 1972 bei 26 % und in Saudi-Arabien 1976 bei nur 17,8 % (vgl. Ghantus, 117).

Bei der Interpretation der angeführten Zahlen darf allerdings nicht vergessen werden, daß ihre Aussage über die Wirkung von Maßnahmen zur Förderung der Importsubstitution bzw. Exportproduktion in verschiedener Hinsicht beschränkt ist. Z.B. kann ein hoher Anteil der Konsumgüterproduktion eine Exportorientierung nicht ausschließen. Ebenso müssen ein geringerer Exportanteil und selbst der Rückgang dieses Anteils nicht bedeuten, daß das Land die Importsubstitution fördert. Denn dies kann durchaus im Einklang mit der nicht durch Eingriffe verfälschten

Struktur der komparativen Kostenvorteile und ihrer Veränderung im Zuge des Entwicklungsprozesses stehen. Außerdem kann ein geringer bzw. schrumpfender Exportanteil auf eine hohe bzw. wachsende Inlandsnachfrage zurückzuführen sein.

Eine Erfassung der Entwicklung der Importanteile am inländischen Verbrauch als Maß der Orientierung auf Importsubstitution könnte vielleicht eine bessere Aussage erlauben, indem dadurch eine gewisse Berücksichtigung der Veränderung der Gesamtnachfrage erfolgt. Abgesehen davon, daß die hierfür erforderlichen statistischen Informationen nicht erhältlich sind, ist allerdings auch dieser Indikator mit grundsätzlichen Schwächen behaftet; z.B. wird Verschiebungen in der Struktur der Gesamtnachfrage und der Induzierung der Produktion von bisher nicht importierten Gütern, deren Einfuhr im Zuge der wirtschaftlichen Entwicklung sonst notwendig geworden wäre, nicht Rechnung getragen. Hinzu kommt, daß Probleme wie das der Nicht-Berücksichtigung der Verschiebung der komparativen Kostenvorteile auch hier bestehen bleiben. Schließlich ist zu beachten, daß die Betonung von Importsubstitutions- und Exportförderung als strategische Ansätze oft schon auf Grund von Inkonsistenzen der Wirtschaftspolitik die erhoffte Wirkung auf Import- bzw. Exporttätigkeit verfehlt und deshalb in der Entwicklung des Außenhandels nicht zum Ausdruck kommt. So zeigt sich z.B., daß in Ägypten trotz des Abbaus von Ausfuhrbeschränkungen und der Praktizierung vielfältiger Maßnahmen der Exportförderung seit Mitte der 70er Jahre eine nennenswerte Zunahme der Industrieexporte nicht gelungen ist. Dies dürfte nicht zuletzt dadurch zu erklären sein, daß die exportfördernde Wirkung der betreffenden Maßnahmen durch verschiedene Faktoren kompensiert wird, wie den noch immer ausgeprägten Schutz importsubstituierender Produktion sowie die betriebene inflatorische Geld- und Finanzpolitik beim Fehlen einer entsprechenden Wechselkursanpassung.

3.2.3 Die Rolle der Landwirtschaft

Sieht man von Libyen und den Wüstenstaaten der Arabischen Halbinsel ab, ist festzustellen, daß in Ländern des Nahen und Mittleren Ostens der agrarische Sektor die Erwerbsgrundlage für große Teile der Bevölkerung oder gar für die Mehrheit gebildet hat bzw. heute noch bildet. Dementsprechend wurde im Rahmen der Industrialisierungsstrategien der meisten Länder eine enge Verflechtung mit der Landwirtschaft versucht. Die Verarbeitung agrarischer Produkte wurde gefördert und in vielen Fällen durch staatliche Investitionen in Angriff genommen. Dies spiegelt sich im hohen Gewicht der Nahrungsmittel- und Textilindustrie vieler der betrachteten Länder (vgl. Übersichten 2 u. 3) wider.

Die Bedeutung der Landwirtschaft als wichtiger Abnehmer für die einheimischen Industrieprodukte geht auch in die Gestaltung der Industrialisierungsstrategien ein. Dabei wird nicht nur die Rolle der Agrarbevölkerung als Nachfrager industrieller Konsumgüter als bedeutsam angesehen, sondern auch der Beitrag der Landwirtschaft als Absatzmarkt für *inputs* und Investitionsgüter aus dem industriellen Sektor. So zeigt sich, daß die Düngemittelindustrie einen Schwerpunkt der chemischen Industrie in einer Reihe der betrachteten Länder, wie z.B. Ägypten, Pakistan und Irak, bildet. Und dort, wo Investitionsgüter bereits produziert werden, wie in Israel, Pakistan, Türkei, aber auch Ägypten, gehört die Produktion agrarischer Investitionsgüter, wie z.B. Traktoren, zu den wichtigsten Produkten der einheimischen Investitionsgüterindustrie.

Eine wichtige Rolle, vor allem in solchen Ländern mit Kapitalmangel und überschüssigen Arbeitskräften, spielen die Faktorbeiträge der Landwirtschaft. In diesen Ländern wird die Landwirtschaft nicht nur als Arbeitskräftereservoir angesehen, sondern auch als Kapitalquelle zur Versorgung von Industrie und Infrastruktur. Dabei erfolgt die Abschöpfung aus der Landwirtschaft durch vielfältige direkte und indirekte Instrumente. In Ägypten z.B. erfolgt die Abschöpfung aus der Landwirtschaft sowohl durch Besteuerung als auch durch die staatliche Monopolisierung der Ausfuhr agrarischer Hauptprodukte wie Baumwolle und Reis, wobei die an die Landwirte bezahlten Preise wesentlich unter den Weltmarktpreisen gehalten werden. Ferner werden dort verschiedene weitere Formen der preislichen Diskriminierung der Landwirtschaft betrieben mit dem Ziel, die Industriearbeiter billig mit Nahrungsmitteln zu versorgen, um nicht zuletzt niedrigere Löhne und damit höhere Investitionen in der Industrie zu ermöglichen. Außerdem sollen durch die preisliche Diskriminierung der Landwirtschaft Industrieinvestitionen und damit auch der Abfluß von Ersparnissen aus der Landwirtschaft begünstigt werden. Zu den verwendeten Diskriminierungsinstrumenten gehören in diesem Zusammenhang nicht nur eine niedrige Preisfestsetzung für Agrarprodukte, sondern auch das subventionierte Angebot importierter Nahrungsmittel, während Industrieproduktion durch Zölle und sonstige Einfuhrrestriktionen geschützt wird. Hinzu kommt, daß Nahrungsmittelimporte durch Verrechnung der Devisenausgaben zu einem günstigen Wechselkurs (im Sinne eines höheren Preises der einheimischen Währung) begünstigt werden. Dabei wird sicherlich die Belastung der Landwirtschaft durch die Subventionierung landwirtschaftlicher *inputs* reduziert, *per Saldo* ist jedoch ein Einkommensentgang für die Landwirtschaft durch die herbeigeführten Preisverzerrungen kaum in Frage zu stellen — wenn auch dieser Einkommensentgang in der zweiten Hälfte der 70er Jahre zurückgegangen zu sein scheint (v. Braun und de Haen, 1983).

Die Rechtfertigung der Diskriminierung der Landwirtschaft im Rahmen der Entwicklungsstrategien der betreffenden Länder basiert u.a. auf dem hohen Gewicht, das dem Industrialisierungsziel zugesprochen wird, aber auch auf der Vorstellung, daß Industrieprofite nicht zuletzt auf Grund einer größeren Produktionselastizität eher investiert werden als landwirtschaftliche Gewinne. Es darf ferner nicht übersehen werden, daß diese Politik einen sozial- oder gar machtpolitischen Hintergrund hat. So soll durch niedrige Agrarpreise eine bessere Befriedigung der „Grundbedürfnisse" der unteren Einkommensgruppen erzielt werden. Und die Machthaber neigen dazu, zuerst die städtische Bevölkerung zufriedenzustellen, da sie die politische Stabilität eher gefährden kann. Die Bedeutung dieser machtpolitischen Komponente kommt nicht zuletzt in den politischen Unruhen zum Ausdruck, die in Ägypten, Tunesien und Marokko nach Streichung von Nahrungsmittelsubventionen ausgebrochen sind und die Regierungen zur Revision der vorgenommenen Streichungen gezwungen haben.

3.2.4 Technologieimporte und externe Finanzierung

Betrachtet man den industriellen Aufbau in Ländern des Nahen und Mittleren Ostens, ist festzustellen, daß die errichteten Industrien in keinem Fall ohne Technologieimporte denkbar wären. Die Abweichungen, die sich vor allem infolge unterschiedlicher Systemorientierung und Faktorausstattung ergeben, spiegeln sich in erster Linie in Form des Technologietransfers und Herkunft der betreffenden Technologien wider. Sozialistisch orientierte Länder wie Ägypten unter Nasser, der Irak und Syrien haben zumindest in der Spitze ihrer sozialistischen Orientierung in den 60er Jahren die Technologien überwiegend aus den Ostblockländern bezogen. Erst im Zuge der wieder ansetzenden Öffnung zum Westen in den 70er Jahren haben die westlichen Industriestaaten erneut eine große und in Ägypten sogar dominierende Bedeutung als Technologielieferanten erlangt. In den konservativen arabischen Ölstaaten werden Technologien fast ausschließlich aus dem Westen importiert. Andere Länder wie Libyen, Algerien und Pakistan waren meistens unabhängig von ihrer Grundorientierung mehr oder weniger bemüht, ihre Technologiequellen zu diversifizieren.

Hinsichtlich der Form des Technologietransfers ist festzustellen, daß mehr sozialistisch orientierte Länder den Transfer in Form von Investitionsgüterimporten und den Kauf von vollständigen Industrieanlagen bevorzugen, während mehr marktwirtschaftlich orientierte Länder wie auch Länder, die weniger ideologisch festgelegt sind und dabei besonders solche, die relativ kapitalarm sind, ausländische Direktinvestitionen nicht nur tolerieren, sondern auch durch verschiedene Vergünstigungen anzuziehen versuchen. Diese Vergünstigungen reichen von steuerlicher Vergünstigung bzw. Befreiung für die ersten fünf bis 15 Produktionsjahre und einer zollfreien Einfuhr benötigter Produktionsmittel und Investitionsgüter bis hin zur Versorgung mit verbilligten Krediten und subventionierten *inputs* bzw. Infrastrukturleistungen.

In reichen Ländern, wie Kuwait und Saudi-Arabien, zielt die Förderung der Beteiligung von Ausländern (joint ventures) in erster Linie auf den Technologietransfer und die Sicherung des Produktionsabsatzes auf den Weltmärkten. In den relativ armen Ländern, wie Ägypten, Tunesien und Pakistan wird auch anderen Zielen der Öffnung für ausländische Direktinvestitionen, wie die Schaffung von Arbeitsplätzen und eine Steigerung der Produktivität der verfügbaren Faktoren durch Einfuhr des knappen Faktors Kapital, ebenso eine große Bedeutung zugeschrieben.

Überhaupt spielen externe Finanzierungsbeiträge eine gewichtige Rolle bei der Industrialisierung in verschiedenen Ländern der Untersuchungsregion. Diese Beiträge werden nicht nur in Form von Direktinvestitionen geleistet, sondern auch als Entwicklungshilfebeiträge, Kredite und Transferleistungen von Auslandstätigen, die überwiegend in arabischen Ölländern, aber auch in Ländern der Europäischen Gemeinschaft arbeiten.

Die Übersichten 7 und 8 zeigen die Bedeutung der externen Finanzierungsbeiträge für eine Reihe von Ländern, für die statistische Informationen vorlagen. Dabei wird deutlich (Übersicht 7), daß mit Ausnahme der reichen Ölländer, die Kapital exportieren, der Außenbeitrag in allen anderen erfaßten Ländern einen beachtlichen Anteil der Bruttoinlandsinvestition ausmacht. Anteile unter 50 % waren nur für Tunesien und die Türkei festzustellen. Und in drei Fällen, nämlich in Jordanien, Nordjemen und dem Sudan hat dieser Beitrag sogar den Wert 100 überschritten; d.h., daß in diesen Ländern selbst der Konsum zum Teil durch den Außenbeitrag gedeckt wurde. Kritisch ist in dieser Hinsicht vor allem die Lage des Sudan, denn in Jordanien und Nordjemen wird der Außenbeitrag, wie Übersicht 8 zeigt, im wesentlichen durch die Transferleistungen von Angehörigen dieser Länder, die im Ausland arbeiten, gestellt.

Übersicht 7: Gewicht des Außenbeitrages am Bruttoinlandsprodukt und an der Bruttoinlandsinvestition in verschiedenen Ländern des Nahen und Mittleren Ostens, für 1982, soweit nichts anderes vermerkt wird

	v.H.-Anteil des Außenbeitrages am BIP[1]	v.H.-Anteil des Außenbeitrages an der Bruttoinlandsinvestition
Ägypten	- 15 (1981)	50 (1981)
Algerien	+ 1	0
Israel	- 15	71
Jordanien	- 47 (1980)	115 (1980)
Kuwait	+ 7	0
Libyen	+ 14	0
Marokko	- 15	65
Mauretanien	- 36	88
Nordjemen	- 64	149
Pakistan	- 12	71
Saudi-Arabien	+ 31	0
Somalia	- 13 (1979)	81 (1979)
Sudan	- 18	113
Syrien	- 15 (1980)	63
Tunesien	- 10	30
Türkei	- 6	27

1) Bei Nettokapitalimporten sind die angegebenen Anteile mit negativem Vorzeichen versehen und bei Nettokapitalexporten mit einem positiven.

Quellen: Errechnet bzw. zusammengestellt aus: Weltbank, 1982 - 1984.

Übersicht 8: Zufluß von öffentlichem und öffentlich garantiertem Auslandskapital sowie von privaten Nettodirektinvestitionen und Transferleistungen der Auslandstätigen in verschiedene Länder des Nahen und Mittleren Ostens im Jahre 1982, in Mio. US-$

	Zufluß von öffentl. und öffentl. garantiertem Auslandskapital Bruttozufluß	Nettozufluß	Priv. ausl. Nettodirektinvestitionen	Transferleistungen der Auslandstätigen
Ägypten	2.702	1.213	650	2.074
Algerien	2.238	- 654	- 1	447[1]
Israel	2.108	990	10	0
Jordanien	374	242	56	1.084
Kuwait	0	0	- 222	0
Libyen	0	0	- 765	0
Marokko	2.178	1.399	79	849
Mauretanien	215	199	15	2[2]
Nordjemen	261	216	24	1.118
Pakistan	893	567	65	2.580
Saudi-Arabien	0	0	3.376	0
Somalia	124	114	- 1	20
Sudan	419	351	0	131
Syrien	410	129	0	140
Tunesien	620	330	339	372
Türkei	2.196	1.310	150	2.187

1) Diese Zahl bezieht sich auf 1981.
2) Diese Zahl bezieht sich auf 1981.

Quelle: Weltbank, 1984.

3.2.5 Regionale Integration und Zusammenarbeit

Um Marktenge, Kapitalknappheit oder auch ein unzureichendes Angebot einheimischer Arbeitskräfte als Industrialisierungshemmnisse zu überwinden, sind im Nahen und Mittleren Osten und dort besonders im arabischen Raum vielfältige Versuche bzw. Bemühungen zur Intensivierung der regionalen Integration und Zusammenarbeit unternommen worden. Im arabischen Raum hat es selbst an Versuchen zur Bildung einer ,,totalen Integration", im Sinne der vollen Verschmelzung der Integrationspartner zu einem einheitlichen Wirtschaftsraum, nicht gefehlt. Das am weitesten reichende Integrationsprojekt war dabei wohl die Bildung der Vereinigten Arabischen Republik durch Ägypten und Syrien im Jahre 1958. Nach dem Scheitern dieser Integration durch die Abkoppelung Syriens Anfang der 60er Jahre kam es zu vielfältigen Anläufen zur Gründung von Wirtschaftsunionen zwischen arabischen Ländern, die jedoch alle gescheitert sind oder sich heute noch in ihren ersten Realisierungsstufen befinden. Hierzu gehören nicht nur die verschiedenen Versuche zur Wiederbelebung der Vereinigung zwischen Syrien und Ägypten unter Einbeziehung des Irak oder Libyens, sondern u.a. auch eine Reihe weiterer von Libyen initiierter Abmachungen über Integrationsbildung, so z.B. mit Tunesien und Marokko. Als weitere Beispiele für Mitte der 80er Jahre laufende Vereinigungsbemühungen sind die Integrationsverhandlungen zwischen Nord- und Südjemen und das Integrationsabkommen zwischen Ägypten und dem Sudan zu nennen. Nicht zu vergessen ist in diesem Zusammenhang der bereits 1957, d. h. ein Jahr vor der Vereinigung zwischen Ägypten und Syrien, vom Wirtschaftsrat der Arabischen Liga unterzeichnete Vertrag zur ,,Arabischen Wirtschaftseinheit". Dieser Vertrag wurde allerdings erst 1962 von den Regierungen fünf arabischer Staaten unterzeichnet, denen später in Abständen weitere Staaten (jedoch nicht alle) gefolgt sind. Er sieht zwar auch die Gründung einer vollständigen Wirtschaftsintegration vor, betont aber die allmähliche Realisierung und die Notwendigkeit, die „vitalen Interessen" der einzelnen Staaten nicht zu verletzen. Ein konkreter Zeitplan für die Realisierung wurde nicht festgelegt.

Die Ursachen des Scheiterns von Vereinigungsversuchen zwischen arabischen Ländern sind mannigfaltig. Sie liegen u.a. in Abweichungen der Wirtschaftssysteme und sozialen Strukturen, im Fehlen der erforderlichen politischen Stabilität in manchen der betroffenen Länder, in Divergenzen der politischen Ziele der Machthaber in den verschiedenen Ländern und der fehlenden Bereitschaft, Machtpositionen zugunsten der Bildung supranationaler Instanzen in Kauf zu nehmen, in der Furcht der Bevölkerung in den reichen Ländern, Einkommenseinbußen durch Nivellierungstendenzen infolge der Integration zu erleiden, und nicht zuletzt in der Angst der kleinen bzw. technologisch und militärisch unterlegenen Länder, dominiert zu werden.

Sieht man von den fehlgeschlagenen Versuchen einer vollen Integration zwischen arabischen Ländern ab, läßt sich doch eine Intensivierung der wirtschaftlichen Verflechtungen und Kooperation zwischen Ländern der Region feststellen, die sich vor allem in zunehmenden Arbeitskräfte- und Kapitalbewegungen widerspiegeln, in geringerem Umfang auch in einer Intensivierung der Handelsbeziehungen. Die Liberalisierung des Außenhandels zwischen den arabischen Ländern war bereits Gegenstand der 1964 beschlossenen Resolution zur Gründung des Arabischen Gemeinsamen Marktes (AGM), die allerdings nur von Ägypten, dem Irak, Jordanien und Syrien ratifiziert wurde. Die Resolution sah für industrielle Erzeugnisse einen schrittweisen Abbau der Handelsbeschränkungen vor, der sich auf zehn Jahre erstrecken sollte, um die Gefahr der Verdrängung einheimischer Industrien in den einzelnen Ländern zu limitieren. Die Liberalisierung ist jedoch nicht im erstrebten Umfang erfolgt. Dabei haben ohnehin die relativ geringen intra-regionalen Handelsanteile in der Ausgangslage zusammen mit einer Entwicklung der Nachfrage in den einzelnen Ländern zuungunsten der Produkte der AGM-Länder bei einer unzulänglichen Entwicklung des Exportangebots und der internationalen Wettbewerbsfähigkeit der Produktion dieser Länder die Chance einer starken Zunahme des intra-AGM-Handels beeinträchtigt. So sind zwischen 1964 und 1975 die intra-AGM-Exporte gemessen an den Gesamtexporten der Mitgliederländer von 6,2 % auf 5,8 % zurückgegangen, und der Anteil der intra-AGM-Importe an den Gesamtimporten ist sogar von 2,8 % auf 1,8 % gesunken. Dabei lag der Anteil der Industriegüter meistens unter einem Drittel des gesamten intra-AGM-Handels (vgl. Ghantus, 1982, 66ff.).

Hinsichtlich der intra-regionalen Kapitalbewegungen ist festzustellen, daß dem Kapitalzufluß vor allem aus den reichen arabischen Ölländern in die anderen Länder der Region eine nicht zu unterschätzende Bedeutung für die Finanzierung von Industrieinvestitionen und überhaupt für Entwicklungsfinanzierung zuzuschreiben ist. Dieser Zufluß erfolgt in Form von Krediten, verlorenen Zuschüssen, Direktinvestitionen und nicht zuletzt in Form der bereits erwähnten Überweisungen bzw. Transferleistungen von Gastarbeitern.

Die Zahlungen der reichen arabischen Ölländer an andere arabische Länder beliefen sich 1975 auf über 3 Mrd. US-$, davon 1,87 Mrd. allein für Ägypten. 1976 waren es rund 2,3 Mrd. US-$, davon über eine Milliarde für Ägypten. Nach dem Camp-David-Abkommen wurde zwar die Kapitalhilfe der Ölländer für Ägypten weitgehend eingestellt, an andere arabische Länder und weitere, vor allem islamische Entwicklungsländer ging jedoch diese Hilfe in beachtlichem Umfang weiter — wenn sie auch in den letzten Jahren im Zuge der Schrumpfung der Erdöleinnahmen reduziert wurde.

Verschiedene arabische Ölländer, so z.B. Kuwait, Abu Dhabi, der Irak und Saudi-Arabien, haben Entwicklungsbanken gegründet, die Kredite zur Finanzierung von Entwicklungsprojekten (einschließlich Industrieprojekte) an Länder der Region und andere Entwicklungsländer vergeben oder sich auch an Projekten in diesen Ländern beteiligen. Neben solchen Banken, die von einzelnen Staaten getragen werden, sind auch multinationale Fonds geschaffen worden. Zu erwähnen ist in diesem Zusammenhang der von Kuwait initiierte Arab Fund for Economic and Social Development (AFESD), der bis Ende 1980 über 340 Mio. Kuwaitische Dinar (KD) Kredite an arabische Länder vergeben hat — davon rund 17 % für die Finanzierung von Industrieprojekten.

Der Kapitalzufluß aus den reichen Ölländern in andere Länder der Region in Form von Direktinvestitionen hat bei weitem nicht die Bedeutung des Transfers in Form von Hilfen und Krediten. Dennoch hat der Zufluß arabischer Direktinvestitionen in einzelne Länder, wie vor allem Ägypten, eine nicht zu unterschätzende Bedeutung: Über ein Drittel der nach Ägypten fließenden Direktinvestitionen kommt aus den arabischen Ländern, und der Anteil dieser Länder an den im Industriesektor getätigten ausländischen Direktinvestitionen liegt zwischen 25 und 30 %. Dabei handelt es sich hier in der Regel um *joint ventures* mit inländischen privaten und staatlichen Unternehmen.

Neben solchen bilateralen *joint ventures* wird im arabischen Raum eine Förderung der Integration durch die Bildung multinationaler *joint ventures* versucht. Beispiele für solche (arab.) *joint ventures,* die der industriellen Zusammenarbeit dienen sollen, sind die Arabische Gesellschaft für Industrieinvestitionen mit Sitz in Bagdad und die Arabische Schiffbau- und Reparatur-Gesellschaft mit Sitz in Bahrain.

Von großer Bedeutung für Entwicklung und Industrialisierung im Nahen und Mittleren Osten ist die Arbeitskräftemigration in der Region. Die Wanderung von Millionen von Arbeitskräften aus den ärmeren und dichtbesiedelten Ländern wie Ägypten, Pakistan und Jemen in die reichen Ölländer hat nicht nur ausgeprägte Wirkungen auf die Wirtschaft der Entsende-, sondern auch auf die der Gastländer. Während für die erstgenannten vor allem die bereits erwähnten großen Transferleistungen der Gastarbeiter rechnen, ist für die Gastländer festzustellen, daß dort ohne diese Fremdarbeiter weder die erfolgten Investitionen noch die Aufrechterhaltung der Produktion möglich wären (vgl. El-Shagi und Raschen, 1984; und El-Shagi, 1985).

4. Probleme und Chancen der Industrialisierung in Ländern des Nahen und Mittleren Ostens

4.1 Die natürlichen Verhältnisse und sozio-ökonomischen Voraussetzungen

Die Chancen der Industrieentwicklung in den verschiedenen Ländern hängen in vielfältiger Weise von natürlichen und sozio-ökonomischen Faktoren ab — so nicht zuletzt von der Verfügbarkeit über Rohstoffe und Energieträger, über Kapital und erfahrene bzw. qualifizierte Arbeitskräfte sowie von der Größe der Binnenmärkte, der infrastrukturellen Ausstattung, den herrschenden sozialen Normen, Wertvorstellungen und Verhaltensweisen und ebenso der Gewährleistung sozialen Friedens und politischer Stabilität.

Hinsichtlich der Verfügbarkeit über Rohstoffe und Energieträger fällt der Reichtum der Region an Erdöl auf. Allerdings ist Ölreichtum weitgehend in wenigen arabischen Ländern und Iran konzentriert. Und gerade einige der reichsten Ölländer wie etwa Saudi-Arabien, Kuwait und Libyen sind arm an sonstigen Rohstoffen. Ihnen mangelt es nicht nur an mineralischen und metallischen Rohstoffen, die in verschiedenen Industrien benötigt werden, sondern auch an agrarischen Rohstoffen, die den Aufbau von Industrien auf der Basis der Verarbeitung agrarischer Produkte erlauben könnten. Eine bessere Ausstattung mit Rohstoffen über das Erdöl hinaus weisen vor allem Iran, Algerien, aber auch der Irak und Ägypten auf. Dafür sind die bekannten ägyptischen Erdölvorräte als bescheiden anzusehen.

Die Beeinträchtigung der Expansions- und Diversifizierungschancen von Industrien durch die beschränkte Verfügbarkeit bzw. Erschließung natürlicher Ressourcen trifft die meisten Nicht-Ölländer härter, da ihnen die Finanzierung benötigter Rohstoffimporte schwerer fällt.

Betrachtet man die Verfügbarkeit über die Produktionsfaktoren Arbeit und Kapital, ist festzustellen, daß im Gegensatz zu den meisten Entwicklungsländern die ölreichen Länder des Nahen und Mittleren Ostens kapitalreich sind. Jedoch weisen diese Länder einen ausgeprägten Mangel an allen Kategorien von Arbeitskräften auf. Zwar wird das Arbeitskräfteangebot durch die Heranziehung von Gastarbeitern stark ausgedehnt, die Knappheit qualifizierter Arbeitskräfte und die hohen Arbeitskosten bleiben aber trotzdem ein ernstes Industrialisierungshemmnis in den betreffenden Ländern. Dies gilt besonders, da Industrien, wie die Mineralölverarbeitung und chemische Industrie, die in denÖlländern bevorzugt werden, durch einen überdurchschnittlichen Bedarf an qualifizierten Arbeitskräften gekennzeichnet sind (vgl. Fels, 1972, 71ff.). Nicht zuletzt auf Grund des Angewiesenseins auf ausländische Fachkräfte und Arbeiter (wie auch auf sonstige Importe) sind die Kosten für die Durchführung von Projekten in den arabischen Ölländern oft 50 bis 150 % höher als in den westlichen Industriestaaten (vgl. Ghantus, 1982, 139).

Die meisten anderen Länder der Region weisen überschüssige Arbeitskräfte in unterschiedlichem Maße auf. Trotzdem wird die Industrialisierung dieser Länder nicht nur durch die Knappheit des Faktors Kapital gehemmt, sondern auch durch die Knappheit verschiedener Kategorien von Arbeitskräften. So sind in Ländern wie Jemen (unabhängig von der Abwanderung von Hunderttausenden von Arbeitskräften) Fachkräfte und qualifizierte Industriearbeiter extrem knapp, und die überschüssigen Arbeitskräfte konzentrieren sich auf die Kategorie ungelernter Arbeiter. In anderen Ländern mit überschüssigen Arbeitskräften wie Ägypten und Pakistan sind ungelernte Arbeiter und Akademiker reichlich vorhanden, während bei Technikern und Facharbeitern Engpässe (die durch Abwanderung verstärkt werden) nicht zu übersehen sind.

Die Knappheit des Faktors Kapital in den kapitalarmen Ländern wird zwar durch externe Finanzierungsbeiträge relativiert, die Angewiesenheit auf Kapitalzufuhr ist jedoch in vielen Fällen nicht unproblematisch. Z.B. sind die Transferleistungen der Gastarbeiter eine unsichere Quelle. Und eine starke, nicht auszuschließende Reduzierung dieser Transferleistungen kann durchaus eine ernsthafte Störung des Entwicklungsprozesses in den betroffenen Ländern verursachen. Zudem ergibt sich aus der hohen Verschuldung eines Teils dieser Länder und den daraus resultierenden hohen Schuldendiensten eine starke Beeinträchtigung ihrer Investitionsfähigkeit. Dies gilt besonders für Fälle wie Ägypten, in denen der Zustrom ausländischen Kapitals oft nicht entwicklungsgerecht eingesetzt bzw. von einer Abschwächung der durch Inlandsersparnisse geleisteten Investitionen begleitet wird.

Neben den genannten Problemen bildet die beschränkte Marktgröße ein grundlegendes Problem der Industrialisierung in Ländern des Nahen und Mittleren Ostens: Die Rentabilitätsschwelle für verschiedene industrielle Produktionsrichtungen übersteigt nicht selten die Aufnahmefähigkeit der Binnenmärkte dieser Länder. Aber auch oft erlaubt die Größe der Binnenmärkte die Entstehung von nur einem oder wenigen Unternehmen, was bei der in vielen der betroffenen Länder praktizierten Abschirmung gegen die ausländische Konkurrenz eine bedenkliche Wettbewerbsbeeinträchtigung bedeuten kann.

Die Beeinträchtigung des industriellen Aufbaus durch die Enge der Binnenmärkte kommt stärker zur Geltung durch Faktoren, die die Exportchancen limitieren. Dazu gehören nicht nur die durch die Industriestaaten betriebenen Importrestriktionen, sondern auch die oft geringe internationale Wettbewerbsfähigkeit der Industrieproduktion in Ländern des Nahen und Mittleren Ostens. Diese geringe internationale Wettbewerbsfähigkeit ist z.T. die Folge von Qualitätsdefiziten und höheren Produktionskosten in den ersten Industrialisierungsphasen, aber auch einer Überbewertung der Währungen vor allem solcher Länder, die eine restriktive Währungs- und Außenhandelspolitik betreiben.

Das Problem der Marktenge drückt sich nicht zuletzt in nicht ausgelasteten Produktionskapazitäten aus. U.a. gibt Ghantus (1982, 136) die Überkapazitäten in ägyptischen, syrischen, jordanischen und irakischen Industrien mit 25 bis 50 % an. Dies heißt jedoch nicht, daß diese Überkapazitäten nur auf Marktenge zurückzuführen sind. So wird die Kapazitätsauslastung in den betreffenden Industrien auch durch weitere Faktoren wie Engpässe bei der Zulieferung benötigter *inputs* und eine geringe Wettbewerbsfähigkeit beeinträchtigt.

Sicherlich ist die Bedeutung der Marktenge als Hemmnis für die industrielle Entwicklung am größten in solchen Ländern, die sowohl eine kleine Bevölkerung als auch ein niedriges Pro-Kopf-Einkommen aufweisen, wie Djibouti, Mauretanien und Somalia. Selbst in den reichen Ölländern und den bevölkerungsreichen Ländern wie Pakistan und Ägypten ist das Problem der Marktenge aber nicht zu unterschätzen. In manchen der erstgenannten Ländern ist die Bevölkerung oft zu klein, um eine Produktion unter Nutzung der Größenvorteile zuzulassen. Hinzu kommt, daß die einheimische Produktion den hohen Qualitätsansprüchen in diesen Ländern kaum genügen kann. In den bevölkerungsreichen Ländern ist es wiederum meistens das geringe Pro-Kopf-Einkommen, das die Absatzchancen der einheimischen Industrie im Inland beeinträchtigt. Allerdings sind in diesen Ländern zumindest die Absatzchancen für manche industrielle Massenkonsumgüter und manche *inputs,* die in die Produktion solcher Güter eingehen, nicht ungünstig.

Betrachtet man die infrastrukturelle Ausstattung der verschiedenen Länder, ist festzustellen, daß heute nur in Israel und wenigen reichen Ölländern, wie Kuwait und Saudi-Arabien, die materielle Infrastruktur soweit ausgebaut ist, daß sie die industrielle Entwicklung nicht hemmt. Einige weitere Länder, wie etwa Iran, der Irak und die Türkei, weisen zwar stärkere Mängel und Engpässe im Bereich der materiellen Infrastruktur auf, diese ist jedoch in ihnen soweit ausgebaut, daß sie ausgehend vom gegenwärtigen Stand der Wirtschaftstätigkeit keine grundlegende Investitionsbeeinträchtigung bedingen dürfte. Demgegenüber sind in den meisten anderen Ländern mehr oder weniger ausgeprägte und bedenkliche Infrastrukturdefizite nicht zu übersehen. In einigen armen Ländern, wie Mauretanien, dem Sudan, Somalia, Afghanistan sowie Nord- und Südjemen, sind große Landesteile infrastrukturell kaum erschlossen. Eine ausreichende infrastrukturelle Erschließung würde besonders in den großflächigen Ländern derart hohe Investitionskosten erfordern, wie sie von diesen Volkswirtschaften in absehbarer Zeit kaum geleistet werden können. Aber auch Ägypten, ein Land, in dem Industrie und moderne Infrastruktureinrichtungen (wie Eisenbahn und Telefonnetz) eine relativ alte Tradition haben und in welchem sich die Bevölkerung auf etwa 4 % der Gesamtfläche des Landes konzentriert, hat Mitte der 80er Jahre mit großen Infrastrukturproblemen zu kämpfen. So ist dort zumindest seit Beginn der 70er Jahre eine extreme Überbelastung der Infrastruktur festzustellen, die trotz einer graduellen Verbesserung in der letzten Zeit noch immer ein ernstes Investitionshemmnis darstellt.

Nicht nur Defizite der materiellen, sondern auch der institutionellen Infrastruktur belasten die Industrialisierung in Ländern des Nahen und Mittleren Ostens. Vor allem ist in diesem Zusammenhang auf die Desorganisation, Schwerfälligkeit und Korruption der öffentlichen Verwaltungen hinzuweisen. Besonders auffällig ist die Ausprägung dieser negativen Merkmale in Ägypten. Aber auch in den anderen Ländern der Region sind sie nicht zu übersehen, wobei sie in Ländern mit einer stärker sozialistischen, interventionistischen Orientierung und solchen, die in einer längeren dirigistischen Phase einen umfangreichen Staatsapparat aufgebaut haben, meistens stärker ausgeprägt sind als in anderen.

Eine hemmende Wirkung auf die Industrialisierung dürften auch die mancherorts herrschenden sozialen Normen, Wertvorstellungen und Verhaltensweisen haben. Dazu gehören eine weitverbreitete Vernachlässigung von Disziplin und Pünktlichkeit sowie eine vor allem in (neu-)reichen arabischen Ölländern festzustellende Geringschätzung handwerklicher und technischer Tätigkeiten. Hinzu kommt eine gerade in diesen Ländern niedrige Arbeitsmoral, welche noch durch übertriebene Sozial- und Transferleistungen des Staates unterstützt wird.

Schließlich beeinträchtigen auch die sozialen Spannungen und die instabile oder gar krisenhafte politische Lage in vielen Teilen der Region den Industrialisierungsprozeß, nicht zuletzt indem sie die Investitionsbereitschaft und den Kapitalzufluß hemmen, aber auch Kapitalflucht induzieren. Unruhepotentiale werden in verschiedenen der betrachteten Länder durch Unterdrückung und Ausbeutung der Bevölkerung durch die herrschenden Regime, eine nicht durch Leistung gerechtfertigte Einkommens- und Vermögenskonzentration sowie vielfältige ethnisch, religiös und ideologisch bedingte Spannungen geschaffen. Eine Kette von Spaltungsbewegungen und offenen Konflikten oder gar Kriegen kennzeichnen Mitte der 80er Jahre die politische Lage in der Region. Der Konflikt zwischen dem Norden und dem Süden im Sudan, der Bürgerkrieg im Libanon, der Golfkrieg und der noch immer anhaltende israelisch-arabische Konflikt sind nur Beispiele hierfür.

4.2 Probleme und Unzulänglichkeiten der praktizierten Wirtschafts- und Industrialisierungspolitik

Sicherlich ist der bisher geleistete Aufbau von Industrien in Ländern des Nahen und Mittleren Ostens nicht zuletzt den umfangreichen Bemühungen des Staates in den betreffenden Ländern zu verdanken. Es kann jedoch bei einer kritischen Betrachtung des Industrialisierungsprozesses in diesen Ländern nicht übersehen werden, daß der Staat es oft nicht nur versäumt hat, notwendige Verbesserungen der Rahmenbedingungen vorzunehmen, sondern sogar durch seine Aktivitäten vielfach zur Verzerrung der Rahmenbedingungen beigetragen und durch Unzulänglichkeiten der von ihm praktizierten Industrialisierungspolitik die wirtschaftliche Entwicklung beeinträchtigt und den Industrialisierungsprozeß negativ beeinflußt hat.

Versäumnisse zeigen sich z.B. in der Vernachlässigung der materiellen Infrastruktur in manchen Ländern trotz massiver Expansion der Staatsausgaben. Sie kommen auch im Fehlen einer konsequenten Städte- und Regionalplanungspolitik in den meisten Ländern der Region zum Ausdruck, was in verschiedenen Fällen zu extremen Ballungstendenzen mit ausgeprägten negativen Agglomerationswirkungen geführt hat. Nicht zuletzt ist auf die oft festzustellende Vernachlässigung der Gewährleistung einer Rechtsordnung, welche Sicherheit für Person und Eigentum, Vertragsfreiheit und Durchsetzung des Haftungsprinzips, Wettbewerbsschutz und den Schutz vor unlauteren Wettbewerbspraktiken sicherstellt, hinzuweisen.

Ein besonders gewichtiges Beispiel für die Verzerrung der Rahmenbedingungen durch die praktizierte Wirtschaftspolitik ist die von einer Reihe von Ländern, so u.a. von Israel und Ägypten, betriebene expansive Geldpolitik. Die durch diese Politik verursachte Inflation hemmt die industrielle Entwicklung in verschiedener Weise: Industrieinvestitionen sind in der Regel langfristig angelegt. Schon die durch Inflation bedingte Zunahme der Unsicherheit bei der Investitionsplanung beeinträchtigt die Fällung langfristiger Investitionsentscheidungen. Die Inflation lenkt das Kapital und die unternehmerischen Aktivitäten mehr auf Spekulation und Lagerinvestitionen. Ferner wird der industrielle Aufbau durch weitere negative Wirkungen der Inflation, wie Beeinträchtigung der internationalen Wettbewerbsfähigkeit der einheimischen Produktion und die Induzierung einer überproportionalen Kostensteigerung in späteren Inflationsphasen, belastet.

Unzulänglichkeiten der betriebenen Industriepolitik zeigen sich u.a. sowohl in der Wahl und Implementierung als auch in dem Betrieb staatlicher Projekte. Auf die im internationalen Vergleich hohen Implementierungskosten besonders in den Ölländern ist bereits hingewiesen worden. Daß die in diesen Ländern entstehenden Industrien heute auf den Exportmärkten konkurrenzfähig sind, dürfte nicht zuletzt darauf zurückzuführen sein, daß sie u.a. nicht besteuert werden, Kredite zu Vorzugsbedingungen erhalten, mit stark subventioniertem Strom arbeiten, zu niedrigen Preisen oder gar kostenlos mit Erdgas versorgt werden und auf Grund der starken Subventionierung von Grundnahrungsmitteln die Lohnkosten drücken können (vgl. Hablützel, 1981, 12). Werden alle diese Voraussetzungen, die gesamtwirtschaftliche Kosten darstellen, abgebaut, wird es zumindest für manche der betreffenden Industrien fraglich, ob sie sich noch halten können.

Die Effizienzprobleme öffentlicher Unternehmen sind in anderen Ländern nicht weniger ausgeprägt. So lag z.B. in Ägypten die durchschnittliche Rentabilität öffentlicher Unternehmen im direkt produktiven Bereich in den Jahren 1978 und 1979 bei lediglich 8 % bzw. 7,8 %, während die Kreditzinsen 1978 9 bis 11 % und 1979 10 bis 12 % betrugen (vgl. El-Bawab, 1985, 59).

Besonders in Ländern, in denen die Industriepolitik stark interventionistische Züge aufweist, erstrecken sich induzierte Fehlallokationen und nicht entwicklungskonforme Investitionsentscheidungen auch auf den privaten Sektor. So haben langanhaltende, extrem hohe Schutzzölle, sonstige Einfuhrbeschränkungen und Förderungsmaßnahmen als Instrumente einer auf Importsubstitution ausgerichteten Politik vielerorts Industrien entstehen lassen, die heute noch, obwohl sie oft schon Jahrzehnte alt sind, ihre ,,Kinderkrankheiten" nicht überwunden und die Wettbewerbsreife nicht erreicht haben. Solche Investitionen bedeuten nicht nur eine ständige Vergeudung knapper Ressourcen, sondern dürften auch, da sie in der Regel kapitalintensiv sind, negative Beschäftigungswirkungen ergeben. Interessant ist, daß ,,Schutzrente" und Vergünstigungen, gleich ob sie auf Importsubstitution oder Exportförderung ausgerichtet sind, in vielen Fällen auch ausländischen Investoren zugute kommen. Dies bedeutet im Endeffekt einen Einkommenstransfer ins Ausland, was dazu führen kann, daß diese Investitionen für die betreffende Volkswirtschaft Verluste ergeben (vgl. El-Shagi, 1981/82).

Daß manche Maßnahmen zur Industrieförderung nicht nur gesamtwirtschaftlich negative Wirkungen haben können, sondern auch der Industrie nicht zugute kommen oder sogar der industriellen Entwicklung schaden, ist durchaus nachvollziehbar. Z.B. spiegelt sich die niedrige Festlegung der Agrarpreise in Ägypten und anderen Ländern kaum in einer entsprechenden Verbilligung der Nahrungsmittelpreise in den Städten, welche u.a. die Einhaltung niedriger Industrielöhne gewährleisten sollte, wider. Vielmehr ist die Bildung von Schwarzmärkten, die Zunahme der Händlergewinne und eine Beeinträchtigung der Entwicklung der Agrarproduktion festzustellen. Dies hat auf eine Steigerung der Agrarimporte und Belastung der Zahlungsbilanz der betreffenden Länder hingewirkt und dürfte von daher auch eine negative Wirkung auf die industrielle Entwicklung gehabt haben. Auch die in manchen Ländern praktizierte Billigzinspolitik, die industrielle Investitionen fördern sollte, kann auf Grund ihrer inflatorischen Wirkungen und der bereits erläuterten Nachteile der Inflation für die industrielle Entwicklung nicht als unbedenklich angesehen werden. Selbst die Schutzzölle, besonders wenn sie übertrieben gehandhabt werden, wie es in verschiedenen Ländern der Fall ist, können negative Wirkungen auf die Entwicklung der Industrie haben. So erhöhen sie zwar kurzfristig die Gewinne der geschützten Industriebranchen, dürften jedoch durch die Abschirmung gegen den Wettbewerb die Bemühungen dieser Branchen um Produktivitäts- und Effizienzsteigerung beeinträchtigen. Hinzu kommt, daß die verstärkte Ausrichtung dieser Zölle auf die Verbrauchsgüterindustrien eine Belastung der Entwicklung von anderen Industrien durch ihre relative Benachteiligung ergeben dürfte.

4.3 Fazit

Betrachtet man zusammenfassend die Faktoren, die den Industrialisierungsprozeß und die Industrialisierungschancen in Ländern des Nahen und Mittleren Ostens beeinflussen, sind, wie gezeigt wurde, einige positive Faktoren festzustellen, aber auch eine Reihe anderer, die die industrielle Entwicklung und Industrialisierungschancen beeinträchtigen. Zu den positiven Faktoren gehören in erster Linie die mehr oder weniger großen Anstrengungen der Regierungen der betreffenden Länder, die industrielle Entwicklung voranzutreiben, das reichlich verfügbare Kapital in mehreren Ländern der Region und die Verfügbarkeit über ein großes Arbeitskräftepotential in den meisten Ländern. Hinzu kommt die reichliche Ausstattung mancher Länder mit wichtigen natürlichen Ressourcen wie das Erdöl.

Negativ zu verbuchen sind nicht nur die zahlreichen Unzulänglichkeiten der in vielen der betrachteten Ländern praktizierten Wirtschafts- und Industrialisierungspolitik, welche die Ergebnisse der Industrialisierungsanstrengungen dieser Länder stark limitieren, sondern auch die vielen feststellbaren Defizite der Rahmenbedingungen bzw. der natürlichen und sozio-ökonomischen Voraussetzungen. Als besonders problematisch anzusehen ist, daß gerade diejenigen Länder, die reichlich über Kapital verfügen, meistens einen großen Mangel an Arbeitskräften aufweisen, daß wiederum die Länder, die über ein großes Arbeitskräftepotential verfügen, meistens unter Kapitalarmut leiden und die dort vorhandenen Arbeitskräfte weitgehend eine unzureichende bzw. nicht adäquate Qualifikation aufweisen, daß selbst die Länder, die als reich an natürlichen Ressourcen gelten, meistens eine einseitige Ausstattung bzw. eine kleine Ressourcenpalette aufweisen und nicht zuletzt, daß die Binnenmärkte in kaum einem Land der Region einen für diversifizierte Produktion und Nutzung der Größenvorteil ausreichenden Absatz gewährleisten. Die Exporte wie auch Faktorbewegungen innerhalb der Region und die ökonomischen Verflechtungen mit dem Rest der Welt haben zwar zur Relativierung dieser Probleme beigetragen, sind jedoch auf Grund vielfältiger Hemmnisse und Verzerrungen in ihrer Ausprägung und ihrem Entwicklungsbeitrag beschränkt geblieben.

Käme es tatsächlich zu der Bildung größerer Wirtschaftsgemeinschaften in der Region, könnten die angesprochenen Industrialisierungshemmnisse weitgehend abgebaut werden. Für weitreichende Integrationsvorteile sprechen nicht nur die Möglichkeiten der Markterweiterung, sondern auch die ausgeprägte Komplementarität der Faktorausstattung zwischen verschiedenen Ländern. Zwar könnte eine volle Integration kurzfristig trotz Steigerung des Volkseinkommens des Gesamtintegrationsraums zur Reduzierung des durchschnittlichen Einkommens der „ursprünglichen“ Bevölkerung reicher Länder wie Saudi-Arabien, Libyen und Kuwait führen, längerfristig betrachtet würde sie aber auch diesen Bevölkerungsgruppen stärker zugute kommen. Man kann sogar sagen, daß gerade diese Länder längerfristig an Integration interessiert sein sollten, denn ihr Reichtum basiert fast ausschließlich auf Ölressourcen, die eines Tages ausgeschöpft sein werden. Es kann allerdings kaum davon ausgegangen werden, daß die heutigen Generationen dieser Länder bereit sind, das erforderliche Opfer zugunsten der künftigen Generationen zu bringen. Daß andere Faktoren die erfolgreiche Etablierung von Integrationsprojekten in der Region behindern, ist bereits im Zusammenhang mit dem Scheitern arabischer Integrationsversuche erläutert worden. Demnach soll bei der Abschätzung der Industrialisierungsaussichten der verschiedenen Länder von der Möglichkeit der Bildung regionaler Integration als unrealistisch abgesehen werden.

Betrachtet man als erstes die dünnbesiedelten reichen arabischen Ölländer, ist folgendes festzustellen: wenn kein weiterer, radikaler Rückgang der Öleinnahmen erfolgt, ist noch in den nächsten Jahrzehnten mit einer beachtlichen Expansion des industriellen Sektors zu rechnen. Dabei dürfte die Expansionsintensität, wie bereits in den letzten Jahren in manchen dieser Länder festzustellen war, durchaus eine gewisse Reduzierung erfahren. Diese Reduzierung ist u.a. auf eine nach 1980 tatsächlich erfolgte Schrumpfung der Öleinnahmen zurückzuführen, aber auch auf die steigende Skepsis gegenüber der zunehmenden Abhängigkeit von ausländischen Gastarbeitern und ebenso auf die Einsicht, daß oft überstürzte Investitionsaktivitäten eine beachtliche Mittelvergeudung zur Folge gehabt haben.

Ob die umfangreichen Industrieinvestitionen in diesen Ländern die Schaffung eines starken Industriesektors, der den Ölreichtum überdauert, gewährleisten, ist, solange grundlegende Veränderungen in der Industriepolitik und in den Verhaltensweisen nicht erfolgen, zu bezweifeln. So darf nicht vergessen werden, daß die dortigen Industrien weitgehend auf der Erdölverarbeitung und der billigen Energieversorgung aufbauen und daß sie ohne massive Subventionen kaum konkurrenzfähig wären. Sind einmal die Ölreserven erschöpft und die umfangreichen Öleinnahmen versiegt, werden diesen Industrien die wichtigsten Fundamente ihrer Existenzgrundlage entzogen. Wenn bis dahin der Übergang zu einer diversifizierten Produktion auf der Basis einer Entwicklung der Produktivkräfte dieser Länder, etwa durch die Erschließung neuer Ressourcen und den Ausbau des Humankapitals durch Qualifizierung der eigenen Bevölkerung, nicht gelungen ist, würden Rückbildungsprozesse kaum ausbleiben. Daß die Zahl der einheimischen Industriearbeiter in manchen dieser Länder (z.B. Kuwait) in den 70er Jahren ab- und nicht zugenommen hat und daß überhaupt die Einheimischen im Zuge des wachsenden Ölreichtums sich bisher aus Bereichen mit relativ beschwerlichen Tätigkeiten zurückgezogen haben, um dort vermehrt Ausländer einzusetzen, dürfte ebenso wie die oft mangelhafte Effizienz durchgeführter Industrieprojekte kaum optimistisch stimmen.

Vom Potential her gesehen, sind die Chancen einer nachhaltigen industriellen Entwicklung in den Ölländern mit relativ großer Bevölkerung und breiterer Ressourcenausstattung wie Iran, aber auch Algerien und Irak, positiver zu beurteilen. Eine befriedigende Ausschöpfung der dort gegebenen Entwicklungsmöglichkeiten würde allerdings nicht nur eine Beendigung des menschen- und ressourcenvernichtenden Kriegs zwischen Iran und dem Irak voraussetzen, sondern auch eine Revision der Stützung der Industrialisierung auf Erweiterung des staatlichen Sektors sowie die Unterlassung entwicklungsbeeinträchtigender Interventionen des Staates und eine verstärkte Ausrichtung der staatlichen Bemühungen auf Verbesserung der Rahmenbedingungen bzw. die Schaffung besserer Voraussetzungen für die Entfaltung unternehmerischer Aktivitäten und eine befriedigende Funktion der Märkte.

Die bevölkerungsreichen Länder Pakistan, Ägypten und die Türkei, die zwar wesentlich kapitalärmer sind als die reichen Ölländer, jedoch über eindeutig mehr qualifizierte Fachkräfte und erfahrene Arbeiter verfügen und darüber hinaus eine differenziertere Produktionsgrundlage sowie eine längere Industrialisierungstradition aufweisen, haben in den 80er und 90er Jahren gute Chancen, ihren industriellen Sektor weiter auszubauen und sogar den Anschluß an die sogenannten ,,Schwellenländer" zu finden. Eine Fortsetzung der in diesen Ländern eingeschlagenen Liberalisierungspolitik bei einer konsequenteren Beachtung der Schaffung der Voraussetzungen für einen leistungsfähigen Wettbewerb und der Ausrichtung der staatlichen Aktivitäten auf die notwendigen Ergänzungen zum Wettbewerbssystem, wie die Durchführung einer adäquaten Umwelt-, Regional- und Städteplanungspolitik sowie Förderung der Mobilität und des technischen Fortschritts, dürfte der industriellen Entwicklung in diesen Ländern förderlich sein. Inwieweit sie in der Industrialisierung Fortschritte erzielen, hängt aber auch davon ab, inwieweit sie es schaffen, noch immer vielfältig praktizierte Interventionen, die Allokation und Entwicklung beeinträchtigen, abzubauen.

Daß auch kleine Länder, wenn sie eine hohe Qualifikation der Arbeitskräfte und einen relativ hohen technologischen Stand erreicht haben, durchaus beachtliche Industrialisierungsleistungen aufweisen können, zeigt das Beispiel Israels. Dabei darf nicht übersehen werden, daß dieses Land in vieler Hinsicht eine Sonderstellung einnimmt. Dies gilt nicht zuletzt für die Zusammensetzung der Bevölkerung, die zu einem großen Teil aus den entwickelten Industriestaaten zugewandert ist. Es gilt auch für das *know how* sowie die finanzielle und technische Hilfe, die das Land wie kein anderes in der Region von außen erfährt. Trotzdem weist Israel große ökonomische Probleme auf, die sich vor allem in einer Hyperinflation und einer massiven Auslandsverschuldung widerspiegeln. Die Chance, diese Probleme zu überwinden und größere Industrialisierungserfolge zu erzielen, hängt speziell in diesem Land von einer Vielzahl komplizierter Faktoren ab, die heute kaum eine Prognose erlauben. Dazu gehören die Notwendigkeit einer wirtschaftspolitischen Sanierung, die Unsicherheit bezüglich der Aufrechterhaltung der künftigen Größe der Auslandsunterstützung sowie die Aussichten auf eine Regelung des israelisch-arabischen Konflikts. Von der Art der Regelung wiederum hängen die Möglichkeiten einer Reduzierung der Militärausgaben und einer wirtschaftlichen Verflechtung mit den Ländern der Region ab.

Die industriellen Entwicklungschancen anderer kleiner Länder, die über eine aktive und lernwillige Bevölkerung verfügen, wie Tunesien, sind, soweit sie eine integrative Politik betreiben und sich mehr auf Kleinindustrie ausrichten, ebenfalls nicht zu unterschätzen.

Am wenigsten günstig sind in den nächsten Jahrzehnten die Chancen einer industriellen Expansion in solchen Ländern zu beurteilen, die dünnbesiedelt und kapitalarm sind, kaum über qualifizierte Arbeitskräfte verfügen und erst bescheidene Erfahrungen im Bereiche der industriellen Produktion aufweisen, wie Mauretanien, Somalia, Djibouti oder auch der Sudan.

Literatur:

Ägyptische Nationalbank 1983: Wirtschaftsbericht, Bd. 36, H. 1 (englische Ausgabe).

dies. 1985: The Egyptian Economy in Brief. 1985

Ägyptische Zentralbank 1978 bis 1984: Jahresberichte 1977 bis 1983/84, Kairo.

Al-Fank, F. 1982: Der jordanische Entwicklungsplan 1981-85, o.O.

Bowen-Jones, H. 1981: Development in the Middle East, in: Clarke, J.I. u. Bowen-Jones, H. (Hrsg.): Change and Development in the Middle East, Essays in Honour of W.B. Fischer, London, New York, 3-23.

Braun, J. u. de Haen, H. 1983: The effects of food price and subsidy policies on Egyptian agriculture, (IFPRI Research Report No. 42), Washington D.C.

Dicke, H. u. Glisman, H.H. 1984: Ölreichtum, Industrialisierungsstrategien und Industrialisierung arabischer OPEC-Länder, in: Die Weltwirtschaft, 122-137.

El-Bawab, S. 1985: Die Wirtschaftsöffnung — was hat sie für die industrielle Produktion bewirkt? (arab.) in: al-Ahrām al-Iqtiṣādī, Nr. 840, 58ff.

El-Shagi, E.-S. 1978: Die Strategien des „gleichgewichtigen“ und „ungleichgewichtigen“ Wachstums: Alternative Wege oder partielle Ansätze, in: SSIP-Bulletin, Bd. 48, 22-33.

ders.1981: Ägypten — Ausländische Direktinvestitionen und ihre Bedeutung als Beitrag externer Entwicklungsfinanzierung, in: List Forum, Bd. 11, H. 2, 63-91.

ders., unter Mitarb. v. M. Raschen 1984: Arbeitskräfteabwanderung aus Entwicklungsländern in die arabischen Ölländer, (Forschungsberichte des BMZ, 58), München, Köln, London.

ders. 1984: Probleme und Fehlentwicklungen der ägyptischen Wirtschaft — Markt- oder Staatsversagen? in: Zeitschrift für Wirtschaftspolitik, Bd. 33, H. 2/3, 191-226.

ders. 1985: Gastarbeiter am Golf, in: Scholz, F. (Hrsg.): Die Golfstaaten — Wirtschaftsmacht im Krisenherd, Braunschweig, 201-216.

Fels, G. 1972: The Choice of Industry Mix in Division of Labour between Developed and Developing Countries, in: Weltwirtschaftliches Archiv, Bd. 108, 71-121.

Gebhardt, A. u. Ochel, W. 1983: Die Industrialisierung der arabischen OPEC-Länder und ihre Auswirkung auf die Industrie der Bundesrepublik Deutschland, München.

Ghantus, E.T. 1982: Arab Industrial Integration. A Strategy for Development, London, Canberra.

Gottheil, F. 1981: Iraqi and Syrian Socialism — An Economic Appraisal, in: World Development, 825-837.

Hablützel, R. 1981: Probleme einer wirtschaftlichen Diversifizierung der Ölländer, in: Finanzierung und Entwicklung, H. 2, 10-13.

I.L.O. 1981-85: Yearbook of Labour Statistics, Bände 1981 bis 1985, Genf.

Islam, N. 1981: Foreign Trade and Economic Controls in Development, New Haven, London.

I.W.F. 1984: Tunesia — Recent Economic Developments, Document Nr. SM/84/130, Washington D.C.

Nienhaus, V. 1982: Islam und moderne Wirtschaft — Positionen, Probleme und Perspektiven, Graz, Wien, Köln.

Nyrop, R.F. 1979: Jordan — A Country Study, Washington D.C.

Ochel, W. 1978: Die Industrialisierung der arabischen OPEC-Länder und des Iran — Erdöl und Erdgas im Industrialisierungsprozeß, München.

Short, P. 1983: Appraising the Role of Public Enterprices: An International Comparison, (I.W.F. Occasional Paper Series), Washington D.C.

Statistisches Bundesamt (Bundesrepublik Deutschland): Allgemeine Statistik des Auslandes, verschiedene Länderberichte aus den Jahren 1977-1984 (u.a. für den Irak, Iran, Libyen, Marokko, Saudi-Arabien und Somalia).

Tabibi, L. 1981: Die afghanische Landreform von 1979 — ihre Vorgeschichte und Konsequenzen, Berlin.

The Kingdom of Saudi-Arabia, Ministry of Planning 1975: Second Development Plan 1975-1980, Riyadh.

U. N. 1983: Yearbook of Industrial Statistics, 1981, Vol. 1, General Industrial Statistics, New York.

Weltbank 1979-87: Weltentwicklungsberichte, Bände 1979-1987, Washington D.C.

V. Geld- und Kreditwesen

Aziz Alkazaz

1. Allgemeiner Überblick

Seit Anfang des 20. Jahrhunderts hat sich im arabischen Raum ein diversifiziertes Geld- und Kreditwesen entwickelt. Es umfaßt ein dichtes Geflecht von Banken, Spar- und Postsparkassen, Investmentgesellschaften, Versicherungen und vielen anderen Finanzinstitutionen. Ihre Zahl beträgt mehr als 900 (vgl. Tab. 1). Die wichtigeren Finanzinstitutionen lassen sich in folgende Kategorien unterteilen: (a) Zentralbanken, (b) Geschäftsbanken, (c) Islamische Banken, (d) Investmentgesellschaften, (e) Spezialbanken, (f) Entwicklungshilfe-Institutionen.

In diesen Systemen reflektieren sich sowohl die politischen und wirtschaftlichen Entwicklungen als auch die herrschenden Macht- und Besitzverhältnisse. Die Kolonialzeit mit den engen Verbindungen zu England, Frankreich und Italien hat genauso ihre Spuren hinterlassen, wie es die weitreichenden Auswirkungen der Befreiungsbewegungen und der am Arabischen Sozialismus orientierten Revolutionen getan haben. In den vollständig oder teilweise nationalisierten Geschäftsbankensystemen haben sich ganz andere entwicklungspolitische Konzeptionen niedergeschlagen als in solchen Ländern wie Libanon, Bahrain und den Vereinigten Arabischen Emiraten (VAE), in denen das *laissez faire* zum Programm erhoben wurde und die lokalen Herrscherhäuser und bestimmte Familienklans mit Verbindungen zum Ausland eine dominierende Rolle spielen. In jüngster Zeit kam der Einfluß islamistischer Strömungen hinzu, der u. a. zur Gründung Islamischer Banken, Investmentgesellschaften und Versicherungen führte. Im wirtschaftlichen Bereich ist an die wachsende Industrialisierung und intraregionale Zusammenarbeit, an die enorm gestiegene Einfuhr von Waren und Dienstleistungen und an die umfangreiche Finanzhilfe der Ölexportländer sowie an die Überweisungen der ausländischen Firmen, der Gastarbeiter und der Touristen als Bestimmungsgründe für die Entwicklung des Bankensektors zu denken. Vor allem ist die Entwicklung der Öleinnahmen in Betracht zu ziehen, deren sprunghafter Anstieg in den 70er Jahren zu einem rasanten Aufschwung des Bankensektors führte. Dieser wurde durch den Rückgang der Öleinnahmen in den 80er Jahren stark gebremst. Die rapide gewachsene Internationalität arabischer Banken ist auch ein Versuch, einen Teil der Macht über das eigene Kapital außerhalb der Landesgrenzen in Händen zu behalten.

Die Gläubigerposition der Golfstaaten und die verstärkte Tätigkeit arabischer Banken im Ausland dürfen nicht darüber hinwegtäuschen, daß die arabischen Länder insgesamt gegenüber dem Ausland mehr Kredite aufnehmen als vergeben. Der negative Saldo der internationalen Bankkredite für die arabische Region hat sich seit 1981 vergrößert. Wie Tabelle 2 zeigt, erreichte die Auslandsverschuldung der arabischen Länder 1982 bereits 56,7 Mrd. US-$. Sie ist seitdem weiter gewachsen. Vor diesem Hintergrund haben arabische Fachkreise immer wieder eine stärkere Rolle arabischer Banken bei der Rückführung der staatlichen und privaten Kapitalanlagen aus dem Ausland und eine Verbesserung des Investitionsklimas im arabischen Raum gefordert.

Tabelle 1: Banken und Finanzorganisationen in der arabischen Welt nach Ländern und Kategorien (Stand Ende 1982)

	Zentral-banken und Währungs-behörden	Allgemeine Banken (A)			Spezialbanken (S)			And. Finanzinstitute(F)			Insgesamt			
		Einheimische	Andere arabische	Ausländische	Einheimische	Andere arabische	Ausländische	Einheimische	Andere arabische	Ausländische	(A)	(S)	(F)	A+S+F
Ägypten	1	36	12	47	5	—	—	13	2	—	95	5	15	115
Algerien	1	3	—	—	5	—	—	—	—	—	3	5	—	8
Bahrain	1	20	18	99	2	—	—	13	4	—	137	2	17	156
Djibouti	1	1	4	2	—	—	—	2	—	—	7	—	2	9
Irak	1	1	—	—	3	—	—	1	—	—	1	3	1	5
Jemen (Arab.Rep.)	1	2	2	7	3	—	—	1	—	—	11	3	1	15
Jemen (Dem.Rep.)	1	1	—	—	—	—	—	—	—	—	1	—	—	1
Jordanien	1	8	5	13	8	—	—	5	1	—	26	8	6	40
Katar	1	4	4	6	—	—	—	2	1	—	14	—	3	17
Kuwait	1	7	—	1	4	—	—	29	4	1	8	4	34	46
Libanon	1	60	5	19	5	—	—	8	—	3	84	5	11	100
Libyen	1	6	—	1	3	—	—	1	—	—	7	3	1	11
Marokko	1	5	—	—	—	—	—	2	—	—	5	—	2	7
Mauretanien	1	14	—	2	—	—	—	6	—	—	16	—	6	22
Oman	1	8	3	11	3	—	—	—	—	—	22	3	—	25
Saudi-Arabien	1	10	2	8	6	—	—	7	—	—	20	6	7	33
Somalia	1	1	—	—	—	—	—	1	—	—	1	—	1	2
Sudan	1	6	4	4	5	—	—	5	1	—	14	5	6	25
Syrien	1	1	—	—	4	—	—	—	—	—	1	4	—	5
Tunesien	1	15	4	5	—	—	—	2	1	—	24	—	3	27
VAE	1	53	25	120	2	—	—	24	5	4	198	2	33	233
Insgesamt	21	262	88	345	58	—	—	122	19	8	695	58	149	902
Golfstaaten	6	102	52	245	17	—	—	75	14	5	399	17	94	510

A = Handels- und Investmentbanken, einschl. Repräsentanzen und *off-shore*-Banken
S = Spezialbanken für einzelne Wirtschaftssektoren sowie Entwicklungsbanken
F = Finanzinstitute einschl. Handelsgesellschaften, Investmentinstitute, Broker u.ä.
Quelle: Zusammenstellung des Ifo-Instituts nach Unterlagen bei ,,Arab Banking and Finance Handbook", 1983.

Tabelle 2: Ausstehende und ausgezahlte öffentliche Auslandsverschuldungen (in Mio. US-$)

	1970	1975	1976	1977	1978	1979	1980	1981	1982
Ägypten	1.644	4.829	5.767	8.092	9.920	11.411	12.795	13.887	15.468
Algerien	937	4.477	5.846	8.316	12.660	14.918	15.078	14.392	13.392
Bahrain	.	.	.	.	.	.	.	.	.
Djibouti	.	.	.	.	.	.	.	.	.
Irak	.	.	.	.	.	.	.	.	.
Jemen Nord (Arab. Rep.)	.	244	269	340	470	473	876	1.094	1.312
Jemen Süd (Dem.Rep.)	1	99	139	240	330	403	499	640	761
Jordanien	119	340	410	623	841	1.048	1.266	1.419	1.686
Katar	.	.	.	.	.	.	.	.	.
Kuwait	.	.	.	.	.	.	.	.	.
Libanon	64	46	39	39	48	95	194	246	213
Libyen	.	.	.	.	.	.	.	.	.
Marokko	711	1.753	2.830	4.069	5.123	6.181	7.097	7.879	9.030
Mauretanien	27	188	393	460	591	619	723	827	1.001
Oman	.	.	.	.	.	.	.	.	677
Saudi-Arabien	.	.	.	.	.	.	.	.	.
Somalia	77	230	287	388	526	598	725	877	944
Sudan	316	1.230	1.762	2.036	2.383	3.334	3.714	4.595	5.093
Syrien	232	674	996	1.486	1.915	2.185	2.269	2.337	2.616
Tunesien	541	1.021	1.166	1.841	2.422	2.996	3.194	3.182	3.472
VAE	.	.	.	.	.	.	.	.	.
Insgesamt[1]	4.669	15.131	19.404	27.930	37.229	44.261	48.430	51.375	56.665

1) Summe der obigen

Quelle: Weltbank: World Tables, Vol. I (1983), Weltentwicklungsbericht 1984.

2. Die Zentralbanken und die staatliche Geld- und Kreditpolitik

2.1 Die gegenwärtige Situation

Nach einer langen, wechselvollen Geschichte hat die arabische Region im 20. Jahrhundert erstmals eine ,,normale" Währungssituation erreicht: Währungsgebiet und Staatsgrenzen decken sich, und in einem Währungsgebiet gibt es nur eine gesetzliche Währung. Lediglich die von Israel besetzten Gebiete, wo sowohl der israelische Schekel als auch der Jordanische Dinar in Umlauf sind, bilden eine Ausnahme. Übernationale Währungsgebiete, wie sie früher in der Golfregion und in Südarabien bestanden, gibt es nicht mehr. Die erkämpfte politische Unabhängigkeit hat paradoxerweise zur Aufspaltung des arabischen Raumes in 21 verschiedene Währungsgebiete geführt. Auf der anderen Seite bewirkte sie aber auch, daß die nationalen Regierungen die währungspolitische Souveränität nacheinander erlangten und eigene Zentralbanksysteme aufbauen konnten. Mitte der 80er Jahre verfügt jeder arabische Staat über eine Zentralbank. Die erste Zentralbank wurde im Irak 1947 gegründet, die letzte in den VAE 1980.

Die arabischen Währungsautoritäten haben sich vom System der *Currency Boards* und den anderen Arten der kolonialen Bindungen gelöst und allmählich zu modernen Zentralbanken entwickelt (vgl. Tab. 3). Hinsichtlich ihrer Aufgaben, ihrer Zielsetzungen und ihres Instrumentariums haben sie Anschluß an die internationale Entwicklung gefunden.

2.2 Aufgaben und Zielsetzungen

Die in den arabischen Zentralbankgesetzen verankerten Aufgaben und Zielsetzungen unterscheiden sich im wesentlichen nicht von denen westlicher Zentralbanken. Sie lassen sich wie folgt zusammenfassen:

- Ausgabe, Regelung und Verwaltung der Banknoten und Münzen,
- Verwahrung, Überwachung und Verwaltung des staatlichen Auslandsvermögens sowie Bestimmung der Richtlinien für die Verwendung dieses Vermögens,
- Überwachung und Aufsicht über das gesamte Bankensystem, insbesondere die Geschäftsbanken,
- quantitative und qualitative Aufsicht über Kreditvergabe,
- Erfüllung der Aufgaben als ,,Bank der Banken" und als *last resort* für ihre Liquidität,
- Erfüllung der Aufgaben als Bank der Regierung und als Vertreter bei inländischen Bankgeschäften und im Verkehr mit dem Ausland sowie als ihr Berater in monetären und finanziellen Angelegenheiten,
- Sicherung der Geldwertstabilität, und zwar sowohl der Binnenwertstabilität als auch der Wechselkursstabilität,
- Kooperation mit der Regierung bei der Beilegung wirtschaftlicher und finanzieller Krisen,
- Unterstützung der wirtschaftlichen Entwicklung des Landes, einschließlich der Errichtung staatlicher Spezialbanken und Aufbau der Geld- und Kapitalmärkte.

Der Aufgabenkatalog enthält also sowohl traditionelle Zielsetzungen wie z.B. Sicherung der Geldwertstabilität als auch neuere Zielsetzungen, die sich auf Unterstützung der staatlichen Entwicklungspolitik beziehen. Zur Erfüllung dieser Aufgaben sind die arabischen Zentralbanken im allgemeinen mit ausreichenden gesetzlichen Befugnissen ausgestattet.

2.3 Emission der Währung und Deckungsbestimmungen

In allen arabischen Ländern liegt die Emission der Währung bei der Zentralbank (Notenbankmonopol). Die Festlegung der Goldparität der Währung ist Sache der Regierung.

Die arabischen Staaten haben von ihren eigenen Inflationserfahrungen und von Erfahrungen anderer Länder gelernt. Ihre Gesetze unterwerfen die Zentralbanken relativ strengen Deckungsbestimmungen. Sie schreiben grundsätzlich eine volle Deckung der emittierten Noten und Münzen vor, und zwar hauptsächlich durch Gold, Devisen und ausländische staatliche Wertpapiere. Das gilt insbesondere für die Ölexportländer. Allerdings haben einige (kapitalschwache) Länder auch die zunehmende Verwendung inländischer staatlicher und privater Wertpapiere als Dekkungsinstrumente zugelassen. Das hat Vor- und Nachteile: Auf der einen Seite ermöglicht es eine größere Flexibilität bei der Gestaltung des Geldangebots entsprechend den realen Erfordernissen der Volkswirtschaft und lockert die zu starke Bindung der Währungsemission an die Zahlungsbilanzsituation, d.h. es kann als ein Zeichen währungspolitischer Unabhängigkeit betrachtet werden. Auf der anderen Seite aber birgt es die Gefahr in sich, daß die Ausgabe neuer Banknoten eine bestimmte Grenze überschreitet und die Geldwertstabilität unterminiert, zumal es sich hier um Regierungen von Entwicklungsländern handelt.

Tabelle 3: Die Währungsbehörden der arabischen Staaten (Stand: 1984)

Land	Zentralbank	Gründungs-jahr	Tätigkeits-beginn	Nr. des Gesetzes
Ägypten	National Bank of Egypt	1957	1957	57
	Central Bank of Egypt	1961	1961	250
		1975	1975	120/1975 und Erlaß Nr. 488/1976
Algerien	Banque Central d'El-Djazair	1962	1963	Gesetz über die algerische Zentralbank 1963
Bahrain	Bahrain Currency Board	1964	1964	6
	Bahrain Monetary Agency	1973	1974	23
Djibouti	Tresor National de la République Djibouti	1977	1978	Gesetz vom 3.12.1977
Irak	National Bank of Irak	1947	1949	43
	Central Bank of Irak	1956	1956	72 und Gesetz Nr. 64 von 1976
Jemen (Nord)	Yemen Currency Board	1964	1964	6
	Central Bank of Yemen	1971	1971	4
Jemen (Süd)	East African Currency Board			
	South Arabian Currency Authority	1964	1965	10
	Southern Yemen Currency Authority	1968	1968	15
	Yemen Currency Authority	1971	1971	37
	Bank of Yemen	1972	1972	36
Jordanien	Central Bank of Jordan	1959		
		1960	1963	33
		1971		23
Katar	Qatar and Dubai Currency Board	1966	1966	Währungsabkommen zwischen Katar und
	Qatar Monetary Agency	1973	1973	Dubai von 1966. Gesetz Nr. 7/1973
Kuwait	Kuwait Currency Board	1960	1961	41
	Central Bank of Kuwait	1968	1969	32
Libanon	Banque du Liban	1963	1964	13513
Libyen	National Bank of Libya	1955	1956	30
	Central Bank of Libya	1963	1963	4
Marokko	Banque du Maroc	1959	1959	233/59/1
Mauretanien	Central Bank of Western Africa	1959	1959	
		1962	1962	
	Banque Central de Mauritanie	1973	1973	118/73
Oman	Masqat Currency Authority	1970	1970	1390
	Oman Currency Board	1972	1972	1392
	Central Bank of Oman	1974	1974	7/74
Saudi-Arabien	Saudi Arabian Monetary Agency	1952		23/1957 und 6/1959
Somalia	Central Bank of Somalia	1960	1960	3/1678
		1968	1968	6
Sudan	Sudan Currency Board	1956	1956	Währungsgesetz von 1956
	Bank of Sudan	1959	1960	60/1959
Syrien	Banque de Syrie et du Liban	1919	1919	
	Currency and Credit Board	1953	1953	Decret No. 87/1953
	Banque Central de Syrie	1956	1956	Decret No. 2045/1956
Tunesien	Banque Centrale de Tunisie	1958	1958	90
Ver. Arab. Emirate	UAE Currency Board	1973	1973	2
	UAE Central Bank	1980	1981	

Quelle: Zusammenstellung des Deutschen Orient-Instituts, Hamburg.

2.4 Wechselkurse und Wechselkursregelungen

Ursprünglich waren die arabischen Währungen an zwei internationale Währungssysteme der ehemaligen Kolonialmächte gebunden: das System des Französischen Franc und das System des Pfund Sterling. Von diesen historischen Bindungen haben sich die arabischen Länder im Rahmen ihrer Unabhängigkeitsbestrebungen befreit. Der allgemeine Wendepunkt kam mit dem Zusammenbruch des internationalen Goldstandards im August 1971 und dem darauf folgenden *Floating* der meisten wichtigen Währungen in der Welt.

Die arabischen Länder haben sich diesen weltweiten Entwicklungen angepaßt. Da ein wirksamer Koordinierungsmechanismus für den arabischen Raum fehlte, entwickelten die einzelnen Staaten unterschiedliche Wechselkursregelungen (vgl. Tab. 4).

Von besonderer Bedeutung ist die Frage nach den Relationen zwischen den arabischen Währungen, die erheblich schwanken. Die Zentralbanken streben eine dauerhafte Stabilität dieser Kursverhältnisse an, um die regionale Integration zu fördern.

Tabelle 4: Wechselkursregelungen der arabischen Länder (Stand: 30. September 1984)

Bindung an den US-$	Bindung an das SZR	Bindung an eine sonstige Währungskombination	Begrenzte Flexibilität gegenüber dem US-$	Sonstiges kontrolliertes Floating	Unabhängiges Floating
Ägypten	Jordanien	Algerien	Bahrain	Marokko	Libanon
Djibouti		Kuwait	Katar		
Irak		Mauretanien	Saudi-Arabien		
Jemen		Tunesien	Vereinigte Arabische Emirate		
Jemen, Demokrat.					
Libyen					
Oman					
Somalia					
Sudan					
Syrien					

Quelle: Deutsche Bundesbank, Statistische Beihefte zu den Monatsberichten der Deutschen Bundesbank, Reihe 5, Die Währungen der Welt, November 1984, Nr. 4, 47; zusammengestellt vom Deutschen Orient-Institut, Hamburg.

2.5 Devisenbewirtschaftung

Bisher haben nur Bahrain, Nordjemen, Libanon, Kuwait, Oman, Saudi-Arabien und die VAE auf Kontrolle und Beschränkungen der Zahlungen für laufende Transaktionen verzichtet. Alle anderen arabischen Ländern wenden mehr oder weniger strenge Systeme der Devisenbewirtschaftung an. Die Devisenbewirtschaftung enthält hauptsächlich ein staatliches Lizenzsystem für Wareneinfuhren und entsprechende Zahlungen an das Ausland sowie Kontingentierungen der privaten Transfers, gestaffelt nach Zwecken der Zahlungen. Es gibt ferner Beschränkungen für die Bürger im Hinblick auf den Erwerb und den Handel mit Devisen. Allerdings haben einige Länder, vor allem Ägypten, Jordanien, der Sudan und Syrien seit Mitte der 70er Jahre diese Beschränkungen teilweise aufgehoben, um arabische und ausländische Investoren sowie die Devisen ihrer im Ausland tätigen Bürger anzulocken.

2.6 Wirksamkeit und Grenzen der Zentralbankpolitik

Die arabischen Geschäftsbanken sind im Vergleich zu den europäischen Geschäftsbanken durch Überliquidität gekennzeichnet. Da sie sich vorwiegend auf die Finanzierung des Handels konzentrieren, kommen die produktiven Bereiche der Industrie, der Landwirtschaft und des Wohnungsbaus bei der Versorgung mit mittel- und langfristigen Krediten zu kurz. Daher konzentriert sich die Zentralbankpolitik auf Abschöpfung der Überliquidität und Lenkung der Kreditvergabe in diejenigen Bereiche, die entwicklungspolitische Priorität haben. Sie stößt dabei auf Hindernisse und Schwierigkeiten struktureller und sonstiger Art, die ihre Wirksamkeit begrenzen.

Das kreditpolitische Instrumentarium der arabischen Zentralbanken umfaßt sowohl die quantitativen traditionellen Instrumente, die den Kreditgewährungsspielraum der Geschäftsbanken und damit Umfang und Kosten des Geldangebots beeinflussen, als auch administrative Instrumente, die die Qualität, Richtung und sektorale Verteilung der Kredite beeinflussen sollen. Zur ersten Kategorie gehören: Festlegung und Variation der Mindestreservesätze, Operationen der Zentralbank am offenen Markt, Festlegung der Methoden, die die Banken bei ihrer Kreditgewährung und bei ihren Investitionen in Wertpapieren zu beachten haben, Regelung der Annahme von Geldmarkt- und Handelspapieren durch die Geschäftsbanken sowie Festlegung der Bedingungen ihrer Rediskontfähigkeit bei der Zentralbank und Festlegung der Obergrenzen der Zinssätze für die verschiedenen Arten von Forderungen und Verbindlichkeiten. Zur zweiten Kategorie gehören: Festlegung von Liquiditätsnormen, Bestimmung derjenigen Bereiche, in denen die Geschäftsbanken keine Mittel investieren dürfen, Investitions- und Kreditrestriktionen verschiedener Art, Privilegierung bzw. Diskriminierung bestimmter Kreditarten, Kontrolle der Kreditbedingungen, kreditpolitische Empfehlungen und Appelle an die Banken und an die Geschäftswelt.

Aus verschiedenen Gründen ist die Wirksamkeit der Instrumente der ersten Kategorie im arabischen Raum sehr niedrig. Daher liegt das Schwergewicht der Zentralbankpolitik generell auf dem Einsatz der administrativen Instrumente. Zu den Ursachen der begrenzten Wirksamkeit der quantitativen und unternehmerischen Instrumente (Diskont- und Lombardpolitik, Mindestreservepolitik, Offenmarktpolitik usw.) gehören:

- Die Wirtschaftsstruktur ist durch zu starke Abhängigkeit vom Rohstoffexport und von den Schwankungen des Weltmarktes gekennzeichnet. Das bedingt größere Schwankungen des Volkseinkommens und der internationalen Liquidität des betreffenden Landes. Demgegenüber ist der Stellenwert der Investitionen in der volkswirtschaftlichen Gesamtrechnung (im Vergleich zum Export) zu niedrig.
- In den meisten arabischen Ländern fehlen entwickelte und geordnete Geld- und Kapitalmärkte. Nur in Ägypten, Bahrain, Jordanien, Kuwait und Tunesien haben sich solche Märkte entwickelt.
- Der Monetisierungsgrad der Wirtschaft und die Zahlungssitten, d.h. der Verbreitungsgrad des bargeldlosen Zahlungsverkehrs sind im Vergleich zu den Industrieländern noch viel zu niedrig, obwohl einige arabische Länder, insbesondere die Golfstaaten in diesem Bereich große Fortschritte gemacht haben.
- Auf Grund der bisher genannten Faktoren und der Enge der inländischen Geld- und Kreditmärkte sowie der politischen und wirtschaftlichen Instabilität des betreffenden Landes neigen die Geschäftsbanken zum kurzfristigen Kreditgeschäft und zu höherer Liquidität. Sie sind generell nicht daran gewöhnt, sich für Refinanzierungszwecke an die Zentralbank zu wenden.
- Überhaupt machen die Schwankungen der Geldreserven, die auf die Schwankungen der Zahlungsbilanz zurückzuführen sind, die monetäre Basis instabil und beeinträchtigen damit die Einwirkungsmöglichkeiten der Zentralbank.
- Diskont- und Lombardpolitik sind weitgehend wirkungslos, weil die Geschäftsbanken in den meisten Fällen einen kleinen Bestand an rediskontfähigen Papieren halten.

- Der Kapitalverkehr in den extrem offenen Volkswirtschaften der Golfstaaten, insbesondere in Bahrain, Kuwait, Saudi-Arabien und den VAE, ist mit den Geld- und Kapitalmärkten der westlichen Industrieländer sehr eng verflochten. Daher wird die Kreditversorgung der Binnenwirtschaft von den Bewegungen der an den westlichen Märkten herrschenden Zinssätze direkt und massiv beeinflußt. Hinzu kommen die Einflüsse der Wechselkursschwankungen der wichtigsten westlichen Währungen. Die Zentralbank kann unter diesen Umständen den eigenen Geschäftsbankensektor von auswärtigen Einflüssen nicht abschirmen.
- Das volkswirtschaftliche Geldangebot wird von Faktoren bestimmt, die die Zentralbank nicht kontrollieren kann. Solche Faktoren sind Rohstoffexport und Rohstoffpreise (Öl, Gas, Phosphate usw.), Lohnpolitik und Veränderungen des Umfangs und der Zusammensetzung der Arbeitskräfte, staatliche Finanz- und Haushaltspolitik einschließlich der nationalen Entwicklungspläne, Entwicklung der Zahlungsbilanz. Von ausschlaggebender Bedeutung sind die Nettoausgaben des Staates im Inland. Wegen des staatlichen Charakters der Öleinnahmen kann die Regierung die geld- und kreditwirtschaftliche Situation viel stärker beeinflussen als die Zentralbank.

Alle diese Faktoren bewirken, daß die allgemeinen quantitativen und unternehmerischen Instrumente der Zentralbanken im arabischen Raum wenig wirksam sind. Daher verwenden die arabischen Zentralbanken viel intensiver administrative, qualitative und selektive Instrumente, wie sie in den direkten Anweisungen, in den *gentlemen's agreements* und in den vorherigen Zustimmungen der Zentralbank zu Art, Umfang und sektoraler Verteilung der zu gewährenden Kredite usw. zum Ausdruck kommen. Daneben wird auch von der Mindestreservepolitik in jedem arabischen Land Gebrauch gemacht, wobei zur Verstärkung ihrer Durchschlagskraft gleichzeitig Liquiditätsrichtsätze festgelegt werden.

3. Der Geschäftsbankensektor

3.1 Geschichtliche Entwicklung

Die Entwicklung des Geschäftsbankensystems vollzog sich entsprechend der politischen Entwicklung des betreffenden arabischen Landes. Generell wurde die Gründung und Entwicklung inländischer Banken nach Erlangen der politischen Unabhängigkeit gefördert. Die Abhängigkeit von ausländischen Banken wurde stufenweise durch Kapitalbeteiligungen (Arabisierung), Teilverstaatlichungen oder vollständige Nationalisierung beseitigt.

Bis Mitte der 60er Jahre waren weite Teile der arabischen Gesellschaften noch nicht monetisiert. Die inländischen Banken waren relativ klein und dienten hauptsächlich der Kreditversorgung der begrenzten inländischen Märkte. Keine von ihnen hatte ihre Geschäftstätigkeit internationalisiert. Die Verbindungen zum Ausland wurden hauptsächlich durch ausländische Banken unterhalten. Außer Beirut gab es keine regionalen und internationalen Bankenzentren, und selbst Beirut hatte eine begrenzte internationale Bedeutung.

Die rasche Entwicklung des arabischen Geschäftsbankensystems vollzog sich nach 1965. Es expandierte schneller als in irgendeiner anderen Weltregion. Dabei wandelte sich die Bankenstruktur grundlegend. Es wurden zahlreiche inländische Banken mit eindrucksvoller Finanzbasis neugegründet und rasch entwickelt. Es entstanden in bestimmten Ländern neben den nationalen auch regionale und internationale Geld- und Kreditmärkte. Der dramatische Wandel zeigt sich u. a. in der wesentlichen Erweiterung der Bankstellennetze, in der Ausweitung angebotener Dienstleistungen, in der Modernisierung der technischen Apparate (Verwendung von Computern und

Datenverarbeitungssystemen) und in der Internationalisierung der Tätigkeit sowie in der zunehmenden Bedeutung arabischer Banken beim *Recycling* der Petrodollars. Arabische Banken sind Mitte der 80er Jahre in fast allen internationalen Finanzzentren vertreten, und einige von ihnen gehören hinsichtlich ihrer Depositen und ihres Kreditvolumens zu den 100 größten Banken in der Welt. Ferner wurden zahlreiche Ausbildungsinstitutionen für den Bankensektor aufgebaut. Es entstand eine neue Generation dynamischer Banker, die die ausländischen Experten nach und nach ablösten. Auch die gesetzgebenden Instanzen sind aktiver geworden. Sie verabschiedeten zeitgemäße Gesetze, mit denen der Bankensektor und die Geschäftstätigkeit neugeregelt wurden.

Zusammenfassend lassen sich in der geschichtlichen Entwicklung des arabischen Geschäftsbankensektors fünf Perioden unterscheiden:

- In der ersten Periode von der Etablierung der Kolonialherrschaft bis 1918, in der die arabischen Länder in die Volkswirtschaften und Währungssysteme der Kolonialmächte (Osmanisches Reich, Großbritannien, Frankreich und Italien) integriert waren, gab es nur einige wenige ausländische Banken. Inländische Banken existierten nicht.
- Die zweite Periode von 1918 bis 1945 war durch zwei Erscheinungen gekennzeichnet: (1.) Verbreitung neuer Filialen ausländischer Banken, (2.) Gründung der ersten inländischen Banken: Egypt Bank 1920, Arab Bank in Palästina 1930, Rafidain Bank im Irak 1941. In fast allen arabischen Ländern fehlte in dieser Zeit eine zentrale Bankenaufsicht. Nur im Irak gab es mit dem Gesetz Nr. 61 von 1938 über Bankenaufsicht eine Ausnahme.
- In der dritten Periode von 1945 bis 1973 dominierten zwei grundlegende und zusammenhängende Strömungen: (1.) beschleunigte Ausweitung der Tätigkeit privater und staatlicher Banken durch Erweiterung der Filialnetze bestehender Banken und durch Gründung neuer inländischer Banken sowie durch das allgemeine Wirtschaftswachstum, (2.) Arabisierung und Nationalisierung in- und ausländischer Banken sowie Verbesserung der Kontrollinstrumentarien der Zentralbanken. Dabei haben Ägypten, Algerien, der Irak, Libyen, Syrien und Südjemen den Bankensektor vollständig verstaatlicht, während die Golfstaaten, Jordanien, Marokko und Tunesien durch Kapitalbeteiligungen und andere marktwirtschaftliche Mittel den Bankensektor zu arabisieren und den ausländischen Einfluß zu begrenzen suchten. Besonders in der erstgenannten Ländergruppe erfolgte eine umfassende Reorganisation des Geschäftsbankensystems in institutioneller und rechtlicher Hinsicht.
- Die vierte Periode von 1973 bis 1983 stand im Zeichen der Ölpreissteigerungen von 1973/74 und 1979, die einen großen Zustrom von Deviseneinnahmen mit sich brachten und zu einer enormen Ausweitung der volkswirtschaftlichen Ersparnisse und der Zahlungsströme auf nationaler, regionaler und internationaler Ebene führten. Hier wuchs die Zahl der nationalen Finanzinstitute in beträchtlichem Ausmaß, und es begann eine rasch um sich greifende internationale Zusammenarbeit, die u.a. zur Gründung von *joint ventures* mit westlichen Banken und damit zur Ausweitung der Anlagemöglichkeiten führte. Die nationalen Banken waren bestrebt, das Management eines zunehmenden Teils der Öleinnahmen zu übernehmen. Sie beteiligten sich in wachsendem Ausmaß an internationalen Konsortialkrediten. Es entstanden auch regionale Kapitalmärkte. In dieser Zeit begannen auch die Experimente mit Islamischen Banken und Investmentgesellschaften an Bedeutung zu gewinnen. Mit dieser stürmischen Entwicklung waren aber auch negative Elemente verbunden wie z.B. exessive Bankengründungen und übertriebene Spekulationsgeschäfte.
- Die fünfte Periode, die mit der Senkung der Ölpreise und der 1983 beginnenden Rezession einsetzte und Mitte der 80er Jahre anhält, ist durch allgemeine Ernüchterung und eine Konsolidierung auf breiter Front gekennzeichnet. Die gesammelten Eigenerfahrungen in Management und im internationalen Geschäft kommen nunmehr besser zur Geltung. Reformen werden auch in den Golfstaaten in Angriff genommen.

3.2 Stand Mitte der 80er Jahre

Gegenwärtig existieren in den arabischen Ländern rund 150 Geschäftsbanken. Es lassen sich bei ihnen drei Kategorien unterscheiden:

- Nationale Banken, an denen der Staat zumindest teilweise beteiligt ist. Sie sind grundsätzlich an der Entwicklung der Binnenwirtschaft orientiert und haben sich verhältnismäßig wenig im Ausland engagiert. Zahlenmäßig bilden sie die weitaus größte Mehrheit, und zu ihnen gehören die etablierten Banken der ersten Generation.
- Konsortialbanken mit gemischt arabisch-westlicher Beteiligung. Ihre Tätigkeit ist international ausgerichtet, wobei der arabische Raum und der Euromarkt wichtige Schwerpunkte bilden. Dies war die Formel der 70er Jahre, als für die Anlage der ,,Kapitalüberschüsse" der Ölexportländer westliches *know how* und westliche Kanäle gesucht wurden. Beispiele dafür sind die Union de Banques Arabes et Françaises (UBAF), die Bank of Credit and Commerce International (BCCI) und die Arab International Bank.
- Gemeinschaftsbanken, die durch eine Beschränkung auf arabische Eigentümer (Regierungen und Private aus verschiedenen Ländern) gekennzeichnet sind. Sie sind international sehr aktiv. Gewinnmaximierung, eine bewußt über den arabischen Raum hinausreichende Tätigkeit und ein dynamisches Management sind ihre herausragenden Merkmale. Beispiele dafür sind die Arab Banking Corporation (ABC), die Gulf International Bank und die Arab Bank for Investment and Foreign Trade (ARBIFT).

Diese arabischen Geschäftsbanken erreichen im Jahre 1981 zusammen eine Bilanzsumme von 163 Mrd. US-$ (verglichen mit 827 Mrd. US-$ bei den Geschäftsbanken in der Bundesrepublik Deutschland). Davon entfielen auf die Golfstaaten 77 Mrd. US-$ oder 47 %. Allein der saudiarabische Anteil betrug 19 %. Über Umfang und Struktur der Aktiva und Passiva der arabischen Geschäftsbanken informiert Tabelle 5. Bei den Aktiva unterscheiden sich die Geschäftsbanken der Golfstaaten von den Geschäftsbanken der anderen arabischen Länder dadurch, daß ihre Kapitalanlagen im Ausland sehr umfangreich sind und eine deutlich größere Rolle spielen, und daß sie kaum Kredite an die Staatshaushalte gewähren, weil die finanzielle Position der Regierungen der Golfländer in der Regel stark ist. Auf der Passivseite sind bei den Geschäftsbanken der kapitalarmen arabischen Länder die Sichteinlagen viel höher als die Spar- und Termineinlagen. Daher müssen sie auf ihre Liquidität stärker achten als die Geschäftsbanken der Golfstaaten, bei denen das Verhältnis umgekehrt ist. Auch werden die Zentralbanken als Refinanzierungsquellen von den Geschäftsbanken der kapitalarmen arabischen Länder viel stärker in Anspruch genommen als von den Geschäftsbanken der Ölexportländer.

Die internationale Verflechtung der arabischen Geschäftsbanken hat sich im Zeitraum 1974 - 86 enorm verstärkt. Sie beteiligten sich in zunehmendem Maße an Gewährung und Management internationaler Konsortialkredite sowie am Bonds-Emissionsgeschäft. Westeuropa ist für das arabische Bankensystem und seinen Kapitalmarkt von herausragender Bedeutung. Das kommt nicht nur in der großen Zahl arabischer Banken in Europa und ihrer starken Beteiligung am Euromarkt zum Ausdruck, sondern auch im dichten Beziehungsnetz, das von *joint ventures* über stille Beteiligungen bis hin zum Immobilienbesitz reicht. Von den 130 arabischen Banken und Finanzinstituten in Europa befinden sich die meisten in Großbritannien. Frankreich liegt an zweiter Stelle, gefolgt von Luxemburg und der Schweiz. Darüber hinaus sind arabische Banken in den USA und in verschiedenen Steueroasen Amerikas (Niederländische Antillen, Bahamas, Bermuda, Cayman-Inseln) sowie im Fernen Osten (Singapur, Hongkong u.a.) vertreten. Auf der anderen Seite sind 341 ausländische Banken im arabischen Raum tätig, davon 247 in den Golfstaaten (vgl. Tab. 6).

Tabelle 5: Aktiva und Passiva der arabischen Geschäftsbanken im Jahre 1981 (in Mio. US-S)

	Aktiva					Passiva					
	Reserven	Ausländische Anlagen	Kredite an den Staat	Kredite an Private	Sonstige	Sichteinlagen	Termineinlagen	Ausländische Verbindlichkeiten	Öffentliche Einlagen	Kredite der Zentralbank	Sonstige Verbindlichkeiten
Ägypten	3.073	3.430	4.017	8.323	841	2.543	9.264	2.619	2.210	119	2.930
Algerien	88	1.003	1.501	20.438		9.004	2.602	3.317	848	5.271	1.988
Bahrain	109	913	37	1.297		493	1.281	327	159	—	94
Djibouti	.	.	.	.		.	.	.	.	.	.
Irak	.	.	.	.		.	.	.	.	.	.
Jemen Nord (Arab.Rep.)	228	167	43	472		181	432	60	4	6	228
Jemen Süd (Dem.Rep.)	76	111	261	47		192	181	56	60	—	5
Jordanien	340	688	238	2.035		826	1.406	523	228	—	317
Katar	54	1.205	—	1.238		663	1.119	200	151	—	364
Kuwait	1.143	7.979	—	12.292		3.573	9.153	4.486	582	—	3.620
Libanon	548	4.337	903	4.604		943	6.787	1.595	174	27	866
Libyen	1.902	978	—	7.343		6.376	2.431	256	671	—	488
Marokko	89	326	1.514	2.450		2.824	1.101	67	—	501	-115
Mauretanien	18	14	—	205		99	36	79	—	32	- 9
Oman	312	467	2	969		279	689	247	324	—	210
Saudi-Arabien	2.422	15.625	—	12.665		15.101	6.422	2.656	1.991	—	4.539
Somalia	75	74	238	91		269	118	—	—	129	- 37
Sudan	434	310	66	863		725	293	147	28	79	401
Syrien	508	69	5.874	889		2.527	767	637	822	381	2.207
Tunesien	101	163	475	3.405		1.414	1.181	421	186	710	233
VAE	693	7.914	935	8.145	146	1.688	5.482	6.143	1.577	91	2.852
Insgesamt	12.213	45.773	16.104	87.771	987	49.720	50.745	23.836	10.015	7.346	21.181
Golfstaaten	4.733	34.103	974	36.606	146	21.797	24.146	14.059	4.784	91	11.679
Zum Vergleich: BRD	29.493	84.531	163.562	549.361		68.609	529.759[a)]	66.791	71.536	30.202	60.094

a) Einschl. Bankschuldverschreibungen in Höhe von 266.321 Mio. US-$.

Quelle: IMF: International Financial Statistics, Vol. XXXVII, No. 5, May 1984.

Tabelle 6: Ausländische Banken und Finanzinstitute in den arabischen Ländern[a)]

	USA	UK	Frank-reich	BR Deutsch-land	Japan	Schweiz	Luxem-burg	Italien	Nieder-lande	Iran	Kanada	Brasilien	Cay-man-Inseln	Indien	Pakistan	Bangla-desch	Philippi-nen	Hong-kong	Korea	Son-stige[b)]	Insge-samt
Ägypten	9	2	6	4	2	3	—	—	—	2	2	1	1	1	2	—	—	—	—	2	37
Algerien	—	—	—	—	—	—	—	—	—	—	—	—	—	—	—	—	—	—	—	—	—
Bahrain	17	12	7	4	20	4	1	2	2	2	3	4	—	2	3	—	1	4	2	9	99
Djibouti	—	—	—	—	—	—	1	—	—	—	—	—	—	—	—	—	—	1	—	—	2
Irak	—	—	—	—	—	—	—	—	—	—	—	—	—	—	—	—	—	—	—	—	—
Jemen Nord (Arab.Rep.)	1	—	2	—	—	—	1	—	—	—	—	—	—	—	2	—	—	1	—	—	7
Jemen Süd (Dem.Rep.)	—	—	—	—	—	—	—	—	—	—	—	—	—	—	—	—	—	—	—	—	—
Jordanien	4	1	2	—	—	1	1	—	—	—	—	—	—	—	1	—	—	1	—	1	12
Katar	1	2	1	—	—	—	—	—	—	—	—	—	—	—	1	—	—	1	—	1	7
Kuwait	—	—	—	—	—	—	—	—	—	—	—	—	—	—	—	—	—	—	—	—	—
Libanon	7	2	2	3	—	1	—	1	1	1	2	—	—	—	1	—	—	1	—	2	24
Libyen	—	—	—	—	—	—	—	—	—	—	—	—	—	—	—	—	—	—	—	1	1
Marokko	1	—	—	—	—	—	1	—	—	—	—	—	—	—	—	—	—	—	—	—	2
Mauretanien	—	—	—	—	—	—	—	—	—	—	—	—	—	—	—	—	—	—	—	—	—
Oman	1	2	1	—	—	1	—	—	—	2	—	—	1	1	1	—	—	1	—	—	11
Saudi-Arabien	—	—	—	—	—	2	—	—	—	1	—	—	—	—	1	—	1	—	2	—	7
Somalia	—	—	—	—	—	—	—	—	—	—	—	—	—	—	—	—	—	—	—	—	—
Sudan	2	—	1	—	—	—	—	—	—	—	—	—	—	—	—	—	—	1	—	—	4
Syrien	—	—	—	—	—	—	—	—	—	—	—	—	—	—	—	—	—	—	—	—	—
Tunesien	4	—	—	—	—	—	—	—	—	—	—	1	—	—	—	—	—	—	—	—	5
VAE	14	17	10	1	1	9	5	2	4	14	4	—	6	7	13	5	—	8	—	1	123
Insgesamt	61	38	32	12	23	21	10	5	7	22	11	6	8	11	25	5	2	19	4	19	341
Golfstaaten	33	33	19	5	21	16	6	4	6	19	7	4	7	10	19	5	2	14	4	13	247

a) Einschl. Geschäftsbanken, *off-shore*-Banken, Repräsentanzen und anderer Finanzinstitute.
b) Belgien, Norwegen, Österreich, Griechenland, Türkei, Spanien, UdSSR, Bulgarien, Jugoslawien, Peru, Bahamas, Indonesien, Malaysia, Taiwan, Australien.

Quelle: Zusammenstellung des Ifo-Instituts nach Unterlagen bei ,,Arab Banking & Finance Handbook 1983“.

3.3 Struktur

3.3.1 Vollverstaatlichte Geschäftsbankensysteme in Ölexportländern mit hoher Kapitalabsorptionskapazität

Im *Irak* ist der Bankensektor seit 1964 vollständig nationalisiert. Nach einem langen Prozeß der Verstaatlichung, der Fusionierung und der Reorganisation wurden alle bestehenden Geschäftsbanken in die 1941 gegründete Rafidain Bank integriert. Neben ihr wurden drei große Spezialbanken für Landwirtschaft, Industrie und Wohnungsbau systematisch aufgebaut. Der private Sektor darf keine neuen Handelsbanken mehr gründen. Damit wurde der organisatorische Aufbau des Bankensystems übersichtlich gemacht und an Struktur und Bedürfnisse der irakischen Volkswirtschaft angepaßt, in der der öffentliche Sektor eine dominierende Rolle spielt. Das hat eine strikte Kontrolle des Bankensektors und eine reibungslose Geld- und Kreditpolitik ermöglicht. Die Rafidain Bank entwickelte sich zur größten Geschäftsbank im ganzen arabischen Raum und stand 1984 hinsichtlich des Volumens ihrer Depositen an 81. Stelle auf der Liste der 500 größten Banken in der Welt. Im Inland erweiterte sie ihr Filialnetz von 82 Filialen im Jahr 1968 auf 228 im Jahr 1984 und erreichte damit viele Ortschaften und Gebiete, die bis dahin am modernen Kreditversorgungssystem nicht teilnehmen konnten. Im Ausland errichtete sie elf Zweigstellen in Jordanien, Libanon, Bahrain, Ägypten, den VAE und Nordjemen sowie eine in London. Das ist ein Ausdruck der intensivierten Wirtschaftsbeziehungen zu den arabischen Ländern und einer gewissen Internationalisierung ihrer Tätigkeit. Expansion und Struktur der Passiv- und Aktivgeschäfte widerspiegeln die wirtschaftliche Entwicklung des Landes. Ein Vergleich der Bilanzdaten der Jahre 1972 und 1984 ergibt folgendes Bild (in Mio. Iraqi Dinar): Kapital und Reserven stiegen von 138 auf 391, die Depositen von 220 auf 8.394, die Kreditvergabe von 203 auf 5.591. Die Bank spielt bei der Mobilisierung inländischer Ersparnisse sowie bei der Finanzierung des Binnen- und Außenhandels und der staatlichen Aktivitäten eine entscheidende Rolle.

In *Algerien* war der Bankensektor bis zur Erlangung der politischen Unabhängigkeit (1962) von den Franzosen vollständig beherrscht. Es gab 18 Banken, alle im ausländischen Besitz. Nach Gründung der Zentralbank (Banque Centrale d'El-Djazair) im Dezember 1962 wurden alle Banken verstaatlicht, reorganisiert und auf eine einheitliche gesetzliche Grundlage gestellt. 1986 besteht das algerische Geschäftsbankensystem aus drei großen Geschäftsbanken, die sich zu 100 % im staatlichen Besitz befinden:

- die 1966 gegründete National Bank of Algeria mit 180 Filialen im Inland. In sie wurden vier ehemalige ausländische Banken integriert. Sie finanziert hauptsächlich die Schwerindustrie und den Transportsektor.
- die 1966 gegründete Crédit Populaire d'Algérie mit 73 Filialen im Inland. In sie wurden acht in- und ausländische Kreditinstitute integriert. Sie finanziert hauptsächlich kleinere und mittelständische Unternehmen des privaten Sektors.
- die 1967 gegründete Banque Extérieur d'Algérie mit 33 Filialen im Inland. In sie wurden fünf ehemalige ausländische Kreditinstitute integriert. Sie finanziert hauptsächlich Großprojekte der Erdöl- und Schwerindustrie (Eisen und Stahl) sowie die Schiffahrt und den Außenhandel.

Neben diesen Geschäftsbanken gibt es in Algerien drei staatliche Spezialbanken für Landwirtschaft (Banque Agricole d'Algérie), Wohnungsbau (Caisse Algérienne d'Amenagement du Territoire) und langfristige Finanzierung von Entwicklungsprojekten in anderen Bereichen (Banque Algérienne de Développement).

Entsprechend der herrschenden Wirtschaftsordnung werden in der Entwicklungsfinanzierung Elemente der zentralen Planung und der selbständigen Verwaltung der einzelnen Betriebe und Projekte miteinander verbunden. Die Banken haben sowohl bei der Mittelbeschaffung als auch bei der Mittelverwendung eigene Entscheidungsspielräume, und zwar im Rahmen der staatlichen Finanzierungspläne.

Algerien hat anspruchsvolle Entwicklungspläne und eine aktive Investitionspolitik im Inland. Die Öl- und Gaseinnahmen reichen in der Regel nicht aus. Trotz seines Öl- und Gasexports ist Algerien ein Kapitalimportland. Das reflektiert sich in der konsolidierten Bankenbilanz (1983 in Mrd. Algerischer Dinar): dem bescheidenen Auslandsvermögen von 2,16 stehen Auslandsverbindlichkeiten von 10,27 gegenüber. Das Ausland bildet also für die algerischen Banken eine wichtige Finanzierungsquelle. Noch wichtiger ist die Zentralbank. Ihre Kredite an die Banken haben sich im Jahrzehnt 1973 - 83 von 5 auf 22 Mrd. Algerischer Dinar mehr als vervierfacht, obwohl sich die Reserven der Banken nicht entsprechend entwickelt haben. Ein weiteres Merkmal ist die Tatsache, daß die Sichteinlagen viel stärker wachsen als die Termineinlagen. Im genannten Jahrzehnt erhöhten sich die ersteren von 11,2 auf 76,9 Mrd., während die letzteren von 1,4 auf 13,2 Mrd. anstiegen. Allerdings müssen auch die privaten Spareinlagen bei den Postämtern berücksichtigt werden, die von 1,3 auf 14,1 Mrd. anwuchsen. Im Aktivgeschäft ist das enorme Wachstum der Kreditvergabe an den privaten Sektor bemerkenswert. Im Jahrzehnt 1973 - 83 hat sich das Volumen der an den privaten Sektor gewährten Kredite von 18,1 auf 132,6 Mrd. mehr als versiebenfacht, während sich die Kredite an die Regierung von 3,3 auf 9,2 Mrd. ,,nur" verdreifachten.

3.3.2 Vollverstaatlichte Geschäftsbankensysteme in Ölexportländern mit niedriger Kapitalabsorptionsfähigkeit

Zu dieser Kategorie gehört nur *Libyen.* Der Libysierungs- und Nationalisierungsprozeß des Bankensektors, der bereits unter der Monarchie begonnen hatte, wurde nach der Revolution vorangetrieben und 1970 abgeschlossen. Seitdem bestehen in Libyen keine privaten und ausländischen Handelsbanken mehr. Das Geschäftsbankensystem umfaßt fünf staatliche Banken, namentlich die Jamahiriya Bank, die National Commercial Bank, die Umma Bank, die Wahda Bank und die Sahara Bank. Hinzu kommt die Libyan Arab Foreign Bank, die als die größte und bedeutsamste Universalbank mit weitreichenden Auslandsaktivitäten gilt. Sie erfüllt die Funktionen einer Handelsbank, einer Investitionsbank und einer Entwicklungshilfe-Institution.

Die Entwicklung der konsolidierten Bankenbilanz in der Zeit von 1970 bis 1984 zeigt folgende Grundmerkmale des Systems: (1.) Kredite an die Regierung fehlen, während die staatlichen Depositen von 1 auf 388 Mio. Libyscher Dinar anstiegen. (2.) Die Reserven der Geschäftsbanken verbesserten sich von 27 auf 632 Mio. LD. (3.) Die privaten Sichteinlagen wuchsen von 77 auf 1.636 Mio. viel schneller als die Termineinlagen, die sich von 39 auf 822 Mio. erhöhten. (4.) Der größte Aktivposten sind die an den privaten Sektor gewährten Kredite, deren Volumen von 96 auf 2.164 Mio. LD expandierte. (5.) Das Auslandsvermögen der libyschen Banken ist größer als ihre Verbindlichkeiten gegenüber dem Ausland. 1984 betrug das erstere 208 Mio., verglichen mit Verbindlichkeiten in Höhe von 43 Mio. Das zeigt gleichzeitig die begrenzte Rolle der libyschen Geschäftsbanken beim Management der staatlichen Überschüsse.

Die Libyan Arab Foreign Bank ist die international aktivste arabische Bank außerhalb der Golfregion. Sie ist an 26 ausländischen Gemeinschaftsbanken und Investmentgesellschaften beteiligt, darunter in Entwicklungsländern. Diese Beteiligungen (insgesamt 72 Mio. ID) schwanken zwischen 10 und 60 % des Kapitals der betreffenden Gemeinschaftsbank.

Neben diesen sechs Geschäftsbanken gibt es in Libyen eine bedeutende staatliche Investmentgesellschaft, nämlich die 1981 gegründete Libyan Arab Foreign Investment Co. mit einem Kapital von 500 Mio. US-$. Sie verwaltet die libyschen Investitionen im Ausland. Gegenwärtig (1987) gehören zu ihrem Besitz ganz oder teilweise 94 Firmen, die im Ausland in solchen Bereichen tätig sind wie Industrie, Bergbau, Landwirtschaft, Schiffahrt, Immobilien und Tourismus. Geographisch verteilen sie sich wie folgt: 34 in Afrika, 27 in Europa, 25 im arabischen Raum und jeweils vier in Asien und Lateinamerika. Die Summe der libyschen Kapitalinvestitionen in ihnen betrug Ende 1983 rund 257 Mio. LD.

3.3.3 Vollverstaatlichte Geschäftsbankensysteme in kapitalarmen Ländern

In *Syrien* hat das Bankensystem sehr viel Ähnlichkeit mit dem Bankensystem in einer Zentralverwaltungswirtschaft. Bis 1961 gab es in Syrien fünf inländische, neun arabische und sieben nicht-arabische ausländische Banken. Im Zeitraum 1961 - 67 wurden diese Banken vollständig verstaatlicht und reorganisiert. Als Ergebnis der angewandten Politik der Nationalisierung und Fusionierung gibt es gegenwärtig (1987) in Syrien fünf spezialisierte Banken:

- Die 1967 gegründete Commercial Bank of Syria mit 34 Filialen gilt als die größte Bank des Landes. Sie monopolisiert die Finanzierung des Außenhandels und hat eine starke Stellung in den sechs Freizonen in Syrien. Sie ist die einzige Handelsbank.
- Die Cooperative Agricultural Bank mit 64 Filialen finanziert nur den Agrarsektor.
- Die 1958 gegründete Industrial Bank mit acht Filialen gibt kurz- und mittelfristige Kredite mit einer Laufzeit von höchstens fünf Jahren an staatliche und zu einem geringen Teil an private Industriefirmen.
- Die 1966 gegründete Real Estate Bank mit zwölf Filialen finanziert mit relativ günstigen Krediten den Bausektor (Wohnhäuser, Schulen, Krankenhäuser, Hotels u.a.).
- Die 1967 gegründete Popular Credit Bank mit 43 Filialen gibt Kredite mit einer Laufzeit von höchstens acht Jahren an Genossenschaften, Kaufleute, Beamte und Angestellte und finanziert schwerpunktmäßig den Dienstleistungssektor.

Die syrischen Banken sind also sektoral spezialisiert. Die Zentralbank bestimmt die Zinssätze, das Kreditvolumen und die sonstigen Bereiche der Bankpolitik. Trotz des planwirtschaftlichen Grundcharakters des Gesamtsystems wurden ab 1971 eine Reihe von Liberalisierungsmaßnahmen ergriffen, die darauf abzielen, in- und ausländische Privatinvestitionen zu fördern und die Gelder der im Ausland tätigen Syrer anzulocken.

Die Grundmerkmale des syrischen Bankensektors lassen sich an der Entwicklung der konsolidierten Bankenbilanz im Jahrzehnt 1973 - 83 deutlich machen:

- Auf Grund der Finanzhilfe der benachbarten Ölexportländer und der verstärkten wirtschaftlichen Aktivität im Inland expandierten alle Aktiva und Passiva der Bilanz in erheblichem Ausmaß.
- Die Summe aller gewährten Kredite übersteigt in der Regel die Summe aller Depositen, was Kapitalarmut, Devisenknappheit und inflationäre Tendenzen reflektiert.
- Die Zentralbank wird als Refinanzierungsquelle in zunehmendem Maße in Anspruch genommen. Die Summe der von ihr an die Banken vergebenen Kredite erhöhte sich im genannten Jahrzehnt von 0,42 auf 2,25 Mrd. Syr. Pfund.
- Besonders bemerkenswert sind das große Volumen der Kreditvergabe an staatliche Unternehmen und seine Expansion. Es hat sich von 1,75 auf 22,47 Mrd. Syr. Pfund mehr als verzehnfacht. Die Kreditvergabe an den privaten Sektor ist zwar auch angewachsen, macht aber nur ein Viertel der Kreditvergabe an den öffentlichen Sektor aus. Das reflektiert die herrschende Wirtschaftsordnung, in der der öffentliche Sektor die führende Rolle spielt.
- Die privaten Termin- und Spareinlagen sind im Verhältnis zu vergleichbaren Ländern außerordentlich niedrig (1983: nur 5,2 Mrd.).
- Die syrischen Banken sind im Ausland kaum engagiert. Sie haben eine Schuldnerposition. Ihre Auslandsverbindlichkeiten betrugen 1983 rund 8 Mrd. Syr. Pfund gegenüber einem Auslandsvermögen von knapp 1 Mrd.

In der *Demokratischen Volksrepublik Jemen* (Südjemen) herrschen ähnliche Verhältnisse. Bis zur Erlangung der politischen Unabhängigkeit (1967) gab es nur ausländische Banken. Sie wurden vollständig verstaatlicht und reorganisiert. Als Ergebnis dieses Prozesses besteht seit 1970 neben der Zentralbank (Bank of Yemen) eine einzige Geschäftsbank, nämlich die National Bank of Yemen mit einem Kapital von 5 Mio. South Yemen Dinar und 18 Filialen im Inland. In sie wurden alle acht verstaatlichten ausländischen Banken integriert. Sie finanziert alle Wirtschaftsbereiche, wobei die Haben- und Soll-Zinssätze für den privaten Sektor höher sind als die für den staatlichen Sektor. Noch höhere Zinssätze werden für Einlagen der im Ausland tätigen Jemeniten angeboten, um die dringend benötigten Devisen zu bekommen.

Die Grundmerkmale des Systems lassen sich ebenfalls an der Entwicklung der Abschlußbilanz der National Bank of Yemen im Jahrzehnt 1974 - 84 deutlich machen:

- Generell ist die Größenordnung aller Bilanzposten sehr bescheiden.
- Die Reserven und Depositen sind viel höher als die Kreditvergabe, was eine zu hohe Liquidität der Bank bedeutet. So stiegen im genannten Jahrzehnt (in Mio. South Yemen Dinar) die Reserven von 4 auf 178, die Sichteinlagen von 11 auf 113 und die Termin- und Spareinlagen von 10 auf 142. Demgegenüber erreichte die Kreditvergabe 1984 eine Summe von nur 122.
- Die Kreditvergabe an staatliche Unternehmen begann erst 1978 und war im Jahr 1984 mit 106 Mio. viel höher als die Kreditvergabe an den privaten Sektor (16 Mio.). Das spiegelt die sozialistische Wirtschaftsordnung wider.
- Die schwache finanzielle Position im Innern und nach außen und die selbstgewählte wirtschaftliche Isolation reflektieren sich in den niedrigen Einlagen der Regierung (1984: nur 31 Mio.) und in den Auslandsverbindlichkeiten, die 1984 mit 23 Mio. doppelt so hoch waren wie das Auslandsvermögen (10 Mio.).

Auch in *Somalia,* das wie Südjemen zu den *Least Developed Countries* gehört, ist der Bankensektor vollständig verstaatlicht. Bis 1970 gab es in Somalia eine inländische Bank und Zweigstellen von vier ausländischen Banken. Durch Verstaatlichung und Reorganisation besteht seit 1970 (neben der Zentralbank) eine einzige Geschäftsbank, nämlich die Commercial and Savings Bank of Somalia. Die Entwicklung ihrer Bilanz bis Juni 1985 zeigt u.a. eine zunehmende Inanspruchnahme der Zentralbank, die zu diesem Zeitpunkt 2,3 Mrd. Somali Shilling erreichte. Die Sichteinlagen sind in der Regel doppelt so hoch wie die Termin- und Spareinlagen (1985: 4,2 bzw. 2,4 Mrd.). Die Auslandsposition der Bank ist gut: Während Auslandsverbindlichkeiten völlig fehlen, stieg das Auslandsvermögen kontinuierlich an und erreichte 1985 rund 4,2 Mrd. Somali Shilling. Anders als in Südjemen, ist die Kreditvergabe der somalischen Bank an den privaten Sektor viel höher als an die staatlichen Unternehmen.

3.3.4 Überwiegend nationalisierte Geschäftsbankensysteme in kapitalarmen Ländern

Ägypten war das erste arabische Land, das modernes *Banking* einführte und ein nationales Geschäftsbankensystem aufbaute. Bereits 1951 gab es in Ägypten zwölf inländische und elf ausländische Geschäftsbanken in Form von Aktiengesellschaften. Unter Präsident Nasser (Jamāl 'Abd an-Nāṣir) wurden alle in- und ausländischen Banken und Versicherungen von 1956 - 61 vollständig verstaatlicht und reorganisiert. Als Ergebnis bildeten sich fünf sektoral spezialisierte Banken heraus, die bis 1971 das vollständig nationalisierte Bankensystem darstellten. Ziel der sektoralen Spezialisierung war die Verwirklichung einer Selbstversorgung der sektoralen Entwicklungspläne mit Devisen, um daraus den eigenen Einfuhrbedarf frei decken zu können.

Unter Präsident Sadat (Anwar as-Sādāt), der 1970 an die Macht kam, wurde die staatliche Ordnungs- und Wirtschaftspolitik grundlegend geändert. Diese Änderungen bezogen sich u.a. auch auf das Bankensystem. Eines der Ziele der *infitāḥ*-Politik (Politik der offenen Tür) war es, ausländische Investoren nach Ägypten anzuziehen. So wurden mit Inkrafttreten des ,,Gesetzes Nr.

65 von 1971 über die Investition des arabischen und ausländischen Kapitals und die Freizonen" neue Grundlagen für den Schutz ausländischer Investitionen und für Erleichterungen des Kapitaltransfers geschaffen. Die Gründung ausländischer Banken und Investmentgesellschaften wurde gesetzlich zugelassen.

Gleichzeitig wurden die staatlichen Geschäftsbanken im Rahmen des Republikanischen Beschlusses Nr. 2422 von 1971 reorganisiert, so daß seit dieser Zeit ein System von vier großen staatlichen Geschäftsbanken besteht:

— Die National Bank of Egypt mit 105 Filialen finanziert in erster Linie den Außenhandel. Die Palette ihrer Hauptgeschäfte hat sich in den letzten Jahren weiter diversifiziert.
— Die Miṣr Bank mit 230 Filialen finanziert die Industrie, den Binnen- und Außenhandel sowie andere Bereiche.
— Die Bank of Alexandria mit 80 Filialen finanziert hauptsächlich die Industrie, die Landwirtschaft und das Handwerk.
— Die Bank of Cairo mit 80 Filialen im Inland sowie Zweigstellen in Abu Dhabi, Bahrain und Saudi-Arabien finanziert vorwiegend den Dienstleistungssektor und spielt auch bei den Geldüberweisungen der in den Golfstaaten arbeitenden Ägypter eine Rolle.

Zu diesen staatlichen Geschäftsbanken, die ein Kapital von jeweils 7 Mio. Ägyptischen Pfund (E£) haben, kommt eine lange Liste von privaten ägyptischen Handelsbanken und *joint venture*-Banken mit arabischen und ausländischen Partnern hinzu, die im Rahmen der Öffnungs- und Liberalisierungspolitik gegründet wurden. Grundlage dieser Entwicklung ist das Gesetz Nr. 43 vom 19. 6. 1974, dessen Verkündung einen Wendepunkt darstellte und ausländische Investoren in alle Wirtschaftsbereiche (im Rahmen der Prioritäten der staatlichen Entwicklungspolitik) anlocken sollte. Es erlaubte die Gründung in- und ausländischer Banken, Rückversicherungen und Investmentgesellschaften. Die Gründung von Banken, deren Kapital und Management zu 100 % in ausländischen Händen liegen, wurde an die Bedingung geknüpft, daß sich ihre Tätigkeit auf Transaktionen in ausländischen Währungen beschränkt. Bei Engagement in Transaktionen in Landeswährung muß die Bank eine *joint venture*-Form mit ägyptischer Kapitalbeteiligung von mindestens 51 % haben.

Die im Rahmen dieses Gesetzes gegründeten Banken und Investmentgesellschaften sowie ihre Kapitalanlagen sind gegen Verstaatlichung geschützt. Sie sind von den Beschränkungen des Devisenbewirtschaftungssystems weitgehend befreit.

Im Zeitraum 1974 - 82 wurden insgesamt 39 neue Banken gegründet, davon 34 gemeinschaftliche Handels- und Investmentbanken mit arabischer und ausländischer Beteiligung, deren Tätigkeit sich auf Transaktionen in ausländischen Währungen beschränkt. Der Wettbewerb zwischen ihnen und mit den staatlichen Geschäftsbanken verschärfte sich im Laufe der Zeit und führte zu Verbesserungen der Qualität der angebotenen Leistungen, zumal die staatlichen Unternehmen und Verwaltungsstellen, die nur mit staatlichen Banken Geschäftsverbindungen unterhalten durften, von dieser Bindung ab 1975 befreit wurden und nunmehr Verbindungen mit allen Banken unterhalten dürfen (Beendigung des Spezialisierungssystems). Auch wurden die staatlichen Banken 1975 von den einschränkenden Regelungen des Staatshaushaltes befreit, indem die Kontrolle ihrer Haushalte der Zentralbank übertragen wurde.

Strukturelle Merkmale des ägyptischen Geschäftsbankensystems lassen sich an der Entwicklung der konsolidierten Bankenbilanz im Zeitraum 1972 - 82 zeigen (in Mrd. E£): Die verfügbaren finanziellen Ressourcen haben sich erheblich verbessert. Das eingezahlte Kapital erhöhte sich von 13 auf 224, was auf die Gründung neuer Banken zurückzuführen ist. Die Reserven haben sich von 115 auf 925 verachtfacht. Die Depositen haben sich von 900 auf 9.500 mehr als verzehnfacht, davon 67 % private Spar- und Termineinlagen, 23 % private Sichteinlagen und nur 10 % staatliche Depositen. Die niedrigen staatlichen Depositen sind charakteristisch für Defizitländer wie Ägypten. Trotz dieser finanziellen Ressourcen mußten die Geschäftsbanken die Zentralbank verstärkt in Anspruch nehmen. Die von der Zentralbank gewährten Kredite überstiegen zu manchem Zeitpunkt die Marke von 1.500 und machten bis zu 20 % der Finanzierungsmittel der Geschäftsbanken aus. Die Seite der Aktiva zeigt, daß die Kreditvergabe von 1.000 auf 8.000 enorm zugenommen hat, und daß diese Kredite zu 70 % an die staatlichen Wirtschaftssektoren vergeben wurden. Der Anteil des privaten Sektors an der Kreditvergabe (30 %) ist viel höher als in früheren Zeiten. Ein weiteres Merkmal ist die wachsende Verschuldung des Staates bei den Geschäftsbanken. Die Investitionen der Geschäftsbanken in inländischen Staatspapieren hat sich im genannten Jahrzehnt von 110 auf 514 fast verfünffacht. Ein in mancher Hinsicht interessantes neues Phänomen ist das Wachstum der Auslandsguthaben der Geschäftsbanken. Diese Auslandsguthaben (in ausländischen Währungen) stiegen von 50 auf die Rekordhöhe von 2.400 und lösten in Ägypten eine heftige politische Kontroverse über das Verhalten der Filialen ausländischer Banken aus, die ,,inländische Ersparnisse sammeln und überwiegend ins Ausland transferieren, anstatt sie in dringend benötigten Entwicklungsprojekten im Inland zu investieren". Einige Kreise forderten, die ausländischen Banken gesetzlich zu verpflichten, einen bestimmten Teil der Depositen im Inland zu investieren. Andere bevorzugten Methoden der *moral suasion,* mit denen die ausländischen Banken von der Nützlichkeit ihrer Beteiligung an der Finanzierung nationaler Entwicklungsprojekte überzeugt werden sollen. Diese und andere Kontroversen legten Schwächen des neuen Systems bloß und ebneten Präsident Mubarak (Ḥusnī Mubārak) den Weg für Reformen. Insgesamt ist festzustellen, daß die ägyptischen Geschäftsbanken weitgehend an der Entwicklung der Binnenwirtschaft orientiert sind und daß sie regional und international eine bescheidene Rolle spielen.

Im benachbarten *Sudan* vollzog sich eine ähnliche Entwicklung. Bis 1970 dominierten im Geschäftsbankensektor ausländische Interessen. Damals gab es sieben Geschäftsbanken mit 63 Filialen, von denen nur zwei im inländischen Besitz waren. Die ausländischen Banken, auf die mehr als 80 % aller Depositen entfielen, finanzierten vorwiegend den Außenhandel. Ihre Geschäftspolitik wurde von den relevanten politischen Parteien und Massenorganisationen immer wieder kritisiert. Es wurde ihnen u.a. vorgeworfen, daß sie die Finanzierung der produktiven Bereiche der Landwirtschaft, der Industrie und des Handwerks vernachlässigen, daß sie zu wenig für die Kreditversorgung der ländlichen Gebiete tun, und daß sie ihre sehr hohen Gewinne (angeblich bis zu 150 % des eingesetzten Kapitals) nicht im Inland investieren, sondern an ihre Muttergesellschaften transferieren. Überhaupt seien die Filialen ausländischer Banken an einer echten autozentrierten Entwicklung der sudanesischen Wirtschaft nicht interessiert.

Diese Kritik führte im Mai 1970 zur vollständigen Verstaatlichung der Banken. Die Regierung wollte die Kreditversorgung aller Wirtschaftsbereiche und Landesteile verbessern; sie wollte ein neues System aufbauen, das der Zentralbank eine wirksamere Bankenaufsicht und eine bessere Durchführung der Geld- und Kreditpolitik ermöglicht; und sie wollte die ,,übertriebene, schädliche" Konkurrenz zwischen den Banken abbauen. Diese Ziele konnten in der Zeit des vollständig nationalisierten Bankensystems (1970 - 75) aus politischen und ökonomischen Gründen nicht erreicht werden.

Ab 1975 machten sich im Sudan politisch und finanzwirtschaftlich motivierte Liberalisierungstendenzen bemerkbar, die sich auch und vor allem auf das Bankensystem auswirkten. Im Rahmen der *infitāḥ*-Politik, die das Investitionskapital der Ölexportländer anlocken sollte, wurde die Gründung ausländischer Banken gesetzlich zugelassen und gefördert. An den Import ausländischen Kapitals wurden viele Hoffnungen geknüpft. Ferner wurden auf Grund des gestiegenen Einflusses Saudi-Arabiens und des Bedürfnisses des Numeiri-Regimes (Ja'far an-Numairī) nach Erweiterung seiner schmalen Legitimationsbasis die Islamisierungstendenzen auch im Bankensektor staatlich gefördert.

Diese Entwicklungen führten zu einer wesentlichen Erweiterung und Diversifizierung des sudanesischen Bankensystems. Im Zeitraum 1976 - 85 wurden sechs ausländische Banken, vier Gemeinschaftsbanken mit sudanesischer und ausländischer Kapitalbeteiligung, zwei Repräsentanzbüros und sieben Islamische Banken sowie mehrere Investmentgesellschaften gegründet. Der Bankensektor besteht 1987 aus 26 Banken mit 192 Filialen, die sich wie folgt zusammensetzen:

— fünf staatliche Handelsbanken, die vor 1960 gegründet worden waren,
— vier staatliche Spezialbanken, die vor 1974 gegründet worden waren,
— vier Gemeinschaftsbanken (joint ventures),
— sieben Islamische Banken,
— sechs ausländische Banken.

Hinzu kommen sechs bedeutende Investmentgesellschaften, darunter die Sudan Development Corporation, die Arab Investment Company und die Sudan Emirates Investment Company.

Die konsolidierte Geschäftsbankenbilanz zeigt das finanzwirtschaftliche Dilemma eines kapitalarmen Defizitlandes mit hoher Auslandsverschuldung (1984: rund 10 Mrd. US-$). Obwohl das Land die Durchführung sinnvoller Entwicklungsprojekte dringend braucht und die Geschäftsbanken über genügend Finanzierungsmittel verfügen, bleibt ein großer Teil dieser Finanzierungsmittel brachliegen. Das liegt zum einen daran, daß die Zentralbank auf Grund ihrer Austeritätspolitik und ihrer Verpflichtungen gegenüber dem Internationalen Währungsfonds die Kreditgewährung der Geschäftsbanken nach oben begrenzt, und zum anderen daran, daß gute, produktive und profitable Projekte nicht in ausreichender Zahl vorhanden sind. Daher leiden die sudanesischen Geschäftsbanken an chronischer Überliquidität und müssen in manchen Fällen ins Ausland ausweichen. 1984 betrugen die gesamten Depositen bei den Geschäftsbanken rund 2 Mrd. Sudanesische Pfund (S£). Davon waren 64 % private Sichteinlagen, 35 % private Spar- und Termineinlagen und nur 1 % staatliche Einlagen. Demgegenüber betrug die Kreditvergabe an den privaten Sektor 1,6 Mrd. S£. Die Kreditvergabe an die Regierung blieb mit 60 Mio. verschwindend klein. Das Auslandsvermögen der sudanesischen Geschäftsbanken war bis 1984 auf 666 Mio. S£ angewachsen, verglichen mit Auslandsverbindlichkeiten in Höhe von 179 Mio.

3.3.5 Geschäftsbankensysteme in marktwirtschaftlich ausgerichteten Ölexportländern

Diese Ländergruppe bilden die ölreichen, aber bevölkerungsarmen Mitgliedsstaaten des Golf-Rates (GCC), nämlich Kuwait, Saudi-Arabien, Bahrain, Katar, die Vereinigten Arabischen Emirate und Oman. Auf Grund ihrer Deviseneinnahmen verfügen sie über Investitionskapital, das nach rentablen Anlagemöglichkeiten im In- und Ausland sucht. Im Inland hängt die Entwicklung der Tätigkeit der Geschäftsbanken und ihrer Gewinnchancen von der Entwicklung folgender grundlegender Faktoren ab: (1.) die staatlichen Netto-Ausgaben als Hauptquelle der Liquidität der ganzen Volkswirtschaft, (2.) das Volumen der Einfuhren von Waren und Dienstleistungen, (3.) Entwicklung der privaten Investitionen, (4.) die politischen und psychologischen Rahmenbedingungen, d.h. inwieweit Stabilität und Vertrauen in das bestehende System gestärkt oder erschüttert werden.

In Kuwait hat sich der Bankensektor am weitesten entwickelt und diversifiziert, sei es hinsichtlich der Arten der Finanzinstitutionen, ihrer Funktionen und Instrumente oder hinsichtlich der Qualität der staatlichen Bankenaufsicht oder hinsichtlich der Expansion der Aktiv- und Passivgeschäfte.

Die Kuwaitis haben frühzeitig erkannt, daß die staatlichen Öleinnahmen und die privaten Ersparnisse nicht gänzlich im Inland investiert werden können und daß der Kapitalexport eine sehr wichtige alternative Einkommensquelle ist. Bereits Anfang der 50er Jahre begannen sie mit der Gründung privater Geschäftsbanken und Investmentgesellschaften und konnten wertvolle Erfahrungen in vielen Geschäftsbereichen sammeln. Die Regierung hat diese Tendenzen und Bestrebungen mit verschiedenen Mitteln gefördert: Einkommensverteilungspolitik, Unterstützung der unternehmerischen Privatinitiative, keine Beschränkungen für Kapitalbewegungen, keine Besteuerung der Gewinne, Hilfe in Krisensituationen, Abschirmung von allzu starken ausländischen Einflüssen usw.

Es wurden nur nationale, vorwiegend private Geschäftsbanken gegründet: National Bank of Kuwait 1952, Commercial Bank of Kuwait 1960, Gulf Bank 1960, Al-Ahli Bank of Kuwait 1967 und Burgan Bank 1976. Der Vertrag mit der 1941 gegründeten British Bank of the Middle East wurde nach seiner Beendigung im Jahre 1971 nicht verlängert, und diese ausländische Filiale wurde in eine inländische Bank unter dem Namen The Bank of Kuwait and the Middle East umgewandelt, wobei die Regierung 51 % und der private Sektor 49 % der Aktien übernahmen. Damit entstand im Rahmen der marktwirtschaftlichen Grundordnung ein vollständig nationalisiertes Geschäftsbankensystem, an dem hauptsächlich der private Sektor beteiligt ist (der Staat ist nur an zwei Geschäftsbanken beteiligt). Dieses System ist zu einem Charakteristikum Kuwaits geworden und steht im Kontrast zu den extrem offenen Systemen der benachbarten Golfstaaten wie Bahrain und den VAE, in denen die ausländischen Banken sehr stark vertreten sind. Es wurde im wesentlichen bis heute beibehalten. Allerdings trat eine gewisse Lockerung ein, als zugelassen wurde, daß Gemeinschaftsbanken, an denen kuwaitisches Kapital mit mindestens 50 % beteiligt ist, in Kuwait tätig sein dürften. Im Rahmen dieser Regelung wurde 1968 die Bank of Bahrain and Kuwait gegründet.

Der Geschäftsbankensektor besteht also gegenwärtig aus sieben Banken mit 144 Filialen (eine Filiale für 10.000 Einwohner), was auf einen sehr hohen Monetisierungs- und Versorgungsgrad hindeutet. Hinzu kommt eine Islamische Bank, nämlich das 1977 gegründete Kuwait Finance House, das hinsichtlich Kapitalausstattung und Geschäftsvolumen als die größte Islamische Bank im arabischen Raum gilt. Daneben bestehen drei Kreditinstitute mit Sonderaufgaben (Spezialbanken) zur Finanzierung der Industrie, der Bauwirtschaft und der Landwirtschaft sowie mehrere bedeutende Investmentgesellschaften, die umfangreiche Kapitalbeteiligungen und Finanzierungsgeschäfte im In- und Ausland betreiben.

Ein besonderes Merkmal der Geschäftsbanken in Kuwait (wie in anderen Golfstaaten) ist der Tatbestand, daß ein großer Teil ihres Vermögens in ausländischen Währungen gehalten wird. Das macht sie zu einer wichtigen Quelle für den Kapitalexport. Die Bewegungen ihres Netto-Vermögens im Ausland reflektieren in der Regel die Entwicklungen auf den internationalen Finanzmärkten und die Schwankungen der Zinssätze und Wechselkurse. Daher steht das immer wieder neu zu lösende Problem der Selektion der ausländischen Währungen im Mittelpunkt der Aufgaben des Managements einer kuwaitischen Geschäftsbank. Die Grundstruktur und das enorme Wachstum der Aktiv- und Passivgeschäfte der kuwaitischen Geschäftsbanken lassen sich an der Entwicklung der konsolidierten Bilanz 1979 - 85 ablesen (in Mio. Kuwaiti Dinar): Die privaten inländischen Depositen machen rund 70 % aller Depositen aus. Dabei stiegen die Termin- und Spareinlagen von 1.593 auf 3.493, d.h. sie haben sich trotz der wirtschaftlichen Rezession innerhalb von sieben Jahren fast verdoppelt. Die Sichteinlagen erhöhten sich von 454 auf 616. Die Einlagen der Regierung machen durchschnittlich nur 5 % der gesamten Depositen aus und sind ausschließlich in ausländischen Währungen gehalten, da der Staat gesetzlich verpflichtet ist, seine Einlagen in Landeswährung nur bei der Zentralbank zu halten. Sie erhöhten sich von 140 auf 388. Auch der Umfang der Eigenfinanzierung der Geschäftsbanken hat sich enorm ausgeweitet. Die Summe von Kapital und Reserven hat sich von 412 auf 1.162 fast verdreifacht. Im Aktivgeschäft setzen die kuwaitischen Geschäftsbanken rund 85 % ihrer Ressourcen für die Finanzierung der Binnenwirtschaft und für ihre Auslandsinvestitionen ein. Die Kreditvergabe an den privaten Sektor hat sich im genannten Zeitraum von 2.124 auf 5.050 mehr als verdoppelt. Sektoral verteilen sich diese Kredite zu etwa 30 % auf den Handel, 23 % persönlichen Bedarf, 22 % finanzielle Geschäfte und 18 % Bausektor, während auf die Industrie nur 5 % und auf die Landwirtschaft 2 % entfielen. Die Kapitalanlagen im Ausland machen durchschnittlich 40 % der Bilanzsumme aus. Ihre durchschnittliche jährliche Zuwachsrate im Zeitraum 1974 - 79 betrug 20 %. In den Jahren 1979 bis 1985 stiegen diese Anlagen von 1.408 um 60 % auf 2.232 Mio. Kuwaiti Dinar weiter an. Sie sind zu 70 % in Form von Guthaben bei ausländischen Banken und zu 30 % in mittel- und langfristigen Wertpapieren sowie in Krediten an Ausländer angelegt.

Ein weiteres wichtiges Charakteristikum der kuwaitischen Situation ist die niedrige Absorptionskapazität des inländischen Kapitalmarktes im Vergleich zum verfügbaren Investitionskapital.

Praktisch gibt es keine Geldmarkt-Instrumente wie Handelspapiere, Bankenakzepte, staatliche Schatzanweisungen u. dgl. Auch für inländische private und staatliche Schuldverschreibungen gibt es keinen Markt. Das liegt an der starken Finanzposition der Regierung, die sich im Inland nicht zu verschulden braucht, und an den begrenzten Möglichkeiten für die Durchführung produktiver Projekte im Inland. Daher konzentriert man sich sehr auf den Aktienmarkt. So wuchs auch das Einlagengeschäft zwischen den Banken. In einer solchen Situation gibt es Spielraum für gefährliche Spekulationsgeschäfte, wie der durch überhitzte Immobilienspekulationen und stark überzogene Überziehungskredite verursachte Kollaps des Aktienmarktes al-Manakh im Jahre 1982 zeigte. Die Gesamtschulden des Zusammenbruchs werden auf 90 Mrd. US-$ beziffert — das Vierfache des kuwaitischen Bruttoinlandsproduktes. Die Regierung mußte hier kostspielige Stützungsaktionen durchführen, um die Gläubiger einigermaßen zu befriedigen. Sie mußte auch einige restriktive Gesetze erlassen, die die Geschäfte der Ende 1984 wiedereröffneten amtlichen Börse einschränken. So ist z.B. der Aktienhandel strikter festgelegt, und die Kredite an einzelne Kunden dürfen einen gewissen Prozentsatz des Eigenkapitals der betreffenden Bank nicht übersteigen.

4. Die Spezialbanken

4.1 Bestanddarstellung

Die Spezialbanken oder Kreditinstitute mit Sonderaufgaben können definiert werden als diejenigen Bankbetriebe, die vom Staat zur Erfüllung bestimmter Aufgaben errichtet wurden und sich bankbetrieblich nicht universal betätigen. Ihnen ist gemeinsam, daß sie als Rechtsgrundlage besondere Gesetze haben, in denen die Höhe des Kapitals, die Art der Tätigkeit und die Organe sowie Regelungen über Jahresabschluß, Verwendung der Gewinne und Staatsaufsicht festgelegt sind.

Die Spezialbanken wurden in den arabischen Ländern gegründet, um Entwicklungsprojekte und Privatinitiative in ganz bestimmten Bereichen (Industrie, Handwerk, Landwirtschaft, Wohnungsbau u.a.) durch Kapitalbeteiligungen, günstige mittel- und langfristige Kredite, technische Hilfe und andere Maßnahmen im öffentlichen Interesse zu fördern. Ihre weitaus wichtigste Finanzierungsquelle ist der Staat. Nur in wenigen Fällen dürfen sie sich auch auf private Einlagen und Finanzierungsbeiträge in- und ausländischer Banken und Gesellschaften stützen.

In den 21 arabischen Ländern sind gegenwärtig 68 Spezialbanken tätig (vgl. Tab. 7). Mit Ausnahme Katars verfügt jedes arabische Land über solche Banken.

4.2 Finanzierungsquellen

Die Summe der Finanzmittel aller 68 arabischen Spezialbanken betrug 1980 umgerechnet rund 89 Mrd. US-$ (vgl. Tab. 8). Diese Summe verteilt sich ländermäßig höchst unterschiedlich. Von ihr entfielen auf Algerien und den Irak 44,2 % und auf Kuwait, Saudi-Arabien, die VAE und Libyen 44,1 %. Demgegenüber betrug der Anteil der Spezialbanken der acht kapitalschwachen Länder Ägypten, Bahrain, Jordanien, Libanon, Marokko, Oman, Syrien und Tunesien nur 11,4 %, während die restlichen 0,7 % auf die fünf *Least Developed Countries* entfielen.

Die Aufteilung der Finanzmittel nach in- und ausländischen Quellen zeigt, daß 97 % aus inländischen und nur 3 % aus ausländischen Quellen stammen. Die Spezialbanken haben wegen ihrer Sonderaufgaben Schwierigkeiten, sich Fremdfinanzierungsmittel an den Kapitalmärkten zu

Tabelle 7: Verteilung der Kreditinstitute mit Sonderaufgaben nach Ländern und Tätigkeitsbereichen (Stand: 1984)

	Zahl der Kreditinstitute	Landwirtschaft	Industrie	Bausektor Wohnungsbau	Entwicklungsbanken	Saving Banks	Gemeinschaftsbanken	Sonstige Spezialbanken
1. Algerien	2				1	1		
2. Irak	3	1	1	1				
3. Kuwait	3		1	1		1		
4. Libyen	3	1			1	1		
5. Saudi-Arabien	5	1	1	1				2
6. Ver. Arab. Emirate	1		1					
7. Katar	—							
8. Ägypten	5	1	1	2			1	
9. Bahrain	1			1				
10. Jordanien	6	1	1	2	1			1
11. Libanon	5			1	2			2
12. Marokko	6	1		1	1	1	1	1
13. Oman	3	1		1	1			
14. Syrien	4	1	1	1				1
15. Tunesien	9			2	1	1	5	
16. Nordjemen	3	1	1	1				
17. Südjemen	1							1
18. Mauretanien	1				1			
19. Somalia	1				1			
20. Sudan	6	1	1	1	1	1	1	
zusammen	68	10	9	16	11	6	8	8

Quelle: Zusammenstellung des Deutschen Orient-Instituts, Hamburg.

beschaffen, da sie höhere Zinssätze zahlen müßten, als sie bei ihrem Kreditgeschäft einnehmen. Daher sind sie (besonders in den kapitalschwachen Ländern) auf die Finanzhilfe der betreffenden inländischen Zentralbank und auf die Unterstützung ausländischer Kapitalgeber angewiesen. Hier helfen u.a. arabische Entwicklungshilfe-Institutionen, die bis Ende 1983 sehr günstige, langfristige Kredite im Gesamtbetrag von 176 Mio. US-$ an Spezialbanken in Ägypten, Nordjemen, Jordanien, Marokko, Oman, Somalia, Sudan und Tunesien gegeben haben.

4.3 Verwendung der verfügbaren Finanzmittel

Zinsgünstige mittel- und langfristige Kredite sowie entwicklungspolitisch orientierte Kapitalinvestitionen sind die wichtigsten Komponenten der Mittelverwendung der Spezialbanken. Ihr prozentualer Anteil ist ein Indiz für die Erfüllung der entwicklungspolitischen Aufgaben; je höher umso besser. Dieser Anteil liegt in Algerien und im Irak mit 96 % am höchsten. Es folgen als Gruppe Kuwait, Libyen und Saudi-Arabien mit 83 %, Ägypten, Bahrain, Jordanien, Marokko, Oman, Syrien und Tunesien mit 80 % und die ärmeren Länder Nordjemen, Somalia und der Sudan mit nur 60 %.

Der Umfang der Kreditvergabe pro Kopf der Bevölkerung ist ein Maßstab für den Stellenwert der Spezialbanken in einem bestimmten Land. Wie Tabelle 8 zeigt, ergibt sich für den Saldo der bis Ende 1980 gewährten Kredite ein durchschnittlicher Pro-Kopf-Betrag von 509 US-$ für die ganze arabische Region (verglichen mit z.B. 1.114 US-$ in Norwegen). Diese Zahl ist aber angesichts der enormen Unterschiede in der ländermäßigen Verteilung irreführend. Etwas näher zur Wirklichkeit sind die einzelnen Ländergruppen. Für Gruppe B (Kuwait, Libyen, Saudi-Arabien) er-

Tabelle 8: Ländermäßige Verteilung der Finanzmittel der arabischen Spezialbanken und ihre Verwendung sowie die von den Spezialbanken gegebenen Kredite pro Kopf der Bevölkerung (Stand 1980)

Land	1	2	3	4	Verhältnis 3:4 in %	5	Verhältnis 5:4 in %	6	7
Gruppe A									
— Algerien	2	31.526	946	32.472	2,9	31.767	97,8	18.158	1.750
— Irak	3	6.843	—	6.843	—	5.812	84,9	13.101	444
zusammen	5	38.369	946	39.315	2,4	37.579	95,6	31.259	1.202
Gruppe B									
— Kuwait	3	3.869	425	4.294	9,9	2.052	47,8	1.338	1.534
— Libyen	4	2.922	—	2.922	—	2.192	75,0	3.077	713
— Saudi-Arabien	5	13.637	—	31.956	—	28.204	88,3	8.324	3.388
zusammen	12	38.428	425	39.172	1,1	32.448	82,8	12.739	2.547
Gruppe C									
— Ägypten	4	688	41	729	5,6	583	80,0	42.488	14
— Bahrain	1	240	—	240	—	182	75,8	358	507
— Jordanien	6	749	53	802	6,6	529	65,9	2.284	231
— Marokko	5	1.602	624	2.226	28,1	1.833	82,4	20.064	91
— Oman	2	75	—	75	—	43	56,4	892	48
— Syrien	4	4.820	377	5.197	7,2	4.366	84,0	8.642	505
— Tunesien	7	577	267	843	31,6	694	82,3	6.283	111
zusammen	29	8.751	1.362	10.112	13,5	8.230	81,4	81.011	102
Gruppe D									
— Jemen (Nord)	4	102	13	115	11,6	38	32,7	5.796	7
— Jemen (Süd)	1*								
— Somalia	1	46	3	49	6,6	34	69,5	3.604	9
— Sudan	4	109	14	123	11,0	97	78,9	17.800	5
zusammen	9	257	30	287	10,5	169	58,7	27.200	6
Insgesamt	55	85.805	2.763	88.886	3,1	78.426	88,2	152.209	515

* National Bank of Yemen fungiert sowohl als Spezialbank als auch als Geschäftsbank

1 = Zahl der Spezialbanken
2 = Inländische Finanzmittel in Mio. US-$
3 = Ausländische Finanzmittel in Mio. US-$
4 = Summe der gesamten verfügbaren Finanzmittel = Summe der gesamten verwendeten Finanzmittel
5 = Stand der gegebenen Kredite und Investitionen in Mio. US-$
6 = Zahl der Einwohner in 1.000
7 = Gegebene Kredite der Spezialbanken pro Kopf der Bevölkerung

Quelle: Zusammengestellt vom Deutschen Orient-Institut, Hamburg, unter Zugrundelegung der Daten des Arab Fund for Economic and Social Development in Kuwait und der Jordanischen Zentralbank in Amman.

gibt sich ein Pro-Kopf-Betrag von 2.547 US-$, doppelt soviel wie der Betrag für Algerien und den Irak (1.202 US-$). Demgegenüber beträgt er in den kapitalarmen Ländern der Gruppe C nur 102 US-$. In den *Least Developed Countries* der Gruppe D ist er mit 6,2 US-$ minimal, obwohl in ihnen rund 20 % der gesamtarabischen Bevölkerung leben.

Der entwicklungspolitische Charakter der Spezialbanken kommt u.a. in ihren günstigen Kreditbedingungen zum Ausdruck. Die Zinssätze sind durchweg niedriger als die vergleichbaren

Zinssätze am Kapitalmarkt. Die Laufzeit der Kredite liegt zwischen zwei und 20 Jahren. Die mittel- und langfristigen Kredite machen mehr als 90 % der gesamten Kreditvergabe aus.

Zur Verbesserung der Leistungsfähigkeit der Spezialbanken wurden in den arabischen Ländern eine Reihe positiver bankbetrieblicher Ansätze und Experimente praktiziert, die weiterentwickelt werden sollen. Dazu gehören: (a) Politik der Mobilisierung privater Ersparnisse für die Entwicklungsfinanzierung, (b) Zinssubventionspolitik, (c) Kombination von Kredit- und Warenhilfe für die Bauern, (d) Einsatz der Instrumente der Spezialbanken für regionalpolitische Zwekke, (e) Verbesserung des Kreditversicherungssystems und der Überwachung der zweckgebundenen Verwendung der gewährten Kredite.

5. Finanzinstitutionen der arabischen Entwicklungshilfe

5.1 Basis, Motive und Umfang der arabischen Entwicklungshilfe

Obwohl selbst noch Entwicklungsländer, leisten die arabischen Ölexportländer beträchtliche Finanzhilfe an die Dritte Welt. Diese Finanzhilfe hat lange Zeit vor der *Oil Revolution* von 1973/74 begonnen. Ihre enorme Expansion und ihr Aufstieg zu einem bedeutsamen weltwirtschaftlichen Phänomen erfolgten aber im Zeitraum 1973 - 81, der durch internationale Auseinandersetzungen über die weltweite Energieproblematik und die Ölpreissteigerungen gekennzeichnet war. In diesen neun Jahren verpflichteten sich die sechs arabischen Geberländer, öffentliche Entwicklungshilfe (Official Development Assistance, ODA) im Gesamtbetrag von 66,2 Mrd. US-$ zu leisten. Die größten Beiträge kamen von Saudi-Arabien (41 %), Kuwait (21 %), den VAE (12 %), und Irak (11 %). Die restlichen 15 % kamen von Libyen, Katar und Algerien. Von diesen ODA-Zusagen wurden im selben Zeitraum 55,1 Mrd. US-$ oder 83 % tatsächlich netto-ausgezahlt (vgl. Tab. 9). Dabei sind die besonders großzügigen Bedingungen zu beachten. Die geleistete Netto-Hilfe bestand zu 70 % aus Schenkungen und zu 30 % aus Krediten zu Vorzugsbedingungen.

Grundlage der arabischen Entwicklungshilfeleistungen sind die staatlichen Öleinnahmen. Sie waren zwar in den 70er Jahren sprunghaft angestiegen, sanken aber von 1981 an wieder in bedrohlichem Ausmaß. Trotzdem wird die Hilfe fortgesetzt, wenn auch nicht mit der früheren Großzügigkeit. Das hat viele Gründe und Motive. Dazu gehören nicht nur der politische Druck bestimmter westlicher Industriestaaten im Rahmen ihrer Strategie zum *Recycling* der Petrodollars, sondern auch die Solidarität mit den arabischen und islamischen Ländern sowie die vielen gemeinsamen Interessen mit den übrigen Ländern der Dritten Welt. Auch spielt die Erkenntnis eine Rolle, daß die Investition eines Teils der Öleinnahmen in Ländern der Dritten Welt auf lange Sicht das Vermögen sichert und rentabel ist und daß die Hilfeleistungen solche Investitionen erleichtern können. Überhaupt ist die Entwicklungshilfe zu einem festen Bestandteil der Außen- und Außenwirtschaftspolitik der arabischen Golfstaaten und Libyens geworden. Sie wird von mehreren Seiten erwartet, und eine Enttäuschung dieser Erwartungen könnte die Stabilität und Legitimationsbasis dieser an sich schwachen Kleinstaaten gefährden. Demgegenüber hat die von Algerien und Irak geleistete Hilfe einen deutlich freiwilligen Charakter.

Die arabische Entwicklungshilfe wird durch verschiedene Kanäle und in verschiedenen Formen gewährt, die von Budget- und Zahlungsbilanzunterstützungen über Soforthilfe (Emergency Aid) bis hin zu projektgebundenen weichen Krediten reichen.

Tabelle 9: Die öffentliche Entwicklungshilfe der arabischen Staaten an die Entwicklungsländer, tatsächliche Netto-Auszahlungen im Zeitraum von 1973 bis 1981 (in Mio. US-$)

Geberland	1973	1974	1975	1976	1977	1978	1979	1980	1981	zus.
Algerien	26	51	44	67	196	273	203	401	448	1.709
Irak	11	418	235	85	292	655	1.354	2.739	763	6.552
Kuwait	368	623	917	709	1.298	1.114	1.027	3.562	3.478	13.096
Libyen	218	147	219	144	122	635	658	612	773	3.528
Katar	94	220	298	254	122	277	384	361	493	2.503
Saudi-Arabien	312	1.054	2.077	2.333	3.395	3.020	2.527	2.395	3.152	20.275
Ver. Arab. Emirate	88	523	1.066	1.012	1.294	937	1.222	1.030	311	7.393
Insgesamt	1.116	3.037	4.856	4.605	6.628	6.911	7.386	11.101	9.418	55.058
davon:										
bilaterale Netto-Hilfe	1.035,92	2.638,55	4.341,61	3.913,27	4.414,27	5.575,79	6.480,92	10.125,84	3.074,37	46.600,54
multilaterale Netto-Hilfe	80,08	398,45	514,39	619,73	2.213,73	1.335,21	905,08	975,16	1.343,63	8.457,46
Schenkungen	1.012,01	2.321,51	3.034,37	2.465,62	3.561,49	4.980,00	5.075,00	7.822,00	8.262,00	38.534,00
Kredite	103,00	715,49	1.821,63	2.139,38	3.066,51	1.931,00	2.311,00	3.279,00	1.156,00	16.524,00

Quelle: at-Taqrīr al-Iqtiṣādī al-ʿArabī al-Muwaḥḥad (Der Einheitliche Arabische Wirtschaftsbericht) 1983, herausgegeben vom Generalsekretariat der Liga der Arabischen Staaten, Arab Monetary Fund, Arab Fund for Economic and Social Development und der Organization of Arab Petroleum Exporting Countries, Dubai/VAE.

5.2 Darstellung der Entwicklungshilfe-Institutionen (EHI)

Für die Gewährung projektgebundener Kredite und technischer Hilfe sind die EHI zuständig. Mit Ausnahme des Kuwait Fund sind alle elf EHI in den 70er Jahren gegründet worden, um die Entwicklungshilfe auf eine geordnete institutionelle Basis zu stellen. Sie lassen sich in drei Kategorien unterteilen:

— nationale EHI
  Kuwait Fund for Arab Economic Development (KFAED)
  Abu Dhabi Fund for Arab Economic Development (ADFAED)
  Saudi Fund for Development (SFD)
  Iraqi Fund for External Development (IFED)
  Libyan Arab Foreign Bank (LAFB)
— multilaterale EHI
  Arab Fund for Economic and Social Development (AFESD)
  Arab Bank for Economic Development in Africa (ABEDA)
  Arab Monetary Fund (AMF)
  Arab Fund for Technical Assistance (AFTA)
— internationale EHI mit vorwiegend arabischer Beteiligung
  Islamic Development Bank (IsDB)
  OPEC Fund for International Development (OFID)

Alle EHI sind öffentliche Einrichtungen mit eigener Rechtspersönlichkeit und führen selbständige Haushalte. Die nationalen EHI stehen in der Regel unter Dienstaufsicht des betreffenden Ministerpräsidenten. Die anderen haben internationalen rechtlichen Status.

Die finanzielle Basis der EHI ist gut. Wie Tabelle 10 zeigt, beträgt das genehmigte Kapital der elf EHI insgesamt 28,4 Mrd. US-$, von denen bis Ende 1982 rund 15 Mrd. oder 53 % eingezahlt wurden. Unter Berücksichtigung der Reserven verfügten die EHI also über 18,8 Mrd. US-$; ein Betrag, der etwas größer war als die Summe aller bis dahin übernommenen finanziellen Verpflichtungen. Das darf allerdings nicht darüber hinwegtäuschen, daß die EHI angesichts sinkender Öleinnahmen in den 80er Jahren wachsende Liquiditätsschwierigkeiten hatten. Generell lassen sich finanzielle Situationen und Kreditgewährungskapazität der EHI verbessern, wenn die noch nicht eingezahlten Teile des genehmigten Kapitals (13 Mrd. US-$) eingezahlt werden könnten, was wiederum von der Entwicklung der Zahlungsbilanzen der Geberländer abhängt. Sollten sich die EHI zur Aufnahme von Fremdfinanzierungsmitteln an den Kapitalmärkten entschließen, würde dies ihre Kreditpolitik in Richtung einer Verschlechterung der Kreditbedingungen für die Empfängerländer beeinflussen.

Tabelle 10: Kapitalausstattung der nationalen und multilateralen arabischen Entwicklungshilfe-Institutionen (genehmigtes und eingezahltes Kapital sowie Reserven; in Mio. US-$; Stand: Ende 1982)

Entwicklungshilfe-Institution (EHI)	Sitz	Zahl der arab. Mitgliedstaaten	Gründungsdatum	Tätigkeitsbeginn	Kapital genehmigt	Kapital gezeichnet	Kapital eingezahlt	Reserven	Reserven plus eingezahltes Kapital
Nationale EHI									
SFD	Riad	1	01.09.1974	1975	7.290		4.810	1.463	6.273
KFAED	Kuwait	1	31.12.1961	1962	7.000		2.733	1.171	3.904
ADFAED	Abu Dhabi	1	15.07.1971	1974	1.089		580	113	693
IFED	Bagdad	1	06.06.1974	1974	924		610	6	616
LAFB	Tripolis	1	1972	1972	56		56	61	117
Multilaterale gesamtarabische EHI									
AFESD	Kuwait	22	18.12.1971	1974	2.760	2.588	1.291	389	1.680
AMF	Abu Dhabi	21	01.02.1977	1977	2.100	2.100	868	122	990
ABEDA[a)]	Khartoum	18	28.11.1973	1974	988	988	986	95	1.081
AFTA	Tunis	22	05.12.1973	1976	86	86	50	5	55
Internationale EHI									
OFID	Wien	7	28.11.1976	1976	4.000	3.435	1.929	145	2.074
IsDB	Dschidda	22	10.10.1975	1977	2.146	1.956	1.072	224	1.296
Insgesamt					28.439	11.153	14.985	3.794	18.779

a) Nur bei ABEDA ist der angegebene Stand vom 31. 12. 1983

Quelle: Zusammenstellung des Deutschen Orient-Instituts, Hamburg.

5.3 Aufgaben und Kreditpolitik der EHI

Allgemeine Aufgabe aller EHI ist die Förderung der wirtschaftlichen und sozialen Entwicklung der Empfängerländer und Verstärkung ihrer Beziehungen zu den Geberländern. Dabei unterscheiden sich die Zielgebiete. So fördert z.B. der AFESD die Wirtschaftsintegration der arabischen Länder. Bei ABEDA steht die Förderung der Zusammenarbeit zwischen den arabischen Staaten und den afrikanischen Staaten südlich der Sahara im Vordergrund. Die IsDB kümmert sich um Verbesserung der Kooperation und wirtschaftlichen Entwicklung in den islamischen Ländern im Rahmen der Zielsetzungen der Organisation der Islamischen Konferenz. OFID hilft den Entwicklungsländern bei der Überwindung ihrer Zahlungsbilanzschwierigkeiten und vertritt ihre Interessen und die Interessen der OPEC beim Nord-Süd-Dialog. AMF hat ähnliche Aufgaben wie der Internationale Währungsfonds bezogen auf den arabischen Raum. Er finanziert Zahlungsbilanzdefizite und fördert die währungspolitische Zusammenarbeit zwischen den arabischen Staaten. Dazu gehören solche Zielsetzungen wie Stabilisierung der Wechselkurse, Verwirklichung der Konvertibilität der Währungen und Entwicklung der nationalen und regionalen Kapitalmärkte.

Das Instrumentarium zur Erfüllung all dieser Aufgaben besteht hauptsächlich in der Finanzierung von Entwicklungsprojekten und -programmen durch Kredite zu Vorzugsbedingungen und durch Kapitalbeteiligungen. Kredite und Kapitalbeiträge decken in der Regel den Devisenanteil der Projektkosten. Es wird auch kostenlose Hilfe gewährt, die die Kosten für die Erstellung technisch-wirtschaftlicher Studien und den Einsatz ausländischer Experten sowie für die Ausbildung der benötigten Fachkräfte deckt. Die Kredite werden grundsätzlich an Regierungen, staatliche und halbstaatliche Unternehmen gewährt.

Die Kreditbedingungen der einzelnen EHI sind unterschiedlich. Sie sind flexibel gestaltet und berücksichtigen die Situation des Nehmerlandes, Art des Projektes und des betreffenden Wirtschaftssektors. Im allgemeinen erhalten ärmere Entwicklungsländer günstigere Kredite. Für Infrastrukturprojekte sind weichere Konditionen vorgesehen als für gewinnorientierte Vorhaben. Die Zinssätze variieren zwischen Null und 7 %. Die Kreditlaufzeit liegt in der Regel zwischen 20 und 30 Jahren, in einigen Fällen sogar bis zu 50 Jahren. Die tilgungsfreie Zeit schwankt zwischen einem Jahr und zehn Jahren. Damit beträgt das Zuschußelement der Kredite der arabischen EHI zwischen 40 und 75 %, wobei die Größenordnung des durchschnittlichen Kredits der einzelnen EHI zwischen 6 und 25 Mio. US-$ liegt. Darüber hinaus sind die Kredite nicht an Lieferungen des Geberlandes gebunden.

5.4 Leistungen der EHI

Tabelle 11: Kumulierte Ausleihungen der arabischen Entwicklungshilfe-Institutionen nach wichtigen Verwendungszwecken und nach Institutionen (Stand: 31. 12. 1983; in Mio. US-$)

Entwicklungshilfe-Institutionen	Zahl der Nehmerländer	Zahl der Kredite	Verkehrswesen u. Fernmeldewesen	Energie: Öl, Gas u. Elektrizität	Wasserversorgung u. Kanalisation	Landwirtschaft u. Viehzucht	Industrie u. Bergbau	Sonstige Bereiche[a]	Zusammen	in %
Islamic Bank	36	276	181,10	1.456,31	51,83	144,32	1.116,66	72,03	3.022,25	16,4
Abu Dhabi Fund	40	83	131,31	395,15	40,23	108,66	333,50	25,19	1.034,04	5,6
OPEC Fund	81	341	182,94	552,10	46,84	119,84	151,15	788,87	1.841,74	10,0
Saudi Fund	53	183	1.715,90	868,96	335,61	703,07	322,06	212,55	4.158,15	22,5
Iraqi Fund	31	69	220,75	124,16	5,00	320,70	186,30	574,11	1.733,02	9,4
Arab Fund	16	129	643,47	367,02	276,13	308,08	277,68	52,98	1.875,36	10,2
Kuwait Fund	62	259	1.245,63	1.169,77	168,11	867,68	765,29	39,05	4.255,53	23,0
Arab Bank	37	1.492	238,92	54,98	25,87	125,92	80,74	15,00	541,43	2,9
Insgesamt	99	1.432	4.560,02	4.988,45	949,62	2.698,27	3.183,38	2.081,78	18.461,52	100,0
in %			24,7	27,0	5,2	14,6	17,2	11,3	100,0	

a) Enthält Zahlungsbilanzhilfe, Erziehung, öffentliche Gesundheit, Handel und Tourismus.

Quelle: Coordination Secretariat of Arab National and Regional Development Institutions, Statement of Financing Operations, December 1983.

Seit ihrem Bestehen bis Ende 1983 gewährten die EHI Kredite im Gesamtbetrag von 18,5 Mrd. US-$, wobei in dieser Zahl nur acht EHI berücksichtigt sind. Es wurden damit 1.432 Projekte in 99 Entwicklungsländern finanziert (vgl. Tab. 11). Von diesen Krediten entfielen 51 % auf arabische, 27 % auf asiatische, 20 % auf afrikanische und 2 % auf lateinamerikanische Länder. Ihre sektorale Verteilung zeigt, daß die Infrastrukturprojekte mit einem Anteil von 68 % an erster Stelle standen. Industrie und Bergbau waren mit 17 % vertreten, während die restlichen 15 % auf die Landwirtschaft entfielen.

Literatur:

Alkazaz, A. 1977: Arabische Entwicklungshilfe-Institutionen, Organisationsform und Leistungen, Hamburg.

ders. 1985: Die Islamisierung des Banken- und Finanzierungswesens in Pakistan und ihre Auswirkungen auf die Spar- und Investitionstätigkeit, in: Orient, Jg. 26, H. 4, 601-623.

ders. u. Gälli, A. 1986: Der Arabische Bankensektor. Entwicklung, organisatorischer Aufbau und Zielsetzung, regionale und internationale Bedeutung, München, Köln, London.

Barker, P. (Hrsg.) 1983: Arab Banking and Finance Handbook 1983, Manama.

Haseeb, Kh. D. 1982: Arab Monetary Integration, Issues and Prerequisites, Proceedings of a Seminar Held in Abu Dhabi, on 24-27 November 1980. Centre for Arab Unity Studies, London.

Field, P. 1982: Arab Banking, in: Euromoney, 55-130.

Financial Times Business Publishing 1980: Banking Structures and Sources of Finance in the Middle East, London.

Krause, M. 1972: Bankstruktur und Notenbankpolitik in den ostarabischen Ländern, Bern, Frankfurt a.M.

Nienhaus, V. u. Wohlers-Scharf, T. 1984: Arabische und islamische Banken, Köln.

Nakhjavani, M. 1983: Arab Banks and the International Financial Markets, Nicosia.

Wilson, 1983: Banking and Finance in the Arab Middle East, Surrey.

VI. Außenwirtschaftsbeziehungen

Aziz Alkazaz

1. Geschichte und Grundlagen

Die nachfolgenden Ausführungen konzentrieren sich auf eine Darstellung und Analyse der Außenwirtschaftsbeziehungen der 21 arabischen Länder im Nahen und Mittleren Osten. Trotz aller politischer und wirtschaftlicher Unterschiede lassen sie sich als eine Region begreifen. Das ist nicht nur durch die zahlreichen Gemeinsamkeiten in Geschichte, Religion, Sprache und Kultur gerechtfertigt, sondern auch und vor allem durch ihre Zugehörigkeit zur Dritten Welt.

Die arabische Region kann ihre Unterentwicklung nicht ohne Zusammenarbeit mit den Industrienationen überwinden. Ihre zunehmende Einbeziehung in die westlich dominierte Weltwirtschaft begann in der Kolonialzeit, in der die arabischen Volkswirtschaften vor allem von Großbritannien, Frankreich und Italien abhängig wurden. Im System der traditionellen Arbeitsteilung fungierten die arabischen Länder als Lieferanten von Rohstoffen und Agrarprodukten und als Absatzgebiete für europäische Fertigerzeugnisse. Intraregionale Wirtschaftsbeziehungen gab es kaum. Die Entwicklungen während der Kolonialzeit ermöglichten zwar den Anschluß an das industrielle Zeitalter und die Entstehung ,,moderner Wirtschaftssektoren", führten aber zu einer grundlegenden Deformation der Wirtschaftsstrukturen. Sie machten eine autozentrierte Entwicklung der arabischen Region unmöglich. Die Erschließung der Bodenschätze und die Schlüsselstellen in den Bereichen Landwirtschaft, Handel, Transport, Schiffahrt usw. — Industrie gab es kaum — lagen in den Händen ausländischer Gesellschaften im Rahmen traditioneller Konzessionssysteme. Die Wirtschaftsstruktur war gekennzeichnet einerseits durch Subsistenzwirtschaft und schwachentwickelte Binnenmärkte andererseits durch mit dem Ausland verflochtene Enklaven und Monokulturen wie Ölförderung, Weinanbau in Algerien und Baumwollproduktion in Ägypten.

Nach Erlangung der politischen Unabhängigkeit hat sich der Umfang der Außenwirtschaftsbeziehungen der arabischen Länder enorm ausgeweitet. Ihre Struktur hat sich wesentlich diversifiziert und gewandelt. Zugleich traten an die Stelle der alten einseitigen Bindungen neue Abhängigkeiten im Rahmen des veränderten Weltwirtschaftssystems. Das Fehlen einer breiten und autozentrierten Binnenwirtschaft hat die Abhängigkeit von Exporterlösen aus Rohstoffen (Rohöl, Naturgas, Phosphate u.a.) enorm gesteigert.

Zu den wichtigsten Grundlagen der arabischen Außenwirtschaftsbeziehungen gehören die umfangreichen Öl- und Gasreserven, wobei die Entwicklung der Öleinnahmen weitgehend von den Industriestaaten bestimmt wird. Auch die Deviseneinnahmen aus anderen Ressourcen wie Suezkanal und Tourismus werden weitgehend von den Industrieländern determiniert. Zu den Grundlagen der arabischen Außenwirtschaftsbeziehungen gehören auch die staatlichen Investitionsprogramme und die privaten Investitionen, die besonders in den 70er Jahren an Zahl und Umfang zugenommen haben, sowie die neu aufgebauten exportorientierten Industrien. Der fortschreitende Industrialisierungsprozeß verstärkt die Verflechtung der arabischen Volkswirtschaften mit den Volkswirtschaften der Industrieländer und der übrigen Welt.

Angesichts dieses historischen Hintergrundes und dieser Grundlagen sowie angesichts der politischen Konflikte und Spaltungen im arabischen Raum einerseits und der zunehmenden Internationalisierung des Kapitals und der Technologie andererseits ist die Verwirklichung der angestrebten regionalen Integration und der autozentrierten Entwicklung schwieriger geworden.

2. Der Außenhandel

2.1 Stellenwert und Grundstruktur des Außenhandels

Der Außenhandel hat für die Wirtschaft und wirtschaftliche Entwicklung der arabischen Länder einen außerordentlich hohen Stellenwert. Die wirtschaftliche Entwicklung wird überwiegend durch Exporterlöse finanziert, wobei die Höhe dieser Exporterlöse weitgehend vom wirtschaftspolitischen Verhalten der Industrieländer determiniert wird. Auch hinsichtlich der Deckung ihres umfangreichen Bedarfs an Konsum-, Gebrauchs- und Investitionsgütern sind die arabischen Länder von Einfuhren aus den Industrieländern abhängig.

Diese hochgradige Verflechtung mit dem Ausland kommt u.a. in der Tatsache zum Ausdruck, daß die Ausfuhren und Einfuhren durchschnittlich 45 % bzw. 40 % des gesamtarabischen Bruttoinlandsprodukts ausmachen. Der Außenhandel macht also 85 % des Bruttoinlandsprodukts aus, verglichen mit 64 % für die Dritte Welt und 24 % für die Industrieländer. In den Golfstaaten und in Libyen übersteigt dieser Prozentsatz sogar 100 % (vgl. Tab. 1). Er zeigt an, wieweit die arabischen Volkswirtschaften auswärtigen Einflüssen ausgesetzt sind, ein Tatbestand, der die Wirtschaftspolitiker in der Region beunruhigt.

Tabelle 1: Struktureller Stellenwert des Außenhandels in den arabischen Volkswirtschaften

		Verhältnis Export : BIP in Prozent	Verhältnis Import : BIP in Prozent	Verhältnis Export : Import in Prozent
Gruppe 1				
Algerien, Irak	1975	46	45	101
	1982	30	48	62
Gruppe 2				
Saudi-Arabien, Kuwait,	1975	76	26	295
Katar, VAE, Libyen	1982	59	42	140
Gruppe 3				
Ägypten, Bahrain,	1975	30	43	69
Jordanien, Libanon,	1982	28	42	67
Marokko, Oman, Tunesien				
Gruppe 4				
Sudan, Nord- und	1975	14	31	46
Südjemen, Somalia,	1982	13	46	27
Djibouti, Mauretanien				
alle arabischen	1975	55	34	162
Länder	1982	45	43	104

Quelle: Arab Monetary Fund (Abu Dhabi, VAE) und Arab Fund for Economic and Social Development (Kuwait).

Der Stellenwert der arabischen Region in der Weltwirtschaft hat sich auf Grund der Ölpreissteigerungen der 70er Jahre und ihrer weitreichenden Auswirkungen wesentlich erhöht. Im Zeitraum 1973 - 82 erhöhte sich der arabische Anteil am Welt-Export von 4,9 % auf 9,8 % und der arabische Anteil am Welt-Import von 2,7 % auf 8 %. 1982 hatten die Araber mit 9 % den drittgrößten Anteil am Welthandel nach den EG-Staaten (35 %) und den USA (14 %).

2.2 Zusammensetzung und Entwicklung des Außenhandels

Die Zusammensetzung und Entwicklung des Außenhandels spiegeln den unterentwickelten Zustand der arabischen Volkswirtschaften wider. Es bestehen hier, genauer gesagt, Wechselwirkungen zwischen Außenhandel und Entwicklung. Der Außenhandel wird sowohl durch die Entwicklungsanstrengungen der arabischen Staaten als auch durch die Machtverhältnisse im internationalen System beeinflußt.

Die Grundstruktur des arabischen Außenhandels ist dadurch gekennzeichnet, daß die Ausfuhren aus einigen wenigen Rohstoffen und Agrarprodukten bestehen, d.h. wenig diversifiziert sind, während die Einfuhren eine sehr breite Palette von Konsum-, Gebrauchs- und Investitionsgütern umfassen. Diese Grundstruktur hat sich trotz der verstärkten Bemühungen um Industrialisierung und Exportdiversifizierung nicht wesentlich geändert (vgl. Tab. 2).

Tabelle 2: Struktur der arabischen Warenausfuhren in den Jahren 1976 bis 1982 (in Prozent)

	1976	1977	1978	1979	1980	1981	1982
Nahrungsmittel	1,6	1,2	1,5	1,0	0,8	0,8	1,0 (Nahrungsmittel und Getränke zusammen)
Getränke	0,3	0,2	0,2	0,2	0,1	0,1	
Nicht genießbare Rohstoffe	2,8	2,3	2,2	1,5	1,1	1,1	97,0 (Rohstoffe und Energie zusammen)
Energie (Mineralöl, Erdölerzeugnisse, Gas)	91,6	92,6	91,6	93,5	94,6	94,3	
Organische Öle und Fette	0,1	0,1	0,3	0,2	0,5	0,6	—
Chemische und pharmazeutische Erzeugnisse	0,8	0,8	1,0	1,0	1,0	0,6	0,6
Ausrüstungsgüter	1,3	1,2	1,4	1,2	0,9	1,1	0,9
Maschinen und Transportmittel	0,7	0,6	0,8	0,7	0,7	0,7	0,5
Fertigwaren	0,7	0,7	1,0	0,7	0,5	0,5	—
Sonstige Waren	0,1	0,3	—	—	—	—	—
zusammen	100,0	100,0	100,0	100,0	100,0	100,0	100,0

Quelle: Statistik des Generalsekretariats der Liga der Arabischen Staaten, Tunis.

Beim Export stehen Erdöl und Naturgas mit Abstand an erster Stelle. Ihr Anteil am Gesamtexport liegt zwischen 95 und 100 % bei Algerien, Bahrain, Irak, Katar, Kuwait, Libyen, Oman, Saudi-Arabien und den VAE. Auch in anderen Ländern wie z.B. Syrien (88 %), Ägypten (70 %) und Tunesien (55 %) zeigt der hohe Anteil, daß der Ölsektor zu einem wesentlichen Faktor der wirtschaftlichen Entwicklung geworden ist. In begrenztem Umfang könnte dies auch für Nordjemen, Jordanien und den Sudan gelten, wenn diese in absehbarer Zukunft mit dem Ölexport beginnen. Die anderen bedeutsamen Rohstoffe, die in den arabischen Ländern zwecks Export produziert werden, sind Phosphate (Jordanien, Marokko), Baumwolle (Ägypten, Sudan, Syrien) und Eisenerz (Mauretanien).

Seit längerer Zeit sind die arabischen Staaten bestrebt, einen zunehmenden Teil ihrer Rohstoffe im Inland zu verarbeiten und in Form von Halbfabrikaten und Fertigprodukten zu exportieren. Hier wurden einige bemerkenswerte Fortschritte erzielt. Neben den Projekten zur Nutzung des Naturgases und zur Erweiterung der Raffineriekapazitäten bildet der Aufbau kohlenwasserstoff- und energieintensiver Industrien den dritten Hauptbereich der sogenannten *downstream operations,* mit deren Hilfe sich die arabischen Ölexportländer industrialisieren wollen. Bei den bisherigen Projekten stehen folgende Industrien im Vordergrund: (a) Eisen- und Stahlindustrie, (b) Aluminiumherstellung, (c) Zementwerke, (d) Glasindustrie, (e) Stickstoffdüngerindustrie, (f) Produktion petrochemischer Grundstoffe. In den ersten vier Bereichen dienen die errichteten Betriebe fast ausschließlich der Deckung des inländischen Bedarfs und ersetzen damit einen Teil der Einfuhren. Dafür werden andererseits mehr Maschinen, maschinelle Anlagen, Ersatzteile und Halbfabrikate aus den Industrieländern importiert. Nur die letzten zwei Bereiche sind weitgehend exportorientiert. Die Produktionskapazitäten der Stickstoffdüngerindustrie in den Ländern des Gulf Cooperation Council (GCC) erreichten 1985 bei Amoniak 2,8 Mio. t pro Jahr und bei Harnstoff 3,1 Mio. t. Dies entspricht etwa 7 % der Produktionskapazitäten der westlichen Industrieländer. Der Irak wird sich auf Grund seiner bisherigen Projekte zum größten Düngemittelproduzenten der arabischen Region entwickeln. Die Produktionskapazität aller arabischer petrochemischer Werke betrug 1986 rund 11,3 Mio. t, von denen 61 % auf Grundstoffe, 19 % auf Derivate und 20 % auf Endprodukte entfielen.

Allerdings wird der Aufbau exportorientierter Industrien durch mannigfaltige Engpässe und Schwierigkeiten behindert. Dazu gehören nicht nur die inländischen Schwierigkeiten, sondern auch und vor allem die Beschränkungen des Zuganges zu den aufnahmefähigen Märkten der Industrieländer (Protektionismus) und ihre starke Konkurrenz auf den anderen Auslandsmärkten. So haben z.B. die EG-Staaten auf den Aufbau der arabischen Petrochemie nicht mit Strukturanpassung, sondern mit Verstärkung des defensiven Schutzes reagiert; sie erhoben ab September 1984 einen Zoll von 13,5 % gegen saudiarabische Methanolexporte.

Der Handel mit petrochemischen (und pharmazeutischen) Produkten war für die arabische Region bis 1981 durch Defizite gekennzeichnet. In diesem Jahr standen Einfuhren in Höhe von 6,6 Mrd. US-$ Ausfuhren von nur 1,3 Mrd. US-S gegenüber. Erst nach 1985 hat sich die Situation etwas gebessert.

Viel größer ist das chronische Defizit im Handel mit den anderen Industrieerzeugnissen (Anlagen, Ausrüstungen, industrielle Gebrauchsgüter). Dieses Defizit hat sich im Zeitraum 1976 - 81 von 28 auf 77 Mrd. US-$ fast verdreifacht. Der Anteil der Industriegüter am gesamtarabischen Export blieb mit durchschnittlich 2,5 % sehr gering. Demgegenüber machen die Industriegüter rund 70 % der arabischen Einfuhren aus.

Die zweitgrößte Warengruppe im Außenhandel sind die Nahrungsmittel. Auch hier ist ein zunehmender Grad der Abhängigkeit von ausländischen Lieferungen festzustellen. Bei nahezu allen arabischen Ländern ist die inländische Nahrungsmittelproduktion niedriger als der entsprechende gegenwärtige und zukünftige Bedarf. Die Inlandsproduktion konnte nicht Schritt halten mit dem zunehmenden Pro-Kopf-Verbrauch und mit dem Bevölkerungswachstum. So hat sich im Zeitraum 1976 - 81 der Nahrungsmittelimport von 7 auf 20 Mrd. US-$ verdreifacht, während der Export um nur 0,5 Mrd. US-$ anstieg. Dieses Defizit in der Sicherung der Nahrungsmittelversorgung ist für die arabischen Staaten beunruhigend. Seine Behandlung in zahlreichen nationalen und regionalen Fachtagungen führte zur Implementierung wichtiger Projekte, die auf eine Steigerung der Agrarproduktion zielen.

Die zahlenmäßige Entwicklung des arabischen Außenhandels von 1970 bis 1986 zeigt eine deutliche Korrelation zur Entwicklung der Öleinnahmen. Vor den ersten Ölpreissteigerungen von 1973/74 betrugen der Export nur 12,1 Mrd. US-$ und der Import nur 7,9 Mrd. US-$ (1970). Der Export stieg 1975 auf 73,6 Mrd. US-$ sprunghaft an. Seine Zuwachsraten normalisierten sich im Zeitraum 1975 - 78 und zwar parallel zur Stabilisierung der Ölpreise. Die zweite sprunghafte Steigerung des Exportwertes erfolgte nach dem Ölpreisschub von 1979. Mit 236 Mrd. US-$ erreichte der Export 1980 eine Rekordhöhe und ging danach mit dem Ölpreisverfall kontinuierlich zurück. Der Import erhöhte sich 1975 sprunghaft auf 41 Mrd. US-$. Er erreichte sein Maximum 1981 mit 143 Mrd. US-$ und ging danach kontinuierlich zurück (vgl. die Tab. 3 und 4).

Die ländermäßige Verteilung des Außenhandelsvolumens (Export plus Import) ist äußerst ungleichgewichtig. Im Durchschnitt entfallen auf die fünf bevölkerungsschwachen Ölexportländer

Tabelle 3: Entwicklung der Warenausfuhren der arab. Länder im Zeitraum 1970 - 83, f.o.b. (in Mio. US-$)

		1970	1975	1980	1983
Gruppe 1	Irak	1.098	8.301	28.484	9.785
	Algerien	1.010	4.501	13.652	12.742
Gruppe 2	Saudi-Arabien	2.089	27.294	100.717	44.106
	VAE	510	7.217	21.964	13.950
	Kuwait	2.048	8.485	20.603	11.112
	Libyen	2.397	6.418	21.919	12.669
	Katar	238	1.815	5.684	3.297
Gruppe 3	Ägypten	817	1.567	3.854	3.693
	Oman	107	1.416	3.748	4.248
	Bahrain	218	1.203	3.540	3.198
	Marokko	487	1.529	2.450	2.061
	Syrien	197	930	2.112	1.928
	Tunesien	189	799	1.805	1.492
	Libanon	183	1.216	1.032	767
	Jordanien	34	153	575	580
Gruppe 4	Sudan	284	412	689	514
	Mauretanien	97	167	196	315
	Somalia	31	89	133	90
	Djibouti	2	30	45	40
	Südjemen	51	20	60	40
	Nordjemen	3	14	13	10
	Insgesamt	12.091	73.575	233.276	126.639

Quelle: Organization of Arab Petroleum Exporting Countries (OAPEC), Kuwait.

Tabelle 4: Entwicklung der Wareneinfuhren der arab. Länder im Zeitraum 1970 - 83 (in Mio. US-$)

		1970	1975	1980	1983
Gruppe 1	Irak	459	4.162	13.759	12.040
	Algerien	1.078	5.452	9.596	9.516
Gruppe 2	Saudi-Arabien	829	6.004	28.238	32.726
	VAE	271	2.668	8.631	8.932
	Kuwait	636	2.400	6.756	6.982
	Libyen	674	4.424	10.348	9.210
	Katar	64	458	1.447	1.456
Gruppe 3	Ägypten	1.084	3.941	6.814	7.515
	Oman	37	765	1.732	2.493
	Bahrain	221	1.090	3.021	3.008
	Marokko	624	2.266	3.754	3.260
	Syrien	332	1.425	4.010	4.152
	Tunesien	294	1.238	2.877	2.693
	Libanon	535	2.212	3.806	3.659
	Jordanien	164	649	2.136	2.700
Gruppe 4	Sudan	268	743	1.127	703
	Mauretanien	72	208	321	378
	Somalia	40	141	405	362
	Djibouti	35	105	261	292
	Nordjemen	32	245	1.887	1.762
	Südjemen	114	171	598	768
Insgesamt		7.863	40.768	111.521	114.607

Quelle: Organization of Arab Petroleum Exporting Countries (OAPEC), Kuwait.

der Gruppe 2 (Saudi-Arabien, Kuwait, Katar, VAE und Libyen) 75 % des gesamtarabischen Außenhandelsvolumens. Es folgen Algerien und der Irak mit einem Anteil von 14 %. Demgegenüber sind die acht Länder mit mittlerem Einkommen (Gruppe 3: Ägypten, Bahrain, Jordanien, Libanon, Marokko, Oman, Syrien und Tunesien), in denen der weitaus größte Teil der gesamtarabischen Bevölkerung lebt, mit nur 10 % vertreten. Der minimale Rest von 1 % entfällt auf die sechs *Least Developed Countries* der Gruppe 4 (Mauretanien, den Sudan, Somalia, Djibouti, Nord- und Südjemen).

2.3 Entwicklung der terms of trade

Die *terms of trade* sind ein Gradmesser für die reale Kaufkraft der Exporterlöse. Während die Welthandelspreise für Industrieerzeugnisse, die 70 % der arabischen Einfuhren ausmachen, einen steigenden Trend haben, sind die Preise der Rohstoffe, die 95 % der arabischen Ausfuhren ausmachen, erheblichen Schwankungen ausgesetzt. Das ist Teil der allgemeinen Problematik der Nord-Süd-Beziehungen. Die Schwankungen sind kennzeichnend nicht nur für die Rohölpreise, deren Festlegung Gegenstand komplizierter politischer und wirtschaftspolitischer Auseinandersetzungen auf internationaler Ebene ist, sondern auch für Preise anderer Rohstoffe wie Phosphate, Baumwolle und Eisenerz. Davon sind besonders Ägypten, Jordanien, Marokko, der Sudan und Syrien betroffen. Zu diesen Schwankungen kommen die Schwankungen der Absatzmengen hinzu, die im wesentlichen mit der Entwicklung der Konjunkturlage in den westlichen Industrieländern zusammenhängen. So wirkt sich z.B. eine Rezession oder die Entwicklung alternativer Rohstoffe in den Industrieländern auf die Exporterlöse der Entwicklungsländer negativ aus.

Die Entwicklung der Rohölpreise ist für die arabische Außenwirtschaft von zentraler Bedeutung. Sie hängt nicht nur von der Entwicklung der Angebots- und Nachfrageverhältnisse am Weltmarkt ab, sondern auch von der Art der politischen und wirtschaftspolitischen Beziehungen zu den führenden industrialisierten Ölverbraucherländern. Generell waren die arabischen Staaten bestrebt, (a) den inländischen Ölsektor unter nationale Kontrolle zu bringen, (b) die Ölpreise in einer Weise zu ,,korrigieren", die eine Überwindung der bestehenden Unterentwicklung ermöglicht, und (c) die Beziehungen zu den westlichen Industrieländern auf eine solchermaßen neugestaltete Basis zu stellen und zu stabilisieren. Doch angesichts unterschiedlicher Interessen führten die internatioalen Verhandlungen (bilateral wie multilateral im Rahmen der OPEC und OAPEC) niemals zur Vereinbarung einer institutionalisierten und langfristig angelegten Kooperation zwischen Ölexporteuren und Ölabnehmern.

In der langen Epoche seit der ersten Ölförderung im Nahen Osten Anfang dieses Jahrhunderts bis Ende der 60er Jahre lagen die Förder-, Export- und Preispolitik in den Händen multinationaler Ölkonzerne, die den arabischen Ölsektor im Rahmen des traditionellen Konzessionssystems kontrollierten. Angesichts der oligopolistischen Grundstruktur der internationalen Ölindustrie und der vertikalen Integration der Ölkonzerne konnte es keine freien Marktpreise geben. Daher wurden sogenannte ,,Listenpreise" (posted prices) vereinbart zwecks Errechnung der Abgaben an die Regierung des betreffenden Förderlandes. In dieser Epoche waren die Ölkonzerne die eigentlichen Mittler zwischen den Förderländern einerseits und den Verbraucherländern andererseits.

Aber auch nachdem sich die arabischen Staaten von der direkten Vorherrschaft der multinationalen Konzerne und vom traditionellen Konzessionssystem befreit und die Festlegung der Preise ihres Erdöls als Akt der nationalen Souveränität in eigene Hände übernommen hatten, wurde nicht ernsthaft versucht, die Kooperationsbeziehungen auf eine neue stabile Basis zu stellen. Solange es einen Käufermarkt gab, sahen die westlichen Industriestaaten keine Veranlassung, mit den Produzentenländern zu verhandeln, da das Erdöl in reichlichen Mengen und zu niedrigen Preisen verfügbar war.

Als sich Mitte der 70er Jahre der Welt-Ölmarkt — erstmals in der Geschichte — zu einem Verkäufermarkt wandelte, verbreitete sich in einigen westlichen Industrieländern, vor allem in den USA, ein Geist der Konfrontation. Die Militärs drohten mit der Besetzung arabischer Ölquellen, und es gab sogar namhafte Wissenschaftler, die eine eventuelle Gewaltanwendung zu rechtfertigen suchten, obwohl sie sonst täglich für das freie Spiel der Marktkräfte einzutreten pflegten. Erstmals in der Geschichte schien es einer Gruppe von Entwicklungsländern gelungen zu sein, die *terms of trade* zu ihren Gunsten zu verschieben und zwar in einem strategisch bedeutsamen Sektor. Der OPEC-Rohölpreis (in US-$ pro barrel) erhöhte sich von 3,39 im Jahr 1973 auf 18,67 im Jahr 1979. Das entsprach einer nominellen Steigerung um 451 %. Berücksichtigt man die Entwicklung der Welthandelspreise für die (von den Ölländern importierten) Industrieerzeugnisse, die im genannten Zeitraum um 93 % anstiegen, so zeigt sich, daß sich die reale Kaufkraft des Erdöls um 185 % zugunsten der Ölexportländer verbessert hatte.

Angesichts der iranischen Revolution und des Ausbruchs des iranisch-irakischen Kriegs verdoppelte sich der nominale Ölpreis 1980/81 sprunghaft, wobei die Panikstimmumg am Ölmarkt eine Rolle spielte. Mit 34,50 US-$ erreichte er 1981 seinen bisherigen höchsten Stand und ging danach kontinuierlich zurück und zwar auf 28,15 im Jahr 1985. Zwischen Dezember 1985 und April 1986 kam es dann zu einem dramatischen Verfall der Ölpreise. Der OPEC-Rohölpreis halbierte sich auf weniger als 15 US-$. Die Kaufkraft des Erdöls fiel auf das Niveau von 1974 zurück (vgl. Tab. 5).

Seitdem die arabischen Staaten ihre Erdölsektoren von der Kontrolle der westlichen (vorwiegend amerikanischen und britischen sowie z.T. französischen und holländischen) Ölkonzerne befreit hatten und eigenständig zu entwickeln begannen, verfolgten die Industriestaaten bestimmte Strategien, die darauf abzielen, ihre ,,Abhängigkeit" vom arabischen Öl im besonderen und vom OPEC-Öl im allgemeinen soweit wie möglich zu reduzieren. Zu diesem Zweck wurden verschiedene Instrumentarien eingesetzt. Dazu gehört die Gründung der International Energy Agency (IEA) mit Hauptsitz in Paris als Gegengewicht zur OPEC. Durch zahlreiche Maßnahmen der Energieeinsparung und durch die außerordentliche Förderung der Substitution von Öl durch Kohle und Kernenergie konnten die OECD-Staaten in der kurzen Periode von 1979 - 84 ihren Ölverbrauch um nicht weniger als 8 Mio. *barrel* pro Tag (b/d) senken. Gleichzeitig wurde die Ölproduktionskapazität außerhalb des OPEC-Bereichs massiv gesteigert. Sie erhöhte sich in der Zeit von 1973 - 84 um 7 Mio. b/d.

All diese Faktoren führten zu einem dramatischen Rückgang der OPEC-Förderung von 31 Mio. b/d im Jahr 1979 und auf 16 Mio. b/d im Jahr 1984, verbunden mit Senkungen des Ölpreises. Dabei waren die arabischen Ölexportländer am härtesten betroffen. Ihre Ölproduktion ging binnen fünf Jahren (1979 - 84) von 21 auf 10 Mio. b/d zurück, d.h. um mehr als 50 %. Während die nicht-arabischen Produzenten außerhalb der OPEC ihre Kapazität voll und innerhalb der OPEC zu Zweidritteln auslasteten, konnten die arabischen Länder ihre Kapazität nur zu einem Drittel auslasten. Entsprechend gingen die Öleinnahmen der arabischen OPEC-Länder in den Jahren 1982 - 84 von 206 auf 97 Mrd. US-$ scharf zurück. Weitere Senkungen der Öleinahmen waren mit dem dramatischen Ölpreisverfall Anfang 1986 verbunden.

Es ist also bisher der OPEC nicht gelungen, die heftigen Schwankungen des Ölmarktes unter Kontrolle zu halten und zwar auf dem Wege des angestrebten reibungslosen Übergangs von der *oil era* zum Nach-Öl-Zeitalter, wo die OPEC-Länder eine diversifizierte Wirtschaftsbasis schaffen und Anschluß an die technologische Revolution in der Welt finden wollen. Der Zyklus der ,,*ups and downs*" des Welt-Ölmarktes wurde hauptsächlich von den mächtigen westlichen Industrieländern bestimmt. In den 60er und 70er Jahren wurde zu viel Öl verbraucht, so daß man eine zu schnelle Erschöpfung der Ölreserven befürchtete. In den 80er Jahren wurde die Nachfrage nach OPEC-Öl künstlich zu niedrig gehalten, und zwar bis zur Schwelle einer aktuellen Gefährdung der wirtschaftlichen und politischen Stabilität der Ölexportländer. Die OPEC hat z.T. selbst zu dieser Entwicklung beigetragen, denn sie verteidigte die Ölpreise durch Drosselung des eigenen Ölexports und nahm damit den Verlust erheblicher Marktanteile in Kauf. Von dieser Politik profitierten die Nicht-OPEC-Mitglieder wie z.B. Großbritannien und Norwegen (Nordsee) in doppelter Weise: Sie konnten ihre Marktanteile erhöhen und gleichzeitig von den von der OPEC verteidigten Preisen profitieren.

Tabelle 5: Entwicklung der Kaufkraft des Rohölpreises in den Jahren von 1973 bis 1986

	1973	1974	1975	1976	1977	1978	1979	1980	1981	1982	1983	1984	1985	1986*
	US-$/barrel													
OPEC-Rohölpreis	3,39	11,29	11,02	11,77	12,88	12,93	18,67	30,87	34,50	33,63	29,31	28,70	28,15	15,00
	Index 1973 — 100													
OPEC-Rohölpreis	100	333	325	347	380	381	551	911	1018	992	865	847	830	442
Welthandelspreis für Industrieerzeugnisse	100	122	137	137	148	169	193	214	202	197	189	182	179	189
Kaufkraft des Erdöls	100	273	237	253	257	225	285	426	504	504	458	465	464	234
	US-$/barrel, deflationiert mit den Preisen für Industrieerzeugnisse													
OPEC-Rohölpreis	3,39	9,25	8,04	8,59	8,70	7,65	9,67	14,43	17,08	17,07	15,52	15,77	15,73	7,94

*) Schätzung

Quellen: Internationaler Währungsfonds, U.S. National Assessment Center.

2.4 Regionale Ausrichtung des Außenhandels

Regional ist der arabische Außenhandel vorwiegend nach den westlichen Industrieländern, insbesondere den EG-Ländern, Japan und USA ausgerichtet. Das ist strukturell bedingt, denn diese Länder sind einerseits die Hauptabnehmer der arabischen Rohstoffexporte und andererseits die Quelle der benötigten Konsum-, Gebrauchs- und Investitionsgüter, wobei die historisch gewachsenen Bindungen eine wichtige Rolle spielen.

So sind die OECD-Länder die weitaus größten Verbraucher und Importeure von Energie. Auf sie entfielen z.B. 1983 57 % des Welt-Ölverbrauchs und 53 % des Welt-Gasverbrauchs. Diese Anteile sind noch eindrucksvoller, wenn man die Staatshandelsländer (Ostblock und VR China) ausklammert. Der Anteil der OECD am Ölverbrauch der nicht-kommunistischen Welt beträgt rund 75 %. Demgegenüber haben sie relativ niedrige Ölreserven. Nordamerika, Westeuropa und Japan sind die wichtigsten Verbrauchsregionen der Welt, verfügen aber über nur 7 % der derzeit (1987) vorhandenen Ölreserven. Ihr hoher Bedarf wird also zu einem großen Teil durch Einfuhren gedeckt. Auf der anderen Seite besitzen die arabischen Länder 56 % der Welt-Ölreserven und 16 % der Welt-Gasreserven sowie eine entsprechend hohe Förder- und Exportkapazität. Angesichts dieser grundlegenden Konstellation sind die westlichen Industrieländer die Hauptpartner der arabischen Länder beim internationalen Ölhandel.

Die grundsätzliche Ausrichtung des arabischen Außenhandels nach den westlichen Industrieländern kommt darin zum Ausdruck, daß im Durchschnitt 64 % aller jährlichen arabischen Ausfuhren in diese Länder gehen und 74 % aller arabischen Einfuhren aus diesen Ländern kommen. Allerdings gibt es von Jahr zu Jahr innerhalb der Gruppe der westlichen Industrieländer gewisse Verschiebungen der Positionen und Anteile der einzelnen Partnerländer am arabischen Außenhandel, und zwar gemäß dem Wandel der Konkurrenzverhältnisse. So erhöhte sich z.B. im Zeitraum 1977 - 82 der japanische Anteil am gesamtarabischen Export von 15 auf 19 %, während der Anteil der EG-Staaten von 33 auf 31 % und der Anteil der USA auf 7 % zurückgingen. Auf der anderen Seite konnten die EG-Staaten und die USA ihre Anteile am arabischen Import stärker steigern als andere Industrieländer (vgl. Tab. 6).

Im Vergleich zu den westlichen Industrieländern ist der bisherige Anteil der (sozialistischen) COMECON-Länder am arabischen Außenhandel äußerst gering. So betrug ihr Anteil am arabischen Export 1977 nur 1 % und sank 1982 sogar auf 0,7 %. Ihr Anteil am Import sank im genannten Zeitraum von 4 auf knapp 2 %. Die sozialistischen Länder haben also von der enormen Ausweitung des arabischen Außenhandels in den 70er und 80er Jahren nur wenig profitieren können. Selbst die Position der Entwicklungsländer ist hier stärker.

Die arabischen Handelsbeziehungen zu den Ländern der Dritten Welt haben sich in den 70er und 80er Jahren zwar wesentlich ausgeweitet, aber diese Entwicklung blieb sowohl in quantitativer als auch in qualitativer Hinsicht weit hinter den Erwartungen und Ambitionen derjenigen Wirtschaftspolitiker und Entwicklungsstrategen zurück, die für eine Verstärkung der Süd-Süd-Beziehungen plädieren. Im obengenannten Zeitraum (1977 - 82) hatte sich auf der einen Seite der Anteil der ,,übrigen Welt" am arabischen Export von 12 auf 25 % verdoppelt, auf der anderen Seite aber ging ihr Anteil am arabischen Import von 24 auf 14 % zurück. Dabei bedeutet der Begriff ,,übrige Welt" diejenigen Länder, die außerhalb der arabischen Region, der westlichen Industrieländer und der COMECON-Länder liegen. Diese Entwicklung bedeutet angesichts der gleichzeitigen Steigerungen der arabischen Einfuhren aus den westlichen Industrieländern, daß ein wesentlicher Teil der Exporterlöse, die die Araber in der Dritten Welt erzielen, in den Westen fließt. Allerdings müssen hier die arabischen Entwicklungshilfeleistungen und Kapitalinvestitionen in den Entwicklungsländern berücksichtigt werden.

Tabelle 6: Regionale Verteilung des Außenhandels der arabischen Länder

	1977		1982	
	Export	Import	Export	Import
Gesamtarabischer Außenhandel mit der Welt in Mio. US-$	101.926	62.696	166.329	143.835
Anteile der Handelspartner in Prozent				
1. arabische Länder (intraregionaler Handel)	5,0	9,0	7,3	9,1
2. westliche Industrieländer	62,0	63,0	63,3	73,6
davon:				
2.1 EG-Staaten	33,0	40,0	31,3	40,4
2.2 Japan	15,0	11,0	19,1	12,7
2.3 USA u. Kanada	14,0	12,0	7,1	12,5
3. COMECON-Länder	1,0	4,0	0,7	1,7
4. übrige Welt	12,0	24,0	25,1	13,5

Quelle: errechnet aus Direction of Trade Statistics, Yearbook 1980, 1981 und 1983, herausgegeben vom International Monetary Fund.

3. Die wichtigsten Handelspartner

3.1 Die EG-Staaten

Abgesehen von den historischen und traditionellen kulturellen Bindungen und der geographischen Nähe besitzt die arabische Region für Westeuropa eine erhöhte ökonomische (und weltpolitische) Bedeutung. Das gilt nicht nur hinsichtlich der Energieversorgung und der Konkurrenz zwischen den Industriestaaten um Absatzgebiete, sondern auch generell hinsichtlich der Neugestaltung der internationalen Wirtschaftsbeziehungen angesichts der neuen technologischen Revolution. Die arabische Region war bis Anfang der 80er Jahre zum ersten und größten Handelspartner der EG-Staaten aufgestiegen. So war z.B. 1981 der arabische Anteil am EG-Export mit 9,32 % weit höher als die Anteile der USA (6,67 %) und Japans (1,04 %) zusammengenommen. Das gleiche galt für die Anteile am EG-Gesamtimport (vgl. Tab. 7). Die arabischen Länder waren zu dieser Zeit noch stärker auf Westeuropa ausgerichtet. Mehr als 40 % aller arabischen Einfuhren kamen aus den EG-Staaten, verglichen mit 13 % für die USA und 12 % für Japan.

Diese Relationen haben sich infolge der Wandlungen des Ölmarktes und des Ölpreisverfalls in den 80er Jahren zwar verschoben, aber die grundsätzliche Bedeutung der Region für die EG-Staaten blieb nach wie vor groß. Trotz erfolgreicher Diversifizierung der Bezugsquellen und der beabsichtigten erheblichen Reduzierung der „Abhängigkeit" vom arabischen Öl, deckten die arabischen Länder 1983 immer noch 50 % des gesamten Ölimports der EG-Staaten. Dafür erhielten die Araber rund 35 Mrd. US-$, was ein Drittel ihrer gesamten Öleinnahmen ausmachte. Außerdem entstanden neue Interdependenzen in verschiedenen Bereichen der Ölindustrie (downstream operations). Ferner ist darauf hinzuweisen, daß die EG-Staaten exportorientiert sind, und daß die Erhaltung von Exportmärkten für sie von großer Bedeutung ist.

Tabelle 7: Entwicklung der regionalen Verteilung des Außenhandels der EG-Länder und des Stellenwertes der arabischen Länder im EG-Außenhandel (in Mio. US-$)

	1979	%	1981	%	1985	%
EG-Ausfuhren						
Insgesamt	598.940	100,00	636.930	100,00	649.692	100,00
davon nach:						
Industrieländer	442.063	70,81	441.139	69,26	496.232	76,38
davon:						
USA	36.002	6,01	42.460	6,67	65.388	10,06
Japan	6.803	1,13	6.609	1,04	8.048	1,24
Staatshandelsländer	17.121	2,86	16.769	2,63	15.963	2,46
Entwicklungsländer	131.713	21,99	162.267	25,48	127.841	19,68
davon:						
arabische Länder	43.076	7,19	59.375	9,32	40.529	6,24
EG-Einfuhren						
Insgesamt	643.302	100,00	686.788	100,00	663.522	100,00
davon aus:						
Industrieländern	465.178	72,31	479.700	69,85	492.011	74,15
davon:						
USA	50.698	7,88	60.403	8,79	52.928	7,98
Japan	15.088	2,35	19.491	2,84	22.689	3,42
Staatshandelsländern	19.320	3,00	22.133	3,22	22.795	3,43
Entwicklungsländern	155.341	24,15	180.578	26,29	143.500	21,63
davon:						
arabische Länder	63.292	9,84	87.218	12,70	44.673	6,73

Quelle: Zusammenstellung des Autors aus den Daten der: UNCTAD, Direction of Trade Statistics Yearbook 1985, 56-61.

Die Bedeutung der arabischen Region als Absatzgebiet zeigt sich auch an der ländermäßigen Verteilung des EG-Exports. Das Schwergewicht des EG-Exports in die arabischen Länder, der sich im Zeitraum 1972 - 81 verzehnfacht hatte, verlagerte sich in die Golfstaaten, den Irak und Libyen. Die größten Exporteure sind Italien, die Bundesrepublik Deutschland und Frankreich. Auf sie entfielen z.B. 1981 rund 70 % des EG-Exports in die arabische Region. Ein großer Teil der Ausfuhren der einzelnen EG-Staaten in die Dritte Welt geht in die arabischen Länder (Beispiel

1981): 62 % im Falle Italien, 45 % Frankreich, 42 % BR Deutschland, 38 % Großbritannien, 80 % Griechenland, 51 % Irland.

Im Energiebereich ist die Entwicklung seit 1973 bis heute (1987) durch verstärkte Bemühungen der Europäer gekennzeichnet, ihre „Abhängigkeit“ vom arabischen Öl zu reduzieren. Allein in den Jahren 1973 - 83 sank der OAPEC-Anteil an der Deckung des EG-Ölverbrauchs um 77 %, obwohl der EG-Ölverbrauch nur um 28 % zurückgegangen war. Das reflektiert nicht nur die Auswirkungen wünschenswerter Rationalisierungsmaßnahmen, sondern auch die von den EG-Staaten angewandte Politik zur Diversifizierung ihrer Bezugsquellen zuungunsten der arabischen Länder. Die arabischen Staaten begrüßten grundsätzlich die Rationalisierung des Energieverbrauchs und die Entwicklung alternativer Energien, kritisierten aber immer wieder eine Diversifizierungspolitik, die einseitig zu ihren Lasten konzipiert ist. Sie plädierten für eine Kooperation der Nordsee-Produzenten (Großbritannien, Norwegen) mit der OPEC zwecks Stabilisierung des internationalen Ölmarktes. Der Strukturwandel des Ölmarktes darf darüber nicht hinwegtäuschen, daß (langfristig betrachtet) der Netto-Ölimport der EG-Länder wieder ansteigen wird, daß der arabische Beitrag zur europäischen Energieversorgung nach wie vor sehr bedeutsam bleiben wird und daß die Vermeidung heftiger Schwankungen der Ölpreise im Interesse beider Seiten liegt. Der arabische Anteil an den gesamten Öl- und Gaseinfuhren der EG-Länder lag im Zeitraum 1976 - 81 zwischen 58 und 62 %. Hinzu kommen die beiderseitigen Vorteile der Ausweitung der Kooperation bei der Erschließung alternativer und regenerativer Energiequellen (insbesondere Sonnenenergie).

Die arabischen Staaten sind bestrebt, ihre strukturelle Unterentwicklung zu überwinden. Sie hoffen auf eine solche Art von Zusammenarbeit, die die technologische Lücke zu den Industrieländern verringert und die Überwindung der Unterentwicklung ermöglicht. Diese Zusammenarbeit beinhaltet u.a. echten Technologietransfer, Aufbau eines leistungsfähigen Berufsbildungswesens und erleichterten Zugang in den aufnahmefähigen Märkten der Industrieländer für Produkte der neuen arabischen Industriebetriebe, die der Diversifizierung der Wirtschaftsbasis dienen. Sie müßte umfassend, systematisch und langfristig angelegt sein und erfordert den Abschluß multilateraler Abkommen. Der Europäisch-Arabische Dialog, der 1974 in einer günstigen Atmosphäre begonnen hatte, war eine historische Chance. Er war zweckmäßig umfassend angelegt, d.h. bezog sich nicht nur auf die wirtschaftliche Zusammenarbeit, sondern auch auf politische und kulturelle Bereiche. Die arabische Seite forderte die Schaffung geeigneter politischer und kultureller Rahmenbedingungen für die Ausweitung der Wirtschaftsbeziehungen. Sie erhoffte sich von den EG-Staaten insbesondere einen konstruktiven Beitrag zur Beilegung des israelisch-arabischen Konflikts. Sie betrachtete den Abschluß multilateraler Abkomen zwischen der EG und der Liga der Arabischen Staaten als Gradmesser für den politischen Willen, die Ziele der Zusammenarbeit zu verwirklichen.

Der Verlauf des Dialogs zeigte ein deutliches Zögern der EG, multilaterale Abkommen mit der Arabischen Liga zu schließen, obwohl der Dialog auf multilateraler Ebene geführt wurde. Das lag hauptsächlich an der Politik der USA und Israels, die tatkräftig gegen den Europäisch-Arabischen Dialog agierten. Auch die unterschiedlichen Bindungen und Orientierungen der EG-Staaten und der arabischen Staaten spielten eine Rolle.

Förmliche Beziehungen zur EG werden unterhalten im Rahmen von Präferenzabkommen mit den Maghreb-Ländern Algerien, Marokko und Tunesien sowie mit den Maschrek-Ländern Ägypten, Jordanien, Libanon und Syrien. Vier weitere Länder, nämlich Mauretanien, der Sudan, Djibouti und Somalia gehören zu den Unterzeichnerstaaten der Lomé-Abkommen. Ein nichtpräferenzielles Abkommen wurde mit Nordjemen am 9. 10. 1984 unterzeichnet. Die Golfstaaten und der Irak blieben bisher (1987) die einzigen, die keine vertraglichen Beziehungen mit der EG haben. Allerdings entwickelten sich von 1981 an Arbeitsbeziehungen zwischen der EG-Kommission und dem Generalsekretariat des Gulf Cooperation Council.

Von besonderer Bedeutung ist die Frage des Zuganges zum EG-Markt, und zwar angesichts des zunehmenden Protektionismus der Industriestaaten und der Süderweiterung der EG einerseits und des Aufbaus exportorientierter Industrien im arabischen Raum andererseits. In ihren Verhandlungen mit der EG plädierten die GCC-Staaten für eine Vereinbaurng über wechselseitige Zollsenkungen für eine gemeinsam festgelegte Warenliste. Die EG lehnte ab. Dabei spielten die Interessen der protektionistisch veranlagten Lobby der europäischen petrochemischen Industrien und Raffinerien eine wichtige Rolle. So setzte die EG nicht auf Strukturanpassung, sondern auf defensiven Schutz. 1983, 1984 und 1985 wurde ein Zoll von 13,5 % gegen saudiarabische Methanolexporte erhoben. Ab August 1985 wurde auch das saudiarabische Polyäthylen mit einem Zoll von 13,5 % belegt. Obwohl für die Zukunft eine Kompromißlösung nicht ausgeschlossen ist, (weil die EG-Staaten ihre vitalen politischen und ökonomischen Interessen in der Golfregion durchaus berücksichtigen), zeigen diese Auseinandersetzungen doch, auf welche Schwierigkeiten eine exportorientierte Industrialisierung kleiner Entwicklungsländer stößt.

Ein anderes Grundproblem ist der Zugang zum EG-Markt für Agrar- und Industrieerzeugnisse außerhalb des Ölbereichs und der Petrochemie. Der gesamtarabische Export in die EG besteht zu 90 % aus Rohöl und Ölprodukten. Die Bedeutung der restlichen 10 % darf nicht unterschätzt werden. Es handelt sich um den Export von Rohstoffen, Lebensmitteln und Fertigwaren, der für die wirtschaftliche Entwicklung der Maghreb- und Maschrek-Länder sehr wichtig ist. Dazu gehören Phosphate aus Marokko und Jordanien, Baumwolle aus Ägypten, dem Sudan und Syrien, Eisenerz aus Mauretanien sowie Textilien und Bekleidung. Ferner gehören dazu mittelmeertypische Obst- und Gemüsesorten, die mit den Produkten südeuropäischer Länder konkurrieren. Für diese Produkte hatten die arabischen Länder auf der Basis der mit der EG seit 1963 abgeschlossenen Präferenzabkommen einen garantierten Marktzugang und richteten ihre Produktionskapazitäten danach aus. Auf der anderen Seite führte die tatsächliche Entwicklung der Märkte und der Handelspolitik zu einer kontinuierlichen Minderung der Substanz dieser Zusagen. Hier spielten insbesondere die verstärkten protektionistischen Tendenzen und die Süderweiterung der EG eine große Rolle.

3.2 Die USA

Die Bedeutung der arabischen Region für die amerikanische Wirtschaft ist in den 70er und 80er Jahren deutlich angestiegen, wenn auch das bilaterale Handelsvolumen Schwankungen ausgesetzt war. Dieses Handelsvolumen erhöhte sich spektakulär von 1 Mrd. US-$ 1973 auf 46,4 Mrd. US-$ 1980, ging aber auf 13,2 Mrd. 1985 zurück. Die Bedeutung der arabischen Länder für die amerikanische Wirtschaft läßt sich an folgenden Punkten verdeutlichen:

— Die Handelsbilanzüberschüsse, die die USA gegenüber der arabischen Region erzielen, sind wichtige Beiträge zur Entlastung der amerikanischen Zahlungsbilanz und zur Verringerung des Drucks auf die amerikanische Währung. Diese Überschüsse haben sich in den Jahren 1982 - 85 von 4,1 auf 8,1 Mrd. US-$ verdoppelt.
— Der arabische Agrarimport, der enorm angestiegen ist und in der ersten Hälfte der 80er Jahre das gigantische Volumen von 25 Mrd. US-$ pro Jahr erreicht hatte, bedeutet für die amerikanischen Farmer sehr wichtige Absatzchancen, besonders angesichts ihrer verschärften Konkurrenz mit den EG-Staaten. Daher haben die USA ihr staatliches Agrarexportförderungsinstrumentarium gerade im Hinblick auf die arabischen Länder erweitert. Das gilt insbesondere für die Verbindung von Entwicklungshilfe und Agrarexport. So konnten die USA ihren Anteil am arabischen Agrarimport auf 11 % steigern (verglichen mit 22 % für die EG).
— Die wichtigsten Absatzgebiete im Nahen und Mittleren Osten liegen für die USA in Saudi-Arabien, Ägypten, dem Irak, den VAE, Kuwait, Libyen und Marokko (vgl. Tab. 8). Dabei ist Saudi-Arabien der größte Handelspartner. Hier arbeiten rund 500 US-Firmen mit 40.000 amerikanischen Beschäftigten. Sie führen jährlich (zivile und militärische) Bauaufträge in

Milliardenhöhe durch. Ägypten ist nach Änderung seines außen- und wirtschaftspolitischen Kurses unter Präsident Sadat (Anwar as-Sādāt) zum zweitgrößten Exportmarkt der USA im arabischen Raum geworden. Der amerikansiche Export nach Ägypten hat sich im Zeitraum 1970 - 85 von 200 auf 2.320 Mio. US-$ vervielfacht. In Nordafrika ist auf die Bedeutung Algeriens als Öl- und Flüssiggaslieferant und als Abnehmer amerikanischer Waren hinzuweisen. Amerikanische Firmen sind an Verflüssigung und Export des algerischen Naturgases maßgeblich beteiligt. In Marokko spiegelt der angestiegene amerikanische Export (wie in Ägypten) die politischen und strategischen Interessen der USA wider.

Tabelle 8: Entwicklung der Warenausfuhren der USA in die arabischen Länder in der Zeit von 1966 bis 1985 (in Mio. US-$)

	1966	1970	1973	1980	1981	1982	1983	1984	1985
1. Ölexportländer									
1.1 GCC-Länder									
Saudi-Arabien	152	141	442	5.769	7.327	9.026	7.903	5.564	4.474
Kuwait	89	62	120	886	976	941	741	646	551
VAE	—	49	121	998	1.007	1.101	864	695	597
Bahrain	12	12	41	197	297	220	136	145	107
Oman	—	—	9	95	180	173	175	168	161
Katar	—	—	19	129	157	153	109	84	64
zusammen	253	264	752	8.074	9.944	11.614	9.928	7.302	5.954
in %	30	35	44	61	81	65	63	56	56
1.2 andere Ölexportländer									
Irak	46	22	56	724	914	846	512	664	427
Algerien	67	62	161	717	542	909	594	520	430
Libyen	59	104	104	509	813	301	191	200	311
zusammen	172	188	321	1.950	2.269	2.056	1.297	1.384	1.168
in %	20	25	19	15	18	11	8	11	11
2. sonstige arabische Länder									
Ägypten	189	81	225	1.874	2.159	2.875	2.813	2.704	2.323
Libanon	84	64	162	303	296	294	484	286	141
Marokko	63	89	113	344	429	397	440	526	279
Tunesien	44	49	60	174	222	213	216	343	256
Sudan	15	7	39	143	208	270	157	136	243
Syrien	20	11	21	239	143	138	112	104	106
Somalia	2	3	2	56	59	47	46	75	57
Nordjemen	—	—	2	77	44	38	108	69	42
Südjemen	5	3	3	7	6	8	7	62	9
Mauretanien	3	4	9	20	27	26	27	26	26
Djibouti	—	—	—	12	7	7	6	3	5
zusammen	425	311	636	3.249	3.600	4.313	4.416	4.334	3.487
in %	50	40	37	24	1	24	29	33	33
Insgesamt	850	763	1.709	13.273	12.213	17.983	15.641	13.020	10.609
in Prozent der gesamten US-Ausfuhren	3,0	1,9	2,5	7,4	7,2	8,5	7,8	6,2	5,2
3. nicht-arabische Länder									
Türkei		315		540	789	868	784	1.249	1.295
Iran		326		23	300	122	190	162	74
Israel		594		2.045	2.521	2.271	2.019	2.194	2.579

Quelle: Zusammengest. v. Autor auf Grund von Angaben des US Department of Commerce, Washington, DC.

Tabelle 9: Entwicklung der Wareneinfuhren der USA aus den arabischen Ländern in der Zeit von 1966 bis 1985 (in Mio. US-$)

	1966	1970	1973	1979	1980	1981	1982	1983	1984	1985
1. Ölexportländer										
1.1 GCC-Länder										
Saudi-Arabien	96	21	545	7.983	12.648	14.391	7.443	3.840	5.564	4.474
Kuwait	29	27	68	87	494	86	40	139	280	198
VAE	—	65	71	2.155	2.985	1.993	1.993	542	595	597
Bahrain	2	9	18	11	16	35	31	25	56	90
Oman	—	—	25	317	344	348	334	374	170	51
Katar	—	—	13	279	237	115	106	11	52	18
zusammen	127	122	740	10.832	16.724	16.968	9.947	4.931	6.717	5.428
in %	48	50	55	48	51	60	72	53	59	63
1.2 andere Ölexport-Länder										
Irak	21	3	17	618	460	164	39	61	664	427
Algerien	3	11	227	4.940	6.577	5.038	2.673	3.815	3.771	2.426
Libyen	57	42	229	5.256	8.595	5.301	512	1	10	47
zusammen	81	56	473	10.814	15.632	10.503	3.224	3.877	4.445	2.900
in %	31	23	35	48	47	37	23	42	39	34
2. sonstige arabische Länder										
Ägypten	18	24	28	381	539	397	547	325	182	84
Libanon	9	14	35	15	33	19	19	18	8	20
Marokko	10	11	14	40	35	36	45	34	39	44
Tunesien	3	3	35	95	60	10	59	34	31	14
Sudan	6	13	10	16	17	58	16	20	22	9
Syrien	5	2	7	165	26	83	10	8	2	3
Somalia	1	—	—	—	—	—	1	—	1	2
Nordjemen	—	—	—	2	1	—	1	—	9	1
Südjemen	1	—	4	4	19	1	1	1	18	1
Mauretanien	2	1	1	—	—	—	1	1	1	1
Djibouti	—	—	—	—	—	—	—	—	—	—
zusammen	55	68	134	718	730	604	700	441	313	260
in %	21	27	10	4	2	3	5	5	2	1
Insgesamt	263	246	1.347	22.364	33.086	28.075	13.871	9.249	11.475	8.588
in Prozent der gesamten US-Einfuhren	1	1	2	10	13	10	5	3	3	2
3. nicht-arabische Länder										
Türkei	—	—	—	201	175	261	290	337	464	645
Iran	—	—	—	2.784	458	64	612	1.167	730	763
Israel	78	149	267	749	950	1.243	1.209	1.300	1.809	2.201

Quelle: Zusammengestellt vom Autor auf Grund von Daten des US-Department of Commerce, Washington, DC.

— Auf der Importseite (vgl. Tab. 9) ist in erster Linie auf die Bedeutung der Öleinfuhren aus den arabischen Ländern hinzuweisen. Zwar schneiden die USA im Vergleich mit der EG und Japan hinsichtlich des Selbstversorgungsgrades sehr günstig ab, sie müssen aber als Supermacht andere strategische Aspekte berücksichtigen. Ihre Inlandsproduktion deckte z.B. 1984 rund 70 % ihres Ölbedarfs, verglichen mit 31 % für die EG und 0,3 % für Japan (vgl. Tab.

Tabelle 10: Der Selbstversorgungsgrad der USA in den Bereichen Erdöl und Naturgas im Vergleich zu den EG-Ländern und Japan (Stand: 1984)

		(in Mio. t Öläquivalent)		
		USA	*EG-Länder*	*Japan*
Erdöl				
(a)	Verbrauch	715	479	222
(b)	Inlandsproduktion	498	149	1
	(b) : (a) in Prozent	70	31	0,3
(c)	Import	278	566	230
(d)	Export	30	216	3
(e)	Netto-Import (c-d)	248	350	227
	(e) : (a) in Prozent	35	73	100
Naturgas				
(a)	Verbrauch	430	180	33
(b)	Inlandsproduktion	418	126	2
	(b) : (a) in Prozent	97	70	6
(c)	Import	21	93	31
(d)	Export	1	38	—
(e)	Netto-Import (c-d)	20	55	31
	(e) : (a) in Prozent	5	30	94

Quelle: Zusammenstellung und Berechnung des Autors auf Grund von Angaben der International Energy Agency (Paris): Energy Balances of OECD Countries 1983-1984.

10). Bezogen auf die Sowjetunion ergibt sich aber ein anderes Bild: Die UdSSR besitzt mit 8,36 Mrd. t (Stand: 1985) doppelt soviel Ölreserven wie die USA (3,77 Mrd. t) und ist Netto-Exporteur. Das Auftauchen der USA als großer Ölimporteur hatte in den 70er Jahren weitreichende Auswirkungen auf den Welt-Ölmarkt. In den weltweiten Ölkrisen der 70er und 80er Jahre spielten die arabischen Länder für die USA sowohl hinsichtlich der Deckung ihres aktuellen Ölbedarfs als auch hinsichtlich der Bildung strategischer Reserven eine bedeutsame Rolle. In der ersten Phase (1972 - 77) erhöhte sich der arabische Anteil am amerikanischen Ölimport von 17 auf 46 %. Hier spielten Saudi-Arabien, Algerien, Libyen und die VAE eine herausragende Rolle. In der zweiten Phase (1977 - 85) waren die USA in zunehmendem Maße bestrebt, ihre „Abhängigkeit" vom OPEC-Öl im allgemeinen und vom arabischen Öl im besonderen systematisch zu reduzieren und gleichzeitig strategische Reserven aufzubauen (vgl. Tab. 11). Diese Reserven dienten nicht nur der Versorgungssicherheit, sondern auch als Instrument zur Beeinflussung des Ölmarktes zwecks Senkung der OPEC-Preise. 1972 hatte der ehemalige saudische Ölminister ʿAbd Allāh aṭ-Ṭarīqī über amerikanische Pläne berichtet, einen Teil der saudischen Ölreserven in die USA zu verlagern, und zwar zu niedrigen Preisen, um später daraus bei gestiegenen Preisen enorme Gewinne zu erzielen. Angesichts der herrschenden Machtverhältnisse und der faktischen Entwicklungen erscheint rückblickend das im Oktober 1973 (Nahostkrieg) gegen die USA verhängte Ölembargo als eine bedeutungslose Episode.

— Die amerikanischen Direktinvestitionen im arabischen Raum sind trotz aller Verstaatlichungswellen und politischen Konflikte umfangreich und bedeutsam geblieben. Sie sind in den letzten Jahren sogar angestiegen. 1985 betrugen sie rund 10 Mrd. US-$, davon 65 % in den Bereichen Ölindustrie und Bergbau. Der Transfer der Gewinne und Einkommen der amerikanischen Gesellschaften und Personen leistet seit mehreren Jahrzehnten wesentliche Beiträge zur Zahlungsbilanz der USA. Die amerikanischen Ölgesellschaften profitierten von den Ölpreissteigerungen und konnten dank der gestiegenen Gewinne ihre Investitionen geographisch und branchenmäßig enorm ausweiten und diversifizieren. Darüber hinaus sind sie für die amerikanische Nahostpolitik von großer Bedeutung. Man denke z.B. an die zentrale Rolle der Arabian American Oil Company (ARAMCO) in Saudi-Arabien.

Tabelle 11: Veränderung der Bezugsquellen des amerikanischen Ölimports im Zeitraum 1973 - 85

		1973	1977	Veränderung in %	1985	Veränderung in %
(a)	Ölimport insgesamt	6.256	8.807	+ 41	5.067	- 42
	davon:					
(b)	Nicht-OPEC	3.263	2.614	- 20	3.237	+ 24
(c)	OPEC	2.993	6.193	+ 107	1.830	- 71
	(c) : (a) in Prozent	48	70		36	
	davon:					
	arabische OPEC-Länder	915	3.185	+ 248	472	- 85
	Saudi-Arabien	486	1.380		168	
	Algerien	136	559		187	
	Libyen	164	723		4	
	VAE	71	335		45	

Quelle: Zusammenstellung und Berechnung des Autors auf Grund von Daten des U.S. Department of Energy/Energy Information Administration (Washington, DC.): Monthly Energy Review, May 1986.

— Die Anlage größerer Teile der Kapitalüberschüsse der arabischen Ölexportländer (insbesondere GCC) in den USA stärkt den US-Dollar und unterstützt dessen weltweiten Führungsanspruch. 1982 waren schätzungsweise 60 % aller arabischen Auslandsinvestitionen direkt oder indirekt mit den USA verbunden. Das entsprach einer kumulierten Summe von 200 Mrd. US-$, von denen 70 Mrd. direkt in den USA und 130 Mrd. in den Dollarmärkten in Europa und in den Steueroasen des Pazifik angelegt waren.

— Der amerikanische Rüstungsexport in die arabischen Länder ist umfangreich. Er spielt bei der Entwicklung der politischen und wirtschaftlichen Beziehungen eine entscheidende Rolle. Die USA ziehen daraus in mancher Hinsicht Vorteile, zumal der arabische Raum zu den größten Rüstungsimporteuren in der Welt gehört.

Schließlich sei auf die starke Politisierung der amerikanisch-arabischen Wirtschaftsbeziehungen hingewiesen. Sie bringt für die amerikanische Wirtschaft, aber auch den Steuerzahler finanzielle Belastungen mit sich. Zu erwähnen sind z.B. die gegen bestimmte Länder verhängten Wirtschaftssanktionen, vor allem jedoch die umfangreiche Wirtschafts- und Militärhilfe an Israel und andere Länder der Region. Allein Israel hat im Zeitraum 1948 - 83 offizielle Hilfe im Gesamtwert von 25,3 Mrd. US-$ erhalten, davon 51 % Schenkungen. 1984 und 1985 waren es jeweils 2,65 Mrd. US-$. Hinzu kommt die inoffizielle Hilfe, die für 1984 auf 7,85 Mrd. US-$ geschätzt wird. Das ist mehr als die amerikanische Hilfe an alle 18 arabischen Länder zusammengenommen. Sie hat im Zeitraum 1946 - 83 insgesamt 23,1 Mrd. US-$ betragen (vgl. Tab. 12). Hinzuweisen ist ferner auf die enge strategische Zusammenarbeit der USA mit Israel und deren negative Auswirkungen auf die Geschäfte amerikanischer Unternehmen mit arabischen Ländern (Israel-Boykott). Das zeigt sich an der Entwicklung des amerikanischen Warenexports in Länder wie Algerien, den Irak, Libyen und Syrien. In diesen vier Ländern, die einen Absatzmarkt von rund 50 Mrd. US-$ darstellten, lag der amerikanische Marktanteil zwischen 4 und 7 %, verglichen mit einem potentiellen Marktanteil von mindestens 15 %. Im benachbarten Iran, der einen Absatzmarkt von 15 Mrd. US-$ verkörpert, schrumpfte der amerikansiche Marktanteil von 20 % zur Zeit der Schah-Herrschaft auf nur 1 % nach der Revolution zusammen. Selbst in den GCC-Ländern, mit denen Washington grundsätzlich gute Beziehungen unterhält, gingen den Amerikanern große Waffengeschäfte verloren.

Tabelle 12: Offizielle amerikanische Wirtschafts- und Militärhilfe an Israel und die arabischen Länder 1946 - 83 (in Mio. US-$)

	Wirtschaftshilfe			Militärhilfe			Insgesamt		
	1	2	3	1	2	3	1	2	3
arabische Länder									
Ägypten	547	4.326	9.409	3.650	632	4.282	8.697	4.994	13.691
Jordanien	329	1.139	1.468	591	557	1.148	920	1.697	2.617
Marokko	607	570	1.176	398	85	483	1.004	656	1.660
Tunesien	442	526	968	320	71	390	761	596	1.357
Sudan	131	505	636	111	100	211	243	605	847
Syrien	494	88	582	—	—	—	494	88	582
Libanon	33	219	252	225	20	245	262	238	500
Somalia	99	285	384	60	36	96	159	321	480
Saudi-Arabien	4	28	32	254	38	292	259	66	324
Libyen	7	206	213	—	18	18	7	223	230
Nordjemen	6	191	197	14	8	22	20	199	219
Algerien	12	192	204	—	—	—	12	192	204
Oman	20	19	39	110	—	110	130	19	149
Mauretanien	1	99	100	—	1	1	1	100	101
Irak	14	31	45	—	50	50	14	81	95
Djibouti	—	17	17	—	2	2	—	19	19
Südjemen	—	5	5	—	—	—	—	5	5
Bahrain	2	—	2	—	—	—	2	—	2
zusammen	7.249	8.480	15.729	5.737	1.617	7.354	12.983	10.100	23.083
Israel	2.080	5.861	7.941	10.354	7.050	17.404	12.434	12.911	25.345

1 Kredite
2 Schenkungen
3 zusammen

Quelle: Agency for International Development, U.S. Loans and Grants and Assistance from International Organizations: July 1, 1945 - September 30, 1983 (Washington, DC.: 1983), zitiert bei Khalil Ḥammad: al-Musāʿadāt al-amrīkiya li-Isrāʾīl wa-lil-Aqṭār al-ʿArabiya, dirāsa muqārina (Die amerikanische Hilfe an Israel und die arabischen Länder — eine vergleichende Studie), in: al-Mustaqbal al-ʿArabī, Bairūt, Jg. 9, Nr. 89, Juli 1986, 45-60.

3.3 Japan

Eine der wichtigsten Grundlagen der arabisch-japanischen Beziehungen ist die Energieversorgung der japanischen Wirtschaft. Die phänomenale Nachkriegsentwicklung der japanischen Wirtschaft stützte sich auf den Import von billigem Rohöl. In den 14 Jahren vor der ersten Ölkrise von 1973 hatte sich der japanische Energieverbrauch mehr als vervierfacht, wobei das Schwergewicht der gesamten Versorgung auf den Import des damals billigen Rohöls verlagert wurde. 1970 trug das Erdöl mit 78 % die Hauptlast der Versorgung mit Primärenergie, wobei dieses Erdöl zu 86 % aus den arabischen Ländern und Iran importiert wurde. In diesem Zusammenhang ist zu beachten, daß Japan (im Gegensatz zu den USA und EG-Staaten) über keine nennenswerten inländischen Energiequellen verfügt und lange Zeit keinen Zugang zu Ölkonzessionen im Nahen und Mittleren Osten hatte. Sein Bedarf an Naturgas und Erdöl muß zu 94 % bzw. 100 % durch Einfuhren gedeckt werden.

Auf Grund dieser Situation war Japan durch die Strukturwandlungen des Welt-Ölmarktes der 70er Jahre am härtesten betroffen. Das arabische Ölembargo von 1973 war zwar nicht gegen Japan gerichtet und hatte die japanische Energieversorgung nicht gefährdet, aber die allgemeine Krise und die mit ihr zusammenhängenden Ölpreissteigerungen hatten weitreichende Auswirkungen auf die japanische Wirtschaft und ihre Konkurrenzfähigkeit auf den Auslandsmärkten. Das gilt insbesondere für die Preisstrukturen, die Inlandsnachfrage und die Zahlungsbilanz. Die japanische Regierung hatte neben diesen kurz- und mittelfristigen Aspekten auch langfristige Aspekte zu berücksichtigen. Daher verstärkte sie seit Mitte der 70er Jahre Bemühungen um (a) Sicherung einer stabilen Ölversorgung und Diversifizierung der Bezugsquellen, (b) Verbesserung der nationalen Kontrolle über Quellen der Versorgung, (c) Entwicklung alternativer Energiequellen, (d) Weiterentwicklung der Energieeinsparungstechnologien.

Hinsichtlich dieser Zielsetzungen konnte Japan durchaus beachtliche Fortschritte erzielen und damit seine Energiedeckungsbilanz wesentlich verbessern. Bei der Diversifizierung der Bezugsquellen konnte der Anteil der Lieferländer außerhalb der Nah- und Mittelostregion von 13,4 % im Jahr 1970 auf 29,1 % im Jahr 1984 erhöht werden (vgl. Tab. 13). Zur Beurteilung dieser Fortschritte müssen aber folgende Faktoren herangezogen werden: (a) Die Lieferländer außerhalb des Nahen Ostens (Indonesien, China, Mexiko, Malaysia und Brunei) haben begrenzte Reserven und können ihre Lieferanteile langfristig nicht erhöhen; (b) Der Rückgang des japanischen Ölimports aus dem Irak und Iran ist kriegsbedingt, und die Situation kann sich nach Beendigung des Kriegs normalisieren; (c) Der Anteil der arabischen Länder und Irans am japanischen Ölimport ging im genannten Zeitraum zwar von 86,6 auf 70,9 % zurück, aber die 70,9 % bedeuten nach wie vor eine hohe ,,Abhängigkeit" vom nahöstlichen Öl. Außerdem ist zu beachten, daß hier der arabische Anteil von 43,2 auf 63,9 % anstieg, während der iranische Anteil von 43,4 auf 7,0 % sank.

Tabelle 13: Entwicklung der Bezugsquellen des japanischen Ölimports im Zeitraum 1967 - 85

	1970	1973	1978	1982	1984
Netto-Ölimport insgesamt in Mio. t	208	278	273	216	227
davon in Prozent aus:					
1. arabischen Ländern	43,2	46,6	65,0	63,3	63,9
Saudi-Arabien	14,6	19,9	29,7	32,9	27,1
VAE		12,7	10,7	14,7	15,2
Kuwait	9,3	8,3	8,3	0,9	2,2
Neutrale (Geteilte) Zone	9,6	5,3	5,8	5,4	6,0
andere arabische Länder	9,7	0,4	11,0	9,4	13,4
2. Iran	43,4	31,0	12,9	7,1	7,0
arabische Länder plus Iran	86,6	77,6	77,9	70,4	70,9
3. sonstige Länder	13,4	22,4	22,1	29,6	29,1
davon:					
Indonesien	12,0	13,6	12,9	14,4	13,1
China	.	0,6	3,2	5,0	6,0
Afrika	.	2,7	0,1	1,2	—

Quelle: Zusammenstellung des Autors auf Grund von Daten der Petroleum Association of Japan: Petroleum Industry in Japan, 1982 und 1985.

Japan wird auch in Zukunft als großer Netto-Importeur auftreten. Zugleich wird die arabische Region ein wichtiges Absatzgebiet für Japan bleiben. Die Japaner haben also ein grundlegendes Interesse an guten und stabilen Beziehungen zu den arabischen Staaten. Auf der anderen

Tabelle 14: Entwicklung des japanischen Handels mit den arabischen Ländern und mit den anderen Ländern der Nah- und Mittelostregion (in Mio. US-$)

	Einfuhren				Ausfuhren			
	1975	1979	1982	1985	1975	1979	1982	1985
Golfstaaten								
Saudi-Arabien	6.093	12.134	20.528	10.245	1.340	3.829	6.621	5.634
Irak	394	1.816	780	622	812	1.609	2.755	1.306
Kuwait	365	4.314	1.627	1.162	1.996	886	1.790	1.536
VAE	1.767	3.633	7.983	8.916	417	1.045	1.493	1.164
Oman	516	1.340	1.702	3.066	70	191	461	554
Bahrain	175	353	416	291	55	149	227	192
Katar	27	971	1.784	2.185	88	242	347	164
zusammen	9.337	24.561	34.820	26.487	4.778	7.951	13.694	10.550
andere Ölexportländer								
Algerien	37	58	525	113	260	346	677	430
Ägypten	13	95	167	544	212	397	661	731
Libyen	279	101	46	7	237	547	284	253
Tunesien	1	1	1	4	6	72	67	120
zusammen	330	255	739	668	715	1.362	1.689	1.534
sonstige arabische Länder								
Syrien	—	1	2	3	108	142	167	127
Jordanien	12	17	18	28	67	107	249	190
Nordjemen	2	5	2	14	48	146	190	125
Libanon	2	1	—	1	83	93	160	97
Marokko	43	70	107	139	35	37	81	50
Südjemen	8	37	18	40	21	55	89	39
Djibouti	—	—	—	—	.	17	25	20
Mauretanien	.	26	57	.	.	4	9	.
Sudan	16	53	46	49	95	76	77	40
Somalia	.	1	—	1	.	3	3	11
zusammen	83	211	250	275	457	680	1.050	699
arabische Länder insgesamt	9.750	25.027	35.809	27.410	5.950	9.993	16.433	12.783
nicht-arabische Länder Iran, Türkei, Äthiopien, Zypern, Afghanistan	.	.	2.640	2.610	.	.	1.453	2.092
Israel	88	.	186	215	.	73	202	170
Nah- und Mittelostregion insgesamt	16.450	.	38.497	30.255	6.449	.	18.088	13.209
Welt insgesamt	57.425	100.800	131.931	129.539	55.346	102.300	138.831	175.648

— unter 0,5 Mio. US-$. Zahl nicht verfügbar

Quelle: Zusammenstellung und Berechnung des Autors auf Grund von Daten des japanischen Finanzministeriums (Tokyo): Foreign Trade by Country and Commodity.

Seite hat Japan (im Vergleich zu anderen westlichen Industriestaaten) nicht den erforderlichen außenpolitischen Spielraum. Auf Grund seiner besonderen Bindungen an die USA muß Japan die amerikanischen Interessen stärker berücksichtigen. Es ist stärker (als z.B. Frankreich) an die Beschlüsse der International Energy Agency und der Gipfelkonferenzen der westlichen Industriestaaten gebunden. Trotzdem oder gerade deshalb sind seine Wirtschaftsbeziehungen zu den arabischen Ländern weniger politisiert als z.B. die amerikanischen oder britischen Beziehungen. Die japanische Nahostpolitik blieb bisher zurückhaltend und diskret. Sie konzentrierte sich auf die Entwicklung der Handelsbeziehungen und der Direktinvestitionen sowie auf eine Anzahl von *joint ventures* mit den arabischen Ländern (sowie Iran und der Türkei). Gelegentlich gewährte Japan auch Entwicklungskredite, die einen Bezug zu japanischen Warenlieferungen hatten. Die japanischen Direktinvestitionen sind ein wichtiges Element beim systematischen Aufbau permanenter Beziehungen zur Nah- und Mittelostregion. Sie haben sich (kumuliert) von 334 Mio. US-$/1970 auf 2.927 Mio. US-$/1985 fast verneunfacht. Sie umfassen 307 Projekte und machen 4,1 % aller japanischen Auslandsinvestitionen aus. Die regionalen Schwerpunkte dieser Investitionen liegen in Kuwait, Saudi-Arabien, den VAE sowie in Iran.

Im Rahmen ihrer Bemühungen um die Sicherung ,,eigener" Energiequellen erhielten die Japaner Ölkonzessionen in der kuwaitisch-saudischen Neutralen Zone (1957), in Abu Dhabi und Ägypten sowie in Iran. Die Vertragsbedingungen waren für diese Länder im Vergleich zu den alten traditionellen Konzessionen günstig. Die Ergebnisse blieben allerdings hinter den japanischen Erwartungen zurück. Das Zeitalter der Entdeckung riesiger Ölfelder war eben zu Ende gegangen, als die Japaner in diesen Bereich eindringen konnten. Daher gingen sie schon 1970 dazu über, sich an bereits entdeckten und erschlossenen Ölvorkommen zu beteiligen. Eine weit größere Rolle spielte und spielt Japan bei der Entwicklung der arabischen und iranischen Gaswirtschaft (Golfstaaten und Algerien).

Die japanische Aktivität im arabischen Raum beschränkt sich nicht auf die Öl- und Gaswirtschaft, sondern erstreckt sich auch auf Sektoren wie das Bankwesen, die Landwirtschaft und die Bewässerung sowie auf die Förderung der technischen und beruflichen Ausbildung.

Entwicklung und Struktur des japanischen Handels mit den arabischen Ländern (und anderen Ländern der Nah- und Mittelostregion) sind aus Tabelle 14 ersichtlich. Hier wird die Dominanz der Golfstaaten sowohl als Energielieferanten als auch als Absatzgebiete sehr deutlich. In Nordafrika treten Ägypten und Algerien hervor. Die bilaterale Handelsbilanz Japans mit den Golfstaaten ist durch chronisches Defizit gekennzeichnet. Dagegen erzielt Japan im Handel mit den nordafrikanischen Ölexportländern und erst recht mit allen übrigen arabischen Ländern regelmäßig Handels- und Zahlungsbilanzüberschüsse.

3.4 RGW-Staaten

Dem Rat für Gegenseitige Wirtschaftsfhilfe RGW (auch COMECON genannt) gehören zehn sozialistische Länder an. Es sind neben der Sowjetunion sechs europäische Länder, nämlich Bulgarien, die Tschechoslowakei, die Deutsche Demokratische Republik, Polen, Rumänien und Ungarn, sowie drei außereuropäische Länder, nämlich Kuba, Mongolei und Vietnam. Relevante Wirtschaftspartner für die Nah- und Mittelostregion (gemessen am bilateralen Handelsvolumen) sind nur die Sowjetunion, Tschechoslowakei, DDR und Polen. Die anderen sechs Länder haben eine untergeordnete Bedeutung.

Generell ist festzustellen, daß der Stellenwert der RGW-Länder in der arabischen Außenwirtschaft bisher niedrig war. Ihr Anteil am gesamtarabischen Import überstieg in den 80er Jahren nicht 2 %. Beim Export lag er sogar unter 1 %, weil die osteuropäischen Länder das benötigte Öl hauptsächlich aus der Sowjetunion bezogen. Das Handelsvolumen (Import plus Export) der RGW-Länder mit den arabischen Ländern betrug 1985 nur 3,5 Mrd. US-$, verglichen mit 85 Mrd.

für die EG, 40 Mrd. für Japan und 20 Mrd. für die USA. Es ist sogar geringer als das arabische Handelsvolumen mit den Entwicklungsländern. Die RGW-Staaten haben also vom spektakulären Ölboom im Nahen und Mittleren Osten (im Vergleich zu den westlichen Industriestaaten) wenig profitiert.

Diese Relationen dürfen aber über die hohe strategische, entwicklungs- und handelspolitische Bedeutung der bilateralen Beziehungen für beide Seiten nicht hinwegtäuschen. Für die RGW-Staaten ist die arabische Region als Absatzgebiet und Devisenquelle von großer Bedeutung. Sie erzielten hier regelmäßig Handelsbilanzüberschüsse, die z.B. im Zeitraum 1979 - 85 durchschnittlich 1,1 Mrd. US-$ pro Jahr betrugen (vgl. Tab. 15). Diese Überschüsse sind eine wichtige Devisenquelle, auch wenn sie nicht vollständig in Devisen bezahlt werden (Bartergeschäfte). Hinsichtlich der Bedeutung der Nah- und Mittelostregion als Absatzgebiet sei (als Beispiel) darauf hingewiesen, daß die UdSSR ihren Handel mit der Dritten Welt zu etwa 32 % (23 % beim Export und 47 % beim Import) mit dieser Region abwickelt. Im Falle der Teschoslowakei entfielen rund 60 % ihrer Exporte in die Dritte Welt auf den Nahen und Mittleren Osten, und dieser Anteil machte 24 % ihrer gesamten Ausfuhren in die nicht-sozialistischen Länder aus. Auch konnte die UdSSR ihren jährlichen Warenaustausch mit den Ländern des Nahen und Mittleren Ostens in den letzten 25 Jahren erheblich steigern. Er hat sich im Jahrzehnt 1960 - 70 von 345 auf 1.473 Mio. Rubel mehr als vervierfacht, und im Zeitraum 1970 - 85 erfolgte eine weitere Vervierfachung auf 5.965 Mio. Rubel. Dabei gewannen die nicht-arabischen Länder, Afghanistan, Äthiopien, Iran und Türkei zunehmend an Bedeutung. Der sowjetische Export in diese Länder erreichte 1985 mit 1,2 Mio. Rubel (oder 1,45 Mio. US-$) fast die gleiche Höhe wie der sowjetische Export in die arabischen Länder (1,4 Mio. Rubel oder 1,68 Mio. US-$) (vgl. Tab. 16).

Tabelle 15: Entwicklung des Außenhandels der UdSSR und der osteuropäischen Länder mit den arabischen Ländern in den Jahren 1979 - 85

	Ausfuhren			Einfuhren		
	1979	1981	1985	1979	1981	1985
Welt insgesamt in Mio. US-$	49.791	56.582	53.516	49.898	59.468	53.755
davon in Prozent:						
Industrieländer	60,6	59,3	60,5	65,9	58,4	57,5
Entwicklungsländer	39,4	40,7	39,5	34,1	41,6	42,5
davon:						
Europa	24,3	24,1	22,2	20,6	22,7	23,8
Westliche Hemisphäre	1,1	1,4	1,3	3,9	8,6	5,7
Asien	6,5	6,4	8,9	6,9	7,5	10,5
Mittlerer Osten	5,9	6,3	4,8	1,4	1,5	2,0
Afrika	1,7	2,5	2,2	1,4	1,3	0,9
Arabische Länder						
in Mio. US-$	2.294	2.946	2.077	1.090	1.422	1.369
in Prozent	4,6	5,2	4,0	2,2	2,4	2,5
Handelsbilanzüberschuß gegenüber den arabischen Ländern in Mio. US-$	1.204	1.524	708			

Quelle: Zusammenstellung des Autors unter Zugrundelegung von Zahlenangaben des Internationalen Währungsfonds IMF: Direction of Trade Statistics Yearbook 1986, 51-54.

Die ländermäßige Verteilung des RGW-Handels spiegelt den Stand der politischen Beziehungen wider. Der Umfang des Handels mit Israel ist verschwindend klein. Er übersteigt nicht 20 Mio. US-$ pro Jahr. Das gleiche gilt für die GCC-Länder Bahrain, Katar, die VAE und Oman.

Nur Kuwait und Saudi-Arabien haben als Öllieferanten eine gewisse Bedeutung. Kuwait lieferte seit 1983 verstärkt Öl und Ölprodukte in die RGW-Länder und zwar im Gesamtwert von jährlich rund 300 Mio. US-$. Ferner machte sich eine Tendenz bemerkbar, kuwaitisches Kapital auch im RGW-Bereich zu investieren. Saudi-Arabien ist zurückhaltender. Im Zeitraum 1979 - 85 erhöhte sich der kuwaitische Import aus RGW-Ländern von 73 auf 111 Mio. US-$, während der saudische Import von 423 auf 100 Mio. US-$ zurückging. Dieser Handel ist noch sehr niedrig und begrenzt, symbolisiert aber eine graduelle Entkrampfung der politischen Beziehungen. Die Golfregion war jahrzehntelang eine ausschließliche Domäne des Westens. Erst Ende der 70er Jahre begannen sich die Verhältnisse langsam aufzulockern.

Tabelle 16: Entwicklung des Außenhandels der UdSSR mit den Ländern des Nahen und Mittleren Ostens im Zeitraum 1960 - 85 (in Mio. Rubel)*

	Ausfuhren				Einfuhren			
	1960	1970	1980	1985	1960	1970	1980	1986
arabische Länder								
Ägypten	63	327	173	282	109	280	211	303
Irak	18	59	473	268	3	4	259	557
Libyen	1	13	163	83	—	—	288	878
Syrien	10	42	168	320	7	17	153	189
Algerien	2	63	93	132	—	56	63	273
Südjemen	—	4	56	143	—	—	5	8
Saudi-Arabien	—	5	31	15	—	—	—	379
Marokko	5	33	93	112	4	18	105	66
Libanon	4	14	19	12	4	4	4	—
Tunesien	3	3	20	11	1	3	6	12
Sudan	5	33	6	6	5	45	12	4
Nordjemen	3	10	48	15	1	1	—	—
zusammen	114	606	1.343	1.399	134	428	1.106	2.669
nicht-arabische Länder								
Afghanistan	29	36	248	550	15	31	258	323
Iran	16	169	259	204	17	62	75	144
Türkei	7	56	329	163	5	27	114	153
Äthiopien	.	.	.	280	.	.	.	35
zusammen	52	261	836	1.197	37	120	447	655
Insgesamt	166	867	2.179	2.596	171	548	1.553	3.324

* Wechselkurs 1985: 1 US-$ = 0,84 Rubel
— Zahl unter 0,5 Mio. Rubel
. Zahl nicht verfügbar

Quelle: Vneshnyaya Torgovlya, Moskau, März 1986.

Die größten Handelspartner der RGW-Länder sind Ägypten, Syrien, Algerien, der Irak, Marokko und Libyen. Auch Iran spielte eine größere Rolle. Bereits zur Schah-Zeit wurden die Wirtschaftsbeziehungen zu den RGW-Ländern verbessert (z.B. Gaslieferungen an die UdSSR). In den Revolutionsjahren 1979 - 86 erhöhte sich der Import aus dem RGW-Bereich auf durchschnittlich 1 Mrd. US-$ pro Jahr. Devisenmangel und politische Erwägungen motivierten die Iraner zum Abschluß mehrerer Handelsabkommen mit den RGW-Staaten, obwohl die politische Basis dieser Beziehungen instabil blieb, d.h. die Beziehungen heftigen Schwankungen ausgesetzt waren.

Grundlage der Wirtschaftsbeziehungen dieser Länder zu den RGW-Ländern ist die Komplementarität der Interessen. Die RGW-Länder sind am Export technischer Anlagen und Ausrüstungen sowie von Waffen interessiert, zumal sie über nur wenige alternative Absatzgebiete in der Welt verfügen und die angestrebte Steigerung ihres Anteils am Weltmarkt auf zahlreiche Schwierigkeiten stößt. Die Länder der Nah- und Mittelostregion bevorzugen zwar grundsätzlich die besseren westlichen Technologien, sind aber zum Import östlicher Technologie bereit, wenn der Westen ihnen die Erschließung ihrer Bodenschätze, den Aufbau von Schwerindustrien und die Durchführung anderer strategischer Projekte verweigert oder unakzeptable Bedingungen stellt. Dafür lassen sich markante Beispiele aus den Bereichen Ölindustrie, Bau von Staudämmen und Errichtung von Eisen- und Stahlproduktionskapazitäten anführen. Es ist ferner zu berücksichtigen, daß die RGW-Länder geeignete Absatzmöglichkeiten für traditionelle und nicht-traditionelle arabische (persische, türkische und pakistanische) Exportgüter anbieten, deren Absatz in den westlichen Ländern auf zunehmende Schwierigkeiten stößt. So ist z.B. der sowjetische Markt für die ägyptische Exportwirtschaft von entscheidender Bedeutung. Hinsichtlich der Zahlungsbedingungen sind die charakteristischen Bartergeschäfte und *Clearing*-Systeme zwar problematisch, bieten aber besonders den devisenschwachen Ländern gewisse Vorteile. Außerdem gewähren die RGW-Länder günstige Lieferantenkredite.

Die Formen, in denen die RGW-Länder ihren Warenaustausch abwickeln, unterscheiden sich von denen der westlichen Industrieländer. In der Regel wird mit dem Partnerland ein Handelsprotokoll für ein Jahr oder fünf Jahre mit festgelegten Warenlisten für Im- und Export unterzeichnet. Für die Durchführung des vereinbarten Handels wird ein laufendes Konto unterhalten, bei dem der US-Dollar (früher Pfund Sterling) als Rechnungseinheit fungiert. Die einzelnen Transaktionen werden nicht in Devisen bezahlt. Nur der Saldo am Ende der Vertragsperiode wird entweder in einer konvertiblen Währung beglichen oder auf die nächste Vertragsperiode übertragen.

Eine entscheidende Rolle bei der Gestaltung und Entwicklung der Wirtschaftsbeziehungen spielen politische Faktoren. Das läßt sich am Beispiel Ägypten demonstrieren. Unter Präsident Nasser (Jamāl ʿAbd an-Nāṣir) waren die entsprechenden Rahmenbedingungen günstig. Infolgedessen machte die UdSSR wirtschaftliche Konzessionen und Zugeständnisse an Ägypten. Mitte der 60er Jahre begann Ägypten neben den traditonellen Gütern wie Baumwolle auch Industrieerzeugnisse aus den neu errichteten Industriebetrieben in die Sowjetunion zu exportieren. 1967 erreichte das bilaterale Handelsvolumen mit 120 Mio. Ägyptischen Pfund (E£) einen vorläufigen Höhepunkt. Das war für die damaligen Verhältnisse in der Nah- und Mittelostregion eine spektakuläre Entwicklung. Die militärische Niederlage Ägyptens im israelisch-arabischen Krieg von 1967 ließ die ägyptische Verschuldung gegenüber der Sowjetunion rapide anwachsen. Nach dem Tode Nassers 1970 nahm zudem der amerikanische Einfluß auf Ägypten zu. Die Folge war eine Verschlechterung der Beziehungen zur UdSSR und den anderen RGW-Staaten, ein Prozeß, der seinen ersten Höhepunkt in der Ausweisung der sowjetischen Berater im Juli 1972 durch Präsident Sadat (Nachfolger Nassers) fand. Nach dem Oktoberkrieg 1973 wurde die Verschuldungskrise Ägyptens offenkundig. Es kam zu enormen Schwierigkeiten in den Umschuldungsverhandlungen. Sadat, dem die Sowjets politisch mißtrauten, forderte 1977 eine zusätzliche tilgungsfreie Zeit von zehn Jahren und setzte sie einseitig durch. Die Unterzeichnung des für den Zeitraum 1977 - 80 vorgesehenen Handelsvertrages wurde hinausgeschoben. Im August 1977 stoppte Sadat den ägyptischen Baumwollexport in die Sowjetunion, nachdem die Sowjets die Lieferung militärischer Ersatzteile verweigert hatten. Die Beziehungen begannen sich erst 1982 unter Mubarak (Ḥusnī Mubārak) langsam zu entkrampfen. Nach sechsjähriger Unterbrechung wurde für 1982 ein Protokoll über einen Warenaustausch im Umfang von 435 Mio. £ Sterling unterzeichnet.

Ägypten ist sich der Bedeutung seiner Wirtschaftsbeziehungen mit der Sowjetunion bewußt. Es bezieht aus der UdSSR viele wichtige Güter wie Rohstoffe, Halbfabrikate, Steinkohle, Holz, Papier, Glas, Zement, Traktoren, Kraftfahrzeuge und Spezialmaschinen für den Straßenbau sowie Ersatzteile für die Waffensysteme. Wenn diese Güter aus anderen Ländern importiert werden müßten, müßten sie in Devisen bezahlt werden. Ferner ist die Sowjetunion für die aufstrebende ägyptische Exportwirtschaft ein unentbehrlicher und stabiler Absatzmarkt. So gehen in die UdSSR z.B. 90 % der ägyptischen Ausfuhren von Kosmetika, 80 % der Möbel-Exporte und 50 % des Exports von Baumwollgarnen.

Die langfristige außenwirtschaftliche Strategie der RGW-Staaten zielt auf die Schaffung neuer Strukturen ab, die den Schwankungen der politischen Beziehungen zu den betreffenden Entwicklungsländern standhalten und von den Entscheidungsträgern nicht ignoriert werden können. Das geschieht u.a. durch Beiträge zur Erschließung von Bodenschätzen, zum Aufbau von Schlüsselindustrien und zur Durchführung anderer strategischer Projekte unter nationaler Regie, und zwar zu Bedingungen, die sich von denen der westlichen transnationalen Konzerne unterscheiden. Dabei wurde in den 60er und 70er Jahren der Kampf der Entwicklungsländer für die Befreiung bestimmter Wirtschaftssektoren von dem traditionellen Konzessionssystem und der mit ihm zusammenhängenden Kontrolle der multinationalen Konzerne (Entkolonialisierungsprozeß) ausgenutzt. In den 80er Jahren (nach Beendigung des Entkolonialisierungsprozesses) gab es einige Ansätze indirekter Zusammenarbeit zwischen Firmen aus dem RGW-Bereich und westlichen Firmen bei der Planung und Durchführung von Entwicklungsprojekten im Nahen Osten.

Im Energiesektor haben die RGW-Staaten bei der Verstärkung der nationalen Kontrolle über die Ölindustrie, bei der Erschließung und Entwicklung neu entdeckter Ölfelder und bei der Errichtung von Raffinerien, petrochemischer Anlagen sowie Kraftwerken eine wichtige Rolle gespielt. Als Algerien, der Irak und Libyen 1971 - 74 die Interessen amerikanischer, britischer, holländischer und französischer Ölkonzerne verstaatlichten und das nationalisierte Öl im Westen boykottiert wurde, gaben die RGW-Staaten Hilfestellung u.a. durch den Kauf des nationalisierten Öls. Es wurden mit den nationalen Ölgesellschaften Kooperationsverträge abgeschlossen. Vor allem im Irak leisteten die RGW-Länder wesentliche Beiträge zum Aufbau der nationalen Ölindustrie und zur Nutzung des Naturgases. Hier wurden riesige Ölfelder entdeckt, erschlossen und entwickelt. Es wurden weitverzweigte Öl- und Gasleitungsnetze sowie große Raffineriekapazitäten gebaut. Das hat den Irak keineswegs zum Satelliten Moskaus gemacht, hat er doch gleichzeitig seine Beziehungen zu den westlichen Ländern weiterentwickelt und diversifiziert, wobei auch wichtige Schwellenländer wie Brasilien einbezogen wurden. Heute (1987) beteiligen sich die RGW-Länder an der Ölsuche in verschiedenen arabischen Ländern (Jordanien, Syrien, Nordjemen, Südjemen u.a.). In Südjemen, wo auch westliche Ölgesellschaften tätig sind, entdeckten die Sowjets 1986 Ölvorkommen im östlichen Teil des Landes (Shabwa). Kuwait und Libyen beteiligten sich an der Finanzierung des Baus einer Ölleitung, die die tschechoslowakischen und ungarischen Raffinerien mit dem adriatischen Meer via Jugoslawien verbindet. Die Organization of Arab Petroleum Exporting Countries (OAPEC) hat eine technisch-wissenschaftliche Zusammenarbeit mit der Akademie der Sowjetischen Wissenschaften begonnen. Im Bereich der Gasindustrie arbeiten Algerien, Iran und das NATO-Land Türkei mit der Sowjetunion zusammen. Iran liefert Gas an die Sowjetunion. Die Türkei schloß mit der UdSSR 1984 einen 25jahresvertrag über Gasimport. Danach soll 1987 eine Gasleitung gebaut werden, die jährlich bis zu 600 Mio. m^3 liefern kann. Auch zur OPEC intensivieren sich die Kontakte der UdSSR als Ölexportland. Im Vergleich zu den westlichen Ländern ist das Engagement der RGW-Länder in der Ölindustrie der Nah- und Mittelostregion zwar noch bescheiden, aber es weitet sich langsam aus und trägt zu einem Strukturwandel bei, zumal der Ölimport der RGW-Länder wahrscheinlich in der Zukunft steigen wird.

Die RGW-Länder beteiligen sich überdies an der Erschließung anderer Bodenschätze wie z.B. Eisenerz in Ägypten und Iran, Phosphate in Marokko, Kohle in Iran und Schwefel im Irak. Was den Bau von Staudämmen und Wasserkraftwerken angeht, sind als herausragende Beispiele zu nennen der Assuan-Damm in Ägypten (2.100 MW, Erschließung von 840.000 ha neues Land) und der Euphrat-Damm in Syrien (800 MW, Bewässerung von 640.000 ha). Der Anteil der bisher von der Sowjetunion gebauten Kraftwerke an der gesamten Stromerzeugungskapazität einiger

Nahostländer beträgt: 60 % in Syrien, Irak und Afghanistan, 45 % in Ägypten, 20 % in Marokko und Pakistan. Ein weiterer Bereich, in dem sich die Sowjetunion hervorgetan hat, ist der Bau von Stahlwerken. Die errichteten Produktionskapazitäten sind 1,5 Mio. t/Jahr in Helwan/Ägypten, 1,9 Mio. t/Jahr in Isfahan/Iran, 2 Mio. t/Jahr in al-Hadjar/Algerien und 2 Mio. t/Jahr in Iskenderun/Türkei.

Insgesamt ist festzustellen, daß trotz der oben angedeuteten Leistungen der Beitrag der RGW-Länder zur Industrialisierung und Entwicklung der Nah- und Mittelostregion noch sehr gering ist. Die Weiterentwicklung der Wirtschaftsbeziehungen hängt nicht nur von der Veränderung der politischen Datenkonstellation ab, sondern auch davon, inwieweit es den RGW-Ländern gelingt, ihre Technologie entsprechend den Erfordernissen des internationalen Wettbewerbs zu verbessern und ihre Lieferfähigkeit zu steigern.

4. Zahlungsbilanz und Auslandsverschuldung

Die Entwicklung der Zahlungsbilanz und der Auslandsverschuldung ist von Land zu Land sehr unterschiedlich. Im allgemeinen kann man die 20 arabischen Länder hinsichtlich der Zahlungsbilanz in zwei Gruppen unterteilen: Die erste Gruppe umfaßt Algerien, Bahrain, Irak, Kuwait, Libyen, Oman, Katar, Saudi-Arabien und die VAE. Strukturell gesehen sind die Zahlungsbilanzen dieser Ölexportländer durch Überschüsse gekennzeichnet. Das war zumindest bis 1982 der Fall. Sie erzielten in den 70er Jahren hohe Überschüsse, die ihr Auslandsvermögen zeitweise enorm ansteigen ließ.

Die zweite Gruppe umfaßt Ägypten, Jordanien, Libanon, Marokko, Mauretanien, Somalia, den Sudan, Syrien, Tunesien, Nord- und Südjemen. Strukturell gesehen sind die Zahlungsbilanzen dieser Länder in der Regel durch Defizite gekennzeichnet. Die Defizite werden durch Entwicklungshilfe der arabischen Geberländer und der westlichen (und zu einem geringen Teil östlichen) Industrieländer finanziert. Beim Ausgleich der Zahlungsbilanz spielen die Gastarbeiterüberweisungen eine große Rolle. Einnahmen aus dem Tourismus sind für Ägypten, Jordanien, Marokko, Tunesien und (vor dem Bürgerkrieg) Libanon eine wichtige Devisenquelle. Im Falle Ägyptens leistet der Suezkanal einen wichtigen Beitrag zur Zahlungsbilanz.

Betrachtet man alle 20 Länder als eine einheitliche Region, so hat diese Region in den 70er Jahren insgesamt Zahlungsbilanzüberschüsse erzielt, die sich von 1983 an in Defizite umwandelten, was hauptsächlich durch den Rückgang der Öleinnahmen bedingt war.

Die Auslandsverschuldungen der Defizitländer hat sich in den letzten 15 Jahren kontinuierlich erhöht. Sie nahm für einige Länder (Ägypten, Marokko, Sudan) sogar bedrohliche Ausmaße an. Diese Entwicklung wird von arabischen Entwicklungspolitikern schmerzlich empfunden, weil nur ein kleiner Teil der aufgenommenen Kredite für produktive Zwecke investiert wurde. In der ersten Hälfte der 80er Jahre kamen die Defizite und Auslandsschulden der Ölexportländer hinzu, die durch Verfall der Ölpreise und den Rückgang der Nachfrage nach arabischem Öl bedingt waren. So erreichte die Auslandsverschuldung der arabischen Länder Ende 1984 rund 103 Mrd. US-$. In dieser Zahl sind die Lieferantenkredite und die kurzfristigen kommerziellen Bankenkredite nicht enthalten. 1986 stieg die Gesamtverschuldung auf 130 Mrd. US-$ weiter an. Sie hatte sich innerhalb eines Jahrzehnts mehr als verfünffacht. Zwar erscheint sie im Vergleich zur katastrophalen Verschuldung der Länder Lateinamerikas niedrig und verkraftbar, besonders wenn man den Reichtum der Ölexportländer berücksichtigt; sie bleibt jedoch in mancher Hinsicht beunruhigend. Ägypten, Marokko und der Sudan haben kritische Grenzen erreicht. Das Tempo der Verschlechterung der Verhältnisse war zu schnell. 1981 gab es nur vier arabische Länder, deren Auslandsverschuldung mehr als 45 % des Bruttoinlandsproduktes ausmachte. Zwei Jahre später (1983) waren es schon zehn Länder.

Darüber hinaus hat sich die Struktur der Auslandsverschuldung zuungunsten der arabischen Schuldnerländer gewandelt. Das läßt sich an einem Vergleich der Jahre 1973 und 1983 verdeutlichen. Der Anteil der günstigen Kredite aus staatlichen Quellen ging von 60 auf 40 % zurück, während der Anteil der teuren kommerziellen Kredite aus privaten Quellen (Banken, Lieferfirmen) von 40 auf 60 % anstieg. Die Kredite aus staatlichen Quellen haben sich in dem genannten Zeitraum von 6,46 auf 36,33 Mrd. US-$ verfünffacht. Demgegenüber gab es eine Versechsfachung der Kredite aus privaten Quellen von 4,16 auf 24,25 Mrd. US-$.

Untersucht man die Verhältnisse in den einzelnen arabischen Ländern nach bestimmten Kriterien, so kann man sie hinsichtlich der Höhe des Risikos für den Gläubiger in drei Kategorien unterteilen: (1) Länder mit niedrigem Risiko, (2) Länder mit mittlerem Risiko, und (3) Länder mit hohem Risiko. Dabei werden vier Indikatoren untersucht: (a) Rückzahlungsfähigkeit, (b) Liquidität, (c) politische und soziale Stabilität, (d) Entwicklung des Außenhandels und der Verbindlichkeiten gegenüber Banken. Als Fazit ergibt sich, daß zur ersten Kategorie (niedriges Risiko) die GCC-Länder und Algerien gehören. Die GCC-Länder sind Saudi-Arabien, Kuwait, Bahrain, Katar, die VAE und Oman. Diese Länder sind in der Regel Kapitalexporteure. Zur zweiten Kategorie (mittleres Risiko) zählen Jordanien, Libyen, Syrien, Tunesien und Nordjemen. Die dritte Kategorie (hohes Risiko) umfaßt Libanon, Marokko, Mauretanien, Somalia, den Sudan und Südjemen sowie (kriegsbedingt) den Irak.

5. Technologietransfer und technologische Beziehungen

Angesichts des rapiden technologischen Fortschritts und der zunehmenden Internationalisierung des Kapitals spielt der Technologietransfer in den internationalen Wirtschaftsbeziehungen eine zentrale Rolle. Für die transnationalen Unternehmen ist der Technologietransfer zu einem wichtigen Instrument der Steigerung ihrer Konkurrenzfähigkeit und ihrer Gewinne auf den Auslandsmärkten geworden. Die arabischen Länder brauchen den Einsatz moderner Technologie für die Überwindung ihrer Unterentwicklung in fast allen Wirtschaftsbereichen. Diese Technologie wird vorwiegend aus den westlichen Industrieländern importiert. Es ist bezeichnend, daß in den letzten 15 Jahren hauptsächlich mit diesen Industrieländern Abkommen über technisch-wissenschaftliche Zusammenarbeit unterzeichnet wurden. Zwar wurden solche Abkommen auch mit Ostblockstaaten (UdSSR, Tschechoslowakei, DDR, Polen u.a.) und mit Schwellenländern (Brasilien, Südkorea) unterzeichnet, das Schwergewicht der technologischen Beziehungen sowie der damit zusammenhängenden Kontroversen und Verhandlungen liegt aber nach wie vor bei den westlichen Industrieländern. Technologietransfer erfolgt überwiegend durch privatwirtschaftliche transnationale Unternehmen, weniger durch staatliche Institutionen.

Bei der Behandlung des Themas Technologietransfer müssen zwei Komponenten des Begriffs unterschieden werden: (a) Verkauf von Produkten der Technologie wie industrielle Anlagen, Maschinen, Ausrüstungen und Gebrauchsgüter (transfer of capacity, software), (b) Transfer des *know how* (transfer of capability, hardware). Der von den arabischen Ländern angestrebte Technologietransfer enthält beide Komponenten. Nun sind aber die Interessen des Technologieexporteurs mit denen des Importeurs nicht identisch. Beide sind zwar an der Rationalisierung der Produktionsverfahren und an Senkungen der Produktionskosten interessiert. Aber der Exporteur ist grundsätzlich daran interessiert, den Bedarf des Importeurs an seiner Technologie möglichst lange Zeit aufrechtzuerhalten und zu erneuern. Demgegenüber ist der Importeur an der Entwicklung seiner eigenen technologischen Fähigkeiten und an der Reduzierung seiner Abhängigkeit vom Ausland interessiert. Dabei ist die Verhandlungsposition des Technologiebesitzers stärker. Die Beziehung enthält also sowohl Elemente der Kooperation als auch Elemente des Konflikts.

Im Rahmen der sich verschärfenden Krise der Weltwirtschaft entstand eine globale oligopolistische Konkurrenz zwischen den Industrienationen, und angesichts dieser Konkurrenz ist der Zugang zu Schlüsseltechnologien (high technologies) zu einem bedeutsamen Machtinstrument geworden. Die Bedeutung des Technologietransfers für die weltweite Strategie der transnationalen Unternehmen hat sich erhöht. Diese Unternehmen kommen aus den USA, Westeuropa und Japan. Sie transferieren im Rahmen ihrer Kalkulationen bestimmte Teile ihrer Technologien in ausgewählte Länder der Dritten Welt. Die transferierte Technologie bleibt in der Regel innerhalb ihres eigenen Systems und unter ihrer Kontrolle. Früher erfolgte der Technologietransfer hauptsächlich durch die Gründung von Zweigstellen und Tochtergesellschaften (Direktinvestitionen). Da diese Tochtergesellschaften durch Revolutionen und Verstaatlichungen im arabischen Raum (und in anderen Regionen der Dritten Welt) zunehmend gefährdet waren, ging man verstärkt zu indirekten Formen der Investition über. Zu den neuen Formen gehören: Lieferung schlüsselfertiger Anlagen (turnkey operations), *international sub-contracting, management contracts, joint ventures, marketing services.* Das technologische *know how* bleibt hier in den Händen des Technologielieferanten, zumal *Research and Development* (R & D) zentralisiert sind und bei den Muttergesellschaften liegen.

Die technologische Situation und Technologiepolitik der arabischen Länder können hier nur kurz skizziert werden. Zunächst ist festzustellen, daß die arabischen Länder auf verschiedenen Entwicklungsstufen stehen und unterschiedliche Industrialisierungsniveaus haben. Da gibt es Länder wie Ägypten, Irak und Syrien, in denen das verarbeitende Gewerbe seit langem etabliert ist. Es geht diesen Ländern heute um Diversifizierung und technologische Fortentwicklung. Und da gibt es andere Länder wie die Golfstaaten und Libyen, die sich erst vor wenigen Jahren von der Monokultur des Bergbaus (Förderung von Rohöl und anderen Rohstoffen) in Richtung des Aufbaus einer verarbeitenden Industrie zu bewegen begonnen haben. Generell ist die arabische Region selbst im Vergleich mit solchen Regionen der Dritten Welt wie Südostasien und Zentralamerika noch technologisch unterentwickelt.

Die arabischen Länder konsumieren vorwiegend Produkte ausländischer Technologien. Im Industriebereich verwenden sie importierte Produktionstechnologien, wobei sie in manchen Fällen für Wartung und Reparatur (und sogar für Management) auf ausländische Firmen angewiesen sind. Die importierten Technologien können im Inland zumeist nicht reproduziert werden. Kapitalgüterindustrien fehlen fast völlig.

Daher konzentriert sich die Technologiepolitik in der gegenwärtigen Entwicklungsphase auf (a) den Erwerb (Import) der für die verarbeitende Industrie benötigten Technologien, (b) die Rationalisierung des Konsums importierter Technologien und ihrer Produkte, (c) die Entwicklung der lokalen Fähigkeiten für Management und *Maintenance* der importierten Produktionstechnologien, (d) den Aufbau eines staatlichen institutionalisierten Systems für die Selektion der zu importierenden Technologien und (e) erste Versuche zur Errichtung von Schwerindustrien und Kapitalgüterindustrien. Die Durchführung dieser Technologiepolitik ist angesichts der angewandten Strategie der transnationalen Unternehmen einerseits und der immens großen Flut von verschiedenartigen Technologien andererseits äußerst schwierig. Allerdings könnten die verschärfte Konkurrenz zwischen den Technologielieferanten und der schnelle technische Wandel sowie der allmähliche Aufbau der technisch-wissenschaftlichen Infrastruktur im arabischen Raum gewisse Erleichterungen mit sich bringen.

Bei der Untersuchung der bisherigen Entwicklung der arabischen technologischen Beziehungen zu den Industrieländern sind zwei Phasen zu unterscheiden: Die erste Phase dauerte bis etwa Ende der 60er Jahre. Der Ölsektor lag in den Händen der großen ausländischen Ölkonzerne, und zwar im Rahmen des traditionellen Konzessionssystems. Er bildete eine ,,Enklave", die sehr wenig in die übrige Volkswirtschaft integriert war. Von ihm konnten keine relevanten Impulse für die technologische Entwicklung des betreffenden Landes ausgehen. Angesichts der Expansion des Ölsektors wurde die Entwicklung der traditionellen landwirtschaftlichen Technologien vernachlässigt. Die ausländischen Konzessionsgesellschaften waren am Aufbau von Industrien im *downstream* Bereich wie Raffinerien und petrochemische Werke nicht interessiert. Erst die Versuche italienischer und japanischer Gesellschaften, im Nahen Osten Fuß zu fassen, ermöglichten einen Durchbruch. Als Beispiel sei die Rolle des italienischen Staatskonzerns Ente Nazionale Idrocarburi (ENI) beim ersten Transfer von Ölraffinierungstechnologien nach Libyen und Marokko erwähnt. Außerhalb des Ölsektors entwickelten die arabischen Länder seit Mitte der 50er Jahre (zuerst Ägypten, Syrien und der Irak, später Jordanien, Marokko und Tunesien) importsubstituierende Konsumgüterindustrien und Textilindustrien. Sie konnten wichtige Segmente der betreffenden Technologien absorbieren. Aber diese Industrien, deren Technologie nicht im Inland reproduziert werden konnte, erlitten immer wieder Rückschläge, insbesondere in Zeiten der ,,Öffnungspolitik". Präsident Nasser versuchte, mit sowjetischer Hilfe in Ägypten eine industrielle Basis zu schaffen. Dieser Prozeß wurde u.a. durch die Kriege mit Israel stark behindert, und Ägypten mußte nach dem Tod Nassers (1970) einen anderen Kurs verfolgen.

Die zweite Phase begann Anfang der 70er Jahre mit der stufenweisen Nationalisierung des Ölsektors und den sprunghaften Steigerungen der Öleinnahmen. Die Ölexportländer konnten eine anspruchsvolle Industrialisierungsstrategie finanzieren, die sowohl die Errichtung zahlreicher importsubstituierender Industriebetriebe als auch den Aufbau einiger exportorientierter Industrien beinhaltete. Die Qualität der Konzeptionen und Planungen war von Land zu Land unterschiedlich. Während in Ägypten, Algerien und im Irak inländische Planungskapazitäten vorhanden waren und einen wesentlichen Beitrag leisteten, waren die Golfstaaten und Libyen vollkommen auf ausländische Beratungsunternehmen angewiesen. Die drei erstgenannten Länder und Saudi-Arabien konnten auf Grund ihrer Bevölkerungsgröße und ihrer Ausstattung mit Naturressourcen eine breitangelegte Industrialisierung betreiben. Kuwait dagegen mußte sich auf Verarbeitung des Rohöls im Inland und auf Beteiligungen an *downstream operations* im Ausland konzentrieren. Der Aufbau exportorientierter Industrien auf Öl- und Gasbasis hat den Nachteil, daß diese Industrien auf einen begrenzten Markt ausgerichtet sind, der von mächtigen transnationalen Konzernen beherrscht wird und durch protektionistische Tendenzen gekennzeichnet ist. Das bedeutet Vertiefung der Abhängigkeit der arabischen Industrie von der technologischen Entwicklung der internationalen Ökonomie. In dieser zweiten Phase spielten beim Technologietransfer die *joint ventures* eine besonders wichtige Rolle. Sie waren zahlreich in Saudi-Arabien und den anderen Golfstaaten sowie in Ägypten im Rahmen der von Präsident Sadat verfolgten ,,Öffnungspolitik". Die Vergabe von Lizenzen blieb in Ägypten und erst recht in den anderen arabischen Ländern begrenzt. Lizenzen spielten also beim Technologietransfer eine untergeordnete Rolle.

Zwischen ,,Industrialisierung" und ,,Entwicklung technologischer Fähigkeiten" muß unterschieden werden. Bei der Industrialisierung konnten die arabischen Länder in den letzten 15 Jahren enorme Fortschritte erzielen. Es wurden große (noch nicht ausreichende) Produktionskapazitäten in Bereichen wie Ölraffinierung, Petrochemie, Aluminium, Eisen und Stahl, Elektrotechnik und Düngemittel aufgebaut. Diese Industrialisierung bedeutet eine enorme Steigerung der Anwendung und des Konsums ausländischer (vorwiegend amerikanischer, westeuropäischer und japanischer) Technologien. Im Vergleich dazu ist der Transfer von *know how* sehr bescheiden. Angesichts des Fehlens von Kapitalgüterindustrien im arabischen Raum, die die importierten Technologien wenigstens teilweise reproduzieren könnten, bedeutet diese Entwicklung eine Vertiefung der Abhängigkeit. Der Elan für den Aufbau einer eigenen halbwegs autonomen industriellen Basis wie er z.B. für Ägypten unter Nasser und für Algerien unter Boumedienne kennzeichnend war, hat nachgelassen. Auch die vom Irak in den 70er Jahren konsequent betriebene Politik zum Aufbau einer eigenen technologischen Basis erlitt durch den Krieg mit Iran empfindliche Rückschläge. Die Errungenschaften reichten für die Entfaltung einer binnenwirtschaftlichen technologischen Dynamik nicht aus. Wahrscheinlich wird sich in Zukunft das bestehende Ungleichgewicht der technologischen Beziehungen der arabischen Länder zu den Industrieländern weiter verschärfen, wenn es nicht gelingt, die politischen Konflikte in der Region (Nahostkonflikt, Golfkrieg usw.) beizulegen, die intraregionale Zusammenarbeit zu intensivieren und eine qualitativ bessere Technologiepolitik zu verfolgen.

6. Die arabische Entwicklungshilfe

6.1 Basis und Motive

Obwohl sie selbst noch Entwicklungsländer sind, leisten die arabischen Staaten (hauptsächlich die Ölexporteure) Entwicklungshilfe an die Dritte Welt. Die Finanzhilfe hatte zwar lange Zeit vor der „Ölrevolution" von 1973/74 begonnen, ihre enorme Expansion und ihr Aufstieg zu einem bedeutsamen weltwirtschaftlichen Phänomen erfolgten jedoch erst im Zeitraum 1973 - 81, der durch internationale Auseinandersetzungen über Energieproblematik und Ölpreise gekennzeichnet war. Hier stiegen die arabischen Staaten zur zweitgrößten Gebergruppe (nach den Mitgliedsländern des Development Assistance Committee der OECD) auf.

Grundlage der arabischen Entwicklungshilfeleistungen sind die staatlichen Öleinnahmen und die mit ihnen zusammenhängenden Zahlungsbilanzüberschüsse. Diese Überschüsse sind aber keine Dauererscheinung. Die Öleinnahmen, die in den 70er Jahren stark angestiegen waren, sanken von 1981 an wieder in beträchtlichem Ausmaß. Die Folge waren Haushaltsdefizite und weitreichende Auswirkungen auf die Wirtschaftsentwicklung der ganzen Nah- und Mittelostregion. Trotzdem wird die Entwicklungshilfe fortgesetzt, wenn auch in reduziertem Ausmaß.

Das hat viele Gründe. Dazu gehören nicht nur der politische Druck bestimmter westlicher Industriestaaten, sondern auch die Solidarität mit den kapitalarmen arabischen und nichtarabischen Entwicklungsländern sowie gemeinsame Interessen im Bereich der Süd-Süd-Beziehungen. Dabei spielt die Erkenntnis eine Rolle, daß die Anlage eines zunehmenden Teils der Öleinnahmen in den Ländern der Dritten Welt auf lange Sicht rentabel ist und kommerzielle Investitionen erleichtern kann.

6.2 Umfang und internationaler Stellenwert

Der Umfang der von den arabischen Staaten geleisteten öffentlichen Nettohilfe betrug im Zeitraum 1970 - 83 insgesamt rund 70 Mrd. US-$. Die durchschnittlichen jährlichen Leistungen betrugen also 5 Mrd. US-$. Dabei müssen zwei Perioden unterschieden werden: In der ersten Periode von 1973 bis 1981 sind die jährlichen Hilfeleistungen kontinuierlich gestiegen. In der Zeit nach 1981 zeigen sie eine deutlich sinkende Tendenz.

In den neun Jahren der ersten Periode stiegen die jährlichen offiziellen Hilfezusagen von 2,5 Mrd. US-$/1973 auf 12,2 Mrd. US-$/1981. Ihre Summe betrug 66,2 Mrd. US-$. Die größten Beiträge kamen von Saudi-Arabien (41 %), Kuwait (21 %), den VAE (12 %) und Irak (11 %). Die restlichen 15 % kamen von Libyen, Katar und Algerien. Von diesem Gesamtbetrag wurden 55 Mrd. US-$ oder 83 % tatsächlich ausgezahlt, und zwar zu 84 % durch bilaterale Kanäle und zu 16 % durch multilaterale Institutionen. Dabei sind die besonders großzügigen Bedingungen zu beachten. Die geleistete Nettohilfe bestand zu 70 % aus Schenkungen und zu 30 % aus Krediten zu Vorzugsbedingungen.

Diese Angaben stützen sich auf arabische Quellen. Sie unterscheiden sich von den Zahlen, die die OECD in Paris regelmäßig veröffentlicht (vgl. Tab. 17). Letztere berücksichtigen bestimmte Komponenten nicht und werden anders berechnet. An ihnen läßt sich der Rückgang der von den OPEC-Staaten geleisteten Nettohilfe in der zweiten Periode zeigen. Die OPEC-Hilfe, die zu 98 % von den arabischen Staaten finanziert wird, ging von 8,3 Mrd. US-$/1981 auf 4,5 Mrd. US-$/1984 zurück. Sie reduzierte sich 1985 weiter auf schätzungsweise 3 Mrd. US-$, die hauptsächlich von Saudi-Arabien und Kuwait geleistet wurden. Die beiden genannten Länder gehören im internationalen Vergleich zu den größten Geberländern. Die von ihnen geleistete Hilfe machte z.B. im Jahre 1984 3,19 % bzw. 3,82 % des Bruttosozialprodukts aus, verglichen mit 0,24 % für die USA, 0,26 % für die UdSSR und 0,34 % für Japan. Bis 1985 war die OPEC-Hilfe (in absoluten Zahlen) höher als die von den Ostblockstaaten geleistete Entwicklungshilfe.

Tabelle 17: Entwicklungshilfeleistungen der OPEC-Länder, 1970 - 1984 zu laufenden Preisen und Wechselkursen (in Mio. US-$)

Nettoauszahlungen

	1970	1971	1972	1973	1974	1975	1976	1977	1978	1979	1980	1981	1982	1983	1984
Golfstaaten															
Kuwait	148	106	171	335	631	956	731	1.302	993	970	1.140	1.154	1.168	1.006	1.018
Katar	—	—	1	93	185	317	180	170	95	282	286	248	139	11	13
Saudi-Arabien	173	214	366	1.103	2.066	2.665	2.916	2.909	5.215	3.971	5.775	5.575	3.910	3.661	3.316
VAE	0	50	77	285	510	1.046	1.028	1.076	887	968	1.052	800	395	364	43
Zwischensumme	320	370	614	1.816	3.392	4.963	4.856	5.457	7.191	6.192	8.252	7.777	5.812	5.042	4.389
Übrige arabische Geberländer															
Algerien	—	—	2	23	47	31	13	43	42	261	82	85	131	61	46
Irak	4	8	15	8	423	258	121	96	138	658	863	203	57	- 37	- 48
Libyen	68	64	77	207	147	270	102	102	118	115	376	262	43	142	17
Zwischensumme	72	72	95	236	617	559	236	243	299	1.054	1.321	519	231	166	16
Nicht-arabische Geberländer															
Iran	—	—	—	2	405	642	751	182	231	- 20	- 72	- 141	- 193	15	—
Nigeria	—	—	—	5	15	14	80	51	27	29	34	143	58	36	51
Venezuela	—	—	—	18	55	31	113	24	96	110	124	66	125	141	90
Zwischensumme	—	—	—	25	479	687	945	236	358	120	86	68	- 10	190	141
Gesamtsumme	393	442	709	2.077	4.487	6.226	6.038	5.937	7.846	7.365	9.660	8.364	5.832	5.396	4.545
Gesamtsumme in Preisen und Wechselkursen von 1983	1.029	1.073	1.545	3.912	7.714	9.260	8.706	7.858	8.895	7.548	9.061	5.138	5.807	5.396	4.646

Quelle: Development Assistance Commitee (DAC) der OECD, Paris.

6.3 Kanäle und Formen

Die arabische Entwicklungshilfe wird über verschiedene Kanäle geleistet: (1.) bilaterale staatliche Abkommen und direkte Verbindungen von Regierung zu Regierung, (2.) internationale Institutionen wie die Weltbank, der Internationale Währungsfonds (IWF), die International Development Association, das United Nations Development Programme, das World Food Programme, der International Fund for Agricultural Development und andere UNO-Agenturen, (3.) arabische nationale und multilaterale Entwicklungshilfe-Institutionen (EHI) wie z.B. der Saudi Fund, der Kuwaiti Fund und die Arab Bank for Economic Development in Africa sowie zwei internationale EHI, die überwiegend von den arabischen Staaten finanziert werden, nämlich der OPEC Fund for International Development (Wien) und die Islamic Development Bank in Dschidda/Saudi-Arabien.

Die arabische Hilfe wird in verschiedenen Formen gewährt: als Budgethilfe, zur Finanzierung von Zahlungsbilanzdefiziten, in Form langfristiger Kredite zu Vorzugsbedingungen, als kostenlose technische Hilfe sowie als Soforthilfe (Emergency Aid).

Tabelle 18: Ländermäßige und sektorale Verteilung aller von den arabischen nationalen und regionalen Entwicklungshilfe-Institutionen gewährten Kredite (Stand: 31. 12. 1985)

Ländergruppe	Zahl der Länder	Transport u. Verbindungswesen	Energie (Elektr., Öl, Gas)	Wasser und Kanalisation	Landwirtschaft, Viehzucht	Industrie und Bergbau	Sonstige Bereiche	zusammen	in %
		in Mio. US-$							
Arabische Länder	19	2.667	2.621	748	1.828	2.144	1.247	11.255	51,3
Afrikanische Länder	39	1.455	740	166	844	441	559	4.204	19,1
Asiatische Länder	23	1.108	2.712	80	792	989	355	6.035	27,5
Lateinamerikan. Länder	17	22	101	19	27	50	147	365	1,7
Sonstige Länder	2	40	11	26	14	—	—	91	0,4
Insgesamt	100	5.292	6.184	1.039	3.504	3.623	2.308	21.951	100,0
in Prozent		24,1	28,2	4,7	16,0	16,5	10,5	100,0	

Quelle: Koordinierungssekretariat der arabischen Entwicklungshilfe-Institutionen, Arab Fund for Economic and Social Development, Kuwait.

6.4 Regionale und sektorale Verteilung der Hilfeleistungen

Da manche finanziellen Zuwendungen vertraulich behandelt werden, ist eine vollständige Übersicht über die ländermäßige Verteilung aller bisherigen Hilfeleistungen nicht verfügbar. Was einigermaßen vollständig und regelmäßig veröffentlicht wird, sind die Leistungen der Entwicklungshilfe-Institutionen.

Die gesamte Kreditvergabe dieser Institutionen seit ihrer Gründung bis zum 31. 12. 1985 betrug rund 22 Mrd. US-$. Ihre regionale und sektorale Verteilung zeigt Tabelle 18. Aus ihr geht hervor, daß Finanzierungsmittel an 19 arabische und 81 nicht-arabische Entwicklungsländer verteilt wurden. Dabei entfielen auf die arabischen Länder 51,3 %, auf 23 Länder Asiens 27,5 %, auf 39 Länder Afrikas 19,1 % und auf 17 Länder Lateinamerikas 1,7 %. Es wurden insgesamt 1.722 Entwicklungsprojekte finanziert.

Sektoral verteilt sich die geleistete Finanzierungshilfe zu 57 % auf Infrastrukturprojekte und zu 32,5 % auf produktive Bereiche der Industrie und Landwirtschaft. Dabei erhielten die Energieversorgungsprojekte (Elektrizität, Öl, Gas) mit 28,2 % den höchsten Anteil. Dann folgten Transport und Verbindungswesen mit 24,1 %, Industrie und Bergbau mit 16,5 % und Landwirtschaft mit 16 %. Es zeigt sich also eine deutliche Konzentration auf Infrastrukturprojekte. Die sonstigen Bereiche, die Projekte der öffentlichen Gesundheit und des Erziehungswesens sowie Zahlungsbilanzhilfe umfassen, waren mit nur 10,5 % oder 2,3 Mrd. US-$ vertreten.

6.5 Kritik

Kritik an der Entwicklungshilfepolitik der OPEC und der arabischen Staaten, insbesondere der Golfstaaten, wurde und wird von verschiedenen Seiten und mit unterschiedlichen Motiven und Zielsetzungen ausgeübt:

— von den westlichen Industriestaaten. Sie forderten besonders in der zweiten Hälfte der 70er Jahre lautstark von den Ölexportländern, (a) einen größeren Teil ihrer Öleinnahmen für Entwicklungshilfe auszugeben, (b) die Hilfeleistungen nicht auf arabische und islamische Länder zu beschränken, sondern auf möglichst viele prowestliche Entwicklungsländer auszudehnen, (c) mehr Finanzhilfe durch Weltbank und IWF zu gewähren, (d) das ,,Zuschußelement" weiter zu erhöhen, d.h. unter anderem die Kreditbedingungen so zu gestalten, daß sie möglichst den von den westlichen Geberländern angewandten Bedingungen entsprechen, (e) die ,,Dreiecks-Kooperation" zwischen Ölexportländern, Industrieländern und Entwicklungsländern zu intensivieren und auszuweiten.

— von den Anhängern der *Dependencia* Theorien. Sie beklagen, daß die OPEC-Hilfe letzten Endes den Industrieländern mehr genutzt habe als den Entwicklungsländern. Anstatt sich für eine Reform der bestehenden ungerechten Weltwirtschaftsordnung einzusetzen, habe die OPEC den Forderungen der Industriestaaten nachgegeben und eine Politik betrieben, die das bestehende System zementiert und die Abhängigkeit der Entwicklungsländer von den Industriestaaten vertieft habe. Anstatt den OPEC-Fund soweit zu entwickeln, daß er allmählich den IWF ersetzen könne, hätten die Ölexportländer den IWF massiv unterstützt, obwohl sie wüßten, daß der IWF bestimmten Zielen der amerikanischen Außenpolitik diene.

— von den Empfängerländern selbst. Sie kritisierten Umfang, Rahmenbedingungen, *timing* und Management der ihnen gewährten Finanzhilfe. Markantes Beispiel dafür ist die ägyptische Kritik an der Entwicklungshilfepolitik der Golfstaaten, insbesondere Saudi-Arabiens. Die Golfstaaten hätten Ägypten bei der Überwindung seiner Finanzkrise nicht genügend geholfen, obwohl Ägypten durch seine Opfer im Oktoberkrieg 1973 zur Erhöhung der Ölpreise beigetragen habe. Im Gegenteil, sie hätten ihre Politik mit dem IWF und bestimmten amerikanischen Institutionen koordiniert, die Ägypten zu einer Umgestaltung seiner Wirtschafts- und Sozialordnung im Sinne amerikanischer Zielsetzungen zu zwingen versuchten.

6.6 Zukunftsperspektiven

Die Öleinnahmen sind seit 1981 kontinuierlich zurückgegangen. Der Ölpreisverfall von 1985/86 war für die Ölexportländer ein harter Schlag. Diese Länder, die früher durch Zahlungsbilanzüberschüsse gekennzeichnet waren, sind heute (1987) mit Defiziten und komplizierten Anpassungsprozessen konfrontiert. Der finanzielle Spielraum für die Gewährung von Entwicklungshilfe hat sich also verengt. Auf der anderen Seite hat sich die Wirtschaftskrise der Dritten Welt weiter verschärft. Ihr Finanzbedarf ist gestiegen. Die Erwartungen und Forderungen gegenüber den Geberländern werden sich deshalb verstärken. Das gilt besonders für die kapitalarmen arabischen Länder.

Die Zukunftsperspektiven der arabischen Entwicklungshilfe lassen sich wie folgt zusammenfassen: die Entwicklungshilfe wird grundsätzlich fortgesetzt, das Volumen aber wird einen sinkenen Trend haben. Allgemeine Zuwendungen werden zugunsten projektgebundener Hilfe zurückgehen. Die Entwicklungshilfe-Institutionen werden reorganisiert und konsolidiert werden. Die Kreditkonditionen werden sich verändern. Die Laufzeit der Kredite und die Zahl der tilgungsfreien Jahre werden sinken. Die Zinssätze werden unter Berücksichtigung der wirtschaftlichen Situation der Empfängerländer neugestaltet und differenziert werden.

Literatur:

Abed, G. 1986: Israel in the Orbit of America. The Political Economy of a Dependency Relationship, in: Journal of Palestine Studies, Vol. XVI, No. 1, 38-55.

Alkazaz, A. 1977: Arabische Entwicklungshilfe-Institutionen, Organisationsform und Leistungen, Hamburg.

ders. 1981: Die deutsch-arabischen Wirtschaftsbeziehungen, in: Kaiser, K. u. Steinbach, U. (Hrsg.):

Deutsch-Arabische Beziehungen. Bestimmungsfaktoren und Probleme einer Neuorientierung, Oldenburg, 153-183.
ders. 1985: The Energy Industry of the Arab Countries on its Way into the Post-Oil Era. Technological Challenges, Cooperation with the Industrialized World, Achievements, in: The Technological Era. Continuity and Change in the Arab and European Societies, hrsg. v. Internationalen Institut der Konrad-Adenauer-Stiftung, Bonn/St. Augustin, 147-189.
ders. u. Gälli, A. 1986: Der Arabische Bankensektor. Entwicklung, Organisatorischer Aufbau und Zielsetzung, regionale und internationale Bedeutung, München, Köln, London.
EG-Kommission/European Research Associates 1983: Der Handel zwischen der Europäischen Gemeinschaft und den Ländern der Arabischen Liga, Brüssel.
Gueciouеur, A. (Hrsg.) 1984: The Problems of Arab Economic Development and Integration. Proceedings of a Symposium held at Yarmouk University, Jordan, Colorado/USA.
Hallaba, S. 1984: The Euro-Arab Dialog. An Assessment, 1973-1983, in: American Arab Affairs, No. 10, 44-59.
Kuroda, Y. 1984: Japan and the Arabs. The Economic Dimension, in: Journal of Arab Affairs, Vol. 3, No. 1, 1-17.
League of the Arab States, Arab Monetary Fund, OAPEC: Joint Arab Economic Report 1982, 1983, 1984, 1985, Abu Dhabi.
Novati, G. C. 1985: The EEC and the Gulf Cooperation Council, in: Politica Internazionale (English Edition), Vol. IV, No. 1, 110-118.
Stauffer, Th. 1986: Economic Implications of Lost Trade Opportunities in the Middle East, Military and Commercial, in: American Arab Affairs, No. 16, 9-13.
Valerie, Y. 1981: Oil, the Middle East and Japan's Search for Security, in: International Affairs, Vol. 57, No. 3, 383-448.
Wingerter, R. 1986: The Gulf Cooperation Council and American Interests in the Gulf, in: American Arab Affairs, No. 16, 15-26.

VII. Islamische Ökonomik

Volker Nienhaus

1. Institutionen

Die islamische Ökonomik ist eine sehr junge akademische Disziplin, die sich erst seit Mitte der 70er Jahre an Hochschulen und neu geschaffenen Forschungseinrichtungen in der islamischen Welt etabliert hat. Zwar gab es auch schon früher immer wieder Arbeiten, die insbesondere die islamische Alternative zur kapitalistischen und kommunistischen Wirtschaftsordnung darlegten; aber erst im Anschluß an die 1976 in Mekka abgehaltene First International Conference on Islamic Economics begann eine systematischere und institutionell untermauerte Entwicklung.

— Die Konferenz in Mekka hatte die Errichtung eines Forschungszentrums angeregt, woraufhin 1977 in Dschidda das International Centre for Research in Islamic Economics (ICRIE) an der King Abdulaziz University gegründet wurde, dessen Mitglieder inzwischen zahlreiche Monographien, Tagungsbände und Forschungsberichte veröffentlicht haben. Im Sommer 1983 erschien die erste Nummer des Journal of Research in Islamic Economics. ICRIE hat sich auch an der Organisation größerer internationaler Konferenzen insbesondere über Fragen der Finanzpolitik und der Ordnung des Geld- und Kreditwesens aus islamischer Sicht beteiligt.

— Von der Islamic Development Bank in Dschidda wurde für Forschungs- und Ausbildungszwecke 1981 das Islamic Research and Training Institute (IRTI) errichtet. Seine Forschungsabteilung hat Studien sowohl zu Grundsatzfragen als auch zur Anwendung islamischer Prinzipien im einzelwirtschaftlichen Bereich (vor allem im Bankwesen) sowie in der Entwicklungs- und Außenwirtschaftspolitik begonnen bzw. in Auftrag gegeben.

— Anfang 1983 fand in Islamabad die Second International Conference on Islamic Economics statt, und im Herbst des Jahres wurde dort das International Institute of Islamic Economics (IIIE) gegründet, das mit der School of Economics der schon seit 1981 arbeitenden Islamic University in Islamabad eine Einheit bildet. Die School of Economics bietet einen integrierten Studiengang (Abschluß: B. Sc. (Hons.)) an, in dem die Wirtschafts- und die islamische Rechtswissenschaft miteinander kombiniert sind. Die Forschungsabteilung des IIIE ist einerseits mit der Erstellung von Lehrbüchern zur islamischen Ökonomik und mit der Organisation nationaler und internationaler Konferenzen befaßt und andererseits mit einer Reihe von theoretischen und anwendungsbezogenen Forschungsarbeiten und Studien beschäftigt.

Als Institution, die zwar selbst nicht in der Forschung tätig ist, sich jedoch in der Veröffentlichung und Verbreitung von Forschungsergebnissen engagiert, ist die Islamic Foundation in Leicester zu erwähnen. In ihrer eigenen Islamic Economics Series sind inzwischen über zehn Bücher erschienen; außerdem vertreibt sie u.a. Veröffentlichungen des ICRIE.

2. Methodologie

2.1 *Werturteilsfreiheit und Rationalismus in der säkularen Ökonomik*

Die nicht-marxistische Ökonomie als Wissenschaft vom rationalen Handeln hat es mit den Konsequenzen von Entscheidungen zu tun, die Menschen in einer Welt universeller Knappheit treffen, um bestimmte Ziele zu erreichen. In wirtschaftstheoretischen Modellen werden üblicherweise Zielsetzungen der Handelnden unterstellt, die man als individualistisch-materialistisch bezeichnen könnte, z.B. die Gewinn- oder Einkommensmaximierung. Die Frage, ob die Annahme solcher individualistisch-materialistischer Zielsetzungen „richtig" sei, wird in der Regel im Hinblick darauf beantwortet, ob man mit diesen Annahmen real beobachtbare Vorgänge hinreichend erklären kann, oder ob Theorien, die von anderen Ziel- und Verhaltensannahmen ausgehen, einen höheren Erklärungswert besitzen. Von einigen Phänomenen in kleinen Gruppen abgesehen, die man wohl mit „altruistischen" Verhaltensannahmen besser erklären könnte, hat sich der individualistisch-materialistische Ansatz in der Wirtschaftstheorie bislang empirisch durchaus bewährt. Ob diese Zielsetzungen richtig im Sinne von moralisch gerechtfertigt oder begrüßenswert sind, ist eine Frage, die man in der Wirtschaftswissenschaft praktisch nicht (mehr) diskutiert, jedenfalls soweit es um individuelles Handeln geht.

Diese heute zwar nicht unbestrittene, aber doch wohl herrschende Sichtweise ist das Resultat einer methodologischen Entwicklung, die entscheidend beeinflußt wurde von dem von Max Weber Anfang dieses Jahrhunderts verfochtenen Werturteilsfreiheitspostulat und der seit Mitte der 30er Jahre von Karl Popper entwickelten Erkenntnistheorie und Forschungskonzeption des kritischen Rationalismus.

— Das Werturteilsfreiheitspostulat besagt, daß sich die erfahrungswissenschaftlich konzipierte Wirtschaftstheorie wertender Aussagen enthalten solle, weil man aus einer Analyse des Seins nicht das Sollen (d.h. das normativ Gebotene) erkennen kann. Die Diskussion von Werturteilen, Zielen, Normen usw. wird aus der Wirtschaftswissenschaft ausgeklammert (und in den Bereich insbesondere der Philosophie verwiesen).

— Der kritische Rationalismus geht davon aus, daß es zwar eine „objektive Wahrheit" geben könnte, daß es aber weder mit deduktiven noch mit induktiven Methoden möglich ist, diese zu erkennen. Daher kann es keine Theorien geben, deren Wahrheit bewiesen ist, sondern nur Theorien, die (noch) nicht in Widerspruch zur Empirie geraten sind. An die Stelle des rational unmöglichen Wahrheitsbeweises tritt das Bemühen um die Falsifikation, d.h. die Widerlegung falscher Theorien. Das Falsifikationskriterium impliziert, daß informative Theorien (also Theorien, die mehr sind als Tautologien) empirisch prüfbar sein müssen.

In der Theorie der Wirtschaftspolitik resultierte hieraus die weitverbreitete Ansicht, daß die wirtschaftspolitischen Ziele von Politikern vorgegeben werden und die Ökonomen auf der Grundlage nicht-falsifizierter Theorien geeignete Mittel zur Erreichung dieser Ziele aufzeigen. Auf der Zielebene wurden von den Ökonomen lediglich Konflikte zwischen mehreren vorgegebenen Zielen diskutiert, lange Zeit jedoch kaum die Berechtigung und Legitimation der jeweiligen Zielvorgaben selbst.

Wenn muslimische Ökonomen von „westlicher" Ökonomie sprechen, meinen sie damit in der Regel neben der sozialistischen (Plan-)Wirtschaftstheorie diesen instrumentalistischen Ansatz in der „bürgerlichen" Ökonomie, von dem sie sich zu distanzieren bemühen. Für sie ist die Ökonomie keine werturteilsfreie positive Wissenschaft, sondern sie verstehen sich explizit als Vertreter einer normativen Ökonomik, die ausdrücklich auch eine Zuständigkeit für Fragen nach den „richtigen" Zielen und Verhaltensnormen sowie der Legitimation bestimmter Institutionen reklamiert.

In der säkularen Wirtschaftswissenschaft können nur intersubjektiv nachprüfbare Vernunftargumente Gültigkeit beanspruchen, nicht dagegen Argumente, die letztlich auf (individuell zu akzeptierenden) Glaubenssätzen beruhen und durch diese Rechtfertigung gegen rationale Kritik abgeschirmt sind. Nach dem säkularen Wissenschaftsverständnis sind die Menschen allein für die Ordnung ihrer sozialen Beziehungen verantwortlich.

Sieht man dagegen die Wirtschaftswissenschaft eingebettet in eine umfassende Weltanschauung, dann ist nicht mehr die menschliche Vernunft allein die letzte Instanz für grundlegende Ordnungsfragen; diese Funktion kommt z.B. einem göttlichen Schöpfungsplan zu, der das Glück der Menschen zum Ziel hat. Ökonomische Klassiker wie Adam Smith, dem wohl niemand seine wirtschaftswissenschaftlichen Leistungen absprechen wird, waren davon überzeugt, daß ein solcher Plan existiert und von den vernunftbegabten Menschen erkannt werden und zur Grundlage einer darauf abstellenden Ordnungspolitik gemacht werden kann. Später ist an die Stelle eines wohlwollenden und weisen Schöpfergottes eine abstrakte absolute Wahrheit getreten, die von der Ökonomie (unter Anwendung geeigneter Methoden) erkannt werden soll und kann.

Solchen Auffassungen, denen man in der westlichen Nationalökonomie noch bis in die Nachkriegszeit begegnet, liegt die sogenannte klassische Rechtfertigungstheorie der Erkenntnis zugrunde. Echte Erkenntnis zeichnet sich danach dadurch aus, daß sie in ihrem Wahrheitsanspruch letztlich auf eine Basisinstanz (z.B. Gott oder die ,,Wahrheit") zurückgeführt werden kann; diese Basisinstanz bedarf ihrerseits keiner weiteren Begründung, sondern ist mit einer Art ,,Wahrheitsgarantie" ausgestattet und somit erkenntnistheoretisch ,,entproblematisiert". Wenn man in der Ökonomie von einer bestimmten Basisinstanz als Erkenntnisfundament ausgeht, kann es letztlich keine konkurrierenden, einander ausschließende Theorien (z.B. über die institutionelle Ausgestaltung der ,,besten" Wirtschaftsordnung) geben, sondern allenfalls eine Mehrzahl miteinander verträglicher Theorien. Ein revolutionärer Erkenntnisfortschritt ist praktisch unvorstellbar, solange man am Erkenntnisfundament festhält; der einmal erreichte Erkenntnisstand wird vielmehr stets nur graduell ergänzt und erweitert, ein vorhandener Fundus ausgebaut.

Erst der kritische Rationalismus hat dieses klassische Rechtfertigungsmodell einer durchschlagenden Kritik unterzogen und es seit Mitte dieses Jahrhunderts in der säkularen Ökonomie mehr und mehr verdrängt. An seine Stelle ist die Forderung nach genereller Kritikfähigkeit und -offenheit aller (auch der normativen) Erkenntnis (unter Verzicht auf Basisinstanzen mit Wahrheitsgarantien) getreten.

2.2 Rechtfertigungsmodell der Erkenntnis in der islamischen Ökonomik

Im Vergleich dazu kann man die sich derzeit als wissenschaftliche Disziplin in islamischen Ländern etablierende islamische Ökonomik als Wiederbelebung des Rechtfertigungsmodells charakterisieren, wobei dem Koran und der Sunna (sunna) die Rolle der epistemologischen Basisinstanz zukommt. Rechtfertigungsverfahren, mit denen praktisch anwendbare Erkenntnisse auf diese Basisinstanz zurückgeführt werden können, sind in den vergangenen Jahrhunderten von der islamischen Rechtswissenschaft ausgearbeitet worden. Da die Rechtsordnung und Rechtsprechung an anderer Stelle abgehandelt wird, reichen hier wenige Hinweise.

- Der Koran als wörtliche Offenbarung Gottes ist die grundlegende Erkenntnisquelle insbesondere für normative Fragen. Für muslimische Ökonomen wäre es wichtig, einen Überblick über alle Koranstellen mit wirtschaftlichem Bezug zu gewinnen und diese zu interpretieren. In Zweifelsfällen greift man dabei auf andere Koranstellen oder auf die Tradition des Propheten zurück, aber auch auf frühere Interpretationen, und zieht u.U. zusätzlich die besonderen Umstände bei der Offenbarung der betreffenden Stelle zu Rate.
- Der Tradition des Propheten (sunna), d.h. seinen überlieferten Aussprüchen, Taten und Dul-

dungen kommt ein ähnliches Gewicht zu wie dem Koran, weil der Prophet vom Koran als der autorisierte Interpret der göttlichen Offenbarung bestätigt wird.

— Die Zahl der Koranstellen und Überlieferungen mit wirtschaftlichem Inhalt ist nicht unüberschaubar (sondern eher relativ klein), und nur wenige sind so präzise, daß sie eine unmittelbare Anwendung gestatten (wie z.B. die Vorschriften über die Erbteilung). Daher sind Interpretationen erforderlich, die aber keineswegs beliebig oder gar willkürlich sein, sondern bestimmten Regeln folgen sollen. Analogieschlüssen kommt dabei eine besondere Bedeutung zu. Anzustrebendes (aber kaum je zu realisierendes) Ideal ist der explizite Konsens aller Fachwissenschaftler in einer ihre Disziplin betreffenden Frage.

Die Einhaltung dieser Regeln der Rechtsfindung kann einen kontinuierlichen Ausbau des islamischen Rechts und eine konsistente Fortentwicklung des Systems sichern, wobei allerdings zugestanden werden muß, daß in Zeiten raschen und grundlegenden wirtschaftlichen und sozialen Wandels die Änderungen und Anpassungen nur mit einer mehr oder weniger ausgeprägten zeitlichen Verzögerung erfolgen können. Darin einen Beweis der Fortschrittsfeindlichkeit oder Rückschrittlichkeit des Islams erblicken zu wollen, wäre jedoch verfehlt.

Im Augenblick befindet sich die islamische Welt in einer Umbruchphase, in der das ökonomische Wissen der traditionellen Rechtsexperten nicht mehr ausreicht, um in einer immer dynamischer und arbeitsteiliger werdenden Welt überzeugende Antworten auf wichtige wirtschaftliche Ordnungsfragen zu geben. Ohne ökonomischen Sachverstand ist eine Anpassung des Rechtssystems (das auch die Rechtsgrundlagen der Wirtschaftsordnung umfaßt) nicht möglich, aber — und das ist ein aktuelles Problem der islamischen Ökonomik heute — den meisten in westlicher Wirtschaftswissenschaft ausgebildeten muslimischen Ökonomen fehlt es (noch) an Wissen über und Verständnis für die besondere islamische Rechtsmethodik und -tradition. Von wenigen Ausnahmen abgesehen werden wohl erst die muslimischen Ökonomen der nächsten Generation die erforderlichen Kenntnisse aus beiden Disziplinen — der Wirtschafts- und der islamischen Rechtswissenschaft — in sich vereinigen, um die überzeugenden Antworten auf die derzeit gestellten und fast durchweg noch kontrovers beantworteten Fragen zur islamischen Wirtschaftsordnung zu geben.

Daß die islamische Ökonomik methodologisch dem Rechtfertigungsmodell der Erkenntnis folgt, das in der westlichen Wirtschaftswissenschaft kaum noch vertreten wird, kann zu grundsätzlichen Verständigungsproblemen zwischen westlichen und muslimischen Ökonomen bei Ordnungsfragen führen, weil man sich z.B. nicht über die prinzipiell unterschiedliche Rolle der Wirtschaftstheorie (und damit auch der Bedeutung von Theoriewiderlegungen) für die Ordnungspolitik klar ist: Während nach westlich-rationalistischem Verständnis die Theorie ordnungskonstituierend ist, dient sie im islamischen Ansatz nur zur Erklärung von Regeln und Vorschriften, die aus einer höherrangigen Erkenntnisquelle abgeleitet wurden; wird die Theorie widerlegt, wird damit noch lange nicht jene Vorschrift hinfällig, zu deren Erklärung sie diente.

Westliche Ökonomen sollten schließlich nicht den Fehler begehen, den Ansatz der islamischen Ökonomik pauschal und vorschnell aus methodologischen Gründen als „unwissenschaftlich" abzuqualifizieren, denn ein solches Verdikt träfe auch zahlreiche westliche Ökonomen (von Adam Smith bis Walter Eucken), die eine in der Struktur gleiche Erkenntnistheorie vertreten haben, wie sie der islamischen Ökonomik zugrunde liegt.

3. Inhalte

3.1 Ethische und rechtliche Grundlagen

Muslimische Ökonomen können heute auf umfangreiche ,,Vorarbeiten" von Theologen und Rechtsexperten mehrerer Jahrhunderte zurückgreifen, die eine dem individuellen Handeln (z.T. aber auch dem staatlichen Handeln, d.h. der Politik) zugrunde zu legende Wirtschaftsethik entwickelt und ein Rechtssystem ausgearbeitet haben, das zahlreiche wirtschaftsrelevante Regeln und Vorschriften enthält.

— *Wirtschaftsethik.* Die islamische Wirtschaftsethik, die der (alt-)christlichen sehr ähnlich ist, enthält zum einen eine Reihe von Grundsätzen über den legitimen Erwerb irdischer Güter: Betont wird vor allem die eigene Leistung (Arbeit) als ,,legitimste" Quelle persönlichen Reichtums; abgelehnt werden dagegen bestimmte ,,unsoziale" Erwerbsarten wie Geldverleih gegen Zinsen, Hortung, Spekulation und Glücksspiel. Daneben finden sich Grundsätze für die ,,richtige" Verwendung der legitim erworbenen Güter: Hauptprinzipien sind die Mäßigung (keine öffentliche Luxusentfaltung) und die soziale Verwendung von Überschüssen, d.h. die Hingabe von Einkommens- und Vermögensteilen, die nicht mehr zur Befriedigung legitimer eigener Bedürfnisse benötigt werden, an Arme und Hilfsbedürftige, was als verdienstvolle Tat im Jenseits entlohnt werden wird.

— *Wirtschaftsrecht.* Wirtschaftliche Relevanz haben Vorschriften aus dem Erbrecht, dem Vertrags- und Gesellschaftsrecht sowie vor allem aus dem Eigentumsrecht. Der Koran schreibt eine bestimmte Erbteilung zwingend vor und verhindert so, daß große Vermögen direkt ungeteilt weitergegeben werden können. Im Vertragsrecht finden sich Regeln für Kaufverträge, wonach sowohl ungerechtfertigte Bereicherungen als auch die Übernahme größerer Risiken (etwa bei Termingeschäften) untersagt werden. Das Gesellschaftsrecht kennt besondere, aus dem vorislamischen Recht übernommene Formen von Geschäftspartnerschaften mit jeweils speziellen Regeln hinsichtlich der den einzelnen Partnern jeweils zustehenden Pflichten und Rechte (z.B. Kapitaleinlage, Geschäftsführung) sowie hinsichtlich der Verteilung der finanziellen Chancen (Gewinne) und Risiken (Verluste). Eine Streitfrage ist, ob diese ,,islamischen" die säkularen Rechtsformen von Unternehmungen (etwa Aktiengesellschaften oder Gesellschaften mit beschränkter Haftung) ersetzen oder ob sie die Liste möglicher Rechtsformen nur erweitern sollen. Im Eigentumsrecht ist vor allem die Frage nach der Zulässigkeit von Produktionsmitteleigentum ordnungspolitisch relevant. In bezug auf den Produktionsfaktor Boden ist diese Frage in der islamischen Rechtswissenschaft ausführlich erörtert worden; im Prinzip wird hier — wie inzwischen auch beim Kapital, nicht jedoch bei Bodenschätzen einschließlich Wasser — das Privateigentum anerkannt, allerdings gleichzeitig einer besonderen Sozialverpflichtung unterworfen, die in bestimmten Fällen auch staatliche Eingriffe in das Privateigentum gestattet. Gerechtfertigt werden solche Einschränkungen der privaten Verfügungsmacht damit, daß der letztliche Eigentümer aller Dinge Gott selbst ist, der sie den Menschen insgesamt (d.h. nicht einem einzelnen) lediglich zur treuhänderischen Nutzung überlassen hat.

Diese wirtschaftsethischen und -rechtlichen Grundsätze beschreiben mehr ein Ideal als die vergangene Realität in der islamischen Welt. Ideale dieser Art nehmen zumeist zeitlose Gültigkeit in Anspruch; ihre Anpassung an die gewandelten heutigen wirtschaftlichen und sozialen Gegebenheiten ist eine Aufgabe, der sich verstärkt muslimische Ökonomen annehmen. Ihre Entwürfe einer idealen islamischen Gemeinschaft — in der die Sorge um das Gemeinwohl und das Streben nach Verdiensten vor Gott den Egoismus und Materialismus abgelöst haben — erscheinen allerdings noch recht utopisch. Eine eingehendere Beschäftigung mit diesen Entwürfen dürfte entbehrlich sein, denn es steht zu erwarten, daß in der islamischen Ökonomik in Zukunft realitätsnähere, umfassende Ordnungsentwürfe vorgelegt werden, in die man verstärkt Vorschläge einbeziehen wird, die relativ konkrete und wesentlich praktikabler erscheinende ,,islamische Ordnungen" einzelner Teilbereiche einer Wirtschaft zum Gegenstand haben, über die heute intensiv diskutiert wird.

3.2 Geld- und Kreditwesen, Sozialordnung, Außenwirtschaft

Muslimische Ökonomen haben der Ausgestaltung der folgenden Bereiche bzw. Teilordnungen besondere Aufmerksamkeit gewidmet:

— der Ordnung des Geld- und Kreditwesens in Übereinstimmung mit dem Zinsverbot,
— der Sozialordnung mit der sogenannten Sozialabgabe *zakāt* als zentralem Element,
— der Ordnung der Außenwirtschaftsbeziehungen, die dem Ideal der zwischenstaatlichen Solidarität innerhalb und der (wirschaftlichen) Einheit der muslimischen Welt Rechnung tragen sollen.

In der letzten Zeit widmet man sich auch verstärkt dem Problem der Formulierung einer islamischen Entwicklungstrategie; allerdings haben sich dazu noch keine klare Positionen herausgebildet, so daß eine ,,islamische Entwicklungspolitik" noch nicht präsentiert werden kann.

3.2.1 Zinsloses Geld- und Kreditwesen

Ausgangspunkt der Diskussionen zur monetären islamischen Ökonomik ist das im Koran mehrfach ausgesprochene Verbot, *ribā* zu nehmen. Umstritten ist, ob in unserer Zeit unter *ribā* nur Wucher oder jeglicher Zins bei Gelddarlehen zu verstehen ist. Die in der islamischen Ökonomik herrschende Meinung geht von einem generellen Zinsverbot aus, das auch den Zins bei Darlehen für produktive Zwecke (Unternehmensfinanzierung) einschließt. Kontroversen ergeben sich jedoch über die aus diesem generellen Zinsverbot zu ziehenden wirtschaftspolitischen und einzelwirtschaftlichen Folgerungen.

(a) Zinslose Makroökonomik. Wirtschaftspolitisch geht es um die strategische Frage, ob und wie das Zinsverbot durchgesetzt werden soll; außerdem wird das theoretische Problem der Funktionsfähigkeit und Effizienz einer zinslosen Wirtschaft diskutiert.

Einige Autoren erkennen zwar das generelle Zinsverbot an, sprechen sich aber dagegen aus, schon jetzt bzw. isolierte Schritte für eine vom Staat durchzusetzende ,,Abschaffung" des Zinses einzuleiten, weil sie davon erhebliche ökonomische Nachteile (insbesondere bei der Kapitalbildung, -verwendung und -konzentration) erwarten und/oder die alleinige Durchsetzung des Zinsverbots ohne eine umfassende und grundlegende Islamisierung von Wirtschaft und Gesellschaft nicht für sinnvoll halten. Die Mehrheit der muslimischen Ökonomen tritt jedoch für eine praktische gesamtwirtschaftliche Umsetzung des Zinsverbots ein; über den dabei einzuschlagenden Weg gehen aber die Ansichten weit auseinander.

— Einerseits findet man Vorschläge für eine recht umfassend gelenkte Wirtschaft mit staatlicher Kapitalzuteilung.
— Andererseits spricht man sich für ein dezentrales System aus, in dem auch die Kapitalallokation durch den Markt erfolgen soll. An die Stelle der Finanzierungen mit festen Zinsen sollen solche auf der Basis einer prozentualen Beteiligung der Kapitalgeber am Gewinn oder Verlust der Kapitalnehmer treten. Die gesamtwirtschaftlichen (Allokations-)Funktionen des Zinses sollen in einer Erfolgsbeteiligungswirtschaft von einer ,,Gewinnbeteiligungsrate" übernommen werden, die insbesondere die effiziente Verwendung des (nach wie vor knappen) Kapitals gewährleisten soll.

Die durchaus originellen makroökonomischen Modelle zur Ablösung der Zins- durch eine Erfolgsbeteiligungswirtschaft sind bislang einer eingehenden kritischen Würdigung noch nicht unterzogen worden. Wesentlich ausgiebiger und zunehmend auch unter Beteiligung westlicher Ökonomen und Geschäftsleute sind dagegen die mikroökonomischen Theorien über zinslose Banken (und ihre praktischen Anwendungen) diskutiert worden.

(b) Islamische Banken. Abgesehen von der Islamic Development Bank in Dschidda (s.u.), die entwicklungspolitische Zielsetzungen verfolgt, sind Islamische Banken erwerbswirtschaftliche Finanzinstitutionen, die ihr Kredit- und Einlagengeschäft zinslos betreiben, und die seit 1975 in immer mehr Ländern der islamischen Welt entstanden sind: in Ägypten, Bahrain, Bangladesch, Gabun, Guinea, Jordanien, Katar, Kuwait, Malaysia, Niger, Saudi-Arabien (demnächst), Senegal, Tunesien, Türkei, Türkisch-Zypern, Vereinigte Arabische Emirate. In diesen Ländern ist das Bankwesen nach wie vor vom Zins geprägt, und die Islamischen Banken nehmen jeweils nur eine Außenseiterrolle ein. Eine vollständige Islamisierung des Bankwesens wurde dagegen in Pakistan, Iran und eine Zeitlang im Sudan betrieben. In der nicht-islamischen Welt ist bisher nur in Dänemark einer Islamischen Bank eine Lizenz erteilt worden; eine Reihe von islamischen Investment- und Versicherungsgesellschaften sowie Finanzholdings findet man u.a. in Großbritannien, Luxemburg, der Schweiz und auf den Bahamas.

Die meisten Islamischen Banken wollen ihren Kunden lediglich eine zinslose Alternative zu den konventionellen Banken anbieten; einzelne fühlen sich jedoch auch entwicklungspolitisch verpflichtet und sind bemüht, größere Bevölkerungsgruppen außerhalb der großen Geschäftszentren, die bislang keine Kontakte mit konventionellen Banken unterhielten, zu erreichen, um sie in das Finanzsystem und damit in den nationalen Kapitalbildungsprozeß einzubeziehen (und die Entwicklung auf lokaler Ebene im ländlichen Raum zu fördern). Trotz solcher Unterschiede in der Geschäftsphilosophie können sich die Banken in der Regel der gleichen zinslosen Finanztechniken bedienen.

— Von der *Theorie* bzw. *Ideologie* des islamischen Bankwesens werden zwei Typen von Partnerschaften zwischen der Bank und einem kapitalnachfragenden Unternehmer als allokativ und distributiv überlegene Alternative zur konventionellen Finanzierung mit Kreditsicherung und erfolgsunabhängigen Zinszahlungen herausgestellt: *mushāraka* und *muḍāraba*. Dabei stellt die Bank das Kapital für ein geplantes Unternehmen entweder allein (muḍāraba) oder zusammen mit dem Unternehmer (mushāraka) bereit, wofür ihr ein individuell auszuhandelnder Prozentanteil des späteren Gewinns des Unternehmens zusteht; Verluste sind dagegen stets im Verhältnis der Kapitalanteile zu tragen (d.h. bei muḍāraba von der Bank allein). Sowohl wegen der Beteiligung an möglichen Verlusten als auch wegen der im vorhinein ungewissen absoluten Höhe der der Bank zukommenden Vergütung für das überlassene Kapital spricht man davon, daß die Bank bei solcher Erfolgsbeteiligungsfinanzierung das Risiko mit dem Unternehmer teilt und so diesen aktiven Partner entlastet.

— In der *Praxis* können Islamische Banken ihre Finanzmittel aber nicht nur für die längerfristige erfolgsbeteiligte Unternehmensfinanzierung verwenden, sondern auch zur Finanzierung kurzfristiger Handelsgeschäfte mit festem Gewinnaufschlag (murābaḥa) oder zum Kauf von Anlagegütern (z.B. Maschinen), die dann dem Unternehmer gegen einen Aufpreis bei Ratenzahlung weiterverkauft oder gegen feste Monatsraten an ihn vermietet werden. Diese Art von Finanzierung, die zwar keinen verbotenen Zins bei reinen Gelddarlehen einschließt, sondern als zulässige Form der finanziellen Abwicklung eines Realgeschäfts (z.B. eines Kaufs) angesehen wird, ist bei den meisten Islamischen Banken (noch) die dominierende Form der Mittelverwendung. Man sollte daraus zwar nicht vorschnell folgern, daß die Islamischen Banken mit dieser Praxis nur bemüht sind, das Zinsverbot zu umgehen, aber man darf doch die theoretisch-ideologische These von der allokativen und distributiven Überlegenheit und von der partnerschaftlichen Risikoübernahme durch die Islamischen Banken zumindest bis auf weiteres zurückweisen.

Die Diskrepanz zwischen der Ideologie und Praxis Islamischer Banken (in weiterhin zinsdominierten Finanzsystemen) geht nicht auf eine Ignoranz oder Böswilligkeit der Banken zurück, sondern beruht auf einer ganzen Reihe sehr einleuchtender einzelwirtschaftlicher Erwägungen der Banken, die noch keinen ausreichenden Eingang in die islamische Theorie gefunden haben. So bringen z.B. die sachgerechte Beurteilung und spätere Kontrolle von unternehmerischen Projekten erhebliche Informationsprobleme. Vor allem müssen aber auch und gerade neue Islamische Banken ihren Kapitaleignern und Einlegern (die auch keinen festen Guthabenzins mehr erhalten, sondern am Gewinn der Bank beteiligt werden) möglichst rasch finanzielle Erfolge vorweisen, und dazu sind Unternehmensfinanzierungen auf Erfolgsbeteiligungsbasis wenig geeignet, da die finanzierten Investitionen erst nach einer oft mehrjährigen Anlaufzeit Gewinne erzielen, während z.B. aus Handelsfinanzierungen kurzfristig Erträge fließen. Es bleibt abzuwarten, ob und mit welchen Techniken sich Islamische Banken in Zukunft im Bereich der längerfristigen Unternehmens- und insbesondere Industriefinanzierung engagieren werden.

3.2.2 Sozialordnung und zakāt

Bei allen Überlegungen zur sozialen Ausgestaltung einer islamischen Wirtschaft steht eine besondere „Sozialabgabe“ (auch als Sozial-, Almosen- oder Armensteuer bezeichnet), *zakāt*, im Mittelpunkt. Die Entrichtung von *zakāt* ist eine der höchsten religiösen Pflichten der Muslime. Grob gesagt ist *zakāt* eine Abgabe von 2,5 % des Nettovermögens und 5 bzw. 10 % der Erträge landwirtschaftlicher Produktion auf künstlich bzw. natürlich bewässerten Feldern. Die *zakāt*-Mittel dürfen nur für bestimmte, im Koran abschließend aufgezählte Gruppen von Empfangsberechtigten verwendet werden: für Arme und Bedürftige, für Schuldner, denen kein eigenes Fehlverhalten anzulasten ist, für Reisende, für den Loskauf von Sklaven, für diejenigen, die für den Islam kämpfen sowie für die *zakāt*-Verwaltung selbst. Durch diese Zweckbindung unterscheidet sich *zakāt* von einer Steuer, die vom Staat zur Finanzierung beliebiger Ausgaben verwendet werden kann.

In der Literatur wurden recht kontroverse Diskussionen darüber geführt, wie *zakāt* in einer modernen arbeitsteiligen Wirtschaft bemessen und verwendet werden soll. Es scheint sich zunehmend eine Meinung herauszubilden, wonach auch nicht-landwirtchaftliche Erträge bzw. Einkommen *zakāt*-pflichtig werden sollen, was im Vergleich zu einer reinen vermögensbezogenen Abgabe ein wesentlich höheres *zakāt*-Aufkommen implizieren würde. Auf der Verwendungsseite gab es Vorschläge, die die Gruppen der Empfangsberechtigten sehr weit interpretierten, um so z.B. die Finanzierung verschiedenster Infrastruktureinrichtungen (u.a. Straßen, Schulen, Krankenhäuser, Kommunikationssysteme) aus *zakāt*-Mitteln zu rechtfertigen. Diese weite Interpretation hat sich aber nicht durchgesetzt, da inzwischen weitgehend anerkannt wird, daß ein islamischer Staat neben *zakāt* auch konventionelle Steuern zur Finanzierung von Staatsausgaben (z.B. für Infrastrukturprojekte) erheben darf.

Wenn vor allem in älteren Schriften *zakāt* als Sozialversicherung *par excellence* bezeichnet wird, ist das sicher eine Übertreibung. Zum einen sind keineswegs alle Risiken abgedeckt, die von säkularen Sozialversicherungssystemen erfaßt werden (z.B. Krankheit, Arbeitslosigkeit), zum anderen könnten bei restriktiver Interpretation der Bemessungsgrundlage und/oder extensiver Interpretation der Empfangsberechtigten die pro Fall verfügbaren *zakāt*-Beträge zu gering sein, um ein Existenzminimum zu gewährleisten. Sicher kann man solche Probleme dadurch lösen, daß man *zakāt* durch weitere Elemente zum Sozialversicherungssystem ausbaut oder indem der Staat zusätzliche Finanzquellen erschließt. Damit gewinnt dann aber die Frage an Bedeutung, welche Art von Sozialversicherung oder allgemeiner, welche Art von Staatsaufgaben (und in welchem quantitativen Umfang, gemessen etwa als Anteil des öffentlichen Sektors am Sozialprodukt) islamisch zu legitimieren wäre. Entsprechende Diskussionen muslimischer Finanzwissenschaftler finden statt.

3.2.3 Außenwirtschaftsbeziehungen und islamische Einheit

Die Beiträge muslimischer Autoren zur internationalen Ökonomik sind geprägt vom Leitmotiv der internationalen Solidarität zwischen den islamischen Staaten und von der Idee der (Wirtschafts-)Einheit der islamischen Welt. Dieses Leitbild wird allerdings bislang noch nicht systematisch aus den primären Rechts- und Erkenntnisquellen des Islams abgeleitet, sondern entweder als selbstverständlich vorausgesetzt oder als Anknüpfung an die vergangenen Zeiten eines einheitlichen islamischen Weltreiches interpretiert.

Sobald man die Ebene des Leitbildes verläßt und die konkreten Analysen und wirtschaftspolitischen Empfehlungen betrachtet, findet man durchweg Argumente und Ansätze, die man aus Positionspapieren von Entwicklungsländer-Gruppierungen (z.B. der Gruppe der 77) kennt, und die wohl auch von dort Eingang in die Politik der islamischen Länder gefunden haben. Daß es noch keine adäquate islamische Theorie der Außenwirtschaftsbeziehungen zwischen souveränen islamischen Staaten gibt, wird von muslimischen Ökonomen anerkannt, und man bemüht sich, Forschungslücken zu schließen. Das erscheint auch deshalb geboten, weil gerade im Bereich der Außenwirtschaftsbeziehungen durch eine Reihe neu gegründeter Institutionen und abgeschlossener Vereinbarungen von zumindest einigen islamischen Ländern eine beachtenswerte politische Handlungsbereitschaft gezeigt wurde. So wurden z.B. als Unterorganisationen der Organisation of the Islamic Conference (OIC) folgende Institutionen zur Förderung der Wirtschaftsbeziehungen zwischen islamischen Ländern geschaffen: das Statistical, Economic and Social Research and Training Centre for Islamic Countries in Ankara, das Islamic Centre for Vocational and Technical Training and Research in Dacca und das Islamic Centre for Development of Trade in Casablanca. Die Islamic Chamber of Commerce, Industry and Commodity Exchange in Karatschi ist zwar kein OIC-Organ, arbeitet aber eng mit der OIC zusammen; formal ebenfalls unabhängig, faktisch jedoch in das OIC-System integriert ist die Islamic Development Bank in Dschidda, die 1975 eröffnet wurde und inzwischen 45 Mitglieder zählt (= alle OIC-Mitglieder außer Iran). Die mit einem eingezahlten Kapital von ca. 2 Mrd. US-$ ausgestattete Entwicklungsbank finanziert vor allem Außenhandelstransaktionen ihrer Mitglieder.

Beachtung verdienen auch eine 1981 nach Ratifizierung durch 23 Staaten in Kraft getretene Allgemeine Vereinbarung über wirtschaftliche, technische und kommerzielle Zusammenarbeit islamischer Länder sowie deren Ergänzung durch die 1981 von der 12. Islamischen Außenministerkonferenz verabschiedete (und zur Ratifizierung ausliegende) Vereinbarung zur Förderung, zum Schutz und zur Garantie von Investitionen zwischen islamischen Ländern, die die Kapitalbewegungen innerhalb der islamischen Welt erleichtern und fördern soll. 1982 wurde schließlich bei der ersten Ministerkonferenz über industrielle Zusammenarbeit die sog. Islamabad-Erklärung verabschiedet, die die Planung und Durchführung von Gemeinschaftsprojekten mit Partnern aus mehreren islamischen Ländern (joint ventures) vorsieht.

Es ist anzunehmen, daß man sich in der islamischen Ökonomik künftig verstärkt Fragen der außenwirtschaftlichen Integration (besonders unter entwicklungspolitischen Aspekten) zuwenden wird. Da der Ruf nach der Errichtung eines Islamischen Gemeinsamen Marktes immer lauter und dessen Berechtigung und Wünschbarkeit (im Gegensatz zur Realisierbarkeit) praktisch nicht bezweifelt wird, ist allerdings damit zu rechnen, daß zunächst anwendungsbezogene Beiträge überwiegen werden.

Literatur:

Ahmad, K. (Hrsg.) 1980: Studies in Islamic Economics, Leicester.
Ahmed, Z. u. Iqbal, M. u. Khan, M.F. (Hrsg.) 1983: Money and Banking in Islam, Islamabad.
dies. (Hrsg.) 1983: Fiscal Policy and Resource Allocation in Islam, Islamabad.

Ariff, M. (Hrsg.) 1982: Monetary and Fiscal Economics of Islam, Jeddah.
Chapra, M.U. 1985: Towards a Just Monetary System, Leicester.
Choudhury, M.A. 1986: Contributions to Islamic Economic Theory, London.
Ghaussy, A.G. 1986: Das Wirtschaftsdenken im Islam, Bern, Stuttgart.
Khan, M.A. 1983: Islamic Economics — Annotated Sources in English and Urdu, Leicester.
Naqvi, S.N.H. 1981: Ethics and Economics — An Islamic Synthesis, Leicester.
Nienhaus, V. 1982: Islam und moderne Wirtschaft, Graz u.a.
ders. u. Wohlers-Scharf, T. 1984: Arabische und islamische Banken, Köln.
Otto, I. u. Schmidt-Dumont, M. (Hrsg.) 1986: Islamische Wirtschaft in Theorie und Praxis. Eine Auswahlbibliographie, Hamburg.
Siddiqi, M. N. 1983: Banking without Interest, Lahore 1973, in verbesserter Übersetzung: Leicester 1983.

Fünfter Teil:
Soziale Struktur und soziale Entwicklung

I. Landflucht und Verstädterung

Reinhard Stewig

1. Begriffsklärung und Theorieeinbettung

Im Englischen werden mit dem Begriff *urbanization* mindestens zwei verschiedene Inhalte verbunden, für die im Deutschen, im wissenschaftlichen Gebrauch, eigene Bezeichnungen zur Verfügung stehen: Verstädterung und Urbanisierung. Man versteht unter Urbanisierung im soziologischen Sinne die Angleichung der Lebensverhältnisse, speziell im ländlichen Raum, an die in der Stadt, während mit Verstädterung die Zunahme des Anteils der städtischen Bevölkerung gemeint ist, die mit einem Wachstum der Städte, insbesondere der Zunahme der großen Städte, eng verbunden ist.

Das Verständnis des Begriffes Urbanisierung bezieht sich also (zunächst) auf die Disparitäten zwischen Stadt und Land in den (europäischen) Industriegesellschaften; es geht um das Aufholen eines — vermeintlichen oder tatsächlichen — Rückstandes der Lebensverhältnisse im ländlichen Raum, nachdem sich im Laufe der Herausbildung der Industriegesellschaft eine grundlegende räumliche Umverteilung der Bevölkerung vom ländlichen in den städtischen Raum — in Europa im 19. Jahrhundert — vollzogen hat. In den Entwicklungsländern — und die Staaten des Nahen und Mittleren Ostens sind überwiegend Entwicklungsländer — spielt sich diese räumliche Umverteilung vom Land in die Stadt und damit die Entstehung großer Städte und städtischer Ballungsgebiete heute ab. Im Zuge dieser Bevölkerungsverlagerung vom Land in die Stadt als Landflucht bzw. Stadtwanderung gelangt ländliche, dörfliche Bevölkerung in großer Zahl in die Städte, die bedeutend wachsen. Diese Bevölkerung bringt ihre traditionellen, dörflichen Verhaltensweisen mit und gleicht sich allmählich an die Verhaltensweisen der städtischen Bevölkerung an: In diesem Sinne geschieht also heute *in* den Städten des Nahen und Mittleren Ostens — und anderer Entwicklungsländer — eine Urbanisierung.

Das Phänomen der Landflucht (rural exodus, exode rurale) und der Verstädterung ist also ein Teilphänomen des überaus umfassenden und komplexen Vorganges der Herausbildung der Industriegesellschaft. Um ein grobes Maß der Beurteilung bereitzustellen: Präindustrielle, noch nicht vom Industrialisierungsprozeß erfaßte Gesellschaften weisen — grob — ein 80:20-Verhältnis der ländlichen zur städtischen Bevölkerung auf; bei hochentwickelten Industriegesellschaften hat sich dieses Verhältnis umgekehrt, 80 und mehr Prozent der Bevölkerung leben in städtischen Siedlungen. Die Stellung der einzelnen Staaten zwischen diesen zwei extremen Marken kann als ein Indikator für den Stand der Herausbildung industriegesellschaftlicher Verhältnisse, zumindest was die Siedlungsstruktur angeht, bewertet werden.

Die räumliche Umverteilung der Bevölkerung vom ländlichen in den städtischen Raum ist also das Landflucht und Verstädterung funktional verknüpfende, ihnen gemeinsam zugrundeliegende Phänomen. Die Verbindung von Land und Stadt wird über (meist endgültige) Wanderungen (Migrationen) hergestellt; der Vorgang läßt sich migrationstheoretisch analysieren. Auf dieser Ebene unterscheidet man außer Land-Stadt-Wanderungen noch Stadt-Stadt-Wanderungen und andere Formen der Migration; es sind aber in überwältigendem Ausmaß Land-Stadt-Wanderungen, die den Bevölkerungszuwachs der städtischen Siedlungen bestimmen. Die Land-Stadt-Wanderungen reihen sich in die übergeordnete Erscheinung der räumlichen oder geographischen Mobilität ein. Mit der Nennung dieses Begriffes assoziiert man den Begriff der sozialen (vertikalen) Mobilität, der im hier anstehenden Zusammenhang zu der Frage führt, ob bzw. wie weit mit räumlicher Mobilität, genauer mit Landflucht und Verstädterung, auch soziale Mobilität, d.h. sozialer Aufstieg oder Abstieg („Verslumung", evtl. Verelendung), insbesondere in der Stadt, verbunden ist.

In der Migrationstheorie unterscheidet man Herkunftsraum, Zielraum und den Vorgang der Wanderung. Da in der (in Frankreich) in das 18. Jahrhundert zurückreichenden Migrationsforschung die Frage nach den Motiven der Ab- bzw. Zuwanderung eine Rolle spielte, verknüpft sich mit der Unterscheidung von Herkunfts- und Zielräumen auch die Frage nach den abstoßenden (push-)Kräften auf dem Lande und den anziehenden (pull-)Kräften in der Stadt; die *push-pull*-Unterscheidung macht auf theoretischer Ebene noch einmal die komplementäre Verknüpfung der Teilsachverhalte und der Teilräume (Stadt und Land) deutlich.

Die vorangegangenen Ausführungen zur Begriffsklärung und Theorieeinbettung lassen erkennen, daß ein fachübergreifender, interdisziplinärer Ansatz bei der wissenschaftlichen Beschäftigung mit Landflucht und Verstädterung wünschenswert ist. Soziologen, Geographen, Historiker, Volkswirte und Politologen sollten kooperieren, wenn es um die Erforschung des die präindustriellen Gesellschaften grundlegend umstrukturierenden und die sich herausbildenden Industriegesellschaften grundlegend strukturierenden Phänomens der Landflucht und Verstädterung geht. Tatsächlich weist aber die Erforschung dieses Phänomens, das sich in den heutigen, hochentwickelten Industriegesellschaften in der Vergangenheit abspielte, beträchtliche Defizite auf und ist erst in jüngerer Zeit bei den Historikern mit der Hinwendung zur Sozialgeschichte in Gang gekommen. Was seine Erforschung in den heutigen Entwicklungsländern betrifft, so ist die Situation in Lateinamerika, in Teilen Asiens und Afrikas günstiger als im Nahen und Mittleren Osten, für den nur wenige Untersuchungen vorliegen und auch die statistische Basis (Erfassung der Wanderungen, der ländlichen und städtischen Bevölkerung) weitgehend fehlt. So können nur mit großer Vorsicht Aussagen gemacht werden, die von dem Problem der Verallgemeinerung der wenigen Untersuchungen belastet sind, bzw. es können nur Fragen gestellt werden, die sich aus den bekannten Erscheinungsformen der Landflucht und Verstädterung in der Vergangenheit der Industrieländer und anderer Entwicklungsländer heute für den Nahen und Mittleren Osten ergeben.

2. Landflucht und Veränderungen im ländlichen Raum

Es gibt keine einzelne Ursache für die Landflucht, sondern nur das Zusammenwirken einer Reihe von Voraussetzungen im Rahmen der Herausbildung der Industriegesellschaft.

Demographisch ist das Hauptmerkmal moderner gesellschaftlicher Entwicklung in der Phase der Entstehung der Industriegesellschaft das Absinken der Sterberate bei traditionell anhaltend hoher Geburtenrate — eine Diskrepanz, die zu einer beträchtlichen Bevölkerungszunahme führt. Diese Gegebenheiten wirken vor allem im ländlichen Raum, wo sich im präindustriellen Stadium die Masse der Bevölkerung befindet. Diese Situation führt zu Schwierigkeiten der Beschäftigung und Ausbildung der zunehmenden, vor allem jugendlichen Bevölkerung auf dem Lande. Als weitere Voraussetzung der Abwanderung ist die im Nahen und Mittleren Osten verbreitete Erbsitte der Realteilung zu nennen, so daß es bei wachsender Bevölkerung im Zuge des Erbganges bei bäuerlichen Betrieben schnell zu einer Verkleinerung („Atomisierung") der Betriebsgrößen, zum Absinken unter das existentiell notwendige Maß, kommen kann. Bei rentenkapitalistischer Agrarverfassung besteht das Problem einer ländlichen Überbevölkerung insofern, als nur begrenzt Teilpächter/*sharecroppers* eingesetzt werden können. Auch den Nomaden droht bei Verkleinerung ihrer Weideflächen und physischer Ungunstsituation die Gefährdung ihrer Existenz im ländlichen Raum. Hinzu kommt außerdem, daß es auch im Nahen und Mittleren Osten — wenigstens in den weiter entwickelten Staaten — zur Einführung moderner landwirtschaftlicher Geräte und Maschinen (Mechanisierung) gekommen ist, wodurch landwirtschaftliche Arbeitskräfte freigesetzt werden.

Damit wurden eine Reihe von *push*-Faktoren, abstoßenden Kräften im ländlichen Raum, genannt, zu denen sich weitere hinzugesellen können, wie die meist ungünstige medizinische Versorgung und fehlende Vergnügungsmöglichkeiten. In Einzelfällen können auch besondere Gründe, wie Flucht vor Blutrache, hinzukommen.

Immer aber muß bei den Abwanderern eine Entscheidung über Bleiben oder Gehen getroffen werden, die — je nach Informationsstand, der sehr unterschiedlich sein kann — von den Kenntnissen über die Stadt beeinflußt wird: ob bzw. wo es einen Arbeitsplatz gibt, welche Wohnmöglichkeiten in der Stadt bestehen, wie es mit einer besseren Versorgung im medizinischen und schulischen Bereich bestellt ist, d. h. *pull*-Faktoren, anlockende Kräfte in der Stadt, spielen in die Entschlußfassung über die Abwanderung komplementär hinein.

Es hat den Anschein, daß im Nahen und Mittleren Osten nicht die besonders rückständigen und von den großen Wanderungszielen (Städten) weit entfernten Gebirge, sondern die von Informationen über die Zielgebiete schon eher erreichten Zwischenregionen die Mehrzahl der Abwanderer stellen.

Der eigentliche Vorgang der Wanderung kann sich in vielfältiger Form vollziehen. Die Bezeichnung (Land-)Flucht ist eine Übertreibung; es kommen — außer bei politischer Vertreibung — in der Mehrzahl der Fälle geregelte Umzüge vor. Es bedarf der Vorsicht, wenn man die begründete Vermutung, daß überwiegend jüngere bis mittlere Jahrgänge, Männer deutlich mehr als Frauen, abwandern, für den Raum des Nahen und Mittleren Ostens verallgemeinern will. Doch sieht es so aus, daß sich zunächst tatsächlich jüngere Einzelpersonen auf den Weg machen, die aber eine Ehefrau aus ihrem Dorf nachholen können, so daß mit der Heiratswanderung auch weibliche Personen an der ,,Landflucht" im Nahen und Mittleren Osten beteiligt sind.

Sicher ist, daß vor allem die Metropolen, meist die wirtschaftlichen und politischen Hauptstädte, die Hauptwanderungsziele sind, während die kleineren Städte ausgespart oder als Etappe auf dem Weg in die große Stadt benutzt werden.

Die Landflucht bleibt nicht ohne Auswirkungen auf den ländlichen (Herkunfts-)Raum. Die alte wissenschaftliche These, daß durch die Abwanderung eine Selektion unter der ländlichen Bevölkerung stattfindet, daß die Intelligenteren und Unternehmungslustigen abwandern, die übrigen zurückbleiben, daß also ein ,,*brain drain*" erfolgt, soll für den Nahen und Mittleren Osten dahingestellt bleiben. Volkswirtschaftlich ist die Abwanderung positiv zu bewerten: Sie befreit den ländlichen Raum von einer Bevölkerung, für die die wirtschaftlich tragfähige Basis fehlt. Dadurch wird der ländliche Raum im Nahen und Mittleren Osten vor einer Verschlechterung der sowieso nicht allzu günstig zu bewertenden Lebensverhältnisse bewahrt, vor einer Pauperisierung der ländlichen Bevölkerung, wie sie in Europa, vor Einsetzen des Industrialisierungsprozesses und der Abwanderung vom Lande, üblich war.

Weitere mögliche Auswirkungen können nur in Frageform angedeutet werden: Tritt eine Überalterung und Feminisierung der zurückbleibenden Bevölkerung ein? Nach lokalen Untersuchungen in der Türkei scheint dies nicht in extremem Maße der Fall zu sein. Was die Grundbesitzverhältnisse im ländlichen Raum betrifft, verbleibt — soweit es bäuerliches Grundeigentum gibt — das landwirtschaftlich nutzbare Land als Reserve meist im Besitz der Abwanderer, wird eventuell verpachtet oder — wenn nur Teile der Familie abwandern — in extensivierter Form weiter bewirtschaftet. Gerade die zunehmende und in die Städte abwandernde Bevölkerung, die einen Absatzmarkt darstellt, ist ein Anreiz zur Steigerung der landwirtschaftlichen Produktion im Nahen und Mittleren Osten.

Besonders wenn nur Teile der Familien an der Abwanderung in die Stadt beteiligt sind, kann es zu einer Übermechanisierung im heimatlichen Dort kommen: Die Rimessen der Migranten werden in die Ausstattung des Betriebes mit landwirtschaftlichen Maschinen investiert, die nicht voll ausgenutzt werden können. Oft erfolgt auch ein Ausbau oder Neubau der ländlichen Anwesen. So kann sich ein sehr unterschiedliches Bild in den Dörfern der Herkunftsräume der Stadtwanderer darbieten: verfallende Gebäude und brachliegende Wirtschaftsflächen einerseits — wenn es zu einer Abwanderung ganzer Haushalte gekommen ist, Ausbau und Erneuerung andererseits — wenn reichliche Geldüberweisungen die im Dorf Zurückgebliebenen erreichen.

3. Verstädterung und Strukturwandel im städtischen Raum

Die Attraktionskräfte der Stadt sind es, die der Abwanderung vom Land die Zielvorgabe liefern und die Abwanderer komplementär motivieren. Pauschal läßt sich feststellen, daß die Hoffnungen, in der Stadt einen Arbeitsplatz zu finden, höhere Löhne zu erhalten als auf dem Lande, einer besseren schulischen Ausbildung und medizinischer Versorgung teilhaftig zu werden und in den Genuß weiterer Vergünstigungen, auch Vergnügungen, zu kommen, nicht unberechtigt sind.

Nicht alle aus der präindustriellen Zeit bestehenden Städte werden zu Zielorten der Zuwanderung: Vor allem jene Städte werden aufgesucht, die sich bereits im Laufe der Geschichte zu großen, meist politischen und/oder wirtschaftlichen Hauptstädten entwickelt haben und deren Namen bis in die letzten Winkel des ländlichen Raumes bekannt geworden sind. Tabelle 1 läßt erkennen, in welch geradezu unerhörtem Ausmaß bei den Hauptstädten eine Bevölkerungszunahme innerhalb von nur 20 Jahren erfolgte. Die Tabelle läßt auch erkennen, in welch verschiedenem Umfang der Verstädterungsprozeß in den auf einem unterschiedlichen Niveau gesellschaftlicher Entwicklung befindlichen Staaten des Nahen und Mittleren Ostens eingesetzt hat.

Die Frage stellt sich, wie es zu der Attraktivität der Stadt gekommen ist, denn die traditionelle islamisch-orientalische Stadt hatte über den althergebrachten handwerklich-sekundären und den alten tertiären (Dienstleistungs-) Sektor hinaus wenig zu bieten: Die präindustrielle Stadt war im Nahen und Mittleren Osten — wie anderswo auch — Sitz der weltlichen und geistlichen Herrschaft und der Handwerker, Krämer und Kaufleute. In zwei Bereichen ist es zur Funktionsbelebung der präindustriellen Stadt mit Einsetzen des Industrialisierungsprozesses gekommen: Es entstand der moderne, industriell-sekundäre Sektor, der sich vor allem in den (größeren) Städten niederließ, und es kam — im Zuge der modernen Staatswerdung (nation-building) — zum Ausbau der politischen Administration auf verschiedenen Ebenen, wiederum in erster Linie in den (größeren) Städten. Der moderne, industriell-sekundäre Sektor konnte sich als Konsumindustrie im Zuge der Substitution importierter Fertigwaren durch eigene Herstellung, wenn schon nicht aus Rohstoffen, dann aus Halbzeug, und im Zuge der Veredelung zu exportierender Rohstoffe etablieren, wenn man von dem Spezialfall der für eine Reihe von Staaten im Nahen und Mittleren Osten wichtigen Erdölindustrie absieht. Zu den neuen, städtischen Standorten der politischen Administration gesellten sich die Einrichtungen der schulischen und medizinischen Versorgung auf verschiedenen Ebenen. Von der mit dem Industrialisierungsprozeß allmählich zunehmenden Arbeitsteilung profitieren in erster Linie die großen Städte, hauptsächlich im Dienstleistungsbereich. Mit diesen wirtschaftlichen Entwicklungen und dem Zuströmen der landflüchtigen Stadtwanderer setzen Strukturwandlungen der traditionellen, präindustriellen Stadt im Nahen und Mittleren Osten ein, die sie zur modernen Stadt der Industriegesellschaft hinführen, zu einer Struktur, die aber selbst in den fortgeschrittenen Staaten des Nahen und Mittleren Ostens noch nicht erreicht ist.

Tabelle 1: Bevölkerungswachstum der Hauptstädte im Nahen und Mittleren Osten

	etwa 1960	etwa 1980
Afghanistan: Kabul	300.000 E.	318.000 E.
Ägypten: Kairo	2.500.000 E.	5.084.000 E.
Algerien: Algier	600.000 E.	1.748.000 E.
Bahrain: Manama	50.000 E.	150.000 E.
Irak: Bagdad	850.000 E.	3.205.000 E.
Iran: Teheran	1.513.000 E.	4.712.000 E.
Jordanien: Amman	210.000 E.	1.232.000 E.
Kuwait: Kuwait	150.000 E.	181.000 E.
Libanon: Beirut	400.000 E.	700.000 E.
Libyen: Tripolis	140.000 E.	1.000.000 E.
Marokko: Rabat (-Salé)	160.000 E.	841.000 E.
Mauretanien: Nouakchott	6.000 E.	150.000 E.
Oman: Maskat	5.000 E.	30.000 E.
Pakistan: Karatschi*	1.115.000 E.	5.103.000 E.
Saudi-Arabien: Riad	150.000 E.	1.250.000 E.
Somalia: Mogadischu	74.000 E.	500.000 E.
Sudan: Khartoum	120.000 E.	561.000 E.
Syrien: Damaskus	120.000 E.	1.156.000 E.
Tunesien: Tunis	680.000 E.	873.000 E.
Türkei: Ankara	453.000 E.	1.877.000 E.
Istanbul*	1.215.000 E.	2.727.000 E.

* Wirtschaftliche Hauptstadt

Quelle: Der Fischer Weltalmanach 1960, Frankfurt am Main 1959, und 1984, Frankfurt am Main 1983.

Anmerkung: Die Erfassung der Einwohner ist problematisch und zwar nicht nur, was ihre Zählung angeht, sonder auch hinsichtlich der Abgrenzung der Stadt, insbesondere bei der Berücksichtigung der Vororte; unter diesen Gesichtspunkten sind die Angaben für 1980 eher zu niedrig als zu hoch.

Von diesen Entwicklungen und Wandlungen ist einerseits die Peripherie, andererseits die zur Innenstadt werdende Altstadt betroffen. Angesichts des umfangreichen Zuzuges ,,Landflüchtiger" in die (großen) Städte — etwa 2/3 ihrer Bewohner sind heute Zuwanderer — ergibt sich die Frage, wo sie sich niederlassen. Die Massenhaftigkeit der Stadtwanderung schließt aus, daß sie in den eng bebauten, meist kleinen Altstädten Quartier nehmen. Im Nahen und Mittleren Osten verhindert eine von der Religion, dem Islam, gesetzte Norm — die unbedingte Privatheit der Familie — eine Unterbringung in fremden Haushalten, wie dies in Form der Schlafburscheneinquartierung — ein Bett eines Haushaltes oder mehrere werden vermietet — in der europäischen Frühindustrialisierung bei der Stadtwanderung geschah. Die Stadtwanderer lassen sich hauptsächlich an der noch unbebauten Peripherie der (großen) Städte nieder. Dort entsteht — meist in Eigenarbeit — eine Vielzahl von Quartieren mit den unterschiedlichsten, häufig sehr einfachen Bauformen, die im ehemals französischen Kolonialgebiet Nordafrikas als *bidonville*, in der Türkei als *gecekondu* bekannt sind. Einen Eindruck von der Ausstattung solcher Stadtwandererwohngebiete vermittelt Übersicht 1 am Beispiel der kontrastierenden Verhältnisse in Rabat-Salé (Marokko) und in Bursa (Türkei), die den großen Spielraum der Ausstattungsmöglichkeiten erkennen läßt.

In den Medien werden die ärmlichen Quartiere am Rande der großen Städte in den Entwicklungsländern — nicht nur im Nahen und Mittleren Osten — abwertend als Slums bezeichnet. Ohne hier auf eine Klärung des vielschichtigen Begriffes Slum eingehen zu können, muß festgestellt werden: die Stadtwanderer gehören überwiegend der sozialen Unterschicht an, und sie stehen in der Stadt vor großen Schwierigkeiten. Vor allem ist es schwierig, einen Arbeitsplatz zu finden; die meist aus dem primären Sektor des ländlichen Raumes stammende Bevölkerung bringt kaum

Übersicht 1: Ausstattung der Stadtwandererwohngebiete in Rabat-Salé (Marokko) und Bursa (Türkei)

	Rabat-Salé	*Bursa*
Bezeichnung des Wohngebietes:	*bidonville* (Kanisterstadt)	*gecekondu* (über Nacht gebaut)
Standortorientierung im Stadtraum:	keine Ausgaben für Grunderwerb	zum Teil Investitionen für Grunderwerb
Ausgaben für die Behausung:	äußerst gering	zum Teil nicht unbeträchtlich
Baumaterial der Behausung:	Blech, Lehmziegel	Lesesteine, Hausteine, Lehmziegel, gebrannte Ziegel
Bauzustand der Behausung:	unsicher	festes Haus
Stromversorgung:	kein Stromanschluß	Stromanschluß die Regel
Trinkwasserversorgung:	Gemeinschaftsbrunnen	Gemeinschaftsbrunnen, Wasseranschluß
Brauchwasserentsorgung:	offener Abfluß	offener Abfluß
Straßen/Wege:	unbefestigt	unbefestigt, zum Teil gepflastert oder geteert
Moscheen:	?	vorhanden
Volksschulen:	nicht vorhanden	vorhanden
Anteil der inaktiven Bevölkerung:	hoch	mittelhoch
Gesamteindruck:	menschenunwürdig (A. Pletsch)	verbesserungsbedürftig, aber nicht menschenunwürdig (R. Stewig)

Quelle: A. Pletsch, 1973; R. Stewig u.a., 1980.

Qualifikationen für einen Arbeitsplatz im industriell-sekundären oder tertiären Sektor in der Stadt mit. Zu den Schwierigkeiten zählt auch das Eingewöhnen und Zurechtfinden in der neuen städtischen Umwelt, sei es am Arbeitsplatz mit Problemen der Disziplinierung, sei es, was das Wohnen und Sich-Versorgen in der (großen) Stadt angeht.

Wenn man den oft leichtfertig benutzten Begriff Slum auf die Stadtwandererwohngebiete anwenden will, dann muß man hinzufügen, daß es sich in den meisten Fällen um integere soziale Einheiten handelt, in denen vielfältige Mechanismen der Nachbarschaftshilfe wirksam sind, die das Eingewöhnen in das städtische Leben, die Urbanisierung, erleichtern. Wenn schon Slums, dann handelt es sich im Sinne der von Chr. J. Stokes (1962) getroffenen Unterscheidung von *slums of hope* und *slums of despair* überwiegend um *slums of hope*.

Auch in den alten Innenstädten kommt es zu bedeutenden Veränderungen im Laufe der allmählichen Herausbildung der Industriegesellschaft im Nahen und Mittleren Osten. Sozial ist die Entstehung einer Mittelschicht und damit die Überwindung der dichotomischen Sozialstruktur der präindustriellen Phase das bestimmende Faktum. Insbesondere jene Städter, die schon einen längeren Stadtaufenthalt hinter sich haben, die „Alt-Städter", besetzen die sich bietenden besseren Arbeitsplätze im sich ausbreitenden tertiären Sektor. Diese Mittelschicht ist allerdings ökonomisch noch nicht so ausgestattet, daß sie sich — wie die Angehörigen der Mittelschicht in den hochentwickelten Industriegesellschaften Europas — die Hinausverlegung ihrer Wohnstätten an den Stadtrand und den Neubau eines Eigenheimes leisten könnte; ihre Wohnungen befinden sich überwiegend in der Innenstadt, die auch von den Stadtwanderern als die bessere Wohngegend angesehen wird. Nur Angehörige der Oberschicht haben schon früh — bisweilen in der präindustriellen Phase — ihre Wohnstätten vereinzelt an den Stadtrand — in Istanbul an den Bosporus, in Teheran und Damaskus an den Berghang — verlegt.

Auch die neuen Formen des tertiären Sektors, die mit dem fortschreitenden Ausbau der Staatswesen im Nahen und Mittleren Osten entstehen, haben ihren Standort hauptsächlich in der Innenstadt, während sich die Industrie — ein neues Element in der Stadt, das der präindustriellen Phase unbekannt war — auf Grund ihrer jungen Entstehung in der Peripherie der Stadt — oft benachbart zu den Stadtwandererquartieren — niederläßt.

Der neue tertiäre Sektor in der modernen Stadt im Nahen und Mittleren Osten besteht aber nicht nur aus den Einrichtungen der staatlichen Administration; die moderne Wirtschaftsverwaltung und die modernen Betriebe des Einzelhandels kommen hinzu. Gerade sie unterscheiden sich in ihrer Ausstattung wesentlich von den — weiter bestehenden — offenen Läden des traditionellen Bazars, indem sie — wie in den Industrieländern — mit Schaufenstern und Türen nach außen abgeschlossen sind. Der neue Einzelhandel bildet einen zweiten Pol des innerstädtischen Wirtschaftslebens zu dem sich solche Neuerungen wie Banken und Versicherungen gesellen, meist benachbart zu dem traditionellen Bazar. Die Nachfrager des modernen Einzelhandels, der Banken und Versicherungen stellen die sich herausbildende Mittelschicht und die verwestlichte Oberschicht.

Zu der modernen Entwicklung in den Städten gehört auch die Auflösung der alten, traditionellen Verknüpfung von Großhandel und Warenumschlag in den Karawansereien. Der Warenumschlag, besonders wenn er viel Raum beansprucht, wandert an die Peripherie der Städte ab, die organisatorische Abwicklung des (Groß-) Handels verbleibt, teilweise in den umfunktionierten alten Gebäuden, in der Innenstadt.

Zur modernen Entwicklung in der Stadt des Nahen und Mittleren Ostens gehört auch die Aufhebung eines spezifischen, sozio-kulturellen (Grundriß-) Strukturelementes: der orientalische Sackgassengrundriß verschwindet allmählich, die Stadt öffent sich den modernen Formen des innerstädtischen Verkehrs mit einer entsprechenden Anlage von Straßen.

4. Verstädterung in den einzelnen Staaten

Eingangs wurde dargelegt, daß die Entstehung der Industriegesellschaft ein überaus komplexer Großsachverhalt ist, der sich aus einer Fülle von Einzelsachverhalten zusammensetzt und mit ihren Wechselwirkungen ein Gefüge bildet. Die Landflucht und Verstädterung im Nahen und Mittleren Osten ist nur ein solcher Einzelsachverhalt, durch den die Herausbildung der Industriegesellschaft im Nahen und Mittleren Osten — in groben Zügen — mit den entsprechenden Vorgängen übereinstimmt, die sich in den heutigen, hochentwickelten Industrieländern in der Vergangenheit abgespielt haben. Landflucht und Verstädterung sind die den Raum neu strukturierenden Vorgänge bei der Herausbildung der Industriegesellschaft.

Es wurde eingangs auch angedeutet, daß die Staaten des Nahen und Mittleren Ostens — insgesamt — als Entwicklungsländer eingestuft werden müssen, d.h. daß sie gegenüber den heute hochentwickelten Industriestaaten einen Rückstand bei der Herausbildung der Industriegesellschaft aufzuweisen haben. Aber auch unter den Staaten des Nahen und Mittleren Ostens bestehen bedeutende Unterschiede im gesellschaftlichen Entwicklungsstand. Was den Verstädterungsprozeß angeht, so vermittelt Tabelle 2 einen Eindruck von den diesbezüglichen Diskrepanzen.

Zur Beurteilung der aufgelisteten Werte wurde eingangs ein Hinweis gegeben: für die traditionelle, präindustrielle gesellschaftliche Entwicklungsstufe sind Werte von etwa 20 % und darunter anzusetzen, für die hochentwickelte Stufe der vollausgeprägten Industriegesellschaft sind es Werte von etwa 80 % und darüber. Auf den ersten Blick erkennt man, daß die Angaben überwiegend zwischen den beiden genannten Extremen liegen; deshalb ist es wünschenswert, eine weitergehende Einteilung zu versuchen, um zu einer differenzierteren Positionsbestimmung der Staaten des Nahen und Mittleren Ostens beim Verstädterungsprozeß im Rahmen industriegesellschaftlicher Entwicklung zu kommen.

Tabelle 2: Verstädterung im Nahen und Mittleren Osten — Anteil der städtischen Bevölkerung an der Gesamtbevölkerung in Prozent

Afghanistan	15	Libanon	76
Ägypten	45	Libyen	52
Algerien	44	Marokko	41
Bahrain	78	Mauretanien	23
Djibouti	60	Oman	20
Irak	72	Pakistan	28
Iran	50	Saudi-Arabien	67
Israel	89	Somalia	30
(Nord-)Jemen	10	Sudan	25
(Süd-)Jemen	37	Syrien	50
Jordanien	56	Tunesien	52
Katar	./.	Türkei	47
Kuwait	88	Vereinigte Arabische Emirate	72

./. Keine Angaben

Quelle: Der Fischer Weltalmanach 1984, Frankfurt am Main 1983.

Die Einteilung von W. W. Rostow bietet sich an, der folgende Stufen unterscheidet: *traditional society* (präindustrielle Gesellschaft), *preconditions for take-off* (Vorbedingungen des Starts), *take off* (Start in sich selbst tragendes Wirtschaftswachstum), *drive to maturity* (Reifestadium), *high mass consumption* (Massen- und Konsumgesellschaft). Es muß hier ausdrücklich betont werden, daß es eine gewagte Unterstellung ist, die fünfphasige Einteilung der Entwicklung der Industriegesellschaft von W. W. Rostow mit fünf Phasen des Verstädterungsprozesses zu parallelisieren; noch einmal muß festgestellt werden, daß der Industrialisierungsprozeß ein über die Verstädterung weit ausgreifendes Phänomen ist und ein sehr hoher Verstädterungsgrad (allein) nicht unbedingt auf eine vollentwickelte Industriegesellschaft verweist. Dennoch soll mit Übersicht 2 ein grober, aber differenzierter Hinweis auf die Positionen der Staaten im Nahen und Mittleren Osten bei der gesellschaftlichen Entwicklung mit Hilfe des Verstädterungsgrades — unter Einschränkungen — gegeben werden.

Übersicht 2: Positionen der Staaten des Nahen und Mittleren Ostens in der gesellschaftlichen Entwicklung nach dem Grad der Verstädterung

Stufengliederung nach W.W. Rostow	Grad der Verstädterung	Staaten des Nahen und Mittleren Ostens
traditional society	20 % und weniger	Afghanistan, (Nord-)Jemen, Oman
preconditions for take-off	20 - 40 %	(Süd-)Jemen, Mauretanien, Pakistan, Somalia, Sudan
take-off	40 - 60 %	Ägypten, Algerien, Djibouti, Iran, Jordanien, Libyen, Marokko, Syrien, Tunesien, Türkei
drive to maturity	60 - 80 %	Bahrain, Irak, Libanon, Saudi-Arabien, Vereinigte Arabische Emirate
high mass consumption	80 % und mehr	Israel, Kuwait

Die Übersicht 2 läßt erkennen, welche Staaten des Nahen und Mittleren Ostens bei der Landflucht und Verstädterung und damit auch bei der gesellschaftlichen Entwicklung auf dem präindustriellen Niveau verharren, aber auch welche Staaten einen sehr hohen Verstädterungsgrad und damit zumindest einen hohen Grad der Entwicklung in Richtung auf die Industriegesellschaft erreicht haben. Zahlreiche Staaten befinden sich nach ihrem Stand der Verstädterung auf der Schwelle zur Industriegesellschaft.

Einschränkungen sind jedoch in zweierlei Hinsicht zu machen: In einigen Fällen handelt es sich um Stadtstaaten, die also überwiegend aus einer Stadt und ihrem Umland bestehen, so daß wegen dieser Situation der Verstädterungsgrad besonders hoch ist und wohl nicht ganz dem industriegesellschaftlicher Entwicklung entspricht. Zum anderen ist eine von vielen Wissenschaftlern für die Entwicklungsländer angenommene, hypertrophe (Über-) Entwicklung der Verstädterung, die der allgemeinen Entwicklung zur Industriegesellschaft vorausgeht, auch für den Nahen und Mittleren Osten nicht auszuschließen.

Literatur:

Albrecht, G. 1972: Soziologie der geographischen Mobilität. Zugleich ein Beitrag zur Soziologie des sozialen Wandels, Stuttgart.

Benet, F. 1964: The Ideology of Islamic Urbanization, in: Anderson, N. (Hrsg.): Urbanism and Urbanization, International Studies in Sociology and Social Anthropology, Bd. II, London, 111-126.

Berger, M. (Hrsg.) 1961: The New Metropolis in the Arab World, New Delhi, Bombay u.a.

Blake, G.H. u. Lawless, R.I. 1980: The Changing Middle Eastern City, London.

Bonine, M.E. 1977: From Uruk to Casablanca. Perspectives on the Urban Experience of the Middle East, in: Journal of Urban History, Bd. 3, Beverly Hills, 141-180.

Clarke, J.I. u. Fisher, W.B., (Hrsg.) 1972: Populations of the Middle East and North Africa. A Geographical Approach, London.

Costello, V.F. 1977: Urbanization in the Middle East, Cambridge, London.

Grunebaum, G.E. 1955: Die islamische Stadt, in: Saeculum, Bd. VI, Freiburg, München, 138-153.

Lerner, D. 1958: The Passing of Traditional Society. Modernizing the Middle East, Glencoe, Ill.

Lutfiyya, A.M. u. Churchill, Ch.W. (Hrsg.) 1970: Readings in Arab Middle Eastern Societies and Cultures, Den Haag, Paris.

Mackenroth, G. 1953: Bevölkerungslehre. Theorie, Soziologie und Statistik der Bevölkerung, Berlin, Göttingen, Heidelberg.

Pletsch, A. 1973: Wohnsituation und wirtschaftliche Integration in den marginalen Wohnvierteln der Agglomeration Rabat-Salé (Marokko), in: Schott, C. (Hrsg.): Beiträge zur Kulturgeographie der Mittelmeerländer (II), (Marburger Geographische Schriften, 59), Marburg, 23-61.

Ritter, G. 1972: Landflucht und Städtewachstum in der Türkei, in: Erdkunde, Bd. XXVI, Bonn, 177-196.

Roberts, M.H.P. 1979: An Urban Profile of the Middle East, London.

Rostow, W.W. 1971: The Stages of Economic Growth. A Non-Communist Manifesto, Cambridge.

Stewig, R. u. Tümertekin, E. u. Tolun, B. u. Turfan, R. u. Wiebe, D. u. Mitarb. 1980: Bursa, Nordwestanatolien. Auswirkungen der Industrialisierung auf die Bevölkerungs- und Sozialstruktur einer Industriegroßstadt im Orient. Teil 1, (Kieler Geographische Schriften, 51), Kiel.

Stewig, R. 1983: Die Stadt in Industrie- und Entwicklungsländern, Paderborn, München, Wien, Zürich.

Stokes, Ch. J. 1962: A Theory of Slums, in: Land Economics, Bd. 38, Madison, Wis., 187-197.

Struck, E. 1984: Landflucht in der Türkei. Die Auswirkungen im Herkunftsgebiet — dargestellt an einem Beispiel aus dem Übergangsraum von Inner- zu Ostanatolien (Provinz Sivas), (Passauer Schriften zur Geographie, 1), Passau.

Wirth, E. 1968: Strukturwandlungen und Entwicklungstendenzen der orientalischen Stadt. Versuch eines Überblicks, in: Erdkunde, Bd. XXII, Bonn, 101-128.

ders. 1969: Die orientalische Stadt in der Eigengesetzlichkeit ihrer jungen Wandlungen, in: Deutscher Geographentag Bad Godesberg 1967, Tagungsbericht und wiss. Abhandlungen, Wiesbaden, 166-181.

II. Zwischenstaatliche Arbeitskräftewanderung

Rüdiger Robert

1. Vorbemerkung

Nahezu 6 Mio. ausländische Arbeitskräfte waren Ende der 70er Jahre in den Ländern der Europäischen Gemeinschaft beschäftigt. Rund 1,5 Mio. kamen aus den Staaten des Nahen und Mittleren Ostens, insbesondere aus Algerien, Marokko, Tunesien und der Türkei. Die Arbeitskräftewanderung nach Europa hatte zu diesem Zeitpunkt indes ihren Höhepunkt bereits überschritten. Ursache waren einerseits Wachstums- und Arbeitsmarktprobleme in den Ländern der Europäischen Gemeinschaft, andererseits ein erheblich gestiegener Arbeitskräftebedarf im Nahen und Mittleren Osten. Die Arbeitsmigration innerhalb dieser Region und in diese Region wies deutlich steigende Tendenz auf. Nach Angaben der Weltbank betrug die Zahl der Gastarbeiter in den arabischen Ölländern 1975 ca. 1,6 Mio. Bis 1982 war sie — ohne den Irak — auf etwa 3 Mio. angestiegen. Für 1985 ist sie auf 5 Mio. geschätzt worden. Hinzu kommen bis zu 6 Mio. mitwandernde nicht-erwerbstätige Familienangehörige.

2. Ursachen der Arbeitskräftewanderung

Ansatzpunkt zur Erklärung der zwischenstaatlichen Arbeitsmigration im Nahen und Mittleren Osten ist die Unterscheidung zwischen ,,kapitalreichen" und ,,kapitalarmen" Staaten. Sie läuft in etwa parallel zu der Unterscheidung zwischen ölexportierenden und nicht-ölexportierenden Ländern.

Bedingt durch die Ölpreissteigerungen der 70er Jahre haben die ,,kapitalreichen" arabischen Golfstaaten und Libyen — bis 1979 bzw. 1982 auch Iran und der Irak — gewaltige Anstrengungen unternommen, die wirtschaftliche Entwicklung ihrer Länder voranzutreiben. Das hat zu einer erheblichen Nachfrage nach Arbeitskräften geführt. Sie konnte weder in quantitativer noch in qualitativer Hinsicht aus eigenen Ressourcen befriedigt werden. Das lag an der — mit Ausnahme Irans und des Irak — geringen Bevölkerungszahl dieser Länder. Es hatte seine Ursache aber auch in dem niedrigen Anteil der Erwerbstätigen an der Gesamtbevölkerung. Zudem entsprach das vorhandene Angebot an Arbeitskräften in seiner Struktur nicht der Nachfrage sich entwickelnder Gesellschaften. Insbesondere fehlte es an Facharbeitern, Technikern und Ingenieuren; ein Faktum, das angesichts noch im Aufbau befindlicher Erziehungs- und Bildungssysteme, weit verbreiteter Zurückhaltung gegenüber moderner beruflicher Bildung und großer Anziehungskraft des tertiären Sektors nicht ohne weiteres überwunden werden konnte.

Eine wesentliche Folge des Arbeitskräftemangels in den ölreichen Staaten der Region war das vergleichsweise hohe Lohnniveau. Es lag im Durchschnitt zwei- bis sechsmal über dem der benachbarten nicht- oder nur in geringfügigem Maß ölexportierenden Länder. Zusätzlich spielte die relativ gute soziale Absicherung der Arbeitskräfte in den ,,kapitalreichen" Staaten eine Rolle für die Arbeitsmigration, auch wenn diese Absicherung für Ausländer geringer war als für einheimische Arbeitskräfte. Auf Grund verhältnismäßig hoher Kapitalausstattung waren überdies die Arbeitsbedingungen in den Ölländern oftmals besser als in den sogenannten Entsendeländern.

Die Verhältnisse in den Ölstaaten wirkten als Sog- bzw. *pull*-Faktoren auf die Arbeitsmigration. Diese Faktoren wurden durch Überbewertung der Währung der ölarmen Länder, hohe Lebenshaltungskosten in den ,,kapitalreichen" Staaten und diskriminierende Verhaltensweisen gegenüber ausländischen Arbeitnehmern zwar relativiert, nicht aber kompensiert. Den *pull*-Faktoren standen vielmehr *push*-Faktoren zur Seite, deren Wirkung durch die geographische Nähe von Entsende- und Aufnahmeländern sowie kulturelle und sprachliche Gemeinsamkeiten noch verstärkt wurde.

Ebenso wie die *pull*- waren die *push*-Faktoren primär wirtschaftlicher Art. Sie resultierten aus den begrenzten Entwicklungsmöglichkeiten, die den Nicht-OPEC-Staaten der Region zur Verfügung standen und stehen. Das kam in vergleichsweise bescheiden formulierten Entwicklungsprogrammen zum Ausdruck. Neben der Knappheit an materiellen Ressourcen war dafür das rasche Wachstum der Bevölkerung bei mitunter hohem Ausgangsniveau (Ägypten) verantwortlich. Vielfach drohte der Geburtenüberschuß jeden wirtschaftlichen und sozialen Fortschritt unmöglich zu machen. Kennzeichen der Armut in diesen Ländern waren in den 70er Jahren Unterbeschäftigung und Arbeitslosigkeit. Für die 80er Jahre ist die nach wie vor geringe Höhe des Sozialprodukts pro Kopf der Bevölkerung hervorzuheben. Das damit einhergehende niedrige Lohnniveau war ein wesentlicher, wenn nicht der entscheidende ökonomische *push*-Faktor für die Arbeitsmigration im Nahen und Mittleren Osten.

Soweit die Arbeitskräftewanderung politisch bedingt war, sind die Nahostkriege als Ursache zu nennen. Sie haben nicht nur das Flüchtlingsproblem in der Region, sondern auch die wirtschaftlichen Schwierigkeiten in den unmittelbar betroffenen Staaten verschärft. Seit 1979 hat der durch die sowjetische Intervention in Afghanistan ausgelöste Flüchtlingsstrom nach Pakistan zudem eine Zuspitzung der Arbeitsmarktlage in diesem Land bewirkt.

Tabelle 1: Ausländische Arbeitnehmer in ausgewählten Staaten des Nahen und Mittleren Ostens

Jahr	1975			1980[1]			1985[1]		
Staat	(1) Beschäftigte gesamt	(2) Ausl. Arbeitnehmer	(3) Anteil von (2) an (1)	(1) Beschäftigte gesamt	(2) Ausl. Arbeitnehmer	(3) Anteil von (2) an (1)	(1) Beschäftigte gesamt	(2) Ausl. Arbeitnehmer	(3) Anteil von (2) an (1)
Saudi-Arabien	1.799.900	773.400	43,0%	2.297.200	1.163.900	50,7%	2.728.400	1.464.800	53,7%
Libyen	781.600	332.400	42,5%	1.036.000	510.200	49,2%	1.291.000	681.500	52,8%
Kuwait	299.800	208.000	69,4%	377.100	259.900	68,9%	441.400	304.200	68,9%
Vereinigte Arabische Emirate	296.500	251.500	84,8%	386.500	333.800	86,4%	502.700	441.600	87,8%
Katar	66.300	53.800	81,1%	106.300	90.700	85.3%	138.900	120.600	86,8%
Bahrain	75.800	30.000	39,6%	92.700	35.600	38,4%	110.100	43.300	39,3%

1) Projektion

Quelle: Birks, J.S. u. Sinclair, C.A. 1980: Economic and Social Implications... 154; eigene Berechnung.

Die bloße Existenz von *pull*- und *push*-Faktoren ist zur Erklärung der Arbeitskräftewanderung im Nahen und Mittleren Osten nicht ausreichend. Verwiesen werden muß zumindest darauf, daß die Arbeitsmigration von der in Frage kommenden Bevölkerung tatsächlich als eine Möglichkeit erkannt wurde, den individuellen Lebensstandard zu erhöhen, ja daß sich die berufliche Tätigkeit von Familienangehörigen im Ausland in einigen Ländern einer überaus hohen sozialen Wertschätzung erfreut. Im Fall Ägyptens wird sie sogar mit der Inanspruchnahme persönlicher Freiheitsrechte in Verbindung gebracht. Nicht zuletzt waren für das Ausmaß der Arbeitsmigration die politischen Rahmenbedingungen von Bedeutung. Systematische Behinderungen des Wanderungsprozesses sind lange Zeit — mit Ausnahme Syriens — nicht erfolgt. Seit Anfang der 80er Jahre befindet sich die Zuzugspolitik der ölreichen Länder jedoch in einer Phase der Umorientierung, die auf Verhinderung illegaler Zuwanderung und innerer Unruhen ausgerichtet ist. Erheblich eingeschränkt werden die Wanderungsmöglichkeiten seit Mitte der 80er Jahre überdies durch das (vorläufige) Ende des ,,Ölbooms".

3. Stand und Trend der Arbeitskräftewanderung

Saudi-Arabien, Libyen, Kuwait, die Vereinigten Arabischen Emirate, Katar und der Irak sind die Hauptaufnahmeländer für Gastarbeiter im Nahen und Mittleren Osten. Hinzu kommen als Staaten mit eng begrenzten Ölvorkommen Bahrain und Oman. Für alle diese Länder gilt, daß der Zustrom von Arbeitsmigranten ein gewaltiges Ausmaß erreicht hat (vgl. Tab. 1). Mitte der 70er Jahre waren in den arabischen Golfmonarchien und in Libyen rund 49 % der Beschäftigten ausländische Arbeitnehmer. In Kuwait, den Vereinigten Arabischen Emiraten und in Katar lag der Anteil der Arbeitsmigranten sogar zwischen 70 und 85 %. In Saudi-Arabien und Libyen war er mit rund 43 % deutlich niedriger. Bis Anfang der 80er Jahre erhöhte er sich aber auch in diesen Ländern auf etwa 50 %, um seitdem nahezu konstant zu bleiben. Absolut gesehen war die Zahl der ausländischen Arbeitskräfte in Saudi-Arabien, Libyen und dem Irak am größten. Für 1985 ist sie in Saudi-Arabien auf rund 1,46 Mio. und in Libyen auf rund 0,68 Mio. Gastarbeiter geschätzt worden. Entsprechende Angaben liegen für den Irak nicht vor. Allein die Zahl der dort arbeitenden Ägypter ist für 1982 aber mit 1 - 2 Mio. angegeben worden. Die Gesamtzahl der ausländischen Arbeitnehmer im Irak — darunter Türken und Chinesen — dürfte die Zahl der Arbeitsmigranten in Saudi-Arabien übertreffen.

Die Mehrheit der Gastarbeiter im Nahen und Mittleren Osten stammt aus arabischen Ländern. Der Anteil dieser Arbeitsmigranten betrug 1975 etwa 75 %, hat sich seitdem jedoch merklich verringert. Ungewiß ist, ob der Zustrom von Arbeitskräften aus Südostasien, aber auch aus Indien und Pakistan derart anhält, daß die ,,kapitalarmen" arabischen Staaten aus ihrer führenden Rolle als Entsendeländer von Gastarbeitern verdrängt werden (vgl. Tab. 2). Der Anteil der Europäer und Amerikaner an der Gesamtzahl der ausländischen Arbeitnehmer war 1975 - 85 mit 2 - 3 % konstant. Dabei handelte es sich zumeist um hochqualifizierte Arbeitskräfte. Das kann für die Gesamtheit der Arbeitsmigranten nicht behauptet werden. Der Prozentsatz der Facharbei-

Tabelle 2: Herkunft ausländischer Arbeitnehmer im Nahen und Mittleren Osten nach Regionen

Jahr / Region	1975	1980[1] Szenario 1	1980[1] Szenario 2	1985[1] Szenario 1	1985[1] Szenario 2
Arab. Welt	1.236.600	1.662.900	1.236.600	1.926.600	1.236.600
Indien und Pakistan	277.500	400.000	600.000	500.000	500.000
Südostasien	14.600	191.200	417.500	489.400	1.179.400
Europa und Amerika	34.300	60.000	60.000	70.000	70.000
Iran und andere	86.100	80.000	80.000	70.000	70.000
Gesamt	1.649.100	2.394.100	2.394.100	3.056.000	3.056.000

1) Den Szenarien liegen unterschiedliche Annahmen über die Bedeutung südostasiatischer Arbeitskräfte für die Entwicklung der ,,kapitalreichen", ölexportierenden Staaten im Nahen und Mittleren Osten zugrunde.

Quelle: Birks, J.S. u. Sinclair, C.A. 1980: International Migration... 166; dies. 1980: Economic and Social Implications... 156ff.

ter und besser ausgebildeten Arbeitskräfte war bei den Zuwanderern aus Afrika und Asien gleichwohl höher als innerhalb der Erwerbstätigenstruktur der Entwicklungsländer im allgemeinen sowie der Entsendeländer im besonderen.

Hauptentsendeländer innerhalb der arabischen Welt sind Ägypten, Jordanien und Nordjemen. Mehr als 75 % aller arabischen Arbeitsmigranten kamen Ende der 70er Jahre aus diesen Ländern (vgl. Tab. 3). Gemessen am Arbeitskräftepotential der Eastbank war der Anteil von Abwanderern aus Jordanien besonders hoch. Er lag bei 40 %. Das entsprach einer Zahl von mehr als 300.000 Jordaniern, die im Ausland tätig waren, und zwar vornehmlich in Saudi-Arabien, Kuwait und den Vereinigten Arabischen Emiraten. Die Zahl der Arbeitsmigranten aus Nordjemen war ebenfalls hoch. Nach Schätzungen bewegte sie sich zwischen 0,5 und 1 Mio., d.h., daß bis zu 50 % der arbeitsfähigen männlichen Bevölkerung einer Beschäftigung außerhalb der Landesgrenzen — überwiegend in Saudi-Arabien — nachgingen. Die meisten Arbeitskräfte in die ,,kapitalreichen" Staaten des Nahen und Mittleren Ostens entsandte Ägypten: zwischen 0,9 und 1,75 Mio. Arbeitnehmer. Der Anteil der Auslandstätigen am ägyptischen Arbeitskräftepotential lag damit zwischen 6,5 und 12,5 %, war also wesentlich niedriger als in Jordanien oder im Nordjemen. Hauptzuzugsländer für ägyptische Arbeitnehmer waren der Irak, Saudi-Arabien und Libyen.

Tabelle 3: Herkunft ausländischer Arbeitnehmer im Nahen und Mittleren Osten aus arabischen Ländern

Jahre Land	Anfang der 70erJahre	Mitte der 70er Jahre	Ende der 70er Jahre
Ägypten	300.000	520.000	900.000
Jordanien	100.000[1]	200.000[1]	350.000[1]
Südjemen	40.000	70.000	200.000
Somalia	—	20.000	70.000
Sudan	20.000	50.000	140.000
Nordjemen	200.000	380.000	460.000
Gesamt	660.000	1.240.000	2.120.000

1) Einschließlich Westbank und Palästinenser

Quelle: Pennisi, G. 1981, 23ff.

Lange Zeit konnten die ,,kapitalarmen" arabischen Staaten die steigende Nachfrage nach Arbeitskräften im Nahen und Mittleren Osten weitgehend allein befriedigen. Mitte der 70er Jahre trat jedoch ausgelöst durch den Ölboom ein Wandel ein. Die Arbeitsmärkte Jordaniens, Nordjemens, aber auch Omans zeigten erste Anzeichen der Erschöpfung. Nahezu jeder dritte Erwerbstätige aus diesen Ländern war seinerzeit im Ausland beschäftigt. Der ägyptische Arbeitsmarkt verfügte zwar noch über Reserven, erwies sich auf Grund seiner Fragmentierung aber nicht als ausreichend elastisch. Erschwerend kam hinzu, daß Iran und der Irak begannen, ihre Wirtschaft forciert zu entwickeln und im Ausland tätige Staatsangehörige zurückzuholen. Die Folge war ein verstärkter Zustrom von Arbeitsmigranten aus Indien und Pakistan. Das galt besonders für die ölreichen arabischen Golfemirate. Die Zahl dieser Zuwanderer stieg von 1975 bis 1980 von rund 0,28 auf über 0,5 Mio. Begünstigt wurde diese Entwicklung durch private Arbeitsvermittlungsstellen in Indien und Pakistan. Sie konnten gezielten Wünschen nach Arbeitskräften nachkommen und stellten Wanderarbeitnehmer vielfach gegen extrem niedrige Entlohnung zur Verfügung.

Geradezu explosionsartig zu nahm die Zahl ausländischer Arbeitnehmer aus Südostasien, vor allem aus Indonesien, Südkorea, Malaysia, den Philippinen, Singapur und Thailand. Besonderes Kennzeichen dieser Arbeitnehmer war, daß sie zu einem großen Teil als Kontraktarbeiter im Dienst sogenannter Third World Multinationals standen und deshalb im Unterschied zu ,,gewöhnlichen" Gastarbeitern auch in der Währung ihrer Heimatländer entlohnt wurden. 1975 lag die Zahl südostasiatischer Arbeitnehmer im Nahen und Mittleren Osten bei 15.000. Fünf Jahre später war sie bereits auf über 190.000 angestiegen, hatte sich also mehr als verzwölffacht. Für Mitte der 80er Jahre ist sie auf 0,5 - 1,18 Mio. hochgerechnet worden.

Diese Entwicklung resultierte aus der Sorge der Arbeitskräfte suchenden ölreichen Staaten der Region vor politischer und kultureller Überfremdung. Arbeitsmigranten aus Südostasien weckten derartige Befürchtungen nur in vergleichsweise geringem Umfang: Ihre Verweildauer im Gastland war von vornherein festgelegt. Sie kamen zumeist ohne Familienangehörige, hatten keine politischen Ambitionen und wiesen wenig kulturelle Affinität zur einheimischen Bevölkerung auf. Während der Dauer ihres Aufenthaltes wurden sie zudem in selbst erbauten, lagerähnlichen Unterkünften am Rande neu entstehender industrieller Enklaven untergebracht, lebten also räumlich getrennt von der Bevölkerung ihrer Gastländer. Als wirtschaftlicher Vorteil kam hinzu, daß Arbeitnehmer aus Südostasien über eine hohe Arbeitsproduktivität verfügten, aber nur einen relativ geringen Infrastrukturbedarf verursachten.

4. Folgen der Arbeitskräftewanderung

Die wirtschaftlichen, sozialen und politischen Folgen der Arbeitsmigration im und in den Nahen und Mittleren Osten sind vielfältiger Natur. Ob sie in ihrer Gesamtheit sowohl für die Aufnahme- als auch für die Entsendeländer positiv zu beurteilen sind, ist umstritten.

Oberflächlich betrachtet erscheint das bestehende System der Arbeitskräftewanderung uneingeschränkt vorteilhaft. So hat der Zuzug ausländischer Arbeitnehmer die ,,kapitalreichen", ölexportierenden Länder der Region überhaupt erst in die Lage versetzt, das geplante wirtschaftliche Wachstum in die Praxis umzusetzen, den Ausbau der Infrastruktur voranzutreiben, den Prozeß der Industrialisierung zu beschleunigen und den Lebensstandard der Bevölkerung nachhaltig zu verbessern. Auch für die ,,kapitalarmen", zumeist nicht ölexportierenden Länder waren die Folgen der Arbeitsmigration auf den ersten Blick positiv. Arbeitslosigkeit und Unterbeschäftigung wurden verringert oder gar beseitigt, die Zahlungsbilanzen durch den Transfer im Ausland erzielter Einkommen entlastet. In den Entsendeländern selbst wuchs nicht nur die Konsum-, sondern auch die Sparfähigkeit der Bevölkerung. Die Finanzierung dringend notwendiger Entwicklungsvorhaben wurde dadurch erleichtert. Nicht zuletzt verbesserte sich die Qualität der zeitweilig abgewanderten Arbeitskräfte durch Erfahrungen und Lernprozesse in den Gastländern. Das alles wirkte in Richtung auf einen Spannungsausgleich zwischen den ,,kapitalarmen" und den ,,kapitalreichen" Staaten des Nahen und Mittleren Ostens. Indirekt erwies sich die Arbeitsmigration damit auch als ein Beitrag zur wirtschaftlichen, sozialen und politischen Integration der Region.

Eine derart günstige Einschätzung der Folgen der Arbeitskräftewanderung läßt sich bei näherem Zusehen nicht aufrechterhalten. Das gilt sowohl für die Entsende- als auch für die Gastländer.

Die Zahlungsbilanzen der ölreichen Staaten werden durch die Einkommensübertragungen ausländischer Arbeitnehmer in ihre Heimatländer belastet. Dies hat auf Grund hoher Devisenzuflüsse lange Zeit nicht zu Problemen geführt. Bei einem andauernden Rückgang der Einnahmen aus dem Export von Öl und Ölprodukten sind Schwierigkeiten aber nicht auszuschließen. Das ist insbesondere der Fall, wenn eine politische Krisensituation hinzukommt. Ein Beispiel dafür ist der Irak. Er war in der ersten Hälfte der 80er Jahre nicht nur durch den allgemeinen Verfall des Weltölmarktes negativ betroffen, sondern konnte wegen des Kriegs mit Iran auch nur noch ein Fünftel seiner früheren Ölmenge exportieren. Das Resultat war eine zunehmende Devisenverknappung. Bagdad sah sich deshalb gezwungen, die Einkommensübertragungen ägyptischer

Gastarbeiter in ihr Heimatland zu beschränken. Zugleich war es bemüht, verstärkt inländische Arbeitskräfte — vor allem Frauen — zur Verwirklichung geplanter Entwicklungsprojekte heranzuziehen.

Schwierigkeiten bereitete den ,,kapitalreichen" Staaten der Region auch das ständige Anwachsen der Ausländergemeinden. Sie bestehen zum größten Teil aus Arbeitsmigranten arabischer Herkunft, die ihre Familienangehörigen mitbringen oder nachziehen lassen und im Land seßhaft werden. Besonders ausgeprägt ist diese Entwicklung in Kuwait, aber auch in den Vereinigten Arabischen Emiraten. Der Infrastrukturbedarf, den diese Gemeinden verursachen, ist hoch. Einrichtungen wie Wohnungen, Schulen und Krankenhäuser müssen für sie bereitgehalten werden. Die entstehenden Kosten sind beachtlich, so daß die ökonomischen Vorteile der Arbeitsmigration für die ölreichen Staaten wenn auch keineswegs aufgehoben, so doch gemindert werden.

Der hohe Anteil von Ausländern an der Gesamtbevölkerung hatte zudem negative politische und soziale Wirkungen. Die bereits angesprochene Furcht vor einer Überfremdung beruht auf der Erkenntnis, daß Gastarbeiter und mitwandernde Familienangehörige, auch wenn es sich um Muslime handelt, vielfach eine von der eigenen Bevölkerung abweichende Mentalität und Lebensweise haben. Daraus resultiert zum einen die Gefahr einer Aufweichung überlieferter Normen — insbesondere des islamischen Rechts —, zum anderen die Gefahr eines Imports von revolutionärem Gedankengut. Beides kann jederzeit ineinanderspielen. Wie konkret diese Gefahr ist, hat die Besetzung der Großen Moschee in Mekka im November 1979 gezeigt. Als Fanal für eine mögliche Revolutionierung der Arabischen Halbinsel hat auch der von Iran unterstützte Umsturzversuch in Bahrain im Dezember 1981 gewirkt. Nicht minder bedeutsam ist, daß trotz beachtlich gestiegenen wirtschaftlichen Wohlstands und guter Aussichten auf eine gesicherte materielle Zukunft Teile der heimischen Bevölkerung ihr ökonomisches Wohlergehen durch die Anwesenheit ausländischer Arbeitnehmer und ihrer Familien bedroht sehen. Ansätze zu einer ausländerfeindlichen Haltung waren in der Vergangenheit erkennbar. Sie sind der inneren Stabilität der betroffenen Länder nicht förderlich.

Das langfristig größte Problem, das sich für die ,,kapitalreichen" Staaten des Nahen und Mittleren Ostens aus der Arbeitskräftewanderung ergibt, ist die Frage nach den Auswirkungen auf die Entwicklung des eigenen Arbeitskräftepotentials. So ist unbestreitbar, daß die Beschäftigung einheimischer Arbeitskräfte in modernen Sektoren der Volkswirtschaft — etwa in der verarbeitenden Industrie — bis Mitte der 80er Jahre nicht in dem erwünschten Umfang zugenommen hat. Im Gegenteil, die rasch steigende Zahl von Gastarbeitern hat in Verbindung mit dem Ölreichtum zur Schaffung immer neuer Ämter und Pfründen geführt, die ein einträgliches Auskommen ohne entsprechende Arbeitsleistung ermöglichen. Ob die teilweise auch traditionsbedingte Zurückhaltung der Bevölkerung gegenüber bestimmten Berufen anhalten wird, läßt sich nur schwer vorhersagen. Falls der in dieser Beziehung angestrebte Wandel ausbleibt, wird den ölreichen Ländern ein kontinuierliches Hineinwachsen in das Nacherdölzeitalter kaum gelingen. Insbesondere wird es nicht möglich sein, die großen industriellen Entwicklungszentren wie Yanbu und Jubail in Saudi-Arabien oder Jebel Ali in Dubai ausreichend an Wirtschaft und Gesellschaft anzubinden. Sie müßten Fremdkörper im eigenen Land bleiben. In letzter Konsequenz würde die strukturelle Heterogenität, d.h. das Neben- und Ineinander von kapitalistischer und nicht-kapitalistischer Produktionsweise, dadurch verfestigt.

Trotz aller Einwände und Bedenken dürften die Vorteile der Arbeitsmigration für die ,,kapitalreichen", — wenn auch in sinkendem Umfang — Arbeitskräfte suchenden Staaten des Nahen und Mittleren Ostens größer sein als die Nachteile. Dieses Urteil ist wegen letztlich mangelnder empirischer Beweisbarkeit mit einer erheblichen Unsicherheit behaftet. Noch ungleich schwerer fällt allerdings die Einschätzung der Folgen der Arbeitskräftewanderung für die ,,kapitalarmen" Staaten der Region. Fest steht lediglich, daß das Risiko, das diese Länder auf Grund der Arbeitsmigration zu tragen haben, höher ist als das Risiko der Aufnahmeländer.

Als zumindest potentielles Entwicklungshemmnis muß die Arbeitskräftewanderung für die ,,kapitalarmen" Staaten angesehen werden, wenn der Prozentsatz der Auslandstätigen über die sogenannte ,,freie Spitze" des jeweiligen Arbeitsmarktes hinausgeht. Die dann entstehende Arbeitskräfteknappheit wirkt in Richtung auf eine Lohnkostensteigerung und damit auf eine Herabsetzung der Gewinne. Das wiederum kann zu einer Einschränkung der Investitionstätigkeit führen. Dieser Gefahr läßt sich durch vermehrten Einsatz von Kapital und/oder die Heranziehung von ausländischen Arbeitskräften entgegenwirken. Beides ist jedoch nicht ohne Probleme.

Eine Substituierung von Arbeit durch Kapital kann selbst bei umfangreichen Transferleistungen der im Ausland Tätigen nur erfolgen, wenn in den Entsendeländern eine ausreichende Anzahl von Fachkräften verbleibt. Länder wie Ägypten, Jordanien, der Sudan oder Somalia haben in der Vergangenheit erfahren müssen, daß dies nicht immer der Fall ist. Sie haben deshalb die Ausbildung hochspezialisierter Arbeitskräfte verstärkt, und zwar über den eigenen Bedarf hinaus. Das hat zu erheblichen finanziellen Belastungen geführt. Die Folge war eine teilweise Änderung der Prioritätensetzung in der Erziehungs- und Bildungspolitik. Das Anfang der 70er Jahre vorrangige Ziel einer Hebung des allgemeinen Bildungsstandards — insbesondere der Beseitigung des Analphabetentums — ist dabei in den Hintergrund gerückt. Das ist bedenklich, zumal Fehleinschätzungen des Bedarfs an hochqualifizierten Arbeitskräften nicht ausgeschlossen sind; ein Problem, das sich durch Parallelinvestitionen der Länder des Nahen und Mittleren Ostens in entsprechende Bildungseinrichtungen noch verschärft.

Deutlich zugenommen hat seit 1975 der Versuch der Entsendeländer, Abwanderer durch ausländische Arbeitskräfte zu ersetzen. Das bekannteste Beispiel dafür ist Jordanien. 1980 waren ca. 80.000 Ägypter, Syrer und Pakistanis in dem haschimitischen Königreich beschäftigt. Durch Arbeitskräfteverknappung ausgelöste Zuwanderung fand im Sudan und in Nordjemen, ja selbst in Ägypten statt. Die Wirkungen dieser sogenannten *replacement migration* waren keineswegs eindeutig. Einerseits wurde der Arbeitsmarkt entlastet und der Druck in Richtung auf eine Lohnkostensteigerung gemindert. Andererseits war die Arbeitsproduktivität der Zuwanderer im Durchschnitt geringer als die der Abwanderer, entstanden Kosten für Transport und Unterbringung der Gastarbeiter und mußte mit Einkommensübertragungen ins Ausland gerechnet werden, die die Zahlungsbilanz zusätzlich belasteten. Insgesamt ist die *replacement migration* als eine Notlösung anzusehen. Die Entwicklungsgeschwindigkeit der Entsendeländer wird durch sie eher gebremst als beschleunigt.

Neben Rückwirkungen auf den industriellen und gewerblichen Sektor der Volkswirtschaft hat die Arbeitsmigration in einigen ,,kapitalarmen" Staaten auch große Bedeutung für die landwirtschaftliche Entwicklung. Das gilt vor allem für den Nordjemen, dessen Auslandstätige nahezu ausschließlich aus ländlichen Gebieten stammen. Infolgedessen hat die Agrarwirtschaft als Einkommensquelle für die Bevölkerung an Gewicht verloren. Das hat zu einem teilweisen Verfall der Terrassenkultur und zu einem Übergang vom Kaffeeanbau zum Anbau der Droge Qat geführt. Produktionsrückgängen und unzureichender Bodennutzung stehen indes auch Bemühungen um eine Modernisierung der Landwirtschaft durch Mechanisierung und Schaffung optimaler Betriebsgrößen gegenüber. Die negativen Folgen der Arbeitsmigration konnten dadurch aber ebensowenig kompensiert werden wie durch die verstärkte Heranziehung weiblicher Arbeitskräfte in der Landwirtschaft. Über vergleichbare Wirkungen der Wanderungsbewegung wird aus Oman berichtet. Dort ist neben dem Rückgang der Weidewirtschaft ein verbreitetes Oasensterben zu beobachten.

Keineswegs eindeutig sind auch die Wirkungen, die sich aus den Transferleistungen der Auslandstätigen für die Entsendeländer ergeben. Kurzfristig können die Einkommensübertragungen negative Folgen der Arbeitsmigration dadurch ausgleichen, daß die Verfügbarkeit von Mitteln für Konsum und Investition bzw. Ersparnisse nicht sinkt, sondern sogar steigt. Ob ein solcher Effekt in jedem Fall eintritt und ob er von Dauer ist, erscheint indes fraglich. Ein Risikofaktor sind die Schwankungen, die in der Höhe der Überweisungen aus dem Ausland auftreten. Das gilt besonders für Länder, die aus ökonomischen Gründen auf Transferleistungen nicht verzichten können. Sie drohen deshalb mit ihrer Entwicklungsplanung in Abhängigkeit von Entscheidungen zu geraten, die im Ausland getroffen werden und auf die sie keinen Einfluß haben. Ein anderes Problem betrifft die Art und Weise der Verwendung von Einkommensübertragungen. Vielfach wird kritisiert — so in Ägypten —, daß es nicht zu Investitionen in dem erhofften Umfang kommt. Vielmehr finde eine Konsumdemonstration statt, die die Volkswirtschaft überfordere und in letzter Konsequenz zur Inflation führe. Dieser These wird entgegengehalten, daß die Geldwertverschlechterung in den Entsendeländern primär das Ergebnis expansiver staatlicher Geldpolitik sei. Zumindest im Nordjemen ist aber gemessen an der Entwicklung des Bruttoinlandsprodukts eine überproportionale und damit bedenkliche Steigerung der Konsumausgaben erfolgt.

Ebenfalls schwer einzuschätzen sind für die Entsendeländer die sozialen und politischen Folgen der Arbeitsmigration. So entstanden und entstehen durch die Abwanderung von Arbeitskräften ins Ausland erhebliche Belastungen für die betroffenen Familien. Sie können den Vorteil eines höheren Lebensstandards bei weitem überwiegen. Das ist vor allem der Fall, wenn es auf Grund einer Entfremdung zwischen Ehepartnern zur Lockerung, ja Zerstörung familiärer Bindungen kommt. Stets haben die Auswirkungen der Arbeitsmigration auf die Familie auch eine gesamtgesellschaftliche Dimension. Das zeigt die in einzelnen Ländern gewachsene Bedeutung der Rolle der Frau für den Arbeitsmarkt. Ein anderes mit der Arbeitskräftewanderung verbundenes Problem ist der Neid gegenüber Familien von Auslandstätigen. Dieser Neid ist um so größer, je mehr die Arbeitsmigration zu einer ungleichen Einkommensverteilung führt. Das ist besonders in Ländern der Fall, in denen nur ein vergleichsweise geringer Prozentsatz der Arbeitskräfte im Ausland tätig ist und damit in den Genuß eines relativ hohen Einkommens gelangt. Als Grund zur Besorgnis für die Entsendeländer erweist sich ferner die Ausbreitung von Unzufriedenheit über fehlende soziale Leistungen und schlechte Verdienstmöglichkeiten im eigenen Land. Nicht zuletzt kann destabilisierende Wirkung haben, daß die Arbeitsmigranten im Ausland mit neuen politischen und gesellschaftlichen Ideen konfrontiert werden. Im Extremfall ist wie bei den ,,kapitalreichen" Staaten die Gefahr des Revolutionsimports gegeben. Sie ist besonders groß, wenn Gastländer — wie angeblich Libyen — nicht davor zurückschrecken, ausländische Arbeitnehmer politisch zu indoktrinieren.

5. Arbeitskräftewanderung und Wanderungstheorie

Zur Beurteilung der Arbeitsmigration im Nahen und Mittleren Osten bedarf es neben der empirischen Analyse einzelner Problemfelder gesamttheoretischer Überlegungen. Andernfalls besteht das Risiko einer punktuellen, umfassende Bezüge vernachlässigenden Bewertung der Arbeitskräftewanderung. Das trifft vor allem für Untersuchungen zu, die ihre Vorgehensweise den Operationalisierungsbedürfnissen einer primär quantitiv ausgerichteten Forschung unterordnen und deshalb gezwungen sind, qualitative Aspekte zu vernachlässigen. Im übrigen liegen auch derartigen Untersuchungen Annahmen zugrunde, die einem oftmals nicht deutlich gemachten Theorieverständnis entlehnt sind.

Verglichen mit der Soziologie hat sich die Wirtschaftswissenschaft erst spät der Erforschung der Arbeitsmigration zugewandt. Zunehmend hat sie indes neben der Frage nach den Ursachen und Prozessen auch die Frage nach den Wirkungen der Arbeitskräftewanderung in ihre Analysen einbezogen. Ausgangspunkt war dabei der sogenannte *traditional approach*. Er beruht wesentlich auf der Übertragung von Erkenntnissen der neoklassischen Theorie auf die Arbeitsmigration. Damit verbunden ist nicht nur eine positive Einschätzung von Wachstums- und Entwicklungschancen der Länder der Dritten Welt, sondern auch der Rückgriff auf Prinzipien der vollkommenen

Konkurrenz. Die Arbeitskräftewanderung selbst wird als Beitrag zur besseren Allokation von Ressourcen gesehen, der Empfänger- und Entsendeländern gleichermaßen zugute kommt. Diese vornehmlich auf deduktivem Weg gewonnene Erkenntnis ist in den vergangenen Jahren durch eine Reihe empirischer Untersuchungen in Frage gestellt worden. Analysen, die im Auftrag des International Labour Organization (ILO) und der Organisation for Economic Cooperation and Development (OECD) gemacht worden sind, haben den Glauben an die positive Wirkung der Arbeitsmigration insbesondere für die Entsendeländer erschüttert. Dennoch konnte der *traditional approach* bislang nicht durch einen neuen, auf allgemein anerkannten Prinzipien beruhenden Ansatz abgelöst werden. Das schließt partiell neue Wege in der Forschung nicht aus. Ein Beispiel dafür ist der *human capital approach*. Er sieht in der Arbeitskräftewanderung eine Investition, die die Wanderungswilligen und ihre Herkunftsländer in der Erwartung vornehmen, daß der Nutzen in Form höherer Einkommen die Kosten u.a. für Erziehung und Ausbildung übersteigen wird.

Andere, wenn nicht gegenteilige Perspektiven bei der Beurteilung der Arbeitsmigration eröffnen marxistische Ansätze. Sie betonen, daß die internationale Arbeitskräftewanderung ebenso wie die Binnenmigration ihre Ursache in den Verwertungsbedingungen des Kapitals hat. Zugleich stellen sie die strukturellen Verflechtungen der Produktion — so die *Dependencia*-Theorie — zwischen Metropolen und Peripherie heraus; ein Ansatz, der sich wenn auch mit erheblichen Einschränkungen auf das Verhältnis zwischen ,,kapitalreichen" und ,,kapitalarmen" Staaten im Nahen und Mittleren Osten übertragen läßt. Wesentliche Erkenntnis marxistischer Autoren ist, daß die Arbeitskräftewanderung ein System der Ausbeutung darstellt, das sich auf drei Ebenen abspielt: 1. auf der Ebene des einzelnen Arbeitsmigranten; 2. auf der Ebene der Klasse, zu der der Arbeitsmigrant gehört; und 3. auf der Ebene des Entsendelandes, das von der Abwanderung negativ betroffen ist. Der Ausbeutungscharakter, der sich hinter der Arbeitsmigration verbirgt, zeigt sich nach Ansicht marxistischer Autoren besonders deutlich in der Funktion der industriellen Reservearmee, die die Gastarbeiter einnehmen. Kritisch gegenüber diesen Ansätzen ist anzumerken, daß sie sich primär mit der Migration beruflich nicht oder nur gering qualifizierter Arbeitskräfte von unterentwickelten in entwickelte Länder auseinandersetzen. Im Nahen und Mittleren Osten handelt es sich jedoch um eine Wanderungsbewegung zwischen Ländern der Dritten Welt. Ein beachtlicher Teil der Arbeitsmigranten weist zudem eine relativ hohe berufliche Qualifikation auf. Im übrigen sind Versuche, die marxistische (Zwei-)Klassentheorie auf die Arbeitskräftewanderung im Nahen und Mittleren Osten anzuwenden, wegen der Enge des damit verbundenen Schemas problematisch.

6. Wanderungspolitik als Aufgabe

Eine abschließende Antwort auf die Frage nach den Wirkungen der Arbeitsmigration läßt sich nach dem gegenwärtigen Stand der wissenschaftlichen Erkenntnis nicht geben. Ohne Zweifel stehen den Vorteilen des Wanderungsprozesses aber größere Risiken und Nachteile gegenüber als ursprünglich angenommen worden ist und vielfach noch angenommen wird. Eine aktive Migrationspolitik, die sich bemüht, positive Effekte zu steigern und negative möglichst gering zu halten, ist deshalb um so dringlicher. Das gilt vor allem für die ,,kapitalarmen" arabischen Entsendeländer. Sie sind durch das Ausmaß der Arbeitskräftewanderung in den Jahren 1975 - 85 arbeitsmarktpolitisch in Abhängigkeit von den ,,kapitalreichen" Staaten geraten. Die größte Gefahr, die ihnen in diesem Zusammenhang droht, ist eine durch politische oder wirtschaftliche Faktoren ausgelöste plötzliche Massenrückwanderung von Gastarbeitern; ein Vorgang, der die Aufnahmefähigkeit der heimischen Arbeitsmärkte bei weitem überschreiten würde.

Als Strategie zur Bewältigung der aus der Arbeitsmigration resultierenden Probleme bietet sich eine regional abgestimmte Politik an. Für die Entsendeländer scheidet dabei ein Konfrontationskurs gegen die Aufnahmeländer von vornherein aus. Jeder derartige Versuch wäre zum Scheitern verurteilt, weil sich die ölreichen Staaten politischem Druck stets durch vermehrte Anwerbung von Arbeitskräften auf dem indischen Subkontinent oder in Südostasien entziehen können. Forderungen nach einem Gastarbeiterschutzabkommen oder gar nach Kompensationszahlungen für Auslandstätige, wie sie Jordanien ins Gespräch gebracht hat, sind deshalb bereits mit einem Risiko verbunden. Soweit es die Vorgehensweise angeht, haben die ,,kapitalarmen" Staaten nur die Möglichkeit, durch Kooperation mit den Aufnahmeländern zu einer Harmonisierung und Verstetigung der Wanderungspolitik im Nahen und Mittleren Osten zu gelangen. Die Voraussetzungen dafür sind allerdings nicht günstig. Das liegt weniger an der Schwäche der vielbeschworenen arabischen Solidarität, die als Klammer für notwendige Kompromisse kaum ausreichen dürfte. Es hat seine Ursache vielmehr in der Abhängigkeit der ölreichen Staaten der Region von der Entwicklung des Weltenergiemarktes. Diese Abhängigkeit erlaubt es ihnen ebensowenig wie den ölarmen Staaten, ihre wirtschaftliche Entwicklung und damit ihren Bedarf an Arbeitskräften kontinuierlich zu planen.

Faktisch sind Entsende- und Empfängerländer zur Lösung ihrer Arbeitsmarktprobleme auf einzelstaatliche Politik angewiesen. Nicht einmal bilaterale Abkommen erweisen sich als sonderlich erfolgreiche Steuerungsinstrumente. Teilweise werden sie mit ihren Vorschriften der Dynamik des Wanderungsprozesses nicht gerecht, wie ein 1974 zwischen Ägypten und Katar geschlossenes Abkommen gezeigt hat. Teilweise sind sie das Ergebnis primär politisch-ideologischer Erwägungen, wie das Beispiel der Zusammenarbeit zwischen Syrien und Libyen auf diesem Gebiet veranschaulicht.

Ansatzpunkte für eine erfolgversprechende Arbeitsmarktpolitik sind für die ,,kapitalreichen" Staaten vor allem in der Mobilisierung und Qualifizierung der heimischen Arbeitskräfte sowie in der Straffung ihrer Entwicklungsprogramme zu sehen. Hinzu kommt als weitere für die Entsendeländer aber nicht unproblematische Möglichkeit die konsequente Fortsetzung der Bemühungen um eine Diversifizierung der Herkunftsländer von Gastarbeitern. Einer Prüfung zu unterziehen wäre auch der Vorschlag, einer begrenzten Zahl beruflich besonders qualifizierter Arbeitskräfte mitsamt ihren Familienangehörigen offiziell die Einwanderung zu genehmigen. Die ,,kapitalarmen" Staaten ihrerseits müssen bestrebt sein, flexibler als bislang auf das System der Arbeitsmigration zu reagieren. Zu diesem Zweck müssen sie ihre Arbeitsmärkte durchlässiger strukturieren, die Zahl der Auslandstätigen durch eine zumindest in ihren Zielen und Methoden konstante Wirtschaftspolitik zu verstetigen suchen, Vorsorge für eine bessere Reintegration von Rückwanderern treffen, Anreize zur Erhöhung der Einkommensübertragungen aus dem Ausland geben und günstige(re) Voraussetzungen für deren investive Verwendung schaffen. Das schließt den Kampf gegen inflationäre Tendenzen ein, die das Entwicklungspotential dieser Länder nachhaltig schädigen.

Die Aussichten, die genannten Ziele in die Praxis umzusetzen, sind von Land zu Land unterschiedlich. Selbst wenn die betroffenen Staaten in ihrer Arbeitsmarktpolitik erfolgreich sind, bleibt die Tatsache bestehen, daß die Arbeitsmigration im Nahen und Mittleren Osten ein in sich labiles System ist, und zwar in erster Linie wegen des Ausmaßes, das die Arbeitskräftewanderung seit 1975 angenommen hat. Ein überraschender Zusammenbruch des Systems, wie er seit dem Preisverfall und der Absatzkrise auf dem Weltölmarkt 1985/86 mitunter befürchtet wird, würde die beobachtbaren Nachteile mit Sicherheit um ein Vielfaches übertreffen.

Literatur:

Birks, J.S. u. Sinclair, C.A. 1980: International Migration and Development in the Arab Region, ILO, Genf.

dies. 1980: Arab Manpower. The Crisis of Development, London.

dies. 1980: Economic and Social Implications of Current Development in the Arab Gulf: The Oriental Connection, in: Niblock, T. (Hrsg.): Social and Economic Development in the Arab Gulf, London, 135-160.

Pennisi, G. 1981: Development, Manpower and Migration in the Red Sea Region. The Case for Cooperation, (Mitteilungen des Deutschen Orient-Instituts, 15), Hamburg.

El-Shagi, E. 1984: Arbeitskräfteabwanderung aus Entwicklungsländern in die arabischen Ölländer, (Forschungsberichte des Bundesministeriums für wirtschaftliche Zusammenarbeit, 58), München, Köln, London.

III. Politische und gesellschaftliche Stellung von Minderheiten

Thomas Scheffler

1. Vorbemerkung

Während in der Geschichte des neuzeitlichen Europa Religionskriege, nationale Erschütterungen und offene Klassenauseinandersetzungen weitgehend nacheinander abliefen, hat sich eine vergleichbare Entdifferenzierung von Religion, Ethnizität und sozialem Status in den Gesellschaften des Nahen und Mittleren Ostens bisher nur ansatzweise herausbilden können. Brisante Konfliktvermischungen sind die Folge. Aufbrechende Verteilungskonflikte werden hier oft dadurch radikalisiert, daß sie von den Beteiligten gleichzeitig zu Konfrontationen inkompatibler Heils-, Bluts- oder Schicksalgemeinschaften überhöht werden und dadurch eine grundsätzliche, existentielle Dimension erhalten. Die massiven sozialen Umschichtungen und Gewichtsverlagerungen, denen die Region seit dem Zweiten Weltkrieg, nicht zuletzt seit der ,,Ölrevolution" der 70er Jahre, ausgesetzt ist, scheinen mit den sozialen Spannungspotentialen zugleich auch die religiösen und ethnischen Gegensätze dynamisiert zu haben.

Seit den 70er Jahren kann im Nahen und Mittleren Osten eine auffällige Zunahme ethnisch-religiöser Konflikte beobachtet werden. Die Bürgerkriege im Libanon und im Südsudan und die Mitte der 70er Jahre einsetzende Verwandlung der innenpolitischen Auseinandersetzungen Syriens in einen ,,sunnitisch-alawitischen" Konflikt belegen diese Beobachtung ebenso wie der neue armenische Terrorismus nach 1975, die Reaktivierung der kurdischen Guerilla im Irak, in Iran und in der Türkei seit Ende der 70er Jahre oder die algerischen ,,Berber-Unruhen" und die muslimisch-koptischen Zusammenstöße in Ägypten 1980. Das ,,Erwachen" der starken schiitischen Minderheiten in den strategisch sensitiven arabischen Golfstaaten, im Irak und im Libanon ist seit 1978 durch den Aufstieg eines Revolutions-Regimes in Iran erheblich beschleunigt worden, das umgekehrt den politischen und kulturellen Druck auf die Minderheiten in Iran selbst drastisch verstärkt hat. Ethnische und religiöse Spannungen haben darüber hinaus in eine Reihe zwischenstaatlicher Konflikte hineingespielt, etwa den pakistanisch-indischen Krieg 1971, die türkische Zypern-Invasion 1974, die somalische Intervention im äthiopischen Ogaden 1977 - 78 oder den iranisch-irakischen Krieg seit 1980.

2. Ethnisch-religiöse Bindungen und räumliche Fragmentierung

Obwohl bereits die klassischen islamischen Gesellschaften oft als ein ,,Mosaik" ethnischer und religiöser Gruppen beschrieben worden sind, ist die systematische Politisierung ethnischer und religiöser Unterschiede — und erst recht die Stilisierung der entsprechenden ,,Gemeinschaften" zu ,,Nationen" und ,,Minderheiten" — im Nahen und Mittleren Osten historisch ein junges Phänomen. Denn anders, als es die berühmte Metapher der allmächtigen ,,Orientalischen Despotie" vermuten lassen würde, waren die Staaten dieser Gesellschaften in der Regel weder militärisch noch finanziell in der Lage, ihre Untertanen umfassend zu kontrollieren, geschweige denn zu kulturell homogenen Einheiten zusammenzuschweißen. Staatliches Handeln beschränkte sich zumeist darauf, Steuern einzuziehen sowie ein Mindestmaß an innerem Frieden zu garantieren und beließ den lokalen Organisationen der Bevölkerung eine weitgehende Autonomie.

Eine der wichtigsten Ursachen hierfür war die historisch enge Verknüpfung von „Islamisierung" und „Nomadisierung" des Orients: Über viele Jahrhunderte ging die Ausbreitung des Islams Hand in Hand mit der Expansion arabischer und türkischer Nomadenstämme. Ergebnis war eine nachhaltige Dezimierung des seßhaften Bauerntums — der traditionellen Grundlage einer starken staatlichen Zentralbürokratie — zugunsten einer Händlerkultur disparater „urbaner Inseln", d.h. regional weitverstreuter Städte, die vor allem vom Florieren der Fernhandelsrouten lebten. Folge dieser einzigartigen Allianz einer städtisch geprägten, universalistisch ausgerichteten Großreligion mit der Expansion verwandtschaftspartikularistisch organisierter Stammesverbände war die weitgehende Durchdringung der entscheidenden gesellschaftlichen Subsysteme mit genealogischen Bezugsstrukturen. Die symbolische Konstruktion von Verwandtschaftsbeziehungen mit dem ihnen innewohnenden Partikularismus wurde zu einem zentralen gesellschaftlichen Kommunikationsmedium, dessen Reichweite sich von der Herrschaftslegitimierung über die Gestaltung religiöser, politischer und sozialer Gegensätze bis hin zur Regelung von Nachbarschaftsbeziehungen erstreckte.

Unter diesen Umständen erwiesen sich übergreifende religiöse oder ethnolinguistische Gemeinsamkeiten meist als zu abstrakt, um dauerhafte politische Einheiten zu stiften. Doch bemerkte bereits der arabische Historiker Ibn Khaldūn (1332 - 1406), daß auch der Bezug auf gemeinsame Abstammung nur dort gemeinschaftsstiftend wirken könne, wo die Verwandten beständig in „nahem" Umgang miteinander verbunden seien. „Entfernte" Beziehungen, die im Alltag keine Rolle spielten und nur noch „wissenschaftlichen" Stammbaumexperten zugänglich seien, könnten die sinnliche Vorstellungskraft der Menschen nicht mehr bewegen und seien daher politisch bedeutungslos.

In den alten islamischen Gesellschaften des Nahen und Mittleren Ostens galt die Loyalität des einzelnen daher vor allem den nahen, räumlich-sinnlich erfahrbaren Bezugseinheiten: seinen örtlichen Verwandten, seiner lokalen Religionsgemeinschaft, seinem Dorf, Nomadenlager, Stadtviertel o.ä. So verliefen z.B. die zentralen politischen Konfliktlinien im Libanon bis ins 18. Jahrhundert hinein nicht etwa zwischen den Religionen, sondern zwischen rivalisierenden feudalen Machthabern, die ihre Anhängerschaft je nach den Gegebenheiten ihres regionalen Einflußbereichs aus drusischen wie maronitischen Dörfern rekrutierten. Und kurdische Sippen und Stämme im türkisch-persischen Grenzbereich änderten mehrfach ihre Religionszugehörigkeit je nachdem, ob sie bei ihren Auseinandersetzungen mit benachbarten kurdischen Sippen und Stämmen mehr auf die Unterstützung des (sunnitischen) Osmanischen Reiches oder des (schiitischen) Safawiden-Staates in Persien angewiesen waren.

Im sozialen Alltagsleben konfessionell oder ethnisch gemischter Siedlungsräume spielten religiöse oder ethnische Grenzen allerdings eine erhebliche Rolle: Mit wem (und wie) man wohnte, speiste, arbeitete, betete oder seine Kinder verheiratete, hing in hohem Maße von religiösen und ethnischen Zugehörigkeiten ab. Umgekehrt diente die sinnfällige Betonung ethnischer und religiöser Gruppenunterschiede im äußeren Habitus der Menschen (z.B. in Kleidung, Haartracht, Verhalten, Sprache usw.) auch der Erleichterung komplexer wirtschaftlicher, administrativer und juristischer Interaktionsprozesse: „Wenn man durch den Bazar geht, kann man mühelos jeden identifizieren, dem man begegnet, wenn man einmal die Anordnung der Symbole gelernt hat. Diese Menschen wollen identifiziert werden. Wenn man weiß, wer sie sind, weiß man, was man von ihnen erwarten und wie man mit ihnen umgehen kann, und die menschlichen Beziehungen werden auf dicht bevölkertem Raum reibungslos ablaufen" (Coon 1958, 153). Wo ein relativ „schwacher" Zentralstaat nicht in der Lage war, das Verhalten des einzelnen wirksam zu kontrollieren, bot die Kollektiv-Verantwortlichkeit lokaler ethnisch-religiöser Solidargemeinschaften für ihre einzelnen Mitglieder zudem noch die sicherste Gewähr dafür, daß übergreifende gesellschaftliche Beziehungen einigermaßen kalkulierbar ablaufen, daß Verträge eingehalten, Steuern entrichtet, Mord und Totschlag gesühnt oder Handelsgeschäfte verläßlich abgewickelt werden konnten.

3. Neue Mittelschichten, Minderheiten-Nationalismus und Großmachtpolitik

Seit Mitte des 18. Jahrhunderts wurde dieses sozio-politische Organisationsmuster jedoch grundlegend umgewälzt. Übergreifende ethnische und religiöse Bindungen stiegen zu zentraler politischer Bedeutung auf, während lokale und verwandtschaftliche Einheiten zunehmend ihre alten politischen Funktionen verloren. Mehrere Faktoren waren dafür verantwortlich:

Unter der Sogwirkung der expandierenden europäischen Nachfrage nach landwirtschaftlichen Rohprodukten und seit Mitte des 19. Jahrhunderts auch unter dem Ansturm billiger europäischer Industrieprodukte zerfiel das binnenwirtschaftliche, regionale und soziale Gleichgewicht des Osmanischen Reiches. Es waren zunächst vor allem die christlichen Bevölkerungsgruppen (Griechen, Slawen, Armenier, Maroniten, syrischen Christen usw.), die auf Grund ihrer engen Beziehungen zum ,,Abendland" als ,,Mittelsmann-Minoritäten" vom aufblühenden Zwischenhandel mit Europa profitieren konnten. Die bisherigen konfessionellen Unterschiede zwischen Christen und Muslimen wurden dadurch zunehmend mit Zügen eines wirtschaftlichen und sozialen Gegensatzes aufgeladen, der sich immer mehr auch als regionaler Gegensatz zwischen prosperierenden christlichen und stagnierenden muslimischen Siedlungsgebieten darstellte. Vor allem aber wuchsen in den christlichen Gebieten (zunächst v.a. auf dem Balkan) am frühesten ehrgeizige neue Mittelschichten von Kaufleuten und Intellektuellen mit wirtschaftlich wie geistig weitgespannten Beziehungen heran, deren politische Geltungsansprüche nicht nur mit der alten muslimischen Staatsbürokratie, sondern auch mit den feudalen und klerikalen Machtstrukturen ihrer eigenen Glaubensgemeinschaften konfligierten.

Hand in Hand damit ging die Politik europäischer Staaten, sich zu Garantiemächten einzelner religiöser und ethnischer Minderheiten im Orient zu machen, um je nach Bedarf Grund zur Einmischung in die inneren Angelegenheiten des ,,kranken Mannes am Bosporus" zu haben. Im Vertrag von Kütschük Kainardsche 1774 wurde der osmanische Sultan gezwungen, einen ausländischen Souverän, den Zaren von Rußland, als interventionsberechtigten Schutzherrn christlicher osmanischer Untertanen anzuerkennen. Wenn auch andere europäische Staaten, voran Frankreich, ähnliche Rechte für sich reklamierten, so war es doch auch in der Folgezeit vor allem Rußland selbst, das aus seinen territorialpolitischen Anrainerinteressen heraus systematisch religiöse und ethnische Grenzen im Osmanischen Reich politisierte: In Personalunion ,,christliche Schutzmacht" und Vorreiter des ,,Panslawismus", unterstützte der zaristische Staat, bis hin zur wiederholten militärischen Intervention, massiv die nationalen Unabhängigkeitsbestrebungen der Griechen, Serben und Bulgaren auf dem Balkan, um sich über eine Reihe von neuen Klientelstaaten den Zugang zum Mittelmeer freibrechen zu können. Mit ähnlichen Legitimationsmustern wurden im Kaukasus das christliche Georgien und große Teile Armeniens der persischen Oberhoheit entrissen und schließlich auch die armenischen Unabhängigkeitsbestrebungen im Osmanischen Reich unterstützt.

Umgekehrt war eine solche Politik aber auch ein zusätzliches Motiv für die aufsteigenden christlichen Mittelschichten des Osmanischen Reiches, religiöse und ethnische Themen in den Mittelpunkt ihrer Agitation zu stellen. Die Verknüpfung von Religion und Ethnizität mit dem Anspruch auf einen eigenen ,,Nationalstaat" war zuvor keineswegs selbstverständlich gewesen. Aber sie sicherte ihren Führern jetzt eine bevorzugte Unterstützung durch das mächtige Ausland sowie

Vorteile gegenüber sozio-politischen Konkurrenten innerhalb der eigenen Religionsgemeinschaft: Die Mobilisierung der Bevölkerung entlang übergreifender religiöser und ethnischer Gemeinsamkeiten durchkreuzte den personalistisch beschränkten Machtradius örtlicher Feudalherren und Notabeln. Aber in Verbindung mit der Forderung nach einem ,,Nationalstaat" relativierte sie zugleich auch den Machtanspruch der alten religiösen Hierarchien, die den Druck eines mobilisierten Laientums auf die Kirche fürchteten. Nicht umsonst stieß etwa der griechische Unabhängigkeitskampf (1821 - 29) auf den Widerstand des griechisch-orthodoxen Patriarchats in Konstantinopel, das in der Entstehung einer von ihm unabhängigen Nationalkirche einen Schlag gegen sein universales Kompetenzmonopol erblickte.

4. Staatliche Zentralisierung: Widerstand und Nationalismus

Die osmanischen Muslime erlebten diese Situation als traumatischen Zerfall ihres Machtbereichs in einem nicht endenwollenden Strudel konfessioneller Unruhen und nationalistischer Unabhängigkeitsbewegungen, die ihrerseits ausländische Demarchen und Militärinterventionen veranlaßten, in deren Gefolge nach und nach Griechenland (1830), Serbien und Montenegro (1878), Thessalien (1881), Bulgarien, Bosnien und die Herzegowina (1908), Albanien (1912), Kreta, Epirus, Mazedonien und große Teile Thraziens (1913) verloren gingen, im Libanon ein christlich beherrschtes Proporzregime errichtet wurde (1860) und in Kleinasien seit 1891 armenische Unruhen ausbrachen.

Nicht zu Unrecht sahen die tragenden Schichten des osmanischen Staates daher in der ethnisch-religiösen Heterogenität und lokalistischen Fragmentierung ihres Imperiums die zentralen inneren Ursachen sowohl seiner politischen Zerfallsdynamik als auch seiner militärisch-administrativen Unfähigkeit, dem separatistischen Druck von innen und außen effizient begegnen zu können.

Die Antwort bestand in einer zentralistischen Homogenisierungspolitik, die den innergesellschaftlichen Machtradius des Staates zunehmend ausweitete. Auch die schrittweise staatsbürgerliche Gleichstellung aller Religionsgemeinschaften (1839, 1856, 1876), die Christen und Juden neue Integrationsanreize bieten sollte, war zugleich Bestandteil einer Reformstrategie, die sich in der Tendenz gegen alle lokalen, religiösen oder ethnischen Autonomien und Sonderrechte richtete. Die Bereitschaft der zentralstaatlichen Instanzen, sich ,,unzuverlässiger" Minderheiten mit Deportationen, Massakern und Zwangsumsiedlungen zu entledigen wie im Fall der Armenier (1894 - 96, 1909, 1914 - 16), gehörte ebenso dazu wie die Versuche, nach der ,,jungtürkischen Revolution" (1908) die expandierende Verwaltung des Vielvölkerstaates sprachlich-kulturell zu ,,turkifizieren".

Gerade dadurch wiederum wurde das ,,nationale Erwachen" auch der islamischen, aber nicht-türkischen Einwohnergruppen des Reiches, vor allem der Araber, provoziert, das in der stark religiös gefärbten ,,nationalen" Erhebung des Scherifen Ḥusain von Mekka (1916 - 20) seinen sichtbaren Ausdruck fand.

In der arabischen Welt waren es dann vor allem die Erfahrungen mit der französischen und britischen Kolonialpolitik nach dem Ersten Weltkrieg, die das ,,Balkanisierungs"-Trauma weiter schürten: die Aufspaltung des Fruchtbaren Halbmonds in künstlich geschaffene neue Staaten; die Entstehung einer ,,nationalen Heimstatt für das jüdische Volk" in Palästina; die Versuche Frankreichs, Syrien in zahlreiche autonome politische Gebilde aufzulösen oder in Marokko Araber und Berber unterschiedlichen Jurisdiktionen zu unterwerfen u.a.m.

Übergreifende, ethnisch-religiös legitimierte Einheits- und Unabhängigkeitsbewegungen wurden im 20. Jahrhundert auch in der arabischen Welt in erster Linie von den städtischen Mittelschichten getragen. Zwar war der militärische Widerstand gegen die europäische Expansion im 19. Jahrhundert von Nordafrika über den Sudan bis hinein nach Zentralasien zunächst von Stämmen und mit ihnen verbundenen mystischen Bruderschaften ausgegangen. Doch die inneren verwandtschaftlichen und religiösen Rivalitäten dieser Gruppen, ihre Bereitschaft, ggf. die inneren Streitigkeiten über den gemeinsamen Kampf gegen die Kolonialmacht zu stellen und sich mit dieser schließlich doch zu arrangieren, hatten sie als anti-koloniale Opposition allmählich disqualifiziert. Arabischer Nationalismus und fundamentalistischer Reformislam entstanden als städtische Oppositionsideologien und zielten gleichermaßen darauf ab, die kulturelle Zersplitterung der Bevölkerung zu überwinden, um in der Konfrontation mit dem Kolonialismus bestehen zu können. Künstlich geschaffene Staaten wie der Irak wiederum machten sich zu Anwälten des Arabismus, um ihre eigene Existenz jenseits der lokalen, tribalen und konfessionellen Gegensätze ihrer Untertanen wenigstens mit einer übergreifenden populären Mission legitimieren zu können.

Nachdem die meisten arabischen Staaten in den 50er und 60er Jahren unabhängig geworden waren, hat sich der Arabische Nationalismus im ganzen zunehmend aus einer städtischen Oppositions- in eine staatsbürokratische Legitimationsideologie verwandelt, mit deren Hilfe rivalisierende arabische Regierungen einander abwechselnd als Verräter an der arabischen Sache brandmarken, eigene regionale Hegemonieansprüche stellen oder die sozialen Gegensätze im eigenen Lande mit nationalen Einheitsdiskursen eindämmen konnten.

Seither ist das Gewicht des Staates in den Gesellschaften des Nahen und Mittleren Ostens weiter gewachsen. Die frühere Autonomie der kleinen lokalen Einheiten ist in den meisten Staaten der Region weitgehend geschwunden: Straßen, Eisenbahnen und Luftverbindungen haben auch die abgelegenen Gebiete zugänglicher gemacht. Panzer, Flugzeuge und Polizeistationen sichern der Zentralgewalt wo nicht das Gewaltmonopol, so doch eine eindrückliche Überlegenheit. Staatliche Krankenhäuser, Schulen, Gerichte und Kreisverwaltungen haben die alten Stämme, Dorfgemeinschaften und religiösen Bruderschaften vieler ihrer klassischen Solidarfunktionen beraubt, während Agrarreformen, Marktbeziehungen und neue, aufwendige Produktionstechniken sie dazu auch wirtschaftlich immer abhängiger von den Entscheidungen der staatlichen Zentralinstanzen machen. Diesen wiederum hat ihr Zugang zu ausländischen Kreditmärkten und der neue Ölreichtum noch zusätzliche Macht- und Integrationsressourcen erschlossen.

Die Möglichkeiten einer neuerlichen „Balkanisierung" der Region im Sinne ihrer separatistischen Neuaufspaltung sind daher gering. Der Erfolg separatistischer Bewegungen hängt von der autonomen militärischen Kontrolle eines ausreichenden Territoriums ab. Im modernen Nahen und Mittleren Osten haben sich solche Bewegungen nur in abgelegenen, militärisch schwer einnehmbaren Randgebieten halten können: vor allem unter den tribalen Gebirgsvölkern des nördlichen Vorder- und Mittelasien (Kurden, Belutschen, Paschtunen usw.), den Stämmen der südarabischen Halbinsel (vor allem im Jemen, aber bis vor kurzem auch in Oman) sowie den christlichen und animistischen Völkerschaften des Südsudan.

Doch stehen gerade die Bedingungen, die dort den Widerstand erleichtern, nämlich die Unwegsamkeit und Unübersichtlichkeit des Gebiets sowie die Fortherrschaft von Klan- und Stammesrivalitäten, dem Aufbau eigener, dauerhaft integrierter politischer Staatswesen entgegen.

Angesichts der militärischen und wirtschaftlichen Überlegenheit der zentralen Staatsapparate sind solche Bewegungen zudem ohne die Anlehnung an interessierte Nachbarstaaten heute nahezu chancenlos. Fällt deren Unterstützung fort, so bricht auch der militärische Widerstand zusammen. So kam z.B. die kurdische Guerilla im Irak rasch zum Erliegen, nachdem der Irak und Iran sich 1975 geeinigt hatten, jeweils die Kurden „des anderen" nicht länger zu unterstützen — und flammte wieder auf, nachdem die beiden Staaten sich 1980 erneut entzweit hatten. Daß der Irak und seit Ende 1984 auch Iran sich gleichermaßen bereit fanden, mit der Türkei bei der Bekämpfung kurdischer Guerillas zusammenzuarbeiten, beweist nur zu deutlich, daß keiner der beteiligten Staaten ernstlich daran denkt, ein zusätzliches, kurdisches Staatswesen in der Region hinzunehmen.

Die Auseinandersetzungen in der Palästinensischen Befreiungsorganisation (PLO) seit 1982 wiederum haben gezeigt, wie sehr eine Organisation, die darüber hinaus nicht einmal ein eigenes Territorium kontrolliert, von rivalisierenden Sponsoren-Staaten bis in ihre internen Entscheidungsprozesse hinein beeinflußt werden kann.

Ethno-nationalistische Organisationen schließlich, die weder ein eigenes Territorium kontrollieren noch durch die Unterstützung eines ausreichend mächtigen Staates gebunden werden, sehen sich um so mehr darauf angewiesen, die internationale Öffentlichkeit mit spektakulären Aktionen in Bewegung zu halten. Wie die dramatische Entwicklung des armenischen Exilnationalismus seit 1975 zeigt, kann sich daraus leicht ein politisch steriler Diaspora-Terrorismus entwickeln. Bezeichnenderweise haben die meisten anti-türkischen Attentate der Armenischen Geheimarmee zur Befreiung Armeniens (ASALA) oder der „Gerechtigkeits-Kommandos“ bisher nicht etwa in der Türkei, sondern in Europa und Nordamerika stattgefunden.

5. Ethnisch-religiöse Minderheiten zwischen Säkularismus und Kommunalismus

Für viele nahöstliche Minderheitsgruppen, die kein eigenes Territorium zu kontrollieren vermochten, war es daher immer wieder weitaus erfolgversprechender und zukunftsträchtiger, die Entwicklung des Zentralstaates reformerisch zu beeinflussen, um den eigenen Einfluß offensiv in die Gesamtgesellschaft hinein auszudehnen.

Diese Strategie hat eine ebenso alte Tradition wie die autonomistische Revolte. Auch in den alten muslimischen Großreichen zogen es vor allem die Oberschichten handelsorientierter Minderheiten vor, mit den jeweiligen zentralstaatlichen Instanzen zusammenzuarbeiten, um sich ihrer Protektion zu versichern. Ihre weitgespannten Handelsinteressen und ihre hohe siedlungsgeographische Streuung ließen etwa für Juden, Armenier oder Griechisch-Orthodoxe über Jahrhunderte hinweg eine separatistische Strategie weder wirtschaftlich wünschbar noch politisch durchsetzbar erscheinen.

So fanden denn auch die Versuche der osmanischen Reformer des 19. Jahrhunderts, den inneren Staatsaufbau des Reiches durch die staatsbürgerliche Gleichstellung aller Konfessionen und durch konstitutionelle Reformen zu modernisieren, in der Intelligenzija der armenischen und syrischen Christen erheblichen Anklang. Aber auch einflußreiche Kreise einer islamischen „Minderheit“, des mit den häretischen Aleviten verflochtenen und 1828 verbotenen Bektaschi-Ordens waren mit den osmanischen Freimaurerlogen und den nationalistischen Jungtürken verbunden.

Im Nahen und Mittleren Osten des 20. Jahrhunderts haben dann säkularistische politische Strömungen (Nationalismus, Sozialismus, Kommunismus) traditionell aus den jeweiligen Minderheiten eines Landes überdurchschnittlich großen Zulauf erhalten: Ägyptische Kopten z.B. unterstützten traditionell die Wafd-Partei, Kurden und Aleviten in der Türkei die verschiedenen Organisationen der extremen Linken, syrische Alawiten, Drusen und Ismailiten die Baath-Partei (al-Ba‘th), und die algerische Nationalbewegung (Front de Libération Nationale, FLN) wurde bis Mitte der 50er Jahre maßgeblich durch Berber geprägt.

Vor allem die Kommunistischen Parteien der Region haben sich seit ihrer Entstehung in erheblichem Maße aus Minderheiten rekrutiert: in Syrien aus Kurden und Griechisch-Orthodoxen, im Irak aus Chaldäern, Kurden und Schiiten, im Libanon anfänglich aus Armeniern und Griechisch-Orthodoxen, jetzt aber vor allem aus Schiiten, im Iran aus Azeri, Armeniern und Assyrern. Koptische und syrische Christen zählten darüber hinaus zu den ersten sozialistischen Theoretikern der arabischen Welt, und die einflußreichsten Führer der marxistisch inspirierten Gruppen innerhalb der PLO, der Popular Front for the Liberation of Palestine (PFLP) und der Democratic Front for the Liberation of Palestine (DFLP), sind christliche Mittelschicht-Intellektuelle.

Das spektakulärste Beispiel für den Aufstieg einer minoritären Religionsgemeinschaft mit Hilfe einer säkularistischen Partei sind allerdings die syrischen Alawiten (Nusairer), die spätestens seit der Machtergreifung Asads (Ḥāfiẓ al-Asad) 1970 die entscheidenden staatlichen Machtpositionen in Syrien kontrollieren. Für diese ursprünglich ärmliche, ökonomisch wie politisch diskriminierte schiitische Sekte, die sich vorwiegend in den bäuerlichen Gebieten der Provinz Latakia konzentrierte, war die Entstehung moderner staatlicher Institutionen (Armee, Bürokratie, Parteien, öffentliche Bildungseinrichtungen) nach dem Ersten Weltkrieg gleichbedeutend mit der Öffnung neuer Aufstiegskanäle jenseits der von Sunniten und Griechisch-Orthodoxen beherrschten Privatwirtschaft. In Schulen, Kasernen und Militärakademien konnte sich eine neue alawitische Mittelschicht herausbilden, die sich dank ihrer energischen Mitarbeit in der Baath-Partei nach dem Zweiten Weltkrieg allmählich im syrischen Staatsapparat, vor allem in der Armee, nach oben arbeitete. Ein gut funktionierendes Netz alter regionaler, tribaler und Klan-Solidaritäten innerhalb der alawitischen Gemeinschaft verschaffte ihr dabei deutliche Wettbewerbsvorteile gegenüber ihren Konkurrenten aus der sunnitischen Mehrheitsbevölkerung.

Dennoch ist der „verborgene" Aufstieg ethnisch-religiöser Minderheiten in säkularistisch-überkonfessionellen Organisationen nur *eine* der modernen Minderheiten-Strategien im Nahen und Mittleren Osten. Die *andere* besteht in der bewußten Mobilisierung eines besonderen kommunalistischen Profils, um größeren Einfluß auf staatliche Entscheidungen zu haben: Viele der scheinbar „traditionalistischen" Stammes- und Dorfrevolten, die in den 50er und 60er Jahren in den Berbergebieten Marokkos und Algeriens beobachtet worden sind, zielten z.B. nicht etwa darauf ab, die betreffenden Gebiete vom Zentralstaat abzukoppeln, sondern im Gegenteil entweder den Staat dort zum Bau von mehr Straßen, Schulen, Wasserleitungen etc. zu veranlassen oder den Einfluß bestimmter Politiker in der Hauptstadt zu vergrößern.

Der Einfluß eines Politikers in den Zentren der Macht hängt in den 80er Jahren in hohem Maße von seiner Fähigkeit ab, sich eine möglichst große und schlagkräftige Massenbasis zu verschaffen. Gerade der sozio-politische Zerfall der früheren lokalistischen Fragmentierung der Bevölkerung setzt nun viele Politiker im Nahen und Mittleren Osten instand, durch den Appell an relativ weitgefaßte „Gemeinschaften" (etwa an „die" Kurden, „die" Maroniten etc.) zahlenmäßig sehr viel größere innenpolitische Adressatenkreise für sich mobilisieren zu können, als dies noch vor wenigen Jahrzehnten möglich gewesen wäre. Die Entwicklung der modernen Kommunikationstechnologien — von den Transportmitteln über das Fernmeldewesen bis hin zu Kassettenrekordern, Radios, Zeitungen u.ä. — macht es möglich, entsprechende Bewegungen auch tatsächlich zu organisieren und kommunalistische Bewußtseinsinhalte massenwirksam zu verankern.

Wie jedoch das Beispiel der Drusen und der Maroniten im Libanon zeigt, hängt dabei zumindest die Schlagkraft einer solchen Massenbasis noch immer stark mit dem Grad ihrer regionalen Konzentration zusammen. Sich auf eine räumlich geballte Minderheit zu stützen, kann besonders für einen Oppositionspolitiker unter Umständen aussichtsreicher sein, als landesweit nach abstrakten arithmetischen Mehrheiten zu suchen.

6. Migranten, Diaspora und urbaner Kommunalismus

Andererseits ist die sozio-politische und ideologische Auflösung lokalistischer Fragmentierung gerade bei den ethnisch-religiösen Minderheiten im Nahen und Mittleren Osten historisch besonders frühzeitig und tiefgreifend erfolgt. Den städtischen christlichen Minderheiten kamen dabei vor allem ihre traditionellen Kontakte zum christlichen Ausland zugute. Vom aufblühenden Zwischenhandel mit Europa profitierten sie ebenso wie von den Bildungseinrichtungen der europäischen und amerikanischen Missionsgesellschaften, die seit Mitte des 19. Jahrhunderts immer zahlreicher aus dem Boden schossen. Viele andere ethnisch-religiöse Minderheiten im Nahen und Mittleren Osten hatten allerdings bis zum 19. Jahrhundert kaum Rückhalt in den Städten gehabt. In Jahrhunderten der Diskriminierung, Verunsicherung und Verfolgungen durch islamische Orthodoxien und Nomaden hatten sich viele christliche Gemeinschaften (wie die Maroniten, Chaldäer, Assyrer, Melkiten u.a.) ebenso wie die schiitischen Minderheitssekten der Alawiten, Drusen, Ismailiten oder der libanesischen Mutawalis (matāwila) großenteils nur außerhalb der Städte und fruchtbaren Tiefebenen, in abgelegenen gebirgigen Rückzugsgebieten behaupten können. Um so stärker drängten dann gerade diese Minderheiten seit dem 19. Jahrhundert aus ihren unwirtlichen bäuerlichen Lebensräumen heraus in die großen Städte und in die Migration nach Europa und Übersee.

Früher und in — zumindest relativ — weit größerem Ausmaß als die Mehrheitsvölker der Region haben die ethnisch-religiösen Minderheiten des Nahen und Mittleren Ostens daher 1. eine ausgeprägte ,,Diaspora" von Arbeitsmigranten, Geschäftsleuten und Studenten im Ausland und 2. relativ breite, von lokalen dörflichen und tribalen Bindungen weitgehend entfremdete städtische Mittel- und Unterschichten herausbilden können. Die Auswirkungen beider Faktoren auf das Leben der jeweiligen Minderheiten im ganzen können kaum überschätzt werden.

Diaspora-Gemeinschaften haben im 20. Jahrhundert die Anliegen ihrer Heimat oft wirksamer in die öffentliche Meinung ihres Gastlandes und in die Weltöffentlichkeit eingespeist, als dies aus der Region selbst heraus möglich gewesen wäre. Ebenso bedeutend war aber auch der Einfluß auf ihre eigenen Heimatgemeinschaften. So verdanken z.B. die algerische Nationalbewegung und der algerische Befreiungskrieg einen großen Teil ihrer politischen Anstöße und logistischen Versorgung den Berber-Migranten in Frankreich. Die wichtigste palästinensische Befreiungsorganisation, Fatah (al-Fatḫ), wurde 1958/59 von palästinensischen Migranten in Kuwait gegründet und seither großenteils von der palästinensischen Diaspora in den Golfstaaten finanziell getragen. Das libanesische Drusentum hat seiner amerikanischen Diaspora wichtige Anstöße für seine Reformdiskussion in den 60er Jahren zu verdanken und der politische Aufstieg des libanesischen Schiitentums in den 60er und 70er Jahren hängt eng mit dem wirtschaftlichen Aufstieg einer bürgerlichen schiitischen Mittelschicht zusammen, dieser aber seinerseits mit den Rücküberweisungen und Heimatinvestitionen der schiitischen Migranten in den Staaten Westafrikas. Die armenischen Terror-Organisationen der ASALA und der ,,Gerechtigkeits-Kommandos" sind aus Spaltungen in der armenischen Diaspora des Libanon hervorgegangen. Die Sudanesische Volksbefreiungsbewegung (Sudan People's Liberation Movement, SPLM), die den Bürgerkrieg im Südsudan gegen die Regierung in Khartoum führt, wird großenteils von Intellektuellen mit amerikanischen und englischen Universitätsdiplomen geführt.

Eine vergleichbare Rolle haben aber auch die großen urbanen Ballungszentren im Nahen und Mittleren Osten selbst gespielt. Bezeichnenderweise hat sich z.B. die kurdische Nationalbewegung in der Türkei zunächst in den Großstädten der türkischen Westküste herausgebildet und griff erst danach auf die ländlichen kurdischen Kerngebiete Ostanatoliens über. Die militantesten konfessionellen Milizen des libanesischen Bürgerkriegs wie die maronitischen Katā'ib, die schiitische Amal, die sunnitischen Murābiṭūn in Beirut oder die fundamentalistischen Tauḥīd-Milizen in Tripoli haben sich gerade aus den urbanen Unter- und Mittelschichten ihrer jeweiligen Religionsgemeinschaften rekrutiert. Untersuchungen über die sozio-politischen Auswirkungen der Land-Stadt-Migration im Libanon haben gezeigt, daß in den Großstädten die lokalistischen Bindungen der Migranten an ihre Heimatdörfer allmählich nachlassen und durch ,,größere", milieuangepaßte Bindungen ersetzt werden, etwa durch religiöse Massenrituale wie die *'ashūrā'*-Demonstrationen der Schiiten oder durch konfessionelle Partei-Organisationen wie die Katā'ib. Die alltäglichen Vergleichsmöglichkeiten mit anderen ethnisch-religiösen Gemeinschaften und die mit ihnen auf engstem Raum geführte Konkurrenz um Arbeitsplätze, Posten und Marktpositionen führen in den Städten oft zu einem schärferen Bewußtsein der eigenen kommunalistischen Identität.

Zugleich haben sich mit der zunehmenden Verstädterung des Nahen und Mittleren Ostens aber auch Größe, Zusammensetzung und Organisationsradius der ethnisch-religiösen Führungsschichten verschoben. In den traditionalen Gesellschaften des Nahen und Mittleren Ostens war die Führung sozialer Gruppen und Bewegungen von vornherein auf einen sehr engen exklusiven Kreis von ,,Experten" beschränkt: die großen Familien der Stammesführer und lokalen Notabeln; die schriftkundigen religiösen Gelehrten ('ulamā', Rabbis, Patriarchen, Mönche) sowie auf charismatische Einzelpersönlichkeiten (Propheten, mahdīs, Heilige). Im Gegensatz dazu können wir im 20. Jahrhundert in vielerlei Hinsicht von einer ,,Laizisierung" ethnisch-religiöser Bewegungen im Nahen und Mittleren Osten sprechen, die sich vor allem in den Führungsansprüchen relativ breiter neuer Mittelschicht-Eliten (Studenten, Lehrer, Journalisten, Unternehmer, Bürokraten etc.) ausdrückt.

Diese Entwicklung ist in den großen Städten naturgemäß am ausgeprägtesten. Die Autorität der Stammesführer erlosch dort am frühesten. Alphabetisierung, Buchdruck, Radio und Fernsehen haben das Wissensmonopol der Schriftgelehrten hier am gründlichsten untergraben. Die hohe Konzentration von Schulen, Universitäten und Zeitungen verbunden mit der hohen Kommunikationsdichte der Städte haben die Herausbildung einer relativ großen Intelligenzija begünstigt und darüber hinaus eine neue, über Flugschriften, Broschüren, Kassetten, Filme, Klubs und Massenveranstaltungen vermittelte Kultur sozialer Bewegungen ermöglicht. Insgesamt hat die Expansion des Bildungswesens und der Massenmedien im Verein mit der Verstädterung des Nahen und Mittleren Ostens dort zur Entstehung einer ,,Öffentlichkeit" geführt, die komplexere Konsensbildungsmechanismen erfordert als die der alten Notabelnkartelle. Der Kreis der potentiellen Führer einer politischen Initiative hat sich daher ebenso drastisch ausgeweitet wie der ihrer Adressaten. In vielen ethnisch-religiösen Gemeinschaften des Nahen und Mittleren Ostens ist daher seit dem Zweiten Weltkrieg eine zunehmende Organisation um Parteien oder parteiähnliche Gebilde, um Zeitungen, ,,Front"-Organisationen, Milizen, Klubs, Wohlfahrtsorganisationen usf. zu beobachten, die von der Existenz urbaner Infrastrukturen leben und daher dazu neigen, auch die kommunalistischen Kämpfe zu ,,urbanisieren".

Wie vor allem der libanesische Bürgerkrieg gezeigt hat, eignen sich Großstädte aus mehreren Gründen besonders gut für kommunalistische Kampfaktionen. Sowohl der maronitische Widerstand gegen die syrischen Truppen 1978 als auch der der palästinensischen Milizen gegen die israelische Armee 1982 konnten sich in Ost- bzw. Westbeirut wesentlich besser behaupten als auf offenem Lande: 1. wegen der logistischen Vorteile der urbanen Infrastruktur; 2., weil es hier für Syrer wie Israelis praktisch unmöglich war, bei ihren Bombardements zwischen Milizen und Zivilbevölkerung zu unterscheiden, was sie in der Weltöffentlichkeit diskreditierte und die Zivilbevölkerung der betroffenen Stadtteile mit ,,ihren" Milizen solidarisierte; und 3., weil die hohe Konzentration von Journalisten, Kamerateams und Nachrichtenagenturen in den urbanen Ballungszentren städtische Kampfaktionen gegenüber Revolten in der Provinz insofern grundsätzlich privilegiert, als sie ihnen größeren internationalen Widerhall und damit unter Umständen größere materielle Unterstützung verschafft.

Weit entfernt, der tragische Schwanengesang zurückgebliebener oder ,,vergessener" Völkerschaften zu sein, ist der Kommunalismus im Nahen und Mittleren Osten daher ein durchaus ,,modernes" Phänomen: geboren in den Städten, organisiert mit modernen Kommunikationstechnologien und getragen von neuen Eliten, die sich mit ethnisch-religiösen Themen in den Städten ebenso wie in der Provinz und in der internationalen Öffentlichkeit ausgedehnte neue Adressatenkreise und wirksamere *pressure-groups* für innenpolitische Verteilungskämpfe erschließen.

Literatur:

Barth, F. (Hrsg.) 1969: Ethnic Groups and Boundaries. The Social Organization of Culture Difference, Oslo u.a.

Chabry, L. u. Chabry, A. 1984: Politique et minorités au Proche-Orient: les raisons d'une explosion, Paris.

Coon, C.S. 1958: Caravan. The Story of the Middle East. Revised Edition, New York u.a.

Franz, E. 1978: Minderheiten im Vorderen Orient. Auswahlbibliographie, Hamburg.

Hourani, A. 1947: Minorities in the Arab World, London u.a.

Ibn Khaldūn 1967: The Muqaddimah. An Introduction to History. Translated from the Arabic by Franz Rosenthal in three volumes, 2. Aufl., London.

Karpat, K. 1973: An Inquiry into the Social Foundations of Nationalism in the Ottoman State: From Social Estates to Classes, from Millets to Nations, Princeton, N.J.

Khuri, F.I. 1975: From Village to Suburb: Order and Change in Greater Beirut, Chicago, London.

Planhol, X. de 1975: Kulturgeographische Grundlagen der islamischen Geschichte, Zürich, München.

Scheffler, Th. 1985: Ethnisch-religiöse Konflikte und gesellschaftliche Integration im Vorderen und Mittleren Orient, Literaturstudie, Berlin.

Weekes, R.V. (Hrsg.) 1984: Muslim Peoples. A World Ethnographic Survey, 2. Aufl., 2 Bde., Westport, CT, London.

IV. Familie, Klan und Stammeswesen

Erhard Franz

1. Vorbemerkung

Die Vielfalt an Sprachen und Völkern in der Kontakt- und Mischzone zwischen Atlantik im Westen und Indus im Osten hat Entsprechungen im sozio-kulturellen Bereich. Regionale Sonderformen haben sich erhalten bzw. herausgebildet. Dennoch lassen sich gemeinsame Grundstrukturen aufzeigen, die z.T. altorientalischen Ursprungs sind und die mit dem Islam weitere Verbreitung gefunden haben.

2. Verwandtschaftsorganisationen

Das *Individuum* in der traditionellen orientalischen Gesellschaft erhält seine soziale Identität durch seine Familienzugehörigkeit. Klan-, Stammes- bzw. Volkszugehörigkeit oder aber die Zugehörigkeit zu einer spezifischen Religionsgemeinschaft sind weitere Faktoren, die seine Stellung in der Gesellschaft bestimmen.

Der soziale Status eines Individuums ist eng verknüpft mit seinem biologischen Alter. Ältere Menschen genießen mehr Ansehen als jüngere, der ältere Bruder — besonders der Erstgeborene — nimmt gegenüber den Nachgeborenen eine Vorrangstellung ein. Persönliche Fähigkeiten, wirtschaftlicher Erfolg, Bildung im weitesten Sinne — auch religiöse —, Integrität im Rahmen der überlieferten moralischen Wertvorstellungen und Söhnereichtum erhöhen das soziale Prestige einer Person innerhalb seiner Altersgruppe. Kinderlosigkeit, körperliche Geburtsmängel und von den traditionellen Normen abweichende Verhaltensweisen können zu einer Minderung des Prestiges führen.

Die Frauen, bei denen die gleichen Status- und Prestigefaktoren wie bei den Männern gelten, erlangen in der Regel erst im fortgeschrittenen Alter einen Status, der ihnen einen unmittelbaren Zugang zur Männerwelt gestattet. Nicht in allen Gesellschaften des Raumes tritt eine derart strenge Segregation zwischen Männer- und Frauenwelt und ein grundsätzlich höherer Status des Mannes zutage, wie in Iran seit der schiitisch-islamischen Revolution. Besonders bei nomadischen Viehzüchtern können in Notsituationen auch Frauen die Funktionen und die Rolle von Männern übernehmen. Man nimmt an, daß die Exklusivität der Männerwelt auf einen altorientalischen, städtischen Ursprung zurückgeht.

In fast allen Teilen der Region ist ein „Brautpreis“ üblich, der vom Bräutigam an den Vater der Braut in Form von materiellen Gütern und Geld, seltener Dienstleistungen, vor der Eheschließung zu entrichten ist. Bei ihm spielen Momente der sozialen Absicherung der Frau mit hinein, da bei einer Auflösung der Ehe der Brautpreis nicht zurückerstattet wird und somit ein finanzieller Verlust für den Mann entsteht. Auch wird ein Teil des Preises häufig in Wertgegenständen angelegt (z.B. Goldreifen), die persönlicher Besitz der Frau bleiben.

Eine *Familie* im Nahen und Mittleren Osten besteht durchschnittlich aus fünf bis sechs Personen, wobei lokale Variationsbreiten auftreten. Häufig leben in einem Haushalt außer den Eltern und ihren unverheirateten Kindern ständig bzw. für längere Zeit weitere nahe Verwandte — unverheiratete Brüder oder Schwestern und/oder Elternteile des Ehepaares, oft auch Schwiegertöchter und deren Kinder. In einigen Gegenden kommen sog. „Verbundshaushaltungen bzw. -familien" vor, in denen verheiratete Brüder über den Tod des Vaters hinaus weiterhin in einem Haushalt zusammenleben. Als Kriterium für die Definition einer Haushaltung gilt die Wirtschaftsgemeinschaft, optisch ablesbar an der gemeinsamen Kochstelle für alle in ihr zusammengefaßten Personen. Haushaltungsvorstand, Familienoberhaupt, ist der älteste in der Familie lebende Mann der väterlichen Abstammungslinie. Nur relativ selten führen Witwen mit ihren unmündigen Kindern einen eigenen Haushalt; in der Regel werden sie in die Haushalte von Verwandten aufgenommen. Insgesamt stellt die Haushaltung, besonders auf dem Lande und bei den Nomaden, die engste Versorgungseinheit dar, in die sowohl ältere Angehörige als auch arbeitsunfähige und unmündige nahe Verwandte eingebettet sind.

Eine besondere, für die Region typische Familienzusammensetzung entsteht, wenn ein Mann mit mehreren Frauen gleichzeitig verheiratet ist. Obwohl im Islam dem Mann die Ehe mit gleichzeitig vier Frauen gestattet ist, beschränkt sich die Polygamie im wesentlichen auf einen relativ kleinen Kreis von Männern, der wirtschaftlich in der Lage ist, den Brautpreis für mehr als eine Frau aufzubringen. Häufige Motive für die Heirat einer zweiten Frau sind Kinderlosigkeit der ersten Ehefrau sowie der Bedarf von zusätzlichen Arbeitskräften im Haushalt. Ein anderer Aspekt der Polygamie sind Versorgungsehen, meist „Leviratsehen", in denen ein Mann die Witwe seines Bruders ehelicht und sie und ihre Kinder dadurch versorgt.

Die *Abstammungsgruppe* (patrilineage) bildet über die einzelnen Familien hinaus eine enge räumliche und soziale Gemeinschaft. Sie führt sich auf einen gemeinsamen Vorfahren zurück, der im geringsten Falle vor zwei, höchstens jedoch vor sechs Generationen (50 bis 150 Jahren), gelebt hat. Der enge räumliche Zusammenhalt wird durch die Gepflogenheit unterstrichen, daß verheiratete Söhne häufig ihr Haus an das des Vaters anbauen bzw. in dessen unmittelbarer Nähe errichten. Die patriliniare Abstammungsgruppe stellt die dauerhaftesten und engsten Bindungen für ein Individuum außerhalb seiner Familie dar, und die Loyalität ihr gegenüber rangiert vor derjenigen gegenüber ethnischen, religiösen, berufsständischen oder politischen Gruppierungen. In Konfliktsituationen handelt die Abstammungsgruppe als Kollektiv. Dies äußert sich u.a. in der Durchführung der Blutrache — ein in Teilen der Region noch lebendiger Ehrenkodex, dem alle erwachsenen, wehrfähigen Männer der jeweils beteiligten Abstammungsgruppen unterliegen.

Eheschließungen innerhalb der Abstammungsgruppe — im Idealfall die „Kreuzvetternheirat" (Vater-Bruder-Tochter von männlichen Ego aus) — vertiefen die Verbindungen der Familien untereinander. Bei dieser Art Eheschließungen unter Verwandten fällt der Brautpreis wesentlich geringer als unter Nichtverwandten aus. Das Heiratsnetzwerk schafft vielfältige Kommunikationskanäle, durch die die Einheit der Gruppe nach außen auch bei internen Konflikten aufrechterhalten bleibt.

Konflikte zwischen Mitgliedern einer Abstammungsgruppe werden nach Möglichkeit gruppenintern geregelt. Hierbei stellen die einzelnen Familienoberhäupter das Forum, in welchem der Konflikt aufgearbeitet wird. Innerhalb dieses Forums nimmt das Oberhaupt der Abstammungsgruppe, das Sippenoberhaupt, die Stellung eines Ersten unter Gleichen ein.

Als Sippenoberhaupt gilt in der Regel der älteste in der Gruppe lebende männliche Nachfahre des gemeinsamen Ahnen, der persönlich fähig und in der Lage ist, diese Funktion auszufüllen. Zu seinen Aufgaben gehört auch, die Gruppe gegenüber anderen Gruppen sowie gegenüber staatlichen Organen zu vertreten.

Ein *Klan* setzt sich aus mehreren Abstammungsgruppen zusammen, die sich auf einen — manchmal fiktiven — gemeinsamen Vorfahren der Patrilinie zurückführen. Diese Gruppen leben meist in einem Dorf oder in mehreren benachbarten Dörfern zusammen bzw. nomadisieren im gleichen Gebiet. Zu einem Klan können wenige hundert bis zu einigen tausend Personen gehören.

Eine wesentliche Funktion des Klans besteht in der wirtschaftlichen und sozialen Absicherung seiner Mitglieder untereinander sowie gegenüber der Außenwelt. Der Schutzaspekt durch den Klan ist z.T. noch in heutiger Zeit so bedeutend, daß Einzelfamilien bzw. kleinere Abstammungsgruppen in ländlichen Gebieten, die durch politische oder natürliche Katastrophen ihre eigene Klanbindung verloren haben, versuchen, durch Heiratsbeziehungen oder aber durch konstruierte Abstammungsbeziehungen Anschluß an einen neuen Klan zu erlangen.

Jedes Klanmitglied ist bemüht, das Ansehen des Klans nach außen zu erhalten und zu fördern. Dies äußert sich nicht selten in einem sensibilisierten Gruppenbewußtsein gegenüber durch andere Gruppen zugefügte vermeintliche oder tatsächliche Rechts- und Ehrenverletzungen und führt gelegentlich auch zu bewaffneten Auseinandersetzungen mit anderen Klanen.

Die Klanführung wird in der Regel durch eine bestimmte Abstammungsgruppe wahrgenommen, aus der das Klanoberhaupt auf Grund seiner persönlichen Fähigkeiten hervorgeht. Mitbestimmend für seine Durchsetzung als Oberhaupt sind neben einer dominierenden wirtschaftlichen Stellung — traditionell als Großgrundbesitzer — auch gute Beziehungen zu anderen Klanen und zur übrigen Außenwelt. In der Abstammungsgruppe der Klanelite ist es daher üblich, durch Heiratsverbindungen Außenkontakte zu pflegen und zu intensivieren.

Da Ansehen und Einfluß eines Klanoberhauptes außerhalb des Klans von der Zahl seiner Gefolgschaft mitbestimmt wird, gilt sein Interesse auch der inneren Konsolidierung des Klans. Den auf Zusammenhalt ausgerichteten Bestrebungen der Führung wirken indes wirtschaftlich, sozial und ehrenrechtlich bedingte Rivalitäten um Vorrangstellungen zwischen einzelnen Abstammungsgruppen entgegen. Sie können derartige Heftigkeit annehmen, daß selbst innerhalb eines Klans Blutfehden zwischen einzelnen Abstammungsgruppen entstehen.

Neben dem Klanführer bilden die Oberhäupter der Abstammungsgruppen ein Gremium, mit dem interne und z.T. auch externe Angelegenheiten beraten werden. Bei Unstimmigkeiten kann es vorkommen, daß eine oder ein Teil der Abstammungsgruppen eigene Wege geht, eine graduell unabhängige Klanfraktion bildet bzw. völlig absplittert. Auch kann die Klaneinheit durch Konflikte einer neuen Bildungs- und Wirtschaftselite mit den traditionellen Würdenträgern gefährdet sein. Zum Entstehen dieser neuen Elite trägt u.a. die Möglichkeit bei, außerhalb des Klangebietes Arbeits- und Existenzgrundlagen zu finden oder aber als Gastarbeiter im Ausland (relativ) vermögend zu werden.

Des öfteren sind Klane als Ganzes verbunden mit religiösen Bruderschaften, Verbänden und Parteien, was zu einer spezifischen Form der „Vetternwirtschaft“ in der Region führt. Durch die starke Involvierung von Klanen in die Politik einiger Länder kann es vorkommen, daß größere Klane nicht nur in einer der maßgeblichen politischen Gruppierungen im Staat vertreten sind, sondern auch Mitglieder in eine oder gar mehrere andere Gruppierungen entsenden. Dies wiederum führt unter Beibehaltung der sonstigen Klaneinheit dazu, daß bei politischen Umschwüngen der Klan weiterhin durch seine Außenvertreter protegiert werden kann und er seine soziale Schutzfunktion für die Mitglieder behält.

Veränderungen der orientalischen Gesellschaftsstruktur in der Moderne führten in einigen Ländern zu einem Rückgang des Einflusses der Klannotabeln und zu Auflösungserscheinungen im geschilderten Klanwesen. Dennoch stellt es noch immer einen beachtlichen sozio-politischen Faktor der Gesellschaftsstruktur dar.

3. Stammeswesen

3.1 Tribale Organisationsmuster

Im Nahen und Mittleren Osten weit verbreitete Bezeichnungen für ,,Stamm" sind die aus dem Arabischen kommenden Begriffe *qabīla* sowie *'ashīra* (türk.: aşiret) einerseits und die turkmongolischen Begriffe *īl* (türk.: il) sowie *oymak/aymak* andererseits. Innerhalb der als ,,Stamm" bezeichneten Verbände in der Region treten unterschiedliche Organisationsmuster auf. Gemeinsam ist ihnen jedoch eine weitgehende politische Autonomie in ihren inneren Angelegenheiten.

Die Mehrzahl der Stämme läßt sich auf nomadische Weidewanderverbände zurückführen. In einigen Gebieten sind die Begriffe für ,,Stamm" und ,,Nomade" identisch.

Der *Nomadismus* ist eine für die ökologischen Randzonen der Region typische Form der groß- und kleinviehzüchtenden Wanderweidewirtschaft. Tiefgreifende sozio-ökonomische Veränderungen bewirkten eine rapide Abnahme des nomadischen Bevölkerungsanteiles seit dem letzten Jahrhundert. Auf die Gesamtregion bezogen lebt 1985 nur noch etwa 2 - 3 % der Bevölkerung von der nomadischen Weidewanderwirtschaft (noch 1960 waren es über 10 %).

Die sozio-politische Kerneinheit bei den Nomaden bildet die aus einer Abstammungsgruppe bestehende Lager- bzw. Wandergemeinschaft. In ihr gepflegte Heiratsbeziehungen können als Mechanismus angesehen werden, der die Gruppenpopulation relativ konstant hält. Heiratsverbindungen zu anderen Abstammungsgruppen schaffen dagegen gegenseitige Weidenutzungsrechte. Es gibt nomadische Gruppen, die keine über die Abstammungsgruppe hinausgehende Organisationsform aufweisen.

Die *Nomadenstämme* des Nahen und Mittleren Ostens sind als Interessenzusammenschlüsse von Abstammungsgruppen zu verstehen, die im gleichen Gebiet nomadisieren. Noch bis in die Neuzeit hinein haben sich unter dem Druck von Naturkatastrophen und von politischen Umwälzungen Nomadengruppen zum Schutz ihrer Weidegebiete bzw. zur Okkupation neuer Weiden zu Stammesverbänden zusammengeschlossen. Je nach politischen Umständen und Ressourcen variiert die Populationsstärke von Stämmen zwischen einigen tausend und mehreren zehntausend Personen.

In Gebieten mit überwiegend durch Nomadenstämme geprägter tribalistischer Struktur werden auch Verbände als ,,Stämme" eingestuft, die auf Zusammenschlüssen einer altbäuerlichen, seßhaften Bevölkerung auf Klanebene basieren oder die durch Religions- oder Kultgemeinschaften gebildet werden.

Bei den als ,,Nomadenstämmen" bezeichneten Verbänden kann die nomadische Weidewanderwirtschaft fallweise völlig aufgegeben worden sein oder nur von einem Teil der Stammesbevölkerung — manchmal von Teilen einzelner Familien — durchgeführt werden, während sich der andere Teil zur Landkultivierung ganzjährig an einem Ort aufhält. Ökonomische Alternativen innerhalb und außerhalb des Stammesgebietes führen zum Verlust der Stammesorganisation und lassen die Stämme auseinanderbrechen.

Die Stämme sind in einer vertikalen Hierarchie einzelner Segmente organisiert, wobei größere Segmente als Abstammungsgruppen oder Klane auf einem territorialen oder einem militärischen Einteilungsprinzip beruhen können. Um- und Regruppierungen durch Aufsplitterungen oder Verschmelzungen sind ein häufiger Prozeß, durch den die Mitgliedsstärke eines Segmentes in einem für seine Funktion notwendigen Rahmen gehalten wird.

Genealogien, die die einzelnen Segmente in einem übergeordneten System miteinander verbinden, sind typisch für alle Nomadenstämme. Sie bilden einen flexiblen Überbau, in dem organisatorische Veränderungen nach zwei bis drei Generationen (50 - 75 Jahren) nachvollzogen werden. Auch ein unterschiedliches soziales Prestige einzelner Stammesteile und -gruppen kann sich in den Genealogien widerspiegeln.

Neben patriliniarer Abstammungsfolge weisen die Genealogien häufig Angliederungen über weibliche Vorfahren (z.B. durch Einheiraten) sowie über Adoptionen auf. In ihnen auftretende geographische Begriffe werden als Eigennamen aufgefaßt. Bei mehreren Turkstämmen ist weiterhin eine Gliederung in Stammeshälften (moities) festzustellen, die an die von den Mongolen bekannte Einteilung in ,,schwarze" und ,,weiße Knochen" erinnert. Für den einzelnen stellt die genealogische Verbindung eine Zugehörigkeitslegitimation zum Stamm dar, die ihm formell das Recht auf Wasser-, Weide- und Landnutzung im Stammesgebiet einräumt, ein Recht, das jedoch nicht immer für jeden zu gleichen Bedingungen existiert.

Im Stammesgebiet lebende Bevölkerungsgruppen, die zum Stamm in einem Abhängigkeits- oder Schutzverhältnis stehen, sind nicht in das System mit einbezogen. Sie besitzen damit keine formellen Ansprüche auf Nutzung der wirtschaftlichen Ressourcen im Stammesgebiet und auf Mitsprache in Stammesangelegenheiten. Auch wenn sie sich nach außen fallweise mit dem Stamm identifizieren, äußert sich ihr Status u.a. darin, daß keine Zwischenheiraten mit der Stammesbevölkerung stattfinden. Bei diesen Gruppen kann es sich um unterworfene Vasallenstämme handeln, um Handwerkergruppen oder um Bauern, die Teile des Stammeslandes in Lohnarbeit oder gegen Pacht kultivieren. Auch bestimmte Religionsgemeinschaften konnten zu dominierenden Stämmen im gleichen Verbreitungsgebiet in einem Klientelverhältnis stehen.

Mit Aufgabe der korporativen Stammesorganisation schwindet das Interesse an den Genealogien, womit auch eine Abnahme von mit ihnen zusammenhängenden Restriktionen in den Heiratsbeziehungen verbunden ist.

Das *Führungsprinzip* weist bei einzelnen Stämmen unterschiedliche Formen auf. Bei einigen Stämmen ist keine ausgeprägte zentrale Führung vorhanden. Ihr Zusammenhalt als gemeinsamer Interessenverband und damit ihre Funktion als Stamm wird allein durch die genealogische Konstruktion gewahrt. Stammesangelegenheiten werden bei gelegentlichen Beratungen der Oberhäupter von Abstammungsgruppen und Klanen arrangiert. Während bei arabischen Beduinenstämmen z.B. derartige Versammlungen nicht immer von allen Gruppenoberhäuptern wahrgenommen werden und auch ohne verbindlichen Konsens enden können, wird bei den *Jirga* genannten Versammlungen paschtunischer Stämme so lange beraten, bis eine Einigung erzielt ist.

Im Falle einer äußeren Bedrohung des Stammes kann sich eine zentrale Führung entwickeln (z.B. durch die Ernennung eines Kriegsanführers). Sie verfügt über kein größeres reguläres militärisches Machtinstrument, nur im Kriegsfalle leisten ihr die Stammeskrieger auf begrenzte Zeit Gefolgschaft. Die so entstandene Stammesführerschaft ist häufig in Rivalitätskämpfe untereinander sowie in Auseinandersetzungen mit abtrünnigen Stammesgruppen verwickelt.

Aus dem Vorhandensein von Kriegsanführern entwickelte sich bei einigen Stämmen eine straffe militärische Gliederung der Segmente, deren Oberhäupter bis zur Ebene der Abstammungsgruppen hinunter vom Stammesführer eingesetzt werden. In mehreren Fällen ist dieses auf dem Persönlichkeitsprinzip beruhende Führungssystem derart ausgeprägt, daß auch stammesfremde Personen die Führung übernehmen oder aber von diversen Stämmen abgesplitterte Verbände um sich scharen und zu neuen Stammesverbänden vereinen konnten.

Die mit der Wanderweidewirtschaft verbundene Existenzunsicherheit — Überlebenskämpfe bei Naturkatastrophen, Verteidigung des Weidelandes gegen Seßhafte — führte zur Herausbildung eines besonderen Nomadenkriegertums. Infolge ihres Kriegertums standen die Nomadenstämme bis in die Gegenwart hinein im Ruf von Briganten und Marodeuren, die sich staatlichen Kontroll- und Befriedungsmaßnahmen z.T. über Landesgrenzen hinweg entziehen konnten. Staatliche Bemühungen, über die Stammesführung die Stämme zu kontrollieren, verstärkten gelegentlich die Machtposition der Führer innerhalb ihres Stammes. Landübereignungen — nicht selten Stammesland — ließen ihre Nachkommen zu feudalen Großgrundbesitzerfamilien werden, die ihre Residenz oft in größere Orte oder Städte verlegten. Ihre ,,Verstädterung" entfremdete sie zwar dem traditionellen Stammesleben, schuf aber Voraussetzungen, eine aktive Rolle in der Landespolitik zu spielen. Besondere Bedeutung für diese Führungselite von Stämmen gewann ihre Heiratspolitik, durch die sie ihre Position sowohl innerhalb als auch außerhalb des Stammes absicherten.

In einigen Staaten der Region haben Stammesführer ihren Einfluß auf die regionale und oft auch landesweite Politik bis in die Gegenwart hinein aufrecht erhalten könen; in den meisten Ländern ist ihre Macht jedoch — nicht selten durch militärische Aktionen der zentralen Staatsgewalt — beschnitten worden.

3.2 Stammeskonföderationen

Im Laufe der Geschichte entstanden immer wieder größere Stammeskonföderationen, die mehrere Stämme des gleichen Gebietes unter Führung eines ,,Stammesfürsten" vereinten. Noch in jüngerer Vergangenheit konnten solche Konföderationen erhebliche lokale Machtfaktoren darstellen. Ihre politische Konsistenz war sowohl von überragenden Führungspersönlichkeiten als auch von innenpolitischen Schwächen zentraler Staatsregierungen abhängig.

In Verbindung mit politischen oder religiösen Idealen — z.B. der Übernahme von Reichs- bzw. Staatsgedanken oder einem islamischen Sendungsbewußtsein — haben Nomadenkonföderationen auch zu Staatsgründungen beigetragen. Ihre Nomadenkriegerverbände, an Überraschungstaktik und Mobilität den stehenden Heeren überlegen, spielten bei den Eroberungen im nordafrikanischen sowie nah- und mittelöstlichen Raum eine wesentliche Rolle.

Drei Fallbeispiele sollen die Variationsbreite des Stammeswesens in der Gesamtregion verdeutlichen und Grundmuster nomadischer Stammeskonföderationen aufzeigen.

Die *Tuareg,* insgesamt auf ca. 300.000 Personen (ohne Sklaven) geschätzt, gliedern sich in mehrere regionale Abteilungen. Die nördlichste wird von den ca. 8.000 ,,Leuten" (Kel) des südostalgerischen Ajjar-Massivs und des westlichen libyschen Fezzan gebildet. Im Süden schließt das Gebiet der ca. 5.000 Kel Ahaggar/Ihaggaren im südalgerischen Ahaggar-Massiv an. Das A'ir-Massiv in Niger bevölkern die insgesamt 47.000 Personen umfassenden Stämme der Kel A'ir/Asben. Westlich von ihnen leben die Kel Adrar/Ifoghas in dem nach ihnen benannten Massiv des Adrar-n-Ifoghas. Ihre Anzahl beträgt ca. 17.000 Personen. Die Vielzahl von größeren und kleineren Stämmen und Föderationen zwischen Timbuktu in Mali und Tahua in Niger, über 180.000 Personen umfassend, wird meist zur Gruppe der Ullemmeden/Aulliminiden zusammengefaßt (manchmal werden die ca. 40.000 Kel Tadmekkat/Tadamakkat als eigene Abteilung erwähnt). Noch südlicher sind die ca. 40.000 Personen starken Kel Geres/Gress-Stämme verbreitet, die im 18. Jahrhundert aus dem A'ir-Massiv abgewandert sind.

Eine kulturelle Verbindung zwischen allen Tuareg stellt ihre Sprache, das Tamahak/Tamashegh dar, ein Dialekt der Berbersprachen mit weiteren Unterdialekten. Eine aus 25 Zeichen bestehende Schrift, Tifinagh, wird nur von einer kleinen Elite beherrscht. Die Tuareg sind Muslime; einige vorislamische Glaubensvorstellungen haben sich bei ihnen erhalten. In Europa bekannt geworden sind die Tuareg durch ihre Raubzüge, durch den weißen Gesichtsschleier der Männer (lithām) und durch die von ihnen gezüchtete elegante Kamelrasse.

Die Gesellschaft der Tuareg weist eine soziale Schichtung auf, die durch Abstammung und Tätigkeit bestimmt wird. Sie hat sich bis in die Gegenwart erhalten, wenn auch die Zugehörigkeit zu einer bestimmten sozialen Schicht für den einzelnen nicht mehr die gleiche Bedeutung wie noch im 19. Jahrhundert besitzt. Die Abgrenzung der Schichten wird dadurch unterstrichen, daß — mit Ausnahme der Sklaven — jede Schicht innerhalb eines Gebietes eine eigene tribale Organisationsform aufweist.

An der Spitze der sozialen Hierarchie dominiert eine zahlenmäßig kleine, ökonomisch schwache aber militärisch überlegene Adelsschicht der ,,Freien", *Ahaggaren/Imohagh* (gleichzeitig Eigenbezeichnung der Tuareg). Bis zum Beginn des 20. Jahrhunderts standen kriegerische Unternehmungen im Mittelpunkt des Interesses der Adligen. Ihnen allein war der Besitz von Kamelen vorbehalten, und sie repräsentieren noch heute (1987) das kulturelle Ideal der Tuareg. Unter den Adligen nehmen die als unkriegerisch geltenden Nachkommen von adligen Tuaregfrauen und vornehmen Arabern, einen minderen sozialen Status ein.

Nahezu auf gleicher Stufe mit dem Adel stehen die *Ineslemen,* Korangelehrte und muslimische Prediger, *Marabuten.* Von Ausnahmen abgesehen lehnen sie kriegerische Tätigkeiten ab und halten keine Vasallen.

Der Adelsschicht an Zahl weit überlegen sind deren Vasallen, die *Imghad* oder *Kel Ulli* (Ziegenleute). Auf einen Adligen kommen durchschnittlich fünf bis acht Vasallen. Angehörige der Vasallenschicht durften früher nur Kleinvieh züchten. Sie betreuten die Kamelherden der Adligen und konnten gegen Beteiligung am Erlös damit Karawanenhandel betreiben oder Raubzüge unternehmen. Seit dem 19. Jahrhundert stellten die Vasallen ihre jährliche Tributpflicht an den Adel mehr und mehr ein. Durch Handel und Viehzucht gelangten viele von ihnen zu Wohlstand, während der Adel verarmte. Die Unterschiede zwischen Adel und Vasallen sind bei einem Teil der Tuareg bereits aufgehoben, bei einem anderen Teil im Begriff, nivelliert zu werden. Innerhalb der Vasallenschicht genießen die bei den Kel Ahaggar anzutreffenden Nachkommen von Arabern und Tuaregfrauen aus der Vasallenschicht ein etwas höheres Ansehen.

Die unterste Schicht der *Iklan* besteht aus negriden Sklaven aus den Sudanländern, die zwischen einem und zwei Drittel der Gesellschaft ausmachen. Sie wurden z.T. von den Tuareg als Bauern in den Oasen angesiedelt, wo sie eine mit Tuareg-Elementen durchsetzte Mischkultur entwickelten. Seit dem Ende des 19. Jahrhunderts erlangten sie unter französischer Kolonialherrschaft weitgehende Unabhängigkeit von ihren früheren Herren.

Außerhalb der Gesellschaft bei den Tuareg stehen die verachteten, als Geheimnisträger jedoch gefürchteten „Schmiede" sowie die in den Oasen anzutreffenden bäuerlichen Pächter arabischer und negrider Herkunft.

Die einzelnen sozialen Schichten sind weitgehend endogam. Adlige Frauen gehen keine Ehen mit Vasallen ein, dagegen gelegentlich mit vornehmen Arabern. Ehen adliger Tuareg mit Araberinnen sind unüblich. Verbindungen mit negriden Konkubinen kommen bei den Vasallen vor, wodurch zahlreiche Vasallen dunkelhäutiger als die Adligen sind.

Die traditionelle Abstammungslinie wird bei den Tuareg über die mütterlichen Vorfahren, d.h. matriliniar, geführt; unter dem Einfluß des Islams sind einige Gruppen zur Patriliniarität übergegangen. Eine sonst strikt eingehaltene Monogamie ist nur in der Schicht der *Ineslemen,* die sich auf das islamische Eherecht beruft, durchbrochen. Bei Heiraten wird die Mutter-Bruder-Tochter (vom männlichen Ego aus) bevorzugt, den Frauen ist jedoch freie Partnerwahl innerhalb ihrer Schicht erlaubt. Alle ehelich nicht gebundenen Personen — also auch Frauen — genießen sexuelle Freiheit, uneheliche Geburten gelten hingegen als Schande. Der hohe soziale Status der Frau äußert sich weiterhin darin, daß sie die Herrin des Zeltes und die Wahrerin der Tradition (z.B. der Schrift) ist. Der materielle Besitz einer Frau übertrifft den ihres Ehemannes oft erheblich.

Die sozio-politische Organisation der Tuareg beruht auf den „Lagerverbänden" als kleinste Einheit. Diese Ansammlungvon 10 - 20 Zelten besteht aus einer matriliniaren Abstammungsgruppe. Durch eine größere Sicherheit seit der Kolonialzeit spalteten sich die Lagerverbände in einzelne „Lager" von zwei bis sieben Zelten auf, in denen meist ein Elternpaar mit den Familien verheirateter Söhne (bzw. Töchter im ersten Ehejahr) zusammenlebt. Jedes der für die Tuareg typischen Lederzelte wird von durchschnittlich sieben Personen bewohnt.

Eine oder mehrere Matrilinien bilden den Kern eines als „Stamm" — *Tausit/Taushit* — bezeichneten Verbandes. Durch Heirat verbundene Mitglieder weiterer Matrilinien gruppieren sich um diesen Kern. Das Oberhaupt dieses der Struktur nach auf Klanbasis organisierten Verbandes, *Amghar,* geht aus einer der dominierenden Matrilinien hervor.

Jeder Verwandtenverband der Adelsschicht unterhält enge wirtschaftliche Beziehungen zu gleichartigen Verbänden der Vasallenschicht im gleichen Gebiet. Politisch ist er mit den Vasallenverbänden und Verbänden der *Marabuten* aus der Schicht der *Ineslemen* zu einer ,,Stammesföderation" vereint. Die an der Föderation beteiligten Klane — in der Literatur als ,,Adels-", ,,Vasallen-" und ,,Marabutenstämme" bezeichnet — unterstehen einem gemeinsamen Führer aus einer bedeutenden Matrigruppe des Adelsklans, dem *Amenukal.* Er fungiert als Kriegsanführer, Vertreter der Föderation nach außen und Schiedsrichter nach innen. In seinen Entscheidungen ist er von einer aus den Adligen und den Oberhäuptern der Vasallenklane gebildeten Ratsversammlung abhängig, die ihn bei Versagen absetzen und einen neuen Führer bestimmen kann.

Einige Stammesföderationen unter den Tuareg wurden so mächtig, daß sie anderen die Anerkennung ihres Führers aufzwingen konnten. Größere Konföderationen bilden u.a. die Kel Ahaggar, die Kel Ajjer und die Kel Adrar.

Die *Bachtiyaren* in Iran zwischen Shushtar und Isfahan im zentralen Zagros-Gebirge bilden eine *īl-i bakhtiyārī* genannte Konföderation einzelner Stämme mit einer Gesamtpopulation von ca. 450.000 Personen. Allen Bachtiyaren gemeinsam sind die Sprache, das Bachtiyari, ein Unterdialekt des Lurischen sowie die Zugehörigkeit zum schiitischen Islam (Zwölferschia). An den Namen einzelner Stämme und Stammessegmente läßt sich ablesen, daß Teile aus fast sämtlichen in Westiran vorkommenden Bevölkerungsgruppen in den Verband der Bachtiyaren aufgegangen sind, darunter auch autochthone bäuerliche Gruppen im Gebiet der Konföderation.

Die unterste Ebene der sozio-politischen Organisation bildet die patriliniare Abstammungsgruppe, die bei den heute noch nomadischen Teilen der Bachtiyaren eine Zeltgemeinschaft (Lager) ausmacht. Ihr Oberhaupt, *rīsh-safīd* (Weißbart), vertritt die Abstammungsgruppe auf der nächsten Segmentsebene, dem Herdenverband bzw. der Lagergemeinschaft. Innerhalb dieses Segmentes beraten die *rīsh-safīd* die Probleme und erreichen ihre Beschlüsse durch Konsensus. Mehrere Lagerverbände sind zu einer *tīra* zusammengeschlossen, deren Vorsteher, *kat-khudā,* auf Grund seiner persönlichen Befähigungen aus dem Kreise der *rīsh-safīd* hervorgeht.

Durch den Zusammenschluß mehrerer *tīra* entsteht eine *ṭā'ifa,* deren Leitung einem eingesetzten *kalāntar* obliegt. Bis 1929 von den Stammesführern eingesetzt, werden die *kalāntar* heute von dem durch die Zentralregierung eingesetzten Gouverneur des Bachtiyaren-Gebietes ernannt.

Ein Stamm, *īl,* vereinigt mehrere *ṭā'ifa* unter der Führung eines Khans (khān), für den bei den Bachtiyaren, bei längerer Abwesenheit vom Stamm, auch seine Frau in einigen Angelegenheiten ebenso bindende Entscheidungen wie ihr Mann treffen konnte. Zwischen 1950 und 1960 wurde allgemein in Iran die Führungsposition der Khane aufgehoben. An ihre Stelle traten höhere Militärbeamte. Bei den Bachtiyaren gingen die Funktionen des Khans weitgehend auf die *kalāntar* der größeren *ṭa'ifa* über.

Durch einen in der ersten Hälfte des 16. Jahrunderts vom safawidischen Schah eingeführten Besteuerungsmodus bei den Bachtiyaren entstanden zwei Abteilungen, die Tschehar Lang (chahār lang) und die Haft Lang (haft lang), so bezeichnet nach der Anzahl der abzuführenden vier bzw. sieben Maultiere (eigentlich Anzahl der Maultierhufe).

Eine Einigung aller Bachtiyarenstämme als Konföderation und offizielle Anerkennung als *īl khān* erreichte 1867 Ḥusain Qulī Khān vom Duraki-Stamm der Haft Lang-Abteilung. Seine Nachkommen und die Nachkommen seiner beiden Brüder, gegenseitig zwar in Machtintrigen verstrickt, konnten durch geschicktes Taktieren zwischen den Interessenblöcken außerhalb des Stammes ihre Führungsposition behaupten.

1909 beteiligte sich der *īl khān* der Bachtiyarenkonföderation durch einen Marsch mit Stammeskriegern auf Teheran am Aufstand der Konstitutionalisten in Iran. In der Verfassung des gleichen Jahres erhielt die Bachtiyarenkonföderation — neben anderen Stammeskonföderationen in Iran — einen Sitz im Parlament zugebilligt. Die Institutionen des *īl khān* und seines Stellvertreters, des *īl bagī* (1888 eingerichtet), wurden unter der Regierung von Reza Shah (Reżā Shāh) 1933 aufgelöst. Die Führungselite der Konföderation hatte sich bereits seit den Konstitutionskämpfen verstärkt der Landespolitik zugewendet; im Lauf der Zeit stellte sie Premierminister, Kriegsminister, Gouverneure, Generäle und einen Geheimdienstchef.

Die *Khamse-Konföderation* ist ein Zusammenschluß von fünf (arab. khamsa) Stämmen in der iranischen Provinz Fars. Die Winterweiden der heute z.T. noch nomadisierenden Stämme liegen im Becken zwischen Lar und Darab, die Sommerweiden nördlich davon im südlichen Zagros-Gebirge. Schätzungsweise 450.000 Personen dürften gegenwärtig dieser Konföderation angehören.

Im Gegensatz zu den Tuareg und den Bachtiyaren weisen die Khamse-Stämme keine gemeinsame kulturelle Tradition und Sprache auf. Drei Stämme unter ihnen, die Inanlu, Baharlu und die Nafar, sind turksprachig, die Basseri persischsprachig und der Il-i Arab arabischsprachig.

Der Zusammenschluß der fünf Stämme erfolgte 1861/62 durch ʻAlī Muḥammad Khān Qawām al-Mulk, dem Mitglied einer einflußreichen Kaufmannsfamilie in Schiraz. Mit der Bildung der Konföderation schuf ʻAlī Muḥammad Khān ein Gegengewicht zur dominierenden Stellung der Qashqai in der Region. 1909 erhielt die Khamse-Konföderation — wie auch u.a. die Qashqai und die Bachtiyaren — einen Sitz im Parlament zugestanden. Bis zur allgemeinen Abschaffung des *īl khān*-Wesens in den frühen 30er Jahren dieses Jahrhunderts, stellte die Familie al-Mulk die *īl khāne* der Konföderation.

In der Khamse-Konföderation übten die *īl khāne* keinen direkten administrativen Einfluß auf die Stämme aus. Der Gefolgschaft von Stammesführern versicherten sie sich durch Geschenke (Waffen), und sie regelten interne Angelegenheiten der Konföderation in direkten und persönlichen Kontakten mit den Führern, wozu Besuche oder aber gelegentliche Zusammenkünfte dienten. Allerdings kamen auch Gefangennahmen und Hinrichtungen unbotmäßiger Stammesführer durch die *īl khāne* sowie Strafexpeditionen gegen abtrünnige Stämme oder einzelne Stammesteile vor.

Die eigentliche Macht lag noch bis zur Mitte des 20. Jahrhunderts bei den Stammesführern, den Khanen. Sie gingen aus Abstammungsgruppen, Khan-Familien — *khawānīn* — hervor, in denen die Würde traditionell angesiedelt war. Innerhalb dieser Gruppe setzte sich derjenige als Stammesführer durch, der den größeren Teil des Stammes zur Gefolgschaft bewegen konnte. Die Herrschaft eines Khans war bis zu seinem Tod oder seinem Sturz eine informelle *de facto* Herrschaft, da es keine Einsetzungs- oder Anerkennungszeremonien gab. Schwache Führungsautorität eines Khans konnte dazu führen, daß sich größere Teile des Stammes der Führung anderer Stämme unterstellten (so gingen z.B. die Nafar um 1920 sowie Teile des Il-i Arab in dem Verband der Basseri auf).

Zu den Aufgaben des Khans gehörten die Koordinierung der Weidewanderungen sowie die Verteilung der Weiden innerhalb des Stammesgebietes, wobei er Gefolgschaftstreue mit Zuweisungen von Weiden belohnen konnte, die von Abtrünnigen konfisziert wurden. Bei Streitfällen als Schlichter angerufen, konnte er unabhängig von überlieferten Normen oder der *sharīʻa* entscheiden. Inneralb des Stammes hatte er Befehlsgewalt über jedes Stammesmitglied, und er konnte Strafen (Stockschläge) und Bußgelder als Sanktionen verhängen. Neben den bestehenden jährlichen Abgaben an ihn konnte er zu bestimmten Anlässen Sondersteuern in Form von einem bis drei Schafe auf 100 Tiere erheben. Nach außen repräsentierte der Khan den Stamm bzw. jedes einzelne Mitglied in politisch wichtigen Angelegenheiten gegegenüber den staatlichen Autoritäten, und er vertrat die Interessen seiner nomadischen Stammesmitglieder gegenüber den Großgrundbesitzern der Region, die die Interessen ihrer seßhaften Bauern wahrnahmen. Der Besitz größerer Ländereien, eigener Dörfer, großer Herden und Häuser in Schiraz stellte die Khane auf die gleiche Stufe mit den Feudalherren und erleichterte die Kommunikation. Im 20. Jahrhundert gehörte die Führungselite der Stämme gleichzeitig zur Elite Irans, die ausgedehnte Auslandsreisen unternahm und ihre Söhne im Ausland studieren ließ.

4. Schlußbemerkung

Mit fortschreitendem politischen, sozialen und ökonomischen Wandel verliert das Stammeswesen mehr und mehr an Bedeutung. Moderne staatliche Administration läßt keinen Raum für unerfaßte Stammesterritorien; ökonomische Umwälzungen haben in einigen Ländern der Region bereits zur völligen „Enttribalisierung", zum Verschwinden von Stammesstrukturen, geführt.

Klane und Abstammungsgruppen als soziale Gemeinschaften sind dagegen noch immer fest in der präindustriellen nah- und mittelöstlichen Gesellschaft verwurzelt. Sie stellen einen Faktor in Politik und Wirtschaft dar, der seine Relevanz nur langsam verlieren wird.

Die traditionelle Familienstruktur und -zusammensetzung zeigt in den städtisch-industriellen Ballungsräumen starke Auflösungserscheinungen. Bei einer zahlenmäßig noch kleinen Mittelschicht entspricht sie der in Industriegesellschaften. Staatliche Sozialfürsorgesysteme als Ersatz für eine vordem innerhalb eines engeren Verwandtenkreises geleistete Versorgung hinken hinter der Entwicklung her.

Für das einzelne Indiviuum bedeutet die Herauslösung aus der überlieferten Gesellschaftsstruktur mit ihren Kontroll- und Leitmechanismen eine häufig mit Anpassungsschwierigkeiten verbundene Neuorientierung. Da ihm die Institution Freiheit unbekannt ist, neigt es dazu, Ersatzbindungen religiöser oder politisch-ideologischer Art einzugehen.

Literatur:

Barth, F. 1964: Nomads of South Persia: The Basseri Tribe of the Khamseh Confederacy, Oslo.

Bauman, H. (Hrsg.) 1979: Die Völker Afrikas und ihre traditionelle Kulturen: Teil II: Ost-, West- und Nordafrika, Wiesbaden.

Ehmann, D. 1975: Bahtiyāren. Persische Bergnomaden im Wandel der Zeit, Wiesbaden.

Marx, E. 1977: The tribe as a unit of subsistence: Nomadic pastoralism in the Middle East, in: American Anthropologist, 79 Jg. Heft 2, 343-363.

Norris, H. 1975: The Tuaregs, Warminster.

Soen, D. u. Mashhour, M. 1984: The influence of the clan in the political life of an Arab village in Israel, in: Orient 2, 257-269.

V. Frauenfrage und Islam

Munir D. Ahmed

1. Die Frauenfrage und die islamische Welt

Die soziale Stellung der Frau in der islamischen Gesellschaft ist nach wie vor durch Unterprivilegierung gekennzeichnet. Gemessen am Fortschritt in Sachen Frauenrechte im 19. und 20. Jahrhundert in Europa muß sie als schlecht bezeichnet werden. Gewiß gibt es auch in dieser Frage große Unterschiede innerhalb der islamischen Welt.

Von einer einheitlichen islamischen Gesellschaft kann keine Rede sein. Die sozialen Bedingungen sind von Land zu Land verschieden. Sitten und Bräuche sind zum Teil vorislamischen Ursprungs, haben aber häufig eine islamische Sanktionierung erlangt. Als Beispiel ist die Beschneidung von Frauen anzuführen, die in Afrika seit Urzeiten verbreitet ist — die islamischen Länder Afrikas nicht ausgenommen. Sie ist von der schafiitischen Rechtsschule sanktioniert worden. Dagegen gibt es für den Jungfräulichkeitswahn in einigen arabischen Ländern keine religiöse Rechtfertigung. Die Erbringung des Nachweises der Jungfräulichkeit der Braut am Morgen nach der Hochzeitsnacht ist auch kein Spezifikum der muslimischen Fellachen, diese Sitte wird von den Kopten ebenso befolgt. Das gleiche gilt für das sogenannte *crime d'honneur* im Libanon und unter den Palästinensern, wonach Morde an weiblichen Familienmitgliedern straffrei bleiben, wenn diese zur Rettung der Familienehre verübt werden. Ein entsprechender Passus fand sich sogar in dem ansonsten als fortschrittlich gelobten iranischen ,,Family Protection Act" von 1967.

Trotz der immens wichtigen Rolle, die die Sitten und Bräuche der Muslimvölker in der Frauenfrage spielen, darf die Bedeutung der islamischen Lehre nicht unterschätzt werden. Ihr kommt eine prägende Wirkung zu; insbesondere in den Fällen, in denen die vorherrschende gesellschaftliche Wirklichkeit voll und ganz von der islamischen Lehre akzeptiert wird. Als Beispiel kann das Patriarchat genannt werden, das vom Islam in keiner Weise in Frage gestellt wird. Das gilt auch für die in Afrika verbreitete Polygamie, die vom Islam zwar eingeschränkt, aber prinzipiell zugelassen wird. Es kann daher nicht ausbleiben, daß die Diskussion über die Frauenfrage in der islamischen Gesellschaft sich eingehend mit der islamischen Lehre befassen muß. Es vergeht kaum ein Tag, an dem sich nicht irgendein Presseorgan dieses Themas annimmt. Die Bücher darüber füllen inzwischen Bibliotheken. Im folgenden wird zusammenfassend der Inhalt dieser Diskussion wiedergegeben.

1.1 Die Traditionalisten

Für Traditionalisten, deren Buchstabentreue sprichwörtlich ist, hat der Koran klar und unmißverständlich die Rechte und Pflichten beider Geschlechter festgelegt. Sie sind gleich in bezug auf religiöse Verpflichtungen, aber unterschiedlich entsprechend ihrer biologischen Andersartigkeit. Den Männern ist es auferlegt, für den Lebensunterhalt der Familie zu sorgen, wozu sie durch ihren Körperbau und ihre Stärke prädestiniert sind. Darin sind sie den Frauen überlegen. Gott hat in seiner Weisheit den Mann zum Oberhaupt der Familie gemacht, dem die Frau gehorchen muß. Als Konsequenz daraus resultiert, daß den Männern in der Gesellschaft gegenüber den Frauen eine andere, gewichtigere Stellung erwächst. Die sich dadurch ergebende Unterschiedlichkeit in bezug auf die Rechte und Pflichten beider Geschlechter muß als gottgegeben hingenommen werden. Es ist daher keine Herabsetzung der Frauen, wenn den Männern die Erlaubnis erteilt wird, unter Umständen gleichzeitig mehrere Frauen zu ehelichen. Sie sind diesen gegenüber zur Gleichbehandlung verpflichtet.

1.2 Die Apologeten

Die Apologeten des Islams, die bestrebt sind, rational die islamische Lehre zu rechtfertigen, ohne dabei größere und ins Gewicht fallende Zugeständnisse an den Zeitgeist machen zu müssen, gehen von einer Gleichberechtigung zwischen dem Mann und der Frau im Islam aus. Diese betrifft, ihrer Meinung nach, nicht nur die Glaubensfragen, sondern darüber hinaus sämtliche Lebensbereiche. Die Frauen sind ebenso wie die Männer erbberechtigt und geschäftsfähig. Sie betreffende Entscheidungen dürfen nicht gegen ihren Willen zustande kommen. Daß die Schließung des Ehevertrages von seiten der Braut von einem männlichen Beauftragten (wakīl) besorgt wird, sollte nicht so interpretiert werden, als ob die Braut bevormundet werden soll. Dies geschieht, um ihre Rechte besser wahren zu können. Denn das Aushandeln des Ehevertrages, bei dem es unter anderem um die Höhe des Brautgeldes (mahr, ṣadāq) geht, erfordert Verhandlungsgeschick und Sinn für die wirtschaftlichen Belange. In der Regel besitzt eine junge Braut weder das eine noch das andere und könnte leicht übervorteilt werden. Dagegen bedarf eine geschiedene oder verwitwete Frau der Dienste eines männlichen Beauftragten nicht. Sie kann die Sache selbst in die Hand nehmen. Ähnlich verhält es sich mit der Regelung der Erbschaft. Der Anteil, den weibliche Familienangehörige erben, macht in der Regel zwar nur die Hälfte dessen aus, was die männlichen Familienmitglieder erhalten, aber dafür haben sie ein Anrecht auf das Brautgeld und sind anteilmäßig am Erbe des Ehemannes und der Kinder beteiligt. Dadurch erhalten sie sozusagen einen Ausgleich für den Minderanteil am Erbe. Die Polygamie ist schwieriger zu rechtfertigen. Trotzdem tun viele dies nach wie vor mit Vehemenz. Sie gehen von einer biologisch begründeten Notwendigkeit aus, wodurch sozusagen das Verhalten der Männer in bezug auf die Vielweiberei gerechtfertigt ist. Nach Meinung einer anderen Apologetenschule beabsichtigt der Koran indes nicht die Erlaubnis von Polygamie, sondern deren Abschaffung. Argumentiert wird mit Sure 4:3, die besagt, daß der Ehemann seine Ehefrau gleich zu behandeln habe, womit nicht nur die materielle Gleichbehandlung gemeint ist, sondern auch die emotionale. In 4:129 stellt der Koran aber fest, daß Menschen in der Gefühlswelt die Gleichheit nicht herstellen können. Also ist kein Mann in der Lage, seine Ehefrauen gleichermaßen zu lieben. Das bedeutet, daß der Koran in Wirklichkeit nicht für, sondern gegen die Polygamie eingestellt ist.

1.3 Die Modernisten

Diese Argumentation befriedigt viele modern eingestellte Muslime nicht. Eine universelle Religion, sagen sie, müsse die Fähigkeit besitzen, sich den Fragen der Zeit überall und in jeder Epoche zu stellen sowie annehmbare und gerechte Lösungen zu präsentieren. Der Islam sei einstmals für die Schwachen und Rechtlosen, für Sklaven und Frauen eingetreten. Den Sklaven verhieß er Freiheit, die zwar nicht auf einmal und auch nicht sofort verwirklicht wurde, sondern sukzessive und erst im Laufe von Jahrhunderten. Die Frauen führte er aus dem Zustand der Rechtlosigkeit heraus. Er begrenzte die bis dahin schrankenlose Polygamie und erkannte die Geschäftsfähigkeit der Frau an. Zudem bescherte er den Frauen einen Anteil am Erbe und machte sie zu alleinigen Nutznießern des Brautgeldes, das bis dahin ihren Herkunftsfamilien zustand.

Die Position der Modernisten mutet radikal an. In Wirklichkeit wollen sie lediglich eine Anpassung der islamischen Lehre an die Neuzeit — auch in bezug auf die Frauenrechte. Das bedeutet, daß eine kritische Durchleuchtung entsprechender koranischer Vorschriften stattfinden muß, um festzustellen, inwieweit sie für die heutige Zeit Gültigkeit haben. Ist zum Beispiel das Schleiergebot aus frühislamischer Zeit für alle Zeiten maßgebend? Muß nicht etwa das Scheidungsmonopol des Mannes eingeschränkt werden, weil die Lebensbedingungen sich gewandelt haben? Was spricht gegen eine bessere finanzielle Versorgung der geschiedenen Frauen und ihrer Kinder?

2. Protagonisten der Frauenrechte

Unter dem Eindruck der Begegnung mit Europa wurden gegen Ende des 19. Jahrhunderts in verschiedenen islamischen Ländern Schriften verfaßt, die die Verbesserung der Frauensituation in der Gesellschaft zum Thema hatten. Die Traditionalisten verdammten sie in ihrem umfangreichen Schrifttum als einen Versuch, den Islam zu pervertieren. Auch den Apologeten gingen die Frauenrechtler in ihrem Eifer, das Schicksal der Frauen zu verbessern, bisweilen zu weit. Dadurch entstand in den Hauptsprachen der Muslime eine reiche Literatur zu diesem Thema. Als Beispiel werden im folgenden drei Frauenrechtler vorgestellt, deren Beitrag zur Frauenfrage als gewichtig und richtungsweisend angesehen werden kann.

2.1 Qāsim Amīn

Der ägyptische Rechtsgelehrte Qāsim Amīn (1865 - 1908) veröffentlichte 1899 ein Buch über Frauenemanzipation, in dem er dafür eintrat, den Frauen eine schulische Bildung zuzugestehen. Er lehnte die Polygamie und das Schleiergebot ab und verlangte Reformen im Scheidungsrecht. Er stand dem Theologen Muḥammad ʻAbduh (1849 - 1905) nahe, der zusammen mit seinem Lehrer und Mentor Jamāl ad-Dīn al-Afghānī einige Jahre in Europa verbracht hatte und durchaus der Meinung war, daß der Islam der Frauenemanzipation nicht feindselig gegenüberstehe. Die Veröffentlichung des Buches „Taḥrīr al-mar'a" (Die Befreiung der Frau) von Qāsim Amīn löste einen Sturm der Entrüstung sowohl bei den Traditionalisten als auch bei den Nationalisten aus. Im Gegensatz zu seinem ersten Buch, worin Amīn noch versucht hatte, die geforderten Reformen im Rahmen der islamischen Lehre darzustellen, argumentierte er im zweiten Buch „al-Mar'a al-jadīda" (Die neue Frau) mit den Schlagwörtern „Naturrechte", „Evolution der Gesellschaft" und „Fortschritt". Amīns Bücher fanden große Beachtung auch außerhalb der arabischen Welt. Dies war die Zeit, als zum Beispiel in Indien Deputy Nādhir Aḥmad (1831 - 1912) in seinen Lehrromanen („Mir'at al-ʻurūs" und „Banāt an-naʻsh") von der Notwendigkeit der Schulbildung für Frauen und Mädchen sprach, aber noch immer von einer Gesellschaft schwärmte, „in der außer der Sonne nie ein Fremder die keuschen Muslimfrauen zu Gesicht bekommt".

Unter dem Einfluß von Qāsim Amīn entstand in Ägypten eine Bewegung der Frauenemanzipation, die Hand in Hand mit dem Nationalismus große Fortschritte machte. Amīns Bücher wurden von den muslimischen Theologen durchweg abgelehnt. Sie fanden aber ihre Fortsetzung in den Werken von westlich ausgebildeten Muslimen und sogar bei nicht-muslimischen Autoren, wie etwa Salāma Mūsā. Ein bisher zu Unrecht wenig beachtetes Buch von Ismāʻīl Maẓhar: „al-Mar'a fī ʻaṣr ad-dīmūqrāṭīya" (Die Frau im Zeitalter der Demokratie) gehört wohl zu den ehrlichsten Werken zu diesem Thema. Maẓhar spricht darin offen aus, daß der Islam der Frau die Rechte eines halben Mannes zugestanden habe.

2.2 *aṭ-Ṭāhir al-Ḥaddād*

Vielleicht der radikalste Denker über die Frauenfrage in der islamischen Gesellschaft war der tunesische Theologe und Rechtsgelehrte aṭ-Ṭāhir al-Ḥaddād. Sein Buch „Imra'tunā fī sh-sharī'a wal-mujtama'" (Unsere Frau im religiösen Gesetz und in der Gesellschaft) erregte gleich nach seinem Erscheinen 1929 Aufsehen. Angesichts der Proteste von seiten der Traditionalisten sah sich die französische Kolonialregierung gezwungen, das Buch zu verbieten. Erst nach der Unabhängigkeit Tunesiens erlebte es 1972 eine zweite Auflage, für die sich angeblich Präsident Habib Bourguiba (Ḥabīb Būrqība) persönlich einsetzte. Al-Ḥaddād geht davon aus, daß die koranischen Vorschriften keinesfalls als endgültig zu betrachten sind. Denn das islamische Gesetz schließt die Entwicklung der menschlichen Gesellschaft nicht aus, sondern schließt sich ihr an. Es muß deshalb fortgeschrieben und den gewandelten Erfordernissen der Zeit angepaßt werden. Prophet Muḥammad konnte angesichts der niedrigen Entwicklungsstufe seiner Zeitgenossen nicht anders, als in begrenztem Umfang die gesellschaftlichen Mißstände zu bekämpfen. Deshalb versuchte er zum Beispiel keine gänzliche Abschaffung der Polygamie, sondern nur ihre Begrenzung. Nun ist es aber an der Zeit, das islamische Gesetz der heutigen Entwicklungsstufe anzupassen und die Polygamie zu beseitigen. Er empfiehlt, auch in anderen, die Frauen betreffenden Fragen ähnlich zu verfahren und für die Gleichstellung von Frau und Mann zu sorgen. Die im Koran zum Ausdruck kommende Besserstellung des Mannes war seiner Meinung nach ebenfalls zeitbedingt und bedarf einer Revidierung.

2.3 *Maḥmud Muḥammad Ṭāhā*

Ähnlich wie al-Ḥaddād äußert sich zu diesem Thema der sudanesische Begründer der Republikanischen Brüder Maḥmūd Muḥammad Ṭāhā (1908 - 85). Er geht davon aus, daß die islamische Ethiklehre, wie sie im 7. Jahrhundert in Medina praktiziert wurde, im wesentlichen für die heutige Zeit nicht mehr gültig ist. Sie war zeitlich begrenzt und stellte gewissermaßen ein Experiment dar. Dagegen haben die Grundregeln aus der mekkanischen Zeit, als Prophet Muḥammad noch nicht zum Oberhaupt der Gemeinde von Medina avanciert war, ihre Gültigkeit beibehalten. Somit verwirft er die Polygamie, die Muḥammad in Mekka noch nicht praktiziert hatte, ebenso wie die Benachteiligung von Frauen bei der Erbschaftsregelung. Für ihn müssen Frauen als Zeugen vor Gericht den männlichen Zeugen gleichgestellt werden. Er lehnt das Schleiergebot ab und tritt für die Gewährung von gleichen Bildungschancen für beide Geschlechter ein. Ebenso will er, daß den Frauen alle Berufe offenstehen sollen. Die Frauen sollen ferner das Recht haben, ihre Ehepartner selber auszuwählen. Er will, daß die Scheidungsgewalt nicht allein beim Mann liegen soll, sondern von beiden Ehepartnern gleichsam ausgeübt wird. Diese und andere Thesen von Ṭāhā verursachten eine heftige Reaktion seitens der Traditionalisten, die schließlich zu seiner Hinrichtung im Januar 1985 führte.

3. Reform des Familienrechts

Die Notwendigkeit einer Reform des Familienrechts zur Verbesserung der Stellung von Frauen schlug der Inder Chirāgh 'Alī bereits im 19. Jahrhundert vor. Die Schwierigkeit lag darin, daß diese unbedingt durch die Anwendung der islamischen Rechtsmethodik zustande kommen müßte, sollte sie eine Anerkennung durch die Traditionalisten erreichen. Er schloß sich daher der

Forderung Sir Syed Ahmed Khans (Aḥmad Khān) an, die Institution des *ijtihād* zum Zwecke der Schaffung zeitgemäßer Gesetzgebung zu beleben. Ein halbes Jahrhundert später erhob Muḥammad Iqbāl in seinen berühmt gewordenen Vorträgen, die unter dem Titel ,,Reconstruction of the Religious Thought in Islam" in Buchform erschienen, die gleiche Forderung. Seither wird diese Frage unter den sunnitischen Muslimen leidenschaftlich diskutiert. Bei den Schiiten, die die Institution des *ijtihād* stets als lebendig erachtet und sie auch angewandt haben, gibt es zumindest in Zusammenhang mit dem Familienrecht keinerlei Bestrebungen, die islamische Gesetzgebung der modernen Zeit anzupassen, wie an Hand des Beispiels der Islamischen Republik Iran gesehen werden kann.

3.1 Polygamie

Tunesien ist bisher das einzige Land, in dem die Einführung eines neuen Familiengesetzes (Code du statut personnel, 1956) ausdrücklich mit dem Hinweis auf eine Neuinterpretation der diesbezüglichen koranischen Stellen erfolgt ist. Die Polygamie wurde verboten, das Scheidungsrecht neu geregelt. Die Türkei kümmerte sich lange Zeit nicht um die religiösen Gefühle der Muslimbevölkerung. Sie hob das islamische Familienrecht einfach auf und führte das ,,Republikanische Zivilgesetz" nach dem Schweizer Vorbild ein. Die Polygamie wurde verboten und die Eheschließung und -scheidung den Behörden übertragen. Nach diesem Gesetz waren alle Kinder, die aus einer religiösen Ehe hervorgingen, ,,illegitim". Wieviele Kinder darunter fielen, womit sich gleichzeitig die große Anzahl von religiösen Ehen nachweisen läßt, kann daran gemessen werden, daß die Behörden sich 1950 gezwungen sahen, Fälle von insgesamt 8 Mio. ,,illegitimen" Kindern zu regulieren. Radikale Reformen im Familienrecht führten auch Albanien, die muslimischen Sowjetrepubliken Zentralasiens und Südjemen durch. Israel verhängte ein Verbot der Polygamie. Zu einem strikten Verbot haben sich außerdem die Ismailiten (in Ostafrika ab 1962) und die Drusen entschieden.

Abgesehen von Saudi-Arabien, den Golfemiraten, Jemen und Mauretanien, in denen bisher keinerlei Veränderungen des islamischen Familienrechts zu verzeichnen sind, haben fast alle Staaten mit islamischer Bevölkerung oder erheblichen islamischen Bevölkerungsanteilen (Indien, Nigeria) in der einen oder anderen Form das islamische Familienrecht geändert.

In den meisten Fällen beabsichtigte man die Einschränkung der Polygamie z.B. durch die Reglementierung und Festlegung eines Genehmigungsverfahrens. Im Irak (Familiengesetze von 1959, 1963), in Singapur und in zwei Bundesstaaten in Malaysia muß für die Ehelichung einer zweiten Frau zu Lebzeiten der ersten Ehefrau während des Bestandes der Ehe eine Genehmigung vom Gericht eingeholt werden. In Pakistan (Pakistan Muslim Family Law Ordinance, 1961, 1964) ist dafür die Zustimmung des Bezirksabgeordneten erforderlich, der Vertreter des Ehemannes und der -frau zu Rate ziehen muß. In Iran vor der islamischen Revolution schrieb das Familienschutzgesetz von 1971, 1975 die Einholung einer Gerichtsgenehmigung vor, ehe eine zweite Ehe eingegangen werden durfte. Die Erteilung der Gerichtsgenehmigung wurde abhängig gemacht von a) der Zustimmung der Ehefrau oder davon, daß b) sie unfähig oder unwillens war, die ehelichen Pflichten zu erfüllen, c) geisteskrank war, d) an einer unheilbaren Krankheit litt, e) abhängig von Drogen, Alkohol oder Glücksspielen war, g) die Familie verlassen hatte oder h) steril geworden war. In Marokko, Libanon und Pakistan ist es gestattet, im Ehevertrag ein Verbot für eine zweite Ehe während des Bestandes der ersten Ehe zu vereinbaren. In Syrien wird die Erteilung einer Genehmigung davon abhängig gemacht, ob der Ehemann materiell in der Lage ist, mehr als eine Frau zu ernähren.

In Ägypten hatte Präsident Sadat (Anwār as-Sādāt) 1979 ein ,,eiliges Dekret" unter Umgehung des Parlaments erlassen, dessen Urheberin angeblich seine Frau Jihan (Jihān as-Sādāt) war. Deshalb erhielt es im Volksmund den Beinamen ,,Jihan-Gesetz". Danach bekam die Ehefrau eines Muslims, der eine zweite Frau ehelichen wollte, das Recht zugesprochen, sich scheiden zu lassen. Im Mai 1985 wurde dieser Erlaß vom Obersten Ägyptischen Verfassungsgericht aus verfahrenstechnischen Gründen aufgehoben. Am 1. 7. 1985 verabschiedete das Parlament ein Gesetz, wonach der Ehefrau für den Fall des „materiellen oder moralischen Schadens" durch das Eingehen einer weiteren Ehe durch den Ehemann das Recht zuerkannt wurde, gerichtlich die Scheidung zu begehren. Algeriens Familiengesetz (1984) sieht vor, daß der Ehemann seine Absicht, eine zweite Ehe einzugehen, seiner mit ihm noch verheirateten ersten Frau mitteilen muß. Für den Fall einer Mißbilligung erhält die erste Frau das Recht, auf Ehescheidung zu klagen.

Sowohl im Sudan als auch in Libyen wurde die Erlaubnis zur Mehrehe trotz Novellierung der Personalstatuten beibehalten. Die Ausrufung des religiösen Rechts (sharī'a) im Sudan durch Numeiri (Ja'far an-Numairī) 1983 bewirkte sogar die Rücknahme einiger durch die Liberalisierung des Eherechts eingeleiteter Reformen. In Libyen hat inzwischen Gaddafi (Mu'ammar al-Qadhdhāfī) zur Überwindung des Harems und der Sklaverei von Frauen aufgerufen. In Kuwait führte 1973 die Forderung nach Abschaffung der Polygamie zu tumultartigen Szenen im Parlament. Die Traditionalisten verhinderten dadurch die Behandlung eines Antrages gegen die Mehrehe.

Im schiitischen Islam kommt der Institution der Zeitehe *mut'a,* in Iran auch *ṣīgha* genannt, eine besondere Bedeutung zu. Sie wird für eine vorher bestimmte Zeitspanne abgeschlossen, an deren Ende sie ohne Scheidung als beendet gilt. Die Ehefrau auf Zeit ist vom Erbe des Ehemannes auf Zeit ausgeschlossen und hat nach Beendigung des Ehevertrages keinerlei Versorgungsansprüche gegen ihn. Die Kinder aus dieser Ehe haben allerdings die gleichen Rechte wie Kinder aus einer normalen Ehe. Seit der islamischen Revolution 1979, insbesondere seit dem Beginn des Golfkriegs, ist die Zahl der Zeitehen sprunghaft gestiegen. Als Grund dafür wird die große Anzahl von Kriegerwitwen angegeben, denen nichts anderes übrigbleibt, als durch den Abschluß von Zeitehen ihren Lebensunterhalt zu verdienen.

Generell muß zur Polygamie festgestellt werden, daß sie sich in der islamischen Welt auf dem Rückzug befindet. Am verbreitesten ist sie nach wie vor in Afrika, an zweiter Stelle in den arabischen Ländern. Auf dem indischen Subkontinent kommt sie immer seltener vor. Sie macht nicht einmal ein Prozent aller Ehen aus. Unter den Muslimen Indonesiens, Malaysias und der Philippinen wird sie ebenfalls seltener. Bei den Muslimen in der Volksrepublik China soll sie so gut wie nicht mehr vorkommen.

3.2 Ehescheidung

Zu den ernsten Problemen in Zusammenhang mit der Frauenfrage in der islamischen Gesellschaft gehört das Scheidungsrecht. Nach klassisch-islamischer Rechtslehre sind nur die Männer mit dem Privileg des Scheidungsrechts ausgestattet. Die Frauen können höchstens ihre Ehemänner darum bitten, in die Scheidung (khul') einzuwilligen. In diesem Fall muß ein Gericht eingeschaltet werden. Dagegen kann der Ehemann die Scheidung, richtiger: Verstoßung (ṭalāq), selbständig aussprechen. Sein Scheidungsspruch ist auch dann noch gültig, wenn er mißbräuchlich auf einmal und nicht in drei aufeinander folgenden Monaten, wie es der Koran vorschreibt, ausgesprochen wird, und womöglich in Zorn, Scherz oder im betrunkenen Zustand hervorgebracht wird. Lediglich die malikitische Rechtsschule erlaubt der Frau uneingeschränkt die Beantragung der Scheidung beim Gericht. Die Frau muß im Scheidungsfall die Morgengabe (mahr) zurückerstatten, wenn sie sie bereits empfangen hat, oder darauf verzichten, wenn sie sie nicht empfangen hat. Sie darf die Morgengabe nur dann behalten, wenn ihr Ehemann die Scheidung auf eigene Initiative ausspricht und nicht von ihr darum gebeten wird. Der Liberalisierungsansatz läge darin, den Frauen uneingeschränkt das gleiche Recht auf Scheidung zuzubilligen, wie es den Männern zusteht.

Die Türkei tat 1915/17 den ersten Schritt in diese Richtung, als den Frauen im Gegensatz zur dort herrschenden hanafitischen Rechtsschule die Beantragung der Scheidung beim Gericht zugestanden wurde. Diesem Schritt folgten Ägypten und der Sudan (1920, 1929), Indien (1939) und Jordanien (1951). Tunesien ging (1956) am weitesten und stellte die Frauen im Scheidungsrecht den Männern gleich. Für beide wurde die Einschaltung des Gerichts für obligatorisch erklärt. Algerien erkannte den Frauen das Recht zu, unter bestimmten Bedingungen gerichtlich die Scheidung zu beantragen. Nach dem „Code de statut personnel et successoral“ (1957, 1958) von Marokko kann die Frau die Scheidung gerichtlich durchsetzen, wenn sie die Verletzung der Unterhaltspflicht durch den Ehemann, schlechte Behandlung durch ihn oder seine Abwesenheit ohne vernünftigen Grund nachweisen kann. Berichten zufolge verweigern die Gerichte in den allermeisten Fällen den Frauen trotz vorliegender Beweise die Scheidung. Libyens Eherecht (1972) erlaubt in Anlehnung an den malikitischen Ritus der Frau die Beantragung der Scheidung beim Gericht. Die Ehe kann auch dann geschieden werden, wenn sich die Gründe des Zerwürfnisses (shiqāq) nicht mehr im einzelnen ermitteln lassen. Kuwaits Personalstatut (1984) gibt der Frau das Recht, im Falle einer Abwesenheit des Ehemannes für länger als ein Jahr gerichtlich die Scheidung zu beantragen. Das Personalstatut Südjemens (1971, 1974) schreibt die Überprüfung des Scheidungsantrags durch ein Tribunal vor. Angenommen werden darf er nur beim Vorliegen folgender Gründe: Kinderlosigkeit, Erkrankung an einer unheilbaren Krankheit und Charakterunverträglichkeit. Pakistans Oberster Gerichtshof hat ebenfalls die Charakterunverträglichkeit und die seelische Grausamkeit als Gründe für Scheidung anerkannt. In Iran gilt seit der Aufhebung des „Family Protection Act“ (FPA) (1967, 1975) die alte schiitische Lehrmeinung, wonach das Scheidungsrecht ein Vorrecht des Mannes darstellt. Er kann es aber auf andere, z.B. die Ehefrau, übertragen. Im FPA waren die Frauen darin dem Mann gleichgestellt worden bzw. beiden war auferlegt worden, die Scheidung beim Gericht zu beantragen. Syriens Personalstatut (1953) gesteht zwar dem Mann das Recht zu, seine Frau zu verstoßen, aber er muß bei Nichtvorliegen von überzeugenden Gründen Unterhalt für die Dauer eines Jahres bezahlen. Dies läßt sich natürlich nur über ein Gericht durchsetzen.

Es gibt — wie gesagt — nur wenige islamische Länder, in denen das Scheidungsrecht nicht zumindest teilweise reformiert wurde. Fast überall können sich Frauen gerichtlich scheiden lassen, wenn sie von ihren Männern verlassen oder mißhandelt werden, von diesen keinen Lebensunterhalt bekommen, wenn die Ehemänner geisteskrank sind oder an Krankheiten leiden, die es für Frauen unzumutbar machen, die eheliche Gemeinschaft fortzuführen.

3.3 Sorgerecht

Grundsätzlich steht die Vormundschaft für minderjährige Kinder dem Vater zu. Er übt die Aufsicht sogar in der Zeit aus, in der sie sich in der Obhut der Mutter befinden. Über die Zeitdauer, die die Kinder bei der Mutter verbringen dürfen, existiert keine Einigung. Nach der hanafitischen Rechtsschule dürfen Knaben bis zur Vollendung des siebten und Mädchen bis zur Vollendung des neunten Lebensjahres bei der Mutter verbleiben. Die schafiitische Rechtsschule ist für den Verbleib der Kinder bei der Mutter bis zur Vollendung des siebten Lebensjahres. Danach müssen sie selber entscheiden, bei welchem Elternteil sie leben möchten. Die hanbalitische Rechtsschule sieht die gleiche Regelung mit dem Unterschied vor, daß die Knaben die Wahl des Elternteils haben, die Mädchen dagegen müssen zum Vater. Die schiitische Zwölferkonfession erlaubt den Verbleib von Buben bei der Mutter bis zur Vollendung des zweiten und von Mädchen bis zum siebten Lebensjahr. Die malikitische Rechtsschule erlaubt den Verbleib der Kinder bei der Mutter bis zur Erreichung der Pubertät, im Falle der Mädchen sogar bis zu deren Vermählung.

Generell gilt für alle Rechtsschulen, daß der Mutter das vorübergehende Sorgerecht entzogen wird, wenn einer der folgenden vier Gründe vorliegt: a) sie heiratet einen fremden Mann, der mit dem Kind nicht verwandt ist; b) sie entzieht das Kind der Kontrolle und Aufsicht des Vaters; c) sie konvertiert zu einer anderen Religion; d) sie führt ein amoralisches Leben.

In vielen islamischen Ländern hat die Rechtspraxis sich von dieser starren Reglementierung entfernt. Immer mehr setzt sich die Einsicht durch, daß bei den Entscheidungen um das Sorgerecht das Wohl des Kindes die Priorität haben muß. Gesetzlich haben dies bisher die Länder Tunesien, Irak, Syrien, Südjemen und Iran (vor der islamischen Revolution) festgelegt. Auf dem indischen Subkontinent führten entsprechende Gerichtsurteile zum gleichen Ergebnis.

Seit Juli 1985 gilt in Ägypten die Altersgrenze von zehn Jahren für Knaben und 15 Jahren für Mädchen für den Verbleib bei der Mutter. Gerichtlich darf die Altersgrenze für Knaben auf 15 Jahre und für Mädchen bis zu deren Vermählung angehoben werden. In Algerien bekommt die Mutter den Sohn bis zu seinem 10. Lebensjahr, mit der Möglichkeit, ihn für weitere sechs Jahre zu behalten, wenn sie nicht wieder heiratet. Die Tochter bleibt bei ihr bis zur Erreichung des heiratsfähigen Alters. Das ist zur Zeit das 18. Lebensjahr.

3.4 Unterhaltsregelung

Unter den Rechtsschulen besteht Einigkeit darüber, daß die Unterhaltspflicht des Mannes gegenüber seiner geschiedenen Frau nur bis zur Erlangung der Rechtskraft der Scheidung besteht, die eine Zeitspanne von drei Menstruationsperioden beträgt. Im Falle des Vorliegens einer Schwangerschaft dehnt sie sich nach hanafitischer Rechtsschule auf die Zeit aus, in der die Frau das Kind austrägt und dann stillt — die Stillzeit wird auf zwei Jahre berechnet. Das Personalstatut von Syrien (1953) sieht als Abschreckung vor eilfertiger Verstoßung die Unterhaltszahlung für ein ganzes Jahr vor. Tunesien (1956) will auf die gleiche Weise abschrecken, spezifiziert aber die Zeit nicht, für die ein Unterhalt gezahlt werden muß. Eine Entscheidung des Obersten Gerichtshofes Indiens im Juni 1985 zur Unterhaltsgewährung für eine geschiedene Muslimfrau führte zu Protestaktionen durch die Muslime im ganzen Land. Man brandmarkte die Gerichtsentscheidung als eine Einmischung in das „Muslim Personal Law" und kündigte erbitterten Widerstand an. Nicht strittig dagegen ist die Unterhaltspflicht des Mannes für die Kinder auch für die Zeit, die sie bei der Mutter verbringen.

3.5 Das Erbrecht

Eine Notwendigkeit der Korrektur am Erbrecht im Zusammenhang mit der Verbesserung der Stellung der Frau wird in der islamischen Gesellschaft kaum diskutiert. Der Islam hat zwar den Frauen einen Anteil am Erbe zugebilligt, aber sie in dieser Hinsicht mit den Männern nicht gleichgestellt. Generell gilt, daß der Anteil der Frau die Hälfte dessen ausmacht, was dem Mann zusteht. Die einzige Tochter eines Ehepaares z.B. erbt die Hälfte der Hinterlassenschaft ihrer Eltern. Sollte sie aber einen Bruder haben, so bekommt sie die Hälfte dessen, was ihm zusteht.

Bisher hat lediglich Somalia Männer und Frauen im Erbrecht gleichgestellt. Das Familienrecht von Tunesien (1965) billigt den Töchtern Vorrechte vor der Verwandtschaft der Seitenlinie zu. Die leiblichen Kinder schalten nach dem irakischen Gesetz (1963) alle anderen Verwandten vom Erbe aus. In Ägypten, dem Sudan und dem Irak sind Schenkungen an Erben zugelassen. Dadurch ist es möglich, den Töchtern oder Ehefrauen mehr zukommen zu lassen, als durch das islamische Erbrecht vorgesehen ist. Im Libanon genießen die schiitischen Frauen das Recht auf Alleinerbe.

4. Die allgemeine Lage der Frauen

Die Lage der Frauen in der islamischen Welt entwickelt sich, wie es nicht anders sein kann, von Land zu Land unterschiedlich. Sogar innerhalb der jeweiligen Länder lassen sich große Unterschiede zwischen den verschiedenen Gesellschaftsschichten feststellen. Die islamische Welt hält nach wie vor am Prinzip der Geschlechtertrennung fest. Dessen sichtbares Zeichen ist der Schleier, der nach einer Zeit des Rückgangs offenkundig eine Renaissance erlebt. Er bewirkt eine Segregation von Männern und Frauen. Vom Grad dieser Geschlechtertrennung hängt es ab, inwieweit die Frauen Bildungs- und Ausbildungschancen erhalten, arbeiten dürfen und/oder sich am gesellschaftlichen Leben beteiligen können.

4.1 Das Schleiergebot

Die Meinungen über das Schleiergebot sind unter den Muslimen seit jeher konträr. Die Traditionalisten gehen von einer vom Koran vorgeschriebenen Pflicht für jede erwachsene Frau aus, sich zu verhüllen. Andere sprechen davon, daß damit lediglich ein ungehemmtes Verhalten von Frauen unterbunden werden sollte. Die Modernisten sehen den Schleier als fortschrittshemmend an und wollen ihn beseitigen.

Der Schleier konnte sich in den meisten afrikanischen und südasiatischen Staaten nicht durchsetzen. Lediglich in der arabischen Welt und in Westasien wurde das Schleiergebot beachtet. Im Zuge der Nationalbewegung in Ägypten, an der sich Frauen durch Straßenkundgebungen beteiligten, kam es 1923 dazu, daß sie öffentlich den Schleier ablegten. In der Türkei sprach Kemal Atatürk sich gegen den Schleier aus, aber er verhängte kein Verbot. Im Gegensatz zu ihm erließ König Amanollah (Amān Allāh) von Afghanistan 1928 ein Verbot und mußte dies mit dem Verlust der Krone bezahlen. Irans Reza Shah (Reżā Shāh) schaffte ihn 1935 per Dekret ab.

Ungeachtet dieser Entwicklung halten große Teile der islamischen Welt am Schleier fest. Teilweise führte sogar der Erfolg von Befreiungsbewegungen, z.B. in Algerien, dazu, zur traditionellen Frauenrolle zurückzufinden. Auch die islamische Revolution in Iran bewirkte eine Schlechterstellung der Frauen, von denen seither verlangt wird, sich in der Öffentlichkeit mit dem *Tschador* verhüllt zu zeigen.

4.2 Ausbildung

Bedingt durch die untergeordnete Stellung der Frauen wurde traditionell die Ausbildung von Mädchen zugunsten der Knaben vernachlässigt. Häufig wird eine schulische Ausbildung für Mädchen nicht für wichtig erachtet. Dort, wo sie doch zur Schule gehen, und dies ist mittlerweile in fast allen Ländern der Fall, werden sie in der Regel früher als Knaben von der Schule genommen. In der letzten Zeit steigt überall die Zahl von Schülerinnen und Studentinnen. An der Universität Kuwait z.B. haben Studentinnen längst ihre männlichen Kommilitonen an Zahl überflügelt.

Die Gründung von separaten Mädchenschulen begann in vielen Ländern im 19. Jahrhundert, aber der eigentliche Durchbruch kam erst in der zweiten Hälfte dieses Jahrhunderts. Die Koedukation in den Schulen wurde bereits sehr früh praktiziert. Sie erwies sich als ein Problem, da viele dem Gedanken der Geschlechtertrennung nachhingen und davor zurückscheuten, weibliche Familienangehörige in die gemischten Lehranstalten zu schicken. Nur in den unteren Klassen und in Spezialschulen in den Städten werden Knaben und Mädchen in den 80er Jahren noch gemeinsam unterrichtet.

An den Universitäten dagegen war und ist die Koedukation vielfach eine Notwendigkeit, da separate Einrichtungen nicht vorhanden sind, oder das geeignete Lehrpersonal fehlt. Die Universität Istanbul ging bereits 1921 zur Koedukation über. Andere Hochschulen folgten diesem Schritt; die Universität Teheran z.B. 1940. Nach der islamischen Revolution wurde sie generell in Iran abgeschafft. Das kuwaitische Parlament lehnte 1983 einen entsprechenden Antrag ab. Saudi-Arabien führte sie erst gar nicht ein. Das fehlende weibliche Lehrpersonal wird durch die Übertragung von Vorlesungen über Hausfernsehen ersetzt. Die Bibliothek darf an einem Tag in der Woche nur von den weiblichen Universitätsangehörigen benutzt werden. Pakistan plant die Gründung von Universitäten für Frauen. Es bleibt abzuwarten, ob dies zur Abschaffung der gegenwärtig an den Hochschulen praktizierten Koedukation führen wird. Beschränkungen hinsichtlich der Studienfächerwahl für Frauen gibt es außer in Saudi-Arabien kaum noch. Die Bevorzugung des Studiums der Philologie und der Medizin durch Studentinnen ist durch die späteren Berufsaussichten bedingt.

4.3 Berufschancen

In der islamischen Lehre gibt es kein Verbot der Berufsausübung für Frauen. Trotzdem existieren gesellschaftlich sanktionierte und von der islamischen Tradition geförderte Hemmnisse, vor allen Dingen das Geschlechtertrennungsgebot, das es den Frauen sehr schwer macht, eine berufliche Tätigkeit außer Haus anzunehmen. Es gilt in erster Linie zu vermeiden, Tätigkeiten auszuüben, die einen Kontakt mit dem anderen Geschlecht bedingen. Die Bereitschaft, eine alleinstehende und für sich selbst sorgende Frau zu akzeptieren, ist jedoch in letzter Zeit gewachsen. Der Frauenanteil in der Landwirtschaft und im Handel, z.B. in Afrika und Südostasien, war im übrigen stets hoch. Die Bereitschaft von Frauen, Arbeit in der Industrie und im Dienstleistungsgewerbe anzunehmen, wächst dagegen im Vergleich zu derjenigen von Frauen aus ökonomisch und entwicklungsmäßig vergleichbaren Ländern der Dritten Welt, nur sehr langsam. Verhältnismäßig gute Arbeitsmöglichkeiten haben Frauen in qualifizierten Berufen, wie z.B. im Lehrerberuf, im Gesundheitswesen als Ärztinnen oder Krankenschwestern oder bei den Büroberufen etwa im Bank- oder Versicherungssektor. Einen schweren Rückschlag erlitten die Frauen in Iran, als sie nach der islamischen Revolution von sämtlichen Posten bei der Justiz ausgeschlossen wurden. Sie sind auch als Rechtsanwältinnen nicht mehr zugelassen.

4.4 Partizipation am Gesellschaftsleben

Das allgemeine Gesellschaftsleben wird in der islamischen Welt — und nicht nur dort — nach wie vor von den Männern beherrscht. Die Benachteiligung von Frauen in fast allen Lebensbereichen ist die Regel. Unter dem Deckmantel der Schutzbedürftigkeit der Frauen, die in Wirklichkeit nur eine Folge ihrer Unterprivilegierung ist, wird den Frauen sogar häufig das Entscheidungsrecht in Sachen genommen, die sie selber betreffen. Das fängt mit dem Schleierzwang an, erstreckt sich auf die Ausbildung, Eheschließung und -scheidung und Berufsausübung bis hin zur Frage der Abtreibung, die, zugegebenermaßen, nicht nur in der islamischen Gesellschaft strittig ist. Über die Abtreibungsproblematik findet in der islamischen Welt keine Diskussion statt. Die Abtreibung gilt allgemein als verwerflich. Bemerkenswert ist aber, daß nach jahrzehntelanger Verweigerung durch Schriftgelehrte, die Geburtenkontrolle als ein legitimes Mittel der Bevölkerungsplanung anzuerkennen, diese Frage heute in der islamischen Welt diskutiert wird. 1972 fand in Rabat eine Tagung zum Thema: ,,Der Islam und die Familienplanung" statt. Die meisten Muslimstaaten unternehmen große Anstrengungen, die Familienplanung zu propagieren, obwohl sie von der konservativen Liga der Islamischen Welt als eine ,,Erfindung der Feinde des Islams" angeprangert wird.

Die Beteiligung von Frauen an der Kommunal-, Provinz- und Landespolitik ist in den Muslimstaaten nicht sehr ausgeprägt. In Saudi-Arabien und anderen Golfstaaten ist ihnen jedwede politische Betätigung untersagt. Immerhin wird in Kuwait die Frage, ob den Frauen das Stimmrecht gewährt werden soll oder nicht, seit 1973 leidenschaftlich diskutiert. Der Kronprinz, der in Personalunion auch Premierminister ist, sprach sich 1981 dafür aus, den Frauen das aktive Wahlrecht zu gewähren. Die Nationalversammlung folgte 1982 seinem Rat nicht und lehnte eine entsprechende Gesetzesvorlage ab. 1974 gewährte Jordanien den Frauen das Stimmrecht, wovon sie erstmals 1980 bei den Kommunalwahlen Gebrauch machen durften. Bei den Parlamentswahlen 1983 allerdings erhielten sie nur das aktive Wahlrecht. In fast allen übrigen Muslimstaaten besitzen Frauen das volle Wahlrecht. In einigen Staaten, z.B. Pakistan, ist für Frauen eine bestimmte Anzahl von Sitzen sowohl in der Nationalversammlung als auch in den Provinzparlamenten reserviert. An der Wahl zur Besetzung dieser Sitze nehmen lediglich Parlamentsmitglieder teil. Den Frauen bleibt unbenommen bei den allgemeinen Wahlen zu kandidieren. Bei den Wahlen 1985 konnte lediglich eine einzige Frau einen Parlamentssitz direkt gewinnen. In Iran gewannen 1980 mehrere Frauen Parlamentsmandate bei den Wahlen.

Frauenverbände, die sich für die Belange der Frauen einsetzen, gibt es in fast jedem Muslimstaat. In einigen Ländern, z.B. Syrien, Sudan, Algerien, Libyen, Südjemen, Afghanistan, Irak, werden sie von den jeweiligen Regierungen gelenkt. In wenigen Ländern, etwa Ägypten und Pakistan, existieren von den Regierungen unabhängige Frauenverbände, die sich kämpferisch-emanzipatorisch betätigen. Als 1984 in Pakistan das islamische Zeugnisrecht eingeführt wurde, wonach Frauen vor Gericht als halbe Zeugen erklärt wurden, protestierte die Vereinigung von berufstätigen Frauen öffentlich gegen dieses Vorhaben.

Literatur:

Ahmed, M.D. 1982: Die Frau in der islamischen Gesellschaft, aus: Jäger, A. u. Wildermuth, A. (Hrsg.): Der unbekannte Islam, Zürich, 121-140.

Beck, L. u. Keddie, N. (Hrsg.) 1978: Women in the Muslim world, Cambridge/Mass.

Elwan, O. 1968: Das Problem der Empfängsnisregelung und Abtreibung. Die herrschende Auffassung des Staates und der religiösen Kreise in islamischen Ländern, in: Zeitschrift für Vergleichende Rechtswissenschaft, Stuttgart, Jg. 70, 25-80.

Hodkinson, K. 1984: Muslim family law; a source book, London.

Hussain, F. (Hrsg.) 1984: Muslim women, London.

Otto, I. u. Schmidt-Dumont, M. 1982: Frauenfragen im Modernen Orient. Eine Auswahlbibliographie, Hamburg.

dies. 1985: Frauenfragen im Modernen Orient. Kurzbibliographie, Hamburg.

Mernissi, F. 1975: Beyond the veil — Male-female dynamics in a modern Muslim society, Cambridge/Mass.

Richter-Dridi, I. 1981: Frauenbefreiung in einem islamischen Land — ein Widerspruch? Das Beispiel Tunesien, Frankfurt a.M.

el-Saadawi, N. 1980: Tschador-Frauen im Islam, Bremen.

Walther, W. 1980: Die Frau im Islam, Stuttgart.

VI. Erziehung und Bildung

Munir D. Ahmed

1. Historische Entwicklung

Die Länder des Nahen und Mittleren Ostens blicken auf ein reiches kulturhistorisches Erbe — nicht zuletzt auf dem Gebiet des Erziehungswesens — zurück. Bereits zu Lebzeiten Muḥammads begann der Aufbau eines Unterrichtswesens. Dieser mündete später in die Errichtung eines Schulwesens. Es sollte das Leben der Muslime nachhaltig beeinflussen und bestand im wesentlichen aus zwei Institutionentypen, die zum Teil noch im 20. Jahrhundert in der islamischen Welt angetroffen werden.

Der erste Typ, der die Bezeichnung *kuttāb* (weitere Bezeichnungen: zāwiya, khalwa) trug, entspricht im weitesten Sinne der heutigen Elementarschule. Der zweite Typ verkörpert eher eine Art Erwachsenenbildung, in deren Mittelpunkt die religiösen Disziplinen standen. Aus dem häufig in den Moscheen beheimateten Vorlesungswesen (majlis, ḥalqa) entwickelte sich im Laufe der Jahrhunderte ein Bildungswesen, das zur Gründung von permanenten Bildungseinrichtungen in der Form von *madrasa* und Moschee-Hochschulen (z.B. al-Azhar in Kairo; az-Zaitūna in Tunis und al-Qarawīyīn in Fez) führte. Bemerkenswert ist dabei die vielfach anzutreffende Kontinuität des Lehrbetriebs bis in die Gegenwart. Teilweise wurden die alten ehrwürdigen Institutionen im Laufe der Zeit in Universitäten umbenannt, wie die al-Azhar-Universität, wo heute durchaus nicht nur religiöse Wissenschaften gelehrt werden; teilweise wurden sie auch in einen modernen Hochschulbetrieb integriert, wie dies bei der az-Zaitūna in Tunis der Fall ist.

Ohne nennenswerte Veränderungen oder Reformen existierte dieses Bildungswesen bis Anfang des vorigen Jahrhunderts. Mit dem Aufbau eines neuen Bildungssystems begann in der arabischen Welt der damalige Gouverneur von Ägypten Muḥammad ʿAlī, der nach dem Abzug der Franzosen (1801) begann, sich von der osmanischen Vorherrschaft zu befreien. Sein Interesse an den europäischen Ausbildungsinstitutionen und Methoden war aus militärischen Überlegungen heraus entstanden. Dementsprechend waren auch die von ihm gegründeten höheren Schulen ausgerichtet, deren Lehrpersonal vorwiegend aus europäischen Militärs bestand. Ein Elementarschulwesen gab es auch, aber die Lehrer der neuen *maktab* waren Absolventen des alten Erziehungssystems und waren überdies ohne jegliche Lehrerausbildung. Dieses Bildungssystem, das keinesfalls für die Allgemeinheit gedacht war, wurde ein Opfer der finanziellen Schwierigkeiten des Landes, die zur Übernahme der Finanzhoheit Ägyptens durch Frankreich und Großbritannien und zum englischen Protektorat führten.

Die neuen Herren hatten wenig für den Aufbau eines Bildungswesens übrig. Durch die Einführung von Unterrichtsgeld machten sie für die ärmeren Schichten den Schulbesuch unmöglich. Die Schule wurde außerdem dazu degradiert, lediglich Beamte für die unteren Dienstgrade auszubilden. Die Vernachlässigung des Bildungswesens durch die englische Protektoratsmacht rief die ägyptischen Führer auf den Plan, die 1907/08 auf eigene Faust die „ägyptische Universität" errichteten. Eine umfassende nationale Bildungspolitik konnte aber erst nach Beendigung des Protektorats 1922 einsetzen. Der eigentliche Durchbruch wurde nach der Revolution von 1952 erzielt.

Im Sudan geschah auf dem Gebiet des Bildungswesens im 19. Jahrhundert während der ägyptischen Herrschaft fast nichts. Der Aufbau eines rudimentären Schulwesens durch das britisch-ägyptische Kondominium beschränkte sich auf den arabisierten und zum Islam gehörenden Nordsudan. Die Südprovinzen überließ man den christlichen Missionen. Regierungsschulen wurden im Südsudan nach dem Zweiten Weltkrieg eröffnet. Erst nach Erringung der Unabhängigkeit 1956 wurde versucht, im ganzen Land eine einheitliche Bildungspolitik durchzuführen.

Große Teile der arabischen Welt gehörten bis zum Ersten Weltkrieg dem Osmanischen Reich an und mußten sich daher nach der Bildungspolitik Konstantinopels richten. Insbesondere galt dies für Syrien (umfaßte damals auch Libanon und Palästina) und den Irak, die zum Kernbereich des Reiches zählten, aber auch für die Hedschas, Jemen und Libyen. Die Sultane bemühten sich seit Anfang des 19. Jahrhunderts, dem traditionellen Bildungssystem mit einem nach dem europäischen Muster aufgebauten Schulwesen Konkurrenz zu machen. Die ersten vier Schuljahre galten als Pflicht und bildeten die Elementarschule, gefolgt durch die *rushdīya* (Schule für Heranwachsende), die Vorbereitungsstufe und die *sulṭānīya* (höhere Sekundarschule). Daran schlossen sich die technische und die Lehrerausbildung sowie Militärschulen an. In Konstantinopel gab es höhere Schulen für Medizin, Verwaltung, Recht und Literatur, die später in *Darülfünun* (heutige Universität Istanbul) zusammengefaßt wurden.

Damaskus verfügte Anfang des 20. Jahrhunderts über höhere Schulen für Medizin, Recht, Militär sowie Literatur- und Naturwissenschaften. Die christliche Minorität besaß unter dem *millet*-System des Osmanischen Reiches interne Autonomie, die sich auch auf das Erziehungswesen erstreckte. Bereits seit dem 18. Jahrhundert gab es im heutigen Libanon von französischen Orden errichtete katholische Schulen, zu denen später protestantische und orthodoxe Schulen aus den USA, Großbritannien, Rußland und Deutschland hinzukamen. Die Universität St. Joseph war einst ein Jesuiten Kolleg und die Amerikanische Universität Beirut begann als Syrian Protestant College.

Frankreichs Übergriff auf Nordafrika — Algerien 1830 und Tunesien 1881 — war von der Idee der *mission civilisatrice* getragen. Algerien sollte ganz französisch werden und seine arabische Vergangenheit bis hin zur Sprache ablegen. Das von der Kolonialmacht aufgebaute Schulsystem war auf dieses Ziel gerichtet, abgesehen davon, daß nur wenige Algerier überhaupt Zugang dazu hatten. In Tunesien ging man nicht ganz so weit, weil dort angeblich die vorgefundenen Strukturen besser intakt waren. Die praktischen Folgen für das Bildungswesen waren in beiden Ländern gleich verheerend.

Pakistan stand bis nach dem Zweiten Weltkrieg unter der Kontrolle Großbritanniens. Auch dort ging es zunächst um die Zerschlagung des herkömmlichen Bildungssystems. 1835 errichtete man ein neues Schulsystem, dessen Aufgabe es war, „Indern Engländer dunkler Hautfarbe zu machen“. In Wirklichkeit wollte man lediglich Beamte für untergeordnete Positionen ausbilden.

Es gibt im Nahen und Mittleren Osten auch Länder, die nie, nur kurz oder nur indirekt Kolonien gewesen sind. Die Versäumnisse auf dem bildungspolitischen Gebiet sind dort teilweise noch schlimmer als in den ehemaligen Kolonialgebieten. In Afghanistan gab es 1931 lediglich zwei höhere Schulen. In Saudi-Arabien wurde mit dem Aufbau eines modernen Schulsystems erst in den 50er Jahren begonnen. Die meisten Golfstaaten besaßen bis vor zwei Jahrzehnten kaum Schulen. In Oman gab es 1970 bei der Machtübernahme durch Sultan Qaboos (Qābūs ibn Sa'īd Āl Sa'īd) lediglich drei Elementarschulen und einige wenige *kuttāb*.

2. Die nationalen Bildungssysteme

Die Darstellung der nationalen Bildungssysteme erfolgt in alphabetischer Reihenfolge nach einheitlichen Kriterien, um Vergleiche zu erleichtern.

Afghanistan — Allgemeines: Es besteht Schulzwang für die Primarschule ab dem siebenten Lebensjahr. In dieser Stufe ist der Schulunterricht kostenlos. Die Unterrichtssprachen sind je nach Landesteil Dari oder Paschtu. *Administration:* Sie erfolgt zentral von Kabul aus durch das Erziehungsministerium und das Ministerium für Höhere- und Berufsbildung. *Struktur:* Primarschule (vier Schuljahre); Grundschule (vier Schuljahre); Mittelschule (zwei Schuljahre); Religiöse Schulen. Es existieren zwei Universitäten und drei polytechnische Hochschulen. Zu den bestehenden acht Berufs- und Technikerschulen (Industrie, Landwirtschaft, Transport, Bauwesen, Radio- und Fernsehen) sind weitere geplant (1987); ebenso ein Technikum zur Industriepädagogik.

Ägypten — Allgemeines: Es besteht Schulzwang für die Primarschule ab dem sechsten Lebensjahr. Die Ausbildung ist in allen staatlichen Einrichtungen auf allen Stufen kostenlos. Koedukation gibt es in der Primarschule und an der Universität, mit Ausnahme der al-Azhar-Universität. Die Unterrichtssprache ist Arabisch bis auf die ausländischen Schulen, wo neben Arabisch in der jeweiligen Sprache des Ursprungslandes der Schule (Deutsch, Französisch, Englisch) unterrichtet werden darf. *Administration:* Das Erziehungswesen wird von Kairo aus zentral verwaltet, ist aber auf drei Ministerien aufgeteilt. Dem Erziehungsministerium untersteht das allgemeine Unterrichtswesen (Kindergärten, das Zentrum für die Beseitigung des Analphabetentums, Primar-, Vorbereitungs- und Sekundarstufen, Sonderschulen und die Ausbildung von Lehrern für die Primarschulen und die Hochschulen). Das Ministerium für höhere Bildung ist zuständig für Stipendien und für die Überwachung der wissenschaftlichen Institutionen sowie für die Technikerausbildung. Das Ministerium für Angelegenheiten der al-Azhar überwacht die religiöse Ausbildung. Die Universitäten sind autonom und gehören dem Höheren Rat der Universitäten an, an deren Spitze der Erziehungsminister steht. *Struktur:* Primarstufe (sechs Schuljahre); Vorbereitungsstufe (drei Schuljahre); Sekundarstufe (drei Schuljahre); höhere technische Ausbildung (ein bis zwei Jahre); höheres technisches Institut (ein bis fünf Jahre); Universität (ein bis vier/fünf bis sechs Jahre). Nach Absolvierung der Vorbereitungsstufe sind Schüler in den folgenden Einrichtungen zugelassen: a) allgemeine Sekundarschule, in der einjähriger gemeinsamer Unterricht stattfindet. Dann teilt sich die Sekundarstufe in einen humanistischen und einen mathematisch-naturwissenschaftlichen Zweig; b) technische Schule (Industrie, Handel oder Landwirtschaft); c) Lehrerausbildungsschulen für Primarschullehrer; d) technische Schulen mit einer fünfjährigen Ausbildungsdauer. Zur Zeit (1987) gibt es elf Hochschulen sowie die al-Azhar-Universität in Kairo, die in Asyut eine Außenstelle unterhält.

Algerien — Allgemeines: Schulzwang gilt vom sechsten bis zum 16. Lebensjahr. Die Bildung ist auf allen Ebenen kostenfrei. Die Privatschulen wurden vom Staat übernommen und in das allgemeine Bildungswesen eingegliedert. Eine Reform des Erziehungswesens begann 1973. Deren Abschluß war für Mitte der 80er Jahre vorgesehen. Geplant ist die Aufgabe der früher praktizierten Trennung zwischen allgemeiner und technischer Bildung. Gleichzeitig wurde eine Dezentralisierung des Bildungssystems eingeleitet. Koedukation wird in vielen Schulen praktiziert, daneben gibt es aber auch reine Mädchenschulen. Nach der Unabhängigkeit holte man viele ausländische Lehrer, insbesondere aus den arabischen Staaten ins Land. Sie werden nach und nach durch inzwischen herangebildete algerische Lehrer ersetzt. Die Unterrichtssprache ist offiziell Arabisch, aber auf eine vollständige Verdrängung des Französischen wurde bisher verzichtet. Die Arabisierung war eines der Hauptanliegen der algerischen Bildungspolitik, deshalb wurde dieses Ziel mit

Nachdruck verfolgt. Studenten werden für höhere Bildung und zur Spezialisierung ins Ausland geschickt. *Administration:* Das Ministerium für Primar- und Sekundarausbildung ist für Primar- und Sekundarschulen sowie für die Lehrerausbildung zuständig. Die Postsekundarausbildung liegt in der Verantwortung des Ministerium für höhere Bildung und wissenschaftliche Erforschung. Berufsbildungsinstitutionen unterstehen mehreren Ministerien, für die sie jeweils Fachkräfte ausbilden. Im Zuge der Dezentralisierung unterhalten die Lokalverwaltungen (wilāya) besondere Büros (Direction de l'éducation et de la culture), deren Machtbefugnisse allerdings sehr eingeschränkt sind. *Struktur:* Staatliche Vorschulen und Kindergärten gibt es nicht, sind aber geplant (1987). Viele staatliche Organisationen unterhalten Krippen, wo Kinder bis zur Erreichung des Schulalters betreut werden. Die Grundschulbildung (l'enseignement fondamental) besteht aus drei Zyklen von jeweils drei Jahren. Die sechs Schuljahre der früheren Primarstufe (l'école primaire) bilden die ersten zwei Zyklen und die alte Mittelstufe (collège d'enseignement moyen) den dritten Zyklus. Die alten Primar- und Mittelstufen bleiben in der Übergangszeit bis 1987/88 bestehen, bevor sie vollständig durch die neue Schulstruktur ersetzt werden. Das Kernstück des neuen Schulsystems ist die neunjährige *école fondamentale,* die zur ,,Polytechnisierung" der Lehrinhalte führen soll, wie dies durch die neue Bezeichnung *collège d'enseignement moyen polytechnique* zum Ausdruck kommt. Die frühere Sekundarstufe (lycée d'enseignement générale), die drei Schuljahre umfaßte und in drei Zweige unterteilt war, wurde in eine allgemeinbildende (secondaire générale) und eine spezialisierte Sekundarstufe (secondaire spécialisé), in der Schüler in naturwissenschaftlichen und kulturellen Fachrichtungen ausgebildet werden sollen, umgewandelt. Der Abschluß berechtigt zum Universitätsstudium. In der technisch-beruflichen Sekundarstufe werden mittlere Kader in zwei- bis dreijährigen Kursen ausgebildet. In einem dritten Zweig der Sekundarstufe (formation professionelle) werden in ein- bis zweijährigen Berufsausbildungskursen Facharbeiter ausgebildet. Neben den zehn Hauptuniversitäten gibt es eine Anzahl weiterer *centres universitaires* und technische Hochschulen. Im Zuge der Dezentralisierung des Bildungswesens war die Gründung von zusätzlich 18 Universitäten und Universitätszentren bis Mitte der 80er Jahre geplant. Die Zielsetzung ist die Errichtung einer Hochschule in jedem der 31 *wilāya* (départment). Die Ausbildung von Vorbetern geschieht in 20 *Institutés Islamiques,* die ebenso, wie die anderen religiösen Bildungseinrichtungen in das öffentliche Bildungswesen integriert sind. Die Koranschulen dagegen stehen außerhalb des Bildungssystems. Die Gehälter der Lehrer dieser Schulen werden aber vom Staat bezahlt.

Bahrain — Allgemeines: Schulzwang gilt für die Primar- und Mittelschule. Der Unterricht ist kostenlos. Die Unterrichtssprache ist Arabisch. *Administration:* Das Erziehungswesen untersteht dem Erziehungsministerium. *Struktur:* Es gibt drei Schularten: die Primarschule (sechs Schuljahre); die Mittelschule (drei Schuljahre) und die Sekundarschule (drei Schuljahre). Es gibt vier höhere Lehranstalten. Die Gründung einer Universität ist geplant.

Irak — Allgemeines: Es besteht Schulzwang für die Primarschule; die Schulausbildung und das Hochschulstudium sind kostenlos. 1974 wurden alle Privatschulen verstaatlicht. Unterrichtssprache ist Arabisch mit Ausnahme der autonomen kurdischen Region, wo Kurdisch als die erste und Arabisch als die zweite Unterrichtssprache gilt. *Administration:* Das Erziehungsministerium ist für die Durchführung der Erziehungspolitik und für das Sekundarschulwesen sowie für die Lehrerausbildung zuständig. Das Innenministerium überwacht die Primarschulen und die Alphabetisierungskampagne. Das Hochschulwesen, die wissenschaftlichen Forschungseinrichtungen und die postsekundäre technische Ausbildung fallen in den Zuständigkeitsbereich des Ministeriums für Höhere Bildung und Forschung. Die Hochschulen sind autonom. *Struktur:* Vorschule (zwei Jahre) ist fakultativ. Für die Primarschule (sechs Schuljahre) gilt der Schulzwang; die Sekundarschule (sechs Schuljahre) ist in eine dreijährige Mittelstufe für allgemeine Ausbildung und in eine dreijährige Vorbereitungsstufe unterteilt. Letztere hat zwei Zweige: einen akademischen Zweig mit einjähriger allgemeiner Ausbildung und anschließender Spezialisierung in sprachlichen oder in naturwissenschaftlichen Fächern sowie einen Berufsfachzweig. Er umfaßt vier Berufsziele: Landwirtschaft, Handel, Industrie und Hauswirtschaftslehre für Mädchen. Es gibt sieben Hochschulen.

Iran — Allgemeines: In Iran herrscht auf dem Gebiet des Erziehungswesens seit der islamischen Revolution im Februar 1979 eine unüberschaubare Situation. Da die Ausbildung an den Universitäten nach Meinung der islamischen Regierung mit den Erfordernissen der islamischen Gesellschaft nicht in Einklang stand, wurden 1980 die Hochschulen geschlossen. Das Lehrpersonal ging gezwungenermaßen ins Ausland, wanderte in andere Berufszweige aus oder wurde von den Behörden von seinen Hochschulposten suspendiert. Der *jihād-i dānishgāhī* (Heiliger Krieg an den Hochschulen) fand das Erziehungswesen reformbedürftig, entschied sich für die Umschulung des Lehrpersonals und für die Erstellung von neuen Lehrbüchern. Zeitweilig waren auch die Schulen geschlossen. Die Erstellung von Textbüchern sollte in Rekordzeit geschehen, wofür mehrere tausend Personen verpflichtet wurden. Die Schulen wurden 1980 wiedereröffnet, teilweise mit Hilfe von Freiwilligen als Lehrern. Die Universitäten blieben bis Ende 1983 geschlossen, weil sich dort die Herstellung von neuen Lehrbüchern und die Einstellung des geeigneten Lehrpersonals als besonders schwierig erwies. Die Zahl der Mädchen und Frauen an den Schulen und Hochschulen ist rapide zurückgegangen. Koedukation ist abgeschafft worden. Der Schulzwang gilt nach wie vor nur für die Primarschule. Die Unterrichtssprache ist Persisch. Die schulische Ausbildung und das Studium sind kostenlos. *Administration:* Das Erziehungsministerium ist für das Schulwesen, die Planung und die Lehrbücher verantwortlich. Das Hochschulwesen gehört in den Zuständigkeitsbereich des Ministeriums für Kultur und höhere Bildung. Anfang 1986 wurden die medizinischen Fakultäten dem Gesundheitsministerium unterstellt. *Struktur:* Primarschule (fünf Schuljahre); Orientierungsstufe (drei Schuljahre); allgemeine Sekundarschule (vier Schuljahre); Berufssekundarschule (drei Schuljahre). Iran hatte vor der islamischen Revolution 16 Hochschulen, davon befanden sich sechs in Teheran. Es gibt ein ausgedehntes Netz von religiösen Schulen für die Ausbildung von Geistlichen. Hinzugekommen sind 209 Schulen für besonders begabte Kinder.

Israel — Allgemeines: Schulpflicht besteht ab dem fünften Lebensjahr bis zur Beendigung des zehnten Schuljahres. Der Schulbesuch ist bis zur zwölften Klasse kostenlos. Grundsätzlich gilt die Schulpflicht auch für die arabischen Kinder. Kindergärten und Schulen werden gemeinschaftlich von der Zentralregierung und den Gemeinden betrieben. Die Regierung bezahlt die Lehrergehälter. Die Gemeinden kommen für alle übrigen Ausgaben auf. Es gibt zwei Arten von Primarschulen: staatliche Schulen und anerkannte nicht-staatliche Schulen. Bei den staatlichen Schulen ist zwischen staatlichen/nicht-religiösen Schulen und staatlichen/religiösen Schulen zu unterscheiden. Die nicht-staatlichen Schulen sind meistens religiös ausgerichtet. Auch sie erhalten Subsidien und werden vom Staat überwacht. Für die arabische Bevölkerung gibt es getrennte staatliche und private, meist christliche Schulen. Die Unterrichtssprache ist an den arabischen Schulen Arabisch, ansonsten Hebräisch, das wiederum in den arabischen Schulen von der dritten Klasse an als erste Fremdsprache gelehrt wird. Dagegen ist Arabisch ein Wahlfach für die jüdischen Schüler. Teilweise gehen arabische Kinder auch auf jüdische Schulen, wo sie meistens in getrennten Klassen unterrichtet werden. Koedukation ist die Regel mit Ausnahme der arabischen Schulen, wo teilweise noch Geschlechtertrennung praktiziert wird. *Administration:* Die allgemeine Verantwortung liegt beim Ministerium für Erziehung und Kultur, das seine Arbeit in Kooperation mit den Gemeinden und anderen öffentlichen Institutionen in Israel und den Judenorganisationen in der Diaspora durchführt. Gewisse Vollmachten und beratende Funktionen sind dem Rat für die Sekundarerziehung und dem Rat für die Staatlichen Religiösen Schulen übertragen. Das arabische Schulwesen wird durch eine Sonderabteilung im Ministerium für Erziehung und Kultur verwaltet. *Struktur:* Vorschule für drei- bis vierjährige Kinder; der Kindergartenbesuch ist vom fünften Lebensjahr obligatorisch. Die Primarschule umfaßt sechs Schuljahre, die Mittelschule (Sekundarstufe I) drei und die Oberschule (Sekundarstufe II) ebenfalls drei Schuljahre. Die letztere ist in je einen akademischen, technischen, beruflichen und landwirtschaftlichen Zweig unterteilt. Die beiden letzten Zweige haben auch vorakademische Einrichtungen, deren Ausbildungsdauer ein bzw. zwei Jahre beträgt. Die Berufsschulen, die Schulen für Technik und die Landwirtschaftsschulen bieten drei- oder vierjährige Ausbildungsgänge an. Neben den ca. 150 Fachschulen, die keinen wissenschaftlichen Status haben, gibt es neun Hochschulen (für Kunst, Musik, Technologie, Betriebswirtschaft, Textilien, Lehrerausbildung und Verwaltungskunde), sieben Universitäten und eine offene Universität, die in erster Linie der Erwachsenenbildung dient. Drei arabische Universitäten (Nablus, Bir-Zeit und Bethlehem) gehören nicht zum israelischen Bildungssystem.

Jemen (Nord) — Allgemeines: Es besteht kein Schulzwang, die Verfassung bezeichnet Bildung aber als Grundrecht für alle Jemeniten. Die wenigen Kindergärten werden von privater Seite betrieben. Die Unterrichtssprache ist Arabisch. Es gibt getrennte Schulen für Mädchen und Jungen. Ein beträchtlicher Teil der Lehrerschaft kommt aus dem Ausland, in erster Linie aus Ägypten und dem Sudan. Das Einschulungsalter beträgt sechs Jahre. *Administration:* Das Erziehungsministerium verwaltet das Erziehungswesen in Zusammenarbeit mit den Lokalverwaltungen in den Provinzen. *Struktur:* Primarschule (sechs Schuljahre); Vorbereitungsschule (drei Schuljahre); Sekundarschule (drei Schuljahre, nach dem ersten gemeinsamen Schuljahr teilen sich die Studienzweige in humanistische und naturwissenschaftliche). Parallel zu der Sekundarschule gibt es folgende weiterführenden Schulen im Bereich der beruflichen Bildung, deren Studiendauer ebenfalls drei Jahre beträgt: Schule für Industrieberufe; höhere Handelsschulen. Absolventen der Vorbereitungsstufe sind zu den berufsbildenden Schulen (zwei Jahre) zugelassen. Ferner gibt es drei Berufsfachschulen (Verwaltung; Pflegepersonal; Kommunikationswesen). Neben dem weltlichen Bildungswesen gibt es ein religiöses Bildungswesen mit der gleichen Struktur von Primar-, Vorbereitungs- und Sekundarstufen. Die Universität von Sanaa (gegründet 1970) ist die einzige des Landes. Das Auslandsstudium wird zum geringen Teil vom jemenitischen Staat, zum größeren Teil von Auslandsstipendien getragen.

Jordanien — Allgemeines: Schulpflicht gilt vom sechsten Lebensjahr an für die Dauer der Primarschulstufe. Die Schulausbildung in dieser Stufe ist kostenlos. 1983/84 wurde an 1.158 von insgesamt 3.000 Schulen Koedukation praktiziert. Unterrichtssprache ist Arabisch. An den ausländischen Privatschulen ist die jeweilige Sprache der Schule (Englisch, Französisch) zugelassen. Neben den Regierungsschulen (2.327) gab es 1983/84 Privatschulen (468) und UNRWA-Schulen (215); die letzteren werden speziell für die palästinensischen Flüchtlinge von der UN-Flüchtlingsorganisation unterhalten. Textbücher sind in der Primarschule kostenlos, in der Sekundarstufe wird eine geringe Eigenbeteiligung verlangt. *Administration:* Das Erziehungsministerium trägt die Gesamtverantwortung für das Erziehungswesen. Daneben unterhalten andere Ministerien aber Spezialschulen im Sekundarschulbereich. Beispielsweise betreibt das Ministerium für Stiftungen und Angelegenheiten der Muslime das *šarī'at*-Institut zur Ausbildung von Moscheevorbetern. Das Erziehungsministerium trifft alle wesentlichen Entscheidungen in Erziehungsfragen und führt Prüfungen durch. 1980 wurde eine Dezentralisierung eingeleitet. Das Land wurde in 18 Distrikte eingeteilt (mit Ausnahme des Westjordanlandes, wo fünf Distrikte bestehen und unter israelischer Verwaltung stehen). Für jeden Distrikt wurden Direktorate gebildet, die in ihrem Zuständigkeitsgebiet für die Durchführung von bildungspolitischen Maßnahmen sorgen. *Struktur:* Kindergärten werden von privaten Trägern (religiösen und anderen) unterhalten (drei bis fünf Jahre). Die Primarschule (sechs Schuljahre) bildet zusammen mit einer zweijährigen Vorbereitungsstufe (Junior High School) den Abschluß der Primarschulerziehung. Die Schüler können danach die Schule verlassen oder die Sekundarstufe besuchen. Neben der Allgemeinen Sekundarschule bestehen die Gesamtsekundarschule und die Berufssekundarschule. Die Ausbildungsdauer beträgt drei Jahre. Am Ende dieser Stufe unterziehen sich alle Schüler einem Sekundarschulexamen, wonach sie berechtigt sind, ein Studium an einer von 45 höheren Bildungsanstalten (Lehrerausbildung, Polytechnik, Krankenschwesternausbildung, religiöse Ausbildung am sharī'at-Institut) oder an einer der drei Universitäten des Landes aufzunehmen.

Katar — Allgemeines: Ein staatliches Bildungswesen gibt es seit 1956. Die Schul- und Universitätsbildung ist im In- und Ausland kostenlos bzw. wird durch Stipendien gefördert. Die Staatsausgaben pro Schüler zählen zu den höchsten in der Welt. Neben den staatlichen Schulen gibt es auch Privatschulen (nur Primarstufe) und -kindergärten sowie ausländische Schulen (englische, französische, iranische usw). Dort findet die jeweilige Landessprache als Unterrichtssprache Anwendung. Ansonsten gilt Arabisch als Unterrichtssprache. Für die ausländischen Schüler, deren Muttersprache nicht Arabisch ist, gibt es ein Vorbereitungsjahr zur Erlernung der arabischen Sprache, das dem regulären Schulbesuch vorgeschaltet ist. Die Einführung einer allgemeinen Koedukation wird nicht angestrebt, aber die staatlichen Primarschulen sollen, wie es zur Zeit bei den sogenannten Modellschulen (nur die ersten drei Schulklassen) der Fall ist, nur noch weibliche Lehrkräfte haben. Die Zahl der ursprünglich dominierenden ausländischen Lehrer geht stetig zurück. Das Einschulungsalter beträgt sechs Jahre. Die Staatsbediensteten dürfen während der Dienstzeit Studien an den Sprachinstituten (vierjährige Kurse) und am Verwaltungsinstitut (zweijährige Kurse) nachgehen. Für nicht-ausgebildete Lehrer ist die Teilnahme an den Lehrerausbildungskursen vorgeschrieben. *Administration:* Zentral durch das Ministerium für Erziehungswesen und Jugend. *Struktur:* Primarschule (sechs Schuljahre); Vorbereitungsschule (drei Schuljahre) mit zwei Studienrichtungen: allgemeine und religiöse Bildung; Sekundarschule (drei Schuljahre) mit vier Studienrichtungen und ebensovielen Spezialschulen: allgemeine Ausbildung; religiöse Ausbildung; technische Ausbildung; Wirtschaftsausbildung. Zu den Spezialschulen gehören ferner Institute für Sprachen und Verwaltung, Schulen für Behinderte sowie je ein Institut für Musik und zur Ausbildung des Pflegepersonals. Katar hat seit 1977 eine Universität.

Kuwait — Allgemeines: Schulzwang besteht vom sechsten bis 18. Lebensjahr. Kostenfreie Ausbildung vom Kindergarten bis zur Universität ist gewährleistet. Stipendien werden auch für Auslandsstudien von Fächern gezahlt, die nicht an der Universität Kuwait angeboten werden. Selbst ausländische Schüler und Studenten erhalten Stipendien. Schüler bekommen außerdem gratis Essen, Schulbücher, Kleidung und medizinische Versorgung. Privatschulen sind zugelassen, werden aber vom Erziehungsministerium beaufsichtigt. 1981/82 bildete das Erziehungswesen den größten Einzelposten im Staatshaushalt. Es herrscht Mangel an einheimischen Lehrkräften, daher werden Lehrer aus anderen arabischen Staaten eingestellt. *Administration:* Zentral durch das Erziehungsministerium. *Struktur:* Kindergartenbesuch vom vierten bis sechsten Lebensjahr ist fakultativ. Primarschule (vier Schuljahre); Mittelschule (vier Schuljahre); Sekundarschule (vier Schuljahre). Schulen für religiöse Ausbildung haben die gleiche Einteilung, dürfen aber religiöse Fächer in den Mittelpunkt des Unterrichts stellen. Spezialschulen gibt es für Behinderte. Für berufliche und technische Ausbildung stehen vier entsprechende Institute (Technologie, Betriebswirtschaft, Lehrerausbildung, Krankenschwesternlehranstalt) zur Verfügung. Kuwait hat eine Universität.

Libanon — Allgemeines: Ein Schulzwang ist nicht gegeben, trotzdem weist der Libanon die höchste Einschulungsrate in der arabischen Welt auf. Primarschulbildung ist in den öffentlichen Schulen kostenlos. Fast alle Schulen der Sekundarstufe und die meisten Hochschulen sind privat; zum größten Teil werden sie von in- oder ausländischen religiösen Gruppen betrieben. Sie genießen weitgehende Autonomie. Die Unterrichtssprache ist an den öffentlichen Schulen Arabisch, ansonsten Französisch oder Englisch. Libanon gilt — vom Gesichtspunkt des Erziehungswesens her gesehen — als Musterland in der arabischen Welt mit einer Alphabetenrate von 86 %. *Administration:* Zentral durch das Erziehungsministerium. *Struktur:* Primarschule (fünf Schuljahre), Absolventen können sich entweder in die Primarkomplementärschule (vier Schuljahre; Abschluß mit einem allgemeinen Diplom) einschreiben oder in die Sekundarschule (sieben Schuljahre; Abschluß mit einem Baccalauréat-Diplom). Neben den öffentlichen Berufsschulen bildet die National School of Arts and Crafts (vierjährige Kurse) in den Fächern Elektronik, Maschinenbau, Architektur und Technisches Zeichnen aus. In Beirut gibt es ferner zwölf Institute für höhere Bildung, darunter fünf Universitäten.

Libyen — Allgemeines: Schulzwang besteht zwischen dem sechsten bis 15. Lebensjahr. Die Ausbildung auf allen Schulstufen und an der Universität ist kostenlos. Studierende erhalten gratis Lehrmittel und bekommen darüber hinaus Stipendien. Koedukation gibt es außer an den Kindergärten teilweise auch an den Universitäten. Frauen werden verstärkt als Lehrerinnen, auch in den Schulen für Knaben, eingestellt. Die Zahl der ausländischen Lehrer nimmt kontinuierlich ab. Unterrichtssprache ist Arabisch. *Administration:* Das Bildungswesen wird zentral durch das Sekretariat (Ministerium) für Erziehungswesen verwaltet. Auf der lokalen Ebene wird allerdings die Arbeit der 46 lokalen Erziehungsbehörden durch die Volkskomitees, welche alle drei Jahre direkt durch das Volk gewählt werden, kontrolliert. *Struktur:* Primarschule (sechs Schuljahre); Vorbereitungsschule (drei Schuljahre); vierjährige Berufsbildungskurse sind der Vorbereitungsschule parallel geschaltet; Sekundarschule (drei Schuljahre). Nach dem ersten gemeinsamen Jahr teilen sich die Studienzweige in den humanistischen und den naturwissenschaftlichen Zweig. Parallel dazu gibt es das traditionelle religiöse Bildungswesen, dessen Dauer und Unterteilung dem modernen Bildungssystem entspricht. Der einzige Unterschied besteht darin, daß in letzterem die religiösen Wissenschaften vorherrschen. Es gibt vier Universitäten. Studenten werden zur Spezialisierung ins Ausland entsandt.

Marokko — Allgemeines: Schulzwang ist vom siebten bis 13. Lebensjahr gegeben. Neben den öffentlichen Schulen (94 % der Schüler) gibt es Privatschulen (4 % der Schüler) und ausländische Schulen. Die Unterrichtssprache an den öffentlichen Schulen ist Arabisch, wobei Französisch vom dritten Schuljahr an als erste Fremdsprache und später als zweite Unterrichtssprache verwendet wird. Die Privatschulen sind von vornherein als zweisprachige Schulen konzipiert. Die ausländischen Schulen verwenden die jeweilige Heimatsprache der Schule als Unterrichtssprache. In den originär arabischen Schulen gilt Arabisch als Unterrichtssprache. Die Koedukation wird in vielen Primarschulen praktiziert, ebenso an den Universitäten. Primar- und Sekundarschullehrer sind mittlerweile sämtlich Marokkaner; dies ist an den höheren Lehranstalten und Universitäten noch nicht der Fall. Annäherend 25 % des Haushaltes werden jährlich für das Bildungswesen ausgegeben. *Struktur:* Es gibt zwei Schultypen: zweisprachige und originär arabische Schulen. Der erste Schultyp umfaßt Primarschule (fünf Schuljahre) und Sekundarschule mit einer vierjährigen Allgemeinstufe und einer dreijährigen (Ober-)Sekundarstufe, welche drei Studienrichtungen (humanistisch, naturwissenschaftlich und technisch) hat. Der Sekundarschulabschluß (Baccalauréat) berechtigt zum Hochschulstudium. Der zweite Schultyp hat eine dreijährige Primarstufe und eine Sekundarstufe, deren Abschluß zum Studium der religiösen Fächer an der Hochschule führt. Neben den drei modernen Universitäten gibt es die alte islamische al-Qarawīyīn-Universität in Fez. Institute für höhere Bildung existieren für Betriebs-, Volks- und Landwirtschaft sowie für Mineralogie, Recht und Statistik. Nach wie vor gehen Studenten in großer Zahl zum Studium ins Ausland, insbesondere nach Frankreich.

Oman — Allgemeines: Es besteht Schulzwang. Die meisten Lehrer stammen aus Ägypten, Jordanien und dem Sudan. Die Unterrichtssprache ist Arabisch. Es gibt keine Koedukation. Das Einschulungsalter ist sechs Jahre. *Administration:* Zentral durch das Erziehungsministerium. *Struktur:* Primarschule (sechs Schuljahre); die Sekundarschule ist in zwei Stufen unterteilt: die Vorbereitungsstufe (drei Schuljahre) und die allgemeine Sekundarstufe (drei Schuljahre). In der allgemeinen Sekundarstufe teilen sich die Studiengänge nach einem gemeinsamen Schuljahr in den humanistischen und den naturwissenschaftlichen Zweig. Parallel zu dieser Stufe gibt es die Islamische Sekundarschule; die Handelsekundarschule; die Landwirtschaftssekundarschule und die Institute für Lehrerausbildung. Oman erhielt 1986 die erste Universität. Spezialprogramme werden für Erwachsenenbildung und für diejenigen Staatsbürger durchgeführt, deren Muttersprache nicht Arabisch ist.

Pakistan — Allgemeines: Eine allgemeine Schulpflicht gibt es nur für die Primarschule. Das Einschulungsalter beträgt fünf Jahre. Kindergärten gibt es sporadisch in den Städten, dagegen sind Vorschulen fast unbekannt. Die Privatschulen wurden 1972 verstaatlicht; ein Teil davon wurde inzwischen an die früheren Besitzer, vornehmlich religiöse Gruppen, zurückgegeben. Schulbesuch ist in den Regierungsschulen kostenlos, nicht aber in den Privatschulen. Eine einheitliche Unterrichtssprache ist nicht vorhanden: In der Provinz Pandschab und in weiten Teilen des Landes wird auf Urdu, in der Provinz Sind teilweise auf Sindhi und in der North West Frontier Province und in Teilen von Belutschistan auf Paschtu unterrichtet. Daneben gibt es Schulen mit Englisch als Unterrichtssprache. Die in der Implementierung befindliche Entwicklungsplanung auf dem Erziehungsgebiet sieht die Verstärkung der Primarschulerziehung auf Kosten der Hochschulbildung vor. Geplant ist die Erreichung von hundertprozentiger Einschulung von Jungen bis 1987 und von Mädchen bis 1992. Koedukation kommt in den Dorf-, englischsprachigen und an den Hochschulen vor, soll aber nach den Willen der Islamisten abgeschafft werden. *Administration:* Zwei Bundesministerien (Erziehungswesen und Sondererziehung) befassen sich mit der Planung und Finanzierung; seit 1985 werden Universitäten direkt von Islamabad aus finanziert und kontrolliert. Die allgemeine Verwaltung von Schulen und sonstigen Einrichtungen sowie die Entwicklung von Curricula unterstehen den Erziehungsministerien in den jeweiligen Provinzen. *Struktur:* Primarschule (vier Schuljahre); Mittel- bzw. Sekundarschule (sechs Jahre); College (vier bis sechs Studienjahre); höhere Berufsfachschule (in der Regel zwei bis vier Jahre); Universität (zwei Jahre für Magister und fünf Jahre für Promotion). Die höhere Bildung findet meistens in den Colleges statt (1985 gab es 442 Colleges für Geistes- und Naturwissenschaften, neben weiteren 102 Berufsfachschulen und 19 Polytechniken bzw. Colleges für Ingenieurwissenschaften). 1985 gab es 20 Universitäten (darunter vier Hochschulen für Agrar-, vier für Ingenieurwissenschaften, drei für Medizin, zwei für Jurisprudenz und eine Fernuniversität). Die Gründung von vier Universitäten, darunter zwei für Frauen, ist vorgesehen.

Saudi-Arabien — Allgemeines: Der Staat beansprucht eine Monopolstellung auf dem Gebiet des Erziehungswesens. Trotzdem sind Privatschulen, auch ausländische, in beschränktem Maße zugelassen. Die Unterrichtssprache ist Arabisch; den ausländischen Schulen wird in Ausnahmefällen die Benutzung anderer Sprachen neben Arabisch erlaubt. Die Koedukation ist auf sämtlichen Ebenen strikt untersagt, deshalb gibt es getrennte Schulen für Mädchen und Jungen. Frauen bleiben weiterhin von den Universitäten ausgeschlossen. Für sie gibt es besondere Frauenfakultäten und höhere Lehranstalten. Die Errichtung einer Frauenuniversität ist vorgesehen. Die Zahl der ausgebildeten saudischen Lehrer nimmt stetig zu. Bis 1969/70 machten die ausländischen Lehrer 85 % auf der Sekundar- und 45 % auf der Elementarstufe aus. Der Prozentsatz der ausländischen Lehrerinnen betrug zur gleichen Zeit 73 %. Saudi-Arabien schickt Studenten in großer Zahl zum Studium ins Ausland, in erster Linie in die arabischen Staaten, aber auch nach Europa und in die USA. *Administration:* Für die formale Schulbildung der Jungen von der Elementarschule bis zur Universität ist das Erziehungsministerium zuständig. Zu dessen Zuständigkeit gehören ferner die technische und die Lehrerausbildung, die Sonderschulen sowie die Erwachsenenausbildung für Männer. Für Mädchenschulen ist The General Presidency for Girls Education zuständig, ebenso für die Mädchenfakultäten auf der Hochschulebene, für Ausbildungsanstalten für Lehrerinnen und für Alphabetisierungsprogramme für Frauen. Religiöse Ausbildung auf Mittel- und Sekundarschulebene fällt unter die Zuständigkeit der General Administration of the Religious Institutes and Colleges. Die Hochschuladministration unterliegt dem Ministerium für höhere Bildung. Als oberste Instanz und Koordinator des Erziehungswesens fungiert The Supreme Council for Education. Ihm gehören die Leiter der verschiedenen Institutionen als Mitglieder und der Ministerpräsident als Vorsitzender an. Im übrigen Erziehungsbereich ist eine Vielzahl von Ministerien, Behörden, Gesellschaften und Privatunternehmen tätig. Auf der Berufsbildungsebene ist das Ministerium für Arbeit und Soziales zuständig. Andere Ministerien und Institutionen, wie etwa das Gesundheitsministerium, die Post, die Luftfahrtgesellschaft, Saudi Arabian Monetary Agency haben eigene Ausbildungseinrichtungen, oder sie führen spezielle Ausbildungskurse durch. *Struktur:* Vorschule und Kindergärten gibt es in wenigen Städten, wo Kinder vom zweiten bis sechsten Lebensjahr angenommen werden. Primarschule (sechs Schuljahre); Mittelschule (drei Schuljahre); Sekundarstufe (drei Schuljahre). Nach dem ersten Jahr in der Sekundarstufe spalten sich die Klassen in naturwissenschaftliche und geisteswissenschaftliche Studienrichtungen. Die Berufsschulen akzeptieren Absolventen der Mittelschule. 1980/81 gab es acht Industrieschulen, 16 Handelsschulen und eine agrarwirtschaftliche Schule. Ferner gab es eine höhere Schule für Technik und vier höhere Handelsschulen mit einer Studiendauer von jeweils zwei Jahren. Für gewerbliche Berufsausbildung gab es sechs Zentren. Es gibt sieben Universitäten, von denen eine (Dhahran) sich mit der Erdölwirtschaft und Mineralogie befaßt. Frauen sind an diesen Universitäten nicht zugelassen. Für sie gibt es vorerst zwei höhere Schulen (Colleges) mit geisteswissenschaftlichen Fächern und ein College für Naturwissenschaften.

Sudan — Allgemeines: Schulzwang besteht nicht, dafür ist die Schulausbildung kostenlos. Die Regierung beansprucht für sich eine Monopolstellung für das Erziehungswesen. Trotzdem sind Privatschulen zugelassen, sie werden aber von der Regierung kontrolliert. Arabisch gilt offiziell als Unterrichtssprache, praktisch werden aber auch die Regionalsprachen zumindest in den unteren Klassen verwendet. *Administration:* Das Erziehungswesen wird seit 1980 auf drei Ebenen dezentral verwaltet. Das Ministry for Education and Guidance ist für Planung, Aufstellung von Lehrplänen und Lehrerausbildung verantwortlich. Alle übrigen Aufgaben fallen in die Zuständigkeit der regionalen Regierungen. Die Aufsicht über die Primar- und Mittelschulen liegt bei den Schulaufsichtsbüros in den Provinzen, die für diesen Zweck jeweils Distriktbüros unterhalten. Diesen Büros obliegt die Finanzverwaltung ebenso wie die Lehrereinstellung. *Struktur:* Vorschule, Kindergärten und Koranschulen bis zum siebten Lebensjahr. Primarschule (sechs Schuljahre); Sekundarschule ist geteilt in Mittelstufe (drei Schuljahre) und Sekundarstufe (drei Schuljahre). Die Sekundarstufe hat vier Zweige: Technik, Handel, Landwirtschaft und Haushalt für Mädchen. 1981 gab es 15 Institutionen der höheren Bildung, darunter waren fünf Universitäten und ein Polytechnikum.

Südjemen — Allgemeines: Schulzwang existiert für die Primarschule ab dem siebten Lebensjahr. Die Schulbildung ist kostenlos. Die Unterrichtssprache ist Arabisch. Die Einführung der Koedukation wird angestrebt. *Administration:* Zentral durch das Ministerium für Erziehungswesen. *Struktur:* Primarschule; Vorbereitungsstufe und Sekundarstufe. Es gibt mehrere Institutionen zur Ausbildung des mittleren Verwaltungspersonals (Krankenpflege, Marine, Sozialbereiche, Landwirtschaft, Fischereiwesen usw.) und für Führungskräfte (Wirtschaft und Verwaltung, Landwirtschaft, Technik und Zivilluftfahrt). Südjemen verfügt über eine Universität. Studenten werden für Studien auch ins Ausland geschickt.

Syrien — Allgemeines: Schulzwang besteht vom sechsten bis 14. Lebensjahr. Freie Schulbildung und kostenlose Textbücher sind in der Primarstufe garantiert. Die Unterrichtssprache ist Arabisch. Englisch und Französisch werden als Fremdsprachen gelehrt. *Administration:* Zentral durch das Erziehungsministerium. *Struktur:* Kindergartenbesuch vom dritten bis sechsten Lebensjahr ist fakultativ. Primarschule (sechs Schuljahre), Abschluß mit dem *Brevet*-Diplom; Vorbereitungsstufe (drei Schuljahre); Sekundarschule (drei Schuljahre) mit einem humanistischen und einem technischen Zweig. Abschluß mit dem *Baccalauréat*-Diplom. Es gibt diverse Institute für berufliche Ausbildung, drei Universitäten und ein Petroleuminstitut.

Tunesien — Allgemeines: Es besteht keine Schulpflicht, aber die Schulbildung gilt als ein Grundrecht, und der Staat muß sie jedem Kind ab dem sechsten Lebensjahr auf Verlangen hin ermöglichen. Im Gegensatz zu den anderen arabischen Staaten hat Tunesien bisher darauf verzichtet, Arabisch zur offiziellen Unterrichtssprache zu erklären, obschon in den unteren Klassen der Primarschule auf Arabisch unterrichtet wird. Ab der dritten/vierten Klasse wird der Unterricht zweisprachig, weil von da ab Französisch hinzukommt. In der Sekundarstufe und erst recht an den höheren Lehranstalten und an der Universität wird mit Ausnahme weniger Fächer auf Französisch unterrichtet. Das Privatschulwesen wurde beibehalten, allerdings mit der Verpflichtung für die Privatschulen, sich an die Lehrpläne des öffentlichen Schulwesens zu halten. Der Unterricht an den Privatschulen ist im Gegensatz zu den öffentlichen Schulen nicht kostenlos. Die Koranschulen wurden bereits 1956 verstaatlicht. Die Koedukation wird in den meisten Primar- und Sekundarschulen praktiziert. Tunesien gibt bis zu einem Drittel seines Staatshaushaltes jährlich für das Erziehungswesen aus. *Administration:* Das Erziehungswesen wird von Tunis aus durch das Erziehungsministerium zentral geleitet. Die Regionalbehörden wachen über die Arbeit der Schulen. Die Ausbildung auf dem Agrarsektor untersteht dem Agrarministerium und auf dem Gesundheitssektor dem Gesundheitsministerium. *Struktur:* Primarschule (sechs Schuljahre). In der Sekundarschule sind die ersten drei Klassen gemeinsam für alle Schüler. Parallel dazu gibt es einen dreijährigen Berufszweig, mit dessen Abschluß die Schulausbildung für diese Schüler endet. Danach spalten sich die Studienzweige während der vierjährigen Sekundarschulausbildung in den akademischen und den technischen Zweig. Der akademische Zweig führt zur Hochschulreife, der technische Zweig zur Ausbildung von Managern, Verwaltungsfachleuten und Lehrern. Die Universität von Tunis ist die einzige des Landes. Es gibt darüber hinaus mehrere Nationalinstitutionen z.B. für Administration, Landwirtschaft, Technologie und Handelsmarine sowie ein Institut für Erwachsenenbildung.

Türkei — Allgemeines: Allgemeine Schulpflicht besteht vom siebten bis 15. Lebensjahr. In den staatlichen Schulen ist der Unterricht kostenlos. Die Unterrichtssprache ist Türkisch mit der Möglichkeit der verstärkten Verwendung von anderen Sprachen, insbesondere in den ausländischen Schulen. Der Säkularismus gilt als Grundprinzip. Die religiöse Unterweisung erfolgt auf Verlangen der betreffenden Schüler/Eltern. Die Koedukation ist die Regel, ohne daß die Errichtung von getrennten Schulen für Mädchen und Jungen verboten wäre. *Administration:* Die Zuständigkeit für Planung, Durchführung und Inspektion liegt beim nationalen Erziehungsministerium. Eine dafür geschaffene zentrale Organisation stellt Lehrpläne zusammen, sorgt für die Ausbildung sowie Einstellung von Lehrern, errichtet Gebäude für Schulen und anderen Bildungsinstitutionen und finanziert sie. Dem Ministerium unterstehen sowohl Regierungs- als auch Privatschulen. *Struktur:* Primarschule (fünf Schuljahre) und Mittelschule (drei Schuljahre) bilden zusammen die Grundausbildung. Die Sekundarschule, *lise* (lycée) genannt, hat drei Schuljahre und besteht aus drei Schultypen entsprechend ihrer Spezialisierung: einem allgemeinen, einem berufsbezogenen und einem technischen Zweig. Die Universitäten (insgesamt 19) und sonstigen Institutionen der höheren Bildung (zur Zeit 259) sind sämtlich staatlich.

Vereinigte Arabische Emirate — Allgemeines: Schulzwang ist für die Primarschule vom sechsten bis zwölften Lebensjahr gegeben. Die Schulausbildung ist für alle Bewohner der VAE, unabhängig von der Abstammung, kostenlos. Lehrbücher und sonstige Lehrmittel werden vom Staat umsonst zur Verfügung gestellt. Jeder Schüler bekommt außer einer täglichen Mahlzeit Schulkleider, Schuhe und ein monatliches Stipendium. Auch der Schultransport ist kostenlos. Neben den staatlichen Schulen gibt es private und ausländische Schulen, deren Unterrichtssprache im Gegensatz zu den staatlichen Schulen nicht immer Arabisch ist. Die Mehrzahl der Lehrer stammt aus den arabischen Staaten. *Administration:* Zentral durch das Ministerium für Erziehung und Jugend. *Struktur:* Kindergärten (zwei Jahre); die Primarschule (sechs Schuljahre) ist in untere Primarschule (drei Schuljahre) und obere Primarschule (drei Schuljahre) geteilt; Vorbereitungsstufe (drei Schuljahre) und Sekundarstufe (drei Schuljahre). Es gibt drei technische Schulen (sechs Schuljahre nach der Absolvierung der oberen Primarstufe); ein Gewerbezentrum sowie eine Landwirtschaftsschule (jeweils drei Schuljahre nach der Absolvierung der Vorbereitungsstufe). Vier religiöse Schulen sind im allgemeinen Schulsystem mit der Verpflichtung eingebunden, zusätzlich zu den religiösen Studien die gleichen Lehrinhalte den Schülern zu vermitteln, wie dies an den staatlichen Schulen geschieht. Für die Erwachsenenbildung werden zweijährige Kurse durchgeführt. Seit 1977 gibt es eine Universität. Studenten werden mit staatlicher Hilfe zum Studium ins Ausland geschickt.

Literatur:

Akrawi, M. u. Matthews, R.D. 1949: Education in the Arab countries of the Near East, Washington, D.C.

Boardman, F. 1961: Institutions of higher learning in the Middle East, Washington, D.C.

El-Ghannam, A. 1971: Education in the Arab region viewed from the 1970 Marrakesh Conference, Paris.

Massialas, G. u. Jarrar, S. 1983: Education in the Arab world, New York.

Mazouni, A. 1969: Culture et enseignement en Algérie et au Maghreb, Paris.

Qubain, F. 1966: Education and science in the Arab world, Baltimore.

Tazi, A. 1980: L'éducation dans les pays arabes à la lumière de la Conference d'Abou Dhabi, Paris.

Tibawi, A.L. 1972: Islamic education: its traditions and modernisation into the Arab national systems, London.

Waardenburg, J. 1983: L'enseignement dans le Monde arabe, Louvain-la-Neuve.

ders. 1966: Les universités dans le Monde arabe actuel, 2 Bde., Den Haag.

VII. Soziale Sicherung

Munir D. Ahmed

1. Vorbemerkung

Traditionell basiert das System der sozialen Sicherung im Nahen und Mittleren Osten auf der Familie sowie auf gegenseitige Hilfe innerhalb des Klans und der Dorfgemeinschaft. Die religiöse Gemeinschaft (umma) sorgt durch mildtätige Spenden (ṣadaqa) auch für außerhalb der Verwandtschaft stehende Gemeinschaftsmitglieder. Die Institution der religiösen Stiftungen (waqf) übernimmt in nicht unerheblichem Maße in der islamischen Gesellschaft die Aufgabe der Sozialfürsorge, namentlich die der Gründung und Unterhaltung von Krankenhäusern, Alten- und Waisenheimen, Volksküchen, Schulen sowie die des Baus von Moscheen, Trinkwasserbrunnen, Straßen, Rastplätzen usw. Die *zakāt*-Steuer ist geradezu für solche Aufgaben prädestiniert. Sie wurde allerdings in den früheren Jahrhunderten nicht vom Staat eingetrieben und verwaltet. Sie galt zwar obligatorisch für wohlhabende Gläubige, wurde aber von ihnen auf freiwilliger Basis nach eigenem Gutdünken unter den Bedürftigen verteilt. Im schiitischen Islam wird sie von der Geistlichkeit verwaltet.

In neuerer Zeit gehen einige islamische Länder dazu über, die *zakāt* von Staats wegen einzutreiben. Zu diesen zählen Libyen und Pakistan. Während Libyen die entsprechenden Gelder der Sozialversicherung zukommen läßt, werden sie in Pakistan dazu verwendet, u.a. Renten an bedürftige Personen auszuzahlen oder Stipendien für Schüler und Studenten davon zu bestreiten. Dies stellt dann das ,,islamische Sozialversicherungswesen" dar.

Die Sozialfürsorge war immer schon eine Domäne der religiösen Stiftungen, um die sich der Staat kaum oder gar nicht zu kümmern brauchte. Diese Haltung hat zum Teil bis in die Gegenwart angedauert. Die Staaten des Nahen und Mittleren Ostens haben sich nur sehr zögernd zu ihrer Verpflichtung im Hinblick auf die soziale Sicherung und das Gesundheitswesen bekannt. Ein Großteil der Sozialarbeit wird nach wie vor von mildtätigen Gesellschaften und Vereinigungen geleistet. Sie sind fast in jedem Land der Region vorhanden und versuchen, vorhandene Not zu lindern.

Der Aufbau eines Sozialversicherungswesens im Nahen und Mittleren Osten begann, von wenigen Ausnahmen abgesehen, erst nach dem Zweiten Weltkrieg. Die Initiative dazu kam in vielen Fällen von den Vereinten Nationen (UNO), der International Labour Organization (ILO) und im Bereich des Gesundheitswesens von der World Health Organization (WHO), die in viele Länder der Region Experten entsandten und den dortigen Regierungen Vorschläge zum Aufbau von Institutionen zur sozialen Sicherung und Gesundheit machten. Die UNO hielt 1949 ihr erstes Seminar über Sozialfürsorge für die arabischen Länder in Beirut ab. Die Liga der Arabischen Staaten griff dankbar diese Initiative auf und richtete zusammen mit der UNO 1950 in Kairo und 1952 in Damaskus weitere Seminare aus.

Die Arbeit bei diesen und anderen Seminaren blieb weitgehend auf Experten beschränkt. Erst mit der Einberufung einer Konferenz von Ministern für Soziales in den Mitgliedstaaten der Liga der Arabischen Staaten 1971 in Kairo kam der Durchbruch. Es wurde eine Charta der Sozialarbeit für die arabischen Staaten verabschiedet, worin die Prinzipien, Ziele, Instrumente und Methoden der Sozialarbeit festgelegt wurden. Seither hat es mehrere Ministerkonferenzen (1977 in Riad und Kairo, 1978 in Bagdad, 1978, 1979 in Manama) und Expertensymposien gegeben.

Inwieweit die Länder der Region Systeme der Sozial- und Gesundheitssicherung aufgebaut haben, wird nachfolgende länderweise Darstellung zeigen. Ihr ist eine Zusammenfassung vorangestellt.

2. Überblick

Eine Renten- bzw. Sozialversicherungspflicht für alle Arbeitnehmer gibt es in Ägypten, Algerien, Bahrain, Israel, Jordanien, Kuwait, Libyen, Marokko, Saudi-Arabien, Syrien, Tunesien und der Türkei. Die Arbeitnehmer in der Landwirtschaft und im Haushalt sind mit Ausnahme von Ägypten, Israel, Kuwait, Libyen, Saudi-Arabien und Tunesien davon ausgenommen. In Saudi-Arabien gilt die Versicherungspflicht auch für Gastarbeiter, die ihren Rentenanteil beim Verlassen des Landes mitnehmen können. Kuwait schließt die Gastarbeiter von vornherein von der Sozialversicherung aus. Afghanistan, Iran, Libanon, Pakistan, Syrien und die Türkei haben zwar eine Sozialversicherungspflicht eingeführt, aber nur für bestimmte Berufsgruppen. Im übrigen ist sie von der Betriebsgröße abhängig. Überhaupt kein Sozialversicherungssystem haben Jemen, Katar, Oman, der Sudan, Südjemen und die Vereinigten Arabischen Emirate (VAE), wobei in Katar und den VAE auf die staatliche Unterstützung als Ersatz für die fehlende Sozialversicherung zurückgegriffen werden kann.

Eine Arbeitslosenversicherung gibt es nur in Ägypten, Bahrain und Israel. Jordanien will sie in absehbarer Zeit einführen. Libyen gewährt finanzielle Unterstützung in besonderen Fällen.

Eine Krankenversicherungspflicht für Arbeitnehmer existiert lediglich in Algerien und Israel, wobei sie in Libanon, Marokko, Tunesien und der Türkei mit der übrigen Sozialversicherung gekoppelt ist. Jordaniens Plan zu ihrer Einführung mußte vorerst aus finanziellen Gründen zurückgestellt werden. In einigen Ländern (Bahrain, Katar, Kuwait, Oman, Saudi-Arabien und den VAE) ist sie überflüssig, da jeweils die Kosten für die medizinische Behandlung vom Staat übernommen werden.

Eine gute medizinische Versorgung ist lediglich in Israel, Katar, Kuwait, den VAE und Saudi-Arabien gegeben. In Bahrain, Jordanien und Libyen gilt sie als ausreichend. In den meisten anderen Ländern ist sie mangelhaft oder weist ein Stadt-Land-Gefälle auf. Die Städte sind vielfach besser versorgt, so zum Beispiel in Ägypten, Algerien, Irak, Iran, Libyen, Marokko, Pakistan, Sudan, Syrien, Tunesien und der Türkei.

3. Länderweise Darstellung

Afghanistan: Die vorliegenden Informationen über den Aufbau eines Sozialsicherungswesens sind spärlich. Ein Anspruch auf eine Altersrente bestand bis zur Revolution 1978 nur für Staatsbedienstete und Angehörige der Streitkräfte. Er soll auf die Industriearbeiter ausgedehnt worden sein.

Die medizinische Versorgung war seit jeher mangelhaft. Durch den Bürgerkrieg und die Flucht vieler Ärzte ins Ausland ist sie noch schlechter geworden. Krankenhäuser gibt es nur wenige, und diese sind in Kabul konzentriert. 1975 gab es 70 Krankenanstalten. 1979/80 sprach man von 155 Gesundheitszentren, die jeweils von einem Arzt geleitet wurden und von 84 Gesundheitssubzentren, denen jeweils eine Krankenschwester vorstand. Die ärztliche Behandlung ist weitgehend kostenlos. Der Arbeitgeber ist zur medizinischen Versorgung seiner Mitarbeiter verpflichtet.

Ägypten: Eine Rentenversicherung für die Beamten und sonstigen Bediensteten im öffentlichen und im staatlichen Sektor wurde ab 1964 aufgebaut. Die Leistungen umfassen Alters- und Invaliditätsrenten, Krankenbeihilfe und Sterbegeld. 1980 wurde der Versicherungsschutz auch auf andere Arbeitnehmer ausgedehnt. 1981 kam die sogenannte ,,Sadat-Pension" (Anwar as-Sādāt) hinzu, die diejenigen Personen erfaßt, die bis dahin keinen Anspruch auf Rente erwerben konnten. Ein Teil der ägyptischen Arbeitnehmer im Ausland ist ebenfalls in das Sozialversicherungssystem eingebunden. Es besteht eine Sozialversicherungspflicht für alle Arbeitnehmer. 1985 gehörten insgesamt 12 Mio. Personen der Sozialversicherung an. Damit waren laut offizieller Darstellung 96 % der Gesamtarbeiternehmerschaft abgedeckt. Beiträge zur Rentenversicherung werden zu je 5 % des Bruttoarbeitslohns vom Arbeitgeber und Arbeitnehmer getragen. Dagegen übernimmt der Arbeitgeber die Entrichtung der gesamten Beiträge zur Unfall- und Invaliditätsversicherung. Im Falle eines Arbeitsunfalles hat der Arbeitnehmer Anspruch auf Lohnfortzahlung bis zu seiner Gesundschreibung oder bis zur Anerkennung der Invalidität. Arbeitslose erhalten Arbeitslosenunterstützung für 16 Wochen, vorausgesetzt, daß für sie mindestens ein Jahr Beiträge bezahlt wurden und sie während der letzten sechs Monate vor der Arbeitslosigkeit gearbeitet hatten. Seit 1975 besteht eine Krankenversicherung für Beamte (Familienangehörige sind mitversichert). 1985 waren insgesamt drei Mio. Personen krankenversichert.

Die Gesundheitsfürsorge wird insbesondere in den Städten als gut bezeichnet. Das allgemeine Krankenhauswesen untersteht der National Health Organization (NHO). Die entsprechenden Einrichtungen sind in erster Linie für die Sozialversicherten gedacht, sie stehen aber inzwischen auch anderen offen. Die Arbeitnehmer zahlen 1 % des Gehalts als Selbstbeteiligung an die NHO, weitere 3 % werden vom Staat zugeschossen. Es gibt daneben die Universitäts- und Privatkliniken sowie Regierungskrankenhäuser. Die ärztliche Versorgung der ländlichen Bevölkerung geschieht durch die Rural Health Units (RHU) (Gesamtzahl: 2.270; eine RHU sorgt für 9.000 Personen). Die nächste Stufe bilden die Rural Health Centres (RHC), gefolgt von General District Hospitals (Krankenhäuser mit 80 Betten). Die Gouvernoratshauptstädte verfügen über Krankenhäuser mit 350 Betten. Acht medizinische Fakultäten Ägyptens bilden jährlich ca. 4.000 Ärzte aus. Trotzdem beträgt das Arzt-Patient-Verhältnis nur 1 : 1.108, bei den Zahnärzten 1 : 4.631. Die verstaatlichte pharmazeutische Industrie deckt ca. 90 % des Arzneimittelbedarfs.

Algerien: Alle Arbeitnehmer sind sozial- und krankenversichert und haben Anspruch auf Alters-, Invaliditäts- und Hinterbliebenenrente. Es werden bei Arbeitsunfällen und sonstigen Krankheitsfällen Sachleistungen sowie Krankengelder gewährt. Arbeitgeber und -nehmer entrichten je 5 % des Bruttolohnes als Beitrag an die Sozial- und Krankenversicherung. Eine Arbeitslosenversicherung gibt es nicht.

Die medizinische Versorgung gilt als unzureichend. Ein Großteil des medizinischen Personals ist in Algier konzentriert. Der Aufbau von Krankenhäusern (1980 gab es 182 — der Bau von weiteren 50 - 60 war bis 1986 vorgesehen —, 742 Gesundheitszentren, 1.422 Beratungs- und Behandlungszentren) macht Fortschritte. Die medizinische Versorgung in den staatlichen Einrichtungen ist kostenlos. Der Aufbau der nationalen Pharmaindustrie soll vorangetrieben werden. Der Anteil im Land hergestellter Medikamente betrug, gemessen am Gesamtbedarf, 1980 lediglich 10 %.

Bahrain: Das Sozialversicherungsgesetz von 1975/76 sieht die Zahlung von Renten im Alter, bei Invalidität und Tod vor; ferner Lohnfortzahlung bei Betriebsunfällen, Krankheit und Mutterschaft; Familienhilfen sowie die Gewährung von Arbeitslosengeld. Laut Gesetz sollten alle Erwerbstätigen, also auch Selbständige, erfaßt werden. Der Versicherungsbeitrag beträgt 18 % des Bruttolohnes, wovon der Arbeitgeber 11 % und der Arbeitnehmer 7 % trägt. Die Betriebsunfallversicherung bildet einen selbständigen Zweig. Der entsprechende Versicherungsbeitrag von 3 % des Bruttolohnes ist allein vom Arbeitgeber zu entrichten.

Die medizinische Versorgung ist kostenlos. Es gibt sechs öffentliche Krankenhäuser (weitere drei kleine Krankenstationen sind privat) und 27 Gesundheitszentren.

Irak: Für Beschäftige im öffentlichen Dienst gibt es eine gesetzliche Altersversorgung, Invaliditätsrente sowie Beihilfen bei Krankheit, Arbeitsunfällen und Tod des Ernährers. Für Beschäftigte in Privatbetrieben und staatlichen oder halbstaatlichen Unternehmen gibt es die Sozialversicherungspflicht. Beiträge hierfür werden zu einem Drittel durch den Arbeitnehmer und zu zwei Dritteln durch den Arbeitgeber entrichtet. Der Staat zahlt zusätzlich ein Drittel des Gesamtaufkommens als Zuschuß. Eine generelle Sozialversicherung für Arbeiter in der Landwirtschaft gibt es nicht. Für Personen, die nicht für sich sorgen können — wie Waisen, Behinderte und Alte ohne eigenständiges Einkommen — sorgt die soziale Wohlfahrt.

Der Aufbau des staatlichen Gesundheitsdienstes hat in den letzten Jahren erhebliche Fortschritte gemacht. Der Irak verfügt über 187 Krankenhäuser mit 27.296 Betten, neben weiteren ca. 2.500 medizinischen Einrichtungen (Gesundheitszentren, Polikliniken, Ambulatorien und mobilen Einheiten). Das ärztliche Personal ist zum größten Teil beim Staat angestellt. Das Verhältnis Arzt-Einwohner beträgt 1:2.000. Angehende Ärzte sind gesetzlich verpflichtet, nach Beendigung der Ausbildung ein Jahr im ländlichen Gesundheitsdienst zu arbeiten. Mit Ausnahme von Krankenhausaufenthalten kann der staatliche Gesundheitsdienst kostenlos in Anspruch genommen werden. In vielen Fällen übernimmt der Staat die Kosten für eine Behandlung im Ausland. In den staatlichen Kliniken sind Medikamente kostenlos. Darüber hinaus sorgt der Staat dafür, daß die Preise für Medikamente im Handel niedrig bleiben.

Iran: Die aus den 30er Jahren stammende Sozialversicherung sieht Ruhe- und Sterbegeld, Unfall-, Krankheits-, Mutterschafts- und Ehebeihilfen sowie Kinderzulagen vor. Eine Arbeitslosenversicherung gibt es nicht, aber das Arbeitsgesetz schreibt eine Entlassungsentschädigung für Arbeitnehmer entsprechend der Länge ihrer Dienstjahre vor. Die Islamische Republik Iran hat sich verfassungsmäßig verpflichtet, für die Arbeitnehmer eine Altersversorgung sowie Kranken- und Arbeitslosenversicherung vorzuhalten.

Die medizinische Versorgung, insbesondere auf dem Land, ist mangelhaft. Zahlreiche Ärzte sind seit der islamischen Revolution ins Exil gegangen. Andere wurden für den Einsatz im Golfkrieg dienstverpflichtet. 1974 gab es 212 allgemeine Krankenhäuser, 232 Fachkrankenhäuser, 30 Entbindungsheime und 219 Gesundheitszentren. 1982/83 gab es 15.900 praktische Ärzte und 2.300 Zahnärzte.

Israel: Die gesetzliche Sozialversicherung umfaßt alle Bürger vom 18. Lebensjahr an und sieht Alters- und Hinterbliebenenrenten sowie Betriebsunfallversicherung und Mutterschaftshilfen vor. Dagegen ist die Krankenversicherung traditionell eine Domäne der Histadrut-Gewerkschaft mit ihren rund 1.000 Kliniken, Betreuungsstationen und Erholungsheimen. Die Krankenversicherung ist nicht Pflicht. Die Wohlfahrtsorganisationen, zum Teil vom Ausland finanziert, spielen eine bedeutende Rolle.

Die medizinische Versorgung durch Gesundheitsämter, gewerkschaftliche und freiwillige Gesundheits- und Wohlfahrtsorganisationen ist gut. Verwaltung und Koordinierung liegen beim Gesundheitsministerium, dem die allgemeine Pflege der Volksgesundheit und die Krankenversorgung anvertraut ist. 1980 gab es 148 Krankenhäuser. Davon wurden 60 % vom Staat, ein Drittel von den Gewerkschaften und der Rest von privaten und konfessionellen Einrichtungen betrieben. 1983 gab es 4.500 Ärzte im Staatsdienst.

Jemen: Seit 1981 gibt es im Nordjemen eine Rentenversicherung nur für öffentliche Bedienstete. Daneben gibt es staatliche Hilfen in besonderen Fällen (für Waisenkinder, geschiedene Frauen und mittellose Greise).

Die medizinische Versorgung ist mangelhaft. 1982 gab es 32 Krankenhäuser mit 3.684 Betten (davon waren 17 allgemeine oder Militärkrankenhäuser, zwei Fachkrankenhäuser und 13 ländliche Kliniken), 935 Gesundheitszentren und 80 Ambulatorien. 1981 betrug die Ärztezahl 708 (davon waren 320 Jemeniten). Beim Aufbau des Gesundheitswesens leistete Kuwait Hilfe.

Jordanien: Eine Sozialversicherung besteht seit 1980. Sie umfaßt Betriebe mit mindestens zehn Beschäftigten. Eine Öffnung für Jordanier im Ausland ist für später geplant. Grundsätzlich sollen sukzessive alle Arbeitnehmer im privaten und öffentlichen Bereich, auch Angehörige der Streitkräfte sowie Bedienstete bei den Städten und Gemeinden erfaßt werden. Anfang 1986 waren 354.000 Personen sozialversichert. Geboten werden Alters- und Invaliditätsrenten (in Folge eines Berufsunfalles oder einer Berufskrankheit), sowie Hinterbliebenenpensionen und Sterbegeld. Vorgesehen ist die Erweiterung des Systems um eine Arbeitslosen- und Krankenversicherung. Arbeitnehmer in der Landwirtschaft und bei den Kleinbetrieben sind vorläufig von der Sozialversicherung ausgenommen.

Die allgemeine medizinische Versorgung gilt als ausreichend. Das Gesundheitsministerium unterhält 162 Gesundheitszentren, 244 Dorfkliniken, 100 Mutter-Kind-Zentren, 15 Schulgesundheitsgruppen, 15 Zentren für Röntgenologie und 56 Zahnkliniken. Die Behandlung ist fast kostenlos. Ein Teil der 35 Krankenhäuser (1981) untersteht den Royal Medical Services, deren Einrichtungen in erster Linie die Angehörigen der Streitkräfte behandeln, aber auch in beschränktem Maße für die übrige Bevölkerung offenstehen. Der Privatsektor hat einen 15 - 20prozentigen Anteil an der medizinischen Versorgung. Der Fünf-Jahres-Plan für Gesundheitswesen (1986 - 91) sieht die Einbeziehung des Privatsektors in das Krankenversicherungssystem, dessen Gründung Anfang 1985 angekündigt, aber aus finanziellen Gründen auf später verschoben wurde, vor.

Katar: Eine Sozialversicherung gibt es nicht, wohl aber ein Rentenwesen für bedürftige Personen. Als Rentenempfänger kommen in Betracht: Witwen und geschiedene Frauen mit Kindern, Waisenkinder und Personen, die wegen Invalidität, krankheitshalber oder als Folge hohen Alters arbeitsunfähig sind. Die Rentenhöhe wird von Fall zu Fall entsprechend der Bedürftigkeit festgelegt. Familien mit niedrigem Einkommen wird vom Staat ein Hausgrundstück oder Haus zur Verfügung gestellt. Lediglich 60 % der Erstellungskosten müssen in kleinen Raten in 25 Jahren zurückgezahlt werden. Zinsen werden nicht berechnet. Mit dem vorzeitigen Tod des Begünstigten erlischt die Rückzahlungspflicht.

Die medizinische Behandlung jeglicher Art ist auch für Nicht-Einheimische kostenlos. Notwendig werdende Behandlung im Ausland wird vom Staat übernommen. Es gibt sechs Krankenhäuser (drei davon mit 658 Betten gehören der Regierung und weitere drei mit 694 Betten sind privat). 17 Gesundheitszentren befinden sich im Inneren des Landes.

Kuwait: Eine Sozialversicherung besteht seit 1977. Ihr gehören mittlerweile alle Kuwaitis, mit Ausnahme der Gastarbeiter, an. Erfaßt werden sowohl der Privatsektor als auch der öffentliche Sektor (u.a. Militär, Polizei, Nationalgarde) bis hin zu den Angehörigen der selbständigen Berufe, den Mitgliedern der Gemeinderäte und des Nationalparlaments. Angeboten werden Alters- und Invaliditätsrenten sowie Sachleistungen im Krankheitsfall und Sterbegeld. Die Prämie beträgt 5 % des Bruttogehaltes für die Rentenkasse und 2 % für Unfallversicherung am Arbeitsplatz. Davon abgesehen gibt es die Möglichkeit, sich für eine höhere Rente bzw. Entschädigung zu versichern, wofür insgesamt 16 Kategorien vorhanden sind. Das Sozialministerium unterhält ein aufwendiges Wohlfahrtsprogramm zur finanziellen Unterstützung von verwitweten und geschiedenen Frauen, Waisen und unehelichen Kindern, alten Menschen und Angehörigen von Gefangenen. Ferner gibt es ein Wohnungsbauprogramm, das von der Vergabe zinsloser Kredite und billigem Bauland bis hin zur Erstellung und unentgeltlichen Überlassung von Wohnungen an Bedürftige reicht.

Die medizinische Versorgung ist gut. Die Behandlung in den Krankenhäusern war bislang (1987) für alle, auch für Gastarbeiter, kostenlos. Dies wird sich nach Plänen der Regierung ändern. Aus finanziellen Gründen sollen geringfügige Gebühren erhoben werden. Ebenso ist die Einführung einer Krankenversicherung geplant, die für alle Arbeitnehmer zur Pflicht gemacht werden soll. Angehörige des Privatsektors sollen 6 % des Bruttogehaltes und Bedienstete des öffentlichen Sektors 4 % als Prämie zahlen.

Libanon: Das Sozialversicherungsgesetz von 1963 sieht Alters- und Invaliditätsrenten, Familienbeihilfen und Entschädigungen bei Betriebsunfällen vor. Seit 1971 sind alle Sozialversicherten automatisch auch krankenversichert.

Das libanesische Gesundheitssystem zählte vor Ausbruch des Bürgerkriegs zu den besten im Nahen und Mittleren Osten. Ein Großteil der entsprechenden Einrichtungen ist mittlerweile zerstört. Nur noch der Privatsektor, der immer schon ein Übergewicht besaß, ist in der Lage, eine notdürftige medizinische Versorgung aufrecht zu erhalten. Krankenversicherungsschutz genießen ca. 870.000 Personen (650.000 über die Sozialversicherung, 150.000 haben eine private Krankenversicherung abgeschlossen, und 70.000 sind Staatsbedienstete, für die der Staat ein eigenes kooperatives Gesundheitssystem unterhält).

Libyen: Der Aufbau einer Sozialversicherung begann 1957. Erfaßt werden gegenwärtig fast alle Bevölkerungsteile: a) Angestellte der Behörden und der staatlichen Anstalten und Organe sowie Mitglieder der Streitkräfte, der Polizei und des Zolls (die für diese Gruppen existierenden Pensionskassen wurden in die Sozialversicherung überführt); b) alle Arbeitnehmer der staatlichen und privaten Wirtschaftsbetriebe; c) Angehörige der freien Berufe; d) Erwerbstätige, die ein selbständiges Gewerbe betreiben oder Heimarbeit leisten; e) Lohnempfänger und selbständige Erwerbstätige in der Landwirtschaft; f) Hinterbliebene der Rentenempfänger; g) Alte, Invaliden, Prostituierte und Bedürftige ohne Auskommen; h) ausländische Arbeitnehmer. Die Sozialversicherungsbeiträge machen zwischen 5 - 6,2 % des Bruttolohnes aus, wovon die Regierung mindestens 40 %, der Arbeitgeber 35 % und der Arbeitnehmer höchstens 25 % übernehmen. Nichterwerbstätige Personen sind von der Beitragsleistung befreit. Die *zakāt*-Gelder (auf freiwilliger Basis) kommen der Sozialversicherung zugute. Die Leistungen der Sozialversicherung erstrecken sich auf Alters- und Arbeitsunfallrente sowie Rente bei ständiger Arbeitslosigkeit. Eine geringere Grundrente erhalten Vollinvaliden, Personen, für deren Unterhalt niemand aufkommt, Witwen, Waisen sowie Prostituierte. Kurzfristige Barleistungen werden bei Arbeitslosigkeit, Krankheit, Arbeitsunfall und Mutterschaft gewährt.

Die Gesundheitsversorgung ist in den Städten und in der Küstenregion zufriedenstellend, nicht aber im Landesinneren. Für die Versicherten bei der State Social Insurance Organization (INAS) gibt es eigene Ärzte und Apotheken. Ansonsten wird die Bevölkerung medizinisch durch den staatlichen Gesundheitsdienst gebührenfrei betreut. 1984 betrug das Arzt-Einwohner-Verhältnis 1:8.892. Entsprechend dem Gesundheitsplan 1981 - 85 wurden die früheren ländlichen Ambulatorien (für Orte bis zu 5.000 Einwohnern) zu Basiseinheiten für gesundheitliche Betreuung und die Gesundheitszentren (für Regionen mit mehr als 5.000 Einwohnern) zu gesundheitlichen Betreuungszentren umgewandelt. Hinzu kamen ambulatorische Sammelkliniken. 1979 gab es 65 Krankenhäuser (davon waren 41 allgemeine und 24 Fachkrankenhäuser). Jedem Krankenhaus ist eine Apotheke zugeordnet. 1984 betrug die Zahl der Krankenhausbetten 18.344.

Marokko: Ein 1942 von privater Seite gegründeter Sozialhilfefonds (Caisse d'aide sociale) wurde 1957 vom Staat übernommen und ab 1961 in den Nationalen Sozialsicherungsfonds (Caisse nationale de sécurité sociale, CNSS) umgewandelt. Der Arbeitnehmerbeitrag beträgt 2,5 % der ersten 500 DH des Monatslohnes. Der Arbeitnehmer und die öffentliche Hand zahlen jeweils 7,5 % des Bruttoverdienstes des Arbeitnehmers ein. Die Leistungen sind Alters-, Hinterbliebenen- und Invaliditätsrente, Sachleistungen bei Krankheit sowie Mutterschafts- und Familienbeihilfen. Die Mitgliedschaft ist für Arbeitnehmer in der Industrie, im Handel und in den freien Berufen sowie für Genossenschaftsmitglieder offen. Arbeitnehmer in der Landwirtschaft, im Handwerk und Hausangestellte bleiben ausgeschlossen. Für öffentlich Bedienstete gibt es eine getrennte Alterssicherung, die, mit Ausnahme der Familienbeihilfen, den übrigen Leistungen der CNSS vergleichbares bietet.

Die medizinische Versorgung in den Städten ist gut. Dort gibt es die meisten Krankenhäuser (1979 gab es 66 private und 132 staatliche Krankenhäuser mit 32.000 Betten) und lebt die Mehrzahl der Ärzte. Allein in den beiden Ballungsgebieten Casablanca und Rabat leben 43 % aller marokkanischen Ärzte. Fast die Hälfte der Ärzteschaft unterhält Privatpraxen. Seit 1957 müssen Ärzte nach Beendigung des Studiums zwei Jahre, im Falle des Studiums auf Staatskosten, fünf Jahre im öffentlichen Gesundheitsdienst arbeiten. In den ländlichen Gebieten gibt es Gesundheitszentren, jeweils für 45.000 Einwohner, mit je einem Arzt, zwei Krankenschwestern und fünf Hilfskräften. Den Gesundheitszentren sind jeweils drei Krankenstationen unterstellt, die von Krankenschwestern geführt werden. Die entlegenen Gebiete werden durch fahrbare Ambulatorien versorgt. Ein Ausbau der öffentlichen Gesundheitsdienste ist beabsichtigt. Geplant sind Krankenhäuser für jeweils eine Zone von 180.000 Einwohnern. Zusätzlich soll jede Provinzhauptstadt ein Krankenhaus erhalten. Es gibt keine allgemeine Krankenversicherung. Die medizinische Behandlung ist in den regierungseigenen Krankenhäusern kostenlos.

Oman: Eine Sozialversicherung gibt es nicht. Hingegen macht der Aufbau der medizinischen Versorgung Fortschritte. Die wichtigsten Städte haben bereits moderne Krankenhäuser, mindestens aber Ambulatorien. Die genaue Zahl entsprechender Einrichtungen läßt sich nicht ermitteln. Die medizinische Behandlung in den Krankenhäusern ist kostenlos.

Pakistan: Öffentliche Bedienstete und Angehörige der militärischen und paramilitärischen Dienste sowie das Personal der staatseigenen und verstaatlichten Unternehmen haben Anspruch auf Altersversorgung sowie auf Beihilfen bei Krankheiten und Härtefällen. Darüber hinaus gibt es eine Gruppenversicherung gegen Unfall für alle Staatsbediensteten, deren Prämie im Falle der Angehörigen des einfachen Dienstes vom Staat übernommen wird. Eine Sozialversicherung für Arbeitnehmer, mit Ausnahme der in der Landwirtschaft tätigen, wurde ab 1965/67 aufgebaut. Sie umfaßt Beihilfen bei Krankheit, Arbeitsunfall, Mutterschaft, Invalidität sowie Sterbegeld und Altersrente. Hinzugekommen ist seit 1985 eine Witwenrente. Die Beitragsleistungen in Höhe von 6 % des Bruttolohnes obliegt dem Arbeitgeber, der ebenfalls verpflichtet ist, für seine Belegschaft eine Gruppenversicherung gegen Arbeitsunfall abzuschließen. Außerdem muß der Arbeitgeber die Schulbildung für eines der Kinder jedes seiner Arbeitnehmer finanzieren. Die Regierung entrichtete erstmalig im Juli 1986 freiwillig einen Betrag von 300 Mio. Rupien — das entsprach 5 % des Bruttolohnes der Arbeitnehmer — in die Rentenkasse. Mit der Einführung des *islamischen Sozialsicherungssystems* seit 1979, dessen Finanzierung durch *zakāt*- und *'ushr*-Steuern gesichert wird, ist es möglich geworden, staatliche Unterstützung für weitere Personenkreise, die unterhalb der Armutsgrenze leben, zu gewähren. Mit Wirkung vom 1. 7. 1986 hat die Regierung auf eigene Kosten eine Gruppenversicherung gegen Unfall für alle Broterwerber abgeschlossen. Die Einführung einer Ernteversicherung auf Staatskosten wird erwogen. Eine allgemeine Kranken- und/oder Arbeitslosenversicherung existiert nicht.

Die medizinische Versorgung gilt als mangelhaft. Und dies, obwohl jährlich ca. 4.000 Absolventen die 17 pakistanischen medizinischen Hochschulen/Colleges verlassen. Der Großteil von ihnen wandert ins Ausland, in erster Linie nach Europa und in die USA, aus. Die Zahl der im Ausland tätigen pakistanischen Ärzte wurde 1985 mit 29.931 angegeben. Neben allopathischen Medizinern — die Zahl der praktischen Ärzte wird seit Jahren mit 22.000 angegeben — gibt es den *ḥakīm* (pl. ḥukamā') (Absolventen der griechisch-arabischen Medizin, genannt ṭibb yūnānī) und den *wēd* (Absolventen der altindischen ayurwedischen Medizin). Die entsprechenden Ausbildungseinrichtungen sind staatlich anerkannt. Hinzu kommen Homöopathen, die meistens ihre medizinischen Kenntnisse im Selbststudium erwerben und in seltenen Fällen eine anerkannte Prüfung ablegen. Eine entsprechende Institution ist vorhanden. Die staatlich-medizinische Versorgung ist pyramidenartig aufgebaut. Für 8 - 10.000 Menschen gibt es Basic Health Units (BHU, insgesamt: 1.715). Auf alle fünf BHUs kommt ein Rural Health Centre (RUC, insgesamt: 274), die jeweils mit einem Krankenhaus mit zehn Betten ausgerüstet sind. Für jeden Subdistrikt ist ein Krankenhaus mit 60 Betten und für jeden Distrikt ein Krankenhaus mit 250 Betten vorgesehen. Es gibt außerdem 869 Maternity Child Health Centres (MCH). Die Zahl der Krankenstationen wird mit 3.994 und die der Subzentren mit 632 angegeben. 1978 waren 1.047 Zahnärzte und 4.300 Krankenschwestern registriert.

Saudi-Arabien: Das Sozialversicherungsgesetz von 1969 sieht Versicherungspflicht für alle Erwerbstätigen vor. Ausgenommen sind Arbeitskräfte in der Landwirtschaft und Heimarbeiter sowie öffentliche Bedienstete, Soldaten und Angehörige der Sicherheitskräfte, die ohnehin pensionsberechtigt sind und umfangreiche Vergünstigungen genießen. Die allgemeine Sozialversicherung gewährt Alters-, Invaliditäts- und Hinterbliebenenrente. Sie umfaßt außerdem Leistungen bei Arbeitsunfällen sowie Berufskrankheiten. Eine Kranken- und Arbeitslosenversicherung besteht nicht. Beihilfen werden im Todesfall gewährt. Die Versicherungsbeiträge betragen 5 % des Bruttolohnes für den Arbeitnehmer und 8 % für den Arbeitgeber. Die Prämie für die Arbeitsunfallversicherung beträgt 2 % und wird voll vom Arbeitgeber entrichtet. Die ausländischen Arbeitnehmer können sich beim Verlassen Saudi-Arabiens ihre Rentenbeiträge ausbezahlen lassen. Mehr als 90 % der Arbeitnehmer in der Privatwirtschaft sind sozialversichert. Im März 1985 waren es 3,4 Mio. Personen, darunter 1,2 Mio. Erwerbstätige in 12.594 Betrieben. Für mittellose und bedürftige Personen sorgt die Allgemeine Sozialfürsorgeanstalt durch Gewährung von Pensionen und Beihilfen.

Die medizinische Versorgung ist auch in den entlegenen Gebieten gut. Es gibt 1.430 Kliniken und 142 Krankenhäuser mit 24.240 Betten. Weitere 46 Krankenhäuser befanden sich 1986 im Bau. 1986 betrug die Zahl der Ärzte 9.257. Damit kam auf 750 Einwohner ein Arzt. Medizinische Behandlung ist in den Regierungseinrichtungen kostenlos. Die Eröffnung von Privatpraxen wird von der Regierung finanziell unterstützt (50 % der Kosten werden erstattet). Die Krankenhäuser sind mit den modernsten medizinischen Apparaturen ausgestattet, und die Ärzteschaft besteht aus kompetenten, meist ausländischen Medizinern. Die Zahl der früher häufig auf Staatskosten ins Ausland überwiesenen Patienten ist gegenwärtig auf etwa zehn Fälle pro Jahr zurückgegangen.

Sudan: Trotz Erstellung zweier Studien durch ILO-Experten (1961, 1968) und trotz Verabschiedung eines Sozialversicherungsgesetzes (1970) kam es bisher nicht zur Gründung einer Sozialversicherung.

Die medizinische Versorgung ist mangelhaft. 1980 gab es 160 allgemeine Krankenhäuser mit 17.300 Betten. Weiterhin gab es 206 Gesundheitszentren, 908 Krankenstationen, 1.580 Ambulatorien und 1.685 Verbandsplätze. Die Zahl der Ärzte betrug 2.122 (437 Fachärzte und 161 Zahnärzte). Davon waren 60 % in Khartoum tätig. 1983 gab es 18 Krankenhäuser in der Hauptstadt. Die Behandlung in den Regierungskrankenhäusern ist kostenlos.

Südjemen: Ein Sozialversicherungssystem existiert nicht. Das Gesundheitswesen gilt als mangelhaft. 1978 gab es 24 Krankenhäuser und 22 Gesundheitszentren. Auf 1.438 Einwohner kam ein Krankenhausbett und auf 5.969 Personen ein Arzt.

Syrien: Die seit 1959 bestehende Sozialversicherung umfaßt Alters- und Invaliditätsrente sowie Unfall-, Kranken- und Arbeitslosenversicherung. Versicherungspflicht besteht für alle Arbeitnehmer mit Ausnahme von Land- und Saisonarbeitern sowie Hausbediensteten. Die Beitragshöhe beträgt 21 % des Bruttogehaltes (Arbeitnehmer 7 % und Arbeitgeber 14 %).

Auch Syrien weist im Bereich des Gesundheitswesens ein Stadt-Land-Gefälle auf. Und dies, obwohl Absolventen des Medizinstudiums für zwei Jahre zum Dienst auf dem Lande verpflichtet werden. 1983 gab es 163 Krankenhäuser mit 10.770 Betten. Die Ärztezahl betrug 4.633. Damit entfiel auf jeweils 2.006 Einwohner ein Arzt. Die ärztliche Behandlung ist in den regierungseigenen Kliniken auf dem Lande kostenlos. In den Städten gilt dies nur für die ärmere Bevölkerung mit Berechtigungsschein (Einkommen unter 400 £S). Öffentlich Bedienstete und Sozialversicherte haben ebenfalls Anspruch auf kostenlose Behandlung. Ärzte — auch im Regierungsdienst — dürfen Privatpraxen betreiben.

Tunesien: Eine Sozialversicherung für Arbeiter in der Industrie und beim Handel wurde 1960 geschaffen. Ab 1966 erfolgte die Einbeziehung der Studentenschaft und ab 1970 die der Arbeitnehmer in der Landwirtschaft. Geboten werden Alters- und Hinterbliebenenrente, Lohnfortzahlung im Krankheitsfall, bezahlter Mutterschaftsurlaub, Entbindungs- und Sterbegeld sowie Krankenversicherung. Der Beitrag für Arbeitnehmer beträgt 5 % und für Arbeitgeber 15 % des Bruttolohnes. Der Beitragssatz für Arbeiter in der Landwirtschaft ist nur symbolischer Natur.

Der staatliche Gesundheitsdienst ist seit Erringung der Unabhängigkeit stark ausgebaut worden. Auch die Zahl der privaten Gesundheitseinrichtungen, insbesondere in den Städten, ist gestiegen. Die Sozialversicherungsanstalt unterhält eigene Kliniken. 1982 gab es 119 Krankenhäuser, 862 Ambulatorien und 132 Zentren für Familienplanung. Die Zahl der Ärzte verdreifachte sich zwischen 1975 bis 1981. Noch immer sind 51 % der Ärzte in Tunis konzentriert. Die Zahl der ausländischen Ärzte geht stetig zurück. Die Krankenhausbehandlung ist für Sozialversicherte kostenlos, andere zahlen eine geringe Gebühr.

Türkei: Für öffentlich Bedienstete gibt es seit 1950 eine Pensionskasse, zu deren Leistungen Unfall-, Renten- und Lebensversicherung gehören. Für Arbeiter und Angestellte des Privatsektors sorgt seit 1965 die Sozialversicherungsgesellschaft. Sie umfaßt Kranken- und Rentenversicherungen. Seit 1972 gibt es eine Versicherung für Selbständige und Freiberufler. Sie zahlt Arbeitsunfähigkeits-, Alters- und Lebensversicherungen. Alle drei Kassen gewähren Invaliden- und Hinterbliebenenrente. Nach dem Tod des Rentenempfängers ist die Ehefrau bzw. die unverheirate Tochter rentenberechtigt. 48,3 % der Bevölkerung waren 1984 sozialversichert. Beschäftigte in der Landwirtschaft gehörten nicht dazu, da für sie keine Sozialversicherung existierte. Ebensowenig gab es eine Arbeitslosenversicherung.

Medizinisch gilt die Türkei als unterversorgt. Die meisten Ärzte und Krankenhäuser sind in den Städten konzentriert. Die Versorgung der ländlichen Bevölkerung ist besonders schlecht. 1980 gab es 536 öffentliche Krankenhäuser (420 allgemeine und 116 Fachkrankenhäuser), 291 öffentliche und 97 Privatkliniken. 1984 existierten in den Provinzen 2.754 Gesundheitszentren und 7.458 Beratungsstellen. 1980 betrug die Zahl der Apotheken 6.335. Auf jeden Arzt kamen 1.642 und auf jeden Zahnarzt 6.322 Personen.

Vereinigte Arabische Emirate: Die Einrichtung einer Sozialversicherung fehlt. Die Bedürftigen werden vom Staat unterstützt, wozu auch die Bereitstellung von Häusern gehört.

Es gibt gute und kostenlose medizinische Versorgung durch mehr als 30 Krankenhäuser, Polikliniken und 49 Gesundheitszentren in den ländlichen Gebieten. Insgesamt stehen 5.500 Krankenhausbetten (1 Krankenhausbett für 200 Einwohner) zur Verfügung. Kuwait hat zunächst beim Aufbau des Gesundheitswesens durch die Errichtung und den Betrieb von Krankenhäusern geholfen. Iran unterhält eine Krankenstation im Ajman.

Literatur:

El-Borai, A. 1976: La deuxième conférence arabe sur la sécurité sociale. Tenue à Alexandrie du 27.-30.3.1975, in: Bulletin du Centre de Documentation d'Etudes Juristiques, Economiques et Sociales, Le Caire, Jg. 4, Nr. 5, 71-75.

Décret No. 1911 du 8. octobre 1972 portant ratification de la Convention Arabe relative aux normes minima des Assurances Sociales, in: Syrie et Monde Arabe, Damas, Jg. 19. Nr. 226. (Nov. 1972), 78-98.

ECWA. Beirut (Hrsg.) 1981: Survey of economic and social developements in the ECWA region, Sanaa.

Hamilton, M. 1951: Social work in the Middle East, in: Journal of the Central Asian Society, Jg. 38, 21-29.

Owen, R. 1981/82: Income distribution and social welfare in the Arab world, in: The Journal of the Institute for Socioeconomic Studies, Jg. 6. Nr. 4, 46-60.

UNESOB. Beirut (Hrsg.) 1973: Studies on social development in the Middle East, 1971, New York.

UNO u. League of the Arab States (Hrsg.) 1956: Social assistance in the Arab States. Ways and means of its organisation. UN third welfare seminar for the Arab States, Damascus, 1952, Cairo.

VIII. Die Wiederbelebung der islamischen Rechts- und Gesellschaftsordnung

Durán Khalid

1. Die islamische Wiederbelebung als Muster mit eigener Tradition

Die vielfältigen Versuche der Wiederbelebung von Rechts- und Gesellschaftsordnungen aus der islamischen Geschichte stellen sich als eine Kette von „Umorientierungen" dar, die sich auf äußerst unterschiedliche, ja sogar gegensätzliche Weise verwirklichten. In ihrer konfliktreichen Buntheit lassen sie jedoch ein Muster erkennen, das zahlreichen Ländern mit mehrheitlich muslimischer Bevölkerung gemeinsam ist. Dabei greifen diese unterschiedlichen Konzeptionen auf historische Vorbilder zurück, stellen also ein innerislamisches Phänomen mit alter Tradition dar. Zugleich sind sie im 20. Jahrhundert durch die Auseinandersetzung mit äußeren Einflüssen bestimmt. Diese sorgen für zusätzliche Akzente.

Im Verlauf der Orientierungskrise Ägyptens in den 30er Jahren rückte dieses Ringen mit sich selbst und mit der Welt ringsum in den Vordergrund. Kairo, seinerzeit eines der wichtigsten Zentren islamischen Geistesschaffens, wurde mit jener Auseinandersetzung stellvertretend für den Rest der muslimischen Staaten. Eine Generation von Intellektuellen hatte bis dahin im Sinne des britischen und französischen Liberalismus „aufklärerisch" gewirkt. Nun machte man sich daran, den neugeschaffenen Büchermarkt mit frommen Schriften zu überfluten. In den 60er und 70er Jahren kam es dann zur „Krise der arabischen Intellektuellen", die die Voraussetzung schuf für eine nochmalige Wiederbesinnung auf die islamische Komponente der kulturellen Identität, die seither als „Re-Islamisierung" von sich reden macht. Westlichen Islamwissenschaftlern gilt der Begriff „Re-Islamisierung" mitunter als ein Misnomer. Sie gehen davon aus, daß der Islam nie aufgehört habe, im Fühlen und Denken der Muslime eine entscheidende Rolle zu spielen. Die Islamliteratur der betroffenen Länder spricht dennoch von einer „Rückkehr des Islams" bzw. von einer „Rückkehr zum Islam", vorzugsweise aber vom „Wiedererstarken islamischen Bewußtseins".

Im Grunde genommen handelt es sich eher um Akzentverschiebungen. Der Islam hat bekanntlich beim Unabhängigkeitskampf von Marokko bis Indonesien eine zentrale Rolle gespielt. Gefehlt hat er nicht einmal bei der Erstellung sozial-nationalistischer Ideologien wie der der säkularistischen Baath-Partei (al-Ba'th/Syrien, Irak). Jedoch handelte es sich in keinem dieser Fälle um den Islam allein oder um den Anspruch, allein auf den Islam zu gründen. Es war stets eine Frage der Verbindung von Islam mit einem oder mehreren *ismen,* die in der Auseinandersetzung mit dem Westen im Verlauf der Modernisierungsbemühungen als vorteilhaft erachtet wurden. Daraus ergab sich die Streitfrage, ob der Akzent auf den Islam oder auf den Liberalismus, den Säkularismus, Sozialismus oder Nationalismus gesetzt werden solle.

In gewisser Weise zeigen sich hier Parallelen zu früheren Epochen. Deshalb neigen die Protagonisten der einen oder anderen Richtung dazu, einzelne Glanzzeiten der islamischen Geistesgeschichte zu projezieren, so etwa das Bagdad des 9. Jahrhunderts, das Cordoba des 11. Jahrhunderts, bis hin zum Delhi des 18. Jahrhunderts. Zu all jenen Zeiten standen die Muslime in bewegter Auseinandersetzung mit anderen Kulturen: Griechen, Römer, Ägypter, Perser und Inder. Daraus entwickelten sich zahlreiche Denkschulen und Ansätze, die jede auf ihre Weise Antworten auf die Herausforderung durch Juden, Christen, Zoroastrier, Buddhisten und die verschiedensten Philosophien erteilten. In der Folge entstanden recht unterschiedliche Islam-Interpretationen, die sich gegenseitig befehdeten. Dabei gingen theologische Spitzfindigkeiten einher mit heftigen Kämpfen um die Regierungsform des Reiches und seine gesellschaftliche Gestaltung.

Während jener Epochen bewegten Geisteslebens waren die Muslime politisch souverän. Als Staatskonfession mächtiger Reiche blieb der Islam in letzter Instanz unangefochten. Dieses Hochgefühl der Macht und der zivilisatorischen Überlegenheit ermöglichte den Muslimen Selbstkritik. Oft war es geradezu modisch, sich selbst in Frage zu stellen. Man war sich seiner selbst viel zu sicher, um mit derlei intellektuellem Geplänkel die Machtposition des Islams zu gefährden. So begann man, Tabus mit Gusto zu brechen und das Prinzip des ,,Zweifels" aufzustellen, womit man sich auf wissenschaftliche Forschungsmethoden zubewegte. Das muslimische Selbstverständnis wurde letztlich weder erschüttert noch war es durch Komplexe gehemmt.

Der europäische Kolonialismus veränderte die Konstellation von Grund auf. Die vormals häufig selbstherrlichen Muslime waren nun politisch ohnmächtig und technisch unterlegen. Dadurch wurde die Auseinandersetzung mit fremden Denkformen zur Qual. Jetzt war nicht mehr der Islam der Wertmaßstab, an dem alles gemessen wurde, sondern der Islam wurde an den Wertmaßstäben fremder Besatzungsmächte gemessen. Die ersten Reformer galten deshalb als Verräter. Durchbrüche gelangen ihnen nur dann, wenn sie den Aufbau eines funktionalen Bildungswesens mit anti-kolonialem Befreiungskampf verbanden — was in der Anfangsphase selten möglich war. Allgemein besteht daher in vielen Ländern die Notwendigkeit fort, Reformen als echt islamisch glaubhaft zu machen, wenn sie überhaupt irgendeine Aussicht auf Erfolg haben sollen. Es besteht nach wie vor die weitverbreitete Vorstellung, daß die technische Überlegenheit der Industrienationen am besten dadurch aufgeholt werden könne, daß man auf den Islam zurückgreife — wie auf eine Schatzkiste, in der doch alles drin sei, was man brauche. Tatsächlich finden die zahlreichen muslimischen ,,Schatzgräber" meist auch etwas. Allerdings machen sie dann so unterschiedlichen Gebrauch vom islamischen Erbe, daß die Wiedergabe unweigerlich mehr zu einer Konfliktbeschreibung wird als zu einer Gesamtdarstellung. Letztere kann eigentlich nur dann erfolgreich unternommen werden, wenn man sich auf ein Fallbeispiel beschränkt.

2. Abgrenzungen zur Veranschaulichung des Themas

Jede derartige Betrachtungsweise eines so weitgespannten Themas sieht sich vor die konfliktreiche Notwendigkeit der Aufteilung, Unterteilung und Definition gestellt, während gleichzeitig alles möglichst auf einen gemeinsamen Nenner zu bringen ist. Im Falle des vorliegenden Themas ist einmal an die horizontalen Unterschiede zu denken, d.h. an die Weite und Vielfalt der islamischen Welt mit ihren zahlreichen Völkern und Nationen, die jeweils eine unterschiedliche historische Erfahrung haben. Fast noch wichtiger ist die vertikale Unterscheidung in eine Reihe von Tendenzen, die sich alle auf den Islam berufen, deren Auffassungen sich jedoch zum Teil gegenseitig ausschließen.

Wenn z.B. in Malaysia die Forderung erhoben wird, das Familienrecht solle in Einklang mit dem Islam gebracht werden, so muß erst gefragt werden, von wem unter den Muslimen diese Forderung erhoben wird. Der liberale Reformist versteht nämlich darunter, daß die Praxis zugunsten der Frau vermenschlicht und demnach den ethischen Ansprüchen des Korans gerecht wird — gegenüber einer gegenwärtigen Handhabung, die sich vielleicht zynisch auf den Islam beruft, in Wirklichkeit jedoch heidnische Bräuche oder ganz einfach nur Willkür ausdrückt. Eine solche Forderung von Seiten ,,aufgeklärter" Muslime würde also darauf hinauslaufen, die Polygamie unmöglich zu machen. Wird dieselbe Forderung jedoch von orthodoxen Muslimen erhoben, kann sie genau das Gegenteil bezwecken, nämlich eine durch koloniale Gesetzgebung weitgehend eingeschränkte Polygamie wieder zu erleichtern. Ähnlich ginge es dem Fundamentalisten mit einer solchen Forderung darum, die bisherige Praxis, die er als — wirkliche oder vermeintliche — Unterordnung unter den Westen ablehnt, durch Normen aus einem Gesetzesislam zu ersetzen, der in seinem Land auch früher gar nicht zur Anwendung gekommen war, sondern erstmals aus dem Nahen und Mittleren Osten eingeführt werden müßte.

Muslime reagieren deshalb auf solche Forderungen erst einmal mit einem Einordnungsversuch: Wer steht dahinter? Worauf läuft die Forderung nach Islamisierung in Wirklichkeit hinaus? Die zwingende Notwendigkeit einer sowohl horizontalen als auch vertikalen Analyse wird besonders anschaulich am Beispiel des viel gebrauchten Begriffs von einer „islamischen Kulturrevolution“. Selbst Staaten wie Iran und Libyen, die zeitweilig in einer losen Allianz miteinander verbunden waren oder zumindest eine ähnliche Politik verfolgten, verstanden jeder etwas anderes darunter. Noch krasser ist der Gegensatz zu einer „islamischen Kulturrevolution“, die etwa von König Hassan (Ḥasan) in Marokko verkündet wird. Eine von „aufgeklärten“ Reformisten wie den Republikanischen Brüdern im Sudan angestrebte „Kulturrevolution“ liefe auf das Gegenteil dessen hinaus, was die fundamentalistischen Muslimbrüder des Sudan darunter verstehen. Hier gesellt sich also zur horizontalen (geographischen) Unterscheidung noch die vertikale (innerislamisch ideologische). Das gilt ebenso für Staaten wie Algerien, wo die Regierungspartei eine „Kulturrevolution“ von oben und die Opposition eine „Kulturrevolution“ von unten betreibt. Beide sind vom islamischen Charakter ihres jeweiligen Unternehmens überzeugt, benutzen ihre „Kulturrevolution“ jedoch dazu, der des Gegners zuvorzukommen.

Angesichts dieser unterschiedlichen „Selbstverständnisse“ im Rahmen der islamischen Identität wäre nichts falscher, als die Versuche zur Wiederbelebung islamischer Vorstellungen von Rechts- und Gesellschaftsordnung allein mit den „Islamisten“ zu identifizieren. „Islamisten“ ist eine Selbstbezeichnung muslimischer Fundamentalisten, die sich dabei auf Teile der Orthodoxie stützen können, wie besonders am Beispiel Iran deutlich wird. Dort könnte man fast von einer „islamistischen Koalition“ aus Fundamentalisten und Orthodoxen sprechen. Wie alle Koalitionen ist auch diese ständig vom Auseinanderbrechen bedroht, wodurch die Notwendigkeit einer Unterscheidung nur noch betont wird.

Die horizontale Unterscheidung hilft, die mißverständliche Gleichsetzung von allgemeiner Re-Islamisierung und der spezifischen Ideologie des Islamismus auszuschalten. Algerien und Pakistan sind Beispiele von Ländern, die ihr Entstehen als moderne Nationalstaaten ganz entscheidend dem Bemühen verdanken, eine islamische Rechts- und Gesellschaftsordnung wiederzubeleben. Die Islamisten als politischer Faktor sind hier ein späteres Phänomen. Im Falle Pakistans opponierten sie sogar gegen die Staatsgründung (gegen die Loslösung von Indien) und waren deshalb während der ersten 30 Jahre von der politischen Mitbestimmung ausgeschlossen. In Algerien waren sie zahlenmäßig ebenfalls unbedeutend und mußten sich der Nationalen Befreiungsfront völlig unterordnen. In beiden Staaten hat nun eine nicht-islamistische Mehrheit von Muslimen jahrzehntelang daran gearbeitet, islamische Formen und Inhalte wiederaufleben zu lassen. In beiden ließ sich nur schwer ein Konsensus darüber finden, was denn Islamisierung wirklich bedeutet. Die pakistanische Verfassung von 1974 und die algerische Nationalcharter von 1982 gehören zu den Resultaten dieser Suche nach einer deutlicheren islamischen Identität.

Beide Male handelt es sich sozusagen um milde Formen von Nativismus oder Re-Traditionalisierung, insofern als der Staat stärker als zuvor die religiösen Belange übernimmt. Verallgemeinernd gesagt, handelt es sich im wesentlichen um die Wiederherstellung des einheimischen Kolorits im öffentlichen Leben, das aus der Kolonialzeit her noch immer stark überfremdet wirkte und einen eigenen Charakter vermissen ließ. Die Re-Islamisierung ist somit eine Art Spätphase der Entkolonialisierung. Eine ganz zentrale Rolle spielt dabei das Sprachenproblem, also die Ersetzung des Französischen durch Arabisch in Algerien (ebenso in Marokko) und des Englischen durch Urdu in Pakistan oder Suaheli in Ostafrika. Der Gebrauch des Arabischen — auch als Lehnelement in Sprachen wie Persisch und Türkisch — ist für viele mehr ein religiöses als ein nationales Anliegen. Es verbindet sich damit auch die Vorstellung von der Möglichkeit eines Wiederauflebens islamischer Rechts- und Gesellschaftsordnungen aus den ,,goldenen Epochen" — man muß nur die richtige Sprache sprechen!

Diese generelle Islamisierung als ein breit angelegter Nativismus mit mannigfaltigen Ausformungen sollte nicht verwechselt werden mit dem spezifischeren Phänomen des Islamismus. Europäische Autoren sprechen mit Vorliebe von integristischem Islam oder Fundamentalismus. Die von den Protagonisten selbst gebrauchte Bezeichnung ,,Islamismus" beinhaltet die Ablehnung aller ,,importierter" *ismen* wie Kommunismus und Kapitalismus, Nationalismus und Sozialismus, Liberalismus und Säkularismus. In Iran ist diese Einstellung unter Khomeini (Āyatullāh Rūḥullāh Khumainī) auf die vereinfachte Formel gebracht worden: ,,Weder Ost noch West, sondern islamische Republik!" In diesem Verständnis steht Islam nur bedingt für eine Kultur, nicht einmal für Religion im geläufigen Sinn, sondern für eine politische Ideologie, für die Alleingültigkeit beansprucht wird. Der Islamismus läßt sich als eine sozio-ökonomisch-politische Ideologie definieren, die den Zustand des identitätsbedrohenden gesellschaftlichen Wandels durch einen nativistischen Totalitarismus beheben soll. Den Verhältnissen der islamischen Welt entsprechend operiert sie mit religiöser Nomenklatur und erklärt ihre Normen für Staat, Erziehung, Gesellschaft und Wirtschaft als islamisch. Diese Normen, soweit sie überhaupt feststehen, weisen einen Synkretismus aus altorientalischen und europäisch-totalitaristischen Vorlagen auf. Es handelt sich weniger um religiöse Erneuerung, als vielmehr um einen Versuch, den Totalitarismus religiös zu legitimieren. Anders als bei den Vorstellungen der Orthodoxen handelt es sich hier um eine in mancher Hinsicht modernistische Weltanschauung, die in den 30er Jahren unter dem Eindruck des europäischen Totalitarismus entstand.

Als orthodox ist die Mehrzahl der traditionellen Rechtsgelehrten zu bezeichnen, denen vielmehr an der herkömmlichen, mittelalterlichen Lebensordnung gelegen ist, in der sie Privilegien genossen, die von der Moderne bedroht sind: so z.B. ihre Verdrängung aus dem Rechts- und Erziehungswesen, über das sie einst das Monopol besaßen. Ihre Religiosität ist eher pietistisch als politisch. Im allgemeinen sind sie als Erzkonservative fortschrittshemmend, jedoch seltener umstürzlerisch als die Fundamentalisten (Islamisten). Dort, wo eine Regierung ihnen die Moderne durch neue Privilegien und Aufstiegsmöglichkeiten schmackhaft macht, entwickeln die orthodoxen Rechtsgelehrten bisweilen einen erstaunlichen Liberalismus. Überragende Religionsführer bewegen sich nicht selten am Rande eines islamischen Humanismus, so z.B. Khomeinis einstiger Gegenspieler, Āyatullāh Sharī'at-madārī, der vor seiner Inhaftierung eine höhere Rangstufe im schiitischen ,,Klerus" einnahm als Khomeini. Ferner gibt es das Phänomen der ,,roten Mullahs" wie Khālid in Ägypten, Ḥusainī unter den Kurden in Iran, Hazārawī in Pakistan, Bhāshānī in Bangladesch und viele mehr. Sie alle sind Reformer aus der Orthodoxie, nicht aus dem Fundamentalismus.

Die Begründer der islamistischen Parteien wie der Muslimbrüder im arabischen Raum und der Islamischen Partei in Pakistan/Indien/Bangladesch kamen nicht aus dem Stand der Rechtsgelehrten, sondern wurden von diesen als Außenseiter angesehen, d.h. als nicht eigentlich kompetent in Fragen der Islam-Interpretation. Der Ägypter Ḥasan al-Bannā' (gest. 1949) und der Pakistaner Abū l-A'lā al-Maudūdī (gest. 1979) gehörten jedoch auch nicht eigentlich der modernen Bildungsschicht an, sondern befanden sich in einer Art von Niemandsland zwischen beiden Welten. Al-Bannā' war Schullehrer, al-Maudūdī Journalist. Sie waren hochbegabt und verfügten über ein umfangreiches Wissen, andererseits waren sie in beiden Bereichen Halbgebildete. Dagegen war ein anderer Islamisten-Ideologe, der Ägypter Saiyid Quṭb (gest. 1966), schon eher dem modernen Bildungsstand zuzurechnen. Bemerkenswert an Khomeini ist, daß er aus dem traditionellen Rechtsgelehrtentum herkommt, jedoch überwiegend fundamentalisch denkt und offensichtlich von den zuvorgenannten (sunnitischen) Denkern beeinflußt wurde. Khomeinis Verwurzelung im traditionellen ,,Klerus“ gestattete es ihm, große Teile der schiitischen Orthodoxie sozusagen mitzureißen bzw. vor seinen Wagen zu spannen. Dadurch gelang es ihm, zeitweilig eine Mehrheit der Perser für sich zu gewinnen, während die sunnitischen Islamistenführer ihre Kaderparteien kaum je in Massenbewegungen verwandeln konnten.

Die rechtsorientierte Wählerschaft etlicher Staaten der Region kennt daher ein ganzes Spektrum von ,,Islam-Parteien“, meist mit deutlicher Trennung und bisweilen auch mit heftigem Antagonismus zwischen den politischen Vertretern der Orthodoxen und der Fundamentalisten. So kannte Pakistan lange Zeit drei Parteien rechts von der Mitte stehener Konservativer, die sich alle Muslim-Liga nannten, zwei Parteien der Orthodoxen, die beide Vereinigung der Rechtsgelehrten hießen, und eine Partei der Fundamentalisten, die Islamische Partei, als die kleinste von allen. Trotz der scharfen Gegensätze wird der Begriff ,,Islamisten“ mitunter für die zeitweiligen Allianzen verschiedener Gruppierungen aus diesem Spektrum angewandt. Allerdings verstehen sich die Fundamentalisten als die eigentlichen Gralshüter des Islamismus. Trotz dieser Vielfalt von Parteien stellen alle oben aufgeführten Gruppen in der Regel eine Minderheit dar und können es, selbst vereint, nicht mit den national-säkularistischen und linken Kräften aufnehmen.

Ein vordergründiger Gesichtspunkt zur Erläuterung des Unterschiedes zwischen Fundamentalisten und Orthodoxen ist ihr Geschichtsbild, das auf die erstrebte Gesellschaftsform bezogen ist. Die Fundamentalisten vergolden in besonderem Maße die früheste Epoche des Kalifats. Das ,,rechtgeleitete Kalifat“ von Medina dauerte nur etwas über 30 Jahre. In der schiitischen Sicht Khomeinis beschränkt es sich sogar auf die knapp fünfjährige Amtszeit des vierten Kalifen, Ali (ʿAlī ibn Abī Ṭālib). Das verschafft ihnen den Freiraum, in Wirklichkeit ihre eigenen Vorstellungen durchzusetzen, und diese durch vages Anknüpfen an jene nicht allzu inhaltsreiche Kurzphase zu legitimieren. Der wahre Islam, so Khomeini, habe kaum eine Chance gehabt, sich zu entfalten. Das steht erst bevor.

Die Orthodoxen dagegen schwelgen im Ruhm der islamischen Großreiche viel späterer Epochen. Ḥāfiẓ Salāma, 1985 der sichtbarste Islamistenführer in Ägypten, ist in diesem Sinne eigentlich ein Orthodoxer. Er lehnt das 20. Jahrhundert ab und gibt vor, mit einer Rückkehr ins 19. Jahrhundert zufrieden zu sein. Den Fundamentalisten als eigentlichen Islamisten ist das 19. Jahrhundert nicht weniger ein Greuel als das 20. Sie verkünden das 7. Jahrhundert, meinen aber das 21., das sie zu bestimmen hoffen.

3. Gegensätzliche Konzepte für die verstärkte Orientierung am Islam *(sharīʿa, ʿurf)*

Prominentester Begriff in den Wiederauflebungsversuchen der islamischen Ordnung ist die *sharīʿa*, der ,,Weg zum Heil“. Man versteht darunter ein während des ersten Kalifats-Jahrhunderts aufgekommenes ,,kanonisches Recht“ des Islams, das seinen Niederschlag in mehreren Kompendien gefunden hat.

Die *sharīʿa* ist keineswegs erst durch den Kolonialismus in ihrer Reichweite begrenzt worden. Muslimische Großreiche wie das der Osmanen oder der Mogulkaiser in Indien hatten bereits viel früher einen Prozeß der stückweisen Säkularisierung durchgemacht, der dazu führte, daß die *sharīʿa* immer stärker auf Fragen des Familien- und Erbrechts beschränkt wurde, während die übrige Rechtsprechung einem ,,staatlichen“ Gesetzeskodex folgte, der im Osmanischen Reich sogar seinem Namen nach deutlich als solcher zu erkennen war. Er hieß nämlich *qānūn* (canon), und dieses Wort existiert weiterhin in den Sprachen mehrerer muslimischer Völker Seite an Seite mit dem Begriff *sharīʿa.* Diese Weiterentwicklung des Rechtswesens war in gewisser Weise eine Fortsetzung jenes bemerkenswerten Epos einer Gesetzesfindung aus der frühislamischen Zeit, das zur Entstehung der *sharī'a* geführt hatte. In der spätabbasidischen Epoche hatte man dann der Weiterentwicklung der *sharī'a* recht willkürlich ein Ende gesetzt und damit die vieldiskutierte Stagnation islamischen Geisteslebens mitverschuldet. Spätere Gesetzesentwicklungen verliefen dann sozusagen in einem Freiraum abseits der *sharī'a*. Dadurch begann bei den orthodoxen Rechtsgelehrten schon in vorkolonialer Zeit jenes Träumen von einer Wiederherstellung des Gottesreiches, getragen von der Wunschvorstellung, eine Rückkehr zur *sharī'a* würde ein goldenes Zeitalter anbrechen lassen. Für manche Gläubige, speziell im Umfeld der orthodoxen Rechtsgelehrten, gewann die *sharī'a* eine Art messianistischer Dimension: je weniger Wirklichkeit, desto mehr Glorifizierung.

Während der Kolonialzeit wurde stellenweise der Wirkungsbereich der *sharī'a* noch weiter eingeschränkt, und nun kam die Vorstellung auf, die Befreiung vom kolonialen Joch sei gleichbedeutend mit der Wiederherstellung einer imaginären islamischen Glorie. So wurde in manchen Kreisen die Erringung der nationalen Unabhängigkeit mit der Wiedereinführung der *sharī'a* gleichgesetzt. Das wurde außerdem als ein im Prinzip recht einfaches Verfahren angesehen. Erst später wurde klar, wie sehr doch die *sharī'a* ein Produkt längst verflossener Zeiten ist und wie stark die Meinungen über ihre praktische Anwendung heute selbst unter den Rechtsgelehrten voneinander abweichen. Erst einmal kam jedoch die Enttäuschung darüber auf, daß nach ein, zwei oder gar drei Jahrzehnten der nationalen Unabhänigkeit noch immer keine Hinwendung zur *sharī'a* stattgefunden hatte. Die Nationalisten, die von der Kolonialmacht die Regierungsgewalt übernahmen, tendierten mitunter zu einer noch stärkeren Einschränkung des Wirkungsbereichs der *sharī'a*. Tunesien ist ein besonders deutliches Beispiel dafür, jedoch keineswegs das einzige dieser Art.

Die Romantisierung der *sharī'a* ist, wie angedeutet, kennzeichnend für einen Teil von Fundamentalisten und Orthodoxen, der letztlich doch eine Minderheit in der Bevölkerung fast aller Staaten darstellt.

Die Entwicklung des *qānūn,* des säkularen Gesetzeswesens in muslimischen Ländern, folgte in der Regel jenen Prinzipien der Absorption, Vereinnahmung, Anpassung, Zurechtschleifung und Übernahme als nützlich befundener Elemente und Vorlagen, die eben auch für die vorangegangene Entstehung der *sharī'a* kennzeichnend gewesen waren. Die *sharī'a* ist in zahlreichen Einzelheiten deckungsgleich mit der jüdischen *halachā,* hat aber auch Bestandteile aus dem römischen und altpersischen Recht in sich aufgenommen. Eine wichtige Quelle war ferner der altarabische Stammesbrauch, und speziell diese Übernahmen setzten sich später in weitentlegenen Gebieten der islamischen Welt unter dem Begriff des *'urf* fort, des Festhaltens an Stammeskodexen bzw. des Rückgriffs auf Gewohnheitsrecht.

Die Bevölkerung vieler Länder wurde erst erhebliche Zeit nach der Unterwerfung durch muslimische Armeen für den Islam gewonnen. Meist geschah dies durch *Sufi*-Prediger, deren Verhältnis zur *sharī'a* oft ein gespanntes war. Die *sharī'a* ist nicht nur Gesetzeskodex, sondern auch Pflichtenlehre und Ritus. Die mystischen Wanderprediger jedoch sahen oftmals die Durchsetzung des damit einhergehenden Formalismus als zweitrangig an. Ihnen ging es mehr um den ethischen Gehalt und — manchmal vielleicht in erster Linie — um die Bildung eines islamischen Selbstverständnisses bei den Neubekehrten. Somit ist die *sharī'a* in weiten Gebieten nur schlecht oder auch gar nicht bekannt geworden. Bei der Mehrheit der Berber in Nordafrika hat sich das vorislamische Stammesrecht gehalten, wie übrigens auch bei den Paschtunen in Afghanistan und Pakistan, die sich nach dem *Paschtunwali* genannten Ehrenkodex richten statt nach der *sharī'a*. In Indonesien kennt die Masse der Gläubigen statt der *sharī'a* das *adat* (von arabisch *'ādāt* = Sitten und Gebräuche). Selbst in Teilen Arabiens haben sich Elemente vorislamischen Stammesbrauches gegenüber der *sharī'a* behauptet, von Türken, Kurden, Belutschen und anderen Nationalitäten ganz zu schweigen.

Reformer in der ersten Hälfte dieses Jahrhunderts haben gerade in diesem Seite an Seite von *sharī'a* und *'urf* ein vielversprechendes Merkmal islamischer Flexibilität gesehen. Ihnen stellte sich die Genialität des Propheten Muḥammad primär in seiner Umfunktionierung des *'urf* bei teilweisem Weiterbestehenlassen von Stammesgesetzen dar. Für die Wegbereiter des Kemalismus, wie den Soziologen Ziya Gökalp, wurde *örf* (türk. für *'urf*), sogar zu einem Schlüsselkonzept. Aber auch Indern wie 'Ubaid Allāh Sindhī (gest. 1945) und Ägyptern wie Aḥmad Amīn (gest. 1954) wurde die historische Handhabung des *'urf* zu einem Modell für die von ihnen erarbeitete Methodik der Gesetzesreform auf islamischer Grundlage.

Von dieser Basis ausgehend plädierte Ziya Gökalp für eine Außerkraftsetzung des vom Koran verordneten Erbrechts. Solch eine Aufwertung des religiösen Brauchtums setzt allerdings eine Anerkennung der Mystik, also des Sufitums als soziologischem Faktor von religiöser Dimension voraus. D.h., die glaubensmäßige Entfaltung eines Volkes, seine religiöse Schaffenskraft über die Jahrhunderte hinweg, wird den eigentlichen Quellen des Glaubens ebenbürtig. Im Falle der oben erwähnten Reformdenker spielte wohl sogar der Gedanke mit, den Reichtum religiöser Ausdrucksformen nicht nur zu erhalten, sondern auch zu fördern und zu stimulieren. Dazu diente die konzeptuale Ausschlachtung des Begriffs *'urf* aus der islamischen Tradition.

Auf diese Weise hoffte man, eine nationale Version islamischer Frömmigkeit legitimieren zu können. Es handelt sich also um eine Tendenz, die in engem Zusammenhang mit dem Nationalismus zu sehen ist. Nach der Erschlaffung des engeren Nationalismus als Ideologie in den 70er Jahren lebt das Konzept in humanistischen Kreisen wieder auf, die im Verbund mit der Mystik dem einzelnen Gläubigen oder auch regionalen und ethnischen Gruppen einen Schutz gegen die *sharī'a*-Gleichschaltung und die damit einhergehende kulturelle Abtötung gewähren möchten. Dabei wird diese *'urf*-Tendenz häufig von einem genuin religiösen Anliegen getragen und bezweckt durchaus eine Stärkung islamischer Identität.

Fundamentalisten lehnen dieses Konzept völlig ab und gehen den entgegengesetzten Weg, während die Orthodoxen keine einheitliche Haltung kennen und teils mehr diesem, teils mehr jenem Standpunkt zuneigen.

4. Ein fehlgeschlagenes Experiment: Die Einführung der *sharī'a*

Die heute im wesentlichen von den Fundamentalisten und einigen orthodoxen Mitläufern betriebene Wiedereinführung der *sharī'a* verleitet allzu leicht dazu, die Realität des *'urf* als eines Zentralbegriffs für die Rechts- und Gesellschaftsordnung in der islamischen Welt zu übersehen. In Indonesien z.B. haben fundamentalistische Bemühungen, die *sharī'a* zu verbreiten, zum Auseinanderbrechen der Muslime in verfeindete Lager geführt, und dieser religiöse Zwist nimmt zuweilen bürgerkriegsähnliche Züge an. Hier wird die Einführung der *sharī'a* von der Mehrheit wie das Aufdrängen einer neuen Religion empfunden.

Ebenso scharf und mit noch tragischeren Folgen trat der Gegensatz in Afghanistan zutage. Dort wurden innerhalb des Widerstands gegen die sowjetische Besatzungsmacht blutige Gefechte zwischen fundamentalistischen *sharī'a*-Verfechtern und den Verteidigern des *Paschtunwali* ausgefochten. In der Mehrzahl der muslimischen Völkerschaften oder der Regionen, die ihrem traditionellen Gewohnheitsrecht folgen, bestand zuvor wenig bewußte Abneigung gegen die *sharī'a*. Sie war entweder gar nicht bekannt, oder aber man huldigte ihr als einer abstrakten Norm, während das Leben in den altbewährten Bahnen des *'urf* verlief. Die seit den 70er Jahren von den Islamisten betriebenen Anstrengungen, der *sharī'a* in ihrer radikalsten Form zum Durchbruch zu verhelfen, haben den Konflikt erst aufbrechen lassen. Gewiß ist es kein gänzlich neuartiger Streit, denn vergleichbare Auseinandersetzungen hat es in mehreren Gebieten bereits zu früheren Zeiten gegeben, sie waren jedoch größtenteils in Vergessenheit geraten.

Mancherorts war anfangs durchaus eine Empfänglichkeit für die *sharī'a* vorhanden, zumindest solange als man sie nur als abstrakten Begriff kannte. Nach ihrer Anwendung schlug die anfängliche Begeisterung in das Gegenteil um. Musterbeispiele dafür sind Pakistan und der Sudan. In beiden Staaten ist die mystische Ausrichtung des Islams vorherrschend. Gut zwei Drittel der Bevölkerung in beiden Ländern sind auf die eine oder andere Weise mit dem Volksglauben der *Sufi*-Bruderschaften assoziiert. Von der *sharī'a* gab es kaum eine konkrete Vorstellung, stattdessen war das Wort sozusagen synonym mit dem Ausdruck „islamische Gerechtigkeit", also einer ethischen Norm. Die Fundamentalisten machten daraus eine „Islamische Ideologie". In ihrer Propaganda wurde die *sharī'a* zu einem Wunderheilmittel für sämtliche sozialen, politischen und wirtschaftlichen Probleme. Angesichts einer solchen Überziehung des Begriffs konnte eine Ernüchterung bzw. Enttäuschung gar nicht ausbleiben.

Dazu kam noch, daß in beiden Staaten die *sharī'a* von unpopulären Regimen eingeführt wurde, die jeweils durch einen Militärputsch an die Macht gekommen waren. Außerdem konzentrierten sich die Machthaber auf die drakonischen Strafen wie Hand- und Fußabschlagen für verschiedene Formen des Diebstahls sowie öffentliches Auspeitschen bei anderen Delikten. Angesichts des weltweiten Phänomens rapide ansteigender Kriminalität, insbesondere Sexualdelikte, wurden diese Strafen von einem Teil der Bevölkerung anfangs sogar willkommen geheißen, zumal die *sharī'a*-Verfechter Wert auf „islamische Schnelljustiz" legten — zur Abhebung gegenüber den als Unrecht und Mißbrauch empfundenen jahrelangen Gerichtsverfahren unter der englisch beeinflußten Rechtsprechung aus der Kolonialzeit. Die Stimmung schlug um, als die ersten Fälle bekannt wurden von Menschen, denen auf Grund einer übereiligen Justiz zu Unrecht die Hand abgeschlagen worden war, oder die wegen eines Justizirrtums leblos gepeitscht bzw. für immer gesundheitlich geschädigt wurden.

Der Mißbrauch der „islamischen Strafen" (der Fachausdruck lautet ḥadd-Strafen) zur Verfolgung politischer Dissidenten machte die *sharī'a* noch unbeliebter. Ein weiteres Negativum war, daß die islamistischen Kaderparteien (Jamā'at-i islāmī in Pakistan; al-Ikhwān al-muslimūn im Sudan) jeweils als Handlanger der staatlichen Sicherheitsorgane wirkten, zumindest zeitweilig. Da sie die eigentlichen Propagandisten der „islamischen Ideologie" waren, wurde durch ihre aktive Teilnahme am staatlichen Terror die *sharī'a* weiter in Mißkredit gebracht. Darüber hinaus hat die Konfrontation mit der *sharī'a*-Praxis einen gewissen Abscheu bei Teilen der Bevölkerung hervorgerufen. Daß die Kriminalität nicht gesunken, sondern noch weiter angestiegen ist, konnte trotz anderslautender Regierungspropaganda kaum unbemerkt bleiben. Entscheidend für die Desillusionierung mit der *sharī'a* dürfte aber sein, daß außer den Strafbestimmungen wenig dabei herauskam.

Gemäß der islamistischen Propaganda hätte die als Teil der *sharī'a* angepriesene Einführung der *zakāt* genannten „islamischen Steuer" wirtschaftliche Verbesserungen bei gleichzeitiger Steuerermäßigung mit sich bringen müssen. Tatsächlich kam es jedoch nur zur Auflage der *zakāt* als einer zusätzlichen Steuer. Bei den Unruhen, die im März 1985 einen Regierungswechsel im Sudan erzwangen, waren die vornehmlichen Ziele der Volkswut bezeichnenderweise alle Symbole der „*sharī'a*-Herrschaft". Dazu gehörten auch die „Islamischen Banken", die mit ihrem zinslosen Geldverkehr als unveräußerlicher Bestandteil des von den Fundamentalisten propagierten „islamischen Wirtschaftssystems" galten.

In Iran erfolgte die Durchsetzung der *sharī'a* am gründlichsten und radikalsten und sogar mit originellen Interpretationen und Adaptionen. Andererseits wurde sie hier nicht minder durch staatlichen Terror und Korruption diskreditiert als im Sudan und — wenngleich in geringerem Maße — in Pakistan.

Ungeachtet solcher Fehlschläge wird die Forderung nach Durchsetzung der *sharī'a* die Regierungen von Staaten mit überwiegend muslimischer Bevölkerung immer wieder beschäftigen. Einerseits wird die Mehrheit der Muslime eines einzelnen Staates kaum jemals für die volle Wiedereinführung der *sharī'a* zu gewinnen sein, andererseits wird es immer wieder eine Strömung von *sharīʿa*-Verfechtern geben. Zwischendurch verschwinden diese in der politischen Versenkung, kommen in Krisenzeiten jedoch wieder hoch, und zwar immer dann, wenn Aussicht besteht, daß die allgemeine Suche nach einem Ausweg größere Empfänglichkeit für die Heilslehre von der *sharīʿa* schafft. Wirklich freie Wahlen schalten einen Sieg der *sharīʿa* fast überall mehr oder weniger aus. Das Phänomen bleibt damit an Militärdiktaturen gebunden, die auf der Suche nach irgendeiner Form der Legitimierung sind.

Repräsentativer für die Suche nach islamischen Gesellschaftsformen dürften daher die vielen anderen Staaten sein, die zwar nicht die *sharīʿa* in ihrer Gesamtheit oder ihren radikalen Sonderheiten einführen, wohl aber an ihrer Gesetzgebung die eine oder andere Änderung im Sinne der *sharīʿa* vornehmen — oder aber auch auf Grund anderer Kriterien als der *sharīʿa* einen stärkeren Gleichklang zwischen gesellschaftlicher Wirklichkeit und islamischem Ideal herbeizuführen trachten. Derartige Versuche können äußerst unterschiedliche Gestalt annehmen, da die Sachlage in den Staaten der islamischen Welt sehr unterschiedlich ist.

Die radikalste Kritik an der *sharīʿa* aus theologischer Sicht stammt von dem sudanesischen Religionsphilosophen Maḥmūd Muḥammad Ṭāhā, der im Januar 1985 als Ketzer und Apostat öffentlich hingerichtet wurde, jedoch eine dynamische Reformbewegung hinterließ, mit der große Teile der Bildungsschicht sympathisieren. Maḥmūd Ṭāhā forderte eine „Weiterentwicklung" der *sharīʿa* bzw. eine neue *sharīʿa* des 20. Jahrhunderts. Die Unterteilung des Korans in Offenbarungen aus dem Werdegang des Propheten in Mekka und den späteren Offenbarungen aus Medina interpretierte er dahingehend, daß nur die mekkanischen Kapitel ewig bindend seien, also die ethischen Prinzipien. Die medinensischen Kapitel dagegen, obwohl gleichfalls göttlichen Ursprungs, dienten nur zur Illustration, wie die islamische Ethik unter gegebenen Umständen optimal in die Praxis umgesetzt werden könnte — ein Vorgang, den es zu wiederholen gilt, damit die Botschaft des Korans noch voller zur Entfaltung komme als das im Arabien des siebten Jahrhunderts möglich war. Auf dieser Grundlage forderte er einen demokratischen Sozialismus wie ihn Muḥammad in seinem Privatleben veranschaulicht habe, ohne ihn jedoch seinen Gefährten damals schon voll aufzuerlegen. Deshalb solle nicht auf die *sharīʿa,* sondern auf die Sunna (sunna), auf die Lebenspraxis des Propheten zurückgegriffen werden. Die Sunna stelle höhere ethische Anforderungen als die *sharīʿa*. In der Praxis bedeutet dies z.B. den Rückgriff auf die Gewaltlosigkeit, wie sie von Muḥammad in Mekka vorgelebt wurde, aber auch den Verzicht auf jede Diskriminierung der Frau und der Andersgläubigen. Die von Maḥmūd Ṭāhā ins Leben gerufene Bewegung der Jumhūrīyūn („Republikaner") versteht sich als „reformierten Sufismus". Mit ihrer stark mystischen Komponente steht sie in Konfrontation mit den Orthodoxen und vor allem den Fundamentalisten. Versuche der Islamisten, dem Sudan eine „Islamische Verfassung" aufzuerlegen, haben sich die Jumhūrīyūn nicht minder entschieden widersetzt als die linken Parteien oder die animistisch-christliche Minderheit.

5. Im Mittelpunkt islamischer Ordnungsvorstellungen: Das Familienrecht

Die Türkei hat als einziger Staat der islamischen Welt ihren Gesetzeskodex gänzlich aus europäischen Vorlagen übernommen. In den anderen Staaten sehen wir uns einem Gemisch aus dem Recht der früheren Kolonialmacht, einheimischen Vorlagen und *sharīʿa*-Elementen gegenüber. In den meisten Fällen besteht dabei kein allzu großer Konflikt zwischen dem „gängigen" Gesetz und der *sharīʿa,* sieht man von den oben angeführten Besonderheiten einer besonders rigorosen *sharīʿa*-Praxis ab — die übrigens nicht einmal von allen orthodoxen Rechtsgelehrten als unveräußerlich angesehen werden.

Andererseits ist das Familienrecht ähnlich umstritten und Änderungen unterworfen wie in der übrigen Welt. Vorauszuschicken wäre noch, daß die *sharī'a*-Rechtsprechung vier sunnitische und eine schiitische ,,Rechtsschule" kennt, neben einer Anzahl kleinerer der verschiedenen Sekten. Für die Masse der Gläubigen handelt es sich dabei allerdings nicht so sehr um ,,Rechtsschulen" als um unterschiedliche ,,Riten". Soweit ein algerischer Bauer überhaupt weiß, daß er als Malikit etwas anderes ist als ein indischer Hanafit oder ein indonesischer Schafiit, stellt sich ihm der Unterschied in Form einer abweichenden Gebetshaltung dar. In der Rechtsprechung gibt es eine Anzahl nicht unwesentlicher Divergenzen, die in der Regel nur den Juristen bekannt sind.

Versuche, das Familienrecht zu ,,modernisieren", führten bereits im letzten Jahrhundert zur Auswahl der besonders ,,geeignet" scheinenden Auffassungen und Aussagen aus den vier — oder gar den fünf — wichtigsten Rechtsschulen. Auf diese Weise entstand noch im Osmanischen Reich jenes *mejelle* genannte Kompendium, das als Synthese Schule machte. Auch später in einzelnen Staaten vorgenommene Gesetzesänderungen oder Neufassungen orientierten sich immer wieder am Kerngedanken der *mejelle,* nämlich der Selektion aus den bestehenden Rechtsschulen. Mittels dieser Methode trachtete man danach, auf dem Boden der Überlieferung zu bleiben und einen radikalen Bruch zu vermeiden. Ein verwandtes Modell war die *hidāya* genannte Gesetzesauswahl in Britisch-Indien.

Diese Beispiele waren noch in den 60er Jahren relevant, als man in mehreren Staaten daran ging, Reformen des Familienrechts vorzunehmen. Zu erwähnen sind besonders Marokko, Tunesien, Ägypten, Jordanien, Iran und Pakistan. In allen Fällen ging es darum, Heiraten staatlich zu erfassen (etwa durch eine Personalunion von Imam und Standesbeamten); Scheidung für die Frau möglich zu machen, für den Mann aber zu erschweren; Polygamie weitestgehend einzuschränken, indem sie von schwer zu erfüllenden Bedingungen abhängig gemacht wird; sowie Unterhalt und Sorgerecht zu regeln. Außerdem wurde in den meisten der genannten Staaten ein Heiratsmindestalter festgesetzt, z.B. für Mädchen in Marokko 15, in Pakistan 16, in Iran 17 Jahre. Letztere Bestimmung war vielleicht die umstrittenste. Bezeichnenderweise wurde sie nach der Machtübernahme Khomeinis in Iran sofort wieder außer Kraft gesetzt.

Die meisten der für die Reformen Verantwortlichen sahen darin eine Verwirklichung der ethischen Prinzipien des Islams, sozusagen eine Rückkehr zum wahren Geist des Korans. Den Bemühungen unterlag das Ideal, den ,,reinen, ursprünglichen Islam von historischem Ballast zu befreien". Andererseits führte die Reform des Familienrechts vielerorts zu mehr oder weniger heftigen Protesten seitens Gruppen orthodoxer Rechtsgelehrter. Seltener war es, daß Frauen für ihre Rechte ,,auf die Barrikaden" gingen. Eine Ausnahme ist Pakistan, dort kam es 1964 zu Demonstrationen der Orthodoxen, die den Widerruf des neuen Familiengesetzes forderten. Demonstrationen von Frauenverbänden protestierten dagegen, daß das neue Gesetz nicht weit genug ging. Eine ähnliche Situation ergab sich 1976 in Algerien. In keinem der Fälle haben sich die Avantgardistinnen durchsetzen können.

Mit der Wiedereinführung der *sharī'a* in ihrer islamistischen Auslegung und ganzen traditionellen Reichweite wurden 1984 in Pakistan die Frauen in einer Weise entrechtet, wie sie es in der Geschichte jenes Landes kaum jemals zuvor gewesen waren. Es wurde die Bestimmung eingeführt, wonach die Zeugenaussage einer Frau vor Gericht nur halb so viel gilt wie die eines Mannes. Das hatte eine weitreichende Entmündigung der Frau zur Folge, die damit z.B. aus dem Justizwesen verdrängt wurde. Sie kann nun nicht mehr Berufe wie Rechtsanwältin oder gar Richterin ausüben. Stattdessen wird sie ganz dem Prinzip der *wiṣāya* unterstellt, der Schutzbefohlenheit unter den Mann, d.h. anfänglich unter ihren Vater, dann unter ihren Ehemann und schließlich, im Falle einer Verwitwung, unter ihren Sohn. Praktisch äußert sich das etwa darin, daß eine Frau in der Regel auf eigene Initiative keinen Reisepaß erhält. Der Paß kann für sie nur von ihrem Vater oder ihrem Ehemann beantragt werden. Auch wird sie in dem Paß als ,,Tochter von..." oder ,,Frau von..." geführt.

Selbstverständlich wird das patriarchalische Prinzip der Schutzbefohlenheit der Frau von den Protagonisten nur in den seltensten Fällen als eine Herabsetzung oder gar Unterdrückung des weiblichen Geschlechts verstanden. Im Gegenteil, die Mehrheit, die sich dafür in vielen Staaten finden läßt, sieht im Rückgriff auf das Prinzip der *wiṣāya* die Wiederherstellung einer heilen Welt. Diese Auffassung wird von vielen Frauen geteilt, einschließlich nicht weniger Akademikerinnen, so daß Frauenrechtlerinnen einen schweren Stand haben.

Der Schutz der Familie wird von einer starken Strömung unter den Muslimen aller Länder als eine notwendige Abgrenzung gegenüber „dem Westen" gesehen, und umgekehrt. Zwar ist die Beibehaltung bzw. Reformierung des Familienrechts äußerst kontrovers, dennoch ist hiermit ein Fall gegeben, in dem sich ein Konsensus abzeichnet, der die scharfen Trennlinien zwischen Fundamentalisten, Orthodoxen, Reformisten und Modernisten nicht so ohne weiteres aufrechterhalten läßt.

Reformisten haben dank einer mit Hilfe des Sufitums vollzogenen Verinnerlichung der traditionellen Moralvorstellungen Antworten, die zum Teil von denen der *sharī'a*-Verfechter radikal abweichen. Sie unterscheiden sich jedoch nicht in der Sorge um den Bestand der Familie gegenüber einer als Entfremdung empfundenen Verwestlichung. So ist z.B. der Wunsch nach Aufhebung oder zumindest Beschränkung der Koedukation viel stärker verbreitet als der nach Einführung der drakonischen *ḥadd*-Strafen aus der *sharī'a*. Die von den Islamisten geforderte — und teilweise bereits vollzogene — Einrichtung reiner Frauen-Universitäten ist zweifellos umstritten, sie stützt sich jedoch auf eine breitere Basis als andere Forderungen der Fundamentalisten wie etwa die Segregation nicht-muslimischer Minderheiten.

Insgesamt gesehen gibt es hinsichtlich der Rolle der Frau und speziell der Geschlechtertrennung im öffentlichen Leben eine Vielzahl widerstreitender Meinungen, die sich alle zurecht auf verschiedene islamische Vorbilder berufen. Beispielsweise wird Geburtenkontrolle mit Argumenten aus dem Koran und der Überlieferung ebenso leidenschaftlich bejaht wie verneint. Selbst die Rechtsgelehrten sind darüber in etwa gleichstarke Lager gespalten. Hinsichtlich der Abtreibung ist dagegen die Lage dem katholischen Bereich sehr ähnlich. Bezüglich des Wahlrechts für Frauen ist wohl eine leichte Mehrheit dafür. Einstimmigkeit herrscht jedenfalls darüber, daß die Regulierung dieses ganzen Lebensbereichs zu den vordringlichsten Aufgaben der islamischen Lehre gehört. Versuche zur Wiederbelebung islamischer Rechts- und Gesellschaftsordnungen entzünden sich immer wieder gerade an diesem Fragenkomplex. Kein einzelnes Thema nimmt in der Islamliteratur der zweiten Hälfte dieses Jahrhunderts so viel Platz ein wie das der Frau, der Familie und der Sexualmoral. Hier kommt das universale Verlangen nach einer vom Islam bestimmten Rechts- und Gesellschaftsordnung am tiefgründigsten zum Ausdruck. Gleichzeitig sind die Normen mit denen der Industriegesellschaften wohl in keinem Punkt so unvereinbar wie in diesem.

Literatur:

Algar, H. 1981: Islam and Revolution. Writings and Declarations of Imam Khomeini, Berkeley.

Anawati, G.C. u. Borrmans, M. 1982: Tendances et courants de l'Islam arabe contemporain, Bd. 1: Egypte et Afrique du Nord, Munich.

Bakhash, S. 1985: The reign of the Ayatollahs: Iran and the Islamic Revolution, London.

Bergé, M. 1978: Les Arabes — histoire et civilisation des arabes et du monde musulman des origines, Paris.

Durán, K. 1982: Re-Islamisierung und Entwicklungspolitik. (Forschungsberichte des Bundesministeriums für wirtschaftliche Zusammenarbeit, Bd. 30), Köln.

Grunebaum, G.E. von (Hrsg.) 1969: Theology and Law in Islam, Wiesbaden.

Hottinger, A. 1982: Allah heute, Zürich.

Hyman, A. 1985: Muslim Fundamentalism, (Conflict Studies, 174), London.

Iqbal, M. 1930: The reconstruction of religious thought in Islam, Neuaufl. 1974, Lahore.

Rahman, F. 1965: Islam, London.

Siddiqi, K. (Hrsg.) 1983: Issues in the Islamic Movement 1981-82 (1401-1402), London.

Sechster Teil:
Kultur und kulturelle Entwicklung

I. Literatur

Johann Christoph Bürgel

1. Schrift und Islam

Im islamischen Orient war Schreiben noch bis vor kurzem fast eine heilige Sache, und das Dichten und Erzählen gehörte zu den Lieblingsbeschäftigungen. Das war nicht unbedingt ein islamisches Spezifikum. Gedichtet, erzählt und geschrieben wurde auch vor dem Islam schon in ganz Asien, wo die ältesten Schriftkulturen herstammen. Die große Schreib- und Reimfreudigkeit im Islam ist ein Ausdruck dafür, daß dieser eine Schriftkultur *par excellence* war und ist. Hatte doch sein Gründer Muḥammad ,,das Buch", ,,die Schrift" (al-kitāb) gebracht und die Heilsgeschichte überhaupt als ein sich seit Adam wiederholendes Auftreten von Propheten, die Schriften bringen, betrachtet. Gott ,,lehrte den Menschen mittels des Schreibrohrs/lehrte ihn, was er nicht wußte", heißt es in Sure 96, jenem Text, der nach muslimischer Überlieferung am Anfang aller von Muḥammad empfangenen Offenbarungen steht. Diese Offenbarungen, ebenso wie die aller früheren Propheten, entstammen der himmlischen Urschrift, der ,,Mutter des Buches" (13:39), niedergelegt in einer ,,wohlverwahrten Tafel" (85:22). Aber nicht nur die Offenbarung, auch das Schicksal jedes einzelnen Menschen ist im Himmel verzeichnet; es stößt ihm zu, was über ihn geschrieben ist (mā kutiba 'alaihi), und es begleiten ihn Engel, die über seine Taten Buch führen.

Dies, in Verbindung mit dem islamischen Bilderverbot, ist die Wurzel der außerordentlichen Bedeutung der arabischen Schrift in der islamischen Kultur. Die Schrift wird hier einerseits zum Ornament, andererseits zum Symbol der Sakralität dessen, was sie schmückt. Das ist offenkundig bei Moscheen, Gräbern etc., gilt aber auch für scheinbar profane Objekte wie Federkästchen, Schwerter, Miniaturen u.ä. Sie deutet auf das überall vorhandene Fluidum des Numinosen in einer Welt, die eine Scheidung in sakrale und säkulare Sphären im Prinzip nicht kannte. Nicht nur der Koran wurde als Schriftkunstwerk gestaltet, auch manchem Diwan eines Dichters widerfuhr diese Ehrung. Ein weiterer Hinweis auf die Heiligkeit alles Geschriebenen ist der Umstand, daß jedes in der islamischen Welt vor dem Anbruch der Neuzeit verfaßte Schriftstück, also auch jedes Buch, mit der Formel ,,Im Namen Gottes, des barmherzigen Allerbarmers" begann, wie unheilig sonst auch sein Inhalt sein mochte.

Dennoch hat es der Prophet ursprünglich den Dichtern nicht leicht gemacht. Das ist angesichts ihrer halb-magischen Funktion in der vorislamischen arabischen Gesellschaft auch verständlich, zumal man ihm selber unterstellte, ein solch magischer Dichter zu sein. Hier mußte Muḥammad eine scharfe Trennungslinie ziehen. Am Schluß von Sure 26 wird auf die beiden wesentlichen Unterschiede hingewiesen: die Inspirationsquelle und die Übereinstimmung von Reden und Handeln. Die Dichter sind nicht von Gott inspiriert sondern vom Teufel, von Dschinnen, Dämonen, und sie ,,reden, was sie nicht tun". Wie gefährlich die Macht der Dichter war, zeigt sich darin, daß Muḥammad, der sonst manchem Gegner, der sich ihm unterwarf, großmütig verziehen hat, mehrere Dichter, die ihn verspotteten, beseitigen ließ, darunter eine Frau, die, im Kreis ihrer fünf Kinder schlafend, von einem Sendling ermordet wurde. Spott über Gott und seinen Apostel war zu gefährlich, als daß man ihn ungesühnt lassen konnte.

Literarhistorisch betrachtet, enthob Muḥammad mit seinem Vorgehen die Dichter nicht nur ihrer Macht als engagierte Sprachrohre ihrer Stämme, er beraubte sie auch ihrer magischen Inspirationsquelle, und er schien mit seinem ,,sie reden, was sie nicht tun" auch die literarische Fiktion als solche anzugreifen. Annehmbar war für ihn nur Dichtung im Dienst des Islams. Für sie konnte er sich sogar eine Inspiration durch den Engel Gabriel denken. Wie in jedem Bereich des Lebens hat Muḥammad also auch in dem der Dichtung eine Weichenstellung vorgenommen, deren Wirkungen sich durch die Jahrhunderte bis an die Schwelle der Gegenwart verfolgen lassen.

Dichtung im Dienst des Islams, bzw. des durch Erbe, Einsetzung oder Usurpation an die Macht gelangten jeweiligen Hüters des Islams, das hieß vielfach Hofdichtung, Herrscherlob. Herrscherlob pflegt die kunsthandwerkliche Seite der Dichtung zu fördern, weil der Dichter hier auf Befehl arbeiten und ein Höchstmaß an Kunstfertigkeit zur Schau stellen muß, um seinen Brotherrn zufrieden und die Nebenbuhler in den Schatten zu stellen. Kunsthandwerk wurde die Dichtung aber auch, weil ihr die dämonische Dimension versagt blieb — Inspiration überhaupt für den arabischen Dichter nicht mehr zur Debatte stand — und, was unmittelbar damit zusammenhängt, weil sie auf fiktive Stoffe so gut wie gänzlich verzichtete.

Natürlich erfolgte diese Entwicklung nicht von heute auf morgen. Dennoch läßt sich die arabische Literaturgeschichte nach dem 10. Jahrhundert als ein Prozeß langsamer, aber unaufhaltsamer Verknöcherung beschreiben, mit einigen bemerkenswerten Ausnahmen, wie namentlich der andalusischen Dichtung.

In Persien verlief der Prozeß anders, einmal auf Grund einer großen vorislamischen epischen Tradition, zum anderen wegen einer anderen Art von Geistigkeit, die durch die islamische Mystik Auftrieb erhielt; eine Mystik, die ihrerseits die neuplatonische Tradition mit ihrer Dichotomie der Welt in ein Außen und ein Innen, ihrer symbolischen Deutung aller Erscheinungen der Schöpfung und ihrem Glauben, daß die Schönheit Gottes ihren Abglanz im Irdischen habe, rezipierte. Auch an Inspiration glaubten die persischen Dichter, Inspiration durch Gabriel, den man mit dem Heiligen Geist, dem parsischen Botenengel Sraośa (pers. surūsh) und mit dem neuplatonischen aktiven Intellekt, dem untersten Glied in der Kette der göttlichen Emanationen, gleichsetzte. Das waren gute Voraussetzungen für die Entstehung großer Dichtung; und diese entstand denn auch, geschrieben von Dichtern, die ihren Rang und ihre Aufgabe in unmittelbarer Nähe der Prophetie erblickten. Die persische Dichtung wirkte auf die türkische und die hindustanische (d.h. Urdu) ein. Freilich, der Hang zur Artistik, zur ornamentalen Ziselierung, stellte eine ständige Gefahr auch der persischen Poesie dar und trat im sogenannten ,,indischen Stil" vollends in den Vordergrund. Stilistische Rafinesse überwucherte auch die Prosa mehr und mehr, was im Persischen und Osmanisch-Türkischen zudem mit einer immer stärkeren Überfremdung der Sprache einherging. Im osmanisch-türkischen Hofkanzlei-Stil waren 90 und mehr Prozent der Sprache arabische und persische Wörter und Wortverbindungen. Diese Literatur hatte den Kontakt zum Volk genauso verloren wie ihre Träger. Eine Erneuerung war dringend vonnöten. Der Anstoß dazu kam, wie zur Erneuerung der islamischen Kultur überhaupt, von Europa.

2. Begegnung mit Europa

Die Begegnung mit Europa, sei es bei Studienreisen von Studenten, Offizieren, Ingenieuren etc., sei es infolge des abendländischen Expansionismus, löste ein eigentümliches Gemisch aus Bestürzung, Empörung und Faszination aus; Bestürzung darüber, daß die traditionell für überlegen gehaltene eigene Kultur in den Rückstand geraten war, Empörung über anstößige Sitten und Verhaltensweisen der Europäer, Faszination angesichts ihrer Errungenschaften und Ideale. Was neben der Technik und den zivilisatorischen Errungenschaften — Theater, Presse, Bildungswesen u.a. — vor allem beeindruckte, waren die in den Verfassungen garantierten Rechte des Menschen, seine persönliche Freiheit, die Unantastbarkeit seines Besitzes, kurz die elementaren Institutionen des Rechtsstaates. Dafür einige Zeugnisse:

Der Begleiter der ersten nach Paris entsandten Gruppe ägyptischer Studenten, aṭ-Ṭahṭāwī, schreibt in seinem berühmten Paris-Bericht folgendes über die französische Verfassung: ,,Das erwähnte Buch, in welchem dieser Kodex niedergelegt ist, heißt ,,Charte" (ash-sharṭa)... Wir wollen dieses Dokument zitieren, wiewohl viel von seinem Inhalt weder im Buche Gottes noch in der Sunna des Propheten (über ihn Heil und Segen) zu finden ist, auf das man erkenne, in welcher Weise ihre Vernunft den Grundsatz zur Norm erhoben hat, daß Gerechtigkeit und Fairneß eine der Ursachen für die Blüte eines Landes und die Zufriedenheit seiner Bewohner sind, und wie sich sowohl Herrscher wie Untertanen von diesem Grundsatz leiten ließen, so daß ihr Land aufblühte, ihr Bildungsstand sich erhöhte, ihr Reichtum immer mehr anwuchs und allgemeine Zufriedenheit zu herrschen begann. Man wird unter ihnen keinen einzigen über Ungerechtigkeit klagen hören. Gerechtigkeit ist die Grundlage der zivilisatorischen Blüte." (zit. nach Stowasser 1966).

Ähnliches hören wir auch aus persischen und türkischen Zeugnissen jener Zeit. So dichtete Sa'dullāh Pāshā, ein einflußreicher türkischer Intellektueller (1838 - 91), eine Ode auf das 19. Jahrhundert, in der es u.a. heißt: ,,Die Rechte der Person und des Besitzes sind vor Übergriffen geschützt; eine neue Ordnung ist der zivilisierten Welt verliehen worden." (zit. nach Lewis 1968, 139). Und in einem 1886 verfaßten Gedicht eines persischen Dichters, Farhang ibn Wiṣāl, der ebenfalls eine Pariser Reise gemacht hatte, lesen wir:

,,Öffne die Augen, komm, erblick die Lichter
von Paris, (die leuchten) aus Tür und Wand.
Öffne den rätselerschließenden Blick,
und nimm ringsum Geheimnisse wahr:
Das Geheimnis der Freiheit und der Freien
hat Gott ihnen erscheinen lassen.
Alle sind sie freie Herren,
es gibt keine Sklaven, alle sind sie frei!
Alle Bürger sind wie der König,
Mann und Frau, Kinder und Greise.
Alle besitzen Wohlstand und Ansehen,
alle sind reich an Besitz und Glück.
Alle haben ihre Beschäftigung und Arbeit,
keiner im Reich ist arbeitslos." (zit. nach Browne 1924, IV, 323f.).

Uns Bewohnern demokratischer Staaten, denen die persönliche Freiheit eine Selbstverständlichkeit geworden ist, ist vielfach kaum noch vorstellbar, welche Begeisterung diese europäische Freiheit in wachen Beobachtern des islamischen Orients ausgelöst hat, die damals im 19. Jahrhundert noch durchwegs aus despotischen Monarchien kamen. So wurden Hymnen auf die Freiheit gedichtet, die an Schiller, Körner und andere Sänger der Freiheit erinnern:

Der Ägypter Khalīl Muṭrān, einer der Vorläufer moderner arabischer Dichtung, sang:

,,Heil sei dir, o Freiheit, du Schwester des Sonnenlichts!
Heil sei dir, o Freiheit!
Die Sonne erleuchtet die Dinge, du den Geist, o Freiheit!" (zit. nach Khoury 1971, 164).

Freilich wurde im Orient auch rasch begriffen, daß diese Ideale von den Europäern z.T. mißbraucht, ja mit Füßen getreten wurden, vor allem in ihrer Kolonialpolitik. Der Wunsch, von Europa zu lernen, wurde dadurch aber kaum berührt. Und man lernte, auch und besonders in bezug auf Literatur. Man begriff ihre didaktische Funktion, ihre erzieherischen Möglichkeiten für eine zu erneuernde Welt. Man begann, die europäische Literatur zu studieren und nachzuahmen, um dann selber erste Versuche zu wagen.

Eine wichtige Rolle spielten bei diesem Prozeß vor allem drei Faktoren: die Einführung des Buchdrucks, die Entstehung eines Zeitungswesens und die Übersetzung. Nach einer ersten Druckerei, die 1727 auf Grund eines *fetwās* des *Sheikh-ül-Islām* in Konstantinopel gegründet wurde, aber für die Literatur keine erkennbare Wirkung gezeitigt hat, erfolgte der Durchbruch mit der Aufstellung zweier Druckerpressen, davon einer mit arabischen Typen, durch Napoleon in Kairo, dessen ägyptische Expedition von 1798 ja überhaupt allgemein als Auftakt des von nun an nicht mehr aufzuhaltenden europäischen Einflusses angesehen wird. In Indien hatte er allerdings mit der englischen Kolonialpolitik schon eher begonnen.

1828 wurde die erste arabische Zeitung al-Waqāʾiʿ al-miṣrīya (Die Ägyptischen Nachrichten) gegründet, der bald weitere in Konstantinopel und anderen Metropolen der islamischen Welt folgten. 1883 schickte der iranische Kronprinz die ersten Studenten nach Europa und gründete Druckereien in Persien. Nāṣir ad-Dīn Shāh, der in seiner langen Regierungszeit (1848 - 96) mehrfach nach Europa reiste und seine Eindrücke in einem Reisejournal festhielt, das wegen seines einfachen Stils zu den Vorläufern moderner persischer Prosa gehört, rief ein ,,Haus des Druckes und der Übersetzung" ins Leben, was zu einer regen Tätigkeit des Übertragens wissenschaftlicher und belletristischer Werke führte. Neben Unterhaltungsromanen wie ,,Der Graf von Monte Christo" und ,,Die Kameliendame" wurden auch anspruchsvolle Werke, etwa die Komödien Molières und vieles andere übertragen. Die arabischen Romanciers des 19. Jahrhunderts, Pioniere des modernen arabischen Romans, orientierten sich u.a. an französischen Autoren wie Rousseau, Chateaubriand, Bernardin de St. Pierre, Jules Simon, Renan. Im Anschluß an diese Vorbilder prangert etwa Jirjī Zaidān, ein christlicher Syrer, in seinem Roman ,,al-ʿAbbāsa, die Schwester Hārūn ar-Rashīds", die Tyrannei des Kalifen an. Faraḥ Anṭūn, ebenfalls christlicher Syrer, kämpft in seinen philosophischen Romanen für Freiheit, Gleichheit, Brüderlichkeit und verkündet einen Staat allgemeiner gegenseitiger Hilfeleistung, menschlicher Solidarität und herzlichen Einvernehmens zwischen allen Klassen und Nationen.

Der westliche Einfluß ist bis in die Gegenwart hinein bestimmend geblieben. Es gibt wohl keinen bedeutenden Schriftsteller in der islamischen Welt, der nicht entweder im Westen studiert oder eine europäische Schule im Orient — früher waren es häufig Missionsschulen — besucht hat oder auf andere Weise dem europäischen Geist begegnet ist. Nahezu jeder bekennt sich zu einem oder mehreren europäischen Vorbildern, sei es nun Balzac, Dostojewski oder Proust im Roman, Maupassant, Tschechow oder Kafka in der Kurzgeschichte, Baudelaire, Eliot, Ezra Pound, Eluard, Saint-John Perse oder Majakowski in der Lyrik, Molière, Shaw, Anouilh oder Bert Brecht im Drama, um nur wenige wichtige Namen zu nennen.

Auch die Übersetzungstätigkeit geht noch immer mit großer Intensität weiter. Ein beträchtlicher Teil der europäischen und amerikanischen Literatur ist übersetzt, während es umgekehrt nur ein recht kleiner Anteil ist, so daß man zurecht von einem ,,ungleichen Austausch" gesprochen hat (Pazarkaya 1982, 182). Freilich ist manchmal auch mangelnde Qualität oder zu starke Milieugebundenheit ein Grund dafür, daß ein Werk nicht übersetzt wird.

Nicht nur die literarischen Formen wurden auf diese Weise adaptiert, sondern auch die Strömungen: Realismus, Romantik, Expressionismus, Surrealismus, Symbolismus, absurdes und episches Theater u.a.m. Die Literatur vollzog den allgemeinen Prozeß der Verwestlichung mit, der sich im Orient abspielte. Indem sie dies tat, übernahm sie auch die Ideen und Prinzipien der westlichen Literatur, also vor allem die einer kritischen Selbstdarstellung, eines scharfen Analysierens der eigenen Gesellschaft sowie einer bewußtseinsbildenden und erzieherischen Wirkung auf den Leser.

Der literarische Wert der ersten eigenständigen Werke war aus heutiger Sicht oft noch recht anfechtbar. Das ist nicht verwunderlich angesichts der enormen Schwierigkeiten, die es zu überwinden galt. Erstaunlich ist aber, welch kurze Zeitspanne diese Literaturen benötigten, um sich von Grund auf zu erneuern, so daß sie heute, wenn nicht ihre Lehrmeister, so doch die gegenwärtige (freilich weithin mittelmäßig gewordene) europäische Literatur zu überflügeln im Begriff sind.

Eine der Schwierigkeiten, die es zu überwinden galt, war die Loslösung von der Tradition und die Schaffung einer neuen lebensnahen, volksverbundenen Literatursprache.

In der arabischen Welt bestand — und besteht nach wie vor — ein Problem darin, daß die gesprochene Sprache der jeweilige regionale Dialekt ist, so daß die Hochsprache, ähnlich wie in der deutschsprachigen Schweiz, ein nur bei feierlichen und offiziellen Gelegenheiten verwendetes und entsprechend als steif und lebensfremd empfundenes Medium ist. Das schuf vor allem für die Dialoge und mithin für die gesamte Theaterliteratur eine bis heute fortbestehende Schwierigkeit, die letztlich nicht zu überwinden ist, solange die derzeitige Diglossie fortbesteht. Manche arabische Autoren sind denn auch dazu übergegangen, in den Dialogen durchwegs oder teilweise Dialekt zu verwenden.

Dialekt in Dialogen verwenden übrigens auch türkische und persische Autoren, ja auf persisch gibt es ganze im Dialekt von Teheran geschriebene Erzählungen — Ghulam Ḥusain Sāʿidī ist ein berühmtes Beispiel, obwohl die genannte Diglossie in diesen Fällen nicht im gleichen Maß besteht. Dagegen haben bzw. hatten diese Literaturen ein anderes Problem zu bewältigen: die Ersetzung des artifiziellen Hofkanzleistils durch ein natürliches, der Umgangssprache angenähertes literarisches Idiom. Dies geschah im Zuge von Sprachreinigungsbewegungen, die zu einer Fülle von Neuprägungen oder aber Rückgriffen auf lange verdrängtes Sprachgut geführt haben; ein Prozeß, der in Persien in ruhigen Bahnen verlief, während die türkische Sprache nach Gründung der Republik von einem wahren Fieber der Selbstreinigung ergriffen wurde, aus dem sie völlig verwandelt hervorgegangen ist — ,,une langue littéraire en pleine mutation" (Bazin 1983).

Das Urdu und seine Schwestersprache Hindi entwickelten sich als Ausdrucksmittel moderner literarischer Prosa ebenfalls erst von der Mitte des 19. Jahrhunderts an und zwar nicht zuletzt dank gezielter Förderung seitens der Briten. Dies ist einer kurzen Erinnerung wert: 1854 wurde die East India Company angewiesen, ihre Bemühungen zur Errichtung regionaler öffentlicher Erziehungsinstitute zu intensivieren und insbesondere zum Studium der Landessprachen als des einzigen Mediums für Massenerziehung anzuspornen. Schulen und Colleges für die Ausbildung von Mädchen, muslimische Erziehung und technische Instruktion seien zu gründen und eine Politik strikter religiöser Neutralität zu verfolgen. Der Gouverneur der Nordwestprovinzen, Sir William Muir, setzte daraufhin Preise für ,,useful works in the vernacular, of approved design and style, in any branch of science or literature" aus. ,,Bücher, die für die indischen Frauen geeignet sind, werden besonders gerne angenommen und gut belohnt werden", heißt es in der Ankündigung, die im Lande wirkte wie ein elektrischer Stromstoß. Einer der Preisträger war Nadhīr Aḥmad: Preisgekrönt wurden seine drei Erziehungsromane (publiziert 1869, 1872, 1874): ,,Spiegel der Braut" (Mir'āt al-ʿarūs) mit Belehrungen über gutes Benehmen (akhlāq) und Haushaltsführung, ,,Der Große Wagen" (Banāt an-naʿsh), mit der Vermittlung von Kenntnissen aus dem Bereich der Wissenschaft und ,,Die Reue des Naṣūḥ" (Taubat an-Naṣūḥ) mit der Erziehung zur Frömmigkeit. Diese Trilogie war eines der erfolgreichsten und meistgelesenen Werke des islamischen Indien. Sie ist in den 60er Jahren dieses Jahrhunderts neu aufgelegt worden.

Nadhīr Aḥmad verfaßte noch zwei weitere Frauenromane, worin er die Leiden der Frau in der indo-islamischen Gesellschaft, verursacht durch die Polygamie und die Sitte, Witwen die Wiederverheiratung zu verwehren, schildert und anprangert. Seine Frauengestalten erscheinen noch dem heutigen Leser lebensecht und sind übrigens den Männerfiguren häufig überlegen, wie man das mitunter ja schon in klassischer Literatur des islamischen Orients findet. Er prägte den klassischen Satz: ,,Der Wagen des Lebens kann nicht rollen, es sei denn, er habe zwei Räder, ein männliches und ein weibliches." Für seine erstaunlich fortschrittlichen Auffassungen wurde er seitens der Orthodoxie aber auch erwartungsgemäß attackiert. ʿAlī Ashraf Thanawī, ein Scheich der Reformbewegung von Deoband und einer der einflußreichsten Muslime Indiens im 20. Jahrhundert zählt in seinem für muslimische Frauen bestimmten Bildungskompendium ,,Himmlischer Schmuck" (Bihishtī ziwar) in einer Reihe schädlicher Bücher auch die genannten Romane Aḥmads auf.

3. Der Auftrag der Literatur

Der Auftrag des Schriftstellers und der Literatur wurde unter europäischem Einfluß sehr klar als ein Engagement für Freiheit, Demokratie, Aufklärung, Menschenrechte und allgemein humane Werte aufgefaßt, mithin als Verpflichtung, gegen den Despotimus des Staates, gegen Fanatismus und Obskurantismus in der Religion, gegen Mißstände in der Gesellschaft, wie namentlich die Unterdrückung der Frau und den Feudalismus, aber auch gegen Fremdherrschaft und kritiklose Nachahmung Europas, besonders seiner Laster, zu kämpfen. Einige Namen wurden schon genannt. Faraḥ Anṭūn wollte mit seinen philosophischen Romanen ,,fortschrittliche Persönlichkeiten" erziehen. Der Schriftsteller muß ihm zufolge ,,Kühnheit und Freiheit des Denkens besitzen, seine Arbeit lieben und nicht auf seinen Vorteil bedacht sein, er muß Geduld entwickeln, die Fähigkeit, seine Gedanken dem Leser nicht aufzudrängen, vielmehr bemüht sein, die Wahrheit mittels eines ehrlichen Streits der Meinungen aufzuhellen. Unumgänglich ist es, daß er mit allem, worüber er schreibt, bestens vertraut sei. Nur, wenn er alle diese Eigenschaften erwirbt, kann der Schriftsteller wirklich nützliche und lehrreiche Werke hervorbringen." (zit. nach Dolinina, 1973, 175).

Salīm al-Bustānī, wie Zaidān und Anṭūn ein christlicher Araber, schrieb seine historischen Romane, um patriotische Gefühle zu wecken und moralische Prinzipien zu stärken. Dabei legte er Wert auf eine spannende Handlung und hielt die Einflechtung einer Liebesgeschichte für unerläßlich: ,,Um die nützlichen historischen Wahrheiten in die Köpfe und Herzen der Menschen zu tragen, gibt es nur einen Weg: Man muß diese Wahrheiten mit zarten Erzählungen von keuscher Liebe verbinden." (zit. nach Dolinina 1973, 48). Über den didaktischen Anliegen wurde mitunter jedoch das künstlerische Niveau vernachlässigt. Das ist ein Problem, das auch für die neuere Literatur in der islamischen Welt, ja Literaturgeschichte insgesamt gilt, wie etwa politische Tendenzliteratur verdeutlicht.

Saiyid Muḥammad ʿAlī Jamālzāda (Djamalzadeh), der bekannte Pionier der persischen Prosa, warb vor über 60 Jahren im Vorwort (dībācha) zu seiner Novellensammlung ,,Es war einmal" (Yakī būd yakī nabūd), das damals Furore machte, den Zorn einiger Mullahs entfachte und sogar ein öffentliches Autodafé zur Folge hatte, mit flammenden Worten für die Schaffung einer modernen persischen Erzählliteratur, vor allem des Romans. Er stellte hier besonders den Bildungswert des Romans heraus: Menschen, die keine Zeit haben zu studieren, deren Intelligenz nicht ausreicht, wissenschaftliche Werke zu lesen, erhalten durch gute Romane nützliches Allgemeinwissen vermittelt. Der Roman vermag aber auch die Angehörigen verschiedener Lebensbereiche, z.B. Stadt und Dorf, die oft wenig voneinander wissen, übereinander aufzuklären, ,,z.B. ein kurdischer Khan, der am Fuße eines Gebirges im Herzen Kurdistans wohnt, kann mit Hilfe des Romans mit vielen Einzelheiten des Lebens und der Bräuche der Bewohner Islands... bekannt werden und umgekehrt." (Jamālzāda 1333/1955, 10). Die Prosa ist aber auch eine Manifestation der lebenden Sprache und daher breiten Leserschichten verständlich im Unterschied zur erstarrten Kunstsprache der damaligen Hofliteraten: ,,Ein Buch, das in der normalen Alltagssprache Persiens geschrieben wäre, existiert nicht." (Jamālzāda 1333/1955, 12). Doch der Versuch, die natürliche Entwicklung zu hemmen, sei zum Scheitern verurteilt: Mit Anspielung auf eine alttestamentliche Legende (Josua 10, 12) sagte der Autor: ,,Die Bemühungen der literarischen Josuas, die der Sonne der Sprache befehlen wollen: Stehe still!, sind fruchtlos und verfehlt." (1333/1955, 17). Jamālzāda selber sammelte systematisch Redewendungen, Sprichwörter und bildliche Ausdrücke der persischen Umgangssprache und publizierte sie in einem Wörterbuch. Das setzte ihn in den Stand, ein idiomatisches Persisch zu schreiben, auch noch, nachdem er seine Heimat verlassen hatte.

Maḥmūd Taimūr, der größte Vertreter arabischer Kurzprosa und Protagonist engagierter Literatur, schreibt in einem kurzen Überblick über die Entwicklung der modernen arabischen Literatur, ihre Aufgabe bestehe darin, ,,den Blick für das Leben und die soziale Ordnung zu schärfen, ihn von lokalen Begrenzungen zu befreien und ihn zum Horizont des umfassenden menschlichen Geistes hinzulenken. Die Grundlage sollten Verständnis der menschlichen Triebkräfte, der echten sozialen Probleme und der Einfluß dieser aller auf das allgemeine Verhalten sein... An erster Stelle steht der Ruf nach Freiheit, Einigkeit und Weltfrieden." (Taimūr 1960, 35).

Erwähnt sei schließlich ein interessantes Dokument aus noch jüngerer Zeit: In der zweiten Auflage seiner Erzählsammlung ,,Eine Frau zuviel" (Zan-i ziyādī) veröffentlichte der bekannte persische Autor Āl-i Aḥmad einen fiktiven ,,Brief des Apostels Paulus an die Schriftsteller und Dichter", worin die Verantwortung des Schreibenden für Wahrheit und Menschlichkeit als heilige Pflicht ins Bewußtsein gerufen wird.

Viele Schriftsteller und Dichter der islamischen Welt haben ihren Mut, ihre Kritik an Religion und Regierung, teuer bezahlen müssen, mit kürzeren oder längeren Gefängnisaufenthalten, Emigration oder gar Hinrichtung bzw. Ermordung. Erzählungen, Novellen, Gedichte, Briefe aus dem Gefängnis sind daher ein immer wiederkehrendes Phänomen der modernen Literatur in der islamischen Welt. Ich nenne den Ägypter Ṣun'allah, die Perser Sā'idī und Buzurg 'Alawī (Bozorg Alavi), die Türken Nazim Hikmet, Sabahattin Ali, Aziz Nesin, den Pakistani Faiż Aḥmad Faiż als herausragende Beispiele.

4. Die Gattungen der Literatur

In allen vier großen Gattungen der europäischen Literatur, also Roman, Erzählung (Kurzgeschichte und Novelle), Lyrik und Drama, hat die moderne Literatur in der islamischen Welt inzwischen Bedeutendes, mitunter von weltliterarischem Rang, hervorgebracht. Die reizvollsten und gelungensten Werke sind häufig aus einer kunstvollen Synthese zwischen östlicher und westlicher Tradition hervorgegangen, wobei das Östliche in der Regel eher im Stofflichen, das Westliche eher in der Form, in der Technik, in der Sehweise und der Deutung des Dargestellten liegt.

4.1 Roman

Die Romanciers konnten in gewisser Weise an die ,,große orientalische Erzähltradition" anknüpfen. Es gab jedoch dort kaum Vorbilder für die Gestaltung individueller Helden, schon gar nicht solche aus bürgerlichen Kreisen. Die arabische Literatur der Frühzeit bietet zwar eine Fülle von knappen, witzigen Typenstudien, diese sind aber rein statisch, ohne jede Entwicklung und immer ins Karikaturhafte überzeichnet. Die Helden in ,,Tausendundeiner Nacht" sind ebenfalls Typen, deren Psychologie kaum ins Visier kommt. Die klassische persische Epik bietet mit Gurgānīs ,,Wīs ū Rāmīn" und Niẓāmīs romantischen Epen einige fein gezeichnete Charaktere, vor allem die großartige Shīrīn (Deutsch im Manesse Verlag, 1980). Schon bei seinem ersten Nachfolger, Amīr Khusrau Dihlawī begegnen wir aber nur noch grobschematisierten Typen von überdies zweifelhafter Moral. Ähnliches wird man wohl auch für die türkische und hindustanische vormoderne Dichtung konstatieren dürfen.

Die ersten modernen Romane der islamischen Welt waren daher verständlicherweise noch unbeholfen. Die Figuren zeigten keine Entwicklung, keine komplexe Psychologie, und die Handlung war schematisch, da alles in das Klischee von Gut und Böse gepreßt war.

Wirklich bedeutende moderne Romane entstanden in der islamischen Welt erst in diesem Jahrhundert.

Wichtigste Namen sind im Arabischen Najīb Maḥfūẓ (geb. 1911), der Nestor der arabischen Romanliteratur mit über 20 Romanen, in der Türkei Halide Edip Adıvar (1884 - 1964), Yakup Kadri Karaosmanoğlu (1889 - 1974), und in der nachfolgenden Generation Yaşar Kemal, Orhan Kemal, Kemal Tahir u.a. In Persien versuchten sich mehrere in der Prosa führende Autoren, darunter Jamālzāda, Hidāyat, Āl-i Aḥmad im Genus des Romans. Der Durchbruch wurde aber nach Auffassung der persischen Kritik erst mit dem 1961 erschienenen, über 800 Seiten umfassenden Roman ,,Der Gatte der Frau Gazelle" (Shauhar-i āhū khānum) von M. A. Afghānī (geb. 1925) erzielt, der 1969 einen zweiten gleich umfangreichen Roman folgen ließ. Inzwischen hat sich neben ihm der jüngere, hochbegabte Maḥmūd Daulatābādī mit einem Mammutroman von zehn Bänden profiliert; er trägt den Titel ,,Kulīdār", Name eines Gebirgstals nördlich von Nischapur. Im Urdu ist vor allem Qurrat al-'Ain Ḥaidar (Qurratalain Hyder) mit ihrem Roman ,,Der Feuerfluß" (Āg ka daryā) zu nennen.

Natürlich hat der Roman auch in der islamischen Welt eine Reihe von Entwicklungsstufen durchlaufen, die man bis zu einem gewissen Grad am Werk eines einzelnen, des genannten Maḥfuẓ, ablesen kann. Maḥfūẓ begann mit historischen Romanen, die im alten Ägypten spielen, in die er aber Probleme der Gegenwart, vor allem die Unfreiheit unter dem letzten ägyptischen König, projizierte. Dann wandte er sich der ägyptischen Gegenwart direkt zu und veröffentlichte 1956/57 sein Hauptwerk, die berühmte Trilogie ,,Zwischen den beiden Palästen" (Baina l-qaṣrain), die das Schicksal einer Kairoer Kaufmanns- oder Krämerfamilie zwischen 1917 und 1944 durch drei Generationen verfolgt. Nach einer Pause von mehreren Jahren erschien dann ein erster allegorischer Roman, ,,Die Kinder unseres Viertels" (Aulād ḥāratinā), dem neben realistischen Figurenromanen weitere Allegorien bis zum bisher letzten Werk, ,,Die Schlacht der kleinen Leute" (Malḥamat al-ḥarāfīsh) folgten.

Das in Maḥfūẓ' Werk erkennbare Bestreben, mit dem Gang der literarischen Entwicklung in der Welt Schritt zu halten, bekundet sich natürlich auch im Werk anderer Autoren. So schildert der Ägypter Fatḥī Ghānim (Ghanem), in seinem Roman ,,Der Mann, der seinen Schatten verlor" (ar-Rajul alladhī faqada ẓillahū) das Schicksal eines jungen ehrgeizigen Journalisten und sozialen Aufsteigers aus der Sicht dreier eng mit ihm verknüpfter Personen und schließlich noch aus der Sicht des Helden selber — also ein Verfahren, bei dem sichtlich Durrells ,,Alexandria Quartett" Pate gestanden hat. Ein ähnlich kunstvoll gebautes Romanquartett verfaßte auch der Iraker Ismā'īl Fahd Ismā'īl.

4.2 Kurzgeschichte und Novelle

Die kurze Erzählform hat sich in der islamischen Literatur immer großer Beliebtheit erfreut. Das klassische Spektrum reichte dabei von bruchstückhaften Erzählungen über altarabische Schlachttage und Szenen aus dem Dichterleben, über die knappen erzählenden Passagen im Koran und im Hadith (ḥadīth), bis hin zu der unübersehbaren Fülle von Anekdoten in der Bildungs- und Unterhaltungsliteratur. Die Anekdoten rankten sich um Kalifen, Wesire, Sekretäre, Dichter, Kadis etc., aber auch um Heilige und Narren, wobei wir im Falle der Heiligen wohl eher von Legenden sprechen würden, auch wenn gattungsmäßig kein großer Unterschied zur Anekdote besteht. Als bekanntestes Beispiel einer türkischen Anekdotensammlung sei auf die Erzählungen um Nasrettin Hoca verwiesen. Doch diese kurzen Erzählungen sind keine Kurzgeschichten, geschweige denn Novellen, verglichen mit jener von Maupassant, Mansfield, Maugham und anderen zur Meisterschaft geführten Form der Kurzprosa, in der ein Stück komplizierter Wirklichkeit aufscheint. Es waren bündig erzählte Begebenheiten, an denen im Grunde einzig die Pointe, mochte diese nun eine Moral beinhalten oder nicht, interessierte. Schon eher mag es Vorbilder für die Novelle in einzelnen Erzählungen etwa des ,,Papageienbuchs" oder ,,Tausendundeiner Nacht" gegeben haben.

Es scheint im übrigen, daß die Novelle in der modernen islamischen Literatur als besondere Form kaum ins Bewußtsein der Autoren gedrungen und jedenfalls weit weniger gepflegt worden ist als die Kurzgeschichte. Das Wort ,,Novelle" wird aber in der deutschsprachigen Sekundärliteratur des öfteren verwandt. Als ausgesprochener Vertreter der Novelle gilt der bereits erwähnte türkische Romancier Karaosmanoğlu. In vielen Fällen kann man sich indes streiten, ob ein Werk eher als Novelle oder als kurzer Roman bzw. lange Erzählung einzustufen ist (zumal im Englischen das Wort novel Roman bedeutet!). Ich denke an Werke wie Hidāyats ,,Die blinde Eule" (Būf-i kūr), Āl-i Aḥmads ,,Der Schuldirektor" (Mudīr-i madrasa) u.a.m.

Als unbestrittener Meister der arabischen Kurzprosa galt lange Zeit der ägyptische Erzähler Maḥmūd Taimūr, der etwa ,,200 Novellen, legendäre Erzählungen und satirische Kurzgeschichten" verfaßte. Allein das kürzlich untersuchte ,,erzählerische Frühwerk" dieses Autors umfaßt an die 70 Erzählungen (Wielandt, 1983). In der jüngeren Zeit ist eine stattliche Reihe arabischer Erzähler hinzugekommen, die mit neuen Techniken und neuen Weisen der Wirklichkeitserfassung experimentieren, wie Iḥsān 'Abd al-Quddūs, Yūsuf Idrīs, al-'Ujailī, Zakariyā Tāmir al-Ghītānī, al-Mis'adī und viele andere.

In der iranischen Literatur gelang einst Jamālzāda ein wichtiger Beitrag mit seinen Erzählungen, vor allem jenen in ,,Es war einmal". Auch sie werden übrigens gelegentlich als Novellen bezeichnet, was sie im strengen Wortsinn aber nicht sind. Jamālzāda verlor sich später leicht in Abschweifungen und trivialem Geplauder. Seinen Ruf als ,,Pionier der persischen Prosa" kann ihm die Literaturgeschichte indes nicht absprechen. Von ihm gelernt und ihn überflügelt haben so bedeutende Erzähler wie Ṣādiq Hidāyat, Buzurg 'Alawī, Chūbak, Sā'idī, Āl-i Aḥmad und dessen Frau Sīmīn Dānishwar, Daulatābādī und viele andere.

In der Türkei ist der originellste und bedeutendste Vertreter sowohl in qualitativer als auch in quantitativer Hinsicht Sait Faik Abasıyanık. Ihm steht eine stattliche Schar begabter Erzähler zur Seite, in die sich mehr und mehr auch Frauen mischen.

Bedeutende Erzähler kennt auch die moderne Urdu-Literatur. Großer Bekanntheit und Beliebtheit erfreuen sich Prem Chand und Krishan Chandar, obwohl diese beiden mindestens so sehr der Hindi-Literatur angehören. Andere nennenswerte Autoren sind Aḥmad 'Alī, dessen späte Erzählungen wie die von Sait Faik und Zakariyā Tāmir mit Traum und surrealistischen Elementen experimentieren.

Was für den Roman gesagt wurde, gilt natürlich auch für die Kurzgeschichte: Die Entwicklung, die sie durchlaufen hat, ist reich an Etappen und Facetten. Sait Faik selber begann als Realist, mischte aber bald symbolische und surreale Elemente in seine Erzählungen. Er verstand es, in einer ihm eigenen Weise, z.B. durch ein unangekündigtes Überspringen kürzerer oder längerer Etappen des Handlungsablaufs, die Wirklichkeit gleitend und traumhaft erscheinen zu lassen.

4.3 Lyrik

Eine außerordentlich vielfältige und großartige Entwicklung hat die Lyrik genommen, obwohl es hier vielleicht am schwierigsten war, die Barrieren der Tradition zu überwinden, und es auch immer noch Dichter gibt, die die hergebrachte Form des Ghasels (ghazal) und des Vierzeilers weiterpflegen. Es kommt sogar vor, daß ausgesprochen moderne Dichter mitunter noch, wie in nostalgischer Rückbesinnung, ein Ghasel machen, so etwa Nazım Hikmet, Dağlarca oder Nādir Nādirpūr (Nader Naderpour). Sie füllen diese Form dann allerdings ebenso mit modernem Inhalt wie ihre übrigen Gedichte. Auf der anderen Seite gab es unmittelbar vor dem Durchbruch der neuen Formen eine Phase, in der zeitgenössische, aktuelle Stoffe und Anliegen in den alten Formen von Ghasel und Qaside (qaṣīda) behandelt wurden.

Dies gilt insbesondere für die arabische Gruppe der sogenannten Klassizisten, d.h. Dichter wie Maḥmūd Sāmī al-Barūdī (1839 - 1904), Aḥmad Shauqī (1868 - 1932), Ḥāfiẓ Ibrāhīm (1871 - 1932), Jamīl Ṣidqī az-Zahāwī (1863 - 1936) u.a. So berührte al-Barūdī in seinen Qasiden Themen wie Elektrizität, Photographie, die Eisenbahn u.ä. Er engagierte sich mit der Kritik an der Tyrannei des Khediven aber auch im politischen Kampf. Dabei war es seine kraftvolle Persönlichkeit, die es ihm erlaubte, trotz Beibehaltung der ererbten Form zu einer lebendigen Darstellung zu gelangen. Umgekehrt haben die neuen Formen manchen Dichter nicht davor bewahrt, sich in ehrgeizige, aber hohle Artistik zu versteigen.

Die Dichtung der gesamten islamischen Welt wurde früher oder später von den europäischen Strömungen erfaßt. Es gab eine romantische Bewegung, die vor allem auch bei den Dichtern der arabischen Emigration in den beiden Amerika hohe Wellen schlug. Weithin damit verbunden war die Übernahme zunächst europäischer Strophenformen und später des *vers libre* mit seiner manchmal bis zur Formlosigkeit reichenden Lockerung der Form.

Die großen Dichter des 20. Jahrhunderts stellten sich meist in den Dienst politischer Zielsetzung: des Nationalismus, des Sozialismus, des Marxismus, des palästinensischen Freiheitskampfes oder des Kampfes gegen Armut und Unterdrückung. Manche Dichter überschätzten dabei ihre Rolle, so wenn sie mit Hilfe großartiger Bilder, die verschiedenen Mythologien entlehnt waren, sich selber als Erlöser priesen, von einem keineswegs vollzogenen Opfertod sprachen oder emphatisch ihre allenfalls Eingeweihten verständliche Sendung an das Volk besangen. Dennoch ist unbestreitbar, daß die islamische Welt heute Dichter von weltliterarischem Rang aufzuweisen hat: Nazım Hikmet und Dağlarca in der Türkei, Adūnīs (Adonis), ʻAbd aṣ-Ṣabūr, Badr Shākir as-Saiyāb, ʻAbd al-Wahhāb al-Bayātī in der arabischen Welt, Furūgh Farrukhzād in Iran, Muḥammad Iqbāl und Faiż Aḥmad Faiż in Pakistan.

Eine ihrer größten Stunden hatte die moderne islamische Lyrik Ende der 70er Jahre, als das Goethe-Institut in Teheran eine Dichterlesung veranstaltete. Tausende kamen, und diese Lesung, durchgeführt mit einer Sondergenehmigung der Regierung, die dergleichen in der Regel nicht mehr zu gestatten pflegte, wurde zu einem politischen Manifest, zu einem der Signale der Revolution, die kurz danach ausbrach, um dann freilich eine ihren Bannerträgern von damals unerwünschte Richtung einzuschlagen.

4.4 Drama

Am schwersten hatte und hat es in der islamischen Welt immer noch das Drama. Der orthodoxe Widerstand gegen die bildliche Darstellung und gegen das Auftreten von Frauen in der Öffentlichkeit, der die Entstehung eines Theaters im abendländischen Sinn in der islamischen Welt bis an die Schwelle der Neuzeit verhinderte, wirkte sich bis in die Gegenwart hinein, mindestens in einzelnen Ländern, negativ aus. Andererseits gab es aber auch Dinge, an die man anknüpfen konnte: das volkssprachliche persische Passionsspiel zum Gedenken an das Martyrium Husains, (al-Ḥusain ibn ʻAlī), des Enkels des Propheten, in Kerbela, das türkische Schattenspiel, das nach seiner Hauptfigur Karagöz genannt wird, und das türkische Stegreifspiel *Orta oyunu*.

Einen gewichtigen Beitrag zur Einführung des Theaters leisteten nicht-muslimische Minoritäten, Christen und Juden in Beirut, Armenier in Istanbul, Parsen in Karatschi und anderen, damals noch indischen Städten. Doch es gab auch einen erfolgreichen muslimischen Dramatiker bereits um die Mitte des 19. Jahrhunderts: Akhundzāda oder Achundov, der in seinen persischen Stücken satirische Gesellschaftskritik übte, u.a. die Heuchelei von Mullahs anprangerte. Man nannte ihn einen tatarischen Molière.

Der berühmteste zeitgenössische Dramatiker der islamischen Welt ist zweifellos der Ägypter Taufīq al-Ḥakīm (1898 - 1987), der zahlreiche Stücke verfaßt hat. Und wie Najīb Maḥfūẓ die Entwicklung des Romans, so spiegelt al-Ḥakīm in seinem *Oeuvre* die Entwicklung des arabischen

Theaters vom realistischen zum surrealistischen und symbolistischen Experimentierstück. In der auf al-Ḥakīm folgenden Generation ist vor allem sein Landsmann Yūsuf Idrīs, den man als Erzähler kennt und schätzt, auch mit Theaterstücken hervorgetreten. In den meisten arabischen Ländern aber ist das Theater auch heute noch mit Rücksicht auf islamische Gefühle entweder verboten oder ohne die nötige öffentliche Förderung. Ähnliches gilt für Iran und Pakistan. Dagegen hat sich in der säkularisierten Türkei ein lebendiges Theater entfalten können, wenn auch kein türkischer Dramatiker bisher im Ausland so bekannt geworden ist wie Taufīq al-Ḥakīm. Zu nennen sind u.a. Recep Bilginer, Necati Cumalı, Güngör Dilmen und Haldun Taner (Halman, 1976).

5. Symbolik

Zu den wichtigsten Darstellungsmitteln gehört neben dem Realismus, der die Anfänge der modernen Literatur in der islamischen Welt dominierte und auch heute noch ein wesentliches, ja vermutlich das wichtigste Darstellungsmittel ist, der Symbolismus. Auf die Schwierigkeit des Verhältnisses von Wirklichkeit und Symbol kann hier nicht näher eingegangen werden. Im Prinzip kann jeder Aspekt der Wirklichkeit zum Symbol werden. Dies geschieht immer dann, wenn eine Erscheinung vom Dichter so dargestellt wird, daß sie über sich selbst hinaus auf eine andere Wirklichkeitsebene hinweist. Eine solche Symbolfunktion kann einem einzelnen Gegenstand eigen sein, wie z.B. der Öllampe in Yaḥyā Ḥaqqīs Erzählung ,,Die Lampe der Umm Hāshim", die hier den traditionellen Orient symbolisiert. Es kann aber auch ein ganzer Handlungsablauf symbolisch verschlüsselt sein, so wenn der christliche Araber Nuʿaima in seinem Roman ,,Kitāb al-mirdās" die Ersteigung eines rätselhaften Bergs zum Symbol der Begegnung mit dem Metaphysischen macht. Die Benutzung einer Reihe von Symbolen mit entweder dunklen oder schwer miteinander vereinbaren Konnotationen ergibt ein anspielungsreiches, aber schillerndes, nicht eindeutig zu entzifferndes Beziehungsgeflecht, wie wir es vor allem aus der modernen Lyrik, aber auch vom absurden Theater und moderner Prosa kennen.

Der Symbolismus kam einerseits als literarische Strömung aus Europa, namentlich Frankreich und Rußland, hatte andererseits aber auch im islamischen Orient selber alte Wurzeln, da vor allem in der mystischen Dichtung vom 12. Jahrhundert an sich eine symbolische Weltsicht entwickelte, die letztlich auf neuplatonisches Denken zurückgeht. War die Symbolik der Mystik eindeutig, so entwickelte sich daneben eine mehrdeutige Symbolik in der Lyrik etwa bei Ḥāfiẓ. Daß diese durch die politischen Verhältnisse begünstigt wurde, erkannte schon Goethe, der auf den Zusammenhang von ,,verwickelten Zuständen" und ,,rhetorischer Verstellung" gerade im Ḥāfiẓ-Kapitel seines west-östlichen Divans hinweist. Was man nicht offen aussprechen konnte, wurde verschleiert gesagt. Dies ist noch heute einer der Hauptbeweggründe für die Anwendung einer verschlüsselten Symbolik.

Einige Beispiele mögen das Gesagte verdeutlichen:

Der tunesische Schriftsteller Maḥmūd al-Misʿadī konfrontiert in seinem Drama ,,Der Damm" (as-Sudd) eine fiktive Wüstenkultur und ihre Religion, die in der Verehrung von Ṣahabbāʾ, der Göttin der Dürre, besteht, mit einem jungen, dynamischen Intellektuellen, der durch den Bau eines Damms dieser Ödnis ein Ende bereiten, gegen das Schicksal und die Tradition ankämpfen will. Die Religion symbolisert hier ganz eindeutig den Islam in seiner erstarrten Form vor der Erneuerung, der junge Mann den Geist der Aufklärung, auch wenn der Autor selber später eine andere Deutung zu geben versuchte.

Reizvolle Beispiele für eine symbolische Darstellung der Ost-West-Beziehung sind neben der schon erwähnten, wiederholt behandelten Erzählung von Yaḥyā Ḥaqqī die beiden Erzählungen ,,Die Puppe hinter dem Vorhang" (ʿArūsak-i pusht-i parda) des Persers Hidāyat und ,,Mußtest du unbedingt das Licht anschalten, Lili?" (A-kāna lā budda, yā Līlī, an tuḍī'ī n-nūr?) von Yūsuf Idrīs.

Hidāyat symbolisiert die Entfremdung und Entwurzelung, deren Opfer so viele Orientalen durch ihre Begegnung mit Europa geworden sind, am Fall einer gestörten Sexualität, ein auch sonst häufig benutztes Motiv. ,,Die Puppe hinter dem Vorhang", die der junge Perser in Paris in seinem Zimmer aufstellt und anbetet, symbolisiert die zum Fetisch gewordene westliche Kultur. Die junge Orientalin, die, um ihn aus seiner Verkrampfung zu erlösen, sich am Ort der Puppe versteckt und dort von einem Schuß getötet wird, den der vergeblich um seine Selbstfindung ringende Student in einem Anfall von Wahnsinn abgibt, symbolisiert offenbar die orientalische Kultur, die er nicht mehr zu lieben vermag und, ohne es eigentlich zu wollen oder sich dessen bewußt zu sein, zerstört.

,,Mußtest du unbedingt das Licht anschalten, Lili?" ist ebenfalls eine Erzählung, die mehr meint als sie ausspricht. Auch hier geht es um die Ost-West-Beziehung und das benutzte Symbol ist wiederum eine erotische Bindung. Ein Moscheeprediger blickt vom Minarett aus in ein erleuchtetes Zimmer, wo Lili, die Tochter eines englischen Offiziers, die eigentlich Laila heißt (ihre Mutter ist Ägypterin), ziemlich unbekleidet auf dem Bett liegt. Er kennt sie, weil sie ihn früher vergeblich ersucht hat, ihr Unterricht im islamischen Ritus zu erteilen. Der Anblick erregt ihn mehr, als er sich eingestehen will. Eines Tages, während er das Gebet leitet, überwältigt ihn plötzlich die Unruhe, und er verläßt die Betenden, um wieder hinaufzusteigen, und sich zu beweisen, daß er der Versuchung gewachsen ist. In Prosternationshaltung verharrt die Gemeinde und wagt nicht, ohne ihn eine Bewegung zu machen, da sonst ja das Gebet ungültig würde. Der Imam, so ahnt man, ist der westlichen Verführung erlegen und hat die Gemeinde führerlos zurückgelassen, weil Lili Licht gemacht hat — vielleicht das dubiose Licht der Aufklärung?

Subtiler ist der Symbolismus in einer Erzählung wie ,,Der Tod des Petersfisches", die der türkische Meister der Kurzgeschichte Sait Faik gedichtet hat. Dieser Fisch, den die griechischen Fischer Chrisopsaros, d.h. ,,Christusfisch" nennen, ist hier ein Symbol des Schöpferischen im Menschen, aber auch der Liebe und Güte. Er wurde, wie eine alte vom Autor aufgegriffene Legende besagt, aus einem ursprünglich wilden Meeresungeheuer durch eine Berührung Jesu in einen friedlichen Fisch, ,,ein scheues, stilles, gutherziges Geschöpf", verwandelt. Die Menschen aber, vor deren Augen ein solcher Petersfisch, aufgehängt im Garten einer Fischerkneipe, unter faszinierenden, vom Autor minutiös beschriebenen Symptomen stirbt, würden ihn bald für einen der ihren halten, wenn dieser Tod sich noch länger hinzöge. Sie würden dann beginnen, ihn zu quälen und ihm solange zusetzen, bis er sich wieder in ein reißendes Tier verwandelt hätte. Ein Abgesang auf das Christentum, die menschliche Kultur, den Humanismus? Schwer zu sagen und wohl auch nicht eindeutig zu bestimmen.

In anderen Erzählungen sind die Symbole verknüpft mit surrealen Elementen oder werden durch solche verdrängt. Ein markantes Beispiel ist etwa Hidāyats 1936 veröffentlichte, in ihrer Deutung und Wertung umstrittene Novelle ,,Die blinde Eule" (Būf-i kūr), die uns in die beklemmende Traumwelt eines Opiumsüchtigen führt, mit Collagen aus Traum und Wirklichkeit, Vergangenheit und Gegenwart arbeitend (Deutsch im Kossodo Verlag, o.J.). Ähnlich wirkt auf den Leser die 1940 erschienene Erzählung ,,Vor dem Tod" (Maut se pahle) des Pakistaners (damals noch indischen Muslims) Aḥmad 'Alī. Das Leben des Erzählers scheint wie in Fetzen eines Films konfus und doch voll bedrohlicher Realitätsfragmente in wenigen Augenblicken abzulaufen (Memon (Hrsg.) 1977, 211ff.).

Deutlich greifbar ist hier u.a. der Einfluß des absurden Theaters von Eugène Ionesco. So taucht ein seinen ,,Nashörnern" verwandtes Motiv in einer Erzählung von Yūsuf Idrīs auf: Immer mehr Menschen sehen plötzlich den Kopf eines Kamels vor sich. Der Autor nimmt aber damit nach eigenen Aussagen den Personenkult unter Nasser (Jamāl 'Abd an-Nāṣir) aufs Korn, als überall das Bild des *ra'īs* hängen mußte. Das arabische Wort für Kamel (jamal) deutete unüberhörbar auf dessen Vornamen Jamāl hin. Einige der späten Theaterstücke von Taufīq al-Ḥakīm wie namentlich ,,O Baumkletterer" (Yā ṭāli' ash-shajara) von 1959 und ,,Schicksal einer Schabe" (Maṣīr ṣarṣār) von 1963, aber auch schon das 1935 entstandene Drama ,,Der Fluß des Wahnsinns" (Nahr al-junūn) sind Stücke im Geiste Ionescos.

Ganz besonders aufgeblüht ist die Symbolik in der modernen Lyrik. Die unverbindliche und oft unverständliche, weil traditionslose Privatsymbolik moderner europäischer und amerikanischer Lyriker hat auch im Orient Schule gemacht. Dabei sind jedoch auch eine Fülle großartiger Symbole entdeckt und kreiert worden, die noch weitgehend der Untersuchung harren. Neuartig, wenn auch für die Betroffenen wohl naheliegend, war, daß man den Kreuzestod Jesu als Symbol für das Leiden Palästinas unter israelischer Okkupation verwandte. Schon weiter hergeholt ist die Beschwörung des babylonischen Gottes Tammuz als Symbol für die erhoffte Auferstehung des Phönizertums. So wichtig wurde dieses Symbol, daß eine Gruppe libanesischer Dichter sich nach ihm benannte.

6. Die Satire

Arbeitet die Symbolik mit dem Mittel der Verschleierung, so die Satire mit jenem der Karikatur; beides sind Masken, die der künstlerischen Verdeutlichung dienen.

Das Mittel der Satire spielte schon in der vorislamischen arabischen Dichtung eine wichtige politische Rolle. Ein satirischer Vers, der traf, konnte einen politischen Gegner erheblich schädigen, ja im Extremfall zugrunde richten. In islamischer Zeit wurde das Mittel der Satire auch immer wieder für Kritik an Gesellschaft und Religion eingesetzt. Das ist bis in die Gegenwart so geblieben (Bürgel, 1970). Berühmte Beispiele sind die Makamen (maqāma) des Ḥarīrī, die Rückert so genial verdeutscht hat, oder das ,,Sendschreiben von der Sündenvergebung" des blinden syrischen Moralisten Abū l-'Alā' al-Ma'arrī. Auf die Form der Makame haben in der frühen Neuzeit noch einige Schriftsteller zurückgegriffen, so der Ägypter al-Muwailiḥī in seinem ebenfalls satirischen Roman ,,Die Erzählung des 'Īsā ibn Hishām" (Ḥadīth 'Īsā ibn Hishām).

Al-Ma'arrī läßt in seinem umfangreichen Sendschreiben den Adressaten plastische Einblicke in Paradies und Hölle tun, um festzustellen, welchem der alten Dichter vergeben wurde. Dabei werden aber islamische Jenseitsvorstellungen auf sarkastische Weise parodiert. Auf dieses Motiv haben in neuer Zeit mehrere Schriftsteller der islamischen Welt zurückgegriffen, so der schon erwähnte irakische Dichter az-Zahāwī in seinem 435 Verse langen Gedicht (mit Monoreim!) ,,Aufstand in der Hölle" (Thaura fī jaḥīm), Jamālzāda in seiner ,,Bühne des Jüngsten Gerichts" (Ṣaḥrā-i maḥshar), Zain al-'Ābidīn im dritten Teil seines ,,Reisejournal des Ibrahim Beg".

Scharfe Sozialkritik in Form von Typenschilderung hatte im 9. Jahrhundert der große arabische *Bel-esprit* al-Jāḥiẓ geübt. Die politische Satire in symbolischer Form verdichtete sich in Werken wie der gereimten Fabel ,,Maus und Katze" (Mūsh ū gurba) des Persers 'Ubaid-i Zākānī.

Es gab also in der islamischen Literatur so etwas wie eine satirische Tradition. Sie feierte in der Moderne fröhliche und z.T. triumphale Urständ. Frühe Manifestationen sind etwa die erwähnten Theaterstücke von Achundov, die Texte des Persers Dihkhudā, die unter dem Titel ,,Charand-parand", etwa ,,Firlefanz", als satirische Beilage der Wochenzeitschrift Ṣūr-i Isrāfīl erschienen, das ,,Reisejournal des Ibrahim Beg", von Zain al-'Ābidīn, das nach dem Vorbild von Moriers ins Persische übersetztem ,,Haji Baba" geschrieben wurde und äußerst populär war, al-Muwailiḥīs ,,Ḥadīth 'Īsā ibn Hishām", u.a.m. Das satirische Element spielt eine wichtige Rolle vor allem bei Erzählern wie Jamālzāda, Hidāyat und Maḥmūd Taimūr, Yūsuf Idrīs u.v.a. Der größte Meister dieses Genre ist der Türke Aziz Nesin. Ihm brachte seine Kunst Weltruhm und mehrere nationale und internationale Preise, aber auch Inhaftierungen im eigenen Land. Im ganzen verbrachte er fünfeinhalb Jahre im Gefängnis. Kenner stellen ihn über Kishon. Von den

Einkünften seiner zahlreichen, in viele Sprachen übersetzten Satiren stiftete er ein großes Waisenhaus.

7. Die Vergangenheit

Vergangenheit kann beschworen werden um ihrer selbst willen, als ein Vorwurf, der die Darstellungskraft des Autors herausfordert, oder aber mit bestimmten erzieherischen Absichten, sei es, daß dekadenter, korrupter Gegenwart eine große — und in der Regel noch zusätzlich idealisierte — Vergangenheit vorgehalten werden soll, sei es, daß Probleme der Gegenwart, die direkt anzusprechen riskant wäre, in die Distanz der Geschichte entrückt werden. Schließlich kann man der Vergangenheit Symbole entnehmen, seien es nun einzelne Gestalten oder Motive aus Mythen und Legenden.

Die Verwendung von Mythen in der zeitgenössischen Literatur der islamischen Welt ist ein reizvoller Gegenstand und verdiente eine eigene Untersuchung. Hier sei nur einer der erfolgreichsten Versuche erwähnt, die Dramatisierung der Midas-Sage in zwei Stücken des schon genannten türkischen Autors Güngör Dilmen, ,,Die Ohren des Midas“ und ,,Das Gold des Midas“.

Beispiele historischer Romane mit Gegenwartsprojektion sind die im pharaonischen Ägypten spielenden frühen Romane von Najīb Maḥfūẓ. Der gleiche Maḥfūẓ hat übrigens später gewissermaßen das Umgekehrte versucht, nämlich eine ferne Vergangenheit in die Gegenwart zu projizieren. Er hat das gigantische Unterfangen gewagt, die Geschichte der drei monotheistischen Religionen in Romanform abzuhandeln, indem er die Religionsstifter in einem Kairoer Stadtviertel auftreten läßt und zeigt, daß es dabei um ,,Die Kinder unsers Viertels“ (Aulād ḥāratinā), so der Titel des Romans, geht.

Die Aufgabe der Religionsstifter besteht darin, die Stiftung (waqf) eines alten Mannes unklarer Herkunft namens al-Jabalāwī (der Mann vom Berg) — Symbol für Gott — gerecht zu verteilen. Das wird durch korrupte Aufseher und brutale Schlägertrupps, die *futūwāt,* immer wieder verhindert — den friedlichen Rifā‘a (= Jesus) töten sie sogar. Schließlich richtet sich die Hoffnung auf den Zauberer ‘Arafa, der die moderne Wissenschaft repräsentiert. Doch ‘Arafa stellt sich in den Dienst des Aufsehers und konstruiert für ihn eine gefährliche Waffe, die dieser benutzt, um zunächst die Schlägertrupps auszuschalten und dann die Bewohner des Viertels selber zu unterdrücken. ‘Arafa flieht, wird aber von den Häschern des Aufsehers gefaßt und getötet. Das Zauberbuch aber hat sein Bruder Ḥanash (,,Schlange“) gerettet; auf ihn richtet sich nun die Hoffnung der Bevölkerung. Ein z.T. allzu durchsichtiger Symbolismus ist hier am Werk, der aber doch dem Autor die Möglichkeit gibt, allerlei kritische Hiebe auszuteilen und sein marxistisch gefärbtes Religionsverständnis in poetischer Verbrämung unter die Leute zu bringen. So werden Jabal (= Mose) und Qāsim (= Muḥammad) als eifrige Haschisch-Raucher vorgestellt (Steppat, 1957).

Lange Zeitepochen umfassende Romane wurden auch auf Türkisch und Urdu geschrieben. Kemal Tahirs ,,Landesmutter“ (Devlet ana) behandelt das Schicksal des anatolischen Menschen vom 14. Jahrhundert bis in die Gegenwart. Qurrat al-‘Ain Ḥaidars ,,Feuerfluß“ (Āg ka daryā) umfaßt eine Zeitspanne von zweieinhalb Jahrtausenden indischer Geschichte, ohne allerdings jede Epoche zu berücksichtigen. Der Roman setzt ein kurz nach dem Auftreten Buddhas, führt dann in die Frühzeit der Britenherrschaft und bis in die jüngste Vergangenheit. Die auftretenden Figuren scheinen, mindestens z.T., immer wieder die gleichen Personen oder Charaktere zu sein, ähnlich wie in Virginia Woolf's Orlando, der hier Pate gestanden haben soll. Die Autorin setzt sich für ein interkonfessionelles Verständnis ein und bedauert daher, obwohl selber Muslimin, die durch die Gründung Pakistans erfolgte Trennung der beiden Kulturen, die sich gegenseitig befruchtet haben und dies auch weiterhin tun sollten, statt sich zu befehden. Demgegenüber behandelt, ebenfalls auf Urdu, M. A. Fārūqī in seinem Roman ,,Sangam" (der Zusammenfluß von Ganges und Jumna) die Geschichte des Islams in Indien von den Anfängen bis in die Gegenwart mit dem Ziel einer Verherrlichung seines Gegenstandes. Seine Helden sind denn auch eher Idealfiguren als echte Gestalten.

Verklärte Vergangenheit begegnet uns auch sonst in den Werken hindustanischer Dichter, so in Ḥālīs Lehrgedicht ,,Ebbe und Flut" (Madd u jazar).

Ḥālī schildert die Zustände im islamischen Indien seiner Zeit in den düstersten Farben, um ihnen alsdann die glorreiche Vergangenheit gegenüberzustellen, und er vergißt nicht festzustellen, daß der Westen seine jetzige Größe letztlich den Arabern, dem Islam verdanke.

Ähnlich hat auch sein weit bekannterer Nachfolger Muḥammad Iqbāl, ,,der geistige Vater Pakistans", die Geschichte interpretiert. Als Symbol dafür, daß die kulturellen Errungenschaften Europas ein Ableger islamischer Glorie seien, wählte er namentlich die Moschee von Cordoba sowie das einst islamische Sizilien, das er u.a. wie folgt besingt:

> ,,Hier hallte einst der Trubel jener Nomaden,
> für deren Schiffe das Meer ein Spielplatz war,
> die die Höfe der Kaiser wanken machten,
> in deren Klingen die Blitze nisteten,
> deren Erscheinen die Botschaft einer neuen Welt bedeutete,
> deren ungeduldige Schwerter die alte Ära verschlangen,
> ...
> Du (Sizilien) warst einst die Wiege der Kultur jenes Volkes,
> dessen Blick (jetzt) von weltverbrennender Schönheit ist." (zit. nach Bürgel, 1982, Nr. 36).

Idealisierung der Vergangenheit findet sich, verzeihlicherweise, auch im Zusammenhang mit einem zentralen islamischen Thema, der Darstellung des Propheten Muḥammad. Heutige Muslime lesen ja in der Regel nicht mehr die frühen Quellen, die zwar auch von Muslimen stammen, Muḥammad aber noch unbefangen mit seinen menschlichen Grenzen und Fehlern zeigen. Sie wachsen auf mit der Überzeugung, daß ihr Prophet die unübertreffliche Verkörperung eines vollkommenen Menschen war.

Ein relativ realistisches Bild bietet Taufīq al-Ḥakīms Muḥammad-Drama, das im brechtschen Stil eine lose Folge von Szenen ablaufen läßt. Im Muḥammad-Roman des Ägypters ash-Sharqāwī wird dagegen nicht nur das leuchtende Porträt eines sozialen Reformers entworfen, sondern auch noch die düstere Folie einer völlig korrupten Gesellschaft dazugeliefert, so daß Muḥammad als Befreier der Sklaven, der Frauen, der Arbeiter und sogar als Vorkämpfer vorurteilsfreier Wissenschaft erscheint.

Auch andere Figuren der islamischen Geschichte erkor die moderne Literatur zu Helden und Leitbildern. Von Muḥammads Anhängern seien Abū Dharr al-Ghifārī, der zu einem frühen Sozialisten stilisiert wurde, und Bilāl, der erste Muezzin, genannt. Eine weitere und wichtigere Figur ist Husain, der Enkel Muḥammads, der bei einem schlecht vorbereiteten Aufstand gegen den Omaiyaden-Kalifen Yazid (Yazīd ibn Mu'āwiya) von dessen Truppen gefaßt und mit seinen Anhängern niedergemetzelt wurde. Dieses Unternehmen, einer der frühesten schiitischen Versuche, politische Macht zu ergreifen, wurde zum Gegenstand schiitischer Passionsspiele. In den Augen mehrerer moderner Autoren, und zwar keineswegs nur schiitischer, wurde nun aber Husain zu einem Revolutionär *in tyrannos*. Ash-Sharqāwī etwa schrieb ein zweiteiliges Drama (erschienen 1969) ,,Die Rache Gottes" (Tha'r Allāh). Im ersten Teil ,,Husain der Rebell" (al-Ḥusain thā'iran) wird das historische Geschehen dargestellt, zentriert um die Entscheidung, sich entweder dem Diktat des Kalifen zu beugen und damit die Sache des Islams zu verraten oder aber das Martyrium auf sich zu nehmen. Im zweiten, ,,Husain der Märtyrer" (al-Ḥusain shahīdan) unterstreicht der Autor die zeitlosen universellen Aspekte dieses Leidens. Gegen Ende erscheint der Geist Husains auf der Bühne und richtet an die Zuschauer manifestartige Worte:

„Gedenkt mein nicht durch Blutvergießen, sondern wenn ihr die Wahrheit aus den Klauen der Falschheit zu retten sucht. Gedenkt mein in eurem Kampf dafür, daß Gerechtigkeit über euch herrsche. Gedenkt mein, wenn die Schreie der Gläubigen die Religion verklagen, wenn Korrupte in der Regierung sitzen und über das Schicksal der Gläubigen entscheiden... Ich werde täglich tausendmal getötet, wo immer Menschen unterjocht und erniedrigt werden. Ich werde getötet, solange ein Yazid über euch herrscht und tut, was ihm gefällt!" (zit. nach Bürgel u.a. (Hrsg.) 1985, 53f).

Auch Gestalten der islamischen Mystik wurden zu Helden moderner Dramen. Am berühmtesten ist das Beispiel des al-Ḥallāj, eines sozialreformerischen Mystikers, der wegen seiner kühnen Ideen 922 von der Orthodoxie in Bagdad als Ketzer verurteilt und gekreuzigt wurde. Der bedeutende ägyptische Dichter 'Abd aṣ-Ṣabūr stellte in seinem Drama „Die Tragödie des al-Ḥallāj" (Ma'sāt al-Ḥallāj) vor allem das soziale Engagement und die Parallele zu Christus heraus. In einer öffentlichen Predigt bezeichnet al-Ḥallāj die Armut als die Mutter aller Verbrechen — und wird verhaftet. Der Stoff wurde auch von einer persischen Autorin, Khujasta Kiyā, bearbeitet, die neben der Parallele zu Christus auch eine solche zu Husain ins Bewußtsein rückt. Vorausgegangen war 1944 ein türkischer Autor, Salih Zeki Aktay mit seinem fünfaktigen „Hallac-ı Mansur", doch scheint dieses Stück keine größere Resonanz gefunden zu haben. Um so erfolgreicher war ein Drama um den türkischen Mystiker und Barden Yunus Emre, das der türkische Dramatiker Recep Bilginer verfaßte (Uraufführung 1975). Es wurde mit dem großen Kunstpreis der Yunus Emre-Stiftung und dem Theaterpreis 1980 der Türkischen Sprachakademie ausgezeichnet. Das Drama ist eine Auseinandersetzung mit dem Problem der Gewalt; der Dichter zeigt Yunus als kompromißlosen Vertreter von Gewaltlosigkeit, der aber an der sozialen Realität scheitert. Die aktuellen Bezüge des Dramas sind unüberhörbar.

Die Gestalten der islamischen Mystik spielen, allen voran al-Ḥallāj, auch in der modernen Lyrik eine Rolle. So schrieb ein junger tunesischer Dichter, al-Wahāyibī, ein sehr modernes verschlüsseltes Gedicht mit dem Titel: „Ein Mann tritt hervor aus der Höhle von Ḥirā'" (Rajulun yanhaḍu min ghāri Ḥirā') — eine Höhle bei Mekka, in der Muḥammad seine Berufung erlebte — und beschreibt dieses Ereignis als die Geburt des Menschen.

Adūnīs, der bekannteste und ambitionierteste arabische Dichter, befaßte sich sowohl mit Husain wie mit al-Ḥallāj, z.B. in seinem Zyklus „Spiegel und Träume von der zerbrochenen Zeit" (Marāyā wa-aḥlām ḥaula z-zamān al-maksūr). Eines dieser Gedichte lautet „Spiegel des Zeugen":

„Und als die Lanzen rasteten im Todeshauch Husains,
sich schmückten mit dem Körper Husains,
und die Reiter zertrampelten jeden Punkt am Körper Husains,
und es wurden geteilt und geraubt die Kleider Husains,
sah ich jeden Stein von Mitleid gerührt für Husain,
sah jede Blume schlummern an den Schultern Husains,
sah jeden Fluß gleiten im Leichenbegängnis Husains." (Adūnīs [3]1971, II, 351).

Das Gedicht zieht in der ersten Strophe unüberhörbar die Parallele zur Kreuzigung Christi, wenn vom Teilen der Kleider die Rede ist. Die zweite Strophe deutet auf das in ihm gestorbene wahre Menschentum, indem es die Trauer der Natur beschwört.

Ungleich zahlreicher sind die Gedichte, in denen al-Ḥallāj besungen wird, was zweifellos daran liegt, daß dieser als Persönlichkeit für einen modernen Betrachter doch weit überzeugender erscheint als Husain. Neben Adūnīs hat ihm der große irakische Lyriker 'Abd al-Wahhāb al-Bayātī (geb. 1926) zwei kurze Gedichtzyklen gewidmet, „Die Qualen des al-Ḥallāj" und „Lektüre im Buch der Hymnen des al-Ḥallāj" (Qirā'a fī kitāb ṭawāsīn al-Ḥ.). In diesem letzteren verknüpft der Dichter auf kunstvolle Weise das scheinbar vergebliche Leiden der Märtyrer mit dem scheinbar vergeblichen Reden der Dichter und schreibt u.a. den bitteren Satz: ,,Die Revolutionen der Armen, es stiehlt sie die Räuberbande der Revolutionen."

Zur Historie gehört auch die jüngste Vergangenheit. Die Glorie der versinkenden Osmanen-Ära, den exotischen Zauber des vorkemalistischen Konstantinopel, hat nostalgisch Samiha Ayverdi (geb. 1905), eine wegen ihrer konservativen Haltung von der tonangebenden türkischen Literaturgeschichtsschreibung weithin totgeschwiegene Autorin in ihren Romanen festgehalten. Das gilt namentlich für den letzten ,,Der Konak des Ibrahim Efendi" (erschienen 1964), der stark autobiographisch das Leben der Stambuler Oberschicht in den Jahren 1900 - 30 schildert und zahlreiche genau beobachtete Realien für die Kulturhistorie aufbewahrt.

Halide Edip, Yakup Kadri u.a. schilderten als Augenzeugen und engagierte Patrioten den türkischen Befreiungskampf. In Ägypten wurde vor allem Najīb Maḥfūẓ zum kritischen Chronisten der jüngsten Vergangenheit. In seiner Trilogie ,,Zwischen den beiden Palästen" (Baina l-qaṣrain), ,,Schloß der Sehnsucht" (Qaṣr ash-shauq) und ,,Die Zuckergasse" (as-Sukkarīya) — schildert er das Schicksal einer kleinbürgerlichen Kairoer Familie durch drei Generationen. Der Vater Saiyid Aḥmad 'Abd al-Jawād und seine Frau Āmina leben noch ganz in den hergebrachten Traditionen. Er herrscht mit unumschränkter Gewalt, die Frau dagegen gehorcht und darf das Haus nicht verlassen. Tagsüber führt er das Leben eines frommen Muslims, betet, fastet, beschäftigt in seinem Laden sogar einen blinden Scheich, der ihm Stücke aus dem Koran rezitiert. Nachts dagegen vergnügt er sich mit Freunden im Hause einer Dame zweifelhaften Rufs an Wein, Musik und leichten Mädchen. Seine außerehelichen Abenteuer rechtfertigt er damit, daß die heutige Prostituierte der Sklavin von gestern entspreche, mit der Umgang zu pflegen in der *sharī'a* erlaubt sei. Auch der Glaube an Dämonen und Amulette gehört zu dieser traditionellen islamischen Welt.

Dann aber beginnen die Strömungen der neuen Zeit zu wirken, eine allmähliche Säkularisierung greift um sich. Der Einfluß von Comte, Hegel, Marx macht auch vor dieser Familie nicht Halt. Comtes Drei-Stufen-Theorie wird von einzelnen Familienmitgliedern diskutiert und rezipiert: Die Religionen haben uns von der Vielgötterei befreit, jetzt muß uns die Wissenschaft von den Religionen befreien. Einer der Enkel wird Kommunist, ein anderer Muslimbruder. Die Frauen emanzipieren sich allmählich. Der eigentliche Held dieser Romane ist, dem Autor zufolge, die Zeit, die Veränderung.

8. Das Land

Sind dies Romane, die in der Stadt spielen, so haben andere Autoren das Leben auf dem Land zum Thema gewählt. Die anfängliche Land- und Dorfromantik weicht dabei nach und nach einer realistischen Sicht der durch die Feudalstruktur, aber auch die fehlende Schulbildung der Bauern bedingten Probleme der dörflichen Gesellschaft. Eine wichtige Rolle spielten in diesem Zusammenhang die türkischen Dorfinstitute (köy enstitüleri) und die damit verbundene Entsendung von Lehrern, die auf diese Weise mit den Verhältnissen vertraut wurden und sie ungeschminkt wiedergaben. Ein Durchbruch waren die in einem lapidaren Dokumentarstil verfaßten Berichte Mahmud Makals ,,Unser Dorf" (Bizim köy) und ,,Phantasie und Wirklichkeit" (Hayal ve gerçek). Sie legten mit schonungsloser, schockierender Offenheit die Zustände eines anatolischen Dorfes dar: die Armut, die Brutalität, den Obskurantismus. Makal wurde als Nestbeschmutzer verklagt und wanderte für einige Zeit ins Gefängnis (Makal, 1971).

In Ägypten war der Dramatiker Taufīq al-Ḥakīm einer der ersten, die den Weg von der Landromantik zum Realismus beschritten. Selber Sohn eines Grundbesitzers, hatte er das Land in seiner Jugend als Idylle erlebt und in seinem ersten Roman ,,Rückkehr des Geistes" ('Audat ar-rūḥ) gepriesen. Der Geist, der zurückkehren soll, ist der in den Fellachen noch lebendige Geist unermüdlichen Einsatzes, der einst die Pyramiden erbaute. Erst als stellvertretender Staatsanwalt in Ägypten lernte al-Ḥakīm die rauhe und schreckliche Wirklichkeit dieses Landes kennen und schilderte sie in seinem tagebuchartigen ,,Staatsanwalt unter Fellachen" (Nāʼib fī l-aryāf) (Deutsch im Unionsverlag, 1982).

Ein großes, realistisches Tableau des ägyptischen Landlebens gab dann mit marxistischen Obertönen der schon mehrfach erwähnte ash-Sharqāwī in seinem Roman ,,Die Erde" (al-Arḍ). Der Roman spielt in den 30er Jahren unter der Herrschaft des berüchtigten Ismāʻīl Ṣidqī und beschreibt den Kampf eines Dorfes gegen den Großgrundbesitzer und die ihn unterstützende Regierung. Als eine Straße zum Gut gebaut werden und zu diesem Zweck einigen Bauern ihr ohnehin winziges Feld fortgenommen werden soll, setzen sich diese zur Wehr, können jedoch wenig ausrichten, da nicht nur die Regierung den Landlord unterstützt, sondern auch der Bürgermeister und der Geistliche des Dorfes. Die Bauern unterliegen. Aber es offenbart sich doch an ihnen eine Kraft, eine Solidarität, die hoffen läßt. Der Autor zeigt das nicht nur an ihren Handlungen, sondern auch an ihren Liedern und Legenden.

Ash-Sharqāwī hat später, 1968, nochmals einen Bauernroman ,,Der Fellache" (al-Fallāḥ) geschrieben, um die Errungenschaften der Landreform zu zeigen. Dieser ist jedoch nach dem Urteil maßgeblicher Kritiker deutlich schwächer als ,,Die Erde", eher Propaganda im Sinne des sozialistischen Realismus.

An dieser Stelle ist auch Yaşar Kemals inzwischen weltberühmtes Epos ,,Der kleine Memed" (Ince Memed) zu nennen (Deutsch im Unionsverlag, o.J.). Kemal kannte die Welt, die er beschreibt, die Landschaft der Çukurova, das große Baumwollgebiet in Anatolien, mit seinen Grundherren, Bauern und Nomaden von Kindheit an. War er doch selber der Sohn eines Agha, der beim Gebet in der Moschee von aufständischen Bauern erschlagen wurde, während der fünfjährige Yaşar neben ihm kniete. Der Schock wurde zum Schlüsselerlebnis. Yaşar wurde zum Anwalt nicht der Schicht, der sein Vater angehörte, sondern derer, die ihn erschlugen, der unterdrückten und ausgebeuteten Bauern Anatoliens. Ince Memed ist ein Bauernjunge, der, als ihm sein Recht verweigert wird, in die Berge des Taurus flieht und zum Führer einer Bande, zum edlen Räuber wird, der den Grundherrn schließlich zur Strecke bringt, die Bauern aus ihrer Knechtschaft befreit und dann wie ein Meteor verschwindet.

Als Erwachsener ist Kemal durch Hunderte von türkischen Dörfern gepilgert und hat ihr Erzählgut erfaßt. Diese Überlieferungen bilden einen der Pfeiler seiner Epik; stärker noch als in Ince Memed macht er davon in seinem Roman ,,Lied der tausend Stiere" (Bin boğalar efsanesi) (Deutsch im Unionsverlag, ²1980) Gebrauch. Darin stellt er das tragische Schicksal eines Nomadenstamms, seinen immer schwieriger werdenden Kampf um die Sommerweiden und seinen Widerstand gegen die Ansiedlung dar. Der Autor benutzt hier eine der volkstümlichen Traditionen als symbolisches Leitmotiv: die sogenannte Hıdırellez-Nacht vom 4./5. Mai, in der sich auf Erden Khiḍr und Elias begegnen und am Himmel ein östlicher und ein westlicher Stern. Wer es sieht und sich dabei etwas wünscht, dessen Wunsch geht in Erfüllung. Alle, die es sehen, sollten sich daher einen Weideplatz wünschen. Aber die wenigen, die es tatsächlich zu sehen glauben, ein Knabe, ein junges Mädchen, haben ganz andere persönliche Wünsche. Großartig und von epischer Kraft sind neben den Menschen — auch die Landschaftsschilderungen in Kemals Werk.

Spannungen zwischen Bauern und Großgrundbesitzern sind auch Gegenstand des zweiten Romans des Persers Afghānī ,,Die fröhlichen Leute vom Qarasu-Tal" (Shād-kāmān-i dara-i Qarasū). Kurdischen Nomaden begegnen wir zu Beginn des Mammutromans ,,Kulīdār" von Daulatābādī. Das Thema vom Grundherrn, der dem Lohnarbeiter sein Recht verweigert, hatte dieser begabte Epiker übrigens auch schon in einer längeren Erzählung ,,Der Mann in der Wüste" (Biyābānī) in aufrüttelnder Weise gestaltet (Deutsch in: Behzad u.a. (Hrsg.) 1978, 353-387).

Ein algerischer Autor, Ben Hadūqa, hat in seinem Roman ,,Wind des Südens" (Rīḥ al-janūb) die auf dem Land herrschende Rückständigkeit der islamischen Tradition, verkörpert in der Gestalt und dem Einfluß des Dorfgeistlichen, zur Last gelegt.

9. Kritik an Islamischem

Es ist vor allem die Figur des heuchlerischen, hinterhältigen oder abergläubischen Mullahs, Moscheepredigers, Imams, die immer wieder zur Zielscheibe von literarischen Angriffen gemacht worden ist. Gelegentlich finden sich aber auch weniger boshafte, ja liebenswürdige Konterfeis, so etwa Jamālzādas Mullah Qurbān ʻAlī mit seiner zu Herzen gehenden Beichte einer späten Liebe (Deutsch in: Behzad a.a.O., 24-39) oder Samiha Ayverdis ,,Der Imam der Mesih Paşa Moschee" (Mesih Paşa Imamı). Andere Aspekte islamischer Tradition, die attackiert wurden, sind der Heiligenkult, so etwa in Jamālzādas ,,Gesinnungswandel" (Qalb-i māhīyat), wo der Vorsteher eines Heiligengrabes einem Freund gesteht, wie er seinen Posten durch ein vorgetäuschtes Wunder an sich gebracht hat (Deutsch in: Behzad, a.a.O., 40-44), ,,Wallfahrt der Sühne" (Ṭalab-i āmurzish) (Deutsch in: Behzad, a.a.O., 52-64) von Hidāyat, der hier wie in anderen Erzählungen seinen islam- und araberfeindlichen Gefühlen Luft macht, oder das besonders schändliche Geschehen in der Erzählung ,,Die vierzehn Heiligen" von Hushang Gulshīrī: Ein Dorf, das noch kein Heiligengrab hat, organisiert sich ein solches durch den kaschierten Mord an einem frommen Mann (Deutsch in: Behzad, a.a.O., 286-306).

Ein anderes islamisches Thema ist die im Koran verankerte Blutrache, deren häufig zu sinnloser Kettenreaktion führender Mechanismus in einigen bitteren Erzählungen beklagt und in seiner Absurdität und Unmenschlichkeit bloßgelegt wird.

Vor allem aber ist es die Stellung der Frau im traditionellen Islam, die immer wieder Gegenstand engagierter moderner Literatur geworden ist. Manches, was dabei als islamisch erscheint, würden muslimische Apolegeten, für die der Islam die Frau erst aus den Fesseln der Sklaverei befreit hat, als unislamische Verfallserscheinungen abtun. Ein Brauch, der mehrfach zum Gegenstand ätzender Satiren wurde, beruht jedoch eindeutig auf koranischer Vorschrift. Sie besagt, daß ein Mann, der seine Frau endgültig (d.h. zum dritten Mal oder durch dreimaliges Wiederholen der Formel) verstoßen hat, sie nur wieder zu sich nehmen darf, nachdem sie ein anderer Mann geehelicht und seinerseits wieder verstoßen hat. Das islamische Gesetz nennt diese Einrichtung das ,,Lösen" oder ,,Wiedererlaubtmachen" (taḥlīl). Vom ,,Löser" (muḥallil) wurde erwartet, daß er seine ihm nur zu diesem Zweck angetraute Frau nach wenigen Tagen wieder verstieß. Doch manchmal verliebte er sich so, daß er sich nicht an die Vereinbarung hielt. Solche verliebte ,,Zwischengatten" und die genarrten Ehemänner sind der Gegenstand zweier beißender Satiren von Maḥmūd Taimūr und Hidāyat (Deutsch in: Rahnema, 1981, 49-59) sowie einer Komödie des türkischen Dramatikers Reşat Nuri Güntekin.

Ein anderer auf die Schia beschränkter islamischer Brauch, die sogenannte Genußehe (mutʻa), d.h. eine von vornherein vertraglich auf eine bestimmte kurze Frist limitierte Verbindung, nach der die Frau kaum noch Heiratschancen hatte und in der Regel zur Prostitution verdammt war, ist in der persischen Literatur häufig in Romanen und Erzählungen behandelt worden. Die für viele Frauen bedrückenden Umstände und oft tragischen Konflikte in der Mehrehe sind ebenfalls immer wieder aufs Korn genommen worden. Sie stehen z.B. im Mittelpunkt des ersten großen Romans von Afghānī ,,Die Gattin der Frau Gazelle".

10. Frauenliteratur

Längst haben in der modernen islamischen Literatur auch Frauen selber zur Feder gegriffen und schreibend für ihre Rechte gekämpft. Es würde zu weit führen, eine auch nur annähernd vollständige Übersicht über diese äußerst wichtige und faszinierende Entwicklung zu geben. Nur wenige Namen können genannt werden. Vorläuferinnen sind in der arabischen Welt etwa Malak Ḥifnī Nāṣif (1886 - 1918), die unter dem Decknamen Bāḥithat al-bādiya, ,,Forscherin (in) der Wüste" schrieb, sowie die Katholikin May Ziyāda (1885 - 1941), in Persien Parwīn I'tiṣāmī, in der Türkei Halide Edip. In jüngerer und jüngster Zeit sind eine ganze Reihe von schreibenden Frauen mehr oder weniger kämpferisch in die Arena getreten. So hat etwa die Libanesin Laila Ba'albakkī (geb. 1936) in ihrem ersten Roman ,,Ich lebe" (Anā aḥyā) von 1958 die schwierigen Emanzipationsbedingungen einer jungen Frau in Beirut mit modernen Stilmitteln verlebendigt. Es folgten 1960 der Roman ,,Die verzauberten Götter" (al-Āliha al-mamsūkha) und 1964 die Novellensammlung ,,Schiff der Sehnsucht zum Mond" (Safīnat ḥanān ilā l-qamar). Hatten schon die Romane in konservativen Kreisen Anstoß erregt, so lösten die Novellen einen Proteststurm aus; die Regierung strengte einen Prozeß wegen Verletzung der Moral gegen sie an, das Buch wurde konfisziert und durfte im Libanon nicht mehr verkauft werden.

Konservativen Protest rief auch die persische Lyrikerin Furūgh Farrukhzād (1934 - 67) mit ihren Gedichten hervor, weil sie es wagte, ihre Gefühle als Liebende mit einer in ihrer Heimat bisher unerhörten Offenheit zu schildern. Doch sie erntete, vor allem mit ihrem letzten Gedichtband ,,Wiedergeburt" (Tawalludī dīgar) auch hohes Lob und gilt heute als eines der größten Talente der modernen persischen Lyrik; ihr früher Tod infolge eines Autounfalls (in Persien munkelte man, es sei ein kaschierter Mord gewesen) wird von ihren Bewunderern noch immer bedauert.

Mit starker Betonung der sexuellen Aspekte haben sich auch die ägyptische Ärztin Nawāl as-Sa'dāwī und die syrische Schriftstellerin Ghāda as-Sammān (geb. 1942) für die Emanzipation der Frau eingesetzt. Letzere, obwohl Tochter eines angesehenen Juristen und Universitätsprofessors, wurde wegen ihrer kühnen Publikationen von den einen als ,,geistesgestört", von den anderen als ,,gefallene Frau" (imra'a hālika) bezeichnet und entschloß sich, ihre Heimat zu verlassen. Zu ihnen gesellen sich einige Türkinnen, wie etwa Sevgi Soysal (1939 - 76), Adalet Ağaoğlu (geb. 1929), Füruzan u.a.

Häufig war und ist der Kampf der Frauen um gesellschaftliche Befreiung ein Teil des nationalen Befreiungskampfes, so etwa in Algerien. Es wundert daher nicht, daß diese Verbindung auch in der Literatur dokumentiert ist. Schon Halide Edip schilderte in ihrem Roman ,,Das Flammenhemd" (Ateşten gömlek) die aktive Teilnahme einer Frau am türkischen Befreiungskampf, und Yūsuf 'Awaḍ läßt in seinem kurz vor Ausbruch des Bürgerkriegs spielenden Roman ,,Die Mühlen von Beirut" (Ṭawāḥīn Bairūt) die Heldin sich nach enttäuschenden Liebeserfahrungen dem palästinensischen Freiheitskampf zuwenden.

Saḥar Khalīfa, eine palästinensische Autorin, zeigt in ihren zwei Romanen ,,Der Feigenkaktus" (aṣ-Ṣubbār) (Deutsch im Unionsverlag, 1983), und ,,Die Sonnenblume" ('Abbād ashshams), daß der Freiheitskampf sinnlos ist, wenn er nicht die Befreiung des Menschen aus den Fesseln überlebter Tradition als Ziel im Auge behält. Im zweiten Roman (Deutsch im Unionsverlag, 1986) legt sie das Schwergewicht auf die Befreiung der Frau und verweist hier einmal auch auf das algerische Beispiel: Die Rechte, die man den Frauen dort während des Kampfes eingeräumt und für später zugesichert hatte, seien ihnen nach dem Sieg weitgehend wieder entzogen worden.

11. Europabild

Zum Thema der Frau in der modernen islamischen Literatur gehört auch das Bild der Europäerin. Im Unterschied zur allzu behüteten orientalischen Frau galt die Europäerin im islamischen Orient weithin als eine jeder Fesseln bare, begehrliche, nach dem Erlebnis mit dem Orientalen geradezu lechzende Traumfrau. Dieses Klischee war zumindest in der arabischen Literatur jahrzehntelang vorherrschend und wurde erst in letzter Zeit durch Autoren wie Fatḥī Ghānim und Yūsuf Idrīs teilweise korrigiert.

Im Europabild schlichen sich auch sonst Klischees ein. Hatte man anfangs den europäischen Fortschritt, die Ideale der Aufklärung und der Demokratie oft allzu distanzlos bewundert, so trat bald eine nüchternere Sicht an die Stelle solcher Begeisterung. Schon der zum Islam übergetretene ehemalige Maronit Fāris ash-Shidyāq (1804 - 87) mischte in seinen Reisebericht über Europa allerlei Satirisches.

Muḥammad Iqbāl in Indien und Taufīq al-Ḥakīm in Ägypten entwarfen das Bild eines Europäers, der von Egoismus, Materialismus und kaltem Rationalismus beherrscht war. Iqbāl konfrontierte den Osten als Reich der Liebe mit dem Westen als Reich der Vernunft. Al-Ḥakīm kultivierte das Klischee vom östlichen Spiritualismus und westlichen Materialismus. Āl-i Aḥmad rief in seinem langen Essay ,,Krank am Westen" (Gharbzadagī) — man kann es ein Manifest nennen — zu einer entschlossenen Abkehr vom Kurs einer möglichst raschen Verwestlichung auf. Er entlarvte die westliche Welt, einschließlich der USA und der Sowjetunion, als eine Quelle schädlicher Einflüsse und als Wurzel vieler Übel, an denen der Osten leide (Englisch in Caravan Books, 1982). Dieses Manifest gehörte zu den wichtigsten Wegbereitern der Revolution in Iran.

Demgegenüber hat der große ägyptische Literat Ṭāhā Ḥusain, dessen Jugenderinnerungen ,,Die Tage" (al-Aiyām) mit ihrer liebenswürdig-beseelten Schlichtheit seit ihrem Entstehen zu den arabischen Klassikern der Moderne gehören, in einer programmatischen Schrift über die Zukunft der Kultur in Ägypten betont, daß es töricht und falsch sei, den Osten mit Spiritualismus, den Westen mit Materialismus gleichzusetzen. Viele bedeutende Autoren ließen sich denn auch von solchen Simplifizierungen nicht blenden und orteten die Probleme da, wo sie tatsächlich liegen, d.h. in erster Linie im Menschen selber, sodann in den gesellschaftlichen Verhältnissen, die ihrerseits teils durch die Tradition, also auch die Religion, teils zweifellos auch durch europäischen, amerikanischen und sowjetischen Einfluß bedingt sind.

12. Entfremdung

Eines hat der westliche Einfluß zweifellos weithin bewirkt: Entfremdung und Entwurzelung. Doch diese Entfremdung muß nicht moralische Korruption einschließen. Sehr aufschlußreich in dieser Hinsicht ist das Motiv der Europa-Reise und der Rückkehr in den Orient, das immer wieder behandelt wurde, aber auf ganz verschiedene Weise. Jamālzāda hat mehrfach Perser geschildert, die mit europäischen Idealen von Fleiß, Redlichkeit, Altruismus in die Heimat zurückkehren, damit dann aber auf massiven Widerstand stoßen und sich entweder anpassen oder scheitern.

Der Ägypter Yaḥyā Ḥaqqī behandelt in seiner schon klassisch gewordenen ,,Lampe der Umm Hāshim" (Deutsch in Edition Orient, 1981) das Rückkehrmotiv am Beispiel eines jungen Arztes, der in England Medizin studiert hat und nun seine rationalen Heilmethoden an seiner augenkranken Base erproben will. Diese jedoch glaubt an die Wunderkraft des Öls in der Lampe der Moschee der Umm Hāshim. Es kommt zu einem dramatischen Zusammenprall dieser zwei Welten; und erst eine Verbindung beider Methoden führt zu einer Heilung der Base, eine Versöhnung, die dann — fast des Guten zuviel an Symbolik — auch noch durch die Ehe der beiden, eine traditionelle Cousinenheirat also, besiegelt wird.

Dagegen hat die Türkin Adalet Ağaoğlu in ihrem Roman ,,Die zarte Rose meiner Sehnsucht" (Fikrimin ince gülü) die Rückkehr eines türkischen Gastarbeiters geschildert, dessen im Kapitalismus gelernter Egoismus sich im Besitz eines neuen Autos verkörpert. Um des Autos willen hat er sich die Beziehung zu einer Frau verscherzt, nennt nun seinen Mercedes sein Honigmädchen, seine Rose. Aber das Auto geht unterwegs durch mehrere Unfälle allmählich zu Bruch. ,,Vielleicht hast du dich von der Straße gestürzt, um mal zu sehen, in was du dein Leben investiert hast." Ein glänzend geschriebener, nachdenklich stimmender Text (Deutsch im Ararat Verlag, 1979).

Die Ansiedlung Zehntausender von Türken in der Bundesrepublik Deutschland, von denen es viele zu Ansehen und Wohlstand gebracht haben, hat dort inzwischen auch zu einer eigenen Literatur geführt. Während einige der Schriftsteller dazu neigen, in den ,,Gastarbeitern" die Opfer einer Ausbeutergesellschaft zu beklagen, bemühen sich andere um eine realistische Sicht der Dinge mit ihren Licht- und Schattenseiten. Verständigungsschwierigkeiten — das zeigt die satirische Erzählung ,,Die neue Moschee" von Fakir Baykurt — sind nicht nur durch das Gastland verschuldet, sondern auch etwa durch den von türkischen Mullahs infiltrierten Fanatismus, der davon träumt, ganz Europa zu islamisieren (Deutsch in: Bürgel u.a. (Hrsg.) 1985, 298 - 305).

Entfremdung spiegelt sich in zahlreichen Formen in der modernen Literatur. Sie tritt uns in Familien- und Gesellschaftsromanen ebenso wie in Figurenromanen und Erzählungen, aber auch in der modernen Lyrik entgegen. Surrealismus und das Absurde gehören zu ihren typischen Ausdrucksmitteln. Nochmals sei auf den Einfluß Ionescos und des absurden Theaters, aber auch die sich in Rätsel verrennende, pythisch raunende Symbolik moderner Lyrik verwiesen. Der Import gerade dieser Ausdrucksmittel von Europa ist nicht ohne eine gewisse, im Grunde tragische, Ironie. Dienten sie doch bereits dem Europäer, seine eigene Selbstentfremdung künstlerisch zu bewältigen und dienen nun dem Orientalen für den nämlichen Zweck.

13. Der einfache Mensch

Vielleicht hat die moderne islamische Literatur ihre großartigste Leistung in der Schilderung von Menschen aller Volksschichten vollbracht, und hier wiederum ganz besonders in der Entdeckung des einfachen Menschen, seiner Nöte und Schrullen, aber auch seiner Würde. Dies war zugleich die Entdeckung einer Sprache, die man zuvor in der gehobenen Literatur nicht zur Kenntnis genommen hatte.

So schrieb ash-Sharqāwī seinen Fellachen-Roman ,,Die Erde" in ägyptischem Dialekt, Jamālzāda fügte seiner Novellensammlung ,,Es war einmal" ein Glossar bei und gab später, wie bereits erwähnt, ein Lexikon der Umgangssprache heraus. Der einfache Mensch wird in seiner eigenen Sprache lebendig, aber natürlich auch in seiner Art zu denken und zu handeln, und in den Realien, die seinen Alltag ausmachen. Neben Jamālzāda, Hidāyat, Chūbak ist vor allem der Teheraner Psychiater und Armenarzt Ghulām Ḥusain Sā'idī zu nennen, der seine zahlreichen Erzählungen und Theaterstücke in Teheraner Dialekt schrieb. Seine Erzählung ,,Die Kuh" (Gāw) fand als Film internationale Beachtung.

Der türkische Dichter Nazım Hikmet widmete einen großen Teil seines Werkes den anatolischen Menschen aus Dorf und Stadt und schuf seine berühmten ,,Menschenlandschaften" (Deutsch im buntbuch Verlag, 1980). Der große Erzähler Sait Faik begegnet in seinen Kurzgeschichten immer wieder Fischern, nicht nur türkischen, sondern auch griechischen, sitzt mit ihnen in den Hafenkneipen, fährt mit ihnen zum Fischfang aufs Meer, hört sich ihre Sagen und

Abenteuer an: Doch er begegnet auch zahllosen anonymen Menschen in der Großstadt. Und alle werden sie lebendig in seinen Erzählungen, er wird ihr Bruder (Englisch in Edebiyat, 1976).

Zum Bruder der einfachen Menschen wird auch Orhan Velı Kanık. Er aber erreicht dies weniger dadurch, daß er, wie Nazım Hikmet oder Dağlarca, lyrische Porträts von ihnen entwirft, sondern dadurch, daß er eine Sprache spricht, die von erfrischender Einfachheit ist:

,,Ich sammle Altwaren
und mache Sterne daraus.
Musik ist die Nahrung der Seele.
Ich schmelze hin bei Musik.
Ich schreibe Gedichte.
Ich dichte und sammle Altwaren,
Die Altwaren tausche ich gegen Musik.
Wäre ich doch auch einmal ein Fisch in einer Raki-Flasche!"
(zit. nach dem türkischen Eskiler arıyorum).

Auf kunstvolle Weise hat den einfachen anatolischen Menschen, die Tradition von Hikmet fortsetzend, dann wieder Fazıl Hüsnü Dağlarca (geb. 1914), der größte lebende türkische Lyriker, in poetischer Sprache und plastischen Bildern eingefangen. Da gibt es Gedichte auf die Frau im Stall und ihren Sohn, den Schafhirten Yusuf, auf den Schmied, den Holzhacker, den Joghurtverkäufer, den Lastenträger und den Latrinenputzer. Teils redet der Dichter die Figuren an, teils läßt er sie selber im Gedicht reden (Deutsch in Volk u. Welt, 1984).

Es gibt auch Erzählungen und ganze Romane um Figuren aus dem Volk, so Samiha Ayverdis erwähnter Roman um den Imam der Mesih Paşa Moschee in Istanbul, Hidāyats ,,Alawiya Khānum" oder Orhan Kemals Romane um einen Istanbuler Schuhflicker (Eskici dükkanı), einen Fabrikarbeiter Murtaza oder um Dörfler, die in die Großstadt abwandern und die Fremde (gurbetçilik) erfahren, statt ,,Auf gesegnetem Boden" (Bereketli toprak üzerinde), so der Titel eines Romans, zu bleiben. Freilich, bei diesem marxistisch orientierten Schriftsteller ist, auch da, wo er einzelne Figuren in den Mittelpunkt stellt, im Grunde nicht das Individuum, sondern die Gesellschaft der Held der Erzählung. Eine zu Herzen gehende überzeugende und künstlerisch reife Porträtstudie einer einfachen Türkenfrau schuf Füruzan mit ihrer Erzählung ,,Der Konak" (Deutsch bei dtv, 1981).

14. Leitmotive der Literatur

Fragt man sich, was die großen Leitmotive der modernen islamischen Literatur sind, so wird man drei nennen können: das nationale Element, der Humanismus und, weniger deutlich, im Grunde auch mit dem Humanismus unlöslich verbunden, aber doch und zumal in einem Handbuch über die islamische Welt besonderer Erwähnung wert, die Mystik, der Sufismus.

,,Ein Schriftsteller, der mit der Gesellschaftsordnung, in der er lebt, zufrieden ist und nicht an ihr zweifelt, sollte seine Feder erst gar nicht in die Hand nehmen." Dieser Ausspruch von Adalet Ağaoğlu ist typisch für die Mehrheit der heute lebenden Schriftsteller; er zeigt aber auch, daß die Haltung vom berechtigten Protest zur bloßen Attitüde werden kann. Immerhin, in vielen Ländern besteht in der Regel genug Anlaß, seine nationalen Gefühle anders als durch Lob der gerade herrschenden Regierung zu äußern. In diesem Fall wird man also die eigene Art, die eigene Vergangenheit, die Schönheit der Landschaft, die Faszination der Städte, den Reichtum der eigenen Kultur, die Würde der eigenen Menschen verherrlichen. Für all dies wurden Beispiele genannt. Ungespalten kann sich das nationale Gefühl des Schriftstellers am ehesten in der Phase des Befreiungskampfes äußern. Auch hierfür wurden Beispiele angeführt. Heute ist es vor allem der Kampf der Palästinenser, der enorme Emotionen mobilisiert, was sich auch literarisch seit Jahren manifestiert. Der bekannteste und engagierteste Autor ist Ghassān Kanafānī. Er hat sein Engagement mit dem Leben bezahlt. In seinen Erzählungen entwirft er ein haßerfülltes Feindbild vom Gegner, das in seiner Indifferenziertheit leider angetan ist, neuen Anti-Judaismus zu wecken (Deutsch im Lenos-Verlag, 1983/85). Saḥar Khalīfa ist in ihren bereits erwähnten Romanen weit nuancierter. Unter den Lyrikern ist vor allem Faḍwā Tūqān zu nennen. In einem Gedicht ,,An den Herrn Christus an seinem Fest" bringt sie die Kreuzigung mit der Eroberung der Altstadt von Jerusalem in Verbindung: das Schicksal Palästinas — eine neue Kreuzigung, der die Welt gleichgültig zusieht. Das Gedicht kann auch in einem weiteren Sinn verstanden werden als Klage jener Millionen von Flüchtlingen, die im 20. Jahrhundert dem Totalitarismus in die noch freien Teile der Welt entronnen sind.

Der Humanismus äußert sich im Engagement für Gerechtigkeit und gegen Tyrannei, für Toleranz und gegen Fanatismus und Bevormundung, für Mitmenschlichkeit und gegen Habgier und Egoismus. Er äußert sich in dem Mut, mit dem viele dieser Schriftsteller Verfolgung und Gefängnis auf sich genommen haben, in der Intensität, mit der der Mensch in seinem Menschsein gezeichnet wird. Für dieses Engagement noch zwei Beispiele aus der Lyrik. Der Iraker al-Bayātī ruft in einem Gedicht ,,An meine Brüder, die Dichter":

> ,,So verflucht denn die finsteren Schatten,
> Und jene, die Schmerzen erfinden, Tragödien schaffen,
> Wischt ab die Tränen der Schmerzen,
> Enzündet leuchtende Kerzen
> Dem Menschen auf seinem einsam-erschreckenden Pfad!"
> (zit. nach Schimmel, 1975, 63).

Und Dağlarca dichtet:

> ,,Staatsanwalt, hast du schon nachgedacht,
> Was den Dichtern die Stifte spitzt?
> Nichts als Herz und Verstand,
> Etwas, was jetzt und zu allen Zeiten mehr Macht
> Als du über mich besitzt." (Dağlarca, 1984, 95).

Islam sei in der modernen arabischen Literatur kein Thema, erscheine nur *as in a glass darkly* (1. Kor. 13, 12), hat man gesagt. Das stimmt und stimmt auch nicht. Der orthodoxe Islam, der Islam der *sharī'a,* erscheint in der Tat entweder in grell negativer Beleuchtung, oder er bleibt bloßer Hintergrund bzw. völlig ausgespart. Wo Islamisches in warmen, sympathischen Farben aufleuchtet, da darf man so gut wie sicher sein, daß es sich um den mystisch gefärbten Volksislam handelt. Nicht, daß dieser nicht auch oft ätzender Kritik unterzogen worden wäre — einige Beispiele dafür haben wir erwähnt. Doch das Licht der Mystik schimmert wie ein geheimer Glanz der Hoffnung durch die moderne Literatur der islamischen Welt.

Nehmen wir das Beispiel Najīb Maḥfūẓ. Noch im Roman ,,Die Kinder unsers Viertels" schien die Lösung der Menschheitsprobleme und die Hoffnung der Zukunft in der modernen Wissenschaft zu liegen. Doch schon in der Sammlung ,,Die Welt Gottes" (Dunyā Allāh) findet sich die Erzählung ,,Zabalāwī", in der eine geheimnisvolle Gestalt, Zabalāwī, das metaphysische Sehnen des Menschen symbolisiert, von dem der Erzähler sein Heil erwartet, ohne es finden zu können (Deutsch in Volk und Welt, 1971, 51 - 62). Im letzten Roman dieses Autors ,,Die Schlacht der armen Leute" ist es dann nicht mehr die Wissenschaft, sondern ein *Sufi*-Kloster und der von ihm ausgehende Geist, was schließlich die Entscheidung in dem hier allegorisch dargestellten Kampf von Gut und Böse herbeiführt.

Sufische Volksfrömmigkeit ist die Seele solidarischen Handelns in einem sudanesischen Dorf, dessen Atmospähre aṭ-Ṭaiyib Ṣāliḥ einfühlend und anschaulich geschildert hat. Und

Qalandar-Derwische sind es, die in Āl-i Aḥmads im Stil traditioneller Volkserzähler vorgetragenem Roman „Nūn wal-qalam“ einen Aufstand gegen eine despotische und korrupte Regierung im Persien des 19. Jahrhunderts organisieren und nach dem Sieg ein selbstverwaltetes Staatswesen errichten, in dem auch die Frauen zu ihrem Recht kommen.

Von sufischen Elementen in Drama und Lyrik war schon die Rede. Es ist ein hoffnungsvolles Symptom, daß die großen Mystiker, ein al-Ḥallāj, ein Yunus Emre, in ihrer wunderbaren Menschlichkeit, ihrer Humanität, erkannt und von bedeutenden Literaten auf den Schild gehoben wurden als Leitbilder für die heute und morgen im islamischen Orient Lebenden.

Die Hoffnung auf die Revolution in Iran, die viele persische Schriftsteller vorbereiten halfen, wurde enttäuscht. Die ersten literarischen Zeugnisse dieser getäuschten Hoffnung liegen vor, so etwa Nādirpūrs in Paris publizierte Gedichtsammlung „Trügerischer Morgen“ (Ṣubḥ-i durūghīn).

Die heutige Literatur in der islamischen Welt ist reich an Skepsis, auch Resignation, ja Verzweiflung. Aber es gibt doch auch immer noch den leidenschaftlichen Glauben an das Gute im Menschen, die Hoffnung auf ein besseres Morgen, die Hoffnung, daß aus der Asche des verbrannten al-Ḥallāj die Saat wahren Menschentums aufgehen möge.

Literatur:

Adūnīs 1971: al-Āthār al-kāmila, 3. Aufl.,Beirut, II.

Ağaoğlu, A. 1979: Die zarte Rose meiner Sehnsucht, Deutsch von W. Scharlipp, Stuttgart.

Ahmad, Jalal Al-e 1982: Plagued by the West (Garbzadegi), Translated from the Persian by A. Sprachman, (Modern Persian Literature Series, 4), New York.

Allen, R. 1982: The Arabic Novel — An Historical and Critical Introduction, in: Journal of Semitic Studies Monograph No. 4, 144-156.

Badawi, M.M. 1971: Islam in modern Egyptian Literature, in: JAL, Heft 2, 154-177.

ders. 1975: A critical introduction to Modern Arabic Poetry, Cambridge.

Bazin, L. 1983: Une langue littéraire en pleine mutation, in: europe revue littéraire mensuelle 61, nov.-déc., 8-18.

Behzad, F. u.a. (Hrsg.) 1978: Moderne Erzähler der Welt — Iran, (Buchreihe Geistige Begegnung des Instituts für Auslandsbeziehungen Stuttgart, 57), Tübingen u.a.

Bielawski, J. u. Skarżyńska-Bocheńska, K. u. Jasińska, J. 1978: Nowa i współczesna literatura arabksa 19 i 20w — Literatura arabskiego Wschodu, Warschau.

Browne, E.G. 1924: A Literary History of Persia, 4 Bde., London.

Brugman, J. 1984: An Introduction to the History of Modern Arabic Literature in Egypt, (Studies in Arabic Literature, Suppl. to JAL, Vol. X), Leiden.

Bürgel, J.C. 1970: Von der kultur- und sozialgeschichtlichen Bedeutung der arabischen Satire, in: Bustan. Österreichische Zeitschrift für Kultur und Politik der islamischen Länder, Heft 2-3, 36-45.

ders. 1982: Steppe im Staubkorn. Texte aus der Urdu-Dichtung Muhammad Iqbals — ausgewählt, übersetzt und erläutert, (Seges Philologische und literarische Studien und Texte, Philosophische Fakultät der Universität Freiburg, Schweiz, Bd. 28), Fribourg.

ders. u. Fähndrich, H. (Hrsg.) 1983: Die Vorstellung vom Schicksal und die Darstellung der Wirklichkeit in der zeitgenössischen Literatur islamischer Länder, (Schweizer Asiatische Studien, 7), Bern u.a.

ders. u.a. (Hrsg.) 1985: Der Islam im Spiegel zeitgenössischer Literatur der islamischen Welt. Vorträge eines internationalen Symposiums an der Universität Bern 11.-14.7.1983, Leiden.

Chubak, S. 1982: An Anthology introduced and edited by F.R.C. Bagley (Modern Persian Literature Series, 3), New York.

Dağlarca, F.H. 1984: Brot und Taube. Gedichte, Deutsch von G. Kraft, Berlin.

Dolinina, A.A. 1973: Očerki istorii arabskoj literatury novogo vremeni — Egipet i Sirija, Moskau.

Füruzan 1981: Frau ohne Schleier, Türkische Erzählungen, München.

Gelpke, R. 1962: Die iranische Prosaliteratur im 20. Jahrhundert, 1. Teil: Grundlagen und Voraussetzungen, Wiesbaden.

Grunebaum, G.E. von (Hrsg.) 1973: Arabic Poetry. Theory and Development, Third Levi Della Vida Biennial Conference, Wiesbaden.
Halman, T.S. 1976: Modern Turkish Drama. An Anthology of Plays in Translation, (Bibliotheca Islamica), Minneapolis u.a.
Ḥaqqī, Y. 1981: Die Öllampe der Umm Haschim, übersetzt von N. Naguib, Berlin.
Hickman, W. 1976: Sait Faik: Three Stories and an Essay, in: Edebiyat, Heft 1, 71-92.
Hidāyat, S. o.J.: Die blinde Eule, deutsch von H. Moayyad u.a., Genf.
Hikmet, N. 1980: Menschenlandschaften, Deutsch von Ü. Güney u. N. Ney, 4 Bde., Hamburg.
Jamālzāda (Djamalzadeh), M.A. 1333/1955: Yakī būd yakī nabūd, Teheran.
Kanafani, G. 1983: Das Land der traurigen Orangen, Palästinensische Erzählungen I, Basel.
ders. 1984: Bis wir zurückkehren, Palästinensische Erzählungen II, Basel.
ders. 1985: Was euch bleibt, Zwei palästinensische Kurzromane, Basel.
Kemal, Y. o.J.: Memed mein Falke (Der kleine Memed), Zürich.
ders. 1980: Lied der tausend Stiere, 2. Aufl., Zürich.
Khalīfa, S. 1983: Der Feigenkaktus, aus dem Arabischen übersetzt und mit einem Nachwort von H. Fähndrich, Zürich.
Khoury, M. 1971: Poetry and the Making of Modern Egypt, Leiden.
Kilpatrick, H. 1974: The Modern Egyptian Novel. A Study in Social Criticism, London.
Lewis, B. 1968: The Emergence of Modern Turkey, London.
Long, R. 1979: Tawfiq al Ḥakim. Playwright of Egypt, London.
Maḥfūẓ, N. 1971: Zabalāwī, in: Simon, R. (Hrsg.): Erkundungen, 17 arabische Erzähler, Berlin, 51-62.
Makal, M. 1971: Mein Dorf in Anatolien — Ein Bericht, Frankfurt a.M.
Memon, M.U. (Hrsg.) 1977: Studies in the Urdu Gazal and Prose Fiction, (South Asian Studies University of Wisconsin, Madison Publication Series, 5).
Metcalf, B.D. 1984: Moral Conduct and Authority. The Place of *Adab* in South Asian Islam, Berkeley.
Mikhail, M. 1979: Images of Arab Women, Fact and Fiction, Essays, Washington.
Parzakaya, Y. 1982: Rosen im Frost. Einblicke in die türkische Kultur, Zürich.
Rahnema, T. (Hrsg.) 1981: Im Atem des Drachen. Moderne persische Erzählungen, Frankfurt a.M.
Sadiq, M. 1964: A History of Urdu Literature, London.
Schimmel, A. 1975: Zeitgenössische arabische Lyrik. Ausgewählt, eingeleitet und übersetzt, (Literarisch-künstlerische Reihe des Instituts für Auslandsbeziehungen Stuttgart, 17), Tübingen, Basel.
dies. (Hrsg.) 1977: M. Iqbal, Botschaft des Ostens, Ausgewählte Werke (Literarisch-künstlerische Reihe des Instituts für Auslandsbeziehungen Stuttgart, 21), Tübingen, Basel.
Steppat, F. 1957: Gott, die Futuwwat und die Wissenschaft. Zu Maḥfūz: Awlâd hâratnâ, in: Mélanges d'Islamologie dédiés à la mémoire de A. Abel, vol. II, Brüssel, 375-390.
Stowasser, K. 1966: Aṭ-Tahṭāwī in Paris. Ein Dokument des arabischen Modernismus aus dem frühen 19. Jahrhundert übersetzt, eingeleitet, erläutert, Münster.
Taymur (Taimūr), M. 1960: Die moderne arabische Literatur und ihre Strömungen, in: Bustan. Österreichische Zeitschrift für Kultur und Politik der islamischen Länder, Heft 1, 27-36.
Tomiche, N. 1981: Histoire de la Littérature Romanesque de l'Egypte Moderne, (Islam d'hier et d'aujourd'hui), Paris.
Wielandt, R. 1980: Das Bild der Europäer in der modernen arabischen Erzähl- und Theaterliteratur, (Beiruter Texte und Studien, 23), Wiesbaden.
dies. 1983: Das erzählerische Frühwerk Maḥmūd Taymūrs, Beitrag zu einem Archiv der modernen arabischen Literatur, (Beiruter Texte und Studien, 27), Wiesbaden.

II. Architektur

Mohamed Scharabi

1. Einleitung

Das ursprünglich griechische Wort Architektur ist mit dem Begriff Baukunst identisch, sobald dieses Wort mehr als die rein technischen Vorgänge bloßen Bauens umfaßt. Die Architektur war und bleibt immer ein optisch erkennbares Merkmal jeder Kultur, sofern wir die Kultur als die Gesamtheit der typischen Lebensformen einer bestimmten Bevölkerung einschließlich der sie tragenden Geistesverfassung verstehen. Architektur ist wie jede kulturelle Erscheinung raumgebunden, sie bezieht sich auf den typisch entstandenen oder gestalteten Naturraum bzw. die Kulturlandschaft. Jenseits einer geographischen Grenze beginnen andere typische Lebensformen, andere Kulturen und somit auch andere Architekturen. Dieses Phänomen treffen wir auch im Großraum des Nahen und Mittleren Ostens an. Wir haben es hier mit einer kulturellen Vielfalt zu tun. Je nachdem, wo wir uns befinden, ob im Maghreb oder in Ägypten, in der Türkei oder in Iran, mit dem Wechsel der Kulturlandschaft wechselt auch die Architekturform (Abb. 1). Streng genommen bezieht sich diese Aussage nur auf die traditionelle Architekturform, auf die historisch gewordene, stilistisch bedingte Gestaltungsweise der Zeit vor dem Eindringen europäischer Denk- und Verhaltensweisen im Nahen und Mittleren Osten. Es ist deshalb erforderlich, auf die Ausdehnung der europäischen Kultursphäre einzugehen, bevor der heutige Zustand erörtert werden kann.

2. Ausdehnung der europäischen Kultursphäre

Die Ausbreitung der europäischen Kolonialherrschaft über die Welt des Nahen und Mittleren Ostens war ein langer und tiefgreifender Prozeß, der schon Ende des 18. Jahrhunderts einsetzte. Dieser Prozeß beschleunigte sich seit den letzten Jahrzehnten des vorigen Jahrhunderts. Die europäischen Mächte eigneten sich nach und nach fast die gesamte, zum größten Teil vom Islam geprägte Welt an, oder sie kontrollierte sie zunehmend. Nach der Eroberung einer Reihe von Ländern Mittelasiens mit überwiegend islamischer Bevölkerung schon im 18. Jahrhundert durch Rußland, der französischen Kolonialisierung der Maghreb-Staaten und der britischen Besetzung Ägyptens im 19. Jahrhundert u.a. entstand eine städtische Gesellschaft, getragen von Offizieren und Beamten, Politikern und Denkern, Kaufleuten und Fabrikanten, die bewußt dem europäischen Vorbild nacheiferten und Reformen nach westlichen Maßstäben verlangten. Männer wie Sir Syed Ahmed Khan (Saiyid Aḥmad Khān, 1817 - 98) im islamischen Osten, Khair ad-Dīn at-Tūnisī (1810 - 89) im islamischen Westen und Rifāʻa Rāfiʻ aṭ-Ṭahṭāwī (1801 - 73) in Ägypten wollten mit all ihrer geistigen Kraft zeigen, wie notwendig und auch möglich es war, sich dem europäischen Wirtschaftsdenken und Kulturerbe anzupassen.

Das Geschehen auf dem Gebiet des Städtebaus und der Architektur blieb dieser Entwicklung nicht fern. ʻAlī Mubārak, der bekannteste Minister für öffentliche Arbeiten der zweiten Hälfte des 19. Jahrhunderts in Ägypten, verlangte in seinem berühmten, mehrbändigen Werk „al-Khiṭaṭ at-taufīqīya" die Anwendung der, wie es bei ihm hieß, ,,römischen Bauweise", was wir in unserem heutigen Sprachgebrauch ,,klassizistische Architektur" nennen. Mubārak wollte nicht nur die Erscheinungsform, sondern auch den Grundriß des orientalischen Hauses ,,reformieren". Er kritisierte die traditionelle Bauform und stand der europäischen Architektur völlig kritiklos gegenüber. ʿAlī Mubārak stand im Dienste eines Herrschers, nämlich des Khediven Ismail (Ismāʿīl) (später auch dessen Nachfolgers, Taufīq), der französische und italienische Erziehung genossen hatte. Nach seinem Besuch der Pariser Weltausstellung des Jahres 1867 beauftragte Ismail den Franzosen Barillet Deschamps mit der, wie es hieß, Verschönerung von Kairo. Irgendwie schwebte ihm vor, ein zweites Paris südlich des Mittelmeers zu schaffen. Ismail kannte Paris nicht nur aus seinem Besuch des Jahres 1867, sondern auch durch seine Studienzeit an der Militärakademie von Saint-Cyr. Er ließ sein neues Kairo, sein erträumtes Paris des Orients, planen und Straßen und Plätze entsprechend bauen (Abb. 2). Die neue Stadt hieß dann Ismailia, sie lag unmittelbar westlich von Alt-Kairo. Die Parzellen der neuen Stadt wollte Ismail an die wohlhabenden Ägypter regelrecht verschenken, allerdings unter der Bedingung, daß diese hier Villen nach europäischem Muster darauf bauten, die nicht weniger als 30.000 Franken kosten sollten. Es ging ihm also nicht darum, Wohnungsprobleme zu lösen, denn diese gab es in der Tat nicht, sondern darum, dem europäischen Vorbild zu folgen. Ismail ließ schöne Paläste und große Hotels im Sinne des europäischen Klassizismus bauen (Abb. 3), um den europäischen Adel sowie das Großbürgertum als seine ständigen Gäste um sich zu haben. Ein Opernhaus nach dem Vorbild der Mailänder Scala wurde errichtet und die Oper Aida uraufgeführt. Was Ismail im großen Maßstab praktizierte, wurde von seinen Untertanen, aber auch von anderen Herrschern und Völkern in anderen Kulturräumen des Nahen und Mittleren Ostens, so z.B. in Tunis, Istanbul, Teheran und Kabul, in bescheidenerem Rahmen verwirklicht. Dabei hat der Historismus eine nicht gering zu schätzende Rolle gespielt.

3. Der Historismus, ein internationaler Stil

Der Historismus, ein ausgesprochen geschichtsbezogenes Denken, mehr oder minder verbunden mit dem Hang zur Nachahmung historischer Stile, ist ein Kulturphänomen des Abendlandes. Der Historismus ist es gewesen, der die Kultur und somit auch die Architektur Europas im Zeitalter des Imperialismus über den ganzen Erdball verbreitet hat. Dabei läßt sich beobachten, daß die Entwicklungsphasen des Historismus im Nahen und Mittleren Osten mit denen von z.B. Deutschland, England, Frankreich oder Italien identisch sind. Ein relativ strenger Klassizismus prägte die Architektur vieler Bauten der Zeit um die Mitte bis weit in die 80er Jahre des vorigen Jahrhunderts (Abb. 3). Danach folgte die Phase einer Art Neobarock, die bis Ende der 20er Jahre unseres Jahrhunderts andauerte; zahlreiche Beispiele hierfür finden wir in fast allen Städten des Nahen und Mittleren Ostens. Ein Zwischenspiel des Jugendstils vollzog sich um die Jahrhundertwende (Abb. 4). Und die Nationalromantik, die ebenfalls in Europa tonangebend war, fand im dritten und vierten Jahrzehnt des 20. Jahrhunderts Aufnahme, jedoch im Sinne und Geschmack der eigenen Vergangenheit (Abb. 5). In den 30er und 40er Jahren herrschte dagegen eine Art Neoklassizismus, der Versuch, einige Elemente klassizistischer Formgebung zu verarbeiten und neu zu formulieren, so z.B. in Istanbul das Opernhaus oder in Ankara die Hochschule (Abb. 6). Gleichzeitig zeigte sich eine quasi expressionistische Architekturtendenz. Die Architekten dieser Bauten waren überwiegend Europäer und kamen hauptsächlich aus Frankreich und Italien. Und während man in Europa Architekturanregungen aus dem Orient zu holen versuchte, z.B. bei der Entwicklung des Bautyps Passage, wurden die europäischen Architekturrezepte in den Nahen und Mittleren Osten exportiert, so z. B. in Damaskus. Der Sūq al-Ḥamīdīya wurde 1873 als Hauptstraße ausgebaut und mit einem Metalldach abgedeckt. Diese Überdachung ähnelt derjenigen der im gleichen Jahr fertiggestellten Galleria Vittorio Emanuele II. in Mailand. Das ist kein Zufall, zumal sich die Verwestlichung der Formgebung im Suq (sūq) von Damaskus auch in der Tendenz zur klassizistischen Fassadengestaltung und zur Zweigeschossigkeit bei den Ladenzeilen zu erkennen gibt. Das Vorbild westlicher Architekturtendenzen führte auch zur Umfunktionierung der *Khān*-Anlagen. So wurde zum Beispiel 1907 die Bināyat al-'Abīd am Maidān al-Margān außerhalb des Suq-Bezirks errichtet, ein als Hotel im modernen Sinne konzipierter, freistehender Bau. Im Zuge dieser Entwicklung verloren die *Khān*-Anlagen, einst wesentliche Einrichtungen der traditionellen Stadt im Nahen und Mittleren Osten, rasch ihre ursprüngliche Funktion als Lager- und Kaufhäuser mit Übernachtungsmöglichkeit. Heute dienen sie lediglich noch als Lagerräume oder werden als Werkstätten benutzt. Somit verfiel auch die Bedeutung der traditionellen Stadt zugunsten neuerer Städte und Stadtteile, die sich hauptsächlich nach dem europäischen Vorbild orientieren.

Das zunehmend kritiklos angenommene Prinzip der Verwestlichung städtischer Kultur und Architektur ist am klarsten zu erkennen, wenn man bedenkt, daß ein Italiener wie Raimondo D'Aronco damit beauftragt wurde, sogar eine Moschee zu planen und zu bauen (Abb. 7). Um die gleiche Zeit hat man im Orient damit begonnen, auch die Gebetsteppiche in Europa herstellen zu lassen.

4. Moderne Architektur

Der oben angesprochene Aspekt, in Europa planerische Anregungen aus dem Orient zu holen, um bestimmte Bauaufgaben zu bewältigen, bedeutete zwar nicht, daß nun eine Art Kulturaustausch stattgefunden hätte, zeigt aber, daß man in Europa, nicht nur in der Romantik vom Ende des 18. und Anfang des 19. Jahrhunderts, sondern auch während der ausgesprochenen Kolonialzeit vom Ende des 19. und Anfang des 20. Jahrhunderts, Verständnis für die eigentümlichen Kultur- und Kunstäußerungen der orientalischen Völker hatte und dies auch zeigte. Nur als Beispiele zu nennen sind der Deutsche Paul Klee, der nach Tunesien und der Schweizer Ferdinand Stadler, der nach Syrien reiste, um Kunst- und Architekturanregungen zu erhalten. Rekonstruktionen von Lehmhütten, Moscheen und sonstigen Bauten waren auf internationalen Ausstellungen nichts Ungewöhnliches. Im Jahr 1931 wurde in Paris sogar eine „Exposition Coloniale Internationale" veranstaltet, die in einer umfangreichen Schau das Vorbild der afrikanischen und asiatischen Kunstvielfalt darlegen sollte. Auch in Ländern des Nahen und Mittleren Ostens besann man sich auf die eigene traditionelle Kunst und Architektur und verwendete zuweilen ihre formalen Elemente, allerdings im Sinne einer Nationalromantik, die nicht mehr helfen konnte, aus der Einflußsphäre Europas herauszufinden. Es half nicht, Masken zu tragen, um eine schon seit Ende des 18. Jahrhunderts in der Einflußsphäre Europas befindliche Welt wieder umzudrehen und ihr ihr altes und eigentümliches Gepräge wiederzugeben. Im Gegenteil, als die von Europa importierte Nationalromantik nicht mehr modisch genug wurde, wandte man sich wieder an Europa und fand den sogenannten „Internationalen Stil" vor. Dieser hat, insbesondere seit den 50er Jahren, weit und breit seine kritiklose Anwendung gefunden, nicht nur in Europa und Amerika, sondern auch im Nahen und Mittleren Osten (Abb. 8). Und obwohl die Länder dieses Gebietes in der zweiten Hälfte des 20. Jahrhunderts die langersehnte politische Unabhängigkeit erlangten und die Kolonialmächte abgezogen waren, blieb der Geist dieser Mächte lebendig. Dieser hat durch den jahrzehntelangen Einfluß die Menschen aus ihren angestammten Wertordnungen und Traditionen herausgerissen, hat ihnen den eigenen Stempel ihrer Lebensorientierung mit all ihren Problemen aufgedrückt und hinterließ nun eine Bevölkerung, die zwischen zwei Welten hin- und hergerissen ist.

Der ,,Internationale Stil" mit seinem Anspruch auf Vereinfachung der Form, auf Leichtigkeit und Transparenz, auf Verwendung von modernen Baustoffen wie Stahl und Beton sowie Verwendung von vorfabrizierten Bauteilen, ist ein europäisches Gedankengut, das seit Ende des vorigen Jahrhunderts philosophisch wie auch ästhetisch und wirtschaftlich durch seine Vertreter wie z.B. Adolf Loos, Le Corbusier und Walter Gropius als Kulturphänomen begründet und gewachsen ist. Er wurde von der in sich zerrissenen Gesellschaft des Nahen und Mittleren Ostens völlig unvorbereitet und fast auf einmal total akzeptiert. Begünstigt wurde diese Tendenz dadurch, daß die Stadtbevölkerung sämtlicher Regionen des Nahen und Mittleren Ostens im 20. Jahrhundert rapide zunahm. Man versuchte nun, mit Hilfe einer Vereinfachung der Form und des architektonischen Ausdrucks die Masse, ihre Geschäfte und ihre Verwaltung unterzubringen, anstatt auf das eigentliche Problem des massiven Anwachsens der Bevölkerung einzugehen.

Die Architekten des ,,Internationalen Stils" im Orient waren in der Mehrzahl keine Ausländer mehr, sondern Einheimische, die in Europa und Amerika oder in der eigenen Heimat nach europäischen und amerikanischen Leitfäden studiert hatten. Jedoch seit den 60er Jahren treten die amerikanischen Architekten neben einer Minderheit aus den europäischen Ländern in harte Konkurrenz um die Auftragserteilung ganz besonders in den Ölstaaten. Im Jahr 1962 bauten Architekten aus New York in Teheran einen, wie es bei ihnen heißt, Bazar (Abb. 9). Es handelt sich um eine fünfgeschossige Handelsanlage. Diese ist eine Mischform von Ladenstraße (als Sackgasse konzipiert) und Hofanlage. Die Verkaufsflächen befinden sich nicht nur im Erdgeschoß, sondern auch in den oberen Etagen. Diese Raumkonzeption trägt lediglich die Bezeichnung ,,Bazar", hat aber in Wirklichkeit kaum Gemeinsamkeiten mit dem traditionellen Bazar, wofür es in Iran, und selbst in Teheran, eine Fülle von ausgezeichneten Beispielen gibt, die heute noch gut funktionieren. Die Gefahr, die der Trend zur Vereinheitlichung, zur Internationalisierung der Raumform und der Architekturaussage in sich birgt, im Gegensatz zur Vielfalt alter Baukunst, wurde vielen Auftraggebern und Architekten bewußt. Man versuchte mit Hilfe formalistischer Elemente, wie z.B. Spitzbogen und Ornament, die Situation so gut es geht zu retten, so z.B. beim Bau des Flughafens von Dhahran oder beim Bau der Rafidain Bank in Kufa (Abb. 10). Noch ertragreicher ist der Versuch, ältere Bausubstanz zu sanieren und ihr ihre traditionelle Funktion mit neuerer Infrastruktur zu geben. Das geschah mit Erfolg z.B. in Edirne beim Rüstem Paşa Hanı und in Isfahan beim Khān-i Mādar-i Shāh (Abb. 11). Aber die Anzahl derartiger Experimente war und bleibt in naher Zukunft relativ gering, weil solche Anlagen überwiegend in der Verfügungsgewalt der inzwischen zu bürokratisch gewordenen *waqf*-Verwaltung sind, oder sich in den Händen von zu vielen Erben, die oft zerstritten oder z.T. unbekannt sind, befinden.

Die große Anzahl von Aufträgen im Nahen und Mittleren Osten bleibt in nicht absehbarer Zeit nach wie vor auf Neubauten beschränkt. Dabei bietet der Wohnungsbau eine gute Chance, um eine ortsbezogene Architektur, d.h. eine Architektur, die den geographischen, gesellschaftlichen und wirtschaftlichen Gegebenheiten entspricht, zu schaffen, um die kulturelle Kontinuität und Vielfalt zu wahren und eine Verfremdung der gebauten Umwelt zu vermeiden. Als Beispiele für diese Bestrebung aus der unmittelbaren Vergangenheit sind zu nennen: Jubail am Arabisch-Persischen Golf, das 1983 fertiggestellt wurde, und die Résidence Andalous in Sousse (Abb. 12).

Die reichlichen Mittel, welche den Ölstaaten des Nahen und Mittleren Ostens in den letzten Jahrzehnten zur Verfügung standen, führten dazu, daß einerseits einige hervorragende Architekturleistungen vollbracht wurden, so z.B. das Regierungszentrum in Taif, andererseits aber wurde, und es wird immer noch, pseudo-islamische, pseudo-arabische oder pseudo-orientalische Bau-,,kunst" geschaffen, die eine Abart, einen Kitsch ersten Ranges, eine total verflachte Ästhetik moderner Zeit darstellt (Abb. 13). Diese Art des geistigen Niedergangs — der Entwurf war und bleibt immer ein geistiger Prozeß — konnte sich hauptsächlich durch den Überfluß an Mitteln ,,entfalten".

Sicherlich gibt es heute viele Zwänge, die die Freiheit des modernen Architekten einschränken. Die Planung von z.B. Hotels und Motels, Banken und Börsen, Krankenhäusern und Schulen, Theatern und Kinos unterliegt internationalen Schemata und Techniken, die ganz besonders den Grundriß in bestimmte Bahnen lenken. Aber trotzdem hat der Architekt, auch in Ländern des Nahen und Mittleren Ostens, die Möglichkeit, originelle, ortsbezogene und traditionsbedingte Fassaden und Räumlichkeiten zu schaffen. Ob und wie die traditionelle Bauform im heutigen Wandel vom städtischen Gemeinwesen im Nahen und Mittleren Osten überstehen oder wiederbelebt werden kann, wird die Zukunft zeigen. Beobachtet man ihre Flexibilität über Jahrhunderte hinweg bis in die Gegenwart, so scheint es, als vermag sie sich auch künftigen Entwicklungen anzupassen, wird sie nicht durch leichtsinnige und kenntnislose Planungsakrobatik total zerstört.

5. Abbildungen

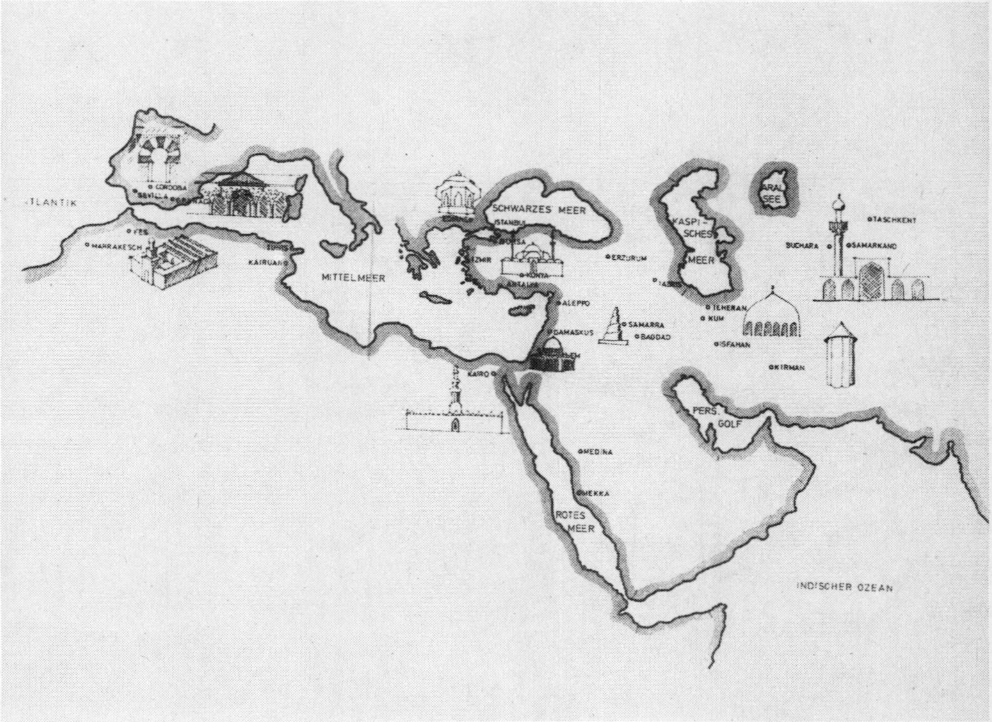

Abb. 1: Der Nahe und Mittlere Osten: Die unterschiedliche Erscheinungsform einer und derselben Bauaufgabe ist der Ausdruck einer kulturellen Vielfalt, der sich aus dem Wechsel der Kulturlandschaft ergibt.

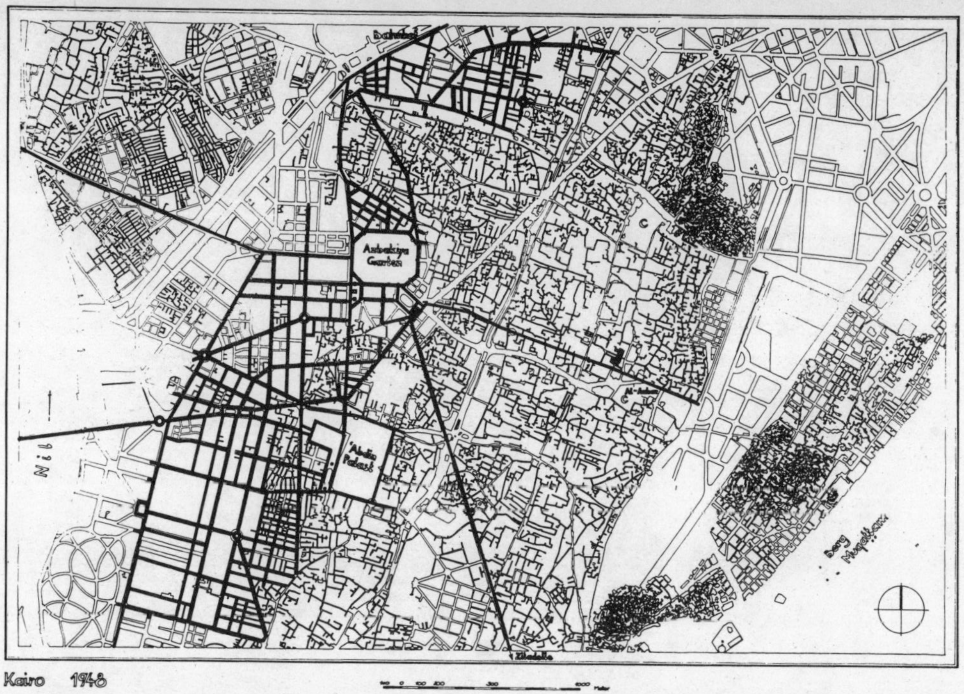

Abb. 2: Kairo: Die von Isma'il durch den Franzosen Barillet Deschamps geplante Stadt westlich der Alten. Straßen- und Platzgestaltung sind am Vorbild Paris orientiert.

Abb. 3: Kairo: Qasr ʿAbdin; gebaut 1874; der von Europa importierte Klassizismus ist unverkennbar. Als Teilaspekt des Historismus verbreitete sich der Klassizismus im Nahen und Mittleren Osten auf breiter Basis. Die kulturelle Vielfalt begann damit zu verschwinden.

Abb. 4: Kairo: Wohn- und Geschäftshaus Shāriʿ 26. Yūlya Nr. 19, gebaut 1910; fast gleichzeitig mit Europa hat sich der Jugendstil in den Städten des Nahen und Mittleren Ostens verbreitet.

Abb. 5: Fez el-Jedid: Shārī‘ Abu-Khusaisāt, die einheiltliche Bebauung stammt überwiegend aus dem Jahr 1924. Der Versuch, sich an die eigenen traditionellen Bauformen anzulehnen, ist sichtbar und erinnert an die zeitgenössischen Nationalromantiker Europas.

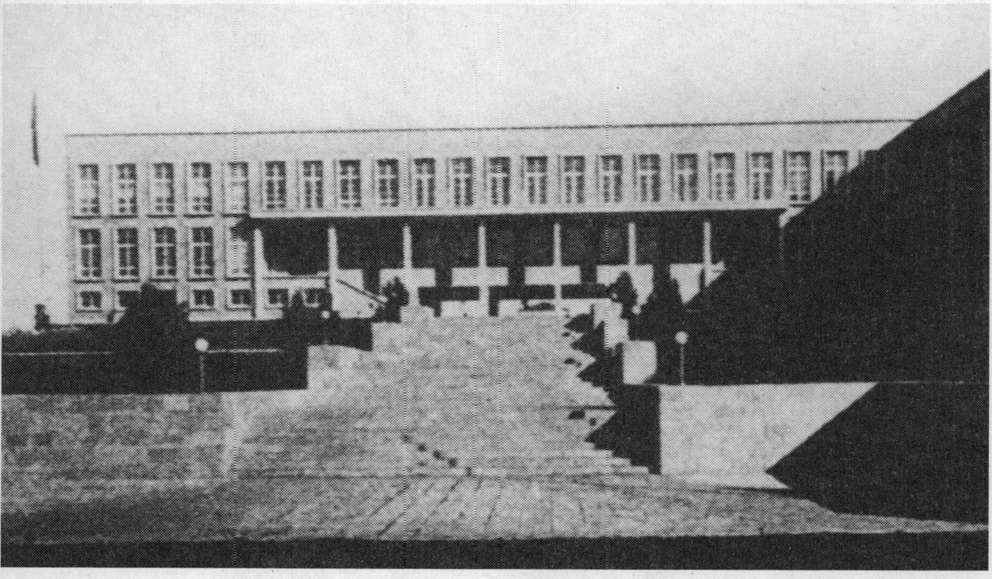

Abb. 6: Ankara — Hochschule. Architekt E. Egli, gebaut 1919. In den 30er und 40er Jahren herrschte eine Art Neoklassizismus, der Versuch, einige Elemente klassizistischer Formgebung zu verarbeiten und neu zu formulieren.

Abb. 7: Istanbul: Moschee in Karaköy; Architekt Raimondo D'Aronco; gebaut 1903. Der Prozeß der Verwestlichung der Stadtkultur beschleunigte sich seit den letzten Jahrzehnten des vorigen Jahrhunderts; er ging so weit, daß sogar Moscheen von europäischen Architekten gebaut wurden.

Abb. 8: Kairo: Der ,,Internationale Stil", ein ebenfalls aus Europa importiertes Gedankengut, wurde insbesondere seit den 50er Jahren weit und breit angewandt. Man versuchte nun, mit Hilfe einer Vereinfachung der Form und des architektonischen Ausdrucks die Masse, ihre Geschäfte und ihre Verwaltung unterzubringen, anstatt auf das eigentliche Problem einzugehen, warum die Stadtbevölkerung so massiv anwächst.

Abb. 9: Teheran: ,,Bazar", Architekten Brown & Daltas, gebaut 1962; diese Raumkonzeption trägt lediglich die Bezeichnung Bazar und hat in Wirklichkeit kaum Gemeinsamkeiten mit dem traditionellen Bazar, wofür es in Persien, und selbst in Teheran, eine Fülle von ausgezeichneten Beispielen gibt.

Abb. 10: Kufa: Rafidain Bank, Architekt Mohamed Makiya; mit Hilfe formalistischer Elemente, wie z.B. Spitzbogen, wird der Versuch unternommen, eine Art nationaler Architektur zu schaffen.

Abb. 11: Isfahan: Khān-i Madar-i Shāh; der Versuch, ältere Bausubstanz zu sanieren und ihr ihre traditionelle Funktion mit neuerer Infrastruktur zu geben, hat sich vielerorts als erfolgreich erwiesen.

Abb. 12: Sousse: Résidence Andalous, Architekten S. Santelli und M. Cherif; der Wohnungsbau bietet eine Chance dafür, eine ortsbezogene Architektur, d.h. eine Architektur, die den geographischen, gesellschaftlichen und wirtschaftlichen Gegebenheiten entspricht, zu schaffen.

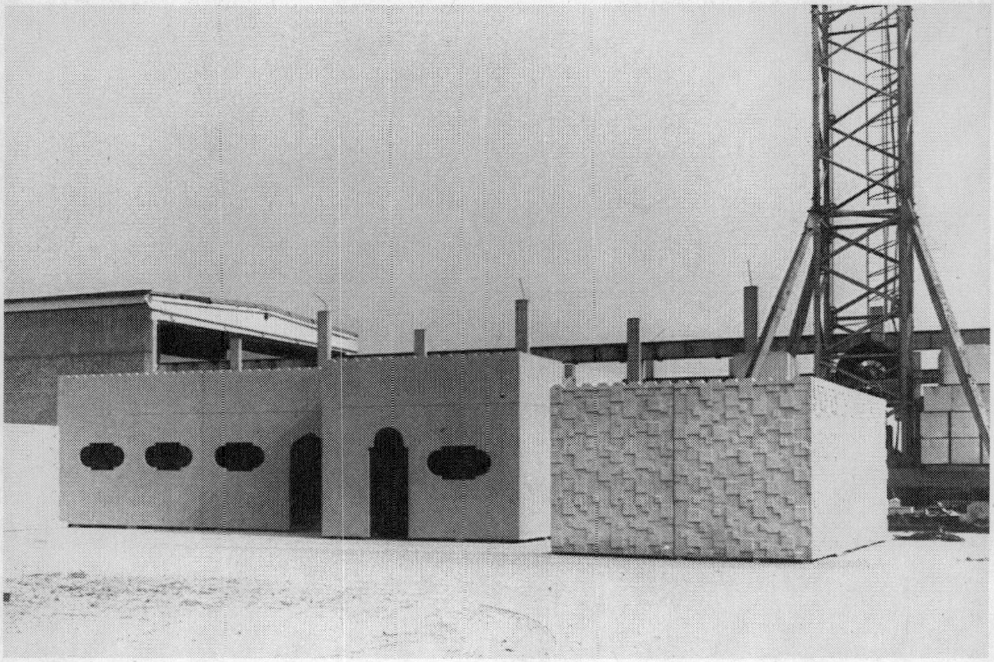

Abb. 13: Typenhaus mit Begrenzungsmauern für Saudi-Arabien; RECKLI — Strukturschalung Nr. 1/12 Rügen und RECKLI — Strukturmatrize Nr. 2/34 Lahn. Diese Art pseudoarabischer Bau-,,kunst" konnte sich primär in Ländern mit schnellen Entwicklungschancen ,,entfalten".

Literatur:

Bödeker, R. u. Scharabi, M. 1976: Stadt- und Freizeitparks in Saudi-Arabien, in: Garten und Landschaft 8, 466-478.

Scharabi, M. 1980: The Town of Jubail and the Civic Centre of Jedda, in: Meinecke, M. (Hrsg.): Islamic Cairo, London, 100-105.

ders. 1983: ,,Islamische" Architektur und darstellende Kunst der Gegenwart, in: Ende, W. u. Steinbach, U.: (Hrsg.) Der Islam in der Gegenwart, München, 619-635.

ders. 1985: Der Bazar. Das traditionelle Stadtzentrum im Nahen Osten und seine Handelseinrichtungen, Tübingen.

Wirth, E. 1975: Die orientalische Stadt. Ein Überblick aufgrund jüngerer Forschungen zur materiellen Kultur, in: Saeculum XXVI, 45-88.

III. Musik

Habib H. Touma

1. Vorbemerkung

Mühsam ist der Weg des Nicht-Einheimischen im Nahen und Mittleren Osten zum Verständnis der weit verzweigten musikalischen Ausdrucksformen und Kategorien, denen man hier begegnet. Nur schwer findet er sich zurecht beim Versuch, diese Musik seinem eigenen Erlebnisfeld zuzuordnen. Denn erheblich verwirrt die Vielfalt an Gutem und weniger Gutem, sowie an Authentischem und unzählig Trivialem beim flüchtigen Zuhören und verleitet zu falschen Schlußfolgerungen, vor allem, wenn sich der Nicht-Einheimische von der Gedankenwelt der abendländischen Musik und deren Ästhetik nicht lösen kann. Sobald aber die abendländische Musik in all ihren Dimensionen — zeitlichen und räumlichen — nicht als Maßstab oder Hilfsmittel für das bessere Verständnis der nahöstlichen Musik herangezogen wird, ist ein wesentlicher Schritt zu deren Verstehen getan. Mit dieser Musikkultur macht man sich am besten durch ihre eigenen Merkmale vertraut, vorausgesetzt, daß man das unverfälscht lebendige Repertoire der traditionellen Musiker kennenlernt, und sich nicht nur auf die Massenmedien verläßt. Denn die Rundfunk- und Fernsehanstalten vernachlässigen leider das echte Repertoire und räumen ihm nur eine begrenzte Sendezeit ein. Statt dessen strahlen sie täglich bis zu 90 % ihres Musikprogramms akkulturierte, nicht-authentische Musik aus, die den ästhetischen Geschmack von Millionen im Nahen und Mittleren Osten verdirbt, so daß selbst der Einheimische schließlich nicht zwischen Gutem und Schlechtem zu unterscheiden vermag.

2. Selbständige Musikkultur

Bedingt durch ihre über 2.000 Jahre alte und gemeinsame Geschichte, gestalten die Völker des Nahen und Mittleren Ostens eine Fülle von souveränen musikalischen Kulturen, die trotz ihrer unterschiedlichen musikalischen und ästhetischen Ausdrucksformen eine homogene Musikkultur in dieser Region bilden, eine Musikkultur, die sich in ihrem Wesen von der abendländischen, afrikanischen südlich der Sahara, südost- und ostasiatischen Musik deutlich abgrenzen läßt und sich in dieser geo-kulturellen Region als eine selbständige Musikkultur in der Welt behaupten kann. Afghanische, arabische, armenische, berberische, hebräische, iranische, koptische, kurdische, syrianische, türkische und tscherkessische musikalische Ausdrucksformen begegnen uns in dieser Region, wobei allgemein die Musikkulturen der Araber, Perser und Türken des öfteren als die drei Musikkulturen in diesem Raum gelten, nicht zuletzt, weil sie in politisch existierenden Staatswesen — in den 22 arabischen Staaten, in der Türkei und in Iran — eingebettet sind und über ein umfangreiches Musikrepertoire, über eine fundierte Musiktheorie, eine niedergeschriebene Musikgeschichte und hervorragende Musiker verfügen. Dennoch darf uns dies nicht dazu verleiten, die Musik anderer in dieser Region beheimateter Gruppen oder Völker, wie die der Maroniten, Chaldäer, Nestorianer, Syrianer, Juden etc. zu übersehen. Auch dann, wenn letztere nicht in politischen Einheiten auf der Landkarte des Nahen und Mittleren Ostens vertreten sind, trugen und tragen sie doch zur Musikkultur der gesamten Region Beachtliches bei. Weder die technologische oder militärische Macht noch die Masse eines sozialen Körpers kann und darf als ein qualitativer Maßstab für eine Musikkultur gelten. Im Laufe der Geschichte haben im Nahen und Mittleren Osten die Rollen ständig gewechselt. Die Völker errangen abwechselnd kulturelle und musikalische Höhepunkte und beeinflußten sich gegenseitig.

3. Merkmale der Musikkultur

Anhand von fünf Merkmalen soll versucht werden, die Musik in dieser geo-kulturellen Region zu bestimmen. Es sind fünf kennzeichnende Elemente, die diese Musik zu einer selbständigen Musikkultur machen: das eigenständige Tonsystem, die spezifische rhythmisch-zeitliche Organisation, die eigene musikalische Mentalität, das charakteristische Instrumentarium und die an bestimmte Anlässe gebundene Musikpraxis.

3.1 Das Tonsystem

„Tonsystem nennt man einen Tonbestand, der ein System von Tonbeziehungen repräsentiert. Ein Tonsystem ist einerseits durch die Anzahl der Stufen in einer Oktave, andererseits durch das Prinzip, das den Tonbeziehungen zugrunde liegt, bestimmt.“ Das Tonsystem des Nahen und Mittleren Ostens beruht auf einer siebenstufigen Tonleiter, die aus einem Tonreservoir von etwa 17 bis 24 Tönen in der Oktave ausgewählt wird. Um die Tonbeziehungen zueinander beschreiben zu können, bedient sich die Wissenschaft der Maßeinheit *Cent.* So enthält eine Oktave, d.h. das Intervall zwischen der 1. und 8. Stufe in der Tonleiter, 1.200 Cents. Im nah- und mittelöstlichen Tonsystem wie auch in der abendländischen Musik beträgt der Wert der Oktave 1.200 Cents, die Quinte (d.h. der fünfte Ton der Tonleiter) 702 Cents, die Quarte (d.h. der 4. Ton in der Tonleiter) 498 Cents. Das sind Werte, denen wir auch im abendländischen Tonsystem begegnen. Die entscheidend charakteristischen Intervallwerte in diesem Tonsystem sind die der 2. und 3., 6. und 7. Stufen der Tonleiter, die sich von denen des abendländischen Tonsystems absondern lassen. Denn es gibt verschiedene Größen der Sekunde (d.h. des 2. Tones der Tonleiter) oder des Intervalls zwischen zwei Stufen der Tonleiter. Es sind großer Ganzton, kleiner Ganzton, große kleine Sekunde, kleine große Sekunde, deren Werte in Cents 204, 182, 114, 90 Cents sind. Die Auswahl einer bestimmten Sekunde beeinflußt unmittelbar den Wert der Terz (d.h. des 3. Tones der Tonleiter), der Sexte und der Septime (d.h. des 6. und 7. Tones der Tonleiter), vorausgesetzt, daß die Quarte, Quinte und Oktave unverändert bleibt. Verändert man auch diese, erzeugt man eine neue Reihe von Tonbeziehungen in der Tonleiter. Die Wahl der Intervallgröße und ihrer Anordnung und Tonreihen von acht Stufen, stellt die Struktur einer Tonleiter dar. Die Kombination und Permutation aller möglichen Tongrößen im vorderorientalischen Tonsystem präsentieren eine Fülle von mannigfaltigen Tonleiterstrukturen, die dazu dienen, das Melodiegut dieser Region zu tragen. Die Größe der Intervalle, vor allem die Größe der Sekunde und mit ihr die Größe der Terz, ist maßgebend für die Bestimmung eines der drei Hauptsysteme im Nahen und Mittleren Osten. Auf diese Weise unterscheidet man in diesem Raum zwischen den selbständigen und doch verwandten türkischen, arabischen, persischen etc. Tonsystemen, die sich als Ganzes ihrerseits von den abendländischen, ostasiatischen, afrikanischen Tonsystemen unterscheiden. So schwankt der Wert der Terz zwischen 356 Cents und 386 Cents, die Araber bevorzugen die arabische Terz, *sikāh* genannt, deren Größe plus minus 356 Cents beträgt, während die Türken und Perser eine Terz mit etwa 386 oder mehr Cents anwenden.

Das iranische Tonsystem kennt zwölf siebenstufige Grundtonleitern, *shūr, humāyūn, sīh-gah, jahār-gah, māhūr, nawā* etc.. Das türkische wie das arabische Tonsystem unterscheidet zwischen mehr als 70 siebenstufigen Tonleiterstrukturen wie *rast, uşşak, bayat î, hicaz* etc. Dagegen kennt die Musik der Ostkirche, die syrianische, chaldäische, koptische wie maronitische jeweils etwa acht Tonleitern, und die Kurden beschränken sich auf eine sehr kleine Anzahl von Tonleitern. Die Afghanen verfügen über eine Fülle von Tonleitern, deren Struktur von der Gegend und von den ethnischen Gruppen des Landes abhängt. Im Vergleich dazu werden im temperierten abendländischen Tonsystem Moll- und Dur-Skalen gebraucht, die sieben Stufen aus zwölf gleichen Intervallen von je 100 Cents bilden. So beträgt die kleine Sekunde 100 Cents, die große Sekunde 200, die kleine Terz 300, die große Terz 400 usw. Das Tonsystem der nah- und mittelöstlichen Musik ist dagegen nicht temperiert und beruht auf einer Teilung der Oktave in 17 bis 24 ungleichen Intervallen. Dadurch ergeben sich die oben erwähnten großen und kleinen Ganztöne (204 und 182 Cents) und die mittleren und kleinen Sekunden (156 und 90 bzw. 114 Cents), deren Werte von einer Tonleiter zur anderen geringfügig schwanken, wodurch der charakteristische Stimmungsgehalt der Musik ausgedrückt werden kann.

3.2 Die rhythmisch-zeitliche Organisation

Damit ist die Art und Weise gemeint, mit der ein Musiker im Nahen und Mittleren Osten die Zeit zerlegt. Ausschlaggebend für die rhythmisch-zeitliche Struktur ist sowohl die quantitativ (lange oder kurze Dauer des Klanges) als auch die qualitativ (hervorgehobene oder wenig hervorgehobene Abschnitte) freie Aufteilung der Zeit. Diese zeitliche Struktur beobachtet man in den improvisierten und in den komponierten Formen. Während in der abendländischen Musik die Unterteilung von Takten oder auch Schlägen fast ausschließlich nach Verhältniszahlen in der Potenzzahl (halbe, viertel, achtel, sechzehntel) oder in dreier Gruppen (drei Achtel, drei Viertel etc.) erfolgt, herrschen in der Musik des Nahen und Mittleren Ostens zusätzliche Unterteilungen nach höheren Verhältniszahlen (5, 7, 11, 13, 17 etc.) vor, so daß sich häufig Relationen zwischen langen und kurzen Werten wie 11 zu 3 oder 13 zu 5 ergeben. Maßgebend für das Profil dieser rhythmischen Zerlegung der Zeit ist der persönliche Stil und die Spieltechnik des Aufführenden, nicht zuletzt, weil die improvisierten Formen solistisch ausgeführt werden. Die komponierten Formen beruhen auf kompakten, klaren und regelmäßig wiederkehrenden Tongruppierungen, für deren genaues Maß der Schlagzeugspieler Sorge trägt. So wird eine komponierte Musikform durch ihre Tonleiter und die begleitende rhythmische Formel des Schlagzeugspielers identifiziert. *Uṣūl, ḍarb, wazn* nennen die Türken, Perser und Araber diese rhythmische Formel. Die Struktur einer solchen rhythmischen Formel umfaßt mindestens zwei Zeiteinheiten und erweitert sich auf drei, vier, fünf, sechs, sieben etc. bis zu 176 Zeiteinheiten, so daß man bis zu 100 verschiedene rhythmische Formeln in der arabischen und türkischen Musik kennt. Jede dieser rhythmischen Formeln besitzt ihren eigenen Namen und stellt eine Kombination von gleichen oder ungleichen Zeitabschnitten dar. So besteht die sogenannte rhytmische Formel *muḥajar* in der arabischen Musik aus 14 Schlägen, die die vier Zeitabschnitte 4 + 2 + 2 + 6 bilden. Kombiniert man diese 14 Schläge anders, z.B. folgendermaßen: 3 + 3 + 5 + 4, so handelt es sich um eine andere rhythmische Formel, die sogenannte *rawān*.

3.3 Die musikalische Mentalität

Die Völker des Nahen und Mittleren Ostens verbindet ein verwandter ästhetischer Sinn, den wir in der Musik wie auch in anderen kulturellen Einrichtungen, ja sogar im Komfort der Lebensführung beobachten können, sei es in der Kochkunst oder auch in der Kleidung. Die musikalische Mentalität bürgt für das gestaltende Element der Musikkulturen, in all ihren Dimensionen und für die Begrenzung der Musik auf diesen bestimmten geo-kulturellen Raum. Die arabische wie auch die türkische und die iranische Musik stellt eine ästhetische Einheit dar, die die formgebenden, die ton-räumlichen ebenso wie die rhythmisch-zeitlichen Strukturelemente bestimmt. Und dies kann man sowohl bei komponierten als auch improvisierten Formen, bei instrumentaler wie vokaler, weltlicher wie religiöser Musik belegen. Die musikalische Mentalität der Araber z.B. ist eine aus verschiedenen Elementen bestehende Begriffseinheit:

— Das *maqām*-Phänomen: Es ist eine einstimmige musikalische Konzeptualisierung einer modalen Struktur, die vorwiegend auf Improvisation beruht. Ihr Kernstück ist eine vorher verbindlich determinierte Organisation des Ton-räumlichen und eine freie rhythmisch-zeitliche Organisation der einstimmigen Melodielinie, die einen charakteristischen Gefühlsgehalt des gewählten *maqām* realisiert. Das gestaltende Bauelement beruht hier auf der Hervorhebung bestimmter Töne einer *maqām*-Tonleiter, entsprechend der Tonhierarchie in dem entsprechenden *maqām.* Die Hervorhebung geschieht durch die Realisierung einer oder mehrerer Tonebenen — Betonung, Umspielung und Wiederholung — auf den wichtigsten Stufen der *maqām*-Tonleiter. Aus der Summe der Tonebenen ergibt sich die Struktur der Improvisation, also des *maqām.* Es gibt weder eine Bearbeitung noch Variierung eines Themas oder Motivs. Man spricht eher von einer „Verklanglichung“ eines ton-räumlichen Modells des *maqām;* einer Verklanglichung, die jeder Musiker jedesmal von neuem paraphrasiert. Das *maqām*-Phänomen können wir auch bei den Türken als *makam,* bei den Iranern als *dast-gāh* oder *'aważ,* bei den Azerbaidschanern als *mugam,* bei den Kurden als *lauk,* bei den Christen der Ostkirche als *qala* oder *qinto* nachweisen.

— Das Vorherrschen vokaler Musik: Der Sänger/die Sängerin, der gesungene Text, die Gesangstechnik und der Gesangsstil bilden den Kern der nah- und mittelöstlichen Musik.

— Die Vorliebe für kleine Instrumentalensembles, da sie leichter Improvisationen ausführen können als große Orchester.

— Eine mosaikartige Gestaltung der Komposition, in der Melodien und kleine und kleinste melodische Elemente aneinander gereiht, wiederholt, kombiniert und vertauscht werden, ohne den Eindruck zu gewinnen, daß hier ein Thema variiert oder bearbeitet wird.

— Es fehlt in der arabischen, türkischen und persischen Musik der polyphone, polyrhythmische Satz sowie die motivische Entwicklung. Dafür aber gibt es eine unbeabsichtigte Heterophonie und ein bewußtes Ostinato.

— Ein Überwechsel im melodischen Verlauf von einem freien rhythmisch-zeitlichen zu einem festgelegten ton-räumlichen Satz charakterisiert die Aufführung längerer Musikformen, wodurch ein merklich spannungsreicherer Kontrast entsteht. Dies gilt für die türkischen und die iranischen Musikgenren, selbstverständlich auch für die arabische Musik.

3.4 Das Instrumentarium

Das Instrumentarium der Völker im Nahen und Mittleren Osten zeigt eine weitere Verwandtschaft, ja eine Gemeinsamkeit in dieser Musikkultur. Häufig begegnen wir ein und demselben Instrument im gesamten geo-kulturellen Raum:

a) Saiteninstrumente (eine Auswahl):

— die Kurzhalslaute *al-'ūd*. Die bundlose gezupfte Kurzhalslaute *al-'ūd* mit einem Korpus in Form einer halben Birne fungiert als Hauptträger der Musikkultur der Araber. Sie wird zur Erläuterung der Musiktheorie und des arabischen Tonsystems herangezogen. Deshalb bezeichnen die Araber sie, nicht ohne Grund, als „Sultan unter den Musikinstrumenten". Sie ist auch beliebt bei den Türken wie auch bei den Persern, Armeniern und Kurden.
— *aṭ-ṭanbur/tambur,* eine türkische gezupfte Langhalslaute, versehen mit Bünden am Hals. Sie gilt als das Instrument *par excellence* der klassischen türkischen Musik. Der Korpus der *tambur* hat die Form eines halben Apfels.
— *tār* ist eine persische gezupfte Langhalslaute mit Bünden am Hals und mit dem Korpus in Form einer acht, der mit Fell bespannt ist.
— *sanṭūr,* Hackbrett mit trapezförmigen Schallkasten aus Nußbaum und 92 Drahtsaiten, die mit zwei Holzstäbchen angeschlagen werden, wobei jeweils vier Saiten einen Ton erzeugen. Dem *ṣantūr* begegnen wir in Iran und im Irak.
— *al-qānūn,* eine Zither mit einem Schallkasten in Form eines rechtwinkligen Trapezes. Die Zahl seiner diatonisch gestimmten Saiten schwankt zwischen 63 und 84, meistens sind es 72 Saiten aus Darm oder Nylon, wobei jeweils drei Saiten einen Ton erzeugen. Sie werden mit kleinen Schildpattplektren angerissen, die durch Ringe auf den Zeigefingern auf beiden Händen befestigt sind. Dem *al-qānūn* begegnen wir in der Türkei, in Iran und im arabischen Raum.
— *jauza,* eine viersaitige Spießgeige, die auf dem Oberschenkel gehalten wird, mit einem Korpus aus einer mit Schaffell bespannten halbierten Kokosnuß. Die *jauza* ist im Irak beheimatet. In Iran kennt man ein ähnliches Streichinstrument, die *kamanja*, während die Musiker in Nordafrika ein zweisaitiges Streichinstrument, den *rabāb,* mit schmalem, bauchigem Holzkörper ohne getrennten Hals bedienen.

b) Blasinstrumente:

— *nāy,* eine beiderseits offene Längsflöte ohne Schnabel, die man aus Bambus oder Schilfrohr in verschiedenen Größen anfertigt. Der Spieler bläst gegen den Rand der Rohröffnung. Obwohl die Bauart der *nāy* verhältnismäßig einfach ist, läßt sich auf diesem Instrument ein besonderer Grad verfeinerter Spieltechnik und Klangqualität erreichen. Durch Überblasen steht dem Spieler ein Umfang von mehr als drei Oktaven zur Verfügung. Dem *nāy* begegnen wir im ganzen Nahen und Mittleren Osten bei den Arabern, Türken, Persern, Kurden etc.

c) Schlaginstrumente:

— *riqq,* einfellige Rahmentrommel mit zehn Schellenpaaren, je zwei Paare sind in den fünf geschnitzten Doppelöffnungen, in der Zarge, den Schellenfenstern, angebracht. Dem *riqq* begegnen wir im arabischen Raum und in der Türkei.
— *mazhar,* auch *mizhar* genannt, einfellige Rahmentrommel mit einem Durchmesser von etwa 60 cm ohne Schellen, doch ist die Zarge im Innern zur Hälfte mit kleinen, ineinander hängenden Ringen ausgestattet. Das Instrument darf nur bei religiösen islamischen Anlässen benutzt werden und ist im gesamten islamischen Raum beheimatet.
— *bandir,* auch *bendir* genannt, einfellige Rahmentrommel mit einem Durchmesser von etwa 40 cm ohne Schellen. Innen verlaufen unmittelbar am Fell entlang dem Durchmesser zwei Schnarrsaiten. Auch dieses Instrument ist der religiösen islamischen Musik zugeordnet.
— *darabukka,* auch *durbakke, darbuka* oder *derbuka* genannt, einfellige Tontrommel, in der Form eines Kelches, deren Hals im Stehen unter den Arm geklemmt oder im Sitzen auf den Oberschenkel gelegt wird. Der *darabukka* begegnen wir in der Türkei und im arabischen Raum. In Iran begegnen wir dem *dumbak,* einer einfelligen Holztrommel in der Form eines Kelches, die der *darabukka* sehr ähnelt, jedoch größer ist.

— *naqqarāt,* kleine Pauken aus kupfernen Kesseln, die paarweise sowohl in der Kunst- und Volksmusik als auch in der religiösen Musik gebraucht werden. Sie sind in der Türkei und im arabischen Raum beheimatet. In der Türkei kennt man den *naqqarāt* in verschiedenen Größen, und die wichtigsten sind die *kudüm,* die wiederum paarweise in der türkischen Kunstmusik ihren Platz finden.

3.5 Die Musikpraxis

Die musikalischen Anlässe entsprechen den gesellschaftlichen Zusammenhängen, in denen Musik gespielt wird. Sie tragen zur Klassifizierung der musikalischen Genres bei: Musik der Stadtbewohner, Musik der Landbevölkerung und Musik der Nomaden. Obgleich die Massenmedien es heute einem Nomaden ermöglichen, sich in seinem Zelt jede Musik anzuhören, so wird er jedoch niemals außerhalb eines bestimmten Kontextes selbst musizieren.

4. Niedergang der Musikkultur

Daß diese fünf kennzeichnenden musikalischen Elemente im Laufe der letzten 50 Jahre zunehmend verseucht wurden, muß hier deutlich erwähnt werden. Auf Grund mangelnden Wissens in der eigenen Musikkultur, vor allem der Verantwortlichen für Musikfragen im Rundfunk und in den Erziehungsministerien, verkennt man in dieser Region die wichtige Rolle der Musik als identifizierendes Element einer Kultur. Ein labiles Orientierungsvermögen der führenden Intellektuellen des Nahen und Mittleren Ostens spielt eine weitere Rolle in der Verzerrung der eigenen Musikidentität, die oft zugunsten einer technologischen Entwicklung des Landes geopfert wird. Nicht gering ist die Zahl derer, die glauben, daß die Musik eine universelle Sprache ist. Deshalb wird jede Musik, in der Region aufgeführt, als nationales Produkt betrachtet. Vielen genügt es, wenn ein Araber, Türke, Perser, Afghane etc. am Klavier oder Synthesizer sitzt, die von ihm ausgeführte Musik für arabische, türkische, persische Musik zu halten. Dabei verballhornen sie ihre eigene Musikidentität, weil sie davon ausgehen, Musik sei eine universelle, ja eine ,,internationale Sprache". Nun ist die Musik allgemein zwar in der Tat ein universelles menschliches Phänomen, aber eine Universalsprache kann sie kaum sein, denn es gibt ebenso viele Musikarten, wie es Kulturen gibt. Ferner ist Musik kein angeborenes, sondern erlernbares Phänomen. So ist ein Türke, Kurde oder Araber nicht mit der türkischen, kurdischen oder arabischen Musik geboren. Als Kind erlernt man nicht nur die Muttersprache, sondern auch die ,,Muttermusik". Da nun die Musikerziehung wegen mancherlei Orientierungsschwierigkeiten bzw. Uneinigkeiten stiefmütterlich und unsystematisch durchgeführt wird, hat dies zur Folge, daß viele ihre ,,Muttersprache" nicht beherrschen und sich daher einfach von einer ihrer Kultur fremden Musik durch die Massenmedien zu Hause, auf der Straße, im Auto etc. berieseln lassen, ohne jedoch in der Lage zu sein, zwischen Gutem und Schlechtem, Echtem und Falschem unterscheiden zu können bzw. zu dürfen. Anstatt eine durchdachte musikalische Erziehung im Kindergarten zu beginnen, gründet man Musikhochschulen für Erwachsene, wo man sowohl eigene als auch die abendländische Musik erlernen kann. Dabei fehlt diesen Erwachsenen vielfach die Basis, die zum Verstehen der eigenen Musik führt.

Die Reinheit der Musikkulturen des Nahen und Mittleren Ostens hängt von dem Grad der Echtheit der oben genannten fünf charakteristischen Komponenten ab, die die Musik dieser Region kennzeichnen und gleichzeitig eingrenzen. Denn diese fünf charakteristischen Komponenten können bis in die älteste Zeit der Kulturgeschichte des Nahen und Mittleren Ostens zurückverfolgt werden. Ferner bestehen und bestanden die Musikkulturen in diesem geo-kulturellen Raum nie isoliert. Gemeinsamkeiten lassen sich zwischen der Musik der Syrer, Türken, Türkmenen, Berber, Armenier, Kurden, Kopten, Azerbaidschaner, Tadschiken, Uzbeken, Iraner, Spanier und Westafrikaner südlich der Sahara nachweisen. Diese Gemeinsamkeiten erklären die Verbindungen zwischen den unabhängigen, aber verwandten Musikkulturen Westasiens. Zurück bis in die Anfangsjahre des Islams im 7. Jahrhundert und sogar noch davor bis in die vorislamische Zeit können die musikalischen Beziehungen der Völker des Nahen und Mittleren Ostens zurückverfolgt werden.

Der Nahe und Mittlere Osten kam jedoch nicht nur mit verwandten, sondern auch mit fremden Musikkulturen in Berührung, insbesondere nach dem Zusammenbruch des Osmanischen Reiches nach dem Ersten Weltkrieg: nämlich mit der europäischen, die sich grundlegend von der arabischen, türkischen, iranischen Musik in folgenden Punkten unterscheidet: dem Tonsystem, dem rhythmisch-zeitlichen Verständnis, den Instrumenten, der musikalischen Mentalität besonders bei den Kompositionsprinzipien und schließlich den musikalischen Anlässen. Durch den Export und Import von Kultur zwischen reichen und armen Ländern hat die Deformierung der musikalischen Identität weltweit um sich gegriffen. Sie ist ein direktes oder indirektes Resultat von Kulturkolonialismus. Es gibt einen aktiven Kulturkolonialismus, bei dem die mächtigen Staaten die Kultur exportieren und sie auf allen Ebenen und auf unterschiedlichste Art und Weise den schwachen Kulturen aufzwingen. Daneben gibt es einen passiven Kulturkolonialismus, bei dem die schwachen Länder fremde Kulturen der Mächtigen importieren. Sowohl beim aktiven als auch beim passiven Kulturkolonialismus spielen für die Verfälschung einer Kultur ökonomische und psychologische Faktoren eine besonders wichtige Rolle, dabei ist der passive Kulturkolonialismus mit Sicherheit selbstmörderisch.

5. Musikalische Gattungen

Die wichtigsten musikalischen Gattungen des Nahen und Mittleren Ostens (eine Auswahl) sind: der iranische *dast-gāh,* der türkische *fasıl,* die arabische *waṣla* und die nordafrikanische *nauba.*

5.1 Der iranische dast-gāh

Der *dast-gāh,* eine improvisierte modale Struktur der klassischen persischen Kunstmusik, entwickelte sich an den Höfen der Könige Persiens und wurde besonders in den Kreisen der mystischen Derwische des Iran gepflegt. Der *dast-gāh* wird entweder von einem einzelnen Instrumentalisten (sanṭūr-, tār-, sīhtār-, ʻūd-, kamanja- oder nāy-Spieler) oder noch typischer, von einem Ensemble ausgeführt, das aus einem Sänger, einem Instrumentalisten und einem *dumbak*-Spieler besteht. *Dumbak* ist die persische Kelchtrommel.

Das *dast-gāh*-Repertoire enthält sieben *dast-gāhs,* von denen jeder aus einer Anzahl mündlich überlieferter melodischer Gebilde, den sogenannten *gūshas,* die in einer bestimmten Reihenfolge im jeweiligen *dast-gāh* vorkommen. *Radīf* nennt man diese Reihenfolge. Zur Zeit gibt es in Iran mehrere Aufzeichnungen des *radīf,* die von verschiedenen Musikern herausgegeben wurden. Die *gūshas* der zwölf *dast-gāhs* werden gewöhnlich in einer traditionell vereinbarten Reihenfolge aufgeführt, so daß erst einige *gūshas* auf einem tieferen Register der Oktave, dann auf einem höheren Register der gleichen Oktave und die übrigen auf einem noch höheren Register in der 2. Oktave realisiert werden. Dies bedeutet, daß zwei Oktaven mehr als ausreichend für die Ausführung der persischen Kunstmusik sind, was übrigens auch für die arabische und türkische Kunstmusik gilt. Jede *gūsha* innerhalb eines *dast-gāh* trägt einen Titel, der auf den Namen eines Dorfes, einer Stadt oder eines Stammes hinweist, wo die *gūsha* angeblich entstanden ist. Manche *gūshas* werden mit Namen von Personen benannt oder einfach mit Adjektiven wie groß und klein bezeichnet. Der genetische Aspekt der *gūsha* hängt von der *dast-gāh*-Reihe ab, also vom Modus und von der Struktur seiner Intervalle, von der Gefühlsstimmung und von dem Charakter des *dast-gāh*, vom musikalischen Können und Stil des Interpreten und von der Begebenheit und der Situation, in der die *gūsha* realisiert wird. Formal besteht eine *gūsha* aus mehreren Melodiezügen, die improvisiert werden und deren Summe eine *gūsha* ausmacht. Charakteristisch für eine *gūsha* ist ihr tonaler Umfang, in dem ein, zwei oder sogar drei Tonzentren so hervorgehoben werden, daß um diese Zentraltöne Tonebenen entstehen. Die meisten *gūshas* unterliegen keiner vorher festliegenden rhythmisch-zeitlichen Organisation, ihre melodische Entfaltung schreitet fort, ohne feststehende, regelmäßig wiederkehrende Taktschemata aufzuweisen.

Wird der *dast-gāh* von einem Ensemble aufgeführt, dann setzt er sich aus folgenden Formteilen zusammen:

— *pīsh-dar-āmad,* d.h. Voreinleitung, ein metresiertes Instrumentalstück von etwa drei bis vier Minuten Dauer, wird vom gesamten Ensemble aufgeführt.
— *chahār-mażrāb,* d.h. Vierschläger, ein zweites metresiertes Instrumentalstück von ca. drei Minuten Dauer, in dem der *dumbak*-Spieler eine virtuose Funktion übernimmt und die Musik durch die Elemente Ostinato und Bordun gekennzeichnet ist.
— *'aważ*-Teil, in diesem Teil wird zur Begleitung eines Instrumentes gesungen, und zwar werden hier die *gūshas* der *dast-gāh* vokal etwa 20 - 30 Minuten lang dargestellt.
— *taṣnif,* das ist ein metresierter vokal aufgeführter Teil, der solistisch gesungen wird.
— *rang,* der letzte Formteil des *dast-gāh,* ist metresiert und wird nur instrumental aufgeführt. Charakteristisch für den *rang* ist seine tänzerische Melodie.

5.2 Der türkische fasıl

Beim *fasıl* handelt es sich um eine Reihenfolge von verschiedenen Musikformen der klassischen türkischen Musik, die alle einem einheitlichen *maqām* unterliegen und die von mehr als einem Komponisten vertont sind. Ihre Reihenfolge wird vom Ensemble selbst bestimmt. Das Ensemble besteht aus etwa zehn Instrumentalisten (tambura-, 'ūd-, nāy-, qānūn-, kudüm-, kamanja-Spieler etc.) und einem Chor oder einem Solo-Sänger, der die Vokalstücke vorträgt. Etwa 20 - 40 Minuten kann ein *fasıl* dauern. Dies hängt von der Anzahl der gewählten Stücke ab. Zu Beginn spielt das Instrumentalensemble einen sogenannten *peşrev*, wörtlich „das Vorangehende", vergleichbar mit dem *pīsh-dar-āmad* im iranischen *dast-gāh.* Ein *peşrev* setzt sich aus drei bis vier unterschiedlichen Abschnitten, *hane* genannt, zusammen, die jeweils durch ein unveränderliches Zwischenstück, eine Art Ritornell, *teslim* genannt, verknüpft sind, und zwar ohne Pausen oder Zäsuren. Wegen dieser fließenden Übergänge bemerkt das ungeübte Ohr zunächst nur das wiederkehrende Ritornell, das nahtlos in die voneinander verschiedenen Abschnitte einmündet. Ein *peşrev* wird immer von Instrumenten aufgeführt. Der *peşrev* wird wie alle metresierten Formen der vokalen und instrumentalen Kunstmusik in der Türkei von den sogenannten *usul* begleitet. *Usul,* auch *zarb* (Schlag) genannt, ist ein rhythmisches Muster, das vom Trommler durchgehend während der Aufführung geschlagen wird. In der arabischen Musik heißt dieses rhythmische Muster *wazn* oder *mīzān* (Maß). Um einen *peşrev* identifizieren zu können, muß man seine *maqām*-Reihe (Modus), seinen *usul* (begleitendes rhythmisches Muster) und schließlich seinen Komponisten nennen. Nach dem *peşrev* folgen mehrere Vokalstücke (kar, şarki, beste, etc.), die nahtlos ohne Zäsuren aufgeführt werden. Sie stehen alle in demselben Modus (maqām-Reihe), stammen von verschiedenen Komponisten und weisen unterschiedliche *usul* auf. Zum Schluß des *fasıl* steht ein *semai.* Ein *semai* ähnelt dem *peşrev* sehr, weil er auch aus vier Abschnitten und einem Ritornell besteht. Der *semai* unterscheidet sich vom *peşrev* nur in rhythmischer Hinsicht. Letzterer ist gradtaktig, während dem *semai* eine Kombination von geraden und ungeraden Taktelementen zugrunde liegt, und zwar nach dem insgesamt zehnteiligen Schema 3 + 2 + 2 + 3.

Das *fasıl*-Repertoire umfaßt Hunderte von Instrumental- und Vokalstücken, die einem *maqām* zugeordnet sind. Der *fasıl* stellt in der türkischen Kunstmusik eine traditionell authentische Musikform dar.

5.3 Die arabische waṣla

Wie der türkische *fasıl*, beginnt der *waṣla* mit einem *bashraf,* oder einem *samā'ī*, wonach eine Reihe von Vokalstücken, die *muwashshaḥāt* folgen. Sowohl der *bashraf*, der *samā'ī* oder die *muwashshaḥāt* einer *waṣla* stehen in ein und derselben *maqām*-Reihe. Die arabische Musik kennt etwa 24 *waṣla*. Rückgrat einer *waṣla* ist zweifelsohne der *muwashshaḥ*, eine der wichtigsten Vokalformen der klassischen arabischen Musik. Die Ursprünge des *muwashshaḥ* reichen bis ins 9. Jahrhundert und sind im damals arabischen Andalusien in Spanien zu suchen. Von Spanien aus verbreitete sich der *muwashshaḥ* bis nach Ägypten, Syrien und dem Irak, wo er sich besonderer Beliebtheit erfreut. Er wird von einem Männerchor auf Texte der klassischen arabischen Dichtung einstimmig zur Begleitung eines rhythmischen Musters, *wazn* genannt, gesungen. Zu den Sängern gesellt sich ein Instrumentalensemble mit *'ud-*, *nāy-*, *kamanja-*, *qānūn-*, *darabukka-* und *riqq*-Spielern.

5.4 Die nordafrikanische nauba

Im heutigen Musikleben stellt die *nauba* eine bedeutende und authentische Musikform Marokkos, Algeriens und Tunesiens dar. Während der Ausdruck *ala* für die *nauba*-Musik in Marokko gebraucht wird, bezeichnet man dieses Musikgenre in Algerien als *ṣan'a* und in Tunesien als *ma'lūf*. Seine musikalische Form besteht aus einer Anzahl von Vokal- und Instrumentalstücken, wobei die Vokalteile überwiegen. Das *nauba*-Repertoire umfaßt elf *naubas* in Marokko, 15 in Algerien und 13 in Tunesien. In der heutigen Musikpraxis Nordafrikas wird überdies zwischen mindestens drei Stilen der *nauba* unterschieden, die die alten Muster des *als-Andalus* überliefert haben: In Tunesien findet man den Stil des damaligen Sevilla, in Algerien den Cordobas und in Marokko den Granadas und Valencias. Die Form der *nauba* beruht auf einer systematischen Steigerung der zeitlich-rhythmischen Intensität ihrer verschiedenen Teile, in dem sowohl das Tempo als auch die Struktur der begleitenden rhythmischen Formel der Trommler zu einem immer schnelleren Tempo und einer leichteren rhythmischen Struktur fortschreiten. Die *nauba* besteht aus fünf Hauptabschnitten, deren Rückgrat das vom Instrumentalensemble begleitete, gesungene Gedicht ist. Bei einigen der fünf Hauptteile wird ein reines Instrumentalstück zu Beginn, in der Mitte oder am Ende des gesungenen Textes integriert. Infolgedessen besteht jeder Abschnitt aus mehreren gesungenen Vokalteilen, die vom Instrumentalensemble begleitet werden und ein oder zwei Instrumentalstücke enthalten. Das Ensemble besteht aus einer *al-'ūd* Kurzhalslaute), *rabāb* (arabische Geige), *al-qānūn* zupfzither), einer europäischen Geige, Bratsche, *tār* (Rahmentrommel mit Schellen) und *darabukka* (Kelchtrommel).

Heute wie auch vor mehr als zehn Jahrhunderten Geschichte des Nahen und Mittleren Ostens sieht das Musikleben im großen und ganzen eigentlich ähnlich aus: Es konzentriert sich noch immer auf die Person des Sängers, der eine dominierende Stellung unter den Musikern einnimmt. Zweifelsohne wird der Sänger auch in den nächsten Jahrzehnten der Mittelpunkt des Musikgeschehens bleiben, und zwar wegen einer unbeschreiblich primären Neigung zum gesprochenen und gesungenen Wort des Menschen in dieser Region.

Literatur:

'Alī, A. 1980: al-Mūsīqā wal-ghinā' fī l-Kuwait (Musik und Gesang in Kuwait), o.O.

al Faruqi, L.I. 1974: The Nature of the Musical Art of Islamic Culture: a Theoretical and Empirical Study of Arabian Music, Syracuse University, New York, Phil. Diss.

ders. 1981: An Annoted Glossary of Arabic Musical Terms, Westport, Connecticut.

Guettat, M. 1980: La musique classique du Maghreb, Paris.

Hassan, S.Q. 1980: Les instruments de musique en Iraq et leur rôle dans la société traditionelle. Paris.

Manik, L. 1969: Das arabische Tonsystem im Mittelalter, Leiden

Racy, A.J. 1977: Musical Change and Commercial Recordings in Egypt, 1904-1932, Urbana Univ. of Illinois. Phil. Diss.

ash-Sharqī, Ṣ. 1976: Aḍwā' 'alā l-mūsīqā l-maghribīya (Über die Musik im Maghreb), Rabat.

Touma, H.H. 1975: Die Musik der Araber, (Taschenbücher zur Musikwissenschaft, 37), Wilhelmshaven, Heinrichshofen.

ders. 1975: Die Koranrezitation: Eine Form der religiösen Musik der Araber, in: Baessler-A XXIII/1, 87-120.

IV. Malerei

Peter Heine

1. Das Problem der bildenden Kunst in der islamischen Welt

Obwohl der Koran, das heilige Buch der Muslime, im Gegensatz zum Alten Testament (Exodus 20,4) kein ausdrückliches Bilderverbot ausspricht, hat die bildnerische Darstellung von Menschen oder Tieren durch Muslime lange Zeit den Beigeschmack des Unerlaubten und Unseriösen gehabt. Diese Haltung beruht vor allem auf zahlreichen Prophetentraditionen (Hadith, ḥadīth), in denen aus Furcht vor Idolatrie gegen die Erstellung von Bildern polemisiert und vor ihr gewarnt wird. Die sich im Laufe einiger Jahrhunderte entwickelnde Reaktion künstlerisch begabter Muslime auf diese Prohibition war unterschiedlich. Ein Teil ignorierte das Verbot, und es entstand vor allem in der Buchmalerei und der Illustration eine reiche Tradition in verschiedenen Teilen der islamischen Welt. Ein anderer Teil suchte den künstlerischen Ausdruck in der Abstraktion und fand dafür das Medium der arabischen Schrift, die in ihren zahlreichen verschiedenen Ausprägungen den Künstlern reiche Entfaltungsmöglichkeiten boten, bei denen der Inhalt der zu gestaltenden Schrifttexte nur die Basis der gestalterischen Farb- und Formgebung bot. Von der Schrift aus war der Weg dann nicht mehr weit zu einer in sich verschlungenen, mäandrierenden Abstraktion, die als Arabeske auch den Eingang in die europäische Kunst der verschiedensten Epochen gefunden hat.

An diesen zwei Linien entlang entwickelte sich eine Kunst, die man sowohl in der darstellenden, vor allem aber in der abstrakten Form als eigenständig und durch den Islam geprägte Kunst bezeichnen muß. Zwar lassen sich hier nach der kunsthistorischen Entwicklung, aber auch nach den regionalen Unterschieden Differenzen feststellen, die sich aber — auch wenn man geographisch so weit voneinander entfernte Regionen wie das islamische Andalusien und das Indien der Mogulkaiser betrachtet — doch miteinander vergleichen lassen. Der Begriff der ,,islamischen Kunst" ist also keine Fiktion von Kunsthistorikern.

2. Sunnitische und schiitische Kunst

Trotz der angesprochenen Einheitlichkeit der islamischen Kunst gibt es einen Unterschied, der entlang einer religiösen Trennungslinie verläuft, die die gesamte islamische Welt in eine Mehrheit von Sunniten und eine ca. zehnprozentige Minderheit von Schiiten teilt. Die Schiiten unterscheiden sich von den Sunniten nicht zuletzt durch eine sehr intensive Heiligenverehrung. Diese bezieht sich vor allem auf den Vetter und Schwiegersohn des Propheten Muḥammad, auf Ali (ʿAlī ibn Abī Ṭālib) und auf dessen Söhne Hasan (al-Ḥasan ibn ʿAlī) und Husain (al-Ḥusain ibn ʿAlī). Die Verehrung drückte und drückt sich auch noch heute in zahlreichen Darstellungen der Heldentaten und des Martyriums dieser Verwandten des Propheten aus. So entstanden ganze

Serien von Bildern, die in vielerlei Hinsicht ihrer Funktion nach Ähnlichkeit haben mit den Illustrationen zum Alten oder Neuen Testament, wie wir sie aus dem europäischen Mittelalter kennen. Von daher findet sich in den Ländern, in denen große schiitische Minderheiten leben oder, wo sie — wie in Iran — die Mehrheit bilden, eine unbefangenere Haltung gegenüber der Darstellung von lebenden Wesen. Diese Unbefangenheit hat dazu geführt, daß sich im schiitischen Iran auch in der Neuzeit besondere nationale Malerschulen entwickelten, von denen eine, zur Zeit der Qajaren-Dynastie (1779 - 1924), einen speziellen und deutlich erkennbaren eigenen Stil entwickelte. Auch die Kunst Irans seit der islamischen Revolution, bei der es sich um eine ausgesprochene Agitationskunst handelt, muß vor dem Hintergrund dieser Tradition gesehen werden.

3. Die Malerei bis zum Ende der 50er Jahre

Betrachtet man die Malerei und Graphik der Künstler des Nahen und Mittleren Ostens in der ersten Hälfte des 20. Jahrhunderts, so ist eine deutliche Abhängigkeit von europäischen Vorbildern nicht zu verkennen; zugleich ist aber auch eine Nachzeitigkeit gegenüber der künstlerischen Entwicklung in Europa festzustellen. Die Mehrzahl der orientalischen Künstler folgten impressionistischen Vorbildern vor allem französischer Herkunft. Ihre technischen Mittel sind dabei teilweise durchaus mit den Vorbildern zu vergleichen. Betrachtet man ein Aquarell wie das von 'Umar al-'Anasī, so ist im Grunde nur am Titel ,,Libanesische Arkaden" zu erkennen, daß der Künstler sein Motiv in der heimatlichen Umgebung gefunden hat. Die technische Beherrschung der Perspektive in Verbindung mit dem Gegensatz von Licht und Schatten ist deutlich. Das Bild ist klar gegliedert, und wer die libanesischen Berge kennt, wird sich bei diesem Bild an einen Spätnachmittag auf der Terrasse eines Hauses im Libanon erinnern können; aber das Motiv könnte genausogut aus der Provence stammen oder auch ohne jeden Bezug zu einer geographischen Realität sein (die Abbildung des Aquarells findet sich in al-Ādāb 1 (1953) 2, 69). In den 50er Jahren wird also in einem Land, das westlichen Einflüssen am ehesten aufgeschlossen gegenüber stand, im Libanon, in einem Stil gemalt, der zu Beginn des Jahrhunderts in Frankreich, Deutschland, Russland oder Italien nicht mehr unbedingt zum Modernsten gehörte, was die europäische Kunstszene bot.

Für diesen impressionistischen Stil lassen sich zahlreiche weitere Beispiele finden. Jedoch ist die Abhängigkeit vom Impressionismus nicht allgemein. 1951 malt der irakische Künstler Ismā'īl ash-Shaikhlī ein Bild, wie es vom Stil und vom Motiv her aus Pablo Picassos ,,rosa Periode", also aus dem Jahre 1904 stammen könnte. Das Bild mit dem Titel ,,Der schweigende Schauspieler" hat die Schwermut der Akrobatenbilder des Vorbildes, wirkt aber im Vergleich mit den Werken Picassos flach und temperamentlos (al-Ādāb 1 (1954), 70). Es stellt aber immerhin den Versuch dar, sich mit den künstlerischen Wegen, die Picasso zu Beginn des Jahrhunderts aufgetan hat, auseinanderzusetzen.

Wenn wir die Ursache für die Nachzeitigkeit der künstlerischen Situation im modernen Orient gegenüber Europa suchen, wird schon aus den Künstlerbiographien eines deutlich: Die prominenteren unter den Künstlern haben alle zunächst an den in den 20er Jahren in Kairo, Damaskus, Bagdad usw. errichteten Akademien für die schönen Künste studiert, ihre Ausbildung dann aber an vergleichbaren Institutionen in Paris und London, zum Teil auch Berlin fortgesetzt. Sie sind also durch ausgesprochen akademische Maltraditionen geprägt worden. Sie sahen sich hier vor allem vor die technischen Probleme der Malerei gestellt und in deren Lösung zunächst ihre Hauptaufgabe. Man muß sich dabei immer vor Augen halten, daß es sich bei den Künstlern um junge Menschen handelte, die sich auch mit der Bilderfeindlichkeit ihrer Kultur auseinanderzusetzen hatten, für die die Abbildung von Realitäten durchaus ein emanzipatorischer Akt war.

Von daher ist die Konzentration auf Stilrichtungen, die vordergründigen Realitäten eher verbunden waren, erklärlich. Die Künstler selbst sahen in diesem Akademismus allerdings nicht die Ursache für ihre weniger entwickelte künstlerische Situation. In einer Interview-Serie im Jahr 1954 begründen verschiedene Künstler der arabischen Welt die auch von ihnen registrierte Rückschrittlichkeit auf andere Weise. Sie alle bringen den Unterschied der künstlerischen Entwicklung in der Malerei, aber auch in der Plastik in Zusammenhang mit der gesamten gesellschaftlichen Unterentwicklung, wie sie sie in ihren Heimatländern feststellen. Dieses Defizit im wirtschaftlichen, politischen und sozialen Bereich muß sich ihrer Meinung nach auch im künstlerischen Bereich auswirken. Zugleich stellen sie aber auch nicht ohne Selbstbewußtsein fest, daß sich die bildende Kunst noch in einer besseren Situation befindet als das Theater oder gar die Filmkunst. Alle Künstler fühlen aber auch die Notwendigkeit, die sich entwickelnde politische Unabhängigkeit ihrer Länder mit einer Abkoppelung ihrer künstlerischen Bemühungen von den europäischen Entwicklungen zu begleiten (al-Ādāb 1 (1954) 12, 13f.). Deutlich wird auch in diesen Reaktionen die Parallelität der künstlerischen mit der politischen, gesellschaftlichen und ideologischen Entwicklung in der Welt des Nahen und Mittleren Ostens. Die Ideologie dieser Zeit wird noch beherrscht von verschiedenen Nationalismen, die ihre Wurzeln in den oft vorislamischen Traditionen der einzelnen Staaten suchen. So entwickelt sich z.B. in Ägypten vor diesem Hintergrund in der Literatur, aber auch in der bildenden Kunst der sogenannte *Pharaonismus,* als dessen eindrucksvollsten Vertreter man den Bildhauer Maḥmūd Mukhtār nennen muß, der vor allem in den 20er und 30er Jahren zahlreiche Werke schuf, in denen vom Motiv und der Technik her Anklänge an die altägyptische Kunst außerordentlich deutlich sind. Mukhtār ist nicht ohne Schüler geblieben, von denen Ādam Ḥanīn auf eine sehr eigenständige Weise das altägyptische Formenmaterial nicht nur übernimmt, sondern auch abstrahierend weiter entwickelt und zu einem ägyptischen Stil bringt (s. dazu Ḥiwār 24/25 (1966), 215 - 228). Ähnliche ideologische Vorstellungen hatten sich auch im Libanon entwickelt, doch hat sich keine vergleichbare Entwicklung wie die in Ägypten feststellen lassen. Möglicherweise liegt das an der intensiveren Beziehung dieses Landes zu Frankreich, was die kulturelle Situation angeht.

4. Die Malerei bis zum Beginn der 80er Jahre

4.1 Nah- und mittelöstliche Malerei europäischer Stilrichtungen

Älteren Traditionen folgend gibt es weiterhin orientalische Maler, Graphiker und Bildhauer, die sich in ihren Arbeiten an europäischen und amerikanischen Vorbildern ausrichten. Im Gegensatz zu den älteren Künstlern dieses Typs beobachten sie aber die zeitgenössische Kunstszene der europäischen Kunstmetropolen und sind über die sich dort abspielenden Entwicklungen genauestens informiert. Es liegt nahe, daß sich diese Maler vor allem von den verschiedenen abstrakten Kunstkonzepten Europas angesprochen fühlten und hier Anregungen für ihre eigenen Arbeiten fanden. So erinnern die Mitte der 60er Jahre entstandenen Arbeiten von Aḥmad Sharqawī in ihrer Formgebung und der Verwendung der Farben, ja auch in ihrem Humor an Juan Miro (Ḥiwār 17 (1965), 124-132). Die Ölbilder des Irakers Ismā'īl Fattāḥ zeigen Parallelen zu Werken von Fritz Winter oder De Stael (Ḥiwār 22 (1966), 140-148). Arbeiten des Ägypters Muṣṭafā al-Arnā'uṭī lassen den Betrachter an Serge Poliakoff denken. Man wird davon ausgehen können, daß all diese Künstler von einer *Einheit der Kunst* ausgehen und eine besondere nationale Kunst für weniger erstrebenswert halten. Daß aus dieser Haltung auch eine Zusammenarbeit entstehen kann, wie zwischen dem Tunesier Brahim Dahak (Ibrāhīm aḍ-Ḍaḥāk) und HAP Grieshaber, ist dann nur noch eine logische Folge dieser Haltung. Man wird feststellen dürfen, daß die nah- und mittelöstlichen Künstler dieser Denkrichtung zur internationalen Kunstentwicklung aufgeschlossen haben, wenngleich man sie sicherlich noch nicht als führend und mitgestaltend bezeichnen kann.

4.2 Sozialistischer Realismus und offizielle Kunst

Politisch-ideologisch sahen die ausgehenden 50er und beginnenden 60er Jahre in vielen Ländern des Nahen und Mittleren Ostens erhebliche Veränderungen. Alle Länder der Region hatten nun ihre politische Unabhängigkeit erlangt. Viele von ihnen nahmen enge Beziehungen zu den Ländern des sozialistischen Lagers auf. Im Rahmen von Kulturabkommen kam es auch zu dem Austausch von Künstlern und Kunsterziehern zwischen osteuropäischen Ländern und Ägypten, Syrien oder dem Irak. Da sich auch das Ägypten der Nasser-Ära (Jamāl ʿAbd an-Nāṣir) und die von verschiedenen Flügeln der Baath-Partei (al-Baʿth) regierten Länder Irak und Syrien als sozialistische Länder verstanden, wird es nicht verwundern, wenn der Stil des *sozialistischen Realismus,* wie er in den osteuropäischen Ländern vertreten wird, auch im Nahen Osten seine Anhänger fand und vor allem in der offiziellen Kunst, in der Kunst an öffentlichen Gebäuden u. dgl. mehr auch durch die Regierungen gefördert wurde.

Die Themen und Motive dieses Stils, also die Arbeitswelt, das Leben und die Arbeit auf dem Lande sowie der Kampf gegen die ideologischen und politischen Gegner fanden auch hier ihren Ausdruck und wurden in der gleichen Technik und Qualität wie bei den stilistischen Vorbildern dargestellt. Der einzige Unterschied zu vergleichbaren Arbeiten in Moskau, Prag oder Bukarest bestand in der Darstellung eines anderen Ambiente. Hier wurden nah- und mittelöstliche Sujets verarbeitet. Bei der Darstellung symbolischer Vorlagen, wie dem Freiheitskampf des irakischen Volkes auf einem Monumentalrelief am Taḥrīr-Platz in Bagdad läßt sich jedoch kein Unterschied in der Darstellung zu entsprechenden Beispielen des europäischen sozialistischen Realismus feststellen. Auch der Kampf gegen den Zionismus und Israel ist Thema dieses Stils und zeigt sich hier ebenfalls in einer deutlichen Parallelität zu Vorbildern der Länder des sozialistischen Lagers.

Einer der prominentesten und originellsten Künstler dieser Stilrichtung ist der Syrer Ghāzī al-Khālidī. Seine Ausnahmestellung beruht auf der Tatsache, daß er es bei seinen Arbeiten nicht bei der Verherrlichung von Arbeitern oder Kämpfern palästinensischer Organisationen bewenden läßt. Gewiß stammen von ihm auch Arbeiten im besten sozialistischen Realismus, wie ein 1975 entstandenes großes Ölbild mit dem bezeichnenden Titel „Epoche des Aufbaus", auf dem die Entwicklung Syriens unter der Herrschaft des Präsidenten Asad (Ḥāfiẓ al-Asad) in allen Bereichen dargestellt wird. Dennoch bemüht sich der Künstler, sich ganz bewußt von den entsprechenden europäischen Vorbildern zu lösen. Dies gelingt ihm vor allem in seinen Portrait-Studien. Hier zeigt er sich als Künstler, aber auch als Ideologe eines Arabischen Sozialismus. Das technische Mittel dazu ist die optische Verzerrung von einzelnen Körperteilen der Modelle. So stellt er auf einem Ölbild von 1962 mit dem Titel „Die Dienerin" Füße, Arme und Schultern einer jungen Frau unverhältnismäßig groß dar und macht damit die Folgen schwerer körperlicher Belastungen seines Modells fast überdeutlich. Das ansonsten fast etwas sentimentale Bild erhält durch dieses Stilmittel eine besondere Ausdruckskraft und appelliert mehr an den Intellekt als an das Gefühl. Das pädagogische und agitatorische Moment des sozialistischen Realismus wird bei Ghāzī al-Khā-lidī deutlich über den Verstand auf den Betrachter geleitet.

Ghāzī al-Khālidī beweist, daß ein *arabischer* sozialistischer Realismus möglich ist, der nicht nur auf Grund entsprechender nahöstlicher Motive und der dargestellten politischen Problematik, wie dem Palästina-Konflikt, seine Andersartigkeit gegenüber dem europäischen Vorbild deutlich macht, sondern auch auf der stilistischen Ebene neue formale Momente in diesen Stil eingebracht werden können, die ihn unverkennbar und individuell machen.

4.2.1 *Agitationsmalerei und Agitationsgraphik*

Das pädagogische und agitative Moment der nah- und mittelöstlichen bildenden Kunst wird natürlich besonders deutlich in der angewandten Malerei und Graphik. Die großen Themen der Innen-, vor allem aber der Außenpolitik werden hier in vielfältiger, technisch zum Teil hervorragender Weise in das Bewußtsein der Betrachter gebracht. In diesem Feld sind die orientalischen Künstler ihren europäischen und amerikanischen Kollegen durchaus ebenbürtig, wie ein Wettbewerb 1982 in Bagdad zu den Themen: ,,Verurteilung der Aggression des Zionismus", ,,Gleiche Rechte aller Völker auf technologischen Fortschritt", ,,Recht der Dritte Welt-Völker auf ihre Energiequellen für die zukünftige Entwicklung ihrer Umwelt und Kultur", deutlich gezeigt hat. Vor allem im Bereich der Gebrauchsgraphik zeigt sich, daß die verschiedenen in aller Welt entwickelten Techniken auch im nah- und mittelöstlichen Bereich bekannt sind und in einem hohen Qualitätsgrad angewandt werden.

4.2.2 *Agitationsmalerei im revolutionären Iran*

Die Kunst unter dem Schah-Regime hatte sich deutlich an europäischen Vorbildern orientiert, wenn man einmal von dem Versuch, vorislamische Themen zu aktualisieren, absieht. Die politisch bezogenen Arbeiten iranischer Künstler unterscheiden sich von den beschriebenen Werken des sozialistischen Realismus nur in der Darstellung der führenden Personen. Thematisch und methodisch stehen die Werke von Künstlern der Islamischen Republik Iran in dieser Tradition. Was ihre Arbeiten aber von ihren Vorgängern unterscheidet, ist der kühne Umgang mit Farben, der bis dahin geläufigen Gebräuchen widerspricht. Allein durch die Farbkompositionen gelingt es dieser Malerei, sich von dem üblichen Muster der pädagogischen Kunst zu unterscheiden und ein unverkennbares, eigenes Aussehen zu gewinnen. Es bleibt abzuwarten, ob sich dieser Typ der Gebrauchsmalerei über Iran hinaus verbreiten wird.

4.3 *Nationalistische Kunst*

4.3.1 *Kunst des Arabischen Nationalismus und Panarabismus*

Vielen Künstlern in der arabischen Welt waren die Abhängigkeiten von der einen oder anderen europäisch-amerikanischen Kunstform nur zu bewußt. In einer Zeit, in der auf der politischen und ideologischen Ebene andauernd von der Besonderheit der arabischen Nation die Rede war, in der ihre Geschichte, ihre kulturellen Leistungen und ihre Erfolge im Entwicklungsprozeß ständig und in immer neuen Formen literarisch und publizistisch bekannt gemacht wurden, konnte es nicht ausbleiben, daß sich Künstler fanden, die sich nicht mit europäischen Vorbildern, seien sie nun modern-abstrakt oder sozialistischer Realismus, zufrieden geben konnten, die vielmehr auf der Suche nach einer nationalen, arabischen künstlerischen Ausdrucksweise waren.

Es lag nahe, eine erste Unterscheidung von europäischen Vorbildern in der Wahl der Motive zu suchen und sich allein Aspekte des orientalischen Milieus auszuwählen. Dieses Moment war aber nicht ausreichend, einen eigenen arabischen Kunststil zu schaffen; denn schließlich wurden vergleichbare Sujets auch von den Vertretern europäischer Stilrichtungen wie auch des sozialistischen Realismus benutzt. Um hier eine Individualität des Kunststils zu schaffen, bedurfte es auch einer Veränderung der technischen Mittel. Dies geschah durch eine Wiederentdeckung der Linie als formales Element. Viele Künstler hatten sich im nah- und mittelöstlichen Bereich mit dem Problem der Fläche beschäftigt, ohne sich von den Vorbildern lösen zu können. Die Linie aber, das eigentliche, traditionelle Element des nahöstlichen künstlerischen Ausdrucks, war darüber in den Hintergrund getreten. Durch dieses alte Mittel entwickelte sich nun ein eigener, unverkennbarer Kunststil, der allerdings ein hohes Maß an zeichnerischer Kompetenz verlangt, um überzeugend zu wirken. Das Moment der Farbe tritt demgegenüber in den Hintergrund, wenngleich es sich bei den Arbeiten dieses Stils nicht um Monochrome mit einem völligen Verzicht auf Farblichkeit handelt. Im Vordergrund steht die Linie, die in einer geradezu arabeskenhaften Methode eingesetzt wird. Mäandrierend, sich schlängelnd und spielerisch werden Motive der arabischen Umwelt wiedergegeben. Dabei werden Motive benutzt, die sich dieser Technik geradezu aufdrängen. Immer wieder wird die orientalische Stadt dargestellt, werden Moscheen abgebildet, bei denen es vor allem das Minarett den Künstlern angetan hat. Das Gegeneinander von runden Formen der Kuppeln und von senkrechten der Türme erzeugt die Spannung, aus der diese Kunstwerke leben. Zu den wichtigen Künstlern dieser Stilrichtung zählt der Sudanese Ibrāhīm aṣ-Ṣulḥī. Bei kaum einem anderen wird die Motiv-Vielfalt seiner tropischen und subtropischen, vom Islam geprägten Heimat in einer überzeugenderen Weise wiedergegeben. Mit seiner sparsamen Linienführung gelingt es ihm, die Einfachheit, die Armut, aber auch die schwermütige Anmut und den Humor seines Volkes zu verdeutlichen (Ḥiwār 26/27 (1967), 72-76). Daß die Vertreter der Kunst des Arabischen Nationalismus nicht ihre Augen vor der weiteren Kunstwelt verschließen, zeigt ein Interview mit dem Libanesen Na'īm Ismā'īl, der sich dazu bekennt, von Malern wie Klee oder Picasso beeindruckt zu sein — diese beiden bedeutenden Europäer haben ja auch mit der Linie in vielfältiger Form experimentiert. Klee war darüber hinaus durch seine Nordafrikareise stark von der islamischen Kultur und dem durch den Islam geprägten Ambiente beeinflußt. Insofern ist der Eindruck, den seine Werke auf orientalische Künstler machten, beinahe eine Art Rückkoppelungseffekt, eine kulturell geradezu beglückende Entwicklung (Ḥiwār 5(1963), 94 - 100). Dennoch sind seine Arbeiten keine Nachahmungen Kleescher oder Picassoscher Formenwelt. Die Individualität des Künstlers und seiner Kultur bleibt erhalten, z.B. durch die Betonung der Augen der dargestellten Frauen, die in der Welt des Nahen und Mittleren Ostens als besondere Anziehungspunkte gelten.

4.3.2 Schiitische Züge in der Kunst des Arabischen Nationalismus

Unter dem Gesichtspunkt der Motivauswahl ist ein irakischer Künstler besonders zu nennen, der in seinen Werken seine Zugehörigkeit zu der religiösen Minderheit der Schiiten nicht verleugnet: Kāẓim Ḥaidar. Vor allem in seinen Zeichnungen ist er deutlich geprägt von der Technik und den Vorstellungen der Kunst des Arabischen Nationalismus. Doch seine Motive stammen aus dem schiitischen Milieu, vor allem aus den Trauerprozessionen (ta'ziya), in denen diese Gläubigen des Martyriums des Prophetenenkels Husain in der Schlacht von Kerbela gedenken. So stellt er immer wieder berittene Krieger dar und benutzt auch das Motiv von dem Pferd ohne Reiter, das nach schiitischer Vorstellung für den in der Verborgenheit lebenden Mahdi (mahdī) bereitgehalten wird, damit er auf ihm alle Ungerechtigkeit und Verderbtheit in der Welt bekämpfen kann (Ḥiwār 15 (1965), 112-119).

In Bildern, wie sie auf einer Ausstellung vom November 1984 in London zu sehen waren, läßt sich dieses schiitische Moment des Martyriums auch noch in den abstrakteren Bildern erkennen, in denen aber das Rot die Farbe des Opfers, der Aufopferung symbolisiert und die Hoffnung auf Erlösung aus den Problemen der Welt unverkennbar ist. Bei kaum einem anderen Künstler wird die Möglichkeit der Vielfalt in der nationalen Einheit deutlicher als bei Kāẓim Ḥaidar.

5. Die Kunst des islamischen Revivalismus

Die ausgehenden 70er Jahre und der Anfang der 80er Jahre sahen erhebliche ideologische Verwerfungen und in deren Folge zahlreiche politische Veränderungen, als deren spektakulärste die islamische Revolution in Iran anzusehen ist. Ursache dieses Vorgangs, der als islamischer Revivalismus oder Fundamentalismus bezeichnet werden kann, war die wachsende Enttäuschung großer muslimischer Bevölkerungsgruppen im gesamten Nahen und Mittleren Osten über die unerfüllt gebliebenen Hoffnungen auf Verbesserungen der ökonomischen und sozialen Situation, die die Ideologien des Arabischen Nationalismus und Sozialismus in ihnen erweckt hatten. Statt des erwarteten Wohlstandes und der politischen und sozialen Sicherheit wurden die Länder der Region von einer Wirtschaftskrise nach der anderen geschüttelt, die dann politische Krisen nach sich zogen. Solche Krisen erlebten auch Länder, die auf Grund ihres Ölreichtums eher in der Lage hätten sein können, die wirtschaftlichen Probleme zu meistern. Eine falsche Wirtschaftspolitik führte z.B. in Iran dazu, daß die Möglichkeiten, die der Ölreichtum bot, für eine Verbesserung der Lage weiter Bevölkerungsschichten nicht genutzt wurden. Die alten Ideologien des Nationalismus und Sozialismus hatten sich damit in den Augen eines Teils der Bevölkerung als untaugliche Instrumente der Politik erwiesen. So kam es, daß Kräfte an Boden gewannen, die schon seit den 40er Jahren im Nahen und Mittleren Osten vorhanden, aber bis in die jüngste Vergangenheit kaum von großer Bedeutung gewesen waren. In den Konzepten des islamischen Revivalismus werden die alten Wertvorstellungen des Islams als aktuell dargestellt. Sie konnten auch an Künstlern, die bewußt in einer Gesellschaft im Umbruch leben, nicht spurlos vorübergehen. Auch sie besannen sich auf die künstlerischen Formen und Techniken, die sie mit der islamischen Kultur in ihrer Blütezeit verbanden.

Für die bildenden Künstler war das vor allem die Kalligraphie. Es gehört zu den Merkwürdigkeiten der Kunstgeschichte, daß ein christlicher, nationalistisch-libanesischer Künstler, Said Akl (Sa‘īd ‘Aql), der auch als Dichter und Politiker hervorgetreten ist, als erster und am konsequentesten dieses islamische Erbe entdeckt und in seine Bildersprache umgesetzt hat. Fast zur gleichen Zeit begann der schon genannte Sudanese Ibrāhīm aṣ-Ṣulḥī, kalligraphische Aspekte in seine Arbeiten aufzunehmen. Auch in der Folgezeit fanden sich immer wieder Künstler, die diesem Element in ihrer Formensprache verpflichtet waren. Das beginnt mit Khālid an-Nā'ib, der in einem Ölbild von 1971 deutlich das kalligraphische Moment benutzt. Aber erst in der zweiten Hälfte der 70er Jahre findet sich dann eine Vielzahl von Malern und Graphikern, die in diesen Formen eine Möglichkeit des künstlerischen Ausdrucks suchten. Betrachtet man die zahlreichen Werke von muslimischen Künstlern aus den verschiedenen Ländern des Nahen und Mittleren Ostens, so lassen sich hier eine deutliche Entwicklung und eine sich ständig verbessernde Qualität dieses besonderen Stils erkennen. Da finden sich Arbeiten, die die farblichen und formalen Entdeckungen der *Op-Art* von V. Vasarely geradezu genial auf einen islamischen Stil umgesetzt haben. Als Beispiele seien der Iraker Isam al-Said (‘Iṣām as-Sa‘īd) mit seiner aus dem Jahr 1977 stammenden „Calligraphy Composition“ oder der Palästinenser Kamal Boullata (Kamāl Bulāṭa) mit einer Arbeit „Ayt“ aus dem Jahre 1978 genannt. Bei diesen beiden Künstlern findet sich eine glückliche Weiterentwicklung einer europäischen Stilrichtung hin zu einem eigenständigen nah- und mittelöstlichen Stil, dessen Schönheit und Logik sich auch dem europäischen Betrachter schnell erschließt.

Daneben gibt es aber auch Arbeiten, die kaum einem europäischen Stil zuzuordnen sind. Da schafft Mahdīya ‘Umar aus dem Irak ein Bild mit dem Titel „Night Life“, in dem sie kalligraphische Momente der arabischen Tradition mit organischen, z.B. florealen Formen zu einer merkwürdigen Mischung aus dynamischen und statischen Elementen kombiniert. Und Rāfi‘ an-Nāṣirī benutzt die arabischen Buchstaben, um Fabelwesen zu konstruieren, die sich in einem weiten Raum aufhalten, der ebenfalls durch Momente der arabischen Schrift seine Akzente erhält.

Auch das aus der Schrift entwickelte Moment der Arabeske findet sich in den Arbeiten dieser Künstler. So benutzt Etel Adnan (Ītīl 'Adnān) aus dem Libanon das Wort *Allāh*, um daraus eine schwebende Komposition zu formen, in der das Wort, viele Male wiederholt, die Linie für besondere sprachliche und farbliche Schwerpunkte setzt. Nicht anders arbeitet der Algerier Rachid Koraichi (Rashīd Quraishī), der die Arabeske als Basis für figürliche Darstellungen wählt. Besonders gelungen erweist sich diese Stilrichtung aber in der Gebrauchsgraphik, also der Illustration von Büchern, dem Design von Covern und Plakaten.

Abschließend bleibt darauf hinzuweisen, daß die dargestellten Stilrichtungen in vielen Ländern des Nahen und Mittleren Ostens heute nebeneinander zu finden sind, daß sich die Künstler der verschiedenen Richtung kennen und z.T. auch gegenseitig beeinflussen. Die sich ständig verbessernden Kommunikationsmöglichkeiten zwischen den verschiedenen Ländern der Region haben es mit sich gebracht, daß Künstler aus ganz unterschiedlichen Ländern gemeinsame Ausstellungen veranstalten und es Kontakte zwischen Künstlervereinigungen nicht nur eines Landes, sondern aller Länder dieses Bereichs gibt. Auf diese Art könnte in absehbarer Zeit ein bei aller Individualität der einzelnen Künstlerpersönlichkeiten einheitlicher und als solcher erkennbarer nah- und mittelöstlicher Kunststil entstehen.

Literatur:

al-Ādāb, Majalla shahrīya. Bairūt 1953-.
Al-Azzawi, D. 1980: The Influence of Calligraphy on Contemporary Arab Art, London.
Ḥiwār. Majalla thaqāfīya 'āmma. Bairūt 1962/63-.
Ipşioglu, M.Ş. 1971: Das Bild im Koran. Ein Verbot und seine Folgen, Wien.
Al-Nasiri, R. 1983: Arab Graphics, in: Ur. The International Magazine of Arab Culture, Heft 1, 12-17.
Paret, R. 1968: Das islamische Bilderverbot und die Schia, in: Gräf, E. (Hrsg.): Festschrift Werner Caskel zum 70. Geburtstag, Leiden, 224-232.
ders. 1977: Die Entstehungszeit des islamischen Bilderverbots, in: Kunst des Orients, 11, 158-181.

V. Kultur und kulturelle Entwicklung in Israel

Reinhard Wiemer

1. Ursprünge und Entwicklung einer säkularen jüdischen Kultur

Die Auflösung der korporativen jüdischen Gemeinden (Kehillot) im 18. und 19. Jahrhundert führte erstmalig in der Geschichte der jüdischen Diaspora zu einer Trennung von Sakralem und Profanem. Bis zur Französischen Revolution war jüdisches Leben nur innerhalb der Glaubensgemeinschaft und unter Beachtung ihrer religiös legitimierten kulturellen, politischen und wirtschaftlichen Normen möglich gewesen. Die vormoderne jüdische Kultur, die dem einzelnen Juden einen für sein weiteres Verbleiben in der Gemeinschaft unabdingbaren, verbindlichen Verhaltenskodex vermittelt hatte, war jedoch gegen die Auswirkungen des beschleunigten gesellschaftlichen Wandels nicht immun. Die Ideen der Aufklärung, der Trennung von Kirche und Staat sowie die schrittweise bürgerliche Gleichberechtigung in vielen europäischen Ländern zwangen die am Fortbestand ihrer Gemeinschaft interessierten Juden zu einer von religiösen Axiomen losgelösten säkularen Bestimmung der Inhalte und der *raison d'être* jüdischer Existenz.

Ein ernsthaftes Problem für die jüdischen Reformer bedeutete die Tatsache, daß im Unterschied zu vielen anderen europäischen Völkern, welche profane Elemente ihrer Volkskultur das gesamte christliche Mittelalter über bewahrt hatten, die vormoderne jüdische Kultur einen ausschließlich sakralen Charakter besaß. Ein Rückgriff auf nicht-religiöse Kulturtraditionen war nahezu unmöglich. Es galt nun, die konstitutiven Elemente einer bislang religiös begründeten Kult- und Kulturgemeinschaft zu säkularisieren und die heilsgeschichtliche Legitimation der Existenz der Gemeinschaft durch eine historisch-kulturelle zu ersetzen — ein Unterfangen, das den Keim des Abfalls zahlreicher Gemeindeglieder in sich barg.

Einen der ersten und historisch bedeutsamsten Versuche einer Synthese von aufklärerischem Denken und Elementen, bzw. Symbolen jüdischer Tradition und Kultur unternahm Moses Mendelssohn (1729 - 86). In Anknüpfung an Leibniz, Spinoza und Shaftesbury forderte er die bürgerliche Gleichberechtigung der Juden und glaubte, durch seine Übersetzung der Hebräischen Bibel in die deutsche Sprache die Möglichkeit der Verschmelzung deutscher Kultur mit jüdischem Glauben nachgewiesen zu haben. Zwar erwies sich Mendelssohns Hoffnung, diese deutsch-jüdische „Symbiose" ohne Abstriche am religiös-nationalen Charakter der jüdischen Gemeinschaften vornehmen zu können, als falsch. Dennoch löste er durch sein Beispiel unter ostjüdischen Intellektuellen eine kulturelle und religiöse Erneuerungsbewegung aus, die durch ihre antiklerikale und säkulare Stoßrichtung den Grundstein für die hebräische Kultur in Palästina und Israel legte. Im Gegensatz zu Deutschland, wo Mendelssohns Ideen in das Reformjudentum mündeten, das den Juden jegliche nationalen und kulturellen Eigenheiten absprach und sie als eine Religionsgemeinschaft unter vielen ansah, verhinderte die retardierte sozio-ökonomische Entwicklung Osteuropas die Entnationalisierung des Ostjudentums. Auch hier war die Auflösung der *Kehillot* ein unzweideutiges Indiz für die Erosion der korporativen jüdischen Gemeinschaft und ihrer Inhalte. Die geistigen und materiellen Triebkräfte, die die alte Ordnung wanken ließen, waren jedoch noch zu schwach, um Staat und Gesellschaft des Zarenreiches sowie die östlichen Teile der Habsburger Monarchie grundlegend umzugestalten. Aufklärung und Industrialisierung machten östlich der Elbe nur zögernde Fortschritte. Die jüdischen Massen im Russischen Reich blieben eine unerwünschte Erbschaft der polnischen Teilungen, politisch entrechtet, wirtschaftlich im Zuge der schrittweisen Auflösung der feudalen Agrarverfassung ohne Basis und schwer integrierbar und kulturell durch die Krise der Religion und den Zerfall der *Kehillot* verunsichert. Nur in Osteuropa, wo Religions- und Klassengegensätze zusammenfielen und wo die Modernisierung der Gesellschaft die Juden als national und ökonomisch definierbare, nicht assimilierbare Gruppe konservierte, konnte der Impetus der *Haskalah* (hebr. Aufklärung) zur Herausbildung einer eigenständigen, lebensfähigen und säkularen jüdischen Kultur führen.

Die *Haskalah* in Osteuropa und die Emanzipation in Westeuropa bedeuteten den schärfsten Bruch in der jüdischen Geschichte seit der Zerstörung des Zweiten Tempels. Angelpunkte jüdischer Tradition und Religion wie Sprache, Literatur und Geschichte wurden nun ihrer metaphysischen Dimension beraubt und einer säkularen, von den Ideen der Französischen Revolution beeinflußten nationalen Weltanschauung angepaßt. Aus der Sakralsprache Hebräisch wurde (zumindest in den Zirkeln der Aufklärer) die Literatur- und später auch Umgangssprache Hebräisch. Aus den geheiligten Symbolen des Bundes zwischen dem Schöpfer und seinem Volk wurden die profanen Symbole einer Nationalität, und aus der Totalität des jüdischen Gesetzes wurde das nationale *Decorum* einer osteuropäischen Volksgruppe.

Während sich die *Maskilim* (hebr. Aufklärer) in ihrer Ablehnung der versteinerten und durch den Immobilismus ihrer Notabeln reformunfähigen orthodoxen Gemeinden einig waren, bestanden gleichwohl über Form und Inhalt der nationaljüdischen Alternative tiefgreifende Differenzen. Hatten die aufklärerischen Bestrebungen mit der Wiederbelebung des Hebräischen als Antithese zum durch das Ghetto stigmatisierten Jiddisch begonnen, so spaltete sich die Bewegung in der zweiten Hälfte des 19. Jahrhunderts über der Sprachenfrage. Die frühen *Maskilim* (wie auch später die Zionisten) befürworteten Hebräisch, wohingegen die dünne bürgerliche Oberschicht der Juden Osteuropas, die letztendlich an der Aufhebung des jüdischen Paria-Status und einer möglichst schnellen und reibungslosen Eingliederung in die russische Gesellschaft interessiert war, im Gebrauch des Russischen die Voraussetzung für den Erfolg dieses Prozesses sah. Jiddisch, die Muttersprache von mehr als 95 % der jüdischen Bevölkerung im Ansiedlungsrayon des Zarenreiches, wurde von denjenigen propagiert, die „den direkten Zugang zum Volk" liberalen Assimilations- oder nationalen Regenerierungsideologien vorzogen.

Die Befürworter einer Russifizierung kämpften wegen der Klassenstruktur der russisch-jüdischen Bevölkerung — die eine Integration ausschloß — und des latenten Antisemitismus auf verlorenem Posten und hatten auf die Herausbildung einer posttraditionalen jüdischen Kultur nur wenig Einfluß. Die Jiddischisten und Hebraisten dagegen trafen sich in ihrem Bestreben, die entleerte Hülle des orthodoxen Judentums mit einem neuen, nationalen Inhalt zu füllen. Sowohl Jiddischismus als auch Hebraismus wurden zu den bestimmenden Determinanten jüdischer *nationaler* Identität in Osteuropa. Zunächst waren die Demarkationslinien zwischen beiden Bewegungen noch fließend und wurden erst gegen Ende des 19. und Anfang des 20. Jahrhunderts durch die Gründung des „Bunds", der sich einem jiddischistischen und sozialistischen Diaspora-Nationalismus verschrieben hatte, und der zionistischen Bewegung, die einen hebräischen Judenstaat propagierte, endgültiger.

Im Unterschied zu Osteuropa, wo der Übergang von einer religiösen zu einer säkularen jüdischen Kultur durch die Assimilationsbarrieren der nicht-jüdischen Umwelt ermöglicht wurde, bedeutete für West- und Mitteleuropa die Auflösung der *Kehillot* das faktische Ende eines faßbaren jüdischen Kulturmilieus. Hier war die von aufgeklärten Herrschern, ihrer Beamtenschaft und dem Dritten Stand geforderte und betriebene Emanzipation der Juden an die Bedingung der Aufgabe der jüdischen national-religiösen und kulturellen Eigenart gebunden. Die überwiegende Mehrzahl der Juden, die sich ökonomisch in den expandierenden Volkswirtschaften hatte verankern können, war bereit, eine Konfessionalisierung des Judentums und mit ihm den Verlust authentischer jüdischer Kulturspezifika als Preis für die Emanzipation zu entrichten. Im Verlauf von zwei Generationen war der Akkulturationsprozeß weitgehend abgeschlossen und das jahrhundertealte eigenständige sozio-kulturelle Milieu der Juden zerstört. Zwar verhinderte der zunehmend aggressiver werdende völkische und rassische Antisemitismus die volle gesellschaftliche Integration der Juden — dies jedoch erst, als von den sozialen Kohäsionsmechanismen der alten jüdischen Gemeinden nur noch wenig übriggeblieben war. Die „postassimilatorische" gesellschaftliche jüdische Frage in Westeuropa fand ihren kulturellen Ausdruck nicht in einer eigenständigen jüdischen Kultur — die der nunmehr endgültig zerstörten *Kehillot* bedurft hätte —, sondern allenfalls in einer jüdischen Adaptation völkischer Mythen sowie in bestimmten sozialen und literarischen *Topoi* des städtischen jüdischen Bürgertums: In jüdischen Studentenverbindungen, die der antisemitischen Deutschtümelei ihrer Kommilitonen mit alttestamentarischer Symbolik begegneten sowie in ihrer Religionsgemeinschaft entfremdeten Literaten, die vom Antisemitismus nicht aus dem Judentum entlassen wurden. Die westeuropäischen Juden wiesen, abgesehen von einer sozial bedingten, durch die Assimilationskrise hervorgerufenen gemeinsamen Befindlichkeit, keine kulturellen Merkmale auf, die als spezifisch jüdisch hätten bezeichnet werden können.

Die Ausformung der verschiedenen Varianten des Zionismus stand in enger Wechselbeziehung mit den unterschiedlich strukturierten jüdischen Gemeinschaften in Ost- und Westeuropa. Im Russischen Reich war die zionistische Bewegung eine Antwort auf die immerpräsente nationale Frage und entwickelte eine natürliche Affinität zur hebraistischen *Haskalah*-Fraktion. Der sozialen, geistigen und wirtschaftlichen Dauerkrise sollte durch einen jüdischen Nationalstaat begegnet werden, der nicht nur die rein physische Judennot zu lindern versprach, sondern der gleichfalls, als Verlängerung der *Haskalah,* die Substanz des Judentums neu zu definieren und zu bewahren hatte. Die kulturelle Renaissance der Juden wurde in Osteuropa zum integralen Bestandteil zionistischer Ideologie und verwies bei manchen Zionisten den Wunsch nach politischer Souveränität auf den zweiten Platz. Achad Ha'am (1856 - 1927), ein hebräischer Essayist und Führer der proto-zionistischen Chibbat Zion Bewegung, war der bekannteste Vertreter dieser Richtung. Er formulierte Ende des 19. Jahrhunderts in einer bemerkenswert illusionslosen Analyse der jüdischen Realität das kulturzionistische *Credo:* Die Judennot, d.h. die politischen, wirtschaftlichen und sozialen Probleme der Juden, sind zweitrangig gegenüber dem „Problem des Judentums", d.h. dem Zusammenbruch der *Kehillot* und der Assimilation. Die Kulturzionisten befürchteten, daß die Relativierung der Religion in der Neuzeit unweigerlich die Resistenz der Juden gegenüber den Kulturen und Gesellschaften, in denen sie lebten, schwächen würde. Der zionistischen Besiedlung komme daher weniger die Aufgabe zu, möglichst viele Juden möglichst schnell nach Palästina zu schaffen, sondern der jüdischen Existenz in der Diaspora einen säkularen, kulturellen Fixpunkt zu geben, ein Substitut für die überlebte Gemeinde. Jüdisches Nationalbewußtsein und die Wiederbelebung einer jüdischen Kultur sollten das kollektive Überleben der Juden als Juden in der Diaspora gewährleisten. Bei fast allen osteuropäischen Zionisten tauchte dieses Motiv einer kulturellen Regeneration des Judentums in der einen oder anderen Form auf. Auch wenn dabei die Prioritäten nicht immer so radikal wie bei Achad Ha'am gesetzt wurden, so war doch der Wunsch nach jüdischer Staatlichkeit untrennbar mit dem Versuch einer Erneuerung, in den meisten Fällen Hebraisierung, der jüdischen Kultur und jüdischer Traditionen verbunden.

Den wenigen west- und mitteleuropäischen Juden hingegen, die vor 1914 zur zionistischen Bewegung stießen, war die Vorstellung vom Zionismus als dem Motor und Träger einer erneuerten jüdischen Nationalkultur weitgehend fremd. Obwohl sie wichtige Positionen innerhalb der Zionistischen Organisation innehatten und ihre Gefolgschaft fast ausschließlich in Osteuropa zu finden war, standen sie allen Hebraisierungsbestrebungen skeptisch bis ablehnend gegenüber. Für die Mehrzahl dieser aus akkulturierten Familien des jüdischen Mittelstandes stammenden Zionisten war der Zionismus ein Emanzipationssurrogat, das — wenn schon die individuelle Assimilation fehlgeschlagen war — die kollektive möglich machen sollte. Theodor Herzl (1860 - 1904), der jeglicher jüdischen Tradition entfremdete Begründer und Theoretiker der Zionistischen Organisation, zweifelte folglich auch nicht daran, daß der jüdische Staat sich kulturell am deutschsprachigen Raum orientieren würde, und daß von der Umgangssprache bis hin zum Literatur-, Kunst- und Musikleben jüdische Elemente allenfalls dekorative Funktionen erhielten.

2. Anfänge der hebräischen Kultur in Palästina

Für die Entwicklung der palästinensisch-jüdischen und israelischen Kultur jedoch waren die hauptsächlich aus Polen und Rußland einwandernden jüdischen Siedler der sogenannten 2. *'Aliyah* (hebr. Einwanderungswelle) prägend, die — ohne die Ergebnisse der zionistischen Diplomatie abzuwarten — als hebräischer Nukleus vor Ort vollendete Tatsachen schufen und letztendlich ihre Vorstellung einer gleichzeitig authentisch-jüdischen und hebräisch-nationalen Gesellschaft zu realisieren vermochten. Die Weiterentwicklung der hebräischen Sprache zum brauchbaren Kommunikationsmittel im 20. Jahrhundert sowie die Abschottung gegenüber der arabischen Umgebung und die Kaltstellung der jiddischen, von europäisch-jüdischen Philantropen unterhaltenen Pflanzerbourgeoisie waren die wichtigsten ersten Erfolge der puristischen Einwanderer der 2. *'Aliyah* im Kampf um ein national-jüdisches Palästina. Eine Besonderheit der kulturellen Neuorientierungen der jüdischen Einwanderungen — im Unterschied zu allen anderen Migrationsbewegungen der Neuzeit — bestand im Nichtvorhandensein einer Zielkultur im Einwanderungsland, der man sich hätte assimilieren können oder wollen. Der Akt der Einwanderung bedeutete zwar die Negation der alten ,,Galut"-Kultur, eine Alternative dazu mußte jedoch erst geschaffen werden. Die an zionistische Ideologeme angepaßte *Haskalah* bot sich als Bezugsrahmen an. Oft wurden die zionistischen Ideale und kulturpolitische Vorstellungen (ebenso wie die vieler assimilierter Juden) von negativen, antisemitischen Stereotypen geprägt. So ging man davon aus, daß die Juden wurzellos, physisch schwach, körperlicher Arbeit abgeneigt, der Natur entfremdet usw. seien. Der hebräische Idealtyp, gleichsam die Antithese zum Diaspora-Juden, war der Bauer, der bewaffnet und unter Mißachtung sämtlicher jüdischer Religionsgesetze, in Habitus und Lebensstil dem Zerrbild des 19. Jahrhunderts vom *noble savage* ähnelnd, sein Land bebaut. Diese Vorstellungen vom ,,Muskeljuden" (Max Nordau) hinterließen in der Anfangsphase der synthetischen hebräisch-palästinensischen Kultur deutliche Spuren — von der Wahl der sephardischen statt der (mit dem Ghetto assoziierten) aschkenasischen Aussprache des Hebräischen über die *Topoi* der ersten palästinensisch-jüdischen Literaten bis hin zur Kleidung, die teils der Tracht russischer Bauern, teils fellachischen Umhängen nachempfunden war.

Demographisch noch sehr schwach und finanziell wie politisch von der Unterstützung der Zionistischen Organisation in Europa abhängig, mußte die zionistische Siedlergemeinschaft vor allem bei der Durchsetzung des Hebräischen sowohl den Widerstand der in Palästina ansässigen, nicht-zionistischen orthodoxen Juden überwinden als auch sich gegenüber den philantropisch-jüdischen europäischen Vereinen durchsetzen. Während erstere die Profanisierung der Sakralsprache ablehnten, waren letztere nicht bereit, auf den Gebrauch europäischer Sprachen, gerade im Hinblick auf den damit einhergehenden politischen Einfluß ihres Mutterlandes im Nahen und Mittleren Osten, zu verzichten. Ihren Höhepunkt erreichte diese Auseinandersetzung 1913 in dem sogenannten Sprachenstreit, als der deutsch-jüdische, nicht-zionistische ,,Hilfsverein" Deutsch als Unterrichtssprache in der von ihm getragenen Technischen Hochschule in Haifa (dem späteren Technion) einzuführen gedachte. Die zionistischen Siedler bestanden auf Hebräisch und erreichten durch Streiks, Boykotte und Demonstrationen ihr Ziel. Angeführt wurden sie dabei von dem Vater des modernen Hebräisch, Eliezer Ben Jehuda (1858 - 1922), der diese Sprache in unermüdlicher Arbeit lexikalisch und orthographisch reformierte und so die Voraussetzungen für ihren Gebrauch in Palästina schuf. Er gründete 1904 den Va'ad Ha-Laschon (Rat der Sprache), der bis heute das Hebräische normiert.

Gegen Ende des Ersten Weltkriegs war Hebräisch die Umgangssprache von 40 % der Juden in Palästina (die Zahl der Muttersprachler lag jedoch wesentlich niedriger), und 1920 wurde Hebräisch, neben Englisch und Arabisch, als eine der drei offiziellen Sprachen von der britischen Verwaltung anerkannt. Zwar ist in der Sprachwissenschaft weiterhin die eher akademische Frage umstritten, ob das Neuhebräische (Iwrit) noch eine semitische Sprache sei, oder nicht vielmehr eine europäische ,,im durchsichtigen semitischen Gewand" (G. Bergsträßer). Dennoch bleibt der letztendliche Erfolg der hebräischen Sprachpuristen eine linguistische und kulturpolitische Glanzleistung, ohne die palästinensisch-jüdische und israelische Kulturtraditionen nicht hätten entstehen können.

Auf allen anderen Gebieten hingegen war das ,,Land Israel" vor 1914 nur ein Schatten der hebräischen Kulturzentren in Osteuropa. Die Heroen der hebräischen Literatur fehlten noch in Palästina. Die literarische Produktion beschränkte sich auf einige zweitklassige, ihre Palästina-Erfahrung romantisierende Schreiber. Ein origineller Zug dieser Epoche war die Tendenz einiger *Chaluzim* (hebr.: Pioniere), in pansemitischen Träumen zu schwelgen und die ,,Rückkehr" der Juden ins Gelobte Land als eine Vereinigung mit den ,,arabischen Vettern" zu feiern (Moshe Smilansky, Yehoshua Barzilai) — eine Illusion, die selbst die blutigen Auseinandersetzungen der nachfolgenden Jahrzehnte überleben sollte. Ein Theater existierte im osmanischen Palästina nicht, und die einzige Kulturinstitution in Israel, die ihre Ursprünge auf die Zeit vor 1914 zurückverfolgen kann, ist die von Boris Schatz (1866 - 1932) gegründete Bezalel-Kunstakademie in Jerusalem. Schatz, der Ex-Hofmaler des bulgarischen Königs, rief gegen den wiederum lautstarken Protest der jüdischen Orthodoxie seine von der zionistischen Führung subventionierte Schule ins Leben. Diese diente jedoch nicht nur dem ästhetischen Genuß, sondern auch der Förderung des Handwerks und somit der Erschließung neuer Beschäftigungsmöglichkeiten für jüdische Siedler. Schatz bemühte sich, einen authentisch ,,palästinensischen" Stil zu schaffen und glaubte, dies in erster Linie durch das Ignorieren europäischer Kunstrichtungen bewerkstelligen zu können. Sein originellster Beitrag zur jüdischen bildenden Kunst bestand in seiner Förderung der Bildhauerei — ein Genre, das im jüdischen Milieu wegen der religiösen Tabuisierung bis dato gänzlich fehlte.

3. Kulturelle Entwicklung des jüdischen Sektors in Palästina 1917 - 1948

Während der britischen Mandatszeit wuchs aus den nach Palästina transplantierten ostjüdischen Fragmenten eine eigenständige und facettenreiche nationale hebräische Kultur. Voraussetzung hierfür waren die politischen Privilegien, die der Zionistischen Organisation von der Mandatsmacht Großbritannien eingeräumt worden waren, sowie die zunehmend prekäre Lage der jüdischen Minderheiten in Europa, die ein Einwanderungsreservoir darstellten, das die jüdische Siedlergemeinschaft in Palästina demographisch, ökonomisch und militärisch überleben ließ.

Einen zusätzlichen Impetus erhielt der Prozeß der Herausbildung eines palästinensisch-jüdischen sozio-kulturellen Milieus durch das Mißtrauen, mit dem in Rußland nach der Oktoberrevolution die neuen Machthaber das Hebräische als Ausdruck eines bourgeoisen, national-jüdischen Bewußtseins betrachteten. Die Sowjets inhaftierten fast alle bekannten Hebraisten, und nur durch die Intervention Gorkis gestattete Lenin einigen die Ausreise. Für einige Zeit wurde nun Berlin zum Mittelpunkt der hebräischen Emigration. Bereits Mitte der 20er Jahre hatten sich jedoch die prominentesten exilierten Schriftsteller in Palästina niedergelassen. Der *Jischuw* (hebr. jüdischer Sektor Palästinas), der sich bislang einem asketisch-utopischen Pionierideal verschrieben und die bürgerlich-urbane *Bohème* eher abschätzig als Indiz für die ,,unnatürliche" Berufsstruktur und den ,,ungesunden" Intellektualismus der Juden angesehen hatte, erhielt seine ersten professionellen Literaten.

Es setzte nun eine neue Phase der literarischen Produktion ein, die den *Jischuw* langsam aus seinem romantischen Provinzialismus befreite. Obgleich diese erste palästinensische Literatengeneration in der zionistischen Verneinung der Diaspora stand, ist der europäisch-jüdische Lebenszusammenhang, in dem ihre Werke entstanden, unübersehbar. Der Kreis um den modernen hebräischen *Poeta Laureatus* Chayyim Nachman Bialik (1873 - 1934) entstammte jenem Ghetto, dem Stetl, dessen Negation zu sein der Zionismus beanspruchte, das thematisch jedoch weiterhin das *Oeuvre* Bialiks und seiner Weggefährten durchdrang: Ihre Muttersprache war Jiddisch, und obgleich sie moderne europäische Sprachen meisterhaft zu beherrschen lernten, waren sie in Kontakt mit der modernen europäischen Kultur erst als junge Erwachsene gekommen. Mittel- und Westeuropa wirkten auf das Schaffen dieser Generation auch in ihrer Spätphase marginal. Doch gerade Bialiks Hervorgehen aus dem Ostjudentum ließ ihn zur Verkörperung der hebräischen Renaissance in Palästina werden. Er gab der Erfahrungs- und Gefühlswelt der russischen und polnischen Einwanderer Ausdruck und verlieh der jüdischen Besiedlung Palästinas durch seine ostjüdischen Metaphern Sinn und Legitimität jenseits zionistischer Mythen. Sein Gedicht ,,Die Stadt des Abschlachtens" ist die emotionsgeladene, apokalyptische Schilderung eines Pogroms in Rußland, welche auf alle hebräischen Poeten einen nachhaltigen Einfluß als stilistischer und thematischer Prototyp moderner hebräischer Lyrik ausgeübt hat. Bialiks bekannteste und erfolgreichste Zeitgenossen waren Saul Tschernichovsky (1875 - 1943), Salman Schneur (1887 - 1959), Chayyim Chasas (1898 - 1973) sowie der spätere Literaturnobelpreisträger Samuel Josef 'Agnon (1888 - 1970), der vor allem durch seine an Kafka erinnernde Modernität unter den modernen hebräischen Schriftstellern herausragt.

Für die nachfolgende Generation palästinensisch-jüdischer Schriftsteller hingegen wurde *Palästina* zum thematischen Mittelpunkt. Obwohl auch von ihnen die überwiegende Mehrheit noch in Europa geboren und aufgewachsen war, begann ihre Hauptschaffensperiode mit der Auswanderung. So wurden die Besiedlung des Landes, die Auseinandersetzung mit den Arabern, die zionistischen Siedlungsformen und die Entstehung einer neuen, hebräischen Nation zum Stoff ihrer Dichtung. Das jüdische Osteuropa, dem die Vorgänger noch eine Art nostalgischen Respekt gezollt hatten, bedeutete für Avraham Schlonsky (1900 - 73), Nathan Alterman (1910 - 70) und Uri Zwi Grinberg (1896 - 1981) lediglich die Antithese zum Zionismus (womit sie den Einwanderern der 2. *'Aliyah* näher standen als Bialik oder 'Agnon). Insbesondere in der Dichtung Grinbergs wurde das ,,Land Israel" nicht nur zum Symbol der erneuerten jüdischen Nation, sondern gewann nach der Erfahrung des Holocaust eine mystisch-irrationale Qualität. Seine Blut-und-Boden-Mythologie machte ihn zum literarischen Bannerträger des revisionistischen Zionismus und zu einer der umstrittensten Persönlichkeiten der modernen hebräischen Literatur.

Gegenüber der Nationalsprache Hebräisch spielte Jiddisch, die Umgangs- und Schriftsprache der osteuropäischen Juden, im Palästina der Zwischenkriegszeit als Literatursprache eine nur untergeordnete Rolle. Zum einen wurde Jiddisch von der überwiegenden Mehrheit der Zionisten als ,,Galut-Jargon" vehement bekämpft. Zum anderen waren — aus eben diesem Grund — die meisten jiddischen Schriftsteller noch in Polen, Rumänien und der Sowjetunion und fanden, so sie vor 1939 auswanderten, eher den Weg zu den jiddischen Inseln der Neuen Welt als nach Palästina. Nach dem Zweiten Weltkrieg verschlug es einige jiddischschreibende Autoren nach Palästina, und sie versuchten, in der ihnen fremden sprachlichen Umgebung auch literarisch Fuß zu fassen. Ihre Rezeption beschränkte sich jedoch auf die osteuropäische Einwanderergeneration, mit deren Verschwinden auch das Schicksal der jiddischen Literatur in Israel besiegelt sein wird.

In den 20er und 30er Jahren entwickelte sich in Palästina eine moderne hebräische Presse. Hebräischsprachige Zeitungen (Ha-Maggid, Ha-Levanon, Chawazelet u.a.) hatte es in Palästina seit der zweiten Hälfte des 19. Jahrhunderts gegeben — inhaltlich und stilistisch waren es jedoch eher die Steckenpferde idealistischer Hebraisten als moderne und regelmäßig erscheinende Medien. Erst die Einwanderungswellen nach dem Ersten Weltkrieg, die politische und ökonomische Konsolidierung des *Jischuw* sowie die sozio-kulturelle Differenzierung der palästinensischen Juden ließen das Publikum und den Markt für Presseerzeugnisse mit hoher Auflage entstehen. Eine Vielzahl von Tageszeitungen, Wochenzeitschriften und Fachpublikationen wurde nach 1918 verlegt: Die Tageszeitung Ha-Aretz (ursprünglich Chadaschot Ha-Aretz) erschien 1919. 1937 kaufte sie Salman Schocken auf und ernannte seinen Sohn Gerschom zum Herausgeber. Das Gewerkschaftsorgan Davar wurde 1925 gegründet und zählte zu seinen Herausgebern die auch politisch prominenten Führer des Arbeiterzionismus Berl Katznelson, Salman Schasar und Mosche Beilinson. Die Revisionisten brachten die Zeitungen Ha-'Am, Chasit Ha-'Am, Ha-Jarden und Ha-Maschkif heraus, die Allgemeinen Zionisten Ha-Boker, die Misrachi (Religiöse Zionisten) Ha-Zofe, die links-sozialistischen Parteien Mischmar (später 'Al Ha-Mischmar) und die Kommunisten Kol Ha-'Am. In den 30er Jahren erschienen die ersten Nachmittagszeitungen, die im Gegensatz zu den meisten Morgenzeitungen nicht parteigebunden waren und gewisse Elemente der sich auch in Europa herausbildenden Boulevardberichterstattung aufwiesen. Esriel Carlebach gründete 1939 Yedi'ot Acharonot und 1947 nach seinem Ausscheiden die erfolgreiche Konkurrenzzeitung Ma'ariv. Beide Blätter sind mit Ha-Aretz heute die auflagenstärksten und einflußreichsten israelischen Tageszeitungen, die den Stil des hebräischen Journalismus entscheidend geprägt haben.

Die Anfänge des modernen hebräischen Theaters fallen ebenfalls in die Mandatszeit. Das 1917 in Moskau entstandene und auch international renommierte Habimah-Theater ließ sich 1932 in Tel Aviv mit dem Ziel nieder, als kulturelle Brücke zwischen der jüdischen Diaspora und dem *Jischuw* zu fungieren. Ob dies erreicht wurde, ist fraglich — dennoch waren die Aufführungen der Habimah von unbestreitbarer Qualität und Originalität. Das berühmteste Stück dieser Bühne war die Inszenierung von Anskis ,,Dybbuk" (ins Hebräische übertragen von Bialik) — eines der wenigen dramatischen Stücke der jiddischen Literatur, welches auch in Westeuropa beachtliche Erfolge feierte. Das vom Kulturkomitee der Histadrut dekretierte Ohel-Theater hatte ursprünglich eher Agitprop-Funktionen. Nach dem Willen des jüdischen Gewerkschaftsbundes sollte es Ausdruck der kulturellen Kreativität des ,,mit seiner Heimaterde wiedervereinigten hebräischen Arbeiters" sein. Sein Stil war dabei von einem zionistischen Realismus geprägt, der der künstlerischen Ausstrahlung dieser Bühne enge Grenzen setzte. Zum bedeutendsten hebräischen Ensemble in Palästina wurde das 1944 gegründete Kameri-Theater. Es sollte bewußt an die europäische Theatertradition anknüpfen und junge hebräische Dramatiker an sie binden. Neben Klassikern kamen auch kommerzielle, meist amerikanische Stücke in den Spielplan, wodurch ein Gegengewicht zu dem politisch-dogmatischen Ohel und der stilisierten Aufführungsweise der Habimah entstand. Von einigen Dokumentarfilmen abgesehen existierte vor 1948 keine palästinensische Filmproduktion.

Mitte der 20er Jahre fanden in Palästina die ersten Opern- und Konzertaufführungen statt. Nach 1933 gab es als Folge des Einströmens jüdischer Flüchtlinge aus Deutschland sowohl eine wachsende Nachfrage nach klassischer europäischer Musik als auch ein Reservoir an exilierten Künstlern. Das 1936 mit diesen Emigranten gegründete Palestine Philharmonic Orchestra war bis in die 50er Jahre das einzige seiner Art im Nahen und Mittleren Osten. Das erste Konzert in Palästina unter der Leitung von Arturo Toscanini wurde zur Gründungslegende dieses Orchesters, das regelmäßig auch in den arabischen Nachbarländern spielte. Zur Verbreitung und Förderung der Ernsten Musik und zahlreicher kleiner Orchester trug 1936 die Einführung des Rundfunks in Palästina bei, dessen Musikabteilung von 1937 an auch ein eigenes Radioorchester unterhielt.

Die Einwanderung aus Mitteleuropa der 30er Jahre hatte auch Auswirkungen auf die bildende Kunst des jüdischen Sektors in Palästina. War bislang als Folge der Ausrichtung der Bezalel-Akademie die bildende Kunst eher kunsthandwerklich ausgerichtet gewesen, so wurde durch die Hitler-Immigration der Kontakt zu modernen europäischen Kunstrichtungen wie dem Kubismus, dem Surrealismus und der Abstrakten Malerei hergestellt. Als Mittler fungierten das 1931 fertiggestellte Kunstmuseum in Tel Aviv sowie der 1941 eingewanderte Mitbegründer des Dadaismus, Marcel Jancu.

4. Kulturelle Entwicklung des Staates Israel

Als der Staat Israel 1948 gegründet wurde, hatte sich eine hebräische Kultur innerhalb des jüdischen Bevölkerungsteils Palästinas entwickelt, die sich sowohl von der Kultur des alten, vorzionistischen *Jischuw* unterschied, als auch von der der jüdischen Diaspora. Die ersten Jahre jüdischer Staatlichkeit jedoch veränderten den ethno-demographischen Charakter Israels. Zeichnete sich die jüdische Bevölkerung Palästinas vor 1948 durch eine weitgehende kulturelle und soziale Homogenität aus, in der Randgruppen wie die jemenitischen Juden eine eher exotisch-folkloristische Untermalung der ,,Einheit Israels" als ein soziales und kulturelles Problem waren, so veränderte die Masseneinwanderung der orientalischen Juden langfristig das soziale Gefüge ebenso wie die kulturellen Ausdrucksformen der israelischen Gesellschaft.

Der Zustrom orientalisch-jüdischer Gemeinden, welche von der zionistischen Bewegung bis zu Beginn des Zweiten Weltkriegs weitgehend ignoriert worden waren und nach der fast vollständigen Vernichtung des europäischen Judentums das einzige kurzfristig mobilisierbare Einwanderungsreservoir darstellten, warf die Frage der kulturellen Orientierung der israelischen Gesellschaft als Problem auf. In der israelischen Regierung und der Führung der Zionistischen Organisation bestand Einigkeit darüber, daß die kulturelle wie politische Westorientierung des Staates beibehalten werden müsse, und daß letztendlich die erfolgreiche Eingliederung der orientalischen Neuankömmlinge gleichbedeutend mit ihrer Assimilierung an die europäischen Traditionen und Werte der israelischen Gesellschaft sei. Das Gespenst einer möglichen ,,Levantinisierung" des jüdischen Staates war eine dauerhafte Begleiterscheinung der orientalischen Einwanderungswellen. Die kulturpolitische Komponente der Integration der Neueinwanderer beschränkte sich in den 50er und 60er Jahren auf die bewußte Entfremdung vor allem der jungen orientalischen Generation von ihrem kulturellen Erbe und die Aufweichung derjenigen sozialen Strukturen (Großfamilie, Gemeinde), die als potentielle Träger dieses Erbes hätten weiterwirken können. Erleichtert wurde diese Politik durch den Umstand, daß viele orientalische Gruppen ohne ihre Eliten, die in den meisten Fällen nach Europa migriert waren, in Israel eintrafen. In den ersten zwei Jahrzehnten der israelischen Geschichte spielten die orientalischen Juden eine kulturelle Rolle nur in der populären Kultur. Auf dem Gebiet der Popmusik, der Volkstänze und nicht zuletzt auch der Küche ist die Schreckensvision der Staatsgründer von einer ,,Orientalisierung" bereits Wirklichkeit geworden, ohne dadurch allerdings die schichtspezifische Kulturdichotomie in Israel mit ihrem hohen gesellschaftlichen Konfliktpotential gemildert zu haben. Ein Indiz für die Konsequenz, mit der sich der orientalische Teil der israelischen Bevölkerung lange Zeit die Vorstellung von der Minderwertigkeit der eigenen Kultur zu eigen machte, ist die Tatsache, daß mit wenigen Ausnahmen selbst diejenigen, deren Muttersprache ein arabischer oder judeo-arabischer Dialekt ist, die sephardo-europäische Aussprache des Hebräischen übernommen haben. Die Geschichte und Kultur der orientalischen Gemeinden wurden in den Curricula und Schulbüchern weitgehend ignoriert, und erst seit Anfang der 70er Jahre kommt bei den in Israel geborenen oder aufgewachsenen orientalischen Juden (die inzwischen die Mehrheit der jüdischen Bürger ausmachen) ein durch soziale und politische Benachteiligung hervorgerufenes ethnisches Bewußtsein auf. Trotzdem ist der Anteil der orientalischen Juden am kulturschaffenden israelischen Establishment nach wie vor sehr gering. Die häufig von europäischen Juden gehegte Hoffnung, daß die orientalisch-jüdische Bevölkerung als kulturelle und politische Brücke zu den Arabern dienen könnte, ist inzwischen kaum mehr zu hören. Zu offensichtlich ist der durch die kulturelle Affinität zur arabischen Welt verstärkte politische Antagonismus zwischen orientalischen Juden und den innerhalb der israelischen Grenzen lebenden palästinensischen Arabern.

Der Gebrauch des Hebräischen hat in Israel gegenüber der zionistischen ,,Pionierzeit" seinen demonstrativen Charakter verloren. Hebräisch wurde zu einer modernen, ,,westlichen" Sprache, die morphologisch und syntaktisch semitisch ist, deren Konzepte jedoch dem *Standard European* entlehnt sind. Mehr als die Hälfte der israelischen Bevölkerung spricht Hebräisch als Muttersprache, mit ständig steigender Tendenz. Zwar ist Israel zu klein, um die Entwicklung regionaler Dialekte zuzulassen — gewisse sozio-kulturelle und ethno-kulturelle Varianten des Neuhebräischen haben sich inzwischen jedoch gebildet und färben in zunehmendem Maße auf die gesprochene Sprache ab. Weiterhin wird von der Sprachakademie an der Modernisierung und Erweiterung des Wortschatzes gearbeitet — ein untrügliches Anzeichen der sprachlichen Normalisierung ist jedoch der Umstand, daß sich die synthetischen Wortschöpfungen der Linguisten gegenüber der umgangssprachlichen Begrifflichkeit häufig nicht durchzusetzen vermögen. Die sprachlichen, nicht-hebräischen Subkulturen der osteuropäischen und orientalischen Einwanderer gehen mit ihren Trägern unter.

Die hebräische Literatur in Israel wurde nach 1948 zunehmend von einer Generation geprägt, für die der Gebrauch der hebräischen Sprache nicht mehr die ostentative Befolgung eines ideologischen Imperativs war, sondern Ausdruck nationaler und kultureller Normalität. Die Diaspora als kulturelle und existentielle Dimension jüdischen Lebens fehlt weitgehend im Schaffen dieser Literaten, ebenso die als Negation der Diaspora entstandene Mythologisierung des Zionismus und des ,,Landes Israel". Die Dissoziierung vom Diasporajudentum, seiner Historie und seinen Traditionen erreichte in der politisch-literarischen Bewegung der Kana'aniter in den 50er Jahren einen Höhepunkt. Von ihren Protagonisten, u.a. dem Lyriker Jonathan Ratosch (1909 - 81), wurden im radikalen Gegensatz zu zionistischen Postulaten die israelischen Juden nicht als ein, wenn auch ,,heimgekehrter" Teil des jüdischen Volkes begriffen, sondern als vorderorientalische, semitische Nation, die mit dem Diasporajudentum nichts, mit den ebenfalls semitischen Völkern des Nahen und Mittleren Ostens hingegen vieles gemein habe. Literarisch waren die Kana'aniter vergleichsweise erfolgreich und genossen Sympathien vor allem unter den israelischen Intellektuellen. Politisch blieb die Bewegung, einen hebräisch-semitischen Imperialismus predigend, in allen Lagern isoliert und lebt Mitte der 80er Jahre nur noch in der schillernden Figur des Herausgebers der Zeitschrift Ha'olam Haseh und zeitweiligen Knesseth-Abgeordneten Uri Avnery fort.

Wenn auch nur wenige israelische Schriftsteller sich die Ideologie und die politischen Positionen der Kana'aniter zu eigen machten, so teilten sie doch deren Distanz zu den europäischen Wurzeln der modernen jüdischen Kultur. Dies war in vielen Fällen nicht nur das Ergebnis einer bewußten, rationalen Auseinandersetzung und Ablehnung des Erbes der Diaspora, sondern die Kehrseite der sprachlichen Normalisierung: Der Zugang zu den Literaturen anderer Länder war ihnen nur über ihre eigenen (oft unvollkommenen) Fremdsprachenkenntnisse oder mittels Übersetzungen möglich. Rezipiert wurde daher in erster Linie der angelsächsische Sprachraum und nicht — wie vor dem Zweiten Weltkrieg — Mittel- und Osteuropa. Daß diese Ausrichtung von emotionalen Faktoren — in erster Linie der Entfremdung vom deutschen Sprach- und Kulturraum als Folge der Vernichtung der europäischen Juden durch das nationalsozialistische Regime in Deutschland — verstärkt wurde, bedarf eigentlich keiner Erwähnung. Die erschwerte Kommunikation mit den im sowjetischen Machtbereich lebenden Juden, denen zudem noch zumindest bis zum Tode Stalins jedwede jüdisch-kulturelle Betätigung untersagt war, rückte Osteuropa gänzlich aus dem kulturellen Blickfeld des jüdischen Staates.

Zu den bekanntesten zeitgenössischen israelischen Lyrikern zählen Amir Gilbo'a (geb. 1917), Yehuda 'Amichai (geb. 1924) und Nathan Sach (geb. 1930). In europäische Sprachen übersetzte und auch außerhalb Israels erfolgreiche Prosaschriftsteller sind Dan Ben-Amotz (geb. 1924), Amos Os (geb. 1939) und Abraham B. Yehoschua (geb. 1936), dessen Roman ,,Der Liebhaber" zu den eindrucksvollsten literarischen Erzeugnissen in hebräischer Sprache zählt. Von diesen Schriftstellern wird nun ohne den Zwang einer Apologetik des Zionismus — der die Diaspora-Hebraisten ja erst nach Palästina geführt hatte — die soziale und politische Realität des Staates Israel thematisiert. Der Junikrieg 1967 und seine Folgen sowie die israelische Invasion des Libanon 1982 haben ihren literarischen Niederschlag in zahlreichen, zumeist kritischen, dramatischen, lyrischen und Prosawerken gefunden. Erwähnt seien Amos Os' reportageartiger Bericht über Israel nach dem Libanonkrieg ,,Hier und dort im Lande Israel" (1983) sowie Chayyim Marins Drama ,,Bunker" (1983), in dem die im Libanon kämpfenden israelischen Soldaten als die Opfer der Ängste ihrer Eltern erscheinen.

Marin und der auch in der Bundesrepublik Deutschland bekannte Yehoschua Sobol verkörpern die Entwicklung des hebräischen Dramas in Israel, das, lange im Schatten von Lyrik und Poesie stehend, sich langsam aus seiner Zweitklassigkeit und Epigonenhaftigkeit löst und eigenständige Qualitäten zu zeigen beginnt. Eine Israel eigentümliche Form theatralischer Unterhaltung sind die zahlreichen kleinen Schauspielertruppen der Armee. Diese Gruppen, die häufig aus professionellen, ihren Militärdienst leistenden Künstlern bestehen, bieten in der Regel eine Mischung aus Schauspiel, Gesang und Tanz und erreichen dabei ein Publikum, das über die traditionelle, europäisch-mittelständische Schicht der Theaterbesucher weit hinaus geht. Diese Art der Unterhaltung ist in Israel in den letzten drei Jahrzehnten zum eigenen Genre geworden.

Auf dem Gebiet der Komposition dominierte im Israel der 40er und 50er Jahre die Schule der ,,Mediterranisten". Sie versuchten, die orientalische Musiktradition mit westlichen Aufführungstechniken zu verbinden. Die Repräsentanten dieser Richtung waren Paul Ben-Chayyim (geb. 1897), Alexander Boscowitsch (1908 - 64) und Menachem Awidom (geb. 1908). Die jüngeren israelischen Komponisten haben diese wenig erfolgreiche musikalische Mixtur aufgegeben und orientieren sich an der 12-Ton Musik (Mordechai Seter, geb. 1916) oder der elektronischen Musik (Josef Tal, geb. 1910). Was auf dem Gebiet der E-Musik als gescheitert angesehen werden muß, gelang der israelischen Pop-Musik: Hier gingen orientalische Rhythmen und Melodien eine gelungene Verbindung mit okzidentalen Harmonien und Instrumenten ein — die bislang einzige gelungene Synthese von Elementen beider Kulturkreise. Als überzeugendstes Beispiel hierfür sei die Gruppe Breira Tiw'it genannt, die seit dem Ende der 70er Jahre auch ein an europäischer Musik geschultes Publikum erreicht.

In Israel wie überall wurden die elektronischen Medien zu den wichtigsten Diffusionsinstrumenten der Massenkultur. Im Verlauf der 50er und 60er Jahre kamen zu dem ursprünglich einzigen Rundfunkprogramm drei weitere hinzu. Es werden mittlerweile ein breitgefächertes Programm in hebräischer Sprache ausgestrahlt sowie Sendungen in zahlreichen europäischen Sprachen für Neueinwanderer und Touristen und in Arabisch für die arabische Bevölkerung Israels und der Nachbarstaaten. Der israelische Kurzwellensender Kol Zion La-Golah (die Stimme Zions für das Exil) wurde von der Zionistischen Organisation ins Leben gerufen, um vor allem die jüdischen Gemeinden jener Länder mit Informationen über Israel zu versorgen, in denen zionistische Aktivitäten untersagt waren und sind. Den Schwerpunkt bilden Russisch und Jiddisch, gesendet wird aber auch in Englisch, Französisch, Ladino, Persisch und Arabisch. 1959 wurde dieser Sender dem staatlichen israelischen Rundfunk angegliedert. 1965 entzog man die Aufsicht über den Rundfunk dem Büro des Ministerpräsidenten und unterstellte ihn einer neugeschaffenen Rundfunkbehörde, deren Aufsichtsrat der Staatspräsident ernennt. Der Soldatensender Galei Zahal untersteht weiterhin der Armee. Das israelische Fernsehen wurde probeweise erst 1965 eingeführt und begann mit der regelmäßigen Ausstrahlung von Sendungen 1968. Lange diskutierte man in Israel, ob für ein vergleichsweise kleines Land der Aufbau eines eigenen Fernsehnetzes in vertretbarer Relation zu den dabei anfallenden Kosten stehe. Man fürchtete u.a., daß durch den Import von Fernsehgeräten dem Land wertvolle Devisen verloren gehen würden — ein Argument, das durch die Existenz von Zehntausenden von Geräten zum Empfang der Programme der arabischen Staaten stark relativiert wurde. Inzwischen ist das staatliche Fernsehen, das ein Programm in hebräischer und arabischer Sprache sendet, zum wichtigsten Medium der israelischen Gesellschaft und der Fernsehkonsum zu einer der Hauptfreizeitbeschäftigungen der Israelis geworden.

Seit Anfang der 60er Jahre gibt es in Israel auch eine eigene Filmindustrie. Nachdem zunächst israelische Landschaften als romantische Kulissen für auswärtige Filme gedient hatten, entstanden mit staatlicher Unterstützung einheimische Studios, die zunehmend auch für den internationalen Markt produzieren. Seinen kommerziellen Durchbruch (vor allem in der Bundesrepublik Deutschland) erzielte der israelische Film mit dem Fortsetzungsstreifen ,,Eis am Stiel", dessen künstlerische Qualitäten jedoch weit hinter die Kasseneinnahmen zurückfallen. Beachtlich sind die Produktionen der jüngeren israelischen Filmemacher wie Judd Ne'eman, die unter sehr schwierigen wirtschaftlichen Bedingungen durchaus mit der europäischen Filmavantgarde mithalten können.

Zu den im Ausland bekanntesten Kulturerzeugnissen des jüdischen Staates gehören Tänze. Tatsächlich sind in Israel Tanz und Ballett zum Volkssport geworden. Einwanderer aus zahlreichen Ländern brachten ihre Volkstänze mit ins Land: die rumänische *Hora* — die zu einem Symbol des Zionismus wurde — die arabische *dabka* sowie chassidische Tänze aus Osteuropa. Viele, auch international renommierte Tanzensembles und Balletts haben sich formiert und treten regelmäßig auf, und es gibt keine Stadt, in der nicht jedes Wochenende öffentliche Volkstanzveranstaltungen stattfinden.

5. Israelische Kultur als einigendes Band?

Ein Merkmal des frühen Hebraismus sowie kulturzionistischer Zirkel war stets das Bemühen, die jüdische ,,Nationalkultur" zum einigenden Band der durch Assimilation und Emanzipation in ihrer kulturellen, religiösen und nationalen Einheit und Identität bedrohten Juden der Diaspora zu machen. Zu einer Zeit, als der Zionismus in den meisten Ländern in der Defensive stand und sich in den westeuropäischen und nordamerikanischen Ländern auf ein Häuflein zwar engagierter, in ihren Gemeinden jedoch einflußloser Anhänger stützte, war dieses Programm weder den Diasporajuden akzeptabel noch politisch und finanziell realisierbar: Während im Westen eine national-jüdische Orientierung als Integrationshemmnis angesehen wurde, konkurrierte im Osten der Zionismus mit dem Diaspora-Nationalismus und vermochte sich gegenüber letzterem nicht entscheidend durchzusetzen.

Der Völkermord an den europäischen Juden führte nach 1945 zu dem tragischen Paradox, daß die ,,Zionisierung" der westlichen Diaspora durch die Ermordung derjenigen jüdischen Gemeinden ausgelöst wurde, die das demographische und ideologische Rekrutierungsfeld des Zionismus vor dem Zweiten Weltkrieg gebildet hatten. Die Gründung eines jüdischen Nationalstaates in Palästina wurde zu einem Zeitpunkt Wirklichkeit, da das sozio-kulturelle Milieu, welches den Zionismus hervorgebracht hatte, nicht mehr existierte. Aber die ,,Zionisierung" der westlichen, und vor allem der amerikanischen Diaspora, die sich vornehmlich in der Unterstützung des jüdischen Staates und der Zionistischen Organisation ausdrückt, bedeutete nicht die Übernahme der klassischen zionistischen Analyse durch die jüdischen Gemeinden des Westens. Für diese assimilierten und sozial integrierten Juden war der Holocaust nicht die Widerlegung der Möglichkeit jüdischen Lebens in der Diaspora schlechthin. Die irreversible kulturelle und emotionale Entwurzelung blieb eine Erfahrung der ostjüdischen Überlebenden. Hinzu kam, daß der Antisemitismus, der vor allem in Polen unmittelbar nach dem Krieg seine alte Virulenz und Aggressivität entfaltete, im Westen nach 1945 keine politische Renaissance erlebte. Auch die wirtschaftliche Entwicklung trug dazu bei, den überwiegend dem Mittelstand angehörenden Juden die materielle Basis für ihr Verbleiben zu sichern.

Die zionistische Bewegung realisierte diese Entwicklungstendenzen in den westlichen jüdischen Gemeinschaften erst mit einer gewissen Verzögerung. Als sich in den 50er Jahren die Erkenntnis durchzusetzen begann, daß gerade diejenigen Juden, auf die man die größten Hoffnungen gesetzt hatte, nicht bereit waren, ihren Verbalzionismus in Einwanderung umzusetzen und sich in der Diaspora Auflösungserscheinungen (wie Mischehen) mehrten, begann innerhalb der zionistischen Bewegung eine Ideologiediskussion, die u.a. eine Neuauflage kulturzionistischer Ideen brachte. Diasporazionisten und Israelis waren sich darin einig, daß der Zionismus als jüdischer Nationalismus nur dann überleben könne, wenn es gelänge, das Assimilationstempo zu bremsen und den Juden in den westlich-pluralistischen Gesellschaften jüdisches Bewußtsein und den Willen zur Erhaltung des Kollektivs zu vermitteln. Da nur wenige ihre Hoffnung auf die Dissimilationskraft des Antisemitismus setzen wollten, wurden Begriffe wie ,,jüdische Erziehung", ,,hebräische Kultur" und ,,Hebraisierung" zu Schlüsselworten zionistischer Diasporaarbeit nach 1950. Kulturpolitische Aktivitäten waren zudem ein Bereich, der eine relativ konfliktfreie Kooperation aller zionistischen Gruppierungen versprach.

Ein breites Spektrum von Kulturprogrammen bildete fortan den Schwerpunkt zionistischer Arbeit in der Diaspora. Eine ,,Pionier- und Jugendabteilung" sowie ein Kulturdepartment für Orthodoxe wurden von der Zionistischen Organisation eingerichtet, um unterschiedlichen Zielgruppen ein für sie maßgeschneidertes Angebot machen zu können. Die Veranstaltungen reichen dabei von Sprachkursen inner- und außerhalb Israels über die Einrichtung hebräischer Institute an jüdischen amerikanischen Universitäten bis hin zur verstärkten Entsendung zionistischer Emissäre, die u.a. die jüdischen Gemeinden mit den kulturellen Errungenschaften des Staates Israel vertraut machen sollen. Die israelische Kultur, so hoffte man, könnte in einer säkularen Gesellschaft zum identitätsstiftenden Faktor und Hebräisch zur *lingua franca* aller Juden werden.

Insgesamt muß dieses Unterfangen als gescheitert angesehen werden. Die Hebraisierung der Diaspora ist an den Realitäten der Diaspora gescheitert. Die soziale, ökonomische und politische Anbindung der Juden an — und das Aufgehen in — ihrer nicht-jüdischen Umwelt nahm zu. Die Annahme, daß die Ausstrahlung und Anziehungskraft der israelischen Kultur und der hebräischen Sprache stark genug seien, um mit den jeweiligen Nationalkulturen und Sprachen zu konkurrieren, erwies sich als Illusion: Die hebräischen Sprachkenntnisse der Juden der Diaspora sind nach wie vor sehr unvollkommen, und die hebräische Kultur beschränkt sich im wesentlichen auf die feiertägliche Kultivierung israelischer Folklore. Zum religiösen Zentrum des Judentums gar, wie manche hofften, konnte das von einer intransigenten Orthodoxie beherrschte Israel erst recht nicht werden.

An der Tatsache, daß die Wiederbelebung der hebräischen Sprache und die Begründung einer hebräisch-israelischen Kultur zu den hervorragenden kulturpolitischen Leistungen dieses Jahrhunderts gehören, ändert die Enttäuschung der überzogenen zionistischen Hoffnungen in die konsolidierende Wirkung einer jüdischen Nationalkultur in Palästina sicherlich wenig. Auch die von vielen Kritikern zurecht beklagte Provinzialität mancher Bereiche des israelischen Kulturlebens wird nur dann empfunden, wenn man die europäische Kulturproduktion mit ihrer jahrhundertealten, säkularen Tradition als Maßstab heranzieht — eine Tradition, die der hebräischen Kultur, sei sie nun proto-zionistisch, zionistisch oder post-zionistisch, in ihrer Breite und Tiefe notwendigerweise fehlen muß.

Die Entwicklungsmöglichkeiten der israelischen Kultur in der Zukunft werden nicht zuletzt auch von einer Lösung des Palästina-Konflikts und der damit einhergehenden Überwindung der politischen und kulturellen Isolierung Israels in der Region und der Welt abhängen. Nur so kann der Universalismus, der das jüdische Kulturschaffen der Neuzeit entscheidend geprägt hat, sich in der Nationalkultur des jüdischen Staates als Ausdruck und Träger historischer Kontinuität erhalten und wirksam werden.

Literatur:

Alter, R. (Hrsg.) 1975: Modern Hebrew Literature, New York.

Even-Zohar, I. 1981: The Emergence of a Native Hebrew Culture in Palestine: 1882-1948, in: Studies in Zionism, Autumn, 167-184.

Kohansky, M. 1969: The Hebrew Theatre, Jerusalem.

Silberschlag, E. 1977: From Renaissance to Renaissance, New York.

Wigoder, G. 1971: The Cultural Life in Israel, in: Adams, M. (Hrsg.): The Middle East — A Handbook, London, 546-555.

Siebter Teil: Krisenfelder im Nahen und Mittleren Osten

I. Israelisch-arabischer Konflikt

Udo Steinbach

1. Vorbemerkung

Mit der Gründung Israels am 15. 5. 1948 mündeten die Spannungen zwischen der jüdischen Bevölkerung Palästinas, die sich namentlich seit dem Ende des Ersten Weltkriegs durch Einwanderung dramatisch vermehrt hatte, und ihrer arabischen Umwelt in einen offenen Konflikt. Die unmittelbaren Akteure waren zunächst neben Israel selbst die arabischen Nachbarn, d.h. Ägypten, Jordanien, Syrien und der Libanon sowie später — nach der Niederlage der Araber im dritten Nahostkrieg im Juni 1967 — die Palästinensische Befreiungsorganisation (Palestine Liberation Organisation, PLO). Darüber hinaus war die arabische Welt über die panarabische Solidarität in allen Phasen des Konflikts — wenn auch auf unterschiedliche Weise — involviert. Zugleich hat der Konflikt von Anfang an eine internationale Dimension gehabt, da die beiden Großmächte auf die eine oder andere Weise hineingezogen wurden.

Das zerstörerische Potential des israelisch-arabischen Konflikts hat bis heute (1987) die Geschicke der ganzen Region nachhaltig negativ beeinflußt. Die Weigerung der Araber, 1948 Israel, das „Relikt des Kolonialismus", anzuerkennen, hat es weitgehend verhindert, politische, gesellschaftliche und weltanschauliche Gemeinsamkeiten zu entwickeln, die die Voraussetzung gewesen wären, um jene nationale Wiedergeburt einzuleiten, von der die arabische Welt in den Jahrzehnten zwischen dem Ersten und Zweiten Weltkrieg geträumt hatte. Mit der Verstrickung in den Konflikt mit Israel war nicht nur eine anhaltende politische Selbstzerstörung ausgelöst, sondern auch die wirtschaftliche, soziale und geistige Entwicklung blockiert. Israel andererseits vermochte sich zwar auf Grund massiver äußerer Hilfe (u.a. Wiedergutmachung der Bundesrepublik Deutschland, Hilfe seitens der Juden außerhalb Israels sowie der USA) zu behaupten und einen Prozeß technologischer Entwicklung einzuleiten, doch blieben angesichts des permanenten äußeren Drucks zahlreiche innere Probleme — so etwa die gesellschaftliche Integration der aus vielen Teilen der Welt einwandernden Juden — teilweise ungelöst. Diese schwere Hypothek sowie die ständige Überstrapazierung der wirtschaftlichen Kapazitäten haben sich erst spät ausgewirkt, das Land aber Mitte der 80er Jahre in eine innere Krise geführt.

Mit der Selbstbehauptung Israels in den Kämpfen nach der Staatsgründung hatten die Araber mehr verloren als nur eine Schlacht. Ein Stück arabischen Bodens war verlorengegangen — ein Vorgang, der an die Besetzung des Heiligen Landes durch die Kreuzfahrer etwa 900 Jahre zuvor erinnerte. Israel hatte es sogar vermocht, über die im Teilungsplan der Vereinten Nationen vorgesehenen Grenzen hinaus zu expandieren. Und schließlich hatte sich gezeigt, daß die arabische Seite — bei zahlenmäßiger Überlegenheit — nicht in der Lage war, abgestimmt und koordiniert zu handeln.

Israel wurde für die Araber zum Symbol: ein Implantat des Imperialismus und Kolonialismus, das die Herrschaft der Kolonialmächte zu perpetuieren schien; ein Symbol für jene Effizienz des Westens, der man seit anderthalb Jahrhunderten wenig entgegenzusetzen hatte und die nicht nur zu wirtschaftlicher Marginalisierung, sondern auch zu kultureller Abhängigkeit und Entfremdung geführt hatte; und ein Symbol schließlich für jene Doppelzüngigkeit des Westens, die zugleich aller Welt Fortschritt und Freiheit versprach, die Verwirklichung dieses Versprechens aber eigenen Interessen unterordnete.

Der Weg aus der Misere, die in arabischen Augen vor allem in der Existenz Israels symbolisiert wurde, stand unter einer dreifachen Orientierung: der Beseitigung des zionistischen Staates, der ökonomischen und sozialen Entwicklung und der totalen Befreiung von äußerer Abhängigkeit und Vorherrschaft auf allen Ebenen und in allen Teilen der arabischen Welt. Daneben aber war der tatsächliche oder vorgeschobene Kampf gegen Israel ein zentrales Element der Legitimierung der bestehenden arabischen Regime. Der ägyptische Präsident Nasser (Jamāl ʿAbd an-Nāṣir) war der erste arabische Staatsmann, der — wenn auch nicht von Anbeginn an und nach einem fertigen und umfassenden Gesamtkonzept — die Befreiung der arabischen Welt in dem umfassenden Kontext der sozialen und politischen Erneuerung praktisch-politisch in Angriff genommen hat. In seinen Bemühungen hat er dann in den Jahren Nachahmer und Konkurrenten gefunden. Nassers Erfolge sind schließlich bescheiden geblieben. Eine Lektion seines Scheiterns aber besteht darin, daß eine umfassende Entwicklung im arabischen Raum nicht möglich ist, ohne daß der Konflikt mit Israel beigelegt wird. Dabei galt und gilt es, einen Teufelskreis aufzubrechen, in dem die Tatsache der Existenz Israels die Entwicklung der Araber behindert, der niedrige Entwicklungsstand es aber unmöglich macht, mit der Gegebenheit der Existenz Israels fertig zu werden.

Im Kern geht es im israelisch-arabischen Konflikt um das Recht zweier Völker auf dasselbe Land, nämlich Palästina. Während das jüdische Volk sein Recht aus der religiösen Verheißung und aus der Geschichte Israels bis zur Vernichtung des jüdischen Staates durch die Römer (70 n.Chr.) ableitet, beruft sich das palästinensische Volk auf die Tatsache seiner Siedlung in Palästina seit dem Beginn der islamischen Geschichte und der Ausbreitung des Islams unmittelbar nach dem Tode des Propheten Muḥammad. Beide Ansprüche schließen sich grundsätzlich aus, und die Anerkennung des Rechts des anderen auf den Boden Palästinas würde die Preisgabe des eigenen Rechts bedeuten. Auch für die Palästinenser und Araber hat ihr Rechtsanspruch insofern einen religiösen Aspekt, als Palästina zum einen Teil des „Gebiets des Islams" (dār al-islām) ist und zum anderen in ihm Jerusalem, eine der heiligsten Städte des Islams, gelegen ist. In Jerusalem erfährt die nationale und religiöse Problematik des israelisch-arabischen Konflikts ihre äußerste Zuspitzung.

2. Der erste israelisch-arabische Krieg und seine Folgen

Das für die Araber ernüchternde Ergebnis des ersten israelisch-arabischen Kriegs, der mit der Staatswerdung Israels ausbrach, hatte nachhaltige Auswirkungen auf die künftige Entwicklung der Region. Zum einen hat bei den arabischen Staaten die militärische Niederlage ihrer Armeen den Komplex erweckt, Israel unterlegen zu sein. Spätere Niederlagen vertieften diesen Komplex, und erst der vierte Nahostkrieg im Oktober 1973 konnte ihn teilweise abschwächen. Zum anderen hatte sich auf israelischer Seite durch den arabischen „Überfall" ein Trauma verfestigt, das in der jüdischen Geschichte angelegt und im Zusammenhang mit der Judenverfolgung durch das Nazi-Regime zur grausamen Realität geworden war: das Trauma der permanenten Bedrohung. Daraus sollte künftig das Bedürfnis nach Sicherheit resultieren, das sich im Erwerb von und im Festhalten an Territorien manifestiert. Jede Veränderung der physischen Bedingungen der Sicherheit konnte in israelischen Augen eigentlich nur eine Veränderung zum Schlechten sein. Erst die Friedensinitiative Präsident Sadats (Anwar as-Sādāt) hat einen Wandel dieser Einstellung gezeitigt und den „immateriellen" Faktor Frieden als Alternative zu einem physisch verstandenen Sicherheitsbegriff ins Blickfeld einer Mehrheit von Israelis treten lassen. Zum dritten ist durch den Krieg 1948/49 das Problem Palästinas und der Palästinenser geschaffen worden, das sowohl den israelisch-arabischen Konflikt in seinen regionalen und internationalen Dimensionen als auch die bilateralen Beziehungen arabischer Staaten untereinander bestimmt hat. Die arabische Seite weigerte sich, einen palästinensischen Teilstaat zu errichten und/oder die palästinensischen Flüchtlinge in ihren Ländern zu integrieren. Jordanien und Ägypten annektierten die Gebiete des Westjordanlandes und des Gaza-Streifens. Als die Palästinenser nach 1967 begannen, ihre Rechte in eigener Regie wahrzunehmen, sollte eine neue Dimension in den Konflikt eingeführt werden.

Auch auf die innenpolitischen Entwicklungen in den arabischen Staaten sind die Ereignisse von 1948 nicht ohne Auswirkung geblieben. Es war sicherlich kein Zufall, daß alle Persönlichkeiten, die revolutionäre und umstürzlerische Versuche in ihren Heimatländern ausführten, Offiziere der arabischen Armeen waren, die im Jahre 1948 in Palästina gekämpft hatten: Adīb ash-Shishaklī in Syrien, Nasser und die Freien Offiziere in Ägypten, 'Abd Allāh at-Tall in Jordanien und Qassem ('Abd al-Karīm Qāsim) sowie Aref ('Abd as-Salām 'Ārif) im Irak. Die Erfolglosigkeit der arabischen Seite hatte in ihnen die Überzeugung gestärkt, daß die bestehenden Regime, korrupt und von den Kolonialmächten abhängig, zu gemeinsamem Handeln bei der Befreiung der arabischen Welt und zur Lösung des Problems Israel nicht in der Lage seien. Erst aus einer inneren Erneuerung würde die Wiedergewinnung der arabischen Würde auf allen Ebenen hervorgehen.

3. Die totale Konfrontation: 1948 - 1967

Mit dem Abschluß der Waffenstillstandsabkommen zwischen Israel und seinen arabischen Nachbarn im Frühjahr 1949 war die Existenz Israels eine Realität im Nahen Osten geworden. Die Juden hatten ihr Ziel, einen eigenen Staat zu gründen, erreicht, und das oberste Ziel ihres politischen Handelns wurde seitdem die Selbstbehauptung. Die Araber hatten ein Stück arabischen Territoriums aufgeben müssen; von nun an war ihr politisches Handeln wesentlich darauf gerichtet, die erlittene Schmach wieder zu tilgen.

Der israelisch-arabische Konflikt hat seine Auswirkungen auf drei Ebenen gezeitigt: Auf der nationalen Ebene haben die zahlreichen Revolutionen, Militärcoups und Umstürze einen Teil ihrer Legitimation aus dem Kampf gegen Israel erhalten. Auf der regionalen Ebene bildete die Strategie gegenüber Israel — sei es zunächst zu seiner Beseitigung, sei es später im Rahmen einer verhandelten Lösung — ein zentrales Element im bilateralen und multilateralen Rahmen innerarabischer Politik. Und im internationalen Zusammenhang verschärften die Rückwirkungen des israelisch-arabischen Konflikts jene internationale Polarisierung, wie sie in den 50er und 60er Jahren für den Nahen Osten charakteristisch war. Während Israel sich auf die Verteidigung des *Status quo* einrichtete, hofften die arabischen Führer, daß die Zeit für sie arbeiten werde. Sie wiesen deshalb nach 1949 alle Vorschläge zurück, einen Teil der 900.000 arabischen Flüchtlinge (vornehmlich im Westjordanland, in Jordanien (östlich des Jordan), in Syrien und im Libanon) zu repatriieren oder gar in den bestehenden Staaten anzusiedeln. Sie weigerten sich, die Grenzen, die durch den Krieg entstanden waren, zu akzeptieren, wirtschaftlich zusammenzuarbeiten oder gar einen Friedensvertrag mit Israel abzuschließen. Für sie war es nicht akzeptabel, den *Status quo* hinzunehmen, der in ihren Augen das Resultat eines Unrechts war, das somit verewigt würde.

Nachdem sich die militärische ,,Lösung" als undurchführbar erwiesen hatte, wurden die Vereinten Nationen, die 1947/48 geholfen hatten, den Staat Israel völkerrechtlich aus der Taufe zu heben und zu legitimieren, zum Forum für Forderungen und Gegenforderungen. Die arabische Seite verlangte mit Nachdruck, endlich jene Resolutionen der Vereinten Nationen zu verwirklichen, in denen Israel aufgefordert wurde, die palästinensischen Flüchtlinge zurückkehren zu lassen oder zu entschädigen, Jerusalem zu internationalisieren und sich auf die im Teilungsplan der Vereinten Nationen von 1947 vorgesehenen Grenzen zurückzuziehen. Dies wurde von Israel mit der Begründung abgelehnt, daß gerade die arabische Seite diesen Plan seinerzeit zurückgewiesen und überdies durch ihre Invasion vom Mai 1948 für null und nichtig erklärt habe. Trotz andauernder Erfolglosigkeit der UNO im israelisch-arabischen Konflikt hat die arabische Seite immer wieder versucht, gestützt auf überwältigende Mehrheiten in der Vollversammlung ihre Lösungsvorstellungen durchzusetzen.

Schwankend war die arabische Position in der Frage direkter Verhandlungen mit Israel. Wenn sich die Araber im allgemeinen auch weigerten, direkte Gespräche mit Israel zu führen, so bekundeten sie doch zunächst bei mehreren Gelegenheiten ihre Bereitschaft, einer Friedensregelung zuzustimmen, d.h. zumindest den Kriegszustand zu beenden. Dazu ist es freilich in den folgenden zweieinhalb Jahrzehnten nicht gekommen, bis der vierte israelisch-arabische Krieg vom Oktober 1973 neue Perspektiven schuf. Zu komplex war die regionale und internationale Konstellation geworden. Der unsichere Waffenstillstand, der seit 1949 herrschte, wurde darüber hinaus immer wieder durch arabische Guerilla-Aktionen gegen israelische Siedlungen und durch israelische Vergeltungsschläge unterbrochen. In Verbindung mit dem arabischen Wirtschaftsboykott und der Sperrung des Golfs von Aqaba für die israelische Schiffahrt waren diese Entwicklungen nicht geeignet, ein Klima zu erzeugen, in dem israelisch-arabische Direktkontakte hätten gedeihen können.

So setzte sich nach 1948 auf der arabischen Seite der Standpunkt durch, daß es weder eine Anerkennung Israels noch einen Versöhnungsfrieden geben könne. Faktisch war dies gleichbedeutend mit dem Versuch, um eine klare Strategie und konkrete Ziele gegenüber Israel herumzukommen. Umgekehrt gelang es Israel nicht, einen Weg zu finden, der zu Verhandlungen mit der arabischen Seite und damit langfristig zur Akzeptanz Israels durch arabische Politiker geführt hätte. Der zweite Nahostkrieg vom November 1956 entfernte Israel noch weiter von diesem Ziel. Zwar ist unbestreitbar, daß Israels kurzfristige Interessenlage zu einer Beteiligung an dem englisch-französischen Suez-Abenteuer nicht im Widerspruch stand: Die Spannungen an der ägyptisch-israelischen Grenze hatten seit 1955 durch bewaffnete Überfälle auf Grenzsiedlungen eine deutliche Eskalation erfahren; und die Sperrung der Straße von Tiran durch Nasser hatte die israelische Schiffahrt empfindlich getroffen. Nassers Image entwickelte sich damals im Westen bereits in Richtung auf das eines prosowjetischen und potentiell kommunistischen Diktators, dessen Ambitionen sich auf allen Gebieten gegen den Westen richteten. Das Eingreifen an der Seite der beiden Westmächte gegen Ägypten schien deshalb ein geeignetes Mittel zu sein, dem Westen zu zeigen, wo Israel stand, wie die Kräfteverhältnisse im Nahen Osten wirklich waren und auf wen sich der Westen bei der Verwirklichung seiner Interessen in der Region würde verlassen können.

In der Tat konnten durch die militärische Intervention gewisse Vorteile erzielt werden: Die Sicherheit an der israelisch-ägyptischen Grenze blieb bis Mitte der 60er Jahre gewährleistet, die Straße von Tiran konnte für israelische Schiffe wieder geöffnet werden. Trotz vorübergehender Spannungen mit den USA 1956 sollte sich auch die israelische Option für die amerikanische Nahostpolitik als richtig erweisen. Das war spätestens seit dem Zeitpunkt der Fall, als die Pläne der USA scheiterten, den arabischen Raum in ein anti-sowjetisches Verteidigungssystem einzubinden (1958).

Unter längerfristiger Perspektive hingegen ist die israelische Teilnahme am Suez-Abenteuer von fragwürdigem Wert gewesen. Dem kurzfristigen Erfolg hatte Israel die Möglichkeit geopfert, auf lange Sicht mit den Arabern zu einem friedlichen Zusammenleben zu kommen. Der Haß der Araber auf Israel wuchs, und die Zusammenarbeit mit England und Frankreich machte jedem Araber klar, daß Israel wirklich ein Werkzeug des westlichen Imperialismus war. Damals setzte sich bei den Arabern jenes Israel-Bild fest, das mehr als zwei Jahrzehnte Triebfeder der arabischen Politik gegenüber Israel gewesen ist und das sich erst im Zusammenhang mit dem ägyptisch-israelischen Friedensprozeß zu differenzieren begonnen hat: das Gefühl der Bedrohung durch einen Staat, der auf Grund der zionistischen Ideologie mit ihrem Anspruch auf ganz Palästina (ja die ganze Region zwischen Nil und Euphrat) als expansionistisch, aggressiv und rassistisch sowie — mit der Unterstützung durch imperialistische Mächte — überlegen und unbesiegbar galt.

Trotz relativer Ruhe in den Jahren bis 1964 hat sich der Graben zwischen Israel auf der einen und den arabischen Staaten auf der anderen Seite vertieft. Dies war nicht nur eine Folge der Radikalisierung des politischen Klimas in einer Reihe arabischer Staaten selbst, sondern auch eine Folge der sich verschärfenden Ost-West-Auseinandersetzungen. Die Aufrüstung Israels in den 60er Jahren durch die USA (und die Bundesrepublik Deutschland auf amerikanisches Ansinnen hin) sowie der arabischen Staaten durch die Sowjetunion, vor allem Ägyptens und Syriens, schuf ein erhebliches Militärpotential. Auf dieses konnten sich beide Seiten stützen, als ab 1964 jene zunächst langsame, seit Mitte 1966 jedoch sich beschleunigende und seit April 1967 überstürzende Eskalation ablief, die im Juni 1967 zum dritten israelisch-arabischen Krieg führte. An dieser Stelle kann die Diskussion, ob Nasser den Krieg gewollt hat und ob seine Kriegsziele die Vernichtung Israels beinhalteten, nicht aufgegriffen werden. Tatsache ist eine Verkettung komplexer Umstände: eine Eskalation der Kriegsdrohungen von arabischer Seite, ein starker Druck der Öffentlichkeit (und wohl auch der ägyptischen Armee), verbale Radikalismen insbesondere durch Nasser, die Sperrung des Golfs von Aqaba, Überreaktionen auf der israelischen Seite sowie Mißverständnisse beider Seiten über die Intentionen des anderen und schließlich unzureichende internationale Vermittlungsversuche.

Die Niederlage von 1967 bedeutet den Tiefpunkt der Entwicklung der arabischen Welt nach 1945. Die militärische Niederlage hatte allenthalben Unzulänglichkeiten enthüllt; die von Nasser viel beschworene arabische Einheit hatte die in sie gesetzten Erwartungen einmal mehr nicht erfüllt, die Abhängigkeit von äußeren Mächten war erneut deutlich geworden. Insgesamt hatte sich gezeigt, daß zwischen politischem Anspruch und politischer Wirklichkeit Welten lagen. Mit der Niederlage war schließlich auch jene Legitimation, die namentlich die Regime in den ,,Frontstaaten" aus dem Kampf gegen Israel erhalten hatten, fragwürdig geworden. Damit kündigten sich tiefgreifende innenpolitische Veränderungen, aber auch ein Wandel der Kräftekonstellation in der arabischen Region an.

4. Ziele und Strategien

Die arabische Position gegenüber Israel ist zu keiner Zeit einheitlich gewesen: Dies gilt insbesondere im Hinblick auf die Ziele einer arabischen Israelpolitik und die einzuschlagenden Strategien.

Zwar kamen 1949 in direkten Verhandlungen Waffenstillstandsvereinbarungen mit Israel zustande. Ein Friedensvertrag aber ist daraus nicht erwachsen. Dies bedeutet freilich nicht, daß sich Araber und Israelis in einem permanenten Spannungs- oder Kriegszustand gegenübergestanden hätten. Vielmehr gab es Zeiten, in denen zumindest der eine oder andere arabische Staat Kompromißformeln gegenüber offen war; dies war besonders in den frühen 50er Jahren und nach 1973 der Fall. Eher unter der Oberfläche glimmte der Konflikt in den Jahren nach dem Sinaikrieg von 1956 fort. Spannungsphasen von erbitterten politischen Stellungskämpfen über offene Vernichtungsdrohungen bis hin zu begrenzten Kampfhandlungen sind gleichwohl charakteristische Momente in den israelisch-arabischen ,,Beziehungen". Höhe- und Wendepunkte in der ganzen nahöstlichen Szene und markante Einschnitte in der internationalen Politik waren die fünf Kriege von 1948, 1956, 1967, 1973 und 1982.

Ebensowenig wie der israelisch-arabische Konflikt kontinuierlich verlaufen ist, ist auch die „arabische Haltung" gegenüber dem jüdischen Staat einheitlich gewesen; eine arabische politische Linie, auf die die verschiedenen Regierungen hätten eingeschworen werden können, hat es nicht — oder nur gelegentlich und vorübergehend — gegeben. Zwar setzte sich bald nach 1948 in der arabischen Welt ein beherrschendes strategisches Grundkalkül durch: die Hoffnung, es müsse möglich sein, um die vollendete Tatsache des Staates Israel auf irgendeine Weise herumzukommen. Die allgemein verbreitete, wenn auch vage Haltung war: weder Anerkennung Israels noch ein Versöhnungsfriede mit dem verhaßten Nachbarn. Eine solche Einstellung trug indes lediglich zur Festigung des *Status quo* bei.

Israels stärkster Gegner war Nasser. Nicht so sehr, weil er den bevölkerungsmäßig stärksten arabischen Staat hinter sich hatte, sondern in erster Linie, weil er es seit der zweiten Hälfte der 50er Jahre zunehmend verstanden hatte, im Rahmen seiner panarabischen Orientierung weit über Ägypten hinaus die arabischen Massen zu mobilisieren. Im Hinblick auf Nassers Ziele im Konflikt mit Israel muß zunächst festgestellt werden, daß seine grundsätzliche Gegnerschaft dem Staatswesen Israel galt, dem gegenüber er die Empfindungen und Einstellungen der anderen Araber teilte — nicht galt sie dem jüdischen Volke, mit dem die Araber über Jahrhunderte zusammengelebt hatten. Israel als Raub arabischen Territoriums und als Verbündeter des westlichen Imperialismus, des gefährlichsten Gegners des Arabischen Nationalismus, war die Grundeinschätzung, die seine Politik bestimmte. Wenn ihn dies auch die Beseitigung Israels wünschen und als langfristiges Ziel anstreben ließ, so ist Nasser doch Realpolitiker genug gewesen, um das Machbare vom Wünschbaren in der politischen Praxis zu trennen. Kraftmeierei wie bei einem Politiker vom Schlage Aḥmad Shuqairī („Israel ins Meer werfen") findet sich bei ihm nicht.

Auf der Konferenz der asiatischen und afrikanischen Staaten in Bandung 1955 hatte er sich hinter den Beschluß gestellt, der eine friedliche Regelung der Palästinafrage durch Verwirklichung der UNO-Resolution von 1947 forderte; und noch 1965 hatte er diese Haltung bestätigt. Was er freilich forderte, waren Gebietsabtretungen und eine Lösung des palästinensischen Flüchtlingsproblems. Auch wenn sich Nasser im Laufe der Eskalation vor dem Junikrieg 1967 zu extremen Äußerungen hinreißen ließ, ist er doch insgesamt gesehen von der Existenz des jüdischen Staates ausgegangen. Andererseits war er davon überzeugt, daß er in der Lage sein würde, nach der Niederlage von 1956 die arabischen Waffen zu rehabilitieren. Dies freilich blieb seinem Nachfolger im vierten israelisch-arabischen Waffengang im Oktober 1973 vorbehalten.

Nasser wählte einen Mittelweg zwischen einer bedingungslosen Anerkennung des *Status quo* und einer totalen Ablehnung. Ersteres verfolgte zeitweise der jordanische König Abdallah (ʿAbd Allāh ibn Ḥusain), der Großvater des regierenden (1987) König Hussein (Ḥusain). Er blieb damit aber allein unter den arabischen Politikern. Schon als Emir von Transjordanien hatte er wiederholt versucht, mit den Zionisten in Palästina zu einer Absprache bezüglich der Teilung Palästinas zu kommen — Bemühungen, die ihn dem Verdacht aussetzten, er habe am Vorabend des ersten israelisch-arabischen Kriegs ein stillschweigendes Übereinkommen mit Ben Gurion getroffen. Trotz der Proteste von Palästinensern und arabischen Regierungen annektierte er im Dezember 1948 die während des Kriegs von seinen Truppen besetzten Gebiete und gliederte sie seinem „Haschimitischen Königreich Jordanien" ein. Abdallah, der unter bestimmten Bedingungen bereit gewesen wäre, mit der israelischen Regierung einen Friedensvertrag zu unterzeichnen, wurde als „Marionette Großbritanniens" am 20. 7. 1951 von einem Palästinenser ermordet.

Dieser Haltung diametral entgegengesetzt war die radikal ablehnende Position Syriens sowie des Irak, dessen Truppen an fast allen Kriegen — wenn auch mehr symbolisch — teilgenommen haben. Die Baath-Partei (al-Baʿth) war jahrzehntelang Rivale Nassers in der Auseinandersetzung um die reine Lehre des Arabischen Nationalismus und Arabischen Sozialismus. In beiden Ländern ist sie bis heute (1987) an der Macht — in Syrien seit 1963 und im Irak endgültig seit 1968, nachdem die Partei in den vorhergehenden jahrelangen Machtkämpfen bereits eine aktive Rolle gespielt hatte. Einheit und Unteilbarkeit der arabischen Nation sind zentrale Bestandteile der „unvergänglichen Botschaft“ des Baath. Auf ihrer Grundlage haben die Regierungen der beiden Staaten, hinter denen zwei — wenn auch bis in die jüngste Zeit verfeindete — Flügel der Partei stehen, die Existenz Israels als eines eigenen Staates zurückgewiesen. Während Syrien in diesem Punkt bisweilen eine gewisse Flexibilität zeigte, hat der Irak bis in die Gegenwart hinein die „reine Lehre“ vertreten.

Auch über die Frontstaaten hinaus hat sich die Israel-Frage als ein Problem für die Politik arabischer Staaten gestellt. Für die Staaten auf der Arabischen Halbinsel, die insgesamt den Geschicken der arabischen Politik ferner standen — dies gilt insbesondere auch für Saudi-Arabien —, hat der Konflikt mit Israel bis 1967 keine bestimmende Rolle gespielt. Die Mehrzahl der Emirate — und bis 1967 auch Südjemen — stand bis Anfang der 70er Jahre unter der Kontrolle Großbritanniens. Zu sehr befand man sich auch in Abwehrhaltung gegenüber den panarabischen Ambitionen Nassers.

Auch die Maghreb-Staaten Tunesien und Marokko haben sich selten durch besonders intensives Engagement hervorgetan. Als freilich der tunesische Präsident Bourguiba (Ḥabīb Būrqība) 1965 für die Anerkennung Israels eintrat, ging ein Aufschrei durch die arabischen Massen: Der tunesische Präsident, weit vom Tatort entfernt, hatte in ihren Augen den größten Trumpf in arabischer Hand leichtfertig preisgegeben. Demgegenüber haben die beiden „progressiven“ nordafrikanischen Staaten, Algerien und Libyen, die harte Linie der arabischen „Verweigerung“ unterstützt. Für die Algerier war der Kampf gegen Israel eine Fortsetzung ihres eigenen Befreiungskampfes gegen den Kolonialismus, der ihnen 1962 die Unabhängigkeit gebracht hatte. Die Unterstützung insbesondere der palästinensischen Bewegung hat den Algeriern stets mehr als nur eine politische Sympathiekundgebung bedeutet; sie war auch eine moralische Verpflichtung. Für das 1969 an die Macht gekommene libysche Regime unter Gaddafi (Mu'ammar al-Qadhdhāfī) bedeutete eine radikale Haltung gegenüber Israel eine Grundlage seines Anspruchs auf die Nachfolge Nassers und einer Rolle als politischer Avantgarde der arabischen Welt. Nicht zuletzt die Tatsache, daß Tripolis nasseristischer war als Nasser selbst, hat einer wirklichen Ausstrahlung des Regimes entgegengestanden.

Der unterschiedliche Stellenwert Israels im Rahmen der Außenpolitik der arabischen Staaten hat die Entwicklung einer gemeinsamen politischen Linie gegenüber dem jüdischen Staat verhindert. Wechselnde Strategien sind im Laufe der Jahre gewählt und implementiert worden. An ihnen haben sich aber nur selten alle arabischen Staaten orientiert: Der wirtschaftliche Boykott, die Zermürbung Israels durch einen anhaltenden Kleinkrieg, die diplomatische Isolierung, die Entfesselung eines Volkskriegs und die totale militärische Konfrontation sind in diesem Zusammenhang zu nennen. Nicht zuletzt haben viele Araber geglaubt, daß eine umfassende wirtschaftliche, soziale, politische und militärische Reform der ganzen arabischen Welt notwendige Voraussetzung für eine erfolgreiche militärische Konfrontation mit dem israelischen Gegner sei.

So sind die Auswirkungen des Konflikts mit Israel auf die innere Entwicklung der arabischen Welt, ihre politische und soziale Veränderung nicht zu übersehen. 1948 standen Jordanien und der Irak unter der Herrschaft der England-freundlichen Haschimiten; und in Ägypten war König Fārūq kaum in der Lage, eine unabhängige, nationale Politik zu treiben. Der Krieg in Palästina untergrub die Herrschaftslegitimation der Regime und ebnete neuen politischen Kräften den Weg. König Abdallah von Jordanien wurde ermordet. Er hatte nicht nur mit den Israelis einen Ausgleich gesucht, sondern auch einen arabischen Herrschertyp verkörpert, der mit der Unabhängigkeit der arabischen Welt nach dem Zweiten Weltkrieg unzeitgemäß zu werden begann. Als konservativer, autoritärer Politiker, der noch dazu weitgehend von England abhängig war, stand er den Forderungen nach der Mitbestimmung breiter Massen und der Übernahme demokratischer Verfassungselemente, wie sie immer lauter wurden, verständnislos gegenüber. Wenn auch seine Ermordung nicht zu tiefgreifenden Veränderungen in Jordanien führte, so wurde sie in gewisser Weise doch zum Präzedenzfall für die Revolutionen in Ägypten (1952) und im Irak (1958). Die neuen Kräfte, die an die Macht gelangten und für die die Namen Nasser, Qassem und der Brüder Aref stehen, waren arabisch-nationalistisch, progressiv und dynamisch und suchten einen eigenen Weg zu beschreiten. In Syrien, dem frühesten Zentrum des Arabischen Nationalismus, setzte eine Reihe von militärischen Staatsstreichen ein, der erste (durch Ḥusnī az-Zaʿīm am 30. 3. 1949) beinahe unmittelbar nach der Beendigung des Palästinakriegs. Nach zwei weiteren Militärputschen gelangten in den Wahlen von 1954 22 Baathisten und der Führer der syrischen Kommunistischen Partei ins Parlament. Dies war das erste Mal, daß die Linke einen solchen Erfolg in der arabischen Welt erlangen konnte.

Durch die Kette von Staatsstreichen, Gegencoups, Richtungskämpfen, Befreiungskriegen und ideologischen Neuorientierungen in weiten Teilen der arabischen Welt zieht sich der Konflikt mit Israel als ein roter Faden. Da totale Unabhängigkeit von den als imperialistisch und kolonial angesehenen Mächten sowie Selbstbestimmung das oberste Ziel der neuen Kräfte waren, war der Kampf gegen die Kolonialmächte zugleich ein Kampf gegen ihren ,,Brückenkopf" in der Region; umgekehrt richteten sich die Emotionen, die allein durch die bloße Existenz Israels ständig geschürt wurden, auch gegen jene, die für die Schaffung Israels verantwortlich waren bzw. im eigenen Interesse jenen Staat unterstützten und am Leben hielten.

5. Außenpolitische Implikationen

Der Konflikt mit Israel hat die intra-regionalen Beziehungen nachhaltig beeinflußt. So stehen die Schwierigkeiten der arabischen Selbstidentifikation mit dem Versuch, die Existenz Israels zu bewältigen, in Zusammenhang: Bereits in den Jahren vor der Staatsgründung Israels hatte die panarabische Identifikation gegenüber der einzelstaatlich bestimmten an Kraft gewonnen, hatte sich also der Wert der ,,arabischen Nation" über den der ,,arabischen Staaten" erheben können. Der Krieg von 1948/49, der die Staatsgründung Israels verhindern sollte, sollte nach den verbalen Bekundungen der arabischen Führer der sichtbare Ausdruck der neuen Solidarität und Einheit arabischen Handelns sein. Er war es vielleicht im Hinblick auf den Entschluß aller damals selbständigen arabischen Staaten, sich am Krieg zu beteiligen. Er war es nicht in der Realität der Kriegsführung, in der Rivalität um die Führungsrolle, in der Eifersucht um die erwarteten territorialen Gewinne und dem dynastischen Sonderinteresse des jordanischen Thrones. Diese Faktoren beeinflußten alle Kampfhandlungen mindestens so sehr wie das gemeinsame Interesse, das Entstehen Israels zu verhindern.

Der Widerstreit von panarabischem Zusammengehen und nationalen Eigeninteressen ist seitdem charakteristisch für die arabische Politik gegenüber Israel. Der Panarabismus Nassers und des Baath, dessen geistige und historische Wurzeln noch in die Epoche des Osmanischen Reiches zurückgehen, war eine Ideologie, die in erster Linie im Hinblick auf die Erfordernisse des antikolonialen Kampfes geschmiedet wurde. Die Existenz des Staates Israel und das Streben nach seiner Annulierung als einer wesentlichen Etappe dieses Kampfes gaben dem Panarabismus seine konkrete Zielscheibe und Logik. Die Verfolgung einer anti-israelischen Politik wurde der Maßstab für panarabische Linientreue und für ,,echten" Arabischen Nationalismus überhaupt.

Die Beteiligung der nicht an Israel angrenzenden Länder am Konflikt — Länder, deren reale Interessen durch Probleme wie Grenzen, Gebiete, Flüchtlinge, Wasserverteilung, Verkehrswege nicht berührt werden — muß im wesentlichen vom Anspruch einer panarabischen Identifikation her verstanden werden. Ja, die Schwankungen in der Selbstidentifikation im Spannungsfeld zwischen den Polen des gesamt-arabischen und einzelstaatlichen Arabischen Nationalismus sowie die Enttäuschung über das Fehlschlagen von illusionären Einigungsplänen haben der anti-israelischen Kampfansage des Panarabismus als Kompensation sein besonderes Gewicht verliehen. Vor diesem Hintergrund ist zugleich zu verstehen, warum die Israel-Frage auch in der innenpolitischen Auseinandersetzung und bei den Rivalitäten zwischen den arabischen Staaten immer einen besonderen Stellenwert gehabt hat: Der Vorwurf, dem israelischen Gegner zuzuspielen und damit die gemeinsamen arabischen Interessen zu verraten, hat gleichsam das Gewicht einer Sünde wider den Heiligen Geist gehabt.

Der israelisch-arabische Konflikt, von arabischer Seite als ein Teil des anti-kolonialen Kampfes interpretiert, ist nicht zuletzt auch Brennpunkt der Supermacht-Rivalität gewesen, die sich spätestens seit Mitte der 50er Jahre im arabischen Nahen Osten auszuprägen begonnen hat. Diese wiederum hat dem Geschehen in der Region seinen weltpolitischen Stellenwert verliehen. Dabei hat sich die für die 60er Jahre charakteristische Konstellation nur langsam ausgebildet, in der — grob vereinfacht — die Sowjetunion auf der Seite der ,,progressiven" arabischen Staaten und die USA auf der Seite Israels und einiger konservativer arabischer Staaten, die sich von arabischen Nationalisten vom Schlage Nassers bedroht sahen, standen. Die Verkennung der politischen Ziele der arabischen Nationalisten, die in den beginnenden 50er Jahren mehr und mehr die Politik im arabischen Raum zu bestimmen begannen, und der amerikanische Versuch, sie vor den Wagen einer gegen die Sowjetunion gerichteten Sicherheitspolitik zu spannen, hatten eine Reihe von Mißverständnissen und unangemessenen Entscheidungen zur Folge, die nicht nur zu einer raschen Entfremdung der neuen arabischen Politiker-Generation vom Westen, sondern auch zu einer — zunächst vorsichtigen, später weiterreichenden — Hinwendung zur Sowjetunion führten. Fakten, wie das ägyptisch-tschechoslowakische Waffengeschäft (1955), die Errichtung des Bagdad-Pakts (1955) und die Absage der Finanzierung des Assuan-Staudammes durch Washington sowie eine entsprechende Zusage durch Moskau (1956) seien an dieser Stelle erwähnt.

Wenn auch der Einfluß der USA, die die nach dem Zweiten Weltkrieg von den Briten aufgegebene Rolle einer auswärtigen Vormacht zu spielen begannen, selbst in den ,,progressiven" Staaten nie vollständig verschwunden ist, so begann die Sowjetunion doch durch eine wachsende Wirtschafts- und Militärhilfe zunächst in Ägypten, später — insbesondere in dem Jahrzehnt von 1960 - 70 — jedoch auch in anderen Teilen der arabischen Welt, die Hauptrolle als politischer Partner und als Schutzmacht zu spielen. Der Pragmatismus, den Moskau im Umgang mit den arabischen Partnern zeigte, machte deutlich, daß es ihm in erster Linie um die Gewinnung sicherheitspolitischer und strategischer Positionen in der an das Mittelmeer angrenzenden Region ging.

Auf der anderen Seite hatten die USA zwar bereits seit 1947 eine proisraelische Haltung eingenommen, die nicht zuletzt mit moralischen Erwägungen motiviert war. In der Drei-Mächte-Erklärung der USA, Großbritanniens und Frankreichs vom 25. 5. 1950 hatten sie ihre Entschlossenheit bekundet, innerhalb und außerhalb der Vereinten Nationen alles zu tun, um eine gewaltsame Veränderung der mit den Waffenstillstandsabkommen von 1949 gezogenen Grenzen zu verhindern — was faktisch auf eine Existenzgarantie des jüdischen Staates hinauslief. Gleichwohl aber hatten die USA bis 1958 Bemühungen unternommen, die arabischen Staaten für eine Unterstützung ihrer gegen die Sowjetunion gerichteten Politik zu gewinnen.

Erst die immer weiterreichende Hinwendung einiger ,,progressiver" Regime zu Moskau, die wachsende Präsenz der Sowjetunion in der Region und im Mittelmeer sowie die innere und äußere Bedrohung der konservativen arabischen Staaten auf der Arabischen Halbinsel und damit der westlichen Ölversorgung sowie die Formierung einer äußerst einflußreichen israelischen Lobby in den USA selbst haben Washington seit dem Beginn der 60er Jahre seine Unterstützung für Israel intensivieren lassen. Erst damit wurde Israel wirklich der Brückenkopf des Westens und der Stützpunkt, von dem aus die USA ihre politischen, sicherheitspolitischen und strategischen Interessen in der Region verwirklichen zu können glaubten. So wurde die Ost-West-Konfrontation zum beherrschenden Element des israelisch-arabischen Konflikts. Das Interesse beider Supermächte an der Präsenz in der Region und die Tiefe ihres Engagements wurden schließlich zeitweilig so groß, daß die Großmächte von den Interessen und Entscheidungen ihrer regionalen ,,Klienten" abhängig und zu politischen und militärischen Aktionen gezwungen wurden, die ihren übergeordneten bilateralen Interessen zuwiderliefen.

Aus der Sicht der Araber entsprach die internationale der regionalen Konstellation im Nahen Osten: Der aggressive Zionismus Israels, bereits von den Briten imperialistischen Plänen in der Region dienstbar gemacht, wurde nunmehr von der neoimperialen und neokolonialen Großmacht USA im Namen eigener Ziele unterstützt; demgegenüber trat die Sowjetunion als anti-imperialistische Macht auf, die das oberste Ziel der neuen arabischen Politiker-Generation, die umfassende Befreiung, zu ihrem eigenen gemacht hatte. In ihrer Propaganda betonte sie unablässig, daß sie — anders als die USA — die Unabhängigkeit und Souveränität ihrer Partner respektiere, in friedlicher Koexistenz mit ihnen leben und sich nicht in die inneren Angelegenheiten der anderen Staaten einmischen wolle.

6. Wende in den 70er Jahren

Die Niederlage der Araber im Junikrieg 1967 hat alle Elemente der israelisch-arabischen Spannungen in dramatischer Weise verschärft. Das dreifache ,,Nein" der Konferenz von Khartoum im August 1967, mit dem allen Kontakten, Verhandlungen und einer möglichen Anerkennung Israels eine nachdrückliche Absage erteilt wurde, schien die arabische Ablehnung unverrückbar festzuschreiben.

Zwar hatte der Sicherheitsrat der Vereinten Nationen durch die im November 1967 verabschiedete Resolution 242 versucht, die Grundlage für einen Kompromißfrieden zu legen. Indem sie auf der einen Seite den Rückzug Israels von besetzten Gebieten (in der französischen Version: den besetzten Gebieten) forderte, räumte sie auf der anderen Seite das Recht aller Staaten im Nahen Osten ein, in Frieden innerhalb sicherer und anerkannter Grenzen frei von Drohungen oder Gewaltakten zu leben. Zugleich wurde die Herbeiführung einer gerechten Lösung des Flüchtlingsproblems verlangt. Beide Seiten erwarteten jedoch, daß die andere den ersten Schritt tun würde. Angesichts der radikalen arabischen Ablehnung war die Situation somit vollständig blockiert und mußte die Resolution Papier bleiben. Gleichwohl ist das Jahr 1967 der Beginn eines Prozesses tiefgreifender Veränderungen, in dessen Verlauf politische, wirtschaftliche, militärische, entwicklungspolitische und psychologische Elemente in das israelisch-arabische Verhältnis eingeführt wurden, die schließlich das Fundament für die Initiative des ägyptischen Präsidenten Sadat gebildet haben, einen Frieden mit Israel zu suchen.

6.1 Vom Nahost- zum Palästina-Konflikt

Zwar beginnt die Geschichte des aktiven und organisierten palästinensischen Widerstands lange vor 1967, doch hat er nach der Niederlage der ,,Frontstaaten" von 1967 eine rasch wachsende Bedeutung im Rahmen des Nahostkonflikts und der Bemühungen um seine Beilegung gewonnen. Dabei war es weniger die militärische Komponente, die der palästinensischen Bewegung ihr Gewicht verliehen hat, als vielmehr der Anspruch eines nunmehr eigenständigen palästinensischen Nationalismus. Die Verwirklichung der ,,legitimen Rechte des palästinensischen Volkes" wurde mehr und mehr zum unverzichtbaren Gegenstück einer möglichen Anerkennung des Existenzrechts Israels durch die arabische Welt, ja zu seiner Voraussetzung. Sollte schon Israel eine Realität bleiben, so verlangten die arabische Würde und der Sinn für historische Gerechtigkeit, daß neben dem israelischen auch der palästinensische Anspruch auf Palästina politisch verwirklicht werde.

Auf der Konferenz von Rabat (Oktober 1974) wurde die Palästinensische Befreiungsorganisation (PLO) zur Vertreterin aller Palästinenser erklärt und damit von arabischer Seite als Partner in die Bemühungen um die Lösung des Konflikts eingeführt. Damit wurde deutlicher als je zuvor, daß der israelisch-arabische Konflikt im wesentlichen eine Funktion des originären israelisch-palästinensischen Konflikts war und entsprechende Prioritäten für die Beilegung des Nahostkonflikts zu setzen sein würden. Wenn auch vorderhand auf israelischer Seite durch diese Entwicklung eine erhebliche Beunruhigung ausgelöst wurde, so erwies sie sich doch insofern als langfristig konstruktiv, als damit die Perspektive einer politischen Lösung auf der Basis einer Kompromißformel über Palästina anstelle einer radikalen Lösung durch die letztendliche Beseitigung Israels eröffnet wurde.

6.2 Die Aktivierung der Rolle der USA

Mit der Niederlage der ,,Frontstaaten" im Juni 1967 hatte auch die Politik eines radikalen Arabischen Nationalismus, der von Nasser in Ägypten und dem linken Flügel der Baath-Partei in Syrien verfolgt wurde, eine schwere Niederlage erlebt. Der Tod Nassers (September 1970), die Ablösung des linken Baath-Flügels in Syrien (November 1970) und die Machtübernahme Sadats haben den Boden für ein *renversement des alliances* bereitet: Die USA begannen auf der Seite aller in den Konflikt aktiv involvierten Staaten wieder Fuß zu fassen. Die wachsende Interessenverflechtung zwischen ihnen und der arabischen Welt gestattete es Washington (beginnend mit dem Rogers-Plan 1970), eine Vermittlerrolle zu spielen und somit in konzeptionellen wie prozeduralen Fragen ein israelisch-arabisches Nachdenken über Rahmenbedingungen und Grundlagen einer möglichen friedlichen Lösung des Konflikts einzuleiten und weiterzuentwickeln. Mit ihrer unparteiischen Haltung während des Oktoberkriegs 1973 schufen die USA auf arabischer Seite das Vertrauen, das es ihnen nun gestattete, die Rolle des ehrlichen Maklers zu spielen. Die Einberufung der Genfer Friedenskonferenz (Dezember 1973) und die Truppenentflechtungsabkommen zwischen Israel einerseits und Ägypten und Syrien andererseits (1974/75) wären ohne amerikanische Vermittlung wahrscheinlich nicht zustande gekommen. Der Eintritt Saudi-Arabiens, eines traditionellen Freundes der USA, in die Rolle einer regionalen Vormacht zu Beginn der 70er Jahre ist in diesem Zusammenhang besonders bedeutsam. Auf der einen Seite wurden so die prowestlichen und gemäßigten Elemente in der Region gestärkt, auf der anderen gab der wachsende Stellenwert Saudi-Arabiens im Rahmen der amerikanischen Nahost-Interessen diesem die Möglichkeit, die USA zur Anerkennung arabischer Grundpositionen bei der Lösung des iraelisch-arabischen Konflikts zu bewegen. Die Ausweitung des amerikanischen Einflusses reduzierte schließlich den Handlungsraum der Sowjetunion in der Region und das Störpotential Moskaus im Hinblick auf eine Lösung des Konflikts.

6.3 Stärkung des arabischen Selbstbewußtseins

Die Erhöhung der Erdöleinnahmen und die Beschleunigung des Tempos der wirtschaftlichen Entwicklung seit dem Beginn der 70er Jahre, der Ausgang des Oktoberkriegs 1973, in dem sich die ägyptischen und syrischen Armeen zumindest über einen Zeitraum hinweg hatten behaupten können (was von vielen Arabern als ,,Sieg" aufgefaßt worden ist), sowie die neue internationale Rolle der arabischen Staaten seit der Energiekrise blieben nicht ohne Einfluß auf das politische Verhalten der Araber überhaupt und auf die Definition ihrer Ziele und Strategien gegenüber Israel im besonderen. Zum einen begann sich eine nüchternere Einschätzung der Tatsache der Existenz Israels zu verbreiten. Der Inferioritätskomplex der Araber gegenüber Israel, der die Ausmerzung des jüdischen Staates zu einem unabdingbaren Element der ,,nationalen arabischen Ehre" und somit Verhandlungen um einen *modus vivendi* unmöglich gemacht hatte, wich einem wachsenden Selbstbewußtsein, für das die Existenz Israels ihre provozierende Schärfe verlor. Angesichts der militärischen Niederlagen und scheinbar unüberwindlicher wirtschaftlicher und zivilisatorischer Unterlegenheit war die Aussicht auf vollständige Rückgewinnung des ehemals zur islamischen Welt gehörenden Gebiets von Palästina ein Teil der Hoffnungen auf die Überwindung der Krise und Stagnation, in der die arabische Welt seit dem Ende des Ersten Weltkriegs, insbesondere aber seit 1948 steckte, gewesen. Nach der fast dramatischen Verbesserung der Gesamtlage der arabischen Welt hatte diese Perspektive nunmehr weitgehend ihre Relevanz verloren.

Das Entwicklungsgefälle zwischen den arabischen Staaten und Israel war verringert worden. Seit seiner Gründung war Israel auch seinem Entwicklungs- und technologisch-wissenschaftlichem Potential nach der Ableger des Westens gewesen, der die permanente und anscheinend unaufhebbare Rückständigkeit der arabischen Welt symbolisierte. Demgegenüber ließen die Errichtung modernster Industrien, die Übernahme westlicher Technologien, die erfolgreiche Durchführung landwirtschaftlicher Entwicklungsprogramme und die wachsende Zahl von Universitäten und Studenten den Komplex der Unterlegenheit einem Gefühl der Ebenbürtigkeit weichen.

6.4 Der Faktor Erdöl

Die Tatsache, daß die arabischen Staaten im Rahmen der OPEC in den 70er Jahren eine Verfügungsgewalt über alle wirtschaftlichen und politischen Aspekte der Ölproduktion erhielten, wurde von ihnen als ein entscheidender Schritt in Richtung auf ihre totale Befreiung, das Hauptziel arabischer Politik seit dem Beginn der 50er Jahre, gewertet. Die Möglichkeit der Ausübung internationaler Macht über den Einsatz der ,,Ölwaffe" im Namen der arabischen Interessen gegenüber Israel veränderte die Kräfteverteilung im Nahen Osten unübersehbar zuungunsten Israels und zugunsten der arabischen Seite.

6.5 Innerarabische Kräfteverschiebungen

Die innerarabische Szene in den 70er Jahren war durch zwei Haupttendenzen gekennzeichnet: Zum einen traten die konservativen Kräfte gegenüber den 60er Jahren stärker in den Vordergrund. Ein pragmatischer Kurs wirtschaftlicher Entwicklung und Modernisierung sollte die ideologisch bestimmten ,,sozialistischen" Konzeptionen der 60er Jahre weitgehend ablösen. Zum anderen trat Ägypten als arabische Führungsmacht unter Präsident Sadat zurück und begann, die nationalen Belange der Verfolgung gesamt-arabischer Interessen und Anliegen unterzuordnen. Gegenüber der Ära Nassers, in der die panarabische Komponente die Politik Ägyptens bestimmte, war somit eine neue Marschroute angezeigt. In der permanenten Spannung zwischen den Interessen der arabischen Einzelstaaten und der gesamten arabischen Nation hatten sich erstere durchgesetzt. Sadat konnte einen Alleingang unternehmen, ohne freilich die arabischen *essentials* einer umfassenden Lösung und einer angemessenen Berücksichtigung der ,,legitimen Interessen der Palästinenser" vollständig aus den Augen zu verlieren. Es ist eine folgenschwere Tatsache, daß der Führer des stärksten arabischen Staates gegen das über viele Jahre hochgehaltene Dogma der Priorität der panarabischen Nation handelte.

7. Die Bedeutung des ägyptisch-israelischen Abkommens

Aus der Perspektive dieser vielfältigen Wandlungen im Nahen Osten ist der ägyptisch-israelische Friedensvertrag (März 1979) zu einer wichtigen Etappe auf dem Wege der Lösung des Nahostkonflikts geworden. Wenn auch der Friedensprozeß 1987 noch keineswegs zu einem Abschluß gekommen ist, so hat ihm der Vertrag doch eine neue Qualität verliehen.

Der Abschluß des ägyptisch-israelischen Friedensvertrages bildet den Höhepunkt eines Prozesses, der von intensiven Bemühungen der USA, zwischen Israel und der arabischen Seite zu vermitteln, gekennzeichnet ist. Die erfolgreichen Bemühungen Henry Kissingers, des Außenministers Präsident Nixons (sowie nach dessen Rücktritt Präsident Fords), ,,Schritt für Schritt" (step by step) die Fronten zu entschärfen und die Gegner aufeinander zuzuführen, hatte nicht nur zu den Truppenentflechtungsabkommen mit Ägypten (Januar 1974 und September 1975) und Syrien (Mai 1974) geführt, sondern auch die Friedensbereitschaft bei den Konfliktparteien und das Renommee der USA als eines ,,ehrlichen Maklers" gestärkt. Auch Jimmy Carter, der Anfang 1977 Präsident wurde, widmete dem Nahen Osten schon bald seine Aufmerksamkeit. Zwar unterschied sich sein Ansatz im Konzept von dem seines Vorgängers: Anders als dieser war er überzeugt, daß die Krise nur im Rahmen einer globalen Konzeption beigelegt werden könne (Brookings Report) und daß der Sowjetunion bei einer dauerhaften Lösung eine Rolle eingeräumt werden müsse (amerikanisch-sowjetische Erklärung vom 1. 10. 1977). Aber daß die erreichte Dynamik gleichwohl weiterwirkte, sollte sich erweisen, als der ägyptische Präsident Sadat am 9. 11. 1977 ankündigte, er werde zu direkten Verhandlungen nach Jerusalem reisen. Der Auftritt Sadats in der Knesseth am 20. 11. 1977 markiert eine Zeitenwende im Nahen Osten. Angesichts des Faktums selbst hat die Frage nach den Motivationen Sadats (ob er etwa durch seinen Schritt die Sowjetunion aus dem Friedensprozeß hinausdrängen wollte) nur untergeordnete Bedeutung.

Mit der Geste Sadats war zwar eine neue Perspektive auf einen Frieden im Nahen Osten eröffnet, doch vorerst noch kein konkreter diplomatischer oder politischer Fortschritt erzielt. Vielmehr zeigten die anschließenden Verhandlungen, wie weit die Vorstellungen über einen gerechten Frieden voneinander entfernt waren. Während Ägypten einen — im Prinzip — vollständigen Rückzug Israels von allen 1967 besetzten Gebieten und die Verwirklichung der legitimen Rechte der Palästinenser auf der Grundlage des Selbstbestimmungsrechts forderte, war Israel zunächst nur zu einem eingeschränkten Rückzug von der Sinai-Halbinsel und zu einer Regelung der Palästinenserfrage bereit, die die tatsächlichen Machtverhältnisse im Westjordanland und im Gaza-Streifen nicht grundlegend berühren würde. Die Hartnäckigkeit der Gespräche, die Präsident Sadats dramatischer Geste folgten, ließen die Euphorie rasch wieder verfliegen und die gewonnene Dynamik erlahmen.

Es bedurfte der außerordentlichen und persönlichen Anstrengung des amerikanischen Präsidenten Carter, um von der Initiative Sadats politisch-diplomatisch zu retten, was zu retten war. In nahezu zweiwöchigen Verhandlungen im September 1978 in Camp David im Kreise der drei politischen Führer (Präsident Carter, Präsident Sadat und Ministerpräsident Begin) gelang es, ein doppeltes Vertragswerk zu formulieren, in dem die Grundlagen und Perspektiven für einen umfassenden Frieden im Nahen Osten niedergelegt waren:

- In einem ,,Rahmen für den Frieden im Nahen Osten" verpflichteten sich Ägypten und Israel u.a. zur vollen Durchführung der Resolutionen 242 und 338, zur Einführung einer Selbstverwaltung im Westjordanland/Gaza für eine fünfjährige Übergangszeit, zu Verhandlungen während der Übergangszeit über den endgültigen Status dieser Gebiete und zum Abschluß eines ägyptisch-israelischen Friedensvertrages innerhalb dieses Rahmens. Die anderen arabischen Konfliktparteien wurden eingeladen, ähnliche Verhandlungen aufzunehmen.
- Für den ägyptisch-israelischen Friedensvertrag, der binnen drei Monaten abgeschlossen werden sollte, wurden in einer zweiten Rahmenvereinbarung Grundsätze aufgestellt, die u.a. die

Aufnahme voller diplomatischer Beziehungen nach Räumung von rund der Hälfte der Sinai-Halbinsel durch die israelischen Truppen vorsahen.

Zwei Probleme blieben freilich auch in Camp David ungelöst: der Status von Ostjerusalem und die israelischen Siedlungen. Sie bildeten den Hauptgegenstand von zusätzlichen Briefwechseln. Für Ostjerusalem forderte Sadat die arabische Souveränität; Begin bekräftigte die 1967 vollzogene Annexion. Carter bestätigte frühere amerikanische Erklärungen vor den Vereinten Nationen, in denen es geheißen hatte, daß die von Israel vollzogenen Maßnahmen den endgültigen Status nicht präjudizieren dürften. Zur Frage der Siedlungen stellte Sadat fest, daß die Bereitschaft Israels zur Räumung der Siedlungen auf der Sinai-Halbinsel Vorbedingung für die Aufnahme der Friedensverhandlungen sei.

Die Ergebnisse von „Camp David" und der im März 1979 abgeschlossene ägyptisch-israelische Friedensvertrag haben sowohl bei den Akteuren selbst wie bei auswärtigen Mächten unterschiedliche Bewertungen erfahren und in der Folge die weitere Entwicklung des Nahostkonflikts wie auch der Nahostregion insgesamt nachhaltig beeinflußt. Jenseits aller politischen Kontroversen und Reaktionen aber müssen einige wichtige Elemente grundsätzlicher Natur festgehalten werden. Zum einen die Tatsache, daß ein arabischer Staat (der gewichtigste) mit Israel um eine umfassende Lösung verhandelt und mit ihm einen bilateralen Friedensvertrag abgeschlossen hat. Damit wurde ein vorläufiger Schlußpunkt unter eine Entwicklung gesetzt, die 1970 begann, als Nasser dem Rogers-Plan zustimmte. Die Anerkennung der Resolutionen 242 bzw. 338 durch die Mehrheit der arabischen Staaten, die Genfer Friedenskonferenz vom Dezember 1974 und die Entflechtungsabkommen nach dem Oktoberkrieg haben die wachsende Einsicht in der arabischen Welt dokumentiert, daß an der Realität der Existenz Israels nicht mehr vorbeizukommen und eine Alternative zu einer Politik des „alles oder nichts" notwendig ist. Die Tatsache direkter Verhandlungen schließlich und der Friedensvertrag zwischen Ägypten und Israel haben auf arabischer wie israelischer Seite tiefverwurzelte Leitvorstellungen ins Wanken gebracht: Ein arabischer Politiker hat zum erstenmal eine Vision des Nahen Ostens politisch verwirklicht, die den souveränen jüdischen Staat einbezieht. Wenn auch die „totale Ablehnung" Israels rhetorisch weitertönen würde, so hätte sie doch ihre dogmatische Schärfe verloren und würde nicht mehr als normative „arabische" Leitvorstellung dargestellt werden können.

Für Israel andererseits war der Frieden nun nicht mehr nur ein Schemen, sondern eine konkrete diplomatische und politische Möglichkeit geworden. Angesichts einer glaubhaften Aussicht auf Frieden hatte insbesondere die herkömmliche Einschätzung des Wertes bestimmter Territorien für die Sicherheit des Landes eine erhebliche Wandlung erfahren. Der vollständige Rückzug aus der Sinai-Halbinsel (April 1982), auch wenn diese für Israel von geringerem Gewicht sein mag als andere besetzte Gebiete, kennzeichnete insofern einen israelischen Gesinnungswandel, als ein echter, glaubhafter und vertraglich abgesicherter Frieden das Höchstmaß an Sicherheit gewährleistet und der Aufrechterhaltung eines territorialen Sicherheits-Glacis bei anhaltendem Spannungs- oder Kriegszustand vorzuziehen ist. Zugleich markierte der Rückzug die Aufgabe einer expansiven Politik um jeden Preis, die von manchem israelischen Falken befürwortet wurde und wird, um eine Heimstätte zu schaffen, in der das ganze jüdische Volk Raum finden würde.

Zum anderen enthält das Abkommen von Camp David die Anerkennung der zentralen Bedeutung der Regelung der palästinensischen Frage im Rahmen einer umfassenden Friedensregelung zwischen Israel und seinen arabischen Gegnern. Nicht nur wird die Notwendigkeit, die Frage der Zukunft der Palästinenser als einen eigenen Problemkreis zu behandeln, anerkannt; daß auch die Palästinenser selbst von einem bestimmten Stadium der Verhandlungen an direkt zu beteiligen sind, ist vorgesehen.

8. Das Scheitern des Ansatzes von „Camp David“

Die Ursachen dafür, daß „Camp David“ nicht in vollem Umfang verwirklicht werden konnte, sondern sogar neue Konflikte erwuchsen, die in der Invasion Israels im Libanon im Sommer 1982 gipfelten, sind komplex und beinhalten regionale wie internationale Aspekte. Zweifellos aber legte die israelische Regierung unter Menachem Begin als erste Hand an, das Abkommen zu unterminieren. Nach nahezu drei Jahrzehnten der Opposition war der Likud-Block in den Wahlen vom Juni 1977 an die Regierung gekommen und hatte den bis dahin regierenden Arbeiterblock als führende politische Kraft in Israel abgelöst. Als Jünger des „revisionistischen“ zionistischen Theoretikers Jabotinsky hatte Begin stets die These vertreten, daß das 1967 eroberte Westjordanland als das biblische Judäa und Samaria Teil des historischen Israel sei und daß diese Gebiete nie wieder an die Araber zurückgegeben werden dürften. Zu einem Zeitpunkt, da die Araber von maximalistischen Zielen abgerückt waren und der Führer des größten arabischen Staates bereit war, einen Kompromißfrieden zu schließen, war somit ein jüdischer Fundamentalismus an die Macht gelangt, der keinen Raum für einen Kompromiß in der zentralen palästinensischen Problematik ließ. Die Kontroverse darüber ließ dann auch nicht auf sich warten. Ausgangspunkt waren die israelischen Siedlungen im Westjordanland und im Gaza-Streifen: Während Präsident Carter in seinem Bericht an den Kongreß am 18. 9. 1978 erklärte, Israel habe zugestimmt, daß bis zum Abschluß der Verhandlungen über die Errichtung der palästinensischen Selbstverwaltung keine neuen Siedlungen in diesen Gebieten angelegt würden, widersprach Begin dem in seinem Bericht an die Knesseth am 25. September dahingehend, daß der Siedlungsstop nur für die Zeit der Friedensverhandlungen mit Ägypten, d.h. für voraussichtlich drei Monate gelte. Die Verhandlungen um eine Selbstverwaltung standen somit von vornherein unter einem ungünstigen Stern; die israelische Regierung war allenfalls bereit, den Autonomiebegriff im engen Sinne „lokaler Selbstverwaltung“ zu interpretieren, d.h. ihm keine territoriale Substanz zuzuerkennen. Die Verhandlungen zogen sich ohne nennenswerte Fortschritte hin, bis sie in der zweiten Jahreshälfte 1980 einschliefen. Der Todesstoß war ihnen mit der Verabschiedung des Gesetzes, demzufolge Jerusalem zur ungeteilten Hauptstadt Israels erklärt wurde, durch die Knesseth am 30. 7. 1980 versetzt worden.

Als im März 1979 der Friedensvertrag zwischen Ägypten und Israel unterzeichnet wurde, schienen diejenigen recht zu behalten, die in den Vereinbarungen von Camp David lediglich einen bilateralen Vertrag (und mithin einen Versuch, Ägypten aus der arabischen Front herauszubrechen) gesehen hatten.

Damit war es auch unmöglich geworden, wie vorgesehen arabische Staaten zur Mitarbeit an einer Friedenslösung im Rahmen der Camp-David-Abkommen zu bewegen. Freilich war die arabische Reaktion auf den Friedensprozeß nicht einheitlich. Scharf wurde „Camp David“ von der arabischen „Ablehnungsfront“ (Syrien, Libyen, Algerien, Südjemen und der PLO) verurteilt, die Sadat schon nach seinem Besuch in Jerusalem auf einer Gipfelkonferenz in Tripolis den Kampf angesagt (2. - 5. 12. 1977) und auf einer zweiten Gipfelkonferenz Anfang Februar 1978 in Algier diese Beschlüsse im wesentlichen bekräftigt hatte. Die Chefs dieser vier Staaten und PLO-Chef Arafat (Yāsir ‘Arafāt) faßten auf einer Konferenz in Damaskus vom 20. - 23. 9. 1978 weitreichende Beschlüsse:

— die Vereinbarungen von Camp David zu verurteilen;
— die Beziehungen zu Ägypten abzubrechen und dessen Ächtung innerhalb der Arabischen Liga zu betreiben;
— die „Front“ zu institutionalisieren; und
— die Sowjetunion um Hilfe zur „Wiederherstellung des Kräftegleichgewichts“ zu ersuchen.

Andere Staaten (so etwa Jordanien und Saudi-Arabien) reagierten vorsichtiger. Sie hatten ihre Bereitschaft zur Anerkennung einer Kompromißlösung in der Vergangenheit wiederholt unmittelbar oder mittelbar, insbesondere durch die Anerkennung der Resolution 242 des Sicherheitsrates der Vereinten Nationen vom November 1967, signalisiert. Viele von ihnen hatten auch die Initiative Sadats im Prinzip begrüßt oder sich zumindest im Hinblick auf ihren Ausgang abwartend verhalten. Mit ,,Camp David" war auch ihre Position schwieriger geworden. König Hussein von Jordanien zeigte sich am 23. September vor der Presse ,,überrascht", daß man Jordanien, ohne es vorher zu fragen, in den Vereinbarungen eine Rolle zugedacht habe. Am 10. Oktober bemängelte er in einer Fernsehansprache, daß ,,Camp David" keine verbindliche Zusage für das ,,Ende des Weges" für Westjordanland/Gaza enthalte und daß die ,,Bindungen" zwischen den beiden Camp-David-Vereinbarungen mangelhaft seien, was zu einem Ausscheren Ägyptens aus der arabischen Front führen werde. Er lehnte nicht ausdrücklich ab, sich an künftigen Verhandlungen zu beteiligen, stellte aber klar, daß er ,,Camp David" nicht als geeignete Grundlage betrachte.

Der Abschluß des ägyptisch-israelischen Friedensvertrages am 26. 3. 1979 führte zu einem weiteren Zusammenrücken der arabischen Staaten im Zeichen der Ablehnung des Vertrages und des Camp-David-Prozesses. Auch diejenigen Regierungen, die sich noch nicht auf eine Politik der totalen Konfrontation mit Ägypten festgelegt hatten, schwenkten nunmehr ins Lager der Ablehnungsfront um. Die Konferenz des Rates der Arabischen Liga auf der Ebene der Außen-, Wirtschafts- und Finanzminister in Bagdad vom 27. - 31. 3. 1979 beschloß einen allgemeinen Boykott gegen Ägypten, der namentlich den Abbruch der diplomatischen Beziehungen, die Suspendierung der Mitgliedschaft in der Arabischen Liga und den Transfer der Liga nach Tunis sowie die Einstellung aller wirtschaftlichen Unterstützung beinhaltete. Der Umstand, daß die ägyptisch-israelischen Verhandlungen über die Verwirklichung des die palästinensische Frage betreffenden Rahmenabkommens von Camp David keine Ergebnisse brachten, machte die Position Ägyptens im arabischen Lager noch schwieriger. Diese Verhandlungen wurden am 15. 5. ausgesetzt, als bekannt wurde, daß Israel ein Gesetz zur endgültigen Annexion Ostjerusalems vorbereitete.

9. Von ,,Camp David" zum ,,strategischen Konsens"

Das Schicksal der Abkommen von Camp David ist freilich nicht zuletzt auch durch regionale und internationale Entwicklungen bestimmt worden, die zunächst nicht in direktem Bezug zum Nahostkonflikt standen. Mit dem Zusammenbruch der Monarchie in Iran und der Errichtung der Islamischen Republik im Frühjahr 1979 war nicht nur ein zuverlässiger Verbündeter der USA verschwunden, sondern zugleich ein Regime an die Macht gekommen, das bald (Besetzung der amerikanischen Botschaft am 4. 11. 1979) die Konfrontation mit den USA suchte. Daß damit schwerwiegende Rückwirkungen auf das Sicherheitssystem am Golf verbunden waren, sollte sich erweisen, als Ende 1979 die Sowjetunion in Afghanistan einmarschierte und sich damit das Kräfteverhältnis am Golf zuungunsten des Westens zu verändern drohte. Der Ausbruch des irakisch-iranischen Kriegs im September 1980 war ein weiteres Ereignis, das die Instabilität in der Nahostregion verschärfte. Vor dem Hintergrund dieser gewandelten Ausgangslage ergaben sich für Washington neue Prioritäten auch im Rahmen des Nahostkonflikts. Die Erhaltung des Friedens zwischen Israel und Ägypten, zwei Akteuren von hohem sicherheitspolitischen Stellenwert im Nahen Osten, erschien nunmehr vordringlich gegenüber einer Lösung der palästinensischen Frage mit ihren konfliktträchtigen Implikationen für alle Parteien. Ägypten und — vor allem — Israel mußten Ecksteine in dem neuen Sicherheitssystem werden, das es auf den Trümmern des zusammengebrochenen zu errichten galt. Unter den gegebenen Umständen war Washington deshalb nicht mehr interessiert, noch einmal einen ähnlichen diplomatischen Kraftakt zu vollbringen, wie er zum Abschluß der Abkommen von Camp David und des ägyptisch-israelischen Friedensvertrages notwendig gewesen war. Eine ,,Lösung" der palästinensischen Frage auf der Grundlage von ,,Camp David" hätte zu einer Belastung der israelisch-amerikanischen Beziehungen führen können.

In dem Maße, in dem sich mit der Übernahme der amerikanischen Präsidentschaft durch Ronald Reagan die israelisch-amerikanischen Beziehungen im Zeichen des *strategic consensus* intensivierten und das arabische Lager (wenn nach dem Ausscheiden Ägyptens von einem solchen überhaupt gesprochen werden konnte) durch den im September 1980 ausgebrochenen Krieg zwischen dem Irak und Iran absorbiert war, radikalisierte sich die Politik der Likud-Regierung in Jerusalem (Begin wurde im Juni 1981 wiedergewählt). Die gravierendsten Schritte in dieser Entwicklung waren:

— die endgültige Annexion Ostjerusalems und die Erklärung Gesamt-Jerusalems zur ewigen Hauptstadt Israels im Juli 1980; dieser Maßnahme folgte im Dezember 1981 die *de facto* Annexion der Golan-Höhen;
— die Bombardierung des Atomzentrums in Tammuz bei Bagdad (Juni 1981) als eine Präventivmaßnahme gegen die unterstellte Entwicklung einer nuklearen Waffe durch den Irak;
— die Bombardierung von Beirut im Sommer 1981;
— die Intensivierung des Siedlungsprogramms im Westjordanland und im Gaza-Streifen, die deutlich machte, wie ernst es der Regierung in Jerusalem mit ihrer Feststellung war, daß „Judäa" und „Samaria" Teile von „Eretz Israel" seien und nicht mehr an die Araber zurückgegeben würden, mithin also als Verhandlungsobjekt für die Erreichung eines Kompromißfriedens nicht mehr zur Disposition stünden.

Zwar führten diese Maßnahmen in Washington zu Äußerungen politischer Indignation, doch zogen diese nicht konsequente politische Maßnahmen seitens der amerikanischen Regierung nach sich. Bei der Verwirklichung des Konzepts des *strategic consensus*, das insbesondere von Außenminister Alexander Haig betrieben wurde, kam Israel ein zu hoher Stellenwert zu, als daß Washington das Risiko einer nachhaltigen Verstimmung in den israelisch-amerikanischen Beziehungen hätte eingehen können. Daß die Politik Israels indirekt auch den Friedensvertrag mit Ägypten gefährdete, indem es den inneren und äußeren Druck auf Sadat anwachsen ließ, offenbarte sich dramatisch in der Ermordung des ägyptischen Präsidenten im Oktober 1981. Diesem wie seinem Nachfolger Mubarak (Ḥusnī Mubārak) waren andererseits die Hände gebunden, solange der Rückzug Israels von der Sinai-Halbinsel noch nicht abgeschlossen war und Ägypten immer tiefer in amerikanische Abhängigkeit, namentlich in den Bereichen der Wirtschafts- und Militärhilfe geriet.

Angesichts der Eskalation der Spannung wirkte es um so überraschender, als am 7. 8. 1981 ein saudiarabischer Friedensplan von Kronprinz Fahd veröffentlicht wurde. Die Vorschläge (Fahd-Plan; zu seinem Inhalt vgl. den weitgehend identischen, unten näher erläuterten Fez-Plan) stellten keinen neuen Plan dar, sondern deckten sich z.T. mit früheren Vorschlägen von arabischer Seite. Nicht nur Israel, sondern auch eine Reihe arabischer Staaten waren dagegen. Als im November 1981 die Staats- und Regierungschefs der Mitglieder der Arabischen Liga in Fez zusammentrafen, konnte man sich über einen gemeinsamen Plan auf der Grundlage des saudischen Vorschlags nicht einigen. Die Konferenz mußte vertagt werden.

Ende April 1982 war der Rückzug Israels von der Sinai-Halbinsel abgeschlossen. Als am 6. 6. 1982 israelische Truppen die Grenze zum Libanon überschritten, lag diese Aktion („Frieden für Galiläa") durchaus in der Logik der Politik der Likud-Regierung gegenüber den Arabern seit Beginn der 80er Jahre; dies gilt auch für die Haltung Washingtons, mit dem diese Aktion zumindest in bezug auf ihr ursprüngliches Ziel, die Schaffung einer 40 km tiefen Sicherheitszone an der nördlichen Grenze Israels, zuvor abgestimmt worden war. Die Maßnahme, die zunächst gegen die Präsenz der PLO im südlichen Libanon gerichtet war, weitete sich rasch aus und führte zu einem regelrechten Krieg, in den nicht nur die PLO, sondern — obgleich unerklärt — auch die syrische Armee involviert war. Sie gipfelte in der Belagerung von Beirut, die aufrecht erhalten blieb, bis — nach langen Verhandlungen, die wesentlich mit amerikanischer Vermittlung geführt wurden — die Kämpfer der PLO im August 1982 den Rückzug aus Beirut antraten.

10. Die Libanonkrise — eine weitere Konflikt-Dimension

Die Libanonkrise hat im Hinblick auf den Gang des Nahostkonflikts einen ambivalenten Stellenwert. Auf der einen Seite schienen sich die Rahmenbedingungen für einen Frieden verbessert zu haben. Mit der Erklärung des amerikanischen Präsidenten Ronald Reagan vom 1. 9. 1982 war im Anschluß an die Evakuierung der PLO aus Beirut eine neue Ausgangslage entstanden. Den Kernpunkt des Planes bildete der in Anlehnung an die Vereinbarungen von Camp David formulierte Vorschlag, eine jordanisch-palästinensische Konföderation zustande zu bringen, innerhalb derer das palästinensische Problem seine endgültige Regelung finden würde. Damit hatte der Präsident der amerikanischen Nahostpolitik insofern neue Akzente gesetzt, als in dem Vorschlag (Reagan-Initiative) implizite eingeräumt wurde, daß die ungelöste Palästinafrage (und nicht eine immer wieder beschworene sowjetische Bedrohung) die Stabilität der Region zuvörderst bedrohe und ihrer Lösung höchste Priorität für die Stabilität der Region und damit auch für die Sicherheit des Westens zukomme. Hinter diesem Plan stand eine zweifache Absicht: Zum einen galt es, die Dynamik zu nutzen, die die amerikanische Nahostpolitik während der Bemühungen um einen Abzug der Truppen der PLO aus Beirut gewonnen hatte; Zug um Zug waren den USA „die Karten" für eine über den Libanon hinausgehende verhandelte Lösung des israelisch-arabischen Konflikts zugefallen. Zum anderen steckte der Plan einen diplomatisch-politischen Rahmen ab, der mit den Vorstellungen der gemäßigten arabischen Kräfte durchaus vereinbar war. Die Chancen, eine auf dieser Grundlage beruhende Lösung zu erzielen, mußten um so günstiger sein, als das radikale Lager — sowohl Syrien als auch der militante Flügel der PLO — mit den Kämpfen im Libanon eine militärische wie politische Niederlage erlitten hatte.

Der auf der arabischen Gipfelkonferenz von Fez (8. 9. 1982) verabschiedete Acht-Punkte-Plan (Fez-Plan) reflektierte die Kompromißbereitschaft des arabischen Lagers. Zwar enthielt auch er wieder eine Aufzählung arabischer Maximalforderungen (u.a. Rückzug Israels aus allen 1967 besetzten Gebieten, Entfernung der nach 1967 errichteten israelischen Siedlungen, Schaffung eines unabhängigen palästinensischen Staates mit Jerusalem als Hauptstadt); doch wurden mit Punkt acht die Möglichkeit eines verhandelten Friedens sowie die indirekte Anerkennung des Staates Israel signalisiert.

Daß damit realistische Aussichten auf einen Frieden abgesteckt waren, sollten die gegen Jahresende einsetzenden Konsultationen zwischen dem PLO-Führer und der jordanischen Regierung zeigen. Auf Grund der Fortgeltung des im Rahmen der Arabischen Liga 1974 getroffenen Beschlusses, daß die PLO der einzige legitime Repräsentant der Palästinenser sei, war es König Hussein verwehrt, Verhandlungen über die Westbank und den Gaza-Streifen im eigenen Namen zu führen. Die Gespräche, die ab Anfang 1983 von König Hussein und Arafat direkt geführt wurden, sollten den inhaltlichen und prozeduralen Rahmen für Verhandlungen über eine Beilegung des Nahostkonflikts gemäß den Prinzipien der Reagan-Initiative und der Charta von Fez abstecken. Wenn auch beide Dokumente inhaltlich weit voneinander entfernt zu sein scheinen, so macht die Tatsache selbst der Abstimmung zwischen Hussein und Arafat deutlich, daß die arabische Seite eine hinreichende Gemeinsamkeit sah, arabische Interessen in der Verschmelzung beider zu verwirklichen.

Die Aussichten auf substantielle Fortschritte waren freilich von Anfang an dadurch getrübt, daß die israelische Regierung die Reagan-Initiative zurückwies: Der Standpunkt der amerikanischen Regierung stehe im Widerspruch zum Abkommen von Camp David; namentlich von Bindungen Judäas, Samarias und des Gaza-Streifens an Jordanien sei dort keine Rede gewesen. Die israelische Regierung habe deshalb beschlossen, keinerlei Verhandlungen auf der Grundlage dieser Vorschläge aufzunehmen. Lediglich der Wiederaufnahme der ägyptisch-israelischen Verhandlungen (mit amerikanischer Vermittlung) über einen Autonomiestatus für die besetzten Gebiete wollte die israelische Regierung zustimmen.

Die libanesisch-israelischen Verhandlungen über den Libanon haben das Geschehen im Nahostkonflikt in den folgenden Monaten wesentlich bestimmt. Angesichts der bestehenden Unterschiede, insbesondere angesichts des Festhaltens Israels an der Forderung nach einer schließlichen „Normalisierung" der Beziehungen zwischen beiden Ländern und der Ausübung militärischer Kontrollen im Süden des Libanon, waren Fortschritte nur in kleinen Schritten zu erzielen. Ende April 1983 waren die Verhandlungen derart festgefahren, daß es neuer Impulse von außen bedurfte, um sie zu einem Ende zu bringen. Schließlich mußte sich der amerikanische Außenminister George Shultz selbst einschalten, um die Verhandlungen Ende April/Anfang Mai im Sinne einer *shuttle diplomacy* zwischen Beirut, Jerusalem, Riad, Damaskus und Kairo zu einem Ergebnis zu führen. Erst am 17. 5. 1983 konnte das libanesisch-israelische Abkommen unterzeichnet werden. Es regelte (im wesentlichen auf der Grundlage des Waffenstillstandsabkommens von 1949) die Beziehungen zwischen beiden Staaten unter dem Aspekt der wechselseitigen Sicherheit durch Beendigung des Kriegszustandes und der Vermeidung einer erneuten Bedrohung Israels von libanesischem Territorium aus durch im Abkommen bezeichnete Maßnahmen beider Seiten. Je länger sich die Verhandlungen hinzogen, um so stärker begann sich der Widerstand gegen den Friedensprozeß zu artikulieren. Diesbezügliche Differenzen zeigten sich bald innerhalb der PLO. Auf der 16. Sitzung des Palästinensischen Nationalrates, die Mitte Februar 1983 in Algier abgehalten wurde, um eine gemeinsame Linie festzulegen, dominierte der kompromißlose Flügel. Am Ende wurde die Reagan-Initiative als Grundlage einer Lösung des Palästinaproblems abgelehnt und die PLO als die einzig legitime Vertreterin des palästinensischen Volkes bezeichnet, die folglich auch in einer gemischten Verhandlungsdelegation mit Jordanien vertreten sein müßte. Die PLO war nicht bereit, über ihre politische Minimalposition, den Fez-Plan, hinauszugehen. Mit den Beschlüssen des Nationalrates war Arafat das Mandat zu Verhandlungen im Grunde entzogen. Der Abbruch der Gespräche mit König Hussein im April 1983 bedeutete dann die Bestätigung der Tatsache, daß die Radikalen wieder einmal die Oberhand bekommen hatten.

Maßgeblichen Anteil an diesen Entwicklungen hatte Syrien. Dieses war aus der Libanonkrise von 1982 politisch und militärisch zunächst geschwächt hervorgegangen. In der Erklärung des amerikanischen Präsidenten Reagan war das Problem der von Israel besetzten und *de facto* annektierten Golan-Höhen nicht angesprochen worden und von Syrien überhaupt nicht die Rede gewesen. Damit war für Syrien die Reagan-Initiative völlig unannehmbar, und es bestand kaum ein Zweifel, daß die syrische Regierung alles tun würde, um ihre Durchführung zu boykottieren. Auch für die syrische Regierung mußte der Libanon der Hebel sein, der diesbezüglich in Bewegung zu setzen sein würde. Mit Ablehnung mußte sie zugleich die Tatsache zur Kenntnis nehmen, daß ein Teil der PLO, angeführt von ihrem Vorsitzenden, dabei war, gemeinsam mit dem Rivalen in Amman Möglichkeiten zu erkunden, entlang den Grundzügen der Reagan-Initiative zu verhandeln. So sah sich die Regierung in Damaskus ausgeschaltet und der Möglichkeiten beraubt, die Interessen Syriens zu verwirklichen.

Als das libanesisch-israelische Abkommen schließlich geschlossen wurde, stand die syrische Ablehnung bereits fest. Nach Auffassung von Präsident Asad (Ḥāfiẓ al-Asad) widersprächen die von Israel aufgezwungenen Bedingungen der Unabhängigkeit des Landes. Sie untergrüben seine Sicherheitsinteressen und bedrohten außerdem die Sicherheit Syriens und der anderen arabischen Länder. Syrien werde sich an seine Verpflichtungen halten, auf der Seite des libanesischen Volkes gegen die israelische Invasion zu kämpfen und das Land zu befreien.

Von diesem Zeitpunkt an wurde Syrien eine bestimmende Kraft im Hinblick auf die weiteren Entwicklungen sowohl im Rahmen des Nahostkonflikts wie im Libanon. Die Politik Asads ging nunmehr in zwei Richtungen: zum einen mit Hilfe von Syrien verbundenen Gruppen im Libanon das israelisch-libanesische Abkommen zu Fall zu bringen und zum anderen, die PLO, deren Führer Arafat durch seine Verhandlungen mit König Hussein syrischen Interessen entgegen gehandelt hatte, wieder unter syrische Kontrolle zu bringen. In der zweiten Hälfte 1983 eskalierte die innere Spannung im Libanon in einen erneuten Bürgerkrieg, in den zunehmend auch eine multinationale

Friedenstruppe (bestehend aus amerikanischen, französischen, italienischen und britischen Einheiten), die zur Unterstützung der libanesischen Zentralregierung unter Amin Gemayel (Amīn al-Jumaiyil) und zur Implementierung des libanesisch-israelischen Abkommens nach Beirut entsandt worden war, verwickelt wurde. Mit den Sprengstoffanschlägen auf die Hauptquartiere der amerikanischen und französischen Kontingente im Oktober 1983, bei denen über 300 amerikanische und französische Soldaten getötet wurden, zeichnete sich bereits ein neuerlicher Wendepunkt der Situation im Libanon ab.

Angesichts einer sich unter syrischer Regie kontinuierlich verbreiternden Front gegen das Abkommen sah sich der libanesische Präsident, der mit Rashīd Karāma einen neuen, den Syrern genehmen Ministerpräsidenten, berufen hatte, gezwungen, das Abkommen mit Israel zu kündigen.

Parallel zu diesen Entwicklungen hat sich der syrische Präsident bemüht, die PLO stärker unter syrische Kontrolle zu bekommen. Die Spaltungen in der Frage der von dieser Organisation zu verfolgenden politischen bzw. militärischen Strategie gehen auf das Ende der 70er Jahre zurück, als mit dem Abschluß des ägyptisch-israelischen Friedensvertrages (März 1979) zum erstenmal eine verhandelte Lösung des israelisch-arabischen Konflikts ins Blickfeld getreten ist. Verschärft haben sie sich mit dem Auszug der PLO aus Beirut: Nicht nur gab diese Niederlage Anlaß, darüber nachzudenken, was falsch gelaufen war. Angesichts der weiten Entfernung der PLO-Führung vom Kriegsschauplatz (Sitz in Tunis) und des Drucks seitens der gemäßigten Kräfte im arabischen Lager, positiv auf die Reagan-Initiative zu reagieren, mußten sich die Spannungen mit den unter syrischer Aufsicht in der Bekaa-Ebene zurückgebliebenen PLO-Gruppen noch verschärfen. Dies um so mehr, als — wie oben angedeutet — mit den sich hinziehenden israelisch-libanesischen Verhandlungen das militante arabische Lager seine Stellung zu stärken vermochte.

Der Aufstand der Dissidenten unter der Führung eines bis dahin unbekannten PLO-Offiziers brach im Mai 1983 über einem relativ unbedeutenden Streitpunkt, die Beförderung zweier Offiziere von umstrittenem militärischen Ruf, aus. Gravierend war allerdings von Anfang an, daß die Dissidenten aus der größten Gruppe innerhalb der PLO, nämlich Arafats eigener Fatah (al-Fatḥ), kamen. Daß die Rebellen, deren Zahl und Schlagkraft sich rasch vermehrte, es ernst meinten, wurde deutlich, als sie sich disziplinarischen Maßnahmen des Exekutivkomitees der Fatah widersetzten. Zugleich wurde offenkundig, daß die Streitpunkte tiefgreifend waren und vom Führungsstil Arafats über die Schuldbemessung für die Niederlage gegen Israel bis zur Verurteilung der Gespräche mit König Hussein im Frühjahr 1983 und zur Forderung nach der Fortsetzung des bewaffneten Kampfes reichten. Zugleich eskalierten die Kampfhandlungen zwischen beiden Lagern.

Unverhohlen hat Syrien die Dissidenten von Anfang an — auch militärisch — unterstützt. In Anbetracht der Tatsache, daß Syrien unter den gegebenen Rahmenbedingungen von der Einleitung eines Verhandlungsprozesses wenig würde gewinnen können, galt es zu verhindern, daß die PLO-Führung noch einmal unabhängig von der syrischen Interessenlage Verhandlungsbereitschaft zeigen würde, wie dies im vorangegangenen Winter und Frühjahr der Fall gewesen war. Arafat war für die syrische Führung eine Gefahr geworden, die es auszuschalten galt. Der Bruch mit ihm wurde besiegelt, als diese Ende Juni Arafat aufforderte, Syrien innerhalb von sechs Stunden zu verlassen, und in der Folge nach und nach die Einrichtungen der PLO in Syrien, namentlich in Damaskus, den Gegnern Arafats übergab. Die Vertreibung der loyalen Anhänger Arafats von Tripoli im Dezember 1983 markierte den Tiefpunkt der PLO seit ihrem Eintritt in die Nahostpolitik Ende der 60er Jahre.

Die Entwicklungen im Libanon sind mit dem israelisch-arabischen Konflikt unmittelbar verbunden. Die Unfähigkeit Washingtons, einen Abzug aller fremden Truppen aus dem Libanon durchzusetzen, ließ die moderaten, im Prinzip verhandlungsbereiten Partner Amerikas im Nahen Osten, insbesondere König Hussein (aber auch Saudi-Arabien), von weiteren Schritten in Richtung auf einen verhandelten Frieden zunächst Abstand nehmen. Wenn Washington Israel schon im Libanon nicht veranlassen konnte, sich der amerikanischen Politik anzuschließen, wie hätte dies dann erst bei einem so sensitiven Problem wie der Palästinafrage erwartet werden können. Je tiefer die USA im Libanon verstrickt wurden, um so mehr sank das Vertrauen der Gemäßigten in die amerikanische Nahostpolitik.

Der Prozeß der ,,Pervertierung" der amerikanischen Nahostpolitik hat der Nahostpolitik der anderen Supermacht, der Sowjetunion, neue Perspektiven und Chancen eröffnet. Zum Zeitpunkt, da Präsident Reagan mit seiner Initiative an die Öffentlichkeit trat und Washington sich anschickte, den Nahostkonflikt einer endgültigen Lösung näher zu bringen, schien Moskau zu einer bloßen Zuschauerrolle verdammt zu sein. Sein Ziel konnte es nur sein, eine Konfrontation mit den USA zu vermeiden sowie eine Konstellation herbeizuführen, innerhalb derer die USA nicht allein als vermittelnde Kraft würden auftreten können. Ihr propagandistisches Hauptargument gegenüber der arabischen Welt lag darin, die Abmachung von Camp David als Quelle allen Übels zu denunzieren. Im übrigen beschränkte sich Moskau darauf, die Vorschläge des ehemaligen sowjetischen Staats- und Parteichefs Leonid Breschnew von 1980 zu wiederholen, die u.a. den Rückzug Israels aus den 1967 besetzten Gebieten, die Rückkehr der Flüchtlinge in ihre Heimat sowie die Schaffung eines unabhängigen Staates Palästina mit Ostjerusalem als Hauptstadt vorsahen. Wie die USA akzeptierte auch die Sowjetunion die Erklärung von Fez als einen konstruktiven Schritt — freilich von einer anderen Ausgangsposition aus: Während Washington eine Brücke zwischen der Reagan-Initiative und der Erklärung von Fez sowie die Vereinbarkeit beider mit den Abmachungen von Camp David darzulegen versuchte, wies Moskau auf die trennenden Elemente zwischen ,,Camp David" und der Reagan-Initiative auf der einen und der Fez-Erklärung auf der anderen Seite hin. Für Moskau war die Fez-Erklärung geradezu die Alternative zu dem von Washington verfolgten Camp David-Prozeß. Es blieb der Sowjetunion also nur die Hoffnung auf ein Scheitern der USA als Vermittler, um dann wieder selbst als Alternative ins Blickfeld zu treten. Tatsächlich ist die Rechnung der Sowjetunion aufgegangen. In dem Maße, in dem sich die USA im Libanon verstrickt und dabei an Glaubwürdigkeit verloren haben, hat die Sowjetunion wieder an politischem Einfluß gewinnen können. Ihr wichtigster Partner dabei ist Syrien geworden, mit dem sie ein Vertrag über Freundschaft und Zusammenarbeit verbindet.

Für Moskau war und bleibt der Libanon ein Schauplatz, auf dem Washington nur immer weiteren Kredit unter den Arabern verspielen kann, was der sowjetischen Politik neue politische Ansatzpunkte verheißt. In sowjetischer Perspektive dokumentiert die Entwicklung im Libanon, daß es keine Lösung des Nahostproblems geben kann, an der Moskau nicht in der einen oder anderen Weise beteiligt ist.

11. Die Ausichten der ,,Hussein-Arafat-Initiative"

Angesichts des vielfältigen Drucks haben sich innerhalb des konservativen arabischen Lagers erneut Veränderungen vollzogen. Die beiden wichtigsten waren die Versöhnung zwischen Arafat und dem ägyptischen Präsidenten Mubarak, die in dem Besuch Arafats in Kairo nach seiner Vertreibung aus Tripoli zum Ausdruck gekommen ist, sowie die Wiederaufnahme diplomatischer Beziehungen zwischen Amman und Kairo (September 1984) — dies trotz des Festhaltens Ägyptens am Friedensvertrag mit Israel. Zugleich läßt die Aufnahme diplomatischer Beziehungen zwischen dem Irak (in der Vergangenheit einer der militantesten Gegner Israels) und den USA (November 1984), die 1967 abgebrochen worden waren, erkennen, daß — nicht zuletzt wohl auch unter dem Eindruck des iranisch-irakischen Kriegs — die herkömmlichen Verwerfungslinien von progressiv-militant versus konservativ-gemäßigt nicht länger Geltung haben.

Die Konsolidierung des gemäßigten arabischen Lagers, die Bildung einer von der Arbeiterpartei geführten Regierung in Jerusalem, der Beginn des *second term* des amerikanischen Präsidenten Reagan und die Befürchtung, daß die Situation in den besetzten Gebieten, namentlich auf Grund der anhaltenden israelischen Besiedlung des Westjordanlandes (nach Plänen des Likud sollen bis zum Ende der 80er Jahre etwa 100.000 Menschen dort angesiedelt werden), sich kontinuierlich verschlechtert, mögen Faktoren sein, die dahin gewirkt haben, daß König Hussein und PLO-Führer Arafat ihre 1983 abgebrochenen Kontakte wieder aufgenommen und im Februar 1985 eine Friedensinitiative lanciert haben, die Elemente der Reagan-Initiative und des Fez-Planes erkennen läßt. In dem am 11. Februar veröffentlichten gemeinsamen „Aktionsrahmen" wird implizite die Anerkennung der Existenz Israels ausgesprochen, wenn bestimmte Voraussetzungen wie der vollständige Rückzug Israels von allen besetzten Gebieten (einschließlich Ostjerusalems), die Verwirklichung des Selbstbestimmungsrechts („im Zusammenhang mit der Bildung der vorgeschlagenen Konföderation der arabischen Staaten Jordanien und Palästina") und die Lösung des Problems der palästinensischen Flüchtlinge erfüllt seien. Für die anstehenden Verhandlungen, die im Rahmen einer internationalen Konferenz abgehalten werden sollen, sollte eine gemeinsame jordanisch-palästinensische Delegation gebildet werden.

Eine Reihe von Faktoren hat freilich verhindert, daß dieser politische Schritt die Bewegung in den Verhandlungsprozeß gebracht hat, die sich seine Urheber versprochen haben mögen. Zu diesen zählen:

— die schwierige wirtschaftliche Situation Israels;
— die Spannungen innerhalb der Koalitionsregierung in Jerusalem, innerhalb welcher der Likud-Flügel Verhandlungen über das Westjordanland ohnehin grundsätzlich ablehnt;
— die Konzentration der israelischen Regierung auf den Truppenrückzug aus dem Libanon; und
— die Zurückhaltung Washingtons nach der Katastrophe von Beirut, sich wieder tiefer im Nahostkonflikt zu engagieren.

Die tiefste Ursache aber lag bei den Beteiligten selbst. Zum einen war der „Aktionsrahmen" nicht nur auffallend vage gefaßt; vielmehr war seine Veröffentlichung durch Jordanien von widersprüchlichen Erklärungen aus den Reihen von Arafats PLO begleitet, die insbesondere die Anerkennung Israels und die „jordanische Option" einer Lösung der Palästinafrage wieder in Frage stellten. Die israelische Forderung nach einer unzweideutigen Anerkennung des Existenzrechts Israels als der Voraussetzung für gemeinsame Verhandlungen erfüllte der „Aktionsrahmen" nicht. Zum anderen legte die Reaktion der israelischen Regierung als Ganzer (also über politik- oder ideologiebedingte Unterschiede hinaus) in den Monaten nach der Veröffentlichung des „Aktionsrahmens" die Frage nahe, ob denn Israel einen Verhandlungskompromiß überhaupt noch anstrebt. Unter dem Schleier des Arguments, daß Israel nicht mit Angehörigen oder Sympathisanten der PLO verhandelt, ließ sich kaum verbergen, daß auch die Reaktionen des der Arbeiterpartei angehörenden Ministerpräsidenten Peres letztlich vage und zweideutig waren. Hinter den nach außen abgegebenen Erklärungen der Beteiligten standen letztlich unvereinbare Standpunkte: Die arabische Forderung, Israel solle ohne unzweideutige Anerkennung seines Existenzrechts durch die arabische Seite, aber unter Anerkennung des Selbstbestimmungsrechts der Palästinenser, alle besetzten Gebiete aufgeben und die Bestimmung von deren Zukunft der arabischen Seite überlassen, war ebensowenig geeignet, Verhandlungen in Gang zu bringen, wie die israelische Erwartung, Jordanien solle sich an den Vertretern des palästinensischen Volkes vorbei unter Anerkennung des *Status quo* und der *faits accomplis* in direkten „Verhandlungen" mit dem begnügen, was von Israel noch zur Disposition gestellt wird. Vor diesem Hintergrund war die „Hussein-Arafat-Initiative" Ende 1985 zu einem Scheingefecht geworden, bei welchem die Frage im Mittelpunkt stand, wie nah (bzw. entfernt) ein Palästinenser der PLO sein durfte (mußte), um gegebenenfalls der „gemischten Delegation" anzugehören.

Die von König Hussein und Arafat signalisierte Gesprächsbereitschaft und das zwischen ihnen erzielte Maß an Gemeinsamkeit ließen sich in Anbetracht der widrigen Umstände nicht lange durchhalten. Als König Hussein begann, sich vorsichtig an Syrien anzunähern, und Arafat wieder die Annäherung an die militanten Gruppen innerhalb der PLO suchte, war das Ende der ,,Initiative" eingeläutet. Der Bruch zwischen beiden (Februar 1986) hat für die PLO den bewaffneten Kampf zur Lösung des palästinensischen Problems in den Vordergrund treten lassen. Der jordanische König hat (in unausgesprochener Abstimmung mit Israel) verstärkte Anstrengungen der wirtschaftlichen Entwicklung der Westbank unternommen.

Nach nahezu vier Jahrzehnten scheint der israelisch-arabische Konflikt an einem Punkt angelangt zu sein, wo er nur noch durch ein Wunder beigelegt werden kann. Dieses läge im Erscheinen eines kühnen und visionären Politikers wie Sadat. Die Wahrscheinlichkeit dazu ist nicht allzu groß: Als ,,Alleinherrscher" Ägyptens konnte dieser schließlich unabhängig handeln, als er zu der Überzeugung kam, daß alle anderen Wege versperrt waren. Weder aus dem zerrissenen arabischen Lager noch aus dem fraktionierten sozialen und politischen Gemenge Israels dürfte eine solche Persönlichkeit gedeihen können. Washingtons Vermittlung — unverzichtbar wie in den 70er Jahren — dürfte wohl erst dann wirksam werden können, wenn die Beteiligten selbst von sich aus bereit geworden sind, aufeinander zuzugehen. An die Realisierbarkeit und Nützlichkeit des Vorschlags der Einberufung einer internationalen Konferenz als eines Forums zur Beilegung des Konflikts — eines Vorschlags, der nach dem Scheitern der ,,Hussein-Arafat-Initiative" gemacht wurde — dürfte kaum einer glauben, der die Komplexität der Problematik kennt.

Literatur:

Bunzl, J. 1982: Israel und die Palästinenser. Die Entwicklung eines Gegensatzes, Wien.

Frangi, A. 1982: PLO und Palästina. Vergangenheit und Gegenwart, Frankfurt/M.

Hacke, Ch. 1985: Amerikanische Nahostpolitik. Kontinuität und Wandel von Nixon bis Reagan, München, Wien.

Harkabi, Y. 1974: Palästina und Israel, Stuttgart.

Henle, H. 1972: Der neue Nahe Osten, 2. Aufl., Frankfurt/M.

Hollstein, W. 1977: Kein Friede um Israel. Zur Sozialgeschichte des Palästina-Konflikts, 2. Aufl., Bonn.

Jendges, H. 1976: Der Nahost-Konflikt, 2. Aufl., Berlin.

Kaiser K. u. Steinbach U. (Hrsg.) 1981: Deutsch-arabische Beziehungen. Bestimmungsfaktoren und Probleme einer Neuorientierung, München, Wien.

Kauppi, M.V. u. Nation, R.C. 1983: The Soviet Union and the Middle East in the 1980s, Lexington Mass., Toronto.

Laqueur, W. 1975: Der Weg zum Staate Israel, Wien.

Paczensky, G. von 1978: Faustrecht am Jordan. Zur Entwicklung des arabisch-israelischen Konflikts, Tübingen.

Ro'i, Y. (Hrsg.) 1979: The Limits to Power. Soviet Policy in the Middle East, London.

Steppat, F. 1973: Die internationale Politik am Mittelmeer, in: Die Internationale Politik, 1966-1967. Jahrbücher der Deutschen Gesellschaft für Auswärtige Politik, München, Wien.

Sykes, Ch. 1967: Kreuzwege nach Israel. Die Vorgeschichte des jüdischen Staates, München.

II. Libanon-Konflikt

Theodor Hanf

1. Ersatzkrieg und Bürgerkrieg

Die seit 1975 andauernden bewaffneten Konflikte im Libanon sind zum einen ein *Ersatzkrieg um Palästina*, zum anderen ein *innerlibanesischer Bürgerkrieg.* Auf Grund des Palästinenserkonflikts konnten innerlibanesische Konflikte gewaltsamen Charakter annehmen, und wegen des Bestehens interner Konflikte konnte der Libanon zum Schlachtfeld nicht-libanesischer Konflikte werden.

2. Im Schnittpunkt gegensätzlicher Interessen

Zu Beginn der 70er Jahre geriet der Libanon ins Zentrum des Nahostkonflikts. Nach dem Schwarzen September von Amman und der Vertreibung der Palästinensischen Befreiungsorganisation (PLO) aus Jordanien wurde er zum einzigen Gebiet, von dem aus die Palästinenser ihr Konzept des bewaffneten Kampfes gegen Israel weiterverfolgen konnten. Gleichzeitig war er der einzige Ort, an dem palästinensische Politik unabhängig vom Willen einer starken arabischen Regierung betrieben werden konnte. Aus der schweren Niederlage in Amman glaubte die PLO die Lehre ziehen zu müssen, nur eine Politik der Stärke gegenüber dem Gastland könne diese Unabhängigkeit garantieren. Sie befestigte die Lager und Wohngebiete der palästinensischen Flüchtlinge und stattete sie mit schweren Waffen aus. Neben Guerillaeinheiten stellte sie konventionelle Verbände auf, die bald an Zahl und militärischem Material der libanesischen Armee überlegen waren. Für viele Libanesen — vor allem für die Christen unter ihnen, die in besonderem Maße für die Unabhängigkeit und Souveränität des Landes eintraten — war es ein bedrohlicher Staat im Staate. Nachdem Versuche der libanesischen Armee, die Kontrolle wieder zu erringen, 1969 und 1973 gescheitert waren, begannen die wichtigsten christlichen Parteien, selbst bewaffnete Milizen aufzustellen. Was sie als Verteidigungsmaßnahmen ansahen, war in den Augen der Palästinenser eine Bedrohung. Sie bemühten sich, libanesische Verbündete zu finden und halfen beim Aufbau und bei der Bewaffnung von Milizen der kleinen libanesischen Linken und der muslimischen Gemeinschaften.

Damit war die PLO tief in libanesische Innenpolitik verstrickt, und mehr, sie hatte die Voraussetzung für eine Militarisierung innenpolitischer Konflikte geschaffen. Innerhalb der palästinensischen Organisationen gab es tiefgreifende Meinungsverschiedenheiten. Während eine Richtung sich darauf beschränken wollte, den *Status quo* zu sichern — also die *de facto* Autonomie und Sicherheit der Lager und Handlungsfreiheit gegenüber Israel im Süden des Landes zu bewahren — vertraten andere, und vor allem die linken Organisationen der PLO die Auffassung, man müsse die libanesische Linke stützen und ihr bei einem Umsturz des libanesischen Systems helfen, damit ein revolutionärer Libanon zum ,,Hanoi" der Befreiung Palästinas werden könne. Da die PLO nie eine straff zentralisierte Organisation war, geriet die tatsächlich verfolgte Politik höchst inkohärent: Während Teile der PLO sich militant und konfliktauslösend zeigten, versuchten andere, sich zurückzuhalten und konfliktmildernd zu wirken.

Als unmittelbar vom Ausbau der palästinensischen Machtposition im Libanon betroffen, betrachtete sich auch Israel. Seine Politik gegenüber den Gastländern der PLO bestand zunächst darin, durch harte Vergeltungsschläge, die auf jede Kommandoaktion der PLO folgten, diese Länder selbst zum Vorgehen gegen die Palästinenser zu veranlassen. Im Falle Jordaniens war diese Politik erfolgreich, im Falle des Libanon hingegen scheiterte sie. Jordanien verfügte über eine starke Armee, die die bewaffneten Palästinenser vertreiben konnte. Die libanesische Armee war dazu nicht in der Lage, weil sich ein Teil der libanesischen politischen Kräfte, vor allem Muslime, dem widersetzte. Hinzu kam, daß Syrien stets dann Druck auf den Libanon ausübte, wenn sich eine libanesische Regierung zumindest um eine Eindämmung der palästinensischen Macht bemühte. Israels militärische Aktionen, die sich nicht nur gegen Palästinenser, sondern auch vor allem gegen libanesische Dörfer im Süden richteten, trugen daher nur zur Destabilisierung des Libanon bei. Sie führten immer wieder dazu, daß Zehntausende von schiitischen Libanesen nach Beirut flohen, ihre Regierungen der Untätigkeit bezichtigten und sich der innenpolitischen Opposition anschlossen. Die Destabilisierung des Libanon führte jedoch zu einem für Israel nicht unbefriedigenden Resultat: Palästinensern, die in einen Krieg im Libanon verwickelt waren, blieb wenig Zeit und Energie für den Kampf gegen Israel.

Erst unter der Likud-Regierung und unter dem Einfluß des Verteidigungsministers Scharon wurde die israelische Libanonpolitik ambitiöser. Scharon strebte die Zerschlagung der PLO im Libanon und die Erstellung einer starken libanesischen Regierung unter christlicher Vorherrschaft an, von der er eine israelfreundliche Politik erhoffte. Das erste dieser Ziele sollte er 1982 durch seine Invasion im Libanon weitgehend erreichen, das zweite jedoch nicht. Unter seinen Nachfolgern scheint Israel wieder zu seiner früheren, weniger ambitiösen Libanonpolitik zurückzukehren.

Die Präsenz der Palästinenser machte den Libanon auch zum Gegenstand innerarabischer Rivalitäten und Kontroversen. Die PLO wurde von den arabischen Staaten einerseits als ein wichtiges Instrument im Konflikt mit Israel betrachtet, andererseits — wegen ihrer im Libanon erreichten Selbständigkeit — als eine potentielle Gefährdung ihrer jeweils gewählten Strategie in diesem Konflikt. Sie versuchten daher, auf die PLO Einfluß zu gewinnen, um sie in ihrem Sinne kontrollieren und einsetzen zu können. So wurden rivalisierende Palästinenserorganisationen von rivalisierenden arabischen Staaten mit Subventionen und Waffenlieferungen gefördert — und damit die Entwicklung der PLO als Staat im libanesischen Staate erst ermöglicht. Die Bedeutung der PLO stieg, als sich die arabische Welt über die Palästinapolitik grundlegend zerstritt, seit der amerikanische Außenminister Kissinger 1974 zwischen Ägypten und Israel zu vermitteln begann. Das Sinai-Abkommen von 1975, die Camp David Verträge von 1978 und der israelische Abzug aus den letzten, von ihnen besetzten ägyptischen Gebieten 1982 brachen Ägypten als stärksten arabischen Staat aus der Front gegen Israel heraus: Der bilaterale Friedensschluß ließ das Palästinenserproblem ungelöst. Die PLO wandte sich von Beginn an gegen diese Politik, die für sie Verrat an ihrer Sache war. Unterstützt wurde sie von Algerien, Libyen und dem Irak, vor allem aber von Syrien, das in einer ungünstigen Ausgangsposition für eventuelle Verhandlungen mit Israel über die Golan-Höhen zurückblieb.

Syriens militärische Macht war für eine direkte Konfrontation mit Israel kaum ausreichend. Was sich hingegen anbot, war indirekter Druck — durch palästinensische Guerillas und von libanesischem Territorium ausgehend. Um dies zu erreichen, mußte Syrien zweierlei anstreben: eine möglichst weitgehende Kontrolle sowohl über den Libanon als auch über die PLO. Eine Eindämmung der Palästinenser durch die libanesische Regierung oder andere libanesische Kräfte lag ebenso wenig im syrischen Interesse wie eine allzu selbständige PLO oder gar eine von Palästinensern dominierte libanesische Republik. Dieses doppelte Streben nach Kontrolle entsprach dem ideologischen Selbstverständnis Syriens: Libanon wie Palästina gehören danach zu Großsyrien als Zentrum der arabischen Welt.

Keine am Libanonkonflikt beteiligte Macht hat ihre Ziele mit derselben Beharrlichkeit und Konsequenz verfolgt wie Syrien. Es versuchte ständig, Libanesen wie Palästinenser von der Richtigkeit seiner Politik zu überzeugen; gelang dies nicht, so wandte es Zwang an — durch Dritte oder, wenn erforderlich, durch eigene Truppen. Mehrfach wechselte es dabei Verbündete und Partner, wenn dies zu Erreichung der gesteckten Ziele nötig erschien.

Schließlich sind auch die Großmächte in den Libanonkrieg verwickelt worden. Die *Sowjetunion* war gegen die israelisch-ägyptische Annäherung, weil diese einen Friedensprozeß im Orient unter amerikanischer Vermittlung einleitete, sie aber ausschloß. Sie unterstützte folglich Syrien und die PLO. Ihr Einfluß erreichte einen Tiefpunkt, als 1982 ihre Verbündeten geschlagen wurden — trotz sowjetischer Bewaffnung. Seit sie Syrien 1983 in kurzer Zeit stärker als je zuvor aufrüstete, begann ihr Einfluß wieder zu steigen. Syrien ist Mitte der 80er Jahre ihr einziger Alliierter in der Region, den zu stützen sie gezwungen ist, und zwar auch dann, wenn sie mit syrischer Politik, etwa der Unterwerfung der PLO, nicht einverstanden ist.

Die *Vereinigten Staaten* schenkten zunächst der Libanonkrise wenig Beachtung. Für sie war der Erfolg des israelisch-ägyptischen Friedensprozesses das wichtigste Ziel, der Libanon demgegenüber ein Nebenkriegsschauplatz. Erst als die israelische Libanoninvasion 1982 die Voraussetzungen für einen zweiten bilateralen Friedensschluß geschaffen zu haben schien, engagierten sie sich, zusammen mit Frankreich, Italien und Großbritannien, mit einer eher symbolischen als militärisch ins Gewicht fallenden Friedenstruppe. Als dann die Chancen für ein libanesisch-israelisches bilaterales Abkommen schwanden und ihre Truppen angegriffen wurden, zogen sie sich — entgegen feierlichen Versprechungen — zurück.

Es war also zuvorderst die *Palästinafrage,* die den Libanon in den Schnittpunkt gegensätzlicher Interessen regionaler und internationaler Mächte brachte. Weil der Libanon zur letzten Bastion der Palästinenser geworden war, weil Israel diese Bastion neutralisieren und dann zerstören wollte, weil Syrien in den Palästinensern im Libanon den Hebel sah, ihm nicht genehme Lösungsversuche der Palästinafrage aus den Angeln zu heben und bei neuen Lösungsversuchen nicht übergangen zu werden, wurde er zum Schlachtfeld nicht-libanesischer Konflikte.

3. Die soziale Frage im Vorkriegslibanon

Die Schwäche des Libanon und seine Unfähigkeit, den Herausforderungen eines sich auf sein Territorium konzentrierenden regionalen Konflikts zu begegnen, wird häufig als eine Folge tiefgreifender sozialer Krisen angesehen; nicht selten wird der Krieg als Klassenkampf interpretiert.

In der Tat hat der Libanon der Vorkriegszeit eine schwere soziale Krise erlebt. Zwischen 1959 und 1975 war die Einwohnerzahl Beiruts von 450.000 auf 1,2 Mio. gestiegen. Rings um die alte Stadt war ein Kranz von neuen Vorstädten und Elendsquartieren entstanden. Auf einem kleinen Gebiet zwischen Meer und Bergen drängten sich zwei Drittel aller Libanesen zusammen. Grund für diese explosionsartige Entwicklung war zum einen die Landflucht, verursacht durch eine schwere Krise der Landwirtschaft. Seit den 60er Jahren hatten kapitalintensive Betriebe des *agrobusiness* die unabhängigen maronitischen Kleinbauern des Gebirges sowie die Feudalbetriebe des schiitischen Südens und Ostens aus dem Exportmarkt, dann auch vom Beiruter Binnenmarkt verdrängt. Kleinbauern mußten aufgeben, Tagelöhner wurden von Großgrundbesitzern gekündigt. Sie strömten in die Hauptstadt. Andere Gründe für das explosionsartige Wachstum der Hauptstadt waren politischer Natur. Nach dem Sechs-Tage-Krieg 1967, dann nach dem Schwarzen

September 1970 flüchteten Zehntausende von Palästinensern nach Beirut — zusätzlich zu den bereits nach dem ersten Palästinakrieg 1948 in den Libanon geflüchteten oder vertriebenen. Nach 1969 folgten ihnen Zehntausende von Schiiten, die ihre Heimat wegen der Kämpfe zwischen palästinensischen Freischärlern und israelischen Truppen verließen. Die ,,soziale Frage" des Libanon war somit in hohem Maße auch eine Kriegsfolge.

Jede schnelle Urbanisierung, und erst recht eine erzwungene Urbanisierung trägt krisenhaften Charakter. Bemerkenswert ist jedoch, daß der Libanon und besonders Beirut in der Lage waren, diesen Prozeß zumindest ökonomisch zu bewältigen. Die Vorkriegsjahre brachten einen außerordentlichen Boom. Der Handel expandierte, Beirut wurde mehr denn je zum Umschlagsplatz zwischen den Industriestaaten und der arabischen Welt. Hafen und Flughafen verdoppelten zwischen 1968 und 1974 ihren Umschlag. Der Libanon expandierte auch als Finanzplatz und als Tourismusland. Ein Bauboom ohnegleichen war die Folge. Gleichzeitig wurde der Libanon zu einem der wichtigsten Industriezentren des Orients: Die Libanesen verstanden es, sich den Bedürfnissen und Moden arabischer Konsumenten weit schneller anzupassen als die Staatsbetriebe der Nachbarländer und auch als westliche Produzenten. 1973 und 1974 verdoppelten sich die Industrieexporte; sie stellten allein zwei Drittel aller libanesischen Exporte.

So ist es nicht verwunderlich, daß die libanesische Wirtschaft durchaus in der Lage war, die aus den ländlichen Gebieten kommenden Arbeitskräfte zu absorbieren — und nicht nur diese: Etwa eine halbe Million syrischer Gastarbeiter kam ins Land. Gewiß gab es heftige soziale Spannungen. Aber schnell erstarkende Gewerkschaften schafften es, den Unternehmern beträchtliche Konzessionen in der Tarifpolitik, der Sozial-, Gesundheits- und Altersversorgung und auch den Arbeitsbedingungen abzuringen. Es wurde gestreikt und demonstriert, und es wurden Kompromisse geschlossen.

Die Linien des sozialen Konflikts verliefen im übrigen quer durch die Religionsgemeinschaften hindurch: Christlichen wie muslimischen Unternehmern standen christliche und muslimische Gewerkschafter gegenüber, Arbeitskämpfe trugen folglich keinen ,,konfessionellen" Charakter. Jede Religionsgemeinschaft hatte ihre Reichen, Mittelschichten und ihre Armen. Sicherlich waren die Anteile der Religionsgemeinschaften an den verschiedenen Schichten unterschiedlich. In den privilegierten Schichten waren die schon früh urbanisierten Gemeinschaften besonders stark vertreten, nämlich Sunniten und Griechisch-Orthodoxe. In den zwei Vorkriegsjahrzehnten verbesserte sich ihre Lage weiter durch den enormen Wertzuwachs von Grund und Boden — der eben in erster Linie Sunniten und Orthodoxen gehörte. In den unteren Schichten aber sind die erst kürzlich urbanisierten Gemeinschaften überrepräsentiert, nämlich Maroniten und Schiiten. Dabei stellen die Maroniten, deren Migration etwas früher begann, in höherem Maße die Facharbeiter, während Schiiten überproportional un- und angelernte Arbeiter stellen. Von ,,reichen Christen" und ,,armen Muslimen" kann nicht ernsthaft die Rede sein, wohl aber von erheblichen Unterschieden zwischen wohlhabenden Städtern und erheblich ärmeren Neuzuwanderern vom Lande.

Ganz anders wird das Bild, wenn man nicht nur die Libanesen, sondern die im Libanon ansässigen Ausländer mit einbezieht. Gewiß war ein Teil der palästinensischen Bourgeoisie in der Welt des libanesischen Bürgertums aufgegangen. Etwa die Hälfte der Palästinenser aber lebte weiterhin in ,,Lagern", das heißt Stadtbezirken mit Billigbauten und schlechter Infrastruktur. Sie bildeten eine Art von Unterproletariat, beschäftigt vor allem als Handlanger in Baugewerbe, Straßenbau und auch in der Landwirtschaft. In einer ähnlichen Lage fanden sich kurdische Flüchtlinge und syrische Gastarbeiter. Unterhalb der komplex geschichteten Gesellschaft gab es also eine große Masse von Armen, denen als Flüchtlingen oder sonstigen Ausländern der Aufstieg in attraktivere Berufe weitgehend verwehrt war. Der libanesischen Wirtschaft mit ihrem in der Vorkriegszeit nahezu unersättlichen Arbeitskräftebedarf waren sie willkommen; angesichts des wachsenden Reichtums der Libanesen war es aber unvermeidlich, daß diese Massen zunehmend mit ihrem Schicksal unzufrieden waren. Und es handelte sich um Massen: Kurden stellten ein Zwanzigstel, Palästinenser ein Sechstel und Syrer fast ein Viertel der Gesamtbevölkerung Beiruts —

insgesamt waren etwa 45 % der Bewohner der Hauptstadt Nicht-Libanesen: Die libanesische soziale Frage war in hohem Maße eine Ausländerfrage.

4. Die überforderte Konkordanzdemokratie

Als 1975 der Krieg ausbrach, standen sich jedoch nicht nur Libanesen und Ausländer gegenüber, sondern auch Libanesen und Libanesen. Und es waren nicht reiche und arme Libanesen, die aufeinander schossen, sondern Christen und Muslime — und zwar überwiegend Christen und Muslime aus Arbeiter- und Kleinbürgervierteln. Der Bürgerkrieg entstand in einer Phase der ökonomischen Entwicklung, in der früher vorhandene soziale Unterschiede zwischen den Gemeinschaften stark abgenommen hatten und sich weiter verringerten. Es war kein Klassenkampf, sondern ein Ringen um die Macht zwischen den verschiedenen Religionsgemeinschaften.

Die schnelle Urbanisierung und Modernisierung in den Vorkriegsjahrzehnten hatten den Libanon zwar wirtschaftlich stärker integriert als je zuvor, die traditionalen sozialen Barrieren zwischen den Religionsgemeinschaften aber waren bestehen geblieben oder hatten sich sogar verstärkt. Wie im alten Stadtkern von Beirut seit Jahrhunderten Christen und Muslime überwiegend in unterschiedlichen Vierteln wohnten, so bildeten sich auch in den neuen Vorstädten religiös homogene Siedlungen. Oft erfolgte die Niederlassung sogar nach Herkunftsreligionen und -dörfern. Man arbeitete und trieb Handel miteinander, aber man wohnte nicht zusammen, und man vermischte sich nicht.

Und man wurde mehr als zuvor zu Konkurrenten auf dem Arbeitsmarkt. Dies galt vor allem für den öffentlichen Dienst. Die in den 60er und 70er Jahren schnell wachsenden Universitäten — 1961 gab es 4.000, 1981 ca. 85.000 Hochschüler — produzierte wachsende Zahlen von Aspiranten auf Beamtenstellen, die nicht im gleichen Maße zunahmen. Für die staatliche Verwaltung galt der Proporz zwischen den Religionsgemeinschaften. Solange es wenig schiitische Hochschulabsolventen gab — die schiitischen Regionen des Libanon, erst 1920 zu dessen Territorium hinzugekommen, litten lange unter einem noch aus der Osmanenzeit stammenden Bildungsrückstand — konnten Sunniten auch für Schiiten reservierte Stellen mitbesetzen; nunmehr wollten die Schiiten diese Stellen selbst besetzen. Die Sunniten forderten, die Christen sollten den zahlreicher gewordenen Muslimen mehr Stellen einräumen. Griechisch-Orthodoxe und Katholiken, Lateiner und Protestanten forderten die Abschaffung des Proporzes, wodurch sie als Angehörige kleiner, aber hochgebildeter Gemeinschaften sich bessere Chancen ausrechnen konnten. Die Maroniten wollten entweder am herkömmlichen Proporz festhalten, der für sie günstig war, oder forderten ebenfalls eine Abschaffung, weil sie sich im freien Wettbewerb vielen muslimischen Konkurrenten überlegen glaubten. Arbeitslose Akademiker kritisierten aber nicht nur — aus unterschiedlichen Gründen — den Proporz im öffentlichen Dienst, sondern das libanesische Proporz- und Konkordanzsystem überhaupt.

Konkordanzsysteme haben viele Qualitäten: Innovationsfähigkeit in Zeiten schnellen sozialen und wirtschaftlichen Wandels gehört nicht unbedingt dazu. Verglichen mit anderen Konkordanzsystemen erwies sich das libanesische als besonders unbeweglich. Das Wahlgesetz begünstigt traditionale politische Führer (zu'amā') gegenüber Vertretern neuer politischer Kräfte: Im Parlament dominierten Grundbesitzer und Großbürger aller Religionsgemeinschaften, deren ,,Elitenkartell" zwar vorzüglich in der Lage war, die alten Konflikte zwischen den Religionsgemeinschaften mit Geschick und Toleranz zu moderieren und regulieren, die aber wenig Verständnis für neue soziale und wirtschaftliche Probleme besaßen. Die neuen politischen Kräfte in allen Gemeinschaften machten freilich keinen Unterschied zwischen einem immer problematischer werdenden Rekrutierungsmuster der politischen Führungsgruppen einerseits und dem Konkordanzsystem überhaupt. Sie forderten einen grundlegenden politischen Wandel.

Jede Gemeinschaft verstand allerdings unter dieser Forderung etwas anderes. Die Sunniten wollten das System nicht abschaffen, sondern den Platz der Maroniten einnehmen. Die Schiiten tendierten eher zu seiner Abschaffung, da sie auf Grund ihres starken Geburtenzuwachses annahmen, in einem reinen Mehrheitssystem eine bessere Chance zu haben. Kleinere Gemeinschaften wie Drusen und Orthodoxe hofften, bei Aufhebung des Proporzsystems auch einmal Chancen zu erhalten, hohe und höchste Positionen zu besetzen — etwa den Präsidenten der Republik zu stellen. Die Maroniten und mit ihnen die Mehrheit der anderen Christen hingegen fürchteten, die Modifizierung des Machtteilungssystems oder seine Abschaffung könne sie, bei Weiterbestehen politischer Loyalitäten und Präferenzen nach Religionsgruppen, zu einer permanenten und machtlosen Minderheit werden lassen — und am Ende zu einer nach islamischer Tradition „tolerierten" Minderheit wie in anderen arabischen Staaten. Ihre Furcht verstärkte sich, als zu Beginn der 70er Jahre sich eine Allianz der muslimischen Gemeinschaften, vor allem der Sunniten, mit den Palästinensern zu bilden begann. Die PLO erhoffte sich von dieser Allianz eine Absicherung ihrer Position im Libanon, die Sunniten erhofften sich von ihr den Machtwechsel. Damit hatten sich die Spielregeln im libanesischen System grundlegend verändert.

Daß in rein innerlibanesischen Machtkämpfen zwischen den Gemeinschaften niemand entscheidend siegen und dominieren könnte, war allen Seiten klar; die Form der Machtteilung könnte modifiziert werden, aber die Vorherrschaft einer Gruppe wäre nie durchsetzbar. Mit Hilfe einer mächtigen nicht-libanesischen Gruppe aber war alles denkbar geworden. Der Griff zur Macht der einen provozierte profunde Existenzangst der anderen und deren Versuch, ebenfalls einen Verbündeten zu finden, der sie zur Macht führen würde. Auf die Allianz der Sunniten mit den Palästinensern folgte die der Maroniten mit den Israelis, der Schiiten teils mit Syrien, teils mit dem Iran Khomeinis (Rūḥullāh Khumainī), der Drusen ebenfalls mit Syrien — und teilweise gleichzeitig mit Israel. Zunächst aber zerbrach der Libanon an den Grenzen der christlichen und muslimischen Wohngebiete.

5. Die vielen Gesichter des Libanon-Konflikts

Der Krieg begann am 14. 4. 1975, als Unbekannte bei der Einweihung einer Kirche in Ain ar-Rummana zwei Leibwächter des Vorsitzenden der Katā'ib-Partei (Phalangen) erschossen und wenige Stunden später alle Insassen eines mit Palästinensern besetzten Busses, der das gleiche Stadtviertel durchquerte, von Katā'ib-Milizionären umgebracht wurden. Kurz darauf gab es schwere Kämpfe in ganz Beirut und bald darauf in anderen Gebieten des Libanon. Ein *erster Konflikt* konfrontierte Milizen der christlichen Gemeinschaften auf der einen, Palästinensertruppen auf der anderen Seite, wobei letztere von kleinen Milizen der libanesischen Linksparteien und einigen muslimischen Gruppen unterstützt wurden. Die härtesten Kämpfe fanden zunächst zwischen der von Schiiten und Palästinensern bewohnten Vorstadt Chiyah und dem überwiegend maronitischen Ain ar-Rummana statt, zwei Arbeiter- und kleine-Leute-Vierteln. Dann begannen Gefechte um strategisch wichtige Orte und die Ausschaltung potentiell gegnerischer Bevölkerungsinseln im jeweils eigenen Bereich. Schon in den ersten Kriegstagen wurden die meisten Maroniten aus Haret al-Huraik, einem alten Dorf mitten im westlichen Teil des palästinensischen Elendsgürtels, vertrieben, weil die PLO von ihnen eine Bedrohung der Flughafenstraße befürchtete. Dann überrannten die christlichen Milizen die Quarantaine, ein palästinensisch-kurdisches Elendsquartier, das die Straße von Ostbeirut nach Jounié beherrschte. Nach erbitterten Kämpfen wurden die überlebenden Bewohner nach Westbeirut vertrieben. Palästinensische Einheiten zerstörten darauf das am Südrand Beiruts liegende christliche Städtchen Damur; die meisten Bewohner wurden umgebracht — aus den Überlebenden rekrutierten sich die Kommandotruppen, die später, 1982, die

Massaker von Sabra und Shatila begingen. Im Frühjahr 1976 wurde um die alte Innenstadt gekämpf. Der Suq (sūq), das traditionelle Geschäftsviertel, wurde völlig zerstört. Nach wechselhaften Haus-zu-Haus-Kämpfen verloren die christlichen Milizen das Hotelviertel am Meer. Damit stand die Trennungslinie zwischen Ost- und Westbeirut fest: Vom Ostrand des Kanonenplatzes, einst Zentrum der Stadt und wichtigster Verkehrsknotenpunkt, verläuft sie über die Damaskusstraße zum Museum, quer durch die Pferderennbahn, dann zwischen den Stadtteilen Chiyah und Ain al-Rummana. Auf den Grenzstraßen sind Papyrusstauden und Bäume gewachsen: die „Grüne Linie". Während Beirut zerfiel, kam es auch zu Kämpfen in anderen Landesteilen. Im Norden wurde der maronitische Bergort Zgorta von Palästinensern aus den Lagern bei Tripoli angegriffen, im Osten die griechisch-katholische Stadt Zahlé und christliche Dörfer in der Bekaa-Ebene von Palästinensern und schiitischen Milizen eingekreist und belagert.

In dieser ersten Kriegsphase unterstützte Syrien die Palästinenser, anfangs durch Waffenlieferungen, dann durch Entsendung von Einheiten der Palästinensischen Befreiungsarmee, einer regulären Truppe, aus palästinensischen Soldaten unter syrischer Führung bestehend. Dieses Eingreifen brachte die Christen an den Rand der Niederlage; sie waren zum Verhandeln gezwungen. In Damaskus, unter syrischem Vorsitz, handelten die wichtigsten christlichen und muslimischen Politiker des Libanon einen Verfassungskompromiß aus: Das Parlament solle aus einer gleichen Anzahl von Christen und Muslimen bestehen, die Kompetenzen des sunnitischen Ministerpräsidenten auf Kosten des maronitischen Präsidenten gestärkt werden — gleichzeitig verpflichtete sich Syrien, die Nichteinmischung der Palästinenser in die libanesische Politik zu garantieren. Die christlichen Libanesen akzeptierten das Abkommen, wenn auch widerwillig: Eine Zähmung der Palästinenser war ihnen eine begrenzte Einflußminderung im libanesischen System wert. Die traditionellen Muslimführer stimmten begeistert zu: Ihnen fiel fast kampflos eine Einflußstärkung zu. Unzufrieden waren hingegen Palästinenser und libanesische Linke. Erstere fürchteten, nicht zu Unrecht, das Ende ihrer politischen und militärischen Unabhängigkeit, letztere sahen das Ende ihres Traums eines revolutionären Libanon gekommen.

Der Staatsstreichversuch des Ortskommandanten von Beirut im März 1976 leitete eine *zweite Phase* des Kriegs ein, die weit stärker Bürgerkriegscharakter trug. Die libanesische Armee spaltete sich. Palästinenser, linke libanesische Milizen, vor allem die des Drusenfürsten Kamal Jumblat (Kamāl Junblāṭ) und die muslimischen Teile der Armee griffen die Christen im Libanon-Gebirge an. Diese gerieten in eine verzweifelte Lage: Ihr Zusammenbruch schien nahezu unvermeidlich.

Im Juni 1976 entschloß sich daraufhin die syrische Führung zu einem ersten spektakulären *renversement des alliances*. Wie sie zuvor einen Sieg der christlichen Milizen verhindert hatte, wollte sie nun einen Sieg der Palästinenser und ihrer Verbündeten nicht zulassen: Syrische Truppen rückten in den Libanon ein, entlasteten die bedrängten Christenmilizen und marschierten auf Tripoli, Beirut und Saida. Nach kurzem Zögern entschlossen sich die Palästinenser zum Widerstand. Vor Beirut und Saida konnten sie den syrischen Vormarsch zum Stehen bringen, die Truppen der prosyrischen Palästinenserorganisation as-Ṣā'iqa wurden in den Beiruter Lagern dezimiert. Die syrische Armee verzichtete auf neue Vorstöße und verlegte sich darauf, die Palästinenserlager mit schwerem Artilleriebeschuß zu belegen, um eigene Verluste zu beschränken. Syrien überließ es nunmehr den Christenmilizen, die Position der Palästinenser weiter zu schwächen. Christliche Truppen rückten im Norden des Landes bis an den Stadtrand von Tripoli vor, dann griffen sie den von Palästinensern gehaltenen östlichen Teil des Beiruter Elendsgürtels an. Die schiitisch-palästinensischen Viertel Naba'a, Jisr al-Basha und das befestigte Lager Tall az-Za'atar beherrschten alle Straßen zwischen Ostbeirut und dem christlichen Bergland im Nordosten. Vor der syrischen Intervention hatten die Christenmilizen nur mit großer Mühe verhindern können, daß die Palästinenser und ihre Verbündeten vom Westbeiruter Lager Burj al-Barajna und von Chiyah nach Tall az-Za'atar durchbrachen und damit Ostbeirut völlig eingeschlossen worden wäre. Nunmehr eroberten sie ein Stück des östlichen Elendsgürtels nach dem anderen. Zuerst fiel Naba'a, dann Jisr al-Basha, schließlich auch Tall az-Za'atar.

Mit dem Fall Tall az-Za'atars nahm die *dritte Phase* des Kriegs ihr Ende, in der Syrer und Christenmilizen den Palästinenserorganisationen gegenüberstanden. Im Oktober 1976 trat der mit syrischer Unterstützung gewählte neue libanesische Präsident Sarkis (Ilyās Sarkīs) sein Amt an. Saudi-Arabien, Ägypten und Kuwait versuchten, Syrien zu einem Kompromiß mit den Palästinensern zu bewegen. Auf arabischen Gipfelkonferenzen in Riad und Kairo wurde ein Waffenstillstand beschlossen. Dessen Überwachung wurde einer panarabischen Friedensstreitmacht übertragen, zu der Syrien zwei Drittel der Truppen, Saudi-Arabien, Kuwait, der Sudan und die Vereinigten Arabischen Emirate den Rest stellten; nomineller Oberbefehlshaber wurde Präsident Sarkis. Im November 1976 besetzte diese Friedensstreitmacht beide Teile Beiruts, Tripoli, Saida und alle wichtigen Straßenverbindungen des Landes.

Zum ersten Mal schien ein Ende des Libanonkriegs nahe zu sein. Die libanesische Regierung begann mit der Planung des Wiederaufbaus. Nur im Süden des Landes gingen die Kämpfe weiter. Die syrischen Truppen hatten den Litani-Fluß nicht überschritten, den Israel — von der amerikanischen Diplomatie übermittelt — gegenüber Syrien als „Rote Linie" definiert hatte, jenseits derer es syrische Truppen nicht dulden würde. Ein Großteil der Palästinensertruppen aber zog nun, unter Mitnahme schwerer Waffen, in den Libanon südlich des Litani, um von dort aus den Kampf gegen Israel aufzunehmen. Dabei stießen sie zunächst auf den Widerstand von Libanesen: Im äußersten Süden des Landes liegt eine Anzahl maronitischer Dörfer, aus denen traditionell viele Soldaten der libanesischen Armee rekrutiert wurden. Nach der Spaltung der Armee waren viele Soldaten in ihre Heimat zurückgekehrt. Nach dem Vorrücken der Palästinenser wurden diese Soldaten von dem ebenfalls aus dem Süden stammenden libanesischen Major Sa'd Ḥaddād zu neuen Einheiten zusammengestellt, die sich als Armee des „freien Libanon" bezeichneten. Diese Truppe war daran interessiert, ihre unmittelbare Heimat nicht unter palästinensische Kontrolle geraten und damit zum Ziel israelischer Gegenschläge werden zu lassen. Aus dem gleichen Grunde schlossen sich ihr auch zahlreiche Schiiten an. Ausgerüstet, bewaffnet und schließlich auch besoldet wurden sie von Israel, das sich mit ihrer Hilfe eine Pufferzone schaffen wollte. Die Ḥaddād-Armee konnte jedoch nicht verhindern, daß palästinensische Kommandos israelische Grenzorte unter Beschuß nahmen. Im März 1978 unternahmen daraufhin israelische Truppen eine großangelegte Invasion; sie besetzten das gesamte Gebiet bis zum Litani. Die Palästinenser konnten sich jedoch ohne größere Verluste nach Norden absetzen. Politisch führte die Operation zu einer ersten Internationalisierung des Libanonkonflikts: Der Sicherheitsrat beschloß die Entsendung von UNO-Truppen in den Südlibanon. Israel zog sich zurück. Zwischen seiner Grenze und den Palästinensern lag nun zunächst das von Ḥaddād kontrollierte Territorium, dann ein schmaler Gebietsstreifen unter Aufsicht der UNIFIL. Die palästinensische Bedrohung der israelischen Nordgrenze war damit auf Kleinkriegsproportionen reduziert. Im Zentrum des Landes aber bahnte sich gleichzeitig ein neuer *vierter Konflikt* an. Die Christen warfen Syrien, dem Verbündeten von 1976, vor, die Palästinenser nicht, wie zunächst zugesagt, entwaffnet zu haben. In der Tat hatte sich für die Syrer mit der israelisch-ägyptischen Annäherung die Interessenkonstellation beträchtlich verschoben. Die palästinensischen Organisationen waren für die syrische Führung wieder als Verbündete interessant geworden, an deren Entmachtung ihnen nichts mehr liegen konnte. Die Christen waren von diesem syrischen Sinneswandel enttäuscht. Sie begannen, die syrischen Truppen, zunächst als Befreier begrüßt, nunmehr als Besatzer zu empfinden. Christliche Politiker und Milizenführer intensivierten ihre Kontakte mit Israel. Ihre Milizen erhielten in wachsendem Umfang israelische Waffen- und Ausbildungshilfe.

Diese Zusammenarbeit war der syrischen Führung Anathema. Sie übte nun Druck jeder Art auf die Christen aus. Christliche Dörfer in der Bekaa-Ebene wurden angegriffen, vor allem aber Ostbeirut wochenlang intensivem Artillerie- und Raketenbombardement unterworfen. Im Oktober 1978 erreichten die Kämpfe zwischen syrischen „Friedenstruppen" und christlichen Milizen einen ersten Höhepunkt, ohne daß es Syrien gelang, die Christen zum Aufgeben zu zwingen. Ende 1978 und im Frühsommer 1980 flammte dieser Konflikt erneut auf: Syrische Truppen belagerten die Christenstadt Zahlé am Osthang des Gebirges und bombardierten erneut Ostbeirut. Während die christlichen Milizen — nach saudiarabischer Vermittlung — Zahlé verlassen mußten, konnten sie sich in Beirut erneut behaupten.

Seit Ende 1979 war, von der syrisch-christlichen Konfrontation völlig unabhängig, ein weiterer *fünfter Konflikt* entbrannt: der zwischen Palästinensern und libanesischen Schiiten. Nach der Vertreibung der Palästinenser aus ihren am Ostrand Beiruts gelegenen Lagern und Wohngebieten waren sie überwiegend auf Wohnviertel und Regionen konzentriert, in denen Schiiten lebten. Diese Koexistenz wurde zunehmend schwieriger. Schiitische Zivilisten sahen bewaffnete Palästinenser als Besatzungstruppen an; die Schiitenmiliz Amal machte den palästinensischen Organisationen die Kontrolle schiitischer Regionen streitig. Schließlich fehlte es nicht an ideologischem Konfliktstoff. Seit der iranischen Revolution wurde Amal von iranischer Seite unterstützt, die Arab Liberation Front, eine Teilorganisation der PLO, hingegen vom Irak. Der iranisch-irakische Krieg fand so ein schiitisch-palästinensisches Vorspiel im Libanon. Gleichzeitig kam es zu heftigen Auseinandersetzungen zwischen Amal und mit der PLO verbündeten kommunistischen Milizen: Während letztere zahlreiche schiitische Kombattanten aufwiesen, suchte Amal alle Schiiten zu vereinen und insbesondere aus „gottlosen", das heißt kommunistischen Organisationen abzuziehen. Die PLO gab sich Mühe, diese Konflikte zu schlichten. Dennoch weiteten sie sich zwischen Ende 1979 und Mitte 1982 zu einem erbitterten Kleinkrieg in den südwestlichen Vorstädten Beiruts und insbesondere im Gebiet zwischen den Flüssen Zaharani und Litani aus.

Er endete erst mit der israelischen Invasion im Juni 1982, als Amal an der Seite der PLO gegen die israelischen Truppen kämpfte. Diese Invasion führte zum *sechsten Konflikt,* der direkten israelisch-palästinensischen Konfrontation. Die involvierten syrischen Truppen stimmten nach großen Verlusten einem Waffenstillstand zu. Von ihren libanesischen Verbündeten blieben den Palästinensern lediglich die schiitische Amal, während die Drusen die Israelis kampflos durch ihr Gebiet marschieren ließen. Entgegen israelischen Erwartungen griffen andererseits die christlichen Milizen nicht auf israelischer Seite in die Kämpfe ein. Kurz: die Mehrzahl der Libanesen sah diesen Krieg nicht als den ihren an, auch wenn sie von ihm massiv betroffen wurde. Sie hoffte, daß nun endlich eine Entscheidung fallen werde, die dem Libanon den Frieden wiedergeben würde. Zunächst schien sich diese Hoffnung zu erfüllen. Die Belagerung der Palästinenser in Westbeirut veranlaßte die Vereinigten Staaten zu einer Vermittlungsaktion, die nach zähen Verhandlungen Erfolg hatte: Amerikanische, französische und italienische Truppen überwachten den Abzug der palästinensischen Truppen aus Beirut.

Noch während der Belagerung Beiruts war das libanesische Parlament zusammengetreten und hatte Beshir Gemayel (Bashīr al-Jumaiyil), den Befehlshaber der christlichen Milizen, zum neuen Staatspräsidenten gewählt. Beshir Gemayel, zuvor als extremer Vertreter christlicher Positionen von den meisten Muslimen gefürchtet, gelang es innerhalb weniger Wochen, Glaubwürdigkeit und Anerkennung auch bei vielen früheren Gegnern zu erlangen. Als er noch vor seinem Amtsantritt einem Bombenattentat zum Opfer fiel und anschließend Teile der christlichen Milizen unter den Palästinensern der Lager Sabra und Shatila ein Blutbad anrichteten, schien freilich der neugewonnene nationale Konsens wieder gefährdet. Die wichtigsten Muslimführer, vor allem der angesehene frühere Ministerpräsident Sā'ib Salām, hielten jedoch in diesem kritischen Augenblick am Gedanken der nationalen Aussöhnung zwischen den Libanesen fest. Der Bruder des ermordeten Beshir, Amin Gemayel (Amīn al-Jumaiyil), wurde mit der höchsten Mehrheit der libanesischen Geschichte zum Präsidenten gewählt; auch zahlreiche muslimische Abgeordnete, die der Wahl Beshirs noch ferngeblieben waren, stimmten für Amin, der als gemäßigt und ausgleichend galt.

In Beirut entstand eine Friedens- und Wiederaufbaueuphorie. Sie gründete nicht nur auf der Kriegsmüdigkeit der Libanesen, sondern auch auf dem Vertrauen auf die friedensstiftende Rolle der Vereinigten Staaten. Nach dem Sabra-Shatila-Massaker waren die westlichen Friedenstruppen erneut nach Beirut gekommen. Präsident Reagan erklärte wiederholt und feierlich, die USA würden die legitime libanesische Regierung unterstützen und ihre Truppen nicht abziehen, solange nicht alle fremden Truppen das Land verlassen hätten. Ein gleichzeitiger Abzug der israelischen und der syrischen Streitkräfte schien eine allseitig akzeptable und durchsetzbare Lösung zu sein.

Diese Rechnung war jedoch sowohl ohne die Israelis als auch ohne die Syrer gemacht. Israel hatte von seiner Invasion nicht nur die militärische Zerschlagung der PLO, sondern auch die Errichtung einer starken, von Christen dominierten libanesischen Regierung erhofft, die nach ägyptischem Vorbild zu einem Separatfrieden mit Israel bereit war. Bereits Beshir Gemayel war sich jedoch der Tatsache bewußt, daß der Libanon nicht auf die Vorherrschaft einer Gemeinschaft gestützt regiert werden kann. Er strebte einen neuen Konsens mit den Muslimen an. Aus diesem Grunde weigerte er sich, die Israelis militärisch zu unterstützen und darüber hinaus, einen formellen Friedensvertrag abzuschließen. Noch mehr war sein Bruder Amin davon überzeugt, daß sich der Libanon aus wirtschaftlichen, kulturellen wie politischen Gründen nicht durch eine Allianz mit Israel von der arabischen Welt trennen dürfe. Die Israelis waren enttäuscht von dem, was sie als „Undankbarkeit der Christen" ansahen. Sie taten folglich nichts, was Amin Gemayel seine Aufgabe erleichtern konnte. Als weiterer Grund, eine Lösung der Libanonfrage zu verschleppen, kam für sie hinzu, daß Präsident Reagan im Herbst 1982 eine neue amerikanische Initiative zur Lösung des Palästinakonflikts angekündigt hatte, in welcher er eine Rückkehr der besetzten Gebiete des Westjordanlandes an Jordanien vorschlug. Gleichzeitig hatte er seine Absicht erklärt, den Libanon zu befrieden, bevor er sich der Palästinafrage zuwenden wollte. Da Israel kein Interesse daran hatte, über letztere zu verhandeln, lag es nahe, zunächst einmal die Behandlung des Libanon-Konflikts möglichst lange hinzuziehen. So erklärt es sich, daß erst im Mai 1983 ein libanesisch-israelisches Abkommen zustande kam. Darin hatte die libanesische Regierung sehr weitgehende Zugeständnisse machen müssen: Israel behielt militärische Kontrollrechte im Südlibanon, erreichte ein Verbot von gegen Israel gerichteten politischen Aktivitäten im Libanon; vor allem aber wurde der Beginn des israelischen Truppenabzugs mit dem Abzug der syrischen Truppen gekoppelt.

Damit aber war Syrien eine Vetoposition eingeräumt, und es machte von dieser Gebrauch. Die US-Diplomatie hatte der libanesischen Regierung geraten, zunächst einseitig mit Israel zu verhandeln und anschließend Syrien vor vollendete Tatsachen zu stellen. Als dies dann erfolgte, stellte sich heraus, daß die USA über keine Möglichkeiten verfügten, Syrien zur Zustimmung zu bewegen — und der Libanon noch weniger. Die USA hatten gehofft, Syrien werde vor der Drohung eines möglichen erneuten israelischen Vormarsches zurückweichen; nach Sabra und Shatila und dem Sturz Scharons war eine solche Drohung nicht mehr glaubwürdig. Syrien besaß aber nicht nur eine diplomatische, sondern auch eine militärische Vetoposition: Syrische Truppen hielten weiterhin den Norden und Osten des Landes besetzt sowie das Bergland nordöstlich von Beirut. Diese Vetoposition war weiterhin verstärkt worden durch eine massive Wiederaufrüstung, geliefert von der Sowjetunion, zu der die langen Monate der israelisch-libanesischen Verhandlungen die erforderliche Zeit geliefert hatten.

Zunächst entschloß sich die syrische Führung, in ihrer Besatzungszone die vollständige Kontrolle herzustellen. Zum *siebten Konflikt* im Libanonkrieg wurde so die erneute syrisch-palästinensische Konfrontation, der von 1976 ähnlich. Syrien ermunterte Dissidenten in der PLO, sich gegen Arafat (Yāsir ʻArafāt) aufzulehnen und Arafat-treue Truppen aus der Bekaa-Ebene zu vertreiben. Dann belagerten Dissidenten und syrische Truppen Arafat und seine letzten Anhänger in Tripoli. Nach wochenlangen Kämpfen mußte Arafat aus Tripoli abziehen — diesmal gejagt nicht von Israelis, sondern von Syrern und palästinensischen Landsleuten.

Syrien konzentrierte seine Libanonpolitik nunmehr auf Bemühungen, die Ratifizierung des israelisch-libanesischen Abkommens zu verhindern. Dabei konnte es sich eines *achten Konflikts* bedienen, der bereits 1982 begonnen hatte, nunmehr aber, mit syrischer Hilfe, zu einer schweren Bedrohung der libanesischen Regierung eskalierte: der Auseinandersetzung zwischen christlichen und drusischen Milizen im Schuf-Gebirge.

In der Vorkriegszeit war das Schuf-Gebirge zu annähernd gleichen Teilen von Christen und Drusen bewohnt. Militärisch kontrolliert wurde es vom Kriegsausbruch an ausschließlich von den

Milizen der drusischen Sozialistischen Fortschrittspartei (PSP). Viele Christen, vor allem jüngere Männer in wehrfähigem Alter, hatten jedoch ihre Dörfer verlassen, nachdem es 1977 im Anschluß an die — wahrscheinlich von Syrern verübte — Ermordung des Drusenfeudalherrn Kamal Jumblat zu Massakern an Christen kam. Als 1982 israelische Truppen den Schuf besetzten, folgten ihnen Einheiten der christlichen Milizen — hauptsächlich solche Milizionäre, die selbst aus dem Schuf stammten. Die Drusen, eine kleine, aber von jeher kriegerische Gemeinschaft, fühlten sich tödlich bedroht: Für sie war der Schuf die einzige Region, in der sie annähernd die Mehrzahl stellten. Die Kontrolle über den Schuf zu verlieren, hätte für sie das Ende als selbständige politische Kraft bedeutet. Sie mobilisierten sich gegen diese Gefahr in einem bemerkenswerten Ausmaß: Eine Gemeinschaft von etwa 180.000 Menschen stellte ca. 30.000 Kombattanten. Waffenhilfe erhielten sie sowohl von Israel als auch von Syrien. In Israel setzte sich die dortige kleine drusische Gemeinschaft wirksam zugunsten ihrer libanesischen Glaubensbrüder ein; der israelischen Führung dienten die Probleme des Schufs überdies als ein Druckmittel gegen die libanesische Regierung. Der syrische Einfluß überwog aber bald den israelischen. Die Drusenführung erklärte sich gegen das libanesisch-israelische Abkommen und erhielt dafür massive syrische Hilfe. Aus einem lokalen Bürgerkrieg wurde so schnell ein nationaler Konflikt. Im Herbst 1983 zogen die israelischen Truppen sich aus dem Schuf zurück. In wenigen Tagen überrannten die drusischen Milizen, unterstützt von prosyrischen Palästinensereinheiten und von der Artillerie der regulären syrischen Armee, die Positionen der christlichen Milizen. Was folgte, waren eine Serie von Christenmassakern und die Vertreibung der meisten Christen aus dem Schuf.

Dieser achte Konflikt trug am deutlichsten Bürgerkriegscharakter. Ideologien spielten keine Rolle: Auch Dörfer, die seit Jahrzehnten für die PSP der Jumblats stimmten, wurden vernichtet und ihre Bewohner umgebracht, weil sie zwar Sozialisten, aber Christen waren. Der Vormarsch der Drusen wurde erst wenige Kilometer vor Beirut aufgehalten, und zwar von der regulären libanesischen Armee. Als auch diese unter schweren Druck geriet, erhielt sie Artillerieunterstützung von der 6. amerikanischen Flotte, die vor Beirut lag. Die USA wurden in den Bürgerkrieg hineingezogen. Aber es handelte sich nicht nur um einen Bürgerkrieg, sondern auch um einen syrischen Stellvertreterkrieg gegen die Anhänger des israelisch-libanesischen Vertrages und gegen die Westmächte, die diesen Vertrag ermöglicht hatten. Neben den Drusen konnte Syrien Teile der Schiiten als Stellvertreter gewinnen. Extremistische Schiitengruppen griffen die Hauptquartiere der amerikanischen und der französischen Truppen in Beirut an und fügten ihnen schwere Verluste zu. Im Winter 1983/84 schloß sich auch die bedeutendste Schiitenmiliz, Amal, der Opposition gegen den Vertrag an. Schiitische Freischärler konnten der regulären libanesischen Armee die Kontrolle über die südwestlichen Vororte Beiruts entreißen. Nur noch wenige Kilometer trennten die Drusenpositionen vor dem Bergstädtchen Suq al-Gharb von den schiitischen Vorstädten. Die libanesische Armee versuchte die Verbindung zwischen beiden zu verhindern. Anfang Februar 1984 belegte sie die Schiitenviertel mit schwerem Panzer- und Artilleriebombardement. Daraufhin erklärte sich der Amalführer Nabih Berri (Nabīh Barrī) gegen die Regierung und forderte die schiitischen Soldaten der Armee zur Desertation auf. Sein Appell war erfolgreich: Ein überwiegend schiitisches Bataillon legte die Waffen nieder, ein weiteres löste sich völlig auf. Nach kurzen Kämpfen übernahm Amal am 6. 2. 1984 die Kontrolle über ganz Westbeirut; die Stadt war erneut an der „Grünen Linie" geteilt. Auf Seiten der Regierung verblieben nur überwiegend christliche Einheiten sowie eine Anzahl sunnitischer Soldaten. Mit dem Fall Westbeiruts an prosyrische Kräfte war die Position der Regierung unhaltbar geworden; der sunnitische Ministerpräsident Wazzān, der bislang die Politik Gemayels unterstützt hatte, trat zurück. Die Sunniten, als einzige größere Gemeinschaft ohne eine schlagkräftige eigene Miliz, waren in ihrer Hochburg Westbeirut unter die Herrschaft anderer muslimischer Gemeinschaften geraten. Der endgültige Schlag gegen die von Gemayel und Wazzān vertretene Politik kam jedoch nicht von Seiten der Schiiten und Drusen, sondern von den USA. Wenige Tage, nachdem Präsident Reagan nochmals seine unverbrüchliche Unterstützung für Gemayel versichert hatte, ordnete er den Abzug der amerikanischen Truppen an. Der Sieger war Syrien. Es war ihm nicht nur gelungen, mit seinen libanesischen Stellvertretern die libanesische Regierung scheitern zu lassen — es hatte auch die westliche Führungsmacht zum Rückzug gezwungen und ihre Handlungsunfähigkeit im Orient aufgezeigt.

Präsident Gemayel zog die unvermeidliche Konsequenz: Er kündigte das libanesisch-israelische Abkommen auf und reiste nach Damaskus. Präsident Asad (Ḥāfiẓ al-Asad) ließ daraus keinen Canossa-Gang werden; er begnügte sich mit dem Einschwenken Gemayels auf seine Politik gegenüber Israel und drängte seine bisherigen libanesischen Alliierten zu einem Kompromiß mit Gemayel. Wie bereits 1976 wollte er den Sieg einer Seite im libanesischen Konflikt verhindern. Auf syrische Vermittlung wurde ein neues Kabinett unter Rashīd Karāma gebildet, in das auch der Drusenführer Walid Jumblat (Walīd Junblāṭ) und der Amalführer Berri eintraten. Das libanesische Konkordanzsystem wurde — unter syrischer Aufsicht — wieder hergestellt. Entscheidend für den syrischen Sieg im achten Konflikt des Libanonkriegs waren zwei Faktoren. Zum einen war es die begrenzte Handlungsfähigkeit der amerikanischen Großmacht, die vor einer Präsidentenwahl nicht bereit war, die ihr zur Verfügung stehenden Machtmittel gegen eine Regionalmacht einzusetzen, die ihrerseits zu einem vollen Einsatz ihrer — weit begrenzteren — Mittel entschlossen war. Zum anderen war von Bedeutung, daß die libanesischen Schiiten ins Oppositionslager übergingen und damit der 1982 wiedergefundene libanesische Konsens zerbrach.

Der Seitenwechsel der Schiiten hatte mehrere Gründe. Für die extremistischen Schiitengruppen war es die Allianz der Regierung Gemayel-Wazzān mit den USA, die religiös-ideologisch begründeten Widerstand hervorrief. Für die stärkste schiitische Bewegung, Amal, war es zunächst die Bevorzugung konservativer Schiitenpolitiker durch Gemayel, die sie in eine — anfangs nicht gewaltsame — Opposition drängte. Entscheidend war aber der Beginn eines *neunten Konflikts* im Libanonkrieg, in welchem sich in erster Linie Schiiten und Israelis gegenüberstanden.

Die israelische Invasion 1982 war von vielen Schiiten im Südlibanon mit Erleichterung begrüßt worden. Der Zyklus der Gewalt durch palästinensische Angriffe gegen Israel und — in der Regel weit härtere — israelische Gegenschläge hatte vor allem die schiitische Zivilbevölkerung hart getroffen: Zehntausende von Schiiten waren mehrfach zu Flüchtlingen geworden. Der israelische Einmarsch schien eine Befriedung des Südens zu versprechen. Als aber die israelische Besatzung weit länger dauerte als angenommen, als sie den Anschein erweckte, auf Dauer angelegt zu sein und in ihren Methoden immer härter wurde, änderte sich die Einstellung der Schiiten. Als schließlich deutlich wurde, daß der israelisch-libanesische Vertrag zu keinem schnellen Ende der Besatzung führen konnte, wurde das Einschwenken auf die syrische Linie für sie unvermeidlich: Da Syrien seinen Willen gegen die USA behaupten konnte, schien es nunmehr weitaus aussichtsreicher, auch Israel gegenüber auf gewaltsame Befreiung zu setzen. 1984 und Anfang 1985 verstärkte sich die schiitische Freischärleraktivität gegen die israelische Besatzung von Monat zu Monat.

Die israelische Führung signalisierte mehrfach — insbesondere nach Bildung der Regierung Peres —, daß sie ein stillschweigendes Arrangement mit Syrien über den Südlibanon suchte. Weder Syrien noch die Schiitenorganisation gingen darauf ein. Sie setzten darauf, daß zu allem entschlossene Freischärler eine zunehmend kriegsmüde konventionelle Armee auch ohne Gegenleistungen zum Abzug bewegen können, und sie behielten recht: In zwei Etappen zogen sich die israelischen Truppen auf einen schmalen Gebietsstreifen im äußersten Süden des Libanon zurück.

Als Präsident Gemayel und Premierminister Karāma das von den Israelis verlassene Saida besuchten, bereitete die Bevölkerung ihnen einen begeisterten Empfang; Einigkeit und Friedenswille der Libanesen wurden gefeiert, eine Einheit der regulären Armee rückte in die Stadt ein. Bereits am folgenden Tag aber reisten Tausende bewaffneter Fundamentalisten aus Beirut an, verbrannten die libanesische Fahne und forderten die Errichtung einer islamischen Republik — ohne daß die Armee etwas dagegen unternahm. Die Armee konnte auch nicht verhindern, daß wieder ins Land gelangte Fatah-Milizionäre die Kontrolle über die Palästinenserlager am Stadtrand Saidas übernahmen.

Dort entstand der *zehnte Konflikt*. Zwischen den Lagern und benachbarten christlichen Dörfern kam es zu Kämpfen, die sich schnell ausweiteten. Auf der einen Seite standen PLO-Truppen, unterstützt von sunnitischen Milizen aus Saida, einem sunnitischen — und stark von Fundamentalisten beeinflußten — Bataillon der regulären Armee, auf der anderen eine kleine Einheit der christlichen Milizen und Soldaten der ,,südlibanesischen Armee", der nunmehr von General Laḥḥād geführten Miliz des 1984 verstorbenen Majors Ḥaddād. Nördlich von Saida, im Küstengebiet Iqlim al-Kharrub, griffen gleichzeitig Drusenmilizen die dortigen christlichen Dörfer an. Erneut handelte es sich also um einen Konflikt zwischen Christen und Palästinensern — und gleichzeitig um einen Bürgerkrieg zwischen Christen und Sunniten sowie Drusen. Die Schiitenmilizen verhielten sich neutral.

Die Regierung suchte zu vermitteln. Es wurde vereinbart, daß die christlichen Milizen abziehen und die reguläre Armee Stellungen zwischen den Frontlinien beziehen sollte. Die christlichen Milizen zogen ab, aber die Armee kam ihrer eingegangenen Verpflichtung nicht nach. Drusenmilizen rückten kampflos in den Iqlim al-Kharrub ein. Die Bewohner des Dorfes Jieh wurden massakriert; alle anderen Christen des Gebietes flohen oder wurden vertrieben. In den Vorstädten Saidas geschah Ähnliches: Hatten zuvor die Christenmilizen, die über Artillerie verfügten, Zehntausende von Sunniten zur Flucht gezwungen und die Palästinenserlager bombardiert, so vertrieben nunmehr Palästinenser- und Sunnitenmilizen die Christen nicht nur aus den Vorstädten, sondern auch aus zahlreichen Dörfern östlich von Saida. Der palästinensisch-sunnitische Vormarsch wurde nahe der christlichen Bergstadt Jezzin von der ,,südlibanesischen Armee", weiter südlich von Amal-Truppen gestoppt, die den Schutz christlicher Dörfer übernahmen. Ein großer Teil der christlichen Flüchtlinge, die auf ca. 70.000 geschätzt werden, gelangte über das israelisch besetzte Gebiet und dann auf dem Seeweg nach Ostbeirut.

Während die Kämpfe im Südlibanon abflauten, brach in Westbeirut ein neuer, der *elfte Konflikt* aus. Wie bereits beim fünften, handelte es sich um eine palästinensisch-schiitische Auseinandersetzung. Wie nach Saida, so waren auch nach Beirut bereits seit Monaten wieder PLO-Milizionäre eingesickert. Hilfe leisteten ihnen dabei die sunnitischen Murābiṭūn. Im März 1985 griffen Amal und die Miliz der PSP gemeinsam die Murābiṭūn an, zerstörten ihr Hauptquartier und vertrieben sie aus dem Stadtkern Westbeiruts. Im Mai unternahm Amal den Versuch, auch die Palästinenserlager in den westlichen Vorstädten wieder unter Kontrolle zu bringen. Die Amalführer erklärten, sie würden die Wiederherstellung bewaffneter palästinensischer Herrschaft nirgendwo im Libanon dulden, während die PLO-Führung erneut das ,,Recht palästinensischer Selbstverteidigung" in den Lagern beanspruchte.

Es kam zu äußerst erbitterten Kämpfen. Seitens der Drusen erhielt Amal nunmehr keine Unterstützung, wohl jedoch seitens der — schiitischen — 6. Brigade der regulären Armee. Die Amal-Milizionäre stießen auf heftigen Widerstand, obwohl die Panzergeschütze der 6. Brigade den größten Teil der Lager zerstörten. Das Lager Sabra wurde erobert; in Shatila konnte sich nur in der Lagermoschee eine kleine PLO-Einheit halten. Palästinensische Zivilisten wurden zu Hunderten ermordet, wahrscheinlich noch mehr als beim ersten Sabra-Shatila-Massaker 1982. Aber die Palästinenser behaupteten sich im Lager der Burj al-Barajna. Die in den Schuf-Bergen stationierte Artillerie der PLO-Dissidenten beschoß die Schiiten-Vorstädte, um die Belagerten zu entlasten. Auch Amal erlitt schwere Verluste. Ende Juni mußten die Schiiten einem von Syrien vermittelten Waffenstillstand zustimmen. Damit wurde deutlich, daß es keine militärische oder politische Kraft im Libanon gab, die noch ernsthaft hoffen konnte, die Vorherrschaft zu erringen. Der syrischen Führung erschien dieser Zeitpunkt günstig, um den Versuch zu einer politischen Lösung des Gesamtkonflikts zu versuchen. Die Leiter der drei stärksten Milizen — Berri für Amal, Jumblat für die Drusen und Hubaiqa für die christlichen ,,Libanesischen Streitkräfte" — wurden im Oktober 1985 nach Damaskus einbestellt. Nach zweimonatigen Verhandlungen unterzeichneten sie ein Abkommen, durch das sowohl die Machtverteilung im Libanon wie auch die Beziehungen zu Syrien neu geregelt werden sollten. Zentrum der Macht sollte ihm zufolge ein Rat von sechs Staatsministern werden — je einem Maroniten, Griechisch-Orthodoxen, Griechisch-Katholischen, Sunniten, Schiiten und Drusen —, der einstimmige Beschlüsse zu fassen hätte. Nach zwölf Jahren hingegen sollte der Proporz zwischen den Religionsgemeinschaften zugunsten eines Mehrheitssystems abgeschafft werden. Zwischen Libanon und Syrien wurden Sonderbeziehungen unter dem Schlagwort der ,,strategischen Komplementarität" vereinbart: engste Zusammenarbeit in Außen-, Informations- und Bildungspolitik, ,,Rekonstruktion" der Libanesischen Armee und Nachrichtendienste mit syrischer Hilfe, kurz, eine ,,totale und definitive Zusammenarbeit", wie es im Abkommen hieß.

Sehr schnell stellte sich jedoch heraus, daß die drei Milizführer keineswegs für alle wichtigen Kräfte sprachen, und daß ein von ihnen unterzeichnetes Abkommen weder die libanesische Verfassung noch die Verfassungswirklichkeit automatisch ändern konnte. Zahlreiche Parlamentarier, Muslime wie Christen, verlangten, das Abkommen müsse im Parlament behandelt werden. Präsident Gemayel ließ sich bei einem Besuch in Damaskus auch durch starken syrischen Druck nicht zur Zustimmung bewegen.

Als Hubaiqa androhte, das Abkommen notfalls gewaltsam durchzusetzen, löste er im Januar 1986 einen weiteren, den *zwölften Konflikt* aus — einen innerchristlichen. Der Kommandorat der christlichen Milizen setzte Hubaiqa ab und wählte Samir Geagea (Samir Jājā) zu seinem Nachfolger. Nach blutigen Kämpfen in Ostbeirut und im Metn flohen Hubaiqa und einige Hunderte seiner Anhänger. Mit syrischer Unterstützung konnte er die Kontolle über die christliche Stadt Zahlé übernehmen. Im Oktober 1986 versuchte er, von Westbeirut aus über die Grüne Linie nach Ostbeirut vorzustoßen. Unter heftigen Kämpfen zog sich die Hubaiqa-Truppe zurück, nachdem ihr christliche Einheiten der regulären Armee entgegengetreten waren.

Löste das Damaskus-Abkommen Konflikte unter den Christen aus, so trug es auf muslimischer Seite zumindest nichts dazu bei, Spannungen zu mindern. Der *dreizehnte Konflikt* war, wie der fünfte und der elfte, erneut eine palästinensisch-schiitische Konfrontation. Im Mai 1986 brach sie um die Westbeiruter Lager, im Oktober auch im Bergland östlich von Saida aus. Amal verhängte eine monatelange Blockade über die Lager, war aber außerstande, die PLO-Truppen niederzuringen. Ein *vierzehnter Konflikt* machte die Alliierten der Damaskus-Verhandlungen, Schiiten und Drusen, zu neuen Gegnern. Im Februar 1987 vertrieben die Drusen und deren Verbündete — Reste der alten libanesischen Linken — die schiitischen Milizen aus dem Zentrum Westbeiruts. Das Eingreifen syrischer Truppen setzte den Kämpfen ein Ende, nicht aber der Feindseligkeit.

Bis Mitte 1987 ist weder im libanesischen Bürgerkrieg noch im Ersatzkrieg um Palästina eine Entscheidung gefallen. Im Bürgerkrieg sind alle Seiten eher Verlierer als Gewinner. Der Versuch der Sunniten, mit Hilfe der Palästinenser das libanesische Gleichgewicht zu ihren Gunsten zu verändern, ist gescheitert. Sie finden sich heute in einer schwächeren Situation als je zuvor. In ihrer Hochburg Westbeirut haben sie lernen müssen, syrische Besatzung als das gringere Übel zu betrachten.

Der Versuch der Maroniten, mit israelischer Hilfe eine Vorrangstellung zu erringen, ist ebenfalls gescheitert. Die Christen beherrschen ein Zehntel des libanesischen Territoriums, welches jedoch von allen Seiten jederzeit bombardiert werden kann. Im Schuf und östlich von Saida haben sie altes christliches Siedlungsgebiet verloren; christliche Enklaven in Zahlé, Dair al-Qamar und Jezzin bleiben ständig bedroht. Im christlichen Kerngebiet sind sich die wichtigsten politischen und militärischen Kräfte, Präsident und Katā'ib-Partei, reguläre Armee und Miliz, zwar weitgehend einig darüber, was sie nicht wollen — z.B. das Damaskus-Abkommen —, wie ein zukünftiger Libanon aussehen sollte, darüber gibt es bei ihnen kaum präzise Vorstellungen.

Die Drusen haben zwar mit israelischer wie syrischer Hilfe ein Territorium erobert, das größer ist als das, was sie seit 1860 besaßen. Auf Grund ihrer geringen Zahl haben sie aber Schwierigkeiten, es zu behaupten. Zahlreiche von Christen verlassene Dörfer haben sie dem Erdboden gleichgemacht — aus Furcht, landhungrige Schiiten könnten sich dort niederlassen. Furcht vor wachsender schiitischer Macht dürfte auch der Grund für vorsichtige Versuche einer Wiederannäherung an die Maroniten sein, die sich seit der Wahl eines neuen, politisch gemäßigten maronitischen Patriarchen im April 1986 beobachten lassen.

Die Schiiten haben unter allen libanesischen Gemeinschaften seit 1984 zunächst den spektakulärsten Aufstieg erfahren. Der Fehlschlag des Damaskus-Abkommens verwehrte ihnen jedoch bis auf weiteres eine Umsetzung militärischer Erfolge in einem Zugewinn an politischer Macht. Ihre drei Siedlungsgebiete — die Bekaa-Ebene, die Westbeiruter Vorstädte und der Süden — sind durch syrisch oder drusisch beherrschte Gebiete voneinander getrennt.

Das Ziel, die neuerstarkte PLO in Beirut und Saida unter Kontrolle zu bringen, ist keineswegs erreicht worden. Obwohl sie als einzige Araber Israel zu einem Rückzug ohne Gegenleistung veranlaßt haben, schlug ihnen seitens der arabischen Welt nur Feindschaft entgegen, als sie gegen die Palästinenser antraten. Innerhalb ihrer Gemeinschaft verschärfen sich die Gegensätze zwischen Amal, dem heute wichtigsten Verbündeten Syriens im Libanon, und der iranisch orientierten Hizbullah (Ḥizb Allāh). Von allen ausländischen Mächten hat Syrien den stärksten Einfluß auf das Geschehen im Libanon wiedergewonnen. Im Juli 1986, vier Jahre nach ihrer Vertreibung durch die israelische Invasion, kehrten syrische Eliteeinheiten nach Beirut zurück. Im Februar 1987 rückten sogar zwei syrische Brigaden mit ca. 17.000 Mann in Beirut ein, um den Kämpfen zwischen Drusen und Schiiten ein Ende zu machen. Aber die Grenzen auch seiner Macht sind deutlich geworden; Syrien kann zwar verhindern, daß eine Bürgerkriegspartei gewinnt; fraglich ist jedoch, ob es Frieden durchsetzen kann. Das Scheitern des Damaskus-Abkommens hat es hinnehmen müssen. Es bleibt abzuwarten, ob die erneute Verstärkung seiner militärischen Präsenz politische Folgen haben wird.

Als Ersatzkrieg um Palästina ist der Konflikt annähernd an seinen Ausgangspunkt zurückgekehrt. Relativer Verlierer ist die PLO. Trotz der Rückkehr ihrer Milizionäre nach Beirut und Saida hat sie nur wenig Chancen, ihre vor 1982 machtvolle unabhängige Stellung als militärischer und politischer Akteur wiederzugewinnen. Die palästinensische Zivilbevölkerung ist angesichts des zwischen Schiiten und Palästinensern entstandenen Hasses stärker gefährdet als je zuvor. Ungeachtet ihrer Spaltung und Exilierung ist die offizielle PLO Arafats eine politische Kraft geblieben, mit der zu rechnen ist. Israel ist mit seinem Versuch, eine libanesische Variante von Camp David zu erzwingen, gescheitert. Es ist nicht auszuschließen, daß es in Zukunft an seiner Nordgrenze statt mit palästinensischen Freischärlern mit ungleich entschlosseneren und motivierteren schiitischen Islamisten zu rechnen haben wird. Syrien hat sein Ziel, den Libanon auf seine außenpolitische Linie zu bringen, voll erreicht — aber dieser Libanon ist handlungsunfähig. Die Instrumentalisierung der PLO zu seinen Zwecken gelang ihm nur für die dissidente Minderheit. Es ist Syrien gelungen, eine Regionalmacht im Orient zu werden, ohne und gegen die eine Regelung des Palästinakonflikts schwierig ist. Seinem Ziel, Israel von libanesischem Boden aus kontrolliert und gezielt unter Druck setzen zu können, ist es aber kaum nähergekommen: die fundamentalistischen Schiiten, unterstützt und gelenkt von Teheran, sind jedoch weitaus weniger willfährige und lenkbare Alliierte als die PLO. Gegensätze über Libanon- und Palästinapolitik gefährden überdies die für Damaskus bislang so nützliche Allianz mit dem Iran.

Die beiden Großmächte haben lernen müssen, daß ihre nahöstlichen Klienten eine beträchtliche Unabhängigkeit besitzen; weder konnten die USA Israel zu einer konstruktiven Libanonpolitik bewegen, noch konnte die Sowjetunion Syrien an einer Zerschlagung der PLO hindern. Die Sowjetunion konnte die israelische Libanoninvasion nicht verhindern, und die USA scheiterten mit ihrem Versuch einer *Pax Americana*. Letztlich hat der Stellvertreterkrieg alle Beteiligten, mit Ausnahme der PLO, auf den *Status quo ante* zurückgeführt.

6. Einendes und Trennendes im Libanon

Was den Libanon immer noch zusammenhält, ist zunächst einmal wirtschaftliches Interesse. Alle Gebiete des Landes sind auf den Austausch von Produkten und Arbeitskräften angewiesen; gemeinsame Elektrizitäts- und Wasserversorgung, Telefonnetz und zahlreiche andere öffentliche Dienste funktionieren. Weiterhin gibt es Eigentum von Christen in muslimisch und von Muslimen in christlich kontrollierten Gebieten, gibt es Betriebe und Aktiengesellschaften mit gemischtem „christlichen" und „muslimischen" Kapital. Zudem existierten vereinigte Unternehmerverbände wie vereinigte Gewerkschaften, die sich in Ost wie in West Gehör zu verschaffen verstehen. So ist es nicht erstaunlich, daß nach repräsentativen Erhebungen (Hanf und Nasr, 1982; Hanf 1984 und 1986) über 90 % der Bevölkerung der Auffassung sind, die libanesische Wirtschaft müsse vereinigt bleiben, was auch immer politisch geschehe.

Zunehmend zwingt die gesamte Wirtschaftslage des Landes dazu, nach Kompromissen zu suchen. Während langer Kriegsjahre war die Wirtschaftslage erstaunlich gut geblieben. Zwar war die Industrieproduktion auf etwa 40 % des Vorkriegszustandes gefallen, der Tourismus völlig zum Erliegen gekommen. Die Kriegs-Subventionen, die beide Seiten erhielten, und die Überweisungen von Auslandslibanesen aus den Golfstaaten und aus Übersee trugen jedoch auch bei negativer Handelsbilanz zum Ausgleich der Zahlungsbilanz bei. Selbst der traditionale Dreieckshandel florierte wieder, sobald nur der Flughafen offen war. Das libanesische Pfund war eine bemerkenswert harte Währung geblieben, nicht zuletzt auf Grund seiner über hundertprozentigen Golddeckung. Ende 1984 erfolgte jedoch eine schwere Depression. Nach der Euphorie von 1982/83 folgte tiefe Enttäuschung. Das Pfund, noch nach der Wahl Amin Gemayels zum Präsidenten gegenüber dem Dollar gestiegen, sank auf einen noch nie gekannten Tiefpunkt. Alle Libanesen wissen, daß die wichtigste Vorbedingung für einen neuen Wirtschaftsaufschwung ein Mindestmaß von politischer Stabilität und vor allem von Sicherheit in Beirut ist.

Die große Mehrheit der Bevölkerung will Frieden und Koexistenz. Vier Fünftel der Bevölkerung glauben, in Anbetracht der Natur der libanesischen Gesellschaft müßten wichtige politische Entscheidungen auf der Zustimmung aller großen Religionsgemeinschaften beruhen. Jeweils etwa neun Zehntel finden es normal, Arbeitskollegen und persönliche Freunde unter den Angehörigen der anderen Religionsgemeinschaften zu haben. Und ebenfalls knapp neun Zehntel finden die Trennung von Ost- und Westbeirut unnatürlich und glauben, daß sie verschwinden wird.

Der Verwirklichung dieses Wunsches der Bevölkerungsmehrheit stehen jedoch starke innen- wie außenpolitische Faktoren entgegen. Im Inneren sind es vor allem die Interessen der Führungen und Kader der Milizen auf beiden Seiten — die „Lumpeneliten", wie sie heute genannt werden. Für diese hängen Macht, Prestige und Einkommen vom Fortdauern der Spannungen ab. Im Frieden wären sie zur Bedeutungslosigkeit verurteilt. Auch die „hauptamtlichen" Milizionäre, die seit einigen Jahren an die Stelle der spontan rekrutierten Kämpfer auf Stadtviertelbasis getreten sind, bilden ein Hindernis. Es sind junge Leute, die nichts als Schießen gelernt haben, die Uniform, Verpflegung und Sold erhalten, und denen im Frieden die Arbeitslosigkeit droht. Darüber hinaus gibt es zum ersten Mal in der Geschichte des Libanon eine junge Generation, die nie auf der anderen Seite der Stadt gewesen ist, die die „anderen" nur durch das Fernrohr des Scharfschützen gesehen hat, die die alte Koexistenz nie erlebt hat, sondern nur die Greuel des Kriegs kennt.

In diesen Gruppen finden extreme ideologische Strömungen fruchtbaren Boden. Es brauchte fast ein Jahrzehnt kriegerischer Auseinandersetzungen, bis sich im libanesischen Islam fundamentalistische Tendenzen herausbildeten; heute aber gibt es Vertreter des Gedankens eines islamischen Staates bei Schiiten wie bei Sunniten. Sie sind noch eine Minderheit, die aber die Handlungsfreiheit der weiterhin gemäßigten Vertreter der großen politischen Bewegungen einschränken und Kompromisse erschweren. Die Angst vor muslimischer Vormundschaft führt auf der anderen Seite einen Teil der Christen dazu, die Aufteilung des Landes in weitgehend sich selbst regierende Kantone für die verschiedenen Religionsgemeinschaften zu fordern. Auch die Forderung nach einer reinen Mehrheitsdemokratie erscheint der Mehrheit der Christen als ein Vorspiel zur Errichtung eines islamischen Staates, indem es für sie keine gleichberechtigte Stellung geben könnte. Die Wiederherstellung eines dauerhaften Konsensus wird durch das gegenseitige Mißtrauen weiter erschwert.

Mehr noch als innere Gegensätze bringt die andauernde regionale Spannung neue Kriegsgefahren mit sich. 1982 ist der Versuch der Abkoppelung des Libanon von der Palästinafrage und damit seine Befriedung mißlungen. Er bietet sich weiterhin als geeignetes Schlachtfeld für Stellvertreterkriege an.

Literatur:

Azar, E.E. (Hrsg.) 1984: The Emergence of a New Lebanon? New York.

Dawisha, A.I. 1980: Syria and the Lebanese Crisis, London.

Hacke, C. 1985: Amerikanische Nahostpolitik, München.

Haley, P.E. u. Snider, L.W. (Hrsg.) 1979: Lebanon in Crisis. Participants and Issues, Syracuse.

Hanf, Th. 1978: Die drei Gesichter des Libanonkrieges, in: Friedensanalysen 8, (Kriege und Bürgerkriege der Gegenwart), Frankfurt a.M., 64-122.

ders. 1983: Der Krieg im Libanon und die Entstehung der zweiten Libanesischen Republik, in: Jahrbuch Dritte Welt, München, 101-118.

ders. u. Nasr, S. 1982: Gewerkschaftliche Konkordanz im Libanon. Bestimmungsfaktoren gewerkschaftlicher Einheit in einer kulturell und politisch fragmentierten Gesellschaft, D. I. P. F., Frankfurt a.M.

Kuderna, M. 1983: Christliche Gruppen im Libanon, Wiesbaden.

Messarra, A. 1983: Le modèle politique libanais et sa survie, Beirut.

Pakradouni, K. 1984: La paix manquée, Beirut.

Rabinovich, I. 1984: The War for Lebanon, 1970-1983, Ithaca, London.

Randall, J.C. 1983: Going all the Way. Christian Warlords, Israeli Adventurers and the War in Lebanon, New York.

III. Arabisch-Persischer Golf

Peter Hünseler

1. Vorbemerkung

Der Kampf um die Beherrschung der Seewege im Arabisch-Persischen Golf und um den Aufbau eines Netzes maritimer Stützpunkte war über Jahrhunderte hinweg ein kennzeichnendes Element der geschichtlichen Entwicklung der Golfregion. Während vor allem Großbritannien und Portugal als außerregionale Mächte um Einfluß und Kontrolle des Golfs rangen, vermochte ihnen nur Iran als Regionalmacht eine halbwegs gleichgewichtige Machtposition entgegenzusetzen. Die arabischen Herrscher an der West- und Südküste konnten bis ins 20. Jahrhundert hinein keinen nennenswerten Einfluß erringen.

Hieraus resultiert die Tatsache, daß der Golf im Geschichtsbewußtsein Irans von jeher ein ,,Persischer Golf" war. Jeder Anspruch der arabischen Golfanrainer auf eine gleichgewichtige Rolle in der Region wurde von Iran im Keim zu ersticken versucht. Noch Anfang der 70er Jahre, als die arabischen Golfstaaten eine Arab Gulf News Agency aufzubauen versuchten, intervenierte der Schah von Iran massiv und zog seine Botschafter aus den betreffenden Golfländern zurück. Teheran betrachtete den Golf als ausschließlich ,,persisch". Dieser Standpunkt wurde in den westlichen Ländern unbewußt übernommen. Bis in die Mitte der 70er Jahre war zumindest der Begriff ,,Persischer Golf" unumstritten. Erst allmählich führte das gewandelte Kräfteverhältnis in der Region auch zur Änderung der Bezeichnung in ,,Arabisch-Persischer Golf".

Der Golf trennt Perser und Araber nicht nur räumlich voneinander, er bildet auch eine natürliche Zäsur der überwiegend schiitischen und sunnitischen Siedlungsgebiete. Die Perser vermochten es, einer vollständigen Arabisierung im Zuge der arabisch-islamischen Eroberung erfolgreich zu widerstehen und ihre nationale Eigenheit zu behaupten. Zwar nahmen sie den Islam als Religion an, gaben aber ihre Sprache, ihre nationale Identität und das nicht-religiös legitimierte Königtum nicht auf. Höhepunkt der Abgrenzung der Iraner von ihren arabisch-islamischen Nachbarn war die Bestimmung der Schia zur Staatsreligion im 16. Jahrhundert unter den Safawiden. Zu den ethnisch-nationalen Rivalitäten zwischen Arabern und Iranern kamen nun auch innerislamische Spannungen hinzu.

Auch gegen Ende des 20. Jahrhunderts sind die regionalen Beziehungen in der Golfregion noch wesentlich von diesen Gegensätzen bestimmt. Mit dem Anwachsen der Bedeutung des Faktors Erdöl in den internationalen Beziehungen geriet der Golf, in dessen Umfeld die umfangreichsten Erdölvorkommen der Welt liegen, zudem in das Fadenkreuz des Ost-West-Konflikts. Die Rivalität der Supermächte und ihrer Verbündeten um Einfluß in der Golfregion trug nicht nur zur Verschärfung bereits bestehender innerregionaler Konflikte bei, sondern hat auch neue Konfliktherde entstehen lassen.

Der Arabisch-Persische Golf gehört Mitte der 80er Jahre auf Grund seiner wirtschaftlichen, sicherheitspolitischen und strategischen Bedeutung zu jenen Regionen der Welt, die im Zusammenhang der Sicherung des weltweiten Friedens von besonderer Bedeutung sind. Stand und Entwicklung sowohl der intraregionalen Beziehungen als auch der externen Einflüsse haben daher eine weit über den Golf hinausgreifende Bedeutung.

2. Wandlungen im Kräftedreieck Iran, Irak und Saudi-Arabien

Die Jahre zwischen 1967 und 1971 waren für die Golfregion von entscheidender Bedeutung. 1968 kündigte der britische Premierminister Harold Wilson den Abbau britischer militärischer Präsens östlich von Suez bis 1971 an. Dies beinhaltete, daß Großbritannien seine im Golf dominierende militärische und politische Präsens in einem überschaubaren Zeitraum abzubauen gewillt war. Der britische Rückzug aus dem Golf vollzog sich vor dem Hintergrund der vernichtenden arabischen Niederlage im Junikrieg 1967 gegen Israel. Für die Entwicklung in der Golfregion war diese Niederlage insofern bedeutsam, als Ägypten seine gegen die westlichen Interessen gerichtete Politik auf der Arabischen Halbinsel, vor allem im Jemen, nun erheblich einschränken mußte. Dies galt in ähnlicher Weise für den Irak, der Anspruch auf Kuwait und die südiranische Provinz Khuzistan erhoben hatte. Eine weitere wesentliche Folge des Junikriegs 1967 für die Entwicklung in der Golfregion war die Sperrung des Suezkanals. Der sowjetischen Marine war somit der rasche Zutritt zur Golfregion verwehrt, um die gegen die westlichen Interessen gerichtete Politik Ägyptens und des Irak zu unterstützen. Der Nahostkrieg 1967 hatte im Golf Ergebnisse gezeitigt, die die prowestlichen Mächte in der Region eindeutig stärkten und ihre Gegner schwächten.

Der angekündigte militärische Rückzug Großbritanniens aus dem Golf gefährdete daher auch kaum die westlichen Interessen in der Region. Dennoch hinterließ er eine Reihe offener Fragen. Zum einen entstand durch den britischen Rückzug ein Vakuum an militärischer Macht, zum anderen stellte sich die Frage der politischen Zukunft für die Emirate Bahrain, Katar, Abu Dhabi, Dubai, Scharjah, Ras al-Khaimah, Umm al-Qaiwain, Ajman und Fujairah. Alle diese Emirate hatten mit Großbritannien Schutzabkommen unterhalten, zu deren wirksamer Untermauerung Großbritannien die militärische Präsenz im Golf unterhalten hatte. Mit dem Abzug der britischen Truppen mußte für die Zukunft dieser Emirate eine politische Lösung gefunden werden. Die Lage wurde jedoch durch den Anspruch Irans kompliziert, bei der Gestaltung ihrer Zukunft entscheidend mitzuwirken. Der iranische Anspruch bezog sich vor allem auf Bahrain. Seit Jahrhunderten hatte Iran die Insel als Bestandteil des persischen Kaiserreiches betrachtet. Dieser Anspruch konnte allerdings auf Grund des Schutzmachtabkommens zwischen Bahrain und Großbritannien nicht realisiert werden. Dennoch verabschiedete das iranische Parlament im November 1957 ein Gesetz, das Bahrain zur 14. iranischen Provinz erklärte und damit auch Anspruch auf die dortigen Erdölreserven erhob.

Um den britischen Rückzug nun ohne negative Folgen im Sinne westlicher Interessen durchzuführen, mußte ein Konsens zwischen den Emiraten, Iran und Großbritannien hergestellt werden. Nach einer Serie von Verhandlungen einigten sich die drei beteiligten Parteien im Verlauf des Jahres 1970 auf eine Lösung, die für die Emirate Bahrain und Katar die politische Unabhängigkeit und Selbstbestimmung und für die kleineren Emirate an der sogenannten Vertragsküste den Zusammenschluß in der Föderation der „Vereinigten Arabischen Emirate“ vorsah. Dieser Konsens konnte im Jahr 1971 vor allem deshalb realisiert werden, weil Iran und die Emirate im Kern ein gleiches Ziel verfolgten: Aufrechterhaltung der bestehenden Herrschaftsstrukturen, Verhinderung eines sowjetischen Einflusses in der Region, Verhinderung einer unmittelbaren militärischen Präsenz des Westens und Eindämmung der Aktivitäten radikaler Befreiungsbewegungen.

Iran begann schon unmittelbar nach der britischen Rückzugsankündigung 1968 sich darauf vorzubereiten, die Führungsrolle im Golf zu übernehmen. Die iranische Außen- und Sicherheitspolitik unter dem Schah sah seit den 50er Jahren vor allem zwei Hauptgefahren: Zum einen mußte Iran den Sicherheitsbedürfnissen seines nördlichen Nachbarn, der Sowjetunion, in allen außenpolitischen Handlungen Rechnung tragen, zum anderen sah Teheran seine Sicherheit von Ordnung und Stabilität im Arabisch-Persischen Golf abhängig. Ein Übergreifen arabischen, revolutionären Gedankenguts auf die konservativen arabischen Golfstaaten, möglicherweise mit sowjetischer

Unterstützung, wurde vom Schah als existenzielle Bedrohung betrachtet. Nach der Ankündigung des britischen Rückzugs aus der Golfregion bereitete sich der Schah darauf vor, am Tage des Abzugs das von den Briten hinterlassene ,,Machtvakuum" selber auszufüllen. Dieses Ziel sollte durch eine regionale Verteidigungsorganisation der Golfstaaten unter iranischer Führung realisiert werden. Um es zu erreichen, war eine spürbare Entkrampfung und Verbesserung der iranischen Beziehung zu den arabischen Golfstaaten Voraussetzung.

Iran verfolgte im Golf vor allem zwei Interessen: Zum einen die Gewährleistung der Sicherheit der Schiffahrt im Golf und die Verhinderung einer möglichen Bedrohung der iranischen Erdölfelder vom Süden her, zum anderen die Verhinderung einer die Sicherheit Irans gefährdenden inneren Umwälzung in den arabischen Golfstaaten. Um diese Interessen durchzusetzen, strebte Iran erstens den Aufbau eines regionalen Sicherheitssystems mit den an Stabilität interessierten Golfstaaten an. Zweitens forcierte es den Aufbau einer eigenen schlagkräftigen Militärmacht, vor allem für den Fall eines Nichtzustandekommens des regionalen Sicherheitssystems. Das iranische Sicherheitskonzept bezog die arabischen Golfstaaten — den Irak ausgenommen — mit ein. Iran beanspruchte jedoch in der geplanten Allianz eine Position, die über den Status eines *primus inter pares* hinausging. Dieses iranische Streben nach militärischer Vorherrschaft in der Golfregion spiegelt sich in den Militärausgaben des Schah-Regimes wider. Zwischen 1968 und 1978 verzehnfachten sich die iranischen Aufwendungen für die Streitkräfte.

Parallel zur eigenen Aufrüstung versuchte Iran, die Beziehungen zu den arabischen Golfstaaten zu verbessern, um sie für das Konzept einer Sicherheitsallianz unter iranischer Führung zu gewinnen. Obwohl die meisten arabischen Golfstaaten mit Iran in einer Reihe von Sicherheitsfragen und wirtschaftlichen Interessen übereinstimmten, standen einer solchen Allianz mit Teheran aber auch einige nur schwer zu überwindende Hindernisse im Wege. Übereinstimmung und Bereitschaft zur Zusammenarbeit bestand in den Bereichen:

— Aufrechterhaltung von Sicherheit und Stabilität im Sinne des *Status quo*;
— Sicherheit der Schiffahrt im Golf;
— Bekämpfung subversiver Strömungen;
— Zusammenarbeit mit dem Westen, vor allem den USA, und Mißtrauen gegenüber der Sowjetunion;
— gemeinsame Ölpreispolitik.

Getrübt waren die iranisch-arabischen Beziehungen in einer Reihe von Fragen, die sich im Verlaufe einer Jahrhunderte langen geschichtlichen Entwicklung herausgebildet hatten und überwiegend nationaler oder religiöser Natur waren. Zu diesen überlieferten Gegensätzen kamen neue Differenzen hinzu. Streitpunkte waren u.a.:

— Irans territoriale Ansprüche auf Bahrain;
— der Disput mit dem Irak über den Schatt al-Arab;
— der Gegensatz zwischen persischem und Arabischem Nationalismus;
— der wechselseitige Anspruch auf den Golf als arabisches oder persisches Gewässer, der vor allem die Frage der Förderrechte der Erdölfelder im Golf berührte;
— der religiöse Gegensatz zwischen Sunniten und Schiiten;
— die enge Zusammenarbeit Irans mit Israel;
— die iranische Besetzung der Inseln Abu Musa, Groß- und Klein-Tumb im November 1971.

Obwohl die Übereinstimmung der Interessen die Differenzen überwog, fiel es sowohl Iran als auch den arabischen Golfstaaten schwer, sich auf der Basis gemeinsamer wirtschaftlicher und politischer Interessen zu verständigen.

In den Jahren 1968 bis 1970 suchte Iran mit den arabischen Golfstaaten einen Ausgleich in den zentralen Streitfragen. So konnten mit Kuwait (Januar 1968), Saudi-Arabien (August 1968) und Katar (September 1969) bilaterale Vereinbarungen bezüglich des Kontinentalschelfs im Golf und der entsprechenden Bohrrechte abgeschlossen werden. Im November 1968 einigten sich Iran und Saudi-Arabien über den Status der Inseln Farsi und al-Arabi: Iran erhielt Farsi und Saudi-Arabien al-Arabi. Der iranische Anspruch auf Bahrain stellte das bedeutendste Hindernis in der iranisch-arabischen Annäherung dar. Dieses Problem konnte jedoch 1970 einvernehmlich gelöst werden. Lediglich der iranische Anspruch auf die drei Inseln Abu Musa, Groß- und Klein-Tumb, den Teheran mit historischen Rechten untermauerte, blieb umstritten. Am 30. 11. 1971, einen Tag vor der Staatswerdung der Vereinigten Arabischen Emirate (VAE), besetzte Iran in einem Handstreich die drei Inseln. Sie besaßen nicht nur erhebliche Bedeutung für die Kontrolle der Schiffahrt im Golf, sondern auch für die Erdölgesellschaften, die bei Probebohrungen in der Zwölfmeilenzone fündig geworden waren. Die arabischen Staaten erhoben zwar Protest gegen die iranische Annektion, zu einer empfindlicheren Störung des iranisch-arabischen Verhältnisses kam es aber nicht. Nur der Irak protestierte wiederholt und brach seine diplomatischen Beziehungen zu Teheran ab.

In den Beziehungen Irans zu seinen arabischen Nachbarstaaten nahm der Irak in vielerlei Hinsicht eine Sonderstellung ein. Hauptstreitpunkte waren die ungelöste Grenzfrage (vor allem im Bereich des Schatt al-Arab), gegenseitige Einmischungen in die inneren Angelegenheiten (Kurden und Schiiten im Irak, Araber in Khuzistan) und der iranische Anspruch auf eine regionale Vormachtstellung. Vor allem die sozialistische Orientierung Bagdads und der starke Einfluß der Sowjetunion im Irak, insbesondere nach Abschluß des irakisch-sowjetischen Freundschaftsvertrages im Jahre 1972, stießen in Teheran auf Ablehnung und weckten Befürchtungen hinsichtlich der inneren und äußeren Sicherheit Irans. Teheran sah in der irakischen Golfpolitik eine Gefährdung des *Status quo* und der Sicherheit der Schiffahrt. Die irakische Unterstützung der Befreiungsfront People's Front for the Liberation of Oman and the Arabian Gulf (PFLOAG) galt Teheran als Bestätigung, daß die irakische Golfpolitik nicht nur auf die Revolutionierung der arabischen Golfstaaten zielte, sondern auch die Schiffahrt im Golf unter sowjetischen Einfluß bringen wollte. Für Iran war der Irak ein ständiger Unsicherheitsfaktor. Teheran verfolgte daher gegenüber Badgad eine Politik der permanenten Schwächung im Innern. Hierzu bediente sich der Schah nicht nur der Unterstützung der irakischen Kurdenbewegung, sondern verstrickte den Irak auch immer wieder in Grenzscharmützel.

Umgekehrt war die irakische Haltung gegenüber Iran von tiefem Mißtrauen geprägt. Die iranischen Versuche in den 60er und 70er Jahren, den Irak im Inneren zu schwächen, hatten dazu beigetragen, daß der Irak in der Golfregion kaum handlungsfähig war. Bagdad mußte seine ganzen Kräfte aufwenden, um die dringlichen innenpolitischen Probleme zu lösen. Diese waren um so größer, als kaum ein anderer nahöstlicher Staat derart unter gesellschaftlicher und politischer Fragmentierung leidet wie der Irak. Dies gilt ebenso für die Familien- und Stammesstrukturen wie für die ethnische Zusammensetzung, die religiöse Vielfalt, die politischen Strömungen und den überlieferten Gegensatz zwischen militärischer und ziviler Führung.

Der fehlende gesellschaftliche Konsens in den zentralen politischen Fragen des Landes bewirkte eine über Jahrzehnte hinweg andauernde chronische Instabilität der politischen Verhältnisse und Institutionen im Irak. Bereits unter der Monarchie, die als durchaus stabil galt, waren zwischen 1921 und 1950 45 verschiedene Regierungen zu verzeichnen. Die durchschnittliche Regierungszeit eines Kabinetts betrug in diesem Zeitraum 7,5 Monate. Diese politische Instabilität setzte sich auch nach der Revolution von 1958 fort, allerdings mit dem Unterschied, daß sich diese Wechsel nun gewaltsam und oftmals blutig vollzogen. Der Revolutionsführer von 1958, General Qassem ('Abd al-Karīm Qāsim), mußte schon bald erkennen, daß allein mit der Beseitigung der Monarchie und der Errichtung der Republik die Einheit des Irak noch nicht hergestellt werden konnte und hielt sich in den ersten Jahren seiner Regierung nur an der Macht, indem er die verschiedenen in seinem Lande bestehenden Fraktionen systematisch gegeneinander ausspielte. Qassem gelang es nicht, den von ihm neugeschaffenen politischen Institutionen und der neuen revolutionären Ideologie Legitimität zu verschaffen und die Einheit der Nation herzustellen. Auch der

Versuch seines Nachfolgers Aref (ʻAbd as-Salām ʻArīf), durch den Aufbau einer Massenpartei den fehlenden nationalen Konsens herzustellen, mußte fehlschlagen.

Im Juli 1968 gelang einer oppositionellen Gruppe unter der Führung der Baath-Partei (al-Baʻth) die Machtübernahme in Bagdad. Nun wurden die politischen Entwicklungen von einer Kaderorganisation bestimmt, die sich die Herstellung der nationalen Einheit und des gesellschaftlichen Konsenses zum Ziel gesetzt hatte. Die Baath-Partei verstand sich als Elite der Nation, die in den ersten Jahren ihrer Herrschaft keine anderen politischen Kräfte neben sich duldete. Nur in der Ausschaltung partikularistischer Interessengruppen und Parteien sah die Baath-Partei die Möglichkeit, die angestrebte Einheit der Nation zu verwirklichen, einen wirtschaftlichen Aufschwung zu erreichen und internationales Gewicht zu erlangen.

Die wichtigste innenpolitische Aufgabe bestand in der Lösung der Kurdenfrage. Im März 1970 wurde zwischen der Zentralregierung in Bagdad und dem Kurdenführer Muṣṭafā Barzānī ein „Manifest über die friedliche Regelung der Kurdenfrage im Irak" ausgehandelt, welches im Kern den autonomen Status von Kurdistan in der Republik Irak festlegte und weitgehend die zentralen kurdischen Forderungen nach Selbstbestimmung, Selbstverwaltung und kultureller Eigenständigkeit anerkannte. Das Manifest sah eine Implementierung aller Maßnahmen innerhalb von vier Jahren vor. Die Sowjetunion unterstützte Bagdad in der Befriedung Kurdistans, indem sie nach Abschluß des irakisch-sowjetischen Freundschaftsvertrages ihre Waffenlieferungen an die kurdische Widerstandsbewegung einstellte. Eine Regelung der Kurdenfrage im Irak, wenn auch mit deutlichen Vorteilen auf Seiten der Zentralregierung in Bagdad schien nun erstmals in der Geschichte des modernen Irak in greifbarer Nähe.

Der sowjetisch-irakische Freundschaftsvertrag von 1972 wurde sowohl in Teheran als auch in Washington mit erheblichem Mißtrauen aufgenommen. Bereits im Mai 1972 vereinbarten die USA und Iran, den Irak durch Unterstützung der kurdischen Separatistenbewegung zu schwächen. Der amerikanische Geheimdienst CIA lieferte Iran sowjetische Waffen, die Israel im Zuge des Junikriegs 1967 erbeutet hatte. Iran lieferte diese Waffen an die kurdischen Widerstandsorganisationen, und schon wenige Wochen nach der iranisch-amerikanischen Abmachung flammte der bewaffnete kurdische Widerstand gegen die Zentralregierung in Bagdad wieder auf. Am 13. August kündigte die Kurdische Demokratische Partei (KDP) eine Rückkehr zum Bürgerkrieg an, falls Bagdad den Forderungen der Kurden nicht verstärkt nachkomme.

Als im März 1974 die vierjährige Übergangszeit des März-Manifests verstrichen war, forderte Bagdad die Kurden zur Beendigung des Widerstandes und Übergabe ihrer Waffen auf und setzte das Autonomiestatut einseitig in Kraft. Die kurdischen Widerstandsorganisationen, von Iran mit Waffen und im logistischen Bereich unterstützt, lehnten dies ab und zogen sich zur Fortsetzung ihres bewaffneten Widerstandes in das Gebirge zurück. Für die irakische Zentralregierung kam diese Entwicklung nicht ganz unerwartet. Sie hatte sich auf eine militärische Lösung der Kurdenfrage eingestellt. Es gelang ihr, den kurdischen Widerstand rasch zurückzudrängen. Im Herbst 1974 kontrollierten die kurdischen Organisationen nur noch ein kleines Gebiet an der iranischen Grenze. Den Kurden drohte eine vernichtende Niederlage, die nur durch das Eingreifen von iranischen Truppen hätte abgewendet werden können. Ein iranisches militärisches Eingreifen auf irakischem Territorium lehnte der Schah mit Blick auf die internationalen Folgen ab. Der irakisch-iranische Konflikt in der Kurdenfrage war in eine Patt-Situation geraten. Die iranische Unterstützung für die Kurden war von Bagdad weitgehend neutralisiert worden, dennoch gelang es der irakischen Armee nicht, den kurdischen Widerstand vollständig zu beseitigen und Kurdistan militärisch und politisch zu kontrollieren.

Diese Lage im irakisch-iranischen Konflikt um Kurdistan bildete in Verbindung mit einer Reihe von regionalen und internationalen Entwicklungen den Hintergrund für einen breiteren irakisch-iranischen Interessenausgleich. Vor allem die gewaltigen Erdölpreiserhöhungen infolge des vierten Nahostkriegs 1973 trugen zu dem Bewußtsein in Bagdad und Teheran bei, ihre bilateralen Probleme zu lösen, um die Position der Erdöl fördernden Staaten im Golf gegenüber den Industrieländern zu stärken. Zudem hatte Iran erkannt, daß die Staaten der Arabischen Halbinsel trotz aller Differenzen mit dem Irak zu keiner sicherheitspolitischen Zusammenarbeit mit Iran bereit waren, solange das irakisch-iranische Verhältnis gespannt war. Da der Irak außerdem zu erkennen gab, die einseitige Bindung an die Sowjetunion aufgeben zu wollen, hielt der Schah den Zeitpunkt für gekommen, das Verhältnis mit dem Irak zu bereinigen. Auch aus irakischer Perspektive ergab sich eine Reihe von Gründen, die eine Verbesserung der Beziehungen zu Teheran wünschenswert erscheinen ließen. Um die Kurdenfrage im Sinne der Zentralregierung lösen zu können, mußte auch der letzte, harte Kern der kurdischen Widerständler vertrieben werden. Solange der Schah seine Unterstützung für diese Gruppe jedoch aufrecht erhielt, war die irakische Armee hierzu militärisch nicht in der Lage. Zum anderen wollte der Irak seine wichtigsten innen- und außenpolitischen Probleme lösen, um sich nach der Vervierfachung des Erdölpreises am Weltmarkt ungestört dem wirtschaftlichen Aufbau des Landes widmen zu können. Aus dem gleichen Grunde begann sich der Irak Mitte der 70er Jahre mehr und mehr von der Sowjetunion zu lösen. In irakischen Augen hatte die Sowjetunion ihre Hilfe bei der vollständigen Niederwerfung des kurdischen Widerstandes versagt; zudem wollte der Irak sich außenhandelspolitisch und technologisch westlichen Ländern nähern.

Am 6. 3. 1975 einigten sich daher Iran und der Irak in Algier auf ein Abkommen, das die wechselseitigen Beziehungen auf eine neue Grundlage stellen sollte. In vier Punkten wurde vereinbart:

— der endgültige Verlauf der Landesgrenzen;
— der endgültige Verlauf der Grenze im Bereich des Schatt al-Arab, und zwar auf der Talweglinie, d.h. in der Flußmitte;
— die Garantie der Sicherheit entlang den gemeinsamen Grenzen und die Nichteinmischung in die inneren Angelegenheiten des anderen Staates;
— die Anerkennung aller Punkte des Abkommens als unverzichtbare Bestandteile einer allgemeinen Regelung der Probleme.

Im Falle von Meinungsverschiedenheiten bei der Auslegung oder Verwirklichung des Abkommens wurde festgelegt, einen befreundeten dritten Staat als Schlichter einzuschalten. Am 13. 6. 1975 wurde der Vertrag in Bagdad von den Außenministern des Irak und Irans unterzeichnet.

Das Abkommen regelte zumindest vorläufig die wesentlichen Streitpunkte zwischen beiden Ländern. Für Iran war bedeutsam, daß erstmals in einem internationalen Vertrag die iranische Grenze zum Irak im Bereich des Schatt al-Arab in der Flußmitte festgelegt wurde. Seit dem 17. Jahrhundert war der Verlauf der Grenze heftig umstritten. Der Irak verfolgte mit dem Abkommen vorwiegend den Zweck, das Kurdenproblem im eigenen Lande auf Dauer zu lösen. In der Verpflichtung Irans, sich nicht länger in die inneren Angelegenheiten des Irak einzumischen, sah Bagdad ein Ende der iranischen Hilfe für die aufständischen Kurden gewährleistet. Da der Schah seit 1969 den Schatt al-Arab bereits bis zur Flußmitte für sich reklamiert hatte, war die irakische Zustimmung zu diesem Abkommen im wesentlichen nur eine Anerkennung der politischen Realitäten.

Die Entspannung im iranisch-irakischen Verhältnis wirkte sich positiv auf die Beziehungen der Golfanrainer untereinander aus. Der Irak trug dazu bei, indem er die Unterstützung für die Befreiungsbewegung in Oman einstellte und seine Beziehungen zu den arabischen Golfstaaten stetig verbesserte. Saudi-Arabien und die anderen arabischen Golfstaaten ihrerseits begrüßten das Abkommen, weil es ihrer Ansicht nach die Spannung in der Golfregion und damit die Möglichkeiten der Großmächte zur Einflußnahme, abzubauen geeignet war. Iran gelang es mit dem Abkommen, den Willen zur gemeinsamen Zusammenarbeit nicht nur mit den arabischen Golfstaaten der Halbinsel sondern auch mit dem Irak zu dokumentieren. Ein Resultat des Abkommens war zudem, daß eine arabisch-iranische Sicherheitsallianz unter iranischer Führung nun immer mehr an Bedeutung verlor. Iran war und blieb die stärkste Militärmacht der Region. Der Irak war nach Iran die zweitstärkste Militärmacht im Golf, hatte aber mit dem Abkommen von Algier die wichtigste innere und äußere Bedrohung zunächst abgewendet. Saudi-Arabien als politische Führungsmacht der Staaten der Arabischen Halbinsel war spürbar erleichtert, daß der iranische Druck in Richtung einer sicherheitspolitischen Allianz nun zunächst nachließ. Nach der Entspannung der intraregionalen Beziehungen im Golf begannen die Golfstaaten in der Mitte der 70er Jahre damit, sich vornehmlich auf den wirtschaftlichen Aufbau ihrer Länder zu konzentrieren.

3. Die islamische Revolution in Iran und ihre Auswirkungen auf die Golfregion

Die Phase der Entspannung war allerdings nur von kurzer Dauer. Gegen Ende der 70er Jahre setzten zwei Entwicklungen ein, die das Kräfteverhältnis Teheran-Bagdad-Riad erheblich veränderten. Die Isolierung Ägyptens im arabischen Lager nach dem Abschluß der Vereinbarungen von Camp David und des ägyptisch-israelischen Friedensvertrages bedeutete für Saudi-Arabien den Verlust eines der beiden sicherheitspolitischen Eckpfeiler des Landes. Riad hatte nach 1974 seine Beziehungen zu Kairo ausgebaut, um sicherheitspolitisch nicht ausschließlich von den nichtarabischen Staaten USA und Iran abhängig zu sein. Mit dem Abbruch der diplomatischen Beziehungen der meisten arabischen Staaten zu Ägypten war für Riad verbunden, daß nun die Bedeutung Irans für die Golfpolitik der arabischen Golfstaaten größer als zuvor war. Die Bedeutung Ägyptens lag für die arabischen Golfanrainer weniger in einem als realistisch hoch einzuschätzenden Sicherheitsbeitrags Kairos, sondern vielmehr in dem Bemühen, vor der arabischen Öffentlichkeit sicherheitspolitisch nicht ausschließlich mit nicht-arabischen Mächten zusammenzuarbeiten. Nach der Unterzeichnung der Vereinbarungen von Camp David 1978 strebte der Irak verstärkt danach, die sicherheitspolitische Bedeutung Ägyptens für die Staaten der Arabischen Halbinsel zu übernehmen. Die Öffnung der irakischen Politik gegenüber dem Westen nach 1974 erleichterte beiden Seiten eine Annäherung. Zu einer sicherheitspolitischen Zusammenarbeit kam es allerdings nicht. Hierfür gingen die politischen Ordnungsvorstellungen des Irak und der Staaten der Arabischen Halbinsel zu weit auseinander.

Mit dem Sturz des Schahs und dem Sieg der islamischen Revolution in Iran im Frühjahr 1979 veränderte sich das Kräfteverhältnis im Golf grundlegend. Die Gemeinsamkeiten, die sich auf die innenpolitischen Ordnungsvorstellungen und die außenpolitische Orientierung am Westen bezogen, waren mit den neuen Herrschern in Teheran nicht mehr gegeben. Die Staaten der Arabischen Halbinsel und der Irak wurden schon kurz nach dem Sieg der islamischen Revolution zur bevorzugten Zielscheibe verschiedener iranischer Revolutionsführer, die die islamische Revolution in die Golfstaaten exportieren wollten. Grundlage des propagierten Revolutionsexports waren die beiden Hauptelemente der iranischen Revolution: der sozialrevolutionäre und der schiitisch-islamische Charakter. Da in den Staaten der Arabischen Halbinsel im wesentlichen ähnliche innenpolitische Macht- und Herrschaftsstrukturen bestanden wie in Iran unter dem Schah, richtete sich die iranische Revolution verstärkt gegen die monarchischen Herrschaftsstrukturen, die als „unislamisch" gebranntmarkt wurden. Diejenigen iranischen Revolutionsführer, die stärker das islamisch-schiitische Element der Revolution repräsentierten, richteten ihre Angriffe vornehmlich gegen die nationalistisch-säkulare Herrschaft der Baath-Partei im Irak, die die Rolle der Religion in der Politik scharf limitiert. Hinzu kam, daß Revolutionsführer Khomeini (Āyatullāh Rūḥullāh Khumainī) auf iranische Aufforderung hin 1978 aus dem irakischen Nadschaf ausgewiesen worden war.

Der Schah hatte in seinem Entwicklungskonzept das islamische Element in Iran kaum berücksichtigt. Er trieb eine Selbstdarstellung des Landes voran, die sich stärker an den vorislamischen Traditionen Irans als am Islam orientierte. Er veränderte das über Jahrhunderte gewachsene Gleichgewicht im Nebeneinander von Iran und Islam, das das tradierte persische Verständnis eines legitimierten Königtums mit dem Islam zu verschmelzen wußte. Das Selbstverständnis Irans schöpfte seine Kraft im gleichen Maße aus altpersischen, vorislamischen Werten und geschichtlichen Leistungen wie aus dem islamisch-schiitisch geprägten Entwicklungsverlauf der vergangenen Jahrhunderte.

Der Sieg der islamischen Revolution in Iran basierte in erster Linie auf Elementen, die den schiitischen Sonderweg in Iran charakterisieren. Hinzu kam die Tatsache, daß die iranische Mittel- und Oberschicht größtenteils zu Beginn der Krise dem Schah ihre Unterstützung entzog und sich neutral verhielt. Auf diese Weise gelang es den Revolutionsführern, mittels des schiitischen Klerus eine Massenbasis gegen das Schah-Regime herzustellen, gegen die selbst das schahtreue Militär in der letzten Phase der Revolution nicht mehr vorgehen konnte, ohne einen Bürgerkrieg zu riskieren.

Die sunnitischen und schiitischen Mullahs in den arabischen Staaten verfügen nicht annähernd über eine vergleichbar unabhängige Position gegenüber dem Staat wie der schiitische Klerus in Iran. Die Befürchtung, daß der Sieg der Revolution in Iran eine Welle islamischer Umsturzversuche in den arabischen Golfstaaten auslösen werde, war daher von Anfang an wenig wahrscheinlich. Dennoch wurde allgemein befürchtet, daß die auch in den arabischen Golfstaaten immer mehr an Gewicht gewinnenden Befürworter einer stärkeren Bedeutung des Islams im öffentlichen Leben durch die Entwicklungen in Iran neuen Auftrieb erhalten würden.

Befürchtet wurde vor allem, daß die schiitischen Bevölkerungsteile in den arabischen Golfstaaten die revolutionären Impulse aus Iran aufgreifen und Vorreiter einer sozialrevolutionären Bewegung werden könnten. In Bahrain, im Irak und in der östlichen Provinz Saudi-Arabiens bilden Schiiten die Bevölkerungsmehrheit, in Kuwait beträgt ihr Anteil rund 25%. In Oman, Katar und in den Vereinigten Arabischen Emiraten gibt es nur kleinere schiitische Gemeinden, die über keine einflußreiche Stellung verfügen. Tatsächlich kam es während der Unruhen in Iran und nach dem Sieg der Revolution zu verschiedenen spontanen Demonstrationen und Sympathiekundgebungen in einzelnen Staaten der Arabischen Halbinsel. Die wirtschaftlichen Mißerfolge und die politischen Exzesse in Iran bewirkten jedoch schon bald eine Ernüchterung. Gleichwohl verstärkte sich der Druck fundamentalistischer Bewegungen auf die Regierungen der arabischen Golfstaaten, ihren Forderungen größere Beachtung zu schenken. Dies galt und gilt immer noch nicht nur für den Bereich des Glaubens, sondern auch für die sozialen und politischen Aspekte der iranischen Revolution.

4. Der iranisch-irakische Konflikt

Von allen arabischen Nachbarstaaten fühlte sich der Irak am stärksten von den Entwicklungen in Iran betroffen. Die arabisch-nationalistisch orientierte Baath-Regierung in Bagdad fühlte sich in ihrem Selbstverständnis durch den geistigen und regionalen Führungsanspruch der iranischen Revolution stark herausgefordert. Bagdad sah in den Aufforderungen verschiedener Revolutionsführer zum Export der Revolution eine direkte Einmischung in die innenpolitischen Verhältnisse im Irak. Nach baathistischer Auffassung sollte der Glaube an die arabische Nation und das arabische Sendungsbewußtsein die alleinige Grundlage der Politik im Irak sein. Um eine nationale Einigung aller ethnischen und konfessionellen Gruppierungen im Lande zu ermöglichen, wurde die Rolle der Konfession im öffentlichen und politischen Leben stark beschränkt. Diese grundsätzliche Orientierung stand in starkem Widerspruch zu den Grundsätzen der islamischen Revolution in Iran.

Zu diesen ideologischen Differenzen kamen politische hinzu. Die neuen Machthaber in Teheran hatten den Anspruch auf Vorherrschaft in der Region des Arabisch-Persischen Golfs vom

Schah übernommen, wenn auch mit unterschiedlichem ideologischem Vorzeichen. Bagdad sah mit der Schwächung Irans infolge der revolutionären Vorgänge die Stunde gekommen, seinen Einfluß in der Region maßgeblich zu erhöhen. Militärisch galt der Irak nach dem Sturz des Schahs als die stärkste Macht in der Golfregion. Beeinträchtigt wurde das militärische Gewicht des Irak allerdings erheblich durch die Tatsache, daß Bagdad über keinen Zugang zum Golf verfügte, der nicht von den beiden Nachbarstaaten Iran und Kuwait aus kontrolliert werden konnte. Iran besaß die Möglichkeit, die irakische Marine bereits vor Erreichen des Golfs im Bereich des Schatt al-Arab zu bekämpfen. Und von der zu Kuwait gehörenden Insel Bubiyan aus bestand die Möglichkeit, die irakische Marine bereits am Verlassen des Hafens Umm Qasr zu hindern. Bagdads tatsächliche politische und militärische Bedeutung für die Region wurde durch diese strategischen Defizite erheblich eingeschränkt.

Das Konfliktpotential zwischen Iran und dem Irak hatte nach dem Sturz des Schahs erheblich zugenommen. Die Beziehungen verschärften sich ernstlich, als im Frühjahr 1980 die schiitische Untergrundorganisation Partei des islamischen Rufs (Ḥizb ad-da'wa al-islāmīya) dazu überging, nicht nur Anschläge auf Einrichtungen der Baath-Partei, sondern auch auf führende Repräsentanten der Partei zu verüben. Bagdad warf Teheran vor, hinter diesen Anschlägen zu stehen und die Untergrundorganisation zu steuern. Der Irak reagierte auf Aktionen der Ḥizb ad-da'wa mit der Deportation von rund 40.000 Schiiten an die iranische Grenze. Gleichzeitig forderte Bagdad die iranische Revolutionsführung auf, das gemeinsame Abkommen von 1975 über die Grenzregelung im Bereich des Schatt al-Arab zu revidieren.

Als im Verlauf des Sommers 1980 deutlich wurde, daß die gemäßigten Revolutionsführer in Teheran an Einfluß verloren, schwand im Irak die Hoffnung auf eine baldige Beilegung der Differenzen mit Iran. Gleichzeitig intensivierten sich die Grenzscharmützel, die nun nahezu täglich stattfanden. Anfang September 1980 unternahm der Irak nach einer Beschießung grenznaher Städte von iranischem Territorium aus eine begrenzte Militäroperation in den Gebieten von Zain al-Qaus und Saif Sa'd, die entsprechend dem Abkommen von 1975 von Iran an den Irak zurückgegeben werden mußten. Die Rückgabe war unter dem Schah allerdings noch nicht erfolgt. Zwischen dem 5. und 10. 9. 1980 gelang es der irakischen Armee, alle 1975 zur Rückgabe an den Irak bestimmten Gebiete ohne große Verluste zu besetzen.

Es ist anzunehmen, daß dieser relativ mühelos errungene militärische Sieg des Irak Auftakt zu weitergehenden Überlegungen hinsichtlich einer militärischen Lösung der Bedrohung durch Iran war. In Bagdad wurde jedenfalls registriert, daß die iranische Verteidigung an den Grenzen kein ernstzunehmendes Hindernis darstellte. In den folgenden Tagen eskalierte die Lage an der Grenze. Schwere Gefechte entbrannten auf einer Grenzlänge von 600 km. Am 14. September erklärte der Chef des iranischen Generalstabs, daß das Abkommen von 1975 im Bereich der Landgrenze nicht mehr gültig sei. Drei Tage später, am 17. September, kündigte der irakische Staatspräsident Saddam Hussein (Ṣaddām Ḥusain) das Abkommen von 1975 in einer Rede vor der Nationalversammlung. Er begründete diesen Schritt mit Punkt vier des Abkommens, demzufolge das gesamte Vertragswerk ungültig werde, wenn ein Punkt der Abmachung verletzt wird. Saddam Hussein warf Iran vor, durch die Aufrufe an die irakischen Schiiten, die Regierung in Bagdad zu stürzen, sich in die inneren Angelegenheiten des Irak eingemischt zu haben. Außerdem habe Iran die vereinbarte Sicherheit an der Landesgrenze durch die Beschießung irakischer Städte am 4. 9. verletzt.

Die irakische Kündigung des Abkommens von 1975 war bereits der letzte Schritt zum Krieg. Am 20. September übernahm der iranische Präsident Banī-Ṣadr den Oberbefehl über die Armee. Der Irak traf Vorbereitungen, den Schatt al-Arab in seiner gesamten Breite wieder unter Kontrolle zu bekommen. Als Iran die irakische Seite des Schatt unter Beschuß nahm, um die Ausweitung der irakischen Hoheitsrechte über den ganzen Fluß zu verhindern, marschierte die irakische Armee am 22. 9. 1980 auf einer Breite von 600 km nach Iran ein. Ziel war es — so Radio Bagdad — „abschreckende Operationen gegen persische Militäreinrichtungen zu unternehmen, um deren Versuche..., die Souveränität und Sicherheit des Irak anzutasten, zu vereiteln."

Die Entwicklung des Kriegs verlief völlig unerwartet. Dem Irak gelang es zunächst, einen Grenzstreifen zu besetzen, der stellenweise bis 100 km tief in iranisches Territorium reichte. Die Städte Qasr-i Shirin und Khurramshahr wurden eingenommen, Abadan umschlossen. Der möglicherweise kriegsentscheidende Schritt, Ahwaz und Dizful einzunehmen, gelang nicht. Hätte sich der Irak darauf konzentriert, ausschließlich im Süden die iranische Erdölprovinz Khuzistan unter Kontrolle zu bringen, statt auf einer Breite von 600 km anzugreifen, so wäre es vielleicht möglich gewesen, eine baldige Entscheidung im Krieg herbeizuführen. So aber gelang es Iran, im Winter 1980/81 seine Kräfte zu konzentrieren und im Verlaufe der Jahre 1981 und 1982 alle von den irakischen Streitkräften besetzten Gebiete zurückzuerobern. Nach schweren Verlusten erklärte der Irak im Juni 1982 seine Bereitschaft, sich auf die 1975 vereinbarte Grenzlinie zurückzuziehen. Nun ging die iranische Kriegsführung ihrerseits dazu über, durch eine Serie von Offensiven den Irak militärisch zu schwächen und den Krieg für sich zu entscheiden. Im Frühjahr 1984 gelang es iranischen Verbänden, kurzfristig die strategisch wichtige Straßenverbindung Bagdad-Basra bei al-Qurna zu erreichen. Sie wurden aber wieder zurückgedrängt. Dennoch vermochten sie die in den südlichen Sümpfen des Irak gelegenen Majnun-Inseln zu erobern, unter denen sich größere Erdölfelder befinden. Dem Irak gelang es nicht, dieses Gebiet wieder zurückzugewinnen.

Die Aussichten einer der beiden Seiten, den Krieg ausschließlich mit militärischen Mitteln zu gewinnen, waren von vornherein gering. Der Irak war spätestens seit seinem Rückzug auf die 1975 vereinbarten Grenzlinien bereit, mit Iran zu verhandeln. Teheran hingegen wollte nur unter zwei Mindestbedingungen in Verhandlungen einwilligen: Das Baath-Regime unter Führung von Saddam Hussein mußte abdanken, und der Irak sollte von einem internationalen Schiedsgericht als Aggressor verurteilt werden. Anfänglich verlangte Iran auch Reparationen vom Irak. Diese Forderung wurde allerdings fallengelassen, je weniger Iran hoffen konnte, den Krieg selber für sich zu entscheiden, und je stärker die Kriegsmüdigkeit in Iran anstieg.

Da der Krieg militärisch zu Lande nicht zu gewinnen war, forcierte der Irak seine maritime Kriegsstrategie. Ziel dieses Konzepts war es, durch Luftangriffe auf Schiffe, die iranische Häfen anliefen, den iranischen Erdölexport einzuschränken und das Land auf diese Weise wirtschaftlich zu unterminieren. Nach einer längeren Periode von Ankündigungen begann der Irak am 25. 4. 1984 mit dem sogenannten Tankerkrieg. Der irakischen Strategie waren aber von Anfang an enge Grenzen gesetzt. Iran drohte im Gegenzug mit einer Schließung der Straße von Hormuz und griff seinerseits saudische und kuwaitische Tanker an, um die arabischen Golfstaaten dazu zu bewegen, auf den Irak „mäßigend" einzuwirken. Zweifellos hätte Iran sich mit einer Schließung der Straße von Hormuz selber den Transportweg für seine Ölexporte verschlossen; eine derartige Drohung war aber nur als *ultima ratio* zu verstehen. Der Irak stand somit vor der Wahl, entweder auf die Zerstörung des iranischen Erdölterminals Kharg zu verzichten und den Fortgang des Kriegs in Kauf zu nehmen, oder Kharg anzugreifen, den Ölexport zu unterbinden, aber eine ernste Eskalation des Kriegs mit weltweiten Dimensionen zu riskieren. Bagdad entschloß sich daher, lediglich einzelne Tanker auf dem Weg nach oder von Kharg anzugreifen und blieb damit unter der Eskalationsebene. Die irakische Taktik führte zwar zu erheblichen Einbußen des iranischen Ölexports, aber nicht zu einer Beendigung des Kriegs.

Im Gegenteil, Iran hat immer wieder neue Offensiven vorgetragen. Ende 1986/Anfang 1987 kam es zu heftigen Kämpfen um die Hafenstadt Basra. Der Irak geriet in eine militärisch schwierige Situation. Die Folge waren Spekulationen über ein direktes amerikanisches Eingreifen in den Konflikt mit dem Ziel, einen militärischen Zusammenbruch des Irak zu verhindern. Nach wie vor scheint eine Beendigung der Kampfhandlungen aber in erster Linie das Abtreten einer der beiden Hauptkontrahenten Khomeini oder Saddam Hussein zur Voraussetzung zu haben. Selbst in einem derartigen Fall wäre der Konflikt indes noch nicht beigelegt. Langfristig hat der Krieg die Frage nach der politischen Ordnung und künftigen Vormacht am Arabisch-Persischen Golf aufgeworfen. Das impliziert, daß die eigentlichen Kriegsfronten nicht ausschließlich zwischen dem Irak und Iran verlaufen, sondern alle Staaten des Nahen und Mittleren Ostens betroffen sind.

Aus Sorge vor einer schiitisch-islamisch geprägten Vormacht Iran am Golf mit überdies sozialrevolutionärem Anstrich haben die Staaten der Arabischen Halbinsel deshalb mehr oder minder offen Partei für den Irak ergriffen. Zwar ist ihnen die politische Kultur dieses Landes fremd, erscheint ihnen das politische System allzu säkular ausgerichtet und wird die ethnische Zusammensetzung als zu unterschiedlich empfunden; dennoch führen das gemeinsame arabische Erbe, die gemeinsame politisch-ideologische Bedrohung durch Iran und der Glaube an die Notwendigkeit des wissenschaftlich-technischen Fortschritts zu einer Unterstützung der irakischen Position.

5. Die Gründung des Golf-Rates

Der Sieg der islamischen Revolution in Iran und der Ausbruch des Golfkriegs schärften auf der Arabischen Halbinsel das Bewußtsein, daß der einzige Ausweg aus den sicherheitspolitischen Risiken in einer verstärkten Zusammenarbeit der Staaten der Arabischen Halbinsel zu finden sei. Die Grundidee einer engeren Kooperation geht weit in die Zeit vor Ausbruch des Golfkriegs zurück. Die Frage einer Einbeziehung des Irak trug indes neben anderen Problemen immer wieder zur Verzögerung des Projekts bei. Die Staaten der Halbinsel fühlten sich untereinander trotz aller Unterschiede eng verbunden. Der Irak mit seiner anders gelagerten politischen und demographischen Struktur wurde dagegen als Fremdkörper empfunden, den in eine enge Kooperation einzubinden schwer fiel.

Erst als der Ausbruch des iranisch-irakischen Kriegs sämtliche Kräfte Bagdads beanspruchte, kam es zu einer institutionalisierten Zusammenarbeit zwischen den Vereinigten Arabischen Emiraten, Bahrain, Saudi-Arabien, Oman, Katar und Kuwait. Am 14. 2. 1981 wurde die Gründung eines Gulf Cooperation Council (GCC) beschlossen. Neben den regionalen Ursachen waren für die Entstehung des GCC Veränderungen der Ost-West-Konfliktformation maßgebend. Durch die schiitisch-islamische Revolution in Iran wurde die Grenzlinie des Ost-West-Konflikts, die bis 1979 entlang der sowjetisch-iranischen Grenze verlaufen war, in Richtung auf den Arabisch-Persischen Golf verschoben. Wenige Monate später marschierte die Sowjetunion in Afghanistan ein. Eine weitere Schwächung der Position der USA erfolgte durch die sich festigenden Beziehungen Moskaus zu Äthiopien und Südjemen. Nicht zuletzt gelang es der Sowjetunion, aus ihrer relativen Isolierung bei den Staaten des Nahen Ostens auszubrechen und ein gutes Verhältnis zu Syrien und Libyen herzustellen. Insgesamt war „damit das Ringen der Supermächte um Beeinflussung, ja Beherrschung der Golfregion für die arabischen Anliegerstaaten offener, d.h. aber auch weniger kalkulierbar und daher bedrohlicher geworden" (Robert 1983, 237).

Oberstes Ziel des GCC war und ist die Sicherung der Überlebensfähigkeit der Mitgliedstaaten nach innen und außen. Dieses Ziel spiegelt sich in dem Gründungsabkommen und in dem Schlußkommuniqué des ersten Gipfeltreffens von Abu Dhabi aber nur teilweise wider. In dem Gründungsabkommen heißt es lediglich, Ziel der Organisation sei es, „die Beziehungen, die Bande und die Kooperation zwischen ihren Mitgliedern in den verschiedenen Bereichen zu vertiefen und enger zu gestalten". Als Bereiche werden genannt Wirtschaft, Finanzen, Kultur, Information, Sozialwesen, Justiz- und gesetzgeberische Angelegenheiten. Ausgespart blieben Fragen der Zusammenarbeit im Sicherheitsbereich. Dadurch sollten nicht nur Meinungsverschiedenheiten der Mitgliedstaaten auf diesem Gebiet verdeckt, sondern auch evtl. Irritationen der Nachbarstaaten über die Gründung des GCC vermieden werden. Der rechtzeitig aufgedeckte Putschversuch in Bahrain im Dezember 1981 führte in der Praxis aber sehr bald zu einer Akzentverlagerung von der ökonomischen Langfristplanung zur Auseinandersetzung mit aktuellen Sicherheitsfragen.

Im wirtschaftlichen Bereich konnte der GCC die angestrebten Ziele — Beseitigung von Handelshemmnissen und Schaffung einer Freihandelszone — weitgehend realisieren. Dennoch nahm die wirtschaftliche Zusammenarbeit keine bahnbrechenden Züge an. Angesichts der Tatsache, daß die meisten GCC-Staaten von ihren Erdöleinnahmen leben und deshalb wirtschaftlich vor allem mit USA, Westeuropa und Japan verflochten sind, verwundert dies nicht. Weitaus schwieriger ist eine Bewertung der Zusammenarbeit im sicherheitspolitischen Bereich. Offenbar konzentrierten sich die Bemühungen auf drei Teilbereiche: die Festigung der inneren Sicherheit, die Beilegung regionaler Konflikte und die Stärkung der eigenen Verteidigungskraft. Im Bereich der inneren Sicherheit bauten die GCC-Staaten ihr Kommunikationsnetz aus, erleichterten die Zusammenarbeit der Behörden und schufen eine Art ,,Schnelle Eingreiftruppe". Zur Beilegung regionaler Konflikte mangelt es dem GCC aber nach wie vor an ausreichender militärischer Stärke, um entsprechenden politischen Anstrengungen den erforderlichen Nachdruck verleihen zu können. Die Bemühungen des GCC um eine Beendigung des iranisch-irakischen Kriegs sind deshalb ebenso gescheitert wie der von Saudi-Arabien zur Lösung des Nahostkonflikts vorgelegte und von den Staatsoberhäuptern der arabischen Golfstaaten einstimmig akzeptierte Fahd-Plan. Lediglich zur Entspannung im Verhältnis zwischen Oman und Südjemen hat der GCC beitragen können.

Das Ziel einer Stärkung der eigenen Verteidigungskraft berührt unmittelbar das Verhältnis der GCC-Staaten zu den Supermächten. Offizielle Position der Golfstaaten ist, daß Sicherheit und Stabilität der Region in der Verantwortung ihrer Völker und Länder liegen und daß der Kooperationsrat den Willen und das Recht dieser Länder zum Ausdruck bringt, ihre Sicherheit und Unabhängigkeit selbst zu verteidigen. Das bedeutet aber nicht Äquidistanz zu den Supermächten. Im Gegenteil, die Mitglieder des GCC sind im großen und ganzen *Status quo* orientierte Mächte und sitzen in dieser Beziehung mit den USA in einem Boot. Übereinstimmung herrscht auch in der Ablehnung des Kommunismus als Gesellschaftsform. Hinzu kommt die überaus enge wirtschaftliche Bindung an die USA. Im militärischen Bereich besteht vielfach sogar Abhängigkeit von Washington. Sie ist durch die massive Aufrüstung und die Versuche, Waffensysteme auch aus Westeuropa zu beziehen, kaum geringer geworden.

Das Verhältnis der GCC-Staaten zur Sowjetunion ist eher distanziert. Allerdings unterhalten Kuwait, Oman und die VAE diplomatische Beziehungen zu Moskau. Als ,,Linksaußen" innerhalb des Golf-Rates drängt vornehmlich Kuwait auf eine Verbesserung des Verhältnisses zu den Ostblockstaaten, konnte sich bislang aber gegen den Widerstand Saudi-Arabiens kaum durchsetzen. Immer noch haben die Kontakte der GCC-Staaten zur Sowjetunion im wesentlichen die Funktion, Druck auf die Vereinigten Staaten im Zusammenhang mit dem israelisch-arabischen Konflikt ausüben zu können. Die Intensität dieser Kontakte kann als Gradmesser für den jeweiligen Stand der Beziehungen zu Washington angesehen werden.

6. Krisenregion Arabisch-Persischer Golf: Die internationale Dimension

Im 20. Jahrhundert war die Dominanz des Westens am Arabisch-Persischen Golf lange Zeit unumstritten. Überschattet wurde sie lediglich durch die Konkurrenz zwischen Briten und Amerikanern. Auch Mitte der 80er Jahre findet sich die westliche Vorherrschaft im Bereich der politischen und ökonomischen Beziehungen noch wieder, obwohl ,,durch die islamische Revolution und den folgenden amerikanischen Einflußverlust hier ein schwerer Rückschlag zu verzeichnen ist" (Samland 1985, 245). Die Sowjetunion konnte ihre Position in der Region nur bedingt ausbauen. Mit dem Irak vermochte sie 1972 zwar einen Vertrag über Freundschaft und Zusammenarbeit abzuschließen, an die Stelle der ursprünglich engen Kooperation ist seit 1974 aber eine deutliche Distanz getreten. Auch während des Kriegs mit Iran sind sie irakisch-sowjetischen Beziehungen keineswegs spannungsfrei geblieben. Demgegenüber konnten die USA Ende 1984 nach über 15jähriger Unterbrechung den Austausch von Botschaftern mit dem Irak vereinbaren. Die Hoffnungen Moskaus auf ein enges Verhältnis zu Iran haben sich ebenfalls nicht erfüllt. Trotz Besserung der wirtschaftlichen Beziehungen ist die Sowjetunion aus der Sicht des Khomeini-Regimes seit 1982 zu einem nahezu gleich großen ,,Satan" wie die USA aufgestiegen. Wirklich festen Fuß zu fassen vermochte die Sowjetunion nur an der Peripherie der Golfregion. Dazu zählen Südjemen und Äthiopien, aber auch Libyen, Syrien und Afghanistan.

Anders als die politisch-ökonomische ist die militärisch-strategische Bilanz des Ost-West-Kräfteverhältnisses zu beurteilen. Die Etablierung einer starken sowjetischen Militärmacht in der Nähe des Arabisch-Persischen Golfs ist ausreichend, um in den Golfstaaten selbst als gewichtiger Faktor wahrgenommen zu werden. Auch wenn es sich dabei nur um eine Auflösung des westlichen Monopols im militärischen Bereich handelt — keineswegs um eine sowjetische Überlegenheit — sind die Konsequenzen für die künftige Gestaltung der internationalen Beziehungen in der Golfregion ungewiß. Vollzieht sich die Ost-West-Konkurrenz weiterhin im Rahmen eines friedlichen Wettbewerbs, d.h. wird auf den Einsatz militärischer Mittel verzichtet, dürfte der Westen dank seines ökonomischen und technologischen Potentials auch künftig eine führende Rolle in der Golfregion spielen. Den Staaten der Europäischen Gemeinschaft könnte dabei angesichts einer spürbaren Distanz gegenüber den USA wachsende Bedeutung zukommen. Die Sowjetunion wird ökonomisch wegen ihres begrenzten Potentials nur in Ausnahmefällen eine maßgebende Rolle spielen. In der ideologischen Auseinandersetzung mit dem Islam wird sie ebenfalls keine Grundlage für eine dauerhafte Expansion in die Golfregion finden.

Angesichts dieser Asymmetrie im Ost-West-Kräfteverhältnis stellt sich die Frage, ob Moskau nicht doch den militärischen Faktor ins Spiel bringen könnte. Dabei lassen sich im Westen zwei Denkrichtungen ausmachen, die sich vor allem in der Einschätzung der Reichweite sowjetischer Aktionen unterscheiden. Die erste geht davon aus, daß die Sowjetunion ihr Interventionspotential nutzen könnte, um die Kräftekonstellation in der Golfregion gewaltsam zu verändern. Eine direkte militärische Aggression gegenüber einem der Golfstaaten erscheint in diesem Zusammenhang weniger wahrscheinlich als die aktive Unterstützung prosowjetischer subversiver Kräfte. Das Beispiel der People's Front for the Liberation of Oman and the Arabian Gulf zeigt allerdings auch, wie außerordentlich vorsichtig sich Moskau in dieser Beziehung in der Vergangenheit verhalten hat.

Die zweite Denkrichtung geht davon aus, daß die Sowjetunion ihre militärische Machtstellung an der Peripherie der Golfregion systematisch für eine politische Einflußerweiterung in der Region nutzen könnte. In der Tat hat sie diesen Versuch unternommen. Ende 1980 regte Breschnew vor dem indischen Parlament ein Abkommen über Frieden und Sicherheit für den Arabisch-Persischen Golf an. Danach sollten sich die USA, China, Japan und andere interessierte Mächte gemeinsam mit der Sowjetunion verpflichten, alle Militärstützpunkte in dem Gebiet aufzulösen, keine neuen zu errichten und auf jede Einmischung in die inneren Angelegenheiten der Golfländer zu verzichten. Zudem sollte das Abkommen ein Verbot der Stationierung atomarer Waffen in der Region sowie eine Garantie für die Freiheit des Handels und der Schiffahrt enthalten. Dieses — so die iranische Einschätzung — ,,Friedensangebot von einer Supermacht an die andere" lief auf die Forderung der Sowjetunion nach einem direkten Mitspracherecht am Arabisch-Persischen Golf hinaus. Es stand und steht in krassem Gegensatz zur erklärten Absicht der USA, im Nahen und Mittleren Osten nach den Rückschlägen Ende der 70er Jahre wieder eine Position der Stärke einzunehmen.

Einem (weiteren) Vordringen der Sowjetunion in die Golfregion notfalls militärischen Widerstand entgegensetzen zu wollen, hat der amerikanische Präsident Carter bereits im Januar 1980 nach der Besetzung Afghanistans angekündigt. Seit dem Übergang von der Carter- zur Reagan-Administration ist die Neigung der USA noch gewachsen, Probleme und Konflikte in der Golfregion unter globalstrategischen Gesichtspunkten zu sehen und zu behandeln. Dabei ist die militärische Komponente in der amerikanischen Nah- und Mittelostpolitik keineswegs geringer als in der sowjetischen. Sie trägt in Verbindung mit dem iranisch-irakischen Krieg und der Hochrüstung der arabischen Golfstaaten zu einer gefährlichen Militarisierung des Arabisch-Persischen Golfs und der umliegenden Gebiete bei.

Literatur:

Chubin, S. u. Litwak, R. u. Plascov, A. 1982: Security in the Gulf, (The International Institute for Strategic Studies, Adelphi Library, 7), Aldershot.

Deutsche Gesellschaft für Auswärtige Politik (Hrsg.): Die internationale Politik. Jahrbücher der Dt. Ges. für Ausw. Pol., München, Wien.

Forschungsinstitut der Friedrich-Ebert-Stiftung (Hrsg.) 1980: Iran in der Krise — Weichenstellungen für die Zukunft. Beiträge zur Diskussion der Zukunftsfragen der Islamischen Republik Iran, Bonn.

Heard-Bey, F. 1983: Die arabischen Golfstaaten im Zeichen der islamischen Revolution, (Forschungsinstitut der Deutschen Gesellschaft für Auswärtige Politik, Arbeitspapiere zur Internationalen Politik, 25), Bonn.

Hünseler, P. 1982: Der Irak und sein Konflikt mit Iran, (Forschungsinstitut der Deutschen Gesellschaft für Auswärtige Politik, Arbeitspapiere zur Internationalen Politik, 22), Bonn.

Mühlmann, W. 1964: Rassen, Ethnien, Kulturen. Moderne Ethnologie, Neuwied, Berlin.

Niblock, T. (Hrsg.) 1980: Social and Economic Development in the Arab Gulf, London.

Robert, R. 1982: Der iranisch-irakische Krieg: Regionaler Konflikt im Spannungsfeld Mittlerer Osten, in: Politische Bildung, 15. Jg., H. 1, 49-66.

ders. 1983: Der Golfkooperationsrat: Die arabischen Golfstaaten auf der Suche nach Sicherheit und Stabilität, in: Orient, 24. Jg., H. 2, 235-259.

Samland, E.-S. 1985: Die regionale Konfiguration weltgesellschaftlicher Konfliktformationen - Am Beispiel des arabisch-persischen Golfs, Frankfurt/M., Bern, New York.

Scholz, F. (Hrsg.) 1985: Die Golfstaaten. Wirtschaftsmacht im Krisenherd, Braunschweig.

IV. Afghanistan-Konflikt

Michael Pohly

1. Vorbemerkung

Noch bis Ende 1986 waren keinerlei Anzeichen für eine wachsende Bereitschaft der UdSSR zu erkennen, ihre seit 1979 andauernde Afghanistan-Invasion zu beenden. Doch im Januar 1987 überraschten die Sowjets mit einem Abzug von ca. 6.000 Soldaten, und der neue Staats- und Parteichef Najibullah (Najīb Allāh) belebte die Diskussion mit neuen Vorschlägen, so der Verkündigung eines einseitigen halbjährigen Waffenstillstands, dem gleichzeitig die Entlassung von ca. 6.000 afghanischen Gefangenen folgte. Wie die Entwicklung in Afghanistan weiterverlaufen wird, hängt nicht nur von dem Verhältnis der Supermächte USA und UdSSR sowie der beteiligten Konfliktparteien in der Region — vor allem Iran und Pakistan —, sondern auch von der Einbeziehung wesentlicher Teile des afghanischen Widerstands in einen möglichen Friedensprozeß ab.

2. Innere Entwicklung Afghanistans

Zur Erläuterung des „afghanischen Dilemmas" bedarf es eines knappen Rückblicks auf den politischen Werdegang der kommunistischen Bewegung in diesem Land der Dritten Welt. Nur so läßt sich im nachhinein die Zerstrittenheit der konkurrierenden Flügel der Demokratischen Volkspartei Afghanistans (DVPA) verstehen. Das ist um so wichtiger, als diese Partei einerseits für die gescheiterten Reformen im Lande, andererseits für die sowjetische Intervention mitverantwortlich ist.

Der Ursprung der kommunistischen Bewegung liegt in den Jahren 1948 - 52. Sowohl Taraki (Nūr Muḥammad Tarakī) als auch Babrak Karmal hatten seinerzeit bereits führende Positionen in der Bewegung inne. Die ersten Ansätze mündeten in die Gründung der Wīsh-i zalmayan-Partei (paschtu: Erwachte Jugend). Karmal fungierte als einer der Studentenvertreter. Taraki war mehr gestaltender Ideologe. Nachdem diese Partei 1952 im Zuge einer allgemeinen Repression verboten worden war, hörte man bis 1964 nichts mehr von der kommunistischen Bewegung. Im Zuge der „Neuen Demokratie" formierte sie sich erneut. Dies fand seinen Ausdruck in der Gründung der Demokratischen Volkspartei Afghanistans im Januar 1965. Eine weitere opositionelle Strömung bildete sich um die Shu'la-i jawīd.

Taraki wurde zum Generalsekretär der DVPA gewählt. Ihm zugeordnet wurde ein neunköpfiges Zentralkomitee mit zehn assoziierten Mitgliedern. Im Jahre 1966 erschienen zwei Zeitungen, Khalq und Parcham, die jeweils repräsentativ für die beiden Flügel der Partei waren. Bereits im Mai 1966 wurden beide Zeitungen verboten. 1967 zerbrach die Einheit der DVPA. Es kristallisierten sich drei verschiedene Richtungen heraus: Sitam-i millī, Parcham und Khalq. Die beiden letztgenannten waren nach Moskau orientiert. Sie benutzten dasselbe Vokabular, unterschieden sich aber, abgesehen von persönlichen Differenzen, in zwei Punkten: Die Khalq-Anhänger, repräsentiert durch Taraki und Amin (Ḥāfiẓ Allāh Amīn) (beide Paschtunen aus der Gilzai-Konföderation) bestanden darauf, eine Arbeiterpartei mit festen leninistischen Grundsätzen aufzubauen und beriefen sich auf den 24. Parteitag der KPdSU. Der Parcham-Flügel, vertreten durch Karmal und Anahita Ratibzad, hingegen sprach sich für die Bildung einer breiteren demokratischen Front aus. Der zweite Streitpunkt betraf die Paschtunistan-Frage. Die führenden Köpfe der Parcham — alle aus gut situierten Paschtunen-Familien stammend — befürworteten im Hinblick auf eine Verschmelzung mit Afghanistan die Gewährung der Selbstbestimmung für Paschtunistan, während die Khalq nach Möglichkeiten zur Lösung der Nationalitätenfrage auf der Grundlage einer Autonomie für die in Pakistan ansässigen Paschtunen suchte.

Die Abspaltung der Sitam-i millī ging nicht zuletzt auf die verschlechterten Beziehungen der Sowjetunion zu China zurück, hatte ihre Ursache aber auch in der Nationalitätenfrage. Die Sitam-i millī war der Auffassung, daß diese Frage weitaus wichtiger sei, als in einem Land wie Afghanistan den Klassenkampf zu propagieren. Infolgedessen vollzog sich die Trennung von der DVPA. Dieser Schritt war verbunden mit dem an die Adresse Moskaus gerichteten Vorwurf des Revisionismus.

1973 putschte Mohammad Daud (Muḥammad Dā'ūd) mit Hilfe von Parcham und setzte seinen Onkel M. Zaher Shah (Ẓāhir Shāh) ab. Daud war bereits von 1953 - 63 Premierminister gewesen. Er hatte seinen Posten 1963 wegen seines Konfrontationskurses mit Pakistan in der Paschtunistan-Frage sowie wegen massiver innenpolitischer Widerstände gegen seinen autokratischen Regierungsstil verloren. Zaher Shah hatte seinerzeit eine ca. zehn Jahre währende Demokratisierungsphase eingeleitet, die auch zur Entstehung einer Parteienlandschaft führte. Außerdem verordnete er Afghanistan eine Verfassung. Dennoch gelang es den verschiedenen Kabinetten unter Zaher Shah nicht, die drückenden ökonomischen und sozialen Probleme des Landes zu lösen. Letztere waren Anlaß für politische Unruhen, durch die sich Daud 1973 mit Hilfe sowjetfreundlicher Teile der Armee zurück an die Macht putschte.

Der „rote Prinz", wie Daud auch genannt wurde, machte zu Beginn seiner Regierungszeit zahlreiche und weitgehende Konzessionen an Parcham und die Sowjetunion. Unter dem Druck Pakistans und der ökonomischen Zuwendungen Irans erfolgte jedoch ab 1976 eine Kurskorrektur. Helfer aus dem Parcham-Flügel, die zu Beginn von Dauds Machtübernahme noch mit Ämtern und Posten belohnt worden waren, wurden nicht nur für das Scheitern der eingeleiteten Landreform verantwortlich gemacht, sondern auch aus ihren Positionen verdrängt. Gleichzeitig änderte der Khalq-Flügel der DVPA seine Strategie und bemühte sich um eine breitere soziale Basis, vor allem in der Armee und in der Bürokratie.

Im Sommer 1977 entschlossen sich die beiden zerstrittenen Gruppierungen Khalq und Parcham, gemeinsam aus dem Untergrund gegen Daud vorzugehen. Ständige Unruhen in Kabul waren an der Tagesordnung. Gerüchte sprachen von geplanten islamischen Umsturzversuchen ebenso wie von separatistischen Bestrebungen in den Provinzen. Als am 17. 4. 1978 der Parcham-Ideologe Mīr Akbar Khaibar von der Polizei ermordet wurde, löste dies eine Großdemonstration gegen die Regierung in Kabul aus, die wiederum am nächsten Tag die führenden Köpfe der DVPA, Taraki, Amin (Khalq) und Karmal (Parcham) verhaften ließ. Für die DVPA-Anhänger in der Armee war dies der Anlaß, gewaltsam gegen Daud vorzugehen und ihn in einem blutigen Putsch zu stürzen.

Inwieweit die Sowjetunion bei der Planung und Durchführung dieses Umsturzes beteiligt war, ist bis heute (1987) ungeklärt. Sicher ist, daß sie ihn geduldet hat, auch wenn die DVPA von ihr bis zu diesem Zeitpunkt eher skeptisch beurteilt worden ist. Maßgebend dafür dürften die diversen Flügelkämpfe in der Partei gewesen sein. Bis 1978 war sie von der Sowjetunion nicht einmal als kommunistische Bruderpartei anerkannt.

Taraki, der kurze Zeit nach dem Umsturz die Macht vom Militär übernahm, versuchte zunächst eine Politik des internen Ausgleichs, indem er zehn Parcham- und elf Khalq-Mitglieder zu Ministern bestellte. Die Regierung verkündete darüber hinaus offiziell ihre Blockfreiheit sowie weitreichende Sozial- und Landreformen.

Die Landreform wurde als Kernstück der gesamten Reformpolitik angesehen. Durch Zuweisung von Land an landlose Bauern sollten diese für die ,,*Thaur*-Revolution" gewonnen werden. Die erste Maßnahme war das Dekret Nr. 6 vom 17. 7. 1978, mit dem der Revolutionsausschuß die Pachtschuld aufhob; d.h. die Pachtschulden sollten innerhalb von fünf Jahren erlassen werden. Die eigentliche Reform wurde mit dem Dekret Nr. 8 vom 2. 12. 1978 eingeleitet.

Nach Regierungsangaben gab es ca. 4,5 Mio. ha Land, wovon jährlich ca. 3,2 Mio. ha bebaut wurden. 40 % des gesamten bebaubaren Landes soll in Besitz der ,,Feudalherren" gewesen sein. Das Land wurde je nach Qualität in sieben Kategorien eingeteilt. Wer mehr als sechs ha Land erster Güte oder mindestens 60 ha Land siebter Qualität besaß, galt als ,,Feudalherr". Alles, was über diese Quoten hinausging, sollte entschädigungslos enteignet werden. Insgesamt waren nach Regierungsangaben 501.000 ha Land zu verteilen; ca. 817.000 landlose Bauern — darunter 150.000 Nomaden — waren Anwärter. Jede dieser Familien sollte einen ha Boden erster Güte oder das entsprechende Äquivalent schlechterer Qualität zugewiesen bekommen. Die Landreform, offiziell am 1. 1. 1979 begonnen, wurde bereits Ende Juni desselben Jahres ,,erfolgreich" abgeschlossen.

Eine der wesentlichen Fehlanalysen der DVPA in bezug auf die ländlichen Verhältnisse war, daß diese auf Feudalverhältnisse reduziert wurden. Diese Verkürzung führte zu einer groben Mißachtung und Unterschätzung der sich überlagernden Strukturen von Gentilverfassung, Rentenkapitalismus, *Agrobusiness,* Dorfgemeinschaften und Nomadismus. Hierin sind die Ursachen des Scheiterns der Landreform begründet. Diejenigen, die das Glück hatten, Land zu bekommen, standen vor fast unlösbaren Problemen. Da sich die Reform primär auf Enteignungen konzentrierte, wurden die Zuweisungen von Land auch ohne die strukturell notwendigen Begleitmaßnahmen vorgenommen wie etwa die Bereitstellung von Saatgut, Geräten, Ochsen, Dünger bzw. von Krediten für deren Anschaffung. Gleichzeitig katapultierten sich die Landnehmer durch ihr Einlassen auf die Reform aus der dörflichen Gemeinschaft hinaus, die auf dem Prinzip der gegenseitigen Hilfe fußt. Da die staatliche Bürokratie nicht in der Lage war, die Rolle eines Mittelsmannes zu übernehmen, fielen zahlreiche der neuen Bauern in eine ökonomische und soziale Situation des Nichts. Hinzu kam noch die mangelnde Aufklärung der Bauern über den tatsächlichen Charakter der Landreform. Viele dachten, daß ihnen lediglich ein Nutzungsrecht eingeräumt worden und die bislang erfolgte Landvergabe nur eine vorläufige Maßnahme sei, die erst mit der Gründung von Genossenschaften abgeschlossen werde. Erschwert wurde die Landreform auch durch die Parteinahme staatlicher Institutionen für die alten Autoritäten, die sich mit allen ihnen zur Verfügung stehenden Mitteln gegen die Enteignungsmaßnahmen wehrten. Korruption und Bestechung bei der Berechnung der Feldgrößen sowie Inkompetenz der Funktionäre ließen den bereits existierenden Widerstand weiter anschwellen. Durch die Unsicherheit der Regierung und beginnende Flächenbombardements lagen bald 20 - 30 % des verteilten Landes brach. Die erste große Fluchtwelle nahm ihren Anfang. Sie wirkte sich vor allem auf die Fleischversorgung der Bevölkerung aus, da der Viehbestand rapide zurückging. Diejenigen, die Viehbesitz hatten, waren die ersten, die das Land in Richtung Iran oder Pakistan verließen.

Der anhaltende Widerstand gegen die Landreform bewog die UdSSR, ihren afghanischen Freunden zu raten, einen gemäßigteren Weg einzuschlagen und sich im Lande nach potentiellen Bündnispartnern umzuschauen. Dazu erschien den sowjetischen Beratern die Ablösung Amins als Ministerpräsident und eigentlichen starken Mannes hinter Taraki unumgänglich. Anlaß zu einer ernsten Unterredung bot die Entscheidung Amins, zwei Moskau besonders treu ergebene Minister zu entlassen. Pusanow, der sowjetische Botschafter in Kabul, forderte Taraki auf, diese Maßnahme nicht zu akzeptieren und Amin zu entmachten. Amin traf daraufhin umfangreiche Sicherheitsmaßnahmen und ließ sich von Pusanow die Zusicherung freien Geleits geben. Im Verlauf einer von Taraki einberufenen Dringlichkeitssitzung im Präsidentenpalast kam es zu einer Schießerei, bei der Amins Begleiter tödlich verletzt wurde. Taraki erlitt Verletzungen und wurde in ein

Militärhospital eingeliefert. Ca. drei Wochen später gab Radio Kabul den Tod Tarakis bekannt.

Der Ausgang der Palastrevolte war nicht im Sinne der sowjetischen Politik in Afghanistan. Die neu entstandene Situation — Amin anstelle von Taraki an der Macht — dürfte die UdSSR schon damals vor das Dilemma gestellt haben, entweder ihren Einfluß in Afghanistan zu verlieren oder direkt zu intervenieren. Amin nutzte die Gunst der Stunde und schob alle Verantwortung aus der Zeit gemeinsamen Regierens auf Taraki. Er kündigte die Ausarbeitung einer neuen Verfassung an, gab die Zahl der z.T. ohne Prozeß hingerichteten Gefangenen mit 12.000 an, versprach, die politischen Gefangenen freizulassen, und revidierte seine Haltung zu den Nachbarstaaten Iran und Pakistan, mit denen er erklärte, in einem gutnachbarlichen Verhältnis leben zu wollen. Amins Versuche, sich aus der totalen Umklammerung durch die sowjetischen Berater zu lösen, gingen soweit, daß er Kontakte zu oppositionellen Gruppen und über Verwandte sogar zu einigen der großen Widerstandsgruppen aufnahm.

Zum Bruch mit der Sowjetunion kam es, als Pusanow Amin Vorschläge unterbreitete, die Basen in Farah, Shindand und Zaranj zu sowjetischen Stützpunkten auszubauen. Amin weigerte sich, die territoriale Integrität Afghanistans aufzugeben und ließ seinen Geheimdienst recherchieren. Als dieser berichtete, daß die Sowjets bereits dabei waren, Farah und Zaranj auszubauen und in Shindand mehr Kampfflugzeuge standen, als notwendig waren, ordnete er die sofortige Demontage dieser Einrichtungen an und drang in Moskau auf die unverzügliche Ablösung Pusanows. Am 8. 11. 1979 traf der neue Botschafter Fikryat Tabejew in Kabul ein. Amins Versuch, mit Hilfe Pakistans seine Position zu stabilisieren — für den 30. 12. 1979 war der Besuch Āghā Shāhīs, des persönlichen Beraters für außenpolitische Fragen des pakistanischen Präsidenten Zia ul-Haq (Muḥammad Ḍiyā' al-Ḥaqq) vorgesehen — scheiterte an einem neuerlichen Staatsstreich und dem Einmarsch sowjetischer Truppen am 27. 12. 1979.

3. Verhältnis Afghanistans zu Pakistan und Iran

Bei dem seit langem andauernden Konflikt zwischen Afghanistan und Pakistan geht es vor allem um die North West Frontier Province (NWFP) und um Belutschistan. Die Grenzziehung zwischen Afghanistan und dem britisch-indischen Reich bzw. dessen Nachfolgestaaten Indien und Pakistan verläuft mitten durch das Siedlungsgebiet der Paschtunen und Belutschen. Sie geht wesentlich auf die Abkommen von Lahore vom 26. 1. 1838, von Gandumak vom 25. 5. 1878 und das Durand-Abkommen vom September 1893 zurück. Vor allem die Durand-Linie, die zwischen dem damaligen König Abdorrahman ('Abd ar-Raḥmān) und Britisch-Indien festgelegt wurde, fand nach der Proklamation der Unabhängigkeit Afghanistans nicht die Anerkennung König Amanollahs (Amān Allāh). Erst 1930 wurde von Nader Shah (Nādir Shāh) ein Vertrag mit Großbritannien unterzeichnet, der indirekt die Anerkennung der Grenzen bedeutete.

1955 kam es zu ernsten Spannungen zwischen Afghanistan und Pakistan, nachdem die afghanische Regierung in Kandahar und Djalalabad Demonstrationen gegen die pakistanische Regierung inszeniert hatte. Im Dezember 1955 unterstützten Bulganin und Chruschtschew während eines Besuches in Afghanistan dessen Ansprüche auf Paschtunistan und Belutschistan. Am 2. 3. 1960 bekräftigte Chruschtschew erneut auf einer Visite in Afghanistan das Selbstbestimmungsrecht der Paschtunen und Belutschen. 1961 kam es zu schweren Grenzzwischenfällen, die im September 1961 zum Abbruch der diplomatischen Beziehungen führten. Nach dem Ausscheiden Dauds aus seinem Amt als Premierminister 1963 normalisierten sich die Beziehungen zwischen Afghanistan und Pakistan — nicht zuletzt auf Grund von Vermittlungsbemühungen des Schahs von Iran.

Das Verhältnis änderte sich sofort wieder, als Daud 1973 ein zweites Mal an die Macht kam. Bhutto (Dhū l-Fiqār 'Alī Bhutto), der seinerzeitige pakistanische Präsident, reagierte, indem er gegen Daud gerichtete Exilgruppen unterstützte und militärisch ausbilden ließ. Unter diesen Gruppen waren die Sitam-i millī, Ḥizb-i īslāmī und die Tanẓīm-i nasl-i nau-i hazāra mughul. Erstere führte 1975 einige spektakuläre Operationen im Panjir und in der Badakhshan-Provinz durch. Pakistanisches Ziel war es, Daud von seiner Unterstützung der Rebellen in der NWFP und in Belutschistan abzubringen und zu einer Anerkennung der territorialen Integrität Pakistans zu bewegen.

Der pakistanischen Absicht kamen wirtschaftliche Abkommen Afghanistans mit Iran, aber auch mit Kuwait und Saudi-Arabien entgegen. Diese Länder brachten mit ihrer Wirtschaftshilfe, die höher war als alles an Hilfe, was Afghanistan in den vergangenen 30 Jahren zusammen bekommen hatte — allein die iranische Wirtschaftshilfe belief sich auf ca. 2 Mrd. US-$ —, Daud von seinem prosowjetischen Kurs ab.

Die schiitisch-islamische Revolution in Iran und die amerikanisch-iranische Konfrontation kamen Kabul zunächst gelegen. Als sich aber Mitte 1979 die Stabilisierung des neuen Regimes in Teheran abzeichnete und auch der pakistanische Präsident Zia ul-Haq sich gegen seine Widersacher durchsetzte, agitierte Radio Kabul stundenlang gegen die Reaktionäre in Pakistan und die rückwärtsgewandten Mullahs in Iran, wobei Khomeini (Rūḥullāh Khumainī) und Zia ul-Haq namentlich genannt wurden. Die Reaktionen aus Pakistan und Iran waren dementsprechend. Iran forderte die Schiiten in Afghanistan auf, die Regierung Taraki zu stürzen. Als Afghanistan seine alten Forderungen im Hinblick auf Paschtunistan und Belutschistan wieder aufnahm, sprach Pakistan nicht mehr nur von einer rein humanitären Hilfe für die afghanischen Flüchtlinge, sondern auch von einer Unterstützung für deren berechtigten politischen Forderungen. Iran setzte darüber hinaus Afghanistan ökonomisch unter Druck, indem es — wohl auch um die eigene Arbeitslosigkeit zu mildern — die in Iran tätigen afghanischen Bauarbeiter in ihre Heimat zurückschickte. Als 1979 auch noch der amerikanische Botschafter Dubs in Kabul umgebracht wurde, ließ Pakistan den afghanischen Aufständischen erstmals größere Mengen an Waffen zukommen. Khomeini entsandte Pasdaran-Einheiten (pāsdārān), um in den von Schiiten bewohnten Gebieten den Widerstand im iranischen Sinne zu unterstützen.

Die Beziehungen Afghanistans zu Iran und Pakistan können seit Anfang 1986 als offen feindlich bezeichnet werden. Während sich Pakistan jedoch auf Grund seiner insgesamt labilen Situation wenigstens an indirekten Gesprächen unter Leitung der UNO über eine Konfliktbewältigung beteiligt, lehnt Iran dies ab. Solange Moskaus Statthalter sich in Kabul befinden und die sowjetische Armee Afghanistan besetzt hält, sieht Iran keinen Sinn in derartigen Gesprächen.

4. Sowjetische Zielsetzungen und die Intervention

Folgende Gründe werden immer wieder als mögliche Ursache für die sowjetische Afghanistan-Intervention angegeben:

— die Fortsetzung der russischen Expansionspolitik hin zu der Region des Indischen Ozeans und des Arabisch-Persischen Golfs;
— das Bemühen der UdSSR um eine Begrenzung des chinesischen Einflusses in der Region;
— die Absicht, einem befreundeten Land, dessen kommunistische Regierung in Bedrängnis geraten ist, Hilfe zu leisten;
— die Sicherung der Südgrenze der Sowjetunion vor der Gefahr der sog. Re-Islamisierung;
— Auseinandersetzungen innerhalb des sowjetischen Militärs, das einen Nachweis seiner Legitimität benötigte.

Welche dieser Thesen zutreffend ist und ob eine für sich allein genommen überhaupt eine befriedigende Erklärung bieten kann, ist sehr schwer zu beurteilen. Das hängt nicht nur mit der

Tatsache zusammen, daß das Thema vielfach angstbesetzt ist, wie aktuelle pakistanische Analysen zeigen, sondern auch mit der Tatsache, daß seit Beginn der Invasion mehr als sieben Jahre vergangen sind. In dieser Zeit hat die Sowjetunion ihre Führung mehrfach gewechselt. Die durch die Intervention geschaffenen Fakten sind deshalb von Moskau auch verschieden interpretiert worden.

Die zuletzt genannte These wird vor allem von Exilrussen vertreten, die die innere Struktur und die Mechanismen des sowjetischen Systems kennen. Alexander Adler (1985, 18) vertritt beispielsweise die Auffassung, daß die sowjetische Intervention Afghanistans hauptsächlich auf Differenzen innerhalb des sowjetischen Militärapparates zurückzuführen ist. Auch sei die Besetzung Afghanistans kein Vorspiel für einen Einmarsch in Iran oder einen Durchbruch zum Indischen Ozean — eine Auffassung, die im Widerspruch zu Einschätzungen von iranischer und pakistanischer Seite steht. Vielmehr sei es primäres Ziel der UdSSR gewesen, das Scheitern einer kommunistischen Partei zu verhindern und das System in Kabul zu stabilisieren. Gleichwohl rüttelt der Einmarsch in Afghanistan an den Pfeilern der sowjetischen Außenpolitik. In ihr prallen ebenso wie im Militär die Verfechter zweier unterschiedlicher Strömungen aufeinander. Die alte Führungsgarde um Breschnew, vertreten durch Gromyko, ist der Auffassung, daß die UdSSR eine starke konventionell gerüstete, zur Intervention fähige Armee benötigt. Diese will sie mit einer großen Flotte kombiniert wissen. Sie ist weiterhin der Überzeugung, daß die sozialen Bewegungen in der Dritten Welt ,,natürliche" Verbündete der Sowjetunion sind. Diese Theorie ist durch die Ereignisse in Iran und durch die im Oktober 1985 erfolgte Geiselnahme und Ermordung eines sowjetischen Diplomaten in Beirut zumindest erschüttert worden. Der militante Antiamerikanismus des Khomeini-Regimes war nicht mit einer starken Hinwendung zur Sowjetunion gekoppelt. Im Gegenteil, diese ist ebenso wie die USA zur ,,satanischen Macht" erklärt worden.

Den Gegenpart zur alten Führungsgarde bildete die Gruppe um Andropow. Wissend um die Verletzlichkeit der UdSSR und ihrer Verbündeten sah er die Notwendigkeit von Schwerpunktsetzungen in der Außenpolitik. Ansatzpunkt seiner Überlegungen war der europäische Kontinent. Er glaubte, daß von Westeuropa die größere Bedrohung für die Sowjetunion ausging. Deshalb versuchte er einen Interessenausgleich mit China, um so eine Konzentration der sowjetischen Kräfte erreichen zu können.

Die Position Andropows entsprach innerhalb des Militärs die von Ogarkow, der vor allem ein Technisierungs- und Effektivierungsprogramm für die Streitkräfte vorantreiben will. In der herkömmlichen Zusammensetzung der Streitkräfte sieht er keine Zukunftschance. Er tritt statt dessen für eine Modernisierung und Erweiterung des Atomwaffenpotentials sowie für eine Umorganisation des Militärs in kleinere und flexiblere Einheiten ein. Diese sollen vor allem für einen Waffengang in Europa gerüstet sein.

Adler (1985, 19) vertritt nun die These, daß Afghanistan zum Experimentierfeld für die unterschiedlichen Strömungen in der sowjetischen Führung geworden ist. Ein militärischer Mißerfolg in Afghanistan wäre gleichbedeutend mit einer Niederlage der Anhänger des ,,Neo-Klassizismus" und einem Obsiegen der modernen technisch orientierten Elite. Die Bedeutung dieses Konflikts wird noch klarer ersichtlich, wenn man sich die politischen Konzepte für Afghanistan ansieht.

Andropow war schon vor seinem Amtsantritt Gegner der Intervention. Er sah voraus, welche Probleme und welche Reputationsverluste sie weltweit für die UdSSR mit sich bringen würde — ganz abgesehen von den Verlusten an Menschen und Material. Er versuchte deshalb, unter Einbeziehung Chinas eine Übereinkunft mit Pakistan zu erzielen. Seine Absicht war, die Neutralität dieses Landes zu erreichen. Zu Beginn von Genfer Gesprächen über Flüchtlingsfragen versprach er, Pakistans Nuklearprogramm zu dulden, das immerhin zur Entwicklung einer Atombombe führen kann. Dieses Zugeständnis der UdSSR ging weit über die Kompromißbereitschaft der USA hinaus, die Pakistan insoweit mit Skepsis gegenüberstehen, als es sich weigert, seine atomaren Anreicherungsanlagen Pinstech (Islamabad) und Kahuta durch die Wiener Atomenergiebehörde vollständig kontrollieren zu lassen. Des weiteren schlug Andropow eine Kantonisierung Afghanistans vor: Paschtunistan sollte eine relative Autonomie zugebilligt werden; das Hazarajat sollte ebenfalls autonom werden, darüber hinaus ausdrücklich das Recht erhalten, sich auch nach Iran zu orientieren; für den Norden des Landes war eine direkte Kontrolle durch die Sowjetunion vorgesehen. Als Gegenleistung bot die UdSSR Pakistan an, Waffenlieferungen an Indien künftig zu beschränken sowie umfangreiche Wirtschaftsabkommen zu schließen.

Nach dem Tod Andropows ist die Sowjetunion offenbar bemüht, ihren Kurs zu revidieren und den Weg des Kompromisses zu verlassen. In den sowjetischen Massenmedien wurde eine härtere Gangart gegenüber Europa und den USA, aber auch gegenüber China sichtbar. Afghanistan bekam diese Kursänderung ebenfalls zu spüren. Augenscheinlich prüfte die UdSSR, ob nicht doch ein militärischer Sieg über die Guerilla möglich sei: Im Frühjahr 1985 erfolgte die Panjir-Offensive. Dabei kam es zum Einsatz chemischer Waffen. Der Dialog mit Pakistan wurde unterbrochen. Anfang September kam es zu einer Offensive von über 10.000 sowjetischen Elitesoldaten entlang der pakistanischen Grenze. Einen Monat später folgte eine weitere Großoffensive in der Region Paghman sowie in den Provinzen Logar und Wardak südlich und östlich von Kabul. Allein in der Provinz Logar sollen an die 5.000 sowjetische Soldaten unterstützt durch Luftlandetruppen operiert haben. Pakistan mußte seit 1985 mehrmals wegen der Verletzung seines Hoheitsgebietes durch die Sowjetunion protestieren. Zudem wurde es von der Kunde neuer sowjetischer Waffenlieferungen an Indien überrascht. Parallel zu dieser Entwicklung wurde das sowjetische Truppenkontingent in Afghanistan auf ca. 115.000 Mann — nach pakistanischen Angaben sogar auf 150.000 Mann — aufgestockt.

Nach dem Tod Ustinows wurde mit Sokolow ein Mann zum sowjetischen Verteidigungsminister berufen, der die Afghanistan-Intervention vorbereitet hatte und der zu den Neo-Klassikern innerhalb des Militärapparates gehört. Die daraus resultierende Verschärfung des Kurses in bezug auf Afghanistan ging konform mit der bereits von Gromyko eingeleiteten Politik der Einkreisung Chinas. Nicht anders lassen sich die Bemühungen der UdSSR erklären, die Allianz mit Vietnam zu stärken sowie die politischen und militärischen Beziehungen zu Nordkorea weiter auszubauen. Gorbatschow selbst scheint nicht in der Kontinuität Andropows zu stehen. Als Pakistans Präsident Zia ul-Haq anläßlich der Trauerfeiern zu Tschernenkos Tod 1985 mit dem neuen ersten Mann der Sowjetunion zusammentraf, drohte dieser mit einer militärischen Intervention, falls Pakistan seine Unterstützung für die afghanischen Rebellen nicht einstelle. Dies geschah, obwohl Zia ul-Haq in der Hoffnung nach Moskau gekommen war, den unterbrochenen Dialog mit der UdSSR wieder aufnehmen zu können.

5. Reaktionen auf den sowjetischen Einmarsch in Afghanistan

Am 14. 1. 1980 verabschiedete die Vollversammlung der Vereinten Nationen auf einer Sondersitzung eine Resolution, die die bewaffnete Intervention der UdSSR in Afghanistan verurteilte und den sofortigen, bedingungslosen und vollständigen Rückzug aller ausländischen Truppen forderte. Die Sowjetunion erlitt — vor allem durch die Vertreter aus den Ländern der Dritten Welt — eine Abstimmungsniederlage bis dahin unbekannten Ausmaßes. Diese wiederholt sich seitdem jährlich mit ähnlichem Ergebnis. Auf der Sondersitzung am 14. 1. 1980 votierten von 152 stimmberechtigten Ländern 104 für die Resolution. 18 waren dagegen, 18 enthielten sich der Stimme. 12 Länder waren bei der Abstimmung nicht zugegen. Unterstützung erhielt die UdSSR nur von ihren engsten Verbündeten sowie von Kuba, Äthiopien und Südjemen. Selbst Staaten, die sich sonst eher durch ein moskaufreundliches Verhalten auszeichnen wie Indien, Syrien oder Libyen gingen auf Distanz zur Sowjetunion.

Die Außenminister der Islamischen Konferenz (OIC) verurteilten am 29. 1. 1980 bei Nichtanwesenheit der Vertreter Syriens, Südjemens und Ägyptens ebenfalls die sowjetische Intervention. Zugleich suspendierten sie die Mitgliedschaft Afghanistans in der OIC und riefen dazu auf, die illegale Regierung Babrak Karmals nicht anzuerkennen und den gerechten Kampf des afghanischen Volkes zu unterstützen. Entgegen den Vorschlägen einiger konservativer islamischer Staaten konnten sich die Tagungsteilnehmer jedoch nicht auf konkrete Maßnahmen verständigen. Bereits auf der folgenden Sitzung der OIC vom 17. bis 22. 5. 1980 versuchten mit Moskau befreundete Staaten wie Libyen, Südjemen und Syrien zusammen mit der Palästinensischen Befreiungsorganisation (PLO) den Afghanistan-Konflikt zugunsten der Problematisierung des Palästinenserproblems in den Hintergrund zu drängen. Auch weigerten sich diese Staaten, eine Resolution zu unterstützen, die erneut, allerdings nicht mehr in so scharfer Form wie im Januar, die Respektierung der Souveränität, die Wiederherstellung der territorialen Integrität und die Respektierung der islamischen Identität Afghanistans forderte.

An der Sitzung der OIC vom Mai 1980 nahm erstmals ein Vertreter der islamischen Widerstandsgruppen, A. Rasūl Sayāf, mit Beobachterstatus teil. Dieser Status erlaubte es den islamisch-fundamentalistischen Widerstandsgruppen auch, Büros in den einzelnen islamischen Ländern zu eröffnen. Allerdings entsprachen die Konferenzteilnehmer nicht dem Wunsch Sayāfs, die diplomatischen Beziehungen zur Sowjetunion abzubrechen. Beschlossen wurde die Bildung eines Ausschusses, der sich aus den Außenministern Irans und Pakistans sowie dem Generalsekretär der OIC, al-Ḥabīb ash-Shaṭṭī (1979 - 84), zusammensetzen sollte. Aufgabe des Ausschusses war es, in Zusammenarbeit mit den Vereinten Nationen nach Möglichkeit eine friedliche Lösung des Afghanistan-Konflikts herbeizuführen.

Auf der Tagung der Islamischen Konferenz vom 29. 1. 1981 wurde erneut eine Afghanistan-Resolution verabschiedet, die die UdSSR als Aggressor aber nicht mehr namentlich erwähnt. Diese Sprachregelung, die Verurteilung der Invasion ohne Nennung des Aggressors, wurde bis 1987 beibehalten. Dieser offenkundige Kompromiß behinderte nicht die Parteinahme für und die Finanzierung des afghanischen Widerstands durch einzelne Mitgliedstaaten der OIC wie Saudi-Arabien, Iran und Pakistan. Letzteres mußte dabei allerdings sehr viel Rücksicht auf seine innen- und außenpolitische Schwäche nehmen. Es orientiert deshalb seine Afghanistanpolitik seit 1980 an folgenden Leitlinien:

— keine anti-sowjetische Politik, wohl aber Anerkennung jeder afghanischen Regierung, die einen Rückzug der sowjetischen Truppen herbeiführt;
— Rückkehr der rund 4 Mio. Flüchtlinge aus Afghanistan in ihre Heimat nach Beendigung der sowjetischen Intervention;
— moralische und politische Unterstützung für die afghanischen Widerstandsgruppen, die einen nationalen Befreiungs- und Religionskrieg führen;
— Ablehnung einer *Appeasement*-Politik, die die von der Sowjetunion geschaffenen Tatsachen in Afghanistan anerkennen würde, weil Moskau sich nach nicht mehr gefährdeter Inbesitznahme zur weiteren Vorfeldsicherung den dann nächstgelegenen Zielen — Pakistan und Iran — zuwenden würde.

Iran, obgleich durch den Krieg mit Irak in seiner Handlungsfreiheit eingeschränkt, verurteilte die Invasion und seitdem andauernde Besetzung Afghanistans durch sowjetische Truppen ebenfalls in scharfer Form. Es versagte sich von vornherein Gesprächen über Flüchtlingsfragen in Genf, unterstützte statt dessen die fundamentalistische Ḥizb-i islāmī des Gulbahār Ḥikmatyār und begann mit dem Aufbau eigener Widerstandsgruppen in Herat und im Hazarajat.

Indien reagierte auf die Invasion vergleichsweise zurückhaltend, da sich an seiner geopolitischen und geostrategischen Position nur wenig änderte. Es begründete seine moderate Haltung zur Invasion mit der These von der internationalen Einkreisung der Sowjetunion und mit der instabilen Lage in Afghanistan, die das ,,berechtigte Sicherheitsempfinden" der Sowjetunion tangiere. Anläßlich eines Besuches von Gromyko im Februar 1980 bemühte sich Indien um die Zusage, daß die Intervention der UdSSR nur eine zeitlich begrenzte Maßnahme sei. Indira Ghandi versuchte damit einerseits der von Indien beanspruchten Rolle einer Führungsmacht innerhalb der Bewegung der Blockfreien gerecht zu werden, andererseits die sich abzeichnende proamerikanische Orientierung Pakistans zu verhindern. Die Bemühungen waren vergeblich. Es kam zu heftigen propagandistischen Auseinandersetzungen mit Pakistan. Ende 1981 war ein Waffengang zwischen beiden Staaten nicht mehr auszuschließen. Auf der 7. Tagung der Blockfreien Staaten im März 1983 verhinderte Indien trotz fortdauernder Besetzung Afghanistans eine offene Verurteilung der Sowjetunion. Die Versammlung forderte lediglich den Abzug aller fremden Truppen aus Afghanistan.

Die USA — obwohl über die wachsende Zahl sowjetischer „Berater" und die zunehmende Truppenkonzentration im afghanisch-sowjetischen Grenzgebiet informiert — waren durch die Ereignisse im Zusammenhang mit der schiitisch-islamischen Revolution in Iran derart gelähmt, daß sie die Anzeichen für eine sowjetische Intervention in Afghanistan nicht ernst nahmen. Um so überraschter war die UdSSR von der harten Reaktion der USA. In seiner Botschaft an den Kongreß über die Lage der Nation vom 23. 1. 1980 kündigte Präsident Carter an, jeder Versuch einer auswärtigen Macht, die Kontrolle über die Region des Arabisch-Persischen Golfs zu erlangen, werde als ein Angriff auf die lebenswichtigen Interessen der Vereinigten Staaten betrachtet werden. Und solch ein Angriff werde unter Einsatz aller notwendigen Mittel, einschließlich militärischer Macht, zurückgewiesen werden. Darüber hinaus unterließen die USA als Reaktion auf die Afghanistan-Intervention die auch aus anderen Gründen umstrittene Ratifizierung des Salt-II-Vertrages, unterbrachen die Genfer Abrüstungsverhandlungen und die Wiener MBFR-Verhandlungen. Zugleich beschlossen die USA — unterstützt von einigen westlichen Verbündeten wie Großbritannien und der Bundesrepublik Deutschland — einen Boykott der Olympischen Spiele in Moskau und verhängten ein Getreide- sowie Technologie-Embargo.

Während die USA dazu neigten, in dem sowjetischen Einmarsch in Afghanistan einen Teil des Ost-West-Konflikts zu sehen, wurde in Europa eher die Meinung vertreten, es handele sich um eine Ost-Süd-Auseinandersetzung. Infolgedessen wollte man auch den Dialog mit der UdSSR aufrechterhalten wissen und widersetzte sich einer Überbetonung des militärischen Engagements des Westens in der Region. Den Schwerpunkt ihrer Maßnahmen gegen die Afghanistan-Intervention legte die europäische Seite auf die Stärkung der Abwehrkraft der Länder in der Krisenregion durch technologische, infrastrukturelle und wirtschaftliche Hilfe. Dem steht nicht entgegen, daß die Europäische Gemeinschaft und das Europäische Parlament den Einmarsch sowjetischer Truppen nach Afghanistan wiederholt scharf verurteilt und die UdSSR aufgefordert haben, den *Status quo ante* wiederherzustellen.

6. Aussichten für eine Lösung des Afghanistan-Konflikts

Ein bedingungsloser Rückzug der Sowjetunion aus Afghanistan erscheint Mitte der 80er Jahre ausgeschlossen. Niemand könnte der sowjetischen Führung die Sicherheit an der Grenze gegenüber Afghanistan garantieren. Zudem würde das Abenteuer der Invasion als Desaster erkennbar und innenpolitisch zu schwerwiegenden Konsequenzen führen. Die daraus resultierende Gefährdung für den militärisch-industriellen Komplex verweist auf eine Fortsetzung des Kriegs in Afghanistan. Vermutlich kann es sich die UdSSR nicht leisten — im Gegensatz zu den USA in Vietnam und Israel im Libanon — die Vergeblichkeit ihres Kampfes gegen ein Volk einzugestehen. Die militärischen Anstrengungen, die sie seit der Machtübernahme Gorbatschows unternommen hat, deuten auf den Versuch, doch noch einen militärischen Sieg zu erringen und Afghanistan politisch eng an sich zu binden.

Gegen eine kurzfristige Lösung spricht auch die Uneinigkeit in der politischen Führung der Sowjetunion. Der Aufstieg Sokolows zum Verteidigungsminister und Ryschkows zum sowjetischen Premier — er löste Tichonow ab —, die Ernennung des KGB-Chefs Tschebrikow sowie Ligatschows und Ryschkows zu Mitgliedern des Politbüros deuten auf ein Übergewicht hin, das die Anhänger des militärisch-industriellen Komplexes in der sowjetischen Politik erreicht haben. Dies dürfte sich auf das weitere Vorgehen der UdSSR in Afghanistan auswirken, zumal dieses sich als Erprobungsfeld für Waffen, Taktik und Strategie erwiesen hat. Die in Afghanistan gemachten militärischen Erfahrungen haben sich z.B. auf die Großmanöver der Warschauer Vertragsstaaten ausgewirkt. So ist das koordinierte Vorgehen der Heeresverbände und der sie unterstützenden Luftwaffe in jüngster Zeit systematisch geübt worden. Die mangelnde Abstimmung der einzelnen Verbände und Waffengattungen aufeinander kostete in der Anfangsphase der sowjetischen Intervention Tausende von Soldaten das Leben. Die im Spätsommer und Herbst 1985 durchgeführten Offensiven der Sowjets in Afghanistan trugen deshalb einem abgewandelten Konzept Rechnung — mit der Folge, daß die Verluste auf seiten der Widerstandskämpfer stiegen.

Gleichwohl konnten die afghanischen Befreiungsbewegungen damit rechnen, 1986 allein vom CIA 280 Mio. US-$ an Unterstützung zu erhalten. Hinzu kommen noch einmal rund 100 Mio. US-$ von den Golfstaaten. Mit diesem — einer raschen Beendigung des Konflikts ebenfalls entgegenwirkenden — Geldfluß ändert sich die Dimension der Auseinandersetzungen. Waren die Widerstandskämpfer anfänglich erfreut über jede erbeutete Kalaschnikow, so sind Mitte der 80er Jahre Bazookas und Boden-Boden-Raketen schon vielfach die Norm. Bis zum Frühjahr 1984 waren die USA und Pakistan bemüht, den Widerstand nicht allzu stark werden zu lassen und weigerten sich, bestimmte Waffen zu liefern. Begründung war, nicht an einer Eskalation des Konflikts mitwirken zu wollen. Eine Konsequenz war die uneingeschränkte Luftüberlegenheit der Sowjetunion, die durch die Lieferung von Boden-Luft-Raketen des Typs ,,Stinger“ 1986/87 jedoch eingeschränkt werden konnte.

Der afghanische Widerstand selbst verfügt über kein Konzept zur Beilegung des Konflikts. Ursächlich dafür sind neben den machtmäßig begrenzt bleibenden Mitteln interne Differenzen. Probleme ergeben sich insbesondere auf Grund der Struktur und der verschiedenen Geldgeber der Widerstandsgruppen. Diese operieren zu einem großen Teil unabhängig voneinander oder nur leicht angelehnt an eine der Peshawar-Gruppen. Darunter sind zum einen moderate Gruppen, die sich durchaus eine politische Lösung des Konflikts vorstellen können, wenn diese den bedingungslosen Abzug der sowjetischen Truppen und die Wiederherstellung der territorialen Integrität und Souveränität Afghanistans umfaßt. Zum anderen gibt es aber auch Gruppen, die von ihren Geldgebern abhängig sind und sich nicht aus deren Bevormundung lösen können.

Den Schlüssel zur Lösung des Afghanistan-Konflikts hält nach wie vor die UdSSR in ihren Händen. Sie macht indes kaum Anstalten, ihn zu nutzen. Nur wenige Signale wie z.B. der Teiltruppenabzug und die Verkündung des einseitigen Waffenstillstands der Regierung (der de facto nicht zum Tragen kommt), deuten darauf hin, daß die Sowjetunion anstelle einer militärischen doch eine politische Lösung versuchen könnte. So gab es Anfang 1986 bereits Hinweise auf eine innenpolitische Kurskorrektur in Afghanistan, auf eine Politik der ,,flexiblen Versöhnung“ und des ,,nationalen Konsens“. Um diese Veränderungen zu ermöglichen, wurde Babrak Karmal Mitte ’86 von seinem Posten als Staats- und Parteichef abgelöst und völlig entmachtet. Najibullah, Ex-Chef des Khadd und Vertrauter des Kreml-Chefs, wurde sein Nachfolger. Dieser verkündete den bereits o.e. Waffenstillstand, den möglichen baldigen Abzug der sowjetischen Truppen — Afghanisierung des Kriegs —, eine Verfassungsdiskussion und forderte sogar den im italienischen Exil lebenden König auf, sich an der Suche des ,,nationalen Konsens“ zu beteiligen.

Jedoch stellten Moskau und Kabul sofort klar, daß an den ,,Errungenschaften der afghanischen Revolution“ nicht gerüttelt werden darf — eine Prämisse, die eine baldige Lösung ausschließt. So reagierten die Widerstandsgruppen, und nicht nur die in der Allianz zusammengeschlossenen, in seltener Einmütigkeit; sie lehnten jede Bereitschaft ab, mit der Kabuler Regierung zu verhandeln.

Ob die auf einen diplomatischen Akkord zielenden Sondierungen zwischen den Supermächten sowie zwischen Afghanistan und Pakistan in absehbarer Zeit Erfolge aufweisen, kann im Moment niemand voraussagen. Der pakistanischen Regierung jedoch müssen die indischen Truppenaufmärsche von ca. 200.000 Soldaten entlang der indisch-pakistanischen Grenze vom Februar 1987 und die Bombardierungen von grenznahen pakistanischen Dörfern im März 1987 durch afghanische Kampfflugzeuge, kurz vor der Wiederaufnahme der indirekten Gespräche in Genf, als massive Bedrohung der territorialen Integrität des Landes erscheinen; gleichgültig ob es sich um Bestrebungen von Gorbatschows internen Gegnern handelt, die alles daran setzen, seinen Reformkurs zu untergraben, oder ob es sich „nur um einen Versuch" handelt, Pakistan zu einem Abkommen zu zwingen.

Letztlich deutet wenig darauf hin, daß die UdSSR bereit sein könnte, auf ihr „Recht" zu verzichten, ein sowjetfreundliches Nachbarland Afghanistan zu fordern. Stichworte wie Mongolisierung, Finnlandisierung und Turkmenisierung machen im Widerstand die Runde. Zu diesem Zweck wird die Sowjetunion zumindest auf dem Verbleib eines „sowjetischen Beraterkontingents" im Lande beharren oder auf einem langsamen Truppenabzug bestehen, zu dem parallel die Rückkehr der in der UdSSR Ausgebildeten erfolgen soll. Ob dies für die USA, aber auch für Pakistan und Iran annehmbar wäre, erscheint fraglich. Da bei einem solchen Arrangement überdies die Interessen der afghanischen Widerstandsgruppen weitgehend unberücksichtigt blieben, spricht vieles — nicht zuletzt die innere Kräftekonstellation in der Sowjetunion — dafür, daß der Afghanistan-Konflikt auch weiterhin mit militärischen Mitteln und mit dem Ziel ausgetragen wird, der jeweils anderen Seite eine vernichtende Niederlage beizubringen.

Literatur:

Adler, A. 1985: L'incertitude du Kremlin, in: DEFIS Afghans, Nr. 3, 18-20.

Brigot, A. u. Roy, O. 1985: La Guerre d'Afghanistan, intervention soviétique et resistance, Paris.

Chaliand, G. 1981: Reports from Afghanistan, New York.

Czempiel, E.-O. 1981: Vor einer Konfrontation der Großmächte? in: Brennpunkt Mittel-Ost, Stuttgart, Berlin, Köln, Mainz, 94-114.

Khalid, D. 1985: Islam und politischer Extremismus, Deutsches Orient-Institut, Hamburg.

Linde, G. 1984: Sowjetische Counter-Guerilla am Beispiel Afghanistans, (Berichte des Bundesinstituts für ost-wissenschaftliche und internationale Studien, 14), o.O.

Metge, P. 1984: L'URSS en Afghanistan, Paris.

Samimi, S.M. 1983: Hintergründe der sowjetischen Intervention in Afghanistan, Bochum.

Wiegand, W.F. 1980: Afghanistan — Nicht aus heiterem Himmel, Zürich.

V. Horn von Afrika

Udo Steinbach

1. Vorbemerkung

Das Horn von Afrika ist Mitte der 70er Jahre zu einer Wetterzone der Weltpolitik geworden. Zwar bestanden in der Region Spannungen und Konflikte, seit sich die Kolonialmächte aus ihr zurückgezogen hatten: Die ethnischen Spannungen in Äthiopien, die sich in den seit 1962 anhaltend geführten Kämpfen zwischen der Zentralregierung und separatistischen Tendenzen (namentlich in Eritrea) entluden, und der Spannungszustand zwischen Äthiopien und Somalia sind nur die bekanntesten. Mit der Revolution in Addis Abeba 1974 aber spitzten sich diese zu und erhielten erweiterte Dimensionen: Mit der schrittweisen Hinwendung des neuen Regimes zum Kommunismus verstärkten die konservativen arabischen Regime, die sich durch diese Entwicklung bedroht fühlten, ihre Einflußnahme, ja Einmischung. Angesichts der geostrategischen Bedeutung der Region — Nachbarschaft zur ölreichen Arabischen Halbinsel und Erdölroute zum Westen — waren auch die Interessen der beiden Weltmächte berührt. Der Konflikt am Horn von Afrika erhielt dadurch eine Ost-West-Dimension. So wirkte in ihm eine komplexe Vielfalt von Akteuren:

- die verschiedenen ethnischen Kräfte und Bewegungen außerhalb der staatlichen Ebene,
- die staatlichen Akteure in der Region selbst, d.h. Äthiopien, Somalia und Djibouti sowie der Sudan und Kenia,
- die Regime der benachbarten arabischen Region je nach ihren unterschiedlichen Weltanschauungen und Interessen und
- die beiden Supermächte.

Auf Grund der Verwobenheit zwischen den einzelnen Konfliktherden nahmen die Spannungen ständig zu. Sie erfuhren 1977/78 mit dem äthiopisch-somalischen Krieg ihren Höhepunkt. Die Darstellung soll im ersten Teil die Eskalation der Spannungen zwischen 1974 und 1978 herausarbeiten; im zweiten Teil werden die Einzelfaktoren der fortdauernden Krise bis zur Mitte der 80er Jahre analysiert.

2. Ausbruch, Verlauf und Zuspitzung der Krise: 1974 - 1978

2.1 *Die Revolution in Äthiopien*

Die äthiopische ,,Revolution" brach nicht über Nacht aus. Als am 12. 1. 1974 die in der Ortschaft Neghelli stationierte Vierte Brigade ihrer Unzufriedenheit über die schlechten Lebensbedingungen Ausdruck verlieh, ahnte niemand, daß dies der Auftakt einer sich rasch ausbreitenden Unruhe sein würde, die schließlich zur Absetzung von Kaiser Haile Selassie und damit zur Beendigung einer monarchischen Tradition führen würde, die ihre Legitimation aus der Abstammung von König Salomo herleitete.

Mit der Absetzung des Kaisers am 12. 9. 1974 (die Abschaffung der Monarchie wurde erst im März 1975 proklamiert) war zunächst ein politisches Vakuum entstanden. Unter dem kaiserlichen Regime hatten sich weder Parteien noch irgendwelche gesellschaftlichen Gruppen zu potentiellen Kristallisationspunkten politischer Macht entwickeln können. Die — in der Mehrheit links orientierte — Opposition befand sich entweder im Ausland oder war zur Bedeutungslosigkeit herabgewürdigt.

In dieser Situation bot sich das Militär als organisierter Machtfaktor und koordinierender Vorkämpfer der Revolution an. Das Koordinierungskomitee der Streitkräfte, Polizei und Territorialarmee, das sich in den ersten Tagen der Erhebung konstituiert hatte, konnte bald seinen Einfluß ausweiten und sich als Nationales Koordinierungskomitee (Derg) zum wichtigsten Element der Opposition machen. In ihm waren aus jedem der 40 Verbände der äthiopischen Armee und Polizei drei Repräsentanten (für die Gemeinen, die Unteroffiziere und Offiziere) vertreten. In dieser Phase war der Derg (das amharische Wort für Komitee) die einzige Gruppierung, die die Ziele und Interessen nahezu aller politischen und gesellschaftlichen Kräfte vertrat.

Die Entwicklung nahm dann rasch eine dramatische Wende. Bereits im November 1974 wurde General Aman Andom ausgeschaltet, ein Offizier, der nach Herkommen und Karriere noch zu den konservativen Mitgliedern des Derg gerechnet werden konnte. Seine Ermordung war der Auftakt zur Liquidierung von 54 führenden Angehörigen des *ancien régime* und damit zur Eskalation der Gewalt. Während General Teferi Benti als Nachfolger Andoms zum Vorsitzenden des Derg gewählt wurde, begann sich bald die bestimmende Rolle des stellvertretenden Vorsitzenden, Major Mengistu Haile Mariam, abzuzeichnen. Innerhalb des Derg hatte sich längst eine kleine Gruppe von nicht mehr als zehn Mann als das eigentliche Zentrum der Macht herausgebildet. Am 20. 12. 1974 proklamierte der Derg den ,,Sozialismus“ zur Grundlage der künftigen Wirtschafts- und Gesellschaftspolitik. Der Erklärung folgten Anfang 1975 eine Reihe drastischer Maßnahmen, die den neuen Kurs untermauerten: eine durchgreifende Landreform, die Entsendung von 60.000 Studenten aufs Land zur Verbreitung der Revolution, die Nationalisierung eines Teils der Industrie und der ausländischen Investitionen sowie aller städtischen durch den Inhaber nicht selbst genutzten Liegenschaften.

Mit der Radikalisierung des Derg und der Verkündung der neuen Maßnahmen begann auch die Opposition, sich gegen das neue Regime zu artikulieren. Sie rekrutierte sich auf der einen Seite aus den Reihen derer, die durch die neue Ordnung geschädigt waren. Das waren namentlich die Großgrundbesitzer, die Angehörigen des *ancien régime,* aber auch die Bauernschaft in den Regionen, in denen sich das Land im Besitz der Gemeinden selbst befunden hatte, und für die das Landreformgesetz nicht galt. Den anderen Flügel der Opposition bildeten jene Kräfte, denen einerseits die revolutionären Maßnahmen des Derg nicht weit genug gingen und die andererseits gegenüber der wachsenden Dominanz des Militärs für eine stärkere zivile Beteiligung eintraten. Es waren zum größten Teil überzeugte Marxisten, die jahrelang in der Opposition gegen das feudale Gesellschaftssystem gestanden hatten.

Mit der Verkündung des Programms der ,,National-Demokratischen Revolution“ am 21. 4. 1976 tat die Militärregierung einen weiteren Schritt in Richtung Sozialismus: Es wurde die vollständige Eliminierung des Feudalismus, Kapitalismus und Imperialismus unter der führenden Rolle der Arbeiter und Bauern gefordert. Zugleich wurden allen ethnischen Gruppen Äthiopiens kulturelle Gleichberechtigung und Selbstbestimmung eingeräumt. Auch die Schaffung einer sozialistischen Einheitspartei wurde angekündigt.

Unterdessen hatten sich die innenpolitischen Spannungen verschärft: Bereits Ende 1975 war die noch aus der Kaiserzeit stammende Konföderation der äthiopischen Gewerkschaften (Confederation of Ethiopian Labour Unions, CELU), eine der wenigen organisierten politischen Kräfte, verboten und durch einen neuen, in seinen Rechten erheblich beschnittenen Verband, den

Gesamt-äthiopischen Gewerkschaftsverband (All-Ethiopian Trade Union), ersetzt worden. In seiner Rundfunkansprache am Vorabend der Verkündung des Programms der ,,National-Demokratischen Revolution" hatte Major Mengistu zugegeben, daß in acht der vierzehn Provinzen offene Aufstände ausgebrochen seien.

Die Opposition der konservativ bis liberalen Regimegegner war in erster Linie in der Äthiopischen Demokratischen Union (Ethiopian Democratic Union, EDU) — gegründet im August 1975 — zusammengeschlossen. Sie hatte sich zum Ziel gesetzt, ein breites Spektrum demokratisch bzw. konstitutionell monarchischer Kräfte gegen das Regime zu vereinen. Ihr politisches Programm sah die Wahrung individueller Freiheiten, die Bildung politischer Parteien, die Errichtung einer demokratisch gewählten Zivilregierung, eine begrenzte Autonomie der Provinzen und die Respektierung aller Religionen und Sprachen vor. Es gelang der Gruppierung jedoch nicht, das Regime ernsthaft zu gefährden und namhafte Hilfe aus dem Ausland zu erhalten.

Die weit größere Gefahr für die Macht des Derg ging von der extremen Linken aus, der Äthiopischen Revolutionären Volkspartei (Ethiopian People's Revolutionary Party, EPRP) und der Gesamt-äthiopischen Sozialistischen Partei (All-Ethiopian Socialist Party — bekannter unter der Abkürzung ihrer amharischen Bezeichnung als MEISON). Die Anfänge der EPRP gehen auf die Studenten-Organisationen der 60er Jahre zurück, doch ist die Partei selbst erst Ende August 1975 gegründet worden. Ihr unmittelbares Ziel war der Sturz des Derg als Voraussetzung für die Wahl einer Zivilregierung. Ende 1976 eskalierte die Auseinandersetzung in einen mehr oder weniger offenen Kampf zwischen terroristischen Kommandos der EPRP und der Junta. Die Phase des ,,weißen" und ,,roten" Terrors, der ab 1977 bis etwa Mitte 1978 die innenpolitische Situation in Äthiopien bestimmte, bedeutete den bisherigen Höhepunkt der Auseinandersetzung des Regimes mit seinen zahlreichen innenpolitischen Gegnern.

Anders als der EPRP war es MEISON vorübergehend gelungen, großen politischen und ideologischen Einfluß innerhalb der Militärregierung zu gewinnen. Ihre Mitglieder hatten bis etwa Mitte 1977 wichtige Positionen innerhalb des 1976 gegründeten Provisorischen Büros für Angelegenheiten der Massenorganisation (Provisional Office of Mass Organizational Affairs, POMOA) und der ideologischen Schule Yekatit '66 inne. Mitte 1977 setzte dann allerdings eine Verfolgung auch dieser Partei ein, als MEISON selbst gewahr wurde, daß die Militärs auch langfristig nicht bereit sein würden, die Macht abzugeben, und als die Junta erkannte, daß der Einfluß MEISON's dem Militärregime gefährlich zu werden drohte.

Mit der Eskalation des Machtkampfes zwischen dem Militär und den wenig organisierten politischen Gruppierungen im Land ging die wachsende Konfrontation zwischen separatistischen Bewegungen unter den diversen ethnischen Gruppen des Landes und der Zentralregierung einher. Der eritreische Separatismus hat eine lange Geschichte, die auf das Jahr 1962, in dem die Eritreische Befreiungsfront (Eritrean Liberation Front, ELF) gegründet wurde, zurückgeht. Seither hatten die Kämpfe nicht aufgehört. Der Zentralregierung war es nicht gelungen, die ELF militärisch vollständig zu besiegen. Die ,,Befreiungsbewegungen" andererseits vermochten kaum, die Regierungstruppen wirklich zu gefährden, stellten aber einen ständigen Störfaktor dar. Diese Schwächung der Zentralregierung in Addis Abeba weckte immer wieder Hoffnungen und führte nach der Revolution zur Gründung neuer separatistischer Bewegungen: Neben Eritrea entstanden Bewegungen in Tigre, im Ogaden, unter den Oromos und unter den Afars.

Von Anfang an stellte die Politik ihnen gegenüber ein zentrales Problem für den Derg dar und war Gegenstand zum Teil heftiger interner Meinungsverschiedenheiten. Der erste Vorsitzende des Derg nach der Absetzung des Kaisers Haile Selassie, General Aman Andom — selbst eritreischer Herkunft —, scheint eine flexiblere Politik und die Aufnahme von Verhandlungen befürwortet zu haben. Gegen ihn konnten sich die Befürworter einer harten Linie durchsetzen. Seine Ermordung (im November 1974) hing wohl nicht zuletzt mit seiner Weigerung, Truppen nach Eritrea zu entsenden, zusammen. Mit dem Aufstieg Mengistus an die Spitze des Derg wurde es zur erklärten Politik, über den künftigen Status Eritreas erst nach einer vollständigen militärischen

Befriedung der Provinz zu sprechen. Die Eskalation des ethnischen Problems zwang den Derg, seine Haltung in der Nationalitätenfrage klarzustellen. In Artikel fünf des ,,Programms der National-Demokratischen Revolution Äthiopiens", dem grundlegenden Programm der Revolution vom April 1976, wurde u.a. das Recht auf Selbstbestimmung aller Nationalitäten anerkannt; des weiteren sollte der Hebung ihres politischen, wirtschaftlichen und kulturellen Lebens besondere Aufmerksamkeit gezollt werden. Das Problem könne dadurch gelöst werden, so hieß es, daß jeder von ihnen das volle Recht der Selbstverwaltung eingeräumt werde.

Die Entwicklungen seither räumten der Regierung allerdings wenig Möglichkeit ein zu demonstrieren, was sie mit diesen Erklärungen im Sinne hatte. Angesichts der inneren Schwäche der Zentralregierung gewannen die Befreiungsbewegungen — zum Teil mit äußerer Unterstützung — rasch an Boden. 1977 wurden weite Teile Eritreas von den aufständischen Bewegungen kontrolliert. Auf dem Höhepunkt der Krise Ende 1977/Anfang 1978 waren kaum mehr als die Hafenstadt Massawa und die Hauptstadt Asmara unter Kontrolle der Regierungstruppen. Auch an der Ostfront, im Ogaden, war die Zentralregierung seit Mitte 1977 vor der mit immer stärkerer Unterstützung regulärer somalischer Verbände vorstoßenden Westsomalischen Befreiungsfront (Western Somalia Liberation Front, WSLF) auf dem Rückzug.

2.2 Die Veränderung in der regionalen Konstellation

Der Linksrutsch des revolutionären äthiopischen Regimes und der Kampf gegen ein Auseinanderbrechen Äthiopiens waren die beiden bestimmenden Elemente für die Neuordnung des regionalen und internationalen Systems in der Region des Horns von Afrika. Damit war diese über Nacht aus einem Nebenschauplatz der internationalen Politik zu einem Brennpunkt westlicher Interessen geworden.

Bereits die Wiedereröffnung des Suezkanals im Juni 1975 hatte das Rote Meer aus einem Wurmfortsatz des Indischen Ozeans zu einer wirtschaftlich und strategisch gleichermaßen wichtigen Verbindungslinie zwischen dem Indischen Ozean und dem Mittelmeer gemacht. Zum anderen hatte der arabische Anspruch, das Rote Meer in ein ,,arabisches Meer" zu verwandeln, seit 1973 zu einer aktiven Sicherheitspolitik der arabischen Anrainer im Roten Meer geführt. In ihrer Grundsubstanz war diese ,,Arabisierung" der Versuch der konservativen Regime, vor allem die Sowjetunion und ihre Alliierten in der Region, Südjemen und Somalia, zu isolieren.

Die Revolution in Äthiopien und die schrittweise Radikalisierung des neuen Regimes trugen dazu bei, die ohnehin labile Lage am Horn von Afrika tiefgreifend zu destabilisieren. Zunächst verschärften sich die Spannungen mit den arabischen Staaten. Beunruhigt über den marxistischen Kurs in Addis Abeba und die Gefahr wachsenden sowjetischen Einflusses begann sich eine Front der konservativen arabischen Nachbarn — Sudan, Ägypten und Saudi-Arabien — aufzubauen. Der Hebel, der sich anbot, um das Regime unter Druck zu setzen, waren die ethnischen Gruppierungen. Beruhte die Unterstützung der ,,sozialistischen" Staaten Syrien und Irak für die ELF auf einer langen Tradition, so hatten die konservativen Staaten meist zu Kaiser Haile Selassie gute Beziehungen unterhalten, auch wenn dieser zugleich mit Israel zusammengearbeitet hatte. Die Einigung zwischen dem sudanesischen Präsidenten Numeiri (Ja'far an-Numairī) und Kaiser Haile Selassie Ende 1971, sich nicht in die inneren Angelegenheiten des anderen Staates einzumischen und die territoriale Integrität des Nachbarn zu achten, war eine wesentliche Grundlage der inneren Konsolidierung beider Länder und einer relativen regionalen Stabilität gewesen.

Anfang 1976 veränderte sich die arabische Haltung. Während sich Saudi-Arabien und Kuwait auf die Leistung finanzieller Hilfe an die eritreischen Befreiungsbewegungen beschränkten, begann der Sudan, sein Territorium für Aktionen der Bewegungen zu öffnen. Tatsächlich war dem Sudan — selbst in einem Zustand innerer Schwäche — durch die Entwicklung in Äthiopien eine neue Bedrohung erwachsen. Zum einen hatte die Repression in Eritrea seit Anfang 1975 einen wachsenden Strom von Flüchtlingen über die sudanesische Grenze geschwemmt. Bei ihrer Verfolgung durch äthiopische Truppen war es häufig zu Verletzungen des sudanesischen Hoheitsgebietes gekommen. Zum anderen war das Regime des Generals Numeiri seit 1975 wieder unter verstärkten inneren Druck geraten. Im September 1975 und Anfang Juli 1976 waren zwei Putschversuche unternommen worden. Neben anderen afrikanischen Staaten wurde auch Äthiopien als Helfershelfer der Putschisten genannt. Ende Dezember 1976 beschuldigte Numeiri das Regime in Addis Abeba, an der Verschwörung aktiv beteiligt gewesen zu sein. 1977 steigerte der Sudan seine Unterstützung für die Rebellen in Eritrea bedeutend: Nicht nur verlief die Hauptversorgungslinie der eritreischen Rebellen vom sudanesischen Hafen Port Sudan nach Eritrea, sondern Khartoum selbst wurde zu einem Mittelpunkt der politischen Aktivitäten aller drei eritreischen Bewegungen.

Eine Reihe von Indizien deutete freilich darauf hin, daß auch die konservativen arabischen Staaten nicht wirklich an der Unabhängigkeit Eritreas interessiert waren, sondern daß sie es vielmehr als einen Störfaktor für das Regime in Addis Abeba betrachteten. So fand — als Antwort auf einen sowjetisch inspirierten Vorschlag einer Föderation der ,,progressiven" Staaten der Region Rotes Meer/Horn von Afrika — am 22. 3. 1977 in Ta'izz eine von Saudi-Arabien initiierte Konferenz statt, an der die Staatsoberhäupter des Sudan, Somalias und der beiden Jemen teilnahmen. Trotz anti-äthiopischer Akzente war ihr Ausgang insgesamt gemäßigt. Im Schlußkommuniqué wurde die Formel vom ,,Arabischen Meer" zur ,,Zone des Friedens" abgeschwächt und die arabische Position gegenüber Äthiopien insgesamt entschärft.

Darüber hinaus bot Präsident Numeiri 1977 und 1978 unverdrossen seine Vermittlertätigkeit im Eritrea-Konflikt an. Daß er kein Gehör fand, lag nicht zuletzt in der prinzipiellen Haltung begründet, die der Derg unter der Führung Mengistus eingenommen hatte: erst Beilegung der Kämpfe, dann Verhandlungen über den künftigen Status. Angesichts der offenen militärischen Lage in Eritrea war es nicht erstaunlich, daß auch die im Februar 1979 in Freetown (Sierra Leone) zwischen Mengistu und Numeiri geführten Gipfelgespräche keine Ergebnisse brachten.

2.3 Somalia und Djibouti

Wie der ethnische Konflikt im Nordwesten des Landes so erfuhr auch der ethnische Konflikt im Osten, der Kampf der somalischen Bevölkerung im Ogaden, seine eigentliche Schärfe durch die Einmischung von außen, nämlich durch Somalia. Obgleich bereits 1961 gegründet, war die somalische Befreiungsbewegung im Ogaden wesentlich weniger in Erscheinung getreten als die eritreische. Erst die Schwäche der äthiopischen Zentralregierung und die Schwierigkeiten in Eritrea gestatteten der Westsomalischen Befreiungsfront, der bedeutenderen der beiden somalischen Gruppierungen, im Laufe des Jahres 1977 weite Teile des Ogaden unter ihre Kontrolle zu bringen und sie nahezu aus dem äthiopischen Staatsverband herauszulösen. Gab es bereits im Februar 1977 erste Indizien dafür, daß die WSLF von Somalia direkt unterstützt wurde, so wurde spätestens im Juni klar, daß somalische Einheiten unmittelbar in die Kämpfe verwickelt waren.

Am 20. August befahl Mengistu die nationale Mobilmachung gegen die ,,offene Invasion". Seit September machte sich die einsetzende sowjetische Militärhilfe (und die steigende Präsenz der Kubaner) bemerkbar: Schrittweise konnten die äthiopischen Truppen und Milizen Anfang 1978 den Ogaden zurückerobern. Mit der Wiedereroberung Jigjigas am 5. 3. 1978 und dem Rückzug der somalischen Truppen aus dem Ogaden am 9. März war der äthiopischen Zentralregierung ein wichtiger Erfolg in ihrem Bemühen um die Wahrung der territorialen Einheit beschieden.

Neben den offenen Konflikten bedeutete die unsichere Zukunft Djiboutis einen weiteren Unsicherheitsfaktor für die Region. Frankreich — die alte Kolonialmacht des ,,Territoire Français des Afars et Issas" — hatte die Unabhängigkeit vorsichtig vorbereitet: Den tatsächlichen Mehrheitsverhältnissen in der Hauptstadt Djibouti entsprechend (Majorität der somalischen Issa gegenüber den nach Äthiopien orientierten Afar) hatte es die Ligue Populaire Africaine pour l'Indépendence (LPAI) unter Hassan Gouled Aptidon zur führenden Gruppierung aufgebaut und unter deren Ägide die Kräfte, die für die Unabhängigkeit Djiboutis eintraten, zusammengefaßt. Nachdem diese im Referendum vom 8. 5. 1977 die Mehrheit erhalten hatten, wurde Djibouti am 27. 6. 1977 nach 114 Jahren französischer Herrschaft unabhängig.

1977/78 erfüllten sich die Befürchtungen, daß der Eintritt in die Unabhängigkeit zugleich eine Zerreißprobe für den jungen Staat bedeuten würde, nicht. Dabei war die wirtschaftliche und politische Ausgangslage bedrohlich. Die Unterbrechung der Eisenbahnverbindung zwischen Djibouti und Addis Abeba bedeutete eine weitgehende Stillegung des Hafens und damit eine entscheidende Schwächung Djiboutis. Politisch war dazu die Gefahr gegeben, daß die Kämpfe zwischen Somalia und Äthiopien den Ausbruch von Feindseligkeiten zwischen den entsprechenden Volksgruppen in Djibouti zur Folge haben würden. Schließlich stellten etwa 30.000 Flüchtlinge aus den umkämpften Gebieten eine schwere Belastung dar. Gestützt auf die Präsenz von 4.500 Mann französischen Militärs und auf eine erhebliche wirtschaftliche Hilfe seitens des ehemaligen Mutterlandes konnte sich der junge Staat 1978 jedoch konsolidieren.

2.4 Die Veränderung der internationalen Allianzen

Durch die internen Machtkämpfe, separatistischen Bestrebungen und Konflikte zwischen den Regionalstaaten hatte sich der internationale Stellenwert der Region tiefgreifend verändert. War seit dem Zweiten Weltkrieg das Kaiserreich Äthiopien ein enger Alliierter der USA gewesen, so bewirkten Revolution und die militärische Unterstützung aus Moskau eine nicht minder enge Allianz des neuen Regimes mit der Sowjetunion. Diese Entwicklung hatte zur Folge, daß das Regime in Somalia, auf das Moskau seit seiner Machtübernahme in Mogadischu im Jahre 1969 gesetzt hatte, dessen Hafen Berbera es zum Kriegshafen ausgebaut hatte, und mit dem es seit 1974 durch einen Freundschaftsvertrag verbunden war, ihm ebenso entfremdet wurde wie auch die eritreische Befreiungsbewegung, die es jahrelang unterstützt hatte.

2.4.1 Die Haltung der Sowjetunion

Die Sowjetunion hatte auf die Entwicklungen in Äthiopien zunächst zurückhaltend reagiert. Erst Anfang 1976 begannen die sowjetisch-äthiopischen Beziehungen eine neue Qualität anzunehmen: Eine zu diesem Zeitpunkt in Addis Abeba zu Besuch weilende sowjetische Delegation pries den ,,progressiven Kurs“ des Regimes; im Dezember 1976 wurde das erste sowjetisch-äthiopische Militärhilfeabkommen unterzeichnet. Die Entwicklungen in Eritrea und im Ogaden hatten für die weitere Entwicklung der Beziehungen eine katalytische Funktion: Die Integrität des Landes selbst war bedroht, die Einmischung von außen, namentlich seitens einiger arabischer Staaten, hatte sich intensiviert, und der Graben zwischen dem Regime und dem Westen war bereits sehr tief geworden. So blieb die Sowjetunion die letzte Hoffnung des Regimes. Am 4. 5. 1977 reiste Mengistu für fünf Tage nach Moskau, wo er eine ,,Erklärung über Freundschaft“ und verschiedene Dokumente über die wirtschaftliche Zusammenarbeit unterzeichnete. Das gemeinsame Kommuniqué betonte die Solidarität der Sowjetunion mit den Bemühungen des äthiopischen Volkes, seine revolutionären Errungenschaften zu verteidigen.

Waren erste, noch bescheidene Waffenlieferungen bereits kurz vor Mengistus Abreise nach Moskau in Äthiopien eingetroffen, so setzte der massive Strom der Waffen dann im September ein. Während sowjetische Berater in den Kommandozentralen und in der Logistik eingesetzt wurden, übernahmen kubanische Soldaten, deren Zahl auf dem Höhepunkt des Kriegs im Ogaden bei ca. 15.000 lag, die Organisation des Kampfes an der Front.

Die Sowjetunion und Kuba hatten einen entscheidenden Anteil am Fortbestand Äthiopiens und an der Erhaltung des Regimes. Der triumphale Besuch des kubanischen Ministerpräsidenten

Fidel Castro in Addis Abeba anläßlich des feierlichen Jahrestages der äthiopischen Revolution (12. 9. 1978) und der Abschluß des sowjetisch-äthiopischen Vertrages über Freundschaft und Zusammenarbeit (20. 11. 1978), der u.a. Klauseln über die Zusammenarbeit in militärischen Angelegenheiten und die Konsultation in Problemen der internationalen Politik vorsah, waren Ausdruck dieser besonderen Verbundenheit.

Die Entscheidung, sich auf der äthiopischen Seite zu engagieren, dürfte Moskau wegen der Beziehungen zu Somalia und der eritreischen Befreiungsbewegung, deren Gruppierungen die Sowjetunion seit dem Beginn ihres Kampfes mehr oder minder offen unterstützt hatte, nicht leicht gefallen sein. Eine solche Wendung mußte nicht nur die Glaubwürdigkeit der Sowjetunion bei anderen ,,Befreiungsbewegungen" herabsetzen, sondern zugleich andere Staaten befremden, die sich ebenfalls auf deren Seite engagiert hatten. Tatsächlich war dies im Zusammenhang mit den sich seit 1978 trübenden Beziehungen zwischen der Sowjetunion und dem Irak — neben Syrien einer der über die Jahre treuesten Verbündeten der eritreischen Befreiungsbewegung — ein gewichtiges Problem.

Es gibt eine Reihe von Indizien dafür, daß man in Moskau gehofft hatte, trotz der Unterstützung Äthiopiens die Beziehungen zu Somalia erhalten zu können. Beispielsweise bemühte sich der kubanische Ministerpräsident Castro im März 1977, eine Vermittlung zwischen den sozialistischen Regimen der Region, Äthiopien, Somalia und Südjemen, zustande zu bringen. Bei dem Treffen am 16. März in Aden, an dem neben Castro die Staatschefs Mengistu, Muhammad Ziyad Barre und Salīm Rubaiya' 'Alī teilnahmen, wurde wahrscheinlich versucht, eine ,,sozialistische Union" aus Somalia, Äthiopien, Südjemen und Djibouti zu gründen, in deren Rahmen die offenen Konflikte (Ogaden, Eritrea, Djibouti — das zu diesem Zeitpunkt noch nicht unabhängig war) hätten gelöst werden sollen.

Die sowjetischen Erwartungen erwiesen sich jedoch als falsch. Das Jahr 1977 sah vielmehr einen rapiden Verfall der sowjetisch-somalischen Beziehungen. Am 13. November trat der völlige Bruch ein. Das Zentralkomitee der Somalischen Sozialistischen Revolutionspartei beschloß, den Vertrag über Freundschaft und Zusammenarbeit aufzukündigen. Alle sowjetischen Experten und Militärberater sollten binnen sieben Tagen das Land verlassen; das Personal der Botschaft mußte reduziert werden. Die zugleich gegen Kuba verfügten Maßnahmen gingen noch weiter: Die Beziehungen wurden abgebrochen, alle Kubaner innerhalb von 48 Stunden ausgewiesen. Allerdings sanken die Beziehungen zur Sowjetunion nicht auf den Nullpunkt; beide Seiten waren auch 1978 offenbar daran interessiert, die Tür für eine mögliche Normalisierung offenzuhalten.

2.4.2 Die Politik der Vereinigten Staaten

Die Vereinigten Staaten verfolgten während der Krise am Horn von Afrika zunächst eine Politik der Zurückhaltung. Sie hüteten sich insbesondere davor, die Krise als Instrument zu benutzen, ihr auslaufendes Engagement in Äthiopien durch engere Bindungen an Somalia zu ersetzen. Die Beziehungen waren ohnehin seit 1971 eingefroren, und erst 1977 nahmen beide Seiten einen erneuten Anlauf.

Unter dem Eindruck der rapiden Verschlechterung der Beziehungen zu Äthiopien ließ Präsident Carter am 27. 4. 1977 verlauten, daß ,,alles mögliche getan werden müsse, um die Somalis zu unseren Freunden zu gewinnen". Am 26. Juli erklärte Washington, es sei ,,im Prinzip" bereit, defensive Waffen an Somalia zu liefern, um es in die Lage zu versetzen, sein ,,gegenwärtiges Territorium" zu verteidigen. Durch das massive Eingreifen Somalias im Ogaden geschockt, zogen die USA — ebenso wie Großbritannien und Frankreich — Anfang August diese Zusage wieder zurück: Amerika wollte so lange keine Waffen an Somalia liefern, bis der territoriale Bestand Äthiopiens wiederhergestellt sei. Zu dem Zeitpunkt, als Somalia den Freundschaftsvertrag mit der Sowjetunion aufkündigte, war Washington also noch auf eine Politik der Enthaltung festgelegt.

Der somalische Präsident seinerseits war offenbar zu dem Eindruck gekommen, daß die USA im Prinzip bereit seien, Somalia im Ogaden zu unterstützen. Private Kontakte brachten ihn wohl zu der Auffassung, daß Washington zwar eine Aufgabe der somalischen Ansprüche auf Djibouti und Nordkenia fordern, ansonsten aber Mogadischu im Ogaden freie Hand lassen würde.

Die ersten drei Monate des Jahres 1978 waren durch erhebliche westliche Bemühungen gekennzeichnet, Frieden zwischen den kämpfenden Parteien zustande zu bringen — Bemühungen, die im März 1978 zum Rückzug der somalischen Truppen aus dem Ogaden führten. Dafür erhielten die USA sowjetische Zusagen, daß es zu keiner ,,Invasion" Nordsomalias durch äthiopische Verbände kommen werde. Washington war grundsätzlich bereit, angesichts des wachsenden sowjetisch-kubanischen Engagements in Äthiopien die Verteidigungskraft Somalias zu stärken. Ziyad Barre weigerte sich jedoch, die gewünschte Erklärung, alle territorialen und ethnischen Ansprüche gegenüber den Nachbarländern aufzugeben, zu leisten. Das somalische Regime hatte sich offensichtlich in eine Sackgasse manövriert.

3. Die fortschwelende Krise

Mit der Beendigung des offenen Konflikts zwischen Äthiopien und Somalia war die Krise am Horn von Afrika zwar entschärft, aber keines ihrer Elemente einer Lösung nähergebracht worden. Die unmittelbare Gefahr eines Auseinanderfallens Äthiopiens konnte gebannt werden. Es gelang der Zentralregierung in Addis Abeba jedoch nicht, die vollständige Kontrolle über alle Provinzen zu erringen. In Somalia sah sich das Regime Ziyad Barres einem doppelten Druck ausgesetzt: zum einen durch die Opposition im Inneren, zum anderen durch die Allianz der Demokratischen Front zur Rettung Somalias (s.u.) mit Äthiopien von außen. Die an der äthiopisch-somalischen Grenze im Ogaden seit 1980 immer wieder aufflammenden Kämpfe drohten im Sommer 1982 abermals zu einem offenen Krieg zwischen beiden Ländern zu eskalieren. Und unter dem Aspekt der internationalen Politik ließen die Invasion in Afghanistan und die in ihrem Gefolge zunehmende Supermacht-Rivalität um die Region zwischen Golf und Rotem Meer auch das Horn von Afrika nicht unberührt.

3.1 Prekäre Stabilität in den Regionalstaaten

1970/80 gelang es dem *äthiopischen* Regime, seine Macht zu konsolidieren. Nach der blutigen Ausschaltung rivalisierender Parteien und Gruppen außerhalb des Derg und mit den militärischen Erfolgen über die ,,Befreiungsbewegungen" unterschiedlicher ethnischer und politischer Ausrichtung im Jahre 1978 sah das Regime nunmehr die Notwendigkeit, seine Basis im Volk zu verbreitern. Damit gewann die Gründung einer neuen Partei, die wiederholt angekündigt, aber nicht verwirklicht worden war, weitere Dringlichkeit. Die Schwierigkeit für den Derg und vor allem für seinen Vorsitzenden, Mengistu Haile Mariam, bestand freilich darin, diese einerseits mit realen politischen Funktionen auszustatten und in ihr ,,die Massen" glaubhaft zu repräsentieren, andererseits aber die Macht nicht aus der Hand zu geben.

Mengistu zeigte, daß er sich der Schwierigkeit dieses Balanceakts bewußt war. Im Dezember 1979 wurde eine Organisationskommission für die Partei des Arbeitervolkes von Äthiopien (Commission for Organizing the Party of the Working People of Ethiopia, COPWE) unter seinem Vorsitz ins Leben gerufen. Sie hielt im Juni 1980 ihren ersten Kongreß ab. COPWE war gleichsam die erste Etappe auf dem Weg zur Parteigründung. Die Aufgabe von COPWE sollte es sein, potentielle Mitglieder der Partei auf ihre ,,Eignung" hin zu prüfen. An der Tatsache, daß die eigentliche Macht in Händen des auf sieben Mitglieder reduzierten Militärrates lag, änderte sich durch die Gründung von COPWE nichts.

Der äthiopischen Zentralregierung erwuchsen von seiten des ethnischen Widerstands gegen das ,,amharische Kolonialregime" in Addis Abeba weit größere Schwierigkeiten als von einer politischen Opposition, die keine Möglichkeit hatte, sich zu organisieren. Zwar konnten die größten Probleme der Jahre 1977/78 teilweise gelöst werden, doch schwelte der Konflikt mit den separatistischen oder auf weitgehende Autonomie gerichteten Bewegungen fort; vor allem in der Provinz Eritrea erwies sich die Lage als nach wie vor schwierig. Von den drei dort operierenden Befreiungsbewegungen Eritrean Liberation Front (ELF), Eritrean Liberation Front/Popular Liberation Forces (ELF/PLF) und Eritrean People's Liberation Front (EPLF) hatte sich letztere seit Ende der 70er Jahre als die stärkste Gruppierung herausgebildet. Bemühungen um eine Beilegung des Konflikts durch Verhandlungen, die 1980 insbesondere von der ELF/PLF ausgegangen waren, führten zu keinen Ergebnissen.

Anfang 1982 unternahm die Regierung entschlossenere Anstrengungen, das Problem langfristig zu lösen: Am 25. Januar kündigte Mengistu selbst in Asmara, der Hauptstadt Eritreas, die Operation ,,Roter Stern" an und prophezeite erneut die ,,endgültige Auslöschung der sezessionistischen Banditen" in einem Blitzkrieg von nur acht Tagen. Die militärische Zerschlagung sollte das Vorspiel für einen umfassenden wirtschaftlichen Wiederaufbau der Provinz sein, deren Unabhängigkeitskampf zu jener Zeit bereits 21 Jahre dauerte.

Die Konzentration der militärischen Kräfte auf Eritrea hat offenbar anderen Befreiungsbewegungen größeren Handlungsspielraum gegeben: Die mit der EPLF eng verbündete Tigre People's Liberation Front (TPLF) machte 1982 durch eine Reihe von militärischen Aktionen von sich reden und schien einen Teil der Provinz Tigre wirksam kontrollieren zu können. Mit Beginn der 80er Jahre war auch unter den Oromos — der mit ca. 16 Mio. Menschen stärksten Völkerschaft in Äthiopien — eine ,,Befreiungsbewegung" auf die politische Bühne getreten. Während die Bewegungen Eritreas und Tigres im wesentlichen vom Sudan aus operierten, saß die Führung der Oromo Liberation Front in Mogadischu. Auch die von Somalia unterstützte Western Somalia Liberation Front (WSLF), die im Ogaden für das Selbstbestimmungsrecht der dort lebenden somalischen Mehrheit kämpfte, setzte trotz der Niederlage vom Frühjahr 1978 ihren Kampf fort und vermochte weite Gebiete zu kontrollieren. Erst 1982 scheint es der Regierung in Addis Abeba gelungen zu sein, den Aktionen der ,,Front" stärkeren Widerstand entgegenzusetzen. Ähnlich wie in Eritrea, das trotz des zwar lokal begrenzten, aber andauernden Kampfes weitgehend befriedet war, begann die Regierung im Ogaden nun mit der Durchführung von Entwicklungsprogrammen, die auf die Wiederansiedlung von Flüchtlingen zielten, die aus Somalia zurückkehrten. Bis zur Mitte der 80er Jahre hat sich das ethnische Problem eher wieder verschärft und haben die verschiedenen Organisationen die Kontrolle über Teile der umkämpften Provinzen erweitern können.

Zehn Jahre nach der Revolution hat das äthiopische Regime einen weiteren Schritt in Richtung auf die Errichtung eines sozialistischen Systems getan: die Gründung einer marxistisch-leninistischen Partei. Unter Teilnahme von ca. 1.700 Delegierten konstituierte sich im September 1984 die Arbeiterpartei Äthiopiens (Workers' Party of Ethiopia, WPE). Damit verbanden sich freilich zwei Fragen: Würde sich die Partei zu einer wirklichen politischen und gesellschaftlichen Kraft entwickeln können? Und würde ihre Gründung das Ende der Militärherrschaft in Äthiopien bedeuten (d.h. würde sich der Derg nunmehr auflösen)? Alle Indizien deuten 1987 darauf hin, daß sich das Militär nicht einfach aus der Politik zurückziehen wird. Nicht nur waren von den 1.700 Delegierten die überwiegende Mehrheit (69 %) Uniformierte (Militärs, Milizen, Polizei etc.) und Staatsangestellte (gegenüber 19 % Arbeitern und 12 % Bauern); sondern Mengistu selbst wurde erwartungsgemäß zum Führer der Partei gewählt und sechs Militärs aus dem Derg wurden in das Politbüro aufgenommen. Die Armeeführung ist ferner in dem 136köpfigen Zentralkomitee vertreten. Mit dem Referendum über eine Verfassung (Februar 1986), die nunmehr eindeutig marxistisch-leninistischen Charakter hat, dürfte die Revolution zu einem Abschluß gekommen sein.

Der Ausgang des Ogaden-Abenteuers von Anfang 1978 hatte in *Somalia* Präsident Ziyad Barres Stellung erheblich erschüttert. Nach der Unterdrückung von Unruhen in der Armee sah sich das Regime gezwungen, eine breitere Grundlage für seine Legitimation zu suchen. In diesem Zusammenhang wurde ein wichtiger innenpolitischer Schritt unternommen: Eine Verfassung wurde eingeführt, die am 25. 8. 1979 mit überwältigender Mehrheit angenommen wurde. Trotz liberaler Grundzüge bei den Grundrechten und der Teilung der Gewalten blieb die letzte exekutive Macht jedoch beim Präsidenten. Der Verfassungsprozeß wurde mit der Wahl zu einem somalischen Parlament am 30. Dezember abgeschlossen. Die 1.074 Kandidaten für die 171 Sitze wurden von der Einheitspartei, der Somali Revolutionary Socialist Party nominiert. Am 27. 1. 1980 wurde dann Ziyad Barre zu seinem ersten Turnus von sechs Jahren als Präsident im Rahmen der neuen Verfassung gewählt und eingeschworen. Bereits Mitte 1980 sollte sich indes erweisen, daß die Liberalisierung lediglich ein kurzes Zwischenspiel gewesen war. Anwachsender innenpolitischer Druck zwang den Präsidenten im Oktober, den Ausnahmezustand zu erklären. Mit der erneuten Machtübernahme des Supreme Military Council kehrte das Land zur Militärherrschaft zurück, unter der es seit 1969 gelebt hatte.

Die rasche Verschlechterung der inneren Situation in Somalia läßt sich auf drei Faktoren zurückführen:

— Auf die fortgesetzte Belastung der Wirtschaft Somalias durch die Präsenz von Flüchtlingen aus dem Ogaden. Obwohl die Zahlen erheblich differierten (die somalische Regierung hat versucht, durch übertriebene Zahlen verstärkt internationale Hilfe zu erhalten), dürften tatsächlich etwa 500.000 Menschen für längere oder kürzere Zeit in Lagern untergebracht und ernährt worden sein.
— Auf die Wiederbelebung des Stammeswesens als Faktor der Innenpolitik. Die seit 1969 unternommenen Versuche der Militärregierung, Stammesloyalitäten zu unterdrücken, haben insgesamt keine tiefgreifenden Erfolge gezeitigt. Dies zeigte sich in aller Deutlichkeit, als Ziyad Barres zunächst relativ breite politische Basis nach seiner Niederlage im Ogaden abzubröckeln begann. In wachsendem Maß war er seither gezwungen, sich auf die schmale Basis seiner eigenen Stammesgruppe, der Marehan, zu verlassen.
— Auf die verstärkte Aktivität der vom Ausland, namentlich von Äthiopien unterstützten Opposition. Diese gewann ein neues Moment durch den Zusammenschluß der stärksten Oppositionsbewegung, der Somali Salvation Front, mit zwei kleineren Gruppen im Oktober 1981 zur Demokratischen Front zur Rettung Somalias (Democratic Front for the Salvation of Somalia, DFSS). Die Grundzüge des Programms der DFSS unterschieden sich kaum von denen der zweiten größeren Oppositionsbewegung, des im April 1981 in London gegründeten Somali National Movement (SNM). Im Mittelpunkt stand die Forderung nach dem Sturz Ziyad Barres, der Wiederherstellung eines demokratischen Systems, einer blockfreien Außenpolitik, vertiefter freundschaftlicher Beziehungen mit der arabischen Welt und nach Friedensverhandlungen mit Äthiopien.

Im Verlauf des Jahres 1982 eskalierte der von den Befreiungsbewegungen ausgehende Druck an verschiedenen Punkten. Im Norden (u.a. in Hargeisa) kam es zur Rebellion von Teilen der somalischen Armee, bei der zahlreiche Soldaten und Offiziere getötet worden sein sollen. Im Juli desselben Jahres erreichten die Unruhen einen Höhepunkt, als es im Grenzgebiet zwischen Somalia und Äthiopien zu Kämpfen kam, in die somalische und äthiopische Truppen verwickelt waren. Aus den zum Teil widersprüchlichen Berichten ließ sich entnehmen, daß es sich im wesentlichen um einen von Äthiopien unterstützten Angriff von Kämpfern der DFSS gehandelt hat. Während die somalische Regierung auf der Feststellung beharrte, daß es sich um äthiopische Invasionstruppen mit sowjetischen und kubanischen Beratern handelte, behauptete die DFSS, daß ihre Kämpfer, deren Zahl sie mit 10.000 angab, aus eigener Kraft und mit Unterstützung der einheimischen Bevölkerung Teile Somalias ,,befreit" hätten. Bei den Kämpfen handelte es sich um die schwerste Auseinandersetzung seit dem Ogaden-Krieg von 1977/78.

Somalia befand sich auch 1987 in einem Zustand des politischen und sozialen Immobilismus. Die Regierung war außerstande, die innere Opposition auszuschalten; diese hatte sich vielmehr in der zweiten Hälfte 1984 in der Lage gezeigt, namentlich im Norden des Landes Unruhe zu verbreiten und über Teile eine — wenn auch vorübergehende — Kontrolle auszuüben. Andererseits konnten die Aktionen dieses Widerstandes das Regime Ziyad Barres nie wirklich gefährden. Daß Äthiopien diese unterstützte, stand — trotz der Unzulänglichkeit der Quellenlage — außer Zweifel. Ziel des Regimes in Addis Abeba mußte es sein, Mogadischu so unter Druck zu setzen, daß es nicht in der Lage sein würde, im äthiopischen Ogaden Unruhe zu verbreiten. Neben den Auseinandersetzungen zwischen der äthiopischen Regierung und den separatistischen Bewegungen blieben die äthiopisch-somalischen Spannungen bis zum überraschenden Vermittlungstreffen der Regierungschefs in Djibouti im Januar 1986 (s.u.) das zweite zentrale Element regionaler Instabilität.

Im *Sudan* setzte sich der Prozeß der Erosion der Stellung von Präsident Numeiri, der seit 1976 zu bemerken war, auch Anfang der 80er Jahre fort. Mit der Berufung des früheren Führers der sudanesischen Muslimbrüder, Ḥasan at-Turābī, im August 1977 zum Generalstaatsanwalt (entspricht dem Justizminister) erreichte der Prozeß der „nationalen Versöhnung" ein neues Stadium; die Weichen für eine Angleichung des bestehenden (vornehmlich britischen) Rechts an das islamische Recht (sharī'a) wurden gestellt. Dies bedeutete eine weitere Entfremdung des christlichen (bzw. heidnischen) Südens des Landes, dessen Beziehungen zum Norden prekärer geworden waren. Zwei Maßnahmen der Regierung waren es vor allem, die die Spannungen zwischen der Regierung und dem Süden verschärften: das Projekt einer administrativen Aufgliederung der Südregion in drei Provinzen und der Bau einer Raffinerie im nordsudanesischen Kosti für das im Süden gefundene Erdöl. Die Opposition verschärfte sich, als Numeiri im September 1983 die Wiedereinführung des islamischen Rechts verkündete und eine entsprechende Justiz implementiert wurde. Mit der Gründung der Sudan People's Liberation Army eskalierten die Spannungen mit dem Süden in einen Bürgerkrieg, der an die Auseinandersetzungen anknüpfte, die zwischen 1955 und 1972 (Abkommen von Addis Abeba) ausgetragen worden waren. Mit dem Sturz Numeiris im April 1985 und der Machtübernahme seitens einer Militärregierung unter General Suwār adh-Dhahab war eine Ära zu Ende gegangen, doch bestand die Unsicherheit über die Zukunft des Sudan fort. Diese hat auch mit den Wahlen vom April 1986 und der Regierungsübernahme durch Ṣādiq al-Mahdī nicht restlos beseitigt werden können.

Über die politischen Schwierigkeiten der Regionalstaaten hinaus — und teils auch diese noch verschärfend — waren zwei Faktoren wirksam, die die ohnehin fragilen lokalen Strukturen und das regionale Beziehungssystem weiter belasteten: die wirtschaftliche Lage und das Flüchtlingsproblem. Trotz erheblicher ausländischer Unterstützung (namentlich im Falle des Sudan und Somalias) zeichnete sich in keinem der Länder eine Tendenz zur Verbesserung der wirtschaftlichen Lage ab. Die Verschuldung wuchs weiter an, was nicht zuletzt auch auf sinkende Exporterlöse für landwirtschaftliche Produkte zurückzuführen war. Auch die Tatsache, daß Somalia — zur Unterstützung der im Ogaden operierenden WSLF — und Äthiopien zur Bekämpfung der separatistischen Bewegung erhebliche Mittel in den militärischen Bereich fließen ließen, engte den Rahmen für Entwicklungsanstrengungen ein.

Die ungelösten Probleme der Region haben zudem riesige Flüchtlingsströme gezeitigt, die sich über Teile des Horns ergossen. Ausgangspunkt der Flüchtlingsbewegung war im wesentlichen Äthiopien, dort insbesondere die Gebiete Eritrea und Ogaden. Zwischen 500.000 und 700.000 (somalische Angaben sprechen von 1 Mio.) Flüchtlinge stammten aus dem Ogaden und befanden sich in Somalia; 35.000 Flüchtlinge waren zeitweise in Djibouti und 500.000 vornehmlich aus Eritrea stammende Flüchtlinge sind noch immer im Sudan. Mit dem Wiederaufleben der Kämpfe im Südsudan sollen bereits Ende 1982 ca. 25.000 Sudanesen auf äthiopisches Gebiet geflüchtet sein. Wenn auch die internationale Flüchtlingshilfe mit erheblichen finanziellen Mitteln für die Flüchtlinge aufkam, so stellen diese doch eine schwere Belastung für die schwachen wirtschaftlichen Grundlagen und politischen Strukturen der Aufnahmeländer dar. Die sich zuspitzende Dürrekatastrophe, die namentlich den Sudan und Äthiopien betroffen hat, hat weitere Millionen von Menschen zur Migration gezwungen, die Volkswirtschaften zusätzlich belastet und die politische Stabilität weiter unterminiert.

3.2 Fortwirken regionaler Spannungen

Ende der 70er Jahre schien sich zunächst ein regionaler Entspannungsprozeß abzuzeichnen: Die vom somalischen Irredentismus ausgehende Bedrohung führte zu einer Annäherung Kenias und Äthiopiens. Im Kommuniqué zum Abschluß des Besuchs von Mengistu in Nairobi (Anfang Dezember 1980) wurde Somalia die Verantwortung für die Instabilität am Horn von Afrika zugeschoben und Mogadischu aufgefordert, ,,ohne Vorbehalte auf die territorialen Ansprüche gegenüber Äthiopien, Kenia und Djibouti zu verzichten". Somalia reagierte scharf und erklärte, dieses Ultimatum stelle einen kriegerischen Akt dar.

Als ein Wendepunkt von großer Tragweite erschien zunächst die Verbesserung der sudanesisch-äthiopischen Beziehungen. Die Veränderung der innerarabischen Stellung des Sudan im Gefolge des ägyptisch-israelischen Friedensvertrages, die Bürde der Präsenz von einer halben Million äthiopischer Flüchtlinge sowie die Konsolidierung des äthiopischen Regimes führten Ende 1979 zu einer Annäherung. Zum Höhepunkt wurden die Besuche Mengistus in Khartoum (Mai 1980) und Numeiris in Addis Abeba (November 1980).

Anläßlich Numeiris Besuch wurde eine Erklärung unterzeichnet, in der beide Seiten sich verpflichteten, ,,subversive Aktivitäten zu unterbinden, namentlich, wenn sie über die gemeinsame Grenze gerichtet sind". Mitte Dezember 1980 besuchte der kenianische Staatspräsident, Daniel Arap Moi, Khartoum. Damit schien sich ein regionaler Dreibund zwischen Kenia, Äthiopien und dem Sudan abzuzeichnen, der unter Isolierung Somalias — des einzigen auf Veränderung des territorialen *Status quo* gerichteten Staates der Region — ein Element der Stabilisierung am Horn hätte bilden können.

Schließlich war es dem Regime in Addis Abeba gelungen, die Isolierung auch in seinem regionalen arabischen Umfeld zu durchbrechen. Dies galt nicht nur im Hinblick auf Südjemen, mit dem im Dezember 1979 ein Vertrag über Freundschaft und Zusammenarbeit und ein Protokoll über militärische Kooperation geschlossen wurde. Auch die Beziehungen mit Nordjemen verbesserten sich. Im April 1980 besuchte der nordjemenitische Außenminister Ḥasan Makkī Addis Abeba. Im Kommuniqué zum Abschluß des Besuchs wurde nicht nur das gemeinsame Interesse an der Vermeidung von Konflikten in der Region des Roten Meeres ausgedrückt; vielmehr unterstützte Nordjemen Äthiopiens Kampf zur Verteidigung seiner Revolution sowie seiner territorialen Integrität und Einheit.

Aber schon 1981 zeigte sich, daß eine gewisse Gemeinsamkeit von Interessen als Grundlage einer Annäherung und Stabilisierung nicht ausreichend war. Weltanschauliche Gegensätze, verschärft durch die mit der Präsenz der Supermächte gegebene Polarisierung, führten zu einer destabilisierenden Dynamik. Im August 1981 trafen sich die Staatsoberhäupter Äthiopiens, der Demokratischen Volksrepublik Jemen (Südjemen) und Libyens in Aden und unterzeichneten einen Vertrag über Freundschaft und Zusammenarbeit. Daß dieses Abkommen auf die Beziehungen Äthiopiens zum Sudan negative Auswirkungen haben würde, war naheliegend: In Khartoum lebten alte Einkreisungsbefürchtungen wieder auf, die bereits 1976/77 zu Spannungen zwischen beiden Ländern geführt hatten. Wenn sich auch die äthiopische Regierung diesmal bemühte, den politischen Schaden zu begrenzen, so war der Versöhnungsprozeß zwischen beiden Ländern, der die Grundlage der Beilegung des ethnischen Problems und damit ein Schritt in Richtung auf die Herstellung innerer Stabilität in beiden Ländern hätte sein können, zunächst unterbrochen. Darüber hinaus boten sich, mit dem Aufleben des bewaffneten Kampfes im Südsudan, der äthiopischen Regierung Möglichkeiten, den Widerstand gegen die Zentralregierung in Khartoum als politisches Druckmittel gegen Numeiri zu benutzen. Das im April 1985 an die Macht gekommene Regime in Khartoum versucht offensichtlich, durch Annäherung an Libyen die südsudanesische Rebellion zu isolieren und so zu schwächen.

Vornehmlich die gemeinsame Bedrohung durch die Dürre hat die Führer von sechs Staaten der Region (Djibouti, Äthiopien, Somalia, Sudan, Kenia und Uganda) veranlaßt, sich im Januar 1986 in Djibouti zu treffen, um nach Wegen zur Koordinierung von Maßnahmen gegen die Dürre zu suchen. Dabei ist es zu einer auch politischen Annäherung zwischen Äthiopien und Somalia gekommen. Unter Leitung der jeweiligen Außenminister sind Kommissionen ins Leben gerufen worden, die sich mit der Lösung des bilateralen Konflikts, namentlich der Ogaden-Krise, befassen sollen. Eine gewisse positive Dynamik war Ende 1986 unübersehbar. Ob sie zu einem Ergebnis führt, ist insbesondere angesichts der prekären Stellung Ziyad Barres fraglich.

3.3 Die Rolle der Supermächte

Die Rolle der Supermächte am Horn von Afrika war ambivalent. Zwar war auf seiten der USA und der Sowjetunion der Wille spürbar, nach dem Ende der Kämpfe von 1977/78 ihre jeweiligen Klienten von erneuten politischen Abenteuern abzuhalten. 1980 machte Moskau den Versuch einer Vermittlung zwischen den eritreischen Bewegungen (insbesondere der ELF/PLF) und der äthiopischen Regierung. Der Grund dafür mag in erster Linie in den — finanziellen und politischen — Kosten zu suchen sein, die das sowjetische Engagement für die äthiopische Zentralregierung mit sich brachte. Die gewaltigen Kosten der Waffenlieferungen (bis Ende 1985 auf ca. 2 - 3 Mrd. US-$ geschätzt) waren im Austausch gegen eine Reihe landwirtschaftlicher Produkte (vor allem Kaffee) kaum abzudecken. Hinzu kam die Präsenz von 6.000 sowjetischen Experten (davon 3.000 im militärischen Bereich) und 12.000 Kubanern (davon 9.000 Soldaten). Auch die politischen Belastungen waren keineswegs unerheblich; dies gilt vor allem für die negativen Rückwirkungen des sowjetischen Frontwechsels von den eritreischen Bewegungen, die Moskau jahrelang unterstützt hatte, zur Zentralregierung in Addis Abeba. Die USA auf der anderen Seite zeigten sich bemüht, alles zu vermeiden, was den Eindruck auf somalischer Seite hätte erwecken können, sie unterstützten die Ziele Mogadischus im Ogaden; auch waren sie bestrebt, keine militärischen Güter zu liefern, die als Hilfe an die WSLF hätten weitergeleitet werden können.

Gleichwohl ließ sich nicht übersehen, daß die Präsenz der beiden Supermächte in der Region eine weitere Belastung der ohnehin fragilen politischen Strukturen darstellte. So waren die Bemühungen Moskaus unverkennbar, Äthiopien wirtschaftlich wie politisch in eine tiefere Abhängigkeit zu bringen. Berichte, daß die Sowjetunion ,,Fazilitäten" auf den Dahlak-Inseln vor der eritreischen Küste ausbaue, deuten darauf hin, daß Moskau auch langfristig seine strategisch-militärische Stellung in der Region stärken möchte.

Mit der sowjetischen Invasion Afghanistans 1979/80 war auch für Washington die Notwendigkeit gegeben, seine militärische Präsenz am Horn als einer strategisch wichtigen Anrainerregion am Indischen Ozean und am Eingang zum Roten Meer zu verstärken. So handelte es mit Oman und Kenia Abkommen über Versorgungseinrichtungen für die ,,Schnelle Eingreiftruppe" (Rapid Deployment Force) aus. Mit Somalia wurde am 21. 8. 1980 durch einen Notenaustausch vereinbart, den USA in ähnlicher Weise ,,Zugang zu Somalias Häfen und Flughafenanlagen", namentlich in Berbera einzuräumen.

Die amerikanische Regierung unter Präsident Ronald Reagan wandte dem Horn von Afrika gesteigerte Aufmerksamkeit zu, ohne freilich die Vorsicht gegenüber Somalia aufzugeben. In Washingtons Auffassung stellten sich ,,die Ereignisse am Horn, wie in Südasien, am Persischen Golf und im südlichen Afrika" — auch das im August 1981 geschlossene Dreierbündnis zwischen Äthiopien, Libyen und Südjemen — ,,als Teil einer ominösen, koordinierten sowjetischen Strategie gegen... lebenswichtige Versorgungslinien des Westens" dar. Während Washington seine Wirtschaftshilfe an befreundete afrikanische Staaten erhöhte, blieb es mit der Gewährung der mit Abschluß der oben genannten Vereinbarung zugesagten Militärhilfe (in Höhe von 40 Mio. US-$) zurückhaltend. Erst im Zusammenhang mit den Kampfhandlungen vom Sommer 1982 an der somalisch-äthiopischen Grenze richteten die USA eine kleine Luftbrücke zur Lieferung von Verteidigungsgerät ein; dies ist unter dem bestehenden Abkommen abgewickelt worden.

4. Zusammenfassung

Mitte der 80er Jahre war das Horn von Afrika weit von politischer Stabilität entfernt. In Äthiopien gingen die Kämpfe zwischen der Zentralregierung und den separatistischen Bewegungen, namentlich in Eritrea und Tigre, weiter, und es bleibt abzuwarten, ob die 1987 von der Nationalversammlung (Schengo) in Addis Abeba verfügte Regionalisierung des Landes zu spürbarer Entschärfung führen wird. Im Sudan waren die Spannungen zwischen der Zentralregierung und der Sudan People's Liberation Army in bürgerkriegsartige Kämpfe eskaliert. In Somalia stand das Regime Ziyad Barre unter wachsendem inneren Druck. Und die bilateralen Beziehungen zwischen den drei wichtigsten Akteuren Äthiopien, Somalia und Sudan, waren weit davon entfernt normalisiert zu sein.

Die Krise wurde verstärkt durch die Hungersnot, die nach anhaltender Dürre in weiten Teilen Äthiopiens und des Sudan ausgebrochen ist und der allein 1984 Zehntausende von Menschen zum Opfer gefallen sind. Die inneren und äußeren Spannungen in den betroffenen Ländern haben die hilfeleistenden Staaten bisweilen in das Dilemma eines Zwiespalts zwischen Hilfsbereitschaft auf der einen und der Gefahr der politischen Parteilichkeit auf der anderen Seite gebracht.

Die Einmischung auswärtiger — namentlich arabischer — Mächte war zwar weniger sichtbar als Ende der 70er Jahre, gleichwohl aber anhaltend. Auch die Präsenz der Supermächte auf der einen oder anderen Seite bestand fort, wenn auch die Möglichkeit, daß aus dem Horn eine Spannung von internationaler Dimension erwachsen würde, abgenommen hat. Obwohl das Horn somit kein Krisenherd von weltpolitischer Ausstrahlung mehr war, war die Krise als solche doch real und belastete die fragilen nationalen und zwischenstaatlichen Strukturen, zehrte an den ohnehin knappen Ressourcen und behinderte, was eine Voraussetzung für ihre Beilegung wäre — die wirtschaftliche Entwicklung der Akteure.

Literatur:

Dougherty, J.E. 1982: The Horn of Africa. A Map of Political-Strategic Conflict, Cambridge/Mass.

Farer, T.J. 1979: War Clouds on the Horn of Africa. The Widening Storm, New York, Washington.

Friedrich-Ebert-Stiftung 1983: Das Horn von Afrika vom ,,Scramble for Africa" zum Ost-West-Konflikt, Bonn.

Gorman, R.F. 1981: Political Conflict on the Horn of Africa, New York.

Halliday, F. u. Molyneux, M. 1981: The Ethyopian Revolution, London.

Legum, C. (Hrsg.): Africa Contemporary Record, London (jährliche Chronologie der Entwicklungen in Afrika, u.a. Horn von Afrika).

Lewis, I.M. (Hrsg.) 1982: Nationalism and Self-Determination in the Horn of Africa, London.

Matthies, V. 1976: Das ,,Horn von Afrika" in den internationalen Beziehungen. Internationale Aspekte eines Regional-Konflikts in der Dritten Welt, München.

ders. 1977: Der Grenzkonflikt Somalias mit Äthiopien und Kenya. Analyse eines zwischenstaatlichen Konflikts in der Dritten Welt, (Hamburger Beiträge zur Afrika-Kunde, 21), Hamburg.

ders. 1981: Der Eritrea-Konflikt. Ein ,,Vergessener Krieg" am Horn von Afrika, (Arbeiten aus dem Institut für Afrika-Kunde, 34), Hamburg.

ders. 1982: Der Konflikt in Eritrea, in: Khan, Kh.M. u. Matthies, V. (Hrsg.): Regionale Konflikte in der Dritten Welt, München, London, Köln.

VI. Westsahara-Konflikt

Ursel Clausen

1. Landesnatur der Westsahara

Die Westsahara (ehemals Spanisch-Sahara) ist ein etwa 266.000 (nach anderen Quellen 284.000) km² großes Teilgebiet der westlichen Sahara, eines unwirtlichen Wüstenraums, der gekennzeichnet ist durch geringe Reliefunterschiede und geringe Niederschläge (30 - 50 mm im Jahresmittel), durch hohe Durchschnittstemperaturen und beträchtliche 24-Stunden-Amplituden, heftige Winde, spärliche Vegetation und Fauna sowie extrem dünne Besiedlung. Im Norden und Nordosten grenzt die Westsahara an Marokko und Algerien (475 km, algerischer Anteil etwa 45 km) und im Osten und Süden an Mauretanien (1.570 km). Die 1.062 km lange Atlantik-Küste im Westen ist die einzige natürliche Grenze. Das nördliche Landesdrittel bildet mit 82.000 km² die Saqiya al-Hamra mit dem größten Ort, al-Ayun, und dem religiösen Zentrum Smara, die beiden südlichen, bevölkerungsärmeren Drittel mit 184.000 km² Wadi adh-Dhahab (Río de Oro) mit dem Hauptort Dakhla (Villa Cisneros). Das Landesinnere besteht aus 200 - 400 m hohen Plateaus mit geringfügig höheren Bergregionen in der östlichen Saqiya al-Hamra und im nordöstlichen und südlichen Río de Oro (Zemmur und Adrar Sutuf). Stellenweise werden die Plateaus von Fluß- oder Trockenbetten durchschnitten, aber keiner der Flüsse führt ganzjährig Wasser. Der bedeutendste ist die etwa 350 km lange Saqiya al-Hamra, der ,,rote Fluß", der dem nördlichen Landesteil seinen Namen gibt. Das Landschaftsbild wird bestimmt von eintönigen Stein-, Kies- und Geröllwüsten, von Salz- und Sandwüsten sowie von trockenen Salzseen. Von Südosten nach Nordwesten senkt sich das Land allmählich zu der wenig gegliederten, teils felsigen, teils sandigflachen Küste. La Güera im Süden ist der einzige natürliche Hafen. Außer Felsen und Untiefen erschweren die starke Strömung des Kanaren-Stroms, heftige Stürme und häufige Nebel die Schiffahrt. Das der Küste vorgelagerte Schelfmeer ist äußerst reich an Fisch und Schalentieren. Ackerbau ist nur an wenigen begünstigten Stellen möglich, dagegen dienen die Wüsten den Kamelherden der Nomaden als Weiden. Wo genügend Süßwasserbrunnen vorhanden sind, können auch Schafe und Ziegen gehalten werden. Oasen sind selten.

2. Bevölkerung, Gesellschaft und Kultur

Die gesamte westliche Sahara wird von einer in Stämmen organisierten arabisch-berberischen Mischbevölkerung (ursprünglich nomadisierenden Mauren) sowie einer seßhaften schwarzafrikanischen Minderheit bewohnt. Durch Seßhaftmachung und Dürrekatastrophen nahm die Zahl derjenigen Nomaden, die ausschließlich von der Viehzucht lebten, ständig ab (Anteil an der westsaharischen Bevölkerung nach spanischen Angaben 1974: 18 %). Die traditionelle Sozialordnung war hierarchisch. Ein gewählter ,,Scheich der Scheiche" regierte den Stamm im Einvernehmen mit der Notabeln-Versammlung (jamā'a). Das Solidaritätsgefühl innerhalb des Stammes war wegen der lebensfeindlichen Umweltbedingungen stark entwickelt.

Bis zum Beginn der 60er Jahre dieses Jahrhunderts blieb die alte Gesellschaftsordnung in der Westsahara relativ unberührt. Erst in den letzten 15 Jahren der spanischen Herrschaft, als das Land planmäßig entwickelt wurde, kam es durch stärkere Kontakte zwischen der spanischen und der weitgehend seßhaft gewordenen westsaharischen Bevölkerung zu einem gewissen sozialen Wandel. Bei den rund 18.000 Erwerbstätigen der Westsahara waren 1974 nach spanischen Angaben am stärksten die Viehzüchter (ca. 8.000) und die ungelernten Arbeiter (ca. 5.500) vertreten, gefolgt von Soldaten und Polizisten (ca. 1.300), Händlern (ca. 1.000), Chauffeuren und Industrie- bzw. Facharbeitern (jeweils 700). Die Zahl der Verwaltungsangestellten, Lehrer und Krankenpfleger (jeweils nicht mehr als 200) war niedrig. 17 Ackerbauern beschlossen die Skala.

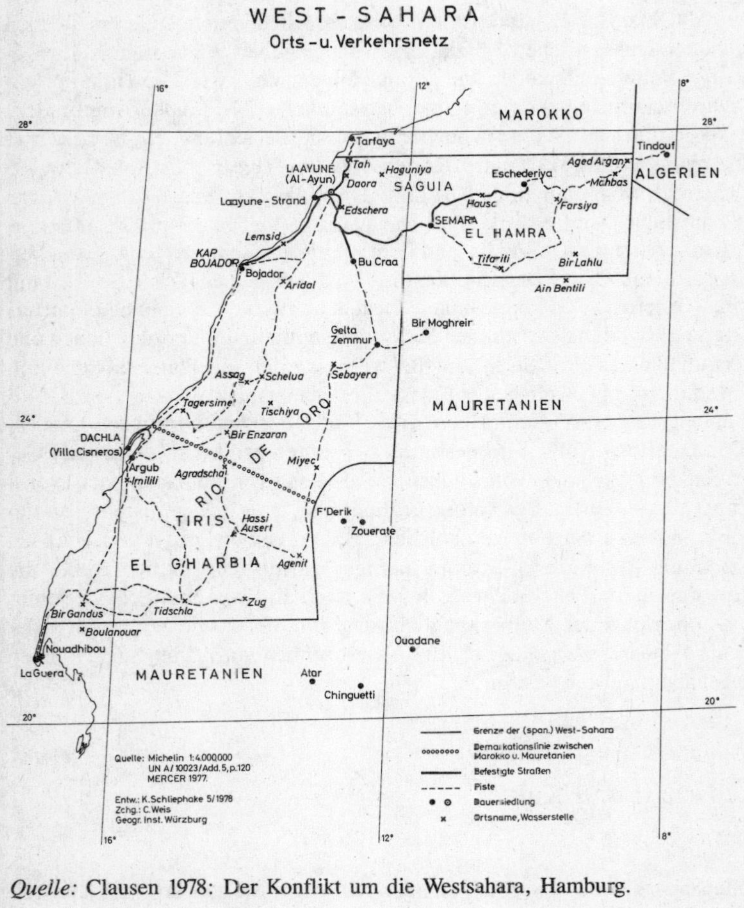

Quelle: Clausen 1978: Der Konflikt um die Westsahara, Hamburg.

Die letzte offizielle spanische Zählung (1974) nannte 73.497 Sahrauis (ṣaḥrāwīyūn, Sing. ṣaḥrāwī), verteilt auf drei Hauptgruppen: die überwiegend berberischen Raqibat (Reguibat) marabutischen Ursprungs im Süden und Osten (über die Hälfte), unabhängige, ehemals „große" Nomaden, die früher auf der Suche nach Weiden über die Staatsgrenzen hinweg jährlich viele hundert km zurücklegten und wenig Kontakt zu den Kolonisatoren hatten; dann, mit Abstand folgend, die relativ wohlhabenden Tekna vor allem im Nordwesten, die Land bewirtschaften ließen, Handel trieben und sich Neuerungen gegenüber am aufgeschlossensten zeigten; schließlich die Ulad Dlim im Süden und Westen, Krieger arabischen Ursprungs, die häufig im Dienste der spanischen Verwaltung sowie der Polizei und Armee standen und sich im Gegensatz zu den Raqibat 1957/58 nicht dem Aufstand gegen Spanien und Frankreich angeschlossen hatten.

Die spanischen Zahlen gelten als zu niedrig. 1981 gab der Westsahara-Ausschuß der Organisation der Afrikanischen Einheit (OAE/OAU) die Zahl der bei einer Volksabstimmung zu berücksichtigenden Sahrauis mit etwa 230.000 an, was den Schätzungen von Kennern der Region entspricht. Diese gehen u.a. davon aus, daß der nomadische Bevölkerungsanteil schwer zählbar war und daß Spanien aus politischen Gründen daran Interesse hatte, die Zahl möglichst klein zu halten. Außerdem berechnen sie die Sahrauis mit ein, die sich aus politischen oder wirtschaftlichen Gründen in Nachbarländern niedergelassen hatten, z.B. solche, die 1957/58 vor den französisch-spanischen Militäreinsätzen nach Marokko geflohen waren und deren Zahl Marokko 1975 mit 30.000 - 35.000 allein in den marokkanischen Südprovinzen angab. Diese Menschen lebten 1975 größtenteils noch in Lagern und betrachteten sich nicht als Marokkaner. Die Polisario-Front spricht von einer viertel bis halben Mio. Sahrauis.

Die Kultur der Westsahara ist wie die der gesamten westlichen Sahara arabisch-islamisch (sunnitischer Islam malikitischer Rechtsordnung, Verbreitung von Heiligenkult und religiösen Bruderschaften). Wie in Mauretanien wird Hassaniya gesprochen, ein dem Hocharabischen nahestehender Dialekt. Amtssprache war bis 1976 Spanisch. Das nach spanischem Muster aufgebaute Schulwesen war vor allem den spanischen Kindern zugute gekommen. Nur 19 % der als schulpflichtig gezählten westsaharischen Kinder besuchten 1974 eine Primarschule, darunter fast keine Mädchen. Es gab nur 446 Sekundar- und 194 Berufsschüler, und 450 Jugendliche befanden sich in einer Sonderausbildung für Verwaltungsangestellte, Arabischlehrer und Richter für islamisches Recht. 75 Sahrauis studierten mit staatlichen Stipendien außerhalb des Landes, davon 52 an Hochschulen.

3. Wirtschaft

Kennzeichnend für die westsaharische Wirtschaft bis 1976 war der Dualismus zwischen einem traditionellen Sektor (überwiegend Subsistenzwirtschaft) und einem kapitalintensiven, exportorientierten modernen Sektor (Phosphatbergbau).

Die landwirtschaftliche Nutzfläche bestand aus 5 Mio. ha Weideland, 10.000 ha „Wald“ (Bäume und Sträucher von Acacia radiana), 3 ha Dattelpalmenhainen und den eigentlichen Anbauflächen, die jährlich je nach Niederschlagsmenge schwanken und (bis 1974) maximal 10.000 ha erreichten. Hauptanbauprodukt war Gerste (1974: 7.000 t). Die spanische Regierung bemühte sich erst in den letzten Jahren der Kolonialzeit, durch Erschließung neuer Grundwasserquellen, Modernisierung der Anbaumethoden, Schädlingsbekämpfung und Mechanisierung die Flächen zu vergrößern, die Erträge zu steigern sowie die Produkte zu diversifizieren. Wichtiger als der Anbau war die Viehzucht. Anstrengungen, durch moderne Zuchtmethoden, Einführung neuer Rassen (Zebu-Rinder) und Futteranbau (wichtig für Dürrejahre) die Bestände zu verbessern und zu vervielfältigen, wurden ebenfalls erst spät unternommen. Der Nahrungsmittelbedarf konnte jedoch nur durch Importe gedeckt werden. In trockenen Jahren verteilte der Staat kostenlos Lebensmittel an die Nomaden.

Für den bis 1976 schwach entwickelten westsaharischen Fisch- und Schalentierfang bestünden ausgezeichnete Entwicklungsmöglichlichkeiten. Nach marokkanischen Schätzungen von 1979 könnten allein vor den nördlichen zwei Dritteln der westsaharischen Küste jährlich 2 Mio. t gefangen werden. 1969 wurden vor der Westsahara schätzungsweise 1,3 Mio. t gefangen, vor allem von spanischen, japanischen und sowjetischen Schiffen.

Kleinere gewerblich-industrielle Unternehmen bestanden bzw. bestehen in al-Ayun, Dakhla und La Güera, dem wichtigsten Fischereihafen (Fischverarbeitung, Schiffsreparatur, Bauunternehmen usw.). Die Wasserversorgung war von den Kanarischen Inseln unabhängig geworden, und sechs Kraftwerke erzeugten Strom. Das Straßennetz umfaßte zuletzt 6.500 km Pisten, die nur in der Nähe der größeren Orte asphaltiert waren.

Bodenschätze bilden den Hauptreichtum. Die Reserven der Phosphatkalklager von Bu Craa (107 km südöstlich von al-Ayun) werden auf 1,7 Mrd. t geschätzt, das Gesamtvorkommen in der Saqiya al-Hamra auf 10 Mrd. t. An weiteren Bodenschätzen sind Eisenerzvorkommen u.a. im zentralen Río de Oro (bei Agradscha) bekannt, die zwar einen unerwünscht hohen Silizium- und Titanoxidgehalt haben, aber auch das in der Raumfahrt benötigte Vanadium enthalten, sowie Kupfer- und Zinklagerstätten. Uran und Ölschiefer werden vermutet, Erdöl ist nachgewiesen. 1972 begann die staatliche spanische Fosfatos de Bu Craa-AG mit dem Abbau (Tagebau) der Phosphate (75 und 80 % Reingehalt), die über ein 96 km langes Förderband zur Aufbereitung und Verschiffung an den neuen Hafen bei al-Ayun (Schiffe bis zu 100.000 t) gebracht wurden. 1973 begann der Export (1974 und 1975 je 2 - 3 Mio. t), der erstmals einen positiven Abschluß der westsaharischen Handelsbilanz ermöglichte. 1975 beschäftigte der Phosphatbergbau 2.620 Personen, davon rund 45 % Sahrauis, vor allem in untergeordneten Positionen.

4. Historischer Überblick

Die bedeutendste Staatsschöpfung in der zunächst von negriden, dann zunehmend von berberischen Völkern besiedelten, seit der ersten arabischen Invasion (7./8. Jahrhundert) islamisierten und vom Ende des 12. Jahrhunderts an allmählich arabisierten westlichen Sahara war das Almorawiden-Reich (11./12. Jahrhundert). Im Bereich der heutigen Westsahara gab es danach keine politische Ordnung von Dauer mehr, die über den Stamm bzw. Stammesbündnisse hinausging. Auf ihrer Suche nach Weiden fühlten sich die unabhängigen Stämme nicht an politische Grenzen gebunden.

Im 19. Jahrhundert rivalisierten Spanien und Frankreich als Kolonialmächte in der westlichen Sahara. 1884 begann Spanien mit der Annexion der Westsahara, kontrollierte sie faktisch seit 1934 und verwaltete sie als direktes Hoheitsgebiet — auch dann noch, als sämtliche Nachbarstaaten (von Frankreich) unabhängig geworden waren. Erst Ende der 60er Jahre entwickelte sich ein modernes westsaharisches Nationalbewußtsein. 1973 entstand die Volksfront für die Befreiung von Saqiya al-Hamra und Río de Oro (spanisch: Frente Popular para la Liberación de Saguia el Hamra y Río de Oro, abgekürzt Polisario-Front) und nahm den Kampf gegen die spanische Verwaltung auf. Ihr Ziel war bald, die Westsahara zu einem unabhängigen Staat in den kolonialen Grenzen zu machen. Libyen und ab 1974/75 auch Algerien unterstützten die Front.

Die Westsahara wurde jedoch bereits seit den 50er Jahren auch von Marokko und Mauretanien beansprucht. Marokko begründete seinen Anspruch, der sich ursprünglich auch auf Mauretanien und Teile Algeriens und Malis erstreckte, historisch (z.B. hatten zeitweilig einige westsaharische Stämme dem marokkanischen Sultan gehuldigt, der weltliches und geistliches Oberhaupt ist). Der Internationale Gerichtshof hielt jedoch in seinem Gutachten von 1975 einen marokkanischen Souveränitätsanspruch nicht für gerechtfertigt. Dennoch betrachten der König und alle legalen Parteien die Westsahara als zu Marokko gehörig. Mauretanien wies vor allem auf die ethnische, kulturelle, religiöse und soziale Einheitlichkeit Mauretaniens und der Westsahara hin.

Marokko und Mauretanien stimmten ihre Interessen ab und schlossen mit Spanien, das am Ende der Franco-Ära außenpolitischen Schwierigkeiten aus dem Wege gehen wollte, am 14. 11. 1975 das Teilungsabkommen von Madrid, das eine Befragung der westsaharischen Bevölkerung nicht vorsah. Danach fielen die beiden nördlichen Drittel der Westsahara an Marokko, während Mauretanien den Rest erhielt. Am 26. 2. 1976 endete offiziell die spanische Herrschaft. Einen Tag später rief der provisorische sahrauische Nationalrat die Demokratische Arabische Republik Sahara (DARS) aus. Die Polisario-Guerilleros richteten ihren Widerstand zunächst vor allem gegen Mauretanien. Am 10. 7. 1978 stürzte eine Militärjunta den mauretanischen Staatspräsidenten und schloß am 5. 8. 1979 mit der Polisario-Front ein Friedensabkommen, wonach Mauretanien auf alle territorialen Ansprüche in der Westsahara verzichtet. Kurz darauf besetzte Marokko auch das südliche Drittel der Westsahara.

5. Die Flüchtlingslager bei Tindouf (Algerien)

Viele Sahrauis flohen vor den mauretanischen und den — auch Napalm einsetzenden — marokkanischen Streitkräften nach Algerien in das Gebiet um Tindouf. Seither leben die Flüchtlinge, meist Frauen, Kinder und alte Männer — die jüngeren sind in der Befreiungsarmee —, von Algerien sowie nationalen und internationalen Hilfsorganisationen unterstützt, auf etwa 25 Lager (sog. Kreise, dā'irāt) verteilt in Zelten in einem mehrere hundert km² großen, besonders unwirtlichen Landstrich. Die Lager bilden vier — räumlich voneinander getrennte — „Provinzen" (wilāyāt), die nach den westsaharischen Orten al-Ayun, Smara, Dakhla und Ausert benannt sind. Jedes Lager sorgt durch fünf sog. Volkskomitees (für Erziehung, Soziales/Justiz, Gesundheit, Versorgung und Handwerk) für seine Belange. Diese Selbstverwaltung vermittelt neben dem Gefühl der Selbständigkeit vor allem die in der Vergangenheit entbehrten Grundkenntnisse in den verschiedensten Berufen. Großer Wert wird auf die Alphabetisierung der Erwachsenen, vor allem der Frauen, die zwangsläufig, aber auch traditionell, im Lagerleben eine große Rolle spielen, und auf die Schulbildung der Kinder gelegt. Sehr wichtig ist auch die politische Schulung der Sahrauis durch die Polisario-Front. Besondere Anstrengungen werden zur Verbreitung und Vertiefung des Nationalbewußtseins anstelle des traditionellen Stammesdenkens unternommen. In den letzten Jahren konnten die Lager mit Kindergärten und Koranschulen, mit Grund- und Hauptschulen (mit Arabisch als Unterrichts- und Spanisch als erster Fremdsprache), mit Sanitätsstationen und Mutter-Kind-Zentren (die Front befürwortet Kinderreichtum) ausgestattet werden. Es gibt ein zentrales Krankenhaus, ein Berufs- und ein Frauenbildungszentrum. Oberschüler und Studenten werden ins Ausland geschickt. Die Versorgung der Lager ist besser geworden (z.B. werden einige ha Land mit Gemüse bebaut), läßt aber noch zu wünschen übrig.

Nach Angaben des UN-Flüchtlingshochkommissars, der seit 1984 eine ständige Vertretung in Algier hat, lebten 1985 in den Lagern 165.000 Menschen. Ein Teil von ihnen sind Sahrauis, die 1975/76 im benachbarten Ausland lebten und von dort in die Lager kamen.

6. Die Polisario-Front und die DARS

1976 verabschiedete der 3. Allgemeine Volkskongreß der Polisario-Front Grundsatzdokumente und die Verfassung der DARS. Danach ist diese im Rahmen der arabischen Nation eine arabische Republik, die für die arabische und afrikanische Einheit sowie für die Solidarität der

Völker der Dritten Welt eintritt. Der Islam ist Staatsreligion und ,,Quelle der Gesetze". Ziel ist der Aufbau eines genossenschaftlich organisierten Sozialismus unter größtmöglicher Beteiligung der Bevölkerung. ,,Nichtausbeuterisches" Privateigentum soll respektiert werden. Die Entwicklung der Landwirtschaft hat Priorität.

Partei und Verwaltung des Flüchtlingsstaates sind eng miteinander verzahnt. Einerseits wird auf weitgehende Mitsprache der Bevölkerung Wert gelegt, andererseits üben die Polisario-Verantwortlichen eine strikte politische Kontrolle aus. Die Mitglieder der Polisario-Front, also alle erwachsenen Sahrauis, sind in elfköpfigen Zellen organisiert. Etwa jährlich auf Lager-Ebene tagende ,,Basisvolkskongresse" wählen Delegierte zum ,,Allgemeinen Volkskongreß", der laut Beschluß des 5. Kongresses von 1982 alle drei Jahre zusammentreten soll. Dieser wählt das Politbüro (die vier Provinzgouverneure und die Generalsekretäre des Jugend-, Arbeiter- und Frauenverbandes sind von Amts wegen Mitglieder) sowie den Exekutivausschuß mit dem Generalsekretär der Front (27 bzw. sieben Mitglieder). Exekutivausschuß und Generalsekretär der Front übernehmen, solange nicht das gesamte Staatsgebiet erorbert ist, die Rolle des von der Verfassung als oberste staatliche Exekutive vorgesehenen Revolutionsrates und dessen Vorsitzenden, der seit der Aufnahme der DARS in die OAU gleichzeitig Staatschef ist (Verfassungsänderung von 1982). Der Revolutionsrat, der den Premierminister und die Minister ernennt, teilt laut Verfassung die Legislativgewalt mit dem 46köpfigen Nationalrat, dem das Politbüro der Front und die gewählten Vorsitzenden der Lager-Volksräte angehören. Die Lager-Volksräte bestehen aus den Verantwortlichen der fünf Volkskomitees, die Provinz-Volksräte aus den Vorsitzenden der Lager-Volksräte und den Leitern der fünf Fachressorts unter dem Vorsitz des vom Innenminister ernannten Provinzgouverneurs (wālī). Dieser leitet als Politkommissar der Front auch deren Provinz-Kommissariat, dem die Vorsitzenden der Lager-Volksräte und ernannte Lager-Politikommissare angehören, während die Lager-Kommissariate unter dem Vorsitz des ernannten Politikommissars aus den Zellenpräsidenten bestehen. Die Rechtsprechung ist unabhängig.

Die Zusammensetzung des Exekutivausschusses der Polisario-Front hat sich bisher kaum geändert. Er besteht aus eine Gruppe relativ junger Männer um den Generalsekretär und Staatschef Mohamed Abdelaziz (Muḥammad ʻAbd al-ʻAzīz seit 1976; 1978, 1982 und 1985 wiedergewählt), die die Front mitbegründeten und bereits die spanische Verwaltung bekämpften. Über Flügelkämpfe war bisher nichts zu erfahren. Vier Frauen sind seit Dezember 1985 Mitglieder des Politbüros.

7. Die militärische Lage

Die auf 10.000 bis 20.000 Mann stark geschätzte Volksarmee zur Befreiung der Sahara verfügt neben dem von der spanischen, marokkanischen und mauretanischen Armee erbeuteten Material über moderne sowjetische Waffen, vor allem aus libyschen und algerischen Beständen, u.a. Panzer und auf Wagen montierte Granatwerfer und Raketen zur Panzer- und Flugzeugabwehr, dagegen nicht über Flugzeuge und Hubschrauber. Seit der libysch-marokkanischen Annäherung 1983 und dem Unionsvertrag von 1984 gewährt Libyen keine militärische Unterstützung mehr (ob es nach dem Scheitern der Union 1986 anderweitige Hilfe wiederaufnahm, ist unbekannt). Seither ist laut Polisario-Front Algerien der Hauptlieferant; es folgen mit Abstand Nordkorea und Jugoslawien. Die Volksarmee griff zuerst nach Guerilla-Art, später zunehmend konventionell an und fügte den Gegnern besonders in den ersten Jahren schwere Verluste zu. Nach dem Mauerbau kehrte sie zur Guerilla-Taktik zurück.

Die Stärke des in der Westsahara eingesetzten marokkanischen Militärs wird auf 100.000 Mann, also etwa die Hälfte der gesamten Streitkräfte, geschätzt. Die Kriegskosten belaufen sich auf mindestens 1 Mio. US-$ täglich. Die Militärausgaben machen 40 % des Haushalts aus. 1980 begann Marokko, sich durch den Bau von Wällen ausschließlich auf die Verteidigung des von ihm besetzten Gebietes zu konzentrieren. Der derzeitige, etwa 1.400 km lange Sand- oder Geröllwall, der mit von Frankreich und den USA gelieferten Radarsystemen und elektronischen Bodensensoren sowie mit Artillerie ausgestattet ist und dem Minenfelder vorgelagert sind, folgt im Nordosten im Abstand von 4 - 20 km der gesamten algerischen und einem kleinen Teil der mauretanischen Grenze, biegt dann nach Südwesten ab, verläuft bei Amgala wieder dicht an der mauretanischen Grenze und von dort in südwestlicher Richtung über Gelta Zemmur bis zum Atlantik südlich von Dakhla. Damit kontrolliert Marokko etwa zwei Drittel der Westsahara. Die um Neutralität bemühte neue mauretanische Regierung scheint zu versuchen, die Polisario-Truppen von ihrem Territorium fernzuhalten. La Güera bei Nouadhibou, dem wichtigsten mauretanischen Hafen, wurde 1979 von Mauretanien nicht aufgegeben.

Obwohl beide Seiten wissen, daß sich der Konflikt nicht militärisch lösen läßt, stellen sie sich auf einen langen Krieg ein. Unter der Devise ,,Das gesamte Vaterland oder Tod" hofft die Polisario-Front auf den wirtschaftlichen und politischen Zusammenbruch Marokkos und führt Abnutzungskämpfe durch, bei denen für kürzere Zeit auch der Wall überwunden wird. Der marokkanische König erklärte 1985, daß die Königlichen Streitkräfte in den nächsten fünf Jahren für 1 Mrd. US-$ modernisiert werden sollen.

8. Die diplomatische Situation

Die DARS wird (1987) von 67 Staaten diplomatisch anerkannt und ist seit 1982 51. Mitglied der OAU. Sie erwägt Kandidaturen für die Bewegung der Blockfreien und die UNO. Als die DARS-Vertreter 1984 bei der XX. OAU-Gipfelkonferenz erstmals ihr volles Stimmrecht nutzten, trat Marokko aus der Organisation aus. 1983 forderte die OAU in ihrer Resolution 104 AHG (XIX) Marokko und die Polisario-Front auf, in direkten Gesprächen einen Waffenstillstand auszuhandeln, damit unter den Sahrauis das von ihr seit langem geforderte international kontrollierte Selbstbestimmungsreferendum durchgeführt werden könne. Dieser Resolution schlossen sich inzwischen sowohl die UN-Vollversammlung, die seit Jahren das ,,unveräußerliche Recht des Volkes der Westsahara auf Selbstbestimmung und Unabhängigkeit" bekräftigt, als auch die 8. Gipfelkonferenz der Blockfreien an. Der marokkanische König ist seit 1981 mit der Durchführung eines den *Status quo* bestätigenden Referendums einverstanden, lehnt jedoch offizielle und direkte Gespräche mit der Polisario-Front ab. Die Front befürwortet die Durchführung der OUA-Resolution 104.

Zahlreiche politische Parteien, Gewerkschaften usw., z.B. die sozialdemokratischen, sozialistischen und kommunistischen Parteien der meisten westeuropäischen Länder, erkennen die Polisario-Front als legitime Vertreter der Sahrauis an und üben Solidarität. Die westeuropäischen Regierungen verhalten sich bis zum Referendum offiziell neutral, wobei Spanien und Frankreich, vor allem aus wirtschaftlichen Gründen, nach wie vor Wert auf gute Beziehungen zu Marokko legen und besonders Frankreich Marokko mit Waffen beliefert. Spanien hält an der Auffassung fest, daß es 1976 nur die Verwaltung, nicht die Souveränität der Westsahara an Marokko und Mauretanien übertrug. Die Regierung der Bundesrepublik Deutschland leistete einerseits nur sehr geringe humanitäre Hilfe für die Sahrauis, unterbrach andererseits nicht ihre Ausrüstungshilfe für die marokkanische Armee (Lieferung nicht-militärischer Güter im Wert von 17 Mio. DM zwischen 1979 und 1984).

Ebenfalls offiziell neutral ist die Haltung der USA. *De facto* unterstützen sie das prowestliche und strategisch wichtige Marokko durch erhebliche Militär- und Finanzhilfen seit 1979, verstärkt nach Präsident Reagans Amtsantritt. 1982 schlossen sie mit Marokko ein Militärabkommen, das ihrer Schnellen Eingreiftruppe die Benutzung marokkanischer Luftstützpunkte erlaubt.

Die Polisario-Front ist die einzige afrikanische Befreiungsbewegung von Bedeutung, die von der Sowjetunion nicht anerkannt wurde. Diese Zurückhaltung wird mit den wirtschaftlichen Interessen, vor allem in der Phosphatindustrie, erklärt, die die Sowjetunion an Marokko binden und Marokko statt Algerien zum wichtigsten Handelspartner der Sowjetunion in Nordafrika gemacht haben. Auf der anderen Seite ist Algerien ein bedeutender Wirtschaftspartner der USA und baut diese Rolle aus.

9. Marokkos Aktion in der Westsahara

Marokko betrachtet die Eingliederung der Westsahara als endgültig und irreversibel. Seit Jahren ist dieses Thema zwischen dem König und den politischen Parteien unumstritten und bildet geradezu ein Symbol der Einheit. Die Regierung verzahnte die Westsahara administrativ mit dem marokkanischen Kerngebiet und stellte auf Kosten der marokkanischen Kernprovinzen seit 1976/77 4 Mrd. Dirham (1985: 1 Dirham = 0,32 DM) zu ihrer wirtschaftlichen und sozialen Entwicklung bereit. Zollfreie Importe von den Kanarischen Inseln und Steuerfreiheit zogen Zehntausende von Marokkanern an. Allein al-Ayun hat heute über 100.000 Einwohner. Seit 1982 baut die staatliche marokkanische Phosboucraa-AG, die 65 % der spanischen Aktien gekauft hat, nach sechsjähriger Unterbrechung in geringem Umfang wieder Phosphatkalk ab. Die in der Westsahara verbliebenen Sahrauis fügen sich nach marokkanischen Angaben problemlos ein. Dagegen berichten Organisationen wie amnesty international oder Terre des Hommes von politischer Unterdrückung und Verfolgung Unwilliger durch die marokkanischen Behörden.

10. Die Folgen des Konflikts für die Region

Die Liga der Arabischen Staaten hat den Konflikt nie offiziell behandelt. Fünf ihrer Mitglieder erkennen die DARS an (Algerien, Südjemen, Libyen, Syrien und Mauretanien), die anderen verhalten sich abwartend oder unterstützen Marokko (z.B. Saudi-Arabien). Inoffizielle Vermittlungsversuche sind bisher gescheitert.

Die Idee eines vereinigten ,,arabischen Westens" (Maghreb), die bei Libyern, Tunesiern, Algeriern, Marokkanern, Sahrauis und Mauretaniern sehr populär ist, aber von Anfang an durch ungelöste Grenzprobleme kolonialer Herkunft belastet wurde, hat durch den Konflikt ihren bisher schwersten Rückschlag erlitten. Marokko und Algerien als die beiden wichtigsten Staaten der Region sind in ihrem Streit um die Vorherrschaft im Maghreb und um Einfluß in Afrika an den Rand einer offenen Konfrontation geraten. Das die DARS unterstützende Algerien ist durch einen Freundschaftsvertrag (Vertrag von Tunis von 1983) mit Tunesien und Mauretanien verbunden, während Marokko durch die ,,Afrikanisch-arabische Union" (1984 - 86) zwei Jahre lang Libyen auf seine Seite ziehen konnte. Der Vereinigte Große Maghreb scheint in weite Ferne gerückt.

Literatur:

Barbier, M. 1982: Le conflict du Sahara Occidental, Paris.

Brenneisen, C.M. 1985: Das Ressourcenpotential der Westsahara — erarbeitet als Satellitenbildinterpretation — und seine Bedeutung für die Etablierung eines neuen Staates, Hannover.

Clausen, U. 1978: Der Konflikt um die Westsahara, Hamburg.

Hinz, M.O. 1978: Le droit à l'autodétermination du Sahara Occidental, Bonn.

Hodges, T. 1982: Historical Dictionary of Western Sahara, Metuchen, London.

ders. 1983: Western Sahara. The Roots of a Desert War, Westport.

Miské, A.B. 1978: Front Polisario. L'âme d'un peuple, Paris.

Monod, T. u. Toupet, C. 1973: Die westliche Sahara, in: Schiffers, H. (Bearb.): Die Sahara und ihre Randgebiete, Bd. 3, München.

Rézette, R. 1975: Le Sahara Occidental et les frontières marocaines, Paris (auch in englischer Übersetzung).

Taeger, J. 1984: Der Sahara-Konflikt und die Krise der Organisation der Afrikanischen Einheit (OAU), in: Verfassung und Recht in Übersee, Jg. 17, Nr. 1, 51-90.

VII. Tschad-Konflikt

Reinhold Meyer

1. Ursachen des Konflikts

1.1 Erbe der Kolonialzeit

Die Bedingungen für die politische Entwicklung im Tschad nach der Unabhängigkeit ergaben sich aus der neokolonialen Situation des Landes. Sie war u.a. charakterisiert durch die Aufrechterhaltung eines repressiven Machtapparates, die ungebrochene Vormachtstellung ausländischer Monopole und ausländischen Kapitals, die Ausrichtung der Wirtschaft auf eine Exportkultur (Baumwolle), den ungleichen Austausch zwischen Stadt und Land und die krassen regionalen Entwicklungs- und Einkommensungleichgewichte. Da der Norden des Tschad aus klimatischen und geographischen Gründen, aber auch vor allem wegen der andauernden Feindseligkeit der Nomaden-Bevölkerung keine Möglichkeit zum Ausbau einer vermarktungsfähigen Exportproduktion bot, wurde der Süden des Landes zum wirtschaftlichen Hauptanziehungspunkt. In dieser hauptsächlich von Sara-Gruppen bewohnten Region westlich des Chari-Flusses entwickelte die Kolonialmacht Frankreich den Baumwollanbau. Dies hatte eine einseitige Konzentration von wirtschaftlichem Ausbau und infrastruktureller Entwicklung in wenigen Gebieten des Südens zur Folge. Materielle und technische Hilfe floß nur in diejenigen Gebiete, in denen hohe Rendite des investierten Kapitals sicher war. Diese einseitige Bevorzugung des Südens führte zu extremen regionalen Entwicklungs- und Einkommensungleichheiten. Hinzu kam, daß das Sara-Gebiet nicht nur Zentrum der wirtschaftlichen Aktivitäten der Kolonialherren war, sondern auch zum Betätigungsfeld für ihre ideologische und kulturelle Durchdringung wurde. Die christlichen Missionen, die während der Kolonialzeit im Norden nicht tätig sein durften, konzentrierten ihre Missions- und Erziehungsanstrengungen ganz auf den Süden, mit der Folge, daß dort bald eine modern ausgebildete, verwestlichte Elite heranwuchs. Die Elite des Nordens verweigerte sich der französischen Schule und zog es auf Grund ihrer Sprache und Kultur vor, sich in Kairo, Tripolis oder Khartoum ausbilden zu lassen.

Als der Tschad 1960 unter dem ersten Präsidenten, François Tombalbaye, „in die Unabhängigkeit entlassen" wurde, war der Staat ein künstliches, nach dem Vorbild des „Mutterlandes" geformtes Gebilde in der Hand einiger privilegierter, am französischen Wertsystem ausgerichteter Bürokraten. Die Ethnien, die dieser Staat in seinen willkürlich gezogenen Grenzen zusammenfaßte, besaßen weder ein Gefühl der nationalen Gemeinschaft, noch dachten sie daran, ein solches zu entwickeln. Zu groß waren die kulturellen, ethnischen und religiösen Unterschiede, als daß sie diesen Staat als ihren gemeinsamen hätten anerkennen können.

Die Sprengkraft der Situation rührte nicht von der Tatsache her, daß die Kolonialmacht unterschiedliche Ethnien in ein Staatsgebilde hineingezwungen hatte, sondern daher, daß sie gleichzeitig eine wirtschaftliche und soziale Entwicklung eingeleitet hatte, die ein sich verstärkendes Ungleichgewicht in der Entwicklung der Landesteile bewirkte und zur politischen Dominierung des Südens über den Norden führte. Die ehemals „ausländische Ordnung" wurde für die Bevölkerung im Norden und Osten des Tschad unerträglich, als sie sich in eine „südliche Ordnung" verwandelte. Der innenpolitische Prozeß hatte faktisch zur Herausbildung von zwei Tschad-Republiken geführt: dem ,,Nordtschad", einer Wüsten- und Savannenregion und dem ,,Südtschad" oder auch ,,nützlichem Tschad", einem Agrargebiet. Hieraus entstand ein interner Kolonialismus nicht nur auf ethnischer, sondern auch auf kultureller, wirtschaftlicher, religiöser und sprachlicher Ebene, der ab 1966 zum Krieg gegen das Zentralregime führte.

1.2 Scheitern des importierten Staatsmodells

Neben der Akzentuierung der krassen regionalen Unterschiede war der Staatsaufbau ein anderes für das tschadische Drama verantwortliche Erbe der Kolonialzeit. Wie die anderen frankophonen Staaten in Afrika hatte auch der Tschad von der ehemaligen Metropole eine für die nationale Entwicklung verhängnisvolle autoritäre und zentralistische Konzeption des Staates geerbt, die den Bedürfnissen des Landes überhaupt nicht entsprach, sondern im Hinblick auf die Bedürfnisse der neokolonialen Ökonomie und Machtinteressen angelegt war. Im Tschad wie im frankophonen Afrika beruhte das nachkoloniale System auf dem Dogma, daß die Nachahmung des staatlichen Modells, das bei den ehemaligen Kolonialherren erfolgreich praktiziert wurde, der Schlüssel für den eigenen Fortschritt war. Der auf die tschadische sozio-kulturelle Realität aufgepfropfte einheitliche, zentralistische und vereinheitlichende Nationalstaat jakobinischer Prägung erwies sich als unfähig, eine wirkliche Verbesserung der Lebensbedingungen der Massen zu schaffen. Der polit-administrative Apparat konnte nicht die ihm zugedachte Rolle eines Entwicklungsmotors wahrnehmen. Vielmehr erwiesen sich die staatlichen Institutionen als hauptsächliche Faktoren der Entwicklungsblockade. Angesichts des Widerstands der ethnischen, mikronationalen und vertikalen Solidaritäten gegenüber Institutionen, die transethnische, horizontale Solidarität wollten, sahen sich die politischen Führer gezwungen, ihr Regime zu verhärten. Die Autorität des Staates war somit nur noch soweit respektiert, wie sie Furcht einflößte oder materielle Vorteile erhoffen ließ. Der öffentliche Dienst war in großem Umfang zu einem Unternehmen verkümmert, das an einige tausend Privilegierte den von der Landbevölkerung und den Arbeitern erwirtschafteten Mehrwert verteilte. In einem solchen Staat hatten die partiellen Solidaritäten (die ethnischen, regionalen, kulturellen, religiösen) mehr Bedeutung als die nationale Solidarität und entleerten die Strukturen des Nationalstaates ihres wesentlichen Inhalts. Die vorgeblich einigende Funktion des Staates lief auf eine Verschärfung der ethnischen Rivalitäten und internen Spannungen hinaus. Die politischen und administrativen Strukturen dienten zur Bereicherung der Mitglieder der politischen Machtgruppen, die folgende Charakteristika haben: ihr Einfluß rührt aus der Besetzung der Schlüsselpositionen in der Staatsbürokratie her, ihr Kapital ist das Ergebnis der politisch-bürokratischen Funktionen, ihre Macht beruht auf dem Monopol der durch das importierte Erziehungs- und Ausbildungssystem erworbenen Kenntnisse.

Aus dem Scheitern des importierten jakobinischen Staates und dem Entstehen spezifischer Strukturen des ,,modernen" Staates hat sich im Tschad ein Machtkarussell unter rivalisierenden Fraktionen um die Schlüsselstellungen im polit-administrativen Apparat herausgebildet.

1.3 Fehlende soziale Basis der FROLINAT

Die nationale Befreiungsfront des Tschad/FROLINAT zeigte schon bald nach ihrer Gründung 1966 ihre schwache Stelle, nämlich den verschwommenen sozialen und historischen Charakter ihres Kampfes. Hervorgegangen aus nationalen Strömungen der Kolonialzeit vertrat die FROLINAT hauptsächlich die Zielsetzungen der jungen progessiven Bourgeoisie, die vom linken Flügel der Parti Progressiste Tschadien (PPT) und der Union Nationale Tschadienne (UNT) herkam. Auf Grund der strategischen Bedeutung des Tschad für Frankreich wurde diese nationale Bourgeoisie bei der Unabhängigkeit von dem Machtbündnis ausgeschlossen. Entsprach die FROLINAT durch ihre Aktivitäten sehr schnell den Empfindungen der Bevölkerung gegenüber einem korrumpierten Regime, so zeigte die Fortsetzung des Kampfes jedoch die Mängel der Strategie der FROLINAT. Wenn das Beispiel Tschad beweist, daß es möglich ist, den Guerillakrieg gegen Regierungstruppen zu gewinnen, so zeigt es auch, daß es viel schwieriger ist, ein revolutionäres Programm mit Erfolg in einem afrikanischen Land anzuwenden. Zwar konnte die FROLINAT in den ersten Jahren ihrer Existenz wertvolles Gelände gewinnen. Doch es gelang ihr nicht, die Gesamtheit der tschadischen Bevölkerung gegen die an der Macht befindlichen Minderheit zu vereinen.

In Ermangelung eines Kampfprogramms, das es ermöglichen konnte, der Bevölkerung den Sinn des gemeinsamen Kampfes genau zu erklären, vereinte die FROLINAT lediglich Regionen, ohne das entsprechende politische Bewußtsein bei der Bevölkerung zu bewirken. Zahlreiche traditionelle Chefs schlossen sich der FROLINAT aus rein persönlichen bzw. tribalen Motivationen gegen die Alleinherrschaft einer ethnischen Gruppe an. Seit 1970 bestimmten interne Uneinigkeiten und Aufsplitterungen den politischen und militärischen Kampf der FROLINAT. Dieser Zersplitterung der Opposition stand auf der Regierungsseite der rapide fortschreitende Zerfall der Zentralmacht gegenüber. Zwei Entwicklungen waren seitdem für die innenpolitische Dynamik im Tschad maßgeblich: eine Serie von „Versöhnungskonferenzen", um die verschiedenen politischen Fraktionen zu einer von allen gebilligten und gemeinsam getragenen Regierungs-Plattform zu bringen, und anhaltende Auseinandersetzungen dieser Fraktionen, um sich Schlüsselstellungen im Staatsapparat zu sichern. Als Folge hat sich der Tschad seit 1979 in Hochburgen aufgespalten, wo die Fraktionschefs als wahre Kriegslords herrschen mit aufgezwungenem Gesetz, Abgaben der Bevölkerung und Zollerhebungen bei Eintritt und Verlassen ihrer kontrollierten Gebiete. Es geht nicht mehr um politische Programme, sondern um Machtstellungen, nicht um die Verwirklichung wirtschaftlicher und sozialer Reformen oder neuer politischer Ordnungen, sondern um Partikularinteressen. Macht- und geopolitische Interessen haben im Tschad zunehmend fremde Mächte auf der innenpolitischen Szene aktiv werden lassen. Die Tschad-Krise hat sich internationalisiert, das Land ist zur Arena der Großmächte und ihrer jeweiligen Stellvertreter geworden.

2. Internationalisierung des Konflikts

2.1 Frankreichs ambivalente Rolle

Frankreich ist im Tschad immer als Brandstifter und Feuerwehrmann aufgetreten und hat durch diese ambivalente Rolle eine historische Verantwortung für den Bürgerkrieg. Hatte Frankreich den neuen Staat schon mit dem unheilvollen Erbe der Kolonialzeit strukturell und politisch belastet, so ist die jüngste Geschichte des Tschad nach der Unabhängigkeit durch die permanente Einmischung der ehemaligen Metropole charakterisiert. Zweimal, 1968 und 1978, rettete Paris durch direkte militärische Intervention die zerrütteten Regime seiner Protegés Tombalbaye und Malloum, um sie anschließend doch fallen zu lassen. Auch die Kontrahenten Habré und Goukouni hat Paris schon beide unterstützt. Am Tschad-Problem zeigt sich auch, daß die Versprechungen des damaligen Präsidentschaftskandidaten Mitterrand vom Mai 1981 sich an der komplexen Realität der französisch-afrikanischen Beziehungen stoßen, und daß Frankreich sich internationalen Zwängen und amerikanischem Druck im Tschad beugen muß. Noch im Juni 1981 war als *Credo* der neuen Regierung in Paris ein Ende jeglicher Intervention in Afrika verkündet worden. Zwei Jahre später mußte dieser Schwur zum ersten Mal revidiert werden. Ebenso verhält es sich mit dem einstigen Dogma Mitterrands, Afrika unbedingt aus dem Ost-West-Konflikt herauszuhalten und daher jede Internationalisierung interafrikanischer Krisen zu vermeiden und der Organisation of African Unity (OAU) die Mittel zu verschaffen, ihre Vermittlungsfunktion wahrzunehmen.

Zahlreiche frankophone Staaten sehen in Libyen eine ständige Bedrohung ihrer politischen Regime. Ihre Reaktionen sind ebenso von der Entfernung zu Libyen und ihrer Abhängigkeit von libyschem Öl und libyscher Unterstützung wie von dem Druck einheimischer islamischer Bewegungen bestimmt. Die frankophonen Staaten erwarteten von Mitterrand, daß er sich eindeutig und wirkungsvoll dem libyschen Expansionismus entgegenstellte und damit Frankreichs Beistandsverpflichtung gegenüber Afrika erfüllte. Diese Forderung mußte Paris ernst nehmen, wollte es verhindern, daß sich die gemäßigten afrikanischen Staaten nach Washington orientierten. Auf dem Spiel standen auch die Beziehungen zur arabischen Welt. Algerien, Marokko und Tunesien beobachten die Aktivitäten Libyens mit großem Mißtrauen. Noch besorgter sind Ägypten und Saudi-Arabien. Beide befürchten eine Destabilisierung des für sie aus strategischen und wirtschaftlichen Gründen wichtigen Sudan, wenn es Goukouni mit Gaddafis (Mu'ammar al-Qadhdhāfī) Hilfe gelingt, die Macht in N'Djaména zurückzuerobern.

Bei dieser Konstellation entschloß sich Mitterrand im August 1983 zur erneuten militärischen Intervention im Tschad, wenn auch diesmal als reine defensive Maßnahme propagiert. Frankreich versuchte das diplomatische Kunststück, es sich nicht mit seinen frankophonen afrikanischen Partnern zu verderben, zugleich aber den willkommenen Waren- und Waffenkunden Libyen bei Stange zu halten. Die französisch-libyschen Beziehungen führten auch in den kritischsten Phasen im Tschad nie zum völligen Bruch. Was Ende 1969 mit einem spektakulären Super-Rüstungsgeschäft zwischen dem neuen libyschen Machthaber Gaddafi und dem französischen Präsidenten de Gaulle begann und später unter Giscard d'Estaing trotz libyscher Anschuldigungen, die nationale Unabhängigkeit aufgegeben und sich ins Kielwasser der amerikanischen Diplomatie begeben zu haben, im Waren- und Rüstungsexport fortgesetzt wurde, versuchte Mitterrand fortzuführen: sich mit Gaddafi trotz aller politischen Fährnisse der turbulenten Beziehungen zu arrangieren. Mitterrand ist aus Rücksicht auf die französische Afrika- und Bündnispolitik dem harten Kurs der Amerikaner im Tschad 1983 gefolgt, hat aber zugleich im Klartext bekannt gemacht: keine französische Unterstützung für Präsident Habré bei einer Gegenoffensive, keine Teilung des Tschad, keine unüberbrückbare Feindschaft zu Goukouni. Frankreich unterstützt den Staat Tschad, nicht die Person Habré lautet die Losung in Paris. Eine brüchige Devise, denkt man an die nicht vorhandenen Fundamente eines Staates französischer Konzeption im Tschad. Obwohl sich ein konservatives Element in Mitterrands Regierung, das den Empfindlichkeiten der alten afrikanischen frankophonen Führungspersönlichkeiten Rechnung zu tragen suchte, gegenüber einem grundsätzlich neuen Kurs duchsetzte, hat Frankreich seinen Ruf als wichtigste diplomatische Kraft auf dem afrikanischen Kontinent eingebüßt. Katalysator dieser politischen Strömung ist der Tschad, wo Frankreich in den Augen der afrikanischen Staatschefs der eindeutige Verlierer beim politischen Poker mit Gaddafi ist. Der nicht erfolgte völlige Abzug der Libyer aus dem Tschad und das verunglückte Treffen mit Gaddafi auf Kreta am 15. 11. 1984 ließen Mitterrands Glaubwürdigkeit und einstigen Vertrauensvorschuß in Afrika schwinden. Daher war die zweite französische Militärintervention im Tschad im Februar 1986 auch als Demonstration der politischen Entschlossenheit von Mitterrand gegenüber der in Paris versammelten frankophonen Staatengemeinschaft (Frankophonie-Treffen 17. - 19. 2.) gedacht.

2.2 Libyens Föderations-Ambitionen

Libyen ist durch die Rückkehr Habrés an die Macht mit Unterstützung der Vereinigten Staaten, Ägyptens und des Sudan beunruhigt, da es sich schon im Osten durch Ägypten und den Sudan sowie im Norden durch die im Mittelmeer patrouillierende VI. US-Flotte eingekreist fühlt. Libysche Politik ist es daher, den seiner Meinung nach das Land umgebenden Sperrgürtel zu zerbrechen. Für Gaddafi ist es von entscheidender Bedeutung, daß sich im Tschad keine neue feindliche Front gegenüber Libyen aufbaut. Das libysche Isolationstrauma wird seit dem Amtsantritt von

Ronald Reagan durch die intensive militärische Zusammenarbeit zwischen den Vereinigten Staaten, Ägypten und dem Sudan, die amerikanischen Manöver im Golf von Syrte sowie das amerikanische Bemühen um den von Habré regierten Tschad verstärkt. Das zweimalige Scheitern von OAU-Konferenzen in Tripolis (August und November 1982) isolierte Libyen von den meisten frankophonen afrikanischen Staaten, gab Gaddafi aber Gelegenheit, seine anti-imperialistische Entschlossenheit zu demonstrieren und ließ ihm im Tschad freie Hand.

Gaddafi als glühender Anhänger des Islams und als Vorkämpfer der Einheit der islamischen/ arabischen Welt, das sind die Eckpfeiler sowohl der subversiven als auch der diplomatischen Aktivitäten libyscher Außenpolitik. Ein alter Traum Gaddafis ist eine Föderation der ,,Vereinigten Islamischen Staaten der Sahel-Zone" und schließlich die Gründung eines pansaharischen Staates, der sich von Libyen bis Mauretanien erstreckt unter Einschluß des Südteils von Algerien sowie des Nordtschad, von Niger und Mali. Tripolis hat den Bürgerkrieg im Tschad ausgenutzt, um seine machtstrategische Situation in der Region zu verbessern.

Schon kurz nach seiner Machtübernahme hat Gaddafi die tschadischen Rebellen im Namen des Islams unterstützt: ,,Der Islam und die Muslime im Tschad sind Opfer einer religiösen Unterdrückung. Es ist offensichtlich, daß Tombalbaye und seine Clique eine rassistische Diskriminierung gegenüber der arabisierten Bevölkerung praktizieren. Die allgemeine Situation im Tschad, abhängig von westlichen und zionistischen Militärbasen, ist eine Bedrohung für die arabischen Nachbarn des Tschad." (Buijtenhuijs 1983, 339). Hinter dieser Analyse Gaddafis von 1971 zeichnete sich bald das libysche Annexions-Vorhaben ab. Der Abbruch der diplomatischen Beziehungen zwischen Tschad und Israel 1972 modifizierte die libysche Haltung.

Die Unterstützung für die FROLINAT reduzierte sich im Austausch gegen Tombalbayes geheime Anerkennung der sogenannten Mussolini-Laval-Vereinbarung von 1935 (die Vereinbarung ist nicht ratifiziert worden und wird daher international nicht anerkannt), die Libyen einen 114.000 km² großen Landstreifen im äußersten Norden vom Tschad zusprach. Dieser sogenannte Aouzou-Streifen enthält Uran-Vorkommen und ist von großem strategischen Interesse, da die Einrichtung einer Militärbasis in dieser Region die libysche militärische Operationslinie um 600 km nach Süden schiebt. Für seinen panislamischen Föderationstraum fand Gaddafi keinen Verbündeten im Tschad. Das Zweckbündnis Goukouni-Gaddafi basiert auf einem beiderseitigen Interesse: Für Goukouni und sein Gouvernement d'Union Nationale de Transition de Tchad (GUNT) ist Gaddafi der einzige Verbündete, der ihm die Revanche gegenüber Habré ermöglichen könnte. Gaddafi wiederum möchte die Einkreisung Libyens durch feindliche Regime wie das von Habré vermeiden. Der Tschad ist für die libysche Diplomatie aber ein Einsatz mit politischen, strategischen und ideologischen Implikationen geworden, die wesentlich grundlegender sind als eine einfache Lösung beim Machtkampf zwischen Goukouni und Habré. Für Gaddafi ist der Tschad der Eckpfeiler seiner regionalen Machtpolitik.

2.3 Amerikas strategisches Interesse

Die Reagan-Administration sieht Gaddafi als notorischen Amerikafeind an und möchte seinen Einfluß in Afrika zurückdrängen. Als Libyen im Februar 1983 an der tschadischen Grenze Truppen zu massieren schien und dadurch den Sudan bedrohte, schickte Washington demonstrativ AWACS-Frühwarnflugzeuge in die Region, vermied aber jede direkte Verwicklung. Die Vereinigten Staaten wollen den Tschad nicht zu einem von Libyen abhängigen, anti-westlichen Vasallen werden lassen, wie es sich im Januar 1981 für sie abgezeichnet hatte, als Tripolis vorschnell die ,,Fusion" von Tschad und Libyen ankündigte. Die amerikanische Regierung verfolgt drei Ziele: Sie will durch massive finanzielle und materielle Unterstützung Habrés Position stärken, das Regime von Gaddafi destabilisieren und ihren Einfluß in Afrika weiter ausdehnen. Washington möchte seinen afrikanischen Verbündeten demonstrieren, daß es den libyschen Expansionismus aufhalten kann. Außerdem wäre der Tschad für die amerikanische Schnelle Eingreiftruppe (Rapid Deployment Force) neben Marokko, Senegal, Liberia, Zaire, Ägypten, Sudan und Somalia ein strategisch wichtiger Stützpunkt. Die Vereinigten Staaten verdrängten 1984 Frankreich als Hauptlieferanten des Tschad mit 30 Mio.US-$ (Frankreich 28 Mio. US-$) Wirtschafts- und 5 Mio. US-$ Militärhilfe.

2.4 Eindämmungspolitik von Sudan und Ägypten

Der genaue Umfang der sudanesischen und ägyptischen Unterstützung für Habré ist schwer abzuschätzen. Beide gehören zu den größten Rüstungsgüterempfängern der Vereinigten Staaten. Sie haben Habré auf diese Weise auch als Mittlerstaaten militärisch versorgt. Sudan diente Habré als Ausgangspunkt zur Rückeroberung der tschadischen Hauptstadt im Juni 1982, nachdem er im Dezember 1980 vor den Truppen von Gaddafi und Goukouni hatte fliehen müssen. Der hauptsächliche Aspekt des Tschad-Konflikts Mitter der 60er Jahre, ,,islamischer Norden" gegen den ,,christlichen/animistischen Süden", erleichterte die Identifizierung der sudanesischen Regierung mit den FROLINAT-Rebellen. Bis Ende der 70er Jahre bemühte sich Khartoum, unterstützt von Saudi-Arabien, um die nationale Aussöhnung im Tschad und die Bildung der konservativen Koalition Malloum-Habré. Das Eintreten von Goukouni in die Regierung im August 1979 und der Austritt von Habré im März 1980 führten in Khartoum zur politischen Kursänderung. Im April 1980 erklärte Numeiri (Ja'far an-Numairī), daß sein Land aus eigenen Sicherheitserwägungen nicht passiver Beobachter im Tschad-Konflikt bleiben könnte. Bis zur Wiedereroberung von N'Djaména durch Habré im Juni 1982 diente der Sudan Habré als Nachschubbasis, über die auch amerikanische und ägyptische Militärhilfe kanalisiert wurde.

Am 28. 6. 1983 unterstrichen Numeiri und Mubarak (Ḥusnī Mubārak) in einem gemeinsamen Kommuniqué, daß ,,die libysche Bedrohung gegen die tschadische Regierung eine unmittelbare Gefahr für die Sicherheit ihrer Länder wäre, und daß sie Maßnahmen ergreifen würden, um alle Aggressionspläne gegen die Nachbarländer des Tschad zu vereiteln." Numeiri befürchtete, daß der Funken in den unruhigen Süden des Sudan überspringen könnte und ein Gaddafi-freundliches Regime in N'Djaména den libyschen Aufmarsch an der sudanesischen Grenze sowie die Infiltration von Oppositionellen dulden würde. Das französisch-libysche Abkommen über den gegenseitigen Truppenabzug aus dem Tschad von September 1984 stieß in Khartoum und Kairo auf ebensolche Ablehnung wie in Washington. Numeiri erklärte, ,,Frankreich hat mit seinem Rückzug aus dem Tschad einen entscheidenden strategischen Fehler begangen" (Le Monde, 5. 10. 1984). Die strategische Schlüssellage macht den Sudan zu einem unentbehrlichen Verbündeten der Reagan-Administration. Als Pufferstaat zwischen Äthiopien und Libyen, als Freund Ägyptens und des Habré-Regimes, als Stützpunkt für die amerikanische Eingreiftruppe hat der Sudan für Washington hohen politischen, militärischen und strategischen Stellenwert. Bei Konsultationen des sudanesischen Außenministers im Juli 1983 in Washington und Paris und von Präsident Numeiri im Herbst 1983 ebenfalls in Washington und Paris benutzte der Sudan die ,,libysche Bedrohung" als Hauptmittel, um neue Kredite, Waffen und Schuldenaufschub zu erhalten. Seit dem Sturz von Numeiri durch einen Militärputsch vom 6. 4. 1985 gehört der Sudan auch weiterhin zu den wichtigsten Empfängern amerikanischer Militärhilfe. Allerdings irritierte Washington 1985 zunehmend der Versuch des Übergangsregimes in Khartoum, die Rebellion im Innern durch Öffnung gegenüber den ,,anti-imperialistischen" Nachbarn Libyen und Äthiopien auszutrocknen. Das Eintreten von Sudans Verbündetem Ägypten für Habré erklärt sich aus der ägyptischen Politik der Eindämmung jeglicher Macht- und Einflußzone des Nachbarn Libyen. Ägypten hat Habré 1983 und 1984 mehrfach unbeschränkte Waffenhilfe versprochen, aber keine Truppen.

3. Politische Perspektiven

Im Tschad gehen die innenpolitischen Auseinandersetzungen weiter. Das Scheitern der Versöhnungskonferenz in Brazzaville vom Oktober 1984 machte die geringen Hoffnungen auf den Beginn eines nationalen Friedensprozesses nach dem französisch-libyschen Truppenabzugsabkommen vom 17. 9. 1984 zunichte. Die einwöchige Konferenz der zwölf politischen Fraktionen scheiterte wie schon einmal im Januar 1984 in Addis Abeba an der unbeugsamen Haltung der beiden wichtigsten tschadischen Rivalen. Während Habré sich als legitimer Präsident des Tschad versteht und Verhandlungen daher nur als Dialog zwischen einer rechtmäßigen Regierung und Rebellen begreift, spricht Goukouni seinem Kontrahenten jegliche Legitimität ab und erkennt die jetzige politische Führung in N'Djaména bei Verhandlungen nur als eine von zwölf politischen Fraktionen an. Das auch für die afrikanischen Verbündeten überraschende und eher überstürzte Abkommen zwischen Franzosen und Libyern trug nicht zu einer internen Lösung im Tschad bei. In Wirklichkeit machen der anhaltende Bürgerkrieg, die zerrüttete Wirtschaft und Verwaltung sowie die bedrohte staatliche Existenz das Land auch weiterhin anfällig für alle Einmischungsversuche von außen und selbstzerstörerische Tendenzen von innen. Die Kämpfe um Macht und Ressourcen in einem bereits bankrotten Land haben dahin geführt, daß der Preis, um den mit Waffen und diplomatisch-politischen Winkelzügen so erbittert gerungen wird, angesichts des fortschreitenden politischen und wirtschaftlichen Zerfalls schon nicht mehr vorhanden ist. Flüchtlingsströme in die Nachbarländer Sudan und Zentralafrikanische Republik lassen die Agrarproduktion auch im Süden weiter sinken, zugleich wachsen die sozialen Probleme in den Städten. Die Abhängigkeit von Budget- und Nahrungsmittelhilfe von außen verringert noch weiter den schon engen politischen Manövrierraum der Regierung Habré, die sich auch auf ihre Armee nicht völlig verlassen kann. Ausbleibende Zahlungen und alte Rivalitäten führten im Südtschad 1984 und Anfang 1985 zu unkontrollierten Übergriffen einer Soldateska, deren Treue zu ihren jeweiligen Führern seit 18 Jahren Bürgerkrieg nur so lange dauert wie das Geld reicht, das sie erhalten, und die Plünderungen möglich sind, die sie fordern.

Alle diese Elemente würden den nationalen Wiederaufbau auch dann ungewiß machen, wenn man sich einigen würde. Das Grundproblem im Tschad bleibt weiterhin die Definition sowie der Aufbau eine Staates, der alle historischen, sozialen und kulturellen Gegebenheiten integrieren kann. Der aufgepfropfte jakobinische Staat französischer Prägung ist gescheitert, nur noch leere Form und bloßer Verteiler von Pfründen oder Repressionsinstrument. Die Tschad-Krise wird so lange ohne ersichtlichen Ausweg sein, wie die tschadischen Politiker eine ernsthafte Analyse der objektiven Bedingungen der tschadischen Wirklichkeit verweigern, die Identifizierung mit dem Mythos eines von den Kolonialherren eingeführten westlichen Staatsmodells aufrechterhalten und den Komplex der Unterlegenheit im Norden und die emotionale Reaktion gegen vergangene Unterlegenheit im Süden nicht aufgeben. Ein Ende des tschadischen Dramas ist daher nicht abzusehen. Franzosen und Libyer, die in den letzten Jahren schon mehrmals militärisch intervenierten und abzogen, haben ihren Interessenlage ebenso wenig grundlegend geändert wie Washington, Kairo und Khartoum. Die Aktionen Libyens und Frankreichs müssen als Anstrengung interpretiert werden, vor Durchführung einer obligatorischen Verhandlungslösung die jeweiligen Vorteile zu maximieren. Eine völlige Niederlage im Tschad würden das politische Prestige sowie die Autorität und Grundlagen der Macht von Gaddafi beeinträchtigen. Was Mitterrand anbelangt, so wurde auf dem französisch-afrikanischen Gipfeltreffen in Paris im Dezember 1985 offensichtlich, daß ihm nicht das politische Kunststück gelungen ist, die Afrikapolitik auf eine Weise zu definieren, die sie von der seiner Vorgänger unterscheidet, ohne Frankreichs Ruf auf dem afrikanischen Kontinent zu schaden. Lösungsvorschläge für den Tschad wie Koalitionsregierung, Einsetzung eines Kompromißkandidaten als Präsident, Wahlen unter UN-Aufsicht oder Föderation bieten wegen völlig unterschiedlicher Interpretation der Beteiligten wenig Hoffnung. Die Föderation könnte der erste Schritt zur Sezession sein. Dezentralisierung von oben einhergehend mit einer soliden Territorialverwaltung erscheinen schwierig.

Literatur:

Bouquet, Ch. 1982: Tschad - genèse d'un conflit. Paris.

Buijtenhuijs, R. 1978: Le FROLINAT et les révoltes populaires du Tschad 1965-1976, Den Haag.

Gatta, G.N. 1985: Guerre civile et désagrégation de l'Etat, Paris.

Lanne, B. 1982: Tschad-Libye, la querelle des frontières, Paris.

Meyer, R. 1980: Der Tschad-Staat ohne Frieden, Bonn.

ders. 1982: Tschad, in: Nohlen, D. u. Nuscheler, F. (Hrsg.): Handbuch der Dritten Welt, Hamburg, 451-467.

ders. 1984: Rekolonisierung des Tschad, in: Deutsches Übersee-Institut (Hrsg.): Jahrbuch Dritte Welt, Bd. 2, München, 193-208.

Ngangbet, M. 1984: Peut-on encore sauver le Tschad? Paris.

Soulas de Russel, D. 1982: Krisen und Konflikte in Tschad, Hamburg.

Thompson, V. u. Adloff, R. 1981: Conflict in Chad, London.

Wirz, A. 1982: Krieg in Afrika: die nachkolonialen Konflikte in Nigeria, Sudan, Tschad und Kongo, Wiesbaden.

Wrobèl-Leipold, A. 1986: Konflikt und Massenflucht in Tropisch-Afrika. Fallstudie Äthiopien und Tschad, Frankfurt a.M.

VIII. Griechisch-türkischer Konflikt

Wichard Woyke

1. Problemstellung

Unter einem Konflikt kann ein Prozeß verstanden werden, ,,in dessen Verlauf unvereinbare (oder unvereinbar erscheinende) Tendenzen eine kritische Spannung erzeugen, indem diese Unvereinbarkeit (1) den Akteuren bewußt und (2) für ihr Handeln bestimmend wird *und* (3) die Organisation bzw. Struktur der die Akteure integrierenden Einheit potentiell oder aktuell gefährdet" (Link 1980, 40). Der griechisch-türkische Konflikt stellt sich als ein solcher Konflikt zwischen zwei Nationalstaaten im Schnittpunkt Südeuropas mit dem nördlichen Nahen Osten dar. Die Nationalstaaten Türkei und Griechenland haben unterschiedliche, nicht vereinbare Interessen, die 1. ihre politische Rolle in der südosteuropäischen Region, 2. territoriale und hoheitsrechtliche Ansprüche in der Ägäis und 3. die Position der beiden Staaten in bezug auf Zypern betreffen.

Beim griechisch-türkischen Konflikt handelt es sich primär um einen innersystemaren Konflikt, d.h. um einen Konflikt zwischen zwei Staaten, die weitgehend in der Konfliktphase gleichen Wertsystemen angehören. Griechenland ist Miglied der NATO, der EG, des Europarates, der OECD und der Economic Commission for Europe (ECE). Auch die Türkei hat sich — vor allem nach dem Zweiten Weltkrieg — westlich orientiert und ist Mitglied der NATO, der OECD, der ECE und des Europarates. Mit der EG ist ein Assoziierungsabkommen geschlossen, das die Option auf Mitgliedschaft in der EG enthält. Allerdings erfolgte seit den 70er Jahren eine verstärkte Ausrichtung der türkischen Außenpolitik auf die arabischen Länder. Dies wird nicht zuletzt in der türkischen Mitgliedschaft in der Organisation der Islamischen Konferenz deutlich. Der griechisch-türkische Konflikt ist dennoch primär ein innersystemarer Konflikt, der notwendigerweise aber auch Auswirkungen auf die Stabilität der politischen Situation in Südosteuropa und im nördlichen Nahen Osten, also auch auf den Ost-West-Konflikt und den Nord-Süd-Konflikt hat.

2. Historische Entwicklung

Das Ägäische Meer bildet seit den Auseinandersetzungen zwischen Troern und Griechen, also bereits seit der Antike, einen politischen und militärischen Konfliktbereich. Durch die Jahrhunderte ging es dabei nicht nur um die Vorherrschaft einer Macht in dieser Region, sondern immer auch um kulturelle und religiöse Auseinandersetzungen zwischen Europa und Asien. In der Ägäis liegt ein Schnittpunkt von Orient und Okzident, von Islam und Christentum.

Für den Konflikt zwischen Griechen und Türken im 20. Jahrhundert spielen zwar auch noch historische Komponenten eine Rolle, doch sind die Konfliktinhalte in der Gegenwart nur noch unwesentlich in der Auseinandersetzung zwischen unterschiedlichen Kulturen zu sehen. Seine eigentliche Dimension erfährt er aus dem etwa einhundertjährigen Kampf des griechischen Volkes gegen das Osmanische Reich. Auf griechischer Seite besteht die Sehnsucht nach der Rückgewinnung griechischer Souveränität über alle Gebiete, die in ferner Vergangenheit griechisch waren, fort — eine Sehnsucht, die man nach der Niederlage im türkischen Befreiungskampf (1919 - 22) nur noch auf Zypern hoffen konnte zu erfüllen. Auf türkischer Seite haben Unterstützung und Anteilnahme ganz Europas am Befreiungskampf der Griechen den Verdacht genährt, daß der Westen die Türken als doch nicht sich selbst zugehörig betrachten könnte und den Griechen noch immer den Vorzug gibt. Dem griechisch-türkischen Konflikt, auf wie konkrete Probleme er sich immer beziehen mag, liegt somit ein psychologisches Ringen um Überlegenheit und Anerkennung zugrunde. Das verleiht ihm seine Komplexität und macht eine Lösung schwierig.

Die Türkei hat seit Beginn der 20er Jahre unter der Führung von Kemal Atatürk eine politische und gesellschaftliche Ausrichtung auf Europa vorgenommen und versucht, ihr Identitätsproblem durch die Ausrichtung nach Westen zu lösen, wodurch der Kern des Konflikts eine innerwestliche Dimension angenommen hat. Der Konflikt kann in folgende Teilaspekte untergliedert werden:

- den Ägäiskonflikt mit
  - dem Streit um den Festlandsockel;
  - dem Streit um den militärischen Status der Inseln in der Ostägäis;
  - dem Streit um die Luftraumkontrolle über der Ägäis;
  - der Frage der Ausdehnung der Seegrenzen;
- das Problem der Minderheiten und
- den Zypernkonflikt.

3. Der Ägäiskonflikt

Der Ägäiskonflikt überlagert den Zypernkonflikt und ist seit Mitte der 70er Jahre zum wesentlicheren Konfliktbereich zwischen den beiden Staaten geworden. Erster Problemkomplex ist dabei der Festlandsockel. Der Festlandsockel bildet den Meeresgrund und Meeresuntergrund der an die Küste grenzenden Unterwasserzonen außerhalb des Küstenmeeres bis zu einer Tiefe von 200 Metern oder darüber hinaus, soweit die Tiefe des Wassers die Ausbeutung der Naturschätze dieser Zone gestattet. Gerade angesichts der Ölfunde in der nördlichen Ägäis, insbesondere in der Nähe der Insel Thassos, und der großen Rohstoffabhängigkeit beider Staaten, werden von ihnen Ansprüche auf die Ausbeutung des Meeres erhoben. Griechenland versteht die Inseln als eine Einheit mit dem Mutterland, so daß das dazwischen liegende Meer als „Griechisches Meer" angesehen wird, und somit die ökonomischen Ausbeutungsrechte für Griechenland beansprucht werden. Griechenland versuchte in der Vergangenheit das Problem des Festlandsockels vor internationalen Gremien zu lösen, wie dem Sicherheitsrat der Vereinten Nationen und dem Internationalen Gerichtshof in Den Haag. Die Türkei dagegen versuchte diesen Teilkonflikt in bilateralen Gesprächen zu lösen und perzipiert(e) diese Auseinandersetzungen als ein politisches und nicht als ein völkerrechtliches Problem. Die Türkei befürchtet, daß die Akzeptanz eines griechischen Rechts über den Festlandsockel auch auf den Inseln den Anspruch Griechenlands über das ganze Ägäische Meer und über den Luftraum über der Ägäis bewirken würde. Dies könnte schließlich dazu führen, daß die Ägäis tatsächlich ein griechisches Meer würde, zu dem — bei Fortbestehen des Konflikts — die Türkei keine Zugangsrechte mehr hätte. Auch der Abschluß der internationalen Seerechtskonferenz 1984 konnte diesen Problemkreis nicht lösen.

Den zweiten Teilbereich des Ägäiskonflikts — und in gewissen Zusammenhang mit dem Problem des Festlandsockels stehend — bildet die Ausdehnung des Hoheitsanspruchs auf See. Griechenland und die Türkei verfolgen — entsprechend dem 1920 abgeschlossenen Abkommen — die Sechsmeilenzone in der Ägäis. Dagegen beansprucht die Türkei an ihren Mittelmeer- und Schwarzmeerküsten eine Zwölfmeilenzone. Die Praktizierung der Sechsmeilenzone bedeutet, daß durch die 2.383 griechischen Inseln in der Ägäis, für die die Sechsmeilenzone ebenfalls gilt, 35 % des Ägäischen Meeres griechisches Territorium darstellen und nur 8,8 % türkisches Hoheitsgebiet bilden. Würden Griechenland und die Türkei ihre Hoheitsgewässer auf 12 Seemeilen ausdehnen, bedeutete dies, daß Griechenland über 64 % des Ägäischen Meeres, die Türkei hingegen über nicht mehr als 10 % der Seegewässer verfügen würde (vgl. Wilson 1980, 5). Die Hohe See wäre von 56 % auf 26,1 % reduziert, und alle Schiffe, die aus türkischen Ägäishäfen westwärts führen, müßten dann griechische Gewässer passieren. Die Türkei befürchtet in einem solchen Fall nachhaltige negative wirtschaftliche und sicherheitspolitische Auswirkungen. Zwar hat Griechenland immer wieder die ungehinderte Durchfahrt der Ägäis in Aussicht gestellt, angesichts der Gefahr einer Einschnürung hat die Türkei jedoch gedroht, eine einseitige Erweiterung der Seegewässer durch Griechenland mit dem *casus belli* zu beantworten.

Für Griechenland zöge die Ausdehnung des Meereshoheitsgebiets wichtige politische und ökonomische Konsequenzen nach sich. Die geographische und politische Kontinuität zwischen dem griechischen Festland und den Inseln wäre hergestellt, so daß die Abkoppelung der meisten Inseln der östlichen Ägäis vom kontinentalen Griechenland verhindert würde. Ökonomisch erhofft sich Griechenland durch die Erdölvorkommen in der Ägäis weitgehende Selbstversorgung. Griechenland hat gegenüber der Türkei gerade in bezug auf die Ausdehnung seiner Seehoheit allerdings immer sehr vorsichtig operiert. Es behält sich jedoch die Ausdehnung seiner territorialen Seehoheit, nicht zuletzt als diplomatisches Druckmittel, vor.

Dritter Teilbereich des Ägäiskonflikts ist das Problem des Luftraums. Seit 1931 hat Griechenland durch ein Dekret seinen Luftraum auf zehn nautische Meilen ausgeweitet, eine Maßnahme, die von der Türkei bis 1975 akzeptiert wurde. Ohne Konsultation der Türkei, aber in Einklang mit den Regeln der zivilen Luftfahrtorganisation, International Civil Aviation Organization (ICAO), installierte Griechenland um die Insel Lemnos eine Sicherheitszone von 3.000 Quadratmeilen und ebenfalls in Übereinstimmung mit der ICAO, aber ohne Konsultation mit der Türkei, führte es Luftkorridore im ägäischen Luftraum ein. Griechenland begründete diese Maßnahmen mit der Luftsicherheit im ägäischen Luftraum sowie der Vereinfachung des internationalen Luftverkehrs. Die Türkei dagegen befürchtete, daß Griechenland Luftraumkontrolle über die Ägäis ausübte und somit auch türkische Luftmanöver kontrollieren könne. Die Türkei fordert deshalb die Begrenzung der Lufthoheit auf eine Sechsmeilenzone. Sie verweist auf den engen und kleinen internationalen ägäischen Luftraum.

Wie auch bei den anderen Teilkonflikten geht es beim Luftraumkonflikt um die Vorherrschaft in der Ägäis sowie um die bessere strategische Ausgangsposition im Falle einer militärischen Auseinandersetzung zwischen beiden Staaten.

Vierter und letzter Teilkonflikt in der Ägäis ist der Status der gesamten ostägäischen Inselkette Griechenlands. Dieser Teilkonflikt verläßt den bilateralen Charakter zwischen den beiden Südflankenpartnern der NATO, da er nachhaltige negative Auswirkungen auf die Verteidigungsfähigkeit der Atlantischen Allianz im östlichen Mittelmeer hat. Nicht nur für das türkisch-griechische bilaterale Verhältnis ist die Art und der Umfang der Militarisierung der ostägäischen Inseln von außerordentlicher strategischer Bedeutung.

Den rechtlichen Rahmen für den Status der ostägäischen Inseln bilden die Verträge von Lausanne (1923), Montreux (1936) und Paris (1947). Diese Verträge werden von der Türkei und Griechenland unterschiedlich ausgelegt. Für die Inseln gelten zudem verschiedene rechtliche Statuten. Von den Militarisierungsbeschränkungen sind die meisten Inseln in der zentralen und nördlichen Ägäis nicht betroffen (Nordsporaden/Kykladen). Auflagen gelten nur für die griechischen Inseln im Osten der Ägäis, wobei drei unterschiedliche Kategorien Anwendung finden.

Die nordöstlichen griechischen Ägäisinseln Lemnos und Samothraki und die türkischen Inseln Imroz, Bozcada und Kaninchen-Inseln wurden auf Grund ihrer strategischen Lage am Eingang zu den Dardanellen zusammen mit den Meeresengen entmilitarisiert. Im Meerengenvertrag von Montreux wurden allerdings sämtliche Entmilitarisierungsbestimmungen stillschweigend aufgehoben, wodurch es zu einer Remilitarisierung der Dardanellen und der ihnen vorgelagerten Inseln kam. So wurde die — an ihren Küsten weitgehend verminte — Insel Lemnos zum einzigen permanenten Stützpunkt der griechischen Luftwaffe in der östlichen Ägäis. Die griechischen Inseln in der östlichen Ägäis (Lesbos, Chios, Samos und Ikaria) wurden durch den Friedensvertrag von Lausanne teildemilitarisiert. Gemäß diesem Abkommen ist Griechenland die Errichtung von Flottenstützpunkten und Befestigungsanlagen untersagt. Seine Streitkräfte werden auf den o.a. Inseln ,,auf das normale, zum Militärdienst einberufene Kontingent begrenzt, das vor Ort ausgebildet werden kann". Der Friedensvertrag von Paris (1947) regelt die Demilitarisierung der Dodekanes-Inselgruppe, wo nur interne Sicherheitskräfte sich aufhalten dürfen.

Die Auseinandersetzung zwischen der Türkei und Griechenland über den Status der Inseln begann 1964, als Griechenland Militarisierungsmaßnahmen auf Rhodos und Kos vornahm. Sie sind im Zusammenhang mit dem 1964 erstmals eskalierenden Zypernkonflikt zu sehen. Griechenland befürchtete die Besetzung einer ostägäischen Insel durch die Türkei als ,,zypernpolitisches Faustpfand", d.h. daß der Konflikt um Zypern auf die Ostägäis ausgeweitet würde. Griechenland perzipierte die türkische Gefahr als real und wurde damit vor die Alternative gestellt, entweder die internationalen Verträge zu verletzen und die Verteidigungskraft der ostägäischen Inseln zu stärken oder aber die Inseln einem türkischen Angriff ungeschützt auszusetzen. Damit hätte für Griechenland die Gefahr des Verlustes einer oder mehrerer Inseln bestanden. Griechenland verstärkte insbesondere in der zweiten Hälfte der 70er Jahre — nach der Eskalation des Zypernkriegs — die Militarisierungsmaßnahmen auf den Inseln. Dies wurde mit der Existenz der 4. Türkischen Armee (der Ägäis-Armee) ebenso begründet wie mit Äußerungen führender türkischer Politiker, in denen die griechische Souveränität über die ostägäischen Inseln in Frage gestellt wird. Das Problem der Militarisierung der Inseln entwickelt sich immer wieder zu einem multilateralen Problem, da die NATO in ihren Übungen im Ägäischen Meer durch den bilateralen griechisch-türkischen Inselkonflikt beeinträchtigt wird und in ihren Manövern diesem Konflikt Rechnung tragen muß.

4. Der Minderheitenkonflikt

Verglichen mit dem Ägäis- und dem Zypernkonflikt bildet das Problem der Minoritäten keinen derartigen Sprengstoff mehr zwischen den beiden Staaten. Nach der griechischen Niederlage 1922 wurden mehr als 1,3 Mio. Griechen umgesiedelt. Die Türkei erhielt im Vertrag von Lausanne 1923 Ostthrazien bis zur Maritza, die Inseln Imbros und Tenedos und das Gebiet um Smyrna zurück. Entsprechend dem Lausanner Vertrag kann man vor allem von religiösen und nicht nationalen Minderheiten sprechen.

Die griechisch-orthodoxe Minderheit in der Türkei ist hauptsächlich in und um Istanbul angesiedelt und beträgt heute (1987) etwa 10.000 Personen, während sie 1934 noch 110.000 Griechen ausmachte. Dagegen besteht in Westthrazien noch eine muslimische Minderheit von 130.000 Einwohnern, die 1934 etwa 106.000 Einwohner umfaßte. Obwohl eine Zunahme der muslimischen Minderheit in Thrazien festzustellen ist, fand eine verstärkte Emigration in die Türkei statt. Sie ist z.T. als natürliche Angliederung an ethnische oder religiöse Gemeinschaften zu sehen. Die größere Attraktivität türkischer Städte für die türkisch sprechenden Muslime in Griechenland war ein Grund für die Wanderungsbewegung. Schwierigkeiten für die türkische Minderheit in Westthrazien resultieren hauptsächlich aus der Landfrage. Obwohl die Türken nur 35 % der Bevölkerung dieses griechischen Landesteils ausmachten, verfügten sie über 60 % des Landes. Die Beschränkung auf 20 % Landanteil durch die griechische Regierung erschwerte das soziale und ökonomische Leben. Darüber hinaus gibt es eine sprachliche Diskriminierung.

Beim griechischen Exodus aus der Türkei haben ethnische und religiöse Aspekte eine Rolle gespielt. Aber auch eine durch die Türken nach 1942 betriebene Diskriminierungspolitik hat dazu geführt, daß viele Griechen die Türkei verließen. Schließlich bildeten auch die politischen Differenzen zwischen den beiden Staaten einen weiteren Grund zur Rückkehr der Griechen.

5. Zypernkonflikt

Den schwersten Konflikt zwischen Griechen und Türken rief das Zypernproblem hervor. Zypern, an der Nahtstelle zwischen Orient und Okzident gelegen, war im Verlauf seiner Geschichte Berührungspunkt unterschiedlicher Zivilisationen und Kulturen. Seit den 50er Jahren stritten Inselgriechen und Inseltürken um eine annehmbare politische Lösung auf der Insel, wobei ihnen ihre „nationalen" Mutterländer stets Unterstützung gewährten. 1960 erhielt die Insel Zypern die Unabhängigkeit und den Status einer Republik. Die Proklamation der Unabhängigkeit wurde möglich, weil Griechenland von seiner Maximalposition der *Enosis* (der Vereinigung Zyperns mit Griechenland) ebenso abrückte, wie die Türkei auf eine Teilung der Insel verzichtete. So verpflichteten sich in den Londoner Verträgen von 1959 die ehemalige Kolonialmacht Zyperns, Großbritannien sowie Griechenland und die Türkei, die territoriale Integrität und die Verfassung des neuen Inselstaates zu garantieren.

Auf der Insel leben 80 % Griechen, die sich zum orthodoxen Glauben bekennen und ca. 20 % Türken, die Muslime sind. Die Existenz unterschiedlicher ethnischer Gruppen auf der Insel ist der wichtigste Grund für die Auseinandersetzungen um den Inselstaat. Ausgeprägte sprachliche, kulturelle und religiöse Gegensätze verhinderten das Zusammenwachsen der zwei Bevölkerungsgruppen, so daß hier nicht — wie in anderen Fällen — ein *nation-building* stattfinden konnte. Somit ist das Grundproblem im Zypernkonflikt die fehlende Identität von Staat und Nation. Die Teilung der Bevölkerung in eine griechische und eine türkische Volksgruppe wurde schließlich auch in der Verfassung institutionalisiert. Der Zypernkonflikt besteht im wesentlichen im nationalen Kampf der griechischen Mehrheit gegen die türkische Minderheit. Gegenstand der Auseinandersetzungen der beiden Volksgruppen sind ihre jeweiligen Rechte und der damit verbundene innere Aufbau der Inselrepublik, das Verhältnis Zyperns zu Griechenland und der Türkei, die Verfassung und die Ausübung der öffentlichen Gewalt, die Verteilung des Volkseinkommens und der Steuern. Die ethnische Heterogenität bildet die innere Konfliktdeterminante, während die regionale Rivalität zwischen Griechenland und der Türkei als entscheidende externe Konfliktdeterminante zu bewerten ist. Auf Zypern prallen der türkische Nationalismus mit seiner anti-griechischen Stoßrichtung und der griechische Nationalismus mit seiner anti-türkischen Stoßrichtung voll aufeinander.

Die ersten schweren Auseinandersetzungen auf Zypern erfolgten Ende 1963, als der griechisch-zyprische Staatspräsident, Erzbischof Makarios, seinem türkisch-zyprischen Stellvertreter Küçük die Forderung nach Abbau weitreichender Minderheitenschutzbestimmungen für die türkische Volksgruppe präsentierte. Anlaß für Makarios war die Obstruktionspolitik türkisch-zyprischer Parlamentarier. Diese politischen Auseinandersetzungen führten zu bürgerkriegsähnlichen Zuständen Ende 1963, die nur mit Hilfe der ehemaligen Kolonialmacht Großbritannien und der Vereinten Nationen beigelegt werden konnten. Truppen der Vereinten Nationen gelang es, die äußerliche Ruhe auf Zypern wieder herzustellen, allerdings auf Kosten einer faktischen Teilung der Insel und der Hauptstadt Nikosia. Die Entwaffnung der Bürgerkriegsparteien konnte jedoch nicht realisiert werden, so daß es in der Folgezeit immer wieder zu kleineren militärischen Auseinandersetzungen kam. Die Türkei drohte mehrfach zu intervenieren; jedoch stieß sie dabei auf den Widerstand der USA.

Bedeutsam in dieser Zeit war, daß die beiden Garantiemächte Griechenland und Türkei den von ihnen in London garantierten Status der Inselrepublik immer wieder in Frage stellten. Während die türkischen Truppen vom Festland, die vertragsgemäß auf der Insel stationiert waren, nach 1964 eine besondere Rolle für die Verteidigung der türkischen Enklaven auf Zypern spielten und damit faktisch weiter zur Teilung beitrugen, inszenierten auf der Insel stationierte griechische Truppen auf Befehl der in Griechenland regierenden Obristendiktatur in Zusammenarbeit mit der zyprischen Nationalgarde einen Putsch gegen Staatspräsident Makarios im Sommer 1974. Mit diesem gewaltsamen Umsturzversuch rechtfertigte die türkische Regierung ihre Invasion auf Zypern im Juli und August 1974. Dieser Umsturz führte an den Rand eines Kriegs zwischen der Türkei und Griechenland. Die Militärjunta in Athen konnte den Konflikt auf Zypern nicht steuern und mußte zurücktreten. An ihre Stelle trat mit Konstantin Karamanlis ein Politiker, der bereits in den 60er Jahren Regierungsverantwortung trug. Die türkische Invasion führte zu einer Zweiteilung der Insel, denn von nun an besetzten die türkischen Truppen nahezu zwei Fünftel der Insel. Auf Zypern erfolgte darauf ein großer Bevölkerungsaustausch, da zwischen 60.000 und 80.000 türkische Zyprioten vom Südteil in den Norden der Insel flüchteten und ca. 30.000 griechische Zyprioten vor den anrückenden türkischen Truppen von Norden nach Süden flohen. Fast jeder zweite Zypriote wurde zum Flüchtling. ,,Mit der Massenvertreibung der griechischen Zyprioten aus Nordzypern zerstörte Ankara auf einen Schlag die über vierhundert Jahre natürlich gewachsene nationale Gemengelage auf der Insel und schuf den Grundstein für einen ethnisch homogenen türkisch-zypriotischen Siedlungsraum.“ (Meinardus 1984a, 298).

Das Ziel der Türkei war es, das gewonnene Territorium mit dem durch die Invasionen geschaffenen *Status quo* zu sichern, d.h. die Teilung der Insel politisch, ökonomisch, militärisch und letztendlich auch demographisch zu vertiefen. Am 13. 2. 1975 wurde im Norden der Insel ein ,,Türkischer Föderativstaat von Zypern“ proklamiert. Parallel dazu wurde eine türkische Kolonisierungspolitik betrieben, indem ca. 50.000 Festlandtürken im Norden der Insel angesiedelt wurden. Damit veränderte sich das Verhältnis der zyprischen Volksgruppen zugunsten der Türken.

Die Lösung des Zypernproblems wurde in der zweiten Hälfte der 70er Jahre auf zwei Ebenen versucht; einmal in den Volksgruppengesprächen und zum anderen auf internationaler Ebene. Zweimal gelang es den Konfliktparteien, sich im Makarios-Denktaş-Abkommen von 1977 und im Kyprianou-Denktaş-Abkommen von 1979 auf annehmbare Grundsätze zur Beilegung des Konflikts zu einigen. Im ersten Abkommen kamen die beiden Parteien überein, daß die Republik Zypern als ,,unabhängige, blockfreie, bikommunale Bundesrepublik“ fortbestehen sollte. Jedoch konnten sich die Konfliktparteien nicht über die politische Machtverteilung im föderativen Staat einigen. Die griechisch-zyprischen Vertreter wünschten den Territorialkonflikt entsprechend der numerischen Stärke der Volksgruppen zu lösen und strebten eine Revision des gewaltsam hergestellten *Status quo* an. Die türkischen Zyprioten dagegen forderten ein Zweistaatenmodell mit einer schwachen und darüber hinaus paritätisch zusammengesetzen Zentralgewalt. Entsprechend ihrem Selbstverständnis als zweitem Staatsvolk auf Zypern — und eben nicht einer Minderheit — forderten sie die politische Gleichsetzung mit den zyprischen Griechen.

Parallel zu den interkommunalen Gesprächen der Volksgruppenvertreter versuchten die Vereinten Nationen das Zypernproblem zu lösen. In der zweiten Hälfte der 70er Jahre brachten die Griechen den Zypernkonflikt immer wieder vor die Generalversammlung und den Sicherheitsrat der Vereinten Nationen. Die mit großer Mehrheit verabschiedeten Resolutionen bekräftigten stets den völkerrechtlichen Alleinvertretungsanspruch der Inselrepublik und forderten den Abzug der ausländischen Truppen. Die Türkei konnte erstmals 1980 verhindern, daß der Konflikt vor den Vereinten Nationen behandelt wurde. Nachdem jedoch die sozialistische Regierung unter Ministerpräsident Papandreou 1981 die Macht übernommen hatte, verfolgte Griechenland erneut eine „dynamische Zypernpolitik". Sie zielte darauf ab, die Internationalisierung des Zypernkonflikts zu betreiben. 1983 befaßten sich die Vereinten Nationen abermals mit der Zypern-Problematik. Allerdings konnten sie nur deklaratorische Maßnahmen beschließen wie z.B. den unverzüglichen Abzug der Besatzungsstreitkräfte. Sie konnten ihre Forderungen nicht durchsetzen. Auch die seit 1983 unternommenen Initiativen des UN-Generalsekretärs Perez de Cuellar waren nur insofern erfolgreich, als die Repräsentanten der zerstrittenen Volksgruppen zwar zu Gesprächen Ende 1984 zusammentrafen, aber keine Lösung des Konflikts erzielten. Währen der Vermittlungsbemühungen des UN-Generalsekretärs erfolgte die Ausrufung der „Türkischen Republik Nordzypern" durch das türkisch-zyprische Parlament am 15. 11. 1983. Dieser Teilstaat wurde jedoch von keinem Staat mit Ausnahme der Türkei diplomatisch anerkannt. Im Gegenteil, die beiden Supermächte, zahlreiche Regierungen sowie die EG und der Europarat verurteilten das einseitige Vorgehen der Inseltürken. Auch die Vereinten Nationen erklärten die Sezession für völkerrechtswidrig, jedoch konnten auch sie keine Revision der Sezessionsmaßnahme erreichen. Ende 1984/Anfang 1985 kam es gleichwohl zu neuen Gesprächen, die von den Vereinten Nationen vermittelt worden waren. Man verständigte sich auf den Entwurf einer Verfassung, der von beiden Seiten auch inoffiziell angenommen wurde. Bei einem Treffen zwischen Denktaş, Kyprianou und Perez de Cuellar am 17. 1. 1985 zog die griechische Seite ihre Zustimmung dazu aber überraschend zurück.

6. Auswirkungen des griechisch-türkischen Konflikts auf die internationale Politik

Die Zunahme der griechisch-türkischen Spannungen hatte nachhaltige Auswirkungen auf die internationale Politik. Im Zuge der Besetzung des nördlichen Teils Zyperns durch die Türkei im Sommer 1974 verließ Griechenland die integrierte Militärorganisation der NATO und kehrte erst 1980 wieder in sie zurück. Unter der Regierung Papandreou entwickelte Griechenland ab 1981 eine neue Verteidigungsdoktrin, die eine Abkehr von der NATO impliziert und als Feind auch offiziell die Türkei benennt. Das führt dazu, daß sich Griechenland weigert, an gemeinsamen NATO-Manövern in der Ägäis teilzunehmen, weil hier einmal die Türkei mitübt und zum anderen die NATO in der Frage der ostägäischen Insel nicht die griechische Haltung akzeptiert, sondern eine neutrale Haltung einzunehmen versucht, indem sie z.B. die Insel Lemnos aus den gemeinsamen Manövern ausspart. Somit führte der griechisch-türkische Konflikt zu einer Schwächung der NATO-Südflanke.

Die Türkei drohte Mitte der 80er Jahre außenpolitisch in eine Randposition zu geraten, obwohl sie ihre Interessen stark auf Westeuropa ausgerichtet hat. Zugleich ist im Lande selbst in Ansätzen ein Re-Islamisierungsprozeß erkennbar. Sollte die Türkei in ihrem Bestreben nach einem engeren Anschluß an Westeuropa zurückgewiesen werden, dürfte sich mittel- und langfristig der Prozeß der Re-Islamisierung fortsetzen. Es darf auch nicht übersehen werden, daß die Konferenz der Islamischen Staaten Anfang 1984 auf ihrer Tagung in Casablanca dem inseltürkischen Führer Rauf Denktaş die Möglichkeit gegeben hat, für seinen unabhängigen Staat zu werben. In den Ländern des Nahen und Mittleren Ostens wird eine verstärkte Rückbesinnung der Türkei auf den Islam mit Wohlwollen verfolgt.

Literatur:

Link, W. 1980: Der Ost-West-Konflikt — Die Organisation der internationalen Beziehungen im 20. Jahrhundert, Stuttgart.
Meinardus, R. 1985: Der griechisch-türkische Konflikt über den militärischen Status der ostägäischen Inseln, in: Europa-Archiv, Folge 2, 41-48.
ders. 1984: Eine neue Phase im Zypern-Konflikt, in: Europa-Archiv, Folge 10, 145-152.
ders. 1984: Der Zypern-Konflikt. Zehn Jahre nach der türkischen Invasion, in: Orient, 25. Jg., H. 3, 361-375.
ders. 1985: Die griechisch-türkische Minderheitenfrage, in: Orient, 26. Jg., H. 1, 48-61.
Ployviou, P. 1980: Cyprus. Conflict and Negotation 1960-1980, London.
Wilson, A. 1980: The Agean Dispute, (Adelphi Paper, 145), London.

Achter Teil: Der Nahe und Mittlere Osten in der Internationalen Politik

I. Die Nah- und Mittelostpolitik der USA

Christian Hacke

1. Interessenstruktur und Konfliktpotential

Die USA haben keine imperiale Erfahrung im Nahen und Mittleren Osten, das britische Empire dominierte bis zum Ausgang des Zweiten Weltkriegs. Erst infolge des Niedergangs britischen Einflusses nach der Suez-Krise 1956 und infolge der wachsenden Ost-West-Bipolarität wuchsen die USA allmählich in eine Vormachtstellung hinein, der die Sowjetunion bis Mitte der 50er Jahre nichts Gleichwertiges entgegensetzen konnte.

Dabei entwickelten sich für die USA folgende Interessen:

— Geringhaltung des sowjetischen Einflusses und Reduzierung durch eine Politik der Eindämmung;
— Sicherung des politischen und ökonomischen Einflusses der USA und des Zugangs zu den arabischen Ölquellen;
— Bewahrung der territorialen und politischen Integrität und Souveränität Israels; und
— Förderung einer friedlichen Lösung des israelisch-arabischen Konflikts.

Die Geschichte der amerikanischen Nah- und Mittelostpolitik seit dem Zweiten Weltkrieg hat gezeigt, daß es für die Vereinigten Staaten schwer gewesen ist, alle diese Ziele gleichwertig, gleichgewichtig und erfolgreich zu verfolgen. Die Prioritäten haben sich von Zeit zu Zeit verschoben, außerdem gerieten die Ziele nicht selten miteinander in Konflikt.

Geopolitisch haben sich die amerikanischen Interessen im Nahen und Mittleren Osten unterschiedlich entwickelt. Drei Problembereiche stehen dabei im Zentrum des Interesses:

— Die Wahrung strategischer Belange gegenüber der Sowjetunion. Folgerichtig haben die USA nach dem Zweiten Weltkrieg zunächst dem ,,nördlichen Gürtel" der Nah- und Mittelostregion besondere Aufmerksamkeit gewidmet, d.h. Griechenland, der Türkei und Iran. Später haben sie sich aus demselben Grund gegen eine wachsende Einflußnahme der Sowjetunion in Ägypten und Syrien gewandt. Seit den 70er Jahren geht es um eine Eindämmung des sowjetischen Einflusses vor allem am Arabisch-Persischen Golf, am Horn von Afrika, in Afghanistan und erneut in Iran. Der Versuch einer *Containment*-Politik verweist die USA geopolitisch auf die Peripherien des Nahen und Mittleren Ostens.
— Der israelisch-arabische Konflikt. Ihm kommt in der Prioritätenskala der Interessen der USA in der Region seit 1967 ein wachsender Stellenwert zu. Das Palästinenserproblem blieb dabei lange Zeit unberücksichtigt. Wenn es überhaupt wahrgenommen wurde, standen humanitäre Fragen im Vordergrund. Mit dem Erstarken der arabischen Staaten in den 70er Jahren und der Forcierung der Palästinenserfrage als nationales Problem ist hier ein Wandel eingetreten. Der israelisch-arabische Konflikt hat für die USA eine zusätzliche politische Dimension erhalten, die eine Beilegung des Konflikts erheblich erschwert.
— Die Sicherung der westlichen Ölversorgung. Während die USA nach dem Zweiten Weltkrieg sowohl auf die strategische Bedrohung durch die Sowjetunion als auch auf den Konflikt zwi-

schen Israel und den Arabern politisch reagierten, blieben der Arabisch-Persische Golf und die Arabische Halbinsel weitgehend eine Domäne privatwirtschaftlicher Interessen. Erst die Verknappung und die Verteuerung des Faktors Öl veranlaßten die USA zu politischen Maßnahmen. Dabei ging es in wachsendem Umfang um die Sicherung des Zugangs zu den Ölquellen sowie um die Sicherheit der Förderländer vor äußerer Bedrohung und inneren Unruhen.

Stabilität und Frieden der Nah- und Mittelostregion, verstanden als amerikanische Einflußsphäre unter den Bedingungen des freien Handels und freien Wettbewerbs sowie freien Zugangs zu Märkten und Rohstoffen, stehen ganz in der Tradition amerikanischer *open-door-policy.* Zugang für westliches Kulturgut und Abwehr sowjetischen bzw. kommunistischen Einflusses bilden das Interesse der USA im Nahen und Mittleren Osten. Es muß verstanden werden aus der globalen Konkurrenzsituation zwischen den Supermächten und dem westlichen Führungsanspruch in der Region.

Ausgehend von diesen Überlegungen lassen sich die Struktur und die Dynamik der Nah- und Mittelostregion als Einflußfeld amerikanischer Außenpolitik in vier Kreisen umschreiben:

— Der erste — innere — Kreis des Einflußfeldes bezieht sich auf die Westbank, den Gaza-Streifen, die Sinai-Halbinsel und Jerusalem. Arabisch-palästinensische und israelische Interessen prallen hier unter totaler Unvereinbarkeit der Ziele seit 1948 aufeinander.
— Der zweite ,,mittlere Kreis“ umfaßt die vom Palästinakonflikt betroffenen Staaten Israel, Jordanien, Syrien, Ägypten, aber auch den Libanon und Saudi-Arabien. Die Ermordung von Präsident Sadat (Anwar as-Sādāt) im Oktober 1981, die Massenaufstände in Syrien 1981/82, der Schwarze September 1970 in Jordanien, der Sturm auf die Große Moschee in Mekka im November 1979 und der Bürgerkrieg im Libanon werfen Schlaglichter auf die ständige innere Unruhe in diesen Ländern.
— Der zweite Kreis wird von einem dritten umringt, der die Peripherien der Konfliktregion umfaßt und der die strategischen Interessen der USA zentral berührt: Nordafrikanische Staaten, die Türkei, Iran, Afghanistan und Pakistan sowie das Horn von Afrika und der Arabisch-Persische Golf bilden die herausragenden Punkte in diesem ,,Krisenbogen“.
— Der vierte — globale — Ring umschließt alle vorangegangenen drei Kreise. Er bezieht sich auf die weltpolitischen Implikationen des Nahostkonflikts: das Verhältnis der Supermächte untereinander, das Verhältnis zwischen Ölproduzenten und Ölverbrauchern, die Waffenlieferungen der Großmächte, das Prinzip der Freiheit der Meere und des Handels, aber auch die multinationalen Akteure wie die Vereinten Nationen und die Organization of Petroleum Exporting Countries (OPEC) oder die transnationalen Akteure wie die Palästinensische Befreiungsorganisation (PLO).

Ebenso wie die Struktur, so ist auch die Dynamik innerhalb diese vier Ringe mannigfaltig, widersprüchlich und ergibt sich aus der unterschiedlichen Qualitätsbeschaffenheit der Probleme:

— Im ersten Kreis sind sie ideologischer und territorialer Art. Die jeweiligen Ansprüche schließen sich aus.
— Im zweiten Kreis sind die Probleme innen- und sozial-politischer Natur, aber auch mit Fragen von Souveränität und staatlicher Unabhängigkeit verbunden.
— Im dritten Kreis sind die Probleme vorwiegend strategischer Art. Sie reflektieren regionale Rivalitäten, aber auch Rivalitäten zwischen den Supermächten sowie den Stand bzw. die Perzeption der Bedeutung einzelner umstrittener Gebiete an den Flanken der Nah- und Mittelostregion.
— Der vierte Ring stellt die Verbindung zwischen regionalen und globalen Interessen her und verweist auf die Auswirkungen auf die globale Machtstruktur. Aber nicht nur die regionalen Auswirkungen auf den globalen Kreis, sondern auch die Einwirkungen weltpolitischer Ereignisse auf den dritten, zweiten oder ersten Kreis, etwa durch Waffentransfers, Forderungen

nach Freiheit der Meere und des Handels, bestimmte UNO-Resolutionen, Forderungen nach Weltrevolution oder demokratisch-liberalen Prinzipien sind zu berücksichtigen. Panarabische wie auch israelische Mobilisierungsstrategien gehören zum globalen Ring ebenso wie der weltweite Terror, der die palästinensische Sache unterstützen soll.

Amerikanisch-sowjetische Machtrivalität seit dem Zweiten Weltkrieg hat auch dazu geführt, daß im Nahen und Mittleren Osten eine Unterteilung der arabischen Länder in zwei Gruppen — progressive und reaktionäre — vorgenommen wird. Allerdings hat diese Einteilung etwas Gewaltsames an sich, eine Dreiteilung scheint angemessener, denn die Entwicklung des Staatensystems im Nahen und Mittleren Osten hat, typologisch gesehen, folgende Dreiteilung begünstigt:

— Monarchien und autoritär regierte Länder, die sich westlichen Interessen offen zeigen;
— Länder mit hoher Erdölförderung, hohen Exporterlösen und zugleich relativ geringen Bevölkerungszahlen; und
— Länder mit sozialistischer Planung, die die Nähe sozialistischer Staaten suchen.

Das arabische Staatensystem der Nachkriegszeit gleicht Wüstensand. Der sich ewig verändernde Sanddünencharakter reduziert somit den Begriff ,,Nah- und Mittelostpolitik der USA" zu einer Chimäre, die mehr verhüllt als erklärt.

2. Die Nah- und Mittelostpolitik der USA bis Ende der 60er Jahre

Es war nahezu selbstverständlich, daß die globale Ost-West-Konfrontation im Kalten Krieg regionale Kooperation der Supermächte nicht zuließ. Es ist aber tragisch, daß zu Beginn amerikanisch-sowjetischer Bemühungen um Entspannung — also in den 60er Jahren — auch mit Blick auf den Nahen und Mittleren Osten amerikanisch-sowjetische Lösungsversuche am arabisch-israelischen Gegensatz scheiterten. Weder die USA noch die Sowjetunion konnten ihre Partner im Nahen Osten an den Verhandlungstisch bringen. So waren die Friedensinitiativen gegen Ende der Regierung Johnson an einem Schlußpunkt angekommen: Direkte Verhandlungen zwischen Israelis und Arabern kamen nicht zustande. Der gemeinsame amerikanisch-sowjetische Versuch, auf ihre Partner in der Region Einfluß zu nehmen, scheiterte. Gleichzeitig wuchs die Rüstungsspirale rapide an.

Die USA und die Sowjetunion befürchteten wechselseitig, daß die Aufrüstungen auf der Gegenseite mit Unterstützung der rivalisierenden Supermacht die eigenen Sicherheitsinteressen und die der Partner im Nahen und Mittleren Osten bedrohen könnten und deshalb eigene, defensiv verstandene Maßnahmen notwendig seien.

Der Vietnamkrieg und die Invasion der Warschauer Pakt-Staaten in der Tschechoslowakei 1968 taten ein übriges, um amerikanisch-sowjetisches Mißtrauen auch im Nahen und Mittleren Osten zu nähren. Amerikanische Initiativen zur Rüstungsbegrenzung stießen auf die sowjetische Bedingung, daß erst eine politische Regelung des Konflikts zu Abmachungen über Rüstungskontrolle in der Region führen könne.

Solange die Supermächte in dieser Furchtperzeption gefangen blieben, herrschte ein latentes Konfrontationsklima, das den Interessen radikaler Araber und intransigenter Israelis entgegenkam: Letztere hofften auf den Faktor Zeit, der der Festigung des territorialen *Status quo* dienlich sein würde, während Araber und Palästinenser auf Revanche warteten. Die Idee der Machtbalance, die die Waffenlieferungen der Supermächte rationalisieren sollte, wurde irrational, weil jeder durch Waffenlieferungen eigenen Vorteil zu erreichen suchte.

Das zentrale Versäumnis in der Nahostpolitik von Präsident Johnson lag vermutlich in dem großen Spielraum, den die USA den Israelis nach dem Sechs-Tage-Krieg zukommen ließen. Niemand fragte, was Israel langfristig mit den besetzten Gebieten zu tun gedachte. Während Eisenhowers Maklerposition im Nahen Osten schließlich von der Furcht vor kommunistischen Umstürzen eingeholt wurde, scheiterten Johnsons Annäherungsversuche an die Sowjetunion an weltpolitischen Gegensätzen und an der einseitigen Bevorzugung israelischer Interessen nach dem Junikrieg. Am Ende der Regierung Johnson bestand weder Konsensus zwischen den Supermächten noch unter den arabischen Staaten noch innerhalb der PLO, aber auch nicht in Israel über Sinn, Inhalt und Kompromißnotwendigkeit eines arabisch-israelischen Friedens.

3. Die Nah- und Mittelostpolitik der Regierungen Nixon und Ford

Nixon hoffte, daß eine Einbeziehung der Sowjetunion in die diplomatischen Lösungsversuche im Nahen und Mittleren Osten sich gleichzeitig positiv für die Durchsetzung der amerikanischen Interessen in Vietnam auswirken könnte. Er befürchtete aber auch, daß eine Eskalation der lokalen Konflikte im Nahen und Mittleren Osten zu einer militärischen, vielleicht zu einer nuklearen Konfrontation zwischen den beiden Supermächten führen könnte. Der gescheiterte Friedensplan von Außenminister Rogers reflektierte mit seinen Ambivalenzen die Stärken und Schwächen der amerikanischen Verhandlungssituation. Die Stärke bestand darin, daß ein amerikanisch-sowjetischer Kompromiß zeitweilig möglich schien, seine Hauptschwäche lag darin, daß die USA ihren Partner Israel weder angemessen konsultierten noch zu einem Verhandlungskompromiß bewegen konnten. In dem Umfang, in dem Außenminister Rogers versuchte, die amerikanische Interessenlage von einer reinen Bündnispartnersituation gegenüber Israel in eine umfassende und allseitig akzeptierte Maklerposition zu schieben, in dem Maße torpedierte Israel die amerikanische Verhandlungsinitiative. Präsident Nixon und Außenminister Rogers waren vielleicht auch zu optimistisch, die Sowjetunion würde Ägypten zu einer Zustimmung bewegen können, oder die Sowjetunion würde unter dem Primat der amerikanisch-sowjetischen *Détente* ihren ägyptischen Partner kontrollieren und führen können, wie dies die Vereinigten Staaten gegenüber Israel versuchten. Das Scheitern des Rogers-Planes dokumentierte letztlich, daß beide Supermächte an die Interessenlage ihrer Klienten gebunden blieben — der Schwanz wackelte mit dem Hund.

Mit dieser Entwicklung einher ging eine wachsende Aufrüstung der ägyptischen Streitkräfte, die durch die Präsenz sowjetischer Soldaten und Experten verstärkt wurde. Zum ersten Mal seit dem Zweiten Weltkrieg stationierte die Sowjetunion außerhalb des sozialistischen Lagers militärisches Personal. Außerdem schreckte die Sowjetunion nicht davor zurück, das Waffenstillstandsabkommen vom August 1970 am Suezkanal zu umgehen, als sie nach dessen Unterzeichnung Raketenbatterien vom Typ Sam 3 und mehrere tausend Mann sowjetischen Personals in die Waffenstillstandszone hineinverlegte.

Eine historisch unvergleichlich neue Qualität sowjetischer Präsenz in der Region, die Verletzung des Waffenstillstandsabkommens und das sowjetische Engagement in der Jordanien-Krise zusammen vermittelten der Nixon-Administration zunehmend den Eindruck, als ob nun die andere Supermacht im Nahen und Mittleren Osten die amerikanischen Interessen und die seines Klienten Israel bedrohen und an diplomatischen Lösungsversuchen kaum interessiert sein würde. Die Folge war, daß aus amerikanischer Sicht der Nahostkonflikt weniger Raum für kooperative Lösungsmöglichkeiten auf der Supermachtsebene ließ. Statt dessen trat die Freund-Feind-Kategorisierung wieder in den Vordergrund. Die Tragik dieser Entwicklung lag darin, daß der amerikanische Versuch, die eigene Diplomatie in eine überparteiliche Maklerrolle zu dirigieren, vorerst scheiterte. Statt dessen setzten die USA auf den Ausbau der Militärhilfe für Israel respektive rüstete die Sowjetunion Ägypten, Syrien und den Irak auf: So wurden die militärischen Grundlagen für den Oktoberkrieg 1973 in einer perzeptionellen und militärischen Eskalationsspirale gelegt.

Kissinger sah die militärische Auseinandersetzung zwischen den arabischen Staaten und Israel als eine Art Schmelztiegel, in dessen Hitze die gegensätzlichen Positionen und Widerstände bis zu einem gewissen Grad durch eine kluge amerikanische Diplomatie aufgeweicht werden könnten. Den Krieg als diplomatische Chance genutzt und seinen Ausgang kalkuliert mitbestimmt zu haben, um danach die USA in eine optimale Verhandlungsposition zu führen, das gehörte vermutlich zu Kissingers Meisterleistungen. So gesehen, wurde der Oktoberkrieg als Ausgangspunkt für eine neue Nahostpolitik der USA in Clausewitzscher Tradition genutzt. Kissingers diplomatische Zurückhaltung im Nahostkonflikt in den Jahren 1969 bis 1973, seine instinktive Auffassung, daß der Konflikt vorerst unlösbar war, hängt vielleicht auch mit seiner politischen Grundauffassung zusammen, daß in politisch festgefahrenen Situationen erst durch Krieg und Chaos neue Ansatzpunkte für Verhandlungen entstehen können.

Eine weitere Lehre des Oktoberkriegs 1973 bestand darin, daß gemeinsames amerikanisch-sowjetisches Bemühen um Entspannung keinerlei Garantie dafür bot, daß regionale Konflikte ausgeschaltet werden konnten. Beide Großmächte waren nicht bereit, ihre Bündnisverpflichtungen gegenüber ihren Partnern im Nahen und Mittleren Osten auf dem Altar der Entspannung zu opfern. So blieben die vertraglichen Kodifizierungsversuche der amerikanisch-sowjetischen Beziehungen und eine schrittweise Formalisierung der Entspannung abstrakt. Prinzipiell blieb damit Großmachtkonfrontation auch in der Ära der Entspannung möglich. Die *Détente* war in ihrer Wirkung begrenzt. Der Oktoberkrieg symbolisierte, daß die Formel von der Unteilbarkeit der Entspannung mehr Maxime als konkrete Beschreibung der realen Bedingungen bleiben wird.

Auffallend bei Kissingers Schritt-für-Schritt-Diplomatie ist außerdem ein erheblicher Unterschied zwischen der öffentlichen Formulierung amerikanischer Interessen und deren tatsächlichen Charakter. Kissingers Überlegungen zielten nicht darauf ab, im Verbund mit der Sowjetunion, sondern auf deren Kosten die Rolle der USA im Nahen und Mittleren Osten zu vergrößern. Die amerikanische Diplomatie war unter einem geostrategischen Primat angelegt. Die Souveränität, Sicherheit und Lebensfähigkeit Israels, der Zugang zu den strategisch wichtigen Rohstoffen, die Sicherung der Ölzufuhr in den Westen und eine Verschiebung der Machtbalance in der Region zugunsten der USA waren die Ziele, die in die Rhetorik des Machtgleichgewichts gehüllt waren. Diplomatische Phantasielosigkeit und existentielle ökonomische Unzulänglichkeiten der Sowjetunion standen im krassen Gegensatz zum diplomatischen Geschick von Henry Kissinger und zur ökonomischen Stärke der USA. Nicht nur eine kluge politische Handhabung des Instruments der Waffenlieferungen, sondern vor allem auch die Aussicht, daß die USA Wirtschaftshilfe für die beteiligten Parteien in Aussicht stellen würden, machte die westliche Führungsmacht im Nahen und Mittleren Osten attraktiv.

Das Geheimnis von Kissingers Erfolg bei den ersten Schritten der Nahost-Diplomatie hat polytropischen Charakter. Kissinger agierte wie ein brillanter Schauspieler, der nicht nur Rollen spielte, sondern gleichzeitig durch die Kraft seiner Argumente, seiner Emotionen und Darstellungsfähigkeiten einen atemberaubenden Transformationsprozeß in Bewegung setzte. Die diplomatische Maske seiner Darstellungskunst — um im Bild zu bleiben — verschmolz mit der der Verhandlungspartner. Für einen gewissen Zeitraum wurde die Künstlichkeit zur Realität: Kissinger erreichte eine militärische Eindämmung des israelisch-arabischen Konflikts, eine politische Eindämmung der Sowjetunion im Nahen und Mittleren Osten sowie eine diplomatische Eindämmung der PLO.

4. Die Nah- und Mittelostpolitik der Regierung Carter

Wurde unter Nixon und Ford die Loyalität zu den Verbündeten nach den strategischen Interessen der USA ausgerichtet und wurden die Konflikte in der Dritten Welt als Testfall für die Auseinandersetzung mit der Sowjetunion angesehen, suchte Carter nicht selten sowjetische Kooperation und Hilfe, um Konflikte gemeinsam auf Supermachtsebene zu lösen. Die Prämissen der Regierung Carter führten 1977 zu einem riskanten Schritt: Um die amerikanische Nahostpolitik notfalls auch gegen Vorbehalte Israels durchzusetzen, versuchten die USA eine gemeinsame Supermachtstrategie mit der Sowjetunion. Washington und Moskau bekräftigten in einer gemeinsamen Erklärung am 1. 10. 1977 ihre Absicht, die Genfer Konferenz wieder einzuberufen. Israel betrachtete diese gemeinsame Erklärung als Diktat der Supermächte und lehnte alle Punkte ab, denn die USA hatten im September 1975 den Israelis zugesagt, daß amerikanisch-sowjetische Abmachungen nur nach amerikanisch-israelischen Absprachen — wie der vom 20. 12. 1972 — möglich sein sollten.

Auch die innenpolitische Unterstützung für eine neue Nahostpolitik mit der Sowjetunion blieb aus. Die amerikanische Öffentlichkeit verstand nicht, warum die Carter-Administration die Sowjetunion wieder am Friedensprozeß im Nahen Osten beteiligen wollte, nachdem Kissinger sie diplomatisch geschickt isoliert hatte und die Ägypter die Sowjets nach langem Bemühen aus dem Land getrieben hatten. Die amerikanisch-sowjetische Erklärung vom 1. 10. 1977 bildete deshalb einen Tiefpunkt amerikanischen Einflusses im Nahen und Mittleren Osten.

Wie nach dem Rogers-Plan, so war auch in der Regierung Carter Konfusion die Folge. Neue Initiativen von außen schienen vorerst zu Erfolglosigkeit verurteilt. Niemand erkannte dies deutlicher als der ägyptische Präsident Sadat, der nun den Wandel durch eine eigene kühne Initiative zu erzwingen suchte. Vielleicht ist es eine Ironie der Geschichte, daß das Scheitern der amerikanisch-sowjetischen Initiative den Friedensprozeß — wenn auch in eine andere Richtung als ursprünglich beabsichtigt — beschleunigt hat. Präsident Sadat, verärgert und enttäuscht über die amerikanische Bereitschaft, der Sowjetunion, von der sich Ägypten gerade gelöst hatte, eine zentrale Rolle im Nahen und Mittleren Osten wieder zuzugestehen, entschloß sich zum direkten diplomatischen Vorstoß.

4.1 Die Reise von Präsident Sadat nach Jerusalem

Die Reise des ägyptischen Präsidenten nach Jerusalem markierte einen historischen Einschnitt, denn zum erstenmal wurde nicht nur Israel, sondern die gesamte arabische Welt mit einer politischen Perspektive für den Nahen und Mittleren Osten konfrontiert, die einen souveränen jüdischen Staat Israel als Element arabischer Politik einschloß. Daß diese Vision durch den Präsidenten des größten arabischen Landes präsentiert wurde, markierte eine ideologische Revolution in der modernen arabischen Geschichte. Damit wurde endgültig klar, daß die arabische Führungsmacht Ägypten, ehemals Träger der maximalistisch orientierten panarabischen Idee, nunmehr von diesem Konzept abrückte, um Kompromiß und Balance zwischen der arabischen, israelischen und amerikanischen Perspektive unter dem Primat des eigenen nationalen ägyptischen Interesses zu suchen.

Diese radikale Erneuerung der ägyptischen Politik macht zugleich zu einem gewissen Grad verständlich, wie schwer es den revolutionären Kräften im arabischen Lager sowie den Zionisten und Traditionalisten in Israel fällt, hieraus entsprechende Schlußfolgerungen zu ziehen. Deshalb markiert die Zeit seit Sadats Reise nach Jerusalem eine Phase des Umbruchs: Auf beiden Seiten ringen noch heute (1987) gemäßigte und radikale Kräfte um die politische Oberhand, wie die Auseinandersetzung zwischen Ägypten und den übrigen arabischen Staaten einerseits, aber auch die Auseinandersetzung der politischen Kräfte innerhalb Israels zeigen.

Vor diesem Hintergrund wird deutlich, daß der ägyptischen Initiative enge Grenzen gesetzt waren:

— Die heftige und unerwartete Kritik aus dem arabischen Lager an Präsident Sadat zwang Ägypten, verstärkt panarabische Zielsetzungen in den Verhandlungen zu berücksichtigen.
— Je stärker Ägypten panarabische Zielsetzungen in der Frage der PLO, bei der Rückgabe der besetzten Gebiete und beim zukünftigen Status der Westbank berücksichtigte, um so kompromißloser zeigte sich Israel auf dem Sinai.
— Je stärker die Carter-Administration ägyptische Interessen gegenüber Israel berücksichtigte, um so mehr wuchs das Mißtrauen Israels in die amerikanische Maklerposition.

Die amerikanische Nahostpolitik befand sich wiederum in der Sackgasse: Nachdem der Ansatz zu einer umfassenden Friedensregelung in Genf unter Einbeziehung der Sowjetunion und unter Teilnahme der PLO gescheitert war, und nachdem die Grenzen des ägyptisch-israelischen Verhandlungsansatzes seit dem Besuch Sadats in Jerusalem sich als enger und unüberwindbarer herausgestellt hatten, als ursprünglich beide Seiten angenommen hatten, versuchte die Carter-Administration trotzdem erneut, die Gespräche in Gang zu setzen.

4.2 Die Bedeutung der Abkommen von Camp David

Das Abkommen über einen Rahmen für den Frieden im Nahen Osten und das Abkommen über einen Rahmen für den Abschluß eines Friedensvertrages zwischen Ägypten und Israel bildeten zwei unterschiedliche Marksteine auf dem Weg des arabisch-israelischen Friedensprozesses. Das erste Abkommen war Ausdruck eines umfassenden Friedenswillens, das zweite stand — dem Zwang der Umstände entsprechend — in der Tradition der Schritt-für-Schritt-Diplomatie von Henry Kissinger. Das erste markierte die ursprüngliche Friedensstrategie von Präsident Carter, die er gemeinsam mit der Sowjetunion im Auge hatte, wie in der Resolution vom 1. 10. 1977 dokumentiert. Da außer Ägypten sich kein weiteres Land bereit fand, an den Verhandlungen für einen umfassenden Friedensrahmen teilzunehmen, umschrieb dieses Abkommen lediglich in die Zukunft weisende Entwicklungslinien, weniger jedoch konkrete und zugleich umfassende Vereinbarungen. In Camp David war Präsident Carter gezwungenermaßen in die Fußstapfen der Schritt-für-Schritt-Diplomatie getreten in der Hoffnung, den Weg zum umfassenden Frieden zu finden. Zugleich gelangen ihm in den ägyptisch-israelischen Verhandlungen Erfolge, die Kissinger versagt blieben.

In der historischen Distanz wird trotz aller Unzulänglichkeiten Camp David als ein zentraler Markstein der Außenpolitik der Carter-Administration in Erinnerung bleiben. Camp David ist auch ein persönlicher Erfolg für Präsident Carter gewesen, der sich von Anfang an während seiner Präsidentschaft den Problemen des Nahen und Mittleren Ostens widmete.

Substantiell konnte die Carter-Administration zwei Ziele in Camp David erreichen:

— Die USA konnten die militärische Gefahr für Israel entscheidend verringern. Damit wurde das Problem des „totalen Kriegs“ im Nahen Osten entschärft, weil Israel und Ägypten die *ultima ratio* einer umfassenden Nahostlösung — Land gegen Anerkennung — mit Blick auf den Sinai bilateral durchsetzten.
— Ägypten wurde aus der arabischen Einheitsfront herausgelöst. Zwar wurden militärische Aktionen des arabischen Lagers für die Befreiung der von Israel besetzten Gebiete nun weniger wahrscheinlich, aber die Opposition der arabischen Ablehnungsfront formierte sich. Die USA konnten durch die Einbeziehung Ägyptens in die amerikanische Interessensphäre einen entscheidenden Erfolg verbuchen. In Ägypten trafen sie auf einen Partner, der in der Region amerikanische Interessen regional und global unterstützen würde.

Aus amerikanischer Sicht drückte Camp David nicht den Endpunkt, sondern eine — wenn auch zentrale — Zwischenstation und den Willen zu einem umfassenden Frieden aus. Die Regierung Carter hoffte, mit ihrem Engagement und mit ihren Sicherheitsgarantien die ägyptische Position innerhalb des arabischen Lagers zu stärken. Mit amerikanischer Unterstützung sollten die Vorbehalte und der Widerstand der anderen arabischen Staaten und der Palästinenser gebrochen werden. Sukzessive sollten Teile der Ablehnungsfront und der Unentschiedenen zur Teilnahme am Camp-David-Friedensprozeß bewegt werden. Dieses Ziel wie auch der Rückzug der Israelis aus den besetzten Gebieten konnte nicht erreicht werden, ebensowenig wie eine umfassende Normalisierung im arabisch-israelischen Verhältnis. Das Selbstbestimmungsrecht der Palästinenser konnte ebenfalls nicht durchgesetzt werden.

Bei Sadat entstand eine Haltung, die man als ,,Pharao-Syndrom" charakterisieren könnte. Er sah ein, daß seine Politik den arabischen Staaten nicht vermittelbar war und zog sich in stolze Isolation zurück.

Da der ägyptisch-israelische Friedensvertrag vom 26. 3. 1979 keine Bestimmungen über das Westjordanland und den Gaza-Streifen enthält, sondern sich lediglich auf die Beilegung der bilateralen Streitfragen bezieht, hofften die USA, durch ihre zentrale vertragliche Rolle moderierend und beeinflussend auf den Gesamtfriedensprozeß einwirken zu können. Anknüpfend an den Rahmen für einen umfassenden Frieden von Camp David sollten die Israelis und die Ägypter dazu verpflichtet werden, Verhandlungen unter Mitwirkung König Husseins (Ḥusain) zuzustimmen mit dem Ziel, eine gewählte Körperschaft für das Westjordanland zu errichten und deren Befugnisse festzulegen. Da Jordanien aber eine Beteiligung am Friedensprozeß bisher abgelehnt hatte, beriefen sich die USA auf die Briefe von Sadat und Begin an Carter, in denen sie sich verpflichteten, ,,zügig und in redlicher Absicht zu verhandeln, um diese Verhandlungen zum frühestmöglichen Zeitpunkt abzuschließen... Ägypten und Israel setzen sich zum Ziel, die Verhandlungen innerhalb eines Jahres zum Abschluß zu bringen, damit Wahlen so rasch wie möglich nach dem Zustandekommen einer Vereinbarung zwischen den Parteien abgehalten werden können."

Diese Hoffnungen sind unerfüllt geblieben. Die Tatsache, daß der Friedensvertrag vom 26. 3. 1979 keinerlei Bestimmungen hinsichtlich des Westjordanlandes enthält, sondern nur Gegenstand eines gemeinsamen Schreibens ist, in dem das Ergebnis aber nicht endgültig festgelegt ist, macht diesen Brief lediglich zu einer Absichtserklärung. Dabei fiel es den USA schwer, Israel der Vertragsverletzung zu bezichtigen, da dieser Brief eben nicht Bestandteil des Vertrages ist. Als Ziel wurde allerdings ,,die Errichtung der Selbstverwaltungs-Körperschaft im Westjordanland und in Gaza..." festgelegt, ,,um den Einwohnern dieser Gebiete die volle Autonomie zu verschaffen".

Die Weigerung Jordaniens, sich an den Verhandlungen zu beteiligen, bedeutete einen empfindlichen Rückschlag für den Verhandlungsprozeß. Gleichzeitig konnten beide Seiten die Palästinenser oder König Hussein hierfür verantwortlich machen, ohne selbst eine formale Verletzung des Friedensvertrages zu riskieren. Dabei wurde deutlich, daß insbesondere Israel die palästinensische Komponente torpedieren wollte. Die USA hatten zwar nicht ohne Erfolg gewisse Sachzwänge schaffen können, es fehlt aber im Vertragswerk von Camp David ein klares Junktim zwischen der Erfüllung des ägyptisch-israelischen Friedensvertrages und der Verwirklichung der Autonomie in den besetzten Gebieten, so wie ursprünglich von Ägypten gefordert. Hier konnte sich die israelische Seite stärker durchsetzen in ihrem Wunsch, daß der ägyptisch-israelische Friedensvertrag und der Gesamtrahmen für einen umfassenden Frieden im Nahen Osten streng voneinander zu trennen seien.

In Camp David war Präsident Carter in die Fußstapfen der Schritt-für-Schritt-Diplomatie von Henry Kissinger getreten — weniger aus Einsicht, sondern vielmehr aus dem Zwang der Lage. Die Alternative zwischen einer Schritt-für-Schritt-Strategie und einer umfassenden Friedensregelung für den Nahen Osten war weniger Ausdruck außenpolitischer Optionen, sondern vielmehr Reflex der Krisenlage in der Region selbst.

4.3 Die Iranpolitik der Regierung Carter

Die Ereignisse in Iran von 1978 bis 1980 haben das politische Selbstverständnis der USA direkt und schmerzhaft berührt. Dies war bei der sowjetischen Invasion in Afghanistan nicht in demselben Umfang der Fall. Der Sturz des Schahs und die Demütigung der USA durch die schiitische Mullah-Theokratie trafen Amerika empfindlich: Prestige, Würde und Selbstverständnis der USA als Weltmacht wurden einer schweren Prüfung unterzogen.

Es ist nicht zufällig, daß acht Präsidenten beider Parteien den Schah als einen Freund und eine Stütze der Stabilität in einem unruhigen, aber weltpolitisch wichtigen Gebiet bezeichnet haben. Unter seiner Führung wurde Iran zum geopolitischen Scharnier zwischen Europa und Asien für prowestliche Politik. Der Schah bezog im Junikrieg 1967 eine zurückhaltende Position: Bei grundsätzlicher Übereinstimmung mit den moderaten Kräften im arabischen Lager kritisierte er die Politik Israels in den besetzten Gebieten, unterhielt jedoch enge und geheime Kontakte mit Israel. Ökonomische Beziehungen, aber auch die der Geheimdienste, waren in Fragen der äußeren und inneren Sicherheit zwischen Iran und Israel vorhanden. Im Oktoberkrieg 1973 lagen die Sympathien des Schahs bei Ägypten und den arabischen Staaten, darüber hinaus schickte er Piloten und Flugzeuge nach Saudi-Arabien. Er genehmigte sowjetischen, verbot aber israelischen Flugzeugen das Überfliegen iranischen Territoriums. Er unterstützte vorbehaltlos Kissingers Schritt-für-Schritt-Diplomatie, wie er später auch die Nahostpolitik von Präsident Carter begrüßte.

Insgesamt gesehen, verfolgte der Schah von 1969 bis 1976 eine Außenpolitik, die Stabilität und latente Dominanz zu vereinbaren suchte. Dabei handelte er prowestlich und wurde zum entscheidenen Regulator eines regionalen Gleichgewichts im Nahen und Mittleren Osten, gleichzeitig zum zentralen Außenposten strategischer, politischer und ökonomischer Interessen der USA. Er suchte natürlich auch eigenen politischen, strategischen und ökonomischen Vorteil. Wenn man die Außenpolitik des Schahs mit der Außenpolitik der Mullah-Theokratie vergleicht, wird der Verlust für die Interessen des Westens, aber auch die Gefahr für die Nah- und Mittelostregion deutlich. Der Schah stürzte nicht wegen seiner Außenpolitik. Im Gegenteil, diese hat vermutlich innenpolitische Schwächen zeitweise verdecken können. Seine Fehlkalkulation bestand darin, daß er außenpolitische Macht mit einem militärischen Arsenal sichern wollte, das dem ökonomischen und politischen Stand seines Landes völlig unangemessen war.

Der Sturz des Schahs 1979 hatte kaum mit den Waffenkäufen in den USA zu tun, aber die amerikanische Militärpräsenz in Iran schürte Antiamerikanismus. Der Einfluß des Schahs auf die amerikanische Politik war im Laufe der Jahre gewachsen. Aber in den Augen der Bevölkerung, der Opposition und der Schiiten verstärkte sich paradoxerweise der Eindruck von iranischer Abhängigkeit in dem Maß, in dem der Schah seinen Einfluß auf die USA auszuweiten vermochte. Für viele Iraner herrschte nach wie vor ein amerikanisches Dreigestirn von Ölinteressen, Geheimdienst und Waffengeschäften.

Als der Schah dem Westen und den USA außenpolitische Lektionen erteilte, die westliche Degeneration kritisierte, sich selbst als Erneuerer präsentierte, verlor er das politische Augenmaß. Gigantische Krönungs- und Gründungsfeiern symbolisierten Realitätsverlust, die Kluft zwischen Wahn und Vision nahm zu. Diese Entwicklung und eine schleichende Krankheit liehen dem Schicksal des Schahs Shakespearesche Proportionen. Es ist fraglich, ob irgendeine amerikanische Regierung angesichts des Verfalls der Schah-Herrschaft die Revolution hätte verhindern können. Aber die Iranpolitik der Regierung Carter verschlimmerte die Lage. Sie war von Anfang an sibyllinisch: Die Gesten und diplomatischen Höflichkeiten blieben, aber dahinter wurden Wandel und Abkehr von der traditionellen engen Interessenverbundenheit zwischen dem Schah und dem amerikanischen Präsidenten deutlich.

Carter und seine Mitarbeiter waren von dem Verlangen erfüllt, eine Wiederholung des Vietnam-Debakels zu vermeiden. Anstelle von „keine weiteren Vietnams“ war die Regierung

Carter von der Maxime ,,keine weiteren Schahs oder Pinochets" geleitet. Menschenrechtsrhetorik ermunterte amerikanische Diplomaten in Teheran außerdem zu Kontakten mit Oppositionellen, aber an der Spitze der Beziehungen blieb alles beim alten. Weder Präsident Carter noch der amerikanische Botschafter in Teheran hätten es gewagt, den Schah in direktem Gespräch klar mit demokratischen Forderungen zu konfrontieren oder gar mit politischen Bedingungen aufzuwarten. Andererseits schien es, als ob man in Washington mehr Zeit damit verbrachte, die Politik des Schahs zu verteidigen anstatt zu kritisieren.

Die USA hätten die Ereignisse in Iran kaum fundamental ändern können. Die Politik des Schahs bildete den Auslöser für den Umsturz. Er hatte die Versäumnisse zu verantworten, aber die Haltung der Regierung Carter war angesichts der rapiden Veränderungen ideenlos, widersprüchlich und ohne Sinn für die strategischen, politischen und ökonomischen Interessen der USA in der Golfregion. Es war paradox, daß fast alle Beteiligten, wenn auch aus gegensätzlichen Motiven, die Einflußmöglichkeiten der USA in Iran überschätzten, während Carter in Wirklichkeit die Außenpolitik der USA neoisolationistisch prägte.

Androhung und Einsatz militärischer Macht wurden freiwillig aufgegeben. Neoisolationismus und moralischer Internationalismus bildeten unter Carter eine neue Synthese, die die Amerikaner sowie Freunde und Gegner völlig verwirrte. Carters Diktum, mit seiner Politik sei das Vietnam-Syndrom überwunden worden, war Selbstbetrug, denn die außenpolitischen Folgen von Vietnam traten erst unter Carter offen zutage. Die Symbiose von Menschenrechts-Internationalismus und machtpolitischem Neoisolationismus konnte nur außenpolitische Kurzschlüsse erzeugen, weil sie allen Regeln der internationalen Politik widersprach. Nicht eine tragische Verkettung von Ereignissen, sondern eine absurde außenpolitische Grundhaltung Carters war mitbestimmend für eine katastrophale Entwicklung, bei der weder Menschenrechte verwirklicht noch strategische, ökonomische oder sonstige Interessen der USA bewahrt werden konnten.

Der Sturz des Schahs und die Übernahme der Macht durch Ayatullah Khomeini (Rūḥullāh Khumainī) bedeuteten einen schweren Verlust der amerikanischen Interessen. Iran, jahrzehntelanges Bindeglied im Nahen und Mittleren Osten für amerikanische Interessen, betrieb nun eine anti-amerikanische Politik. Dieser Verlust wurde immerhin dadurch gedämpft, daß er nicht zu sowjetischem Gewinn führte.

Am 4. 11. 1979 wurde die amerikanische Botschaft in Teheran gestürmt, und die Botschaftsangehörigen wurden als Geiseln gefangen genommen. Eine neue Eskalation in den amerikanisch-iranischen Beziehungen begann. Schließlich führte die Geiselnahme zu dem verzweifelten Befreiungsversuch vom 24. 4. 1980, bei dem acht amerikanische Soldaten starben.

Die Geiselnahme hatte einen jahrhundertealten Konsens der Diplomatie verletzt, den alle Staaten der Welt in der Regel anerkannt haben. Das diplomatische Corps eines jeden Landes genießt unbeschadet vom Zustand der Beziehungen der Länder untereinander Immunität. Deshalb war die Empörung über die Geiselnahme weltweit.

Die Entlassung der Geiseln hatte mit den verschiedenen Befreiungsstrategien der Regierung Carter kaum etwas zu tun. Der Krieg des Irak gegen Iran, die Aussicht, zum Schluß noch ein gutes Geschäft mit den USA bei Freilassung der Geiseln abschließen zu können, und nicht zuletzt die Befürchtung, daß der neu gewählte Präsident Reagan energischer die Dinge in die Hand nehmen würde, führten zur Freilassung.

Carters Nah- und Mittelostpolitik war nicht ohne Tragik. Seine Camp-David-Diplomatie steht für Geschicklichkeit, Mut und strategischen Weitblick. Seine zögernde und widersprüchliche Haltung in der Iranpolitik, insbesondere bei der Geiselnahme, zeigte jedoch Schwäche. Fest steht, daß Carter im Nahen und Mittleren Osten seinen größten Triumph in Camp David erfuhr und seine größte Niederlage in Iran erlitt. Carter fehlten Herz und Verstand sich zu entscheiden. Erst nach dem Einmarsch sowjetischer Truppen in Afghanistan sah er sich endgültig gezwungen, seine außenpolitische Passivität in der Nah- und Mittelostregion aufzugeben.

Die Regierung Carter, welche die USA von dem Trauma der Vietnam-Erfahrung befreien wollte, wurde zum exponiertesten Opfer einer politischen Schlußfolgerung, nach der die Anwendung oder Androhung von Gewalt nach Vietnam *per se* unmoralisch geworden war. Die gescheiterte Befreiung der Geiseln von Teheran kennzeichnete, selbst wenn Carter persönlich dafür keine Verantwortung trug, doch eine tragische Konsequenz. Dort, wo Carter eigenes persönliches Profil zeigte wie in der Menschenrechtspolitik, war er erfolglos, dort, wo er Entschlossenheit signalisierte, war er nicht er selbst. So wirkte Carters ostentative Demonstration von Stärke für viele als ein Zeichen oder gar Eingeständnis von Schwäche.

4.4 Die Reaktion der Regierung Carter auf die sowjetische Afghanistan-Invasion

Carters Unentschlossenheit trug vermutlich auch dazu bei, die Politik der schleichenden Intervention der Sowjetunion in eine offene Invasion übergehen zu lassen. Als die Sowjetunion im Dezember 1979 in Afghanistan einmarschierte, hatte sie das Terrain der Entspannung verlassen und die Regeln der Entspannung endgültig gebrochen. Zum ersten Mal seit 1945 setzte die Sowjetunion Truppen ein, um ein Land außerhalb des Wirkungsbereichs der Breschnew-Doktrin zu besetzen und zu unterwerfen.

Die Sowjetunion schaffte durch die Invasion neue Tatbestände. Sie brach vertragliche Abmachungen mit den USA, die seit 1972 im Rahmen des Entspannungsdialogs beide Seiten zu außenpolitischer Zurückhaltung und Nichteingreifen verpflichteten, wie z.B. die amerikanisch-sowjetische Grundsatzerklärung vom 29. 5. 1972, in der es hieß, daß beide Seiten „bestrebt sind, Bedingungen herbeizuführen, unter denen alle Länder in Frieden und Sicherheit leben können und nicht Gegenstand einer Einmischung in ihre inneren Angelegenheiten von außen werden."

Die sowjetische Invasion zwang die Regierung Carter zu grundsätzlichen Überlegungen. Hatte der Präsident bisher die konzilianten Ratschläge seines Außenministers befolgt, so neigte er unter dem Eindruck der Doppelkrise in Iran und Afghanistan dazu, den machtpolitischen Forderungen von Sicherheitsberater Brzezinski zu folgen. Als Reaktion auf die sowjetische Invasion erklärte Carter am 23. 1. 1980: „Die Implikationen der sowjetischen Invasion könnten die ernsthafteste Bedrohung des Weltfriedens seit dem Zweiten Weltkrieg darstellen." Jetzt formulierte Carter eine neue Doktrin, die genau das Gegenteil seiner Menschenrechtsdoktrin darstellte. Er forderte, die Sowjetunion müsse einen konkreten Preis für ihre Aggression bezahlen. Er verhängte Sanktionen, deren Wirkung jedoch im Vergleich zum Tatbestand der Invasion dürftig schienen: Sowjetischen Schiffen wurde die Fanggenehmigung in amerikanischen Küstengewässern entzogen, technologische Ausrüsung und landwirtschaftliche Produkte wie Weizen und Mais aus den USA wurden für die Sowjetunion sanktioniert. Schließlich wurden die Olympischen Spiele 1980 in Moskau boykottiert. Diese Sanktionen dienten aber nur als Ersatz für militärische Vergeltungsmaßnahmen. Dabei hatte Carter auch langfristige Maßnahmen vor Augen. In Anlehnung an die Truman-Doktrin erklärte er: „Ein Versuch irgendeiner auswärtigen Macht, die Kontrolle über die Region des Persischen Golfs zu erlangen, wird als ein Angriff auf die lebenswichtigen Interessen der Vereinigten Staaten betrachtet werden. Und solch ein Angriff wird unter Einsatz aller notwendigen Mittel, einschließlich militärischer Macht, zurückgewiesen werden."

Ein militärisches Aufbauprogramm zur Eindämmung des sowjetischen Einflusses im Nahen und Mittleren Osten, besonders in der Golfregion, wurde vorbereitet. Die wesentlichen Grundlagen für das spätere Konzept des „Strategischen Konsens" von Präsident Reagan wurden gelegt. Die alten Pläne, sich nicht militärisch im Nahen und Mittleren Osten und im Indischen Ozean zu engagieren, wurden korrigiert. Auf der Insel Diego Garcia entstand ein amerikanischer Stützpunkt. Verstärkte Präsenz der US-Kriegsmarine, AWACS-Systeme für Saudi-Arabien, eine Luftbrücke mit dem Nordjemen, Kooperation mit Ägypten sowie der rapide Ausbau der Schnellen Eingreiftruppe (Rapid Deployment Force) unterstrichen die neuen außenpolitischen Leitlinien. Aber in Pakistan und in Saudi-Arabien wurden die Grenzen dieser neuen Strategie deutlich. Die

Staaten der Nah- und Mittelostregion, ausgenommen Ägypten und Oman, waren nicht gewillt, sich in einen anti-sowjetischen strategischen Konsens einbinden zu lassen.

Der Zusammenbruch der amerikanischen Rolle in Iran, sowjetisches Vordringen in Afrika (Äthiopien, Angola), die Invasion in Afghanistan und die sowjetische Rüstung führten in der Regierung Carter zu einer Kehrtwendung um 180 Grad. Eine Schnelle Eingreiftruppe, eine neue Nuklearstrategie auf der Grundlage intensivierter Rüstung und einer verfeinerten Nukleardoktrin, eine Militarisierung der amerikanischen Rolle im Nahen und Mittleren Osten waren das letzte, was Präsident Carter zu Beginn seiner Präsidentschaft geplant hatte, nun aber selbst entwickeln mußte. Damit wurden die ursprünglichen Prioritäten der Carter-Doktrin I, Menschenrechte und Entspannung, wie er sie vor der Notre-Dame-Universität am 22. 5. 1977 formuliert hatte, völlig umgekehrt: Eine Forcierung der militärischen Anstrengungen mit dem Ziel der Eindämmung wurde zur neuen Grundlage der Carter-Doktrin II, wie er sie in seiner Rede vom 23. 1. 1980 begründete. Sollte nach der Menschenrechts-Doktrin I das Verhältnis zur Sowjetunion in den globalen Überlegungen Carters zurücktreten, so wurden nun alle außenpolitischen Überlegungen dem Primat der Eindämmung der Sowjetunion nach- bzw. zugeordnet. Wirtschafts- und Militärhilfe wurden von nun an nicht mehr nach menschenrechtlichen, sondern unter strategischen Überlegungen vergeben. Auch die Beziehungen zur VR China, die bisher ohne anti-sowjetische Spitze ausgebaut wurden, veränderten sich. Als Verteidigungsminister Brown im Januar 1980 nach Peking reiste, wollte Präsident Carter ,,nicht-tödliche" Militärhilfe anbieten. Aber wie schon Präsident Zia ul-Haq (Muḥammad Ḍiyā' al-Ḥaqq) von Pakistan die angebotene Militärhilfe von 400 Mio. US-$ nach der Invasion in Afghanistan als ,,Erdnüsse" abgelehnt hatte, reagierte die chinesische Führung beim amerikanischen Angebot zurückhaltend. Die VR China und Pakistan wollten nicht plötzlich als Gegengewicht in die amerikanisch-sowjetische Machtrivalität eingespannt werden.

Der Niedergang in den Beziehungen zur Sowjetunion wurde schon vor Carters Amtszeit deutlich. Aber es fiel in Carters Verantwortung, daß er angesichts wachsender Aggressivität der Sowjetunion immer noch auf deren guten Willen setzte, gleichzeitig jedoch durch seine Menschenrechtsrhetorik die Sowjetunion herausforderte. Carter konnte Macht und Moral nicht miteinander verknüpfen, sondern formulierte sie so gegensätzlich aus, daß man von einer Carter-Doktrin I und einer Carter-Doktrin II sprechen muß. Dies war eine völlig neue Erfahrung: Während seiner Präsidentschaft wurden zwei gegensätzliche außenpolitische Philosophien formuliert.

Carter mußte erkennen, daß nicht durch Moral, sondern durch strategische Präsenz der USA die sowjetische Macht einzudämmen war. Nach drei Jahren idealistischer Menschenrechtsrhetorik entdeckte Carter im Scherbenhaufen die Realpolitik: ,,Wir müssen die strategische Bedeutung Afghanistans begreifen. Ein von den Sowjets besetztes Afghanistan bedroht sowohl Iran und Pakistan und ist ein Sprungbrett zur Herrschaft über ein gut Teil des Erdöls in der Welt... diese Situation verlangt sorgfältige Überlegungen, gute Nerven und entschlossenes Handeln — nicht nur in diesem Jahr, sondern auf viele Jahre hinaus. Sie erfordert kollektive Anstrengungen, um dieser neuen Bedrohung der Sicherheit im Persischen Golf und in Südwestasien zu begegnen."

5. Die Nah- und Mittelostpolitik der Regierung Reagan

Die Nah- und Mittelostpolitik der Regierung Reagan stand weniger in der Tradition von Camp David, sondern basierte auf bestimmten Schlußfolgerungen, die in Washington aus dem Debakel in Iran und aus der sowjetischen Invasion in Afghanistan gezogen wurden: Im Unterschied zu ihrer Vorgängerin sah die Regierung Reagan anfänglich die Hauptbedrohung für den Frieden in der Region weniger im israelisch-arabischen Konflikt als vielmehr in der Machtausdehnung der Sowjetunion am Horn von Afrika und in Afghanistan. Sie sah „den Mittleren Osten einschließlich des Persischen Golfs als Teil einer weitergespannten politisch-strategischen Szenerie an, wobei diese Region durch die Türkei, Pakistan und das Horn von Afrika begrenzt wird, und (betrachtet) sie als eine strategische Einheit... Es ist daher nötig, die arabisch-israelische Frage und andere regionale Streitfragen in einem strategischen Gesamtrahmen zu behandeln, der die umfassende Bedrohung durch den sowjetischen Expansionismus erkennt und darauf reagiert."

Durch den Sturz des Schahs und durch den neuen prowestlichen Kurs des ägyptischen Präsidenten Sadat war eine geopolitische und strategische Lage entstanden, in der die Prioritäten neu geordnet werden mußten. Während die Golfregion seit der sowjetischen Besetzung von Afghanistan gefährdet erschien, hatte sich seit der politischen Neuorientierung Ägyptens und seit dem ägyptisch-israelischen Friedensprozeß die Lage im Nahen Osten vorerst beruhigt, nicht zuletzt deshalb, weil die Nahost-Diplomatie der Carter-Administration von einem Konzept des strategischen Konsens begleitet wurde, wie es Sicherheitsberater Brzezinski schon 1978 angedeutet hatte und nach der sowjetischen Invasion in Afghanistan verstärkt forderte: Sicherung der westlichen Interessen angesichts der verstärkten Rohstoffabhängigkeiten, Lösung regionaler Krisen, Eindämmung des direkten oder indirekten sowjetischen Einflusses bildeten die Kerninteressen der Nahostpolitik der Carter-Administration. Dieses Konzept wurde von der Regierung Reagan übernommen und ausgebaut. Hauptsäulen für das geplante Konzept des strategischen Konsenses bildeten die Länder Israel, Ägypten und Saudi-Arabien, die als strategisches Bollwerk gegen den sowjetischen Einfluß im Nahen und Mittleren Osten dienen und die die Interessen der USA garantieren sollten.

5.1 Die Rolle Ägyptens in der Nahostpolitik der Regierung Reagan

Die unter Präsident Carter unter dem Eindruck des sowjetischen Einmarsches in Afghanistan begonnene militärische Kooperation zwischen Ägypten und den USA wurde unter Präsident Reagan verstärkt. Sadat willigte im wesentlichen in die Wünsche der USA ein und ergriff offen Partei für amerikanische Positionen. Wesentliche Probleme der Logistik und Maßnahmen zur Herstellung der Kampfbereitschaft der Schnellen Eingreiftruppe wären ohne ägyptische Kooperation und Zustimmung zu gemeinsamen Manövern, Ausbau und Benutzungsrechte für Landebasen nicht denkbar gewesen. Ganz im Sinne des amerikanischen Konzepts war auch Sadats offene Befürwortung des amerikanischen AWACS-Geschäfts mit Saudi-Arabien.

Sadats proamerikanische Politik verlor jedoch ihre Sinngebung in dem Maß, in dem sich der Eindruck verstärkte, daß die Regierung Reagan am Camp-David-Friedensprozeß Interesse verloren hatte und statt dessen lediglich durch strategischen Konsens den *Status quo* auf Kosten arabischer Interessen zementieren wollte. Die Beschwörung sowjetischer Gefahr für den Nahen und Mittleren Osten begründete eine Militarisierung der amerikanischen Politik und den Verlust des Primats der Diplomatie. Die Regierung Reagan wollte durch strategischen Konsens den Nahen Osten in ein militärisch festgezurrtes Korsett schnüren. Sadat hingegen suchte bei den USA nicht nur militärstrategische Gemeinsamkeiten, nicht nur nationale Wirtschaftsinteressen, sondern auch Gehör für die gesamtarabischen Interessen im Konflikt mit Israel. Er blieb indes gezwungen, politisch stillzuhalten, solange der Sinai nicht an Ägypten zurückgegeben worden war.

Die außenpolitische Orientierung Sadats an den USA wirkte auf die Gesamtlage und vor allem auf die Führungsposition von Präsident Sadat selbst nicht nur stabilisierend. Als er im September 1981 1.500 Oppositionelle, davon die Mehrheit islamische Fundamentalisten, und andere Systemgegner verhaften ließ, wurde schlagartig die Dramatik der Lage sichtbar: Die ausschließliche Westorientierung, wachsende innenpolitische Unterdrückung, steigende soziale Mißstände und Korruption bildeten nun auch in Ägypten jenes explosive Gemisch, das manchen Beobachter an die Ereignisse in Iran 1978/79 erinnerte. Ägyptens Isolierung im arabischen Lager und das

Ausbleiben umfassender Erfolge im Friedensprozeß verschärften das Klima. Gleichzeitig wurde der Zwang Ägyptens zur Anlehnung an die USA größer. Ägyptische Stützpunkte für die amerikanische Rapid Deployment Force (RDF), Überflugrechte für die USA, gemeinsame amerikanisch-ägyptische Manöver, gemeinsame Anstrengungen gegen sowjetische Übergriffe oder deren Stellvertreter im Norden und Osten Afrikas mögen der Abschreckung von außen gedient haben, innenpolitisch jedoch wurde Sadats Lage prekär. Als er am 6. 10. 1981 eine Parade seiner Truppen abnehmen wollte, wurde er erschossen.

Unter Sadats Nachfolger, Präsident Mubarak (Ḥusnī Mubārak), wurde das Fenster zum Westen, besonders mit Blick auf die USA, vorsichtiger geöffnet. Mehr Distanz zu den USA und ein Bemühen um die Verbesserung der Beziehungen zur Sowjetunion wurden erkennbar. Nachdrücklicher, als es Sadat je getan hatte, forderte Mubarak nun von den USA, die arabischen Forderungen im Friedensprozeß zu berücksichtigen. Unter Mubarak wurde auch ein neuer Regionalismus sichtbar: Priorität erhielt das Bestreben, die Gräben zu den moderaten, aber auch zu den radikaleren arabischen Staaten zuzuschütten.

5.2 Die Rolle Saudi-Arabiens in der Nahostpolitik der Regierung Reagan

Nach Auffassung der Regierung Reagan kommt Saudi-Arabien eine Schlüsselrolle in der Region zu: Die Furcht der Saudis vor sowjetischer Bedrohung gab Anknüpfungspunkte für die amerikanische Auffassung, daß die Sowjetunion zur Hauptbedrohung im Nahen und Mittleren Osten geworden ist, seitdem sie mit ihren Truppen Afghanistan besetzt hat. Eindämmung sowjetischer Macht stellte somit die oberste Priorität der Nah- und Mittelostpolitik der Regierung Reagan dar, der vorrangig durch militärische Maßnahmen begegnet werden sollte. Die Regierung Reagan unterstützte deshalb die sicherheitspolitischen Forderungen der Saudis. Darüber hinaus suchten die USA nach einem strategischen Konsens, um den Krisenbogen in der Region vor dem Einsturz zu bewahren. Bei diesem geostrategischen Konsens fand das militärische Element eine herausragende Bedeutung. Vor allem sollte Saudi-Arabien davon überzeugt werden, daß amerikanische Bodentruppen, die Schnelle Eingreiftruppe sowie Stützpunkte notwendig seien, um sowjetischer Bedrohung vorbeugen zu können. Saudi-Arabien als Ort verstärkter militärischer Präsenz der USA am Golf sollte nach dem Zusammenbruch des strategischen Vorpostens Iran zusammen mit Ägypten und Israel zum Eckpfeiler amerikanischer Interessen ausgebaut werden.

Die Erklärung Präsident Reagans vom 1. 10. 1981, „die USA werden nicht zulassen, daß in Saudi-Arabien eine Lage wie in Iran entsteht", machte politische und militärische Entschlossenheit deutlich. Die Besuche von Außenminister Haig und Verteidigungsminister Weinberger im Nahen Osten und in Saudi-Arabien 1981/82 zeigten jedoch, daß dem Konzept des strategischen Konsenses zurückhaltend begegnet wurde. Außer Ägypten und Oman zeigte sich kein arabischer Staat bereit, sich in einen strategischen Abwehrgürtel einzureihen, Stützpunkte für die Schnelle Eingreiftruppe oder andere Fazilitäten einzuräumen und damit den amerikanischen Interessen voll zu entsprechen. Die arabischen Regierungen im Nahen und Mittleren Osten gaben zu erkennen, daß sie weniger in einer aggressiven Außenpolitik der Sowjetunion, sondern vielmehr in subversiven Umtrieben, innenpolitischen Revolutionsprozessen und vor allem in israelischen Angriffen die wirkliche Gefahr für die Stabilität der Region sahen. Die Herrscher fürchteten, daß ein offenes und intensives Zusammengehen mit den USA gerade den anti-westlichen und fundamentalistischen Kräften inneren Auftrieb geben würde, die es zu kontrollieren galt.

Während die USA die Sowjetunion mithin als Hauptbedrohung ansieht, droht aus der Sicht der Saudis vor allem Gefahr aus Israel. Außerdem will Saudi-Arabien nicht zum Streitpunkt der Großmachtrivalitäten werden. Daraus ergibt sich Mitte der 80er Jahre folgende paradoxe Konsequenz: Je mehr offene Distanz zu den Vereinigten Staaten in Diplomatie, Wirtschaft und Militärstrategie gepflegt wird, um so intensiver kann in Wirklichkeit prowestliche Politik betrieben werden. Umgekehrt gilt: Je nachdrücklicher die USA eine offene Parteinahme für die amerikanischen Interessen fordern und erzwingen wollen, je nachhaltiger sie ihre Forderungen nach permanenter amerikanischer Truppenpräsenz in den Staaten des Nahen und Mittleren Ostens durchsetzen wollen, desto distanzierter müssen sich Saudi-Arabien und die Golfemirate geben, obwohl sie sich realpolitisch mit den Vereinigten Staaten in einem nicht zu unterschätzenden strategischen Konsens befinden. Allerdings haben die Saudis ein tiefes Mißtrauen in die amerikanische Führung entwickelt, seitdem der Schah trotz aller Beteuerungen der USA letztlich im innenpolitischen Kampf ohne amerikanischen Beistand unterlag, das Land verlassen mußte und danach von der Regierung Carter distanziert behandelt wurde. Sie glauben zwar, daß die USA militärisch stark, aber nicht entschlossen zum angemessenen Gebrauch von militärischer Macht sind. Der Zickzackkurs der amerikanischen Außenpolitik der vergangenen Dekade, die Kaskade von frühzeitig beendeten oder gescheiterten Präsidentschaften seit Kennedy über Johnson, Nixon, Ford und Carter, haben die prinzipielle Skepsis der Saudis weiter verstärkt.

Die gemäßigten arabischen Herrscherhäuser suchen eine ausbalancierte Nah- und Mittelostpolitik der USA. Genau diese konnte die Regierung Reagan in ihrer ersten Phase unter dem Primat des strategischen Konsenses aber nicht vermitteln. Anti-kommunistische und ideologische Eindimensionalität war das Kennzeichen dieser Konzeption. Deshalb waren Saudi-Arabien und andere konservative Scheichtümer nicht bereit, sich mit den Vereinigten Staaten im strategischen Konsens zu verbinden, oder den USA Territorialrechte einzuräumen, obwohl sie grundsätzlich gute Beziehungen zu den USA wünschen.

Die Furcht vor den Sowjets führte die Saudis nicht, wie die amerikanische Regierung wünschte, in enge Verbindung mit den USA allein. In Saudi-Arabien und anderen Golfstaaten, wie auch in Ägypten, setzte sich die Auffassung durch, eine aktivere, offenere regionale Eigenverantwortung tue not. Die Gründung des Golf-Rates (Gulf Cooperation Council) Anfang 1981, ökonomisch nach dem Vorbild der Europäischen Gemeinschaft, militärisch als Regionalpakt, zeigte dies deutlich. Die Grundprämisse saudiarabischer Politik besteht darin, beide Supermächte militärisch außerhalb der Region zu halten. Flottenpräsenz der USA, ebenso kleine Militärkontingente in Oman und in Somalia, und vor allem natürlich amerikanische Hilfe bei der Entwicklung der saudiarabischen Streitkräfte wurden begrüßt.

Dennoch möchten die Saudis ihre Sicherheit nur begrenzt an die USA geknüpft wissen, weil ein permanentes Mißtrauen besteht, daß präsidentielle Hilfe vom Kongress blockiert würde. Amerikas Zurückhaltung im Frühjahr 1975 bei der Invasion Südvietnams, die Vorgehensweise der Carter-Administration am Horn von Afrika 1977/78, beim Sturz des Schahs, die geringe Hilfe an Pakistan und die amerikanische Haltung bei der wachsenden Umklammerung Afghanistans durch die Sowjetunion seit April 1978 sind aus saudiarabischer Sicht Beispiele dafür, daß die USA nicht besonders befähigt sind, ihre militärische Stärke in diplomatischen Einfluß oder gar zur politischen Eindämmung wirkungsvoll umzusetzen. Die amerikanische Politik im Libanon 1982 und 1984 hat diese arabische Skepsis nachdrücklich bestätigt.

5.3 Die Rolle Israels in der Nahostpolitik der Regierung Reagan

Die anfänglich proarabische Note im Konzept des strategischen Konsens der Regierung Reagan und der Verkauf des AWACS-Systems an Saudi-Arabien hatte Israel politisch und militärisch verunsichert. Deshalb verlangte Premierminister Begin bei seinem Besuch in Washington im September 1981 als Ausgleich den Ausbau der Beziehungen zwischen beiden Staaten zu einer engeren bilateralen Allianz.

Am 30. 11. 1981 wurde schließlich zwischen den Verteidigungsministern Weinberger und Scharon ein strategischer Konsens in einem Abkommen fixiert, das dem neuen amerikanischen Konzept zu entsprechen schien. Für Israel bot diese gemeinsame Abmachung eine Möglichkeit, die amerikanische Strategie so eng an die eigene zu binden, daß damit vielleicht den seit der Carter-Administration wachsenden Israel-kritischen Tendenzen in der amerikanischen Nahostpolitik entgegengewirkt werden konnte.

Diese erhielten jedoch Auftrieb, als am 7. 6. 1981 das Atomzentrum bei Bagdad von der israelischen Luftwaffe zerstört wurde. Die militärisch perfekt durchgeführte Operation erwies sich als schwerer außenpolitischer Rückschlag für die amerikanischen Interessen und für die Gesamtlage im Nahen und Mittleren Osten. Die amerikanische Regierung verurteilte den Angriff. Innerhalb der Regierung Reagan jedoch gingen die Meinungen über den einzuschlagenden Weg auseinander: Einerseits wurde die Ansicht vertreten, daß die USA den arabischen Staaten die Ausgewogenheit ihrer Nahostpolitik beweisen und folglich Israel bestrafen müßten, andererseits wurde der kühne militärische Schlag gegen den mit der Sowjetunion befreundeten Irak mit versteckter Zustimmung betrachtet. Faktisch verloren die USA durch die Duldung der israelischen Aggression ihr überparteiliches Maklerprofil im arabischen Lager. Die Libanon-Mission des amerikanischen Sonderbotschafters Habib wurde durch diese Aktion ebenfalls erschwert.

Nach dem Angriff auf den irakischen Reaktor im Sommer 1981 hätte die Regierung Reagan das Konzept des strategischen Konsens gegenüber Israel überdenken müssen. Nicht Vertiefung der strategischen Beziehungen durch Abkommen, sondern Distanz und kritisches Einwirken auf den neuen aggressiven Kurs der israelischen Regierung wäre notwendig gewesen. Nach der Annexion Jerusalems am 30. 9. 1980, nach den Angriffen auf den Südlibanon und auf den irakischen Kernreaktor bedeutete die Annexion der Golan-Höhen im Dezember 1981 einen weiteren schweren Schlag gegen den Camp-David-Friedensprozeß.

Israels Annexion der Golan-Höhen stand auch im Gegensatz zum syrisch-israelischen Entflechtungsabkommen vom 31. 5. 1974. In historischer Distanz stellt es sich als Wasserscheide dar zwischen der durch den Oktoberkrieg eingeleiteten Krisenperiode und dem neuen Friedenprozeß, wie er von Kissinger eingeleitet, von Carter fortgesetzt und nun von der Regierung Reagan hätte energisch weiter vorangetrieben werden müssen. Durch die Annexion der Golan-Höhen blokkierte Israel den Friedensprozeß politisch und psychologisch. Dahinter stand die Absicht, die arabische Ablehnungsfront unter Führung von Syrien zu stärken und die PLO zu radikalisieren. Verschärfte Militanz und Unnachgiebigkeit der Palästinenser würden wiederum Israels Intransigenz rechtfertigen. So tat die Regierung Begin alles, um ein radikales und verhandlungsunwilliges Feindbild der Palästinenser und Araber mit aufbauen zu helfen. Mit der Annexion negierte Israel das zwei Wochen vorher unterzeichnete Abkommen zur strategischen Kooperation mit den USA, denn dies verpflichtete die Unterzeichner zur Rücksichtnahme auf die politischen Bedürfnisse und Interessen des Verhandlungspartners.

Die amerikanische Verurteilung war einhellig: Verteidigungsminister Weinberger erklärte, das Gesetz sei sehr provokativ, wirke destabilisierend auf die labile Lage im Nahen und Mittleren Osten und sei eine klare Verletzung der UNO-Resolutionen und des Camp-David-Abkommens. Ähnlich äußerten sich der frühere israelische Ministerpräsident Rabin und der Oppositionsführer Peres. Beide warfen Begin vor, die Demokratie in Israel aufs Spiel zu setzen und das Ende des Camp-David-Friedensprozesses zu provozieren.

Der daraufhin erfolgende Rücktritt der USA von der gemeinsamen amerikanisch-israelischen Vereinbarung zeitigte zunächst kaum konkrete Auswirkungen, aber der Schritt besaß symbolische Bedeutung. Die USA hatten noch nie so kritisch auf Aktionen Israels reagiert. Außenminister Haig erklärte, die israelische Führung müsse endlich begreifen, daß amerikanische Hilfe und Freundschaft nicht als Blankoscheck genommen werden dürften. Die israelische Antwort war heftig. Die USA — so hieß es — behandelten Israel „wie eine Bananenrepublik und die Israelis wie 14 Jahre alte Kinder". Israel sei „kein Vasall und werde seine legitimen Interessen wahrnehmen". Nach der Annexion der Golan-Höhen und der Kündigung des gemeinsamen Abkommens zur strategischen Kooperation waren die Beziehungen an einem neuen Tiefpunkt angelangt, der dem Camp-David-Friedensprozeß abträglich war und die amerikanische Position im Nahen und Mittleren Osten schwächte. Frieden ohne Golan-Höhen oder Golan-Höhen ohne Frieden, das schien die klare Alternative für Israel bis zum Dezember 1981. Damit hatte Premierminister Begin die Eskalationsspirale im israelisch-arabischen Konflikt erneut in Bewegung gesetzt.

5.4 Die USA und der Krieg im Libanon

Bei der israelischen Invasion im Libanon, die am 6. 6. 1982 begann, trat erneut die klassische Ambivalenz im Verhalten der Regierung Reagan zutage: Gefühlsmäßige Abneigung gegenüber der PLO und Sympathie für die Israelis standen im Widerspruch zu der Überlegung, daß durch einen Angriff der Israelis auf die PLO im Libanon der geplante umfassende Friedensprozeß geschwächt werden könnte.

Dank der diplomatischen Intervention von Sonderbotschafter Habib kam es am 20. 8. 1982 zu einem Waffenstillstand und zu einem Plan für den Abzug der PLO, der von einer multinationalen Streitmacht, bestehend aus je 800 Soldaten aus den USA und Frankreich sowie 400 Italienern überwacht wurde und am 1. September abgeschlossen werden konnte. Mehr als 11.000 Palästinenser wurden in verschiedene arabische Staaten evakuiert.

Durch die militärischen Aktionen sollten der Südlibanon und Beirut von der PLO befreit werden, um damit Nordisrael vor PLO-Übergriffen sicher zu machen. Die Palästinensische Befreiungsorganisation sollte zudem als politischer Faktor im Nahost-Friedensprozeß geschwächt werden. Zugleich boten die bevorstehenden Präsidentenwahlen im Libanon die Chance, mit dem von Israel als Verbündeter angesehenen Kandidaten Beshir Gemayel (Bashīr al-Jumaiyil) einen Friedensvertrag abzuschließen.

Wie schon beim Yom-Kippur-Krieg 1973, so schien auch der Schmelztiegel der Libanon-Krise den USA eine Chance zu bieten, den gesamten Friedensprozeß im Nahen Osten neu zu formen. Nachdem Israel an seiner Nordgrenze keine unmittelbare Gefahr mehr von palästinensischen Angriffen drohte, hofften die USA auf die Gelegenheit, Israel endgültig zu Verhandlungen im Rahmen von Camp David bringen zu können. Aber Israel weigerte sich, den Libanon zu räumen oder zu Friedensverhandlungen zurückzukehren.

Vermutlich hatte die Regierung Reagan keine Invasion des Libanon gewünscht. Hatte sie aber nicht den Weg für die neue Logik der Regierung Begin durch ihren neuen Primat der militärischen Stärke geebnet, der als *ultima ratio* der Außenpolitik betont wurde? Hatte Verteidigungsminister Scharon nicht lediglich das ausgeführt, was er bei den neuen konservativen Kräften in Washington hörte: Eliminierung der PLO. Eine Kettenraktion war die Folge: Begin hielt sich an die palästinenser-feindliche Rhetorik der Regierung Reagan, Scharon hielt sich an Haigs Zustimmung und setzte Begins säkularisierten Zionismus in Militärstrategie und Eroberungspolitik um. So konnten amerikanische Zweideutigkeiten gegenüber Israel von Begin und Scharon als Zustimmung interpretiert werden, bevor die USA Israel vor einer Invasion zurückhalten konnten. Der Fahd-Plan vom August 1981 und der arabische Gipfel in Fez im November 1982 begannen Wirkung zu zeigen wie auch die neuen diplomatischen Bewegungen innerhalb der PLO. Dem galt es aus israelischer Sicht zuvorzukommen: Bevor die PLO neue diplomatische Realitäten schaffen konnte, bevor Reagan substantiell in den Nahostkonflikt Israel einbinden konnte, wollte Israel selbst neue militärische Fakten schaffen.

Gleichzeitig sollte dann durch Verschleppungstaktik in der Libanon-Frage der Friedensprozeß im Zentrum Westbank und im Gaza-Streifen auf Eis gelegt werden. Den Palästinensern und Arabern sollte signalisiert werden, daß Israel weder durch Krieg noch durch Verhandlungen seine Ziele aufgeben, sondern den arabischen Widerstandswillen auf der Westbank endgültig brechen werde.

Während die USA hofften, daß ihr grünes Licht für Israel im Libanon israelische Konzessionsbereitschaft in der Autonomiefrage in den besetzten Gebieten fördern könnte, waren Begin und besonders Verteidigungsminister Scharon daran nicht interessiert. Überspitzt formuliert: Während die Regierung Reagan vielleicht eine Chance sah, daß durch die israelischen Aktionen die PLO an den Verhandlungstisch „gebombt" werden könnte, setzte die Regierung Begin auf militärische und politische Vernichtung der PLO einschließlich ihrer wissenschaftlichen Intelligenz, deren Institutionen sich in Beirut konzentrierten, sowie auf eine Radikalisierung der Rest-PLO unter syrischer Schirmherrschaft, um damit die eigene Politik in den besetzten Gebieten um so nachhaltiger begründen zu können.

Im Libanonkrieg von 1982 entwickelte sich der David Israel zum neuen Goliath des Nahen Ostens, der ein kleines Land besetzte und dessen Hauptstadt zerstörte, ohne daß Israels Existenz bedroht gewesen wäre. Mit einer Strategie der Täuschung strebte Israel nicht nur nach Zerstörung der PLO und der Sicherung seiner Nordprovinzen, wie offiziell erklärt wurde, sondern die Regierung Begin besetzte auch fremdes Territorium und suchte andauernden politischen Einfluß, auch um den Preis der territorialen und politischen Zerstückelung oder Auflösung des kleinen Landes. Erstmals führte Israel keinen Verteidigungs-, sondern einen Angriffskrieg und schreckte nicht davor zurück, die amerikanischen Friedenstruppen und die amerikanische Diplomatie zu provozieren.

Am 17. 5. 1983 wurde unter Vermittlung des US-Sonderbotschafters Habib ein libanesisch-israelisches Abkommen unterzeichnet, das den Rückzug ausländischer Truppen aus dem Libanon regeln sollte. Auch hier stellte sich die Frage, ob die USA — ähnlich wie beim Camp-David-Abkommen — entscheidende Akteure bei den Verhandlungen nicht zu wenig oder gar nicht berücksichtigt haben. Wie Jordanien, Saudi-Arabien und Syrien beim Camp-David-Abkommen unerwähnt blieben und in der Folge dagegen opponierten, so wurde nun Syrien nicht beteiligt und damit zum Hauptgegner dieses Abkommens.

5.5 Die Friedensinitiative Präsident Reagans vom September 1982

Mit einer Friedensinitiative machte Präsident Reagan am 1. 9. 1982 deutlich, daß die USA die Politik im Nahen Osten wieder aktiv in die Hand nehmen wollten. Der rechtliche Rahmen und die politischen Perspektiven des Camp-David-Abkommens rückten erneut in den Vordergrund. Reagans Vorschläge waren auf Kompromiß zugeschnitten, Maximalpositionen sollten von allen Seiten aufgegeben werden:

— Die Palästinenser sollten die Existenz Israels, aber auch die Tatsache anerkennen, daß für einen eigenen souveränen Palästinenser-Staat kein Raum vorhanden sei. Statt dessen plädierte Reagan für die sogenannte Jordanische Option: Der endgültige Status der von Israel besetzten Gebiete müsse in Verhandlungen festgelegt werden, aber es sei die feste Überzeugung der USA, daß die Selbstregierung der Palästinenser auf der Westbank und im Gaza-Streifen in Assoziation mit dem Königreich Jordanien die besten Aussichten für ein dauerhaftes Ergebnis biete.

— Die Israelis müßten vorab ihre Besiedlungspolitik revidieren. Diese stelle das Haupthindernis bei der Suche nach einem Frieden dar. Darüber hinaus wurden die Israelis aufgefordert, den Palästinensern politische Autonomie zu gewähren.

Versuchte Präsident Reagan unter Berufung auf Camp David, Israel zu Verhandlungen zu bewegen, so erklärte die Regierung Begin unter Berufung auf Camp David, die USA hätten mit diesem Vorschlag vom 1. September die Grundlagen von Camp David verlassen. Die Crux von Camp David besteht demnach darin, daß beide Seiten völlig konträre Auffassungen über Inhalt und Interpretation von Camp David haben.

Reagan versuchte, mit seiner Initiative sowohl der inneren als auch der äußeren Seite des Sicherheitsproblems die Verhandlungsschärfe zu nehmen, indem er mit Rücksicht auf israelische

Interessen die Errichtung eines unabhängigen Palästinenser-Staates ebenso ausschloß wie mit Rücksichtnahme auf arabische Interessen die mögliche Annexion oder permanente Kontrolle der besetzen Gebiete durch Israel. Präsident Reagan versuchte, in seiner Initiative mit Hilfe der Jordanischen Option einen Mittelweg im Interessenstreit zu finden.

Mit der strikten Ablehnung eines souveränden Palästinenser-Staates wurde gleichzeitig Jordaniens Interessen Rechnung getragen. Die offizielle Unterstützung der USA für Jordaniens historische Integrität, Souveränität und Unabhängigkeit sollte sowohl der Zielsetzung der PLO als auch einer eventuellen Annexion der Westbank durch Israel vorbeugen. In dieser Hinsicht stand die Initiative von Präsident Reagan in der Tradition der Politik von Henry Kissinger und Jimmy Carter.

Auf dem zwölften arabischen Gipfel in Fez am 9. 9. 1982 wurde erkennbar, daß die arabischen Staaten auf die diplomatische Initiative von Präsident Reagan diplomatisch reagierten: Man erkannte Reagans Verhandlungswillen an, ging jedoch nicht offiziell auf die Jordanische Option ein, sondern forderte einen unabhängigen Palästinenser-Staat. Der Verhandlungsauftrag für die PLO wurde bestätigt.

Die Reaktion der Regierung Reagan auf den Gipfel von Fez war vorsichtig. Sie interpretierte die Resolution und die Erklärung von König Hassan (Ḥasan) auf dem Gipfel als indirekte Anerkennung Israels. Es war aber unübersehbar, daß die beiden zentralen Modifikationen, Rolle der PLO und die Forderung nach einem souveränen Palästinenser-Staat, mit dem Plan von Präsident Reagan unvereinbar waren. Aber im Vergleich zur Zurückweisung der Camp-David-Abkommen durch die Arabische Liga schien nun Annäherung zwischen den USA und der arabischen Welt möglich. Der Fahd-Plan, die Reagan-Initiative und der arabische Friedensplan von Fez dokumentieren diese Entwicklung. Die Jordanische Option repräsentiert die unerfüllte Grundidee von Camp David. Sie ist zugleich Verbindungsstück zwischen Kissingers Schritt-für-Schritt-Diplomatie und Präsident Carters Camp-David-Konzept. Sie wird damit zum herausragenden Kontinuitätsmerkmal der Nahostpolitik von Präsident Reagan, läßt jedoch die Frage nach dem endgültigen politischen Status offen. Reagans Initiative ist elastisch geblieben, konzentrierte sich aber auf eine herausragende Rolle von König Hussein.

Als Reaktion auf Präsident Reagans Initiative kündigte König Hussein Bereitschaft an, mit der PLO über eine Konföderation zwischen Jordanien und einem zu bildenden Palästina zu verhandeln. Die Kritik Israels, ein solcher Plan würde der PLO und Arafat (Yāsir 'Arafāt) zur Macht verhelfen, wurde von Hussein zurückgewiesen; die PLO sei eine Befreiungsarmee, eine Übergangserscheinung. Wenn Palästina wiedererstanden sei, werde der Begriff PLO verschwinden, die Palästinenser würden sich auf andere Weise präsentieren.

Die jordanisch-palästinensischen Gespräche, die Anfang 1983 begannen, mündeten nach wechselvollem Schicksal in die ,,Hussein-Arafat-Initiative“ (Februar 1985), deren wesentliche Komponenten die bedingte Anerkennung Israels und die Einleitung von Verhandlungen zwischen Israel und einer gemischten jordanisch-palästinensischen Delegation waren. Washington hat diese Initiative freilich nicht mit seinem vollen Gewicht unterstützt; als Folge davon konnte sie nicht nur keine Wirkung entfalten, sondern endete — mit dem Bruch zwischen König Hussein und Arafat im Februar 1986 — in neuen innerarabischen Zwistigkeiten.

6. Die Nah- und Mittelostpolitik der USA — eine schwierige Bilanz

Nach einem außenpolitisch brillanten Jahrzehnt von 1970 bis 1980 scheinen die gedankliche Armut und der handlungspolitische Dilettantismus der amerikanischen Nah- und Mittelostpolitik Mitte der 80er Jahre nur noch eine Schlußfolgerung zuzulassen: Die beste amerikanische Nahostpolitik scheint derzeit darin zu bestehen, überhaupt nichts zu tun. Die Regierung Reagan hatte ihre Chance im Herbst 1982. Sie hat sie vertan.

Antikommunismus, nüchterne Interessen, politische Sentimentalität, aber auch Achtung und Respekt gegenüber dem kleinen demokratischen Staat prägen die amerikanische Einstellung gegenüber Israel. Diese Faktoren haben seit dem Zweiten Weltkrieg den innenpolitischen Rahmen für amerikanische Konzepte im Nahen Osten streng begrenzt. Alle Anläufe von Republikanern oder Demokraten im Weißen Haus, Israel territorial und politisch zu Kompromissen zu bewegen, sind gescheitert — mit einer Ausnahme: Im israelisch-ägyptischen Verhältnis konnte formal eine Friedensregelung erreicht werden, aber auch nur, weil bei aller Gegensätzlichkeit sowohl Sadat als auch Begin bilaterale Interessen in den Vordergrund stellten.

Es kann gar nicht deutlich genug gemacht werden, daß das Ausbleiben weiterer Fortschritte im Nahen Osten unauflöslich mit den innenpolitischen Besonderheiten der USA zusammenhängt. Abgesehen von der engen Symbiose fundamentaler Interessen und Perzeptionen in den USA und in Israel gilt, daß das amerikanische Regierungssystem der *checks and balances* keine grundsätzlichen Veränderungen in der Politik gegenüber Israel erlaubt. Hinzu kommt die unbefriedigende Tatsache, daß außenpolitische Kontinuität gerade mit Blick auf die Nahostpolitik schwer realisierbar erscheint: Jeder Präsident benötigt ein Jahr zur Einarbeitung, im zweiten Jahr hindern ihn die Kongreßwahlen an einer Initiative, die von Israel Konzessionen verlangen könnte. Im dritten Jahr beginnen die eigenen innenpolitischen Wahlkampfüberlegungen die Nahostpolitik zu beeinflussen, so daß im vierten Jahr Initiativen weitgehend ausgeschlossen werden können. Erst im fünften Jahr, also zu Beginn einer zweiten Amtsperiode, kann sich ein amerikanischer Präsident in der Regel genügend Freiraum für ein ausgewogenes Nahost-Konzept verschaffen.

Seit knapp 25 Jahren hat indes kein Präsident — mit der möglichen Ausnahme Ronald Reagans — die Chance wahrnehmen können, nach einer vollständigen ersten Amtsperiode eine zweite durchzuhalten. Statt dessen haben innen- und außenpolitische Erosion, Tod oder Scheitern der Präsidenten seit John F. Kennedy zu einer außenpolitischen Sprunghaftigkeit und Unberechenbarkeit geführt, die sich auch in kürzeren Amtszeiten der Außenminister niedergeschlagen haben. Hinzu kommen institutionelle, persönliche und/oder konzeptionelle Rivalitäten zwischen Außenminister und nationalem Sicherheitsberater, die seit Rogers/Kissinger den Entscheidungsprozeß in wachsendem Maß gelähmt haben, zumal seit Präsident Ford außenpolitisch unerfahrene Präsidenten gewählt wurden und diese nur sehr begrenzte Lernfähigkeit gezeigt haben. Unter diesem Gesichtspunkt wird seit 1974 vielleicht der radikalste Bruch sichtbar: Außenpolitisch unerfahrene Präsidenten haben keine völlige Kontrolle über den Entscheidungsprozeß und nur geringe konzeptionelle Fähigkeiten gezeigt. Die Folge war eine kurzsichtige Militarisierung oder Ideologisierung der amerikanischen Außenpolitik. Es fehlte eine nüchterne und realistische Interessenpolitik, statt dessen wurden legalistische Prinzipien oder moralische Werte in den Vordergrund gestellt.

Trotz der Widersprüchlichkeit im Entscheidungsprozeß zeichnet sich die Substanz der amerikanischen Nahostpolitik durch eine bemerkenswerte Kontinuität aus. Der Grundsockel amerikanischer wirtschafts- und energiepolitischer Interessen blieb in den vergangenen Jahrzehnten unbeschädigt. Er konnte in Krisen und Turbulenzen gewahrt werden, wie auch sowjetischer Einfluß eingedämmt werden konnte. Der Preis für die diplomatische Exklusivität der USA im Nahen Osten ist Stillstand bei den arabisch-israelischen Friedensbemühungen. Mit Beginn der Regierung Reagan wurde nicht mit der vergangenen Nahostpolitik gebrochen; lediglich die Prioritäten wurden verändert. Logik und Prämissen für die weiteren Schritte waren auf Fehlleistung programmiert, wie die Entwicklung von 1980 bis 1982 gezeigt hat.

Auch scheint es, als hätte die amerikanische Regierung seit 1980 ihren Einfluß auf die Regierung in Israel in zunehmendem Maße verloren. Jedenfalls war die israelische Politik im Libanon 1983 entschieden darauf gerichtet, die Verwirklichung der Reagan-Initiative und der amerikanischen Vorstellungen von einer Lösung des Libanon-Konflikts zu blockieren. Die Terroranschläge auf die amerikanische Botschaft im April 1983 und auf das Hauptquartiert der amerikanischen und französischen Friedenstruppen im Oktober 1983 in Beirut, bei denen über 300 Menschen starben, sind ein — wenn auch nicht bewußt kalkuliertes — Nebenprodukt einer Politik Israels, die, am eigenen Interesse ausgerichtet, auf den Verbündeten kaum noch Rücksicht nimmt.

Eine andere Konstante der Nah- und Mittelostpolitik der USA ist die Präsenz der Sowjetunion in der Region gewesen. Während dieser Aspekt unter der Regierung Präsident Carters zurücktrat, hat er seit der Revolution in Iran und namentlich seit dem Ausbruch des iranisch-irakischen Kriegs und der allgemeinen Schwächung der amerikanischen Position seit Beginn der 80er Jahre unter der Regierung Reagan einen neuen Stellenwert erhalten. Um Turbulenzen vorzubeugen, hat die Regierung Reagan der Sowjetunion nachdrücklich signalisiert, daß sie sowjetische Übergriffe im Nahen und Mittleren Osten, insbesondere am Arabisch-Persischen Golf, als Anschlag auf die Energielebenslinien des Westens nicht tolerieren würde.

Beide Großmächte haben im Bereich des iranisch-irakischen Konflikts seit seinem Ausbruch eine auffallende Zurückhaltung geübt. Neben der Besorgnis um eine Eskalation internationaler Spannungen dürfte darin die Einsicht mitspielen, daß ein Eingreifen der Großmächte — ob diplomatisch oder mit militärischen Mitteln — angesichts der Natur der Konfliktkonstellation wenig Chancen zur Konfliktreduzierung oder -steuerung hat. Gleichwohl haben sich beide Großmächte um die Erhaltung von Einfluß bei beiden kriegführenden Parteien bemüht. Angesichts der Störung der amerikanisch-iranischen Beziehungen im Gefolge der Geiselnahme war dies für die Sowjetunion leichter als für die USA. Immerhin kann die Wiederaufnahme diplomatischer Beziehungen zwischen Washington und Bagdad Ende 1984 nach mehr als anderthalb Jahrzehnten der Unterbrechung — der Irak hatte sie im Zusammenhang mit dem Sechs-Tage-Krieg abgebrochen — als ein Schritt in Richtung auf die Stabilisierung des amerikanischen Einflusses in der Region gesehen werden.

In Washington hat sich seit der Revolution in Teheran die Perzeption hinsichtlich der Gewichtung der internationalen Tragweite der Konflikte und Krisen in der Nah- und Mittelostregion verschoben. Während danach von dem israelisch-arabischen Konflikt kaum eine ernsthafte Gefährdung der internationalen Stabilität auszugehen scheint, wird der Golfregion, d.h. dem Afghanistan-Konflikt, aber mehr noch der Entwicklung der Krisen im Bereich des Irak und Iran, namentlich nach dem Ableben von Khomeini, ein hoher Stellenwert beigemessen. Nach einem amerikanischen Szenario dürfte die Sowjetunion den Versuch machen, ihren Einfluß nach Iran auszuweiten, falls es zu einer Destabilisierung des geistlichen Regimes durch innere Fraktionskämpfe — unter möglicher Beteiligung anderer Kräfte (z.B. ethnischer Minderheiten, politischer Gruppierungen etc.) — kommen sollte. Der hohe politische Einsatz bei dem im Herbst 1986 bekannt gewordenen amerikanisch-iranischen Waffengeschäft reflektiert das Ausmaß an Besorgnis in Washington über die Zukunft Irans. Hinsichtlich der Wirksamkeit eines militärischen Einsatzes zur Stabilisierung der Golfregion bzw. zur Eindämmung des fundamentalistischen Einflusses dürfte in Washington begründete Skepsis bestehen. Ablauf und Ergebnis des Waffengeschäfts haben gezeigt, wie schwierig es für die USA geworden ist, eine Konstellation zu schaffen, die dem traditionellen Ziel, den Einfluß der Sowjetunion zu begrenzen, entsprechen würde.

Im übrigen haben die USA ihre eigene Stärke im Nahen und Mittleren Osten minimalisiert und die der Sowjetunion nicht selten überhöht. Das Messen von Stärke mit militärischen Daten übersieht die relativ starke diplomatische, politische und ökonomische Macht der USA in der Region, die dank einer brillanten Nahostpolitik der 70er Jahre von Nixon, Kissinger, Ford und Carter aufgebaut werden konnte. Nur geographisch und militärisch hat die Sowjetunion Vorteile. Dennoch haben die USA eine gute Ausgangsposition in einer Region, in der die Doktrin des Marxismus-Leninismus geringe Attraktivität besitzt. Allerdings müssen sich die USA in glaubwürdiger Weise um eine Maklerrolle bemühen und ihre Politik der Abschreckung und Eindämmung nicht lautstark verkünden, sondern gelassen und flexibel anwenden.

Literatur:

Hacke, C. 1985: Amerikanische Nahostpolitik, Kontinuität und Wandel von Nixon bis Reagan, Bonn, München, Wien.

Harris, G.S. 1975: Turkey and the United States, in: Karpat, K.H. (Hrsg.): Turkey's Foreign Policy in Transition (1950-1974), Leiden, 51-77.

Parsons, A. 1984: The Pride and the Fall, Iran 1974-1979, London.

Quandt, W. 1977: Decade of Decisions, American Policy Toward the Arab-Israeli Conflict, 1967-1976, Berkeley.

Rubin, B. 1980: Paved with Good Intentions, The American Experience and Iran, New York, Oxford.

Shaked, H. u. Rabinovich, I. (Hrsg.) 1980: The Middle East and the United Staates, New Brunswick, N. Y.

II. Die Nah- und Mittelostpolitik der Sowjetunion

Wolfgang Berner

1. Regionalpolitische Motivationen, Verhaltensmuster, Ziele

Vier Hauptbeweggründe haben die Lenker der sowjetischen Außenpolitik seit der Entstehungsphase der UdSSR unablässig, wenn auch nicht immer mit gleichbleibender Intensität zu einem dauerhaften Engagement im Nahen und Mittleren Osten gedrängt. Diese Motivationen gelangten im Denken und Handeln der Sowjetführer schon frühzeitig zum Ausdruck. In der einen oder anderen Kombination wirkten sie stets zusammen, wenn der Kreml für eine bestimmte Linie der aktiven politischen, manchmal sogar militärischen Einflußnahme auf die Staaten des Nahen und Mittleren Ostens optierte.

Besonders starke Antriebe gingen seit jeher vom Sicherheitsdenken und von den Großmachtambitionen der Sowjetführung aus, die auf eigentümliche Weise miteinander verquickt sind. Auch für die Südwestflanke der UdSSR gilt z.B. die Erfahrung, daß die sowjetische Interessenpolitik gegenüber allen benachbarten Ländern gleichermaßen von dem Bemühen um Glacisbildung beherrscht wird. Hinzu kommt das fortwährende Bestreben, konkrete Bedrohungsvorstellungen mit überregionalem Hintergrund, die sich ursprünglich vor allem auf die Nah- und Mittelostpolitik Großbritanniens bezogen, seit den 50er Jahren jedoch primär die amerikanische Herausforderung in der Region betreffen, mit zweckdienlichen Abwehrmaßnahmen zu beantworten.

Sodann läßt sich nachweisen, daß der sowjetische Willensbildungs- und Entscheidungsprozeß ständig von Erwägungen beeinflußt wird, die mit dem welt- und sozialrevolutionären Selbstverständnis der Sowjetführung zusammenhängen. Dieses Element ist zumindest als ideologischer Konditionierungsfaktor in der sowjetischen Außenpolitik immer gegenwärtig. Endlich ist zu berücksichtigen, daß schon das kaiserliche Rußland durch vielerlei politische und kulturelle Beziehungen mit dem Nahen und Mittleren Osten verbunden war. Oft orientieren sich Präferenzen und Optionen der sowjetischen Nah- und Mittelostpolitik noch heute an vorrevolutionären, aus der Zarenzeit überlieferten Erinnerungen und Bewertungsmustern.

Auf Grund ihrer räumlich-geographischen Nähe standen die Türkei, Iran und Afghanistan, die unmittelbar an die UdSSR angrenzen, immer im Vordergrund des regionalpolitischen sowjetischen Interesses. Da sich die Sowjetunion als Schwarzmeer-Macht aber von jeher auch zu den Mittelmeer-Anrainern rechnete, neigte Moskau stets dazu, Ostmittelmeer-Länder wie Ägypten, Syrien, den Libanon, Israel/Palästina und Zypern ebenfalls zu den — entfernteren — Grenznachbarn im Südwesten zu zählen. Besonders bedrohlich erschien den Sowjetführern von Anbeginn der starke Einfluß, den Großbritannien in den meisten dieser Nachbarländer ausübte.

Türken und Briten hatten jahrelang gemeinsam den georgischen, armenischen und azerbaidschanischen Separatismus gegen die sowjetische Zentralgewalt in Moskau unterstützt. Britische Truppen hielten von Oktober 1918 bis April 1920 sogar Baku besetzt. Die „weißen“ Bürgerkriegsgeneräle Wrangel, Denikin und Koltschak wurden von der Sowjetführung auch als Sachwalter britischer Interessen am Schwarzen Meer, in Persien und Afghanistan betrachtet. Jene Bestimmungen des Friedensvertrages von Lausanne (1923) und des Meerengenstatuts von Montreux (1936), die der sowjetischen Schwarzmeerflotte die ungehinderte Durchfahrt durch Bosporus und Dardanellen verwehrten, schrieb man in Moskau in erster Linie dem britischen Einfluß zu. Großbritannien kontrollierte zudem nicht nur die Straße von Gibraltar, sondern auch den für die Schiffsverbindung zwischen den sowjetischen Schwarzmeerhäfen und Wladiwostok in Ostsibirien noch wichtigeren Suezkanal, dazu den Südausgang des Roten Meeres (Bab el-Mandeb, Golf von Aden) und — von Singapur aus — die Malakka-Passage.

Als nach dem Zweiten Weltkrieg die britische Präsenz in vielen Ländern des Nahen und Mittleren Ostens durch die anti-sowjetische Eindämmungsstrategie der USA abgelöst, stellenweise auch konsolidiert wurde, setzte sich Moskau gegen das Vorhaben der Westmächte, die Türkei und Iran mit Pakistan, dem Irak und mehreren anderen arabischen Staaten zu einem gegen die UdSSR gerichteten Verteidigungsbündnis zusammenzuschließen, mit großangelegten politischen Gegenmanövern zur Wehr. Dem Kreml gelang es — nicht zuletzt durch die Zusicherung von Waffenlieferungen und Entwicklungshilfe —, im Zeichen anti-imperialistischer Losungen eine sowjetisch-arabische Widerstandsfront gegen den Bagdad-Pakt mit Beteiligung Ägyptens, Syriens und des Königreiches Jemen zu errichten, der sich später noch der Irak hinzugesellte. Nach dem dritten Nahostkrieg (Juni 1967) führte die propagandistische, diplomatische, aber auch materielle Unterstützung der arabischen Seite durch Moskau schließlich dazu, daß sich für kurze Zeit eine *De-facto*-Allianz der Sowjetunion mit sämtlichen Mitgliedstaaten der Arabischen Liga herausbildete.

Allerdings wäre es ein Irrtum zu glauben, die sowjetischen Initiativen in der Region ließen sich ausnahmslos als Reaktionen auf herausforderndes Verhalten der Nachbarstaaten oder feindseliger anderer Großmächte begreifen. In der Endphase des Zweiten Weltkriegs kündigte z.B. die UdSSR, noch vor der Kapitulation Deutschlands, überraschend den sowjetisch-türkischen Freundschafts- und Neutralitätspakt von 1925 auf, um Verhandlungen über eine direkte sowjetische Beteiligung an der Kontrolle der Schwarzmeer-Ausgänge und über Gebietsabtretungen in der Osttürkei zu erzwingen. Zwar blieb diesem Überrumpelungsversuch wegen der festen Haltung Ankaras der Erfolg versagt, doch wäre die Türkei ohne ihn vermutlich weder 1952 der NATO noch 1955 dem Bagdad-Pakt (später: CENTO) beigetreten.

In Iran verfolgte die Sowjetunion zeitweise die Absicht, die im August 1941 von ihr besetzten, überwiegend von Azerbaidschanern und Kurden bewohnten Nordwestprovinzen abzutrennen, um so im Süden ihrer transkaukasischen Republiken eine neue Glaciszone zu schaffen. Mit Hilfe kommunistischer Marionettenregime gründete sie dort im Dezember 1945 eine „Autonome Republik Azerbaidschan" und eine „Kurdische Volksrepublik", die freilich ein Jahr später rasch zusammenbrachen, nachdem die sowjetischen Truppen, mehrere Monate nach dem vertraglich fixierten Termin, endlich abgezogen waren. Diese Erfahrungen haben das sowjetisch-iranische Verhältnis bis in die Gegenwart hinein nachhaltig belastet.

Auch die sowjetische Militärintervention in Afghanistan, die Ende 1979 mit der gewaltsamen Beseitigung des Staatspräsidenten Amin (Ḥāfiẓ Allāh Amīn) und seiner Regierung begann, war weder von diesen provoziert noch etwa durch Invasionsvorbereitungen anderer Mächte heraufbeschworen worden. Welche Gründe den Ausschlag für die Moskauer Entscheidung zur Besetzung Afghanistans gaben, ist nach wie vor ungeklärt. Vieles deutet darauf hin, daß die Sowjetführung einem befürchteten Allianzwechsel Amins, d.h. einer Anlehnung an Pakistan und die VR China, zuvorkommen wollte. Auch hat es den Anschein, daß man im Kreml kein Paktieren Amins mit den afghanischen Revolutionsgegnern zulassen mochte, daß man es nach längerem Zuwarten für notwendig hielt, endlich die vom militanten islamischen Fundamentalismus ausgehende Ansteckungsgefahr für die bis heute am Koran festhaltende Bevölkerungsmehrheit Sowjetisch-Zentralasiens durch energisches Zupacken zu bannen, und daß man glaubte, die für den Einsatz vorgesehenen sowjetischen Erdkampf- und Luftwaffenverbände müßten im Verein mit den einheimischen Streitkräften imstande sein, die anti-kommunistische Widerstandsbewegung der afghanischen *mujāhidīn* noch rechtzeitig vor dem Beginn der Moskauer Olympischen Sommerspiele (19. 7. 1980) rasch und restlos zu zerschlagen. Für diese Entscheidung mußte die Sowjetunion, abgesehen von den großen Menschenopfern und finanziellen Kosten, auch einen hohen politischen Preis bezahlen.

Zu den Folgen der Afghanistan-Intervention gehörte u.a. eine weitgehende, auch relativ lang andauernde Isolierung der UdSSR in vielen internationalen Organisationen. Dies zeigte sich nicht nur im UN-Rahmen, sondern auch innerhalb der Arabischen Liga (damaliger Stand: 22 Mitglieder), innerhalb der Organisation der Islamischen Konferenz (42 Mitglieder) und innerhalb der Bewegung der Blockfreien Länder (95 Vollmitglieder). Damit ging der Sowjetführung zugleich ein großer Teil des Einflusses wieder verloren, den sie vorher durch langjährige Unterstützung der arabischen Sache gegen Israel und seinen Hauptverbündeten, die USA, in der gesamten islamischen Welt gewonnen hatte.

Wie die Einbeziehung Afghanistans in das von Moskau kontrollierte Hegemonialsystem erneut veranschaulichte, gibt es einen sowjetischen Expansionismus, der in den Bahnen des historischen Ausbreitungsdrangs des alten russischen Zarenreiches mal in dieser, mal in jener Richtung weiter voranschreitet. Die zuvor erwähnten Beispiele für erfolglose sowjetische Versuche, auch der Türkei und Iran Territorien zu entreißen sowie beiden Ländern bedeutsame Zugeständnisse teils militärischer, teils politischer oder wirtschaftlicher Art abzunötigen, bestätigen die allgemeine Tendenz. Außerdem bezeugen sie, in Verbindung mit der Besetzung Afghanistans, das prinzipiell fortbestehende Interesse der Sowjetunion insbesondere an Geländegewinnen und Positionsverbesserungen im Nahen und Mittleren Osten.

Ein wesentliches Unterscheidungsmerkmal, das die sowjetische Praxis der Herrschaftssicherung kennzeichnet, besteht allerdings darin, daß die Sowjetführung — anders als die Reichsgründer früherer Epochen — alle ihrem Imperium einverleibten Gebiete nach und nach einer tiefgreifenden Umgestaltung der gesellschaftlichen Verhältnisse zu unterziehen pflegt. Wie nunmehr im Falle Afghanistans findet eine Einbindung in den sowjetischen Machtbereich durch sozialrevolutionäre Maßnahmen statt, die vielfach, sofern sie Modernisierungsfortschritte, Verbesserungen in den allgemeinen Lebensbedingungen und soziale Homogenisierung mit sich bringen, auch einen dauerhaften Integrationserfolg bewirken können. Verbunden ist dieser Prozeß jedoch in der Regel mit der zielbewußten Vernichtung der alten Eliten (als ,,Klassen"), mit der Unterdrückung gewachsener Kulturtraditionen, mit der Demontage des Organisationsgefüges der vorhandenen Religionsgemeinschaften, mit der Erhebung des ,,wissenschaftlichen Sozialismus" (= Marxismus-Leninismus) zur Staatsideologie, vorher schon mit der faktischen Aufhebung der politischen Souveränität der betroffenen Länder und Völker zugunsten weitgefaßter Weisungs- und Interventionsbefugnisse der in Moskau befindlichen Kommandozentrale des gesamten Hegemonialsystems.

In der islamischen Welt sind diese Integrationsmethoden, die auf die muslimischen Gebiete des alten Russischen Reiches — Kasachstan, Turkestan und Azerbaidschan (1918 - 24) — ebenso angewandt wurden wie z.B. auf die Äußere Mongolei, Tannu-Tuwa, Armenien und Georgien, auf Litauen, Lettland und Estland sowie, mit mancherlei Varianten, auf die meisten Staaten Ostmittel- und Südosteuropas, weithin bekannt. Schon vor der sowjetischen Besetzung Afghanistans bekundeten deshalb zahlreiche politisch aktive Muslime eine starke prinzipielle Abneigung gegenüber jedweder Zusammenarbeit mit einheimischen Kommunisten oder den Repräsentanten fremder kommunistischer Regime. Die relativ geringsten Hemmungen bestehen diesbezüglich anscheinend bei christlichen Arabern und bei laizistisch orientierten Baath-Sozialisten (al-Ba'th) vom Schlage des irakischen Präsidenten Saddam Hussein (Ṣaddām Ḥusain) oder des syrischen Präsidenten Asad (Ḥāfiẓ al-Asad).

Seit dem Jahresende 1979 hat sich indessen im gesamten Nahen und Mittleren Osten das Image der Kremlherrscher insofern weiter verdunkelt, als sie erstmals wieder seit den 20er Jahren mit der Okkupierung Afghanistans ein zusätzliches islamisches Land der Freiheit beraubten, um es — so sieht es die große Mehrzahl der Muslime — ihrem kommunistisch/atheistischen Imperium unmittelbar einzuverleiben. Die meisten islamischen Regierungen, aber auch breite Bevölkerungsschichten solidarisierten sich ohne langes Zögern mit den afghanischen Widerstandskämpfern in ihrem „heiligen Krieg" (jihād) gegen die Moskauer Unterdrücker, und diese Massensolidarisierung hat sich als beständiges Phänomen erwiesen. Sie reduziert die Spielräume jener Politiker noch mehr, die meinen, aus zwingenden Gründen auf enge Zusammenarbeit mit der Sowjetunion nicht verzichten zu können. Zugleich macht sie noch deutlicher als zuvor die schwer überwindbaren Grenzen sichtbar, die nicht nur der Ausbreitung des Kommunismus als revolutionärer Bewegung sondern auch den Möglichkeiten sowjetischer Einflußnahme auf die politischen Eliten und Gegeneliten fast überall in diesem Raum gezogen sind.

Um so problematischer ist es, Nah- oder auch Fernziele der sowjetischen Politik im Nahen und Mittleren Osten zu identifizieren. Ein *grand design* — eine ausformulierte sowjetische Strategie mit dazugehörigen Zielprojektionen und Etappenplänen — gibt es vermutlich nicht. Wer sich auf das angebliche „Testament Peters des Großen" beruft, um die Eroberung Irans und den Vorstoß zu den „warmen Gewässern" des Arabisch-Persischen Golfs als Hauptzielsetzung der Sowjetführung, wie schon vorher der Politik des Zarenreiches, in dieser Region darzustellen, beruft sich auf eine seit langem entlarvte, berühmte Fälschung. Stattdessen gehörten Konstantinopel und Kairo von alters her zu den südlichen Kardinalpunkten der Petersburger Außenpolitik. Es gibt Anhaltspunkte dafür, daß die sowjetische Nah- und Mittelostpolitik dieselben Metropolen besonderer Aufmerksamkeit würdigt, allerdings primär in Verbindung mit der Kontrolle der Schwarzmeer-Ausgänge und des Suezkanals. In diesem Zusammenhang ist zweifellos das Moskauer Dauerinteresse an vermehrter Bewegungsfreiheit für die sowjetische Kriegsmarine und an der Verbesserung ihrer Operationsbedingungen im gesamten Mittelmeer in Betracht zu ziehen. Ansonsten besteht eine der Hauptaufgaben der Sowjetdiplomatie darin, in bezug auf das Krisen- bzw. Konfliktmanagement in wichtigen Nah- und Mittelostangelegenheiten die Forderung nach regelmäßiger gleichberechtigter Beteiligung der UdSSR neben den USA durchzusetzen.

2. Die Vertragspolitik der Sowjetunion

Eine wichtige Aktionsform der sowjetischen Nah- und Mittelostpolitik war von Anbeginn die Herstellung bilateraler Vertragsbeziehungen zu Staaten, deren Verhalten in den Augen der Sowjetführung besondere Bedeutung für die Sicherheit der UdSSR, später auch für die Durchsetzung sowjetischer Groß- und Schutzmachtansprüche in der Region besaß. Die Analyse der Entwicklung der sowjetischen Vertragspolitik macht zugleich qualitative und konzeptionelle Wandlungen des Moskauer Nah- und Mittelost-Engagements sichtbar. Die erste Serie der im Jahre 1921 geschlossenen Verträge mit Persien, Afghanistan und der Türkei kann als eine Reihe von Normalisierungsverträgen bezeichnet werden. Es folgte zwischen 1925 und 1931 eine Serie von Nichtangriffs- und Neutralitätspakten mit denselben drei Staaten, die sich politisch als Neutralisierungsverträge charakterisieren lassen. Hinzu kam mitten im Zweiten Weltkrieg ein Allianzvertrag zwischen Großbritannien und der UdSSR, die weite Teile Irans besetzt hielten, und dem besetzten Land, vier Jahre später ein sowjetisch-iranisches Räumungsabkommen, das auch auf politische und ökonomische Forderungen der sowjetischen Seite einging.

Zwischen 1954 und 1970 schuf sich die Sowjetunion in Vorderasien und Nordafrika mit Hilfe eines Netzes zwei- und mehrseitiger Abkommen über Rüstungs- und Wirtschaftshilfe ein weitverzweigtes System von Kooperationsbeziehungen zu Partnerstaaten, deren Interessen z.T. erheblich divergierten. Besonders umfangreiche Waffenlieferungen, Ausbildungs- und Industrialisierungshilfe erhielten Ägypten, Syrien, der Irak, Afghanistan, Iran und Algerien. Faßt man nur die Wirtschaftshilfe ins Auge, so folgten hinter Ägypten als Empfängerländer Afghanistan, Iran und die Türkei auf Rang 2 bis 4 (Kreditzusagen 1954 - 70), jeweils auf den Nahen und Mittleren Osten und die arabischen Länder Nord- und Ostafrikas bezogen. Aber auch Nordjemen, der Sudan, Marokko und Somalia wurden mit ansehnlicher sowjetischer Wirtschafts- und Militärhilfe bedacht.

Aus einem schon 1928 geschlossenen, 1939 verlängerten und 1955 erneuerten Freundschaftsvertrag mit dem Königreich Jemen, der nach dem Untergang der Monarchie 1964 zu einem Vertrag zwischen der UdSSR und der Arabischen Republik Jemen (Nordjemen) umgestaltet wurde, entwickelte man sodann in Moskau einen ganz neuen Vertragstyp für den Zweck der politischen und militärischen Kooperation zwischen der Sowjetunion (bzw. anderen sozialistischen Staaten) und Staaten der Dritten Welt. Den ersten Modell-,,Vertrag über Freundschaft und Zusammenarbeit" schlossen am 27. 5. 1971 Ägypten und die UdSSR. Gleichartige Verträge mit den Sowjets unterzeichneten nach und nach die folgenden Länder des islamisch-nahöstlichen Bereichs: der Irak (9. 4. 1972), Somalia (11. 7. 1974), Afghanistan (5. 12. 1978), Südjemen (25. 10. 1979), Syrien (8. 10. 1980) und Nordjemen (10. 10. 1984). Die meisten Verträge dieses Typs sind ihrer politischen Substanz nach als Patronage-Verträge zwischen der UdSSR und relativ schwachen, von sowjetischer Wirtschafts- und Militärhilfe abhängigen Klienten-Regimen ,,sozialistischer Orientierung" anzusehen.

Bei genauerer Betrachtung zeigt sich freilich, daß nicht alle Hoffnungen, die der Kreml in das neue Vertragsmodell gesetzt hatte, in Erfüllung gingen. So kündigte z.B. Ägypten den Vertrag mit der Sowjetunion am 15. 3. 1976 aus Verbitterung über deren nur halbherzige Unterstützung der ägyptischen Kriegsanstrengungen gegen Israel, aber auch wegen unerfreulicher Erfahrungen mit Vertretern der UdSSR, denen man mißbräuchliche Ausnutzung der ihnen zugestandenen Privilegien sowie Arroganz und Unaufrichtigkeit im Umgang mit ihren ägyptischen Partnern ankreidete. Gleichzeitig kündigte Präsident Sadat (Anwar as-Sādāt) einen schon im März 1968 von seinem Vorgänger Nasser (Jamāl 'Abd an-Nāṣir) geschlossenen Geheimvertrag, der den Sowjets Flottenstützpunkte eingeräumt hatte und die bevorzugte Wartung bzw. Reparatur der sowjetischen Kriegsschiffe in ägyptischen Häfen und Werften vorsah.

Somalia annullierte ebenfalls seinen Vertrag mit der UdSSR am 13. 11. 1977, nachdem Moskau im Ogaden-Krieg für Äthiopien Partei ergriffen hatte. Durch dieselbe Entscheidung verloren die sowjetischen Streitkräfte den wichtigen Flotten- und Luftwaffenstützpunkt Berbera, über den sie auf Grund eines Geheimabkommens von Mitte Februar 1972 verfügen konnten. Im Endergebnis tauschte die UdSSR den Somalia-Vertrag gegen einen politisch-militärischen Kooperationsvertrag desselben Typs mit Äthiopien (20. 11. 1978) ein.

Auch das sowjetisch-irakische Vertragsverhältnis erwies sich bald als problematisch. Schon bei seinem Zustandekommen im April 1972 hatte der Kreml durchblicken lassen, daß ihm ein Vertrag mit Syrien, das seit 1955 sowjetische Wirtschafts- und Militärhilfe bezog und zudem Mittelmeerhäfen besaß, lieber gewesen wäre. Der im November 1970 zur Macht gelangte syrische Präsident Asad wollte jedoch anfangs Unabhängigkeit von der Sowjetunion demonstrieren und lehnte deshalb deren Angebote ab. Zusätzliche Komplikationen verursachte die damals schon zwischen den in Bagdad und Damaskus herrschenden Baath-Regimen permanent schwelende Feindschaft, außerdem auch das Mißtrauen, mit dem die Sowjets den irakischen Baath-Führern begegneten. Denn diese waren für die Abschlachtung Tausender von Kommunisten im Jahre 1963 und für die anschließenden Kommunistenverfolgungen, die bis 1966 andauerten, z.T. persönlich verantwortlich.

Tatsächlich nahmen die Spannungen zwischen Moskau und Bagdad ab 1976 ständig zu. Im Mai 1978 reagierte die Baath-Führung des Irak auf den erfolgreichen Militärputsch prosowjetischer Offiziere in Kabul mit der sofortigen Unterbindung aller kommunistischen Aktivitäten in den eigenen Streitkräften und mit der Hinrichtung zahlreicher in diesem Zusammenhang festgenommener Offiziere und Unteroffiziere. Fortan wurde der sowjetisch-irakische Kooperationsvertrag von beiden Seiten als suspendiert betrachtet, und Moskau stellte die Belieferung des Irak mit Kriegsgerät und Industrieausrüstungen weitgehend ein. Die Besetzung Afghanistans löste in Bagdad so heftige Proteste aus, daß die Kündigung des Vertrages unmittelbar bevorzustehen schien. Vermutlich unterblieb sie nur deshalb, weil Präsident Saddam Hussein befürchten mußte, daß

Moskau einen solchen Schritt mit aktiver Parteinahme für Iran in dem vom Irak im September 1980 entfesselten Golfkrieg beantworten würde. In diesem Konflikt befleißigte sich die UdSSR zunächst strikter Neutralität. Als aber Iran auf seiner konsequent anti-sowjetischen (und anti-amerikanischen) Haltung beharrte, begann sich ab Sommer 1982 eine zunehmende Normalisierung des irakisch-sowjetischen Verhältnisses bemerkbar zu machen, und nach dem Einsetzen der Unterdrückungskampagne gegen die kommunistische Tudeh-Partei in Iran ließ die UdSSR die Waffenlieferungen an den Irak im Frühjahr 1983 wieder anlaufen.

Syriens Präsident Asad nahm im Oktober 1980 das acht Jahre lang verschmähte Moskauer Vertragsangebot doch noch an. Dieser Entschluß resultierte allem Anschein nach aus einer Situation großer innenpolitischer Bedrängnis, wirtschaftlicher Überbelastung und außenpolitischer Isolierung. Außerdem sah Syrien damals im Libanon nicht nur wachsende Besatzungskosten, sondern auch eine gefährliche militärische Konfrontation mit Israel auf sich zukommen. Unter diesen Umständen mochte Asad der Freundschafts- und Kooperationsvertrag mit der UdSSR sogar als Rettungsanker erscheinen.

Drei anderen Mittelmeerländern — der Türkei, Libyen und Algerien — versuchte Moskau ebenfalls, einen Vertrag dieses Typs schmackhaft zu machen. Algerien, ein Staat ,,sozialistischer Orientierung“ der ersten Generation, den die sowjetischen Medien immer mit besonderem Wohlwollen bedachten und dessen Hafen Mers el-Kébir bei Oran einst zu den wichtigsten Kriegshäfen Frankreichs gehörte, zeigte überhaupt kein Interesse. Libyen steht seit 1981 in Verhandlungen mit der UdSSR über einen politisch-militärischen Kooperationsvertrag und wäre auch bereit, über Flotten- und Luftwaffenstützpunkte mit sich reden zu lassen, falls es dafür einen klassischen Bündnis- bzw. Beistandspakt bekommen könnte. Sein Gegenangebot schließt große, einst von Amerikanern und Briten angelegte Militärflugplätze bei Tripolis (Wheelus Air Base) und Tobruq ein. Libyen bezieht seit Mitte 1970 von der UdSSR Rüstungsmaterial gegen Bezahlung. Ein erstes Abkommen über wirtschaftliche und technische Zusammenarbeit kam im Frühjahr 1972 zustande.

Der sowjetischen Afrika-, Nah- und Mittelostpolitik leistete Libyens Staatschef Gaddafi (Mu'ammar al-Qadhdhāfī) wiederholt wertvolle Hilfestellung. Am 19. 3. 1983 erklärte die Sowjetführung sich generell bereit, mit Libyen einen Freundschafts- und Kooperationsvertrag zu schließen. Bei Verhandlungen, die Gaddafi im Oktober 1985 in Moskau führte, wurden zwar neue Abkommen über politische Konsultationen und über den Ausbau der wirtschaftlichen und technischen Zusammenarbeit erzielt, doch scheiterten sie in der Vertragsfrage. Erst der als Vergeltungsschlag gegen libyschen ,,Staatsterrorismus“ deklarierte Großangriff US-amerikanischer Bomberverbände auf Tripolis und Benghazi am 15. 4. 1986 ließ die fortbestehenden Divergenzen in den Hintergrund treten. Anderthalb Monate später handelte Gaddafi-Stellvertreter Jallūd ('Abd as-Sālim Aḥmad Jallūd) in Moskau zusätzliche Vereinbarungen über die Koordinierung der Außen- und Sicherheitspolitik, über Militär- und Wirtschaftshilfe sowie über wissenschaftliche und technische Zusammenarbeit aus, die Libyen faktisch jenen Staaten gleichstellten, die mit der UdSSR einen förmlichen Freundschafts- und Kooperationsvertrag geschlossen hatten. Während also die sowjetische Seite einlenkte, beharrte die libysche Führung auf der Ablehnung des bevorzugten Moskauer Vertragsmodells. Andererseits betonte Gaddafi wiederholt sein andauerndes Interesse an einem Bündnis- und Beistandspakt oder auch an der Aufnahme in die Warschauer-Pakt-Organisation.

Der Türkei schlug der damalige sowjetische Staatspräsident Podgorny anläßlich eines Besuchs in Ankara im April 1972 vor, zur Verbesserung der beiderseitigen Beziehungen einen ähnlichen Freundschafts- und Kooperationsvertrag auszuhandeln, wie der Kreml ihn soeben mit dem Irak geschlossen hatte. Seit der Aufkündigung des sowjetisch-türkischen Freundschafts- und Nichtangriffspakts vom 17. 12. 1925 durch Stalin (19. 3. 1945) waren gerade 27 Jahre vergangen. Die Türkei lehnte den Vorschlag Podgornys zwar ab, doch einigte man sich auf die Unterzeichnung einer Gemeinsamen Erklärung über die Prinzipien gutnachbarlicher Beziehungen (17. 4. 1972). Die Deklaration knüpfte inhaltlich an die in den 20er Jahren von Lenin und Mustafa Kemal Atatürk entwickelten Regeln der friedlichen Koexistenz und Zusammenarbeit sowie an relevante Verpflichtungen der UN-Satzung an. Beide Seiten sicherten sich ferner zu, ihr jeweiliges Territorium sollte nicht für Aggressionshandlungen und subversive Unternehmungen gegen andere Staaten zur Verfügung gestellt werden. Im sowjetischen Verständnis richtete sich diese Vereinbarung vor allem gegen die Stationierung amerikanischer Fernraketen auf türkischem Boden (nach Beilegung der Kuba-Krise hatten die USA 15 Jupiter-Raketen im Frühjahr 1963 aus der Türkei abgezogen); sie sollte aber auch die Fortsetzung der Fernaufklärung gegenüber der UdSSR von türkischen NATO-Flugplätzen aus erschweren. Bei gleicher Gelegenheit gewährte die Sowjetunion der Türkei einen weiteren Aufbaukredit im Wert von rund 400 Mio. US-$, wodurch sich das Gesamtvolumen der sowjetischen Zusagen auf fast 800 Mio. US-$ erhöhte.

In der Folgezeit brachte Moskau noch mehrmals sein Interesse an einem Nichtangriffspakt oder an einem politisch-militärischen Kooperationsvertrag in Ankara in Erinnerung, und die türkische Linke machte sich diesen Wunsch als Forderung zu eigen. Stattdessen mußten sich beide mit einem ,,Politischen Dokument über die Prinzipien gutnachbarlicher Beziehungen" begnügen, das der türkische Ministerpräsident Ecevit am 23. 6. 1978 anläßlich eines Besuchs in Moskau unterzeichnete. Das Dokument stützt sich einerseits auf die Prinzipienerklärungvon 1972, zusätzlich aber auch auf den Prinzipienkatalog des ,,Korbs 1" der KSZE-Schlußakte (Helsinki, 1. 8. 1975). Inhaltlich geht es insofern über die frühere Deklaration von Ankara hinaus, als es einen ausdrücklichen Gewaltverzicht für den Bereich der beiderseitigen Beziehungen verkündet.

Beispielhaft für die Bedeutung des Kernbestandteils der von der UdSSR angebotenen Freundschafts- und Kooperationsverträge, nämlich der Konsultationsklausel, sind Formulierung und Auslegung des Artikels 4 des Afghanistan-Vertrages vom 5. 12. 1978. Sein Text lautet:

> ,,Die Hohen Vertragsparteien werden sich, im Geist der Traditionen der Freundschaft und guten Nachbarschaft sowie der UN-Charta handelnd, konsultieren und mit dem Einverständnis beider Seiten die entsprechenden Maßnahmen zur Gewährleistung der Sicherheit, der Unabhängigkeit und der territorialen Integrität der zwei Länder ergreifen.
>
> Im Interesse der Stärkung der Verteidigungsfähigkeit der Hohen Vertragsparteien werden sie darin fortfahren, die Zusammenarbeit im militärischen Bereich auf der Grundlage der zwischen ihnen abgeschlossenen entsprechenden Abkommen zu entwickeln."

Nach der sowjetischen Militärintervention in Afghanistan am Jahresende 1979, die sich ausdrücklich auf den hier zitierten Vertragsartikel stützte, betonte die sowjetische Seite, dessen Bestimmungen verpflichteten nicht nur die UdSSR zur Unterstützung Afghanistans gegen auswärtige Aggression, sondern sie verpflichteten auch Afghanistan, ,,alles für die Aufrechterhaltung des Friedens und der Stabilität an der Südgrenze der UdSSR zu tun und zu verhindern, daß dort für die UdSSR eine Kriegsgefahr entsteht". Hier zeigt sich, daß die Sowjetführung dazu neigt, das ,,Koordinationsziel" eines politisch-militärischen Kooperationsvertrages — d.h. im Afghanistan-Vertrag die ,,Gewährleistung der Sicherheit, der Unabhängigkeit und der territorialen Integrität der zwei Länder" — je nach Bedarf einseitig entweder ,,weich" als Konsultationsgebot oder ,,hart" als Interventionsgebot zu interpretieren. Auch ist bemerkenswert, daß nach sowjetischer Auffassung das Erfordernis des ,,Einverständnisses beider Seiten" offenbar gegenstandslos wird, wenn Anlaß besteht, dem schwächeren Partner vorzuhalten, er sei nach Sachlage außerstande, die aus dem ,,Koordinierungsziel" abgeleiteten ,,Vertragsverpflichtungen" in befriedigender Weise zu erfüllen. In der Praxis bevorzugt die Weltmacht UdSSR also einen Vertragstyp, der es ihr ermöglicht, nach eigenem Ermessen zu entscheiden, ob sie einem angegriffenen Partnerstaat militärischen Beistand leisten soll oder nicht, und der es auch (wie im Falle Afghanistans) ihrem eigenen Gutdünken überläßt, ob sie ein militärisches Eingreifen in einem Klientenstaat unabhängig vom Vorliegen einer auswärtigen Aggression für notwendig oder angebracht hält.

Außerdem ist zu berücksichtigen, daß die fünf Staaten des Nahen und Mittleren Ostens, mit denen die UdSSR durch einen Freundschafts- und Kooperationsvertrag assoziiert ist — Afghanistan, Irak, Syrien, Süd- und Nordjemen —, sämtlich der Bewegung der Blockfreien Länder angehören. Dasselbe gilt für sechs weitere Vertragspartner Moskaus, nämlich Indien, Vietnam, Äthiopien, Angola, Moçambique und die VR Kongo. Die meisten dieser Partnerstaaten sind nicht einmal mehr imstande, über die eigene ,,Blockfreiheit" bzw. ,,Nichtpaktgebundenheit" selbst zu befinden, weil sie auf Grund ihrer Abhängigkeit von der UdSSR nicht verhindern können, daß diese dem jeweiligen ,,Klienten" nach ihrer eigenen Interessenlage vorschreibt, wann er sich als ihr Verbündeter und wann als Nichtverbündeter verhalten soll. All diese Erfahrungen und Erkenntnisse haben ihren Effekt auf die Einstellung der verantwortlichen Politiker des Nahen und Mittleren Ostens zur Sowjetunion nicht verfehlt. Infolgedessen stehen viele Regierungen der Region dem von Moskau bevorzugten Modell des politisch-militärischen Kooperationsvertrages eher ablehnend gegenüber, während andere, wie z.B. Syrien und Libyen, mit der UdSSR lieber einen regulären Bündnis- und Beistandspakt abschließen würden, den diese ihnen jedoch verweigert.

3. Das Verhältnis zu Israel

In den Jahren 1945 - 49 verfolgte die Sowjetunion in weitgehender Übereinstimmung mit den USA eine Palästinapolitik, die wesentlich zur Errichtung und Konsolidierung des Staates Israel beitrug. Im Mai 1947 erklärte der sowjetische UN-Chefdelegierte Gromyko in der Vollversammlung, seine Regierung anerkenne das Recht des jüdischen Volkes auf einen eigenen Staat und sichere ihm bei dessen Gründung ihre Unterstützung zu. An der unverhüllt zionistischen Inspiration aller maßgeblichen Mitbegründer des Staates Israel nahmen Stalin und die übrigen Sowjetführer damals zumindest offiziell niemals Anstoß.

Ausschlaggebend für die projüdische Tendenz des von Stalin gesteuerten Palästina-Kurses war wohl, daß dieser ihm die Chance bot, im Zusammenwirken mit den USA britische Positionen im Ostmittelmeerraum zu erschüttern, wenn nicht gar zum Einsturz zu bringen. Der Ansatz dieser Politik war zugleich unverkennbar anti-arabisch. Denn anfangs sah Moskau in der im März 1945 in Kairo mit britischem Beistand ins Leben gerufenen Arabischen Liga (Gründungsmitglieder: Ägypten, der Irak, Jemen, Libanon, Saudi-Arabien, Syrien, Transjordanien) hauptsächlich ein Werkzeug des englischen, später des angloamerikanischen Imperialismus.

Bei der UN-Abstimmung vom 29. 11. 1947 votierte die UdSSR für die Teilung Palästinas. Im März 1948 trat sie amerikanischen Vorschlägen entgegen, die auf Zugeständnisse an die britischen (und arabischen) Interessen hinausliefen. Schon Monate vor der Verkündung der staatlichen Unabhängigkeit Israels am 14. 5. 1948 trafen in palästinensischen Häfen Kisten mit tschechoslowakischen Waffen ein, die von der jüdischen Selbstschutzorganisation Hagana angefordert worden waren. Nach dem Beginn der militärischen Offensive der Araberstaaten am 15. Mai unterstützten die Sowjetbehörden Israel auch dadurch, daß sie vielen osteuropäischen Juden im wehrfähigen Alter anstandslos die Auswanderung nach Palästina gestatteten, wo sie sogleich den Streitkräften Israels eingegliedert wurden. Im Herbst 1948 stellte der israelische Außenminister anläßlich der Pariser UN-Beratungen über die Palästinafrage in einem Bericht fest, dort hätten sich vor allem die Sowjetdelegierten als Sachwalter Israels hervorgetan. Als dann die UN-Vollversammlung am 11. 5. 1949 die Aufnahme Israels beschloß, geschah dies mit den Ja-Stimmen sämtlicher Ostblock-Delegationen.

Infolgedessen herrschte in den Anfangsjahren in Israel eine durchaus positive Einstellung zu den ,,Russen" vor. Auch ist zu konstatieren, daß Israel immer eine starke politische Linke besaß, die aus vielfältigen Gründen der UdSSR große Sympathien entgegenbrachte, zahlreiche sozialistische Experimente ins Werk setzte und die Beteiligung an anti-sowjetischen Bündnissen prinzipiell ablehnte. Zudem genossen die einheimischen Kommunisten nirgendwo im Nahen und Mittleren Osten eine auch nur annähernd vergleichbare, in der Praxis fast unbegrenzte Bewegungs- und Publikationsfreiheit wie in Israel.

Trotzdem kam es schon 1952/53 zu einer ersten sowjetisch-israelischen Krise, die mit der osteuropäischen Antizionistenkampagne in der Endphase der Stalin-Ära zusammenfiel. Ein vorübergehender Abbruch der Beziehungen seitens der UdSSR war die Folge. Die zweite Krise resultierte aus dem Suezkonflikt (1956), den die israelischen Streitkräfte zur blitzartigen Besetzung der Sinai-Halbinsel benutzt hatten. Der zeitweise abberufene sowjetische Botschafter kehrte jedoch bereits im April 1957 wieder nach Tel Aviv zurück.

Einen offen Israelfeindlichen Kurs steuert der Kreml erst seit dem Juni 1967, d.h. seit dem Sechs-Tage-Krieg. Wieder brach Moskau die Beziehungen ab, stellte sie aber bis zur Gegenwart (1987) nicht wieder her. Dem sowjetischen Beispiel folgten — von Rumänien abgesehen — alle anderen Mitgliedstaaten des Warschauer Pakts. Sodann trat die UdSSR sowohl in der UN-Vollversammlung als auch im UN-Sicherheitsrat als engagierte Fürsprecherin der Araber und ihrer Belange auf — in einer Zeit, in der kein einziger Araberstaat dem Sicherheitsrat angehörte. Ägypten und Syrien erhielten zudem von Moskau großzügige Wiederaufrüstungshilfe. So formierte sich keineswegs zufällig — wenn auch nicht für lange Dauer — jenes bereits erwähnte *De-facto*-Bündnis zwischen der UdSSR und allen (damals bereits 14) Mitgliedern der Arabischen Liga, das inzwischen für die Sowjetführung selbst zu einem Maßstab für Erfolge oder Mißerfolge ihrer Nah- und Mittelostpolitik geworden ist.

Trotzdem haben die Verantwortlichen in Moskau niemals, auch nicht in Phasen engen Einvernehmens, dem Verlangen des radikalen Flügels der arabischen Kräfte nachgegeben, den Fortbestand des Staates Israel wieder in Frage zu stellen. Dieser Positionsunterschied erwies sich namentlich für den Irak, für Syrien, Südjemen, Libyen, die PLO-Mehrheit und seit 1978 auch für Iran immer wieder als Stein des Anstoßes. Weil sich die Sowjetführung regelmäßig positiv zum Existenzrecht Israels in gesicherten Grenzen äußerte, ist auf arabischer Seite die Vermutung nie ganz verstummt, auch nach dem Sechs-Tage-Krieg hätten im Kreml Sympathien für Israel weiter eine zwar unterschwellige, aber doch gewichtige Rolle gespielt.

In den Augen vieler Araber wurde dieser Verdacht vor allem durch die Lockerung der Auswanderungssperre für Sowjetjuden in den Jahren 1971 - 80 erhärtet. Die Juden-Emigration aus der UdSSR entwickelte sich folgendermaßen: 1945 - 70: rund 10.000; 1971: 13.022; 1972: 31.681; 1973: 34.733; 1974: 20.628; 1975: 13.221; 1976: 14.261; 1977: 16.736; 1978: 28.864; 1979: 51.320; 1980: 21.471; 1981: 9.447; 1982: 2.688; 1983: 1.314; 1984: 896; 1985: 1.140.

Man sagt Gromyko nach, er habe sich als Außenminister und Politbüro-Mitglied für die Wiederaufnahme der diplomatischen Beziehungen zu Israel eingesetzt, als die Eröffnung der Genfer Nahostkonferenz unter der Schirmherrschaft der UN und unter einem amerikanisch-sowjetischen Kopräsidium im Dezember 1973 unmittelbar bevorstand. Sollte er einen solchen Vorstoß unternommen haben, vermochte er sich damit jedenfalls nicht durchzusetzen. In der Folgezeit betonte die israelische Regierung immer wieder ihre Bereitschaft zu einer ,,bedingungslosen" Normalisierung des beiderseitigen Verhältnisses.

Offiziöse Sondierungen, die im Laufe der Zeit an verschiedenen Orten (u.a. in Washington und Paris) stattfanden, bestätigten nämlich ein über das andere Mal den folgenden Sachverhalt: Die UdSSR knüpft die Wiederaufnahme diplomatischer Beziehungen an Bedingungen, die seit der Breschnew-Ära praktisch dieselben geblieben sind. Gefordert wird vor allem die vorherige Räumung der seit 1967 bzw. 1973 von Israel besetzt gehaltenen Gebiete, insbesondere der Golan-Höhen, des Westjordanlands und des Gaza-Streifens. Eine Andeutung sehr begrenzter Spielräume glaubt man israelischerseits darin zu sehen, daß sich die Forderungen bisweilen nicht ausdrücklich auf ,,alle" Bestandteile der betreffenden Gebiete beziehen. Offenbar ist der Sowjetdiplomatie daran gelegen, insbesondere Spekulationen über Möglichkeiten einer Ausklammerung des Sonderproblems Ostjerusalem zu ermutigen.

Für Israel stellt sich dagegen die Normalisierungsfrage in ganz anderer Weise. Die israelische Grundposition besagt, daß man prinzipiell normale diplomatische Beziehungen herzustellen wünsche, wo sie nicht mehr oder noch nicht bestehen; deren Herstellung oder Wiederanknüpfung dürfe aber keinesfalls von Vorbedingungen abhängig gemacht werden. Dies gilt uneingeschränkt auch für das israelisch-sowjetische Verhältnis.

4. Das Verhältnis zu den Palästina-Arabern und zur PLO

Für die UdSSR war das ,,palästinensische Volk" bis in die 70er Jahre hinein kaum mehr als eine diplomatische Fiktion und ein Agitationsbegriff, nützlich vor allem für das Wachhalten anti-israelischer Emotionen unter den Palästina-Arabern und für die Mobilisierung weltweiter Sympathiekundgebungen zugunsten eines von israelischer Fremdherrschaft betroffenen, zur Hälfte heimatvertriebenen Zweigs der großen arabischen Nation. Obwohl es Sowjetdiplomaten und Sowjetjournalisten rasch zur Gewohnheit wurde, sich beim Werben um arabische Kooperationspartner verbal mit den Aspirationen des ,,palästinensischen Volkes" zu solidarisieren, bedeutete dies keineswegs, daß man im Kreml an die Existenz eines solchen Volkes mit eigener ,,nationaler Identität" wirklich glaubte.

Bezeichnend ist, daß eine Palästinensische Kommunistische Partei (PKP) erst im Februar 1982 gegründet wurde. Organisatorisch entstand sie durch Ausgliederung von Funktionären und Mitgliedern palästinensischer Herkunft aus der Jordanischen KP, aus der KP des Libanon und wohl auch aus der KP Israels. Die neue PKP stellte sofort Antrag auf Aufnahme in die PLO. Zwölf Jahre zuvor war auf Grund einer gemeinsamen Initiative der Kommunistischen Parteien Jordaniens, des Libanon und des Irak eine palästinensisch-kommunistische Guerilla-Organisation gebildet worden, die sich ,,Partisanenkräfte" (Qūwāt al-anṣār) nannte, aber nicht als bewaffneter Arm einer Palästinensischen Kommunistischen Partei oder Widerstandsbewegung auftrat. Das offenkundig mit dem Moskauer KPdSU-Apparat abgesprochene Manöver, das einen bestimmten taktischen Zweck verfolgte, lieferte im Grund den Beweis, daß man um das Jahr 1970 in der Internationalen Abteilung der KPdSU-Führung noch nicht gewillt war, der Gründung einer eigenständigen Palästinensischen KP zuzustimmen.

Der im Jahre 1964 entstandenen PLO begegnete die Sowjetführung anfangs mit größtem Mißtrauen. Man betrachtete sie als reine Frontorganisation der Arabischen Liga, wegen ihrer Abhängigkeit von Geldzuwendungen Saudi-Arabiens und anderer Ölstaaten sogar als Marionette der ,,reaktionärsten" arabischen Regime. Diese Einstellung änderte sich erstmals nach dem Sieg der Fatah-Fraktion (al-Fatḥ) auf dem 5. PLO-Kongreß im Februar 1969, auf dem auch der Fatah-Führer Arafat (Yāsir 'Arafāt) zum neuen PLO-Vorsitzenden gewählt worden war.

Fortan bewertete man die PLO in Moskau als ,,nationale Befreiungsbewegung" der Palästina-Araber mit mehreren teils ,,progressiven", teils mehr oder weniger ,,reaktionären" Flügeln bzw. Abteilungen. Als ,,progressiv" galten vor allem die von N. Hawatmeh (Nā'if Hawātima) geführte marxistische Democratic Front for the Liberation of Palestine (DFLP) und Dr. George Habashs (Jūrj Ḥabash) ebenfalls marxistische Popular Front for the Liberation of Palestine (PFLP). Da allerdings DFLP und PFLP in den 60er Jahren aus ihren prochinesischen und guevaristischen Tendenzen keinen Hehl machten, versuchten die Kommunisten der Region (zweifellos auch im Moskauer Interesse), sich über die 1970 gegründete Phantom-Kampfgruppe ,,Partisanenkräfte" Teilnahme- und Mitspracherechte auf PLO-Kongressen, womöglich sogar Zugang zu PLO-Führungsorganen zu verschaffen. Arafats Mehrheitsorganisation Fatah wurde seitens der zuständigen Abteilung des KPdSU-Apparats als eine im Kern arabisch-nationalistische, wegen ihrer Islam-Bindungen prinzipiell anti-kommunistische, partiell sogar anti-sowjetische Formation eingeschätzt.

Eine nochmalige Wandlung der sowjetischen Einstellung zur PLO vollzog sich im Laufe des Jahres 1974, als die einflußreichsten Araberstaaten (u.a. Ägypten, Saudi-Arabien, Syrien, Algerien) die Anerkennung der PLO als allein legitimierte Interessenvertreterin aller Palästinenser durchsetzten, indem sie Jordanien zur Preisgabe konkurrierender Ansprüche nötigten. Schon vor der Konferenz von Rabat, auf der im Oktober 1974 diese Frage entschieden wurde, hatten sowjetische und PLO-Vertreter die Möglichkeit der Errichtung eines Palästinenser-Staates im Westjordanland und im Gaza-Streifen erörtert. Anscheinend hielten beide Seiten damals die Bildung einer palästinensischen Exilregierung für ein kurzfristig realisierbares Vorhaben.

Die Beschlüsse von Rabat, die der PLO u.a. das Recht zubilligten, „in den befreiten Gebieten eine unabhängige nationale Autorität zu errichten", wurden in Moskau mit lebhaftem Beifall aufgenommen. Auch imponierte der Sowjetführung das selbstbewußte Auftreten Arafats auf der Palästina-Sondersitzung der UN-Vollversammlung vom 13. 11. 1974. Fortan stellte sie den PLO-Chef hinsichtlich der protokollarischen Behandlung praktisch einem Regierungschef gleich. Dennoch verstrichen nochmals anderthalb Jahre, bis im Juni 1976 das in Moskau eingerichtete PLO-Büro endlich eröffnet werden konnte. Die Moskauer PLO-Vertretung war übrigens anfangs nur beim sowjetischen Komitee für Solidarität mit den Völkern Asiens und Afrikas akkreditiert. Den Status einer diplomatischen Mission erhielt sie erst im Oktober 1981.

In der Zwischenzeit hatte sich das Verhältnis zwischen PLO und Kreml keineswegs problemlos entwickelt. Phasen wechselseitiger Irritation wurden plötzlich wieder von Phasen scheinbarer Einigkeit und engen Zusammenwirkens abgelöst. Arafat reiste im Zeitraum 1975 - 78 alljährlich mindestens einmal nach Moskau. Ein Besuch im November 1978, bei dem der Ministerratsvorsitzende Kossygin die Verhandlungen führte, schloß mit einem Kommuniqué ab, in dem die UdSSR die PLO erstmals offiziell als allein legitimierte Vertretung des „palästinensischen Volkes" anerkannte.

Bei ihrem Eintreten für die Errichtung eines Palästinenser-Staates geht die UdSSR konkret von dem am 29. 11. 1947 von der UN-Vollversammlung gebilligten Plan für die Aufteilung Palästinas aus, der die gleichzeitige Schaffung eines jüdischen und eines arabischen Staates auf dem Territorium des ehemaligen Palästina-Mandats vorsah. Hingegen haben die arabischen Staaten der damaligen UN-Formel, die die Bejahung der Gründung Israels einschloß, niemals zugestimmt. Die Sowjetführung hält den projektierten Palästinenser-Staat im Westjordanland und im Gaza-Streifen nur dann für ein erreichbares Ziel, wenn vorher die PLO und die Mehrzahl der Araberstaaten das Existenzrecht Israels förmlich anerkennen. Gromyko mahnte Arafat seit dem Ende der 70er Jahre, die PLO sollte sich zumindest aus taktischen Gründen nicht länger weigern, die Resolutionen Nr. 242 und 338 des UN-Sicherheitsrates zu akzeptieren, die vom Existenzrecht Israels ausgehen. Wenn der Palästinenser-Staat erst einmal geschaffen sei, meinte der damalige sowjetische Außenminister, würden sich Lösungen für alle anderen Probleme sehr bald finden lassen.

Als 1983/84 die PLO auseinanderbrach, stützte Moskau die Arafat-Fraktion gegen die den bewaffneten Kampf verabsolutierenden PLO-Rebellen und die hinter ihnen stehenden Syrer. Gegenüber Damaskus betonten sowjetische Spitzenfunktionäre und Publikationsmedien immer wieder das Moskauer Interesse an der Wiederherstellung der Einheit der PLO als Voraussetzung dafür, daß diese als selbständiger politischer Faktor fungieren könne. Auch KPdSU-Generalsekretär Gorbatschow benutzte im Juni 1985 seine erste Begegnung mit Präsident Asad, dem wichtigsten Kooperationspartner der UdSSR in der Region, zu einem „freimütigen" Gedankenaustausch, in dessen Verlauf er seinen syrischen Gast eindringlich aufforderte, bei der raschen Überwindung der PLO-Spaltung auf einer „prinzipienfesten und anti-imperialistischen Grundlage" mitzuwirken.

5. Ideologische Präferenzen und Kooperationsformeln

Bei der Einschätzung der politischen Kräfteverhältnisse im Nahen und Mittleren Osten sind der Sowjetführung immer wieder gravierende Irrtümer unterlaufen. In der Beurteilung ,,revolutionärer“ Regimewechsel in der Region (z.B. in Ägypten 1952, im Irak 1958 und 1968, in Iran 1979) hat sie wiederholt Inkompetenz und Unsicherheit erkennen lassen. Auch bei der Einordnung maßgeblicher Politiker des Raumes beging sie eine Vielzahl schwerer Fehler. So bezeichnete der sowjetische Spitzenfunktionär B. N. Ponomarjow, Leiter der Internationalen Abteilung des KPdSU-Apparats, bei mehreren Besuchen in Ägypten die Religion als Haupthindernis für den Fortschritt. In einem längeren Gespräch versuchte er auch Präsident Sadat beizubringen, daß die Abschaffung des Islams eine entscheidende Frage sei, wenn die Araber ihren Entwicklungsrückstand aufholen wollten. Schon 20 Jahre vorher, nach dem erfolgreichen Kairoer Militärputsch vom 23. 7. 1952, waren die neuen Führer Ägyptens um General Muḥammad Najīb, Nasser, Sadat, ‘Abd al-Ḥākim ‘Āmir und den ,,roten Major“ Khālid Muḥyī ad-Dīn von den sowjetischen Experten und Kommentatoren lange als anti-kommunistische Reaktionäre, manchmal als regelrechte Faschisten eingestuft worden. Solche Etikettierungen sind nur dann zu begreifen, wenn man sie mit den bis zum Februar 1956 (d.h. bis zum XX. KPdSU-Kongreß) gültigen Beschlüssen des 6. Kominternkongresses zu Fragen der Entwicklungsländerpolitik in Beziehung setzt. Diese im Jahre 1928 in Moskau gefaßten Beschlüsse hatten der ,,nationalen Bourgeoisie“ der ,,Kolonien und Halbkolonien“ der großen Kolonialmächte grundsätzlich jede bündnispolitische Vertrauenswürdigkeit abgesprochen und dekretiert, ,,bürgerlich-nationalistische“ oder ,,nationalreformistische“ Politiker solcher Länder seien im Lichte der konkreten China-Erfahrungen der Komintern von Natur aus außerstande, eine echte Emanzipation ihrer Völker von kolonialer Abhängigkeit durchzusetzen, d.h. einer wirklichen ,,nationalen Befreiungsbewegung“ zum Durchbruch zu verhelfen. Auf dieser These fußte die Stalin-Doktrin von 1928, nur von authentischen kommunistischen Revolutionären sei die Befreiung der Kolonialvölker von imperialistischer Unterdrückung und Ausbeutung, nur von ihnen sei letztlich die Dekolonisierung Asiens, Afrikas und Lateinamerikas zu erwarten.

Erst die Erfahrungen der Bandung-Konferenz vom April 1955, die Chruschtschew nachhaltig beeindruckten, veranlaßten die Erben Stalins dazu, diese realitätsfremden Leitvorstellungen gründlich zu korrigieren. Vom XX. KPdSU-Parteitag an sollten nunmehr die ,,nationalrevolutionären“ Parteien und Eliten Asiens und Afrikas — mithin auch des Nahen und Mittleren Ostens — als ,,natürliche Verbündete“ des sozialistischen Lagers in der weltweiten Ost-West-Konfrontation gelten. Die Kommunisten der Entwicklungsländer waren plötzlich weniger gefragt, sehr zum Leidwesen jener traditionsreichen Kommunistischen Parteien, die es seit langem in Nord- und Nordostafrika, in Syrien und im Libanon, im Irak und in Iran, in der Türkei und auf Zypern sowie — *last but not least* — auch in Israel gab.

Für die Entwicklungsländer bestimmte der XX. KPdSU-Kongreß, künftig komme es dort in erster Linie darauf an, eine ,,anti-imperialistische Aktionsgemeinschaft“ aller ,,progressiven Kräfte“ zustandezubringen; möglichst gleichzeitig müßten sodann ,,anti-imperialistische Einheitsfronten“ seitens der herrschenden ,,progressiven“ bürgerlichen Nationalisten mit der Sowjetunion bzw. anderen Mitgliedern der sozialistischen Staatengemeinschaft errichtet werden. Dem entsprach in den Jahren 1956 - 60 eine allgemeine Tendenz der Sowjetführung, bei der Auswahl von Kooperationspartnern im Nahen und Mittleren Osten national- und sozialrevolutionäre Regime wie diejenigen Ägyptens und Syriens, später auch des Irak und Algeriens zu bevorzugen. Nasser in Ägypten, Ben Bella in Algerien, Qassem (‘Abd al-Karīm Qāsim) im Irak, Asad in Syrien — das waren die Politiker, die in der Chruschtschew-Ära die Sowjetführung faszinierten und zeitweise zu weltrevolutionärem Überoptimismus verleiteten. Aber auch ,,nationalreformistische“ Konzeptionen, wie sie in Tunesien von Bourguiba (Ḥabīb Būrqība), im Sudan und in Somalia erprobt wurden, begleitete die sowjetische Publizistik mit wohlwollenden Kommentaren.

Die zweite kommunistische Weltkonferenz, die Ende 1960 in Moskau tagte, produzierte dann eine neue Standardformel für die kommunistische Bündnispolitik in Entwicklungsländern: das Modell der ,,nationaldemokratischen Einheitsfront“ als Basis eines ,,Staates der nationalen Demokratie“. Diese Formel stellte einen Versuch dar, die sowjetische Interessenpolitik in den einzelnen Regionen der Dritten Welt mit wichtigen Postulaten der kommunistischen Revolutionsdoktrin in Einklang zu bringen. Ihr Kernstück war die Forderung nach Organisationsfreiheit für die Kommunisten, die als Gegenleistung dem ,,progressiven“ Regime ihre Unterstützung geben würden. Letztlich sah das nationaldemokratische Kooperationsmodell aber offenbar die gleichberechtigte Integration der Kommunisten und ihre Regierungsbeteiligung vor.

Die Sowjetführung hält sich generell für berechtigt, auf die innenpolitische Bündnisstrategie ihrer ,,progressiven“ Kooperationspartner Einfluß zu nehmen, so lange diese weiter des internationalen Beistands, der Militär- und der Kredithilfe der UdSSR bedürfen, um sich innerer und äußerer Gegner zu erwehren. In der konkreten Situation des Jahres 1960 wollte Chruschtschew nicht länger zulassen, daß dieselben Partner und Klienten Krisen im eigenen Land oder in der Region nur allzu oft benutzten, um gerade gegen die einheimischen Kommunisten mit Anschuldigungskampagnen und Unterdrückungsmaßnahmen vorzugehen. Unter dem Blickwinkel der Autorität war es für die KPdSU-Manager überhaupt kein Problem, die Kommunisten der arabischen und anderer Entwicklungsländer auf konstruktive Zusammenarbeit mit den ,,progressiven“ Nationalisten ihrer Umgebung festzulegen. Die Schwierigkeit bestand vielmehr darin, daß die nationalrevolutionären Führer in der Regel für ihre eigene Bewegung das Organisationsmonopol beanspruchten, während die einheimischen Kommunisten — wie z.B. Khālid Bakdāsh, der kurdische Generalsekretär der KP Syriens — dazu tendierten, unter Berufung auf Lenin und den 6. Kominternkongreß die politische und organisatorische Selbständigkeit ihrer Partei bis zum letzten zu verteidigen, und es ablehnten, auf Kooptations-, Fusionierungs- oder Selbstauflösungsvorschläge einzugehen.

Nasser hatte Ende 1958 ein regelrechtes Kesseltreiben gegen syrische und ägyptische Kommunisten entfesselt, weil diese nicht nur den Zusammenschluß Ägyptens und Syriens zur VAR mißbilligten, sondern auch allen weiterreichenden panarabischen Angliederungs- und Gleichschaltungsplänen energisch entgegentraten. Im Irak, wo sich Qassem anfangs kommunistischer Helfer bedient hatte, und in Syrien beteiligten sich auch die Baath-Sozialisten an der antikommunistischen Agitation der Nasseristen. Qassem reihte sich in diese Front der Kommunistengegner ein, als die unter seiner Herrschaft erstarkte Irakische KP Mitte 1959 versuchte, den weitgehend isolierten Präsidenten unter Druck zu setzen. Nach dem von kommunistischem Frohlocken begleiteten Wiederausscheiden Syriens aus der VAR im September 1961 wurde die sowjetische Konzeption einer breiten, die Kommunisten einschließenden ,,nationaldemokratischen“ Regierungskoalition für Nasser vollends indiskutabel. Aber auch Sekou Touré in Guinea, Modibo Keita in Mali und Kwame Nkrumah in Ghana konnten dem Moskauer Koalitionsmodell keinen Geschmack abgewinnen. In Algerien war Ben Bella ebensowenig gewillt, die Macht mit den Kommunisten zu teilen.

Angesichts des einhelligen Widerstands der meistumworbenen ,,Progressisten“ gab Chruschtschew schließlich nach. Er selbst begann vor dem Jahreswechsel 1963/64, anstelle des ,,Staates der nationalen Demokratie“ das Alternativmodell einer ,,revolutionären Demokratie“ in den Vordergrund zu rücken. In der Kennzeichnung der nicht-kommunistischen National- und Sozialrevolutionäre als ,,revolutionäre Demokraten“ kam die sowjetische Bereitschaft zum Ausdruck, sie fortan als die alleinigen Inspiratoren und Repräsentanten der Revolution in ihren jeweiligen Ländern anzuerkennen. Moskau unterstützte auch die von Ben Bella und Nasser an die Kommunisten Algeriens und Ägyptens gerichtete Einladung, einzeln den Einheitsparteien FLN und ASU beizutreten, wo es ihnen freigestellt sein sollte, für den ,,wissenschaftlichen Sozialismus“ zu werben und sich am Aufbau marxistischer Vorhutgruppen zu beteiligen.

Im Dezember 1964 wurde die Linie des ,,Zusammenschlusses mit den revolutionären Demokraten" auf einer gesamtarabischen Kommunistenkonferenz offiziell abgesegnet. Während die Parteien der Kommunisten Algeriens und Ägyptens im Frühjahr 1965 ihre Selbstauflösung beschlossen (sie wurden inzwischen längst durch Nachfolge-Organisationen ersetzt), weigerten sich die Führer der relativ starken Kommunistischen Parteien Syriens, des Irak, Irans und des Sudan, ihrem Beispiel zu folgen. Sie hielten statt dessen am Ziel der ,,nationaldemokratischen Aktionsgemeinschaft" mit anderen ,,progressiven Kräften" fest. Zum Teil hatten sie Erfolg: In Syrien und im Irak wurden Kommunisten schon des öfteren mit Ministerämtern betraut. Auch entstanden in beiden Ländern im Jahre 1972 National-Progressive Fronten des ,,nationaldemokratischen" Typs, die als Basis für Koalitionsregierungen dienen bzw. gedient haben. In der Praxis hielt also die Formel von der ,,nationalen Demokratie" auch im Nahen und Mittleren Osten für die sowjetisch-kommunistische Bündnisstrategie ihre Aktualität.

Seit dem Beginn der 70er Jahre operiert die UdSSR mit einem weiteren Begriff, der eine politische Präferenz andeutet, nämlich mit dem Partnerschaftsmodell der ,,Staaten sozialistischer Orientierung". Von den Ländern Westasiens und Nordafrikas sind Afghanistan, Südjemen, Algerien, der Irak, Syrien und vermutlich auch Libyen als Staaten dieses Typs anzusehen. Ausschlaggebend für eine solche Einstufung sind vor allem die Option für einen ,,nicht-kapitalistischen Entwicklungsweg", die prononciert ,,anti-imperialistische" Ausrichtung der Außenpolitik und die Bereitschaft zu enger internationaler Zusammenarbeit mit der UdSSR und anderen Ostblockstaaten. Innerhalb dieser Gruppe gehören wiederum Afghanistan und Südjemen zu den ,,Avantgarde-Staaten", die von einer eindeutig dem ,,wissenschaftlichen Sozialismus" verpflichteten Vorhutpartei geführt werden. Ansonsten sind in der Gruppe sowohl ,,Staaten der nationalen Demokratie" (Syrien, Irak) als auch ,,revolutionär-demokratische Staaten" (Algerien, Libyen) vertreten.

Die sowjetische Reaktion auf den Umsturz in Iran war anfangs von illusionären Erwartungen bestimmt. Nach der Vertreibung des Schahs im Januar 1979 betonte man in Moskau zunächst vor allem die ,,progressiven", emanzipatorischen Wesenszüge der iranischen Revolution und wechselte sogar den Generalsekretär der kommunistischen Tudeh-Partei aus, um dieser die Unterwanderung der islamisch-fundamentalistischen Revolutionsbewegung, aber auch dem neuen Regime die Zusammenarbeit mit den Kommunisten zu erleichtern. Diese positive Einstellung zu den Entwicklungen in Iran warf indessen erhebliche Probleme in der UdSSR selbst auf, wo rund 50 Mio. Einwohner islamisch geprägten Kulturtraditionen anhängen, obwohl die Sowjetführung im eigenen Land den Islam als gefährliche Konkurrenzideologie nach wie vor energisch bekämpft. Infolgedessen verstärkte die sowjetische Publizistik gleichzeitig ihre ebenso entschiedenen wie vorsichtig formulierten Warnungen vor den ,,anderen", in marxistisch-leninistischer Sicht ,,reaktionären Seiten" des Islams als eines fortschrittsfeindlichen, repressiven ,,Aberglaubens" und Herrschaftsinstruments.

Außenpolitisch suchte der Kreml dennoch im Zeichen der ,,anti-imperialistischen Solidarität" enge Kooperationsbeziehungen zu dem extrem USA-feindlichen Ayatullah-Regime herzustellen. Für den Fall des erhofften, phasenweisen ,,Hinüberwachsens" der islamisch-,,nationaldemokratischen" in eine ,,sozialistische" Revolution schien ein äußerst intensives sowjetisches Engagement in Iran bereits vorprogrammiert. Diese Zukunftsvisionen mögen Moskau auch dazu bewogen haben, in der aktiven iranischen Parteinahme für den afghanischen Widerstand — im Frühjahr 1978 gegen die kommunistische Machtergreifung in Kabul unter Taraki (Nūr Muḥammad Tarakī), Babrak Karmal und Amin, dann Ende 1979 gegen die sowjetische Militärintervention — jahrelang nur eine ,,Übergangsposition" — zu sehen.

Dasselbe Wunschdenken trug wesentlich zu dem sowjetischen Entschluß bei, nach dem Beginn des Golfkriegs im September 1980 eine strikt neutrale Haltung einzunehmen, die in Anbetracht des zwischen der UdSSR und dem Irak bestehenden Freundschaftsvertrages praktisch auf eine Begünstigung Irans hinauslief. Erst gegen Ende 1982 veranlaßte die Konsolidierung des Khomeini-Regimes (Ruḥullāh Khumainī), in Verbindung mit dem Vordringen der iranischen Revolutionsarmee auf irakisches Territorium, die Sowjetunion zur Wiederaufnahme der Belieferung des Irak mit Waffensystemen und Ersatzteilen. Dieser Kurswechsel wurde von Teheran alsbald mit der Zerschlagung und dem Verbot der Tudeh-Partei, mit verschärfter anti-sowjetischer Propaganda sowie mit der Ausweisung sowjetischer Diplomaten und Berater beantwortet. Daß trotzdem die diplomatischen Beziehungen bestehen blieben, entsprach offenbar der beiderseitigen Interessenlage.

6. Wirtschafts-, Militär- und Ausbildungshilfe

Afghanistan war das erste Land im Nahen und Mittleren Osten, dem Moskau einen Entwicklungskredit gewährte. Man schrieb 1954, und der Kreditwert betrug 6 Mio. US-$. Wirtschaftshilfe in großem Stil begann die UdSSR aber erst nach ,,Bandung", d.h. ab 1956 zu leisten. In der diesbezüglichen Statistik nahm Afghanistan bald die Position des im Verhältnis zu seiner Einwohnerzahl generell am großzügigsten mit sowjetischer Entwicklungshilfe bedachten Landes ein, auch wenn Indien und Ägypten bei Zugrundelegung der absoluten Ziffern bis in die 70er Jahre hinein jeweils die beiden Spitzenplätze vor Afghanistan besetzten. Ein großer Teil der Zuwendungen floß in die Entwicklung der afghanischen Erdgasproduktion (Hauptabnehmer: die UdSSR) und in den Bau von Kraftwerken, Fernverkehrsstraßen und Flugplätzen. Besorgnisse, die Bevorzugung des islamischen Königreiches bei der Vergabe von Aufbaukrediten und anderer Wirtschaftshilfe könnte mit einer sowjetischen Glacissicherungsstrategie zusammenhängen, haben sich später als begründet erwiesen.

Schon 1956 erhielt Afghanistan den ersten sowjetischen Großkredit im Betrag von 100 Mio. US-$. Etwa gleichzeitig wurde dem Königreich Jemen mit einem 25 Mio.-US-$-Kredit geholfen. Im Jahre 1957 fiel der größte Aufbaukredit mit 98 Mio. US-$ an Syrien. Die Türkei wurde mit 17 Mio. US-$ bedacht (auf einen sowjetischen Großkredit von 200 Mio. US-$ mußte sie bis 1965 warten). Afghanistan erhielt 1957 weitere 15 Mio. US-$ für Zwecke der Erdölprospektierung.

Erst 1958 setzte die sowjetische Wirtschaftshilfe für Ägypten ein; die Gesamtkredite beliefen sich auf 275 Mio. US-$, von denen 100 Mio. US-$ auf das Assuan-Hochdammprojekt entfielen. Der zweite Assuan-Kredit in Höhe von 225 Mio. US-$ folgte 1960. Dem Irak gewährte die UdSSR 1959 und 1960 zwei Kredite: 138 Mio. US-$ für Industrialisierungs- und Landwirtschaftsprojekte sowie 45 Mio. US-$ für den Eisenbahn-Ausbau. Afghanistan erhielt 1959, vermutlich als Geschenk, eine weitere sowjetische Zuwendung im Wert von 129 Mio. US-$ für den Bau der Kandahar-Straße.

Im gleichen Jahr 1959 wurden erstmals zwei schwarzafrikanische Länder — Äthiopien und Guinea — von Moskau mit Entwicklungshilfe bedacht, und 1960 begann auch die sowjetische Kuba-Hilfe mit einem 100 Mio.-US-$-Kredit anzulaufen. Dennoch konzentrierte sich die Wirtschaftshilfe der UdSSR weiterhin auf Westasien, Nord- und Nordostafrika. 1961 erhielten Somalia (53 Mio. US-$) und der Sudan (22 Mio. US-$) erste sowjetische Aufbaukredite. Algerien (100 Mio. US-$) und Iran (39 Mio. US-$) bezogen 1963 erstmals sowjetische Projekthilfe; mit Iran vereinbarte Moskau erst 1965 einen Großkredit (290 Mio. US-$), genau wie mit der Türkei. Überhaupt waren nach dem Sturz Chruschtschews gewisse Schwerpunktverschiebungen festzustellen.

Tabelle 1 erfaßt die 30 Hauptempfänger sowjetischer Aufbaukredite und freier Zuwendungen im Zeitraum 1954 - 74. Sie zeigt das Bild vor der Einstellung der Wirtschaftshilfe an Ägypten im Jahre 1974. Die Sonderfälle Kuba, Vietnam und Mongolische VR bleiben hier allerdings außer Betracht.

Tabelle 1: Sowjetische Wirtschaftshilfe 1954 - 74 in Mio. US-$

1. Indien	1.943	11. Argentinien	245	21. Mali	86
2. Ägypten	1.440	12. Chile	238	22. Sudan	64
3. Afghanistan	826	13. Guinea	209	23. Kenia	48
4. Iran	750	14. Indonesien	114	24. Bolivien	31
5. Pakistan	652	15. Äthiopien	103	25. Brasilien	30
6. Irak	549	16. Nordjemen	98	26. Peru	28
7. Türkei	530	17. Marokko	98	27. Sierra Leone	28
8. Algerien	465	18. Sri Lanka	95	28. Tunesien	27
9. Syrien	417	19. Ghana	93	29. Kambodscha	25
10. Bangladesch	254	20. Somalia	91	30. Nepal	20

In den zwei Jahrzehnten 1955 - 75 berechnete die UdSSR ihren Kunden in der Dritten Welt für Waffenlieferungen häufig relativ niedrige Preise, die manchmal noch weiter reduziert, z.T. sogar ganz gestrichen wurden. Nach 1975 nutzte sie den Rüstungsexport jedoch zunehmend als einträgliche Devisenquelle. Im Nahen und Mittleren Osten belieferte sie Partnerstaaten wie Syrien, Libyen, den Irak, Kuwait oder Algerien auch mit modernsten Modellen und Systemen, deren Einführung bei den Streitkräften des Warschauer Pakts zuweilen gerade erst angelaufen war.

Das erste Waffengeschäft mit Ägypten, das im September 1955 zustande kam, erregte weltweites Aufsehen. Offiziell fungierte damals die Tschechoslowakei als Vertragspartner, ebenso bei dem ersten sowjetisch-syrischen Rüstungshilfeabkommen vom Februar 1956. Ägypten hielt dann bis 1974 den Spitzenplatz unter den Abnehmern sowjetischen Kriegsgeräts. Danach wurden die Lieferungen eingestellt. In Tabelle 2 für 1955 - 74 blieben Kuba, Vietnam und die Mongolische VR ausgespart.

Tabelle 2: Sowjetische Militärhilfe 1955 - 74 in Mio. US-$

1.	Ägypten	3.450	7.	Afghanistan	490	13.	Pakistan	60
2.	Syrien	2.100	8.	Algerien	350	14.	Marokko	45
3.	Irak	1.600	9.	Somalia	115	15.	Guinea	35
4.	Indien	1.400	10.	Nordjemen	80	16.	Peru	35
5.	Indonesien	1.095	11.	Südjemen	80	17.	Bangladesch	35
6.	Iran	850	12.	Sudan	65	18.	Zypern	25

Für die Fünfjahresperiode 1978 - 82 besetzte Syrien den ersten Platz (8,2 Mrd. US-$), gefolgt vom Irak (6,2 Mrd. US-$), Libyen (6 Mrd. US-$), Vietnam (3,6 Mrd. US-$), Algerien (3,2 Mrd. US-$), Indien (2,8 Mrd. US-$), Kuba (2,6 Mrd. US-$), Äthiopien (2,2 Mrd. US-$) und Angola (1 Mrd. US-$).

Faßt man für den Zeitraum 1954 - 74 die sowjetische Wirtschafts- und Militärhilfe zusammen, so befanden sich acht Nah- und Mittelostländer unter den zehn Hauptempfängerländern. Die Spitzenplätze nahmen Ägypten (4,9 Mrd. US-$) und Indien (3,3 Mrd. US-$) ein, gefolgt von Syrien, dem Irak, Iran, Afghanistan, Indonesien, Algerien, Pakistan und der Türkei.

Im Zeitraum 1975 - 81 nahmen unter den Empfängern sowjetischer Wirtschaftshilfe die Türkei, Marokko, Afghanistan und Indien eine Sonderstellung ein. Die Folge waren erhebliche Verschiebungen für den gesamten Zeitraum 1954 - 81, wie aus Tabelle 3 (ohne Kuba, Vietnam, Mongolische VR) hervorgeht.

In zahlreichen Ländern der Region sind sowjetische und osteuropäische Entwicklungshelfer tätig. Nach amerikanischen Angaben bezifferte sich deren Präsenz im Monatsdurchschnitt des Jahres 1981 auf rund 78.000 Personen. An der Spitze der Aufnahmeländer standen: Libyen (31.700), der Irak (13.000), Algerien (11.150), Syrien (4.100), Afghanistan (3.750), Südjemen (2.700), Iran (2.450), Marokko (2.350), Pakistan (1.150) und Tunesien (600).

Tabelle 3: Wirtschaftshilfe der UdSSR 1954 - 81 und 1975 - 81 in Mio. US-$

		1954-81	1975-81			1954-81	1975-81
1.	Türkei	3.400	2.870	7.	Algerien	1.045	580
2.	Indien	3.080	1.137	8.	Pakistan	920	268
3.	Afghanistan	2.120	1.294	9.	Syrien	770	353
4.	Marokko	2.100	2.002	10.	Irak	705	156
5.	Ägypten	1.440	0	11.	Äthiopien	400	297
6.	Iran	1.165	415	12.	Bangladesch	375	121

Die Gesamtziffer der sowjetischen und osteuropäischen Berater, Instrukteure und Techniker, die im Monatsdurchschnitt 1981 im militärischen Bereich eingesetzt waren, belief sich auf 12.000 - 13.000 Personen. Im einzelnen befanden sich: in Syrien 3.300, in Algerien 2.000, in Libyen u.a. Staaten Nordafrikas 2.600, in Afghanistan 2.000, im Südjemen 1.100, im Nordjemen 700, im Irak 550, in anderen Staaten Westasiens 275. Die Zahl der in Afghanistan stationierten sowjetischen Besatzungstruppen wurde im Zeitraum 1982 - 85 von rund 150.000 auf 105.000 reduziert, danach wieder auf 120.000 verstärkt. Im Oktober 1986 begann nach Ankündigung durch Gorbatschew die Rückführung von sechs Regimentern mit rund 8.000 Mann in die Sowjetunion.

Offiziere, Unteroffiziere und Soldaten der Streitkräfte vieler Länder der Region absolvieren Lehrgänge in der UdSSR und in anderen Ostblockstaaten. Ihre Gesamtzahl belief sich nach Angaben des US-Außenministeriums im Zeitraum 1955 - 81 auf rund 34.000 Personen. Mehr als 90 % der Kursanten erhalten diese Zusatzausbildung in der UdSSR, die übrigen in Osteuropa. An der Spitze der entsendenden Länder standen Ägypten (6.225), Afghanistan (5.580), Syrien (5.515) und der Irak (4.410). Es folgten: Somalia (2.600), Algerien (2.395), Nordjemen (2.060), Libyen (1.990), Südjemen (1.115), Iran (395), der Sudan (350), Marokko (150), Pakistan (50), sonstige Länder (1.000).

Beachtung verdient auch die große Zahl der Studenten aus Ländern der Region, die als Stipendiaten die Hoch- und Fachschulen der UdSSR oder anderer Ostblockstaaten besuchen. Zum Jahresende 1981 belief sie sich auf rund 34.000 eingeschriebene Studierende, von denen im Mittel reichlich die Hälfte von der Sowjetunion aufgenommen wird. Die UdSSR- und Ostblock-Stipendien schließen in der Regel freie Unterkunft, Verpflegung, Verkehrsmittelbenutzung und einen gebührenfreien Studienplatz ein. Die meisten Stipendiaten stammten (jeweils Ende 1981) aus Afghanistan (8.700), Syrien (3.665), dem Irak (2.275), Algerien (2.225), dem Sudan (1.560) Südjemen (1.335) und Tunesien (1.055). Vertreten waren ferner: Ägypten und Nordjemen (je 775), Marokko (650), Libanon (545), Somalia (400), Mauretanien (280), Libyen (275), Pakistan (220), sonstige Länder (9.280).

Diese Stipendien, deren Geldwert mit durchschnittlich 10.000 US-$ pro Jahr veranschlagt wird, stellen für die Geberländer Zukunftsinvestitionen dar. Auch der Umfang und die stetige Zunahme der dafür eingesetzten Mittel machen deutlich, daß die Sowjetführung ihr politisches, ökonomisches und militärisches Engagement im Nahen und Mittleren Osten als Dauerengagement betrachtet.

Literatur:

Brod, P. 1980: Die Antizionismus- und Israelpolitik der UdSSR, Baden-Baden.

Congressional Research Service, Library of Congress (Hrsg.) 1985: The Soviet Union in the Third World, 1980-85: An Imperial Burden or Political Asset?, Washington D.C.

dies. (Hrsg.) 1977: The Soviet Union and the Third World: A Watershed in Great Power Policy?, Washington D.C.

Dawisha, A. u. Dawisha, K. (Hrsg.) 1982: The Soviet Union in the Middle East, London.

Geyer, D. (Hrsg.) 1972: Sowjetunion. Außenpolitik 1917-1955, Osteuropa-Handbuch, Köln, Wien.
ders. (Hrsg.) 1976: Sowjetunion. Außenpolitik 1955-1973, Osteuropa-Handbuch, Köln, Wien.
ders. u. Meissner, B. (Hrsg.) 1976: Sowjetunion. Völkerrechtstheorie und Vertragspolitik, Osteuropa-Handbuch, Köln, Wien.
Treverton, G. (Hrsg.) 1981: Crisis Management and the Super-powers in the Middle East, Westmead, Farnborough, England.
Uljanowski, R.A. 1973: Der Sozialismus und die befreiten Länder, Berlin (Ost).
Vogel, H. (Hrsg.) 1980: Die sowjetische Intervention in Afghanistan. Entstehung und Hintergründe einer weltpolitischen Krise, Baden-Baden.

III. Die Nah- und Mittelostpolitik der Europäischen Gemeinschaft

Rüdiger Robert

1. Historische Einordnung

Jahrhundertelang war das Verhältnis zwischen Europa und dem Nahen und Mittleren Osten durch koloniale Penetration gekennzeichnet. Bereits im 16.Jahrhundert konnten sich die Portugiesen am Arabisch-Persischen Golf und im Indischen Ozean festsetzen. Mit dem Einfall Napoleon Bonapartes in Ägypten 1798 offenbarte Frankreich erstmals die Schwäche des Osmanischen Reiches. Die Folge war ein langandauernder Kampf der europäischen Mächte um das Erbe des ,,kranken Mannes am Bosporus". Höhepunkt europäischer Kolonialherrschaft über die islamische Welt war die Aufteilung Arabiens zwischen Großbritannien und Frankreich durch das Sykes-Picot-Abkommen 1916.

Nur wenige Jahrzehnte nach dem Ende des Zweiten Weltkriegs haben sich die Beziehungen der in der Europäischen Gemeinschaft (EG) zusammengeschlossenen Staaten zu den Ländern des Nahen und Mittleren Ostens grundlegend gewandelt. Aus einem Verhältnis der Unterwerfung ist ein Verhältnis wechselseitiger Abhängigkeit geworden. Die Beziehungen nach 1945 lassen sich grob in zwei Phasen unterteilen: Die erste Phase erstreckt sich von der sogenannten Drei-Mächte-Erklärung Großbritanniens, Frankreichs und der USA zur Lage im Nahen Osten 1950 über den Suezkrieg 1956 bis zum Junikrieg 1967. Die zweite Phase hat mit der Distanzierung Frankreichs von Israel am Vorabend des Junikriegs begonnen, umfaßt den Oktoberkrieg 1973, die erste und zweite Ölpreiskrise, die schiitisch-islamische Revolution in Iran 1979, den sowjetischen Einmarsch in Afghanistan 1979, den Ausbruch des iranisch-irakischen Kriegs 1980 und den Libanon-Konflikt. Sie dauert Mitte der 80er Jahre an.

Während der ersten Phase hat der Einfluß der europäischen Kolonialmächte — insbesondere Großbritanniens und Frankreichs — auf die nah- und mittelöstliche Region laufend abgenommen. Das Suez-Abenteuer und der algerische Befreiungskampf waren nur zwei — allerdings herausragende — Ereignisse, die den Verfall der europäischen Machtstellung signalisierten. Dennoch waren London und Paris bestrebt und in der Lage, in Teilen des Nahen und Mittleren Ostens weiterhin präsent zu bleiben. Primärer Grund war die große wirtschaftliche und strategische Bedeutung der Region. Aus den Gebieten östlich von Suez hat sich Großbritannien erst 1971 zurückgezogen. Den Machtverlust der Europäer haben die USA in erheblichem Umfang ausgeglichen. Im Rahmen der weltweiten Auseinandersetzung mit der Sowjetunion waren sie bemüht, den Nahen und Mittleren Osten in ihre *Containment*-Politik einzubeziehen. Das allmähliche Ende der europäischen Kolonialherrschaft ist aber auch den Staaten der Region selbst zugute gekommen. Erstmals konnten sie eine eigenständige Außenpolitik betreiben. Symbolfigur für das Streben der Dritten Welt nach Unabhängigkeit wurde der ägyptische Präsident Nasser (Jamāl ʻAbd an-Nāṣir). Sein Bekenntnis zum Arabischen Nationalismus und Sozialismus enthielt eine anti-westliche Komponente. Das wiederum war — von politisch-moralischen Erwägungen abgesehen — ausschlaggebend für die Europäer, im israelisch-arabischen Konflikt einseitig für den jüdischen Staat Partei zu ergreifen. Bis 1967 galt Israel als der beste Garant europäischer Interessen in der Region. Diese Einschätzung haben sich auch die USA zu eigen gemacht.

Mit der zweiten Phase der Beziehungen Westeuropas zum Nahen und Mittleren Osten nach 1945 hat die EG an Bedeutung gewonnen. Wesentliche Kennzeichen dieser Phase sind:

— die Ablösung des Kalten Kriegs durch eine bis Ende der 70er Jahre andauernde Periode des Konflikt- und Spannungsabbaus zwischen den Supermächten. Dieser Wandel führt zu einer Differenzierung und Pluralisierung innerhalb der westlichen Allianz. Dadurch vergrößert sich der Handlungsspielraum der EG und ihrer Mitglieder in der internationalen Politik. Das gilt auch gegenüber den Staaten des Nahen und Mittleren Ostens;
— die Gründung der Europäischen Politischen Zusammenarbeit (EPZ). Ihr Ziel ist es, durch interne Erarbeitung gemeinsamer Standpunkte der EG-Staaten und nach außen konzertierte Diplomatie den Prozeß der europäischen Einigung voranzutreiben. Zu den wesentlichen Politikfeldern, denen sich die EG im Rahmen der EPZ zuwendet, gehört der Nahe und Mittlere Osten;
— eine begrenzte Verschiebung des Kräfteverhältnisses zwischen der EG und den USA. Das führt sowohl in Sicherheitsfragen als auch in Fragen der Wirtschafts- und Handelspolitik zu Auseinandersetzungen mit den Vereinigten Staaten. Europa gerät dadurch in partielle Rivalität zur westlichen Führungsmacht. Das Verhältnis der Gemeinschaft zum Nahen und Mittleren Osten bleibt davon nicht unberührt;
— grundlegende Veränderungen auf dem Weltölmarkt. Mengenprobleme und Preiserhöhungen demonstrieren die Abhängigkeit der westlichen Industrienationen von Ölimporten aus dem Nahen und Mittleren Osten. Auf politischer Ebene reagiert die EG u.a. mit Bemühungen, eine umfassende und gerechte, d.h. palästinensische und israelische Interessen gleichermaßen berücksichtigende Lösung des Nahostkonflikts herbeizuführen;
— steigende Erwartungen der arabischen Staaten im Hinblick auf eine aktive und unabhängige Nah- und Mittelostpolitik der EG. Dahinter verbirgt sich vor allem Enttäuschung über die politische Rolle der USA in der Region. Im Zusammenhang damit wächst der Wunsch nach Gewinnung eines größeren Handlungsspielraums gegenüber den Supermächten;
— die Rückbesinnung der nah- und mittelöstlichen Staaten auf den Islam. Die Prinzipien und Werte dieser Weltregion werden, soweit es die Gestaltung der Wirtschafts- und Sozialordnung angeht, trotz aller Unterschiede eher mit den westeuropäischen Vorstellungen für vereinbar gehalten als mit dem Bild, das die Supermächte von sich vermitteln.

2. Die Mittelmeerpolitik der Europäischen Gemeinschaft

Wesentlicher Bestandteil der Nah- und Mittelostpolitik der EG ist die Mittelmeerpolitik. Ihr haben die Europäer stets besondere Aufmerksamkeit gewidmet. Die Motive dieser Politik sind seit ihrer ersten offiziellen Formulierung 1972 nahezu unverändert geblieben. Sie lassen sich unter dem Oberziel ,,Stabilisierung der Mittelmeerregion" zusammenfassen. Dazu gehört die Pflege historisch und geographisch bedingter enger Beziehungen. Diese sind nicht nur wirtschaftlicher, sondern auch politischer und kultureller Natur. Für die Gegenwart von Bedeutung sind vor allem wechselseitige Interessen im Hinblick auf die äußere Sicherheit sowie das Streben nach wirtschaftlicher Zusammenarbeit bzw. Entwicklung. Aus der Sicht der EG kommt hinzu, daß der Mittelmeerraum eine Brücke zu den afrikanischen Ländern bildet, mit denen die Europäer durch den Versuch einer exportorientierten *aid by trade* Assoziierungspolitik (Abkommen von Jaunde 1963; Lomé-Abkommen 1975, 1979 und 1984) eng verbunden sind.

Die Mittelmeerpolitik der Gemeinschaft war nach Gründung der EWG zunächst pragmatisch ausgerichtet, eine Konzeption nicht vorhanden. Die Römischen Verträge sahen lediglich vor, die ehemals durch Frankreich und Italien kolonisierten Gebiete Nordafrikas, d.h. Libyen, Tunesien und Marokko, der Gemeinschaft zu assoziieren. Algerien war auf Grund seiner Zugehörigkeit zum französischen ,,Mutterland" 1958 noch voll in den Anwendungsbereich des EWG-Vertrages einbezogen worden. Nach langwierigen Verhandlungen konnten im März 1967 mit Tunesien und Marokko auf fünf Jahre befristete Teilassoziierungsabkommen geschlossen werden. Algerien, das 1962 in die Unabhängigkeit entlassen wurde, verweigerte den Abschluß einer entsprechenden Vereinbarung. Es verlangte eine über den Warenaustausch hinausgehende Assoziierung. Sie sollte sich auch auf Fragen der wirtschaftlichen und finanziellen Zusammenarbeit erstrecken.

Einen völlig anderen Charakter als die Verträge mit Tunesien und Marokko hatten die Assoziierungsabkommen mit Griechenland (in Kraft getreten am 1. 11. 1962) und der Türkei (in Kraft getreten am 1. 12. 1964). Dabei ging es nicht um die Bewältigung kolonialer Vergangenheit, auch nicht um die Verwirklichung einer ,,europäisch-mediterranen Schicksalsgemeinschaft", sondern um den langfristig angelegten und im Fall Griechenlands zwischenzeitlich erfolgreich abgeschlossenen Versuch, den europäischen Integrationsprozeß durch eine Erweiterung der Gemeinschaft voranzutreiben. Beide Abkommen sahen die schrittweise Verwirklichung einer Zollunion, Maßnahmen zur Harmonisierung der Wirtschaftspolitiken, eine Angleichung der sozialen Vorschriften, eine Öffnung des Zugangs zum europäischen Arbeitsmarkt sowie die Gewährung von Finanzhilfen vor. Mit der Assoziierung verband sich für das westliche Bündnis das Ziel, die Südostflanke der NATO zu festigen.

In den 60er und frühen 70er Jahren haben die Europäer darüber hinaus Wirtschaftsabkommen mit Libanon (1965), Israel (1970), Spanien (1970), Malta (1971), Portugal (1973), Zypern (1973) und Ägypten (1973) geschlossen. Ihr Gegenstand war im wesentlichen die Herstellung präferentieller Handelsbeziehungen. Wegen der wirtschaftlichen Interdependenz zwischen den Mittelmeerländern haben die Abkommen sich oftmals wechselseitig bedingt. Sie waren schließlich derart zahlreich und unübersichtlich, daß sie begannen, die europäische Mittelmeerpolitik in Widersprüche zu versetzen. Dieser Mißstand wurde zu einem Zeitpunkt offenbar, als der Nahe und Mittlere Osten zusehends zu einem Brennpunkt weltpolitischen Geschehens wurde. Eine Änderung der EG-Mittelmeerpolitik war daher zwingend geboten. Beschleunigt wurde die Suche nach einer tragfähigen Konzeption durch drei Probleme, die dem Europäischen Rat 1972 zur Behandlung vorlagen:

— die Neuverhandlungen der Abkommen mit Marokko und Tunesien auf ,,erweiterter Grundlage";
— die Auswirkungen der Norderweiterung der Gemeinschaft — Beitritt Großbritanniens, Irlands und Dänemarks — auf den spanischen und israelischen Außenhandel;
— die Anträge Spaniens, Israels und der Türkei auf Einbeziehung in das Allgemeine Präferenzsystem.

Nach intensiver Vorbereitung durch die Europäische Kommission haben die Mitglieder der EG auf der Pariser Gipfelkonferenz im Oktober 1972 das Konzept einer sogenannten Globallösung für den Mittelmeerraum beschlossen. Auf das Mittel gezielter ökonomischer Vergünstigungen für einzelne Mittelmeerstaaten sollte künftig verzichtet werden. Da, wo sie auf speziellen Gebieten unvermeidlich sind, sollten sie durch Maßnahmen auf anderen Gebieten ausgeglichen werden. Zur Schaffung der angestrebten gleichgewichtigen Verhältnisse erklärte die EG ihre Bereitschaft, mit allen Anrainerstaaten des Mittelmeers (und Jordanien) globale Abkommen zu schließen, falls sie es wünschten. Inhalt der Abkommen sollten eine vollständige Öffnung des Marktes der Gemeinschaft für Industriewaren, ein erleichterter Zugang für Agrarprodukte, eine wirtschaftliche Kooperation und gegebenenfalls finanzielle und technische Hilfe von seiten der EG sein.

Der Versuch, den globalen Ansatz der Mittelmeerpolitik in die Praxis umzusetzen, hat sich zunächst auf Spanien, Israel und die Maghreb-Länder konzentriert. Im Mai 1975 konnte ein entsprechendes Abkommen mit Israel unterzeichnet werden. Zu einer vertraglichen Vereinbarung mit den Maghreb-Staaten Marokko, Algerien und Tunesien ist es im April 1976 gekommen. Eine Besonderheit dieses Abkommens sind Regelungen zugunsten von Wanderarbeitnehmern aus Nordafrika, die in der Gemeinschaft — vor allem in Frankreich — beschäftigt sind. Im Januar 1977 ist es zudem gelungen, ein Vertragsverhältnis zu den Maschrek-Staaten Ägypten, Syrien und Jordanien, etwas später auch zum Libanon herzustellen. Da überdies ein Abkommen mit Jugoslawien besteht, unterhält die EG seitdem zu allen Ländern des Mittelmeerraums — mit Ausnahme Libyens und Albaniens — vertraglich geregelte Beziehungen.

Gleichwohl hat die globale Mittelmeerpolitik ihr Ziel nicht erreicht. Der ,,große Wurf", der zu einer gleichgewichtigen wirtschaftlichen und sozialen Entwicklung der Mittelmeeranrainer hätte führen sollen, ist ausgeblieben. Seit 1976 verwendet die Europäische Kommission in ihren jährlichen Gesamtberichten deshalb den Ausdruck ,,im Rahmen des Globalkonzepts für den Mittelmeerraum" nicht mehr, wenn von den Beziehungen zu den einzelnen Partnerstaaten die Rede ist.

Die Zielsetzung dieses Konzepts war von vornherein überhöht. Dafür sprechen stark unterschiedliche Ausgangspositionen und Interessen der an der Mittelmeerpolitik beteiligten oder von ihr betroffenen Staaten. Ein wesentliches Ziel der im Süden der Gemeinschaft gelegenen Entwicklungsländer war und ist die Steigerung ihrer Exporte nach Europa. Für die EG ist dieser Wunsch mit einer Vielzahl von Problemen behaftet. So muß sie aus Gründen der Selbsterhaltung die Agrarwirtschaft in den strukturschwachen Regionen des Südens, aber auch einzelne Industriezweige wie die Raffinerie- und die Textilwirtschaft vor allzu leistungsfähiger Konkurrenz aus dem Ausland schützen. Eine Kompensationsmöglichkeit ist die Kooperation auf finanziellem Gebiet. In Form von Finanzprotokollen wird sie auch praktiziert. Die Hauptgeldgeber der EG — und das sind die Länder im Norden der Gemeinschaft — haben jedoch ein Interesse daran, entsprechende Leistungen in Grenzen zu halten. Zudem sehen viele Drittländer die Handelspräferenzen, die die Gemeinschaft im Rahmen ihrer Mittelmeerpolitik gewährt, als gegen ihre Exportinteressen gerichtet an und verurteilen sie als unzulässige Diskriminierung. Das gilt für zahlreiche Länder der Dritten Welt. Es gilt auch für die Staaten in Afrika, im karibischen Raum und im Pazifik, die selbst über präferentielle Beziehungen zur EG verfügen. Bedenken werden überdies von amerikanischer Seite geltend gemacht. Diese muß die Gemeinschaft berücksichtigen, solange ihre primär wirtschaftlich und politisch angelegte Mittelmeerpolitik militärisch und damit sicherheitspolitisch auf die Präsenz der USA angewiesen ist. Eine letzte Schwierigkeit für den globalen Ansatz der EG ergibt sich aus der am 1. 1. 1986 vollzogenen Erweiterung der Gemeinschaft um Spanien und Portugal. Der Selbstversorgungsgrad der EG mit mediterranen, vor allem landwirtschaftlichen Erzeugnissen ist dadurch gestiegen und der entsprechende Einfuhrbedarf gesunken.

Angesichts dieser Fülle von Problemen ist verständlich, daß die Mittelmeerpolitik der Gemeinschaft nicht zu den erhofften Ergebnissen geführt hat. Die erwartete Steigerung der Ausfuhren der Mittelmeerländer in die Gemeinschaft ist ebenso ausgeblieben wie die angestrebte weitgehende Industrialisierung. Das Handelsdefizit der Mittelmeerländer gegenüber der EG betrugt 1973 ca. 13 Mrd. DM. 1984 wies es allein für Marokko, Tunesien, Ägypten, Libanon, Syrien, Israel, die Türkei und Jugoslawien eine Höhe von mehr als 17 Mrd. DM auf. Lediglich Algerien und Libyen konnten auf Grund von Erdöl- und Erdgaslieferungen einen Handelsüberschuß von 5,1 bzw. 10,3 Mrd. DM erzielen.

Um dem Anspruch auf entwicklungspolitische Glaubwürdigkeit gerecht werden und eine Stärkung des Einflusses des Ostblocks in der Region verhindern zu können, waren deshalb neue Leitlinien für die Mittelmeerpolitik notwendig. Sie sind im Juni 1982 von der Europäischen Kommission vorgelegt worden. Im März 1984 hat die Kommission darauf aufbauend praktische Vorschläge für eine Mittelmeerpolitik der erweiterten EG unterbreitet. Neben integrierten Entwicklungsprogrammen für die Mittelmeergebiete der Gemeinschaft wird in den Leitlinien von 1982 eine andere Politik gegenüber den Drittländern des Mittelmeerraums gefordert. Vorgeschlagen wird eine stärker institutionalisierte Zusammenarbeit. Die komplementären Möglichkeiten zwischen den verschiedenen Volkswirtschaften sollen sowohl im landwirtschaftlichen als auch im industriellen Bereich besser genutzt werden, entsprechende Produktionsumstellungen auf beiden Seiten erfolgen. Zu diesem Zweck soll die Gemeinschaft erhöhte finanzielle Mittel zur Verfügung stellen.

Ob mit Hilfe der geänderten Konzeption drohende Marktstörungen verhindert und verloren gegangenes wechselseitiges Vertrauen zurückgewonnen werden kann, ist fraglich. Die EG leidet Mitte der 80er Jahre nicht nur unter den Nachwirkungen einer weltweiten Wirtschaftskrise, steht nicht nur vor ungelösten Finanz- und Arbeitsmarktproblemen, sondern bedarf dringend auch einer Reihe innerer Reformen. In keinem Fall wird die ,,neue" Mittelmeerpolitik Wunder bewirken. Bestenfalls scheint eine Konsolidierung bestehender Verhältnisse erreichbar. Das Nord-Süd-Gefälle mit allen sich daraus ergebenden Konsequenzen wird in der Mittelmeerregion fortbestehen. Auf die Rückkehr der Türkei zu einer demokratischen Ordnung wird die EG trotz aller Bemühungen weiterhin nur begrenzten Einfluß haben. Im Konflikt zwischen Griechenland und der Türkei wird sie eher indirekt als direkt vermitteln können.

3. Der Europäisch-Arabische Dialog

Als einziges Instrument zur Wahrung europäischer Interessen im Nahen und Mittleren Osten ist die Mittelmeerpolitik der EG nicht geeignet. Der israelisch-arabische Konflikt, die Erdölfrage, die Situation am Arabisch-Persischen Golf und in Afghanistan lassen unschwer die Notwendigkeit einer Politik erkennen, die die Probleme der gesamten Region berücksichtigt und sich nicht auf das Mittelmeerbecken konzentriert. Eine Antwort auf diese Herausforderung ist der Europäisch-Arabische Dialog (EAD). Er kann als Versuch verstanden werden, ein Verhältnis strukturierter Zusammenarbeit zwischen der Europäischen Gemeinschaft und den 22 Mitgliedern der Liga der Arabischen Staaten herzustellen.

Entstanden ist der Dialog als Reaktion auf den Oktoberkrieg 1973. Er hat die Erkenntnis reifen lassen, daß die Sicherheit Europas mit der Sicherheit des Nahen und Mittleren Ostens eng verbunden ist. Auf Grund einer arabischen Initiative hat die EG im März 1974 ihre grundsätzliche Bereitschaft zur Aufnahme des Dialogs erklärt. Mit einem euro-arabischen Sondertreffen in Paris über Verfahrens- und Organisationsfragen ist der EAD im Juli 1974 eröffnet worden.

Für die EG-Staaten war und ist vorrangiges Ziel des Dialogs der weitere Ausbau der wirtschaftlichen Beziehungen zur arabischen Welt, insbesondere die Steigerung der Exporte, der Schutz europäischer Investitionen in arabischen Ländern sowie ein ungehinderter Kapital- und Gewinntransfer. Durch partnerschaftliche Beziehungen sollen zudem die Rahmenbedingungen für ausreichende und möglichst preisgünstige Erdöl- und Erdgaslieferungen verbessert werden. Allerdings sind Fragen der europäischen Energieversorgung offiziell nicht Gegenstand des EAD. Das gilt auch für den Nahostkonflikt, dessen Entwicklung und Beurteilung den Verlauf des Dialogs maßgeblich bestimmt haben.

Im Gegensatz zu den europäischen Staaten ist von den Mitgliedern der Arabischen Liga die politische Komponente des EAD stets betont worden. Der Wunsch, mit Hilfe der EG größere Handlungsfreiheit gegenüber den Supermächten zu gewinnen, hat dabei eher unterschwellig eine Rolle gespielt. Die Forderung nach einer europäischen Nahostpolitik, die den Interessen des palästinensischen Volkes Rechnung trägt, ist hingegen offensiv vorgetragen worden. Darüber hinaus war und ist auf arabischer Seite aber auch das Streben nach wirtschaftlicher Zusammenarbeit ein Motiv für den Dialog. Ähnlich wie die Mittelmeerpolitik der EG soll diese Zusammenarbeit den Entwicklungsländerstatus der arabischen Welt überwinden helfen. Spezielle arabische Forderungenn betreffen den Technologietransfer, den Abbau von EG-Handelsbeschränkungen, die Sicherheit und Rentabilität arabischer Kapitalanlagen und Beteiligungen in Europa sowie die rechtliche Stellung arabischer Gastarbeiter in den Mitgliedstaaten der Gemeinschaft.

Die Organisations- und Entscheidungsstruktur des EAD ist durch sich überlappende Zuständigkeiten und komplizierte Verfahrensweisen geprägt. Auf europäischer Seite ragt der Dialog in den Zuständigkeitsbereich der Brüsseler EG und der EPZ hinein. Es war deshalb eigens die Schaffung einer ,,Europäischen Koordinierungsgruppe" erforderlich. Sie besteht aus Sonderbotschaftern der europäischen Regierungen und Vertretern der EG-Kommission. Auf arabischer Seite läßt bereits die große Zahl der beteiligten Staaten die Schwierigkeiten erahnen, zu einer gemeinsamen Willensbildung zu gelangen.

Höchstes politisches Organ des EAD ist die General- oder Allgemeine Kommission. Sie setzt sich aus den Botschaftern und Berichterstattern der Arabischen Liga und der Europäischen Gemeinschaft sowie den Vorsitzenden der Arbeitsgruppen zusammen. Aufgabe der Generalkommission ist es, die Prinzipien der europäisch-arabischen Zusammenarbeit festzulegen und die Tätigkeit der Arbeitsgruppen aufeinander abzustimmen. Die Arbeitsgruppen bestehen aus jeweils 15 - 25 Experten und sind als ständige Organe für folgende Bereiche gebildet worden: 1. Industrialisierung, 2. Infrastruktur, 3. Landwirtschaft, 4. finanzielle Zusammenarbeit, 5. Handel, 6. Wissenschaft und Technologie, 7. Kultur, Arbeits- und Sozialfragen. Daneben ist die Gründung zweier *ad hoc*-Gruppen ,,Finanzierung des Dialogs" und ,,Technologietransfer" beschlossen worden. Beide Gruppen haben einen fest umrissenen und zeitlich begrenzten Auftrag. Kleinste organisatorische Einheit sind die Fachgruppen. Sie sollen für die Arbeitsgruppen spezielle Projekte und Programme ausarbeiten.

Der eigentliche Beginn des EAD hat sich bis zum Sommer 1975 hinausgezögert. Maßgebend dafür waren Spannungen im westlichen Bündnis. So warfen die USA den Europäern vor, mit ihrer Nah- und Mittelostpolitik die für erfolgreiche Verhandlungen mit den Erdölförderländern unerläßliche atlantische Solidarität zu untergraben und die amerikanischen Bemühungen um eine Beendigung des israelisch-arabischen Konflikts zu gefährden. Eine andere Ursache waren Differenzen zwischen der europäischen und der arabischen Seite über die Mitwirkung der Palästinensischen Befreiungsorganisation am Dialog. Schwierigkeiten bereitete auch die Einbeziehung Israels in das Konzept der globalen Mittelmeerpolitik durch die EG.

Angesichts dieser Probleme konnte der konkrete Rahmen für den EAD erst auf drei Expertentreffen in Kairo (Juni 1975), Rom (Juli 1975) und Abu Dhabi (November 1975) abgesteckt werden. In der Folgezeit waren die Fortschritte in den Arbeits- und Fachgruppen ausreichend, so daß die Generalkommission in Luxemburg (Mai 1976), Tunis (Februar 1977), Brüssel (Oktober 1977) und Damaskus (Dezember 1978) zusammentreten konnte. Die Tagung in Damaskus kam allerdings nur mit halbjähriger Verspätung zustande. Sie war bereits durch innerarabische Meinungsverschiedenheiten über die Nahostpolitik des ägyptischen Präsidenten Sadat (Anwar as-Sādāt) belastet. Der ägyptisch-israelische Friedensschluß und die Suspendierung der Mitgliedschaft Ägyptens in der Arabischen Liga haben schließlich im Mai 1979 auf Wunsch der arabischen Seite zur Unterbrechung des EAD geführt. Erst nach der Erklärung der EG von Venedig im Juni 1980 (siehe unten) konnten einige Aktivitäten im Rahmen des EAD wieder aufgenommen und fortgesetzt werden.

Eine grundlegende Veränderung im Verhältnis zwischen Europa und der arabischen Welt hat der EAD nicht gebracht. Mittelbar dürfte er sich jedoch positiv auf die Fortentwicklung bestehender bilateraler Beziehungen ausgewirkt haben. Ohne Zweifel hat er die Europäer auch dazu angehalten, ihre Position im israelisch-arabischen Konflikt einer kritischen Prüfung zu unterziehen. Einen politischen Erfolg haben die arabischen Staaten insofern verbuchen können, als die Mitglieder der EG auf der Tagung der Generalkommission in Luxemburg eine stillschweigende Anerkennung der Palästinensischen Befreiungsorganisation vollzogen haben.

In wirtschaftlicher Hinsicht ist die Erfolgsbilanz wenig beeindruckend. Einen nennenswerten Beitrag zu einer gerechteren internationalen Arbeitsteilung und damit zu einer Verbesserung der

Entwicklungschancen der arabischen Welt hat der Dialog nicht geleistet. Die Bemühungen um eine umfassende wissenschaftlich-technische Zusammenarbeit haben als Resultat lediglich eine Vereinbarung über die Errichtung eines Zentrums für Technologietransfer gezeitigt. Einvernehmen konnte auch über eine Erklärung zu den Lebens- und Arbeitsbedingungen arabischer Gastarbeiter in Europa erzielt werden. Ferner ist es gelungen, sich in den Bereichen Landwirtschaft, Infrastruktur, Ölraffinerien, Petrochemie, Normenwesen, Berufsaus- und fortbildung, Wasserentsalzung und Kultur auf die Prüfung einer Reihe von Einzelprojekten zu verständigen. In der Mehrzahl der Fälle ist das Verwirklichungsstadium aber nicht erreicht worden.

Die Tatsache, daß der EAD in der Vergangenheit vorwiegend eine *exercise in political good will* gewesen ist, deutet darauf hin, daß er weniger an konkreten Ergebnissen als an seiner Existenz und Dauer gemessen werden muß. In diesem Zusammenhang gewinnt das Argument der atmosphärischen Verbesserung der Beziehungen an Bedeutung. Abbau von Konfrontation und Schaffung wechselseitigen Vertrauens werden denn auch als wesentliche Erfolge des Dialogs genannt. Deshalb von einer ,,Netzfunktion" des EAD zu sprechen — sich also im Fall eines weiteren Nahostkriegs oder einer neuen Ölkrise auf bereits vorhandene Strukturen eines erprobten Miteinanders stützen zu können —, erscheint indes verfehlt. Größere und letztlich entscheidende Bedeutung für die Zukunft des Dialogs hat seine ,,Brückenfunktion". Solange unklar ist, ob die arabisch-islamische Renaissance sich in Form einer Abkehr von oder einer fruchtbaren Auseinandersetzung mit der industriellen Struktur des Westens und seiner auf Wissenschaft und Technologie basierenden Kultur vollzieht, stellt der EAD ein Angebot an alle diejenigen Kräfte in der arabischen Welt dar, die sich mit Hilfe Europas einer rückwärts gewandten Sakralisierung der Politik in ihren Ländern widersetzen wollen.

Dieses Angebot bedarf freilich einer Verbesserung. So muß sich der Dialog stärker von tagespolitischer Rücksichtnahme befreien und als Voraussetzung für eine langfristige Zusammenarbeit an kultureller Substanz gewinnen. Mit einem Euro-Arabischen Symposium über die Beziehungen beider Kulturen ist im April 1983 in Hamburg ein Anfang gemacht worden. Nicht minder entscheidend für den Fortgang des EAD ist, inwieweit die Europäer gewillt und in der Lage sind, dem Wunsch der arabischen Seite nach einer ,,Politisierung", d.h. nach einer Einbeziehung des israelisch-arabischen Konflikts in den Dialog zu entsprechen. Der Europäische Rat von Venedig hat im Juni 1980 in dieser Frage seine Bereitschaft zu einem vorsichtigen Entgegenkommen signalisiert. Daraufhin ist im November 1980 in Luxemburg ein Treffen europäischer und arabischer Außenminister für Mitte 1981 vereinbart worden. Dieses Treffen hat nicht stattgefunden. Nach fünfjähriger Unterbrechung ist im Dezember 1983 in Athen jedoch erstmals wieder die Generalkommission des EAD zusammengetreten. Das Ergebnis war enttäuschend. Im Gegensatz zu den vorhergehenden Tagungen konnten sich die Partner nicht einmal auf das übliche Schlußkommuniqué einigen, das eine politische und eine wirtschaftlich-technische Erklärung enthält. Die Ursache für das Scheitern ist nicht nur in überhöhten arabischen Forderungen zu suchen. Sie liegt auch in der zögernden Haltung der Europäer, was die ,,Politisierung" des EAD angeht. Ausschlaggebend dafür sind Meinungsverschiedenheiten innerhalb der EG, drohende Differenzen mit den USA und Israel sowie die mangelnde Geschlossenheit des arabischen Lagers.

4. Die Nahostpolitik der Europäischen Gemeinschaft

Fragen der Erdölversorgung, der Sicherung und des Ausbaus von Exportmärkten sowie des Rückflusses von Petrodollars haben die Haltung der Europäer nicht nur gegenüber dem EAD bestimmt. Sie haben auch Einfluß gehabt auf den Versuch der Mitglieder der EG, eine ausgewogene und nach Möglichkeit einheitliche Position im israelisch-arabischen Konflikt zu beziehen. Der

Vorwurf, die Nahostpolitik der Gemeinschaft sei zynisch, weil einzig und allein materiellen Interessen verpflichtet, ist aber nicht haltbar. So haben die EG-Staaten bereits vor Ausbruch der ersten Ölkrise im Herbst 1973 — also noch weitgehend frei von ökonomischen Zwängen — begonnen, ihre Nahostpolitik mit Hilfe der EPZ zu koordinieren. Damit verbunden war von vornherein eine gewisse Distanzierung von Israel und Annäherung an den arabischen Standpunkt in der Palästinafrage.

Wesentliches Kennzeichen der EG-Nahostpolitik sind von den Mitgliedstaaten einvernehmlich beschlossene Erklärungen und Entschließungen. Der erste Versuch einer solchen Politik war die Beratung eines Arbeitspapiers, auf dessen Inhalt sich die europäischen Außenminister im Mai 1971 in Paris verständigt haben. Das Papier knüpft wie alle nachfolgenden Entschließungen an die Resolution 242 des Sicherheitsrates der Vereinten Nationen vom 22. 11. 1967 an, präzisiert sie jedoch in einer Reihe von Punkten. Indirekt wird der Rückzug Israels aus allen 1967 besetzten Gebieten gefordert. Den Palästinaflüchtlingen soll die Möglichkeit zur Rückkehr in ihre Heimat eröffnet werden. Für Jerusalem wird der Gedanke einer verwaltungsmäßigen Internationalisierung befürwortet.

Das Arbeitspapier ist sowohl innerhalb als auch außerhalb der EG auf harte Kritik gestoßen. Die Bundesrepublik Deutschland, Italien und die Niederlande haben sich deshalb im nachhinein von dem Inhalt distanziert. Die Folge war eine Stagnation in der EG-Nahostpolitik. Erst der Oktoberkrieg 1973 hat zu neuen Initiativen geführt. Die Europäer reagierten nicht nur fast geschlossen mit der Weigerung, ihr Territorium den USA für Waffenlieferungen an Israel zur Verfügung zu stellen, sondern verabschiedeten am 6. 11. 1973 auch eine Erklärung, mit der das Konzept einer ausgewogenen Nahostpolitik begann, schärfere Konturen anzunehmen.

Als Voraussetzung für eine dauerhafte und gerechte Friedensregelung im Nahen Osten werden in der Erklärung vier Prinzipien genannt, ohne deren Respektierung die EG auch in der Mitte der 80er Jahre eine Lösung des israelisch-arabischen Konflikts nicht für möglich hält. Die Prinzipien lauten: 1. Unzulässigkeit des Gebietserwerbs durch Gewalt, 2. Beendigung der seit 1967 andauernden territorialen Besetzung durch Israel, 3. Achtung der Souveränität, der territorialen Unversehrtheit und Unabhängigkeit eines jeden Staates in der Region und 4. Anerkennung der „legitimen Rechte der Palästinenser".

In der Folgezeit haben die Europäer weitere Stellungnahmen zum israelisch-arabischen Konflikt abgegeben. Hauptsächlich handelt es sich bei den Erklärungen vom 29. 6. 1977, vom 19. 9. 1978, vom 26. 3. und 18. 6. 1979 um eine Fortentwicklung des gemeinsamen Ansatzes in der Nahostfrage. Ihren vorläufigen Höhepunkt hat die Politik der Deklarationen mit der Erklärung des Europäischen Rates in Venedig vom 13. 6. 1980 gefunden.

Israel hat diese Erklärung scharf verurteilt. In der Tat kommt sie dem arabischen Wunsch nach Schaffung eines unabhängigen Palästinenser-Staates — wie er im Fahd-Plan vom August 1981 und in der Charta von Fez der Arabischen Liga vom September 1982 (s. den Beitrag über den israelisch-arabischen Konflikt) enthalten ist — entgegen. Gleichwohl verletzt die Erklärung nicht den Gedanken der Ausgewogenheit in der europäischen Nahostpolitik. So wird das Selbstbestimmungsrecht für die Palästinenser ausdrücklich anerkannt, zugleich jedoch betont, daß alle Länder der Region — also auch der jüdische Staat — das Recht haben, innerhalb sicherer und garantierter Grenzen in Frieden zu leben. Erstmals wird von den Staaten der EG darüber hinaus offiziell die Einbeziehung der Palästinensischen Befreiungsorganisation in den nahöstlichen Friedensprozeß verlangt. Als alleiniger Repräsentant des palästinensischen Volkes wird die Organisation aber nicht anerkannt. Stattdessen wird von ihr ein klares Bekenntnis zum Existenzrecht Israels gefordert. Die scharfe Verurteilung der israelischen Siedlungspolitik in den besetzten arabischen Gebieten kann ebenfalls nicht als Ausdruck einer einseitigen europäischen Nahostpolitik gewertet werden, da die Änderungen in der Bevölkerungs- und Grundstücksstruktur nach Völkerrecht ungesetzlich sind.

Insgesamt ist die Haltung der EG zum israelisch-arabischen Konflikt durch das Bestreben gekennzeichnet, eine endgültige Friedensregelung auf der Basis eines umfassenden Interessenausgleichs herbeizuführen. Im Unterschied dazu befürworten die USA ein stärker schrittweises Vorgehen. Dabei halten sie an der Idee eines Friedens fest, der sich nur auf bereits existierende Länder bezieht, schließen also die Gründung eines eigenständigen Palästinenser-Staates aus. Diese Position ist durch die Reagan-Initiative vom 1. 9. 1982 erneut bekräftigt worden.

Das Streben nach einer Friedensregelung, die alle Akteure und Interessen einbezieht, hat die Haltung der EG auch zu den Vereinbarungen von Camp David 1978 und dem ägyptisch-israelischen Friedensschluß 1979 bestimmt. Die Zustimmung zu beiden Abkommen war von vornherein mit Skepsis gepaart. Letztere hat in dem Maß zugenommen, in dem die Verhandlungen auf einen Separatfrieden hinausliefen. Die Europäer haben schließlich versucht, der gefährlichen Verengung des Friedensprozesses auf zwei Partner — nämlich Israel und Ägypten — entgegenzuwirken. Das Bemühen der Sozialistischen Internationale — insbesondere Willy Brandts und Bruno Kreiskys —, die Palästinensische Befreiungsorganisation zu substantiellen Zugeständnissen in der Nahostfrage zu bewegen und auf diese Weise zu einem für alle Seiten akzeptablen Verhandlungspartner zu machen, ist jedoch gescheitert. In den Ansätzen steckengeblieben sind auch Überlegungen, den Friedensprozeß durch eine arabischen Interessen entgegenkommende Änderung der Resolution 242 des Sicherheitsrates auf eine breitere Basis zu stellen.

Ihren wohl umfassendsten Versuch, im Nahen Osten eine eigenständige politische Initiative zu ergreifen, haben die Europäer im Anschluß an die Erklärung von Venedig unternommen. Den Sondierungsgesprächen des luxemburgischen Außenministers Thorn und seines niederländischen Kollegen Van der Klaauw war indes kein Erfolg beschieden. Die Initiative mußte Mitte 1981 endgültig fallengelassen werden. Ausschlaggebend dafür war eine ganze Reihe von Faktoren. Israel ließ erkennen, daß es zu einer ,,Münchner Kapitulation" nicht bereit war. Durch die Wiederwahl Ministerpräsident Begins am 30. 6. 1981 wurde zudem die harte, den Nahostvorstellungen der EG geringes Gewicht beimessende Linie der israelischen Außenpolitik bestätigt. Auch die Palästinensische Befreiungsorganisation erwies sich als wenig überzeugt von der Zweckmäßigkeit einer europäischen Friedensinitiative. Das lag zum Teil an der Enttäuschung über die Vorschläge der EG zur Nahostfrage, zum Teil an internen Meinungsverschiedenheiten über den Inhalt einer möglichen Friedensregelung. Hinzu kam die Überzeugung, in der Region aus einer gewissen Position der Stärke heraus handeln zu können; eine Illusion, wie der israelische Einmarsch in den Libanon im Juni 1982 gezeigt hat. Die Wahl Ronald Reagans zum neuen Präsidenten der Vereinigten Staaten ließ ferner innerhalb der EG Unstimmigkeiten über die Nützlichkeit der Friedensinitiative aufkommen. Unmißverständlich gab die neue US-Administration zu verstehen, daß sie gewillt war, den globalstrategischen Aspekt des israelisch-arabischen Konflikts stärker als ihre Vorgängerin zu betonen und die Palästinenserfrage nicht zum alleinigen Dreh- und Angelpunkt ihrer Nahostpolitik zu machen. Nicht zuletzt ist die EG-Nahostinitiative am Fehlen einer machtpolitischen Basis gescheitert. Tatsächlich durchsetzbare Lösungswege zur Herbeiführung der geforderten umfassenden Friedensregelung hat die Gemeinschaft nicht aufzeigen können. Das hat die Erkenntnis reifen lassen, daß Europa vornehmlich über die USA, nicht aber gegen deren erklärte Absichten auf den israelisch-arabischen Konflikt einwirken kann.

Das Einschwenken der Europäer auf die Linie einer engeren Zusammenarbeit mit den USA im Nahen Osten ist durch die Entwicklung am Arabisch-Persischen Golf gefördert worden. Ein anderer Grund liegt in dem Übergang der französischen Präsidentschaft von Giscard d'Estaing auf François Mitterrand im Mai 1981. Entsprechend seiner in der Opposition verkündeten Überzeugung unterstützte der neugewählte Präsident nachhaltig den ägyptisch-israelischen Friedensschluß und akzeptierte damit auch die Führungsrolle der USA, die sie im Camp David-Prozeß übernommen hatten. Testfall war die von Washington gewünschte Teilnahme europäischer Staaten an der für den Sinai vorgesehenen multinationalen Friedenstruppe. Mitterrand nutzte die erste persönliche Begegnung mit dem amerikanischen Präsidenten, um die Teilnahme seines Landes an dieser Friedenstruppe zuzusagen. Der Beschluß dazu ist ohne Abstimmung mit den EG-Partnern gefaßt worden. Erst im nachhinein konnte im Rahmen der EPZ Einvernehmen über eine derart demonstrative Unterstützung des ägyptisch-israelischen Friedensprozesses erzielt werden. Die Notwendigkeit, nach der Ermordung Sadats am 6. 10. 1981 stabilisierend auf die Lage im Nahen Osten einzuwirken, hat die Entscheidung, sich an der Friedenstruppe zu beteiligen, ohne Zweifel erleichtert. Vier europäische Staaten haben im Frühjahr 1982 Truppenkontingente in den Sinai entsandt.

Das festere Auftreten der USA in der internationalen Politik, der Vorschlag Reagans, durch Bildung einer palästinensisch-jordanischen Konföderation über Camp David hinauszugehen, und die Entspannung auf dem Weltölmarkt waren Faktoren, die die Europäer bestimmt haben, auch im Libanon-Konflikt die Nahostpolitik der USA mitzutragen. Den israelischen Einmarsch in den Libanon haben die EG-Partner als ,,flagrante Verletzung des Völkerrechts" verurteilt. Vorübergehend haben sie sogar einen Aufschub der Finanzhilfe für Israel beschlossen. Frankreich und Griechenland haben als Kompensation für den Abzug der Fedayin (fidā 'iyūn) aus Beirut auf eine politische Aufwertung der Palästinensischen Befreiungsorganisation gedrängt. Im übrigen haben die Europäer jedoch keine eigenständige Libanonpolitik betrieben. Mit der Entsendung von Streitkräften in das Krisengebiet haben Frankreich, Großbritannien und Italien lediglich ihren Willen dokumentiert, auch militärisch an einer Lösung des Konflikts mitzuwirken. Sie haben dies aber in enger Abstimmung mit den Vereinigten Staaten getan, die ihrerseits Truppen in den Libanon entsandten. Nicht weniger auffällig war die nahezu vorbehaltlose Unterstützung der christlich-libanesischen Regierung unter Amin Gemayel (Amīn al-Jumaiyil). Selbst das von den USA favorisierte libanesisch-israelische Abkommen vom 17. 5. 1983, ein eindeutiger diplomatischer ,,Sieg" Israels im Libanon, haben die Europäer als einen Schritt in die richtige Richtung bezeichnet, dem allerdings weitere Schritte folgen müßten.

Die Annullierung dieses Abkommens, das Versagen der libanesischen Regierung und Armee, der Fall Beiruts am 6./7. 2. 1984 und der Rückzug der europäisch-amerikanischen Truppen aus dem Libanon haben gezeigt, daß eine Beilegung des Konflikts gegen starke Kräfte im Inneren des Landes — vor allem die Schiitenbewegung — und gegen den Willen Syriens nicht möglich ist. Daran ändern auch erneute Aufrufe zu einer Versöhnungskonferenz nichts. Sie stellen kaum mehr dar als einen europäischen Versuch, durch die militärische Intervention verloren gegangenes politisches Terrain zurückzugewinnen. Im übrigen hat der Libanon-Konflikt an Relevanz für Europa verloren. Ursachen sind die weitgehende Ausschaltung der Palästinenser als militärischer Faktor im Libanon und der im Juni 1985 abgeschlossene Rückzug israelischer Truppen aus dem nördlichen Nachbarland. Bereits 1984 hat die EG ihre Aufmerksamkeit deshalb wieder stärker auf den Kern des Nahostproblems, den israelisch-arabischen Konflikt, gerichtet. Hoffnungen auf eine Friedensregelung knüpften sich dabei an die Entstehung einer gemäßigten Achse Amman-Kairo, an das jordanisch-palästinensische Abkommen vom 11. 2. 1985 über eine gemeinsame Aktion zur Erzielung einer gerechten und friedlichen Lösung der Palästinafrage, an die Politik der im September 1984 in Israel gebildeten Großen Koalition unter der Führung von Schimon Peres und an die Bereitschaft der USA, nach der Wiederwahl Reagans erneut im israelisch-arabischen Konflikt zu vermitteln. Ägypten hat die Europäer in diesem Zusammenhang aufgefordert, ihre seit 1981 im Nahostkonflikt geübte relative Zurückhaltung aufzugeben, um insgesamt eine für die Araber annehmbare Friedensregelung zu ermöglichen.

5. Die Mittelostpolitik der Europäischen Gemeinschaft

Im Vergleich zu anderen Teilregionen des Nahen und Mittleren Ostens ist das politische Profil der EG am Arabisch-Persischen Golf niedrig. Eine umfassende politische Konzeption ist nicht vorhanden. Dort, wo die Gemeinschaft tätig wird, reagiert sie in erster Linie auf unerwünschte

Entwicklungen. Konkrete ökonomische und politische Interessen suchen die Europäer zumeist mit Hilfe einzelstaatlicher Politiken durchzusetzen. Das gilt für die ehemaligen Kolonialmächte Großbritannien, Frankreich und Italien nicht weniger als für die Bundesrepublik Deutschland.

Das Fehlen einer umfassenden Gemeinschaftspolitik steht in auffallendem Gegensatz zur „Dichte" der Beziehungen zwischen den EG-Staaten und den Staaten am Arabisch-Persischen Golf. Allein das Ausmaß der bestehenden wirtschaftlichen Verflechtung läßt es gerechtfertigt erscheinen, von einer wechselseitigen Abhängigkeit zu sprechen. Auch wenn die Rohöleinfuhren der EG in den vergangenen Jahren rückläufig waren, das OPEC-Kartell vom Zerfall bedroht war und sich die Anteile der Lieferländer merklich verschoben haben, bezog die Gemeinschaft Mitte der 80er Jahre immer noch zwischen 25 und 30 % ihrer Ölimporte vom Arabisch-Persischen Golf. Das macht sie gegenüber Veränderungen in dieser Region besonders verwundbar.

Solange die Entwicklung des Mittleren Ostens auf Stabilität ausgerichtet und die Machtstellung der USA am Golf unangefochten war, erschien eine aktive Mittelostpolitik der europäischen Staatengemeinschaft vergleichsweise entbehrlich. Die schiitisch-islamische Revolution in Iran, die Intervention der Sowjetunion in Afghanistan und der iranisch-irakische Krieg haben den Mittleren Osten jedoch seit Ende der 70er Jahre zu einer Krisenregion von weltpolitischer Bedeutung werden lassen. Die gefährliche Verknüpfung des Ost-West-Konflikts mit der Nord-Süd-Problematik, die parallel dazu verlaufende innere und äußere Destabilisierung zahlreicher Staaten in der Region sowie der beachtliche Vertrauensverlust der USA als Führungsmacht des Westens haben die Europäer zu erhöhtem politischem Engagement gezwungen. Die Konturen dieser Politik zeichnen sich 1987 allerdings nur zögernd ab.

Während die Europäer dazu neigen, die Probleme des Mittleren Ostens ähnlich wie den israelisch-arabischen Konflikt unter regionalen Gesichtspunkten zu beurteilen, vertreten die USA einen globalstrategischen Ansatz, der von der Annahme einer weltweiten Bedrohung des Westens durch den sowjetischen Expansionismus ausgeht. Das führt auf seiten der USA zu einer primär gegen Moskau gerichteten Betonung der militärischen Stärke, auf seiten der Europäer zu Bemühungen, den Zugang zur Region vor allem durch politische und wirtschaftliche Zugeständnisse an die Golfstaaten zu sichern. Diese idealtypische Unterscheidung korrespondiert mit dem machtpolitischen Gefälle, das zwischen den Vereinigten Staaten und Europa im Mittleren Osten besteht. Es verdeutlicht, daß die Gemeinschaft auch in diesem Teil der Welt auf Zusammenarbeit und nicht auf Konfrontation mit Washington angewiesen ist.

Die Revolution in Iran 1979 und die Herauslösung dieses Landes aus der engen Bindung an die USA hat die EG verhältnismäßig rasch akzeptiert. Mehrfach hat sie in offiziellen Erklärungen ihren Respekt vor dem Willen des iranischen Volkes bekundet, eine mit den Werten seines geschichtlichen, kulturellen und religiösen Erbes in Einklang stehende Gesellschaft zu errichten. Verknüpft waren diese Stellungnahmen mit der Hoffnung, Iran als lukrativen Handelspartner und politischen Freund Europas nicht zu verlieren. Ein Motiv war auch die Erwartung, die neue Teheraner Führung werde sich ihrer Verantwortung für die Sicherheit und Stabilität der Golfregion auf Dauer nicht entziehen. Erheblich belastet worden ist das Verhältnis zu Iran durch die Geiselnahme amerikanischer Botschaftsangehöriger. Sie hat die Europäer zur Solidarität mit den Vereinigten Staaten gezwungen. Trotz des Einwandes, Sanktionen seien wirkungslos und bedeuteten eine Unterordnung unter die amerikanische Politik, haben die Staaten der Gemeinschaft diplomatische und wirtschaftliche Maßnahmen gegen Iran ergriffen. Sie haben jedoch niemals zu einem völligen Bruch der Beziehungen zu Teheran geführt. Umgekehrt haben die Europäer das Vakuum an Macht und Einfluß, das die USA in Iran hinterlassen haben, nicht füllen können. In wirtschaftlicher Hinsicht ist es nach dem Sturz des Schah-Regimes zunächst zu einer erheblichen Verschlechterung des Beziehungen gekommen. Eine wesentliche Folge der revolutionsbedingten Drosselung der iranischen Ölausfuhren war die zweite Ölpreiskrise. Vor allem Großbritannien, Italien und die Bundesrepublik Deutschland haben das Netz wirtschaftlicher Beziehungen zu Iran seit 1982 aber wieder merklich enger knüpfen können. Dazu hat die Zurückhaltung, die sich die europäischen Staaten in ihrer Kritik am Khomeini-Regime (Rūḥullāh Khumainī) auferlegt haben, beigetragen.

Der sowjetische Einmarsch in Afghanistan am 24. 12. 1979 hat den Ost-West-Konflikt im Mittleren Osten drastisch verschärft. Für die EG-Staaten war diese ,,flagrante Einmischung in die inneren Angelegenheiten eines blockfreien Landes der islamischen Welt" um so unannehmbarer, als sie den Prozeß der weltweiten Entspannung und damit auch der aktiven Friedenssicherung in Europa zunichte zu machen drohte. In zahlreichen Entschließungen haben die Mitglieder der Gemeinschaft deshalb die Notwendigkeit des Rückzugs der sowjetischen Truppen aus Afghanistan betont und die Wiederherstellung der Souveränität dieses Landes gefordert. Auf die Sowjetunion mehr als verbalen Druck auszuüben, war die EG freilich nur bedingt bereit. Immerhin hat sie sich zu wirtschaftlichen Sanktionen in Form eines Embargos bei der Lieferung von Getreide und Getreideerzeugnissen bekannt. Den Vorschlag Washingtons, die Olympischen Sommerspiele 1980 in Moskau zu boykottieren, hat lediglich ein Teil der westeuropäischen Staaten befolgt. Ohne Begeisterung ist auch die Carter-Doktrin aufgenommen worden, mit der die USA in Umkehrung ihrer bisherigen Politik die Bereitschaft zur direkten militärischen Intervention in der Region verkündet und den Arabisch-Persischen Golf zu einem amerikanischen *mare nostrum* erklärt haben. Als Barriere gegen ein weiteres sowjetisches Vordringen in der Region hat die EG vor allem die Notwendigkeit einer Lösung des israelisch-arabischen Konflikts betont. Das besondere nahostpolitische Engagement der Gemeinschaft zu Beginn der 80er Jahre muß auch vor diesem Hintergrund gesehen werden. Nicht zuletzt haben die Europäer als Maßnahme gegen die sowjetische Afghanistan-Intervention die weitere Festigung ihrer Beziehungen zur Türkei, zu Pakistan, zu Indien, aber auch zu Jugoslawien betrieben. Beispielsweise hat die Bundesrepublik Deutschland bei den Bemühungen um eine wirtschaftliche Stabilisierung der Türkei eine federführende Rolle gespielt.

Wie weit die Mitglieder der EG von einer gemeinsamen Außen- und Sicherheitspolitik am Arabisch-Persischen Golf noch entfernt sind, hat der iranisch-irakische Krieg gezeigt. Seit Beginn der Kampfhandlungen im September 1980 hat sich die Gemeinschaft weitgehend darauf beschränkt, in immer neuen Appellen die unverzügliche Einstellung der Feindseligkeiten und eine Lösung des Konflikts auf dem Verhandlungsweg zu fordern. Die Diskussion über die Bildung eines multinationalen Flottenverbandes unter Führung der USA zum Schutz der freien Schiffahrt durch die Straße von Hormuz ist von den Europäern hingegen unilateral und mit unterschiedlichem Ergebnis geführt worden. Während die Bundesrepublik Deutschland unter Hinweis auf das Grundgesetz die Beteilung an einem Flottenverband außerhalb des NATO-Bereichs abgelehnt hat — dazu freilich nach eigenem Bekunden auch nicht aufgefordert worden ist —, haben Großbritannien und Frankreich sich zur Entsendung von Seestreitkräften in die Golfregion bereit gefunden. Italien, die Niederlande und Belgien haben sich diesem Schritt angeschlossen. Bemühungen der Europäer um eine Beilegung des iranisch-irakischen Konflikts sind offenbar ebenfalls eher über einzelstaatliche Kontakte als über die Gemeinschaft gelaufen. Diese Kontakte waren für den Westen von besonderer Bedeutung, weil die USA zu Iran über keine diplomatischen Beziehungen verfügen und auch mit dem Irak erst Ende 1984 nach rund 17jähriger Unterbrechung wieder Botschafter ausgetauscht haben. Frankreich hat insofern eine Sonderrolle im Golfkrieg gespielt, als es als wichtiger Waffenlieferant des Irak aufgetreten ist. Die wirtschaftlichen Beziehungen der europäischen Staaten zu den kriegführenden Parteien hat der Konflikt am Arabisch-Persischen Golf nicht dauerhaft geschädigt. Nach anfänglichen Rückschlägen haben sie erneut ein hohes, primär durch die finanzielle Leistungskraft Irans und des Irak begrenztes Niveau erreicht.

Wachsende Aufmerksamkeit haben die Mitglieder der EG ihrem Verhältnis zu den Staaten der Arabischen Halbinsel gewidmet. Die bestehenden freundschaftlichen Beziehungen sind mit dem Ziel intensiviert worden, die innere und äußere Stabilität vor allem der arabischen Golfstaaten zu festigen. Dabei waren die Europäer bestrebt, dem Wunsch dieser Länder zu entsprechen, durch Kooperation und Aufrüstung einen größeren Handlungsspielraum gegenüber den Supermächten — insbesondere den USA — zu erlangen. Im März 1980 hat der Europäische Rat den

Staaten der Arabischen Halbinsel angeboten, mit der Gemeinschaft Kooperationsabkommen zu schließen. Ein solches Abkommen ist am 1. 2. 1985 mit der Arabischen Republik Jemen in Kraft getreten. Im übrigen hat die EG offizielle Kontakte zu dem 1981 gegründeten Golf-Rat aufgenommen, an dem Bahrain, Kuwait, Oman, Katar, Saudi-Arabien und die Vereinigten Arabischen Emirate beteiligt sind. Im Frühjahr 1983 ist vereinbart worden, ein Programm der technischen Zusammenarbeit in den Bereichen Statistik, Zoll, Information und Energie auszuarbeiten. Diesbezügliche Sondierungsgespräche haben bis 1985 in mehreren Serien stattgefunden. Zwischen der Organisation der arabischen Ölexportländer (OAPEC) und der EG-Kommission ist zudem im November 1982 ein Kooperationsabkommen beschlossen worden.

Trotz dieser Aktivitäten sind die Impulse für eine engere Zusammenarbeit mit den Staaten der Arabischen Halbinsel weniger von der EG als von den einzelnen Mitgliedstaaten ausgegangen. Diese haben seit Anfang der 80er Jahre eine rege Reisediplomatie entfaltet. Dazu gehören neben den Besuchen der französischen Präsidenten Giscard d'Estaing und Mitterrand sowie der britischen Premierministerin Thatcher auch die Besuche der beiden deutschen Bundeskanzler Helmut Schmidt und Helmut Kohl in verschiedenen Ländern des Nahen und Mittleren Ostens. Zweck der Reisen war jeweils eine Verstärkung des Einflusses auf die angesprochenen Partner, und zwar sowohl auf politischem und wirtschaftlichem als auch auf militärischem Gebiet. Während Großbritannien und Frankreich jedoch seit langem als Großlieferanten von Waffen in der Region auftreten, ist die Frage, ob die Bundesrepublik Deutschland ihre bislang geübte Praxis einer restriktiven Rüstungsexportpolitik aufgeben wird, noch nicht endgültig entschieden (1987). Das Angebot Helmut Kohls vom Oktober 1983, die Lieferung deutscher Rüstungsgüter, die für die Verteidigung bestimmt sind, an Saudi-Arabien zu prüfen, könnte sich als umfassender Einstieg der Bundesrepublik in das internationale Waffengeschäft erweisen. Das gilt auch für den Fall, daß es bei der Weigerung bleibt, den Kampfpanzer Leopard II in Länder außerhalb des NATO-Bereichs zu exportieren.

6. Europäisch-amerikanische Arbeitsteilung im Nahen und Mittleren Osten

Von einer Nah- und Mittelostpolitik der EG aus einem Guß kann nicht gesprochen werden. Dazu sind die Probleme der Region zu vielschichtig. Es fehlt aber auch an einem ausreichenden Maß europäischer Integration. Auf wirtschaftlichem Gebiet ist die Gemeinschaft für die Handelspolitik zuständig. Direkte Energiepolitik kann sie nicht betreiben. Diese ist teils einzelstaatliche Angelegenheit, teils liegt sie in den Händen multinationaler Konzerne. Auf politischer Ebene ermöglicht die EPZ trotz des mit ihr verbundenen Fortschritts zumeist nur eine Verständigung auf den kleinsten gemeinsamen Nenner. Häufig erweist sie sich auch bloß als Referenzebene für die Außenpolitik einzelner Mitgliedstaaten. In militärischer Hinsicht leidet die Gemeinschaft darunter, daß die westeuropäischen Staaten — jenseits ihrer NATO-Zugehörigkeit — weder eine einheitliche Grundposition zu sicherheitspolitischen Fragen noch denselben militärischen Status haben.

Diese Schwächen der EG bei gleichzeitiger Abhängigkeit vom Nahen und Mittleren Osten lassen die Frage nach der Möglichkeit einer europäisch-amerikanischen Arbeitsteilung in der Region aufkommen. Für eine solche Politik spricht, daß die Vereinigten Staaten vor allem in den arabischen Golfstaaten an Ansehen verloren haben, sich einem wachsenden Anti-Amerika-Syndrom gegenübersehen und nicht mehr in der Lage sind, in diesem Teil der Welt die Belange des Westens in allen ihren Facetten zu vertreten. Europa muß deshalb auf die Konfliktinterpretation durch die USA Einfluß nehmen; ein Vorhaben, das schon von der Sache her nicht einfach ist, durch den Wechsel amerikanischer Administrationen aber noch zusätzlich erschwert wird. Ziel der Einflußnahme muß ein umfassendes Konzept für eine Politik des Westens gegenüber dem Nahen und Mittleren Osten sein.

Im Rahmen eines solchen Konzepts könnte Europa wichtige Teilfunktionen übernehmen. Durch Kooperationsabkommen nicht nur mit den Staaten der Arabischen Halbinsel, sondern auch mit Iran und Pakistan könnte dem Wunsch dieser Länder nach eigenständiger Entwicklung entsprochen werden. Insbesondere könnte und sollte stärker Bezug auf die sozialen und innenpolitischen Folgen wirtschaftlichen Wandels genommen werden. Dadurch könnten sich zusätzliche politische Effekte ergeben, beispielsweise die Möglichkeit, in regionalen Streitfragen zu vermitteln oder vermehrt auf die Einhaltung von Menschenrechten zu drängen. Im Hinblick auf den israelisch-arabischen Konflikt ließe sich verdeutlichen, daß der Westen insgesamt eine differenzierte Position einnimmt. Europa käme die Aufgabe zu, durch politischen Druck auf die Palästinensische Befreiungsorganisation eine Anerkennung des Existenzrechts des Staates Israel zu erwirken. Zugleich könnte es im Verhältnis zwischen den USA und den gemäßigten arabischen Staaten eine Gelenkfunktion ausüben und auf diese Weise ein Gegengewicht zur latent vorhandenen Dominanz israelischer Interessen in der amerikanischen Nahostpolitik bilden. Eine gewisse militärische Präsenz in der Region dürfte für den Westen auf absehbare Zeit unverzichtbar sein. Europa könnte aber darauf drängen, diese Präsenz nicht „ausufern" zu lassen. Ob die Aufrüstung der Staaten des Nahen und Mittleren Ostens mit Hilfe umfangreicher Waffenexporte eine Alternative zur Entsendung von Flottenverbänden oder zur Aufstellung der schnellen Eingreiftruppe (Rapid Deployment Force) ist, müßte überdacht werden. Die Gefahr ist nicht von der Hand zu weisen, daß dadurch regionale Spannungen eher angeheizt als abgebaut werden. Gegen die Gefahr eines sowjetischen Vordringens im Nahen und Mittleren Osten könnten Europäer und Amerikaner vermutlich erfolgreicher vorgehen, indem sie die Staaten der Region in ihrem Bestreben unterstützen, als Länder der Dritten Welt akzeptiert zu werden, die das Recht auf eine sowohl vom Westen als auch vom Osten unabhängige kulturelle, politische und soziale Identität haben.

Von einem entsprechenden Globalkonzept für den Nahen und Mittleren Osten ist der Westen noch weit entfernt. Wesentliche Voraussetzung dafür ist eine Fortführung des Entspannungsprozesses auf weltweiter Ebene. Sie erhöht den Handlungsspielraum von Europäern und Amerikanern im Nahen und Mittleren Osten. Dadurch steigen die Chancen für die Erarbeitung eines gemeinsamen Konzepts. Europa wird in ein solches Konzept freilich nur in dem Maß Elemente einbringen können, in dem es gelingt, die ins Stocken geratene eigene Integration wieder in Gang zu setzen. Verschärft sich hingegen trotz Perestrojka und bevorstehender Vereinbarungen über den Abbau von Mittelstreckenraketen der Ost-West-Konflikt erneut und kann die Mitte der 80er Jahre offenkundige Krise der EG nicht überwunden werden, so ist zu befürchten, daß die europäische Nah- und Mittelostpolitik fragmentarisch bleibt. Die Kluft, die zwischen der sicherheitspolitischen Abhängigkeit der Europäer von den USA und der Rohstoffabhängigkeit vom arabischen Öl besteht, kann in einem solchen Fall nicht geschlossen werden. Europa muß sich dann in Krisensituationen weiterhin eng an die Politik der USA anlehnen, ohne sie maßgeblich beeinflussen zu können. Die Akzeptanz der europäischen Nah- und Mittelostpolitik für die Länder der Region müßte darunter leiden; ein Vorgang, der den Westen insgesamt negativ treffen würde. Trotz dieser Vorbehalte und Ungewißheiten aber steht zu erwarten, daß mit der Vollmitgliedschaft Spaniens und Portugals seit dem 1. 1. 1986 der Stellenwert des Mittelmeer- und Nahostraums innerhalb der europäischen Außenpolitik tendenziell anwachsen wird.

Literatur:

Allen, D. u. Pijpers, A. (Hrsg.) 1984: European foreign policy-making and the Arab-Israeli conflict, Den Haag, Boston, Lancaster.

Garfinkle, A.M. 1983: Western Europe's Middle East Diplomacy and the United States, Philadelphia.

Hasenpflug, H. (Hrsg.) 1979: Die EG-Außenbeziehungen, Hamburg.

Institut für Europäische Politik (Hrsg.) 1975: Europa und die arabische Welt, Bonn.

Kaiser, K. u. Steinbach, U. (Hrsg.) 1981: Deutsch-arabische Beziehungen, München, Wien.

Kommission der Europäischen Gemeinschaften 1980: Reaktionen der Gemeinschaft zur Invasion in Afghanistan, in: Bull. EG, H. 1, 7-10.

dies. 1980: Die Gemeinschaft, ihre Mitgliedstaaten und die Ereignisse in Iran, in: Bull. EG, H. 4, 21-28.

dies. 1980: Die Gemeinschaft, die Mitgliedstaaten und Iran, in: Bull. EG, H. 5, 28-31.

Krämer, H.R. 1982: Die Mittelmeerpolitik der Europäischen Gemeinschaft, in: Europa-Archiv, Folge 22, 665-672.

Rummel, R. u. Wessels, W. (Hrsg.) 1978: Die Europäische Politische Zusammenarbeit, Bonn.

Tatu, M. 1982: Palestine and the Gulf: A European Perspective, in: Khalidi, R. u. Mansour, C. (Hrsg.): Palestine and the Gulf, Beirut, 109-119.

IV. Afrika und der Nahe und Mittlere Osten

Hartmut Neitzel

1. Vorbemerkung

Trotz der räumlichen Nähe blieb Afrika für die meisten der arabischen Staaten bis in die zweite Hälfte dieses Jahrhunderts ein ferner, unbekannter Kontinent. Bis zur Unterwerfung Afrikas unter die Kolonialherrschaft europäischer Mächte hatte es dagegen über Jahrhunderte teils intensive Kontakte zwischen den beiden Regionen gegeben: Arabische Händler kontrollierten über einen großen Zeitraum den Handel in Ostafrika und gründeten dort Niederlassungen, arabische Truppen drangen entlang des Nils und durch die Sahara nach Süden vor, arabische Prediger verbreiteten den Islam und die Sprache des Propheten in Schwarzafrika, Afrikaner wurden von arabischen Sklavenjägern in großer Zahl gefangen und verschleppt. Diese Kontakte waren also alles andere als von Gleichberechtigung geprägt und häufig nicht besonders friedfertig.

Die koloniale Unterwerfung Afrikas durch Europa drängte den arabischen Einfluß zurück und resultierte in einer politischen, wirtschaftlichen wie auch kulturellen Ausrichtung auf Westeuropa. Daher wurde nach Erlangung der Unabhängigkeit die Entwicklung wechselseitiger, intensiverer Beziehungen zwischen den afrikanischen und arabischen Staaten behindert — obwohl die Probleme und Widerstände bei der Beseitigung der politischen und wirtschaftlichen Beherrschung durch die europäischen (Ex-)Kolonialmächte nahezu die gleichen waren und sich von daher ein gemeinsames Vorgehen zu empfehlen schien.

2. Afrika und der Nahostkonflikt

Aus dem — nicht unproblematischen — Selbstverständnis heraus, die ,,Verbindungslinie zwischen dem (afrikanischen) Kontinent und der Außenwelt" zu sein, wie es Präsident Nasser (Jamāl 'Abd an-Nāṣir) 1954 in seinem Buch ,,Die Philosophie der Revolution" formuliert hatte, betrieb Ägypten als einziger arabischer Staat bereits in den 50er Jahren eine aktive Afrikapolitik. Nasser hatte in seinem programmatischen Buch drei konzentrische Kreise ägyptischer Außenpolitik benannt: die arabische Region, zu der Ägypten gehörte, den afrikanischen Kontinent, in dem sich das Land befände, sowie der islamische Kreis von Mauretanien bis Südostasien. In der Erkenntnis, daß ,,wir unter keinen Umständen abseits stehen können bei dem schrecklichen und erschreckenden Kampf zwischen 5 Mio. Weißen und 200 Mio. Afrikanern im Herzen jenes Kontinents", leistete Ägypten zahlreichen afrikanischen Befreiungsbewegungen finanzielle und organisatorische Unterstützung. Diese Politik stärkte auch Ägyptens Position bei den Bemühungen um einen Zusammenschluß der jungen afrikanischen Staaten.

Als allerdings das Zurückdrängen der ,,israelischen Politik der Infiltration" — so auch in der 1962 verabschiedeten Nationalcharta formuliert — in den Mittelpunkt der ägyptischen Afrikapolitik gerückt wurde, Nasser im Verlauf der Verhandlungen zur Bildung einer afrikanischen Staatengemeinschaft den Konflikt der arabischen Staaten mit Israel gar zu einer afrikanischen Angelegenheit zu machen suchte, drohte die Gründung der Organisation der Afrikanischen Einheit (OAU) zu scheitern; erst nach einem Rückzieher Nassers war diese Gefahr gebannt.

Als weiteres Mitgliedsland der Liga der Arabischen Staaten engagierte sich Algerien seit seiner Unabhängigkeit 1962, stärker noch nach der Machtergreifung Boumediennes drei Jahre später, für die afrikanische Sache. Ähnlich wie Ägypten gewährte es u.a. Befreiungsbewegungen Asyl und Unterstützung.

Zwischen den nicht-afrikanischen Mitgliedsländern der Arabischen Liga und den afrikanischen Staaten gab es bis Anfang der 70er Jahre keine nennenswerten Beziehungen auf bilateraler Ebene, was sich z.B. auch in der geringen diplomatischen Repräsentanz arabischer Staaten in Afrika niederschlug.

Dafür waren die Beziehungen afrikanischer Staaten zu Israel umso intensiver. Alle nicht-arabischen Staaten Afrikas unterhielten diplomatische Beziehungen zu Israel, mit dem 20 Länder bis 1967 auch eine Zusammenarbeit in unterschiedlichen Bereichen vertraglich vereinbart hatten. Nach Afrika flossen 80 % aller finanziellen, technischen und personellen Entwicklungshilfe Israels an die Dritte Welt, das auf diese Weise eine politische und wirtschaftliche Isolierung zu verhindern trachtete.

Bis zum Sechs-Tage-Krieg im Juni 1967 zeigte der israelisch-afrikanische Zusammenhalt keine Risse. Durch den israelischen Angriff auf Ägypten sahen sich allerdings die OAU-Staaten zu der bisher sorgsam umgangenen Entscheidung zwischen der Unterstützung der israelischen Position und der Solidarität mit dem in seiner territorialen Integrität verletzten Mitglied der OAU gezwungen. Die Staats- und Regierungschefs der OAU verabschiedeten bei ihrer Gipfelkonferenz einige Monate nach Kriegsausbruch erstmals eine Stellungnahme zum Nahostkonflikt; in ihr wurde zwar jede Verurteilung der israelischen Politik als Aggression sorgfältig vermieden, aber der Abzug der israelischen Truppen aus allen besetzten Gebieten gefordert.

3. Afro-arabische Annäherung

Nach dem Ausbruch des Yom-Kippur-Kriegs im Oktober 1973 wurde dann der vollständige Bruch mit Israel vollzogen. Innerhalb eines Monats nach Kriegsbeginn erklärten 21 nicht-arabische OAU-Staaten ihre Beziehungen zu Israel für beendet; Ende 1973 hielten nur noch fünf Staaten Afrikas, darunter die Republik Südafrika, ihre diplomatischen Beziehungen zu Israel aufrecht.

Der wegen des Kriegsausbruchs zu einer Sondersitzung einberufene Ministerrat der OAU forderte in einer Resolution nach einer scharfen Verurteilung der Aggression und der gewaltsamen Annexion arabischen Gebietes durch Israel die Mitgliedsstaaten zu ,,individuellen und kollektiven Maßnahmen für eine Verschärfung der Isolation Israels auf politischem, wirtschaftlichem und kulturellem Gebiet" auf. Er appellierte ,,an alle befreundeten Staaten, ein völliges wirtschaftliches Embargo, vor allem ein Erdölembargo, gegen Israel, Portugal, Südafrika und das rassistische Minderheitsregime Südrhodesiens zu erreichen" (Neitzel/Nötzel 1979, 113f).

In einer ,,Resolution über die Zusammenarbeit zwischen den afrikanischen und arabischen Staaten" schlug der OAU-Ministerrat Maßnahmen zur Entwicklung der wirtschaftlichen Kooperation zwischen den beiden Regionen vor. Konkreter Anlaß war die Sorge der afrikanischen Staaten um ihre ausreichende Versorgung mit preiswertem Rohöl, hatte doch die Organisation der arabischen Ölexportländer (OAPEC) kurz nach Kriegsausbruch eine drastische Reduzierung ihrer Rohölförderung sowie gleichzeitige kräftige Preiserhöhungen beschlossen.

Als Reaktion auf diese Initiative beschloß die nächste Gipfelkonferenz der Arabischen Liga nur wenige Tage später nicht nur die geforderte Isolierung der kolonialen und rassistischen Regime im südlichen Afrika sowie eine Verstärkung und Ausweitung der wirtschaftlichen, finanziellen und kulturellen Zusammenarbeit mit den „afrikanischen Bruderländern", sondern sicherte auch die Aufrechterhaltung der normalen Versorgung mit arabischem Öl für die afrikanischen Staaten zu. Darüber hinaus sollte ein arabischer Hilfsfonds für die wirtschaftliche und soziale Entwicklung in Afrika eingerichtet werden.

Die arabische Ölliefer- und -preispolitik stellte die Bereitschaft der afrikanischen Seite zur Zusammenarbeit auf eine harte Probe, wurde diese doch innerhalb kürzester Zeit mit voller Wucht von der Verknappung und Verteuerung des Erdöls getroffen: Bei gleichbleibendem Bedarf und teilweise unzureichender Versorgung mußten mindestens fünf afrikanische Staaten 1974 mehr als das Dreifache für ihre Energieimporte als im Jahr zuvor aufwenden; für weitere sieben Staaten hatten sich die Ausgaben zumindest verdoppelt. Die arabischen Förderländer zeigten — wegen der Gefahr eines Mißbrauchs durch die internationalen Ölgesellschaften wie wegen der für alle Mitglieder verbindlichen Preisbeschlüsse von OAPEC und OPEC — keinerlei Bereitschaft, eine bevorzugte Versorgung sicherzustellen oder gar Preisvergünstigungen zu gewähren. Zinsverbilligte Kredite in Höhe von insgesamt 200 Mio. US-$ sollten die erhöhten Aufwendungen der afrikanischen Staaten für Energieimporte ausgleichen helfen, doch war dies nicht mehr als ein Tropfen auf den heißen Stein. Die arabische Reaktion auf die Anpassungsprobleme der afrikanischen Staaten ließ — wie es der OAU-Generalsekretär 1976 formulierte — „hier und da Gefühle der Enttäuschung und des Zögerns entstehen, die ohne jeden Zweifel die Schubkraft bremsten, die die beiden Gruppen den Anstrengungen zur Konsolidierung ihrer vielschichtigen Zusammenarbeit verleihen wollten" (Neitzel/Nötzel 1979, 159).

Tatsächlich wurden erst Mitte 1975 konkrete Schritte für die Verwirklichung der Ende 1973 beschlossenen periodischen Konsultationen ergriffen. Eine Serie von Verhandlungen und Treffen — u.a. eines der arabischen und afrikanischen Außenminister im Frühjahr 1976 — führte im März 1977 zur ersten Gipfelkonferenz über afro-arabische Zusammenarbeit in Kairo, bei der 20 arabische und 39 afrikanische Staaten, die PLO sowie sieben afrikanische Befreiungsbewegungen vertreten waren.

Die Gipfelkonferenz verabschiedete vier Dokumente, die die Grundlagen, Ziele und Formen der afro-arabischen Kooperation detailliert festlegten. Die „Politische Erklärung" stellte als gemeinsame politische Orientierung Blockfreiheit, friedliche Koexistenz sowie den Kampf gegen Neokolonialismus, Zionismus und Rassendiskriminierung in den Vordergrund. Basis der Zusammenarbeit sollte die vereinte Unterstützung der Befreiungsbewegungen im südlichen Afrika und in Palästina sowie die politische und wirtschaftliche Isolierung der bekämpften Regime sein.

Als Beitrag zur „Beendigung der Beherrschung, Abhängigkeit und Ausbeutung" wurde mit der „Erklärung über die afro-arabische wirtschaftliche und finanzielle Zusammenarbeit" grundsätzlich eine Erhöhung der bilateralen und multilateralen arabischen Entwicklungshilfe an Afrika beschlossen. Ergänzend zu dieser allgemeinen Festlegung wurden im Verlauf der Konferenz den afrikanischen Staaten Zusagen über Entwicklungshilfeleistungen gemacht, die sich auf insgesamt 1,5 Mrd. US-$ für die nächsten fünf Jahre summierten.

Die Bereiche und die Ziele der Kooperation sowie die dafür als notwendig erachteten Maßnahmen wurden in der „Erklärung und dem Aktionsprogramm der afro-arabischen Zusammenarbeit" sehr detailliert aufgeführt. Mit dem vierten verabschiedeten Dokument wurden mehrere Institutionen zur Förderung und Koordinierung der Zusammenarbeit geschaffen, so u.a. regelmäßige Gipfelkonferenzen der Staats- und Regierungschefs sowie der Außenminister.

4. Stand der afro-arabischen Beziehungen

4.1 Politische Beziehungen

Die Kairoer Gipfelkonferenz konnte stattfinden, weil alle beteiligten Regierungen in dieser Phase bereit waren, dem Vorantreiben der afro-arabischen Kooperation Priorität vor den zahlreichen Konflikten zwischen verschiedenen Staaten innerhalb und zwischen der afrikanischen und der arabischen Region einzuräumen. Das Ausklammern von Konflikten wie denen in der Sahara (Westsahara, Tschad) und am Horn von Afrika (Eritrea, Ogaden) — um nur einige der zwischen Afrika und Arabien bestehenden Krisenherde zu nennen — führte aber auch dazu, daß von diesem Treffen keine Impulse zu ihrer friedlichen Beilegung ausgingen.

Vielmehr gingen die Konflikte weiter, eskalierten wie z.B. der Streit zwischen Äthiopien und Somalia um den Ogaden auch zum offenen Krieg. Daß trotz aller Bekenntnisse zur Souveränität und territorialen Integrität aller beteiligten Staaten arabische Regierungen sich fortgesetzt direkt oder indirekt in territoriale Konflikte innerhalb Afrikas einmischten, dämpfte das afrikanische Engagement bei der Intensivierung der Zusammenarbeit. Zum Erliegen kam die vereinbarte Institutionalisierung der Kooperation, als die arabische Seite das Nahostproblem zu einem afro-arabischen Konflikt in dem Sinne machte, daß sich die Gruppe der arabischen Staaten und die der afrikanischen Staaten (mehrheitlich) geschlossen gegenüberstanden. Die arabische Seite suchte ihre absolute Isolierung Ägyptens nach dessen Friedensvertrag mit Israel auf den Bereich der afro-arabischen Beziehungen auszudehnen, indem sie Ägypten die Mitarbeit in den neugegründeten gemeinsamen Institutionen verwehrte. Der ägyptische Außenminister war aber einer der zwölf von der OAU zu stellenden Vertreter in der Ständigen Kommission für afro-arabische Zusammenarbeit, und die afrikanischen Staaten waren nicht bereit, sich die Zusammensetzung ihrer Gremienvertreter diktieren zu lassen. Übrigens haben auch weder die Gipfelkonferenz noch der Ministerrat der OAU je dem hartnäckigen Drängen Algeriens und Libyens nach einer Verurteilung oder gar dem Ausschluß Ägyptens aus der panafrikanischen Organisation wegen dessen Verständigungspolitik mit Israel nachgegeben. Der freiwillige Rückzug Ägyptens aus der ,,Ständigen Kommission" beendete 1982 die dreijährige Zwangspause der gemeinsamen Gremien.

Obwohl in der Folgezeit die Institutionalisierung der afro-arabischen Zusammenarbeit auch wegen anderer Konflikte erneut ins Stocken geriet — 1985 z.B. verschob Libyen die fest vereinbarte zweite gemeinsame Gipfelkonferenz wegen des Streits um die Teilnahme der Demokratischen Arabischen Republik Sahara —, bleibt doch die Position der afrikanischen Gruppe bzw. einzelner afrikanischer Staaten im Nahostkonflikt bestimmend für die arabische Bereitschaft, die Zusammenarbeit fortzusetzen oder gar zu intensivieren.

Dies gilt bei zahlreichen arabischen Staaten auch für den bilateralen Bereich, wie ihre Reaktion auf die Wiederaufnahme der diplomatischen Beziehungen einzelner afrikanischer Staaten zu Israel gezeigt hat. Als 1982 Zaire und ein Jahr später Liberia diesen Schritt vollzogen, brachen sofort alle nicht-afrikanischen Mitglieder der Arabischen Liga sowie Libyen die Beziehungen ab und stellten die weitere Zahlung von Entwicklungshilfe ein.

Daß bisher (1987) nicht noch weitere Staaten Afrikas die Beziehungen zu Israel wiederaufgenommen haben, nachdem durch den israelischen Rückzug aus den besetzten ägyptischen Gebieten der Anlaß für den Abbruch der Beziehungen von 1973 entfallen ist, hat indes weniger mit arabischem Druck als mit der intensiven Kooperation zwischen Israel und dem weißen Minderheitenregime Südafrikas zu tun. Die Verurteilung dieser Zusammenarbeit hinderte Staaten wie die Elfenbeinküste, Kamerun, Kenia, Guinea und Togo allerdings nicht an einer Intensivierung der Kooperation mit Israel im wirtschaftlichen und polizeilichen bzw. militärischen Bereich. Diese Kooperation hat mitunter ein Ausmaß erreicht, das den Schritt der formellen Wiederherstellung der diplomatischen Beziehungen schon fast überflüssig erscheinen läßt.

Insgesamt erweist sich, daß der Nahostkonflikt für (fast) alle arabischen Staaten Priorität vor der Intensivierung der Zusammenarbeit mit der afrikanischen Region hat, vielen afrikanischen Staaten dagegen nach dem Friedensschluß zwischen Ägypten und Israel eine weitere Fixierung auf dieses Problem als lästige Pflichtübung, wenn nicht gar als kontraproduktiv erscheint.

Beim Ausbau des bilateralen Beziehungsnetzes zwischen den Staaten der OAU und der Arabischen Liga spielte dieses Problem keine derart dominierende Rolle. Waren die Maschen dieses Netzes zwischen den afrikanischen und den arabischen OAU-Mitgliedern schon immer relativ dicht geknüpft, ist ab 1973 ein verstärkter Ausbau zu den nicht-afrikanischen Mitgliedsstaaten der Arabischen Liga zu verzeichnen. Der Schwerpunkt der — als Indiz herangezogenen — Aufnahme diplomatischer Beziehungen lag bei dem Irak, Kuwait, Saudi-Arabien, Syrien und den VAE.

In dieser wahllos wirkenden Aufzählung schlagen sich die unterschiedlichen Motive für die Intensivierung der bilateralen Beziehungen nieder. Der Wunsch nach besseren Kontakten zu den arabischen Gebern von Entwicklungshilfe — Kuwait, Saudi-Arabien, VAE, mit Abstrichen auch dem Irak — erklärt die starke Zunahme afrikanischer Botschaften in diesen Ländern. Der Islam ist in der Außenpolitik des sich als Zentrum der Religion verstehenden Saudi-Arabien ein unübersehbarer Faktor. So sucht es ganz bewußt die Zusammenarbeit mit solchen Staaten auszubauen, die dem Islam positiv gegenüberstehen. Auch Libyen bedient sich gern des religiösen Faktors als Anknüpfungspunkt für eine Forcierung der Kooperation.

Entscheidendes Motiv scheint aber die Suche nach Verbündeten bei der Durchsetzung (außen-)politischer Ziele oder bei der Festigung einer regionalen Führungsrolle zu sein. Ägypten versucht, die Isolierung innerhalb der arabischen Region durch eine stärkere Wendung nach Afrika zu konterkarieren; Libyen trachtet nach einer Verdrängung Ägyptens wie auch der europäischen ,,Mutterländer" aus Afrika; Saudi-Arabien ist an der Schwächung des kommunistischen Einflusses in Afrika interessiert. Arabische Außenpolitik in Afrika kann augenscheinlich auch ein Instrument für die Stärkung des eigenen Verhältnisses zu den Industriestaaten sein. Die Entsendung marokkanischer Truppen und kleinerer ägyptischer Kontingente sowie die Unterstützung Saudi-Arabiens beim Zurückschlagen der Invasion Zaires durch angeblich kommunistisch gesteuerte Rebellen während der zweiten Shaba-Krise 1978 verfehlte jedenfalls seine Wirkung auf Frankreich und die USA ebensowenig wie die Rolle Libyens im Eritrea-Konflikt auf die Sowjetunion. Im Regelfall scheinen die Ansätze intensiverer Zusammenarbeit im politischen und militärischen Bereich primär Reflexe des Ost-West-Konflikts bzw. innerarabischer Divergenzen zu sein. Zur Verwirklichung der in Kairo verabschiedeten Ziele haben sie nicht beigetragen.

Im multilateralen Rahmen ist es weitgehend zur Koordinierung der ,,Tätigkeit auf internationaler Ebene, besonders bei den Vereinten Nationen, in Fragen von gemeinsamen Interesse", wie es in Punkt 17 des in Kairo verabschiedeten Aktionsprogramms heißt, gekommen. Bei der Behandlung des Nahostproblems erhielt die arabische Position bei den Debatten und Abstimmungen die Unterstützung der meisten afrikanischen Staaten; bei Verurteilungsversuchen Ägyptens allerdings verweigerte die afrikanische Seite grundsätzlich ihre Zustimmung. Die arabischen Staaten unterstützten umgekehrt die OAU-Position in der Südafrika-, Namibia-, und Rhodesien-Frage. Diese Einigung auf gemeinsame Positionen hat auch im Zusammenhang mit den Debatten über die Neue Weltwirtschaftsordnung immer reibungslos funktioniert. Diese vollzog sich allerdings im Rahmen der Gruppe der 77, und hier spielten die afro-arabischen Beziehungen keine Sonderrolle.

4.2 Wirtschaftliche Beziehungen

Der Entwicklung der Handels- und Wirtschaftsbeziehungen wurde in den von der Kairoer Gipfelkonferenz verabschiedeten Dokumenten hohe Priorität eingeräumt.

Mitte der 80er Jahre ist der Handel zwischen der arabischen und der afrikanischen Region mit einem Anteil von weniger als 1 % am gesamten Außenhandelsvolumen der jeweiligen Region jedoch nach wie vor bedeutungslos. Neben der Einfuhr von Öl, die in verstärktem Maße ohne den Umweg über Industrieländer direkt erfolgt und deren Preissteigerungen fälschlich einen Anstieg des Handelsvolumens suggerieren, werden eine Handvoll mineralischer und agrarischer Rohstoffe zwischen einer begrenzten Zahl afrikanischer und arabischer Staaten gehandelt.

Sowohl auf multilateraler Ebene durch Organisationen wie die Liga der Arabischen Staaten, OAU, Economic Commission for Africa (ECA) und African Development Bank (ADB) als auch auf zwischenstaatlicher Ebene wurden mannigfache Versuche zur Handelsförderung unternommen, sei es durch den Abbau von Handelshemmnissen, durch die Gründung von zwischenstaatlichen Handelskammern und bilateralen Wirtschaftskommissionen oder durch den Abschluß von Handelsverträgen. Doch bisher konnte trotz all dieser Anstrengungen die einseitige Ausrichtung auf die Industrieländer nicht erkennbar abgebaut werden.

Langfristig mag sich dieses Bild als Folge der Mitwirkung einiger arabischer Staaten beim Aufbau von Wirtschaftsunternehmen in zahlreichen Ländern Afrikas ändern. Dabei war die Erwartung einer lukrativen kurzfristigen Verzinsung der eingesetzten Gelder sicherlich nur ein untergeordnetes Motiv; neben der Versorgung des eigenen Marktes stand eher die Entwicklung der Wirtschaft des jeweiligen afrikanischen Partnerstaates und der für eine Intensivierung der Handelsbeziehungen notwendigen Voraussetzungen im Vordergrund.

Neben Privatunternehmen und staatlichen Stellen aus Algerien, Kuwait, Saudi-Arabien und den Vereinigten Arabischen Emiraten hat sich besonders Libyen über die Libyan Arab Foreign Bank und deren Tochtergesellschaften in dieser Weise betätigt. Bis 1980 wurden in 20 afrikanischen Staaten knapp 50 Unternehmen mit libyscher Kapitalbeteiligung gegründet, von denen allerdings nicht alle tatsächlich wirtschaftliche Aktivität entwickelt haben.

Insgesamt ist bei der Entwicklung der afro-arabischen Kooperation im Wirtschafts- und Handelsbereich ein auffällig stärkeres Engagement der nordafrikanischen Mitglieder der Arabischen Liga im Vergleich zu den anderen arabischen Staaten zu registrieren. Angesichts der geringen Zahl von Akteuren und des geringen finanziellen wie politischen Einsatzes scheint indes die angestrebte Abschwächung der ökonomischen Dominanz der westlichen Industriestaaten auch langfristig kaum erreichbar zu sein.

4.3 Zusammenarbeit durch Entwicklungshilfe

Die arabische Entwicklungshilfe an afrikanische Staaten ist unbestreitbar die wichtigste Komponente der gemeinsamen Beziehungen; einige Beobachter halten sie gar für die einzige. Selbst der einer negativen Haltung gegenüber der afro-arabischen Zusammenarbeit völlig unverdächtige Präsident der Arab Bank for Economic Development in Africa (BADEA), Chedly Ayari, kommt zu folgendem Ergebnis: „...Die arabisch-afrikanische Kooperation bleibt (bisher) einseitig und eindimensional. Dies trifft insofern zu, als sie auf simple finanzielle Transfers von den Arabern nach Afrika beschränkt wurde ungeachtet der Tatsache, daß die von der ersten arabisch-afrikanischen Gipfelkonferenz im März 1977 angenommene Charta von Kairo ein 11-Punkte-Programm gemeinsamer wirtschaftlicher Aktivitäten festlegte..." (Sylvester 1981, 12f).

Auch wenn z.B. Ägypten eine begrenzte Entwicklungshilfe durch die Entsendung von Lehrern, Ärzten und Technikern in zahlreiche afrikanische Staaten geleistet hat und selbst der Libanon und die PLO an einzelnen Projekten in Afrika mitgearbeitet haben, so ist doch im Zusammenhang mit der arabischen Entwicklungshilfe immer nur die der arabischen OPEC-Mitglieder bzw. die der mulitilateralen Institutionen, die von diesen Staaten ganz oder zum erheblichen Teil finanziert werden, gemeint. Diese sieben Ölstaaten und fünf multilateralen Fonds haben während der letzten zehn Jahre mit den nicht-arabischen OAU-Mitgliedern offizielle Entwicklungshilfeleistungen — d.h. verlorene Zuschüsse sowie langfristige Kredite mit niedriger Verzinsung — in Höhe von mehreren Milliarden US-$ vertraglich vereinbart. Das Koordinierungssekretariat des

Arab Fund for Economic and Social Development (AFESD), das im Auftrag der nationalen und multilateralen arabischen Entwicklungsinstitutionen Daten über die arabischen Leistungen zusammenstellt und veröffentlicht, nennt für den Zeitraum 1974 - 83 verbindliche Zusagen an Afrika von 7,2 Mrd. US-$. Das Development Assistance Committee (DAC) der OECD, das etwas andere Zuordnungskriterien verwendet, geht von einem Umfang der Zusagen von 4,0 Mrd. US-$, von Zahlungen in Höhe von 2,1 Mrd. US-$ zwischen 1974 und 1982 aus.

Zu dieser direkten Unterstützung der arabischen Ölstaaten an Afrika treten noch deren teilweise beträchtlichen Leistungen an multilaterale Institutionen wie den International Fund for Agricultural Development (IFAD) oder das UN Development Programm (UNDP) hinzu, die auch den afrikanischen Staaten zugute kommen.

Eine an der direkt vergebenen arabischen Entwicklungshilfe häufig geübte Kritik hebt deren praktisch ausschließliche Konzentration auf arabische bzw. islamische Staaten ab. So gingen in den 70er Jahren über 70 % der gesamten bilateralen arabischen Hilfszahlungen an Mitgliedsländer der Liga der Arabischen Staaten. Seither hat sich diese Tendenz abgeschwächt — in den Jahren zwischen 1980 und 1983 lag der Anteil nur noch bei 54 %, während der Anteil der nicht-arabischen OAU-Staaten von weniger als 2 % auf über 6 % 1982 wie auch 1983 stieg.

Innerhalb Schwarzafrikas scheint sich die einseitige Vergabepolitik durch eine Bevorzugung einiger islamisch geprägter Staaten fortzusetzen. Tatsächlich konnten die vier westafrikanischen Staaten Senegal, Mali, Guinea und Niger — alle Mitglieder der Organisation of the Islamic Conference (OIC) und der Islamic Development Bank (IsDB) — zwischen 1974 und 1982 knapp 37 % aller bilateralen arabischen Zusagen an Afrika auf sich vereinigen. Eine solche Bevorzugung bestimmter Staaten mag man bedauern — sie unterscheidet sich aber nicht von der Praxis der westlichen Industrieländer; deren vier „Spitzenreiter" erhielten im gleichen Zeitraum zusammen 35 % aller bilateralen Mittel der DAC-Mitglieder an Afrika zugesagt.

Ein Vergleich mit der französischen Praxis relativiert den impliziten Vorwurf an die arabischen Geber, durch diese Bevorzugung Einfluß kaufen oder Abhängigkeiten schaffen zu wollen: Beträgt der Anteil französischer Gelder an der gesamten empfangenen Entwicklungshilfe bei einzelnen Staaten über 50 % (Elfenbeinküste, Kongo, Zentralafrikanische Republik), ja teilweise sogar 70 % (Gabun), übersteigt der arabische Anteil nur in zwei Fällen ein Fünftel (Äquatorial-Guinea — 29 %; Komoren — 24 %) und liegt bei den oben genannten vier westafrikanischen Staaten zwischen 6 und 11 %. Bei einer genaueren Analyse schält sich eine ganz andere Kategorie „bevorzugter Staaten" arabischer Entwicklungshilfe heraus — jene Staaten, die erst nach der Institutionalisierung der afro-arabischen Kooperation ihre nominelle Unabhängigkeit erhielten wie Angola, Moçambique und Zimbabwe. Diesen Staaten wurden innerhalb eines kurzen Zeitraums nach der Erlangung der Souveränität unabhängig von ihrer politischen Orientierung nennenswerte Beträge zur Verfügung gestellt.

Bedurften die einzelnen arabischen Regierungen bzw. nationalen Entwicklungsfonds bei der Vergabe von Entwicklungshilfe einer gewissen Anlaufphase bis zur ganz Afrika umfassenden Ausdehnung ihres Aktionsfeldes, wurden die Mittel der multilateralen arabischen Einrichtungen schon von Beginn gleichmäßiger verteilt. Bei der Vergabe von Mitteln zur Förderung konkreter Entwicklungsprojekte leisteten sie häufig bewußt Vorreiterfunktion für die bilateralen Organisationen.

Zugesagt wurde die arabische Hilfe entweder zur Finanzierung konkreter Entwicklungsprojekte, als technische Hilfe oder als allgemeiner Etatzuschuß. Knapp ein Fünftel der gesamten arabischen Zusagen an Afrika bis 1983 erfolgte für den letztgenannten Zweck; es stammte vom Special Arab Aid Fund for Africa (SAAFA) sowie vom OPEC Fund for International Development.

Die Finanzierung von Projekten diente vorrangig der Entwicklung der Infrastruktur (28 %) sowie der Förderung der Agrarproduktion (19 %), der auch ein Teil der mit 9 % geförderten Projekte im Bereich Bauwesen, Be- und Entwässerung zugute kamen. Auf Projekte im nicht-agrarischen Produktionsbereich (Handwerk, Industrie, Bergbau) entfielen nur 9 %.

In einem sehr hohen Maße wird die arabische Projekthilfe für kapitalintensive Vorhaben vergeben, an deren Finanzierung sich auch andere Institutionen beteiligen. So finanzierte z.B. die BADEA von ihren seit der Gründung bis Ende 1984 bewilligten 87 Projekten nur sieben allein. Diese Politik versetzte die relativ jungen arabischen Einrichtungen in die Lage, ohne große Anlaufschwierigkeiten einen effektiven Beitrag zu leisten und die Erfahrung älterer Organisationen zu nutzen. Andererseits bedeutete dies aber, daß die arabische Hilfe nach den gleichen Kriterien vergeben wird, die die westlichen Industriestaaten bzw. die von ihnen dominierten internationalen Einrichtungen anlegen. Sie ist daher kein Korrektiv der westlichen Hilfe, sondern nur eine quantitative Ergänzung.

Ein entscheidender Unterschied zur westlichen Entwicklungshilfe besteht in dem Fehlen einer expliziten oder unausgesprochenen Lieferbindung. Das Empfängerland hat bei der Verwendung der arabischen Hilfe die Freiheit, Aufträge an die ihm optimal erscheinenden Anbieter zu vergeben. Diese Freiheit wird allerdings dahingehend eingeschränkt, daß die Boykottbeschlüsse gegen Südafrika und Israel zu beachten sind. Verschiedene arabische Gremien beschlossen wiederholt die sofortige Einstellung aller arabischen Hilfe an jeden afrikanischen Staat, der die diplomatischen Beziehungen zu Israel beibehalten oder wiederherstellen sollte; entsprechende Maßnahmen wurden sowohl 1974 gegen Malawi als auch gegen Zaire 1982 ergriffen. Gegenüber Staaten außerhalb Afrikas mit Beziehungen zu Israel (z.B. Thailand, Südkorea) wurde ein solches Verfahren interessanterweise nie praktiziert.

Ansonsten sind die Konditionen der arabischen Hilfe üblicherweise etwas härter als die der westlichen Industriestaaten, sei es, daß eine kürzere Tilgungszeit vereinbart wurde, sei es, daß eine höhere Verzinsung vorgesehen ist. Insgesamt ist aber das „Zuschußelement" im Vergleich zu den marktüblichen Konditionen immer noch erheblich. Zudem differieren die Konditionen erheblich je nach Geber, Empfänger und Projekt; ein Kredit für Agrarentwicklungsmaßnahmen beispielsweise ist meist zinsgünstiger als einer für die Errichtung eines Industriebetriebes.

Literatur:

Kühlen, C. u. Baumgarten, O. 1980: Die afro-arabischen Beziehungen. Zusammenarbeit und Probleme, Ebenhausen.

Merz, R.A. u. MacDonald Merz, P. 1983: Arab Aid to Sub-Saharan Africa, München, Mainz.

Neitzel, H. u. Nötzel, R. 1979: Afrika und die arabischen Staaten. Dokumentation zur Entwicklung der politischen und wirtschaftlichen Beziehungen seit 1973, Hamburg.

ders. 1983: Afro-arabische Beziehungen, in: Matthies, V. (Hrsg.): Süd-Süd-Beziehungen, München, 393-422.

OECD 1983: Aid from OPEC Countries, Paris.

Sylvester, A. 1981: Arabs and Africans. Co-operation for development, London.

V. Asien und der Nahe und Mittlere Osten

Udo Steinbach/Aziz Alkazaz

1. Vorbemerkung

Das Schwergewicht der Beziehungen des Nahen und Mittleren Ostens zum Fernen Osten liegt auf der Volksrepublik China, Japan, den Mitgliedsländern der Association of Southeast Asian Nations (ASEAN) sowie Indien. Der pazifische Raum, vornehmlich Australien und Neuseeland, ist demgegenüber von nur marginaler Bedeutung. Im politischen Bereich hebt sich naturgemäß die Volksrepublik China, im wirtschaftlichen Japan heraus. Indien dürfte in Zukunft eine wachsende Bedeutung erlangen.

2. Die Volksrepublik China

Der Nahe und Mittlere Osten hat für die Außenpolitik der VR China seit Mitte der 50er Jahre einen erheblichen Stellenwert gehabt. Im anti-imperialistischen Kampf wurden hier Erfolge errungen, die — wie die Politik Nassers (Jamāl ʿAbd an-Nāṣir) — weltweite Ausstrahlung hatten; die im Kampf der Front de Libération Nationale (FLN) errungene Unabhängigkeit Algeriens bedeutete ein Fanal für ähnliche Bewegungen in den folgenden Jahren; und mit der Nationalisierung der Erdölressourcen durch die arabischen Produzenten in der ersten Hälfte der 70er Jahre wurden die letzten der von den Kolonialmächten angelegten Fesseln abgeworfen. So schien sich im Nahen und Mittleren Osten der Optimismus Maos zu bestätigen, daß der vollständige Zusammenbruch des Kolonialismus, Imperialismus und aller Ausbeutungssysteme sowie die vollständige Befreiung aller ausgebeuteten Völker und Nationen nicht weit entfernt seien.

Darüber hinaus ließ die Kette von Revolutionen und andauernden sozialen Spannungen eine baldige umfassende sozialistische Umgestaltung erwarten. Schließlich stellte der Nahe und Mittlere Osten mit seinen Ölreserven eine Region von hervorragender weltwirtschaftlicher und mit seiner geostrategischen Lage von weltpolitischer Bedeutung im Kampf der Supermächte untereinander oder gegen sie sowie ein Sprungbrett nach Afrika dar.

Die Übernahme der Macht durch die „revolutionären Demokraten" in einer Anzahl arabischer Staaten bot auch Peking im Gefolge der sowjetischen Politik den Einstieg in den arabischen Raum. Der Begegnung zwischen Nasser und Zhou Enlai am Rande der Konferenz von Bandung (1955) folgten rasch die Anknüpfung von Handelsbeziehungen und im Mai 1956 der diplomatischen Beziehungen.

Die ägyptisch-chinesischen Beziehungen, die ihren äußeren Höhepunkt im Besuch Zhou Enlais in Kairo (Dezember 1963) erfuhren, sind durch ein Auf und Ab gekennzeichnet, das zum Teil das Dilemma der VR China im Nahen und Mittleren Osten widerspiegelt. So wurden die Verfolgungen der Kommunisten durch Nasser von den Chinesen scharf mißbilligt, und 1959 kam es darüber zur ersten schweren Krise der Beziehungen. Der offene Konflikt brach schließlich über der Frage der sowjetischen Teilnahme an der für 1965 in Algier geplanten afro-asiatischen Gipfelkonferenz, der sich China widersetzte, aus. Die Verschlechterung der Beziehungen endete in der Abberufung des chinesischen Botschafters aus Kairo auf ägyptisches Verlangen im Dezember 1965.

Tatsächlich war die materielle Unterstützung — und dies ist ein weiteres Dilemma Pekings in der Region — für Ägypten marginal. Weder kam es im militärischen Bereich trotz chinesischer Versprechungen zu nennenswerter Hilfe noch nahmen die wirtschaftlichen Beziehungen (Handelsaustausch oder chinesische Hilfe) einen für Ägypten erheblichen Umfang an. Immerhin war Ägypten das Zugpferd, durch das die VR China auch zu anderen Kräften und Staaten Beziehungen knüpfen konnte.

Die rückhaltlose Unterstützung der arabischen Sache gegen Israel war ein wichtiges Element der chinesischen Politik im Nahen Osten; hinzu kam die ebenso vorbehaltlose Unterstützung der afrikanisch-arabischen Befreiungsbewegungen. In diesem Sinne engagierte sich Peking seit der Mitte der 50er Jahre materiell und ideell auf seiten der FLN, anerkannte die Provisorische Regierung der Republik Algerien, nahm im September 1962 diplomatische Beziehungen mit dem unabhängigen Algerien auf. Mit dem Beginn der Auseinandersetzungen zwischen China und der Sowjetunion — auch über außenpolitische Fragen — wurde die Algerienfrage Gegenstand von Differenzen zwischen Peking und Moskau. Bald nach dem Sturz Ahmed Ben Bellas (Herbst 1965) begann die Sowjetunion, einen dominierenden Einfluß geltend zu machen und Chinas Rolle auf ein eher bescheidenes Maß zu reduzieren. Einmal mehr war die VR China im Wettbewerb mit der Sowjetunion mangels wirksamer Präsenz unterlegen. Während die Beziehungen mit den etablierten Nahoststaaten während der Kulturrevolution seit 1966 stagnierten, hatte Peking auf der Basis der Annahme, daß inzwischen die Befreiungsbewegungen zur Hauptkraft der Weltrevolution geworden seien, seine Unterstützung auf die 1964 gegründete Palestine Liberation Organization (PLO) sowie auf die im Süden der Arabischen Halbinsel operierende People's Front for the Liberation of Oman and the Arabian Gulf (PFLOAG) konzentriert. Insbesondere die PLO, die bereits 1965 eine Delegation nach Peking entsandte und dort eine Vertretung einrichtete, wurde zum wichtigen Vehikel der Politik Pekings. Insgesamt freilich hat die VR China bis zu ihrem Wiedereintritt in die Weltpolitik zu Beginn der 70er Jahre im Nahen und Mittleren Osten eher eine marginale Rolle gespielt.

Der Einstieg Pekings nach dem Ende der Kulturrevolution bedeutete zugleich eine Neuorientierung der Nah- und Mittelostpolitik der Volksrepublik. Der Kreis der diplomatischen Vertretungen wurde ausgedehnt — von Gewicht waren nunmehr auch Staaten wie Iran, die Türkei und Pakistan. Signifikant für die Änderung in der chinesischen Nah- und Mittelostpolitik wurde die Aufnahme diplomatischer Beziehungen zu Jordanien (1977) und dem Sultanat Oman (1978): Noch wenige Jahre zuvor hatte Peking die PFLOAG, die zum Sturz des Sultans von Oman aufrief, und die PLO in ihrem Kampf gegen König Hussein (Ḥusain) unterstützt und Husseins Palästinaplan eines „Vereinigten Arabischen Königreiches" (1972) als „Komplott" abgelehnt.

Die verbesserte Position Pekings im Nahen und Mittleren Osten war einer doppelten Wendung zuzuschreiben: Spätestens seit dem IX. Parteitag der KPCh (April 1969) war es offizielle Lehrmeinung, daß die Sowjetunion neben den USA gleichrangig als imperialistischer Hauptfeind rangiere. In einem zweiten Schritt, der sich zu Beginn der 70er Jahre vollzog, wurden zudem Differenzierungen in der Einschätzung der beiden Supermächte vorgenommen: Während es mit dem US-Imperialismus bergab gehe, wurden die Sowjetunion und ihr „Sozial-Imperialismus" in Europa und in der Dritten Welt als die aggressivere und gefährlichere der beiden Mächte hingestellt. Nicht zuletzt aber hat die VR China auch von den Rückschlägen der Sowjetunion (z.B. in Ägypten und im Sudan) profitiert. Die Aufnahme Pekings in die Vereinten Nationen (1971) und der Besuch des amerikanischen Präsidenten Nixon in Peking (1972) machten die VR China zu einem im Prinzip wichtigen Faktor in der Außenpolitik der Nah- und Mitteloststaaten, die die Großmächte ihren nationalen Zielen nutzbar zu machen suchten, ohne zugleich in politische oder wirtschaftliche Abhängigkeit von ihnen zu geraten.

Einen sichtbaren Schwerpunkt ihrer Bemühungen hat die VR China am Arabisch-Persischen Golf gesetzt. Diese Region ist nicht nur der Sowjetunion geographisch sehr nah und in sich instabil, sondern hier steht mit dem Erdöl auch ein für den Westen und das globale Gleichgewicht relevanter Bereich auf dem Spiel. Peking gelang es bereits 1971, mit Iran und Kuwait diplomatische Beziehungen herzustellen und Wirtschaftsbeziehungen aufzunehmen. Diese Schritte waren von einigen signifikanten politischen Maßnahmen und Stellungnahmen begleitet, die — *mutatis mutandis* — charakteristisch für Pekings Nah- und Mittelostpolitik wurden:

— Der Schah von Iran sowie andere traditionalistische und konservative Regime im Nahen und Mittleren Osten wurden nicht nur akzeptiert, sondern umworben.
— Damit war eine Änderung der Haltung Pekings gegenüber den Befreiungsbewegungen verbunden, soweit deren Stoßrichtung gegen bestehende Regime gerichtet war oder die Interessen von Staaten, auf deren gute Beziehungen Peking bedacht war, gefährdete. So wurde die Hilfe an die PFLOAG eingestellt, als Peking Iran als Garanten regionaler Stabilität in den Mittelpunkt seiner Golfpolitik stellte. Die Unterstützung der PLO wurde von einer Unterstützung um jeden Preis auf einen Beistand gegen die „zionistische Aggression" modifiziert und gilt nunmehr der „arabischen Sache" insgesamt, soweit diese in einem Rückzug Israels aus den besetzten Gebieten als Voraussetzung für eine friedliche Lösung liegt.
— Peking hat sich zum Advokaten der Aufrechterhaltung regionaler Stabilität und Sicherheit durch die Regionalmächte selbst gemacht. Zum einen hat es — auch über den Sturz des Schah-Regimes hinaus — zur Aufrüstung Irans beigetragen; zum anderen hat es die vorrevolutionären iranischen Bemühungen um den Aufbau eines Sicherheitssystems mit den Golfanrainern gutgeheißen. Unter diesem Aspekt ist China auch für eine Stärkung des — 1979 aufgekündigten — CENTO-Pakts eingetreten. In Verfolgung der Logik dieser Politik hat Peking u.a. das iranisch-irakische Abkommen vom März 1975 als für die regionale Stabilität wichtig und als Voraussetzung für eine Nichteinmischung der Supermächte in die Angelegenheiten dieser Staaten begrüßt. Ohne Zweifel spielte Iran unter dem Schah eine Schlüsselrolle in dem sicherheitspolitischen Arrangement Pekings in der Golfregion.
— Die neue Strategie Pekings führte zu einem *renversement des alliances.* Die Einstellung der Unterstützung der Befreiungsbewegungen auf der Arabischen Halbinsel seit etwa 1973 hatte einen Abbau der indirekten Konfrontation mit den konservativen Staaten dort zur Folge.

Die Änderung des chinesischen Kurses hat auch die Haltung Chinas zum Nahostkonflikt nicht unberührt gelassen. Zwar hatte am Anfang der chinesischen Nahostpolitik ein kurzer Flirt mit Israel gestanden: Israel war der erste Staat des Nahen Ostens, der (am 6. 1. 1950) die Volksrepublik anerkannte. Mao Zedong reagierte damals mit einer Dankesbotschaft, und noch 1955 erklärte der damalige stellvertretende Handelsminister Li Renmin anläßlich des Besuchs einer israelischen Delegation in Peking, daß „das chinesische Volk und seine Regierung große Freunde des israelischen Volkes" seien. Die Veränderung der internationalen Konstellation im Nahen Osten durch die Annäherung Nassers an die Sowjetunion führte aber zu einer raschen Wandlung und ließ die VR China an die Seite der Gegner des Staates Israel treten. Insbesondere in der Allianz mit der PLO machte sich Peking auch das Ziel der Zerschlagung Israels zu eigen, und es war gerade die Mäßigung der Politik Nassers nach der Niederlage von 1967 (Annahme der UN-Resolution 242 und des Rogers-Planes), die zu einer weiteren Abkühlung der ägyptisch-chinesischen Beziehungen beitrug.

Zwar hat sich in den 70er Jahren nichts an der Unterstützung der VR China für die arabische Sache geändert; aber alles in allem geht Peking heute doch von der Anerkennung der Realität der Existenz des Staates Israel aus. Mehr noch, anders als die Sowjetunion, die in einem positiven Ergebnis der direkten ägyptisch-israelischen Friedensverhandlungen eine Gefahr für ihre eigene Position im Nahen Osten sah, stand Peking diesen wohlwollend gegenüber. Die Festigung der regionalen Stabilität nach einem möglichen arabisch-israelischen Friedensschluß und der amerikanischen Position in der Region mußte in Pekings Einschätzung ihre Abwehrkraft gegen den sowjetischen Imperialismus erhöhen. Das Dilemma der arabischen Spaltung nach den Verhandlungen von Camp David, das in der Konferenz der ,,Ablehnungsstaaten" in Bagdad (Anfang November 1978) so deutlich hervorgetreten war, hat Peking herunterzuspielen gesucht. Vielmehr wurde auch hier der ,,Schwarze Peter" Moskau zugeschoben, das die ,,natürlichen Meinungsverschiedenheiten" zuzuspitzen und sich nach dem Motto *divide et impera* für eigene Interessen nutzbar zu machen gesucht habe.

Die Veränderungen in der Region Ende der 70er/Anfang der 80er Jahre haben die chinesische Nah- und Mittelostpolitik nicht unberührt gelassen. Mit dem Zusammenbruch des Schah-Regimes war auch ein Pfeiler chinesischer Golfpolitik zusammengebrochen. Zwar gelang es Peking bereits 1979 mit den neuen Machthabern u.a. dadurch in Kontakt zu treten, daß sich Parteichef Hua Guofeng bei Khomeini (Rūḥullāh Khumainī) für seinen Besuch beim Schah im August 1978 entschuldigte. Die Geiselnahme amerikanischer Botschaftsangehöriger aber, die das neue Regime zu einer Annäherung an die Sowjetunion zwang, mußte in Peking Besorgnis hervorrufen. Es hat deshalb die iranische und amerikanische Seite zu Zurückhaltung und zu einer Beilegung der Krise gemäß den ,,Regeln der Diplomatie" aufgefordert.

Auch der Ausbruch des iranisch-irakischen Kriegs ist dem chinesischen Interesse an einer stabilen Golfregion zuwider gelaufen. Zwar hat die chinesische Führung immer wieder ihre Neutralität betont und dies durch diplomatische Initiativen in beide Richtungen unterstrichen. Auf der anderen Seite sind aber Berichte nicht verstummt, daß Peking — wenn auch zunächst in geringen Mengen — Waffen an die beiden kriegführenden Parteien geliefert habe. Erst anläßlich des Besuchs des Präsidenten des iranischen Parlaments, Rafsandjani (Rāfsānjānī), im Juni 1985 scheinen umfangreichere Waffenlieferungen vorbereitet worden zu sein. 1986 soll die Volksrepublik schließlich zum größten Waffenlieferanten Irans aufgerückt sein. Die vereinbarten Lieferungen umfaßten auch schweres Gerät wie Flugzeuge, Panzer, Artillerie und Boden-Luft-Raketen.

Neben dem Golf ist Afghanistan ein Punkt besonderer chinesischer Besorgnis gewesen. Zwar hatte die Volksrepublik das revolutionäre Regime 1978 anerkannt, jedoch den Widerstand in dem Maße zu unterstützen begonnen, in dem sich sowjetische zivile und militärische Berater in Afghanistan engagierten. Dem im Oktober 1979 in Kabul an die Macht gekommenen Regime von Amin (Ḥāfiẓ Allāh Amīn) versagte es die Anerkennung ebenso wie der Regierung Babrak Karmal, die einige Monate später im Schutz sowjetischer Besatzungtruppen an die Macht gebracht wurde. Peking verurteilte den Einmarsch sowjetischer Truppen und wies die von Moskau gegebenen Rechtfertigungsgründe zurück. Da das Regime Karmal/Najibullah (Najīb Allāh, seit 1986) nach chinesischer Auffassung keinerlei Legitimität aufweisen und damit auch nicht das afghanische Volk ansprechen konnte, ist der in Moskau unterzeichnete Vertrag, der die zeitweilige Stationierung sowjetischer Truppen auf afghanischem Territorium völkerrechtlich regelt, nach chinesischer Auffassung illegitim. China hat den Widerstand mit erheblichen Mitteln, wenn auch diskret, unterstützt.

Mit dem Abschluß des Abkommens von Camp David und namentlich des ägyptisch-israelischen Friedensvertrages haben sich — zum dritten — Möglichkeiten einer Kurskorrektur im israelisch-arabischen Konflikt ergeben. Peking hat den von Präsident Sadat (Anwar as-Sādāt) eingeschlagenen Kurs direkter Verhandlungen mit Israel gebilligt, aber immer wieder auf eine gerechte Lösung des palästinensischen Problems gedrängt. Als Voraussetzung dazu wurde gefordert, die Araber möchten ihre Differenzen überwinden und sich auf einen einheitlichen Standpunkt festlegen. Die hohe Wertschätzung von Sadat, die sich in aufrichtigen Beileidsbekundungen seitens der chinesischen Regierung bei seiner Ermordung (Oktober 1981) ausdrückte, wurde auch auf seinen Nachfolger Mubarak (Ḥusnī Mubārak) übertragen, der 1983 als erstes ägyptisches Staatsoberhaupt Peking besuchte. Während in den Gesprächen weitgehende Übereinstimmung der ägyptischen und chinesischen Standpunkte zum Ausdruck kam, ging die chinesische Führung mit Israel rhetorisch noch immer hart ins Gericht. So verurteilte Ministerpräsident Zhao Ziyang Israels Politik der Aggression und Expansion und unterstützte den Kampf der arabischen und palästinensischen Völker für die Rückgewinnung ihrer verlorenen Gebiete und die Wiederherstellung ihrer nationalen Rechte. Dem großen politischen Interesse an engeren Beziehungen entsprach die materielle Zusammenarbeit indes nur bedingt. Sie konzentrierte sich auf den militärischen Bereich, in dem eine gewisse Komplementarität dadurch gegeben war, daß sowohl die ägyptische als auch die chinesische Armee in ihrer Grundausrüstung sowjetisch bestimmt sind. Wiederholt ist es zu umfangreichen Lieferungen von chinesischen Flugzeugen und Ersatzteilen an Ägypten gekommen.

Es sind die Beziehungen mit Israel gewesen, die sich im Rahmen der Nah- und Mittelostpolitik der VR China am deutlichsten verändert haben. Obwohl keine diplomatischen Beziehungen zwischen beiden Ländern bestehen und die chinesische Rhetorik noch immer feindselig klingt, ist nicht zu übersehen, daß sich das Klima in den Beziehungen seit 1979 (auch vorher hatte es diplomatische Kontakte gegeben) zu ändern begonnen hatte. Mit der Öffnung gegenüber den USA und angesichts eines ausgeprägten Interesses, die Ausdehnung des sowjetischen Einflusses in der Region zu verhindern, hatte Peking begonnen, den Stellenwert Israels in seiner Nahostpolitik zu überdenken. Obwohl von beiden Seiten mit äußerster Diskretion umgeben, ergab sich eine Zusammenarbeit, die sich in dem Maße vertiefte, in dem Peking seine Wirtschaft zu öffnen und zu modernisieren begann. Die Schwerpunkte dieser Zusammenarbeit liegen — im zivilen Bereich — bei der Landwirtschaft und der Lieferung technologisch hochwertiger Güter durch Israel. Daneben bildet der militärische Bereich eine mindestens gleichgewichtige Komponente der Kooperation. Neben technologisch hochentwickelten Gütern aus Israels eigener Rüstungsproduktion ist Peking auch daran interessiert, Israels Erfahrungen mit der Weiterentwicklung (erbeuteter) sowjetischer Waffensysteme zu nutzen.

Auf eine diskrete und pragmatische Weise ist die VR China Mitte der 80er Jahre im Nahen und Mittleren Osten präsent. Dahinter läßt sich noch immer das Bemühen, die Sowjetunion aus der Region herauszuhalten als vorrangiges Ziel erkennen. Doch fällt es 1987 schwer, eine konsistente Politik gegenüber der Region als ganzer auszumachen. Geheimhaltung umgibt viele der Schritte Pekings, die — namentlich auf dem militärischen Sektor — kaum anders denn als pragmatisch oder opportunistisch bezeichnet werden können. Hier und da werden Widersprüche offenkundig: Dies gilt für die Waffenlieferungen an Iran im Hinblick auf die Beziehungen zum Irak ebenso wie für die Zusammenarbeit mit Israel vor dem Hintergrund der chinesischen Forderung nach einer gerechten Lösung der palästinensischen Frage.

3. Japan

Während sich die VR China schwer tut, ihr erhebliches politisches Interesse am Nahen und Mittleren Osten durch eine angemessene wirtschaftliche Zusammenarbeit zu ergänzen, stehen die Beziehungen Japans, der zweiten Großmacht in Asien, zu dieser Region nahezu ausschließlich unter wirtschaftlichen Vorzeichen. Während der Umfang der Wirtschaftsbeziehungen Japan als einen wirtschaftlichen Riesen erscheinen läßt, stellt es sich politisch als ein Zwerg dar. Da auf die Wirtschaftsbeziehungen im vierten Teil, VI. Beitrag ausführlich eingegangen wird, sollen an dieser Stelle lediglich einige zusammenfassende Bemerkungen über die — nicht sehr signifikante — politische Dimension der Beziehungen gemacht werden.

Japan kann auf keine größere Tradition, die das Land mit dem Nahen und Mittleren Osten verbunden hätte, zurückblicken. Auch die Abhängigkeit vom Erdöl, die bereits vor 1973 gegeben war, hatte das Interesse der Japaner an der Region solange nicht geweckt, wie der begehrte Rohstoff nach Mengen und Preisen problemlos zu beziehen war. Erst mit dem Ölpreisschock von 1973/74 wurde sich Japan des politischen Eigenlebens des Nahen und Mittleren Ostens bewußt.

Die islamische Revolution in Iran und der Ausbruch des Golfkriegs im September 1980 — Ereignisse, die Japan berührten, da sie seine Wirtschaftsbeziehungen mit den beiden kriegführenden Ländern, insbesondere auch von Japan durchgeführte Projekte, beeinträchtigten — haben die Sensibilität weiter wachsen lassen.

Die japanischen Medien haben 1973 „das Jahr eins des Nahen Ostens“ genannt, da es die Regierung in Tokio zum erstenmal mit der Notwendigkeit konfrontierte, eine konsistente Nahostpolitik zu konzipieren und zu verfolgen. Diese hat sich im wesentlichen darauf beschränkt, im israelisch-arabischen Konflikt Stellung zu beziehen. Dabei wurde freilich der generelle Rahmen der westlichen Nahostpolitik nicht verlassen: Ausgehend von der Resolution 242 des UN-Sicherheitsrates forderte Japan den vollständigen Rückzug Israels von den 1967 besetzten Gebieten und die Anerkennung des Selbstbestimmungsrechts der Palästinenser. Dies sind freilich Erklärungen geblieben, die kaum politische Prüfungen zu bestehen hatten. In den kritischen Augenblicken der Nahostpolitik seit dem Abschluß der Camp-David-Abkommen hat die Reaktion Tokios immer wieder einen Kompromiß zwischen dem Entgegenkommen an die arabische Seite auf der einen und der engen Verbundenheit mit den USA auf der anderen Seite gesucht. Dies bedeutete zugleich die Wahrung guter Beziehungen zu Israel.

In Zeiten aktueller Krisen beschränkte sich die japanische Nahost-Diplomatie auf Besuche von Regierungsvertretern in den arabischen Hauptstädten sowie auf das Angebot von Entwicklungshilfe an kapitalarme Länder. Das war z.B. 1974 der Fall, als japanische Sonderbotschafter in Ägypten, Syrien, Jordanien, Sudan, Algerien und Marokko politische und wirtschaftliche Gespräche führten und dabei erhebliche Finanzhilfezusagen machten. Ihre Summe erreichte Mitte 1974 rund 563 Mio. US-$ und umfaßte u.a. einen Beitrag zum Ausbau des Suezkanals. Auch in den Krisen am Golf, d.h. beim Sturz des Schahs in Iran und der Geiselnahme amerikanischer Diplomaten (November 1979) sowie beim Ausbruch des iranisch-irakischen Kriegs war die japanische Reaktion wesentlich durch das Ziel, Wirtschaftsinteressen zu wahren (d.h. namentlich die Ölversorgung zu sichern), bestimmt.

4. ASEAN und *Newly Industrializing Countries*

Auch die Beziehungen der nah- und mittelöstlichen Region zu den anderen Teilen Asiens und des pazifischen Raumes sind vornehmlich wirtschaftlicher Natur. Unter ihnen verdienen die sechs ASEAN-Länder (Indonesien, Malaysia, Singapur, Philippinen, Thailand, Brunei) aus einer Reihe von Gründen besondere Aufmerksamkeit:

— Wegen ihrer geographischen Lage und langen Handelstradition sind sie den Arabern in besonderem Maße vertraut.
— Im Zuge der jahrhundertelangen Handelsverbindungen verbreitete sich der Islam in weiten Teilen dieser Region. Heute ist die jährliche Pilgerfahrt zahlreicher Südostasiaten nach Mekka und Medina ein wichtiger Berührungspunkt.
— Beide Regionen teilen die Erfahrung der Kolonisierung durch z.T. dieselben europäischen Mächte. Seit Gewinnung der Unabhängigkeit haben beide Regionen in der Sicherung der Seewege für die Tanker- und Handelsschiffahrt ein gemeinsames strategisches Interesse.
— Westasien und Südostasien sind in mancher Hinsicht komplementär. Das zeigt sich u.a. an den Möglichkeiten der technologischen Zusammenarbeit und an der Wanderung zahlreicher qualifizierter südostasiatischer Arbeitskräfte in die Golfregion.
— Im Energiebereich kooperieren die Ölexport- und Ölimportländer innerhalb ASEAN mit den arabischen Ölproduzenten. Dabei liegen die Wirtschaftsbeziehungen der arabischen Länder zu

den Mitgliedern von ASEAN und den sogenannten *Newly Industrializing Countries* (NIC), Südkorea, Hongkong und Taiwan, in erster Linie im Warenaustausch und im Bankensektor. Im Zeitraum 1979 - 85 lag das Handelsvolumen der ostarabischen Länder (und Irans) mit Asien erheblich über dem kombinierten Handelsvolumen mit Lateinamerika und Afrika. Der arabische Export, der vorwiegend aus Rohöl und -produkten sowie petrochemischen Erzeugnissen bestand, ging hauptsächlich nach Singapur, Südkorea, Philippinen, Thailand und Malaysia. Demgegenüber waren Südkorea, Singapur und Hongkong die größten Lieferanten. Die Warenpalette reichte von Nahrungsmitteln und Getränken über Baustoffe, Bekleidung, Plastikspielzeug bis zu Schiffen, Elektroartikeln und anderen Industrieerzeugnissen.

Für die Entwicklung der Beziehungen im Bankensektor (Geld und Kredit) wurden die institutionellen Grundlagen in der zweiten Hälfte der 70er Jahre gelegt, als die Araber auf der Suche nach geeigneten Investitionsmöglichkeiten für ihre Petrodollarüberschüsse waren. Innerhalb weniger Jahre etablierten sich rund 40 arabische Banken entlang den traditionellen Handelswegen Pakistan—Indien—Singapur—Hongkong—Japan (Stand 1984). Dabei bildeten Hongkong und Singapur deutliche Schwerpunkte. Während in Hongkong elf Banken tätig waren, deren Geschäftsschwerpunkt in der Handelsfinanzierung lag (mit einem Anteil von 5 % am Geschäftsvolumen aller Hongkong-Banken), standen bei den acht arabischen Banken in Singapur Projektfinanzierung und Geldhandel (sowie das Immobilien- und Interbankengeschäft) im Vordergrund (mit einem Anteil von 15 % (1983) am Volumen der Geldmarkt-Transaktionen in Singapur).

5. Australien

Naturgemäß ist auch im Falle Australiens (und erst recht Neuseelands) die politische Komponente in den Beziehungen zur nah- und mittelöstlichen Region nahezu insignifikant. Der Kontinent verhält sich zu den Konflikten distanziert und ist auf Ausgewogenheit bedacht. Im Hinblick auf eine Lösung des Nahostkonflikts tritt Canberra für sichere und anerkannte Grenzen Israels ein und plädiert andererseits für die Verwirklichung des Selbstbestimmungsrechts des palästinensischen Volkes einschließlich seines Rechts auf einen eigenen Staat; die PLO soll an allen internationalen Konferenzen über das Palästinaproblem beteiligt werden. Australien ist (1987) an der Multilateral Force of Observers (MFO) im Sinai beteiligt.

Im Rahmen der Wirtschaftsbeziehungen führt Australien, das seinen Bedarf nicht vollständig aus eigener Produktion decken kann, Rohöl und -produkte aus der Golfregion (und Algerien) ein und exportiert vornehmlich Grundnahrungsmittel (u.a. Getreide, Fleisch, lebende Schafe) sowie einige Mineralien (Tonerde, Kohle, Kupfer). Bei einer Reihe seiner Produkte steht es freilich in Konkurrenz mit anderen Handelspartnern der Region (vornehmlich USA und EG) und hat Mühe, seine Marktanteile zu behaupten.

6. Indien

Für die Entwicklung der Beziehungen der Nah- und Mitteloststaaten zu Indien war in den vergangenen anderthalb Jahrzehnten die Wirtschaft ebenfalls ein bedeutender Faktor. Stärker freilich als bei den meisten der genannten asiatischen Staaten — und hierin der VR China vergleichbar — haben die Beziehungen auch eine politische Komponente gehabt.

In den Wirtschaftsbeziehungen spielt das Öl eine eher untergeordnete Rolle, da Indien nur etwa ein Viertel seines Ölbedarfs einführt (davon etwa 50 % aus der Golfregion mit Saudi-Arabien an der Spitze). Eine höhere Abhängigkeit (allerdings tendenziell abnehmend) besteht bei petrochemischen Produkten, vornehmlich Düngemitteln. Der Handel wird zum Teil auf Barter-Basis abgewickelt, wobei von indischer Seite namentlich landwirtschaftliche Produkte angeboten werden. Bemerkenswert sind daneben die Tätigkeit indischer Baufirmen vor allem am Golf, arabische Direktinvestitionen (Petrochemie, Zement, Papier, Eisen und Stahl) in Indien, die Beschäftigung zahlreicher indischer Hochschullehrer nicht nur an arabischen Universitäten und Forschungsinstituten, sondern auch in der praktischen technologischen Zusammenarbeit, sowie nicht zuletzt der Export von Arbeitskräften. Die Überweisungen der Fremdarbeiter stellen ein wichtiges Element beim Ausgleich der Zahlungsbilanz dar. Sie haben 1983/84 27 % der gesamten Exporterlöse Indiens ausgemacht, stellten also die größte Devisenquelle des Landes dar.

Die politischen Beziehungen des unabhängigen Indien zur Region Naher und Mittlerer Osten gehen auf die Mitgliedschaft in dem United Nations Special Committee on Palestine (UNSCOP) zurück, in dem es sich — zusammen mit Iran und Jugoslawien — in einem Minderheitsvotum gegen die Teilung Palästinas aussprach. Die Teilung des indischen Subkontinents vom August 1947 hatte Indiens Sensibilität in dieser Frage erhöht. Die Verurteilung auswärtiger Einmischung in die inneren Angelegenheiten arabischer Staaten ist ein roter Faden indischer Nah- und Mittelostpolitik: Dies gilt für die Kette von Kriegen und Konflikten von der Suez-Intervention (1956) über die Nahostkriege von 1967 und 1973 bis zur israelischen Invasion im Libanon (1982). Die Einmischung in die Bemühungen um die Verstaatlichung des Öls in Iran unter Mossadeq (Muhammad Muṣaddiq), die Gründung des Bagdad-Pakts, die Eisenhower- und Carter-Doktrin sowie der amerikanische Luftangriff auf Libyen (April 1986) haben ebenfalls ablehnende Reaktionen seitens der Regierung in Delhi hervorgerufen.

In Indiens Haltung zum Ausbruch des iranisch-irakischen Kriegs kommen alle Elemente, die seine Politik gegenüber dem Nahen und Mittleren Osten bestimmt haben, brennpunktartig zusammen: die Zurückhaltung, in inner-regionalen Konflikten Partei zu ergreifen; die wirtschaftlichen Interessen; Pakistans Stellung in der Region im Hinblick auf eine mögliche Verschärfung der Spannungen mit Indien; die globale Dimension einer amerikanischen Intervention im Falle einer Blockade der Meerenge von Hormuz; Besorgnisse über die Sicherheit Indiens bei einer Eskalation des Kriegs; sowie die Aufmerksamkeit gegenüber dem islamischen Fundamentalismus und die Furcht vor einem möglichen Übergreifen auf die indischen Muslime.

Ein starkes Band ist schließlich die Bewegung der Blockfreien gewesen, die seit den 50er Jahren durch Jawaharlal Nehru und Nasser wesentliche Impulse erfahren hat. Während der 50er und 60er Jahre hat Nehru den Nahen und Mittleren Osten praktisch durch Nassers Augen gesehen, was seine Reaktionen auf die politischen Ereignisse dort bestimmt hat. Indira Gandhi hat dies mit eher noch größerer Intensität fortgesetzt. Nassers Tod, der Rückzug Großbritanniens östlich von Suez, die indische Enttäuschung über die arabische Reaktion auf den Krieg um Bangladesch (1971) und die harten Realitäten der Ölpolitik — insbesondere der Ölpreisgestaltung — haben einen Wandel in den auf Kairo ausgerichteten Beziehungen in Richtung auf eine bewußte Suche nach neuen Freunden und Partnern ausgelöst. Damit ging einher, daß das politische Element in Indiens Arabienpolitik heruntergespielt und wachsender Nachdruck auf die Wirtschaftsbeziehungen gelegt wurde.

7. Perspektiven

Insgesamt haben die Beziehungen zwischen dem Nahen und Mittleren Osten und den Ländern Asiens, mit Ausnahme der Wirtschaftsbeziehungen zu Japan, einen nur untergeordneten Stellenwert innerhalb der Verflechtung der Region mit ihrem Umfeld. Naturgemäß hat Westeuropa darin einen herausragenden Platz, und zwar sowohl aus historischen Gründen als auch wegen des wirtschaftlichen und politischen Gewichts der Europäischen Gemeinschaft. Aber auch Afrikas Stellenwert ist höher als derjenige Asiens anzusetzen, obwohl es über keine politischen und wirtschaftlichen Potenzen vom Gewicht der VR China oder Japans verfügt. Die geographische Nähe und die Tatsache, daß eine Reihe von Mitgliedstaaten der Arabischen Liga auf dem afrikanischen Kontinent liegen und zugleich Mitglieder der Organisation für Afrikanische Einheit (OAU) sind, sowie die historische Berührung von Arabern und Afrikanern mögen der Grund dafür sein. Daran dürfte sich nur etwas ändern, wenn die schlafenden politischen Riesen Asiens, d.h. China, Japan und Indien, erwachen und ihrerseits eine spezifische Nah- und Mittelostpolitik entwickeln. Dies ist für die nächste Dekade kaum zu sehen.

Literatur:

Gupta, Bh. S. 1983: India's Relations with Gulf Countries, in: Rubinstein, A. Z. (Hrsg.): The Great Game: Rivalry in the Persian Gulf and South Asia, New York, 148-175.

Kimura, Sh. 1986: Japan's Middle East Policy: Impact of the Oil Crisis, in: American-Arab Affairs, Vol. 17, 62-78.

Licklider, R. 1985: Arab Oil and Japanese Foreign Policy, in: Middle East Review, Vol. 18, 1, 23-29.

Mishra, U. N. 1982: India's Policy towards the Palestinian Question, in: International Studies (New Delhi), Vol. 21, 2, 101-115.

Shillony, B.-A. 1985/6: Japan and Israel, The Relationship that Withstood Pressures, in: Middle East Review, Vol. 18, 2, 17-24.

Steinbach, U. 1979: Pekings Avancen im Nahen Osten. Die Anfänge der chinesischen Nahostpolitik, in: Opitz, P. J. (Hrsg.): China — zwischen Weltpolitik und Realpolitik, München, 161-176.

Tian, Zh. 1985/6: China and the Middle East. Principles and Realities, in: Middle East Review, Vol. 18, 2, 7-15.

Vertzberger, Y. 1982: Afghanistan in China's Policy, in: Problems of Communism, Vol. 31, 1-23.

Wriggings, H. W. 1985/6: South Asia and the Gulf — Linkages, Gains, and Limitations, in: Middle East Review, Vol. 18, 2, 25-35.